Langenscheidt Taschenwörterbuch
Dänisch

Langenscheidt Lommeordbog
Dansk

Langenscheidt
Lommeordbog
Dansk

Dansk – Tysk
Tysk – Dansk

Udgivet af
Langenscheidts-redaktion

Langenscheidt

Berlin · München · Wien · Zürich · New York

Langenscheidt

Taschenwörterbuch Dänisch

Dänisch – Deutsch
Deutsch – Dänisch

Herausgegeben von der
Langenscheidt-Redaktion

Langenscheidt

Berlin · München · Wien · Zürich · New York

Bearbeitet von
Jutta Andresen, Jette Mez und
Dr. Eckhard Bodenstein

In der neuen deutschen Rechtschreibung, Stand April 2006

Als Marken geschützte Wörter werden in diesem
Wörterbuch in der Regel durch das Zeichen ® kenntlich
gemacht. Das Fehlen eines solchen Hinweises begründet
jedoch nicht die Annahme, eine nicht gekennzeichnete
Ware oder eine Dienstleistung sei frei.

Ergänzende Hinweise, für die wir jederzeit dankbar sind,
bitten wir zu richten an:
Langenscheidt Verlag, Postfach 40 11 20, 80711 München
redaktion.wb@langenscheidt.de

© 2007 Langenscheidt KG Berlin und München
Druck: Graph. Betriebe Langenscheidt, Berchtesgaden/Obb.
Printed in Germany
ISBN 978-3-468-11103-7

08
09
10
11
5.
4.
3.

Inhaltsverzeichnis
Indholdsfortegnelse

Vorwort

Mit dem vorliegenden Taschenwörterbuch Dänisch präsentiert Langenscheidt eine aktualisierte Neuausgabe mit mehr als 85.000 Stichwörtern und Wendungen.

Im Mittelpunkt steht der heute allgemein gebräuchliche dänische und deutsche Wortschatz, ergänzt durch die wichtigsten Begriffe aus Gebieten wie Informationstechnologie, Medizin, Technik, Sport, Psychologie, Mathematik und anderen relevanten Fachbereichen. Neu aufgenommen wurde hochaktueller Wortschatz wie z. B. **ausloggen, chatten, bærbar (pc)** oder **fedtsugning.**

Durch eine Vielzahl von erklärenden Hinweisen, durch die genaue Differenzierung von Sachgebieten und Stilebenen sowie durch ausführliche grammatische Angaben finden Sie stets die richtige Übersetzung.

Die umfangreichen Anhänge des Wörterbuchs bieten Ihnen neben Hinweisen zur dänischen und deutschen Grammatik dänische Ortsnamen und eine hilfreiche Übersicht über die Zahlwörter.

LANGENSCHEIDT VERLAG

Forord

Med den foreliggende lommeordbog i dansk præsenterer Langenscheidt en ny opdateret udgave med mere end 85.000 opslagsord og vendinger.

I fokus står det almindelig brugte danske og tyske ordforråd, der er suppleret med de vigtigste begreber fra områder som informationsteknologi, medicin, teknik, sport, psykologi, matematik og andre relevante fagområder. Nye højaktuelle gloser som f.eks. **ausloggen, chatten, bærbar (pc)** eller **fedtsugning** er blevet medtaget.

Man vil til enhver tid kunne finde den rigtige oversættelse igennem et stort antal forklarende henvisninger, igennem den præcise adskillelse af sagområder og sprogbrug samt de udførlige grammatiske angivelser.

Ordbogens omfangsrige tillæg indeholder ved siden af henvisninger til dansk og tysk grammatik desuden danske stednavne og en nyttig oversigt over talord.

LANGENSCHEIDT VERLAG

Hinweise für die Benutzer des Wörterbuchs
Vejledning til benyttelse af ordbogen

Wo finde ich was? – Alphabetische Anordnung

Die Stichwörter sind (mit Ausnahme einiger bei der männlichen Form abgehandelter weiblicher Formen) streng alphabetisch aufgenommen worden. Die deutschen Umlaute (ä, ö, ü) sind den Buchstaben a, o, u gleichgestellt. Das dänische Alphabet finden Sie auf Seite 20.

Welche Regeln gelten für die Rechtschreibung?

Für die dänische Rechtschreibung sind das „Politikens Nudansk Ordbog" (Politikens Forlag) und „Retskrivningsordbogen" (Dansk Sprognævn/Gyldendal) maßgeblich.
Für die deutschen Wörter gilt die Neuregelung der deutschen Rechtschreibung, Stand April 2006.

Wie wird ein Stichwort mit verschiedenen Varianten dargestellt?

Gleichberechtigte Varianten eines Worts werden mit Komma nebeneinander gestellt:

ab·nutzen, ab·nützen

In runden Klammern stehende Bestandteile eines Stichwortes oder einer Übersetzung bedeuten, dass das betreffende Wort mit diesen Bestandteilen oder ohne sie gebraucht werden kann.

forpligt(ig)e … (= forpligte *oder* forpligtige)

Wegen -(r) siehe „Deklination der Adjektive" auf Seite 981, Punkt 4.

Was bedeuten Stichwörter mit Hochzahlen?

Hochgestellte Ziffern ([1, 2]) hinter einem Stichwort unterscheiden Wörter gleicher Schreibung mit unterschiedlicher Bedeutung.

Was erfahre ich über die Aussprache?

Bei den **dänischen Stichwörtern** folgt die Lautschrift in eckigen Klammern

Hvor finder jeg hvad? – Alfabetisk inddeling

Opslagsordene er (med undtagelse af nogle hunkønsformer, som bliver behandlet under den mandlige form) ordnet alfabetisk overalt. De tyske omlydsbogstaver (ä, ö, ü) er sidestillet med bogstaverne a, o, u. Det danske alfabet findes på side 20.

Hvilke regler gælder for retskrivningen?

„Politikens Nudansk Ordbog" (Politikens Forlag) og „Retskrivningsordbogen" (Dansk Sprognævn/Gyldendal) ligger til grund for den danske retskrivning.
De tyske ord følger den tyske retskrivnings nyordning gældende fra april 2006.

Hvordan gengives et opslagsord med forskellige varianter?

Ligestillede varianter af et ord opstilles sideordnet med komma:

ab·nutzen, ab·nützen

Står dele af et opslagsord eller en oversættelse i runde parenteser, kan det pågældende ord benyttes med eller uden disse dele.

forpligt(ig)e … (= forpligte *eller* forpligtige)

Hvad angår -(r) se „adjektivernes bøjning" på side 981, punkt 4.

Hvad betyder opslagsord med eksponenter?

Eksponenter ([1, 2]) efter et opslagsord adskiller ord, der staves ens, men har forskellig betydning.

Hvad får jeg at vide om udtale?

Ved de **danske opslagsord** følger lydskriften i kantede parenteser lige efter direkt auf das Stichwort. Die Angaben basieren auf dem System der *Association Phonétique Internationale* (vgl. Erklärung der Lautschriftzeichen auf S. 14–20).

abe ['a:bə] … Affe *m*

Das Betonungszeichen (') steht dabei vor der betonten Silbe. Bei angehängten Wortteilen und Zusammensetzungen wird die Lautschrift, solange sich durch die Kombination gegenüber dem Stichwort nichts ändert, nur für den letzten Bestandteil des Wortes gegeben:

> **bade** ['ba:ðə] …; **~dragt** [-dʀɑgd] (= 'ba:-ðədʀɑgd) …,
> **baron** [ba'ʀo:'?n] …; **~esse** [-ʀo'nɛsə] (= baʀo'nɛsə) …

Bei den **deutschen Stichwörtern** ist die Lautschrift dort angegeben, wo Aussprache und Betonung von den „Allgemeinen Regeln für die Aussprache des Deutschen" auf S. 21–24 abweichen. Aus Gründen der Platzersparnis ist meist nur derjenige Teil des betreffenden Wortes phonetisch wiedergegeben, der von den allgemeinen Ausspracheregeln abweicht.

> **Sensation** [-'tsïo:n] *f* (…)
> **Shorts** [ʃɔ:ʀts] *pl* shorts *pl*

Woran erkenne ich, wie man ein Wort betont?

Die Betonung der deutschen Stichwörter wird durch das Tonzeichen (') vor der betonten Silbe angegeben. Deutsche Wörter ohne dieses Tonzeichen werden auf der ersten Silbe betont.

> **Ku'lisse** *f* kulisse

Bei den dänischen Wörtern finden Sie das Tonzeichen in der Lautschrift.

> **abonnere** [abo'ne:'ʀə] abonnieren

Was bedeutet das Tildenzeichen (~)?

Die Tilde (~) dient dazu, zusammengehörige Wörter in Gruppen zusammenzufassen. Sie ersetzt das ganze vorausgegangene Wort oder den Wortteil vor dem senkrechten Strich (|).

opslagsordet. Angivelserne baserer sig på systemet *Association Phonétique Internationale* (sml. Forklaring af lydskrifttegn på side 14–20).

abe ['a:bə] … Affe *m*

Accenttegnet (') står her foran den betonede stavelse. Ved efterstillede endelser (suffikser) og sammenskrivninger bliver lydskriften kun angivet for suffikset, såfremt opslagsordet ikke ændres.

> **bade** ['ba:ðə] …; **~dragt** [-dʀɑgd] (= 'ba:-ðədʀɑgd) …,
> **baron** [ba'ʀo:'?n] …; **~esse** [-ʀo'nɛsə] (= baʀo'nɛsə) …

Ved de **tyske opslagsord** er lydskriften angivet, der hvor udtale og tryk afviger fra de „Almene regler for tysk udtale" på side 21–24. Af pladsbesparende hensyn er for det meste kun den del af det pågældende ord, som afviger fra de almene udtaleregler, gengivet fonetisk.

> **Sensation** [-'tsïo:n] *f* (…)
> **Shorts** [ʃɔ:ʀts] *pl* shorts *pl*

Hvordan ved jeg, hvorledes et ord betones?

Trykket i de tyske opslagsord angives med accenttegnet (') foran den betonede stavelse. Ord uden dette accenttegn betones på første stavelse.

> **Ku'lisse** *f* kulisse

Ved de danske ord findes accenttegnet i lydskriften.

> **abonnere** [abo'ne:'ʀə] abonnieren

Hvad betyder tildetegnet (~)?

Tilden (~) inddeler sammenhørende ord i grupper. En tilde erstatter hele det forudgående ord eller orddelen før den lodrette streg (|).

dags|orden [...] Tagesordnung *f*; **~presse** [...] (= dagspresse) Tagespresse *f*

In den Anwendungsbeispielen vertritt sie das unmittelbar vorausgegangene Stichwort, das auch mithilfe der Tilde gebildet sein kann.

Haus *n* ...; **~aufgaben** *f/pl* hjemmearbejde *n*; *Schule*: lektier *pl*; **~ machen** (= Hausaufgaben machen) læse lektier

Was bedeutet die Tilde mit dem Kreis (ℒ)?

Die Kreistilde (ℒ) weist darauf hin, dass sich die Schreibung des Anfangsbuchstabens gegenüber dem vorausgegangenen Wort ändert (groß in klein oder umgekehrt).

Em'pfang *m* ...; **ℒen** (= empfangen) **abstamm|en** ...; **ℒung** *f* (= Abstammung)

Was muss ich wissen, um die richtige Übersetzung auszuwählen?

Die Übersetzungen stehen in Normalschrift. Sinnverwandte Übersetzungen sind durch Komma getrennt, Übersetzungen mit stark unterschiedlichen Bedeutungen durch Strichpunkt.

Bedeutungsunterschiede der verschiedenen Übersetzungen eines Stichworts sind gekennzeichnet durch:

a) verwandte Begriffe (Synonyme):

denken (...) tænke; (*glauben*) tro, mene ...

b) erklärende Zusätze in *Kursivschrift*, die das Wort in einen bestimmten Zusammenhang stellen:

vogte (...) *Vieh* hüten; ...
Anlage *f Park, Fähigkeiten*: anlæg *n*; (*das Anlegen*) anlæggelse; *Geld*: investering

c) Angaben zum Fachgebiet (vgl. Abkürzungsverzeichnis auf S. 31):

an•pfeifen SPORT give startfløjt til; ...

d) Hinweise auf die Stilebene (vgl. Abkürzungsverzeichnis auf S. 31) bzw. übertragene Bedeutung:

Küken *n* kylling; *fig iron* unge

---

dags|orden [...] Tagesordnung *f*; **~presse** [...] (= dagspresse) Tagespresse *f*

I eksemplerne repræsenterer tilden det umiddelbart forudgående opslagsord, som også kan være dannet ved hjælp af en tilde.

Haus *n* ...; **~aufgaben** *f/pl* hjemmearbejde *n*; *Schule*: lektier *pl*; **~ machen** (= Hausaufgaben machen) læse lektier

Hvad betyder en tilde med en ring (ℒ)?

En tilde med en ring (ℒ) henviser til, at begyndelsesbogstavet i det forudgående ord ændres (fra stort til lille eller omvendt).

Em'pfang *m* ...; **ℒen** (= empfangen) **abstamm|en** ...; **ℒung** *f* (= Abstammung)

Hvad skal jeg vide for at vælge den rigtige oversættelse?

Oversætterne er skrevet i normal skrift. Betydningsbeslægtede oversættelser er adskilt ved et komma, mens oversættelser med indbyrdes forskellige betydninger er adskilt ved et semikolon.

Betydningsforskelle imellem de forskellige oversættelser af et opslagsord er kendetegnet ved:

a) beslægtede begreber (synonymer):

denken (...) tænke; (*glauben*) tro, mene ...

b) forklarende tilføjelser i *kursivskrift*, som stiller ordet i en bestemt sammenhæng:

vogte (...) *Vieh* hüten; ...
Anlage *f Park, Fähigkeiten*: anlæg *n*; (*das Anlegen*) anlæggelse; *Geld*: investering

c) angivelse af et fagområde (sml. Fortegnelse over forkortelser på side 31):

an•pfeifen SPORT give startfløjt til; ...

d) henvisninger til sprogbrug (sml. Fortegnelse over forkortelser på side 31) eller overført betydning:

Küken *n* kylling; *fig iron* unge

Was muss ich bei den Anwendungs-beispielen beachten?

Idiomatische Ausdrücke und Wendungen sowie Anwendungsbeispiele zu den Stichwörtern folgen ggf. im Anschluss an deren Übersetzung(en).

> **schwarz** (…); **~ auf weiß** sort på hvidt; …

In runden Klammern erscheinen hier Formulierungsvarianten oder Hinweise auf analoge Wendungen, die sich durch den Austausch der betreffenden Wörter bilden lassen, z. B.

> **vej** (…); **rydde** (**skaffe**) **én af ~en** fig. j-n aus dem Wege räumen (schaffen); …

Welche Angaben finde ich zur Grammatik?

Das **grammatische Geschlecht der dänischen Substantive** im dänisch-deutschen Stichwortverzeichnis erkennt man an der angehängten Form des bestimmten Artikels (-[e]n bzw. -[e]t, s. Anhang) in spitzen Klammern, z. D.

> **abe** […] ⟨-n; …⟩ (= **aben** der Affe, **en abe** ein Affe, d. h. **fælleskøn**)
> **stol** […] ⟨-en; …⟩ (= **stolen** der Stuhl, **en stol** ein Stuhl)
> **tæppe** […] ⟨-t; …⟩ (= **tæppet** der Teppich, **et tæppe** ein Teppich, d. h. **intetkøn**)

Bei dänischen Substantiven, die keine angehängte Form des bestimmten Artikels bilden können, steht der unbestimmte Artikel:

> **teknikum** […] ⟨et; -⟩ (= intetkøn),
> **sjov** […] ⟨en od et; -⟩ (= fælleskøn oder intetkøn)

Länder- und Städtenamen sind im Dänischen im Allgemeinen neutral (im Wörterverzeichnis nicht explizit angegeben), also:

> **et** genforenet Tyskland
> **det** gamle Odense.

Nach dem Strichpunkt folgt die **Plural-form der dänischen Substantive**, z. B.

> **dag** […] ⟨…; -e⟩ (= pl **dage** Tage)
> **tæppe** […] ⟨…; -r⟩ (= pl **tæpper** Teppiche)
> **avis** […] ⟨…; -er⟩ (= pl **aviser** Zeitungen)

Hvad skal jeg være opmærksom på ved eksemplerne?

Idiomatiske udtryk og vendinger samt eksempler på anvendelse af opslagsordene følger i givet fald efter ordenes oversættelse(r).

> **schwarz** (…); **~ auf weiß** sort på hvidt; …

Her gengives i runde parenteser formuleringsvarianter eller henvisninger til lignende vendinger, som opstår igennem udskiftningen af de pågældende ord, f.eks.

> **vej** (…); **rydde** (**skaffe**) **én af ~en** fig. j-n aus dem Wege räumen (schaffen); …

Hvilke grammatiske oplysninger finder jeg?

Man skelner de **danske navneords grammatiske køn** i den dansk-tyske ordfortegnelse ud fra suffikset i den bestemte artikel (henholdsvis -[e]n eller -[e]t, se tillæg), som står efter ordet i opidøø parenteser, f.eks.

> **abe** […] ⟨-n; …⟩ (= **aben** der Affe, **en abe** ein Affe, dvs. **fælleskøn**)
> **stol** […] ⟨-en; …⟩ (= **stolen** der Stuhl, **en stol** ein Stuhl)
> **tæppe** […] ⟨-t; …⟩ (= **tæppet** der Teppich, **et tæppe** ein Teppich, dvs. **intetkøn**)

Danske navneord, der ikke kan danne noget suffiks ved bestemt artikel, beholder formen fra den ubestemte artikel:

> **teknikum** […] ⟨et; -⟩ (= intetkøn),
> **sjov** […] ⟨en od et; -⟩ (= fælleskøn eller intetkøn)

På dansk er lande- og bynavne i almindelighed intetkøn (dette er ikke angivet eksplicit i ordfortegnelsen), dvs.:

> **et** genforenet Tyskland
> **det** gamle Odense.

Flertalsformen for de danske navneord følger efter semikolonet, f.eks.

> **dag** […] ⟨…; -e⟩ (= pl **dage** Tage)
> **tæppe** […] ⟨…; -r⟩ (= pl **tæpper** Teppiche)
> **avis** […] ⟨…; -er⟩ (= pl **aviser** Zeitungen)

12

sko [...] ⟨...; -⟩ (= *pl* = *sg* = **sko** Schuhe)
barn [...] ⟨...; *børn*⟩ (= *pl* mit Vokalwechsel: **børn** Kinder)
cigarillo [...] ⟨...; *-er od -s*⟩ (= *pl* **cigarilloer** *eller* **cigarillos** Zigarillos)
ilt [...] ⟨*-en*⟩ (= ohne Plural: Sauerstoff)

Die Grammatikangaben zusammengesetzter dänischer Substantive schlagen Sie bitte unter dem letzten Wortbestandteil nach, z. B.

række [...] ⟨*-n*; *-r*⟩ Reihe,
hus [...] ⟨*-et*; *-e*⟩ Haus,
rækkehus [...] Reihenhaus (= *hus*, also *rækkehuset*; *rækkehuse*).

Das grammatische Geschlecht der deutschen Substantive (*m*, *f*, *n*) im deutsch-dänischen Stichwortverzeichnis ist bei jedem Substantiv angegeben.

Bei den dänischen Substantiven wird in diesem Wörterbuchteil nur das Neutrum gekennzeichnet, und zwar durch *n*. Alle dänischen Substantive ohne eine solche Angabe gehören zum gemeinsamen Geschlecht.

Adler *m* ørn; **~blick** *m fig* falkeblik *n*

Dänische Wörter mit der Angabe (*n*) können sowohl der neutralen als auch der gemeinsamen Gruppe angehören.

Kata'log *m* ⟨*-s*; *-e*⟩ katalog (*n*)

Präpositionen und Kasus werden vor allem dann angegeben, wenn sich beide Sprachen hierin unterscheiden. Auch bei deutschen Präpositionen, denen verschiedene Kasus folgen können, ist der jeweilige Kasus angegeben:

lide [...] leiden (*af*/an *D*)
afkald (...); *give* **~** *på ngt.* auf etw. (*A*) verzichten
adres'sieren adressere (*an A*/til)

Bei dänischen modalen Hilfsverben, starken Verben und unregelmäßigen schwachen Verben stehen in spitzen Klammern die Endungen des Imperfekts und des Partizips Perfekt, z. B.

burde [...] ⟨*burde*; *burdet*⟩ müssen, sollen
give [...] ⟨*gav*; *givet*⟩ geben
bede [...] ⟨*bad*; *bedt*⟩ bitten

Bei dänischen schwachen Verben sind die regelmäßigen Bildungen ⟨*-ede*, *-et*⟩

sko [...] ⟨...; -⟩ (= *pl* = *sg* = **sko** Schuhe)
barn [...] ⟨...; *børn*⟩ (= *pl* med vokalskift: **børn** Kinder)
cigarillo [...] ⟨...; *-er od -s*⟩ (= *pl* **cigarilloer** *eller* **cigarillos** Zigarillos)
ilt [...] ⟨*-en*⟩ (= uden flertal: Sauerstoff)

Grammatiske angivelser for sammensatte danske navneord slås op under den sidste del af ordet, f.eks.

række [...] ⟨*-n*; *-r*⟩ Reihe,
hus [...] ⟨*-et*; *-e*⟩ Haus,
rækkehus [...] Reihenhaus (= *hus*, altså *rækkehuset*; *rækkehuse*).

De tyske navneords **grammatiske køn** (*m*, *f*, *n*) i den tysk-danske ordfortegnelse er anført ved hvert navneord.

Ved de danske navneord i denne del af ordbogen angives kun intetkøn – ved et *n*. Navneord uden denne angivelse hører til fælleskøn.

Adler *m* ørn; **~blick** *m fig* falkeblik *n*

Danske ord med angivelsen (*n*) kan både være intetkøn og fælleskøn.

Kata'log *m* ⟨*-s*; *-e*⟩ katalog (*n*)

Forholdsord og bøjninger (kasus) medskrives først og fremmest, når der er forskelle imellem de to sprog. Desuden er den pågældende kasus medtaget ved tyske forholdsord, som kan følge flere forskellige kasus.

lide [...] leiden (*af*/an *D*)
afkald (...); *give* **~** *på ngt.* auf etw. (*A*) verzichten
adres'sieren adressere (*an A*/til)

Endelserne i datid og førnutids tillægsform ved **modale danske hjælpeudsagnsord**, **stærke udsagnsord** samt **uregelmæssige svage udsagnsord** er angivet i spidse parenteser, f.eks.

burde [...] ⟨*burde*; *burdet*⟩ müssen, sollen
give [...] ⟨*gav*; *givet*⟩ geben
bede [...] ⟨*bad*; *bedt*⟩ bitten

Ved **svage danske udsagnsord** skrives de regelmæssige endelser ⟨*-ede*; *-et*⟩ ikke nicht explizit aufgeführt, sondern nur die Fälle, in denen das Imperfekt auf -te gebildet wird, z. B.

elske […] lieben (= *elskede*; *elsket*)
høre […] ⟨-*te*⟩ hören (= *hørte*; *hørt*)

Darüber hinausgehende **grammatische Zusatzangaben zu den dänischen Stichwörtern** (etwa zur Wortart, zum passenden Kasusanschluss der Verben – *v/t*, *v/i* oder *v/r* – oder zur Steigerung) stehen nur in den Fällen, in denen sie für das Verständnis wesentlich sind.

Die in spitzen Klammern stehenden **Hinweise zu den deutschen Substantiven, Adjektiven und Verben** beziehen sich auf die Formen der Deklination, Steigerung bzw. Konjugation, deren Regeln auf den Seiten 978–990 zusammengefasst sind.

Der Hinweis ⟨*L*⟩ hinter deutschen Verben verweist auf die Liste der starken und unregelmäßigen deutschen Verben auf S. 991.

Die **Trennbarkeit deutscher Verben** wird durch einen Punkt an der entsprechenden Stelle im Stichwort dargestellt, z. B.

ab·beißen, mit·teilen

eksplicit, men kun i tilfælde, hvor datidsformen bliver dannet med -te, f.eks.

elske […] lieben (= *elskede*; *elsket*)
høre […] ⟨-*te*⟩ hören (= *hørte*; *hørt*)

Derudover er supplerende **grammatiske oplysninger om danske opslagsord** (eksempelvis om ordtype, om udsagnsordenes passende kasusforbindelse – *v/t*, *v/i* eller *v/r* – eller om gradbøjning) kun medtaget i de tilfælde, hvor de er væsentlige for forståelsen.

Henvisninger i spidse parenteser **til tyske navneord, tillægsord og udsagnsord** refererer til bøjnings- og gradbøjningsformerne, hvis regler er sammenfattet på siderne 978–990.

Angivelsen ⟨*L*⟩ efter tyske verber henviser til listen med stærke og uregelmæssige tyske udsagnsord på side 991.

Mulighed for orddeling af tyske udsagnsord vises ved en prik på det pågældende sted i opslagsordet, f.eks.

ab·beißen, mit·teilen

Die Aussprache des Dänischen

Die dänische Aussprache unterscheidet sich sehr oft vom geschriebenen Wort. Manchmal steht der gleiche Buchstabe für verschiedene Laute; so kann der Buchstabe **d** ein Verschlusslaut, ein Reibelaut oder stumm sein, z. B. **d**ame ['da:mə] *Dame* (Verschlusslaut), ga**d**e ['ga:ðə] *Straße* (Reibelaut), tan**d** [tan'] *Zahn* (stumm). Oftmals erscheint der gleiche Laut bei verschiedenen Buchstaben; der Laut [ɛ] kann beispielsweise **e** oder **æ** geschrieben werden, wie bei k**e**nde ['kɛnə] *kennen* und t**æ**nde ['tɛnə] *anzünden*.

1. Besondere Lautzeichen

- Alle nicht besonders gekennzeichneten Vokale sind kurz auszusprechen.

- Lang auszusprechende Vokale haben das **Längezeichen** [:] hinter dem betreffenden Buchstaben.

- Das **Betonungszeichen** ['] steht vor der betonten Silbe. Zweisilbige Wörter ohne Betonungszeichen werden schwach auf der ersten Silbe betont.

- Das **Stoßtonzeichen** ['] steht hinter dem betreffenden Lautzeichen.

- Die **Halbvokale** werden durch einen Bogen bezeichnet [ĭ], [ŭ].

2. Die Vokale und ihre Lautzeichen

Die dänischen Vokale werden ausgesprochen:

a) auf der vorderen Zungenpartie mit ungerundeten Lippen: [i] (der Mund ist fast geschlossen), [e] (halb geschlossen), [ɛ] (offen).

b) auf der vorderen Zungenpartie mit gerundeten Lippen: [y] (fast geschlossen), [ø] (fast geschlossen), [œ] (offen).

c) auf der mittleren Zungenpartie mit ungerundeten Lippen: [a] (halb offen), [ɑ] (offen).

d) auf der hinteren Zungenpartie mit gerundeten Lippen: [u] (fast geschlossen), [o] (fast geschlossen), [ǫ] (offen), [ɔ] (ganz offen).

e) neutral (flüchtig/gemurmelt): [ə].

Die einzelnen Lautzeichen mit Beispielen:

Lautzeichen	Aussprache	Beispiel
[a]	sehr helles *a*; im Deutschen nicht vorhanden (lang und kurz); etwa zwischen deutschem *ä* und *a*	ga**d**e ['ga:ðə] *Straße*; **t**a**g**e ['ta:ə] *nehmen*
[ɑ]	tiefes *a* wie in *Vater* (lang und kurz)	**a**r [ɑ:'ʀ] *Narbe*; t**a**k [tɑg] *Dank*
[ɛ]	*e* (*ä*) wie in *nett*, *fällen* (lang und kurz)	l**æ**be ['lɛ:bə] *Lippe*; pl**e**t [plɛd] *Fleck*
[e]	*e* wie in *Telefon* (lang und kurz)	b**e**de ['be:ðə] *bitten*; ind**e** ['enə] *drinnen*
[ə]	flüchtiges *e* wie in *bitte* (nur kurz)	bill**ede** ['belǝðǝ] *Bild*
[i]	*i* wie in *ihr* (lang und kurz)	bev**i**se [be'vi:'sə] *beweisen*; h**i**lse ['hilsə] *grüßen*
[o]	*o* wie in *Ofen* (lang und kurz)	s**o**fa ['so:fa] *Sofa*; b**o**nde ['bonə] *Bauer*

Lautzeichen	Aussprache	Beispiel
[ǫ]	langer Vokal zwischen geschlossenem und offenem o	
[ɔ]	o wie in kommen	kold [kɔl?] kalt
[u]	u wie in du (lang und kurz)	due ['du:ə] Taube; kulde ['kulə] Kälte
[y]	ü wie in für (lang und kurz)	by [by?] Stadt; tysk [tysg] deutsch
[ø]	ö wie in böse (lang und kurz)	køle ['kø:lə] kühlen; mølle ['mølə] Mühle.
[œ]	ö wie in öffnen (meist kurz, selten lang)	søn [sœn] Sohn

Anmerkungen:

- Alle Vokale, lang oder kurz, sind stimmhaft, und einige Wörter mit langem Vokal haben einen Stoßton.

- Beachten Sie besonders die kurzen geschlossenen Vokale, die dem Deutschen fremd sind, wie z. B. bei hilse ['hilsə] grüßen mit einem i wie in hiesig, aber kurz.

- Bis auf wenige Ausnahmen ist der **Lautwert** bei der kurzen und langen Form eines Vokals gleich. Einige kurze Vokale, die mit einem r stehen, besonders wenn das r dahinter steht, werden offener und meistens weiter hinten auf der Zungenpartie ausgesprochen (Vokalsenkung).

Beispiele: [ɛ]

1) plet [plɛd] Fleck (offen und auf der vorderen Zungenpartie ausgesprochen)

2) præst [prɛsd] Pfarrer (eine Idee offener und zurückgezogener)

3) værre ['vɛrə] schlimmer (ein wenig offener und zurückgezogener als bei 2)

Die gleiche Abstufung findet man beispielsweise bei [œ]:

1) søn [sœn] Sohn

2) drømme ['drœmə] träumen

3) tørst [tœrsd] Durst

Der Laut [ɑ] wird (lang wie kurz) nach und vor einem r offener und zurückgezogener ausgesprochen, z. B.: ar [ɑ:?r] Narbe und rat [rɑd] Lenkrad; aber ein wenig geschlossener und weiter vorn auf der Zungenpartie: tak [tɑg] Dank.

Der kurze Laut [o] wie in bonde ['bonə] Bauer ist ein wenig offener als das lange o in sofa ['so:fa] Sofa.

Besonderheiten einiger Vokale beim geschriebenen und gesprochenen Wort

Beachten Sie die Unterschiede beim geschriebenen und gesprochenen Wort:

de [di] sie   **til** [te] zu

lyst [løsd] Lust   **hugge** ['hogə] hacken

3. Die Diphthonge und ihre Lautzeichen

In der dänischen Schriftsprache existieren nur die Diphthonge **au** und **eu**, und zwar nur in Fremdwörtern, z. B. **au**tomat [aŭto'ma:ˀd] *Automat*, **Eu**ropa [œŭ'ʀo:pa]. Das Lautsystem dagegen hat drei [i]- und acht [u]-Diphthonge. Der [i]-Laut und der [u]-Laut (d. h. jeweils das zweite Element in der Zusammensetzung) liegen zwischen [e]-[i] bzw. zwischen [o]-[u].

Beispiele:

Laut- zeichen	Beispiel
[aĭ]	**nej** [naĭˀ] *nein;* **dig** [daĭ] *dich;* **mig** [maĭ] *mich*
[ɔĭ]	**øje** ['ɔĭə] *Auge;* **tøj** [tɔĭ] *Kleidung;* **møg** [mɔĭ] *Mist*
[uĭ]	**huje** ['huĭə] *johlen*
[aŭ]	**hav** [haŭ] *Meer;* **havn** [haŭˀn] *Hafen*
[ɔŭ]	**skov** [sgɔŭˀ] *Wald;* **og** [ɔŭ] *und;* **ovn** [ɔŭˀn] *Ofen*
[ɛŭ]	**hævne** ['hɛŭnə] *rächen;* **evne** ['ɛŭnə] *Fähigkeit;* **nævne** ['nɛŭnə] *erwähnen*
[œŭ]	**Europa** [œŭ'ʀo:pa]; **øv!** [œŭ] *pfui!;* **støvle** ['sdœŭlə] *Stiefel*
[eŭ]	**peber** ['peŭɒʀ] *Pfeffer*
[iŭ]	**livlig** ['liŭli] *lebhaft;* **ivrig** ['iŭʀi] *eifrig*
[yŭ]	**tyv** [tyŭˀ] *Dieb*
[øŭ]	**øvrig** ['øŭʀi] *übrig*

4. Die Konsonanten und einige ihrer wichtigsten Lautzeichen

Alle dänischen Konsonanten sind kurz. Die stimmhaften unter ihnen können einen Stoßton haben (siehe dort).

Die Konsonanten **f, h, j, k, l, m, n, p** und **t** entsprechen überwiegend den deutschen Lauten. Zu achten ist besonders auf:

Laut- zeichen	Aussprache
[ð]	ist ein stimmhafter Lispellaut, wie etwa *th* im englischen *the* (die Zunge bewegt sich aber nicht wie bei *the* hinter die oberen Vorderzähne, sondern verbleibt hinter den unteren Vorderzähnen). Dieser Laut wird **das weiche d** genannt, und man findet ihn im Wortinneren und am Wortende, z. B. bei ga**d**e ['ga:ðə] *Straße* und ba**d** [bað] *Bad.* [ð] kommt nie am Wortanfang vor.
[ŋ]	ist ein nasaler Laut wie *ng* in *singen*, z. B. sy**ng**e ['søŋə] *singen.*
[s]	ist immer stimmlos wie *s* in *Wasser*, z. B. læ**s**e ['lɛːsə] *lesen*, **s**tor [sdoːˀʀ] *groß.*
[ʀ]	ist ein Zäpfchen-r wie in *rein*, doch tiefer im Hals ausgesprochen, ohne Schwingungen des Zäpfchens, z. B. **r**ose ['ʀoːsə] *Rose.*
[v]	wird wie *w* in *Wasser* ausgesprochen, z. B. **v**i [vi] *wir.*
[w]	etwa wie im englischen *west*, z. B. **v**ogn [vɔwˀn] *Wagen.*

Besonderheiten einiger Konsonanten beim geschriebenen und gesprochenen Wort:

Buchstabe	Aussprache
b	ist stimmlos, z. B. bade ['baːðə] *baden*; in købmand ['købˈmanˀ] *Kaufmann* fällt es ganz weg. Beachten Sie auch: kobber ['kɔʔˀər] *Kupfer* und peber ['peuˀər] *Pfeffer*.
c	wird vor **e, i, y, æ** und **ø** [s] ausgesprochen, z. B. cigaret [siga'rɛd] *Zigarette*; vor **a, o** und **u** [k], z. B. cafeteria [kafə'teːˀʀɪa] *Cafeteria*.
ch	wird [sj] gesprochen, z. B. charme ['sjɑʀmə] *Charme*; chokolade [sjogo- 'laːðə] *Schokolade*.
d	ist stimmlos am Wortanfang, z. B. dansk [danˀsg] *dänisch*; nach einem Vokal und zwischen Vokalen wird es [ð] ausgesprochen (siehe oben), außer bei Lehn- und Fremdwörtern wie z. B. moderne [moˈdɛrnə] *modern*; **d** ist meistens stumm bei: • **ds**, z. B. spids [sbes] *Spitze*, Gedser ['gɛsər] *Ortsname*; auch bei **ds** + einem unbetonten **e** am Ende eines Wortes, z. B. ridse ['ʀisə] *ritzen*; • bei **dt**, z. B. godt [gɔd] *gut*; • bei **nd**, z. B. Tyskland ['tysglanˀ] *Deutschland*; auch vor einem unbetonten **e**, z. B. sende ['sɛnə] *schicken*; vor **i** und **r** ist **d** deutlich hörbar, z. B. yndig ['øndli] *reizend, süß*; andre ['andʀə] *andere*; auch bei: bande [ˈbanðə] *Bande* und vindue ['vendu] *Fenster*. • bei **ld**, z. B. uld [ulˀ] *Wolle*; vor **i** und **r** wird es aber gesprochen, z. B. skyldig ['sgyldi] *schuldig*, aldrig ['aldʀi] *nie*; • bei **rd**, z. B. nord [noːˀʀ] *Nord*, fjerde ['fjeːʀə] *vierte*; **aber:** færdig ['fɛʀdi] *fertig*, verden ['vɛʀdən] *die Welt*. In vielen anderen Fällen, die nur in der Praxis erlernt werden können, wird das **d** bei Wörtern mit **rd** ebenfalls ausgesprochen.
f	ist in der Präposition **af** [a] *von* stumm; die Vorsilbe **af-** wird [aū] ausgesprochen, z. B. affald ['aūfal'] *Abfall*.
g	ist stimmlos am Wortanfang, vor **t** und am Wortende, z. B. give ['giːvə] *geben*, magt [magd] *Macht*, myg [myg] *Mücke*; sonst ist es ein stimmhafter schwacher Reibelaut (liegt zwischen **g** und **j**), z. B. bager ['baːər] *Bäcker*. Beachten Sie auch: vælge ['vɛljə] *wählen* und flag [flaːˀ] *Flagge*; **g** ist stumm in den Endungen **-dag** [da] *-tag* und **-ig**, z. B. søndag ['sœnˀda] *Sonntag*, livlig ['liūli] *lebhaft*; meistens auch nach **i** und **y** und manchmal nach **u, o** und **a**, z. B. lige ['liːə] *gerade*, ryge ['ʀyːə] *rauchen*, fugl [fuːˀl] *Vogel*, nogen ['nɔːən] *jemand*, dag [daːˀ] *Tag*. Umgangssprachlich werden Wörter, bei denen **lg** und **rg** vor einem unbetonten **e** stehen, oft folgendermaßen ausgesprochen: sælge ['sɛljə] *verkaufen*, spurgte ['sboːrðə] *fragte*.
h	ist stumm in **hj** und **hv**, z. B. hvid [viðˀ] *weiß* (aber: vid [viːˀð] *weit*), hjul [juːˀl] *Rad* (aber: jul [juːˀl] *Weihnachten*).
j	ist stumm in vejr [vɛːˀʀ] *Wetter*.
k	ist am Wortanfang stark aspiriert (explosiv ausgestoßen), z. B. ko [koːˀ] *Kuh*.

Buch- stabe	Aussprache

p ist am Wortanfang ebenfalls stark aspiriert, z. B. **p**ølse ['pølsə] *Wurst*; in Fremdwörtern mit **ps** ist es stumm, z. B. **ps**ykologi [sygolo'gi:ʔ] *Psychologie*.

t ist am Wortanfang stark aspiriert, z. B. **t**i [ti:ʔ] *zehn*; es ist stumm beim Pronomen de**t** [de] *es, das*.

p, t werden wie stimmloses [b], [d], [g] ausgesprochen, wenn sie im Wortinneren
und k oder am Wortende stehen, z. B. o**pp**e ['ɔbə] *oben*, ko**p** [kɔb] *Tasse*, ka**tt**e ['kadə] *Katzen*, gla**t** [glad] *glatt*, sna**kk**e ['snɑgə] *reden, plaudern*, ta**k** [tɑg] *danke*. Auch nach **s**, z. B. s**p**and [sban?] *Eimer*, s**t**ærk [sdɛʀg] *stark*, ra**sk** [ʀɑsg] *gesund*.

sc wird [s] ausgesprochen: **sc**ene ['se:nə] *Bühne*.

v ist meistens stumm in l**v**, z. B. hal**v** [halʔ] *halb*, gul**v** [gol] *Fußboden*. Beachten Sie auch den Unterschied: ha**v** [hɑū] *Meer*, have**t** ['ha:ʔvəð] *das Meer*; la**v** [la:ʔv] *niedrig*, la**vv**ande ['lɑūvanə] *Niedrigwasser*; lo**v** [lɔū] *Gesetz*, lo**v**en ['lɔ:ʔvən] *das Gesetz*.

x wird [s] ausgesprochen in Fremdwörtern, z. B. **x**ylofon [sylo'fo:ʔn] *Xylophon*.

z wie [s] kommt nur in Fremdwörtern vor, z. B. ben**z**in [bɛn'si:ʔn] *Benzin*.

5. Stoß(ton)

Ein charakteristisches Merkmal der dänischen Sprache ist der sogenannte **stød** [sdøːʔð] *Stoß(ton)*, der in der Lautschrift durch [ʔ] gekennzeichnet wird. Als physiologisches Phänomen ist der Stoß eine plötzliche Spannung der Stimmbänder (Kehlkopfverschluß) mit kurz darauffolgender Entspannung. Dabei wird der Luftstrom durch den Kehlkopf für den Bruchteil einer Sekunde zurückgehalten. Bei der Entspannung der Stimmbänder strömt die Luft dann mit einem hörbaren kleinen Hauch weiter. So entsteht ein zweigipfliger Laut, vgl. *verreisen* und *ver'eisen*.

Der Stoßton kommt nur in oder nach einem stimmhaften Laut vor (ein Vokal muss lang sein, um einen Stoßton tragen zu können), der in betonter oder halbbetonter Stellung steht. In nicht betonter Stellung geht der Stoßton verloren.

Der Stoßton wird in verschiedenen Teilen Dänemarks unterschiedlich gebraucht, und in großen Teilen des südlichen Dänemarks hört man ihn bei der spezifischen regionalen Färbung der Sprache überhaupt nicht. Da eine abweichende Anwendung sogar bei verschiedenen Bevölkerungsschichten und Generationen auftreten kann, ist es nicht möglich, für den Gebrauch klare Regeln aufzustellen. Allgemein lässt sich aber sagen, dass der Stoßton bei vielen einsilbigen Wörtern vorkommt, z. B. **hus** [huːʔs] *Haus*; **dyb** [dyːʔb] *tief*. Auch beim Imperfekt der starken Verben, z. B. **løb** [løːʔb] *lief*; aber: **løbe** ['løːbə] *laufen*.

Wenn ein Substantiv im Singular, das einen Stoßton hat, einen Schlussartikel anhängt, dann bleibt der Stoß erhalten, z. B. **bogen** ['bɔːʔwən] *das Buch*. Bei Substantiven, die im Singular keinen Stoßton haben, z. B. **søn** [sœn] *Sohn*, wird er bei der bestimmten Form hinzugefügt: **sønnen** ['sœnʔən] *der Sohn*. Bei der Pluralendung geht der Stoßton meistens verloren, z. B. **huse** ['huːsə] *Häuser*; **sønner** ['sœnəʀ] *Söhne*.

Ist ein Wort, das einzeln stehend einen Stoßton hat, erstes Wort einer Zusammensetzung, dann fällt der Stoß in diesem Glied meistens weg, z. B. **husmand** ['hu:sman?] *Kleinbauer*; in einigen Fällen jedoch nicht, z. B. **rødgrød** ['ʀøð?gʀø:?ð] *rote Grütze*. Bisweilen dient der Stoßton zur Unterscheidung der Bedeutung eines Wortes, z. B.

løber ['lø:bəʀ] *Läufer*	– **løber** ['lø:?bəʀ] *läuft*
tænder ['tenəʀ] *zündet; schaltet ein*	– **tænder** ['ten?əʀ] *Zähne*

Beachten Sie auch die Unterschiede bei Wörtern wie:

fugl [fu:?l] *Vogel*	– **fuld** [ful?] *voll*
tal [ta:?l] *sprich*	– **tal** [tal] *Zahl*
man [man] *man*	– **mand** [man?] *Mann*

6. Betonung

Die Betonung (in der Lautschrift [']) ist in den meisten Fällen wie im Deutschen. In der Regel wird die erste Silbe eines Wortes betont: **gade** ['ga:ðə] *Straße*; dasselbe gilt auch für Zusammensetzungen: **spisevogn** ['sbi:səvɔw?n] *Speisewagen*.

Ausnahmen bilden:

- einige geografische Namen, z. B. **Helsingør** [hɛlseŋ'ø:?ʀ] *Helsingør*
- einige Namen, z. B. **Annemarie** [anəma'ʀi:?ə], **Emil** [e'mi:?l]
- einige Wortgruppen, z. B. **i dag** [i 'da:?] *heute*, **stå op** [sdɔ 'ɔb] *aufstehen*
- Wörter mit der Endung **-inde**, z. B. sanger**inde** [saŋər'enə] *Sängerin*
- einige Adjektive auf **-(l)ig** und **oom** mit mehr als zwei Silben, z. B. ejendomme**lig** [aiən'dɔm?əli] *eigenartig*, tålmod**ig** [tɔl'mo:?ði] *geduldig*, opfind**som** [ɔb'fen?-sɔm?] *erfinderisch*
- die Vorsilben **be-, er-, for-** und **ge-**, z. B. **be**tale [be'ta:?lə] *bezahlen*, **er**nære [ɛʀ'nɛ:?ʀə] *ernähren*, **for**længe [fɔʀ'lɛŋ?ə] *verlängern*, **ge**men [ge'me:?n] *gemein, lumpig*.

Aber: als Teil einer Zusammensetzung ist **for**- betont, z. B. **for**middag [fɔʀmeda:?] *Vormittag*; auch **u**- und **mis**- sind normal betont, z. B. **u**orden ['uɔʀ?dən] *Unordnung*, **mis**tanke ['mistaŋsə] *Verdacht*; in einigen anderen Fällen (es handelt sich meist um Adjektive) sind die Vorsilben unbetont, z. B. **u**artig [u'a:?ʀdi] *ungezogen*, **mis**undelig [mis'on?əli] *neidisch*.

Eine Ausnahme in der Betonung bilden ebenfalls (wie im Deutschen) viele Wörter fremden Ursprungs (besonders aus dem Romanischen), wie z. B.

præsentere [pʀɛsɛn'te:?ʀə] *vorstellen, bekannt machen*	**station** [sda'sjo:?n] *Station*
maleri [ma:lə'ʀi:?] *Gemälde*	**direktør** [diʀɛg'tø:?ʀ] *Direktor*
demokrati [demokʀa'ti:?] *Demokratie*	**kultur** [kul'tu:?ʀ] *Kultur*
mosaik [mosa'ig] *Mosaik*	**massør** [ma'sø:?ʀ] *Masseur*
	ambulance [ambu'laŋsə] *Krankenwagen*

Wörter, die anders betont werden als im Deutschen:

karakter [kaʀag'te:?ʀ] *Charakter; Schulnote*
kalorie [ka'lo:?ʀiə] *Kalorie*
alter ['aldəʀ] *Altar*

7. Abschleifungen – das Verschlucken von Buchstaben und Wortendungen

Wie im Deutschen kann ein Wort, abhängig von seiner Stellung im Satz, betont oder unbetont stehen. Die Betonung beeinflusst die Aussprache der einzelnen Laute, sodass ein unbetontes Wort beispielsweise schwächer abgeschliffen klingen kann.

In der dänischen Umgangssprache werden oft Abschleifungen vorgenommen (und die abgeschliffenen Formen vieler Wörter werden sogar in betonter Stellung gebraucht), wie z. B.

jeg ([jɑ] für [jɑi]) *ich*
blive ([bliːʔ] für ['bliːvə]) *bleiben; werden*
hvad ([va] für [vað]) *was*
kan ([ka] für [kanʔ]) *kann*
også (['ɔsə] für ['ɔsɔ]) *auch*

og ([ɔ] für [ɔu]) *und*
bede ([beːʔ] für ['beːðə]) *bitten*
give ([giːʔ] für ['giːvə]) *geben*
have ([ha] für ['haːvə]) *haben*
tage ([taːʔ] für ['taːə]) *nehmen*
skulle ([sgu] für ['sgulə]) *sollen*

8. Kürze und Länge

Lange Vokale haben das Längezeichen [ː] und treten nur in betonten Silben auf (manchmal kombiniert mit einem Stoßton), z. B. **løbe** ['løːbə] *laufen*. In unbetonteren Positionen werden Vokale kürzer ausgesprochen, z. B. **løbe ud** [løːbə 'uðʔ] *hinauslaufen* (**ud** *hinaus* ist stärker betont als **løbe** *laufen*). Allgemein kann man sagen, dass ein Vokal meistens kurz ist, wenn er vor mehreren Konsonanten steht und lang vor einfachen Konsonanten, z. B. **råbe** ['ʁɔːbə] *rufen*, **råbte** ['ʁɔbdə] *rief*. Es gibt jedoch viele Ausnahmen, die man nur in der Praxis erlernen kann. Abweichend vom Deutschen haben folgende Wörter einen kurzen Vokal: **domkirke** ['dɔmkiʁɡə] *Dom*; **filosof** [filo'sɔf] *Philosoph*; **Grønland** ['gʁœnlanʔ] *Grönland*; **hof** [hɔf] *Hof*; **kloster** ['klɔsdər] *Kloster*; **Rom** [ʁɔmʔ] *Rom*.

Aber: **chef** [sjeːʔf] *Chef*; **mord** [moːʔʁ] *Mord*.

Das dänische Alphabet

Buchstabe	Aussprache	Buchstabe	Aussprache
A, a	[aːʔ]	P, p	[peːʔ]
B, b	[beːʔ]	Q, q	[kuːʔ]
C, c	[seːʔ]	R, r	[ɛʁ]
D, d	[deːʔ]	S, s	[ɛs]
E, e	[eːʔ]	T, t	[teːʔ]
F, f	[ɛf]	U, u	[uːʔ]
G, g	[geːʔ]	V, v	[veːʔ]
H, h	[hɔːʔ]	W, w	['dɔbəld veːʔ]
I, i	[iːʔ]	X, x	[ɛgs]
J, j	[jɔð]	Y, y	[yːʔ]
K, k	[kɔːʔ]	Z, z	[sed]
L, l	[ɛl]	Æ, æ	[ɛːʔ]
M, m	[ɛm]	Ø, ø	[øːʔ]
N, n	[ɛn]	Å, å	[ɔːʔ]
O, o	[oːʔ]		

Almene regler for tysk udtale

A
1. Tysk har lange, korte og halvlange vokaler.

2. De korte vokaler er altid åbne: [ɛ] [œ] [ɪ] [y] [ɔ] [ʊ]

3. De lange og halvlange vokaler er med undtagelse af [ɛ] altid lukkede:
[e:] [ø:] [i:] [y:]
[o:] [u:]
[e·] [ø·] [i·] [y·]
[o·] [u·]

Undtagelse: [ɛ:] [ɛ·]

4. I fremmedord forekommer i posttoniske stavelser (dvs. i stavelser efter betonet stavelse) korte
vokaler, som bliver næsten usyllabiske (dvs. som
ingen egen stavelse danner): [ĭ] [ŭ] [y̆] [ŏ]

5. Tysk **a** er neutralt, dvs. dets lyd er såvel i tilfælde
med langt som med kort **a** lige fjernt fra **o** og **e**.
Sædvanligvis bliver dog let lange **a** udtalt dybere
end det korte.

Vi noterer det lange og halvlange mørke (halv-
velære) **a** som [ɑ:] [ɑ·]

og det korte mere lyse (halvpalatale) **a** som [a]

6. I præfikserne **be-** og **ge-**, i suffikserne foran **-l**,
-ln, **-lst**, **-m**, **-n**, **-nd**, **-s**, såvel som foran **-r**, **-rm**,
-rn, **-rt**, **-rst** (se også regel E 7c) og i ordendelsen
(**-e**) bliver **e** udtalt som en såkaldt blandingslyd
med neutral lydværdi: [ə]

B Den tyske stavemåde følger dels det historiske og
dels det fonetiske princip.
Der kan dog opstilles regler ifølge hvilke langt de
fleste tyske ord kan udtales korrekt:

1. En vokal er altid kort foran en dobbelt
konsonant (f. eks. **ff**, **mm**, **tt**, **ss**) og **ck** (i stedet
for **kk**) og for det meste kort foran to eller flere
konsonanter.

offen ['ɔfən]
lassen ['lasən]
Acker ['akɐ]
oft [ɔft]

Undtagelser bliver i ordbogen angivet med den
lange vokal: Jagd [ɑ:]

2. En vokal er lang

a) i åben, betonet stavelse:
Er vokalen i et svagt bøjet verbum lang, så
forbliver den også lang i de bøjede former:

Ware ['vɑ:ʁə]
sagen ['zɑ:gən]
sagte ['zɑ:ktə]
gesagt [gə'zɑ:kt]

b) når den skrives dobbelt: Paar [pɑ:ʁ]

c) når den efterfølges af et stumt **h:** Bahn [bɑ:n]

d) når den efterfølges af en enkelt
konsonant: Tag [tɑ:k]

Undtagelser:
ab	[ap]	bis	[bɪs]	hin	[hɪn]
in	[ɪn]	man	[man]	mit	[mɪt]
ob	[ɔp]	um	[ʊm]	-nis	[nɪs]

ver-	[fɛʁ]	zer-	[tsɛʁ]		
bin	[bɪn]	zum	[tsʊm]	das	[das]
an	[an]	von	[fɔn]	un-	[ʊn]
wes	[vɛs]	was	[vas]	es	[ɛs]
des	[dɛs]	weg	[vɛk]		

og i enkelte sammensætninger:

e) foran **ß**:

barfuß ['bɑːʁfuːs]

Gruß – Grüße
[uː] [yː]

f) Da **ch** og **sch** aldrig fordobles, kan man ikke vide, om den foranstående vokal er lang eller kort:

Bach [bax]
Wäsche ['vɛʃə]

Undtagelser angives i ordbogen med lang vokal:

Buch [uː]

3. Halvlange vokaler forekommer kun i ubetonede stavelser, især i fremmedord:

vielleicht [fiˈlaɪçt]
monoton
[moˈnoˈtoːn]

C Tysk har tre diftonger:
Det første element i diftongen er stærkere betonet end det andet.

ai, ei, ey [aɪ], au [aʊ],
eu, äu, oi [ɔy]

Det andet element er meget åbent, dvs. det åbne **u** [ʊ] i **au** [aʊ] nærmer sig det lukkede **o** [o], det åbne **i** [ɪ] i **ai, ei, ey** [aɪ] det lukkede **e** [e]; ved **äu, eu, oi** [ɔy] finder i let runding til **ö** [ø] sted. Af disse grunde skriver nogle ikke [aʊ], [aɪ], [ɔy] men [ao], [ae], [ɔø].

D Nasalvokaler forekommer kun i de fra fransk lånte fremmedord; de er i betonet stilling – ofte i modsætning til fransk – lange, og i betonet stilling halvlange.
I hverdagsagtige ord udtales de nu om dage af den modsvarende vokal + den nasale lukkelyd [ŋ]. Vi gengiver udtalen af disse ord, således som de virkelig lyder i munden på dannede tysktalende, og ikke således som det kræves i normative værker:

Balkon [balˈkɔŋ]
[balˈkõː]

Udtalen af fremmedord eller dele af fremmedord bliver – såfremt den afviger fra de almene regler – angivet i ordbogen.

E Endvidere beskrives enkelte særheder, som angår bestemte tyske konsonanter og deres lydværdi alt afhængig af deres stilling i ordet.

1. Foran hver betonet vokal i begyndelsen af et ord, udtales på tysk en læbeknaldlyd, som også kaldes *Knacklaut*, sprængansats, (på engelsk *glottal stop*, på fransk *coup de glotte*); den ligger meget tæt på det danske stød og *hamza* i arabisk.

[ʔ]

2. h udtales på tysk:

a) i begyndelsen af et ord: hinein [hɪˈnaɪn]

b) foran betonede vokaler; foran vokaler, som udgør en del af stammen (de har så en sekundær accent): anhalten [ˈʔanhaltən]

c) i bestemte ord, især i fremmedord: Uhu [ˈʔuːhuː]
Alkohol [ˈʔalkʼoˈhoːl]
Sahara [zaˈhɑːʀɑː]

I alle andre tilfælde er *h* stumt: gehen [ˈgeːən]
sehen [ˈzeːən]
Ehe [ˈʔeːə]

3. p – t – k

Disse ustemte lukkelyd er på tysk, i de nedenfor beskrevne tilfælde, pustede, dvs. de forbindes med en luftstrøm, som man tydeligt hører efter lukkelydens eksplosion. Man taler om et „smæld", fordi luftstrømmen blokeres gennem lukningen af taleorganerne (læbe, tunge).

De pustende konsonanter står:

a) i begyndelsen af et ord foran vokal: eller foran **l, n, r** og **v** (i **qu**): Pech [pʼɛç]
Plage [ˈpʼlɑːgə]
Kreis [kʼʀaɪs]
Quelle [ˈkʼvɛlə]

b) i begyndelsen af betonede stavelser inde i et ord: ertragen [ʔɛʀˈtʼʀɑːgən]

c) i fremmedord foran vokal, også i ubetonede stavelser: Krokodil [kʼʀoˈkʼoˈdiːl]

d) i slutningen af te ord: Rock [ʀɔkʼ]

I alle andre tilfælde er disse lyd ikke eller kun ganske svagt pustede.

4. b – d – g

Disse stemte lukkelyd bliver ustemte i slutningen af et ord: ab [ʔap]
und [ʔʊnt]
Weg [veːk]

Det samme gælder for konsonantgrupperne **-gd, -bt, -gt**: Jagd [jɑːkt]
gibt [giːpt]
gesagt [gəˈzaːkt]

I en stavelsesslutning, der efterfølges af en konsonant fra den efterfølgende stavelse, udtales **b, d, g** uden stemthed: b̥, d̥, g̊

Vi omskriver da også: ablaufen [ˈʔab̥laufən]
endgültig [ˈʔɛnd̥gʏltɪç]

5. Befinder der sig ved siden af hinanden ensartede, ustemte lukkelyd, som udgør en del af to forskellige stavelser (f. eks. **-tt-**), så udtales kun én af disse, som da holdes noget længere. Har man f. eks. i „Betttuch" dannet **-t-**'et, så tøver man lige før slutningen for at artikulere og for at udtale det følgende **-u-**. Der finder således kun én eksplosion med det derpå følgende pust sted.

Bettuch
['bɛtťuːx]
Handtuch
['hanttʻuːx]

6. Efterfølges en ustemt konsonant i ordets slutning af en stemt konsonant, som står i begyndelsen af den følgende stavelse, finder der ikke nogen assimilation sted, dvs. hverken afstemmer den ustemte konsonant den efterfølgende, ejheller har den stemte konsonant indflydelse på den foregående ustemte konsonant. Stemtheden begynder umiddelbart efter udtalen af den ustemte konsonant:

Absicht ['ʔapzɪçt]
aussetzen
['ʔauszɛtsən]

7. Den dannede tysktalende benytter almindeligvis tre r-lyd:

a) et drøbel-**r** i begyndelsen af en stavelse og umiddelbart efter konsonant. Den opstår gennem drøbelvibreringer: [R]

rollen ['Rɔlən]
Ware ['vaːRə]
schreiben ['ʃRaɪbən]

b) et drøbel-**r** næsten uden vibreringer i slutningen at et ord og foran en konsonant: [ʁ]

für [fyːʁ]
stark [ʃtaʁk]

c) et stærkt vokaliseret **r** i ubetonede slutstavelser **-er:** [ɐ]

Lehrer ['leːRɐ]

De særskilte bogstavers lydværdi i de forskellige bogstavsgrupper

Bogstav, bogstav-gruppe	Lydværdi	Eksempel	Udtale jævnfør API	Tilsvarende eller lignende lyd på dansk
a, aa, ah	*s.* A 5			
	[ɑː]	Wagen	['vɑːgən]	} hare
		Saal	[zɑːl]	
		wahr	[vɑːʁ]	
a	[a]	Mann	[man]	skam
	[ɑ·]	radieren	[ʁɑ·'diːʁən]	som i hare, men kortere
ai, ay	[aɪ] *s.* C	Mai	[maɪ]	} mig
		Bayern	['baɪən]	
au	[aʊ]	Haus	[haʊs]	automat
ä, äh	[eː], F [eː]	Käse ['kɛːzə], F ['keːzə]		} læbe
		wählen	['veːlən]	
ä	[ɛ]	Männer	['mɛnə]	plet
	[ɛ·]	Ägypten	[ʔɛ·'gʏptən]	som i plet, men længere
äu	[ɔʏ] *s.* C	läuten	['lɔʏtən]	tøj
b	[b]	Brot	[bʁoːtʰ]	blad, bade,
		Abend	['ʔɑːbəntʰ]	stemt eller halvstemt
	[p] *s.* E 4	halb	[halpʰ]	} kop
		(er) gibt	[giːptʰ]	
	[b̥]	abladen	['ʔab̥lɑːdən]	oppe
c	*kun i fremmedord*			
	[k]	Café	[kʰa'feː]	café
	[ts]	Celsius	['tsɛlzĭʊs]	sammenlign z
ch	*efter ä, e, i, ö, ü, äu, eu, ai, ay og i suffikset -chen*			
	[ç]	Fächer	['fɛçə]	
		schlecht	[ʃlɛçtʰ]	
		ich	[ʔɪç]	
		Köchin	['kʰøˑçɪn]	ubestemt j-
		Bücher	['byˑçə]	lignende lyd
		Sträucher	['ʃtʁɔʏçə]	som i pjat
		euch	[ʔɔʏç]	
		leicht	[laɪçtʰ]	
		laichen	['laɪçən]	
	efter a, o, u, au			
	[x]	lachen	['laxən]	
		Koch	[kʰɔx]	en harkelignende lyd
		Buch	[buːx]	
		auch	[ʔaʊx]	
	i fremmedord			
	[k]	Charakter	[kʰa·'ʁaktə]	kat
		Chronik	['kʰʁoːnɪkʰ]	
	[ʃ]	Chauffeur	[ʃɔ'føːʁ]	sjæl, stærkt pustet
		Chef	[ʃɛf]	
	[tʃ]	Chile	['tʃiːleˑ]	tjat, stærkt pustet

Bogstav, bogstavgruppe	Lydværdi	Eksempel	Udtale jævnfør API	Tilsvarende eller lignende lyd på dansk
chs	[ks]	sechs	[zɛks]	seks
men:		nächst	[nɛːçstʼ]	
	-st er her superlativendelse			
ck	[k] *s.* B 1	Brücke	[ˈbʁʏkə]	bukke
d	[d]	Dank	[daŋkʼ]	} Danmark
		leider	[ˈlaɪdɐ]	
	[t] *s.* E 4	Bad	[baːtʼ]	blandt
	[d]	endlich	[ˈʔɛndlɪç]	katte
dt	[t]	Stadt	[ʃtatʼ]	} blandt
		(er) sandte	[ˈzantə]	
e, ee, eh	[eː]	Weg	[veːkʼ]	
		Meer	[meːʁ]	} bede
		mehr	[meːʁ]	
	[ɛ]	weg	[vɛkʼ]	hvæsse
	[eˑ]	Telefon	[tʼeˑleˑˈfoːn]	inde
			F [ˈtʼeːleˑfoːn]	
	[ə] *s.* A 6	bitte	[ˈbɪtə]	
		bitten	[ˈbɪtən]	} skole
		Handel	[ˈhandəl]	
ei, ey	[aɪ]	klein	[kʼlaɪn]	} mig
eu	[ɔy]	Meyer	[ˈmaɪɐ]	
		heute	[ˈhɔytə]	tøj
f	[f]	Fall	[fal]	} far
		fünf	[fynf]	
g	[g]	Garten	[ˈgaʁtən]	
		tragen	[ˈtʼʁaːgən]	} guld, stemt
		Gnade	[ˈgnaːdə]	
	[g̊] *s.* E 4	Flugzeug	[ˈfluːg̊tsɔʏkʼ]	myg
	[k]	Tag	[tʼaːkʼ]	
		Weg	[veːkʼ]	} nok
		Berg	[bɛʁkʼ]	
	Mange tyskere udtaler efter bagtungevokaler			
	(a, o, u) [x] *og efter fortungevokaler (ä, e, i ei osv.) og efter r* [ç]			
	(jævnfør ch)			
	F [x], [ç]	Tag	[tʼax]	
		Weg	[veːç]	
		Berg	[bɛʁç]	
		Flugzeug	[ˈfluːxtsɔʏç]	
	[ç] *i endelsen* -ig			
		König	[ˈkʼøːnɪç]	
		wenig	[ˈveːnɪç]	
	bemærk: Könige	[ˈkʼøːnɪgə]		
	[g̊]	Königreich	[ˈkʼøːnɪg̊ʁaɪç]	
		königlich	[ˈkʼøːnɪg̊lɪç]	
h	[h] *s.* E 2	Haus	[haʊs]	} have
		hinein	[hɪˈnaɪn]	

Bogstav, bogstav-gruppe	Lydværdi	Eksempel	Udtale jævnfør API	Tilsvarende eller lignende lyd på dansk
i, ie, ih, ieh	[iː]	wir	[viːʁ]	} is, bevise
		hier	[hiːʁ]	
		ihn	[ʔiːn]	
		Vieh	[fiː]	
	[ɪ]	in	[ʔɪn]	pind
	[iˑ] *s.* B 3	Minute	[miˈnuːtə]	som i is, men kortere
	[ĭ] *s.* A 4	Ferien	[ˈfeːʁĭən]	} Spanien
		Spanien	[ˈʃpɑːnĭən]	
j	[j]	Jahr	[jɑːʁ]	} ja
		jeder	[ˈjeːdɐ]	
	i fremmedord			
	[ʒ]	Jalousie	[ʒɑˈluˑˈziː]	som i fransk jour
k	[k] *s.* E 3	Karte	[ˈkʰaʁtə]	} ko
		klein	[kʰlaɪn]	
		stark	[ʃtaʁkʰ]	
l	[l]	Land	[lantˀ]	} lampe
		spielen	[ˈʃpiːlən]	
		viel	[fiːl]	
m	[m]	Mann	[man]	mit
		Heim	[haɪm]	lem
n	[n]	nein	[naɪn]	} næppe
		nun	[nuːn]	
ng	[ŋ]	lang	[laŋ]	} synge
		singen	[ˈzɪŋən]	
		Endung	[ˈʔɛndʊŋ]	
n-g	[ng] *n og g udtales særskilt såfremt de hører til hver sin orddel*			
		eingreifen	[ˈʔaɪn-gʁaɪfən]	} indgribe
		ungern	[ˈʊngɐʁn]	
nk	[ŋk]	Bank	[baŋk]	} banke
		sinken	[ˈzɪŋkən]	
	s. også n-g			
	men: [nk]	Unkenntnis	[ˈʔʊnkʰɛntnɪs]	indkomst
o, oo, oh	[oː]	Tor	[tˀoːʁ]	} Ole
		Boot	[boːtˀ]	
		Ohr	[ʔoːʁ]	
	[ɔ]	Post	[pˀɔst]	op
	[ö]	Memoiren	[meˑmöˈɑː-ʁən]	memoirer
	[oˑ] *s.* B 3	monoton	[moˑnoˑˈtˀoːn]	som i Ole, men kortere
ö, oe, öh	[øː]	schön	[ʃøːn]	} øre
		Goethe	[ˈgøːtə]	
		Höhle	[ˈhøːlə]	

Bogstav, bogstavgruppe	Lydværdi	Eksempel	Udtale jævnfør API	Tilsvarende eller lignende lyd på dansk
	[œ]	öffnen	[ˈʔœfnən]	høns, søn
	[øˑ] *s.* B 3	Ökonomie	[øˑkˈoˑnoˑˈmiˑ]	som i øre, men kortere
p	[p] *s.* E 3	Post	[pˈɔst]	} plade
		Puppe	[ˈpʰʊpə]	
pf	[pf] *snæver forbindelse af p og f; begge konsonanter udtales*			
		Pferd	[pfeːɐtˀ]	
		Kupfer	[ˈkʰʊpfɐ]	} opføre
		stumpf	[ʃtʊmpf]	
ph	[f] *kun i fremmedord, hovedsalig af græsk oprindelse*			
		Phonetik	[foˑˈneːtˀɪkˀ]	} fysik
		Philosophie	[fiˑloˑzoˑˈfiː]	
qu	[kv]	Quelle	[ˈkˀvɛlə]	
		bequem	[bəˈkˀveːm]	} kvalitet
		Quadrat	[kˀvɑˑˈdrɑːtˀ]	
r	[ʀ] *s.* E 7	Lehrer	[ˈleːʀɐ]	} ret, lærer
	[ɐ]			
	[ʁ]	stark	[ʃtaʁkˀ]	værne
rh	*kun i fremmedord:*			
	[ʀ]	Rhythmus	[ˈʀʏdmʊs]	
s	[z] *I begyndelsen af et ord foran vokaler, inde i et ord mellem vokaler og efter m, n, l, r:*			
		See	[zeː]	
		Absicht	[ˈʔabzɪçt]	} stemt s
		lesen	[ˈleːzən]	
		Linse	[ˈlɪnzə]	
	[s] *i alle andre tilfælde:*			
		Haus	[haʊs]	
		ist	[ʔɪstˀ]	} læse, rest
		Erbse	[ˈʔɛʁbsə]	
sp	[ʃp] *I begyndelsen af et ord og efter præfikser:*			
		sprechen	[ˈʃpʀɛçən]	} pustet sj + p
		Beispiel	[ˈbaɪʃpiːl]	
st	[ʃt] *I begyndelsen af et ord og efter præfikser:*			
		stehen	[ˈʃteːən]	
		verstehen	[fɛʁˈʃteːən]	} pustet sj + t
	Andre steder end i ordets begyndelse, i mange fremmedord og efter fremmede præfikser som in-, dis-, re-:			
	[sp]	Knospe	[ˈkˀnɔspə]	} pustet s + p
		Respekt	[reˑˈspɛktˀ]	

29

Bogstav, bogstav-gruppe	Lydværdi	Eksempel	Udtale jævnfør API	Tilsvarende eller lignende lyd på dansk
	[st]	Fenster Star Industrie	['fɛnstɐ] [staːʁ] [ʔɪndʊsˈtʼʁiː]	} pustet s + t
ss	[s] *s.* B 1	Wasser lassen	['vasɐ] ['lasən]	} kasse
ß	[s] *s.* B 2e *Efter lang vokal og efter diftong.*	Größe heißen Gruß	['gʁøːsə] ['haɪsən] [gʁuːs]	} kasse
sch	[ʃ] *s.* B 2f	schön waschen	[ʃøːn] ['vaʃən]	som sj i et stærkt pustet sjæl, Sjælland
	men: *jævnfør også* **ch***!*	Häuschen	['hɔʏsçən]	
t	[t] *s.* E 3	Tag Hut	[tʼɑːkʼ] [huːtʼ]	tørv, svagere pustet end dansk t
th	[t] *kun i fremmedord og egennavne:*	Theater Theodor	[tʼeˈɑːtɐ] ['tʼeːoˈdoːʁ]	} teater
-tion	*s.* A 4 *kun i fremmedord:* [tsi̯oːn]	Nation	[naˈtsi̯oːn]	med ts og langt o
tsch	[tʃ]	deutsch Tscheche	[dɔʏtʃ] [tʃeçə]	som i Tjekkoslovakiet, men stærkere pustet
tz	[ts] *s.* B 1 *Vokalen foran tz er altid kort*	sitzen Platz	['zɪtsən] [pʼlats]	} tsetseflue
u, uh	[uː]	Hut Uhr	[huːtʼ] [ʔuːʁ]	} huse
u	[ʊ]	Mutter	['mʊtɐ]	en mellemting mellem luske og bonde
	[uˑ] *s.* B 3	Musik	[muˈziːkʼ]	som i huse, men kortere
	[ũ] *s.* A 4	Statue	['ʃtɑːtʼũə]	
	[ỹ]	Etui	[ʔeˈtʼỹiː]	
ü, üh	[yː]	Tür führen	[tʼyːʁ] ['fyːʁən]	som i huse, men kortere
ü	[ʏ]	Glück	[glʏkʼ]	dyne
	[yˑ]	amüsieren	[ʔamyˑ-ˈziːʁən]	tønde
v	[f]	Vater	['fɑːtɐ]	far
	I endelsen af fremmedord: 	brav	[bʁɑːf]	

Bogstav, bogstav- gruppe	Lydværdi	Eksempel	Udtale jævnfør API	Tilsvarende eller lignende lyd på dansk
	[v] *I begyndelsen af fremmedord og inde i fremmedord*:			
		Vase	['vɑːzə]	} vase
		November	[noˈvɛmbɐ]	
	variabel:	Pulver	['pʰʊlvɐ], ['pʰʊlfɐ]	
w	[v]	Welt	[vɛltʰ]	sammenlign [v] under v
		Schwester	['ʃvɛstɐ]	
		ewig	[ˈʔeːvɪç]	
x	[ks]	Axt	[ʔakstʰ]	} heks
		Hexe	['hɛksə]	
y	[yː]	Lyrik	['lyːrɪkʰ]	}
	[ʏ]	Rhythmus	['ʀʏdmʊs]	} sammenlign ü
	[yˈ]	Physik	[fyˈziːkʰ]	}
	variabel:	Ägypten	[ʔɛˈgʏptən], [ʔɛˈgɪptən]	
z	[ts]	Zahl	[tsɑːl]	tsetseflue; et pustet t,
		zwei	[tsvaɪ]	som det kan høres i
		Herz	[hɛʁts]	Tivoli

Det tyske alfabet

Bogstav	Udtale	Bogstav	Udtale
A, a	[ɑː]	**O, o**	[oː]
Ä, ä	[ɛː]	**Ö, ö**	[øː]
B, b	[beː]	**P, p**	[peː]
C, c	[tseː]	**Q, q**	[kuː]
D, d	[deː]	**R, r**	[ɛʁ]
E, e	[eː]	**S, s**	[ɛs]
F, f	[ɛf]	**ß**	[ɛsˈtsɛt]
G, g	[geː]	**T, t**	[teː]
H, h	[hɑː]	**U, u**	[uː]
I, i	[iː]	**Ü, ü**	[yː]
J, j	[jɔt]	**V, v**	[faʊ]
K, k	[kɑː]	**W, w**	[veː]
L, l	[ɛl]	**X, x**	[ɪks]
M, m	[ɛm]	**Y, y**	['ʏpsiˈlɔn]
N, n	[ɛn]	**Z, z**	[tsɛt]

Erklärung der im Wörterbuch verwendeten Abkürzungen

Forklaring af forkortelser

→	*siehe, se*
⟨0⟩	*ohne Plural, uden flertalsform*
a	*auch, også*
A	*Akkusativ, akkusativ*
Abk	*Abkürzung, forkortelse*
adj	*Adjektiv, adjektiv, tillægsord*
adv	*Adverb, adverbium, biord*
AGR	*Landwirtschaft, landbrug*
allg	*allgemein, almen*
ANAT	*Anatomie, anatomi*
ARCH	*Architektur, arkitektur*
ARCHÄOL	*Archäologie, arkæologi*
art	*Artikel, artikel*
ASTR	*Astronomie, astronomi*
AUTO	*Kraftfahrzeug, bilsprog*
BAHN	*Eisenbahn, jernbane*
BERGB	*Bergbau, bjergværksdrift*
best	*bestimmt, bestemt*
BIBL	*biblisch, bibelsk*
BOT	*Botanik, botanik*
bsd	*besonders, især, særlig*
bzw	*beziehungsweise, henholdsvis*
ca	*zirka, cirka*
CHEM	*Chemie, kemi*
conj	*Konjunktiv, konjunktiv*
D	*Dativ, dativ*
dän	*dänisch, dansk*
dem.pron	*Demonstrativpronomen, demonstrativt pronomen*
d.h.	*das heißt, det vil sige*
dial	*Dialekt, dialekt*
dt	*deutsch, tysk*
EDV	*Elektronische Datenverarbeitung, elektronisk databehandling*
e-e	*eine, en, et*
EL	*Elektrotechnik, elektroteknik*
e-m	*einem, en, et*
e-n	*einen, en, et*
e-r	*einer, en, et; af en*
e-s	*eines, en, et*
etw	*etwas, noget*

f	*feminin, hunkøn*
F	*familiär, umgangssprachlich, dagligdags talesprog*
feierl	*feierlich, højtideligt*
fig	*figürlich, im übertragenen Sinn, i overført betydning*
FLUG	*Flugwesen, luftfart*
FOT	*Fotografie, fotografi*
G	*Genitiv, genitiv*
GASTR	*Gastronomie, Kochkunst, madlavning*
GEOGR	*Geografie, geografi*
GEOL	*Geologie, geologi*
GEOM	*Geometrie, geometri*
Ggs	*im Gegensatz (zu ...), i modsætning (til ...)*
GRAM	*Grammatik, grammatik*
HIST	*historisch, historisk*
imp	*Imperativ, imperativ, bydemåde*
impf	*Imperfekt, imperfektum, datid*
inf	*Infinitiv, infinitiv, navnemåde*
interr.pron	*Interrogativpronomen, interrogativt pronomen*
iron	*ironisch, ironisk*
j-m	*jemandem, nogen*
j-n	*jemanden, nogen*
j-s	*jemandes, ens*
JUR	*juristisch, Rechtssprache, juridisk, retssprog*
KATH	*katholisch, katolsk*
komp	*Komparativ, komparativ, højere grad*
konj	*Konjunktion, konjunktion, bindeord*
L	*siehe Liste der starken und unregelmäßigen deutschen Verben, se liste over verber med stærk eller uregelmæssig bøjning*
lit	*literarisch, bogsprog, højtidelig tale*

m maskulin, *hankøn*

MAL Malerei, *malerkunst*

MATH Mathematik, *matematik*

MED Medizin, *medicin*

m/f maskulin und feminin, *hankøn og hunkøn*

MIL militärisch, *militær*

MINER Mineralogie, *mineralogi*

mst meist(ens), *mest, for det meste*

MUS Musik, *musik*

MYTH Mythologie, *mytologi*

n Neutrum, *intetkøn*

(*n*) *entweder n oder m/f, enten intet- eller fælleskøn*

N Nominativ, *nominativ*

NAUT Nautik, Schifffahrt, *skibsfart, sejlsport*

neg! wird oft als beleidigend empfunden, *bliver ofte opfattet nedsættende*

ngt *noget, etwas*

num Numerale, *talord*

od *oder, eller*

ÖKON Handel, *handel*

osv og så videre, *und so weiter*

P populär, *slang*

PARL Parlament, *parlament*

part.pt Partizip Perfekt, *perfectum participium*

pej pejorativ, *pejorativ, nedsættende*

Pers Person, *person*

pers.pron Personalpronomen, *personligt pronomen*

PHYS Physik, *fysik*

pl Plural, *flertal*

poet poetisch, *poetisk sprog*

POL Politik, *politik*

poss.pron Possessivpronomen, *possessivt pronomen*

præs Präsens, *præsens, nutid*

pron Pronomen, *pronomen, stedord*

PROT protestantisch, *protestantisk*

prp Präposition, *præposition, forholdsord*

PSYCH Psychologie, *psykologi*

® eingetragene Marke, *registreret varemærke*

REL Religion, *religion*

rel.pron Relativpronomen, *relativt pronomen*

R/TV Rundfunk, Fernsehen, *radio, fjernsyn*

S. Sache, *sag, ting*

scherzh scherzhaft, *spøgende*

s-e *seine, hans, sin*

sg Singular, *ental*

s-m *seinem, hans, sin*

sml sammenlign, *vergleiche*

sn *sein, være*

s-n *seinen, hans, sin*

SPORT Sport, *sport*

Sprw Sprichwort, *ordsprog*

s-r *seiner, hans, sin(e)*

s-s *seines, hans, sin*

su Substantiv, *substantivisch, substantiv, navneord*

sup Superlativ, *superlativ, højeste grad*

TECH Technik, *teknik*

TEL Telefon, *telefonsprog*

THEA Theater, *teater*

TV Fernsehen, *TV*

TYP Typographie, *typografi*

u *und, og*

unbest unbestimmt, *ubestemt*

usw und so weiter, *og så videre*

V vulgär, *vulgært sprog*

veralt veraltet, *forældet*

VET Tierheilkunde, *dyrlægevidenskab*

vgl vergleiche, *sammenlign*

v/i intransitives Verb, *intransitivt verbum*

v/r reflexives Verb, *refleksivt verbum*

v/t transitives Verb, *transitivt verbum*

z.B. zum Beispiel, *for eksempel*

ZO Zoologie, *zoologi*

Zssgn Zusammensetzungen, *sammensætninger*

Wörterverzeichnis
Dänisch-Deutsch

A

A, a¹ [a:ʔ] ⟨-'et; -'er⟩ A, a n; **har man sagt a, må man også sige b** wer A sagt, muss auch B sagen; **fra a til z** (*od å*) von A bis Z

a² [a] je, ... das Stück; **2 ~ 3 kroner** 2 bis 3 Kronen; **2 frimærker ~ 10 øre** zwei Briefmarken zu 10 Öre (das Stück); ~ **la carte** nach der (Speise)Karte, à la carte; **betale ~ conto** ÖKON anzahlen

A-38 ['aʔɔdɔtʁeðvə] ⟨-et; -e⟩ etwa Dickmilch f

ab [ɑb] ÖKON ab

abbed ['abeð] ⟨-en; -er⟩ Abt m; **~i** [abə'di:ʔ] ⟨-et; -er⟩ Abtei f; **~isse** [abə'disə] ⟨-n; -r⟩ Äbtissin f

ABC, abc [abe'se:ʔ] ⟨-'en; -'er⟩ Fibel f

abe¹ ['a:bə] ⟨-n; -r⟩ Affe m; *Mensch*: Dummkopf m; *missgebildete Tomate f*; **en halv ~** F *e-e* Pulle Schnaps

abe² ['a:bə]: ~ **én efter** *j-n* nachäffen

abe|fest [a:bəfɛsd] F Trinkgelage n; Budenzauber m; **~kat** [-kad] Affe m (*a fig*); **~kattestreg** [-kadəsdʁaɪʔ] F Streich m

a-bombe ['a:ʔbɔmbə] = **atombombe**

abonnement [abɔna'maŋ] ⟨-et; -er⟩ Abonnement n (*på* auf A)

abonnent [abɔ'nɛnʔd] ⟨-en; -er⟩ Abonnent m; TEL Teilnehmer m

abonnere [abɔ'ne:ʔʁə] abonnieren; ~ **på en avis** *e-e* Zeitung abonnieren

aborre ['abɔʁə] ⟨-n; -r⟩ ZO Barsch m

abort [a'bɔʁd] ⟨-en; -er⟩ MED Abort m, Fehlgeburt f; Abtreibung f; **få en ~** abtreiben (lassen)

A-brev ['a:ʔbʁeʔv] ⟨-et; -e⟩ etwa Standardbrief m, schneller und teurer als ein B-brev

abrikos [abri'ko:ʔs] ⟨-en; -er⟩ Aprikose f

absolut [abso'lud] absolut, unbedingt; *adv* durchaus; **~!** selbstverständlich!; **~ ikke** keineswegs; **~isme** [-lu'tismə] ⟨-n⟩ POL Absolutismus m

ab|stinenssymptom [absdi'nɛnʔs-symʔb'to:ʔm] Entzugserscheinung f; **~strakt** [-'sdʁagd] abstrakt

acceler|ation [ɑgselʁa'sjo:ʔn] ⟨-en; -er⟩ Beschleunigung f; **~ere** [-'ʁe:ʔʁə] beschleunigen (*a* Auto)

accent [ɑg'sɛnʔd] ⟨-en; -er⟩ Akzent m; [ɑg'saŋ] Tonfall m; [ɑg'sɛnʔd, ɑg'saŋ] Betonung f, Tonzeichen n

accept [ɑg'sɛbd] ⟨-en; -er⟩ Zustimmung f;

~abel [ɑgsɛb'ta:ʔbəl] akzeptabel; **~ere** [-sɛb'te:ʔʁə] akzeptieren

a conto [a'kɔnto] → **a²**

acontobeløb [a'kɔntobe'løʔb] Anzahlung f, Abschlagszahlung f

ad [að] *prp u adv*: **ned** (*op*) ~ **bjerget** den Berg hinab (hinauf): **ud** (*ind*) ~ **døren** (*vinduet*) zur Tür (zum Fenster) hinaus (hinein); ~ **skoven til** zum Wald, auf den Wald zu; **hen ~ vejen** die Straße entlang; **hen ~ middag** gegen Mittag; **tre ~ gangen** drei auf einmal; zu dritt

adams|kostume ['a:damsko'sdy:mə] F Adamskostüm n; **~æble** [-ɛ:blə] ANAT Adamsapfel m

add|ere [a'de:ʔʁə] addieren; **~ition** [-di-'sjoːʔn] ⟨-en; -er⟩ Addition f

adel ['a:ʔðəl] ⟨-en⟩ Adel m; **~ig** [-i] ad(e)lig

adelsmand ['a:ʔðəlsmanʔ] Edelmann m, Ad(e)lige(r) m

adelstand ['a:ʔðəlsdanʔ] ⟨-en⟩ Adelsstand m

adfærd ['aðfɛ:ʔʁ] ⟨-en⟩ Verhalten n, Benehmen n

adfærds|forskning ['aðfɛʁsfɔʁsgnen] Verhaltensforschung f; **~mønster** [-mønʔsdər] Verhaltensmuster n; **~vanskelig** [-vansgəli] verhaltensgestört

adgang ['aðgaŋʔ] ⟨-en; -e⟩ Zutritt m; Eintritt m; Zugang m; ~ **forbudt** (*for uvedkommende*)! Zutritt verboten!; **gratis ~** freier Eintritt, Eintritt frei; **give én ~** *j-n* zulassen (*til*/zu D)

adgangs|begrænsning ['aðgansbe-'gʁɛnʔsnen] Numerus clausus m, Zulassungsbeschränkung f; **~billet** [-bi'led] Eintrittskarte f; **~eksamen** [-ɛg'sa:mən] Aufnahmeprüfung f, Zulassungsprüfung f

adjektiv ['aðjɛgti:ʔv] ⟨-et; -er⟩ GRAM Adjektiv n

adjunkt [að'jɔŋʔd] ⟨-en; -er⟩ Studienrat m, Studienrätin f; Studienassessor(in) m(f)

adjø [a'djø:]: **~!** adieu!, leb/lebt wohl!

adkomst ['aðkɔmʔsd] ⟨-en; -er⟩ Anspruch m (*til*/auf A); JUR Rechtstitel m; **~bevis** [-be'vi:ʔs] Berechtigungsschein m; **~haver** [-ha:vəʁ] ⟨-en; -e⟩ Anspruchsberechtigte(r) m

adle ['aðlə] adeln (*a fig*)

adlyde ['aðly:ʔðə] gehorchen (D); befolgen (A)

administration [aðminisdʀɑ'sjoʔn] ⟨-en; -er⟩ Verwaltung f

administrere [aðmini'sdʀe:ʔʀə] verwalten; **~nde direktør** Generaldirektor m

admiral [aðmi'ʀɑ:ʔl] ⟨-en; -er⟩ Admiral m

adoptere [aðɔb'te:ʔʀə] adoptieren; **~ion** [-'sjoʔn] ⟨-en; -er⟩ Adoption f

adoptivbarn [aðɔb'ti:vbɑːʔʀn] Adoptivkind n

adr. Abk. für **adresse**

adresse [a'dʀɛsə] ⟨-n; -r⟩ Adresse f, Anschrift f; **~kort** [-kɔʀd] Paketkarte f

adresseløs [a'dʀɛsələ:ʔs]: **~ forsendelse** (Post)Wurfsendung f

adressere [adʀɛ'se:ʔʀə] adressieren, richten (**til**/an A)

adræt [a'dʀɛd] gewandt, behände

adskille [að'sgel̩ə] trennen, sondern; zerlegen; unterscheiden (**sig** sich) (**fra**/von D); **~lse** [-lsə] ⟨-n; -r⟩ Trennung f

adskillig [að'sgel̩i] bedeutend, wesentlich; **~e** [-ə] pl etliche, mehrere, einige

adsplitte ['aðsbledə] zersplittern, zerstreuen

adsprede ['aðsbʀe:ʔðə] fig zerstreuen (**én** j-n); **~lse** [-lsə] ⟨-n; -r⟩ fig Zerstreuung f; **~t** [-sbʀe:ʔd] fig zerstreut, geistesabwesend

adspørge ['aðsbœʀʔwə] befragen

adstadig [að'sda:ʔði] gesetzt, würdig

advare [a'ðvɑːʔʀə] warnen (**imod**/vor D); JUR verwarnen; **~sel** [-vɑːʔsəl] ⟨advars(e)len; advarsler⟩ Warnung f; Verwarnung f; JUR Verweis m

advarsels|blink [a'ðvɑːʔsəlsbleŋ] ⟨-et; -⟩ AUTO Warnblinkanlage f; **~skilt** [-geld] n Warnschild m; **~trekant** [-tʀekɑnʔd] AUTO Warndreieck n

advent [a'ðvɛnʔd] Advent m

advents|krans [a'ðvɛnskʀɑnʔs] Adventskranz m; **~lys** [-ly:ʔs] Adventskerze f; **~tid** [-tiðʔ] Adventszeit f

adverbium [að'vɛʀʔbiom] ⟨adverbiet; adverbier⟩ GRAM Adverb n

advokat [aðvo'ka:ʔd] ⟨-en; -er⟩ Rechtsanwalt m, Rechtsanwältin f; **~sekretær** [-sekʀe'tɛ:ʔʀ] Anwaltsgehilfin f

ae ['a:ə] F streicheln

af [a] prp von (D), aus (D); vor (Ursache); **kongen ~ Danmark** der König von Dänemark; **~ træ** aus Holz; **~ stolthed** aus Stolz; **overflod ~** Überfluss an (D); **stolt ~** stolz auf (A); **lugte (smage) ~** riechen (schmecken) nach (D); **~ ydre** dem Äußeren nach; **dø ~ sult** vor Hunger ster-

ben; **en ven ~ min far** ein Freund m-s Vaters; adv [a:ʔ] ab; **hatten ~!** Hut ab!; **~ og til** dann und wann, gelegentlich; **fra først ~** von Anfang an; **~ og til** ab und zu; **~ sig selv** von selbst

af|art ['aŭaːʔʀd] Abart f; **~bagt** [-bɑgd]: **~sovs** Mehlschwitze f; **~balanceret** ['-balɑŋ'se:ʔʀəð] im Gleichgewicht; fig ausgeglichen

afbanke ['aŭbɑŋʔgə] durchprügeln

afbankning ['aŭbɑŋʔgnen] ⟨-en; -er⟩ fig Niederlage f; **give én en ~** j-m e-e Tracht Prügel geben

af|barke ['aŭbɑʀgə] entrinden; **~bene** [-be:ʔnə] entgräten

afbenytte ['aŭbenødə] benutzen, gebrauchen

afbestille ['aŭbesdelʔə] abbestellen; **~ing** [-sdelʔeŋ] Abbestellung f; **~ingsrejse** [-eŋsʀaisə] ⟨-en; -r⟩ Last-Minute-Reise f

afbetale ['aŭbeta:ʔlə] abzahlen; F abstottern; **~ på en bil** ein Auto abzahlen

afbetaling ['aŭbeta:ʔleŋ] Abzahlung f, Ratenzahlung f, Teilzahlung f; **købe på ~** auf Raten(zahlung) kaufen

afbigt ['aŭbigd] ⟨-en⟩ Abbitte f; **gøre ~** Abbitte leisten (od tun)

afbild|e ['aŭbel̩ə] abbilden; fig darstellen; **~ning** [-belʔneŋ] ⟨-en; -er⟩ Abbildung f, Bild n; fig Darstellung f

af|billede ['aŭbeləðə)] Abbild n, Ebenbild n; **~binde** [-benʔə] abbinden (a MED); **~bladet** [-bla:ʔðəd] entblättert, entlaubt; **~blanke** [-blɑŋʔgə]: **være helt ~t** F völlig abgebrannt sein (pleite)

afblege ['aŭblei:ʔ] (aus)bleichen; Haar blondieren; **~t** verblasst (a fig)

af|blomstre ['aŭbləmʔsdʀə] verblühen (a fig); **~blænde** [-blɛnʔə] abblenden

afblæse ['aŭblɛ:ʔsə] fig abblasen

afblæsning ['aŭblɛ:ʔsneŋ] ⟨-en; -er⟩: **~ af alarm** MIL Entwarnung f

afbryde ['aŭbry:ʔðə] abbrechen; unterbrechen; EL ausschalten

afbrydelse ['aŭbry:ʔðəlsə] ⟨-n; -r⟩ Abbruch m; Unterbrechung f; **uden ~** ununterbrochen

afbryder ['aŭbry:ʔðəʀ] ⟨-en; -e⟩ EL Schalter m

afbræk ['aŭbʀɛg] ⟨-ket; -⟩: **volde én ~** j-m Abbruch tun (**i**/an D); **~ke** [-ə] abbrechen

afbrænde ['aŭbʀɛnʔə] abbrennen; **af-brændte rødvin** etwa: Glühwein m; **~r** [-ʀ] ⟨-en; -e⟩ Misserfolg m, Reinfall m

afbud ['aŭbuð] ⟨-(d)et; -⟩ Absage f; **sende ~** absagen (lassen), sich (A) entschuldigen lassen

afbøde ['ɑubøːʔð] abwehren; *fig* abhelfen (*D*)

afd. *Abk. für* **afdeling** u **afdøde** (→ **afdød**)

af|dampe ['ɑudɑmˀbə] trocknen lassen; lüften; abdampfen; **~danket** [-dɑŋˀgəð] entlassen, abgedankt; *Mantel:* abgetragen; *Mensch:* heruntergekommen; **~dansning** [-danˀsneŋ] ⟨*-en; -er*⟩, **~dansningsbal** [-danˀsneŋsbal] *Tanzkurs:* Abschlussball *m*

afdeling ['ɑudaiˀleŋ] (*Abk. afd.*) Abteilung *f* (*Abk. Abt.*); *Krankenhaus:* Station *f*; ÖKON Geschäftsstelle *f*; **moden til sjette ~** F reif für die Klapsmühle

afdelings|chef ['ɑudaiˀleŋssjeːʔf] Abteilungschef *m*; **~leder** [-leːðəʀ] Abteilungsleiter *m*; **~sygeplejerske** [-syˑplaiˀʔʀsgə] Stationsschwester *f*

afdrag ['ɑudʀɑːʔw] Abzahlung *f*, Teilzahlung *f*, Rate *f*, Tilgung(srate) *f*, Abschlagszahlung *f*; **på ~** in Raten, auf Raten; **~e** [-ə] abzahlen, tilgen

afdrags|fri ['ɑudʀɑwsfʀiːʔ] tilgungsfrei; **~vis** [-viːˀs] ratenweise, in Raten

at|dramatisere ['ɑudʀɑmɑtiˀseːʔʀə] entdramatisieren; **~drift** [-dʀefd] NAUT Abtrift *f*; **~dække** [-dɛgə] abdecken; enthüllen (*a fig*); **~dæmpe** [-dɛmˀbə] dämpfen

afdød ['ɑudøːʔð] verstorben (*Abk. afd.*); **den ~e** der/die Verstorbene

affald ['ɑufal] ⟨*-et*⟩ Abfall *m*, Müll *m*; Gefälle *n*; **radioaktivt ~** Atommüll *m*

affalds|dynge ['ɑufalsdøŋə] Abfallhaufen *m*; **~kurv** [-kuʀˀv] Abfallkorb *m*; **~pose** [-poːsə] Müllsack *m*, Mülltüte *f*; **~skakt** [-sgɑgd] Müllschlucker *m*; **~spand** [-sbanˀ] Mülleimer *m*

af|fart ['ɑufɑːʔʀd] Abfahrt *f*, Abreise *f*; **~farve** [-fɑːʔʀvə] entfärben

affatte ['ɑufadə] abfassen; *Brief* aufsetzen; **~lse** [-lsə] ⟨*-n; -r*⟩ Abfassung *f*, Fassung *f*

affede ['ɑufeːʔðə] entfetten (*Gewicht reduzieren*)

affedte ['ɑufedə] TECH entfetten (*etw Fett entziehen*)

affeje ['ɑufaiˀʔə]: **~ én** *j-n* kurz abfertigen; **~nde** abweisend

affekt|ation [ɑfɛgtɑˀsjoːʔn] ⟨*-en*⟩ Ziererei *f*; **~er(e)t** [-fɛgˀteːʔʀəð] affektiert, geziert; **~ionsværdi** [-fɛgˀsjoːʔnsvɛˀdiːʔ] Liebhaberwert *m*

afficere [ɑfiˈseːʔʀə] nahegehen (*D*), rühren (*A*)

affile ['ɑufiːˀlə] abfeilen; *fig* abschleifen

affinde ['ɑufenˀə]: **~ sig med én** (ngt.) sich mit *j-m* (*etw*) abfinden; **~lsessum**

[-lsəsɔmˀ] Abfindung(ssumme) *f*

af|fjedre ['ɑufjeðˀʀə] abfedern; **~fjedring** [-fjeðʀeŋ] ⟨*-en; -er*⟩ Federung *f*; **~flade** [-flaːˀðə] abflachen

affodr|e ['ɑufoðˀʀə] abfüttern; **~ing** [-foðˀʀeŋ] Abfütterung *f*

affolk|e ['ɑufɔlˀgə] entvölkern; **~ning** [-fɔlˀgneŋ] ⟨*-en*⟩ Entvölkerung *f*

af|fordre ['ɑufɔˀʀə] abfordern (*én ngt. j-m etw*); **~fyre** [-fyːʔʀə] abfeuern, abschießen; *Feuerwerk* abbrennen; **~fyringsrampe** [-fyːʔʀeŋsʀɑmbə] MIL Abschussrampe *f*; **~fældig** [-ˈfɛlʔdi] hinfällig, gebrechlich; **~færdige** [-fɛʀˀdiːə] abfertigen, abtun

affære [ɑˈfɛːʀə] ⟨*-n; -r*⟩ Affäre *f*, Angelegenheit *f*; **tage ~** die Sache in die Hand nehmen, eingreifen

afføde ['ɑuføːʔðə] hervorrufen, erzeugen

afføre ['ɑuføːʔʀə]: **~ sig et klædningsstykke** ein Kleidungsstück ausziehen; **~nde middel** Abführmittel *n*

affør|ing ['ɑuføːʔʀeŋ] ⟨*-en*⟩ MED Stuhlgang *m*; **hård ~** Verstopfung *f*; **~ingsmiddel** [-smiðˀˀəl] Abführmittel *n*

afg. *Abk. für* **afgang**

afgang ['ɑugɑŋˀ] ⟨*-en; -e*⟩ Abgang *m*; BAHN Abfahrt *f*; FLUG Abflug *m*; PARL Rücktritt *m*

afgangs|bevis ['ɑugɑŋsbeviːʔs] ⟨*-et; -er*⟩ *n* Abgangszeugnis *n*; **~eksamen** [-ɛgˀsaːmən] Abschlussprüfung *f*; **~perron** [-pɛˀʀɔŋ] BAHN Abfahrtsbahnsteig *m*; **~signal** [-siˀnaːʔl] Abfahrtssignal *n*; **~tid** [-tiðˀ] Abfahrtszeit *f*, Abflugzeit *f*

afgift ['ɑugifd] ⟨*-en; -er*⟩ Abgabe *f*, Steuer *f*

afgifte ['ɑugifdə] entgiften

afgifts|fri ['ɑugifdsfʀiːʔ] abgabenfrei, gebührenfrei, steuerfrei; **~pligtig** [-plegdi] abgabenpflichtig, gebührenpflichtig

afgive ['ɑugiːʔvə] *Erklärung, Stimme* abgeben; *Bericht* erstatten (**om**/von *D*); **~lse** [-giːʔvəlsə] ⟨*-n; -r*⟩ Abgabe *f*; Erstattung *f*

afgjort ['ɑugjoːʔʀd] → **afgøre**

af|glans ['ɑuglɑnˀs] Abglanz *m*; **~glatte** [-glaðə] abglätten; **~gnave** [-gnaːˀvə] abnagen; **~gnide** [-gniːʔðə] abreiben; **~grene** [-gʀeːˀʀə] abästen; **~grund** [-gʀɔnˀ] Abgrund *m* (*a fig*); **~grundsdyb** [-gʀɔnsdyːʔb] abgrundtief

afgræns|e ['ɑugʀɛnˀsə] abgrenzen; **~ning** [-gʀɛnˀsneŋ] ⟨*-en; -er*⟩ Abgrenzung *f*

af|græsse ['ɑugʀɛsə] abgrasen; **~grøde** [-gʀœːðə] (Ernte)Ertrag *m*; **~grøfte**

[-grɑːfdə] abgraben, entwässern

afgud ['ɑːuɡuð] Götze *m*; *fig* Abgott *m*; **~eri** [-ɡuːðəˈʁiˀ] ⟨*-et*⟩ Abgötterei *f*; **~erisk** [-ɡuːðəʁisɡ] abgöttisch

afguds|billede ['ɑːuɡuðsbelǝð(ǝ)] Götzenbild *n*; **~dyrkelse** [-dyʁɡǝlsǝ] Götzendienst *m*

afgæret ['ɑːuɡɛːˀʁɔð] *fig* abgeklärt

afgøre ['ɑːuɡœːˀʁǝ] abmachen; entscheiden; *Rechnung* begleichen; *Streit* schlichten; **~nde** entscheidend, maßgebend; **afgjort** abgemacht; entschieden; ausgesprochen; **~lse** [-lsǝ] ⟨*-n*; *-r*⟩ Entscheidung *f*; Abmachung *f*

afgå ['ɑːuɡɔːˀ] abgehen; BAHN abfahren; FLUG, PARL zurücktreten; ~ **ved døden** verscheiden, sterben

af|handling ['ɑːuhanˀleŋ] Abhandlung *f* (*om*/über *A*); **~haspe** [-hasbǝ] abhaspeln (*a fig*)

afhent|e ['ɑːuhɛnˀdǝ] abholen; **~ning** [-hɛnˀdneŋ] ⟨*-en*; *-er*⟩ Abholen *n*

afhjemlet ['ɑːujɛmˀløð] bestätigt; belegt

afhjælp|e ['ɑːujɛlˀbǝ] abhelfen (*D*); **~ning** [-jɛlˀbneŋ] ⟨*-en*; *-er*⟩ Abhilfe *f*, Linderung *f*

afholde ['ɑːuhɔlˀǝ] abhalten (*fra*/von *D*); *Kosten* bestreiten; ~ **sig fra** sich enthalten (*G*); **~lse** [-lsǝ] ⟨*-n*⟩ Abhaltung *f*; Enthaltung *f*; **~nde** [-nǝ] enthaltsam, abstinent; mäßig; **~nhed** [-nheˀð?] ⟨*-en*⟩ Enthaltsamkeit *f*; Abstinenz *f*; Mäßigkeit *f*

afholds|bevægelse ['ɑːuhɔlsbeˀvɛːˀʁǝlsǝ] Abstinenzlerbewegung *f*; **~hotel** [-hoˈtel] Hotel *n* ohne Alkoholausschank; **~mand** [-manˀ] Abstinenzler(in) *m(f)*

af|holdt ['ɑːuhɔlˀd] beliebt; **~hopper** [-hɔbǝr] ⟨*-en*; *-e*⟩ POL Flüchtling *m*; Abtrünnige(r) *m*, Überläufer *m*; **~hugge** [-hoɡǝ] abhauen, abschlagen

afhænde ['ɑːuhɛnˀǝ] veräußern; **~lig** [-ˈhɛnˀǝli] veräußerlich; **~lse** [-lsǝ] ⟨*-n*; *-r*⟩ Verkauf *m*

afhænge ['ɑːuhɛŋˀǝ] abhängen

afhængig [ɑuˈhɛŋˀi] abhängig (*af*/von *D*); **~hed** [-heˀð?] ⟨*-en*; *-er*⟩ Abhängigkeit *f*

afhør|e ['ɑːuhøːˀʁǝ] *Zeugen* verhören, vernehmen; **~ing** [-hoːˀʁeŋ] ⟨*-en*; *-er*⟩ Verhör *n*, Vernehmung *f*

af|høste ['ɑːuhøsdǝ] abernten; **~høvle** [-hœuˀlǝ] abhobeln; *Fußboden* abziehen; **~håre** [-hɔːˀʁǝ] enthaaren; **~ise** [-iˀsǝ] enteisen, *Kühlschrank* abtauen

afkald ['ɑːuˈkalˀ] Verzicht *m*; *give~ på ngt.* auf *etw* (*A*) verzichten

afkalk|e ['ɑːuˈkalˀɡǝ] entkalken; **~ningsmiddel** [-kalˀɡnɛŋsmiðˀǝl] Entkalker *m*

afkappe ['ɑːuˈkabǝ] kappen, abhauen

afkast ['ɑːuˈkasd] → **afkastning**; **~e** [-ǝ] abwerfen (*a Gewinn, Zinsen*); **~ning** [-neŋ] ⟨*-en*; *-er*⟩ ÖKON Gewinn *m*

afklapse ['ɑːuˈklabsǝ] *fig* abreiben, bestrafen

afklar|e ['ɑːuˈklɑːˀʁǝ] klären; **~s** sich (*A*) klären; **~t** *fig* abgeklärt

afklip|ning ['ɑːuˈklebneŋ] Abschneiden *n*; **~pe** [-klebǝ] abschneiden

afklæde ['ɑːuˈklɛːˀðǝ] entkleiden

afknappe ['ɑːuˈknabǝ] F abknapsen; ~ **éns løn** *j-m* den Lohn kürzen

af|koble ['ɑːuˈkɔbǝlǝ] abkuppeln, abschalten (*a fig*); **~kode** [-koːˀðǝ] dekodieren, entschlüsseln

afkog ['ɑːuˈkɔːˀw] ⟨*-et*; -⟩ Absud *m*; **~e** [-ǝ] auskochen

af|kolonisere ['ɑːuˈkolonisɛːˀʁǝ] entkolonisieren; **~kom** [-kɔmˀ] ⟨*-met*⟩ Nachkommenschaft *f*; ZO Brut *f*; **~kontrollere** [-kɔntʁoleːˀʁǝ] kontrollieren, überprüfen, F abchecken

afkort|e ['ɑːuˈkɔːˀðǝ] (ab)kürzen, verkürzen; **~else** [-lsǝ] ⟨*-n*; *-r*⟩, **~ning** [-kɔːˀðneŋ] ⟨*-en*; *-er*⟩ (Ab)Kürzung *f*; Abzug *m*

af|kridte ['ɑːuˈkʁiðǝ] mit Kreide markieren; **~kriminalisere** [-kʁiminaliseːˀʁǝ] entkriminalisieren; **~krog** [-kʁɔːˀw] Winkel *m*, abgelegene(r) Ort *m*; F Krähwinkel *n*; **~krydse** [-kʁysǝ] abhaken

afkræfte ['ɑːuˈkʁɛfdǝ] schwächen, entkräften (*a fig*); **~lse** [-lsǝ] ⟨*-n*; *-r*⟩ Entkräftung *f*

af|kræve ['ɑːuˈkʁɛːˀvǝ] abfordern (*én ngt. j-m etw*); *Steuer* erheben (*én* von *j-m*); **~kviste** [-kvesdǝ] *Ast* von Zweigen befreien; **~købe** [-køːˀbǝ] abkaufen (*én ngt. j-m etw*)

afkøle ['ɑːuˈkøːˀlǝ] (ab)kühlen

afkøling ['ɑːuˈkøːˀleŋ] Abkühlung *f*; *stille til ~* kalt stellen

af|lad ['ɑːuˈlað] ⟨*-en*⟩ Ablass *m*; **~lade** [-laːˀðǝ] *Gewehr* entladen; **~ladsbrev** [-laðsbʁeːˀv] HIST Ablassbrief *m*; **~lagt** [-lagd] → **aflægge**; **~lang** [-laŋˀ] länglich

aflast|e ['ɑːuˈlasdǝ] entlasten (*a fig*); **~ning** [-lasdneŋ] Entlastung *f*

afled|e ['ɑːuˈleːˀðǝ] ableiten; *Wort* herleiten; *Aufmerksamkeit* ablenken; **~ning** [-leːˀðneŋ] Ableitung *f*; **~ningsmanøvre** [-leːˀðneŋsmanˀøˀrǝ] Ablenkungsmanöver *n*

aflejr|e ['ɑːuˈlaiˀʁǝ] ablagern; **~ing** [-laiˀʁeŋ] ⟨*-en*; *-er*⟩ GEOL Ablagerung *f*

aflever|e ['ɑːuˈleveˀʁǝ] abliefern, abgeben

(*a Fußball*); hergeben; **~ing** [-leve:ˀReŋ] 〈*-en*; *-er*〉 Ablieferung *f*, *Ball*: Abgabe *f*

aflire [ˈaˀuli:ˀRə] ableiern, F herunterleiern

af|live [ˈaˀuli:ˀvə] töten; *Tier* einschläfern; *Gerücht* aus der Welt schaffen; **~lokke** [-ˈlɔɡə] entlocken (**én ngt.** *j-m etw*)

aflukke¹ [ˈaˀuloɡə] 〈*-t*; *-r*〉 Verschlag *m*

aflukke² [ˈaˀuloɡə] abschließen

aflure [ˈaˀulu:ˀRə] abgucken; ablisten, F abluchsen (**én ngt.** *j-m etw*)

af|luse [ˈaˀulu:ˀsə] entlausen; **~lyd** [-lyðˀ] GRAM Ablaut *m*

aflys|e [ˈaˀuly:ˀsə] absagen; **timen er af-lyst** die Stunde fällt aus; **~ning** [-ly:ˀsneŋ] Absage *f*; Ausfall *m*

aflytte [ˈaˀulydə] *Telefon* abhören

aflægge [ˈaˀulɛɡə] ablegen (*a fig*); *Besuch* abstatten; *Eid* leisten; *Bericht* erstatten; **aflagt Kleider**: abgelegt; **~r** [-R] BOT Ableger *m*

aflægs [ˈaˀulɛːˀɡs] abgelebt, altersschwach; **jeg er ikke ~ endnu** F ich gehöre noch nicht zum alten Eisen

aflæse [ˈaˀulɛːˀsə] ablesen; **~lig** [-ˈlɛːˀsəli] ablesbar

aflæsning¹ [ˈaˀulɛːˀsneŋ] Ablesen *n*

aflæsning² [ˈaˀulɛːsneŋ] Abladen *n*

aflæsse [ˈaˀulɛsə] abladen, entladen

aflob [ˈaˀuløˀb] Ablauf *m*, Abfluss *m*; **få ~ for sit raseri** *s-m* Zorn Luft machen

aflobs|kanal [ˈaˀuløˀbska'naːˀl] Abflusskanal *m*; **~rende** [-Renə] Abflussrinne *f*, Abfluss *m*; **~rør** [-ˈRœːˀR] Abflussrohr *n*

aflønne [ˈaˀulœnˀə] entlohnen, besolden

afløs|e [ˈaˀuløˀsə] ablösen; ersetzen; **~er** [-R] 〈*-e*〉 Vertreter *m*, Ersatz *m*, Nachfolger *m*; **~ning** [-løˀsneŋ] Ablösung *f*; Schichtwechsel *m*; Ersatz *m*

afløv|e [ˈaˀuløˀvə] entlauben; **~ning** [-løˀvneŋ] 〈*-en*; *-er*〉 Entlaubung *f*

aflåse [ˈaˀulɔːˀsə] verschließen; **~lig** [-ˈlɔːˀsəli] abschließbar, verschließbar

afmagnetisere [ˈaˀumawnetise:ˀRə] entmagnetisieren

afmagre [ˈaˀuma:ˀ(j)Rə]: **~ sig** eine Abmagerungskur machen; **~s** [-s] abmagern

afmagring [ˈaˀuma:ˀ(j)Reŋ] 〈*-en*; *-er*〉 Abmagerung *f*

afmagringskur [ˈaˀuma:ˀ(j)Reŋsku:ˀR] MED Entfettungskur *f*

afmagt [ˈaˀumaɡd] Machtlosigkeit *f*; MED Ohnmacht *f*

afmale [ˈaˀuma:ˀlə]: **angsten var ~t i hendes ansigt** die Angst stand ihr im Gesicht geschrieben

afmarch [ˈaˀumaRsj] Abmarsch *m*; Abzug

m

afmarchere [ˈaˀumaRsje:ˀRə] abmarschieren, abziehen, abrücken; **være galt ~t** *fig* sich gewaltig irren

af|matning [ˈaˀumadneŋ] 〈*-en*; *-er*〉 Kaufkraft: Abschwächung *f*; Flaute *f*, Rezession *f*; **~meje** [-maiˀ'ə] abmähen

afmeld|e [ˈaˀumelˀə] abmelden; absagen; **~else** [-lsə] 〈*-n*; *-r*〉, **~ing** [-melˀeŋ] 〈*-en*; *-er*〉 Abmeldung *f*; Absage *f*

afmontere [ˈaˀumɔnte:ˀRə] abmontieren

afmægtig [aˀuˀmɛɡdi] ohnmächtig (*a fig*), machtlos; **~hed** [-he:ðˀ] 〈*-en*〉 Ohnmacht *f*

afmærk|e [ˈaˀumɛRɡə] bezeichnen, kennzeichnen, markieren; abstecken; NAUT ausbacken, betonnen; **~ning** [-meRɡneŋ] Bezeichnung *f*; Markierung *f*

afmønstr|e [ˈaˀumønˀsdRə] NAUT abmustern; entlassen; **~ing** [-mønˀsdReŋ] Abmusterung *f*

af|måle [ˈaˀumɔ:ˀlə] abmessen; **afmålt** *fig* gemessen; **~nazificere** ['-nasifiˀse:ˀRə] entnazifizieren; **~nøde** [-nø:ˀðə] abnötigen (**én ngt.** *j-m etw*)

af|parere [ˈaˀupRɛːˀRə] parieren, abwehren (*a fig*); **~passe** [-pasə] abpassen; anpassen, bemessen; **~pillet** [-pelˀəð] abgemagert; **~plukke** [-ploɡə] abpflücken

afpres|ning [ˈaˀupResneŋ] 〈*-en*; *-er*〉 Erpressung *f*; **~ningsforsøg** [-'sfɔRˀsø:ˀ] Erpressungsversuch *m*; 〈**én ngt.** *j-m etw*〉; **~se** [-PRESə] abpressen (**én** von *j-m*); *Geld* erpressen (**én** von *j-m*); **~ser** [-PRESˀR] 〈*-en*; *-e*〉 Erpresser(in) *m*(*f*)

afprøv|e [ˈaˀupRœːˀvə] erproben, ausprobieren, F testen; **~ning** [-pRœːˀvneŋ] Erprobung *f*, Test(en) *m*(*n*)

afpudse [ˈaˀupusə] abputzen; *Mauer* verputzen

afpudsning [ˈaˀupusneŋ] 〈*-en*; *-er*〉: **manuskriptet fik en sidste ~** das Manuskript bekam den letzten Schliff

af|rakket [ˈaˀuRaɡɔð] abgerackert, abgenutzt; **~reagere** [-Reaɡe:ˀRə] *v/t* abreagieren; *v/i* sich abreagieren

afredt [ˈaˀuRɛːˀd]: **~ hår** ausgekämmte Haare *n/pl*

afregne [ˈaˀuRaiˀnə] abrechnen; verrechnen

afregning [ˈaˀuRaiˀneŋ] Abrechnung *f*; Verrechnung *f*; **gøre ~ med én** mit *j-m* abrechnen

afrejse¹ [ˈaˀuRaisə] Abreise *f*, Abfahrt *f*, Abflug *m*

afrejse² [ˈaˀuRaiˀsə] abfahren, abreisen

afrette [ˈaˀuRɛdə] abrichten; **~lse** [-lsə]

⟨-n⟩ Abrichtung f

af|ridse ['aŭrisə] vorzeichnen, skizzieren; **~rigge** [-Rɛgə] NAUT abtakeln

afrika|ner [afRi'ka:ʔnɔr] ⟨-en; -e⟩ Afrikaner(in) m(f); **~nsk** [-'ka:ʔnsg] afrikanisch

afrime ['aŭRi:ʔmə] *Kühlschrank* abtauen

afriv|e ['aŭRi:ʔvə] abreißen; **~ningskalender** [-Ri:ʔvneŋska'lenʔər] Abreißkalender m

afrunde ['aŭRɔnʔə] abrunden (*a fig*)

afrunding ['aŭRɔnʔeŋ] Abrundung f

afrust|e ['aŭRɔsdə] abrüsten; **~ning** [-Rɔsdneŋ] ⟨-en; -er⟩ Abrüstung f

afrydde ['aŭRyðʔə] abräumen; **~r** [-R] ⟨-en; -e⟩ *Kantine*: Abräumer(in) m(f)

afryste ['aŭRøsdə] *fig* abschütteln

afs. *Abk. für* **afsender**

af|salte ['aŭsalʔdə] entsalzen; **~sats** [-sads] ⟨-en; -er⟩ Absatz m (*Podest*); **~save** [-sa:ʔvə] absägen; **~savn** [-saŭʔn] Entbehrung f, Mangel m; **~se** [-se:ʔ] entbehren; absehen

afsejl|e ['aŭsai'lə] *Schiff*: abfahren; **~ing** [-sai'leŋ] ⟨-en; -er⟩ Abfahrt f

afsende ['aŭsenʔə] abschicken, absenden (*til/*an A); *Waren* versenden; **~lse** [-lsə] ⟨-n; -r⟩ Versand m; **~r** [-R] ⟨-en; -e⟩ (*Abk.* **afs.**) Absender m (*Abk.* **Abs.**)

afsending ['aŭsenʔeŋ] Abgesandte (der, die)

afsi ['aŭsi:ʔ] *Suppe* durchschlagen

afsides ['aŭsi:ʔðəs] entlegen, abgelegen; *adv* abseits; **gå ~** austreten (*s-e Notdurft verrichten*); **~liggende** [-legənə] abgelegen, abseits liegend

afsige ['aŭsi:ʔə] absagen; *Zeitung* abbestellen; *Urteil* aussprechen, verkünden; **~lse** [-lsə] ⟨-n; -r⟩ Absage f; Abbestellung f; Verkündung f

afsikre ['aŭseRə] *Schusswaffe* entsichern

afsind ['aŭsenʔ] ⟨-et⟩ Wahnsinn m; **~ig** [-'senʔdi] wahnsinnig; **~ighed** [-'senʔdiheːðʔ] ⟨-en; -er⟩ → **afsind**

afskaffe ['aŭskafə] abschaffen; **~lse** [-lsə] ⟨-n⟩ Abschaffung f

afskalle ['aŭsgalʔə] *v/t* abschälen; *v/i* sich abschälen; **~t** *Farbe, Putz*: abgeblättert

afsked ['aŭsgeːʔð] ⟨-en⟩ Abschied m; Entlassung f; **tage ~ med én** sich von j-m verabschieden; **få sin ~** entlassen werden; **tage sin ~** aus dem Amt scheiden

afskedige ['aŭsgeːʔðiə] entlassen; **~lse** [-lsə] ⟨-n; -r⟩ Entlassung f

afskeds|ansøgning ['aŭsgeðsansøːʔnen], **~begæring** [-be'gɛːʔRen] Entlassungsgesuch n (*indgive* einreichen); **~brev** [-bRe:ʔv] Abschiedsbrief m; *fest* [-fesd], **~gilde** [-gilə] Abschiedsfeier f

afskedtagen ['aŭsgeðta:jən] ⟨en⟩ Abschiednehmen n

afskib|e ['aŭsgi:ʔbə] verschiffen, verladen; **~ning** [-sgi:ʔbneŋ] ⟨-en; -er⟩ Verschiffung f, Verladung f; **~ningshavn** [-sgi:ʔbneŋshaŭ'n] Verschiffungshafen m

afskovning ['aŭsgoŭ'neŋ] Abholzung f, Entwaldung f

afskrab ['aŭsgRa:ʔb] ⟨-et; -⟩ MED Abstrich m; **~e** [-ə] abschaben; **~ning** [-neŋ] ⟨-en; -er⟩ Abschabung f, (Haut)Abschürfung f

af|skride ['aŭsgRiðə] abschreiten; **~skrift** [-sgRefd] Abschrift f

afskriv|e ['aŭsgRi:ʔvə] abschreiben; *fig v/t* aufgeben; **~ning** [-sgRi:ʔvneŋ] Abschreiben n; ÖKON Abschreibung f

afskrække ['aŭsgRεgə] abschrecken; **~lse** [-lsə] ⟨-n⟩ Abschreckung f

afskum ['aŭsgomʔ] ⟨-met; -⟩ *fig* Abschaum m; *dit ~!* du Schuft!; **~me** [-ə] abschäumen; abschöpfen; *Milch* entrahmen

afsky¹ ['aŭsgy:ʔ] ⟨en⟩ Abscheu m, Ekel m; **nære ~ for ngt.** vor *etw* (D) Abscheu haben

afsky² ['aŭsgy:ʔ] verabscheuen

afskyd|e ['aŭsgy:ʔðə] abschießen, abfeuern; **~ning** [-sgyð'neŋ] Abschuss m, Abfeuerung f

afskyelig [aŭ'sgy:ʔəli] abscheulich, scheußlich; ekelhaft; **~hed** [-he:ðʔ] ⟨-en; -er⟩ Abscheulichkeit f

af|skygning ['aŭsgygneŋ] ⟨-en; -er⟩ Schattierung f, Abstufung f; **~skyvækkende** [-sgy:ʔveganə] abscheuerregend

afskære ['aŭsgεːʔRə] abschneiden (*a fig*); **afskårne blomster** *pl* Schnittblumen f/pl; **afskåret fra** der Möglichkeit beraubt, gehindert an (D)

afskærm|e ['aŭsgεRʔmə] abschirmen; **~ning** [-sgεRʔmnen] ⟨-en; -er⟩ Abschirmung f

afskåret ['aŭsgɔ:ʔRəð] → **afskære**

afslag ['aŭsla:ʔ] Ablehnung f, abschlägige Antwort f; ÖKON Nachlass m; *få ~* nicht angenommen werden; *give én ~ på ngt.* j-m etw abschlagen

afslap|ning ['aŭslabneŋ] ⟨-en⟩ Entspannung f; **~ningsøvelse** [-søʔvəlsə] Entspannungsübung f, Lockerungsübung f; **~pe** [-slabə] entspannen; **~pelse** [-slabəlsə] ⟨-n⟩ Entspannung f; Erschlaffung *f*; **~pes** [-slabəs] sich entspannen; erschlaffen; **~pet** [-slabəð] entspannt, gelockert, locker

afslibe ['aʊsli:'bə] abschleifen (*a fig*)

afslidt ['aʊslid] abgenutzt

afslutning ['aʊsludnɛŋ] (Ab)Schluss *m*

afslutningsvis ['aʊsludnɛŋsvi:'s] abschließend, zum Schluss

afslutte ['aʊsludə] (ab)schließen, beenden; **~t** abgeschlossen; *et* **~t** *hele* ein geschlossenes Ganzes; **~nde** *ord* Schlusswort *n*

afsløre ['aʊslø:'ʀə] enthüllen (*a fig*); *Betrüger* entlarven; *Geheimnis, Verbrechen* aufdecken, enthüllen, entschleiern; **~ing** [-slø:'ʀɛŋ] ⟨-en; -er⟩ Enthüllung *f*

afslå ['aʊslɔ:'] abschlagen, ablehnen, verweigern; **~ende** abschlägig

af|smag ['aʊsma:'] ⟨-en⟩ Beigeschmack *m*; *fig* Widerwille *m* (*for/*gegen *A*); **~smelte** [-smɛl'ðə] abschmelzen, *Fett* auslassen; **~sminke** [-smɛŋ'gə] abschminken

afsmit|ning ['aʊsmidnɛŋ] ⟨-en⟩ Abfärben *n*, **~tende** [ɔmidənɔ] abfärbend; *fig* ansteckend; *virke* **~** *på* *ngt.* sich auf *etw* (*A*) auswirken

af|snit ['aʊsnid] Abschnitt *m*; TYP Absatz *m*; **~snubbet** [-snobəð] *Wörter:* abgehackt; **~snøre** [-snœ:'ʀə] abschnüren

afsondr|e ['aʊsɔn'dʀə] absondern; **~et** [-ð] abgesondert; abgeschieden; **~ing** [-sɔn'dʀɛŋ] Absonderung *f*; Abgeschiedenheit *f*

afson|e ['aʊso:'ʀə] *Strafe* verbüßen; **~ing** [-so:'nɛŋ] ⟨-en; -er⟩ Verbüßung *f*

afspadsere ['aʊsba'se:'ʀə] *Überstunden* abfeiern, abbummeln

afspej|le ['aʊsbaɪ'lə] (wider)spiegeln, abspiegeln (*sig* sich); **~ing** [-sbaɪ'lɛŋ] ⟨-en; -er⟩ Widerspiegelung *f*

afspil|le ['aʊsbel'ə] *Schallplatte* abspielen; **~ningshastighed** [-sbel'nɛŋshasdi:he:ð?] Abspielgeschwindigkeit *f*

afspise ['aʊsbi:'sə] *fig* abspeisen

afspore ['aʊsbo:'ʀə] BAHN zum Entgleisen bringen; **~s** entgleisen; **~t** entgleist (*a fig*)

afsporing ['aʊsbo:'ʀɛŋ] ⟨-en; -er⟩ Entgleisung *f* (*a fig*)

afspænd|e ['aʊsben'ə] entspannen (*a fig*); **~ing** [-sben'ɛŋ] Entspannung *f* (*a fig*)

afspændings|middel ['aʊsben'ɛŋsmiðˀəl] Wasserenthärter *m*, Kalklöser *m*; **~politik** [-poli'tig] Entspannungspolitik *f*; **~øvelse** [-ø:vəlsə] Entspannungsü-

bung *f*

afspærr|e ['aʊsbɛʀ'ʔə] absperren, versperren; **~ing** [-sbɛʀ'ʔɛŋ] Absperrung *f*; Sperre *f*; **~ingsventil** [-sbɛʀ'ʔɛŋsven'ti:'l?] Absperrventil *n*

afstalinisering ['aʊsdalinise:'ʀɛŋ] ⟨-en⟩ POL Entstalinisierung *f*

afstam|ning ['aʊsdam'nɛŋ] ⟨-en; -er⟩ Abstammung *f*; **~ningslære** [-slɛ:ʀə] Abstammungslehre *f*

afstand ['aʊsdan'] ⟨-en; -e⟩ Abstand *m*; Entfernung *f*; *på* **~** aus der Ferne; *tage* **~** *fra ngt. fig* sich von *etw* distanzieren

afstands|briller ['aʊsdansbʀelʔər] *pl* Fernbrille *f*; **~måler** [-mɔ:lər] Entfernungsmesser *m*

afstandtagen ['aʊsdanta:jən] ⟨en⟩ *fig* Distanzierung *f*

afstedkomme [a'sdeðkɔm'ə] verursachen, anrichten

afstemme ['aʊsdem'ə] abstimmen

afstem|ning ['aʊsdem'nɛŋ] Abstimmung *f*; *holde* **~** *om ngt.* über *etw* (*A*) abstimmen; *sætte under* **~** zur Abstimmung bringen

afstemnings|lokale ['aʊsdəm'nɛŋslo'ka:lə] Wahllokal *n*; **~resultat** [-ʀesul'ta:?ð] Abstimmungs-, Wahlergebnis *n*

afstemple ['aʊsdem'blə] abstempeln

afstikke ['aʊsdegə] abstecken; **~nde** hervorstechend

afstikker ['aʊsdegər] ⟨-en; -e⟩ Abstecher *m*; *gøre en* **~** *e-n* Abstecher machen

afstive ['aʊsdi:'və] absteifen, abstützen

afstraffe ['aʊsdʀafə] bestrafen; **~lse** [-lsə] ⟨-n; -r⟩ Bestrafung *f*

afstresse ['aʊsdʀesə] entspannen

afstrib|e ['aʊsdʀi:'bə] *Straße* markieren; **~ning** [-sdʀi:'bnen] ⟨-en; -er⟩ Fahrbahnmarkierung *f*

afstumpe ['aʊsdom'bə] abstumpfen

afstumpet ['aʊsdom'bəð] *fig* abgestumpft; **~hed** [-he:ð?] ⟨-en⟩ Abgestumpftheit *f*

af|støbning ['aʊsdø:'bnɛŋ] Abguss *m*; **~støde** [-sdø:'ðə] abstoßen; **~støvning** [-sdø:'vnɛŋ] ⟨-en; -er⟩ Abstauben *n*

afstå ['aʊsdɔ:'] *v/t Geschäft* abtreten (*til/* an *A*); *v/i fig* absehen, ablassen (*fra/*von *D*); **~else** [-əlsə] ⟨-n; -r⟩ Abtretung *f*; **~elsessum** [-əlsəssom?] Abstandssumme *f*

afsvale ['aʊsva:'lə] abkühlen (*a fig*); **~s** (sich) abkühlen

af|svide ['aʊsvi:'ðə] ⟨afsved; afsvedet⟩ versengen; **~svovle** [-svɔʊ'lə] entschwefeln; **~svække** [-svɛgə] abschwächen; *fig* entkräften

afsværge ['aŭsvɛʀˀwə] abschwören; **~lse** [-lsə] ⟨-n; -r⟩ Abschwörung f

afsynge ['aŭsønˀə] (ab)singen; **~lse** [-lsə] ⟨-n⟩ Absingen n

afsyre ['aŭsy:ˀʀə] *Stuhl* ablaugen, abbeizen

afsæb|e ['aŭse:ˀbə] abseifen; **~ning** [-sɛ:ˀbneŋ] ⟨-en; -er⟩ Abseifen n

afsæt ['aŭsed] SPORT Anlauf m; **~ning** [-neŋ] ÖKON Absatz m; Vertrieb m

afsætte ['aŭsedə] absetzen; **~ én fra et embede** j-n s-s Amtes entheben; **~lig** [-'sɛdəli] absetzbar; **~lse** [-lsə] ⟨-n; -r⟩ Absetzung f; Absatz m

afsøge ['aŭsøːˀə] absuchen

aftage ['aŭta:ˀ(j)ə] abnehmen; **~lig** [-'ta:ˀ(j)əli] abnehmbar; **~nde** [-nə] ⟨et⟩ *Mond*: Abnehmen n; **~r** [-ʀ] ⟨-en; -e⟩ Abnehmer m, Käufer m

aftagning ['aŭta:ˀ(j)neŋ] ⟨-en; -er⟩ Abnahme f

aftakle ['aŭtaglə] NAUT abtakeln

aftale[1] ['aŭta:lə] Verabredung f, Vereinbarung f; **så er det en ~!** abgemacht!; **efter ~** nach Vereinbarung; wie verabredet; **have en ~** verabredet sein

aftale[2] ['aŭta:lə] verabreden, vereinbaren (*a Preis*); **aftalt → aftælle**; **aftalt spil** abgekartete(s) Spiel n; **som aftalt** wie verabredet

aftap|ning ['aŭtabneŋ] Abzapfung f, Abfüllung f; **~ningshane** [-sha:nə] Zapfhahn m

aftappe ['aŭtabə] abzapfen, abziehen; **~ på flasker** in Flaschen abfüllen

aftegn|e ['aŭtaiˀnə] abzeichnen; **~ sig mod ngt.** sich abheben gegen (*A*); **~ing** [-taiˀneŋ] *Tierfell*: Zeichnung f

aften ['afdən] ⟨aft(e)nen; aft(e)ner⟩ Abend m; **~en før** am Vorabend; **god ~!** guten Abend!; **en ~** e-s Abends; **hver ~** jeden Abend; **i ~** heute Abend; **i morgen ~** morgen Abend; **om ~en** abends, am Abend, des Abends; **en tirsdag ~** an e-m Dienstagabend; **til langt ud i ~en** bis in den späten Abend; **spise til ~** zu Abend essen

aften|bøn ['afdənbœnˀ] Abendgebet n; **~kjole** [-kjo:lə] Abendkleid n; **~lig** [-li] abendlich; **~røde** [-ʀœ:ðə] ⟨-n⟩ Abendrot n; **~sang** [-saŋˀ] Abendlied n; Nachmittagsgottesdienst m

aftensbord ['afdənsbo:ˀʀ] Abendbrottisch m

aften|skole ['afdənsgo:lə] Abendschule f; Volkshochschule f; **~skumring** [-sgomʀeŋ] Abenddämmerung f

aftensmad ['afdənsmað] ⟨-en⟩ Abendbrot n, Abendessen n

aftensol ['afdənso:ˀl] Abendsonne f

aftenstid ['afdənstiðˀ] Abendzeit f; **ved ~(e)** am Abend, gegen Abend

aftershave ['afdaʀʃɛːv] ⟨-n; -r⟩ Aftershave n

aftes ['afdəs]: **i (går) ~** gestern Abend; **i tirsdags ~** am Dienstagabend

aftjekke ['aŭtjegə] F abchecken

aftjene ['aŭtjɛːˀnə]: **~ sin værnepligt** s-n Wehrdienst (ab)leisten

aftne(s) ['afdnə(s)]: **det aftner** (*od* **aftnes**) es wird Abend

aftrap|ning ['aŭtʀabneŋ] ⟨-en; -er⟩ Abstufung f; *fig* Abbau m, Deeskalation f; **~pe** [-tʀabə] abstufen; *fig* abbauen; **~t gavl** ARCH Treppengiebel m

aftryk ['aŭtʀœg] Abdruck m; TYP Abzug m (*a* FOT), **~ke** [-ə] TYP abdrucken

aftræde ['aŭtʀɛːˀðə] v/i zurücktreten, abtreten, ausscheiden

aftræk ['aŭtʀeg] ⟨-ket; -⟩ Abzug m (*a Ofen*); TYP (Korrektur)Abzug m, Fahne f; **være ngt. langsom i ~ket** *fig* F langsam schalten; **~ke** [-ə] abziehen; **~ker** [-əʀ] ⟨-en; -e⟩ MIL Abzug m, Drücker m

af|tvinge ['aŭtveŋˀə] abzwingen, abnötigen (**én ngt.** j-m etw); **~tvætte** [-tvedə] *lit*, abwaschen

aftægt ['aŭtegd] ⟨-en⟩ Altenteil n; **gå på ~** sich aufs Altenteil setzen

aftægtsmand ['aŭtegdsmanˀ] Altenteiler m, Altbauer m

aftælle ['aŭtɛlˀə] ⟨aftalte; aftalt⟩ abzählen; **aftalte penge** *pl* passende(s) Geld n

aftørr|e ['aŭtœʀˀə] abtrocknen, abwischen; **~ing** [-tœʀˀeŋ] Abtrocknen n, Abwischen n

afvand|e ['aŭvanˀə] entwässern; **~ing** [-vanˀeŋ] Entwässerung f

afvandr|e ['aŭvanˀdʀə] abwandern; **~ing** [-vanˀdʀeŋ] Abwanderung f

afvarsl|e ['aŭva:ˀʀslə] *Sirene*: entwarnen; **~ing** [-va:ˀʀslen] ⟨-en; -er⟩ Entwarnung f

afvask|e ['aŭvasgə] abwaschen; **~elig** [-'vasgəli] abwaschbar; **~ning** [-vasgneŋ] ⟨-en; -er⟩ Abwaschung f

afvej ['aŭvaiˀ] Abweg m; **komme på ~e** auf Abwege geraten

afvej|e ['aŭvaiˀə] abwiegen; *fig* abwägen; **~ning** [-vaiˀneŋ] Abwiegen n; Abwägung f

afveksle ['aŭvegslə] abwechseln; **~nde** abwechselnd; abwechslungsreich

afveksling ['aŭvegsleŋ] Abwechslung f;

til en ~ zur Abwechslung

af|vende ['ũvenʔə] abwenden, abwehren; **~vente** [-venʔdə] abwarten

afvige ['ũvi:ʔə] abweichen (*fra*/von *D*); *meningerne* ~*r* die Meinungen gehen auseinander; **~lse** [-lsə] ⟨-n; -r⟩ Abweichung *f*; **~r** [-R] ⟨-en; -e⟩ Außenseiter *m*

afvigt ['ũvigd] vergangen, vorig; *~e år* vergangenes Jahr

afvikl|e ['ũveglə] *fig* abwickeln; **~ing** [-veglen] ⟨-en; -er⟩ Abwicklung *f*

afvinde ['ũvenʔə] *fig* abgewinnen (*én ngt. j-m etw*)

afvise ['ũvi:ʔsə] abweisen, zurückweisen; ablehnen; F abblitzen lassen

afviser ['ũvi:ʔsəR] ⟨-en; -e⟩ Verkehrszeichen *n*; **~blink** [-blenʔg] Blinker *m*; **~sten** [-sde:ʔn] Prellstein *m*

afvisning ['ũvi:ʔsnen] ⟨-en; -er⟩ Ablehnung *f*, Zurückweisung *f*

afvæbn|e ['ũvɛ:ʔbnə] entwaffnen (*a fig*); **~ing** [-vɛ:ʔbnen] ⟨-en; -er⟩ Entwaffnung *f*

afvænn|e ['ũvɛnʔə] abgewöhnen (*én med ngt. j-m etw*); entwöhnen; *Baby* abstillen; **~ingskur** [-vɛnʔeŋsku:ʔR] Entziehungskur *f*

afværge ['ũvɛRʔwə] abwehren; *fig* abwenden; *ikke til at* ~ unabwendbar; **~lse** [-lsə] ⟨-n; -r⟩ Abwehr *f*, Abwendung *f*; **~manøvre** [-manˈœũRə] Abwehrmanöver *n*; **~mekanisme** [-mekaˈnismə] Abwehrmechanismus *m*

afæske ['ũesgə] *lit* abverlangen (*én ngt. j-m etw*)

agat [a'ga:ʔd] ⟨-en; -er⟩ Achat *m*

age ['a:(j)ə] *bsd dial* fahren

agent [a'genʔd] ⟨-en; -er⟩ Agent(in) *m(f)*; Vertreter(in) *m(f)*; **~film** [-filʔm] Agentenfilm *m*; **~ur** [-genˈtu:ʔR] ⟨-et; -er⟩ Agentur *f*, Vertretung *f*

ager ['a:ʔ(j)əR] ⟨-en; agre⟩ Acker *m*, Feld *n*; **~brug** [-bRu:ʔ] ⟨-et⟩ Ackerbau *m*; **~dyrker** [-dyRgəR] Ackerbauer *m*, Landwirt *m*; **~dyrkning** [-dyRgnen] → **agerbrug**

agere [a'ge:ʔRə] agieren, spielen

ager|høne ['a:ʔ(j)əRhœːnə] Rebhuhn *n*; **~jord** [-jo:ʔR] ⟨-en; -e *od* -er⟩ Ackerland *n*

agern ['a:ʔ(j)əRn] ⟨-et; -⟩ *BOT* Eichel *f*

agestol [a:(j)əsdo:ʔl] Kutschbock *m*

aggressi|on [agRɛˈsjoːʔn] ⟨-en; -er⟩ Aggression *f*; **~onsdrift** [-sdRefd] Aggressionstrieb *m*

aggressiv ['agRɛsiːʔv] aggressiv; **~itet** [-siviˈteːʔd] ⟨-en⟩ Aggressivität *f*

agn [aũʔn] ⟨-en⟩ Köder *m*

agt [agd] ⟨-en⟩ Absicht *f*; *give ~ på ngt.* auf *etw* Acht geben; *giv ~!* gib Acht!, Achtung!; *tage sig i ~ for ngt.* sich vor *etw* hüten (*od* in Acht nehmen); *det var ikke min ~* es war nicht meine Absicht; *holde ngt. i ~ og ære* etw in Ehren halten

agte ['agdə] achten; beachten; beabsichtigen; *~ på ngt.* auf *etw* (*A*) achten, *etw* beachten

agtelse ['agdəlsə] ⟨-n⟩ Achtung *f* (*for én* vor *j-m*)

agten ['agdən] NAUT achtern; *~ for* hinter; hinten; *~ for tværs* schräg von hinten; *~ om* achterherum

agter ['agdəR] NAUT achtern; *gå til ~s med én fig* mit *j-m* bergab gehen; **~dæk** [-dɛg] Achterdeck *n*; **~ind** ['-inʔ] von hinten; **~lig** [-li] achterlich; achtern; **~parti** [-paRˈtiːʔ] F, *scherzh* Hinterteil *n*; **~spejl** [-sbaiʔl] NAUT Spiegel *m*; *fig* F Hinterteil *n*; **~stavn** [-sdaũʔn], **~stævn** [-sdɛũʔn] NAUT Achtersteven *m*

agterud ['agdəRˈuð] achteraus, nach hinten, *sakke ~* *fig* zurückbleiben

agtpågiven|de ['agdpɔgiːʔvənə] achtsam, aufmerksam; **~hed** [-gi:ʔvənheːðʔ] ⟨-en⟩ Aufmerksamkeit *f*

agt|som ['agdsɔmʔ] achtsam; **~værdig** ['-veRˈdi] achtbar, ehrenwert

agurk [a'guRg] ⟨-en; -er⟩ Gurke *f*; *syltede ~r* Gewürzgurken *flpl*; *din heldige ~!* F du Glückspilz!; *gå ~* ausflippen

agurke|salat [a'guRgəsaˈla:ʔd] Gurkensalat *m*; **~tid** [-tiðʔ] *scherzh* Sauregurkenzeit *f*

A-indkomst [a:ʔenkɔmsd] *regelmäßiges Bruttoeinkommen*

aircondition ['ɛRkɔndisjən] ⟨-en⟩, **~anlæg** [-anlɛ:ʔg] Klimaanlage *f*

ajle ['ailə] ⟨-n⟩ Jauche *f*, Gülle *f*; **~beholder** [-be'hɔlʔəR] Jauchebehälter *m*; **~brønd** [-bRœnʔ] Jauchengrube *f*

ajour [a'sju:R] *holde én ~ med ngt.* j-n auf dem Laufenden halten über (*A*); **~føre** [-fø:ʔRə] auf den letzten Stand bringen

ak [ag] *~!* ach!; *med ~ og ve* mit Ach und Krach

akademi [akade'mi:ʔ] ⟨-et; -er⟩ Akademie *f*; **~ker** [-de:ʔmigəR] ⟨-en; -e⟩ Akademiker(in) *m(f)*

a-kasse [a'ʔkasə] *være medlem af en ~* *etwa* eine Arbeitslosenversicherung haben

akavet [a'ka:ʔvəð] ungeschickt, linkisch

akavet [a'ka:ʔvəð] ungeschickt, linkisch

akeleje [agə'laiə] ⟨-n; -r⟩ Akelei *f*

akilles|hæl [a'kiləsɦɛ:ˀl] *fig* Achillesferse f; **~sene** [-se:nə] Achillessehne f

akkompagne|ment [akɔmpanjə'maŋ] ⟨-et; -er⟩ MUS Begleitung f; **~re** [-'je:ˀrə] begleiten

akkord [a'kɔrd] ⟨-en; -er⟩ Akkord m (a Arbeit); JUR Vergleich m; **arbejde på ~** im Akkord arbeiten; **gå på ~** fig e-n Kompromiss schließen; **~arbejde** [-ʌrbaɪˀdə] Akkordarbeit f

akkordeon [a'kɔːˀrdeɔn] ⟨-et; -er⟩ MUS Akkordeon n, Schifferklavier n

akkordløn [a'kɔrdlœnˀ] Akkordlohn m

akkredit|ere [akrɛdi'te:ˀrə] ØKON akkreditieren; *Diplomaten* beglaubigen; **~iv** [-'tiːˀv] ⟨-et; -er⟩ Akkreditiv n; Beglaubigungsschreiben n

akkumulator [akumu'laːtɔr] ⟨-en; -er⟩ Akkumulator m; F Akku m

akkurat [aku'ra:ˀd] akkurat, genau; pünktlich; *adv* [ˈakura:ˀd] genau; **lige ~** gerade noch

akkusativ [a'kusati:ˀv] ⟨-en; -er⟩ GRAM Akkusativ m

a-kraft [a:ˀkrafd] Atomkraft f

a-kraft-værk [a:ˀkrafdvɛrg] Atomkraftwerk n

akrobat [akro'baˀd] ⟨-en; -er⟩ Akrobat(in) m(f)

aks [ags] ⟨-et; -⟩ Ähre f; **sanke ~** Ähren lesen

akse [ˈagsə] ⟨-n; -r⟩ Achse f

aksel [ˈagsəl] ⟨aks(e)len; aksler⟩ Achse f; TECH Welle f; **~brud** [-bruˀð] Achsenbruch m; **~leje** [-laiˀə] ⟨-t; -r⟩ Achslager n

akt [agd] ⟨-en; -er⟩ Akt m, Handlung f; THEA Akt m, Aufzug m; JUR Akte f, Aktenstück n

aktie [ˈagsjə] ⟨-n; -r⟩ Aktie f; **~majoritet** [-majori'te:ˀd] Aktienmehrheit f; **~selskab** [-selsgaːˀb] ⟨Abk. A/S od a/s⟩ Aktiengesellschaft f ⟨Abk. AG⟩; **~udbytte** [-uðbydə] Dividende f

aktindsigt [ˈagdensegd] Akteneinsicht f

aktion [ag'sjoːˀn] ⟨-en; -er⟩ Aktion f

aktionsradius [ag'sjoːˀns'ra:ˀdius] Aktionsradius m (a fig)

aktionær [agsjo'nɛːˀr] ⟨-en; -er⟩ Aktionär(in) m(f)

aktiv¹ [ˈagti:ˀv] ⟨-et; -er⟩ GRAM Aktiv n; ØKON Aktivposten m; *fig* Vorteil m

aktiv² [ˈagti:ˀv] aktiv; tätig

aktiv|ere [agti've:ˀrə], **~isere** [-vi'se:ˀrə] aktivieren; **~itet** [-vi'te:ˀd] ⟨-en; -er⟩ Aktivität f, Tätigkeit f

aktstykke [ˈagdsdøgə] Akte f, Schriftstück n

aktuali|sere [agtuali'se:ˀrə] aktualisieren; **~tet** [-'te:ˀd] ⟨-en; -er⟩ Aktualität f

aktuel [agtu'ɛl] aktuell

akupunkt|ur [akupɔn'tu:ˀr] Akupunktur f; **~ør** [-'ø:ˀr] ⟨-en; -er⟩ Akupunkteur m

akustik [aku'sdig] ⟨-ken⟩ Akustik f

akut [a'kud] akut; **~afdeling** [-ʌðe:ˀleŋ] Intensiv-, Unfallstation f

akva|marin [akvama'ri:ˀn] ⟨-en; -er⟩ MINER Aquamarin m; **~planing** [-pleˀneŋ] su Aquaplaning n

akvarel [agva'rel] ⟨-len; -ler⟩ Aquarell n

akvari|efisk [a'kva:ˀriɔfesg] bsd Zierfisch m; **~um** [-'kva:ˀriɔm] ⟨akvariet; akvarier⟩ Aquarium n

akvavit [akvavid] ⟨-en; -er⟩ Aquavit m, Kümmel(schnaps) m

al [alˀ] *adj* u *unbest pron* all; **~t** n, **~le** [ˈalə] *pl*; **af ~ magt** mit aller Kraft; **til ~ lykke** zum Glück; **~ min kraft** m-e ganze Kraft; **i ~(t) fald** auf jeden Fall, jedenfalls; **~t andet** alles Übrige; **~t andet end** alles andere als; **~t det** all das, das alles; **~t godt!** alles Gute!; **~t muligt** alles Mögliche; **~t sammen** alles; **efter ~t** nach allem; **frem for ~t** vor allem (od allen Dingen); **i ~t** insgesamt; **~t i ~t, når ~t kommer til ~t** alles in allem; letzten Endes; **ikke for ~t i verden** nicht um alles in der Welt; **mit ét og ~t** mein Ein und Alles; **~t iberegnet** alles inbegriffen, pauschal, einschließlich; **trods ~t** trotz allem; **~t efter som** je nachdem; **~t imens** während; allerdings; **~t for** allzu, viel zu; **~le og enhver** jedermann; **~le sammen** alle (zusammen); **~le som én** alle wie ein Mann; **~le hånde, ~le slags** allerlei; **kære ~le!** Brief: Ihr Lieben!; **for ~le tilfældes skyld** für alle Fälle; **én gang for ~le** ein für alle Mal; **~le vegne** überall; **i ~le måder** durch und durch, in jeder Hinsicht

alarm [a'la:ˀrm] ⟨-en; -er⟩ Alarm m; **slå ~** Alarm schlagen; **for min skyld ingen ~!** meinetwegen (gern!); **~beredskab** [-be'rɛðˀsga:ˀb] Alarmbereitschaft f; **~ere** [-la:r'me:ˀrə] alarmieren; beunruhigen; **~ering** [-la:r'me:ˀreŋ] ⟨-en; -er⟩ Alarmierung f; **~klokke** [-kləgə] Alarmglocke f; **~signal** [-si'na:ˀl] Alarmsignal n

albue¹ [ˈalbu:ə] ⟨-n; -r⟩ Ell(en)bogen m; **bruge ~rne** F, *fig* s-e Ellbogen gebrauchen

albue² [ˈalbuˀə]: **~ sig frem** F sich durchboxen

albue|ben [ˈalbu:əbeˀn] ANAT Elle f; **~led** [-leð] Ellbogengelenk n; **~rum** [-rɔmˀ] Ellbogenfreiheit f

album ['albom] ⟨-(m)et; -(m)er od -⟩ Album n

aldeles [al'de:ʔləs] gänzlich, ganz (und gar); ~ **ikke** durchaus nicht

alder ['alʔər] ⟨-en; aldre⟩ (Lebens)Alter n; **en mand i sin bedste ~** ein Mann in den besten Jahren; **i en ~ af …** im Alter von …; **på min ~** in meinem Alter

alderdom ['alʔərdɔmʔ] ⟨-men⟩ Alter n; **dø af ~** an Altersschwäche sterben

alderdoms|hjem ['alʔərdɔmsjemʔ] Altersheim n; **~svaghed** [-sva:heːðʔ], **~svækkelse** [-svegəlsə] Altersschwäche f, Gebrechlichkeit f

alders|bestemme ['alʔərsbe'sdemʔə] e-e Altersbestimmung vornehmen; **~formand** [-fɔrmanʔ] Alterspräsident m; **~forskel** [-fɔrsgelʔ] Altersunterschied m; **~gruppe** [-grubə] Altersgruppe f

aldersgrænse ['alʔərsgrɛnsə] Altersgrenze f; **falde for ~n** (nach Erreichen der Altersgrenze) in den Ruhestand versetzt werden

alders|klasse ['alʔərsklasə] Altersklasse f; **~præsident** [-prɛsi'denʔd] → **aldersformand**

alderstegen ['alʔərsde:ʔ(j)ən] betagt, bejahrt

alderstrin ['alʔərstrin] Altersstufe f

aldrende ['alrənə] alternd, ältlich

aldrig ['uldri] nie, niemals; **endnu ~** noch nie; **~ før** noch nie; **~ mere** nie wieder; **~ nogensinde** nie und nimmer; **~ så meget** noch so viel; **~ så snart** (var hun kommet), **før …** kaum (war sie angekommen), als …

aldring ['alrɛŋ] ⟨-en⟩ Alterung f

aldringsproces ['alrɛŋsproʹsɛs] Alterungsprozess m

alen¹ ['a:lən] ⟨-en; -⟩ Maßeinheit: Elle f; **de er to ~ af et stykke** F sie sind vom gleichen Schlag(e)

alen² ['a:lən] ⟨-en; -er⟩ Ellenmaß n, Ellenstab m

alene [a'le:nə] allein; **ene og ~** einzig und allein; **ikke ~ …, men også …** nicht nur …, sondern auch …

alenemor [a'le:nəmoːr] alleinerziehende Mutter f

alenlang ['a:lənlaŋʔ] fig ellenlang

alert [a'lɛrd] munter, rege

alf [alʔf] ⟨-en; -er⟩ MYTH Elf m, Elfe f

alfa ['alfa] **det er ~ og omega** das ist das A und O

alfabet [alfa'beːʔd] ⟨-et; -er⟩ Alphabet n, Abc n; **~isk** [-'beːʔtisg] alphabetisch

alfarvej ['alfɑrvaiʔ] öffentliche(r) Weg m

alfe|dans ['alfədanʔs] Elfentanz m; **~leg** [-laiʔ] Elfenreigen m

alfons [al'fɔŋs] ⟨-en; -er⟩ Zuhälter m; **~eri** [-fɔŋsəʹriːʔ] ⟨-et; -er⟩ Zuhälterei f

alge ['aljə] ⟨-n; -r⟩ Alge f; **~opblomstring** [-ɔbblɔmʔsdrɛŋ] Algenwachstum n

Algeriet [alsje'riːʔəð] Algerien n

alibi [ali'biʔ] ⟨-et; -er⟩ n Alibi n

alimentationsbidrag [alimenta'sjoːʔnsbidrɑːʔw] Alimente n/pl, Unterhaltsbeitrag m

alkohol ['alkohɔl] ⟨-en; -er⟩ Alkohol m; **~fri** [-friːʔ] alkoholfrei; **~holdig** [-hɔlʔi] alkoholhaltig, alkoholisch; **~iker** [-'hoːʔligər] ⟨-en; -e⟩ Alkoholiker(in) m(f); **~isk** [-'hoːʔlisg] alkoholisch; **~isme** [-ho'lismə] ⟨-n⟩ Alkoholismus m; **~ist** [-ho'lisd] ⟨-en; -er⟩ Alkoholiker(in) m(f); **~procent** [-proʹsɛnd] Alkoholgehalt m; **~skadet** [-sgaːðəd] alkoholgeschädigt

alle¹ ['alə] → **al**

alle², **allé** [a'leːʔ] ⟨alleen; alleer⟩ Allee f

allehelgensdag [alə'hɛljənsdaːʔ] REL Allerheiligen n

allehånde ['aləhɔnə] ⟨et⟩ Nelkenpfeffer m, Piment m, n

allemandseje ['aləmansɑiʔə] ⟨et⟩ Allgemeingut n; **~pige** [-piːə] Prostituierte f

allerbedst ['alʔərbedsd] allerbest; adv am allerbesten; **~ som** gerade als

allerede [alə're:ðə, 'aləre:ðə] schon, bereits

aller|flest ['alʔərfle:ʔsd] pl allermeist; **~først** [-fœrsd] allererst; adv zuallererst

allergisk [a'lɛrgisg] allergisch (**over for/gegen** A)

allerhelligst ['alʔərhelisd] allerheiligst; **det ~e** REL das Allerheiligste

allerhelst ['alʔərhelʔsd] adv am allerliebsten

allerhelvedes [alər'hɛlvəðəs] F: **~ karl** Teufelskerl m; **~ larm** Höllenlärm m

aller|højest [alər'hɔiʔəsd] adj allerhöchst; **~højst** ['alʔərhɔiʔsd] adv allerhöchstens; **~kærest** [-'keːrəsd] allerliebst

allermindst ['alʔərmenʔsd] adv am allerwenigsten; **den ~e** der Allerkleinste

aller|nådigst [alər'nɔːðisd] allergnädigst (a iron); **~sidst** ['alʔərsisd] allerletzt; adv zuallerletzt

aller|størst ['alʔərsdœrsd] allergrößt; adv am allergrößten; **~værst** [-vɛrsd] allerschlimmst; adv am allerschlimmsten

alle|sjælesdag [alə'sjeːləsdaːʔ] REL allerseelen n; **~steds** ['-sdɛðs] adv überall, allenthalben

allestedsnærvære|lse ['aləsðeðsnɛr-vɛ:ˀɹəlsə] Allgegenwart *f*; **~nde** [-vɛ:ˀɹənə] allgegenwärtig

alliance [ali'aŋsə] ⟨-n; -r⟩ Allianz *f*, Bündnis *n*; **~fri** [-fri:ˀ] POL blockfrei; **~syltetøj** [-syldətɔiˀ] Konfitüre *f* aus verschiedenen Früchten

alliere [ali'e:ˀɹə]: **~ sig** sich alliieren, sich verbünden; **~t** Alliierte(r) *m*, Verbündete(r) *m*

alligevel [a'li:əvel] dennoch, trotzdem, doch; immerhin; **jo ~** sowieso

allike [a'liˀigə] ⟨-n; -r⟩ Dohle *f*; **fuld som en ~** F voll wie *e-e* Strandhaubitze

alludere [alu'de:ˀɹə]: **~ til ngt.** auf *etw* (A) anspielen

allusion [alu'sjoːˀn] ⟨-en; -er⟩ Anspielung *f*

alm. *Abk. für* **almindelig**

almagt ['almagd] Allmacht *f*

almanak [alma'nag] ⟨-ken; -ker⟩ Almanach *m*, Kalender *m*; **~historie** [-hi-'sdoːˀɹiə] Kalendergeschichte *f* (*kitschige Erzählung*)

almen ['alme:ˀn] allgemein; **~e vel → almenvel**; **~befindende** [-beˀfenˀɔnə] Allgemeinbefinden *n*; **~dannelse** [-danəlsə] Allgemeinbildung *f*; **~eje** [-aiə] ⟨-t⟩ Allgemeingut *n*; **~gyldig** [-gyldi] allgemeingültig; **~hed** [-he:ðˀ] ⟨-en⟩ Allgemeinheit *f*; **~menneskelig** [-mɛnəsgəli] allgemeinmenschlich; **~nyttig** [-nødi] gemeinnützig; **~vel** [-vel] ⟨-let⟩ Gemeinwohl *n*, das öffentliche Wohl

almindelig [al'menˀəli] (*Abk.* **alm.**) allgemein (*Abk.* allg.); gewöhnlich; üblich; **han er ikke helt ~** er ist kein alltäglicher Mensch; **ud over det ~e** über das Alltägliche hinaus; **~ bekendt** offenkundig

almindelighed [al'menˀəlihe:ðˀ] ⟨-en; -er⟩ Allgemeinheit *f*; **i ~** im Allgemeinen, meistens

almindeligvis [al'menˀəliˀviːˀs] im Allgemeinen, allgemein

almisse [al'misə] ⟨-n; -r⟩ Almosen *n*

almue [al'muːə] ⟨-n⟩ die breiten Massen, das Volk, die kleinen Leute; **~kunst** [-konˀsd] Volkskunst *f*; **~møbler** [-møːˀblər] *pl* Bauernmöbel *n/pl*; **~stil** [-sdiːˀl] Bauernstil *m*

almægtig [al'mɛgdi] allmächtig; **du ~e!** du meine Güte!

alpe|horn ['albəhoɐˀn] MUS Alphorn *n*; **~hue** [-huːə] Baskenmütze *f*

Alperne ['albəɐnə] *pl* die Alpen *pl*

alpeviol ['albəviˀoːˀl] Alpenveilchen *n*

alrum ['alɹomˀ] Mehrzweckraum *m*

Als [alˀs] GEOGR Alsen *n*

Alsace [al'sas] GEOGR das Elsass

alsidig ['alsiˀði] allseitig; vielseitig

alskens ['alˀsgəns] allerlei

alstyrende [al'sdyːˀɹənə]: **du ~!** F du meine Güte!

alt¹ [alˀd] ⟨-en; -er⟩ MUS Alt *m*

alt² [alˀd] ⟨-et⟩ All *n*

alt³ [alˀd] → **al**

alt⁴ [alˀd] schon; **~ så tidligt?** *iron* schon so früh?

altan [al'taːˀn] ⟨-en; -er⟩ Balkon *m*; **~kasse** [-kasə] Balkonkasten *m*

alter ['aldər] ⟨alt(e)ret; altre⟩ Altar *m*; **gå til ~s** zum Abendmahl (KATH zur Kommunion) gehen

altereret [altə'ɹe:ˀɹəð] erregt, aufgeregt

alter|gang ['aldəɹgaŋ] Abendmahl *n*; KATH Kommunion *f*; **~kalk** [-kalˀg] Abendmahlskelch *m*

alternativ [al'tɛrnatiːˀv] ⟨-et; -er⟩ Alternative *f*

alter|stage ['aldəɹsdaːə] Altarleuchter *m*; **~tavle** [-taŭlə] Altarbild *n*; **~vin** [-viːˀn] Abendmahlswein *m*, KATH Messwein *m*

altforbarmende [aldfɒɹˀbaːˀɹmənə]: F **du ~!** du meine Güte!

altgennemtrængende ['alˀdgenəmtɹɛŋˀnə] *Schrei*: durchdringend, schrill, gellend

altid ['alˀtiðˀ] immer; **evig og ~** immer und ewig; **det er dog ~ noget** das ist doch immerhin etwas; **det kan vi ~ gøre** das können wir immer noch tun; **det kan vi ~ enes om** darüber werden wir uns schon einigen

alting ['alˀteŋˀ] alles; **hvorom ~ er** wie dem auch sei; **når enden er god, er ~ godt** Ende gut, alles gut

altmuligmand ['alˀdmuːliman?] F „Mädchen *n* für alles", Faktotum *n*

alt|omfattende ['alˀdɔmfadənə], **~omspændende** [-ɔmsbenˀɔnə] allumfassend; **~overskyggende** [-ɔŭəɹsgygənə] alles überschattend

altstemme ['alˀdsdɛmə] Altstimme *f*

altså ['alˀsɔ] also, somit, demnach

** altædende** ['alˀdɛːˀðənə]: **~ dyr** Allesfresser *m*

aluminium [alu'miːˀniom] ⟨-(m)et⟩ Aluminium *n*; **~sfolie** [-sfoˀliə] Alufolie *f*

alverden [al'vɛrdən] *su* alle Welt, die ganze Welt; **hvad i ~ ...!** was in aller Welt ...!

alviden|de [al'viːðənə] allwissend; **~hed** [-'viːðənhe:ðˀ] Allwissenheit *f*

alvor ['alvɒːˀʁ] ⟨-en od ʌrt⟩ Ernst *m*; **for ~**

im Ernst; ernstlich; *tage ngt. for ~ etw* ernst nehmen; *gøre ~ af ngt.* mit *etw* Ernst machen; *i ramme ~* allen Ernstes; *hvis det skulle blive ~* im Ernstfall; *det kan da ikke være dit ~!* das kann doch nicht dein Ernst sein!

alvorlig [al'vɔ:ʔrli] ernst; ernsthaft; ernstlich; *Krise, Verlust:* schwer; *~ talt* Spaß beiseite, im Ernst; **~hed** [-he:ð?] ⟨*-en*⟩ Ernst(haftigkeit) *m(f)*

alvors|fuld ['alvɔʁsful?] ernst, ernsthaft; **~mand** [-man?] tiefernste(r) Mann *m*; **~ord** [-oːʔʁ] ernste(s) Wort *n*; **~stund** [-sdon?] ernste (*od* schwere) Stunde *f*; **~tale** [-taːlə] ernste Rede *f*, ernste Worte *n/pl*

Amager ['amaːʔəʁ] (*Insel*) Amager; F *~!* Ehrenwort!

amager|garn ['amaːʔəʁgaːʔʁn] *e-e Art* Stickgarn *n*; **~hylde** [-hylə] dreieckige(s) Wandregal *n*; **~mad** [-mað] zusammengeklappte(s) Butterbrot *n* aus Weiß- *u* Schwarzbrot

amatør [ama'tøːʔʁ] ⟨*-en*; *-er*⟩ Amateur *m*; **~fotograf** [foto'gʁɑːʔf] Amateurfotograf *m*; **~teater** [-teˈaːʔdəʁ] Laienbühne *f*, Laienspielgruppe *f*

a. m. b. a. (*Abk. für* **andelsselskab med begrænset ansvar**) GmbH

ambassade [amba'saːðə] ⟨*-n*; *-r*⟩ Botschaft *f*; **~råd** [-ʁɔːʔð] Botschaftsrat *m*

ambassadør [ambasa'døːʔʁ] ⟨*-en*; *-er*⟩ Botschafter(in) *m(f)*

ambolt ['ambɔlʔd] ⟨*-en*; *-e*⟩ Amboss *m*

ambula|nce [ambuˈlaŋsə] ⟨*-n*; *-r*⟩ Krankenwagen *m*; MIL Ambulanz *f*; **~torium** [-la'toːʔʁiom] ⟨*ambulatoriet*; *-torier*⟩ Krankenhaus: Ambulanz *f*

amen¹ ['aːmən] ⟨*et*⟩ Amen *n*

amen² ['aːmən] *~! amen!*; F *sige ja og ~ til alt* zu allem Ja und Amen sagen

A-menneske ['aːʔmɛnəsgə] Morgenmensch *m*

Amerika [a'meːʔʁika] Amerika *n*

amerikaner [ameʁiˈkaːʔnəʁ] ⟨*-en*; *-e*⟩ Amerikaner(in) *m(f)*

amerikansk [ameʁiˈkaːʔnsg] amerikanisch; *~ lotteri* amerikanische Versteigerung *f*; *~ olie* Rizinusöl *n*

amfibie|køretøj [amˈfiːʔbiəkøːʁətɔiʔ] Amphibienfahrzeug *n*; **~tank** [-taŋ?g] MIL Amphibienpanzer *m*

amme¹ ['amə] ⟨*-n*; *-r*⟩ Amme *f*

amme² ['amə] stillen, nähren, säugen

ammestue|historie ['aməsduːəhiˈstoːʔʁiə], **~snak** [-snag] Ammenmärchen *n*

ammunition [amuniˈsjoːʔn] ⟨*-en*⟩ Muni-

tion *f*

amok [aˈmɔg]: *gå ~* Amok laufen; F *fig* ausrasten

ampel ['amˀbəl] ⟨*amp(e)len*; *ampler*⟩ Ampel *f* (*Hängelampe*)

ampul [amˈpulʔ] ⟨*-len*; *-ler*⟩ Ampulle *f*

amput|ation [amputaˈsjoːʔn] ⟨*-en*; *-er*⟩ Amputation *f*; **~ere** [-ˈteːʔʁə] amputieren, abnehmen

amt [amˀd] ⟨*-et*; *-er*⟩ (dän.) Verwaltungsbezirk *m*, Regierungsbezirk *m*, (Land-)Kreis *m*

amts|kommune ['amˀdskoˈmuːnə] Regierungsbezirk *m*, Kreis *m*; **~sygehus** [-syːʔəhuːʔs] Kreiskrankenhaus *n*

an [an]: *gå ~* angehen; *komme ~* ankommen

analfabet ['analfaˈbeːʔd] ⟨*-en*; *-er*⟩ Analphabet(in) *m(f)*; **~isme** [-beˈtismə] ⟨*-n*⟩ Analphabetentum *n*

analyse [anaˈlyːsə] ⟨*-n*; *-r*⟩ Analyse *f*; GRAM Zergliederung *f*; **~rbar** [-lyˈseːʔʁbaːʔʁ] analysierbar; **~re** [-lyˈseːʔʁə] analysieren, zerlegen; zergliedern

ananas ['ananas] ⟨*-(s)en*; *-(s)er*⟩ Ananas *f*

anarki [anaʁˈkiːʔ] *n* ⟨*-et*; *-er*⟩ Anarchie *f*

anbefale ['anbefaːʔlə] empfehlen, anpreisen; befürworten; *Brief* einschreiben; *~ sig scherzh* sich verabschieden, sich empfehlen; *~t per* Einschreiben; **~t brev** Einschreibebrief *m*; **~lsesværdig** [-lsəsvɛʁˀdi] empfehlenswert

anbefaling ['anbefaːʔleŋ] Empfehlung *f*, Referenz *f*, Befürwortung *f*

anbefalings|gebyr ['anbefaːʔleŋsgəbyːʔʁ] Einschreibegebühr *f*; **~skrivelse** [-sgʁiːʔvəlsə] Empfehlungsschreiben *n*

anbringe ['anbʁeŋˀə] anbringen, unterbringen; *Geld* anlegen; *godt anbragt* gut aufgehoben; **~lse** [-lsə] ⟨*-n*; *-r*⟩ Anbringung *f*; Unterbringung *f*; *Geld:* Anlage *f*

anciennitet [aŋsjɛniˈteːʔd] ⟨*-en*⟩ Dienstalter *n*

and [anʔ] ⟨*-en*; *ænder*⟩ Ente *f* (*a fig*)

andagt ['andagd] ⟨*-en*; *-er*⟩ Andacht *f*

ande|dam ['anəˌdamʔ] Ententeich *m*; *fig* F Krähwinkel *n*; **~dun** [-duːʔn] Entendaune *f*; **~jagt** [-jagd] Entenjagd *f*

andel ['andeːʔl] Anteil *m*; *have ~ i ngt* an *etw (D)* Anteil haben, ØKON an *etw (D)* beteiligt sein

andels|bank ['andeːlsbaŋˀg] ØKON Genossenschaftsbank *f*; **~forening** [-fɔʁ'eːʔneŋ] ⟨*-en*⟩ Genossenschaft *f*; **~haver** [-haːvəʁ] ⟨*-en*; *-e*⟩ Teilhaber(in) *m(f)*; **~lejlighed** [-laˈliheːð?] Wohnung

f *e-r* Baugenossenschaft; **~mejeri**
[-maɪə'ʀiʔ] Molkereigenossenschaft *f*;
~selskab [-selsgaˀ?b] Genossenschaft *f*
andemad ['anəmað] BOT Entengrütze *f*
anden¹ ['anən], *andet* ['anəð] *n*, *andre*
['anðʀə] *pl unbest pron* ander *m*; *en ~ gang*
ein andermal; *det er en ~ sag* das ist (et)-
was anderes; *ingen ~* sonst keiner; *ikke
andet* weiter nichts; *ikke andet end ...*
nichts als ...; *alt ~* alles Übrige; *blandt
andet* (*Abk.* u. *a.*) unter anderem
(*Abk.* u. a.); *en eller ~* irgendeiner, irgendjemand; *et eller andet* irgendetwas
(*od e-e* Sache); *på en eller ~ måde* irgendwie; *nogle ..., andre ...* die einen
..., die anderen ...; *hvad andet?* was
sonst?; *der er ikke andet for* es bleibt
nichts anderes übrig; *jeg har andet at
bestille!* ich habe Besseres zu tun!
anden² ['anən] → Anhang Zahlwörter
andendagsgilde ['anəndaːsgilə] Nachfei-
er *f*
andengrads|forbrænding   ['anən-
gʀɑːˀðsfɔʀ'bʀɛnˀeŋ] MED Verbrennung
f zweiten Grades; **~ligning** [-liːneŋ] MATH
Gleichung *f* zweiten Grades
andenhånds ['anənhɔnˀs] aus zweiter
Hand; **~viden** [-viːðən] Wissen *n* aus
zweiter Hand
andenklasses ['anənklasəs] zweitklassig;
BAHN zweiter Klasse; **~billet** [-bi'led]
Fahrkarte *f* zweiter Klasse; **~kupé**
[-ku'peˀ] Abteil *n* zweiter Klasse
andenrangs ['anənʀɑŋˀs] zweitrangig
andenstyrmand ['anənsdyʀmanˀ] NAUT
zweite(r) Steuermann *m*
anderi [anə'ʀiˀ] *~et; -er* Entenfarm *f*
anderledes ['anɐleˀðəs] anders-; **~tæn-
kende** [-tɛŋgənə] andersdenkend
Anders And [anɐs'anˀ] Comic: Donald
Duck *m*
anderumpe ['anəʀombə] Halbstarke(r) *m*
ande|spil ['anəsbel] *e-e* Art Lottospiel *od*
Bingo *n* mit *e-r* Ente als Gewinn; **~steg**
[-sdaˀ] Entenbraten *m*
andet ['anəð] → *anden¹*, *anden²*
andetsteds ['anəðsdɛðs] anderswo; *~ fra*
anderswoher; *~ hen* anderswohin
andrage ['andʀaˀwə] Geldsumme: betragen; *~ om ngt.* etw beantragen;
~nde [-nə] *⟨-t; -r⟩* Antrag *m*
andre ['andʀə] → *anden¹*
andrik ['anˀdʀeg] *⟨-ken; -ker⟩* Enterich *m*
anduve ['anduˀvə] NAUT ansteuern
andægtig [an'dɛgdi] andächtig; **~hed**
[-heːðˀ] *⟨-en⟩* Andacht *f*
ane¹ ['aːnə] *⟨-en; -r⟩* Ahn *m*, Ahne *f*; →

aner
ane² ['aːnə] ahnen; erahnen; *jeg ~r ngt.*
ich ahne *etw*, F mir schwant *etw*; *han
~de uråd* er (*od* ihm) ahnte Böses
anelse [ˀaːnəlsə] *⟨-n; -r⟩* Ahnung *f*; Puder:
Hauch *m*; Salz: Idee *f*, Spur *f*; *ikke have
den fjerneste ~ om ngt.* F keine blasse
Ahnung von *etw* haben; *en lumsk ~ e-e*
dunkle Ahnung; *bange ~* f Befürchtun-
gen *f/pl*
anelsesfuld ['aːnəlsəsfulˀ] ahnungsvoll
anemone [anə'moːnə] *⟨-n; -r⟩* Busch-
windröschen *n*, Anemone *f*; *fransk ~* (ge-
züchtete) Anemone *f*
aner ['aːnɐ] *pl* Ahnen *pl*; → *ane¹*
anerkende ['anɐkɛnˀə] anerkennen;
Empfang e-s Briefes bestätigen; **~lse**
[-lsə] *⟨-n; -r⟩* Anerkennung *f*, Bestätigung *f*; **~lsesværdig** [-lsəsvɛʀdi] aner-
kennenswert
anfald ['anfalˀ] *⟨-et; -⟩* Anfall *m*; Anwand-
lung *f*; **~e** [-ə] *scherz fig* überfallen
anfægte ['anfɛgdə] anfechten; **~lig** [-'fɛg-
dəli] anfechtbar; **~lse** [-lsə] *⟨-n; -r⟩* An-
fechtung *f*
anfør|e ['anføːˀʀə] anführen; **~else** [-lsə]
⟨-n; -r⟩ Anführung *f*; **~elsestegn**
[-lsəstaɪˀn] → *anførselstegn*; **~er** [-ʀ]
⟨-en; -e⟩ Anführer(in) *m(f)*; **~sel**
[-førsəl] *⟨anførs(e)len; anførsler⟩* Anführung *f*; Leitung *f*; **~selstegn** [-før-
səlstaɪˀn] GRAM Anführungszeichen *n/pl*
ang. *Abk. für* **angående**
anger ['aŋˀɐ] *⟨-en⟩* Reue *f* (*over/über*
A); **~fuld** [-fulˀ], **~given** [-giːˀvən] reue-
voll, reumütig; **~(s)tåre** [-(s)tɔːʀə] Träne
f der Reue
angive ['angiːˀvə] angeben; anzeigen,
denunzieren, F verpfeifen (*til/*bei *D*); vorgeben; besagen; **~lig** [-'giːˀvəli] angeblich; **~lse** [-giˀvəlsə] *⟨-n; -r⟩* Angabe *f*;
Anzeige *f*; **~nde** [-giˀvənə] *⟨-t; -r⟩* Angabe *f*; **~r** [-giːˀvɐ] *⟨-en; -e⟩* Denunzi-
ant(in) *m(f)*; **~ri** [-giːvaˀʀiˀ] *⟨-et; -er⟩* Denunziantentum *n*
angle ['aŋlə] angeln (*a fig*)
angora|garn [aŋ'goːʀɑgɑːˀʀn] Angora-
wolle *f*; **~kat** [-kad] Angorakatze *f*
angre ['aŋʀə] bereuen; *jeg ~r det* ich be-
reue es, es reut mich
angreb ['angʀeˀb] *⟨-et; -⟩* Angriff *m*
(*på/*auf *A*)
angrebs|krig ['angʀeːbskʀiˀ] Angriffs-
krieg *m*; **~lysten** [-ləsdən] angriffslustig;
~spiller [-sbelɐ] SPORT Angriffsspiele-
r(in) *m(f)*, Stürmer *m*
angribe ['angʀiˀbə] angreifen; Krank-

heit: befallen; **~lig** [-'gri:ʔbəli] anfechtbar; **~r** [-r] ⟨*-en; -e*⟩ Angreifer *m*

angst[1] [aŋˀsd] ⟨*-en; -er*⟩ Angst *f*

angst[2] [aŋˀsd]: *jeg er ~* ich habe Angst (*for*/vor *D*; um *A*); *gøre én ~* j-m Angst machen

angstfuld [aŋˀsdfulˀ] angstvoll

angå ['anˌgɔ] angehen, betreffen; *hvad mig ~r* was mich anbelangt; **~ende** [-ənə] (*Abk. ang.*) betreffs (*Abk.* betr.) (*G*); in Bezug auf (*A*); wegen (*G*)

anholde ['anholˀə] *um die Hand der Tochter* anhalten; JUR verhaften, festnehmen; **~lse** [-lsə] ⟨*-n; -r*⟩ Verhaftung *f*

anhænger ['anhɛŋˀʔər] ⟨*-en; -e*⟩ (Auto-) Anhänger *m*

ank. *Abk. für* **ankomst**

anke[1] ['aŋgə] ⟨*-n; -r*⟩ JUR Berufung *f*; Beschwerde *f* (*over*/über *A*; *mod*/gegen *A*)

anke[2] ['aŋgə] JUR Berufung einlegen; sich beschweren (*over*/über *A*)

ankeinstans ['aŋgəensda] ⟨*-en; -er*⟩ Beschwerdeinstanz *f*

ankel ['aŋˀgəl] ⟨*ank(e)len; ankler*⟩ (Fuß-) Knöchel *m*; **~lang** [-lˀaŋˀ] knöchellang; **~led** [-leð] Fußgelenk *n*; **~sok** [-sɔg] Söckchen *n*

anke|nævn ['aŋgəneuˀn] Berufungsinstanz *f*; Beschwerdeausschuss *m*; **~protokol** [-proˈto'kɔlˀ] Beschwerdebuch *n*

anker ['aŋgər] ⟨*ank(e)ret; ankre*⟩ NAUT Anker *m*; **kaste ~** Anker werfen; *lette ~* den Anker lichten; *gå til ~s* vor Anker gehen; *ligge for ~* vor Anker liegen

anker|kæde ['aŋgəkɛːðə] Ankerkette *f*; **~mand** [-manˀ] *fig* Stütze *f od* Kopf *m e-r* Gruppe; **~spil** [-sbel] Ankerwinde *f*

ankestyrelse ['aŋgəsdyːrəlsə] Schiedsstelle *f*

anklage[1] ['ankla:(j)ə] Anklage *f*; *rejse ~* Anklage erheben

anklage[2] ['ankla:ʔ(j)ə] anklagen; (*den*) **~de** der/die Angeklagte

anklagebænk ['ankla:(j)əbɛŋˀg] Anklagebank *f*; *føle sig sat på ~en fig* sich wie auf der Anklagebank fühlen

anklagemyndighed ['ankla:(j)əmøndiheːðˀ] Anklagebehörde *f*, Staatsanwaltschaft *f*

anklager ['ankla:ʔ(j)əR] Ankläger(in) *m(f)*; *offentlig ~* Staatsanwalt *m*

anklang ['anklaŋˀ] ⟨*-en*⟩ Anklang *m* (*vinde* finden)

ankomme ['anˈkɔmˀə] ankommen, eintreffen (*til en by* in *e-r* Stadt)

ankomst ['ankɔmˀsd] ⟨*-en; -er*⟩ Ankunft *f*; *Sendung*: Eingang *m*; **~station**

[-kɔmsdsdaˈsjoːʔn] Zielbahnhof *m*; **~tid** [-kɔmsdtiðˀ] Ankunftszeit *f*

ankre ['aŋkRə] ankern; **~ op** vor Anker gehen

anlagt ['anlagd] → **anlægge**

anledning ['anleðˀneŋ] ⟨*-en; -er*⟩ Anlass *m*, Veranlassung *f*; *i ~ af* anlässlich (*G*), aus Anlass (*G*); *i dagens ~* zur Feier des Tages; *i samme ~* gleichzeitig

anliggende ['anlegənə] ⟨*-t; -r*⟩ Angelegenheit *f*; Anliegen *n*

anlæg ['anlɛˀg] ⟨*-get; -*⟩ Anlage *f*; Bau *m*; Grünanlage *f*; Veranlagung *f*, Anlage *f*; *have gode ~* Fähigkeit, Talent; *have ~* disponiert sein (*for* für *A*)

anlægge ['anlɛgə] anlegen; **~ sag mod én** JUR j-n verklagen; *være anlagt for det praktiske* praktisch veranlagt sein; **~lse** [-lsə] ⟨*-n*⟩ Anlegung *f*, Anlage *f*

anlægs|gartner ['anlɛgsgɑRdnəR] Gartenarchitekt *m*; **~kapital** [-kapiˈta:ʔl] Anlagekapital *n*

anløbe ['anløːʔbə] anlaufen; **~n** [-n], **~t** [-ð] *Metall*: angelaufen, *Spiegel*: blind; *fig* F angelaufen, anrüchig

anløbs|bro ['anløbsbRoːʔ] Anlegebrücke *f*, Landesteg *m*; **~havn** [-hɑuˀn] Zielhafen *m*; **~plads** [-plas] Anlegeplatz *m*, Anlegestelle *f*

anmarch ['anmaRsj]: *være i ~* im Anmarsch sein (*a fig*)

anmasse|lse ['anmasəlsə] ⟨*-n; -r*⟩ Anmaßung *f*; **~nde** [-masənə] anmaßend

anmelde ['anmelˀə] anmelden; ankündigen; anzeigen; *Buch*: besprechen, rezensieren; **~lse** [-lsə] ⟨*-n; -r*⟩ Anmeldung *f*; Anzeige *f* (*indgive* erstatten); *Buch*: Besprechung *f*, Rezension *f*

anmeldelses|blanket ['anmelˀəlsəsblaŋˀked] Anmeldeformular *n*; **~pligt** [-plegd] Meldepflicht *f*

anmelder ['anmelˀəR] ⟨*-en; -e*⟩ Rezensent(in) *m(f)*, Kritiker(in) *m(f)*; **~eksemplar** [-egsemˈpla:ʔR] Besprechungsexemplar *n*

anmod|e ['anmoːʔðə] ersuchen, bitten (*én om ngt.* j-n um *etw*); **~ning** [-moːʔneŋ] ⟨*-en; -er*⟩ Ersuchen *n*, Bitte *f*

anmærk|e ['anmɛRgə] hinweisen; **~ning** [-mɛRgneŋ] ⟨*-en; -er*⟩ Anmerkung *f*, Vermerk *m*; *Schule*: Klassenbucheintragung *f*, Rüge *f*

annaler [aˈna:ʔləR] *pl* Annalen *pl*

annamme [aˈnamˀə]: F *fanden ~ mig!* der Teufel soll mich holen!

annonce [a'nɔŋsə] ⟨-n; -r⟩ Annonce f, Inserat n, Anzeige f; *indrykke en ~ e-e* Anzeige aufgeben; **~agent** [-a'gɛnᵈd] Anzeigenvertreter m; **~bureau** [-by'ʁo] Anzeigenbüro n; **~spalter** [-ʁu'bʁegɐ] pl Anzeigenteil m

annoncør [anɔŋ'søːᵊʁ] ⟨-en; -er⟩ Inserent(in) m(f)

annullere [anu'leːᵊʁə]annullieren

anonym [ano'nymˀ] anonym

anorak [ano'ʁag] ⟨-ken; -ker⟩ Anorak m

anordn|e [an'ɔːᵊʁdnə] anordnen, verordnen, verfügen; **~ing** [-ɔːᵊʁdnen] ⟨-en; -er⟩ Anordnung f; Verordnung f; TECH Vorrichtung f

anpart [an'paːᵊʁd] Anteil m

anparts|haver ['anpɑːʁdsha:vɐʁ] ⟨-en; -e⟩ Anteilseigner(in) m(f), Gesellschafter(in) m(f); **~selskab** [-sɛlsgaˀb] (Abk. **ApS**) Gesellschaft f mit beschränkter Haftung (Abk. GmbH)

anretning ['anʁɛdneŋ] Anrichtung f, Anrichten n; *kold ~ Essen*: kalte Platte f

anrette [an'ʁɛdə] anrichten

anretterbord [an'ʁɛdɐʁbo:ˀʁ] Anrichte f

anråbe ['anʁɔˀbə] anrufen, anflehen; **~lse** [-lsə] ⟨-n; -r⟩ Anrufung f, Beschwörung f

ansamling ['ansɑm'leŋ] Ansammlung f, Anhäufung f

ansat ['ansad] angestellt; *de ~te* die Angestellten; → *ansætte*

ansats ['ansads] Ansatz m

anse ['anse:ˀ] ansehen, halten (*for*/für A), betrachten (*for*/als A); **~s** gelten (*for*/als N); **~elig** [-'se:ˀli] → *anselig*

anseelse ['anse:ˀəlsə] ⟨-n⟩ Ansehen n; *uden persons ~* ohne Ansehen der Person

anse|lig [an'se:ˀli] ansehnlich; **~t** ['-se:ˀd] angesehen

ansigt ['ansegd] ⟨-et; -er⟩ Gesicht n; lit Angesicht n; *blive (ngt.) lang i ~et* fig ein langes Gesicht machen; *tabe ~* fig das Gesicht verlieren; *sætte et gnavent ~ op* ein saures Gesicht aufsetzen; *skære ~er* Fratzen schneiden, Grimassen ziehen; *sige én ngt. lige op i ~et* j-m etw ins Gesicht sagen; *i sit ~s sved* im Schweiße s-s Angesichts; *stå ~ til ~ med nogen* j-m von Angesicht zu Angesicht gegenüberstehen

ansigts|farve ['ansegdsfɑrvə] Gesichtsfarbe f; **~form** [-fɔːˀʁm] Gesichtsform f; **~løftning** [-løftnen] ⟨-en⟩ Facelifting n; fig Modernisierung f, Verschönerung f; **~løs** [-lø:ˀs] gesichtslos; **~træk** [-tʁɛg]

pl Gesichtszüge m/pl; **~udtryk** [-uˀdtʁœg] Gesichtsausdruck m

ansjos [an'sjo:ˀs] ⟨-en; -er⟩ Anschovis f, Sardelle f; **~smør** [-smœːᵊʁ] Sardellenbutter f

anskaffe ['ansgɑfə] anschaffen; **~lse** [-lsə] ⟨-n; -r⟩ Anschaffung f; **~lsesomkostninger** [-lsəsomkɔsdneŋˀɐʁ] *pl* Anschaffungskosten *pl*; **~lsespris** [-lsəspriˀs] Anschaffungspreis m

anskreven ['ansgʁe:ˀvɔn], **anskrevet** ['ansgʁe:ˀvəð]: *være godt ~* gut angeschrieben sein, F hoch im Kurs stehen (*hos*/bei D)

anskrig ['ansgriˀ]: *gøre ~* Lärm (od Alarm) schlagen

anskue ['ansgu:ˀə] sehen, betrachten

anskuelig [an'sgu:ˀəli] anschaulich; **~gøre** [-gœːˀʁə] veranschaulichen

anskuelse ['ansgu:ˀəlsə] ⟨-n; -r⟩ Anschauung f, Ansicht f

anskuelsesundervisning ['ansgu:ˀəlsəsonɐʁviˀsneŋ] Anschauungsunterricht m

an|skyde ['ansgy:ˀðə] anschießen; **~slag** [-slaˀ] Anschlag m (a fig); Kugel: Aufprall m

anslagsstilling ['ansla:ssdeleŋ]: *bringe i ~ Waffe* in Anschlag bringen

an|slå ['ansloˀ] anschlagen; veranschlagen; schätzen (*til*/auf A); **~spore** [-sbo:ˀʁə] anspornen, anregen

anspænd|e ['ansbɛnˀə] anspannen, anstrengen; **~else** [-lsə] ⟨-n; -r⟩ Anspannung f; **~t** [-sbɛnˀd] angespannt (a fig)

anstalt ['ansdalˀd] ⟨-en; -er⟩ Anstalt f; Vorkehrung f

anstand ['ansdanˀ] ⟨-en⟩ Anstand m; *fryse (kede sig) med ~* mit Anstand frieren (sich langweilen)

anstandsdame ['ansdansda:mə] Anstandsdame f

anstifte ['ansdefdə] anstiften; anzetteln; **~lse** [-lsə] ⟨-n; -r⟩ Anstiftung f; **~r** [-ʁ] ⟨-en; -e⟩ Anstifter(in) m(f)

anstigende ['ansdi:ˀənə]: *komme ~* F angestiefelt kommen

anstikke ['ansdegə] *Fass* anstechen

anstille ['ansdel'ə] *Betrachtungen* anstellen; *~ sig syg* sich krank stellen

anstreng|e ['ansdʁɛnˀə] ⟨-te⟩ anstrengen (*sig* sich); **~else** [-lsə] ⟨-n; -r⟩ Anstrengung f; **~ende** [-nə] anstrengend; **~t** [-sdʁɛnˀd] gezwungen, angestrengt

anstrøg ['ansdʁøiˀ] ⟨-et; -⟩ fig Anstrich m, Anflug m

anstændig [an'sdɛnˀdi] anständig; **~vis**

[-'viː?s] anständigerweise

anstød ['ansdøð] Anstoß m; **tage ~ af ngt.** Anstoß nehmen an etw (D); **~elig** [-'sdø:?ðəli] anstößig

anstødssten ['ansdøðssdeː?n] BIBL Stein m des Anstoßes

anstå ['ansdɔ:?]: **~ sig** sich schicken, sich ziemen

ansvar ['ansvɑ:?ʀ] ⟨-et⟩ Verantwortung f; ØKON Haftung f; Haftpflicht f; **drage** (od: **kræve) til ~** zur Verantwortung ziehen; **stå til ~ for ngt.** für etw verantwortlich sein; **på eget ~** a auf eigene Gefahr; **cykler fjernes uden ~!** widerrechtlich abgestellte Fahrräder werden entfernt!; **~lig** [-'svɑ:?ʀli] verantwortlich; ØKON haftbar; haftpflichtig

ansvars|bevidst ['ansvaʀsbeˈvesd] verantwortungsbewusst; **~forsikring** [-fɔʀˈsegʀeŋ] Haftpflichtversicherung f; **~fri** [-fʀi:?] frei von Verantwortung; **~fuld** [-fulˀ] verantwortungsvoll; **~følelse** [-føˈləlsə] Verantwortungsgefühl n; **~havende** [-ha:vənə] verantwortlich; **~løs** [-lø:?s] verantwortungslos

ansætte ['ansɛdə] Summe ansetzen, fest setzen; schätzen; in ein Arbeitsverhältnis anstellen, einstellen; **~lse** [-lsə] ⟨-n; -r⟩ Ansetzung f; Schätzung f; Einstellung f; **~lsesvilkår** [-lsəsvilkɔ:?ʀ] pl Einstellungsbedingungen f/pl

ansøge ['ansø:?(j)ə]: **~ om** ersuchen um (A), beantragen; sich bewerben um (A); **~r** [-ʀ] ⟨-en; -e⟩ Bewerber(in) m(f); Antragsteller(in) m(f)

ansøgning ['ansø:?(j)neŋ] ⟨-en; -er⟩ Bewerbung f; Antrag m, Gesuch n; **indgive ~ om ngt.** e-n Antrag auf etw (A) stellen, ein Gesuch um etw einreichen

antabus ['antabus] MED Mittel n gegen Alkoholismus; **~kur** [-ku:?ʀ] Entziehungskur f

antage ['anta:?(j)ə] annehmen, vermuten; halten (für A); einstellen (én j-n)

antagelig [an'ta:?(j)əli] adv voraussichtlich; adj annehmbar; Summe: beträchtlich, beachtlich

antagelse ['anta:?(j)əlsə] ⟨-n; -r⟩ Annahme f, Vermutung f; Anstellung f

antal ['antal] Zahl f, Anzahl f

antaste ['antasdə] antasten; belästigen

antediluviansk ['antədiluvi'a:?nsg] fig vorsintflutlich

antegn|e [an'tai?nə] verzeichnen; vermerken; **~else** [-lsə] ⟨-n; -r⟩, **~ing** [-taɪ?neŋ] ⟨-en; -er⟩ Bemerkung f; Vermerk m

antenne [an'tɛnə] ⟨-n; -r⟩ Antenne f

antibiotikum [antibi'o:?tikom] ⟨(-m)et; antibiotika⟩ Antibiotikum n

antihelt ['antihelˀd] Antiheld m

antik [an'tig] antik; **~ken** [-ən] die Antike; **~samling** [-samleŋ] Antikensammlung f

antikvar [anti'kva:?ʀ] ⟨-en; -er⟩ Antiquar m; **~boghandel** [-bowhanˀəl], **~iat** [-kvɑʀi'a:?d] ⟨-et; -er⟩ Antiquariat n; **~isk** [-isg] antiquarisch

antikv|eret [anti'kveː?ʀəð] antiquiert, veraltet, überholt; **~itet** [-kvi'teː?d] ⟨-en; -er⟩ Antiquität f

antikvitets|forretning [antikvi'te:?dsfɔ'ʀɛdneŋ] Antiquitätenladen m; **~handler** [-hanləʀ] ⟨-en; -e⟩ Antiquitätenhändler m

anti|luftskyts ['antilofdsgøds] MIL Flak f, Flugzeugabwehrkanone f; **~makassar** [-ma'kasɑʀ] ⟨-en; -⟩ Sesselschoner m, Überzug m; **~pati** [-pa'ti:?] ⟨-en; -er⟩ Antipathie f, Abneigung f

antistof ['antisdɔf] MED Abwehrstoff m, Antikörper m

an|træffe ['antʀɛfə] antreffen; **~træk** [-tʀɐg] ⟨-ket; -⟩ Kleidung: F Aufmachung f, Aufzug m

antyde ['anty:?ðə] andeuten; **(er hun rig?)** ist sie reich? :) **det tør jeg nok ~!** das kann man wohl sagen!, das kannst du aber annehmen!, und ob!

antyd|ning ['antyˀðneŋ] Andeutung f; **~ningsvis** [-svi-?] andeutungsweise

antænde ['antɛnˀə] anzünden, entzünden, anstecken; **~s** sich entzünden; **~lig** [-'tenˀəli] (ent)zündbar; **~lse** [-lsə] ⟨-n; -r⟩ Anzündung f

anvende ['anvenˀə] anwenden, verwenden; nutzen; **anvendt videnskab** angewandte Wissenschaft f; **~lig** [-'venˀəli] anwendbar, verwendbar, brauchbar; **~lse** [-lsə] ⟨-n; -r⟩ Anwendung f; Verwendung f, Gebrauch m

anvis|e ['anvi:?sə] anweisen; Geld überweisen; Arbeit, Wohnung vermitteln; nachweisen; **~ning** [-vi:?sneŋ] ⟨-en; -er⟩ Anweisung f; Überweisung f; Zuweisung m; **~ningstavle** [-vi:?sneŋstaülə] Hinweistafel f, Hinweisschild n

aparte [a'pɑʀdə] eigenartig; sonderbar

apostel [a'posdəl] ⟨apost(e)len; apostle⟩ REL Apostel m; **benytte apostlenes heste** F auf Schusters Rappen (reiten)

apotek [apo'te:?g] ⟨-et; -er⟩ Apotheke f; **~er** [-əʀ] ⟨-en; -e⟩ Apotheker(in) m(f)

apoteksassistent [apo'te:?gsasisˀdenˀd] Apothekenhelferin f

apparat [apaˈʀɑːˀd] ⟨-et; -er⟩ Apparat *m*, Gerät *n*; ~**ur** [-ˈʀɑˀuːˀʀ] ⟨-et; -er⟩ Apparatur *f*

appel [aˈpɛlˀ] ⟨-len; -ler⟩ Appell *m* (*til*/an *A*; *a fig*); Antreten *n*; Revision *f*; JUR Berufung *f*; **med ~** schneidig, zackig, schwungvoll; ~**lant** [-peˈlanˀd] ⟨-en; -er⟩ JUR Berufungskläger *m*; ~**lere** [-pɛ-ˈleːˀʀə] appellieren (*til*/an *A*); JUR Berufung einlegen; ~**ret** [-ʀɛd] JUR Berufungsrecht *n*; Berufungsgericht *n*

appelsin [abəlˈsiːˀn] ⟨-en; -er⟩ Apfelsine *f*

appelsinfri [abəlˈsiːˀnfʀiːˀ] F: *han er ikke helt ~* er ist etwas angeheitert

appelsin|hud [-huðˀ] ⟨-en⟩ Orangenhaut *f*; ~**juice** [-djuːs] ⟨-n; -r⟩ Orangensaft *m*; ~**skal** [abəlˈsiːˀnsgalˀ], ~**skræl** [-sgʀɛlˀ] Apfelsinenschale *f*

appendiks¹ [aˈpendigs] ⟨-en⟩ Blinddarm: Wurmfortsatz *m*

appendiks² [aˈpendigs] ⟨-et; -er⟩ Buch: Anhang *m*

appetit [abəˈtid] ⟨-ten⟩ Appetit *m* (*på*/auf *A*); ~**lig** [-li] appetitlich; ~**løs** [-løˀs] appetitlos; ~**løshed** [-løshɛːðˀ] ⟨-en⟩ Appetitlosigkeit *f*; ~**sild** [-silˀ] *pl* Heringshappen *m/pl*; ~**vækkende** [-vɛgənə] appetitanregend; ~**vækker** [-vɛgəʀ] ⟨-en; -e⟩ Appetizer *m*

april [aˈpʀiːˀl] ⟨-en⟩ April *m*; *narre én ~ j-n* in den April schicken

aprilsnar [aˈpʀiːˀlsnɑːˀʀ] Aprilnarr *m*; ~**!** F April, April!

april(s)vejr [aˈpʀiːˀl(s)veːˀʀ] Aprilwetter *n*

ApS *Abk. für* **anpartsselskab**

ar¹ [ɑːˀʀ] ⟨-ret; -⟩ Narbe *f*; Burschenschaft: Schmiss *m*

ar² [ɑːˀʀ] ⟨-en; -⟩ Ar *n, m* (*Flächenmaß*)

araber [aˈʀɑːˀbəʀ] ⟨-en; -e⟩ Araber(in) *m(f)*; ~**tal** [-tal] *pl* arabische Ziffern *f/pl*

arabisk [aˈʀɑːˀbisg] arabisch

arbejde¹ [ˈɑʀbaiˀdə] ⟨-t; -r⟩ Arbeit *f*; Beruf *m*, Dienst *m*; *dansk ~* dänische(s) Erzeugnis *n*; *sætte én i ~ j-n* beschäftigen

arbejde² [ˈɑʀbaiˀdə] arbeiten (*på*/an *D*); wirken, schaffen; ~ *sig op* sich hocharbeiten; ~ *over* Überstunden machen

arbejd-efter-reglerne-aktion [ˈɑʀbaiˀd-ɛfdɑʀˈʀɛːˀlɔʀnɑɑˀgˈsjoˀn] Dienst *m* nach Vorschrift, Bummelstreik(aktion) *m(f)*

arbejder [ˈɑʀbaiˀdəʀ] ⟨-en; -e⟩ Arbeiter(in) *m(f)*; *håndens og åndens ~* Hand- und Kopfarbeiter *pl*; ~**bevægelse** [-beˈvɛːˀəlsə] Arbeiterbewegung *f*; ~**kvarter** [-kvɑʀˈteːˀʀ] Arbeiterviertel *n*

arbejds|anvisning [ˈɑʀbaiˀdsanviːˀsneŋ] Arbeitsvermittlung *f*; ~**bi** [-biːˀ] Arbeitsbiene *f* (*a fig*)

arbejdsdag [ˈɑʀbaiˀdsdɑːˀ] Arbeitstag *m*; *8 timers ~* Achtstundentag *m*

arbejds|demokrati [ˈɑʀbaiˀdsdemokʀɑˀtiːˀ] Mitbestimmung *f*, Demokratie *f* am Arbeitsplatz; ~**dygtig** [-døgdi] arbeitsfähig; ~**evne** [-ɛ̌unə] Arbeitsfähigkeit *f*; ~**formidling** [-fɔʀˈmiðˀleŋ] Arbeitsvermittlung *f*, Arbeitsamt *n*

arbejds|frokost [ˈɑʀbaiˀdsfʀokɔsd] Arbeitsessen *n*; ~**før** [-føˀʀ] arbeitsfähig; ~**gang** [-gaŋ] Arbeitsablauf *m*

arbejdsgiver [ˈɑʀbaiˀdsgiːˀvəʀ] Arbeitgeber *m*; ~**forening** [-fɔʀˈeˀneŋ] Arbeitgeberverband *m*

arbejds|glæde [ˈɑʀbaiˀdsgleːðə] Schaffensfreude *f*; ~**gruppe** [-gʀuˀbə] Arbeitsgruppe *f*, Arbeitsausschuss *m*; ~**kammerat** [-kamɑˀʀɑːˀd] Arbeitskollege *m*, Arbeitskollegin *f*, F Kumpel *m*; ~**kamp** [-kɑmˀb] Arbeitskampf *m*

arbejdskraft [ˈɑʀbaiˀdskʀɑfd] Arbeitskraft *f*; ~**reserve** [-ʀeˈsɛʀvə] Arbeitskräftereserve *f*

arbejds|ledig [ˈɑʀbaiˀdsleːˀði] erwerbslos, beschäftigungslos; ~**lejr** [-laiˀʀ] Arbeitslager *n*

arbejdslyst [ˈɑʀbaiˀdsløsd] Arbeitslust *f*; *god ~!* viel Spaß bei der Arbeit!

arbejdsløn [ˈɑʀbaiˀdslœnˀ] Arbeitslohn *m*

arbejdsløs [ˈɑʀbaiˀdsløˀs] arbeitslos; ~**hed** [-løshɛːðˀ] ⟨-en⟩ Arbeitslosigkeit *f*; ~**hedskasse** [-hɛðskasə] Arbeitslosenkasse *f*; *være medlem af en ~* etwa sozial- *od* arbeitslosenversichert sein; ~**hedsunderstøttelse** [-løshɛːðsɔnɑʀsdødəlsə] Arbeitslosenunterstützung *f*

arbejds|mand [ˈɑʀbaiˀdsmanˀ] (ungelernter) Arbeiter *m*; Hilfsarbeiter *m*; ~**marked** [-mɑʀgəð] Arbeitsmarkt *m*

arbejdsom [ɑʀˈbaiˀdsɔmˀ] arbeitsam

arbejds|plads [ˈɑʀbaiˀdsplas] Arbeitsplatz *m*; ~**ret** [-ʀɛd] Arbeitsrecht *n*; Arbeitsgericht *n*; ~**ro** [-ʀoːˀ] Arbeitsruhe *f*; ~**sky** [-sgyːˀ] arbeitsscheu; ~**stykke** [-sdøgə] Werkstück *n*; ~**styrke** [-sdyʀgə] Belegschaft *f*; Erwerbstätige *pl*; ~**tager** [-taˀ(j)əʀ] ⟨-en; -e⟩ Arbeitnehmer(in) *m(f)*

arbejdstid [ˈɑʀbaiˀdstiðˀ] Arbeitszeit *f*; *fleksibel ~* gleitende Arbeitszeit *f*

arbejds|tilladelse [ˈɑʀbaiˀdstelaˀðəlsə] Arbeitserlaubnis *f*; ~**tøj** [-tɔiˀ] Arbeitskleidung *f*; Berufskleidung *f*; ~**udygtig** [-udøgdi] arbeitsunfähig; ~**ulykke**

[-uløgə] Betriebsunfall *m*; ~**uvillig** [-uvil˅i] arbeitsunwillig; ~**vilkår** [-vilkɔ:˅ʀ] *pl* Arbeitsbedingungen *flpl*; ~**vægring** [-vɛ:(j)ʀeŋ] Arbeitsverweigerung *f*; ~**værelse** [-vɛ:ʀəlsə] Arbeitszimmer *n*; ~**ydelse** [-y:ðəlsə] Arbeitsleistung *f*

ardannelse ['ɑ:ʀdanəlsə] Vernarbung *f*; Narbenbildung *f*

areal [ɑʀe'a:˅l] ⟨-et; -er⟩ Areal *n*; Fläche *f*

arena [ɑ'ʀe:na] ⟨-en; -er⟩ Arena *f*; *fig* Bildfläche *f*

arg [ɑʀ˅w] arg, schlimm

argument [ɑʀgu'men˅d] ⟨-et; -er⟩ Argument *n*; ~**ere** [ɑʀgumen'te:˅ʀə] argumentieren

arie [ɑ:˅ʀiə] ⟨-n; -r⟩ Arie *f*

arilds ['ɑ:ʀil˅s]: **fra ~ tid** seit jeher, seit Olims Zeiten

ark¹ [ɑʀg] ⟨-en; -er⟩: *Noas ~* BIBL die Arche Noah; *pagtens ~* BIBL die Bundeslade

ark² [ɑʀg] ⟨-et; -⟩ *Papier*: Bogen *m*; **i A-fire-format** DIN-A4-Blatt *n*

arkfoder ['ɑʀgføðəʀ] ⟨-en; -e⟩ EDV: Papiereinzug *m*

arkitekt [ɑʀki'tɛgd] ⟨-en; -er⟩ Architekt(in) *m(f)*; ~**ens trøst** F, BOT Knöterich *m*; ~**tegnet** [-tɑɪnəð] *Haus*: vom Architekten entworfen; ~**ur** [-teg'tu:˅ʀ] ⟨-en; -er⟩ Architektur *f*

arkiv [ɑʀ'ki:˅v] ⟨-et; -er⟩ Archiv *n*, Ablage *f*; ~**ere** [-ki've:˅ʀə] archivieren

arktisk ['ɑʀgtisg] arktisch

arkvis ['ɑʀgvis:˅s] bogenweise

arkæolog [ɑʀkæo'lo:˅ʀ] ⟨-en; -er⟩ Archäologe *m*, Archäologin *f*

arm¹ [ɑ:˅ʀm] ⟨-en; -e⟩ Arm *m*; *Stuhl*: Armstütze *f*; Armlehne *f*; *gå i ~* Arm in Arm (*od* untergefasst) gehen; *tage én under ~en* sich bei *j-m* einhaken; *fig j-m* unter die Arme greifen

arm² [ɑ:˅ʀm] arm, bedauernswert; *dit ~e lille væsen!* du armes kleines Ding (*od* Geschöpf)!; *~e riddere pl* GASTR arme Ritter *m/pl*

armbind ['ɑʀmben˅?] ⟨-et; -⟩ Armbinde *f*; ~**bøjning** [-bøɪneŋ] ⟨-en; -er⟩ Liegestütz *m*; ~**bånd** [-bɔn˅?] ⟨-et; -⟩ Armband *n*; ~**båndsur** [-bɔnsu:˅ʀ] ⟨-et; -e⟩ Armbanduhr *f*

arme, armé [ɑʀ'me:˅?] ⟨armeen; armeer⟩ Armee *f*

armere [ɑʀ'me:˅ʀə] armieren (*a* TECH), ausrüsten; ~**t beton** Eisenbeton *m*

armgang ['ɑʀmgaŋ] ⟨-en⟩: *gå ~* Turnen: hangeln

armhule ['ɑʀmhu:lə] Achselhöhle *f*

---

armkræfter ['ɑʀmkʀɛfdəʀ] *pl*: *have gode ~ Person*: viel Kraft in den Armen haben

armlæn ['ɑʀmlɛ:˅n] Armlehne *f*; ~**længde** [-lɛŋ˅də] Armlänge *f*; ~**lænke** [-lɛŋə] Kettenarmband *n*

armod ['ɑʀmo:˅ð] ⟨-en⟩ *lit* Armut *f*; *åndelig ~* Geistesarmut *f*; ~**ig** [-i] *fig* erbärmlich, jämmerlich, dürftig

armring ['ɑʀmʀeŋ˅] Armreif(en) *m*; ~**stage** [-sda:ə] Armleuchter *m*; ~**stol** [-sdo:˅l] Armsessel *m*, Lehnstuhl *m*; ~**stød** [-sdø:ð] Armlehne *f*; ~**sved** [-sve:˅ð] Achselnässe *f*; ~**tyk** [-tyg] armdick

arne ['ɑʀnə] ⟨-n; -r⟩ Herd *m* (*a fig*); ~**sted** [-sdeð] Feuerstelle *f*, Herd *m* (*a fig*); *fig* Brutstätte *f*

aroma [ɑ'ʀo:ma] ⟨-en; -er⟩ Aroma *n*; Würze *f*; ~**tisere** [-ʀomati'se:˅ʀə] aromatisieren; ~**tisk** [-'ʀo:ma:˅tisg] aromatisch, würzig

arp [ɑʀb] ⟨-en⟩ MED Milchschorf *m*

arr. *Abk. für* **arrangement, arrangeret, arrangør**

arrang|ement [ɑʀaŋsjə'maŋ] ⟨-et; -er⟩ (*Abk.* **arr.**) Arrangement *n*; Veranstaltung *f*; ~**ere** [-'sje:˅ʀə] veranstalten, arrangieren, machen; ~**ør** [-sjø:˅ʀ] ⟨-en; -er⟩ (*Abk.* **arr.**) Veranstalter(in) *m(f)*

arre ['ɑʀə] vernarben

arrest [ɑ'ʀesd] Arrest *m*, Haft *f*; Gewahrsam *m*; Beschlagnahme *f*; ~**ation** [ɑʀesda'sjo:˅n] ⟨-en; -er⟩ Verhaftung *f*; ~**ere** [ɑʀe'sde:˅ʀə] verhaften; ~**forvarer** [-fɔʀ'vɑ:˅ʀɔʀ] ⟨-en; -e⟩ Gefängniswärter *m*; ~**hus** [-hu:˅s] Gefängnis *n*; polizeiliche(s) Gewahrsam *n*; ~**ordre** [-ɔ:˅ʀdʀə] Haftbefehl *m*

arret ['ɑʀəð] narbig, vernarbt

arrig ['ɑʀ˅i] gereizt, zänkisch, *fig* giftig; *Hund*: bissig; ~**skab** [-sga:˅b] ⟨-en⟩ Gereiztheit *f*, Giftigkeit *f*; ~**trold** [-tʀɔl˅?] F Giftzwerg *m*, Giftnudel *f*

arrivere [ɑʀi've:˅ʀə] ankommen, eintreffen

arrogan|ce [ɑʀo'gaŋsə] ⟨-n⟩ Arroganz *f*; ~**t** [-'gan˅d] arrogant

art [ɑʀ˅d] ⟨-en; -er⟩ Art *f*; ZO Gattung *f*

arte ['ɑʀdə]: *~ sig* sich entwickeln; sich benehmen

arterie [ɑʀ'te:˅ʀiə] ⟨-n; -r⟩ ANAT Arterie *f*; ~**forkalkning** [-fɔʀ'kal˅ʔɡɔʀən] Arterienverkalkung *f*; ~**l** [-teʀi'el˅?] arteriell

artig ['ɑʀdi] artig, brav; *vær så ~!* bitte (sei/seid/seien Sie so nett)!

artighed ['ɑʀdihe:ð˅?] ⟨-en; -er⟩ Artigkeit *f*, Höflichkeit *f*; ~**er** *pl* Schmeicheleien *f/pl*

artikel [ɑrˈtiɡəl] ⟨*artiklen; artikler*⟩ Artikel *m* (*a* GRAM)

artikul|ation [ɑrtikulaˈsjoːˀn] ⟨*-en; -er*⟩ Artikulation *f*; **~ere** [-ˈleːˀrə] artikulieren

artilleri [ɑrtiləˈriːˀ] ⟨*-et; -er*⟩ MIL Artillerie *f*; **~ild** [-ˈriˀil]ˀ] Geschützfeuer *n*; **~st** [-ˈrisd] ⟨*-en; -er*⟩ Artillerist *m*

artiskok [ɑrtiˈsɡɔɡ] ⟨*-ken; -ker*⟩ BOT Artischocke *f*; **~bund** [-bonˀ] Artischockenboden *m*; **~hjerte** [-jɛrdə] Artischockenherz *n*

artist [ɑrˈtisd] ⟨*-en; -er*⟩ Artist(in) *m*(*f*); **~isk** [-isɡ] artistisch

artium [ˈɑrtiˀom] ⟨*-*⟩ Abitur *n*, Reifeprüfung *f*

artrig [ˈɑrˀdriːˀ] artenreich

arts|beslægtet [ˈɑrˀdsbeˈslɛɡdəð] artverwandt; **~forskel** [-fɔrsɡel]ˀ] Wesensunterschied *m*; **~fælle** [-fɛlə] Artgenosse *m*; **~navn** [-nɑuˀn] Gattungsname *m*

arv [ɑrˀv] ⟨*-en*⟩ Erbschaft *f*; Erbe *n*; Erbteil *n*; **få en ~ e-e** Erbschaft machen; **vedgå ~ og gæld e-e** Erbschaft antreten; **gå i ~** sich forterben; sich vererben (*a fig*)

arve [ˈɑrvə] erben (*efter*/von D); **~ e-n** j-n beerben; **~afgift** [-ɑˀuɡifd] Erbschaftssteuer *f*; **~anlæg** [-anlɛˀɡ] *pl* Erbanlagen *f/pl*; **~berettiget** [-beˈredˀiðˀ] erbberechtigt; **~del** [-deːˀl] Erbteil *n*; **~fald** [-falˀ] Erbfall *m*; **~følge** [-fœlɡə] Erbfolge *f*; **~gods** [-ɡos] ⟨*-et*⟩ Erbgut *n*; **~krav** [-krɑːˀv] Erbanspruch *m*; **~lader** [-laːðər] ⟨*-en; -e*⟩ Erblasser(in) *m*(*f*)

arvelig [ˈɑrvəli] erblich; **~hed** [-heːðˀ] ⟨*-en*⟩ Erblichkeit *f*; Vererbung *f*

arveligheds|forskning [ˈɑrvəliheðsˈfɔrsɡneŋ] Genetik *f*; **~lære** [-lɛːrə] Vererbungslehre *f*

arveløs [ˈɑrvəløːˀs] erblos; **gøre ~** enterben

arve|onkel [ˈɑrvəɔŋˀɡəl] Erbonkel *m*; **~ret** [-rɛd] Erbrecht *n*; **~stykke** [-sdøɡə] Erbstück *n*; **~synd** [-sønˀ] BIBL Erbsünde *f*; **~tante** [-tandə] Erbtante *f*

arv|ing [ˈɑrveŋ] ⟨*-en; -er*⟩ Erbe *m*, Erbin *f*; F Nachwuchs *m*, Baby *n*; **~tager** [ˈɑrvˀtaːˀɡər] ⟨*-en; -e*⟩ Erbe *m*, Erbin *f*

as¹ [aːˀs] ⟨*-en; -er*⟩ MYTH Ase *m*, Asin *f*

as² [as] ⟨*-set; -ser*⟩ MUS As *n*

A/S, a/s [ˈaˀˀɛs] *Abk. für* **aktieselskab**

asbest [asˈbesd] ⟨*-en*⟩ Asbest *m*; **~dragt** [-drɑɡd] Asbestanzug *m*

ase [aːsə] schuften, büffeln; **~ og mase** sich abrackern

asen [ˈaːˀsən] ⟨*as(e)net; as(e)ner*⟩ *veralt* Esel *m* (*a fig*); *fig* Biest *n*; **dit heldige ~!** du Glückspilz!

asfalt [ˈasfalˀd] ⟨*-en*⟩ Asphalt *m*, Erdpech *n*; **~bal** [-balˀ] F *etwa*: Straßenfest *n*; **~ere** [-falˈteːˀrə] asphaltieren; **~maler** [-maːlər] Pflastermaler *m*

asiat [asiˈaːˀd] ⟨*-en; -er*⟩ **~er** [-aˀ]ˀ]; **~er** [*-ə*⟩ Asiat(in) *m*(*f*); **~isk** [-aˀtisɡ] asiatisch

asie [aˈsiə] ⟨*-n; -r*⟩ Senfgurke *f*

Asien [ˈaːˀsiən] Asien *n*

asiet [aˈsjed] ⟨*-ten; -ter*⟩ (kleine, flache) Schüssel *f*, Kompottteller *m*

ask [asɡ] ⟨*-en; -e*⟩ BOT Esche *f*

A-skat [ˈaːˀsɡad] *etwa*: Lohnsteuer *f*

aske¹ [ˈasɡə] ⟨*-n; -r*⟩ Asche *f*; **lægge i ~** einäschern; **komme fra ~n i ilden** vom Regen in die Traufe kommen

aske² [ˈasɡə] Zigarre: die Asche abschlagen; **~blond** [-blɔnˀ] aschblond; **~bæger** [-bɛːˀɡə] Aschenbecher *m*; **~fællesgrav** [-fɛlˀəsɡrɑːˀv] Urnenfeld *n*; **~grå** [-ɡrɔːˀ] aschgrau, aschfahl; **~onsdag** [-onˀsda] Aschermittwoch *m*; **~pot** [-pɔd] ⟨*-ten; -ter*⟩ *fig* Aschenputtel *n*

asketræ¹ [ˈasɡətrɛːˀ] ⟨*-et; -er*⟩ BOT Esche *f*

asketræ² [ˈasɡətrɛːˀ] ⟨*-et*⟩ Eschenholz *n*

asp [asb] ⟨*-en; -e*⟩ BOT Espe *f*

asparges [aˈsbaːˀr(ə)s] ⟨*-en; -er od -*⟩ Spargel *m*; **stikke ~** Spargel stechen; **~ben** [-beːˀn] *pl* F dünne, lange Beine *n/pl*; **~hoved** [-hoːðə] Spargelkopf *m*, -spitze *f*; **~kartoffel** [-kɑrˀtɔfəl] längliche Kartoffel *f*; **~suppe** [-sobə] Spargelsuppe *f*

aspic [aˈsbiɡ] ⟨*-en*⟩ Aspik *m*; **rejer i ~** Krabben in Aspik

aspirant [asbiˈrɑnˀd] ⟨*-en; -er*⟩ Bewerber(in) *m*(*f*), Anwärter(in) *m*(*f*)

assimilere [asimiˈleːˀrə] assimilieren, anpassen (**sig** sich)

assist|ance [asiˈsdɑŋsə] ⟨*-n; -r*⟩ Beistand *m*, Hilfe *f*; Aushilfe *f*, Hilfskraft *f*; **~enshus** [-ˈsdɛnˀshuːˀs] Leihhaus *n* (*in Kopenhagen*); **~ent** [-ˈsdɛnˀd] ⟨*-en; -er*⟩ Assistent(in) *m*(*f*), Helfer(in) *m*(*f*); Beamte(r) *m*, Beamtin *f*; **~ere** [-ˈsdeːˀrə] assistieren, behilflich sein (*e-n* j-m)

assort|eret [asɔrˈteːˀrəð] *Lager*: assortiert; sortiert *m*; **~iment** [-tiˈmaŋ] ⟨*-et; -er*⟩ Lager *n*, Auswahl *f*, Sortiment *n*

assurance [asuˈrɑŋsə] ⟨*-n; -r*⟩ Versicherung *f*; **~agent** [-aˈɡenˀd] Versicherungsvertreter *m*; **~selskab** [-selsɡaːˀb] Versicherungsgesellschaft *f*; **~sum** [-somˀ] Versicherungssumme *f*; **~svig** [-sviːˀ(j)]

Versicherungsbetrug *m*

assur|andør [asuʀan'dø:'ʀ] ⟨-en; -er⟩ Versicherungskaufmann *m*, -kauffrau *f*; **~ere** [-'ʀɛ:'ʀə] versichern

asters ['asdərs] ⟨-en; -⟩ Aster *f*

astma ['asdma] ⟨-en; -er⟩ Asthma *n*

astronaut [asdro'nɑu'd] ⟨-en; -er⟩ Astronaut(in) *m(f)*

astronom [asdro'no:'m] ⟨-en; -er⟩ Astronom(in) *m(f)*

asyl [a'sy:'l] ⟨-et; -er⟩ Asyl *n*; **søge (om)** ~ um Asyl bitten; **~ansøger** [-ansø'jər] ⟨-en; -e⟩ Asylbewerber(in) *m(f)*; **~ret** [-ʀɛd] Asylrecht *n*

at¹ [ad] *konj* dass; **jeg synes, ~ han er pæn** ich finde, dass er gut aussieht

at² [ad *od. o*] *vor inf*: zu; **det glæder os ~ møde jer** es freut uns, euch kennenzulernen

ateis|me [ate'ismə] ⟨-n⟩ Atheismus *m*; **~t** [-'isd] ⟨-en; -er⟩ Atheist(in) *m(f)*; **~tisk** [-'isdisg] atheistisch

atelier [atel'je] ⟨-et; -er⟩ Atelier *n*; **~vindue** [-vendu] Atelierfenster *n*

Atlanten [ad'lan'dən], **Atlanterhavet** [ad'lan'dəʀhɑ.'vəð] *ɔeoɔʀ* der Atlantik, der Atlantische Ozean

atlas ['adlas] ⟨-(s)et; -(s)er *od* -⟩ Atlas *m*

atlask ['adlasg] ⟨-et⟩ Stoff: Atlas *m*

atlet [ad'le:'d] ⟨-en; -er⟩ Athlet(in) *m(f)*; **~ik** [-lə'tig] ⟨-ken⟩ Athletik *f*; **~isk** [-'le:'tisg] athletisch

atmosfære [admos'fɛ:ʀə] ⟨-n; -r⟩ Atmosphäre *f*; **~forladt** [-fɔʀlad] F langweilig

atmosfærisk [admos'fɛ:'ʀisg] atmosphärisch

atom [a'to:'m] ⟨-et; -er⟩ Atom *n*; **~affald** [-aüfal'd] Atommüll *m*; **~alder** [-al'ʔəʀ] Atomzeitalter *n*; **~bombe** [-bombə] Atombombe *f*; **~dreven** [-dʀe:vən], **~drevet** [-dʀe:vəð] atombetrieben; **~energi** [-enɛʀ'gi:'] Atomenergie *f*; **~fri** [-fʀi:'] Zone: atomwaffenfrei; **~kerne** [-kɛʀnə] Atomkern *m*; **~kraft** [-kʀafd] ⟨-en⟩ Atomkraft *f*; **~kraftværk** [-kʀafdvɛʀg] Atomkraftwerk *n*; **~reaktor** [-ʀɛ'agtɔʀ] Atomreaktor *m*; **~spaltning** [-spaldnɪŋ] Kernspaltung *f*; **~sprængning** [-sbʀɛŋnɪŋ] atomare Sprengung *f*; **~våben** [-vɔ:'bən] *pl* Atomwaffen *f/pl*

att. (= **attention**) *Adresse*: zu Händen (*Abk.* z. H., z. Hd.)

attachetaske [ata'sjetasgə] *Aktentasche*: Diplomatenkoffer *m*

atten [adən] achtzehn

attenhundred(e)tallet ['adənhunʀəð(ə)-tal'ʔəð] das 19. Jahrhundert

attentat [adən'ta:'ʔd] ⟨-et; -er⟩ Attentat *n*, Anschlag *m* (**mod én** auf *j-n*); **~forsøg** [-fɔʀ'sø:'] Attentatsversuch *m*; **~mand** [-man'] Attentäter *m*

atter ['adəʀ] wieder; wiederum; **~ og ~** immer wieder

attest [a'tesd] ⟨-en; -er⟩ Attest *n*, Bescheinigung *f*, Schein *m*, Urkunde *f*; **~ere** [-tɛ'sde:'ʀə] bescheinigen, beglaubigen

attitude [ati'ty:ðə] ⟨-n; -r⟩ Attitüde *f* (*a fig*), Pose *f* (**indtage** einnehmen)

attraktion [atʀag'sjo:'n] ⟨-en; -er⟩ Attraktion *f*

attraktiv ['atʀagti:'v] attraktiv, *Angebot*: verlockend; **~itet** [-tivi'te:'d] ⟨-en⟩ Attraktivität *f*

attrap [a'tʀab] ⟨-pen; -per⟩ Attrappe *f*, Schaupackung *f*

attribut [atʀi'bud] ⟨-tet; -ter⟩ Attribut *n*

attrå¹ [a'tʀɔ:'] ⟨-en⟩ *poet* Verlangen *n*, Begierde *f*

attrå² [a'tʀɔ:'] verlangen, begehren

attråværdig ['atʀɔ:'vɛʀdi] begehrenswert, erstrebenswert, reizvoll

atypisk ['atypisg] atypisch

aubergine [obɛʀ'ji:n] ⟨-n; -r⟩ Aubergine *f*

audiovisuel ['aüdiovisu'ɛl'] (*Abk.* **av**) audiovisuell

auditorium [aüdi'to:'ʀiom] ⟨-*auditoriet*; *auditorier*⟩ Auditorium *n*, Hörsaal *m*; Zuhörerschaft *f*

aug. *Abk. für* **august**

august [aü'gosd] ⟨-en⟩ (*Abk.* **aug.**) August *m*

augustinermunk [aügu'sdi:'nɔʀmoŋ'ə] Augustiner(mönch) *m*

auktion [aüg'sjo:'n] ⟨-en; -er⟩ Versteigerung *f*, Auktion *f*; **komme på ~** versteigert werden; **købe ngt. på ~** *etw* ersteigern; **sætte ngt. på ~** *etw* versteigern lassen

auktions|holder [aüg'sjo:'nsholəʀ] ⟨-en; -e⟩, **~leder** [-le:ðəʀ] Auktionator *m*, Versteigerer *m*

au pair-pige [o'pɛ:ʀpi:ə] Aupairmädchen *n*

austral|ier [aü'sdʀa:'liəʀ] ⟨-en; -er⟩ Australier(in) *m(f)*; **~neger** [-'sdʀa:'ln-e:(j)əʀ] Austral(o)ide *m*, australische(r) Ureinwohner *m*; **~sk** [-'sdʀa:'lsg] australisch

auto ['aüto] ⟨-en; -er⟩ → **automobil**; **~bane** [-ba:nə] Autobahn *f*; **~camper** [-kɛmpəʀ] ⟨-en; -e⟩ Campingbus *m*; **~dæk** [-dɛg] Autoreifen *m*; **~forhandler** [-fɔʀ'han'ləʀ] Autohändler *m*

autogensvejsning [ˈaˈuˈtoˈgeːˀnsvajsnen̩]
TECH autogene(s) Schweißen n

autograf [aˈuˈtoˈgrɑːˀf] ⟨en; -er⟩ Auto-
gramm n; **~jæger** [-jɛːɐr] Autogrammjä-
ger(in) m(f)

automat [aˈuˈtoˈmaːˀd] ⟨en; -er⟩ Automat
m; **~café** [-kaˈfeːˀ] Automatenrestaurant
n; **~ik** [-maˈtig] ⟨ken⟩ Automatik f; **~isk**
[-ˈmaːˀtisg] automatisch

auto|mekaniker [ˈaˈuˈtomeˈkaˈʔnigɐr]
Autoschlosser m; **~mobil** [-moˈbiːˀl]
⟨en od -et; -er⟩ Auto n, Kraftwagen m;
→ **bil**

auto|ophug [ˈaˈuˈtoɔbhog] ⟨get; -⟩ Auto-
verschrottung f; **~opretning** [-ɔbreˈdnen̩]
⟨en; -er⟩ Kraftfahrzeuginstandsetzung f

autor [ˈaˈuˈtɔr] ⟨en; -er⟩ Autor(in) m(f)

autoritet [aˈuˈtoriˈteːˀd] ⟨en; -er⟩ Autorität f, Ansehen n; **~erne** pl die Behör-
de(n) (f od pl)

autoritetstro[1] [aˈuˈtoriˈteːˀdstroːˀ] ⟨en⟩
Autoritätsglauben m, Obrigkeitsdenken
n

autoritetstro[2] [aˈuˈtoriˈteːˀdstroːˀ] auto-
ritätsgläubig

autoritær [aˈuˈtoriˈtɛːˀr] autoritär

autostop [ˈaˈuˈtostɔb]: *rejse (od tage) på ~*
per Anhalter fahren

auto|strada [ˈaˈuˈtostrɑːda] ⟨en; -er⟩ Auto-
bahn f; **~værksted** [-ˈvɛrgsdeˈð] Auto-
werkstatt f; **~værn** [-ˈvɛrˀn] Leitplanke f

av[1] [aˈuˀ]: *~!* au!, autsch!; *gøre ~* F wehtun

av[2] [aːˀveˀ] *Abk. für* **audiovisuel**

avance [aˈvaŋsə] ⟨n; -r⟩ ÖKON Gewinn m;
Gewinnspanne f, Handelsspanne f;
~ment [-vaŋsəˈmaŋ] ⟨et; -er⟩ Beruf: Beförderung f; **~re** [-vaŋˈseːˀrə] avancieren, fig befördert werden; vorankommen; MIL vorrücken; **~ret** [-vaŋˈseːˀrəð]
avanciert, fortgeschritten, fortschrittlich,
modern; gehoben; **~ søgning** Internet:
erweiterte Suche

ave[1] [ˈaːvə] su Zucht f; *holde i ~* im Zaum
halten

ave[2] [ˈaːvə] ⟨et⟩ REL Ave-Maria n

ave[3] [ˈaːvə] züchtigen; zähmen

avert|ere [avɛrˈteːˀrə] annoncieren, inse-

rieren; *e-n Wink geben* (*én j-m*); **~isse-
ment** [-tisəˈmaŋ] ⟨et; -er⟩ Anzeige f, Inserat n

avet [ˈaːvəð] verkehrt; *gå* (*danse*) *~ om*
linksherum gehen (tanzen)

avind [ˈaːvenˀ] ⟨en⟩ lit Neid m, Groll m

avinds|mand [ˈaːvensmanˀ] Neider m,
Feind m; **~syg** [-syˀ] neidisch

avis [aˈviːˀs] ⟨en; -er⟩ Zeitung f (*bringe
ud* austragen); **~and** [-anˀ] fig Zeitungs-
ente f; **~artikel** [-ɑrˈtigəl] Zeitungsarti-
kel m; **~bud** [-buð] Zeitungsbote m, Zei-
tungsausträger m; **~død** [-døːˀð] Zeitungssterben n; **~hold** [-hɔlˀ] ⟨et⟩: *have
et stort ~* viele Zeitungen abonnieren

avis|kiosk [aˈviːˀskiˀɔsg] Zeitungsstand
m, Zeitungskiosk m; **~læser** [-lɛːsɐr]
Zeitungsleser(in) m(f); **~mand** [-manˀ]
Zeitungsverkäufer(in) m(f); **~overskrift**
[-ˀɔˀɐrsgrefd] Schlagzeile f; **~papir**
[-paˈpiːˀr] Zeitungspapier n; **~referat**
[-refəˈrɑːˀd] Zeitungsbericht m; **~sæl-
ger** [-sɛljɐr] Zeitungsverkäufer m; **~ud-
klip** [-uðkleb] Zeitungsausschnitt m

avl [aˈuˀl] ⟨en⟩ *Pflanzen:* Anbau m; *Vieh:*
Zucht f; Ernte f

avle [ˈaˈuˈlə] erzeugen, *Kinder* zeugen;
Korn anbauen; *Vieh* züchten; **~dygtig**
[-døgdi] zeugungsfähig

avling [ˈaˈuˈlen] ⟨en; -er⟩ Ernte f; Zeugung
f

avlsbrug [ˈaˈuˀlsbruːˀ] Landwirtschaft f;
landwirtschaftliche(r) Betrieb m; **~er**
[-bruːɐr] ⟨en; -e⟩ Landwirt m

avls|bygning [ˈaˈuˀlsbygnen] Wirtschafts-
gebäude n; **~dyr** [-dyːˀr] Zuchttier n;
~gård [-gɔːˀr] Wirtschaftshof m; **~orne**
[-ɔrnə] Zuchteber m; **~tyr** [-tyːˀr]
Zuchtbulle m

avnbøg [ˈaˈuˈnbøːˀ(j)] Hainbuche f, Weiß-
buche f

avne [ˈaˈuˈnə] ⟨n; -r⟩ Spelze f; Spreu f

avocado, avokado [avoˈkaːdo] ⟨en; -er⟩
BOT Avocado f

avra [ˈaˈuˈrɑ]: F *~!* auweia!, au Backe!

azalea [aˈsaːˀlea] ⟨en; -er⟩ Azalee f

B

B, b [be:ˀ] ⟨-'et; -'er⟩ B, b *n*

babelstårnet ['baːˀbɔlstoːʀˀnəð] BIBL der Turm von Babel

baby ['beːˀbi] ⟨-en; -er⟩ Baby *n*, Säugling *m*; **~lift** [-lifd] ⟨-en; -er⟩ Babytragetasche *f*; **~mad** [-mað] Babynahrung *f*

bacille [ba'silə] ⟨-n; -r⟩ Bazillus *m*; **~bærer** [-bɛːʀɔʀ] Bazillenträger *m*

back [bɑg, bag] ⟨-en; -er⟩ Fußball: Verteidiger *m*

bacon ['beɪkɔn] ⟨-en; -et⟩ Bacon *m*, geräucherte(r) Speck *m*

bad¹ [bað] ⟨-et; -e⟩ Bad *n*; *gå i ~* baden; *tage sig et ~* ein Bad nehmen

bad² [baːð] → *bede²*

bade ['baːðə] baden; **~bukser** [-bogsər] *pl* Badehose *f*; **~dragt** [-drɑgd] Badeanzug *m*; **~dyr** [-dyːˀʀ] ⟨-et; -e⟩ Badetier *n*; **~hætte** [hɛdə] Badekappe *f*; **~håndklæde** [-hɔnklɛːðə] Badetuch *n*; **~kar** [-kɑʀ] Badewanne *f*; **~kåbe** [-kɔːbə] Bademantel *m*; **~land** [-lanˀ] Erlebnisbad *n*, Badezentrum *n*; **~sted** [-sdeð] Badeort *m*; **~tøj** [-tɔj] Badezeug *n*

badevand ['baːðəvanˀ] Badewasser *n*; *kaste barnet ud (od bort) med ~et* fig das Kind mit dem Bade ausschütten

badeværelse ['baːðəvɛːʀəlsə] Badezimmer *n*, Bad *n*

badminton ['badmintɔn] ⟨en⟩ Badminton *n*, Federball *m*

badning ['baːðneŋ] ⟨-en; -er⟩ Baden *n*; *~ forbudt!* Baden verboten!

badstue ['baðsduːə] Sauna *f*

badulje [ba'duljə] ⟨-n; -r⟩ Krakeel *m*

badutspringer [ba'dudspreŋər] *etwa:* Akrobat(in) *m(f)*

bag¹ [baːˀ(j)] ⟨-en; -e⟩ Rücken *m*; F Hintern *m*; *have mange år på ~en* F viele Jahre auf dem Buckel haben

bag² [baːˀ(j)] ⟨et⟩ *scherzh* Gebäck *n*

bag³ [baːˀ(j)] *prp* hinter (*D u A*); *adv* hinten; *~ efter vognen* hinter dem Wagen her; *~ om* hinter … herum; *~ på ryggen* hinten auf dem Rücken; *~ ved døren* hinter der Tür; *der må ligge ngt. ~* es muss *etw* dahinterstecken

bagage [ba'gaːsjə] ⟨-n⟩ Gepäck *n*; **~boks** [-bogs] Gepäckschließfach *n*; **~bærer** [-bɛːʀɔʀ] *Fahrrad:* Gepäckträger *m*; **~net** [-neð] Gepäcknetz *n*; **~rum** [-ʀɔmˀ]

Kofferraum *m*

bagatel [baga'tɛlˀ] ⟨-len; -ler⟩ Kleinigkeit *f*

bagben ['baːbeːˀn] Hinterbein *n*; *stille (od sætte) sig på ~ene* F, *fig* sich auf die Hinterbeine stellen

bagbinde ['baːbenˀə] *~ én j-m* die Hände auf den Rücken binden

bagbord ['baːboːˀʀ] *su* NAUT, FLUG Backbord *n*

bagdel ['baːde:ˀl] Hinterteil *n*, Gesäß *n*, F Hintern *m*; *scherzh* Nachteil *m*

bagdør ['baːdœ:ˀʀ] Hintertür *f*; *holde en ~ åben* sich *e-e* Hintertür offenhalten; *skaffe én ind ad ~en* fig *j-n* einschleusen

bagefter ['baːˀ(j)'efdər] hinterher; nachher; nachträglich; *være ~ med betalingen* mit der Zahlung im Rückstand sein

bage|opkrift ['baːˀ(j)ɔɔbsgrefd] Backrezept *n*; **~ovn** [-ɔuˀn] Backofen *m*, Backröhre *f*; **~plade** [-plaːðə] Kuchenblech *n*, Backblech *n*

bager ['baːˀ(j)ɔʀ] ⟨-en; -e⟩ Bäcker *m*; **~butik** [-bu'tig] Bäckerladen *m*

bagerbørn ['baːˀ(j)ɔʀbœːˀn]: *give ~ hvedebrød* fig Eulen nach Athen tragen

bager|i [baːjɔˀʀiːˀ] ⟨-et; -er⟩ Bäckerei *f*, **~mester** ['baːˀ(j)ɔʀmɛsdər] Bäckermeister *m*

bagerst ['baːˀ(j)ɔsd] → *bagest*

bagest ['baːˀ(j)ɔsd] ⟨*sup von* **bag³**⟩ hinterst; *adv* zuhinterst, ganz hinten; *den ~e* der Hintere, der Hinterste

bagfra ['baːˀ(j)frɑːˀ] von hinten, hinterrücks

baggrund ['bawgrɔnˀ] Hintergrund (*a fig*); *på ~ af* vor dem Hintergrund (*G*)

baggrundsmusik ['bawgrɔnsmuːˀsig] Hintergrundmusik *f*

bag|gård ['bawgɔːˀʀ] Hinterhof *m*; **~have** [-haːvə] Garten *m* hinter dem Haus; **~hjul** [-juːˀl] Hinterrad *n*; **~hjulstræk** [-juːlstrɛg] Hinterradantrieb *m*, Heckantrieb *m*; **~hold** [-hɔlˀ] Hinterhalt *m*; **~hoved** [-hoːˀð] Hinterkopf *m*; **~hus** [-huːˀs] Hinterhaus *n*

baghånd ['bawhoːˀn] Hinterhand *f*; *Tennis:* Rückhand *f*; *have ngt. i ~en* etw in (der) Reserve haben

bagi ['ba:ʔ(j)'i:ʔ] hinten; **få ét rap ~** F eins hintendrauf kriegen

bagind ['ba:ʔ(j)'en'] (von) hinten hinein

bagklog ['bawklo:ʔw]: **det er lettere at være ~ end forklog** etwa: hinterher ist man immer schlauer

bag|klædning ['bawkle:ʔðneŋ] Rückwand f; **~krop** [-krɔb] zo Hinterleib m; **~land** [-lan'] Hinterland n; **~lomme** [-lɔmə] Gesäßtasche f; **~lygte** [-løgdə], **~lys** [-ly:ʔs] Auto: Rücklicht n; **~læns** [-lɛn'ʔs] rückwärts, rücklings

baglås ['bawlɔ:ʔs]: **gå i ~** (Tür)Schloss überdrehen; fig, Angelegenheit: zum Stillstand kommen, fehlschlagen

bagmand ['bawman'] Hintermann m; fig Drahtzieher m

bagning ['ba:(j)neŋ] ⟨-en; -er⟩ Backen n

bag|om ['ba:ʔ(j)'ɔm'] hintenherum; **gå ~** hintenherum gehen; **~over** ['-'ɔuʔər] rücklings, hintenüber

bagparti ['bawpɑr'ti:ʔ] Hinterteil n

bagpå ['ba:ʔ(j)'pɔ:ʔ] hinten, hintendrauf

bag|rude ['bawru:ðə] Auto: Heckscheibe f; **~side** [-si:ðə] Rückseite f, Hinterseite f; fig Kehrseite f; **~skærm** [-sgɛrʔm] hintere(s) Schutzblech n, hintere(r) Kotflügel m

bagslag ['bawsla:ʔ] Rückschlag m; **give ~** sich rächen

bagstavn ['bawsdauʔn] → **bagstævn**

bagstræb ['bawsdrɛ:ʔb] ⟨-et; -er⟩ **bagstræv**; **~er** [-ɔr] ⟨-en; -e⟩ → **bagstræver**; **~erisk** [-ərisg] → **bagstræverisk**

bagstræv ['bawsdrɛ:ʔw] ⟨-et⟩ Rückschrittlichkeit f, Reaktion f; **~er** [-ɔr] ⟨-en; -e⟩ Rückschrittler(in) m(f); **~erisk** [-ərisg] rückschrittlich, reaktionär

bag|stævn ['bawsdeuʔn] NAUT Hintersteven m, Heck n; **~sæde** [-sɛ:ðə] Rücksitz m; Sozius(sitz) m

bagtale ['bawta:ʔlə] verleumden, anschwärzen (én j-n); **~lse** [-lsə] ⟨-n; -r⟩ Verleumdung f; **~r** [-ʁ] ⟨-en; -e⟩ Verleumder(in) m(f); **~risk** [-ʁisg] verleumderisch

bagtanke ['bawtɑŋgə] Hintergedanke m

bagtil ['ba:ʔ(j)tel] (nach) hinten

bag|trappe ['bawtʁɑbə] Hintertreppe f; **~trop** [-tʁɔb] MIL Nachhut f

bagud ['ba:ʔ(j)juðʔ] hinten; nachträglich; **være ~** im Rückstand sein, fig zurückbleiben; **~e** [-u:ðə] hinten

bagvaske ['bawvasgə] verleumden; **~lse** [-lsə] ⟨-n; -r⟩ Verleumdung f; Rufmord m; **~r** [-ʁ] ⟨-en; -e⟩ Verleumder(in) m(f)

bagved ['ba:ʔ(j)(j)'veð] hinten; dahinter

bagveje ['bawvaiə]: **gå ~** (for at opnå ngt.) hintenherum etw erreichen wollen, fig krumme Wege gehen

bag|vendt ['bawven'ð] verkehrt; **~væg** [-vɛ:ʔg] Rückwand f; **~værelse** [-vɛ:ʁɔlsə] Hinterzimmer n

bagværk ['bawverg] ⟨-et⟩ Gebäck n

bajads [ba'jas] ⟨-en; -er⟩ Hanswurst m

bajer ['baiʔər] ⟨-en; -e⟩: **en ~** ein Bier n, ein Helles n; **~flaske** [-flasgə] Bierflasche f

bajersk ['baiʔərsg] bay(e)risch; **~e pølser** pl (Wiener) Würstchen n/pl

bak [bag] adv NAUT back, rückwärts; Motor: **slå ~** rückwärtsfahren (od laufen), umschalten; fig sich querstellen

bakgear ['baggi:ʔʁ] Rückwärtsgang m

bakke¹ ['bagə] ⟨-n; -r⟩ Tablett n; Körbchen n, Schale f (für Obst); Hügel m, Anhöhe f; **ned ad ~** bergab (a fig); **op ad ~** bergauf (a fig), bergan

bakke² ['bagə] v/i rückwärtsfahren; Pfeife paffen; **~ én/ngt. op** fig j-n/etw unterstützen; **~ med et køretøj** ein Fahrzeug zurücksetzen; **~ ud af ngt.** fig sich aus (od von) etw zurückziehen

bakkedrag ['bagədʁɑ:ʔw] ⟨-et; -⟩ Höhenzug m, Hügelkette f

Bakken ['bagən] Abk. für Dyrehavsbakken = ein Vergnügungspark bei Kopenhagen

bakkenbarter ['bagənbɑʁ'dɔr] pl Backenbart m; Koteletten pl

bakket ['bagəð] hügelig

baklygte ['bagløgdə] Rückfahrscheinwerfer m

bakse ['bagsə] sich abmühen (med/ mit D), sich abquälen, F fummeln; Problem: sich herumschlagen (med/ mit D)

bakspejl ['bagsbaiʔl] Rückspiegel m

bakterie [bag'te:ʔʁiə] ⟨-n; -r⟩ Bakterie f; **~fri** [-fʁi:ʔ] keimfrei; **~r** pl a Keime m/pl

bal [bal] ⟨-let, -ler⟩ Ball m, Tanzfest n

balance [ba'laŋsə] ⟨-n; -r⟩ Gleichgewicht n; ÖKON Bilanz f; **miste ~n** das Gleichgewicht verlieren; **~akt** [-agd] Balanceakt m, fig Gratwanderung f; **~re** [-laŋ'se:ʔʁə] balancieren, das Gleichgewicht halten; ÖKON bilanzieren; **~øvelse** [-ø:velsə] Gleichgewichtsübung f

baldame ['balda:mə] Tänzerin f, Tanzpartnerin f

balde ['balə] ⟨-n; -r⟩ ANAT Ballen m; Hinterbacke f → **balle**

baldyre [bal'dy:ʔʁə] scherzh sticken

balfaldera ['bal'faldəʁɑ] ⟨-et⟩ Vergnügungsrummel m

balje ['baljə] ⟨-n; -r⟩ Zuber m, Bottich m, Kübel m, Waschwanne f

bal|kavaler ['balkava'le:ˀʀ] Tänzer m; Tanzpartner m; **~kjole** [-kjo:lə] Ballkleid n; **~klædt** [-klɛ:ˀð] in Ballkleidung

balkon [bal'kɔŋ] ⟨-en; -er⟩ Balkon m; THEA Rang m

ballade [ba'la:ðə] ⟨-n; -r⟩ Ballade f; Krach m; **lave ~** F Radau (od Krach) machen; **~mager** [-ma:ˀ(j)əʀ] ⟨-en; -e⟩ Rowdy m, F Radaubruder m

balle ['balə] ⟨-n; -r⟩ (Waren)Ballen m; scherzh Kübel m, Tasse f; Standpauke f, Anpfiff m; **gå i ~** fig hereingelegt werden; ANAT → **balde**

ballet [ba'led] ⟨-ten; -ter⟩ Ballett n; **~danser(inde)** [-dansəʀ('enə)] Ballettänzer(in) m(f)

ballon¹ [ba'lɔŋ] ⟨-en; -er⟩ Ballon m

ballon² [ba'lo:ˀn] F Hallo n, Radau m

ballon|gynge [ba'lɔŋgøŋə] Riesenrad n; **~prøve** [-prœ:və] Alkoholtest m

balsamere ['balsa'me:ˀʀə] (ein)balsamieren

balstyrig [bal'sdy:ˀʀi] unbändig, widerspenstig

balter [bal'ðɔʀ] ⟨-en; -e⟩ Balte m, Baltin f

bambus|skud ['bambussguð] pl Bambussprossen f/pl; **~stok** [-sdɔg] Rohrstock m

bamle ['bamlə]: **bimle og ~** bimmeln und bammeln

bamse ['bamsə] ⟨-n; -r⟩ Spielzeug- Teddy(bär) m; Petz m; F Dicke(r) m

banan [ba'na:ˀn] ⟨-en; -er⟩ Banane f; **~skal** [-sgal?], **~skræl** [-sgʀɛl?] Bananenschale f; **~stik** [-sdeg] ⟨-ket; -⟩ EL Bananenstecker m

band¹ [ban?] ⟨en od et⟩ Fluch(en) m(n)

band² [ban?] ⟨-et⟩ Bann m; **lyse én i ~** j-n mit dem Bann belegen

band³ [ba:nd] ⟨-et; -s od -⟩ MUS Band f

bandage [ban'da:sjə] ⟨-n; -r⟩ Bandage f, Binde f, Verband m

bande¹ ['bandə] ⟨-n; -r⟩ Bande f, Horde f

bande² ['banə] fluchen; schwören; **det kan du ~ på!** F darauf kannst du Gift nehmen!

bandeord [banəo:ˀʀ] Fluch(wort) m(n)

bandlys|e ['banly:ˀsə] in den Bann tun; verbannen (a fig); ächten; **~t a** verboten, untersagt; **~ning** [-ly:ˀsneŋ] ⟨-en; -er⟩ Verbannung f

bandsat ['bansad] verflucht, verdammt

bandt [ban?d] → **binde**

bane¹ ['ba:nə] ⟨-n; -r⟩ Bahn f; Lauf m; Platz m; SPORT Spielfeld n; (Fahr)Spur f; **fri ~** freie Fahrt (a fig); **af ~n!** Bahn frei!;

sende med ~ per Bahn schicken; **bringe ngt. på ~** etw zur Sprache bringen, fig etw anschneiden; **bryde sig en ~** sich Bahn brechen; **i lange ~r** fig massenhaft; → a **jernbane**

bane² ['ba:nə] ⟨en⟩ lit Tod m

bane³ ['ba:nə] bahnen, ebnen; **~ sig vej** sich e-n Weg bahnen; **~ vej for ngt.** etw (D) den Weg bahnen, etw anbahnen

banebryde|nde ['ba:nəbʀyːˀðənə] bahnbrechend; **~r** [-bʀyːˀðɔʀ] ⟨-en; -e⟩ Bahnbrecher m

bane|funktionær ['ba:nəfoŋsjo'nɛːˀʀ] (Eisen)Bahnbeamte(r) m; **~gård** [-gɔːˀʀ] Bahnhof m; **~gårdshal** [-gɔːʀshal?] Bahnhofshalle f; **~mand** [-man?] Eisenbahner m; lit Totschläger m, Mörder m

banemærke ['ba:nəmɛʀgə]: **sende pr.** (= **per**) (od **som**) **~** als Bahnpaket schicken

bane|overskæring ['ba:nəɔ̃uəʀsgeːˀʀeŋ] Bahnübergang m; **~pakke** [-pagə] Bahnpaket n; **~vogter** ['-vɔgdəʀ] Bahnwärter m

bang [baŋ]: **~!** peng!, bums!

bange ['baŋə] bange; ängstlich; **være ~ af sig** (von Natur) furchtsam sein; **jeg er ~** mir ist bange, ich habe Angst, ich fürchte mich (for od D); **vær ikke ~!** F keine Bange!; **blive ~** Angst bekommen; **~ anelser** bange Ahnungen; **~buks** [-bogs] ⟨-en; -er⟩ Angsthase m

bank¹ [baŋˀg] ⟨-en; -er⟩ Geldinstitut: Bank f; **sætte (hæve) penge i ~en** Geld auf die Bank einzahlen (von der Bank holen)

bank² [baŋˀg] ⟨en⟩: **alle over en ~** alle durch die Bank

bank³ [baŋˀg] ⟨-et; -⟩ Schlag m, Klopfen n; **~** pl Schläge m/pl, Prügel m/pl

bank|anvisning ['baŋganvi:ˀsneŋ] Bankanweisung f; **~assistent** ['-asi'sdɛn?d] Bankangestellte(r) m, -te f; **~bestyrer** ['-be'sdy:ˀʀəʀ] Bankdirektor(in) m(f); **~boks** [-bɔgs] Bankschließfach n, Banksafe n, Banktresor m

banke¹ ['baŋgə] ⟨-n; -r⟩ bsd poet Hügel m, Anhöhe f; Meer: Sandbank f; Nebel, Wolken: Wand f

banke² ['baŋgə] klopfen, schlagen, pochen; (ver)prügeln, verhauen; Teppich (aus)klopfen; **det ~r!** es klopft!; **~ ngt. ind i én** F j-m etw einpauken; **~ på** anklopfen

banke|altan ['baŋgaal'ta:ˀn] Balkon m zum Teppichklopfen; **~kød** [-køð] etwa: gulaschähnliche(s) Rindfleischragout n mit Lorbeerblättern

bankelev [ˈbaŋgeˈleːˀv] Banklehrling *m*

bankerot¹ [baŋgeˈroˀd] ⟨-ten; -ter⟩ Bankrott *m*; **gå ~** Bankrott (*od* F Pleite) machen

bankerot² [baŋgeˈroˀd] bankrott

bankeånd [ˈbaŋgəɔnˀ] Klopfgeist *m*

bank|funktionær [baŋgfoŋsjoˈnɛːˀr] Bankangestellte(r) *m*, -angestellte *f*, Bankkaufmann *m*, -kauffrau *f*; **~konto** [-konto] Bankkonto *n*; **~kup** [-kub] Bankraub *m*; **~lån** [-lɔːˀn] Bankdarlehen *n*; **~mand** [-manˀ] ⟨*pl* = **bankfolk**⟩ F Banker *m*; **~note** [-noːdə] Banknote *f*

bankospil [ˈbaŋkosbel] *etwa*: (Zahlen-)Lotto *n*, Bingo *n*

bank|registreringsnummer [ˈbaŋgʁegiˈsdʁæːˀrɛŋsnomˀɐr] Bankleitzahl *f*; **~røver** [-ˈʁøːvɐr] ⟨-en; -e⟩ Bankräuber *m*; **~røveri** [-ˈʁœːvəˀriˀ] Bankraub *m*

bar¹ [baːˀr] ⟨-en; -er⟩ Bar *f*; **sidde (oppe) i ~en** an der Bar sitzen

bar² [baːˀr] bloß, nackt; kahl; rein, bar; **det ~e sludder** blanker Unsinn; **på det ~e gulv** auf dem nackten Boden; **i ~ figur** entblößt; nackt; **stå på ~ bund** *fig* ratlos sein; ganz ohne Mittel sein; **~t brød** trockenes Brot; **af ~(e) glæde** vor lauter Freude; **blot og ~ ...** nichts als ...

bar³ [baːˀr] → **bære**

barak [baˈʁɑg] ⟨-ken; -ker⟩ Baracke *f*

bararmet [ˈbɑʁɑʁˀməð] mit bloßen Armen

barbenet [ˈbɑːbeˀnəð] barfuß, barfüßig, mit nackten Beinen

barber [bɑːˈbeːˀr] ⟨-en; -er⟩ (Herren)Friseur *m*; **~blad** [-blað] Rasierklinge *f*; **~e** [-ə] ⟨*su*⟩rasieren; **~grejer** [-ˈgʁɑjɐr] *pl* Rasierzeug *n*; **~ing** [-eŋ] ⟨-en; -er⟩ Rasur *f*; **~kniv** [-kniˀv] Rasiermesser *n*; **~kost** [-kosd] Rasierpinsel *m*; **~maskine** [-maˈsgiːnə] Rasierapparat *m*, Trockenrasierer *m*; **~skum** [-sgomˀ] Rasierschaum *m*; **~spejl** [-sbaiˀl] Rasierspiegel *m*; **~sprit** [-sbrid] Rasierwasser *n*

bardisk [bɑːˀrdesg] Schanktisch *m*, Theke *f*, Tresen *m*

bardun [bɑːduˀn] ⟨-en; -er⟩ NAUT Pardune *f*; Zeltleine *f*

bardus [bɑːduˀs]: **~!** pardauz!

bare¹ [ˈbɑːʁə] *v/t*: **~ sig** sich enthalten (**for/**G); **jeg kunne ikke ~ mig for at le** ich konnte mir das Lachen nicht verkneifen

bare² [ˈbɑːʁə] nur, bloß; **det manglede (da)** ~ das wäre (ja) noch schöner, das fehlte gerade noch; **~ rolig** immer mit der Ruhe; **~ han kom** wenn er nur käme;

indrøm det ~ gib es schon zu

baret [baˈʁɛd] ⟨-ten; -ter⟩ Barett *n*; **blå ~ter** F Blauhelme *pl* (*UNO-Soldaten*)

barfodet [ˈbɑːfoˀðəd] barfüßig; **gå ~** barfuß gehen

bar|frost [ˈbɑːfrosd] Kahlfrost *m*; **~hovedet** [-hoːˀðəd] barhäuptig

bark¹ [bɑːg] ⟨-en⟩ Rinde *f*, Borke *f*; (Gerber)Lohe *f*

bark² [bɑːg] ⟨-en; -er⟩ NAUT Bark *f*

bark|bille [ˈbɑːgbilə] zo Borkenkäfer *m*; **~e** [-ə] *Baum* entrinden; lohen, gerben; **~et** [-əð] borkig; *Hand:* schwielig, hornig

barm [bɑːˀm] ⟨-en; -e⟩ Busen *m*, Brust *f*; **~fager** [ˈbɑːmfaˀ(j)ɐr] vollbusig

barmhjertig [bɑːmˈjɛrdi] barmherzig

barmhjertighed [bɑːmˈjɛrdiheˀðˀ] ⟨-en⟩ Barmherzigkeit *f*, Erbarmen *n*; **uden ~** erbarmungslos

barn [bɑːˀn] ⟨-et; børn⟩ Kind *n*; **uegnet for børn** nicht jugendfrei; **fra ~ af** von Kind an/auf; **tage i ~s sted** an Kindes statt annehmen

barnagtig [bɑːnˈagdi] kindisch; **~hed** [-heˀðˀ] ⟨-en; -er⟩ Kinderei *f*, kindische(s) Wesen *n*

barndom [ˈbɑːndomˀ] ⟨-men⟩ Kindheit *f*; **gå i ~** kindisch werden

barndoms|erindring [ˈbɑːndomsəˈrɛnˀdʁɛŋ] Kindheitserinnerung *f*; **~hjem** [-jɛmˀ] Elternhaus *n*; **~ven** [-vɛn] Jugendfreund *m*; **~år** [-ɔːˀr] *pl* Kinderzeit *f*, Kinderjahre *n/pl*

barne- [ˈbɑːnə] Kind-, Kinder-, Kindes-; → **børne-**

barne|alder [ˈbɑːnalˀɐr] Kindesalter *n*; **~ansigt** [-ansegd] Kindergesicht *n*; **~barn** [-bɑːˀn] ⟨-et; børnebørn⟩ Enkel(in) *m(f)*, Enkelkind *n*; **~billet** [-biˈled] = **børnebillet** Kinderfahrkarte *f*, Kindereintrittskarte *f*; **~cykel** [-sygəl] = **børnecykel** Kinderfahrrad *n*; **~dåb** [-dɔːˀb] (Kind)Taufe *f*

barne|fødsel [ˈbɑːnəføsəl] ⟨*barneføds(e)len; barnefødsler od børnefødsler*⟩ Niederkunft *f*, Geburt *f*; **~født** [-føˀd] gebürtig (*i/* aus D); **~glad** [-glað] kinderlieb; freudig wie ein Kind; **~leg** [-laiˀ] Kinderspiel *n*

barnemad [ˈbɑːnəmað] *su* Kindernahrung *f*; **det rene ~** *fig* ein reines Kinderspiel

barnemord [ˈbɑːnəmoːˀr] Kindermord *m*

barnepige [ˈbɑːnəpiːə] Kindermädchen *n*; **være ~ for én** *fig* j-n bevormunden

barne|pleje [ˈbɑːnəplaiə] Säuglingspflege

f; **~plejerske** [-plɑiˀɒʀsgə] ⟨*-n*; *-r*⟩ Säuglingsschwester *f*; **~rov** [-ʀɔʊ] Kindesraub *m*, Kindesentführung *f*; **~rumpe** [-ʀɒmbə] Kinderpopo *m*; **~røst** [-ʀœsd] Kinderstimme *f*; **~seng** [-seŋˀ] ⟨*-en*; *-e od børnesenge*⟩ Kinderbett *n*; **~ske** [-sgeːˀ] ⟨*-en*; *-er od børneskeer*⟩ Kinderlöffel *m*; **~sko** [-sgoːˀ] ⟨*-en*; *- od børnesko*⟩ Kinderschuh *m*; **have trådt sine ~** *fig* die Kinderschuhe ausgetreten haben; **~sprog** [-sbʀɔːˀw] = **børnesprog** Kindersprache *f*

barne|stol [ˈbɑʀnesdoːˀl] ⟨*-en*; *-e od børnestole*⟩ Kinderstuhl *m*; **~sæde** [-sɛːðə] = **børnesæde** ⟨*-t*; *-r od børnesæder*⟩ Kindersitz *m*; **~vogn** [-vɒwˀn] = **børnevogn** *f*; **~år** [-ɔːˀʀ] *pl* = **børneår** *pl* Kinderjahre *pl*

barn|lig [ˈbɑʀnli] kindlich, kindhaft; **~lille** [-ˈlilə] *su* Kindchen *n* (*pl* = **børnlille** *f* Kinder); **~løs** [-løːˀs] kinderlos

barnsben [ˈbɑʀˀnsbeːˀn] : **fra ~ af** von Kind(esbeinen) an

barometer [bɑʀoˈmeːˀdəʀ] ⟨*baromet(e)-ret*; *barometre*⟩ Barometer *n*; **~stand** [-sdanˀ] ⟨*-en*⟩ Barometerstand *m* (**høj**, **lav** hoch, niedrig)

barre [ˈbɑʀə] ⟨*-n*; *-r*⟩ Metall, Turnen: Barren *m*; Barre *f* (*Sandbank*)

barriere [bɑʀiˈɛːʀə] ⟨*-n*; *-r*⟩ Barriere *f*; *Zirkus*: Piste *f*

barrikade [bɑʀiˈkaːðə] ⟨*-n*; *-r*⟩ Barrikade *f*; **gå på ~rne** *fig* auf die Barrikaden gehen; **~re** [-kaˈdeːˀʀə] verbarrikadieren, F verrammeln

barsel [ˈbɑʀˀsəl] ⟨*bars(e)len*; *barsler*⟩ Niederkunft *f*, Geburt *f*

barsel(s)feber [ˈbɑʀˀsəl(s)feːˀbəʀ] Kindbettfieber *n*; **~gilde** [-gilə] Kindelbier *n*; Taufschmaus *m*; **~kvinde** [-kvenə] Wöchnerin *f*; **~orlov** [-ɔʀlɔʊ] Mutterschaftsurlaub *m*, Babyjahr *n*; **~patient** [-paˀsjenˀd] → **barsel(s)kvinde**

barsel(s)seng [ˈbɑʀˀsəl(s)seŋˀ] Wochenbett *n*; **ligge i barsel(s)seng** im Wochenbett liegen

barsel(s)vikar [ˈbɑʀˀsəl(s)viˀkaːˀʀ] Schwangerschaftsvertretung *f*

barsk [bɑʀsg] barsch; *Wetter*: rau; *fig* schroff

barsle [ˈbɑʀslə] *scherz* gebären, entbunden werden

bar|stol [ˈbaːˀʀsdoːˀl] Barhocker *m*; **~tender** [-tendəʀ] ⟨*-en*⟩ Barmixer *m*

bas [bas] ⟨*-sen*, *-ser*⟩ MUS Bass *m*

basar [bɑˈsaːˀʀ] ⟨*-en*; *-er*⟩ Basar *m*; **holde ~** *e-n* Basar veranstalten

base [ˈbaːsə] ⟨*-n*; *-r*⟩ CHEM Base *f*; MIL Stützpunkt *m*; **~re** [baˈseːˀʀə] basieren, gründen (**på**/auf *A*)

basis [ˈbaːsis] ⟨*basen*; *baser*⟩ Basis *f*, Grundlage *f*; Grundfläche *f*; Ausgangspunkt *m*; **på ~ af** basierend auf (*D*); auf Grund (*G od* von *D*); **~uddannelse** [-uðdanˀəlsə] Grundstudium *n*, Grundausbildung *f*

baske [ˈbasgə]: **~ med vingerne** *Vogel*: mit den Flügeln schlagen

baskerhue [ˈbasgəʀhuːə] Baskenmütze *f*

basketag [ˈbaskɑtaˀ(j)] : **tage et ~ med** *ngt. etwl-e* Sache entschlossen in Angriff nehmen (*od* anpacken)

bassanger [ˈbasaŋɒʀ] Bass(sänger) *m*

basse [ˈbasə] ⟨*-n*; *-r*⟩ F Dicke(r) *m*, Dicksack *m*; *Kuchen*: Plunderstück *n*

basseralle [basəˈʀalə] ⟨*-n*; *-r*⟩ *etwa*: F Jubel, Trubel, Heiterkeit

bassin [baˈseŋ] ⟨*-et*; *-er*⟩ Bassin *n*, Wasserbecken *n*

bast [basd] ⟨*-en*⟩ Bast *m*

basta [ˈbasda]: **... og dermed ~!** ... und damit basta!, ... und nun genug davon!

bastant [baˈsdanˀd] *Körperbau*: kräftig, stämmig; *Mahlzeit*: (zu) schwer

baste [ˈbasdə]: **være ~t og bundet** *fig* an Händen und Füßen gebunden sein

Bastian [ˈbasdjaːˀn]: **Den store ~** *Kinderbuch*: Der Struwwelpeter

basun [baˈsuːˀn] ⟨*-en*; *-er*⟩ Posaune *f*; **~engel** [-ɛŋəl] Posaunenengel *m*

basunere [basuˈneːˀʀə]: **~ ngt. ud** *scherz etw* ausposaunen

basun|ist [basuˈnisd] ⟨*-en*; *-er*⟩ Posaunist(in) *m(f)*; **~kinder** [-ˈsuːˀnkenəʀ] *pl* Pausbacken *f/pl*

bat [bad] ⟨*-ten od -tet*; *-ter od -*⟩ *Ballspiel*: Schlagholz *n*, Schläger *m*

batalje [baˈtaljə] ⟨*-n*; *-r*⟩ Krakeel *m*, Schlägerei *f*

batte [ˈbadə] *nützen*; **arbejde så det ~t** F arbeiten, dass es nur so kracht; **en sum, der ~r ngt.** *e-e* Summe, die zu Buche schlägt

batteri [badɒˈʀiˀ] ⟨*-et*; *-er*⟩ Batterie *f*; **~dreven** [-ˈʀidʀeˀvən], **~drevet** [-ˈʀidʀeˀvəð] batteriebetrieben

bautasten [ˈbaʊtasdeːˀn] HIST Bautastein *m*

bavian [baviˀaːˀn] ⟨*-en*; *-er*⟩ Pavian *m*

bavl [baʊˀl] ⟨*-et*⟩ Quatsch *m*, Gefasel *n*; **~e** [ˈbaʊlə] quatschen, faseln

bay|ersk [ˈbaiˀɒʀsg] bay(e)risch; **~rer** [ˈbaiˀʀɒʀ] ⟨*-en*; *-e*⟩ Bayer(in) *m(f)*; **~risk** [ˈbaiˀʀisg] → **bayersk**

B

b-bombe ['be:?bombə] → **brintbombe**

B-brev ['be?bʀɛ?v] ⟨-et; -e⟩ n Billigbrief (*langsamer als ein A-brev*)

bd. Abk. für **bind**

bearbejde [bɛɑʀ'baï?də] bearbeiten (*a fig*), überarbeiten; *Rohstoff* aufbereiten; **~lse** [-lsə] ⟨-n; -r⟩ Bearbeitung f

bearbejdning [bɛɑʀ'baïdnɛŋ] ⟨-en; -er⟩ → **bearbejdelse**

bearnaise [bɛɑʀ'nɛːs] ⟨-en⟩, **~sovs** [-soūs] ⟨-en; -e⟩ Sauce f béarnaise

beautyboks ['bjutibɔgs] Kosmetikkoffer m

bebe [be'be:] **~!** *Kindersprache* bitte, bitte!

bebo [be'bo:?] bewohnen; **~elig** [-əli] bewohnbar; **~else** [-əlsə] ⟨-n; -r⟩ (Be)Wohnen n; Wohnung f

beboelses|hus [be'bo:?əlsəshuː?s] Wohnhaus n; **~vogn** [-vɔw?n] Wohnwagen m

beboer [be'bo:?əʀ] ⟨-en; -e⟩ Bewohner(in) m(f), Einwohner(in) m(f); Anlieger(in) m(f); **~initiativ** [-initia'ti:?v] Bürgerinitiative f

bebrejde [be'bʀɑï?də] vorwerfen, vorhalten (*én ngt.* j-m etw); **~lse** [-lsə] ⟨-n; -r⟩ Vorwurf m; **~nde** vorwurfsvoll, strafend

bebrillet [be'bʀɛl?əð] *scherzh* bebrillt

bebude [be'bu:?ðə] ankündigen, verkündigen; **~lse** [-lsə] ⟨-n; -r⟩ Ankündigung f, Verkündigung f; *Mariæ bebudelse* REL Mariä Verkündigung; **~r** [-ʀ] ⟨-en; -e⟩ Verkündiger m; Vorbote m (*des Frühlings*)

bebygge [be'bygə] bebauen, besiedeln; **~lse** [-lsə] ⟨-n; -r⟩ Bebauung f, Besiedlung f; Siedlung f

bebyrde [be'byʀ?də] *fig* beladen, belasten, beschweren; **~ én med ngt.** *fig* j-m etw aufbürden

bed¹ [beð] ⟨-et; -e⟩ Beet n

bed² [beð]: **gå én i ~ene** *fig* j-m ins Gehege kommen

bed³ [be:?ð] → **bide**

bedaget [be'da:?(j)əð] betagt, bejahrt

bede¹ ['be:ðə] ⟨-n; -r⟩ Hammel m; BOT Bete f/pl

bede² ['be:ðə, be:?] ⟨bad; bedt⟩ bitten (*om/*um A); flehen; anrufen; *Gebet:* beten; *åh jeg ~r!* [be:?ʀ] bitte sehr!, gern geschehen!; *være bedt ud* eingeladen sein; *De ~s (venligst) ...* Höflichkeitsform: wollen Sie bitte ...; **~ én indenfor** j-n hereinbitten

bededag ['be:ðəda:?]: *store ~* REL Buß- und Bettag m

bede|kød ['be:ðəkœð] Hammelfleisch n;

~kølle [-kølə] Hammelkeule f

bedemand ['be:ðəman?] Leichenbestatter m

bedemands|ansigt ['be:ðəmansansegd] Leichenbittermiene f; **~forretning** [-fɔ'ʀɛdnɛŋ] Bestattungsunternehmen n, Bestattungsinstitut n; **~mine** [-mi:nə] → **bedemandsansigt**

bede|mølle ['be:ðəmølə] Gebetsmühle f; **~skammel** [-sgaməl] Betschemel m

bedesteg ['be:ðəsdaï?] Hammelbraten m

bedetæppe ['be:ðətɛbə] Gebetsteppich m

bedrag [be'dʀɑ:?w] ⟨-et; -⟩ Betrug m; (Sinnes)Täuschung f; *løgn og ~* Lug und Trug

bedrage [be'dʀɑ:?wə] ⟨-ede og bedrog; bedraget⟩ betrügen, hintergehen; täuschen; *skinnet ~r* der Schein trügt; **~r** [-ʀ] ⟨-en; -e⟩ Betrüger(in) m(f); **~ri** [-dʀɑ:wɑ'ʀi:?] ⟨-et; -er⟩ Betrügerei f; Betrug m; **~risk** [-ʀisg] (be)trügerisch

bedre¹ ['beðʀə] ⟨komp von *god*⟩ besser; *~ og ~* immer besser; *jeg føler mig ~ tilpas* ich fühle mich wohler, es geht mir besser; *gøre ~ i* besser daran tun; *blive ~* sich bessern; *så meget desto ~* umso besser; *forandret til det ~* zum Vorteil verändert; *han har det ~* es geht ihm besser

bedre² ['beðʀə] v/t (ver)bessern; *Gud det!* leider Gottes!; **~s** sich bessern, besser werden

bedreviden ['beðʀəvi:ðən] ⟨-en⟩ Besserwisserei f; **~de** [-ə] besserwisserisch

bedrift [be'dʀefd] ⟨-en; -er⟩ Tat f; *Unternehmen:* Betrieb m, Geschäft n; *Wirtschaft f*, Anwesen n

bedrifts|læge [be'dʀefdslɛ:(j)ə] Betriebsarzt m; **~råd** [-ʀɔ:?ð] *BRD* Betriebsrat m

bedrift(s)værn [be'dʀefd(s)vɛʀ?n] Werkschutz m

bedring ['beðʀeŋ] ⟨-en; -er⟩ Besserung f; *god ~!* gute Besserung!; *love bod og ~* Besserung versprechen

bedrive [be'dʀi:?və] treiben, verüben, anstellen

bedrøve [be'dʀœ:?və] betrüben; **~lse** [-lsə] ⟨-n⟩ Betrübnis f, Kummer m; **~t** [-ð] betrübt, traurig (*over/*über A)

bedst [besd] ⟨sup von *god*⟩ adv am besten; adj *den ~e* der (die, das) Beste; *den første den ~e* der erste Beste; *min ~e tak!* besten Dank!; *gøre sit ~e* sein Bestes tun; *på det ~e* aufs Beste, bestens; *give ngt. til ~e* etw zum Besten geben; *have én til ~e* j-n zum Besten halten;

beget B

det ~e jeg kunne so gut ich es konnte

bedste¹ ['bɛsdə] ⟨*en*⟩ *Kindersprache* Oma *f*

bedste² ['bɛsdə] ⟨*et*⟩ Wohl *n*, Beste(s) *n*; *til dit eget ~* zu deinem Besten

bedsteborger ['bɛsdəbɔrwər] Spießbürger *m*; **~lig** [-li] spießbürgerlich

bedste|fa(de)r ['bɛsdəfaːr] Großvater *m*, Opa *m*; **~forældre** [-fɔr'ɛl'dra] *pl* Großeltern *pl*; **~mo(de)r** [-moːr] Großmutter *f*, Oma *f*

bedt [beˀd] → *bede²*

bedugget [be'dugəð] *scherzh* angeheitert

bedyre [be'dyːˀrə] beteuern

bedæk|ke [be'dɛgə] bedecken; zo decken, beschälen; **~ning** [-'dɛgnəŋ] ⟨*en*; *-er*⟩ Bedeckung *f*; zo Decken *n*

bedærvet [be'dɛrˀvəð] *fig scherzh* verdorben

bedømme [be'dœmˀə] beurteilen, (ein)schätzen, begutachten, benoten; **~lse** [-lsə] ⟨*-n*; *-r*⟩ Beurteilung *f*, (Ein)Schätzung *f*, Wertung *f*

bedøve [be'døːˀvə] betäuben (*a fig*); **~lse** [-lsə] ⟨*-n*; *-r*⟩ Betäubung *f*, **~lsesmiddel** [-lsəsmiðˀəl] Betäubungsmittel *n*

bedåre [be'dɔːˀrə] betören, bezaubern; **~nde** [-nə] bezaubernd, entzückend

beedige [be'eˀðiə] beeiden; **~lse** [-lsə] ⟨*-n*; *-r*⟩ Beeidigung *f*

befale [be'faːˀlə] befehlen, heißen; *lit* gebieten; **~nde** gebieterisch

befaling [be'faːˀleŋ] ⟨*-en*; *-er*⟩ Befehl *m*, Gebot *n*, Geheiß *n*; *imod ~* befehlswidrig

befalingsmand [be'faːˀleŋsmanˀ] MIL Befehlshaber *m*, Offizier *m*

befamle [be'famˀlə] betasten

befare [be'faːˀrə] ⟨*-ede od befor*; *befaret*⟩ befahren; **~n** [-n] NAUT befahren

befatte [be'fadə] **~ *sig med ngt.* sich mit *etw* befassen

befinde [be'fenˀə] befinden (*sig* sich befinden); *hvordan ~r De Dem?* wie geht es Ihnen?; *han befandtes at være uarbejdsdygtig* er wurde für arbeitsunfähig befunden

befindende [be'fenˀənə] ⟨*-t*⟩ Befinden *n*, Ergehen *n*; *spørge til hendes ~* sich nach ihrem Befinden erkundigen

befingre [be'feŋˀrə] betasten, befingern

befippelse [be'febəlsə] ⟨*-n*⟩ Verwirrung *f*; **~t** [-'febəð] verlegen, verwirrt

beflitte [be'flidə] **~ *sig på ngt.* sich e-r Sache (*G*) befleißigen

beflyve [be'flyːˀvə] *Strecke* befliegen

befolk|e [be'fɔlˀgə] bevölkern; **~et** [-ð] bevölkert (*tæt* dicht); **~ning** [-'fɔlˀgnəŋ]

⟨*-en*; *-er*⟩ Bevölkerung *f*

befolkningstæthed [be'fɔlˀgnəŋstædheːð] Bevölkerungsdichte *f*

beford|re [be'fɔrˀdrə] befördern; *fig* fördern; **~ing** [-'fɔrˀdreŋ] ⟨*-en*; *-er*⟩ Beförderung *f*, *konkret*: Beförderungsmittel *n*

befordrings|godtgørelse [be'fɔrˀdreŋsgɔdgøːˀrəlsə] Fahrgeldrückerstattung *f*; Erstattung *f* der Fahr(t)kosten; **~middel** [-miðˀəl] Verkehrsmittel *n*

befragte [be'fragdə] befrachten, chartern

befri [be'friːˀ] befreien (*én for ngt.* *j-n von etw*); entbinden; erlösen; **~ én af/ fra fangenskab** *j-n* aus der Gefangenschaft befreien; **~ sig for ngt.** sich e-r Sache (*G*) entledigen; **~ånde ~et op** befreit (*od erlöst*) aufatmen; **~else** [-əlsə] ⟨*-n*; *-r*⟩ Befreiung *f* [-ər] ⟨*-en*; *-e*⟩ Befreier *m*; REL Erlöser *m*

befrugte [be'frɔgdə] befruchten (*a fig*)

befrugtning [be'frɔgdnəŋ] ⟨*-en*; *-er*⟩ Befruchtung *f*

befrygte [be'frɛgdə] befürchten; *det må ~s, at ...* es ist zu befürchten, dass ...

befuldmægtige [be'fulmɛgdiˀə] bevollmächtigen, ermächtigen; **~t** Bevollmächtigte (r) *m*, Beauftragte (r) *m*; **~lse** [-lsə] ⟨*-n*; *-r*⟩ Ermächtigung *f*, Bevollmächtigung *f*

befængt [be'feŋˀd] *være ~ med ngt. Ungeziefer:* von *etw* befallen sein; *Fehler:* mit *etw* behaftet sein

befærdet [be'fɛrˀdəð] *Straße:* belebt, befahren, verkehrsreich

befæst|e [be'fɛsdə] *Stadt* befestigen; *Freundschaft* festigen; anheften; **~nings-anlæg** [-'fɛsdneŋsanlɛːˀg] Befestigungs-, Verteidigungsanlage *f*

beføje|lse [be'fɔiˀəlsə] ⟨*-n*; *-r*⟩ Befugnis *f*; **~t** [-'fɔiˀəð] befugt, berechtigt

beføle [be'føːˀlə] befühlen, betasten, berühren

beg [baiˀ] ⟨*-et*⟩ Pech *n*

beg. *Abk. für* **begyndelse**

begave [be'gaːˀvə] *scherzh* beschenken

begavelse [be'gaːˀvəlsə] ⟨*-n*; *-r*⟩ Begabung *f*; *han er en stor ~* er ist sehr begabt

begavet [be'gaːˀvəð] begabt

begejstre [be'gaiˀsdrə] begeistern; **~t** begeistert, entzückt (*over, for/*über *A*, von *D*)

begejstring [be'gaiˀsdreŋ] ⟨*-en*⟩ Begeisterung *f*

begejstringsrus [be'gaiˀsdreŋsruːˀs] Begeisterungstaumel *m*

beget ['baiˀəð] *adj* mit Pech überzogen, gepicht

B

begge ['begə] beide; ~ **to** alle beide; ~ **dele** slags beiderlei; ~ **mine sønner** meine beiden Söhne; **på** ~ **sider** beiderseits

begive [be'gi:ʔvə]: ~ **sig** sich begeben; ~ **sig på vej** sich auf den Weg machen; ~ **sig til sengs** sich schlafen legen

begivenhed [be'gi:ʔvənheˑðʔ] ⟨-en; -er⟩ Begebenheit f, Ereignis n, Vorfall m; **vente en lykkelig** ~ **e-m** freudigen Ereignis entgegensehen

begivenheds|løs [be'gi:ʔvənheˑðsløsʔ] ereignislos; **~mættet** [-mɛðəð] voller Ereignisse, ereignisreich, **~rig** [-ʀiˑ] ereignisreich

beglo [be'glo:ʔ] begaffen, beglotzen

begmand ['baiʔman] Nasenstüber m

begoni|a [be'go:ʔnia] ⟨-en; -er⟩, **~e** [-'go:ʔnia] ⟨-n; -r⟩ BOT Begonie f

begramse [be'gʀɑm?sə] F betasten, befummeln

begrave [be'gʀɑ:ʔvə] beerdigen, begraben; verschütten; fig vergraben, **~lse** [-lsə] ⟨-n; -r⟩ Bestattung f, Begräbnis n

begravelses|forretning [be'gʀɑ:ʔvəlsəsfɔʔʀɛdneŋ] Beerdigungsinstitut n

begreb¹ [be'gʀe:ʔb] ⟨-et; -er⟩ Begriff m; **være/stå i** ~ **med** im Begriff sein (od stehen); **ikke have** ~ **om ngt.** keine Ahnung (od keinen Schimmer) von etwas haben

begreb² [be'gʀe:ʔb] → **begribe**

begrebsforvirring [be'gʀe:ʔbsfɔʀˈviˀʀˀen] Begriffsverwirrung f

begribe [be'gʀi:ʔbə] ⟨begreb; begrebet⟩ begreifen, fassen; **~lig** [-li] begreiflich, **~ligvis** [-liˑviˀs] begreiflicherweise, verständlicherweise

begroet [be'gʀo:ʔəð] bewachsen, überwuchert

begrunde [be'gʀon?ə] begründen, **~lse** [-lsə] ⟨-n; -r⟩ Begründung f

begræde [be'gʀɛ:ʔðə] beweinen, weinen um (**én** J-n); **Dummheit** bereuen; **~lig** [-li] Tonfall: weinerlich

begræns|e [be'gʀɛn?sə] begrenzen, beschränken; **~ning** [-neŋ] ⟨-en; -er⟩ Begrenzung f; Beschränkung f

begsort ['baiʔsord] pechschwarz

begunstige [be'gʊn?sdi:ə] begünstigen, bevorzugen; **~lse** [-lsə] ⟨-n; -r⟩ Begünstigung f, Vergünstigung f

begynde [be'gøn?ə] ⟨-te⟩ anfangen, beginnen; **til at** ~ **med** anfangs; ~ **forfra** von vorn anfangen; ~ **for sig selv** sich selbstständig machen; ~ **på ngt.** etw anfangen

begyndelse [be'gøn?əlsə] ⟨-n; -r⟩ (Abk.

beg.) Anfang m, Beginn m; **fra** ~ **n** (af) von Anfang an; **i** ~ **n** anfangs; am Anfang; **i** ~ **n af marts** Anfang März; **det er** ~ **n til enden** das ist der Anfang vom Ende; **al** ~ **er svær** aller Anfang ist schwer

begyndelses|bogstav [be'gøn?əlsəsbogsda:ʔv] Anfangsbuchstabe m; **~undervisning** [-onɔʀviˀsneŋ] Anfangs-, Elementarunterricht m

begynder [be'gøn?ər] ⟨-en; -e⟩ Anfänger(in) m(f), Neuling m; **~bog** [-bɔ:ʔw] Elementarbuch n; **~fejl** [-faiʔl] Anfängerfehler m; **~undervisning** [-onɔʀviˀsnɔn] Elementarunterricht m

begær [be'gɛ:ʔʀ] ⟨-et; -⟩ Begierde f, Verlangen n, Gelüst n; **~e** [-ə] begehren, verlangen, fordern; JUR beantragen; **~ing** [-'gɛ:ʔʀen] ⟨-en; -er⟩ Begehren n, Verlangen n, Forderung f; JUR Antrag m; **~lig** [-'gɛ:ʔʀli] begehrlich, (be)gierig (**efter** nach D); **~lighed** [-lihe:ʔð] ⟨-en⟩ Habsucht f

begå [be'gɔ:ʔ] begehen, verüben; ~ **sig mellem mennesker** mit Menschen umgehen können

behag [be'ha:ʔ(j)] ⟨-et⟩ Gefallen m; **finde** ~ **i ngt.** an etw (D) Gefallen finden; **efter** ~ nach Belieben

behage [be'ha:ʔ(j)ə] gefallen, behagen; **ganske, som De** ~ ganz wie Sie wollen; → **hvadbeha(ge)r**, **~lig** [-li] angenehm, gefällig; behaglich; behagen

behagelighed [be'ha:ʔ(j)əlihe:ʔð] ⟨-en; -er⟩ Annehmlichkeit f; **sige én** ~**er** j-m Komplimente machen

behage|lyst [be'ha:ʔ(j)əløsd], **~syge** [-sy:ə] Gefallsucht f

behandle [be'han?lə] behandeln; JUR verhandeln

behandling [be'han?leŋ] ⟨-en; -er⟩ Behandlung f; PARL Lesung f; **tage én under** ~ MED j-n in Behandlung nehmen; F sich j-n vorknöpfen

behandlingsmåde [be'han?leŋsmo:ʔðə] Behandlungsart f, Verfahren n

behefte [be'hefdə] → **behæfte**; **~lse** [-lsə] ⟨-n; -r⟩ → **behæftelse**

beherske [be'hɛʀsgə] beherrschen (**sig** sich); meistern; **~lse** [-lsə] ⟨-n⟩ Beherrschung f

behersket [be'hɛʀsgəð] Mensch, Auftreten: beherrscht, ruhig; **glæde** mäßige Freude f

behjertet [be'jɛʀˀðəð] beherzt, couragiert

behjælpelig [be'jel?bəli] behilflich; **være én** ~ j-m behilflich sein

behold [be'hɔl?] *su:* **være i god~** wohlbehalten (*od* geborgen, in Sicherheit) sein; **have ngt. i~** *etw* übrig (*od* vorrätig) haben

beholde [be'hɔl?ə] behalten; **~ på** *Hut* aufbehalten; *Mantel* anbehalten; **~r** [-ʁ] ⟨-en; -e⟩ Behälter *m*; Gefäß *n*

beholdning [be'hɔl?neŋ] ⟨-en; -er⟩ Vorrat *m*, Bestand *m*

behov[1] [be'hoʊ] ⟨-et; -⟩ Bedarf *m*, Bedürfnis *n*; **efter ~** nach Bedarf

behov[2] [be'hoʊ]: **det gøres ikke ~** das ist nicht nötig (*od* notwendig); **have ~** benötigen, brauchen

behæfte [be'hɛfdə] JUR behaften, belasten; **være ~t med mangler** *fig* mit Fehlern behaftet sein; **~lse** [-lsə] ⟨-n; -r⟩ Belastung *f*, Hypothekenschuld *f*

behændig [be'hɛn?di] behänd(e), gewandt, geschickt; **~hed** [-he:ð?] ⟨-en⟩ Behändigkeit *f*, Gewandtheit *f*, Geschicklichkeit *f*; **~hedsøvelse** [-heðs-ø:vəlsə] Geschicklichkeitsübung *f*

behørig [be'høː?ʁi] gehörig, gebührend; *Zustand:* ordnungsgemäß

behøve [be'høː?və] brauchen, nötig haben; benötigen; bedürfen (*G*); **~s** nötig sein, notwendig sein; **hvis det ~s** nötigenfalls

behåret [be'hɔː?ʁəð] behaart; **~ing** [-'hɔː?ʁeŋ] ⟨-en; -er⟩ Behaarung *f*

beige(farvet) ['bεːsj(faʁ?vəd)] beige(farben)

bejae [be'ja:?ə] bejahen; **~lse** [-lsə] ⟨-n; -r⟩ Bejahung *f*

bejdse[1] ['baːɪsə] ⟨-n; -r⟩ Beize *f*

bejdse[2] ['baːɪsə] beizen

bejdsning [be'baɪsneŋ] ⟨-en; -er⟩ Beizen *n*

bejle ['baɪlə] sich bewerben; werben (**til/** um *A*); *fig* buhlen; **~ til ens gunst** um *j-s* Gunst buhlen (*od* werben); **~r** [-ʁ] ⟨-en; -e⟩ (Be)Werber *m*, Freier *m*

bekende [be'ken?ə] bekennen, (ein)gestehen; **~ kulør** *Kartenspiel:* Farbe bedienen; *fig* Farbe bekennen

bekendelse [be'ken?əlsə] ⟨-n; -r⟩ Bekenntnis *n*, Geständnis *n*; **gå til** (*od* **aflægge**) **~** ein Geständnis ablegen

bekendt[1] [be'ken?d] ⟨-en; -e⟩ Bekannte(r) *m*, Bekannte *f*

bekendt[2] [be'ken?d] bekannt; **som ~** bekanntlich; **så vidt mig ~** soviel ich weiß; **det kan du ikke være ~** das ist nicht nett von dir; **han vil ikke være det ~** er will es nicht wahrhaben; er steht nicht dazu; **det kan man ikke være ~** (**at gøre**) das kann man nicht (tun); **det kan du ikke være ~**

overfor ham das kannst du ihm nicht antun; **jeg kan ikke være andet ~** ich kann nicht umhin

bekendtgøre [be'ken?dgœː?ʁə] bekannt machen, bekannt geben, veröffentlichen; verlautbaren; **~lse** [-lsə] ⟨-n; -r⟩ Bekanntmachung *f*, Bekanntgebung *f*

bekendt|skab [be'ken?d-] ⟨-et; -er⟩ Bekanntschaft *f*; **gøre ens ~** *j-s* Bekanntschaft machen; **stifte ~ med én** *j-n* kennenlernen; **stifte ~ med ngt.** mit *etw* Bekanntschaft machen; **~skabskreds** [-sgabskʁe:?s] Bekanntenkreis *m*

beklage [be'klaː?(j)ə] beklagen, bedauern (**for/**wegen *G*); **jeg ~r meget** (ich) bedauere sehr; **~ sig** sich beschweren (*od* beklagen) (**over/**über *A*); **~lig** [-li] bedauerlich; **~ligvis** [-li'viːs] bedauerlicherweise; **~lse** [-lsə] ⟨-n; -r⟩ Klage *f*; **~lsesværdig** [-lsəsvεʁ?di] bedauernswert; beklagenswert

beklemme|lse [be'klɛm?əlsə] ⟨-n⟩ Beklemmung *f*; **~nde** [-'klɛm?ənə] beklemmend

beklemt [be'klɛm?d] beklommen; **~hed** [-hε.ð?] ⟨-en⟩ Beklommenheit *f*

beklikke [be'klegə] *fig* beflecken, verleumden

beklippe [be'klebə] *Film* schneiden; kürzen

beklumret [be'klomʁəð] *Luft:* dumpfig, stickig, muffig

beklæd|e [be'klε:?ðə] bekleiden; *Amt* innehaben; *Wand* verkleiden, verschalen; **~ning** [-'klε:?ðneŋ] ⟨-en; -er⟩ Bekleidung *f*, Kleidung *f*; **~ningsgenstande** [-'klε:?ðneŋsgenstanə] *pl* Bekleidungsgegenstände *m/pl*, Kleidungsstücke *n/pl*

bekneb [be'kne:?b] ⟨*et*⟩: **være** (**komme**) **i ~** in Verlegenheit sein (geraten); **være i ~ for penge** in Geldverlegenheit sein

bekomme [be'kɔm?ə] (*j-m*) bekommen (**godt/vel; dårligt** gut; schlecht); → **a vel-bekomme**

bekomst [be'kɔm?sd] ⟨-en⟩: **få sin ~** e-e gehörige Abreibung bekommen; *fig* F dran glauben müssen, draufgehen

bekoste [be'kɔsdə]: **~ ngt.** die Kosten für *etw* tragen (*od* bestreiten); **~lig** [-li] kostspielig

bekostning [be'kɔsdneŋ] ⟨-en; -er⟩ (Un-)Kosten *pl*, Kostenaufwand *m*; **på min ~** auf meine Kosten

bekranse [be'kʁanʔsə] bekränzen

bekrige [be'kʁi:?ə] bekriegen

bekræfte [be'kʁεfdə] bestätigen, beglaubigen; bekräftigen; **i ~nde fald** falls ja;

B

~t genpart beglaubigte Abschrift f; **~lse** [-lsə] ⟨-n; -r⟩ Bestätigung f, Beglaubigung f, Bekräftigung f

bekvem [be'kvɛmˀ] bequem

bekvemme [be'kvɛmˀə]: **~ sig til ngt.** sich zu etw bequemen

bekvemmelighed [be'kvɛmˀəlihe:ðˀ] ⟨-en; -er⟩ Bequemlichkeit f; **lejlighed med alle ~er** Komfortwohnung f

bekvemmelighedsflag [be'kvɛmˀəlihe:ðsfla:ˀ] NAUT Billigflagge f

bekvemmelighedshensyn [be'kvɛmˀəlihe:ðshensy:ˀn] pl: **af ~** aus Bequemlichkeitsgründen

bekymre [be'kømˀʀə] bekümmern; **~ sig om ngt.** sich um etw kümmern

bekymret [be'kømˀʀəð] bekümmert, besorgt; **være ~** sich Sorgen machen (**for** um A)

bekymring [be'kømˀʀeŋ] ⟨-en; -er⟩ Sorge f, Besorgnis f

bekymringsvækkende [be'kømˀʀeŋsvegənə] besorgniserregend

bekæmpe [be'kɛmˀbə] (bsd fig) bekämpfen; **~ sine lyster** gegen s-e Gelüste ankämpfen; **~lse** [-lsə] ⟨-n; -r⟩ Bekämpfung f

belagt [be'lɑgd] Zunge, Stimme, Butterbrot: belegt

belaste [be'lasdə] belasten, beanspruchen (a fig) **~ning** [-lasdneŋ] ⟨-en; -er⟩ Belastung f; **~ningsprøve** [-'lasdnensprœ:və] Belastungsprobe f (a fig)

belave [be'la:ˀvə]: **~ sig på ngt.** sich auf etw (A) vorbereiten, sich auf etw (A) gefasst machen; **være ~t på alt** auf alles gefasst sein

belejlig [be'lɑiˀli] passend, gelegen, günstig; **hvis det er Dem ~t** wenn es Ihnen recht ist

belejre [be'lɑiˀʀə] belagern (a fig); **~ing** [-'lɑiˀʀeŋ] ⟨-en; -er⟩ Belagerung f; **~ingstilstand** [-'lɑiˀʀeŋstelsdanˀ] Belagerungszustand m

belemre [be'lɛmˀʀə] belästigen

beleven [be'le:ˀvən] (form)gewandt, höflich

beliggende [be'legənə] gelegen, **~hed** [-'legənhe:ðˀ] ⟨-en; -er⟩ Lage f; Wohnlage f

bellis ['belis] ⟨-(s)en; -(s)er⟩ Tausendschönchen n, Gänseblümchen n

belure [be'lu:ʀə] belauern, belauschen

belyse [be'ly:sə] beleuchten; FOT belichten; fig erhellen; **~ning** [-'ly:sneŋ] ⟨-en; -er⟩ Beleuchtung f; FOT Belichtung f; fig Erhellung f, Klärung f

belysnings|mester [be'ly:ˀsnensmesdər] Film, THEA: Beleuchter m; **~måler** [-mɔ:lər] FOT Belichtungsmesser m; **~tid** [-tiðˀ] FOT Belichtungszeit f; **~væsen** [-ve:ˀsən] etwa Elektrizitätsgesellschaft f

belæg [be'lɛ:ˀg] ⟨-get; -⟩ Beleg m; **~ge** [-'lɛgə] belegen, auslegen; → a **belagt**; **~ning** [-'lɛgneŋ] ⟨-en; -er⟩ Belegung f; Belag m; Schneiderei: Bündchen n, Blende f; MIL Mannschaft f

belær|e [be'lɛ:ˀʀə] belehren; **~ende** [-nə] belehrend, lehrreich; lehrhaft; **~ing** [-'lɛ:ˀʀeŋ] ⟨-en; -er⟩ Belehrung f

belæsse [be'lɛsə] beladen, belasten

belæst [be'lɛsˀd] belesen

beløb [be'lø:ˀb] ⟨-et; -⟩ Betrag m; **til et ~ af** im Betrage von, in Höhe von

beløbe [be'lø:ˀbə]: **~ sig til** betragen, sich belaufen auf (A)

belønn|e [be'lœnˀə] belohnen; **~ing** [-'lœnˀ(ə)n] ⟨-en; -er⟩ Belohnung f

belåne [be'lɔ:ˀnə] beleihen

bemale [be'ma:ˀlə] (bsd abschätzig) bemalen, beschmieren

bemand|e [be'manˀə] NAUT bemannen; **~ing** [-'manˀən] ⟨-en; -er⟩ Bemannung f; Mannschaft f

bemeldt [be'mɛlˀd] Person: besagt, erwähnt

bemidlet [be'miðˀləð] bemittelt, begütert

bemyndige [be'mønˀdi:ə] ermächtigen, bevollmächtigen

bemyndigelse [be'mønˀdi:əlsə] ⟨-n; -r⟩ Ermächtigung f, Vollmacht f; **~ (Abk. e. b.)** Brief: im Auftrag (Abk. i. A.)

bemægtige [be'mɛgdi:ə]: **~ sig ngt.** sich e-r Sache (G) bemächtigen; sich etw (A) aneignen

bemærke [be'mɛʀgə] bemerken, beachten; äußern; **gøre sig ~t** sich bemerkbar machen; **~lsesværdig** [-lsəsvɛʀˀdi] bemerkenswert, beachtlich

bemærkning [be'mɛʀgneŋ] ⟨-en; -er⟩ Bemerkung f

bemøje [be'mɔiˀə]: **~ sig** scherzh sich bemühen

ben [beˀn] ⟨-et; -⟩ Bein n, Fuß m; ANAT Knochen m; Gebein n; Fisch: Gräte f; GEOM Schenkel m; fig F Nebenverdienst m; **det er der ingen ~ i** das ist ganz einfach; **kulden går gennem marv og ben** die Kälte geht durch Mark und Bein; **være ikke det bare skind og ~** Haut und Knochen sein; **have ~ i næsen** F Haare auf den Zähnen haben; **af ~** beinern, aus Knochen; **have fået det forkerte ~ ud**

beretning B

af sengen mit dem linken Bein zuerst aufgestanden sein; *få ~ at gå på Geld* durchbringen; *give én ~ at gå på* j-m Beine machen, j-n auf Trab bringen; *spænde ~ for én* j-m ein Bein stellen (a fig); *stå med det ene ~ i graven* mit e-m Bein im Grabe stehen; *stå på egne ~* auf eigenen Füßen stehen; *hun ved ikke, hvilket ~ hun skal stå på af glæde* sie kann sich vor Freude kaum fassen (od halten); *sætte det lange ~ foran* sich sputen, die Beine in die Hand nehmen; *jeg sætter ikke mine ~ der mere* ich setze dort meinen Fuß nicht mehr über die Schwelle; *bruge ~ene* sich auf die Beine machen, schnell laufen; *så hurtigt ~ene kunne bære ham* so schnell ihn die Beine trugen; *tage ~ene på nakken* die Beine in die Hand (od unter den Arm) nehmen; *hjælpe én på ~ene* j-m auf die Beine helfen (a fig); *komme på ~ene i en fart* auf die Füße springen, aufspringen; *stable ngt. på ~ene* etw arrangieren (od veranstalten); *være god (dårlig) til ~s* gut (schlecht) zu Fuß sein; *gøre sig lil ~s* störrisch werden, sich auf die Hinterbeine stellen

benbrud ['bɛn:bʀuð] Beinbruch m

bene ['bɛ:nə]: *~ af sted* sich davonmachen, davonflitzen

benefice [benə'fi:sə] <-n; -r> Benefiz n; *til ~ for dig* deinetwegen, dir zuliebe

Benelux-landene [benə'luɡslanənə] pl die Beneluxländer pl

benende ['bɛn'ɛnə]: *ved ~n af sengen* am Fußende des Bettes

ben|et ['bɛn:nəð] knochig; **~flis** ['bɛn:fli:'s] Knochensplitter m; **~fri** ['bɛn:fʀi:'] Fisch: grätenfrei

ben|gnaveri ['bɛn:ɡna·vəˈʀi:'] F Bonzentum n; **~hård** ['-hɔ:'ʀ] knochenhart

benløse ['bɛn:løˈsə]: *~ fugle* pl Rinderrouladen f/pl

benmel ['bɛn:me:'l] Knochenmehl n

benovelse [be'nɔuˈəlsə] <-n> Beklommenheit f; **~t** ['-'nɔuˈəð] beklommen, bedrückt

ben|pibe ['bɛn:pi:bə] Knochenröhre f; **~rad** [-ʀað] <-en; -e> Gerippe n; **~spænd** [-sbɛn'] <-et; -> Beinstellen n (a fig); **~tøjet** [-tɔj'əð] F scherzh Stelzen f/pl (für Beine); **~varmer** [-vaʀməʀ] <-en; -e> Wadenwärmer m, Stutzen m, Stulpe f

benytte [be'nødə] benutzen, verwenden; *~ sig af ngt.* etw (aus)nutzen, Gebrauch von etw machen; **~lse** [-lsə] <-n; -r> Benutzung f, Gebrauch m

benzin [bɛn'si:'n] <-en; -er> Benzin n; Treibstoff m; *fylde ~ på* tanken; **~dreven** [-dʀɛ·vən], **~drevet** [-dʀɛ·vəð] mit Benzin betrieben; **~dunk** [-dɔŋ'ɡ] Benzinkanister m; **~motor** [-mo:tɔʀ] Benzinmotor m; **~station** [-sda'sjo:'n] Tankstelle f; **~tank** [-taŋ'ɡ] <-en; -e> Tankstelle f; Auto: (Benzin)Tank m

benægte [be'nɛɡdə] verneinen; bestreiten, leugnen; **~lse** [-lsə] <-n; -r> Verneinung f, Bestreitung f, Leugnen n

benægtende [be'nɛɡdənə] verneinend; *i ~ fald* wenn nicht, falls nein

benægter [be'nɛɡdəʀ] <-en; -e> Leugner m

benævne [be'nɛuˈnə] benennen, bezeichnen; **~lse** [-lsə] <-n; -r> Benennung f, Bezeichnung f

benåd|e [be'nɔ:'ðə] begnadigen; **~ning** [-'nɔ:'ðnen] <-en; -er> Begnadigung f; **~ningsansøgning** ['nɔ:'ðneŋsansø:'-nen] Gnadengesuch n

bepakket [be'pagəð] bepackt, beladen

beplant|e [be'plan'də] bepflanzen; **~ning** [-'plan'dneŋ] <-en; -er> Bepflanzung f, Anpflanzung f

beramme [be'ʀam'ə] festsetzen; JUR anberaumen (*til den 5.* auf den 5.)

berbertæppe ['bɛʀ'bɛʀtɛbə] Berber(teppich) m

bered|e [be'ʀɛ:'ðə] bereiten; *~ sig* sich vorbereiten (*på* auf A); *~ sig til at gå* sich zum Gehen anschicken; **~ vejen for ngt.** fig etw anbahnen

bereden [be'ʀɛ:'ðən] beritten

beredskab [be'ʀɛðˈsga:'b] <-et> Bereitschaft f; Einsatzbereitschaft f

Beredskabsstyrelsen [be'ʀɛðˈsga:'bs-sdy:ʀəlsən] etwa Amt für Zivilschutz, vgl. Technisches Hilfswerk

beredskabstjeneste [be'ʀɛðˈsgabstjɛ:-nəsdə] Bereitschaftsdienst m

beredt [be'ʀɛː'd] bereit; *være ~ på ngt. (på alt)* auf etw (A) (auf alles) vorbereitet (od gefasst) sein

beredvillig [be'ʀɛðˈvili] bereitwillig

beregne [be'ʀɑiˈnə] berechnen, veranschlagen; hochrechnen; *være ~t på ngt.* fig auf etw (A) abzielen; für etw gedacht sein; **~lig** [-li] berechenbar, errechenbar; **~nde** [-nə] berechnend, verschlagen

beregning [be'ʀɑiˈnəŋ] <-en; -er> Berechnung f; *uden ~* umsonst

berej|se [be'ʀɑi'sə] bereisen; **~t** ['-'ʀɑi'sd] viel gereist

beretning [be'ʀɛdneŋ] <-en; -er> Bericht

m; *aflægge* ~ Bericht erstatten (*om*/über A)

berette [be'ʀɛdə] berichten, melden, (*sachlich*) erzählen; ~ *en døende* KATH j-n mit den Sterbesakramenten versehen; ~**r** [-ʀ] ⟨*-en; -e*⟩ Berichter(in) m(f), Erzähler m

berettige [be'ʀɛdi:ə] berechtigen, ~**t** berechtigt, befugt; ~**lse** [-lsə] ⟨*-n*⟩ Berechtigung f, Befugnis f

berige [be'ʀi:ʔə] bereichern (*sig* sich); CHEM anreichern; ~**t uran** angereicherte(s) Uran n

berigtige [be'ʀɛgdi:ə] berichtigen, korrigieren, richtigstellen; ØKON begleichen; ~**lse** [-lsə] ⟨*-n; -r*⟩ Berichtigung f; Begleichung f

Berlin [bɛʀ'li:ʔn] Berlin n

berliner [bɛʀ'li:ʔnəʀ] ⟨*-en; -e*⟩ Berliner(in) m(f); Berliner Pfannkuchen m, Krapfen m; ~**sk** [-'li:ʔnsg] berlinisch, Berliner

bero[1] [be'ʀo:ʔ]: *stille ngt. i* ~ (*Angelegenheit*) etw einstellen (*od* auf sich beruhen lassen); fig etw zurückstellen

bero[2] [be'ʀo:ʔ] beruhen; *Amtssprache* sich befinden, hinterlegt sein; *lade det* ~ *med det* es dabei bewenden lassen; ~ *på ngt.* (*én*) von etw (*j-m*) abhängen; *det ~r på en misforståelse* das beruht auf e-m Irrtum

berolige [be'ʀo:ʔliə] beruhigen, besänftigen; *Gewissen* beschwichtigen; ~**nde** beruhigend; ~**lse** [-lsə] ⟨*-n*⟩ Beruhigung f

bersærk [bɛʀ'sɛʀg] ⟨*-en; -er*⟩ Berserker m

bersærkergang [bɛʀ'sɛʀgɔʀgaŋ?] Berserkerwut f; *få* ~ in Raserei geraten

beruse [be'ʀu:ʔsə] ⟨*-ede od -te*⟩ berauschen (*a fig, sig* sich), betrinken; ~**lse** [-lsə] ⟨*-n*⟩ Rausch m; Betrunkenheit f, ~**nde** a alkoholisis; ~**r** [-ʀ] ⟨*-en; -e*⟩ (*bsd Polizeisprache*) Betrunkene(r) m, Betrunkene f; ~**t** [-ð] berauscht (*a fig*); betrunken; fig trunken

berygtet [be'ʀœgdəð] verrufen, berüchtigt (*for*/wegen G)

berømme [be'ʀœm?ə] rühmen, preisen (*for*/wegen G); ~**lig** [-li] rühmlich, ruhmreich, ruhmvoll; ~**lse** [-lsə] ⟨*-n; -r*⟩ Ruhm m; Berühmtheit f

berømt [be'ʀœm?ð] berühmt (*for*/wegen G); ~**hed** [-heð?] ⟨*-en; -er*⟩ Berühmtheit f

berøre [be'ʀœ:ʔʀə] berühren (*a fig*), erwähnen; *må ikke* ~**s**! nicht berühren!; *være ilde berørt* betreten sein; ~**ing** [-'ʀœ:ʔʀeŋ] ⟨*-en; -er*⟩ Berührung f

berørings|angst [be'ʀœ:ʔʀeŋsaŋ?sd] Berührungsangst f; ~**flade** [-fla:ðə] Berührungsfläche f (*a fig*); ~**punkt** [-poŋ?d] Berührungspunkt m (*a fig*)

berøve [be'ʀœ:ʔvə] berauben (G), rauben, benehmen; ~**lse** [-lsə] ⟨*-n; -r*⟩ Beraubung f

beråbe [be'ʀɔ:ʔbə]: ~ *sig på ngt.* sich auf etw (A) berufen

besat [be'sad] besetzt; fig besessen

bese [be'se:ʔ] (*beså; beset*) beschen; *Seværdighed* besichtigen, sich ansehen; *ret ~t* fig genau beschen, aus der Nähe betrachtet

besegl|e [be'saïʔlə] besiegeln; ~**ing** [-'saïʔleŋ] ⟨*-en; -er*⟩ Besiegelung f

besejl|e [be'saïʔlə] NAUT befahren, beschiffen; ~**ingsforhold** [-'saïleŋsfɔʀhɔl?] Schiffbarkeit f, Befahrbarkeit f

besejr|e [be'saïʔʀə] besiegen, überwinden; ~**er** [-ʀ] ⟨*-en; -e*⟩ Besieger m; ~**ing** [-'saïʔʀeŋ] ⟨*-en; -er*⟩ Besiegung f, Überwindung f

besidde [be'siðʔə, be'seðʔə] besitzen; *den ~nde klasse* die besitzende Klasse

besiddelse [be'siðʔəlsə] ⟨*-n; -r*⟩ Besitz m; Besitzung f; *tage ngt. i* ~ etw (A) in Besitz nehmen, von etw Besitz ergreifen

besidde|løs|løs [be'siðʔəlsəlø:ʔs] besitzlos; ~**r** [-'siðʔʔəʀ] ⟨*-en; -e*⟩ Besitzer(in) m(f), Eigentümer(in) m(f)

besigtige [be'segdi:ə] besichtigen; TECH überholen; ~**lse** [-lsə] ⟨*-n; -r*⟩ Besichtigung f; Überholung f

besinde [be'senʔə]: ~ *sig* sich besinnen; *før han fik ~t sig* ehe er sich's versah

besindelse [be'senʔəlsə] ⟨*-n*⟩ Besinnung f; *tabe ~n* fig die Besinnung verlieren; *komme til* ~ fig zur Besinnung kommen

besindig [be'senʔdi] bedächtig, besonnen; ~**hed** [-heð?] ⟨*-en; -er*⟩ Besonnenheit f

besjæle [be'sjɛ:ʔlə] beseelen (*a fig*)

besk [be:ʔsg] bitter (*a fig*), herb, gallig

beskadige [be'sga:ʔðiə] beschädigen; verletzen; ~**t** beschädigt, schadhaft; verletzt; ~**lse** [-lsə] ⟨*-n; -r*⟩ Beschädigung f; Verletzung f

beskaffen [be'sgafən] *adj* beschaffen; ~**hed** [-heð?] ⟨*-en*⟩ Beschaffenheit f

beskat|ning [be'sgadneŋ] ⟨*-en; -er*⟩ Besteuerung f; ~**te** [-'sgadə] besteuern, mit e-r Steuer belegen; veranlassen

besked [be'sge:ʔð] ⟨*-en; -er*⟩ Bescheid m; Weisung f; *give én ~* j-m Bescheid sagen (*od* geben); *sige én ordentlig* ~ j-m ordentlich Bescheid sagen, j-m reinen Wein einschenken; *vide* (*god*) ~ *om* *ngt.* über *etw (A)* (gut) Bescheid wissen, sich *(A)* in *etw (D)* (gut) auskennen; **det ved jeg ingen ~ om** darüber weiß ich nicht Bescheid; **få ~ på ngt.** Weisung erhalten

beskeden [be'sgeːʔðən] bescheiden; dürftig; **~hed** [-heːðʔ] ⟨-en⟩ Bescheidenheit *f*

beskidt [be'sgid] F dreckig, schmutzig (*a* Gedankengang); **~kæft** V ungewaschene(s) Maul *n*

beskikke [be'sgigə] bestellen, bestallen, beiordnen; berufen, erneuern; (*sein Haus*) *feierl* beschicken (*od* bestellen); **~t** *feierl Schicksal:* beschieden; **~t forsvarer** Pflichtverteidiger *m*

beskinne [be'sgenʔə] bescheinen; **~t af solen** von der Sonne beschienen

beskrive [be'sgriːʔvə] beschreiben, schildern; **~lse** [-lsə] ⟨-n; -r⟩ Beschreibung *f*, Schilderung *f*

beskub [be'sgob]: **på bedste ~** aufs Geratewohl, auf gut Glück

beskue [be'sguːʔə] beschauen, betrachten; **~lse** [-lsə] ⟨-n⟩ Beschauung *f*, Betrachtung *f*; **~r** [-ʁ] ⟨-en; -e⟩ Beschauer *m*, Betrachter *m*

beskyde [be'sgyːʔðə] beschießen; **~ning** [-'sgyðʔneŋ] ⟨-en; -er⟩ Beschießung *f*, Beschuss *m*

beskygge [be'sgygə] beschatten

beskylde [be'sgylʔə] beschuldigen, bezichtigen, anschuldigen (*for/G*); **~ning** [-'sgylʔneŋ] ⟨-en; -er⟩ Beschuldigung *f*

beskytte [be'sgødə] (be)schützen, (*gegen Kälte*) abschirmen; behüten; **~t bolig** *etwa:* Alten-, Seniorenwohnung *f*

beskyttelse [be'sgødəlsə] ⟨-n; -r⟩ Schutz *m*, Beschützung *f*; **forening til dyrenes ~** Tierschutzverein *m*

beskyttelses|briller [be'sgødəlsəsbreləʁ] *pl* Schutzbrille *f*; **~lighed** [-liːheðʔ] ⟨-en⟩ Mimikry *f*; **~rum** [-ʁomʔ] Luftschutzraum *m*; **~told** [-tɔlʔ] Schutzzoll *m*

beskytter [be'sgødəʁ] ⟨-en; -e⟩ Beschützer(in) *m(f)*; Schützer *m*, Schoner *m*, Schutzhülse *f*

beskæftige [be'sgefdiːʔsə] beschäftigen; **~ sig med ngt.** sich mit *etw* beschäftigen (*od* befassen)

beskæftigelse [be'sgefdiːʔəlsə] ⟨-n; -r⟩ Beschäftigung *f*; **fuld ~** Vollbeschäftigung *f*

beskæmme [be'sgemʔə] beschämen; **~lse** [-lsə] ⟨-n; -r⟩ Beschämung *f*; **~nde** [-nə] beschämend; **~t** [-ð] beschämt

beskænket [be'sgenʔgəð] angeheitert

beskær|e [be'sgeːʔʁə] beschneiden, kürzen (*a fig*); **~ing** [-ʁeŋ] ⟨-en; -er⟩ Beschneiden *n*, Beschneidung *f*, Kürzung *f*

beskærme [be'sgeʁʔmə] beschirmen; **~lse** [-lsə] ⟨-n⟩ Schutz *m*, Beschirmung *f*

beskøjt [be'sgɔiʔd] ⟨-en; -er⟩ Schiffszwieback *m*

beskåret [be'sgɔːʔʁəð] *feierl Schicksal:* beschert, beschieden; → **beskære**

beslag [be'slaːʔ] ⟨-et; -⟩ Beschlag *m*; **lægge ~ på ngt.** *etw* in Anspruch nehmen; **lægge ~** [-'slawlægə] beschlagnahmen, konfiszieren; **~læggelse** [-'slawlægəlsə] ⟨-n; -r⟩ Beschlagnahme *f*; *fig* Inanspruchnahme *f*; **~smed** [-smeð] Hufschmied *m*

beslutning [be'sludneŋ] ⟨-en; -er⟩ Entschluss *m*; PARL Beschluss *m*; **tage en (rask) ~** sich (rasch) entschließen; **træffen ~ om ngt.** e-n Entschluss über *etw* fassen

beslutnings|dygtig [be'sludneŋsdøgdi] beschlussfähig; **~proces** [-proˈses] Entscheidungsprozess *m*

beslutsom [be'sludsɔmʔ] entschlossen; **~hed** [-heːðʔ] ⟨-en⟩ Entschlossenheit *f*

beslutte [be'sludə] beschließen; **~ sig til ngt.** sich zu *etw* entschließen; **fast ~t** fest entschlossen (*på/zu D*)

beslægtet [be'slɛgdəð] verwandt (*a fig*)

beslå [be'slɔːʔ] *Pferd* beschlagen; **være godt ~et med penge** F (gut) bei Kasse sein

besmitte [be'smidə] *fig* beflecken, besudeln; **~lse** [-lsə] ⟨-n⟩ Befleckung *f*

besmudse [be'smusə] beschmutzen

besmykke [be'smøgə] beschönigen, bemänteln; **~lse** [-lsə] ⟨-n; -r⟩ Beschönigung *f*, Bemäntelung *f*

besmøre [be'smœːʔʁə] beschmieren, bestreichen

besnakke [be'snagə] beschwatzen

besnære [be'snɛːʔʁə] bestricken, betören, umgarnen; **~nde** verlockend; überzeugend; **~lse** [-lsə] ⟨-n⟩ Bestrickung *f*

bespare|lse [be'spaːʔʁəlsə] ⟨-n; -r⟩ Einsparung *f*; Ersparnis *f*; **~nde** [-'sbaːʔʁənə] wirtschaftlich, sparsam; kostensparend

bespis|e [be'sbiːʔsə] *v/t* beköstigen, bewirten; **~ning** [-'sbiʔsneŋ] ⟨-en; -er⟩ Beköstigung *f*, Bewirtung *f*

bespotte [be'sbɔdə] bespötteln, verspotten; *Gott* lästern; **~lig** [-li] lästernd, lästerlich; **~lse** [-lsə] ⟨-n; -r⟩ Bespöttelung *f*, Verspottung *f*; Lästerung *f*

be|sprøjte [be'sbrɔiʔdə] bespritzen;

bespytte

~spytte [-'sbødə] bespucken; **~spænde** ['sbɛn'ə] *Pferdewagen:* bespannen

bestalling [be'sdal'əŋ] ⟨*-en; -er*⟩ Bestallung *f*

bestand [be'sdan'] ⟨*-en; -e*⟩ Bestand *m*; **~del** [-de:'?l] Bestandteil *m*

bestandig [be'sdan'di] (be)ständig; (an)dauernd; stets, immer, immerzu; **for ~** für immer; auf Nimmerwiedersehen; JUR auf Dauer

bestemme [be'sdɛm'ə] bestimmen; entscheiden (**sig** sich); verordnen, verfügen; **~ sig for ngt.** sich für etw entscheiden; **~ sig til ngt.** sich zu etw entschließen; **~nde** maßgebend, maßgeblich

bestemmelse [be'sdɛm'?əlsə] ⟨*-n; -r*⟩ Bestimmung *f*, Verfügung *f*; Zweck *m*; **tage en ~ e-n** Entschluss fassen; **~ssted** [-ssdeð] Bestimmungsort *m*; Reiseziel *n*

bestemt [be'sdɛm'd] bestimmt, entschieden; entschlossen; *adv* bestimmt, sicher, gewiss; **~hed** [-he:ð'] ⟨*-en*⟩ Bestimmtheit *f*; Entschiedenheit *f*

bestig|e [be'sdi:'ə] besteigen, ersteigen; **~else** [-lsə] ⟨*-n; -r*⟩, **~ning** [-'sdi:'nɛn] ⟨*-en; -er*⟩ Besteigung *f*

bestik¹ [be'sdeg] ⟨*-ket; -*⟩ (Ess)Besteck *n*; GEOM Reißzeug *n*

bestik² [be'sdeg] NAUT Besteck *n*; **gøre** (*od* **tage**) **~** das Besteck nehmen; *fig* **gøre galt ~** die Rechnung ohne den Wirt machen; **tage** (*sit*) **~ af ngt.** *fig* sich über etw e-n Überblick verschaffen, etw anpeilen

bestikke [be'sdegə] bestechen (*a fig*), F schmieren; **en ~nde teori** e-e bestechende Theorie; **~lig** [-li] bestechlich, käuflich; **~lse** [-lsə] ⟨*-n; -r*⟩ Bestechung *f*; **tage imod ~** sich bestechen lassen

bestiklukaf [be'sdeglog'a:?] NAUT Kartenhaus *n*

bestille [be'sdel'ə] ⟨*-te*⟩ tun, machen, schaffen; treiben; bestellen; **hvad skal vi ~?** was wollen wir anfangen?; **hvad har du bestilt i al den tid?** was hast du die ganze Zeit gemacht (*od* getrieben)?; **hun har meget at ~** sie hat viel zu tun; **eleverne ~r ikke nok** die Schüler arbeiten nicht genug; **få med én at ~** es mit *j-m* zu tun bekommen

bestilling [be'sdel'əŋ] ⟨*-en; -er*⟩ Geschäft *n*, Beruf *m*; ÖKON Bestellung *f*, Auftrag *m*; **~sseddel** [-sseð'əl] Bestellschein *m*

bestjæle [be'sdjɛ:'lə] bestehlen (**for**/um *A*)

bestorme [be'sdɔ:'ʀmə] bestürmen, bedrängen

bestride [be'sdʀi:'ðə] bestreiten (*a fig*)

bestryge [be'sdʀy:'ə] bestreichen (*a* MIL)

bestræb|e [be'sdʀɛ:'?bə]: **~ sig** sich bestreben, sich bemühen (**for**/um *A*); **~lse** [-lsə] ⟨*-n; -r*⟩ Bestreben *n*, Bestrebung *f*, Bemühung *f*

bestrø [be'sdʀœ:'] bestreuen

bestrål|e [be'sdʀɔ:'?lə] bestrahlen; **~ing** [-'sdʀɔ:'?lɛŋ] ⟨*-en; -er*⟩ Bestrahlung *f*

bestyre [be'sdy'ʀə] verwalten; leiten; vorstehen (*D*); **~lse** [-lsə] ⟨*-n; -r*⟩ Verwaltung *f*, Leitung *f*; Vorstand *m*; Aufsichtsrat *m*; **~lsesmedlem** [-lsəsmedˈlɛm'] Vorstandsmitglied *n*; **~r** [-ʀ] ⟨*-en; -e*⟩ Verwalter(in) *m(f)*, Leiter(in) *m(f)*, Vorsteher(in) *m(f)*; Direktor(in) *m(f)*; **~rinde** [-sdyəʀ'enə] ⟨*-n; -r*⟩ Leiterin *f*, Vorsteherin *f*

bestyrke [be'sdyʀ'gə] bestärken, bestätigen; **~lse** [-lsə] ⟨*-n*⟩ Bestärkung *f*

bestyrte|lse [be'sdyʀ'dəlsə] ⟨*-n*⟩ Bestürzung *f*; **~t** ['sdyʀ'dɔð] bestürzt

bestænke [be'sdɛŋ'gə] besprengen

bestøve [be'sdø:'və] BOT bestäuben

bestøvlet [be'sdœuʔlɔð] gestiefelt

bestøvning ['sdø:?vnɛn] ⟨*-en; -er*⟩ Bestäubung *f*

bestå [be'sdɔ:'] bestehen (**af**/aus *D*); **~ en eksamen** e-e Prüfung bestehen (*od* machen); **vedblive at ~** bestehen bleiben, weiter bestehen, fortbestehen; **det ~ende** das Bestehende; **~ en** [-əlsə] ⟨*-n*⟩ Prüfung: Absolvierung *f*; **~en** [-ən] ⟨*-en*⟩ Bestehen *n*

be|sudle [be'suð'?lə] besudeln; **~svangre** ['svaŋ'ʀʀə] schwängern

besvare [be'sva:'ʀə] beantworten; *Gruß, Gefühl* erwidern; *Aufgabe* lösen; **~lse** [-lsə] ⟨*-n; -r*⟩ Beantwortung *f*

besvige [be'svi:'ə] betrügen (**for**/um *A*), veruntreuen, unterschlagen; **~lse** [-lsə] ⟨*-n; -r*⟩ Betrug *m*, Unterschlagung *f*

besvime [be'svi:'mə] ohnmächtig werden, in Ohnmacht fallen; **~t** ohnmächtig; **~lse** [-lsə] ⟨*-n; -r*⟩ Ohnmacht *f*; **~lsesanfald** [-lsəsanfal'] Ohnmachtsanfall *m*

besvogret [be'svɔwˈʀɔð] verschwägert

besvær [be'svɛ:'ʀ] ⟨*-et*⟩ Mühe *f*; **være én til ~** *j-m* zur Last fallen (*od* *j-m* lästig sein); **volde én** (**meget**) **~** *j-n* (viel) Mühe kosten, *j-m* Schwierigkeiten bereiten; **efter meget ~** nach vielem Hin und Her; **have et farligt ~ med én** *s-e* liebe Not mit *j-m* haben; **~e** [-ə] ⟨*-n*⟩ beschweren (**sig** sich); belästigen, behelligen

besværge [be'svɛʀ'wə] beschwören (*durch Schwur bekräftigen; flehentlich*

betoning

bitten); **~lse** [-lsə] ⟨*-n*; *-r*⟩ Beschwörung *f*; **~lsesformular** [-lsəsfɔrmuˈlaːˀr] Zauber-, Beschwörungsformel *f*

besværing [be'svɛːˀrɛŋ] ⟨*-en*; *-er*⟩ Beschwerde *f* (*fremsætte* führen), Klage *f*

besværlig [be'svɛːˀrli] beschwerlich, mühsam, schwierig, unbequem, lästig; **~gøre** [-gœːˀrə] erschweren, behindern; **~hed** [-heːˀð] ⟨*-en*; *-er*⟩ Beschwerlichkeit *f*, Mühe *f*, Schwierigkeit *f*

besynderlig [be'sønˀərli] sonderbar, merkwürdig, komisch, befremdend, absonderlich; **~t nok** sonderbarerweise, komischerweise; **~hed** [-heːˀð] ⟨*-en*; *-er*⟩ Sonderbarkeit *f*

besynge [be'sønˀə] besingen

besyv [be'syyˀ] ⟨*-et*; -⟩: *give sit ~ med* F *fig s-n* Senf dazugeben

besæt|ning [be'sɛdneŋ] ⟨*-en*; *-er*⟩ Besatzung *f*, Crew *f*; Viehbestand *m*; THEA Besetzung *f*; *Kleid:* Besatz *m*; **~te** [-'sɛdə] besetzen; **~telse** [-'sɛdəlsə] ⟨*-n*; *-r*⟩ Besetzung *f*; Besatzung *f*, Besessenheit *f*; **~telsesmagt** [-'sɛdləsəsmagd] Besatzungsmacht *f*; **~ter** [-'sɛdər] ⟨*-en*; *-e*⟩ Besetzer *m* (*u Hausbesetzer*)

besøg [be'søːˀ(j)] ⟨*-et*; -⟩ Besuch *m*; *aflægge én et ~ j-m e-n* Besuch abstatten; *komme på ~* zu Besuch kommen; *være på ~* zu Besuch sein

besøge [be'søːˀ(j)ə] ⟨*-te*⟩ besuchen; **~nde** Besucher *m*

besøgelsestid [be'søːˀəlsəstiðˀ]: *kende sin ~ fig etwa:* die Gelegenheit beim Schopfe packen

besøgstid [be'søːˀ(j)stiðˀ] Besuchszeit *f*

besørge [be'sœrˀwə] besorgen, erledigen, ausrichten; *~ et lille ærinde Kinderspr.* ein kleines Geschäft erledigen; *~ et ærinde e-e* Besorgung machen; **~lse** [-lsə] ⟨*-n*⟩ Besorgung *f*

beså¹ [be'sɔːˀ] besäen

beså² [be'sɔːˀ] → *bese*

bet [beːˀd]: *blive ~ fig e-e* Niederlage/ Schlappe erleiden

betage [be'taːˀ(j)ə] *lit Hoffnung* (be)nehmen, rauben; *fig* entzücken, hinreißen; **~nde** ergreifend; entzückend, reizend; **~lse** [-lsə] ⟨*-n*⟩ Begeisterung *f*, Faszination *f*, Ergriffenheit *f*

betaget [be'taːˀ(j)əð] ergriffen, entzückt (*af/*von *D*); **~hed** [-heːˀð] ⟨*-en*⟩ Ergriffenheit *f*, Entzücken *n*

betakke [be'tagə]: *~ sig fig iron* sich bedanken (*for/*für *A*); *jeg ~r mig!* na, ich danke (bestens)!

betalbar [be'talˀbaːˀr] (be)zahlbar

betale [be'taːlə] ⟨*-te*⟩ (be)zahlen; vergelten; *Rechning a* begleichen; *tjener, jeg vil gerne ~!* Herr Ober, ich möchte (be)zahlen!; *det kan ikke ~ sig* es lohnt sich nicht; *~ af* abzahlen; *det skal du få betalt!* das werde ich dir heimzahlen!; *tage sig ngt. godt betalt* sich *etw* gut bezahlen lassen; **~r** [-ˀr] ⟨*-en*; *-e*⟩ (Be)Zahler *m*

betaling [be'taːˀleŋ] ⟨*-en*; *-er*⟩ (Be)Zahlung *f*, Zahlen *n*; *kontant ~* Barzahlung *f*

betalingsdygtig [be'taːˀleŋsdøgdi] zahlungsfähig; *ikke ~* zahlungsunfähig

betalings|frist [be'taːˀleŋsfresd] Zahlungsfrist *f*; **~kort** [-kɔrd] Kundenkarte *f*, Scheckkarte *f*; **~middel** [-miðˀəl] Zahlungsmittel *n*; **~service** [-sœrvis] Dauerauftrag *m*; **~standsning** [-sdansneŋ] Zahlungseinstellung *f*; **~sted** [-sdeðˀ] Erfüllungsort *m*; **~union** [-uniˀoːˀn] Währungsunion *f*; **~vilkår** [-vilkɔːˀr] *pl* Zahlungsbedingungen *f/pl*

betegne [be'taiˀnə] bezeichnen; kennzeichnen; **~nde** bezeichnend; **~nde nok** bezeichnenderweise; *nærmere ~t* genauer gesagt; **~lse** [-lsə] ⟨*-n*⟩ Bezeichnung *f*

betids [be'tiðˀs, be'tis] rechtzeitig, zeitig

betimelig [be'tiːˀməli] *fig* angebracht

betinge [be'teŋˀə] bedingen; ausbedingen; *~ sig ngt.* sich (*D*) *etw* ausbedingen; **~t dom** JUR Urteil auf Bewährung; *få en ~t dom på 5 års fængsel* JUR zu fünf Jahren Freiheitsentzug mit Bewährung verurteilt werden

betingelse [be'teŋˀəlsə] ⟨*-n*; *-r*⟩ Bedingung *f*; *på den ~, at ...* unter der Bedingung, dass ...

betingelses|løs [be'teŋˀəlsəsløːˀs] bedingungslos; **~sætning** [-sɛdneŋ] GRAM Bedingungssatz *m*

betitle [be'tidlə] betiteln

betjen|e [be'tjɛːˀnə] bedienen (*sig af ngt.* sich *e-r* Sache/*G*); *Maschine, Hebel* betätigen; **~ing** [-'tjɛːˀneŋ] ⟨*-en*; *-er*⟩ Bedienung *f*; **~ingsvejledning** [-neŋsvaileˀðneŋ] Bedienungsanleitung *f*

betjent [be'tjɛnˀd] ⟨*-en*; *-e*⟩ *bsd* Polizist(in) *m(f)*

betle [bɛdlə] betteln; **~r** [-ˀr] ⟨*-en*; *-e*⟩ Bettler(in) *m(f)*; **~ri** [-ˀriːˀ] ⟨*-et*; *-er*⟩ Bettelei *f*, Betteln *n*

betlerstav ['bɛdlərsdaːˀv] Bettelstab *m*

beton [be'tɔŋ] ⟨*-en*; *-er*⟩ Beton *m*; **~blander** [-blanˀər] ⟨*-en*; *-e*⟩ Betonmischmaschine *f*

beton|e [be'toːˀnə] betonen (*a fig*); **~ing** [-'toːˀneŋ] ⟨*-en*; *-er*⟩ Betonung *f*

B

betragte [be'tʀɑgdə] betrachten (*a fig*); beäugen, F beäugeln; **~ som** betrachten als, halten für; **~lig** [-li] beträchtlich; **~r** [-ʀ] ⟨*en*; *-e*⟩ Betrachter(in) *m(f)*

betragtning [be'tʀɑgdneŋ] ⟨*en*; *-er*⟩ Betrachtung *f*, Betrachten *n*; **tage i ~** in Betracht ziehen; **ikke komme i ~** nicht in Frage kommen; **i ~ af** in Anbetracht (*G*), angesichts

betragtningsmåde [be'tʀɑgdneŋsmɔːðə] Anschauungsweise *f*

betro [be'tʀoːˀ] anvertrauen (*sig til én* sich *j-m*); betrauen; **~et stilling** Vertrauensstellung *f*

betrygge [be'tʀœgə] sichern, **~nde** genügend; beruhigend; **~lse** [-lsə] ⟨*-n*⟩ Sicherung *f*; Beruhigung *f*

betryk [be'tʀœg] ⟨*et*⟩: **være i ~ (for penge)** in (Geld)Verlegenheit sein

betræde [be'tʀɛːˀðə] betreten; **græsset må ikke ~s** das Betreten des Rasens ist nicht gestattet

betræk [be'tʀɛg] ⟨*-ket*; *-*⟩ Bezug *m*, Überzug *m*; **~ke** [-gə] beziehen, überziehen

betrængt [be'tʀɛŋˀd] bedrängt

betutte|lse [be'tudəlsə] ⟨*-n*⟩ Verdutztheit *f*, Betretenheit *f*; **~t** [-'tudəð] verdutzt, betreten

betvinge [be'tveŋˀə] bezwingen, bändigen; *Zorn* bezähmen

betvivle [be'tviuˀlə] bezweifeln, anzweifeln

betyde[1] [be'tyːˀðə]: **~ én ngt.** *j-m* etw bedeuten (*zu verstehen geben*)

betyde[2] [be'tyːˀðə] ⟨*betød*; *betydet*⟩ bedeuten, heißen; **det ~r ikke ngt.** das hat nichts zu bedeuten

betyd|elig [be'tyːˀðəli] bedeutend; beachtlich; erheblich, beträchtlich; **~ende** [-nə] einflussreich, von Bedeutung; **~ning** [-'tyðˀneŋ] ⟨*-en*; *-er*⟩ Bedeutung *f*; Sinn *m*; Wichtigkeit *f*, Belang *m*

betydnings|fuld [be'tyðˀneŋsfulˀ] bedeutungsvoll; bedeutsam; **~løs** [-løːˀs] bedeutungslos, belanglos, unbedeutend

betynget [be'tøŋˀəð] beschwert, belastet

betændelse [be'tenˀəlsə] ⟨*-n*; *-r*⟩ MED Entzündung *f*; **der er gået ~ i såret** die Wunde hat sich entzündet

betændt [be'tenˀd] entzündet

betænke [be'teŋˀgə] bedenken (*a j-n*), erwägen; **~ sig** es sich (*D*) (anders) überlegen; **~lig** [-li] bedenklich, nachdenklich

betænkelighed [be'teŋˀgəlihəðˀ] ⟨*-en*; *-er*⟩: **få ~er** Bedenken haben

betænkning [be'teŋˀgneŋ] ⟨*-en*; *-er*⟩ Bedenken *n*; Gutachten *n*

betænk|ningstid [be'teŋˀgnenstiðˀ] Bedenkzeit *f*; **~som** [-somˀ] bedächtig, bedachtsam, fürsorglich

betød [be'tøːˀð] → **betyde**[2]

beundr|e [be'onˀdʀə] bewundern (*for/ wegen G*); verehren; **~er** [-ʀ] ⟨*-en*; *-e*⟩ Bewunderer *m*; Verehrer *m*; **~erinde** [-'ʀenə] ⟨*-n*; *-r*⟩ Bewund(r)erin *f*, Verehrerin *f*; **~ing** [-'onˀdʀeŋ] ⟨*-en*⟩ Bewunderung *f* (*for/für A*); Verehrung *f*; **~ingsværdig** [-'onˀdʀeŋsvɛʀˀði] bewundernswert

bevandret [be'vanˀdʀəð] bewandert, versiert

bevare [be'vɑːˀʀə] bewahren, behüten; behalten; hüten; wahren; erhalten; (**Gud**) **~s!** Gott bewahre!; **~lse** [-lsə] ⟨*-n*⟩ Bewahrung *f*, Erhaltung *f*; **~lse-sværdig** [-lsəsvɛʀˀði] erhaltungswürdig; **~s** [-s] → **bevare**

bevaring [be'vɑːˀʀeŋ] ⟨*-en*⟩ *Gebäude*: Erhaltung *f*; *Sprache*: Pflege *f*

bevaringsværdig [be'vɑːˀʀeŋsvɛʀˀði] erhaltungswürdig

bevendt [be'venˀd]: **det er småt (od ikke meget od ikke stort) ~ med hans viden** mit seinem Wissen ist es nicht weit her

beverding ['beuˀəʀdeŋ] ⟨*-en*; *-er*⟩ *etwa*: F Kneipe *f*

bevidne [be'viðˀnə] bezeugen, bekunden; beglaubigen, bescheinigen; (*An*) *Teilnahme* bezeigen

bevidst [be'vesd] bewusst, wissentlich; absichtlich; **så vidt mig ~** meines Wissens

bevidstgøre [be'vesdgœːˀʀə] bewusst machen; **~lse** [-lsə] ⟨*-n*; *-r*⟩ Bewusstmachung *f*; Bewusstwerdung *f*

bevidsthed [be'vesdheðˀ] ⟨*-en*; *-er*⟩ Bewusstsein *n*, Besinnung *f*; Erkenntnis *f*; **komme til ~** zur Besinnung kommen, zu(m) Bewusstsein kommen, zu sich kommen

bevidstløs [be'vesdløːˀs] bewusstlos; **~hed** [-løːsheðˀ] ⟨*-en*⟩ Bewusstlosigkeit *f*, Besinnungslosigkeit *f*

bevikle [be'veglə] bewickeln

bevil|(li)ge [be'vilˀ(l)ə] bewilligen, genehmigen, gewähren; **~ling** [-'vilˀeŋ] ⟨*-en*; *-er*⟩ Bewilligung *f*, Genehmigung *f*, Konzession *f*; **~lingshaver** [-'vilˀeŋshavɐ] ⟨*-en*; *-e*⟩ Konzessionsinhaber(in) *m(f)*

bevinget [be'veŋˀəð] beflügelt; **bevingede ord** geflügelte Worte *n/pl*

bevirke [be'viʀgə] bewirken, verursachen, herbeiführen

bevis [be'viːˀs] ⟨*-et*; *-er*⟩ Beweis *m*; Nachweis m; Beleg m, Bescheinigung f, Dokument n

bevis|e [be'viːˀsə] ⟨-te⟩ beweisen, erweisen; nachweisen; belegen; **~elig** [-li] nachweislich, beweisbar; **~kraft** [-'viːˀskɾɑfd] Beweiskraft f

bevislig [be'viːˀsli] → **beviselig**; **~gøre** [-gœːˀʀə] nachweisen, dokumentieren; **~gørelse** [-gœːˀʀəlsə] ⟨-n; -r⟩ Nachweis m, Dokumentation f; **~hed** [-heːðˀ] ⟨-en; -er⟩ Beweisbarkeit f

bevogt|e [be'vɔgdə] bewachen; **~ning** [-'vɔgdən] ⟨-en⟩ Bewachung f

bevoks|et [be'vɔgsəd] bewachsen; **~ning** [-'vɔgsnən] ⟨-en; -er⟩ (Baum)Bestand m, Bewachsung f

bevæbn|e [be'vɛˀbnə] bewaffnen; **~ing** [-'vɛˀbnen] ⟨-en; -er⟩ Bewaffnung f

bevæge [be'vɛːˀ(j)ə] bewegen (a fig), regen; **~lig** [-li] beweglich, fig erregbar; **~lse** [-lsə] ⟨-n; -r⟩ Bewegung f, Regung f

bevægelses|frihed [be'vɛːˀ(j)əlsəsfʀiheːðˀ] Bewegungsfreiheit f; **~hæmmet** [-hæməð] gehbehindert, körperbehindert

bevæget [be'vɛːˀ(j)əð] bewegt (a fig)

bevæggrund [be'vɛːˀ(j)ʀʌnˀ] Beweggrund m

beværte [be'vɛʀdə] bewirten

beværter [be'vɛʀdɒʀ] ⟨-en; -e⟩ Schankwirt m, Gastwirt m, **~bevilling** [-be'vilˀeŋ] Schankkonzession f

beværtning [be'vɛʀdneŋ] ⟨-en; -er⟩ Bewirtung f; Lokal n, Schenke f, F Kneipe f

bevågen [be'vɔːˀwən] gewogen, wohlwollend gesinnt; **~hed** [-heːðˀ] ⟨-en⟩ Gewogenheit f

be|ære [be'ɛːˀʀə] beehren; **~åndet** [-'ɔnˀəð] beseelt, geistvoll

B-film [be'film] Film m minderer Qualität, B-Movie n

bh [be'hoːˀ] ⟨-en; -'er⟩ BH m

bi¹ [biːˀ] ⟨-en; -er⟩ Biene f

bi² [biːˀ]: **dreje** ~ NAUT beidrehen; **lægge** ~ NAUT beilegen; **stå én** ~ j-m beistehen

biavl [ˈbiʌʊ̯ˀl] Bienenzucht f, Imkerei f, **~er** [-uˀlɒʀ] Bienenzüchter m, Imker m

bibabudukke [biba'buːdogə] Handpuppe f

bibeholde [ˈbibehɔlˀə] beibehalten; **~lse** [-lsə] ⟨-n; -r⟩ Beibehaltung f

bibel [ˈbiːˀbəl] ⟨bib(e)len; bibler⟩ Bibel f; **Bib(e)len** die Bibel; **~fast** [-fasd] bibelfest; **~historie** [-hiˀsdoːˀʀiə] biblische Geschichte f; Schule: Religionsunterricht m; **~sk** [-sg] biblisch; **~stærk** [-sdɛʀk] bibelfest

bi|bemærkning [ˈbibeˌmɛʀgnəŋ] Nebenbemerkung f, **~beskæftigelse** [ˈbe-'sgefdiːəlsə] Nebenbeschäftigung f

bibliotek [biblio'teːˀg] ⟨-et; -er⟩ Bibliothek f, Bücherei f; **~ar** [-te'kaːˀʀ] ⟨-en; -er⟩ Bibliothekar(in) m(f)

bibringe [ˈbibʀeŋˀə] beibringen

bid¹ [biðˀ] ⟨-den; -der⟩ Bissen m, Happen m

bid² [bið] ⟨-det; -⟩ Biss m; **der er** ~ der Fisch beißt an (a fig); **gå til ~det** e-e Sache (Arbeit) anpacken; → a **bidsel**

bide [ˈbiːðə] ⟨bed; bidt⟩ beißen (a fig); **~ af** abbeißen; **~ én kort af** fig j-n kurz abfertigen; **det kan du ~ dig i næsen på** darauf kannst du Gift nehmen; **~ fra sig** fig Paroli bieten; **lige til at ~ i** F zum Anbeißen; **~ ngt. i sig** fig etw hinunterschlucken; **~ mærke i ngt.** sich etw genau merken; **~ i græsset** ins Gras beißen; **~ itu** zerbeißen; **~ over** durchbeißen; **~ på** anbeißen (a fig); **~ til** zubeißen; **~nde** beißend, Kälte: schneidend; **~nde koldt** bitterkalt; **han er ikke god at ~s med** fig mit ihm ist nicht gut Kirschen essen

bidetang [ˈbiːðətaŋˀ] Beißzange f

bidflade [ˈbiðflaːðə] Kaufläche f

bidrag [ˈbiðrɑˀw] ⟨-et; -⟩ Beitrag m, Spende f; **~e** [-ə] ⟨-ede od bidrog; bidraget⟩ beitragen, beisteuern

bidragspligtig [ˈbiðrɑwspligdi] beitragspflichtig

bidragyder [ˈbiðrɑwyˀðɒʀ] Spender(in) m(f); Beitragszahler m

bidronning [ˈbiðrɔnəŋ] Bienenkönigin f

bidsel [ˈbisəl] ⟨bids(e)let; bidsler⟩ Gebiss n, Kandare f, Zaum m

bidsk [bisg] bissig

bidsår [ˈbiðsɔːˀʀ] Bisswunde f

bie [ˈbiːə] lit warten

bi|erhverv [ˈbiɛʀˌvɛʀˀv] Nebenberuf m, Nebenerwerb m; **~fag** [-faːˀ(j)] Nebenfach n

bifald [ˈbifalˀ] ⟨-et; -⟩ Beifall m; Zustimmung f; **vinde ~** Beifall finden; **~e** [-ə] billigen; zustimmen (D), beipflichten; begrüßen

bifaldsstorm [ˈbifalsdɔːˀʀm] Beifallssturm m

bi|fil [ˈbifiːˀl] → **biseksuel**; **~flod** [-floːˀð] Nebenfluss m

bifortjeneste [ˈbifʌtjeːˀnəsdə] ⟨-n; -r⟩ Nebenverdienst m

biindtægt [ˈbientɛgd] Nebeneinkommen n

bikage [ˈbika(ː)(j)ə] Wabe f

bikini [biˈki(ː)ni] ⟨-en; -er⟩, **~badedragt**

[-ba:ðədɾagd] Bikini *m*

biks¹ [begs] ⟨*-en*; *-e od -er*⟩ Kramladen *m*, kleiner Laden, F Budike *f*

biks² [begs] ⟨*-et*⟩ Kram *m*, F Mist *m*; Pfusch(erei) *m(f)*

bikse ['begsə]: ~ **med ngt.** an etw herumwerkeln; ~ **ngt. sammen** etw zusammenschustern; *Essen* hinzaubern; ~**mad** [-mað] etwa: Labskaus *n*, Bauernfrühstück *n*

bikube ['biku:bə] ⟨*-n*; *-r*⟩ Bienenkorb *m*

bil [bi:ʔl] ⟨*-en*; *-er*⟩ Auto *n*, Kraftwagen *m*; Beil *n*; **køre i** ~ Auto fahren

bilag ['bila:ʔ(j)] ⟨*-et*; -⟩ Beilage *f*; Anlage *f*; Unterlage *f*; Beleg *m*; **som** ~ als Anlage, anbei

bilbiograf [bi:ʔlbio'gra:ʔf] Autokino *n*

bilde ['bilə] ⟨*-te*⟩: ~ **én ngt. ind** *etw* weismachen; ~ **sig ngt. ind** sich etw einbilden

bildende ['bilənə]: ~ **kunst** bildende Kunst *f*

bil|dræbt [bi:ʔldɾæbd] *a adj* Verkehrstote(r) *m*; ~**dæk** [-deg] Autoreifen *m*; *Fähre*: Wagendeck *n*; ~**e** ['bi:lə] *scherzh* Auto fahren; ~**forsikring** [-fɔɾsegɾeŋ] Kraftfahrzeugversicherung *f*; ~**fri** [-fɾi:ʔ] autofrei; ~**færge** [-fɛɾwə] Autofähre *f*; ~**isme** [bi'lismə] ⟨*-n*⟩ Autofahren *n*, Autosport *m*; ~**ist** [bi'lisd] ⟨*-en*; *-er*⟩ Autofahrer(in) *m(f)*; ~**kirkegård** [-kiɾgə-gɔ:ʔɾ] Autofriedhof *m*; ~**kø** [-kø:ʔ] Autoschlange *f*; ~**kørsel** [-kœɾʔsəl] Autofahren *n*

billard ['bilja:ʔɾ(d), bil'ja:ʔɾ(d)] ⟨*-et*; *-er*⟩ Billard *n*; Billardtisch *m*; ~**kø** [-kø:ʔ] Billardqueue *n*

bille ['bilə] ⟨*-n*; *-r*⟩ Käfer *m*

billed|ark ['belðɑɾg] Bilderbogen *m*; ~**blad** [-blað] Illustrierte *f*; ~**bog** [-bɒ:ʔw] Bilderbuch *n*

billedbånd ['belðbɔnʔ] Videoband *n*; ~**optager** [-bɒnɒbta:ʔ(j)əɾ] ⟨*-en*; *-e*⟩ Videorekorder *m*

billede ['belð(ə)] ⟨*-t*; *-r*⟩ Bild *n*; Bildnis *n*; **dit udtrykte** ~ dein Ebenbild; **stjæle** ~**t fra én** F *j-m* die Schau stehlen

billed|galleri ['belðgalə'ɾi:ʔ] Gemäldegalerie *f*; ~**hugger** [-hogəɾ] ⟨*-en*; *-e*⟩ Bildhauer(in) *m(f)*; ~**lig** [-li] bildlich, figürlich; ~**lotteri** [-lɔðə'ɾi:ʔ] Bilderlotto *n*; ~**reportage** [-ɾepɒɾ'ta:ɕə] Bildbericht *m*; ~**skøn** [-sgœnʔ] bildschön; ~**telefon** [-telə'fo:ʔn] Bildtelefon *m*; ~**værk** [-vɛɾg] ⟨*-et*; *-er*⟩ Bildband *m*

billet [bi'leð] ⟨*-ten*; *-ter*⟩ Fahrkarte *f*; *Bus*: Fahrschein *m*; Flugschein *m*, Ticket *n*;

Eintrittskarte *f*; ~ **mærket** (*Abk.* **mrk.**) ... Kennziffer ...; **tage** ~**ten** F abhauen; abkratzen (*sterben*); ~**automat** [-ɑ̃wto'ma:ʔd] Fahrkartenautomat *m*; ~**hul** [-hol], ~**kontor** [-kɒn'to:ʔɾ] (Fahrkarten)Schalter *m*; THEA Kasse *f*; ~**kontrol** [-kɒn'tɾɒ:ʔl] Fahrkartenkontrolle *f*; ~**luge** [-lu:ə] *n* Kartenschalter *m*; THEA Kasse *f*; ~**pris** [-pɾi:ʔs] Fahrpreis *m*; Eintrittspreis *m*; ~**salg** [-sal'(j)] Kartenverkauf *m*; Schalter *m*; Kasse *f*; ~**tere** [-le'te:ʔɾ] Fahrkarten kontrollieren (*od* ausgeben); ~**tør** [-lɛ'tø:ʔɾ] ⟨*-en*; *-er*⟩ Fahrkartenverkäufer *m*, Fahrkartenkontrolleur *m*, Schaffner *m*

billig ['bili] billig (*a fig*); preiswert; ~**billet** ['-bi'leð] BAHN ermäßigte Fahrkarte *f*; ~**bog** [-bɒ:ʔw] Taschenbuch *n*

billige ['bili:ʔə] billigen, gutheißen; ~**lse** [-lsə] ⟨*-n*; *-r*⟩ Billigung *f*

billiggøre ['biligœ:ʔɾə] verbilligen

bil|lygte ['bi:lɒgdə] *Auto*: Scheinwerfer *m*; ~**mekaniker** ['-me'ka:ʔnigəɾ] Autoschlosser *m*; ~**park** [-pɑɾg] Wagenpark *m*; ~**radio** [-ɾa:ʔdio] Autoradio *n*; ~**skat** [-sgad] Kraftfahrzeugsteuer *f*; ~**syn** [-sy:ʔn] → ~**tilsyn**; ~**telefon** ['-teləfo:ʔn] Autotelefon *n*; ~**tilbehør** [-telbehø:ʔɾ] Autozubehör *n*; ~**tilsyn** [-telsy:ʔn] Überprüfung *f* der Verkehrssicherheit, F TÜV

bil|tog ['bi:ltɒ:ʔw] Autoreisezug *m*; ~**tur** [-tu:ʔɾ] Autofahrt *f*; ~**udlejning** [-uð-laiʔneŋ] Autoverleih *m*, Autovermietung *f*; ~**udstyr** [-uðsdy:ʔɾ] *n* Autozubehör *n*; ~**ulykke** [-uləgə] Autounfall *m*; ~**vask** ['bi:ʔlvasg] Autowäsche *f*; Waschanlage *f*; ~**væddeløb** [-veðələ:ʔb] Autorennen *n*; ~**værksted** [-vɛɾgsdeð] Autowerkstatt *f*

bil|lyd ['bilyðʔ] Nebengeräusch *n*; ~**lægge** [-lɛgə] beilegen; *Streit* schlichten

bimle ['beml] bimmeln

bimmelim [bemə'lem] F: **være helt** ~ total durchgedreht (*od* plemplem) sein

bims [bemʔs] F verrückt, plemplem

bind [benʔ] ⟨*-et*; -⟩ Binde *f*; *Buch*: Band *m* (*Abk.* **bd.** Bd.), Einband *m*; **gå med armen i** ~ den Arm in der Schlinge tragen

binde ['benə] ⟨*bandt*; *bundet*⟩ binden; *Kranz*: winden; *døren* ~**r** die Tür klemmt; ~ **an med én** sich mit *j-m* einlassen; ~ **op** aufbinden; ~ **én ngt. på ærmet** F *j-m* e-n Bären aufbinden

binde|bælte ['benəbɛldə] Bindegürtel *m*; ~**gal** ['-'gɑ:ʔl] F total verrückt; ~**hinde** [-henə] ANAT Bindehaut *f*; ~**led** [-leð]

⟨-(d)et; -⟩ Bindeglied n; **~middel** [-mi-ðˀəl] Bindemittel n; **~ord** [-oːˀr] GRAM Bindewort m; **~r** [-ʀ] ⟨-en; -e⟩ Mauerstein: Binder m; **~ri** [-ˈʀiːˀ] ⟨-et; -er⟩ Binderei f; **~slips** [-slɛbs] Krawatte: Binder m; **~streg** [-sdʀɑiˀ] Bindestrich m; **~væv** [-veːˀv] ANAT Bindegewebe n

binding [ˈbeneŋ] ⟨-en; -er⟩ Bindung f

bindings|værk [ˈbeneŋsvɛʀg] Fachwerk n; **~værkshus** [-vɛʀgshuːˀs] Fachwerkhaus n

B-indkomst [ˈbeːˀinkɔmsd] ⟨-en; -er⟩ Einkommen n wie Honorare, das man selbst versteuern muss

bindstærk [ˈbinsdɛʀg] vielbändig

bio [ˈbiːo] ⟨-en; -er⟩ = **biograf**; **~gas** [-gas] Biogas n, Faulgas n

biograf [bioˈgʀɑːˀf] ⟨-en; -er⟩ Kino n; Biografie m, -billet [-biˈlɛd] Kinokarte f; **~gænger** [-gɛŋər] ⟨-en; -e⟩ Kinobesucher(in) m(f), Kinogänger(in) m(f); **~teater** ['-teˀaːʔðər] Filmtheater n

biolog [bioˈloːˀ(w)] ⟨-en; -er⟩ Biologe m, Biologin f; **~i** [-loˈgiːˀ] ⟨-en; -er⟩ Biologie f; **~isk** [-isg] biologisch

biord [ˈbiuːˀʀ] GRAM Umstandswort n

bio|rytme [bioˈʀydmə] Biorhythmus m; **~sfære** [bioˈsfeːʀə] Biosphäre f; **~top** [bioˈtoːˀb] ⟨-en; -er⟩ Biotop m, n

bi|person [ˈbipɛʀsoːʔn] Nebenperson f; **~plan** [-plaˀn] ⟨-et; -er⟩ FLUG Doppeldecker m

bippe [ˈbibə] piepen

birk¹ [biʀg] ⟨-en; -e⟩ Birke f

birk² [biʀg] ⟨-en; -e⟩ Gerichtsbezirk m

birkes [ˈbiʀgəs] ⟨-et; -⟩ GASTR Mohn m; **~rundstykke** Mohnbrötchen n

birketræ¹ [ˈbiʀgətʀeːʔ] ⟨-et; -er⟩ Birke f

birketræ² [ˈbiʀgətʀeːʔ] ⟨-et⟩ Birkenholz n

bi|rolle [ˈbiʀɔlə] Nebenrolle f; **~sag** [-saːˀ(j)] Nebensache f

bi|seksuel [ˈbisɛgsuelˀ] bisexuell; **~sidder** [-seðˀər] ⟨-en; -e⟩ Beisitzer m; Schöffe m

biskop [ˈbisgɔb] ⟨-pen; -per⟩ Bischof m

bismag [ˈbisma:ˀ(j)] Beigeschmack m (a fig)

bisp [bisb] ⟨-en; -er⟩ Bischof m

bispe|dømme [ˈbisbədœmə] ⟨-t; -r⟩ Bistum n; **~stav** [-sda:ˀv] Bischofsstab m

bisse [ˈbisə] ⟨-n; -r⟩ Strolch m, Rüpel m

bissekræmmer [ˈbisəkʀɛmər] Hausierer m

bisselæder [ˈbisəlɛðˀər]: **have ~ i skoene** (od **sålerne**) F Hummeln unterm Hintern haben

bisser [ˈbisər] su pl, Kinderspr. Beißerchen n/pl

bistade [ˈbisda:ðə] Bienenstock m

bistand [ˈbisdanˀ] ⟨-en⟩ Beistand m (**yde** leisten); Sozialhilfe f

bistands|hjælp [ˈbisdansjelˀb] Sozialhilfe f; **være på ~** Sozialhilfe empfangen; **~klient** [-kliˀend] Sozialhilfeempfänger m; **~kontor** [-kɔnˈtoːˀʀ] Sozialamt n

bister [ˈbisdər] grimmig, barsch

bistik [ˈbisdeg] Bienenstich m (a Kuchen)

bi|stå [ˈbisdɔːˀ] beistehen (D), zur Seite stehen; **~sætning** [-sɛdneŋ] Nebensatz m; **~sætte** [-sɛdə] beisetzen; **~sættelse** [-sɛdəlsə] ⟨-n; -r⟩ Beisetzung f; **~testikel** ['-teˀsdigəl] Nebenhoden m; **~ting** [-teŋˀ] Nebensache f

bitte [ˈbidə] klein; **~ lille, lille** winzig, F klitzeklein (pl **små ~, ~ små**); **ikke ~rste** nicht im Geringsten

bitter¹ [ˈbedər] ⟨-en; -e⟩ Magenbitter m

bitter² [ˈbedər] bitter (a fig); herb; **gøre ~** erbittern; verbittern; **~hed** [-he:ðˀ] Bitterkeit f, Herbheit f

bitter|lig [ˈbedəʀli] bitterlich; Kälte: bitter; **~ste** [-sdə] → **bitte**

bi|vej [ˈbivaiˀ] Nebenweg m, Nebenstraße f; Nebeneffekt m; **~virkning** [-viʀgneŋ] Nebenwirkung f; **~vogn** [-vɔwˀn] Straßenbahn: Anhänger m

bivoks [ˈvivɔgs] Bienenwachs n

bivåne [ˈbivɔːˀnə] scherzh beiwohnen (D)

bjerg [bjɛʀˀw] ⟨-et; -e⟩ Berg m; **~ene** pl a Gebirge n; **ned ad ~et** den Berg hinab, bergab; **op ad ~et** den Berg hinauf, bergauf, bergan

bjerg|arbejder [ˈbjɛʀwɑrbaiˀdər] Bergmann m, Bergarbeiter m; **~art** [-aːˀʀd] Gebirgsart f; Gestein n; **~bestiger** ['-be'sdiːˀər] ⟨-en; -e⟩ Bergsteiger(in) m(f); **~bestigning** [-be'sdiːˀneŋ] Bergsteigen n

bjerge [ˈbjɛʀwə] → **bjærge**; **~løn** [-lœnˀ] → **bjærgeløn**; **~r** [-ʀ] ⟨-en; -e⟩ → **bjærger**

bjerg|kæde [ˈbjɛʀwkeːðə] Gebirgskette f; **~ning** [-neŋ] ⟨-en; -er⟩ → **bjærgning**; **~ningsfartøj** [-sfurtɔiˀ] → **bjærgningsfartøj**

bjerg|rig [ˈbjɛʀwriːˀ] gebirgig, bergig; **~ryg** [-ʀœg] Bergrücken m, Grat m; **~skred** [-sgʀeð] Bergrutsch m

bjergsom [ˈbjɛʀwsɔmˀ] → **bjærgsom**

bjergsyge [ˈbjɛʀwsyːə] Höhenkrankheit f

bjergtage [ˈbjɛʀwta:ˀ(j)ə] fig bezaubern, bannen, faszinieren; **~n** [-n], **~t** [-ð] fig bezaubert, gebannt, fasziniert

B

bjerg|tinde ['bjɛrwtenə], **~top** [-tɔb] Berggipfel *m*; **~værk** [-vɛrg] Bergwerk *n*, Zeche *f*; **~værksdrift** [-vɛrgsdrefd] Bergbau *m*

bjesk [bjesg] ⟨-en; -er⟩ e-e Art Kräuterschnaps *m*

bjæf [bjɛf] ⟨-fet; -⟩ Kläfflaut *m*, kurzes Kläffen *od* Bellen *n*; **~fe** ['-ə] kläffen

bjælde ['bjɛlə] ⟨-n; -r⟩ Schelle *f*; Kuhglocke *f*

bjælke ['bjɛlgə] ⟨-n; -r⟩ Balken *m*; **~hus** [-hu:ʔs] Blockhaus *n*; **~loft** [-lɔfd] Balkendecke *f*; **~værk** [-vɛrg] ⟨-et⟩ Gebälk *n*

bjærge ['bjɛrwə] bergen, retten; *Getreide* unter Dach bringen; *Nahrung* beschaffen; *Fischernetz* einholen

bjærg|er ['bjɛrwər] ⟨-en; -e⟩ Mitglied *n* e-s Bergungsdienstes; **~ning** ['bjɛrwnen] ⟨-en; -er⟩ Bergung *f*; Rettungsschwimmen *n*; **~ningsfartøj** ['bjɛrwnensfɑrtɔjʔ] Bergungsschiff *n*; **~som** ['bjɛrwsɔmʔ] geschäftig, unternehmend, auf s-n Vorteil bedacht

bjørn [bjœrʔn] ⟨-en; -e⟩ Bär *m*; (*Rausch*) F Affe *m*

bjørne|hi ['bjœrnəhiːʔ] Winterlager *n* des Bären; **~jagt** [-jagd] Bärenjagd *f*

bjørneklo¹ ['bjœrnəkloːʔ] ⟨-en; bjørnekløer⟩ zo Bärenklaue *f*

bjørneklo² ['bjœrnəkloːʔ] ⟨-en; -er *od* -⟩ BOT Bärenklau *f*, *m*

bjørne|lab ['bjœrnəlab] Bärenpranke *f*; Bärentatze *f*; **~skindshue** [-sgenshuːə] Bärenfellmütze *f*; **~tjeneste** [-tjɛːnəsdə] *fig* schlechte(r) Dienst *m*, Bärendienst *m*

bl. a. *Abk. für* **blandt andet**; → **anden¹**, **blandt**

blad [blaðʔ] ⟨-et; -e⟩ Blatt *n*; *Messer*: Klinge *f*; *Zeitung* Zeitschrift *f*; *et ubeskrevet ~ fig* ein unbeschriebenes Blatt; *tage ~ et fra munden fig* kein Blatt vor den Mund nehmen; **~død** ['-dɔːʔð] ⟨-en⟩ Zeitungssterben *n*

blade ['blaːðə] blättern; *Jagd*: blatten; *Hirsch*: röhren; **~ igennem** durchblättern; **~ om** umblättern; **~t** [-d] blätterig

bladformet ['blaðfɔːʔrməð] blattförmig

blad|grønt ['blaðgrœnʔd] Blattgrün *n*, **~handler** [-hanlɐr] ⟨-en; -e⟩ Zeitungshändler *m*; **~hus** [-huːʔs] Zeitungsverlag *m*; **~konge** [-kɔŋə] F Medienzar *m*; **~laus** [-luːʔs] Blattlaus *f*; **~mand** [-manʔ] Journalist *m*, Mann *m* von der Presse; **~mave** [-maːvə] zo Blättermagen *m*; **~neger** [-neː(j)ɐr] F Tintenkleckser *m*, Schreiberling *m* (*Journalist*); **~re** [-rə] *scherzh* blättern; **~selleri** [-selɑriːʔ] Blattsellerie

m, *f*, Staudensellerie *m*, *f*; **~smører** [-smœːrɐr] → **bladneger**

blaf [blaf] ⟨-fet; -⟩ *Feuer*: Flackern *n*

blaffe ['blafə] per Anhalter fahren, trampen; **~ op** *Feuer*: aufflackern, aufflammen; **~r** [-r] ⟨-en; -e⟩ Anhalter(in) *m(f)*, Tramper(in) *m(f)*

blafre ['blafrə] *Fahne*: flattern; *Licht*: flackern

blakke ['blagə] ⟨-n; -r⟩ *Pferd*: Falbe *m*; *en falsk ~* ein falscher Kerl *m*; **~t** [-ð] fahl; *Pferd*: falb; *Vergangenheit*: undurchsichtig

blam|age [bla'maːsjə] ⟨-n; -r⟩ Blamage *f*, **~ere** [-'meːʔrə] blamieren (*sig* sich)

blandbar ['blanbɑːʔr] mischbar

blande ['blanə] mischen, vermengen; mixen; **~ sig i ngt.** sich in etw (A) einmischen; **~ ngt. sammen** *fig* etw durcheinanderbringen; **~t** *Gefühle, Gesellschaft*: gemischt; **~t ægteskab** Mischehe *f*; **~maskine** [-ma'sgiːnə] Mischmaschine *f*; **~r** [-r] ⟨-en; -e⟩ Mischer *m*

blanding ['blanen] ⟨-en; -er⟩ Mischung *f*, Gemisch *n*; Mischen *n*; Mischling *m*

blandingsgods ['blanensgɔs] Gerümpel *n*, Plunder *m*

blandt [blanʔd] unter; zwischen; **~ andet** (*Abk. bl. a.*) unter anderem (*Abk. u. a.*)

blank [blaŋʔg] blank, klar, glänzend; *Seite*: leer; *være (helt) ~* F, *fig* (völlig) blank (*ohne Geld*) sein; einen blassen Schimmer haben; *give ~t op* vollständig aufgeben; *trække ~* blankziehen

blanke ['blaŋə] blank machen, putzen; F wienern; *Stiefel* wichsen; **~ én af** *fig* j-n ausnehmen; **~t af** F, *fig* abgebrannt

blanket [blaŋ'ked] ⟨-ten; -ter⟩ Vordruck *m*, Formular *n*

blank|slidt ['blaŋslid] abgescheuert; abgetragen; **~sværte** [-svɛrdə] Wichse *f*, Schuhputzmittel *n*

blase ['blaːsə] ⟨-n; -r⟩ Blase *f*

blaser|et [bla'seːʔrəð] blasiert; **~ethed** [-heːʔð] ⟨-en⟩ Blasiertheit *f*; **~t** [bla'seːʔd] → **blaseret**

ble [bleːʔ] ⟨-en; -er⟩ Windel *f*; *give et barn ~ på* ein Kind wickeln; **~buks(er)** ['-bogs(ər)] Windelhöschen *n*

bleg¹ [blaiʔ] *Wäsche*: Bleiche *f*

bleg² [blaiʔ] blass, fahl; bleich; *blive ~* erblassen (*af/vor D*); *ikke være ~ for ngt.* F keine Angst (*od* Bange) *vor etw* haben

blegansigt ['blaiʔansegd] Bleichgesicht *n*

blege ['blaiʔə] bleichen; blondieren; **~plads** [-plas] Bleichplatz *m*

blegfed ['blaiʔfeːʔð] käsig, blass u. dicklich, aufgedunsen

bleghed ['blaɪhəˌð?] ⟨-en⟩ Blässe f

blegn [blaɪ?n] ⟨-en; -er⟩ → **blegne¹**

blegne¹ ['blaɪnə] ⟨-n; -r⟩ Bläschen n, Pustel f

blegne² ['blaɪnə] erblassen, erbleichen (*af/*vor D); verblassen, verbleichen; **~t** verblichen (*a Schönheit*); verblasst (*a Erinnerung*)

bleg|ning ['blaɪneŋ] ⟨-en; -er⟩ Bleichen n; **~næb** [-nɛ:?b] ⟨en od et⟩ F Blassschnabel m; **~næb(b)et** [-nɛ:?bəð] blässlich, käsig; **~rød** [-ʀœ:?ð] blassrot; **~selleri** [-selə-ʀi:?] Blattsellerie m, f

blender ['blɛndər] ⟨-en; -e⟩ Küchenmixer m

blev [ble:?v, ble:?], **~et** ['ble:vəð, 'ble:əð] → **blive**

blid [bliə?] sanft, mild, zart; **~elig** ['bli:ðə-li] sanft; **~gøre** ['bliðgə:?ʀə] besänftigen, erweichen

blik¹ [bleg] ⟨-ket; -ke⟩ Blick m; Ansicht f; **ved første ~** auf den ersten Blick

blik² [bleg] ⟨-ket⟩ Blech n; **af ~** aus Blech, blechern

blikdåse ['blegdɔ:sə] Blechbüchse f, Blechdose f

blikkenslager ['blegənsla:?(j)ər] ⟨-en; -e⟩ Klempner m

blikstille ['bleg'sdelə] windstill; *Meer:* spiegelglatt

blind [blen?] blind (*a fig*); **blive ~** erblinden; **~ på det ene øje** auf e-m Auge blind; **være ~ for ngt.** für etw blind sein; **~ vej** (*od gade*) Sackgasse f; **~bleven** ['blenble:vən] Erblindete(r) m

blinde¹ ['blenə]: **i ~** blindlings

blinde² ['blenə] blenden

blinde|alfabet ['blenəalfa:be?d] Blindenalphabet n; **~buk** [-bog] Blindekuh f; **~institut** [-ensdi'tud] Blindenanstalt f; **~skrift** [-sgʀefd] Blindenschrift f

blindfødt ['blenfø:?d] blind geboren

blindgade ['blenɡa:ðə]: **komme ind i en ~** *fig* in e-e Sackgasse geraten

blind|gyde ['blenɡy:ðə] → **blindgade**; **~gænger** [-ɡɛŋ?ər] ⟨-en; -e⟩ MIL Blindgänger m; **~hed** [-he:ð?] ⟨-en⟩ Blindheit f; **~ing** [-eŋ] ⟨-en; -er⟩ ARCH Blende f; **~passager** ['-pasa'sje:?ʀ] blinde(r) Passagier m; **~prop** [-pʀɔb] EL Kindersicherung f; **~tablet** [-tab'led] MED Placebo n; **~tarm** [-tɑʀ?m] Blinddarm m; **~tarmsbetændelse** [-tɑʀmsbe'tɛn?əlsə] Blinddarmentzündung f; **~vej** [-vaɪ?] Sackgasse f

blink¹ [bleŋ?g] ⟨-et; -⟩ Aufblitzen n; Blin-

ken n; Blinzeln n

blink² [bleŋ?g] ⟨-en od -et; -⟩ *Angel:* Blinker m

blinke ['bleŋɡə] blitzen, blinken; blinzeln, zwinkern; *Stern:* funkeln; **~ af** AUTO blinken; **~ til én** j-m zublinzeln; **uden at ~** F ohne mit der Wimper zu zucken, seelenruhig; **~r** [-ʀ] ⟨-en; -e⟩ Blinker m, Blinklicht n

blink|fyr ['bleŋgfy:?ʀ] NAUT Blinkfeuer n; **~lys** [-ly:?s] Blinklicht n, Blinker m

blist [blisd] ⟨-en; -er⟩ Pustel f, Bläschen n

blitz [blids] ⟨-en;-⟩ FOT Blitz m; **~ af** FOT F blitzen; **~lampe** ['-lambə], **~lys** ['-ly:?s] FOT Blitzlicht n

blive ['bli:və, bli:?] ⟨*blev; blevet*⟩ bleiben; werden; **~ stående** stehen bleiben; **det ~r regn** es gibt Regen, wir bekommen Regen; **hvor ~r han af?** wo bleibt er (denn)?; **hvad skal der ~ af ham?** was soll aus ihm werden?; **hvor meget ~r det?** wie viel macht das?; **~ af med ngt.** etw loswerden; **det ~r der ikke ngt. af** daraus wird nichts; **~ fra ngt.** sich von etw fernhalten, etw meiden; **~ oppe** aufbleiben; **~ til** entstehen; **~r det snart til ngt.?** wird's bald?; **~ tilbage** zurückbleiben; übrig bleiben; **~ ude af sig selv** außer sich (A) geraten; **~ ved** fortfahren; **~ ved sit** bei s-r Meinung bleiben; **~nde** bleibend

blod [blo:?ð] ⟨-et⟩ Blut n; *fig* Geblüt n; **få ~ på tanden** *fig* Blut geleckt haben, auf den Geschmack kommen; **det sætter ondt ~** das macht böses Blut; **slå til ~s** blutig schlagen

blod|bestænk(e)t ['bloðbe'sdɛŋ?gəð, '-'sdeŋ?d] blutbespritzt; **~donor** [-do:-nɔʀ] Blutspender(in) m(f); **~dryppende** [-dʀœbənə] bluttriefend; *fig* blutrünstig; **~dråbe** [-dʀɔ:bə] Blutstropfen m; **~fattig** [-fadi] blutarm; *fig* blutleer, dürftig; **~forgiftning** [-fʌʀɡifdniŋ] Blutvergiftung f

blodig ['blo:ði] blutig; **~uret** bittere(s) Unrecht n; **fornærme én på det ~ste** j-n aufs Gröbste beleidigen

blod|igle ['bloði:lə] ZO Blutegel m; **~kar** [-kɑʀ] Blutgefäß n; **~konserves** [-kɔn-sɛʀvəs] MED Blutkonserve f; **~legeme** [-lɛ:(j)əmə] Blutkörperchen n; **~mangel** [-maŋ?əl] Blutarmut f; **~omløb** [-ɔm-lø:?b] n Blutkreislauf m

blodprop ['bloðpʀɔb] MED Blutgerinnsel n, Thrombose f; **~ i hjertet** Herzinfarkt m

blod|prøve ['bloðpʀœ:və] Blutprobe f; **~pøl** [-pø:?l] Blutlache f; **~pølse** [-pølsə] Blutwurst f; **~rensende** [-ʀɛnsənə] blutreinigend; **~rig** [-ʁi:ʔ] blutreich; *fig* vollblütig; **~rød** [-ʁœ:ʔð] blutrot

blodsbeslægtet ['bloðsbe'slægdəð] blutsverwandt

blodsdråbe ['bloðsdʁɔ:bə]: *til sidste ~* bis zum letzten Blutstropfen

blod|skam ['bloðsgam?] Blutschande *f*; **~skudt** [-sgud] *Augen:* blutunterlaufen; **~spor** [-sbo:ʔʁ] Blutspur *f*; **~sprængt** [-sbʁɛŋ?d] *Augen:* blutunterlaufen, **~stillende** [-sdel?ənə] blutstillend; **~stænk** [-sdɛŋ?g] Blutspritzer *m*

blodsudgydelse ['bloðsuðɡy:?ðəlsə] Blutvergießen *n*

blod|suger ['bloðsu:əʁ] ⟨*-en; -e*⟩ *bsd fig* Blutsauger *m*; **~sænkning** [-sɛŋɡnen] Blutsenkung *f*; **~tab** [-ta:ʔb] Blutverlust *m*; **~transfusion** [-tʁansfusion] Bluttransfusion *f*; **~tryk** [-tʁœg] Blutdruck *m*; *forhøjet ~* Bluthochdruck *m*; **~type** [-ty:bə] Blutgruppe *f*; **~tørstig** [-tœʁsdi] blutdürstig; **~udtrædning** [-uð-tʁɛ:ʔðnen] ⟨*-en; -er*⟩ Bluterguss *m*; **~underløben** [-onaʁlø:ʔbən] *Haut:* blutunterlaufen; **~åre** [-ɔʁə] Ader *f*

blok [blog] ⟨*-ken; -ke*⟩ Block *m* (*Schreib-, Häuser-*, POL)

blokbogstav ['blogbogsda:ʔv] Blockbuchstabe *m*

blokere [blo'ke:ʔʁə] blockieren

blok|fløjte ['blogfløjdə] Blockflöte *f*; **~hus** [-hu:ʔs] Blockhaus *n*

blokke ['blogə]: **~ sko ud** Schuhe weiten; **~ én for penge** F *j-n* anpumpen, *j-m* Geld abluchsen

bloklys ['blogly:ʔs] kurze, dicke (Stearin-)Kerze *f*

Bloksbjerg ['blogsbjɛʁ(w)] GEOGR Brocken *m*, MYTH Blocksberg *m*; *gid han sad på ~!* F zum Teufel mit ihm!

blok|skrift ['blogsgʁefd] Blockschrift *f*; **~vogn** [-vɔw?n] Tieflader *m*

blomkål ['blomkɔ:ʔl], **~shoved** ['blomko:lshoːvəð] Blumenkohl *m*

blomme ['blomə] ⟨*-n; -r*⟩ Pflaume *f*; (Ei-)Dotter *m*, *n*; *have det som ~n i et æg fig etwa:* wie Gott in Frankreich leben; **~farvet** [-fɑ:ʔʁvəð] zwetschgenblau; **~sten** [-sde:ʔn] Pflaumenkern *m*; **~træ** [-tʁɛ:ʔ] Pflaumenbaum *m*

blområdden ['blomʁɔðən] *Obst:* innen faul

blomst [blom?sd] ⟨*-en; -er*⟩ BOT Blume *f*; Blüte *f* (*a fig*); *sætte ~* Blüten treiben; *stå i ~ Baum:* in (voller) Blüte stehen

blomster|bed ['blomsdaʁbeð] Blumenbeet *n*; **~binder(ske)** [-benaʁ(sgə)] ⟨*-*

-r⟩ Blumenbinder(in) *m(f)*, Florist(in) *f*; **~buket** [-bu'keð] Blumenstrauß *m*; **~bæger** [-bɛ:əʁ] Blütenkelch *m*; **~handel** [-han?əl] Blumengeschäft *n*; **~handler** [-hanlaʁ] ⟨*-en; -e*⟩ Blumenhändler *m*; **~kost** [-kosd] ⟨*-en; -e*⟩ *scherzh* Blumenstrauß *m*

blomstre ['blomsdʁə] blühen (*a fig*); *~ frem fig* entstehen; *~ op a fig* aufblühen; **~nde** blühend (*a fig*); *Stil:* blumenreich; *Wiese:* blumig; *Aussehen:* blühend

blomstr|et ['blomsdʁəð] geblümt; **~ing** ['blomsdʁeŋ] ⟨*-en; -er*⟩ Blühen *n*, Blüte *f*; **~ingstid** ['blomsdʁeŋsti:ʔð] Blütezeit *f*

blond [blon?(d)] blond, hellhaarig

blonde ['blondə] ⟨*-n; -r*⟩ *Kleidung:* Spitze *f*

blondine [blon'di:nə] ⟨*-n; -r*⟩ Blondine *f*

blot[1] [blod] *adj* bloß; *stille én ~ j-n* bloßstellen

blot[2] [blod] *adv* nur, bloß; *ikke ~ ... men også ...* nicht nur ..., sondern auch ...

blotlægge ['blodlɛɡə] bloßlegen

blotte ['blodə] entblößen; *fig* bloßstellen; *~ sig for penge* sich verausgaben; *~t for* entblößt von, bar (G); *~t for kultur* ohne jede Kultur; **~lse** [-lsə] ⟨*-n; -r*⟩ Entblößung *f*; Bloßstellung *f*, Blöße *f*; **~r** [-ʁ] ⟨*-en; -e*⟩ Exhibitionist *m*

blu [blu:ʔ] ⟨*-en*⟩ *lit* Scham *f*

blues ['blu:əs] ⟨*impf* **bluedes**⟩ sich schämen

bluf, bluff [blof, blɔf] ⟨*-et*⟩ Bluff *m*; **~fe** ['-ə] bluffen, täuschen

bluf(f)mager ['blof-, 'blofma:ʔ(j)əʁ] ⟨*-en; -e*⟩ Bluffer *m*, Angeber *m*

blufærdig [blu'fɛʁ?di] schamhaft

blund [blon?] ⟨*-en od et; -*⟩ Schlummer *m*; *få sig en/et ~* ein Schläfchen *od* Nickerchen machen; **~e** [' -ə] schlummern

blus [blus] ⟨*-set; -*⟩ *Herd:* Flamme *f*, Feuer *n*; *på lavt ~* auf Sparflamme; *have ~ på lampen* F *e-n* in der Krone haben

bluse ['blu:sə] ⟨*-n; -r*⟩ Bluse *f*

blusel ['blu:?səl] ⟨*-en*⟩ *lit* Scham *f*

blusse ['blusə] leuchten, flammen; *Wange:* glühen; *~ op* auflodern, aufflackern (*a fig*); *~nde rød* feuerrot, F knallrot

bly[1] [bly:ʔ] ⟨*-et*⟩ Blei *n*; *~, af~* bleiern, aus Blei; *tunge som ~ Füße:* bleiern

bly[2] [bly:ʔ] *lit* schüchtern, verschämt

blyant ['blyan?d] ⟨*-en; -er*⟩ Bleistift *m*; **~(s)spidser** [-andsbesaʁ] ⟨*-en; -e*⟩ Bleistiftspitzer *m*

bly|fri ['blyfʁi:ʔ] bleifrei, unverbleit; **~holdig** [-hɔl?di] bleihaltig; **~hvidt** [-vid] ⟨*-et*⟩ Bleiweiß *m*; **~indfattet** [-enfadað] *Fensterscheibe*: blei(ein)gefasst

blæk [bleg] ⟨-ket⟩ Tinte *f*; **~hus** ['hu:?s] Tintenfass *n*; **~ke** [-ə] *Federhalter, Füller*: klecksen; **~klat** ['-klad] Tintenklecks *m*; **~patron** ['-pa'tRo:?n] Tintenpatrone *f*; **~sprutte** ['-sbRudə] ⟨-n; -r⟩ Tintenfisch *m*; **~stift** ['-sdefd] Kopierstift *m*; **~suger** ['-su:ər] ⟨-en; -e⟩ Tinte: Löscher *m*

blænde¹ ['blɛnə] ⟨-n; -r⟩ FOT → **blænder**

blænde² ['blɛnə] blenden (*a fig*); **~ ned** *Scheinwerfer* abblenden

blænd|er ['blɛnɐ] ⟨-en; -e⟩ FOT Blende *f*; **~fri** [-fRi:?] blendfrei; **~ing** [-eŋ] ⟨-en;-er⟩ Blenden *n*, Blendung *f*; ARCH Blende *f*; **~værk** [-vɛRg] ⟨-et⟩ Blendwerk *n*

blær [blɛ:?R] ⟨et⟩ Protzerei *f*

blære¹ ['blɛ:Rə] ⟨-n; -r⟩ ANAT Blase *f*; MED *a* Pustel *f*; F *fig* Großtuer *m*, Protz *m*

blære² ['blɛ:Rə]: **~** *sig* F sich aufblasen, protzen

blære|betændelse ['blɛ:Rəbe'tɛn?əlsə] Blasenentzündung *f*; **~halskirtel** [-halskiRdəl] ANAT Vorsteherdrüse *f*; **~røv** [-rœ?] V aufgeblasene(r) Kerl *m*, Aufschneider *m*, Angeber *m*; **~t** [-ð] blasig; *fig* aufgeblasen; **~tang** [-taŋ?] BOT Blasentang *m*

blæse ['blɛ:sə] ⟨-te⟩ blasen, wehen; **~ ad** (*od* **på**) *ngt.* auf *etw* pfeifen; **~ én et stykke** (*od* **en lang march**) F *j-m* eins husten, *j-m* was pfeifen; **~ op** *Wind*: auffrischen; **som blæst bort** *fig* wie weggeblasen; **~nde** windig; **~bælg** [-bɛl?j] Blasebalg *m*; **~lampe** [-lambə] TECH Lötlampe *f*; **~orkester** [-ɔR'kɛsdər] Blaskapelle *f*

blæser ['blɛsɐ] ⟨-en; -e⟩ MUS Bläser *m*; TECH Gebläse *n*; **~orkester** [-ɔR'kɛsdər] → **blæseorkester**

blæsevejr ['blɛ:səvɐ:?R]: **det er ~** es ist windig

blæst [blɛsd] ⟨-en⟩ Wind *m*; **gøre ~ af ngt.** *fig* viel Wesens (*od* F Wind) von *etw* machen; **borte med ~en** vom Winde verweht

blød¹ [blø:?ð] *su*: **ligge i ~** weichen; **lægge i ~** einweichen; **lægge hovedet i ~** *fig* F sich den Kopf zerbrechen

blød² [blø:?ð] weich (*a fig*), sanft; *fig* verrückt; **~ om hjertet** weich ums Herz

blødagtig [blø?ð'agdi] weichlich, verweichlicht; **~gøre** [-gœ:?Rə] verweichlichen

blød|dele ['blø?ðe:lə] *pl* Weichteile *n/pl*; **~dyr** [-dy:?R] Weichtier *n*

bløde¹ ['blø:ðə] ⟨-n; -r⟩ Platzregen *m*, Regenschauer *m*, Guss *m*

bløde² ['blø:ðə] ⟨-te⟩ bluten; *fig* F blechen; *kräftig regnen*, F schütten; **~ op** *Stockfisch* einweichen, wässern

bløder ['blø:ðɐr] ⟨-en; -e⟩ MED Bluter *m*; → **bløde¹**

blød|gøre ['blø?ðgœ:?Rə] erweichen (*a fig*); *Wasser* enthärten; **~hjertet** [-je-R?dəð] weichherzig; **~kogt** [-kɔgd] weich gekocht; **~ning** [-neŋ] ⟨-en; -er⟩ Blutung *f*; **~søden** [-sø:?ðən] süßlich, verweichlicht, sentimental

blå¹ [blɔ:?] ⟨et⟩ Blau *n*; **tur ud i det ~** Fahrt *f* ins Blaue; **sige ngt. ud i det ~** ins Blaue hineinreden

blå² [blɔ:?] blau; **et ~t øje** ein blaues Auge; *fig* e-e unvorhergesehene (große) Ausgabe

blåagtig ['blɔ:agdi] bläulich

blåbær¹ ['blɔbɛr] ⟨-ren; -⟩ *Pflanze*: Blaubeere *f*, Heidelbeere *f*

blåbær² ['blɔbɛr] ⟨-ret; -⟩ *Beere*: Blaubeere *f*, Heidelbeere *f*

blåelse ['blɔ:əlsə] ⟨-n⟩ Waschblau *n*

blå|frossen ['blɔfRɔsən] blau vor Kälte, blau gefroren; **~grå** [-gRɔ:?] blaugrau; **~klokke** [-klɔgə] Glockenblume *f*; **~lig** [-li] bläulich; **~lys** [-ly:?s] Blaulicht *n*; *fig* helle(r) Wahnsinn *m*; **~musling** [-muslen] Miesmuschel *f*

blåne ['blɔ:nə] *Berge, Himmel*: blauen, blau werden

blår [blɔ:?R] ⟨-et; -⟩ Werg *n*; **stikke én ~ i øjnene** *fig j-m* Sand in die Augen streuen; **æde ~** Feuer fressen

blå|skimmelost ['blɔsgemʔɔlosd] Blauschimmelkäse *m*; **~strømpe** [-sdRœmbə] *fig* Blaustrumpf *m*; **~sur** [-su:?R] MILCH: bläulich; **~t** [blɔd] ⟨et⟩ → **blånelse**; **~øjet** [-ɔi?əð] blauäugig (*a fig*)

B-menneske ['be:?mɛnəsgə] Spätaufsteher(in) *m(f)*, F Morgenmuffel *m*

BNP *n* (= **bruttonationalprodukt**) BSP (*Bruttosozialprodukt n*)

bo¹ [bo:?] ⟨-et; -er⟩ Wohnung *f*, Heim *n*; JUR Nachlass *m*; *Tier*: Bau *m*; **sætte ~** *e-n* Hausstand gründen

bo² [bo:?] wohnen

boarding|kort ['bɔrdeŋkɔrd], **~pas** [-pas] FLUG Bordkarte *f*

bobbet ['bɔbəð] *Haar*: kurz geschnitten

boble¹ ['bɔblə] ⟨-n; -r⟩ Blase *f*

boble² ['bɔblə] brodeln, Blasen werfen; blubbern; (*vor unterdrücktem Lachen*) glucksen

boblehal ['bɔbləhal?] Traglufthalle *f*

bobslæde ['bɔbslɛ:ðə] *Rennschlitten*:

Bob *m*

bod¹ [boˀð] ⟨-en; -er⟩ Verkaufsstand *m*, Bude *f*

bod² [boːˀð] ⟨-en⟩ Buße *f*; Geldstrafe *f*; **~ og bedring** Besserung *f*; **råde ~ på ngt.** e-r Sache (*D*) abhelfen, *etw* beheben

bodega [boˈdeːga] ⟨-en; -er⟩ (Stamm-) Kneipe *f*

bodfærdig [boðˈfɛrˀdi] bußfertig, reu(müt)ig

bodsdag [ˈboːˀðsdaːˀ] REL Bußtag *m*

bodyguard [ˈbɔdigɑrd] ⟨-en; -s⟩ Leibwächter *m*, Leibwache *f*

bo|fast [ˈbofasd] *Bevölkerung:* sesshaft; **~fælle** [-fɛlə] Mitglied *n* e-r Wohngemeinschaft, Mitbewohner *m*; **~fællesskab** [-felˀǝssgaːˀb] Wohngemeinschaft *f*

bog¹ [bɔːˀw] ⟨-en; boger⟩ Buch *n*; **føre til ~s** buchen

bog² [bɔːˀw] ⟨-en; -⟩ BOT Buchecker *f*

bog|anmeldelse [ˈbɔwanmelˀǝlsǝ] Buchbesprechung *f*; **~bind** [-benˀ] Buchdeckel *m*; Einband *m*; **~binder** [-benˀǝr] ⟨-en; -e⟩ Buchbinder *m*; **~binderi** [-benǝˈriːˀ] ⟨-et; -er⟩ Buchbinderei *f*; **~bus** [-bus] Büchereibus *m*, fahrende Bücherei *f*

bogfinke [ˈbɔwfeŋgǝ] Buchfink *m*

bogføre [ˈbɔwˀføˀrǝ] (ver)buchen; **~ing** [-føˀreŋ] ⟨-en⟩ Buchführung *f*

bog|handel [ˈbɔwhanˀǝl] Buchhandel *m*; *Geschäft:* Buchhandlung *f*; **~handler** [-hanˀlǝr] ⟨-en; -e⟩ Buchhändler(in) *m(f)*; **~holder** [-hɔlˀǝr] Buchhalter *m*; **~holderi** [-hɔlǝˈriːˀ] ⟨-et; -er⟩ Buchführung *f*, Buchhaltung *f*

boghvede [ˈbɔwveːðǝ] BOT Buchweizen *m*

bog|hylde [-hylǝ] Bücherbrett *n*, Bücherbord *m*; **~klub** [ˈbɔwklub] Buchgemeinschaft *f*; **~lade** [ˈbɔwlaːðǝ] Buchhandlung *f*

bog|lig [ˈbɔwli] literarisch, intellektuell; **~mærke** [-mɛrgǝ] Lesezeichen *n*; **~orm** [-ɔrˀm] *fig* F Bücherwurm *m*; **~reol** [ˈrɛˀoːˀl] Bücherregal *n*

bogstav [ˈbɔgsdaːˀv] ⟨-et; -er⟩ Buchstabe *m*; **med ~ skrive ngt.** in Worten; **skrive ngt. med lille/stort ~** *etw* klein-/großschreiben; **~elig** [-ˈsdaːˀvǝli] buchstäblich, wörtlich; **~ere** [-ˈsdaˈveːˀrǝ] buchstabieren; **~orden** [-ɔːˀrdǝn] Buchstabenfolge *f*; **~ret** [-rɛd] buchstabengetreu

bog|støtte [ˈbɔwsdøðǝ] Bücherstütze *f*; **~trykker** [-trœgǝr] Buchdrucker *m*; **~udlån** [-uðlɔːˀn] Buchverleih *m*

bohave [ˈbohaːvǝ] ⟨-t⟩ Hausgerät *n*, Mobiliar *n*, Hausrat *m*

boheme [boˈ(h)ɛːm(ǝ)] ⟨-n; -r⟩ Bohemien *m*; **~n** die Boheme

boks [bɔgs] ⟨-en; -e⟩ Schließfach *n*; Box *f*; TEL Zelle *f*

bokse [ˈbɔgsǝ] boxen; **~bold** [-bɔlˀd] Punchingball *m*; **~handske** [-hansgǝ] Boxhandschuh *m*; **~kamp** [-kamˀb] Boxkampf *m*; **~r** [-ˀr] ⟨-en; -e⟩ Boxer *m* (*a Hund*); **~ring** [-reŋ] Boxring *m*

boksning [ˈbɔgsneŋ] ⟨-en⟩ Boxen *n*

bolche [ˈbɔlˀsjǝ] ⟨-t; -r⟩ → **bolsje**

bold¹ [bɔlˀd] ⟨-en; -e⟩ Ball *m*

bold² [bɔlˀ] *poet* kühn, tapfer

boldbane [ˈbɔldbaːnǝ] Spielfeld *n* (*für Ballspiele*)

boldgade [ˈbɔlgaːðǝ]: **være på sin egen ~** *etw* auf eigene Faust unternehmen

bold|klub [ˈbɔldklub] Fußballverein *m*; **~spil** [-sbel] Ballspiel *n*; **~træ** [-trɛːˀ] SPORT Schlagholz *n*

bole [ˈboːlǝ] *bsd* BIBL buhlen; huren

bolig [ˈboːli] ⟨-en; -er⟩ Wohnung *f*; **~aktivist** [-agtiˈvisd] Hausbesetzer(in) *m(f)*, Instandbesetzer(in) *m(f)*; **~anvisning** [-anviˀsnen] Wohnungsamt *n*; **~areal** [-ɑrɛˈaːˀl] Wohnraum *m*, Wohnfläche *f*; **~berettiget** [-beˀrɛdiˀðǝd] wohnberechtigt; **~byggeri** [-bygǝˈriːˀ] Wohnungsbau *m*; **~fællesskab** [-felǝsgaːˀb] Wohngemeinschaft *f*; **~haj** [-haiˀ] Häuserspekulant *m*, F Immobilienhai *m*, Miethai *m*; **~karré** [-kɑrɛːˀ] Wohnblock *m*; **~konsulent** [-kɔnsuˈlenˀd] Innenarchitekt(in) *m(f)*; **~kvarter** [-kvɑrˈteːˀr] Wohnviertel *n*

bolig|løs [ˈboːliløˀs] wohnungslos; **~masse** [-masǝ] Wohnungsbestand *m*; **~minister** [-miˈnisdǝr] *etwa:* Minister *m* für Wohnungsbau; **~nævn** [-nɛuˀn] Wohnungsamt *n*; **~nød** [-nøːˀð] Wohnungsnot *f*; **~opsparing** [-ɔbsbaːˀreŋ] Bausparen *n*; **~selskab** [-selsgaːˀb] Wohnungsbaugesellschaft *f*; **~sikring** [-segreŋ] Wohngeld *n*; **~sparekontrakt** [-sbaːrǝkɔnˀtrɑgd] Bausparvertrag *m*; **~støtte** [-sdøðǝ] Wohngeld *n*; **~søgende** [-søˀǝnǝ] ⟨en⟩ Wohnung(s)suchende (der, die); **~tager** [-taːjǝr] ⟨-en; -e⟩ Mieter(in) *m(f)*

bolle¹ [ˈbɔlǝ] ⟨-n; -r⟩ Milchbrötchen *n*, Wecken *m*; Kloß *m*; Bowle *f*; Pummel *m* (*rundliche Person*)

bolle² [ˈbɔlǝ] V bumsen, vögeln

bollemælk [ˈbɔlǝmɛlˀg]: **ikke stikke op for ~** nicht so schnell verzagen, nicht klein beigeben, *fig* nicht gleich das Handtuch werfen

bollet ['bɔləð] mollig, pumm(e)lig

bolle-å ['bɔləɔ̯ʔ] → **å¹** (Gegensatz: aa)

bolsje ['bɔlˀsjə] ‹-t; -r› Bonbon m, n; **~stribet** [-sdri̯bəð] rot-weiß schmal gestreift

bolsmand ['boˀlsmanʔ] Hufner m, Kleinbauer m

bolsted ['boˀlsdeð] Hufe f, Kleinbauernhof m

bolster ['bɔlˀsdər] ‹bolst(e)ret; bolstre› Inlett n

bolt [bɔlˀd] ‹-en; -e› Bolzen m

boltre ['bɔldrə]: **~ sig** sich tummeln

bom [bomˀ] ‹-men; -me› Schlagbaum m; BAHN Schranke f; Turnen: Schwebebalken m; **sætte en ~ for ngt.** e-r Sache (D) e-n Riegel vorschieben

bombarde|ment [bombardəˀmaŋ] ‹et› Bombardement n; **~re** [-'de:ˀrə] bombardieren (a fig)

bombe¹ ['bombə] ‹-n; -r› MIL Bombe f

bombe² ['bɔmbə] v/t bomben

bombe|fly ['bombəfly:ˀ] Bombenflugzeug n; **~krater** [-kʁɑ:ˀdər] Bombentrichter m; **~r** [-ʁ] ‹-en; -e› Bomber m; **~ramt** [-ʁɑmˀd] ausgebombt; von Bomben getroffen; **~sikker** [-seɡɔr] bombensicher, bombenfest; *fig a* todsicher

bommert ['bomˀərd] ‹-en; -er›: **begå en~** e-n Schnitzer machen, *fig* e-n Bock schießen

bom|stille ['bomˀsdelə] mucksmäuschenstill; **~stærk** ['-ˀsdɛʁɡ] baumstark

bomuld ['bomulˀ] Baumwolle f; **af ~, ~s-** baumwollen, aus Baumwolle

bomulds|garn ['bɔmulsgaˀrʔn] Baumwollgarn n; **~stof** [-sdɔf] n Baumwollstoff m

bomærke ['bomɛʁɡə] Warenzeichen n, Signet n; Firmenzeichen n

bonde ['bonə] ‹-n; bonder› Bauer m; Karten: Bube m; **~agtig** [-aɡdi] bäurisch; **~anger** [-aŋˀər] *fig* Katzenjammer m; **~dreng** [-dʁɛŋˀ] ‹-en; -e od bonderdrenge› Bauernjunge m; **~fanger** [-faŋər] ‹-en; -e› *fig* Bauernfänger m; **~fangeri** [-faŋəˀriːʔ] ‹-et; -er› Bauernfängerei f; **~født** [-føˀd] von bäuerlicher Herkunft

bonde|gård ['bonəgɔ:ˀʁ] ‹-en; -e od bøndergårde› Bauernhof m; **~gårdsferie** [-gɔ:ʁsfeˀriə] Ferien pl auf dem Bauernhof; **~hus** [-hu:ˀs] Bauernhaus n; **~knold** [-knɔlˀ] F Bauernlümmel m; Tölpel m; **~kone** [-ko:nə] ‹-n; -r od bønder-

koner› Bauersfrau f, Bäuerin f; **~land** [-lanˀ] Bauernland n, F platte(s) Land n; **~mand** [-manʔ] Bauer m; **~pige** [-pi:ə] ‹-n; -r od bønderpiger› Bauernmädchen n; **~rose** [-ʁo:sə] Pfingstrose f; **~røv** [-ʁœu̯ˀ] P Trottel m

bondeslægt ['bonəslɛgd] Bauerngeschlecht n; **være af ~** bäuerlicher Herkunft (G) sein

bondsk [bonˀsg] bäurisch; plump, unkultiviert

bone ['bo:nə] bohnern; **~voks** [-vɔgs] Bohnerwachs n

boning ['bo:neŋ] ‹-en; -er› Bohnern n

bonkammerat ['bɔŋkamɐˀʁɑːˀd] ‹-en; -er› Busenfreund m, Intimus m

bonus ['bo:nus] ‹-(s)en; -(s)er› Bonus m; **give ~** *fig* etw abwerfen

book|e ['buɡə] Flug buchen; **~ing** [-eŋ] ‹-en; -er› Buchung f, Buchen n; **~maker** [-mei̯gər] ‹-en; -e› Wetten: Buchmacher m; **~ning** [-neŋ] ‹-en; -er› → **booking**

boplads ['boplas] ARCHÄOL Siedlung f

bopæl ['bope:ʔl] ‹-en; -e› Wohnort m, Wohnsitz m; **fast ~** ständige(r) Wohnsitz m

bor [bo:ˀʁ] ‹-et; -› Bohrer m

bord¹ [bo:ˀʁ] ‹-et; -e› Tisch m, Tafel f; **koldt ~** kaltes Büfett n; **dække ~et** den Tisch decken; **tage (ud) af ~et** den Tisch abräumen; **gå til ~s** zu Tisch gehen; **sidde til ~s** bei Tisch sitzen; **gøre rent ~** *fig* reinen Tisch machen

bord² [bo:ˀʁ] ‹-et; -› NAUT Bord m; **om ~** an Bord (på/G); **over ~** über Bord; **gå fra ~e** von Bord gehen

bord|ben ['boʁbeˀnʔ] Tischbein n; **~bombe** [-bombə] Tischfeuerwerk n; **~bøn** [-bøˀn] Tischgebet n; **~dame** [-da:mə] Tischdame f; **~dans** [-danˀs] Spiritismus: Tischrücken n; **~dækning** [-degneŋ] Tischdecken n

borde ['bo:ʁə, 'bordə] NAUT entern

bordel [bɔʁˀdɛlˀ] ‹-let; -ler› Bordell n; F Puff m, n

bord|ende ['boʁenə] Tischende n; **~herre** [-hɛʁə] Tischherr m

bording ['bo:ʁeŋ] ‹-en; -er› NAUT Enterung f

bord|kort ['borkɔʁd] Tischkarte f; **~salt** [-salˀd] Tafelsalz n

bordskik ['borsgig]: **holde ~** sich bei Tisch benehmen

bord|skåner ['borsgɔːnər] ‹-en; -e› Tisch: Untersetzer m; **~tennis** [-tɛnis] Tischtennis n

bordvin ['borvi:ʔn] Tischwein m, Tafelwein *m*

bore ['bo:rə] bohren; **~ igennem** durchbohren; **~bille** [-bilə] Holzwurm *m*; **~hul** [-hol] Bohrloch *n*; **~maskine** [-ma'sgi:nə] Bohrmaschine *f*; **~platform** [-pladfɔr'm] Bohrinsel *f*; **~tårn** [-tɔr'n] Bohrturm *m*

borg¹ [bɔr'w] ⟨*en*; -*e*⟩ Burg *f*

borg² [bɔr'w] *su* Borg *m*, Kredit *m*; *tage på ~* F auf Pump nehmen

borge ['bɔrwə]: **~ for ngt.** für *etw* bürgen

borgen ['bɔr'wən] ⟨*en*⟩ Bürgschaft *f*; *gå i ~ for én* für *j-n* bürgen (*od* Bürgschaft leisten)

borger ['bɔrwər] ⟨*en*; -*e*⟩ Bürger(in) *m(f)*; **~krig** [-kri:?] Bürgerkrieg *m*

borgerlig ['bɔrwəli] bürgerlich; **~ konfirmation** Jugendweihe *f*; **~e rettigheder** *pl* bürgerliche Ehrenrechte *m/pl*; **~ vielse** standesamtliche Trauung *f*

borgermusik ['bɔrwərmu'sig]: *gøre grin med ~ken* sich über *etw* lustig machen, *etw* ins Lächerliche ziehen

borger|pligt ['bɔrwərplegd] Bürgerpflicht *f*; **~repræsentant** [-REpresen-'tan'd] Stadtverordnete(r) *m*; **~repræsentation** [-REpresen'ta'sjo:?n] PARL Bürgerschaft *f*, Gemeindevertretung *f*; **~skab** [-sga:?b] ⟨*-et*; *-er*⟩ Bürgerschaft *f*, Bürgertum *n*; *veralt* Gewerbeschein *m*

borgestue ['bɔrwəsdu:ə] Gesindestube *f*

borgmester [bɔrw'mesdər] Bürgermeister(in) *m(f)*; **~mave** [-ma:və] F Schmerbauch *m*

boring ['bo:reŋ] ⟨*-en*; *-er*⟩ Bohrung *f*, Bohren *n*

bornholmer [bɔrn'hɔlmər] ⟨*-en*; -*e*⟩ Bornholmer(in) *m(f)*; Räucherhering *m*; → *a* **bornholmerur**; **~ur** [-u:?r] Standuhr *f*

bort¹ [bo:?rd] ⟨*-en*; *-er*⟩ Borte *f*, Rand *m*

bort² [bɔrd] weg, hinweg, fort, davon; *se ~ fra ngt.* von *etw* absehen; *gå ~ feierl* sterben

bort|adoptere ['bɔrdadɔb'te:?rə] zur Adoption freigeben; **~auktionere** ['-auˠsjo'ne:?rə] versteigern (*lassen*)

borte ['bɔrdə] weg, fort, (da)hin; *~ har taget det* F es ist futsch (*weg*); *langt ~* weit weg; *blive ~* wegbleiben; sich verlieren; abhandenkommen; *holde sig ~* sich fernhalten; **~bleven** [-ble:?vən], **~blevet** [-ble:?vəð] vermisst; JUR verschollen

borteliminere [bɔrdelimi'ne:?rə] *fig* ausschalten; → *a* **eliminere**

bortfald ['bɔrdfal?] Fortfall *m*, Wegfall *m*, Ausfall *m*; **~e** [-ə] entfallen, wegfallen,

fortfallen, ausfallen

bort|fjerne ['bɔrdfjɛr'nə] entfernen, beseitigen; **~fløjet** [-flɔi'?əð] weggeflogen, entflogen; **~forklare** ['-fɔr'kla:?rə] *fig* herunterspielen; leugnen, wegdiskutieren; *det lader sig ikke ~* es steht eindeutig fest; **~forklaring** [-fɔr'kla:?riŋ] Ausrede *f*

bortfragte ['bɔrdfragdə] verchartern; **~r** [-R] ⟨*-en*; -*e*⟩ Reeder: Verfrachter *m*

bortfør|e ['bɔrdfø:?rə] ab-, wegführen, abtransportieren; entführen, verschleppen; **~else** [-lsə] Entführung *f*; **~er** [-əR] Entführer *m*; **~sel** [-fœr'səl] ⟨*bortførs(e)len; bortførsler*⟩ Abfahren *n*, Abtransport *m*

bort|gang ['bɔrdgaŋ?] ⟨*-en*⟩ Fortgang *m*; *fig* Hinscheiden *n*; **~gifte** [-gifdə] verheiraten (*til/*an A)

bortgå ['bɔrdgɔ:?] davongehen, weggehen; **~ hjemmefra** sich aus dem Haus verlassen

bort|kalde ['bɔrdkal?ə] wegrufen; *blive bortkaldt feierl* abberufen werden (*sterben*); **~kommen** [-kɔm?ən], **~kommet** [-kɔm?əð] abhanden gekommen; entlaufen; **~komst** [-kɔm?sd] ⟨*-en*⟩ Verschwinden *n*; **~korsel** [-kœr'səl] Abfahrt *f*; Abfuhr *f*, Abtransport *m*; **~lede** [-le:?ðə] ⟨*-te*⟩ ableiten; *fig* ablenken

bortlod|de ['bɔrdlɔð?ə] verlosen; **~ning** [-lɔð?neŋ] ⟨*-en*; *-er*⟩ Verlosung *f*

bortløbe|n ['bɔrdlø:?bən], **~t** [-lø:?bəð] weggelaufen, entlaufen

bortoperer|e ['bɔrdobə're:?rə] MED wegoperieren, entfernen; **~ing** [-'re:?reŋ] ⟨*-en*; *-er*⟩ Wegoperieren *n*, Entfernung *f*

bort|rationalisere ['bɔrdrasjonali-'se:?rə] wegrationalisieren; **~rejse** [-Raisə] Abreise *f*; Abwesenheit *f*; **~rejst** [-Rai'?sd] verreist; **~rive** [-ri:?və] fortreißen; dahinraffen; **~salg** [-sal'?j] Verkauf *m*; **~sanere** ['-sa'ne:?rə] wegsanieren

bortset ['bɔrdse:?d]: **~ fra ...** abgesehen von ...

bortskaffe ['bɔrdsgafə] fortschaffen, beseitigen; (*Gift*)Müll entsorgen; **~lse** [-lsə] ⟨*-n*⟩ Entsorgung *f*

bort|skræmme ['bɔrdsgrem'?ə] verscheuchen; vergraulen; **~slæbe** [-sle:?bə] verschleppen; **~sælge** [-sel'?ə] verkaufen; **~rive** [-vai'?və] *fig* wegblasen; **~vendt** [-ven'?d]: *med ~ ansigt* mit abgewandtem Gesicht; **~vise** [-vi:?sə] abweisen; verweisen; ausschließen; **~vælge** [-vel'?ə] abwählen; **~ødsle** [-øslə] verschwenden, vergeuden, F verpulvern

bo|sat ['bosad], **~siddende** [-seð'ᵊønə] wohnhaft, ansässig; sesshaft; **~sondring** [-sɔndreŋ] JUR Gütertrennung f

bosætte ['bosɛðə]: **~ sig** sich niederlassen, sich ansiedeln; **~lse** [-lsə] ⟨-n; -r⟩ Ansied(e)lung f, Niederlassung f

botaniker [bo'ta:ʔnigɔr] ⟨-en; -e⟩ Botaniker(in) m(f)

botanis|erkasse [botani'se:ʔrkasə] Botanisiertrommel f; **~k** [-'ta:ʔnisg] botanisch

bouillon [bul'jɔŋ] ⟨-en⟩ (Fleisch)Brühe f; **~terning** [-tɛrneŋ] Brühwürfel m

bov [bɔʊ̯ʔ] ⟨-en; -e⟩ Bug m (a NAUT); **~blad** ['bɔʊ̯blað] Vieh: Schulterblatt n; **~bølge** ['bɔʊ̯bøljə] Bugwelle f; **~ne** ['bɔʊ̯nə] schwellen, strotzen; Segel: aufblähen

bowle¹ ['bɔʊ̯lə] ⟨-n; -r⟩ Bowle f

bowle² ['bɔʊ̯lə] bowlen, Bowling spielen

bowler ['bɔʊ̯lɔr] ⟨-en; -e⟩ steife(r) Hut m, F Melone f; Bowlingspieler m; **~hat** [-had] steife(r) Hut m, F Melone f

boykot ['bɔĭkɔd] ⟨-ten; ter⟩, **~ning** ['-neŋ] ⟨-en; -er⟩ Boykott m, Boykottierung f; **~te** ['-ə] bøykottieren

bradepande ['brɑːðəpɑnə] GASTR Brätpfanne f, Bratblech n

brag ['brɑːʔw] ⟨-et; -⟩ Krach m

brage ['brɑːwə] krachen; **~nde bifald** tosende(r) Beifall m

bragt [brɑgd], **~e** ['-ə] → **bringe**

brak¹ [brɑg] ⟨-ken⟩ Brache f, Brachfeld n

brak² [brɑg] Wasser: brackig; Feld: brach; **ligge ~** brachliegen (a fig)

brak|mark ['brɑgmɑrg] Brachfeld n; **~næse** [-nɛ:sə] Stumpfnase f, F etwa: Boxernase f; **~næset** [-nɛ:ʔsəð] stumpfnasig; **~vand** [-vanʔ] Brackwasser n

bral|re ['brɑlrə]: **~ op** laut schwatzen, schwadronieren; **~ ud med ngt.** mit etw herausplatzen

bram [brɑmʔ] → **brask**

bramfri ['brɑmfri:ʔ] derb, geradezu, unverblümt

branchekendt ['brɑŋsjəkɛnʔd] branchenkundig

brand [brɑnʔ] ⟨-en; -e⟩ Brand m, Feuer n; **~!** Feuer!; **komme i ~** in Brand geraten; **stikke i ~** in Brand stecken; **der går ikke røg af en ~, uden at der er ild i den** wo Rauch ist, ist auch Feuer

brand|alarm ['brɑna'lɑrʔm] Feuermelder m; Feueralarm m; **~assurance** ['-asu'rɑŋsə] → **brandforsikring**; **~bar** [-bɑ:ʔr] → **brændbar**; **~bil** [-bi:ʔl] Feuerwehrauto n; **~bælte** [-bɛldə] Feuerschneise f; **~chef** [-sje:ʔf] Branddirektor

m; **~dam** [-dɑmʔ] Feuerlöschteich m; **~dasker** [-dasgɔr] ⟨-en; -e⟩ Feuerpatsche f; **~direktør** [-direg'tø:ʔr] Direktor m e-r Feuerversicherungsgesellschaft; **~drøj** [-drɔĭʔ] feuerhemmend

brand|dør ['brɑndœ:ʔr] feuersichere Tür f; **~er** [-ɔr] ⟨-en; -e⟩ Kalauer m; **~ert** ['brɑnʔɔrd] ⟨-en; -e⟩ Vollrausch m; **~fare** [-fɑ:rə] Feuergefahr f; **~farlig** [-fɑrli] feuergefährlich; **~foged** [-fo:ðð] Freiwillige Feuerwehr: etwa Wehrführer m; **~folk** [-fɔlʔg] pl Löschmannschaft f, Feuerwehrleute pl; **~forhør** ['-fɔr'hø:ʔr] Verhör n zur Ermittlung der Brandursache; **~forsikring** ['-fɔr'segreŋ] Feuerversicherung f; **~god** [-go:ʔ(ð)] F prima, dufte, irre gut

brand|gul ['brɑŋgu:ʔl] knallig gelb; **~hane** [-ha:nə] Hydrant m; **~hjelm** [-jelʔm] Feuerwehrhelm m; **~hæmmende** [-hɛmənə] feuerhemmend; **~korps** [-kɔrbs] Feuerwehr f; **~lidt** [-lid] Brandopfer n; brandgeschädigt; **~mand** [-manʔ] Feuerwehrmann m; F Feuerqualle f; **~mur** [-mu:ʔr] Brandmauer f; **~opstander** [-ɔbsdan'ɔr] Hydrant m; **~ramt** [-rɑmʔd] brandgeschädigt, feuergeschädigt

brandsikker ['brɑnsegɔr] feuerfest, feuersicher; **det er ~t, at …** F es ist völlig (od hundertprozentig) sicher, dass …

brand|sikre ['brɑnsegrə] gegen Feuer sichern; **~skadet** [-sga:ðəð] brandgeschädigt; **~skatning** [-sgadneŋ] ⟨-en; -er⟩ Brandschatzung f; fig Wucher m; **~skatte** [-sgadə] brandschatzen; **~slange** [-slɑŋə] Feuerlöschschlauch m; **~spand** [-sbanʔ] Löscheimer m; **~sprøjte** [-sbrɔĭdə] Löschfahrzeug n; Feuerspritze f; **~station** ['-sda'sjo:ʔn] Feuerwache f

brand|sted ['brɑnsdeð] Brandstätte f; **~stiftelse** [-sdefdəlsə] Brandstiftung f; **~stifter** [-sdefdɔr] Brandstifter m; **~storm** [-sdɔ:ʔrm] heftige(r) Sturm m; **~sår** [-sɔ:ʔr] Brandwunde f; **~tomt** [-tɔmʔd] Brandstätte f; **~vagt** [-vagd] Brandwache f; **~værn** [-vɛrʔn] (freiwillige) Feuerwehr f; Brandschutz m; **~værnsforanstaltning** ['-vɛrnsfɔrɑn'sdalʔdneŋ] Feuerschutzmaßnahme f; **~væsen** [-vɛ:ʔsən] Feuerwehr f

branke ['brɑŋgə] Speisen (versehentlich) anbrennen lassen; **~t** [-ð] Geschmack: angebrannt

bras [brɑ:ʔs] ⟨-et⟩ Ramsch m, Schund m, Plunder m, Kram m

brase

brase¹ ['brɑːsə] ⟨-ede⟩ (an)braten, bräunen; **de kartofler** pl Bratkartoffeln f/pl

brase² ['brɑːsə] stürzen, fallen; ~ **ind i huset** ins Haus (herein)platzen; ~ **sammen** aufeinanderprallen, zusammenprallen; zusammenkrachen (einstürzen)

brask [brɑsg]: **med ~ og bram** mit großem Hallo

brast¹ [brɑsd]: **stå last og ~ med én** mit j-m durch dick und dünn gehen

brast² [brɑsd] → **briste**

brat [brɑd] Abhang: steil, abschüssig; Übergang: schroff; Tod, Bewegung: jäh; adv jählings

bratsch [brɑ:ʔdsj] ⟨-en; -er⟩ MUS Bratsche f

brav [brɑːʔv] brav, wacker, rechtschaffen; **klare sig ~t** sich brav (od wacker) halten

bravoråb ['brɑːvoːʔb] Bravoruf m

bravurnummer [brɑ'vuːrnɔmʔər] F Bravourstück n

breche ['bresjə] ⟨-n; -r⟩ Bresche f; **gå (od stille sig) i ~n for én** (od en sag) für j-n (od etw) in die Bresche springen

bred¹ [breðʔ] ⟨-den; -der⟩ Ufer n

bred² [breːʔð] adj breit; **vidt og ~t** weit und breit

bredbaget ['breðbaːʔɡəð] F mit e-m dicken Hinterteil

bredbladet ['breðblaːʔðəð] breitblätterig; Messer: mit breiter Klinge

bredde ['breːʔðə] ⟨-n; -r⟩ Breite f; Stoff: Bahn f; **~grad** [-grɑːʔd] Breitengrad m

brede ['breːðə] ⟨-te⟩ (aus)breiten; ~ **sig** sich ausdehnen, sich verbreiten; Wildkraut: wuchern; sich breitmachen; ~ **ud** ausbreiten

bredfuld ['breðful] randvoll

bredriflet ['breðrefləð] ~ **fløjl** breit gerippte(r) Cord m

bredside ['breðsiːðə] NAUT Breitseite f; **affyre en ~** fig e-e Breitseite abfeuern

bred|skuldret ['breðsgulrəð] breitschultrig; **~skygget** [-sgygəð] breitkrempig

bredstribet ['breðsdriːʔbəð] mit breiten Streifen

bredstående ['breðsdɔːʔənə] ~ **stilling** Turnen: Grätschstellung f

bregne ['brɑinə] ⟨-n; -r⟩ Farn(kraut) m(n)

bremse¹ ['bremsə] ⟨-n; -r⟩ ZO Bremse f; TECH Bremse f; **slå ~rne i** F (voll) auf die Bremse treten

bremse² ['bremsə] bremsen; ~ **op** (schnell) bremsen

bremse|arm ['bremsɑːʔrm] Bremshebel m; **~lys** [-lyːʔs] Bremslicht n; **~længde** [-leŋʔðə] Bremsweg m; **~spor**

[-sboːʔr] Bremsspur f; **~stik** [-sdeg] Bremsenstich m; **~tromle** [-trɔmlə] Bremstrommel f; **~væske** [-vesgə] Bremsflüssigkeit f

bremsning ['bremsneŋ] ⟨-en; -er⟩ Bremsung f, Bremsen n

brev [breːʔv] ⟨-et; -e⟩ Brief m; **veksle ~e** Briefe wechseln; **have ~ på ngt.** ein gebrieftes Recht auf etw (A) haben

brev|bombe ['breʋbombə] Briefbombe f; **~bærer** [-beːrər] Briefzusteller(in) m(f); **~due** [-duːə] Brieftaube f; **~hemmelighed** [-heməlihe:ʔð] Briefgeheimnis n; **~indkast** [-enkasd] Briefeinwurf m; **~kasse** [-kasə] Briefkasten m; Zeitung: Kummerkasten m, Fragerubrik f; **~kort** [-kɔrd] Postkarte f; **~kursus** [-kursus] Fernstudium n; Fernkurs m; **~pakke** [-pagə] veralt → **småpakke**

brevpapir ['breʋpaˌpiːʔr] Briefpapier n; **ark** (od **stykke**) ~ Briefbogen m

brev|presser ['breʋpresər] ⟨-en; -e⟩ Briefbeschwerer m; **~samlingssted** [-samlɔnssdeð] Post(neben)stelle f; **~skaber** [-sga:ʔbər] pl (bsd scherzh) Briefschaften f/pl; **~skole** [-sgo:lə] Fernkurs m; **~skriver** [-sgri:ʔvər] Briefschreiber(in) m(f); **~sprække** [-sbregə] Briefschlitz m, Briefeinwurf m; **~stemme** [-sdemə] Briefwahlstimme f; **~veksle** [-vegslə] korrespondieren; **~veksling** [-vegsleŋ] Briefwechsel m; **~vægt** [-vegd] Briefwaage f; **~åbner** [-ɔːbnər] Brieföffner m

brik [breg] ⟨-ken; -ker⟩ Spiel: Stein m; Schach: Figur f; Untersetzer m

briket [bri'ked] ⟨-ten; -ter⟩ Brikett n

briks [bregs] ⟨-en; -e od -er⟩ Pritsche f

brillans [bril'janʔs] ⟨-en⟩ Brillanz f

brillant¹ [bril'janʔd] ⟨-en; -er⟩ Brillant m

brillant² [bril'janʔd] brillant

brille ['brelə] ⟨-n; -r⟩ Brille f; **~glas** [-glas] Brillenglas n

briller ['brelər] pl Brille f; **et par ~** e-e Brille f; **gå med** (od **bruge**) ~ e-e Brille tragen

brillere [bril'je:ʔrə] brillieren, glänzen; ~ **ved sit fravær** iron durch Abwesenheit glänzen

brille|slange ['breləslaŋə] ZO Brillenschlange f; **~stel** [-sdel] Brillenfassung f

bringe ['breŋə] ⟨bragte; bragt⟩ bringen; ~ **én fra ngt.** j-n von etw abbringen; ~ **det til ngt.** es zu etw bringen; ~ **ngt. på tale** etw zur Sprache bringen; **ikke ~ ngt. over sit hjerte** etw nicht übers Herz bringen

brink [breŋʔg] ⟨-en; -er⟩ Steilufer n

brint [bʀɛnˀd] ⟨-en⟩ Wasserstoff m; **~bombe** ['bʀɛndbombə] Wasserstoffbombe f

brinte¹ ['bʀɛndə] ⟨-n; -r⟩ CHEM Hydrid n, Wasserstoff m

brinte² ['bʀɛndə] hydrieren

brintoverilte [bʀɛndʌˈueʀˈildə] ⟨-n od -t; -r⟩ CHEM Wasserstoffperoxyd n

brise ['bʀiːsə] ⟨-n; -r⟩ Brise f

brisling ['bʀɛsleŋ] ⟨-en; -er⟩ Sprotte f

brist [bʀɛsd] ⟨-en od -et; -er od -⟩ *im Stof*: Riss m; *fig* Fehler m, Mangel m

briste ['bʀɛsdə] ⟨-ede od brast; bristet⟩ bersten, brechen; **min tålmodighed ~r** mir reißt die Geduld; **nu må det ~ eller bære** es geht auf Biegen oder Brechen; **~ i latter** (*gråd*) in Gelächter (Tränen) ausbrechen; **~nde evner** pl mangelnde Fähigkeiten f/pl, Unfähigkeit f; **~færdig** [-fɛʀˀdi] *Knospe*: kurz vor dem Aufblühen; *fig* **være ~ af spænding** aufs Äußerste gespannt sein

bristepunkt ['bʀɛsdəpɔŋˀd]: **på ~et** Nerven: zum Zerreißen gespannt

brit|e ['bʀidə] ⟨-n; -r⟩ Brite m, Britin f; **~isk** ['bʀidsg] britisch

bro [bʀoːˀ] ⟨-en; -er⟩ Brücke f; Steg m; **slå ~ over** ngt. e-e Brücke über etw (A) schlagen; *fig* etw überbrücken; **bryde alle ~er af bag sig** fig alle Brücken hinter sich abbrechen; **~afgift** [-augifd] Brückenmaut f, Brückengebühr f; **~bygning** ['bʀobygneŋ] Brückenbau m

broche ['bʀosjə] ⟨-n; -r⟩ Brosche f

broch|ere [bʀoˈsjeːˀʀə] broschieren, heften; **~ure** [-ˈsjyːʀə] ⟨-n; -r⟩ Prospekt m, Broschüre f

brod¹ [bʀoˀd] ⟨-den; -de⟩ (Wehr)Stachel m (a fig); fig Spitze f

brod² [bʀoˀd] ⟨-det; -⟩ Brandung f; Brecher m

brodde¹ ['bʀoddə] *Schuh* Eissporn m; *Hufeisen*: Stollen m, Hufnagel m

brodde² ['bʀoddə] *Schuh*: benageln; mit Hufnägeln versehen

brodden ['bʀoddən] *Tongeschirr*: beschädigt, rissig, mit Sprüngen; **brodne pander** lit blutige Köpfe m/pl

bro(de)r [bʀoːdoʀ, bʀoːʀ] ⟨-en; brødre⟩ Bruder m; **brødrene Hansen** die Gebrüder Hansen; **~datter** [-dadəʀ] Nichte f (*Tochter des Bruders*)

broder|e [bʀoˈdeːˀʀə] sticken; **~(e)garn** [-(ə)gɑːˀʀ] Stickgarn n

brodererske [bʀoˈdeːˀʀəʀsgə] ⟨-n; -r⟩ Stickerin f

broder(e)saks [bʀoˈdeːˀʀ(ə)sɑgs] Stickschere f

broderi [bʀodəˈʀiːˀ] ⟨-et; -er⟩ Stickerei f, **~forretning** [-ˈʀifɔˈʀɛdneŋ] Handarbeitsgeschäft n; **~ng** [-ˈdeːˀʀeŋ] ⟨-en; -er⟩ Stickerei f

broder|lig ['bʀoːdəʀli] brüderlich; **~par** [-pɑʀ] = **brødrepar** Bruderpaar n

broderpart ['bʀoːdəʀpɑːˀʀd]: **få ~en** den Löwenanteil bekommen

brodersaks [bʀoˈdeːˀʀsɑgs] → **brodere-saks**

broderskab ['bʀoːðəʀsgaˀb] ⟨-et; -er⟩ Brüderschaft f; Brüderlichkeit f; Bruderschaft f

broderskål ['bʀoːðəʀsgɔːˀl]: **drikke ~** Brüderschaft trinken

bro(de)rsøn ['bʀoː(ðə)ʀsœn] Neffe m (*Sohn des Bruders*)

brodsø ['bʀoðsøˀ] Brecher m, Sturzwelle f

broget ['bʀoːwəð] bunt (a fig); kunterbunt; *Kuh*: scheckig, gefleckt; *Lage*: bedenklich; **nu bliver det mig for ~!** Ausruf: fig (also) jetzt wird es mir aber zu bunt!

brok¹ [bʀɔg] ⟨-ken od ket; -⟩ MED (Leisten)Bruch m

brok² [bʀɔg] ⟨-et⟩: **lave ~** Krawall machen; **der er~ i den** F da stimmt etw nicht; es ist dicke Luft

brokade [bʀoˈkaːðə] ⟨-n; -r⟩ Brokat m

brok|bind ['bʀɔgbenˀ], **~bånd** [-bɔnˀ] MED Bruchband n

brokkasse ['bʀɔgkasə]: **lade ngt. gå i ~n** fig F etw ausrangieren

brokke¹ ['bʀɔgə] ⟨-n; -r⟩ Brocken m (a fig)

brokke² ['bʀɔgə]: **~ sammen** zusammenrühren, zusammenbrauen; **~ sig** nörgeln, meckern, querulieren; **~ ngt. af sig** F meckern

brolægge ['bʀoːlɛgə] pflastern; **brolagt vej** gepflasterte Straße f

brolægger ['bʀoːlɛgoʀ] ⟨-en; -e⟩ (Straßen)Pflasterer m, Steinsetzer m; **~jomfru** [-jɔmfʀu] Handramme f

brolægning ['bʀoːlɛgneŋ] ⟨-en; -er⟩ Pflaster n; Pflasterung f

brombær¹ ['bʀɔmbɛʀ] ⟨-ren; -⟩ *Pflanze*: Brombeere f

brombær² ['bʀɔmbɛʀ] ⟨-ret; -⟩ *Beere*: Brombeere f

brombærbusk ['bʀɔmbɛʀbusg] Brombeerstrauch m

bronkie ['bʀɔŋˀkiə] ⟨-n; -r⟩ ANAT Bronchie f

bronkit [bʀɔŋˀkid] ⟨-ten; -ter⟩, **~is** [-ˈkitis] ⟨-(s)en; -(s)er⟩ MED Bronchitis f

bronze ['brɔŋsə] ⟨n; -r⟩ Bronze f; Bronzegegenstand m; **af ~** aus Bronze; **~bronzen** [-al'ʔər] HIST Bronzezeit f; **~farvet** [-fa:ʔrvəð] bronzefarben, bronzefarbig; **~medalje** [-me'daljə] SPORT Bronzemedaille f

bropille ['brɔpelə] Brückenpfeiler m

bror [bro:ʀ] ⟨en; brødre⟩ → **broder**; **~datter** ['-dadər] → **broderdatter**; **~mand** ['-manʔ] ⟨en⟩ F Bruderherz n; **~søn** ['-sœn] → **brodersøn**

bro|slagning ['brɔsla:(j)neŋ] ⟨en; -⟩ Brückenschlag m; **~sten** [-sde:ʔn] Pflasterstein m; **toppede ~** Kopfsteinpflaster n

brovte ['brɔŭdə] protzen, prahlen (**af/** mit D)

brud¹ [bruðʔ] ⟨en; -e⟩ Braut f; ZO Wiesel n; **stå ~** getraut werden

brud² [bruð] ⟨det; -⟩ Bruch m (a fig); **~ på overenskomst (kontrakt)** Vertragsbruch m

brude|buket ['bru:ðəbu'keð] Brautstrauß m; **~folk** [-fɔlʔg] pl Brautleute pl; **~færd** [-fe:ʔr] Brautfahrt f; Hochzeitsfeier f; **~kjole** [-kjo:lə] Brautkleid n

bruden ['bru:ðən] Zahl: gebrochen

brude|nat ['bru:ðənad] Hochzeitsnacht f; **~par** [-pɑr] Brautpaar n; **~pige** [-pi:ə] Brautjungfer f

brudeskammel ['bru:ðəsgaməl] lit føre til ~en zum Altar führen

brudeslør¹ ['bru:ðəslø:ʔr] ⟨en; -⟩ BOT Schleierkraut n

brudeslør² ['bru:ðəslø:ʔr] ⟨et; -⟩ Brautschleier m

brudgom ['bruðgɔmʔ] Bräutigam m

brudsikker ['bruðsegər] bruchsicher

brudstykke ['bruðsdøgə] Bruchstück n; **~agtig** [-agdi] bruchstückhaft, fragmentarisch; **~vis** [-vi:ʔs] bruchstückweise

brud|styrke ['bruðsdyrgə] Bruchfestigkeit f; **~t** [brud] → **bryde**

brug¹ [bruːʔ] ⟨en; in der unbest Form nach prp a et⟩ Gebrauch m, Benutzung f, Verwendung f; Nutzung f; Bedarf m; Brauch m; **få** (od **have**) **~ for** ngt etw gebrauchen können, etw brauchen (**hårdt** dringend), für etw Verwendung haben; **gøre~ af** ngt von etw Gebrauch machen; **gå af ~** außer Gebrauch kommen; **være i ~** im Gebrauch sein; **tage i ~** in Gebrauch nehmen; **klar til ~** gebrauchsfertig; **til daglig ~** gewöhnlich, in der Regel; **til daglig(t) ~** für den täglichen Gebrauch; **til egen** (od **eget**) **~** für den Eigenbedarf; **skik og ~** gebräuchlich

brug² [bruːʔ] ⟨et; -⟩ (landwirtschaftlicher) Betrieb m

brugbar ['bru:baːʔr] brauchbar; tauglich

bruge ['bru:ə] ⟨-te⟩ gebrauchen, benutzen, anwenden, verwenden; verbrauchen; brauchen; pflegen (gewohnt sein); **~ briller** e-e Brille tragen; **~ mund** keifen, schimpfen; **~ (op)** Geld, Vorrat verbrauchen; **~lig** [-li] brauchbar; gebräuchlich

bruger ['bruːʔər] ⟨en; -e⟩ Benutzer m; **~venlig** [-venli] benutzerfreundlich

brugs [bruːʔs] ⟨en; -e⟩ F = **brugsforening**; **~anvisning** ['-anvi:ʔsneŋ] Gebrauchsanweisung f; TECH Bedienungsanleitung f; **~forening** ['-fɔr'e:ʔneŋ] Konsumgenossenschaft f; **~genstand** ['-gensdanʔ] Gebrauchsgegenstand m; **~klar** [-kla:ʔr] gebrauchsfertig; **~ret** ['-reð] Nutzungsrecht n; JUR Nießbrauch m; **~rigtig** ['-regdi] gebrauchsgerecht; **~ting** ['-teŋʔ] Gebrauchsgegenstand m

brugt [brogd] gebraucht, alt; Kleidung: getragen; **~bil** ['-biːʔl], **~vogn** ['-vɔwʔn] Gebrauchtwagen m; **~vognsforhandler** ['-vɔwnsfɔr'hanʔlər] Gebrauchtwagenhändler m

brumbasse ['brombasə] F Brummbär m

brumme¹ ['brɔmə] ⟨-n; -r⟩ F Kittchen n

brumme² ['brɔmə] brummen (a F)

brummer ['brɔmər] ⟨en; -e⟩ Brummer m (schlechter Sänger); Summer m

brun [bruːʔn] braun; **~e kager** ZO kager pl Pfefferkuchen m/pl, Lebkuchen m/pl

brune ['bru:nə] bräunen, Fleisch a anbraten; **~de kartofler** (mit Zucker) glasierte Kartoffeln pl

brun|kage ['bru:nkajə] Art Weihnachtskeks mit Zimt und Ingwer; etwa Lebkuchen m; **~kagehus** ['bru:nka:əhu:ʔs] Pfefferkuchenhäuschen n; **~kul** [-kol] Braunkohle f; **~kål** [-kɔ:ʔl] etwa: Bayrischkraut n; **~lig** [-li] bräunlich

brunst [brɔnʔsd] ⟨en⟩ ZO Brunft f, Brunst f

brunst|ig ['brɔnsdi] ZO brunftig, brünstig; **~tid** ['brɔnsdiðʔ] Brunstzeit f, Brunftzeit f

brunsviger ['bru:nsviər] ⟨en; -e⟩ Hefekuchen mit Butterkruste

brus [bruːʔs] ⟨et; -⟩ Brausen n, Rauschen n

bruse¹ ['bru:sə] ⟨n; -r⟩ → **bruser**

bruse² ['bru:sə] ⟨-ede od -te⟩ brausen, tosen, rauschen; (sich) duschen; **~ op** aufbrausen (a fig); **~ over** Zimmerpflanzen überbrausen

brusebad ['bru:səbað] Dusche f; Duschraum *m*, Duschbad *n*; **tage (et)** ~ **(sich)** duschen

bruse|kabine ['bRuːsəka'biːnə] Duschkabine *f*; **~niche** [-nisjə] Duschecke *f*; **~r** [-R] ⟨*-en; -e*⟩ Brause *f*, Dusche *f*

brus|hane ['bRuːshaːnə] *fig* Streithahn *m*; *Vogel:* Kampfläufer *m*; **~hoved** [-hoːvəð, -hoːðə] Brausekopf *m*, Hitzkopf *m*

brusk [bRusg] ⟨*-en; -e*⟩ Knorpel *m*; **~agtig** ['-əgdi] knorpelartig, knorp(e)lig; **~et** ['-əð] knorp(e)lig

brusten [bRusdən, 'bRosdən] *Augen:* gebrochen

brutal [bRu'taːˀl] brutal; **~itet** [-tali'teːˀð] ⟨*-en; -er*⟩ Brutalität *f*

brutto ['bRuto] (*Abk.* **bto.**) brutto; **~nationalprodukt** [-nasjo'naːˀlpRoˀdogd] Bruttosozialprodukt *n*

bryde ['bryːðə] ⟨*brød; brudt*⟩ brechen; ~ **sit hoved** *fig* sich den Kopf zerbrechen; ~ **af** abbrechen; ~ **frem** *Sonne:* hervorbrechen; *Tag:* anbrechen; ~ **igennem** durchbrechen; ~ **ind** einbrechen; ~ **løs** *Gewitter.* losbrechen; ~ **ned** *Haus* abbrechen; *Vorurteile abbauen;* ~ **overtvært med ngt.** mit *etw* kurzen Prozess machen; ~ **op** aufbrechen; *Wunde* aufreißen; ~ **sammen** *fig* zusammenbrechen; ~ **ud** ausbrechen; ~ **sig om en/ngt.** *j-n/etw* mögen; **ikke** ~ **sig om ngt.** *etw* nichts machen; sich um *etw* nicht kümmern (*od* kehren)

bryde|kamp ['bryːðəkamˀb] Ringkampf *m*; **~r** [-R] ⟨*-en; -e*⟩ Ringer *m*, Ringkämpfer *m*

bryderi [bryːðəˈRiːˀ] ⟨*-et; -er*⟩ Mühe *f*; Schererei *f*; **volde én (mange)** ~**er** *j-m* (viel) zu schaffen machen; *j-m* (viel) Ärger bereiten

bryd|es ['bryːðəs] ⟨*impf brødes*⟩ sport ringen; *Meer, Wellen:* branden, sich brechen; *Strahlen:* gebrochen werden; **~ning** ['bryːðnen] ⟨*-en; -er*⟩ Brechung *f* (*a* gram), *fig* Umbruch *m*, Kampf *m*, Auseinandersetzung *f*; sport Ringen *n*, Ringkampf *m*; **~ningstid** ['bryːðnenˀstiðˀ] Zeit *f* des Umbruchs; **~som** ['bryðsɔmˀ] beschwerlich, mühevoll

bryg [bRøg] ⟨*-get; -*⟩ Bräu *n*, Gebräu *n*

brygge¹ ['bRøgə] ⟨*-n; -r*⟩ Schiffsbrücke *f*, Kai *m*

brygge² ['bRøgə] brauen; ~ **en plan sammen** *fig* e-n Plan aushecken

bryggekedel ['bRøgəkeðəl] → **bryggerkedel**

brygger ['bRøgəR] ⟨*-en; -e*⟩ Brauer *m*; **~hest** [-hesd] Brauereipferd *n*; **~i**

[bRøgəˈRiːˀ] ⟨*-et; -er*⟩ Brauerei *f*; **~kedel** [-keðəl] Braukessel *m*; **~s** [-s] ⟨*-et; -er*⟩ *etwa:* Waschküche *f*, Wirtschaftsraum *m*

brygmester ['bRøgmesdəR] Braumeister *m*

bryllup ['bRølob] ⟨*-pet; -per*⟩ Hochzeit *f*; **holde** ~ Hochzeit feiern

bryllups|dag ['bRøllobsdaːˀ] Hochzeitstag *m*; **~gave** [-gaːvə] Hochzeitsgeschenk *n*; **~nat** [-nad] Hochzeitsnacht *f*; **~rejse** [-Raisə] Hochzeitsreise *f*; **~vidne** [-viðnə] Trauzeuge *m*

bryn [bRyˀn] ⟨*-et; -*⟩ Braue *f*

brynde ['bRønə] ⟨*-n*⟩ Brunst *f*

brynje ['bRynjə] ⟨*-n; -r*⟩ hist Ketten-, Schuppen-, Ringpanzer *m*; **~klædt** [-klɛːˀd] gepanzert

brysk [bRysg] brüsk, schroff

bryst [bRøsd] ⟨*-et; -er*⟩ Brust *f*; **give et barn** ~ *e-m* Säugling die Brust geben, ein Kind stillen; **falde én for** *et j-n* wurmen; **~barn** ['-baːˀRn] Brustkind *n*; **~ben** ['-beːˀn] Brustbein *n*; **~billede** ['-beləðə] Brustbild *n*

bryste ['bRøsdə]: ~ **sig** sich brüsten (**af**/mit *D*)

bryst|finne ['bRøsdfenə] Brustflosse *f*; **~hinde** [-henə] Brustfell *n*; **~holder** [-hol²əR] Büstenhalter *m*; **~hule** [-huːlə] Brusthöhle *f*; **~kasse** [-kasə] Brustkorb *m*; **~kræft** [-kRefd] med Brustkrebs *m*; **~lomme** [-lɔmə] Brusttasche *f*; **~ning** [-nen] ⟨*-en; -er*⟩ Brüstung *f*; **~sukker** [-sogəR] (Husten)Bonbons *m/pl*; **~svømning** [-svœmnen] Brustschwimmen *n*; **~syge** [-syːə] Schwindsucht *f*, Lungentuberkulose *f*; **~vorte** [-vɔRdə] Brustwarze *f*

bræ [bRɛːˀ] ⟨*-en; -er*⟩ Gletscher *m*

brædde|gulv ['bRɛðəgol] Holzfußboden *m*, Bretterboden *m*; **~r** [-R] *pl* Bretter *n/pl*; **~skur** [-sguːˀR] Bretterschuppen *m*; **~stabel** [-sdaːˀbəl] Bretterstapel *m*; **~væg** [-veːˀg] Bretterwand *f*

bræge ['bRɛ(ː)jə] blöken; *Ziege:* meckern

bræk¹ [bRɛg] ⟨*-ket; -*⟩ F Bruch *m*, Einbruch *m*

bræk² [bRɛg] ⟨*-ket*⟩ V Kotze *f*; *fig* Mist *m*

brækjern ['bRɛgjɛRˀn] Brecheisen *n*, Brechstange *f*

brække ['bRɛgə] brechen; ~ **ned** abbrechen; ~ **op** aufbrechen; *Geldschrank* knacken; ~ **over** durchbrechen; ~ **sig** F sich erbrechen (*od* übergeben), V kotzen; **det er til at** ~ **sig over!** V es ist zum Kotzen!

brækmiddel ['bRɛgmiðˀəl] Brechmittel *n*

bræmme¹ ['bRɛmə] ⟨*-n; -r*⟩ Verbrämung *f*,

Streifen m

brǣmme² ['brɛmə] v/t verbrämen, besetzen

brændbar ['brɛnbɑ:ʔr] brennbar

brǣnde¹ ['brɛnə] ⟨-t⟩ Brennholz n; *hugge ~* Holz hacken; *der falder ~ ned* F fig es gibt ein Donnerwetter (od Krach)

brǣnde² ['brɛnə] ⟨-te⟩ brennen, verbrennen, versengen; abbrennen, niederbrennen; *Leiche* einäschern; *Kaffee* rösten; *~ af* abbrennen; *~ én af* F j-n versetzen; *~ inde* verbrennen; *~ inde med ngt.* fig F auf etw (D) sitzen bleiben; *~ ned* niederbrennen; *~ på* anbrennen; *~ sammen* verschlacken, TECH u fig zusammenbrechen, versagen; *~ ud* ausbrennen; *~ sig* sich verbrennen; *~ sig på ngt.* fig sich die Finger an etw (D) verbrennen; *~nde* brennend, glühend (a fig)

brǣnde|glas ['brɛnəglas] Brennglas n; *~hugger* [-hogər] ⟨-en; -e⟩ Holzhacker m, Holzhauer m; *~knude* [-knuːðə] (Holz)Scheit n

brǣndemǣrke¹ ['brɛnəmɛrgə] Brandmal n

brǣndemǣrke² ['brɛnəmɛrgə] fig brandmarken

brǣnde|nælde ['brɛnənɛlə] Brennnessel f; *~ovn* [-ʔouˀn] Brennofen m; Kaminofen m; *~-* [-r] ⟨-en; -e⟩ Brenner m; *~ri* [-ˈriːʔ] ⟨-et; -ger⟩ Brennerei f; Rösterei f; *~skur* [-sguːʔr] (Brenn)Holzschuppen m; *~stabel* [-sdaːʔbəl] Holzstoß m; *~vin* [-viːʔn] Branntwein m, Schnaps m

brǣnd|glas ['brɛnglas] → **brǣndeglas**; *~ing* [-eŋ] ⟨-en; -er⟩ Kaffee: Rösten n; Porzellan: Brennen n; Meer: Brandung f; *~punkt* [-pɔŋˀd] Brennpunkt m (a fig)

brǣndsel ['brɛnˀsɔl] ⟨brænds(e)let; brændsler⟩ Heizmaterial n; Brennstoff m, Treibstoff m

brǣndsels|besparende ['brɛnˀsɔlsbe-'sbaːʔrənə] Ofen: mit geringem Brennstoffverbrauch; *~olie* [-oljə] Heizöl n

brǣnd|sprit ['brɛnsbriːd] Brennspiritus m; *~stoff* [-sdɔf] Brennstoff m; *~vidde* [-viːʔðə] Brennweite f

brǣt¹ ['brɛd] ⟨-tet; brædder⟩ Brett n

brǣt² ['brɛd] ⟨-tet; -ter⟩ (Schach)Brett n; *betale alt på ~* fig auf e-n Schlag alles zahlen

brǣt|sejlads ['brɛdsaɪˀlaːʔs] Windsurfing n; *~sejler* [-saɪlər] Windsurfer m; *~spil* [-sbel] Brettspiel n

brǣtte ['brɛdə] *~ op Ärmel* hochkrempeln

brød¹ [brøːʔð] ⟨-et; -⟩ Brot n (a fig); *en skive ~ e-e* Brotschnitte; *gå som varmt ~* F weggehen wie warme Semmeln

brød² [brøːʔð] → **bryde**

brødbakke ['brøðbagə] Brotkorb m

brøde ['brøːðə] ⟨-n⟩ Schuld f; Vergehen n; *~betynget* ['-beˀtøŋˀʔð] schuldbeladen; *~fuld* [-fulˀ] schuldvoll, schuldbewusst

brødes ['brøːðəs] → **brydes**

brødflov ['brøðfloˀ] F: *jeg er ~* ich habe ein flaues Gefühl im Magen (vor Hunger)

brød|føde ['brøðˀføːʔðə] ernähren; *~løs* [-løːʔs] brotlos; *~maskine* ['-maˀsgiːnə] Brotschneidemaschine f; *~nid* [-nið] Brotneid m

brødre ['brøðrə] → **bro(de)r**; *~par* [-pɑr] → **broderpar**

brød|rister ['brøðresdər] Brotröster m, Toaster m; *~skorpe* [-sgɔrbə] Brotrinde f, Brotkruste f; Brotkanten m; *~skærer* [-sgɛːrər] Brotschneidemaschine f

brøk [brøːˀg] ⟨-en; -er⟩ MATH Bruch m; *~del* ['-deːˀl] Bruchteil m; *~regning* ['-raɪˀneŋ] Bruchrechnung f; *~streg* ['-sdraɪˀ] Bruchstrich m

brøl [brøːˀl] ⟨-et; -⟩ Gebrüll n

brøle ['brøːlə] brüllen; F heulen; *Sturm*: toben; *~abe* [-aːbə] Brüllaffe m (a fig); *~r* [-r] ⟨-en; -e⟩ Schnitzer m (Fehler)

brønd [brɛnˀ] ⟨-en; -e⟩ Brunnen m; Schacht m; *~karse* ['-kɑrsə] Brunnenkresse f

brøsig ['brøsi] grob, barsch

brøst ['brøsd] ⟨-en; -⟩ lit Gebrechen n, Mangel m, Fehler m; *~fældig* [-ˈfelˀdi] baufällig; hinfällig, gebrechlich; *~holden* ['-hɔlˀən] benachteiligt, beleidigt

bråvallaslag ['brɔvalaslaˀ] fig hitzige Debatte f, F Saalschlacht f

B-skat ['beːʔsgad] *etwa:* Einkommensteuer f

bto *Abk. für* **brutto**

bud¹ [buð] ⟨-(d)et; -⟩ Botschaft f, Nachricht f; Gebot n (a BIBL); Befehl m; ÖKON Angebot n

bud² [buð] ⟨-(d)et; -e⟩ Bote m; *sende ~ efter én* nach j-m schicken

bud|bringer ['buðbreŋˀər] ⟨-en; -e⟩ Bote m, Vorbote m, Verkünder m; *~cykel* [-sygəl] Lastenfahrrad n, Lieferrad n

budding ['buðeŋ] ⟨-en; -er⟩ Pudding m; *~form* [-fɔːʔrm] Puddingform f; *~pulver* [-polˀvər] Puddingpulver n

budget [by'sjed] ⟨-tet; -ter⟩ Haushalt(s)plan m, Etat m; *~tere* [-sjeˀteːʔrə] (im Haushaltsplan) veranschlagen

bud|skab ['buðsga:?b] ⟨-et; -er⟩ Botschaft f, Nachricht f
budt [bud] → **byde**
budtjeneste [-tjɛːnəsdə] Botendienst m
bue[1] ['buːə] ⟨-n; -r⟩ Bogen m
bue[2] ['buːə] sich biegen, *Decke*: sich wölben; **~de læber** pl Amorbogen: geschwungene Lippen f/pl.
bue|formet ['buːəfɔ:?ʁməð] bogenförmig; **~skydning** [-sgy:ðnen] Bogenschießen n; **~skytte** [-sgødə] Bogenschütze m; **~strøg** [-sdrɔi?] MUS Bogenstrich m; **~t** [-ð] gebogen, bogenförmig, gewölbt
buffer ['bofəʁ] ⟨-en; -e⟩ BAHN Puffer m
buffet [by'feː] ⟨-en; -e⟩ Büfett n, Anrichte f; Theke f; **~vogn** [-vɔw?n] BAHN Bistrowagen m
buffist [by'fisd] ⟨-en; -er⟩ Büfettier m
bug [buː?] ⟨-en; -e⟩ Bauch m, F Wanst m; **~et** ['buːəð] bauchig
bug|finne ['buːfenə] Bauchflosse f; **~hindebetændelse** [-henəbe'tɛn?əlsə] Bauchfellentzündung f; **~hule** [-huːlə] Bauchhöhle f
bugne ['buːnə] v/i übervoll sein, mit etw versehen sein; *Tisch*: sich biegen (*af*/unter D); *Segel*: schwellen, sich bauschen
bugser|båd [bug'seː?ʁbɔ:?ð] NAUT Schlepper m; **~e** [-'seː?ʁə] NAUT schleppen, bugsieren (*a fig*); F lotsen
bugspytkirtel ['buːsbødkirdəl] Bauchspeicheldrüse f
bugt [bogd] ⟨-en; -er⟩ Bucht f, Meerbusen m; Krümmung f, Windung f; **slå ~er** sich krümmen, sich winden; **få ~ med én** mit j-m fertigwerden, j-n kleinkriegen; **få ~ med ngt**. mit etw fertigwerden, e-r Sache Herr werden
bugtaler [bu:'taːlɔʁ] Bauchredner m
bugte ['bogdə]: **~ sig** sich winden (*od* schlängeln, krümmen)
bugtning ['bogdnen] ⟨-en; -er⟩ Windung f, Krümmung f
buh [buː]: **~!** *I Kuh*: muh!; **~ko** ['-ko:?] *Kindersprache*: Muhkuh f
buk[1] [bog] ⟨-ken; -ke⟩ zo Bock m (*a fig*); **springe ~** bockspringen
buk[2] [bog] ⟨en⟩: **begå en ~** *fig* e-n Bock schießen
buk[3] [bog] ⟨-ket; -⟩ Verbeugung f, Bückling m
buket [bu'kɛd] ⟨-ten; -ter⟩ (Blumen)-Strauß m; POL Paket n
bukkar ['bukaʁ] ⟨-en; -⟩ BOT Waldmeister m
bukke ['bogə] v/t biegen; *Papier, Saum*

umbiegen, umschlagen, knicken; v/i sich verbeugen, e-n Diener machen; **~ under for én/ngt**. j-m/e-r Sache unterliegen (*od* erliegen); **~ sig** sich bücken
bukkel ['bogəl] ⟨*buck*(*e*)*len*; *bukler*⟩ *Metall, Glas*: Buckel m/f; Butzen m; *Haar*: Locke f
bukke|skind ['bogəsgen?] Hirschleder n; **~spring** [-sbʁen?] Bocksprung m
bukle ['boglə] *Metall*: buckeln; *Perücke*: mit Löckchen versehen; **~t** [-ð] *Frisur*: gelockt, geringelt
buks [bogs] ⟨-en; -er⟩ → **bukser**
buksbom ['bogsbom?] ⟨-(*m*)*en*; -⟩ BOT Buchsbaum m
bukse|bag ['bogsəba:?] Hosenboden m; **~ben** [-be:?n] Hosenbein n; **~dragt** [-dʁagd] Hosenanzug m; **~knap** [-knab] Hosenknopf m; **~lomme** [-lɔmə] Hosentasche f; **kende ngt som sin egen** ~ etw. wie seine Westentasche kennen; **~nederdel** [-neːðərde:?l] Hosenrock m
bukser ['bogsəʁ] pl Hose f; **et par ~** e-e Hose; **hun har ~ne på** *fig* F sie hat die Hosen an; **ryste i ~ne** F Bammel (*od* Schiss) haben
bukse|strømper ['bogsəsdʁœmbəʁ] pl Strumpfhose f; **~sæt** [-sed] → **buksedragt**; **~trold** [-tʁɔl?] F Hosenmatz m
bulbider ['bulbi:?ðəʁ] ⟨-en; -e⟩ → **buldog**; *fig* Bullenbeißer m
bulder ['bul?əʁ] ⟨-en; -e⟩ Gepolter n, Getöse n, Grollen n; **~basse** [-basə] F Polterer m, (*alte*(*r*)) Brummbär m
buldog ['buldɔg] ⟨-gen; -ger⟩ Bulldogge f
buldre ['bulʁə] poltern, tosen, donnern; *Donner*: grollen; **~nde mørkt** stockfinster
bule ['buːlə] ⟨-n; -r⟩ Spelunke f; Beule f; Delle f; *Hut*: Kniff m; **~hat** [-had] *etwa*: Schlapphut m; **~t** [-ð] verbeult
bulgar|er [bul'gaː?ʁəʁ] ⟨-en; -e⟩ Bulgare m, Bulgarin f; **~sk** [-'gaː?ʁsg] bulgarisch
bulket ['bɔlgəð] *Matratze*: uneben
bull|dog ['buldɔg] → **buldog**; **~dozer** [-dɔ:səʁ] ⟨-en; -e⟩ Bulldozer m, Planierraupe f
bullen ['bulən] geschwollen; vereitert, eitrig; **~skab** [-sga:?b] ⟨-en⟩ Schwellung f, Eiterung f; Eiter m
bulne ['bulnə] (ver)eitern, schwären; **~ ud** anschwellen, aufquellen
bulter ['bul?dəʁ] → **hulter**
bum [bom]: **~!** bum!
bumle ['bomlə] F bummeln; zechen; **~tog** [-to:?w] F Bummelzug m
bummelum [bomə'lom] **~!** Trommel:

bum, bum!; **~mer** [-'lom'ər] *pl* F Kies *m*, Kohle *f* (*Geld*)

bump [bom'b] ⟨*-et*; *-*⟩ Bums *m*, Stoß *m*; **~e** ['bombə] *Wagen*: holpern

bums[1] [bom's] ⟨*-en*; *-er*⟩ *scherz* Pickel *m*; F Landstreicher *m*

bums[2] [bom's] ⟨*-et*; *-*⟩ Bums *m* (*dumpfer Schlag*)

bums[3] [bom's]: **~!** bums!; pardauz!

bumse[1] ['bomsə] ⟨*-n*; *-r*⟩ *scherz* Pickel *m*

bumse[2] ['bomsə]: **~ mod ngt.** F gegen *etw* stoßen (*od* bumsen)

bumset ['bomsəð] F plump, klobig; pick(e)lig

bund [bon'?] ⟨*-en*; *-e*⟩ Boden *m*, Grund *m* (*a Meer*); (Tal)Sohle *f*; **lægge ~ den** Grund legen; **nå ~en** *fig* den Tiefstand erreichen; **skrabe ~en** *fig* alles mitnehmen; **i ~ og grund** *fig* in Grund und Boden; **bar ~** von vorne; von unten; mit leeren Händen; **være på bar ~** *fig* im Dunkeln tappen; **gå til ~s** untergehen; *fig* herunterkommen, versumpfen; **til ~s** *fig* gründlich, bis auf den Grund

bunde ['bonə] *im Wasser*: Grund haben (*od* stehen können); *fig* wurzeln (*I/*in *D*); beruhen (*i auf D*)

bunde|n ['bonən], **~t** ['bonəð] → **binde**; **~thed** ['bonəðhe:ð'] ⟨*-en*⟩ Gebundenheit *f*

bund|fald ['bonfal?] Bodensatz *m*; Niederschlag *m*; **~farve** [-farvə] Grundfarbe *f*; **~fordærvet** ['-fɔr'dɛrvəð] von Grund auf, durch und durch verdorben; **~forskellig** ['-fɔr'sgel'i] grundverschieden; **~frossen** [-frɔsən] bis auf den Grund gefroren; **~fælde** [-fel'ə] CHEM, *Sand*: niederschlagen, *fig* setzen (*sig* sich); **~garn** [-ga:'rn] *Fischerei*: Grundnetz *n*; **~gear** [-gi:'?r] Knüppelschaltung *f*; **~kedelig** [-ke:ðəli] F todlangweilig; **~løs** [-lø:'s] bodenlos; *fig* unerhört

bund|pris ['bonpri:'s] Tiefstpreis *m*; **~prop** [-prɔb] Stöpsel *m*; **~rekord** ['-re-'kɔrd] Tiefstand *m*; SPORT, *Schule*: F schlechteste(s) Ergebnis *n*, schlechteste Leistung *f*; **~rådden** [-rɔðən] durchgefault; **~skraber** [-sgra:bər] *fig* F unter aller Kritik, das Letzte

bundt [bon'd] ⟨*-et*; *-er*⟩ Bündel *n*, Bund *n*; **~e** [e 'bonðə] bündeln; **~vis** ['bondvi:'s] bündelweise

bund|vand ['bonvan?] NAUT Leckwasser *n*, Bilgewasser *n*; **~ærlig** [-ɛrli] grundherrlich

bunke[1] ['bongə] ⟨*-n*; *-r*⟩ Haufen *m*; Stoß *m*; Unmenge *f*

bunke[2] ['bongə]: **~ sammen** anhäufen (*sig* sich)

bunker ['bongər] ⟨*-en*; *-e od -s*⟩ Bunker *m*; **~kul** [-kol] *pl* Bunkerkohle *f*; **~s** [-s] ⟨*-en*; *-e*⟩ Schutzraum: Bunker *m*

bunkevis ['bongəvi:'s]: *i ~* haufenweise

bunkre ['bongrə] NAUT bunkern

bunsenbrænder ['bonsənbrɛnər] Bunsenbrenner *m*

buntmager ['bondma:'(j)ər] ⟨*-en*; *-e*⟩ Kürschner *m*; **~i** [-ma:(j)ə'ri:'] ⟨*-et*; *-er*⟩ Kürschnerei *f*

bur [bu:'r] ⟨*-et*; *-e*⟩ Bauer *n*, Käfig *m*; *Kaninchen*: Stall *m*

burde ['burðə] ⟨*burde*; *bør* [bær]; *burdet*⟩ müssen, sollen; **jeg ~ gå** ich müsste (eigentlich) gehen; **som det sig hør og bør** wie es sich gehört; **man bør altid lytte til gode råd** gute Ratschläge sollte man immer beherzigen; **det ~ du have gjort** das hättest du tun sollen

bureau [by'ro] ⟨*-et*; *-er*⟩ Büro *n*

burgøjser [bur'gɔi'sər] ⟨*-en*; *-e*⟩ *abwertend* Bourgeois *m*, Besitzbürger *m*

burhøns ['burhœ:'ns] *pl* Batteriehühner *n/pl*

burre ['burə] ⟨*-n*; *-r*⟩ BOT Klette (*a fig*); **~bånd** [-bɔn?], **~tape** [-teíb] Klettverschluss *m*, Klett(enhaft)band *n*

bus [bus] ⟨*-sen*; *-ser*⟩ (Auto)Bus *m*; **køre i ~** mit dem Bus fahren; **~chauffør** ['-sjo'fø:'r] Busfahrer *m*

buse ['bu:sə]: **~ ind** hereinstürzen (*ins Zimmer*); **~ på** drauflosgehen; **~ ud med ngt.** mit *etw* herausplatzen

busfuld ['busful'?] ⟨*-en*; *-e*⟩: **en ~ e-e** Busladung voll

busk [busg] ⟨*-en*; *-e*⟩ Busch *m*, Strauch *m*; **~ads** [bu'sga:'s] ⟨*-et*; *-er*⟩ Gebüsch *n*, Gestrüpp *n*; **~et** ['-əð] buschig

buskort ['buskɔrd] *n* Sammelfahrschein *m* für den Bus

buskvækst ['busgvegsd] Staude *f*

bussemand ['busəman?] *Kindersprache* der schwarze Mann; *fig* Schreckgespenst *n*; F Popel *m*

busseronne [busə'rɔnə] ⟨*-n*; *-r*⟩ *e-e* Damenblusenart, Russenkittel *m*

busstop ['bussdɔb], **~pested** [-əsdɛð] Bushaltestelle *f*

buste ['bysdə] ⟨*-n*; *-r*⟩ Büste *f*; Busen *m*; **~holder** [-holər] Büstenhalter *m*

busterminal ['bustɛrmi'na:'l] Busbahnhof *m*

but [bud] abgestumpft; mürrisch, kurz angebunden

butik [bu'tig] ⟨*-ken*; *-ker*⟩ Laden *m*, Geskæft n; *lukke* **~ken** fig F den Laden zu-machen; *fig* F den Laden dichtmachen

butiks|center [bu'tigssen'?dər] Einkaufs-zentrum n; **~drivende** [-drɪ:vənə] Ein-zelhändler m, Ladeninhaber m; **~død** [-dø:?ð] Ladensterben n

butiks|kæde [bu'tigskε:ðə] Ladenkette f; **~vindue** [-vendu] Schaufenster n

butterdej ['budɐdɑɪ] Blätterteig m

butterfly¹ ['bɔdɐfluɪ'] ⟨-en; -⟩ *Krawatte:* Fliege f

butterfly² ['bɔdɐfluɪ'] ⟨en⟩ *Schwimmen:* Schmetterlingsstil m

buttet ['budəð] mollig, pumm(e)lig, voll-schlank

by [by:'] ⟨-en; -er⟩ Stadt f; Ort m; Dorf n; *gamle ~* Altstadt f; *indre ~* Innenstadt f; *gå i ~en* in die Stadt gehen; *fig* ausgehen; einkaufen gehen; *gå fejl (od galt) i ~en fig* sich irren, F an die falsche Adresse ge-raten

by|bane ['byba:nə] Stadtbahn f (*in Ko-penhagen*); **~befolkning** ['-be'fɔl'?gneŋ] Stadtbevölkerung f; **~bo** [-bo:?] ⟨-en; -er⟩, **~boer** [-bo:'?ɐr] ⟨-en; -e⟩ Städter(in) m(f), Stadtbewohner m; **~bud** [-buð] Laufbursche m

byde ['by:ðə] ⟨*bød* [bø:'?ð]; *budt* [bud]⟩ bieten, anbieten; gebieten, heißen, be-fehlen; einladen; reichen; *lade sig alting ~* sich alles gefallen lassen; *~ én op* j-n auffordern; *~ én over* j-n überbieten; *~ sig til s-e* Dienste anbieten; *Dirne:* sich anbieten; *~ velkommen* willkommen heißen; *vi blev budt på et glas vin* uns wurde ein Glas Wein angeboten; **~nde** gebieterisch, herrisch

bydeform ['by:ðəfɔr'?m] GRAM Befehls-form f, Imperativ m

bydel ['by:del'?l] Stadtteil m; Stadtviertel n; *den gamle ~* die Altstadt

bydemåde ['by:dəmɔ:ðə] GRAM Befehls-form f

bydende ['by:ðənə] → *byde*

by|dreng ['bydreŋ'] Laufbursche m; **~fornyelse** ['-fɔrny:'?əlsə] Stadterneue-rung f

byg [byg] ⟨-gen⟩ Gerste f

bygas ['bygas] Stadtgas n

bygbar ['bygbɑ:'?r] baubar

byge ['by:ə] ⟨-n; -r⟩ (Regen-, Schnee-) Schauer m; **~vejr** [-vε:'?r] *etwa:* Schauer-neigung f

bygge ['bygə] bauen; erbauen; **~ om** um-bauen; **~ op** aufbauen; **~ til** anbauen; **~forening** [-fɔr'e:'?neŋ] Baugenossen-schaft f; **~foretagende** [-fɔ:rəta:'?ənə]

Bauunternehmen n; **~grund** [-grɔn?] Baugrundstück n, Bauland n; **~klar** [-klɑ:'?r] baureif

byggeklods ['bygəklɔs] Bauklötzchen n; *en æske ~er* ein Baukasten

bygge|legeplads ['bygəlai̯əplɑs] *etwa:* Abenteuerspielplatz m; **~lov** [-lɔu] Bau-ordnung f; **~lån** [-lɔ:?n] Baudarlehen n; **~marked** [-mɑrgəð] n Baumarkt m; **~moden** [-mo:'?ðən] baureif; **~møbler** [-mø:'?blɐr] *pl* Anbaumöbel n/pl; **~om-kostninger** [-ɔmkɔsdnen'?ɐr] *pl* Baukos-ten *pl*; **~plads** [-plas] Baustelle f

byggeri [bygə'ʁi:'?] ⟨-et; -er⟩ Bautätigkeit f; Bau(vorhaben) m(n); *socialt ~* sozia-le(r) Wohnungsbau m

bygge|sjusk ['bygəsjusg] Baupfuscherei f; **~skik** [-sgig] Bauweise f, Bautradition f; **~stillads** [-sdi'la:'?s] Baugerüst n; **~sæt** [-sεd] *Spielzeug:* Bausatz m; **~virksom-hed** [-vɪʁgsɔmhe:ð'?] Bautätigkeit f

byg|gryn ['byggʁy:'?n] Gerstengraupe f; **~(gryns)grød** [-(gʁy:ns)gʁɶð'?] Gers-tengrütze f

bygherre ['bygheʁa] Bauherr m

bygkorn ['bygkɔʁ'?n] Gerstenkorn n (*a am Auge*)

bygmester ['bygmesdɐr] Baumeister m

bygning ['bygneŋ] ⟨-en; -er⟩ Bau m, Bau-en n; Gebäude n; Körperbau m

bygnings|arbejder ['bygneŋsɑrbaɪ'?dɐr] Bauarbeiter m; **~entreprenør** [-aŋtʁə-pʁə'nø:'?r] Bauunternehmer m; **~fejl** [-faɪ'?l] Augenfehler m; **~håndværker** [-hɔnvɐrgɐr] Bauhandwerker m; **~stil** [-sdi:'?l] Baustil m; **~tilsyn** [-telsy:'?n] Baupolizei f, Bauaufsicht f; **~værk** [-vεrg] Bauwerk n

bygrænse ['bygʁεnsə] Stadtgrenze f

bygværk ['bygvεrg] Bauwerk n

bykerne ['bykεrnə] Stadtkern m

byld [byl'?] ⟨-en; -er⟩ MED Geschwür n, Ei-terbeule f; Abszess m

byldemo(de)r ['byl'?əmo:(ðə)r] ⟨-en; -mo-derne⟩ Eiterherd m

bylt [byl'?d] ⟨-en; -er⟩ Bündel n; **~e** ['byldə] bündeln; *~ skylden over på én fig* die Schuld auf j-n abwälzen; *~t ind* eingemummelt

by|menneske ['bymennəsgə] Stadtmensch m, Städter m; **~midte** [-medə] Stadtmitte f, Innenstadt f; **~museum** [-mu'se:ɔm] städtische(s) Museum n; **~mæssig** [-me-si] städtisch; *~ bebyggelse* geschlossene Ortschaft f

bynke ['bøŋgə] ⟨-n; -r⟩ BOT Beifuß m

by|nær ['byne:'?r] stadtnah; **~partisaner**

B

['-pɑrti'sa:ʔnər] *pl* Stadtguerilla *f*; **~plads** [-plas] Stelle *f* als Laufbursche

byplan ['bypla:ʔn] Stadtplan *m*; Stadtplanung *f*; **~lægger** [-pla:nlɛgər] Stadtplaner *m*; **~lægning** [-pla:nlɛgneŋ] Stadtplanung *f*

byrd [byrʔd] ⟨-en⟩ *lit* Geburt *f*, Herkunft *f*

byrde ['byrdə] ⟨-n; -r⟩ Last *f*, Bürde *f*; **falde én til ~** *j-m* zur Last fallen; **~fuld** [-ful*ʔ*] lästig, beschwerlich

byret ['byrɛd] Amtsgericht *n*

by|retsdommer ['byrɛdsdɔmər] Richter(in) *m(f)* am Amtsgericht; **~rundtur** [-rɔntu:ʔr] Stadtrundfahrt *f*; **~råd** [-rɔ:ʔð] Stadtverordnetenversammlung *f*; Senat *m*; **~rådsmedlem** [-rɔ:ðsmɛðləmʔ] Stadtverordnete(r) *f(m)*

bysbarn ['bysbɑ:ʔrn] aus derselben Stadt stammend

by|sladder ['byslaðʔər] Stadtklatsch *m*; **~snak** [-snag] Stadtgespräch *n*

byste ['bysdə] ⟨-n; -r⟩ → *buste*; **~holder** [-hɔlər] → *busteholder*

bystyre [-sdy:rə] Stadtverwaltung *f*

bytning ['bydneŋ] ⟨-en; -er⟩ Tausch *m*, Umtausch *m*; Wechsel *m*

bytte[1] ['bydə] ⟨-t⟩ Beute *f*; Tausch *m*; **en ~r** F ein Umtausch

bytte[2] ['bydə] tauschen, umtauschen, wechseln; **~ om på ngt.** *etw* vertauschen; **~ etw** verwechseln

bytte|handel ['bydəhanʔəl] Tauschhandel *m*; Tauschgeschäft *n*; **~lejlighed** [-laili-he:ðʔ] *Anzeige:* Wohnungstausch *m*; **~penge** [-pɛŋə] *pl* Wechselgeld *n*; Kleingeld *n*

bytur ['bytu:ʔr] Bummel *m*

byvåben ['byvɔ:ʔbən] Stadtwappen *n*

byærende, byærinde ['bye:rɑnə] Besorgung *f*, Gang *m*; **besørge** (*od* **gå**) **~r** *pl* Einkäufe machen

BZ'er [be'sedʌr] ⟨-en; -e⟩ F (Haus)Besetzer(in) *m(f)*

bæger ['bɛ:(j)ər] ⟨*bæg(e)ret*; *bæg(e)re*⟩ Becher *m*; *lit*, BOT Kelch *m*; **~blad** [-bläð] BOT Kelchblatt *n*; **~formet** [-fɔʔmʌð] becherförmig; **~svinger** [-sveŋər] F Trinkbruder *m*, Zecher *m*

bæhlam ['bɛ:lamʔ] *Kindersprache* Schäfchen *n* (*a fig*), Dummerchen *n*; Tölpel *m*

bæk [bɛg] ⟨-ken; -ke⟩ Bach *m*; **~forel** [-'fo'rɛlʔ] Bachforelle *f*

bækken ['bɛgən] ⟨-et; bæk(ke)ner⟩ Becken *n* (*a* MUS); Bettpfanne *f*

bækørred ['bɛgœrəð] Bachforelle *f*

bælg ['bɛlʔj] ⟨-en; -e⟩ Balg *m*; BOT Hülse *f*; Schote *f*; **skælde én ~en fuld** F *j-n* tüch-

tig ausschimpfen

bælge[1] ['bɛl(j)ə] *Erbsen* enthülsen

bælge[2] ['bɛlə] → *bælle*

bælg|frugt ['bɛljfrɔgd] Hülsenfrucht *f*; **~mørk** ['bɛl'mœrg] stockdunkel, stockfinster; **~mørke** ['bɛl'mœrgə] Stockfinsternis *f*

bælgravende ['bɛl'rɑ:vənə]: **~ mørke** Stockfinsternis *f*; **~ mørkt** stockfinster

bælgvante ['bɛlvɑndə] Fausthandschuh *m*

bælgøjet ['bɛlʔi:ʔəð] F: **være ~** schielen

bælle ['bɛlə]: **~ i sig** gierig trinken

bælt [bɛlʔd] ⟨-et; -er⟩ GEOGR Belt *m*; *Lille Bælt, Store Bælt* → *Lillebælt*; *Storebælt*

bælte ['bɛldə] ⟨-t; -r⟩ Gürtel *m*; MIL Koppel *n*; GEOGR Zone *f*; **~dyr** [-dy:ʔr] ZO Gürteltier *n*; **~dæk** [-dɛg] Gürtelreifen *m*; **~køretøj** [-kø:rɔtɔʔ] Raupenfahrzeug *n*, Kettenfahrzeug *n*; **~spænde** [-sbɛnə] Gürtelschnalle *f*; MIL Koppelschloss *n*

bæltested ['bɛldəsdɛð] Gürtel *m*, Gürtellinie *f*; **slag under ~et** Schlag *m* unter die Gürtellinie (*a fig*)

bændel ['bɛnʔəl] ⟨*bænd(e)let*; *bændler*⟩, **~bånd** [-bɔnʔ] Leinenbändchen *n*, Haushaltsband *n*; **~lakrids** [-la'kris] Lakritze *f* in Streifenform; **~orm** [-ɔrʔm] MED Bandwurm *m*; **~tang** [-taŋʔ] BOT Seegras *n*

bænk [bɛŋʔg] ⟨-en; -e⟩ (Sitz)Bank *f*; **varme ~e** F *fig* ein Mauerblümchen sein

bænke ['bɛŋgə] zum Sitzen bringen; **~ sig** sich niederlassen, sich setzen; **~bider** [-bi:ʔðər] ⟨-en; -e⟩ ZO Kellerassel *f*; **være en rigtig ~** F *fig* Sitzfleisch haben; **~varmer** [-vɑrmər] ⟨-en; -e⟩ F *fig* Mauerblümchen *n*

bær [bɛr] ⟨-ret; -⟩ Beere *f*; F *fig* Schnaps *m*; Gläschen *n*

bærbar ['bɛrbɑ:ʔr] EDV (*pc*) Laptop

bære ['bɛ:rɑ] ⟨*bar*; *båret*⟩ tragen; *fig* ertragen; **~ sig ad med ngt.** *etw* machen (anfangen); mit *etw* verfahren; **~ sig forkert ad** sich falsch benehmen; eine Sache falsch machen; **~ sig klodset ad** sich ungeschickt anstellen; **~ fra** *Wind:* vom Land her wehen; **hvor ~r det hen?** worauf läuft es hinaus?; **~ op** hinauftragen, herauftragen; **~ over med én** mit *j-m* Nachsicht haben; **~ ngt. over ens hjerte** *etw* übers Herz bringen; **~ ud** herausragen, hinaustragen; *Tisch* abräumen; *Post* austragen

bære|dygtig ['bɛ:rədøgdi] tragfähig; **~evne** [-ɛũnə] Tragfähigkeit *f*; **~kraft**

[-krɑfd] Tragkraft f, Tragfähigkeit f; **~krave** [-krɑ:və] am Kleid: Passe f; **~pille** [-pelə] Tragpfeiler m; **~pind** [-pen'] Paket: Knebel m; **~plan** [-pla:'n] FLUG Tragfläche f; **~plansbåd** [-pla:nsbɔ:'ð] Tragflächenboot n; **~pose** [-po:sə] Tragetasche f, Einkaufstüte f; **~r** [-'r] ⟨en; -e⟩ Träger m; **~raket** [-rɑ'ked] Trägerrakete f; **~rem** [-rem'] Tragriemen m; **~sele** [-se:lə] Traggurt m

bærfrugt ['bɛrfrɔgd] Beerenobst n

bærme ['bɛrmə] ⟨-n⟩ Bodensatz m, Hefe f (a fig), fig Abschaum m

bæst [bɛ:'sd] ⟨-et; -er⟩ Biest n (a fig); **slide som et ~** wie ein Pferd arbeiten

bæve ['bɛ:və] (er)beben, zittern; **~nde** zittrig, zitternd

bæver ['bɛ:'vər] ⟨-en; -e⟩ zo Biber m; **~skind** [-sgen'] Biberfell n, Biberpelz m

bævre ['bɛurə] beben, zittern; F bibbern; **~asp** [-asb] Zitterpappel f; **~græs** [-gres] Zittergras n

bød [bøː'ð] → **byde**

bøddel ['bøð'əl] ⟨bød(de)len; bodler⟩ Henker m; fig Tyrann m; **~økse** [-øgsə] Henkersbeil n

bøde¹ ['bøːðə] ⟨-n; -r⟩ Geldstrafe f, Bußgeld n, (Geld)Buße f

bøde² ['bøːðə] büßen; ausbessern, flicken; **~ på ngt.** e-r Sache (D) abhelfen

bødefor(e)læg ['bøːðəfɔ:r(ə)lɛ:'g] ⟨-get; -⟩ Bußgeldbescheid m; **~straf** [-sdrɑf] Geldstrafe f

bødker ['bøð'gər] ⟨-en; -e⟩ Böttcher m

bøf [bøf] ⟨-fen; -fer⟩ Beefsteak n; **~** Rumpsteak n; **~tatar** Tatar(beefsteak) n

bøffel ['bøfəl] ⟨bøf(fe)len; bøfler⟩ Büffel m (a fig)

bøfsandwich ['bøfsa:ndvidsj] ⟨-en; -er⟩ Essen: Hamburger m

bøg [bøːʔ(j)] ⟨-en; -e⟩ Buche f, Buchenholz n

bøgeblad ['bøː(j)əblað] Buchenblatt n; **~brænde** [-brenə] Heizmaterial: Buchen(brenn)holz n, Buchenscheite n/pl; **~skov** [-sgoʊ'] Buchenwald m; **~træ** [-trɛ:'] Buche f; Buchenholz n

bøh [bøː] ⟨-⟩! muh!; buh!; **~land** ['-lan'] F etwa: Kuhdorf n

bøhmand ['bøːman'] Kindersprache Buhmann m; **have en ~ på** F e-n in der Krone haben

bøje¹ ['bɔiə] ⟨-n; -r⟩ NAUT Boje f

bøje² ['bɔiə] v/i biegen; v/t biegen; beugen (a GRAM u fig); Kopf neigen; **~ armen** F den Arm krumm machen (trinken); **~**

af abbiegen; Straße: abzweigen; **~ ind** einbiegen; **~ ned** herabbiegen; **~ om** umbiegen; **~ op** aufwärtsbiegen; **~ sig** biegen; sich bücken; sich beugen (a fig); sich verbeugen, sich verneigen; fig nachgeben

bøjelig ['bɔiəli] biegsam, gelenkig; fig gefügig; GRAM beugbar, flektierbar; **~muskel** [-musgəl] ANAT Beugemuskel m, Beuger m

bøjle ['bɔilə] ⟨-n; -r⟩ Bügel m

bøjning ['bɔinen] ⟨-en; -er⟩ Biegen n, Beugen n; Biegung f; Krümmung f; Verbiegung f; Verbeugung f, Verneigung f; Turnen: Beuge f; GRAM Beugung f, Flektion f; Kopf: Neigung f

bøjningsendelse ['bɔineŋsenəlsə] GRAM Flexionsendung f; **~form** [-fɔ:'rm] Flexionsform f; **~lære** [-lɛ:'rə] Flexionslehre f; **~mønster** [-møn'sdər] Beugungsmuster n

bølge¹ ['bøljə] ⟨-n; -r⟩ Welle f (a EL); lit Woge f (a fig); **~rne går højt** fig es geht hoch her

bølge² ['bøljə] wogen; wallen; Haar wellen

bølgeagtig ['bøljɔagdi] wellenartig; **~bevægelse** [-be'vɛ:'əlsə] Wellenbewegung f; **~blik** [-bleg] Wellblech n; **~bryder** [-bry:ðər] ⟨-en; -e⟩ Wellenbrecher m; **~dal** [-da:'l] Wellental n; fig Tiefstand m, Tief n; **~formet** [-fɔ:r'məð] wellenförmig; **~gang** [-gaŋ'] Wellengang m; **~linie**, **~linje** [-linjə] Wellenlinie f

bølgelængde ['bøljəleŋ'də] Wellenlänge f; **være på ~** fig auf gleicher Wellenlänge sein

bølgepap ['bøljəpap] Wellpappe f; **~slag** [-sla:'] Wellenschlag m; **~t** [-ð] wellig, gewellt

bølle ['bølə] ⟨-n; -r⟩ Rowdy m, Rüpel m; **~frø** [-frœ:'] Lümmel m; **~hat** [-had] leichter Stoffhut m

bøn [bœn'] ⟨-nen; -ner⟩ Bitte f (til/an A); REL Gebet n

bønderdrenge ['bœn'ərdreŋə] pl → **bondedreng**; **~folk** [-fɔl'g] pl Bauersleute pl

bønfalde ['bœnfal'ə] (an)flehen; beknien; **~ én om ngt.** j-n um etw anflehen

bønhøre ['bœnhø:'rə] erhören; **~lse** [-lsə] ⟨-n; -r⟩ Erhörung f

bønlig ['bœnli] flehentlich, flehend

bønne ['bœnə] ⟨-n; -r⟩ Bohne f; **ikke en ~ værd** F nicht die Bohne wert

bønnebog ['bœnəbɔ:'w] Gebetbuch n

bønnestage ['bœnəsda:(j)ə] Bohnen-

B

stange f (a fig)

bønskrift ['bœnsgʁefd] Bittschrift f

bør¹ [bøːʔʁ] ⟨-en; -e⟩ Schubkarren m; Hut: F Deckel m; beim Tier: Gebärmutter f

bør² [bøːʔʁ] ⟨-en⟩ Fahrwind m, Rückenwind m

bør³ [bœr] → **burde**

børne- → a **barne-**

børne|begrænsning ['bœʁnəbəˈgʁɛnsˀneŋ] Geburtenregelung f; **~bidrag** [-biˈdʁɑːʔw] Alimente pl; **~billet** [-biˈled] Kindereintrittskarte f, Kinderfahrschein m; **~bogsforfatter** [-bɔwsfɔrˈfadˀɐ] Kinderbuchautor(in) m(f); **~børn** [-bœrˀn] pl Enkel pl, Enkelkinder pl; **~cykel** [-sygəl] Kinderfahrrad n; **~dødelighed** [-døːˀɔlihεˀðˀ] Kindersterblichkeit f; **~fjendsk** [-fjɛnˀsg], **~fjendtlig** [-fjɛndli] kinderfeindlich; **~flok** [-flɔg] Kinderschar f; **~fødselsdag** [-føˀsəlsdɑːʔ] Kindergeburtstag m

børne|forsorg ['bœʁnəfɔrsɔrˀw] Jugendfürsorge f, Jugendamt n; **~fradrag** [-fʁɑdʁɑːʔw] Kinderfreibetrag m; **~glad** [-glɑð] kinderlieb; **~gård** [-gɔːʔʁ] etwa: Kindertagesstätte f

børnehave ['bœʁnəhɑːvə] Kindergarten m; **~klasse** [-klɑsə] Vorschulklasse f; **~leder** [-leːðɐr] Leiter(in) m(f) e-s Kindergartens; **~lærerinde** [-leːʁɐðˀenə] Kindergärtnerin f; **~pædagog** [-pɛdɑˈgoːʔ(w)] Erzieher(in) m(f) im Kindergarten

børne|hjem ['bœʁnəjɛmˀ] Kinderheim n; **~hjemsbarn** [-jɛmsbɑːʔrn] Heimkind n; **~lammelse** [-lɑməlsə] Kinderlähmung f; **~leg** [-lɑiˀ] Kinderspiel n (bsd fig); **~lokker** [-lɔgɐr] Sittenstrolch m; **~læge** [-lεː(j)ə] Kinderarzt m, Kinderärztin f; **~lærdom** [-lεrdɔmˀ]: det hører med til min ~ etwa: das habe ich schon in der Sonntagsschule gelernt; **~mishandling** [-mishanˀleŋ] Kindesmisshandlung f

børne|opdragelse ['bœʁnəobdʁɑːʔwəlsə] Kindererziehung f; **~parkering** [-pɑrˈkeːʔreŋ] im Kaufhaus: Kinderstube f; **~pasning** [-pasneŋ] Kinderbetreuung f; **~rabat** [-ʁɑˈbad] Kinderermäßigung f; **~rig** [-ʁiːˀ] kinderreich; **~rigtig** [-ʁegdi] kindergerecht; **~sang** [-saŋˀ] Kinderlied n; **~sikker** [-segɐr] kindersicher; **~sikring** [-segʁeŋ] Kindersicherung f

børnesko ['bœʁnəsgoːʔ] pl, → **barnesko**

børne|sygdom ['bœʁnəsyːdɔmˀ] Kinderkrankheit f (a fig); **~sæde** [-sεːðə] Kindersitz m; **~time** [-tiːmə] Radio: Kinderfunk m, TV: Kinderstunde f; **~tøj** [-tɔiˀ] Kinder(be)kleidung f; **~ven** [-vɛn] Kinderfreund m; **~venlig** [-vɛnli] kinderfreundlich; Möbel: kindergerecht; **~værelse** [-vεːʁəlsə] Kinderzimmer n; **~værn** [-vεrˀn] Kinderfürsorge f, Jugendfürsorge f

børnlille [bœrnˈlilə] pl F Kinder(chen) pl; → **barnlille**

børs [bøːʔrs] ⟨-en; -er⟩ ÖKON Börse f; den sorte ~ der schwarze Markt; **~handel** ['-hanˀəl] Börsenverkehr m; **~kurs** ['-kurˀs] Börsenkurs m; **~mægler** ['-mεːlɐr] Börsenmakler m

børst [bœrsd] pl F Prügel pl

børste¹ ['bœrsdə] ⟨-n; -r⟩ Bürste f; Schwein: Borste f; fig ungeschliffene(r) Mensch m; rejse ~ fig sich sträuben

børste² ['bœrsdə] bürsten; Zähne, Schuhe putzen; **~ af** abbürsten

børstenbinder ['bœrsdənbenˀʔɐr] ⟨-en; -e⟩ Bürstenbinder m

bøs [bøːˀs] barsch, griesgrämig

bøsning ['bøsnen] ⟨-en; -er⟩ TECH Buchse f

bøsse ['bøsə] ⟨-n; -r⟩ Büchse f, Flinte f; Dose f; Salz, Zucker: Streuer m; F Schwule(r) m; spytte i ~n F fig blechen; **~mager** [-maːʔɐr] ⟨-en; -e⟩ Büchsenmacher m

bøtte ['bødə] ⟨-n; -r⟩ Kübel m, Bottich m; hold ~! F halt die Klappe!; vende ~n fig von vorne anfangen; **~fuld** [-fulˀ] ⟨-en; -e⟩ Kübel voll; **~papir** [-pɑˈpiːʔʁ] Büttenpapier n

bøvet ['bœʉəð] F vollgefressen, verfressen; schlaff; doof

bøvl [bœʉˀl] ⟨-et⟩ F Mühe f; Ärger m, Schereereien f/pl

bøvs [bœʉˀs] ⟨-en od -et; -e od -er⟩ F Rülpser m; **~e** ['bœʉsə] rülpsen

båd [bɔːˀð] ⟨-en; -e⟩ Boot n, Kahn m; Schiff n; **~dæk** [bɔðdeg] Bootsdeck n

både¹ ['bɔːðə] frommen, nutzen (D)

både² ['bɔːðə]: ~ ... og ... sowohl ... als (auch) ...

både|bro ['bɔːðəbʁoːʔ] Bootssteg m; **~bygger** [-bygɐr] ⟨-en; -e⟩ Bootsbauer m

både-og ['bɔːðəˀɔʉ] ⟨-et⟩ Sowohl-als-auch n

både|plads ['bɔːðəplas] Liegeplatz m; **~værft** [-vεrfd] Bootswerft f

bådfart ['bɔðfɑːʔrd] Kahn-, Bootsfahrt f; Schiffsverkehr m

bådsmand ['bɔðsmanˀ] NAUT Bootsmann m

båd|skur [-sguːʔʁ] n Bootshaus n; **~type**

central

['boˀdy:bə] Bootstyp *m*; **~værft** [-vɛrfd] Bootswerft *f*

bål [bɔːˀl] ⟨-*et*; -⟩ (Lager)Feuer *n*; Scheiterhaufen *m*; **tænde ~** ein Feuer machen; **~færd** ['bɔːlfɛːˀr] ⟨-*en*; -*er od* -⟩ Einäscherung *f*, Feuerbestattung *f*

bånd [bɔnˀ] ⟨-*et*; -⟩ Band *n*, Bindfaden *m*, Schnur *f*; Leine *f*; Fass: Reifen *m*, Eisenband *n*; *pl fig* Bande *f*; **lægge ~ på sig** sich beherrschen

bånde ['bɔnə] auf Band aufnehmen

bånd|lægge ['bɔnlɛgə] JUR festlegen;

~mål [-mɔːˀl] Bandmaß *n*; **~optagelse** [-ɔbta:ˀəlsə] (Ton)Bandaufnahme *f*; **~optager** [-ɔbta:ˀɔr] ⟨-*en*; -*e*⟩ Tonbandgerät *n*; **~sav** [-sa:ˀv] Bandsäge *f*; **~spiller** [-sbelər] Tonbandgerät *n*

båre ['bɔːrə] ⟨-*n*; -*r*⟩ (Trag)Bahre *f*, Trage *f*; **~buket** [bu'kɛd] Trauerkranz *m*; **~t** [-ð] → **bære**

bås [bɔːˀs] ⟨-*en*; -*e*⟩ Stall: Stand *m*; Box *f*; **blive sat i ~** *fig* abgestempelt werden; in *e-e* Schublade gesteckt werden

C

C, c [se:ˀ] ⟨-'*et*; -'*er*⟩ C, c *n*

c- → *a* **k-**

ca. ['sirga] (= *cirka* etwa, zirka, rund) ca., rd.

cafe, café [ka'fe:ˀ] ⟨*cafeen*; *cafeer*⟩ (*od* **kafe, kafé**) Café *n*

cafeteria [kafə'te:ˀria] ⟨-*et od cafeteriet*; -*er od cafeterier*⟩ (*od* **kafeteria**) Cafeteria *f*, Imbissstube *f*

camembertost [kaməŋ'bɛːrɔsd] Camembertkäse *m*

camouflage [kamu'fla:ʃ(ə)] ⟨-*n*⟩ MIL Tarnung *f*; Camouflage *f*

camoufler|e [kamu'fle:ˀrə] (*od* **kamuflere**) MIL tarnen, verdecken (*a fig*); **~ingsnet** [-'fle:ˀrəŋsned] Tarnnetz *n*

campere [kam'pe:ˀrə] (*od* **kampere**) kampieren, campen, zelten

camping ['kampeŋ] ⟨-*en*⟩ Camping *n*; **~vogn** [-wo·ˀn] Wohnwagen *m*

campist [kam'pisd] ⟨-*en*; -*er*⟩ Camper(in) *m(f)*

canadi|er [ka'na:ˀdiər] ⟨-*en*; -*e*⟩ Kanadier(in) *m(f)*; **~sk** [-'na:ˀdisg] kanadisch

cancer ['kanˀsər] ⟨-*en*; -*e*⟩ MED Krebs *m*

cand. [kand] *dän* Akademiker nach Abschluss des Studiums (*z. B.* **~** MED)

candyfloss ['kandiflɔs] ⟨-*en*; -*er*⟩ Zuckerwatte *f*

Caraibien [ka'rɑi:ˀbiən] (*od* **Caribien**) GEOGR oder die Karibik

cardigansæt ['kardigan'sɛd] Twinset *n*

Caribien → *Caraibien*

cari|es ['ka:ˀriəs] ⟨-*en*⟩ (*od* **karies**) MED Karies *f*; **~øs** [kari'øːˀs] kariös

catgut ['kadgud] ⟨-*en*⟩ MED Katgut *n*

caus|ere [kɔ:se:ˀrə] plaudern; **~eri** [kɔːsɑ'ri:ˀ] ⟨-*et*; -*er*⟩ Plauderei *f*

cd ['se:ˀde:ˀ] ⟨-*en*; -*er*⟩ CD *f*; **~afspiller**

[-aŭsbelər] CD-Player *m*; **~brænder** [-brɛnər] CD-Brenner; **~rom-drev** [-rɔmdrɛŭ] *n* CD-ROM-Laufwerk *n*

ceder ['se:ˀðər] ⟨-*en*; *cedre*⟩ BOT Zeder *f*

celeber [se'le:ˀbər] F berühmt, vornehm

celle ['sɛlə] ⟨-*n*; -*r*⟩ Zelle *f* (*a* MED); *Kloster:* Klause *f*; **~dannelse** [-danəlsə] Zellenbildung *f*; **~deling** [-de:leŋ] Zellteilung *f*; **~kammerat** [-kamə'rɑ:ˀd] Zellengenosse *m*, Zellengenossin *f*

cellospiller ['sjelosbelər] Cellospieler(in) *m(f)*

cellstof ['sɛlsdɔf] Zellstoff *m*

celsius ['sɛlˀsius] (*Abk.* **C**): **30 grader ~** 30 Grad Celsius (*Abk.* C)

cement [se'mɛnˀd] ⟨-*en*; -*er*⟩ Zement *m*, *n*; **~blander** [-blanˀər] Zementmischmaschine *f*, Mischtrommel *f*; **~ere** [-mɛn'te:ˀrə] zementieren; *Freundschaft* festigen, stärken

censor ['sɛnsɔr] ⟨-*en*; -*er*⟩ Zensor *m*; *Prüfung:* Beisitzer(in) *m(f)*

censur [sɛn'su:ˀr] ⟨-*en*; -*er*⟩ Zensur *f*; Benotung *f*; **~ere** [sɛnsu're:ˀrə] zensieren

cent [sɛnˀd] ⟨-*en*; -⟩ (Euro-)Cent *m* (*Münze*)

center ['sɛnˀdər] ⟨*cent(e)ret*; *centre*⟩ Center *n*, Zentrum *n*; **~forward** [-fɔrvard] *Fußball:* Mittelstürmer *m*; **~half** [-hɑ:f] ⟨-*en*; -*er*⟩, **~halfback** [-'hɑ:fbag] *Fußball:* Mittelläufer *m*

centime [sɑŋ'ti:ˀm] ⟨-*n*; -*r*⟩ ÖKON Centime *m*; Rappen *m*

centimeter [sɛnti'me:ˀdər] (*Abk.* **cm**) Zentimeter *m*, *n* (*Abk.* cm); **~mål** [-mɔ:ˀl] Zentimetermaß *n*, Maßband *n*

centner ['sɛnˀdnər] ⟨-*et*; -⟩ Zentner *m*

central¹ [sɛn'trɑ:ˀl] ⟨-*en*; -*er*⟩ Zentrale *f*; ÖKON Hauptgeschäftsstelle *f*; TEL (Fernsprech)Amt n

central² [sɛn'tʀɑː'l] zentral

centralfyr [sɛn'tʀɑːˌfyːˀʀ] Zentralheizung f (*Feuerstelle*)

centraliser|e [sɛntʀali'seːˀʀə] zentralisieren; **~ing** [-'seːˀʀeŋ] ⟨-en⟩ Zentralisierung f

central|nervesystem [sɛn'tʀɑː'lnɛʀvəsyˀsdeˀm] Zentralnervensystem n; **~perspektiv** [-pɛʀsbɛg'tiːˀv] Zentralperspektive f; **~skole** [-sgoːlə] Mittelpunktschule f; **~sygehus** [-syːəhuːˀs] n Kreiskrankenhaus n

centralvarme [sɛn'tʀɑːˀlvɑʀmə] Zentralheizung f; **~apparat** [-apɑˈʀɑːˀd] Heizkörper m

centre ['sɛntʀə] *Fußball:* flanken, zur Mitte spielen; **~re** [sɛn'tʀɛːˀʀə] zentrieren

centrifugalkraft [sɛntʀifuˈgaːˀlkʀɑfd] Zentrifugalkraft f, Fliehkraft f

centrifuge [sɛntʀiˈfuːə] ⟨-n; -r⟩ Zentrifuge f, Schleuder f (*a Wäsche*); **~re** [-fuˈgeːˀʀə] zentrifugieren, schleudern

centring ['sɛntʀeŋ] ⟨-en; -er⟩ *Fußball:* Querpass m

centrum ['sɛntʀɔm] ⟨-(m)et *od* centret; *centrum(m)er od* centrer⟩ Zentrum n, Mittelpunkt m

ceremoni [seʀemoˈniːˀ] ⟨-en; -er⟩ Zeremonie f

ceremoniel [seʀemoniˈɛlˀ] ⟨-let; -ler⟩ Zeremoniell n

certeparti [sɛʀdəpɑʀˈtiːˀ] ÖKON, NAUT Charterpartie f, Frachtvertrag m

cerut [se'ʀud] ⟨-ten; -ter⟩ Zigarillo n, m, Stumpen m

cervelatpølse [sɛʀvəˈlaːˀdpølsə] Zervelatwurst f

CFC-fri ['seːˀɛfˈseːˀfriːˀ] FCKW-frei; **~t køleskab** Ökokühlschrank m

chalotte [sja'lɔdə] ⟨-n; -r⟩ (*od skalotte*), **~løg** [-lɔiˀ] BOT Schalotte f

champagne [sjam'panjə] ⟨-n; -r⟩ Champagner m, Sekt m, Schaumwein m; **~farvet** [-fɑˀvəð] champagnerfarben, champagnerfarbig

champignon ['sjampinjɔn] ⟨-en; -er⟩ BOT Champignon m; **~suppe** [-sɔbə] Champignonsuppe f

chance ['sjaŋsə] ⟨-n; -r⟩ Chance f, Aussicht f; *gribe ~n* die Chance wahrnehmen, die Gelegenheit beim Schopfe fassen; *ikke tage nogen ~r* kein Risiko eingehen; **~bilist** [-bi'lisd] Autofahrer, der auf gut Glück (d. h. ohne Vorbestellung) versucht, einen Platz auf der Fähre zu bekommen; **~rytter** [-ʀydəʀ] Glücksritter m

charcuteri [sjaʀkydəˈʀiːˀ] ⟨-et; -er⟩ Feinkostgeschäft n

charlatan ['sjɑʀlatan] ⟨-en; -er⟩ Scharlatan m

charm [tjɑːʀm] ⟨-en; -s⟩ *fürs Armband:* Anhänger m, Glücksbringer m; **~ant** [sjɑʀ'manˀd] charmant, bezaubernd, reizend

charme¹ ['sjɑʀmə] ⟨-n⟩ Charme m, Reiz m, Zauber m

charme² ['sjɑʀmə]: **~ sig til ngt.** etw durch (*od* mit) Charme erreichen

charme|forladt ['sjɑʀməfɔʀˀlad] reizlos; **~re** [sjɑʀ'meːˀʀə] bezaubern, entzücken; **~rende** [-'meːˀʀənə] → *charmant*; **~trold** [-tʀɔlˀ] F süße(r) Fratz m, reizendes Geschöpf n

chartek [sja'teg] n ⟨-ket; -ker⟩ Klarsichthülle f *für Papiere*

charter|fly ['sjɑʀdəʀflyˀ] Charterflugzeug n, Chartermaschine f; **~flyvning** [-flyːvneŋ] ⟨-en; -er⟩ Charterflug m; **~rejse** [-ʀaisə] Pauschalreise f; **~selskab** [-'sɛlsgaːˀb] Chartergesellschaft f

chartre ['sjɑʀdʀə] chartern

chassis [sja'siːˀ] n ⟨-et; -er⟩ Fahrgestell n

chatol [sja'tɔl] ⟨-let; -ler⟩ *Möbel:* Sekretär m

chauffør [sjoˈføˀʀ] ⟨-en; -er⟩ Fahrer m, Chauffeur m

chauvinis|me [sjovi'nismə] ⟨-n⟩ Chauvinismus m; **~t** [-'nisd] ⟨-en; -er⟩ Chauvinist(in) m(f)

check¹ [sjɛg] ⟨-en; -s *od* -⟩ ÖKON Scheck m; *crosset ~* Verrechnungsscheck m

check² [tjɛg] ⟨-et; -⟩ (*od tjek*) Kontrolle f

checke ['tjɛgə] (*od tjekke*) checken, kontrollieren; **~ af** abchecken, überprüfen, kontrollieren

check|hæfte ['sjɛgˌhæfdə] Scheckheft n; **~identitetskort** [-identiˈteˀdskɔʀd] Scheckkarte f; **~liste** [-lesdə] (*od tjekliste*) Checkliste f; **~rytter** [-ʀydəʀ] Scheckbetrüger m, Person f, die ungedeckte Schecks ausstellt

chef [sjeˀf] ⟨-en; -er⟩ Chef(in) m(f); **~redaktør** [-ʀedagˈtøːˀʀ] Chefredakteur m

chemise [sje'misə] ⟨-n; -r⟩ Damenunterhemd n

chiffer ['sjifəʀ] ⟨*chif(fe)ret; chifre*⟩ Chiffre f; **~skrift** [-sgʀefd] Geheimschrift f

chifrere [sji'fʀeːˀʀə] chiffrieren, verschlüsseln

chik [sjig] schick, fesch, modisch

chikane [sji'kaːnə] ⟨-n; -r⟩ Schikane f; **~re** [-ka'neːˀʀə] schikanieren; **~ri** [-kaːnə-

C

'ri:ʔ〉 〈-et; -er〉 → **chikane**

chikanøs [sjika'nøːʔs] schikanøs

chilen|er [sji'leːʔnər] 〈-en; -e〉 Chilene m, Chilenin f; **~sk** [-'leːʔnsg] chilenisch

chimpanse [sjim'panʔsə] 〈-n; -r〉 Schimpanse m

chip [tsjip] 〈-pen; -s od -〉 EDV, Spielmarke Chip m; **~s** ['tjibs] pl GASTR Chips pl

chok [sjɔg] 〈-ker; -〉 Schock m; **~behandling** [-be'han'leŋ] MED Schockbehandlung f; **~er** ['tsjoːgər] 〈-en; -er〉 AUTO Choke(r) m; **~ere** [sjɔ'keːʔʀə] schockieren, F schocken

chokolade [sjogo'laːðə] 〈-n; -r〉 Schokolade f (a Getränk); **fyldte ~r** Pralinen f/pl; **~mælk** [-'melʔg] Schokomilch f; **~overtræk** [-'ɔ̄ʊʀl̥ʀɛg] Schokoladenüberzug m; **~pastil** [-pa'sdel'ʔ] Schokoladenplätzchen n

ciffer [sifər] 〈cif(fe)ret; cifre〉 Ziffer f; **...cifret** ...zif(f)erig, ...stellig

cigar [si'gɑːʔʀ] 〈-en; -er〉 Zigarre f; **en flot ~** fig F ein flotter Käfer

cigaret [siga'ʀɛd] 〈-ten; -ter〉 Zigarette f; **~røg** [-'ʀɔiʔ] Zigarettenrauch m; **~rør** [-'ʀøːʔʀ] Zigarettenspitze f; **~skød** [-sgɔð] n Zigarettenstummel m; **~tænder** [-tenʌr] Feuerzeug n

cigar|etui [si'gɑːʔʀe'tvi:ʔ], **~foderal** [-fudəʔʀɑːʔl] Zigarrenetui n, Zigarrentasche f

cigar|kasse [si'gɑːʔʀkasə] Zigarrenkiste f; **~klipper** [-klebɔr] 〈-en; -er〉 Zigarrenabschneider m

cikorie [si'koːʔʀiə] 〈-n; -r〉 BOT Zichorie f, Wegwarte f; F Kaffeezusatz m

cinnoberrød ['si'noːʔbərʀøːʔð] zinnoberrot; **~t** [-ʀød] 〈et〉 Zinnoberrot n, Zinnober m

cirka ['siʀga] (Abk. **c.** od **ca.**) zirka (Abk. ca.), ungefähr, etwa, rund

cirkel ['siʀgəl] 〈cirk(e)len; cirkler〉 Kreis m; fig Zirkel m; **ond ~** Teufelskreis m; **~bue** [-buːə] Kreisbogen m; **~formet** [-fɔʀməð] kreisförmig

cirkle ['siʀglə] kreisen

cirku|lation [siʀkula'sjoːʔn] 〈-en; -er〉 Zirkulation f, Umlauf m; **~ere** [-'leːʔʀə] zirkulieren, umlaufen, kursieren; **~ære** [-'leːʀə] 〈-t; -r〉 Rundschreiben n, Runderlass m; **~ær(e)skrivelse** [-'leːʀəsgriːvəlsə] Rundschreiben n

cirkus ['siʀkus] 〈-(s)en od -(s)et; -(s)er od -〉 Zirkus m (a fig)

cisterne [si'sdɛʀnə] 〈-n; -r〉 Zisterne f; Spülkasten m, Wasserkasten m

citar ['sitɑːʔʀ] 〈-en; -er〉 → **citer**

citat [si'taːʔd] 〈-et; -er〉 Zitat n; Beleg m; **~ionstegn** [sita'sjoːʔnstaiʔn] Anführungszeichen n

citer ['sitər] (od **citar**) 〈-en; cit(e)re〉 MUS Zither f

citere [si'teːʔʀə] zitieren, anführen

citron [si'troːʔn] 〈-en; -er〉 Zitrone f; **~fromage** [-fʀoʔmaːsjə] Zitronenspeise f; **~presser** [-pʀɛsər] Zitronenpresse f; **~saft** [-safd] Zitronensaft m; **~skal** [-sgal'ʔ] Zitronenschale f; **~skive** [-sgiːvə] Zitronenscheibe f; **~sodavand** [-soːdavanʔ] Zitronenlimonade f; **~sommerfugl** [-sɔməʀfuːʔl] Zitronenfalter m; **~vand** [-vanʔ] Zitronenlimonade f

city ['siti] 〈-en od -et; -er〉 City f, Innenstadt f

civil [si'viːʔl] zivil; **i ~** in Zivil; **~værnepligt** Zivildienst m, Ersatzdienst m; **~befolkning** [-be'fɔlʔgneŋ] Zivilbevölkerung f; **~forsvar** [-fɔʀsvɑːʔʀ] Zivilverteidigung f, Zivilschutz m; **~ingeniør** [-ensjenʔiøːʔʀ] etwa: Diplomingenieur(in) m(f) (mit e-r Universitätsausbildung)

civilis|ation [sivilisa'sjoːʔn] 〈-en; -er〉 Zivilisation f; **~eret** [-'seːʔʀəd] zivilisiert

civil||ist [sivi'lisd] 〈-en; or〉 Zivilist m; **~klædt** [si'viːʔklɛːʔd] in Zivil; **~kurage** [-] Zivilcourage f

cleare ['kliːʀə] verrechnen; wechseln

clearing ['kliːʀeŋ] 〈-en; -er〉 Clearing n, Verrechnung f

clips [klebs] 〈-en; -〉 (od **klips**) Clip m, Klipp m, Klips m; Büroklammer f; Haarklips m; Ohrclip m

clockradio ['klɔgʀɑːʔdio] Radiowecker m

co. [koːʔ] (= **kompagni**) [kɔmpe'ni:ʔ] Kompanie f od ÖKON Co.

coaster ['koːsdər] 〈-en; -e〉 NAUT Küstenmotorschiff n, Kümo n

cocktail ['kɔgteîl] 〈-en; -s od -〉 Cocktail m; **~ryster** [-ʀøsdər] 〈-en; -e〉 Mixbecher m, Shaker m

cognac ['kɔnʔjag] 〈-en; -er〉 (od **konjak**) Kognak m, Weinbrand m; Cognac m; **~(s)farvet** [-fɑʀvəð] cognacfarben

colibakterier ['koːlibaʔteːʔʀiə] 〈-en〉 (od **kolibakterier**) pl Kolibakterien f/pl

coloradobille [kolo'ʀɑːdobilə] ZO Coloradokäfer m, Koloradokäfer m, Kartoffelkäfer m

complet [kɔm'ple] 〈-en; -er〉 Kleidung: Komplet n; (**te od kaffe**) ~ Frühstücksgedeck n

computer [kɔm'pjuːtər] 〈-en; -e〉 Computer m; **~styret** [-sdyːʀəð] computergesteuert

container [kɔn'tɛinər] ⟨-en; -e⟩ Container *m*

coupe, coupé [ku'pe] ⟨coupeen; coupeer⟩ *Auto:* Coupé *n*

courgette [kur'sjɛd] ⟨-n; -r⟩ BOT Zucchini *f*, Zucchino *m*

cowboybukser ['kɔuboïbogsər] *pl* (Blue)Jeans *pl od f*, Nietenhose *f*

CPR-nummer [se:?'pe:'ɛrnɔm'?ər] ⟨*CPR = det Centrale Personregister → personregister*⟩ Nummer *f* im zentralen Personenstandsregister, Personenkennzahl *f*

crawl [krɔ:l] ⟨-en⟩ Kraul(schwimmen *n*) *n*; ~e ['krɔ:lə] kraulen

creme [krɛ:?m] ⟨-n; -r⟩ *(od krem)* Creme *f*, Krem *f* (*m*); ~farvet ['krɛ:mfɑr?vəð] cremefarben, cremefarbig; ~t ['krɛ:məð] cremig, kremig

crosset ['krɔssəð] ~ *check* Verrechnungsscheck *m*

cuban|er [ku'ba:?nər] ⟨-en; -e⟩ Kubaner(in) *m(f)*; ~sk [-'ba:?nsg] kubanisch

curler ['kœrlər] ⟨-en; -e⟩ Lockenwickler *m*

cykel ['sygəl] ⟨cyk(e)len; cykler⟩ (Fahr)-Rad *n*; *henstillen af cykler forbudt* das Abstellen von Rädern ist verboten; *køre på ~* Rad fahren, radeln

cykel|anhænger ['sygəl'anhɛŋ?ər] Fahrradanhänger *m*; ~bane [-ba:nə] Radrennbahn *f*; ~bud [-buð] Fahrradbote *m*; ~dæk [-dɛg] Fahrradreifen *m*;

~klemme [-klɛmə] Hosenklammer *f*; ~klokke [-klɔgə] Fahrradklingel *f*

cykel|kurv ['sygəlkur?v] Fahrradkorb *m*; ~kæde [-kɛ:ðə] Fahrradkette *f*; ~kørsel [-kœr?səl] Radfahren *n*; ~lygte [-løgðə] Fahrradlampe *f*; ~løb [-lø:?b] SPORT Radrennen *n*; ~lås [-lɔ:?s] Fahrradschloss *n*; ~net [-nɛð] Speichenschutz *m*; ~reparation [-rɛpɑrɑ'sjo:?n] Fahrradreparatur *f*; ~rytter [-rydər] SPORT Radrennfahrer *m*; ~skur [-sgu:?r] Radschuppen *m*; ~skærm [-sgɛr?m] Schutzblech *n*

cykel|slange ['sygəlslɑŋə] Fahrradschlauch *m*; ~smed [-smeð] Fahrradmechaniker *m*; ~sport [-sbɔrd] Radsport *m*; ~stald [-sdal?] Fahrradstand *m*; ~stativ [-sda'ti:?v] Fahrradständer *m*; ~stel [-sdɛl?] (Fahrrad)Rahmen *m*; ~sti [-sdi:?] Rad(fahr)weg *m*; ~styr [-sdy:?r] Lenkstange *f*, (Fahrrad)Lenker *m*; ~taske [-tasgə] Fahrradgepäcktasche *f*; ~tur [-tu:?r] Radtour *f*, Radwanderung *f*

cykl|e ['syglə] Rad fahren, radeln; ~ing ['sygleŋ] ⟨-en⟩ Radfahren *n*; ~ *forbudt!* Radfahren verboten!

cyklist [syg'lisd] ⟨-en; -er⟩ Radfahrer(in) *m(f)*

cylinder [sy'len?dər] ⟨-en; cylind(e)re⟩ Zylinder *m* (*a* TECH); ~hat [-had] Zylinder(hut) *m*; ~lås [-lɔ:?s] Zylinderschloss *n*; ~volumen [-vo'lu:mən] *Auto:* Hubraum *m*; Zylindervolumen *n*

cylindrisk [sy'len?drisg] zylindrisch

D

D, d [de:?] ⟨-'et; -'er⟩ D, d *n*

da [da] *konj* als; da, weil; wo; *adv* da, dann; denn; doch; *fra ~ af* von da ab (*od an*); *indtil ~* bis dahin; *siden ~* seit damals; *nu og ~* dann und wann, hin und wieder

daddel ['dað?əl] ⟨*dad(de)len; dadler*⟩ Dattel *f*

dadel ['da:?ðəl] ⟨-en⟩ Tadel *m*; ~fri [-fri:?] tadelfrei; ~løs [-lø:?s] tadellos; ~værdig [-vɛr?di] tadelnswert

dadle ['daðlə] tadeln, rügen (*for/wegen A*, für *A*)

dag [da:?] ⟨-en; -e⟩ Tag *m*; ~ens helt (*od mand*) der Held (*od Mann*) des Tages; ~ens lys das Tageslicht; (*god*) ~! (guten) Tag!; grüß Gott!; *hver ~* jeder Tag; jeden Tag, alle Tage; *hver anden ~* jeden zweiten Tag, alle zwei Tage; ~en efter (*før*)

tags darauf (zuvor), am nächsten (vorhergehenden) Tag; *en (skønne) ~* e-s (schönen) Tages; ~s tid für einen Tag; *hele ~en* den ganzen Tag; ~ ud, ~ ind tagaus, tagein; *de gamle ~e* die alten Zeiten; *en fem ~es rejse* e-e fünftägige Reise; *en af ~ene* in den nächsten Tagen; *tage én af ~e* j-n ums Leben bringen; *lægge (komme) for ~en* an den Tag legen (kommen); ~ *for ~* Tag für Tag; täglich; *fra ~ til ~* von Tag zu Tag; *i ~* heute; *i gamle ~e* in früheren Zeiten; *den ~ i ~* noch heute; *i otte ~e* heute in acht Tagen; *i de sidste otte ~e* seit acht Tagen; *i ~ (om) otte ~e* heute in acht Tagen; *i ~ens løb* im Laufe des Tages; *inden otte ~e* binnen acht Tagen; *om ~en* tagsüber, am Tag, täglich; *om otte ~e* in acht Tagen; **han er sin fader op ad ~e** er ist ganz der Vater; **tidligt (sent) på ~en** früh (spät) am Tage; **nu til ~s** heutzutage, heute

dag|arbejde ['dɑwɑrbaiʔdə] Tag(es)arbeit f; **~blad** [-blað] Tageszeitung f, Tageblatt n; **~bog** [-bɔːˀw] Tagebuch n; **~brækning** [-brɛgnɛŋ] ⟨-en; -er⟩ → **daggry**; **~driver** [-drɪːˀvɔr] Tagedieb m; **~drøm** [-drœmˀ] Tagtraum m, Wachtraum m

dages ['daːəs] tagen, Tag werden; fig sich bessern

dagevis ['daːəviˀs] i ~ tagelang

dag|frisk ['dɑwfrɛsg] frisch, von heute; **~gammel** [-gɑməl] einen Tag alt

daggert ['dɑgərd] ⟨-en; -er⟩ Dolch m

dag|gry ['dɑwgryˀ] Tagesanbruch m, Morgengrauen n, Morgendämmerung f; **~hjem** [-jɛmˀ] Kindertagesstätte f; **~hold** [-hɔlˀ] Tagschicht f; **~institution** [-ɛnsdituˀsjoˀn] Kita f (Kindertagesstätte); **~lejer** [-laiɔr] Tagelöhner m

daglig ['dɑwli] täglich; alltäglich; **til ~** (für) gewöhnlich; **~ tale** Umgangssprache f; **~dag** [-dɑˀ] Alltag m; **~dags** [-daːˀs] alltäglich; tagtäglich; **~liv** [-liːˀv] Alltagsleben n; **~stue** [-sduːə] Wohnzimmer n

dag|løn ['dɑwlœnˀ] Tageslohn m; **~ning** ['daːnɛŋ] ⟨-en⟩ → **daggry**; **~penge** [-pɛŋə] pl Tagegelder n/pl; **~plejemo(de)r** [-plaiəmoːr] Tagesmutter f; **~renovation** [-rɛnovaˀsjoˀn] Müllabfuhr f

dagsarbejde ['dɑwsɑrbaiʔdə] Tagesarbeit f

dagskurs ['dɑwskuːˀrs] ÖKON Tageskurs m

dagskær ['dɑwsgɛːˀr] Dämmerlicht n

dags|lys ['dɑwslyˀs] Tageslicht n; **~march** [-mɑrsj] Tagesmarsch m

dags|orden ['dɑwsɔrˀdən] Tagesordnung f; **~presse** [-prɛsə] Tagespresse f; **~pris** [-priːˀs] Tagespreis m; **~ration** [-rɑˀsjoˀn] Tagesration f; **~(s)regn** [-(s)raiˀn] Dauerregen m, Landregen m; **~rejse** [-raisə] Tagesreise f; **~værk** [-vɛrg] → **dagværk**

dag|temperatur ['dɑwtɛmbərɑˀtuˀr] Tagestemperatur f; **~værk** [-vɛrg] Tagewerk n

dagældende ['dɑgɛlˀ ɔnə] damals gültig

dakendt ['dakɛnˀd] damals bekannt

dal [daːˀl] ⟨-en; -e⟩ Tal n; **~bo** ['daːlboːˀ] ⟨-en; -er⟩, **~boer** ['daːlboːˀɔr] ⟨-en; -e⟩ Talbewohner m; **~e** ['daːlə] sinken, sich senken; Einfluss: schwinden; Preis: fal-

len

daler ['daːlɔr] ⟨-en; -e⟩ HIST Taler m; **så bliver det lige en daler!** F das macht genau 2 Kronen!

dalevende ['dale:ˀvənə] damals lebend

dam¹ [damˀ] ⟨-men; -me⟩ Teich m

dam² [damˀ] Spiel: Dame f; **spille ~** Dame spielen

damask ['damasg] ⟨-et; -er⟩ Damast m

dambrug ['dambruːˀ] Teichwirtschaft f

dame ['daːmə] ⟨-n; -r⟩ Dame f; Tischnachbarin f, -dame f; Tanzpartnerin f; **~agtig** [-agdi] damenhaft; **~bekendtskab** [-bekɛnˀdsgaːˀb] Damenbekanntschaft f; **~benklæder** [-benkleːðər] pl Schlüpfer m; **~blad** [-blað] Frauenzeitschrift f; **~cykel** [-sygəl] Damen(fahr)rad n; **~frisør** [-friˀsøːˀr] Damenfriseur m; Friseuse f; **~t** [-ð] → **dameagtig**; **~toilet** [-toaˀlɛd] Damentoilette f

dametække ['daːmətɛgə] have ~ Anziehung auf Frauen ausüben

dameundertøj ['daːmə ˀonərtɔiˀ] Damenwäsche f

damp [damˀb] ⟨-en; -e⟩ Dampf m; Dunst m; **sætte ~en op** Dampf geben; fig F Dampf dahinter machen; **~bad** ['dambaðˀ] Dampfbad n

dampe ['dambə] dampfen, qualmen; dämpfen; **~ af** abdampfen (a fig); **~r** [-r] ⟨-en; -e⟩ Dampfer m, Dampfschiff n

damp|koge ['damboˀwə] dämpfen, dünsten; **~lokomotiv** [-logomoˀtiːˀv] Dampflokomotive f; **~skib** [-sgiːˀb] n Dampfschiff n; **~tryk** [-trøg] Dampfdruck m

dandere [daŋˀdeːˀrə] ~ **den** sich herumtreiben, herumlungern

danefæ ['daːnəfɛːˀ] ⟨-et⟩ JUR Heimfallsfund m, Fund m aus der Vorzeit, der dem Staat abzuliefern ist

danerne ['daːˀnərnə] pl best. Form, lit die Dänen

dankort ['dankɔrd] n dän Chipkarte zum Bezahlen und Geldabheben; **~terminal** [-tɛrmiˀnaːˀl] Registriergerät für die dankort (an der Kasse)

Danmark ['danmɑrg] Dänemark n

danmarks|historie ['danmɑrgshiˀsdoːˀriə] Geschichte f Dänemarks; **~kort** [-kɔrd] Dänemarkkarte f; **~mester** [-mɛsdər] SPORT dän. Meister(in) m(f)

danne ['danə] bilden, formen, gestalten

Dannebrog ['danəbroːˀ] der Danebrog

dannebrogsflag ['danəbroːsflaːˀ] Danebrog m, dän. Flagge f

dannekvinde ['danəkvenə] iron brave,

biedere Frau f

dannelse ['danəlsə] ⟨-n; -r⟩ Bildung f, Gestaltung f

dannelses|rejse [danəlsəsrɑɪsə] Bildungsreise f; **~trin** [-tʀin] Bildungsstufe f, Bildungsgrad m

dannemand ['danəmanʔ] *lit scherzh* Biedermann m, Ehrenmann m

dannet ['danəð] gebildet

dans [dan'ˀs] ⟨-en; -e⟩ Tanz m; **gå bag af ~er** F ins Hintertreffen geraten; **gå til ~** in die Tanzstunde gehen

danse ['dansə] tanzen; **~bule** [-buːlə] F Bumslokal n; **~estrade** [-e'sdʀɑðə] Tanzfläche f; **~gulv** [-gol] Tanzfläche f; **~lyst** [-løsd] Tanzlust f; **~lærer** [-lɛːʀɐʀ] Tanzlehrer m; **~musik** [-muˈsiɡ] Tanzmusik f; **~orkester** [-ɔʀˈkesdɐʀ] Tanzkapelle f; **~partner** [-pɑʀdnɐʀ] Tanzpartner(in) m(f)

danser ['dansɐʀ] ⟨-en; -e⟩ Tänzer m; **~inde** [-'enə] ⟨-n; -r⟩ Tänzerin f

danse|skole ['dansəsɡoːlə] Tanzschule f; **~trin** [-tʀin] Tanzschritt m; **~undervisning** [-onəʀviːˀsneŋ] Tanzunterricht m

dansk[1] [dan'ˀsɡ] ⟨-en; -e⟩ → **dansker**

dansk[2] [dan'ˀsɡ] ⟨et⟩ Dänisch n, das Dänische, die dänische Sprache; **tale ~** Dänisch sprechen; **på ~** in Dänisch, im Dänischen, auf Dänisch

dansk[3] [dan'ˀsɡ] dänisch; **~ dame/kvinde** Dänin f; **hun er ~** sie ist Dänin; **~ hund** dän. Dogge f

dansk|er ['dansɡɐʀ] ⟨-en; -e⟩ Däne m; Dänin f; **~fremstillet** ['dan'ˀsɡfʀemsdelˀəð] in Dänemark hergestellt; **~født** [-føːˀd] von dän. Eltern geboren; **~hed** [-heːðˀ] ⟨-en; -er⟩ dän. Gesinnung f; dän. Art f; **~lærer** [-lɛːʀɐʀ] Dänischlehrer(in) m(f); **~sindet** [-senˀəð] dän. gesinnt; **~sproget** [-sbʀɔːˀwəð] dänischsprachig, mit dän. Muttersprache f; **~talende** [-taːlənə] Dänisch sprechend; **~time** [-tiːmə] dän. Dänischstunde f; **~top** [-tɔb] *dän Schlagermusik;* **~undervisning** [-onəʀviːˀsneŋ] Dänischunterricht m; **~vand** [-vanˀ] ⟨-en; -er od -⟩ Sprudel m, Mineralwasser n

das [das] ⟨-set; -ser⟩ F (Plumps)Klo n, Lokus m

dase ['daːsə] dösen, faulenzen

dask [dasɡ] ⟨-et; -⟩ Klaps m, Schlag m

daske ['dasɡə] v/t (leicht) schlagen, klapsen; v/i baumeln, schlenkern; schlendern

dat [dad] **dit og ~** dies und das (od jenes)

data ['daːta] pl Daten n/pl; Personalien pl; **~alder** [-alˀɐʀ] Computerzeitalter n;

~bank [-baŋˀɡ], **~base** [-baːsə] ⟨-en; -er⟩ Datenbank f; **~behandling** [-be'han'leŋ] Datenverarbeitung f; **~beskyttelse** [-be'sɡødəlsə] Datenschutz m; **~central** [-sɛn'tʀɑːˀl] Rechenzentrum n

datalog [da'ta'loːˀ] ⟨-en; -er⟩ Informatiker(in) m(f); **~i** [-lo'gi:ˀ] ⟨-en⟩ Informatik f

data|lære ['daːtalɛːʀə] Informatik f; **~maskine** [-maˈsgiːnə] elektronische(r) Rechner m, Computer m; **~mat** [-ˈmaːˀd] ⟨-en; -er⟩ Computer m; **~matik** [-maˈtig] ⟨-ken⟩ Informatik f, Datenverarbeitung f; **~matiker** [-ˈmaːˀtigɐʀ] ⟨-e⟩ Informatiker(in) m(f); **~net** [-nɛd] Datennetz n; **~nom** [-ˈnoːˀm] ⟨-en; -er⟩ Computerfachmann m; **~skærm** [-sgɛʀˀm] Monitor m, Bildschirm m; **~styret** [-sdyːʀəð] computergesteuert

datere [da'teːˀʀə] datieren

datid ['datiˀð] GRAM Vergangenheit f; **~ig** [-i] damalig

dativ ['daːtiːˀv] ⟨-en; -er⟩ GRAM Dativ m

dato [ˈdaːto] ⟨-en; -er⟩ Datum n; **dags ~** ØKON heute; **hvad ~ har vi i dag?** der wievielte ist heute?, was für ein Datum haben wir heute?, **af gårs ~** von gestern, gestrig; **til ~** bis heute

dato|linje ['daːtolinjə] Datumsgrenze f; **~mærke** [-mɛʀɡə] Ware: Verpackungsdatum/Haltbarkeitsdauer angeben; **~stempel** [-sdɛmˀbəl] Datum(s)stempel m

datter ['dadɐʀ] ⟨-en; døtre⟩ Tochter f; **~barn** [-bɑːˀʀn] Enkelkind n (Kind der Tochter); **~datter** [-dadɐʀ] Enkelin f (Tochter der Tochter); **~lig** [-li] töchterlich, Tochter-; **~selskab** [-selsgaːˀb] ØKON Tochtergesellschaft f; **~søn** [-sœn] Enkel m (Sohn der Tochter)

dav [daʊˀ]: **~!** F Tag!, Hallo!

davre ['daʊʀə] ⟨-n⟩ Morgenimbiss m

davs [daʊˀs]: **~ (med dig)!** F Tag!, Hallo!

daværende [dɑːvˀʀənə] damalig

d.d. ['da:ˀs'daːto] *Abk. für* dags dato, → dato

de [di] *pers.pron pl* sie pl; → **den**

De [di] *Anrede:* Sie; **være ~s** sich siezen

debat [de'bad] ⟨-en; -ter⟩ Debatte f

debet ['de:bɛd] ⟨-en⟩ ØKON Soll n (og kredit und Haben n); **til ~ for Dem** zu Ihren Lasten; **~side** [-siːðə] Sollseite f

debit|ere [debi'te:ˀʀə] belasten; **~or** ['de:bitɐʀ] ⟨-en; -er⟩ Debitor m, Schuldner(in) m(f)

debut [de'by] ⟨-en; -er⟩ Debüt n; **~ant** [-by'tan'ð] ⟨-en; -er⟩ Debütant(in) *m(f)*; **~arbejde** [-ɑʀbaɪˀdə] Erstlingsarbeit *f*

dec. [de'sɛmˀbəʀ] *Abk. für* **december**

december [de'sɛmˀbəʀ] ⟨*-en*⟩ Dezember *m*

decharge [de'sjɑʀsj] ⟨*-n*⟩ Entlastung *f*; **give kassereren ~** den Kassenwart entlasten

deciliter ['de'siliðəʀ] Deziliter *m, a n*

decimal [desi'maːˀl] ⟨*-en; -er*⟩ MATH Dezimalstelle *f*; **~brøk** [-bʀøˀ] Dezimalbruch *m*; **~tal** [-tal] Dezimalzahl *f*

deci|mere [desi'meːˀʀə] dezimieren; **~meter** ['-meːˀdəʀ] Dezimeter *m, a n*

dedi|cere [dedi'seːˀʀə] widmen (*én ngt. j-m etw*); **~kation** [-ka'sjoːˀn] ⟨*-en; -er*⟩ Widmung *f*

defekt[1] [de'fɛgd] ⟨*-en; -er*⟩ Defekt *m*

defekt[2] [de'fɛgd] defekt, schadhaft

defektrice [defɛg'tʀiːsə] ⟨*-n; -r*⟩ Apothekenhelferin *f*

defensor [de'fɛnsɔʀ] ⟨*-en; -er*⟩ JUR Verteidiger(in) *m(f)*

deficit ['defisid] ⟨*-tet*⟩ Defizit *n*, Fehlbetrag *m*

definer|bar [defi'neːˀʀbaːˀʀ] definierbar; **~e** [-'neːˀʀə] definieren; **~lig** [-li] definierbar

definiti|on [defini'sjoːˀn] ⟨*-en; -er*⟩ Definition *f*; **~v** [-'finiti:ˀv] endgültig, definitiv

defroster [de'fʀɔsdəʀ] ⟨*-en; -e*⟩ Entfroster *m*, Defroster *m*

degener|ation [degenəʀa'sjoːˀn] ⟨*-en; -er*⟩ Degeneration *f*; **~eret** [-'ʀeːˀʀəð] degeneriert

degn [daɪˀn] ⟨*-en; -e*⟩ Küster *m*, Mes(s)ner *m*, KATH Sakristan *m*

dej [daɪˀ] ⟨*-en*⟩ Teig *m*; **~agtig** ['daɪagdi] teigartig; **~et** ['daɪəð] teigig

dejlig [daɪli] schön, herrlich, prächtig, lieblich, reizend; *iron* nett; **~hed** [-heːðˀ] ⟨*-en; -er*⟩ Schönheit *f*

dejse ['daɪsə] **~** (*om*) umfallen, hinfallen

dejtrug ['daɪtʀuːˀ] Teigmulde *f*, Backtrog *m*

dekaden|ce [deka'dɑŋsə] ⟨*-n*⟩ Dekadenz *f*; **~t** [-'denˀd] dekadent

deklin|ation [deklina'sjoːˀn] ⟨*-en; -er*⟩ GRAM Deklination *f* (*a* PHYS) **~ere** [-'neːˀʀə] deklinieren

del [de:ˀl] ⟨*-en; -e*⟩ Teil *m, n*; Anteil *m*; **en** (*hel*) **~ mennesker** ziemlich viele Leute (*od e-e* Menge Leute); **have** (*tage*) **~ i ngt.** an *etw* (*D*) teilhaben (teilnehmen); **ngt. bliver mig til ~** *etw* wird mir zuteil; **jeg for min ~** ich für meinen Teil; **for en**

stor ~ zum großen Teil; **for største ~en** größtenteils; **til ~s** zum Teil; **begge ~e** beides; **en** (*ingen*) **af ~ene** eins (keins) von beiden

delagtig [de'l'agdi] *lit* teilhaftig (*i/G*); beteiligt (*i/an D*); **~gøre** [-gœ:ˀʀə] teilhaben lassen (*i/an D*), einbeziehen (*i/in A*); **~hed** [-he:ðˀ] Beteiligung *f*; Mittäterschaft *f*

dele [de:lə] ⟨*-te*⟩ teilen; aufteilen; **~ sig** sich teilen; *Weg:* sich gabeln

delegere [dele'ge:ˀʀə] delegieren; **de ~de** die Delegierten *pl*

delegeret [dele'ge:ˀʀəð] ⟨*-en*⟩ Delegierte(r) *m*, Delegierte *f*; **~møde** [-mø:ðə] Delegiertenversammlung *f*

delelig ['de:ləli] teilbar; **~hed** [-he:ðˀ] ⟨*-en*⟩ Teilbarkeit *f*

delfin [del'fiːˀn] ⟨*-en; -er*⟩ Delfin *m*

delikatere [delika'te:ˀʀə]: **~ sig med ngt.** sich an *etw* (*D*) laben, sich *etw* schmecken lassen

delikatesse [delika'tɛsə] ⟨*-n; -r*⟩ Delikatesse *f*, Leckerei *f*; **~forretning** [-fɔ'ʀɛdneŋ] Feinkostgeschäft *n*, Delikatessengeschäft *n*

deling ['de:leŋ] ⟨*-en; -er*⟩ Teilung *f*, MIL Zug *m*

delle [dɛlə] ⟨*-n; -r*⟩ Fettpolster *n*

dels [de:ˀls]: **~ ... ~** teils ... teils

deltage ['de:lta:ˀə] teilnehmen, sich beteiligen (*i/an D*); **~nde** teilnehmend; teilnahmsvoll; **~lse** [-lsə] ⟨*-n*⟩ Teilnahme *f*, Beteiligung *f*; Teilhaberschaft *f*; Anteilnahme *f*; Beileid *n*; **~r** [-ʀ] ⟨*-en; -e*⟩ Teilnehmer(in) *m(f)*; Teilhaber(in) *m(f)*

deltid ['de:lti:ˀð]: **være ansat på ~** teilzeitbeschäftigt sein

deltids|arbejde ['de:ltiðsˀɑʀbaɪˀdə] Teilzeitarbeit *f*; **~beskæftiget** [-be'sgɛfdiəð] teilzeitbeschäftigt

delvis [de'lviːˀs] teilweise, zum Teil

dem [dɛm] *pers.pron* ihnen, sie; **det er ~** sie sind es; → **de**

Dem [dɛm] (*Anrede*) Ihnen, Sie; **glæder De ~?** freuen Sie sich?; → **De**

demokrat [demo'kʀaːˀd] ⟨*-en; -er*⟩ Demokrat(in) *m(f)*; **~i** [-kʀaˀtiːˀ] ⟨*-et; -er*⟩ Demokratie *f*; **~isk** [-'kʀaˀtisg] demokratisch; **~ur** [-kʀaˀtuːˀʀ] ⟨*-et; -er*⟩ *iron* Scheindemokratie *f*

demonstra|nt [demon'sdʀanˀd] ⟨*-en; -er*⟩ Demonstrant(in) *m(f)*; **~tion** [-sdʀa'sjoːˀn] ⟨*-en; -er*⟩ Demonstration *f*; Kundgebung *f*; Vorführung *f*; **~tionstog** [-sdʀa'sjoːˀnstɔˀw] Demonstrationszug *m*; **~tiv** ['-'mɔnsdʀati:ˀv] demonstrativ; GRAM *a* hinweisend

demonstrere [demon'sdʀe:ʔʀə] demonstrieren; vorführen

den [dɛnʔ], **det** [de] *n*, **de** [di] *pl art u dem.pron* der, die, das; *pl* die; **den, der** (*od som*) ... wer ...; **den mand her** (**der**) dieser (*od* der) Mann hier (da); **hr. den og den** Herr Soundso; ~ **er** (**jo**) ~**!** genau (so ist es)!

dengang ['dɛn'ɡaŋ] damals; ~ (**da**) (damals) als

dengse ['dɛŋsə] ⟨*-n*; *-r*⟩ Bübchen *n*

denne ['denə], **dette** ['dedə] *n*, **disse** ['disə] *pl dem.pron* dieser, diese, dieses; *pl* diese; **denne her** dieser (hier); **denne der** der da; **den 2. dennes** (*Abk.* ds.) ÖKON der Zweite dieses Monats (*Abk.* d. M.); ~**sidig** [-'si:ʔði] diesseitig

departement [depaʀdə'maŋ] ⟨*-et*; *-er*⟩ *etwa*: Regierungsstelle *f*; *fig* Ressort *n*

departementschef [depaʀdə'maŋsjeːʔf] Staatssekretär *m*, Ministerialdirektor *m*

deponere [depo'ne:ʔʀə] hinterlegen

deposit|a [depaʀdə'ʔsita] *pl → depositum*; ~**obank** [-sitobaŋʔɡ] Depositenbank *f*; ~**um** [-sitom] ⟨*-(m)et; -(m)er od deposita*⟩ Depositum *n*, Sicherheit *f*

depot [de'po:ʔd] ⟨*-et*; *-er*⟩ Depot *n*

depress|ion [depʀe'sjoːʔn] ⟨*-en*; *-er*⟩ Depression *f*; ~**v** ['depʀesi:ʔv] depressiv

der¹ [dɛ:ʔʀ] *adv* da, dort

der² [dɛʀ] *unpersönlich* es; ~ **findes, ~ gives** es gibt; ~ **siges** man sagt; *rel.pron* der, die, das, *pl* die; welcher, welche, welches, *pl* welche; **hvad** ~ was; **hvem** ~ wer; **der|af** ['dɛ:ʔʀa:ʔ] davon, daraus, daher; ~**boende** [-bo:ʔənə] ortsansässig

derefter [dɛ:ʔʀefdəʀ] danach, hinterher

deres ['dɛ:ʀəs] (→ **de**) *poss.pron* ihr, ihre, ihr; *pl* ihre; der, die, das ihrige; *pl* die ihrigen

Deres ['dɛ:ʀəs] (→ **De**) *Anrede*: Ihr, Ihre, Ihr; *pl* Ihre; der, die/das Ihrige; *pl* die Ihrigen; ~ **far** Ihr Vater; ~ **mor** Ihre Mutter; ~ **datter** Ihre Tochter

der|for ['de:ʔʀfɔʀ] deshalb, darum; [dɛʀ'fɔʀ] dafür; davon; davor; dennoch, trotzdem; ~**fra** [-fʀɑ:ʔ] von dort, von da; daher; [dɛʀ'fʀɑ:ʔ] davon; daher

derhen ['de:ʔʀhɛn] dorthin; [dɛʀ'hɛn] (da)hin; ~**ad** [-'hɛnʔað] in dieser Richtung; ~**hørende** [-hɛn'hø:ʔʀənə] dahin gehörig, einschlägig

derhenne [dɛ:ʔʀhenə] da, dort; ~**fra** [-fʀɑ:ʔ] von dort, von da

derhjemme [dɛʀ'jemə] zu Hause; ~**fra** [-fʀɑ:ʔ] von zu Hause

der|hos ['dɛ:ʔʀhos] dabei, daneben; außerdem; ~**i** ['dɛ:ʔʀi:ʔ, dɛʀ'i:ʔ] darin, daran; hinein; ~**iblandt** [-i'blanʔd] darunter; ~**igennem** [-i'ɡɛnʔəm] dadurch; ~**imellem** [-i'melʔəm] dazwischen; ~**imod** [-i'mo:ʔð] dagegen; hingegen; ~**ind** [-'enʔ] dahinein, dorthinein; ~**inde** [-'enə] (dort) drinnen; ~**indefra** [-'enə-fʀɑ:ʔ] von dort drinnen; ~**med** [-mɛð] damit; ~**ned** [-'ne:ʔð] dahinunter; ~**nede** [-'ne:ðə] dort unten; ~**nedefra** [-'ne:ð-əfʀɑ:ʔ] von dort unten; ~**nedenfor** [-'ne:ðənfɔʀ] dort unten; ~**næst** [-nesd] *Zeit*: darauf, danach

der|om ['dɛ:ʔʀɔmʔ] davon, darüber; darum; daran; ~**omkring** [-ɔm'kʀeŋʔ] daherum, irgendwo dort in der Nähe; ~**omme** [-'ɔmə] dort hinten; ~**ommefra** [-'ɔmə-fʀɑ:ʔ] von dort hinten; ~**op** [-ɔb] dort hinauf; ~**oppe** [-'ɔbə] dort oben; ~**oppenfra** [-'ɔbəfʀɑ:ʔ] von dort oben; ~**ovenover** [-'ɔuənɔːʔəʀ] darüber; ~**over** [-'ɔuʔəʀ] darüber, hinüber; ~**overfor** [-'ɔuəʀfɔʀ] dort gegenüber; ~**ovre** [-'ɔuʀɑ] drüben; ~**ovrefra** [-'ɔuʀɑfʀɑ:ʔ] von drüben; ~**på** [-pɔ:ʔ] darauf, daran; *Zeit*: darauf, danach

dersom ['dɛʀsɔm] falls, wenn

der|til ['de:ʀtel] bis dahin, so weit; (da)hin; dazu; ~**ud** [-u:ʔð] (dort) hinaus; ~**ude** [-'u:ðə] draußen; ~**udefra** [-'u:ðə-fʀɑ:ʔ] von dort draußen; ~**udover** [-ɔð-'ɔuʔəʀ] darüber hinaus; ~**under** [-ɔn-'ʔɔuʔəʀ] darunter; ~**ved** [-veð] dabei, daran; dadurch; darunter; ~**værende** [-ve:'ʔʀənə] dortig

des [dɛs] desto; (**så meget**) ~ **bedre** umso besser; ~ **ikke mindre** nichtsdestoweniger

Des [dis] → **De**

desangående ['-aŋgɔ:ʔənə] diesbezüglich

desarmere [desaʀme:ʔʀə] entwaffnen; entschärfen

des|formedelst ['desfɔʀme:ʔðəlsd] *konj* weil; ~**foruden** [-sfɔʀ'uʔðən] außerdem

desinficere ['desenfi'ʔseːʔʀə] desinfizieren

deslige [des'li:ə] dergleichen, desgleichen

desperat [desbə'ʀɑ:ʔd] verzweifelt, außer sich

dessert [de'sɛːʔʀd] ⟨*-en*; *-er*⟩ Dessert *n*, Nachtisch *m*, Nachspeise *f*

desto [desdo] desto; → *a* **des**

destruere [desdʀu'e:ʔʀə] vernichten

destruktionsanstalt [desdʀuɡ'sjoːʔns-'ansdalʔd] Abdeckerei *f*; Müllverbren-

D

nungsanlage f

des|uagtet [des'uɑgdəð] des(sen) ungeachtet; **~uden** [-'u:ðən] außerdem; **~være** [-'vɛrə] leider

det [de] (→ **den**) es; (betont) das; **~ er mig** (**dig**) ich bin (du bist) es; **og ~** und zwar; **~ var ~!** F dann wäre das erledigt!

detail|handel [de'taiˀhanˀəl] Einzelhandel m, Kleinhandel m; **~handler** [-'hanlər] ⟨-en; -e⟩ Einzelhändler m

detalje [de'taljə] ⟨-n; -r⟩ Detail n, Einzelheit f; **~ret** [-'tal'jeˀrəð] detailliert

detentionslokale [deten'sjoːˀnslo'kaːlə] Ausnüchterungszelle f

dette ['dedə] → **denne**

devalue|re [devalu'eːˀrə] Geld abwerten; fig entwerten; **~ing** [-'eˀren] ⟨-en; -er⟩ Abwertung f

devovere [devo'veːˀrə] opfern (**sig** sich)

dia ['dia] ⟨-et; -er od -s⟩ Dia n

diagnos|e [dia'gnoːsə] ⟨-n; -r⟩ Diagnose f, ärztliche(r) Befund m; **~ticere** [-gnosti'seːˀrə] diagnostizieren

diagonal¹ [diago'naːˀl] Diagonale f

diagonal² [diago'naːˀl] diagonal

dialekt [dia'legd] ⟨-en; -er⟩ Dialekt m, Mundart f; **~forskning** [-fɔrsgnen] Mundart(en)forschung f; **~ik** [-leg'tig] ⟨-ken⟩ Dialektik f; **~isk** [-'legtisg] dialektisch

dialog [dia'loːˀ] ⟨-en; -er⟩ Dialog m

diamant [dia'manˀd] ⟨-en; -er⟩ Diamant m; **af ~** diamanten; **~bryllup** [-brœlob] diamantene Hochzeit f; **~ring** [-reŋˀ] Diamantring m; **~sliber** [-sliːbər] Diamantschleifer m

diameter [dia'meːˀdər] ⟨-en; diametre⟩ Durchmesser m; **indvendig ~** lichte Weite f

dia|positiv [dia'positiˀv] ⟨-et; -er⟩ Diapositiv n; **~ramme** ['rɑmə] Diarähmchen n

diare, diaré, diarre, diarré [dia'reːˀ] ⟨-en; -er⟩ MED Durchfall m, Diarrhö(e) f

dias ['dias] ⟨-(s)et; -⟩ → **dia**; **~ramme** ['rɑmə] → **diaramme**

did [diðˀ] lit dorthin, dahin; **hid og ~** hin und her

die¹ ['diːə] ⟨en⟩ Muttermilch f; **give ~** stillen, säugen, die Brust geben

die² ['diːə] Kind: saugen, trinken

diegivning ['diːagiˀvnen] ⟨-en; -er⟩ Stillen n

diesel|motor ['diːˀsəlmoːtɔr] Dieselmotor m; **~olie** [-oːlja] Dieselöl n

difference [difəˀrɑŋsə] ⟨-n; -r⟩ Differenz f, Unterschied m; Differenzbetrag m

differenti|ale [difərɛn'sjaːlə] ⟨-t; -r⟩ Auto: Differenzial n, Ausgleichsgetriebe n; **~ere** [-'sjeːˀrə] differenzieren; **~ering** [-'sjeːˀreŋ] ⟨-en; -er⟩ Differenzierung f

dig [dai] (→ **du**) dir, dich; **det er ~** du bist es

dige¹ ['diːə] ⟨-t; -r⟩ Deich m

dige² ['diːə] deichen

digebrud ['diːəbruð] Deichbruch m

digel ['diːˀəl] ⟨dig(e)len; digler⟩ Tiegel m

diger ['diːˀər] dick, umfangreich

digt [degd] ⟨-et; -e⟩ Gedicht n; F Erdichtung f

digte ['degdə] dichten; erdichten

digter ['degdər] ⟨-en; -e⟩ Dichter(in) m(f); **~inde** [-'enə] ⟨-n; -r⟩ Dichterin f

digt|ning ['degdnen] ⟨-en; -e od -er⟩ Dichtung f (Poesie); **~samling** [-sɑmleŋ] Gedichtsammlung f

dik¹ [deg] ⟨-ket; -⟩ Ticken n; Herz: Schlag m

dik² [deg]: **~, ~** ticktack

dikke ['degə] Uhr: ticken; **~ én j-n kitzeln

dikkedarer [degə'daːˀrər] pl Umstände pl; F Fisimatenten pl, Schnickschnack m, Brimborium n

dikkedik [degə'deg] Uhr: ticktack; **~!** killekille!

diktat¹ [dig'taːˀd] ⟨-en; -er⟩ Schule: Diktat n; **tage et ~** Büro: ein Diktat aufnehmen

diktat² [dig'taːˀd] ⟨-et; -er⟩ Diktat n, aufgezwungene Verpflichtung f

dikt|atur [digta'tuːˀr] ⟨-et; -er⟩ Diktatur f; **~ere** [-'teːˀrə] diktieren; **~er(e)maskine** [-'teˀrˀrma'sgiːnə] Diktiergerät n

dild [dilˀ] ⟨-en⟩ Dill m

dilettant [dile'tanˀd] ⟨-en; -er⟩ Dilettant(in) m(f); Amateur m, Laie m; **~forestilling** [-foːrəsdelˀeŋ] THEA Liebhaber-, Laienaufführung f; **~isk** [-isg] dilettantisch; **~isme** [-'tan'tismə] ⟨-n⟩ Dilettantismus m; **~komedie** [-koˀmeːˀdiə] Laienspiel n

dille ['dilə] ⟨-n; -r⟩ F Fimmel m; → **rengøringsdille**

dimission [dimi'sjoːˀn] ⟨-en; -er⟩ Schulentlassung f, (Schul-)Abschlussfeier f

dimitte|nd [dimi'tenˀd] ⟨-en; -er⟩ Schulabgänger(in) m(f), Absolvent(in) m(f), Abiturient(in) m(f); **~re** [-'teːˀrə] entlassen; zum Abitur führen

dims [demˀs] ⟨-en; -er⟩ Tüttelchen n, Häkchen n; Dings n

din [diːˀn], **dit** [did] n, **dine** ['diːnə] pl poss.pron dein, deine, dein; pl deine; **din idiot!**, **dit fjols!** F du Idiot!, du

Dussel!

ding [deŋ]: ~, **dang!** bim, bam!

dingeldangel ['deŋʔəldaŋʔəl] ⟨et⟩ F Gebaumel n; fig F Lametta n (Orden)

dingeling [deŋə'leŋ] ~! bimmelim!, klingeling!

dingenot [deŋə'noːʔd] ⟨-en; -er⟩ Dingsda n

dingle ['deŋlə] baumeln, schlenkern; schwanken; ~**vorn** [-voːʔʀn] wack(e)lig

dip [dib] ⟨-pen; -⟩ Tunke f, Soße f

diplom [di'ploːˀm] ⟨-et; -er⟩ Diplom n

diplomat [diplo'maːˀd] ⟨-en; -er⟩ Diplomat(in) m(f); ~**isk** [-isg] diplomatisch; ~**pas** [-pas] Diplomatenpass m

diplomeret [diplo'meːˀʀəð] Diplom-

dippedut [dibə'dud] ⟨-ten; -ter⟩ Dingsbums n

direkt|e ['diʀegdə] direkt, unmittelbar; ~ **transmission** Direktübertragung f; ~**hed** [di'ʀegdheːðˀ] ⟨-en⟩ Direktheit f; ~**ion** [diʀeg'sjoːˀn] ⟨-en; -er⟩ Direktion f, Vorstand m, Leitung f; ~**ionssekretær** [-'sjoːˀnsekʀe'teːˀʀ] Chefsekretärin f, Vorstandssekretärin f; ~**ør** [diʀeg'tøːˀʀ] ⟨-en; -er⟩ Direktor(in) m(f)

dirigent [diʀi'genˀd] ⟨-en; -er⟩ Dirigent(in) m(f), Kapellmeister(in) m(f); Verhandlungsleiter(in) m(f), (der/die) Vorsitzende, Diskussionsleiter(in) m(f); ~**klokke** [-klɔgə] Glocke f des Vorsitzenden; ~**stok** [-sdɔg] Dirigentenstab m

dirigere [diʀi'geːˀʀə] dirigieren, leiten

dirk [diʀg] ⟨-en; -e⟩ Dietrich m

dirke ['diʀgə]: ~ **op** mit e-m Dietrich öffnen; ~**fri** [-fʀiːˀ] einbruch(s)sicher

dirre ['diʀə] beben, zittern

dis [diˀs] ⟨-⟩ Nebel m, Dunst m

discipel [di'sibəl] ⟨disciplen; disciple⟩ Schüler(in) m(f); REL Jünger m

disciplin [disi'pliːˀn] ⟨-en; -er⟩ Disziplin f, Fach n, Sportart f; ⟨-en⟩ Disziplin(iertheit) f; **mangel på ~** Disziplinlosigkeit f; ~**eret** [-pli'neːˀʀəð] diszipliniert

disciplinærstraf [disipli'neːˀʀsdʀaf] Disziplinarstrafe f, Ordnungsstrafe f

discountbutik [dis'kaʊndbu'tig] Discountladen m

diset ['diːˀsəd] diesig, dunstig, neb(e)lig

disfavør ['disfa'vœːʀ] ⟨-en⟩: **i din ~** zu deinen Ungunsten

disk¹ [desg] ⟨-en; -e⟩ Ladentisch m; Theke f

disk² [desg] ⟨-en; -e od -s⟩ EDV Diskette f, Magnetplatte f

diske¹ ['desgə]: ~ **op med ngt.** etw auftischen (a fig)

diske² ['desgə] → **diskvalificere**

diskette [dis'kɛdə] ⟨-n; -r⟩ Diskette f; ~**drev** [-dʀeːˀˀ] n Diskettenlaufwerk n

diskos ['disgɔs] ⟨-(s)en; -(s)er od -⟩ Diskus m, Wurfscheibe f; ~**kast** [-kasd] Diskuswerfen n, Diskuswurf m; ~**kaster** [-kasdəʀ] Diskuswerfer(in) m(f)

diskotek [disgo'teːˀg] ⟨-et; -er⟩ Diskothek f

diskret [dis'gʀeːˀd] diskret; ~**ion** [-gʀe'sjoːˀn] ⟨-en; -er⟩ Diskretion f

diskriminer|e [diskʀimi'neːˀʀə] diskriminieren; ~**ing** [-'neːˀʀeŋ] ⟨-en; -er⟩ Diskriminierung f

disku|ssion [disku'sjoːˀn] ⟨-en; -er⟩ Diskussion f; ~**tabel** [-'taːˀbəl] diskutabel; fraglich

diskutere [disku'teːˀʀə] diskutieren, erörtern, besprechen; **det kan ~s** darüber lässt sich streiten

diskvalificere ['diskvalifi'seːˀʀə] disqualifizieren

dispo|nere [dispo'neːˀʀə] disponieren, verfügen (over/ über A); ~**sition** [-si'sjoːˀn] ⟨-en; -er⟩ Disposition f, Verfügung f; Aufsatz: Gliederung f

disput [dis'byd] ⟨-en; -ter⟩ Disput m, Streitgespräch n; ~**ats** [-bu'taːˀds] ⟨-en; -er⟩ dän. Doktorarbeit f, Dissertation f; Doktorprüfung f; ~**ere** [-bu'teːˀʀə] disputieren, streiten; die Thesen der Dissertation (öffentlich) verteidigen, F **s-n** Doktor machen

disse¹ ['disə] pl → **denne**

disse² ['disə]: **ikke en ~** F keinen roten Heller

dissek|ere [dise'keːˀʀə] MED sezieren, zergliedern (a fig); ~**tion** [-seg'sjoːˀn] ⟨-en; -er⟩ Sektion f; ~**tionskniv** [-seg'sjoːˀnskniːˀv] Seziermesser n

distance [di'daŋsə] ⟨-en; -r⟩ Distanz f, Entfernung f, Abstand m; SPORT Strecke f; ~**blænder** [-blɛnɐ] fig F Blender m; ~**flyvning** [-flyːvneŋ] Langstreckenflug m; ~**løb** [-løːˀb] SPORT Langstreckenlauf m; ~**re** [-sdaŋˀseːˀʀə] distanzieren; SPORT überrunden (a fig)

distra|here [disdʀa'heːˀʀə] ablenken; ~**ktion** [-dʀag'sjoːˀn] ⟨-en; -er⟩ Zerstreutheit f

distrikt [di'sdʀegd] ⟨-et; -er⟩ Distrikt m, Bezirk m, Gebiet n, Revier n

distriktslæge [di'sdʀegds'lɛːə] Bezirksarzt m

distræt [di'sdʀɛːˀ(d)] zerstreut

dit¹ [did]: ~ **og dat** dies und das (od jenes)

dit² [did] poss.pron → **din**

ditten ['didən]: **~ og datten** → **dit¹** (**og dat**)

ditto ['dito] (*Abk.* **do.**) dito, gleichfalls (*Abk.* do. *od* dto.)

diverse [di'vɛʀsə] diverse *pl*, allerlei

dividend [divi'den'd] ⟨*-en; -er*⟩ MATH Dividend *m*; **~e** [-'dendə] ⟨*-n; -r*⟩ Dividende *f*, Gewinnanteil *m*

dividere [divi'de:'ʀə] dividieren, teilen (*med*/durch *A*); **10 ~t med 2** zehn (geteilt) durch zwei

division [divi'sjo:'ʔn] ⟨*-en; -er*⟩ MATH, MIL Division *f*; Fußball: Liga *f*

divisions|stykke [divi'sjo:'ʔnsdøgə] Divisionsaufgabe *f*; **~tegn** [-taɪ'ʔn] Divisionszeichen *n*

diæt [di'ɛ:'ʔd] ⟨*-en; -er*⟩ Diät *f*; *holde* **~** Diät halten; **~er** [-əʀ] *pl* Diäten *pl*, Tagegelder *n/pl*

djærv [djɛʀ'ʋ] Witz: derb, deftig; Wort: derb, kräftig, offen; **~hed** ['djɛʀvhe:ð'] ⟨*-en; -er*⟩ Derbheit *f*, Offenheit *f*

djævel ['dje:vəl] ⟨*djævə(e)len; djævle*⟩ Teufel *m*; *en solle* **~** ein armer Teufel (*od* Schlucker); *ikke en* **~** F kein Mensch; **~sk** [-sg] teuflisch; **~skab** [-sga:'b] ⟨*-en od -et*⟩ Teufelei *f*, F Teufelszeug *n*

djævle|besværgelse ['dje:vləbe'sveʀ'wəlsə] Teufelsbeschwörung *f*; **~blændt** [-blɛn'd] höllisch; **~uddrivelse** [-uð'dʀi:'ʋəlsə] Teufelsaustreibung *f*

dkr. (= *danske kroner*) dkr (*Dänische Kronen*)

do. → **ditto**

dobbelt ['dɔbəld] doppelt, zweifach; **tre-dobbelt** dreifach; **~billet** [-bi'led] Rückfahrkarte *f*; **~bundet** [-bon'əð] doppelbödig; **~dækker** [-degəʀ] ⟨*-en; -e*⟩ FLUG, NAUT, Bus: Doppeldecker *m*; **~gænger** [-gɛŋəʀ] ⟨*-en; -e*⟩ Doppelgänger(in) *m(f)*; **~hage** [-ha:ə] Doppelkinn *n*; **~knude** [-knu:ðə] Doppelknoten *m*; **~konfekt** [-kɔn'fegd] F doppelt gemoppelt; **~løbet** [-lø:'ʔbəð] Gewehr: doppelläufig; **~moral** [-mo'ʀɑ:'l] Doppelmoral *f*

dobbelt|radet ['dɔbəldʀɑ:'ʔðəd] Jackett: zweireihig; **~seng** [-sɛŋ'] Doppelbett *n*; **~sidet** [-si:'ʔðəd], **~sidig** [-si:'ʔði] doppelseitig; **~spil** [-sbel] Doppelspiel *n*; **~sporet** [-sbo:'ʔʀəð] BAHN zweigleisig; Schule: zweizügig; Straße: zweispurig; **~tydig** [-ty:'ʔði] doppeldeutig, doppelsinnig; **~vindue** [-vendu] Doppelfenster *n*; **~værelse** [-vɛ:ʀəlsə] Hotel: Doppelzimmer *n*, Zweibettzimmer *n*; **~øl** [-øl] Doppelbier *n*, obergärige(s) Bier *n*

doble ['dɔblə] würfeln; *Bridge:* doppeln; **~**

op verdoppeln

docent [do'sen'd] ⟨*-en; -er*⟩ Dozent(in) *m(f)*; **~re** [-'se:'ʀə] dozieren

dog [dɔw] doch, dennoch; jedoch; aber; denn, nur; *og* **~** es sei denn; vielleicht doch nicht

dogme ['dɔwmə] ⟨*-t; -r*⟩ Dogma *n*

dok [dɔg] ⟨*-ken; -ker*⟩ NAUT Dock *n*

doktor ['dɔgdəʀ] ⟨*-en; -er*⟩ (*Abk.* **dr.**) Doktor *m* (*Abk.* Dr.); Arzt *m*, Ärztin *f*; **~afhandling** [-aðhan'lən], **~disputats** [-dispu'ta:'ðs] Dissertation *f*; Doktorarbeit *f*

doktorgrad ['dɔgdəʀgʀɑ:'ð] Doktorgrad *m*; *tage* **~en** promovieren, s-n Doktor machen; → **disputere**

dokument [doku'men'd] ⟨*-et; -er*⟩ Dokument *n*, Urkunde *f*, Aktenstück *n*

dokumentar|film [dokumen'ta:'ʀfil'm] Dokumentarfilm *m*; **~isk** [-isg] dokumentarisch

dokument|ere [dokumen'te:'ʀə] dokumentieren, beurkunden, belegen, nachweisen; **~falsk** [-'men'dfal'sg] Urkundenfälschung *f*; **~mappe** [-'men'dmabə] Aktenmappe *f*, Aktentasche *f*

dolk [dɔl'g] ⟨*-en, -e*⟩ Dolch *m*; Fahrtenmesser *n*

dolke ['dɔlgə] erdolchen

dollar ['dɔlaʀ] ⟨*-en; -s od -*⟩ Dollar *m*; **~grin** [-gʀi:'ʔn] Auto: Straßenkreuzer *m*; **~kurs** [-ku:'ʀs] Dollarkurs *m*

dolme ['dɔlmə] ⟨*-n; -r*⟩, **~r** [-ʀ] ⟨*-en; -e*⟩ Kohlroulade *f*

dom [dɔm'] ⟨*-men; -me*⟩ JUR Urteil *n* (*a fig*); *afsige en* **~** ein Urteil abgeben (*od* sprechen); *sidde til* **~s over én** über *j-n* Gericht halten

domfælde ['dɔmfɛl'ə] verurteilen; **~lse** [-lsə] ⟨*-n; -r*⟩ Verurteilung *f*

domhus ['dɔmhu:'s] Gerichtsgebäude *n*

domin|ans [domi'nan's] ⟨*-en; -er*⟩ Dominanz *f*; Vormachtstellung *f*; **~ere** [-'ne:'ʀə] dominieren, beherrschen

domkirke ['dɔmkiʀgə] Dom *m*, Münster *n*

domme ['dɔmə]: *i dyre* **~** für teures Geld

dommedag ['dɔmədɑ:'] ⟨*-en*⟩ BIBL das Jüngste Gericht

dommer ['dɔməʀ] ⟨*-en; -e*⟩ Richter(in) *m(f)*; SPORT Schiedsrichter *m*; Preisrichter *m*; **~embede** [-ɛmbe:ðə] Richteramt *n*; **~sæde** [-sɛ:ðə] Richterstuhl *m*; **~vagt** [-vagd] ⟨*-en*⟩ JUR Gericht *n*

dompap ['dɔmpab] ⟨*-pen; -per*⟩ ZO Dompfaff *m*, Gimpel *m*

domprovst ['dɔmpʀɔw'sd] Dompropst *m*

doms|afsigelse ['dɔm'sausɪ'əlsə] Urteilsverkündung *f*; **~akter** [-agdəʀ] *pl* Gerichtsakten *f/pl;* **~mand** [-man?] Schöffe *m,* Schöffin *f;* **~mandsret** [-mansʀed] Schöffengericht *n*

domstol ['dɔmsdo:?l] Gericht *n,* Gerichtshof *m*

donere [do'ne:?ʀə] spenden

donkraft ['dɔnkʀafd] ⟨*-en; -e od -er*⟩ Wagenheber *m;* Hebezeug *n*

donor ['do:nɔʀ] ⟨*-en; -er*⟩ MED Spender(in) *m(f)*

dont [dɔn?d] ⟨*-en*⟩: *passe sin ~* s-r Arbeit nachgehen

dope[1] ['doʊb] ⟨*-n*⟩ F *Droge, Rauschgift:* Dope *n*

dope[2] ['doʊbə] SPORT *v/t* dopen; *v/i* sich dopen

doping ['doʊbeŋ] ⟨*-en; -er*⟩ Doping *n*

dorsk [dɔʀsg] träge, faul; **~hed** [-he:ð?] ⟨*-en; -er*⟩ Trägheit *f*

doser|e [do'se:?ʀə] dosieren; **~ing** [-'se:?-ʀeŋ] ⟨*-en; -er*⟩ Dosierung *f*

dosis ['do:sis] ⟨*-(s)en od dosen; doser*⟩ Dosis *f,* Dose *f*

dosmer ['dɔsmər] ⟨*-en; -e*⟩ F Dummkopf *m;* **~agtig** [-agdi] einfältig; **~seddel** [-sɛð?əl] Merkzettel *m*

double [dɔbl] ⟨*-n; -r*⟩ Doppel *n;* **~mixed ~** Mixed *~* F

douche [dusj] ⟨*-n; -r*⟩ Dusche *f*

doven ['doʊən] faul, träge; *Getränk:* abgestanden, schal; **~didrik** [-diðʔʀeg] ⟨*-ken; -ker*⟩ **dovenkrop, dovenlars;** **~dyr** [-dy:?ʀ] ZO Faultier *n* (*a fig*); **~krop** [-kʀɔb], **~lars** [-laʀs] ⟨*-en; -er*⟩ F Faulpelz *f;* **~skab** [sga:?b] ⟨*-en*⟩ Faulheit *f*

dovne ['doʊnə] faulenzen

dr. *Abk. für* **doktor**

drab [dʀa:?b] ⟨*-et; -*⟩ Totschlag *m,* Tötung *f*

drabelig ['dʀa:bəli] gewaltig, enorm, üppig

drabs|forsøg ['dʀa:?bsfɔʀsø:?] versuchte(r) Totschlag *m;* **~mand** [-man?] Mörder *m,* Totschläger *m*

drag [dʀa:?w] ⟨*-et; -*⟩ Schluck, Rauchen: Zug *m;* Schlag *m;* **nyde livet i fulde ~** sein Leben in vollen Zügen genießen

drage[1] ['dʀa:wə] ⟨*-n; -r*⟩ Drache *m;* Drachen *m* (*a fig*)

drage[2] ⟨*drageen; drageer*⟩ Dragée *n*

drage[3] ['dʀa:wə] ⟨*drog; draget*⟩ ziehen; *~ et suk* en Seufzer ausstoßen; *~ ånde* Atem holen; *~ omsorg* Sorge tragen (*for/*für *A*); *føle sig ~t af/mod én* sich zu *j-m* hingezogen fühlen; *~ af(sted)* losziehen; *~ bort* wegziehen, davonziehen; *~ ngt. efter sig* etw nach sich ziehen; *~ ind*

einziehen; hineinziehen; *~ ud* ausziehen, hinausziehen; *~s med døden* mit dem Tode kämpfen; **~nde** verlockend

dragé [dʀa'sje] → **drage**[2]

drage|flyver ['dʀa:wɔfly:vəʀ] Drachenflieger *m;* **~hoved** [-ho:ðə] Drachenkopf *m*

drager ['dʀa:wəʀ] ⟨*-en; -e*⟩ Gepäckträger *m;* Träger *m*

dragkiste ['dʀawki:sdə] Truhe *f,* Kommode *f*

dragt [dʀagd] ⟨*-en; -er*⟩ Tracht *f;* Kostüm *n;* Kleidung *f;* Anzug *m;* *en ~ prygl* e-e Tracht Prügel; **~pose** ['-po:sə] (Motten-)Schutzhülle *f*

drak [dʀag] → **drikke**[2]

dram [dʀam?] ⟨*-men; -me od -mer*⟩ Schnaps *m*

drama ['dʀa:ma] ⟨*-et; -er*⟩ Drama *n*

dramati|k [dʀama'tig] ⟨*-ken*⟩ Dramatik *f;* **~sk** [-'ma:?tisg] dramatisch

dranker ['dʀaŋgəʀ] ⟨*-en; -e*⟩ Säufer(in) *m(f),* Trinker(in) *m(f);* **~hjem** [-jɛm?] Trinkerheilanstalt *f*

drastisk ['dʀa:sdisg] drastisch

dratte ['dʀadə] purzeln; *~ ned* herunterfallen; *~ om* hinfallen; *komme ~nde* F angelatscht kommen

drej [dʀai?] ⟨*-et; -*⟩ Drehung *f*

dreje ['dʀaiʔə] ⟨*-en; -e*⟩ drehen, wenden, lenken; TECH drechseln; TEL wählen; *~ af* abdrehen; abbiegen; *~ ind* einbiegen; *~ om* umdrehen; *~ sig om ngt.* sich um *etw* handeln (drehen); *~ om hjørnet* um die Ecke biegen; *~ op* aufdrehen; *~ tilbage* zurückdrehen

dreje|bog ['dʀaiəbɔ:?w] *Film:* Drehbuch *n;* **~bænk** [-bɛŋ?g] Drehbank *f;* Drechselbank *f;* **~kors** [-kɔʀs] Drehkreuz *n;* **~lig** [-li] drehbar, schwenkbar

drejer ['dʀaiəʀ] ⟨*-en; -e*⟩ Drechsler *m,* Dreher *m;* **~i** [dʀai'ri:?] ⟨*-et; -er*⟩ Drechslerei *f*

dreje|scene ['dʀaiəse:nə] THEA Drehbühne *f;* **~skive** [-sgi:və] BAHN, *Töpfer:* Drehscheibe *f;* TEL Wählscheibe *f;* **~stol** [-sdo:?l] Drehstuhl *m*

drejl [dʀai?l] ⟨*-et; -er*⟩ Drillich *m*

drejning ['dʀaineŋ] ⟨*-en; -er*⟩ Drehung *f;* Krümmung *f;* Kehre *f,* Wende *f,* Biegung *f;* TECH Drall *m;* Drehen *n;* Drechseln *n;* TEL Wählen *n*

dreng [dʀɛŋ?] ⟨*-en; -e*⟩ Junge *m,* Bub *m; lit* Knabe *m;* Bursche *m;* F *gamle ~!* alter Junge!

drenge|agtig ['dʀɛŋɔagdi] jungenhaft; knabenhaft; **~barn** [-baʀ?n] Knabe *m;*

~frisure [-fʀi'sy:ʀə], **~hår** [-hɔ:ˀʀ] Bubikopf *m*, Herrenschnitt *m*; **~streg** [-sdʀɑiˀ] Jungenstreich *m*; **~t** [-ð] jungenhaft; **~år** [-ɔ:ˀʀ] *pl* Knabenjahre *pl*

dressere [dʀɛ'se:ˀʀə] abrichten, dressieren

drev¹ [dʀɛʊ] ⟨-et; -⟩ TECH Getriebe *n*, Laufwerk *n* (*a* EDV), Antriebsrad *n*

drev² [dʀɛːˀv] → *drive*²

dreven [dʀɛːvən] erfahren, versiert; F schlau, durchtrieben, gerieben

drevet¹ [dʀɛːvəð] *Metall:* getrieben

drevet² [dʀɛːvəð] → *drive*²

drift [dʀɛfd] ⟨-en; -er⟩ Trieb *m*; Antrieb *m*; Betrieb *m*, Bewirtschaftung *f*, Betreibung *f*; (Vieh-)Herde *f*; NAUT Abtrift *f*; *ude af ~* außer Betrieb; **~ig** ['-i] unternehmend, betriebsam

driftsbestyrer [dʀɛfdsbe'sdy:ˀʀɔʀ] Betriebsleiter *m*

driftsikker ['dʀɛfdsegɔʀ] → *driftssikker*

drifts|kapital ['dʀɛfdskapi'ta:ˀl] Betriebskapital *n*; **~leder** [-le:ðɔʀ] → *driftsbestyrer*; **~omkostninger** [-ɔmkɔsdneŋˀɔʀ] *pl* Betriebskosten *pl*; **~sikker** [-segɔʀ] betriebssicher; **~økonomi** [-økono'mi:ˀ] Betriebswirtschaft *f*; **~år** [-ɔ:ˀʀ] Geschäftsjahr *n*

drik [dʀeg] ⟨-ken; -ke⟩ Getränk *n*; Trunk *m*; *lit* Trank *m*; *forfalden til ~* dem Trunk ergeben

drikfældig [dʀeg'fɛlˀdi] trunksüchtig; **~hed** [-he:ˀð] ⟨-en⟩ Trunksucht *f*

drikke¹ ['dʀegə]: *mad og ~* Essen und Trinken *n*, Speis(e) und Trank *m*

drikke² ['dʀegə] ⟨*drak; drukket*⟩ trinken; F saufen; *~ sig fuld* sich betrinken; *~ dus* Brüderschaft trinken; *~ bort* (*od og*) vertrinken; *~ på ngt.* auf *etw* (*A*) trinken, *fig* F *etw* begießen; *~ ud* austrinken

drikke|automat [dʀegɔaũto'maːˀd] Getränkeautomat *m*; **~bror** [-bʀoːʀ] Zechbruder *m*; **~gilde** [-gilə] Trinkgelage *n*, Zechgelage *n*; **~glas** [-glas] Trinkglas *n*; **~kar** [-kɑʀ] Trinkgefäß *n*; **~lag** [-la:ˀ] Trinkgelage *n*; **~lig** [-li] trinkbar; F süffig; **~lse** [-lsə] ⟨-n⟩ Getränke *n/pl*

drikkepenge ['dʀegəpeŋə] *pl* Trinkgeld *n*; *~ modtages ikke!* kein Trinkgeld!; *med* (*uden*) *~* einschließlich (ohne) Bedienung

drikke|ri [dʀegə'ʀiːˀ] ⟨-et⟩ Trinken *n*, F Saufen *n*; **~skilling** [-'sgelˀeŋ] → *drikkepenge*; **~vand** [-'vanˀ] Trinkwasser *n*; **~vandsforsyning** ['-vansfɔʀ'sy:ˀneŋ] Trinkwasserversorgung *f*; **~varer** ['-va:ʀɔʀ] *pl* Getränke *n/pl*; **~vise** ['-vi:sə] Trinklied *n*

dril [dʀɛlˀ]: *for* (*od på*) *~* um *j-n* zu necken, aus Jux

drilagtig [dʀel'ɑgdi] neckisch; knifflig

drille [dʀelə] necken, foppen, aufziehen, veralbern, hänseln, ärgern; **~pind** [-penˀ] Neckfritze *m*, Neckliese *f*; Spielverderber(in) *m(f)*; **~ri** ['-ʀiːˀ] ⟨-et; -er⟩ Neckerei *f*; **~syg** [-sy:ˀ] necklustig

drilsk [dʀɛlˀsg] → *drilagtig*

drink [dʀeŋg] ⟨-en; -s⟩ Drink *m*, Gläschen *n*, Trunk *m*; *skal vi tage en ~?* wollen wir einen trinken?

driste ['dʀesdə]: *~ sig til* sich erdreisten, wagen

dristig ['dʀesdi] kühn, dreist; **~hed** [-he:ˀð] ⟨-en; -er⟩ Kühnheit *f*, Dreistigkeit *f*

driv|aksel ['dʀiũagsəl] Antriebswelle *f*; **~bænk** [-beŋˀg] Frühbeet *n*

drive¹ ['dʀiːvə] ⟨-n; -r⟩ Schneewehe *f*, Verwehung *f*

drive² ['dʀiːvə] ⟨*drev; drevet*⟩ *v/i* treiben; triefen; faulenzen; *v/t* treiben; bewirtschaften, betreiben; *~ den af* faulenzen; *~ bort* wegtreiben; *Zeit* vertreiben, verbummeln; *~ om på gaden* sich auf der Straße herumtreiben, auf der Straße herumlungern; *~ over* sich verziehen; *fig* vorübergehen; *~ ind* eintreiben; *~ det til ngt.* es zu *etw* bringen; **~nde våd** pudelnass, triefnass

drive-in-biograf ['dʀaiwenbio'grɑːˀf] Autokino *n*

driver ['dʀiːvɔʀ] ⟨-en; -e⟩ Treiber *m*; **~i** [dʀiːvə'ʀiːˀ] ⟨-et; -er⟩ Faulenzen *n*, Bummelei *f*; Müßiggang *m*; **~liv** [-li:ˀv] ein faules Leben; **~t** ['dʀi:ˀvɔð] ⟨-en; -er⟩ F Faulenzer(in) *m(f)*, Faulpelz *m*, Tagedieb *m*, Müßiggänger *m*

driv|fjeder ['dʀiũfje:ˀðɔʀ] Triebfeder *f* (*a fig*); **~garn** [-gɑ:ˀʀn] NAUT Treibnetz *n*; **~gas** [-gas] Treibgas *n*; **~hjul** [-ju:ˀl] Triebrad *n*; **~hus** [-hu:ˀs] Treibhaus *n*, Gewächshaus *n*; **~husplante** [-hu:splɑndə] Treibhauspflanze *f*; **~is** [-i:ˀs] Treibeis *n*; **~kraft** [-kʀɑfd] Triebkraft *f*; *fig* treibende Kraft *f*; **~rem** [-ʀɛmˀ] Treibriemen *m*; **~tømmer** [-tœmˀəʀ] Treibholz *n*; **~vod** [-vo:ˀð] Treibnetz *n*; **~værk** [-vɛʀg] Triebwerk *n*; **~våd** [-vɔ:ˀð] pudelnass, triefnass

drog¹ [dʀõ:ʊ̈] ⟨-et; -⟩ Faulpelz *m*; F *fig* Tropf *m*

drog² [dʀo:ˀ] → *drage*³

drone ['dʀo:nə] ⟨-n; -r⟩ *zo* Drohne *f*

dronning ['dʀɔneŋ] ⟨-en; -er⟩ Königin *f*

drop [drɔb] ⟨-et; -⟩ MED Tropf *m*

droppe ['drɔbə] fallen lassen; *fig* aufgeben

drosche, droske ['drɔsjə] ⟨-n; -r⟩ Droschke *f*; Taxi *n*, Taxe *f*

drosle ['drɔslə] TECH drosseln

drossel ['drɔsəl] ⟨*dros(se)len; drosler*⟩ ZO Drossel *f*; **∼klap** [-klab] TECH Drosselklappe *f*

drot [drɔd] ⟨-ten; -ter⟩ *lit* Herrscher *m*, Fürst *m*

drue ['druːə] ⟨-n; -r⟩ Weinbeere *f*; **∼r** Trauben *fl pl*; **∼klase** [-klaːsə] Traube *f*; **∼saft** [-safd] Traubensaft *m*; **∼sukker** [-sogər] Traubenzucker *m*

druk [drɔg] ⟨-en *od* -et⟩ F Sauferei *f*; Suff *m*; **være på ∼** eine Sauftour machen

drukken ['drɔgən] (be)trunken, F besoffen; **∼bolt** [-bɔl'd] ⟨-en; -e⟩ Trunkenbold *m*, F Säufer *m*, Saufbruder *m*; **∼skab** [-sga:'b] ⟨-en⟩ Betrunkenheit *f*

drukket ['drɔgəð] → *drikke²*

drukne ['drɔgnə] *v/i* ertrinken, ersaufen; *v/t* ertränken, ersäufen; **∼ i arbejde** *fig* F in Arbeit ersticken; **∼t a** Ertrunkene(r) *m*; **∼død** [-dø:'ð] Tod *m* durch Ertrinken; **∼ ulykke** [-uløgə] Ertrinken *n*; Schiffsunglück *n*

drukning ['drɔgnen] ⟨-en⟩ Ertrinken *n*; Ertränken *n*; **∼tur** [-tu:'ʁ] F Sauftour *f*

drunte¹ ['drɔndə] ⟨-n; -r⟩ F Schlampe *f*

drunte² ['drɔndə] F watscheln

dryp [drøb] ⟨-pet; -⟩ Tropfen *m*; Tröpfeln *n*; **∼pe** ['-ə] tropfen, tröpfeln; triefen; *Braten* begießen; *Augen* beträufeln; **∼pert** ['-əʁd] ⟨-en; -er⟩ MED Tripper *m*; **∼sten** ['-sde:'n] Tropfstein *m*; **∼stenshule** ['sde:nshu:lə] Tropfsteinhöhle *f*

drys [drøs] ⟨-set; -⟩ Prise *f*; Faulpelz *m*; **fint ∼ af sne** leiser Schneefall *m*

drysse ['drøsə] *v/t* streuen; *v/i* (herab)rieseln; herabfallen; *Baum:* nadeln **∼ om** (*od rundt*) herumbummeln; **komme ∼nde** gemächlich daherkommen

dræ¹ [drɛ:'?] ⟨-et⟩ BOT Blüte(zeit) *f*

dræ² [drɛ:'?] blühen

dræbe ['drɛ:bə] ⟨-te⟩ töten; abtöten; **∼nde** tödlich, todbringend; **∼nde kedeligt** F todlangweilig

drægtig ['drɛgdi] trächtig; **∼hed** [-he:ð?] ⟨-en⟩ *Tier:* Trächtigkeit *f*; *Schiff:* Ladefähigkeit *f*

dræne ['drɛ:nə] dränieren, entwässern; **∼ing** [-nen] ⟨-en⟩ Dränierung *f*; **∼rør** ['drɛ:nrø:'ʁ] Dränröhre *f*

dræt [drɛd] ⟨-ten *od* -tet; -ter *od* -⟩ *Fische:* Zug *m*

dræve ['drɛ:və] schleppend sprechen; **∼nde** schleppend

drøbel ['drø:'bəl] ⟨*drøb(e)len; drøbler*⟩ ANAT Zäpfchen *n*

drøfte ['drøfdə] besprechen, erörtern; **∼lse** [-lsə] ⟨-n; -r⟩ Besprechung *f*, Erörterung *f*, Beratung *f*; Rücksprache *f*

drøj [drɔi'?] *Worte:* derb, kräftig; *Arbeit:* mühsam, anstrengend; *Brot:* ergiebig, schwer; **∼de** ['-də] ⟨-n⟩ Derbheit *f*; Dicke *f*; Ergiebigkeit *f*

drøje ['drɔiə]: **∼ på maden** das Essen strecken

drøjhed ['drɔihe:ð?] ⟨-en; -er⟩ → *drøjde*

drøm [drœm?] ⟨-men; -me⟩ Traum *m*; **i ∼me** im Traum; **kjolen er en ∼!** F das Kleid ist ein Gedicht!

drømme ['drœmə] ⟨-te⟩ träumen (**om**/von D); **∼ bort** verträumen; **jeg ∼r ikke om at gøre det** es fällt mir nicht im Traum ein, das zu tun; **det havde jeg aldrig drømt om** das hätte ich mir nicht träumen lassen; **∼nde** träumerisch, verträumt

drømme|agtig ['drœməagdi] traumhaft; **∼billede** [-beləðə] Traumbild *n*; **∼løs** [-lø:?s] traumlos

drømmer ['drœmər] ⟨-en; -e⟩ Träumer(in) *m(f)*; **∼i** [drœmə'ri:?] ⟨-et; -er⟩ Träumerei *f*; **∼isk** [-isg] träumerisch

drømme|seng ['drœməsen?] Campingliege *f*; **∼syn** [-sy:?n] ⟨-et; -er *od* -⟩ Traumgesicht *n*; **∼tydning** [-ty:ðnen] Traumdeutung *f*

drøn [drɔ:?n] ⟨-et; -⟩ Gedröhn(e) *n*, Dröhnen *n*; **for fuldt ∼** *Radio:* mit voller Lautstärke

drøne ['drɔ:nə] (er)dröhnen; **bilen ∼de hen ad vejen** das Auto raste den Weg entlang; **∼nde** dröhnend; F völlig, total

drøn|farlig ['drɔ:nfɑrli] F wahnsinnig gefährlich; **∼god** [-go:?] F wahnsinnig gut; toll; **∼hamrende** [-hamrənə] F völlig, total; **∼hed** [-he:ð?] F knallheiß

drønnert ['drœn?ərd] ⟨-en; -er⟩ F Bummelant *m*, Taugenichts *m*

drøv [drœu] **∼: tygge ∼** wiederkäuen; **tygge ∼ på ngt.** *fig* F etw durchkauen; etw lange überlegen

drøvel ['drø:'vəl] ⟨*drøv(e)len; drøvler*⟩ → *drøbel*

drøvtyg|ge ['drœudygə] wiederkäuen; **∼ger** [-r] ⟨-en; -e⟩ Wiederkäuer *m*; **∼ning** [-tygnen] ⟨-en⟩ Wiederkäuen *n*

dråbe ['drɔ:bə] ⟨-n; -r⟩ Tropfen *m*; **∼fanger** [-faŋər] ⟨-en; -e⟩ Tropfenfänger *m*; **∼flaske** [-flasgə] Tropfflasche *f*; **∼form** [-fɔr?m] Tropfenform *f*; **∼formet** [-fɔ-

Rᵒməð] tropfenförmig; **~tæller** [-tɛlɐr] Tropfenzähler m; **~vis** [-viːʔs] tropfenweise

ds. (= **dennes**) ÖKON dieses Monats (Abk. d. M.)

DSB (= **Danske Statsbaner**) die Dänischen Staatsbahnen f/pl

du¹ [du] du; **sige ~ til én** j-n duzen; **være ~s med én** sich mit j-m duzen; **drikke ~s** Brüderschaft trinken

du² [duːʔ] taugen, sich eignen (til/für A)

dubbe ['dubə] (nach)synchronisieren

dubberne ['dɔbɐrnə]: **være på ~** F auf Zack sein

dublet [dub'lɛd] ⟨-ten; -ter⟩ Doppel n, Dublette f

due ['duːə] ⟨-n; -r⟩ zo Taube f; **~avl** [-aŭʔl] Taubenzucht f; **~blå** [-blɔːʔ] taubenblau; **~flok** [-flɔg] Taubenschwarm m; **~from** [-frɔmʔ] lammfromm

duelig ['duːəli] tauglich, fähig, geeignet; **~hed** [-heːðʔ] ⟨-en; -er⟩ Tauglichkeit f, Fähigkeit f; **~hedsprøve** [-heðsprøːvə] Eignungsprüfung f

due|rik ['duːɐneg] ⟨-ken; -ker⟩ Tauber m, Täuberich m; **~skydning** [-sgyːʔðneŋ] Taubenschießen n; **~slag** [-slaːʔ] ⟨-et; -⟩ Taubenschlag m; fig Bordell m; **~steg** [-sdaiʔ] gebratene Taube f

duft [dofd] ⟨-en; -e⟩ Duft m

dufte ['dofdə] duften, riechen (af/nach D); **~nde** duftend, wohlriechend

dug¹ [duːʔ] ⟨-en; -e⟩ Tischtuch n; NAUT Tuch n

dug² [dug] ⟨-gen⟩ Tau m; Beschlag m; Belag m

dug|dråbe ['dugdrɔːbə] Tautropfen m; **~frisk** [-frɛsg] taufrisch

dugge ['dugə] (sich) beschlagen, anlaufen; **det ~r** der Tau fällt; **hendes øjne ~des** ihre Augen wurden feucht; **~t** tauig, betaut; angelaufen, beschlagen

dug|perle ['dugpɛrlə] Tauperle f; **~punkt** [-pɔŋʔgd] Taupunkt m; **~våd** [-vɔːʔð] taufeucht, taubenetzt

dukke¹ ['dogə] tauchen; **~ sig** sich ducken; **~ op** auftauchen (a fig)

dukke² ['dogə] ⟨-n; -r⟩ Puppe f, Püppchen n (a F); Docke f

dukke|agtig ['dogəagdi] puppenhaft; **~ansigt** [-ansegd] Puppengesicht n; **~barn** [-baʔrn] Püppchen n; **~dreng** [-drɛŋʔ] süße(r) Junge m; **~hjem** [-jɛmʔ] niedliche(s) Heim n; **~hus** [-huːʔs] Puppenhaus n

dukkert ['dogɐrd] ⟨-en; -er⟩: **tage (sig) en ~** untertauchen, ins Wasser (od schwim-

men) gehen; **få en ~** F fig e-e kalte Dusche bekommen

dukke|spil ['dogəsbel] Puppenspiel n; **~spiller** [-sbelɐr] Puppenspieler m; **~stue** [-sduːə] Puppenstube f; **~teater** [-teˈaːʔdɐr] Puppentheater n; **~tøj** [-tɔĭ] ⟨-et⟩ Puppenkleider n/pl; **~vogn** [-vɔwʔn] Puppenwagen m

duknakket ['dugnagəð] kurzhalsig

duks [dogs] ⟨-en; -e⟩ Klassenerste(r) m, Primus m; → a **ordensduks**

dulle ['dulə] ⟨-n; -r⟩ F Flittchen n

dulme ['dulmə] lindern, mildern

dum [dɔmʔ] dumm, F blöd, doof

dumdristig [dom'drɛsdi] tollkühn, wage(n)halsig; dummdreist; **~hed** [-heːðʔ] ⟨-en⟩ Tollkühnheit f

dumhed ['domheːðʔ] ⟨-en; -er⟩ Dummheit f

dumme ['domə]: **~ sig** sich blamieren, e-e Dummheit machen; **~peter** [-peːʔdɐr] ⟨-en; -e⟩ Hansnarr m, Hanswurst m; **dumme(r) August** m

dummerhoved ['domʔɐrhoːðə] Dummkopf m

dump¹ [domʔb] dumpf

dump² [domʔb] ⟨-et; -⟩ Plumps m

dumpe ['dombə] v/i plumpsen, fallen; Prüfung: durchfallen; Schule: sitzen bleiben; v/t Abfall verklappen; **~ ind** hereingeschneit kommen; **~kandidat** [-kandiˈdaːʔd] Prüfung: Durchfall(s)kandidat m

dumping ['dombneŋ] ⟨-en⟩ ÖKON Verklappung f; Prüfung: Durchfallen n

dum|rian ['domʔrian] ⟨-en; -er⟩ Dummkopf m; **~stolt** [-domsdɔlʔd] dummstolz

dun [duːʔn] ⟨-et; -⟩ Daune f, Flaum m; Flaumfeder f; **~blød** ['-bløːʔð] daunenweich

dunder ['donʔɐr] ⟨-et⟩ Lärm m; **tale ~ til én** F j-m e-e Standpauke halten

dundre ['donrə] donnern, dröhnen, poltern; **an die Tür** hämmern; F fig wettern; **~nde** F kolossal, gewaltig; **~nde hovedpine** heftige Kopfschmerzen m/pl; **en ~nde løgn** e-e faustdicke Lüge

dun|dyne ['duːndyːnə] Daunendecke f, Federbett n; **~et** [-əð] flaumig; **~haget** [-haːəð] flaumbärtig, milchbärtig; **~hammer** ['donhamʔɐr] ⟨-en; -e od -⟩ BOT Rohrkolben m; **~jakke** [-jagə] Daunenjacke f

dunk¹ [doŋʔg] ⟨-en; -e⟩ Kanister m

dunk² [doŋʔg] ⟨-et; -⟩ Stoß m, Schlag m

dunke ['doŋə] stoßen, schlagen; *Blut, Motor:* hämmern

dun|let ['du:nled] federleicht; **~sovepose** [-sɔüəpo:sə] Daunenschlafsack *m*

dunst [dɔnˀsd] ⟨*-en; -er*⟩ Dunst *m*, üble(r) Geruch *m*

dunste ['donsdə] dunsten, übel riechen; **~ bort** verdunsten, *fig* verfliegen

duntæppe ['du:ntebə] Daunendecke *f*

dup [dub] ⟨*-pen; -per*⟩ Knopf *m*, Stift *m*

dupere [dy'pe:ˀʁə] *j-m* imponieren, *j-n* beeindrucken

duplik|at [dupli'ka:ˀd] ⟨*-et; -er*⟩ Duplikat *n*, Doppel *n*; **~ator** [-'ka:tɔʁ] ⟨*-en; -er*⟩ Vervielfältiger *m*; **~ere** [-'ke:ˀʁə] vervielfältigen

duppe ['dubə] (ab)tupfen

duppedit [dubə'did] ⟨*-ten; -ter*⟩ F → *dippedut*

dupsko ['dubsgo:ˀ] (Stock-)Zwinge *f*

dur [du:ˀʁ] ⟨*-en*⟩ MUS Dur *n*; **i den ~** in dieser Weise; **~e** ['du:ʁə] brausen, tönen

durk [dorɡ] direkt

durkdreven ['dorgdre:ˀvən] durchtrieben, F gerieben

dus¹ [dus] → *du¹*

dus² [du:ˀs]: *i sus og ~* in Saus und Braus

dusin [du'si:ˀn] ⟨*-et; -*⟩ Dutzend *n*; **~vis** [-vi:ˀs]: *(i)* ~ dutzendweise

dusk [dusg] ⟨*-en; -e*⟩ Büschel *n*; Quaste *f*, Troddel *f*; **~et** ['-əð] büschel(art)ig

dusse ['dusə] duzen

dusør [du'sø:ˀʁ] ⟨*-er*⟩ Belohnung *f*, Finderlohn *m*

dutte ['dudə] duzen; **~ én ngt. på** *fig j-m etw* in die Schuhe schieben

duve ['du:və] NAUT stampfen, dümpeln

dvale ['dva:lə] ⟨*-n*⟩, **~tilstand** [-'telsdanˀ] Winterschlaf *m*; *fig* Lethargie *f*

dvask [dvasg] träge, schlaff; **~hed** ['-he:ðˀ] Trägheit *f*

dvd [deve'de:ˀ] ⟨*-en; -er*⟩ DVD; **~afspiller** [-aüspelə] DVD-Player *m*; **~brænder** [-bʁenər] DVD-Brenner *m*

dvs. [devel'si:ə] (= *det vil sige*) das heißt (*Abk.* d. h.)

dvæle ['dvɛ:lə] (ver)weilen

dværg [dvɛʁˀw] ⟨*-en; -e*⟩ Zwerg *m*; **~agtig** ['dvɛʁwagdi] zwergenhaft; **~høne** ['dvɛʁwhø:nə] Zwerghuhn *n*; **~vækst** ['dvɛʁwvɛgsd] Zwergwuchs *m*

dy [dy:ˀ]: **~ sig (for)** sich nicht enthalten (*G*); sich erwehren (*G*); F sich *etw* verkneifen

dyb¹ [dy:ˀb] ⟨*-et; -*⟩ Tiefe *f*; NAUT Tief *n*

dyb² [dy:ˀb] tief (*a fig*)

dybblå ['dybblɔ:ˀ] tiefblau

dybde ['dybdə] ⟨*-n; -r*⟩ Tiefe *f* (*a fig*); **~boring** [-bo:ʁeŋ] Tiefbohrung *f*; **~forhold** [-fɔʁhɔlˀ] NAUT Wassertiefe *f*; **~skarphed** [-sgaʁbheːðˀ] FOT Schärfentiefe *f*

dybel ['dy:ˀvəl] ⟨*dyb(e)len; dybler*⟩ Dübel *m*

dyb|frossen ['dybfʁɔsən] tiefgekühlt; **~frostvare** [-fʁɔsdvɑ:ʁə] Tiefkühlkost *f*; **~fryse** [-fʁy:ˀsə] tiefgefrieren, tiefkühlen; **~fryser** [-fʁy:sɔʁ] ⟨*-en; -e*⟩ Tiefkühltruhe *f*; **~følt** [-fø:ˀld] → *dybtfølt*; **~gang** [-gaŋ̍ˀ] ⟨*-en*⟩ → *dybgående*; **~grøn** [-gʁœnˀ] sattgrün; **~gående** [-gɔ:ˀɔnə] ⟨*-t; -r*⟩ NAUT Tiefgang *m*; **~havsfisk** [-haüsfesg] Tiefseefisch *m*; **~rød** [-ʁø:ˀð] tiefrot

dybsindig [dyb'sen̍ˀdi] tiefsinnig; **~hed** [-he:ðˀ] ⟨*-en; -er*⟩ Tiefsinn *m*, Tiefsinnigkeit *f*

dybt|følt ['dybdfø:ˀld] tief empfunden; **~gående** [-gɔ:ˀɔnə] tief gehend; *fig* schürfend; **~liggende** [-legənə] *Augen:* tief liegend

dybtryk ['dybtʁøg] TYP Tiefdruck *m*

dybtskuende ['dybdsgu:ˀənə] tief blickend

dyd [dy:ˀð] ⟨*-en; -er*⟩ Tugend *f*; *sandt for* **~en** F wahrhaftig; **~ig** [dy:ˀði] tugendhaft

dydsmønster ['dyðsmøn̍ˀsdəʁ] *iron* Tugendbold *m*; Musterknabe *m*

dygtig ['døgdi] tüchtig, geschickt, gewandt, befähigt; **~ træt** F sehr müde; **en ~ masse penge** F ein großer Haufen Geld; **~gøre** [-gœ:ˀʁə] ertüchtigen; qualifizieren; **~gørelse** [-gœ:ˀʁəlsə] ⟨*-n*⟩ Ertüchtigung *f*; Qualifizierung *f*; **~hed** [-he:ðˀ] ⟨*-en; -er*⟩ Tüchtigkeit *f*; Können *n*, Geschick *n*; Könner *m*

dykke ['døgə] (unter)tauchen

dykker ['døgəʁ] ⟨*-en; -e*⟩ Taucher *m*; **~dragt** [-dʁagd] Taucheranzug *m*; **~hjelm** [-jɛlˀm] Taucherhelm *m*

dykning ['døgneŋ] ⟨*-en; -er*⟩ Tauchen *n*

dynd [døn̍ˀ] ⟨*-et*⟩ Schlamm *m*; Schlick *m*; **~et** [-døn̍əð] schlammig

dyne ['dy:nə] Deckbett *n*, Bettdecke *f*; **~betræk** [-be'tʁɛg] Bettbezug *m*; **~vår** [-vɔ:ˀʁ] Inlett *n*

dynge¹ ['døŋə] ⟨*-n; -r*⟩ Haufen *m*

dynge² ['døŋə] (an)häufen, aufhäufen; **~ op** anhäufen; **~vis** [-vi:ˀs] haufenweise

dyngvåd ['døŋvɔ:ˀð] klatschnass

dypkoger ['døbkɔ:wəʁ] → *dyppekoger*

dyppe ['døbə] (ein)tauchen; **~koger** [-kɔ:wəʁ] ⟨*-en; -e*⟩ EL Tauchsieder *m*; **~lse** [-lsə] ⟨*-n; -r*⟩ Tunke *f*, Soße *f*

dyr¹ [dy:ˀʁ] ⟨*-et; -*⟩ Tier *n*; Reh *n*

dyr² [dy:ˀʁ] teuer, kostspielig

dyre|art ['dy:Rɑɑ:ʔRd] Tierart *f*; ~**avl** [-aü'l] Tierzucht *f*

dyrebar ['dy:Rɑbɑ:ʔR] teuer, wert, lieb

dyre|beskyttelse ['dy:Rɑbe'sgødɑlsə] Tierschutz *m*; ~**beskyttelsesforening** [-be'sgødɑlsəsfɔr'ε:ʔnen] Tierschutzverein *m*; ~**fabel** [-fa:ʔbəl] Tierfabel *f*; ~**forsøg** [-fɔR'sø:ʔ] Tierversuch *m*; ~**have** [-ha:və] Tiergarten *m*, Wildpark *m*

Dyrehavsbakken ['dy:Rəhaüs'bagən] *Vergnügungspark nördlich von Kopenhagen*

dyre|kreds ['dy:Rəkre:ʔs] ASTR Tierkreis *m*; ~**kød** [-køð] Rehfleisch *n*; ~**kølle** [-kølə] Rehkeule *f*; ~**liv** [-li:ʔv] Tierleben *n*; ~**park** [-pɑRg] Tierpark *m*; ~**passer** [-pɑsər] ⟨-en; -e⟩ Tierpfleger(in) *m(f)*; ~**rige** [-Ri:ə] Tierreich *n*

dyre|ryg ['dy:RəRɔg] Rehrücken *m*; ~**skind** [-sgen̕ʔ] (Tier)Fell *n*; Rehleder *n*; ~**slægt** [-slεgd] Tiergattung *f*; ~**steg** [-sdaïʔ] Rehbraten *m*, Hirschbraten *m*; ~**tæmmer** [-tεmər] ⟨-en; -e⟩ Tierbändiger *m*; ~**unge** [-oŋə] junge(s) Tier *n*, Tierjunge(s) *n*; ~**værn** [-vεR'ʔn] Tierschutz *m*

dyrisk ['dy:ʔRIsy] tierisch; viehisch

dyrk|e ['dyRgə] Acker bebauen, bestellen, bearbeiten; *Gemüse* ziehen, anbauen; züchten; *fig* pflegen, treiben, sich interessieren für (*A*), sich beschäftigen mit (*D*); REL verehren; anbeten; ~ *sine interesser s-n* Interessen nachgehen; ~ *sport* Sport treiben; ~**else** [-əlsə] ⟨-n⟩ Beschäftigung *f*, *fig* Pflege *f*; Verehrung *f*; ~**er** [-əR] ⟨-en; -e⟩ Verehrer(in) *m(f)*, F Fan *m*; ~**ning** [-nen] ⟨-en⟩ Anbau *m*; Zucht *f*

dyr|læge ['dyRlε:jə] Tierarzt *m*, -ärztin *f*; ~**plageri** [-pla:jə'Ri:ʔ] Tierquälerei *f*; ~**skue** [-sgu:ə] ⟨-t; -r⟩ Tierschau *f*

dyrtid ['dyRtið] Teuerung *f*; Mangel *m* (*a fig*)

dyse [dy:sə] ⟨-n; -r⟩ Düse *f*

dysse¹ ['dysə] ⟨-n; -r⟩ Dolmen *m*, Hünengrab *n*

dysse² ['dysə]: ~ *i søvn* einschläfern, zum Schlafen bringen; ~ *ned* vertuschen, unterdrücken

dyst [dysd] ⟨-en; -er⟩ Streit *m*, Kampf *m*; ~**e** ['-ə] kämpfen; HIST turnieren

dyster ['dysdəR] düster

dystløb ['dysdlø:ʔb] Kampfspiel *n*, Turnier *n*

dyt [dyd] ⟨-tet; -⟩ Hupen *n*; ~**te** ['-ə] hupen

dyvel ['dy:ʔvəl] ⟨*dyv(e)len*; *dyvler*⟩ Dübel *m*

dægge ['dεgə]: ~ *for én* *j-n* (ver)hätscheln; ~ *op* aufpäppeln; ~**lam** [-lɑm̕ʔ]

fig Hätschelkind *n*

dæk [dεg] ⟨-ket; -⟩ *Rad*: Mantel *m*, Reifen *m*; NAUT Deck *n*; ~**adresse** ['-a'dRεsə] Deckadresse *f*; ~**blad** ['-blɑð] BOT Deckblatt *n*; ~**farve** ['-fɑRvə] Deckfarbe *f*; ~**fjer** ['-fje:ʔR] ZO Deckfeder *f*

dække¹ ['dεgə] ⟨-t; -r⟩ Decke *f*; Hülle *f*; *fig* Deckmantel *m*; *Straße*: Belag *m*, Schicht *f*; *spille under ~ med én* F *fig* mit *j-m* unter einer Decke stecken; *under ~ af venskab* unter dem Deckmantel der Freundschaft

dække² ['dεgə] decken; bedecken; ~ *bord* den Tisch decken; ~ *til* zudecken

dækkeserviet ['dεgəsεRvi'ed] Platzdeckchen *n*; ~**ter** *pl a* Sets *n/pl*

dække|tallerken ['dεgata'lεRgən] Zierteller *m*, Platzteller *m*; ~**tøj** [-toï] Tischwäsche *f*

dæk|navn ['dεgnaü'ʔn] Deckname *m*; ~**ning** [-nen] ⟨-en; -er⟩ Decken *n*; Deckung *f*

dæks|blad ['dεgsblɑð] *Zigarre*: Deckblatt *n*; ~**dreng** [-dRεn̕ʔ] Schiffsjunge *m*; ~**el** ['dεgsəl] ⟨*dæks(e)let*; *dæksler*⟩ Deckel *m*; ~**last** [-lɑsd] Deck(s)ladung *f*; ~**passager** [-pasa'sjε:ʔR] Deckpassagier *m*

dæktryk ['dεgtRɔg] Reifendruck *m*

dæmme ['dεmə]: ~ *op for Fluss* stauen; *fig* eindämmen

dæmning ['dεmnen] ⟨-en; -er⟩ (Stau)Damm *m*; Deich *m*; Talsperre *f*

dæmpe ['dεmbə] dämpfen; mäßigen; hemmen, aufhalten; ~**r** [-R] ⟨-en; -e⟩ MUS Dämpfer *m* (*a fig*)

dæmre ['dεmRə] dämmern; *det ~r for ham* *fig* es dämmert (bei) ihm

dæm|ring ['dεmRen] ⟨-en⟩ Dämmerung *f*; Zwielicht *n*; ~**ringslys** [-sly:ʔs] Dämmerlicht *n*

dænge ['dεnə]: ~ *til* bewerfen; *fig* überhäufen

dø [dø:ʔ] ⟨*døde*; *død*⟩ sterben (*af* vor, an *D*); *lit* dahinscheiden; ~ *bort* (*od hen*) verhallen; ~ *ud* aussterben; *være ~ende* im Sterben liegen

døbe ['dø:bə] ⟨-te⟩ taufen; ~**font** [-fɔn'ʔd] Taufstein *m*, Taufbecken *n*; ~**navn** [-naü'ʔn] Taufname *m*

død¹ [dø:'ʔð] ⟨-en⟩ Tod *m*; Ableben *n*; *lit* Hinscheiden *n*; ~ *og pine!* F Tod und Teufel!; *ligge for ~en* im Sterben liegen; *~en a* Freund Hein *m*; *kede sig til ~e* sich zu Tode langweilen; *dømme til ~en* zum Tode verurteilen; *jeg kan ikke for min ~ fordrage det* F das kann ich auf den Tod nicht leiden

død² [dø:ˀð] tot; gestorben; ~ **og magtesløs** JUR null und nichtig

død|bider ['dø:ˀðər] ⟨en; -e⟩ F Tran-
suse f, Langweiler m; V Lahmarsch m;
~bleg [-bluˀ] totenbleich; **~bringende**
[-brɛŋˀənə] todbringend, tödlich;
~drukken [-drɔgən] F sternhagelvoll

døde ['dø:ðə] fig ertöten, bezwingen

dødedag ['dø:ðədaˀ] Sterbetag m; **det vil
jeg huske til min ~** das werde ich bis an
mein Lebensende nicht vergessen

dødedans ['dø:ðədanˀs] Totentanz m

dødelig ['dø:ðəli] tödlich; sterblich; **en almindelig ~** ein gewöhnlicher Sterblicher;
~hed [-heˀð] ⟨-en⟩ Sterblichkeit f;
~hedsprocent [-heðsproˀsenˀd] Sterb-
lichkeitsrate f

død|født ['dø:ðføl] tot geboren (a fig);
~gang [-gaŋˀ] TECH tote(r) Gang m

dødked ['dø:ke:ˀð] *være ~ af ngt.* F etw
gründlich satthaben

dødkede ['dø:ke:ðə] *~ sig* F sich tödlich
langweilen; **~lig** [-li] F sterbenslangweilig, wahnsinnig langweilig

dødning ['dø:ðnen] ⟨-en; -e od -er⟩ Tote(r)
m, Tote f; Gerippe n, Gespenst n

dødningehoved ['dø:ðneŋəho:ðə] Toten-
schädel m, Totenkopf m

dødpunkt ['dø:ðpɔŋˀgd] TECH Totpunkt
m, tote(r) Punkt m

døds|angst ['dø:ðsaŋˀsd] Todesangst f;
~annonce [-aˀnɔŋsə] Todesanzeige f;
~attest [-aˀtɛsd] Sterbeurkunde f, Toten-
schein m; **~bo** [-bo:ˀ] ⟨-et; -er⟩ Nachlass
m; **~dom** [-dɔmˀ] Todesurteil n; **~dømt**
[-dœmˀd] zum Tode verurteilt; *Idee:* tot
geboren

dødsens ['dø:ðsəns] *være ~ lit* ein Kind
des Todes sein; **~ alvorlig** todernst; **~
angst** zu Tode erschrocken; **~alvorlig**
[-alˀvɔ:ˀrli] todernst; **~farlig** [-faːrli] le-
bensgefährlich; **~trist** [-tRisd] fig trostlos,
öde; sterbenslangweilig

døds|fald ['dø:ðsfalˀ] Todesfall m, Sterbe-
fall m; **~fjende** [-fjenə] Todfeind m; **~for-
agt** [-fɔrˀagd] Todesverachtung f; **~for-
modningsdom** [-fɔrˀmoːˀðneŋsdɔmˀ]
JUR Todeserklärung f; **~hjælp** [-jɛlˀb]
Sterbehilfe f; **~kamp** [-kamˀb] Todes-
kampf m

døds|leje ['dø:ðslaiˀə] Sterbebett n; **~mær-
ket** [-mɛRgəð] vom Tode gezeichnet; **~of-
fer** [-ɔfər] Todesopfer n; **~rige** [-Riːə] To-
tenreich n; **~sejler** [-saiˀlər] fig ein von
vornherein zum Scheitern verurteiltes
Unterfangen; F fig ein tot geborenes
Kind; **~stilhed** [-selheˀð] Totenstille

f; **~stivhed** [-sdiːhe:ˀð] Totenstarre f,
Leichenstarre f; **~straf** [-sdRaf] Todes-
strafe f; **~stund** [-sdonˀ] Todesstunde f;
~stød [-sdø:ˀð] Todesstoß m; **~syg**
[-syˀ] todkrank; F unmöglich, schrecklich

dødstille ['dø:ðsdelə] totenstill

døds|år ['dø:ðsɔːˀR] Sterbejahr n, Todes-
jahr n; **~årsag** [-ɔRsaˀ] Todesursache f

død|træt ['dø:ðtRɛd] todmüde; F hunde-
müde, völlig erschlagen; **~vande**
[-vanə] ⟨-t⟩ fig Stillstand m, Stagnation
f; **~vægt** [-vɛgd] NAUT Tragfähigkeit f;
fig unnütze(r) Ballast m, Last f

døgenigt ['dø:ːənigd] ⟨-en; -e od -er⟩ Taugenichts m

døgn [dɔiˀn] ⟨-et; -⟩ Tag m (und Nacht f),
24 Stunden; **et rundt** rund um die Uhr;
~boks [-bɔgs] Nachttresor m; **~brænder**
[-bRɛnər] Dauerbrenner m

døgndrift ['dɔiˀndRefd] Tag-und-Nacht-
-Arbeit f, Tag-und-Nachtschicht f; **det
går i ~** dort/hier ist Tag und Nacht Betrieb

døgn|flue ['dɔiˀnfluːə] Eintagsfliege f (a
fig); **~melodi** [-melo:diˀ] Gassenhauer
m, Schlager m; **~vagt** [-vagd] 24-Stun-
den-Dienst m; **~åbent** [-ɔbənd] rund
um die Uhr geöffnet

døje¹ ['dɔiˀə] ⟨et⟩ Not f, Mühe f

døje² ['dɔiˀə] erdulden, ertragen; durchmachen; F verknusen; **~ med én** es mit j-m
schwer haben

dølgsmål ['dølˀsmɔ:ˀl] ⟨-et⟩ *i ~* heimlich

dolle ['dɔlə] unterwürfig machen, ducken

dømme ['dœmə] ⟨-te⟩ v/i urteilen, Recht
sprechen; v/t verurteilen; SPORT Schiedsrichter sein; **efter alt at ~** allem Anschein
nach; **~kraft** [-kRafd] Urteilskraft f; **~sy-
ge** [-syˀə] Nörgelei f

døn [dø:ˀn] ⟨-net; -⟩ Dröhnen n; **~ne**
['dønə] dröhnen

dønning ['dønen] ⟨-en; -er⟩ NAUT Dünung
f; fig Echo n, Nachwirkung f

dør [dœːˀR] ⟨-en; -e⟩ Tür f; **vise én ~en**
j-m die Tür weisen; **for lukkede ~e** bei
verschlossenen Türen; JUR unter Ausschluss der Öffentlichkeit; **gå fra ~ til ~**
von Tür zu Tür gehen; **inden ~e** im Haus;
zu Hause; **~ om ~** Tür an Tür; **banke på
~en** (an die Tür) klopfen; **løbe én på
~ene** fig j-m die Tür (od das Haus) einrennen; **sætte én på ~en** fig j-n vor die
Tür setzen; **følge én til ~en** (od til **~s**)
j-n zur Tür begleiten

dør|greb ['dœRgRe:ˀb], **~håndtag** [-hɔn-
taˀ] Türgriff m, Klinke f

dør|karm ['dœʀkɑːˀm] Türrahmen *m*; **~kikkert** [-kigərd] → *dørspion*; **~klinke** [-klɛŋgə] Türklinke *f*; **~klokke** [-kləgə] Türklingel *f*, Türglocke *f*; **~mand** [-manˀ] Türsteher *m*; **~måtte** [-mədə] Fußmatte *f*; **~plade** [-plaːðə] Türschild *n*; **~rist** [-ʀesd] (Metall)Fußabtreter *m*

dørsalg ['dœːʀsalˀ(j)] Haustürgeschäft *n*

dørslag ['dœʀslaːˀ] ⟨-et; -⟩ Sieb: Durchschlag *m*

dør|spion ['dœʀsbiˀoːˀn] Türspion *m*; **~sprække** [-sbʀegə] Türspalt *m*; **~stolpe** [-sdəlbə] Türpfosten *m*; **~trin** [-tʀin], **~tærskel** [-tɛʀsgəl] Türschwelle *f*; *ikke tro én over en ~tærskel* F *j-m* nicht über den Weg trauen; **~åbner** [-ɔːbnəʀ] Türöffner *m*

døs [døːˀs] ⟨-en⟩ Dusel *m*, Betäubung *f*; Dämmerschlaf *m*

døse ['døːsə] dösen; *~ hen* eindösen

døsig ['døːsi] matt, dösig, schläfrig

døtre ['dødʀə] *pl* Töchter *f/pl*; → *datter*

døv [døˀv] taub; gehörlos; *Messer:* stumpf; **~bleven** ['døbleˀvən] ertaubt

døve ['døːvə] betäuben, lindern; **~skole** [-sgoːlə] Gehörlosenschule *f*

døvstum ['døˀsdɔmˀ] taubstumm, gehörlos; **~meundervisning** [-sdəmˀɔnəʀviːˀsneŋ] Taubstummenunterricht *m*

då [dɔːˀ] ⟨-en; -er⟩ Damhirsch(kuh) *m(f)*

dåb [dɔːˀb] ⟨-en⟩ Taufe *f*; *holde over ~en* Pate stehen (bei *D*)

dåbs|attest ['dɔːˀbsaˀtɛsd] Taufschein *m*; **~dag** [-daːˀ] Tauftag *m*; **~gave** [-gaːvə] Patengeschenk *n*; **~kjole** [-kjoːlə] Taufkleid *n*

dåd [dɔːˀð] ⟨-en⟩ Tat *f*; **~løs** ['dɔðløːˀs] tatenlos

dådskraft ['dɔːˀðskʀɑfd] Tatkraft *f*

då|dyr ['dɔdyʀ] Damhirsch *m*; Damwild *n*; **~hind** ['dɔːˀhenˀ] Damtier *n*; **~hjort** ['dɔːˀjɔʀd] Damhirsch *m*; **~kalv** ['dɔːˀ-kalˀ] Damkitz *n*

dåne ['dɔːnə] ohnmächtig werden; **~fær-dig** [-fɛʀˀdi] *e-r* Ohnmacht nahe

dåre ['dɔːʀə] ⟨-n; -r⟩ Narr *m*; Närrin *f*

dårekiste ['dɔːʀekiːsdə] Narrenhaus *n*; **~snak** [-snaq] Narrengeschwätz *n*

dårlig ['dɔːʀli] schlecht, übel; schlimm, böse; krank; *Witz:* faul; *jeg bliver ~* mir wird übel; *jeg har det ~t* mir geht es schlecht; *~t nok* kaum noch; **~dom** [-dɔmˀ] ⟨-men; -me⟩ F Schlechtigkeit *f*; **~hed** [-heːð] ⟨-en; -er⟩ Schlechtigkeit *f*; Krankheit *f*, Schwäche *f*

dårskab ['dɔːʀsgaːˀb] ⟨-en; -er⟩ Torheit *f*

dåse ['dɔːsə] ⟨-n, -r⟩ Dose *f*; Büchse *f*; **~kød** [-kød] Büchsenfleisch *n*; **~mad** [-mað] Konserven *f/pl*; **~oplukker** [-ɔb-logəʀ] → *dåseåbner*; **~øl** [-øl] Dosenbier *n*; **~åbner** [-ɔːbnəʀ] Dosenöffner *m*, Büchsenöffner *m*

E

E, e [eːˀ] ⟨-'et; -'er⟩ E, e *n*

e. b. ['eːˀbeːˀ] (= *efter bemyndigelse*) im Auftrag (*Abk.* i. A.)

ebbe[1] ['ebə] ⟨-n⟩ Ebbe *f* (*a fig*)

ebbe[2] ['ebə]: *~ ud fig* abebben

ed [eːˀð] ⟨-en; -er⟩ Eid *m*, Schwur *m*; Fluch *m*; *aflægge ~ e-n* Eid leisten; schwören; *tage én i ~ j-n* vereidigen; *under ~s tilbud* eidesstattlich

edb [eːˀdeːˀbeːˀ] (= *elektronisk databehandling* elektronische Datenverarbeitung *f*) EDV

edb-anlæg [eːˀdeːˀbeːˀanlɛːˀg] EDV--Anlage *f*

edder ['eðˀəʀ] ⟨-en⟩ *lit* Eiter *m*; (Schlangen)Gift *n*

edder|dun ['eðˀəʀduːˀn] *pl* Eiderdaunen *f/pl*; **~fugl** [-fuːˀl] Eidergans *f*; Eiderente *f*

edder|kop ['eðˀəʀkɔb] ⟨-pen; -per⟩ Spinne *f*; **~koppespind** [-kɔbəsbenˀ] Spinnennetz *n*, Spinnwebe *f*, Spinn(en)gewebe *n*; **~smart** [-smɑːˀʀd] F todschick

eddike ['eðigə] ⟨-n; -r⟩ Essig *m*

eder ['eːðəʀ] *lit pers.pron* euch; **~s** euer; → *jer, jeres*

edfæste ['eːˀfɛsdə] vereidigen, **~lse** [-lsə] ⟨-n; -r⟩ Vereidigung *f*

eds|aflæggelse ['eːˀðsaːlægəlsə] ⟨-n; -r⟩ Eidesleistung *f*; Vereidigung *f*; **~formular** [-fɔrmuˀlɑːˀʀ] Eidesformel *f*

edsvoren ['eːˀðsvoːʀən] vereidigt; *de edsvorne pl* die Geschworenen *m/pl*

EF ['eːˀˀ'ef] (= *De Europæiske Fællesskaber f/pl* die Europäische Gemeinschaft) EG

efg [eːˀɛfˀgeːˀ] *etwa* Gewerbeschule *f*

efter ['efdəʀ] *prp* nach; hinter; gemäß; adv danach, darauf; *år ~ år* Jahr für Jahr; *arve ~ én* von *j-m* erben; *lægge sig ~ ngt.*

sich auf *etw* (*A*) verlegen; **kort** ~ kurz darauf; **sidde** ~ **Schule**: nachsitzen; **konj** ~ **at** nachdem; **alt** ~ (**som**) je nach(dem)

efterabe ['ɛfdɒra:ʔbə] nachäffen

efterbetal|e ['ɛfdɒrbe'ta:ʔlə] nachzahlen; **~ing** [-'ta:ʔleŋ] Nachzahlung *f*

efter|byrd ['ɛfdɒrbyrˀd] ⟨-en; -er⟩ MED Nachgeburt *f*; **~datere** [-datere] vor(aus)datieren; **~dønning** [-dønen] *fig* Nachwirkung *f*

efterforsk|e ['ɛfdɒrfɒrsgə] nachforschen; **~ning** [-fɒrsgnen] Nachforschung *f*; Ermittlung *f*

efterfølg|e ['ɛfdɒrføl'jə] (nach)folgen (*én* *j-m*); **~lse** [-lsə] ⟨-n⟩ Nachfolge *f*; **~r** [-r] ⟨-en; -e⟩ Nachfolger(in) *m(f)*

eftergive ['ɛfdɒrgi:ʔ(və)] *Strafe* erlassen; **~lse** [-gi:ʔvəlsə] ⟨-n; -r⟩ Erlass *m*, Erlassen *n*; **~nde** [-gi:ʔvənə] nachgiebig; **~nhed** [-gi:ʔvənheːðʔ] ⟨-en⟩ Nachgiebigkeit *f*

efter|gjort ['ɛfdɒrgjoːʔrd] nachgemacht; **~glans** [-glanʔs] Nachglanz *m*; **~gøre** [-gœːʔrə] nachmachen; **~gå** [-gɔːʔ] überarbeiten, überprüfen; **~høst** [-høsd] Nachlese *f* (*a fig*); **~hånden** [-'hɔnˀən] allmählich, nach *u* nach; **~klang** [-klaŋʔ] Nachklang *m*

efterkomme ['ɛfdɒrkɒmʔə] nachkommen, entsprechen, stattgeben, erfüllen; Folge leisten

efterkommer ['ɛfdɒrkɒmʔər] ⟨-en; -e⟩ Nachkomme *m*, Abkömmling *m*; **~e** *pl* Nachkommenschaft *f*

efter|krav ['ɛfdɒrkraːʔv] ⟨-et⟩ *Post*: Nachnahme *f* (*pr.* per); **~krigstid** [-kriːsti:ʔð] Nachkriegszeit *f*

efterlade ['ɛfdɒrlaːʔðə] zurück-, hinterlassen; ~ **sig** hinterlassen; **de efterladte** die Hinterbliebenen *pl*; **~lse** [-lsə] ⟨-n⟩ Unterlassung *f*; **~n(de)** [-n(ə)] nachlässig; **~nhed** [-nheːðʔ] ⟨-en⟩ Nachlässigkeit *f*; **~nskab** [-nsgaːʔb] ⟨-et; -er⟩ Nachlass *m*, Hinterlassenschaft *f*

efterlavet ['ɛfdɒrlaːʔvð] nachgemacht

efterleve ['ɛfdɒrle:ʔvə] *ärztl. Rat, Vorschrift*: nachkommen (*D*), Folge leisten (*D*), befolgen; **de ~nde** die Hinterbliebenen *pl*; **~lsesværdig** [-lsəsverˀdi] nachahmenswert

efterlever|e ['ɛfdɒrle:ve:ʔrə] nachliefern; **~ing** [-'ve:ʔreŋ] Nachlieferung *f*

efterlig|ne ['ɛfdɒrli:ʔnə] nachahmen, nacheifern; nachbilden; **~nelse** [-li:ʔnəlsə] ⟨-n; -r⟩ Nachahmung *f*; **~nesværdig** [-li:ʔnəlsəsverˀdi] nachahmenswert

efterlyse ['ɛfdɒrly:ʔsə]: ~ *én* JUR nach *j-m* fahnden, *j-n* steckbrieflich verfolgen; ~ **ngt.** den Verlust *e-r Sache* anzeigen

efterlysning ['ɛfdɒrly:ʔsneŋ] Fahndung *f*; Verlustanzeige *f*, Suchmeldung *f*; Steckbrief *m*

efter|løn ['ɛfdɒrlœnʔ] Vorruhestandsgeld *n*; **~mad** [-maðʔ] zweite(r) Gang *m*, Nachspeise *f*; **~mand** [-manˀ] Nachfolger *m*

eftermiddag ['ɛfdɒrmeda] Nachmittag *m*; **i ~(s)** heute Nachmittag; **om ~en** nachmittags, am Nachmittag

eftermiddags|forestilling ['ɛfdɒrmedas'fɔːrəsdel'eŋ] Nachmittagsvorstellung *f*; **~kaffe** [-kafə] Nachmittagskaffee *m*

efter|modne(s) ['ɛfdɒrmoðʔnə(s)] nachreifen; **~mæle** [-me:lə] ⟨-t; -r⟩ Nachruf *m*; Nachruhm *m*; **~mørkne** [-mœrgnə] nachdunkeln; **~navn** [-naúʔn] Nachname *m*, Zuname *m*, Familienname *m*; **~nøler** [-nø:ʔlər] Nachzügler *m*; *Kind: a* Nachkömmling *m*; **~ord** [-oːʔr] Nachwort *n*; **~prøve** [-prøːʔvə] nachprüfen; **~på** [-pɔːʔ] danach, nachher; **~ret** [-red] Nachspeise *f*

efterretning ['ɛfdɒrednen] ⟨-en; -er⟩ Nachricht *f*; **give én ~** *j-n* benachrichtigen; **til ~** zur Kenntnisnahme; **tage til ~** zur Kenntnis nehmen

efterretnings|tjeneste ['ɛfdɒrednes'tjeːnəsdə] Nachrichtendienst *m*, Geheimdienst *m*

efterrettelig [efdɒrˀredəli]: **holde sig en befaling** ~ *e-n* Befehl strikt befolgen

efter|se ['ɛfdɒrse:] nachsehen, nachprüfen; *Motor* überholen; **~sende** [-senʔə] nachsenden, nachschicken; **bedes eftersendt!** *Post*: bitte nachsenden!

eftersid|der ['ɛfdɒrseðʔər] ⟨-en; -e⟩ *Schule*: Nachsitzer(in) *m(f)*; **~ning** [-seðʔneŋ] ⟨-en; -er⟩ Nachsitzen *n*

efter|skole ['ɛfdɒrsgoːlə] Fortbildungsschule *f* (*für Jugendliche*); **~skrift** [-sgrefd] ⟨-en *od* -et; -er⟩ Nachschrift *f*, Nachtrag *m*; **~slæb** [-sle:ʔb] ⟨-et⟩ Besoldungsrückstand *m*; **~slægt** [-slɛgd] Nachkommenschaft *f*, Nachwuchs *m*; Nachwelt *f*; **~slæt** [-slɛd] ⟨-ten *od* -tet; -⟩ *Wiese*: Grummet *n*; *fig* Nachlese *f*; **~smag** [-smaːʔ] Nachgeschmack *m*; **~smæk** [-smeg] böse Nachwirkung *f*, *fig* Nachwehen *f/pl*

eftersnak ['ɛfdɒrsnaɡ] Nachplappern *n*; **~ker** [-ɡɒ] ⟨-en; -e⟩ Nachbeter(in) *m(f)*

efter|som [ɛfdɒrsɒm] *konj* da, weil; **~sommer** [-sɒmər] Spätsommer *m*;

E

~spil [-sbel] Nachspiel n; **~spore** [-sbo:ˀɾə] nachspüren (D); **~spurgt** [-sbo:ˀɾd] begehrt, gefragt

efterspørg|e [ˈɛfdəɾsbœɾˀə] ÖKON nachfragen; **~sel** [-sbœɾˀsəl] ⟨efterspørgs(e)len; efterspørgsler⟩ ÖKON Nachfrage f

efterstillet [ˈɛfdəɾsdeˀɒð] nachgestellt

efterstræbe [ˈɛfdəɾsdre:ˀbə] streben nach (D); nachlaufen (D)

efter|stående [ˈɛfdəɾsdɔ:ˀɒnə] nachstehend; **~syn** [-sy:ˀn] Durchsicht f, Ansicht f, Einsichtnahme f, Besichtigung f; Überholung f, Inspektion f, Überprüfung f; **~synkronisere** [-synkroni-ˈse:ˀɾə] Film synchronisieren, übersprechen

eftersøge [ˈɛfdəɾsø:ˀə] suchen, fahnden nach (D); absuchen; **~ning** [-sø:ˀneŋ] Fahndung f, Suche f

eftertanke [ˈɛfdəɾtaŋgə] Nachdenken n, Überlegung f

eftertid [ˈɛfdəɾti:ˀð] Zukunft f; Nachwelt f; **for ~en** künftig, in Zukunft

eftertragte [ˈɛfdəɾtɾagdə] streben (od trachten) nach (D); **~lsesværdig** [-lsɒsvɛɾˀdi] erstrebenswert; **~t** [-ð] begehrt

eftertryk [ˈɛfdəɾtɾœg] Nachdruck m (a TYP); **~ke** [-ə] TYP nachdrucken; **~kelig** [-ˈtɾœgəli] nachdrücklich

eftertænding [ˈɛfdəɾtenˀeŋ] AUTO Spätzündung f

eftertænk|e [ˈɛfdəɾtɛŋˀgə] nachdenken (über A); **~som** [-ˈtɛŋˀgsɔmˀ] nachdenklich; bedachtsam

efter|uddannelse [ˈɛfdəɾuðdanˀəlsə] Fortbildung f; **~veer** [-ve:ˀəɾ] pl Nachwehen (a fig); **~verdenen** [-vɛɾdənən] die Nachwelt; **~virkning** [-viɾgneŋ] Nachwirkung f

eftervis|e [ˈɛfdəɾvi:ˀsə] nachweisen; **~elig** [-əli] nachweislich; **~ning** [-vi:ˀsneŋ] ⟨-en; -er⟩ Nachweis m

efterår [ˈɛfdəɾɔ:ˀɾ] Herbst m; **om ~et** im Herbst

efterårs|agtig [ˈɛfdəɾɔːɾsˀagdi] herbstlich; **~dag** [-da:ˀ] Herbsttag m; **~ferie** [-fe:ˀɾiə] Herbstferien pl; **~storm** [-sdɔɾˀm] Herbststurm m

eg [e:ˀj] ⟨-en; -e⟩ Eiche f; **af ~** eichen, aus Eiche(nholz)

ege [ˈe:ə] ⟨-n; -r⟩ Rad: Speiche f; Boot: Einbaum m

ege|bark [ˈe:əbaɾg] Eichenrinde f; **~bjælke** [-bjɛlgə] Eichenbalken m; **~blad** [-blað] Eichenblatt n; **~kiste** [-ki:sdə] Eichensarg m; Eichentruhe f

egen¹ [ˈaiˀən], **eget** [ˈaiˀð] n; **egne** [ˈaiˀnə] pl eigen; **det er hans egen skyld** das ist seine eigene Schuld; **et eget værelse** ein eigenes Zimmer; **med mine egne øjne** mit eigenen Augen; **med egen hånd** eigenhändig

egen² [ˈaiˀən, ˈeːj)ənˀ], **egent** [ˈeːj)ənd] n; **egne** [ˈeːj)nə] pl eigen(tümlich)

egenart [ˈeːənaːˀɾd] Eigenart f; **~et** [-əð] eigenartig

egen|hændig [ˈeːˀənhɛnˀdi] eigenhändig; **~kærlig** [-kɛɾli] selbstsüchtig; **~mægtig** [-mɛgdi] eigenmächtig; **~navn** [-na"ˀn] Eigenname m

egennytt|e [ˈeːˀənnødə] Eigennutz m; **~ig** [-nødi] eigennützig

egenrådig [ˈeːˀənɾɔːˀði] eigenwillig

egensindig [ˈeːˀənsenˀdi] eigensinnig

egen|skab [ˈeːˀjɒnsgaːˀb] ⟨-en; -er⟩ Eigenschaft f; **~tlig** [ˈeːˀjˀɔndli] eigentlich; **~vægt** [ˈeːˀjɒnvɛgd] Eigengewicht n

eger [ˈeːˀəɾ] ⟨-en; -⟩ Speiche f; → **ege**

egern [ˈeːˀˀəɾn] ⟨-et; -⟩ Eichhörnchen n

egetforbrug [ˈaiˀðfɔɾˀbruːˀ] Eigenverbrauch m

ogetræ [ˈeːˀaːtɾɛˀ] Eiche(nbaum) f(m); Eichenholz n

eghjort [ˈeːˀjɔɾd] Hirschkäfer m

egn [aiˀn] ⟨-en; -e⟩ Gegend f

egne [ˈaiˀnə]: **~ sig** sich eignen; **være ~t for børn** für Kinder geeignet sein

egotrip [eːgotɾibˀ] ⟨et; -⟩: **være på ~** F auf dem Egotrip sein; **~per** [-əɾ] ⟨-en; -e⟩ Egozentriker(in) m(f)

egypt|er [eˀgybdəɾ] ⟨-en; -e⟩ Ägypter(in) m(f); **~isk** [-tisg] ägyptisch

ej [aiˀ] poet nicht; **om du vil eller ~** ob du es willst oder nicht; **vel** (od V **gu**) **vil jeg ~!** fig F das kommt gar nicht in die Tüte!; **~ heller** auch nicht; **~! lit** ei!

ejdammerost [ˈaidamˀɒɾˀosd] Edamer (Käse) m

eje¹ [ˈaiˀə] ⟨-t⟩ ⟨-et⟩ Besitz m, Eigentum n

eje² [ˈaiˀə] besitzen

ejefald [ˈaiˀəfalˀ] GRAM Genitiv m

ejegod [ˈaiˀəgoːˀð)ˀð)] herzensgut

ejendel [ˈaiˀəndeːˀl] Besitz m, Eigentum n; **~e** pl Habseligkeiten f/pl

ejendom [ˈaiˀəndɔmˀ] ⟨-men; -me⟩ Eigentum n, Besitz m; Haus n; Anwesen n, Besitzung f, Grundstück n; Gut n; **fast(e) ejendom(me)** Immobilien f/pl; **~melig** [-ˈdɔmˀəli] eigentümlich, eigenartig; eigen; **~meligheid** [-ˈdɔmˀəlihe:ð)ˀ] ⟨-en; -er⟩ Eigentümlichkeit f; Eigenheit f

ejendoms|fællesskab [ˈaiˀəndɔmsfelˀɒsgaːˀb] Gütergemeinschaft f; **~handler**

[-hanlər] ⟨-en; -e⟩ Immobilienhändler m; **~mægler** [-mɛːlɐ] Grundstücksmakler m, Häusermakler m; **~ret** [-ʀɛd] Eigentumsrecht n (til/an D); Urheberrecht n; **~skat** [-sgad], **~skyld** [-sgyl?] Grundsteuer f

ejer ['aiɐr] ⟨-en; -e⟩ Besitzer(in) m(f), Eigentümer(in) m(f); **~bolig** [-bo:li] Eigentumswohnung f; **~inde** [-'enə] ⟨n; -r⟩ Besitzerin f, Eigentümerin f; **~lav** [-lau] Grundbesitzerverein(igung) m(f); **~lejlighed** [-laˀlihe:ð?] Eigentumswohnung f; **~løs** [-løˀs] Hund: herrenlos; **~mand** [-manˀ] Besitzer(in) m(f), Eigentümer(in) m(f)

ejestedord ['aiǝsdeðˀoːˀr] GRAM besitzanzeigende(s) Fürwort n

ekko ['ɛko] ⟨-et; -er⟩ Echo n (a fig); **give ~** widerhallen; **~e** [-ǝ] echoen, widerhallen; **~lod** [-loð] NAUT Echolot n

e. Kr. ['ɛfdɐr'ʀʀesdus] (= **efter Kristus**) nach Christus) n. Chr.

eksakt [ɛgsˀagd] exakt

eksamen [ɛgsaˀmən] ⟨-en od eksaminen; -er od eksaminer⟩ Prüfung f, Examen n; **tage en ~** eine Prüfung machen, eine Prüfung bestehen; **falde igennem** od F **dumpe til ~** bei der Prüfung durchfallen, F durchs Examen fallen

eksamens|bevis [ɛgsaˀmənsbeˀviːˀs] (Abschluss)Zeugnis n, Diplom n; **~dag** [-da:ˀ] Prüfungstag m; **~fag** [-faːˀ(j)] Prüfungsfach n; **~feber** [-feːˀbǝr] Prüfungsangst f; **~opgave** [-ɔbgaˀvǝ] Prüfungsaufgabe f; **~ræs** [-ʀɛːˀs] Prüfungsstress m; **~terperi** [-tɛʀpǝʀiːˀ] ⟨-et; -er⟩ Examensbüffelei f

eksaminere [ɛgsamiˀneːˀʀǝ] prüfen

ekse → exe

eksekut|ion [ɛgsǝkuˀsjoˀn] ⟨-en; -er⟩ Exekution f; JUR Zwangsvollstreckung f, Pfändung f; **~or** [-'kuːtɔr] ⟨-en; -er⟩ Testamentsvollstrecker(in) m(f), Nachlassverwalter(in) m(f)

eksekvere [ɛgsǝˀkveːˀʀǝ] JUR vollstrecken

eksem [ɛgˀseˀm] ⟨-en od -et; -er⟩ MED Ekzem n, Ausschlag m

eksempel [ɛgˀsɛmˀbǝl] ⟨eksemp(e)let; eksempler⟩ Beispiel n (på/für A), Vorbild n, Exempel n; **for ~** (Abk. **fx** od **f. eks.**) zum Beispiel (Abk. z. B.); **~løs** [-løˀs] beispiellos; **~vis** [-viːˀs] beispielsweise

eksemplar [ɛgsɛmˀplaːˀr] ⟨-et; -er⟩ Exemplar n, Stück n

eksistens [ɛgsiˀsdɛnˀs] ⟨-en; -er⟩ Existenz f; **~berettigelse** [-beˀʀɛðiǝlsǝ] Exis-

tenzberechtigung f, Daseinsberechtigung f

eksistere [ɛgsiˀsdeːˀʀǝ] existieren, vorhanden sein

ekskl. Abk. für **eksklusive**

eksklu|dere [ɛgskluˀdeːˀʀǝ] fig ausschließen (aus e-m Verein); **~sion** [-'sjoːˀn] ⟨-en; -er⟩ Ausschluss m; **~siv** [-'siːˀv] exklusiv; **~sive** ['-siːˀvǝ] (Abk. **ekskl.**) exklusive (Abk. exkl.), ohne

ekskrementer [ɛgskʀɛˀmɛnˀdɐr] pl Exkremente n/pl, Fäkalien pl, Kot m

ekskurs [ɛgsˀkuːˀʀs] ⟨-en; -er⟩ Exkurs m; **~ion** [-kurˀsjoˀn] ⟨-en; -er⟩ Exkursion f

ekskvisit [ɛgskviˀsid] exquisit

ekspedere [ɛgsbeˀdeːˀʀǝ] zum Versand: abfertigen (a fig); Kunden bedienen; fig F umbringen

ekspedi|ent [ɛgsbediˀɛnˀd] ⟨-en; -er⟩ Verkäufer m; **~t** [-'did] schnell, prompt; **~tion** [-'sjoːˀn] ⟨-en; -er⟩ Bedienung f, Abfertigung f; Expedition f

ekspeditions|deltager [ɛgsbedi-'sjoːˀns'deːlta:ˀǝr] Expeditionsteilnehmer(in) m(f); **~kontor** [-kɔnˀtoːˀr] Geschäftsstelle f

ekspeditrice [ɛgsbediˀtʀiːsǝ] ⟨-n; -r⟩ Verkäuferin f

ekspektanceliste [ɛgsbɛgˀtɑŋsǝˀlɛsdǝ] Warteliste f

eksperiment [ɛgspeʀiˀmɛnˀd] ⟨-et; -er⟩ Experiment n, Versuch m; **~ere** [-mɛnˀteˀʀǝ] experimentieren

ekspert [ɛgsˀpɛʀd] ⟨-en; -er⟩ Experte m, Expertin f, Fachmann m, (der/die) Sachverständige; **~ise** [-pɛʀˀtiːsǝ] ⟨-n; -r⟩ Expertise f, Gutachten n

eksplodere [ɛgsploˀdeːˀʀǝ] explodieren

ekspon|ere [ɛgspoˀneːˀʀǝ] FOT belichten; **~ing** [-'neːˀʀɛŋ] ⟨-en; -er⟩ Belichtung f; **~ingstid** [-'neːˀʀɛŋstiːˀð] Belichtungszeit f

eksport [ɛgsˀpɔʀd] ⟨-en; -er⟩ Export m, Ausfuhr f; **~ere** [-pɔrˀteːˀʀǝ] exportieren; **~ør** [-pɔrˀtøːˀr] ⟨-en; -er⟩ Exporteur m, Exportkaufmann m

ekspres¹ [ɛgsˀpʀɛs] ⟨-sen; -ser⟩ D-Zug m, Schnellzug m; **→ a eksprestog**

ekspres² [ɛgsˀpʀɛs] express, durch Eilboten

ekspres|brev [ɛgsˀpʀɛsbʀǝ:ˀv] Eilbrief m; **~tog** [-tɔ:ˀ] D-Zug m, Schnellzug m

ekstra [ˀɛgsdʀa] extra, zusätzlich; außerdem; besonders; **~ undervisning** Nachhilfeunterricht m; **~arbejde** [-ɑrbaiˀdǝ] zusätzliche Arbeit f; **~arbejder** [-ɑrbaiˀdǝr] Aushilfsarbeiter m, Aushilfskraft f; **~fortjeneste** [-fɔʁ'tje:ˀnəstə] Nebenverdienst m; **~hjælp** [-jelˀb] Hilfskraft f; *sozial*: Sonderbeihilfe f; *Schule*: Nachhilfe f

ekstra|mandskab ['εgsdʁamansga:ˀb] Aushilfspersonal n; **~nummer** [-nomˀɔʁ] *Zeitung*: Sonderausgabe f; *Konzert*: Zugabe f; **~omkostninger** [-ɔmkɔsdneŋˀɔʁ] pl Nebenkosten pl, Mehrkosten pl

ekstraordinær ['εgsdʁɔɔʁdiˀne:ˀʁ] außergewöhnlich; außerordentlich; **~t møde** Sondersitzung f

ekstra|parlamentarisk ['εgsdʁapaʁlamenˀtaːˀʁisg] außerparlamentarisch; **~time** [-ti:mə] *Schule*: Nachhilfestunde f; **~tog** [-tɔːˀw] BAHN Sonderzug m; **~tur** [-tuːˀʁ] Sonderfahrt f; **~udgift** [-uðgifd] zusätzliche Ausgabe f (*Geld*)

ekstravag|ance ['εgsdʁava'gaŋsə] ⟨-n; -r⟩ Extravaganz f; **~ere** [-'ge:ˀʁə] verschwenderisch leben

ekvip|ere [ekvi'pe:ˀʁə] einkleiden, ausstatten; **~eringshandler** [-pe:ˀʁeŋshɑnlɐ] ⟨-en; -e⟩ Herrenausstatter m

el¹ [elˀ] ⟨-len; -le⟩ Erle f; Erlenholz n

el² [elˀ] ⟨-en⟩ Abk. für **elektricitet**

el. Abk. für **eller**

e. l. [eːˀεl] (= *eller lignende* oder Ähnliche(s)) o. Ä.

elasti|citet [e'lasdisi'te:ˀd] ⟨-en⟩ Elastizität f (a *fig*); **~k** [-la'sdig] ⟨-ken; -ker⟩ Gummiband n; **~kspring** [ela'sdigsbʁeŋ] n Bungee-Jumping n; **~sk** [-lasdisg] elastisch (a *fig*), dehnbar

Elben ['εlˀbən] GEOGR die Elbe

elbil ['elbi:ˀl] Elektroauto n

eldreve|n ['εldʁe:ˀvən], **~t** [-dʁe:ˀvəð] mit Elektrizität betrieben

elefant [ele'fanˀd] Elefant m; **~hue** [-huːə] *Mütze*: Sturmhaube f; **~orden** [-ɔʁ?dən] dän. Elefantenorden m; **~ridder** [-ʁiðˀɔʁ] Ritter m des Elefantenordens; **~snabel** [-sna:ˀbəl] Elefantenrüssel m; **~unge** [-oŋə] Elefantenkalb n

elegan|ce [ele'gaŋsə] ⟨-n⟩ Eleganz f; **~t** [-'ganˀd] elegant

elektricitet [e'lεgtʁisi'te:ˀd] ⟨-en⟩ (Abk. **el**) Elektrizität f, F Strom m

elektricitets|forsyning [e'lεgtʁisi-'te:ˀdsfɔʁsyˀ:neŋ] Stromversorgung f; **~værk** [-vεʁg] Elektrizitätswerk n

elektri|ker [e'lεgtʁigɔʁ] ⟨-en; -e⟩ Elektriker m; **~sk** [-tʁisg] elektrisch, Elektro-

elektron|hjerne [elεg'tʁoˀ:njεʁnə] Elektronenhirn n; **~isk** [-isg] elektronisch; **~musik** [-mu'sig] elektronische Musik f

elektro|svejsning [e'lεgtʁɔsvɑïsneŋ] Elektroschweißen n; **~teknik** [-teg'nig] Elektrotechnik f

element [ele'menˀd] ⟨-et; -er⟩ Element n (a *fig* u EL); **~byggeri** [-bygəˀʁiːˀ] Fertigbauweise f; **~hus** [-huːˀs] Fertighaus n; **~køkken** [-køgən] Einbauküche f

elementær [elemen'te:ˀʁ] elementar; **~undervisning** [-'onəʁviːˀsneŋ] Elementarunterricht m

elendig [e'lenˀdi] elend, erbärmlich, jämmerlich, F mies

elev [e'le:ˀv] ⟨-en; -er⟩ Schüler(in) m(f); Lehrling m

elevator [ele'vaːˀtɔʁ] ⟨-en; -er⟩ Fahrstuhl m, Aufzug m; **~fører** [-fø:ʁɔʁ] Fahrstuhlführer(in) m(f); **~skakt** [-sgagd] Fahrstuhlschacht m

elev|råd [e'le:ˀvʁɔːˀð] Schülermitverwaltung f, Schülervertretung f; **~skole** [-sgoːlə] THEA Schauspielschule f; **~udveksling** [-uðvegsleŋ] Schüleraustausch m

elfenben ['εlˀfənbe:ˀn] ⟨-et⟩ Elfenbein n

elfenbeno|hvid ['εlˀfənbe:nsviːˀð] elfenbeinfarben; **~tårn** [-tɔːˀʁn] *fig* Elfenbeinturm m

elforsyning ['εlfɔʁsyˀ:neŋ] Stromversorgung f, Elektrizitätsversorgung f

elg [elˀ(j)] ⟨-en; -e⟩ Elch m; **~ko** ['εljko:ˀ] Elchkuh f; **~tyr** ['εljty:ˀʁ] Elchbulle m

el|guitar ['εlgitaːˀʁ] elektrische Gitarre f; **~hegn** [-haïˀn] elektrische(r) Zaun m

elite|hold [e'lidəhɔlˀ] Elitemannschaft f; **~sport** [-sbɔʁd] Leistungssport m

elkomfur ['εlkɔmfuːˀʁ] Elektroherd m

elledans ['εlədanˀs] → **elverdans**

eller ['εlɔʁ, 'εlˀɔʁ] (Abk. **el.**) oder (Abk. *od.*); **~ enten ... ~** entweder ... oder; **nu ~ aldrig** jetzt oder nie; **en ~ anden** irgendeine(r), irgendjemand; **hverken ... ~** weder ... noch

ellers ['εlˀɔʁs] sonst, ansonsten; **~ tak!** *iron* ich danke bestens!

elletræ ['εlətʁe:ˀ] Erle f; Erlenholz n

el(le)ve ['εlvə] elf

ellevild ['εləvilˀ] *Person*: ausgelassen, übermütig; **~ af glæde** außer sich vor Freude

el. lign. (= *eller lignende* oder Ähnliche(s)) o. Ä.

ellokomotiv ['εllogomoˀtiːˀv] E-Lok f

elm [εlˀm] ⟨-en; -e⟩, **elmetræ** ['εlmətʁε:ˀ] Ulme f; Ulmenholz n

el|måler ['εlmɔ:lɐ] Stromzähler m; **~orgel** [-ɔʁˀwəl] elektrische Orgel f; **~panel**

[pa'ne:ʔl] n elektrischer Heizkörper m

elsdyr ['elʔsdy:ʔʀ] → **elg**

elske ['elsgə] lieben (*hinanden* sich); lieb haben; **~ med** schlafen mit; **min ~de** mein geliebter Schatz!; **de ~nde** pl die Liebenden pl; **~nde par** Liebespaar n; **~t** geliebt; beliebt; **~lig** [-li] liebenswürdig; **~r** [-ʀ] ⟨-en; -e⟩ Liebhaber m (a fig), Geliebte(r) m; fig Verehrer(in) m(f), F Freund m; **~rinde** [-ʀ'enə] ⟨-n; -r⟩ Geliebte f; THEA Liebhaberin f

elskerrolle ['elsgəʀɔlə] THEA Liebhaberrolle f

elskling ['elsglen] ⟨-en; -er⟩ Liebling m

elskov ['elsgoʊ] ⟨-en⟩ lit Liebe f

elskværdig [elsg'vɛʀ'di] liebenswürdig; **~hed** [-he:ð'] ⟨-en; -er⟩ Liebenswürdigkeit f

elver|dans ['elvəʀdanʔs] MYTH Elfentanz m, Elfenreigen m; **~høj** [-hɔjʔ] Hügel m der Elfen; **~konge** [-kɔŋə] Erlkönig m; **~konning** [-kɔniŋ] -n; **~pige** [-pi:ə] Elfe f

elværk ['elvɛʀg] E-Werk n, Elektrizitätswerk n, Kraftwerk n

em [ɛmʔ] ⟨-men⟩ Dampf m, Dunst m

emalje [e'maljə] ⟨-n; -r⟩ Email(le) n(f); Zahn: Schmelz m

emancipat|ion [emansipa'sjoːʔn] ⟨-en; -er⟩ Emanzipation f; **~orisk** [-to:ʔʀisg] emanzipatorisch

emanciperet [emansi'pe:ʔʀəð] emanzipiert

emball|age [amba'la:sjə] ⟨-n; -r⟩ ÖKON Verpackung f; **~ere** [-'le:ʔʀə] verpacken, einwickeln; **~ering** [-'le:ʔʀeŋ] ⟨-en; -er⟩ Verpackung f

embede ['embe:ðə] ⟨-t; -r⟩ Amt n, Stelle f; **på embeds vegne** von Amts wegen, amtlich; **i embeds medfør** amtlich, dienstlich

embeds|bolig ['embeðsbo:li] Dienstwohnung f; **~broder** [-bʀo:ʀ] Amtsbruder m, Kollege m; **~eksamen** [-ɛg'sa:mən] Staatsexamen n; **~førelse** [-fø:ʀəlsə] Amtsführung f; **~læge** [-lɛ:ə] Amtsarzt m; **~mand** [-manʔ] Beamte(r) m, Beamtin f; **~mæssig** [-mesi] amtlich, dienstlich; **~stand** [-sdanʔ] Beamtenstand m

emhætte ['emhedə] Herd: Dunstabzug m

emigrant [emi'gʀanʔd] ⟨-en; -er⟩ Emigrant(in) m(f)

emne ['emnə] ⟨-t; -r⟩ Thema n, Gegenstand m; vorgefertigte(s) Werkstück n; Stellung: Anwärter(in) m(f); **~uge** [-u:ə] THEA Projektwoche f

emolumenter [emolu'mɛnʔdəʀ] pl Nebeneinkünfte f/pl

emsig ['emsi] eifrig, geschäftig, emsig; dienstbeflissen

en¹ [e:ʔn, en], **et** [ed] n unbestimmter Artikel ein, eine, ein; **om en 14 dage** etwa in 14 Tagen; **in tre-fire stykker** etwa drei bis vier (Stück)

en² [e:ʔn], **et** [ed] n (a **én**, **ét**) num ein, eine, ein; einer, eine, eins; **en og en to** eins und eins ist zwei; **en ad gangen** je(weils) einer, einzeln, immer nur einer auf einmal, einer nach dem anderen; **én af mine elever** einer meiner Schüler (od einer von meinen Schülern); eine meiner Schülerinnen (od eine von meinen Schülerinnen); **én af delene** eins von beiden; **den ene efter den anden** einer nach dem anderen; **den ene dumhed efter den anden** eine Dummheit nach der anderen; **en efter en** einer nach dem anderen; **en for en** einzeln, einer nach dem anderen; **én gang for alle** ein für alle Mal; **alle som én** alle wie ein Mann; **om én og en halv time** in eineinhalb Stunden; **klokken er ét** es ist eins (od ein Uhr); **linie (nummer) ét** Linie f (Nummer f) eins; **med ét** auf einmal, plötzlich; **mit ét og alt** mein Ein und Alles; **ud i ét** einteilig; **komme ud på ét** auf dasselbe hinauslaufen; **i ét væk** in einem fort

en³ [e:ʔn] (a **én**) pron einer, eine, eins; jemand; **en eller anden** (irgend)jemand; **en eller anden ting, et eller andet** irgend etw (od e-e Sache f); **en sær én** ein sonderbarer Kauz

-(e)n [-ən], **-(e)t** [-əd] n, **-(e)ne** pl bestimmter art der, die, das; die pl

én [e:ʔn] → **en²**, **en³**

enakter [é:nagdəʀ] ⟨-en; -e⟩ THEA Einakter m

enarmet ['e:nɑʀʔmeð] einarmig; **~ tyveknægt** F Spielautomat: einarmige(r) Bandit m

en|benet ['e:nbe:ʔnəð] einbeinig; **~cellet** [-selɔð] einzellig; **~cifret** [-sifʀəð] einstellig

end [en] als; denn; auch; **større ~** größer als; **mere ~ nogen side** mehr denn je; **hvem der ~ kommer** wer immer auch kommt; **hvordan det ~ forholder sig** wie dem auch sei; **om ~** wenn auch, selbst wenn; **~ ikke** auch nicht, nicht (ein)mal

endags- ['e:ndas-] eintägig, Eintags-

endda [en'da] noch; doch; sogar

ende¹ ['enə] ⟨-n; -r⟩ Ende n, Schluss m; F Hintern m, Hinterteil n, Po m; **for ~n af bordet** am Ende des Tisches; **fra ~ til anden** von A bis Z; **fra alle ~r og kanter** von allen Seiten; *i alle ~r og kanter* an allen Ecken und Enden; *få ~ på ngt.* etw zu Ende bringen; *sætte på den anden ~* fig auf den Kopf stellen; *løbe over ~* fig über den Haufen werfen; *til den bitre ~* bis zum bitteren Ende; *læse til ~* zu Ende lesen; *festen er til ~* das Fest ist zu Ende; *uden ~* ohne Ende; *spinde en ~* fig ein (Seemanns)Garn spinnen; *være ved vejs ~* fig am Ziel sein

ende² ['ɛnə] ⟨*-te*⟩ v/t beenden, (be)endigen, schließen; v/i enden, endigen; *~ godt* gut ausgehen

ende|balle ['ɛnəbalə] Hinterbacke f, V Arschbacke f

endefuld ['ɛnəful?] ⟨*-en*; *-e*⟩: *give én en ~* F j-m den Hintern versohlen

endegyldig ['ɛnəgylˀdi] endgültig

endelig ['ɛnəli] adj endgültig; endlich; adv schließlich; unbedingt; *du må ~ gøre det!* Empfehlung: du musst (*od* sollst) es unbedingt tun!; *~ ikke* ja nicht, auf keinen Fall

ende|ligt ['ɛnəlid] ⟨*-et*⟩ Ende n; Tod m; *~lse* [-lsə] ⟨*-n*; *-r*⟩ GRAM Endung f; *~løs* [-lø:ˀs] endlos, *~mål* [-ˌmɔlˀl] Endziel n; *~skive* [-sgiːvə] Brotkanten m; *~station* [-sdaˀsjoːˀn] Bus, BAHN Endstation f

endetal ['ɛnətal] Endzahl f; *~tarm* [-tɑːˀʀm] ANAT Mastdarm m; *~vende* [-venˀə] durchsuchen, fig auf den Kopf stellen

endnu [e'nu, énu] noch; *~ en gang* nochmals, noch einmal; *~ kun* nur noch

endog(så) [en'oˀu, en'osˀɑ] sogar; selbst; auch

endrægtig [en'dʀɛgdi] einträchtig; *~hed* [-heːˀð] ⟨*-en*⟩ Eintrachtigkeit f, Eintracht f

end|sige [en'siːə] noch weniger, geschweige denn; *~skønt* [-'sgœnˀd] obwohl; *~videre* [-'viˀðəʀə] ferner

ene¹ ['eːnə] ⟨*-n*; *-r*⟩ BOT Wacholder m

ene² ['eːnə] → *en²*

ene³ ['eːnə] allein; *~ og alene* einzig und allein, lediglich

ene|afgørende ['eːnəˀugœːˀʀənə] allein entscheidend; *~arving* [-ˌɑʀveŋ] Alleinerbe m, Alleinerbin f; *~barn* [-baːˀʀn] Einzelkind n; *~berettiget* [-be'ʀɛdiəð] allein berechtigt

eneboer ['eːnəboːˀəʀ] ⟨*-en*; *-e*⟩ Einsiedler m; *~liv* [-liːˀv] ⟨*-et*⟩ Einsiedlerleben n

enebær ['eːnəbɛʀ] ⟨*-ren*; -⟩ Wacholder m; ⟨*-ret*; -⟩ Wacholderbeere f

enebærbusk ['eːnəbɛʀbusg] Wacholderstrauch m

ene|celle ['eːnəsɛlə] Einzelzelle f; *~forhandler** [-fɔʀ'hanˀləʀ] ÖKON Alleinvertreiber m; *~gang* [-gaŋˀ] ⟨*-en*⟩ Alleingang m; *~gænger* [-gɛŋəʀ] ⟨*-en*; *-e*⟩ Einzelgänger(in) m(f); *~indehaver(ske)* ['eːnəhaːˀvəʀ(sgə)] Alleininhaber(in) m(f)

enejersvogn ['eːnɑiˀəʀsvɔwˀn] Gebrauchtwagen m aus erster Hand

ene|mærker ['eːnəmɛʀgəʀ] pl Bereich m, Gebiet n; *~pige* [-piːə] Alleinmädchen n, Mädchen n für alles; *~r* [ʀeːˀnɔʀ] ⟨*-en*; *-e*⟩ Eins f; Einzelgänger(in) m(f), F fig Einspänner m, Individualist(in) m(f); *~ret* [-ʀed] Alleinrecht n

energi [enɛʀˈgiːˀ] ⟨*-en*; *-er*⟩ Energie f (a fig); Tatkraft f

energi|besparende [enɛʀˈgibesbaːˀʀənə] energie(ein)sparend; *~bundt* [-bonˀd] F Energiebündel n; *~fråds* [-ˈfʀɔːˀs] Energieverschwendung f; *~krise* [-kʀiːsə] Energiekrise f; *~sk* [eˈnɛʀˀgisg] energisch, tatkräftig; *~spild* [-sbilˀ] Energieverschwendung f; *~tab* [-taːˀb] Energieverlust m; *~venlig* [-venli] → *energibesparende*

enerverende [enɛʀˈveːˀʀənə] entnervend, nervtötend; aufreibend

eneråd|ende ['eːnəʀɔːˀðənə] allein bestimmend; *~ig* [-ʀɔːˀði] eigensinnig

enes ['eːnəs] sich vertragen; sich einigen

eneste ['eːnəsdə] einzig, alleinig; *hver ~ (én)* jeder/jede Einzelne; *hver ~ dag* täglich

ene|stue ['eːnəsduːə] Krankenhaus, Hotel: Einzelzimmer n; *~stående* [-sdɔːˀənə] einzigartig, einmalig

enetages ['eːneˀtaːˀsjəs] einstöckig

ene|tale ['eːnətaːˀlə] Selbstgespräch n; *~time* [-tiːmə] Einzelstunde f, Privatstunde f

enevælde ['eːnəvɛlə] HIST Absolutismus m

eneværelse(stillæg) ['eːnəvɛːʀəlsə(sˀteːˀlɛːˀg)] Einzelzimmer(zuschlag) n(m)

en|familie(s)hus ['eːnfaˀmiːˀliə(s)huˀs] Einfamilienhaus n; *~faset* [-faˀsəð] EL einphasig

enfold ['enfɔlˀ] ⟨*-en*⟩ Einfalt f

enfoldig [en'fɔlˀdi] einfältig; *~hed* [-heːˀð] ⟨*-en*; *-er*⟩ Einfalt f

eng [ɛŋˀ] ⟨*-en*; *-e*⟩ Wiese f

engagement [aŋgasjəˀmaŋ] ⟨*-et*; *-er*⟩ Engagement n; Anstellung f

engagere [aŋgaˀsjeːˀʀə] engagieren; *zum Tanz auffordern; *~t* engagiert

engageringskontor [anga'sje:ʔreŋskɔn-'to:ʔr] Stellenvermittlung f

engang [en'ɡaŋʔ] (ein)mal; einst; *der var ~ en dronning* es war einmal eine Königin; *~ imellem* mitunter, dann und wann; *tænk ~!* denk mal an!

engangs|beløb ['e:nɡaŋsbe'løːʔb] Pauschale f, Pauschalbetrag m; **~ble** [-ble:ʔ] Wegwerfwindel f; **~flaske** [-flasɡə] Einwegflasche f; **~foreteelse** [-'fɔ:rɐte:ʔəlsə] einmalige Erscheinung f; **~service** [sɛr'vi:sə] Wegwerfbesteck n; **~sprøjte** [-sbrɔidə] Einwegspritze f

engel ['eŋəl] ⟨eng(e)len; engle⟩ Engel m

engelsk¹ ['eŋ'əlsɡ] ⟨et⟩ Englisch n

engelsk² ['eŋ'əlsɡ] englisch; *~ bøf* Rumpsteak n

engle|blid ['eŋləbli:ʔð] sanft wie ein Engel; *Stimme:* samtweich

englelig ['eŋləli] engelhaft; *~ tålmodighed* Engelsgeduld f

englænder ['eŋlɛnʔər] ⟨-en; -e⟩ Engländer m; **~inde** [-'enə ⟨-n; -r⟩ Engländerin f

engros|forretning [aŋ'ɡrofo'rɛdneŋ] Engrosgeschäft n; **~handel** [-han'əl] Großhandel m; **~pris** [-pri:ʔs] Engrospreis m, Großhandelspreis m

enhed ['e:nhe:ð'] ⟨-en; -er⟩ Einheit f

enheds|pris ['e:nheðspri:ʔs] Einheitspreis m; **~skole** [-sɡo:lə] (integrierte) Gesamtschule f

enhver [en'veːʔr], *ethvert* n jeder, jede, jedes; jedermann; *alle og ~* jedermann; *~ som helst* jeder Beliebige (od F x-beliebige); *~ især* jeder Einzelne

enig ['e:ni] einig; *blive ~* einig werden, sich einigen (*om/*über A); **~hed** [-he:ð'] ⟨-en⟩ Einigkeit f, Eintracht f

enke ['ɛŋɡə] ⟨-n; -r⟩ Witwe f; **~dronning** [-drɔnen] Königinwitwe f, Königinmutter f; **~frue** [-fru:ə] Witwe f; *enkefru Lund* die verwitwete Frau Lund

enkel ['eŋ'ɡəl] einfach; schlicht; **~hed** [-he:ð'] ⟨-en⟩ Einfachheit f, Schlichtheit f

enkelt ['eŋ'ɡəld] einzeln; vereinzelt; einfach (*nicht doppelt*); **~billet** [-bi'led] einfache Fahrkarte f; **~e** pl einige

enkelthed ['eŋ'ɡəldhe:ð'] ⟨-en; -er⟩ Einzelheit f; *gå i ~er* ins Einzelne gehen; *indtil de mindste ~er* bis in alle Einzelheiten, bis ins kleinste Detail

enkelt|person ['eŋ'ɡəldpɛr'so:ʔn] Einzelperson f; **~radet** [-rɑː'ðəd] einreihig; **~stående** [-sɡo:ʔənə] vereinzelt; **~tal** [-tal] Einzahl f; **~tilfælde** [-telfelə] Ein-

zelfall m; **~vis** [-vi:ʔs] einzeln; vereinzelt; **~værelse** [-'veːrəlsə] Einzelzimmer n

enke|mand ['eŋɡəmanʔ] Witwer m; **~pension** [-paŋ'sjo:ʔn] Witwenrente f; **~stand** [-sdan'ʔ] ⟨-en⟩ Witwenschaft f

en|krone ['e:nkro:nə] Einkronenstück n; **~kønnet** [-kœnʔəd] eingeschlechtig

enlig ['e:nli] einzeln; alleinstehend; einsam; *~ mor* alleinerziehende Mutter; **~(t)stillet** [-(d)sdel'ʔəd] alleinstehend

enmandsbetjent ['e:nmansbe'tje:ʔnd]: *~ bus* Einmannbus m

enorm [e'nɔ:ʔrm] enorm

enpuklet ['e:npoɡləd] einhöck(e)rig

enradet ['e:nrɑː'ðəd] einreihig

enrum ['e:nrom'ʔ] ⟨et⟩: *i ~* unter vier Augen

ens¹ [e:ʔns] *pron* jemandes; → *en³*; *redde ~ liv* j-m das Leben retten

ens² [e:ʔns] gleich (*in der Art*)

ensartet ['e:ʔnsɑ:ʔr'ðəd] gleichartig, einheitlich; **~hed** [-he:ð'] ⟨-en; -er⟩ Gleichartigkeit f, Einheitlichkeit f

ensbetydende ['e:ʔnsbe'tyːʔðənə] gleichbedeutend (*med/*mit D)

ensfarvet ['e:ʔnsfaːʔrvəð] einfarbig

ensformig ['e:ʔnsfɔrʔmi] einförmig, eintönig; **~hed** [-he:ð'] ⟨-en; -er⟩ Einförmigkeit f, Eintönigkeit f

ensidig ['e:nsiːʔði] einseitig (*a fig*); **~hed** [-he:ð'] ⟨-en; -er⟩ Einseitigkeit f

ensilere [ɛnsi'le:ʔrə] (ein)silieren

enslydende ['e:ʔnslyːʔðənə] gleichlautend

ensom ['e:nsɔm'ʔ] einsam; **~hed** [-sɔmhe:ð'] ⟨-en⟩ Einsamkeit f; Vereinsamung f; **~hedsfølelse** [-sɔmheðsføːləlsə] Einsamkeitsgefühl n

en|sporet ['e:nsbo:ʔrɔð] Bahn: einspurig, eingleisig; *Schule:* einzügig; *fig* einseitig, engstirnig; **~sproget** [-sbrɔ:ʔwəð] einsprachig

enspænder ['e:nsbɛnʔər] ⟨-en; -e⟩ Einspänner m (*a fig*); **~natur** [-na'tu:ʔr] *fig* Eigenbrötler(in) m(f)

ensretning ['e:ʔnsrɛdneŋ] EL Gleichrichtung f; *fig* Gleichschaltung f

ensrette ['e:ʔnsrɛdə] *Strom* gleichrichten; *fig* gleichschalten; *gade med ~t kørsel* Einbahnstraße f; *~t kørsel* Einbahnverkehr m

enstemmig ['e:nsdɛmʔi] einstimmig, einmütig

enstonig ['e:ʔnsto:ʔni] eintönig; **~vinklet** [-veŋʔɡləð] gleichwink(e)lig

ental ['e:ntal] ⟨-et⟩ GRAM Einzahl f

ente ['e:?ndə]: *den hundred(e) (og)* ~ *gang* das 101. Mal

enten ['endən] entweder; *~ ... eller* entweder ... oder; *(hvad)* ~ *hun vil eller ej* ob sie will oder nicht; wohl oder übel

enten-eller ['endən'ɛl'?ər] ⟨*et*⟩ Entweder-oder *n*

entre¹, **entré** [aŋ'trɛ] ⟨*entreen*; *entreer*⟩ Flur *m*; Eintritt(sgeld) *m(n)*

entre² ['ɛntrə] NAUT entern; *Bus* besteigen

entre|billet [aŋ'trebi'led] Eintrittskarte *f*; **~dør** [-dœ:ʀ] Wohnungstür *f*

entreprenant [aŋtʀəpʀe'nan'd] unternehmend; geschäftstüchtig, gerissen

entreprenør [aŋtʀepʀe'nø:'ʀ] ⟨*-en*; *-er*⟩ Bauunternehmer *m*; **~firma** [-'fiʀma], **~virksomhed** ['-'viʀgsəmheð] ⟨*-en*; *-er*⟩ Baufirma *f*

entreprise [aŋtʀe'pʀi:sə] ⟨*-n*; *-r*⟩ Unternehmung *f*; Bauunternehmen *n*; *tage ngt. i* ~ *etw* übernehmen

entydig ['e:nty:?ði] eindeutig

en|ægget ['e:nɛ:?gəð] *Zwillinge:* eineiig; **~øjet** [-ɔi'?əð] einäugig; *fig* einseitig, engstirnig; **~årig** [-ɔ:?ʀi] einjährig

epidemi [epide'mi] ⟨*-en*; *-er*⟩ Seuche *f*

epoke [e'po:gə] ⟨*-n*; *-r*⟩ Epoche *f*; **~gørende** [-gœ:?ʀənə] epochemachend

er [ɛʀ] → **være**

erfare [ɛʀ'fa:?ʀə] *v/t* erfahren

erfaren [ɛʀ'fa:?ʀən] erfahren, lebensklug, bewandert

erfaring [ɛʀ'fa:?ʀeŋ] ⟨*-en*; *-er*⟩ Erfahrung *f*

erfaringsmæssig [ɛʀ'fa:?ʀeŋsmesi] erfahrungsmäßig; erfahrungsgemäß

erhverv [ɛʀ'vɛʀ?v] ⟨*-et*; *-*⟩ Beruf *m*; Gewerbe *n*; Erwerb *m*; *uden* ~ erwerbslos; **~e** [-ə] erwerben; **~else** [-əlsə] ⟨*-n*; *-r*⟩ Erwerbung *f*

erhvervs|aktiv [ɛʀ'vɛʀ?vsagti:?v] berufstätig; **~arbejde** [-aʀbai'?də] Lohnarbeit *f*

erhvervs|chauffor [ɛʀ'vɛʀ?vssjo'fø:?ʀ] Berufsfahrer *m*; **~drivende** [-dʀi:vənə] der/die Gewerbetreibende; **~evne** [-eunə] Erwerbsfähigkeit *f*; **~faglig** [-fawli] berufsbildend; **~hæmmet** [-hɛməð] erwerbsbeschränkt, -gemindert; **~kilde** [-kilə] Erwerbsquelle *f*; **~liv** [-li:?v] Wirtschaft(sleben) *f(n)*; Berufsleben *n*; **~løs** [-lø:?s] erwerbslos; **~mæssig** [-mesi] berufsmäßig, gewerbsmäßig; **~praktik** [-pʀag'tig] Berufspraktikum *n (für Schüler)*; **~rettet** [-ʀɛdəð] berufsbezogen; **~sygdom** [-sy:dɔm?] Berufskrankheit *f*

erhvervsvejled|er [ɛʀ'vɛʀ?vs'vai̯le:?-dəʀ] Berufsberater(in) *m(f)*; **~ning** [-le:?ðnen] Berufsberatung *f*

erhvervsøkonomi [ɛʀ'vɛʀ?vsøkono'mi] Betriebswirtschaft(slehre) *f*

erindre [e'ʀen?dʀə] erinnern (*om/*an *A*); sich erinnern (*G od* an *A*); *ikke have ngt. at* ~ *imod ngt.* nichts gegen eine Sache einzuwenden haben

erindring [e'ʀen?dʀeŋ] ⟨*-en*; *-er*⟩ Erinnerung *f*; Andenken *n*; Gedächtnis *n*; *skrive sine* ~*er* s-e Memoiren schreiben

erindrings|billede [e'ʀen?dʀeŋsbeleð(ə)] Erinnerungsbild *n*; **~forskydning** [-fɔʀ'sgy:?ðnen] Gedächtnisfehler *m*; **~liste** [-lesdə] Merkzettel *m*; Hinweise *m/pl*; **~tegn** [-tai̯?n] Andenken *n*

erkende [ɛʀ'kɛn?ə] erkennen; **~lse** [-lsə] ⟨*-n*; *-r*⟩ Erkenntnis *f*

erkendtlig [ɛʀ'kɛn?dli] erkenntlich, dankbar; **~hed** [-he:ð?] ⟨*-en*; *-er*⟩ Erkenntlichkeit *f*

erklær|e [ɛʀ'klɛ:?ʀə] erklären; **~et** [-ð] erklärt; **~ing** [-'klɛ:?ʀeŋ] ⟨*-en*; *-er*⟩ Erklärung *f*; Gutachten *n* (*om/*über *A*)

erlægge [ʀʀ'lɛgə] *Gebühren* entrichten; **~lse** [-lsə] ⟨*-n*⟩ Entrichtung *f*

ernær|e [ɛʀ'nɛ:?ʀə] ernähren; **~er** [-ʀ] ⟨*-en*; *-e*⟩ Ernährer(in) *m(f)*; **~ing** [-'nɛ:?-ʀeŋ] ⟨*-en*; *-er*⟩ Ernährung *f*

erobr|e [e'ʀo:?bʀə] erobern; **~ing** [-eŋ] ⟨*-en*; *-er*⟩ Eroberung *f*

erstatning [ɛʀ'sdadnen] ⟨*-en*; *-er*⟩ Ersatz *m*; Entschädigung *f*; Vergütung *f*

erstatningskrav [ɛʀ'sdadneŋskʀau?] Ersatzanspruch *m*, Ersatzforderung *f*

erstatte [ɛʀ'sdadə] ersetzen, erstatten

erts [ɛʀds] ⟨*-en*; *-er*⟩ Erz *n*; → **malm**; **~holdig** ['-hɔl?di] erzhaltig

es [ɛs] ⟨*-set*; *-ser*⟩ *Kartenspiel:* Ass *n*; MUS Es *n*; *være i sit* ~ in *s-m* Element sein

eskal|ator [esga'la:tɔʀ] ⟨*-en*; *-er*⟩ Rolltreppe *f*; **~ere** [-'le:?ʀə] eskalieren

eskimo [esgi'mo:?] ⟨*-en*; *-er*⟩ Eskimo *m*; **~isk** [-isg] eskimoisch

esp [ɛsb] ⟨*-en*; *-e*⟩ → **asp**

espalier [esbal'je] ⟨*-et*; *-er*⟩ Spalier *n*

espeløv ['ɛsbələ:?v] BOT Espenlaub *n*; *ryste som et* ~ zittern wie Espenlaub

esse ['ɛsə] ⟨*-n*; *-r*⟩ (Schmiede)Esse *f*

essig [ɛsi] hitzig, ausgelassen, überschwänglich

ester¹ ['ɛsdəʀ] ⟨*-en*; *-e*⟩ CHEM Ester *m*

ester² ['ɛsdəʀ] ⟨*-en*; *-e od -*⟩ Este *m*, Estin *f*

estisk ['ɛsdisg] estnisch

estragon [ɛsdʀɑ'gɔŋ] ⟨*-en*; *-er*⟩ BOT Estragon *m*

et [ed] *unbestimmter art* → **en¹, en²**

ét [ed] → **en²**

etage [e'ta:²sjə] ⟨-n; -r⟩ Stock(werk) *m(n)*, Geschoss *n*, Etage *f*; THEA Rang *m*; **hun bor på anden ~** sie wohnt im zweiten Stock (od zwei Treppen hoch); **toetages** zweistöckig; **~lejlighed** [-lɑïlihe:ð²] Etagenwohnung *f*; **~seng** [-seŋ²] Etagenbett *n*

etat [e'ta:²d] ⟨-en; -er⟩ Verwaltung(szweig) *f(m)*; Beamtenschaft *f*

etb *Abk. für* **elektronisk tekstbehandling**; → **tekstbehandling**

etbenet ['edbe:²nəð] → **enbenet**

ethvert [ed've:²kd] → **enhver**

etik [e'tig] ⟨-ken; -ker⟩ Ethik *f*

etiket [eti'ked] ⟨-ten; -ter⟩ Etikett *n*, Aufkleber *m*

etisk ['e:²tisg] ethisch

etnisk ['ednisg] ethnisch; exotisch; **~ butik** *etwa* Asienladen *m*

et|partisystem ['edpɑr'tisy'sde:²m] Einparteiensystem *n*; **~planshus** [-pla:nshu:²s] Flachbau *m*; **~steds** [-'sdeds] irgendwo; **~tal** [-tal] ⟨-let; -ler⟩ Eins *f*; **~ter** ['edɑr] ⟨-en; -e⟩ Einer *m*; Einser *m*, Eins *f*

etværelses ['edve:²ʀəlsəs] **~ lejlighed** Einzimmerwohnung *f*

etårig ['edɔ²ʀi] einjährig

EU, eu [e:'u:²] (= **Den europæiske Union** die Europäische Union) EU *i ~* in der EU; **~ borger** EU-Bürger(in) *m(f)*

euro ['œüro] ⟨-en; -⟩ Euro *m* (*Währung*)

eurocent ['œürosend] Eurocent *m* (*Münze*)

Europa ['œü'ro:pa] Europa *n*

Europadomstolen ['œü'ro:pa'dɔmsdo:²lən] (der) Europäische Gerichtshof *m*

Europaparlamentet ['œü'ro:papɑrla'mendəð] (das) Europäische Parlament *n*, Europaparlament *n*

europæ|er ['œüro'pɛ:²ər] ⟨-en; -e⟩ Europäer(in) *m(f)*; **~isk** [-'pɛ:²isg] europäisch; **Den ℒe Union** die Europäische Union; **ℒ retningslinje** EU-Richtlinie *f*

euro-standard ['œüro'sdandɑrd] Euronorm *f*

evakuer|e [evaku'e:²ʀə] evakuieren; **~ing** [-'e:²ʀəŋ] ⟨-en; -er⟩ Evakuierung *f*

evaluer|e [evalu'e:²ʀə] werten, beurteilen; **~ing** [-'e:²ʀeŋ] ⟨-en; -er⟩ Wertung *f*, Beurteilung *f*

eventuel [eventu'ɛl²] (*Abk.* **evt.**) eventuell (*Abk.* evtl.), etwaig; **~t** *adv* eventuell; *Tagesordnung:* Sonstiges *n*

eventyr ['ɛ:vənty:²ʀ] ⟨-et; -⟩ Märchen *n*; Abenteuer *n*; **~agtig** [-ty:ʀɑgdi] märchenhaft; **~bog** [-ty:ʀbɔ:²w] Märchenbuch *n*; **~digter** [-ty:ʀdegdər] Märchendichter *m*

eventyre ['ɛ:vənty:²ʀə] aufs Spiel setzen, gefährden, bedrohen

eventyr|er ['ɛ:vənty:²ʀɔr] ⟨-en; -e⟩ Abenteurer *m*; **~land** [-ty:²ʀlan²] Märchenland *n*; **~lig** [-'ty:²ʀli] märchenhaft; abenteuerlich; **~lyst** [-ty:²ʀløsd] Abenteuerlust *f*

evig ['e:vi] ewig; *for ~* auf ewig; **~ og altid** immer und ewig, dauernd; *hver ~e dag* jeden Tag, tagtäglich

evighed ['e:vihe:ð²] ⟨-en; -er⟩ Ewigkeit *f*; *aldrig i ~* F nie und nimmer

evindelig [e'ven²deli] ewig

evne¹ ['ɛünə] ⟨-n; -r⟩ Fähigkeit *f*; *~r pl* Gaben *f/pl*, Anlagen *f/pl*; *efter ~* nach (bestem) Vermögen; *leve over ~* über seine Verhältnisse leben

evne² ['ɛünə] vermögen, können

evne|løs ['ɛünələ:²s] unbegabt; **~rig** [-ʀi²] begabt; **~svag** [-sva:²] geistesschwach, schwachsinnig

evt. *Abk. für* **eventuel(t)**

exe ['egsə] *v/i* schieflaufen; *v/t* verbiegen; *hjulet er ~t* das Rad hat e-e Acht

F, f [ɛf] ⟨-'et; -'er⟩ F, f *n*

f. [fø:²d] (= **født** geboren(e)) geb.

fabel ['fa:²bəl] ⟨*fab(e)len; fabler*⟩ Fabel *f*; **~agtig** [-agdi] fabelhaft; **~dyr** [-dy:²ʀ] Fabeltier *n*

fabrik [fa'bʀeg] ⟨-ken; -ker⟩ Fabrik *f*, Werk *n*; **~ere** [-bʀi'ke:²ʀə] herstellen

fabriks|arbejder [fa'bʀegsɑrbaï²dər]

Fabrikarbeiter(in) *m(f)*; **~ny** [-ny:²] fabrikneu; **~tilsyn** [-telsy:²n] Gewerbeaufsicht *f*

facade [fa'sa:ðə] ⟨-n; -r⟩ Fassade *f* (*a fig*), Vorderfront *f*

faciliteter [fasili'te:²dər] *pl* Einrichtungen *f/pl*, Anlagen *f/pl*; Bequemlichkeiten *f/pl*

facit ['fɑːsid] ⟨-tet; -ter⟩ Fazit n, Schlussergebnis n, Endsumme f

facon [fɑ'sɔŋ] ⟨-en; -er⟩ Fasson f, Form f, Machart f, Schnitt m; Art f; **~fast** [-fasd] formbeständig; **~syet** [-syˑ?əð] auf Figur genäht

fad¹ [fa ð] ⟨-et; -e⟩ Schüssel f; Platte f; Bier: Fass n; **øl fra ~** Fassbier n

fad² [fa:?ð] fad(e) (a fig) schal

fadder ['faðər] ⟨-en; -e⟩ Pate m, Patin f; F Patenonkel m, Patentante f; **stå ~ til én** bei j-m Pate stehen; **~gave** [-gaˑvə] Patengeschenk n; **~skab** [-sgaː?b] ⟨-et; -er⟩ Patenschaft f; **~sladder** [-slað?ər] F Tratsch m

fadebur ['faːðəbuˑ?r] Speisekammer f

fader [fɑːr] ⟨-en; fædre⟩ Vater m; → **far**, **Gud Fader** ['faːðər] Gottvater m

fader|lig ['faːðərliˀg] väterlich; **~løs** [-løˑ?s] vaterlos; **~skab** [-sgaː?b] ⟨-et⟩ Vaterschaft f; **~vor** [-vɔr] ⟨-et; -⟩ REL Vaterunser n

fadæse [fa'dɛːsə] ⟨-n; -r⟩ Dummheit f

fadøl ['faðøl] Fassbier n

fadølsanker ['faðølsaŋgər] Bierfass n

fag [fa:?(j)] ⟨-et; -⟩ Fach n (u ARCH); Beruf m; **~bevægelse** ['fawbeˈveˀəlsə] Gewerkschaftsbewegung f; **~blad** ['fawblað] Fachzeitschrift f; **~bog** ['fawbɔˑ?w] Fachbuch n; TEL Branchenbuch n

fager ['faˑ?ər] lit hold, anmutig

fag|folk ['fawfɔl?g] pl Fachleute pl, **~forbund** [-fɔrbonˀ] Gewerkschaftsbund m; **~forening** [-fɔr'eˑ?neŋ] Gewerkschaft f; **~foreningskvinde** [-fɔr'eˑ?neŋskveˀnə] Gewerkschaft(l)erin f; **~foreningsmand** [-fɔr'eˑ?neŋsmanˀ] Gewerkschaft(l)er m; **~fælle** [-fɛlə] (Fach)Kollege m, Kollegin f; **~kyndig** [-kønˀdi] fachmännisch, sachkundig; **~lig** [-li] fachlich, beruflich; **~litteratur** [-lidərɑ'tuˑ?r] Fachliteratur f

faglært ['fawlεˀrð] gelernt; **~ arbejder** Facharbeiter(in) m(f); **ikke ~** ungelernt

fag|mand ['fawmanˀ] Fachmann m; **~mæssig** [-mɛsi] fachmäßig, beruflich; fachmännisch

fagskole ['fawsgoːlə] Berufsschule f; Fachschule f

fagter ['fagdər] pl Gebärden f/pl, Gesten f/pl

faguddannet ['fawuˈðanˀəð] fachlich ausgebildet; gelernt; **~udtryk** [-uˑðtrøg] Fachausdruck m

fakkel ['fakəl] ⟨fak(ke)len; fakler⟩ Fackel f; **~tog** [-tɔˑ?w] Fackelzug m

fakt|a ['fagta] pl → **faktum**, **~isk** [-tisg] faktisch, tatsächlich; in der Tat; **~um**

[-'tom] ⟨-(m)et; fakta⟩ Faktum n, Tatsache f

faktur|a [fɑg'tuˑrɑ] ⟨-en; -er⟩ Lieferschein m; **~ere** [-əˀrə] in Rechnung stellen

falbelade [falbəˈlaːðə] ⟨-n; -r⟩ Falbel f; **~r** Umschweife pl

falbyde ['falbyˈ?ðə] feilbieten, zum Verkauf anbieten

Falck [fal?g] dän. Unfall- u. Rettungsdienst m, Pannenhilfe f; **~bil** [-biˑ?l] Krankenwagen m, Rettungswagen m; Abschleppwagen m

fald [fal?] ⟨-et; -⟩ Fall m, Sturz m (a fig); Gefälle n, Neigung f; **i alle ~** auf alle Fälle; **i al(t) ~, i hvert ~** auf jeden Fall, jedenfalls; **i modsat ~** ander(e)nfalls, im entgegengesetzten Fall, wenn nicht; **i så ~** in d(ies)em Fall; **i værste ~** schlimmstenfalls; **have ~ i håret** leicht gewelltes Haar haben

falddør ['faldœˈ?r] Falltür f

falde ['falə] ⟨faldt; faldet⟩ fallen, stürzen; sinken; **som det ~r** wie es sich trifft; **tiden ~r ham lang** die Zeit wird ihm lang; **~ af** abfallen, ausfallen; fig abmagern; alt und schwach (od gebrechlich) werden; **der ~r ngt. af til mig** F es fällt etw tur mich ab; **~ bort** wegfallen; **~ for** vorfallen; **~ for aldersgrænsen** in den Ruhestand versetzt werden; **~ for én** sich von j-m stark angezogen fühlen; **~ fra** abfallen; ausscheiden; ausfallen; sterben; **~ fra hinanden** zerfallen; **~ i** zufallen; ins Wasser fallen; **~ i søvn** einschlafen; **det ~r i min smag** das trifft m-n Geschmack; **~ i igennem** durchfallen; abfallen; **~ ind** einfallen; einsetzen; **det ~r mig ikke ind, det kunne ikke ~ mig ind** ich denke nicht daran; das fällt mir gar nicht ein; **~ ind under** gehören zu (D); **~ ned** fallen, herabfallen; **~ om (kuld)** umfallen, F umkippen, hinfallen; **~ over én** über j-n herfallen; **~ på** Nacht: hereinbrechen; **~ på ngt.** fig auf e-n Gedanken verfallen, auf die Idee kommen; **~ sammen** zusammenfallen, zusammenbrechen; **~ til** zufallen; **~ til jorden** zu Boden fallen; fig misslingen; Witz: s-e Wirkung verfehlen; **~ tilbage** zurückfallen; **~ ud** ausfallen; **~ ud af sengen** aus dem Bett fallen

faldefærdig ['faləfεˀrˈdi] baufällig

falderebs ['faləreˈ?bs] NAUT Fallreep n; **på ~et** fig F zum Abschied

fald|grube ['falgruˈbə] Fallgrube f; **~lem** [-lɛmˀ] → **falddør**

faldskærm ['falsgεrˀm] Fallschirm m

faldskærmsudspring ['falsgεrmsuðsb-

Reŋʔ] Fallschirmabsprung *m*; Fallschirmspringen *n*; **~er** [-ɔʁ] ⟨*-en*; *-e*⟩ Fallschirmspringer(in) *m(f)*

faldstamme ['falsdɑmə] Fallrohr *n*

faldt [falʔd] → *falde*

faldøkse ['faløgsə] Fallbeil *n*

falk [falʔg] ⟨*-en*; *-e*⟩ zo Falke *m*

fallit[1] [fa'lid] ⟨*-en*; *-ter*⟩ ØKON Zahlungsunfähigkeit *f*, Konkurs *m*, F Pleite *f*

fallit[2] [fa'lid]: *gå ~* fallieren, F Pleite machen

fallit|bo [fa'lidbo:ʔ] JUR Konkursmasse *f*; **~erklæring** [-ɛʁˈklɛːʔʁeŋ] Konkurserklärung *f*; *fig* Armutszeugnis *n*, Bankrotterklärung *f*

falme ['falmə] ausbleichen; **~t skønhed** *fig* verwelkte Schönheit *f*

fals[1] [falʔs] ⟨*-en*; *-e*⟩ Falz *m*

fals[2] [falʔs]: *til ~* *lit* feil, käuflich (*a fig*)

false ['falsə] falzen

falsk[1] [falʔsg] ⟨*en od et*⟩ JUR Fälschung *f*

falsk[2] [falʔsg] falsch (*a fig*); gefälscht; **~e penge** *pl* Falschgeld *n*

falskmøntner ['falsgmøndnɔʁ] ⟨*-en*; *-e*⟩ Falschmünzer *m*; **~i** [-møndnəˈʁiːʔ] ⟨*et*⟩ Falschmünzerei *f*

falskner ['falsgnɔʁ] ⟨*-en*; *-e*⟩ Fälscher *m*; **~i** [-nɔˈʁiːʔ] ⟨*-et*; *-er*⟩ Fälschung *f*

falsum ['falsom] ⟨*-(m)et*; *-(m)er*⟩ Fälschung *f*

familiarisere [familiaʁiˈseːʔʁə]: ~ *sig med ngt*. sich mit *etw* vertraut machen

familie [fa'miːʔliə] ⟨*-n*; *-r*⟩ Familie *f*, Verwandtschaft *f*; *være i ~ med én* mit *j-m* verwandt sein; *med hele ~n* F mit Kind und Kegel

familie|brug [fa'miːʔliəbʁuːʔ] landwirtschaftliche(r) Familienbetrieb *m*; **~fa-(de)r** [-fɑːʁ] Familienvater *m*; **~liv** [-liːʔv] Familienleben *n*; **~medlemmer** [-mɛðlɛmʔəʁ] Familienmitglieder *n/pl*, Familienangehörige *m* (*f*)/*pl*; **~navn** [-naʊʔn] Familienname *m*; **~planlægning** [-plaːnlɛgnen] Familienplanung *f*

familiepleje [fa'miːʔliəplɑiə]: *anbringe et barn i ~* ein Kind bei Pflegeeltern unterbringen

familie|sammenføring [fa'miːʔliəsɑmenføʁeŋ] Familienzusammenführung *f*; **~skab** [fa'miːʔliəsgaːʔb] ⟨*-et*⟩ Verwandtschaft *f*; **~vejledning** [-vɑileːʔðən] Familienberatung *f*

familiær [familiˈɛːʔʁ] familiär; ~ *stilling* Familienanschluss *m*

famle ['famlə] tappen, tasten; ~ *efter ord* nach Worten suchen; ~ *i det* stammeln; **~nde** tastend, *fig* unsicher

famøs [fa'møːʔs] berüchtigt

fanati|ker [fa'naːʔtigɔʁ] ⟨*-en*; *-e*⟩ Fanatiker(in) *m(f)*, Eiferer *m*; **~sk** [-'naːʔtisg] fanatisch; **~sme** [-na'tismə] ⟨*-n*⟩ Fanatismus *m*

fandeme ['fa(nə)mə] V zum Teufel!, verdammt (noch mal)!

fanden ['fanən, faːn] ⟨*en*⟩ Teufel *m*; *Fanden* der Teufel; *fy for ~!* pfui Teufel!; *(så) for ~!*, *gale (od tage) mig!* F zum Teufel (noch mal)!; ~ *er løs!* der Teufel ist los!; *gå i vold!* F scher dich zum Teufel!; *han bor ~ i vold fig* er wohnt am Ende der Welt; **~s** F verteufelt, höllisch, verdammt; **~s fødselsdag** ØKON der halbjährliche Zahltag (*11.6. u 11.12*); *det var ~s* (*od som ~*)! Donnerwetter!; *en ~s larm* ein Höllenlärm *m*; **~s karl**, ~ *til karl* Teufelskerl *m*; **~s mælkebøtte** BOT Löwenzahn *m*; → *a pokker*

fanden|ivoldsk ['fanəniˈvɔlʔsg] verteufelt, dreist, verwegen; **~s** ['fanəns] → *fanden*

fandt [fanʔd] → *finde*

fane ['faːnə] ⟨*-n*; *-r*⟩ Fahne *f*; *Kartei*: Reiter *m*; **~bærer** [-beːʁɔʁ] Fahnenträger *m*; **~ed** [-eːʔð] Fahneneid *m*; **~flugt** [-flogd] Fahnenflucht *f*

fange[1] ['faŋə] ⟨*-n*; *-r*⟩ (der/die) Gefangene, Häftling *m*, Sträfling *m*

fange[2] ['faŋə] fangen, gefangen nehmen

fange|dragt ['faŋədʁagd] Sträflingskleidung *f*; **~hul** [-hol] Kerkerloch *m*; **~lejr** [-lɑiʔʁ] Gefangenenlager *n*

fangen ['faŋən] gefangen (genommen) (*a fig*); *tage fornuften ~* Vernunft annehmen; **~skab** [-sgaːʔb] ⟨*-et*; *-er*⟩ Gefangenschaft *f*

fange|r ['faŋɔʁ] ⟨*-en*; *-e*⟩ Fänger *m*; **~vogter** [-vɔgdɔʁ] Gefängniswärter(in) *m(f)*

fangst [faŋʔsd] ⟨*-en*; *-er*⟩ Fang *m*; *give ~* Jagd: abfangen

fantasere [fanta'seːʔʁə] fantasieren

fantasi [fanta'siːʔ] ⟨*-en*; *-er*⟩ Fantasie *f*; **~forladt** [-'sifɔʁlad] fantasielos, langweilig; **~foster** [-'sifosdɔʁ] Hirngespinst *n*, Fantasiegebilde *n*; **~fuld** [-'sifulʔ] fantasievoll; **~løs** [-'siløːʔs] fantasielos; **~pris** [-'sipʁiːʔs] extrem niedrige(r) *od* hohe(r) Preis *m*; **~rig** [-'siʁiːʔ] fantasiereich

fantast [fan'tasd] ⟨*-en*; *-er*⟩ Fantast(in) *m(f)*; **~isk** [-isg] fantastisch; F unwahrscheinlich, toll

far [fɑːʁ] ⟨*-en*; *fædre*⟩ → *fader*; ~ *her* F ich; **~s dag** Vatertag *m*

farbar ['fɑːʁbɑːʔʁ] (be)fahrbar, passierbar

farbro(de)r ['fɑːˀʁbʁoːʁ] Onkel m (*Bruder des Vaters*)

farc|e ['fɑːsə] ⟨-n; -r⟩ THEA Farce f, Posse f, Schwank m; **~ør** [-'søːˀʁ] ⟨-en; -er⟩ Possenreißer m

fare¹ ['fɑːʁə] ⟨-n; -r⟩ Gefahr f; Gefährdung f, *udsætte for* ~ gefährden; *med* ~ *for, at* … auf die Gefahr hin, dass …

fare² ['fɑːʁə] ⟨farede od for [foːˀʁ]; faret⟩ fahren; laufen, F flitzen; rasen; ~ *af sted* davonrasen, -sausen; ~ *frem* vorwärtsstürzen; ~ *frem mod én* gegen j-n vorgehen; ~ *løs på én* auf j-n losfahren; ~ *op* auffahren, aufspringen; *fig* aufbrausen; ~ *sammen* zusammenfahren, zusammenzucken; ~ *ud* heraustürzen, hinaustürzen; ~ *vild* sich verirren; *komme ~nde* herangestürzt kommen; *far vel!* → *farvel¹,²*

fare³ ['fɑːʁə] Sau: ferkeln

fare|fri ['fɑːˀʁfʁi] gefahrlos; **~fuld** [-'ful?] gefahrvoll; **~moment** [-moˈmɛnˀd] Gefahrenmoment n

faren ['fɑːʁən] *være ilde ~* übel dran sein

faret ['fɑːʁəð] → *fare²*

fare|truende ['fɑːʁətʁuːˀənə] gefahrdrohend; **~zone** [-soːnə] Gefahrenzone f

farfa(de)r ['fɑːfɑːˀʁ] Großvater m, Opa m (*Vater des Vaters*)

farin [fɑˈʁiːˀn] ⟨-en od -et⟩ Farin m, Rohzucker m

farlig ['fɑːli] gefährlich; *fig* gewaltig, furchtbar, schrecklich

farmand ['fɑːmanˀ] ⟨en⟩ Koseform: Vati m, Papi m

farmo(de)r ['fɑːmoːˀʁ] Großmutter f, Oma f (*Mutter des Vaters*)

fars ['fɑːˀʁs] ⟨-en; -er⟩ GASTR Farce f, Füllung f

farsot ['fɑːsoːˀd] MED Seuche f (*a fig*)

farsyg ['faðˀsyːˀ] *Kind: være ~* sehr an s-m Vater hängen

fart [fɑːˀʁd] ⟨-en; -er⟩ Geschwindigkeit f, Tempo n; Eile f; Schnelligkeit f; Fahrt f; *fig* Schwung m; *i en* ~ ganz schnell; *sætte ~ i ngt. etw* beschleunigen, F Dampf hinter *etw* (*A*) machen; *med fuld ~ Auto:* mit Vollgas; *sætte ~en op* das Tempo beschleunigen (*a fig*); *være i ~* unterwegs sein; *have ~ på* es eilig haben; **~begrænsning** [-be'gʁɛnˀsnəŋ] Geschwindigkeitsbegrenzung f

farte ['fɑːˀʁdə] ~ *om(kring)* (*od rundt*) unterwegs sein

fart|glad ['fɑːˀʁdglað] fahrfreudig; **~grænse** [-gʁɛnsə] Tempolimit n, Höchstgeschwindigkeit f; **~måler**

[-moːlər] Geschwindigkeitsmesser m; **~plan** [-plaˀn] Fahrplan m; Flugplan m; **~skriver** [-sgʁiːvər] AUTO Fahrt(en)schreiber m

fartøj ['fɑːˀʁtɔi] ⟨-et; -er⟩ NAUT Fahrzeug n, Boot n, Schiff n

farvand ['fɑːvanˀ] ⟨-et; -e⟩ Fahrwasser n, Gewässer n; *være i ~et fig* in Sicht (*od* in der Nähe) sein

farve¹ ['fɑːvə] ⟨-n; -r⟩ Farbe f, Anstrich m; Färbung f (*a fig*)

farve² ['fɑːvə] färben; **~s** sich färben; **~t** gefärbt; farbig

farve|afskygning ['fɑːvəɑuˀsgygnəŋ] Farbabstufung f, Farbschattierung f; **~blind** [-blenˀ] farbenblind; **~blyant** [-blyanˀd] Buntstift m, Farbstift m; **~bånd** [-bɔnˀ] Farbband n; **~fast** [-fasd] Stoff: farbecht; **~film** [-fimˀ] Farbfilm m; **~fjernsyn** [-fjɛʁnsyˀn] Farbfernsehen n; Farbfernseher m; **~følsom** [-føˀlsɔmˀ] farbempfindlich; **~glad** [-glað] farbenfroh

farvel¹ [fɑːˀvel] ⟨-let⟩ Lebewohl n; *sige* ~ *til én* sich von j-m verabschieden, j-m Lebewohl ѕаgen; *vinke* ~ zum Abschied winken

farvel² [fɑːˀvel] ~! *auf Wiedersehen!*; leb wohl!; TEL auf Wiederhören!; ~ *så længe!* bis nachher!, bis dann!; ~ *med dig!* F zisch ab!, los!

farvelade ['fɑːvəˈlaːðə] ⟨-n; -r⟩ Farbkasten m, Malkasten m, Tuschkasten m

farve|lagt ['fɑːvəlagd] koloriert, farbig; **~lægge** [-legə] kolorieren; **~løs** [-løˀs] farblos; **~optagelse** [-ˀɔbtajəlsə] ⟨-en; -er⟩ FOT Farbaufnahme f; **~pragt** [-pʁagd] Farbenpracht f; **~prægtig** [-pʁɛgdi] farbenprächtig; **~r** [-ʁ] ⟨-en; -e⟩ Färber(in) m(f); **~ri** [-ˀriːˀ] ⟨-et; -er⟩ Färberei f; **~skala** [-sgaːla] Farb(en)skala f; **~stof** [-sdɔf] Farbstoff m; **~strålende** [-sdʁɔːˀlənə] farbenfreudig; **~t** [-ð] → *farve²*, **~tone** [-toːnə] Farbton m

farve-tv ['fɑːvəteˀveːˀ] → *farvefjernsyn*

farveægte ['fɑːvəɛgdə] farbecht

farvning ['fɑːvnəŋ] ⟨-en; -er⟩ Färbung f, Färben n

fasan [fɑˈsaːˀn] ⟨-en; -er⟩ Fasan m

fascinere|nde [fasiˈneːˀʁənə] faszinierend; **~t** [fasiˈneːˀʁəð] fasziniert (*over/von D*)

fascisme [faˈs(j)ismə] ⟨-n⟩ Faschismus m

fase ['fɑːsə] ⟨-n; -r⟩ Phase f (*a fig*)

-faset [-faːsəð] -phasig; *enfaset* einphasig

fast¹ [fasd] fest; ständig; *holde* ~ festhal-

fast 126

ten (*a fig*); **slå ngt. ~** *fig* etw feststellen; **den ting står ~** die Sache steht fest; **sætte én ~** *j-n* verhaften

fast² [fasd] *lit* beinahe, fast

fast|ansat ['fasdansad] fest angestellt; **~boende** [-boːˀənə] ansässig

faste¹ ['faːsdə] ⟨-n; -r⟩ Fasten(zeit f) pl

faste² ['faːsdə] fasten; **på ~nde hjerte** auf nüchternen Magen

fastedag ['faːsdɑda:ˀ] Fasttag m

fastelavn [fasdə'lauˀn] ⟨-en⟩ Fasching m, Fastnacht f

fastelavns|bolle [fasdə'lauˀnsbɔlə] *e-e* Art Wecke f zur Faschingszeit; **~løjer** [-lɔiˀər] pl Fastnachtsstrubel m; **~mandag** [-manˀda] Rosenmontag m; **~ris** [-riːˀs] n für Kinder geschmücktes Reisigbündel mit Süßigkeiten

faster ['fasdər] ⟨-en; fastre⟩ Tante f (*Schwester des Vaters*)

fastetid ['fasdəti:ˀð] Fastenzeit f

fast|frossen ['fasdfrɔsən] festgefroren; **~fryse** [-fryˀsə] festfrieren; *fig* einfrieren; **~groet** [-groːˀə] festgewurzelt (*a fig*); **~gøre** [-gœːˀrɑ] festmachen, befestigen; **~holde** [-hɔlˀə] befestigen; *fig* festhalten; *fig* fesseln; **~land** [-lanˀ] Festland n

fastlands|klima ['fasdlanskli:ma] Kontinentalklima m; **~sokkel** [-sɔgəl] Festland(s)sockel m

fast|lægge ['fasdlɛgə] festlegen; **~lønnet** [-lœnˀəð] fest besoldet; **~naglet** [-nauˀləð] festgenagelt (*a fig*); **~pris** [-priːˀs] Festpreis m; **~slå** [-slɔːˀ] *fig* feststellen; **~sætte** [-sɛdə] festsetzen, bestimmen; **~tømret** [-tœmˀrəð] festgezimmert; *fig* felsenfest, solide

fat [fad]: **det er ikke sådan ~** es verhält sich nicht so; **hvordan er det ~ med dig?** was ist mit dir?, wie geht's dir?; **det er galt ~ med ham** es geht ihm schlecht, es steht schlecht um ihn; **få ~ i** (*od* **på**) erwischen; organisieren; begreifen; **gribe ~ i** (an)fassen; **tage ~ på** anfangen, anpacken

fatning ['fadneŋ] ⟨-en; -er⟩ Fassung f (*a* EL); **tage ngt. med ~** *fig* etw mit Fassung tragen

fatte ['fadə] fassen; begreifen; *Verdacht* schöpfen; **~ sig** sich fassen; **~evne** [-eūnə] Auffassungsgabe f; **~lig** [-li] fassbar, begreiflich

fatter ['fadər] ⟨-en⟩ F Väterchen n

fattes ['fadəs] ⟨impf **fattedes**⟩ *lit* fehlen, mangeln

fattet ['fadəð] *fig* gefasst

fattig ['fadi] arm (*på*/an D); ärmlich; *fig* dürftig; **~dom** [-dɔmˀ] ⟨-men⟩ Armut f, Dürftigkeit f; **~fin** [-fiːˀn] F vornehm, aber schäbig; **~folk** [-fɔlˀg] pl arme Leute pl, die Armen pl; **~gård** [-gɔːˀr] Armenhaus n; **~hjælp** [-jɛlˀb] Armenfürsorge f; **~kvarter** [-kvarˀteːˀr] Armenviertel n; **~lem** [-lemˀ] ⟨-met; -mer⟩ Armenhäusler(in) m(f); **~mandsbarn** [-mansbaˀrn] armer Leute Kind n

favn [fauˀn] ⟨-en; -e⟩ *Holz*: Klafter m, n; ein Armvoll; **tage i ~** umarmen; **~e** [fauˀnə] umarmen, umfassen; **~ebrænde** [fauˀnəbrɛnə] Klafterholz n; **~fuld** [fauˀnful] ⟨-en; -e⟩ ein Armvoll; **~tag** [fauˀnta:ˀ] Umarmung f

favør [fa'vœːˀr] ⟨-en; -er⟩ Gunst f; **i min ~** zu meinen Gunsten; **~pris** [-priːˀs] ÖKON Vorzugspreis m

faxe ['faɡsə] *Brief* faxen

fe [feːˀ] ⟨-en; -er⟩ MYTH Fee f

feb. *Abk. für* februar

feber ['feːˀbər] ⟨-en; febre⟩ MED Fieber n (**have haben**); **~dom** [-dɔmˀ] fieberhaft; **~fri** [-friːˀ] fieberfrei; **~stillende** [-sdelənə] fiebersenkend; **~vildelse** [-viləlsə] Fieberwahn m

febrilsk [fe'brilˀsg] *fig* fieberhaft

februar ['februa:ˀr] ⟨-en⟩ (*Abk.* **feb.**) Februar m (*Abk.* Febr.)

fed¹ [feð] ⟨-det; -⟩ (*Garn*)Docke f, Fitze f; (*Knoblauch*)Zehe f; flache Landzunge f

fed² [feːˀð] fett (*a fig*); **~e typer** TYP Fettdruck m; **det bliver du ikke ~ af** F davon wirst du nicht fett; **det er (mig) lige ~t** F das ist (mir) Wurst (*od* ganz egal); **det skal ~t hjælpe!** F das macht den Kohl auch nicht fett!

fede ['feːðə] mästen; **det ~r** das macht dick; **~kalv** [-kalˀ] Mastkalb n; **~kur** [-kuːˀr] Mastkur f; **~kvæg** [-kvɛːˀ] Mastvieh n; **~svin** [-sviːˀn] Mastschwein n

fedevare|forretning ['feːðəvaːrəfɔˀrednen] Feinkostgeschäft n; → **viktualieforretning**; **~er** [-ɐ] pl Feinkost(waren f/pl) f, Delikatessen f/pl

fed|laden ['feðlaːˀðən] feist, wohlbeleibt; **~me** [-mə] ⟨-n⟩ Fettleibigkeit f, Fettheit f; **~ning** [-neŋ] ⟨-en; -er⟩ Mast f, Mästung f; **~sild** [-silˀ] Fetthering m

fedt [feð] ⟨-et; -er⟩ Fett n; Schmalz n; **det er ét ~!** F das ist gehopst wie gesprungen (*egal*)!; **~aflejring** [-ˀaūlaiˀreŋ] Fettablagerung f; Fettansatz m

fedte ['feðə] (ein)fetten, einschmieren; **~ for én** F *j-m* schmeicheln; **sidde og ~ i**

det F an etw basteln, herumschustern; ~ **ind** einfetten, einschmieren; ~ **sig ind hos én** sich bei j-m einschmeicheln; ~ **med sine penge** mit seinem Geld knausern; ~**de fingre** fettige Finger m/pl; → ~**t**

fedtefadet ['fedɑfɑːʔðəd] **fingrene af ~!** Finger weg!; **komme i ~** F hereingelegt werden; **være i ~** F in der Tinte sitzen

fedte|grever ['fedɑɡʀeːvəʀ] pl Grieben f/pl; ~**lse** [-lsə] ⟨-n⟩ Schmiere f; ~**mad** [-mɑð] ⟨-(d)en; -der⟩ Schmalzstulle f; ~**prins** [-pʀɛnʔs] F Knauser m; ~**ri** [-'ʀiːʔ] ⟨-et; -er⟩ Geiz m, Knauserei f; ~**perle** [-pɛʀlə] Fettauge n; ~**plet** [-pled] Fettfleck m; ~**sugning** [-suːnɛŋ] Fettabsaugung f; ~**syl** [-syːʔl] ⟨-en; -e od -e⟩ → **fedthas**

fej [fɑiʔ] feig(e); ~ **fyr** Feigling m

fejde¹ ['fɑidə] ⟨-n; -r⟩ lit Fehde f (a fig)

fejde² ['fɑidə]: ~ **mod hinanden** sich befehden

feje ['fɑiə] fegen, kehren; ~ **én af** F j-n kurz abfertigen; ~ **af bordet** fig vom Tisch wischen; ~ **ud** ausfegen; ~**nde** flott, rasch; **nye koste ~r bedst** fig F neue Besen kehren gut

feje|bakke ['fɑiəbɑɡə], ~**blad** [-blɑð] Müllschippe f, Kehrschaufel f; ~**kost** [-kosd] Kehrbesen m, Handfeger m; ~**liste** [-lesdə] Scheuerleiste f

fejemøg ['fɑiəmøiʔ] → **fejeskarn**; **der er fut i ~et** etwa: es geht hoch her

feje|skarn ['fɑiəsɡɑːʔʀn] Kehricht m; ~**spån** [-sbɔːʔn] ⟨-en od -et; -er⟩ → **fejeblad**

fejl¹ [fɑiʔl] ⟨-en; -⟩ Fehler m

fejl² [fɑiʔl] falsch, verkehrt, unrichtig; **gøre ~ regning** fig sich verrechnen; **gå ~ af hinanden** sich verfehlen; **regne ~** sich verrechnen (a fig); **slå ~** fehlschlagen; **tage ~** sich irren, sich täuschen

fejlagtig [fɑiʔlɑɡdi] fehlerhaft, falsch, irrtümlich

fejlbedømme ['fɑiʔlbedœmˀə] falsch einschätzen

fejle ['fɑiʔlə] fehlen, irren; **det kan ikke ~, at ...** es ist ganz sicher, dass ...; **hvad ~r du?** was fehlt dir?, was hast du?; ~**r han**

ngt.? ist er krank?; **du må jo ~ ngt.!** F du hast wohl e-n Vogel!

fejl|finding ['fɑiʔlfenɛŋ] ⟨-en; -er⟩ Fehlersuche f; ~**fri** [-fʀiːʔ] fehlerfrei, fehlerlos; ~**fuld** [-fulˀ] fehlerhaft; ~**greb** [-ɡʀeːʔb] ⟨-et; -⟩ Fehlgriff m, Missgriff m; ~**huskning** [-husɡnɛŋ] ⟨-en; -er⟩ Gedächtnisfehler m; ~**kilde** [-kilə] Fehlerquelle f; ~**melding** [-mɛlɛŋ] Fehlmeldung f, Fehlanzeige f; ~**procent** [-pʀoˀsɛnˀd] Fehlerquote f

fejl|regning ['fɑiʔlʀɑinɛŋ] Rechenfehler m; ~**skrivning** [-sɡʀiˀvnɛŋ] Schreibfehler m; ~**slagen** [-slaˀʔən] fehlgeschlagen; ~**slutning** [-sludnɛŋ] Fehlschluss m; ~**slået** [-slɔːʔəð] fehlgeschlagen; ~**syn** [-syːʔn] MED Fehlsichtigkeit f; fig falsche Ansicht f

fejltagelse ['fɑiʔltaˀəlsə] ⟨-n; -r⟩ Irrtum m, Versehen n, Missverständnis n; **ved en ~** aus Versehen

fejl|tolkning ['fɑiʔltolˀɡnɛŋ] Fehlinterpretation f; ~**trin** [-tʀin] fig Fehltritt m; ~**tælling** [-tɛlɛŋ] Zählfehler m; ~**tænding** [-tɛnɛŋ] Fehlzündung f; ~**vurdering** [-vuʀˀdɔiˀʀneŋ] Fehleinschätzung f

fejning ['fɑinɛŋ] ⟨-en; -er⟩ Fegen n, Kehren n

fejre ['fɑiʀə] feiern, Fest begehen

f. eks. [fɔʀ ɛɡ'sɛmˀbəl] (= **for eksempel** z. B.; → **fx**)

felt¹ [fɛlˀd] ⟨-en⟩ MIL Feld n; **drage til ~s** fig zu Felde ziehen (imod gegen A)

felt² [fɛlˀd] ⟨-et; -er⟩ Feld n; fig Gebiet n

feltflaske ['fɛldflɑsɡə] Feldflasche f

feltfod ['fɛldfoːʔð]: **leve på ~** fig aus dem Koffer leben

felt|herre ['fɛldhɛʀə] Feldherr m; ~**madras** [-maˀdʀɑs] F Frau f, die sich während der Besetzung Dänemarks (1940-1945) mit dt. Soldaten abgab; ~**råb** [-ʀɔːʔb] Losung f, Parole f; ~**seng** [-sɛŋˀ] Feldbett n; ~**tog** [-tɔːʔw] Feldzug m

fem [fɛmʔ] fünf; **være ved sine fulde ~s-e** fünf Sinne beisammen haben; **ikke kunne tælle til ~** fig nicht bis drei zählen können; **i løbet af nul komma ~** in null Komma nichts; → **fire**

fem|cifret ['fɛmsifʀɔð] fünfstellig; ~**dagesuge** [-dɑːsuːə] Fünftagewoche f; ~**dobbelt** [-dɔbəld] fünffach; ~**doble** [-dɔblə] verfünffachen; ~**etage(r)s** [-e'tɑːˀsjɑ(ʀ)s] fünfstöckig; ~**hundred(e)kroneseddel** [-hunʀədkʀoːnəsɛːʔðˀəl] ÖKON Fünfhundertkronenschein m

fem|kamp ['fɛmkɑmʔb] SPORT Fünfkampf m; ~**kant** [-kanʔd] Fünfeck n; ~**kantet**

[-kan?də] fünfeckig, fünfkantig; **~krone** [-kro:nə] Fünfkronenstück n; **~kæmper** [-kɛmbər] ⟨-en; -e⟩ SPORT Fünfkämpfer m; **~master** [-masdər] ⟨-en; -e⟩ NAUT Fünfmaster m; **~mer** ['fem?ər] ⟨-en; -e⟩ Fünf(er) f(m); Fünfkronenstück n; **~metervippe** [-me:?dərveba] SPORT Fünfmeterbrett n; **~øre-veøre** [-ɔtyøørə] dän 25-Öre-Münze; **~tal** [-tal] ⟨-let; -ler⟩ Fünf f; **~ten** [-dən] fünfzehn

femværelse(r)s ['femve:rəlsəs]: *femvæ-relse(r)s lejlighed* Fünfzimmerwohnung f

femår ['femɔ:?r] Jahrfünft n

fennikel ['fen?igəl] ⟨fenniklen; fennikler⟩ BOT Fenchel m

ferie ['fe:?riə] ⟨-n; -r⟩ Ferien pl, Urlaub m; *have ~* Urlaub haben; *holde ~* Urlaub machen; *være på ~* auf (od in) Urlaub sein; **~afløser** [-aulø:?sər] ⟨-en; -e⟩ Person: Urlaubsvertretung f; **~afløsning** [-aulø:?sneŋ] Urlaubsvertretung f; **~barn** [-ba:?rn] Ferienkind n; **~dag** [-da:?] Ferien-, Urlaubstag m; **~hus** [-hu:?s] Ferienhaus n; **~lejr** [-loi?r] Ferienlager n; **~lukning** [-lognen] Betriebsferien pl; **~penge** [-peŋə] pl Urlaubsgeld n

feriere [feri'e:?rə] Urlaub machen; **~nde** Urlauber(in) m(f)

ferierejse ['fe:?riərɑise] Urlaubsreise f; **~nde** Urlauber(in) m(f)

ferie|tablet ['fe:?riətab'led] MED stimulierende Tablette f; **~tid** [-ti:?ð] Ferienzeit f, Urlaubszeit f

ferm [fɛr?m] tüchtig, gewandt, flink

fernis ['fɛrnis] ⟨-(s)en; -(s)er⟩ Firnis m, Anstrich m (a fig); **~ere** [-ni'se:?rə] firnissen; **~ering** [-ni'se:?reŋ] ⟨-en; -er⟩ Firnissen n; *Ausstellung:* Eröffnung f, Vernissage f; **~sage** [-ni'sa:sjə] ⟨-n; -r⟩ Vernissage f

fersk [fɛrsg] Fisch: ungesalzen, grün; *Wasser:* süß; fig fade; **~(t) kød** Frischfleisch n; *gribe én på ~ gerning* j-n auf frischer Tat ertappen

fersken ['fɛrsgən] ⟨fersk(e)nen; fersk(e)ner⟩ Pfirsich m (a fig); **~blød** [-blø:?ð]: **~ hud** Pfirsichhaut f

ferskvand ['fɛrsgvan?] Süßwasser n, Binnengewässer n

ferskvandsfisk ['fɛrsgvansfesg] Süßwasserfisch m, Flussfisch m; **~eri** [-ə'ri:?] Binnenfischerei f

fes [fe:?s], **~et** ['fe:səð] → *fise*

fest [fɛsd] ⟨-en; -er⟩ Fest n, Feier f, Party f;

lave ~ F Jux machen; **~blanket** ['blaŋ'ked] *Telegramm:* Schmuckblatt n; **~dag** ['-da:?] Festtag m; **~dragt** ['-drʌgd] Festkleidung f; Gesellschaftsanzug m; Abendkleid n; **~e** [-'ə] feiern; **~fyrværkeri** ['-fyrvɛrgə'ri:?] große(s) Feuerwerk n, Riesenfeuerwerk n

festklædt ['fesdkle:?d] festlich gekleidet, in Festkleidung

festlig ['fesdli] festlich, feierlich; lustig, amüsant; **~hed** [-he:ð?] ⟨-en; -er⟩ Festlichkeit f, Feierlichkeit f

festligholde ['fesdlihʌl?ə] feiern; **~lse** [-lsə] ⟨-n; -r⟩ Feier f

fest|middag ['fesdmeda], **~måltid** [-mɔl-ti:?ð] Festessen n; **~sal** [-sa:?l] Festsaal m; *Schule:* Aula f; **~spil** [-sbel] Festspiel n; **~stemt** [-sdem?d] feierlich (gestimmt); **~tale** [-ta:lə] Festrede f

fetaost ['fe:taosd] dän. Weißkäse m

fetere [fe'te:?rə] feiern; **~t** gefeiert

fhv. ['fɔrhenvɛ:?rənə] (= *forhenvæ-rende*) außer Dienst (Abk. a. D.), ehemalig (Abk. ehem.), im Ruhestand (Abk. i. R.)

fiber ['fi:?bər] ⟨-en; fibre⟩ Faser f, Fiber f; **~fattig** [-fadi] Kost: ballaststoffarm; **~pen** [-pɛn?] Faserschreiber m; **~rig** [-ri:?] Kost: ballaststoffreich

fidel [fi'de:?l] (aufdringlich) freundlich; plumpvertraulich

fidus [fi'du:?s] ⟨-en; -er⟩ F Vertrauen n; Tipp m; Schieberei f; Ding(s) n; *ikke have ~ til én* j-m nicht trauen; *kende ~en* F den Dreh raushaben; *kende alle ~erne* alle Schliche kennen; *lave ~er* krumme Sachen machen

fidusmager [fi'du:?sma:?rə] ⟨-en; -e⟩ Geschäftemacher m, Schieber m

fidusmaleri [fi'du:?ma:lə'ri:?] Farbenkleckserei f, Kitschgemälde n

fif [fif] ⟨-fet; -⟩ Trick m

fiffe ['fifə]: **~ op** F aufpeppen

fiffig ['fifi] pfiffig, trickreich; **~hed** [-he:ð?] ⟨-en; -er⟩ Pfiffigkeit f; **~kus** [-kus] ⟨-(s)en; -(s)er⟩ Pfiffikus m

figen ['fi:ən] ⟨fig(e)nen; fig(e)ner⟩ BOT Feige f; **~blad** [-blað] Feigenblatt n

figur [fi'gu:?r] ⟨-en; -er⟩ Figur f, Gestalt f (a fig); Abbildung f; **~frakke** [-frʌgə] auf Taille gearbeitete(r) Mantel m; **~lig** [-li] figürlich, bildlich; **~syet** [-sy:?ð] auf Taille gearbeitet, tailliert

fik [feg] → *få²*

fiks [fegs] geschickt, schnell; schick, fesch; fix; **~ og færdig** F gebrauchsfertig; **~ på fingrene** fingerfertig; *være ~ til ngt.*

in *etw (D)* flink sein, F *etw* weghaben

fikse ['fegsə]: *~ op Kleid* überholen, aufpeppen; *det ~r jeg!* das regle ich!

fikserbad ['figse:ˀʀbað] Fixierbad *n*

fiksfakserier ['fegsfagsəʀi:ˀəʀ] *pl* F Fisimatenten *pl*; Mätzchen *n/pl*, Kniffe *m/pl*

fikstid ['fegsti:ˀð] Fixzeit *f*, Kernzeit *f* (*bei gleitender Arbeitszeit*)

fil[1] [fi:ˀl] ⟨*-en; -e*⟩ Feile *f*

fil[2] [fi:ˀl] ⟨*-en; -er*⟩ EDV: Datei *f*

file ['fi:lə] feilen (*på/an D*) (*a fig*)

filejs [fi'laiˀs] ⟨*-en; -er*⟩ F Freund *m*, Verehrer *m*, Typ *m*

filere [fi'le:ˀʀə] filieren / filetieren

filet [fi'le] ⟨*-en; -er*⟩ Filet *n*; *~ere* [-'te:ˀʀə] filetieren, filieren

filial [fili'a:ˀl] ⟨*-en; -er*⟩ ÖKON Filiale *f*, Zweigstelle *f*; *~bestyrer* [-be'sdy:ˀʀəʀ] Filialleiter *m*

filipens [fili'penˀs] ⟨*-en; -er*⟩ (Haut)Pickel *m*

film [filˀm] ⟨*-en; -*⟩ Film *m*; *Zahn*: Belag *m*; *~en går* der Film läuft; *~apparat* ['abəˀʀa:ˀd] Filmprojektor *m*

filmatisere [filmati'se:ˀʀə] verfilmen

film|**e** ['filmə] filmen, F flirten; *~festival* [-fesdival] Filmfestspiele *n/pl*; *~forestilling* [-fɔ:ʀəsdel'eŋ] Filmvorführung *f*; *~fotograf* [-'foto'gʀa:ˀf] Kameramann *m*; *~instruktør* ['-ensdʀug'tø:ˀʀ] Filmregisseur(in) *m(f)*; *~isk* [-isg] filmisch; *~klipper* [-'klebəʀ] Cutter(in) *m(f)*; *~operatør* ['-obəʀa'tø:ˀʀ] Filmvorführer *m*; *~optagelse* [-ɔbta(j)əlsə] ⟨*-n; -r*⟩ Filmaufnahme *f*; *~skaber* [-sga:bəʀ] Filmschaffende (der, die), Filmemacher(in) *m(f)*; *~skuespiller* [-sgu:əsbeləʀ] Filmschauspieler(in) *m(f)*; *~stjerne* [-sdjeʀnə] Filmstar *m*; *~udlejning* [-uðlai'neŋ] Filmverleih *m*

filosof [filo'sɔf] ⟨*-fen; -fer*⟩ Philosoph(in) *m(f)*, *~ere* [-so'fe:ˀʀə] philosophieren, nachdenken, grübeln; *~i* [-so'fi:ˀ] ⟨*-en; -er*⟩ Philosophie *f*

filspåner ['filsbɔ:nəʀ] *pl* Feilspäne *m/pl*

filt [filˀd] ⟨*-en od -et; -er*⟩ Filz *m*; *være hård i ~en* Person: hart (*od* abgebrüht) sein

filter[1] ['filˀdəʀ] ⟨*filt(e)ret; filtre*⟩ Filter *m, n*; *uden ~* Zigarette: ohne Filter

filter[2] ['filˀdəʀ] ⟨*filt(e)ret*⟩ wirre(s) (*od* unentwirrbare(s)) Knäuel *n*; Gewirr *n*

filter|**cigaret** ['filˀdəʀsiga'ʀed] Filterzigarette *f*; *~pose* [-po:sə] Filtertüte *f*, Kaffeefilter *m, n*

filt|**hat** ['fildhad] Filzhut *m*; *~pen* [-penˀ] Filzstift *m*; Filzschreiber *m*

filtre ['fildʀə] verfitzen, verfilzen, verwickeln

filtrer|**e** [fil'tʀe:ˀʀə] filtrieren, filtern; *~ing* [-'tʀe:ˀʀeŋ] ⟨*-en; -er*⟩ Filtrierung *f*, Filterung *f*

filt|**sko** ['fildsgo:ˀ] Filzschuh *m*; *~skriver* [-sgʀi:vəʀ] Filzschreiber *m*

filur [fi'lu:ˀʀ] ⟨*-en; -er*⟩ Filou *m*, Schelm *m*

fim [fiːˀm] ⟨*-et; -*⟩ → *sædfim*

fimbulvinter ['fembulvenˀdəʀ] sehr strenge(r) Winter *m*

fimre ['femʀə] flimmern, sich schnell bewegen; *~ rundt* F umherhuschen, herumwuseln; *~hår* [-hɔ:ˀʀ] Flimmerhärchen *n*

fims [femˀs] ⟨*-en; -e*⟩ V Mief *m*; *~e* ['femsə] stinken; V furzen; *~t* schlecht riechend

fin [fiːˀn] fein; zart; *~e venner* gute Freunde *m/pl*; *et ~t hoved* ein schlauer Kopf; *være ~ på den* hochnäsig sein; *den er ~!* fein!, gut!, (ist) in Ordnung!

finans|**er** [fi'nanˀsəʀ] *pl* Finanzen *pl*; *~geni* [-'nanˀssje'ni:ˀ] Finanzgenie *n*; *~iel* [-nan'sjeˀl] finanziell

finansier|**e** [finan'sje:ˀʀə] finanzieren; *~ing* [-'sje:ˀʀeŋ] ⟨*-en; -er*⟩ Finanzierung *f*

finans|**udvalg** [fi'nanˀsuðval'] PARL Haushalt(s)ausschuss *m*; *~år* [-ɔ:ˀʀ] PARL Haushalt(s)jahr *n*

finde ['fenə] ⟨*fandt; fundet*⟩ finden, ausfindig machen; auffinden; *~ for godt* (für) gut (be)finden; *~ hjem* den Weg nach Hause finden; *~ på ngt.* auf *etw (A)* kommen, (sich) *etw* ausdenken, *etw* erfinden; *det kan han godt ~ på* F das kriegt er fertig; *~ sted* stattfinden; *~ ud af ngt. etw* herausbekommen, *etw* herausfinden, *etw* erraten; *~ sig i ngt.* sich (*D*) *etw* gefallen lassen, *etw* hinnehmen; *~ sig til rette* sich zurechtfinden; *der ~s* es gibt

findele ['fi:nde:ˀlə] zerkleinern

finde|**lon** ['fenəlønˀ] Finderlohn *m*; *~r* [-ʀ] ⟨*-en; -e*⟩ Finder(in) *m(f)*; *~s* [-s] → *finde*; *~sted* [-sdeð] Fundort *m*, Fundstelle *f*

findyrke ['fi:ndyʀgə] veredeln, ausfeilen

finer [fi'ne:ˀʀ] ⟨*-en; -er*⟩ Furnier *n*

finfølelse ['fi:nfølˀəlsə] Feingefühl *n*, Zartgefühl *n*

finger ['feŋˀəʀ] ⟨*-en; fingre*⟩ Finger *m*; *se gennem fingre med én fig* j-m *etw* nachsehen, bei *j-m* ein Auge zudrücken; *se gennem fingre med ngt. fig* über *etw* hinwegsehen; *få fingre i ngt. etw* erwischen; *have en ~ med i spillet* seine

fingeraftryk 130

Hand im Spiel haben; **væk med fingrene!** Finger weg!; **kunne ngt. på fingrene** etw aus dem Effeff können; **pege fingre ad én** mit Fingern auf j-n zeigen; **tælle på fingrene** an den Fingern abzählen

fingeraftryk ['feŋəʀɑūtʀøg] Fingerabdruck m

fingerbøl[1] ['feŋɐʀbøl] ⟨-et; -⟩ Fingerhut m

fingerbøl[2] ['feŋɐʀbøl] ⟨-len; -ler⟩ BOT Fingerhut m

fingere [feŋ'ge:ʔʀə] fingieren, vortäuschen; ~ **person** Bastler m

fingerere [feŋə'ʀe:ʔʀə]: ~ **ved ngt.** an etw (D) herumfingern

finger|færdig ['feŋəʀfɐʀʔdi] → **fingernem**; ~**kys** [-køs] Kusshand f; ~**mad** [-mað] ⟨-(d)en; -der⟩ Stulle f (in die Hand); ~**negl** [-naiʔl] Fingernagel m

fingernem ['feŋəʀnɛmʔ] fingerfertig, geschickt; ~ **person** Bastler m

finger|peg ['feŋəʀpaiʔ] ⟨-et; -⟩ fig Wink m, Fingerzeig m; ~**ring** [-ʀeŋʔ] Fingerring m

fingersbred ['feŋʔəʀsbʀeð'] ⟨en⟩ Fingerbreit m

fingerspids ['feŋəʀsbes] Fingerspitze f; **til ~erne** fig bis in die Fingerspitzen; ~**fornemmelse** [-fɔʀˈnɛmʔəlsə] Fingerspitzengefühl n

finger|sprog ['feŋəʀsbʀɔ:ʔw] Fingersprache f; ~**vante** [-vandə] (wollener) Fingerhandschuh m

fingre ['feŋʀə] → **fingerere**

fin|hakket ['finhagəð] fein gehackt; ~**hed** [-he:ð'] ⟨-en; -er⟩ Feinheit f, Zartheit f; Feingehalt m; ~**holdighed** [-hɔlˈdiˈhe:ð'] ⟨en⟩ Feingehalt m

finindstilling ['fi:nensdelʔeŋ] Feineinstellung f

finke ['feŋgə] ⟨-n; -r⟩ zo Fink m; ~**r** [-ʀ] pl GASTR Gericht n aus gehackter Leber und Lunge

fin|kornet ['fi:nko:ʔʀnəð] feinkörnig; ~**kæmme** [-kɛmʔə] Gebiet durchkämmen

Finland ['fenlanʔ] Finnland n

finlandsk ['fenlanʔsg] finn(länd)isch

finmasket ['fi:nmasgəð] feinmaschig, engmaschig

finmekaniker ['fi:nme'ka:ʔnigəʀ] Feinmechaniker m

finne[1] ['fenə] ⟨-n; -r⟩ Finne m, Finnin f

finne[2] ['fenə] ⟨-n; -r⟩ Finne f, Flosse f

finnet ['fenəð] finnig; BOT gefiedert; zo mit Flossen

finregn ['fi:nʀɑiʔn] Nieselregen m

finsk [fenʔsg] finnisch

finskåren ['fi:nsgɔ:ʔʀən] fein geschnitten; ~ **tobak** Tabak: Feinschnitt m

finskåret ['fi:nsgɔ:ʔʀəð] fein geschnitten

finte[1] ['fendə] ⟨-n; -r⟩ SPORT Finte f, Scheinangriff m; fig Hieb m, Stich(elei) m(f)

finte[2] ['fendə] ⟨-de⟩ Fußball: tricksen

fint|følende ['fi:ʔndfø:lənə] feinfühlig; ~**hakket** [-hagəð] fein gehackt; ~**masket** [-masgəð] feinmaschig, engmaschig; ~**mærkende** [-mɛʀgənə] empfindlich, genau

fintskåre|n ['fi:ʔndsgɔ:ʔʀən], ~**t** [-sgɔ:ʔʀəð] → **finskåren, finskåret**

fintælling ['fi:ntɛleŋ] Stimmzettel: Endauszählung f, Nachzählung f

finurlig [fi'nu:ʔʀli] pfiffig, schlau

finvask ['fi:nvasg] Schonwaschgang m, Feinwäsche f

fiol [fi'o:ʔl] ⟨-en; -er⟩ MUS Fiedel f

fip [feb] ⟨-pen; -per⟩ Bart: Spitze f; Zipfel m; ~**skæg** ['-sgɛ:ʔg] Spitzbart m

fir- → a **fir(e)-**

firben ['fiʀbe:ʔn] Eidechse f; ~**et** [-əð] vierbeinig

fir|cifret → **fir(e)cifret**; ~**cylindret** ['fiʀsy'len'dʀəð] vierzylindrig; ~**delt** [-de:ʔld] geviertelt; ~**dobbelt** → **fir(e)dobbelt**

fire[1] ['fi:ʀə] vier

fire[2] ['fi:ʀə] NAUT fieren; fig nachgeben; ~ **ned** herablassen

fir(e)- → a **fir-**

fir(e)|cifret ['fi:ʀ(ə)sifʀəð] vierstellig; ~**cylindret** [-sy'len'dʀəð] vierzylindrig; ~**delt** [-de:ʔld] geviertelt

fir(e)dob|belt ['fi:ʀ(ə)dɔbəld] vierfach; ~**le** [-dəblə] vervierfachen

fir(e)etage(r)s ['fi:ʀ(ə)e'ta:ʔsjə(ʀ)s] vierstöckig; **fir(e)etage(r)s hus** vierstöckige(s) Haus n

fir(e)|hjulet ['fi:ʀ(ə)ju:ʔləð] vierrädrig; ~**hjulstræk** [-ju:lstʀɛg] AUTO Vierradantrieb m; ~**hændig** [-hɛnʔdi] MUS vierhändig

fir(e)personers ['fi:ʀ(ə)pɛʀˈso:ʔnəʀs] für vier Personen; **fir(e)personers vogn** AUTO Viersitzer m

firer ['fi:ʀɐʀ] ⟨-en; -e⟩ Vierer m; Vier f

fir(e)|sidet ['fi:ʀ(ə)si:ʔðəð] vierseitig; ~**sporet** [-sbo:ʔʀəð] BAHN viergleisig; ~**stemmig** [-sdɛmʔi] MUS vierstimmig; ~**takter** [-tagdəʀ] ⟨-en; -e⟩ AUTO Viertakter m; ~**taktsmotor** [-tagdsmo:tɔʀ] Viertaktmotor m; ~**toget** [-to:ʔwəð] der 4-Uhr-Zug; **være kommet ind med fir(e)toget** F fig naiv, provinziell sein

fir(e)værelse(r)s ['fiːr(ə)vɛːrəlsə(r)s]: *fir(e)værelse(r)s lejlighed* Vierzimmerwohnung *f*

firhændig → *fir(e)hændig*

firkant ['firkanˀd] Viereck *n*; **~et** [-əð] viereckig; *fig* linkisch

firkløver¹ ['firkløˀ?vɒr] ⟨-en; -e⟩ BOT vierblättrige(s) Kleeblatt *n*

firkløver² ['firklø?vɒr] ⟨-et; -e⟩ F Vierergruppe *f*

fir|kort ['firkɒrd] *Kartenspiel:* Quartett *n*; **~ling** [-leŋ] ⟨-en; -er⟩ Vierling *m*

firma ['firma] ⟨-et; -er⟩ ØKON Firma *f*; **~mærke** [-mɛrgə] Firmenzeichen *n*; **~navn** [-naüˀn] Firmenname *m*; **~skilt** [-sgelˀd] Firmenschild *n*

firmaster ['firmasdər] ⟨-en; -e⟩ NAUT Viermaster *m*

firme¹ ['firmə] KATH firmen

firme² ['firmə]: **~ omkring** (*od rundt*) F hin- und herrennen

firpersoners → *fir(e)personers*

firs [firˀs] achtzig

firsidet → *fir(e)sidet*

fir|skåren ['firsgɒːˀrɒn] vierschrötig, stämmig; **~stemmig** → *fir(e)stemmig*

fir|taktsmotor → *fir(e)taktsmotor*; **~tal** ['firtal] ⟨-let; -ler⟩ Vier *f*

fir|tog → *fir(e)tog*; **~værelse(r)s** → *fir(e)-værelse(r)s*

fis [fiːˀs] ⟨-en; -e⟩ V Furz *m*

fise ['fiːsə] ⟨-ede od -te od fes⟩ V furzen

fisk [fesg] ⟨-en; -⟩ Fisch *m*; *en løjerlig ~ fig* ein komischer Kauz; *gå i ~* F *fig* in die Binsen gehen, misslingen; *hverken fugl eller ~ fig* weder Fisch noch Fleisch

fiske ['fesgə] fischen, angeln (*a fig*); **~ stemmer** POL auf Stimmenfang sein; **~ efter laks** Lachse angeln; **~ efter ngt.** *fig* nach *etw* angeln; **~ efter bifald** Beifall heischen; **~ op** auffischen; **~ ngt. op af vandet** *etw* aus dem Wasser fischen (*od* holen); **~ ngt. frem** (*od op*) *af lommen* F *etw* aus der (Hosen)Tasche hervorkramen; **~ i rørt vande** *fig* im Trüben fischen

fiske|avl ['fesgəaüˀl] Fischzucht *f*; **~ben** [-beːˀn] Gräte *f*; Fischbein *n*; **~bil** [-biːˀl] Fischauto *n*; **~blod** [-bloːˀð] Fischblut *n* (*a fig*); **~bolle** [-bolə] Fischkloß *m*; **~dam** [-damˀ] Fischteich *m*; **~dræt** [-drɛd] Fischzug *m*; **~død** [-døˀð] Fischsterben *n*; **~fangst** [-faŋˀsd] Fischfang *m*; **~fars** [-fɑːˀrs] GASTR durchgedrehte(r) Fisch *m*; **~fartøj** [-fɑrtɒi] Fischereifahrzeug *n*; **~filet** [-fiˈleˀ] Fischfilet *n*; **~flåde** [-floːðə] Fischereiflotte *f*; **~frikadelle** [-fregəˈdɛlə] Fischfrikadelle *f*

fiske|grej ['fesgegraiˀ] Angelgerät *n*; **~handler** [-hanlɒr] ⟨-en; -e⟩ Fischhändler *m*; **~kniv** [-kniːˀv] Fischmesser *n*; **~kort** [-kɒrd] Angelschein *m*; **~krog** [-krɒːˀw] Angelhaken *m*; **~kutter** [-kudər] Fischkutter *m*; **~mel** [-meːˀl] Fischmehl *n*; **~net** [-ned] Fischnetz *n*

fisker ['fesgər] ⟨-en; -e⟩ Fischer *m*; Angler *m*; **~båd** [-bɒːˀð] Fischerboot *n*

fiske|redskab ['fesgərɛdsgaːˀb] Fischgerät *n*, Angelgerät *n*; **~ret** [-rɛd] Fischgericht *n*; JUR Fischereirechte *n/pl*

fisker|fartøj ['fesgərfɑrtɒi] Fischereifahrzeug *n*; **~flåde** [-floːðə] Fischereiflotte *f*

fiskeri [fesgəˈriːˀ] ⟨-et⟩ Fischerei *f*

fiskerig ['fesgəriˀ] fischreich

fisker|kone ['fesgərkoːnə] Fischfrau *f*; Fischersfrau *f*; **~kutter** [-kudər] Fischkutter *m*; **~leje** [-laiə] Fischerdorf *n*

fiske|skind ['fesgəsgenˀ] Fischhaut *f*; **~skæl** [-sgɛlˀ] Fischschuppe *f*; **~snøre** [-snøːrə] Angelschnur *f*, Angelleine *f*; **~stang** [-sdaŋˀ] Angelrute *f*; **~stime** [-sdiːmə] Fischzug *m*, Fischschwarm *m*; **~suppe** [-sobə] Fischsuppe *f*; **~tegn** [-taiˀn] Angelschein *m*; **~torv** [-tɒrˀv] Fischmarkt *m*; **~tur** [-tuːˀr] Angelpartie *f*; **~yngel** [-øŋˀəl] Fischbrut *f*

fisse ['fisə] ⟨-n; -r⟩ V Möse *f*

fiste ['fisdə] SPORT fausten

fix [fegs] ⟨-et; -⟩ *Drogen:* F Schuss *m*; **~e** [-ə] fixen

fjant [fjanˀd] ⟨-et⟩ Albernheit *f*

fjante¹ ['fjandə] ⟨-n; -r⟩ Narr *m*, Närrin *f*

fjante² ['fjandə] (herum)albern

fjantet ['fjandəð] albern

fjas [fjaːˀs] ⟨-et⟩ Spaß *m*; Unsinn *m*

fjase ['fjaːsə] schäkern, scherzen; **~ bort** *Zeit* vertändeln

fjed [fjeð] ⟨-det; -⟩ Schritt *m*

fjeder ['fjeðˀ?ər] ⟨-en; *fjedre*⟩ TECH Feder *f*; **~vægt** ['fjeðərvegd] Federwaage *f*

fjedre ['fjeðrə] federn; **~t** [-d] gefiedert

fjeld [fjelˀ?] ⟨-et; -e⟩ Felsen *m*, Fels *m*, Berg *m*; **~e** *pl* Gebirge *n*; **~kløft** ['fjelkløfd] Fels(en)schlucht *f*; **~tinde** [-fjeltenə] Fels(en)gipfel *m*; Felsspitze *f*

fjende ['fjenə] ⟨-n; -r⟩ Feind(in) *m(f)*

fjend|sk [fjenˀsg] feindlich, feindselig; **~skab** ['fjensgaːˀb] ⟨-et; -er⟩ Feindschaft *f*, Feindseligkeit *f*

fjendtlig ['fjendli] feindlich, feindselig; gegnerisch; **~hed** [-heːðˀ] ⟨-en; -er⟩ Feindseligkeit *f*; **~(t)sindet** [-(d)senˀəð] feindselig

fjer · 132

fjer [fje:ˀʀ] ⟨-en; -⟩ Feder f; **have en ~ på** F **e-n** Schwips haben; **smykke sig med lånte ~** fig sich mit fremden Federn schmücken; **~bold** ['fjɛrbɔl'd] Federball m

fjerding ['fjɛʀeŋ] ⟨-en; -er⟩ Viertel n

fjerding|vej [fjɛʀeŋ'vaiˀ] Viertelmeile f, knapp 2 km; **~år** [-'ɔːˀʀ] Vierteljahr n

fjer|dragt ['fjɛʀdʀagd] Federkleid n, Gefieder n; **~dyne** [-dy:nə] Federbett n; **~et** ['fje:ʀəð] gefiedert; **→ fjedret**; **~kost** [-kɔsd] Staubwedel m

fjerkræ ['fjɛʀkʀæ'] ⟨-et⟩ Geflügel n, Federvieh n; **~avl** [-auˀl] Geflügelzucht f; **~saks** [-sags] Geflügelschere f

fjerlet ['fjɛʀleð] federleicht

fjern [fjɛʀˀn] fern, entfernt, entlegen; **ikke i ~este måde** nicht im Geringsten; **i det ~e** in der Ferne; **~betjening** ['fjɛʀnbe'tje:ˀnen] Fernbedienung f

fjerne ['fjɛʀnə] entfernen (**sig** sich), beseitigen; **cykler ~s uden ansvar!** widerrechtlich abgestellte Fahrräder werden entfernt!

fjern|kontrol ['fjɛʀnkɔnˀtʀɔl] Fernbedienung f; **~lys** [-lyːˀs] Fernlicht n; **~seer** [-se:ˀʀ] Fernsehzuschauer m; **~skriver** [-sgʀiːvəʀ] Fernschreiber m; **~styring** [-sdyːʀeŋ] Fernsteuerung f

fjernsyn ['fjɛʀnsyːˀn] Fernsehen n; Fernseher m (Apparat); **se ~** fernsehen

fjernsyns|speaker ['fjɛʀnsyːˀnsbiːgəʀ] Fernsehansager(in) m(f), (Fernseh-) Nachrichtensprecher(in) m(f); **~udsendelse** [-uðsɛnˀəlsə] Fernsehsendung f

fjern|tog ['fjɛʀntoːˀw] Fernzug m; **~trafik** [-tʀaˀfig] Fernverkehr m; **~varme** [-vaʀmə] Fernwärme f; Fernheizung f

Fjernøsten ['fjɛʀnøsdən] (der) Ferne Osten m

fjert [fjɛʀˀd] ⟨-en; -e⟩ → **fjært**; **~e** ['fjɛʀdə] → **fjærte**

fjer|vægt ['fjɛʀvɛgd] ⟨-en⟩ SPORT Federgewicht n; **~vægtsbokser** [-sbɔgsəʀ] Boxer: Federgewichtler m

fjog [fjɔw] ⟨-et; -⟩ Trottel m, Einfaltspinsel m; **~et** ['fjɔːwəð] dämlich

fjolle ['fjɔlə]: **~ rundt** Quatsch machen; **~hoved** [-hoːðə] Trottel m, Dummkopf m; **~ri** [-'ʀiːˀ] ⟨-et; -er⟩ Blödsinn m, Quatsch m; **~t** [-ð] blöd(sinnig), albern

fjols [fjɔls] ⟨-et; -⟩ Dummkopf m; **jeg ~!** ich Trottel (od Dussel)!

fjor [fjoːˀʀ]: **i ~** voriges (od vergangenes) Jahr n

fjord [fjoːˀʀ] ⟨-en; -e⟩ Förde f, Fjord m; **~by** ['fjoʀbyːˀ] Fördestadt f

fjorten ['fjɔʀdən] vierzehn

fjorår ['fjoʀɔːˀʀ] vergangene(s) Jahr n, Vorjahr n

fjumre|hoved ['fjomʀøːˀðə] Wirrkopf m; **~t** [-ð] verwirrt, konfus

fjæl [fjɛːˀl] ⟨-en; -e⟩ Brett n, Diele f

fjært [fjɛːˀʀd] ⟨-en; -e⟩ Furz m, F Pup(s) m; **~e** ['fjɛʀðə] furzen

fjæs [fjɛːˀs] ⟨-et; -⟩ V Fratze f, Fresse f

fk. (= **forkortelse**) Abk. (Abkürzung)

f. Kr. ['fœːˀʀkʀesdus] (= **før Kristus** vor Christus) v. Chr.

flab [fla:ˀb] ⟨-en; -e⟩ Maul n; V Fresse f, Schnauze f; fig Flaps m, Flegel m; **~et** ['fla:bəð] flapsig, schnodd(e)rig; flegelhaft

flad [fla:ˀð] flach, eben, platt (a fig); beschämt, klein(laut); fig abgebrannt, pleite; **et par ~e** F ein paar Backpfeifen; **jeg er ~ som en fregne** F ich bin völlig abgebrannt; **jeg har ikke fem ~e** ich besitze keinen roten Heller; **en ~ fornemmelse** ein beschämendes Gefühl; **~t smørrebrød** einfach belegte(s) Butterbrot n

fladbarmet ['flaðbaʀˀməð] flachbusig

flade¹ ['fla:(j)ə] ⟨-n; -r⟩ Fläche f, Ebene f

flade² ['fla:(j)ə]: **~ ud** Gelände: sich verflachen

flade|indhold ['fla:ðənhʌl'] Flächeninhalt m; **~mål** [-mɔːˀl] Flächenmaß n

flad|fisk ['flaðfesg] Plattfisch m; **~lus** [-luːˀs] Filzlaus f; **~pandet** [-panˀəð] platt, geistlos; **~trykt** [-tʀøgd] flach gedrückt, platt gedrückt, abgeplattet; **~vandet** [-vanˀəð] Gewässer: flach, seicht

flag [fla:ˀ] ⟨-et; -⟩ Flagge f, Fahne f

flage¹ ['fla:ə] ⟨-n; -r⟩ (Eis)Scholle f; Flocke f

flage² ['fla:ə] flaggen; **~ på halv** (**hel**) **stang** halbmast (vollmast) flaggen

flagermus ['flawɐmuːˀs] Fledermaus f

flag|line ['flawliːnə] Flagg(en)leine f; **~ning** ['fla:neŋ] ⟨-en; -er⟩ Beflaggung f, Flaggen n

flagre ['flawʀə] flattern, wehen

flag|skib ['flawsgiːˀb] Flaggschiff n (a fig); **~smykket** [-smøgəð] flaggengeschmückt; **~snor** [-snoːˀʀ] → **flagline**; **~stang** [-sdaŋ'] Fahnenstange f

flak [flag] ⟨-ket; -⟩ MIL Flak f; Sandbank f

flakke¹ ['flagə] ⟨-r; -⟩ Person f, die dauernd ihren Arbeitsplatz wechselt

flakke² ['flagə] flackern; **~ om** umherstreifen, umherirren

flakse ['flagsə] Vogel: flattern

flamme¹ ['flamə] ⟨-n; -r⟩ Flamme f (a fig

F), Lohe f

flamme² ['flɑmə] flammen; lodern

flamme|hav ['flɑməhɑũ] Flammenmeer n; **~kaster** [-kasdər] ⟨en; -e⟩ MIL Flammenwerfer m; **~t** [-ð] Holz: geflammt, gemasert

flane ['flɑːnə] ⟨-n; -r⟩ flatterhafte Frau f

flanke ['flɑŋɡə] ⟨-n; -r⟩ Flanke f, Seite f; **~re** [flɑŋˈkeːʔrə] flankieren

flaske¹ ['flɑsɡə] ⟨-n; -r⟩ Flasche f; **slå sig på ~n** sich dem Trunk ergeben

flaske² ['flɑsɡə] **~ op** mit der Flasche aufziehen; **~ sig** F klappen, in Ordnung gehen; **blive ~t op med ngt.** fig etw mit der Muttermilch einsaugen

flaske|gas ['flɑsɡəɡas] Propangas n; **~grøn** [-ɡrœnʔ] flaschengrün; **~hals** [-halʔs] Flaschenhals m; fig Engpass m; **~pant** [-panʔd] Flaschenpfand n; **~øl** [-øl] Flaschenbier n; **~åbner** [-ɔːbnɐr] Flaschenöffner m

flattere [flaˈteːʔrə] schmeicheln (D); **~nde** [-nə] vorteilhaft, schmeichelhaft

fleksibel ['flɛɡˈsiːʔbəl] flexibel; Arbeitszeit: gleitend

fleksion [flɛɡˈsjoːʔn] ⟨-en; -er⟩ Flexion f

flekstid ['flɛɡstiːʔð] gleitende Arbeitszeit f, Gleitzeit f

flere ['fleːʔrə] mehr(ere); **~ og ~** immer mehr; **hvem ~?** wer sonst?; **~ gange** mehrmals

fler|etage(r)s ['fleːʔrə'taːsjə(r)s] mehrstöckig; **~familie(rs)hus** [-fami-'liə(ʀs)-huːʔs], **~familie(r)shus** [-fami-'liə(ʀ)s-huːʔs] Mehrfamilienhaus n; **~koneri** [-koːnəˈriːʔ] ⟨-et⟩ Vielweiberei f; **~parti-system** [-pɑrˈtisyˈsdeːʔm] Mehrparteiensystem n; **~sidet** [-siˈʔðəd] mehrseitig; vielseitig; **~sidig** [-siˈʔði] vielseitig; **~sproget** [-sbʀoˈʔwəð] mehrsprachig; **~stemmig** [-sdɛmˈʔi] mehrstimmig

flertal ['fleʀtal] Mehrzahl f; Mehrheit f

flertalsbeslutning ['fleʀtalsbe'sludnɪŋ] Mehrheitsbeschluss m

fler|tydig ['flɛʀtyˈʔði] mehrdeutig; **~årig** [-ɔːʔʀi] mehrjährig

flest [fleːʔsd] meist

flet [flɛd] ⟨et⟩ Geflochtene(s) n, Geflecht n; **~brød** [-bʀœˈʔð] Brot: Zopf m; **~ning** [-nɪŋ] ⟨-en; -er⟩ Zopf m, Flechte f; Flechten n

flette ['flɛdə] flechten; **~ fingre** F Hand in Hand sitzen

flid [fliːʔð] ⟨-en⟩ Fleiß m; Emsigkeit f; **med ~** geflissentlich, absichtlich

flig [fliːʔ(j)] ⟨-en; -e⟩ Zipfel m

flikke ['flɛɡə] flicken; **~ sammen** F zusam-

menschustern

flimre ['flemʀə] flimmern

flink [fleŋʔɡ] nett, freundlich; fix, flink; tüchtig

flint [flenʔd] ⟨-en⟩ Feuerstein m, Flint m; **fare** (od **ryge**) **i ~** rasend werden

flint(e)sten ['flend(ə)sdeˈʔn] Feuerstein m

flintre ['flendʀə] **~ af sted** davonflitzen

flintrende ['flendʀɔnə]: **~ gal** fuchsteufelswild; **det er ~ ligegyldigt!** F es ist völlig egal (od Wurscht)!

flip [fleb] ⟨-pen; -per⟩ Kragen m; **være helt ude af ~pen** F ganz aus dem Häuschen sein; völlig außer sich sein

flippe ['flebə]: F **~ ud** ausflippen

flippermaskine ['flebərma'sgiːnə] Flipper m (Spielautomat)

flipstørrelse ['flebsdœrəlsə] Kragenweite f

flirt [flœʀd] ⟨-en; -er⟩ Flirt m; **~e** ['-ə] flirten

flis [fliːʔs] ⟨-en; -er⟩ Splitter m

flise ['fliːsə] ⟨-n; -r⟩ Fliese f, Kachel f, Platte f; **~gulv** [-ɡol] Fliesenfußboden m, **~væg** [-vɛːʔɡ] Kachelwand f

flitsbue ['flidsbuːə] Flitzbogen m

flitter ['flidɐr] ⟨-et⟩ Flitter m; **~stads** [-sdaːʔs] Flitterkram m, Tand m

flittig ['flidi] fleißig; emsig

flod [floˈʔð] ⟨-en; -er⟩ Fluss m, Strom m; Flut f

flod|bred ['floðbʀeðʔ] Flussufer n; **~bølge** [-bøljə] Flutwelle f; **~hest** [-hesd] Flusspferd n; **~leje** [-laiə] Flussbett n; **~munding** [-monən] Flussmündung f; **~sejlads** [-saiˈlaːʔs] Flussschifffahrt f; **~tid** [-tiːʔð] Flutzeit f

flok [flɔɡ] ⟨-ken; -ke⟩ Herde f; Rudel m; Schar f; Schwarm m; Trupp m; **~dyr** ['-dyːʔʀ] Herdentier n; **~instinkt** ['-en'sdenʔd] Herdentrieb m

flokke ['flɔɡə]: **~ sig, ~s** sich scharen

flokkevis ['flɔɡəviˈʔs]: **i ~** haufenweise

flom [flɔmʔ] ⟨-men; -me⟩: **en ~ af ord** fig ein Wortschwall m

flomme ['flɔmə] ⟨-n; -r⟩ Schmer m

flonel [floˈnɛl] ⟨-let; -ler⟩ Flanell m

flop [flɔb] ⟨-pet; -⟩ Flop m; **~pe** ['-ə] ⟨-ede⟩ misslingen, F in die Hose gehen

flor¹ [floːʔʀ] ⟨-et; -⟩ Stoff: Flor m

flor² [floːʔʀ] ⟨-et⟩ BOT Flor m, Blüte f (a fig)

floragram [floʀaˈɡʀamʔ] ⟨-met; -mer⟩ Blumengruß m

florere [floˈʀeːʔʀə] florieren

flor|let ['floʀlɛd] hauchdünn; **~mel**

[-me:ʔl] feine(s) Weizenmehl *n*; **~melis** [-me:lis] Puderzucker *m*; **~omvunden** [-ɔmvɔnˀɔn] *scherzh* feierlich; *Äußerung*: unklar, umständlich

floskel ['flɔsgəl] ⟨*flosk(e)len; floskler*⟩ Floskel *f*, Gemeinplatz *m*; **~mager** [-maːˀɐˀ] ⟨*-en; -e*⟩ Phrasendrescher *m*

flosse ['flɔsə] fransen, fasern

flosset ['flɔsəð] ausgefranst; *hans moral er ngt. ~ (i kanten)* F seine Moral ist nicht ganz einwandfrei

flot [flɔd] schick, fesch, toll; flott, üppig; großzügig, verschwenderisch; *bringe ~* NAUT flottmachen; **~hed** ['-heːˀð] ⟨*-en; -er*⟩ flotte Art *f*; Luxus *m*; Freigebigkeit *f*

flotte ['flɔdə] *~ sig* spendabel sein, (großzügig) Geld ausgeben

flottenhejmer ['flɔdənhaɪˀmɐˀ] ⟨*-en; -e*⟩ F Verschwender(in) *m(f)*

flov [flɔuˀ] flau, fade; *Bier*: schal; *Witz*: abgeschmackt; peinlich; *fig* verlegen

flove ['flɔuə] *~ af* Wind: abflauen

flovse ['flɔusə] ⟨*-n; -r*⟩ *fig* Plattheit *f*

flue ['fluːə] ⟨*-n; -r*⟩ Fliege *f*; *sætte én ~r i hovedet* *fig* j-m e-n Floh ins Ohr setzen; *slå to ~r med ét smæk* *fig* zwei Fliegen mit einer Klappe schlagen

flue|fanger ['fluːəpaˀˀɐˀ] Fliegenfänger *m*; *fig* überfüllte(r) Badestrand *m*; **~smækker** [-smɛgɐˀ] ⟨*-en; -e*⟩ Fliegenklatsche *f*; **~svamp** [-svamˀb] Fliegenpilz *m*; **~vægt** [-vɛgd] SPORT Fliegengewicht *n*

flugt [flɔgd] ⟨*-en; -er*⟩ Flucht *f* (*a* ARCH); Flug *m*; *fig* Schwung *m*; *slå på ~* in die Flucht schlagen; *tage ~en* die Flucht ergreifen

flugtbilist ['flɔgdbiˀlisd] *være ~* Fahrerflucht begehen

flugt|forsøg ['flɔgdfɐˀsøːˀ] Fluchtversuch *m*; **~sikker** [-segɐˀ] *Gefängnis*: ausbruchsicher; **~stol** [-sdoːˀl] Liegestuhl *m*

fluidum ['fluːˀidɔm] ⟨*-et; fluida*⟩ Flüssigkeit *f*

fluks [flɔgs] flugs, sofort

flunkende ['flɔŋgənə] *~ ny* (funkel)nagelneu

flunse ['flɔnsə] zerreißen

flute [flyːd] ⟨*-n; -s od -*⟩ Stangenbrot *n*

fly[1] [flyˀ] ⟨*-et; -*⟩ Flugzeug *n*

fly[2] [flyˀ] *poet* → *flygte*

flybillet ['flybiled] Flugticket *n*

flyde ['flyːðə] ⟨*fløð; flydt*⟩ fließen, rinnen; schwimmen; sich treiben lassen; *ligge og ~* F herumliegen; *bordet ~r med bøger* der Tisch ist voller Bücher; *~ ovenpå*

obenauf schwimmen; *~ over* überfließen; *Papierkorb*: übervoll sein; *~ ud* ausfließen, sich ergießen; *fig* verfließen; **~nde** fließend (*a fig*); flüssig; schwimmend; *tale ~nde dansk* fließend Dänisch sprechen

flydt [flyd] → *flyde*

flygel ['flyːˀəl] ⟨*flyg(e)let; flygler*⟩ MUS Flügel *m*

flygte ['fløgdə] fliehen, flüchten

flygtig ['fløgdi] flüchtig (*a* CHEM), oberflächlich

flygtning ['fløgdneŋ] ⟨*-en; -e*⟩ Flüchtling *m*; **~elejr** [-əlaɪˀɐˀ] Flüchtlingslager *n*

flykapr|er ['flyˀkaːbrɐˀ] Flugzeugentführer *m*; **~ing** [-kaːbreŋ] Flugzeugentführung *f*

flykøkken ['flyːˀkøgən] FLUG Bordküche *f*

flynder ['flønɐˀ] Flunder *f*, Butt *m*, Scholle *f*; *fig* F Trottel *m*

fly|pirat ['flyˀpiˀraˀd] Luftpirat *m*, Flugzeugentführer *m*; **~selskab** [-selsgaˀˀb] Fluggesellschaft *f*; **~styrt** [-sdyrˀd] Flugzeugabsturz *m*

flytbar ['flødbaːˀr] verstellbar, beweglich

flytel [fly'tɛlˀ] ⟨*-let; -ler*⟩ Flughafenhotel *n*

flytning [-nen] ⟨*-en; -er*⟩ Umzug *m*; Verrücken *n*; Verlegen *n*

flytte ['flødə] *v/i* umziehen, übersiedeln; *v/t* bewegen, rücken; verrücken, verlegen, versetzen; *~ sig* wegrücken, Platz machen; *~ ind* einziehen; *~ ud* ausziehen; **~ri** Umzieherei *f*

flytte|bus ['flødəbus] Möbelwagen *m*; **~folk** [-fɔlˀg] *pl* Möbelpacker *m/pl*; **~forretning** [-fɔˀʀɛdneŋ] Umzugsfirma *f*; **~lig** [-li] beweglich; **~læs** [-lɛs] (*e-e* Fuhre) Umzugsgut *n*; beladene(r) Möbelwagen *m*; **~mand** [-manˀ] Möbelpacker *m*; **~vogn** [-vɔwˀn] Möbelwagen *m*

flyve ['flyːvə] ⟨*fløj; fløjet*⟩ fliegen; *tiden fløj af sted* die Zeit verging (wie) im Fluge; **~billet** [-bi'led] Flugticket *n*; **~blad** [-blað] Flugblatt *n*; **~båd** [-bɔːˀð] Flugboot *n*, Tragflächenboot *n*; **~certifikat** [-sɛrtifiˀkaːˀd] Flugschein *m*, Pilotenschein *m*; **~færdig** [-fɛrdi] flügge; flugfähig; **~instruktør** [-ensdrugˀtøˀˀr] Fluglehrer *m*

flyve|køkken ['flyːvəkøgən] FLUG Bordküche *f* (*Catering*); **~leder** [-le:ðɐˀ] Fluglotse *m*; **~maskine** [-maˀsgiːnə] Flugzeug *n*; **~plads** [-plas] Flugplatz *m*

flyver ['flyːvɐˀ] ⟨*-en; -e*⟩ Flieger *m*; F *a* Flugzeug *n*; **~certifikat** [-sɛrtifiˀkaːˀd] Flugschein *m*, Pilotenschein *m*; **~dragt**

[-drɑgd] Fliegeranzug *m*; *für Kinder*: Schneeanzug *m*, Overall *m*

flyve|rute ['fly:vəru:ðə] Flugstrecke *f*; Flugverbindung *f*; **~sikkerhed** [-segər-he:ð?] Flugsicherheit *f*; **~tid** [-ti:?ð] Flugdauer *f*; **~tur** [-tu:?R] Flug *m*; **~vå-ben** [-vɔ̞?bən] *n* Luftwaffe *f*; **~ører** [-ø:RəR] *pl* F *fig* Segelohren *n/pl*

flyvning ['fly'vneŋ] ⟨-en; -er⟩ Flug *m*; Fliegen *n*

flyvsk [flyü?sg] *fig* sprunghaft, unüberlegt

flæbe ['flɛ:bə] flennen, plärren; **~nde** weinerlich; plärrend

flække¹ ['flɛgə] ⟨-n; -r⟩ Flecken *m*, kleine Ortschaft *f*; Splitter *m*, Span *m*

flække² ['flɛgə] *v/t* (zer)spalten; *Brötchen* durchschneiden; *v/i* platzen; sich spalten; *være ved at ~ af grin* F vor Lachen fast platzen

flækken ['flɛgən] *ikke røre sig ud af ~* sich nicht vom Fleck rühren, sich nicht von der Stelle bewegen

flæng ['flɛŋ?] *i ~* durcheinander, ohne Unterschied, wahllos

flænge¹ ['flɛŋə] ⟨-n; -r⟩ Riss *m*, Schramme *f*

flænge² ['flɛŋə] zerreißen; *~ op Brief* aufreißen

flænse ['flɛnsə] aufschneiden, zerschneiden

flæse¹ ['flɛ:sə] ⟨-n; -r⟩ Volant *m*

flæse² ['flɛ:sə] *Rock*: Falten schlagen

flæsk [flɛsg] ⟨-et⟩ Speck *m*; Schweinefleisch *n*

flæske|kød ['flɛsgəkœð] Schweinefleisch *n* in kleineren Stücken; **~side** [-si:ðə] Speckseite *f*; **~steg** [-sdaɪ?] Schweinebraten *m*; **~svær** [-svɛ:?R] Speckschwarte *f*, Schweinekruste *f*; **~æggekage** [-ɛgɔka:ə] Speckeierkuchen *m*

flod [flo:?ð] → *flyde*

flode¹ ['flø:ðə] ⟨-n⟩ Sahne *f*, Rahm *m*; *skumme ~n* den Rahm abschöpfen (*a* F *fig*)

flode² ['flø:ðə] flößen

flode|bolle ['flø:ðəbɔlə] Windbeutel *m*; F *Person*: Fettkloß *m*; **~chokolade** [-sjo-go'la:ðə] Vollmilchschokolade *f*; **~farvet** [-fɑrvəð] cremefarben; **~is** [-i:?s] Sahneeis *n*; **~kage** [-ka:ə] *etwa*: Sahnetörtchen *n*; **~kande** [-kanə] Sahnekännchen *n*; **~karamel** [-kɑrɑ'mel?] Sahnebonbon *m*, *n*; **~ost** [-ɔsd] Sahnekäse *m*, Frischkäse *m*; **~rand** [-Rɑn?] *e-e Art* Sahnedessert *n*; **~skum** [-sgom?] ⟨-men *od* -met⟩ (*ge-schlagene*) Schlagsahne *f*; **~skumskage**

[-sgomska:ə] *etwa*: Sahnetörtchen *n*; **~skæg** [-sgɛ:?g] ⟨*en od et*⟩ *Person*: *fig* Milchbart *m*

fløj¹ [flɔi?] → *flyve*

fløj² [flɔi?] ⟨-en; -e⟩ Flügel *m* (*a* MIL *u* POL); ARCH *a* Trakt *m*

fløjet ['flɔiəð] → *flyve*

fløjl [flɔil] ⟨-et *od* -et; -er⟩ Samt *m*, Kord-samt *m*

fløjls|agtig ['flɔilsagdi] samtartig; **~blød** [-blø:?ð] samtweich; **~bukser** [-bogsər] Samthose *f*, Kordhose *f*; **~grød** [-gRœ:?ð] Brei *m* aus Mehl, Butter *u* Milch

fløjlshandsker ['flɔil'shansgər] *pl*: *tage på én med ~ fig* F *j-n* mit Samthandschuhen (*od* Glacéhandschuhen) anfassen

fløjt [flɔi?ð] ⟨-et; -⟩ Pfiff *m*

fløjte¹ ['flɔiðə] ⟨-n; -r⟩ Pfeife *f*; MUS Flöte *f*

fløjte² ['flɔiðə] pfeifen; flöten; **~ af** *SPORT* abpfeifen; **~nde gal** fuchsteufelswild; **~nde ligegyldigt** F völlig piepe, piepegal

fløjten ['flɔiðən] *gå ~* flöten gehen; *være gået ~* futsch (*od* hin) sein

fløjte|nist [flɔiðə'nisd] ⟨-en; -er⟩ MUS Flötist *m*; **~spil** ['-sbel] Flötenspiel *n*; **~tønde** ['-tœnə] NAUT Heulboje *f*

fløjtist [flɔi'tisd] ⟨-en; -er⟩ → *fløjtenist*

fløs [flø:?s] ⟨-en; -e⟩ Flaps *m*, Schnösel *m*; *fig* F Klappe *f*

flå [flɔ:?] zerreißen, zerfetzen; (ent)häuten, abziehen; *fig* schröpfen, aussaugen; *~ tøjet af sig* sich die Kleider vom Leibe reißen; *~ i (døren)* rütteln an (der Tür); *~ op Brief* aufreißen

flåd [flɔð] ⟨-det; -⟩ *Angelschnur*: Schwimmer *m*; MED → *udflåd*

flåde¹ ['flɔːðə] ⟨-n; -r⟩ Floß *n*; Flotte *f*

flåde² ['flɔːðə] flößen

FM ['ef'ɛm] (= *frekvensmodulation*) UKW (= Ultrakurzwelle *f*)

FN ['ef'ɛn] (= *de Forenede Nationer* die Vereinten Nationen) die UN *od* die UNO

fnat [fnad] ⟨-ten *od* -tet⟩ MED Krätze *f*; **~tet** ['- təð] krätzig; F schäbig, pop(e)lig

fnes [fne:?s] → *fnise*

fnise ['fni:sə] ⟨-ede *od* -te *od* fnes; fniset *od* fnist⟩ kichern; **~n** Gekicher *n*

fnug [fnug] ⟨-get; -⟩ Flocke *f*, Fussel *f*, *m*; **~ge** [-gə] fusseln; **~get** [-gəð] fusselig; **~let** ['-led] duftig, flockig, flockenleicht

fnyse ['fny:sə] ⟨fnøs *od* fnyste; fnyst⟩ schnauben (*af/vor* D)

fod [fo:?ð] ⟨-en; fødder⟩ Fuß *m* (*a* Maß); *Strumpf*: Fußteil *n*; Ständer *m*, Untersatz *m*; *fire ~* var *Fuß m/pl*; *få kolde fødder* kalte Füße bekommen (*a fig*); *hele verden ligger for hans fødder* die Welt liegt ihm zu Füßen; **~ for ~** schrittweise; **for ~e** zu Füßen; **leve på en stor ~** fig auf großem Fuße leben; **bringe på ~e** Geschäft auf die Beine bringen; **på** (od **med**) **bare fødder** barfuß; **på stående ~** stehenden Fußes; **til ~s** zu Fuß; **træde ngt. under ~e** fig etw mit Füßen treten; **det går** (**så el. sådt**) **som ~ i hose** es läuft wie geschmiert

fod|bad ['foðbað] Fußbad n; **~balde, ~balle** ['foðbalə] Fußballen m

fodbold ['foðbɒl'ð] Fußball m

fodbold|bane ['foðbɒlbaːnə] Fußballplatz m, -feld n; **~enke** [-ɛŋgə] F etwa: Fußballbraut f; **~hold** [-hɔl'] Fußballmannschaft f; **~(lands)kamp** [-(lan'?s)kɑm'b] Fußball(länder)spiel n; **~spiller** [-sbelər] Fußball(spiel)er m

fodbremse ['foðbʀɛmsə] Fußbremse f

foder ['foːʔðər] ⟨-et⟩ Futter n (Nahrung)

foder|blanding ['foːʔðərblanɛŋ] Futtermischung f; **~kage** [-kaːə] Ölkuchen m; **~mester** [-mɛsdər] Futtermeister m, Schweizer m; **~pose** [-poːsə] Futtersack m; **~roe** [-ʀoːə] Futterrübe f

foderstand ['foːʔðərsdɑn'?] ⟨-en⟩: **være i god ~** gut im Futter sein (od stehen)

fod|folk ['foðfɔl'g] ⟨-et⟩ MIL Fußvolk n, Infanterie f; **~formet** [-fɔr'?məð] fußgerecht; **~fri** [-fʀiːʔ] Rock: fußfrei

fodfæste ['foðfɛsdə] ⟨-t⟩: **få ~** festen Fuß fassen; **miste ~t** den Halt verlieren

fodgænger ['foðgɛŋər] ⟨-en; -e⟩ Fußgänger(in) m(f); **~felt** [-fel'd] Zebrastreifen m/pl; **~gade** [-gɑːðə] Fußgängerzone f; **~overgang** ['ʔːuərgɑŋʔ] Fußgängerüberweg m, Zebrastreifen m/pl

fod|hviler ['foðviːʔlər] ⟨-en; -e⟩ Motorrad: Fußraste f; **~indlæg** [-enlɛːʔg] (Schuh)Einlage f, Einlegesohle f; **~jern** [-jɛrʔn] Fußeisen n, Fußschelle f; Steigeisen n; **~note** [-noːðə] Fußnote f; **~panel** [-pa'ne:ʔl] Fußleiste f, Scheuerleiste f; **~pleje** [-plaiə] Fußpflege f

fodre ['foðʀə] Vieh füttern

fodrejse ['foðʀɑisə] Fußreise f

fodring [-eŋ] ⟨-en; -er⟩ Fütterung f, Füttern n

fodsbred ['foðsbʀeð] ⟨-en⟩ Fußbreit m

fodskifte [-sgifðə] Schritt m

fodslag ['foðsla:ʔ]: **holde ~** Schritt halten

fod|spor ['foðsboːʔr] Fußspur f, Fußstapfe(n) f(m) (a fig); **~svamp** [-svɑm'?b] Fußpilz m; **~sål** [-sɔːʔl] Fußsohle f; **~terapeut** [-teʀɑ'pœʊ'?d] Fußpfleger(in) m(f); **~tur** [-tuːʔr] Wanderung f, Fußtour f; **~tøj** [-tɔiʔ] ⟨-et⟩ Schuhwerk n

fog [foːʔ] ⟨-et; -⟩ → **fygning**

foged ['foːəð] ⟨fog(e)den; fog(e)der⟩ HIST Vogt m; **kongens ~** JUR der Gerichtsvollzieher m; **~forretning** [-fɔ'ʀednɛŋ] Zwangsvollstreckung f, Pfändung f

fokusere [foku'se:ʔʀə]: **~ på ngt.** das Augenmerk auf etw (A) richten, etw in den Brennpunkt rücken

fold¹ [fɔl'] ⟨-en; -er⟩ Falte f, Kniff m; **slå ~er** Falten werfen; **slå sine ~er** F sich herumtreiben; **komme i de vante ~er** fig (wieder) ins Gleis kommen

fold² [fɔl'] ⟨-en; -e⟩ Hürde f, Pferch m

folde ['fɔlə] falten; **~ sammen** zusammenfalten; **~ ud** entfalten; **~ sig ud** sich entfalten (a fig); **~båd** [-bɔːʔð] Faltboot n; **~cykel** [-sygəl] Klapprad n; **~dør** [-dœːʔr] Falttür f; **~kast** [-kɑsd] Faltenwurf m; **~kniv** [-kniʔv] Klappmesser n, Taschen- n; **~r** [-ʀ] ⟨-en; -e⟩ Faltblatt n, Faltprospekt m, Faltbroschüre f; **~rig** [-ʀiːʔ] faltenreich, faltig

fole¹ ['foːlə] ⟨-n; -r⟩ Fohlen n

fole² ['foːlə] Stute: fohlen

folk [fɔl'g] ⟨-et; -⟩ Volk n, Nation f; **~ pl** (die) Leute pl; Mannschaft f; Menschen m/pl; Personal n; **vore ~** die Unsrigen m od f/pl; **~ siger** man sagt

folke|afstemning ['fɔlgəɑʊsdɛm'?nɛŋ] POL Volksabstimmung f, Volksentscheid m; **~bibliotek** [-biblio'te:ʔg] Volksbücherei f; **~dans** [-dan's] Volkstanz m; **~drab** [-dʀɑ'?b] Völkermord m; **~dragt** [-dʀɑgd] Volkstracht f; **~eje** [-ɑiə] Allgemeinbesitz m; **~eventyr** [-ɛ:vəntyːʔr] Volksmärchen n

folke|færd ['fɔlgəfɛ:ʔr] ⟨-et; -⟩ Volk n, Völkerschaft f; Menschenschlag m; **~hold** [-hɔl'] Gesinde n; **~højskole** [-hɔisgoːlə] dän. Heimvolkshochschule f; **~kirke** [-kirgə] dän. evangelisch-lutherische Staatskirche f; **~kær** [-kɛːʔr] beliebt im Volke; **~lig** [-li] volkstümlich; beliebt, populär; **~liv** [-liːʔv] Alltagsleben n; **~mindeforsker** [-menəfɔrsgər] Volkskundler(in) m(f)

folkemunde ['fɔlgəmonə]: **i ~** im Volksmund; **komme i ~** ins Gerede kommen; **være i ~** fig in aller Leute Mund sein

folke|musik ['fɔlgəmu'siʔg] Volksmusik f; **~mål** [-mɔːʔl] Mundart f

folkens ['fɔl'?gəns] su pl: **~!** Leute!, Jungs!, F Kinder!

folke|pension ['fɔlgəpɑŋ'sjoːʔn] Altersrente f; **~register** ['-ʀe'gisdər] Einwohnermeldeamt n, Standesamt n; Personenstandsregister n; **~rejsning**

[-rɑːisnen] Volkserhebung *f*; **~repræsentant** [-reprɛsɑnˈtanˀd] Volksvertreter(in) *m(f)*; **~ret** [-rɛd] Völkerrecht *n*; **~ret(s)lig** [-rɛd(s)li] völkerrechtlich; **~sagn** [-saʊˀn] Volkssage *f*; **~sang** [-saŋˀ] Volkslied *n*; Protestsong *m*

folkeskole [ˈfɔlɡəsɡoːlə] Grundschule *f*; **~lærer** [-lɛːrɒr] Volksschullehrer(in) *m(f)*

folke|slag [ˈfɔlɡəslaːˀ] Völkerschaft *f*, Volk *n*; **~stue** [-sduːə] Gesindestube *f*; **~styre** [-sdyːrə] Demokratie *f*, Volksherrschaft *f*; **~ting** [-teŋˀ] Folketing *n* (*das dän Parlament*); **~tingsmand** [-teŋsmanˀ], **~tingsmedlem** [-teŋsmeðlɛmˀ] Mitglied *n* des Folketings; **~tom** [-tɔmˀ] menschenleer

folke|tælling [ˈfɔlɡətɛleŋ] Volkszählung *f*; **~universitet** [-universiˈteˀd] *etwa*: Volkshochschule *f*; **~valgt** [-valˀd] vom Volk gewählt; **~vandring** [-vandren] Völkerwanderung *f*; **~vise** [-viːsə] Volkslied *n*

fond¹ [fɔnˀd] ⟨*en od -et*; *-e od -er*⟩ Fonds *m*, Stiftung *f*

fond² [fɔnˀ] ⟨*en*; *-er*⟩ GASTR Fond *m*

font [fɔnˀ] ⟨*en*; *-e od -er*⟩ Taufbecken *n*

for¹ [foːˀr] → *fare²*

for² [fɔr] *prp* vor (*D*; *A*), um (*A*), gegen (*A*), auf (*D*; *A*); *sove ~ åbne vinduer* bei geöffneten Fenstern schlafen; *være bange ~ j-m* Angst haben; *dag ~ dag* Tag für Tag; *~ det første* fürs Erste; erstens; *~ det meste* meistens; *~ pokker!* Zum Teufel!; *ikke ~ nogen pris* um keinen Preis; *i og ~ sig* an und für sich; *~ en måned* für einen Monat; *~ en uge siden* vor einer Woche; *~ din skyld* um deinetwillen, deinetwegen

for³ [fɔr] *adv* vor(ne); *~ og bag* vor(ne) und hinten; (*alt*) *~ stor* (viel) zu groß

for⁴ [fɔr] *konj* denn; *~ at* um zu; damit

for⁵ [fɔr] ⟨*-et*; *-*⟩ *Kleidung*: Futter *n*

foragt [fɔrˀaɡd] ⟨*-en*⟩ Verachtung *f* (*for/* für *A*); **~e** [-ə] verachten; **~elig** [-əli] verächtlich, verachtenswert

foraksel [ˈfɔraɡsəl] Vorderachse *f*

foran [ˈfɔran(ˀ)] *prp* vor (*D*, *A*); *adv* voran, voraus; vorn; davor; *lade én komme ~ j-n* vorlassen

forand|erlig [fɔrˀanˀərli] veränderlich, (um)wandelbar; unstet; **~re** [-ˀanˀdrə] (ver)ändern; wechseln; **~ring** [-ˀanˀdreŋ] ⟨*-en*; *-er*⟩ (Ver)Änderung *f*, Wandlung *f*, Abwechslung *f*

foranke [fɔrˀaŋˀɡrə] verankern (*a fig*)

foranled|ige [fɔranˈleːˀðiə] veranlassen;

~ning [-ˈleːˀðnen] ⟨*-en*; *-er*⟩ Veranlassung *f*

foranstalt|e [fɔranˈsdalˀdə] veranstalten; **~ning** [-ˈsdalˀdneŋ] ⟨*-en*; *-er*⟩ Maßnahme *f*, Vorkehrung *f*

forarbejde¹ [ˈfɔrɑrbaiˀdə] Vorarbeit *f*

forarbejde² [fɔrˀarˀbaiˀdə] verarbeiten

forarge [fɔrˀɑrˀwə]: *~ én j-n* empören; **~s over ngt.** an e-r Sache Anstoß nehmen, sich über e-e Sache entrüsten; *være ~t* empört (*od* entrüstet) sein; **~lig** [-li] anstößig; **~lse** [-lsə] ⟨*-n*; *-r*⟩ Anstoß *m*, Ärgernis *n*; Entrüstung *f*, Empörung *f*

for|armet [fɔrˀɑrˀməð] verarmt; **~aset** [-ˈaːˀsəð] abgearbeitet, abgehetzt

forbande [fɔrˀbanˀə] verfluchen, verwünschen; **~lse** [-lsə] ⟨*-n*; *-r*⟩ Fluch *m*, Verwünschung *f*; **~t** [-ð] F verflucht, verdammt; verflixt

forbarme [fɔrˀbarˀmə]: *~ sig* sich erbarmen (*over/G od* über *A*); *du ~nde!* F du meine Güte!

forbasket [fɔrˀbasɡəð] verflixt; → *a* **forbandet**

forbavse [fɔrˀbaʊˀsə] in Erstaunen setzen, befremden; **~t** erstaunt; **~nde** erstaunlich; *~nde nok* erstaunlicherweise, *blive ~t*, **~s** (er)staunen; **~lse** [-lsə] ⟨*-n*⟩ (Er)Staunen *n*

forbedr|e [fɔrˀbeðˀrə] (ver)bessern, vervollkommnen; **~ing** [-iŋ] ⟨*-en*; *-er*⟩ Verbesserung *f*

forbehold [ˈfɔrbeholˀ] ⟨*-et*; *-*⟩ Vorbehalt *m*; *med ~* vorbehaltlich (*G*); JUR widerruflich; **~e** [-ə] vorbehalten; **~en** [-ən] zurückhaltend

forbered|e [ˈfɔrbeˀrˀə] vorbereiten (*sig* sich); *Schule*: präparieren; **~else** [-əlsə] ⟨*-n*; *-r*⟩ Vorbereitung *f*; **~t** [-beRɛːˀd] vorbereitet, gefasst

forbi [fɔrˀbiːˀ] vorbei, vorüber; zu Ende, aus; *gå ~ ngt.* an etw (*D*) vorbeigehen; *køre, løbe ~* vorbeifahren, vorbeilaufen; *hun har gjort det ~ med ham* sie hat mit ihm Schluss gemacht

forbier [fɔrˀbiːˀər] ⟨*-en*; *-e*⟩ F Flop *m*; F Versager *m*; Fehlschuss *m*

forbifart [fɔrˀbiːfaˀrd]: *i ~en* flüchtig, im Vorbeigehen, *fig* nebenbei

forbi|gangen [fɔrˀbiɡanˀˀən] vergangen, verflossen; **~gå** [-ɡɔːˀ] übergehen (*én j-n*)

forbigående [fɔrˀbiɡɔːˀənə] vorübergehend; *i ~* im Vorbeigehen, *fig* beiläufig, nebenbei

forbilled|e [ˈfɔrbeləðə] Vorbild *n*; **~lig** [-beðˀli] vorbildlich, beispielhaft

forbinde [fɔrˈbenʔə] verbinden (*a* MED); verknüpfen (*a fig*); **~lse** [-lsə] ⟨-n; -r⟩ Verbindung *f*; Zusammenhang *m*; Beziehung *f*; BAHN Anschluss *m*

forbindende [fɔrˈbenʔənə] verbindlich; **uden~** unverbindlich; *Preis:* freibleibend

forbinding [fɔrˈben?eŋ] ⟨-en; -er⟩ MED Verband *m*; Verbindung *f*; **foreløbig ~** Notverband *m*; **~skasse** [-ˈskasə] Verbandskasten *m*

forbindtlig [fɔrˈben?dli] verbindlich

forbi|passerende [fɔrˈbipaˈse:ʔrənə] *adj* vorüber-, vorbeigehend; *su* Passant *m*; **~se** [-se:ʔ] übersehen, außer Acht lassen

forbistret [fɔrˈbisdrəð] F verdammt, verflixt

forbitre [fɔrˈbidrə] verbittern, vergällen; **~t** erbittert, wütend, verbissen, grimmig; **gøre ~t** erbittern; **~lse** [-lsə] ⟨-n⟩ Erbitterung *f*, Ingrimm *m*

forblinde [fɔrˈblenʔə] *fig* verblenden; **~t** verblendet, blind; **~lse** [-lsə] ⟨-n; -r⟩ Verblendung *f*

forblive [fɔrˈbli:ʔvə] bleiben; verbleiben, beharren; **~n** Verbleib *m*, (Ver)Bleiben *n*; **~nde** [-nə] ⟨*et*⟩ Bewenden *n*

for|blommet [fɔrˈblɔmʔəð] verblümt, dunkel, zweideutig; **sige ngt. i forblommede vendinger** (*od* **med forblommede ord**) *fig* etw durch die Blume sagen; **~blændet** [-ˈblenʔəð] ARCH verblendet

forbløde [fɔrˈblø:ʔðə] verbluten

forbløffe [fɔrˈbløfə] verblüffen; **~lse** [-lsə] ⟨-n⟩ Verblüfftheit *f*, Verblüffung *f*; **~t** [-ð] verblüfft, F verdutzt

forbogstav [ˈfɔrbɔgsdaːʔv] *n* Anfangsbuchstabe *m*

forborgen [fɔrˈbɔ:ʔrwən] hintergründig

forbrug [fɔrˈbruːʔ] ⟨-et⟩ Verbrauch *m*, Bedarf *m*; **~e** [-ə] verbrauchen

forbruger [fɔrˈbruːʔər] ⟨-en; -e⟩ Verbraucher *m*; **~samfund** [-samfɔnʔ] Konsumgesellschaft *f*

forbrugsgoder [fɔrˈbruːʔsgoːðər] *pl* Konsumgüter *n/pl*

forbryde [fɔrˈbryːʔðə] ein Verbrechen begehen; *Amt* verwirken; **~ sig mod et barn** sich an e-m Kind vergehen; **~ sig mod en lov** gegen ein Gesetz verstoßen; **~lse** [-lsə] ⟨-n; -r⟩ Verbrechen *n*

forbryder [fɔrˈbryːʔðər] ⟨-en; -e⟩ Verbrecher *m*; **~bane** [-ba:nə] Verbrecherlaufbahn *f*; **~isk** [-isg] verbrecherisch

forbrænde [fɔrˈbrɛnʔə] verbrennen; **~ing** [-ˈbrɛnʔeŋ] ⟨-en; -er⟩ Verbrennung *f*

forbrændings|anstalt [fɔrˈbrɛnʔeŋsan-

'sdalʔd] Müllverbrennungsanlage *f*; **~motor** [-moːtɔr] Verbrennungsmotor *m*

forbrødre [fɔrˈbrøːðʔrə]: **~ sig** sich verbrüdern

forbud[1] [ˈfɔrbuð] Vorbote *m*

forbud[2] [ˈfɔrbuð] ⟨-(*d*)*et*; -⟩ Verbot *n*

forbudstavle [ˈfɔrbuðstaülə] Verbotstafel *f*, Verbotsschild *n*

forbudt [fɔrˈbud] → **forbyde**

forbund [fɔrˈbɔnʔ] ⟨-*et*; -⟩ Bund *m*, Bündnis *n*; Verband *m*; **~en** [-ˈbonʔən] verbunden, dankbar

forbunds|dag [ˈfɔrbɔnsdaːʔ] Bundestag *m*; **~dagsmedlem** [-smeðlem] Mitglied *n* des Bundestages; **~fælle** [-felə] Bundesgenosse *m*; **~kansler** [-kanʔslər] Bundeskanzler *m*; **~præsident** [-pRESiˈdenʔd] Bundespräsident *m*; **~republik** [-repuˈblig] Bundesrepublik *f*; **~stat** [-sda:ʔd] Bundesstaat *m*

forbyde [fɔrˈbyːʔðə] ⟨*forbød; forbudt*⟩ verbieten; untersagen; **uvedkommende ~s adgang** Unbefugten ist der Zutritt untersagt; **adgang (cykling, parkering, tobaksrygning) forbudt!** Zutritt (Radfahren, Parken, Rauchen) verboten!; **forbudt for børn** Film: nicht jugendfrei

forbyt|ning [fɔrˈbydneŋ] ⟨-en; -er⟩ Vertauschung *f*, Verwechslung *f*; **~te** [-ˈbydə] vertauschen, verwechseln

forbøn [ˈfɔrbœnʔ] Fürbitte *f*, Fürsprache *f*; **gå i ~ for én** für j-n Fürbitte einlegen

force [ˈfɔrsə] ⟨-n; -r⟩ Person: starke Seite *f*, Stärke *f*; **~ majeure** [fɔrsmaˈsjœːʀ] höhere Gewalt *f*

fordampe [fɔrˈdamʔbə] verdampfen, verdunsten

fordanske [fɔrˈdanʔsgə] ins Dänische übersetzen; danisieren

fordel [ˈfɔrdeːʔl] Vorderteil *n*, *m*; Vorteil *m*, Gewinn *m*; **drage ~ af ngt.** e-n Vorteil aus *etw* ziehen, von *etw* profitieren; **til hendes ~** zu ihren Gunsten; **til ~ for ...** zugunsten, zu Gunsten (*od* zum Besten) ... (*G*); **~e og ulemper** Vor- und Nachteile *m/pl*; **~agtig** [-de:ʔagdi] vorteilhaft, günstig

fordel|e [fɔrˈde:ʔlə] verteilen, aufteilen; zerteilen; **~er** ⟨-en; -e⟩ Verteiler *m* (*a* EL); **~ing** [-ˈde:ʔleŋ] ⟨-en; -er⟩ Verteilung *f*, Aufteilung *f*, Zerteilung *f*

fordi [fɔrˈdiːʔ] weil, da

fordobl|e [fɔrˈdɔblə] verdoppeln; **~ing** [-ˈdɔbleŋ] ⟨-en; -er⟩ Verdopp(e)lung *f*

fordom [ˈfɔrdɔmʔ] Vorurteil *n*

fordoms|fri [ˈfɔrdɔmsfriːʔ] vorurteilsfrei, vorurteilslos; **~fuld** [-fulʔ] voreingenommen, voller Vorurteile

fordrage [fɔr'drɑ:'wə] ausstehen, leiden, F verknusen; *jeg kan ikke ~ ham* ich kann ihn nicht ausstehen; **~lig** [-li] verträglich

fordre ['fɔrdrə] fordern, verlangen; erfordern, beanspruchen

fordreje [fɔr'drɑi'ə] verdrehen (*a fig*); verstellen, verzerren, entstellen

fordring ['fɔrdrɛŋ] ⟨-en; -er⟩ Forderung *f*, Anspruch *m*; Anforderung *f*

fordringsfuld ['fɔrdrɛŋsful'] anspruchsvoll; **~hed** [-he·ð?] ⟨-en⟩ Unbescheidenheit *f*

fordrings|haver ['fɔrdrɛŋshɑ:vər] ⟨-en; -e⟩ Gläubiger *m*; **~løs** [-løˀs] anspruchslos

fordriste [fɔr'dresdə] → *driste*

fordrive [fɔr'dri:'və] vertreiben; **~lse** [-lsə] ⟨-n; -r⟩ Vertreibung *f*, MED Abtreibung *f*

for|drukken [fɔr'drogən] versoffen, trunksüchtig; **~dufte** [-'dofdə] *fig* F verduften

fordumme [fɔr'dɔm'ə], **~s** verdummen; **~nde** verblöden*d*

fordums ['fɔrdoms] *adj* einstig, ehemalig, vergangen; *i ~ tid* in alten (verflossenen) Zeiten

fordunkle [fɔr'doŋ'glə] verdunkeln; *fig* überschatten

fordyble [fɔr'dy:'bə] vertiefen, versenken (*sig i ngt.* sich in etw (A)); **~else** [-lsə] ⟨-n; -r⟩ Vertiefung *f* (*geistig*); **~ning** [-dy:'bnɛŋ] ⟨-en; -er⟩ Vertiefung *f*, Senke *f*

fordyre [fɔr'dy:'rə] verteuern; **~lse** [-lsə] ⟨-n; -r⟩ Verteuerung *f*

fordægtig [fɔr'dɛgdi] verdächtig

fordæk [fɔr'dɛg] NAUT Vorderdeck *n*; *Auto, Fahrrad*: Vorderreifen *m*

fordækt [fɔr'dɛgd] verborgen; *fig* verstohlen, hintergründig

fordærv [fɔr'dɛr'v] ⟨-et⟩ Verderben *n*

fordærve [fɔr'dɛr'və] *v/t* verderben; **~s**, **blive ~t** *v/i* verderben; **~t** verdorben (*a fig*); *slæbe sig ~t* F sich totschleppen; *slå én ~t* j-n zum Krüppel schlagen; **~lig** [-li] verderblich

fordøje [fɔr'dɔi'ə] verdauen (*a fig*); **~lig** [-li] verdaulich; **~lse** [-lsə] ⟨-n⟩ Verdauung *f*

fordøjelsesbesvær(ligheder *pl*) [fɔr-'dɔiʔəlsəsbe'svɛːˀr(lihe·ðər)] Verdauungsbeschwerden *f/pl*

fordømme [fɔr'dœm'ə] verurteilen, verdammen; **~lig** [-li] verdammenswert

fordømt [fɔr'dœm'd] F verdammt, verflucht

fore ['fo·rə] (aus)füttern

forebringe ['fo·rəbrɛŋ?ə] vorbringen

forebygge ['fo·rəbygə] vorbeugen, vorbauen, verhüten; **~nde** *forholdsregel* Vorbeugungsmaßnahme *f*; **~nde midler** Verhütungsmittel *n/pl*; **~lse** [-lsə] ⟨-n⟩ Vorbeugung *f*, Verhütung *f*

foredrag ['fo·rədrɑ:'w] ⟨-et; -⟩ Vortrag *m*; Referat *n*; **~e** [-ə] vortragen

foredragsholder   ['fo·rədrɑ:wshɔlər] Redner(in) *m(f)*, Vortragende (der, die), Referent(in) *m(f)*

forefalde ['fo·rəfal'ə] vorfallen, geschehen; **~nde** vorfallend, anfallend

forefinde ['fo·rəfen'ə] vorfinden, antreffen

foregangs|kvinde   ['fo·rəgɑŋskvenə] Schrittmacherin *f*, Bahnbrecherin *f*; **~mand** [-man?] Schrittmacher *m*, Bahnbrecher *m*

foregive ['fo·rəgi:'(və)] vorgeben, vorschützen; **~n** angeblich, vorgeblich; **~nde** [-gi·ʔvənə] ⟨-t; -r⟩ Vorwand *m*

fore|gribe ['fo·rəgri:'bə] vorgreifen; vorwegnehmen; **~gøgle** [-gøi'lə] vorgaukeln, vorspiegeln

foregå ['fo·rəgɔ·'] vorgehen, vor sich gehen, sich ereignen, stattfinden; THEA spielen; *~ én med et godt eksempel* j-m mit gutem Beispiel vorangehen; **~ende** [-ənə] vorhergehend, vorig

fore|havende ['fo·rəhɑ:'vənə] ⟨-t; -r⟩ Vorhaben *n*, Unternehmen *n*; **~holde** [-hɔlʔə] vorhalten (*én ngt.* j-m etw)

fore|komme ['fo·rəkɔm'ə] vorkommen; *det ~r mig* es scheint mir, es kommt mir vor; **~kommende** [-kɔmʔənə] zuvorkommend; **~komst** [-kɔmsd] Vorkommen *n* (*af/an* D, von D)

forel [fo'rel'] ⟨-len; -ler⟩ Forelle *f*

foreligge [fo'rəlegə] vorliegen

forelske [fo'rel'sgə]: *~ sig* (*od blive ~t*) sich verlieben (*i én* in j-n A); **~lse** [-lsə] ⟨-n; -r⟩ Verliebtheit *f*, Liebelei *f*, Liebschaft *f*; **~t** [-ð] verliebt

forelægge ['fo·rəlɛgə] vorlegen, unterbreiten

forelæs|e ['fo·rələːˀsə] vorlesen; lesen (*Vorlesungen halten*); **~ning** [-lɛːˀsnɛŋ] ⟨-en; -er⟩ Vorlesen *n*; Vorlesung *f*

foreløbig ['fo·rələ·ʔbi] vorläufig; behelfsmäßig; **~ forbinding** Notverband *m*

forende¹ ['fo·rənə] Vorderende *n*

forende² ['fo·rɛnə] verenden

foren|e [fɔr'e·ʔnə] verein(ig)en, verbinden; ein(ig)en; *de Forenede Nationer* → *FN*; **~elig** [-li] vereinbar; **~ing** [-'e:²neŋ] ⟨-en; -er⟩ Verein *m*, Vereinigung *f*, Verband *m*; Verbindung *f*; **~ingsmedlem** [-'e:²neŋsmeðlem²] Vereinsmitglied *n*

forenkl|e [fɔr'eŋ²glə] vereinfachen; **~ing** [-'eŋ²gleŋ] ⟨-en; -er⟩ Vereinfachung *f*

fore|sat ['fɔːrɐsad] Vorgesetzte (der, die), **~skrive** [-sgri:²və] vorschreiben; *foreskrevet* vorgeschrieben; **~slå** [-sɔ:²] vorschlagen; beantragen

forespørg|e ['fɔːrɐsbœr²ə] anfragen, nachfragen, sich erkundigen; **~sel** [-sbœr²səl] ⟨*forespørgs(e)len*; *forespørgsler*⟩ Anfrage *f*, Nachfrage *f*, Rückfrage *f*, Erkundigung *f*

forestill|e ['fɔːrɐsdel²ə] vorstellen; darstellen; **~ing** [-sdel²eŋ] ⟨-en; -er⟩ Vorstellung *f*

forestå ['fɔːrɐsdɔ:²] *v/t* vorstehen (*D*), leiten; *v/i* bevorstehen

foresvæve ['fɔːrɐsvɛ:²və] vorschweben

foresætte ['fɔːrɐsedə]: **~** *sig ngt*. sich (*D*) etw vornehmen

foretag|e ['fɔːrɐta:²(ə)] unternehmen; **~** *sig ngt.* etw tun; **~nde** [-ta:²ənə] ⟨-t; -r⟩ Unternehmen *n*, Unternehmung *f*

foretagsom [fɔːrɐ'ta:²sɔm²] unternehmungslustig

foreteelse ['fɔːrɐte:²əlsə] ⟨-n; -r⟩ Erscheinung *f*

foretræde ['fɔːrɐtrɛːðə] ⟨et⟩: *få* **~** vorgelassen werden; *give* **~** vorlassen

foretrække ['fɔːrɐtrɛgə] vorziehen, bevorzugen

forevige [fɔr'e:²viə] verewigen

forevis|e ['fɔːrɐvi:²sə] vorzeigen, vorweisen; *Film* vorführen; **~er** [-ɐ] Vorführer *m*; **~ning** [-vi:²sneŋ] ⟨-en; -er⟩ Vorzeigen *n*; Vorführung *f*

forfa(de)r ['fɔrfa:ðɐr, (-fɑːr)] Vorfahre *m*, Ahn *m*

forfald¹ ['fɔrfal²] ⟨et⟩: *få* (*od have*) **~** verhindert werden (*od* sein); *lovligt* **~** gültige(r) Entschuldigungsgrund *m*

forfald² [fɔr'fal²] ⟨et⟩ Verfall *m*, Zerfall *m*; Fälligkeit *f*

forfalde [fɔr'fal²ə] verfallen (*a* ØKON); **~n** *adj* verfallen; ØKON fällig; süchtig

forfalds|dag [fɔr'fal²sda:²], **~dato** [-'da:to] Verfall(s)tag *m*, Fälligkeitstag *m*

forfalske [fɔr'fal²sgə] (ver)fälschen; pan(t)schen; **~ning** [-'fal²sgneŋ] ⟨-en; -er⟩ (Ver)Fälschung *f*; Pan(t)scherei *f*

forfat|ning [fɔr'fadneŋ] ⟨-en⟩ Verfassung *f* (*a* PARL), Zustand *m*; **~ningsstridig** [-ssdriði] verfassungswidrig; **~te**

[-də] verfassen, abfassen

forfatter [fɔr'fadɐr] ⟨-en; -e⟩ Verfasser *m*, Autor *m*; Schriftsteller *m*; Dichter *m*; **~inde** [-'enə] ⟨-n; -r⟩ Verfasserin *f*, Autorin *f*; Schriftstellerin, Dichterin *f*; **~ret** [-rɐd] Urheberrecht *n*; **~skab** [-sga:²b] ⟨-et; -er⟩ Verfasserschaft *f*; Urheberschaft *f*; Gesamtwerk *n*

forfejle [fɔr'fai²lə] verfehlen

forfine [fɔr'fi:²nə] verfeinern; **~t** [-ð] verwöhnt, anspruchsvoll

forfjamske|lse [fɔr'fjam²sgəlsə] ⟨-n⟩ Verwirrung *f*; **~t** [-'fjam²sgəð] verwirrt, F verdattert

forfjor [fɔr'fjo:²r]: *i* **~** vor zwei Jahren, vorvoriges Jahr

forfjumret [fɔr'fjom²rɐð] F durcheinander, verdattert

forfladige [fɔr'fla:²ðiə] *v/t* fig verflachen, verkitschen

forflygtige [fɔr'fløgdiə] verflüchtigen; **~s** sich verflüchtigen

forflytte [fɔr'flødə] versetzen; **~lse** [-lsə] ⟨-n; -r⟩ Versetzung *f* (*als Beamter*)

forfløjen [fɔr'flɔi²ən] leichtsinnig, flatterhaft

forfordele ['fɔrfɔrdeːlə] benachteiligen, übervorteilen

forfra [fɔr'frɑ:²] von vorn(e)

forfremme [fɔr'frem²ə] befördern; **~lse** [-lsə] ⟨-n; -r⟩ Beförderung *f*

forfrisk|e [fɔr'fresgə] erfrischen; **~else** [-lsə] ⟨-n; -r⟩, **~ning** [-'fresgneŋ] ⟨-en; -er⟩ Erfrischung *f*; Imbiss *m*

for|frossen [fɔr'frɔsən] verfroren; **~frysning** [-'fry:²sneŋ] ⟨-en; -er⟩ Erfrierung *f*; **~fuske** [-'fusgə] verpfuschen

forfægte [fɔr'fɛgdə] verfechten; **~r** [-r] ⟨-en; -e⟩ Verfechter(in) *m(f)*

forfængelig [fɔr'fɛŋ²əli] eitel; *tage Guds navn* **~t** REL den Namen Gottes missbrauchen; **~hed** [-heːð²] ⟨-en⟩ Eitelkeit *f*

forfærde [fɔr'fɛr²də] entsetzen, erschrecken; **~t** entsetzt; **~s**, *blive* **~t** sich entsetzen, erschrecken; **~lig** [-li] entsetzlich, schrecklich, furchtbar, fürchterlich; **~lse** [-lsə] ⟨-n⟩ Entsetzen *n*

forfærdige [fɔr'fɛr²diə] (ver)fertigen, anfertigen

forføje [fɔr'fɔi²ə]: **~** *sig* begeben, sich verfügen; **~** *sig bort* F sich fortmachen

forfølge [fɔr'føl²jə] verfolgen; **~lse** [-lsə] ⟨-n; -r⟩ Verfolgung *f*; **~lsesvanvid** [-lsəsvanvið] Verfolgungswahn *m*; **~r** [-r] ⟨-en; -e⟩ Verfolger(in) *m(f)*

forføre [fɔr'fø:²rə] verführen; verleiten;

~nde verführerisch; **~lse** [-lsə] ⟨-n; -r⟩ Verführung *f*; **~r** [-ʀ] ⟨-en; -e⟩ Verführer(in) *m(f)*

forfo⟨re⟩risk [fɔʀ'føːʔ(ʀə)ʀisg] verführerisch

forgabe [fɔʀ'gaːʔbə] ~ **sig** sich vernarren, sich vergaffen (*i/* in *A*); **~t** vernarrt

forgaffel ['fɔʀgafəl] (Fahrrad-)Gabel *m*

forgangen [fɔʀ'gaŋʔən] vergangen

forgift [fɔʀ'gifd] ⟨-en⟩ *lit* Gift *n*; → **edder**; **~e** [-ə] vergiften; **~ning** [-'gifdneŋ] ⟨-en; -er⟩ Vergiftung *f*

forgive [fɔʀ'giːʔ(və)] vergiften

forgjort [fɔʀ'gjoːʔʀd] verhext; → **forgøre**; *der er ikke ngt.* ~ *ved at ...* es schadet nichts, wenn ...

forglemme [fɔʀ'glemʔə] vergessen (*sig* sich); *NN ikke at* ~ NN nicht zu vergessen (*bei Aufzählungen*); **~else** [-əlsə] ⟨-n; -r⟩ Vergessenheit *f*; Vergesslichkeit *f*

forglemmig [fɔʀ'glemʔmaiʔ] *Pflanze* Vergissmeinnicht *n*

forgodtbefindende [fɔʀ'gɔdbe'fenʔənə] ⟨et⟩ Gutdünken *n*; Willkür *f*

forgre⟨ne⟩ [fɔʀ'gʀeːʔnə] verzweigen, verästeln; gabeln (*sig* sich); **~et** [-ð] verzweigt; **~ning** [-iŋ] ⟨-en; -er⟩ Abzweigung *f*

forgribe [fɔʀ'gʀiːʔbə] ~ *sig på én* sich an *j-m* vergreifen

forgrint [fɔʀ'gʀiːʔnd] F: *jeg var helt* ~ ich habe Tränen gelacht

for|grund [fɔʀgʀɔn] Vordergrund *m*; **~grundsfigur** [-gʀɔnsfi'guːʔʀ] *fig* Hauptperson *f*; *være* ~ im Vordergrund stehen

for|grædt [fɔʀ'gʀɛd] verweint; **~græmmet** [-'gʀɛmʔəd] vergrämt, verhärmt; **~gude** [-'guːʔðə] vergöttern; **~gyldt** [-'gylʔd] vergoldet; **~gældet** [-'gɛlʔəð] verschuldet, überschuldet; **~gængelig** [-'gɛŋʔəli] vergänglich

forgænger ['fɔʀgɛŋəʀ] ⟨-en; -e⟩ Vorgänger(in) *m(f)*

for|gæves [fɔʀ'gɛːʔvəs] vergebens, vergeblich, umsonst; **~gøre** [-'gœːʔʀə] MYTH verhexen; → **forgjort**; **~gå** [-'gɔːʔ] vergehen (*af/*vor *D*)

forgårs [fɔʀ'gɔːʔʀs] *i* ~ (*morges*) vorgestern (Morgen); *fra i* ~ von vorgestern, vorgestrig

forhadt [fɔʀ'had] verhasst

forhale [fɔʀ'haːʔlə] verzögern, verschleppen; NAUT verholen

forhammer [fɔʀhaməʀ] Vorschlaghammer *m*

forhandl|e [fɔʀ'hanʔlə] verhandeln, verkaufen, handeln mit; **~er** [-ʀ] ⟨-en; -e⟩ Händler(in) *m(f)*; Unterhändler(in) *m(f)*; **~ing** [-'hanʔleŋ] ⟨-en; -er⟩ Verhandlung *f*; Debatte *f*; Verkauf *m*

forhaste [fɔʀ'hasdə] übereilen, überstürzen (*sig* sich); **~t** [-ð] übereilt

forhave [fɔʀha:və] Vorgarten *m*

forhekse [fɔʀ'hɛgsə] verhexen; **~t** verzaubert, bezirzt

forhen [fɔʀ'hen] früher, vormals; **~værende** [-henvɛːʔʀənə] (*Abk. fhv.*) ehemalig (*Abk. ehem.*); außer Dienst (*Abk. a. D.*)

forherlige [fɔʀ'hɛʀliə] verherrlichen

forhindr|e [fɔʀ'henʔdʀə] verhindern, hindern (*i/*an *D*); **~ing** [-'henʔdʀeŋ] ⟨-en; -er⟩ Verhinderung *f*; Hindernis *n*; Hürde *f*; **~ingsløb** [-'henʔdʀeŋsløːʔb] SPORT Hindernisrennen *n*

forhippet [fɔʀ'hibəð] erpicht, versessen (*på/*auf *A*)

forhistori|e [fɔʀhi'sdoːʔʀiə] Vorgeschichte *f* (*a fig*); **~sk** [-'sdoːʔʀisg] vorgeschichtlich; *fig a* unmodern

forhjul ['fɔʀjuːʔl] Vorderrad *n*

forhjulstræk [fɔʀju:lsdʀɛg] *Auto:* Vorderradantrieb *m*, Frontantrieb *m*

forhold ['fɔʀhɔlʔ] ⟨-et; -⟩ Verhältnis *n*, Beziehung *f*; Umstand *m*, Lage *f*; Verhalten *n*; *i* ~ *til* im Verhältnis zu

forholde [fɔʀ'hɔlʔə] vorenthalten; ~ *sig* sich verhalten

forholds|mæssig [fɔʀ'hɔlsmesi] verhältnismäßig; **~ord** [-oːʔʀ] GRAM Verhältniswort *n*; **~regel** [-ʀeːʔəl] Maßnahme *f*, Vorkehrung *f*; **~vis** [-viːʔs] verhältnismäßig; vergleichsweise

for|hud [fɔʀhuːʔð] ANAT Vorhaut *f*; **~hus** ['huːʔs] Vorderhaus *n*

forhutlet [fɔʀhudləð] arm, elend, erbärmlich; F heruntergekommen

forhyre [fɔʀ'hyːʔʀə] NAUT (an)heuern, verheuern

forhæng ['fɔʀhɛŋʔ] ⟨-et; -⟩ Vorhang *m*

forhærde [fɔʀ'hɛʀʔdə] verhärten, verstocken; **~t** verhärtet, verstockt

forhøj|e [fɔʀ'høiʔə] erhöhen, steigern; **~else** [-lsə] ⟨-n; -r⟩ Steigerung *f*, Erhöhung *f*; **~ning** [-'høiʔneŋ] ⟨-en; -er⟩ Erhöhung *f*, Anhöhe *f*, Erhebung *f*; Tritt *m*, Podest *n*, Podium *n*; Bühne *f*

forhør [fɔʀ'høːʔʀ] ⟨-et; -⟩ JUR Verhör *n*, Vernehmung *f*

forhøre [fɔʀ'høːʔʀə] JUR verhören, vernehmen; ~ *sig* sich erkundigen (*om/*nach)

forhåb|entlig [fɔʀ'hɔːʔbəndli] hoffentlich; **~ning** [-'hɔːʔbneŋ] ⟨-en; -er⟩ Hoffnung f; **~ningsfuld** [-'hɔ:'bneŋsful'] hoffnungsvoll

forhånd ['fɔrhɔn'] *Karten, Tennis:* Vorhand f; **på ~** im Voraus, von vornherein, von Anfang an; **på ~ tak!** vielen Dank im Voraus!

forhåndenværende [fɔr'hɔn'ʔɔnve:'ʔrɔnə] vorhanden, gegenwärtig, verfügbar

forhånds|glæde ['fɔrhɔnsgle:ðə] Vorfreude f; **~viden** [-vi:ðən] Vorwissen n

forhåne [fɔr'hɔ:'nə] verhöhnen, **~lse** [-lsə] ⟨-n; -r⟩ Verhöhnung f; Hohn m

forinden [fɔr'enən] *prp* vor (D); *konj* bevor, ehe; *adv* vorher

foring ['fo:reŋ] ⟨-en; -er⟩ *Kleider:* Fütterung f

forivre [fɔr'iŭ'rə]: **~ sig** sich ereifern

forjage [fɔr'ja:'ʔə] verjagen, vertreiben; **~t** abgehetzt

forjasket [fɔr'jasgəð] *Kleidung:* schlampig, lotterig

forjætte [fɔr'jedə] BIBL verheißen; *det ~de land* das Gelobte Land *(Palästina)*; **~nde** vielversprechend

fork [fɔrg] ⟨-en; -e⟩ *Landwirtschaft:* Forke f, Gabel f

fork. (= *forkortelse*) Abk. *(Abkürzung)*

forkalk|e(s) [fɔr'kal'ʔgə(s)] verkalken *(a fig)*; **~ning** [-'kal'gneŋ] ⟨-en; -er⟩ Verkalkung f

forkaste [fɔr'kasdə] verwerfen, ablehnen; **~lig** [-li] verwerflich

forkert [fɔr'ke:'ʔrd] verkehrt, falsch; *være ~ på den* F auf dem Holzweg sein

forklar|e [fɔr'kla:'ʔrə] erklären, erläutern; JUR aussagen; *Blick* verklären; **~else** [-lsə] ⟨-n⟩ Verklärung f; **~ing** [-'kla:'ʔreŋ] ⟨-en; -er⟩ Erklärung f, Erläuterung f; JUR Aussage f; **~lig** [-'kla:'ʔrli] erklärlich, erklärbar

forklejne [fɔr'klɑi'nə] schmälern, herabsetzen, verkleinern

forklog ['fɔrklɔ'w]: *det er lettere at være bagklog end ~* etwa: hinterher ist man immer schlauer

forkludre [fɔr'kluð'rə] verpfuschen, vermasseln

forklæde¹ [fɔr'kle:ðə] ⟨-t; -r⟩ Schürze f

forklæde² [fɔr'kle:'ðə] verkleiden

forknyt [fɔr'knyd] kleinlaut, verzagt, verstimmt; *blive ~* den Mut verlieren; *ikke lade sig ~te* sich nicht entmutigen lassen

for|kogt [fɔr'kɔgd] zerkocht; **~kommen** [-'kɔm'ɔn] *adj* verkommen; verfroren

forkontor ['fɔrkɔnto:'ʔr] Vorzimmer n

forkort|e [fɔr'kɔrdə] abkürzen, verkürzen, kürzen; **~else** [-lsə] ⟨-n; -r⟩ Abkür-

zung f, Verkürzung f, Kürzung f; **~ning** [-'kɔrdneŋ] ⟨-en; -er⟩ Verkürzung f, Kürzung f

for|krampet [fɔr'krɑm'ʔbəð] *bsd fig* verkrampft; **~krøblet** [-'krøbləð] verkrüppelt

forkue [fɔr'ku:'ʔ] unterdrücken, einschüchtern; **~t** verschüchtert

forkundskaber ['fɔrkonsga:'ʔbər] *pl* Vorkenntnisse f/pl; Vorbildung f

forkvakle [fɔr'kvaglə] verpfuschen, vermasseln, F verkorksen; **~t** [-ð] *Erziehung:* vermasselt, F verkorkst

forkvinde ['fɔrkvenə] Vorsitzende f

forkynd|e [fɔr'køn'ə] verkünd(ig)en, ankündigen; **~lse** [-lsə] ⟨-n; -r⟩ Verkünd(ig)ung f, Ankündigung f

forkæle [fɔr'ke:'ʔlə] verwöhnen, verhätscheln

for|kæmper ['fɔrkembər] Vorkämpfer(in) m(f), Verfechter(in) m(f); **~kærlighed** ['-kerlihe:ð'] Vorliebe f, Schwäche f *(for/für D)*

forkøbe [fɔr'kø:'ʔbə]: **~ sig** *(på ngt.)* *(etw)* zu teuer kaufen

forkøbet ['fɔrkø:'ʔbəð]: *komme én i ~* j-m zuvorkommen

forkøbsret ['fɔrkøbsred] Vorkaufsrecht n

forkøl|e [fɔr'kø:'lə]: **~ sig, blive ~t** sich erkälten; **~t** erkältet; **~lse** [-lsə] ⟨-n; -r⟩ Erkältung f; **~lsesår** [-lsəs'sɔ:'ʔr] n Herpes m

forkørselsret ['fɔrkørʔsəlsred] Vorfahrt(srecht) f(n)

forlad|e [fɔr'la:'ðə] ⟨*forlod; forladt*⟩ verlassen; verzeihen; **~ sig (på)** sich verlassen *(auf A)*; *forladt adj* verlassen; *Haus:* verwaist

forladelse [fɔr'la:'ʔðəlsə] ⟨-n⟩ Vergebung f, Verzeihung f; *om ~!* Verzeihung!, bitte, entschuldigen Sie!

forladthed [fɔr'ladhe:ð'] ⟨-en⟩ Verlassenheit f

forlag [fɔr'la:'] ⟨-et; -⟩ Verlag m

forlange [fɔr'laŋ'ə] ⟨-te⟩ verlangen, fordern; **~nde** [-nə] ⟨-t; -r⟩ Verlangen n, Forderung f; Zumutung f, Ansinnen n

forlede [fɔr'le:'ðə] verleiten

forleden [fɔr'le:'ʔðən] *adj* vergangen; *adv* neulich, vor kurzem; **~ dag** vor einigen *(od* ein paar*)* Tagen; **~ aften** neulich abends

forlegen [fɔr'laiʔən] verlegen, schüchtern; *fig* verlegen *(for/um A); ikke være ~ for at række en hjælpende hånd* immer hilfsbereit sein; **~hed** [-he:ð'] ⟨-en⟩ Verlegenheit f

forlibe [fɔrˈliːʔbə] ⟨-ede od -te⟩: ~ *sig* *scherzh* sich verlieben

forlibt [fɔrˈlibd] *scherzh* verliebt

forlig [fɔrˈliːʔ] ⟨-et; -⟩ JUR Vergleich *m*, Einigung *f*, Schlichtung *f*, Vertrag *m*; *slutte* ~ JUR sich vergleichen, sich einigen

forlige [fɔrˈliːʔə] *v/t* einigen, versöhnen; ~ *sig med sin skæbne* sich mit seinem Schicksal abfinden; *børnene* ~*s godt* die Kinder vertragen sich gut (*od* kommen gut miteinander aus)

forligger [ˈfɔrlegɔr] ⟨-en; -e⟩ Vorleger *m*

forlis [fɔrˈliːʔs] ⟨-et; -⟩ NAUT Schiffbruch *m*, Untergang *m*; *fig* Scheitern *n*; ~*e* [-ə] ⟨-te⟩ Schiffbruch erleiden, untergehen; *Brille* verlieren, verlegen

forlods [ˈfɔrloð(ð)s] im Voraus

forlokke [fɔrˈlɔgə] verlocken, verführen; ~*lse* [-lsə] ⟨-n; -r⟩ Verlockung *f*, Verführung *f*

forloren [fɔrˈloːʔrən] falsch, unecht; GASTR ~ *hare* falscher Hase *m*

forlov [fɔrˈlɒu] ⟨en *od* et⟩ Erlaubnis *f*; *med* ~ mit (Ihrer) Erlaubnis, ich bin so frei!; gestatten Sie? *bede* (*spørge*) *om* ~ um Erlaubnis bitten (fragen)

forlove [fɔrˈloːʔvə] verloben; *blive* ~*t*, ~ *sig* sich verloben; ~*t* verlobt; *min* ~*de* mein Verlobter *m*, meine Verlobte *f*; ~*lse* [-lsə] ⟨-n; -r⟩ Verlobung *f*; ~*r* [ˈfɔrlɒːʔvər] ⟨-en; -e⟩ Trauzeuge *m*, Trauzeugin *f*

forlyde [fɔrˈlyːʔðə] verlauten, heißen; *lade sig* ~ *med ngt.* etw zu verstehen geben

forlydende [fɔrˈlyːʔðənə] ⟨-t; -r⟩ Gerücht *n*; *efter* ~ dem Vernehmen nach

forlygte [ˈfɔrløɡdə] AUTO Scheinwerfer *m*

forlyste [fɔrˈløsdə] belustigen, ergötzen, vergnügen (*sig* sich)

forlystelse [fɔrˈløsdəlsə] ⟨-n; -r⟩ Vergnügung *f*; ~*setablissement* [-setablisəˈmɑŋ] Vergnügungslokal *n*; ~*ssted* [-sdeð] Vergnügungsstätte *f*; ~*ssyg* [-syː?] vergnügungssüchtig

forlæg [ˈfɔrlɛːʔɡ] ⟨-get; -⟩ Vorlage *f*

forlægge¹ [fɔrˈlɛɡə] verlegen

forlægge² [ˈfɔrlɛɡə] *Buch* verlegen

forlægger [ˈfɔrlɛɡɔr] ⟨-en; -e⟩ Verleger(in) *m(f)*

forlægning [fɔrˈlɛɡneŋ] ⟨-en; -er⟩ Verlegung *f*; MIL Lager *n*

forlænge [fɔrˈlɛŋʔə] verlängern; dehnen; *Bruch* erweitern; ~*lse* [-lsə] ⟨-n; -r⟩ Verlängerung *f*

forlængerledning [fɔrˈlɛŋʔərleðneŋ] EL

Verlängerungsschnur *f*, -kabel *n*

forlæns [ˈfɔrlɛnʔs] nach vorn, vornüber

forlæse [fɔrˈlɛːʔsə]: ~ *sig* zu viel lesen

forlæst [fɔrˈlɛːʔsd] vom Lesen müde; *Buch:* zerlesen

forløb [fɔrˈløːʔb] ⟨-et; -⟩ Verlauf *m*; Hergang *m*; *efter tre dages* ~ nach (Verlauf von) drei Tagen

forløbe [fɔrˈløːʔbə] verlaufen; vergehen; ~ *heldigt* gut ablaufen; ~ *sig fig* zu weit gehen, sich vergessen; ~*lse* [-lsə] ⟨-n; -r⟩ *fig* Ausrutscher *m*; ~*n* [-n] vergangen; *i den forløbne uge* in der vergangenen Woche

forløber [ˈfɔrløːʔbər] Vorläufer *m*; BAHN Vorzug *m*

forløfte [fɔrˈløfdə]: ~ *sig* sich verheben, sich überheben; *fig* sich übernehmen

forløjet [fɔrˈlɒiʔəd] verlogen

forløse [fɔrˈløːʔsə] *feierl* erlösen, befreien, erleichtern; MED entbinden; ~*er* [-r] ⟨-en; -er⟩ Erlöser *m*; ~*ning* [-ˈløːʔsneŋ] ⟨-en; -er⟩ REL Erlösung *f*; MED Entbindung *f*

form¹ [fɔrʔm] ⟨-en; -er⟩ Form *f*, Gestalt *f*; *være i* ~ in Form sein; *give* ~ gestalten

form² [fɔrʔm] ⟨-en; -e⟩ Gefäß; Form *f*

formad [ˈfɔrmað] Vorgericht *n*, Vorspeise *f*

formale [fɔrˈmaːʔlə] vermahlen

formalia [fɔrˈmaːʔlia] *pl*, **formaliteter** [fɔrmaliˈteːʔdər] *pl* Formalitäten *pl*

formand [ˈfɔrmanʔ] Vorsitzende (der, die), Präsident(in) *m(f)*; Vorarbeiter(in) *m(f)*; Vormann *m*; Vorgänger(in) *m(f)*; ~*skab* [-mansɡaːʔb] ⟨-et; -er⟩ Vorsitz *m*, Vorstand *m*

formandspost [ˈfɔrmansposd] Vorsitz *m*

formane [fɔrˈmaːʔnə] (v)ermahnen; ~*ing* [-ˈmaːʔneŋ] ⟨-en; -er⟩ Ermahnung *f*

formast [fɔrˈmasd] NAUT Vordermast *m*

formaste [fɔrˈmasdə]: ~ *sig* sich vermessen, sich erkühnen, sich erdreisten; ~*lig* [-li] vermessen, frech

format [fɔrˈmaːʔd] *n* ⟨-et; -er⟩ Format *n*

formbrød [ˈfɔrmbrøːʔð] Kastenbrot *n*

forme [ˈfɔrmə] formen, gestalten; ~ *sig* verlaufen, sich entwickeln

formedelst [fɔrˈmeːʔðəlsd] *scherzh* mittels (*G*); wegen (*G*)

formel¹ [ˈfɔːʔrməl] ⟨form(e)len; *formler*⟩ Formel *f*

formel² [fɔrˈmɛlʔ] formell, förmlich; formal

formelig [ˈfɔrməli] förmlich

formene [fɔrˈmeːʔnə] verwehren, untersagen; *lit* (ver)meinen; ~*ing* [-ˈmeːʔneŋ]

⟨*-en*; *-er*⟩ Meinung *f*, Ansicht *f*; **~tlig** [-'me:ʔndli] vermeintlich; vermutlich

formere [fɔr'me:ʔrə] vermehren (**sig** sich); MIL formieren

formerings|dygtig [fɔr'me:ʔreŋsdøgdi] fortpflanzungsfähig; **~reaktor** [-RE'agtɔr] TECH Brutreaktor *m*, (schneller) Brüter *m*

form|fast ['fɔrmfasd] formbeständig; **~fuldendt** [-fulenʔd] formvollendet

formgiv|e ['fɔrmgi:ʔ(və)] gestalten; **~er** [-gi:ʔvɔr] ⟨*-en*; *-e*⟩ (Form)Gestalter *m*; **~ning** [-gi:ʔvneŋ] ⟨*-en*; *-er*⟩ Formgebung *f*, Gestaltung *f*, Design *n*

formiddag ['fɔrmeda:ʔ] Vormittag *m*; *i* **~(s)** heute Vormittag; *i går* **~s** gestern Vormittag; *om* **~en** vormittags, am Vormittag

formiddags|avis ['fɔrmedasa'vi:ʔs], **~blad** [-blaðʔ] *etwa:* Boulevardzeitung *f*; **~hjælp** [-jelʔb] Hilfskraft *f* für einige Stunden am Vormittag; **~plads** [-plas] Vormittagsstelle *f*, (Teilzeit)Beschäftigung *f* am Vormittag

formidl|e [fɔr'miðʔlə] vermitteln; **~ing** [-'miðʔleŋ] ⟨*-en*; *-er*⟩ Vermittlung *f*

formilde [fɔr'milʔə] mildern, besänftigen; *lade sig* **~** sich erweichen lassen; **~nde omstændigheder** mildernde Umstände *m/pl*

formindske [fɔr'men'sgə] vermindern, verringern, mindern, verkleinern; *fig* schmälern; *Maßstab* verjüngen; **~lse** [-lsə] ⟨*-n*; *-r*⟩ Verminderung *f*, Verringerung *f*, Minderung *f*, Verkleinerung *f*; **~lsesord** [-lsəso:ʔr] GRAM Diminutiv *n*

form|kage ['fɔrmka:ə] *etwa:* Napfkuchen *m* (*in Kastenform*); **~løs** [-løːʔs] formlos

form|ning ['fɔrmneŋ] ⟨*-en*; *-er*⟩ Formung *f*; *Schulfach:* Bildende Kunst *f*, Kunsterziehung *f*; **~ningslærer** [-slɛːrɔr] Kunsterzieher(in) *m(f)*

formod|e [fɔr'mo:ʔðə] vermuten, mutmaßen, annehmen; **~entlig** [-əndli] vermutlich, mutmaßlich; **~ning** [-neŋ] ⟨*-en*; *-er*⟩ Vermutung *f*, Mutmaßung *f*

formskon ['fɔrmsgɔnʔ] formschön

formssag ['fɔrʔmsa:ʔ] ⟨*-en*⟩ Formsache *f*

formue ['fɔrmuə] ⟨*-n*; *-r*⟩ Vermögen *n*; **~fællesskab** [-fɛləsga:ʔb] JUR Gütergemeinschaft *f*; **~nde** ['-mu:ʔənə] vermögend, bemittelt; **~nhed** [-he:ðʔ] ⟨*-en*⟩ Wohlhabenheit *f*; **~ret** [-REd] Vermögensrecht *n*; **~ret(s)lig** [-REd(s)li] vermögensrechtlich; **~(s)forhold** [-(s)fɔrhɔlʔ] *pl* Vermögensverhältnisse *pl*; **~skat** [-sgad] Vermögen(s)steuer *f*

formular [fɔrmu'la:ʔr] ⟨*-en*; *-er*⟩ Vordruck *m*, Formular *n*

formuler|e [fɔrmu'le:ʔrə] formulieren; **~ing** [-'le:ʔreŋ] ⟨*-en*; *-er*⟩ Formulierung *f*

formum|me ['fɔrmɔmʔə] vermummen (**sig** sich); **~ning** [-'mɔmʔneŋ] ⟨*-en*; *-er*⟩ Vermummung *f*

formynder [fɔr'mønʔɔr] ⟨*-en*; *-e*⟩ Vormund *m*; **~i** [-mønə'ri:ʔ] ⟨*-et*⟩ Bevormundung *f*, Gängelei *f*; **~isk** [-isg] bevormundend; **~skab** [-sga:ʔb] ⟨*-et*; *-er*⟩ Vormundschaft *f*; *fig* Bevormundung *f*

formæl|e [fɔr'mɛ:ʔlə] vermählen; **~ing** [-'mɛ:ʔleŋ] ⟨*-en*; *-er*⟩ Vermählung *f*

formøble [fɔr'møːʔblə] vergeuden

formørke [fɔr'mœrgə] verdunkeln, verdüstern, verfinstern; trüben; **~s** sich verdunkeln, sich trüben (*a fig*)

formå [fɔr'mɔ:ʔ] vermögen; **~** *én til ngt.* j-n zu etw bewegen; **~ende** mächtig, einflussreich; **~en** [-ən] ⟨*-en*⟩ Fähigkeit *f*, Vermögen *n*, Können *n*

formål ['fɔrmɔ:ʔl] ⟨*-et*; *-*⟩ Zweck *m*; *have til* **~** bezwecken

formåls|bestemt ['fɔrmɔ:ʔlsbe'sdemʔd] zweckgebunden; **~løs** [-løːʔs] zwecklos; **~rettet** [-REdəð] zielgerichtet; **~tjenlig** [-tjeːnli] zweckmäßig, zweckdienlich

for|nagle [fɔr'naw'lə] vernageln; **~nam** [-'namʔ] → *fornemme*; **~navn** [-'nɑuʔn] Vorname *m*; **~neden** [-'neːðən] unten

fornedre [fɔr'neðʔrə] erniedrigen; **~lse** [-lsə] ⟨*-n*; *-r*⟩ Erniedrigung *f*

fornem [fɔr'nɛmʔ] vornehm; *Ergebnis:* glänzend; *spille* **~** vornehm tun

fornemme [fɔr'nɛmʔə] ⟨*fornemmede od fornam*; *fornemmet od fornummet*⟩ empfinden, spüren, im Gefühl haben; **~lig** [-li] vornehmlich

fornemmelse [fɔr'nɛmʔəlsə] ⟨*-n*; *-r*⟩ Empfinden *n*, Empfindung *f*, Gefühl *n*; *have* **~n** *af ngt.*, *have ngt. på* **~n** etw im Gefühl haben; *på* **~n** im Gefühl; *have fine* **~r** vornehm tun

fornuft [fɔr'nɔfd] ⟨*-en*⟩ Vernunft *f*, Einsicht *f*, Verstand *m*; *sund* **~** der gesunde Menschenverstand *m*

fornuftig [fɔr'nɔfdi] vernünftig, gescheit; **~vis** [-vi:ʔs] vernünftigerweise

fornuft(s)|stridig [fɔr'nɔfdsdriːði] vernunftwidrig; **~ægteskab** [-ɛgdəsga:ʔb] Vernunftehe *f*

fornummet [fɔr'nɔmʔəð] → *fornemme*

forny [fɔr'ny:ʔ] erneuern; **~et** nochmalig, neu

fornægte [fɔr'nɛgdə] verleugnen

fornæret [fɔr'nɛ:ʔrəð] (sehr) geizig

fornærme [fɔr'nɛʀ'mə] beleidigen, brüskieren, *fig* verletzen; verletzen; **~t** *fig* eingeschnappt; **~lig** [-li] beleidigend; **~lse** [-lsə] ⟨*n; -r*⟩ Beleidigung *f*

fornævnt ['fɔrnɛʊ'nd] oben erwähnt

fornøden [fɔr'nø:'ðən] erforderlich, nötig; *om* **~t** erforderlichenfalls; **~hed** [-he:ð'] ⟨*-en; -er*⟩ Bedürfnis *n*, Bedarf *m*

fornøje [fɔr'nɔi'ə] vergnügen, amüsieren (*sig* sich); **~t** vergnügt, zufrieden; **~lig** [-li] vergnüglich, lustig

fornøjelse [fɔr'nɔi'əlsə] ⟨*-n; -r*⟩ Vergnügen *n*, Freude *f*; *god* **~!** viel Vergnügen (*od* Spaß)!; *med største* **~!** mit dem größten Vergnügen!, sehr gern!

fornøjelsessyg [fɔr'nɔi'əlsəsy:'] vergnügungssüchtig

forord ['fɔro:'ʀ] Vorwort *n*, Vorrede *f*

forordne [fɔr'ɔʀdnə] verordnen, verfügen; **~ing** [-'ɔʀ'dnɛŋ] ⟨*-en; -er*⟩ Verordnung *f*, Verfügung *f*, Erlass *m*

foroven [fɔr'ɔʊən] oben

forover ['fɔrɔʊ'əʀ] vornüber; nach vorne; **~bøjet** [-bɔiəð] vornübergebeugt

forpagte [fɔn'pɑgdə] pachten; **~ bort** verpachten; **~r** [-ʀ] ⟨*-en; -e*⟩ Pächter *m*

forpagtning [fɔʀ'pɑgdnəŋ] ⟨*-en; -er*⟩ Pacht *f*, Pachtung *f*; **~ningsafgift** [-saʊɡifd] Pacht(zins) *f(m)*

forpakning [fɔʀ'pɑgnəŋ] ⟨*-en; -er*⟩ Verpackung *f*; **~passe** [-'pasə] verpassen; **~peste** [-'pɛsdə] verpesten

forpint [fɔʀ'pi:'nd] gequält; **~pjusket** [-'pjusgəð] zerzaust, struppig

forplant|e [fɔʀ'plan'ə] fortpflanzen (*sig* sich); **~ning** [-'plan'nəŋ] ⟨*-en*⟩ Fortpflanzung *f*

forplantnings|drift [fɔʀ'plan'dnəŋsdʀɛfd] Fortpflanzungstrieb *m*; **~dygtig** [-døgdi] fortpflanzungsfähig

forplej|e [fɔʀ'plɑi'ə] verpflegen; **~ning** [-'plɑi'nəŋ] ⟨*-en; -er*⟩ Verpflegung *f*

forpligt(ig)e [fɔʀ'pleg(di)ə] verpflichten; **~lse** [-lsə] ⟨*-n; -r*⟩ Verpflichtung *f*

forplumre [fɔʀ'plom'ʀə] trüben; *fig* verwirren

for|post ['fɔʀpɔsd] MIL Vorposten *m*; *fig* Vorkämpfer *m*; **~pote** [-po:də] Vorderpfote *f*, Vordertatze *f*; **~prøve** [-prø'və] Vorprüfung *f*

forpuffe [fɔʀ'pofə] verpuffen

forpurr|e [fɔʀ'puʀ'ə] vereiteln, verhindern, hintertreiben; **~ing** [-'puʀ'əŋ] ⟨*-en; -er*⟩ Vereit(e)lung *f*, Verhinderung *f*, Hintertreibung *f*

forpustet [fɔʀ'pu:'sdəð] außer Atem

for|på ['fɔʀpɔ:'] vorne; **~rang** ['ʀɑŋ']

Vorrang *m*

forregne [fɔ'ʀɑi'nə]: **~ sig** sich verrechnen, sich verkalkulieren (*a fig*)

forrent|e [fɔ'ʀɛn'də] ØKON verzinsen; **~ sig** sich verzinsen; *fig* sich rentieren; **~ning** [-'ʀɛn'dnəŋ] ⟨*-en; -er*⟩ Verzinsung *f*

forrest ['fɔʀəsd] *adj* vorder-, vorderst-; *adv* vorn, voran, zuerst, an erster Stelle, führend

forret¹ ['fɔʀed] Vorspeise *f*, Vorgericht *n*

forret² ['fɔʀed] Vorrecht *n*

forretning [fɔ'ʀɛdnəŋ] ⟨*-en; -er*⟩ Geschäft *n*, Laden *m*

forretnings|anliggende [fɔ'ʀɛdnəŋsanlegənə]: *i* **~r** *pl* geschäftlich; **~bestyrer** [-be'sdy:'ʀəʀ] Geschäftsführer *m*; **~brev** [-bʀeʊ'] *n* Geschäftsbrief *m*; **~drivende** [-dʀi:vənə] ⟨*en*⟩ Geschäftsmann *m*, Geschäftsfrau *f*; *de* **~** *pl* die Geschäftsleute *pl*; **~folk** [-fɔl'g] *pl* Geschäftsleute *pl*; **~fører** [-fø:ʀəʀ] Geschäftsführer(in) *m(f)*; **~kvarter** [-kvar'te:'ʀ] *n* Geschäftsviertel *n*; **~mand** [-man'] Geschäftsmann *m*; **~ministerium** [-mini'sdeːriom] Interimsregierung *f*; **~mæssig** [-mɛsi] geschäftlich; geschäftsmäßig; **~ophør** [-ɔbhø:'ʀ] Geschäftsaufgabe *f*; **~orden** [-ɔʀ'dən] Geschäftsordnung *f*; **~rejse** [-ʀɑisə] Geschäftsreise *f*; **~sans** [-san's] Geschäftssinn *m*; **~strøg** [-sdʀɔi'] Geschäftsstraße *f*

forrette [fɔ'ʀɛdə] verrichten, besorgen, halten; **~lse** [-lsə] ⟨*-n; -r*⟩ Verrichtung *f*

forrettighed ['fɔʀedihe:ð'] → **forret²**

forreven [fɔ'ʀe:'vən], **~t** ['ʀe:'vəð] zerfetzt, zerrissen, zerkratzt

forrige ['fɔʀiə] vorig, vergangen; früher; *i* **~ uge** vorige Woche

forringe [fɔ'ʀɛŋ'ə] verringern, mindern, verschlechtern, schmälern

for|rude ['fɔʀu:ðə] *Auto:* Windschutzscheibe *f*; **~rum** ['-ʀom'] Vorraum *m*

forrygende [fɔ'ʀy:'ənə] rasend, stürmisch, toll, gewaltig

forrykke [fɔ'ʀøgə] verrücken, verschieben

forrykt [fɔ'ʀøgd] verrückt

forræder [fɔ'ʀɛ:'ðəʀ] ⟨*-en; -e*⟩ Verräter(in) *m(f)*; **~i** [-ʀɛðə'ʀi:'] ⟨*-et; -er*⟩ Verrat *m* (*mod/*an *D*); **~isk** [-isg] verräterisch

forrå [fɔ'ʀɔ:'] verrohen

forråd [fɔ'ʀɔ:'ð] ⟨*-et; -*⟩ Vorrat *m* (*af/*an, von *D*)

forråde [fɔ'ʀɔ:'ðə] ⟨*-rådte* [-'ʀɔdə]⟩ verraten

forrådne [fɔ'ʀɔð'nə] verrotten, verfaulen, verwesen; **~lse** [-lsə] ⟨*-n*⟩ Verrottung *f*,

Fäulnis *f*, Verwesung *f*

forrådskammer ['fɔʀɒ:ˀɔ̈skɑm?ɒʀ] Vorratskammer *f*

forsag|e [fɔr'sa:ˀə] entsagen, absagen; *lit* verzagen; **~else** [-lsə] ⟨-n; -r⟩ Entsagung *f*; **~er** [-ʀ] ⟨-en; -e⟩ MIL Versager *m*, Blindgänger *m*; **~t** [-'sagd] verzagt, zaghaft

forsalg ['fɔʀsalˀ] *n* Vorverkauf *m*

forsamle [fɔr'sɑmˀlə] versammeln; **~ sig**, **~s** sich versammeln

forsamling [fɔr'sɑmˀleŋ] ⟨-en; -er⟩ Versammlung *f*

forse [fɔr'se:ˀ]: **~ sig** sich vergehen (*mod én* an *j-m; mod ngt.* gegen *etw*); **~ sig på en kjole** *fig* F sich in ein Kleid verlieben

forseelse [fɔr'se:ˀəlsə] ⟨-r⟩ Vergehen *n*, -stoß *m*, -fehlung *f*; JUR Delikt *n*

forsegle [fɔr'saiˀlə] (ver)siegeln

forsende [fɔr'sɛnˀə] versenden, verschicken

forsendelse [fɔr'sɛnˀəlsə] ⟨-n; -r⟩ Versand *m*, Versendung *f*; Sendung *f*

forside ['fɔrsi:ðə] Vorderseite *f*, Titelseite *f*; **~stof** [-sdɔf] Schlagzeilenstoff *m*

forsigtig [fɔr'segdi] vorsichtig, behutsam; **~!** Vorsicht!, Achtung!, zerbrechliche Ware!, Glas!; **~hed** [-he:ð?] Vorsicht *f*; **~per** [-peʀ] ⟨en⟩, **~peter** [-pe:?dɒr] ⟨-en; -e⟩ F Angsthase *m*

forsikr|e [fɔr'segʀə] a ØKON versichern (*mod*/gegen *A*); beteuern; **~ing** [-'segʀeŋ] ⟨-en; -er⟩ Versicherung *f*; Beteuerung *f*; **~ingstager** [-'segʀeŋsta:ɒr] ⟨-en; -e⟩ Versicherungsnehmer(in) *m(f)*

forsinke [fɔr'seŋˀgə] aufhalten (*én j-n*); verzögern; **~t** verspätet; *blive* **~t** sich verspäten; *være* **~t** BAHN Verspätung haben; **~lse** [-lsə] ⟨-n; -r⟩ Verspätung *f* (*a* BAHN), Verzögerung *f*; Verzug *m*

forsir|e [fɔr'si:ˀʀə] verzieren; **~ing** [-'si:ˀʀeŋ] ⟨-en; -er⟩ Verzierung *f*

forskaffe [fɔr'sgafə] verschaffen (*sig sich D*)

forskanse [fɔr'sgan?sə] *a fig* verschanzen (*sig* sich)

forske [fɔr'sgə] forschen

forskel ['fɔrsgel?] Unterschied *m*; *det er mig uden* **~** es ist mir gleich; *der er fem års* **~** *mellem dem* sie sind fünf Jahre auseinander

forskellig [fɔr'sgel?i] verschieden; unterschiedlich; ungleich; **~artet** [-aʀ?dəð] unterschiedlich, verschiedenartig

forskels|behandling ['fɔrsgelsbe'han?leŋ] unterschiedliche Behandlung *f*, Diskriminierung *f*; **~løs** [-lo:ˀs] unterschiedslos

forsker ['fɔrsgər] ⟨-en; -e⟩ Forscher(in) *m(f)*; **~trang** [-tʀaŋ?] Forscherdrang *m*

forskertse [fɔr'sgɛrdsə] verscherzen

forskning ['fɔrsgneŋ] ⟨-en⟩ Forschung *f*

for|skrift ['fɔrsgʀefd] ⟨-en; -er⟩ Vorschrift *f*; Vorlage *f*; **~skriftsmæssig** [-smɛsi] vorschriftsmäßig

forskrive [fɔr'sgʀi:ˀvə] Ware beziehen (*schriftlich anfordern*); **~ sig** (*od sin sjæl*) *til djævelen fig* sich (*od* seine Seele) dem Teufel verschreiben

forskruet [fɔr'sgʀu:ˀəð] *fig* verschroben, verdreht

forskrække [fɔr'sgʀɛgə] (er)schrecken (*én j-n*); **~t** erschrocken; *blive* **~t**, **~s** *v/i* erschrecken; **~lig** [-li] schrecklich, entsetzlich; **~lse** [-lsə] ⟨-n; -r⟩ Schreck(en) *m*

forskræmt [fɔr'sgʀɛmˀd] verschüchtert

forskubbe [fɔr'sgobˀə]: **~ sig** sich verschieben

forskud ['fɔrsguð] ⟨-det; -⟩ Vorschuss *m*; *tage sorgene på* **~** sich im Voraus Sorgen machen

forskyd|e [fɔr'sgy:ˀðə] verschieben; verstoßen, fortjagen; **~elig** [-li] verschiebbar

forskyldt [fɔr'sgylˀd] verschuldet; verdient

forskære [fɔr'sgɛ:ˀʀə] verschneiden; *forskåret Alkohol*: verschnitten; *hun blev forskåret* sie trug Schnittwunden davon

forskærer|kniv ['fɔrsgɛ:ʀərkni:ˀv] Tranchiermesser *n*, Vorlegemesser *n*; **~sæt** [-sɛd] Tranchierbesteck *n*

forskærm ['fɔrsgɛrˀm] vorderes Schutzblech *n*, vorderer Kotflügel *m*

forskønne [fɔr'sgœnˀə] verschönern

forskåne [fɔr'sgɔ:ˀnə] verschonen (*for*/mit *D*)

forskåret [fɔr'sgɔ:ˀʀəð] → *forskære*

forslag¹ ['fɔrsla:ˀ] ⟨-et; -⟩ Vorschlag *m*; Anregung *f*; PARL Antrag *m*; Vorlage *f*; *komme med et* **~** e-n Vorschlag machen

forslag² [fɔr'sla:ˀ] *su*: *der er ikke* **~** *i pengene* das Geld reicht nicht (aus)

forslagen [fɔr'sla:ˀən] verschlagen, F ausgebufft

forslagsstiller ['fɔrsla:ˀsdelɒr] ⟨-en; -e⟩ Antragsteller(in) *m(f)*

forslidt [fɔr'slid] *fig* abgenutzt, abgedroschen; *Person*: abgearbeitet

forsluge [fɔr'slu:ˀə]: **~ sig** sich verschlucken; sich überessen; **~n** [-n] gefräßig, F verfressen

forslæbe [fɔr'slɛ:ˀbə]: **~ sig** sich abschleppen; *forslæbt* abgerackert

forslå [fɔr'slɔ:ˀ] *v/i* (aus)reichen, langen, vorhalten; *det* **~r *ikke*** es genügt nicht; *v/t*

Zeit vertreiben; NAUT verschlagen; **~et** verletzt, übel zugerichtet; **..., så det for-slog ...,** dass er e-e Art hatte

forsmag ['fɔrsma:ʔ] Vorgeschmack *m*

forsmæde|lig [fɔr'sme:ʔðəli] schmählich, schmachvoll; **~lse** [-'sme:ʔðəlsə] ⟨*-n; -r*⟩ Schmach *f*

for|smægte [fɔr'smɛgdə] verschmachten; **~små** ['smɔ:ʔ] verschmähen, zurückweisen

forsnakke [fɔr'snagə]: **~ sig** sich verplappern

for|snævring [fɔr'snɛu:ʔrɛŋ] ⟨*-en; -er*⟩ Verengung *f*; **~soldet** [-'sɔlʔəð] verbummelt, verkatert

forsommer ['fɔrsɔmər] Frühsommer *m*

forson|e [fɔr'so:ʔnə] versöhnen (*sig* sich); **~ing** ⟨*-en*⟩ ⟨*-en; -er*⟩ Versöhnung *f*; **~lig** [-li] versöhnlich

forsoren [fɔr'so:ʔrən] frech, verwegen, kess

forsorg ['fɔrsɔrʔw] ⟨*-en*⟩ Fürsorge *f*; **so-cial ~** Wohlfahrt *f*; **forebyggende ~** Vorsorge *f*

forsorgsassistent ['fɔrsɔrwsasi-'sdenʔd] Fürsorger(in) *m(f)*

for|sovet [fɔr'sɔuʔəð] verschlafen, schlaftrunken; **~spand** ['-sban] Gespann *n*; **~spil** [-sbel] Vorspiel *n*

forspilde [fɔr'sbilʔə] verscherzen, verpassen; *et forspildt liv* ein verpfuschtes Leben

forspise [fɔr'sbi:ʔsə]: **~ sig** sich überessen, F sich überfressen

forspist [fɔr'sbi:ʔsd] übersatt

forspring ['fɔrsbrɛŋʔ] Vorsprung *m*

forstad ['fɔrsdað] ⟨*-en; -stæder* ⟩ Vorort *m*; **~skvarter** [-skvar'te:ʔr] Vorortviertel *n*

forstand [fɔr'sdanʔ] ⟨*-en*⟩ Verstand *m*, Sinn *m*; *gå fra ~en* den Verstand verlieren; *have ~ på ngt.* sich auf *etw* (*A*) verstehen; *in en vis ~* im gewissen Sinne

forstander [fɔr'sdanʔər] ⟨*-en; -e*⟩ Vorsteher *m*, Leiter *m*; **~inde** [-'enə] ⟨*-n; -r*⟩ Vorsteherin *f*, Leiterin *f*

forstandig [fɔr'sdanʔdi] verständig; klug

forstands|menneske [fɔr'sdanʔsmen-əsgə] Verstandesmensch *m*; **~mæssig** [-mesi] verstandesmäßig

for|stavelse ['fɔrsda:vəlsə] GRAM Vorsilbe *f*; **~stavn** [-sdaüʔn] NAUT Vor(der)steven *m*, Bug *m*

forstdistrikt ['fɔrsddi'sdregd] Forstrevier *n*

forstemme [fɔr'sdɛmʔə] *Klavier* verstimmen

forstemt [fɔr'sdɛmʔd] verstimmt (*a fig*)

forsten|else [fɔr'sde:ʔnəlsə] ⟨*-n; -r*⟩ Versteinerung *f*; **~et** [-nəd] versteinert; **~ing** [-nɛŋ] ⟨*-en; -er*⟩ → **forstenelse**

forstille [fɔr'sdelʔə] verstellen (*sig* sich); **~lse** [-lsə] ⟨*-n; -r*⟩ Verstellung *f*, Heuchelei *f*

forstilt [fɔr'sdelʔd] geheuchelt

forstokket [fɔr'sdɔgəð] verstockt

forstoppe [fɔr'sdɔbə] verstopfen; **~t** *Rohr, Nase*: verstopft; *mælk virker ~nde* Milch stopft; **~lse** [-lsə] ⟨*-n; -r*⟩ Verstopfung *f*

forstrand ['fɔrsdranʔ] Vorstrand *m*, (Deich)Vorland *n*

forstrække [fɔr'sdrɛgə] MED verrenken; **~ én med penge** *j-m* Geld vorschießen (*od* vorstrecken)

forstrækning [fɔr'sdrɛgnɛŋ] ⟨*-en; -er*⟩ Vorschuss *m*; MED Verrenkung *f*, Zerrung *f*

for|studie ['fɔrsdu:ʔdiə] Vorstudie *f*, Entwurf *m*; **~stue** ['-sdu:ə] (Haus)Flur *m*, Diele *f*; **~stumme** [fər'sdomʔə] verstummen

forstuv|e [fɔr'sdu:ʔ(v)ə] MED verstauchen; **~ning** ['-sdu:ʔ(v)nɛŋ] ⟨*-en; -er*⟩ MED Verstauchung *f*

forstyrre [fɔr'sdyrʔə] stören; verstört; wirr; gestört; **~lse** [-lsə] ⟨*-n; -r*⟩ Störung *f*

forstærke [fɔr'sdɛrgə] verstärken; **~r** [-r] ⟨*-en; -e*⟩ Verstärker *m*

forstærkning [fɔr'sdɛrgnɛŋ] ⟨*-en; -er*⟩ Verstärkung *f*; MIL Nachschub *m*

forstævn ['fɔrsdɛuʔn] → **forstavn**

forstøde [fɔr'sdø:ʔðə] verstoßen

forstørre [fɔr'sdœrʔə] vergrößern; **~lse** [-lsə] ⟨*-n; -r*⟩ Vergrößerung *f*; **~lsesglas** [-lsəsglas] Vergrößerungsglas *n*

forstøve [fɔr'sdø:ʔvə] zerstäuben

forstå [fɔr'sdɔ:ʔ] verstehen; begreifen; wissen; *lade én ~ j-m* zu verstehen geben; *hvad ~r man ved det udtryk?* was versteht man unter diesem Ausdruck?; *hvordan skal det ~s?* wie ist das zu verstehen?; *har du ~et?* verstanden?; **~ende** verständnisvoll

forståelig [fɔr'sdɔ:ʔəli] verständlich; begreiflich; *gøre sig ~ over for én* sich *j-m* verständlich machen

forståelse [fɔr'sdɔ:ʔəlsə] ⟨*-n; -r*⟩ Verständnis *n*; Verständigung *f*; Einvernehmen *n*, Einverständnis *n*; *komme til ~ med én om ngt.* sich mit *j-m* über *etw* (*A*) verständigen

forsulten [fɔr'sulʔdən] (halb) verhungert, ausgehungert

forsump|e [fɔr'somˀbə] versumpfen (*a fig*); **~t** F verkommen, versoffen

forsvar ['fɔrsvɑːˀr] ⟨*-et; -*⟩ Verteidigung *f*; Abwehr *f*; **tage i ~** in Schutz nehmen; **~e** [-'svɑːˀrər] verteidigen, wehren (**sig** sich); verfechten, *fig* vertreten; verantworten; **~er** ['-svɑːˀrɔr] ⟨*-en; -e*⟩ Verteidiger *m*; **~lig** [-'svɑːˀrli] vertretbar; solide; F gehörig; tüchtig

forsvars|krig ['fɔrsvɑːrskriːˀ] Verteidigungskrieg *m*; **~løs** [-lø:ˀs] wehrlos, schutzlos; **~minister(ium)** [-mi'nisdɔr, mini'sdeˀriɔm] Verteidigungsminister(ium) *m*(*n*); **~tale** [-taːlə] JUR Plädoyer *n*

forsvedt [fɔr'sveˀd] verschwitzt

forsvinde [fɔr'svenˀə] verschwinden; **~nde** verschwindend (gering); **forsvunden** verschwunden; JUR verschollen

forsvindingsnummer [fɔr'svenˀəŋsnomˀɔr]: *lave et ~* F verduften

forsviret [fɔr'sviːˀrəð] verkatert, verbummelt

forsværge [fɔr'sverˀə] verschwören

forsyn ['fɔrsyːˀn] ⟨*-et*⟩ Vorsehung *f*

forsynde [fɔr'sønˀə]: *~ sig mod ngt*. sich an *etw* (*D*) versündigen; gegen *etw* verstoßen; **~lse** [-lsə] ⟨*-n; -r*⟩ Versündigung *f*; Verstoß *m*

forsyn|e [fɔr'syːˀnə] versehen, versorgen; *forsyn Dem!* bitte, bedienen Sie sich!; **~et** [-ð] versorgt, eingedeckt; **~ing** [-'syːˀnen] ⟨*-en; -er*⟩ Versorgung *f*; Vorrat *m*; Sendung *f* (*Lieferung*); Nachschub *m*; **~lig** [-li] vorsorglich

forsæde ['fɔrsɛːˀðə] Vorsitz *m*; Vordersitz *m*

forsænk|e [fɔr'seŋˀgə] TECH versenken; **~ning** [-'seŋˀgnen] ⟨*-en; -er*⟩ Versenkung *f*; Vertiefung *f*

forsæt ['fɔrsɛd] ⟨*-tet; -ter*⟩ Vorsatz *m*; *med ~* → **forsætlig**; **~lig** [-'sɛdli] vorsätzlich, absichtlich, geflissentlich

forsætte [fɔr'sɛdə] versetzen; **~lse** [-lsə] ⟨*-n; -r*⟩ Versetzung *f*

forsøde [fɔr'søːˀðə] *fig* versüßen

forsøg [fɔr'søˀ] ⟨*-et; -*⟩ Versuch *m*; **~e** [-ə] versuchen

forsøgs|dyr [fɔr'søːˀsdyːˀr] Versuchstier *n*; **~kanin** [-ka'niːˀn] Versuchskaninchen *n* (*a fig*); **~vis** [-viːˀs] versuchsweise, probeweise

forsølve [fɔr'sølˀvə] versilbern

forsømm|e [fɔr'sœmˀə] ⟨*-te*⟩ versäumen; vernachlässigen; unterlassen; **forsømt** verwahrlost, vernachlässigt; **~lig** [-li] nachlässig; **~lse** [-lsə] ⟨*-n; -r*⟩ Versäumnis *n*; Vernachlässigung *f*; Verwahrlosung *f*

forsørge [fɔr'sœrˀwə] versorgen, unterhalten, ernähren; **~lse** [-lsə] ⟨*-n*⟩ Versorgung *f*; **~r** [-ˀr] ⟨*-en; -e*⟩ Versorger(in) *m*(*f*), Ernährer(in) *m*(*f*)

forsåle [fɔr'sɔːˀlə] besohlen

fortab|e [fɔr'taːˀbə] verlieren (**sig** sich); JUR verwirken; **~s** verloren gehen; **~lse** [-lsə] ⟨*-n*⟩ Verlust *m*; REL Verdammnis *f*

fortabt [fɔr'tabd] REL verloren; verzagt; *give ~* aufgeben

fortage [fɔr'taːˀ]: *~ sig* sich verlieren, vorübergehen, abklingen, schwinden

fortale¹ ['fɔrtaːlə] Vorrede *f*, Vorwort *n*

fortale² [fɔr'taːˀlə]: *~ sig* sich versprechen; sich verplappern

fortale|lse [fɔr'taːˀləlsə] ⟨*-n; -r*⟩ Versprecher *m*; **~r** [-'taːlɔr] ⟨*-en; -e*⟩ Fürsprecher(in) *m*(*f*)

fortand ['fɔrtanˀ] Vorderzahn *m*, Schneidezahn *m*

fortegn ['fɔrtaɪˀn] MATH, MUS Vorzeichen *n*; **~e** [-'taɪˀnə] verzeichnen; **~else** [-'taɪˀnəlsə] ⟨*-n; -r*⟩ Verzeichnis *n*; **~et** [-'taɪˀnəð] verzeichnet, verzerrt

fortegning¹ [fɔr'taɪˀnen] Verzeichnung *f*

fortegning² ['fɔrtaɪnen] Vorzeichnung *f*, Zeichenvorlage *f*

fortfarende ['fɔrdfɑːˀrənə] fortwährend

fortid ['fɔrtiːˀð] Vergangenheit *f* (*a* GRAM), Vorzeit *f*; **~ig** [-i] vorzeitlich; früher-

fortidslevning ['fɔrtiðsleuˀnen] Überrest *m* (*od* Relikt *n*) aus der Vorzeit (*od* Urzeit); *være en ~* F vorsintflutlich (*od* verknöchert) sein; **~er** *pl* Altertümer *pl*

fortie [fɔr'tiːˀə] verschweigen (*ngt. for én j-m etw*), verhehlen; **~lse** [-lsə] ⟨*-n; -r*⟩ Verschweigung *f*, Verheimlichung *f*

for|til ['fɔrtel] vorn; **~tilfælde** [-telfɛlə] Präzedenzfall *m*, früherer Fall *m*

fortinne [fɔr'tenˀə] verzinnen; **~de øjne** *fig* glasige (*od* verglaste) Augen *n*/*pl*

fortjene [fɔr'tjeːˀnə] verdienen; *fortjent* verdient; **~ste** [-sdə] ⟨*-n; -r*⟩ Verdienst *m* (*a fig*); Gewinn *m*

fortjenstfuld [fɔr'tjenˀsdfulˀ] verdienstvoll

fortløbende ['fɔrdløːˀbənə] fortlaufend

fortold|e [fɔr'tɔlˀə] verzollen; **~ning** [-'tɔlˀnen] ⟨*-en; -er*⟩ Verzollung *f*

fortolk|e [fɔr'tɔlˀgə] interpretieren, deuten; *fig* auslegen, darstellen, vortragen; **~er** [-ˀr] Erklärer(in) *m*(*f*), Interpret(in) *m*(*f*); **~ning** [-'tɔlˀgnen] ⟨*-en; -er*⟩ Erklärung *f*, Auslegung *f*, Deutung *f*, Interpretation *f*

fortone [fɔr'toːˀnə]: *~ sig* undeutlich werden, verschwimmen; *fig* verblassen

fortov ['fɔrtɒʊ] ⟨-et; -e⟩ Bürgersteig *m*

fortovs|café ['fɔrtɒʊska'fe:?] Straßencafé *n*; **~kant** [-kan?d] Bordkante *f*; **~kunstner** [-konsdnər] Pflastermaler *m*; **~parkering** [-pɑr'ke:?ren] Parken *n* auf dem Bürgersteig (erlaubt)

fortravlet [fɔr'trɑʊ?ləð] abgehetzt

fortrin ['fɔrtriːn] Vorzug *m*; **give én ~(n)et** *j-n* bevorzugen; **~lig** [-'triː?nli] vorzüglich

fortrins|ret ['fɔrtrinsred] Vorrecht *n*; **~stilling** [-sdelen] Vorrangstellung *f*; **~vis** [-viː?] vorzugsweise, hauptsächlich

fortrolig [fɔr'troːʔli] vertraut (**med**/mit *D*); vertraulich; **~hed** [-he:ð?] ⟨-en; -er⟩ Vertrautheit *f*; Vertraulichkeit *f*; Vertrauen *n*

fortrop ['fɔrtrɒb] MIL Vortrupp *m*, Vorhut *f* (*a fig*)

for|trudt [fɔr'trud] → *fortryde*; **~trukken** [-'trogən] ⟨-trukke(n)t; -trukne⟩ verzogen, verzerrt; **~tryde** [-'try:?ðə] ⟨*fortrød*; *fortrudt*⟩ bereuen

fortrydelig [fɔr'try:?ðəli] ärgerlich; verdrießlich; **tage én ngt ~t op** *j-m etw* übelnehmen

fortrydelse [fɔr'try:?ðəlsə] ⟨-n⟩ Reue *f*; Verdruss *m*

fortrydelses|paragraf [fɔr'try:?ðəlsespara'grɑf] ØKON Rücktrittsklausel *f*; **~ret** [-red] Rücktrittsrecht *n*

fortrykt [fɔr'trøgd] bedrückt

fortrylle [fɔr'tryl?ə] verzaubern; *fig* bezaubern; **~nde** bezaubernd, zauberhaft; **~t** verwunschen; **~lse** [-lsə] ⟨-n⟩ Verzauberung *f*; *fig* Zauber *m*, Bann *m*

fortræd [fɔr'treð] ⟨-en⟩ Schaden *m*; Leid *n*; **gøre én ~** *j-m etw* zuleide tun; **hun gør ikke en kat ~** F sie tut keiner Fliege *etw* zuleide

fortrædelig [fɔr'trɛːʔðəli] verdrießlich

fortrædige [fɔr'tre:?ðiə] ärgern, plagen

fortræffelig [fɔr'trɛfəli] vortrefflich, ausgezeichnet

fortrække [fɔr'tregə] *v/i* wegziehen, sich verziehen; *v/t* verziehen, verzerren

fortræksgardin ['fɔrtregsgɑr'di:?n] Store *m*

fortrænge [fɔr'treŋ?ə] verdrängen

fortrød [fɔr'trø:?ð] → *fortryde*

fortrøste [fɔr'trøsdə]: **~ sig** sich verlassen (**til** auf *A*)

fortrøst|ning [fɔr'trøsdneŋ] ⟨-en⟩ Vertrauen *n*, Zuversicht *f*; **~ningsfuld** [-sful?] vertrauensvoll, zuversichtlich

forts. *Abk. für* **fortsættes**, → *fortsætte*

fortsætte ['fɔrdsɛdə] *v/t* fortsetzen, fort-

führen; *v/i* fortfahren; **~s** *Zeitschrift*: Fortsetzung folgt; **~lse** [-lsə] ⟨-n; -r⟩ Fortsetzung *f*; **~lseskursus** [-lsəskursus] *etwa*: Volkshochschule *f*, Fortbildungskurs *m*; **~t** [-?d] ⟨-en; -e⟩ Kurs: Fortgeschrittene (der, die)

for|tudet [fɔr'tu:?ðəd] verheult; **~tumlet** [-'tom?ləð] verwirrt, benommen

fortvivle [fɔr'tviu?lə] verzweifeln; **~t** verzweifelt (**over**/über *A*); **~lse** [-lsə] ⟨-n⟩ Verzweiflung *f*

fortykke [fɔr'tygə] verdicken; **~s** sich verdicken; **~lse** [-lsə] ⟨-n; -r⟩ Verdickung *f*

fortynde [fɔr'tøn?ə] verdünnen; F *Wein* pan(t)schen

fortyske [fɔr'tysgə] verdeutschen, eindeutschen

fortælle [fɔr'tɛl?ə] erzählen; **det ~s** man erzählt; **~kunst** [-kɒn?sd] Erzählkunst *f*; **~r** [-r] ⟨-en; -e⟩ Erzähler(in) *m(f)*

fortælling [fɔr'tɛl?eŋ] ⟨-en; -er⟩ Erzählung *f*

fortænke [fɔr'teŋ?gə]: **ikke ~ én i ngt.** *j-m etw* nicht verdenken (*od*) verübeln

fortænkt [fɔr'teŋ?d] versonnen, nachdenklich

fortæppe ['fɔrtɛbə] THEA Vorhang *m*

fortær|e [fɔr'te:?rə] verzehren, auffressen; zerfressen; **~ing** [-eŋ] ⟨-en; -er⟩ Verzehr *m*; Verpflegung *f*

fortærsket [fɔr'tɛrsgəð] abgedroschen

fortætning [fɔr'tedneŋ] ⟨-en; -er⟩ Verdichtung *f*

fortætte [fɔr'tedə] verdichten; **~s** sich verdichten

fortøj|e [fɔr'tɒi?ə] NAUT vertäuen, festmachen; **~ning** [-'tɒi?neŋ] ⟨-en; -er⟩ Vertäuung *f*; Trosse *f*

fortørne [fɔr'tœr?nə] erzürnen; **~t** erzürnt, empört; **~lse** [-lsə] ⟨-n⟩ Zorn *m*, Empörung *f*

forud ['fɔru?ð] voraus, voran; im Voraus; **gå ~** vorausgehen; **~anelse** [-a:nəlsə] Vorahnung *f*; **~beregne** [-be'rɑi?nə] vorausberechnen

forudbestem|me ['fɔru:?ðbe'sdɛm?ə] vorausbestimmen, vorherbestimmen; **~t** [-'sdɛm?d] vorbestimmt

forudbestille ['fɔru:?ðbe'sdel?ə] vor(aus)bestellen

forudbetale ['fɔru:?ðbe'ta:?lə] voraus(be)zahlen; anzahlen

foruddatere ['fɔru:?ðda'te:?rə] vor(aus)datieren

forude ['fɔru:ðə] vorne, NAUT in Sicht

foruden [fɔr'u:ðən] *prp* außer (*D*); nebst (*D*); *adv* noch, außerdem

forud|fattet ['fɔruðfadəð] vorgefasst; **~fø-
lelse** [-føːləlsə] Vorgefühl *n*, Vorahnung
f; **~gående** [-gɔːʔɔnə] vorhergehend,
vorherig; **~indtaget** [-enta-ʔəð] voreingenommen; **~sat** [-sad] (voraus)gesetzt,
angenommen

forudse ['fɔruðseːʔ] voraussehen, vorher-
sehen; **~(e)lig** ['seːʔ(ə)li] voraussehbar,
vorhersehbar; **~enhed** [-'seːʔənheːðʔ]
⟨-en⟩ Voraussicht *f*, Weitblick *m*

forudsige ['fɔruðsiːʔə] voraussagen, vor-
hersagen; **~lig** [-'siːʔəli] voraussagbar;
~lse [-lsə] ⟨-n; -r⟩ Voraussage *f*, Prophezeiung *f*

forud|skikke ['fɔruðsgigə] vorausschi-
cken; **~sætning** [-sεdneŋ] ⟨-en; -er⟩ Voraussetzung *f*; Grundsatz *m*; **~sætte**
[-sεdə] voraussetzen

forulempe [fɔru'lεmʔbə] belästigen; **~lse**
[-lsə] ⟨-n; -r⟩ Belästigung *f*

forulykke [fɔru'løgə] verunglücken; tödlich verunglücken

forunde [fɔr'onʔə] vergönnen

forunderlig [fɔr'onʔərli] sonderbar,
(ver)wunderlich

forundre [fɔr'onʔdrə] verwundern; **~ sig**
sich wundern

forundring [fɔr'onʔdreŋ] ⟨-en⟩ Verwunderung *f*; Befremden *n*

foruren|e [fɔru'reːʔnə] verunreinigen,
verschmutzen; **~else** [-lsə] ⟨-n⟩ Verunrei-
nigung *f*, Umweltverschmutzung *f*; **~er**
[-R] ⟨-en; -e⟩ Verschmutzer *m*, F Umwelt-
sünder *m*; **~ing** [-'reːʔneŋ] ⟨-en; -er⟩ →
forurenelse; **~ingsfri** [-'reːʔneŋsfriːʔ]
schadstofffrei, umweltneutral

forurette [fɔru'rεdə] benachteiligen, *j-n* unrecht tun; **~lse** [-lsə] ⟨-n; -r⟩
Benachteiligung *f*; **~t** [-ð] gekränkt, benachteiligt

forurolige [fɔru'roːʔliə] beunruhigen;
~lse [-lsə] ⟨-n⟩ Beunruhigung *f*

forvalg ['fɔrval] POL Vorwahl *f*

forvalt|e [fɔr'valʔdə] verwalten; **~er** [-R]
⟨-en; -e⟩ Verwalter *m*; **~ning** [-'valʔdneŋ]
⟨-en; -er⟩ Verwaltung *f*

forvandle [fɔr'vanʔlə] verwandeln (**sig**
sich); (um)wandeln

forvanske [fɔr'vanʔsgə] entstellen, verdrehen; *fig* verstümmeln

forvare [fɔr'vɑːʔRə] verwahren, aufheben; **ikke være rigtig vel ~** F nicht recht
bei Trost sein

forvaring [fɔr'vɑːʔReŋ] ⟨-en⟩ Verwah-
rung *f*; Gewahrsam *m*

forvarsel ['fɔrvɑrʔsəl] Vorwarnung *f*,

Vorzeichen *n*, Vorbote *m*

forvask ['fɔrvasg] Vorwäsche *f*; **~e** [-ə]
vorwaschen

forvasket[1] ['fɔrvasgəð] vorgewaschen

forvasket[2] [fɔrvasgəð] verwaschen

forvejen ['fɔrvaiʔən]: **i ~** im Voraus, vorher; ohnehin, sowieso; **gå i ~** vorausgehen

forveksle [fɔr'vegslə] verwechseln; **~lig**
[-li] verwechselbar

forvent|e [fɔr'venʔdə] erwarten; **~elig**
[-li] voraussichtlich; **~ning** [-'venʔdneŋ]
⟨-en; -er⟩ Erwartung *f*; **~ningsfuld**
[-'venʔdneŋsful?] erwartungsvoll

forviklet [fɔr'vegləð] *fig* verwickelt

forvilde [fɔr'vilʔə]: **~ sig** sich verirren; **~t**
verirrt, verwirrt, verstört; verwildert

forvinde [fɔr'venʔə] verwinden, ver-
schmerzen

forvirr|e [fɔr'virʔə] verwirren, irrema-
chen; **~t** verwirrt, wirr; verworren; **~ing**
[-eŋ] ⟨-en; -er⟩ Verwirrung *f*

forvise [fɔr'viːʔsə] verbannen, verweisen

forvisning[1] [fɔr'viːʔsneŋ] ⟨-en; -er⟩ Verbannung *f*

forvisning[2] [fɔr'vesneŋ] ⟨-en⟩ Überzeugung *f*

forvisse [fɔr'vesə] vergewissern, überzeugen (**sig** sich; **om**/über *A*, von *D*)

forvitre [fɔr'vidrə] verwittern

forvokset [fɔr'vɔgsəð] verwachsen

for|volde [fɔr'vɔlʔə] verursachen; **~vor-
pen** [-'vɔːʔRbən] verworfen, *Gesichtsausdruck:* unverschämt

forvoven [fɔr'vɔːʔvən] verwegen

forvreden [fɔr'vreːʔðən] ⟨-vrede(n)t,
-vredne⟩ *adj Arm:* verrenkt; *fig* verdreht,
überspannt

forvrid|e [fɔr'vriːʔðə] verrenken; **~ning**
[-'vriːʔðneŋ] ⟨-en; -er⟩ Verrenkung *f*;
fig Verdrehung *f (des Rechts)*

forvræng|e [fɔr'vrεŋʔə] *Spiegel:* verzer-
ren; *Wortsinn* verdrehen; **~et** [-ð] verzerrt; **~ning** [-'vRεŋʔneŋ] ⟨-en; -er⟩ Ver-
zerrung *f*

forvrøvlet [fɔr'vrεuʔləð] konfus, wirr

forvæn|ne [fɔr'venʔə] ⟨-ede od -te⟩ ver-
wöhnen, verzärteln; **~t** [-d] verwöhnt

forværelse ['fɔrvεːrəlsə] ⟨-t; -r⟩ *n* Vorzimmer *n*

forværre [fɔr'vεrʔə] verschlechtern, verschlimmern; **~s** sich verschlimmern

forværring [fɔr'vεrʔeŋ] ⟨-en; -er⟩ Ver-
schlechterung *f*

forvåget [fɔr'vɔːʔwəð] übernächtig(t)

forward ['fɔrvɑrd] ⟨-en; -er od -s⟩ SPORT
Stürmer *m*

forynge [foˈʁˈøŋ²ə] verjüngen

forzinke [foˈʁˈseŋ²ɡə] verzinken

foræde [foˈʁˈɛːˀðə]: ~ *sig* F sich überfressen

forædlle [foˈʁˈɛðˀlə] veredeln; *Tiere* züchten; ~ing [-ˈɛðˀleŋ] ⟨-en; -er⟩ Vered(e)lung *f*; Zucht *f*

forædt [foˈʁˈɛðˀ] F verfressen; überfressen

forældelse [foˈʁˈɛlˀəlsə] ⟨-n⟩ Veralten *n*; JUR Verjährung *f*; ~sfrist JUR [-lsəsfʁesd] Verjährungsfrist *f*

forælder [foˈʁˈɛlˀɐ] ⟨-en; forældre⟩ Elternteil *m*; → **forældre**

forældels [foˈʁˈɛlˀəs] ⟨-ældedes; -ældet⟩ veralten; JUR verjähren; ~t [-ˈɛlˀəð] veraltet, überholt; JUR verjährt

forældre [foˈʁˈɛlˀdʁə] *pl* Eltern *pl*

forældreløs [foˈʁˈɛlˀdʁɐløːˀs] elternlos, verwaist; ~t *barn* Waise(nkind) *f(n)*

forældre|myndighed [foˈʁˈɛlˀdʁəmøndiheˀðˀ] JUR Sorgerecht *n*; ~møde [-møːðə] Elternversammlung *f*; ~ret [-ʁɛd] Elternrecht *n*, Sorgerecht *n*; ~råd [-ʁɔˀ²ð] *Schule*: Elternbeirat *m*

forære [fɛnˈvɪˀʔɐ] schenken; stiften; ~ *bort* (*od* *væk*) verschenken; *få ngt. ~nde* (*od* ~*t*) *etw* geschenkt bekommen

foræring [foˈʁˈɛˀʔʁeŋ] ⟨-en; -er⟩ Geschenk *n*

forøde [foˈʁˈøˀˀðə] ⟨-te⟩ verschwenden, vergeuden

forøge [foˈʁˈøˀˀə] vermehren, vergrößern, erhöhen, steigern; ~lse [-lsə] ⟨-n; -r⟩ Vermehrung *f*, Zuwachs *m*, Steigerung *f*, Erhöhung *f*

forønsket [foˈʁˈønˀsɡəð] erwünscht

forøve [foˈʁˈøːˀˀvə] verüben, begehen

forøvrigt [foˈʁˈøːˀüʁid] übrigens

forår [ˈfoʁɔˀ²ʁ] Frühling *m*, Frühjahr *n*; *om* ~*et* im Frühjahr

forårsage [foˈʁˈɔːˀsaˀˀə] verursachen

forårsaagtig [ˈfoʁɔˀʁsaɡdi] frühlingshaft; ~bebuder [-beˀbuˀðɐ] Frühlingsbote *m*; ~rulle [-ʁulə] GASTR Frühlingsrolle *f*; ~træthed [-tʁɛðheˀðˀ] Frühjahrsmüdigkeit *f*

fos [foˈs] ⟨-sen; -ser⟩ Wasserfall *m*

fosse [ˈfoˀsə]: ~ *ind* hereinströmen; ~ *ned* herunterströmen; *Regen*: gießen

foster [ˈfosdɐ] ⟨*fost*(*e*)*ret*; *fostre*⟩ Leibesfrucht *f*, Embryo *m*, Fötus *m*, Fetus *m*; *fig* Ausgeburt *f*; ~drab [-dʁaˀˀb] Tötung *f* der Leibesfrucht; ~fordrivelse [-foˀdʁiˀˀvəlsə] MED Abtreibung *f*; ~hinde [-henə] MED Fruchtblase *f*; ~vand [-vanˀ] MED Fruchtwasser *n*

fostre [ˈfosdʁə] *fig* zeugen, hervorbringen

foto [ˈfoto] ⟨-*et*; -*er od* -*s*⟩ Foto *n*; ~album [-ˈalbum] *n* Fotoalbum *n*; ~apparat [-abaˀʁaˀ; ²d] Fotoapparat *m*

fotograf [fotoˈɡʁaˀˀf] ⟨-en; -er⟩ Fotograf(in) *m(f)*; ~ere [-ɡʁaˀfeˀˀʁə] fotografieren; ~eringsforbud [-ɡʁaˀfeˀˀʁeŋsfoˀbuð] Fotografierverbot *n*

fotografi [fotoɡʁaˀfiˀ] ⟨-en⟩ *Kunst*: Fotografie *f*; ⟨-*et*; -er⟩ *Lichtbild*: Fotografie *f*

fotografiapparat [fotoɡʁaˀfiabaˀʁaˀ²d] Fotoapparat *m*; ~sk [-ˈɡʁaˀfisɡ] fotografisch

fotokopi [fotokoˀpiˀ] Fotokopie *f*; ~ere [-piˀeˀˀʁə] fotokopieren; ~ering [-piˀeˀˀʁeŋ] ⟨-en; -er⟩ Fotokopieren *n*; ~eringsmaskine [-piˀeˀˀʁeŋsmaˀsɡiˀnə] Fotokopiergerät *n*, Fotokopierer *m*

fotostat [ˈfotosdaˀˀd] ⟨-et; -er⟩ Poster *n*

fourage [fuˈʁaˀsjə] MIL Furage *f*, fig Proviant *m*; ~re [-ʁaˀsjeˀˀʁə] MIL furagieren; *fig* sich verproviantieren

fr. *Abk. für* **fru** *od* **frøken**

fra [fʁa, fʁaˀ] *prp* von (*D*); aus (*D*); BAHN ab; ~ *neden* (*oven*) von unten (oben); *seks* ~ *ti* zehn weniger sechs; ~ *nu af von jetzt an* (*od* ab); ~ *og med 5. august* vom 5. August an, ab 5. August; *tage ngt.* ~ *én* j-m *etw* wegnehmen; *adv* ab; *det gør hverken* ~ *eller til* das ist einerlei; *konj*: *jeg har kendt ham, fra jeg var barn* ich kenne ihn seit meiner Kindheit

frabede [ˈfʁaˀbeːˀðˀə]: ~ *sig ngt.*, *have sig ngt. frabedt* sich *etw* verbitten

fradrag [ˈfʁaˀdʁaˀw] ⟨-et; -⟩ *Lohn*: Abzug *m*; *med* ~ *af* abzüglich (*G*); ~e [-ə] abziehen; *Steuern* absetzen

fradragsberettiget [ˈfʁaˀdʁaˀwsbeˀʁɛdiəð] *Summe*: absetzbar; abzugsfähig

fradømme [ˈfʁaˀdœmˀˀə] aberkennen; *Führerschein* entziehen

frafald [ˈfʁaˀfalˀ] ⟨-et; -⟩ *Abfall m*, Abtrünnigkeit *f*; Durchfallquote *f*; ~e [-ə] aufgeben, verzichten auf (*A*); ~en [-ən] abtrünnig

fraflytning [ˈfʁaˀflødneŋ] *Wohnung*: Auszug *m*, Räumung *f*; ~te [-flødə] ausziehen (aus)

fragt [fʁaɡd] ⟨-en; -er⟩ Fracht *f*, Ladung *f*; Frachtgeld *n*; ~brev [-bʁeˀˀü] *n* Frachtbrief *m*; ~båd [-bɔˀ²ð] Frachter *m*; ~e [-ə] verfrachten, befördern; ~gods [-gos] Frachtgut *n*; ~mand [-manˀ] Fuhrunternehmer *m*; ~skib [-sɡiˀˀb] Frachter *m*; ~vogn [-vɔwˀn] Frachtwagen *m*, Lastwagen *m*

fragå [ˈfʁaɡɔˀ] *v/i* abgehen; *v/t* leugnen; widerrufen; *Erbschaft* ausschlagen

frakende ['fʀakɛnˀə] aberkennen, absprechen, entziehen; **~lse** [-lsə] ⟨-n; -r⟩ Aberkennung f

frakke ['fʀagə] ⟨-n; -r⟩ Mantel m; **~lomme** [-ləmə] Manteltasche f; **~skåner** [-sgɔːnəʀ] ⟨-en; -e⟩ Fahrrad: Rockschutz m

fra|kørsel ['fʀakœrˀsəl] Autobahn: Ausfahrt f; **~landsvind** [-lansvenˀ] Landwind m, ablandiger Wind m

fraliste ['fʀalesdə] ~ *én ngt. j-m etw* ablisten

fralokke ['fʀaləgə] ~ *én ngt. j-m etw* entlocken

fralægge ['fʀalegə] ~ *sig ngt. etw* ablehnen, *etw* leugnen

fralægningsbord ['fʀalegnensboːˀʀ] Beistelltisch m

framelde ['fʀamɛlˀə] abmelden

franarre ['fʀanarˀə] ~ *én ngt. j-m etw* ablisten, F *j-m etw* abluchsen

frank [fʀanˀg] frank, frei

frank|ere [fʀanˀkeːˀʀa] frankieren, freimachen; **~ering** [-'keːˀʀen] ⟨-en; -er⟩ Frankierung f, Freimachung f

Frankrig ['fʀangʀi] Frankreich n

fransk[1] [fʀanˀsg] ⟨et⟩ Französisch n; **på ~** auf Französisch

fransk[2] ['fʀanˀsg] französisch; **~ visit** Stippvisite f; **~e kartofler** pl Kartoffelchips pl; **hun er ~** sie ist Französin

fransk|brød ['fʀansbʀøːˀð] Weißbrot n, Weizenbrot n; **~mand** [-manˀ] Franzose m, Französin f

fraregne ['fʀaːˀʀnə] abrechnen; **~t** abgerechnet, abgesehen von

fra|rive ['fʀaʀiːˀvə] entreißen; **~røve** [-ʀøːˀvə] rauben (*én ngt. j-m etw*); **~råde** [-ʀɔːˀðə] abraten (*én ngt. j-m von etw*); **~sagn** [-sawˀn] Gerücht n

frase ['fʀaːsə] ⟨-n; -r⟩ Phrase f; **~fyldt** [-fylˀd] phrasenreich; **~mager** [-maːˀʀ] ⟨-en; -e⟩ Phrasendrescher m

fra|separeret ['fʀasepaˀʀeː'ʀəð] *Eheleute:* getrennt lebend; **~sæt** [-seːˀd] abgesehen von

frasige ['fʀasiːˀə] ~ *sig ngt. etw* (D) entsagen; **~lse** [-lsə] ⟨-n; -r⟩ Entsagung f

fraskilt ['fʀasgelˀd] *Eheleute:* geschieden

fraskrive ['fʀasgʀiːˀvə] ~ *sig ngt.* auf etw (A) verzichten

fra|sortere ['fʀasɔˀʀteːˀʀə] aussortieren; **~spalte** [-sbalˀðə] abspalten; **~spænde** [-sbɛnˀə] abspannen, ausspannen; **~stand** [-sdanˀ] ⟨en⟩ Entfernung f

frastjæle ['fʀasdjeːˀlə] ~ *én ngt. j-m etw* stehlen

frastøde ['fʀasdøːˀðə] abstoßen

fratage ['fʀataːˀ(ə)] (weg)nehmen, entziehen (*én ngt. j-m etw*); **~lse** [-taˀˀəlsə] ⟨-n; -r⟩ Wegnahme f, Entzug m

fratræde ['fʀatʀɛːˀ ðə] zurücktreten, aus dem Amt scheiden, ein Amt niederlegen; **~lse** [-lsə] ⟨-n; -r⟩ Rücktritt m, Versetzung in den Ruhestand

fra|trække ['fʀatʀegə] *Summe* abziehen; **~valg** [-valˀ(j)] Abwahl f; **~vige** [-viːˀjə] aufgeben; abweichen von (D); **~vriste** [-vʀesdə] entreißen, entwinden, abringen; **~vælge** [-velˀjə] abwählen; **~vænne** [-vɛnˀə] *Baby* entwöhnen

fravær ['fʀaːvεːˀʀ] ⟨-et; -⟩, **~else** [-əlsə] ⟨-n; -r⟩ Abwesenheit f

fraværende ['fʀaːvεːˀʀənə] abwesend

fraværsdag ['fʀaːvεːˀʀsdaːˀ] Fehltag m

fred [fʀeð] ⟨-en⟩ Friede(n) m; **lad mig være i ~!** lass mich in Frieden (*od* Ruhe)!; **i ~ og ro** in Ruhe und Frieden, ungestört

fredag ['fʀeːˀda] Freitag m; **~ aften** Freitagabend; **en ~ morgen** ein Freitagmorgen; **e-s** Freitagmorgens; **hver ~** jeden Freitag; **fra på ~ af** von Freitag an, ab Freitag; **på ~** (nächsten) Freitag, am Freitag; **i ~s** letzten (*od* vorigen) Freitag; **om ~en** freitags

frede ['fʀeːðə] hegen; **være ~t** unter Naturschutz (*od* Denkmalschutz) stehen; **~t bygning** Gebäude n, das unter Denkmalschutz steht; **~t område** Naturschutzgebiet n; **~lig** [-li] friedlich; **~liggøre** [-ligœːˀʀə] *Patienten* beruhigen, ruhigstellen

fred|et ['fʀeːðəd] → **frede**; **~fyldt** ['fʀeðfylˀd] friedlich; **~hellig** ['fʀeðheli] unverletzlich; **~lyse** ['fʀeðlyːˀsə] → **frede**

fredløs ['fʀeðløːˀs] vogelfrei, geächtet

fredning ['fʀeðnen] ⟨-en; -er⟩ Denkmalschutz m, Naturschutz m

fredningstid ['fʀeðnenstiːˀð] *Jagd:* Schonzeit f

freds|aftale ['fʀeðsaûtaːlə] Friedensvertrag m; **~bevarende** [-be'vaːˀʀənə]: ~ **tropper, styrker** pl Friedenstruppen pl; **~bevægelse** [-be've'ˀəlsə] Friedensbewegung f; **~due** [-duːə] Friedenstaube f; **~elskende** [-elsgənə] friedliebend

fredsens ['fʀesens]: **du ~!** F du meine Güte!

fredsforstyrrer ['fʀeðsfɔˀsdyrˀˀəʀ] ⟨-en; -e⟩ Friedensstörer m, Störenfried m

fredsommelig [fʀeðˀsɔmˀəli] friedlich

freds|traktat ['fʀeðstʀagˀtaːˀd] Friedensvertrag m; **~valg** [-valˀ(j)] *etwa:* Wahl f ohne Gegenkandidaten; **~ven** [-vɛn] Pazifist(in) *m(f)*; **~venlig** [-vɛnli] pazifistisch, friedliebend

freelance ['fri:lɑ:ns] freischaffend; **~journalist** [-sjʊrnaˈlisd] freie(r) Journalist *m*; **~r** [-ər] ⟨*-en*; *-e*⟩ Freischaffende (der, die)

fregne ['frɑïnə] ⟨*-n*; *-r*⟩ Sommersprosse *f*; **flad som en ~** → **flad**, **~t** [-ð] sommersprossig

frejdig ['frɑïdi] unbefangen, keck

frekvensmodulation → *FM*

frelse¹ ['frɛlsə] ⟨*-n*⟩ Heil *n*, Rettung *f*; BIBL Erlösung *f*

frelse² ['frɛlsə] ⟨*-te*⟩ retten; BIBL erlösen

Frelsens Hær ['frɛlsəns hɛːˀr] die Heilsarmee

frelser ['frɛlsər] ⟨*-en*; *-e*⟩ Retter(in) *m(f)*; BIBL Heiland *m*

frem [frɛmˀ] vorwärts, nach vorn; (her)vor; **~ og tilbage** hin und her (*od* BAHN zurück); **~ for** vor; **~ for alt** vor allem (*od* vor allen Dingen)

fremad ['frɛmˀað] vorwärts, voran; **~skridende** [-sgri:ðənə] fortschreitend; **~stræbende** [-sdrɛ:bənə] vorwärtsstrebend

fremavl ['frɛmɑʊˀl] Zucht *f*; Züchten *n*; **~e** [-ə] züchten, erzeugen (*a fig*)

frem|bringe ['frɛmbrɛŋˀə] erzeugen, hervorbringen; **~bringelse** [-bɛ:ˀəlsə] ⟨*-n*; *-r*⟩ Erzeugnis *n*; **~brud** [-bruðˀ] Anbruch *m*, Einbruch *m*; **~bryde** [-bry:ˀðə] anbrechen, hereinbrechen; **~byde** [-by:ˀðə] (dar)bieten; **~bære** [-bɛ:ˀrə] darbringen; **~datere** [-da'te:ˀrə] vor(aus)datieren

fremdeles [frɛmˈde:ˀləs] ferner(hin), weiter; **og så ~** und so fort

frem|drage ['frɛmdrɑ:ˀwə] heranziehen, anführen; **~drift** [-drɛfd] ⟨*-en*⟩ Vorwärtsstreben *n*; F Schwung *m*; **~efter** ['frɛmˀefdər] vorwärts; **~elske** [-ɛlˀsgə] züchten; *fig* erwecken; *fig* fördern; **~fusende** [-fu:ˀsənə] impulsiv, unbesonnen, unbeherrscht; **~færd** [-fɛːˀr] ⟨*-en*⟩ Vorgehen *n*, Verhalten *n*; **~føre** [-fø:ˀrə] vorführen; vorbringen

fremgang ['frɛmgɑŋˀ] Fortschritt *m*

fremgangs|måde ['frɛmgɑŋsmɔ:ðə] Vorgehensweise *f*, Verfahren *n*; **~rig** [-ri:ˀ] erfolgreich, glücklich

fremgå ['frɛmgɔ:ˀ] hervorgehen, sich ergeben (*af/*aus *D*)

fremherskende ['frɛmhɛrsgənə] vorherrschend; **være ~** vorherrschen

fremhæve ['frɛmhɛ:ˀvə] hervorheben, betonen

fremkalde ['frɛmkalˀə] THEA hervorrufen (*a fig*); FOT entwickeln; *fig* verursachen; *fig* erwecken; **~lse** [-lsə] ⟨*-n*; *-r*⟩ Hervorrufung *f*; FOT Entwicklung *f*; THEA Vorhang *m* (*Hervorruf*)

fremkomme ['frɛmkɔmˀə] erscheinen; *med ngt.* etw anführen, vorbringen; **~lig** [-ˈkʰɔmˀəli] passierbar, fahrbar; *Person*: F umgänglich

fremkomst ['frɛmkɔmˀsd] ⟨*-en*; *-er*⟩ Erscheinen *n*

fremleje¹ ['frɛmlɑïə] Untermiete *f*; Untervermietung *f*

fremleje² ['frɛmlɑïˀə] untervermieten, weitervermieten

fremlyse ['frɛmly:ˀsə] als gefunden bekannt machen, inserieren

fremlægge ['frɛmlɛgə] vorlegen; auslegen; **~lse** [-lsə] ⟨*-n*; *-r*⟩ Vorlegung *f*, Vorlage *f*

frem|løb ['frɛmlø:ˀb] Vorlauf *m*; **~lån** [-lɔ:ˀn] Weiterverleihung *f*; **~mane** [-ma:ˀnə] heraufbeschwören; **~march** [-mɑrsj] Vormarsch *m*

fremme¹ ['frɛmə] *su* Förderung *f*

fremme² ['frɛmə] fördern

fremme³ ['frɛmə] vorn; **være langt ~** weit fortgeschritten (*od* gekommen) sein; *solen er ~* die Sonne scheint; *ligge ~ Liste*: ausliegen

fremmed ['frɛmˀəð] fremd (*a fig*); auswärtig; **en ~** ein Fremder *m*; *i det ~e* in der Fremde; *have ~e pl* Besuch (*od* Gäste) haben; **~arbejder** [-ɑrbɑïˀdər] → *gæstearbejder*; **~artet** [-ɑrˀɑðð] fremdartig; **~bog** [-bɔ:ˀw] *Hotel*: Fremdenbuch *n*; **~fører** [-fø:rɑr] Fremdenführer *m*; **~gjort** [-gjo:ˀrð] entfremdet; **~gøre** [-gœ:ˀrə] entfremden; verfremden; **~legeme** [-lɛ:əmə] Fremdkörper *m*; **~ord** [-o:ˀr] Fremdwort *n*

fremmedsprog ['frɛmˀəðsbrɔ:ˀw] Fremdsprache *f*; **~et** [-əð] fremdsprachig; **~lig** [-sbrɔ:wli] fremdsprachlich; **~sundervisning** ['-ɔnərˈvi:ˀsneŋ] Fremdsprachenunterricht *m*

fremmelig ['frɛmˀəli] *Kind*: frühreif, aufgeweckt

fremmest ['frɛmˀəsd] *først og ~* vor allen Dingen, zunächst

fremmøde¹ ['frɛmˀmø:ðə] Erscheinen *n*, Beteiligung *f*

fremmøde² ['frɛmˀmø:ˀðə] sich einfinden, erscheinen

fremover ['frɛmˀɔuˀər] hinüber; künftig; **~bøjet** [-bɔïˀɑð] vornübergebeugt

frem|ragende ['frɛmrɑ:ˀwənə] *fig* hervorragend, ausgezeichnet; **~rakt** [-ʀɑgd] dargereicht; *Hand*: ausgestreckt; **~rykket** [-ʀøgəð] (her)vorgerückt; fortgeschritten; **~rykning** [-ʀøgnəŋ] ⟨-en; -er⟩ MIL Vorrücken n, Vormarsch m; **~sende** [-sɛnʔə] (über)senden; **~sige** [-siʔə] hersagen, aufsagen

fremskaffe ['fʀɛmsgɑfə] beschaffen, herbeischaffen; F organisieren; **~lse** [-lsə] ⟨-n; -r⟩ Beschaffung f

fremskreden ['fʀɛmsgʀeːʔðən] fortgeschritten; vorgerückt

fremskridt ['fʀɛmsgʀið] Fortschritt m, Errungenschaft f; **~smand** [-smanʔ] Reformer m; Mitglied n od. Wähler m der → **Fremskridtspartiet**; **♀spartiet** [-spɑ-'tiːʔəð] n dän Rechtspartei; **~svenlig** [-svɛnli] fortschrittlich

frem|skudt ['fʀɛmsgud] vorgeschoben; *fig* wichtig; **~skynde** [-sgønʔə] beschleunigen; **~spire** [-sbiːʔʀə] aufkeimen; **~spring** [-sbʀɛŋʔ] n (Fels-)Vorsprung m

fremstamme ['fʀɛmsdɑmʔə] (hervor)stammeln

fremstill|e ['fʀɛmsdelʔə] herstellen, erzeugen; darstellen, vorstellen; **~ing** [-sdelʔeŋ] ⟨-en; -er⟩ Herstellung f; Darstellung f

fremstillingspris ['fʀɛmsdelʔeŋspʀiːʔs] ØKON Herstellungspreis m

frem|strakt ['fʀɛmsdʀɑgd] *Hand*: ausgestreckt, vorgestreckt; **~stød** [-sdøð] MIL Vorstoß m (a *fig*)

fremstående ['fʀɛmsdɔːʔənə]: **~ tænder** *pl* vorstehende Zähne m/pl; **~ øjne** *pl* vorquellende Augen n/pl; **en ~ politiker** ein bedeutender Politiker

fremsyn ['fʀɛmsyːʔn] *fig* Weitsicht f, Weitblick m; **~et** [-əð] vorausschauend, weitblickend

fremsætte ['fʀɛmsɛdə] vorbringen, vorlegen; darlegen, äußern

fremtid ['fʀɛmtiːʔð] Zukunft f; *for ~en* in Zukunft, künftig; **~ig** [-i] (zu)künftig

fremtidsmusik ['fʀɛmtiðsmuˈsiɡ] F Zukunftsmusik f

frem|toning ['fʀɛmtoːʔnɛŋ] ⟨-en; -er⟩ Erscheinung f; **~trylle** [-tʀylʔə] hervorzaubern

fremtræde ['fʀɛmtʀɛːʔðə] erscheinen; **~n** [-n] ⟨en⟩ Auftreten n; **~nde** [-nə] auffällig; hervorragend

fremture ['fʀɛmtuːʔʀɑ]: **~ i sin trods** in *s-m* Trotz beharren

fremtvinge ['fʀɛmtvɛŋʔə] erzwingen

fremvis|e ['fʀɛmviːʔsə] vorzeigen; vorführen; aufweisen; **~er** [-ʀ] ⟨-en; -e⟩ Vor-

führer m; (Film-, Dia)Projektor m; **~ning** [-viːʔsnɛŋ] ⟨-en; -er⟩ Vorführung f, Vorzeigen n

fremvækst ['fʀɛmvɛgsd] Fortschritt m, Entwicklung f

fri¹ [fʀiːʔ] frei (*for*/von D); **~ fra skole** schulfrei; *må jeg være ~!* verschone mich!; *det står dig ~t for* es steht dir frei, es bleibt dir unbenommen; *holde ~* F blaumachen, nicht arbeiten; *i det ~* im Freien; *være på ~ fod* auf freiem Fuß sein

fri² [fʀiːʔ]: **~ til en pige** e-m Mädchen e-n Heiratsantrag machen

fri³ [fʀiːʔ] befreien; *Gud ~ mig!* Gott behüte!

fri|aften ['fʀiɑfdən] freie(r) Abend m; **~areal** [-ɑʀeˈaːʔl] Freifläche f; **~bader** [-baːðəʀ] ⟨-en; -e⟩ Nacktbadende (der, die); **~badestrand** [-baːðəsdʀɑn] Nacktbadestrand m; **~badning** [-baːðneŋ] Nacktbaden n; **~bagage** [-baˈgaːsjə] Freigepäck n; **~billet** [-biˈled] Freikarte f; **~bolig** [-boːli] freie Wohnung f, freie(s) Wohnen n

fribytter ['fʀibydəʀ] ⟨-en; -e⟩ Freibeuter m; **~i** ['-bydəˈʀiːʔ] ⟨-et; -er⟩ Freibeuterei f

fri|båren ['fʀibɔːʔʀɑn] *lit* frei geboren; *fig* stolz; **~dag** [-daːʔ] freie(r) Tag m, dienstfreie(r) Tag m

frier ['fʀiːʔəʀ] ⟨-en; -e⟩ Freier m

frierfødder ['fʀiːʔəʀføðʔəʀ]: *på ~* F auf Freiersfüßen

frieri [fʀiɑˈʀiːʔ] ⟨-et; -er⟩ Werben n, (Heirats)Antrag m; *gå på ~* HIST auf die Freite gehen

frifinde ['fʀifenʔə] JUR freisprechen; **~lse** [-lsə] ⟨-n; -r⟩ JUR Freispruch m

frigear ['fʀigiːʔʀ] *Auto*: Leerlauf m

frigive ['fʀigiːʔvə] freigeben, freilassen

frigjort ['fʀigjoːʔʀd] vorurteilslos, frei, unbefangen; emanzipiert

frigøre ['fʀigœːʔʀə] frei machen, befreien; **~lse** [-lsə] ⟨-n; -r⟩ Freimachung f, Befreiung f, Emanzipation f

fri|handelsområde ['fʀihanʔəlsɔmʀɔːðə] Freihandelszone f; **~havn** [-hɑuʔn] Freihafen m

frihed ['fʀiheːʔð] ⟨-en; -er⟩ Freiheit f

friheds|berøvelse ['fʀiheðsbəˈʀøːʔvəlsə] Freiheitsberaubung f; **~elskende** [-elsgənə] freiheitsliebend; **~kæmper** [-kɛmbəʀ] Freiheitskämpfer m; **~straf** [-sdʀɑf] Freiheitsstrafe f

fri|hjul ['fʀijuːʔl] *Fahrrad*: Freilauf m; **~holde** [-hɔlʔə] freihalten

frikadelle [fʀikaˈdɛlə] ⟨-n; -r⟩ Frikadelle f, Bulette f; *Frisur*: F Schnecke f; Schmierenkomödiant m; *lave en ~* F eine Dummheit machen

frikende [ˈfʀikɛnˀə] JUR freisprechen; *~lse* [-lsə] ⟨-n; -r⟩ Freispruch m

friktion [fʀigˈsjoːˀn] ⟨-en; -er⟩ TECH, fig Reibung f, Friktion f

fri|kvarter [ˈfʀikvɑˀteˀʀ] ⟨-et; -er⟩ *Schule*: Pause f; *~købe* [-køˀbə] freikaufen, loskaufen

friland [ˈfʀilanˀ] Freiland n

frilandsmuseum [ˈfʀilansmuˀsɛːom] Freilichtmuseum n

frilufts|bad [ˈfʀilofdsbaðˀ] Freibad n; *~liv* [-liːˀv] Leben n im Freien; *~menneske* [-mɛnəsgə] e-e Freiluftnatur, Naturmensch m; *~møde* [-møːðə] Versammlung f im Freien; *~teater* [-teˀaːˀdəʀ] Freilichttheater n

fri|lægge [ˈfʀilɛgə] freilegen; *~løb* [-løˀb] n Freilauf m; *~modig* [-ˈmoːˀði] freimütig, unbefangen; *~murer* [-muˀʀɑ̈ʀ] Freimaurer m

frimærke [ˈfʀimɛʀgə] Briefmarke f; *~handler* [-hanlɑʀ] ⟨-en; -e⟩ Briefmarkenhändler m; *~samling* [-samleŋ] Briefmarkensammlung f

frinummer [ˈfʀinɔmɑ̈ʀ] *trække ~* nicht zum Wehrdienst eingezogen werden

fri|pas [ˈfʀipas] Freifahrschein m; fig Freibrief m; *~postig* [-ˀposdi] unverfroren

frisag [ˈfʀisaːˀ]: *klare ~* JUR freigesprochen werden

frise [ˈfʀiːsə] ⟨-n; -r⟩ ARCH Fries m

friser [ˈfʀiːˀsəʀ] ⟨-en; -e od -⟩ Friese m, Friesin f

frisere [fʀiˈseˀʀə] frisieren (*sig* sich)

frisind [ˈfʀisenˀ] Freisinn m, Liberalität f; *~et* [-əð] freisinnig, vorurteilsfrei, liberal

frisisk [ˈfʀiːˀsisg] friesisch

frisk [fʀesg] frisch; gesund; fig F wach, aufgeweckt; *~ fra fad* frisch vom Fass; *på ~* F aufs Neue, wieder; *gå på med ~ mod etw* mit frischem Mut anpacken; *~bagt* [-ˀbagd] frischgebacken

friske [ˈfʀesgə]: *~ op* auffrischen (*a Wind*); *et koldt bad ~r* ein kaltes Bad erfrischt

friskfanget [ˈfʀesgfaŋˀəð] *Fisch*: frisch gefangen, fangfrisch

friskfyr [ˈfʀesgfyˀʀ] Draufgänger m, Bruder Leichtfuß m; *~agtig* [-fyˀʀɑgdi] draufgängerisch, keck, burschikos; F kumpelhaft

friskhed [ˈfʀesgheˀð] ⟨-en⟩ Frische f

frisk|lavet [ˈfʀesglaˀvəð] frisch gemacht (*od* zubereitet); *~malet* [-maˀləð] Kaf-

fee: frisch gemahlen

friskole [ˈfʀisgoːlə] Privatschule f (*mit besonderer geistiger Haltung*)

friskpresset [ˈfʀesg pʀɛsəð] frisch ausgepresst, frisch gepresst

frispark [ˈfʀisbɑʀg] *Fußball*: Freistoß m

frisprog [ˈfʀisbʀɔːˀw]: *have ~* fig kein Blatt vor den Mund nehmen

frist [fʀesd] ⟨-en; -er⟩ Frist f

Fristaden [ˈfʀisdaˀðən] Christiania; *„Minifreistaat" mitten in Kopenhagen mit Alternativszene*

friste [ˈfʀesdə] versuchen, locken, reizen; *Leben* fristen; *~nde* verlockend

fristelse [ˈfʀesdəlsə] ⟨-n; -r⟩ Versuchung f

fri|stil [ˈfʀisdiːˀl] *Schule*: Aufsatz m; *~stille* [-sdelˀə] freistellen

frisure [fʀiˈsyˀʀə] ⟨-n; -r⟩ Frisur f, Haarschnitt m; *~ør* [-ˈsøːˀʀ] ⟨-en; -er⟩ Friseur(in) m(f)

fritage [ˈfʀitaˀə] befreien, entbinden (*for*/von D); *må jeg være ~t for …!* verschone mich mit …!; *~lse* [-lsə] ⟨-n; -r⟩ Befreiung f, Erlass m

fritere [fʀiˈteˀʀə] GASTR frittieren

fritid [ˈfʀitiˀð] Freizeit f

fritids|hjem [ˈfʀitiðsjɛmˀ] Jugendfreizeitheim n; Hort m; *~hus* [-huˀs] Ferienhaus n; *~klub* [-klub] Jugend(freizeit)klub m; *~syssel* [-sysəl] Freizeitbeschäftigung f; *~tøj* [-tɔˀi] Freizeitkleidung f

fritime [ˈfʀitiˀmə] Freistunde f

frit|liggende [ˈfʀidlegənə] *Haus*: freistehend; *~stille* [-sdelˀə] entlassen, freistellen

fritstående [ˈfʀidsdɔːˀənə] *Gebäude*: freistehend; *~ øvelser Turnen*: Freiübungen f/pl

fritte¹ [ˈfʀidə] ⟨-n; -r⟩ ZO Frettchen n

fritte² [ˈfʀidə]: *~ én ud* j-n ausfragen, aushorchen

frittelysten [ˈfʀidəløsdən] neugierig

fritter [ˈfʀidɑ̈ʀ] pl Pommes od

friture|gryde [fʀiˈtyːʀɑgʀyˀðə] Frittiertopf m, Fritteuse f; *~koge* [-kɔːwə], *~stege* [-sdaiˀə] frittieren

fri|tænker [ˈfʀitɛŋgəʀ] Freidenker m; *~villig* [-vilˀi] freiwillig

frk. (= *frøken* [ˈfʀœːˀgən] Fräulein f) Frl.

fro [fʀoˀ] *poet* froh, fröhlich

frodig [ˈfʀoːði] *Vegetation*: üppig

frokost [ˈfʀokɔsd] ⟨-en; -er⟩ zweites Frühstück n, Gabelfrühstück n, Lunch m; *~avis* [-aˀviˀs] etwa: Boulevardzeitung f; *~møde* [-møːðə] Arbeitsessen n; *~pakke* [-pagə] Stullenpaket n, Lunchpaket n; *~pause* [-paɒ̈sə] Frühstückspause f, Essenpause f, Mittagspause f; **~stue** [-sdu:ə] Kantine f, Frühstücksraum m

fromage [fro'ma:sjə] ⟨-n; -r⟩ Schaumspeise f, Schaumdessert n

fromesse [fro:'mesə] REL Frühmesse f, Morgengottesdienst m

from|hed ['frɔmhe:ð?] ⟨-en⟩ Frömmigkeit f, **~laden** [-la:'ðən] frömmlerisch

fromme ['frɔmə]: **på lykke og ~** auf gut Glück

front [frɔn?d] ⟨-en; -er⟩ Front f (a MIL); Vorderseite f; **ved ~en** an der Front

frontalsammenstød [frɔn'ta:?lsaməns-døð] Frontalzusammenstoß m

frontrude ['frɔndru:ðə] Frontscheibe f

frossen ['frɔsən] ⟨frossent, frosne⟩ gefroren, Gefrier-; **~pind** [-pen?] F Frostbeule f (verfrorener Mensch)

frost [frɔsð] ⟨-en⟩ Frost m; **to graders ~** zwei Grad Kälte; **~boks** ['-bɔgs] Kühlschrank: Gefrierfach n, Tiefkühlfach n; **~fri** ['-fri:?] frostfrei; **~knude** ['-knu:ðə] MED Frostbeule f; **~væske** [-vesgə] Frostschutzmittel n

frottéhåndklæde [fro'tehɔnkle:ðə] Frotteetuch n, Frottiertuch n

frottere [fro'te:?rə] frottieren

fru [fru] (Abk. fr.): **~ Andersen** Frau Andersen (Abk. Fr.)

frue ['fru:ə] ⟨-n; -r⟩ Frau f; **er ~n hjemme?** ist Frau NN zu Hause?; **Deres ~** Frau (Gemahlin); **hvad ønsker ~n?** ÖKON was wünscht die Dame?; **Vor Frue Kirke** die Frauenkirche

fruentimmer ['fru:əntem?ər] ⟨-et; -e od -⟩ Frauenzimmer n, Weibsperson f

fruestørrelse ['fru:əsdœrəlsə] Damenbekleidung: Übergröße f

frugt [frɔgd] ⟨-en; -er⟩ Frucht f (a fig); Obst n; **tørret ~** Dörrobst n; **bære ~** Früchte tragen (a fig); **~avl** ['-aü?l] Obstbau m

frugtbar ['frɔgdba:?r] fruchtbar (a fig); **~gøre** [-gœ:?rɑ] fruchtbar machen

frugt|bringende ['frɔgdbrəŋ?ənə] fruchtbringend; fig ertragreich, ergiebig; **~busk** [-busg] Obststrauch m; **~e** [-ə] fruchten, nützen

frugtesløs ['frɔgdəslø:?s] fruchtlos, vergeblich

frugt|farve ['frɔgdfɑrvə] Speisefarbe f; **~handler** [-hanlər] ⟨-en; -e⟩ Obsthändler m; **~have** [-ha:və] Obstgarten m; **~kniv** [-kni:?v] Obstmesser n; **~saft** [-safd] Fruchtsaft m; **~salat** [-sa'la:?d] Obstsalat m

frugtsommelig [frɔgd'sɔm?əli] schwanger

frugt|træ ['frɔgdtre:?] Obstbaum m; **~tærte** [-'terdə] Obsttorte f; **~vin** [-vi:?n] Obstwein m

fryd [fry:?ð] ⟨-en⟩ Wonne f, Freude f; **leve i ~ og gammen** herrlich und in Freuden leben

fryde ['fry:ðə] erfreuen, ergötzen; **~ sig, ~s** sich freuen, sich ergötzen, sich weiden (**over, ved** an D); **~fuld** [-ful?] erfreulich; freudig; wonnig

frygt [frœgd] ⟨-en⟩ Furcht f; Befürchtung f; Sorge f; **af ~ for ...** aus Furcht vor ...; **~agtig** [-'agdi] ängstlich, furchtsam; **~e** ['-ə] fürchten; sich fürchten; befürchten; **~elig** ['-əli] furchtbar, fürchterlich (a F); **~indgydende** [-'engy:?ðənə] furchterregend; **~løs** ['-lø:?s] furchtlos

frygtsom ['frœgdsɔm?] furchtsam

frynse [' frɔnsə] ⟨-n; -r⟩ Franse f

frynse² ['frɔnsə] (aus)fransen; **~t** (aus)gefranst, fransig, ausgefasert

frynsegode ['frɔnsəgo:ðə] Vergünstigung f

fryse ['fry:sə] ⟨frøs; frosset⟩ frieren; gefrieren; **jeg ~r (om hænderne)** ich friere (an den Händen); **~ fast** anfrieren, festfrieren; **~ ihjel** erfrieren; **~ inde, ~ ned** einfrieren; **~ til** zufrieren; **~ én ud** j-n kaltstellen, F hinausekeln

fryse|boks ['fry:səbogs] Gefriertruhe f; **~punkt** [-pɔŋd] n Gefrierpunkt m; **~r** [-r] ⟨-en; -e⟩ Gefriertruhe f; **~skab** [-sga:?b] Gefrierschrank m; **~tørret** [-tœrəð] gefriergetrocknet

fræk [freg] frech, unverschämt; **din ~ke fyr!** frecher Lümmel!, scherzh du Frechdachs!; **~hed** [-'he:ð?] ⟨-en⟩ Frechheit f; **~kert** ['-ərd] ⟨-en; -er⟩ F Frechdachs m; Zote f

fræse¹ ['fre:sə] ⟨-n; -r⟩ TECH Fräse f

fræse² ['fre:sə] (aus)fräsen

frø¹ [frø:?] ⟨-en; -er⟩ ZO Frosch m

frø² [frø:?] ⟨-et; -⟩ Same(n) m; **gå i ~** in Samen schießen; fig e-e alte Jungfer werden; geistig stehen bleiben

frø|avl ['frøaü?l] Samenzucht f, Samenbau m; **~kapsel** [-kabsəl] Samenkapsel f

frøken ['frø:?gən] ⟨frøk(en)en; frøk(e)ner⟩ (Abk. frk., fr.) Fräulein n (Abk. Frl.); **~en** a die Lehrerin

frø|korn ['frøko:?rn] Samenkorn n; **~lår** [-lɔ:?r] Froschschenkel m; **~mand** [-man?] Froschmann m; Sporttaucher m

frønnet ['frœnəð] morsch

frøperspektiv ['frøpɛrsbegti:?v] Froschperspektive f

frøs [frɒ:ˀs] → **fryse**

frøæg [-ɛˀg] Froschlaich m

fråde¹ [frɒ:ðə] ⟨-n⟩ Schaum m, Geifer m

fråde² [frɒ:ðə] schäumen, geifern

fråds [frɒːˀs] ⟨-et⟩ → **frådseri;** ~**e** ['frɒːsə] prassen, schlemmen, schwelgen; verschwenden; ~**er** ['frɒːsɒr] ⟨-e⟩ Prasser m, Schlemmer m; Schwelger m; Verschwender m; ~**eri** [frɒːsəˀriːˀ] ⟨-et; -er⟩ Prasserei f, Schlemmerei f, Schwelgerei f; Verschwendung f

fuelolie ['fjuːloljə] Heizöl n

fuga ['fuːga] ⟨-en; -er⟩ MUS Fuge f

fuge¹ ['fuːə] ⟨-n; -r⟩ ARCH Fuge f

fuge² ['fuːə] ausfugen

fugl [fuːˀl] ⟨-en; -e⟩ Vogel m; *hverken ~ eller fisk fig* weder Fisch noch Fleisch

fugle|bur ['fuːləbuːˀr] Vogelkäfig m, Vogelbauer n; ~**flugtslinje** [-flɔgdsliːnjə] Vogelfluglinie f; ~**frø** [-frøːˀ] pl Vogelfutter n

fugle|kasse ['fuːləkasə] Nistkasten m; ~**konge** [-kɒŋə] zo Goldhähnchen n; *Person:* Schützenkönig m; ~**perspektiv** [-pɛrsbɛgˀtiːˀʋ] Vogelperspektive f; ~**rede** [-ʀeːðə] Vogelnest n; ~**skræmsel** [-sgʀɛmˀsəl] Vogelscheuche f (a fig); ~**skydning** [-sgyˀðnen] Vogelschießen n; ~**træk** [-tʀɛg] Vogelzug m; ~**unge** [-ɔŋə] Jungvogel m; ~**vildt** [-vilˀd] Federwild n

fugt [fogd] ⟨-en⟩ Feuchtigkeit f; ~**e** [-ə] befeuchten, anfeuchten; nässen

fugtig [fogdi] feucht; *gøre ~ → fugte*; ~**hed** [-heːðˀ] Feuchtigkeit f

fugt|plet ['fogdpled] feuchter Fleck; Stockfleck m; ~**serviet** ['-sɛʀviˀed] Erfrischungstuch n

fuks [fogs] ⟨-en; -er⟩ *Pferd:* Fuchs m; ⟨-en; -e⟩ *Schule:* Klassenletzte (der, die); ~**rød** ['-ʀøːˀð] fuchsrot; ~**svans** ['-svanˀs] ⟨-en; -e od -er⟩ *Säge:* Fuchsschwanz m

ful [fuːˀl] *scherzh* garstig

fuld [fulˀ] voll (*af*/von D); F voll, betrunken, blau, besoffen; *drikke sig ~* sich betrinken, F sich besaufen; *drikke én ~ j-n* betrunken machen; *til ~e, ~t ud* vollständig, völlig; *~t og fast* steif und fest; *have ~t op at gøre* vollauf zu tun haben

fuldautomatisk ['fulaˀuto'maːˀtisg] vollautomatisch

fuldblods ['fulbloːˀðs] vollblütig; *fig* geboren, echt; ~**hest** [-hɛsd] Vollblutpferd n, Vollblüter m

fuldbringe ['fulbʀɛŋˀə] vollbringen

fuldbyrde ['fulbyʀˀdə] vollstrecken, vollziehen; ~**lse** [-lsə] ⟨-n; -r⟩ Vollstreckung f, Vollziehung f

fuldbåren ['fulboːˀʀən] *Kind:* ausgetragen

fuldende ['fulɛnˀə] vollenden; ~**lse** [-lsə] ⟨-n⟩ Vollendung f

fuldendt ['fulɛnˀd] vollendet

fulderik ['fulˀɒʀeg] ⟨-ken; -ker⟩ Trunkenbold m

fuldfed ['fulfeːˀð] *Käse:* vollfett

fuldføre ['fulføːˀʀə] vollführen

fuldkommen ['fulkɒmˀən] vollkommen; ~**gøre** [-'kɒmˀəngœːˀʀə] vervollkommnen; ~**gørelse** [-'kɒmˀəngœːˀʀəlsə] ⟨-n⟩ Vervollkommnung f; ~**hed** [-heːðˀ] ⟨-en⟩ Vollkommenheit f

fuldkorn ['fulkoːˀʀn] Vollkorn n

fuldkorns|brød ['fulkoʀnsbʀøðˀ] n Vollkornbrot n; ~**mel** [-smeːˀl] Vollkornmehl n

fuldmagt ['fulmagd] ⟨-en; -er⟩ Vollmacht f; *give én ~ j-n* bevollmächtigen, *j-m* (die) Vollmacht geben

fuldmægtig ['fulmɛgdi] ⟨-en; -e⟩ Abteilungsleiter m, Prokurist m, Bevollmächtigte (der, die)

fuldmåne ['fulmɒ:nə] Vollmond m

fuld|skab ['fulsgaːˀb] ⟨-en⟩ Betrunkenheit f, Rausch m; ~**skæg** [-sgɛːˀg] Vollbart m

fuldstændig ['fulsdɛnˀdi] vollständig, völlig, gänzlich; lückenlos, restlos; ~**gøre** ['-sdɛnˀdigœːˀʀə] vervollständigen

fuldtallig ['fultalˀi] vollzählig

fuldtids [fultiðˀs] *(in)* Vollzeit; ~**ansat** [-ansad], ~**beskæftiget** [-beˀsgɛfdiːˀʀəð] vollzeitbeschäftigt

fuldtræffer ['fultʀɛfɒr] MIL Volltreffer m

fuldvoksen ['fulvɔgsən] *(voll)* ausgewachsen; erwachsen

fulgt [ful'd], ~**e** ['fuldə] → **følge**³

fumle ['fomlə] F fummeln

fummelfingret ['fomˀəlfeŋˀʀəð]: *være ~* ungeschickt sein, zwei linke Hände haben

fund [fonˀ] ⟨-et; -⟩ Fund m

fund|ats [fon'daːˀds] ⟨-en; -er⟩ Stiftungsurkunde f; ~**ere** [-'deːˀʀə] fundieren, untermauern; ARCH fundamentieren; grübeln

fundet ['fonəð] → **finde**

fungere [foŋˀgeːˀʀə] fungieren, tätig sein, amtieren; funktionieren, arbeiten

funkle ['foŋlə] funkeln

funktion [foŋˀsjoːˀn] ⟨-en; -er⟩ Funktion f, Tätigkeit f; Dienst m; *ude af ~ Gerät:* außer Betrieb; ~**ere** [-sjoˀneːˀʀə] funkti-

F

onieren

funktionsdygtig [foŋ'sjo:ʔnsdøgdi] funktionsfähig

funktionær [foŋsjo'nɛːʔʁ] ⟨-en; -er⟩ Angestellte (der, die); Funktionär m

fup [fob] ⟨-pet⟩ F Schwindel m

fup|mager ['fobmaːʔɐʁ] ⟨-en; -e⟩ F Schwindler m; **~nummer** ['-nomˀɐʁ] F Schwindel m; **~pe** ['-ə] v/i schwindeln; v/t beschwindeln; **~** én j-n zum Besten (od zum Narren) halten, foppen

fur [fuːʔʁ] ⟨-et; -⟩: **give én et ~** j-m die Leviten lesen

fure[1] ['fuːʁə] ⟨-n; -r⟩ Furche f; Runzel f

fure[2] ['fuːʁə] furchen; **~t** runz(e)lig, zerfurcht, gefurcht

furnere [fuʁ'neːʁə] versorgen, versehen

furore [fu'ʁoːʁə] ⟨-en⟩: **vække ~** Furore machen

fuse ['fuːsə]: **~ ud** Wasser: hinausströmen; Feuerwerk: nicht brennen

fusentast ['fuːʔsəntasd] ⟨-en; -er⟩ Brausekopf m, Hitzkopf m

fuser ['fuːsɐʁ] ⟨-en; -e⟩ Feuerwerk: Blindgänger m; F Flop m

fusk [fusg] ⟨-et⟩ F Pfusch m, Murks m; Schwindel m; **~arbejde** ['-aʁbaiʔdə] → fuskerarbejde; **~e** ['-ə] F pfuschen

fusker ['fusgɐʁ] ⟨-en; -e⟩ F Pfuscher m; **~arbejde** [-aʁbaiʔdə] n Pfuscharbeit f

fut[1] [fud]: **der er ~ i ham** er hat Schwung; **sætte ~ i én** j-n in Schwung bringen

fut[2] [fud]: **~!** puff!

futte ['fudə]: **~ af** Haus: abbrennen

futurum [fu'tuːʁom] ⟨-(m)en od -(m)et; -(m)er⟩ GRAM das Futur n

fx [fɔʁ ɛg'semʔbəl] (= **for eksempel** zum Beispiel) z. B.

fy [fyː]: **~!** pfui!; **~ dog!** pfui!; **~ for en ulykke, ~ for pokker** (od **søren**)! F Pfui Teufel!

fyge ['fyːə] ⟨-ede od føg; fyget od føget⟩ stieben, wirbeln; **~vejr** [-vɛːʔʁ] Schneegestöber n

fygning ['fyːneŋ] ⟨-en; -er⟩ Gestöber n

fyh [fyː] → fy

fyld [fylˀ] ⟨-en od -et⟩ Füllung f, Füllsel n, Füllmaterial n; Schutt m

fylde[1] ['fylə] ⟨-n⟩ lit Fülle f; Erfüllung f

fylde[2] ['fylə] ⟨-te⟩ füllen; **~ sig, ~s** sich füllen; **~ år** Geburtstag haben; **~ 10 år** 10 Jahre alt werden; **~ i** einfüllen; **~ op, ~ på** auffüllen; **~ benzin på** AUTO tanken; **~ til** Loch zuschütten; **~ ud** ausfüllen; **fyldt** gefüllt, voll

fylde|bøtte ['fyləbødə] F Vielfraß m, Schlemmer m; Trunkenbold m, Säufer

m; **~kalk** [-kalˀg] ⟨-en od -et⟩ fig Füllsel n; Füllwort n; Lückenbüßer m; **~pen** [-pɛnˀ] Füll(feder)halter m, Füller m; **~penneblæk** [-pɛnəblɛg] Füllfedertinte f; **~ri** ['-ʁiːʔ] ⟨-et⟩ Völlerei f

fyldest ['fylˀəsd] ⟨-en⟩: **ske ~** Genüge geschehen (D); **gøre ~** sich bewähren, gute Arbeit leisten (in e-m Beruf); **gøre ~ for én** j-n ersetzen

fyldestgøre ['fylˀəsdgœːʔʁə] genügen, befriedigen; **~nde** genügend, ausreichend; **~lse** [-lsə] ⟨-n⟩ Befriedigung f

fyldig ['fyldi] voll, üppig, vollschlank; kräftig; ausführlich; **~hed** [-heːðˀ] ⟨-en⟩ Fülle f, Üppigkeit f, Stärke f

fyld|ing ['fyleŋ] ⟨-en; -er⟩ Tür: Füllung f; **~ning** [-neŋ] ⟨-en; -er⟩ Füllung f (a Zahn); **~ord** [-oːʔʁ] Füllwort n; **~stof** [-sdɔf] Füllstoff m; **~t** [fylˀd] → fylde[2]

Fyn [fyːʔn] GEOGR Fünen n

fynbo ['fyːnboːʔ] ⟨-en; -er⟩ Füne m, Fünin f

fynd [fønˀ] ⟨-en⟩ Nachdruck m; **med ~ og klem** mit (allem) Nachdruck; **~ig** ['føndi] nachdrücklich; bündig, treffend; **~ord** ['fønoːʔʁ] Kernspruch m

fynsk ['fyːnsg] fünisch

fyr[1] [fyʁ] ⟨-ren; -re⟩ Kiefer f, Föhre f

fyr[2] [fyːʔʁ] ⟨-en; -e⟩ Bursche m, Kerl m; F Typ m, Freund m, Verehrer m

fyr[3] [fyːʔʁ] ⟨-et; -⟩ Feuer n; Feuerung f, Heizanlage f; NAUT Leuchtturm m, Leuchtfeuer n; **være ~ og flamme** Feuer und Flamme sein

fyr|aften ['fyʁafdən] Feierabend m; **~bøder** [-bøːðɐʁ] ⟨-en; -e⟩ Heizer m

fyre ['fyːʁə] feuern (a MIL), heizen; F entlassen; **blive ~t** F fliegen, gefeuert werden; **fyr!** MIL Feuer!; **~seddel** [-sɛðˀəl] Kündigung(sschreiben) f(n)

fyrfad ['fyʁfaðˀ] Rechaud m, Stövchen n; **~slys** [-slyˀs] n Teelicht

fyrig ['fyːʁi] feurig

fyring ['fyːʁeŋ] ⟨-en; -er⟩ Heizung f

fyringsbrev ['fyːʁeŋsbʁɛːʔv] Kündigung(sschreiben) f(n)

fyrings|olie ['fyːʁeŋsoːljə] Heizöl n; **~sæson** [-sɛˀsɔŋ] Heizperiode f

fyr|kælder ['fyʁkɛlɐʁ] Heizkeller m; **~mester** [-mesdɐʁ] Leuchtturmwärter m

fyrre ['fœʁə] vierzig

fyrre|kogle ['fyʁəkɔwlə] Kiefernzapfen m, Kienapfel m; **~nål** [-nɔːʔl] Kiefernnadel f; **~nålsbad** [-nɔːlsbaˀð] Fichtennadelbad n; **~skov** [-sgʌwˀ] Kiefernwald m, Föhrenwald m; **~træ** [-tʁɛːʔ] Kiefer f; Kiefernholz n; **~træsbord** [-tʁɛːsboːʔʁ]

Kiefernholztisch *m*

fyr|rum ['fyʀʀɔm?] Heizraum *m*; **~skib** [-sgi:?b] Feuerschiff *n*, Leuchtschiff *n*

fyrste ['fyʀsdə] ⟨-*n*; -*r*⟩ Fürst *m* (*vor Namen:* **fyrst**)

fyrsted ['fyʀsdəð] Feuerung *f*

fyrste|dømme ['fyʀsdədœmə] ⟨-*t*; -*r*⟩ → **fyrstendømme**; **~hus** [-hu:?s] Fürstenhaus *n*; **~lig** [-li] fürstlich (*a fig*)

fyrstendømme ['fyʀsdəndœmə] ⟨-*t*; -*r*⟩ Fürstentum *n*

fyrstinde [fyʀsd'enə] ⟨-*n*; -*r*⟩ Fürstin *f*

fyr|tøj ['fyʀtɔi] ⟨-*et*; -*er*⟩ Feuerzeug *n*; **~tårn** [-tɔ:?ʀn] Leuchtturm *m*

fyrværkeri ['fyʀvɛʀgə'ʀi:?] ⟨-*et*; -*er*⟩ Feuerwerk *n*; **~sager** [-'ʀisa:əʀ] Feuerwerkskörper *m*/*pl*

fyråb ['fyʀɔ?b] Pfuiruf *m*, Buhruf *m*

fysik [fy'sig] ⟨-*ken*; -*ker*⟩ Physik *f*; *fig* Gesundheit *f*; **~er** [fy:'sigəʀ] ⟨-*en*; -*e*⟩ Physiker(in) *m*(*f*)

fysioterapeut ['fysjoteʀɑ'pœu?d] Physiotherapeut(in) *m*(*f*), Krankengymnast(in) *m*(*f*), Masseur(in) *m*(*f*)

fysisk ['fy:?sisg] physisch; physikalisch

fæ [fɛ:?] ⟨-*et*; -⟩ Vieh *n*; *dit ~!* du Dummkopf (*od* Trottel)!

fædre ['feðʀə] *pl* Väter *m*/*pl*, → **fa(de)r**; **~land** [-lan?] Vaterland *n*

fædrelands|historie ['feðʀəlanshi'sdo:?ʀiə] vaterländische Geschichte *f*; **~k** [-lan?sg] vaterländisch; **~kærlighed** [-kɛʀlihe:ð?] Vaterlandsliebe *f*; **~sang** [-saŋ?] vaterländisches Lied *n*

fædrene ['feðʀənə] väterlich; *på ~ side* väterlicherseits; **~arv** [-ɑ:?ʀv] väterliches Erbe *n*; **~by** [-by:?] *lit* Heimatort *m*, Vaterstadt *f*; **~hjem** [-jem?] *lit* Vaterhaus *n*, Elternhaus *n*

fægte ['fegdə] fechten; *~ med armene* mit den Armen (herum)fuchteln; *~ sig igennem* *fig* sich durchfechten; **~kårde** [-kɔ:ʀə] Fechtdegen *m*; **~r** [-ʀ] ⟨-*en*; -*e*⟩ Fechter(in) *m*(*f*)

fægtning ['fegdneŋ] ⟨-*en*; -*er*⟩ Fechten *n*; MIL Gefecht *n*

fæ|hoved ['fɛ:?ho:ðə] Dummkopf *m*, *fig* Schafskopf *m*; **~hårstæppe** [-hɔ:?ʀstebɑ] *etwa:* Hirtenteppich *m*

fækalier [fe'ka:?liəʀ] *pl* Fäkalien *pl*

fæl [fɛ:?l] hässlich; schlimm

fælde[1] ['fɛlə] ⟨-*n*; -*r*⟩ Falle *f*; *lægge* (*od* *stille*) *en ~ for én fig* j-m e-e Falle stellen

fælde[2] ['fɛlə] *v/t* fällen; erlegen, zur Strecke bringen; zu Fall bringen; *Tränen* vergießen; *Urteil* sprechen, fällen; *Verbrecher* überführen; *v/i Tier:* haaren; *Vogel:*

(sich) mausern

fælg [fɛl?j] ⟨-*en*; -*e*⟩ *Rad:* Felge *f*, **~bremse** [fɛlbʀɛmsə] Felgenbremse *f*

fælle ['fɛlə] ⟨-*n*; -*r*⟩ Genosse *m*, Genossin *f*

fælled ['fɛləð] ⟨-*en*; -*er*⟩ Anger *m*, Gemeindewiese *f*

fælles ['fɛl?əs] gemeinsam, gemeinschaftlich; *til ~ bedste* für das Gemeinwohl; *have ngt. til ~ med én* etw mit *j-m* gemein haben; *det er ~ for dem* das haben sie gemeinsam; *være ~ om ngt.* etw gemeinsam besitzen; an *etw* gemeinsam beteiligt sein; *ved ~ hjælp* mit vereinten Kräften

fælles|antenneanlæg ['fɛl?əsan'tɛnəanlɛ:?g] Gemeinschaftsantenne *f*; **~bo** [-bo:?] (eheliche) Gütergemeinschaft *f*; **~eje** [-aiə] gemeinschaftlicher Besitz *m*; *fig* Gemeingut *n*; **~grav** [-gʀɑ:?v] gemeinschaftliche(s) Grab *n*; Massengrab *n*; **~køn** [-kœn?] GRAM Genus commune *n*, gemeinsame(s) Geschlecht *n*

Fællesmarkedet ['fɛl?əsmɑʀgəðəd] POL, ÖKON der Gemeinsame Markt

fælles|nævner ['fɛl?əsnɛunəʀ] MATH Hauptnenner *m*; **~rum** [-ʀɔm?] Gemeinschaftsraum *m*; **~sang** [-saŋ?] gemeinsam gesungenes Lied *n*; **~skab** [-sga:?b] ⟨-*et*; -*er*⟩ Gemeinschaft *f*, Gemeinsamkeit *f*; *De Europæiske Fællesskaber pl* (Abk. *EF*) Die Europäische Gemeinschaft (*Abk.* die EG); *i~* gemeinsam, zusammen; **~skole** [-sgo:lə] Schule *f* mit Koedukation; **~spisning** [-sbi:sneŋ] gemeinsames Essen *n*; **~stue** [-sdu:ə] *Krankenhaus:* Mehrbettzimmer *n*; **~tillidsmand** [-'teliðsmɑn?] → **tillidsmand**

fællig ['fɛli]: *i ~* gemeinsam

fændrik ['fɛn?ʀeg] ⟨-*ken*; -*ker*⟩ MIL Fähnrich *m*

fængbar ['fɛŋbɑ:?ʀ] entzündbar

fænge ['fɛŋə] zünden, Feuer fangen (*a fig*); **~lig** [-li] entzündbar

fængsats ['fɛŋsads] Zündsatz *m*

fængsel ['fɛŋ?səl] ⟨*fængs(e)let; fængsler*⟩ Gefängnis *n*, *lit* Kerker *m*

fængsels|betjent ['fɛŋ?səlsbe'tjen?d] Gefängniswärter *m*, -aufseher *m*; **~straf** [-sdʀɑf] Gefängnisstrafe *f*

fængsle ['fɛŋslə] verhaften, inhaftieren; *fig* fesseln, gefangen nehmen; **~nde** *fig* fesselnd

fængsl|ing ['fɛŋsleŋ] ⟨-*en*; -*er*⟩ Verhaftung *f*, Inhaftierung *f*; **~ingskendelse** [-skɛnəlsə] Haftbefehl *m*

fænomen [fɛno'me:?n] ⟨-*et*; -*er*⟩ Erscheinung *f*, Phänomen *n*

færd¹ [fɛˀr] ⟨-en; -er od -⟩ Fahrt f

færd² [fɛːˀr] ⟨en⟩ Treiben n, Tun n; Verhalten n, Benehmen n; **fra første ~** von Anfang an; **give sig i ~ med ngt.** sich an etw machen; **være i ~ med at gøre ngt.** dabei sein, etw zu tun; **hvad er der på ~e** [ˈfɛːrə]? was ist los?; **der er fare på ~e** [ˈfɛːrə] es ist etw im Busch; **hun er altid på ~e** sie ist immer tätig (od in Bewegung); **være sent på ~e** spät dran sein; spät unterwegs sein

færde|n [ˈfɛrdən] ⟨en⟩ Treiben n; **~s** [-dəs] verkehren; sich bewegen

færdig [ˈfɛrdi] fertig (a fig F); bereit; erledigt (a fig F); **~ til brug** gebrauchsfertig; **han er ~** F es ist aus mit ihm; **jeg er ~ med ham** F ich bin mit ihm fertig; **~gøre** [-gœːˀrə] fertigstellen; **~hed** [-heðˀ] ⟨-en; -er⟩ Fertigkeit f, Gewandtheit f; **~hus** [-huːˀs] Fertighaus n

færdigpakket [ˈfɛrdipagˀə]: **~ rejse** Pauschalreise f

færdig|ret [ˈfɛrdiˌreːˀd] Fertiggericht n; **~syet** [-syˀəð] Fertigkleidung: von der Stange; fig Meinung: vorgefasst; **~uddannet** [-uðdanˀəð] (aus)gelernt; **~vare** [-vaːrə] Fertigprodukt n

færdsel [ˈfɛrˀsəl] ⟨færds(e)len⟩ Verkehr m

færdsels|betjent [ˈfɛrˀsəlsbeˈtjenˀd] Verkehrspolizist m; **~drab** [-drɑːˀb] tödlicher Verkehrsunfall m; **~dræbt** [-drɛbd] Verkehrstote (der, die); **~lov** [-lɔu] Straßenverkehrsordnung f; **~lære** [-lɛːrə] Verkehrserziehung f; **~politi** [-poliˈtiːˀ] n Verkehrspolizei f; **~søm** [-sœmˀ] Markierungsnagel m (auf der Straße); **~tavle** [-tɑulə] Verkehrsschild n; **~uheld** [-uhelˀ] , **~ulykke** [-uløgə] Verkehrsunfall m

færge¹ [ˈfɛrwə] ⟨-n; -r⟩ Fähre f, BAHN Fährschiff n

færge² [ˈfɛrwə]: **~ over** NAUT übersetzen

færge|fart [ˈfɛrwəfaˌˀrd] Fährbetrieb m, Fährverkehr m; **~forbindelse** [-fɔrbenˀəlsə] Fährverbindung f; **~havn** [-hɑuˀn] Fährhafen m; **~leje** [-laiə] Anlegestelle f der Fähre, Fährbett n; **~mand** [-manˀ] Fährmann m; **~rute** [-ruːtə] Fährverbindung f; **~trafik** [-trɑˈfiˀg] Fährverkehr m

færing [ˈfɛːreŋ] ⟨-en; -er⟩ Person f von den Färöer, Färöer m, Fäeringer m

færre [ˈfɛrɑ] weniger; **~st** [-sd] die (od adv am) wenigsten; → **få¹**

fært [fɛːˀrd] ⟨-en⟩ Witterung f; **få ~en af** ngt. F fig von etw Wind bekommen

Færøerne [ˈfɛrøːˀərnə] pl GEOGR die Färöer pl, die Färöerinseln f

færøsk [ˈfɛːrœˀsg] färöisch

fæste¹ [ˈfɛsdə] ⟨-t; -r⟩ Degen: (Hand-)Griff m; Halt m; Pacht f

fæste² [ˈfɛsdə] befestigen; heften (a fig); Knecht dingen; **~ bo** en Hausstand gründen; **~ rod** fig Wurzeln schlagen; **~ lid til** ngt. etw (D) Glauben schenken

fæstn|e [ˈfɛsdnə] befestigen; **~ sig i ens erindring** fig im Gedächtnis haften; **~ing** [-neŋ] ⟨-en; -er⟩ MIL Festung f

fæstningsgrav [ˈfɛsdneŋsgrɑːˀv] Festungsgraben m

fætter [ˈfɛdər] ⟨-en; fætre⟩ Cousin m; F en løjerlig **~** ein komischer Typ

fødder [ˈføðˀər] pl → fod

føde¹ [ˈføːðə] ⟨-n⟩ Nahrung f (a fig); Futter n, Fressen n

føde² [ˈføːðə] ⟨-te od -ede⟩ ernähren, unterhalten; TECH speisen

føde³ [ˈføːðə] ⟨-te⟩ Kind gebären; **være den fødte lærer** der geborene Lehrer sein; **fru Jensen, født** (Abk. f.) **Andersen** Frau Jensen, geborene (Abk. geb.) Andersen

føde|afdeling [ˈføːðəuˌdeˀleŋ] Entbindungsstation f; **~by** [-byˀ] Geburtsstadt f, Geburtsort m; **~dygtig** [-døgdi] gebärfähig; **~egn** [-aiˀn] Heimat f; **~hjem** [-jemˀ] Geburtshaus n; **~klinik** [-kliˈnik] Geburtsklinik f; **~kæde** [-kɛːðə] Nahrungskette f; **~land** [-lanˀ] Geburtsland n, Heimatland n; **~middel** [-miðˀəl] Nahrungsmittel n; **~stavn** [-sdɑuˀn] lit → fødeland; **~sted** [-sdeð] Geburtsort m; **~stue** [-sduːə] Kreißsaal m, Entbindungsraum m; **~vand** [-vanˀ] TECH Speisewasser n

fødevare [ˈføːðəvaːrə] Lebensmittel n; **~butik** [-buˀtig] Lebensmittelladen m

fødeår [ˈføːðɔːˀr] Geburtsjahr n

fødsel [ˈføsəl] ⟨føds(e)len; fødsler⟩ Geburt f; Entbindung f; **dansk af ~** von Geburt Däne (Dänin), gebürtige(r Däne) Dänin; **efter (før) Kristi ~** nach (vor) Christi Geburt; **fra ~en af** von (der) Geburt an; **kvæle noget i ~en** fig etw im Keim ersticken; **~ar** [ˈføsɑˈlaːˀr] ⟨-en; -er⟩ Geburtstagskind n

fødsels|afdeling [ˈføsəlsauˈdeˀleŋ] Entbindungsstation f; **~annonce** [-aˈnɔŋsə] Zeitung: Geburtsanzeige f; **~attest** [-aˈtesd] Geburtsurkunde f; **~begrænsning** [-beˈgrɛnˀsneŋ] Geburtenbeschränkung f; **~dag** [-daːˀ] Geburtstag m

F

fødselsdags|barn ['føsəlsdaːsbɑrˀn] Geburtstagskind *n*; **~gave** [-gaːvə] Geburtstagsgeschenk *n*

fødselshjælp ['føsəlsjɛlˀb] Geburtshilfe *f*; **~er** [-jɛlbɑr] Geburtshelfer(in) *m(f)*; **~erske** [-jɛlbɑrsgə] ⟨*-n; -r*⟩ Geburtshelferin *f*

fødsels|kontrol ['føsəlskɔnˀtrɔlˀ] Geburtenkontrolle *f*; **~overskud** [-ɔuˀərsguð] Geburtenüberschuss *m*; **~stiftelse** [-sdefdəlsə] Entbindungsanstalt *f*; **~underskud** [-ɔnərsguð] Geburtendefizit *n*; **~veer** [-veːˀɑr] *pl* (Geburts)Wehen *f/pl*

føg [føːˀ(j)], **~et** ['føːəð] → **fyge**

føj [føjˀ]: **~!** pfui!

føje[1] ['føiə] ⟨*en*⟩: **med ~** mit Recht; **falde til ~** sich fügen, nachgeben

føje[2] ['føiə]: **om ~ tid** binnen kurzem

føje[3] ['føiə] fügen; **~ sig** sich fügen, nachgeben; **~ ind** einfügen; **~ sammen** zusammenfügen; **~ til** hinzufügen; **~ (sig efter) én** sich nach *j-m* richten

føjelig ['føiəli] gefügig

føjte ['føjdə]: **~ om** umherstreifen

føl [føl] ⟨*-let; -*⟩ Fohlen *n*, Füllen *n*

følbar ['føːlbɑːˀr] spürbar

føle ['føːlə] ⟨*-te*⟩ fühlen, empfinden, spüren; tasten; **den som ikke vil høre må ~** wer nicht hören will, muss fühlen; **~ for** (*od* **med**) **én** mit *j-m* fühlen; **~ sig for** sich *s-n* Weg ertasten; *fig* seine Fühler ausstrecken; **~ sig for hos én** bei *j-m* vorfühlen, F bei *j-m* auf den Busch klopfen; **~ sig ind i ngt.** sich in *etw* (*A*) einfühlen; **~ på** befühlen, betasten; **det er blødt at ~ på** es fühlt sich weich an; **det er da til at tage og ~ på** *fig* das ist doch mit Händen zu greifen; **~ én på tænderne** *j-m* auf den Zahn fühlen

føle|elig [-li] fühlbar, merkbar; empfindlich; **~evne** ['føːləˀ ?uːnə] Gefühl *n*, Tastsinn *m*; **~horn** [-hoːˀrn] *zo* Fühlhorn *n*, Fühler *m*

følelse ['føːləlsə] ⟨*-n; -r*⟩ Gefühl *n*, Empfindung *f*; **have på ~n at ...** im Gefühl haben, dass ...

følelses|betonet ['føːləlsəsbeˀtoːˀnəð] gefühlsbetont; **~fuld** [-fulˀ] gefühlvoll; **~kold** [-kɔlˀ] gefühlskalt; **~ladet** [-laːˀðəd] gefühlsgeladen; **~liv** [-liːˀv] Gefühlsleben *n*; **~løs** [-løˀs] gefühllos (*a fig*); **~menneske** [-mɛnəsgə] Gefühlsmensch *m*; **~mæssig** [-mɛsi] gefühlsmäßig; **~sag** [-saːˀ] Gefühlssache *f*

føler ['føːlər] ⟨*-en; -e*⟩ *zo* Fühler *m*; TECH Taster *m*, Sensor *m*; *fig* **stikke en ~ ud** F

die Fühler ausstrecken; **~i** [føːlə'riːˀ] ⟨*-et; -er*⟩ Gefühlsduselei *f*

følesans ['føːləsanˀs] Gefühl *n*, Tastsinn *m*

følesløs ['føːləsløˀs] → **følelsesløs**

følgagtig [fɔljˀagdi] folgsam, gehorsam

følge[1] ['føljə] ⟨*-n; -r*⟩ Folge *f*; **tage til ~** Folge leisten; **som ~ af krisen** infolge der Krise; **som ~ deraf** (*od* **heraf**) infolgedessen

følge[2] ['føljə] ⟨*-t; -r*⟩ Gefolge *n*, Gefolgschaft *f*; Begleitung *f*; **i ~ med ham** in *s-r* Begleitung; **slå ~ med én** sich *j-m* anschließen

følge[3] ['føljə] ⟨*fulgte; fulgt*⟩ folgen (*D*); begleiten; *fig* befolgen; verfolgen (*a fig*); **~ én hjem** *j-n* nach Hause begleiten (*od* bringen); **det ~r af sig selv** das ergibt sich von selbst; **deraf ~** daraus folgt (*od* ergibt sich); **~ efter én** *j-m* (nach)folgen; **~ med Skole**: mitkommen; mithalten; **~ med** mit der Zeit gehen; **~ én ud** *j-n* hinausbegleiten; **~s ad** zusammen gehen; **~nde** folgend; **på ~nde måde** folgendermaßen

følge|brev ['føljəbreˀ ?v] Begleitbrief *m*; **~lig** [-li] folglich; **~rigtig** [-Rɛgdi] folgerichtig; **~seddel** [-seðˀəl] Lieferschein *m*, Begleitschein *m*

følgeskab ['føljəsgaːˀb] ⟨*-et*⟩ Begleitung *f*; **gøre én ~** *j-m* das Geleit geben

følge|skrivelse ['føljəsgriːvəlsə] Begleitschreiben *n*; **~slutning** [-sludnəŋ] Schlussfolgerung *f*; **~svend** [-svenˀ] Begleiter *m*

føling ['føːleŋ] ⟨*-en*⟩ Fühlung *f*

føljeton [føljəˀtɔŋ] ⟨*-en; -er*⟩, **~roman** [-ʀoˀmaːˀn] Fortsetzungsroman *m*

følsom ['føːlsɔmˀ] empfindsam, empfindlich

føn [føˀn] ⟨*-en; -er*⟩ Föhn *m* (*Fallwind*); **~bølgning** ['føːnbøljneŋ] ⟨*-en; -er*⟩ Fönwelle *f*

føntørr|e ['føːntœrˀe] (trocken)fönen; **~er** [-tœrɑr] ⟨*-en; -e*⟩ Fön *m*; **~ing** [-tœrəŋ] Fönen *n*

før[1] [føːˀr] *prp* vor (*D*); *konj* ehe, bevor, bis; *adv* früher, vorhin, vorher, zuvor; **~ eller siden** *od* **senere** früher oder später; **ikke ~** nicht eher; erst; **nu som ~** nach wie vor; **→ *a* Abk. f. Kr.**

før[2] [føːˀr] wohlbeleibt

førdatid ['føːˀrdatiðˀ] GRAM Plusquamperfekt *n*

føre[1] ['føːrə] ⟨*-t*⟩ Weg-, Straßenverhältnisse *pl*; Straßenzustand *m*; **det er glat ~** es ist glatt (draußen); **det er dårligt ~** es lässt sich schlecht gehen (od fahren)

føre² ['fø:rɔ] ⟨-te⟩ führen, leiten; ~ *ordet* das Wort führen; ~ *an* führend sein; ~ *bort* wegführen; abführen; ~ *frem* vorführen; ~ *igennem* durchführen; ~ *omkring* herumführen; ~ *tilbage* zurückführen; ~ *videre* weiterführen; ~ *vild* irreführen; ~ *forstå at* sig sich zu benehmen wissen

føre|greb ['fø:rɔgreb:ˀb] Polizeigriff *m*; ~**lse** [-lsɔ] ⟨-*n*; -*r*⟩ Führung *f*

førend ['fœ:ˀren] ehe, bevor

fører ['fø:rɔɔr] ⟨-*e*⟩ Führer *m*; Auto: Fahrer *m*; ~**bevis** [-be'vi:ˀs] Führerschein *m*; ~**hund** [-hunˀ] Blindenhund *m*; ~**hus** [-hu:ˀs] Lkw: Fahrerhaus *n*; ~**løs** [-lø:ˀs] führerlos; ~**prøve** [-prø:və] Fahrprüfung *f*; ~**skab** [-sga:ˀb] ⟨-*et*⟩ Führerschaft *f*; ~**sæde** [-sɛ:ðə] Fahrersitz *m*

førhen ['fœ:ˀrhɛn] früher

føring ['fø:reŋ] ⟨-*en*; -*er*⟩ Führung *f*

førkrigstid ['fœ:ˀrkri:sti:ˀð] Vorkriegszeit *f*

førladen ['førla:ˀðən] beleibt

førlighed ['førlihe:ðˀ] ⟨-*en*⟩ Gesundheit *f*, Bewegungsfähigkeit *f*

førnutid ['fø:ˀrnutið] GRAM Perfekt *n*

før|nævnt ['nɛ:ˀnd], ~**omtalt** [-ˀɔm-ta:ˀld] oben erwähnt, zuvor genannt

førskole ['fœ:ˀrsgo:lə] Vorschule *f*; ~**alder** [-al'ˀɔr] Vorschulalter *n*

først [fœrsd] (zu)erst; an erster Stelle, führend; *num den* ~*e* der Erste; *den* ~*e, den bedste* der erste Beste; *for det* ~*e* erstens, fürs Erste; *med det* ~*e* demnächst; ~ *og fremmest* zuallererst; ~ *på ugen* Anfang der Woche; ~ *i maj* Anfang Mai; *fra* ~ *af* von Anfang an; *fra* ~ *til sidst* von Anfang bis Ende; ~ *og sidst* in erster Linie, hauptsächlich

førstedame ['fœrsdɔda:mə] erste Verkäuferin *f*; *USA's* ~ die First Lady der USA

førstegangsvælger ['fœrsdɔgaŋsveljɔr] Erstwähler *m*, Jungwähler *m*

første|hjælp ['fœrsdɔjel'ˀb] Erste Hilfe *f*; ~**hjælpsudstyr** [-jelbsuðsdy:ˀr] Erste-Hilfe-Ausrüstung *f*; ~**hånds** [-hɔ:ˀns] aus erster Hand

førsteklasses ['fœrsdɔklasəs] erstklassig, hochwertig, F prima; *et* ~ *hotel* ein erstklassiges Hotel; *det er* ~*!* F das ist klasse!; ~**kupé** [-ku'pe:ˀ] BAHN Abteil *n* erster Klasse

første|mand ['fœrsdɔmanˀ] der Erste; ~**opførelse** [-ɔbfø:ˀrɔlsə] Erstaufführung *f*; ~**præmie** [-prɛ:miə] erster Preis *m*; ~**rangs** [-raŋˀs] ersten Ranges, erstrangig; ~**ret** [-red] Vorrecht *n*

først|givne ['fœrsdgi:ˀvnə]: *ved* ~ *lejlighed* bei der nächsten Gelegenheit; ~**kommende** [-kɔmˀɔnə] nächst(folgend)

førstning ['fœrsdneŋ]: *i* ~*en* anfangs

førstnævnte ['fœrsdnɛuˀndə]: *den* ~ der/die Erstgenannte

førtidig ['fœ:ˀrti:ˀði] vorzeitig

førtidspension ['fœ:ˀrtiðspɔnˀsjoˀn] Frührente *f*, Vorruhestandsgeld *n*; ~**ere** ['-sjo:ne:ˀrɔ] *lade sig* ~ vorzeitig in Rente gehen; ~**ist** ['-sjo'nisd] Frührentner(in) *m(f)*, Vorruheständler(in) *m(f)*

førægteskabelig ['fœ:ˀrɛgdɔ'sga:ˀbəli] vorehelich

få¹ [fɔ:ˀ] *pl* wenige

få² [fɔ:ˀ] ⟨*fik*; -*et*⟩ bekommen, erhalten; F kriegen; ~ *én til at le* zum Lachen bringen; ~ *sig et bad* ein Bad nehmen; ~ *sig en lur* ein Schläfchen machen; ~ *sig en pibe tobak* sich eine Pfeife gönnen; *han fik sig et grin* er musste herzlich lachen; ~ *unger* Junge werfen; ~ *ngt. at vide* etw erfahren; ~ *nok af ham!* mir reicht es mit ihm!; ~*r De?* werden Sie schon bedient?; *vi* ~*r regn* es gibt Regen; *bogen kan ikke* ~ das Buch ist nicht zu haben; *det* ~*r være nok for i dag* das dürfte für heute genügen; *vi* ~*r se* wir werden sehen; *jeg* ~ *(vel) gøre det* ich werde es (wohl) tun müssen; *det* ~*r ikke hjælpe* da hilft nichts; *det* ~*r være* lassen wir das sein (od ruhen); ~ *af* abbekommen, F abkriegen; *Fleck* herausbekommen; ~ *for Schule:* aufbekommen; ~ *én fra ngt.* j-n von etw abbringen; ~ *i* zumachen, zukriegen; ~ *igen* wiederbekommen; *Geld* herausbekommen; ~ *igennem* durchbekommen, F durchkriegen; ~ *ind* hineinbekommen, F hineinkriegen; *Geld* einnehmen; ~ *ngt. ind med skeer* F etw eingetrichtert bekommen; ~ *med* mitbekommen; ~ *ned* herunterbekommen, F herunterkriegen; ~ *op* aufbekommen, F aufkriegen, aufmachen; heraufbekommen; ~ *én til at le* j-n zum Lachen bringen; ~ *tilbage* zurückbekommen; herausbekommen; ~ *ud* herausbekommen, F herauskriegen; ~ *ngt. ud af det* etw davon haben

få³ [fɔ:ˀ] → **må²**

fået ['fɔ:əð] → **få²**

fåmælt ['fɔme:ˀld] wortkarg, einsilbig

får [fɔ:ˀ] ⟨-*et*; -⟩ Schaf *n* (a fig)

galleri

fåre|avl ['fɔːɾɑuˀl] Schafzucht *f*; **~flok** [-flɔg] Schafherde *f*; **~hoved** [-hoːðə] Schafskopf *m* (*a fig*); **~hund** [-hunˀ] Hirtenhund *m*; **~hyrde** [-hyrdə] Schäfer *m*

fåreklæder ['fɔːɾəklɛːðəɾ] *pl:* **en ulv i ~ fig** ein Wolf *m* im Schafspelz

fåre|kylling ['fɔːɾəkyleŋ] zo Grille *f*, Heimchen *n*; **~ost** [-osd] Schafskäse *m*; **~syge** [-syːə] MED Mumps *m*, Ziegenpeter *m*; **~t** [-ð] F einfältig, blöde

fåtal ['fɔːˀtal] ⟨*et*⟩ Minderheit *f*; **~lig** [-taˀlˀi] gering an Zahl; *Schar:* klein

G

G, g [geˀ] ⟨*-'et*; *-'er*⟩ G, g *n*

gab [gaːˀb] ⟨*-et*; *-*⟩ Rachen *m*; *fig* Schlund *m*; Maul *n*; Gähnen *n*; **stå åben for ~** F meckern; **~ over for meget** sich zu viel vornehmen; *et* **~nde sår** *e-e* klaffende Wunde; *en* **~nde tomhed** *e-e* gähnende Leere; **~n** [-n] ⟨*en*⟩ Gähnen *n*

gabestok ['gaːbəsdɔg] **blive sat i ~ken** an den Pranger gestellt werden (*a fig*), angeprangert werden

gad [gaːˀð] → **gide**

gade ['gaːðə] ⟨*-n*; *-r*⟩ 3traße *f*; **~ op og ned** straßauf, straßab; *et* **værelse til ~n** ein Zimmer *n* nach der Straße; **~belysning** [-be'lyːˀsnən] Straßenbeleuchtung *f*; **~dreng** [-dɾɛŋˀ] Gassenjunge *m*; **~dør** [-dœːˀɾ] Haustür *f*; **~dørsnøgle** [-dœːɾsnɔilə] Haus(tür)schlüssel *m*; **~fejer** [-faiəɾ] ⟨*-en*; *-e*⟩ Straßenfeger *m*

gade|handler ['gaːðəhanlɐɾ] ⟨*-en*; *-e*⟩ Straßenhändler *m*; **~hjørne** [-jœɾnə] Straßenecke *f*; **~kryds** [-kɾys] Straßenkreuzung *f*; *Hund:* Promenadenmischung *f*; **~kær** [-kɛːˀɾ] Dorfteich *m*; **~larm** [-lɑɾˀm] Straßenlärm *m*; **~lygte** [-løgdə] Straßenlaterne *f*; **~pige** [-piːə] → **gadetøs**

gade|snavs ['gaːðəsnɑuˀs] Straßenschmutz *m*; **~spejl** [-sbaiˀl] Fensterspiegel *m*, Spion *m*; **~sprog** [-sbɾɔuˀw] Straßenslang *m*; **~støj** [-sdɔiˀ] → **gadelarm**; **~sælger** [-seljəɾ] Straßenhändler *m*; **~teater** [-te'aːˀdəɾ] Straßentheater *n*; **~tøs** [-tøːˀs] Straßenmädchen *n*, Straßendirne *f*; **~uorden** [-uːˀɾdən] JUR Ruhestörung *f*

gaffel ['gafəl] ⟨*gaf(fe)len*; *gafler*⟩ Gabel *f*; **~bidder** [-biðˀəɾ] *su pl*, **~bitar** [-biːtɑɾ] *su pl* Gabelbissen *pl*; **~delt** [-deːˀld] gegabelt; **~formet** [-fɔɾˀməð] gabelförmig; **~løfter** [-løfdəɾ] ⟨*-en*; *-e*⟩, **~stabler** [-sdablɐɾ] ⟨*-en*; *-e*⟩, **~truck** [-tɾɔg] Gabelstapler *m*

gafle ['gaflə] **~ i sig** *Essen:* F in sich hineinschaufeln, spachteln

gagakker [ga'gagɐɾ] *pl*, F Beine *pl*, Füße *pl*, *fig* Stelzen *pl*

gage ['gaːsjə] ⟨*-n*; *-r*⟩ Gehalt *n*, Besoldung *f*; **~forhøjelse** [-fɔɾ'hɔiˀəlsə] Gehaltserhöhung *f*; **~pålæg** [-pɔlɛːˀg] Gehaltszulage *f*; **~re** [ga'sjeːˀɾə] besolden

gak [gag], **gakgak** [gag'gag] F plemplem, gaga

gal[1] [gaːˀl] ⟨*-et*; *-*⟩ Hahnenschrei *m*

gal[2] [gaːˀl] verrückt, wahnsinnig, toll; *fig* falsch, verkehrt; wütend, böse; schlimm; **som en ~ fig** wie ein Verrückter, wie ein Wilder; **ikke så ~t** gar nicht übel; **gå ~t** misslingen; F schiefgehen; **vi er gået ~t** wir sind falsch gelaufen; **høre ~t** sich verhören; **komme ~t afsted** Pech haben; **køre ~t** einen (Verkehrs-)Unfall haben; **være ~ efter ngt.** nach etw verrückt sein; **det er dog for ~t!** da hört (sich) doch alles auf!, das ist die Höhe!; **være ~ i hovedet** vor Wut platzen; **være ~ over ngt.** über etw wütend sein; **være ~t på den** sich irren; F fig auf dem falschen Dampfer sein; **den ~e hals** die falsche Kehle

galde ['galə] ⟨*-n*⟩ ANAT Galle *f* (*a fig*); **~blære** [-blɛːɾə] Gallenblase *f*; **~lidelse** [-liːðəlsə] Gallenleiden *n*; **~sten** [-sdeːˀn] Gallenstein *m*

gale ['gaːlə] krähen; **~ op** F meckern, keifen

galeanstalt ['gaːləansdalˀd] Irrenanstalt *f*

galehus ['gaːləhuːˀs] HIST, *fig* Tollhaus *n*, Irrenhaus *n*

galen ['gaːlən] *su* → **gal**[1]

galfrans [gal'fɾɑnˀs] ⟨*-en*; *-er*⟩ *fig* Himmelsstürmer *m*, Heißsporn *m*

galge ['galjə] ⟨*-n*; *-r*⟩ Galgen *m*; *i* **~n** am Galgen; **~bakke** [-bɑgə] Galgenberg *m*

galhovedet ['gaːlhoˀðəð] F reizbar, zornig

galla ['galaː] ⟨*-en*; *-er*⟩ Gala *f*; **~klædt** [-klɛːˀd] in Gala

galleri [galə'ɾiːˀ] ⟨*-et*; *-er*⟩ Galerie *f*; THEA oberster Rang

gallupundersøgelse ['galub'onɔrsø:'ɔlsə] Meinungsforschung f, Meinungsumfrage f

galmands|snak ['ga:lmansnag] Narrengeschwätz m; **~værk** [-vɛrg] ⟨et⟩ Unfug m

galning ['ga:lnɛŋ] ⟨-en; -e(r)⟩ Verrückte (der, die), Tollkopf m

galop [ga'lɔb] ⟨-pen; -per⟩ Galopp m; **i ~** im Galopp; **~bane** [-ba:nə] Galopprennbahn f; **~kringle** [-krɛŋlə] schnell gebackener Kranz(kuchen m) m; **~løb** [-lø:'b] Galopprennen n; **~(p)ere** [-lo'pe:'ʔrə] galoppieren

gal|sindet ['ga:lsen'əð] hitzköpfig; **~skab** [-sga:'b] ⟨-en; -er⟩ Wahnsinn m, Verrücktheit f, Raserei f; Wut f

gamachebukser pl [ga'masjəbogsər] Überziehhose f

gamin [ga'mɛŋ] ⟨-en; -er⟩ Schalk m, Schelm m

gamling ['gamlɛŋ] ⟨-en; -e od -er⟩ Greis m

gammel ['gaməl] alt; Schüler: ehemalig; Brot: altbacken; **hvor ~ er hun?** wie alt ist sie?; **gammel ven (dreng)!** alter Freund (Junge)!; **~t jern** Alteisen n, Schrott m; **hun er stadigvæk den gamle** sie ist immer noch die Alte; **ved det gamle** beim Alten; **gamle og unge** Alt und Jung; **de gamle** die Alten m/pl (auch f für Eltern); **fra ~ tid** von jeher (od früher); **i de gode gamle dage** fig in der guten alten Zeit

gammel|agtig [gaməlagdi] ältlich; **~dags** [-da:'s] altmodisch, unmodern; überholt, veraltet; altertümlich; **~dansk** [-dan'sg] altdänisch; **~jomfru** [-jɔmfru] alte Jungfer f; **~kendt** [-ken'd] altbekannt; **~klog** [-klɔ:'w] altklug

gammelmands|barn ['gaməlmansba:'rn] Spätling m; **~diabetes** [-dia'be:təs] Altersdiabetes m; **~snak** [-snag] Alteleutegeschwätz n

gammel|modig ['gaməlmo:'ði] altmodisch; **~ost** [-osd] sehr pikante Käsesorte; **~rosa** [-ro:sa] altrosa; **~testamentlig** [-tesda'mendli] REL alttestamentlich

gammen ['gamən] su Freude f, Lust f; **i fryd og ~** in großer Freude

gane ['ga:nə] ⟨-n; -r⟩ Gaumen m; **kunstig ~** MED (Gaumen)Platte f

gang [gaŋ'] ⟨-en; -e⟩ Gang m; Tritt m; Lauf m; Flur m; Weg m; Mal n; **gang må gå sin ~** die Sache muss ihren Lauf nehmen; **hun har sin ~ i huset** sie verkehrt im Hause; **sætte i ~** in Gang setzen (od bringen); ankurbeln; Motor anspringen lassen; EL einschalten, anstellen; **der er ~ i sagen** die Sache läuft; **gå i ~ med**

ngt. mit etw anfangen; **være i fuld ~** in vollem Gange sein; **én ~** einmal; **én ~ for alle** ein für alle Mal; **endnu én ~, en ~ til** noch (ein)mal; **en ~ imellem** dann und wann; **en ~ om året** einmal im Jahr; **en ~ til** noch einmal; **denne ~** diesmal, dieses Mal; **første ~** das erste Mal, das erste Mal; **for første (sidste) ~** zum ersten Mal (letzten Mal); **hver ~** jedes Mal; **mangen (en) god ~** manches (liebe) Mal; **på én ~** auf einmal; zugleich; **~ på ~** Mal für Mal; **komme ind én ad ~en** nacheinander hereinkommen; **to ad ~en** je zwei und zwei; zwei auf einmal; **for en ~s skyld** das e-e Mal, ausnahmsweise; **alle gode ~e er tre** aller guten Dinge sind drei; **flere ~e** mehrmals, mehrere Male; **gentagne ~e** wiederholt; **mange ~e** oft, viele Male; vielmals; **~ser af ~e** x-mal; **nogle ~e** einige Male, dann und wann, ein paar Mal; **to ~e to er fire** zwei mal zwei ist vier; **give en ~ maling** Tür anstreichen

gang|bar ['gaŋba:'ʔr] gangbar; gängig; **~besværet** [-be'svɛ:'ʔrəð] gehbehindert; **~bro** [-bro:'] Steg m; **~bræt** [-brɛd] ⟨-tet; -brædder⟩ Steg m

gange ['gaŋə] malnehmen, multiplizieren; **tre ~ tre** drei mal drei; **~r** [-r] ⟨-en; -e⟩ lit Ross n; **~stykke** [-sdøgə] Multiplikationsaufgabe f; **~tegn** [-taï'n] MATH Malzeichen n

gangklæder ['gaŋklɛ:r, -klɛ:ðər] pl Straßen-, Oberbekleidung f

gangning ['gaŋnən] ⟨-en; -er⟩ Malnehmen n, Multiplikation f

gangsti ['gaŋsdi:'] Gehweg m

ganske ['gansgə] ganz; **~ vist** allerdings; zwar; **~ og aldeles** ganz und gar

gantes ['gandəs] schäkern

garage [ga'ra:sjə] ⟨-n; -r⟩ Garage f; **~udlejning** [-uðlaï'nen] Garagenvermietung f

garant [ga'ran'd] ⟨-en; -er⟩ Bürge m, Garant m; **~ere** [-ran'te:'ʔrə] garantieren, gewährleisten, (ver)bürgen; **~t** bestimmt

garanti [garan'ti:'] ⟨-en; -er⟩ Garantie f, Gewähr f; **~bevis** [-'tibe'vi:'s] Garantieschein m; Gepäckschein m; **~seddel** ['tiseð'əl] Gepäckschein m

garde ['gardə] ⟨-n; -r⟩ Garde f

garder ['gardər] ⟨-en; -e⟩ Gardist m

gardere [gar'de:'ʔrə] schützen (mod gegen, vor D)

garderhøjde ['gardərhɔi'də] Gardemaß n

garderobe [gardə'ro:bə] ⟨-n; -r⟩ Garderobe *f*; BAHN Gepäckaufbewahrung *f*; **~afgift** [-äügifd] Garderobengebühr *f*; **~dame** [-da:mə] Garderobenfrau *f*; **~mærke** [-mɛrgə] Garderobenmarke *f*; **~nummer** [-nom'?ər] Garderobennummer *f*; **~penge** [-peŋə] Garderobengeld *n*; **~skab** [-sga:?b] Garderobenschrank *m*, Dielenschrank *m*

garde(r)officer ['gɑrdərɔfi'se:?ʀ] Gardeoffizier *m*

gardin [gɑr'di:?n] ⟨-et; -er⟩ Gardine *f*, Vorhang *m*, Store *m*; **~kappe** [-kabə] *Gardine*: Überhang *m*, Querbehang *m*; **~præ(di)ken** [-prɛ:ðigən] Gardinenpredigt *f*

gardist [gɑr'disd] ⟨-en; -er⟩ → **garder**

garn¹ [gɑ:?rn] ⟨-et; -er⟩ Garn *n*, Wolle *f*

garn² [gɑ:?rn] ⟨-et; -⟩ Netz *n* (*a fig*)

garner|e [gɑr'ne:?ʀ] garnieren; **~ing** [-'ne:?ʀeŋ] ⟨-en; -er⟩ Besatz *m*; Garnitur *f*

garnisonsby [gɑrniso:?ns'by:?] Garnisonsstadt *f*, Standort *m*

garniture¹ [gɑrni'ty:ʀə] ⟨-t; -r⟩ Garnitur *f* (*Anzahl von zusammengehörigen Dingen*)

garniture² [gɑrni'ty:ʀə] ⟨-n; -r⟩ GASTR Garnierung *f*

garn|nøgle ['gɑ:rnnöilə] Garnknäuel *n*, Wollknäuel *n*; **~rulle** [-ʀulə] Garnrolle *f*; **~vinde** [-venə] Garnwinde *f*

gartner ['gɑrdnər] ⟨-en; -e⟩ Gärtner(in) *m(f)*; **~i** [gɑrdnə'ri:?] ⟨-et; -er⟩ Gärtnerei *f*

garve ['gɑrvə] gerben (*a fig*); **~t** hartgesotten; erfahren; **~r** [-ʀ] ⟨-en; -e⟩ Gerber *m*; **~r)bark** [-(ʀ)bɑrg] Gerberlohe *f*; **~ri** [gɑrvə'ri:?] ⟨-et; -er⟩ Gerberei *f*; **~stof** [-sdɔf] Gerbstoff *m*; **~syre** [sy:ʀə] Gerbsäure *f*

garvning ['gɑrvneŋ] ⟨-en; -er⟩ Gerbung *f*, Gerben *n*

gas¹ [gas] ⟨-sen; -ser⟩ Gas *n*; *give* ~ AUTO Gas geben; *give den* ~ *fig* auf die Tube drücken; **~sen er gået af ham** mit ihm ist nichts mehr los; *tage sig af dage med* ~ sich mit Gas umbringen; *åbne* (*tænde, slukke, lukke*) *for* **~sen** das Gas aufdrehen (anzünden, ausmachen, abdrehen); *skrue* **~sen ned** die Gasflamme kleiner stellen

gas² [gas] ⟨*en od et*⟩: *det rene* ~ der reinste Blödsinn; *tage* ~ *på én* j-n veräppeln; *fig* j-n auf den Arm nehmen

gas|agtig ['gasagdi] gasartig; **~apparat** [-aba'ʀɑ:?d] Gaskocher *m*; **~art** [-a:?ʀd] Gas *n*; **~bageovn** [-ba:əɔʊ?n]

Gasbackofen *m*; **~besparende** ['-be-'sba:?ʀɑnə] gassparend; **~blus** [-blus] Gasflamme *f*; **~bord** [-bo:?ʀ] Gaskochertisch *m*; **~brænder** [-bʀɛnər] Gasbrenner *m*; **~dreven** [-dʀe:?vən], **~drevent** [-dʀe:?vəð] mit Gas betrieben

gase ['ga:sə] ⟨-n; -r⟩ Gänserich *m*, Ganter *m*

gas|flamme ['gasflamə] Gasflamme *f*; **~flaske** [-flasgə] Gasflasche *f*; **~forgiftning** [-fɔr'gifdneŋ] Gasvergiftung *f*; **~fyring** [-fy:ʀeŋ] Gasheizung *f*; **~hane** [-ha:nə] Gashahn *m*; **~komfur** [-kɔm-'fu:?ʀ] Gasherd *m*; **~ledning** [-leðneŋ] Gasleitung *f*; **~lighter** [-laïdər] Gasfeuerzeug *n*; **~lugt** [-logd] Gasgeruch *m*; **~lygte** [-løgdə] Gaslaterne *f*

gas|mand ['gasman?] F Gasmann *m*; **~mester** [-mesdər]: *gas- og vandmester* Klempner *m*, Installateur *m*; **~måler** [-mɔ:lər] Gaszähler *m*; **~ning** [-neŋ] ⟨-en; -er⟩ Vergasung *f*; Ausgasung *f*; **~ometer** [-o'me:?dər] ⟨*gasomet(e)ret*; *gasometre*⟩ Gasbehälter *m*; **~pedal** [-pe'da:?l] Gaspedal *n*

gasse ['gasə] vergasen; ausgasen; foppen; ~ *sig* sich's wohl sein lassen

gas|tænder ['gastenər] Gasanzünder *m*; Gasfeuerzeug *n*; **~værk** [-vɛʀg] Gaswerk *n*

gat [gad] ⟨-tet; -ter⟩ ANAT After *m*; NAUT Gat(t) *n*

gav [ga:?v] → **give**

gave ['ga:və] ⟨-n; -r⟩ Geschenk *n*; Gabe *f* (*a fig*); Spende *f*; Stiftung *f*; Schenkung *f*, Zuwendung *f*; **~afgift** [-äügifd] Schenkungssteuer *f*; **~bord** [-bo:?ʀ] Gabentisch *m*; **~brev** [-bʀe:?v] JUR Schenkungsbrief *m*; Schenkungsurkunde *f*; **~kort** [-kɔrd] Geschenkgutschein *m*; **~uddeling** ['-üðde:?leŋ] Weihnachten: Bescherung *f*

gavflab ['gäüfla:?b] F Schnösel *m*

gavl [gäü?l] ⟨-en; -e⟩ Giebel *m*; **~hus** ['gäülhu:?s] Giebelhaus *n*; **~tag** ['gäülta:?] Giebeldach *n*, Satteldach *n*

gavmild ['gäümil?] freigebig; **~hed** [-he:ð?] ⟨-en⟩ Freigebigkeit *f*

gavn [gäü?n] ⟨-en od et⟩ Nutzen *m*; *være til* ~ *for én* j-m von Nutzen sein; *til* ~*s* gründlich; *ikke gøre* ~*s gerning* keine Hand rühren, auf den Händen sitzen; **~e** ['gäünə] nützen, nutzen; **~lig** ['gäünli] nützlich; heilsam; **~tømmer** ['gäüntœm?ər] Nutzholz *n*

gav|strik ['gäüsdʀeg] ⟨-ken; -ke(r)⟩, **~tyv** [-ty:?v] Schelm *m*; **~tyvestreg** [-ty:vəsdraı?] Schelmenstreich m

gaze ['ga:sə] ⟨-n; -r⟩ Gaze f, Mull m; **~bind** [-ben?] Mullbinde f

gear [gi:?ʀ] ⟨-et; -⟩ AUTO Gang m; Getriebe n; **køre i andet ~** im zweiten Gang fahren; **skifte ~** schalten; **på højeste ~** fig auf Hochtouren

geare ['gi:ʀə] ~ **ned** AUTO zurückschalten

gear|kasse ['gi:?ʀkasə] Getriebegehäuse n, Schaltgetriebe n; **~mekanisme** [-meka'nismə] Getriebe n; **~olie** [-o:lje] Getriebeöl n; **~skift(e)** [-sgifd(ə)] Gangschaltung f, Schalten n; **~stang** [-sdaŋ?] AUTO Schalthebel m

gebet [ge'be:?d] ⟨-et; -er⟩ Gebiet n

gebis [ge'bis] ⟨-set; -ser⟩ (künstliches) Gebiss n

gebrokken [ge'brogən] Sprache: gebrochen; **tale ~t** radebrechen

gebrækkelig [ge'bʀɛgəli] gebrechlich; **~hed** [-he:ð?] ⟨-en; -er⟩ Gebrechlichkeit f

gebyr [ge'by:?ʀ] ⟨-et; -er⟩ Gebühr f

gebærde[1] [ge'bɛʀdə] ⟨-n; -r⟩ Gebärde f

gebærde[2] [ge'bɛʀdə] ~ **sig** sich gebärden

ged [ge:?ð] ⟨-en; -er⟩ Ziege f

gedde ['geðə] Hecht m

gede|buk ['ge:ðəbog] Ziegenbock m; **~bukkeskæg** [-bogəsgɛ:?g] fig Ziegenbart m; **~hams** [-ham?s] Hornisse f; **~kid** [-kið] ⟨-en; -e⟩ Ziegenlamm n, Zicklein n; **~marked** [-maʀgəð] n fig Zirkus n; **~mælk** [-mel?g] Ziegenmilch f; **~ost** [-osd] Ziegenkäse m; **~skind** [-sgen?] Ziegenleder n; Ziegenfell n

gedigen [ge'di:?ən] gediegen

gedulgt [ge'dul?d] heimlich

gehalt [ge'hal?d] ⟨-en⟩ Gehalt m

gehør [ge'hø:?ʀ] ⟨et⟩ Gehör n

gejl [gaı?l] geil

gejle ['gaılə] ~ **op** aufgeilen; fig aufwiegeln, aufhetzen, anfeuern

gejser [gaı?sər] ⟨-en; -e⟩ Geysir od Geiser m

gejst [gaı?sd] ⟨-en; -er⟩ Geist m; Inspiration f

gejstlig [gaısdli] geistlich; **en ~** Geistliche(r) m; **~hed** [-he:ð?] ⟨-en⟩ Geistlichkeit f

gelassen [ge'lasən] emsig, beflissen

gele, gelé [sje'le] ⟨geleen; geleer⟩ Obst: Gelee n, Aspik n, Gallert n; **~agtig** [-agdi] geleeartig, gallertartig

geled [ge'le?ð] ⟨-et; -led⟩ MIL Glied n; **i række og ~** in Reih und Glied

gelænder [ge'lɛn?əʀ] ⟨-et; -e⟩ Geländer n

gemak [ge'mag] ⟨-ket; -ker⟩ Gemach n

gemal [ge'ma:?l] ⟨-en; -er⟩ Gemahl m; **~inde** [-mal'enə] ⟨-n; -r⟩ Gemahlin f

gemen [ge'me:?n] gemein; gewöhnlich; **~hed** [-he:ð?] ⟨-en; -er⟩ Gemeinheit f

gemme[1] ['gɛmə] ⟨-t; -r⟩ Verwahrungsort m, Versteck n

gemme[2] ['gɛmə] ⟨-te⟩ verstecken; aufbewahren, aufheben, verwahren; aufsparen; EDV speichern

gemme|frugt ['gɛmə?frogd] Dauerobst n; **~leg** [-laı?] Versteckspiel n; **~sted** [-sdɛð] Versteck n; Verwahrungsort m

gemyse [ge'my:sə] ⟨-t; -r⟩ Gemüse n

gemyt [ge'myd] ⟨-tet; -ter⟩ Gemüt n; **~lig** [-li] gemütlich, lustig, fidel

gen [ge:?n] ⟨-et; -er⟩ Gen n

genanskaffe ['gɛnansgafə] wiederbeschaffen, wieder anschaffen

genanvende ['gɛnanven?ə] → **genbruge**; **~lig** [-'vɛn?əli] → **genbrugelig**

gen|besøg ['gɛnbesø:?] Gegenbesuch m; **~billede** [-bɛlðə] Abbild n

genbo ['gɛnbo:?] ⟨-en; -er⟩ Nachbar(in) m(f) vis-a-vis, Gegenüber n; **~erske** [-ɔʀsgə] ⟨-n; -r⟩ Nachbarin f vis-a-vis, Gegenüber n

genbrug ['gɛnbʀu:?] ⟨-en od -et⟩ Recycling n, Wiederverwertung f

genbruge ['gɛnbʀu:?ə] wiederverwenden, wiederverwerten; **~lig** [-'bʀu:?əli] wiederverwendbar, wiederverwertbar

genbrugs|butik ['gɛnbʀu:sbu'tig] Secondhandladen m, Altwarengeschäft n; **~flaske** [-flasgə] Pfandflasche f, Mehrweg- f; **~papir** [-pa'pi:?ʀ] Recyclingpapier n, F Umweltpapier n

genbyrd ['gɛnby:?ʀd] poet Wiedergeburt f

gendrive ['gɛndʀi:?və] widerlegen; **~lse** [-lsə] ⟨-n; -r⟩ Widerlegung f

gene ['sje:nə] ⟨-n; -r⟩ Unannehmlichkeit f, Belästigung f; Beeinträchtigung f, Behinderung f

genelske ['gɛnel?sgə] wiederlieben

general [gɛnə'ʀɑ:?l] ⟨-en; -er⟩ MIL General m; **~direktor** [-diʀɛg'tø:?ʀ] Generaldirektor m; **~forsamling** [-fɔʀ'sam?leŋ] Generalversammlung f, Vollversammlung f; **~prøve** [-pʀø:və] Generalprobe f

generation [gɛnəʀa'sjo:?n] ⟨-en; -er⟩ Generation f

generationsskifte [gɛnəʀa'sjo:?nssgifdə] Generationswechsel m

generator [gɛnə'ʀɑːtɔʀ] ⟨-en; -er⟩ TECH Generator m; AUTO Lichtmaschine f

genere [sje'ne:?ʀə] genieren (**sig** sich); belästigen

generende [sje'ne:?Rənə] lästig

genert [sje'ne:?Rɑ] schüchtern, verlegen

genetisk [ge'ne:?tisg] genetisch

gen|forening ['genfɔr'e:?neŋ] ⟨-en; -er⟩ Wiedervereinigung f; **~forhandling** [-fɔr'hanleŋ] Neuverhandlung f; **~forsikre** [-fɔr'segrə] rückversichern

genfortæll|e ['genfɔr'tɛl'ə] wiedererzählen; nacherzählen; **~ing** [-'tɛl'əŋ] ⟨-en; -er⟩ Wiedererzählung f; *Schule:* Nacherzählung f

genfærd ['gɛnfe:?R] ⟨-et; -⟩ Gespenst n

genfød|else ['genfø:?ðəlsə] ⟨-n; -r⟩, **~sel** [-føsəl] Wiedergeburt f

genganger ['genɡaŋər] ⟨-en; -e⟩ Gespenst n; Doppelgänger m; Wiederholung f

gengas ['gengas] (= **generatorgas**) Generatorgas n

gengive ['gengi:?(və)] wiedergeben; **~lse** [-əlsə] ⟨-n; -r⟩ fig Wiedergabe f; *langsom* ~ Zeitlupe f; **~r** [-gi:?vər] ⟨-en; -e⟩ Projektor m

gengæld ['gengɛl'?] ⟨-en⟩ Vergeltung f; *gøre* ~ sich revanchieren; *til* ~ *for* als Gegenleistung für (A); *~o* [ʌ] vergelten, erwidern; heimzahlen; **~else** [-əlsə] ⟨-n; -r⟩ Vergeltung f, Erwiderung f

gen|hilsen ['genhilsən] Gegengruß m; **~huse** [-hu:?sə] Mieter wieder unterbringen

genhør ['genhø:?R] ⟨-et; -⟩: *på ~!* TEL auf Wiederhören!

geni [sje'ni:?] ⟨-et; -er⟩ Genie n; **~alsk** [geni'a:?lsg] genialisch

genindfør|e ['genenfø:?Rə] wieder einführen; **~else** [-əlsə] Wiedereinführung f; **~sel** [-fø:?Rsəl] Wiedereinfuhr f

genind|lemmelse ['genenlem'?əlsə] Wiedereinverleibung f; **~sætte** [-sɛdə] wieder einsetzen

genistreg [sje'nisdrɑi'?] Geniestreich m

genitalier [geni'ta:?liər] pl Genitalien pl

gen|kalde ['genkal'?ə] zurückrufen (*ins Gedächtnis*); **~kende** [-kɛn'?ə] (wieder)erkennen; **~klang** [-klaŋ'?] fig Widerhall m, Anklang m; **~kærlighed** [-kɛrlihe:ð?] Gegenliebe f

genlyd ['gɛnly:?ð] Widerhall m, Echo n; *give ~*, **~e** [-ə] widerhallen

genløser ['genlø:?sər] ⟨-en; -e⟩ REL Erlöser m

genmæle ['genmɛ:lə] ⟨-et⟩ Erwiderung f; *tage til ~* erwidern

genne ['genə] treiben, jagen, scheuchen

gennem ['gɛn?əm] durch (A)

gennemarbejd|e ['gɛnəmarbai'?də] Buch durcharbeiten, sorgsam studieren, F fig durcharbeiten; **~else** [-lsə] ⟨-n; -r⟩, **~ning** [-bai'?dneŋ] ⟨-en; -er⟩ Durcharbeiten n, Durcharbeitung f

gennem|banke ['gɛnəmbaŋ'?gə] → **gennemprygle**; **~blade** [-bla:?ðə] durchblättern; **~blødt** [-blø:?d] durchnässt, durch(ge)weicht; **~bore** [-bo:?Rə] durchbohren; **~brud** [-bruð] Durchbruch m (a fig); **~bryde** [-bry:?ðə] durchbrechen

gennem|dannet ['gɛnəmdan'?əð] hoch gebildet, durch und durch gebildet; **~drøfte** [-drøfdə] durchsprechen; **~fart** [-fa:?Rd] ⟨-en; -er⟩ Durchfahrt f; **~fin** [-fi:?n] durch und durch fein; hoch kultiviert; **~forske** [-fɔRsgə] durchforschen

gennemfør|e ['gɛnəmfø:?Rə] durchführen; **~else** [-lsə] ⟨-n; -r⟩, **~ing** [-fø:?Reŋ] ⟨-en; -er⟩ Durchführung f; **~lig** [-'fø:?Rli] durchführbar; **~sel** [-fø:?Rsəl] ⟨-førs(e)len; -førsler⟩ *Transithandel:* Durchfuhr f (*von Waren*); **~t** [-fø:?Rd] adj ausgesprochen; vollendet, tadellos

gennemgang ['gɛnəmgaŋ'?] Durchgang m

gennemgangs|led ['gɛnəmgaŋsleð] Übergangsstufe f; **~lejr** [-lɑi'?R] Durchgangslager n

gennem|granske ['gɛnəmgran'?sgə] → **gennemforske**; **~gribende** [-gri:?bənə] durchgreifend, einschneidend

gennemgå ['gɛnəmgɔ'?] absolvieren, überprüfen; durchmachen; *Lernstoff* durchnehmen

gennemgående ['gɛnəmgɔ:?ɔnə] adj durchgehend; allgemein; adv durchgängig; im Allgemeinen; ~ *trafik* Durchgangsverkehr m; ~ *vogn* BAHN Kurswagen m

gennem|hegle ['gɛnəmhɑi'?lə] fig durchhecheln; **~hulle** [-hol'?ə] durchlöchern (a fig); **~køre** [-kø:?Rə] durchfahren

gennemkørsel ['gɛnəmkø:?Rsəl] Durchfahrt f; Torweg m; ~ *forbudt!* Durchfahrt verboten!

gennem|leve ['gɛnəmle:?və] durchleben; **~luftning** [-lofdneŋ] Durchlüftung f

gennemlys|e ['gɛnəmly:?sə] durchleuchten; **~ning** [-ly:?sneŋ] Durchleuchtung f

gennem|læse ['gɛnəmlɛ:?sə] durchlesen; **~løbe** [-lo:?bə] durchlaufen; durchfliegen; **~pløje** [-plɔi'?ə] durchpflügen; *Buch* durchackern, durcharbeiten; **~prygle** [-pRy:?lə] durchprügeln, F verhauen

gennemrejse[1] ['gɛnəmrɑisə] Durchreise f

gennemrejse[2] ['gɛnəmrɑi'?sə] durchreisen

gennem|rode ['gɛnɔmro:ʔðə] durchwühlen, durchschnüffeln; **~se** [-se:ʔ] durchsehen; **~sejling** [-sɑiʔleŋ] NAUT Durchfahrt f; **~sigtig** [-segdi] durchsichtig; **~skinnelig** [-'sgenʔəli] durchscheinend, lichtdurchlässig; **~skriftsformular** [-sgrefdsfɔrmu'la:ʔʁ], **~skrivningsformular** [-sgri:ʔvnɛŋsfɔrmu'la:ʔʁ] Durchschreibeformular n; **~skue** [-sgu:ʔə] fig durchschauen; **~skuelig** [-'sgu:ʔəli] durchschaubar, durchsichtig; **let ~** leicht zu durchschauen

gennemskær|e ['gɛnɔmsgæ:ʔrə] durchschneiden; **~ing** [-sgɛ:ʔreŋ] Durchschneidung f; BAHN Einschnitt m, Durchstich m

gennemslag ['gɛnɔmsla:ʔ] Durchschlag m; Durchschrift f

gennemslags|kraft ['gɛnɔmsla:skrɑfd] Durchschlagskraft f (a fig); **~papir** [-pa'pi:ʔʁ] Durchschlagpapier n

gennemsnit ['gɛnɔmsnid] Durchschnitt m; Querschnitt m; **i ~** im (Durch)Schnitt; **~lig** [-li] durchschnittlich

gennem|stege ['gɛnɔmsdɑiʔə] durchbraten; **~støve** [-sdø:ʔvə] durchstöbern; **~svedt** [-sve:ʔd] durchgeschwitzt; **~syn** [-sy:ʔn] Durchsicht f; Buch: Ansicht f; Akten: Einsicht f; **~syre** [-sy:ʔʁə] durchsäuern; fig durchdringen

gennemsøg|e ['gɛnɔmsø:ʔə] durchsuchen; **~ning** [-sø:ʔneŋ] ⟨-en; -er⟩ Durchsuchung f

gennem|trawle ['gɛnɔmtʁɔ:ʔlə] durchkämmen, abklappern; **~trumfe** [-tʁɔmʔfə] durchdrücken, durchsetzen

gennemtræk¹ ['gɛnɔmtʁɛg] ⟨-ken⟩ Durchzug m, Zugluft f

gennemtræk² ['gɛnɔmtʁɛg] ⟨-ket; -⟩ Vögel: Durchzug m; Personal: Fluktuation f

gennemtrænge ['gɛnɔmtʁɛŋʔə] durchdringen; **~lig** [-'tʁɛŋʔəli] durchlässig; **~nde** [-nə] durchdringend, schneidend

gennemtænk|e ['gɛnɔmtɛŋʔgə] durchdenken; **~t** [-tɛŋʔd] (wohl) durchdacht

gennem|tære ['gɛnɔmtɛ:ʔʁə] Rost: durchfressen; **~varm** [-vɑʁʔm] durch und durch warm, ganz warm; **~væde** [-ve:ʔðə] durchnässen, durchtränken; **~våd** [-vɔ:ʔð] durch und durch nass, F pitsch(e)nass

genop|bygge ['gɛnɔbygə] wieder aufbauen; **~friske** [-fresgə] wieder auffrischen; **~føre** [-fø:ʔʁə] wieder aufführen; **~ladelig** [gɛnɔb'la:ʔðəli] EL wiederaufladbar; **~leve** [-le:ʔvə] wieder erleben

genopliv|e ['gɛnɔbli:ʔvə] wieder beleben; **~ningsforsøg** [-li:ʔvnɛŋsfɔr'sø:ʔ] pl Wiederbelebungsversuche pl

genop|rette ['gɛnɔbʁɛdə] wiederherstellen; nachholen; **~rettelse** [-lsə] Wiederherstellung f; **~ruste** [-ʁɔsdə] wieder aufrüsten; **~tage** [-ta:ʔə] wieder aufnehmen; **~tryk** [-tʁøg] TYP Wiederabdruck m; **~træden** [-tʁɛ:ʔðən] Wiederauftreten n; **~træne** [-tʁɛ:ʔnə] Patienten rehabilitieren

genpart ['gɛnpa:ʔʁd] Abschrift f, Doppel n, Kopie f; **bekræftet ~** beglaubigte Abschrift f

genre ['gjɑŋʁə] ⟨-n; -r⟩ Genre n, Gattung f, Art f; **~billede** [-belɔðə] Genrebild n

gen|rejsning ['gɛnʁɑiʔsneŋ] Wiedererrichtung f; Wiederaufbau m; **~salgsværdi** [-sal'svɛʁ'di:ʔ] Wiederverkaufswert m; **~se** [-se:ʔ] wieder sehen (**hinanden** sich)

genser ['gɛnʔsəʁ] ⟨-en; -e⟩ dicker (Seemanns)Pullover m

gensidig ['gɛnsi:ʔði] gegenseitig; **~hed** [-he:ð] ⟨-en⟩ Gegenseitigkeit f

genskabe ['gɛnsga:ʔbə] nachschaffen, nachbilden

gen|skin ['gɛnsgɛnʔ], **~skær** [-sgɛ:ʔ] Widerschein m; fig Abglanz m

genspejl|e ['gɛnsbɑiʔlə] widerspiegeln; **~ing** [-sbɑiʔleŋ] ⟨-en; -er⟩ Widerspiegelung f

gensplejsning ['ge:ʔnsblɑisneŋ] ⟨-en; -er⟩ Genmanipulation f

genstand ['gɛnsdanʔ] ⟨-en; -e⟩ Gegenstand m; F Gläschen n

genstands|fald ['gɛnsdansfalʔ] GRAM Wenfall m; **~led** [-leð] GRAM Objekt n; **~løs** [-lø:ʔs] Malerei: gegenstandslos, abstrakt

genstridig [gɛn'sdʁiʔði] widerspenstig, F bockig

gensvar ['gɛnsva:ʔʁ] Entgegnung f (Antwort); **~e** [-ə] entgegnen

gensyn ['gɛnsy:ʔn] ⟨-et; -⟩ Wiedersehen n; **på ~!** auf Wiedersehen!

gentage ['gɛnta:ʔ(j)ə] wiederholen; nachsprechen; **gentagne gange** zu wiederholten Malen, wiederholt; **~lse** [-əlsə] ⟨-n; -r⟩ Wiederholung f

gentjeneste ['gɛntjɛ:nəsdə] Gegendienst m

gentlemanaftale ['djɛndlma:nɑüta:lə] Gentleman's Agreement n

gen|udsende ['gɛnʔuðsənʔə] TV, Radio: wiederholen; **~udsendelse** [-uðsənʔəlsə] TV usw Wiederholung f; **~valg**

[-val?] Wiederwahl f

genvej ['gεnvai?]: *skyde ~ Weg: e-e* Abkürzung nehmen

gen|vinde ['gεnvεn'ə] wiedergewinnen; **~visit** [-vi'sid] Gegenbesuch m; **~vælge** [-vεl?jə] wiederwählen; **~ydelse** [-y:ðəlsə] Gegenleistung f; **~åbne** [-ɔ:?bnə] wieder eröffnen

geografi [geográ'fi:?] ⟨-en; -er⟩ Geografie f, Erdkunde f; **~isk** [-isg] geografisch

geolog [geo'lo:?] ⟨-en; -er⟩ Geologe m, Geologin f; **~isk** [-wisg] geologisch

geometri [geome'tri:?] ⟨-en; -er⟩ Geometrie f; **~sk** [-'me:?rɪsg] geometrisch

georgine [geɔ'gi:nə] ⟨-n; -r⟩ Dahlie f

gerere [ge'rε:?rə]: **~ sig** sich benehmen

germaner [gεr'ma:?nɔr] ⟨-en; -e⟩ Germane m, Germanin f

gerne ['gεrnə] gern; gewöhnlich; *for mig ~f* meinetwegen!; *du må ~ rejse* du darfst reisen; *det kan ~ være* (es) mag schon sein

gerning ['gεrnεŋ] ⟨-en; -er⟩ Tat f, Werk n; Arbeit f

gernings|mand ['gεrnεŋsman?] Täter m; **~sted** [-sdeð] Tatort m

gerrig ['gεri] geizig; **~hed** [-he:ð?] ⟨-en⟩ Geiz m

geråde [ge'rɔ:?ðə]: *scherzh ~ i raseri* in Wut geraten

gesandt [ge'san?d] ⟨-en; -er⟩ Gesandte (der, die); **~skab** [-sga:?b] ⟨-et; -er⟩ Gesandtschaft f

geschæft, gesjæft [ge'sjεfd] ⟨-en; -er⟩ F (unseriöses) Geschäft n

geschæftig, gesjæftig, geskæftig [ge'sjεfdi] geschäftig, (allzu) emsig

gestus ['gεsdus] ⟨-(s)en; -⟩ Geste f

gesvindt [ge'sven?d] schnell

gevaldig [ge'val?di] gewaltig, kolossal

gevalt [ge'val?d] ⟨-en⟩: *skrige* (od *råbe*) *~* um Hilfe rufen

gevind [ge'ven?] ⟨-et; -⟩ TECH Gewinde n; *dreje over ~* überdrehen; *gå over ~* überdreht werden; *fig* ausrasten; **~skærer** [-sgε:rər] Gewindeschneider m

gevinst [ge'ven?sd] ⟨-en; -er⟩ Gewinn m

gevir [ge'vi:?r] ⟨-et; -er⟩ Geweih n

gevær [ge'vε:?r] ⟨-et; -er⟩ MIL Gewehr n; **~løb** [-lø:?b], **~pibe** [-pi:bə] Gewehrlauf m

ghettoblaster ['gεtoblasdər] ⟨-en; -e⟩ Ghettoblaster m, *tragbare Musikanlage*

gib [gib] ⟨-et; -⟩ Ruck m; *det gav et ~ i mig* ich schrak zusammen

gibbe ['gibə]: *det ~r i mig* F ich schrecke zusammen

gibbernakker ['gibərnagɔr] ⟨-en; -e⟩ F Seelenwärmer m (*Schnaps*)

gid [gi:?ð] wenn nur; *~ han snart ville gå!* wenn er nur bald gehen würde!

gide ['gi:ðə] ⟨gad; *gidet*⟩ mögen; *jeg ~r ikke* ich habe keine Lust; *at du ~r!* dass du dazu Lust hast!; *jeg gad vide* (od *vidst*) ich möchte wissen

gidsel ['gisəl] ⟨*gids(e)let; gidsler*⟩ Geisel f; **~tager** [-ta:?ɔr] ⟨-en; -e⟩ Geiselnehmer m; **~tagning** [ta:?nεŋ] ⟨-en; -er⟩ Geiselnahme f

giffel [gifəl] ⟨*gif(fe)len; gifler*⟩ (*Gebäck*) *etwa*: Hörnchen n

gift[1] [gifd] ⟨-en; -e⟩ Gift n

gift[2] [gifd] verheiratet, verehelicht(e); *blive ~,* → *gifte sig*

giftbrod ['gifdbrɔð] Giftstachel m

gifte ['gifdə] heiraten; *~ sig* (*med én j-n*), sich verehelichen, sich verheiraten; *~ bort Tochter* verheiraten; *de har ~t sig* sie haben geheiratet; *hun vil ~s med ham* sie will ihn heiraten; **~foged** [-fo:əð] Standesbeamte m, Standesbeamtin f; **~færdig** [-fεr?di] heiratsfähig

Giftekniv ['gifdəkni:?v]: *Kirsten ~* Ehestifterin f

gifte|lysten ['gifdələsdən] heiratslustig; **~moden** [-mo:?ðən] heiratsfähig; **~navn** [-naũ?n] Ehename m; **~ring** [-rεŋ?] Trauring m

giftermål ['gifdərmɔ:?l] ⟨-et; -⟩ Heirat f, Eheschließung f

gifte|syg ['gifdəsy:?] heiratslustig; **~tanker** [-taŋgər] *pl* Heiratsgedanken m/pl; *gå i ~* sich mit Heiratsgedanken tragen, Hochzeitspläne schmieden

giftig ['gifdi] giftig (a *fig*); **~grøn** [-grεn?] giftgrün; **~hed** [-he:ð?] ⟨-en⟩ Giftigkeit f; *giftige Bemerkung f*

gigt [gigd] ⟨-en⟩ Gicht f, Rheuma(tismus) n(m); **~feber** ['-fe:?bər] Gelenkrheumatismus m; **~plaget** ['-pla:əð]: *være ~* vom Rheuma geplagt sein; **~ramt** ['-ramd] gichtig, gichtisch, rheumatisch; **~smerter** ['-smεrdər] *pl* Rheumaschmerzen m/pl, F Reißen n/pl; **~svag** ['-sva:?] gichtig, gichtkrank

gik [gig] → *gå*

gilde[1] ['gilə] ⟨-t; -r⟩ Gelage n, Fest n, Schmaus m; Gilde f; *betale ~t fig* die Zeche bezahlen

gilde[2] ['gilə] verschneiden, kastrieren

gildestue ['giləsdu:ə] Partyraum m

gips [gibs] ⟨-en⟩ Gips m; **~afstøbning** ['-aũsdøb:?bnen] Gipsabguss m; **~bandage** ['-ban'da:sjə] Gipsverband m; **~e**

['-ə] gipsen

giraf [gi'raf] ⟨-fen; -fer⟩ Giraffe f

girer|e [sji'ʀeːˀʀə] im Postgiroverkehr Geld überweisen; **~ing** [-'ʀeːˀʀeŋ] ⟨-en; -er⟩ Überweisung f

giro ['sjiːʀo] ⟨-en; -er⟩ Giro n; **~blanket** [-blɑŋ'kɛd], **~(indbetalings)kort** [-(ɛnbeˈtaːˀleŋs)koʀd] Zahlkarte f; **~konto** [-konto] Girokonto n, Postgirokonto n; **~kontor** [-kon'toːˀʀ] Postgiroamt n

gisn|e ['gisnə] vermuten; **~ing** [-neŋ] ⟨-en; -er⟩ Vermutung f

gisp [gisb] ⟨-et; -⟩ Schnappen n nach Luft, kurzer Atemzug m; **~e** ['-ə] japsen, keuchen

gitter ['gidəʀ] ⟨-et; gitre⟩ Gitter n, Gatter n

give [gi:ˀ, 'giːvə] ⟨gav; givet⟩ geben; schenken; verschenken; spendieren; stiften, spenden; verabreichen; **Summe** ergeben; **det ~r godt** F es wirft viel ab; **hvad ~r du mig!?** hast du Worte!?; **~ sig** nachgeben (a fig); stöhnen, jammern; **~ sig tid** sich Zeit lassen; **~ sig af med ngt.** sich mit etw abgeben (od befassen); **~ bort** weggeben; **~ efter** nachgeben; **~ for** Schule aufgeben; **jeg ville ~ meget for at opnå det!** ich gäbe etw darum, das zu erreichen!; **~ fra sig** von sich geben, weggeben; **~ fri** Schule: freigeben; **~ hen** fig hingeben; **~ sig i færd med ngt.** sich an etw (A) machen; **~ sig i snak med én** ein Gespräch mit j-m anfangen; **~ igen** Geld herausgeben; zurückgeben (a fig); **~ ind** eingeben; **~ op** aufgeben; **~ én ngt. på** j-m etw anziehen; **~ til** (hin)zugeben; **~ til bedste** zum Besten geben; **~ sig til ngt.** sich an etw machen; **~ til kende** zu erkennen geben; **~ tilbage** zurückgeben; **~ ud** ausgeben; **~ sig ud for ngt.** sich für etw ausgeben; **~ videre** weitergeben; **der ~s ...** es gibt ... (A); an ['giːvən] gegeben; **i ~t fald** gegebenenfalls

giver ['giːvəʀ] ⟨-en; -e⟩ Geber(in) m(f), Spender(in) m(f)

givet ['giːvəð] → **given**

givetvis ['giːvəðviːˀs] bestimmt, zweifellos, sicherlich

givtig ['giŭti] fruchtbar

gjalde ['gjalə] gellen, hallen

gjaldt [g(j)alˀd] → **gælde**

gjord [gjoːˀʀ] ⟨-en; -e⟩ Gurt m

gjorde ['gjoːʀə], **gjort** [gjoːˀʀd] → **gøre**

glad [glað] froh, freudig, fröhlich, vergnügt, erfreut; **det ~e vanvid** helle(r) Wahnsinn m; **en ~ aften** ein lustiger Abend; **være ~ for** (sehr) mögen; froh

sein (dass); **~elig** ['glaːðəli] mit Freuden, sehr gern

glam [glamˀ] ⟨-met; -⟩ Gebell n; **~me** ['glamə] bellen

glane ['glaːnə] glotzen, gaffen

glans [glanˀs] ⟨-en⟩ Glanz m; **~fuld** ['-fulˀ] glanzvoll; **~lys** [-lyːˀs] Glanzlicht n; **~los** ['-løːˀs] glanzlos

glarmager ['glɑʀmaːˀɑ̯ʀ] ⟨-en; -e⟩, **glarmester** ['glɑʀmɛsdəʀ] Glaser(meister) m

glas [glas] ⟨-set; -⟩ Glas n (a NAUT); **to ~ øl** zwei Glas Bier; **der bliver slået 8 ~** NAUT es schlägt 8 Glasen; **slå ~** NAUT glasen; **tage sig et ~** sich ein Gläschen gönnen; **~agtig** ['-ɑgdi] glasartig; glasig

glasblæser ['glasbleˀˀsɑʀ] Glasbläser m

glasere [gla'seːˀʀə] glasieren

glas|hytte ['glashydə] → **glasværk**; **~klar** [-klɑːˀʀ] glasklar, glashell; **~ montre** [-montʀə] Vitrine f; **~puster** [-puːˀsdəʀ] ⟨-en; -e⟩ → **glasblæser**; **~skærer** [-sgeːʀəʀ] ⟨-en; -e⟩ Glasschneider m; **~skår** [-sgɔˀʀ] n Glasscherbe f

glasur [gla'suːˀʀ] ⟨-en; -er⟩ Glasur f; (Zucker)Guss m

glasværk ['glasvɛʀg] Glashütte f

glat [glad] glatt; glitschig, schlüpfrig, rutschig; **~ føre** Glätte f; **~ væk** glattweg, schlankweg; **give én det ~ lag** j-n scharf zurechtweisen, F fig j-n zusammenstauchen; **~barberet** ['-bɑʀˀbeːˀʀɔð] glatt rasiert; **~føre** ['-føːʀə] Glätte f; **~hed** [-heːðˀ] ⟨-en⟩ Glätte f; **~is** ['-iːˀs] Glatteis n; **~sleben** ['-sleːbən] glatt geschliffen

glatte ['glaðə]: **~ ud** glätten; fig ausgleichen

gled[1] [gleð] su: **komme på ~** in Gang kommen; **få munden** (od tungen) **på ~** gesprächig (od redselig) werden

gled[2] [gleːˀð], **~et** ['gleːðəd] → **glide**

glemme[1] ['glemə] su: **gå i** (od ad) **~** in Vergessenheit geraten

glemme[2] ['glemə] ⟨-te⟩ vergessen, verlernen; **~ sig selv** sich vergessen

glemmebogen ['glemaboːˀˀwən]: **gå i ~** in Vergessenheit geraten; **det lader vi gå i ~!** das vergessen wir besser!

glemsel ['glemˀsəl] ⟨glems(e)len⟩ Vergessen n; Vergessenheit f

glemsom ['glemsomˀ] vergesslich

glide ['gliːðə] ⟨gled; gledet⟩ gleiten; (aus)rutschen; schlittern, glitschen; **nu ~r jeg!** F ich schwirre jetzt ab!, ich mach' mich jetzt auf den Weg!; **arbejdet ~r** F die Arbeit flutscht; **~ bort** Zeit: vergehen, verrinnen; **~ bort fra hinanden** *Ehe*: sich auseinanderleben; **~ hen over ngt.** über *etw* (A) hinweggehen; **~ ned** hinunterrutschen; **vi er gledet!** F wir sind schon weg!

glide|bane ['gli:ðəba:nə] Schlitterbahn *f*; **~dør** [-dœ:ˀʀ] Schiebetür *f*; **~flugt** [-flogd] Gleitflug *m*

glimmer ['glemˀəʀ] ⟨-en *od* -et⟩ Schimmer *m*; MINER Glimmer *m* (**a** *Weihnachtsschmuck*)

glimre ['glemʀə] schimmern, glänzen (**a** *fig*); **~ ved sin fraværelse** *iron* durch Abwesenheit glänzen; **~nde** [-nə] *fig* glänzend

glimt [glemˀd] ⟨-et; -⟩ Schimmer *m*, Blitz *m*; **vi så kun** (*og lige*) **et ~ af hende** wir haben sie nur flüchtig gesehen; **med et ~ i øjet** mit einem Augenzwinkern; **~vis** ['glemdə] schimmern, aufblitzen; **~vis** ['glemvi:ˀs] für Augenblicke, ab und zu; flüchtig

glinse ['glenˀsə] glänzen

glip [gleb] *gå* **~ af ngt.** *etw* verpassen

glippe ['glebə] blinzeln, zwinkern; fehlschlagen; versagen

glitre ['glidʀə] glitzern

glitte ['glidə] glätten; **~t papir** satiniertes Papier *n*

glo [glo:ˀ] gaffen, F glotzen; **~ på** angaffen, begaffen, F anglotzen

globe ['glo:bə] ⟨-n; -r⟩ → **globus**

globryllup ['glo:ˀbʀøləb]: **være til ~** Zaungast bei e-r Hochzeit sein

globus ['glo:bus] ⟨-(s)en; -(s)er⟩ Globus *m*

gloende ['glo:ənə] glühend; feurig; **~hede** Gluthitze *f*

glohed ['glohe:ðˀ] glühend heiß

glorie ['glo:ˀʀiə] ⟨-n; -r⟩ Glorie *f*; Heiligenschein *m*

glorød ['glo:ʀø:ˀð] glutrot

glosar [glo:sɑ:ˀʀ] ⟨-et; -er⟩ Glossar *n*, Wörterverzeichnis *n*

glose ['glo:sə] ⟨-n; -r⟩ Vokabel *f*, Wort *n*; **~forråd** [-fɒʀɒˀð] Vokabelschatz *m*, Wortschatz *m*

glossar → **glosar**

glubende ['glu:bənə] reißend, grimmig; **~ appetit** Wolfshunger *m*

glubsk [glubsg] wild, bissig

glug [glug] ⟨-gen; -ger⟩ Guckloch *n*; **spile ~gerne op** F die Augen aufsperren; **~hul** ['-hol] Guckloch *n*

gluten ['glutən] ⟨-et⟩ Kleber *m*, Gluten *n*

glæde[1] ['gle:ðə] ⟨-n; -r⟩ Freude *f* (*over/*über *A*); **af ~** vor Freude; **med ~!** herzlich gern!

glæde[2] ['gle:ðə] freuen (**sig** sich; **ved/**an

D; **over/**über *A*; **til/**auf *A*); erfreuen

glædelig ['gle:ðəli] erfreulich, freudig; froh, fröhlich; **~ jul!** fröhliche Weihnachten!; **~ påske!** frohe Ostern!; **~t nytår!** pros(i)t Neujahr!; **~vis** [-vi:ˀs] erfreulicherweise

glædeløs ['gle:ðəlø:ˀs] freud(los)

glædes|dag ['gle:ðəsda:ˀ] Freudentag *m*; **~løs** [-lø:ˀs] → **glædeløs**

glædestrålende ['gle:ðəsdʀɒ:lənə] freudestrahlend

gløde [glø:ˀð] ⟨-en; -er⟩ Glut *f*; **som på ~er** *fig* wie auf Kohlen

gløde ['glø:ðə] glühen, glimmen; **~nde** glühend (**a** *fig*); **~lampe** [-lɑmbə] Glühbirne *f*; Glühlampe *f*

glødhede ['glø:ðhe:ðə] Gluthitze *f*

gløgg [gløg] ⟨-en; -⟩ Weihnachtsgetränk: Glühwein *m* (*nach skandinavischer Art*)

gnalling ['gnaleŋ] ⟨-en; -er⟩ Happen *m*, Bissen *m*, Stückchen *n*

gnaske ['gnasgə] knabbern (*på/*an *D*)

gnave ['gna:və] nagen, knabbern; *Schuh*: scheuern; **~ af** abnagen, abknabbern; **~ over** durchnagen; **~ over ngt.** wegen *etw* (*G*) mürrisch sein

gnaven ['gna:vən] mürrisch, griesgrämig, muff(e)lig, brummig, grantig; **~hed** [-he:ðˀ] mürrische(s) Wesen *n*, üble Laune *f*, Grantigkeit *f*

gnav|er ['gna:vəʀ] ⟨-en; -e⟩ Nager *m*, Nagetier *n*; **~eri** [gna:vəˀʀi:ˀ] ⟨-et; -er⟩ schlechte Laune *f*, Nörgelei *f*; **~potte** ['gnɑ̃ũpɔdə] Griesgram *m*, Nörgler *m*

gned, **~et** → **gnide**

gnidder ['gniðˀəʀ] ⟨-et⟩ zo Nisse *f*; *Schrift*: Gekritzel *n*

gnide ['gni:ðə] ⟨gned; gnedet⟩ reiben; rubbeln; **~ ind** *Haut* einreiben; **~ itu** zerreiben; **~ sig i hænderne** sich die Hände reiben; **~ sig op ad én** sich *j-m* aufdrängen, sich bei *j-m* anbiedern; **~billede** [-belðə] Rubbelbild *n*; **~ri** [-ˀʀi:ˀ] ⟨-et; -er⟩ Reiberei *f*, Zwist *m*

gnidning ['gniðneŋ] ⟨-en; -er⟩ Reibung *f*; **~er** Reibereien *f*/*pl*, Zwist *m*

gnidningsløs ['gniðneŋslø:ˀs] reibungslos

gnidre ['gniðʀə] kritzeln; **~t** *Schrift*: krit(e)lig, gekritzelt

gnidsel ['gnisəl]: (*der blev gråd og*) **tænders ~** (es gab Heulen und) Zähneklappern *n*

gnie|pind ['gni:əpenˀ], **~r** [-ʀ] ⟨-en; -e⟩ Geizhals *m*, F Knauser *m*, Knicker *m*

gnieragtig ['gni:ʀɑgdi] geizig, F knaus(e)rig

gnikke ['gnigə] *Augen* reiben

gnist [gnisd] ⟨-en; -er⟩ Funke(n) *m*; **ikke** ~ keinen Funken, kein Fünkchen, keinen Schimmer (*af* von); **~re** ['-rə] sprühen (*a fig*); **~regn** ['-rɑiˀn] Funkenflug *m*

gnubbe ['gnobə] reiben, scheuern, rubbeln; ~ **sig op ad én** sich *j-m* aufdrängen, sich bei *j-m* anbiedern; **~billede** [-beləðə] Rubbelbild *n*

gny [gnyːˀ] ⟨-et⟩ *poet* Getöse *n*

go [goŭ] ⟨et⟩ F Schwung *m*

god [goːˀ(ð), go], **godt** [gɔd] *n* gut; gütig; *Zeit*: reichlich, genug; **~ morgen (dag, aften)!** guten Morgen (Tag, Abend)!; **~ nat!** gute Nacht!; **~ jul!** frohes Fest (*Weihnachten*)!; **~t nytår!** Prost Neujahr!; et godt nyt år!; **vær så ~!** bitte sei(en Sie) so gut!; **det er ~t** es ist gut; **det er det ~t!** jetzt ist's aber gut!, jetzt reicht's!; Schluss jetzt!; ~ **til at tegne** gut im Zeichnen; **hun er ~ nok!** F sie ist in Ordnung!; **han er ~t dum!** F er ist ganz schön blöd!, er ist schön dumm!; **~t nok** gut genug!; zwar; **jeg har det ~t** mir geht's gut; **hav det ~t!** lass es dir gut gehen; **så kan han have det så ~t!** dann muss er selbst weitersehen!; **det har ~ tid** das hat Zeit; **en ~ time** *e-e* gute (*od* reichliche) Stunde; **~t og vel** gut und gerne; **det ved jeg ~t** das weiß ich schon; **De må ~t ...** Sie dürfen gern ...; **du må ~t ...** du darfst gern ...; **det er ~t gjort** es ist gut gemacht; F allerhand!, so *e-e* Frechheit!; **det kan ~t være** das mag (schon) sein, das ist leicht möglich; **børnene har ~t af sol** Sonne tut den Kindern gut; **det har han ~t af!** das geschieht ihm recht!, das schadet ihm gar nichts; **hvad skal det være ~t for?** was soll (denn) das?; **i ~ tid** zeitig; **have ~t med penge** viel Geld haben; **det er ~t for meget af det ~e** des Guten zu viel; **tage én med det ~e** *j-n* mit Güte behandeln; **for meget af det ~e** des Guten zu viel; **tage én med det ~e** *j-n* mit Güte behandeln; **have penge til ~e** Geld guthaben; **ih, du ~este!** ach du meine Güte!

godaften [goˀafdən] ~! guten Abend!

god|artet ['goðɑːˀðəð] gutartig; **~bid** [-biːˀð] ⟨-en; -der⟩ Leckerbissen *m*, Leckerei *f*

goddag [goˀdaːˀ] ~! guten Tag!

gode¹ ['goːðə] ⟨-t; -r⟩ Gut *n*; Vorteil *m*, Vorzug *m*

gode² ['goːðə] → **god**

godgøren|de ['goðgøːˀrənə] wohltätig, mildtätig; **~hed** [-gɛːˀrɔnheːðˀ] ⟨-en⟩ Wohltätigkeit *f*, Mildtätigkeit *f*

god|hed ['goðheːðˀ] ⟨-en⟩ Güte *f*; **~hjer-**

tet [-jɛrdəð] gutherzig

godkende ['goðkɛnˀə] gutheißen, genehmigen; **~lse** [-lsə] ⟨-n; -r⟩ Billigung *f*

godlidende ['goðli:ˀðənə] angenehm, liebenswürdig

godmodig [goðˀmoːˀði] gutmütig

godmorgen [goˀmɔːrn] ~! guten Morgen!

godnat [goˀnad] ~! gute Nacht!; **~kys** [-køs] Gutenachtkuss *m*

gods¹ [gɔs] ⟨-et⟩ Gut *n*; Güter *n/pl*

gods² [gɔs] ⟨-et; -er⟩ (Land)Gut *n*

gods|banegård ['gosbaːnəgɔːˀr] Güterbahnhof *m*; **~ejer** ['gɔjˀər] ⟨-en; -e⟩ Gutsbesitzer *m*; **~ekspedition** [-ɛgsbedi-'sjoːˀn] BAHN Güterabfertigung *f*

godskrive ['goðsgriːˀvə] gutschreiben

gods|tog [gostoːˀ] Güterzug *m*; **~vogn** [-vɔwˀn] BAHN Güterwagen *m*, Waggon *m*

godt [gɔd] → **god**

godtage ['goðtaːˀjə] gutheißen

godte¹ ['gɔdə] ⟨-n; -r⟩ Bonbon *m*, *n*, Süßigkeit *f*, Näscherei *f*, Nascherei *f*

godte² ['gɔdə] weiden (*sig* sich, *over*/an *D*)

godtepose ['gɔdəpoːsə] *e-e* Tüte *f* voller Näschereien

godtfolk ['gɔdfɔlˀg] *pl*, *lit* (gute, brave) Leute *pl*; **være kommet af ~** aus guter Familie sein

godtgøre ['gɔdgœːˀrə] ersetzen, vergüten; beweisen; **~lse** [-lsə] ⟨-n; -r⟩ Vergütung *f*, Entschädigung *f*

godtkøbs ['gɔdkøˀbs] wohlfeil, billig (*a fig*); **~ roman** Hintertreppenroman *m*, Groschenroman *m*; **~kram** [-krɑmˀ], **~varer** [-vɑːrər] *pl* billige(r) Kram *m*

godtroende ['gɔdtroːˀənə] gutgläubig

godvillig ['goðvilˀi] gutwillig

gok [gɔg] ⟨-ket; -⟩ F Schlag *m* (*auf den Kopf*)

gokart ['goŭkɑrd] ⟨-en; -er *od* -s⟩ Gokart *m*

gokke ['gɔgə] F: **~ én** *j-n* bewusstlos schlagen; *j-m e-n* Schlag auf den Kopf geben

gold [gɔlˀ] unfruchtbar (*a fig*); *Kuh*: trocken, gelt, galt; BOT taub

golf|bane ['gɔlˀfbaːnə] Golfplatz *m*; **~kugle** [-kuːlə] Golfball *m*; **~kølle** [-køːlə] Golfschläger *m*

gom [gɔmˀ] ⟨-men; -me⟩ F Bräutigam *m*

gondol [gɔnˀdoːˀl] ⟨-en; -er⟩ Gondel *f*

gong [gɔŋ] ⟨-en; -er⟩ Gong *m*; **~e** [-'ə] gongen

gongong [gɔnˀgɔŋ] ⟨-en; -er⟩ Gong *m*

gople ['goblə] ⟨-n; -r⟩ Qualle *f*

G

gotisk ['goː?tisg] gotisch; ~ **skrift** Fraktur(schrift f) f

goutere [guˈteːʔʀə]: ~ **ngt**. Geschmack (od Gefallen) an etw (D) finden

grab [gʀab] ⟨-ben; -ber⟩ TECH Greifer m

grabbe ['gʀabə] ⟨-n; -r⟩ F Hand f, Pfote f; **væk med ~rne!** Hände (od Pfoten) weg! f

grabse ['gʀabsə] F grapschen

grad [gʀɑːʔð] ⟨-en; -er⟩ Grad m; **ti ~ers kulde** zehn Grad Kälte; **en vinkel på halvfems ~er** ein Winkel von neunzig Grad; **en ligning af anden ~** MATH e-e Gleichung zweiten Grades; **i den ~** dermaßen, so (sehr)

gradbøje ['gʀaðbøjʔə] GRAM steigern; **~ning** [-bɔjˀnən] GRAM Steigerung f

grade ['gʀaːðə] messen; beurteilen

gradvis ['gʀaðviːʔs] stufenweise; allmählich, nach und nach

graf|ik [gʀaˈfig] ⟨-ken⟩ Grafik f; **~isk** ['-isg] grafisch

gram¹ [gʀamʔ] ⟨-met; -⟩ (Abk. **g**) Gramm n (Abk. g)

gram² [gʀamʔ] poet, scherzh: ~ **i hu** böse, wütend

grammatik [gʀamaˈtig] ⟨-ken; -ker⟩ Grammatik f

grammofon [gʀamoˈfoːʔn] ⟨-en; -er⟩ Plattenspieler m; **~plade** [-plaːðə] Schallplatte f

grams [gʀamʔs]: **kaste i ~** ausstreuen, in die Menge werfen

gramse ['gʀamsə] F grapschen; ~ **på ngt**. F etw begrapschen (betatschen, befummeln); **~pose** [-poːsə] Grabbelsack m

gran¹ [gʀanʔ] ⟨-en; -er⟩ Tanne f, Fichte f; **Tannengrün** n

gran² [gʀanʔ] ⟨-(n)et; -⟩ Gewicht: Gran n; fig Körnchen n, Quäntchen n

granat [gʀaˈnaːʔd] ⟨-en; -er⟩ MIL Granate f; Edelstein: Granat m; BOT Granatapfel m; **~æble** [-ɛːblə] BOT Granatapfel m

grandekoration [gʀandekoʀaˈsjoːʔn] etwa: Adventsgesteck n, Weihnachtsgesteck n

grandtante ['gʀantantə] Großtante f

grangivelig [gʀanˈgiːʔvəli] deutlich, genau

gran|gren [gʀangʀeːʔn] Tannenzweig m; **~kogle** [-kɔwlə] Tannenzapfen m

gransk|e ['gʀansgə] v/t untersuchen; v/i forschen; **~er** [-ʀ] ⟨-e; -e⟩ Forscher(in) m(f); **~ning** [gʀansgnən] ⟨-en; -er⟩ Forschung f

grant [gʀanʔd] adv deutlich

grantræ ['gʀantʀɛːʔ] Tanne f, Fichte f; Tannenholz n, Fichtenholz n

granvoksen ['gʀanvɔgsən] hoch gewachsen, groß und schlank

grapefrugt ['gʀeɪbfʀogd] Pampelmuse f, Grapefruit f

grassat [gʀaˈsaːʔd]: **gå** (od **løbe**) ~ außer Rand und Band geraten, Amok laufen; sich vergaloppieren

grassere [gʀaˈseːʔʀə] grassieren

gratiale [gʀatiˈaːlə] ⟨-t; -r⟩ ØKON Gratifikation f

gratie [gʀaːˀtjə] ⟨-n; -r⟩ Grazie f

gratin [gʀaˈtɛŋ] ⟨-en; -er⟩ Speise: Auflauf m, Gratin n

gratis ['gʀaːtis] gratis, kostenlos, frei, unentgeltlich, umsonst; **~t** [gʀaːtisd] ⟨-en; -er⟩ Schwarzfahrer m

gratulant [gʀatuˈlanʔd] ⟨-en; -er⟩ Gratulant(in) m(f)

gratulere [gʀatuˈleːʔʀə] gratulieren

grav [gʀaːʔv] ⟨-en; -e⟩ Grab n; Gruft f; Grube f; MIL Graben m; Tier: Bau m, Höhle f; **~alvorlig** ['gʀɑːʔal'vɔʀˀli] todernst

grave ['gʀaːvə] graben, F buddeln; ~ **ned** vergraben, verscharren, eingraben; ~ **op**, ~ **ud** ausgraben; **~maskine** [-maˀsgiːnə] Bagger m

graver [gʀaˈveːʔʀ] ⟨-en; -e⟩ Totengräber m, Küster m

grave|re [gʀaˈveːʔʀə] gravieren; **~ende** [-nə] gravierend, schwer, erschwerend, belastend; **~ing** ['-veːˀʀen] ⟨-en; -er⟩ Gravierung f

grav|hund [gʀaʊhunʔ] Dackel m, Teckel m, Dachshund m; **~høj** [-hɔjˀ] Grabhügel m; **~lavning** [-lawnen] Hügelgrab n

gravid [gʀaˈviːʔð] schwanger; **~itet** [-vidiˈteːʔd] ⟨-en; -er⟩ Schwangerschaft f; **~itetsprøve** [-vidiˀteːˀdspʀøːvə] Schwangerschaftstest m

grav|ko [gʀaʊkoː?] ⟨-en; -er od gravkøer⟩ Bagger m; **~laks** [-lags] GASTR Lachs m nach schwedischer Art, Gravad Lachs

gravlæg|ge [gʀaʊlɛgə] poet bestatten; **~gelse** [-lsə] ⟨-n; -r⟩, **~ning** [-legnen] ⟨-en; -er⟩ Bestattung f, Grablegung f

grav|monument ['gʀaʊmonuˀmenʔd], **~mæle** [-meːlə] Grabmal n; **~ning** ['gʀaːvnen] ⟨-en; -er⟩ Graben n, Grabung f; **~rust** [-ʀosd] Rostfraß m; **~røst** [-ʀøsd] Grabesstimme f; **~skrift** [-sgʀefd] Grabschrift f; **~sted** [-sdeð] Grabstätte f; **~sten** [-sdeːʔn] ⟨-en; -⟩ Grabstein m; **~sætte** [-sɛdə] bestatten, beisetzen; **~øl** [-øl] F Leichenschmaus m

greb¹ [gʀeːʔb] Mistgabel f

greb² [gʀeːʔb] ⟨-et; -⟩ Griff m

greb³ [gʀeːʔb], **~et** ['gʀeːbəð] → **gribe**

grebning ['grɛːbnɛŋ] ⟨-en; -er⟩ Kuhstall: Mistgang m

grej [grɑiʔ] ⟨-et⟩ → **grejer**

greje ['grɑiə] F kapieren, packen

grejer ['grɑiər] su pl Gerät n, Werkzeug n; **klare ~ne** F eine Sache deichseln

grel [grɛl] grell; fig scharf

gren [grɛːʔn] ⟨-en; -e⟩ Ast m, Zweig m (a fig); Gabel: Zinke f, Zacke f

grene ['grɛːnə]: **~ sig** sich verästeln, sich verzweigen

gren|et ['grɛːnəð] verzweigt; **~saks** [-sags] Baumschere f; **~sav** [-saːʔv] Baumsäge f

greve ['grɛːvə] ⟨-n; -r⟩ (vor Namen a **grev** [grɛːʔu]) Graf m; **~lig** [-li] gräflich

grever ['grɛːvər] pl Grieben flpl

grev|inde ['grɛʊˈenə] ⟨-n; -r⟩ Gräfin f; **~skab** ['-sgaːʔb] ⟨-et; -er⟩ Grafschaft f

greyhoundløb ['grɛihaʊndløːʔb] Hunderennen n

grib [griːb] ⟨-ben; -be⟩ Geier m

gribe ['griːbə] ⟨greb; grebet⟩ v/i greifen; v/t (er)greifen; fassen, packen; erfassen; Dieb ertappen; fangen, auffangen; **~ fejl** danebengreifen; **~ ngt. an** etw anfangen; **~ efter ngt.** nach etw greifen; **~ fat i én** j-n anfassen; **~ ind** eingreifen; **~ ind i ngt.** sich in e-e Sache ein-schalten; **~ om sig** um sich greifen (a fig); **~ over** übergreifen; **~ til** zugreifen; **det er grebet ud af luften** fig das ist aus der Luft gegriffen; **~nde** ergreifend, packend; **grebet** ergriffen, bewegt

grifle ['grɛflə] kritzeln; **~ ned** hinkritzeln

grill [gril] ⟨-en; -er⟩ Grill m, Bratrost m; **~bar** [-baːʔ] Schnellgaststätte f, Schnell-imbiss m

grille¹ ['grilə] ⟨-n; -r⟩ Grille f

grille² ['grilə], **grillere** [gril'jeːʔrə] grillen

grill|kul ['grilkol] Grillkohle f; **~rist** [-resd] Grill m, Bratrost m; **~stege** [-sdɑiə] grillen

grilning ['grilnɛŋ] ⟨-en; -er⟩ Grillen n

grim [grɛmˀ] hässlich

grimasse [gri'masə] ⟨-n; -r⟩ Grimasse f, Fratze f

grime ['griːmə] ⟨-n; -r⟩ (Pferde)Halfter m, n

grimrian ['grɛmˀriən] ⟨-en; -er⟩ F Scheu-sal n

grin [griːʔn] ⟨-et; -⟩ Lachen n; Grinsen n; Spaß m; **holde ~** Spaß machen; **bare for ~** nur aus Spaß; **gøre ~ med én** F j-n veräp-peln (od verulken); fig j-n durch den Ka-kao ziehen; **få sig et billigt ~ over ngt.**

sich über etw (A) lustig machen; **det er til at dø af ~** over (od af)! das ist zum Tot-lachen!; **blive til ~** zum Gespött werden; **gøre til ~** lächerlich machen; **du er til ~ for dem** sie lachen dich aus; **~agtig** [grin'agdi] ulkig, komisch, spaßig

grine ['griːnə] ⟨-ede od -te⟩ grinsen, (breit) lachen; **~ ad** (od af) **én** über j-n lachen; **~ til én** j-n angrinsen; **~bider** [-biːʔðər]⟨-e⟩ lachlustige(r) Mensch m, F fig Lachtaube f

gris [griːʔs] ⟨-en; -e⟩ Ferkel n; Schwein n; fig Kind a Schweinchen n, Dreckfink m, Schmierfink m; BAHN Bimmelbahn f

grise ['griːsə] sudeln, unsauber sein; **~ ngt.** (sig) **til** etw (sich) beschmutzen (od beschmieren); **~t** schmutzig (a fig), unsauber; **~basse** [-basə] F Schweinchen n; fig F Schmierfink m, Ferkel n; **~ri** [grisə'riːʔ] ⟨-et; -er⟩ Schweinerei f, Fer-kelei f; **~sti** [-sdiːʔ] Schweinestall m

grisk [grisg] gierig

gro [groːʔ] wachsen

grobrian ['groːʔbriən] ⟨-en; -er⟩ Grobian m

grobund ['groːʔbonˀ] bsd fig Nährboden m

groft [grɔfd] (→ **grov**): **det er for ~!** das ist zu stark!; **~ rugbrød** grobe(s) Schwarz-brot n; **~hakket** [-hagəð] Petersilie, Fleisch: grob gehackt

gros¹ [grɔs] ⟨-set⟩ Gros n (überwiegender Teil)

gros² [grɔs] ⟨-set; -⟩ Gros n (12 Dutzend)

grosserer [grɔ'seːʔrər] ⟨-en; -e⟩, **~ist** [-'sisd] ⟨-en; -er⟩ Großhändler m, Gross-sist m

grov [grɔʊʔ], **groft** [grɔfd], pl **grove** ['grɔːwə, grɔʊˀə] grob; derb; **i ~e træk** pl in groben Zügen; → **groft**

grov|bolle ['grɔʊbɔlə] Vollkornbrötchen n; **~brød** [-brɔːʔð] etwa Landbrot n; **~hakket** [-hagəð] grob gehackt; **~hed** [-heːʔð] ⟨-en; -er⟩ Grobheit f; **~kornet** [-koːʔrnəð] grobkörnig; fig derb; **~køk-ken** [-køgən] Wirtschaftsraum m, Küche f; **~sortere** [-sɔːʔrteːʔrə] vorsortieren; **~æder** [-ɛːʔðər] fig Vielfraß m

gru [gruːʔ] ⟨-en⟩ Grauen n, Gräuel m

grube ['gruːbə] ⟨-n; -r⟩ BERGB Grube f, Zeche f; **~lampe** [-lambə] Grubenlampe f, Grubenlicht n; **~skakt** [-sgagd] Förder-schacht m

gruble ['grublə] grübeln; **~nde** grüble-risch; **~r** [-r] ⟨-en; -e⟩ Grübler(in) m(f); **~ri** [-'riːʔ] ⟨-et; -er⟩ Grübelei f

grue ['gruːə] grau(s)en; **jeg ~r** mir grau(s)t

gruekedel ['gru:əkeðəl] Waschkessel m

gru|elig ['gru:əli] gräulich, grauenhaft, grässlich, schauderhaft (a fig); **~fuld** [-fulʔ] grauenvoll, grauenhaft, grässlich (a fig)

grum [grɔmʔ] grimmig

grumme ['grɔmə] lit sehr, gar

grums [grɔmʔs] ⟨-⟩ Bodensatz m; **~et** ['grɔmsəð] trübe, fig unsauber

grund¹ [grɔnʔ] ⟨-en; -e⟩ Grund m; Boden m; Grundstück n; Ursache f; **fra ~en af** von Grund auf; **i ~en** im Grunde (genommen); **på ~ af** durch und durch, völlig; **på ~ af** (Abk. **pga.** od **på gr. af**) aufgrund (G), wegen (G); **gå til ~e** zugrunde gehen

grund² [grɔnʔ] seicht, untief

grund|areal ['grɔnɑrea'a:ʔl] → **grundflade**; **~besiddelse** [-be'siðʔəlsə] → **grundejendom**; **~bog** [-bɔʔw] Grundbuch n

grunde ['grɔnə] gründen (**på**/auf A); Tür grundieren (= **grundere**); grübeln, nachsinnen (**på, over**/über D, A); **~t** begründet; **~t** (**på**) wegen (G); **gå til ~** → **grund¹**

grund|ejendom ['grɔnaiəndɔmʔ] Grundbesitz m; **~ejer** [-aiʔər] Grund(stücks)eigentümer m; **~er** ['grɔnər] ⟨-en; -e⟩ Grundierfarbe f; **~ere** [-'de:ʔrə] grundieren; **~ering** [-'de:ʔreŋ] ⟨-en; -er⟩ Grundierung f; **~et** [-əð] Wasser: seicht; → a **grunde**; **~flade** [-fla:ðə] Grundfläche f; **~forbedring** [-fɔr'beðreŋ] Bodenverbesserung f; **~forskellig** [-fɔr'sgelʔi] grundverschieden; **~forskning** [-fɔrsgneŋ] Grundlagenforschung f; **~fæste** [-fɛsdə] gründen; **~t** fig (fest) verankert, unverrückbar, unerschütterlich

grundig ['grɔndi] gründlich

grunding ['grɔneŋ] ⟨-en; -er⟩ Grundierung f, Grundanstrich m

grund|komisk ['grɔnko:ʔmisg] urkomisch; **~lag** [-la:ʔ] Grundlage f; **~led** [-leð] GRAM Subjekt n; **~liggende** [-legənə] zugrunde liegend; **~lov** [-lɔu] Grundgesetz n, Verfassung f; **~lovgivende** [-lɔugi:vənə] verfassunggebend

grundlovs|brud ['grɔnlɔusbruð] Verfassungsbruch m; **~dag** [-da:ʔ] Jahn. Verfassungstag m (5.6.); **~fest** [-fesd] Verfassungsfeier f; **~sikret** [-segrəð] in der Verfassung verankert; **~stridig** [-sdriʔði] verfassungswidrig

grund|lægge ['grɔnlega] (be)gründen; **~lse** [-lsə] ⟨-n; -r⟩ (Be)Gründung f; **~nde** [-nə] grundlegend; **~r** [-r] ⟨-en; -e⟩ (Be)Gründer m

grund|løn ['grɔnlœnʔ] Grundlohn m, Grundgehalt n; **~muret** [-murʔrəð] massiv gebaut, mit Grundmauern versehen; fig solid(e); **~pian** [-pla:ʔn] ⟨-en; -er⟩, **~rids** [-ris] Grundriss m; **~skole** [-sgo:lə] Grundschule f; **~skud** [-sguð] fig Todesstoß m; **~spekulation** [-sbekula'sjo:ʔn] Bodenspekulation f; **~sprog** [-sbrɔʔw] Grundsprache f, Originalsprache f; Ursprache f

grund|sten(snedlæggelse) ['grɔnsde:n(sneðlegəlsə)] Grundstein(legung) m(f); **~stykke** [-sdøgə] Grundstück n; **~støde** [-sdø:ʔðə] NAUT auf Grund geraten, auflaufen; **~sætning** [-sedneŋ] Grundsatz m; **~træk** [-trɛg] Grundzug m; **~vand** [-vanʔ] n Grundwasser n; **~vandsspejl** [-vansbaiʔl] Grundwasserspiegel m; **~vold** [-vɔlʔ] Grund m, Grundlage f; **være rystet i sin ~** in s-n Grundfesten erschüttert sein; **~værdi** [-vɛr'di:ʔ] Bodenwert m

grunker ['grɔŋgər] su pl Geld: F Kies m, Pinke(pinke) f, Moos n

gruopvækkende ['gru:ɔbvegənə] grauenerregend

gruppe ['grubə] ⟨-n; -r⟩ Gruppe f; PARL Fraktion f; **~billede** [-beləðə] Gruppenbild n; **~formand** [-fɔrmanʔ] PARL Fraktionsvorsitzende (der, die); **~re** [gru'pe:ʔrə] gruppieren

gruppe|teater ['grubəte:a:ʔdər] etwa: Theaterkollektiv n (Theater ohne hierarchische Strukturen); **~vis** [-vi:ʔs] gruppenweise

grus [gru:ʔs] ⟨-et⟩ Kies m; Schutt m; Streugut n; MED Grieß m; **lægge i ~** in Schutt und Asche legen; **ligge i ~** in Trümmern liegen; **~e** ['gru:sə] v/i Kies (od Sand) streuen; v/t mit Kies (od Sand) bestreuen; **~vej** ['gru:sguŋʔ] Kiesweg m; **~grav** ['gru:sgra:ʔv] Kiesgrube f; **~lag** ['gru:sla:ʔ] Kiesschicht f, Kiesdecke f; **~ningspligt** ['gru:sneŋsplegd] Streupflicht f

grusom ['gru:sɔmʔ] grausam; schrecklich; **~hed** [-sɔmheð:ʔ] ⟨-en; -er⟩ Grausamkeit f

grusspreder ['gru:ssbre:ðər], **~vogn** [-vɔwʔn] Streuwagen m

grut [grud] ⟨-ten od -tet⟩ Schrot m, n; **~te** ['-ə] schroten

gry¹ [gryʔ] ⟨-et⟩ Tagesanbruch m

gry² [gryʔ] anbrechen (a fig), grauen; **det ~r** es tagt

gryde ['gry:ðə] ⟨-n; -r⟩ (Koch)Topf m; Grube f, Kuhle f; **~fuld** [-fulʔ] ⟨-en; -e⟩

Topf voll *m*; **~klar** [-klɑːˀʀ] küchenfertig; **~lap** [-lab] Topflappen *m*; **~låg** [-lɔːˀw] Topfdeckel *m*; **~ret** [-ʀɛd] Eintopf(gericht) *m(n)*; **~ske** [-sgeːˀ] Kochlöffel *m*

grydesteg [ˈgʀyːðəsdaɪ] Schmorbraten *m*; **~e** [-sdaɪə] schmoren; **~t** [-sdɛgd] geschmort, Schmor-

gryn [gʀyˀn] *pl* Graupen *f/pl*; Grieß *m*; Flocken *f/pl*; **~et** [ˈgʀyːnəð] körnig

grynt [gʀønˀd] ⟨*-et*; *-*⟩ Grunzen *n*; **~e** [ˈgʀøndə] grunzen

græde [ˈgʀɛːðə] ⟨*gred*; *grædt*⟩ weinen; **~ ud** sich ausweinen; **~nde** weinend; weinerlich; **~færdig** [-fɛʀˀdi] dem Weinen nahe; weinerlich; **~kone** [-koːnə] Klageweib *n*; **~pil** [-piːˀl] вот Trauerweide *f*

grædt [gʀɛd] → **græde**

Grækenland [ˈgʀɛːˀgənlanˀ] Griechenland *n*

græker [ˈgʀɛːˀgəʀ] ⟨*-en*; *-e*⟩ Grieche *m*, Griechin *f*; **~inde** [-ˈenə] ⟨*-n*; *-r*⟩ Griechin *f*

græmme [ˈgʀɛmə]: **~ sig**, **~s** sich grämen; **~lse** [-lsə] ⟨*-n*; *-r*⟩ Gram *m*

grænse[1] [ˈgʀɛnsə] ⟨*-n*; *-r*⟩ Grenze *f (a fig)*

grænse[2] [ˈgʀɛnsə] grenzen (*(op) til*/an A); **~ op til hinanden** aneinandergrenzen

grænse|boer [ˈgʀɛnsəboːˀəʀ] Grenzbewohner(in) *m(f)*; **~dragning** [-dʀɑːˀwnen] Grenzziehung *f*; **~gendarm** [-sjanдɑʀˀm] ⟨*-en*; *-er*⟩ Grenzjäger *m*; **~løs** [-løːˀs] grenzenlos, *fig* uferlos; **~overgang** [-ˈɔuˀəʀɡɑŋˀ] Grenzübergang *m*; Grenzübertritt *m*; **~overskridende** [-ˈɔuˀəʀsgʀiˀðənə] grenzüberschreitend; **~vagt** [-vɑgd] Grenzposten *m*; **~værn** [-vɛʀˀn] Grenzschutz *m*

græs [gʀɛs] ⟨*-set*; *-ser*⟩ Gras *n*; **bide i ~set** *fig* ins Gras beißen (*sterben*); **gå på ~** *Vieh:* weiden; **det er forbudt at gå på ~set** Rasen betreten verboten!; **der er groet ~ over sagen** *fig* über die Sache ist Gras gewachsen; **have penge som ~** Geld wie Heu haben

græs|enke(mand) [ˈgʀɛsɛŋɡə(manˀ)] Strohwitwe(r) *f(m)*; **~gang** [-ɡɑŋˀ] (Vieh)Weide *f*; **~hoppe** [-hɔbə] ⟨*-n*; *-r*⟩ Heuschrecke *f*

græsk [gʀɛsg] griechisch

græs|kar [ˈgʀɛskɑʀ] ⟨*-ret*; *-*⟩ Kürbis *m*; **~ning** [-nen] ⟨*-en*; *-er*⟩ Weide *f*, Grasen *n*, Weiden *n*; **~plæne** [-plɛːnə] Rasen(fläche) *m(f)*

græsrytter [ˈgʀɛsʀydəʀ]: **blive ~** vom Pferd fallen

græsse [ˈgʀɛsə] grasen, weiden

græs|slåmaskine [ˈgʀɛslɔːˀmaˀsgiːnə]

Rasenmäher *m*; **~strå** [-sdʀɔːˀ] Grashalm *m*; **~tot** [-tɔd] Grasbüschel *n*; **~tørv** [-tœʀˀv] Grassode *f*

grævling [ˈgʀɛvlen] ⟨*-en*; *-er*⟩ Dachs *m*

grævlinge|ben [ˈgʀɛulɛŋəˀbeːˀn] *pl* Dackelbeine *n/pl*; **~grav** [-gʀɑːˀv] Dachsbau *m*

grævlinge(hund [ˈgʀɛulɛŋə(ə)hunˀ] Dackel *m*, Teckel *m*, Dachshund *m*

grød [gʀoːˀð] ⟨*-en*⟩ Brei *m*, Grütze *f*; **~agtig** [ˈgʀœðagdi] breiig

grøde [ˈgʀoːðə] ⟨*-n*; *-r*⟩ Wachstum *n*; Ertrag *m*; **~fuld** [-ful?] fruchtbar; **~regn** [ʀaɪˀn] fruchtbare(r) Regen *m*; **~t** [-d] breiig; *Stimme:* belegt; **~vejr** [-veːˀʀ] fruchtbare Witterung *f*

grød|hoved [ˈgʀœðhoːəð] F *Person:* Strohkopf *m*, Grützkopf *m*; **~ris** [-ʀiːˀs] Reis *m* für Reisbreigerichte, Rundkornreis *m*

grøft [gʀøfd] ⟨*-en*; *-er*⟩ Graben *m*

grøfte [ˈgʀøfdə] *e-n* Graben ausheben; **~kant** [-kanˀd] Grabenrand *m*

grøn [gʀœnˀ] grün (*a fig*); **~ bølge** grüne Welle *f*; **sove på sit ~ne øre** den Schlaf des Gerechten schlafen

grøn|foder [ˈgʀœnfoːˀðəʀ] Grünfutter *n*; **~klædt** [-klɛːˀð] grün bewachsen; **~kål** [-kɔːˀl] Grünkohl *m*; **~kålssuppe** [-kɔːlsobə] Grünkohlsuppe *f*

Grønland [ˈgʀœnlanˀ] Grönland *n*

grønlandsk [ˈgʀœnlanˀsg] grönländisch

grøn|langkål [ˈgʀœnlaŋkɔːˀl] (*fein gehackter, gedünsteter*) Grünkohl *m*; **~lig** [-li] grünlich

grønlænder [ˈgʀœnlɛnˀəʀ] ⟨*-en*; *-e*⟩ Grönländer(in) *m(f)*; **~inde** [-ˈenə] ⟨*-n*; *-r*⟩ Grönländerin *f*

grønnegård [ˈgʀœnəɡɔːˀʀ] Grünanlage *f*

grøn|nes [ˈgʀœnəs] *poet* grünen, grün werden; **~ning** [ˈgʀœnen] ⟨*-en*; *-er*⟩ Anger *m*; Rasenplatz *m*

grønsager [ˈgʀœnsɑːəʀ] *pl* Gemüse *n*

grønsagsmarked [ˈgʀœnsaːsmɑʀɡəð] Gemüsemarkt *m*

grøn|saltet [ˈgʀœnsaldəð] frisch gesalzen; **~skolling** [-sgɔleŋ] ⟨*-en*; *-er*⟩ F Grünschnabel *m*; **~svær** [-sveːˀʀ] ⟨*-en*⟩ Grasnarbe *f*, Rasen *m*

grønt [gʀœnˀd] ⟨*et*⟩ Grün *n*

grønt|foder [ˈgʀœndfoːˀðəʀ] → **grønfoder**; **~handler** [-hanlˀəʀ] ⟨*-en*; *-e*⟩ Gemüsehändler *m*; **~sager** [-saːəʀ] *pl* → **grønsager**; **~torv** [-tɔʀˀv] Gemüsemarkt *m*

grønærter [ˈgʀœnˀɛʀdəʀ] *pl* Schoten *pl*, grüne Erbsen *f/pl*

grå [gʀɔːˀ] grau; trübe; **blive gammel og**

~ **alt und grau werden; sætte én ~ hår i hovedet** *j-m* Sorgen machen; **~t i ~t** grau in grau; **få sin afsked på ~t papir** fristlos entlassen werden; **~ben** ['grɔːbeʔn] *Tierfabel:* Isegrim *m*

gråd [grɔːʔð] ⟨-en⟩ Weinen *n*; **briste i ~** in Tränen ausbrechen; **~fyldt** ['grɔːðfylʔð] tränenreich

grådig ['grɔːði] gefräßig, gierig

grådkvalt ['grɔːðkvaˑʔld] tränenerstickt

grå|hærdet ['grɔhɛrdəð] ergraut, grauhaarig; **~håret** [-hɔːʔrɐð] grauhaarig; **~lig** [-li] gräulich; **~meleret** [-meˈleˑʔrɐð] grau meliert

gråne ['grɔːnə] ergrauen; **~t** ergraut

gråskæg ['grɔsgɛˑʔg] ⟨-gen⟩ -> *Person:* Graubart *m*; **~get** [-əð] graubärtig

grå|sprængt ['grɔsbrɛnʔd] grau gesprenkelt, grau meliert; **~spurv** [-sbuˑʔv] Sperling *m*, Spatz *m*; **~tone** [-toːnə] Grauton *m*; **~vejr** [-veˑʔr] trübe(s) Wetter *n*; **~vejrsdag** [-veˑrsdaˑʔ] trübe(r) Tag *m*

g-streng ['geˑʔsdrɛn] ⟨-en⟩ *-e*⟩; **~strusser** [-trusɐr] *pl* Stringtanga *m*

gu [gu]: ~ **vil jeg ej!** V zum Donnerwetter nein!, ich denke ja nicht daran!

gubbe ['gubə] ⟨-n; -r⟩ Greis *m*

gud [guð] ⟨-en; -er⟩ Gott *m*; **tro på Gud** an Gott glauben; **~ bevares!** Gott behüte!; **~fader bevares!** Gott im Himmel!; **du godeste ~!** (ach) du lieber Gott!; **ved ~!** bei Gott!; **og ~ ved hvad** und Gott weiß was; **~ ske lov!** gottlob, Gott sei Dank!; **~ være love!** Gott sei gelobt!; **om Gud vil** so Gott will; **for ~ skyld** um Gottes willen; **i ~s navn** in Gottes Namen; **et Guds ord fra landet** *e-e* Unschuld vom Lande; **~er, ...!** Gott, ...!; **Himmel, ...!**; **det må ~erne vide!** das wissen die Götter!; **et syn for ~er** *scherzh* ein Anblick *m* für Götter

gud|barn ['guðbaˑʔn] Patenkind *n*; **~benådet** [-beˈnoːʔðəð] (gott)begnadet; **~bevares** [-beˈvaːʔrɐs] → *gud*; **~datter** [-dadɐr] Patentochter *f*; **~dommelig** [guðˈdɔmˀəli] göttlich

gude|drik ['guːðədreg] Göttertrank *m*; **~lig** [-li] fromm, frömmelnd; erbaulich

gudfa(de)r ['guðfaːðɐr, -fɑːr] Pate *m*, Patenonkel *m*

gudfrygtig [guðˈfrøgdi] gottesfürchtig

gud|hengiven ['guðhɛngiˑʔvən] gottergeben; **~inde** [-ˈenə] ⟨-n; -r⟩ Göttin *f*; **~løs** [-løˑʔs] gottlos; **~mo(de)r** [-moːðɐr, -moːˀr] Patentante *f*, Patin *f*

gudsbespotte|lig ['guðsbesbɔdəli] got-

teslästerlich; **~lse** [-sbɔdəlsə] Gotteslästerung *f*

guds|forgåen(de) ['guðsfɔrgɔˑʔən(ə)] gottvergessen; **~forhold** [-fɔrhɔlʔ] Verhältnis *n* zu Gott; **~forladt** [-fɔrlad] F gottverlassen, trostlos, öde

gudskelov ['guðsgəloˑʔ] = **gud ske lov!**; → *gud*

gudstjeneste ['guðstjeˑnəsdə] Gottesdienst *m*

gudsvelsignelse [guðsvelˈsiˑʔnəlsə]: **en ~ af mad** Essen *n* in Hülle und Fülle

gud|søn ['guðsœn] Patensohn *m*; **~velbehagelig** [-velbeˈhaˑʔəli] gottgefällig

guf [gof] ⟨-fet⟩ F Leckerei *f*; **det er ~!** lecker, lecker!

guffe ['gofə]: **~ i sig** F spachteln

guide [gajd] ⟨-n; -r⟩ Fremdenführer *m*

guitar [giˈtaˑʔr] ⟨-en; -er⟩ Gitarre *f*; **~ist** [-taˈrisd] ⟨-en; -er⟩ Gitarrist(in) *m(f)*; **~spil** [-sbel] Gitarrenspiel *n*

gul [guˑʔl] gelb; **~e ærter** *pl* Löffelerbsen *f/pl*, Erbsensuppe *f*

guld [gul] ⟨-et⟩ Gold *n*; **af ~** aus Gold, golden; **love én ~ og grønne skove** *j-m* goldene Berge versprechen

guld|brand ['gulbranʔ] ⟨-en⟩ Ringfinger *m*, Goldfinger *m*; **~bryllup** [-brøləb] goldene Hochzeit *f*; **~fisk** [-fesg] Goldfisch *m*; **~fugl** [-fuˑʔl] *fig* Goldfisch *m*; **~graver** [-graːvɐr] Goldgräber *m*; **~grube** [-gruːbə] Goldgrube *f*; *fig* Fundgrube *f*; **~gul** [-guˑʔl] goldgelb

guld|holdig ['gulhɔlʔdi] goldhaltig; **~håret** [-hɔːʔrɐð] goldhaarig; **~kalven** [-kalʔvən] BIBL, *fig* das Goldene Kalb *n*; **~krone** [-kroːnə] goldene Krone *f*; ØKON Goldkrone(nstück) *f(n)*; **~randet** [-ranˀʔð] goldgerändert; **~regn** [-raiʔn] ⟨-en; -⟩ Feuerwerk, BOT Goldregen *m*

guld|smed ['gulsmeð] Goldschmied *m*; **~smykke** [-smøgə] Schmuckstück *n* aus Gold

guldsnor ['gulsnoˑʔr] goldene Schnur *f*; **~ene** *pl* F die höheren Beamten *m/pl*

guld|stol ['gulsdoˑʔl] aus vier Händen *u* Armen gebildete(r) Tragesitz *m*; **~ur** [-uˑʔr] goldene Uhr *f*; **~vægt** [-vɛgd] Goldwaage *f* (a *fig*); **~øl** [-øl] *etwa:* Starkbier *n*

gulerod ['guːlʌroˑʔð] Mohrrübe *f*, Möhre *f*; **spille kong Gulerod** F den Dicken markieren

gul|lig ['guli] gelblich; **~ne(s)** ['gulnə(s)] gelb werden, vergilben

gulsot ['gulsoˑʔð] MED Gelbsucht *f*

gulv [gol] ⟨-et; -e⟩ Fußboden *m*; THEA Parkett *n*, Parterre *n*; **hun var ikke af ~et** sie tanzte ununterbrochen; **gå i ~et** Boxen: zu Boden gehen; **slå én i ~et** *j-n* zu Boden schlagen; **være helt rundt på ~et** Person: völlig durcheinander sein

gulv|belægning ['golbe'lεgneŋ] (Fuß)-Bodenbelag *m*; **~bræt** [-brεd] ⟨-tet; *gulvbrædder*⟩ Fußbodenbrett *n*, Dielenbrett *n*; **~klud** [-klu:ð?] Scheuerlappen *m*, Aufwischlappen *m*; **~måtte** [-mɔdə] Fußmatte *f*; **~skrubbe** [-sgrobə] Schrubber *m*; **~sprække** [-sbrεgə] Dielenritze *f*; **~tæppe** [-tεbə] Teppich *m*; **~varme** [-vɑrmə] Fußbodenheizung *f*

gumle ['gomlə] kauen, mümmeln

gumme ['gomə] ⟨-n; -r⟩ Zahnfleisch *n*

gummi ['gomi] ⟨-en od -et; -er⟩ Gummi *m, n*; **~agtig** [-ɑgdi] gummiartig; **~båd** [-bɔ:?ð] Schlauchboot *n*; **~bånd** [-bɔn?] Gummiband *n*, **~check** [-sjεg] ungedeckte(r) Scheck *m*; **~ged** [-ge:?ð] Dumper *m*; **~knippel** [-knεbəl] Gummiknüppel *m*, Schlagstock *m*; **~støvle** [-sdœůlə] Gummistiefel *m*; **~sål** [-sɔ?l] Gummisohle *f*

gump [gom?b] ⟨-en; -e⟩ Bürzel *m*

gumpe ['gombə] F holpern; **~tung** [-toŋ?] *fig* schwerfällig

gungre ['goŋrə] dröhnen, beben, hallen

gunst [gon?sd] ⟨-en⟩ Gunst *f*; **til ~ for** zugunsten (*G*)

gunstig ['gonsdi] günstig, vorteilhaft

gurgle ['guRwlə] gurgeln

gus [gu:?s] ⟨-en⟩ Seenebel *m*

gusten ['gusdən] fahl, blass

gut [gud] ⟨-ten; -ter⟩ Junge *m*, F Kerl *m*, Bengel *m*

guttermand ['gudərman?] F Prachtkerl *m*

gyde¹ ['gy:ðə] ⟨-n; -r⟩ Gasse *f*

gyde² ['gy:ðə] ⟨gød; gydt⟩ gießen, schütten; zo laichen

gydt [gyd] → **gyde²**

gylden¹ ['gyl?ʔən] ⟨-en; -⟩ HIST ÖKON Gulden *m*

gylden² ['gyl?ʔən] golden; **den gyldne middelvej** *fig* der goldene Mittelweg

gyldenblond ['gyl?ʔənblɔn?] goldblond

gyldig ['gyldi] gültig; **være ~** *a* gelten; **~hed** [heð?] ⟨-en⟩ Gültigkeit *f*

gyldne ['gylnə] *Zwiebeln* goldgelb braten

gylle ['gylə] ⟨-n⟩ Gülle *f*, Jauche *f*

gylp¹ [gyl?b] ⟨-en; -er⟩ Hosenschlitz *m*

gylp² [gyl?b] ⟨-et; -⟩ Aufstoßen *n*; zo Gewölle *n*

gylpe ['gylbə] aufstoßen; **~ op** herauswürgen, ausspeien; **~ ned** herunterschlucken

gymnasia|l [gymnasi'a:?l] gymnasial; **~st** [-'asd] ⟨-en; -er⟩ → **gymnasieelev**

gymnasie|elev [gym'na:?sjəʔle:?v] Gymnasiast(in) *m(f)*; **~skole** [-sgo:lə] → **gymnasium**; **~uddannelse** [-uðdan?əlsə] Gymnasialbildung *f*

gymnasium [gym'na:?siom] ⟨-siet; -sier⟩ Gymnasium *n*

gymnast [gym'nasd] ⟨-en; -er⟩ Turner(in) *m(f)*; **~icere** [-nasdi'se:?rə] Gymnastik machen, turnen

gymnastik [gymna'sdig] ⟨-ken⟩ Gymnastik *f*, Turnen *n*; **gøre ~** turnen; **~dragt** [-drɑgd] Turnanzug *m*; **~opvisning** [-ɔb-vi:ʔsneŋ] Schauturnen *n*; **~sal** [-sa:?l] Turnhalle *f*; **~stævne** [-sdεůnə] Turnertreffen *n*, Turnfest *n*

gynge¹ ['gøŋə] ⟨-n; -r⟩ Schaukel *f*; **gå i ~n** F hereingelegt werden

gynge² ['gøŋə] schaukeln; *Boden*: schwanken

gynge|hest ['gøŋəhesd] Schaukelpferd *n*; **~stol** [-sdo:?l] Schaukelstuhl *n*

gys [gy:?s] ⟨-et; -⟩ Schau(d)er *m*

gyse ['gy:sə] ⟨gyste od gøs; gyst⟩ schau(d)ern, gruseln, grausen; **jeg ~r** mir (*od* mich) schaudert; F es läuft mir kalt den Rücken herunter; mir graust (**for**/vor *D*); **det ~r i mig** mir (*od* mich) gruselt; mich überläuft ein Schau(d)er; **~lig** [-li] schauderhaft; grausig, grässlich; gruselig; **~r** [-R] ⟨-en; -e⟩ Film, Buch: Thriller *m*; Gruselfilm *m*

gysser ['gysər] *pl* F Kröten *f/pl*, Kohle *f* (*Geld*)

gyst [gy:?sd] → **gyse**

gytje ['gydjə] ⟨-n⟩ MED Schlamm *m*

gyvel Ginster *m*

gæk [geg] ⟨-ken; -ke⟩ Geck *m*, Narr *m*; **drive ~ med én** *j-n* zum Narren halten; **slå ~ken løs** über die Stränge schlagen, sich austoben, ausgelassen sein

gække ['gεgə] foppen; *Gans*: schnattern; **~brev** [-bRe:?v] *dän Brauch*: anonyme(r) Scherzbrief *m* (*mit e-m Schneeglöckchen darin*)

gæld [gel?] ⟨-en⟩ Schulden *pl*; *fig* Schuld *f*

gælde ['gelə] ⟨gjaldt [g(j)al?d]; gjaldt od gældt [gel?d]⟩ gelten; **det ~r dig** das gilt dir; **~nde** geltend

gældfri ['gelfri:?] schuldenfrei

gælds|bevis ['gel?sbe'vi:?s] Schuldschein *m*; **~stiftelse** [-sdefdəlsə] Verschuldung *f*

gældt [gel?d] → **gælde**

gæller [gelər] *pl* Kiemen *f/pl*

gænge ['gεŋə] ⟨-n; -r⟩ Kufe *f*; Gang *m*, Verlauf *m*; **~r** *a* Gewindegänge *m/pl*; **væ-**

re i god ~ in vollem Gange sein; *komme ind i den gamle (od vante)* ~ *igen* wieder ins alte Geleise (*od* in den alten Trott) kommen; *alt går i den gamle* ~ alles geht seinen gewohnten Gang

gængs [gɛŋ³s] üblich, landläufig, geläufig; *Zahlungsmittel:* gängig

gær [gɛːˀr] ⟨*-en*⟩ Hefe *f*

gærde ['gɛːrə] ⟨*-t; -r*⟩ Zaun *m*; Hecke *f*; *Kricket:* Tor *n*

gærdej ['gɛːrdɑiˀ] Hefeteig *m*

gære¹ ['gɛːrə] *su:* **der er et eller andet i** ~ da ist irgendetwas in Gange, irgendetwas braut sich zusammen

gære² ['gɛːrə] gären

gæring ['gɛːreŋ] ⟨*-en; -er*⟩ Gärung *f (a fig)*

gærkage ['gɛːrkɑːjə] Hefekuchen *m*

gærsvamp ['gɛːrsvɑmˀb] Hefepilz *m*

gæs [gɛs] *pl* → *gås*; ~**ling** ['-leŋ] ⟨*-en; -er*⟩ Gänseküken *n*, Gössel *n*; BOT Weidenkätzchen *n*

gæst [gɛsd] ⟨*-en; -er*⟩ Gast *m*; *vi har* ~*er* wir haben Besuch; *liggende* ~*(er)* Logierbesuch *m*

gæste ['gɛsdə] besuchen; ~**arbejder** [-uɐbɑiˀˀdɐr] Gastarbeiter(in) *m(f)*; ~**bog** [-bɔːˀw] Gästebuch *n*; ~**bud** [-buðˀ] ⟨*-(d)et; -*⟩ Gastmahl *n*; ~**optræden** [-ɔbtrɛːˀðən] Gastspiel *n*

gæsteri [gɛsdə'riˀ] ⟨*-et; -er*⟩: *komme på* ~ *hos* bei *j-m* zu Besuch kommen

gæste|spil ['gɛsdəsbel] *n* Gastspiel *n*; ~**venlig** ['gɛsdəvenli] gastfreundlich; ~**venskab** [-vensga:ˀb] Gastfreundschaft *f*; ~**værelse** [-vɛːrəlsə] Gästezimmer *n*; *Hotel:* Fremdenzimmer *n*

gæstfri ['gɛsdfriːˀ] gastlich, gastfrei

gæstgiver ['gɛsdgiˀvɐr] Gastwirt *m*; ~**gård** [-gɔːˀr] Gasthof *m*; ~**i** [-giːvə-'riˀ] ⟨*-et; -er*⟩ Gastwirtschaft *f*, Gasthof *m*, Gasthaus *n*

gæt [gɛd] ⟨*-tet; -*⟩ Vermutung *f*, Schätzung *f*; ~**ning** ['-neŋ] ⟨*-en; -er*⟩ (Er)Raten *n*

gætte ['gɛdə] raten, erraten; ~ *sig til ngt. etw* erraten; ~**konkurrence** [-kɔŋguˀrɑŋsə] Preisrätsel *n*; ~**leg** [-lɑiˀ] Ratespiel *n*; ~**ri** [-'riːˀ] ⟨*-et; -er*⟩, ~**værk** [-vɛrg] → *gætværk*

gætværk ['gɛdvɛrg] Mutmaßung *f*

gæv [gɛːˀv] brav, tüchtig

gø [gøːˀ] bellen; F husten; *F* gebell, Gebell *n*

gød [gøːˀð] → *gyde²*

gød|e ['gøːˀðə] düngen; ~**ning** ['gøðneŋ] ⟨*-en; -er*⟩ Dünger *m*, Dung *m*, Mist *m*

gødningsstof ['gøðneŋssdɔf] Düngemit-

---

tel *n*

gødsk|e ['gøsgə] düngen; ~**ning** ['gøsgneŋ] ⟨*-en; -er*⟩ Düngung *f*, Düngen *n*

gøg [gøːˀ] ⟨*-en; -e*⟩ Kuckuck *m*

gøgemøg ['gøːˀəmɔiˀ] *fig* Mist *m*, Krempel *m*

gøge|rede ['gøːˀɑrɛːˀðə] Kuckucksnest *n*; ~**unge** [-onə] junge(r) Kuckuck *m; fig etwa:* Kuckucksei *n*, F Nassauer *m*

gøgl [gɔiˀl] ⟨*-et*⟩ Rummel *m*; Humbug *m*

gøgle ['gɔiˀlə] gaukeln

gøgler ['gɔiˀlər] ⟨*-en; -e*⟩ Gaukler *m*, Schausteller *m*; ~**i** [gɔiˀlə'riːˀ] ⟨*-et; -er*⟩ Gaukelei *f*; ~**ske** [-sgə] ⟨*-n; -r*⟩ Gauklerin *f*, Schaustellerin *f*; ~**telt** [-tel²d] Schaustellerzelt *n*; ~**vogn** [-vɔwˀn] Jahrmarktswagen *m*, Wohnwagen *m*

gør-det-selv-metode [gœr-de-'sɛlˀ-meˀto:ðə] Do-it-yourself-Methode *f*, Selbst-ist-der-Mann-Verfahren *n*

gøre ['gɔːˀrə] ⟨*gjorde; gjort*⟩ tun, machen; *der er ikke andet for ham at* ~ es bleibt ihm nichts anderes übrig; *ja jeg gør!* gewiss!, natürlich!; *det gør mig ondt* es tut mir leid; *det gør ikke ngt.* das macht (*od* schadet) nichts; *hvad har du at gøre her?* was hast du hier zu suchen?; *det kan* ~*s, det lader sig* ~ das lässt sich machen; ~ *det af i en fart* es schnell erledigen; ~ *det af med én j-n* erledigen; ~ *én ngt. efter j-m etw* nachmachen; *hun kan ikke* ~ *for det* sie kann nichts dafür; ~ *i bukserne pl* F in die Hose(n) machen; ~ *ngt. i penge etw* zu Geld machen; ~ *én imod j-m* zuwiderhandeln; ~ *en tur med e-n* Ausflug mitmachen; ~ *om* ändern, nochmal(s) machen; ~ *omkring* kehrtmachen; ~ *rent* ordentlich putzen, sauber machen; ~ *til skamme* beschämen; ~ *sig til af ngt.* sich *e-r* Sache rühmen; *det har du ikke gjort meget ud af* da hast du dich nicht viel draus gemacht; *det er der ikke ngt. at* ~ *ved* dagegen kann man nichts tun, das ist nicht zu ändern; *ikke kunne* ~ *ved at ...* nichts dafür können, dass ...; *gjort* gemacht, getan; *få ngt. gjort etw* schaffen; *det er godt gjort!* (das ist ja) allerhand!; das ist die Höhe!; *som sagt, så gjort!* gesagt, getan!; *hvor har du gjort af det?* wo hast du es gelassen?

gøremål ['gœːrəmɔːˀl] Beschäftigung *f*, Tätigkeit *f*

gøren ['gœːrən] ⟨: ~ *og laden* Tun *n* und Treiben *n*

gørlig ['gœːrli] tunlich, machbar

gøs¹ [gøːˀs] ⟨*-en; -e*⟩ NAUT Gösch *f*

gøs² → **gyse**

gå [gɔːˀ] ⟨*gik; gået*⟩ gehen; vergehen; THEA gespielt werden; *Film:* laufen; *hvordan ~r det (dig)?* wie geht's (dir)?; *hvordan er det ~et hende?* wie ist es ihr ergangen?; *som han ~r og står* wie er leibt und lebt; *lad~!* meinetwegen!; na schön!; *det ~r nok* es wird schon gehen; *hun ~r og siger ...* sie sagt dauernd ...; *bang!, der gik glasset!* peng!, das das Glas!; *~ af* abgehen, losgehen; *aus e-m Amt* ausscheiden; *~ af med sejren* den Sieg davontragen; *hvad ~r der af dig?* was ist (denn) in dich gefahren?; *~ an* angehen; *~ bort* weggehen, fortgehen; *fig lit* hinscheiden; *~ efter én j-m* nachgehen; *~ efter grønsager* Gemüse holen gehen; *~ ngt. efter etw* nachprüfen *od* überarbeiten; *~ for ngt.* als (*od* für) *etw* angesehen werden; *~ for sig* vorgehen, stattfinden; *~ forbi* vorbeigehen (*én an j-m*); *~ fra* abgehen; *~ fra hinanden* auseinandergehen; *lade ngt. ~ fra sig* sich *etw* entgehen lassen; *~ frem* vorwärtsgehen; *~ galt* misslingen, schiefgehen; *vi er ~et galt* *Weg:* wir sind falsch gelaufen; *~ hen* hingehen; *Zeit:* vergehen; *~ hen imod én* auf *j-n* zugehen; *~ hjem* nach Hause gehen; *~ i Fenster:* zugehen; *~ i vandet* am Strand baden gehen; *~ i sig selv Person:* in sich gehen; *~ igen* umgehen, spuken, geistern; wieder erscheinen; wieder gehen; *~ igennem* durchgehen, durchmachen; *~ ind* (hin)eingehen; *~ ind for ngt./én* eintreten (*od* sich einsetzen) für *etw/j-n*; *~ ind i* eintreten in; hineingehen in; *~ ind på ngt.* auf *etw* (A) eingehen; *~ itu* kaputtgehen, entzweigehen, zerbrechen; *~ løs på én* auf *j-n* losgehen; *~ med* mitgehen; *~ med én* mit *j-m* gehen; *~ med briller* *e-e* Brille tragen; *~ med til ngt.* mit *etw* einverstanden sein; *~ ned* hinuntergehen, fallen, sinken; *Sonne:* untergehen; FLUG niedergehen, landen; *~ klassen om Schule:* die Klasse wiederholen; *~ omkring* herumgehen, umhergehen; *(rundt) om(kring) juletræet Brauch:* um den Weihnachtsbaum (herum)gehen; *~ op* hinaufgehen, hochgehen; aufgehen; *det gik op for mig* mir wurde klar, mir wurde bewusst, ich begriff; *~ op til eksamen* ins Examen gehen; *~ over* übergehen, übertreten; *fig* vorübergehen, vergehen; überqueren, hinübergehen; *stokken gik midt over* der Stock brach mittendurch; *~ på* drauflosgehen, vorkommen; *~ på museum* ein Museum besu-

chen; *~ på universitetet* die Universität besuchen; *det er forbudt at ~ på græsset!* Rasen betreten verboten!; *~ rundt* herumgehen, zugehen; *~ til fig* hergehen, zugehen; F draufgehen; *vi må ~ til* wir müssen schneller gehen, wir müssen *e-n* Schritt zulegen; *~ sko til* Schuhe einlaufen; *være ved at ~ til af varme fig* vor Hitze fast umkommen; *~ til teatret* zum Theater gehen; *varerne ~r til Tyskland* die Waren gehen nach Deutschland; *~ til en opgave* an *e-e* Aufgabe (heran)gehen; *få tiden til at ~ med ngt.* sich die Zeit mit *etw* vertreiben; *~ tilbage* zurückgehen; *~ ud* ausgehen; erlöschen; eingehen; hinausgehen (*ad døren* zur Tür); *fig* ausscheiden; *~ ud og ind hos én* bei *j-m* ein und aus gehen; *~ ud fra ngt. etw* annehmen, von *etw* ausgehen; *det ~ ud over mig* ich muss herhalten; *~ ud på* hinauslaufen auf (A); bezwecken; *~ uden om etw* umgehen; *~ under* untergehen; *~ væk!* geh weg!; *for ~ende!* für Fußgänger!; *holde ~ende* in Gang halten; *vi er ~et!* F wir sind schon weg!, jetzt gehen wir!; *han er blevet ~et* F er ist gegangen worden (*entlassen*)

gåben [ˈgɔːˀbeˀn] *på ~* F zu Fuß, per pedes, *lit* auf Schusters Rappen

gåde [ˈgɔːðə] ⟨*-n; -r*⟩ Rätsel *n*; *~fuld* [-ˈfulˀ] rätselhaft

gået [ˈgɔːəð] → **gå**

gå|felt [ˈgɔːˀfelˀd] *Verkehr:* Zebrastreifen *m, pl;* *~gade* [-ˌgaːðə] Fußgängerzone *f;* *~læg* [-lɛːˀg] *Rock:* Gehfalte *f*

gåpå|mod [gɔˌpɔˀmoːˀð] Draufgängertum *n;* Initiative *f;* *~natur* [-naˈtuːˀʀ] Draufgänger *m*

går [gɔːˀʀ] *i ~* gestern; *i ~ aftes (morges)* gestern Abend (morgen); *fra i ~* gestrig, von gestern; seit gestern

gård [gɔːˀʀ] ⟨*-en; -e*⟩ (Bauern)Hof *m,* Gehöft *n;* Hof(platz) *m*

gård|ejer [ˈgɔːʀɑiˀ∂ʀ] Hofbesitzer *m;* *~hund* [-hunˀ] Hofhund *m;* *~mand* [-manˀ] Hofbesitzer *m;* Bauer *m;* *~musikant* [-musiˈkanˀd] Straßenmusikant *m*

gårds|karl [ˈgɔːʀskɑːˀl] (Haus)Knecht *m;* *~plads* [-plas] Hofplatz *m*

gårdvagt [ˈgɔːʀvɑgd] *Schule:* Hofaufsicht *f*

gårsdagen [ˈgɔːʀsdaːˀən] der gestrige Tag

gås [gɔːˀs] ⟨*-en; gæs*⟩ Gans *f* (*a fig*)

gåsegang [ˈgɔːsəgaŋˀ] *i ~* im Gänsemarsch

gåsehud [ˈgɔːsəhuˀð] *få ~ e-e* Gänse-haut bekommen

gåse|kråse ['gɔːsəkʀɔːsə] Gänseklein *n*; **~lever(postej)** [-leːˀvɐʀ(poˈsdaɪˀ)] Gänse-leber(pastete *f*) *f*; **~pen** [-pɛnˀ] Gänse-

kiel *m*; **~skind** [-sgenˀ] *Gans:* Gänse-haut *f*; **~steg** [-sdaɪˀ] Gänsebraten *m*; **~øjne** [-œɪnə] *pl* Gänsefüßchen *pl*

gåtur ['gɔːˀtuːˀʀ] Spaziergang *m*

H

H, h [hoːˀ] ⟨-'et; -'er⟩ H, h *n*
ha [ha] ∼! ha!
HA [hoˀaːˀ] *etwa* BWL-Examen
habengut ['habəngud] ⟨-tet⟩ Hab und Gut *n*
habil [ha'biːˀl] geschickt, tüchtig, fähig
habit [ha'bid] ⟨-ten; -ter⟩ Anzug *m*
hachis [ha'ʃiː] ⟨-en⟩ GASTR Haschee *n*
had [haðˀ] ⟨-et⟩ *bes:* **nære ~ til én** Hass gegen *j-n* hegen; **~e** ['haːðə] hassen
hadefuld ['haːðəfulˀ] gehässig, hasserfüllt
hader ['haːðəʀ] ⟨-en; -e⟩ Hasser *m*
had-kærlighed [haðˀkɛʀlihəðˀ] Hassliebe *f*
hadsk [haðˀg] gehässig
HA'er [hoˀaːˀˀəʀ] *jemand, der* → *HA stu-diert (hat); etwa* BWLer(in) *m(f)*
haft [hafd] → *have²*
hage¹ ['haːə] ⟨-n; -r⟩ Kinn *n*; Haken *m*; **der er en ~ ved sagen** *fig* die Sache hat *e-n* Haken
hage² ['haːə]: **~ fast** anhaken, anklam-mern *(sig* sich)
hage|kløft ['haːəkløfd] Grübchen *n (am Kinn)*; **~kors** [-kɔʀs] *n* Hakenkreuz *n*; **~skæg** [-sgɛːˀg] Kinnbart *m*; **~smæk** [-smɛg] ⟨-ken; -ke *od* -ker⟩ F Sabberlätz-chen *n*
hagl [hawˀl] ⟨-et; -⟩ Hagel *m*; *Jagd:* Schrot *m, n*; **~byge** ['hawlbyːə] Hagelschauer *m*; **~bøsse** ['hawlbøsə] Schrotflinte *f*; **~e** ['hawlə] hageln
haglvejr ['hawlvɛːˀʀ] Hagelwetter *n*
haj [haɪˀ] ⟨-en; -er⟩ Hai(fisch) *m; fig* Gau-ner *m;* **~tænder** [-tɛnɐʀ] *pl* AUTO *(gezähn-ter)* Vorfahrt-Achten-Balken *m*
hak [hag] ⟨-ket; -⟩ Kerbe *f*, Scharte *f*, Ein-schnitt *m*; **ikke et ~** F kein bisschen, über-haupt nichts
hakke¹ ['hagə] ⟨-n; -r⟩ Hacke *f*, Haue *f*
hakke² ['hagə] hacken, hauen; *Petersilie* wiegen; **~ i det** *fig* stottern; **~ på én** *fig* auf *j-m* herumhacken; **~t kød** Hack-fleisch *n*
hakke|bræt ['hagəbʀɛd] Hackbrett *n*; MUS F Klimperkasten *m*; **~bøf** [-bøfˀ] deut-sche(s) Beefsteak *n*; **~kniv** [-kniːˀv]

Hackmesser *n*, Wiegemesser *n*; **~lse** [-lsə] ⟨-n⟩ Häcksel *n od m*; **~mad** [-mað] Gericht *n* mit Hackfleisch; *fig* Sammelsurium *n*, Durcheinander *n*; **~or-den** [-ɔʀˀdən] Hackordnung *f (a fig)*
hal [halˀ] ⟨-len; -ler⟩ Halle *f*
hale¹ ['haːlə] ⟨-n; -r⟩ Schwanz *m*; Schweif *m*; F Hintern *m*
hale² ['haːlə] ziehen; NAUT holen; **~ ind på** *j-n* einholen
hale|finne ['haːləfenə] Schwanzflosse *f*; **~fjer** [-fjeːˀʀ] Schwanzfeder *f*; **~tudse** [-tusə] Kaulquappe *f*
halfback ['halˀfbag] *Fußball:* Läufer *m*
halløj¹ ['halɔɪ] ⟨-et⟩ Hallo *n*
halløj² [ha'lɔɪ]: **~!** hallo!, holla!
halm ['halˀm] ⟨-en⟩ Stroh *n*
halm|knippe ['halmknebə] Strohbündel *n*; **~leje** [-laɪə] Strohlager *n*; **~måtte** [-mɔdə] Strohmatte *f*; **~strå** [-sdʀɔːˀ] Strohhalm *m*; **~visk** [-vesg] Strohwisch *m*
hals [halˀs] ⟨-en; -e⟩ Hals *m*; Kehle *f*; **brække ~en** (sich) den Hals *(od* das Ge-nick) brechen; **give ~** *Hund:* anschlagen; **række** *(od* **strække) hals** *e-n* langen Hals machen; **af fuld ~** aus voller Kehle, aus vollem Halse, lauthals; **have ondt i ~en** Halsschmerzen haben; **få ngt. i den gale ~ etw** in die falsche Kehle bekommen; *fig* **etw** in den falschen Hals bekommen; **hjertet sad mig i ~en** das Herz schlug mir bis zum Halse; **vride ~ om på én** *fig j-m* den Hals umdrehen; **falde én om ~en** *j-m* um den Hals fallen; **skære ~en over på én** *j-m* die Gurgel durch-schneiden; **det hænger mig langt ud af ~en** *fig* das hängt mir zum Halse her-aus; **over ~ og hoved** Hals über Kopf; **skaffe sig ngt. på ~en** sich *etw* auf den Hals laden; **han er en hård ~** *fig* er ist un-beugsam
hals|betændelse ['halsbeˀtɛnˀəlsə] MED Halsentzündung *f*; **~brand** [-bʀanˀ] Sod-brennen *n*; **~brækkende** [-bʀɛgənə] halsbrecherisch; **~bånd** [-bɔnˀ] Hals-band *n*

halse ['halsə] bellen; **~ af sted** F davonja-gen; **komme ~nde** F eilig angerannt kom-men

hals|hugge ['halshogə] enthaupten, köp-fen; **~hvirvel** [-vir:'vəl] ANAT Halswirbel *m*; **~kæde** [-kɛ:ðə] Halskette *f*

halsløs ['halslø:'s]: **~ gerning** sträfli-che(r) Leichtsinn *m*, Vermessenheit *f*

halsret ['halsʀɛd]: **hals- og håndsret** un-eingeschränkte(s) Verfügungsrecht *n*

hals|smykke ['halssmøgə] Halsschmuck *m*; **~starrig** [-sdɑ:'ʀi] halsstarrig; **~tør-klæde** [-tœʀklɛ:ðə] Halstuch *n*, Schal *m*

halt [hal'd] lahm, hinkend; **~e** ['haldə] hinken, lahmen

halunk [ha'loŋ'g] ⟨-en; -er⟩ Halunke *m*

halv [hal'] halb; **to (og) en halv** zwei-(und)einhalb; **klokken ~ ti** um halb zehn (Uhr); **dele ~t** halbpart machen; **~t om ~t** halb und halb; **det ~e** die Hälfte; **det ~e Tyskland** halb Deutschland; **flage på ~** halbmast flaggen

halvanden [hal'anən] anderthalb, einein-halb

halv|bro(de)r ['halbʀo:ʀ] Halbbruder *m*; **~cirkel** [-siʀgəl] Halbkreis *m*

halvdags ['haldɑ:'s] halbtägig; **~stilling** [-dɑ:s'sdelen] Halbtagsstelle *f*

halvdannet ['haldanəð] wenig gebildet, halbgebildet

halvdel ['haldel'l] Hälfte *f*; **min bedre ~** F meine bessere Hälfte

halv|død ['haldø:'ð] halb tot; **~dør** [-dœ:'ʀ] (quer) geteilte Tür *f*, F Klöntür *f*

halver|e [hal've:'ʀə] halbieren; **~ing** [-'ve:'ʀeŋ] ⟨-en; -er⟩ Halbierung *f*; **~ingstid** [-'ve:'ʀeŋsti:'ð] Halbwertzeit *f*

halv|fems [hal'fems] neunzig; **~fjerds** [-'fjɛrs] siebzig; **~flaske** ['halflasgə] hal-be Flasche *f* (= 3/8 *l*); **~fuld** [-ful'] halb voll; F beschwipst, halb betrunken; **~gammel** [-gaməl] ältlich; **~gjort** [-gjo:'ʀð] halb fertig; **~hed** [-he:ð'] ⟨-en; -er⟩ Halbheit *f*; **~hjertet** [-jɛʀdəð] halbherzig

halv|kaste ['halkasdə] ⟨-n; -r⟩ Mischling *m*; **~kilo** [-kilo] Pfund *n*, halbe(s) Kilo *n*; **~kreds** [-kʀɛ:'s] Halbkreis *m*; **~kugle** [-ku:lə] Halbkugel *f*; **~kvalt** [-kva:'ld] halb erstickt, *Stimme*: schluchzend, halb erstickt

halvkvædet ['halkvɛ:'ðəd]: **~ vise** F An-deutung *f*

halv|lang ['hallaŋ'] halblang; **~leg** [-loi'] SPORT Halbzeit *f*; **~mørke** [-mœʀgə] Halbdunkel *n*; **~måne** [-mɔnə] Halb-mond *m*

halv|node ['halno:ðə] MUS halbe Note *f*; **~nøgen** [-nøiən] halb nackt

halv|part ['halpɑ:'ʀd] Hälfte *f*; **~pension** [-paŋ'sjon] Halbpension *f*; **~rådden** [-ʀɔðən] halb verfault

halv|skyet ['halsgy:əð] *Himmel*: halb be-deckt; **~sove** [-sɔuə] leicht schlafen, F dösen, duseln; **~stegt** [-sdɛgd] halb gar

halvstuderet ['halsdu:ðe:'ʀɔð]: **~ røver** F *Person*: Halbgebildete (der, die)

halv|søskende ['halsøsgənə] *pl* Halbge-schwister *pl*; **~søster** [-søsdəʀ] Halb-schwester *f*

halvsøvn ['halscœ'n] Halbschlaf *m*; **i ~e** im Halbschlaf

halvt [hal'd] halb; **zur Hälfte**

halv|tag ['halta:'] Halbdach *n*; **~tid** [-tið] halbtags; **være på ~, arbejde ~s** halbtags arbeiten; **~tidsansat** [-tiðs'ansad] halb-tagsbeschäftigt

halvtosset ['haltɔsəð] F nicht ganz dicht

halvtreds [hal'tʀɛs] fünfzig; **~er** [-əʀ] ⟨-en; -e⟩ Fünfziger *m* (a *Geldschein*)

halvtreds|kroneseddel [hal'tʀɛskʀo:nə-'sɛð'əl] Fünfzigkronenschein *m*; **~øre** [-ø:ʀə] *dän 50-Öre-Münze*

halvvejen ['halvai'ən]: **på ~** auf halbem Wege

halv|vejs ['halvai'?s] halbwegs; die Hälfte des Weges; **~voksen** [-vɔgsən] halb er-wachsen, halbwüchsig; **~ø** [-(v)ø:'?] Halb-insel *f*

halvår ['halɔ:'ʀ] Halbjahr *n*, Semester *n*; **~lig** [-li] halbjährlich

ham¹ [ham'] ⟨-men; -me⟩ Haut *f*; **skifte** (*od* **skyde**) **~** sich häuten

ham² [ham] ihm, ihn; **det er ~** er ist es; **~ der** der da; → **han**

hamburgerryg ['hambɔʀwɛʀʀœg] Kas-s(e)ler (Rippenspeer) *n*(*n od am*)

hamle ['hamlə]: **kunne ~ op med én** es mit *j-m* aufnehmen können

hammer ['hamɔʀ] ⟨-en; *ham*(*me*)*re*⟩ Ham-mer *m*; **komme under ~en** F unter den Hammer kommen; **... ellers falder fars ~** F ... sonst setzt es Schläge; **~kast** [-kasd] SPORT Hammerwerfen *n*; **~skaft** [-sgafd] Hammerstiel *m*

hammerslag ['hamɔʀsla:'] Hammer-schlag *m*; *Versteigerung*: Zuschlag *m*; **jeg bestiller ikke et ~ mere i dag!** F ich werde heute keinen Schlag mehr tun (*od* arbeiten)!, für heute ist Sense mit der Arbeit!

hamp [ham'b] ⟨-en⟩ Hanf *m*

hamper ['ham'bəʀ] F schlimm, scheußlich; herb; *Preis:* happig

hampereb ['hɑmbɑʁɛːʔb] Hanfseil *n*

hamre ['hɑmʁə] hämmern; **~nde lige-gyldigt** F völlig Wurscht; **~n** Gehämmer *n*, Hämmern *n*

hamskifte ['hɑmˀsgifdə] Häutung *f*

hamst|er ['hɑmˀsdɐr] ⟨-en; -e⟩ Hamster *m*; **~re** ['hɑmˀsdɐʁə] hamstern, horten; **~rer** ['hɑmsdʁɐr] ⟨-en; -e⟩ Hamsterer *m*

han¹ [han] ⟨-nen; -ner⟩ ZO Männchen *n*

han² [han] *pers.pron* er; *dem.pron* der

handel ['hanˀəl] ⟨*hand(e)len; handler*⟩ Handel *m*; (*Geschäft*) Handlung *f*; **slutte en ~** e-n Handel abschließen

handels|aftale ['hanˀəlsɑu̯tɑːlə] Handelsabkommen *n*; **~balance** Handelsbilanz *f*; **~højskole** [-hɔi̯sgoːlə] Handelshochschule *f*; Wirtschaftshochschule *f*; **~kalender** [-kaˈlɛnˀɐr] Firmenadressbuch *n*; **~lære** [-lɛːrə] Handelskunde *f*; kaufmännische Lehre *f*; **~mand** [-manˀ] Händler *m*; **~plads** [-plas] Handelsplatz *m*; **~rejsende** [-rɑɪ̯sənə] Handelsreisende (der, die), (Handels)Vertreter *m*; **~skole** [-sgoːlə] Handelsschule *f*

handi|cap, **~kap** ['handikɑb] ⟨-pet; -⟩ Handikap *n*; Nachteil *m*; Behinderung *f*; **~kappet** [-ðð] gehandikapt; benachteiligt; behindert; **~kapvenlig** [-vɛnli] behindertengerecht

handle ['hanlə] handeln; **~ hos én** bei j-m einkaufen; **~ om** handeln von (*D*); handeln um (*A*); **det ~r om** es geht um, es handelt sich um (*A*); **~dygtig** [-døgdi] handlungsfähig; **~form** [-fɔrˀm] GRAM Aktiv *n*, Tatform *f*

handlekraft ['hanləkʁɑfd] Tatkraft *f*; **~ig** [-i] tatkräftig

handle|måde ['hanləmɔ̯ːðə] Handlungsweise *f*; **~nde** [-ne] ⟨en⟩ Händler *m*

handling ['hanleŋ] ⟨-en; -er⟩ Handlung *f*; Tat *f*; Akt *m*

handske ['hansgə] ⟨-n; -r⟩ Handschuh *m*; **~rum** [-ʁɔmˀ] Handschuhfach *n*; **~skind** [-sgenˀ] Handschuhleder *n*

handue ['handuːə] Tauber *m*, Täuberich *m*

handyr [-dyːˀʁ] ZO männliches Tier *n*, Männchen *n*

handy ['haːndi] handlich

hane ['haːnə] ⟨-n; -r⟩ Hahn *m* (*a* TECH)

haneben ['haːnəbeːˀn]: *gøre ~ til en pige* e-m Mädchen den Hof machen

hane|fjed ['haːnəfjəð] *fig* Schritt *m*; **~fjedsmønster** [-smønˀsdɐr] *Stoffmuster:* Hahnentritt *m*; **~gal** [-ˈgaːˀl] Hahnenschrei *m*; **~kam** [-kɑmˀ] Hahnenkamm

m (*a* BOT); **~kylling** [-kyleŋ] Hähnchen *n*; *fig* Grünschnabel *m*

hanfugl ['hanfuːˀl] *Vogel:* Männchen *n*, Hahn *m*

hang¹ [haŋˀ] ⟨*en od et*⟩ *fig* Hang *m*; Neigung *f* (*til/* zu *D*)

hang² [haŋˀ] → **hænge¹**

hangarskib ['haŋɡaːˀʁsgiːˀb] MIL Flugzeugträger *m*

hanhund ['hanhunˀ] Rüde *m*

hank [haŋˀg] ⟨-en; -e⟩ Henkel *m*, Griff *m*; **have hånd i ~e med ngt.** *fig etw* im Griff haben

hankat ['hankad] Kater *m*

hanke ['haŋɡə]: **~ op** hochheben; **~ op i sig selv** sich zusammenraffen; **~kurv** [-kurˀv] Henkelkorb *m*; **~løs** [-løːˀs] ohne Henkel

han|køn ['hankœnˀ] männliche(s) Geschlecht *n*; GRAM Maskulinum *n*; **~lig** [-li] männlich

hanrej ['hanʁɑɪ̯ˀ] ⟨-en; -er⟩ Hahnrei *m*

hans [hans] *Poss.pron* sein; *Hans Majestæt* (*Abk. H. M.*) Seine Majestät (*Abk.* S(e). M.)

Hansestad ['hansəsdað] Hansestadt *f*

hap [hab]: *hip som ~* ⊢ gehüpft wie gesprungen, Jacke wie Hose

haps¹ [habs] ⟨-en; -e⟩ Happen *m*

haps² [habs] ⟨-et; -⟩ F schnelle Bewegung *f*, schneller Griff *m*

hapse ['habsə] F erwischen, schnappen

har [haːˀʁ] → **have¹**

harddisk ['harddesg] ⟨-en; -e (-disks)⟩ Festplatte *f*

hare ['haːʁɐ] ⟨-n; -r⟩ Hase *m*; *fig* Angsthase *m*; *forloren ~* GASTR falscher Hase

harefod ['haːʁɔfoˀð] Hasenfuß *m*; *gå over ngt. med en ~* *etw* oberflächlich (*od* F husch husch, hopp hopp) abstauben (sauber machen); *fig* über *etw* flüchtig hinweggehen

hare|jagt ['haːʁəjɑgd] Hasenjagd *f*; **~killing** [-kileŋ] Häschen *n*, Junghase *m*; **~skår** [-sgɔːˀʁ] ANAT Hasenscharte *f*; **~steg** [-sdɑi̯ˀ] Hasenbraten *m*

harke ['haːʁgə] sich räuspern, V rotzen

harlekin ['haːʁləkin] ⟨-en; -er⟩ Harlekin *m*; Hanswurst *m*

harm [haːˀʁm] böse; **~dirrende** ['hɑʁmdiʁənə] vor Wut zitternd; wütend

harme¹ ['hɑʁmə] ⟨-n⟩ Entrüstung *f*; Zorn *m*

harme² ['hɑʁmə] ärgern, empören; **~s** sich ärgern; entrüstet sein, sich empören (*over/*über *A*)

harmelig ['hɑʁməli] ärgerlich

harm|fuld ['hɑːmful?] entrüstet, zornig, erbittert; **~løs** [-lø:s] harmlos

harmonika [hɑːˈmoːˀnika] ⟨-en; -er⟩ mus (Zieh-, Mund)Harmonika f, Schifferklavier n; **~sammenstød** [-samənsdøð] Massenkarambolage f

harmonisk [hɑːˈmoːˀnisg] harmonisch (a fig)

harnisk [ˈhɑːnisg] ⟨-et; -er⟩ Harnisch m; **komme i ~** fig in Harnisch geraten; **~klædt** [-klɛ:ˀd] geharnischt

harpe¹ [ˈhɑːbə] ⟨-n; -r⟩ mus Harfe f; Grobsieb n; F fig Drachen m (Frau)

harpe² [ˈhɑːbə] durchsieben

harpe|nist [hɑːbəˈnisd] ⟨-en; -er⟩ Harfenist(in) m(f); **~spil** [-sbel] Harfenspiel n

harpiks [ˈhɑːbigs] ⟨-en od et; -er⟩ Harz n; **~holdig** [-hɔlˀdi] harzig

harpist [hɑːˈpisd] ⟨-en; -er⟩ → **harpenist**

harsk [hɑːsg] ranzig; Person: unangenehm, barsch, brüsk

harve¹ [ˈhɑːvə] ⟨-n; -r⟩ Egge f

harve² [ˈhɑːvə] eggen

harvning [ˈhɑːvnəŋ] ⟨-en; -er⟩ Eggen n

has¹ [haˀs] ⟨-en; -er⟩ Hülle f, Hülse f

has² [ha:ˀs]: **få ~ på ngt.** F mit etw fertigwerden

hasard [haˈsɑːʁ] ⟨en od et⟩ Hasard n, Glücksspiel n; **~eret** [-sɑːˈdeːˀʁɔð] gewagt; **~spil** [-sbel] Hasardspiel n, Glücksspiel n

hase [ˈhaːsə] ⟨-n; -r⟩ Kniekehle f; Haselnuss: Hülle f (→ **has¹**); **smøre ~r** fig das Hasenpanier ergreifen

hash [hasj] ⟨-en⟩ F Hasch n; **ryge ~** kiffen; **~ish** [ˈhasjisj] ⟨-en⟩ Haschisch n, m; **~pibe** [-ˈpi:bə] Haschpfeife f

haspe¹ [ˈhasbə] ⟨-n; -r⟩ Haspe f, Fensterhaken m; Garn: Haspel f

haspe² [ˈhasbə] Garn haspeln; **~ af** fig Gedicht abhaspeln

hassel [ˈhasəl] ⟨has(se)len; hasler⟩ bot Hasel f; **~nød** [-nøðˀ] Haselnuss f

hast [hasd] ⟨-en⟩ Eile f, Hast f; **i (største)** ~ in (größter od aller) Eile

haste [ˈhasdə] eilen, hasten; **det ~r ikke** es eilt nicht; **~rt!** Brief: eilt!, dringend!

hasteindkalde [ˈhasdəɛnkalˀʔə]: **~ til et møde** e-e Sitzung kurzfristig (eilig) einberufen

hastemt [ˈhasdemˀd] hochtrabend, schwülstig

haste|møde [ˈhasdəmøːðə] kurzfristig (od eilig) einberufene Sitzung f; **~sag** [-ˈsaːˀ] Eilsache f, dringende (od eilige) Angelegenheit f

hastig [ˈhasdi] eilig, hastig, schnell; **~hed** [-he:ðˀ] ⟨-en; -er⟩ Geschwindigkeit f; Tempo n; **~hedsbegrænsning** [-heðsbeˈgʁɛnˀsnəŋ] Geschwindigkeitsbegrenzung f

hastværk [ˈhasdvɛʁg] ⟨et⟩ Eile f; **have ~** es eilig haben

hastværksarbejde [ˈhasdvɛʁgsˈɑːbaɪ̯?də] Pfusch(arbeit) m(f)

hat [had] ⟨-ten; -te⟩ Hut m; **høj ~** Zylinder m; **høj i ~ten** F hochnäsig; **tage ~ten af** den Hut abnehmen (od ziehen) (**for/vor** D); **jeg tager min ~ af for ham!** F fig vor ihm (vor seiner Leistung) ziehe ich meinen Hut!, Hut ab vor ihm!; **tage ~ten på** den Hut aufsetzen; **være på ~ med én** F mit j-m auf dem Grußfuß stehen

hattepuld [ˈhadpulˀ]: **få på ~en** F eins auf den Hut bekommen, eins auf den Deckel kriegen

hav [haʊ̯] ⟨-et; -e⟩ Meer n, See f; **på åbent ~** auf offener See; **stå til ~s** in See stechen; **på ~sens bund** auf dem Meeresgrund

havarere [havaˈʁeːˀʁə] beschädigt werden, havarieren; **~t** a verunglückt; Person: gestrandet, gescheitert

havari [havaˈʁiːˀ] ⟨-et; -er⟩ Havarie f, Amtssprache Seeschaden m; **~landing** [-ˈʁilanəŋ] flug Bruchlandung f

hav|blik [ˈhaʊ̯bleg] ⟨-ket⟩ Meeresstille f; **~bred** [-breðˀ] Meeresufer n; **~bugt** [-bogd] Meeresbucht f; **~bund** [-bonˀ] Meeresgrund m, Meeresboden m

havde [ˈhaːðə] → **have²**

havdyr [ˈhaʊ̯dyːˀʁ] Meerestier n

have¹ [ˈhaːvə] ⟨-n; -r⟩ Garten m

have² [ˈhaːvə, ha:ˀ, ha] ⟨havde; haft⟩ haben; besitzen; als Hilfsverb: haben, sein; **han har influenza** er hat (e-e) Grippe; **han har et hus** er hat (od besitzt) ein Haus; **hun har kørt tre kilometer** sie ist drei Kilometer gefahren; **det ~s ikke** das gibt es nicht; das haben wir nicht; **hvordan har De det?** wie geht es Ihnen?; **hav det godt!** alles Gute!, lass es dir gut gehen!, mach's gut!; **nu kan du ~ det godt!** mach, was du willst, ich will nichts mehr mit dir zu tun haben!; **man ved aldrig, hvor man har ham** man weiß nie, woran man bei ihm ist; **det skal jeg ikke ~ ngt. af** F fig na, ich danke!; **det har han godt af!** das geschieht ihm recht!, das schadet ihm gar nichts!; **det har du ikke godt af** das wird dir nicht gut bekommen; das bekommt dir nicht; **~ ngt. for** etw vorhaben; Schule: etw aufhaben; **~ tiden for sig** die

Zeit vor sich haben; **han har det med at overdrive** er übertreibt leicht; **~ ngt. hos** (od på) **sig** etw bei sich haben; **~ om sig** Wolldecke: v/t F umhaben (um sich herumgelegt haben); **~ frakken på** den Mantel anhaben; **~ hatten på** den Hut aufhaben; **jeg har været** ich bin gewesen

have|arkitekt ['ha:vɔɑʀki'tegd] Gartenbauarchitekt m; **~brug** [-bʀu:ʔ] Gartenbau m

havelse ['ha:vəlsə] su: **i mangel af bedres ~** aus Mangel an Besserem

have|låge ['ha:vɔlɔːwə] Gartenpforte f, Gartentür f; **~mand** [-man²] Gärtner m; Gartenfreund m; **~redskab** [-ʀeðsga:²b] n Gartengerät n; **~slange** [-slaŋə] Gartenschlauch m

havesyg ['ha:vɔsy:²] habsüchtig, habgierig; **~e** [-sy:ə] Habsucht f, Habgier f

havfisk ['hüːfesg] Seefisch m; **~eri** [-fesgə'ʀi:²] Hochseefischerei f

havfrue ['haüˈfʀu:ə] Meerjungfrau f (**den lille** die kleine), Nixe f

hav|gasse ['haügasə] ⟨n; -r⟩ F fig alte Hexe f; **~luft** [-lɔfd] Seeluft f

havn [haü²n] ⟨en; -e⟩ Hafen m

havne ['haünə] fig landen; **~afgift** [-aügifd] Hafengebühr f; **~bassin** [-ba'seŋ] Hafenbecken n; **~by** [-by:²] Hafenstadt f; **~dæmning** [-dεmneŋ] Hafendamm m; **~foged** [-fo:əð] Hafenmeister m; **~indløb** [-enlø:²b] Hafeneinfahrt f; **~sjover** [-sjɔüəʀ] Hafenarbeiter m, Schauermann m; **~væsen** [-vε:ʔsən] Hafenamt n

hav|omflydt ['haüɔmflyd] **~omkranset** [-ɔmkʀɑn²səð] meerumschlungen; **~overflade** [-ɔüɑʀfla:ðə] Meeresspiegel m

havre ['haüʀə] ⟨n⟩ bot Hafer m; **~gryn** [-gʀy:²n] pl Haferflocken f/pl; **~grød** [-gʀø:²ð] Hafergrütze f, Haferbrei m; **~mel** [-me:²l] Hafermehl m; **~suppe** [-sobə] Haferschleim m

havsalt ['haüsal²d] Meersalz n

havsnød ['haüsnø:²ð] Seenot f

hav|stok ['haüsdɔg] Meeresufer n; **~strøm** [-sdʀœm] Meeresströmung f; **~vand** [-van²] Meerwasser n; **~ørn** [-œr²n] Seeadler m

hawaiiskjorte [ha'vaˈisgjɔʀðə] Hawaiihemd n

heade ['he:ðə] Fußball: köpfen

heat [hi:d] ⟨et; -s od -⟩ sport Lauf m

hebraisk [he'bʀaːˈisg] ⟨-⟩ Hebräisch n; **det er ~ for mig** etwa F ich verstehe nur Bahnhof

hed¹ [he:ð²] heiß (a fig)

hed² [he:ð²] → **hedde**

hedde ['heðə] ⟨hed; heddet⟩ heißen; **hvad ~r De?** wie heißen Sie?; **det ~r sig, at …** es heißt, dass …; man sagt, dass …; **det er der ikke noget, der ~r!** das gibt es nicht!

hede¹ ['he:ðə] ⟨-n; -r⟩ Heide f

hede² ['he:ðə] ⟨-n⟩ Hitze f

hedebo ['he:ðəbo:²] ⟨-en; -er⟩ Heidebewohner(in) m(f)

hedebølge ['he:ðəbœljə] Hitzewelle f

hedefår ['he:ðɔfɔ:²ʀ] Heidschnucke f

Hedehusene ['he:ðəhu:sənə]: **ad ~ til!** F zum Teufel!

hedelyng ['he:ðəløŋ²] Heidekraut n

heden ['he:ð²ən]: **vandre ~** lit dahinscheiden; **~faren** [-fa:²ʀən] lit verstorben, verschieden; **~fart** [-fa:²ʀd] lit Dahinscheiden n; **~gangen** [-gaŋən] lit verstorben, verschieden

heden|old ['he:ð²ənɔl²]/⟨en⟩ heidnische Vorzeit f; **~sk** [-sg] heidnisch; **~skab** [-sga:²b] ⟨et od -et⟩ Heidentum n

hede|slag ['he:ðəsla:²] med Hitzschlag m; **~tur** [-tu:²ʀ] fliegende Hitze f, Hitzewallung f

hedning ['heðneŋ] ⟨-en; -e od -er⟩ Heide m, Heidin f

hed|spore ['he:ðsbo:ʀə] lit Heißsporn m; **~vin** [-vi:²n] Südwein m

hefte- ['hefdə-] → **hæfte-**

heftig ['hefdi] heftig, hitzig; **~hed** [-he:ð²] ⟨-en; -er⟩ Heftigkeit f

heftning → **hæftning**

hegle¹ ['haˈilə] ⟨-n; -r⟩ tech Hechel f

hegle² ['haˈilə] hecheln; **~ én igennem** F j-n durchhecheln

hegn [haˈi²n] ⟨-et; -⟩ Zaun m; Wald: Gehölz n; **levende ~** Knick m (Hecke)

hegne ['haˈinə] umzäunen; **~ om ngt.** etw umzäunen; fig etw schirmen

hegnspæl ['haˈinspε:²l] Zaunpfahl m

hej [haˈi]: **~!** he(da)!; heißa!; F hallo!; tschüs!

hejre ['haˈiʀə] ⟨-n; -r⟩ Reiher m

hejs [haˈi²s] ⟨-en; -er od -⟩ tech Aufzug m

hejsa ['haˈisa]: **~!** heißa!

hejse ['haˈisə] ⟨-ede od -te⟩ hissen, heißen; **~ sejl** die Segel aufziehen; **~ ned** herablassen, abseilen; **~ op** aufziehen, hochziehen; **~apparat** [-apa'ʀa:²d], **~værk** [-vεʀg] ⟨-et; -er⟩ Hebewerk n, Aufzug m

hejsning ['haˈisneŋ] ⟨-en; -er⟩ Hissen n

hekkenfeldt ['hegɔnfel²d]: **ad ~ til!** V zum Teufel!

heks [hegs] ⟨-en; -e⟩ Hexe f (a fig F)

hekse ['hegsə] hexen, zaubern; **~jagt**

[-jagd] *fig* Hexenjagd *f*; **~kedel** [-keðəl] Hexenkessel *m* (*a fig*); **~mester** [-mesdər] Hexenmeister *m*, Zauberer *m*; **~ri** [-'ri:?] ⟨-*et*; -*er*⟩ Hexerei *f*; **~skud** [-sguð] ⟨-*det*; -⟩ MED Hexenschuss *m*

hektisk ['hɛgtisg] hektisch

hel [he:?l] ganz; voll; **~e Fyn** ganz Fünen; **~e tiden** die ganze Zeit (hindurch); **~e mit liv** mein ganzes Leben (lang); **en ~ del** ziemlich viel(e); **klokken slår ~** die Glocke schlägt die volle Stunde; **han er ~t rigtig!** F er ist ganz in Ordnung!; **~t og holdent** ganz und gar; **i det ~e** im Ganzen; **i det ~e taget** überhaupt; **~t igennem** durch und durch

hel|aftensfilm ['he:lɑfdənsfil?m] abendfüllende(r) Film *m*; **~automatisk** [-aŭto'ma:?tisg] vollautomatisch; **~befaren** [-be'fɑ:?rən] F wohlbewandert, gewieft; *su* Vollmatrose *m*

helbred ['hɛlbreð] ⟨-*et*⟩ Gesundheit *f*

helbrede ['hɛlbre:?ðə] heilen (**for**/von D); **~lig** [-'bre:?ðəli] heilbar; **~lse** [-lsə] ⟨-*n*; -*r*⟩ Heilung *f*, Genesung *f*, Gesundung *f*; **~lsesmetode** [-lsəsme'to:ðə] Heilmethode *f*

helbredsattest ['hɛlbreðsa'tesd] Gesundheitszeugnis *n*

helbredshensyn ['hɛlbreðshensy'?n] *pl* Gesundheitsrücksichten *f*/*pl*; **af ~** gesundheitshalber

helbredstilstand ['hɛlbreðstelsdan?] Gesundheitszustand *m*

held [hɛl?] ⟨-*et*⟩ Glück *n*; Erfolg *m*; F Schwein *n*; **~ og lykke!** viel Glück!, F Hals- und Beinbruch!; **have ~ med sig** Glück haben; **til alt ~** zum Glück; **~ i uheld** Glück im Unglück

heldags ['he:ldɑ:?s] ganztägig, Ganztags-, Tages-; **~beskæftigelse** [-be'sgɛfdi:?əlsə] Ganztagsbeschäftigung *f*

heldbringende ['hel?breŋənə] glückbringend, heilbringend

heldig ['hɛldi] glücklich; günstig; erfolgreich; **jeg var ~** ich hatte Glück; **det er ~t, at ...** (es trifft sich) gut, dass ...; **~vis** [-vi:?s] glücklicherweise

hele[1] ['he:lə]: **det ~** alles; **et ~** ein Ganzes *n*

hele[2] ['he:lə] heilen; **~s** *v/i* heilen

helflaske ['he:lfkɑsgə] ganze Flasche *f* (3/4 Liter)

helg ['hɛl?j] ⟨-*en*⟩ Feier *f*; Feiertag *m*

helgardere ['he:lgɑr'de:?rə]: **~ sig** sich absichern, vorsorgen

helgen ['hɛljən] ⟨-*en*; -*er*⟩ Heilige (der, die); **~glorie** [-glo:?riə] Heiligenschein *m*; **~inde** [-'enə] ⟨-*n*; -*r*⟩ Heilige *f*

helhed ['he:lheð?] ⟨-*en*; -*er*⟩ Ganzheit *f*, Gesamtheit *f*

helhedsindtryk ['he:lheðs'entrœg] Gesamteindruck *m*

helhjertet ['he:ljɛrdəð]: **gå ~ ind for en sag** sich voll und ganz für eine Sache einsetzen

helikopter [heli'kɔbdər] ⟨-*en*; -*e*⟩ FLUG Hubschrauber *m*

heling ['he:leŋ] ⟨-*en*; -*er*⟩ Heilung *f*

hellang ['he:laŋ?] *Kleid*: bodenlang

helle[1] ['he:lə] ⟨-*n*; -*r*⟩ Verkehrsinsel *f*

helle[2] ['he:lə] ⟨-*et*⟩ Freistätte *f*

helle|dusseda [hɛlə'dusədə]: **~!** oje!, ach Gott!; **~flynder** [-fløn?ər] Heilbutt *m*; **~fyr** [-fy:r] Beleuchtung *f* auf der Verkehrsinsel; **~kiste** [-ki:sdə] Steinsarg *m*, Steingrab *n*

heller ['hɛl?ər]: **~ ikke, ikke ~** auch nicht; **~ aldrig** auch nie

hellere ['hɛlərə] ⟨*komp von* **gerne**⟩ lieber; eher; **~ end gerne** F mit größtem Vergnügen

hellig ['heli] heilig; fromm; **~brøde** [-brø:ðə] Entweihung *f*, Sakrileg *n*

helligdag ['hɛlidɑ:?] Feiertag *m*; **på søgnog ~e** an Sonn- und Feiertagen

helligdom ['helidɔm?] ⟨-*men*; -*me*⟩ Heiligtum *n*

hellige ['heliə] heiligen; **~ sig en sag** sich e-r Sache widmen

helliggøre ['heligœ:?rə] heiligen

hellighed ['helighe:ð?] ⟨-*en*⟩ Heiligkeit *f*

helligholde ['heliholʔə] heilighalten, feiern

helligtrekonger [hɛlitre'kɔŋər] (*su*) Dreikönige *pl*

Helligånden ['helion?ən] REL der Heilige Geist

hel|linned ['he:llenəð], **~lærred** [-lɛrəð] Ganzleinen *n*

helme ['hɛlmə] nachlassen, aufhören

hel|node ['he:lno:ðə] MUS ganze Note *f*; **~pension** [-paŋˈsjo:?n] Vollpension *f*

helse ['hɛlsə] ⟨-*en*⟩ Gesundheit *f*

helsebutik ['hɛlsəbu'tig] Reformhaus *n*; Bioladen *m*

helsekost ['hɛlsəkɔsd] Reformkost *f*; **~forretning** [-fɔ'rɛdneŋ] *Geschäft*: Reformhaus *n*

helsen ['hɛlsən] ⟨-*en*⟩ Gesundheit *f*

helsides- ['he:lsi:ðəs] ganzseitig

helsilke ['he:lsilgə] reine Seide *f*

hel|skindet ['he:lsgen?əð]: **slippe ~ fra ngt.** mit heiler Haut davonkommen; **~sot** ['hɛlso:?ð] *lit* tödliche Krankheit *f*

helst [hɛl?sd] ⟨*sup von* **gerne**⟩ am liebs-

ten; *hvem som~* jedermann; *hvor som~* überall; *når som~* zu jeder Zeit
helstøbt ['heːlsdøbd] aus *e-m* Guss; *fig* vollendet; *Mann:* ganz
helt¹ [hel?d] ⟨*en; -e*⟩ Held *m*
helt² [heːʔld] → *hel*
helte|bedrift ['heldəbe'dʀefd], *~dåd* [-dɔːʔð] Heldentat *f;* *~modig* [-moːʔði] heldenmütig, heldenhaft
heltid [he:lti:ʔð] *: ansat på ~* mit voller Stundenzahl angestellt (eingestellt)
heltidsstilling ['he:ltiðsdəleŋ] Stelle *f* mit voller Stundenzahl
heltinde [held'enə] ⟨*-n; -r*⟩ Heldin *f*
heltone ['heːltoːnə] *mus* Ganzton *m*
heluld [he:lul?] reine Wolle *f;* *~en* [-ulən] reinwollen
helvede ['helvəðə] ⟨*-t; -r*⟩ Hölle *f; gå ad~ til!* F geh zum Teufel!; *for~!* F zum Teufel!
helvedes ['helvəðəs]: *en ~ larm* ein Höllenlärm *m; en ~ karl* F ein Mordskerl *m; ~ild* [-il?] *med* Gürtelrose *f; ~kval* [-kvaːʔl] Höllenqual *f; ~maskine* [-ma-'sgiːnə] F Höllenmaschine *f*
helårig ['heːlɔːʀli], **helåro** ['hɛːlɔʀs] ganzjährig
hemmelig ['hɛməli] heimlich; geheim
hemmelighed ['hɛməlihe:ð?] ⟨*-en; -er*⟩ Geheimnis *n;* Heimlichkeit *f; i al ~* im Geheimen
hemmelighedsfuld ['hɛməliheðsful?] geheimnisvoll; geheimnistuerisch; *~hed* [-heːð?] ⟨*-en*⟩ Geheimnistuerei *f*
hemmelighedskræmmer ['hɛməliheðs-kʀɛməʀ] Geheimniskrämer *m; ~i* [-kʀɛmə'ʀiːʔ] ⟨*-et; -er*⟩ Geheimniskrämerei *f*
hemmeligholde ['hɛməlihol?ə] geheim halten; verheimlichen
hems [hɛmʔs] ⟨*-en; -e*⟩ Schlafboden *m,* Bettverschlag *m* unter dem Dachboden
hen [hɛnʔ] her; (*weg*) hin; *~ ad aften* gegen Abend; *~ ad vejen* den Weg entlang; *~ for sig* vor sich hin; *~ imod kl. tolv* gegen zwölf (Uhr); *gå* (*komme*) *~ imod en* auf *j-n* zugehen (zukommen); *~ på dagen* am späten Nachmittag; *se ~ til ngt.* auf *etw* (*A*) schauen; *fig* sich auf *etw* (*A*) freuen; *~ til døren* zur Tür hin; *~ over* über; über … hinweg; *~ ved* gegen, annähernd; *hvor vil du ~?* wo willst du hin?; *fig* wo denkst du hin?
henblik ['henbleg] ⟨*et*⟩: *med ~ på* im Hinblick auf (*A*)
hende ['henə] sie, ihrer, ihr *f; det er ~* sie ist es; *~ der* die da

hendes ['henəs] *Poss.pron* ihr *f; Hendes Majestæt* (*Abk. H. M.*) Ihre Majestät (*Abk. I. M.*)
hen|drømme ['hendʀœmʔə] verträumen; *~dysse* [-dysə] einschläfern; *~dø* [-døː?] sterben; *mus* verhallen; *~falde* [-falʔə] verfallen (*til/D, in/A*); *~faren* [-faːʔʀən] vergangen; *Tote:* dahingeschieden; *~flyde* [-flyːʔðə] *fig* zerfließen; *~føre* [-føːʔʀə] sich beziehen (*til/*auf *A*); zurückführen (*til/*auf *A*); einstufen
henførende ['henføːʔʀənə]: *~ stedord* *gram* bezügliche(s) Fürwort *n*
henført ['henføːʔʀd] *adj* entzückt, verzückt, begeistert
hengem|me ['hengɛmʔə] aufbewahren, verschließen; *~t* [-gɛmʔd] muffig
hengive ['hengiːʔ] hingeben, ergeben; *~lse* [-valsə] ⟨*-n; -r*⟩ Hingabe *f,* Ergebung *f*
hengiven ['hengiːvən] ergeben, zugetan; *Deres hengivne … Brief:* Ihr(e) ergebene(r) …; *~hed* [-heːð?] ⟨*-en*⟩ Ergebenheit *f,* Zuneigung *f*
hengå ['hengɔː?] vergehen
henhold ['henhol?]: *i~ til* (*Abk. i henh. til, iht.*) mit Bezug auf (*A*), laut, gemäß
henholde ['henholʔə]: *~ sig til* sich beziehen auf (*A*)
henholdsvis ['henholsviːʔs] (*Abk. hhv.*) beziehungsweise (*Abk. bzw.*); *~ 8 og 15 dage* 8 bzw. 15 Tage
henhøre ['henhøːʔʀə] gehören; *~ under éns ressort* zu *j-s* Ressort gehören
henimod ['henimoːʔð] gegen, auf
henkaste ['henkasdə] hinwerfen (*a fig*)
henkog|e ['henkɔːʔə] einmachen, einwecken; *~ningsglas* [-kɔːʔwneŋsglas] Einmachglas *n,* Weckglas *f*
hen|lede ['henleːʔðə] hinlenken (*på/*auf *A*); *~leve* [-leːʔvə] verleben
henligge ['henlegə] liegen, *~frist* [-fʀesd] *Post:* Abholungsfrist *f*
henlægge ['henlegə] hinlegen; *Geld* zurücklegen; *Geschäft* verlegen; *Fall* ruhen lassen
hennafarvet ['hɛnafaːʔʀvəð] *Haar:* hennafarben, mit Henna gefärbt
henne ['henə]: *der ~* dort; *hvor er hun ~?* wo ist (*od* steckt) sie?; *~ bag* hinter; *~ ved* an; bei; *langt ~ på året* fast am Ende des Jahres
hen|regne ['henʀɑiʔnə] zählen, rechnen (*til/*zu *D*); *~rejse* [-ʀɑisə] Hinreise *f*
henrette ['henʀedə] hinrichten; *~lse* [-lsə] ⟨*-n; -r*⟩ Hinrichtung *f*
henrinde ['henʀenʔə] *Zeit:* verrinnen

henrive ['hɛnʀiːˀvə] *fig* hinreißen; **~nde** [-'ʀiːˀvənə] hinreißend; entzückend, reizend

henrykke ['hɛnʀøgə] hinreißen, entzücken; **~lse** [-lsə] ⟨-n; -r⟩ Entrücken n, Entzückung f; Verzückung f

henrykt ['hɛnʀøgd] entzückt (**over**/von D)

hense ['hɛnsəːˀ]: **når ~s til** in Anbetracht

henseende ['hɛnseːˀənə] ⟨-n; -r⟩ Hinsicht f, Beziehung f; **i den ~, i så ~** in dieser Beziehung; **i alle ~r, i enhver ~** in jeder Beziehung; **i ~ til** hinsichtlich, bezüglich (G)

hensidde ['hɛnseðˀə] sitzen

hensigt ['hɛnsegd] ⟨-en; -er⟩ Absicht f; Zweck m; **have til ~** die Absicht haben

hensigts|løs ['hɛnsegdsløːˀs] zwecklos; **~mæssig** [-mesi] zweckmäßig; **~svarende** [-svaːˀʀənə] zweckentsprechend

hen|slumre ['hɛnslomʀə] einschlummern; **~slæbe** [-slɛːˀbə] hinschleppen, **~slængt** [-slɛŋˀd] hingeworfen, hingegossen; **~smelte** [-smelˀtə] zerschmelzen, *fig* zerfließen; **~smuldre** [-smulˀʀə] zerbröckeln; **~smægte** [-smegdə] verschmachten; **~sove** [-soːˀʊə] entschlafen

henstand ['hɛnsdanˀ] ⟨-en⟩ Aufschub m; Stundung f; **give ~** Aufschub gewähren

henstille ['hɛnsdelˀə] hinstellen, abstellen; **~ ngt. til én** j-m etw anheimstellen

henstilling ['hɛnsdelˀeŋ] ⟨-en; -er⟩ Hinstellen n; *fig* Ersuchen n, Aufforderung f; **~ af cykler forbudt!** Abstellen von Fahrrädern verboten!

hen|strakt ['hɛnsdʀagd] hingestreckt; **~stå** [-sdɔːˀ] stehen, ruhen; unentschieden sein; **~sygne** [-syːˀnə] hinsiechen, *fig* verkümmern

hensyn ['hɛnsyːˀn] ⟨-et; -⟩ Rücksicht f; Berücksichtigung f, Beachtung f; **af ~ til** aus (mit) Rücksicht auf (A); **med ~ til** in Bezug auf (A), hinsichtlich (G)

hensynke ['hɛnsøŋˀgə] versinken

hensyns|fald ['hɛnsynsfalˀ] GRAM Dativ m, Wemfall m; **~fuld** [-fulˀ] rücksichtsvoll; **~led** [-leðˀ] GRAM Dativobjekt n; **~løs** [-løːˀs] rücksichtslos

hensyntagen ['hɛnsyntaːˀən] ⟨-r⟩ Berücksichtigung f; Rücksichtnahme f

hensætte ['hɛnsedˀə] (hin)setzen, (hin)stellen; *fig* versetzen

hente ['hɛndə] holen (**sig ngt.** sich (D) etw); **~ ned** herunterholen

hentyd|e ['hɛnty:ˀðə] anspielen (**til**/auf A); **~ning** [-ty:ˀðneŋ] ⟨-en; -er⟩ Anspielung f

hen|tæres ['hɛnte:ˀʀəs] sich verzehren; **~vejre(s)** [-vɑiˀʀɑs(s)] *fig* verwehen

henvende ['hɛnven'ə] richten; **~ sig til én om ngt.** sich wegen etw an j-n wenden; **~lse** [-lsə] ⟨-n; -r⟩ Bitte f, Ersuchen n; Antrag m; Anfrage f; Zuschrift f

henvise ['hɛnviːˀsə] hinweisen, verweisen (**til**/an, auf A); *Patienten* überweisen; **henvist til ngt.** auf etw (A) angewiesen

henvisne ['hɛnvesnə] hinwelken

henvisning ['hɛnviːˀsneŋ] ⟨-en; -er⟩ Hinweis m, Verweis m; Überweisung f

hep [hɛb]: **~!** SPORT F feste!, Tempo!

heppe ['hɛbə]: **~ én op** SPORT j-n durch Zurufe anfeuern

her ['hɛːˀʀ] hier; **~ fra (byen)** von hier (aus dieser Stadt); **~ i aften** heute Abend; **~ til lands** hierzulande; **han er ~ igen** er ist wieder da; **~ og der, hist og ~** hier und da; **~ til (byen)** hierher (in diese Stadt); **~af** ['-aːˀ] hieraus, hiervon, daraus, davon

herberg ['hɛʀbɛʀˀw] ⟨-et; -er⟩ Herberge f; **~e** [-ə] beherbergen

herbergsleder ['hɛʀbɛʀwsleːðˀər] Herbergsvater m

herboende ['hɛːʀboːˀənə] hier ansässig, hier wohnhaft

herefter ['hɛːˀʀɛfdər] hierauf; künftig; **~dags** [-'ɛfdɑːˀdɑːˀs] künftighin

herfor ['hɛːˀʀfɔʀ] hierfür, dafür

herfra ['hɛːˀʀfʀɑːˀ] von hier (weg)

herhen ['hɛːˀʀhɛnˀ] hierher; **~hørende** [-hɛnhøːˀʀənə] dazugehörend, einschlägig

her|henne ['hɛːˀʀhɛnə] hier; **~hjemme** [-jɛmə] hier bei uns; **~i** [-iːˀ] hierin; **~iblandt** [-i'blanˀd] hierunter; **~igennem** [-i'gɛnˀəm] hierdurch; **~imellem** [-i'mɛlˀəm] dazwischen; hierunter; **~imod** [-i'moːˀð] dagegen; **~ind** [-ɛnˀ] (hier) herein; **~inde** [-ɛnə] hier drinnen

herkomst ['hɛʀkɔmˀsd] ⟨-en⟩ Herkunft f, Ursprung m, Abstammung f

herlig ['hɛʀli] herrlich, prachtvoll

hermed ['hɛːˀʀmeð] hiermit

hermelinskåbe ['hɛʀmɑliˀns'kɔbə] Hermelinmantel m

hermetik [hɛʀmə'tig] ⟨-ken⟩ Konserven f/pl

hermetisk [hɛʀ'meːˀtisg] hermetisch

her|ned ['hɛːˀʀneːˀð] hierunter; **~nede** [-neːðə] hier unten

hernæst ['hɛːˀʀnesd] hiernach; demnächst

her|om ['hɛːˀʀɔmˀ] hiervon, hierüber; hierum; **~omkring** [-ɔmˀkʀɛŋˀ] hier in dieser Gegend; **~omme** [-ɔmə] hier auf dieser Seite; **~op** [-ɔb] (hier)herauf; **~oppe** [-ɔbə] hier oben; **~over** [-ɔu̯ʔɐr] hierüber; herüber; **~overfor** [-ɔu̯ʔərfɔr] hier gegenüber; demgegenüber; **~ovre** [-ɔu̯rə] hier drüben; **~på** [-pɔːʔ] hierauf; hieran

herre ['hɛrə] ⟨-n; -r⟩ Herr m; F zu Tieren: Herrchen n; **hr. Hansen** Herr(n) Hansen; **Herren** BIBL der Herr; **Vor Herre** der liebe (Herr)Gott; **~ gud!** F Herrgott!, du lieber Gott!; **~cykel** [-sygəl] Herren(fahr)rad n

herred ['hɛrəð] ⟨-et; -er⟩ Kreis m, Verwaltungsbezirk m, Gerichtsbezirk m

herre|dømme ['hɛrəˌdœmə] ⟨-t⟩ Herrschaft f, fig Gewalt f (**over**/über A); **~ekvipering** [-ekvi'peːʔrɛŋ] Herrenbekleidung f, Herrenausstattung f; **~ekviperingshandler** [-ekvi'peːʔrɛŋshanlɐr] ⟨-en; -er⟩ Herrenausstatter m; **~gud!** [-guð] F Herrgott!, du lieber Gott!, o je!; **~gård** [-gɔːʔr] Rittergut n, Gutshof m; **~løs** [-løːʔs] herrenlos; **~mand** [-man] Gutsherr m, Gutsbesitzer m

herrens ['hɛrəns]: **et ~ vejr** ein furchtbares Wetter!

herre|ret ['hɛrəˌrɛd] leckere(s) Gericht n, Festessen n; **~sæde** [-sɛːðə] Herrensitz m; **~toilet** [-toaˈled] Herrentoilette f; **~tække** [-tegə] **have ~** Anziehung auf Männer ausüben; **~tøj** [-tɔiʔ] Herrenbekleidung f

herse ['hɛrsə]: **~ med én** j-n herumkommandieren; j-m etw einpauken

herskab ['hɛrsgaːʔb] ⟨-et; -er⟩ Herrschaft f; **~elig** [-'sgaːʔbəli] herrschaftlich; **~slejlighed** [-'lai̯liheð] elegante Wohnung in Altbau

herske ['hɛrsgə] herrschen (**over**/über A)

hersker ['hɛrsgɐr] ⟨-en; -e⟩ Herrscher m, **~inde** [-'enə] ⟨-n; -r⟩ Herrscherin f

herskesyg ['hɛrsgəsyːʔ] herrschsüchtig; **~e** [-syːə] Herrschsucht f

hertil ['heːʔrtel] bis hierher; hierzu; hinzu; **~lands** [-te'lanʔs] (od **her til lands**) hierzulande

hertug ['hɛrtu] ⟨-en; -er⟩ Herzog m, **~dømme** [-dœmə] ⟨-t⟩ Herzogtum n; **~elig** [-'tuːʔɔli] herzoglich; **~inde** [-tu'enə] ⟨-n; -r⟩ Herzogin f

her|ud ['hɛrˈʔruːʔð] (hier) heraus, **~udover** [-uːʔðɔu̯ʔɐr] darüber hinaus; **~under** [-ɔnʔɐr] hierunter

herut [hɛrˈrud]: **~!** 'raus!

her|ved ['hɛːʔrveð] nebenan; hierbei; hierdurch; daran; **~værende** ['hɛrvɛːʔ-

---

rənə] hiesig

hest [hɛsd] ⟨-en; -e⟩ Pferd n (a Turnen); lit Ross n; **sort ~** Rappe m; **til ~** zu Pferd(e); **slide som en (lille) ~** wie ein Pferd arbeiten

heste|bønne ['hɛsdəbœnə] Saubohne f, Pferdebohne f; **~hale** [-haːlə] Pferdeschwanz m (a Frisur); **~hov** [-hɔuʔ] Pferdehuf m; fig Pferdefuß m; **~hoved** [-hoːðə] Pferdekopf m; sport Nasenlänge f; **~hår** [-hɔːʔr] Rosshaar n; **~kastanie**, **~kastanje** [-kaˈsdanjə] Rosskastanie f; **~kraft** [-krɑfd] (Abk. **hk**) Pferdestärke f (Abk. PS); **~kur** [-kuːʔr] F fig Pferdekur f, Rosskur f; **~køretøj** [-køːrətɔi̯] Pferdefuhrwerk n; **~manke** [-maŋgə] Pferdemähne f; **~pære** [-pɛːrə] Pferdeapfel m

hesteryg ['hɛsdərøg] Pferderücken m; **på ~** zu Pferde

hestesko ['hɛsdəsgoːʔ] Hufeisen n; **~søm** [-sœmʔ] Hufnagel m

heste|trukken ['hɛsdətrogən], **~trukket** [-trogəð] von Pferden (od e-m Pferd) gezogen; **~vogn** [-vɔwʔn] Pferdewagen m; **~væddeløb** [-veðələʔb] Pferderennen n

hest|folk ['hɛsdfɔlʔg] MIL Reiterei f; **~garde** [-gaːdə] MIL Garde f zu Pferde, berittene Garde f

hetz [hɛds] ⟨-en; -e od -er⟩ fig Hetze f; **~e** [-ə] hetzen (**mod**/gegen A)

hev [heːʔv], **~et** [-əð] → **hive**

hf ['hɔːʔef] (= **højere forberedelseseksamen**) etwa: Hochschulreife f auf dem zweiten Bildungsweg; **tage en** od **læse ~ das →** hf besuchen

hf-elev ['hɔːʔefeˈleːʔv], **hf'er** [-ɐr] ⟨-en; -e⟩ hf-Studierende (der, die)

hhv. ['henhɔlsviːʔs] (= **henholdsvis**) bzw. (= beziehungsweise)

hi [hiːʔ] ⟨-et; -er⟩ Tier: Winterlager n

hib [hib] ⟨-bet; -⟩ fig Hieb m

hid [hið] hierher, her(bei); **~ og did** hin und her; → **a hit?**; **~føre** [-'fɔːʔrə] herbeiführen; **~hørende** [-'høːʔrənə] hierher gehörig; **~indtil** ['-entel] bisher; **~kalde** ['-kalʔə] herbeirufen; **~røre** [-'rœːʔrə] herrühren (**fra** von)

hidse ['hisə]: **~ sig op** sich ereifern; **hids dig ned!** F reg dich ab!; **~ en hund på én** e-n Hund auf j-n hetzen

hidsig ['hisi] hitzig, jähzornig; **~hed** [-heːðʔ] Jähzorn m; **~prop** [-prɔb], **~trold** [-trɔlʔ] Hitzkopf m

hidtidig ['hiðtiːʔði] bisherig

hidtil ['hiðtel] bisher, bis jetzt; **~værende** [-vɛːrənə] bisherig

hierarki [hiɐrɑ'kiːʔ] ⟨-et; -er⟩ Hierarchie

f; ~**sk** [-'rɑ:ˀkisg] hierarchisch

hige [hi:ə] streben, verlangen (*efter/ nach*); ~**n** Streben n; Verlangen n

hijacker ['hʊidjakɔʀ] ⟨-en; -e⟩ Flugzeugentführer(in) m(f)

hik [heg] ⟨-ket; -⟩ F Schluckser m

hikke¹ ['hegə] ⟨-n⟩ Schluckauf m

hikke² ['hegə] e-n Schluckauf haben

hikste ['hegsdə] (*nach Weinen u Lachen*) nach Luft schnappen; (auf)schluchzen

hil [hilˀ]: ~**!** feierl heil!; ~ (**være**) **dig!** heil dir!

hilde ['hilə] fig verstricken; ~**thed** [-ðhe:ðˀ] ⟨-en⟩ Voreingenommenheit f, Befangenheit f

hille ['hilə]: ~ **den!**, ~**død!** [-dø:ˀð], ~**mænd!** [-menˀ] F potztausend!, Donnerwetter!

hilse ['hilsə] ⟨-te⟩ grüßen; **bede** ~ grüßen lassen; ~ **igen** wiedergrüßen ~ **ngt. med glæde** etw (mit Freuden) begrüßen; ~ **på én** j-n grüßen; j-n begrüßen; j-m zutrinken (F zuprosten); **det glæder mig at ~ på Dem!** es freut mich, Sie kennenzulernen!; ~ **og sige: han er dum, det kan du hilse ham fra mig og sige!** blöd ist er, das kannst du ihm von mir bestellen (*od ausrichten*)!; **jeg skal hilse og sige tak for indbydelsen** ich soll grüßen und für die Einladung danken; **hils hende fra mig** grüß sie von mir, bestellen Sie ihr bitte e-n schönen Gruß von mir

hilsen ['hilsən] ⟨hils(e)nen; hils(e)ner⟩ Gruß m; Begrüßung f; **kærlig ~** liebe Grüße; (**med**) **venlig ~** mit freundlichem Gruß

himle ['hemlə] F abkratzen, krepieren; ~ **op** sich laut empören

himmel ['heməl] ⟨him(me)len; himle⟩ Himmel m; **du milde ~!**, ~ **og hav!** du lieber Himmel!; **i den syvende ~** im sieb(en)ten Himmel; **under åben ~** unter freiem Himmel; ~**blå** [-blɔ:ˀ] himmelblau; ~**falden** [-falˀən] fig wie aus allen Wolken gefallen; ~**fartsdag** [-fɑrdsda:ˀ] Himmelfahrtstag m

himmel|henrykt ['heməlhɛnrøgd] F heilfroh; ~**legeme** [-lɛ:jəmə] n Himmelskörper m; ~**råbende** [-rɔ:ˀbənə] himmelschreiend; ~**seng** [-sɛŋˀ] Himmelbett n; ~**sk** [-sg] himmlisch; ~**spræt** [-sbred] ⟨et⟩ Spiel: Hochwerfen (e-s Mitspielers), das sog. Fuchsprellen; **lege ~ med én** F j-n verprellen (*verwirren, einschüchtern*); ~**vendt** [-venˀd] zum Himmel gerichtet; ~**vid** [-vi:ˀð] himmelweit

himmerig ['hemərˀi] ⟨et⟩, ~**e** [-ri:ə] ⟨-t⟩ Himmelreich n

himmerigsmundfuld ['heməris'monfulˀ] fig Leckerbissen m

himpegimpe ['hembə'gembə] ⟨-n; -r⟩ F fig alte Schachtel f

himstregims [hemsdrə'gemˀs] ⟨-en; -er⟩ F Dings n

hinanden [hin'anən] einander; sich; **de møder ~** sie begegnen sich; **gå fra ~** auseinandergehen

hind [henˀ] ⟨-en; -e od -er⟩ Hirschkuh f

hindbær ['henbɛʀ] Himbeere f

hinde ['henə] ⟨-n; -r⟩ Haut f, Häutchen n

hinder ['henˀɔʀ] su: **være til ~** hinderlich sein; **der er intet til ~ for det** es steht dem nichts im Wege

hindr|e ['hendrə] hindern (**én i ngt.** j-n an etw (D)); verhindern; ~**ing** [-dreŋ] ⟨-en; -er⟩ Hindernis n

hingst [heŋˀsd] ⟨-en; -e⟩ Hengst m

hinke ['heŋgə] hinken, lahmen; Himmel und Hölle spielen

hinsides ['hinsi:ˀðəs] lit jenseits; ~**ig** [-si:ˀði] jenseitig

hip [hib]: ~ **som hap** F gehupft wie gesprungen, Jacke wie Hose (egal)

hipo ['hipo] ⟨-en; -er⟩ Mitglied der 1944 von der dt Besatzung eingerichteten dän Hilfspolizei

hird [hirˀd] ⟨-en⟩ lit Gefolge m

hisse ['hisə] hissen, aufziehen

hisset ['hisəð] lit jenseits

hist [hisd] dort; ~ **og her** hier und da; ~**henne** ['-'henə] dort (drüben); ~**nede** ['-'ne:ðə] dort unten

histop ['hisdɔb]: **snakke ~ og herned** F endlos labern, quasseln; ~**pe** [-ə] dort oben

historie [hi'sdo:ˀʀiə] ⟨-n; -r⟩ Geschichte f, Erzählung f; **enden på ~n** F das Ende vom Lied; ~**bog** [-bɔ:ˀw] Geschichtenbuch n; Lehrbuch: Geschichtsbuch n

historisk [hi'sdo:ˀʀisg] historisch, geschichtlich

hist|ovre ['hisdɔũʀə] (dort) drüben; ~**ude** [-u:ðə] (dort) draußen

hit [hid] F her; ~ **med det!** her damit!; → **hid**

hitte ['hidə] finden; ~ **på ngt.** etw ersinnen; ~**barn** [-bɑːˀʀn] Findelkind n

hittegods ['hidəgos] Fundsachen f/pl; ~**kontor** [-kon'to:ˀʀ] Fundbüro n

hittepåsom [hidə'pɔːˀsɔmˀ] F erfinderisch, findig

hiv [hi:ˀv] ⟨-et; -⟩ Ruck m, Zug m; **med ~ og sving** mit Schwung

hive ['hi:və] ⟨hev; hevet⟩ werfen, schleu

dern; ziehen; *atmen:* keuchen; *hiv ohøj!* hau ruck!

hivert ['hiůʔɔʀd] ⟨*en; -er*⟩ F Schnaps *m*, Gläschen *n*

hjalp [jalʔb] → *hjælpe*

hjelm [jelʔm] ⟨*en; -e*⟩ Helm *m*; TECH Haube *f*; **~klædt** ['jelmklɛ:ʔd] behelmt

hjem¹ ['jemʔ] ⟨*met; -*⟩ Heim *n*; Zuhause *n*

hjem² [jemʔ] nach Hause; *vende* ~ heimkehren

hjem|ad ['jemʔað] heimwärts; **~by** ['jemby:ʔ] Heimatstadt *f*; **~efter** [-ɛfdɔʀ] heimwärts; **~egn** ['jemaiʔn] Heimat *f*

hjemfald [jemfalʔ] Heimfall *m*; **~e** [-ə] verfallen, anheimfallen

hjemfaren ['jemfaːʔʀɑn]: *gift og* ~ *fig* unter der Haube; im Hafen der Ehe gelandet

hjem|færd ['jemfɛ:ʔʀ] Heimfahrt *f*; **~føre** [-føːʔʀə] heimführen; **~give** [-giːʔvə] *Zögling:* entlassen

hjemgæld ['jemgɛlʔ]: *tage skade for* ~ selbst den Schaden tragen

hjemgående ['jemgoːʔɔnə]: NAUT *for* ~ auf der Rückreise

hjem|kalde ['jemkalʔə] abberufen; **~komst** [-kɔmʔsd] ⟨*en; -er*⟩ Heimkehr *f*; **~kundskab** [-konsgaːʔb] *Schulfach:* Hauswirtschaftslehre *f*; **~land** [-lanʔ] Heimat(land) *f(n)*, Herkunftsland *n*

hjemle ['jemlə] bestätigen, begründen; JUR gewährleisten

hjem|lig ['jemli] (ein)heimisch; heimatlich; gemütlich; häuslich; **~liv** [-liːʔv] häusliche(s) Leben *n*

hjemlov [jemlɔů]: *Todesanzeige:* ... *fik* ~ ... ist heimgegangen

hjem|længsel ['jemlɛŋʔsəl] Heimweh *n*; **~løs** [-løːʔs] heimatlos; obdachlos; **~låne** [-lɔːʔnə] nach Hause entleihen

hjemme ['jemə] zu Hause(e), daheim; *være ~ i ngt.* in *etw* (*D*) bewandert sein; *have* ~ wohnhaft sein (*i/in D*); *høre* ~ *fig* am Platze sein; *lad som om De var ~!* machen Sie sich's bequem!; *efter dette mål var sejren* ~ *Fußball:* nach diesem Tor war der Sieg sicher; **~arbejde** [-aʀbaiʔdə] Heimarbeit *f*; *Schule:* Hausaufgabe *f*

hjemmearbejdende ['jemɔaʀbaiʔdɔnə]: ~ *husmor* (Nur)Hausfrau *f*

hjemme|avlet ['jemɔůlʔəd] selbst erzeugt; einheimisch; **~bagt** [-bagd] selbst gebacken

hjemmebane ['jemɔbaːnə]: *spille på* ~ *Fußball:* Heimvorteil haben; *her er han på* ~ *fig* hier fühlt er sich zu Hause,

hier kennt er sich aus; **~kamp** [-kɑmʔb] Heimspiel *n*

hjemme|boende ['jemɔboːʔɔnə] zu Hause wohnend; **~brygget** [-bʀøgɔð] selbst gebraut; **~brænderi** [-bʀɛnɔˈʀiːʔ] Schwarzbrennerei *f*; **~datamat** [-dataˈmaːʔd] Heimcomputer *m*; **~fra** [-fʀaːʔ] von zu Hause (weg); **~fryser** [-fʀyːsɔʀ] Tiefkühltruhe *f*; **~gjort** [-gjoːʔʀd] selbst gemacht; **~gående** [-gɔːʔɔnə] → **hjemmearbejdende**; **~hjælp** [-jelʔb] Hilfe *f* im Haushalt

hjemmehørende ['jemɔhøːʔʀɔnə]: ~ *i* beheimatet in (*D*), wohnhaft in (*D*), heimisch in (*D*); aus

hjemme|industri ['jemɔendu'sdʀiːʔ] Heimindustrie *f*; **~jakke** [-jagɔ] Hausjacke *f*

hjemmel ['jemʔəl] ⟨*hjem(me)len*⟩ Ausweis *m*; Vollmacht *f*

hjemmelavet ['jemɔlaːʔvəð] selbst gemacht, hausgemacht

hjemme|marked ['jemɔmɑʀgəð] ÖKON Inlandsmarkt *m*; **~menneske** [-menɔsgə] häusliche(r) Mensch *m*; **~opgave** [-ɔhgaːvə] *Schule:* Hausarbeit *f*; **~sidder** [-seðʔɔʀ] ⟨*er; -e*⟩ Stubenhocker *m*; **~side** [-siːðə] EDV Homepage *f*, Website *f*; **~sko** [-sgoːʔ] Hausschuh *m*; **~slagtning** [-slagdnen] Hausschlachtung *f*; **~strikket** [-sdʀegɔð] selbst gestrickt, selbst gemacht (*a fig*); **~styre** [-sdyːʀə] Selbstverwaltung *f*; **~sygeplejerske** [-syːəplaiʔɔʀsgə] Krankenschwester *f* (Krankenpfleger *m*), F (der) die zu den Patienten ins Haus kommt

hjemme|tysker ['jemɔtysgɔʀ] deutschgesinnte(r) dän. Staatsbürger *m*, Mitglied *n* der deutschen Minderheit in Nordschleswig; **~vant** [-vanʔd] wie zu Hause; **~video** [-video] (Amateur-)Heimvideo *n*; **~værende** [-vɛ:ʔʀɔnə] *Kinder:* zu Hause wohnend; **~værn** [-vɛʀʔn] MIL Heimwehr *f*

hjem|over ['jemʔoůʔɔʀ] heimwärts, nach Hause; **~rejse** [-jemʀaiʔsə] Heimreise *f*; **~sende** [-jemsɛnʔɔ] heimschicken; MIL entlassen; **~stavn** ['jemsdaůʔn] ⟨*en; -e*⟩ Heimat *f*

hjemstavns|digter ['jemsdaůnsdegdɔʀ] Heimatdichter *m*; **~lære** [-lɛ:ʀə] Heimatkunde *f*

hjem|sted ['jemsdɛð] Heimatort *m*, Wohnsitz *m*; **~søge** [-sø:ʔə] heimsuchen; **~tage** [-taːʔə] einkaufen; **~tur** [-tu:ʔʀ] Heimreise *f*, Heimfahrt *f*, Heimweg *m*; **~ve** [-ve:ʔ] Heimweh *n*; **~vej** [-vaiʔ]

Heimweg *m*

hjemvend|ende ['jɛmvenˀənə] Heimkehrer *m*; **~t** [-venˀəd] heimgekehrt

hjerne ['jɛʁnə] ⟨*-n*; *-ʁ*⟩ ANAT Gehirn *n*, Hirn *n*; *fig* Kopf *m*; **have fået ngt. på ~n** F *e-n* Fimmel für *etw* haben; **vride sin ~** F sich den Kopf zerbrechen; **~bark** [-bɑʁg] Hirnrinde *f*; **~blødning** [-blø:ðnɛn] Gehirnblutung *f*; **~død** [-døːˀð] ⟨*-en*⟩ Hirntod *m*; **~hindebetændelse** [-hənəbe'tɛnˀəlsə] MED Hirnhautentzündung *f*

hjerne|rystelse ['jɛʁnəʁøsdəlsə] Gehirnerschütterung *f*; **~skadet** [-sga:ðəd] hirngeschädigt; **~skal** [-sgalˀ] Schädel *m*; Hirnschale *f*; Schädeldecke *f*; **~spind** [-sben̩ˀ] Hirngespinst *n*

hjerte ['jɛʁdə] ⟨*-t*; *-ʁ*⟩ Herz *n*; **takke én af hele sit ~** *j-m* von ganzem Herzen danken; **~t sank i livet på ham** *fig* das Herz rutschte ihm in die Hose; **det skærer mig i ~t** das schneidet mir ins Herz, das tut mir im Herzen weh; **med tungt ~** schweren Herzens; **let om ~t** leicht ums Herz; **skyde ~t op i livet** sich ein Herz fassen; **jeg kan ikke bære det over mit ~** ich kann es nicht übers Herz bringen; **have ngt. på ~** *etw* auf dem Herzen haben; **have ~t på det rette sted** das Herz auf dem rechten Fleck haben; **på fastende ~** auf nüchternen (*od* leeren) Magen; **lægge sig ngt. på ~** *etw* beherzigen

hjerte|anfald ['jɛʁdəanfalˀ] Herzattacke *f*; **~anliggende** [-anleɡənə] Herzensangelegenheit *f*; **~banken** [-baŋgən] ⟨*en*⟩ Herzklopfen *n*; **~fejl** [-faĭl] Herzfehler *m*; **~gribende** [-gʁiːˀbənə] herzergreifend; **~kar-sygdom** ['kɑʁsyːdɔmˀ] Herz-Kreizlauf-Erkrankung *f*; **~knuser** [-knuːˀsəʁ] ⟨*-en*; *-e*⟩ F Herzensbrecher *m*; **~kvababbelse** [-kvaˀbabəlsə] ⟨*-n*⟩ F Herzbubbern *n*; **~lag** [-la:ˀ] Gesinnung *f*

hjertelig ['jɛʁdəli] herzlich; **~ gerne** von Herzen gern; **~ tak!** herzlichen Dank!

hjerteløs ['jɛʁdøːs] herzlos

hjertens ['jɛʁdəns]: **~ fryd** Herzensfreude *f*; **~ gerne** herzlich gern; **~ glæde** Herzensfreude *f*; **~ god** herzensgut; **af ~ lyst** nach Herzenslust; **~ mening** aufrichtige Meinung *f*; **~ ønske** Herzenswunsch *m*; **~kær** [-kɛːˀʁ] ⟨*-en*⟩ *lit* Herzliebchen *n*, Schatz *m*; **~ven** [-ven] Herzensfreund *m*, Busenfreund *m*

hjerteonde ['jɛʁdəɔnə] Herzleiden *n*

hjerter ['jɛʁdəʁ] ⟨*-en*; *-e od -*⟩ Spielkartenfarbe: Herz *n*; **~ dame** Herzdame *f*

hjerterum ['jɛʁdəʁɔmˀ] *etwa*: Herzlichkeit *f*; **hvor der er ~, er der også husrum!** (*Ausdruck für Gastlichkeit*) *etwa*: Raum ist in der kleinsten Hütte!

hjerte|sag ['jɛʁdɑsaːˀ] Herzenssache *f*; Herzensangelegenheit *f*; **~skærende** [-sgɛːˀʁənə] herzzerreißend; **~slag** [-sla:ˀ] Herzschlag *m*; **~stop** [-sdɔb] Herzstillstand *m*; **~suk** [-sog] Stoßseufzer *m*; **~svigt** [-svegd] Herzversagen *n*; **~tilfælde** [-telfelə] *n* Herzanfall *m*; **~tyv** [-tyːˀů] F Herzensdieb *m*; **~varm** [-vɑʁˀm] warmherzig; **~ven** [-ven] Herzensfreund *m*, Busenfreund *m*; **~vindende** [-venənə] herzgewinnend

hjord [jɔʁˀd] ⟨*-en*; *-e od -er*⟩ Herde *f*

hjort [jɔʁd] ⟨*-en*; *-e*⟩ Hirsch *m*

hjorte|læder ['jɔʁdəlɛːˀðəʁ], **~skind** [-sgen̩ˀ] Hirschleder *n*; **~skinds-** [-sgens-] hirschledern; **~tak** ['jɔʁdətag] Hirschhorn *n*; **~ker** [-əʁ] *pl* Hirschgeweih *n*; **~(s)salt** [-salˀd] Hirschhornsalz *n*

hjul [juːˀl] ⟨*-et*; *-*⟩ Rad *n*; **~aksel** ['juːlagsəl] Radachse *f*; Radwelle *f*

hjulbenet ['juːlbeːˀnəð] o-beinig; **være ~** O-Beine haben

hjul|bør ['juːlbøːˀʁ] Schubkarren *m*; **~ege(r)** [-e:ə, -e:ˀəʁ] (Rad)Speiche *f*; **~fælg** [-felˀj] Radfelge *f*; **~kapsel** [-kabsəl] Radkappe *f*; **~mager** [-ma:ˀəʁ] ⟨*-en*; *-e*⟩ Stellmacher *m*

hjulpet ['jɔlbəd] → **hjælpe**

hjul|pisker ['juːlpisgəʁ] Schneebesen *m*; **~spor** [-sbo:ˀʁ] Radspur *f*, Wagenspur *f*; **~værk** [-veʁg] Räderwerk *n*

hjælp [jelˀb] ⟨*-en*⟩ Hilfe *f*; Aushilfe *f*; **første ~** Erste Hilfe *f*; **~! **Hilfe!; **råbe om (*od* på) ~** um Hilfe rufen; **ved ~ af** (*Abk. ved hj. af od vha.*) mit Hilfe von (*D*), (*G*), mittels (*G*)

hjælpe ['jelbə] ⟨*hjalp*; *hjulpet*⟩ helfen (*D*); **må jeg ~ Dem?** darf ich Ihnen helfen (*od* behilflich sein)?; **det ~r ikke** es hilft nicht(s); **én af med ngt.** *j-m* *etw* abnehmen; **~ én bort** *j-m* forthelfen; **~ én frem** *j-n* fördern; **~ én på benene** *j-m* auf die Beine helfen; **~ til** behilflich sein (*med, ved* bei); **~ én til ngt.** *j-m* zu *etw* verhelfen; **~s ad** sich gegenseitig helfen

hjælpe|kilde ['jelbəkilə] Hilfsquelle *f*; **~klasse** [-klasə] Sonderschulklasse *f*, Förderklasse *f*; **~lærer** [-lɛːʁəʁ] Aushilfslehrer *m*; **~løs** [-løːˀs] hilflos; **~middel** [-miðˀəl] Hilfsmittel *n*; **~motor** [-ˈmotoʁ] Hilfsmotor *m*; **~r** [-ʁ] ⟨*-en*; *-e*⟩ Helfer *m*, Gehilfe *m*; **~skole** [-sgo:lə] Sonder schule f; **~tropper** [-trɔbər] pl, MIL Hilfstruppen flpl; **~udsagnsord** [-uðsawnsoʔʀ] GRAM Hilfszeitwort n; **~verbum** [-vɛrbɔm] GRAM Hilfsverb n

hjælpsom [ˈjɛlbsɔmʔ] hilfsbereit

hjørne [ˈjœrnə] ⟨-t; -r⟩ Ecke f (a Fußball); **i det gode ~** in guter Laune; **løbe om ~r med én** j-n hochnehmen (od anführen), j-n zum Narren halten; **~ejendom** [-aiˀəndɔmʔ], **~hus** [-huːʔs] Eckhaus n; **~spark** [-sbaʀg] Fußball: Eckstoß m, Eckball m; **~sten** [-sdeːʔn] Eckstein m; fig Eckpfeiler m; **~tand** [-tanʔ] Eckzahn m; **~værelse** [-vεːrəlsə] Eckzimmer n

hk (Abk. für **hestekraft**) PS

H. K. H. (= **Hendes** od. **Hans Kongelige Højhed**) Ihre od. Seine Königliche Hoheit, Titel für Prinzen und Prinzessinnen

hl Abk. für **hektoliter**

H. M. [hans (ˈhanəs) maiˀsdεːʔð] (= **Hans [Hendes] Majestæt** Seine [Ihre] Majestät f) S(e), I. M.

hob [hoːʔb] ⟨-en; -e⟩ Haufen m, Menge f, Masse f; **til ~e** samt und sonders

hobe [ˈhoːbə]: **~ sig op** sich (an)häufen; **~ sammen** zusammenhäufen; **~n** [ˈhoːʔbən] ⟨en⟩ Menge f

hobetal [ˈhoːbətal]: **i ~** haufenweise

hobevis [ˈhoːbəviːʔs]: **i ~** haufenweise

hockey [ˈhɔgi] ⟨-n⟩ Hockey n; **~spiller** [-sbelər] Hockeyspieler m

hof [hɔf] ⟨-fet; -fer⟩ (Fürsten)Hof m; **~chef** [-sjεːʔf] etwa Hofmarschall m; **~dame** [ˈdaːmə] Hofdame f; **~farve** [ˈfɑʀvə] F Lieblingsfarbe f; **~holdning** [ˈhɔlʔneŋ] Hofhaltung f; **~leverandør** [-levəʀɑn'døːʔʀ] Hoflieferant m; **~mand** [-manʔ] Höfling m; **~organ** [-ɔʀˈgaːʔn] F Lieblingszeitung f; **~snog** [-snoːʔ] Hofschranze f

hofte [ˈhɔfdə] ⟨-n; -r⟩ Hüfte f; **~ben** [-beːʔn] Hüftbein n; **~betændelse** [-beˈtɛnʔəlsə] MED Hüftgelenkentzündung f; **~holder** [ˈhɔlʔər] Hüfthalter m; **~led** [-leð] Hüftgelenk n

hokuspokus [hoguspoːgus] ⟨en od et⟩ Hokuspokus m, Gaukelei f

hold [hɔlʔ] ⟨-et; -⟩ Halt m (a fig); fig Griff m; Abteilung f, Gruppe f; SPORT Mannschaft f; Fabrik: Schicht f; MED Reißen n, Hexenschuss m; fig Seite f, Quelle f; **komme én på nærmere ~** fig j-m näherkommen; **iagttage ngt. på nært ~** e-e Sache aus nächster Nähe beobachten; **~arbejde** [-ˈɑʀbɑiˀdə] Gruppenarbeit f, Teamarbeit f, Teamwork n

holdbar [ˈhɔlbɑːʔʀ] haltbar, dauerhaft; stichhaltig; **~hedsdato** [-heðsdaːto] Haltbarkeitsdatum n

holde [ˈhɔlə] ⟨holdt; holdt⟩ halten; Fest feiern; **jeg kan ~ mig!** F ich kann mich beherrschen!; **~ en avis** e-e Zeitung beziehen; **~ måde** Maß halten; **~ (sin) mund** den Mund halten; **~ sengen** das Bett hüten; **~ stik** Stich halten; **~ én stramt** j-n kurzhalten; **~ trit** Schritt halten; **~ tæt** F dichthalten; **kan du ~ varmen?** ist es dir warm genug?; **~ vejret** den Atem anhalten; **~ øje med én** od j-n ein Auge haben; **~ af én/ngt.** j-n/etw gernhaben, mögen, leiden können; **~ borte** fernhalten; **~ fast** festhalten; **~ for** fig dran glauben, den Kopf hinhalten; **han må ~ for** er muss herhalten; **~ én for nar** j-n zum Narren halten; **~ sig fra ngt.** etw meiden; **~ frem** Kind anhalten; **~ én hen** fig j-n hinhalten; **~ igen på én** j-n zurückhalten; **~ inde med ngt.** mit etw innehalten; **~ sig inde** im Zimmer bleiben, das Zimmer hüten; **jeg ~r med hende** fig ich bin auf ihrer Seite; **~ én med selskab** j-m Gesellschaft leisten; **~ nede** unterdrücken; **~ op** aufhören; **~ oppe** aufrechterhalten; **~ modet oppe** den Mut nicht sinken lassen; **~ på ngt.** etw halten, etw festhalten; fig an etw festhalten, auf etw bestehen; auf etw wetten (od setzen); **~ sammen** zusammenhalten; **~ til** Tür zuhalten; fig sich aufhalten (od F sich herumtreiben); **~ én til ngt.** j-n zu etw anhalten; **det kan jeg ikke ~ til** das halte ich nicht aus, das schaffe ich nicht; **~ tilbage** zurückhalten; **~ ud** aushalten, ertragen; durchhalten; **jeg kan ikke ~ ham ud** ich kann ihn nicht ertragen (od F verknusen); **~ ude fra hinanden** auseinanderhalten

holden [ˈhɔlən]: **~ mand** ein gemachter Mann m; **helt og ~t** ganz und gar, vollständig

holde|plads [ˈhɔləplas] BAHN Haltestelle f; Taxistand m; **~punkt** [-poŋˀð] Anhaltspunkt m; fig Halt m; **~r** [-ʀ] ⟨-en; -e⟩ Halter m; Bezieher m; Halterung f

hold|fører [ˈhɔlˀføːʀəʀ], **~kaptajn** [-kabˈtaiʔn] SPORT Mannschaftsführer m, Kapitän m

holdning [ˈhɔlneŋ] ⟨-en; -er⟩ Haltung f; Verhalten n, Einstellung f

holdningsløs [ˈhɔlneŋsløːʔs] haltlos

holdop [hœuldˀɔb] ⟨-et; -⟩ Raubüberfall m

holdt¹ [hɔlʔd] ⟨-et; -⟩: **gøre ~** Halt machen

holdt² [hɔlʔd]: **~!** halt!

holdvis [ˈhɔlʔviːʔs] gruppenweise

H

hole ['hoːlə] F holen, stibitzen

Holger Danske ['hɔlˀɡɒr 'dansɡə] *Sagenfigur:* Holger der Däne

hollandsk ['hɔlanˀsɡ] holländisch

hollænder ['hɔlɛnˀər] ⟨en; -e⟩ Holländer(in) *m(f)*

holm [hɔlˀm] ⟨en; -e⟩ Werder *m*, Inselchen *n*; **~gang** ['hɔlˀmɡaŋ] ⟨en; -e⟩ HIST Holmgang *m*; F Wortstreit *m*

homoseksuel ['hoːmoseɡsuˀɛlˀ] homosexuell

honning ['hɔnəŋ] ⟨en; -er⟩ Honig *m*; **~kage** ['hɔnəŋˌ] Honigkuchen *m*, Lebkuchen *m*; **~sød** [-søˀð] honigsüß (*a fig*)

honnør [hɔ'nøˀr] ⟨en; -er⟩ MIL militärische(r) Gruß *m*, Ehrenbezeigung *f*; **gøre ~** MIL militärisch grüßen

honnørmarch [hɔ'nøˀrmarʃ] MIL Präsentiermarsch *m*

hop [hɔb] ⟨pet; -⟩ Sprung *m*, Satz *m*; **~bakke** ['-baɡə] *Skisport:* Sprungschanze *f*

hopla¹ ['hɔbla] *være i ~* F in Stimmung sein

hopla² ['hɔbla] *~!* hoppla!

hoppe¹ ['hɔbə] ⟨n; -r⟩ Stute *f*

hoppe² ['hɔbə] hüpfen (*af glæde* vor Freude), springen; **~ af** abspringen; *Flüchtling:* sich absetzen; *den ~r jeg ikke på!* darauf falle ich nicht herein!; *du kan rende og ~!* F rutsch mir den Buckel runter!

hor [hoːˀr] ⟨et⟩ Ehebruch *m*; *bedrive ~* BIBL ehebrechen

horde ['hɔrdə] ⟨n; -r⟩ Horde *f*

hordevis ['hɔrdəviːˀs] *i ~* hordenweise

hore¹ ['hoːrə] ⟨n; -r⟩ Hure *f*

hore² ['hoːrə] huren

hore|buk ['hoːrəboɡ] Hurenbock *m*; **~hus** [-huːˀs] Hurenhaus *n*; **~unge** [-ɔŋə] Hurenkind *n* (*a* TYP)

horisont [hori'sɔnˀd] ⟨en; -er⟩ Horizont *m* (*a fig*)

hor|karl ['hoːˀrkaːˀl] Ehebrecher *m*; **~kvinde** [-kvenə] Ehebrecherin *f*

horn [hoːˀr] ⟨et; -⟩ Horn *n* (*a* MUS); *Gebäck:* Hörnchen *n*; *Auto:* Hupe *f*; *af ~* hörnern, aus Horn; *have et ~ i siden på én* fig auf j-n Groll auf j-n haben; *tage tyren ved ~ene* fig den Stier bei den Hörnern packen; *løbe ~ene af sig* fig sich die Hörner ablaufen

horn|agtig ['hɔrnaɡdi] hornartig **~blæser** [-blɛːsər] MUS Hornbläser *m*; **~briller** [-brelər] *pl* Hornbrille *f*; **~fisk** [-fesɡ] Hornhecht *m*; **~hinde** [-henə] ANAT Hornhaut *f*; **~ist** [hor-

~nisd ⟨en; -er⟩ MUS Hornist(in) *m(f)*; **~kvæg** [-kvɛːˀ?] Hornvieh *n*; **~ugle** [-uːla] Uhu *m*

horribel [hɔ'riːˀbəl] schauderhaft, schrecklich

hortonom [hɔrto'noːˀm] ⟨en; -er⟩ Diplomgärtner(in) *m(f)*

hos [hos] bei, an; zu; dabei, daneben

hose ['hoːsə] ⟨n; -r⟩ *veralt* Strumpf *m*; *gå som fod i ~* wie am Schnürchen (*od* wie geschmiert) laufen; *gøre sine ~r grønne hos én* sich bei j-m lieb Kind machen

hosesokker ['hoːsəsɔɡər] *på ~* auf Strümpfen

hoslagt ['hoslagd] beiliegend, anbei

hospice ['hɔspis] *n* ⟨-t; -r⟩ (Sterbe-)Hospiz *n*

hospital [hɔsbi'taːˀl] ⟨et; -er⟩ Krankenhaus *n*, Hospital *n*

hospitals|indlægge [hɔsbi'taːˀls'enlɛɡə] ins Krankenhaus einweisen; **~skib** [-sɡiːˀb] MIL Lazarettschiff *n*; **~stue** [-sduːə] Krankenhauszimmer *n*

host [hoːˀsd] ⟨er; -⟩ Husten *n*

hoste¹ ['hoːsdə] ⟨n⟩ Husten *m*

hoste² ['hoːsdə] husten

hosteanfald ['hoːsdəanfalˀ] Hustenanfall *m*

hotel [ho'tɛlˀ] ⟨-let; -ler⟩ Hotel *n*; **~bedrager** [-be'draːˀwər] *Hotel:* Zechpreller *m*; **~karl** [-ka:ˀl] Hausdiener *m*; **~rotte** [-rɔdə] Hoteldieb *m*; **~værelse** [-vɛːrəlsə] Hotelzimmer *n*

house|coat ['haʊskoʊd] ⟨en; -er od -s⟩ Hausmantel *m*; **~warmingparty** [-wɔrmenpaːti] Einzugsfeier *f*

hov¹ [hɔuˀ] ⟨en; -e⟩ Huf *m*

hov² [hoʊˀ] *~!* nanu!; hallo!; he(da)!

hov|beslag ['hɔube'sla:ˀ] Hufbeschlag *m*; **~dyr** [-dy:ˀr] Huftier *n*

hoved ['hoˀv)əð, 'hoːðə] ⟨et; -er⟩ Kopf *m*; Haupt *n*; *et lyst ~* fig ein heller Kopf; *et kronet ~* ein gekröntes Haupt; *bryde sit ~* fig sich den Kopf zerbrechen; *slå ngt. af ~et* fig sich etw aus dem Kopf schlagen; *det er ikke efter mit ~* das ist nicht nach meinem Kopf; *kort for ~et* kurz angebunden; *jeg kan ikke få ind i mit ~ at ...* es will mir nicht in den Kopf, dass ...; *hænge med ~et* den Kopf hängen lassen (*a fig*); *op med ~et!* Kopf hoch!; *se én over ~et* fig j-n über die Achsel ansehen; *give én på ~et* F, fig j-m den Kopf waschen; *stå på ~et* auf dem Kopf stehen, fig kopfstehen; *Turnen:* e-n Kopfstand machen; *gå til ~et* in den (*od* zu) Kopf steigen; *man tager *sig til ~et!* man greift sich an den Kopf!; *ud af ~et* aus dem Kopf

hoved|banegård ['ho:(v)ðbaˌnɑgɔ:ˀʀ] Hauptbahnhof *m*; **~beklædning** [-beˈkle:ˀðnen] Kopfbedeckung *f*; **~brud** [-bʀuð] Kopfzerbrechen *n*; **~bund** [-bonˀ] Kopfhaut *f*; **~bygning** [-bygnen] Hauptgebäude *n*; **~dør** [-dœ:ˀʀ] Haustür *f*; **~eftersyn** [-εfdɐʀsyːˀn] Generalüberholung *f*; **~ende** [-ˈεnə] Kopfende *n*

hoved|fag ['ho:(v)ðfaːˀ(j)] Hauptfach *n*; **~gade** [-ga:ðə] Hauptstraße *f*; **~gærde** [-gε:ʀə] → *hovedende*; **~hår** [-hɔ:ˀʀ] Haupthaar *n*; Kopfhaar *n*; **~indgang** [-engɑŋˀ] Haupteingang *m*; **~jæger** [-jε:jɐʀ] Kopfjäger *m (a fig)*; **~karakter** [-kaʀɑgˈte:ˀʀ] Gesamtnote *f*; **~klæde** [-kle:ðə] Kopftuch *n*; **~kontor** [-konˈto:ˀʀ] Hauptgeschäftsstelle *f*, Hauptbüro *n*; Zentrale *f*; **~kort** [-kɔʀd] *n* Lohnsteuerkarte *beim Hauptarbeitgeber*; **~kulds** [-kulˀs] kopfüber; übereilt, überstürzt, jäh; **~kvarter** [-kvɑʀˈte:ˀʀ] MIL Hauptquartier *n*; **~løs** [-lø:ˀs] kopflos (*a fig*); **~mand** [-manˀ] Anführer(in) *m(f)*, Rädelsführer(in) *m(f)*; **~nøgle** [-nœila] Hauptschlüssel *m*; **~part** [-pɑ:ˀʀd] Hauptteil *m*

hovedpine ['ho:(v)ðpiːnə] Kopfschmerzen *m/pl*, Kopfweh *n*; *det er din ~!* F das ist dein Problem!; **~tablet** [-tɑbˈled] Kopfschmerztablette *f*

hoved|pude ['ho:(v)ðpuːðə] Kopfkissen *n*; **~regning** [-ʀaïnɐŋ] Kopfrechnen *n*; **~rengøring** [-ʀεːŋgœ:ˀʀeŋ] F Großreinemachen *n*

hovedrent ['ho:(v)ðʀεːˀnd]: *gøre ~* Wohnung gründlich sauber machen

hoved|reparere ['ho:(v)ðʀepɑˈʀeːˀʀə] generalüberholen; **~ret** [-ʀεd] Hauptgericht *n*, Hauptgang *m*; **~rig** [-ʀiːˀ] steinreich

hovedrolle ['ho:(v)ðʀɔlə] Hauptrolle *f*; *i ~n* THEA als Hauptdarsteller(in) *m(f)*

hovedrysten ['ho:(v)ðʀøsdən] ⟨*en*⟩ Kopfschütteln *n*; **~de** [-ə] kopfschüttelnd

hovedsag ['ho:(v)ðsaːˀ] Hauptsache *f*; **~elig** [-ˈsaːˀəli] hauptsächlich

hoved|salat ['ho:(v)ðsaˈlaːˀd] Kopfsalat *m*; **~skal** [-sgalˀ] Schädel *m*; **~skib** [-sgiːˀb] *Kirche:* Hauptschiff *n*; **~spring** [-sbʀeŋˀ] Kopfsprung *m*; **~stad** [-sdɑð] Hauptstadt *f*, **~stads-** [-sdɑðs-], **~stadsagtig** [-sdɑðsˈsɑgˀti] hauptstädtisch; **~stol** [-sdo:ˀl] ÖKON Hauptschuld *f*; **~stød** [-sdøð] Kopfstoß *m*, Kopfball *m*; **~sæde** [-sε:ðə] Hauptsitz *m*; **~sætning**

[-sεdnen] Hauptsatz *m*; **~telefon** [-teləˈfo:ˀn] Kopfhörer *m*

hovedtræk ['ho:(v)ðtʀεg]: *i ~ pl* in den wesentlichen Zügen

hoved|tøj ['ho:(v)ðtɔï] Kopfbedeckung *f*; Zaumzeug *n*; **~tørklæde** [-tœʀkle:ðə] Kopftuch *n*; **~vej** [-vaïˀ] Hauptverkehrsstraße *f*; **~vægt** [-vεgd] Schwergewicht *n*; **~værk** [-vεʀg] Hauptwerk *n*; Kopfweh *n*

hoven ['hóʊən] geschwollen; *fig* aufgeblasen

hovere [hoˈveːˀʀə] triumphieren (*over/* über *A*)

hoveri [hóʊəˈʀiːˀ] ⟨*-et*⟩ HIST Frondienst *m*; *gøre ~* fronen; **~arbejde** [-ˈʀiɑʀbaïˀðə] Frondienst *m*

hovmester ['hóʊmεsdɐʀ] Hofmeister *m*; NAUT Zahlmeister *m*; **~ere** [-mεsdɐˈʀe:ˀʀə] bevormunden

hovmod ['hóʊmoːˀð] ⟨*-et*⟩ Hochmut *m*

hovmode ['hóʊmoːðə]: *~ sig fig* sich überheben, prahlen

hovmodig [hóʊmoːˀði] hochmütig

hovsa ['hóʊsa]: *~!* hoppla!; huch!

hovskinovski ['hóʊsgiˀnóʊsgi] F aufgeblasen, großspurig

hovslag ['hóʊslaːˀj] Hufschlag *m*

hr. [hεʀ] → *herre*

htx [hóˀteːˀεgs] *etwa* technische Gymnasialausbildung

hu [hu:ˀ] ⟨*-en*⟩ Sinn *m*; Verlangen *n*; *komme i ~* sich erinnern; *blive gram i ~* wütend werden

hud [huðˀ] ⟨*-en; -er*⟩ Haut *f*, *hård ~* Hornhaut *f*, Schwiele *f*; *skifte ~* sich häuten; *skælde én ~en fuld* F j-n ausschimpfen; *med ~ og hår* mit Haut und Haar(en); *~ens pleje* Hautpflege *f*

hud|afskrabning ['huðåuˌsgʀɑːˀbnen] Hautabschürfung *f*; **~farve** [-fɑʀvə] Hautfarbe *f*

hud|kirtel ['huðkiʀdəl] Hautdrüse *f*; **~løs** [-lø:ˀs] wund; *fig* überempfindlich; **~orm** [-o:ˀʀm] MED Mitesser *m*; **~pleje** [-plaïə] Hautpflege *f*; **~skifte** [-sgifðə] Häutung *f*

hudstryge ['huðsdʀyːˀə] geißeln; **~ning** [-sdʀyːˀnen] Geißelung *f*

hud|sygdom ['huðsyːdɔmˀ] Hautkrankheit *f*; **~venlig** [-venli] hautfreundlich

hue¹ ['hu:ə] ⟨*-n; -r*⟩ Mütze *f*

hue² ['hu:ə]: *det ~r mig ikke* es gefällt mir nicht

hug¹ [hog] ⟨*-get; -*⟩ Hieb *m*, Schlag *m*; *få ~* Prügel bekommen

hug² [hug]: *sidde på ~* in der Hocke sitzen, hocken, kauern

hugaf [hog'a:ˀ] ⟨-en; -er⟩ *fig* Haudegen *m*

hugge [ˈhogə] hauen; hacken; F mausen, klauen; *Schiff:* stampfen; ~ **af** abhauen, abhacken; ~ **i** *Tür:* zuschlagen; ~ **i sig** *Essen* verschlingen; **sidde og** ~ **i det** F sich mit ökonomischen Problemen herumschlagen; **han er hverken til at** ~ **eller stikke** *i* mit ihm ist nichts anzufangen; ~ **sig igennem** *fig* sich durchschlagen; ~ **ind** ausüben (*på*/auf A); ~ **ud** aushauen, herausarbeiten; ~**t sukker** Würfelzucker *m*

hugorm [ˈhogɒrˀm] Kreuzotter *f*; ~**ebid** [-ɒrmˀəbið] Kreuzotterbiss *m*

hug|st [hogsd] ⟨-en; -er⟩ Holzschlag *m*; ~**tand** [ˈhogtanˀ] Eckzahn: Hauer *m*

hugvåben [ˈhogvɔːˀbən] Hiebwaffe *f*

huj [huiˀ] *i* ~ **og hast** in größter Eile, Hals über Kopf; ~**e** [-ə] johlen

hukommelse [huˈkɒmˀəlsə] ⟨-n; -r⟩ Gedächtnis *n*, Erinnerungsvermögen *n*; **efter** ~**n** aus dem Gedächtnis; ~**stab** [-sˀtaːˀb] *n* Gedächtnisschwund *m*

hul¹ [hol] ⟨-let; -ler⟩ Loch *n*; Lücke *f*; *Stadt:* F Nest *n*, Kaff *n*; BAHN, THEA Schalter *m*; **sætte i** ~**let** *v/t* F einlochen, (ins Gefängnis) einsperren; ~ **i vejen** Schlagloch *n*; **der går** ~ **på bylden** das Geschwür geht auf; F die Sache läuft; *fig* es kommt endlich heraus; **tage** ~ **på ngt.** *etw* anbrechen; *Kuchen* anschneiden; *Fass* anstechen; **det er** ~ **i hovedet** F das ist hirnrissig

hul² [huˀl] hohl; *Stimme:* dumpf

hulapparat [ˈholapaˈrɑːˀd] *Büro:* Locher *m*

huld¹ [hulˀ] ⟨-et⟩ Wohlbeleibtheit *f*; **miste** ~**et** abmagern

huld² [hulˀ] *poet* hold; ergeben

hule¹ [ˈhuːlə] ⟨-n; -r⟩ Höhle *f*; *Fuchs:* Bau *m*; F Bude *f*

hule² [ˈhuːlə] höhlen; ~ **ud** aushöhlen

hule|boer [ˈhuːləbɒˀɒr] Höhlenbewohner *m*; ~**maleri** [-maːləˈriːˀ] Höhlenmalerei *f*; ~**pindsvin** [-pensviˀnˀ] Stachelschwein *n*

hulhed [ˈhuːlheːðˀ] ⟨-en; -er⟩ Hohlheit *f (a fig)*

hulk [hulˀg] ⟨-et; -⟩ Schluchzer *m*; ~**e** Schluchzen *n*; ~**e** [ˈhulgə] schluchzen

hulkindet [ˈhulkenˀəð] hohlwangig

hulkort [ˈholkɒrd] Lochkarte *f*

hulle [ˈholə] lochen; ~**maskine** [-masgiːnə] Locher *m*; ~**t** [-ð] löch(e)rig

hulmål [ˈhuːlmɔːˀl] Hohlmaß *n*

hulning¹ [ˈhuːlneŋ] ⟨-en; -er⟩ Vertiefung *f*

hulning² [ˈholneŋ] ⟨-en; -er⟩ Lochung *f*,

Lochen *n*

hul|rum [ˈhuːlrɒmˀ] Hohlraum *m*; ~**ske** [ˈholseːˀ] Schaumlöffel *m*, Schaumkelle *f*; ~**spejl** [-sbaiˀl] Hohlspiegel *m*

hul|strimmel [ˈholsdremˀəl] Lochstreifen *m*; ~**søm** [-sœmˀ] Hohlsaum *m*; ~**tang** [-taŋˀ] Lochzange *f*

hulter [ˈhulˀdər] ~ **til bulter** [ˈbulˀdər] bunt durcheinander

hulvej [ˈhulvaiˀ] Hohlweg *m*

humaniora [humaniˈoːra] ⟨-⟩ Geisteswissenschaften *pl*

humbug [ˈhombog] ⟨-gen *od* -get⟩ F Schwindel *m*, Humbug *m*; ~**(s)mager** [-(s)maːˀɒr] ⟨-en; -e⟩ Schwindler *m*

humle [ˈhomlə] ⟨-n⟩ Hopfen *m*; **det er** ~**n ved sagen** das ist das A und O bei der Sache; ~**avl** [-aŭˀl] Hopfenbau *m*; ~**bi** [-biːˀ] Hummel *f*; ~**ranke** [-raŋgə] Hopfenranke *f*; ~**stage** [-sdaːə] Hopfenstange *f (a fig)*

humme [ˈhomə] F: ~ **sig** abschwirren, sich trollen

hummer¹ [ˈhomˀər] ⟨-en; -e⟩ Hummer *m*

hummer² [ˈhomˀər] ⟨-et; -e⟩ F Bude *f*, Kämmerchen *n*

hummerklo [ˈhomˀərkloːˀ] Hummerschere *f*

humor [ˈhuːmɒr] ⟨-en⟩ Humor *m*

humpe [ˈhombə] humpeln; ~**l** [ˈhomˀbəl] ⟨hump(e)len; humpler⟩ Brot, Fleisch: dickes Stück *n*

humør [huˈmøːˀr] ⟨-et⟩ Laune *f*, Stimmung *f*; **godt** ~ Frohsinn *m*; **være i godt (dårligt)** ~ gut (schlecht) gelaunt sein, guter (übler) Laune sein; **op med** ~**et!** Kopf hoch!; ~**forladt** [-fɒrˈlad] humorlos, ohne Humor; ~**fyldt** [-fylˀd] humorvoll; ~**spreder** [-sbreːˀiðər] ⟨-en; -e⟩ F Stimmungskanone *f*; ~**syg** [-syːˀ] launenhaft; ~**syge** [-syːə] Launenhaftigkeit *f*

hun¹ [hun] ⟨-nen; -ner⟩ zo Weibchen *n*

hun² [hun] *pers.pron* sie, *dem.pron* die

hun|abe [ˈhunaːbə] Äffin *f*; ~**bjørn** [-bjœrˀn] Bärin *f*

hund [hunˀ] ⟨-en; -e⟩ Hund *m*; **røde** ~ MED Röteln *pl*; **være en** ~ **efter ngt.** F wild nach *etw* sein; **gå i** ~**ene** F, *fig* auf den Hund kommen, vor die Hunde gehen; ~**e skal føres i snor** Hunde sind an der Leine zu führen; **det er der ikke en** ~ **der vil gø ad!** *fig* es wird kein Hahn danach krähen!

hunde- [ˈhunə-] F hunde-, hunds-, mords-, sau-

hunde|angst [ˈhunaŋˀsd] F angst und bange; ~**dage** [-daːə] *pl* Hundstage *pl*;

~fryse [-fʀy:sə] wie ein Hund frieren;
~galskab [-ga!lsga:?b] MED Tollwut f;
~hus [-hu:?s] Hundehütte f; **~hvalp**
[-val?b] Welpe m, junge(r) Hund m;
~kiks [-kegs] Hundekuchen m; **~kold**
[-kɔl?] F hundekalt, saukalt; **~kulde**
[-kulə] F Mordskälte f, Saukälte f

hunde|kunster [ˈhunəkonsdər] pl Possen
m/pl; Kniffe m/pl; **~lort** [-lɔ:?ʀd] V Hun-
descheiße f; **~opdræt** [-ɔbdʀed] Hunde-
zucht f; **~skat** [-sgad] Hundesteuer f;
~slæde [-slɛ:ðə] Hundeschlitten m;
~snor [-sno:?ʀ] Hundeleine f; **~spand**
[-sban?] Hundegespann n; **~sulten**
[-suldən] F mordshungrig; **~svær**
[-svɛ:ʀ] F Aufgabe: sauschwer; **~svøm-
ning** [-svœmneŋ] Paddeln n (wie ein
Hund)

hundesyg [ˈhunesy?] F (gesundheitlich)
hundsmiserabel; **~e** [-sy:ə] (Hunde)Stau-
pe f

hunde|tegn [ˈhunətɑĩ?n] Hundemarke f;
~vejr [-vɛ:?ʀ] Hundewetter n; **~æde**
[-ɛ:ðə] fig F Schlangenfraß m

lundjævel [ˈhɪndjɛ:vəl] Teufelsweib n

hundrede [ˈhunʀəðə] hundert; **~vis**
[-vi:?s]: i ~ zu Hunderten

hundred|kroneseddel [ˈhunʀəðkʀo:nə-
ˈseð?əl] ÖKON Hundertkronenschein m;
~lap [-lab] F Hunderter m, Hundertkronenschein m

hundredår [ˈhunʀəð?ɔ:?ʀ] Jahrhundert n

hunds|ik [ˈhonsə]: lade sig ~ F sich tyran-
nisieren lassen (af/von D); ~ med én j-n
schurigeln; **~k** [hun?sg] schnöde; få én ~
behandling gemein behandelt werden

hun|due [ˈhundu:ə] (weibliche) Taube f;
~dyr [-dy:?ʀ] zo Weibchen n; **~elefant**
[-elə?fan?d] Elefantenkuh f

hunger [ˈhoŋ?əʀ] ⟨-en⟩ Hunger m; dø af ~
vor Hunger sterben

hungersnød [ˈhoŋ?əʀsnø:?ð] Hungers-
not f

hungre [ˈhoŋʀə] fig hungern; **~ig** [ˈhoŋʀi]
hungrig

hun|hund [ˈhunhun?] Hündin f; **~kat**
[-kad] (weibliche) Katze f; **~køn** [-kœn?]
weibliche(s) Geschlecht n, Femininum n;
~kønsord [-kœnso:?ʀd] Wort n weibli-
chen Geschlechts; **~lig** [-li] weiblich;
~stik [-sdeg] n (Leitungs)Buchse f

hurdle [ˈhə:dl] ⟨-n; -r⟩ Hürde f (a fig); **~løb**
[-lø:?b] Hürdenlauf m

hurlumhej [hurlom'hɑĩ] ⟨-en; -et⟩ F Lärm
m, Hallo n, Wirrwarr m

hurra¹ [huˈʀɑ] ⟨-et; -er⟩ Hurra n; Hoch n
(for/auf A); et trefoldigt ~! ein dreifaches

Hurra!

hurra² [huˈʀɑ:]: ~! hurra!, hoch!

hurtig [ˈhoʀdi] schnell, geschwind, rasch;
F flott; **~båd** [-bɔ:?ð] Schnellboot n;
~hed [-he:ð?] ⟨-en⟩ Schnelligkeit f, Geschwindigkeit f; **~tog** [-tɔ:?w] BAHN
Schnellzug m; **~trafik** [-tʀɑ?fig] Schnell-
verkehr m; **~(t)virkende** [-(d)viʀgənə]
schnell wirkend

hus [hu:?s] ⟨-et; -e⟩ Haus n; Gehäuse n; ~
og hjem Haus und Hof; **holde ~** wirtschaften, haushalten; **holde et forfærdeligt ~** F en Höllenlärm machen; **holde ~
for én** j-m den Haushalt führen; **der ligger et ~** F der Teufel ist los; **der er fuldt ~**
das Haus ist voll, der Saal ist vollbesetzt;
jeg melder ~ forbi! ich war es nicht!, bei
mir nicht!; **have til ~e** wohnen, unterge-
bracht sein; **~alf** [ˈhu:sal?f] F Perle f
(Hausgehilfin)

husar [huˈsɑ:?ʀ] ⟨-en; -er⟩ MIL Husar m

hus|arrest [ˈhusaˈʀɛsd] Hausarrest m;
~assistent [-asiˈsdɛn?d] Hausgehilfin f,
Hausangestellte f; **~beboer** [-beˈbo:?əʀ]
Hausbewohner(in) m(f)

husbehov [ˈhusbeˌhoũ]: til ~ fürs Haus,
für den Hausgebrauch/Hausbedarf

hus|bestyrerinde [ˈhusbeˈsdy:ˈʀəʀˈenə]
Haushälterin f; **~blas** [-blas] ⟨-(s)en⟩ Gelatine f; **~blok** [-blok] Wohnblock m;
Häuserblock m; **~bond** [-bon] ⟨-en; -er⟩
Dienstherr m; Hausherr m; Ehemann
m; **~båd** [-bɔ:?ð] Hausboot n; **~dyr**
[-dy:?ʀ] Haustier n; **~e** [-ə] beherbergen;
~ejer [-aĩ?əʀ] ⟨-en; -e⟩ Hausbesitzer m;
~ere [huˈse:?ʀə] fig hausen, wüten; Gespenster: umgehen; **~fa(de)r** [-fɑ:ʀ]
Hausvater m; **hjemmegående** **~far**
Hausmann m

hus|fred [ˈhusfʀeð] Hausfriede(n) m; BOT
Bubikopf m; **~frit** [-fʀid] mietfrei; **~fælle**
[-felə] Hausgenosse f, Mitbewohner m;
~førelse [-fø:?ʀəlsə] Haushaltsführung
f; **~gerning** [-geʀneŋ] Hausarbeit f,
Hauswirtschaft f; **~geråd** [-ge'ʀɔ:?ð]
⟨-et; -⟩ Hausgerät n, Hausrat m; **~hjælp**
[-jel?b] Haushaltshilfe f, Hausgehilfin f

husholder [ˈhushɔl?əʀ] Haushälter m;
~isk [-isg] haushälterisch; **~ske** [-sgə]
⟨-n; -r⟩ Haushälterin f

husholdning [ˈhushɔl?neŋ] ⟨-en; -er⟩
Haushalt(ung) m(f)

husholdnings|penge [ˈhushɔl?neŋs-
peŋə] pl Haushaltsgeld n, Wirtschafts-
geld n; **~skole** [-sgo:lə] Haushaltungs-
schule f

hus|høj [ˈhushɔĩ?] haushoch; **~jomfru**

H

[-jɔmfru] Wirtschafterin f

huske ['husgə] sich erinnern (G od an A); sich merken, behalten; sich entsinnen; nicht vergessen (haben); **kan du ~?** weißt du noch?; **så længe jeg kan ~** so lange ich denken kann; **hvis jeg ~r rigtigt** wenn ich mich nicht irre, wenn ich mich recht entsinne; **husk på ...** bedenke, ...; vergiss nicht, ...; denk daran, ...; **~ én på ngt.** j-n an etw (G) erinnern; **det skal jeg ~ dig!** das werde ich dir nie vergessen!; **~fejl** [-faiʔl] Gedächtnisfehler m; **~kage** [-ka:ə] fig Denkzettel m, Ohrfeige f

huskendt ['husken̩ʔd]: **være ~** im Hause bekannt sein; sich in e-m Haus auskennen

huske|seddel ['husgəseðʔəl] Merkzettel m; **~spil** [-spel] n Memory® n

husleje ['huslaiə] Miete f

huslig ['husli] häuslich

husly ['husly:ʔ] Obdach n; Unterkunft f; Unterschlupf m; **give én ~** j-m Obdach geben, j-n beherbergen

hus|læge ['husle:ə] Hausarzt m; **~mand** [-man̩ʔ] Kleinbauer m, Häusler m

husmands|brug [hu:smansbru:ʔ] (kleine(r)) Bauernhof m; **~kost** [-kɔsd] einfache(s) Essen n, Hausmannskost f; **~lod** [-loð], **~sted** [-sdeð] → husmandsbrug

husmoder ['husmo:r] Hausfrau f; **~afløser** [-ʌlö:ʔsɔr] Haushaltshilfe f, Familienhelfer(in) m(f) (im Rahmen der Sozialfürsorge)

husmor ['husmo:r] → husmoder

hus|nummer ['husnɔmʔər] Hausnummer f; **~orden** [-ɔrʔdən] ⟨-ord(e)nen; -ord(e)ner⟩ Hausordnung f; **~rum** [-rɔmʔ] Platz m; → a hjerterum; **~råd** [-rɔ:ʔð] MED Hausmittel n; **~stand** [-sdanʔ] Hausstand m

hustru ['husdru] ⟨-en; -er⟩ (Ehe)Frau f, Gattin f; **~bidrag** [-bidra:ʔw] ⟨et⟩ Unterhalt(szahlung) m(f); **~vold** [-vɔlʔ] Gewalt f in der Ehe

husundersøgelse ['husonərsö:ʔəlsə] Haussuchung f

husvale ['husva:ʔlə] BIBL trösten; **~lse** [-lsə] ⟨-n⟩ Trost m

hus|vant ['husvan̩ʔd] heimisch; **~vild** [-vil̩ʔ] obdachlos; **~vært** [-verd] Hauswirt m

hvad [va(ð), va] was; wie; welcher; **~ behager?** wie bitte?; **~ koster det?** was kostet das?; **~ hedder hun?** wie heißt sie?; **~ er klokken?** wie viel Uhr ist es?; **~F** was?; wie?; **med ~ ret?** mit welchem Recht?; **~ er der i vejen?** was ist los?; **ja, og ~ så?** na und?; **~ for en mand**

(et hus, folk)? was für ein Mann (ein Haus, Leute)?; **~ for ngt.?** wie bitte?; **~ tænker du på?** woran denkst du?; **~ enten du vil eller ej** ob du willst oder nicht; **~ om ...?** wie wäre es, wenn ...?

hvadbeha(ge)r [vabe'ha:ʔr]: **hvadbeha(ge)r?** wie bitte?

hval [va:ʔl] ⟨-en; -er⟩ Wal(fisch) m; **~fanger** ['va:lfaŋər] Walfänger m; **~fisk** ['va:lfesg] Wal(fisch) m

hvalp [valʔb] ⟨-en; -e⟩ Welpe m; fig F Grünschnabel m; **få ~e** Junge werfen

hvalpe|fedt ['valbəfed] F Babyspeck m; **~t** [-ð] fig grün; lümmelhaft, ungeschliffen

hvalros ['valrɔs] ⟨-sen; -ser⟩ Walross n

hvas [vas] scharf, spitz (a fig); **~hed** ['he:ð] ⟨-en⟩ Schärfe f

hvede[1] ['ve:ðə] ⟨-n⟩ Weizen m

hvede[2] ['ve:ðə] ⟨-n; -r⟩ e-e Art (Weizen)Brötchen n

hvede|aks ['ve:ðəags] Weizenähre f; **~brød** [-brøːʔð] Weizenbrot n, Weißbrot n; **~brødsdage** [-brøðsda:ə] pl Flitterwochen f/pl; **~gryn** [-gryʔn] pl Weizengraupen f/pl; **~mark** [-marg] Weizenfeld n; **~mel** [-meːʔl] Weizenmehl n; **~øl** [-ol] n Weißbier n; Hefeweizen n

hvem [vemʔ] (interr.pron) wer (D wem, A wen; welcher); **~ dér?** wer da?; (rel.pron) D dem, welchem, A den, welchen; **~ der wer; ~ der end** wer auch immer; **~ som helst** jeder(mann)

hveps [vebs] ⟨-en; -e⟩ Wespe f

hvepserede ['vebsəre:ðə] Wespennest n; **stikke hånden i en ~** fig in ein Wespennest stechen

hver [ve:ʔr] jeder (jede, jedes); **~ dag** jeden Tag, täglich; **~ anden dag** alle zwei Tage, jeden zweiten Tag; **~ gang** jedes Mal; **~ anden gang** jedes zweite Mal; **~ fjerde time** jede vierte Stunde, alle vier Stunden; **~ enkelt, ~ især** jeder Einzelne; **~ tredje** jeder Dritte; **tre bøger til en pris af ~ en krone** drei Bücher zum Preis zu je 1 Krone; **i ~t fald** auf jeden Fall, jedenfalls; **~t øjeblik** jeden Augenblick; **lidt af ~t** allerlei, von allem etwas; **~ andre** [ver'andrə] sich, einander; → hinanden

hverdag ['verda:ʔ] Alltag m, Werktag m, Wochentag m; **til ~s** (für) gewöhnlich

hverdags|agtig ['verdagsagti] alltäglich; **~ansigt** [-ansegd] Alltagsgesicht n

hverdagsbrug ['verdasbru:ʔ]: **til ~** für jeden Tag

hverdags|lig ['verdasli] alltäglich; **~sprog** [-sbrɔ:ʔw] Umgangssprache f; **~tøj** [-tɔiʔ] Alltagszeug n, alltägliche Kleidung f

hverken ['vɛrgən]: ~ ... eller ... weder ... noch ...

hvermand ['vɛ:ʔrmanʔ] jedermann

hverv [vɛrʔv] ⟨-et; -⟩ Auftrag m, Aufgabe f; Amt n, Posten m; **give én et ~** j-n mit etw beauftragen

hverve ['vɛrvə] werben, anwerben

hvervning ['vɛrvnen] ⟨-en; -er⟩ Werbung f, Anwerbung f

hvid¹ [viðʔ, vi:ʔð] ⟨-en; -e⟩ Heller m, Pfennig; **ikke en ~** F keinen Pfennig

hvid² [viðʔ, vi:ʔð] weiß; **en ~ løgn** e-e Notlüge f; **sort på ~t** schwarz auf weiß; **koste det ~e ud af øjnene** F ungeheuer viel kosten; **~e tirsdag** Fastnachtsdienstag m; **~agtig** [viˈðagdi] weißlich; **~bjørn** ['viðbjœrʔn] Eisbär m; **~blik** ['viðbleg] Weißblech n; **~bog** ['viðbɒ:ʔw] POL Weißbuch n

hvide ['viːðə] ⟨-n; -r⟩ Eiweiß n

hvidevare ['viːðəvɑːɹə] Weißware f; **hårde ~r** Haushaltsgroßgeräte n/pl

hvid|glødende ['viðglø:ʔðənə] weiß glühend; **~hed** [-he:ðʔ] ⟨-en⟩ Weiße f; **~håret** [-hɔ:ʔɹəð] weißhaarig; **~kalket** [-kalʔgəð] weiß getüncht

hvidkål ['viðkɒ:ʔl] Weißkohl m; **1700 og ~** F anno dazumal (od Tobak)

hvidkålshoved ['viðkɒ:lshoːˌ(v)əð] Weißkohlkopf m

hvid|lig ['viðli] weißlich; **~løg** [-lɔiʔ] Knoblauch m; **~løgspresser** [-lɔis-prɛsər] Knoblauchpresse f; **~malet** [-ma:ʔləð] weiß (an)gestrichen

hvidte ['viðə] weißen, (über)tünchen; **~kalk** [-kalʔg] Tünche f; **~kost** [-kosd] Anstreichbürste f

hvidtjørn ['viðtjœrʔn] Weißdorn m

hvidt|ning ['viðneŋ] ⟨-en; -er⟩ Tünchen n, Weißen n; **~øl** [-øl] Dünnbier n, Braunbier n

hvidvaske ['viðvasgə] F Geld waschen

hvidvin ['viðvi:ʔn] Weißwein m

hvil [vi:ʔl] ⟨-et; -⟩ Rast f, Pause f; **holde ~** Pause machen, Rast halten, rasten

hvile¹ ['vi:lə] ⟨-n⟩ Ruhe f, Rast f; **falde til ~** zur Ruhe kommen

hvile² ['vi:lə] ⟨-ede od -te⟩ ruhen (a fig), rasten; ~ **sig** sich ausruhen

hvile|bænk ['vi:ləbɛnʔg] Ruhebank f; **~dag** [-da:ʔ] Ruhetag m; **~hjem** [-jɛmʔ] Erholungsheim n; **~løs** [-lø:ʔs] ruhelos, rastlos; **~pause** [-pɑ̈sə] Ruhepause f; **~sted** [-sdeð] Ruhestätte f

hvilken ['velgən] ⟨hvilket n, hvilke pl⟩ welcher m/welche f (welches n, welche

pl); **hvilket** a was; **hvilken som helst** jeder; **af en hvilken som helst højde** von beliebiger Höhe

hvin [vi:ʔn] ⟨-et; -⟩ Kreischen n, Geschrei n

hvine ['vi:nə] kreischen, quietschen; **Wind** pfeifen; **~nde** F verstärkend wahnsinnig

hvirvel ['virʔvəl] ⟨hvirv(e)len; hvirvler⟩ Wirbel m; Strudel m; fig Taumel m; **~søjle** [-søˈlə] Wirbelsäule f

hvirvle ['virvlə] wirbeln

hvis [ves] pron wessen; dessen; konj wenn, falls

hviske ['vesgə] flüstern (**én ngt. i øret** j-m etw ins Ohr); Schule: vorsagen; ~ **og tiske** (flüstern und) tuscheln; et ~ **nde tone** im Flüsterton; **~t** [-t] Flüstern n; **~kampagne** [-kɑmˈpanjə] Flüsterpropaganda f

hvisle ['vislə] zischen; **~lyd** [-ly:ʔð] GRAM Zischlaut m

hvor [vɒ:ʔr, vɒr] wo; wie; ~ **er hun?** wo ist sie?; ~ **gammel?** wie alt?; ~ **kan det være?** wie kommt es?; ~ **meget?** wie viel?; ~ **end ...** wo auch (od immer) ...; ~ **som helst** überall; wo (auch) immer, wohin auch immer; ~ **dejligt!** wie schön!

hvor|af [vɒrˈaːʔ] wovon; woraus; woher; **~dan** [-ˈdan] wie; auf welche (od in welcher) Weise; **~efter** [-ˈɛfdər] wonach; worauf; **~for** ['vɒrˌfɒr, vɒrˈfɒr] weshalb, wieso; **~fra** [-ˈfrɑ:ʔ] woher, von wo; **~hen** [-ˈhɛnʔ] wohin; **~henne** ['vɒːˈrhɛnə] wo; **~i** [vɒːˈrˈiːʔ] worin; **~iblandt** ['vɒːʔri-ˈblanʔd] worunter; **~igennem** ['vɒːʔri-ˈgɛnʔəm] wodurch; **~imellem** ['vɒːʔri-ˈmɛlʔəm] worunter, wozwischen; **~imod** ['vɒːʔriˈmoːʔð] wogegen, während; **~in** ['vɒːʔrɛnʔ] wohinein

hvorledes [vɒrˈleːðəs] wie; ~ **mener De?** wie bitte?

hvor|med ['vɒːʔrmeð] womit; **~når** [vɒrˈnɔːʔr] wann

hvorom ['vɒːʔrɒmʔ] wovon, worüber, worum; ~ **alting er** wie dem auch sei

hvor|over ['vɒːʔrɒuˈʔər] worüber, weshalb; **~på** [-ˈpɒː] worauf, woran; **~til** ['tel] wozu; **~under** ['-onʔər] worunter; **~ved** [-ˈveð] wobei; wodurch; **~vidt** [vɒrˈvid] inwiefern; ob

hvælv [vɛlʔv] ⟨-et; -⟩ Gewölbe n

hvælve ['vɛlvə] wölben; **~t** gewölbt

hvælving ['vɛlvenʔ] ⟨-en; -er⟩ Wölbung f, Gewölbe n

hvæse ['vɛ:sə] ⟨-ede od -te⟩ zischen; Katze: fauchen; ~ **ad én** j-n anfauchen

hvæsse ['vɛsə] wetzen, schärfen; **~sten**

[-sdeː?n] Wetzstein *m*

hybel ['hyˈ?bəl] ⟨*hyb(e)len; hybler*⟩ F Bude *f*, Kämmerchen *n*

hyben ['hyˈ?bən] ⟨*-et; -er od -*⟩ Hagebutte *f*; **~kradser** [-krɑsɒr] ⟨*-en; -e*⟩ F Schnaps *m*; Seelenwärmer *m*

hybridnet [hyˈbriðnɛd] *n etwa* Kabelnetz *n*; **have** ~ *etwa* Kabelanschluss *m* haben

hydrofoilbåd [hydroˈfɔiˀlbɔː?ð] Tragflächenboot *n*

hygge¹ ['hygə] ⟨*-n*⟩ Gemütlichkeit *f*

hygge² ['hygə]: ~ **sig** es sich gemütlich machen; F Sex haben; ~ **om én** es *j-m* gemütlich machen

hyggekrog ['hygəkrɒː?w] gemütliche Ecke *f*

hyggelig ['hygəli] gemütlich; heimelig, anheimelnd; bequem, behaglich; nett

hygge|spreder ['hygəsbreːðɒr] ⟨*-en; -e*⟩ Mensch *m*, der Gemütlichkeit verbreitet; **~time** [-tiːmə] gemütliche Stunde *f*, Plauderstündchen *n*

hygiejne [hygiˈaɪnə] ⟨*-n*⟩ Hygiene *f*, Gesundheitslehre *f*; **~bind** [-ben?] Damenbinde *f*, Monatsbinde *f*

hygiejnisk [hygiˈaɪˀnisg] hygienisch, gesundheitsdienlich

hykle ['hyglə] heucheln (*for én* vor *j-m*); **~r** [-ʀ] ⟨*-en; -e*⟩ Heuchler(in) *m(f)*; **~ri** [-'riˀ] ⟨*-et; -er*⟩ Heuchelei *f*; **~risk** [-Risg] heuchlerisch; **~rske** [-Rsgə] ⟨*-n; -r*⟩ Heuchlerin *f*

hyl [hyˈ?l] ⟨*-et; -*⟩ Schrei *m*; Geheul *n*

hyld [hylˀ] ⟨*-en; -*⟩ Holunder *m*

hylde¹ ['hylə] ⟨*-n; -r*⟩ Bord *n*, Regal *n*, Ablage *f*; *lægge ngt. på ~n fig* etw an den Nagel hängen; *på sin rette* ~ am rechten Platz; *komme på den forkerte* ~ s-n Beruf verfehlen

hylde² ['hylə] huldigen (*D*); *fig* sich bekennen (*ngt. zu etw*)

hylde|blomstsaft ['hyləbləmsdsafd] Holunderblütensaft *m*; **~bær** [-bɛr] Holunderbeere *f*, a Fliederbeere *f*

hylde|knægt ['hyləknɛgd] Regalträger *m*; **~papir** [-paˈpiːˀr] Schrankpapier *n*

hyld|est ['hylˀəsd] ⟨*-en; -er*⟩, **~ning** ['hylnen] ⟨*-en; -er*⟩ Huldigung *f*

hyle ['hyːlə] heulen, winseln; *Hund*: jaulen; ~ *af grin* schreien vor Lachen; **~nde** heulend; **~nde morsomt** F zum Schreien; **~n** Geheul *n*, Gejaule *n*

hyle|kor ['hyːləkoːˀʀ] Chor *m* von Buhrufern; **~ri** [-'riˀ] ⟨*-et; -er*⟩ Geheul *n*, Heulerei *f*; *Hund*: Gejaule *n*

hylle ['hylə] hüllen

hylster ['hylˀsdɒr] ⟨*hylst(e)ret; hylstre*⟩

Hülle *f*

hymen ['hyːˀmən] ⟨*en*⟩ ANAT Jungfernhäutchen *n*, Hymen *n/m*

hynde ['hønə] ⟨*-n; -r*⟩ Polster *n*, Kissen *n*

hyphest ['hybhɛsd] *Kindersprache*: Hottehü *n*

hypotek [hypoˈteːˀg] ⟨*-et; -er*⟩ ÖKON Hypothek *f*

hyppe ['hybə] häufeln; ~ *sine egne kartofler fig* seine Schäfchen ins Trockene bringen; **~jern** [-jɛrˀn] Häufelhacke *f*

hyppig ['hybi] häufig

hyr [hyːˀʀ] ⟨*et*⟩: **have sit** ~ **med nogen** F seine liebe Not mit *j-m* haben

hyrde ['hyrðə] ⟨*-n; -r*⟩ Hirt *m*; BIBL Hirte *m*; Schäfer *m*; **~dreng** [-drɛŋ] Hütejunge *m*, Hirtenknabe *m*; **~hund** [-hunˀ] Hirtenhund *m*, Schäferhund *m*; **~stav** [-sdaːˀv] Hirtenstab *m*; **~time** [-tiːmə] *fig* Schäferstündchen *n*

hyrdinde [hyrˈdenə] ⟨*-n; -r*⟩ Hirtin *f*; *lit* Schäferin *f*

hyre¹ ['hyːʀə] ⟨*-n; -r*⟩ Heuer *f*; *tage* ~ *v/i* anheuern; *have sin* ~ *med ngt.* s-e liebe Not mit *etw* haben

hyre² ['hyːʀə] NAUT anheuern; mieten

hyrevogn ['hyːʀəvɔwˀn] Mietwagen *m*; Taxi *n*

hysse ['hysə] zischen; ~ *ad én* *j-n* auszischen; ~ *på én* *j-n* zum Schweigen bringen wollen

hyssing ['hysen] ⟨*-en*⟩ NAUT Hüsing *f*; Bindfaden *m*

hystade [hyˈsdaːðə] ⟨*-n; -r*⟩ F hysterische(s) Frauenzimmer *n*

hytte¹ ['hydə] ⟨*-n; -r*⟩ Hütte *f* (*a* BERGB)

hytte² ['hydə] hüten (*sig for ngt.* sich vor *etw D*); ~ *sit skind fig* seine Schäfchen ins Trockene bringen; ~ *sig selv* sich zu helfen wissen

hytte|arbejder ['hydəɑrbaiˀðər] Hüttenarbeiter *m*; **~fad** [-fɑð] Fischbehälter *m*, Fischkasten *m*; **~ost** [-osd] Hüttenkäse *m*; **~sko** [-sgoːˀ] Slipper *m*

hæder ['hɛːˀðər] ⟨*-en*⟩ Ruhm *m*, Ehre *f*; **~fuld** [-fulˀ] ehrenvoll; **~lig** [-li] ehrenhaft, ehrenvoll, achtbar; *Leistung*: F ganz nett, nicht schlecht

hæders|bevisning ['hɛːˀðərsbeˈviːˀsnen] ⟨*-en; -er*⟩ Ehrung *f*, Ehrenbezeigung *f*; **~dag** [-daːˀ] Ehrentag *m*; **~gæst** [-gɛsd] Ehrengast *m*; **~mand** [-manˀ] Ehrenmann *m*; **~plads** [-plas] Ehrenplatz *m*

hæderværdig ['hɛːˀərvɛrˀdi] ehrwürdig

hædre ['hɛðrə] ehren

hæfte¹ ['hɛfdə] *od* **hefte** ⟨*-t; -r*⟩ Buch-

Heft *n*; Lieferung *f*; MIL Heft *n*, Griff *m*

hæfte² ['hɛfdə] *od* **hefte** ⟨*et*⟩ JUR Haft *f*

hæfte³ ['hɛfdə] *od* **hefte** *v/t* heften; ~ **sammen** zusammenheften; ~**t Buch:** broschiert

hæfte⁴ ['hɛfdə] *v/i* haften; bürgen

hæfte|apparat ['hɛfdəapa'ʁɑːʔd] Heftmaschine *f*; ~**klamme** [-klamə] Heftklammer *f*; ~**plaster** [-plasdər] MED Heftpflaster *n*

hæftestraf ['hɛfdestʁaf] Haftstrafe *f*

hæge ['hɛːə]: ~ **om** hegen, pflegen, betreuen (*én j-n*)

hægte¹ ['hɛgdə] ⟨*n*; *-r*⟩ Haken *m*, Häkchen *n*, Heftel *n*; ~ **og malle** Haken *m* und Öse *f*; **komme til ~rne** (*igen*) F sich (wieder) erholen

hægte² ['hɛgdə] zuhaken; ~ **af** abhaken; ~ **op** aufhaken

hæk¹ [hɛg] ⟨*-ken; -ke*⟩ Hecke *f*; SPORT Hürde *f*

hæk² [hɛg] ⟨*-ken; -ke od -ker*⟩ NAUT Heck *n*; *Stall:* Raufe *f*

hækkeløb ['hɛgələːʔb] SPORT Hürdenlauf *m*; ~**er** [-ər] Hürdenläufer *m*

hæk(ke)saks ['hɛg(ə)sags] Heckenschere *f*

hækle ['hɛglə] häkeln; ~**arbejde** [-ɑʁbaiʔdə] Häkelarbeit *f*; ~**nål** [-nɔːʔl] Häkelnadel *f*; ~**tøj** [-tɔiʔ] ⟨*et*; *-er*⟩ → **hæklearbejde**

hækling ['hɛgleŋ] ⟨*-en*⟩ Häkeln *n*

hækmotor ['hɛgmoːtoɐ] Heckmotor *m*

hæksaks ['hɛgsags] → **hækkesaks**

hæl [hɛːʔl] ⟨*-en; -e*⟩ Ferse *f*, Hacke *f*; *Schuh:* Absatz *m*; **være i ~ene på én** *j-m* auf den Fersen sein; **følge i ~ene på én** *j-m* auf dem Fuße folgen

hæld [hɛlʔ] ⟨*-et; -*⟩ Neigung *f*; **på ~** schräg; **gå på ~** *fig* zur Neige gehen, sich dem Ende zu neigen

hælde¹ ['hɛlə] neigen, schräg stehen, überhängen; *fig* neigen; ~ **sig til ngt.** sich an *etw* lehnen; **dagen ~r** *poet* der Tag neigt sich (*od* geht zu Ende)

hælde² ['hɛlə] ⟨*-te*⟩ gießen, schütten; ~ **af,** ~ **fra** abgießen; ~ **bort** weggießen; ~ **i** eingießen; ~ **om** umgießen; ~ **over** übergießen; ~ **på** aufgießen, zugießen; ~ **ud** ausgießen, ausschütten; ~ **én ud** F *j-n* rausschmeißen (*od* an die Luft setzen); ~ **fuldt** *Glas* vollschenken

hældning ['hɛlneŋ] ⟨*-en; -er*⟩ Neigung *f*

hældøre ['hɛløːʁə] ⟨*-en; -r*⟩ Mucker *m*; Heuchler *m*; Frömmler *m*; ~**t** [-ð] muckerisch; scheinheilig

hæle ['hɛːlə] hehlen; ~**r** [-ɐ] ⟨*-en; -e*⟩ Heh-

ler *m*; ~**ri** [-'ʁiːʔ] ⟨*-et; -er*⟩ Hehlerei *f*; ~**rske** [-ʁsgə] ⟨*-n; -r*⟩ Hehlerin *f*

hæl|højde ['hɛːlhɔiʔdə] *Schuh:* Absatzhöhe *f*; ~**spark** [-sbɑʁg] *Fußball:* Absatztrick *m*, Hackentrick *m*

hælvt [hɛlʔfd] ⟨*-en*⟩ *lit:* **til ~en** zur Hälfte

hæm|me ['hɛmə] hemmen, beeinträchtigen, behindern; ~**ning** ['hɛmneŋ] ⟨*-en; -er*⟩ Hemmung *f*; ~**ningsløs** ['hɛmneŋsløːʔs] hemmungslos

hæmsko ['hɛmsgoːʔ] Hemmschuh *m* (*a fig*)

hænde¹ ['hɛnə] → **hånd**; **få i ~** in die Hände bekommen; **have i ~** in Händen haben; **komme af ~** abhandenkommen

hænde² ['hɛnə] ⟨*-te*⟩ geschehen, passieren, sich ereignen (*od* zutragen); begegnen, widerfahren (*én j-m*)

hænde|lig ['hɛnəli] zufällig, unabsichtlich; ~**lse** ['hɛnəlsə] ⟨*-n; -r*⟩ Ereignis *n*, Vorkommnis *n*, Vorfall *m*; Zufall *m*

hændelsesvis ['hɛnəlsəsviːʔs] zufällig(erweise)

hænder ['hɛnʔər] *pl* → **hånd**; ~**vridende** [-vʁiːðənə] händeringend

hæn|ge¹ ['hɛŋə] ⟨*hang od -te*⟩ *v/i* hängen; *Vogel:* schweben; **frakken hang** (*od* **hængte**) **på knagen** der Mantel hing am Haken; ~ **fast** festhängen, festkleben, hängen bleiben (an *D*); ~ **i** hängen bleiben; *fig* F fleißig sein, sich anstrengen; ~ **i en tråd** an *e-m* Faden hängen; ~ **med hovedet** *fig* den Kopf hängen lassen; ~ **ned** herabhängen; ~ **over bøgerne** *fig* F über den Büchern hocken; ~ **på** hängen bleiben; ~ **på den** F verraten und verkauft sein; ~ **sammen** zusammenhängen; *fig* sich verhalten; ~ **ved livet** an Leben hängen; **blive ~nde** hängen bleiben

hænge² ['hɛŋə] ⟨*-te*⟩ *v/t* hängen; ~**én** *j-n* (auf)hängen (*od* aufknüpfen); ~ **sig** sich (auf)hängen; ~ **sig i bagateller** ein Kleinigkeitskrämer sein; ~ **op** aufhängen; ~ **én op** *j-n* verpfeifen; **være hængt op med arbejde** mit Arbeit überhäuft sein; ~ **ud** heraushängen

hænge|bro ['hɛŋəbʁoːʔ] Hängebrücke *f*; ~**dynd** [-dønʔ] Moorboden *m*; ~**hoved** [-hoː(v)əð] *fig* Kopfhänger *m*; ~**køje** [-kɔiə] Hängematte *f*; ~**lås** [-lɔːʔs] Vorhängeschloss *n*, Vorlegeschloss *n*; ~**pil** [-piːʔl] *Bot* Trauerweide *f*; ~**sofa** [-soːfa] Hollywoodschaukel *f*; ~**træ** [-tʁɛː] Hängebaum *m*; *fig* F aufdringliche, lästige Person *f*

hængning ['hɛŋneŋ] ⟨*-en; -er*⟩ Erhängen *n*; **ved ~** JUR durch den Strang

hængsel ['hɛŋˀsəl] ⟨hængs(e)let; hæng-sler⟩ Scharnier n; Tür: Angel f

hær [hɛːˀʀ] ⟨-en; -e⟩ Heer n

hærde ['hɛʁdə] TECH härten; fig stählen; ~ sig sich abhärten; ~t abgehärtet; ~bred [-bʁeːˀð] breitschultrig; ~lse [-lsə] ⟨-n⟩ Abhärtung f

hærdn|e ['hɛʁdnə] hart werden; ~ing ['hɛʁdnɛŋ] ⟨-en; -er⟩ (Ab)Härten n, (Ab)Härtung f

hærg|e ['hɛʁwə] verheeren, verwüsten; ~ning ['hɛʁwnɛŋ] ⟨-en; -er⟩ Verheerung f, Verwüstung f

hær|ledelse ['hɛʁleˀðəlsə] Heeresleitung f; ~skare [-sgɑːʁə] Heerschar f; ~værk [-vɛʁɡ] Vandalismus m, (böswillige) Sachbeschädigung f

hæs[1] [hɛs] ⟨-set; -⟩ Schober m, Dieme f, Diemen m

hæs[2] [hɛːˀs] heiser, rau

hæsblæsende ['hɛːsblɛːsənə] F keuchend, atemlos; fig atemberaubend

hæshed [hɛːshéˀð] ⟨-en; -er⟩ Heiserkeit f

hæslig ['hɛsli] hässlich

hætte ['hɛdə] ⟨-n; -r⟩ Kapuze f, Haube f; TECH Kappe f; Füllfederhalter: Verschlusskappe f; Tube: Schraubverschluss m; ~måge [-mɔːˀwə] Lachmöwe f

hævde ['hɛðə] behaupten, aufstellen, geltend machen, vertreten; bewähren; ~lse ['hɛðəlsə] ⟨-n⟩ Behauptung f

hævdvunden ['hɛðˀdvonən] ersessen; fig althergebracht

hæve ['hɛːvə] v/t (er)heben; aufheben, lösen; v/i Teig: (auf)gehen; MED (an)schwellen; ~ penge på en konto Geld von e-m Konto abheben; ~ en check e-n Scheck einlösen; ~ bordet (mødet) fig die Tafel (die Sitzung) aufheben; ~t MED geschwollen; fig erhaben; ~kort [-kɔʁd] n Bankkarte f; ~lse [-lsə] ⟨-n; -r⟩ Schwellung f; Teig: Aufgehen n; ~middel [-miðˀəl] Treibmittel n

hævn [hɛuˀn] Rache f; tage ~ over én an j-m Rache nehmen

hævne ['hɛunə] rächen; ~ sig på én sich an j-m rächen; ~r [-ʁ] ⟨-en; -e⟩ Rächer m

hævngerrig ['hɛunɡɛʁˀi] rachgierig, rachsüchtig

hævning ['hɛːvnɛŋ] ⟨-en; -er⟩ Hebung f; Teig: Aufgehen n

hævnlyst ['hɛunløsd] Rachsucht f; ~en [-ən] rachsüchtig

hø [høːˀ] ⟨-et⟩ Heu n; Tabak: F Kraut n; F Quark m, Schund m, Kitsch m; ~bjerg-ning, ~bjærgning ['høbjɛʁwnɛŋ] Heu-

ernte f; ~feber ['høfeːˀbəʁ] Heuschnupfen m, Heufieber n

høflig ['høfli] höflich; ~hed [-heːðˀ] ⟨-en; -er⟩ Höflichkeit f; ~hedsvisit [-heðs-vi'sid] Höflichkeitsbesuch m

høg [høːˀ] ⟨-en; -e⟩ Habicht m

høgenæse ['høːənɛ:sə] Habichtsnase f

høhøst ['høhøsd] Heuernte f

høj[1] [hɔiˀ] ⟨-en; -e⟩ Hügel m, Anhöhe f

høj[2] [hɔiˀ] hoch; laut; Mensch: groß; ~ hat Zylinder m; ~t vejr klare(s) Wetter n; fire mand ~ vier Mann hoch; i ~ grad in hohem Grade; på ~e(ste) tid höchste Zeit (od F Eisenbahn); med ~ røst mit lauter Stimme; læse ~t (laut) vorlesen; lukke ~t op weit aufsperren; være ~ F (nach dem Genuss von Rauschgift) high sein; være i ~t humør in bester Laune sein; ~t op ad dagen spät am Tage; være ~t oppe F in Stimmung sein, obenauf (od übermütig) sein; være ~t oppe i fyrrerne hoch in den Vierzigern sein; ~ere höher; fig gehoben; ~ere grad GRAM Mehrstufe f; ~est höchst-; am höchsten; i det ~este höchstens; ~este grad GRAM Höchststufe f, Meiststufe f

højagtelse ['hɔiˀɑɡdəlsə] ⟨n⟩ Hochachtung f; med ~ hochachtungsvoll

høj|bane ['hɔiˀbɑːnə] BAHN Hochbahn f; ~barmet [-bɑʁˀməð] hochbusig; ~bed [-beð] Hochbeet n

højbord ['hɔiˀboːˀʁ]: sidde til ~s obenan sitzen

højborg ['hɔiˀboːˀʁw] fig Hochburg f

højbrynet ['hɔiˀbʁyˀnəð]: ~ person Wichtigtuer m

høj|båren ['hɔiˀboːˀʁən] hochgeboren; ~dansk [-danˀsg] Hochdänisch n

højde ['hɔiˀdə] ⟨-n; -r⟩ Höhe f; være på ~ med auf der Höhe (G) sein; sich messen können mit ...; være på ~ med opgaven der Aufgabe gewachsen sein; tage ~ for ngt. etw berücksichtigen, etw einkalkulieren

højde|drag ['hɔiˀdədʁɑːˀw] Höhenzug m; ~punkt [-pɔŋˀd] Höhepunkt m; ~spring [-sbʁɛŋˀ] Hochsprung m

højere ['hɔiˀəʁə] → høj[2]; ~stående [-sdɔ:ˀənə] höher stehend

højest ['hɔiˀəsd] → høj[2]; ~beskattet [-be'sgadəð] höchstbesteuert; ~bydende [-by:ðɑnə] meistbietend

højeste|pris ['hɔiˀəsdəpʁiːˀs] Höchstpreis m; ~ret [-ʀɛd] JUR Oberste(s) Gericht n; ~retsdommer [-ʀɛds'dɔmˀəʁ] Richter m am Obersten Gericht

højestlønnet ['hɔiˀəsdlœnəð] bestbezahlt

høj|fjeld ['hɔɪfjɛl?] Hochgebirge n; **~fjeldssol** [-fjɛlsso:?l] EL Höhensonne f

højforræder ['hɔɪfɔ'ʀɛð?əʀ] Hochverräter m; **~i** [-fɔʀɛðə'ʀi:?] Hochverrat m

højgravid ['hɔɪɡʀɑ'vi:?ð] hochschwanger

høj|halset ['hɔɪhal?səð] *Kleid:* hochgeschlossen; **~hed** [-heð?] ⟨-en; -er⟩ Hoheit f; *Hans (Hendes)* Kongelige Højhed Seine (Ihre) Königliche Hoheit

højheds|ret ['hɔɪheðsʀɛd] Hoheitsrecht n; **~vanvid** [-vanvi:?ð] Größenwahn m

højhus ['hɔɪhu:?s] Hochhaus n

højhælede ['hɔɪhɛ:?ləðə]: **~ sko** hochhackige Schuhe m/pl, Stöckelschuhe m/pl

højkant ['hɔɪkan?d] **stå på ~** hochkant stehen; *fig* auf dem Spiel stehen; *Nerven:* zum Zerreißen angespannt sein; *komme på ~* F fig auf die Beine kommen; *stille på ~* hochkant stellen

høj|klasset ['hɔɪklasəð] hochklassig; **~lig** [-li] in hohem Grade; **~lydt** [-lyd] (sehr) laut, lauthals

højlys ['hɔɪly:?s] *ved ~ dag* am hell(lich)ten Tage

høj|messe ['hɔɪmœsə] Hauptgottesdienst m, Vormittagsgottesdienst m; KATH Hochamt n; **~mod** [-mo:?ð] Großmut f; **~moderne** [-mo'dɛʀnə] hochmodern; **~modig** [hɔɪ'mo:?ði] großmütig

højne ['hɔɪnə] Niveau erhöhen, heben; **~lse** [-lsə] ⟨-n⟩ Erhöhung f, Hebung f

højovn ['hɔɪ'ɔʊ?n] Hochofen m

højpandet ['hɔɪpanəð]: **~ person → højbrynet**

højre¹ ['hɔɪʀə] ⟨et⟩ POL Rechte f

højre² ['hɔɪʀə] recht-; *den ~ side* die rechte Seite; *til ~* (*Abk. th, t. h.*) (nach) rechts; *til ~ for ...* rechts von ...; **~ om** rechts (her)um; **~ yderwing** SPORT Rechtsaußen m

højre|blad ['hɔɪʀəblað] rechte (*od* konservative) Zeitung f; **~drejning** [-dʀaɪneŋ] Drehung f nach rechts; POL Rechtsruck m; **~fløjsparti** [-flɔɪspar'ti:?] Partei f des rechten Flügels; **~håndet** [-hɔn?əð] rechtshändig; **~kørsel** [-kœʀ?səl] Rechtsverkehr m; **~parti** [-par'ti:?] konservative Partei f; **~sindet** [-sen?əð] POL rechts stehend; **~sving** [-sveŋ?] Rechtskurve f

høj|rumpet ['hɔɪʀʊm?bəð] hochnäsig, eingebildet; **~rygget** [-ʀøɡəð] *Stuhl:* hochlehnig, mit hoher Rückenlehne; **~rød** [-ʀø:?ð] knall-, hochrot; **~røstet** [-ʀøsdəð] laut, lautstark

Højsangen ['hɔɪsaŋ?ən] BIBL das Hohelied

højsind ['hɔɪsen?] ⟨-et⟩ Großmut f

højsindet ['hɔɪsen?əð] großmütig; **~hed**

[-he:ð?] ⟨-en⟩ Großmut f

højskole ['hɔɪsgo:lə] Heimvolkshochschule f; Hochschule f; **2sangbogen** [saŋbɔʊ?wən] *dän* National-Liederbuch

høj|skov ['hɔɪsɡɔʊ?] Hochwald m; **~slette** [-sledə] Hochebene f; **~sommer** [-sɔmər] Hochsommer m

højspænding ['hɔɪsbɛneŋ] EL Hochspannung f

højspændingsledning ['hɔɪsbɛneŋsleð?neŋ] Hochspannungsleitung f

højspændt ['hɔɪsbɛn?d]: **~e forventninger** fig zu hohe Erwartungen f/pl

højst [hɔɪ?sd] höchst, äußerst; höchstens

højstemt ['hɔɪsdɛm?d] begeistert, schwungvoll; überschwänglich

høj|sæde ['hɔɪsɛ:ðə] Ehrenplatz m; *fig* Hochburg f; **~sæson** [-sɛ'sɔn] Hochsaison f; **~taler** [-ta:?lər] → *højttaler*

højt|bedaget ['hɔɪ?dbe'da:?əð] hochbetagt; **~begavet** [-be'ɡa:?vəð] hoch begabt; **~elsket** [-ɛlsɡəð] viel geliebt; **~flyvende** [-fly:vənə] fig hochfliegend; **~forrentet** [-fɔ'ʀɛn?dəð] hochverzinslich

højtid ['hɔɪti:?ð] Fest n; *de tre store ~er: jul, påske, pinse* die drei hohen Feste n/pl: Weihnachten n, Ostern n, Pfingsten n

højtidelig [hɔɪ'ti:?ðəli] feierlich, festlich; weihevoll; *Rede:* gehoben; *tage ngt. ~t etw* ernst (*od* tragisch) nehmen; **~hed** [-he:ð?] ⟨-en; -er⟩ Feierlichkeit f, Festlichkeit f; Festakt m

højtideligholde [hɔɪ'ti:?ðəlihɔl?ə] feiern, (festlich) begehen

højtids|dag ['hɔɪtiðsda:?] Festtag m, Feiertag m; **~dragt** [-dʀaɡd] Festkleid(ung) n(f); **~fuld** [-ful?] sehr feierlich, weihevoll

højt|liggende ['hɔɪ?dleɡənə] hoch gelegen; **~læsning** [-lɛ:sneŋ] Vorlesen n, Lautlesen n; **~lønnet** [-lœnəð] hoch bezahlt

højtravende ['hɔɪtʀɑ:?vənə] hochtrabend, hochgestochen

højtryk ['hɔɪtʀøɡ] TECH Hochdruck m (*a fig*), *Wetter:* Hoch n; *arbejde under ~* mit Hochdruck arbeiten

højtryksområde ['hɔɪtʀøɡsɔmʀɔ:ðə] *Wetter:* Hoch n, Hochdruckgebiet n

højt|stillet ['hɔɪ?dsdeləð], **~stående** [-sdɔ:?ənə] hoch(stehend); **~talende** [-ta:lənə] laut, großschnäuzig

højttaler ['hɔɪta:?lər] ⟨-en; -e⟩ Lautsprecher m

højttravende ['hɔɪ?dtʀɑ:vənə] → *højtravende*

højtysk ['hɔi̯tysg] hochdeutsch

højtæret ['hɔi̯ˀdɛːʁɐð] hoch geehrt, wert

højvande ['hɔi̯vanə] Hochwasser n, Hochflut f

højærværdig [hɔi̯ɛɐˀˈvɛɐˀdi] hochwürdig; **Deres Højærværdighed** Eure od Euer (*Abk. Ew.*) Hochwürden

høkerbajer ['høːgɐbai̯ɐ] F Bier, das nicht in einer Kneipe gekauft wurde

høkre ['høːgʁə] hökern

hø|lade ['høːlaːðə] Heuscheune f; **~le** [-leːˀ] (Gras)Sense f; **~loft** [-lɔfd] Heuboden m; **~læs** [-lɛs] Fuhre f Heu, Heufuder n

høne ['høːnə] ⟨-n; -r⟩ Henne f; ⟨-n; høns⟩ Huhn n; **have en ~ at plukke med én** fig ein Hühnchen mit j-m zu rupfen haben; **~fuld** [-fulˀ] F sternhagelvoll; **~kylling** [-kyleŋ] junge Henne f

hønisse ['høˀnɛsə] F Tattergreis m, (alte(r), komische(r)) Kauz m

hønnike ['hœnˀigə] ⟨-n; -r⟩ Junghenne f

høns [hœnˀs] pl Hühner n/pl; → **høne**; **gå i seng med ~ene** fig mit den Hühnern zu Bett gehen; **vande ~** fig weinen, heulen; **se hvide ~** fig weiße Mäuse sehen

hønse ['hœnsə] F: **vil du ~!** rutsch mir doch den Buckel runter!

hønse|gård ['hœnsəgɔːˀʁ] Hühnerhof m; **~hus** [-huˀs] Hühnerstall m; **~kød** [-køð] Hühnerfleisch n; **~kød(s)suppe** [-køðsobə] Hühnerbrühe f; **~ri** [-ˈʁiˀ] ⟨-et; -er⟩ Hühnerfarm f, Hühnerzucht f; **~stige** [-sdiːə] Hühnerleiter f

hør¹ [hœʁ] ⟨-ren⟩ BOT Flachs m, Lein m

hør² [høːˀʁ]: **~!** Zuruf: sehr richtig!

hør³ [høːˀʁ]: **som det sig ~ og bør** wie es sich gehört

hørbar ['høːʁbaːʔʁ] hörbar

hørblond ['hœʁblɔnˀ] flachsblond

høre ['høːʁə] ⟨-te⟩ hören; vernehmen, erfahren; Schüler prüfen, abhören, abfragen; **jeg har hørt hende synge** ich habe sie singen hören (od gehört); **hør, hvad var det?** horch, was war das?; **hør (engang od lige)!** hör mal!; **hør nu her!** hör mal (zu)!; **~ fejl** (od galt) sich verhören; **hør!**, (det er) hørt! Zuruf: sehr richtig!; **jeg har aldrig hørt mage!** so was habe ich ja noch nie gehört!; unerhört; **den, der ikke vil ~, må føle** wer nicht hören will, muss fühlen; **det lader sig ~** das lässt sich hören; **som det sig hør og bør** wie es sich gehört; **~ ad, ~ sig for** erkundigen, nachfragen; **~ efter** hinhören, zuhören; **~ efter ngt.** auf etw (A) hören; etw anhören; **jeg måtte ~ for det** es wurde

mir vorgeworfen; (ikke) **lade ~ fra sig** (nichts) von sich hören lassen; **~ hen, ~ hjemme** hingehören; **~ ind under, ~ med til** (mit) dazugehören; **~ op** aufhören; **~ på én** j-n anhören; j-m zuhören; **~ sammen** zusammengehören; **~ til ngt.** zu etw gehören; **der ~r mod til** dazu gehört Mut; **det ~r fortiden til das** gehört der Vergangenheit an; **~ ngt. til én** von j-m etw hören; **det ~r sig til** es gehört sich; **~apparat** [-apaˀˈʁɑːˀd] Hörgerät n; **~billede** [-belðə] Rundfunk: Hörbild n, Feature n; **~briller** [-bʁelɐ] pl Hörbrille f; **~evne** [-eu̯nə] Hörvermögen n, Hörfähigkeit f; **~hæmmet** [-hɛməð] hörbehindert; **~lse** [-lsə] ⟨-n⟩ Gehör n

høre|rør ['høːʁəʁøːˀʁ] Hörrohr n; TEL Hörer m; **~sans** [-sanˀs] Gehörsinn m; **~skadet** [-sgaːðəð] hörgeschädigt; **~spil** [-sbel] Radio: Hörspiel n; **~vidde** [-viˀðə] Hörweite f (inden for in; uden for außer); **~værn** [-vɛɐˀʁ] Gehörschutz m

hør|farvet ['hœʁfɑɐˀvəð] flachsfarben; **~frø** [-fʁøːˀ] Leinsamen m; **~gul** [-guːˀl] flachsgelb

hørig ['høːʁi] hörig

høring ['høːʁeŋ] ⟨-en; -er⟩ Anhörung f, Hearing n; **til ~** Amtssprache zum Begutachten

hørive ['høːʁiːvə] Heurechen m

hør|kram ['hœʁkʁamˀ] Flachsware f; **~kræmmer** [-kʁɛmɐ] Krämer m

hørlig ['høːʁli] hörbar, vernehmbar

hørlærred ['hœʁlɛʁəð] Flachsleinen n

hørm ['hœːˀʁm] ⟨-en⟩ F Mief m; **~e** ['hœʁmə] F miefen

hørt ['høːˀʁd]: **~!** → **høre**

høslæt ['høːsled] Heuernte f, Heumahd f

høst [hœsd] ⟨-en; -er⟩ Ernte f; Wein: Lese f; poet Herbst m; **dårlig ~** Missernte f

høstak ['høːsdɑg] Heuschober m, Heuhaufen m

høst|e ['hœsdə] ernten (a fig); mähen; **~farve** [-fɑʁvə] Herbstfarbe f; **~folk** [-fɔlˀg] Erntearbeiter m/pl; **~gilde** [-gilə] Erntefest n; **~gudstjeneste** [-guðstjeːnəsdə] Erntedankgottesdienst m; **~lig** [-li] herbstlich; **~ning** [-neŋ] ⟨-en; -er⟩ Ernten n

hø|stænge ['høːsdɛŋə] Heuboden m; **~tyv** [-tyːˀv] Heugabel f

høvding ['hœuðeŋ] ⟨-en; -e od -er⟩ Häuptling m; fig (An)Führer m; **~(e)emne** [-(ə)ɛmnə] Führernatur f

høved ['hœːˀʊð] ⟨-et; -er⟩ Rind n; F **dit ~!** du Rindvieh!

høvedsmand ['høːvəðsmanˀ] *lit* Hauptmann *m*

høvisk¹ ['høvesg] Heuwisch *m*

høvisk² ['høːˀvisg] ehrbar, sittsam

høvl¹ [hœuˀl] ⟨*-en; -e*⟩ Hobel *m*

høvl² [hœuˀl] *pl* F Prügel *pl*

høvle ['hœulə] hobeln; **~ af** abhobeln; **~bænk** [-bɛŋˀə] Hobelbank *f*

høvl|ing ['hœulən] ⟨*-en; -er*⟩ Hobeln *n*; **~spån** [-sbɔˀn] Hobelspan *m*

håb [hɔˀb] ⟨*-et; -*⟩ Hoffnung *f* (*om/auf A*); **fatte ~** Hoffnung schöpfen; **sætte sit ~ til én** *s-e* Hoffnung *auf j-n* setzen

håbe ['hɔːbə] hoffen (*på/auf A*); **~fuld** [-fulˀ] hoffnungsvoll, vielversprechend

håbløs ['hɔːbløːˀs] hoffnungslos, ausweglos

hån [hɔːˀn] ⟨*-en*⟩ Hohn *m*

hånd [hɔnˀ] ⟨*-en; hænder*⟩ Hand *f* (*a fig*); **lægge ~ på ngt.** Hand an *etw* legen; **slå ~en af én** die Hand *von j-m* abziehen; **have begge hænder fulde** alle Hände voll zu tun haben; **give én frie hænder** *j-m* freie Hand lassen; **række én en hjælpende ~** *j-m* helfen; **være for ~en** vorhanden sein; **det ligger lige for ~en** *fig* es liegt auf der Hand; **gå fra ~en** von der Hand gehen; **det er fra ~en** es ist erledigt; **fra ~ til ~** von Hand zu Hand; **~ i ~** Hand in Hand; **sy ngt. i ~en** *etw* mit der Hand nähen; **passe som ~ i handske** F ganz genau passen; **give én ~ med** mit Hand anlegen, (mit)helfen; **på egen ~** auf eigene Faust; **fra første ~** *fig* aus erster Hand; **på anden ~** aus zweiter Hand; **have på ~en** an der Hand haben, das Vorkaufsrecht haben; **pengene kom på forkerte hænder** das Geld geriet in die falschen Hände; **stå på hænder e-n** Handstand machen; **gå én til ~e** *j-m* zur Hand gehen; **under ~en** unter der Hand; **~en** zur (*od* bei der) Hand; → *a* **hænde¹** *u* **hånde**

hånd|arbejde ['hɔnarbaiˀdə] Handarbeit *f*; **~bagage** [-baˈgaːsjə] Handgepäck *n*; **~bajer** [-baˀjər] Bier *n*, das aus der Flasche getrunken wird; **~balde**, **~balle** [-balə] Handballen *m*; **~bog** [-bɔːˀw] Handbuch *m*; **~bold** [-bɔlˀd] Handball *m*; **~bremse** [-bʁɛmsə] *TECH* Handbremse *f*; **~bruse(r)** [-bʁuːsə(ʁ)] Handbrause *f*; **~dukke** [-dɔgə] Handpuppe *f*

hånde ['hɔnə] *su:* **alle ~** allerhand, allerlei; **mange ~** vielerlei; **~lag** [-laːˀ] ⟨*-et*⟩ Geschick *n*

håndevending ['hɔnəvenəŋ] **i en ~** im Handumdrehen

hånd|fast ['hɔnfasd] handfest; **~flade** [-flaːðə] Handfläche *f*; Handteller *m*; **~fuld** [-fulˀ] Handvoll *f* (*a fig*)

håndgangen ['hɔngaŋˀən] gehorsam, willig

håndgemæng ['hɔngeˈmɛŋˀ] ⟨*-et; -*⟩ Handgemenge *n*; **komme i ~** handgemein werden

hånd|gerning ['hɔngɛʁnəŋ] *Schule:* Handarbeit *f*; **~gjort** [-gjoˀʁd] handgearbeitet; *Papier:* handgeschöpft; **~greb** [-gʁɛˀb] (Hand)Griff *m*

håndgribelig [hɔnˈgʁiˀbəli] handgreiflich, greifbar

håndgribelighed [hɔnˈgʁiˀbəlihøːðˀ] ⟨*-en; -er*⟩ Handgreiflichkeit *f*, Tätlichkeit *f*; **gå over til ~er** handgreiflich werden

håndhæve ['hɔnhɛːˀvə] handhaben

håndhæver ['hɔnhɛːˀvər] ⟨*-en; -e*⟩: **lovens** (*od* **retfærdighedens**) **~** *scherzh* F der Hüter (*od* das Auge) des Gesetzes, Ordnungshüter *m*

hånd|jern ['hɔnjɛʁˀn] Handschelle *f*; **~klæde** [-klɛːðə] Handtuch *n*; **~kys** [-køs] Handkuss *m*

håndkøb ['hɔnkøːˀb] **i ~** *Apotheke:* rezeptfrei

hånd|langer ['hɔnlaŋər] ⟨*-en; -e*⟩ Handlanger *m*, Helfershelfer *m*; **~led** [-leˀð] Handgelenk *n*; **~mad** [-maˀð] Stulle *f*, die gleich aus der Hand gegessen wird; **~pant** [-panˀd] Faustpfand *n*; **~plukket** [-plʌgəð] *fig* handverlesen; **~ryg** [-ʁœg] Handrücken *m*

håndsbred ['hɔnˀsbʁɛðˀ] ⟨*-en; -der*⟩ Handbreit *f*

hånd|skreven ['hɔnsgʁeˀvən], **~skrevet** [-sgʁeˀvəð] handschriftlich

håndskrift¹ ['hɔnsgʁefd] ⟨*-en; -er*⟩ Handschrift *f* (*Schriftzüge*)

håndskrift² ['hɔnsgʁefd] ⟨*-et; -er*⟩ Handschrift *f* (*Dokument*)

hånd|skrædderi ['hɔnsgʁɛðəˈʁiˀ] Maßschneiderei *f*; **~skydevåben** [-sgyːðəvɔˀbən] Handfeuerwaffe *f*; **~slag** [-slaːˀ] Handschlag *m*

håndsoprækning ['hɔnˀsˀobʁɛgnəŋ] ⟨*-en; -er*⟩ *Wahl:* Handaufheben *n*, Handzeichen *n*

håndspejl ['hɔnsbaiˀl] Handspiegel *m*

håndspålæggelse ['hɔnˀspoleˈgəlsə] ⟨*-n; -r*⟩ Handauflegen *n*

håndsrækning ['hɔnˀsʁɛgnəŋ] ⟨*-en; -er*⟩ Handreichung *f*; **give én en ~** *j-m* helfen

hånd|stand ['hɔnsdanˀ] ⟨*-en; -e*⟩ Handstand *m*; **~sving** [-svenˀ] (Hand)Kurbel *f*; **~syet** [-syːˀð] handgenäht; **~sæbe**

[-sɛːbə] Toilettenseife f; **~tag** [-taːʔ] ⟨-et; -⟩ (Hand)Griff m, Henkel m; Tür: Klinke f; **~taske** [-tasgə] Handtasche f

håndter|e ['hɔnˈteːʔrə] handhaben, hantieren; **~ing** [-'teːʔrɛŋ] ⟨-en; -er⟩ Handhabung f, Hantierung f; Gewerbe n; **~lig** [-'teːʔrli] handlich

håndtryk ['hɔnˌtrœg] Händedruck m

håndvask ['hɔnvasg] Waschbecken n; Händewaschen n; **~e** [-ə] mit der Hand waschen

håndvægt ['hɔnvɛgd] SPORT Hantel f

håndværk ['hɔnvɛrg] ⟨-et⟩ Handwerk n; Beruf m; **~er** [-ər] ⟨-en; -e⟩ Handwerker m

håndværksmester ['hɔnvɛrgsmesdər] Handwerksmeister m

håndører ['hɔnøːrər] pl Kleingeld n

hån|e ['hɔːnə] (ver)höhnen; **~latter** ['hɔːnladər] Hohngelächter n; **~lig** ['hɔːnli], **~sk** ['hɔːʔnsg] höhnisch

hånt [hɔːʔnd]: lade **~ om ngt.** etw verachten, etw gering schätzen, sich um etw nicht kehren

hår [hɔːʔr] ⟨-et; -⟩ Haar n, Haare n/pl; **sætte ~et** das Haar machen; **ikke et ~ bedre** um kein Haar besser; **fare** (od ryge) **i ~ene på hinanden** fig einander in die Haare geraten; **rive sig i ~et** sich die Haare raufen; **med hud og ~** fig mit Haut und Haar(en); **~ene rejser sig på mit hoved** die Haare stehen mir zu Berge; **stå med ~et ned ad nakken** F verdutzt dastehen; **ligne én på et ~** fig j-m aufs Haar gleichen; **på et hængende ~** fig um ein Haar

hår|affald ['hɔːrɑʊfal] Haarausfall m; **~bund** [-bɔnʔ] Kopfhaut f; **~børste** [-bœrsdə] Haarbürste f

hård [hɔːʔr] hart (a fig); Klima: rau; Krankheit: schwer; Winter: streng

hård|frossen ['hɔːrfrɔsən] hart gefroren; **~før** [-føːʔr] widerstandsfähig, abgehärtet; **~halset** [-halʔsəð] unbeugsam, hartnäckig; **~hed** [-heːð] ⟨-en; -er⟩ Härte f; **~hjertet** [-jɛrdəð] hartherzig; **~hudet** [-huːʔðəð] dickhäutig; fig abgebrüht; **~hændet** [-hɛnʔəð]: behandle **én ~** j-n

grob behandeln (ohne jede Rücksicht)

hårdknude ['hɔːrknuːð] være gået i fig festgefahren sein; sich verheddert haben

hård|kogt ['hɔːrkɔgd] Ei: hart (gekocht); fig hartgesotten, abgebrüht; **~nakket** [-nagəð] hartnäckig

hårdt|frossen ['hɔːrdfrɔsən] → hårdfrossen; **~pumpet** [-pomʔbəð] prall; fig dreist; **~ramt** [-ramʔd]: være ~ ein schweres Los haben, hart getroffen sein; **~såret** [-sɔːrəð] schwer verwundet; **~træ** [-trɛːʔ] Hartholz f

håret ['hɔːrəð] behaart, haarig

hårfager ['hɔːrfaːʔər] mit schönem, dichtem Haar

hår|farve ['hɔːrfɑrvə] Haarfarbe f; **~farvemiddel** [-fɑrvəmiðʔəl] Haarfärbemittel f; **~fin** [-fiːʔn] haarfein, hauchdünn; haarscharf; **~fjerningsmiddel** [-fjɛrnɛŋsmiðʔəl] Enthaarungsmittel n; **~fældning** [-felnɛŋ] Haaren n; **~klemme** [-klɛmə] ⟨-n; -r⟩ Haarklemme f; **~klippemaskine** [-klebəmaˈsgiːnə] Haarschneidemaschine f

hårkløver ['hɔːrkløːvər] ⟨-en; -e⟩ fig Haarspalter m; **~i** [-kløːvəˈriːʔ] ⟨-et; -er⟩ fig Haarspalterei f

hår|knude ['hɔːrknuːðə] (Haar)Knoten m; **~lak** [-lag] Haarlack m; **~lok** [-lɔg] (Haar)Locke f; **~nål** [-nɔːʔl] Haarnadel f; **~nålesving** [-nɔːləsvɛnʔ] Haarnadelkurve f; **~pisk** [-pisg] Zopf m; **~rejsende** [-rɑɪʔsənə] F haarsträubend; **~rod** [-roːʔð] Haarwurzel f

hårsbred ['hɔːʔrsbrɛ] ⟨en od et⟩ Haaresbreite f

hår|shampo(o) ['hɔːrˈsjampo] ⟨et⟩ Shampoo n, Haarwaschmittel n; **~sigte** [-segdə] Haarsieb n; **~spænde** [-sbɛnə] Haarspange f; **~tab** [-taːʔb] n Haarausfall m; **~top** [-tɔb] Schopf m; Toupet n; **~tot** [-tɔd] Haarbüschel n; **~tørrer** [-tœrər] ⟨-en; -e⟩ Haartrockner m; **~vand** [-vanʔ] Haarwasser n; **~vask** [-vasg] Haarwäsche f; **~vækst** [-vɛgsd] Haarwuchs m

I

I, i¹ [iː?] ⟨-'et; -'er⟩ I, i *n*

I² [i] *pers.pron* ihr, Ihr

i³ [i, iː?] in; zu; an; **~ spidsen** an der Spitze; **gå ~ land** an Land gehen; **gå ~ seng** zu Bett gehen; **være ~ dårligt humør** schlechter Laune sein; **~ fjor** letztes (*od* voriges) Jahr; **~ august** im August; **~ dag** heute; **~ går** (*aftes*) gestern (Abend); **~ forgårs** vorgestern; **~ aften** heute Abend; **~ aftes** gestern Abend; **~ mandags** letzten (*od* vorigen) Montag; (*nu*) **~ år** im diesem Jahr; **~ sin tid** seinerzeit; **hun bliver ~ to uger** sie bleibt zwei Wochen; **~ lang tid** seit langem; **ti minutter ~ to** zehn (Minuten) vor zwei; **~ og for sig** an (und für) sich; **~ og med at** weil; wenn; **den femogtyvende i ellevte 1882** der fünfundzwanzigste elfte 1882

iagttage [i'agdtaˀə] beobachten; **~lse** [-lsə] ⟨-n; -r⟩ Beobachtung *f*, Wahrnehmung *f*; **~lsesevne** [-lsəseuːnə] Beobachtungsgabe *f*; **~r** [-ʀ] ⟨-en; -e⟩ Beobachter *m*

ialt [i'alˀd] insgesamt

ibenholt [i'iˀbənhɔlˀd] ⟨-et⟩ Ebenholz *n*

iberegne [i'beʀɑiˀnə] mit(be)rechnen; **alt ~t** alles inbegriffen

ibland|e [i'blanˀə] beimischen, darunter mischen; **~ing** [-blanˀen] Beimischung *f*

iblandt [i'blanˀd] unter

iblødsætning [i'bløˀðsedneŋ] ⟨-en; -er⟩ Einweichen *n*

iboende [i'boˀənə] innewohnend

ibrugtage [i'bʀuˀtaːˀə] in Gebrauch nehmen

IC-tog ['iːˀseˑtɔˀw] Intercityzug (IC) *m*

id¹ [iðˀ] ⟨-en⟩ Streben *n*; Tun *n*, Tätigkeit *f*

id² [ið] ⟨-'et⟩ Id(ioplasma) *n* (*Biologie*)

ide, idé [i'deˀ] ⟨*ideen; ideer*⟩ Idee *f*; Vorstellung *f*; Einfall *m*

ideal [ide'aːl] ⟨-et; -er⟩ Ideal *n*

idealis|me [idea'lismə] ⟨-n⟩ Idealismus *m*; **~t** [-'lisd] ⟨-en; -er⟩ Idealist(in) *m(f)*; **~tisk** [-'lisdisg] idealistisch

ide|el [ide'elˀ] ideell; ideal; **~forladt** [-fɔʁ'lad] ideenlos, einfallslos

idel [iˀðəl] *lit* lauter, eitel; **~ig** ['iːðəli] häufig, fortwährend

ideløs [i'deːˀløˀs] → **ideforladt**

idémand [i'deːˀmanˀ] Initiator *m*

identificer|bar [idɛntifiˀseˑˀʀbɑːˀʀ] identifizierbar; **~e** [-'seːˀʀə] identifizieren

identisk [i'dɛnˀtisg] identisch

identitets|kort [idɛnti'teˀdskɔʀd] (*Abk.* **ID-kort** ['iˀˀdeˀkɔʀd]) Personalausweis *m*, Kennkarte *f*; **~mærke** [-mɛʀgə] MIL Erkennungsmarke *f*

idérig [i'deːˀʀiˀ] ideenreich

idet [i'de] *konj* indem, als, wie, da

idiot [idiˀoˀd] ⟨-en; -er⟩ Idiot *m*; **din ~!** du Idiot!; **~i** [-oˀtiˀ] ⟨-en *od* -et; -er⟩ Idiotie *f*, Blödsinn *m*; **~isk** [-isg] idiotisch, blödsinnig; **~sikker** [-segɐ] idiotensicher

ID-kort [i'iˀdeˀkɔʀd] → **identitetskort**

idriftsætte [i'dʀefdsedə] in Betrieb setzen

idræt ['idʀɛd] ⟨-ten; -ter⟩ Sport *m*, Leibesübungen *f*/*pl*

idræts|anlæg ['idʀɛdsanlɛˀg] Sportanlage *f*; **~forening** [-fɔʀˀeˑˀneŋ] Sportverein *m*; **~hal** [-halˀ] Sporthalle *f*, **~klub** [-kluˀb] Sportverein *m*; **~kvinde** [-kvenə] Sportlerin *f*; **~lig** [-li] sportlich; **~mand** [-manˀ] Sportler *m*; **~mærke** [-mɛʀgə] Sportabzeichen *n*; **~park** [-pɑʀg], **~plads** [-plas] Sportplatz *m*; Stadion *n*; **~stævne** [-sdɛunə] Sportveranstaltung *f*

idyl [i'dylˀ] ⟨-len; -ler⟩ Idylle *f*; **~lisk** [-isg] idyllisch

idømme ['idœmˀə]: **~ én en bøde** über j-n e-e Geldstrafe verhängen; **~lse** [-lsə] ⟨-n; -r⟩ Verurteilung *f*

if. *Abk. für* **ifølge**

ifald [i'falˀ] falls, wenn

ifalde [i'falˀə]: **~ en bøde** zu e-r Geldstrafe verurteilt werden

ifyldning ['ifylˀneŋ] ⟨-en; -er⟩ Einfüllen *n*

ifølge [i'føljə] (*Abk.* **if.**) infolge (*G*), laut (*Abk.* lt.) (*G*, *D*), zufolge, gemäß (*D*)

iføre ['iføːˀʀə] anziehen, anlegen

igangsæt|ning [i'gaŋˀsedneŋ] ⟨-en; -er⟩ Ingangsetzung *f*, **~te** [-sedə] Motor in Gang setzen, anlassen; bewerkstelligen; **~telse** [-sedəlsə] ⟨-n; -r⟩ → **igangsætning**; **~ter** [-sedɐʀ] ⟨-en; -e⟩ Anlasser *m*; Initiator *m*

igen [i'gɛn] wieder; zurück; **få ~** wiederbekommen, zurückbekommen; **gå ~** *a* spuken, umgehen; **der er ikke ngt. ~** es ist nichts mehr übrig; **han har ikke langt ~** F es ist bald aus mit ihm; **~ og** immer wieder

igennem [i'gɛn'ʔəm] durch; hindurch

igle ['i:lə] ⟨-n; -r⟩ (Blut)Egel m

ignor|ance [igno'ʀaŋsə] ⟨-n⟩ Ignoranz f; **~ere** [-'ʀe:'ʀə] ignorieren

igået ['igɔ:'ʔɔð]: **være ~** auf vertrautem Fuß stehen

ih [i:] aber, doch; **~!** ach!; oh!; **~ nej!** i wo!; **~ hvor er det ærgerligt!** das ist aber ärgerlich!

ihjel [i'jɛl] tot, zu Tode; **fryse ~** erfrieren; **slå ~** erschlagen, töten; **Zeit** totschlagen; **tie ~** totschweigen; **slå** [-slɔ:'ʔ] BIBL töten

iht. Abk. für **i henhold til;** → **henhold**

ihukomme [ihu'kɔm'ʔə] lit gedenken (G), sich erinnern (G od an A); **~lse** [-lsə] ⟨-n⟩ Gedächtnis n, Erinnerung f

ihvorvel [ivɔʀ'vel] lit obgleich

ihændehaver [i'hɛnəha:'ʔvɔʀ] ⟨-en; -e⟩ Inhaber(in) m(f); **~papir** [-pa'pi:'ʔʀ] Inhaberpapier n

ihærdig [i'hɛʀ'di] ausdauernd

ikende [i'kɛn'ə] JUR → **idømme**

ikke ['ɛgə] nicht; **~?** nicht (wahr)?; **~ andet** weiter nichts; **~ blot ... men også ...** nicht nur ..., sondern auch ...; **~ desto mindre** nichtsdestoweniger; **end ~, ~ en gang** nicht einmal; **heller ~** auch nicht; **~ mere** nicht mehr; **~ nær** bei weitem nicht; **det siger De ~!** was Sie nicht sagen!; **slet ~** gar nicht; **~ også (od sandt)?** nicht wahr?; **det har jeg ~ tid (lyst) til** dazu habe ich keine Zeit (Lust)

ikke|angrebspagt ['egəaŋʀe:bspagd] Nichtangriffspakt m; **~fagmand** [-'faw-man'] ⟨-en; -fagfolk⟩ Nichtfachmann m, Laie m; **~ryger** [-ʀy:əʀ] Nichtraucher m

ikkevold ['egəvɔl'] Gewaltlosigkeit f; **~elig** [-'vɔlɔli] gewaltfrei, gewaltlos

ikkun ['ikon] lit nur

iklæde [i'klɛ:'ʔə] MIL einkleiden; **være iklædt ngt.** mit etw bekleidet sein

ikraft|sættelse [i'kʀafdsɛdəlsə] ⟨-n; -r⟩ Inkraftsetzung f; **~trædelse** [-tʀe:'ʔ-dəlsə] ⟨-n; -r⟩, **~træden** [-tʀe:'ʔðən] ⟨en⟩ Inkrafttreten n

i-land [i'lan'ʔ] Abk. für **industrialiseret land** Industrieland n

ilanddreve|n [i'lan'ʔdʀe:vən], **~t** [-dʀe:-vəð] NAUT an Land getrieben

ilbud [i:lbuð] Eilbote m

ild [il'ʔ] ⟨-en⟩ Feuer n; **give ~** MIL Feuer geben; **åbne ~** MIL das Feuer eröffnen; **der går ~ i det** es fängt Feuer; **gå i ~en for én** fig für j-n durchs Feuer gehen;

tænde ~ i ngt. etw anzünden; **komme i ~en** unter Beschuss geraten (a fig); **have mange jern i ~en** fig mehrere Eisen im Feuer haben; **lege med ~en** a fig mit dem Feuer spielen; **sætte på ~en** aufs Feuer stellen; **stikke ~ på, sætte ~ på** anstecken, anzünden; **rage kastanjerne ud af ~en for én** fig für j-n die Kastanien aus dem Feuer holen; **~dåb** ['ildɔ:'ʔb] Feuertaufe f

ilde ['ilə] schlimm, schlecht; **være ~ faren** (od **stedt**) übel dran sein; **sandheden er ~ hørt** die Wahrheit hört man nicht gern; **tage én ngt. ~ op** j-m etw übel nehmen; **han var ~ lidt** er war unbeliebt; **give én en ~ medfart** j-m übel mitspielen; **høre ~ for ngt.** wegen etw (G) getadelt werden

ildebefindende [i'iləbe'fɛn'ʔənə] Unwohlsein n, Schwächeanfall m

ilde|brand [i'iləbʀan'] Feuer(sbrunst) n(f) Brand m; **~brændsel** [-bʀɛn'ʔsəl] Feuerung f

ildlugtende ['iləlogdənə] übel riechend

ildende [i'ilənə]: **~ rød** feuerrot

ilder [il'ʔ(d)əʀ] ⟨-en; -e⟩ Iltis m

ilde|set ['iləse:'ʔd] verpönt, unbeliebt; **rygning er ~** Rauchen ist unerwünscht; **~sindet** [-sen'əð] übel gesinnt; **~stedt** [-sdɛ:'ʔd]: **være ~** übel dran sein; **~var-slende** [-va:'ʀslənə] unheilverkündend

ild|fast ['ilfasd] feuerfest; **~fuld** [-ful'] feurig; **~hu** [-hu:'] Feuereifer m; **~kamp** [-kam'b] MIL Feuergefecht n; **~løs** [-løːs] ⟨ -n(t)⟩ Feuer(sbrunst) f(n); **~ne** [-nə] anfeuern; **~prøve** [-pʀø:və] Feuerprobe f; **~rager** [-ʀa:wəʀ] Schürhaken m, Feuerhaken m; **~rød** [-ʀø:'ʔð] feuerrot, puterrot; **~sjæl** [-sjɛ:'ʔl] energischer Idealist m

ildsluk|ker [i'ilslogəʀ] Feuerlöscher m; **~ningsapparat** [-slogneŋsapa'ʀa:'ʔd] Feuerlöschgerät n

ildsprudende [i'ilsbʀu:'ʔðənə], **~spyende** [-sby:'ʔənə] feuerspeiend

ildspåsættelse [i'il'ʔsposedəlsə] ⟨-n; -r⟩ Brandstiftung f

ildsted [i'ilsdeð] Feuerstelle f

ildsvåde ['il'ʔsvɔ:ðə] Feuersbrunst f

ildtang [i'iltaŋ'] Feuerzange f

ile ['i:lə] eilen; **Zeit:** dahineilen

iledsætning [i'leðsɛdneŋ] Einrenken n

ilfærdig [il'fɛʀ'di] eilfertig; **~gods** ['i:lgos] Eilgut n

iling ['i:leŋ] Schauer m; Schauder m

illoyal ['ilɔja:'ʔl] illoyal; **~ konkurrence** unlauterer Wettbewerb m

illudere [ilu'de:'ʀə] überzeugend wirken

il|march ['iːlmɑrsj] MIL Eilmarsch m; ~pakke [-pagə] Eilpaket n; ~sindet [-seˀəð] auffahrend, unbeherrscht; ~som [-sɔm] eilig, eilend; überreizt

ilt [ilˀd] ⟨-en⟩ Sauerstoff m; ~apparat ['ildapaˀʀaːˀd] Sauerstoffgerät n

ilte¹ [ildə] ⟨-n od -t; -r⟩ Sauerstoffverbindung f, Oxyd n

ilte² [ildə], ~s oxydieren

iltelegram ['iːlteləˀgʀɑmˀ] Eiltelegramm n

iltelig ['ildəli] oxydierbar

ilter [ˈilˀdər] aufbrausend; eifrig

ilt|forbindelse ['ildfɔrˀbenˀəlsə] Sauerstoffverbindung f; ~holdig [-hɔlˀdi] sauerstoffhaltig; ~mangel [-maŋˀəl] Sauerstoffmangel m; ~ning [-neŋ] ⟨-en⟩ Oxydation f

iltog ['ilˌtɔːˀw] Eilzug m

ilttelt ['ildeltˀd] Sauerstoffzelt n

imbecil [embeˈsiːˀl] schwachsinnig (a fig)

imedens [iˈmeːˀðəns] → imens

imellem [iˈmelˀəm] (da)zwischen, (dar-)unter (→ mellem); en gang ~ dann und wann; lægge sig ~ sich ins Mittel legen, vermitteln

imens [iˈmenˀs] konj während; adv währenddessen, unterdessen

imidlertid [iˈmiðˀlərtiˀð] inzwischen, indessen, unterdessen; aber, jedoch

imitere [imiˈteːˀʀə] imitieren

immer ['emˀər], ~væk [-veg] stets

immunforsvar [iˈmuːˀnfɔrsvaːˀʀ] n Immunsystem n

imod [iˈmoːˀð] prp gegen, wider (A); entgegen, zuwider (D); zu (D); an (A); ... hen ~ mig ... auf mich zu; hun har ikke ngt. ~, at ... sie hat nichts dagegen, dass ...; adv dagegen; det er mig ~ es ist mir zuwider

imperfektum [emˈpɛrfegtom] ⟨-en od et⟩ Imperfekt n

implicere [empliˈseːˀʀə] implizieren; de ~de (parter) die Beteiligten pl; være ~t i ngt. an etw (D) beteiligt sein; in etw (A) verwickelt sein

imponere [empoˈneːˀʀə] imponieren (D), beeindrucken (A); ~ende [-nə] imponierend, imposant, eindrucksvoll

import [emˀpɔrd] ⟨-en; -er⟩ Import m, Einfuhr f (af/von D, G)

improvisere [empʀoviˈseːˀʀə] improvisieren

imprægneret [empʀɛnˀjeːˀʀəð] imprägniert

impuls [emˀpulˀs] ⟨-en; -er⟩ Impuls m, Anregung f, Anstoß m; ~køb [-køːˀb]

Spontankauf m

imøde [iˈmøːðə] entgegen

imødegå [iˈmøːðəgɔːˀ] fig begegnen, entgegentreten; widerlegen

imødekomme [iˈmøːðəkɔmˀə] entgegenkommen, nachkommen, erfüllen; ~lse [-lsə] ⟨-n; -r⟩ Erfüllung f; ~nde [-nə] entgegenkommend, zuvorkommend; ~nhed [-nheˀð] ⟨en⟩ Entgegenkommen n, Freundlichkeit f

imødese [iˈmøːðəseːˀ] entgegensehen (D), erwarten

in [en]: være ~ F in sein, modern sein

incitament [ensitaˈmenˀd] n ⟨-et; -er⟩ Ansporn m, Anstoß m (til/zu D)

inciterende [ensiˈteːˀʀənə] anregend, anspornend

ind [enˀ] herein, hinein; ein-; Tür: Eingang!; kom ~! herein!; ~ ad døren zur Tür herein

indad ['enˀað], ~til [-te(l)] nach innen; ~vendt [-venˀd] nach innen gekehrt; fig in sich gekehrt, verschlossen

indanke ['enaŋˀgə] JUR Berufung einlegen; ~ning [-aŋˀneŋ] ⟨-en; -er⟩ Berufung f

ind|arbejde ['enarbɑjˀdə] einarbeiten; einführen; ~avl [-aŭˀl] Inzucht f

indbanke ['enbaŋˀgə]: ~ én ngt. j-m etw einpauken

indbefatte ['enbefadə] einbegreifen, einschließen; ~t einbegriffen

indbegreb ['enbegreˀb] Inbegriff m

indberet|ning ['enbeʀednə] Bericht m; ~te [-ʀedə] berichten

indbetal|e ['enbetaˀlə] einzahlen; ~ing [-taˀleŋ] Einzahlung f; ~ingskort [-taˀleŋskɔrd] Zahlkarte f

indbild|e ['enbilˀə] einbilden (sig sich); en indbildt syg ein eingebildeter (nicht real) Kranker; ~ning [-bilˀneŋ] ⟨-en; -er⟩ Einbildung f; Wahn m; ~sk [-bilˀsg] eingebildet, überheblich

indbind|e ['enbenˀə] (ein)binden; verbinden; indbundet gebunden; verbunden; gå med indbundet hovede e-n Kopfverband tragen; ~ing [-benˀeŋ] ⟨-en; -er⟩ Einbinden n; Binden n; Einband m

indbland|e ['enblanˀə] einmischen (sig sich); hineinziehen (én j-n)

ind|blik ['enbleg] ⟨-ket; -⟩ Einblick m; ~blæse [-bleːˀsə] einblasen, einhauchen; ~bo [-boːˀ] ⟨-et⟩ Hausrat m, Mobiliar n, Wohnungseinrichtung f

indbringe ['enbʀeŋˀə] einbringen; ~nde einträglich

indbrud ['enbʀuˀð] Einbruch m

indbrudssikker ['enbruðsegər] einbruch(s)sicher

indbrudstyv ['enbruðsty:?v] Einbrecher *m*; **~eri** [-ty:və'ri:?] Einbruch(s)diebstahl *m*

indbyde ['enby:?ðə] *Gäste* einladen; auffordern; **~lse** [-lsə] ⟨*-n*; *-r*⟩ Einladung *f*; **~lseskort** [-ləskɔrd] Einladungskarte *f*; **~nde** [-nə] einladend; **~r** [-ʁ] ⟨*-en*; *-e*⟩ Gastgeber(in) *m(f)*

indbygge ['enbygə] einbauen; **~t** eingebaut; **~t skab** Einbauschrank *m*

indbygger ['enbygər] ⟨*-en*; *-e*⟩ Einwohner(in) *m(f)*; **~(an)tal** [-(an)tal] Einwohnerzahl *f*

ind|byrdes ['enbyr?dəs] gegenseitig, wechselseitig, untereinander; **~checkning** [-tjɛgnəŋ] ⟨*-en*; *-er*⟩ FLUG Einchecken *n*; **~data** [-da:ta] EDV: Input *n*, Eingabe *f*

inddel|e ['ende:?lə] einteilen, gliedern; **~ing** [-de:?leŋ] ⟨*-en*; *-er*⟩ Einteilung *f*

inddrage ['endra:?wə] einziehen; hineinziehen

inddrive ['en'dri:?və] eintreiben; *Schulden* beitreiben; **inddrevet strandingsgods** angetriebenes(r) Strandgut *n*

inddække ['endɛgə] eindecken (*sig* sich)

inddæmme ['endɛm?ə] eindämmen

inde ['enə] drinnen; **~ og ude** drinnen und draußen; **tiden er ~** die Zeit ist gekommen; **være ~** F in sein, in Mode sein; **være ~ på ngt.** *etw.* erörtern; **hun er ~ i den sag** sie kennt sich in der Sache aus; sie weiß über die Sache Bescheid; **holde ~** innehalten; **jeg bliver ~** ich bleibe drin(nen) (im Haus)

inde|brænde ['endbrɛn?ə] verbrennen; im Feuer umkommen; **~bære** [-be:?ʁə] mit sich führen, zur Folge haben; **~fodbold** [-foðbol?d] Hallenfußball *m*; **~fra** [-fʁɑ:?] von innen; **~fryse** [-fʁy:?sə] einfrieren (*a* ØKON); festfrieren; **~frysning** [-fʁy:?sneŋ] ⟨*-en*; *-er*⟩ Einfrierung *f*

indefter ['en?efdər] nach innen

indegemt ['enegem?d] *Geruch*: muffig

indehave ['enəha:?və] innehaben; **~r** [-ʁ] ⟨*-en*; *-e*⟩ Inhaber *m*; **~rske** [-ʁsgə] ⟨*-n*; *-r*⟩ Inhaberin *f*

inde|holde ['enəhol?ə] enthalten, einbehalten; **~klemt** [-klɛm?d] eingeklemmt, eingezwängt; unterdrückt; **~klima** [-kli:ma] Raumklima *n*

indelukke[1] ['enəlogə] ⟨*-t*; *-r*⟩ Gehege *n*, Einfriedung *f*; F Kabuff *n*

indelukke[2] ['enəlogə] einschließen

indelukket ['enəlogəð] eingeschlossen;

muffig, dumpfig, stickig

indemuret ['enəmu:?ʁəð] eingemauert; **sidde ~** *fig* in der Stube hocken

inden ['enən] *prp* binnen, bis, vor; *adv* vorher; *konj* ehe, bevor, bis

indenad ['enənəð]: **læse ~** vom Buch (ab)lesen

indenbords ['enənbo:?ʁs] binnenbords

indenbys ['enənby:?s] in(nerhalb) der Stadt, innerstädtisch; **~ samtale** TEL Ortsgespräch *n*

indendørs ['enəndœ:?ʁs] zu (*od* im) Hause; **~arkitekt** [-ɑʁkitegd] Innenarchitekt *m*; **~klima** [-kli:ma] Raumklima *n*

indenfor ['enən'fɔr] innerhalb; drinnen; **kom ~!** (komm) herein!

inden|i ['enən'i:?] innen; **~lands(k)** [-lan?sg] inländisch, (ein)heimisch

indenom ['enən'om?]: **han overhalede ~** er überholte rechts

indenrigs ['enənri:s] inländisch; **~handel** [-han?əl] Binnenhandel *m*; **~k** [-g] inländisch; **~minister** [-mi'nisdər] Innenminister(in) *m(f)*; **~politisk** [-po'litisg] innenpolitisch

indenunder ['enənon?ər]: **har du ngt. ~?** hast du *etw* darunter (an)?

inder ['en?dər] ⟨*-en*; *-e*⟩ Inder(in) *m(f)*

inder|bane ['enərba:nə] SPORT Innenbahn *f*; **~havn** [-hɑu?n] Binnenhafen *m*; **~kreds** [-kʁɛ:?s] Innenkreis *m*, innere(r) Kreis *m* (*a fig*)

inderlig ['enərli] innig; herzlich; **~gøre** [-gœ:?ʁɑ] verinnerlichen

inder|lomme ['enərlɔmə] Innentasche *f*; **~side** [-si:ðə] Innenseite *f*

inderst ['en?ərsd] der, die, das Innere; der, die, das Innerste; **~ (inde)** ganz hinten, zuinnerst; **det ~e** das Innerste

indervæg ['enərvɛ:?g] Innenwand *f*

indesko ['enəsgo:?] *pl* Hausschuhe *pl*

indeslut|ning ['enəsludneŋ] ⟨*-en*; *-er*⟩ Einschließung *f*; **~te** [-sludə] einschließen; MIL einkesseln; **~tet** [-sludəð] *fig* verschlossen

inde|sneet ['enəsne:?əð] eingeschneit; **~spærre** [-sbɛr?ə] einsperren; **~stængt** [-sdeŋ?d] *fig* verhalten, angestaut

indestå ['enəsdɔ:?] einstehen, bürgen, haften; *Geld*: angelegt sein, stehen; **~ende** [-ənə] ⟨*-t*; *-r*⟩ *su* Bank: Guthaben *n*

indeværende ['enəvɛ:?ʁənə]: **i ~ år** im laufenden Jahr

indfald ['enfal?] Einfall *m* (*a fig*); **~en** [-ən] *fig* eingefallen, hohl

indfalds|vej ['enfalsvaj?] Zufahrtsstraße *f*;

~vinkel [-veŋʔgəl] Einfallswinkel m; fig Gesichtswinkel m

ind|fange ['enfʌŋʔə] einfangen; fig gefangen nehmen; **~farve** [-fɑːʔʀvə] (ein)färben

indfat|ning ['enfadneŋ] ⟨-en; -er⟩ (Ein-)Fassung f; **~te** [-fadə] einfassen

indfiltret [enfilʔdʀəð] verfilzt; verheddert; fig verwickelt

indfinde [enfenʔə]: **~ sig** sich einfinden, sich einstellen, erscheinen

indflette ['enfledə] einflechten (a fig)

indflyde|lse ['enfly:ʔdəlsə] ⟨-n; -r⟩ Einfluss m; **~lsesrig** [-sʀiːʔ] einflussreich

indflyt|ning ['enflødneŋ] Einzug m; **~ningsgilde** [-sgilə] Einzugsfest n; **~ter** [-flødər] ⟨-en; -e⟩ Einziehende (der, die)

indflyve|r ['enfly:ʔvə] einfliegen; **~er** [-ʔɑ] Einflieger m, Testpilot m; **~ning** [-fly:ʔvneŋ] Einflug m; Einfliegen n

ind|forskrive ['enfɔʀsgʀiːʔvə] beziehen, kommen lassen; ØKON verschreiben; **~forstået** [-fɔʀsdaːʔəð] einverstanden

indfri ['enfʀiːʔ] einlösen; zurückzahlen; **~else** [-əlsə] ⟨-n; -r⟩ Einlösung f

indfryse ['enfʀyːʔsə] einfrieren

indfælde [enfelʔ²ə] einfügen, einsetzen (i in A)

indfødsret ['enføðsʀɛd] Staatsangehörigkeit f

indfødt ['enføːʔd] eingeboren, einheimisch; **~ københavner** ein(e) gebürtige(r) Kopenhagener(in) m(f)

indføje ['enfɔiʔə] einfügen; **~else** [-lsə] ⟨-n; -r⟩, **~ning** [-fɔiʔneŋ] ⟨-en; -er⟩ Einfügung f

indføle ['enføːʔlə] einfühlen (**sig** sich)

indføl|ing ['enføːʔleŋ] Einfühlung f; **~ingsevne** [-seʉnə] Einfühlungsvermögen n

indføre|r ['enføːʔʀə] einführen; eintragen, buchen; **~else** [-lsə] ⟨-n; -r⟩ Einführung f; Eintragung f; **~sel** [-føʀʔsəl] ⟨indførs(e)len; indførsler⟩ Einfuhr f

indførsels|forbud ['enføʀʔsəlsfɔʀbuð] Einfuhrverbot n; **~told** [-tɔlʔ] Einfuhrzoll m

indgang ['engʌŋ²] Eingang m

indgangsdør ['engʌŋsdœːʔʀ] Eingangstür f

indgetogen ['engetoːʔ(w)ən]: **leve ~t** zurückgezogen leben

indgift ['engifd] ⟨-en⟩ Eingabe f, Verabreichung f

indgifte¹ ['engifdə] ⟨-t⟩ Inzucht f (beim Menschen)

indgifte² ['engifdə]: **~ sig** einheiraten

indgive ['engiːʔvə] eingeben (a fig); einreichen

indgnid|e ['engniːʔðə] einreiben; **~ning** [-gniːʔðneŋ] Einreibung f

indgrave ['engʀɑːʔvə] fig eingraben; **~re** ['engʀɑːʔʀə] eingravieren

ind|greb ['engʀɛːʔb] ⟨-et; -⟩ Eingriff m; **~griben** [-gʀiːʔbən] ⟨en⟩ Eingreifen n; **~groet** [-gʀoːʔəð] eingewachsen; fig eingewurzelt; eingefleischt; **~gyde** [-gyːʔðə] fig einflößen (Respekt); Mut zusprechen; **~gærde** [-gɛːʔʀə] umzäunen, einzäunen

indgå ['engɔːʔ] eingehen; Ehe schließen; **~else** [-əlsə] ⟨-n; -r⟩ Vertrag: Schließung f, Eingehen n

indgående ['engɔːʔənə] eingehend (a fig); **et skib for~** ein einlaufendes Schiff

indhak ['enhag] Einschnitt m, Kerbe f

ind|hale ['enhaːʔlə] Boot einholen; **~hav** [-haʉ] Binnenmeer n; **~hefte** [-hefdə] → **indhæfte**

indhegning ['enhaiʔnəŋ] ⟨-en; -er⟩ Einzäunung f, Umzäunung f; Gehege n

indhente ['enhenʔdə] einholen; nachholen, aufholen

indhold ['enhɔlʔ] ⟨-et; -⟩ Inhalt m; Gehalt m (a fig)

indholds|fortegnelse ['enhɔlsfɔʀtaiʔnəlsə] Inhaltsverzeichnis n; **~løs** [-løːʔs] inhaltslos, inhaltsleer, gehaltlos; **~mæssig** [-mesi] inhaltlich; **~rig** [-ʀiːʔ] inhaltsreich

indhug ['enhog] MIL Angriff m; Nische f, Vertiefung f; fig gøre et stort **~ i maden** beim Essen kräftig zulangen; **~ge** [-ə] einhauen

indhyl|le ['enhylʔə] einhüllen, verhüllen; hüllen (a fig); **~ling** [-hylʔeŋ] ⟨-en; -er⟩, **~ning** [-hylʔneŋ] ⟨-en; -er⟩ Einhüllung f

ind|hæfte ['enhefdə] einheften; **~høste** [-høsdə] ernten (a fig), einbringen; fig sammeln

indianer [endiaːʔnər] ⟨-en; -e⟩ Indianer(in) m(f); **~høvding** [-hœuðeŋ] Indianerhäuptling m

indiansk [endiaːʔnsg] indianisch

indian summer ['endianʹsɔmər] ⟨-⟩ etwa Altweibersommer m

indici|ebevis [en'disiəbeviːʔs] JUR Indizienbeweis m; **~um** [-disiom] ⟨indiciet; indicier⟩ JUR Indiz n (a fig)

indign|ation [endignaʹsjoːʔn] ⟨-en⟩ Entrüstung f; **~eret** [-'neːʔʀəð] entrüstet

indimellem [en²iʹmelʔəm] zwischendurch; dazwischen

indirekte ['endiʀɛgdə] indirekt

indisk ['enˀdisg] indisch

individ [endiˀviˀd] ⟨-et; -er⟩ Individuum n

individuali|sme [endividuaˀlismə] ⟨-n⟩ Individualismus m; **~st** ['-lisd] ⟨-en; -er⟩ Individualist m; **~stisk** ['-lisdisg] individualistisch; **~tet** [-li'teˀd] ⟨-en; -er⟩ Individualität f, Persönlichkeit f

indkalde ['enkalˀə] einberufen; MIL einziehen; aufrufen; JUR laden; **~lse** [-lsə] ⟨-n; -r⟩ Einberufung f; **~lsesordre** [-lsəsɔˀdrə] Einberufungsbefehl m

indkapsle ['enkabslə] verkapseln, einkapseln (**sig** sich)

indkassere ['enkaseˀrə] (ein)kassieren, einziehen

indkast ['enkasd] (a SPORT) Einwurf m; **~e** [-ə] einwerfen

ind|kig. **~kik** ['enkig] Einblick m; **~klamme** [-klamˀə], **~klamre** [-klamˀrə] einklammern; **~klippe** [-klebə] einschneiden; **~koble** [-kɔblə] ankoppeln; **~kode** [-koˀðə] Daten eingeben; **~komme** [-kɔmˀə] Geld: eingehen; einkommen

indkomst ['enkɔmˀsd] ⟨-en; -er⟩ Einkommen n, Einkünfte pl; **~skat** [-sgad] Einkommen(s)steuer f

indkredse ['enkreˀsə] einkreisen

indkræv|e ['enkreˀvə] einfordern, einziehen; **~ning** [-kreˀnvneŋ] Einforderung f

indkvarter|e ['enkvarteˀrə] unterbringen; MIL einquartieren; **~ingsmulighed** [-teˀnɡsmuˀlihəˀð] Unterbringungsmöglichkeit f

indkøb ['enkøˀb] Einkauf m; **~e** [-ə] einkaufen; **~er** [-ər] ⟨-en; -e⟩ Einkäufer m

indkøbs|center ['enkøˀbsˀsendər] n Einkaufszentrum n; **~pris** [-priˀ] ⟨-s⟩ Einkaufspreis m; **~vogn** [-voˀˀn] Einkaufswagen m

indkør|e ['enkøˀrə] einfahren; durch Fahren einlaufen; einführen (in Gebrauch bringen); **~ingsperiode** [-køˀreŋsperiˀoˀðə] fig Anlaufzeit f

indkørsel ['enkøˀrsəl] Einfahrt f; **al-forbudt!** gesperrt für Fahrzeuge (aller Art)!; Einfahrt verboten!

indlade[1] ['enla:ˀðə] ⟨indlod; indladt⟩ (hin)einlassen; **~ sig på ngt.** sich auf etw (A) einlassen

indlade[2] ['enla:ˀðə] einladen, verladen, einschiffen

indladende ['enla:ˀðənə] einladend, zutraulich; (plump)vertraulich

indland ['enlanˀ] Inland n, Binnenland n

indlede ['enle:ˀðə] ⟨-ede od -ete⟩ einleiten; anfangen, eröffnen, anknüpfen; **~r** [-ʀ] ⟨-en; -e⟩ erste(r) Redner m

indledning ['enleˀðneŋ] ⟨-en; -er⟩ Einleitung f

indledningsvis ['enleˀðneŋsviˀ] einleitend, als Einleitung

indlejre ['enlaiˀʀə] einlagern

indlemme ['enlɛmˀə] einverleiben, eingliedern, eingemeinden; **~lse** [-lsə] ⟨-n; -r⟩ Einverleibung f, Eingliederung f

indleve ['enleˀvə]: **~ sig** sich einleben (i/in A)

indlever|e ['enleveˀʀə] einliefern; abgeben, aufgeben; **~ing** [-veˀʀeŋ] ⟨-en; -er⟩ Einlieferung f; → **indleveringssted**; **~ingssted** [-veˀʀeŋsdeð] Annahmestelle f

indlodse ['enloˀsə] NAUT einlotsen

indloger|e ['enlosjeˀʀə] einlogieren, unterbringen; **~ing** [-sjeˀʀeŋ] ⟨-en; -er⟩ Unterbringung f

indlysende ['enlyˀsənə] einleuchtend

indlæg ['enlɛˀg] ⟨-get; -⟩ Einlage f; Beitrag m; **~ge** [-lɛgə] einlegen (a Holz); ins Krankenhaus einliefern, einweisen; **blive indlagt** Krankenhaus: aufgenommen/eingeliefert werden; **~gelse** [-lɛgəlsə] ⟨-n; -r⟩ Krankenhaus: Einlieferung f, Einweisung f; **~ningsarbejde** [-lɛgneŋsarbaiˀdə] Einlegearbeit f; **~ssål** [-lɛgssɔˀl] Einlegesohle f

indlænding ['enlɛnˀeŋ] ⟨-en; -e⟩ Inländer(in) m(f)

indlære ['enlɛːˀʀə] einüben; **~ sig** fig sich wiegen

indlæse ['enlɛːˀsə] auf Band sprechen; EDV: eingeben

indløb ['enløˀb] Einlauf m; Hafen: Einfahrt f; **~e** [-ə] Brief: eingehen; Fehler: unterlaufen, sich einschleichen

indløs|e ['enløˀsə] einlösen; **~elig** [-'løˀsəli] einlösbar; **~ning** ['-løˀsneŋ] Einlösung f

indlån ['enloˀˀn] ØKON Einlage f; **~er** [-ər] ⟨-en; -e⟩ Einleger m, Anleger m

indmad ['enmað] ⟨-en⟩ Eingeweide n; Füllung f; fig Inhalt m, Innere n

indmarch ['enmarsj] Einmarsch m; **~ere** [-marsjeˀrə] einmarschieren

indmelde ['enmelˀə] anmelden; **~ sig i en forening** e-m Verein beitreten; **~ sig til eksamen** sich zur Prüfung melden; **~lse** [-lsə] ⟨-n; -r⟩ Anmeldung f

indmunde ['enmonˀə] einmünden; **~ingslinje** [-monˀeŋslinjə] Verkehr: Haltelinie f

indmure ['enmuˀʀə] einmauern

ind|operere ['enobəre:ˀʁə] einoperieren, einpflanzen, einsetzen; **~optage** [-ɔb-ta:ˀɔ] *Gedankengang* (ganz in sich) aufnehmen, internalisieren

indordn|e ['enɔːˀkdnə] einordnen, einfügen; **~ing** [-ɔːˀʁdnen] Einordnung f

indpak|ke ['enpagə] einpacken; verpacken; **~ning** [-nen] ⟨-en; -er⟩ Verpackung f; **~ningspapir** [-pagnespaˀpiːˀʁ] Packpapier n, Einwickelpapier n

indpas ['enpas] ⟨et⟩ Eingang m, Zutritt m; **vinde ~** fig sich einbürgern; **~se** [-ə] einpassen, anpassen

indpiske ['enpisgə] einpauken; **~r** [-ʁ] ⟨-en; -e⟩ POL Einpeitscher m

ind|placere ['enplase:ˀʁə] einstufen; **~plante** [-planˀdə] einpflanzen (a fig)

ind|pode ['enpoːˀðə] BOT (auf)pfropfen; einimpfen (a fig); **~prente** [-pʁɛnˀdə] einprägen; fig einprägen, einschärfen (**én ngt.** j-m etw); **~præge** [-pʁɛːˀgə] einprägen; **~prentning** [-pʁɛnˀdnen] ⟨-en; -er⟩, **~prægning** [-pʁɛːˀnen] Einprägung f

indramme ['enʁamˀə] einrahmen, umrahmen (a fig)

indrangere ['enʁansjeːˀʁə] einrangieren; fig einordnen, einreihen

indre¹ ['endʁə] ⟨et⟩ Innere n; **i mit ~** in meinem Inneren, innerlich

indre² ['endʁə] inner-; **den ~ by** die Innenstadt; **det ~ marked** der EU-Binnenmarkt m

indregistrere ['enʁegisdʁeːˀʁə] eintragen; Auto zulassen

indrejse ['enʁaisə] Einreise f; **~tilladelse** [-tela:ˀðəlsə] Einreiseerlaubnis f

indret|ning ['enʁednen] Einrichtung f; TECH Vorrichtung f; **~ningsarkitekt** [-sɑʁkiˀtegd] Innenarchitekt m; **~te** [-ʁedə] einrichten

ind|ridse ['enʁisə] einritzen; **~ringe** [-ʁenˀə] einläuten; **~riste** [-ʁesdə] →indridse; **~rullere** [-ʁuleːˀʁə] MIL in die Stammrolle aufnehmen; **være ~t i de arbejdsløses hær** F zum Heer der Arbeitslosen gehören

indrykke ['enʁøgə] einrücken; **~ en annonce** e-e Anzeige aufgeben

indrømme ['enʁœmˀə] fig einräumen, zugeben, zugestehen, eingestehen; gewähren; **~lse** [-lsə] ⟨-n; -r⟩ Zugeständnis n; Eingeständnis n; Gewährung f

indsaml|e ['ensamˀlə] (ein)sammeln; **~ing** [-samˀlen] (Ein)Sammeln n; Sammlung f

indsamlingsbøsse ['ensamˀlenbøsə]

Sammelbüchse f

indsat ['ensad] ⟨-te⟩ Gefängnis: Insasse m

indsats¹ ['ensads] ⟨-en; -e od -er⟩ konkret: Einsatz m

indsats² ['ensads] ⟨-en; -er⟩ Einsatz m; Leistung f; **gøre en ~ for ngt.** sich für etw einsetzen

indse ['enseːˀ] einsehen; **~ende** [-ənə] ⟨-t⟩: **have ~ med ngt.** in etw Einsicht haben; etw beaufsichtigen

indsejl|e ['ensaiˀlə] durch Seefahrt verdienen; **~ing** [-saiˀlen] ⟨-en; -er⟩ Einfahrt f; Einlaufen n

indsende ['ensenˀə] einsenden; **~lse** [-lsə] ⟨-n; -r⟩ Einsendung f

indsidder ['enseðˀəʁ] ⟨-en; -e⟩ Einlieger m

indsigelse ['ensiˀəlsə] ⟨-n; -r⟩ Einspruch m (**gøre ~** erheben) (mod gegen A); Widerspruch m; **~sfrist** [-sfʁesd] Einspruchsfrist f

indsigt ['ensegd] ⟨-en; -er⟩ Einsicht f; **~sfuld** [-sfulˀ] einsichtsvoll, einsichtig

indskib|e ['ensgiːˀbə] einschiffen; **~ning** [-sgiːˀbnen] ⟨-en; -er⟩ Einschiffung f

ind|skole ['ensgoːˀlə] schulen; **~skriden** [-sgʁiˀðən] ⟨en⟩ Einschreiten n; **~skrift** [-sgʁefd] Inschrift f

indskriv|e ['ensgʁiˀvə] einschreiben; Gepäck aufgeben; **~ning** [-sgʁiˀvnen] ⟨-en; -er⟩ Einschreibung f, Einschreiben n

indskrump|en ['ensgʁɔmˀbən], **~et** [-sgʁɔmˀbəð] eingeschrumpft: verhutzelt

indskrænk|e ['ensgʁɛnˀgə] einschränken, beschränken (**sig** sich), begrenzen (til auf A); **~et** [-ð] (a geistig) beschränkt

indskud ['ensguð] (Spar-, Vermögens-)Einlage f, Einschluss m; **~sbord** [-sboːˀʁ] Beistelltisch m

indskyd|e ['ensgyːˀðə] einschieben, einfügen; MIL einschießen; **~ en bemærkning** e-e Zwischenbemerkung machen; **~lse** [-lsə] ⟨-n; -r⟩ Eingebung f, Gedanke m; **~t** [-ð] ⟨-en; -e⟩ Kapital: Einleger m

indskær|e ['ensgeːˀʁə] einschneiden; **~ing** [-sgeːˀʁen] Einschnitt m, Einschneiden n; Bucht f

ind|skærpe ['ensgeʁˀbə] einschärfen; **~slag** [-sla:ˀ] Einschlag m (a fig); (Programm)Einlage f; R/TV Beitrag m; **~slibe** [-sli:ˀbə] einschleifen; **~slumre** [-slomˀʁə] einschlummern; **~sluse** [-slu:ˀsə] einschleusen

indsmigre ['ensmiˀʁə]: **~ sig hos én** sich bei j-m einschmeicheln ind|smugle ['ensmuːʔlə] einschmuggeln; ~smøre [-smœːʔʀə] einschmieren; ~snige [-sniːʔə] einschleichen (sig sich); ~snit [-snid] Einschnitt m, Kerbe f; ~snuse [-snuːʔə] Luft einsaugen, einziehen

indsnævr|e ['ensnεʔʀə] einengen; ind-snævres sich verengen; ~ing [-snεuˑʔʀεŋ] Verengung f

indsnøre ['ensnœːʔʀə] einschnüren

indspil|le ['ensbelʔə] einspielen; Film drehen; Schallplatte aufnehmen; ~ning [-sbelʔnεŋ] Aufnahme f; Einspielen n

indspist ['ensbiːʔsd] (leicht) korrupt

indsprøjt|e ['ensbʀɔiʔdə] einspritzen; ~ning [-sbʀɔiʔdnεŋ] Einspritzung f, Injektion f, F Spritze f

indstifte ['ensdεfdə] stiften; BIBL einsetzen; ~lse [-lsə] Stiftung f; Einsetzung f

ind|stigning ['ensdiːʔnεŋ] Einsteigen n; ~stikskort [-sdegskɔʀd] Wertmarke f (für Zeitkarte)

indstill|e ['ensdelʔə] a TECH einstellen (sig sich) (på/auf A); vorschlagen; ~elig [-'sdelʔəli] vorstellbar, (ein)stellbar; ~ing ['-sdelʔεŋ] Einstellung f; Vorschlag m

indstillings|prøve ['ensdelʔεŋspʀøːvə] Zulassungsprüfung f; ~skrue [-sgʀuːʔ] Stellschraube f

ind|strege ['ensdʀaiʔə] anstreichen, unterstreichen; ~studere [-sdudeːʔʀə] einstudieren; ~stændig ['-sden'ʔdi] inständig, dringend

indstævn|e ['ensdεuʔnə] JUR vorladen, verklagen; indstævnede der (die) Beklagte; ~ing [-sdεuʔnεŋ] Vorladung f

indsuge ['ensuːʔə] einsaugen

indsukre ['ensogʀə] einzuckern; fig verzuckern

indsunke|n ['ensoŋʔgən], ~t [-soŋʔgəd] eingefallen

ind|sy ['ensyʔ] einnähen; ~synge [-søŋʔə] Schallplatte einsingen; ~sæbe [-sεːʔbə] einseifen

indsæt|ning ['ensεdnεŋ] ⟨-en; -er⟩ Einsetzung f, Einsetzen n; ~te [-sεdə] einsetzen; ~ én i et embede j-n in ein Amt einführen; ~telse [-sεdəlsə] ⟨-n; -r⟩ Einsetzung f

indsø ['ensøːʔ] (Binnen)See m

indtage ['entaːʔ(jə)ə] einnehmen (a fig); forud ~t voreingenommen; ~lse [-əlsə] ⟨-n; -r⟩ Einnahme f; ~nde [-ənə] einnehmend, gewinnend, reizend

ind|tale ['entaːʔlə] Schallplatte besprechen; Text sprechen; ~tappe [-tabə] Holz verzapfen

indtaste ['entasdə] eingeben (in den Computer)

indtegn|e ['entaiʔnə] einzeichnen, einschreiben (sig sich); ~else [-lsə] ⟨-n; -r⟩, ~ing [-taiʔnεŋ] Einzeichnung f, Einschreibung f

ind|telefonere ['entələfoneːʔʀə] Annonce telefonisch aufgeben; ~terpe [-tεʀbə] einpauken

indtil ['enʔte(l)] prp bis, bis an A (od auf A, in A, zu); ~ videre bis auf weiteres; konj bis

indtjekning ['entjegnεŋ] → indcheck-ning

indtjen|e ['entjεːʔnə] verdienen, erwirtschaften; ~ingsmulighed [-tjεːʔnεŋsmuːliʔð] Verdienstmöglichkeit f

indtog ['entɔːʔw] ⟨-et; -⟩ Einzug m

indtryk ['entʀøg] Eindruck m; ~ke [-ə] eindrücken; ~sfuld [-sfulʔ] eindrucksvoll

indtræd|e ['entʀεːʔðə] eintreten (a fig); ~lse [-lsə] ⟨-n⟩, ~n [-n] ⟨en⟩ Eintritt m

indtræffe ['entʀεfə] eintreffen

indtræk ['entʀεg] ⟨-et; -⟩ (bes. Auto-)Bezug m; ~ke [-ə] Krallen einziehen

indtrængen ['entʀεŋʔən] ⟨en⟩ Eindringen n; ~de [-ə] eindringlich; eindringend

indtægt ['entεgd] ⟨-en; -er⟩ Einkommen n, Einkünfte pl, Einnahme f; tage (sig) ngt. til ~ fig etw für sich in Anspruch nehmen

indtægtskilde ['entεgdskilə] Einnahmequelle f

indtørre ['entœʀʔə], ~s [-s] eintrocknen, vertrocknen; ~t Person: verhutzelt

industri [endu'sdʀiːʔ] ⟨-en; -er⟩ Industrie f; Gewerbe n; ~alisere [-sdʀiali'seːʔʀə] industrialisieren; ~t land Industrieland n

industri|drivende [endu'sdʀidʀivənə] gewerbetreibend; Gewerbetreibende (der, die), Industrielle (der, die); ~el [-sdʀi'elʔ] industriell; gewerblich; ~ferie [-fe:ʔʀiə] Industrie: Betriebsferien pl; ~fremstillet [-fʀεmsdelʔəð] industriell hergestellt; ~gren [-gʀεːʔn] Industriezweig m; ~land [-lanʔ] Industrieland n; ~område [-ɔmʀɔːʔðə] Industriegebiet n; Gewerbegebiet n

indvandr|e ['envanʔdʀə] einwandern; zuwandern; ~er [-ʀ] Einwanderer m

ind|varsle ['envaːʔʀslə] einberufen fig; ankündigen; ~vende [-venʔə] einwenden; at have noget at ~ Einspruch erheben; ~vendig [-venʔdi] innerlich (a fig); innen; inner-, inwendig; ~vending [-ven?en] Einwand m, Einwendung f, Einwurf m

indvi ['envi:?], **~e** [-ə] einweihen; **~else** [-əlsə] Einweihung f, Weihe f

indvikl|e ['envglə] einwickeln; fig verwickeln; **~et** [-ð] verwickelt, verzwickt; kompliziert; **~ing** [-veglen] Einwickeln n; fig Verwicklung f

indvil(li)ge ['envil?jə, -vil?iə] einwilligen; **~lse** [-lsə] ⟨-n; -r⟩ Einwilligung f

indvinde ['enven?ə] gewinnen; wiedergewinnen, aufholen

indvirk|e ['envirgə] einwirken; **~ning** [-virgnen] Einwirkung f

ind|volde ['envələ] pl Eingeweide n/pl; **~vortes** [-vɔ:rdəs] MED innerlich; **~vælge** [-vɛl?jə] (hinein)wählen; **~våner** [-vɔ:?nɔr] ⟨-en; -e⟩ Bewohner m, Einwohner m

indynde ['enən?ə] **~ sig** sich einschmeicheln

indædt ['ened] fig verbissen

indøv|e ['enə:?və] einüben; **~else** [-lsə], **~ning** [-ø:?vnen] ⟨-en; -er⟩ Einübung f

indånde ['enɔn?ə] einatmen

inerti [inən'ti?] ⟨ øn⟩ PHYS Trägheit f

infam [en'fa:?m] infam, niederträchtig; F verflucht, widerlich

infektionssygdom [enfeg'sjo:?nsy:-dɔm?] Infektionskrankheit f

infern|alsk [enfər'na:?lsg] infernalisch; Höllen-

inficere [enfi'se:?rə] infizieren, anstecken (a fig)

infirmeri [enfirmɔri:?] ⟨-et; -er⟩ MIL u Internat: Krankenrevier n, -zimmer n

influenza [enflu'ensa] ⟨-en; -er⟩ Grippe f

influere [enflu'e:?rə] beeinflussen (**på ngt.** etw), einwirken (**på ngt.** auf etw)

inform|ant [enfɔr'man?d] ⟨-en; -er⟩ Informant m; **~ation** [-ma'sjo:?n] ⟨-en; -er⟩ Information f, Auskunft f; **~ere** [-'me:?-rə] informieren

ingefær ['enəfe:?r] ⟨-en⟩ Ingwer m

ingen ['enən] pron kein m (keine f, kein n); keiner m (keine f, kein n); niemand; **~ anden** kein anderer; **slet ~**, **~ som helst** gar kein; **~ sinde** niemals; **~ steder** nirgends, nirgendwo; **~ ting** nichts

ingeniør [enʃjen'jø:?r] ⟨-en; -er⟩ Ingenieur m

ingen|lunde ['enən'lonə] keineswegs; **~mandsland** [-manslan?] MIL Niemandsland n; **~sinde** [-'senə] niemals; **~steds** ['-'sdeðs] nirgends

ingenting ['enən'ten?] nichts; **i det bare ~** F splitternackt

ingrediens [engrædi'en?s] ⟨-en; -er⟩ Zutat f, Bestandteil m

inhabil ['enhabi:?l] unfähig; JUR befangen

inhalere [enha'le:?rə] inhalieren; Zigarette auf Lunge rauchen

initial [initi'a:?l] ⟨-et; -er⟩ Initiale f

initiativ [initia'ti:?v] ⟨-et; -er⟩ Initiative f (**tage** ergreifen), **~rig** [-ri:?] initiativ, unternehmungslustig; **~tager** [-ta-?ɔr] ⟨-en; -e⟩ Initiator(in) m(f)

initiere [initi'e:?rə] initiieren

injuriant [enjuri'an?d] ⟨-en; -er⟩ Beleidiger(in) m(f)

injurie [en'ju:?riə] ⟨-n; -r⟩ Injurie f, Beleidigung f; **~re** [-juri'e:?rə] beleidigen; **~sag** [-sa:?] Beleidigungsprozess m, Injurienprozess m

inkarn|ation [enkarna'sjo:?n] ⟨-en; -er⟩ Inkarnation f; REL Fleischwerdung f; Verkörperung f; **~eret** [-'ne:?rəð] inkarniert; Junggeselle: eingefleischt

inkass|ation [enkasa'sjo:?n] ⟨-en; -er⟩ Einziehung f, Inkasso n; **~ere** [-'se:?rə] → **indkassere**; **~o** [-'kaso] ⟨-en; -er⟩ Inkasso n

inklinati|on [enklina'sjo:?n] ⟨-en; -er⟩ Neigung f, Inklination f; (Tanzen) Aufforderung f; **~onsparti** [-spar'ti:?] Neigungsehe f

inklinere [enkli'ne:?rə]; **~ for én** j-n zum Tanz auffordern

inkluderet [enklu'de:?rəð] einbegriffen

inkognito [en'kɔgnito] unerkannt

inkompetance [enkɔmpeten?s] ⟨-n⟩ Inkompetenz f

innerwing ['enərven] SPORT Innenstürmer m

insekt [en'segd] ⟨-et; -er⟩ Insekt n; **~æder** [-ɛ:?ðɔr] Insektenfresser m

inser|at [ensɔ'ra:?d] ⟨-et; -er⟩ Inserat n, Anzeige f; **~ere** [-'re:?rə] inserieren

insignier [en'si:?niɔr] pl Insignien pl

insinu|ation [ensinua'sjo:?n] ⟨-en; -er⟩ Unterstellung f; **~ere** [-nu'e:?rə] unterstellen (**at** dass); einschmeicheln (**sig** sich)

insistere [ensi'sde:?rə] bestehen, dringen (**på** auf A)

inskription [ensgrib'sjo:?n] ⟨-en; -er⟩ Inschrift f

inspekt|ion [enspeg'sjo:?n] ⟨-en; -er⟩ Inspektion f, Aufsicht f; **~ionshavende** [-sha:vənə] aufsichtsführend; **~rice** [-'tri:sə] ⟨-n; -r⟩ Inspektorin f; (Schul)Rektorin f; **~ør** [-'tø:?r] ⟨-en; -er⟩ Inspektor m; Vorsteher m; (Schul)Rektor m

inspicere [ensbi'se:?rə] inspizieren

inspir|ation [ensbira'sjo:?n] ⟨-en; -er⟩ Inspiration f; **~ere** [-'re:?rə] inspirieren, anregen

install|ation [ensdala'sjo:?n] ⟨en; -er⟩ Installation f, Anlage f; **~atør** [-'tø:?r] ⟨en; -er⟩ Installateur m; **~ere** [-'le:?rə] installieren; F einrichten (**sig** sich)

instans [en'sdan?s] ⟨-en; -er⟩ Instanz f; **i første~** F in erster Linie; **i sidste~** F letzten Endes

instinkt [en'sden(g)?d] ⟨-et; -er⟩ Instinkt m; **~iv** ['-sden(g)ti:?v], **~mæssig** [-mesi] instinktiv

institut [ensdi'tud] ⟨-tet; -ter⟩ Institut n; **~ion** [-'tu'sjo:?n] ⟨-en; -er⟩ Institution f, Einrichtung f; Heim n

instruere [ensdru'e:?rə] instruieren; THEA die Regie führen

instruk|s [en'sdrugs] ⟨-en; -er⟩ (Dienst-)Anweisung f; Vorschrift f, Instruktion f; **~tion** [-sdru'sjo:?n] ⟨-en; -er⟩ Anweisung f; Anleitung f; THEA Spielleitung f, Regie f; **~tør** [-sdrug'tø:?r] ⟨-en; -er⟩ Instrukteur m; THEA Spielleiter(in) m(f), Regisseur(in) m(f)

instrument [ensdru'men?d] ⟨-tet; -er⟩ Instrument n; **~bræt** [-bred] Armaturenbrett n; Schalttafel f

integr|ation [entegra'sjo:?n] ⟨-en; -er⟩ Integration f; **~ere** [-'gre:?rə] integrieren

intellektuel [entelegtu'εl?] intellektuell; Intellektuelle (der, die)

intelligens [enteli'gen?s] ⟨-en⟩ Intelligenz f; **~kvotient** [-kvo'sjen?d] Intelligenzquotient m; **~prøve** [-prø:və] Intelligenztest m

intelligent [enteli'gen?d] intelligent

intens [en'tεn?s] intensiv; **~itet** [-tεnsi-'te:?d] ⟨-en; -er⟩ Intensität f

intensiv ['entεnsi:?v] intensiv; **~afdeling** [-aüde:?leŋ] Intensivstation f; **~ere** [-si've:?rə] intensivieren

intercitytog [endər'sitito̩:?w] Intercity(-Zug) m

interesse [ente'resə] ⟨-n; -r⟩ Interesse n; Belang m; **~løs** [-lø:?s] interesselos

interessent [enterε'sen?d] ⟨-en; -er⟩ Interessent(in) m(f); Teilhaber(in) m(f); **~skab** [-sga:?b] ⟨-et; -er⟩ (Abk. **I/S** od **i/s**) ÖKON Offene Handelsgesellschaft f (Abk. OHG)

interessere [entrε'se:?rə] interessieren; **~t** interessiert; ÖKON beteiligt

interessesfære [ente'resəsfε:rə] Interessensphäre f

interimistisk [enteri'misdisg] interimistisch, vorläufig, einstweilig, Behelfs-
intern [en'tεr?n] intern, inner-

interner|e [entεr'ne:?rə] internieren; **~ingslejr** ['-ne:?reŋslaī?r] Internierungslager n

internet [internεd] ⟨-tet; -⟩ Internet n; **gå på~tet** ins Internet gehen; **~adgang** [-aðgaŋ?], **~forbindelse** [-fɔr'ben?əlsə] Internetanschluss m

interpret|ation [endərpreta'sjo:?n] ⟨-en; -er⟩ Interpretation f; **~ere** [-'te:?rə] interpretieren

interpunkt|ere [endərpoŋ'te:?rə] interpunktieren; **~ionstegn** [-'sjo:?nstaī?n] Interpunktionszeichen n; Satzzeichen n

intervenere [endərve'ne:?rə] intervenieren

interview [endər'vju:] ⟨-et; -er od -⟩ Interview n; **~e** ['-vju:?ə] interviewen; **~er** ['-vju:?ər] ⟨-en; -er⟩ Interviewer m

intet[1] ['endəð] ⟨et⟩ Nichts n

intet[2] ['endəð] nichts; kein; → **ingen**; **slet ~**, **som helst** gar nichts

intet|anende ['endəða:?nənə] nichts ahnend, ahnungslos, arglos; **~hed** [-he:ð?] ⟨-en⟩ Nichts n; **~køn** [-kœn?] GRAM Neutrum n; sächliche(s) Geschlecht n; **~sigende** [-si:?ənə] nichtssagend; **~steds** [-sdeðs] nirgends

intoleran|ce ['entolərəŋsə] Intoleranz f; **~t** [-raŋn?d] intolerant

intrige [en'tri:ə] ⟨-n; -r⟩ Intrige f; **~re** [-tri'ge:?rə] intrigieren

introducere [entrodu'se:?rə] einführen, vorstellen

introduktion [entrodug'sjo:?n] ⟨-en; -er⟩ Einführung f (**til/**in A)

invalid[1] [enva'lið?] ⟨-en; -er⟩ Invalide m, Körperbehinderte (der, die)

invalid[2] [enva'lið?] invalide(e), schwer behindert, körperbehindert, schwer beschädigt

invalid|ebil [enva'li:ðəbi:?l] behindertengerechte(s) Auto n; **~pensionist** [-paŋsjo'nisd] jemand, der wegen Arbeitsuntauglichkeit eine Rente bezieht

inventar [enven'ta:?r] n ⟨-et; -er⟩ Inventar n, Einrichtung f

invester|e [enve'sde:?rə] investieren; **~ing** [-sde:?reŋ] ⟨-en; -er⟩

invit|ation [envita'sjo:?n] ⟨-en; -er⟩ Einladung f; **~ationskort** [-skɔrd] Einladungskarte f; **~ere** [-'te:?rə] einladen

ir [ir] ⟨-ren⟩ Grünspan m

irer ['i:?ər] ⟨-en; -e⟩ Ire m, Irin f

irette|sætte [i'rεdəsedə] zurechtweisen, rügen, tadeln; **~lse** [-lsə] ⟨-n; -r⟩ Zurechtweisung f, Rüge f, Verweis m

irgang ['irgaŋ?] ⟨-en; -e⟩ fig Irrgang m

irgrøn ['iʀgʀœnʔ] grünspanfarben

iris¹ ['iːʀis] ⟨-(s)en; -(s)er⟩ ANAT Iris f

iris² ['iːʀis] ⟨-(s)en; -(s)er od -⟩ BOT Iris f

Irland ['iʀlanʔ] Irland n

ir|landsk ['iʀlanʔsg] irländisch, irisch; **~lænder** [-lɛnʔəʀ] ⟨-en; -e⟩ Irländer(in) m(f), Ire m, Irin f

ironi [iʀoˈniːʔ] ⟨-en; -er⟩ Ironie f

ironisere [iʀoniˈseːʔʀə] ~ **over ngt.** etw ironisieren

ironisk [iˈʀoːʔnisg] ironisch

irre ['iʀə] Grünspan ansetzen

irret ['iʀəð] mit Grünspan überzogen

irrita|bel [iʀiˈtaːʔbəl] reizbar; MED irritabel; **~tion** [-taˈsjoʔn] ⟨-en; -er⟩ Reiz m; Reizung f; Gereiztheit f; **~tionstærskel** [-taˈsjoːʔnstɛʀsgəl] Reizschwelle f

irritere [iʀiˈteːʔʀə] reizen, ärgern, irritieren; **~nde** irritierend, störend, F nervend; **~t** irritiert, gereizt

irsk [iʀʔsg] irisch

irøre ['iʀœːʔʀə] einrühren

is [iːʔs] ⟨-en; -⟩ Eis n (a fig); **sætte på ~** Sekt kalt stellen, kühlen; **lægge på ~** F auf Eis legen (a fig); **lægge én på is** F j-n wie Luft behandeln

I/S, I/s Abk. für **interessentskab**

is|afkølet ['isˌaukøːʔləð] eisgekühlt; **~bar** [-baːʔʀ] Eisdiele f, Eiscafé n; **~bjerg** [-bjɛʀʔw] Eisberg m; **~bjørn** [-bjœʀʔn] Eisbär m; **~blok** [-blog] Eisblock m; **~blomst** [-blɔmʔsd] Eisblume f; **~bod** [-boːʔð] Eisbude f, Eisverkaufsstand m; **~bryder** [-bʀyːʔdəʀ] ⟨-en; -e⟩ NAUT Eisbrecher m

iscenesætte [iˈseːnəsɛdə] THEA inszenieren; Regie führen; fig veranstalten; **~lse** [-lsə] ⟨-n; -r⟩ Inszenierung f; **~r** ⟨-en; -e⟩ Regisseur(in) m(f), Spielleiter(in) m(f)

is|creme ['iskʀɛːʔm] Eiscreme f; **~dække** [-dɛgə] Eisdecke f; **~e** ['iːsə] eisen, Eis sägen; **~ende** ['iːsənə] eisig

isenkram ['iːsənkʀam] ⟨-met⟩ Eisenwaren f/pl; **~forretning** [-fɔˈʀɛdneŋ], **~handel** [-hanʔəl] Eisenwarenhandlung f, Haushaltswarengeschäft n

isenkræmmer ['iːsənkʀɛmʀəʀ] Eisenwarenhändler m

iset ['iːsəð] vereist, eisbedeckt

is|flage ['isflaːʔə] Eisscholle f; **~fri** [-fʀiːʔ] eisfrei; **~fugl** [-fuːʔl] Eisvogel m; **~hav** [-haːu] Eismeer n; **~hockey** [-hɔgi] Eishockey n

iskage ['iskaːjə] Eiswaffel f; **~bod** [-boːʔð] Eisbude f, Eisstand m

iskias ['iskias] ⟨-(s)en⟩ MED Ischias m, n

is|klump ['isklɔmʔb] Eisklumpen m; **~kold** [-'kɔlʔ] eiskalt, eisig; **~krem** [-kʀɛ̃ʔm] → **iscreme**

islag ['islaːʔ] Eisdecke f, Eisschicht f; **~t** [-lagd] eisbedeckt, vereist

Island ['islanʔ] Island n

islandsk [islanʔsg] isländisch

islænd|er ['islɛnʔəʀ] ⟨-en; -e⟩ Isländer m (a Wolljacke; Islandpony); **~erinde** [islɛnʔɔˈenə] ⟨-n; -r⟩ Isländerin f; **~ing** ['-lenʔeŋ] ⟨-en; -e⟩ Isländer m

islæt ['islɛð] ⟨-ten od -tet; -⟩ Einschlag m (a fig)

is|mand ['isman] Eisverkäufer m; **~mejeri** ['-maɪ̯əʀiːʔ] Milch(- und Butter-)geschäft n; **~ne** ['-nə] fig erstarren

isnende ['isnənə] eisig (a fig); ~ **kulde** Eiseskälte f (a fig)

isning ['isneŋ] ⟨-en; -er⟩ Vereisung f

isolation [isolaˈsjoʔn] ⟨-en; -er⟩ Isolation f

isolations|lag [isolaˈsjoːʔnslaːʔ] Isolierschicht f; **~materiale** [-mateʀiaːlə] Isoliermaterial n, Dämmmaterial n

isolere [isoˈleːʔʀə] isolieren; absondern; **~t** isoliert

isolering [isoˈleːʔʀeŋ] ⟨-en; -er⟩ Isolierung f

isolerings|lag [isoˈleːʔʀeŋslaːʔ] Isolierschicht f; **~rude** [-ʀuːðə] Thermopanefenster n, Isolierfenster n

is|pind ['ispenʔ] Eis n am Stiel; **~pose** [-poːsə] Eisbeutel m

isprængt ['isbʀɛŋʔd] **være ~ ngt.** mit etw durchsetzt sein

israeler [isʀaˈeʔlɔʀ] ⟨-en; -e⟩ Israeli(n) m(f)

issalat ['issalaːʔd] Eisbergsalat m

isse ['isə] ⟨-n; -r⟩ ANAT Scheitel m

is|skab ['issgaːʔb] Eisschrank m; **~skorpe** [-sgɔʀbə] Eiskruste f; **~skosse** [-sgɔsə] ⟨-n; -r⟩ Eisscholle f; **~skraber** [-sgʀaːbəʀ] Eiskratzer m; **~skruning** [-sgʀuːʔneŋ] ⟨-en; -er⟩ Eisstau m; **~slag** [-slaːʔ] Glatteis n, Eisregen m

istandsætte [iˈsdanʔsedə] instand setzen; **~lse** [-lsə] ⟨-n; -r⟩ Instandsetzung f; **~lsesomkostninger** [-lsəsɔmkɔsdneŋʔəʀ] pl Instandsetzungskosten pl

istap ['istab] Eiszapfen m

istemme [iˈsdɛmə] anstimmen

ister ['isdəʀ] ⟨-en od -et⟩ Flomen m

is|terning ['isteʀneŋ] Eiswürfel m; **~tid** [-tiːʔð] Eiszeit f; **~tjeneste** [-tjeːnəsdə] Eismeldedienst m

is|vaffel ['isvafəl] Eiswaffel f; **~vand** [-vanʔ] Eiswasser n; **~vinter** [-venʔdəʀ]

Eiswinter *m*

især [i'sɛːʔʀ] besonders, zumal; *hver ~* jeder für sich

isætte ['isɛdə] einsetzen

isøkse ['isøgsə] Eisbeil *n*, Eispickel *m*

Italien [i'taːʔliən] Italien *n*

italiener [itali'eːʔnəʀ] ⟨-en; -e⟩ Italiener(in) *m(f)*

italiensk [itali'eːʔnsg] italienisch; *~ salat* Gemüsesalat *m* (*mit Mayonnaise*)

itu [i'tuːʔ] entzwei, F kaputt; *bide ~* zerbeißen; *gå ~* zerbrechen, kaputtgehen; *rive ~* zerreißen; *slå ~* zerschlagen; *~reven* [-'tuːʀeːʔvən], *~revet* [-'tuːʀeːʔvəð] zerrissen; *~slået* [-'slɔːʔð] zerschlagen

iver ['iːʔvəʀ] ⟨-en⟩ Eifer *m*

ivre ['iüːə] eifern; *~r* [-ʀ] ⟨-en; -e⟩ Eiferer *m*

ivrig ['iüʀi] eifrig; *blive ~* sich ereifern

iværksætte [i'vɛʀgsɛdə] ins Werk setzen, bewerkstelligen, verwirklichen, durchführen; *~lse* [-ləə] ⟨-n; -r⟩ Bewerkstelligung *f*, Verwirklichung *f*, Durchführung *f*; *~r* [-ʀ] ⟨-en; -e⟩ Initiator(in) *m(f)*

iøj(n)e|faldende [i'ɔi(n)əfalʔənə], *~springende* [-sbʀɛŋʔənə] auffällig, in die Augen springend, augenfällig

iørefaldende [i'øːʀɔfalʔənə] leicht ins Ohr gehend, eingängig; *~ melodi* F Ohrwurm *m*

J

J, j [jɔð] ⟨-'et; -'er⟩ J, j *n*

ja¹ [ja] ⟨-et; -er⟩ Ja *n*, Jawort *n*

ja² [ja] ja; *~ tak* (ja) bitte!, gern!

jade [ja:ðə] ⟨-n⟩ (*Mineral*) Jade

jag [ja:ʔ] ⟨-et; -⟩ Eile *f*, Jagen *n*; MED stechende(r) Schmerz *m*

jage ['ja:ə] ⟨jog/jagede; jaget⟩ jagen; *~ bort* fortjagen; *det ~r ikke!* es hat keine Eile!; *en ~nde smerte* ein stechender Schmerz; *~ri* ['ja:ə'ʀi:ʔ] ⟨-et; -er⟩ Jagerei *f*, Hetze *f*, Eile *f*

jagt¹ [jagd] ⟨-en; -er⟩ Jagd *f* (*a fig*); *gå på ~* auf die Jagd gehen; *være på ~ efter* in *etw* herumsuchen

jagt² [jagd] ⟨-en; -er⟩ Jacht *f*

jagt|bar ['jagdba:ʔʀ] jagdbar; *~distrikt* [-di'sdʀegd] Jagdrevier *n*

jagte ['jagdə]: *~ én* hinter *j-m* her sein; versuchen, *j-n* zu fassen

jagt|gevær ['jagdge've:ʔʀ] Jagdgewehr *n*; *~hund* [-hunʔ] Jagdhund *m*; *~hytte* [-hydə] Jagdhütte *f*; *~kort* [-kɔʀd] → *jagttegn*; *~marker* [-mɑʀgəʀ] *pl* Jagdgründe *m/pl*; *~tegn* [-taïʔn] Jagdschein *m*

Jakel ['ja:ʔgəl]: *mester ~* THEA Kasperle *n, m*

jaket [sja'kɛd] ⟨-ten; -ter⟩ Kostümjacke *f*

jakke ['jagə] ⟨-n; -r⟩ Jacke *f*, Sakko *n, m*; *~lomme* [-lomə] Jackentasche *f*; *~sæt* [-sɛd] Anzug *m*

jalousi¹ [sjalu'si:ʔ] ⟨-en⟩ Eifersucht *f*

jalousi² [sjalu'si:ʔ] ⟨-et; -er⟩ Rollladen *m*, Jalousie *f*

jalousi|drab [sjalu'sidʀɑ:ʔb] Tötung *f* aus Eifersucht; *~drama* [-dʀɑ:ma] Eifer-

suchtsdrama *n*

jalousiskab [sjalu'siska:ʔb] Rollschrank *m*

jaloux [sja'lu] eifersüchtig

jamen ['jamən] aber

jammer ['jamʔəʀ] ⟨-en⟩ Jammer *m*; *~lig* [-li] jämmerlich

jamre ['jamʀɔ]: *~ (sig)* jammern (*over/über A*)

jan. *Abk. für januar*

janitshar [janid'sja:ʔʀ] ⟨-en; -er⟩ MUS Schlagzeuger *m*

jante ['jandə] ⟨-n; -r⟩ *fig* Pfennig *m*; Heller *m*; *~r pl* F Geld *n*

Janteloven ['jandəlɔ:ʔvən] *missgünstige Kleinstadt-Mentalität* (*Begriff aus dem Roman von A. Sandemose "En flygtning krydser sit spor"*)

januar ['janua:ʔʀ] ⟨-en⟩ Januar *m*; *i ~* im Januar

jaord ['jao:ʔʀ] Jawort *n*

japan|er [ja'pa:ʔnəʀ] ⟨-en; -e⟩ Japaner(in) *m(f)*; *~sk* [-'pa:ʔnsg] japanisch

jappe ['jɑbə] oberflächlich und schnell sprechen; schnell und schludrig arbeiten; *~ ngt. af sig* *etw* herunterleiern

jasiger ['jasiːəʀ] ⟨-en; -e⟩ Jasager *m*

jask [jasg] ⟨-et⟩ Pfusch *m*

jaske ['jasgə] schlampen; *~t* schlud(e)rig, schlampig; *~ri* [-'ʀiːʔ] ⟨-et; -er⟩ Schlamperei *f*

jaså [ja'sɔ]: *~!* ach so!

javel [ja'vɛl]: *~!* jawohl!

javist [ja'vesd]: *~!* ja, sicher!, gewiss!

jazz [djas] ⟨-en⟩ Jazz *m*; *~orkester* [-'ɔʀ-kɛsdəʀ] Jazzkapelle *f*

jeans [dji:ns] *su pl* Caprihose *f (halblange Damenhose)*; Jeans *pl, f*

jeep [dji:p] ‹-en; -er od -s› Jeep® *m*, Geländewagen *m*

jeg¹ [jɑɪ] ‹-et; -er› Ich *n*

jeg² [jɑɪ, ja] ich

jens [jens] ‹-en; -er› MIL, F (dän.) Soldat; *en pigernes ~* F ein Herzensbrecher *m*

jer [jɛʀ] *pers.pron* euch; *det er ~* ihr seid es; *poss.pron, lit → jeres*

jeres ['jɛːʀəs] *poss.pron* euer (eure *f*, euer *n*, eure *pl*); *det er ~* es gehört euch

jern [jɛʀⁿn] ‹-et; -› Eisen *n*; V Ständer *m*; *gammelt ~* Schrott *m*; *af ~* eisern, aus Eisen; *hun er et ~* F sie kann zupacken *(bei der Arbeit)*

jernalder ['jɛʀnalˀʔəʀ] Eisenzeit *f*

jernbane ['jɛʀnbaːnə] Eisenbahn *f*; ~**bro** [-bʀoːˀ] Eisenbahnbrücke *f*; ~**fløjl** [-flɔ̃ɪˀl] *Stoff*: Manchester *m*, Cord *m*; ~**funktionær** [-foŋɡsjoˀneːˀʀ] Bahnbeamte(r) *m*, Bahnbeamtin *f*; ~**færge** [-fɛʀwə] Eisenbahnfähre *f*; ~**knudepunkt** [-knuːðəpʰɔŋˀɡd] Eisenbahnknotenpunkt *m*; ~**mand** [-manˀ] Eisenbahner *m*; ~**net** [-nɛd] Eisenbahnnetz *n*

jernbane|overskæring ['jɛʀnba:nɔ̃ʊ̯ʌʀsɡeːˀʀɛŋ] Bahnübergang *m*; ~**spor** [-sboːˀʀ] (Eisen)Bahngleis *n*; ~**station** [-sda'sjoːˀn] Bahnstation *f*, Bahnhof *m*; ~**trafik** [-tʀɑˀfig] (Eisen)Bahnverkehr *m*; ~**ulykke** [-'uløɡə] Eisenbahnunglück *n*; ~**vogn** [-vɔˀ̃n] Eisenbahnwagen *m*

jern|beslået ['jɛʀnbeˈsloˀʔ̃ð] eisenbeschlagen; ~**beton** [-beˈtɔŋ] Eisenbeton *m*, Stahlbeton *m*; ~**bjælke** [-bjelɡə] ARCH Eisenträger *m*; ~**blik** [-bleg] Eisenblech *n*; ~**bånd** [-bɔnˀ] Eisenband *n*; ~**flid** [-fli:ˀð] eiserne(r) Fleiß *m*

jern|helbred ['jɛʀn'helbʀeð] *fig* eiserne Gesundheit *f*; ~**holdig** [-hɔlˀdi] eisenhaltig; ~**hånd** [-hɔnˀ] eiserne Faust *f (a fig)*; ~**hård** [-hɔːˀʀ] eisenhart; *fig* eisern; ~**lunge** [-loŋə] MED eiserne Lunge *f*; ~**malm** [-malˀm] Eisenerz *n*; ~**støberi** [-sdøːbəˀɑːˀ] Eisengießerei *f*; ~**tæppe** [-tɛbə] THEA eiserne(r) Vorhang *m*; ~**t** HIST der Eiserne Vorhang; ~**værk** [-vɛʀg] Eisenwerk *n*

jesusbarn ['jeːsusbaːˀʀn] Jesuskind *n*

jet¹ [jed] ‹-en› *Mineralogie*: Jet(t) *m, n*

jet² [jed, djed] ‹-en; - od -ter› FLUG Jet *m*

jet|alder ['jed-, 'djedalˀʔəʀ] Düsenzeitalter *n*; ~**fly** [-fly:ˀ] Düsenflugzeug *n*; ~**jager** [-jaːʀɐ] Düsenjäger *m*

jf. ['jɛũfʌrˀ̃ʀ] *Abk. für jævnfør, → jævnføre*

jigger ['djigɐ] ‹-en; -s od -e› kurze, lose Damenjacke *f*

j. nr. [sjuʀ'naːˀlnomˀʔ̃ʀ] AZ, Az *(Abk. für journalnummer)*

jo [joːˀ, jo] ja, doch; je; *→ ja*; *~ mere, ~ bedre* je mehr, desto besser; *~ pyt!* okay!, in Ordnung!

job [djɔb] ‹-bet; -› Job *m*, Arbeit *f*; *fig* Sache *f*

jobbe ['djɔbə] jobben, arbeiten; *~ op fig* in die Höhe treiben; ~**r** [-ʀ] ‹-en; -e› Jobber *m*, Börsenspekulant *m*; ~**ri** [-'ʀiːˀ] ‹-et; -er› Preistreiberei *f*

jobskabelse ['djɔbsɡaːbəlsə] Arbeitsbeschaffung *f*

jobspost ['joːˀbspɔsd] ‹-en; -er› Hiobsbotschaft *f*

jobtilbud ['djɔbtelbuðˀ] Arbeitsbeschaffungsmaßnahme (ABM) *f*

jockey [sjo'kɑïˀ, 'djɔki] ‹-en; -er› Jockei *m*

jod¹ [joːˀð] ‹-en od -et› Jodtinktur *f*, Jodlösung *f*

jod² [joːˀð] ‹-et› CHEM Jod *n*

jod³ [jɔð] ‹-det; -der› Jot *n (Buchstabe)*

jodle ['jɔðlə] jodeln; ~**n** [-n] ‹-en› Jodeln *n*

jog [jɔːˀ] *→ jage*

jogge ['(d)jɔgə] joggen; ~**r** [-ʀ] ‹-en; -e› Jogger(in) *m(f)*

jog|ging ['(d)jɔgeŋ] ‹-en›, ~**ning** ['(d)jɔgneŋ] ‹-en› Jogging *n*, Joggen *n*

jogurt ['jɔguʀˀd] ‹-en; -er› Joghurt *m, n*

joh [joːˀ]: ~**!** *→ jo*

joke [djoŭg] ‹-n; -s› F Scherz *m*

joker ['djoːkəʀ] ‹-en; -e› Kartenspiel: Joker *m*

jokke ['jɔgə] F latschen; *~ i spinaten* F *fig* ins Fettnäpfchen treten

jolle¹ ['jɔlə] ‹-n; -r› NAUT Jolle *f*

jolle² ['jɔlə]: ~ *af sted* F losdüsen, losdackeln

jomfru ['jɔmfʀu] ‹-en; -er› Jungfrau *f*, Jungfer *f*, Mamsel *f*; TECH Handramme *f*; ~**bur** [-bu:ˀʀ] *lit* Jungfrauengemach *n*; *scherzh* Jungmädchenzimmer *n*; ~**dom** [-dɔmˀ] ‹-men; -me› Jungfräulichkeit *f*, Jungfernschaft *f*; ~**elig** [-'fʀuːˀəli] jungfräulich; ~**hinde** [-henə] ANAT Jungfernhäutchen *n*; ~**nalsk** [-'naːˀlsg] zickig; ~**olie** [-oːljə] kalt gepresstes Olivenöl *n*; ~**rejse** [-ʀɑïsə] NAUT Jungfernfahrt *f*

jon¹ [joːˀn] ‹-en; -er› Schürzenjäger *m*; Angeber *m*, Stutzer *m*

jon² [joːˀn] ‹-en; -er› PHYS Ion *n*

jongl|ere [sjɔŋ'le:ˀʀɐ] jonglieren; ~**ør** [-'løːˀʀ] ‹-en; -er› Jongleur *m*

jonisation [jonisa'sjo:ʔn] ⟨-en; -er⟩ PHYS Ionisierung f

jord [jo:ʔʀ] ⟨-en; -er⟩ Erde f; Erdboden m; Boden m, Land n; ~er Ländereien f/pl; **på ~en** auf der Erde; lit auf Erden; **komme ned på ~en (igen)** fig ernüchtern, Vernunft annehmen; **~og-betonarbejder** Tiefbauarbeiter; **~**

jord|brug ['joʀbʀu:ʔ] Ackerbau m; **~bund** [-bon'ʔ] (Erd)Boden m; fig Nährboden m; **~bunden** [-bon'ʔən], **~bundet** [-bon'ʔəð] nüchtern, materialistisch

jordbær[1] ['joʀbɛʀ] ⟨-ren; -⟩ Pflanze: Erdbeere f

jordbær[2] ['joʀbɛʀ] ⟨-ret; -⟩ Frucht: Erdbeere f

jordbær|is ['joʀbɛʀi:ʔs] Erdbeereis n; **~syltetøj** [-syldətɔi̯] n Erdbeerkonfitüre f

jorde ['jo:ʀə] lit beerdigen; **~bog** [-bɔ:ʔw] Grundbuch n; **~færd** [-fɛ:ʔʀ] TECH Erdigung f; **~gods** [-gɔs] → **jordejendom**

jordejendom ['joʀɑi̯ʔəndɔmʔ] Grundbesitz m

jordemo(de)r ['jo:ʀəmo:ʀ] Hebamme f; **~mand** [-manʔ] F Ehemann, der sich von seiner Frau aushalten lässt; fig Waschlappen m, Schlappschwanz m; **~taske** [-tasgə] Hebammenkoffer m

Jorden, jorden ['jo:ʔʀən] die Erde

jord|farvet ['joʀfɑʀʔwəð] erdfarben, erdfarbig; **~forbinde** [-fɔʀ'ben'ʔə] TECH erden; **~forbindelse** [-fɔʀ'ben'ʔəlsə] EL Erdung f; F Realitätssinn m; **~fund** [-fonʔ] ARCHÄOL Bodenfund m

jordfæste ['joʀfɛsdə] lit beerdigen

jord|isk ['joʀdisg] irdisch; **~klode** [-klo:ðə] Erdball m, Erdkugel f; **~lod** [-loð] Bodenparzelle f; **~nær** [-nɛ:ʔʀ] wirklichkeitsnah, realistisch; fig bodenständig; **~nød** [-nøðʔ] Erdnuss f; **~nøddesmør** [-nøðəsmœʀ] n Erdnussbutter f; **~omrejse** [-ɔmʀai̯sə] Weltreise f; **~personale** [-pɛʀso'na:lə] FLUG Bodenpersonal n

jordpåkastelse ['joʀpɔkasdəlsə] ⟨-n; -r⟩ Beisetzung f

jord|reform ['joʀʀe'fɔʀʔm] Bodenreform f; **~rystelse** [-røsdəlsə] Erderschütterung f; **~satellit** [-sadə'lid] Erdsatellit m; **~skorpe** [-sgɔʀbə] Erdrinde f, Erdkruste f; **~skred** [-sgʀeð] Erdrutsch m; **~skælv** [-sgel'ʔv] Erdbeben n; **~skælvsramt** [-sgel'ʔvsʀɑmʔd] von e-m Erdbeben betroffen; **~slået** [-slɔ:ʔəð] stockfleckig

jordsmon ['joʀsmon] ⟨-net⟩ (Erd)Boden m

jordspekulant ['joʀsbeku'lanʔd] Bodenspekulant m

jour [sju:ʀ] MIL Dienst m, Wachdienst m; **→ ajour**; **~havende** ['-ha:ʔvənə] diensttuend, diensthabend

journal [sjuʀ'na:ʔl] ⟨-en; -er⟩ Journal n; Modezeitschrift f; MED Krankengeschichte f; **~isere** [-nali'se:ʔʀə] eintragen, registrieren

journalist [sjuʀna'lisd] ⟨-en; -er⟩ Journalist(in) m(f); **~isk** [-'lisdisg] journalistisch

journalnummer [sjuʀ'na:ʔlnomʔəʀ] Journalnummer f, Aktenzeichen n (Abk. **j. nr.**); **Deres ~** Ihr Zeichen n

jovial [jovi'a:ʔl] fidel

jovist [jo'vesd] **~!** gewiss!, na klar!

jr. ['ju:ʔnjoʀ] jr., jun. (Abk. für **junior**[2])

jubel ['ju:ʔbəl] ⟨jub(e)len⟩ Jubel m; **~olding** [-ɔldəŋ] F (uralter) Greis m

jubi|lar [jubi'la:ʔʀ] ⟨-en; -er⟩ Jubilar(in) m(f); **~lere** [-'le:ʔʀə] jubilieren; **~læum** [-'leom] ⟨jubilæet, jubilæer⟩ Jubiläum n

juble ['ju:blə] jubeln

juhu [ju'hu:]. **~!** bsd Kinder: hurra!

juice [dju:s] ⟨-n; -r⟩ Saft m

jukebox ['dju:kbɔgs] Musikbox f

juks [jogs] ⟨-et⟩ Schund m, Ramsch m, Kitsch m, F Mist m

jul [ju:ʔl] ⟨-en; -e⟩ Weihnachten n; **til ~** zu Weihnachten; **glædelig ~!** fröhliche (od frohe) Weihnachten!; **holde ~** Weihnachten feiern; **~e** ['ju:lə] das Weihnachtsfest feiern (od vorbereiten)

juleaften ['ju:ləafdən] Weihnachtsabend m, Heiligabend m; **lille ~** der Vorabend des 24. Dezember

jule|aftensdag ['ju:ləafdəns'da:ʔ] der 24. Dezember; **~buk** [-bog] strohgeflochtene(r) Ziegenbock m (Weihnachtsdekoration); **~dag** [-da:ʔ] Weihnachtstag m (**første** erster; **anden** zweiter); **~ferie** [-fe:ʔ-ʀiə] Weihnachtsferien pl; **~fest** [-fesd] Weihnachtsfest n, Weihnachtsfeier f; **~frokost** [-fʀɔkɔsd] Weihnachtsfrühstück n, Weihnachtsessen n; **~gave** [-ga:və] Weihnachtsgeschenk n; **~gås** [-gɔ:ʔs] Weihnachtsgans f

jule|kalender ['ju:ləka'len'ʔəʀ] Adventskalender m; **~knas** [-kna:ʔs] etwa bunte(r) Teller m; **~kort** [-kɔʀd] Weihnachtskarte f; **~lys** [-ly:ʔs] Weihnachtskerze f; **~mand** [-manʔ] Weihnachtsmann m; **~morgen** [-mɔ:ʀn] Weihnachtsmorgen m (der Morgen des 25. Dezember); **~mærke** [-mɛʀgə] Post: Weihnachts-

(wohltätigkeits)marke f

jule|nat ['juːlənad] Weihnachtsnacht f, die Heilige Nacht f; **~neg** [-neːʔ] Getreidegarbe f *(für die Vögel)*; **~nisse** [-nesə] *etwa:* Weihnachtskobold m; **~platte** [-pladə] Weihnachtsteller m *(Wandschmuck)*; **~pynt** [-pønʔd] Weihnachtsschmuck m; **~rose** [-roːsə] Christrose f; **~salat** [-saˈlaːʔd] Chicorée m, f; **~salme** [-salmə] Weihnachtslied n; **~stads** [-sdaːʔs] → **juletræspynt**; **~træ** [-trɛːʔ] Weihnachtsbaum m

juletræs|fest ['juːlətrɛːsfesd] *Verein:* Weihnachtsfeier f; **~fod** [-foːʔð] Weihnachtsbaumständer m; **~pynt** [-pønʔd] (Weihnachts)Baumschmuck m

jule|udsendelse ['juːləˌuðsenˀəlsə] R/TV: Weihnachtsprogramm n; **~øl** [-øl] (süßes) Weihnachtsbier n

juli ['juːˀli] ⟨en⟩ Juli m

jumbe ['jombə] ⟨n; -r⟩ Gig m

jumbo ['jombo] ⟨-en; -er⟩ *Kindersprache:* Elefant m; **~jet** [-djed] FLUG Jumbojet m

jumpe ['jombə] *Wagen:* holpern; **~ ud** F heraus|jumpen; **~r** ['djombər] ⟨-en; -e *od* -s⟩ Jumper m, Pullover m

jun. *Abk. für* **junior²**

junge ['joŋə] ⟨-n; -r⟩ große Milchkanne f

jungle ['djoŋlə] ⟨-n; -r⟩ Dschungel m

juni ['juːˀni] ⟨en⟩ Juni m

junior¹ ['juːˀnjoːr] ⟨-en; -er *od* -es⟩ Junior(in) m(f)

junior² ['juːˀnjoːr] *(Abk.* **jr.** *od* **jun.)** junior *(Abk.* jr. *od* jun.)

junior|chef ['juːˀnjoːrsjeːʔf] Juniorchef m; **~hold** [-hɔlʔ] SPORT Juniorenmannschaft f

junk [djɔŋ] ⟨-en⟩ (harte) Droge f

junke¹ ['djoŋə] ⟨-n; -r⟩ NAUT Dschunke f

junke² ['djoŋə] Drogen konsumieren, fixen

junker¹ ['jɔŋˀgər] ⟨-en; -e⟩ Junker m

junker² ['djoŋgər] ⟨-en; -e *od* -s⟩, **junkie** ['djoŋki] ⟨-n; -r *od* -s⟩ F Junkie m, Fixer m, Drogenabhängige(r) m

jura¹ ['juːrɑ] ⟨en⟩ JUR Jura pl

jura² ['juːrɑ] GEOL Jura m

jura|studerende ['juːrɑsduˀˈðeːˀrənə] Jurastudent(in) m(f); **~tid** [-tiːʔð] ⟨en⟩ → **Jura²**

juridisk [juˈriːʔðisg] juristisch

jurist [juˈrisd] ⟨-en; -er⟩ Jurist(in) m(f)

just [jusd] eben, gerade

juster|e [juˈsdeːʔrə] justieren, eichen; **~ing** [-'sdeːʔrəŋ] ⟨-en; -er⟩ Justierung f, Eichung f

justits [juˈsdids] ⟨-en⟩ Justiz f, Rechtspflege f; **holde ~** *fig* Disziplin halten; **~minister** [-ˈmiˀnisdər] Justizminister(in) m(f); **~mord** [-moːʔr] Justizmord m; Justizirrtum m

jute ['juːdə] ⟨-n⟩ Jute f

juvel [juˈveːʔl] ⟨-en; -er⟩ Juwel n *(a fig)*

juveler [juvəˈleːʔr] ⟨-en; -er⟩ Juwelier m

jyde ['jyːðə] ⟨-n; -r⟩ Jüte m, Jütländer m, Jütin f, Jütländerin f; **~potte** [-pɔdə] schwarzirdene(r) Topf m *(in Jütland hergestellt)*

Jylland ['jylan] Jütland n

jysk¹ [jysg] ⟨et⟩ Jütisch n, Jütländische n

jysk² [jysg] jütisch, jütländisch

jæger ['jɛːɔr] ⟨-en; -er⟩ Jäger m *(a* MIL*)*; **~korps** [-kɔrbs] MIL Jägerkorps n; **~soldat** [-solˈdaːʔd] *dän* Elitesoldat m

jærtegn ['jɛːrtaiˀn] Vorzeichen n, Wunder n, Warnung f

jætte ['jedə] ⟨-n; -r⟩ MYTH Riese m; **~stor** [-sdoːʔr] riesengroß; **~stue** [-sduːə] Ganggrab n

jævn [jɛuˀn] eben, glatt, gleichmäßig; *fig* einfach, schlicht; **~t begavet** mittelmäßig (normal) begabt; **~aldrende** ['jɛunalˀ-rənə] gleichaltrig; *su* Altersgenosse m, Altersgenossin f; **~byrdig** ['jɛunbyrˀdi] ebenbürtig, gleichwertig; **~døgn** ['jɛundɔiˀn] Tagundnachtgleiche f; **~e** ['jɛunə] ebnen, gleichmachen, glätten, schlichten; *Suppe* legieren, sämig machen

jævn|føre ['jɛunføːˀrə] vergleichen; **jævnfør** *(Abk.* **jf.)** vergleiche *(Abk.* vgl.); **~lse** [-lsə] ⟨-n; -r⟩ Vergleich m

jævn|god ['jɛungoːʔð] ebenso gut; **~hed** [-heðˀ] ⟨-en⟩ Ebenheit f, Gleichmäßigkeit f; *fig* Schlichtheit f

jævning¹ ['jɛunəŋ] ⟨-en; -e *od* -er⟩ Gleichgestellte(r) m, Ebenbürtige(r) m

jævning² ['jɛunəŋ] ⟨-en; -er⟩ *Suppe:* Legierung f, Eindicken n

jævn|lig ['jɛunli] häufig; öfter(s); **~mål** [-moːʔl] Ebenmaß n, Durchschnitt m; **~sides** [-siːʔðəs] nebeneinander; **~strøm** [-sdrœmˀ] EL Gleichstrom m

jøde ['jøːðə] ⟨-n; -r⟩ Jude m, Jüdin f; **~dom** [-dɔmˀ] ⟨-men⟩ Judentum n; **~forfølgelse** [-fɔrˀfølˀ]əlsə] Judenverfolgung f; **~had** [-haðˀ] Judenhass m; **~kvarter** [-kvɑrˀteːʔr] Judenviertel n; **~stjerne** [-sdjɛrnə] Judenstern m

jød|inde [jøðˀenə] ⟨-n; -r⟩ Jüdin f; **~isk** ['jøːðisg] jüdisch

jøsses ['jøsəs] **~!** jemine!

K

K, k [kɔːʔ] ⟨-'et; -'er⟩ K, k n; **københavner
med K** F waschechter Kopenhagener,
waschechte Kopenhagenerin

kabale [ka'baːlə] ⟨-n; -r⟩ Spiel: Patience f;
lægge ~ Patiencen legen; **~kort** [-kɔːd]
Patiencekarte f

kabaret¹ [kabaˈʀɛ] ⟨-en; -er⟩ Kabarett n

kabaret² [kabaˈʀɛ] ⟨-ten; -ter⟩ Essen:
Frühstücksplatte f, Speiseplatte f

kabaretfad [kabaˈʀɛfað] Kabarett n
(Servierplatte mit Fächern)

kabel ['kaːʔbəl] ⟨kab(e)let; kabler⟩ Kabel
n

kabine [ka'biːnə] ⟨-n; -r⟩ Kabine f

kabuds [ka'bus] ⟨-en; -er⟩ Kappe f, Kapuze f

kabys [ka'bys] ⟨-sen; -ser⟩ NAUT Kombüse
f, Schiffsküche f

kachot [ka'sjɔd] ⟨-ten; -ter⟩ F Kittchen n

kadaver [ka'daːʔvɐ] ⟨-et; -e⟩ Kadaver m,
Aas n; **~disciplin** [-disiˈpliːʔn] Kadaver-
gehorsam m

kadre ['kaðʀə] ⟨-n; -r⟩ Kader m

kafe, kafé [ka'feːʔ] ⟨kafeen; kafeer⟩ Café
n; **gå på ~** ins Café gehen

kaffe ['kafə] ⟨-n; -r⟩ Kaffee m; **lave ~** Kaffee kochen; **~bar** [-baːʔʀ] (billiges) Café
n, Stehcafé n; **~bord** [-boːʔʀ] Kaffeetafel
f; **~brygning** [-bʀœɡneŋ] ⟨-en; -er⟩ Kaf-
feezubereitung f; **~brød** [-bʀœːʔð] Kaf-
feegebäck n; **~bønne** [-bœnə] Kaffee-
bohne f; **~fisk** [-fesg] F in Kaffee ge-
tauchtes Zuckerstückchen n; **~fløde**
[-fløːðə] Kaffeesahne f; **~grums** [-gʀo-
mʔs] Kaffeesatz m; **~kop** [-kɔb] Kaffee-
tasse f

kaffe|risteri ['kafɐʀɛsdəˈʀiːʔ] Kaffeerös-
terei f; **~slabbera(d)s** [-slabəˈʀɑːʔs] Kaffeeklatsch m; abwertend Gebräu n; **~stel**
[-sdelʔ] Kaffeeservice n; **~søster**
[-søsdɐ] F Kaffeetante f; **~tår** [-tɔːʔʀ]
Schluck m Kaffee

kage ['kaː(j)ə] ⟨-n; -r⟩ Kuchen m; **~dej**
[-daiʔ] Kuchenteig m; **~form** [-fɔːʔʀm]
Kuchenform f; **~mand** [-manʔ] großer
Kuchen m, der wie ein Mann geformt ist,
meistens mit Süßigkeiten, und der zu Kin-
dergeburtstagen gegessen wird; **~rulle**
[-ʀulə] Nudelholz n; **~ske** [-sgeːʔ] Tortenheber m

kagle ['kɑːʊlə] gackern; **~n** Gackern n, Ge-

gacker n

kahyt [ka'hyd] ⟨-ten; -ter⟩ Kajüte f, Kabine
f

kahyts|dreng [ka'hydsdʀɛŋʔ] Kajüten-
junge m; **~jomfru** [-jomfʀu] Stewardess
f (auf e-m Schiff); **~plads** [-plas] Kajü-
tenplatz m

kaj [kaiʔ] ⟨-en; -er⟩ NAUT Kai m

kajak [ka'jag] ⟨-ken; -ker⟩ Kajak m, Pad-
delboot n

kaje ['kaiə] ⟨-n; -r⟩ V Fresse f; **hold ~!** (halt
die) Schnauze!

kakao [ka'kaːo] ⟨-en⟩ Kakao m; **~bønne**
[-bœnə] Kakaobohne f; **~mælk** [-mɛlʔg]
Schokomilch f

kakerlak [kaɡɐˈlɑg] ⟨-ken; -ker⟩ zo Kakerlak m, Küchenschabe f

kakifarvet ['kakifaˈʔʀvəð] khakifarben,
khakifarbig

kakkel ['kaɡəl] ⟨kak(ke)len; kakler⟩ Kachel f, Fliese f; **~ovn** [-ɔʊ̯ʔn] (Kachel)-
Ofen m

kakkelovns|krog ['kaɡələʊ̯nskʀɔːʔw]
Ofenecke f; **~rør** [-ʀœːʔʀ] Ofenrohr n

kaktus ['kagtus] ⟨-(s)en; -(s)er od -⟩ Kaktus m, Kaktee f

kalas [ka'laːʔs] ⟨-et; -er⟩ F Gelage n,
Schmaus m

kald [kalʔ] ⟨-et; -⟩ Ruf m; fig Berufung f;
Beruf m, Amt n; **røgte sit ~** s-m Beruf
nachgehen

kalde¹ ['kalə] ⟨-te⟩ rufen; nennen; heißen;
~ bort abrufen; **~ frem** hervorrufen; **~ ind**
hereinrufen; **~ én op efter én** j-n nach
j-m benennen; **~ på én** j-n rufen; j-n wecken; **~ sammen** zusammen(be)rufen

kalde² [kalə] berufen; **føle sig ~t til ngt.**
sich (A) zu etw berufen fühlen

kalde|lse ['kaləlsə] ⟨-n; -r⟩ Ruf m; Beru-
fung f; **~navn** [-nɑʊ̯ʔn] Rufname m;
~signal [-si'naːʔl] TEL Rufzeichen n

kaldsfælle ['kalʔsfɛlə] Berufsgenosse m,
Kollege m, Kollegin f

kaleche [ka'lɛsjə] ⟨-n; -r⟩ (Wagen)Ver-
deck n

kalender [ka'lenʔɐ] ⟨-en; -e⟩ Kalender
m; **~lys** [-lyːʔs] etwa: Adventskerze f

kaliber¹ [ka'liːʔbɐ] ⟨-en od -et; kalibre⟩
Kaliber n

kaliber² [ka'liːʔbɐ] ⟨-en; kalibre⟩ fig Kaliber n; **folk af hans ~** Leute pl s-s Schla-

kandidat

ges
kalk¹ [kal'g] ⟨-en⟩ Kalk m

kalk² [kal'g] ⟨-en; -e⟩ Kelch m (a BOT)

kalke¹ ['kalgə] ⟨-n; -r⟩ Kopie f, Pause f, Durchzeichnung f

kalke² ['kalgə] tünchen, kalken

kalker|e [kal'ke:ʔrə] (durch)pausen, durchzeichnen; **~ing** [-'ke:ʔreŋ] ⟨-en; -er⟩ (Durch)Pausen n, Durchzeichnen n; Pause f; **~papir** [-'ke:ʔrpaʔpi:ʔr] Pauspapier n, Kohlepapier n

kalk|holdig ['kalghɔlʔdi] kalkhaltig; **~ku-le** [-ku:lə] Kalkgrube f; **~maleri** [-ma:lə-'ri:ʔ] Fresko(gemälde) n, Freske f, Wandgemälde n; Freskomalerei f

kalkulation [kalkula'sjo:ʔn] ⟨-en; -er⟩ Kalkulation f

kalkule [kal'ky:lə] ⟨-n; -r⟩ Kalkül n, m; **~re** [-ku'le:ʔrə] kalkulieren, berechnen

kalkun [kal'ku:ʔn] ⟨-en; -er⟩ Pute(r) f(m), Truthahn m, Truthenne f; **rød som en ~** puterrot

kalkunsk [kal'ku:ʔnsg]: **~ hane** Truthahn m; **~ høne** Truthenne f

kalorie [ka'lo:ʔriə] ⟨-n; -r⟩ Kalorie f; **~fat-tig** [-fadi] kalorienarm; **~forbrug** [-fɔr-'bru:ʔ] Kalorienverbrauch m; **~fri** [-fri:ʔ] ohne Kalorien

kalorius [ka'lo:ʔrius] ⟨-(s)en; -(s)er⟩ scherzh Bursche m

kalot [ka'lɔd] ⟨-ten; -ter⟩ Käppchen n; **være gal i ~ten** F e-e Wut im Bauch haben

kalv [kal'(v)] ⟨-en; -e⟩ Kalb n; kleine Insel f

kalve ['kalvə] Eis: kalben; **~brissel** [-brisəl] Kalbsmilch f, Kalbsbrieschen n; **~hoved** [-ho:əð] Kalbskopf m

kalveknæet ['kalvəkne:ʔəð] x-beinig; **være ~** X-Beine haben

kalve|kød ['kalvəkøð] Kalbfleisch n; **~kølle** [-kølə] Kalbskeule f; **~skind** [-sgen] Kalb(s)fell n; Kalb(s)leder n; **~steg** [-sdai] Kalbsbraten m

kam [kam] ⟨-men; -me⟩ Kamm m; Schlüssel: Bart m; **rød i ~men** F hochrot im Gesicht; **skære alle over én ~** alle über e-n Kamm scheren; **få ~ til sit hår** e-e böse Sieben zur Frau bekommen; fig s-n Meister finden

kamel [ka'me:ʔl] ⟨-en; -er⟩ Kamel n (a fig); **~driver** [-dri:vər] Kameltreiber m; **~hår** [-hɔ:ʔr] Kamelhaar n; **~uldsfrakke** [-ulsfrɑgə] Kamelhaarmantel m

kamera ['kamʔməra] ⟨-et; -er⟩ Kamera f; **~mand** [-manʔ] Kameramann m

kamfer ['kamʔfər] ⟨-en od -et⟩ Kampfer m; **~dråber** [-drɔ:bər] pl Kampfertrop-

fen m/pl

kamik [ka'mig] ⟨-ken; -ker⟩ grönländischer Stiefel m (aus Seehundsfell)

kamille [ka'milə] ⟨-n; -r⟩ Kamille f; **~blomst** [-blɔmʔsd] Kamillenblüte f; **~te** [-te:ʔ] Kamillentee m

kamin [ka'mi:ʔn] ⟨-en; -er⟩ Kamin m; **~hylde** [-hylə] Kaminsims m, n; **~ild** [-ilʔ] Kaminfeuer n; **~passiar** [-pa-'sja:ʔr] Kaminplauderei f; **~stue** [-sdu:ə] Kaminzimmer n

kammer ['kamʔər] ⟨kam(me)ret; kamre⟩ Kammer f

kammerat [kamə'rɑ:ʔd] ⟨-en; -er⟩ Kamerad(in) m(f), Genosse m, Genossin f, Gefährte m, Gefährtin f, Kumpel m, Mitschüler(in) m(f); **~eri** [-rɑ:də'ri:ʔ] ⟨-et; -er⟩ Kameraderie f; **~lig** [-li] kameradschaftlich; **~skab** [-sga:ʔb] ⟨-et; -er⟩ Kameradschaft f

kammerjunker ['kamʔərjɔŋʔgər] Kammerjunker m (bei Hofe); Gebäck: kleine(r) (süßer) Zwieback m

kammesjuk [kamə'sjug] ⟨-ken; -ker⟩ F → **kammerat**

kamp¹ [kamʔb] ⟨-en; -e⟩ Kampf m; SPORT Spiel n; fig Ringen n; **~ på liv og død** Kampf m auf Leben und Tod

kamp² [kamʔb] ⟨en⟩ Feldstein m

kampagne [kam'panjə] ⟨-n; -r⟩ Kampagne f; Feldzug m

kamp|beredt ['kambbere:ʔd] kampfbereit; **~dommer** [-dɔmʔər] Kampfrichter m, Schiedsrichter m

kampesten ['kampəsde:ʔn] Feldstein m

kamp|fly ['kambfly:ʔ] MIL Kampfflugzeug n; **~fælle** [-felə] Mitkämpfer(in) m(f); **~færdig** [-ferdi] kampfbereit; **~hane** [-ha:nə] Kampfhahn m (a fig); **~lysten** [-løsdən] kampflustig; **~vogn** [-vɔwʔn] MIL Panzer(wagen) m

kamtakket ['kamtagəð]: **~ gavl** ARCH Treppengiebel m

kamuflere → **camouflere**

kan [kanʔ] → **kunne**

kanal [ka'na:ʔl] ⟨-en; -er⟩ Kanal m (a fig); **~dyne** [-dy:nə] Bettdecke f mit Längsnähten

kanalisere [kanali'se:ʔrə] kanalisieren

kanalje [ka'naljə] ⟨-n; -r⟩ F Schlingel m

kanariefugl [ka'nɑrʔjəfu:ʔl] Kanarienvogel m

kancellistil [kanse'lisdi:ʔl] Kanzleistil m

kande ['kanə] ⟨-n; -r⟩ Kanne f, Kännchen n

kandidat [kandi'da:ʔd] ⟨-en; -er⟩ Kandidat(in) m(f); Bewerber(in) m(f); Prüfling *m*; Akademiker(in) *m(f)* mit Staatsexamen; **~ur** [-da'tu:'ʀ] ⟨*en od -et*; *-er*⟩ Kandidatur *f*, Bewerbung *f*

kandidere [kandi'de:'ʀə] kandidieren, sich bewerben

kandis ['kandis] ⟨-(s)en⟩ Kandis *m*

kandisere [kandi'se:'ʀə] kandieren; **~de frugter** kandierte Früchte *f/pl*

kane ['ka:nə] ⟨-n; -r⟩ (Pferde)Schlitten *m*; F Falle *f* (*Bett*); **~bjælde** [-bjɛlə] Schlittenschelle *f*; **~føre** [-fø:ʀə] Wetter *n* zum Schlittenfahren

kanel [ka'ne:'l] ⟨-en od -et⟩ Zimt *m*; **få ~** F Prügel bekommen; *det er hverken skidt eller ~* es ist weder das eine noch das andere; **~bark** [-bɑʀg] Zimtrinde *f*

kane|mede ['ka:nəme:ðə] Schlittenkufe *f*; **~tur** [-tu:'ʀ] Schlittenfahrt *f*

kanhænde [kan'hɛnə] vielleicht

kanin [ka'ni:'n] ⟨-en; -er⟩ Kaninchen *n*, F Karnickel *n*; **~avl** [-aũ'l] Kaninchenzucht *f*; **~bur** [-bu:'ʀ] Kaninchenstall *m*; **~skind** [-sgen'] Kanin(chenfell) *n*

kannibal [kani'ba:'l] ⟨-en; -er⟩ Kannibale *m*; **~isme** [-ba'lismə] ⟨-n⟩ Kannibalismus *m*; **~(isti)sk** [-ba'lisdisg, -'ba:'lsg] kannibalisch

kano ['ka:no] ⟨-en; -er⟩ Kanu *n*

kanon¹ ['ka:nɔn] ⟨-en; -er⟩ Kanon *m* (*a* MUS)

kanon² [ka'no:'n] ⟨-en; -er⟩ MIL Kanone *f* (*a fig* F), Geschütz *n*; **~!** F toll!, dufte!

kanon|fotograf [ka'no:'nfoto'gʀɑ:'f] Straßenfotograf *m*; **~fuld** [-ful'] F sternhagelvoll; **~føde** [-fø:ðə] *fig* Kanonenfutter *n*; **~kugle** [-ku:lə] Kanonenkugel *f*; **~slag** [-sla:'] Kanonenschlag *m*

kanoroer ['ka:noro:'əʀ] Kanufahrer *m*, Kanute *m*

kanske ['kansgə, kan'sge:'] vielleicht

kansler ['kanˀslɔʀ] ⟨-en; -e⟩ Kanzler *m*

kant [kanˀd] ⟨-en; -er⟩ Kante *f*; Rand *m*; Saum *m*; Gegend *f*, *fig* Ecke *f*, *fig* Seite *f*; *tre.* Dreieck *n*; *der må være en ~* es muss *e-e* Grenze geben; *fra alle ~er* von allen Seiten; *fra Odense-kanten* aus der Gegend um Odense; *fin i ~en* einwandfrei; *komme på ~ med én* sich mit *j-m* überwerfen; *på disse ~er* in dieser Gegend

kantarel [kantɑ'ʀɛl'] ⟨-len; -ler⟩ BOT Pfifferling *m*

kante ['kandə] einfassen, säumen, paspelieren; kanten; **~ sig** sich schlängeln; **~t** [-ð] eckig (*a fig*), kantig (*a fig*)

kantine [kan'ti:nə] ⟨-n; -r⟩ Kantine *f*, Mensa *f*

kant|ning ['kandnən] ⟨-en; -er⟩ Einfassung *f*, Saum *m*; Einfassen *n*; **~sten** [-sde:'n] Bordstein *m*

kanut [ka'nud] ⟨-ten; -ter⟩ F lustige(r) Geselle *m*

kanyle [ka'ny:lə] ⟨-n; -r⟩ Kanüle *f*

kanøfle [ka'nøflə] → **karnøfle**

kaos ['ka:ɔs] ⟨-(s)et⟩ Chaos *n*, Durcheinander *n*, Tohuwabohu *n*

kaotisk [ka'o:'tisg] chaotisch, wirr

kap¹ [kabˀ] ⟨et⟩ Kap *n*, Vorgebirge *n*

kap² [kab] *om...* um die Wette; *løbe om ~* wettlaufen, wettrennen

kapabel [ka'pa:'bəl] fähig

kapacitet [kapasi'te:'d] ⟨-en; -er⟩ Kapazität *f* (*a fig*)

kapel [ka'pel'] ⟨-let; -ler⟩ Kapelle *f* (MUS, *Leichenhalle*); **~lan** [-pe'la:'n] ⟨-en; -er⟩ Kaplan *m*, Hilfsgeistliche(r der; die); **~mester** [-mesdəʀ] MUS Kapellmeister *m*

kaper ['ka:bəʀ] ⟨-en; -e⟩ NAUT Kaperschiff *n*

kapere [ka'pe:'ʀə] kapieren, fassen, begreifen

kaper|gast ['ka:ˀbəʀgasd] ⟨-en; -er⟩ *Person* Kaper *m* (*Freibeuter, Seeräuber*); **~kusk** [-kusg] Lohnkutscher *m*

kapers ['ka:ˀbəʀs] *pl* Kapern *f/pl*; **~sovs** [-sɔũ's] Kapernsoße *f*

kapervogn ['ka:ˀbəʀvɔwˀn] Kremser *m*, Mietwagen *m*

kapital¹ [kapi'ta:'l] ⟨-en; -er⟩ Kapital *n*

kapital² [kapi'ta:'l] kapital

kapital|brøler [kapi'ta:'lbrœ:lər] F Kapitalfehler *m*; **~flugt** [-flogd] Kapitalflucht *f*

kapitalis|me [kapita'lismə] ⟨-n⟩ Kapitalismus *m*; **~t** [-'lisd] ⟨-en; -er⟩ Kapitalist(in) *m(f)*; **~tisk** [-'lisdisg] kapitalistisch

kapitalstærk [kapi'ta:'lsdɛʀg] kapitalkräftig

kapitel [ka'pidəl] ⟨*kapitlet; kapitler*⟩ Kapitel *n*; *i det ~ fig* in dieser Beziehung

kapitul|ation [kapitula'sjo:'n] ⟨-en; -er⟩ Kapitulation *f*; **~ere** [-'le:'ʀə] kapitulieren

kapløb ['kablø:'b] Wettlauf *m* (*a fig*); **~er** [-əʀ] Wettläufer(in) *m(f)*

kappe¹ ['kabə] ⟨-n; -r⟩ Mantel *m*, Umhang *m*; Talar *m*; Haube *f*, Häubchen *n*; *Schuh*: Kappe *f*; *dreje* (*od vende*) *~n efter vinden fig* den Mantel nach dem Wind drehen (*od* hängen); *det tager jeg på min ~!* das nehme ich auf meine Kappe!

kappe² ['kabə] kappen, abschlagen, abhauen

kappe|lyst ['kabəløsd] Wetteifer *m*; **~s**
[-s] ⟨*impf* **kappedes**⟩ wetteifern; **~strid**
[-sdri:ʔð] Wettstreit *m*

kapre ['ka:prə] kapern; ergattern; *Flugzeug* entführen

kapring ['ka:preŋ] ⟨*-en*; *-er*⟩ Kaperung *f*;
Entführung *f*

kap|roer ['kabro:ʔər] Wettruderer *m*;
~roning [-ro:ʔneŋ] ⟨*-en*; *-er*⟩ Wettrudern
n, Ruderregatta *f*; **~ruste** [-rosdə] wettrüsten; **~sejllads** ['-saï'la:ʔs] Segelregatta *f*, Wettsegeln *n*

kapsel ['kabsəl] ⟨*kaps(e)len*; *kapsler*⟩
Kapsel *f* (*a* BOT); *Uhr:* Gehäuse *n*; Kronkorken *m*; **~åbner** [-ɔ:bnər] ⟨*-en*; *-e*⟩ Flaschenöffner *m*

kapsko ['kabsgo:ʔ] Holzpantoffel *m*,
Clog *m* (*mit Ferse*)

kapsle ['kabslə] *Flaschen* mit Kronkorken
versehen

kapsøm ['kabsœm?] Kappnaht *f*

kaptajn [kab'taï?n] ⟨*-en*; *-er*⟩ Kapitän *m*;
MIL Hauptmann *m*; SPORT Mannschaftskapitän *m*; **~løjtnant** [-lɔ:ïdnan?d] MIL
Kapitänleutnant *m*

kaput [ka'pud] F kaputt

kar [kɑR] ⟨*-ret*; *-*⟩ Fass *n*; Gefäß *n*; Wanne
f, Bottich *m*, Kübel *m*; *et bundløst ~ fig*
ein Fass *n* ohne Boden

karabinhage [kɑRɑ'bi:ʔnha:ə] Karabinerhaken *m*

karaffel [kɑ'Rɑfəl] ⟨*karaf(fe)len*; *karafler*⟩
Karaffe *f*

karakter [kɑRɑg'te:ʔR] ⟨*-en*; *-er*⟩ Charakter *m*; Zeugnis *n*, Zensur *f*, Note *f*; **~blad**
[-blað] *n* Zeugnis *n*; **~bog** [-bɔ:ʔw] Zeugnis(buch *n*) *n*; **~brist** [-bRɛsd] Charakterschwäche *f*; **~dans** [-dan?s] Ausdruckstanz *m*; **~egenskab** [-ɛ:ʔɒnsga:ʔb] Charaktereigenschaft *f*; **~fast** [-fasd] charakterfest; **~fuld** [-ful?] *Stimme:* ausdrucksvoll; **~givning** [-gi:vnən] ⟨*-en*; *-er*⟩ Zensierung *f*, Benotung *f*

karakteris|ere [kɑRɑgteRi'se:ʔRə] charakterisieren, kennzeichnen; **~tisk** [-'risdisg] charakteristisch

karakter|løs [kɑRɑg'te:ʔRlø:ʔs] charakterlos; **~ræs** [-Rɛ:ʔs] Leistungsdruck
m; **~skuespiller** [-sguəsbelər] Charakterdarsteller(in) *m(f)*; **~styrke** [-sdyRgə]
Charakterstärke *f*; **~svag** [-sva:ʔ] charakterschwach; **~træk** [-tRɛg] Charakterzug *m*

karambolage [kɑRɑmbo'lɑːsjə] ⟨*-n*; *-r*⟩
Karambolage *f*; *fig* Streit *m*

karamel [kɑRɑ'mel?] ⟨*-len*; *-ler*⟩ Karamellbonbon *n*, *m*, Toffee *n*; Karamell

m; **~rand** [-Rɑn?] Karamellpudding *m*

karantæne [kɑRɑn'tɛ:nə] ⟨*-n*; *-r*⟩ Quarantäne *f*; *blive idømt ~* Fußballspieler: gesperrt werden

karat [kɑ'Rɑ:ʔd] ⟨*-en*; *-*⟩ Karat *n*; *fig* Gehalt *m*

karate [kɑ'Rɑ:də] ⟨*en*⟩ SPORT Karate *n*

karavane [kɑRɑ'va:nə] ⟨*-n*; *-r*⟩ Karawane
f; **~vej** [-vaï?] Karawanenstraße *f*

karbad [kɑRbɑð] Vollbad *n*

karbonade [kɑRbo'na:ðə] ⟨*-n*; *-r*⟩ Hacksteak *n*

karbonpapir [kɑR'bɒnpɑ'pi:ʔR] Kohlepapier *n*

karburator [kɑRbu'Rɑ:tɔR] ⟨*-en*; *-er*⟩ AUTO
Vergaser *m*

kardemomme [kɑRdə'mɒmə] ⟨*-n*⟩ Kardamom *m*, *n*

kardinal [kɑRdi'nɑ:ʔl] ⟨*-en*; *-er*⟩ Kardinal
m

kardus [kɑR'du:ʔs] → **karduspapir**, MIL
Kartusche *f*; **~papir** [-pɑ'pi:ʔR] Packpapier *n*

karenstid [kɑ'Rɛn'stið?] Karenzzeit *f*

karessere [kɑRɛ'se:ʔRə] liebkosen

karot [kɒ'Rɛ:ʔd] ⟨*-en*; *-er*⟩ Kutsche *f*; *være
vild på ~en fig* auf dem Holzweg sein;
~mager [-ma:ʔər] ⟨*-en*; *-e*⟩ Stellmacher
m, Wagner *m*

karg [kɑ:ʔRw] karg

karies ['kɑ:ʔRies] ⟨*-en*⟩ Karies *f*

karikatur [kɑRikɑ'tu:ʔR] ⟨*-en*; *-er*⟩ Karikatur *f*; **~tegner** [-taïnər] Karikaturzeichner(in) *m(f)*, Karikaturist(in) *m(f)*

karikere [kɑRi'ke:ʔRə] karikieren

kariøs [kɑRi'ø:ʔs] kariös

karklud ['kɑRkluð?] Spültuch *n*; *fig*
Waschlappen *m*

karl [kɑ:ʔl] ⟨*-en*; *-e*⟩ Knecht *m*; Kerl *m*;
pokkers (*od helvedes*) ~ F Teufelskerl *m*

karlfolk ['kɑːlfɒlʔ] ⟨*-et*; *-*⟩ Kerl *m*, Bursche *m*; *et flot ~* ein flotter Bursche

karm [kɑːʔRm] ⟨*-en*; *-e*⟩ Tür: Rahmen *m*;
Fenster: Brett *n*

karnap [kɑR'nɑb] ⟨*-pen*; *-per*⟩ Erker *m*

karneval ['kɑRnəvɑl] ⟨*-et*; *-er*⟩ Karneval
m, Fasching *m*; **~sdragt** [-sdRɑgd] Karnevalskostüm *n*

karnøfle [kɑR'nøflə] F verprügeln, verhauen

karosse [kɑ'Rɒsə] ⟨*-n*; *-r*⟩ → **karrosse**; **~ri**
[-Rɒsə'Ri:ʔ] ⟨*-et*; *-er*⟩ → **karrosseri**

karotte [kɑ'Rɒdə] ⟨*-n*; *-r*⟩ Karotte *f*

karpe ['kɑRbə] ⟨*-n*; *-r*⟩ Karpfen *m*

karre¹ ['kɑRə] ⟨*-n*; *-r*⟩ Karren *m*, Karre *f*

karre², **karré** [kɑ'Re] ⟨*kareen*; *kareer*⟩
Häuserblock *m*

karriere [kɑri'ɛːrə] ⟨-n; -r⟩ Karriere f, Laufbahn f

karrieremager [kɑri'ɛːrəmɑːˀɒr] ⟨-en; -e⟩ Karrieremacher m, Karrierefrau f, Karrierist m; **~i** [-mɑːˀ(j)əˀriˀ] ⟨-et⟩ Karrieristentum n

karriereræs [kɑri'ɛːrəʁɛːˀs] Karrierismus m

karrig ['kɑri] karg; geizig; **være ~** geizen, knausern

karrosse [kɑ'ʁɔsə] ⟨-n; -r⟩ Karosse f; **~ri** [-ʁɔsə'ʁiˀ] ⟨-et; -er⟩ Karosserie f

karrusel [kɑru'sɛlˀ] ⟨-len; -ler⟩ Karussell n

karry ['kɑri] ⟨-n⟩ Curry n; **~salat** [-sa-'laːˀd] Currysalat m (e-e *Art Nudelsalat*); **~sild** [-silˀ] pl Heringe m/pl in Curry(creme)

karse ['kɑrsə] ⟨-n⟩ Kresse f; **~hår** [-hɔːˀr] *Haar*: Bürstenschnitt m, Igel m

karseklippet ['kɑrsəklebəð]: **være ~** e-n Bürstenhaarschnitt tragen

karsk [kɑrsg] *lit* gesund; **af ~en bælg** mit aller Kraft, aus Leibeskräften

kartel [kɑr'tɛlˀ] ⟨-let; -ler⟩ Kartell n

kartoffel [kɑr'tɔfəl] ⟨-en od kartoflen; kartofler⟩ Kartoffel f; **en heldig ~** F ein Glückspilz m; **brunede kartofler** pl mit Zucker gebräunte Kartoffeln f/pl; **franske kartofler** Kartoffelchips m/pl, Pommes frites pl; **kogte kartofler** Salzkartoffeln; **pillede kartofler** Pellkartoffeln; **skrællede kartofler** geschälte Kartoffeln; **stegte kartofler** Bratkartoffeln; **tidlig ~** Frühkartoffel f; **en varm ~** *fig* e-e heikle Sache, ein heißes Eisen

kartoffel|kule [kɑr'tɔfəlkuːlə] Kartoffelmiete f; **~mark** [-mɑrg] Kartoffelacker m; **~mel** [-meːˀl] Kartoffelmehl m, **~mos** [-moːˀs] Kartoffelbrei m, Kartoffelmus n, Quetschkartoffeln f/pl; **~næse** [-nɛːsə] Knollennase f, F Kartoffel(nase) f; **~række** [-ʁɛgə] Kartoffelreihe f; **~salat** [-sa'laːˀd] Kartoffelsalat m; **~skræl** [-sgʁɛlˀ] Kartoffelschale f; **~skræller** [-sgʁɛlɒr] ⟨-en; -e⟩ Kartoffelschäler m

karton [kɑr'tɔŋ] ⟨-en od -et; -er⟩ Karton m, (dünne) Pappe f; *Milch*: Tüte f; *Zigaretten*: Stange f; **~nage** [-tɔˀnaːsjə] ⟨-n⟩ Kartonage f

kartotek [kɑrto'teːˀg] ⟨-et; -er⟩ Kartei f; **~isere** [-teki'seːˀrə] in e-e Kartei aufnehmen; **~(s)kort** [-(s)kɔrd] Karteikarte f

karve ['kɑrvə] kerben; **~stok** [-sdɔg] Kerbholz n

kasemat [kasə'mad] ⟨-ten; -ter⟩ Kasematte f

kaserne [ka'sɛrnə] ⟨-n; -r⟩ MIL Kaserne f; Mietskaserne f; **~re** [-sɛr'neːˀrə] kasernieren

kasino [ka'siːno] ⟨-et; -er⟩ (Spiel)Kasino n

kaskelot [kasgo'lɔd] ⟨-ten; -ter⟩, **~hval** [-vaːˀl] Pottwal m

kasket [ka'sged] ⟨-ten; -ter⟩ Schirmmütze f; **~skygge** [-sgygə] Mützenschirm m

kaskoforsikring ['kasgofɔr'segreŋ] Kaskoversicherung f

kassabel [ka'saːˀbəl] zum Wegwerfen, ausrangiert

kasse ['kasə] ⟨-n; -r⟩ Kasten m, Kiste f; Kasse f; *Uhr*: Gehäuse n; **en gammel ~** F *fig* ein alter Kasten (*Gebäude*), e-e alte Kiste (*Auto*); **være ved ~n** F bei Kasse sein; **betale ved ~n** an der Kasse bezahlen; **stå for ~n** die Kasse führen; **gøre ~n op** Kasse machen (*abrechnen*); **lukke op for ~n** F den Fernseher/das Radio anschalten; **gå i ~n** F *fig* in die Falle (*ins Bett*) gehen; **få et par på ~n** F *fig* ein paar gelangt kriegen

kasse|apparat ['kasəapa'ʁɑːˀd] Registrierkasse f; **~bedrøver** [-be'dʁœːˀvər] ⟨-en; -e⟩ F Person f, die Geld aus e-r Kasse unterschlägt (*veruntreut*); **~beholdning** [-be'hɔlˀneŋ] Kassenbestand m; **~dame** [-daːmə] *Supermarkt*: Kassiererin f; **~eftersyn** [-ɛfdɒrsyˀn] Kassenrevision f, Kassensturz m; **~kredit** [-kʁɛ'did] Dispo(sitions)-, Überziehungskredit m; **~mangel** [-mɑŋˀəl] Kassenmanko n, Kassendefizit n; **~opgørelse** [-ɔbgœːˀrəlsə] Kassenabschluss m

kassere [ka'seːˀrə] wegwerfen, ausrangieren; JUR kassieren; MIL für untauglich erklären; **~r** [-ʁ] ⟨-en; -e⟩ Kassierer(in) m(f), Kassenwart m; Schatzmeister m; **~rske** [-ʁsgə] ⟨-n; -r⟩ Kassiererin f

kasse|strimmel ['kasəsdʁɛmˀəl] Kassenabschnitt m; **~stykke** [-sdøgə], **~succes** [-syg'se] THEA Kassenfüller m, Kassenerfolg m; **~svig** [-sviˀ] Kassenbetrug m (*Veruntreuung, Unterschlagung*)

kassette [ka'sɛdə] ⟨-n; -r⟩ Kassette f; **~bånd** [-bɔnˀ] Kassette(nband) f(n); **~båndoptager** [-bɔnɔbta:ˀʁɒr] Kassettenrekorder m; **~film** [-filˀm] Kassettenfilm m

kassevogn ['kasəvɔwˀn] Kastenwagen m

kast [kasd] ⟨-et; -⟩ Wurf m; **give sig i ~ med én** sich mit j-m einlassen; **give sig i ~ med ngt.** etw angehen, etw anpacken

kastanie [ka'sdanjə] ⟨-n; -r⟩ Kastanie f;

ægte ~ Edelkastanie *f*; **~brun** [-bru:ʔn] kastanienbraun; **~træ** [-trɛ:ʔ] Kastanie(nbaum) *f(m)*; Kastanienholz *n*

kastanje [ka'sdanjə] ⟨*-n*; *-r*⟩ → **kastanie**

kaste¹ ['kasdə] ⟨*-n*; *-r*⟩ Kaste *f*

kaste² ['kasdə] werfen (*a Tierjunge*); F schmeißen; **~ anker** NAUT Anker werfen; **~ frakken** den Mantel ablegen; **~ af** (*sig*) abwerfen; **~ bort** wegwerfen; **~ ind** einwerfen (*a Fußball*); **~ om** Umhang umwerfen; **~ op** sich übergeben, sich erbrechen; **~ sig** sich werfen (*a Holz*); **~ sig over ngt.** fig sich auf *etw* (A) werfen (*od* stürzen); **~ over ende** fig über den Haufen werfen; **~ én på døren** fig j-n vor die Tür setzen (*hinauswerfen*); **~ til jorden** zu Boden werfen; **~ ud** hinauswerfen; **~ sig ud i et eventyr** sich in ein Abenteuer stürzen

kastebold ['kasdɒbɔlˀd] fig Spielball *m*

kastel [ka'sdelˀ] ⟨*-let*; *-ler*⟩ Kastell *n*, Zitadelle *f*

kaste|pil ['kasdəpi:ʔl] Wurfpfeil *m*; **~r** [-ʀ] ⟨*-en*; *-er*⟩ Werfer *m*; **~skyts** [-sgøds] *Wurfgeschoss n*; **~vind** [-venʔ] Bö(e) *f*, heftige(r) Windstoß *m*

kastr|ation [kasdʀa'sjo:ʔn] ⟨*-en*; *-er*⟩ Kastration *f*; **~ere** [ka'sdʀe:ʔʀə] kastrieren

kasus ['ka:sus] ⟨*-en*; *-*⟩ GRAM Kasus *m*, Fall *m*

kat [kad] ⟨*-ten*; *-te*⟩ Katze *f*; (*han...*) Kater *m*; **ikke gøre en ~ fortræd** F keiner Fliege *etw* zuleide tun; **købe ~ten i sækken** F fig die Katze im Sack kaufen; **slå ~ten af tønden** dän Fastnachtssitte: die Katze aus der Tonne schlagen; **ikke en ~** F kein Mensch; **fy for ~ten!** pfui Teufel!

katalysator [kataly'sa:tɒʀ] ⟨*-en*; *-er*⟩ Katalysator *m*

katapult [kata'pulˀd] ⟨*-en*; *-er*⟩ FLUG Katapult *n*, *m*; **~sæde** [-sɛ:ðə] Schleudersitz *m*

katar [ka'tɑ:ʔʀ] ⟨*-en*; *-er*⟩ MED Katarr(h) *m*

katastrofal [katasdʀo'fa:ʔl] katastrophal, verheerend

katastrofe [kata'sdʀo:fə] ⟨*-n*; *-r*⟩ Katastrophe *f*; **~ramt** [-ʀɑmˀd] von e-r Katastrophe betroffen

kateder [ka'te:ʔdɒʀ] ⟨*kated(e)ret*; *katedre*⟩ Katheder *n*, *m*, Lehrerpult *n*

katedral [kadə'dʀɑ:ʔl] ⟨*-en*; *-er*⟩ Kathedrale *f*, Dom *m*; **~skole** [-sgo:lə] Domschule *f*, Gymnasium *n*

kategori [kadəgo'ʀi:ʔ] ⟨*-en*; *-er*⟩ Kategorie *f*; **~sk** [-'go:ʔʀisg] kategorisch

katol|icisme [katoli'sismə] ⟨*-n*⟩ Katholi-

zismus *m*; **~ik** [-'lig] ⟨*-ken*; *-ker*⟩ Katholik(in) *m(f)*; **~sk** [-'to:ʔlsg] katholisch

katteagtig ['kadɒgdi] katzenartig, katzenhaft

kattefjed ['kadəfjeð] **gå på ~** wie e-e Katze schleichen

katte|jag ['kadəja:ʔ, -jaü] große Eile *f*; **~killing** [-kileŋ] Kätzchen *n*, junge Katze *f*; **~konge** [-kɒŋə] dän Fastnachtsbrauch: „Katzenkönig", der die Tonne kaputtschlägt

kattepine ['kadəpi:nə] **være i en slem ~** F in der Klemme sitzen

katte|ryg ['kadəʀœg] Katzenbuckel *m*; **~skind** [-sgenˀ] Katzenfell *n*; **~tunge** [-toŋə] Katzenzunge *f* (*a Schokolade*); **~vask** [-vasg] fig Katzenwäsche *f*

katteøje ['kadøːiə] Katzenauge *n* (*a Fahrrad*)

kaudervælsk ['kaüʔdɒrvɛlˀsg] ⟨*et*⟩ Kauderwelsch *n*

kausal|forbindelse [kaü'sa:ʔlfɒr'ben-nʔəlsə] Kausalzusammenhang *m*; **~itet** [-sali'te:ʔd] ⟨*-en*⟩ Kausalität *f*

kaution [kaü'sjo:ʔn] ⟨*-en*; *-er*⟩ Kaution *f*, Bürgschaft *f*, Sicherheit *f*; **gå i ~ for én** Bürgschaft für *j-n* leisten, **~ere** [-sjo-'ne:ʔʀə] bürgen; **~ist** [-sjo'nisd] ⟨*-en*; *-er*⟩ Bürge *m*, Bürgin *f*

kautsjuk ['kaüdsjug] ⟨*-en*⟩ Kautschuk *m*

kavaj [ka'vaïʔ] ⟨*-en*; *-er*⟩ (langer, schwerer) Mantel *m*

kavaler [kava'le:ʔʀ] ⟨*-en*; *-er*⟩ Kavalier *m*; **~gang** [-gaŋʔ] F etwa Brustansatz *m*, Dekolleté *n*

kavaleri [kavalə'ʀi:ʔ] ⟨*-et*; *-er*⟩ MIL Kavallerie *f*

kavalermæssig [kava'le:ʔʀmɛsi] kavalier(s)mäßig

kavring ['kaüʀeŋ] ⟨*-en*; *-er*⟩ kleine(s), runde(s) Brot *n*, e-e Art Zwieback *m*

Kbh. *Abk. für* **København**

ked [ke:ʔð]: **være ~ af ngt.** über *etw* (A) traurig sein; *etw* satthaben; **vi er ~(e) af fejltagelsen** der Irrtum tut uns leid

kede [ke:ðə] langweilen (**sig** sich), anöden; **~ sig ihjel** sich zu Tode langweilen

kedel ['ke:ðəl] ⟨*ked(e)len*; *kedler*⟩ Kessel *m*; **~dragt** [-dʀagd] Schlosseranzug *m*, Monteuranzug *m*

kedelig ['ke:ðəli] langweilig; traurig; unerfreulich, leidig; **en ~ historie** fig e-e dumme Geschichte; **det var ~t!** (wie) schade!

kedel|passer ['keðəlpasɒr] Heizer *m*; **~sten** [-sdeːʔn] Kesselstein *m*

kedsom|hed ['keðsɒmhe:ðʔ] ⟨*-en*⟩ Langeweile f; **~melig** [-'sɔmˀəli] langweilig

kegle ['kɑɪlə] ⟨-n; -r⟩ Kegel m (a GEOM); **spille ~r** kegeln; **tage ~** F Beifall finden; **~bane** [-ba:nə] Kegelbahn f; **~flade** [-fla:ðə] GEOM Kegelmantel m; **~formet** [-fɔ:ˀʀmɔð] kegelförmig; **~rejser** [-ʀɑɪsər] ⟨-en; -e⟩ Kegelaufsetzer m, Kegeljunge m; **~snit** [-snid] GEOM Kegelschnitt m; **~spiller** [-sbelər] Kegler(in) m(f); **~stub** [-sdub] Kegelstumpf m

kejser ['kɑɪsər] ⟨-en; -e⟩ Kaiser m; **~inde** [-'enə] ⟨-n; -r⟩ Kaiserin f; **~lig** [-li] kaiserlich; **~rige** [-ʀi:ə] Kaiserreich n; **~snit** [-snid] MED Kaiserschnitt m; **blive taget ved ~** mit Kaiserschnitt entbunden werden

kejte ['kɑɪdə] ⟨-n⟩ linke Hand f; **~et** [-ð] linkisch, ungeschickt, unbeholfen; **~håndet** ['kɑɪdhɔnˀəð] linkshändig; **Person:** Linkshänder m

kel [ke:ˀl] ⟨-en; -e⟩ (Hohl)Kehle f

kelter ['kɛlˀdər] ⟨-en; -e od -⟩ Kelte m, Keltin f; **~isk** ['kɛlˀtisg] keltisch

kemi [ke'mi:ˀ] ⟨-en⟩ Chemie f

kemikalie|affald [-'ka:ˀliəɑůfal?] Chemieabfall m, Giftmüll m; **~r** [kemi'ka:ˀliər] pl Chemikalien f/pl

kemiker ['ke:ˀmiːgər] ⟨-en; -e⟩ Chemiker(in) m(f); **~sk** ['ke:ˀmisg] chemisch

kemo|fiber [kemofi:ˀbər] Chemiefaser f; **~terapi** [-tɛʀɑ'pi:ˀ] MED Chemotherapie f

kende¹ ['kenə] **en ~** ein wenig, ein bisschen

kende² ['kenə] **give (sig) til ~** (sich) zu erkennen geben

kende³ ['kenə] ⟨-te⟩ kennen; wissen; erkennen; **lære at ~** kennenlernen; **~ en af navn** j-n dem Namen nach kennen; **~ én skyldig** JUR j-n für schuldig erklären; **thi ~s for ret ... etwa:** JUR im Namen des Volkes; **~ til ngt.** von etw wissen; **det ~r jeg ikke ngt. til!** (davon habe ich) keine Ahnung!; **ville ~s ved ngt.** sich zu etw bekennen, etw anerkennen; **kendt** bekannt; namhaft; vertraut; **han er kendt her** a. er weiß hier Bescheid; **han har kendt bedre dage** er hat bessere Tage gesehen

kende|lig ['kenəli] erkennbar; merkbar; sichtlich; **~lse** ['kenəlsə] ⟨-n; -r⟩ JUR (Richter)Spruch m, (Gerichts)Beschluss m; **~mærke** [-mɛʀɡə] Kennzeichen n, Merkmal n, Erkennungszeichen n; **~ord** [-o:ˀʀ] GRAM Geschlechtswort n, Artikel m

kender ['kenər] ⟨-en; -e⟩ Kenner(in) m(f);

~blik [-bleg] Kennerblick m; **~mine** [-mi:nə] Kennermiene f

kendetegn ['kenətɑɪˀn] Kennzeichen n, Merkmal n; **~e** [-ə] kennzeichnen

kending¹ ['kenen] ⟨-en; -e⟩ Bekannte (der, die)

kending² ['kenen] **have ~ af land** NAUT Land sichten

kendings|bogstav ['kenensbogsda:ˀw] AUTO (Auto-)Kennzeichen n; **~flag** [-fla:jˀ] Erkennungsflagge f; **~melodi** [-melo'di:ˀ] Kennmelodie f; **~mærke** [-mɛʀɡə] Kennzeichen n

kendsgerning ['kenˀsgɛʀnen] Tatsache f, Faktum n

kendskab ['kensga:ˀb] ⟨-et⟩ Kenntnis f

kendt [kenˀd] bekannt; vertraut (**med/**mit D); → **kende³**; **~e** [-ə] etwa Prominente pl, Promis pl

kepi ['ke:pi:ˀ, 'kepi] ⟨-en; -er⟩ MIL Käppi n

keramik [keʀɑ'mig] ⟨-en⟩ Keramik f, Ton m; Töpferwaren f/pl; **~er** ['ʀɑ:ˀmigər] ⟨-en; -e⟩ Keramiker(in) m(f)

keramisk [ke'ʀɑ:ˀmisg] keramisch

kere ['ke:ʀə] kehren, kümmern; **ikke ~ sig om ngt.** sich nicht an etw kehren

kermesse [kɛʀ'mesə] ⟨-n; -r⟩ Kirchweih f, Kirmes f

kerne ['kɛʀnə] ⟨-n; -r⟩ Kern m (a fig); **~dansk** [-danˀsg] echt dänisch; **~familie** [-fa'mi:ˀliə] Kernfamilie f, Kleinfamilie f; **~frugt** [-frogd] Kernfrucht f, Kernobst n; **~fuld** [-fulˀ] kernig; **~fysik** [-fy'sig] Kernphysik f; **~hus** [-hu:ˀs] Kerngehäuse n; **~karl** [-ka:ˀl] fig großartiger (od prächtiger) Mann m, F Pfundskerl m, Prachtkerl m

kerne|kraft ['kɛʀnəkʀɑfd] Kernkraft f; **~sprængning** [-sbʀɛnen] PHYS Kernexplosion f; **~sund** [-sonˀ] kerngesund; **~ved** [-veð] Kernholz n; **~vælger** [-vɛljər] Stammwähler m; **~våben** [-vɔ:ˀbən] Kernwaffe f; **~våben(s)krig** [-vɔ:ˀbənskʀi:ˀ] Atomkrieg m

kerte ['kɛʀdə] ⟨-n; -r⟩ Kerze f

ketchup ['kedsjɔb] ⟨-pen⟩ Ketschup n, m

ketsjer ['kedsjər] ⟨-en; -e⟩ Kescher m; (Tennis)Schläger m

kgl. Abk. für **kongelig**

Kgs. Abk. für **Kongens**; → **konge**

kid [kið] ⟨-det; -⟩ Rehkalb n, Kitz n; Zicklein n

kidnap|ning ['kidnɑbnen] ⟨-en; -er⟩ Kidnapping n; **~pe** [-nɑbə] kidnappen

Kielerkanalen ['ki:ˀlərkɑ'na:ˀlən] der Nord-Ostsee-Kanal m

kig [kig] ⟨-get; -⟩ Blick m; **få ~ på ngt.** etw

erblicken; *have* ~ *på ngt. fig* etw im Auge haben; *hun kom lige et lille* ~ sie guckte kurz mal rein (*Besuch*)

kigge ['kigə] gucken, schauen; *Schule:* abgucken; ~ *efter* nachgucken; ~ *frem* hervorgucken; ~ **ind** hineinschauen; ~ **ind (op) til én** j-n besuchen; ~ *på én* j-n angucken; ~ [-R] ⟨-en; -e⟩ Fernsehzuschauer *m*; Spanner *m* (*Voyeur*)

kighoste ['kiho:sdə] MED Keuchhusten *m*

kighul ['kighol] Guckloch *n*

kik ⟨-ket; -⟩ → **kig**; ~**hul** → **kighul**; ~**ke** → **kigge**; ~**ker** ⟨-en; -e⟩ → **kigger**

kikkert ['kigəRd] ⟨-en; -er⟩ Fernrohr *n*, Fernglas *n*, Feldstecher *m*; THEA Opernglas *n*; *have én i* ~ *en fig* ein Auge auf j-n werfen; *F j-n auf dem Kieker haben*

kiks¹ [kigs, kegs] ⟨-en; -⟩ Keks *m*

kiks² [kigs, kegs] ⟨-et; -⟩ *Fußball:* Fehlstoß *m*

kikse ['kigsə, 'kegsə] *v/t Fußball:* verschießen; patzen; *v/i* fehlschlagen, *F* schiefgehen; ~*r* [-R] ⟨-en; -e⟩ *F* Reinfall *m*, Fiasko *n*; SPORT Fehlschuss *m*

KIKært ['kigɐʔd] ʙOT Kichererbse *f*

kilde¹ ['kilə] ⟨-n; -r⟩ Quelle *f* (*a fig*); *skat ved* ~*n* Quellensteuer *f*, Lohnsteuer *f*

kilde² ['kilə] kitzeln

kilde|kalk ['kilǝkalʔg] GEOL Sinter *m*; ~**kritik** [-kri'tig] Quellenkritik *f*

kilde|n ['kilən] kitzlig; *fig* heikel, brenzlig; ~**r** ['kilʔəR] ⟨-en; -e⟩ ANAT Kitzler *m*

kilde|skat ['kiləsgad] Lohnsteuer *f*, Quellensteuer *f*; ~**vand** [-van·ʔ] Quellwasser *n*; ~**væld** [-velʔ] *poet* Quelle *f*

kildre ['kilRə] kitzeln; ~**n** Kitzeln *n*, Kitzel *m*; ~**r** [-R] ⟨-en; -e⟩ → **kilder**

kile¹ ['ki:lə] ⟨-n; -r⟩ Keil *m*; *Näherei a:* Zwickel *m*

kile² ['ki:lə]: *v/t* ~ *fast* festkeilen; *v/i* ~ *af sted* davoneilen; ~ *på* loslegen; *kil på!* los!

kile|formet ['ki:ləfɔRʔməð] keilförmig; ~**hæl** [-he:ʔl] *Schuh:* Keilabsatz *m*; ~**rem** [-REm·ʔ] Keilriemen *m*

killing ['kileŋ] ⟨-en; -er⟩ Kätzchen *n*; Häschen *n*; junge(s) Kaninchen *n*; *katten har fået* ~*er* die Katze hat Junge bekommen

kilo ['kilo] ⟨-et; -⟩ Kilo *n*; ~**gram** [-gRɑmʔ] Kilogramm *n*

kilometer [kilo'me:ʔdəR] Kilometer *m*; ~ *i timen* (*Abk. km/h o km/t.*) Stundenkilometer *m/pl* (*Abk. km/h*); ~**lang** [-lɑŋ·ʔ] kilometerlang; ~**tæller** [-telǝR] Kilometerzähler *m*

kilo|pond ['kilopɔn·ʔd] ⟨-et⟩ Kilopond *n*;

~**rens** [-REn·ʔs] Reinigung *f*, in der nach Gewicht abgerechnet wird

kilowatt [kilo'vad] Kilowatt *n*; ~**time** [-vadti:mə] ⟨-en; -r⟩ (*Abk. kWh*) Kilowattstunde *f* (*Abk. kWh*)

kilte ['kildə]: ~ *op* (auf)schürzen

kim [ki:ʔm] ⟨-en; -e⟩ Keim *m* (*a fig*); ~**blad** ['ki:mblaðð] Keimblatt *n*

kime ['ki:mə] *Glocken:* läuten; *an der Tür:* heftig läuten, Sturm läuten; TEL schrill (*od anhaltend*) klingeln; ~**n** Läuten *n*

kimfri ['ki:mfRi:ʔ] keimfrei

kiming ['kimeŋ] ⟨-en⟩ NAUT Kimm(ung) *f*

kimse ['kemsə]: *ikke til at* ~ *ad* nicht übel (*od zu verachten*)

Kina ['ki:na] GEOGR China *n*

kina|flip ['ki:nafleb] Stehkragen *m*; ~**kål** [-kɔ:ʔl] Chinakohl *m*

kind [kenʔ] ⟨-en; -er⟩ ANAT Wange *f*, Backe *f*; ~**ben** ['kenbe·ʔn] ANAT Backenknochen *m*; ~**dans** [-dan·ʔs] Wange-an-Wange-Tanzen *n*; ~**hest** [-hɛsd] Backpfeife *f*; ~**tand** [-tan·ʔ] Backenzahn *m*

kineser [ki'ne:ʔsɐR] ⟨-en; -e⟩ Chinese *m*, Chinesin *f*; *Feuerwerk:* Schwärmer *m*; *du store* ~ *! F* heiliger Bimbam!; ~**garn** [-gɑ:ʔRn] → **kinesertråd**; ~**i** [-neˈtsɐʔkiˑʔ] ⟨-et; -er⟩ Chinoiserie *f*; *fig* Umstände *pl*; ~**tråd** [-tRɔ:ʔð] Zwirn *m*

kinesisk [ki'ne:ʔsisg] chinesisch

kinin [ki'ni:ʔn] ⟨-en *od* -et⟩ MED Chinin *n*

kino [ki'no] ⟨-en; -er⟩ Kino *n*

kiosk [ki'ɔsg] ⟨-en; -er⟩ Kiosk *m*, Verkaufsstand *m*

kip|afbryder ['kibuˈbRʏˑʔðəR] EL Kippschalter *m*; ~**bar** [-bɑːʔR] kippbar; ~**kalv** [-kalˑʔ(v)] → **kippekalv**; ~**lampe** [-lɑmbə] Kipplampe *f*

kippe¹ ['kibə] ⟨-n; -r⟩ Kneipe *f*, Spelunke *f*

kippe² ['kibə] kippen; *Flagge* dippen

kippekalv ['kibəkalˑʔ(v)] Kälbchen *n*

kirke ['kiRgə] ⟨-n; -r⟩ Kirche *f*; *gå i* ~ zur (*od in die*) Kirche gehen; ~**betjent** [-be-'tjenʔd] → **kirketjener**; ~**bog** [-bɔ:ʔʔ] Kirchenbuch *n*; ~**bygning** [-bygnen] Kirchenbau *m*; ~**bøsse** [-bøsə] Opferstock *m*; ~**gang** [-gɑŋ·ʔ] Kirchgang *m*; ~**gænger** [-gɛŋəR] ⟨-en; -e⟩ Kirchgänger(in) *m(f)*; ~**gård** [-gɔ:ʔR] Friedhof *m*, Kirchhof *m*; ~**klokke** [-klɔgə] Kirchenglocke *f*; ~**kor** [-ko:ʔR] Kirchenchor *m*; ~**lig** [-li] kirchlich

kirkerotte ['kiRgəRɔdə]: *fattig som en* ~ *fig* arm wie e-e Kirchenmaus

kirke|skat ['kiRgəsgad] Kirchensteuer *f*; ~**skib** [-sgiˑʔb] Kirchenschiff *n*; Schiffsmodell *n* in dän. Kirchen

K

kirketid ['kiʀɡətið?]: *i ~en* während des Gottesdienstes

kirke|tjener ['kiʀɡətjeːnəʀ] Kirchendiener *m*; **~tårn** [-tɔːʔʀn] Kirchturm *m*; **~ur** [-uːʔʀ] Kirchenuhr *f*; **~værge** [-vɛʀɡə] Kirchenälteste(r) *m*, Kirchenvorsteher *m*; **~år** [-ɔːʔʀ] Kirchenjahr *n*

kiropraktor [kiro'pʀaɡtɔʀ] ⟨-en; -er⟩ Chiropraktiker(in) *m(f)*

kirsch [kiʀsj] ⟨-en; -er⟩ Kirsch(wasser) *m(n)*

kirsebær ['kiʀsəbɛʀ] Kirsche *f*; **~blomst** [-blɔmʔsd] Kirschblüte *f*; **~rød** [-ʀœːʔð] kirschrot; **~sten** [-sdeːʔn] ⟨-en *e od* -⟩ Kirschkern *m*; **~tomat** [-to'maːʔd] Cocktailtomate *f*; **~træ** [-tʀɛːʔ] Kirschbaum *m*; Kirschholz *n*

kirtel ['kiʀdəl] ⟨*kirt(e)len; kirtler*⟩ ANAT Drüse *f*; **~sva** [-svaːʔ], **~syg** [-syːʔ] drüsenkrank

kirurg [kiˈʀuʀʔw] ⟨-en; -er⟩ Chirurg(in) *m(f)*; **~i** [-ʀuʀˈɡiːʔ] ⟨-en; -er⟩ Chirurgie *f*; **~isk** [-isg] chirurgisch

kis¹ [kiːʔs] ⟨-et⟩ MINER Kies *m*

kis² [kis] ⟨-sen; -ser⟩ Katze: F Miez(e) *f*

kisel ['kiːʔsəl] ⟨*kis(e)len*⟩ MINER Kiesel *m*

kispus ['kispus] ⟨*et*⟩: *lege ~ med én* F j-n foppen; j-m dauernd entwischen, Katz(e) und Maus mit j-m spielen

kisse|jag ['kisəjaːʔ], **~jav** [-jawʔ] ⟨*et*⟩ große Eile *f*

kissemisse ['kisəˈmisə] flirten; **~ri** [-misəˈʀiːʔ] ⟨-et; -er⟩ Flirt *m*, Techtelmechtel *n*

kiste [ˈkisdə] ⟨-n; -r⟩ Sarg *m*; Truhe *f*; Kiste *f*, Kasten *m*

kistebund [ˈkiːsdəbɔnʔ]: *have ngt. på ~en* F Geld im Sparstrumpf haben

kiste|glad ['kiːsdəɡlaðʔ] heilfroh; **~klæder** [-klɛːʔ(ð)əʀ] *pl* F Sonntagsstaat *m*; **~låg** [-lɔːʔw] Sargdeckel *m*; Kistendeckel *m*; Truhendeckel *m*

kit [kid] ⟨-tet⟩ Kitt *m*

kitsch [kidsj] ⟨*en od et*⟩ Kitsch *m*

kittel ['kidəl] ⟨*kit(te)len; kitler*⟩ Kittel *m*; **~forklæde** [-fɔʀklɛːʔðə] Kittelschürze *f*

kiv [kiːʔv] ⟨-en⟩ Zank *m*, Streit *m*; *yppe ~* Streit anfangen; **~agtig** [kiůˈaɡdi] zänkisch; **~es** ['kiːvəs] sich zanken (*med én* mit j-m)

kiwi ['kiːvi] ⟨-en; -er⟩ BOT Kiwi *f*; ZO Kiwi *m*; **~frugt** [-fʀɔɡd] BOT Kiwi *f*

kjole ['kjoːlə] ⟨-n; -r⟩ Dame: Kleid *n*; Herr.: Frack *m*; Pastor: Talar *m*; *~ og hvidt* Frack *m* (und weiße Binde *f*); **~dragt** [-dʀaɡd] Jackenkleid *n*; **~klædt** [-klɛːʔd] im Frack, befrackt; **~liv** [-liːʔv]

Leibchen *n*, Taille *f* (*am Kleid*); **~skjorte** [-sɡjɔʀdə] Frackhemd *n*; **~skød** [-sɡøːʔð] ⟨-et; -er⟩, **~skøde** [-sɡøːðə] ⟨-t; -r⟩ Frackschoß *m*; **~sæt** [-sɛd] Frack *m* (und weiße Binde *f*)

kjortel ['kjɔʀdəl] ⟨*kjort(e)len; kjortler*⟩ *lit* Gewand *n*

kl. *Abk. für* **klasse** *u* **klokken**, → **klokke¹**

kladde ['klaðə] ⟨-n; -r⟩, **~bog** [-bɔːʔw] Kladde *f*, Strazze *f*

klage¹ ['klaːjə] ⟨-n; -r⟩ Klage *f* (*over*/über *A*), Beschwerde *f*

klage² ['klaːjə] klagen (*over*/über *A*); sich beschweren; *~ sin nød for én* j-m s-e Not klagen; *jeg kan ikke ~* ich kann nicht nicht beklagen; *~ sig* klagen, stöhnen

klage|lyd ['klaː(j)əlyðʔ] Klagelaut *m*; **~mål** [-mɔːʔl] Klage *f*, Beschwerde *f*; **~r** [-ʀ] ⟨-en; -e⟩ Kläger(in) *m(f)*, Beschwerdeführer(in) *m(f)*; **~ret** [-ʀed] JUR dänisches Gericht, das über Revisionen entscheidet, Revisionsausschuss *m*; **~råb** [-ʀɔːʔb] Klageruf *m*; **~sang** [-saŋʔ] Klagelied *n*; Klagegesang *m*; **~skrift** [-sɡʀefd] ⟨-et; -er⟩ Klageschrift *f*

klakør [kla'køːʔʀ] ⟨-en; -er⟩ Claqueur *m*

klam [klamʔ] klamm, nasskalt

klamamus [kla'maːmus] ⟨-(s)en; -(s)er⟩ F Sermon *m*, Vortrag *m*

klamhed [klamheːðʔ] ⟨-en⟩ Feuchtigkeit *f*

klamme ['klamə] ⟨-n; -r⟩ Schriftzeichen: Klammer *f*

klammeri [klaməˈʀiːʔ] ⟨-et; -er⟩ Zank *m*, Händel *pl*; *komme i ~ med én* mit j-m in Streit geraten

klampe¹ ['klambə] ⟨-n; -r⟩ NAUT Klampe *f*; Holzschuh: Holzklotz *m*

klampe² ['klambə] *Schnee:* pappen, (fest)-backen

klamphugger ['klambhoɡəʀ] ⟨-en; -e⟩ *fig* Pfuscher *m*

klamre ['klamʀə]: *~ sig* sich klammern (*til*/an *A*)

klandre ['klandʀə] bekritteln, tadeln, rügen

klang¹ [klaŋʔ] ⟨-en; -e⟩ Klang *m*, Schall *m*

klang² [klaŋʔ] → **klinge²**

klang|bund ['klaŋbɔnʔ] Klangboden *m*, Schallboden *m*; *fig* Widerhall *m*; **~fuld** [-fulʔ] klangvoll; **~lig** [-li] klanglich; **~løs** [-løːʔs] klanglos

klap¹ [klab] ⟨-pen; -per⟩ Klappe *f*; *Tasche:* Patte *f*; *Hose:* Latz *m*; *der gik en ~ ned for mig* F ich hatte Mattscheibe

klap² [klab] ⟨*en od et*⟩: *ikke en ~*, *ikke et ~*

überhaupt nichts, kein bisschen

klap³ [klab] ⟨-pet; -⟩ Klatschen *n*; Klaps *m* (*leichter Schlag*)

klap|bord ['klubbo:'ʀ] Klapptisch *m*; **~bro** [-bʀo:'] Klappbrücke *f*; **~cykel** [-sygəl] Klappfahrrad *n*; **~hat** [-had] *Hut mit Stoffhändchen zum Klatschen*; *typische Länderspielausrüstung* **dän** *Fußballfans*; F Idiot *m*; **~jagt** [-jagd] Treibjagd *f*; Kesseltreiben *n*

klappe ['klabə] *Beifall* klatschen; streicheln; klopfen; klappen (*a* F); **~, ~ kage!** *Kinderspr.* backe, backe Kuchen!; **~ i hænderne** in die Hände klatschen; **~ i** zuklappen; **klap gællerne i!** F halt die Klappe!; **~ op** aufklappen; **til at ~ op** auf klappbar; **~ sammen** zusammenklappen (*a fig*); **til at ~ sammen** zusammenklappbar; **~t og klart** F fix und fertig (*bereit*); **det ~de fint** das hat gut geklappt

klapper ['klabər] ⟨-en; -e⟩ Klatscher *m*; *Jagd:* Treiber *m*

klapre ['klabʀə] klappern; klappen; **~ ngt. ned** F *etw* verpassen

klaps [klabs] ⟨-et; -⟩ Klaps *m*, Schlag *m*

klapsalve ['klabsalvə] rauschende(r) Beifall *m*

klapse ['klabsə]: **~ én af** F *j-m* e-e Abreibung geben

klap|stol ['klabsdo:'l] Klappstuhl *m*; **~sæde** [-sɛ:ðə] Klappsitz *m*; Notsitz *m*; **~torsk** [-tɔʀsg] F Rindvieh *n*, Dummkopf *m*; **~vogn** [-voũ'n] zusammenklappbarer offener Kinderwagen, Buggy

klar [klɑ:'ʀ] klar, hell, *Wetter:* heiter; fertig, bereit; eindeutig, deutlich; **det ~e vanvid** F der reinste Wahnsinn; **være ~ over ngt.** sich (*D*) über *etw* (*A*) klar (*od* im Klaren) sein; **jeg er ~ over det** *a* ich bin mir dessen bewusst; **det er da ~t!** F ist doch klar!; **klappet og ~t →** *klappe*

klare ['klɑ:ʀə] schaffen; klären (*a fig*); **jeg kan ikke ~ ham** ich werde mit ihm nicht fertig; **~ sig** durchkommen, zurechtkommen, auskommen, F klarkommen (*med/* mit *D*); **godt ~t!** gut gemacht!; **~ op** *Wetter:* sich aufklaren, sich aufhellen; **~ pynten** F e-e Sache meistern

klar|gøre ['klɑʀgœ:'ʀə] klarmachen; **~hed** [-heð'] ⟨-en⟩ Klarheit *f*; **~hjernet** [-jɛʀnəð], Klardenkend [-ho:ðəð] gescheit

klarinet [klɑʀi'ned] ⟨-ten; -ter⟩ Klarinette *f*; **~tist** [-nɛ'tisd] ⟨-en; -er⟩ Klarinettist(in) *m(f)*

klaring ['klɑ:ʀeŋ] ⟨-en; -er⟩ Klärung *f*; Klarlegung *f*

klarlæg|ge ['klɑʀlɛgə] klarlegen, klarmachen; **~gelse** [-lsə] ⟨-n; -r⟩, **~ning** [-legnəŋ] ⟨-en; -er⟩ Klärung *f*

klarne ['klɑʀnə] *Wetter:* aufklaren

klarsyn ['klɑʀsy:'n] Hellsichtigkeit *f*; Hellsehen *n*; **~et** [-əð] hellsichtig; hellseherisch

klartskuende ['klɑ:'ʀdsgu:ənə] klarsehend

klar|vask ['klɑʀvasg] Hauptwäsche *f*; **~øjet** [-ɔi'əð] kläräugig, helläugig

klase ['klɑ:sə] ⟨-n; -r⟩ BOT Traube *f*; **~ druer** Weintraube *f*

klask¹ [klasg] ⟨-et; -⟩ Klatsch *m*; Klaps *m* (*Schlag*)

klask² [klasg]: **~!** klatsch!

klaske ['klasgə] klatschen; **~ sammen** F *fig* zusammenklappen

klasse ['klasə] ⟨-n; -r⟩ (*Abk. kl.*) Klasse *f*; **gå i tredje ~** die dritte Klasse besuchen (*od* in der dritten Klasse sein); **gå ~n om** die Klasse wiederholen; **rejse på første ~** erster Klasse reisen; **en musiker af ~** ein Musiker von Rang; **en skurk af første ~** ein Schurke ersten Ranges; **første ~s · førsteklasses**

klasse|kammerat ['klasəkamə'ʀɑd] Klassenkamerad(in) *m(f)*; **~kvotient** [-kvo'sjen'd] *Schule:* Klassenstärke *f*; **~lærer** [-lɛ:ʀəʀ] Klassenlehrer(in) *m(f)*; **~re** [kla'se:'ʀə] ordnen, klassifizieren; **~trin** [-tʀin] Klassenstufe *f*; **~vis** [-vi:'s] klassenweise; **~værelse** [-vɛ:ʀəlsə] Klassenzimmer *n*

klassicis|me [klasi'sismə] ⟨-n⟩ Klassizismus *m*; **~tisk** [-'sisdisg] klassizistisch

klassificere [klasifi'se:'ʀə] klassifizieren

klassik [kla'sig] ⟨-ken⟩ Klassik *f*; **~er** [-'sigəʀ] ⟨-en; -e⟩ Klassiker *m*; Altsprachler(in) *m(f)*

klassisk ['klasisg] klassisch; **~sproglig** [-sbʀɔwli] altsprachlich

klat [klad] ⟨-ten; -ter⟩ Klecks *m*; F Klacks *m*; Stück(chen) *n*; *fig* ein wenig, ein bisschen; **slå en ~** e-n Klecks machen, klecksen; **~gæld** [-'gɛl'] Läpperschulden *pl*; **~kage** [-'kɑ:ə] Plinse *f*

klatmaler ['kladmɑ:lɔʀ] F Farbenkleckser *m*; **~i** [-mɑ:lə'ʀi:'] *Bild:* Kleckserei *f*, Geschmiere *n*

klatpapir ['kladpa'pi:'ʀ] Löschpapier *n*; **et stykke ~** ein Löschblatt *n*

klatre ['kladʀə] klettern, klimmen; **~ op** (**ned**) hinauf- (herunter)klettern; **~plante** [-plandə] Kletterpflanze *f*; **~r** [-ʀ] ⟨-en; -e⟩ Kletterer *m*; **~stativ** [-sda'ti:'v] Klettergerüst *n*; **~tov** [-tɔũ] Klettertau n; Kletterseil n

klatring ['klɑdreŋ] ⟨-en; -⟩ Klettern n

klatskilling ['klɑdsgel'?eŋ] unbedeutende Geldsumme f, F Kleckerbetrag m

klatte ['klɑdə] klecksen; ~ **af** mit Löschpapier ablöschen; ~ **bort** (od **væk**) verplempern; ~ **med sine penge** sein Geld vergeuden; **ikke ~ med det** mit etw nicht geizen; ~ **ngt. til** etw beklecksen; **komme ~nde bagefter** F hinterhergekleckert kommen; **~ri** [-'ri:?] ⟨-et; -er⟩ Kleckserei f; fig Pfuscherei f; **~t** [-ð] klecksig

klat|vask ['klɑdvɑsg] kleine Wäsche f; **~vis** [-vi:?s] in kleinen Mengen, tropfenweise; **~øjet** [-'ɔi?əð] verschlafen, benommen

klausul [klɑu'su:?l] ⟨-en; -er⟩ Klausel f

klaver [klɑ've:?ʀ] ⟨-et; -er⟩ Klavier n; **~spil** [-sbel] Klavierspiel n; **~stemmer** [-sdemər] ⟨-e; -e⟩ Klavierstimmer m

klavre ['klɑuʀə] → **klatre**

klejn [klɑi?n] dial schmächtig, zart, fein

klejne ['klɑinə] ⟨-n; -r⟩ ~**r** etwa: Schmalzgebäck n, F Krumme Jungs m/pl

klejn|kunst ['klɑinkon?sd] Kleinkunst f; **~modig** [-'mo:?ði] kleinmütig; **~smed** [-smeð] Schlosser m

klem [klem?] ⟨-met; -⟩ (kurze, herzliche) Umarmung f; **give én et** ~ j-n (zärtlich) drücken; **døren står på** ~ die Tür ist angelehnt; **åbne på** ~ Tür: e-n Spalt breit aufmachen; **lukke på** ~ Tür anlehnen; **med fynd og** ~ fig mit (allem) Nachdruck

klementin [klemen'ti:?n] ⟨-en; -er⟩ BOT Klementine f

klemlampe ['klemlɑmbə] Klemmlampe f

klemme¹ ['klemə] ⟨-n; -r⟩ Klammer f; Klemme f (a fig); F Stulle f, Butterbrot n; **være i** ~ fig in der Klemme sein; **bringe i** ~ in die Enge treiben; **trække én ud af** ~**n** j-n aus der Patsche ziehen; **have en** ~ **på én** j-n im Griff od in der Mangel haben; **få fingrene i** ~ sich die Finger einklemmen; F in Bedrängnis geraten

klemme² ['klemə] ⟨-te⟩ klemmen, drücken, F knutschen; zwängen; quetschen; ~ **på** sich beeilen, sich anstrengen; F büffeln

klemme|lus ['kleməlu:?s] F Blutblase f; **~pose** [-po:sə] Fahrtenbeutel m

klemt [klem?d] ⟨-et; -⟩ Glockenschlag m; **~e** ['klemdə] läuten

klenodie [kle'no:?ðiə] ⟨-t; -r⟩ Kleinod n

kleppert ['klebərd] ⟨-en; -er⟩ kraftvolle(s) Pferd n; F große(r), kräftige(r) junge(r)

Kerl m

kliche, kliché [kli'sje] ⟨klicheen; klicheer⟩ TYP Klischee n (a fig); Phrase f; **~fyldt** [-fyl?ð] voller Klischees, klischeehaft, phrasenhaft

klid [klið] ⟨-det⟩ Kleie f; **~brød** ['bʀœ:?ð] Kleienbrot n; **~det** ['-əð] kleiig

klient [kli'en?d] ⟨-en; -er⟩ Klient(in) m(f); Mandant(in) m(f); **~el** [-ɛn'tel?] ⟨-let; -ler⟩ Klientel f

klik¹ [kleg] ⟨-et; -⟩ Klicken n; **slå** ~ Gewehr: versagen; fig fehlschlagen, misslingen

klik² [kleg] ⟨-ket; -⟩ Klicken n; **slå** ~ Gewehr: versagen; fig fehlschlagen, misslingen

klike [kli:gə] ⟨-n; -r⟩ Clique f; **~sprog** [-sbʀɔ:?w] Insiderjargon m; **~væsen** [-ve:?sən] Cliquenwesen n; Klüngelei f

klikke ['klegə] klicken; Gewehr: versagen; fig fehlschlagen, misslingen; ~ **på** EDV anklicken

klima ['kli:ma] ⟨-et; -er⟩ Klima n (a fig); **~anlæg** [-anlɛ:?g] Klimaanlage f; **~forandring** [-fɔʀ'an?dʀeŋ] Klimawechsel m (durch Verreisen)

klimatis|ere [klimati'se:?ʀə] klimatisieren; **~k** [-'ma:?tisg] klimatisch

klimaændring ['kli:maɛndʀeŋ] Meteorologie Klima(ver)änderung f (a fig)

klimpre ['klembʀə] klimpern; **~ri** [-'ʀi:?] ⟨-et; -er⟩ Klimperei f, Geklimper n

kline ['kli:nə] kleben, Wand mit Lehm bewerfen; ~ **t væg** Lehmwand f; **de sad ~t op ad hinanden** sie saßen eng beisammen

kling [kleŋ]: ~**!** kling!; **~bøjtel** ['-bɔi?ðəl] ⟨klingbøjt(e)len; klingbøjtler⟩ Kirche: Klingelbeutel m

klinge¹ ['kleŋə] ⟨-n; -r⟩ Klinge f, Blatt n; **gå én på** ~**n** F fig j-n ausquetschen

klinge² ['kleŋə] ⟨-ede od klang; klinget⟩ klingen; **i ~nde mønt** in klingender Münze

klinger ['kleŋ?ər] Lachen: schrill

klingre ['kleŋʀə] klingen; **~nde frost** klirrende(r) Frost m

klinik [kli'nig] ⟨-ken; -ker⟩ Klinik f; **~assistent** [-asi'sden?d], **~dame** [-da:mə] Sprechstundenhilfe f, Arzthelferin f

klinisk [kli:?nisg] klinisch

klink [kleŋ?g] ⟨en⟩: **ikke eje en** ~ F keine müde Mark besitzen

klinke¹ ['kleŋgə] ⟨-n; -r⟩ (Tür)Klinke f; ARCH Klinker m

klinke² ['kleŋgə] v/t kitten, nieten; F kaputtschlagen; v/i anstoßen (**med én** mit j-m)

klinkegulv ['kleŋɡəgol] Fliesenfußboden m

klinkeæg ['kleŋɡæ:'ɡ] Knickei n

klint [klen'd] ⟨-en; -er⟩ Steilufer n, Steilküste f; **~kyst** ['klendkøsd] Steilküste f

klip[1] [kleb] ⟨-pet; -⟩ Schnitt m; Zeitung: Ausschnitt m

klip[2] [kleb]: **klip-klap!** klipp, klapp!

klipfisk ['klebfesɡ] Klipp-, Stockfisch m

klipklapper ['klibklabər] pl Flip-Flops pl

klipning ['klebneŋ] ⟨-en; -er⟩ Schneiden m, Schnitt m; Haarschneiden n; Schafschur f

klippe[1] ['klebə] ⟨-n; -r⟩ Fels(en) m; im Meer: Klippe f

klippe[2] ['klebə] schneiden, stutzen; scheren; **~ af** abschneiden; **~ itu** zerschneiden; **~ over** durchschneiden; **~ til** zuschneiden; **~ ud** ausschneiden; **få håret ~t, blive ~t** sich die Haare schneiden lassen

klippebord ['klebəbo:'ɐ] Film, TV: Schneidetisch m

klippe|fast ['klebəfasd] fig felsenfest; **~fuld** [-'ful'] felsig; **~grund** [-ɡʁon'] Fels(en)grund m; **~hule** [-hu:lə] Felsenhöhle f

klippekort ['klebəkɒrd] Bus, etwa: Zehnerkarte f

klipper ['klebər] ⟨-en; -e⟩ NAUT Klipper m; Schneidegerät n; Schermaschine f; Rasenmäher m

klippe|stykke ['klebəsdøɡə] Felsstück n; **~tinde** [-tenə], **~top** [-tɒb] Fels(en)spitze f; **~tro** [-tʁo:'] felsenfeste(r) Glaube m; **~væg** [-vɛ:'ɡ] Felswand f

klips [klebs] ⟨-en; -⟩ → **clips**

klipuld ['klebul'] Schurwolle f

klir [kli:ɐ'] ⟨-ret; -⟩ Klirren n; **~re** ['kliɐə] klirren

klister ['klisdər] ⟨-en od -et⟩ Kleister m, Klebstoff m; **~bånd** [-bɒn'] n Klebeband n; **~mærke** [-mɛɐɡə] Aufkleber m; **~papir** [-pa'pi:'ɐ] Klebestreifen m; **~potte** [-pɒdə] Kleistertopf m

klistre ['klisdrə] kleben, kleistern; **~ sig op ad én** F fig sich an j-n hängen; **de sad ~t/~de op ad hinanden** F fig sie saßen eng beisammen/aneinandergeschmiegt; **~t** [-ð] klebrig, F pappig

klit [klid] ⟨-ten; -ter⟩ Düne f

klo [klo:'] ⟨-en; kløer⟩ Klaue f (a fig für Handschrift), Kralle f; Krebs: Schere f; **slå ~en i én** F fig j-n erwischen; **få kløerne i ngt.** fig etw in die Krallen bekommen

kloak [klo'aɡ] ⟨-ken; -ker⟩ Gully m, n,

(Abwasser)Kanal m; Kloake f; **~arbejder** [-ɑʁbɑi'?dər] Kanalarbeiter m; **~dyr** [-dy:'ɐ] ZO Kloakentier n; **~ering** [-a'ke:'ʁeŋ] ⟨-en; -er⟩ (Abwässer)Kanalisation f; **~ledning** [-leðneŋ] Abwasserleitung f; Kanalisationsrohr n

klode ['klo:ðə] ⟨-n; -r⟩ Himmelskörper m; Erdball m; **~sky** [-sɡy:'?] Haufenwolke f

klodrian ['klɒð'rian] ⟨-en; -er⟩ Tollpatsch m, Klotz m

klods[1] [klɒs] ⟨-en; -er⟩ Klotz m

klods[2] [klɒs] ⟨en od et⟩ Person: Klotz m

klods[3] [klɒs] su: **få på ~** auf Pump bekommen

klodse ['klɒsə] F v/i pumpen; F flecken (vorankommen); **tjene penge så det ~r** klotzig Geld verdienen; **~ op** Auto aufbocken; **~t** [-ð] plump, ungeschlacht, unbeholfen, schwerfällig; ungeschickt, klobig, klotzig

klods|hans ['klɒshan'?s] ⟨-en; -er⟩ F Tölpel m; **~major** [-ma'jo:'ɐ] F Tollpatsch m, Klotz m

klog [klɒ:'?w] klug, gescheit, F schlau; **han er ikke rigtig ~** F fig er ist nicht ganz dicht; **er du rigtig ~!** bist du denn total verrückt!, spinnst du?!; **blive ~ på ngt.** aus etw klug werden; **handle ~t** weise handeln; **~elig** ['klɒ:wəli] klugerweise, wohlweislich; **~skab** ['klɒwsɡa:'b] ⟨-en⟩ Klugheit f, Gescheitheit f

klokke[1] ['klɒɡə] ⟨-n; -r⟩ Glocke f; Klingel f; Schelle f; Uhr f; **hvad er ~n?** wie spät ist es?, wie viel Uhr ist es?; **~n er ét** es ist eins (od ein Uhr); **præcis ~n to** Punkt zwei Uhr; **~n er halv seks** (bzw **5.30 = fem tredive**) es ist halb sechs (bzw fünf Uhr dreißig); **~n er ti minutter i** (bzw **over**) **otte** es ist zehn (Minuten) vor (bzw nach) acht; **~n er lidt i** (over) **fem** es ist kurz vor (nach) fünf (Uhr); **~n halv seks** um halb sechs (Uhr); **~n er mange** es ist spät; **~n slår tre** es schlägt drei (Uhr)

klokke[2] ['klɒɡə]: **~ i det** F sich ungeschickt anstellen, sich blamieren, etw vermasseln

klokke|blomst ['klɒɡəblɒm'sd] Glockenblume f; **~frø** [-fʁœ:'?] ZO Unke f; **~får** [-fɔ:'ɐ] Leithammel m; fig Schafskopf m; **~klang** [-klaŋ'] Glockenklang m, Glockengeläut n; **~klar** [-kla:'ɐ] glockenhell; **~knebel** [-kne:'bəl] Glockenklöppel m, Glockenschwengel m; **~lyng** [-løŋ'] BOT Glockenheide f, Erika f; **~r** [-ɐ] ⟨-en; -e⟩ Glöckner m; fig F Dummkopf m, Tölpel m; **~ren** [-ʁɛ:'?n] glockenrein; **~slag** [-sla:'?] Glockenschlag m

K

klokkeslæt ['klɔgəsled] ⟨et⟩ Uhrzeit f; (*lige*) *på* ~*tet* F auf den Glockenschlag, auf die Minute (genau)

klokke|spil ['klɔgəsbel] Glockenspiel n; ~**stabel** [-sda:ˀbəl] freistehende(r) hölzerne(r) Glockenturm m

klokkestreng ['klɔgəsdreŋˀ] Klingelzug m; *hænge i* ~ *in* fig F von der Zeit abhängig sein

klokkestøber ['klɔgəsdø:bər] Glockengießer m

klokketime ['klɔgəti:mə]: *vente en stiv* ~ *e-e* geschlagene Stunde warten

klokketårn ['klɔgətɔ:ˀrn] Glockenturm m

klor [klo:ˀr] ⟨-en od -et⟩ Chlor n; ~**e** ['klo:rə] chloren; ~**ere** [klo'rɛ:ˀrə] chlorieren; ~**id** [klo'riðˀ] ⟨-et; -er⟩ CHEM Chlorit n

klorofyl [kloro'fy:ˀl] ⟨-et⟩ Chlorophyll n

klos [klɔs] dicht (*op ad/an* D)

kloset [klo'sed] ⟨-tet; -ter⟩ Klosett n

kloster ['klɔsdər] ⟨*klost(e)ret; klostre*⟩ Kloster n; Stift n; *gå i* ~ ins Kloster gehen; ~**gang** [-gaŋˀ] Klostergang m, Kreuzgang m; ~**lig** [-li] klösterlich

klov [klɔuˀ] ⟨-en; -e⟩ Klaue f

klovbærende ['klɔube:rənə]: ~ *dyr* Klauentier n

klovesyge ['klɔuəsy:ə] → **klovsyge**

klovn [klɔuˀn] ⟨-en; -e od -er⟩ Clown m; F Trottel m, Tölpel m; *jeg er en* ~ *til ngt.* etw fällt mir schwer; ~**(e)nummer** [klɔuˀn(ə)nɔmˀər] Auftritt m e-s Clowns

klovneri [klɔuˀnəˀri:ˀ] ⟨-et; -er⟩ Clownerie f; ~**er** pl (Narren)Possen pl

klovsyge ['klɔuˀsy:ə] mund- og ~ Maul- und Klauenseuche f

klub [klub] ⟨-ben; -ber⟩ Club m, Verein m; ~**lejlighed** [-'ləiˀlihe:ˀð] Wohnung f, deren Zimmer einzeln vermietet werden; ~**lokale** [-'lo'ka:lə] Klubraum m; ~**stol** ['-sdo:ˀl] Klubsessel m; ~**værelse** [-vɛ:rəlsə] n Zimmer n eines Miethauses

klud [kluðˀ] ⟨-en; -e⟩ Lappen m, Lumpen m; F fig Waschlappen m; *en rød* ~ fig ein rotes Tuch; ~**ene** pl F Kleidung: die Klamotten pl; *falde sammen som en* ~ F schlappmachen; *sætte liv i* ~*ene* F Leben in die Bude bringen

kludder ['kluðˀər] ⟨-en; -e⟩ Unordnung f; Pfuscherei f; *gå i* ~ Wollknäuel: sich verheddern; ~**has** [-ha:ˀs] ⟨-en; -er⟩, ~**makkel** [-megəl] ⟨*kluddermik(ke)len; kluddermikler*⟩ Trottel m, Tollpatsch m; Pfuscher m

klude|dukke ['klu:ðədogə] Stoffpuppe f; ~**klip** [-kleb] etwa: Stoffcollage f, Textilcollage f; ~**kræmmer** [-krɛmər] Lumpenhändler m; ~**sko** [-sgo:ˀ] pl etwa: Filzlatschen m/pl; ~**tæppe** [-tɛbə] Flickenteppich m

kludre ['kluðrə] pfuschen; ~ *i det* mit etw herumfummeln, etw vermasseln; ~**r** [-r] ⟨-en; -e⟩ Pfuscher m, Tollpatsch m

kluk [klug] ⟨-ket; -⟩ Wasser: Gluckern n; Henne: Glucken n; Lachen: Glucksen n

kluk|flaske ['klugflasgə] F Gluckerflasche f; ~**ke** [-ə] gluckern; glucken; glucksen; ~**latter** [-ladər] glucksende(s) Lachen n; ~**le** [-le:ˀ] glucksen, glucksend lachen

klumme ['klɔmə] ⟨-n; -r⟩ Kolumne f

klummer ['klɔmˀər] Luft: stickig, drückend; ~**hoved** [-ho:ðə] F Tölpel m, Tollpatsch m, Trottel m, Pfuscher m

klump [klɔmˀb] ⟨-en; -er⟩ Klumpen m; Kloß m

klumpe ['klɔmbə] klumpen; ~ *sig sammen* sich zusammendrängen

klumpedumpe [klɔmbə'dɔmbə] ⟨-en; -r⟩ F Klotz m, Tollpatsch m; ~**t** [-ð] tollpatschig

klump|et ['klɔmbəð] klumpig; ~**fod** [-fo:ˀð] Klumpfuß m; ~**næse** [-nɛ:sə] Knollennase f

klumre ['klɔmrə] → **kludre**; ~**t** [-ð], **klumset** [klɔmsəð] ungeschickt

klunke ['klɔŋgə] ⟨-n; -r⟩ Klunker m, Quaste f, Troddel f; ~**r** pl F (Hoden) Eier pl; ~**stil** [-sdi:ˀl] etwa: Stil m der Gründerjahre; ~**tid** [-tiðˀ] etwa: Gründerzeit f

kluns [klɔnˀs] ⟨-et⟩ fig F Klamotten f/pl; ~**e** [-klɔnsə] auf Lumpen kaufen; Lumpen aus Mülltonnen sammeln; *mit Streichhölzern knobeln;* ~**er** ['klɔnsər] ⟨-en; -e⟩ Lumpensammler m

kluntet ['klɔndəð] plump, ungeschickt

klynge[1] ['klœŋə] ⟨-n; -r⟩ Gruppe f

klynge[2] ['klœŋə] v/r: ~ *sig til ngt.* sich an etw klammern (a fig); v/t: ~ *én op* j-n aufknüpfen

klynk [klœŋˀg] ⟨-et; -⟩ Winseln n, Wimmern n, Jammern n

klynke ['klœŋgə] winseln, wimmern, jammern; quengeln; ~**hoved** [-ho:ðə] F wehleidige Person f, Jammerlappen m; ~**ri** [-ˀri:ˀ] ⟨-et; -er⟩ Gejammer n, Winselei f; ~**vorn** [-vɔːˀrn] weinerlich, wehleidig

klys [klys] ⟨-et; -⟩ NAUT Klüse f

klyster ['klysdər] ⟨-et; -er⟩ MED Klistier n; ~**sprøjte** [-sbrɔiðə] Klistierspritze f

klæbe ['klɛ:bə] kleben; ~ *fast* festkleben;

~bånd [-bɔn'] Klebeband n, Klebestreifen n; **~hjerne** [-jɛʁnə] gute(s) Gedächtnis n; **~middel** [-miðˀəl] Klebemittel n, Kleber m; **~strimmel** [-sdʁɛmˀəl] Klebestreifen m

klæbrig ['klɛːbʁi] klebrig

klæde¹ ['klɛːðə] ⟨-t⟩ Tuch n; → **klæder** pl

klæde² ['klɛːðə, klɛːˀ] ⟨-te⟩ kleiden; stehen; **det ~r dig** das steht dir; **~ sig/én af** sich/j-n ausziehen; **~ én af til skindet** fig j-n bis aufs Hemd ausziehen; **~ sig/én om** sich/j-n umziehen; **~ sig/én på** sich/j-n anziehen; **~ sig ud** sich verkleiden

klæde|bon ['klɛːðəbɔnˀ] ⟨-net⟩ Gewand n; **~bøjle** [-bɔjlə] Kleiderbügel m; **~børste** [-bœʁsdə] Kleiderbürste f; **~dragt** [-dʁɑgd] Kleidung f; **~lig** [-li] kleidsam

klæder ['klɛːðɐ, klɛːʁ] pl Kleider pl, Kleidung f; **~ skaber folk** Kleider machen Leute; **~ er** fig des Königs Rock tragen (Soldat sein)

klæde|skab ['klɛːðəsgaːˀb] Kleiderschrank m; **~varer** [-vɑːʁɐ] pl Tuchwaren f/pl

klæd|ning ['klɛːðn̩ŋ] ⟨-en; -er⟩ Bekleidung f, Anzug m; NAUT Haut f; **~ningsstykke** [-sdøgə] Kleidungsstück n

klæg¹ [klɛːˀ(j)] ⟨-en od -et⟩ GEOL Klei m

klæg² ['klɛːˀ(j)] kleiig; Kuchen: klitschig; nicht fertig gebacken

klægjord [klɛː(j)joːˀʁ] Kleiboden m

klække ['klɛgə] **~ ud** ausbrüten; **~lig** [-li] erklecklich, beträchtlich

klø¹ [klœːˀ] ⟨pl⟩ Prügel pl, Haue f; **få ~** verhauen werden, Haue kriegen

klø² [klœːˀ] v/i jucken; v/t jucken, kratzen; kraulen; prügeln, verhauen; **mine fingre ~r efter at gøre det** mir juckt es in den Fingern, es zu tun; **~ sig i hovedet** sich den Kopf kratzen; **~ på med ngt.** sich mit etw anstrengen

kløe ['klœːə] ⟨-n⟩ Juckreiz m, Jucken n

kløft [klœfd] ⟨-en; -er⟩ Kluft f (a fig); Schlucht f, Spalt(e) m(f); **~et** ['-əð] gespalten, zerklüftet

kløgt [klœgd] ⟨-en⟩ Klugheit f, Gescheitheit f, Scharfsinn m; **~ig** ['-i] klug, gescheit

kløjes [klɔjˀ(ə)s]: **~ i ngt.** etw in die falsche Kehle bekommen, an etw (D) würgen

klø|pind ['klœːˀpɛnˀ] Rückenkratzer m; **~pulver** [-polˀvɒʁ] Juckpulver n

klør [klœːˀʁ] ⟨-en; -⟩ Spielkartenfarbe: Kreuz n

kløve ['klœːvə] (zer)spalten; **~ brænde** a Holz hacken; **~ ord** ein Wortklauber sein;

Haare spalten

kløver ['klœːˀvɒʁ] ⟨-en; -e⟩ BOT Klee m; **~blad** [-blaðˀ] Kleeblatt n

km/h, km/t. Abk. für **kilometer i timen**; → **kilometer**

knag¹ [knaːˀ(j)] ⟨-en; -e⟩ Person: Ass n

knag² [knaːˀ(j)] ⟨-et; -⟩ Knarren n, Knacken n

knage¹ ['knaːˀ(j)ə] ⟨-n; -r⟩ (Kleider)Haken m

knage² ['knaːˀ(j)ə] knarren, knacken, krachen, ächzen; **arbejde, så det ~r (efter)** F arbeiten, dass es kracht; **~nde koldt** F hundekalt; **~nde dygtig** F äußerst tüchtig; **~ mig!** verdammt!

knageme ['knaːˀ(j)əˀmə]: **~!** verdammt!

knagerække ['knaːˀ(j)əʁɛgə] Garderobenleiste f

knag|frost ['knaːˀ(j)fʁɔsd] F klirrende(r) Frost m; **~fryse** [-fʁyːsə] F Stein und Bein frieren; **~kold** [-kɔlˀ] F hundekalt; **~kulde** [-kulə] F klirrende Kälte f, Hundekälte f

knald¹ [knalˀ] ⟨-en; -er⟩ Zuckerstück n

knald² [knalˀ] ⟨-et; -⟩ Knall m; Schmaus m, Gelage n; V Nummer f (Koitus); **det er ~ eller fald** jetzt geht es ums Ganze

knalde ['knalə] v/i knallen, krachen, knattern; platzen; V bumsen; v/t zerschlagen, zertrümmern, einwerfen; **~ døren i** die Tür zuknallen; **~ én ned** j-n niederknallen, j-n abknallen; **~ én en lussing** F j-m e-e knallen (od ballern); **~nde** knallend; Ohrfeige: schallend; **~nde gal i hovedet** F unheimlich wütend; **~nde gul** knallgelb, knallig gelb

knald|effekt ['knaleˀfɛgd] Knalleffekt m; **~film** [-filˀm] Schundfilm m; **~god** [-goːˀð] F wahnsinnig gut, bombig; **~hytte** [-hydə] F (Bruch)Bude f, baufällige Hütte f; **~perle** [-pɛʁlə] Knallerbse f; **~roman** ['-ʁoˀmaˀn] Groschenroman m, Schundroman m, F Schmöker m; **~rød** [-ʁœːˀð] knallrot

knallert ['knalˀɒʁd] ⟨-en; -er⟩ Moped n, Mofa n; Knallbonbon m, n; **~kører** [-køˀʁɒʁ] Mopedfahrer m, Mofa-

knap¹ [knab] ⟨-pen; -per⟩ Knopf m; Knauf m; fig Kopf m, F Birne f, Nuss f; **~per** fig Kröten f/pl (Geld); **dreje én en ~** j-n austricksen; **tælle på ~perne** F den Zufall entscheiden lassen

knap² [knab] adj knapp; adv kaum; **holde én ~t** j-n knapphalten; **~ og nap** mit Müh(e) und Not; **han var, knap kommet, før (end) ...** kaum war er gekommen, als ...

knaphed ['knabheːðˀ] ⟨-en⟩ Knappheit f

knaphul ['knɑbhol] Knopfloch n
knaphulsblomst ['knɑbholsblɔmˀsd]
Ansteckblume f
knaphulskløe ['knɑbholsklø:ə]: **have ~** F
scharf auf (e-n) Orden sein
knapost ['knɑbosd] e-e Art Sauermilch-
käse m
knappe ['knɑbə] knöpfen; **~ af** abknöpfen;
~ op aufknöpfen; **~ på** anknöpfen; **~ til**
zuknöpfen; **~ af på ngt.** etw kürzen, etw schmälern, etw vermindern; **~nål** [-nɔːˀl] Steck-
nadel f; **~nålshoved** [-nɔːlsho:ðə] Steck-
nadelkopf m
knark [knɑrg] ⟨-en; -e⟩ F alte(r) Knacker
m
knarvorn ['knɑrvɔ:ˀrn] grantig, mürrisch
knas [knɑːˀs] ⟨-et⟩ Näschereien f/pl; F
Knatsch m, Ärger m
knase ['knɑːsə] v/i knirschen, knacken; v/t
zermalmen; knabbern; **~nde god** F außerordentlich (od irre) gut
knast [knasd] ⟨-en; -er⟩ Knorren m, Ast m,
Knast m; F Pickel m; TECH Nocken m;
oppe på ~en F im Dachzimmer; **~aksel**
['-agsəl] TECH Nockenwelle f; **~et** ['-əð]
knorrig; **~fri** ['-fri:ˀ] Holz: astfrei
knastør ['knɑːstœ:ˀr] F knochentrocken
kneb¹ [kne:ˀb] ⟨-et; -⟩ Kniff m (a fig);
Trick m, Winkelzüge pl; MED Bauchschmerzen pl, F Bauchkneifen n
kneb² [kne:ˀb] → **knibe²**
knebel ['kne:ˀbəl] ⟨kneb(e)len; knebler⟩
Knebel m; Glocke: Klöppel m, Schwengel m
knebelsbart ['kne:ˀbəlsbɑ:ˀrd] ⟨-en; -er⟩
Knebelbart m
kneben ['kne:bən] knapp; eng; **være ~**
knauserig sein; **sejre ~t** SPORT e-n knappen Sieg erringen; **~t nok** kaum ausreichend
knebet ['kne:bəð] → **knibe²**
kneble ['kne:(ˀ)blə] knebeln (a fig)
knebre ['kne:brə] Storch: klappern
knejpe ['knɑiːbə] ⟨-n; -r⟩ F Kneipe f, Spelunke f, Kaschemme f
knejse ['knɑiːsə] ⟨-ede od -te⟩ emporragen;
~ med nakken den Kopf hoch tragen; fig
sich aufspielen
kneppe ['kne:bə] V vögeln, ficken, bumsen
knev|er ['kneʊˀər] ⟨-en⟩ F Mundwerk n,
Klappe f; Gequassel n; **~re** ['kneʊˀrə] F
plappern
knibe¹ ['kni:bə] ⟨-n; -r⟩ Verlegenheit f, fig
Klemme f, Patsche f
knibe² ['kni:bə] ⟨kneb; knebet⟩ v/t kneifen; v/i knausern; **~ sammen** zusammen-

kneifen; **~ udenom** F auskneifen, sich
drücken; **det ~r med ...** es hapert mit
...; **det ~r for ham ...** es fällt ihm schwer
..., es ist schwierig für ihn ...; **~ sig en
kop kaffe** F sich e-e Tasse Kaffee nehmen, organisieren
kniberi [kni:bəˀri:ˀ] ⟨-et; -er⟩: **med ~** mit
knapper Not
knibsk [knibsg] fig spitz, schnippisch
knibtang ['kniütɑŋˀ] Kneifzange f
knickers ['nigɔrs] pl Knickerbocker(s) pl
kniks [knegs] ⟨-et; -⟩ Knicks m; **~e** ['-ə]
knicksen
kniple ['kneblə] klöppeln; **~bræt** [-bred]
⟨-tet; -ter⟩ Klöppelkissen n; **~pind**
[-pen?] Klöppel m
kniplerske ['kneblərsgə] ⟨-n; -r⟩ Klöpple-
rin f
knipling ['knebleŋ] ⟨-en; -er⟩ Klöppelspit-
ze f
knippe ['knebə] ⟨-t; -r⟩ Bund n, Bündel n
knippel¹ ['knebəl] ⟨knip(pe)len; knipler⟩
Knüppel m, Schlagstock m; Person: Brocken m
knippel² ['knebəl] F **den er ~!** toll, prima!,
(ist) in Ordnung!
knippel|dygtig ['knebəldøgdi] F wahnsin-
nig (od enorm) tüchtig; **~fin** [-fi:ˀn],
~god [-go:ˀ(ð)] F toll, irre gut; **~suppe**
[-sobə] F Prügel pl (mit dem Knüppel)
knippevis ['knebəvi:ˀs]: **i ~** bündelweise
knips [knebs] ⟨-et; -⟩ Finger: Schnippen n,
Schnipsen n; **~e** ['-ə] schnippen, schnipsen; FOT knipsen
knirk [kniɽg] ⟨-et; -⟩ Knarren n, Knirschen
n
knirke ['kniɽgə] knarren; knirschen; **der
er ngt. der ~r** F fig es läuft nicht ganz einwandfrei (od reibungslos), es hapert damit
knirkeri [kniɽgəˀri:ˀ] ⟨-et; -er⟩ Knarren n;
F Knatsch m, fig Sand m im Getriebe
knitre ['knidrə] knistern; prasseln; knattern
kniv [kni:ˀv] ⟨-en; -e⟩ Messer n; **krig på
~en** Krieg m bis aufs Messer; **sætte en
~en på** (od for) **struben** fig j-m das Messer an die Kehle setzen; **skrige, som
man havde en ~ i halsen** wie am Spieß
schreien
knivsblad ['kniüsblɑð] Messerklinge f
kniv|skaft ['kniüsgɑfd] Messergriff m;
~skarp [-sgɑrb] fig messerscharf;
~spids [-sbes] Messerspitze f
knivstik ['kniüsdeg] Messerstich m; **~ker**
[-ər] ⟨-en; -e⟩ Messerstecher m
knivsæg ['kniüse:ˀg] Messerschneide f

kno [kno:ˀ] ⟨-en; -er⟩ Handknöchel m

knob[1] [kno:ˀb] ⟨en; -⟩ Knoten m (*Seemeile pro Stunde*)

knob[2] ['kno:ˀb] ⟨-et; -⟩ Knoten m

knockdown [nɔg'daʊn] ⟨et; -s od -⟩ *Boxen:* Knock-down m

knockout [nɔg'aʊd] ⟨-en; -er od -⟩ *Boxen:* Knock-out m (*Abk. K. o.*); **~e** [-ə] k. o. (knock-out) schlagen

knofedt ['kno:ˀfed] F viel Kraft

knogle ['knoˀülə] ⟨-n; -r⟩ Knochen m; **~bygning** [-bygnẹ] Knochenbau m; **~marv** [-mɑːˀʀv] Knochenmark n; **~t** [-ð] knochig

knojern ['kno:ˀjɐʀˀn] Schlagring m

knokkel ['knɔgəl] ⟨*knok(ke)len, knokler*⟩ Knochen m; **~mand** [-manˀ] *fig* Knochenmann m, Sensenmann m; **~stærk** [-sdɛʀg] baumstark, bärenstark

knokle ['knɔglə] schuften, malochen; *Fußball:* hart spielen, F *fig* holzen; **~t** [-ð] knochig

knold [knɔlˀ] ⟨-en; -e⟩ Knolle f; *Erde:* Klumpen m; *Haar:* Dutt m; *fig* Nuss f, Rübe f (*Kopf*); **blive gal i ~en** die Wut kriegen

knolde|sparker ['knɔləsbɑʀgəʀ] ⟨-en; -e⟩ MIL F Muschkote m; F Bauer m; **~t** [-ð] knollig

knop [knob] ⟨-pen; -per⟩ Knospe f; MED Pickel m; Knopf m, Knauf m; *Person:* Ass n, Prachtkerl m; **~pes** [-əs] ⟨*impf knoppedes*⟩ knospen; **~ret** [-ʀəð] noppig, genoppt; **~skydning** [-sgyðnẹn] Knospung f

knort [knɔːˀʀd] ⟨-en; -er⟩ Knorren m, Knoten m

knorte|gås ['knɔʀdəgɔ:ˀs] Ringelgans f; **~kæp** [-kɛb] Knotenstock m; **~t** [-ð] knorrig

knotten ['knɔdən] mürrisch, grantig

knubbet ['knobəð] *fig* grob

knubs [knobs] ⟨-et; -⟩ Knuff m, Puff m; **få ~** Schläge bekommen; **~e** ['-ə] knuffen

knude ['knu:ðə] ⟨-n; -r⟩ Knoten m (a MED); *Brennholz:* Kloben m, dicke(s) Holzscheit n; **slå en ~** e-n Knoten machen; **gøre ~r** F Schwierigkeiten machen; **~kål** [-kɔ:ˀl] Kohlrabi m; **~mand** [-manˀ] F kommunikationsgestörte(r) Mann m; **~punkt** [-poŋˀd] Knotenpunkt m

knudret ['knuðʀəð] knorrig, knotig; holp(e)rig

knuge ['knu:ə] drücken, pressen (**til sig**/ an sich A); **~nde** (nieder)drückend

knur [knurˀ] ⟨-ret; -⟩ Knurren n; Murren n; **~hane** ['knurhaːnə] zo Knurrhahn m;

~hår ['knurhɔːˀʀ] pl zo Schnurrhaare n/pl, *Katze:* Bart m

knurre ['knurə] knurren; murren (**over**/ über A); **~ ad én** j-n anknurren (a *fig*); **~potte** [-pɔdə] *fig* Brummbär m

knurvorn ['knurvɔːˀʀn] mürrisch, grantig

knus [knu:ˀs] ⟨-et; -⟩ (herzliche) Umarmung f; **give én et ~** j-n zärtlich drücken; **~, Lea** im Brief: liebe Grüße, Lea

knuse ['knu:sə] ⟨-te⟩ zerschmettern, zerschlagen; zermalmen, zerdrücken, zerquetschen; zerreiben, zerstoßen, zerkleinern; erdrücken; drücken, umarmen, (ab)knutschen; **det ~r mit hjerte** es bricht mir das Herz; **~ en tåre** F e-e Träne zerdrücken; **~nde** erdrückend, vernichtend; **jeg er ~nde ligeglad** F es ist mir total egal; **tage den med ~nde ro** F die Ruhe weghaben

knus|elske ['knu:sɛlsgə] F (ab)knutschen; knuddeln; **~ende** ['knu:sənə] → **knuse**

kny[1] [kny:ˀ] ⟨-et; -⟩ Mucks m; **ikke et ~** keinen Mucks

kny[2] [kny:ˀ] (sich) muck(s)en

knyst[1] [knysd] ⟨-en; -er⟩ Überbein n; *Schwiele* f; (Großzehen)Ballen m

knyst[2] [knysd] ⟨-er; -⟩ Husten n

knyste ['knysdə] husten

knytnæve ['knydnɛːvə] geballte Faust f

knytte[1] ['knydə] ⟨-t; -r⟩ Bündel n

knytte[2] ['knydə] v/t knüpfen (a *fig*), binden (**til**/an A); *Faust* ballen; **~ sammen** verknüpfen (a *fig*); **være ~t til ngt.** mit etw verbunden sein, etw (D) nahestehen; v/r **~ sig til str** j-m anschließen

knæ [knɛ:ˀ] ⟨-et; -⟩ ANAT Knie n (a *fig*); BOT Knoten m; **~ i bukserne** ausgebeulte Hosen; **falde på ~** auf die Knie fallen; **tvinge én i ~** *fig* j-n auf die Knie zwingen; **komme på ~erne** F *fig* auf den Hund kommen

knæ|beskytter ['-be'sgɔdəʀ] Knieschützer m; **~bukser** ['knebogsəʀ] pl Knie-(bund)hose f; **~bøjning** [-bɔiˀnən] Kniebeuge f; **~fald** [-falˀ] Kniefall m; *Kirche:* Kniestütze (*vor dem Altargitter*); **~fri** [-fʀiːˀ] *Kleid:* kniefrei

knægt [knegd] ⟨-en; -e⟩ Junge m, Bursche m; Lümmel m; *Spielkarte:* Bube m; ARCH Träger m; **~e** ['-ə] knechten

knæhase ['knɛha:sə] Kniekehle f

knæhøj ['knɛhɔiˀ] kniehoch; **~de** [-də] Kniehöhe f

knæk [knɛg] ⟨-et; -⟩ Knacks m (a *fig*); Knick m; **~brød** ['-bʀœːˀð] Knäckebrot n; **~flip** [-fleb] Eckenkragen m

knække ['knɛgə] brechen, knicken; *Nuss*

K

knacken; ~ **af** Zweig abbrechen; ~ **over** zerbrechen; Stimme: sich überschlagen; ~ **sammen** F zusammenbrechen, zusammenklappen; ~ **sig** F sich erbrechen (od übergeben)

knækort ['knɛkɔrd] Kleid: kniefrei

knæk|pølse ['knɛgpølsə] Knackwurst f; **~æg** [-ɛ:ˀg] Kniescheibe f; Knickei m

knælang ['knɛlɑŋˀ] knielang

knæle ['knɛːlə] ~ **(ned)** (nieder)knien **(for én** vor j-m)

knæled ['knɛleð] Kniegelenk n

knæler ['knɛːlər] ⟨-en; -e⟩ ZO Gottesanbeterin f

knæ|rør ['knɛrœːˀr] TECH Knierohr n; **~skal** [-sgalˀ] Kniescheibe f; **~strømpe** [-sdrœmbə] Kniestrumpf m; **~sætte** [-sɛdə] anerkennen, gutheißen

knøs [knøːˀs] ⟨-en; -e⟩ Bursche m

ko [koːˀ] ⟨-en; køer⟩ Kuh (a fig); **der er ingen ~ på isen!** keine Gefahr!

koalition [koali'sjoːˀn] ⟨-en; -er⟩ Koalition f

koalitions|partner [koali'sjoːˀnspɑrdnər] Koalitionspartner m; **~regering** [-rɛˀge:ˀreŋ] Koalitionsregierung f

kobbel ['kɔbəl] ⟨kob(be)let; kobler⟩ Tiere: Koppel f, Meute f

kobber¹ ['kʰɔuˀər] ⟨-et⟩ Kupfer n; **af ~** kupfern

kobber² ['kʰɔuˀər] ⟨-et; -e⟩ Kupfer(stich) n(m)

kobber|bryllup ['kʰɔuˀərbrøløb] kupferne Hochzeit f; **~rød** [-rœːˀð] kupferrot; **~smed** [-smeð] Kupferschmied m

kobberstik ['kʰɔuˀərsdeg] Kupferstich m; **~ker** [-ər] ⟨-en; -e⟩ Kupferstecher m

kobber|stukken ['kʰɔuˀərsdogən] in Kupfer gestochen; **~tag** [-taːˀ(j)] Kupferdach n; **~tryk(ker)** [-tʰrœg(ər)] Kupferdruck(er m) m; **~tøj** [-tʰɔjˀ] Kupfergeschirr n

ko|ben ['kʰoːˀbeːˀn] TECH Kuhfuß m; **~bjælde** [-bjɛlə] Kuhglocke f; BOT Kuhschelle f

koble ['kʰɔblə] koppeln, kuppeln; ~ **af** F abschalten, ausspannen; ~ **fra** abkuppeln; abhängen; ~ **om** EL umschalten; ~ **sammen** zusammenkuppeln, verbinden; F verkuppeln; ~ **til** ankoppeln; anhängen; EL anschließen; ~ **ud** (Auto) auskuppeln; **~r** [-r] ⟨-en; -e⟩ Kuppler m; **~ri** [-'riːˀ] ⟨-et; -er⟩ Kuppelei f, **~rske** [-rsgə] ⟨-n; -r⟩ Kupplerin f

kobling ['kʰɔbleŋ] ⟨-en; -er⟩ TECH Kupplung f; EL Schaltung f; Kuppeln n, Koppeln n

koblingspedal ['kʰɔbleŋspeˀdaːˀl] Kupp-

lungspedal n

kobolt ['kʰoːbɔlˀd] ⟨-en od -et⟩ MINER Kobalt n

kode¹ ['kʰoːðə] ⟨-n; -r⟩ Pferd: Fessel(gelenk) f(n); Kode m, Code m

kode² ['kʰoːðə] kodieren, codieren, verschlüsseln; ~ **ind** EDV eingeben

kodeks ['kʰoːdegs] ⟨-en; -er⟩ Kodex m

kodning ['kʰoːðneŋ] ⟨-en; -er⟩ Kodierung f, Kodieren n

kodriver ['kʰoːˀdriːvər] ⟨-en; -e⟩ Schlüsselblume f, Primel f

kofanger ['kʰoːˀfɑŋər] AUTO Stoßstange f

koffardi|flåde [kofɑrˀdifloːˀðə] Handelsflotte f, **~skib** [-sgiːˀb] Handelsschiff n

koffein [kɔfeˀiːˀn] ⟨-en; -er⟩ Koffein n, **~fri** [-friːˀ] koffeinfrei

kog¹ [kɔːˀw] ⟨-en; -e⟩ GEOGR Koog m

kog² [kɔːˀw] ⟨et⟩ Kochen n; **komme i ~** anfangen zu kochen; fig in Wallung geraten; **være i ~** kochen; **gå af ~** aufhören zu kochen

kogalskab ['kʰɔgalsgaːˀb] Rinderwahnsinn m

koge ['kʰɔːwə] ⟨-te⟩ v/i kochen (a fig); sieden; brodeln; ~ **over** überkochen (a fig); v/t (ab)kochen; im Topf: schmoren; ~ **hen** einkochen, einwecken; ~ **ud** auskochen; zerkochen; **~nde** kochend, siedend

kogebog ['kʰɔːwəbɔːˀw] Kochbuch n; **ikke efter min ~** fig nicht nach meinem Geschmack

koge|fast ['kʰɔːwəfasd] kochfest; **~grej** [-grɑiˀ] ⟨-et⟩ Kochutensilien pl; **~jomfru** [-jɔmfru] Köchin f; **~kone** [-koːnə] Köchin f; **~kunst** [-konˀsd] Kochkunst f; **~plade** [-plaːðə] Kochplatte f; **~pose** [-poːsə] Kochbeutel m; **~punkt** [-pɔŋˀd] Siedepunkt m (a fig); **~r** [-r] ⟨-en; -e⟩ Kocher m; **~ri** [-'riːˀ] ⟨-et; -er⟩ Siederei f; Kocherei f, Gekoche n; **~rske** [-rsgə] ⟨-n; -r⟩ Köchin f; **~sprit** [-sbrid] Brennspiritus m; **~vask** [-vasg] Kochwäsche f; **~ægte** [-ɛgdə] kochecht

kogger ['kʰɔwˀər] ⟨-et; -e⟩ Köcher m

koghed ['kʰɔwheːð?] kochend, siedend heiß

kogle¹ ['kʰɔwlə] ⟨-n; -r⟩ BOT Zapfen m

kogle² ['kʰɔwlə] zaubern

kogleformet ['kʰɔwləfɔːˀrməð] zapfenförmig

kogleri [kʰɔwləˀriːˀ] ⟨-et; -er⟩ Zauber(ei) m(f)

kog|ning ['kʰɔːwneŋ] ⟨-en; -er⟩ Kochen n; **~salt** ['kʰɔwsalˀd] Kochsalz n; **~t** [kɔgd] gekocht

ko|gødning ['kʰoːˀgøðneŋ] Kuhdung m;

~hale [-haːlə] Kuhschwanz m

kok [kɔg] ⟨-ken; -ke⟩ Koch m; Gockel m, Hahn m; *mange ~ke fordærver maden* fig viele Köche verderben den Brei

kokasse [ˈkoːʔkasə] ⟨-n; -r⟩ Kuhfladen m

kokelev [ˈkoːgeˈleːʔv] → **kokkeelev**

koket [koˈkɛd] kokett

kokette|re [kokeˈteːʔʀə] kokettieren; ~ri [-ˈʀiːʔ] ⟨-et; -er⟩ Koketterie f

kokke|elev [ˈkɔgoeˈleːʔv] Kochlehrling m; ~hue [-huːə] Kochmütze f; ~lærling [-lɛʀlɛŋ] Kochlehrling m; ~pige [-piːə] Köchin f; ~rere [-ʀeːʔə] F kochen

kokos|bolle [ˈkokosbɔlə] *Gebäck:* Negerkuss m mit Kokosraspeln; ~fiber [-fiːʔbəʀ] Kokosfaser f; ~måtte [-mɔdə] Kokosmatte f; ~nød [-nøðʔ] Kokosnuss f; ~palme [-palmə] Kokospalme f

koks [kɔgs] zo Koks m

kokse [ˈkɔgsə] *Motor:* F rußen; ~ *i det* mit *etw* herummurksen

koksgrå [ˈkɔgsgʀɔːʔ] anthrazit, anthrazitfarben, anthrazitfarbig

kolbe [ˈkɔlbə] ⟨-n; -r⟩ MIL, BOT, CHEM Kolben m

kolbøtte [ˈkɔlbødə] ⟨-n; -r⟩ Purzelbaum m

kold [kɔlʔ] kalt (*a fig*); ~ *jomfru* Kaltmamsell f; ~ *anretning, ~t bord, ~t køkken* kalte Platte f, Schwedenplatte f, kaltes Büfett n, kalte Küche f; *den ~e krig* HIST der Kalte Krieg; *med ~t blod* kalten Blutes, unverfroren; *det løb mig ~t ned ad ryggen* fig es lief mir kalt den Rücken hinunter; *holde hovedet ~ e-n* kühlen Kopf behalten; *slå ~t vand i blodet!* (nur) ruhig Blut!

koldblodet [ˈkɔlbloːʔðəd] zo kaltblütig; ~ *dyr* Kaltblüter m

koldblodig [kɔlˈbloːʔði] fig kaltblütig

kold|driksautomat [ˈkɔldʀegsaʉtoˈmaːʔd] Automat m mit kalten Getränken; ~front [-fʀɔnʔd] *Wetter:* Kaltfront f

koldkrig [ˈkɔlkʀiːʔ] kalt(e)r Krieg m; ~er [-kʀiːʔəʀ] kalte(r) Krieger m

kold|nålsradering [ˈkɔlnɔːʔlsʀaˈdeːʔʀeŋ] Kaltnadelradierung f; ~sindig [-ˈsenʔdi] kaltsinnig; ~skål [-sgɔːʔl] Kaltschale f; ~start [-sdɑːʔʀd] AUTO Kaltstart m; ~sved [-sveːʔð] kalte(r) Schweiß m

koldtvandshane [ˈkɔldvansˌhaːnə] Kaltwasserhahn m

kolera [ˈkoːʔləʀɑ] ⟨-en⟩ MED Cholera f

koleri|ker [koˈleːʔʀigəʀ] ⟨-en; -e⟩ Choleriker m; ~sk [-ˈleːʔʀisg] cholerisch, jähzornig

kolesterol [kolesdəˈʀoːʔl] ⟨-et⟩ Cholesterin n; ~indhold [-enhɔlʔ] Cholesterinspiegel m

kolibakterier pl → **colibakterier**

kolik [koˈlig] ⟨-ken⟩ MED Kolik f

kollabere [kɔlaˈbeːʔʀə] kollabieren, zusammenbrechen

kollabor|atør [kɔlaboʀaˈtøːʔʀ] ⟨-en; -er⟩ Kollaborateur m; ~ere [-ˈʀeːʔʀə] kollaborieren

kollage [kɔˈlaːsjə] ⟨-n; -r⟩ Collage f

kollaps [koˈlabs] ⟨-en; -er⟩ Kollaps m; ~e [-ə] zusammenbrechen, kollabieren

kollega [koˈleːga] ⟨-en; *kolleg(a)er*⟩ Kollege m, Kollegin f; Amtsbruder m

kollegial [kolegiˈaːʔl] kollegial; ~itet [-aliˈteːʔd] ⟨-en⟩ Kollegialität f

kollegianer [kolegiˈaːʔnəʀ] ⟨-en; -e⟩ Bewohner(in) m(f) e-s Studentenheims

kollegie|hefte, ~hæfte [koˈleːʔgiəhɛfdə] Kollegheft n, Schreibheft n

kollegium [koˈleːʔgiom] ⟨*kollegiet; kollegier*⟩ Kollegium n; Studentenheim n

kollekt [koˈlɛgd] ⟨-en; -er⟩ *Kirche:* Kollekte f; ~ion [-legˈsjoːʔn] ⟨-en; -er⟩ Kollektion f; Lotterieeinnahme f

kollektiv[1] [ˈkɔlɛgtiːʔv] ⟨-et; -er⟩ Kollektiv n; Wohngemeinschaft f

kollektiv[2] [ˈkɔlɛgtiːʔv] kollektiv; ~*t transportmiddel* öffentliches Verkehrsmittel n

kollektivist [kɔlɛgtiˈvisd] ⟨-en; -er⟩ Kollektivist m; Wohngemeinschaftsmitglied n

kollekt|rice [kɔlɛgˈtʀiːsə] ⟨-n; -r⟩ Lotterieeinnehmerin f; ~ør [-ˈtøːʔʀ] ⟨-en; -er⟩ Lotterieeinnehmer m

kolofon [koloˈfoːʔn] ⟨-et; -er⟩ TYP Impressum n

kolon [ˈkoːlɔn] ⟨-et; -er⟩ Kolon n, Doppelpunkt m

koloni [koloˈniːʔ] ⟨-en; -er⟩ Kolonie f; Siedlung f

kolonial[1] [koloniˈaːʔl] su → **kolonialvarer**

kolonial[2] [koloniˈaːʔl] kolonial

kolonial|handel [koloniˈaːʔlhanʔəl] Lebensmittelgeschäft n; ~handler [-hanləʀ] ⟨-en; -e⟩ Lebensmittelhändler m; ~isme [-aˈlismə] ⟨-n⟩ Kolonialismus m; ~varer [-vɑːʀɑʀ] pl Lebensmittel n/pl; *veralt* Kolonialwaren f/pl

kolonihave [koloˈniːhaˌvə] Schrebergarten m

kolorer|e [koloˈʀeːʔʀə] kolorieren; ~ing [-ˈʀeːʔʀeŋ] ⟨-en; -er⟩ Kolorierung f

koloss [koˈlɔs] ⟨-en; -ser⟩ Koloss m; ~sal [-loˈsaːʔl] kolossal, riesig, gewaltig

kombination [kɔmbinaˈsjoːʔn] ⟨-en; -er⟩

Kombination *f*

kombinations|evne [kɔmbina'sjoːʔn-
seünə] Kombinationsvermögen *n*, Kom-
binationsgabe *f*; **~lås** [-lɔ̥ːʔs] Kombinati-
onsschloss *n*

kombin|atorisk [kɔmbina'toːʔʀisg] kombi-
natorisch; **~erbar** [-'neːʔʀbaːʔʀ] kombi-
nierbar; **~ere** [-'neːʔʀə] kombinieren

komediant [komedi'anʔd] ⟨*-en*; *-er*⟩ Ko-
mödiant(in) *m(f)*; *fig* Schauspieler(in)
m(f)

komedie [ko'meðʔjə] ⟨*-n*; *-r*⟩ Komödie *f*;
fig Theater *n*; **spille ~** *fig* schauspielern;
få sin ende på ~ F Haue bekommen;
~spil [-sbel] *fig* Theater *n*

komfort [kɔm'foːʀ] ⟨*-en*⟩ Komfort *m*;
~abel [-fɔʀ'taːʔbəl] komfortabel

komfur [kɔm'fuːʔʀ] ⟨*-et*; *-er*⟩ (Koch)Herd
m; **elektrisk ~** Elektroherd *m*

komik [ko'miɡ] ⟨*-ken*⟩ Komik *f*; **~er**
['koːʔmiɡəʀ] ⟨*-en*; *-e*⟩ Komiker(in) *m(f)*

komisk ['koːʔmisg] komisch

komite, komité [komi'teːʔ] ⟨*komiteen*;
komiteer⟩ Komitee *n*, Ausschuss *m*

komma ['kɔma] ⟨*-et*; *-er*⟩ Komma *n*; *1,25*
(= **en ~ femogtyve** (*od* **to fem**)) eins
Komma fünfundzwanzig (*od* zwei fünf);
i løbet af nul ~ fem (*od* **nul**) F in null
Komma nichts; **~fejl** [-faiʔl] Kommafeh-
ler *m*

kommandant [kɔman'danʔd] ⟨*-en*; *-er*⟩
Kommandant *m*, Befehlshaber *m*; **~skab**
[-sga:ʔb] ⟨*-et*, *-er*⟩, **~ur** [-dan'tuːʔʀ] ⟨*-en*;
-er⟩ Kommandantur *f*

kommandere [kɔman'deːʔʀə] kommandie-
ren, befehl(ig)en; **~ med én** *j-n* (*od*
mit *j-m*) herumkommandieren

kommandit|ist [kɔmandi'tisd] ⟨*-en*; *-er*⟩
Kommanditist(in) *m(f)*; **~selskab** [-'dit-
selsga:ʔb] Kommanditgesellschaft *f*

kommando¹ [kɔ'mando] ⟨*-en*; *-er*⟩ Kommando *n*; Befehlsgewalt *f*; Befehl *m*

kommando² [kɔ'mando] ⟨*-et*; *-er*⟩ MIL
Kommando *n*, Truppenabteilung *f*

kommandobro [kɔ'mando'bʀoːʔ] NAUT
Kommandobrücke *f*

kommandovej [kɔ'mandovaiʔ]: **ad ~en**
auf dem Dienstweg(e)

kommandør [kɔman'døːʔʀ] ⟨*-en*; *-er*⟩
Kommandeur *m*; Kapitän *m* zur See;
~kaptajn [-kab'taiʔn] MIL Fregattenkapi-
tän *m*

komma|tere [kɔma'teːʔʀə] mit Kommata
interpunktieren, Kommas setzen; **~te-
ring** [-'teːʔʀiŋ] ⟨*-en*; *-er*⟩ Kommasetzung
f

komme¹ ['kɔmə] ⟨*-et*⟩ Kommen *n*, Erscheinen *n*, Ankunft *f*; *Nacht, Winter:*
Anbruch *m*, Einbruch *m*; Eintritt *m*

komme² ['kɔmə] ⟨*kom*; *kommet*⟩ *v/i* kommen; gelangen; geraten; *v/t* tun; gießen;
~ én dyrt at stå *j-n*, *a j-m* teuer zu stehen
kommen; **hun kom løbende** sie kam
(an)gerannt; **hun kom syngende** sie
kam singend; **~ hvad der vil** komme,
was da wolle; **~ for sent til toget** den
Zug verpassen; **kom nu!, kom så!** komm
jetzt!, komm doch!, nun komm!; **~
sukker i kaffen** Zucker in den Kaffee
tun; *v/r* **~ sig** genesen, sich erholen (**efter**/von *D*); *fig* sich bessern, fleißiger
(*od* tüchtiger) werden; **~ af med ngt.**
etw loswerden; **det ~r af, at ...** das kommt
daher, dass ...; **det ~r af at ryge** das
kommt vom Rauchen; **det ~r der af at lyve** das kommt dabei heraus, wenn man
lügt; **~ af sted** fortkommen; **~ galt af sted**
F Pech haben; **det ~r an på dig** es kommt
auf dich an; **~ an!** komm her(an)!,
los!; **~ bag på én** *j-n* überraschen, *j-n*
überrumpeln; **~ bagud** in Verzug (*od*
Rückstand) geraten; **~ bort** fortkommen,
wegkommen, abhandenkommen; ab-
kommen (**fra**/von *D*); **~ efter** nachkommen; **~ efter ngt.** hinter *etw* kommen;
etw lernen; **~ efter én** *j-n* abholen; **jeg
skal ~ efter dig!** ich werde dich schon
kriegen (*od* lehren)!; **~ for** vorkommen;
~ fra det med livet i behold mit dem Leben davonkommen; **~ frem** (her)vorkom-
men, herauskommen; vorwärtskommen;
~ igen wiederkommen, zurückkehren; **~
igennem** durchkommen; **kunne ~ igennem** durchkönnen; **~ imellem** dazwi-
schenkommen; **der er ~t ngt. imellem
dem** sie haben sich entzweit; **~ imod
én, ~ én i møde** auf *j-n* zukommen,
j-m entgegenkommen; **~ ind** hereinkommen; **kom ind!** herein!; **vi må ikke ~ ind**
wir dürfen hier nicht hinein, wir haben keinen Zutritt; **~ ind som nr. et** SPORT als
Erster durchs Ziel kommen; **~ ind på
ngt.** auf *etw* zu sprechen kommen; **~
nærmere ind på et problem** auf ein
Problem näher eingehen; **~ med** mitkommen; **kom med det!** gib her!, her damit!;
~ ned herabkommen, herunterkommen;
kom nærmere! treten Sie näher!; **~ omkring** herumkommen; **~ op** hinaufkom-
men, heraufkommen, hochkommen,
aufstehen; aufkommen; emporkommen;
aufgehen; drankommen, geprüft werden
(*i*/in *D*); **~ op at skændes** in Streit geraten; **~ over** herüberkommen, hinüber-

kommen; **~ over** ngt. über etw (hinweg)kommen; etw überqueren; **det kom over mig** fig es überkam mich; **~ overens** übereinkommen; **~ på** ngt. auf etw (A) kommen, sich auf etw (A) besinnen; **~ sammen** zusammenkommen; verkehren (**med**/mit D); **~ til** herankommen; hinzukommen; drankommen; **han kom ikke** ngt. **til** er ist nicht verletzt worden, ihm ist nichts passiert; **~ til at vælte** ngt. versehentlich (od aus Versehen, ohne Absicht) etw umstoßen; **~ til at holde g** ngt. etw lieb gewinnen; **du vil engang ~ til at forstå det** du wirst es e-s Tages verstehen; **jeg kom til at tænke på det** es fiel mir ein; **hun kom til at sidde ved siden af mig** sie kam neben mich zu sitzen; **hvordan er han ~ til sin formue?** wie ist er zu s-m Vermögen gekommen?; **~ til kort** fig zu kurz kommen; **nu ~ turen til dig** jetzt bist du dran; **~ til sig selv** zu sich kommen; **~ tilbage** zurückkommen, zurückkehren, wiederkommen; **~ ud** herauskommen, hinauskommen; ausgehen, unter die Leute kommen; **~ ud af det med én** mit j-m auskommen, sich mit j-m verstehen; **~ ud for** ngt. etw erleiden, etw erleben; **~ ud i** et hineingeraten; **det ~ ud på ét** das läuft auf das Gleiche hinaus; **~ uden om** ngt. um etw herumkommen; **det ~r man ikke uden om** man kommt nicht d(a)rum herum; **det ~r ikke dig ved** das geht dich nichts an; **det ~r ikke sagen ved** das gehört nicht zur Sache; **~ videre** weiterkommen; **~nde** künftig, kommend

kommen ['kɔmən] ⟨en⟩ BOT Kümmel m; **~akvavit** [-akva'vid] Kümmel(schnaps) m; **~ost** [-osd] Kümmelkäse m

kommenskringle ['kɔmənskreŋlə] Kümmelbrezel f

komment|ar [kɔmen'ta:ʔr] ⟨en; -er⟩ Kommentar m; Erklärung f, Erläuterung f, Glosse f; **~ator** [-'ta:tɔr] ⟨en; -er⟩ Kommentator m; **~ere** [-'te:ʔrə] kommentieren, erläutern, erklären

kommerciel [kɔmɛr'sjelʔ] kommerziell, Handels-

kommers [kɔ'mɛrs] ⟨en⟩ Spaß m, Jux m

kommis [kɔ'mi] ⟨en; -er⟩ Handlungsgehilfe m

kommiss|arisk [kɔmi'sa:ʔrisg] kommissarisch; **~arius** [-'sa:ʔrius] ⟨Kommissarien; kommissarier⟩ Kommissar m (vom Staat Beauftragter); **~ion** [-'sjo:ʔn] ⟨en; -er⟩ Kommission f, Auftrag m; Ausschuss m; **~ionsforretning** [-'sjo:ʔns-

fɔ'ʀɛdneŋ] Kommissionsgeschäft n; **~ær** [-'sɛ:ʔr] ⟨en; -er⟩ POL Kommissar m

kommitteret [kɔmi'te:ʔrəð] ⟨en⟩ staatlich Beauftragte (der, die)

kommode [kɔ'mo:ðə] ⟨n; -r⟩ Kommode f; **~skuffe** [-sgofə] Kommodenschublade f

kommunal [kɔmu'na:ʔl] kommunal, Kommunal-, Gemeinde-, städtisch; **~bestyrelse** [-be'sdy:ʔʀəlsə] Gemeinderat m, Gemeindevertretung f, Stadtrat m; **~bestyrelsesmedlem** [-be'sdy:ʔʀəlsəs-meðlɛm] Mitglied n des Gemeinderates, Stadtrat m, Stadträtin f; **~direktør** [-diʀɛg'tø:ʔr] Stadtdirektor m; **~forvaltning** [-fɔʀ'val'dneŋ] Kommunalverwaltung f, Gemeindeverwaltung f; **~lov** [-lou] Gemeindeordnung f; **~politik** [-poli'tig] Kommunalpolitik f

kommune [kɔ'mu:nə] ⟨n; -r⟩ Kommune f, Gemeinde f; **~farvet** [-fa:ʔʀvəð] Haare: F dunkelblond (herabsetzend: Allerweltshaarfarbe); **~kontor** [-kɔn'to:ʔr] Büro n der Stadtverwaltung, Gemeindeamt n, Amtsverwaltung f; **~skat** [-sgad] Gemeindesteuer f, **~skole** [-sgo:lə] Volksschule f

kommunikation [kɔmunika'sjo:ʔn] ⟨en; -er⟩ Kommunikation f; Verkehr m

kommunikations|middel [kɔmunika-'sjo:ʔnsmiðʔəl] Kommunikationsmittel n; Verkehrsmittel n; **~satellit** [-sadə'lid] Nachrichtensatellit m

kommunik|ativ ['kɔmunikati:ʔv] kommunikativ; **~ere** [-'ke:ʔrə] kommunizieren

kommunion [kɔmuni'o:ʔn] ⟨en; -er⟩ kathol. Kirche: Kommunion f

kommunisme [kɔmu'nismə] ⟨-n⟩ Kommunismus m

kommunist [kɔmu'nisd] ⟨en; -er⟩ Kommunist(in) m(f); **~isk** [-isg] kommunistisch; **~parti** [-paʀ'ti:ʔ] kommunistische Partei f

kompagni [kɔmpa'ni:ʔ] ⟨-et; -er⟩ MIL, ÖKON (Abk. co.) Kompanie f (Abk. Co); **~chef** [-'nisje:ʔf] MIL Kompaniechef m, Kompanieführer m; **~skab** ['nisga:ʔb] ⟨-et; -er⟩ ÖKON offene Gesellschaft f; Teilhaberschaft f; **~skabspraksis** ['nisga:bspʀagsis] Gemeinschaftspraxis f

kompagnon ['kɔmpanjɔŋ] ⟨en; -er⟩ ÖKON Kompagnon m, Teilhaber(in) m(f)

kompakt [kɔm'pagd] kompakt, massig, gedrungen

komparation [kɔmpaʀa'sjo:ʔn] ⟨en; -er⟩

K

GRAM Komparation *f*, Steigerung *f*
komparativ¹ [kɔm'pɑrɑti:'v] ⟨-en; -er⟩
GRAM Komparativ *m*
komparativ² [kɔm'pɑrɑti:'v] komparativ
komparere [kɔmpɑ'ʀeː'ʀə] GRAM komparieren, steigern
kompas [kɔm'pɑs] ⟨-set; -ser⟩ Kompass *m*; **∼nål** [-nɔ:'l] Kompassnadel *f*; **∼rose** [-ʀo:sə] Kompassrose *f*, Windrose *f*
kompens|ation [kɔmpɛnsɑ'sjoː'n] ⟨-en; -er⟩ Kompensation *f*, Ausgleich *m*, Entschädigung *f*; **∼ere** [-'seː'ʀə] kompensieren
kompetence [kɔmpe'tɑŋsə] ⟨-n; -r⟩ Kompetenz *f*, Zuständigkeit *f*, Befugnis *f*; **∼givende** [-gi:'vənə] qualifizierend
kompetent [kɔmpe'ten'd] kompetent, zuständig, befugt
kompleks¹ [kɔm'plegs] ⟨-et; -er⟩ Komplex *m*; Häusergruppe *f*, Wohnanlage *f*
kompleks² [kɔm'plegs] komplex
kompleksitet [kɔmplegsi'teː'd] ⟨-en; -er⟩ Komplexität *f*
komplement|ar [kɔmplemen'tɑ:'ʀ] ⟨-en; -er⟩ ÖKON Komplementär *m*; **∼ere** [-'teː'ʀə] komplementieren, ergänzen
komplet [kɔm'pled] *adj* komplett, vollständig; *adv* ganz, völlig, total; **∼tere** [-ple'teː'ʀə] komplettieren, vervollständigen
kompli|ceret [kɔmpli'seː'ʀəð] kompliziert; **∼certhed** [-'seʀ'dhe:ð'] ⟨-en; -er⟩ Kompliziertheit *f*; **∼kation** [-kɑ'sjoːn] ⟨-en; -er⟩ Komplikation *f*
kompliment [kɔmpli'men'd] ⟨-en; -er⟩ Kompliment *n*; **∼ere** [-men'te:'ʀə] komplimentieren (*én for ngt. j-n* wegen *etw*), beglückwünschen
komplot [kɔm'plɔd] ⟨-tet; -ter⟩ Komplott *n*, Verschwörung *f*; **∼mager** [-mɑ:'ʀ] ⟨-en; -e⟩ Verschwörer *m*
komponent [kɔmpo'nen'd] ⟨-en; -er⟩ Komponente *f*; **∼analyse** [-ɑnɑ'ly:sə] Komponentenanalyse *f*
kompo|nere [kɔmpo'ne:'ʀə] komponieren; **∼nist** [-'nisd] ⟨-en; -er⟩ Komponist(in) *m(f)*; **∼sition** [-si'sjoː'n] ⟨-en; -er⟩ Komposition *f*
kompost [kɔm'pɔsd] ⟨-en⟩ Kompost *m*; **∼bunke** [-bɔŋə] Komposthaufen *m*; **∼ere** [-pɔ'sde:'ʀə] kompostieren
kompot [kɔm'pɔd] ⟨-ten; -ter⟩ Kompott *n*
kompres¹ [kɔm'pʀes] ⟨-set; -ser⟩ MED Kompresse *f*, Druckverband *m*
kompres² [kɔm'pʀes] TYP kompress
kompress|ion [kɔmpʀe'sjoː'n] ⟨-en; -er⟩ Kompression *f*, Verdichtung *f*; **∼or**

[-'pʀesɔʀ] ⟨-en; -er⟩ TECH Kompressor *m*, Verdichter *m*
komprimere [kɔmpʀi'me:'ʀə] TECH komprimieren, verdichten; **∼t luft** Druckluft *f*
kompromis [kɔmpʀo'mi] ⟨-et; -er⟩ Kompromiss *m*; **∼løs** [-lø:'s] kompromisslos; **∼se** [-'misə] F Kompromisse machen
kompromittere [kɔmpʀomi'te:'ʀə] kompromittieren, bloßstellen
komsammen [kɔm'sɑm'ʔən] ⟨-en od -et; -er⟩ Beisammensein *n*
koncentrat [kɔnsen'tʀɑ:'d] ⟨-et; -er⟩ Konzentrat *n*; **∼ion** [-tʀɑ'sjoː'n] ⟨-en; -er⟩ Konzentration *f*
koncentrations|evne [kɔnsentʀɑ'joː'ns-eünə] Konzentrationsvermögen *n*; **∼lejr** [-lɑi'ʔʀ] Konzentrationslager *n*
koncentrere [kɔnsen'tʀe:'ʀə] konzentrieren
koncentrisk [kɔn'sɛn'ʔtʀisg] konzentrisch
koncept [kɔn'sɛbd] ⟨-en od -et; -er⟩ Konzept *n*, Entwurf *m*; *bringe (gå) fra ∼erne* aus dem Konzept bringen (kommen), F irremachen (irrewerden); **∼ion** [-sɛb-'sjoː'n] ⟨-en; -er⟩ Konzeption *f*, Empfängnis *f*
koncern [kɔn'sœʀn] ⟨-en; -er⟩ Konzern *m*
koncert [kɔn'seʀd] ⟨-en; -er⟩ Konzert *n*; **∼gænger** [-gɛŋəʀ] ⟨-en; -e⟩ Konzertgänger *m*, Konzertbesucher *m*
konces|sion [kɔnse'sjoː'n] ⟨-en; -er⟩ Konzession *f*; **∼sionshaver** [-sha:vəʀ] ⟨-en; -e⟩ Konzessionär *m*, Konzessionsinhaber(in) *m(f)*
koncil [kɔn'si:'l] ⟨-et; -er⟩, **∼ium** [-'si:'liom] ⟨*konciliet; concilier*⟩ Kirche: Konzil *n*
koncipere [kɔnsi'pe:'ʀə] konzipieren, entwerfen
koncis [kɔn'si:'s] *Stil, Rede:* konzis, bündig, kurz, gedrängt
kondemn|abel [kɔndem'nɑ:'bəl] *Gebäude:* irreparabel, abbruchreif; **∼ere** [-'ne:'ʀə] für irreparabel (*od* unbewohnbar) erklären
kondensat [kɔnden'sɑ:'d] ⟨-et; -er⟩ Kondensat *n*; **∼ion** [-sɑ'sjoː'n] ⟨-en⟩ Kondensation *f*; **∼or** [-'sɑ:tɔʀ] ⟨-en; -er⟩ Kondensator *m*
kondensere [kɔnden'se:'ʀə] kondensieren; **∼t mælk** kondensierte Milch *f*, Kondensmilch *f*
kondens|mælk [kɔn'dɛn'ʔsmɛl'g] Kondensmilch *f*; **∼stribe** [-sdʀi:bə] FLUG Kondensstreifen *m*; **∼vand** [-van'ʔ] Kon-

denswasser n

kondi ['kɔndi] ⟨-en⟩ Kondition f, Fitness f; **dyrke ~** sich trimmen; **i ~** fit; **~cykel** [-sygəl] Hometrainer m; **~løb** [-lø:'b] Lauftraining n; **~sko** [-sgo:'] Turnschuh m; **~sti** [-sdi:'] Trimm-dich-Pfad m

kondition [kɔndi'sjo:'n] ⟨-en; -er⟩ Kondition f; **~alis** [-djo'na:lis] ⟨en od er⟩ GRAM Konditional n, Bedingungsform f

konditionstræning [kɔndi'sjo:'nstRE:nən] Konditions-, Fitnesstraining n

konditor [kɔn'ditɔr] ⟨-en; -er⟩ Konditor(in) m(f); **~i** [-dito'Ri:'] ⟨-et; -er⟩ Konditorei f; **~kage** [-ka:ə] Sahnetörtchen n

konditræning ['kɔndiRE:nən] Fitnesstraining n, Konditionstraining n

kondolence [kɔndo'laŋsə] ⟨-n; -r⟩ Kondolenz f, Beileid n; **~visit** [-vi'sid] Beileidsbesuch m

kondolere [kɔndo'le:'Rə] kondolieren (**én** j-m); **jeg ~r!** mein herzlichstes Beileid!

kondom [kɔn'do:'m] ⟨-et; -er⟩ Kondom n, m, Präservativ n

konduite [kɔndu'ldʉ] ⟨-n⟩ Geistesgegenwart f

konduktør [kɔndug'tø:'R] ⟨-en; -er⟩ Schaffner(in) m(f); ARCH Bauführer m

kone ['ko:nə] ⟨-n; -r⟩ Frau f; **~t** [-ð] matronenhaft

konfekt [kɔn'fegd] ⟨-en; -er⟩ Konfekt n, Pralinen f/pl; **hård (grov) ~ få** f eine harte (grobe) Behandlung f; **dobbelt ~ f** doppelt gemoppelt); **~ion** [-feg'sjo:'n] ⟨-en; -er⟩ Konfektion f; **~ionssyet** [-feg'sjo:'nssy:'əð] Fertigkleidung: von der Stange

konfekture [kɔnfeg'ty:rə] ⟨-n; -r⟩ Süßwaren pl, Konfektwaren pl

konference [kɔnfe'Raŋsə] ⟨-n; -r⟩ Konferenz f; **~bord** [-bo:'R] Konferenztisch m

konferencier [kɔnfeRaŋ'sje] Conférencier m, Ansager(in) m(f)

konferere [kɔnfe'Re:'Rə] konferieren; vergleichen; Doktorwürde verleihen

konfession [kɔnfe'sjo:'n] ⟨-en; -er⟩ REL Konfession f

konfessionsløs [kɔnfe'sjo:'nslø:'s] konfessionslos

konfidentiel [kɔnfiden'sjel?] vertraulich

konfirmand [kɔnfiR'man?d] ⟨-en; -er⟩ Konfirmand(in) m(f); **~inde** [-mand'enə] ⟨-n; -r⟩ Konfirmandin f; **~stue** [-sdu:ə] Raum m für den Konfirmandenunterricht

konfirmation [kɔnfiRma'sjo:'n] ⟨-en; -er⟩ Konfirmation f, Einsegnung f; Firmung

f; Bestätigung f; **borgerlig ~** Jugendweihe f

konfirmations|forberedelse [kɔnfiRma-'sjo:'nsfɔRbeRe:'ðəlsə] Konfirmandenunterricht m; **~gave** [-ga:və] Konfirmationsgeschenk n

konfirmere [kɔnfiR'me:'Rə] konfirmieren, einsegnen, KATH firmen; bestätigen

konfisk|ation [kɔnfiska'sjo:'n] ⟨-en; -er⟩ Konfiskation f, Beschlagnahme f; **~ere** [-'ske:'Rə] konfiszieren, beschlagnahmen; **~ering** [-'ske:'Reŋ] ⟨-en; -er⟩ Konfiszierung f

konfiture [kɔnfi'ty:rə] ⟨-n; -r⟩ Konfekt n, Pralinen f/pl

konflikt [kɔn'fligd] ⟨-en; -er⟩ Konflikt m, Streit m; **~fyldt** [-fyl'ð] konfliktreich; **~løsning** [-lø:snəŋ] Konfliktbewältigung f

konform [kɔn'fɔ:'Rm] konform; **~isme** [-fɔR'mismə] ⟨-n⟩ Konformismus m; **~istisk** [-fɔR'misdisg] konformistisch

konfront|ation [kɔnfRɔnta'sjo:'n] ⟨-en; -er⟩ Konfrontation f; **~ere** [-'te:'Rə] konfrontieren

konfus [kɔn'fu:'s] konfus, verwirrt; **~ion** [-fu'sjo:'n] ⟨-en; -er⟩ Konfusion f, Verwirrung f

konføder|ation [kɔnfødəRa'sjo:'n] ⟨-en; -er⟩ Konföderation f; **~eret** [-'Re:'Rəð] konföderiert

konge ['kɔŋə] ⟨-n; -r⟩ König m (a fig); vor Namen: **kong (Frederik)** König (Friederich); **de hellige tre ~r** pl die Heiligen Drei Könige m/pl; **~ns klæder** fig lit des Königs Rock (Soldatenuniform); **Hans Majestät ~n** Seine Majestät der König; **~ns foged** Gerichtsvollzieher m; **ikke eje ~ns mønt** F keine müde Mark (mehr) besitzen

konge|blå ['kɔŋəblɔ:'] königsblau; **~dømme** [-dœmə] Königreich n, Königtum n; **~flag** [-fla:'] Königsflagge f; **~huset** [-hu:'səð] das Königshaus, die königliche Familie

kongelig ['kɔŋəli] königlich (a fig); **de ~e** die königlichen Herrschaften, die königliche Familie; **det Kongelige Teater** das Königliche Theater; **Hans/Hendes Kongelige Højhed** Seine/Ihre Königliche Hoheit f

konge|loge ['kɔŋəlo:sjə] THEA königliche Loge; **~lys** [-ly:'s] ⟨-en; -⟩ BOT Königskerze f; **~parret** [-pa:'Rəð] das königliche Paar, das Königspaar; **~rige** [-ri:ə] Königreich n; **~rigsk** [-Ri:sg] zum Königreich gehörend (Gegensatz: **sønderjysk**)

K

kongeskibet ['kɔŋəsgi:ˀbəð]: ~ *Danne-brog* die königliche Jacht „Dannebrog"

konge|slot ['kɔŋəslɔd] Königsschloss *n*; ~**tro** [-tro:ˀ] königstreu; ~**ørn** [-œrˀn] Steinadler *m*

Kongeåen ['kɔŋɔ·ˀən] GEOGR die Königsau

kongres [kɔnˈgrɛs] ⟨-sen; -ser⟩ Kongress *m*, Tagung *f*

kongruen|s [kɔŋgruˈɛnˀs] ⟨-en; -er⟩ Kongruenz *f*; ~**t** [-ˀɛnˀd] kongruent

kongs|emne ['kɔŋˀsɛmnə] Kronprätendent *m*; ~**tanke** [-taŋgə] Leitgedanke *m*

konisk [ˈko:nisg] konisch

konjak [ˈkɔnˀjag] ⟨-ken; -ker⟩ → **cognak**

konjug|ation [kɔnjugaˈsjoˀn] ⟨-en; -er⟩ GRAM Konjugation *f*; ~**ere** [-ˈge:ˀrə] GRAM konjugieren

konjunkti|on [kɔnjɔŋˈsjoˀn] ⟨-en; -er⟩ GRAM Konjunktion *f*, Bindewort *n*; ~**v** [ˈ-jɔŋti:ˀv] ⟨-en; -er⟩ GRAM Konjunktiv *m*, Möglichkeitsform *f*; ~**visk** [ˈ-jɔŋti:-visg] GRAM konjunktivisch

konjunktur [kɔnjɔŋˈtuːˀr] ⟨-en; -er⟩ ØKON Konjunktur *f*, Wirtschaftslage *f*; ~**er** *pl* konjunkturelle Bedingungen *f/pl*, Konjunktur(lage) *f*; ~**bestemt** [-beˈsdɛmˀd] konjunkturbedingt, konjunkturell

konklu|dere [kɔnkluˈde:ˀrə] konkludieren, (schluss)folgern; ~**sion** [-ˈsjo:ˀn] ⟨-en; -er⟩ Schlussfolgerung *f*, Konklusion *f*

konkret¹ [kɔnˈkre:ˀd] ⟨-et; -er⟩ GRAM Konkretum *n*

konkret² [kɔnˈkre:ˀd] konkret

konkretisere [kɔnkretiˈse:ˀrə] konkretisieren

konkurrance [kɔŋkuˈraŋsə] Konkurrenz *f*; Wettbewerb *m*; ~**dygtig** [-døgdi] konkurrenzfähig, wettbewerbsfähig; ~**evne** [-ɛu̯nə] Konkurrenzfähigkeit *f*, Wettbewerbsfähigkeit *f*; ~**samfund** [-samfun·ˀ] Leistungsgesellschaft *f*

konkurre|nt [kɔŋkuˈrɛnˀd] ⟨-en; -er⟩ Konkurrent(in *f*), Mitbewerber(in *m(f)*; ~**re** [-ˈre:ˀrə] konkurrieren, wetteifern

konkurs¹ [kɔŋˈkurˀs] ⟨-en; -er⟩ Konkurs *m*

konkurs² [kɔŋˈkurˀs]: *gå~* Konkurs (*od* F Pleite) machen

konsekven|s [kɔnsəˈkvenˀs] ⟨-en; -er⟩ Konsequenz *f*, Folgerichtigkeit *f*; ~**t** [-kvenˀd] konsequent, folgerichtig

konservati|sme [kɔnsɛrvaˈtismə] ⟨-n⟩ Konservat(iv)ismus *m*; ~**v** [ˈ-sɛrvati:ˀv] konservativ

konservator [kɔnsɛrˈvaːtɔr] ⟨-en; -er⟩ Konservator *m*, Präparator *m*; ~**ium** [-vaˈto:ˀriom] ⟨-*konservatoriet; konservatorier*⟩ Konservatorium *n*, Musikhochschule *f*

konserver|e [kɔnsɛrˈve:ˀrə] konservieren; ~**ingsmiddel** [-ˈve:ˀreŋsmiðˀəl] Konservierungsmittel *n*

konserves [kɔnˈsɛrvəs] *pl* Konserven *f/pl*; ~**dåse** [-dɔ:sə] Konservendose *f*, Konservenbüchse *f*

konsistens [kɔnsiˈsdenˀs] ⟨-en⟩ Konsistenz *f*; ~**fedt** [-fed] Schmierfett *n*, Stauffett *n*

konsistorium [kɔnsiˈsdo:ˀriom] ⟨*konsistoriet; konsistorier*⟩ KATH Konsistorium *n*; *Universität:* Senat *m*

konsol [kɔnˈsɔlˀ] ⟨-len; -ler⟩ ARCH Konsole *f*; Konsol *-n* [-bo:ˀr] Konsoltischchen *n*

konsolidere [kɔnsoliˈde:ˀrə] konsolidieren

konsonant [kɔnsoˈnanˀd] ⟨-en; -er⟩ GRAM Konsonant *m*, Mitlaut *m*; ~**isk** [-isg] konsonantisch

konsorter [kɔnˈsɔ:ˀrdər] *pl abschätzig:* (Gesinnungs)Genossen *m/pl* (*Anhänger, Freunde*)

konspir|ation [kɔnsbiraˈsjoˀn] ⟨-en; -er⟩ Konspiration *f*; ~**ator** [-ˈrɑːtɔr] ⟨-en; -er⟩ Konspirant *m*, Verschwörer *m*; ~**ere** [-ˈre:ˀrə] konspirieren, sich verschwören

konstabel [kɔnˈsda:ˀbəl] ⟨*konstab(e)len; konstabler*⟩ MIL Zeitsoldat *m*

konstans [kɔnˈsdanˀs] ⟨-en; -er⟩ Konstanz *f*, Stetigkeit *f*, Unveränderlichkeit *f*

konstant¹ [kɔnˈsdanˀd] ⟨-en; -er⟩ MATH Konstante *f*

konstant² [kɔnˈsdanˀd] konstant, unveränderlich

konstater|bar [kɔnsdaˈte:ˀrbɑ:ˀr] feststellbar; ~**e** [-ˈte:ˀrə] konstatieren, feststellen; ~**ing** [-ˈte:ˀreŋ] ⟨-en; -er⟩ Feststellung *f*, Konstatierung *f*

konsterneret [kɔnsdɛrˈne:ˀrəð] konsterniert, bestürzt, betroffen

konstituere [kɔnsdituˈe:ˀrə] konstituieren; vorübergehend einsetzen; ~**t** kommissarisch

konstitution [kɔnsdituˈsjoˀn] ⟨-en; -er⟩ MED, POL Konstitution *f*; *Amt:* einstweilige Einsetzung *f*

konstru|ere [kɔnsdruˈe:ˀrə] konstruieren; ~**ktion** [-sdrugˈsjoˀn] ⟨-en; -er⟩ Konstruktion *f*; ~**ktionsfejl** [-sdrugˈsjoˀnsfajˀl] Konstruktionsfehler *m*; ~**ktør** [-sdrugˈtø:ˀr] ⟨-en; -er⟩ Konstrukteur m, Techniker m, Ingenieur m

konsul [ˈkɔnsuˀl] ⟨-en; -er⟩ Konsul m; **~at** [-suˈlaːˀd] ⟨-et; -er⟩ Konsulat n; **~ent** [-suˈlɛnˀd] ⟨-en; -er⟩ Berater m, Lektor(in) m(f); **~ere** [-suˈleːˀrə] → **konsultere**

konsultation [kɔnsultaˈsjoːˀn] ⟨-en; -er⟩ Konsultation f; Sprechstunde f; Sprechzimmer n

konsultations|tid [kɔnsultaˈsjoːˀnstiˀd] Sprechstunde f; **~værelse** [-vɛːrəlsə] Sprechzimmer n

konsul|tere [kɔnsulˈteːˀrə] konsultieren; **~ær** [-suˈlɛːˀr] konsularisch

konsum [kɔnˈsuːˀm] ⟨-et⟩ Konsum m, Verbrauch m; **~ent** [-suˈmɛnˀd] ⟨-en; -er⟩ Konsument m, Verbraucher m; **~ere** [-suˈmeːˀrə] konsumieren, verzehren, F verdrücken; **~fisk** [-fesg] Frischfisch m, Speisefisch m; **~mælk** [-mɛlˀg] Frischmilch f, Trinkmilch f

kontakt [kɔnˈtagd] ⟨-en; -er⟩ Kontakt m, Verbindung f, Beziehung f; Berührung f; EL Schalter m; **~annonce** [-aˈnɔŋsə] Kontaktanzeige f; **~behov** [-beˈhøˀʊ] Kontaktbedürfnis n; **~e** [-ə] kontaktieren (én j-n), sich in Verbindung setzen (én mit j-m); **~hæmmet** [-hɛmɔð] kontaktscheu, kontaktarm; **~led** [-leð] Verbindungsmann m; **~lim** [-liːˀm] Kontaktkleber m; **~linse** [-lensə] Kontaktlinse f; **~mand** [-manˀ] Kontaktmann m, Verbindungsmann m; **~person** [-pɛrˈsoːˀn] Kontaktperson f, Bezugsperson f

kontaminere [kɔntamiˈneːˀrə] GRAM, Biologie kontaminieren

kontant [kɔnˈtanˀd] ØKON bar; fig zuverlässig; deutlich, geradeheraus; **~er** [-ɔr] su pl Bargeld n; **~hjælp** [-jɛlˀp] Sozialhilfe f; **~hjælpsmodtager** [-jɛlˀbmoðtaˀjɔr] Sozialhilfeempfänger(in) m(f); **~rabat** [-ʁaˈbad] Skonto m, n, Preisnachlass m bei Barzahlung

kontekst [ˈkɔntegsd] ⟨-en; -er⟩ Kontext m

kontinent [kɔntiˈnɛnˀd] ⟨-et; -er⟩ Kontinent m; **~al** [-nɛnˈtaˀl] kontinental

kontingent [kɔntɛŋˈgɛnˀd] ⟨-et; -er⟩ Mitgliedsbeitrag m; Kontingent n

kontinu|erlig [kɔntinuˈɛrˀli] kontinuierlich; **~itet** [-iˈteˀd] ⟨-en⟩ Kontinuität f

konto [ˈkɔnto] ⟨-en; -er od konti⟩ Konto n (a fig); **~haver** [-haˀvɔr] ⟨-en; -e⟩ Kontoinhaber m; **~kurant** [kuˈʁɑnˀd] ⟨-en; -er⟩ ØKON Kontokorrent n

kontor [kɔnˈtoːˀr] ⟨-et; -er⟩ Büro n, Geschäftszimmer n, Geschäftsstelle f, Kanzlei f; **~assistent** [-asiˈsdɛnˀd] Büro-

angestellte (der, die); **~chef** [-sjeːˀf] Bürovorsteher(in) m(f); Ministerialrat m; **~dame** [-daːmə] Büroangestellte f, Kontoristin f; **~ist** [-toˈrisd] ⟨-en; -er⟩ Kontorist(in) m(f), Büroangestellte (der, die)

kontorius [kɔnˈtoːˀrius] ⟨-(s)en; -(s)er⟩: **hr. ~** F Bürokrat m; der Amtsschimmel; **~seri** [-toriusəˈriːˀ] ⟨-et; -er⟩ Bürokratismus m

kontor|landskab [kɔnˈtoːˀrlansgaˀb] Großraumbüro n; **~medhjælper** [-meðjelˀbər] Bürogehilfe m, Bürogehilfin f; **~mus** [-muːˀs] scherzh Büroangestellte f; **~piccoline** [-pikoˈliːnə] ⟨-n; -r⟩ Bürobotin f

konto|udskrift [ˈkɔntouðsgʁefd], **~udtog** [-uðtɔːˀw] Kontoauszug m

kontra [ˈkɔntʁɑ] kontra, gegen; **~bande** [-banɔ] ⟨-n⟩ Konterbande f, Schmuggelware f, Bannware f; **~bas** [-bas] MUS Kontrabass m; **~fej** [-faˀj] ⟨-et; -er⟩ Konterfei n; **~hent** [-ˈhɛnˀd] ⟨-en; -er⟩ JUR Kontrahent(in) m(f), Vertragspartner(in) m(f); **~here** [-ˈheːˀrə] kontrahieren, e-n Vertrag schließen

kontrakt [kɔnˈtʁagd] ⟨-en; -er⟩ Kontrakt m, Vertrag m; **~ansat** [-ansad] vertraglich (od auf Vertragsbasis) angestellt; **~brud** [-bruð] Kontraktbruch m, Vertragsbruch m; **~ion** [-tʁagˈsjoːˀn] ⟨-en; -er⟩ Kontraktion f; **~lig** [-li] vertraglich; **~mæssig** [-mesi] vertragsgemäß, vertragsmäßig, vertraglich; **~spiller** [-sbelər] SPORT Vertragsspieler m

kontra|ordre [ˈkɔntʁɑːˀɔʁdrə] Gegenbefehl m; **~part** [-paːˀrd] Gegner m; **~prøve** [-prœːvə] MATH Gegenprobe f; **~revolution** [-ˈrɛvoluˀsjoːˀn] Konterrevolution f; **~signere** [-sinˀjeːˀrə] gegenzeichnen; **~spionage** [-sbioˈnaːsjə] Gegenspionage f

kontrast [kɔnˈtʁɑsd] ⟨-en; -er⟩ Kontrast m, Gegensatz m; **~ere** [-tʁɑˈsdeːˀrə] kontrastieren; **~farve** [-faʁvə] Kontrastfarbe f; **~rig** [-ʁiːˀ] kontrastreich

kontravægt [ˈkɔntʁɑvɛgd] TECH Gegengewicht n

kontreadmiral [ˈkɔntʁəɑdmiˈʁɑːˀl] MIL Konteradmiral m

kontrol [kɔnˈtʁɔlˀ] ⟨-len; -ler⟩ Kontrolle f, Überwachung f, Überprüfung f; BAHN Sperre f; **føre ~ med ngt.** etw überwachen; **~label** [-tʁoˈlaːˀbəl] kontrollierbar; **~lerbar** [-tʁoˈlɛrbaːˀr] kontrollierbar; **~lere** [-tʁoˈleːˀrə] kontrollieren, überwachen

kontrollør [kɔntʁoˈløːˀr] ⟨-en; -er⟩ Kontrolleur *m*, Ordner *m*, Platzanweiser(in) *m(f)*

kontrol|opringning [kɔn'trɔl?ɔbreŋ?-neŋ] Kontrollanruf *m*; **~tårn** [-tɔ:?rn] FLUG Tower *m*, Kontrollturm *m*

kontrovers [kɔntro'vɛrs] ⟨-en; -er⟩ Kontroverse *f*; **~iel** [-vɛr'sjel?] kontrovers, umstritten

kontrær [kɔn'trɛ:?r] konträr; *Person:* widerwillig, widerspenstig, querköpfig

kontubernal [kɔntuber'na:?l] ⟨-en; -er⟩ Zimmergenosse *m*, Zimmergenossin *f*

kontur [kɔn'tu:?r] ⟨-en; -er⟩ Kontur *f*, Umriss *m*

konvention [kɔnven'sjo:?n] ⟨-en; -er⟩ Konvention *f*, Abkommen *n*

konventional|bod [kɔnvensjona:?l-bo:?ð], **~bøde** [-bø:ðə] Konventionalstrafe *f*

konversa|bel [kɔnvɛr'sa:?bəl] unterhaltsam, gesellig; **~tion** [-sa'sjo:?n] ⟨-en; -er⟩ Konversation *f*, Unterhaltung *f*, Gespräch *n*

konversations|leksikon [kɔnvɛrsa-'sjo:?nslɛgsikɔn] Konversationslexikon *n*; **~stykke** [-sdøgə] THEA Konversationsstück *n*; **~talent** [-ta'lɛn?d] Gesprächstalent *n*

konversere [kɔnvɛr'se:?rə] konversieren, unterhalten

konvert|ere [kɔnvɛr'te:?rə] konvertieren, umwandeln, umstellen; **~it** [-'tid] ⟨-ten; -ter⟩ REL Konvertit(in) *m(f)*

konvoj [kɔn'vɔi?] ⟨-en; -er⟩ NAUT Konvoi *m*, Geleitzug *m*; **~ere** [-vɔ'je:?rə] geleiten

konvolut [kɔnvo'lud] ⟨-ten; -ter⟩ (Brief)-Umschlag *m*

kooperation [ko:opərasjo:?n] ⟨-en; -er⟩ Kooperation *f*, Zusammenarbeit *f*

kooperativ[1] [ko:opərati:?v] ⟨-et; -er⟩ (Produktions)Genossenschaft *f*

kooperativ[2] [ko:opərati:?v] kooperativ; **~t foretagende** Genossenschaft *f*

kooperere [ko:opə're:?rə] kooperieren

koordinat [ko:ordi'na:?d] ⟨-en od -et; -er⟩ Koordinate *f*; **~ion** [-na'sjo:?n] ⟨-en; -er⟩ Koordination *f*; **~or** [-'na:tɔr] ⟨-en; -er⟩ Koordinator *m*

koordinere [ko:ordi'ne:?rə] koordinieren

kop [kɔb] ⟨-pen; -per⟩ Tasse *f*; **et par ~per** *e-e* Ober- und Untertasse *f*

kop|ar [kɔba:?r] MED Pockennarbe *f*, Blatternarbe *f*; **~arret** [-að] pockennarbig

kopfuld [ˈkɔbful?] ⟨-en; -e⟩: **en ~** *e-e* Tasse (voll)

kopi [ko'pi:?] ⟨-en; -er⟩ Kopie *f*, Doppel *n*,

Durchschlag *m*; *fig* Abklatsch *m*; FOT Abzug *m*; **~automat** [-'piəʊto'ma:?d] → *fotokopieringsmaskine*; **~ere** [-pi-'e:?rə] kopieren; **~maskine** [-'pima-'sgi:nə] → *fotokopieringsmaskine*; **~medicin** [-'pimedi'si:?n] Nachahmerpräparat *n*, Generikum *n*

koppear [ˈkɔbə;?r] MED Pockennarbe *f*, Blatternarbe *f*; **~ret** [-əð] pockennarbig

koppe|r [ˈkɔbər] *su pl* MED Pocken *f/pl*; Blattern *f/pl*; **~vaccination** [ˈkɔbavagsina'sjo:?n] Pockenschutzimpfung *f*

kopsætte [ˈkɔbsɛdə] MED schröpfen

kopvis [ˈkɔbvi:?s] tassenweise

kor [ko:?r] ⟨-et; -⟩ MUS Chor *m* (*ʎim*); *Kirche:* Chor *m*, *n*

koral[1] [ko'ra:?l] ⟨-en; -er⟩ Choral *m*

koral[2] [ko'ral?] ⟨-len; -ler⟩ Koralle *f*

koral|kæde [ko'ral?kɛ:ðə] Korallenkette *f*; **~rev** [-rɛʊ] Korallenriff *n*; **~rød** [-rœ:?ð] korallenrot

koran [ko'ra:?n] ⟨-en; -er⟩ Koran *m*; *Koranen* der Koran

korde [ˈkɔrdə] ⟨-n; -r⟩ GEOM Sehne *f*

kordegn [ko:?rdai?n] Küster(in) *m(f)*; **~ekontor** [-daïnəkɔn'to:?r] Küsterei *f*

kordel [kɔr'dɛ:?l] ⟨-en; -er⟩ NAUT Kardeel *f*

korend [ko'rɛn?] ⟨-en; -er⟩, **~e** [-rɛnə] ⟨-n; -r⟩ Korinthe *f*; **~(e)kage** [-'rɛn?-, -'rɛnə-ka:ə] *e-e* Art Rosinenkuchen *m*

koreograf [koreo'gra:?f] ⟨-en; -er⟩ Choreograf(in) *m(f)*; **~i** [-gra'fi:?] ⟨-en; -er⟩ Choreografie *f*; **~isk** [-isg] choreografisch

korist [ko'risd] ⟨-en; -er⟩ THEA Chorist(in) *m(f)*

kork [kɔrg] ⟨-en⟩ BOT Kork *m*; **af ~** aus Kork, korken; **~bælte** [-'beldə] NAUT Korkgürtel *m*; **~eg** [-'e:?j] Korkeiche *f*; **~prop** [ˈprɔb] (echter) Korken *m*

korn [ko:?n] ⟨-et; -⟩ Korn *n*, Getreide *n*; **~blomst** [ˈkɔrnblɔm?sd] Kornblume *f*; **~blå** [ˈkɔrnblɔ:?] kornblumenblau

kornet[1] [kɔr'ned] ⟨-ten; -ter⟩ MUS Kornett *n*; MIL (*veralt*) Fähnrich *m*

kornet[2] [ˈkɔrnəð] körnig

kornettist [kɔrne'tisd] ⟨-en; -er⟩ Kornettist(in) *m(f)*

korn|fedet [ˈkɔrnfe:ðəð] mit Getreide gemästet, Mast-; **~handler** [-hanlər] ⟨-en; -e⟩ Getreidehändler *m*; **~høst** [-høsd] Getreideernte *f*; **~loft** [-lɔfd] Kornboden *m*, Getreideboden *m*; **~mark** [-marg] Kornfeld *n*; **~mod** [-mo:?ð] ⟨-et⟩ ASTR

Wetterleuchten n; **~sort** [-sɔ:ˀʁd] Getreidesorte f

korporal [kɔʁpoˈʁɑːˀl] ⟨-en; -er⟩ MIL Gefreite(r) m, Unteroffizier m

korpor|ation [kɔʁpoʁaˈsjoːˀn] ⟨-en; -er⟩ Körperschaft f, Korporation f; **~ativ** [-ˈtiːˀv] körperschaftlich, korporativ; **~lig** [-ˈpoʁˀli] körperlich

korpulen|ce [kɔʁpuˈlaŋsə] ⟨-n⟩ Korpulenz f, **~t** [-ˈlɛnˀd] korpulent, beleibt

korrekse [koˈʁɛgsə] (pedantisch) zurechtweisen

korrekt [koˈʁɛgd] korrekt; **~ion** [-ʁɛgˈsjoːˀn] ⟨-en; -er⟩ Korrektur f, Berichtigung f

korrektur [koʁɛgˈtuːˀʁ] Korrektur f; **~lak** [-lag] Korrekturflüssigkeit f

korrektør [koʁɛgˈtøːˀʁ] ⟨-en; -er⟩ TYP Korrektor m, Korrekturleser(in) m(f)

korrespondance [kɔʁəsbɔŋˈdaŋsə] ⟨-n; -r⟩ Korrespondenz f, Briefwechsel m, Schriftverkehr m; **~kursus** [-kuʁsus] Fernkurs m

korresponde|ns [kɔʁəsbɔnˈdɛnˀs] ⟨-en; -er⟩ Übereinstimmung f; **~nt** [-ˈdɛnˀd] ⟨-en; -er⟩ Korrespondent(in) m(f), Berichterstatter(in) m(f); **~re** [-ˈdeːˀʁə] korrespondieren; im Briefwechsel stehen

korridor [kɔʁiˈdoːˀʁ] ⟨-en; -er⟩ Korridor m

korrigere [kɔʁiˈgeːˀʁə] korrigieren

korro|dere [kɔʁoˈdeːˀʁə] korrodieren; **~sion** [-ˈsjoːˀn] ⟨-en; -er⟩ Korrosion f; **~sionsfast** [-ˈsjoːˀnsfasd] korrosionsfest

korrumperet [kɔʁɔmˈpeːˀʁəð] korrumpiert

korrupt [koˈʁubd] korrupt; **~ion** [-ʁubˈsjoːˀn] ⟨-en; -er⟩ Korruption f

kors [kɔʁs] ⟨-et; -⟩ Kreuz n (a fig); **lægge over ~** über Kreuz legen, kreuzen; **Røde Kors** das Rote Kreuz

korsang [ˈkoːˀʁsaŋˀ] Chorgesang m; **~er** [-saŋər] Chorsänger(in) m(f)

korsbånd(sforsendelse) [ˈkɔʁsbɔn(sfɔʁˈsɛnˀəlsə)] Post: Streifband(sendung) n(f)

korse [ˈkɔʁsə]: **~ sig** sich entrüsten; fig sich entrüsten

korsedderkop [ˈkɔʁsɛðˀəʁkɔb] Kreuzspinne f

korsfarer [ˈkɔʁsfɑːʁəʁ] ⟨-en; -e⟩ HIST Kreuzfahrer m

korsfæste [ˈkɔʁsfɛsdə] ans Kreuz schlagen, kreuzigen; **~lse** [-lsə] ⟨-n; -r⟩ Kreuzigung f

kors|hvælving [ˈkɔʁsvɛlˀvɛŋ] ARCH Kreuzgewölbe n; **~kirke** [-kiʁgə] Kreuzkirche f; **~lagt** [-lagd] gekreuzt; Arme: verschränkt; **~ridder** [-ʁiðˀɔʁ] Kreuzritter m; **~sting** [-sdeŋˀ] Kreuzstich m; **~tog** [-tɔːˀw] Kreuzzug m; **~vej** [-vaiˀ] Kreuzweg m; **~vis** [-viːˀs] kreuzweise, über Kreuz, gekreuzt

kort¹ [kɔʁd] ⟨-et; -⟩ Karte f; **spille ~** Karten spielen; **et ~ over Danmark** e-e Karte von Dänemark

kort² [kɔʁd] kurz; **~ og godt** kurz und gut; **~ sagt** um es kurz zu sagen, kurzum; **~ efter** kurz danach; **for ~ tid siden** vor kurzem, vor kurzer Zeit; **~ for hovedet** fig kurz angebunden; **om ~ tid** in Kürze; **komme til ~** zu kurz kommen; **gøre ~ere** verkürzen, kürzer machen; **~e varer** ökon Kurzwaren f/pl; **det ~e af det lange** fig F um es kurz zu machen, kurzum; **~benet** [-beːˀnəð] kurzbeinig

kortbølge(sender) [ˈkɔʁdbølˀjə(sɛnɐʁ)] Kurzwelle(nsender) f(m)

korte [ˈkɔʁdə]: **~ af** abkürzen; (ver)kürzen; **~varer** [-vɑːʁəʁ] su pl Kurzwaren f/pl

kort|fattet [ˈkɔʁdfadəð] kurzgefasst; **~film** [-filˀm] Kurzfilm m; **~form** [-fɔːˀʁm] Kurzform f; **~fristet** [-fʁesdəð] kurzfristig

kortgivning [ˈkɔʁdgiːvneŋ] ⟨-en; -er⟩ Spiel: Kartengeben n

kort|halet [ˈkɔʁdhaːˀləð] kurzschwänzig; **~halset** [-halˀsəð] kurzhalsig

korthed [ˈkɔʁdheˀð] ⟨en⟩ Kürze f; **fatte sig i ~** sich kurzfassen

korthus [ˈkɔʁdhuːˀs] Kartenhaus n (a fig)

kort|håret [ˈkɔʁdhɔːˀʁəð] kurzhaarig; **~hårsfrisure** [-hɔʁsfʁiˈsyːʁə] Kurzhaarfrisur f; **~klippet** [-klebəð] kurz geschnitten, kurz geschoren

kortkunst [ˈkɔʁdkɔnˀsd] Kartenkunststück n

kortlæg|ge [ˈkɔʁdlɛgə] kartieren, aufnehmen; **~ning** [-lɛgnən] Landesaufnahme f

kort|skaftet [ˈkɔʁdsgafdəð] kurzstielig; **~skallet** [-sgaləð] kurzköpfig, kurzschädelig; **~skørtet** [-sgœʁˀdəð] mit e-m kurzen Rock

kortslut|ning [ˈkɔʁdsludnəŋ] Kurzschluss m (a fig); **~te** [-sludə] kurzschließen

kortspil(ler) [ˈkɔʁdsbɛl(ər)] Kartenspiel(er m (in f)) n

kort|stammet [ˈkɔʁdsdaməð] kurzstämmig; **~stilket** [-sdelˀgəð] kurzstielig; **~synet** [-syːˀnəð] fig kurzsichtig; **~telefon** [-teleˈfoːˀn] Kartentelefon n; **~tids-**

arbejde [-tiðsɑʁbaɪ'də] Kurzarbeit f; **~varig** [-va·'ʁi] von kurzer Dauer; **~ærmet** [-ɛʁ'mɒð] kurzärmelig; **~åndet** [-ɔn'ɒð] kurzatmig

korvet [kɒʁ'veð] ⟨-ten; -ter⟩ MIL Korvette f

korværk ['koʁ'vɛʁk] MUS Chorwerk n

koryfæ [koʁy'fɛʔ] ⟨-en; -er⟩ Koryphäe f

kosmet|ik [kɒsme'tig] ⟨-ken⟩ Kosmetik f; Kosmetika pl; **~isk** [-'me·'tisg] kosmetisch; **~olog** [-to'lo·'(w)] ⟨-en; -er⟩ Kosmetikerin f

kosmisk ['kɒsmisg] kosmisch

kosmopolit [kɒsmopo'lid] ⟨-ten; -ter⟩ Kosmopolit(in) m(f); **~isk** [-'litisg] kosmopolitisch

kosmorama [kɒsmo'ʁɑ·ma] ⟨-et; -er⟩ Lichtspieltheater n

kost[1] [kɒsd] ⟨-en; -e⟩ Besen m; F Blumenstrauß m; Pinsel m

kost[2] [kɒsd] ⟨-en⟩ Kost f (a fig); **~ og logi** Kost f und Logis n; **holde sig selv med tør ~** sich selbst mit Frühstück und Abendbrot versorgen

kostald ['ko·'sdalʔ] Kuhstall m

kostbar ['kɒsdba·'ʁ] kostbar; kostspielig; **gøre sig ~** sich zieren; **~hed** [-bɑʁhe·ðʔ] ⟨-en; -er⟩ Kostbarkeit f

koste[1] ['kɒsdə] kosten; **hvad** (od **hvor meget**) **~r det?** was (od wie viel) kostet es?; **det har ~t mig megen umage** es hat mich viel Mühe gekostet; **han har ~t meget på sin uddannelse** er hat viel für s-e Ausbildung ausgegeben (geopfert); **~ hvad det vil** koste es, was es wolle; **det skal ~ ham dyrt** das wird ihm/ihn teuer zu stehen kommen (bsd fig)

koste[2] ['kɒsdə] **~ med én** mit j-m herumkommandieren, j-n tyrannisieren; **~ én ud** F j-n hinausschmeißen

kostelig ['kɒsdəli] fig köstlich, herrlich

koster ['kɒsdɒʁ] su pl JUR gestohlene Sache f/pl

koste|skab ['kɒsdəsga·'b] Besenschrank m; **~skaft** [-sgafd] Besenstiel m

kost|foragter ['kɒsdfɒʁˈagdɒʁ] Kostverächter m (a fig); **~forplejning** [-fɒʁˈplaɪʔnen] Verpflegung f; **~gænger** [-gɛnɒʁ] ⟨-en; -e⟩ Kostgänger m; **~penge** [-peŋə] Kostgeld n, Verpflegungsgeld n; **~skole** [-sgo·lə] Internat n

kostume [ko'sdy·mə] ⟨-t; -r⟩ Kostüm n; **~bal** [-bal?] Kostümball m, Kostümfest n; **~re** [-sdy'me·'ʁə] kostümieren; **~tegner** [-taɪnɒʁ] Modezeichner m, THEA Kostümbildner m

kostumier [kɒsdym'je] ⟨-en; -er⟩ THEA Kostümbildner m; Garderobier m; **~e**

[-'je·ʁə] ⟨-n; -r⟩ Kostümbildnerin f; Garderobiere f

kostvaner ['kɒsdva·nɒʁ] pl Essgewohnheiten f/pl

kotelet [kɒdə'led] ⟨-ten; -ter⟩ Kotelett n

koturne [ko'turnə] ⟨-n; -r⟩ THEA Kothurn m; **gå på ~r, være på ~n** hochtrabend sein

kovend|e ['ko·'ʔvɛnə] NAUT vor dem Wind wenden, halsen; **~ing** [-venen] NAUT Wendung f vor dem Wind; fig Kehrtwendung f, plötzliche(r) Gesinnungswechsel m; **foretage en ~** fig umfallen

koøje[1] ['ko·'ʔøiə] ZO Kuhauge n

koøje[2] ['ko·'ʔøiə] ⟨-t; -r⟩ NAUT Bullauge n

kr. Abk. für **krone**(r) (dän Geld)

krabat [kʁɑ'ba·'d] ⟨-en; -er⟩ Bursche m; fig Brocken m

krabbe [kʁɑbə] ⟨-n; -r⟩ ZO (Strand)Krabbe f, Krebs m; **~klo** [-klo·'] ZO Krabbenschere f

krable ['kʁɑblə] krabbeln

krads [kʁɑs] ⟨-et; -⟩ Kratzer m; **~børste** ['bœʁsdə] Kratzbürste f, Drahtbürste f; **~børstig** [-'bœʁsdi] F fig kratzbürstig

kradse ['kʁɑsə] kratzen; **~ af** abkratzen (F a sterben); **~ ngt. ned på papiret** etw aufs Papier kritzeln; **~ piben ud** die Pfeife auskratzen; **~r** [-ʁ] ⟨-en; -e⟩ F Rachenputzer m; **~ri** [-'ʁi·?] ⟨-et; -er⟩ Gekratze m, Kratzerei f; Gekritzel n, Kritzelei f

kraft[1] [kʁɑfd] ⟨-en; kræfter⟩ Kraft f; Wucht f; **50 hestes ~** TECH 50 Pferdestärken; **for fuld ~** fig mit Volldampf; **i ~ af …** kraft … (G); **træde i ~** JUR in Kraft treten; **komme til kræfter** zu Kräften kommen; **sætte ud af ~** JUR außer Kraft setzen

kraft[2] [kʁɑfd] **~! knuse** (od **stejle**) **mig!** F verdammt noch mal!

kraftanstrengelse ['kʁɑfdɑnsdʁɛŋʔəlsə] Kraftanstrengung f

kraftedeme ['kʁɑfd'e·ðɒmə] **~!** F verdammt noch mal!

kraftesløs ['kʁɑfdəslø·'s] kraftlos

kraft|felt ['kʁɑfdfel'd] Kraftfeld n; **~foder** [-foð'ɒʁ] Kraftfutter n; **~fuld** [-ful'] kraftvoll; **~idiot** [-idi'o·'d] F Blödmann m, Vollidiot m; **~ig** [-i] kräftig; **~karl** [-ka·'ʔl] Kraftmensch m, F Kraftmeier m; **~løs** [-lø·'s] kraftlos; **~overføring** [-'ʔüɒʁfœ·'ʁeŋ] TECH Kraftübertragung f; **~prøve** [-pʁœ·va] Kraftprobe f

kraft|udfoldelse ['kʁɑfduðfʔɔlʔəlsə] Kraftentfaltung f; **~udtryk** [-uðtʁœg] Kraftausdruck m; **~varmeværk** [-vɑʁmə·veʁg] Heizkraftwerk m; **~værk** [-veʁg] Kraftwerk n

krage¹ ['krɑːwə] ⟨-n; -r⟩ Krähe f; **~ søger mage** gleich und gleich gesellt sich gern; **ude hvor ~rne vender** wo sich Fuchs und Hase gute Nacht sagen

krage² ['krɑːwə] **~ frem** ARCH vorkragen, hervorragen

krage|mål ['krɑːwəmɔːˀl] Kauderwelsch n, Insiderjargon m; **~rede** [-ʀeːðə] Krähennest n; **~tæer** [-tɛːˀʀ] su pl F fig Gekritzel n, Krähenfüße m/pl

krak [krɑg] ⟨-ket; -⟩ ÖKON Krach m

krakelering [krɑgəˈleːˀʀeŋ] ⟨-en; -er⟩ Glasur: Craquelé n, Krakelee n

krakil|er [krɑˈkiːˀlər] ⟨-en; -er⟩ Krakeeler m, Nörgler m; **~eri** [-kiːlaˈriˀ] ⟨-et; -er⟩ Krakeel(erei) m(f); **~sk** [-ˈkiːˀlsg] krakeelig, zanksüchtig

krakke ['krɑgə] ÖKON verkrachen

krakmandel ['krɑgmanˀəl] Krachmandel f, Knackmandel f

kram¹ [krɑmˀ] ⟨-met⟩ Kram m; Plunder m, F Krempel m; **forstå sit ~** sein Handwerk verstehen; **det passer ikke i hans ~** das passt ihm nicht in den Kram; **det er godt ~!** das ist ausgezeichnet!

kram² [krɑmˀ] **have ~met på én** fig j-n voll im Griff haben

kram³ [krɑmˀ] ⟨-met; -⟩ **give én et ~** j-n zärtlich, herzlich drücken, F knuddeln

kram|bod ['krɑmboˀð] Kramladen m; **~kiste** [-kisdə] F Gedächtnis m; **~marked** [-mɑʀgəð] Krammarkt m

kramme ['krɑmə] knüllen; (zärtlich, herzlich) drücken, F knutschen; **~ ud med** fig auskramen, auspacken

krampagtig [krɑmbˈɑgdi] fig krampfhaft, verkrampft

krampe ['krɑmbə] ⟨-n; -r⟩ MED Krampf m; Krampe f; **gå i ~** einen Krampf bekommen; **~agtig** [-ˀɑgdi] krampfartig; **~gråd** [-gʀɔːˀð] Weinkrampf m

krampetrækning ['krɑmbətʀegneŋ] (krampfhafte) Zuckung f; **ligge i de sidste ~er** fig in den letzten Zügen liegen (im Sterben)

kran [krɑːˀn] ⟨-en; -er⟩ TECH Kran m; **~bjælke** ['krɑːnbjelgə] Kranbalken m; **~fører** ['krɑːnføːʀər] Kranführer m

kranie ['krɑːˀniə] ⟨-t; -r⟩ → **kranium**; **~brud** [-bruˀð] Schädelbruch m

kranium ['krɑːˀniɔm] ⟨kraniet; kranier⟩ Schädel m

krank¹ [krɑŋˀg] ⟨-en; -e⟩ Fahrrad: Tretlager n

krank² [krɑŋˀg] **en ~ skæbne** ein trauriges Schicksal

krans [krɑnˀs] ⟨-en; -e⟩ Kranz m

kransekage ['krɑnsekɑːə] etwa: Makronenkuchen m; **~figur** [-fiˈguːˀʀ] fig Galionsfigur f, fig Aushängeschild n

kransenedlæg|ge ['krɑnsəneðlɛgəlsə], **~ning** [-legnə] Kranzniederlegung f

kranvogn ['krɑːˀnvɔwˀn] Abschleppwagen m, Kranwagen m

krapyl [krɑˈpyːˀl] ⟨-et⟩ Lumpenpack n

kras [krɑs] krass, stark

krasbørstig [krɑsˈbœrsdi] → **kradsbørstig**

krat [krɑd] ⟨-tet; -⟩ Gebüsch n, Gestrüpp n, Gesträuch n

krater ['krɑːˀdər] ⟨-et; krat(e)re⟩ Krater m; MIL Trichter m

kratskov ['krɑdsgoũ³] → **krat**

kratte ['krɑdə] kratzen

krav [krɑːˀv] ⟨-et; -⟩ Anspruch m, Forderung f; Anforderung f

krave [krɑːˀvə] ⟨-n; -r⟩ Kragen m; Stiefel: Stulpe f; **tage én i ~n** F j-n beim Kragen nehmen; **~ben** [-beːˀn] → **nøgleben**; **~bryst** [-bʀøsd] Hemdbrust f; **~knap** [-knɑb] Kragenknopf m

kravl [krɑũˀl] ⟨-et; -⟩ Gewimm... n

kravle ['krɑũlə] krabbeln, kriechen, klettern; **~dragt** [-dʀɑgd] Strampelhöschen n; **~gård** [-gɔːˀʀ] Laufgitter n; **~nisse** [-nesə] ⟨-n; -r⟩ Weihnachtsmännchen aus Karton an Wand oder Zaun als Dekoration

kreativ ['kʀeɑtiːˀv] kreativ; **~itetsfremmende** [-tiviˈteːˀdsfʀemənə] kreativitätsfördernd

kreatur [kʀeɑˈtuːˀʀ] ⟨-et; -er⟩ Rind n; (Stück) Vieh n; fig Kreatur f; **~handler** [-hanlər] ⟨-en; -e⟩ Viehhändler m

krebinet [kʀebiˈneð] ⟨-ten; -ter⟩ e-e Art Bulette aus Kalb- od Schweinefleisch

krebs [kʀebs] ⟨-en; -⟩ ZO Krebs m; **tage én i ~en** j-n beim Schlafittchen nehmen; **~dyr** ['-dyːˀʀ] Krebstier n, Krustentier n

krebs(e)|gang ['kʀebs(ə)gaŋˀ] Krebsgang m; **~klo** [-klo⁻ˀ] Krebsschere f; **~rød** [-ʀœːˀð] krebsrot

krebs|gang ['kʀebsgaŋˀ] → **krebs(e)-gang**; **~rød** ['kʀebsʀœːˀð] → **krebs(e)rød**

kredense [kʀeˈdenˀsə] kredenzen

kredit¹ [kʀeˈdid] ⟨-ten; -ter⟩ Kredit m (**på/**auf A)

kredit² [kʀedid] ⟨en⟩ Haben n, Kredit n

kreditere [kʀediˈteːˀʀə] kreditieren, gutschreiben

kredit|forening [kʀeˈdidfɔrˀeˀːneŋ] Kreditgenossenschaft f; **~givning** [-giːvneŋ] ⟨-en; -er⟩ Kreditgewährung f; **~kort**

[-kɔrd] Kreditkarte f; **~nota** [-no:ta] Gutschrift f; **~or** ['-ditɔr] ⟨-en; -er⟩ Gläubiger(in) m(f), Kreditor(in) m(f); **~side** [-si:ðə] Habenseite f; **~værdig** [-vɛrdi] kreditwürdig

kreds [kreˀs] ⟨-en; -e⟩ Kreis m, Ring m, Zirkel m; Kränzchen n; **~e** ['krɛːsə] kreisen (**om**/um A)

kreds|formet ['krɛːsfɔːˀrməð] kreisförmig; **~løb** [-løˀb] Kreislauf m; **~løbsforstyrrelser** [-løːbsfɔrˈsdyrˀɔlsər] pl MED Kreislaufstörungen pl

kreere [kreˈeːˀrə] kreieren

krem [krɛːˀm] ⟨-en; -e⟩ → **creme**

krematorium [krɛmaˈtoːˀriom] ⟨krematoriet; krematorier⟩ Krematorium n

krem|et ['krɛːməð] → **cremet**; **~farvet** ['krɛːmfaːrvəð] → **cremefarvet**

kremt [krɛmˀd] ⟨-et; -⟩ Räuspern n; **~e** ['krɛmðə] sich räuspern, hüsteln

krep [krɛb] ⟨-pet⟩ Krepp m

krepere [krɛˈpeːˀrə] krepieren, verenden, verrecken; **det ~r mig** F es ärgert (od wurmt) mich

kreperlig [krɛˈpeːˀrli] (sehr) ärgerlich

krep|papir ['krɛːbapiːˀr] Krepppapier n; **~pe** ['krɛːbə] kreppen

kreti ['krɛːti]: **~ og pleti** Krethi und Plethi, Hinz und Kunz

krible ['kriːblə] kribbeln, prickeln; jucken

kricket ['krigəd] ⟨-en⟩ SPORT Kricket n; **~bold** [-bɔlˀd] Kricketball m; **~gærde** [-gɛːrə] Krickettor n

kridende ['kriːðənə]: **~ hvid** kreideweiß

krideret [kriːðeˈʔrəð]: **~ papir** Kreidepapier n

kridhvid ['kriðˀviˀð] kreideweiß

kridt [kridˀ] ⟨-et⟩ Kreide f; **på ~** F auf Kredit (od Pump); **~e** [-ə] kreiden

kridthus ['kridhuːˀs]: **være i ~et hos én** fig bei j-m e-n Stein im Brett haben

kridt|klint ['kridklenˀd] Kreidefelsen m; **~pibe** [-piːbə] Tonpfeife f; **~streg** [-sdraɪˀ] Kreidestrich m; **~tid** [-tiðˀ] GEOL Kreidezeit f

krig [kriːˀ] ⟨-en; -e⟩ Krieg m; **den kolde ~** der Kalte Krieg; **føre ~** Krieg führen (**mod**/gegen A); **~ på kniven** Krieg bis aufs Messer; **gå i ~ med ngt.** fig etw im Angriff nehmen

kriger ['kriːər] ⟨-en; -e⟩ Krieger m; **~isk** [-isg] kriegerisch

kriges ['kriːəs] ⟨impf **krigedes**⟩ sich bekriegen

krigs|bytte ['kriːsbydə] Kriegsbeute f; **~enke** [-ɛŋgə] Kriegerwitwe f; **~erklæring** ['-ɛrˀklɛːˀrɛŋ] Kriegserklärung f

(**til**/an A); **~fange** [-faŋə] Kriegsgefangene (der, die)

krigsfod ['kriːsfoˀð]: **være på ~** MIL kampfbereit sein; **være på ~ med én** fig mit j-m auf Kriegsfuß stehen

krigs|forbrydelse ['kriːsfɔrˈbryˀðəlsə] Kriegsverbrechen n; **~førelse** [-føːrəlsə] Krieg(s)führung f; **~førende** [-føːrənə] kriegführend

krigshumør ['kriːshuˀmøːˀr]: **være i ~** F in Kampfstimmung sein, schlecht gelaunt sein

krigs|hærget ['kriːshɛrwəð] kriegsverwüstet; **~kammerat** ['-kamɔˀraˀd] Kriegskamerad m; fig Kampfgenosse m; **~legetøj** [-laˀətɔɪ] Kriegsspielzeug n; **~list** [-lesd] Kriegslist f; **~lysten** [-løsdən] kriegslüstern

krigsmaling ['kriːsmaːlɛŋ]: **i fuld ~** in voller Kriegsbemalung; Frau: (stark) geschminkt, aufgedonnert

krigs|materiel ['kriːsmatɛriˀl] Kriegsmaterial n; **~ramt** [-ramˀd] vom Krieg betroffen; **~ret** [-rɛð] Kriegsrecht n; Kriegsgericht n; **~råd** [-rɔˀð] Kriegsrat m (a fig); **~skadeserstatning** ['-sgaːðəsɛrˈsdadnɛŋ] Kriegsentschädigung f, Reparationen f/pl; **~skib** [-sgiˀb] Kriegsschiff n; **~skueplads** [-sguːəplas] Kriegsschauplatz m

krigsti ['kriːsdiˀ] Kriegspfad m; **være på ~en** auf dem Kriegspfad sein (a fig)

krikke ['krɛgə] ⟨-n; -r⟩ Gaul m, Klepper m

krille ['krilə] kribbeln, kitzeln; **~(r)hoste** [-(r)hoːsdə] Reizhusten m

krilre ['krilrə] → **krille**

krimi ['krimi] ⟨-en; -er⟩ Krimi m

kriminal|assistent [krimina'na:ˈlasiˀsdenˀd] Kriminalkommissar m; **~betjent** [-be'tjenˀd] Kriminalbeamte (der, die); **~dommer** [-dɔmər] Strafrichter m

kriminal|istisk [krimina'lisdisg] kriminalistisch; **~itet** [-li'teːˀd] ⟨-en⟩ Kriminalität f

kriminal|politi [krimina'na:ˈlpoli'tiˀ] Kriminalpolizei f; **~ret** [-rɛð] Strafgericht n; **~roman** [-ro'maːˀn] Kriminalroman m; **~sag** [-sa:ˀ] Kriminalfall m

kriminel [krimi'nɛlˀ] kriminell

krimskrams ['krɛmˀskramˀs] ⟨-et⟩ F Krimskrams m; Gekritzel m

kringle¹ ['kreŋlə] ⟨-n; -r⟩ Brezel f; Kuchen aus Hefe- od Blätterteig, der wie ein Knoten aussieht

kringle² ['kreŋlə] Problem lösen, klären, F beseitigen; managen

kringlet ['kreŋləð] verzwickt, kompliziert

kroplus

krinkelkroge ['kʀeŋˀgəlkʀɔːwə] pl (geheime) Winkel m/pl; fig Umschweife pl

krise ['kʀiːsə] ⟨-n; -r⟩ Krise f

kriseramt ['kʀiːsəʀɑmˀd] von der Krise betroffen; **~ område** Notstandsgebiet n

kristelig ['kʀesdəli] christlich

kristen¹ ['kʀesdən] ⟨en; kristne⟩ Christ(in) m(f)

kristen² ['kʀesdən] christlich

kristen|dom ['kʀesdəndɔmˀ] ⟨-men⟩ Christentum n; **~domskundskab** [-dɔmskɔnsgaˀb] Religionsunterricht m in der Schule, christliche Religionskunde f; **~hed** [-heːð?] ⟨-en⟩ Christenheit f; **~kærlighed** [-kɛʀlihˑeˀð] christliche Nächstenliebe f; **~tro** [-tʀoˀ] christliche(r) Glaube m

Kristi himmelfartsdag ['kʀesdi 'heməlsfɑʀdsdaˀ?] Datum: Christi Himmelfahrt f; → **Kristus**

kristne ['kʀesdnə] christianisieren

Kristus ['kʀesdus] Christus; **Kristi** Christi; **efter ~**, **efter Kristi fødsel** nach Christus (od Christo), nach Christi Geburt (Abk. **e. Kr.** ii. Chr.); **før ~**, **før Kristi fødsel** vor Christus (od Christo), vor Christi Geburt (Abk. **f. Kr.** v. Chr.); **Kristi legemsfest** KATH Fronleichnam(sfest) m(n)

Kristusbillede ['kʀesdusbeləðə] Christusbild n

kriterium [kʀiˈteˀʀiom] ⟨kriteriet; kriterier⟩ Kriterium n

kritik [kʀiˈtig] ⟨-ken; -ker⟩ Kritik f; **under al ~** unter aller Kritik; **~er** [-ˈtigəʀ] ⟨-en; -e⟩ Kritiker(in) m(f); **~løs** [-løːˀs] kritiklos

kritis|abel [kʀiti'saːˀbəl], **~erbar** [-'seːˀbɑːˀʀ] kritisierbar; **~ere** [-'seːˀʀə] kritisieren, bemängeln; rezensieren; **~k** ['-tisg] kritisch

kritte ['kʀiðə]: **død og ~!** meine Güte!, F verdammt und zugenäht!

kro¹ [kʀoːˀ] ⟨-en; -er⟩ Krug m, Wirtshaus n, Gaststätte f, Gasthaus n, Gasthof m; zo Kropf m

kro² [kʀoːˀ]: **~ sig** F fig sich brüsten, sich blähen

kroejer ['kʀoːˀɑiˀʀ] Inhaber(in) m(f) e-s Gasthofes, Gastwirt(in) m(f)

krog [kʀɔːˀw] ⟨-en; -e⟩ Haken m; Angelhaken m; Haspe f; Winkel m, Ecke f; **bide på ~en** anbeißen (a fig); **trænge én op i en ~** j-n in die Enge treiben; **~e** ['kʀoːwə] krümmen, biegen; **~et** ['kʀoːwəð] krumm, gekrümmt, gebogen; winkelig; **~rygget** ['kʀowʀøgəð] mit

krummem Rücken, gebückt

krogveje ['kʀɔwvɑiˀə]: **gå ~** Winkelzüge machen, krumme Wege gehen

krohold ['kʀoːˀhɔlˀ] Schankwirtschaft f

kroket¹ [kʀoˈkɛd] ⟨-ten; -ter⟩ GASTR Krokette f

kroket² ['kʀɔgəd] ⟨en od et⟩ Spiel: Krocket n

krokodille [kʀoko'dilə] ⟨-n; -r⟩ Krokodil n; **~skind** [-sgenˀ] Krokodilleder n; **~tårer** [-tɔːʀɑʀ] pl fig F Krokodilstränen f/pl

krom [kʀoːˀm] ⟨-et⟩ Chrom n

kromand ['kʀoːˀmanˀ] Gastwirt m

kromosom [kʀomoˈsoːˀm] ⟨-et; -er⟩ Chromosom n

kron|blad ['kʀoːnblað] BOT Kron(en)blatt n; **~diamantbryllup** [-'dia'manˀdbʀœlob] eiserne Hochzeit f

krone¹ ['kʀoːnə] ⟨-n; -r⟩ Baum, Zahn, ÖKON Krone f (a fig); Wipfel m; **ti ~r** zehn Kronen f/pl (Abk. **10 kr.**); **danske ~r** dänische Kronen f/pl; **en ~s penge** etwa e-e Krone; **ikke eje ~ns mønt** F keinen Pfennig besitzen

krone² ['kʀoːnə] krönen (a fig); **~t med held** von Erfolg gekrönt; **have ~de dage** F wie Gott in Frankreich leben

krone|kurs ['kʀoːnəkuʀ?s] ÖKON Kronenkurs m; **~t** [-ð] gekrönt; → **krone²**

kron|gods ['kʀoːngɔs] Krongut n, Domäne f; **~hjort** [-jɔʀd] Edelhirsch m, Rothirsch m, Kronenhirsch m

kronik [kʀoˈnig] ⟨-ken; -ker⟩ Zeitung: Feuilleton n; **~ør** [-niˈkøːˀʀ] ⟨-en; -er⟩ Feuilletonist(in) m(f)

kroning ['kʀoːneŋ] ⟨-en; -er⟩ Krönung f

kronisk ['kʀoːˀnisg] MED chronisch

kron|juvel [kʀoˈnjuveˀl] Kronjuwel n; **~jyde** [-jyːðə] Jütländer m aus der Gegend zwischen Århus u Randers; F echte(r) Jütländer m

kronologi [kʀonoloˈgiˀ?] ⟨-en; -er⟩ Chronologie f; **~sk** [-'loːˀ(w)isg] chronologisch

kron|prins(esse) ['kʀoːnpʀenˀs, -pʀɛnˈsɛsə] Kronprinz(essin) m(f); **~rage** [-ʀaːwə] Kopf kahl scheren; die Tonsur schneiden; **~regalier** ['-ʀeˀga:ˀliɑʀ] su pl Krönungsinsignien pl; **~vidne** [-viðnə] Kronzeuge m, Kronzeugin f; **~vildt** [-vilˀd] Rotwild n, Edelwild n

krop [kʀɔb] ⟨-pen; -pe⟩ Körper m, Leib m; Rumpf m; Kerl m; **en doven ~** ein Faulpelz m; **~doven** ['-dɔuˀən] → **kropsdoven**; **~due** [-duːə] Kropftaube f; **~linned** ['-lenɑð] Leibwäsche f; **~lus** ['-luːˀs] Kleiderlaus f

K

kropsarbejde ['krɔbsɑrbaɪ̯ˀdə] körperliche Arbeit *f*; **~r** [-r] physisch (schwer) arbeitende(r) Mensch *m*, Schwerarbeiter *m*

krops|bevidst ['krɔbsbevesd] körperbewusst; **~doven** [-dɔu̯ən] körperlich träge; **~kontakt** [-kɔnˀtɑgd] Körperkontakt *m*; **~lig** [-li] körperlich; **~lus** [-luːˀs] → *kroplus*; **~nær** [-nɛːˀr] *Kleidung*: hauteng, körpernah; **~pleje** [-plaɪ̯ə] Körperpflege *f*; **~sprog** [-sbrɔˀ] Körpersprache *f*; **~varme** [-vɑrmə] Körperwärme *f*; **~visitation** ['-visitaˀsjoˀn] Leibesvisitation *f*; **~visitere** ['-visiˀteːˀrə] *Person* durchsuchen, F filzen

kro|stue ['kroːˀsduːə] Gaststube *f*; **~vært** [-værd] Gastwirt *m*

krucifiks [krusiˀfigs] ⟨-et; -er⟩ Kruzifix *n*

krudt [krud] ⟨-et⟩ MIL Pulver *n*; *fig* F Energie *f*, Kraft *f*, Pep *m*; *han har ikke opfundet ~et* F er hat das Pulver nicht erfunden; *løst ~* Platzpatronen *f/pl*; *en pige med ~ i* F ein Prachtmädel *n*; **~karl** ['-kaːˀl] Draufgänger *m*, Wirbler *m*; **~røg** ['-rɔɪ̯ˀ] Pulverrauch *m*; **~tønde** ['-tønə] Pulverfass *n* (*a fig*); **~ugle** ['-uːlə] unruhige(r) Geist *m*, *Kind*: Zappelphilipp *m*

krukke ['krogə] ⟨-n; -r⟩ Krug *m*, Topf *m*; F Kopf *m*, Schädel *m*; affektierte Person *f*; **~ri** [-ˀriːˀ] ⟨-et; -er⟩ Geziertheit *f*, Affektiertheit *f*, Gehabe *n*; **~t** [-ð] F *fig* geziert, affektiert

krum [krɔmˀ] krumm, gekrümmt, gebogen; *gå på med ~ hals* F sich eifrig an *etw* machen

krum|benet ['krombeːˀnəð] krummbeinig; **~bøjet** [-bɔɪ̯ˀəð] gekrümmt, krumm gebogen

krumme¹ ['kromə] ⟨-n; -r⟩ Krümel *m*, Brosame *f*, Brösel *m*; Krume *f*; *der er ~r i ham* er hat Mumm in den Knochen

krumme² ['kromə] krümmen, biegen; krümeln, bröckeln, bröseln

krummelure [kroməˀluːrə] ⟨-n; -r⟩ F Schnörkel *m*; **~r a** Umstände *m/pl*, Umschweife *m/pl*

krum|ning ['kromneŋ] ⟨-en; -er⟩ Krümmung *f*, Biegung *f*; **~sabel** [-saˀbəl] Krummsäbel *m*; **~slutte** [-sludə] krumm schließen

krumspring ['kromsbreŋˀ] *gøre ~* Umschweife machen

krumstav ['kromsdaːˀv] *Kirche*: Krummstab *m*

krumtap ['kromtab] TECH Kurbel *f*; **~aksel** [-ɑgsəl] Kurbelwelle *f*

krus¹ [kruːˀs] ⟨-et; -⟩ Krug *m*, Seidel *n*, Humpen *m*

krus² [kruːˀs] *su pl* F Kronen *f/pl* (*Geld*)

krus³ [kruːˀs] ⟨-et⟩ *Haar*: Krause *f*

kruse ['kruːsə] kräuseln; **~dulle** [-ˀdulə] ⟨-n; -r⟩ Schnörkel *m*

kruset ['kruːsəð] kraus, gekräuselt; *gøre én ~ i hovedet* F *j-n* konfus (*od* irre)machen

krus|hår ['kruːshɔːˀr] Kraushaar *n*; **~ning** [-neŋ] ⟨-en; -er⟩ Kräuselung *f*; **~persille** [-pɛrˀselə] krause Petersilie *f*

krustade [kryˀsdaːˀbə] ⟨-n; -r⟩ *etwa*: Pastete *f*

kry [kryˀ] stolz, übermütig

kryb [kryˀb] ⟨-et; -⟩ Gewürm *n*

krybbe ['krybə] ⟨-n; -r⟩ (*Futter*)Krippe *f*; **~bider** [-biːˀðər] ⟨-en; -e⟩ Pferd: Krippenbeißer *m*; **~spil** [-sbel] Krippenspiel *n*

krybdyr ['krybdyːˀr] Kriechtier *n*, Reptil *n*

krybe ['kryːbə] ⟨*krøb; krøbet*⟩ kriechen; *Stoff*: einlaufen, schrumpfen; *~ for én fig* vor *j-m* kriechen; **~nde** kriechend (*a fig*), kriecherisch; *komme ~nde* angekrochen kommen; **~kælder** [-kelər] Kriechkeller *m*; **~ri** [-ˀriːˀ] ⟨-et⟩ *fig* Kriecherei *f*; **~spor** [-sboːˀr] AUTO Kriechspur *f*; **~strøm** [-sdrœmˀ] EL Kriechstrom *m*

krybskytte ['krybsgødə] Wilddieb *m*, Wilderer *m*; **~ri** [-ˀriːˀ] ⟨-et⟩ Wilddieberei *f*, Wilderei *f*, Wildern *n*

krydder ['krøðər] ⟨-en; -e⟩ *e-e Art* große(r) Zwieback *m*; F Taschenuhr *f*; **~bolle** [-bɔlə] große(s), weiche(s) Brötchen *n*; **~fedt** [-fed] Schmalz *n* (mit Gewürzen)

krydderi [krøðəˀriːˀ] ⟨-et; -er⟩ Gewürz *n*; Würze *f* (*a fig*); *sætte ~ på tilværelsen fig* das Leben würzen

krydder|nellike ['krøðərnelˀigə] Gewürznelke *f*; **~sild** [-sil] eingelegte(r), gewürzte(r) Hering *m*; **~smør** [-smœr] Kräuterbutter *f*; **~snaps** [-snabs] Kräuterschnaps *m*; **~urt** [-urˀð] Gewürzkraut *n*

krydr|e ['krøðrə] würzen (*a fig*); **~et** [-əð] gewürzt, würzig *m*; **~ing** [-reŋ] ⟨-en; -er⟩ Würzung *f*, Würzen *n*

kryds¹ [krys] ⟨-et; -⟩ Kreuz *n* (*a* ANAT); *Straße*: Kreuzung *f*; *Pferd*: Kruppe *f*; MUS, *Toto* (*pl a* -er) Kreuz *n*; *sætte ~ ved* ankreuzen; *på ~ og tværs* kreuz und quer

kryds² [krys] ⟨-et; -⟩: *på ~* NAUT auf Kreuzfahrt

krydse ['krysə] kreuzen (*hinanden* sich); ~ *af Liste* abhaken; ~*t check* Verrechnungsscheck *m*; ~ *fingre for én* fig j-m den Daumen drücken; ~**r** [-ʀ] ⟨-en; -e⟩ NAUT Kreuzer *m*

krydsfinér ['krysfi'ne:'ʀ] Sperrholz *n*; ~**plade** [-pla:ðə] Sperrholzplatte *f*

kryds|forbandt ['krysfɔr'ban'ð] ARCH Kreuzverband *m*; ~**forhør** [-fɔr'hø:'ʀ] Kreuzverhör *n*; ~**henvisning** [-henvi:'snen] Querverweis *m*; ~**hvælving** [-velveŋ] Kreuzgewölbe *n*; ~**ild** [-il'] Kreuzfeuer *n* (*a fig*); ~**missil** [-'mi'si:'l'] MIL Cruisemissile *n*; ~**ning** [-neŋ] ⟨-en; -er⟩ ZO, BAHN Kreuzung *f*

krydsogtværs [krysɔ'tvɛrs] ⟨-en; -er⟩, ~**opgave** [-ɔbga:və], **krydsord(sopgave)** ['krysɔ:'ʀ(sɔbga:və)] Kreuzworträtsel *n*

krydstogt ['krystɔgd] NAUT Kreuzfahrt *f*

krykke ['krœgə] ⟨-n; -r⟩ Krücke *f*; *gå med* ~**r** an Krücken gehen; ~**stok** [-sdɔg] Krückstock *m*

krymmel ['krœm'əl] ⟨*krym(me)let*⟩ Schokoladenstreusel *m*, bunte(r) Zuckerstreusel *m*

krympe ['krœmbə] Stoff: v/i einlaufen, schrumpfen; ~ *sig* sich krümmen, sich winden; ~ *sig ved ngt.* sich gegen *etw* sträuben; ~**fri** [-fri:'] nicht einlaufend, krumpfecht

krystal [kry'sdal'] ⟨-len od -let; -ler⟩ Kristall *m* od Kristall *n*; ~**lisere** [-sdali'se:'ʀə] kristallisieren (*sig* sich); ~**sukker** [-sogər] Kristallzucker *m*; ~**sæbe** [-sɛ:bə] feine Schmierseife *f*

kryste ['krysdə] poet drücken, pressen; ~ *én i sine arme* j-n umarmen

kryster ['krysdər] ⟨-en; -e⟩ Feigling *m*, F Memme *f*; ~**agtig** [-agdi] feige

kræ [krɛ:'] ⟨-et; -⟩ Geschöpf *n*, Würmchen *n*; Tierchen *n*

kræft [krɛfd] ⟨-en⟩ MED Krebs *m*; ~**fremkaldende** ['-frɛmkal'?ənə] krebserregend; ~**ramt** ['-rɑm'?d] krebskrank; ~**skade** [-'sga:ðə] fig Krebsschaden *m*; ~**svulst** [-'svul'sd] Krebsgeschwulst *f*

kræmmer ['krɛmər] ⟨-en; -e⟩ Krämer *m*; ~**hus** [-hu:'s] (Spitz)Tüte *f*; *e-e Art Backwerk m*, mit Schlagsahne gefüllt; ~**marked** [-mɑrgəð] *n etwa* Flohmarkt *m*; ~**sjæl** [-sjɛ:'l] fig Krämerseele *f*; ~**ånd** [-ɔn'] fig Krämergeist *m*

krænge ['krɛŋə] v/i NAUT krängen, sich auf die Seite legen; v/t umstülpen, umkehren; ~ *af* abstreifen; ~ *ud* nach außen

kehren (*a fig*)

krængning ['krɛŋneŋ] ⟨-en; -er⟩ NAUT Krängung *f*; Umstülpung *f*

krænke ['krɛŋgə] kränken, verletzen, beleidigen; ~**lse** [-lsə] ⟨-n; -r⟩ Kränkung *f*, Verletzung *f*, Beleidigung *f*

kræs [krɛ:'s] ⟨-et⟩ Leckerbissen *m* (*a fig*)

kræse ['krɛ:sə]: ~ *op for én* j-m etw Leckeres auftischen

kræsen ['krɛ:sən] wählerisch, verwöhnt; *beim Essen* mäkelig; ~**pind** [-pen'] F mäkelige Person *f*

kræve ['krɛ:və] fordern, verlangen, erfordern; ~**nde** anspruchsvoll

krøb [krœ:'b], ~**et** ['krœ:bəð] → **krybe**

krøbling ['krœbleŋ] ⟨-en; -er⟩ Krüppel *m*

krøge ['krœ:jə] lit biegen, krümmen; *det skal tidligt* ~(*s*)*, som god krog skal vorde* früh krümmt sich, was ein Häkchen werden will

krøl [krœl'] ⟨-let⟩ Haar: Krause *f*

krøl|behandlet ['krœlbe'han'ləð] knitterfest; ~**fri** [-fri:'] knitterfrei; ~**hår** [-hɔ:'ʀ] Rosshaar *n*; ~**hårsmadras** ['-hɔ:rsma'drɑs] Rosshaarmatratze *f*

krølle¹ ['krœlə] ⟨-n; -r⟩ Locke *f*; Schrift: Schnörkel *m*; *slå* ~ *på halen* Schwein: den Schwanz ringeln

krølle² ['krœlə] v/t Haar kräuseln, locken; *Kleid* zerknittern, F knautschen; ~ *sammen Papier* zusammenknüllen, zerknüllen; v/i sich kräuseln; *Stoff*: knittern; ~**de bogstaver** F gotische Buchstaben *m/pl* (TYP Fraktur *f*)

krølle|jern ['krœləjɛr'n] Lockenstab *m*; ~**t** [-ð] lockig, kraus; zerknittert

krøltop ['krœltɔb] Lockenkopf *m*, Krauskopf *m*; ~**pet** [-əð] lockenköpfig, krausköpfig

krønike ['krœn?igə] ⟨-n; -r⟩ Chronik *f*, fig Märchen *n*; ~**skriver** [-sgri:vər] Chronist *m*

kråse ['krɔ:sə] ⟨-n; -r⟩ Gekröse *n*; ~**suppe** [-sobə] GASTR, *etwa*: Gänseklein *n*

kube ['ku:bə] ⟨-n; -r⟩ Bienenkorb *m*

kubik|indhold [ku'bigenhɔl'] Kubikinhalt *m*; ~**meter** [-me:'dər] (*Abk.* m³) Kubikmeter *m* (*Abk.* m³); ~**rod** [-ro:'ð] Kubikwurzel *f*; ~**tal** [-tal] Kubikzahl *f*

kubisk ['ku:'bisg] kubisch

kue ['ku:ə] unterdrücken, knechten

kuffert ['kofərd] ⟨-en; -er⟩ Koffer *m*; ~**låg** [-lɔ:'w] Kofferdeckel *m*

kugle ['ku:lə] Kugel *f*, Ball *m*; Murmel *f*; *en skør* ~ F ein verrückter Kerl; **kugle|flade** ['ku:ləflɑ:ðə] Kugelfläche *f*; ~**formet** [-fɔ:'ʀməð] kugelförmig; ~**ho**-

K

ved(maskine) [-ho:ðɔ(ma'sgi:nə)] Kugelkopf(maschine) m(f); ~leje [-lɑ̈iə] TECH Kugellager n; ~lyn [-ly:?n] Kugelblitz m; ~pen [-pɛn?] Kugelschreiber m, F Kuli m; ~rund [-ʀɔn?] kugelrund; ~skrivemaskine [-sgʀi:vəma'sgi:nə] Kugelkopfmaschine f; ~stød [-sdøð] SPORT Kugelstoßen n

kujon [ku'jo:?n] ⟨-en; -er⟩ Feigling m; ~ere [-jo'ne:?ʀə] kujonieren, quälen; ~eri [-jo:nə'ʀi:?] ⟨-et; -er⟩ Quälerei f; Feigheit f; Schinderei f

kuk¹ [kug] ⟨-ket; -⟩ Kuckucksruf m; ikke et ~ F keinen Piep, keinen Ton, kein bisschen

kuk² [kug]: ~! kuckuck!

kukkasse ['kugkasə] scherzh F Fotoapparat m

kukke ['kugə] Kuckuck: rufen; sidde og ~ hjemme F (allein) zu Hause hocken

kukkelure [kugə'lu:ʀə]: sidde hjemme og ~ F (allein) zu Hause hocken

kukker ['kugɐʀ] ⟨-en; -e⟩ Kuckuck m

kukkuk ['kug'kug]: ~! kuckuck!

kukur ['kugu:?ʀ] Kuckucksuhr f

kul [kol] ⟨-let; -⟩ Kohle f

kulan|ce [ku'laŋsə] ⟨-n⟩ Kulanz f; ~t [-'lan?d] kulant

kulbrinte ['kolbʀɛndə] Kohlenwasserstoff m

kulbue|lampe ['kolbuəlambə] PHYS Bogenlampe f; ~lys [-ly:?s] Bogenlicht n

kulbunker ['kolboŋgɐʀ] NAUT Kohlenbunker m

kuld [kul?] ⟨-et; -⟩ ZO Wurf m; Vögel: Brut f; fig Generation f; et ~ børn Kinder pl e-s Elternpaares, aus e-r Ehe; lyse i ~ og køn JUR für ehelich erklären

kulde ['kulə] ⟨-n⟩ Kälte f (a fig); ~bølge [-bøljə] Kältewelle f, Kälteeinbruch m; ~grad [-gʀɑ:?ð] Kältegrad m; ~gys [-gy:?s] Frösteln n, Schauder m

kuldegysning [kulgy:?sneŋ] Frösteln n; ~er pl Schüttelfrost m

kuldioxid [kol'diɔgsi:ð?] CHEM Kohlendioxyd n, Kohlendioxid n

kuld|kaste ['kulkasdə] fig umstoßen, umstürzen; vereiteln; ~sejle [-saï?lə] umschlagen, kentern, umkippen; ~skær [-sge:?ʀ] kälteempfindlich, fröst(e)lig; ~slået [-slɔ:?əð] lauwarm, überschlagen

kule¹ ['ku:lə] ⟨-n; -r⟩ Grube f, Landwirtschaft: Miete f; en skør ~ F ein verrückter Kerl

kule² ['ku:lə] wehen; ~ ned Kartoffeln einmieten; ~ op Wind: auffrischen

kulegrave ['ku:ləgʀɑ:?və] tief umgraben;

fig genau untersuchen

kulfyr|et ['kolfy:ʀəð] kohlebeheizt; ~ing [-fy:ʀeŋ] Kohlenheizung f

kul|grube ['kolgʀu:bə] Kohlengrube f; ~holdig [-hɔl?ði] kohlehaltig; ~hydrat ['-hy'dʀɑ:?d] Kohle(n)hydrat n

kulilte ['kolildə] CHEM Kohlenmonoxid n, Kohlenmonoxyd n

kulinarisk [kuli'nɑ:?ʀisg] kulinarisch

kuling ['ku:leŋ] ⟨-en; -er⟩ NAUT Brise f, Kühlte f; hård ~ starke(r), stürmische(r) Wind m; stiv ~ steife(r) Wind m; ~(s)varsel [-(s)va:?ʀsəl] etwa: Sturmwarnung f

kulisse [ku'lisə] ⟨-n; -r⟩ Kulisse f (a fig)

kul|kasse ['kolkasə] Kohlenkasten m; ~kælder [-kɛlɐ] Kohlenkeller m; ~leje [-lɑ̈iə] Kohlenlager n; ~lemper [-lɛmbɐʀ] ⟨-en; -e⟩ Kohlentrimmer m

kullet ['kuləð] kahl(köpfig); Tier: ohne Hörner; Kirche: ohne Turm

kulmination [kulmina'sjo:?n] ⟨-en; -er⟩ Kulmination f

kulmine ['kolmi:nə] Kohlengrube f

kulminere [kulmi'ne:?ʀə] kulminieren

kulmule ['kolmu:lə] ⟨-n; -r⟩ Seehecht m

kulos ['kolo:?s] CHEM Kohlenoxyd n

kulravende ['kol'ʀɑ:vənə]: ~ sort kohlrabenschwarz

kulret ['kulʀəð]: blive ~ F e-n Koller kriegen (F irrewerden)

kul|sort ['kolsoʀd] kohlschwarz, pechschwarz; ~stof [-sdɔf] CHEM Kohlenstoff m; ~sur [-su:?ʀ] kohlensauer

kulsvier ['kolsvi:?ɐʀ] ⟨-en; -e⟩ Köhler m; ~tro [-tʀo:?] fig Köhlerglaube m

kulsyre ['kolsy:ʀə] CHEM Kohlensäure f

kult [kul?d] ⟨-en; -er⟩ Kult(us) m

kultid ['koltið?] GEOL Steinkohlenzeit f, Karbon n

kultisk ['kul?tisg] kultisch

kultivere [kulti've:?ʀə] kultivieren (a fig); ~t [-ð] kultiviert

kultsted ['kul?dsdɛð] Kultstätte f

kultur [kul'tu:?ʀ] ⟨-en; -er⟩ Kultur f; ~arv [-a:?ʀv] Kulturerbe n; ~el [-tu'ʀɛl?] kulturell; ~historie [-hi'sdo:?ʀiə] Kulturgeschichte f; ~kreds [-kʀe:?s] Kulturkreis m; ~ministerium [-mini'sde:?ʀiɔm] n Kultusministerium n; ~perle [-pɛʀlə] Zuchtperle f; ~plante [-plandə] Kulturpflanze f

kultveilte ['koltveildə] ⟨-n⟩ Kohlendioxyd n

kulør [ku'lø:?ʀ] ⟨-en; -er⟩ Farbe f (a fig); Zuckercouleur f; Kartenspiel: Farbe f; bekende ~ Kartenspiel: bedienen; fig Farbe bekennen; sætte ~ på fig beleben; tabe sin ~ blass werden

kulørt [ku'løʀˀd] bunt, farbig; **~ blyant** Buntstift m; **den~e presse** die Regenbogenpresse; **~vask** [-vasg] Buntwäsche f

kumme ['komə] ⟨-n; -r⟩ (Wasch-, Klosett)Becken n; **~fryser** [-fʀy:sər] Tiefkühltruhe f

kummer ['komˀər] ⟨-en⟩ poet Kummer m; **~fuld** [-fulˀ] kummervoll; **~lig** [-li] kümmerlich; ärmlich

kumulere [kumu'le:ʔʀə] kumulieren; **~ussky** ['-lussgy:ʔ] Kumuluswolke f

kun [kon] nur, bloß, lediglich; erst

kunde ['konə] ⟨-n; -r⟩ Kunde m, Kundin f, **fast ~** Stammkunde m; **~n har altid ret** der Kunde ist König; **~kreds** [-kʀe:ʔs] Kundenkreis m, Kundschaft f; **~service** [-sœ:vis], **~tjeneste** [-tje:nəsdə] Kundendienst m, Service m

kundgøre ['kongœ:ʔʀə] bekannt machen; **~lse** [-lsə] ⟨-n; -r⟩ Bekanntmachung f

kundskab ['konsga:ʔb] ⟨-en; -er⟩ Kenntnis f; Wissen n

kundskabs|formidling ['konsgabsfɔʀˈmˀidˀleŋ] Wissensvermittlung f; **~rig** [-ʀiːʔ] kenntnisreich; **~tørst** [ˈtœʀsd] Wissensdurst m

kunne [kunə, ku] ⟨kunne; kunnet⟩ können; **jeg kan ikke gøre for det** ich kann nichts dafür; **det kan (godt) være** mag sein, kann sein; **hvordan kan det være, at ...?** wie kommt es, dass ...?; **det kan ikke nægtes** es lässt sich nicht leugnen; **jeg kan ikke få det ind i hovedet** es will mir nicht in den Kopf; **kan du sove godt!** schlaf gut!; **han har ikke ~t gøre det** er hat es nicht tun können; **~n** ['kunən] ⟨en⟩ Können n

kunst [konˀsd] ⟨-en; -er⟩ Kunst f; **gøre~er** Kunststücke machen; **nu ingen ~er!** F mach keinen Unsinn!

kunst|akademi ['konsdakadeˈmiːʔ] Kunstakademie f; **~forstand** ['-fɔʀˈsdanˀ] Kunstverstand m; **~forståelse** ['-fɔʀˈsdɔ:ʔəlsə] Kunstverständnis n; **~færdig** [-ˈfeʀˀdi] kunstfertig, kunstvoll; **~greb** ['-gʀe:ʔb] ⟨-et; -⟩ Kunstgriff m; **~gødning** ['-gødˀneŋ] Kunstdünger m

kunsthand|el ['konsdhanˀəl] Kunsthandel m; Kunsthandlung f; **~ler** [-hanlər] ⟨-en; -e⟩ Kunsthändler(in) m(f)

kunst|historie ['konsdhiˈsdo:ʔʀiə] Kunstgeschichte f; **~honning** [-honeŋ] Kunsthonig m

kunsthåndværk ['konsdhɔnveʀg] Kunsthandwerk n, Kunstgewerbe n; **~er** [-əʀ] Kunsthandwerker(in) m(f), Kunstgewerbler(in) m(f)

kunstig ['konsdi] künstlich; F drollig

kunst|industri ['konsdendu'sdʀiːʔ] Kunstgewerbe n; **~kender** [-kenəʀ] Kunstkenner(in) m(f); **~let** [-lɛð] gekünstelt, geschraubt; **~læder** [-lɛ:ʔðəʀ] Kunstleder n; **~løb** [-lø:ʔb] Eiskunstlauf m; **~maler** [-ma:ləʀ] Kunstmaler(in) m(f)

kunstner ['konsdnəʀ] ⟨-en; -e⟩ Künstler(in) m(f); **~inde** [-'enə] ⟨-n; -r⟩ Künstlerin f; **~isk** [-isg] künstlerisch; **~navn** [-naŭˀn] Künstlername m

kunst|pause ['konsdpɔŭsə] Kunstpause f; **~retning** [-ʀɛdneŋ] Kunstrichtung f; **~samling** [-somleŋ] Kunstsammlung f; **~skøjteløb** [-sgœiðəlø:ʔb] n Eiskunstlauf m; **~stoppe** [-sdobə] kunststopfen; **~stykke** [-sdøgə] Kunststück n (a fig); **~værk** [-veʀg] ⟨-et; -er⟩ Kunstwerk n

kup [kub] ⟨-pet; -⟩ Coup m, Handstreich m, Putsch m; fig Fang m

kupe, **kupé** [ku'pe:ʔ] ⟨-en; -er⟩ BAHN Abteil n

kupere [ku'pe:ʔʀə] kupieren

kuple ['kublə] wölben (sig sich)

kuplet¹ [ku'pləd] ⟨-ten; -ter⟩ MUS Couplet n

kuplet² ['kubləð] gewölbt

kupmager ['kubma:ʔəʀ] ⟨-en; -e⟩ Putschist m

kupon [ku'poŋ] ⟨-en; -er⟩ Kupon m, Coupon m; Abschnitt m; **~klipper** [-klebəʀ] scherzh Kuponschneider m

kuppel ['kubəl] ⟨kup(pe)len; kupler⟩ Kuppel f; Lampe: Glocke f; F Kopf m

kur¹ [ku:ʔʀ] ⟨-en; -e⟩ MED Kur f

kur² [ku:ʔʀ] ⟨-en⟩ Cour f; **gøre ~ til en dame** e-r Dame den Hof machen

kure ['ku:ʀə] rutschen

kurer [ku'ʀe:ʔʀ] ⟨-en; -er⟩ Kurier m

kurere [ku'ʀe:ʔʀə] MED kurieren (a fig), heilen

kurfyrste ['ku:ʔʀfyʀsdə] Kurfürst m; **~lig** [-li] kurfürstlich; **~ndømme** [-ndœmə] ⟨-t; -r⟩ Kurfürstentum n

kuri|ositet [kuʀiosiˈte:ʔd] ⟨-en; -er⟩ Kuriosität f; **~osum** ['o:sum] ⟨-(m)et; kuriosa⟩ Kuriosum n; **~øs** [-'ø:ʔs] kurios

kurmagor ['ku:ʔʀma:ʔəʀ] ⟨-en; -er⟩ Hofmacher m, Courschneider m; **~i** [-ma:jəˈʀiːʔ] ⟨-et; -er⟩ Schmeichelei f

kurophold ['ku:ʔʀɔbhɔlˀ] Kuraufenthalt m

kurre¹ ['kuʀə] ⟨-en; -r⟩: **der er kommet en ~ på tråden mellem dem** fig F sie haben sich verkracht

kurre² ['kuʀə] Taube: gurren, girren (a fig)

K

kurs [kur?s] ⟨en; -er⟩ NAUT, ØKON Kurs *m* (*a fig*)

kursere [kur'se:?rə] kursieren, im Umlauf sein

kurs|fald [kur?sfal?] Kursrückgang *m*; **~gevinst** ['-ge'ven?sd] Kursgewinn *m*

kursist [kur'sisd] ⟨en; -er⟩ Lehrgangsteilnehmer(in) *m(f)*, Kursteilnehmer(in) *m(f)*

kursiv[1] [kur'si:?v] ⟨en; -er⟩ TYP Kursive *f*

kursiv[2] [kur'si:?v] TYP kursiv

kursivskrift [kur'si:?vsgrefd] Kursivschrift *f*

kurs|liste ['kur?slesdə] Kurszettel *m*; **~stigning** [-sdi:nen] Kurssteigerung *f*; **~tab** [-ta:?b] Kursverlust *m*

kursted [kur?rsdeð] Kurort *m*

kursus ['kursus] ⟨-(s)et *od* kurset; - *od* kurser⟩ Kurs(us) *m*, Lehrgang *m*; **være på ~** einen Kurs besuchen

kurs|værdi ['kur?sver'di:?] Kurswert *m*; **~ændring** [-endren] Kurswechsel *m* (*a fig*)

kurtage [kur'ta:sjə] ⟨-n; -r⟩ ØKON Kurtage *f*, Courtage *f*

kurtisere [kurti'se:?rə]: **~ én** *j-m* den Hof machen

kurv [kur?v] ⟨-en; -e⟩ Korb *m*; **få en ~** *e-n* Korb bekommen; **give én en ~** *fig j-m e-n* Korb geben; **være ene hane i ~en** F Hahn im Korb sein

kurve ['kurvə] ⟨-n; -r⟩ Kurve *f*

kurve|fletning ['kurvəfledneŋ] Korbgeflecht *n*; **~kuffert** [-kofərd] Reisekorb *m*, Weidenkoffer *m*; **~mager** [-ma:?ər] ⟨-en; -e⟩ Korbmacher *m*; **~møbler** [-mø:?blər] *pl* Korbmöbel *n/pl*; **~stol** [-sdo:?l] Korbsessel *m*, Korbstuhl *m*

kurvet ['kurvəð] kurvig, kurvenreich

kurvfuld ['kur?vful?] ⟨-en; -e⟩ Korb (voll)

kusine [ku'si:nə] ⟨-n; -r⟩ Kusine *f*

kusk [kusg] ⟨-en; -e⟩ Kutscher *m*

kuske ['kusgə] unterdrücken; F **~ med én** mit *j-m* Schlitten fahren, *j-n* herumkommandieren

kuske|slag ['kusgəsla:?] Umhang *m*; **slå ~** sich die Arme um den Leib schlagen; **~sæde** [-sɛ:ðə] Kutschbock *m*

kusse ['kusə] ⟨-n; -r⟩ V Muschi *f*, Möse *f*

kustode [ku'sdo:ðə] ⟨-n; -r⟩ Museumswärter(in) *m(f)*

kutte ['kudə] ⟨-n; -r⟩ Kutte *f*; **~klædt** [-klɛ:?d] mit *e-r* Kutte bekleidet

kutter ['kudər] ⟨-en; -e⟩ NAUT Kutter *m*

kutyme [ku'ty:mə] ⟨-n; -r⟩ Brauch *m*

kuvert [ku'verd] ⟨-en; -er⟩ Briefumschlag *m*; Gedeck *n*

kuvøse [ku'vø:sə] ⟨-n; -r⟩ MED Inkubator *m*, Brutkasten *m*

kvababbelse [kva'babəlsə] ⟨-n; -r⟩ F Unwohlsein *n*

kvab|be [kva'bə] ⟨-n; -r⟩ (Aal)Quappe *f*; **~set** ['kvabsəð] quabbelig

kvad [kvað] ⟨-et; -⟩ HIST Lied *n*

kvader ['kva:?ðər] ⟨-en; -e *od* kvadre⟩ Quader *m*

kvadrant [kva'dran?d] ⟨-en; -er⟩ Quadrant *m*

kvadrat [kva'dra:?d] ⟨-et; -er⟩ Quadrat *n*, Geviert *n*; **~isk** [-'dra:?disg] quadratisch; **~meter** [-me:?dər] ⟨*Abk.* **m²**⟩ Quadratmeter *m* (*Abk.* **m²**); **~rod** [-ro:?ð] Quadratwurzel *f*, zweite Wurzel *f*; **~tal** [-tal] Quadratzahl *f*

kvadratur [kvadra'tu:?r] ⟨-en⟩ Quadratur *f*; **cirklens ~** die Quadratur *f* des Kreises

kvadrere [kva'dre:?rə] quadrieren, ins Quadrat erheben; **~t Papir** kariert

kvag [kva:?(j)]: **slå i ~** zerschmettern

kvaj [kvai?] ⟨-et; -⟩ F Rindvieh *n*, Hornochse *m*

kvaje ['kvaiə]: **~ sig** sich blamieren, sich lächerlich machen

kvajebajer ['kvaiəbaiər] F Bier, das man zahlt, weil man einen Fehler begangen hat

kvaj|hoved ['kvaiho:ðə], **~pande** [-panə] → **kvaj**

kvaksalver ['kvagsalvər] ⟨-en; -e⟩ Quacksalber *m*, Kurpfuscher *m*; **~ere** [-və're:?rə] quacksalbern, kurpfuschen; **~i** [-və'ri:?] ⟨-et; -er⟩ Quacksalberei *f*, Kurpfuscherei *f*

kval [kva:?l] ⟨-en; -er⟩ Qual *f*, Marter *f*; **det volder mig ~er** es macht mir zu schaffen; **~fuld** ['kva:lful?] qualvoll

kvali|ficere [kvalifi'se:?rə] qualifizieren; **~fikation** [-ka'sjo:?n] ⟨-en⟩ Qualifikation *f*; **~tativ** ['-tati?v] qualitativ; **~tet** [-'te:?d] ⟨-en; -er⟩ Qualität *f*, Güte *f*

kvalitets|mærke [kvali'te:?dsmɛrgə] Gütezeichen *n*; **~vare** [-va:rə] Qualitätsware *f*

kvalm[1] ['kval?m] ⟨en⟩ Qualm *m* (*a fig* F)

kvalm[2] [kval?m] stickig, drückend

kvalme[1] ['kvalmə] ⟨-n⟩ Übelkeit *f*, Brechreiz *m*; **jeg får ~** (*a fig*) mir wird übel (*od* schlecht)

kvalme[2] ['kvalmə]: **det ~r for mig** es dreht mir den Magen um, es widert mich an; **~nde** stickig, drückend

kvalt [kval?d] erstickt; **~e** ['kvaldə] → **kvæle**

kvanteteori ['kvandəteo'ri:?] Quantentheorie f

kvantificer|bar [kvantifi'se:ʔʁbɑːʔʁ] quantifizierbar; **~e** [-'se:ʔʁə] quantifizieren

kvantit|ativ ['kvantitati:ʔv] quantitativ; **~et** [-'te:ʔd] ⟨-en; -er⟩ Quantität f

kvantum ['kvantɔm] ⟨-(m)et; *kvanta*⟩ Quantum n, Menge f; **~(s)rabat** [-(s)ʁɑ-'bad] Mengenrabatt m

kvark [kvɑʁɡ] ⟨-en⟩ Quark m

kvart¹ [kvɑʁd] ⟨-en; -er⟩ Zahl: Viertel n; ᴛʏᴘ Quart f; ᴍᴜs Quarte f; *Fechten:* Quart f; Viertelstunde f

kvart² [kvɑʁd] *adj* viertel

kvartal [kvɑʁ'taːʔl] ⟨-et; -er⟩ Quartal n, Vierteljahr n

kvartals|dranker [kvɑʁ'taːʔlsdʁɑŋɡəʁ] Quartalssäufer m; **~vis** [-viːʔs] vierteljährlich

kvarter¹ [kvɑʁ'teːʔʁ] ⟨-et; -⟩ Viertelstunde f; **et ~s tid** etwa e-e Viertelstunde; **et ~ i (over) to** Viertel vor (nach) zwei

kvarter² [kvɑʁ'teːʔʁ] ⟨-et; -er⟩ (Stadt)-Viertel n; Quartier n

kvarter³ [kvɑʁ'teːʔʁ] ⟨-et⟩ Mond: Viertel n

kvarterslag [kvɑʁ'teːʔʁsla:ʔ] Uhr: Viertelstundenschlag m

kvartet [kvɑʁ'ted] ⟨-ten; -ter⟩ ᴍᴜs Quartett n

kvartfinale ['kvɑʁdfi'na:lə] sᴘᴏʁᴛ Viertelfinale n

kvarts [kvɑʁds] ⟨-en; -er⟩ ᴍɪɴᴇʁ Quarz m; **~holdig** ['-hɔlʔdi] quarzhaltig; **~ur** ['-uːʔʁ] Quarzuhr f

kvartærtid [kvɑʁ'tɛːʔʁtiðʔ] ɢᴇᴏʟ Quartär n

kvartårlig ['kvɑʁdɔːʁli] vierteljährlich

kvas [kvaːʔs] ⟨-et⟩ Reisig n; **gå i ~** zerschmettert werden

kvase¹ ['kva:sə] ⟨-n; -r⟩ ɴᴀᴜᴛ Büse f

kvase² ['kva:sə] ⟨-ede od -te⟩ zerquetschen, zermalmen

kvidder ['kviðʔəʁ] ⟨-en od -et⟩ Gezwitscher n; **ikke et ~** F überhaupt nichts, kein Wort

kvide ['kvi:ðə] ⟨-n⟩ Not f, Kummer m

kvidre ['kviðʁə] zwitschern; **~n** Gezwitscher n

kvie¹ ['kvi:ə] ⟨-n; -r⟩ zo Färse f, Sterke f

kvie² ['kvi:ə]: **~ sig ved ngt.** sich gegen etw sträuben

kvik [kvig] munter, lebhaft; **et ~t hoved** fig ein heller Kopf; **lad det nu gå lidt ~t!** mach aber schnell, ja!, dalli, dalli!

kvikke ['kvigə]: **~ op** erquicken, munter machen; munter werden

kviksand ['kvigsan?] Mahlsand m, Treibsand m

kviksølv ['kvigsøl] Quecksilber n; **~søjle** [-sɔilə] Quecksilbersäule f

kvilt|e ['kvildə] → *quilte*; **~ning** ['kvildneŋ] ⟨-en; -er⟩ → *quiltning*

kvind [kven?] ⟨en⟩ F Weib n; **~agtig** [kven'agti] weibisch

kvinde ['kvenə] ⟨-n; -r⟩ Frau f; Weib n; **~bedårer** [-be'dɔ:ʔʁɒʁ] ⟨-en; -e⟩ (Frauen)Betörer m, Frauenheld m; **~bevægelse** [-be've:ʔəlsə] Frauenbewegung f; **~emancipation** [-emansipa'sjo:ʔn] Frauenemanzipation f; **~hader** [-ha:ðəʁ] Frauenhasser m; **~krisecenter** [-kri:səsɛndəʁ] Frauenhaus n, Krisenzentrum n

kvindekær ['kvenəkɛ:ʔʁ]: **være ~** ein Freund m der Frauen sein

kvindekøn ['kvenəkœn?] weibliche(s) Geschlecht n

kvindelig ['kvenəli] weiblich, -in; **~ læge** Ärztin f

kvinde|rolle ['kvenəʁɔlə] Frauenrolle f, Rolle f der Frau; **~sag** [-sa:ʔ(j)] Frauenbewegung f; **~sagskvinde** [-sa:ʔ(j)skvenə] Frauenrechlerin f

kvindetække ['kvenətɛgə]: **have ~** ein Frauenschwarm sein

kvindevis ['kvenəvi:ʔs]: **på ~** nach Frauenart

kvindfolk ['kvenfɔlʔg] *pl* Frauensleute *pl*, Weiber *n/pl*; **et rædsomt ~!** ein entsetzliches Weibsstück!

kvint [kven?d] ⟨-en; -er⟩ ᴍᴜs Quinte f; *Fechten:* Quint f; **~essens** ['kvende-'sen?s] Quintessenz f; **~et** [kven'ted] ⟨-ten; -ter⟩ ᴍᴜs Quintett n

kvirrevit [kviʁə'vid]: **~!** Vogel: tirili!

kvist [kvesd] ⟨-en; -e⟩ Zweig m; Gerte f, Reis n; Mansarde f; **bo på ~en** unter dem Dach wohnen; **~kammer** ['-kam?əʁ] Dachkammer f; **~lejlighed** [-lɔili-he:ð?] Mansardenwohnung f, Dachwohnung f; **~værelse** ['-vɛ:ʁəlsə] Dachzimmer n, Mansardenzimmer n

kvit [kvid] los; quitt; **blive én (ngt.) ~** j-n (etw) loswerden; **~ og frit** schuldenfrei

kvitte ['kvidə]: **~ ngt.** auf etw (A) verzichten, etw aufgeben

kvitter|e [kvi'te:ʔʁə] quittieren; **~ing** [-'te:ʔʁeŋ] ⟨-en; -er⟩ Quittung f; **~ingsblanket** [-'te:ʔʁeŋsblaŋ'ked] Quittungsformular n

kvivit [kvi'vid]: **~!** Vogel: tirili!

kvot|a ['kvo:ta] ⟨-en; -er⟩, **~e** ['kvo:də] ⟨-n; -r⟩ Quote f; **~ere** [kvo'te:ʔʁə] quotisieren; **~ient** [kvo'sjen?d] ⟨-en; -er⟩ Quotient *m*

kvæde[1] ['kveːðə] ⟨-n; -r⟩ Quitte *f*

kvæde[2] ['kveːðə] ⟨kvad; kvædet⟩ *scherzh* singen

kvædetræ ['kveːðətRɛːˀ] Quittenbaum *m*

kvæg [kveːˀ(j)] ⟨-et⟩ (Rind)Vieh *n*; **~avl** ['kveː(j)auˀl] Viehzucht *f*; **~bestand** ['kveː(j)beˈsdanˀ], **~besætning** ['kveː-(j)beˈsædnen] Viehbestand *m*

kvæge ['kveː(j)ə] erquicken, laben

kvæg|foder ['kveː(j)foðˀəR] Viehfutter *n*; **~handler** [-hanləR] ⟨-en; -e⟩ Viehhändler *m*; **~hold** [-hɔlˀ] Viehhaltung *f*; **~tillæg** Viehbestand *m*; **~hoved** [-hoːðə] F Rindvieh *n*

kvæk [kveg] ⟨-ket; -⟩ Frosch: Quaken *n*; *ikke et* **~** F keinen Pieps, kein Wort

kvække ['kvegə] Frosch: quaken; *en* **~ stemme** e-e quäkende Stimme

kvæld [kvelˀ] ⟨-en⟩ *poet* Abend *m*

kvæle ['kveːlə] ⟨kvalte; kvalt⟩ ersticken (a *fig*); erwürgen, erdrosseln, abwürgen; **~s, blive kvalt** ersticken; *en* **~nde hede** *m* brütende Hitze; **~ abekatten** F e-n Schnaps trinken

kvæler ['kveːləR] ⟨-en; -e⟩ Würger *m*; **~greb** [-gReˀb] ⟨-et; -⟩ Würgegriff *m*; **~slange** [-slɔŋə] Riesenschlange *f*, Boa *f*; **~tag** [-taːˀ] ⟨-et; -⟩ Würgegriff *m*

kvæl|ning ['kveːlnen] ⟨-en; -er⟩ Ersticken *n*, Erwürgen *n*, Erdrosseln *n*; **~ningsanfald** [-sanfalˀ] Erstickungsanfall *m*; **~stof** [-sdɔf] Stickstoff *m*

kværk [kveRg] ⟨-en; -e⟩ Gurgel *f*; **~e** [-'ə] (er)würgen

kværn [kveRˀn] ⟨-en; -e⟩ (Hand)Mühle *f*; Mahlgang *m*; *munden går som en* **~ på ham** er redet wie ein Wasserfall; **~e** ['kveRnə] mahlen; F quatschen, plappern; **~sten** ['kveRnsdeˀn] Mühlstein *m*

kværulant [kveRuˈlanˀd] ⟨-en; -er⟩ Nörgler(in) *m(f)*, Querulant(in) *m(f)*, Meckerer *m*; **~isk** [-ˈlanˀtisg] nörgelig

kværulere [kveRuˈleːˀRə] nörgeln, querulieren

kvæste ['kvesdə] verletzen; quetschen; *være hårdt* **~t** schwer verletzt sein; **~lse** [-lsə] ⟨-r⟩ Verletzung *f*; Quetschung *f*

kyle ['kyːlə] schleudern, schmeißen

kylling ['kylen] ⟨-en; -er⟩ zo Küchlein *n*, Küken *n*; Hähnchen *n*; *fig* kleine Flasche *f* Aquavit; *stegt* **~** Brathähnchen *n*

kylling|farm ['kylenˌfaˀRm] Geflügelfarm *f*; **~hjerne** [-jeRnə] *fig* Spatzengehirn *n*; **~mo(de)r** [-moːˀR] F Brutapparat *m*; **~sorger** [-sɔRwəR] *pl* F kleine Sorgen

f/pl

kyndelmisse ['kønˀəlmisə] ⟨-n⟩ *katholisches Fest*: Lichtmess *f*

kyndig ['køndi] kundig, erfahren, versiert

kyni|ker ['kyːˀnigəR] ⟨-en; -e⟩ Zyniker(in) *m(f)*; **~sk** ['kyːˀnisg] zynisch; **~sme** [ky'nismə] ⟨-n; -r⟩ Zynismus *m*

kyper ['kyːbəR] ⟨-en; -e⟩ Küfer *m*, Kellermeister *m*

kys [køs] ⟨set; -⟩ Kuss *m*; Baiser *n*

kyse[1] ['kyːsə] ⟨-n; -r⟩ Haube *f*

kyse[2] ['kyːsə] ⟨-ede od -te od køs⟩ erschrecken; **~ væk** verscheuchen

kyshånd ['køshɔnˀ] ⟨-en⟩: *med* **~** mit Kusshand

kysk [kysg] keusch

kyskhedsbælte ['kysgheðsbeldə] Keuschheitsgürtel *m*

kysse ['køsə] küssen; **~ på fingeren ad én** *j-m* e-e Kusshand zuwerfen; *kys mig her!* V leck mich (am Arsch)!; **~ri** [-ˈRiːˀ] ⟨-et; -er⟩ Küsserei *f*, Küsse *n*; **~tøj** [-tɔiˀ] F Mund *m*

kyst [køsd] ⟨-en; -er⟩ Küste *f*; Ufer *n*; Gestade *n*; **~artilleri** ['-ɑRtiləˈRiːˀ] MIL Küstenartillerie *f*

kystbane ['køsdbaːnə] Eisenbahn *f* entlang der Küste; **~socialist** [-sɔsjaˈlisd] *etwa*: Salonkommunist *m*

kystbo ['køsdboːˀ] ⟨-en; -er⟩, **~er** [-əR] ⟨-en; -e⟩ Küstenbewohner *m*

kyst|fart ['køsdfɑːˀRd] NAUT Küstenschifffahrt *f*, **~klima** [-kliːma] Seeklima *n*; **~linie, ~linje** [-linjə] Küstenlinie *f*, **~sikring** [-segRen] Küstenschutz *m*, Uferbefestigung *f*

kysægte ['køsegdə] *Lippenstift*: kussecht

kz-|fange [kɔ'sædfaŋə] KZ-Gefangene (der, die); **~lejr** [-laiˀR] KZ *n*, Konzentrationslager *n*

kæbe ['kɛːbə] ⟨-n; -r⟩ ANAT Kiefer *m*; *Werkzeug*: Backe *f*; **~ben** [-beːˀn] Kieferknochen *m*

kæbehule ['kɛːbəhuːlə] Kieferhöhle *f*; **~betændelse** [-beˈtenˀəlsə] Kieferhöhlenentzündung *f*

kæbe|parti ['kɛːbəpɑRˈtiːˀ] Kiefer(partie) *m(f)*; **~stød** [-sdøð] *Boxen*: Kinnhaken *m*

kæde[1] ['kɛːðə] ⟨-n; -r⟩ Kette *f* (a *fig*); Fessel *f*

kæde[2] ['kɛːðə]: **~ sammen** zusammenketten, verketten (a *fig*), aneinanderreihen

kæde|brev ['kɛːðəbReˀv] Kettenbrief *m*; **~dans** [-danˀs] Reigen *m*; **~forretning** [-fɔˀRednen] Geschäft *n* e-r Ladenkette; **~hus** [-huːˀs] Reihenhaus *n*; **~kasse** [-kasə] *Fahrrad*: Kettenschutz *m*; **~reak-**

tion [-ʀɛɑg'sjoːʔn] Kettenreaktion *f* (*a fig*); **~ryger** [-ʀyːɔʀ] Kettenraucher(in) *m(f)*; **~skærm** [-sgɛʀʔm] *Fahrrad*: Kettenschutz *m*; **~træk** [-tʀɛg] Kettenantrieb *m*

kæfer|eret [kɛfɑ'ʀeːʔʀɒð] beschwipst, beduselt; **~t** ['kɛːʔfɑʀd] ⟨*-en*; *-er*⟩ Schwips *m*, Rausch *m*

kæft [kɛfd] ⟨*-en*; *-e(r)*⟩ F Klappe *f*, Maul *n*, V Fresse *f*, Schnauze *f*; **hold ~!** halt's Maul!; **have en beskidt ~** *fig* ein ungewaschenes Maul haben; **ikke en ~** F kein Mensch; kein Wort

kæfte ['kɛfdə]: **~ op** F das Maul aufreißen, schwadronieren, tönen, schwätzen

kæk [kɛg] keck

kælder ['kɛlɔʀ] ⟨*-en*; *kæld(e)re*⟩ Keller *m*; **bo i ~en** im Kellergeschoss wohnen; **bygge ~ under et hus** ein Haus unterkellern; **et hus med fuld (halv) ~** ein vollunterkellertes (halb unterkellertes) Haus *n*; **~etage** [-e'taːsjə] Kellergeschoss *n*; **~kold** [-kɔlʔ] *Bier*: kellergekühlt; **~lem** [-lɅmʔ] Kellerluke *f*; **~mester** [-mesdɔʀ] Kellermeister *m*; **~rum** [ˈʀɔmʔ] Kellerraum *m*; **~trappe** [-tʀɑbə] Kellertreppe *f*

kæle ['kɛːlə]: **~ for én** *j-n* liebkosen (*od* hätscheln); **~ for ngt.** *etw* pflegen; **~ med én** mit *j-m* schmusen; **~barn** [-baʔʀn] Hätschelkind *n*; ein und alles (*a fig*); **~dyr** [-dyːʔʀ] Kuscheltier *n*; **~dægge** ['-dɛgə] ⟨*-n*; *-r*⟩, **~gris** [-gʀiːʔs] Hätschelkind *n*, F Schmusekätzchen *n*; **~n** [-n] anschmiegsam, zärtlich, F verschmust; [-nɑːʔn] Kosename *m*; **~nskab** [-nsgaːʔb] ⟨*-en*⟩ Zärtlichkeit *f*; **~ri** [-'ʀiːʔ] ⟨*-et*; *-er*⟩ Schmuserei *f*, Geschmuse *n*

kælk [kɛlʔg] ⟨*-en*; *-e*⟩ Rodelschlitten *m*

kælke ['kɛlgə] rodeln; **~bakke** [-bɑgə] Rodelbahn *f*; **~tur** [-tuːʔʀ] Rodelfahrt *f*

kælkning ['kɛlgnen] ⟨*-en*⟩ Rodeln *n*

kælling ['kɛleŋ] ⟨*-en*; *-er*⟩ *abwertend* Weib(stück) *n*, Xanthippe *f*; F *fig* Zicke *f*, Ziege *f*; **hun er en skrap ~** F *fig* sie ist ein schlimmer Besen; **han er en (slem) ~** F *fig* er ist ein (echter) Waschlappen

kællinge|agtig ['kɛleŋɑgdi] weibisch; **~sladder** [-slɑðʔʀ] Weiberklatsch *m*

kæltring ['kɛltʀeŋ] ⟨*-en*; *-er*⟩ Gauner *m*, Schurke *m*, Halunke *m*

kæltringe|agtig ['kɛltʀeŋɑgdi] gaunerhaft; **~pak** [-pɑg] Gaunerpack *n*; **~streg** [-sdʀɑiʔ] Schurkenstreich *m*

kælv|e ['kɛlvə] kalben (*a Eis*), **~ning** ['kɛlvnen] ⟨*-en*; *-er*⟩ Kalben *n*

kæmme ['kɛmə] (durch)kämmen; *Ge-*

lände abkämmen

kæmner ['kɛmˀnɔʀ] ⟨*-en*; *-e*⟩ Kämmerer *m*; **~kontor** [-kɔnˈtoːʔʀ] Kämmerei *f*, Finanzverwaltung *f*

kæmpe¹ ['kɛmbə] ⟨*-n*; *-r*⟩ Riese *m*, Hüne *m*; Recke *m*, Held *m*; BOT Wegerich *m*

kæmpe² ['kɛmbə] kämpfen, ringen (*a fig*); **~ med døden** mit dem Tode ringen

kæmpe³ ['kɛmbə] Riesen-, riesig-, F *fig* wahnsinnig, gewaltig

kæmpe|grav ['kɛmbəgʀɑːʔv], **~høj** [-hɔiʔ] Hünengrab *n*; **~mæssig** [-mesi] riesig, riesenhaft, kolossal; **~skridt** [-sgʀid] Riesenschritt *m* (*a fig*); **~stor** [-sdoːʔʀ] riesengroß, riesig; **~torsk** [-tɔʀsg] F Riesenrindvieh *n*, Supertrottel *m*; **~vise** [-viːsə] *lit* Kämpevise *f*, Heldenlied *n*

kænguru [kɛŋ'guːʀu] ⟨*-en*; *-er*⟩ Känguru *n*

kæntr|e ['kɛntʀə] NAUT kentern; **~ing** [-tʀeŋ] ⟨*-en*; *-er*⟩ Kentern *n*, Kenterung *f*

kæp [kɛb] ⟨*-pen*; *-pe*⟩ Stock *m*, Stab *m*; **som ~ i hjul** F wie geschmiert; **stikke en ~ i hjulet** F *etw* zu hindern suchen, *fig* Sand ins Getriebe streuen; **~hest** ['-hesd] Steckenpferd *n* (*a fig*); **~høj** ['-hɔiʔ] übermütig, frech

kæppe ['kɛbə]: **~ op** F die Klappe aufreißen, schwatzen

kær¹ [kɛːʔʀ] ⟨*-et*; *-*⟩ Moor *n*, Sumpf *m*; (Dorf)Teich *m*

kær² [kɛːʔʀ] lieb; **have én ~** *j-n* lieb haben; **~e fru (hr.) Andersen!** *Brief*: liebe(r Herr) Frau Andersen (*od* sehr geehrte(r Herr) Frau Andersen)!; **hør hjælper ingen ~e mor** da hilft nichts

kære¹ ['kɛːʀə] ⟨*-en*⟩ → **kæremål**

kære² ['kɛːʀə] JUR Einspruch erheben, Berufung *od* Beschwerde einlegen

kæremål ['kɛːʀəmɔːʔl] JUR Beschwerde *f*

kæreste ['kɛːʀəsdə] ⟨*-n*; *-r*⟩ Freund *m*; Verlobte *m*; Freundin *f*; Verlobte *f*; **være ~ med én** F mit *j-m* gehen; **~brev** [-bʀeːʔv] Liebesbrief *m*; **~folk** [-fɔlʔg] *pl* Pärchen *n*, Brautleute *pl*; **~par** [-pɑʀ] Liebespaar *n*; **~ri** [-'ʀiːʔ] ⟨*-et*; *-er*⟩ Liebelei *f*, Liebschaft *f*, Techtelmechtel *n*; **~sorg** [-sɔʀʔw] Liebeskummer *m*

kærkommen ['kɛʀkɔmˀən] willkommen, erwünscht, ersehnt

kærlig ['kɛʀli] liebevoll, zärtlich; **~ hilsen** *Brief*: mit herzlichem Gruß

kærlighed ['kɛʀlihɛːðʔ] ⟨*-en*⟩ Liebe *f* (*til* zu *D*); **af ~** aus Liebe

kærligheds|erklæring ['kɛʀliheðsɛʀ-

'klɛ:ʔʀɛŋ] Liebeserklärung *f*; **~forhold** [-fɔʀhɔlʔ] Liebesverhältnis *n*; **~roman** [-ʀo'ma:ʔn] Liebesroman *m*

kærne¹ ['kɛʀnə] ⟨-n; -r⟩ Butterfass *n*

kærne² ['kɛʀnə]: **~ smør** buttern

kærnemælk ['kɛʀnəmelʔg] Buttermilch *f*

kærnemælkskoldskål ['kɛʀnəmelg- skɔlsgɔ:ʔl] Kaltschale *f* aus Buttermilch

kærre ['kɛʀə] ⟨-n; -r⟩ Karren *m*

kærte ['kɛʀtə] ⟨-n; -r⟩ Kerze *f*

kærtegn ['kɛʀtɑiʔn] Liebkosung *f*; *pl* Zärtlichkeiten *f/pl*; **~e** [-ə] liebkosen

kærv [kɛʀʔv] ⟨-en; -e⟩ Schraube: Schlitz *m*

kætter ['kɛdɔʀ] ⟨-en; -e⟩ Ketzer(in) *m(f)*; **~bål** [-bɔ:ʔl] Scheiterhaufen *m*; **~i** [kɛdə'ʀiːʔ] ⟨-et; -er⟩ Ketzerei *f*; **~sk** [-sg] ketzerisch; **~ske** [-sgə] Ketzerin *f*

kætting ['kɛdeŋ] ⟨-en; -er⟩ NAUT Kette *f*

kæve ['kɛ:wə] F saufen

kævl [keuʔl] ⟨-et⟩ Zankerei *f*

kævle ['kɛulə] ⟨-n; -r⟩ Langholz *n*, gefällte(r) Baumstamm *m*

kævle|ri [kɛulə'ʀiːʔ] ⟨-et; -er⟩ Zankerei *f*, Gezänk *n*; **~s** ['kɛuləs] sich zanken (*om/* über *A*)

kø [køːʔ] ⟨-en; -er⟩ (Warte-, Auto)Schlange *f*; Billardstock *m*, Queue *m*; **stå i ~** Schlange stehen, anstehen

køb [køːʔb] ⟨-et; -⟩ Kauf *m*; **~ og salg** An- und Verkauf *m*; **for godt ~** billig, günstig; **til ~s** käuflich; **give ~** klein beigeben; **oven i ~et** noch dazu, obendrein; **tage med i ~et** *fig* in Kauf nehmen; **få med i ~et** hinzubekommen

købe ['køːbə] ⟨-te⟩ kaufen, ankaufen, erstehen, erkaufen; **den ~r jeg ikke** F das nehme ich dir nicht ab; **~ fri** freikaufen; **~ ind** einkaufen, einholen; **~brød** [-bʀœːʔð] gekauftes Brot *n*; **~dygtig** [-døgdi] kaufkräftig; **~evne** [-eūnə] Kaufkraft *f*; **~kontrakt** [-kɔn'tʀɑgd] Kaufvertrag *m*; **~kort** [-kɔʀd] Kundenkarte *f*; **~kraft** [-kʀɑfd] Kaufkraft *f*

købelyst ['køːbəløsd] Kauflust *f*; **~en** [-ən] kauflustig

København [købən'hɑūʔn] Kopenhagen *n*

københavn|er [købən'hɑūnəʀ] ⟨-en; -e⟩ Kopenhagener(in) *m(f)*; **~eri** [-hɑūnə-'ʀiːʔ] ⟨-et; -er⟩ *etwa*: Bevorzugung *f* Kopenhagens; **~sk** [-'hɑūʔnsg] *adj* Kopenhagener; die Kopenhagener Mundart

køber ['køːbəʀ] ⟨-en; -e⟩ Käufer(in) *m(f)*, Abnehmer *m*

købe|stærk ['køːbəsdɛʀg] kaufkräftig; **~stævne** [-sdeūnə] (Muster)Messe *f*; **~sum** [-somʔ] Kaufsumme *f*

købmand ['kømanʔ] Kaufmann *m*

købmandsbutik ['kømansbu'tig] (kleiner) Lebensmittelladen *m*, *a* F Tante-Emma-Laden *m*; *Spielzeug*: Kaufmannsladen *m*

købmandskab ['kømansga:ʔb] ⟨-et⟩ kaufmännisches Verhalten *n*; **godt (dårligt) ~** (un)kaufmännisch

købmandsskole ['kømansgo:lə] Handelsschule *f*

købsdato ['køːʔbsda:to] Kaufdatum *n*

købslå ['købslɔ:ʔ] feilschen, handeln

købspris ['køːʔbspriːʔs] Kaufpreis *m*

købstad ['købsdað] Provinzstadt *f*

kød [køð] ⟨-et⟩ Fleisch *n* (*a* BOT, *fig u* BIBL); **have ~ på kroppen** F Fleisch auf den Rippen haben; **hakket ~** Hackfleisch *n*; **frosset ~** Gefrierfleisch *n*

kød|ben ['køðbe:ʔn] Knochen *m*; *fig* Pfründe *f*; **~bjerg** [-bjɛʀʔw] *Person*: Dickwanst *m*, Koloss *m*; **~bolle** [-bɔlə] Fleischklößchen *n*, Klops *m*; **~budding** ['-buðeŋ] *e-e Art* Fleischpastete *f*; **~by** ['-by:ʔ] F Schlachthof *m*; **Kødbyen** der Zentralfleischmarkt in Kopenhagen; **~elig** ['køðəli] fleischlich, leiblich; **~et** ['køðəd] fleischig; **~fars** [-fa:ʔʀs] Hackfleischfüllung *f*; **~farvet** [-fa:ʔʀvəð] fleischfarben; **~fuld** [-fulʔ] fleischig; **~gryde** [-gʀyːðə] Fleischtopf *m* (*a fig*)

kød|hakkemaskine ['køðhagəma'sgiːnə] Fleischwolf *m*; **~hammer** [-haməʀ] Fleischklopfer *m*; **~hoved** ['-hoːʔð] F Trottel *m*; **~løs** [-løːʔs] fleischlos; **~mad** [-mað] *scherzh* Fleisch *n*; **~maskine** [-ma'sgiːnə] → **kødhakkemaskine**; **~pølse** [-pølsə] Fleischwurst *f*; **~rand** [-ʀanʔ] GASTR Hackfleisch *n* in Ringform; **~suppe** [-sobə] Rindfleischsuppe *f*

kødæde|nde ['køðɛ:ʔðənə] fleischfressend; **~r** [-ɛ:ʔðəʀ] Fleischfresser *m*

køje ['kɔiə] ⟨-n; -r⟩ NAUT Koje *f*; **gå til køjs** F schlafen gehen, in die Falle gehen; **~seng** [-seŋʔ] Etagenbett *n*; **~sæk** [-sɛg] NAUT Seesack *m*

køkken ['køgən] ⟨-et⟩ Küche *f*; **koldt ~** kalte Küche *f*; **der er røg i ~et** *etwa*: der Haussegen hängt schief

køkken|bord ['køgənboːʔʀ] Küchentisch *m*; **~chef** [-sjɛːʔf] Küchenchef *m*; **~have** [-haːvə] Gemüsegarten *m*; **~maskine** [-ma'sgiːnə] EL Küchenmaschine *f*; **~mødding** [-møðeŋ] HIST Kökkenmöddinger *pl*

køkken|rulle ['køgənʀulə] Haushaltspapier n; **~salt** [-sal'd] grobes Salz; **~skab** [-sga:'b] Küchenschrank m; **~skriver** [-sgri:vəʀ] F Topfgucker m; **~trappe** [-tʀabə] Hintertreppe f; **~tøj** [-tɔɪ] Küchengerät n, Küchenutensilien pl; **~udstyr** [-uðsdy:'ʀ] Küchenausstattung f, Küchenutensilien pl; **~urt** [-uʀ'd] Küchenkraut n; **~vask** [-vasg] Spüle f, Abwaschbecken n

køkørsel ['kø:'køʀ'səl] Stau m, Stop-and-go-Verkehr m

køl¹ [køː'l] ⟨-en; -e⟩ NAUT Kiel m; **komme på ret ~** fig wieder auf die Beine kommen

køl² [køː'l]: **ligge på ~** kühl lagern

køle ['kø:lə] kühlen; **~ ned** tiefkühlen; **~hus** [-hu:'s] Kühlhaus n

køler ['kø:ləʀ] ⟨-en; -e⟩ Kühler m (a Auto); **~gitter** [-gidəʀ], **~grill** [-gʀil] Kühlergrill m; **~hjelm** [-jɛl'm] Kühlerhaube f

kølerum ['kø:ləʀɔm] Kühlraum m

kølervæske ['kø:ləʀvɛsgə] Auto: Kühlwasser n

køle|skab ['kø:ləsga:'b] Kühlschrank m; **~skib** [-sgi:'b] Kühlschiff n; **~taske** [-tasgə] Kühltasche f, **~vand** [-van'] Kühlwasser n; **~vogn** [-vɔw'n] Kühlwagen m

kølhale ['kø:lha:'lə] NAUT kielholen

kølig ['kø:li] kühl (a fig); fig frostig

køling ['kø:leŋ] ⟨-en; -er⟩ Kühlung f

kølle ['kølə] ⟨-n; -r⟩ Keule f (a GASTR.) Krocket: Schläger m; Brauerei: Darre f; **~slag** [-sla:'] Keulenschlag m

kølne ['kølnə] abkühlen (a fig); **~s** sich abkühlen; kühl werden, erkalten, abkühlen

kølnervand ['køl'nəʀvan'] Kölnischwasser n

køl|svin ['kø:lsvi:'n] NAUT Kielschwein n; **~vand** [-van'] Kielwasser n (a fig)

køn¹ [køn'] ⟨-net; -⟩ Geschlecht n (a GRAM)

køn² [køn'] hübsch; nett, schön (a iron); **du er en ~ én!** na, du bist mir eine(r)!; **sidde ~t i det** F in der Patsche sitzen

kønnet ['kønəð]: **~ forplantning** geschlechtliche Fortpflanzung f

køns|akt ['køn'sagd] Geschlechtsakt m; **~bøjning** [-bɔɪnən] GRAM Flexion f nach dem Geschlecht; **~celle** [-selə] Geschlechtszelle f; **~del** [-de:'l] → **kønsorgan**; **~drift** [-dʀefd] Geschlechtstrieb m; **~fælle** [-fɛlə] Geschlechtsgenoss(in f)e m; **~karakter** [-kaʀag'te:'ʀ] Geschlechtsmerkmal n; **~kirtel** [-kiʀdəl] Keimdrüse f, Geschlechtsdrüse f; **~kvotering** [-kvo'te:'ʀeŋ] Quotenregelung f in Bezug auf die Geschlechter

køns|lem ['køn'slem'] männliche(s) Glied n; **~lig** [-li] geschlechtlich; **~liv** [-li:'v] Geschlechtsleben n; **~løs** [-lø:'s] geschlechtslos; **~moden** [-mo:'ðən] geschlechtsreif; **~organ** [-'ɔʀ'ga:'n] Geschlechtsorgan n, Geschlechtsteil n

kønsrolle ['køn'sʀɔlə] Geschlechterrolle f; **~debat** [-de'bad] Debatte f über die Gleichberechtigung; **~mønster** [-møn'sdəʀ] geschlechtsspezifische(s) Rollen- od Verhaltensmuster n

kønssygdom [-sy:dɔm'] Geschlechtskrankheit f

kørbar ['kø:ʀba:'ʀ] befahrbar; fahrbar

køre¹ ['kø:ʀə] ⟨en od et⟩: **i én** (od **ét**) **~** in einem fort; F ohne Luft zu holen

køre² ['kø:ʀə] ⟨-te⟩ fahren, verkehren; Vorstellung: laufen (a fig); Film vorführen; **~ i bil** (mit dem) Auto fahren; **~ en tur** spazieren fahren; **komme godt/ slemt op at ~** F fig in die Patsche sitzen; **~ fast** (im Schnee) festfahren; **~ frem** Auto: vorfahren; **~ ihjel** totfahren; **~ ind** Getreide einfahren; **~ ned**, **~ over** Fußgänger überfahren; **kør på!** F los!, weitermachen!; **det ~r helt rundt for mig** F ich bin ganz durcheinander; **~ til** zufahren; Auto einfahren; **han ~r let træt** er ist leicht ermüdbar; **han er godt ~nde** F er macht sich gut

køre|bane ['kø:ʀəba:nə] Fahrbahn f; **~hest** [-hesd] Wagenpferd n; **~klar** [-kla:'ʀ] fahrbereit; **~kort** [-kɔʀd] Führerschein m; **~lejlighed** [-laɪlihe:ð'] Fahrgelegenheit f; **~lærer** [-lɛ:ʀəʀ] Fahrlehrer(in) m(f); **~penge** [-peŋə] Fahrgeld n; **~plan** [-pla:'n] Fahrplan m; Kursbuch n; **~pose** [-po:sə] Kinderwagen: Fußsack m; **~prøve** [-pʀø:və] Fahrprüfung f; **~r** [-ʀ] ⟨-en; -e⟩ Fahrer(in) m(f); **~retning** [-ʀɛdnəŋ] Fahrtrichtung f; **~skole** [-sgo:lə] Fahrschule f; **~stol** [-sdo:'l] Rollstuhl m

køre|syg ['kø:ʀəsy'] reisekrank; **~tur** [-tu:'ʀ] Fahrt f, Spazierfahrt f; **~tøj** [-tɔɪ] ⟨-et; -er⟩ Fahrzeug n, Fuhrwerk n

kørom [køʀ'ɔm'] ⟨en⟩ GASTR Dickmilch f mit geriebenem Schwarzbrot und Zucker; Durcheinander n

kørsel ['køʀ'səl] ⟨kørs(e)len; kørsler⟩ Fahrt f, Fahren n; Verkehr m

kørsels|godtgørelse ['køʀ'səlsgodgœ:'ʀəlsə] Fahrtkostenerstattung f; **~retning** [-ʀɛdnəŋ] Fahrtrichtung f; **~ulykke** [-uløgə] Verkehrsunfall m

kørvel ['kœʀvəl] ⟨-en⟩ BOT Kerbel m

K

køs [kø:ˀs] → **kyse²**

køter ['kø:ˀdər] ⟨-en; -e⟩ Köter m

kåbe ['kɔ:bə] ⟨-n; -r⟩ Mantel m (a fig)

kåd [kɔ:ˀð] mutwillig, ausgelassen; **~mundet** [-kͻðmonˀəð] vorlaut

kål [kɔ:ˀl] ⟨-en; -⟩ BOT Kohl m; **gøre ~ på én** F j-m den Garaus machen; **gøre ~ på maden** F das Essen restlos aufessen

kål|dolme(r) ['kɔ:ldͻlmə(ʀ)] Kohlroulade f; **~hoved** [-ho:əð] Kohlkopf m

kålhøgen [kͻl'hø:(j)ən] eingebildet, überheblich

kål|orm ['kͻ:lͻrˀm] Kohlraupe f; **~rabi** [kͻl'ʀɑ:bi] ⟨-en; -er od -⟩ Kohlrabi m; → **kålroe**; **~roe** [-ʀo:ə] Kohlrübe f, Steckrübe f; **~stok** [-sdͻg] Kohlstrunk m

kår [kͻ:ˀʀ] pl Verhältnisse n/pl

kårde ['kͻ:ʀə] ⟨-n; -r⟩ Degen m; **~spids** [-sbes] Degenspitze f

kår|e ['kͻ:ʀə] (er)wählen, küren; **~ing** ['kͻ:ʀeŋ] ⟨-en; -er⟩ Wahl f, Kür f

L

L, l [ɛl] ⟨-'et; -'er⟩ L, l

l Abk. für liter

lab [lɑb] ⟨-ben; -ber⟩ Tatze f, Pranke f; F Pfote f; **suge på ~ben** fig am Hungertuch nagen

laban ['lɑ:ban] ⟨-en; -er⟩ Bengel m, Flegel m

labbe ['lɑbə] trotten; schlabbern

laber ['lɑ:ˀbəʀ] F toll, super

labora|nt [lɑbo'ʀɑnˀd] ⟨-en; -er⟩ Laborant(in) m(f); **~torium** [-ʀɑ'to:ˀʀiͻm] ⟨laboratoriet; laboratorier⟩ Labor(atorium) n

labyrint [lɑby'ʀɛnˀd] ⟨-en; -er⟩ Labyrinth n, Irrgarten m

lad¹ [lɑð] ⟨-(d)et; -⟩ Auto: Ladefläche f

lad² [lɑð] träge, faul; **ligge på den ~e side** fig auf der faulen Haut liegen

ladcykel ['lɑðsygəl] Lastenfahrrad n

lade¹ ['lɑ:ðə] ⟨-n; -r⟩ Scheune f

lade² ['lɑ:ðə, lɑ] ⟨lod; ladet od ladt⟩ lassen; **~ sit liv** sein Leben lassen; **~ blive tilbage** zurücklassen; **~ én i stikken** j-n im Stich lassen; **~ én få sin vilje** j-m s-n Willen lassen; **~ én hente** j-n holen lassen; **~ én ngt. vide** j-n etw wissen lassen; **(lad) ham om det!** das ist seine Sache; **lad då!** meinetwegen!; **~ ngt. være, ~ være med ngt.** etw sein lassen; **lad være (med det)!** lass (das)!, lass es sein!; **lad mig være (i fred)!** lass mich zufrieden!

lade³ ['lɑ:ðə] ⟨lod; ladet od ladt⟩ (so) tun, scheinen; **han ~r som om ...** er tut (so), als ob ...; **~ som ingenting** (so) tun, als ob nichts geschehen wäre; **det ~r (ikke) til at være syg** krank zu sein scheint (nicht) so; **~, som om man er syg** sich krank stellen

lade⁴ ['lɑ:ðə] ⟨-ede od lod; ladet od ladt⟩: **~ vandet** Wasser lassen

lade⁵ ['lɑ:ðə] ⟨-ede; ladet⟩ NAUT, EL laden

lade⁶ ⟨-ede; ladet od ladt⟩ Gewehr laden

laden ['lɑ:ðən]: **gøren og ~** Tun n und Lassen n, Treiben n

lader ['lɑ:ˀðəʀ] pl Gebärden f/pl; **~ og fagter** Allüren pl, Getue n

ladning ['lɑðneŋ] ⟨-en; -er⟩ Ladung f; ['lɑ:ðnəŋ] Laden n

lag [lɑ:ˀ(j)] ⟨-et; -⟩ Schicht f, Lage f; Gesellschaft f, Gelage n; **det brede ~** die breite Masse; **lægge i ~** schichten, aufschichten; **give én det glatte ~** fig j-m gehörig Bescheid geben; **give sig i ~ med ngt., gå i ~ med ngt.** sich an etw (A) machen; etw angehen, F sich an etw heranmachen; **hvor på ~** wo ungefähr

lagde ['lɑ:ə] → **lægge**

lagdelt ['lɑuðe:ˀld] geschichtet

lage¹ ['lɑ:(j)ə] n Salzlake (ein)pökeln

lage² ['lɑ:(j)ə] in Salzlake (ein)legen

lagen ['lɑ:ˀ(j)ən] ⟨lag(e)net; lag(e)ner⟩ Laken n, Betttuch n; **hvid som et ~** kreidebleich

lagenlærred ['lɑ:ˀ(j)ənlæʀəð]: **(ubleget) ~** Nessel m (Stoff)

lager ['lɑ:ˀ(j)əʀ] ⟨-et; lag(e)re⟩ Lager n, Speicher m; Vorrat m; **have på ~** vorrätig (od auf Lager) haben

lager|beholdning ['lɑ:ˀ(j)əʀbe'hͻlˀnen] Lagerbestand m; **~opgørelse** [-ͻbgœ:ˀʀͻlsə] Inventur f, Bestandsaufnahme f; **~øl** [-øl] Lagerbier n

lagkage ['lɑuka:(j)ə] Torte f; **det er ikke lutter ~** F fig es ist kein Zuckerlecken; **~bund** [-bonˀ] Tortenboden m; **~ske** [-sge:ˀ] Tortenheber m

lagr|e ['lɑ:(j)ʀə] lagern; **~t Käse** mittelalt

lagt [lɑgd] → **lægge¹**

lak [lɑg] ⟨-ken od -ket; -ker⟩ Lack m; **give**

en gang ~ F fig *e-n* Rüffel erteilen

laker|e [la'ke:'ʀə] lack(ier)en; **~ing** [-'ke:'ʀɛŋ] ⟨*-en; -e*⟩ Lackierung *f*, Lack *m*; Lacken *n*

lak|farve [lagfɑrvə] Lackfarbe *f*; **~fjerner** [-fjɛrnər] ⟨*-en; -e*⟩ Abbeizmittel *n*

lakke ['lagə] versiegeln; *~ in godt til j-m* übel mitspielen; *j-n* betrunken machen; *det ~r mod enden* poet es geht dem Ende zu

lakrids [la'kʀis] ⟨*-en od -et; -er*⟩ Lakritz(e) *m(f)*, *n*; **~rod** [-ʀo:'ð] Süßholz *n*

laks¹ [lags] ⟨*-en; -*⟩ Lachs *m*, Salm *m*

laks² [lags] lax

laks- → *a* **lakse-**

lakse|farvet ['lagsəfɑ:'ʀvəð] lachsfarben; **~fiskeri** [-fɛsgə'ʀi:'] Lachsfang *m*

laks|rosa ['lagsʀo:sa] lachsrosa; **~ørred** [-œʀəð] Lachsforelle *f*

lala [la'la] *sådan* ~ F so lala

lalle ['lalə] lallen

lam¹ [lam'] ⟨*-met; -*⟩ Lamm *n*

lam² [lam'] lahm, gelähmt

lamel [la'mel'] ⟨*-len; -ler*⟩ Lamelle *f* (*a* BOT); **~bund** [-bon'] *Bett*: Lattenrost *m*

lamentere [lamen'te:'ʀə] lamentieren

lamme ['lamə] lähmen (*a fig*); *fig* lahmlegen; *~s fig* erlahmen

lammefrom ['laməfʀɔm'] lammfromm

lammelse ['laməlsə] ⟨*-n; -r*⟩ Lähmung *f*

lamme|skind ['laməsgen'] Lammfell *n*; **~sky** [-sgy:'] Schäfchenwolke *f*

lampe ['lambə] ⟨*-n; -r*⟩ EL Lampe *f*; *have blus på ~n* F *e-n* in der Krone haben; **~feber** [-fe:'bər] Lampenfieber *n*

lampe|skærm ['lambəsgɛʀ'm] Lampenschirm *m*; **~sted** [-sdeð] EL Brennstelle *f*, Steckdose *f*; **~t** [lam'ped] ⟨*-ten; -ter*⟩ Wandleuchte *f*

lamslå ['lamslɔ:'] *være ~et* wie gelähmt dastehen; entsetzt/F platt sein

lancere [laŋ'se:'ʀə] lancieren, auf den Markt bringen

land [lan'] ⟨*-et; -e*⟩ Land *n*; *se, hvordan ~et ligger* fig sehen, wie die Sache sich verhält; *trække i ~* fig einlenken; *gå i ~* an Land gehen; *ind i ~et, ind mod ~* landeinwärts; *her til ~s* hierzulande; *den må du længere ud på ~ med!* das kannst du deiner Großmutter erzählen!

landbo ['lanbo:'] ⟨*-en; -e*⟩ Landbewohner *m*; **~højskole** [-bo-'hɔisgo:lə] landwirtschaftliche Hochschule *f*

landbrug ['lanbʀu:'] ⟨*-et*⟩ Landwirtschaft *f*; **~er** [-ər] ⟨*-en; -e*⟩ Landwirt *m*

landbrugs|kandidat ['lanbʀu:sskandi-'da:'d] Diplomlandwirt *m*; **~minister(i-um)** [-mi'nisdər, -mini'sde:'ʀiom] Landwirtschaftsminister(ium) *m(n)*

land|brød ['lanbʀø:'ð] Bauernbrot *n*, Landbrot *n*; **~dag** [-da:'] *Bundesrepublik:* POL Landtag *m*

lande ['lanə] landen; FLUG wassern; *Fische* anlanden

landegrænse ['lanəgʀɛnsə] Landesgrenze *f*

landejendom ['lanɑiəndɔm'] Landbesitz *m*, Landgut *n*; **~me** *pl* Ländereien *f/pl*

landeplage ['lanəpla:ə] F Schlager *m*, F Hit *m*

landevej ['lanəvaï'] Landstraße *f*; Chaussee *f*; *det er lige ud ad ~en* F das ist ganz einfach

landevejs|grøft ['lanəvaïsgʀøfd] (Straßen)Graben *m*; **~kro** [-kʀo:'] Landgasthof *m*; **~løb** [-lø:'b] Straßenrennen *n*; **~ridder** [-ʀið°ər] F Tippelbruder *m*

landfast ['lanfasd] (durch *e-e* Landenge) verbunden (*med/mit* D)

landflygtig [lan'fløgdi] land(es)flüchtig, verbannt; **~hed** [-he:ð'] ⟨*-en; -er*⟩ Verbannung *f*, Exil *n*

landgang ['langaŋ'] NAUT Landung *f*; Landungsbrücke *f*

landgangsbro ['langaŋsbʀo:'] Landungsbrücke *f*, Gangway *f*

landhandel ['lanhan'əl] *blandet ~* Gemischtwarenladen *m* (*a fig*)

landing ['lanɛŋ] ⟨*-en; -er*⟩ Landung *f*; *Fische* Anlandung *f*

landings|bane ['lanɛŋsba:nə] FLUG Landebahn *f*, Rollfeld *n*; **~hjul** [-ju:'l] FLUG Laufrad *n*; **~stel** [-sdel'] FLUG Fahrgestell *n*, Fahrwerk *n*

land|inspektør ['lanensbeg'tø:'ʀ] Vermessungsingenieur *m*, Land(ver)messer *m*; **~kommune** ['-ko'mu:nə] Landgemeinde *f*; **~kort** [-kɔʀd] Landkarte *f* (*over/von* D); **~krabbe** [-kʀabə] *fig* F Landratte *f* (*a fig*); **~lig** [-li] ländlich; **~ligger** [-legʀ] ⟨*-en; -e*⟩ Sommerfrischler *m*, Urlauber *m*; **~lov** [-lɔʊ'] NAUT Landurlaub *m*; **~mand** [-man'] Landwirt *m*; **~måler** [-mɔ:lər] Vermessungsingenieur *m*

landområde ['lan'ɔmʀɔ:ðə] Gebiet *n*, Landstrich *m*

landsby ['lan'sby:'] Dorf *n*

lands|del ['lan'sde:'l] Landesteil *m*, Provinz *f*; **~dommer** [-dɔmər] Richter *m* am Landgericht; **~dækkende** [-degənə] landesweit

landsforræder ['lan'sfɔ'ʀɛð°ʀ] Lan-

L

desverræter *m*

landsforvis|e ['lan'sfɔr'vi:?sə] des Landes verweisen, verbannen; **~ning** [-'vi:?snen] Verbannung *f*, Exil *n*

landshold ['lan'shɔl?] SPORT Nationalmannschaft *f*; *Fußball:* Nationalelf *f*

landskab ['lansga:?b] ⟨-*et*; -*er*⟩ Landschaft *f*; **~elig** [-'sga:?bəli] landschaftlich

landskabsarkitekt ['lansga:bsαrki'tegd] Architekt *m* für Garten- und Landschaftsgestaltung

lands|kamp ['lan's kam?b] SPORT Länderspiel *n*; **~kendt** [-kɛn'd] im ganzen Land bekannt; **~mand** [-man?] Landsmann *m*

landsogn ['lansɔw'?n] Landgemeinde *f*

lands|omfattende ['lan'sɔmfadənə] landesweit; *BRD:* bundesweit; **~plan** [-'pla:?n] *på ~* auf Landesebene; *BRD:* auf Bundesebene; **~ret** [-ʁɛd] Landgericht *n*; **~retssagfører** [-ʁɛds'sawføʁɔʁ] *Abk.* **lrs.** Anwalt *m*, der beim Landgericht zugelassen ist; **~skadelig** [-sga:ðəli] staatsgefährdend; **~styre** [-sdyːʁə] *n* Regionalregierung auf Grönland und den Färöern; **~sviger** [-svi:ɔr] ⟨-*en*; -*e*⟩ Landesverräter *m*

land|sted ['lansdeð] Landhaus *n*, Landsitz *m*; **~stryger** [-sdʁyːʔər] Landstreicher *m*;

landstræner ['lan'stʁɛːnəʁ] ⟨-*en*; -*e*⟩ Nationaltrainer *m*

landstyrker [lansdyʁgɔr] *pl* Landstreitkräfte *pl*

landsætte ['lansedə] MIL landen, ausschiffen

land|tange ['lantaŋə] Landenge *f*; **~tunge** [-toŋə] Landzunge *f*, Nehrung *f*; **~vej** [-vaï?] *ad ~ vejen* auf dem Landweg; **~vinding** [-venen] Landgewinnung *f*, *fig* Errungenschaft *f*; **~værts** [-veʁds] auf dem Landweg; **~væsen** [-vɛ:?sən] Landwirtschaft *f*

lang [laŋ?] lang; weit; *falde så ~ man er* der Länge nach hinfallen; *blive ~ i ansigtet* ein langes Gesicht machen; *i ~ tid* seit langem; *e-e Zeit lang;* **~agtig** [laŋagdi] länglich; **~bold** ['laŋbɔl?d] *Spiel:* Schlagball *m*

langbølge ['laŋbøljə] Langwelle *f*

langdrag ['laŋdʁɑ:?w] *trække i ~* (sich) in die Länge ziehen

langdysse ['laŋdysə] Hünengrab *n*

lange ['laŋə] langen, reichen *(efter/nach D)*; *~ til fadet bei Tisch:* zulangen; *~ én en lussing* F *j-m e-e* langen; *~ ud efter én* F nach *j-m* ausholen

langeben ['laŋəbe:?n] *stork ~ Kinder-*

sprache: Klapperstorch *m*

langemand ['laŋəman?] *Kindersprache:* Mittelfinger *m*

lang|fart ['laŋfɑ:?ʁd] *drage på ~* auf große Fahrt *f* gehen; **~finger** [-feŋ?ɔʁ] Mittelfinger *m*; **~fredag** [-'fʁeːʔda] Karfreitag *m*; **~fristet** [-fʁesdəð] langfristig

langhalm ['laŋhal?m] *tærske ~ fig* leeres Stroh dreschen

langmodig [laŋ'mo:?ði] langmütig

langrend ['laŋʁen?] Langlauf *m*

langs [laŋ?s] *prp ~ (ad, med)* längs *(G, a D),* ... *(A)* entlang *(på)* ~ der Länge nach, längs; *stribet på ~* längs gestreift

lang|side ['laŋsiðə] Langseite *f*, Längsseite *f*; **~sigtet** [-segdəð] langfristig

langsom ['laŋsɔm?] langsam, träge; *gå for ~t Uhr:* nachgehen; **~melig** [-'sɔm?əli] langweilig, langatmig; *fig* Tranig

lang|stilket ['laŋsdel?gəð] langstielig; **~strakt** [-sdʁagd] lang gestreckt, länglich; *fig* weitschweifig; langatmig; **~synet** [-syː?nəð] MED weitsichtig

langt [laŋ?d] weit; *~ større (bedre)* weit(aus) *(od viel)* größer (besser); *~ den største* bei weitem/mit Abstand der größte; *ikke ~ fra* ... nicht weit von ...; *han har ikke ~ igen* es ist bald aus mit ihm; *~ om længe* endlich; *til ~ ud på natten* bis tief in die Nacht hinein; *~ tilbage* weit zurück *(a fig);* **~fra** ['-fʁɑ:?] bei weitem nicht, keineswegs

langtids|ledig ['laŋtiðsle:ði] Langzeitarbeitslose(r) *m*, Dauer- **~parkering** [-pɑrˈkeːʔʁeŋ] Dauerparken *n*; **~plan** [-pla:?n] langfristiger Plan *m*

langtrukken ['laŋtʁogən] lang gezogen; *fig* langatmig, langwierig

langtrækkende ['laŋ?dʁegənə] MIL weit tragend, Langstrecken-

lang|tur ['laŋtuːʔʁ] Fernfahrt *f*; große Fahrt *f*; **~turschauffør** [-sjo'føː?ʁ] Fernfahrer *m*

langust [laŋ'gusd] ⟨-*en*; -*er*⟩, **~er** [-ɔʁ] ⟨-*en*; -*e*⟩ zo Languste *f*

lang|varig ['laŋva:?ʁi] langwierig; **~vejsfra** [-vaïs'fʁɑ?] von weit her; **~ærmet** [-ɛʁ?məð] langärm(e)lig

lanse [lansə] ⟨-*n*; -*r*⟩ MIL Lanze *f*; *bryde en ~ for én fig* für *j-n e-e* Lanze brechen

lanterne [lan'tɛʁnə] ⟨-*n*; -*r*⟩ Laterne *f*

lap¹ [lab] ⟨-*pen*; -*per*⟩ Flicken *m*, Lappen *m*, Fetzen *m*; *papir* Wisch *m*

lap² [lab] ⟨-*pen*; -*per*⟩ Lappe *m*, Lappin *f*

lap|landsk ['lablan?sg] lappländisch; **~lænder** [-lɛn?ɔʁ] ⟨-*en*; -*e*⟩ Lappländer(in) *m(f)*

lappe ['labə] flicken; **~grejer** [-grai̯ər] pl Flickzeug n

lappe|ri [labə'ri:?] ⟨-et; -er⟩ fig Flickwerk n; **~t** ['-ð] geflickt; **~værk** ['-vɛrg] Flickwerk n, Stückwerk n

laps [labs] ⟨-en; -e⟩ Modenarr m, F Fatzke m, Lackaffe m

lapse ['labsə] = **sig** angeben, protzen; **~** eitel; **~ri** [labsə'ri:?] ⟨-et; -er⟩ Eitelkeit f

large [lɑːʀsj] großzügig; **~sse** [lɑʀ'sjɛs] ⟨-n⟩ Großzügigkeit f

larm [lɑːʀm] ⟨-en⟩ Lärm m, Krach m; **~e** ['lɑʀmə] lärmen, Krach machen; poltern; tosen

larve ['lɑʀvə] ⟨-n; -r⟩ Raupe f, Larve f; **~fødder** [-føð'?ər] pl TECH Raupenkette f

las [laːs] ⟨-en; -er⟩ Fetzen m, Lumpen m

laser|printer ['leːsəʀprɛndəʀ] Laserdrucker m; **~stråle** [-sdʀɔ:lə] Laserstrahl m

laset ['laːsəð] zerlumpt, zerfetzt

lasket ['lasgəð] schwabbelig

last¹ [lasd] ⟨-er⟩ Laster n; **stå ~ og brast med én** mit j-m durch dick und dünn gehen

last² [lasd] ⟨-en; -er⟩ Last f, Ladung f; NAUT a Lastraum m; **lægge én ngt. til ~** j-m etw zur Last legen

lastbil ['lasdbi:?l] Lastauto n, Lkw m, Last(kraft)wagen m, F Laster m; **~chauffør** [-sjo'fø:r] Lkw-Fahrer m

laste¹ ['lasdə] tadeln; **~ én for ngt.** j-m etw anlasten/verübeln/ankreiden

laste² ['lasdə] NAUT (be)laden; fassen

lastefuld ['lasdəful?] lasterhaft

last|palle ['lasdpalə] Transport: Palette f; **~pram** [-pʀɑm?] Lastkahn m; **~rum** [-ʀɔm?] NAUT Laderaum m; **~vogn** [-vɔwʔn] → **lastbil**; **~vognstog** [-vɔwnsto:ʔw] (Fern)Lastzug m

lastværdig [lasd'vɛʀ?di] tadelnswert

lastværk ['lasdvɛʀg] ⟨-et⟩: **hastværk er ~** eile mit Weile!

lasur [la'su:ʔʀ] ⟨-en⟩ Lasur f

latin [la'ti:ʔn] ⟨-en⟩ Latein n, Lateinisch n

Latinamerika [la'ti:ʔna'me:ʔʀika] ⟨-et⟩ Lateinamerika n

latinsk [la'ti:ʔnsg] lateinisch

latter ['ladəʀ] ⟨-en⟩ Gelächter n, Lachen n; **have ~en på sin side** die Lacher auf s-r Seite haben; **slå en ~ op** (laut) auflachen; **være ved at dø af ~** F fig sich halb totlachen; **gøre sig til ~** sich lächerlich machen; **~anfald** [-anfal?] Lachanfall m; **~brøl** [-brø:?l] schallende(s) Gelächter n

latterhjørnet ['ladəʀjœʀnəð]: **være i ~ et-wa**: aus dem Lachen nicht mehr herauskommen

latterlig ['ladəʀli] lächerlich, lachhaft; **~ billig** spottbillig

latter|liggøre ['ladəʀligø:?ʀə] lächerlich machen; ins Lächerliche ziehen; **~mild** [-mil?] lachlustig, fröhlich; **~salve** [-salvə] Lachsalve f; **~vækkende** [-vɛgənə] lächerlich, zum Lachen

latyrus [la'ty:ʀus] ⟨-en; -⟩ Wicke f

laurbær ['lau̯ʀbɛʀ] ⟨-ren; -⟩ Lorbeer m (a fig); **høste ~** fig Lorbeeren ernten

laurbær|blad ['lau̯ʀbɛʀblað] Lorbeerblatt n; **~krans** [-kʀɑn?s] Lorbeerkranz m

lav¹ [lau̯] ⟨-en od -et; -er⟩ BOT Flechte f

lav² [lau̯?] ⟨-et; -⟩ Innung f, HIST Zunft f

lav³ [la:?v] niedrig; Wasser: seicht, flach; fig niedrig, gemein; **høje og ~e** (jedermann) hoch u. niedrig, die untersten Klassen f/pl

lavalder ['lau̯al?əʀ]: **over den seksuelle ~** nicht mehr sexuell minderjährig; **være under den kriminelle ~** JUR minderjährig/noch nicht strafmündig sein

lave¹ ['la:və]: **af ~** in Unordnung, aus den Fugen (geraten); **or du rent af ~?** F bist du denn völlig verrückt (geworden)?; **bringe ngt. i ~ igen** fig etw wieder einrenken

lave² ['la:və] machen, tun; in Ordnung bringen, reparieren; **~ kaffe** Kaffee kochen; **~ mad** kochen; **~ ngt. om** etw verändern; **~t** gemacht, künstlich

lavement [la:və'maŋ] ⟨-et; -er⟩ MED Einlauf m

lavenergi|hus ['lau̯enɛʀ'gi:?hu:?s] ⟨-et; -e⟩ Niedrigenergiehaus n; **~pære** [-pɛ:ʀə] Energiesparlampe f

lavestlønnede ['la:?vəsdlœnəðə]: **de ~** die Bezieher m/pl der niedrigsten Löhne

lav|frekvens ['lau̯fʀe'kvɛn?s] EL Niederfrequenz f; **~hælet** [-hɛ:?ləð] Schuh: flach

lav|komisk ['lau̯ko:?misg] possenhaft, burlesk; **~konjunktur** [-konjoŋ'tu:?ʀ] Rezession f; **~land** [-lan?] Flach-, Tiefland n; **~loftet** [-lɔfdəð] Zimmer: niedrig; **~løns-** [-lœns-] → **lavtløns-**; **~mælt** [-mɛ:?ldt] leise; kleinlaut

lavmål ['lau̯mɔ:?l] Mindestmaß n, Minimum n; **under ~et** fig ungenügend, F unter aller Kritik

lavning ['la:vnen] ⟨-en; -er⟩ Niederung f; Mulde f

lavpandet ['lau̯panəð] mit niedriger Stirn; fig beschränkt, F dämlich

lavpris ['lau̯pʀi:?s] Niedrig-, Tiefstpreis

m; **~butik** [-bu'tig] Discountladen *m*

lavpunkt ['laʊ̯pɔnˀd] Tiefpunkt *m*

lav|sindet ['laʊ̯senˀəð] niedrig gesinnt, gemein; **~slette** [-sleðə] Tiefebene *f*; **~spænding** [-sbɛnə] EL Niederspannung *f*; **~stammet** [-sdamˀəð] kurzstämmig, niedrig; untersetzt, stämmig

lavt|flyvende ['la:ˀvdfly:venə] tief fliegend; **~forrentet** ['fɔˀʁɛnˀdəð] mit niedrigem Zinssatz; **~liggende** [-legənə] niedrig gelegen; **~lønnet** [-lœnˀəð] einkommensschwach; schlecht bezahlt; **~løns-** [-lœns-] Leicht-, Niedriglohn-

lavtryk ['laʊ̯tʁœ] Wetter: Tiefdruck *m*, Tief *n*

lavtstående ['la:ˀvdsdɔ:ˀənə] niedrig stehend, primitiv

lavvande ['laʊ̯vanə] ⟨-t⟩ Niedrigwasser *n*, Ebbe *f* (a fig); **der er ~ i kassen** fig in der Kasse ist Ebbe; **~t** [-ð] seicht, flach

lavværge ['laʊ̯vɛʁwə] JUR Pfleger *m*, Vormund *m*; **~mål** [-mɔ:ˀl] Pflegschaft *f*

lazaret [lasaˈʁɛd] ⟨-tet; -ter⟩ Lazarett *n*

le[1] ['le:ˀ] ⟨-en; -er⟩ Sense *f*

le[2] [le:ˀ] ⟨lo; le(e)t⟩ lachen (ad, af/über A); **~ af fuld hals** aus voller Kehle lachen; **~ én lige op i ansigtet** j-m ins Gesicht lachen

lease ['li:sə] leasen

leben ['le:bən] ⟨et⟩ Hallo *n*; **~dig** [le'bɛnˀ-di] quicklebendig, rüstig

led[1] [leð] ⟨-(d)et; -⟩ Glied *n*, Gelenk *n* (a TECH); **gå af ~** ausrenken; **sætte i ~** einrenken

led[2] [leð] ⟨-(d)en; -(d)er⟩ Seite *f*, Richtung *f*; **på den lange ~** der Länge nach; **på alle ~(d)er og kanter** an allen Ecken und Enden

led[3] [le:ˀð] widerlich, gemein; **jeg er ~ og ked af det** ich habe es satt (od über)

led[4] [le:ˀð] → **lide**[1,3]

ledd|ele ['leðə-] gliedern; **~ing** [-deˀleŋ] Gliederung *f*

lede[1] ['le:ðə] Überdruss *m*, Ekel *m* (ved/ an D, vor D)

lede[2] ['le:ðə] ⟨-ede od -te⟩ leiten, lenken, führen; **~nde artikel** Leitartikel *m*

lede[3] ['le:ðə] ⟨-te⟩ suchen (efter/nach D)

ledebånd ['le:ðəbɔnˀ] fig Gängelband *n*

ledegigt ['le:ðəgigd] MED Gelenkrheuma(tismus) *n(m)*

ledelse ['le:ðəlsə] ⟨-n; -r⟩ Leitung *f*, Führung *f*

ledeløs ['le:ðəlø:ˀs] wack(e)lig, schlott(e)rig; fig haltlos

leder ['le:ðər] ⟨-en; -e⟩ Leiter *m* (a EL), Führer *m*; Zeitung: Leitartikel *m*; **~evne**

[-eˀunə] Führungsqualität *f*; **~skab** [-sga:ˀb] ⟨-et⟩ Leitung *f*, Führung *f*

ledes ['le:ðəs]: **jeg ~ ved ngt.** es ekelt mir/ mich vor etw

ledet ['le:ðəd] → **lide**[3]

ledetråd ['le:ðətʁɔ:ˀ] fig Leitfaden *m*

ledig ['le:ði] frei, offen; unbeschäftigt; vakant, unbesetzt; **~gang** [-gaŋˀ] Müßiggang *m*; **~hed** [-heðˀ] ⟨-en⟩ Arbeitslosigkeit *f*

ledning ['leðnəŋ] ⟨-en; -er⟩ EL Leitung *f*

ledningsnet ['leðnəŋsned] Leitungs-, Stromnetz *n*

ledsage ['leðsa:ˀə] begleiten; **~nde omstændighed** Begleiterscheinung *f*; **~lse** [-lsə] ⟨-n⟩ Begleitung *f*; **~r** [-ʁ] ⟨-en; -e⟩ Begleiter *m*, Gefährte *m*; **~rinde** [-ʁ'enə] ⟨-n; -r⟩, **~rske** [-ʁsgə] ⟨-n; -r⟩ Begleiterin *f*, Gefährtin *f*

ledtog ['leðtɔ:ˀw]: **stå** (od være) **i ~ med én** mit j-m gemeinsame Sache machen

ledvogter ['leðvɔgdər] BAHN Schrankenwärter *m*, Bahnwärter *m*

lefle ['leflə] fig kriechen (for/vor D), katzbuckeln, sich anbiedern; **~n** [-n], **~ri** [-'ʁiˀ] ⟨-et; -er⟩ fig Kriecherei *f*, Anbiederung *f*

leg [laiˀ] ⟨-en; -e⟩ Spiel *n*; ZO Laich *m*; Laichen *n*; **det går som en ~** es geht spielend leicht, spielerisch; **være med i ~en** mitspielen, mitmachen

legal [le'ga:ˀl] legal; **~isere** [-gali'se:ˀʁə] legalisieren

legat [le'ga:ˀd] ⟨-et; -er⟩ Legat *n*, Vermächtnis *n*, Stiftung *f*

lege ['laiˀə] Kinder: spielen; ZO laichen; **vi ~r, at …** wir tun, als ob …; **~ med** mitspielen; **sådan ~r vi ikke!** so haben wir nicht gewettet!; **~nde** spielend; **~gade** [-ga:ðə] Spielstraße *f*; **~kammerat** [-kamə'ʁa:ˀd] Spielkamerad *m*, Spielgefährtin *f*

legeme ['le:əmə] ⟨-t; -r⟩ Körper *m*; Leib *m*

legemlig ['le:əmli] körperlich, leiblich

legemliggøre ['le:əmligœ:ˀʁə] verkörpern; **~lse** [-lsə] ⟨-n⟩ Verkörperung *f*

legems|bygning ['le:əmsbygnəŋ] Körperbau *m*; **~del** [-de:ˀl] Körperteil *m*

legemsfest ['le:əmsfesd]: **Kristi ~** KATH Fronleichnam(sfest) *m(n)*

legems|højde ['le:əmshɔiˀðə] Körpergröße *f*; **~stor** [-sdo:ˀʁ] lebensgroß

legendarisk [legen'da:ˀʁisg] legendär; legendenhaft

legeplads ['laiˀəplas] Spielplatz *m*

legere [le'ge:ˀʁə] legieren; Suppe: binden, andicken

legesyg ['laiəsy:ʔ] *Hund:* verspielt

legetøj ['laiˀətɔiˀ] ⟨-et⟩ Spielzeug *n;* Spielwaren *f/pl*

legetøjs|bil ['laiˀətɔiˀsbiːʔl] Spielzeugauto *n;* **~forretning** [-fɔˀʀɛdnəŋ] Spielwarengeschäft *n*

legeværk ['laiˀəvɛʀg] *fig* Kinderspiel *n*

legitim [legi'tiːʔm] legitim; **~ation** *f;* Ausweis *m;* **~ere** [-ti'meːʔʀə] legitimieren; ausweisen (**sig** sich)

lejde ['laidə] ⟨-t⟩ Geleit *n* (*frit* freies)

lejder ['laidər] ⟨-en; -e⟩ NAUT Leiter *f*

leje¹ ['laiə] ⟨-n; -r⟩ Miete *f;* **værelse til ~!** Zimmer zu vermieten!; **bo til ~** zur Miete wohnen

leje² ['laiə] ⟨-t; -r⟩ Lager *n* (*a* TECH); *Stimme:* Lage *f*

leje³ ['laiə] mieten; **~ ud** vermieten; **~ sig ind** sich einmieten

leje|kaserne ['laiəka:sɛʀnə] Mietskaserne *f;* **~kontrakt** [-kɔn'tʀagd] Mietvertrag *m;* **~morder** [-mɔʀdər] gedungene(r) Mörder *m,* F Killer *m;* **~mål** [-mɔːʔl] Miet(s)verhältnis *n*

lejer ['laiər] ⟨-en; -e⟩ Mieter(in) *m(f)*

leje|soldat ['laiəsol'da:ʔd] Söldner *m;* **~svend** [-svɛnˀ] Söldling *m;* **~tropper** [-tʀɔbər] *pl* Söldner *m/pl*

lejlighed ['laiˀliheˀð] ⟨-en; -er⟩ Wohnung *f;* Gelegenheit *f;* **ved ~** gelegentlich, bei Gelegenheit; **lade ~en gå fra sig** die Gelegenheit verpassen; **lejet ~** Mietwohnung *f;* **en treværelse(r)s ~** *e-e* Dreizimmerwohnung *f*

lejligheds|køb ['laiˀliheðsk̈øːʔb] Gelegenheitskauf *m;* **~søgende** [-søːʔənə] Wohnungssuchende(r) *m;* **~vis** [-viːʔs] gelegentlich

lejr [laiˀʀ] ⟨-en; -e⟩ Lager *n;* **slå ~** ein Lager aufschlagen; **ligge i ~** *Pfadfinder:* lagern; **~bål** [-bɔːʔl] Lagerfeuer *n*

lejre ['laiʀə] **~ sig** sich lagern

lejr|skole ['laiˀʀsgoːlə] *etwa:* Schullandheim *n;* **~sport** [-sbɔʀd] Zelten *n,* Camping *n*

leksik|al(sk) [lɛgsika:ʔl(sg)] lexikalisch; **~on** ['-kɔn] ⟨-et; -er *od* leksika⟩ Lexikon *n;* Wörterbuch *n*

lektie ['lɛgsjə] ⟨-n; -r⟩ *Schule:* Aufgabe *f;* **~r** *pl* Schularbeiten *f/pl,* Hausaufgaben *f/pl;* **~hjælp** [-jɛlˀb] Nachhilfe(unterricht) *f(m);* **~læsning** [-lɛːsnəŋ] Schularbeiten *f/pl*

lektion [lɛg'sjoːʔn] ⟨-en; -er⟩ Lektion *f,* Unterrichtsstunde *f, fig* Verweis *m*

lekt|or ['lɛgtɔʀ] ⟨-en; -er⟩ (Universitäts)-

Lektor *m; Schule:* Oberstudienrat *m;* **~ure** [-'tyːʀə] ⟨-n⟩ Lektüre *f*

lem¹ [lɛmˀ] ⟨-men; -me⟩ Luke *f,* Klappe *f,* Falltür *f;* **ud ad** (*od* **af**) **~men!** F heraus!

lem² [lɛmˀ] ⟨-met; -mer⟩ ANAT Glied *n; pl a* Gliedmaßen *f/pl*

lemfældig [lɛmˀfɛlˀdi] glimpflich, schonend; *fig* leichtfertig, locker, F lasch

lemlæste ['lɛmlɛsdə] verstümmeln

lemmedasker ['lɛmədasgər] ⟨-en; -e⟩ F (langer) Lulatsch *m;* Faulpelz *m*

lemonsquash ['lɛmɔnskvɔsj] ⟨-en; -⟩ Zitronenlimonade *f*

lempe¹ ['lɛmbə]: **fare med ~** glimpflich verfahren; vorsichtig zu Werke gehen

lempe² ['lɛmbə] *fig* anpassen; lockern, mäßigen; *Kohle* trimmen; **~ sig** *fig* sich einrichten/anpassen; **~ sig frem** *fig* lavieren; **~ én ind** *fig j-n* einschleusen; **~ én ud** *fig j-n* hinausbefördern

lempe|lig ['lɛmbəli] glimpflich; behutsam; **~lse** [-bəlsə] ⟨-n; -r⟩ *Steuer* Erleichterung *f; fig* Lockerung *f*

len [leːʔn] ⟨-et; -⟩ HIST Lehen *n*

ler [leːʔʀ] ⟨-et⟩ Lehm *m;* Ton *m;* **af ~** a tönern, irden; **~due** ['lɛnduːʀ] Tontaube *f;* **~et** ['leːʀəð] lehmig; **~jord** ['lɛʀjoːʔʀ] Tonerde *f;* Lehmboden *m*

ler|skål ['lɛʀsgɔːʔl] Tonschale *f;* **~sløjd** [-slɔiˀd] *Schule:* Keramikunterricht *m,* F Töpfern *n;* **~tøj** [-tɔiˀ], **~varer** [-vɑːʀər] *pl* Ton-, Töpferwaren *f/pl*

lesbisk ['lɛsbisg] lesbisch

let [lɛd] leicht (*a fig*); einfach; *fig* oberflächlich; **en ~ sag** ein Leichtes; **bogen er ~ at læse** das Buch liest sich gut; **have ~ til gråd** leicht weinen, F nahe ans Wasser gebaut haben; **have ~ ved** keine Schwierigkeiten haben mit; **~ på tå → tå; han har ~ ved at lære** er lernt leicht; **~ til bens** leichtfüßig; **tage sig det ~** sich's leicht machen

let|atletik ['lɛdadlə'tig] Leichtathletik *f;* **~benet** [-beːʔnəð] leichtfüßig; *fig* oberflächlich, seicht; **~beton** [-betɔŋ] Leichtbeton *m;* **~fattelig** [-fadəli] leicht verständlich, emotional; **~fordærvelig** ['-fɔʀdɛʀʔvəli] leicht verderblich; **~fordøjelig** ['-fɔʀdɔiˀəli] leicht verdaulich, bekömmlich; **~forståelig** ['-fɔʀsdɔːʔəli] → **letfattelig**

letfærdig [led'fɛʀˀdi] leichtfertig

letkøbt ['lɛdkøbd] *fig* billig; **en ~ sejr** leicht errungener Sieg

Letland ['lɛdlanˀ] Lettland *n*

letlandsk ['lɛdlanˀsg] lett(länd)isch

letlevende ['lɛdleˀˀvənə] leichtlebig,

leicht; **~læst** [-lɛːˀsd] leicht zu lesen, schnell gelesen; **~matros** [ˈmaˈtʀoːˀs] NAUT Leichtmatrose *m*; **~metal** [ˈmeˈtal] Leichtmetall *n*; **~mælk** [-mɛlˀg] fettarme Milch *f*; **~opløselig** [ˈɔbˈløˀsəli] leicht löslich; **~påklædt** [-pɔklɛːˀð] leicht angezogen, spärlich bekleidet; **~påvirkelig** [ˈpɔˈviʀgəli] leicht beeinflussbar

letsind [ˈledsenˀ] ⟨-*et*⟩ Leichtsinn *m*; **~ig** [-ˈsenˀdi] leichtsinnig; **~ighed** [ledˈsenˀdiheðˀ] ⟨-*en*; -*er*⟩ Leichtsinn *m*

letskyet [ˈledsgyːəð] leicht bewölkt

lette[1] [ˈlɛdə] ⟨-*n*; -*r*⟩ Lette *m*, Lettin *f*

lette[2] [ˈlɛdə] *v/t* erleichtern; **~ anker** NAUT den Anker lichten; **~ ben** *Hund*: das Bein heben; **~ sit hjerte for én** *j-m* sein Herz ausschütten; **~ på hatten** den Hut lüften; **~ på sig** sich erheben; *v/i Nebel*: sich verziehen; FLUG abheben

lettelse [ˈlɛdəlsə] ⟨-*n*; -*r*⟩ Erleichterung *f*, Entlastung *f*; **et ~ns suk** ein Seufzer *m* der Erleichterung, Aufatmen *n*

lettilgængelig [ˈledtegɛŋˀəli] leicht zugänglich, *fig* (leicht) verständlich

lettisk [ˈletisg] lettisch

lettroen|de [ˈledtʀoːˀənə] leichtgläubig; **~hed** [-tʀoːˀənheːðˀ] ⟨-*en*⟩ Leichtgläubigkeit *f*

letvægt [ˈledvɛgd] SPORT Leichtgewicht *n*

letvægtscykel [ˈledvɛgdsygəl] leichte(s) Fahrrad *n*, Rennrad *n*

leve[1] [ˈleːvə] ⟨-*et*⟩ Hoch(ruf) *n*(*m*); **råbe** (*od* **udbringe**) **et ~ for** *j-n* *j-m* ein (hoch)leben lassen, ein Hoch auf *j-n* ausbringen

leve[2] [ˈleːvə] leben; **hun skal ~!** sie lebe hoch!; **kongen ~!** es lebe der König!; **hvordan ~r De?** wie geht es Ihnen?; **jeg glemmer det ikke så længe jeg ~r** das werde ich nie zeit meines Lebens vergessen; **lev vel!** leb(en Sie) wohl!; lebt wohl!; **~ højt på ngt.** s-n Vorteil aus *etw* ziehen; **~ sig ind i ngt.** sich einleben in *etw* (*A*); **~ med i ngt.** eifrig dabei sein, sich in *etw* engagieren; **~ op** (*igen*) wieder aufleben; **~ op til et ideal** e-m Ideal nacheifern/nachstreben; **~ længe på ngt.** *fig* von *etw* lange zehren; **~ sammen** zusammenleben

leve|alder [ˈleːvəalˀəʀ] Lebensalter *n*, durchschnittliche Lebenserwartung *f*; **~brød** [-bʀøˀð] Broterwerb *m*, Beruf *m*; Lebensunterhalt *f*; **~brødspolitiker** [-bʀøˀdspoˈlitigəʀ] Berufspolitiker *m*

levedage [ˈleːvədaːə]: **aldrig i mine ~** mein Lebtag nicht

leve|dygtig [ˈleːvədøgdi] lebensfähig; **~fod** [-foːˀð] Lebenshaltung *f*, Lebens-

standard *m*; **~mand** [-manˀ] Lebemann *m*; **~måde** [-mɔːðə] Lebensweise *f*; *fig* Lebensart *f*

levende [ˈleːvənə] lebend, lebendig; lebhaft; rege; belebt; **~ lys** Kerzenbeleuchtung *f*; **~ vægt** Lebendgewicht *n*; **~ væsen** Lebewesen *n*; **ikke et ~ ord** kein Sterbenswörtchen; **ikke vide sine ~ råd** weder aus noch ein wissen; **ikke en ~ sjæl** keine Seele, kein Mensch; **~gøre** [-gœːˀʀə] beleben

leveomkostninger [ˈleːvəˀɔmkɔsdneŋˀəʀ] *pl* Lebenshaltungskosten *pl*

lever [ˈleːˀvəʀ] ⟨-*en*; -*e*⟩ Leber *f*; **tale frit fra ~en** frisch (*od* frei) von der Leber weg sprechen

leveran|ce [levəˈʀaŋsə] ⟨-*n*; -*r*⟩ Lieferung *f*; **~dør** [-ʀanˈdøːˀʀ] ⟨-*en*; -*er*⟩ Lieferant *m*

levere [leˈveːˀʀə] liefern; **~t** *a fig* F geliefert

levering [leˈveːˀʀeŋ] ⟨-*en*; -*er*⟩ Lieferung *f*

leverings|dygtig [leˈveːˀʀeŋsdøgdi] lieferfähig; **~tid** [-tiðˀ] Liefer(ungs)zeit *f*

lever|plet [ˈleːˀvəʀpled] ANAT Leberfleck *m*; **~postej** [-poˈsdaiˀ] Leberpastete *f*; **~tran** [-tʀan] Lebertran *m*

leve|standard [ˈleːvəsdandaˀʀd] Lebensstandard *m*; **~sæt** [-sɛd] → **levevis**

levetid [ˈleːvətiðˀ] Lebenszeit *f*, -dauer *f*; **i min ~** zu meinen Lebzeiten

leve|vej [ˈleːvəvaiˀ] Beruf *m*; **~vilkår** [-vilkɔːˀʀ] *pl* Lebensbedingungen *f/pl*; **~vis** [-viːˀs] ⟨*en*⟩ Lebensweise *f*

levn [leuˀn] ⟨-*et*; -⟩ Überrest *m*, Überbleibsel *n*, Relikt *n*; **~e** [ˈleuˀnə] übrig lassen

levned [ˈleuˀnəð] ⟨-*et*⟩ Leben(swandel) *n*(*m*)

levneds|løb [ˈleuˀnəðsløːˀb] Lebenslauf *m*; **~middel** [-miðˀəl] Lebensmittel *n*; **~middelkontrol** [-miðˀəlkonˈtʀɔl] Lebensmittelkontrolle *f*; **~skildring** [-sgeldʀeŋ] Lebensbeschreibung *f*, Biografie *f*

levning [ˈleuˀneŋ] ⟨-*en*; -*er*⟩ Rest *m*, Überbleibsel *n*

levre [ˈleuˀʀə] *Blut*: gerinnen; **~t** geronnen

levvel [leːvˈvelˀ] ⟨-*let*⟩ Lebewohl *n*

lian [liˈaːˀn] ⟨-*en*; -*er*⟩ BOT Liane *f*

liberal [libəˈʀaːˀl] liberal; **~isere** [-ʀaliˈseːˀʀə] liberalisieren; **~isme** [-ʀaˈlismə] ⟨-*n*⟩ Liberalismus *m*

liberi [libəˈʀiːˀ] ⟨-*et*; -*er*⟩ Livree *f*

liber|o [ˈlibəʀo] ⟨-*en*; -*er*⟩ Fußball: Libero *m*; **~tiner** [libeʀˈtiˀnəʀ] ⟨-*en*; -*e*⟩ Wüstling *m*

licens [li'sɛnˀs] ⟨-en; -er⟩ Lizenz f; Rundfunkgebühr f, Fernsehgebühr f; **~haver** [-ha:vər] ⟨-en; -e⟩ Lizenzträger m, Lizenzinhaber m

licitation [lisita'sjoːˀn] ⟨-en; -er⟩ (öffentliche) Ausschreibung f

licitere [lisi'teːˀrə]: **~ bort** (öffentlich) ausschreiben

lid [liðˀ] ⟨en⟩ Vertrauen n; **fæste ~ til én** j-m Glauben schenken; **sætte sin ~ til én** j-m vertrauen, sich auf j-n verlassen

lide¹ ['liːðə] ⟨led; lidt⟩ leiden (**af/an** D); erleiden, erdulden; **~nde** leidend

lide² ['liːðə, liːˀ]: **kunne ~** mögen, leiden können; **jeg kan godt ~ ham** ich mag ihn; er gefällt mir; **jeg kan ikke ~ ham** ich mag ihn nicht; **det kan jeg ~!** das gefällt mir!; **det kunne du ~!** F das könnte dir so passen!

lide³ ['liːðə]: **~ på én** j-m (*od* auf j-n) vertrauen, sich auf j-n verlassen

lide⁴ ['liːðə] ⟨led; ledet⟩ poet vergehen, verlaufen; **~ mod aften** auf den Abend zu gehen; **det led hen imod jul** es ging auf Weihnachten zu

lideform ['liːðəfɔˀrm] GRAM Leideform f, Passiv n

lidelse ['liːðəlsə] ⟨-n; -r⟩ Leiden n

lidelsesfælle ['liːðəlsəsfɛlə] Leidensgenosse m

liden ['liːðən] klein; gering, wenig

lidenhed ['liːðənheːðˀ] ⟨-en⟩ Kleinheit f, kleiner Wuchs m; Geringfügigkeit f

lidenskab ['liːðənsgaːˀb] ⟨-en; -er⟩ Leidenschaft f; **~elig** [-'sgaːˀbəli] leidenschaftlich

lidenskabsløs ['liːðənsgabsløˀs] leidenschaftslos

liderlig ['liðˀərli] unanständig, geil

lidet ['liːðət] (nur) wenig; → **liden, lidt**¹

lidt¹ [led] wenig, ein wenig, ein bisschen, etwas; **~ efter** bald danach; **~ efter ~** nach und nach, allmählich; **for ~** zu wenig; **for ~ siden** gerade, vor wenigen Minuten; **~ i (over) fem** kurz vor (nach) fünf (Uhr); **om ~** gleich, in ein paar Minuten

lidt² [lid]: **være ilde/vel ~** unbeliebt/beliebt sein

lidt³ [lid] → **lide**¹

liebhaver ['libhaːvər] ⟨-en; -e⟩ Interessent m; Liebhaber m, Sammler m

liere [li'eːˀrə] Suppe legieren, binden

liflig ['lifli] lieblich, angenehm

lift¹ [lifd] ⟨-en; -e *od* -er⟩ Lift m, Fahrstuhl m; Babytragetasche f; *Auto*: Hebebühne f

lift² [lifd] ⟨-et; -⟩ *Anhalter*: Mitfahrgelegenheit f; **få et ~** mitfahren dürfen; **rejse på ~** per Anhalter reisen, trampen

liftbus ['lifdbus] ⟨-sen; -ser⟩ behindertengerechte(r) Bus m mit Hublift

lig¹ [liːˀ] ⟨-et; -⟩ Leiche f

lig² [liːˀ] gleich; **~ (med)** MATH gleich; ähnlich (D)

lig|bleg ['liːblɑɪ̯ˀ] leichenblass; **~brænding** [-brɛneŋ] Einäscherung f **~bærer** [-bɛːɾɑr] Leichen-, Sargträger m; **~båre** [-bɔːɾɑ] Leichenbahre f, Totenbahre f

lige¹ ['liːə] ⟨-en; -⟩ Gleichgestellte(r) m; **min ~** meinesgleichen; **vor ~** unseresgleichen; **uden ~** ohnegleichen, sondergleichen

lige² ['liːə] adj gleich; gerade; **~ penge** abgezählte(s) (*od* passende(s)) Geld n; **(tak) i ~ måde** (danke) gleichfalls; **holde ved ~** aufrechterhalten; pflegen

lige³ ['liːə] adv gleich, gerade, eben; **~ for døren** direkt vor der Tür; **~ frem** geradeaus; **~ meget** fig gleichgültig, (ganz) egal; **~ på en prik** ganz genau; **~ straks** sofort; **~ så godt** ebenso gut; **~ så stor (som)** genau so groß (wie); **jeg skulle ~ til det** ich wollte es gerade tun; **~ til nu** bis jetzt; **~ ud** geradeaus; **~ ved stationen** direkt am Bahnhof

ligebenet ['liːəbeːˀnəð] *Dreieck*: gleichschenk(e)lig

ligeberettige|lse ['liːəbeˀʀɛdɪəlsə] Gleichberechtigung f; **~t** [-'ʀɛdiə] gleichberechtigt

ligedan ['liːədan] ebenso; **~net** [-əð] gleichförmig; MATH ähnlich

ligefor ['liːəfɔr]: **det ligger ~** fig es liegt auf der Hand

ligefrem ['liːəfʀɛmˀ] adj einfach, schlicht; offen, direkt; adv geradezu; geradeheraus; **ikke ~ ...** nicht gerade ...

ligefuldt ['liːəfulˀd] dennoch

ligeglad ['liːəglað] sorglos, unbekümmert; teilnahmslos, desinteressiert; **jeg er ~** es ist mir gleich (*od* egal)

ligegodt ['liːəgɔð] dennoch, aber

ligegyldig ['liːəgylˀdi] gleichgültig; einerlei; achtlos

lige|ledes ['liːəleːðəs] ebenfalls, gleichfalls; **~lig** [-li] gleichmäßig; **~løn** [-lœnˀ] Lohngleichheit f

ligemand ['liːəmanˀ]: **være éns ~** j-m ebenbürtig sein

ligeret ['liːəʀɛd] Gleichberechtigung f

lige|sidet ['liːəsiːðəð] GEOM gleichseitig; **~sindet** [-senˀəð] gleich gesinnt; **~som** [-sɔm] gleichsam, quasi; wie

ligestill|e ['liːəsdelˀə] gleichstellen,

gleichsetzen; **~ing** [-sdel'ʔeŋ] Gleichstellung f

ligeså ['li:ɔsɔ:?], **~dan** [-sɔdan] genauso, ebenso

lige|til ['li:ɔtel] geradezu, einfach; **~ud** [-uð?] geradeheraus

ligevægt ['li:ɔvɛgd] Gleichgewicht n; **~ig** [-i] fig ausgeglichen

ligevægtsbom ['li:ɔvɛgdsbɔm?] SPORT Schwebebalken m

ligeværd ['li:hɛ:?ʀ] Gleichwertigkeit f

ligge ['lɛgɔ] ⟨lå; ligget⟩ liegen; **~ for døden** im Sterben liegen; **det ~r ikke for mig** es liegt mir nicht; **~ i med én** mit j-m schlafen; **det ~r i tiden** es liegt an der Zeit; **~ inde med ngt.** etw vorrätig haben; im Besitz e-r Sache sein; **~ op til ngt.** grenzen an (A); **~nde** liegend; **blive ~nde** liegen bleiben; **~nde gæster** pl Logierbesuch m

ligge|gal ['lɛgɔga:?l] Henne: brütig; **~høne** [-hø:nɔ] Bruthenne f; **~stol** [-sdo:?l] Liegestuhl m

liggesår ['lɛgɔsɔ:?ʀ] Druckgeschwür n; **få ~** sich wund liegen

liggevogn ['lɛgɔvɔw?n] Liegewagen m

lighed [li:heð?] ⟨-en; -er⟩ Ähnlichkeit f; Gleichheit f

ligheds|punkt ['li:heðspɔŋ?d] Ähnlichkeit f, Berührungspunkt m; **~tegn** [-taɪ?n] Gleichheitszeichen n

lighter ['laɪdɔʀ] ⟨-en; -e⟩ Feuerzeug n

ligkapel [li:ka'pel?] Leichenhalle f

ligkiste ['li:ki:sdɔ] Sarg m; **en pind til min ~** fig ein Nagel zu meinem Sarg

ligne ['li:nɔ] v/i gleichen, ähneln, ähnlich sehen (D); aussehen wie (N); **hun ~r sin mor op ad dage** sie ist ganz die Mutter/ihrer Mutter wie aus dem Gesicht geschnitten; **det kunne (godt) ~ ham!** F das kriegt er fertig!, das sieht ihm ähnlich; **ikke det der ~r!** F keine Spur!; **det ~r ikke ngt.** od **hvad ~r det** was soll das?, unerhört; **~lse** [-lsɔ] ⟨-n; -r⟩ BIBL Gleichnis n

lignende ['li:nɔnɔ] ähnlich; **og ~** (Abk. **o. l.** od og **lign.**) und Ähnliches (Abk. u. Ä.) und dergleichen (Abk. u. dgl.)

ligning ['li:neŋ] ⟨-en; -er⟩ Gleichung f; Steuer: Einschätzung f, Veranlagung f

lig|syn ['li:sy:?n] Leichenschau f; **~tog** [-tɔ:?w] Trauerzug m; **~torn** [-tɔ:?ʀn] MED Hühnerauge n

likvid [li'kvið?] liquid(e), zahlungsfähig; (Gelder) verfügbar, flüssig; **~ere** [-kvi-'de:?rɔ] liquidieren

likør [li'kø:?ʀ] ⟨-en; -er⟩ Likör m

lilje ['liljɔ] ⟨-n; -r⟩ Lilie f; **~konval** [-kɔn-'val?] Maiglöckchen n

lilla ['lela] lila

lille ['lilɔ] klein; -chen, -lein; **en ~** ein Kind n, ein Kleines n; **fra ~ af** von klein auf; **skrive med ~** Wort kleinschreiben; **blive den ~** den Kürzeren ziehen, unterliegen; **have en ~ én på** F e-n Kleinen sitzen haben; **~ bitte** → **lillebitte**; **en ~ smule** ein klein(es) bisschen; **en ~ halv time** e-e knappe halbe Stunde; **~ juleaften** → **lillejuleaften**; → **små**

lille|bil ['lilɔbi:?l] veralt Taxi n; **~bitte** [-bidɔ] winzig; F klitzeklein; **~bro(de)r** [-bʀo:ʀ] Brüderchen n, der klein(st)e Bruder

Lillebælt ['lilɔbɛl?d] GEOGR der Kleine Belt

lille|fingeren ['lilɔfeŋ?ɔʀɔn] der kleine Finger; **~hjerne** [-jɛʀnɔ] ANAT Kleinhirn n; **~juleaften** [-ju:lɔ'afdɔn] der Abend des 23. Dezember; **juleaftensdag** [-ju:-lɔ'afdɔns'da:?] der 23. Dezember; **~mor** [-mo:ʀ] F Frauchen n; **~put** [-pud] ⟨-ten; -ter⟩ Liliputaner m; **~skole** [-sgo:lɔ] Privatschule mit wenig Schülern; **~stat** [-sda:?d] Zwergstaat m; **~søster** [-søsdɔʀ] Schwesterchen n, kleine Schwester f; **~tå** [-tɔ:?] ANAT kleine Zehe f

lim [li:?m] ⟨-en; -e od -er⟩ Leim m; **~e** ['li:mɔ] leimen, kleben

limning ['li:mneŋ]: **gå op i ~en** aus dem Leim gehen

limpind ['li:mpen?]: **hoppe på ~en** auf den Leim gehen

limstang ['li:msdaŋ?]: **løbe med ~en** F hereingelegt/angeschmiert werden

limstift ['li:msdefd] Klebestift m

lind¹ [len?] ⟨-en; -e⟩ Linde f

lind² [len?] weich; mild

linde ['lenɔ]: **~ på** lockern; mildern, erleichtern; **~ på døren** die Tür e-n Spaltbreit öffnen

linde|te ['lenɔte:?] Lindenblütentee m; **~træ** [-tʀɛ:?] Linde f; Lindenholz n

lindr|e ['lendʀɔ] lindern, mildern, stillen; **~ing** [-dʀeŋ] ⟨-en; -er⟩ Linderung f

line ['li:nɔ] ⟨-n; -r⟩ Leine f, Seil n; **løbe ~n ud** fig sich austoben

lineal [line'a:?l] ⟨-en; -er⟩ Lineal n

linedanser(inde) ['li:nɔdansɔʀ('enɔ)] Seiltänzer(in) m(f)

liner ['laɪnɔʀ] ⟨-en; -e⟩ Linienschiff n; Linienflugzeug n

lineær [line'ɛ:?ʀ] linear

lingeri [leŋsjɔ'ʀi:?] ⟨-et; -er⟩ (Damen)Unterwäsche f, Dessous n

lingvist ['leŋ'visd] ⟨-en; -er⟩ Linguist m; **~k** [-'vis'sdi] ⟨-ken; -ker⟩ Linguistik f

linie ['linjə] ⟨-n; -r⟩ Linie f; Buch: Zeile f; BAHN Strecke f, Verbindung f, Schule: Zug m; **~ 2** Verkehrsmittel: Linie 2; **ny ~!** Text: (neuer) Absatz!; **ret** (od **lige**) **~** GEOM Gerade f; **varm ~** f fig heiße(r) Draht m; **i første ~** fig in erster Linie; **over hele ~n** fig auf der ganzen Linie; **være** (od **ligge**) **på ~ med** ngt. fig mit etw übereinstimmen, entsprechen (D)

linie|dåb ['linjədɔːʔb] NAUT Äquatortaufe f; **~føring** [-føːʀeŋ] Linienführung f; Verkehr: Streckenführung f, **~re** [lin'je:ʔʀə] lini(i)eren; **~vogter** [-vɔgdəʀ] Fußball: Linienrichter m

linje ['linjə] ⟨-n⟩ → **linie**; **~re** [lin'je:ʔʀə] → **liniere**

linned ['lenəð] ⟨-et⟩ Leinen n; Wäsche f **linned²** ['lenəð] leinen

linnedskab . ['lenəðsgaːʔb] Wäscheschrank m

linning ['leneŋ] ⟨-en; -er⟩ (Rock)Bund m

linoleums|snit [li'no:ʔleomssnid] Linolschnitt m; **~tryk** [-tʀøg] Linoldruck m

linolie ['leno:lja] Leinöl n

linse ['lensə] ⟨-n; -r⟩ Linse f (a TECH); Mürbeteigtörtchen n; **~formet** [-fɔ:ʔʀməð] linsenförmig

lire¹ ['li:ʀə] ⟨-n; -⟩ Münze: Lire, Lira f

lire² ['li:ʀə]: **~ af** ableiern, herunterleiern

lirekasse ['li:ʀəkasə] Leierkasten m, Drehorgel f

lirekassemand ['li:ʀəkasəmanʔ] Leier(kasten)mann m, Drehorgelspieler m; **slå én til ~** j-n zum Krüppel schlagen

lirke ['lirgə]: **~ ved en lås** an e-m Schloss herumfummeln, -probieren; **~ for én** j-m um den Bart gehen; **~ sig frem** behutsam vorgehen (od zu Werke gehen); **~ ngt. op** etw mit Fingerspitzengefühl öffnen

lirumlarum ['li:ʀom'laːʀom] ⟨en od et⟩: **den samme ~** fig die alte Leier f

lise ['li:sə] ⟨-en⟩ Linderung f; fig Wohltat f

list [lesd] ⟨-en⟩ List f

liste¹ ['lesdə] ⟨-n; -r⟩ Leiste f; Liste f

liste² ['lesdə] schleichen, leise gehen; **~ af**, **~ sig bort** davonschleichen, sich fortstehlen; **~ sig bag på én** j-n beschleichen; **~ ngt. fra** (od **ud af**) **én** j-m etw entlocken; **~ sig ind på** sich an j-n heranschleichen; **~ omkring** (od **rundt**) umherschleichen; **~ sig til at gøre ngt.** etw heimlichtun

listesko ['lesdəsgoːʔ]: **på ~** fig auf leisen

Sohlen

listevalg ['lesdəvalʔ] PARL Listenwahl f

listig ['lesdi] listig, schlau

litau|er ['litaʊ̯ʔəʀ] ⟨-en; -e⟩ Litauer(in) m(f); **~isk** [-isg] litauisch

lit de parade [lidøpa'ʀaːd]: **ligge på ~** Staatsoberhaupt: aufgebahrt liegen

liter ['lidəʀ] ⟨-en; -⟩ (Abk. l) Liter m, n (Abk. l); **~mål** [-mɔːʔl] Litermaß n

litografi¹ [litogʀa'fiːʔ] ⟨-en⟩ Lithographie f, Steindruck m

litografi² [litogʀa'fiːʔ] ⟨-et; -er⟩ Litho(grafie) n(f)

litteratur [lidəʀa'tuːʔʀ] ⟨-en; -er⟩ Literatur f, Schrifttum n; **~henvisning** [-henvi:ʔsneŋ] Literaturangabe f

litterær [lidəʀɛːʔʀ] literarisch

liv [li:ʔv, liʊ̯ʔ] ⟨-et; -⟩ Leben n; Lebhaftigkeit f; Leib m; Taille f; Leibchen n, Oberteil n; **tidligere ~** Vorleben n; **hele mit ~** mein Leben lang; **af alle ~sens kræfter** aus Leibeskräften; **jage ~et af sig** sich zu Tode hetzen; **tage ~et af sig** sich das Leben nehmen; **sætte ~ i kludene** F Leben in die Bude bringen; **aldrig i ~et** nie im Leben; **føre ud i ~et** verwirklichen, **være i ~e** am Leben sein; **på ~et løs** aus allen Kräften; **kalde til ~e** ins Leben rufen; **sætte ~et til** ums Leben kommen; **sætte til ~s** verschlingen, F verdrücken; **~agtig** [liʊ̯ʔagdi] leibhaftig, lebendig; genau

live ['li:və] v/i **~ op** aufleben; v/t **~ én op** j-n aufheitern

livegen ['liʊ̯eːʔən] leibeigen

livfuld¹ ['liʊ̯fulʔ] ⟨-et⟩: **et ~ hug** F e-e Tracht Prügel

livfuld² ['liʊ̯fulʔ] lebhaft, fig lebendig

livgarde ['liʊ̯gɑʀdə] MIL Leibgarde f

livlig ['liʊ̯li] lebhaft, lebendig, rege; fig aufgeweckt

liv|læge ['liʊ̯lɛːə] Leibarzt m; **~løs** [-løːʔs] leblos; **~mo(de)r** [-moː(ðə)ʀ] ANAT Gebärmutter f

livred|der ['liʊ̯ʀeðəʀ] Rettungsschwimmer m, am Strand Lebensretter m; **~ning** [-ʀeðneŋ] Lebensrettung f; Rettungsschwimmen n

livrem ['liʊ̯ʀemʔ] Gürtel m; **spænde ~men ind** fig den Gürtel enger schnallen

livrente ['liʊ̯ʀendə] Leibrente f; **~ret** [-ʀed] Leibgericht n

livsaften ['liʊ̯safdən] Lebensabend m

livsalig [liʊ̯'saːʔli] wonnig, lieblich, holdselig

livs|anskuelse ['liʊ̯s'ansguːʔəlsə] Lebensanschauung f; **~bekræftende** [-be'kʀɛfdənə] lebensbejahend

L

livsbetingelse ['liüsbe'teŋ?əlsə]: *det er en ~ for mig* das ist für mich lebensnotwendig

livsens ['liü?səns] → *liv*

livsfar|e ['liüsfα:ʀə] Lebensgefahr *f*; **~lig** [-fα:ʀli] lebensgefährlich

livsfjern ['liüsfjeʀ?n] lebensfremd

livsforsikring ['liüsfɔʀ'segʀeŋ] Lebensversicherung *f* (*tegne* abschließen)

livs|førelse ['liüsfø:ʀəlsə] Lebensführung *f*, -wandel *m*; **~glad** [-glαð] lebensfroh, -lustig; **~glæde** [-glɛ:ðə] Lebensfreude *f*

livskabt ['liüsgαbd]: (*aldrig*) *i mine ~e dage* mein Lebtag nicht

livs|kvalitet ['liüskvali'te:?d] Lebensqualität *f*, **~lang** [-lαŋ?] lebenslang; **~lede** [-le:ðə] Lebensüberdruss *m*

livsledsager ['liüs'leðsα:?ɐ] Lebensgefährte *m*, Lebensgefährtin *f*

livs|lyst ['liüsløsd] Lebenslust *f*; **~nerve** [-neʀvə] *fig* Lebensnerv *m*; **~nær** [-nε:?ʀ] lebensnah; **~nødvendig** [-nøðven?di] lebensnotwendig; **~ophold** [-ɔbhɔl?] Lebensunterhalt *m*; **~rum** [-ʀɔm?] Lebensraum *m*; **~sag** [-sα:?] Lebensaufgabe *f*; **~stilling** [-sdeleŋ] Lebensstellung *f*; Beruf *m*; **~straf** [-sdʀαf] Todesstrafe *f*; **~syn** [-sy:?n] Lebensanschauung *f*; **~tegn** [-taï?n] *n* Lebenszeichen *n*; **~tid** [-tið?] Lebenszeit *f*; *på ~* lebenslänglich; **~truende** [-tʀu:ənə] lebensbedrohlich

livstykke ['liüsdøgə] Leibchen *n*; *fig* F lebhafte(s) Mädchen *n*, Quirl *m*

livs|varig ['liüsvα:?ʀi] lebenslänglich; **~vigtig** [-vegdi] lebenswichtig; **~værk** [-veʀg] Lebenswerk *n*; **~ånder** [-ɔnɔʀ] *pl* Lebensgeister *m/pl*

livtag ['liütα:?] *SPORT* *tage ~ med én* mit j-m ringen (*a fig*)

liv|vagt ['liüvagd] Leibwache *f*, **~vidde** [-vi:?də] Taillenweite *f*, Bundweite *f*

lo¹ [lo:?] ‹-*en*; -*er*› Tenne *f*

lo² [lo:?] → *le²*

lockout ['lɔg'αüd] ‹-*en*; -*er*› Arbeitskampf Aussperrung *f*; **~e** [-ə] aussperren

lod¹ [loð] ‹-*den*; -*der*› Parzelle *f*; *fig* Los *n*; Anteil *m*

lod² [loð] ‹-*det*; -*der*› Lot *n*, Senkblei *n*; Los *n*; *i ~* im Lot; *trække ~* losen

lod³ [loð] ‹-*det*; -› Gewicht *n*; *ikke et ~* F kein bisschen

lod⁴ [lo:?ð] → *lade²,³,⁴*

lodde ['loðə] *NAUT* loten; *TECH* löten; *fig* ergründen; sondieren; **~ bort** verlosen; **~kolbe** [-kɔlbə] Lötkolben *m*

lodden ['loðən] zottig, behaart, flauschig; *vende den lodne side ud* F die raue Seite herauskehren

lodret ['lɔðʀed] lotrecht, senkrecht; *en ~ løgn* e-e glatte Lüge

lods [lo:?s] ‹-*en*; -*er*› *NAUT* Lotse *m*; **~båd** ['-bɔ:?ð] Lotsenboot *n*; **~e** ['lo:sə] lotsen (*a fig*)

lodseddel ['lɔðseð?əl] *Lotterie*: Los *n*

lodsejer ['lɔ(ð)saïɐ] Grundbesitzer *m*

lods|eri [lo:sə'ʀi:?] ‹-*et*; -*er*›, **~station** ['lo:?ssdα'sjo:?n] Lotsenstation *f*

lodtrækning ['lɔð'tʀægnəŋ] Losen *n*

loft ['lɔfd] ‹-*et*; -*er*› (Zimmer)Decke *f*; Dachboden *m*; Höchstgrenze *f*

lofts|belysning ['lɔfdsbe'ly:?sneŋ] Deckenbeleuchtung *f*, **~højde** [-hɔï?də] Zimmerhöhe *f*, **~kammer** [-kαm?ɐʀ] Bodenkammer *f*, **~maleri** [-mα:lə'ʀi:?] Deckengemälde *n*; **~værelse** [-veːʀəlsə] Dachkammer *f*, Mansarde *f*

logbog ['lɔgbo:?w] *NAUT* Logbuch *n*

loge ['lo:sjə] ‹-*n*; -*r*› Loge *f*

logere [lo'sje:?ʀə] logieren, wohnen; **~nde** [-nə] ‹*en*› Untermieter *m*

logi [lo'sji:?] ‹-*et*; -*er*› Logis *n*, Unterkunft *f*

logik [lo'gig] ‹-*ken*; -*ker*› Logik *f*

logisk ['lo:?gisg] logisch

logre ['lɔwʀə] wedeln (*med halen* mit dem Schwanz); **~ for én** F um j-n herumscharwenzeln, vor j-m kriechen

lok [lɔg] ‹-*ken*; -*ker*› Locke *f*

lokal [lo'kα:?l] lokal, örtlich; *~ 25* *TEL* Apparat 25; **~avis** [-a'vi:?s] Lokalzeitung *f*; **~bedøvelse** [-be'dø:?vəlsə] *MED* örtliche Betäubung *f*, **~e** [-'kα:lə] ‹-*t*; -*r*› Raum *m*, Räumlichkeit *f*

lokalisere [lokali'se:?ʀə] lokalisieren

lokalitet [lokali'te:?d] ‹-*en*; -*er*› Lokalität *f*, Örtlichkeit *f*

lokal|kendt [lo'kα:?lken?d] ortskundig; **~nævn** [-nεü?n] Ortsgruppe *f*; **~plan** [-plα:?n] Regionalplanung *f*, Bebauungsplan *m*; **~politik** [-poli'tig] Kommunalpolitik *f*, Politik *f* vor Ort; **~politiker** [-po'litigɐ] Kommunalpolitiker *m*; **~radio** [-ʀα:?ðio] Regionalradio *n*; **~samtale** [-sαmtα:lə] *TEL* Ortsgespräch *n*; **~tid** [-tið?] Ortszeit *f*; **~tog** [-tɔ:?w] Zug *m* im Nahverkehr; Kleinbahn *f*; **~trafik** [-tʀα'fig] Ortsverkehr *m*, Nahverkehr *m*

lokke¹ ['lɔgə]: *~ sig* Haar sich locken/kräuseln

lokke² ['lɔgə] locken, reizen; *Blech* lochen; *~ for én* j-m um den Bart gehen, j-n beschwatzen; *~ ngt. fra én* j-m etw entlocken, F j-m etw abluchsen; *~ til an-*

locken; **~nde** verlockend

lokkedue ['lɔgədu:ə] fig Lockvogel m

lokkehoved ['lɔgəho:ðə] Lockenkopf m

lokkemad ['lɔgəmað] Lockspeise f, Köder m (a fig)

lokke|middel ['lɔgəmið̩ʔəl] Lockmittel n; **~r** [-ʀ] ⟨en; -e⟩ Sittenstrolch m

lokket ['lɔgəð] lockig

lokomotiv [lokomo'ti:ʔv] ⟨-et; -er⟩ BAHN Lok(omotive) f; **~fører** [-fø:ʀɔʀ] Lok(o-motiv)führer m

lokum ['lokɔm] ⟨-(m)et; -(m)er⟩ F Lokus m, Klo n

lombardforretning [lɔm'baːʔʀdfɔ'ʀed-neŋ] ÖKON Lombardgeschäft n

lomme ['lɔmə] ⟨-n; -r⟩ (Mantel-, Hosen-)Tasche f; **vende ~rne** die Taschen um-kehren (a fig); **have én i ~n** F j-n in der Tasche haben; **have penge på ~n** Geld haben, bei Kasse sein

lomme|bog ['lɔməbɔ:ʔw] Notizbuch n; **~kalender** [-ka'lɛnʔəʀ] Taschenkalender m; **~klud** [-kluð̩ʔ] F → **lommetørklæde**; **~kniv** [-kni:ʔv] Taschenmesser n; **~lampe** [-lɑmbə] **~lygte** [-løgdə] Taschenlam-pe f; **~lærke** [-lɛʀgə] Taschenflasche f, F Flachmann m; **~penge** [-pɛŋə] pl Ta-schengeld n; **~regner** [-ʀɑinɑʀ] ⟨-n; -e⟩ Taschenrechner m; **~smerter** [-smɛʀdɐʀ] **have ~** leere Taschen haben

lomme|tyv ['lɔmətyːʔv] Taschendieb m; **~tørklæde** [-tœʀkle:ðə] Taschentuch n; **~udgave** [-uðga:va] Taschenausgabe f, Taschenbuch n

longjohn ['lɔŋdjɔn] ⟨-en; -er⟩ Lastenfahr-rad n

longplaying ['lɔŋplɛiʔen] ⟨en⟩, **~plade** [-pla:ðə] (Abk. **lp**) Langspielplatte f, LP f

loppe[1] ['lɔbə] ⟨-n; -r⟩ Floh m

loppe[2] ['lɔbə] flöhen; **~ én op** j-n ansta-cheln

loppe|marked ['lɔbəmɑʀgəð], **~torv** [-tɔ:ʔʀv] Flohmarkt m, Trödelmarkt m

loren ['loːʀɔn]: **være ~ ved ngt.** ein ungu-tes Gefühl/F Muffensausen bei etw ha-ben

lort[1] [lɔʀʔd] ⟨-en; -e⟩ V Scheißhaufen m; **din ~!** V du Scheißkerl!

lort[2] [lɔʀʔd] ⟨-et⟩ V fig Scheiße f, Kacke f

los[1] [lɔs] ⟨-sen; -ser⟩ Luchs m

los[2] [lɔs] los (a NAUT); **ikke give ~** nicht lo-ckerlassen; **hvad er der ~?** was ist los?

losning ['lɔsneŋ] ⟨-en; -er⟩ NAUT Löschung f, Löschen n, Abladen n

losse ['lɔsə] NAUT löschen, ausladen, abla-den; **~bom** [-bɔmʔ] Ladebaum m

losseplads ['lɔsəplas] NAUT Löschplatz m; (Schutt)Abladeplatz m, Mülldeponie f, Müllkippe f

lotte ['lɔdə] ⟨-n; -r⟩ MIL Mitglied n e-s mi-litärischen Frauenverbandes; **~korps** [-kɔrbs] militärische(r) Frauenverband m

lotteri [lɔdə'ʀiːʔ] ⟨-et; -er⟩ Lotterie f; **~kol-lektør** [-kɔleg'tøːʔʀ] Lotterieeinnehmer m; **~seddel** [-seð̩ʔəl] (Lotterie)Los n

lov[1] [lɔu] ⟨en⟩ Lob n; Ruf m; **Gud ske ~!** Gott sei Dank!, gottlob!; **have et godt ~ på sig** in gutem Ruf stehen

lov[2] [lɔu] ⟨en⟩ Erlaubnis f; **bede (én) om ~** (j-n) um Erlaubnis bitten; **han skal nok få ~ til at gøre det** er wird die Erlaubnis schon bekommen; er wird es schon (not-gedrungen) tun müssen; **hun fik ~ til at vente en time** man ließ sie/sie musste e-ine Stunde warten; **give én ~ til ngt.** j-m etw erlauben (od gestatten); **have ~ til** dürfen

lov[3] [lɔu] ⟨-en; -e⟩ Gesetz n; Verein: Statu-t(en pl) n, Satzung f; **uden ~ og dom** oh-ne gerichtliches Verfahren; **uden for lands ~ og ret** fig am Ende der Welt

lov|befalet ['lɔube'faːʔləð] gesetzlich vor-geschrieben; **~bestemmelse** [-be'sdem-ʔəlsə] gesetzliche Bestimmung f; **~bry-der** [-bʀyːʔðɐʀ] Gesetzesbrecher m; **~bunden** [-bɔnʔən], **~bundet** [-bɔnʔəð] gesetzmäßig

love[1] ['lɔːvə] su **på tro og ~** auf Treu und Glauben, eidesstattlich

love[2] ['lɔːvə] versprechen, geloben; lo-ben, preisen, rühmen; **Gud være ~t!** Gott sei gelobt!; **det skal jeg ~ for!** F das will ich meinen!, und ob/wie!; **~nde** vielver-sprechend, aussichtsreich

lov|formelig [lɔu'fɔːʔʀməli] gesetzmäßig; **~forslag** [-'fɔʀsla:ʔ] Gesetzesvorlage f, Gesetzentwurf m; **~fæste** [-'fɛsdə] ge-setzlich festsetzen/verankern

lovgiv|ende ['lɔugiːʔvənə] gesetzgebend; **den ~ magt** (die) Legislative f; **~er** [-gi:ʔvɐʀ] Gesetzgeber m; **~ning** [-gi:ʔvneŋ] ⟨-en; -er⟩ Gesetzgebung f, Gesetz n

lovgyldig ['lɔugylʔði] rechtskräftig

lovhjemlet ['lɔujæmʔləð] gesetzlich, ver-brieft (**rettigheder** Rechte)

lovkraft ['lɔukʀɑfd] Gesetzeskraft f

lovlig[1] ['lɔuli] gesetzlich, gesetzmäßig, le-gitim

lovlig[2] ['lɔuli] ziemlich, reichlich

lov|liggøre ['lɔuligœ:ʔʀ] legalisieren; **~lydig** [-ly:ʔði] gesetzestreu

lovløs ['lɔulø:ˀs] gesetzlos

lov|medhold(el)ig [lɔuˈmeðˀhɔlˀɔli, -ˈhɔlˀdi], **~mæssig** ['-mɛsi] gesetzmäßig, gesetzlich

lovning ['lɔ:vnɛn] ⟨-en⟩: **han har fået ~ på det** es ist ihm versprochen worden

lovord ['lɔuoːˀr] pl Lob n, Worte n/pl des Lobes; **fuld af ~** voll des Lobes

lovovertrædelse ['lɔuˀôuˀørtrɛːˀôelsə] Gesetzesübertretung f, strafbare Handlung f, Delikt n

lovpligtig ['lɔuplɛgdi] gesetzlich vorgeschrieben, Pflicht-

lovprise ['lɔuˀpriːˀsə] lobpreisen

lovsang ['lɔuˀsaŋ] Loblied n, Lobgesang m

lov(s)kraft ['lɔu(s)krɑfd] → **lovkraft**

lov|stridig ['lɔuˀsdriːˀôi] gesetzwidrig, widerrechtlich; **~trækkeri** ['trɛgɔˀriːˀ] ⟨-et; -er⟩ Rechtsverdrehung f

lp ['ɛlpeːˀ] ⟨-ˀen; -er⟩, **lp-plade** ['ɛlpeːˀplaːˀôə] → **longplaying(plade)**

lsd [ɛlɛsˈdeːˀ] ⟨-ˀen od -et⟩ LSD n

lud [luðˀ] ⟨-en⟩ Lauge f; **gå for - og koldt vand** F vernachlässigt werden; **~behandle** ['luðbeˈhanˀlə] Möbel ablaugen

ludder ['luðˀɔr] ⟨-en; -e⟩ → **luder**, **~karl** [-kaːˀl] → **luderkarl**

luddoven ['luðˀdôuən] F stinkfaul

lude ['luːðə] **~nde skuldre** hängende Schultern

luder ['luðˀɔr] ⟨-en; -e⟩ Nutte f, Dirne f; **~karl** [-kaːˀl] F Lude m, Zuhälter m

lud|fattig ['luðˀfadi] bettelarm; **~kedelig** ['-ˈkeːðəli] todlangweilig

ludo ['luːdo] ⟨-et⟩, **~spil** [-sbel] Mensch-ärgere-dich-nicht-Spiel n

lue¹ ['luːə] ⟨-n; -r⟩ Flamme f, Lohe f; **brænde (od stå) i lys ~** lichterloh brennen

lue² ['luːə] fig flammen, lodern, loben

luffe ['lofə] ⟨-n; -r⟩ Fausthandschuh m, Fäustling m; zo Flosse f

luft [lofd] ⟨-en; -e⟩ Luft f; **trække frisk ~** frische Luft schöpfen; **springe i ~en** in die Luft fliegen, explodieren, platzen (a fig); **et slag i ~en** fig ein Schlag ins Wasser; **gå ud i den friske ~** an die frische Luft gehen; **grebet ud af ~en** aus der Luft gegriffen

luft|alarm ['lofdaˈlɑrˀm] MIL Luftalarm m, Fliegeralarm m; **~angreb** [-beloðəˀb] MIL Luftangriff m; **~billede** [-beloðə] FOT Luftaufnahme f; **~blære** [-blɛːrə], **~boble** [-bəblə] Luftblase f; **~bøsse** [-bøsə] Luftgewehr n

lufte ['lofdə] v/i schwach wehen; v/t lüften;

fig vorbringen, (kurz) erwähnen; **~ ud** (aus)lüften; **~ hunden** mit dem Hund Gassi gehen; **~ sig** F frische Luft schnappen

luft|fart ['lofdfɑːˀr] Luftfahrt f; **~farts-selskab** ['-fɑrdˀselsgaːˀb] Luftverkehrsgesellschaft f, Fluggesellschaft f; **~forandring** ['-fɔrˀanˀôreŋ] Luftveränderung f; **~formig** [-fɔrˀmi] gasförmig; **~forurening** ['-fɔruˈreːˀneŋ] Luftverschmutzung f; **~fugtighed** [-fogdiheːðˀ] Luftfeuchtigkeit f, Luftfeuchte f; **~havn** [-haüˀn] Flughafen m; **~hul** [-hol] Luftloch n; **~ig** [-i] luftig; **~indtag** [-entaːˀ] TECH Lufteinlass(düse) m(f); **~kaptajn** ['-kabˀtaïˀn] Flugkapitän m; **~kasteller** ['-kaˀsdelˀɔr] pl fig Luftschlösser n/pl

luftkonditioner|et ['lofdkɔndisjoˈneːˀrɔð] klimatisiert; **~ing** [-ˈneːˀreŋ] ⟨-en⟩ Klimaanlage f

luft|lag ['lofdlaːˀ] Luftschicht f; **~linie**, **~linje** [-linjə] Luftlinie f; **~madras** [-maˈdrɑs] Luftmatratze f; **~maske** [-masgə] Luftmasche f; **~meldetjeneste** [-mɛlɔtjeːnəsdə] Flugmeldedienst m; **~ning** [-neŋ] ⟨-en; -er⟩ Lüftchen n; Lüften n; **~post** [-pɔsd] Luftpost f (per mit); **~pudefartøj** [-puːˀðɔfartɔïˀ] Luftkissenfahrzeug n; **~rum** [-rɔmˀ] Luftraum m; **~rør** [-rœːˀr] ANAT Luftröhre f

luft|syge ['lofdsyːˀə] Luftkrankheit f; **~til-førsel** [-telfœrˀsəl] Luftzufuhr f; **~tom** [-tɔmˀ] luftleer; **~trafik** ['-trɑˀfig] Luftverkehr m; Flugverkehr m; **~tryk** [-trøg] Luftdruck m; **~tæt** [-tɛd] luftdicht; **~tør-ret** [-tœrɔð] lufttgetrocknet, an der Luft getrocknet; **~vej** [-vaïˀ] Luftweg m; Atemwege pl; **~værn** [-vɛːˀrn] Luftschutz m; **~våben** [-vɔ:ˀbɔn] Luftwaffe f

luge¹ ['luːə] ⟨-n; -r⟩ Luke f, Post Schalter m

luge² ['luːə] jäten; **~ ud** aufräumen (fig)

lugejern ['luːəjɛrˀn] Jäthacke f

lugt [logd] ⟨-en; -e⟩ Geruch m

lugte ['logdə] riechen (af/nach D, til/an D); F fig riechen, wittern; **~sans** [-sanˀs] Geruchssinn m

lugt|fri ['logdfriːˀ] geruch(s)frei, geruchlos; **~løs** [-løːˀs] geruchlos

lukaf [loˈgaˀ] ⟨-et⟩ Verschlag m, F Kabuff n; NAUT Mannschaftsraum m

lukke¹ ['logə] ⟨-t; -r⟩ Verschluss m; **bag lås og ~** hinter Schloss und Riegel

lukke² ['logə] schließen, zumachen; **luk døren!** Tür zu!; **~ af** verschließen; Stricken: abketteln; **~ af for** abstellen, sperren; **~ af for det varme vand** fig j-m den Geldhahn zudrehen; **~ for** abstellen, abschalten, ausschalten; **~ i** zuschließen, zumachen; **~ i lås** verschließen; **~ ind** einlassen; **~ inde** einschließen, -sperren; **~ op** aufschließen, aufmachen; öffnen; **~ til** *Tür* anlehnen; *Gewässer:* zufrieren; **~ ud** hinauslassen; **~ ude** ausschließen, aussperren; *(a fig)* geschlossen, zu, verschlossen *(a fig);* **for ~de døre** hinter verschlossenen Türen; JUR unter Ausschluss der Öffentlichkeit

lukke|dag [logəda:ʔ] Ruhetag *m;* **~lov** [-løʊ] Ladenschlussgesetz *n;* **~lyd** [-lyðʔ] Verschlusslaut *m;* **~r** [-ʀ] ⟨-en; -e⟩ FOT Verschluss *m;* **~tid** [-tiðʔ] Ladenschluss *m,* Geschäftsschluss *m; Restaurant:* Polizeistunde *f*

lukning [logneŋ] ⟨-en; -er⟩ Schließen *n;* Verschluss *m; Gas, Wasser* Sperre *f*

lukrere [lu'kʀe:'ʀə]: **~ ved** *(od af)* ngt. von etw profitieren

luks [lugs] ⟨-en; -e od -er⟩ Filou *m*

luksu(ri)øs [logsu(ʀi)'ø:'s] luxuriös

luksus [logsus] ⟨-(s)en⟩ Luxus *m*

lukt [logd] ⟨-en⟩ **lige ~.** geradewegs, schnurstracks

Lukøje [logöiə]: **Ole ~** MYTH der Sandmann, das Sandmännchen

lulle[1] ['lulə] ⟨-n; -r⟩ F Heia *f*

lulle[2] ['lulə] lullen; **~ i søvn** einlullen; **~ sig ind i ngt.** fig sich in etw wiegen

lummer ['lom'əʀ] schwül; zweideutig

lummerhed ['lom'əʀhe:ðʔ] drückend heiß; **~e** [-he:ðə] Schwüle *f*

lummervarm ['lom'əʀvɑʀ'm] schwül; **~e** [-vɑʀmə] Schwüle *f*

lumpen ['lombən] lumpig, gemein, F fies

lumre ['lomʀə]: **sidde inde og ~** F hinter dem Ofen hocken

lumsk [lom'sg] hinterlistig, hinterhältig, (heim)tückisch; **en ~ mistanke** ein leiser Verdacht; **~ kedelig** äußerst langweilig

lumske ['lomsgə]: **gå og ~ med store planer** heimlich Pläne aushecken; **~buks** [-bogs] ⟨-en; -e⟩ Schlitzohr *n;* **~lig** [-li] arglistig; **~ri** [-'ʀiʔ] ⟨-et; -er⟩ Hinterlistigkeit *f; pl* Machenschaften *f/pl*

lun [lu:ʔn] lau; mollig, warm, geschützt; *fig* gemütlich, lustig; **sidde ~t og godt i det** *(od* **inden døre***) fig* finanziell gut abgesichert sein

lund [lon'] ⟨-en; -e⟩ Hain *m,* Wäldchen *n*

lune[1] ['lu:nə] ⟨-t; -r⟩ Laune *f;* Humor *m*

lune[2] ['lu:nə] (an)wärmen, aufbacken, überbacken

lunefuld ['lu:nəful?] launenhaft, launisch

lunerig ['lu:nəri:ʔ] launig, humorvoll, heiter

lunge ['loŋə] ⟨-n; -r⟩ Lunge *f;* **af sine ~rs fulde kraft** aus voller Lunge; **~betændelse** [-be'tenʔəlsə] Lungenentzündung *f;* **~hinde** [-henə] Brustfell *n,* Rippenfell *n*

lunke ['loŋə] anwärmen

lunken ['loŋən] lau *(a fig),* lauwarm

luns [lon'?s] ⟨-en; -er⟩ Klumpen *m,* Brocken *m; Brot, Fleisch* dicke Scheibe

lunte[1] ['londə] ⟨-n; -r⟩ MIL Lunte *f,* Zündschnur *f;* **lugte ~n** *fig* Lunte riechen, F den Braten riechen

lunte[2] ['londə] zotteln, trotten *(af sted* los/von dannen*)*

luntetrav ['londətʀɑʊ] Zuckeltrab *m*

lup [lub] ⟨-pen; -per⟩ Lupe *f*

lur[1] [lu:ʔʀ] ⟨-en⟩ Schläfchen *n,* Nickerchen *n;* **få** *(od* **tage***) sig en ~* ein Schläfchen machen

lur[2] [lu:ʔʀ]: **ligge på ~** auf der Lauer liegen; **ligge på ~ efter ngt.** auf etw (A) lauern

lure ['lu:ʀə] lauern *(på/*auf A*);* horchen, lauschen; **~ én** *j-n* foppen/(he)reinlegen; **~ én ngt. af** *j-m* etw abgucken

lurendrejer ['lu:'ʀəndʀaiʔəʀ] F Schelm *m,* Filou *m;* Strolch *m*

lurmærket ['lu:ʀmɛʀgəð]: **~ smør** dän. Markenbutter

lurvet ['lurvəð] schäbig *(a fig)*

lus [lu:'s] ⟨-en; -⟩ Laus *f;* **en fattig ~** ein armer Schlucker; **kende sine ~ på gangen** *(od* **travet***)* F *s-e* Pappenheimer kennen

luse ['lu:sə] lausen; **~forskrækker** [-fɔʀ-'sgʀegəʀ] ⟨-en; -e⟩ *f scherzh* (dichter) Kamm *m;* **~puster** [-pu:'pəʀ] F Strolch *m;* **~t** [-ð] verlaust; lausig, schäbig

lusk [losg]: **der er ngt. ~ ved sagen** es ist etw faul an der Sache

luske ['losgə] schleichen; **~ af, bort** davonschleichen, sich davonmachen; **~ sig fra ngt.** sich vor etw drücken; **~ om**(*kring*) umherschleichen; **~buks** [-bogs] ⟨-e⟩, **~peter** [-pe:'?əʀ] ⟨-en; -e⟩ Schleicher *m,* Leisetreter *m;* **~ri** [-'ʀiʔ] ⟨-et; -er⟩ Schleicherei *f;* fauler Zauber

lusket ['losgəð] verdächtig, suspekt

lussing ['lusen] ⟨-en; -er⟩ Ohrfeige *f,* Backpfeife *f; fig* Denkzettel *m,* Schlappe *f*

lut [lud] ⟨-ten; -ter⟩ MUS Laute *f*

luther|ansk [ludə'ʀɑ:'nsg], **~sk** ['ludəʀsg] lutherisch

lutre ['ludʀə] läutern *(a fig)*

lutter ['ludəʀ] lauter, ganz; **jeg er ~ øre** ich

bin ganz Ohr

luv [luːˀv] ⟨-en⟩ *auf Samt usw:* Flor *m*; NAUT Luv *f*; **tage ~en fra en** *fig j-m* den Wind aus den Segeln nehmen; *j-n* in den Schatten stellen

luvslidt ['luːvslid] fadenscheinig, zerschlissen

ly [lyːˀ] ⟨-et; -⟩ *m*, Windschatten *m*; Obdach *n*; Unterschlupf *m*; **krybe i ~** Schutz suchen, unterkriechen; **søge ~ for regnen** sich (bei Regen) unterstellen

lyd [lyðˀ] ⟨-en -e od -⟩ Laut *m*, Schall *m*; Ton *m*; Geräusch *n*; **~ens hastighed** Schallgeschwindigkeit *f*; **slå til ~** Ruhe gebieten; **slå til ~ for ngt.** *etw* anregen, sich für *etw* einsetzen

lyd|billede ['lyðbeleðə] Hörbild *n*, Feature *n*; **~bølge** [-bøljə] Schallwelle *f*; **~bånd** [-bɔnˀ] Tonband *n*; **~dæmper** [-dɛmbɐr] Schalldämpfer *m*

lyde¹ ['lyːðə] ⟨-en; -r⟩ *lit* Makel *m*, Gebrechen *n*; **uden ~** ohne Fehl, makellos

lyde² ['lyːðə] ⟨løð; lydt⟩ (er)tönen, (er)schallen, (er)klingen; lauten; **det ~r godt** es klingt gut, es hört sich gut an

lyde³ ['lyːðə] gehorchen (D), folgen (D); **~ éns råd** *j-s* Rat folgen; **~ et navn** auf e-n Namen hören

lydefri ['lyːðəfriˀ] tadellos, fehlerfrei

lydelig ['lyːðəliˀ] laut, vernehmlich

lyd|forskydning ['lydfɐrˀsgyːˀðneŋ] GRAM Lautverschiebung *f*; **~hør** [-hœːˀr] *fig* hellhörig, aufmerksam

lydig ['lyːði] gehorsam, folgsam; **~hed** [-heːðˀ] ⟨-en⟩ Gehorsam *m*; **~hedsnægtelse** [-heðsnegdəlsə] Befehlsverweigerung *f*

lyd|isolation ['lyðisolaˀsjoːˀn] Schalldämmung *f*; **~kort** [-kɔrd] *n* Soundkarte *f*; **~kulisse** [-kuˀlisə] Geräuschkulisse *f*; **~løs** [-løsˀ] lautlos, geräuschlos; **~mur** [-muːˀr] FLUG Schallmauer *f*; **~potte** [-pɔdə] *Auto:* Auspufftopf *m*; **~skrift** [-sgrefd] GRAM Lautschrift *f*; **~spor** [-sboːˀr] *n* Soundtrack *m* Filmmusik *f*; **~styrke** [-sdyrgə] Lautstärke *f*; **~svag** [-svaːˀ] geräuscharm; *et* [lyd *Wohnung:* hellhörig; **~tekniker** [-tɛgnigɐr] Toningenieur *m*; **~tæt** [-tɛd] schalldicht

lygte ['løgdə] ⟨-n; -r⟩ Laterne *f; Auto:* Scheinwerfer *m*; Leuchte *f*, (Taschen-) Lampe *f*; **rød ~** THEA ausverkauft; **~føring** [-føːreŋ] Beleuchtung *f*; **~mand** [-manˀ] Irrlicht *n*; **~pæl** [-pɛːˀl] Laternenpfahl *m*

lykke ['løgə] ⟨-n⟩ Glück *n*; **gøre ~** Erfolg haben, Beifall finden; **~ på rejsen!** gute

Reise!; **held og ~!, ~ til!** toi, toi, toi!, viel Erfolg!; **til ~!** herzlichen Glückwunsch!, ich gratuliere!; **ønske én til ~** *j-m* gratulieren (**med**/zu D); **på ~ og fromme** auf gut Glück; **~bringende** [-breŋˀənə] glückbringend

lykkehjul ['løgəhjuːˀl] *n* Glücksrad *n* (*a* TV)

lykkelig ['løgəli] glücklich (**over**/über A); **gøre ~** beglücken; **~vis** [-viːˀs] glücklicherweise

lykkeridder ['løgəriðˀɐr] Glücksritter *m*

lykkes ['løgəs] gelingen, glücken; **det lykkedes for hende** es gelang ihr, sie schaffte es

lykke|skilling ['løgəsgelˀeŋ] Glückspfennig *m*; **~træf** [-trɛf] Glücksfall *m*

lyksalig [løgˀsaːˀli] glückselig; **~gøre** [-gœːˀra] beglücken (*bsd iron*)

lykønske [løgˀønˀsgə] gratulieren (**én** *j-m*), beglückwünschen (**én** *j-n*); **~ning** [-ˀønˀsgneŋ] ⟨-en; -er⟩ Glückwunsch *m*; **~ningstelegram** [-ˀønˀsgneŋstelə-'graˀm] Glückwunschtelegramm *n*

lymfe ['lømfə] ⟨-n⟩ ANAT Lymphe *f*; **~kar** [-kaːr] Lymphgefäß *n*

lyn [lyːˀn] ⟨-et; -⟩ Blitz *m*; **med ~ets hast** mit Windeseile, blitzschnell; **som ramt af ~et** wie vom Blitz getroffen; **som et forsinket ~** F wie ein geölter Blitz; **som ~ fra en klar himmel** wie ein Blitz aus heiterem Himmel; **~afleder** ['lyːn-ˀaˀlerˀðɐr] Blitzableiter *m*; **~brand** ['lyːnbrɑnˀ] Feuer *n* durch Blitzschlag

lyne ['lyːnə] blitzen; **~ op** den Reißverschluss zumachen

lynende ['lyːnənˀə]: **~ gal** F fuchsteufelswild; **~ intelligent** F blitzgescheit; **i ~ fart** wie ein Blitz, F mit affenartiger Geschwindigkeit; **have ~ travlt** es sehr eilig haben; in Hast sein

lyn|frossen ['lyːnfrɔsən] tiefgekühlt (*im Schnellgefrierverfahren*); **~fryse** [-fryːˀsə] tiefkühlen

lyng [løŋˀ] ⟨-en⟩ Heidekraut *n*, Erika *f*; **~klædt** ['løŋkleːˀð] mit Heidekraut bewachsen

lyn|hurtig ['lyːnhɔrdi] blitzschnell; **~lås** [-lɔːˀs] Reißverschluss *m*

lynne ['lønə] ⟨-t⟩ Gemüt *n*, Naturell *n*

lyn|nedslag ['lyːnˀneðslaːˀ] Blitzschlag *m*; **~skud** [-sguˀð] FOT Momentaufnahme *f*, Schnappschuss *m*; **~snar** [-snɑːˀr] blitzschnell

lyntog ['lyːntɔːˀw] FD-Zug *m*, ICE *m*

lynvisit ['lyːnviˀsid] F Stippvisite *f*

lyre ['lyːrə] ⟨-n; -r⟩ MUS Leier *f*

lyrik [lyˀriˀg] ⟨-ken⟩ Lyrik *f*; **~er** ['lyˀri-**

gər] ⟨-en; -e⟩ Lyriker *m*

lys¹ [ly:ˀs] ⟨-et; -⟩ Licht *n*; Helligkeit *f*; Kerze *f*; **han er ikke ngt.** ~ F er ist keine Leuchte; *der gik et* ~ *op for mig fig* mir ging ein Licht auf; **tænde/slukke** ~*et* das Licht an-/ausmachen; **tænde** ~ Licht machen

lys² [ly:ˀs] hell; licht; heiter, *fig* sonnig; ~ *idé* glänzender Einfall *m*; ~*t hoved fig* helle(r) Kopf *m*; *de* ~*e nætter* die hellen Nächte; ~*e øjeblikke* lichte Augenblicke (*od* Momente) *m/pl*; ~*t øl* helle(s) Bier *n*; *det tegner* ~*t* die Aussichten sind gut

lysavis ['lysaˀviˀs] ⟨bewegliche⟩ Leuchtschrift *f*, Laufschriftzeitung *f*

lysbilled|apparat ['lysbelæðapaˀrɑːˀd] Diaprojektor *m*; ~*e* [-beləðə] Dia(positiv) *n*

lys|blond ['lysblɔnˀ] hellblond; ~*brønd* [-brœnˀ] ARCH Lichthof *m*

lyse ['ly:sə] ⟨-te⟩ leuchten; glänzen; ~ *for én j-m* leuchten; ~ *for Brautpaar* aufbieten; ~ *op* erhellen, hell machen; *Gesicht:* sich erhellen

lyseblå ['lysəˀblɔ:ˀ] hellblau

lysedug ['lysəduˀ] Tischdeckchen *n*, Zierdecke *f*

lysekrone ['lysəkroːnə] Kronleuchter *m*, Lüster(krone) *m(f)*

lyserød ['lysərøːˀð] hellrot, rosa

lyse|saks ['lysəsags] Dochtschere *f*; ~*slukker* [-slogər] Löschhorn *n*, Löschhütchen *n*; *fig* Miesmacher *m*, Spielverderber *m*; ~*stage* [-sdaːə] Leuchter *m*, Kerzenhalter *m*

lys|fattig ['lysfadi] lichtarm; ~*følsom* [-føːlsɔmˀ] lichtempfindlich; ~*giver* [-giːˀvər] Lichtquelle *f*; ~*glimt* [-glemˀd] Lichtschimmer *m*; ~*hav* [-haʊˀ] Lichtmeer *n*; ~*håret* [-hɔːˀrɒð] hellhaarig, blond; ~*kaster* [-kasdər] Scheinwerfer *m*

lyske¹ ['lysgə] ⟨-n; -r⟩ ANAT Leiste *f*

lyske² ['lysgə] lausen

lyskebrok ['lysgəbrɔg] Leistenbruch *m*

lys|kegle ['lyskaîlə] Lichtkegel *m*; ~*kilde* [-kilə] Lichtquelle *f*; ~*kryds* ['lyskrys] ampelregulierte Kreuzung, Ampelkreuzung; ~*kurv* [-kuRˀv] (Verkehrs)Ampel *f*; ~*levende* [-leːvenə] leibhaftig, wirklich u. wahrhaftig; quicklebendig

lysne ['lysnə] dämmern, hell werden; *Wetter:* aufklaren; *fig* aufwärtsgehen

lysnet ['lysned] (Strom-, Leitungs)Netz *n*

lysning¹ ['lysnen] ⟨-en; -er⟩ (Morgen)Dämmerung *f*; Schimmer *m*; *fig* Besserung *f*; *Wald:* Lichtung *f*

lysning² ['lysnen] ⟨-en; -er⟩ REL Aufgebot *n*

lys|punkt [-pɔŋˀd] *fig* Lichtblick *m*; ~*reguleret* ['-Reguˀleːˀrəð] ampelgeregelt; ~ *regulering* [-Reguˀleːˀren] Ampelanlage *f*; ~*reklame* ['-Reˀklaːmə] Leuchtreklame *f*; ~*seer* ['-seːˀʔər] Optimist *m*

lyssky ['lyssgyˀ] lichtscheu (*a fig*); dubios, dunkel (*Geschäfte*)

lys|skær ['lyssgæːˀR] Lichtschimmer *m*; ~*stofrør* [-sdɔˀrœːˀR] EL Leucht(stoff)-röhre *f*; ~*stråle* [-sdRɔːˀlə] Lichtstrahl *m*; ~*styrke* [-sdyRgə] Lichtstärke *f*; Leuchtkraft *f*; Helligkeit *f*; ~*syn* [-syːˀn] Optimismus *m*

lyst [løsd] ⟨-en; -er⟩ Lust *f*; Vergnügen *n*; ~*er pl* Gelüste *n/pl*; *den er* ~ *etwa:* F jedem Tierchen sein Pläsierchen; *få* (*have*) ~ *til ngt.* Lust zu *etw* bekommen (haben); *få sin* ~ *styret etw* befriedigt werden; *af hjertens* ~ nach Herzenslust; ~*båd* ['-bɔːˀð] Segelboot *n*; Jacht *f*; ~*bådehavn* ['-bɔːðəhaʊ̯ˀn] Jachthafen *m*

lyste ['løsdə] belieben, begehren, gelüsten; *så meget man* ~ so viel man mag, nach Herzenslust; ~*lly* [-li] erfreulich; ~*n* [-n] lüstern, gierig, F scharf (*efter/auf A*, nach *D*)

lyster ['løsdər] ⟨-en; *lystre*⟩ Aalgabel *f*

lystfisker ['løsdfesgər] (Sport)Angler *m*; ~*i* [-fesgəˀriːˀ] Angelsport *m*

lysthus ['løsdhuːˀs] (Garten)Laube *f*

lystig ['løsdi] lustig, fröhlich, heiter, fidel; *gøre sig* ~ *over ngt.* sich über *etw* lustig machen

lystre ['lysdrə] gehorchen (*D*); *Aale* mit der Stechgabel fischen

lyst|sejler ['løsdsaîlər] Segler *m* (*a Person*); ~*tur* [-tuːˀR] Vergnügungsfahrt *f*, Ausflug *m*

lys|tæt ['lysted] lichtundurchlässig; ~*tønde* [-tønə] NAUT Leuchttonne *f*, -boje *f*; ~*vågen* ['-ˀvɔːwən] hellwach; ~*ægte* [-egdə] lichtecht; ~*år* [-ɔːˀR] ASTR Lichtjahr *n*

lytte ['lydə] lauschen, horchen; zuhören; ~ *efter ngt.* auf *etw* (*A*) horchen; ~ *til én j-m* lauschen (*od* zuhören); ~ *til éns råd* auf *j-s* Rat hören; ~*apparat* [-apaˀraːˀd] Abhörgerät *n*; ~*post* [-pɔsd] MIL Horchposten *m*

lytter ['lydər] ⟨-en; -e⟩ Zuhörer *m*; *Radio:* Hörer(in) *m(f)*; ~*ønske* [-ønsgə] *Radio:* Hörerwunsch *m*

lyv [ly:ˀv] *su* Lüge *f*; *det er* ~*! das ist e-e* Lüge!; *det skal blive* ~*! daraus wird nichts!; *uden* ~*! F ungelogen; → a løgn*

lyve ['ly:və] ⟨løj; løjet⟩ lügen, F flunkern; ~ **for én** j-n belügen (od anlügen); ~ **én ngt. på** j-m etw andichten; ~**n** Lügen m

læ¹ [lɛ:ⁿ] ⟨-et⟩ Schutz m, Windschatten m; NAUT Lee f; **stille sig i ~** sich unterstellen

læ² [lɛ:ⁿ] Schutz geben (od bieten)

læbe ['lɛ:bə] ⟨-n; -r⟩ Lippe f; **bide sig i ~n** sich auf die Lippen beißen; **være på alles ~r** in aller Munde sein; ~**pomade** [-po'ma:ðə] Fettstift m für die Lippen; ~**stift** [-sdefd] Lippenstift m

læbælte ['lɛ:ⁿbeldə] Windschutzstreifen m, Schutzpflanzung f

læder ['lɛð:ⁿər] ⟨-et⟩ Leder n; **af ~** ledern

lædere [lɛ'de:ⁿrə] lädieren, beschädigen, verletzen

læder|jakke ['lɛð:ⁿərjagə] Lederjacke f; F Halbstarke(r) m; ~**rem** [-rɛmⁿ] Lederriemen m; ~**varer** [-va:rər] pl Lederwaren f/pl

læg¹ [lɛ:ⁿ] ⟨-gen; -ge⟩ ANAT Wade f

læg² [lɛ:ⁿ] ⟨-get; -⟩ Falte f

læg³ [lɛ:ⁿ(j)] ungelehrt, Laien-

lægd [lɛ:ⁿgd] ⟨-et; -er od -⟩ MIL Aushebungsbezirk m

lægdommer ['lɛ:ⁿ(j)dɔmər] Laienrichter m, Schöffe m

læge¹ ['lɛ:(j)ə] ⟨-n; -r⟩ Arzt m; **(kvindelig) ~ Ärztin** f; **læge-** ärztlich

læge² ['lɛ:(j)ə] heilen, ~**s** (ver)heilen; ~**nde** heilsam, Heil-

læge|attest ['lɛ:ⁿəa'tesd] ärztliche(s) Attest n, ärztliche Bescheinigung f, ärztliche(s) Zeugnis n; ~**behandling** [-be'han?leŋ] ärztliche Behandlung f

lægebesøger ['lɛ:ⁿəbe'sø:ⁿər] ⟨-en; -er⟩ Arzneimittel-, Pharmavertreter(in) m(f)

læge|bog ['lɛ:ⁿəbɔ:ⁿw] Buch: medizinische(r) Ratgeber m, Hausbuch n der Gesundheit; ~**dom** [-dɔmⁿ] ⟨-men⟩ Heilung f; Arznei f; ~**erklæring** [-ɛr'klɛ:ⁿreŋ] ärztliche(s) Gutachten n

lægehjælp ['lɛ:ⁿəjɛl?b] **søge ~** sich in ärztliche Behandlung begeben

læge|honorar ['lɛ:ⁿəhono'ra:ⁿr] ärztliche(s) Honorar n; ~**hus** [-hu:ⁿs] Ärztehaus n; ~**kraft** [-kɑafd] Heilkraft f; ~**kunst** [-kɔn?sd] Heilkunst f; ~**kyndig** [-køn?di] heilkundig; ~**lig** [-li] ärztlich

lægemiddel ['lɛ:ⁿmiðⁿəl] Heilmittel n, Arznei(mittel) f(n)

læge|plante ['lɛ:ⁿəplandə] Heilpflanze f; ~**råd** [-rɔ:?ð] ärztliche(r) Rat m; ~**sekretær** [-sekre'tɛ:?r] Sprechstundenhilfe f, Arzthelferin f; ~**termometer** [-tɛrmo:'me:?dər] Fieberthermometer n; ~**tilsyn** [-telsy:?n] ärztliche Aufsicht f

lægeundersøge ['lɛ:ⁿəonərsø:?ə]: **lade sig ~** sich (ärztlich) untersuchen lassen

lægevagt ['lɛ:ⁿəvagd] ärztliche(r) Bereitschaftsdienst m (od Notdienst m); Notarzt m

lægevidenskab ['lɛ:ⁿəvi:ⁿðənsga:?b] Heilkunde f, Medizin f; ~**elig** [-vi:ðən'sga:?bəli] medizinisch

lægfolk ['lɛ:?(j)fɔl?g] pl Laien m/pl

lægge ['lɛgə] ⟨lagde; lagt⟩ legen; ~ **mærke til** bemerken, beachten; **sparrt** ablegen; ~ **æg** Eier legen; ~ **øde** verwüsten; ~ **af** ablegen; sich abgewöhnen; ~ **an** Garten anlegen; ~ **an på én** fig es auf j-n abgesehen haben; ~ **sag an imod én** gegen j-n Klage erheben; ~ **for** den Anfang machen; ~ **for dagen** an den Tag legen; ~ **fra** zurücklegen, beiseitelegen; ~ **fra (land)** NAUT abstoßen, ablegen; ~ **ind** einlegen (**et godt ord** ein gutes Wort); installieren; Kleid enger machen; ~ **ned** Rock länger machen; ~ **om** Ruder umlegen; ~ **op** Geld zurücklegen, fig auf die hohe Kante legen; Karten (auf)legen; Kleid kürzer machen; in den Ruhestand gehen; Holz nachlegen; ~ **på prisen** den Preis erhöhen; ~ **sammen** zusammenlegen, zusammenfalten; Zahlen zusammenzählen; ~ **til** dazulegen, hinzufügen; NAUT anlegen; Gewässer: zufrieren; ~ **tilbage** zurücklegen; ~ **ud** Geld auslegen; fig loslegen; Kleid weiter machen; ~ **sig** sich legen; sich hinlegen; Wind: nachlassen; ~ **ngt. fra sig** etw aus der Hand legen, etw beiseitelegen; ~ **sig efter ngt.** sich auf etw (A) verlegen; ~ **sig i spidsen** SPORT in Führung gehen; ~ **sig imellem** sich ins Mittel legen, dazwischentreten; ~ **sig til at sove** sich schlafen legen; ~ **sig ngt. til** sich etw zulegen, etw anschaffen; ~ **sig ud** F zunehmen, dick(er) werden; ~ **sig ud med én** sich mit j-m anlegen; **så kan vi gå hjem og ~ os!** F dann können wir einpacken!

lægge|høne ['lɛgəhø:nə] Legehenne f; Legehuhn n; ~**kartoffel** [-kɑr'tɔfəl] Saatkartoffel f

lægget ['lɛ:ⁿgəð]: ~ **nederdel** Faltenrock m

lægmand ['lɛ:?(j)man?] Laie m

læhegn ['lɛ:ⁿhaj?n] (Wind)Schutzzaun m, Schutzhecke f

læk¹ [lɛg] ⟨-ken; -ker⟩ NAUT Leck n

læk² [lɛg] leck; **springe ~** leck schlagen

lækage [lɛ'ka:sjə] ⟨-n; -r⟩ Leck n, Leckstelle f

lækat ['lɛ:?kad] zo Hermelin n

lække ['lɛgə] undicht sein lecken; sickern

lækker ['lɛgər] lecker; **gøre sig ~ over for én** sich bei *j-m* einschmeicheln; **~bid** [-biðʔ], **~bisken** [-bisgən] ⟨*lækkerbisk(e)nen*; *lækkerbisk(e)ner*⟩ Leckerbissen *m*; F gefundene(s) Fressen *n*; **~i** [lɛgəʀiːʔ] ⟨*-et*; *-er*⟩ Leckerei *f*; **~mund** [-monʔ] Leckermaul *n*

lækkersulten ['lɛgərsuldən]: **være ~** Appetit auf *etw* Leckeres haben

læmme ['lɛmə] lammen

læn [lɛnʔ] ⟨*-et*; *-⟩ Lehne *f*

lænd [lɛnʔ] ⟨*-en*; *-er*⟩ ANAT Lende *f*

lænde|hvirvel ['lɛnəviʀʔvəl] Lendenwirbel *m*; **~klæde** [-klɛːðə], **~skørt** [-sgœʀd] Lendenschurz *m*; **~smerter** [-smɛʀdəʀ] *pl* Kreuzschmerzen *m/pl*

læne ['lɛːnə] lehnen (*sig* sich; *til/an* A); **~stol** [-sdoːʔl] Sessel *m*, Lehnstuhl *m*

længde ['lɛŋʔdə] ⟨*-n*; *-r*⟩ Länge *f*; *i ~n* in der Länge; *auf die Dauer*; **~akse** [-agsə] Längsachse *f*; **~grad** [-gʀɑːʔð] Längengrad *m*; **~mål** [-mɔːʔl] Längenmaß *n*; **~snit** [-snid] Längsschnitt *m*; **~spring** [-sbʀɛŋʔ] SPORT Weitsprung *m*

længe¹ ['lɛŋə] ⟨*n*; *-r*⟩ ARCH Flügel *m*

længe² ['lɛŋə] lange; **~ efter** lange danach; **han er ~ om det** es dauert lange bei ihm; **det er ~ siden** es ist lange her; **for ~ siden** (schon) längst; **inden ~** in Kürze; **farvel så ~!** bis dann *od* später!; **langt om ~** endlich

længer ['lɛŋʔəʀ], **længere** ['lɛŋəʀə] ⟨*komp von lang u længe*⟩ länger, weiter, mehr; **så er den ikke ~!** F Schluss, aus!

længes ['lɛŋəs] sich sehnen (*efter/nach* D)

længsel ['lɛŋʔsəl] ⟨*længs(e)len*; *længsler*⟩ Sehnsucht *f*

længselsfuld ['lɛŋʔsəlsfulʔ] sehnsüchtig, sehnsuchtsvoll

længst [lɛŋʔsd] ⟨*sup von lang u længe*⟩ längst; *am* längsten, *am* weitesten; *for ~* schon lange, längst

lænke¹ ['lɛŋkə] ⟨*-n*; *-r*⟩ Fessel *f*, Kette *f*; **lægge i ~r** in Fesseln legen

lænke² ['lɛŋkə] fesseln, (an)ketten (*til/an* A); **være ~t til sengen** *fig* ans Bett gefesselt sein

lænke|binde ['lɛŋgəbenʔə] fesseln, knebeln; *fig* unterjochen; **~hund** [-hunʔ] Kettenhund *m*

læns [lɛnʔs]: **være ~ for penge** F blank/abgebrannt sein; **~e** ['lɛnsə] lenzen

lærd [lɛʀʔd] gelehrt; **en ~** ein Gelehrter *m*

lærdom ['lɛʀdɔmʔ] ⟨*-men*; *-me*⟩ Gelehrsamkeit *f*, Wissen *n*; Lehre *f*

lære¹ ['lɛːʀə] ⟨*-n*; *-r*⟩ Lehre *f*; **drage ~ af**

ngt. *e-e* Lehre aus *etw* ziehen; **være** (*od* **stå**) *i ~* in der Lehre sein, lernen; **tage ved ~** sich belehren lassen

lære² ['lɛːʀə] ⟨*-te*⟩ *v/t* lehren, beibringen; *v/i* lernen, erlernen; **~ én at læse** *j-m* das Lesen beibringen; **jeg skal ~ dig!** F ich werd dir helfen!; **~ at læse** lesen lernen; **~ at køre bil** Autofahren lernen; **hun har let ved at ~** ihr fällt das Lernen leicht; **~ én kunsten af** *etw* von/bei *j-m* abgucken; **~ fra sig** lehren, unterweisen

lære|anstalt ['lɛːʀəʔansdalʔd] Lehranstalt *f*, Hochschule *f*; **~bog** [-bɔːʔw] Lehrbuch *n*; **~dreng** [-dʀɛŋʔ] Lehrjunge *m*; Lehrling *m*

lærelyst ['lɛːʀəløsd] Lerneifer *m*; **~en** [-ʔən] lernbegierig

lære|mester ['lɛːʀəmɛsdəʀ] Lehrmeister *m*; **~middel** [-miðʔəl] Lehrmittel *n*; **~nem** [-nɛmʔ] gelehrig; **~penge** [-pɛŋə] *pl* Lehrgeld *n* (*bsd. fig*); **~plads** [-plas] Lehrstelle *f*, Ausbildungsplatz *m*

lærer ['lɛːʀəʀ] ⟨*-en*; *-e*⟩ Lehrer(in) *m(f)*; **~i historie** Geschichtslehrer *m*

lærerig ['lɛːʀəʀiːʔ] lehrreich

lærer|inde [lɛːʀəʀenə] ⟨*-n*; *-r*⟩ Lehrerin *f*, **~kollegium** ['-koˈleːʔgiom] Lehrerkollegium *n*; **~kraft** [-kʀɑfd] Lehrkraft *f*; **~møde** ['-møːðə] Lehrerkonferenz *f*; **~personale** ['-pɛʀsoˈnaːlə] Lehrkörper *m*, Lehrerschaft *f*; **~råd** ['-ʀɔːʔð] Lehrerkonferenz *f*; **~seminarium** ['-semiˈnaːʔriom] Pädagogische Hochschule *f*; **~studerende** ['-sduˈdeːʔʀənə] Student(in) *m(f)* der Pädagogischen Hochschule

lære|stof ['lɛːʀəsdɔf] Lernstoff *m*; **~stol** [-sdoːʔl] Lehrstuhl *m*; **~streg** [-sdʀɑiʔ] (*heilsame*) Lehre *f*; **~sætning** [-sɛdneŋ] Lehrsatz *m*; **~tid** [-tiðʔ] Lehrzeit *f*; **~villig** [-vilʔi] → **lærvillig**; **~år** [-ɔːʔʀ] *pl* Lehrjahre *n/pl*

lærk [lɛʀg] ⟨*-en*; *-e*⟩ BOT Lärche *f*

lærke ['lɛʀgə] ⟨*-n*; *-r*⟩ ZO Lerche *f*; F (Schnaps)Pulle *f*, Flachmann *m*; **~træ** [-tʀɛːʔ] → **lærk**; *a* Lärchenholz *n*

lærling ['lɛʀleŋ] ⟨*-en*; *-e*⟩ Lehrling *m*, Auszubildende(r) *m*, Azubi *m*

lærlinge|kontrakt ['lɛʀleŋəkɔnˈtʀɑgd] Lehrvertrag *m*; **~løn** [-lœnʔ] Lehrlingsvergütung *f*

lærred ['lɛʀɔð] ⟨*-et*; *-er*⟩ Leinwand *f*; Leinen *n*; **~s-** leinen, Leinen-

lærvillig ['lɛːʀvilʔi] lernbegierig

læs [lɛs] ⟨*-set*; *-⟩ Fuder *n*, Fuhre *f*, Ladung *f*, Last *f*; F Stoß *m*, Unmenge *f*; **trække hele ~set** *fig* die Hauptlast tragen

læse ['lɛːsə] ⟨*-te*⟩ lesen (*om/von* D); studieren; ~ *lektier* lernen, Schularbeiten machen; ~ *efter* nachlesen; ~ *fejl* sich verlesen; ~ *ngt.* (*højt*) *for én* j-m etw vorlesen; ~ *højt* a laut lesen; ~ *igennem* durchlesen; ~ *med én* j-m Unterricht geben; *j-m* bei den Schularbeiten helfen; ~ *op* vorlesen; ~ *over Behandlung mit Zaubersprüchen*: besprechen; ~ *over på* noch einmal (schnell) durchlesen; ~ *til eksamen* sich auf die Prüfung vorbereiten; ~ *til læge* Medizin studieren; *få læst og påskrevet* fig abgekanzelt werden

læse|bog ['lɛːsəbɔ;ˀw] Lesebuch n; **~briller** [-brelɐ] pl Lesebrille f; **~glas** [-glas] Leselupe f; **~gæld** [-gɛlˀ] Studienschulden f/pl; **~hest** [-hɛsd] F Bücherwurm m, Leseratte f; **~lampe** [-lambə] Leselampe f

læselig ['lɛːsəli] lesbar, leserlich

læse|måde ['lɛːsəmɔ;ðə] Lesart f; **~plan** [-plaˀn] Lehrplan m; **~prøve** [-prøːvə] THEA Leseprobe f

læser ['lɛːsɐr] ⟨-en; -e⟩ Leser(in) m(f); **~brevkasse** [-brêukasə] Leserbriefspalte f, Leserkasten m

læseretarderet ['-rɛtɑrˀdeːˀrəð] an Leseschwäche leidend

læserkreds [-krɛˀs] Leserkreis m, Leserschaft f

læse|sal ['lɛːsəsa;ˀl] Lesesaal m; **~stof** [-sdɔf] Lesestoff m, Lektüre f; **~værdig** [-vɛrˀdi] lesenswert

læsion [lɛ'sjoːˀn] ⟨-en; -er⟩ MED Verletzung f

læske ['lɛsgə] *Kalk, Durst* löschen; laben, erfrischen; **~nde** durststillend; **~drik** [-drɛg] Erfrischungsgetränk n

læ|skur ['lɛːˀsgu;ˀr] Schutzdach n; Wartehäuschen n, -halle f; **~skærm** [-sgɛrˀm] Windschirm m, Windschutz m, Paravent m/n

læsning[1] ['lɛːsnɛŋ] ⟨-en; -er⟩ Lesen n; Lektüre f, Lesestoff m

læsning[2] ['lɛsnɛŋ] ⟨-en; -er⟩ Beladen n, Verladung f

læspe ['lɛsbə] lispeln

læsse ['lɛsə] (be)laden; ~ *af* abladen, entladen; ~ *ngt. over på én* j-m etw aufbürden; **~rampe** [-rɑmbə] Laderampe f

læssevis ['lɛsəvi;ˀs]: *i ~* fuderweise; fig haufenweise

læsterlig ['lɛsdɐrli] F gehörig, nach Strich und Faden

løb [løˀb] ⟨-et; -⟩ Lauf m; Rennen n; *nedre ~ Fluss:* Unterlauf m, *øvre ~* Oberlauf m; *lade få frit ~* freien Lauf lassen; *i ~* im Laufschritt; *gå med i ~* et F draufge-

hen; *nu er det ~ kørt!* jetzt ist die Sache gelaufen!, F jetzt ist der Ofen aus!; *i tidens ~* im Laufe der Zeit; *i det lange ~* auf die Dauer

løbe[1] ['løːbə] ⟨-n⟩ Enzym: Lab n

løbe[2] ['løːbə; løb; løbet] laufen; rennen; BAHN verkehren; *han lod munden ~* F er redete drauflos, er plapperte los; ~ *sin vej* sich davonmachen, F abhauen; ~ *og lege* beim Spielen sein; ~ *af* ablaufen; *vreden løb af med ham* der Zorn übermannte ihn; ~ *an* anlaufen, *Schiff:* anlegen; ~ *an på ngt.* auf etw rechnen, sich auf etw verlassen; ~ *bort* weglaufen, entlaufen; ~ *efter én* j-m nachlaufen; *det ~r ikke fra dig!* F das läuft dir nicht weg!; ~ *i vand* wässern, tränen; ~ *med sladder* Klatsch verbreiten; *det løb mig koldt ned ad ryggen* fig es lief mir kalt über den Rücken; ~ *omkring* umherlaufen; ~ *omkuld* umlaufen, umrennen; ~ *op* (*die Treppe*) hinauflaufen; aufschießen, in die Höhe schießen; *Summe:* auflaufen; *det ~r op* das geht (od läuft) ins Geld; ~ *over* überlaufen; ~ *på* auflaufen; ~ *på én* j-n anrennen; fig j-n zufällig treffen; ~ *én på dørene* j-m das Haus/die Bude einrennen; ~ *rundt* umherlaufen; *det ~r rundt for mig* mir dreht sich alles vor den Augen; ich bin völlig durcheinander; *få det til at ~ rundt* mit dem Geld auskommen; ~ *sammen* zusammenlaufen; gerinnen; ~ *til* herbeilaufen; zulaufen; *det er ikke sådan lige at ~ til* es ist nicht so einfach; ~ *tør* → *tør*; ~ *ud* hinauslaufen; auslaufen; ablaufen; ~ *ud i ét* sich verwischen/verschwimmen; ~ *ud i sandet* fig im Sande verlaufen; ~ *vild* sich verirren (od verlaufen); **~nde** laufend (*Geschäfte, Ausgaben*); *komme ~nde* (an)gelaufen kommen

løbe|bane ['løːbəba;nə] Laufbahn f (a fig); **~gang** [-gɑŋˀ] Durchzug m (Saum); **~hjul** [-ju;ˀl] Roller m; **~ild** [-ilˀ] Lauffeuer n; **~nummer** [-nomˀɐr] laufende Nummer f (*Abk. lb. nr.* lfd. Nr.); **~pas** [-pas]: *give én ~* j-m den Laufpass geben; **~r** [-r] ⟨-en; -e⟩ Läufer m (a *Teppich*), Brücke f; **~seddel** [-sɛðˀəl] Extrablatt n, Flugblatt n, Anschlagzettel m; **~tid** [-tiðˀ] Laufzeit f; *være i ~ Tier:* läufig/brünstig sein; **~træne** [-trɛːnə] Lauftraining machen, joggen; **~tur** [-tuːˀr] Laufen n, Lauf m

løbsk [løbsg] *Pferd:* wild (geworden); fig zügellos; *løbe ~* durchgehen, scheuen

lød[1] [løˀð] ⟨-(d)en⟩ Gesichtsfarbe f, Teint

m; Farbton *m*

lød² [lø:ˀð] → **lyde²**

lødig ['lø:ði] *veralt* lötig, *fig* gediegen, hochkarätig (*a fig*), wertvoll

løfte¹ ['løfðə] ⟨*-t*; *-r*⟩ Versprechen *n*; Gelübde *n*, Gelöbnis *n*; Zusage *f*; **give én ~ om ngt.** *j-m etw* versprechen

løfte² ['løfðə] heben, hochheben; erheben; *Hut* lüften, lüpfen; **jeg vil ikke ~ en finger** F ich werde keinen Finger rühren; **~ af** abheben, ausheben; **~ op** hochheben; **i en ~t stemming** in gehobener Stimmung

løfte|brud ['løfðəbruð] Wortbruch *m*; **~rig** [-ri:ˀ] vielversprechend, verheißungsvoll

løg [lɔjˀ] ⟨*-et*; *-*⟩ Zwiebel *f*; Lauch *m*; **~kuppel** ['lɔjkubəl] ARCH Zwiebelturm *m*

løgn ['lɔjˀn] ⟨*-en*; *-e*⟩ Lüge *f*; **det er en lodret ~** das ist erstunken und erlogen; **hvid ~** fromme Lüge; **~ og bedrag** Lug *m* und Trug *m*; **være fuld af ~** verlogen sein, F lügen, dass sich die Balken biegen; **det skal blive~** daraus wird nichts, das werde ich zu verhindern wissen; → *a lyv*

løgnagtig [lɔiˀnˈagði] lügenhaft, lügnerisch, verlogen; erlogen

løgne|detektor ['lɔiˀnədeˈtegtɔr] Lügendetektor *m*; **~historie** [-hiˈsdoːˀriə] Lügengeschichte *f*; F *fig* Märchen *n*

løgner ['lɔiˀnər] ⟨*-en*; *-e*⟩ Lügner *m*; **~ske** [-sgə] ⟨*-n*; *-r*⟩ Lügnerin *f*

løgnhals ['lɔiˀnhalˀs] F Lügenmaul *n*

løg|suppe ['lɔiˀsobə] Zwiebelsuppe *f*; **~vækst** [-vɛgsd] Zwiebelgewächs *n*

løj [lɔjˀ] → **lyve**

løje ['lɔiə]: **~ af** *Wind*: abflauen

løjer ['lɔiˀər] *pl* Scherz *m*, Spaß *m*; Possen *m/pl*; **gøre ~ med én** Scherz mit *j-m* treiben, F *j-n* veräppeln; **kun for ~** (nur) zum Spaß; **det er ikke lutter ~** es ist kein Zuckerlecken

løjerlig ['lɔiˀərli] sonderbar, wunderlich, komisch; **~hed** [-heːˀð] ⟨*-en*; *-er*⟩ Laune *f*, Schrulle *f*

løjert ['lɔiˀərd] ⟨*-en*; *-er*⟩ *etwa* Strampelsäckchen *n*

løjet ['lɔiˀəð] → **lyve**

løjser ['lɔiˀsər] ⟨*-en*; *-e*⟩ *fig* Waschlappen *m*, Halunke *m*, F mieser Typ

løjtnant ['lɔiˀdnanˀd] ⟨*-en*; *-er*⟩ Leutnant *m*

løkke ['løgə] ⟨*-n*; *-r*⟩ Schlinge *f*, Schlaufe *f*

lømmel ['lœmˀəl] ⟨*løm(me)len*; *lømler*⟩ Lümmel *m*, Flegel *m*; **~alder** [-alˀər] Flegeljahre *n/pl*

løn¹ [lœnˀ] ⟨*-nen*⟩ Lohn *m* (*a fig*); Gehalt

løn² [lœnˀ] ⟨*-nen*; *-ne*⟩ Ahorn *m*

løn³ [lœnˀ]: **i ~** *poet* heimlich, verborgen

løn|arbejder ['lœnarbaiˀdər] Lohnarbeiter *m*; **~forhøjelse** [-fɔrhɔiˀəlsə] Lohnerhöhung *f*, Gehaltserhöhung *f*; **~fradrag** [-fradraˀw] Lohnsteuerabzug *m*; **~klasse** [-klasə] Besoldungsgruppe *f*; **~konto** [-kɔnto] Gehaltskonto *n*; **~krav** [-kraˀv] Lohnforderung *f*

lønlig ['lœnli]: **et ~t håb** *e-e* stille Hoffnung

lønmodtager ['lœnmoˀtaːˀər] Arbeitnehmer *m*, Lohnempfänger *m*

lønne ['lœnə] lohnen (*sig* sich); entlohnen, besolden; *fig* vergelten; **det ~r sig ikke** es lohnt sich nicht; **~t** besoldet

lønning ['lœnen] ⟨*-en*; *-er*⟩ Löhnung *f*, Gehalt *n*, Besoldung *f*; NAUT Reling *f*

lønnings|dag ['lœnensdaˀ] Lohntag *m*, Zahltag *m*; **~lov** [-loˀu] Besoldungsgesetz *n*; **~pose** [-poːsə] Lohntüte *f*; **~tillæg** [-tele:ˀg] Gehaltszulage *f*

løn|ramme ['lœnramə] Besoldungsgruppe *f*; **~som** [-sɔmˀ] einträglich, lukrativ, rentabel; **~stop** [-ådɒb] Lohnstopp *m*; **~tager** [-taːˀɒr] ⟨*-en*; *-e*⟩ Lohnempfänger *m*; **~tillæg** [-tele:ˀg] Gehaltszulage *f*

lørdag ['lœrda] Sonnabend *m*, Samstag *m*; → *fredag*

løs [løːˀs] lose, locker; los; frei; **fanden er ~** V der Teufel ist los; **rive ~** losreißen; **hunden er ~!** Schild: Vorsicht, bissiger Hund!; **hånden sidder ~t på ham** *fig* er hat *e-e* lockere Hand; **snakke om ~t og fast** von diesem u. jenem sprechen; **han har en skrue ~** F *fig* bei ihm ist *e-e* Schraube locker; **~ tale** leere Worte *n/pl* (*Gerede*); **i ~ vægt** ÖKON lose; **~t krudt** Platzpatrone *f*; **være ~ på tråden** leichtfertig sein; **slå sig ~** *fig* F sich austoben, große Sprünge machen

løsagtig [løsˈagði] locker, leichtfertig

løse ['løːsə] ⟨*-te*; *-te*⟩ lösen (*a fig*); auflösen, losmachen, losbinden; **~ billet** *e-e* Fahrkarte lösen; **~ én af** *j-n* ablösen; **~ én fra en forpligtelse** *j-n* von *s-r* Verpflichtung entbinden; **~ ngt. op** *etw* aufmachen (*od* aufbinden); **der blev løst op for ham** der Tod hat ihn erlöst; **til at ~** lösbar; **~lig** [-li] flüchtig, oberflächlich; überschlägig; **~n** [-n] ⟨*-et*; *-er*⟩ Losung *f*, Kennwort *n*; **~penge** [-pɛŋə] *pl*, **~sum** [-sɔmˀ] Lösegeld *n*

løs|gænger ['løsgɛŋˀər] ⟨*-en*; *-e*⟩ POL Fraktionslose(r) *m*, Unabhängige(r) *m*; **~gøre** [-gœːˀrə] losmachen (*a fig*), lösen;

~gående [-gɔ:?ənə] *Vieh*: nicht angebunden

løskøbe ['løskø:?bə] loskaufen, freilassen

løslade ['løsla:?ðə] *Häftling* freilassen, entlassen; **~lse** [-lsə] ⟨*-n*; *-r*⟩ Freilassung *f*, Entlassung *f*

løsne ['løsnə] lösen, lockern (**sig** sich); *Schuss* abgeben

løsning ['løsneŋ] ⟨*-en*; *-er*⟩ Lösung *f*; *Rätsel* Auflösung *f*

løs|revet ['løsre:?vəð] *Wort*: abgerissen; *Zitat*: aus dem Zusammenhang gerissen; **~rive** [-ri:?və] *fig* losreißen (**sig** sich)

løs|salg ['løssal?] Einzelverkauf *m*; **~sluppen** [-slobən] *fig* ausgelassen

løsthængende ['lø:?sdheŋənə] *Haar*: offen

løstsiddende ['lø:?sdseðənə] *Kleidung*: lose sitzend

løsøre ['løsø:rə] ⟨*-t*⟩ bewegliche Habe *f*, bewegliche(s) Gut *n*, Mobiliar *n*

løv [lø:?v] ⟨*-et*⟩ Laub *n*

løve ['lø:və] ⟨*-n*; *-r*⟩ Löwe *m*; **~ns part** der Löwenanteil *m*; **~manke** [-maŋgə] *Haar*: Löwenmähne *f*

løvetand ['lø:vətan?] ⟨*-en*; -⟩ BOT Löwenzahn *m*

løv|fald ['løUfal?] Laubfall *m*; **~frø** [-frø:?] Laubfrosch *m*; **~fældende** [-fel?ənə] das Laub abwerfend

løvinde [løU'enə] ⟨*-n*; *-r*⟩ Löwin *f*

løv|rig ['løUri:?] dicht belaubt; **~sav** [-sa:?v] Laubsäge *f*; **~skov** [-sgoU?] Laubwald *m*; **~spring** [-sbreŋ?] *poet* Lenz *m*; **~stikke** [-sdegə] ⟨*-n*; *-r*⟩ BOT Liebstöckel *n*, *m*; **~træ** [-tre:?] Laubbaum *m*; **~værk** [-verg] Laub(werk) *n*, Blätterwerk *n* (*a Verzierung*)

lå [lɔ:?] → *ligge*

lådden ['lɔðən] behaart

låg [lɔ:?w] ⟨*-et*; -⟩ Deckel *m*; **lette på ~et** den Hut lüften

låge ['lɔ:wə] ⟨*-n*; *-r*⟩ Gartenpforte *f*, -tür *f*; (*Ofen*)Klappe *f*

lågkrus ['lɔwkru:?s] Deckelkrug *m*, Humpen *m*, Seidel *m*

lån [lɔ:?n] ⟨*-et*; -⟩ Darleh(e)n *n*, Anleihe *f*; **tak for ~!** mit bestem Dank zurück!; **til ~s** leihweise

låne ['lɔ:nə] ⟨*-te*⟩ leihen, borgen; F pumpen; **ordet er lånt fra engelsk** das Wort ist aus dem Englischen entlehnt; **~ én øre** *fig* j-m sein Ohr leihen; **~ ud** verleihen, verborgen; **lån mig lige saltet!** reiche mal bitte das Salz herüber, kann ich das Salz mal haben?; **må jeg ~ telefonen?** darf ich mal telefonieren?; **smykke sig med lånte fjer** *fig* sich mit fremden Federn schmücken; **~kasse** [-kasə] Darlehenskasse *f*; **~kontor** [-kon'to:?r] Leihhaus *n*; **~ord** [-o:?r] GRAM Lehnwort *n*

låner ['lɔ:nər] ⟨*-en*; *-e*⟩ *Bibliothek*: Benutzer *m*

lån|giver ['lɔ:ngi:?vər] JUR Darleiher *m*; **~tager** [-ta:?ər] ⟨*-en*; *-e*⟩ Darleh(e)nsnehmer *m*

lår [lɔ:?r] ⟨*-et*; -⟩ ANAT (Ober)Schenkel *m*; **~bensbrud** [-be:?rbe:nsbruð] MED Oberschenkel(hals)bruch *m*

lårkort ['lɔ:rkɔ:rd]: **~ nederdel** Minirock *m*

lås [lɔ:?s] ⟨*-en*; *-e*⟩ (*Tür*)Schloss *n*; Verschluss *m*; **under ~ og lukke** (*od* **slå**) hinter Schloss und Riegel; **lukke i ~** verschließen

låse ['lɔ:sə] ⟨*-ede od -te*⟩ verschließen, abschließen; **~ af** abschließen; **~ inde** einschließen; **~ op** aufschließen; **~lig** [-li] abschließbar, verschließbar; **~smed** [-smeð] ⟨*-en*; *-e*⟩ (Bau)Schlosser *m*, Schlüsseldienst *m*; **~tøj** [-tɔi?] ⟨*-et*; *-er*⟩ (Tür)Schloss *n*

M

M, m [em] ⟨*-'et*; *-'er*⟩ M, m *n*

mad[1] [mað] ⟨*-en*⟩ Essen *n*, Speise *f*; **lave ~** Essen machen, kochen; **to retter ~** zwei Gänge; **tak for ~!** danke schön, es hat gut geschmeckt!

mad[2] [mað] ⟨*-(d)en*; *-der*⟩ (belegtes) Butterbrot *n*, Stulle *f*; **et stykke ~, en ~** ein (belegtes) Butterbrot *n*; *e-e* Stulle *f*

madam [ma'dam] ⟨*-men*; *-mer*⟩ F Frau *f*, Weibsbild *n*

maddike ['maðʔegə] ⟨*-n*; *-r*⟩ Made *f*

madding ['maðeŋ] ⟨*-en*; *-er*⟩ Köder *m*

made ['ma:ðə] füttern, Essen geben

mad|glad ['maðglað] esslustig, tafelfreudig; **~kasse** [-kasə] Brotdose *f* (*für Frühstücksbrote*); **~kurv** [-kur?v] Picknickkorb *m*; **~lavning** [-la:?vneŋ] ⟨*-en*; *-er*⟩ Essenmachen *n*, Kochen *n*; **~lede**

[-le:ðə] Appetitlosigkeit *f*; **~olie** [-o:ljə] Speiseöl *n*

madonna [ma'dɔna] ⟨*en*; *-er*⟩ Madonna *f*; F Hebamme (*Flaschenöffner*)

mad|opskrift ['maðɔbsɡʀefd] Kochrezept *n*; **~pakke** [-pagə] Stullenpaket *n*; **~papir** [-pa'pi:'ʀ] Butterbrotpapier *n*

madras ['maˈdʀas] ⟨*-sen*; *-ser*⟩ Matratze *f*

madro ['maðʀo:ʔ] Ruhe *f* beim Essen

Mads [mas]: *... så må du kalde mig ~ ...* dann will ich Meier heißen

madskål ['maðsgɔ:ʔl] *Hund:* Fressnapf *m*

madsted ['maðsdeˈð] Esslokal *n*; *det er et godt ~* dort isst man gut

madvarer ['maðvɑːʀɐʀ] *pl* Esswaren *f*/*pl*, Lebensmittel *n*/*pl*

mag [ma:ʔ(j)] *su:* *i ro og ~* in aller Ruhe

mag. *Abk. für* magister; *mag. art. Abk. für* Magister Artium (M. A.)

magasin [maga'si:ʔn] ⟨*-et*; *-er*⟩ Magazin *n*; Lagerhaus *n*, Speicher *m*; [maga'sɛŋ] Kaufhaus *n*

mage¹ ['ma:(j)ə] ⟨*-n*; *-r*⟩ *scherzh* Gatte *m*, Gattin *f*; *Tier:* Männchen *n*, Weibchen *n*; Gleiches *n*, Ähnliches *n*; *jeg har aldrig hørt (od kendt) ~!* nein, so was!, unerhört!; *jeg har et ur ~ til* ich habe die gleiche Uhr

mage² ['ma:(j)ə] *fig* einrichten, einfädeln, regeln

mage³ ['ma:(j)ə] gepaart, zusammenpassend

magelig ['ma:(j)əli] bequem, gemächlich; leicht; *gøre sig det ~t* es sich bequem machen

mageløs ['ma:(j)əlø:ʔs] einzigartig, unvergleichlich, beispiellos

mager ['ma:ʔ(j)əʀ] mager (*a fig*), hager; dünn; *blive ~* abmagern

mageskifte¹ ['ma:(j)əsgifdə] (Land-)Tausch *m*

mageskifte² ['ma:(j)əsgifdə] tauschen

magi [ma'gi:ʔ] ⟨*-en*⟩ Magie *f*; **~ker** ['ma:ʔ-gigɐʀ] ⟨*-en*; *-e*⟩ Magier *m*

magister [ma'gisdɐʀ] ⟨*-en*; *magistre*⟩ (*Abk. mag.*; *mag. art.* M. A.) Magister *m* (*Abk. M.*, Mag.); **~konferens** [-kɔnfə-'ʀɛn'ʔs] Doktorprüfung *f*

magnet [maw'ne:ʔd] ⟨*-en*; *-er*⟩ Magnet *m*

magnetis|ere [mawneti'se:ʔʀə] magnetisieren; **~k** [-'ne:ʔtisg] magnetisch

magnium ['maw'ʔniom] ⟨*-(m)et*⟩ Magnesium *n*

magnumflaske ['mawnomflasgə] *Wein:* Anderthalbliterflasche *f*

magre ['ma:(j)ʀə]: **~(s)** *af* abmagern

magsvejr ['ma:ʔ(j)svɛːʔʀ] ruhige(s),

---

günstige(s) (Segel)Wetter *n*

magt [magd] ⟨*-en*; *-er*⟩ Macht *f*; Gewalt *f*; Kraft *f*; *bruge ~* Gewalt anwenden; (*over*)*tage ~en* die Macht ergreifen; *af al ~* aus allen Kräften, mit aller Gewalt; *tage ~en fra* entmachten; *min vrede tog ~en fra mig* der Zorn überwältigte mich; *hesten tog ~en fra ham* er verlor die Gewalt über das Pferd; *have ordet i sin ~* das Wort in s-r Gewalt haben; *med (djævelens) vold og ~* mit aller Gewalt; *komme til ~en* an die Macht kommen; *stå ved ~* bestehen bleiben; *vel ved ~* F wohlgenährt; *holde ngt. ved ~* etw beibehalten, etw bewahren; **~begær** ['ˈbe-gɛːʔʀ] Machtgier *f*; **~brynde** [-bʀønə] Herrschsucht *f*

magte ['magdə] vermögen; bewältigen; schaffen; *kan du ~ ham?* wirst du mit ihm fertig?

magtesløs ['magdəslø:ʔs] machtlos; *død og ~* JUR ungültig, nichtig

magt|fuld ['magdfulʔ] machtvoll, einflussreich, *fig* erhaben; **~haver** [-ha:ʔvɐʀ] ⟨*-en*; *-e*⟩ Machthaber *m*; **~overtagelse** [-ˈɔʊ̯ɐtaˈʔəlsə] Machtergreifung *f*, Machtübernahme *f*

magtpåliggende ['magdpɔleggənə] angelegen; *det er mig meget ~* es liegt mir viel daran

magt|sprog ['magdsbʀɔːʔw] Machtspruch *m*; Machtwort *n*; **~stjålet** [-sdjɔː-ʔləð] *fig* gebannt, erlegen

magtsyg ['magdsyːʔ] herrschsüchtig

maj [maiʔ] ⟨*en*⟩ Mai *m*; **~dag** [-da:ʔ] der Erste Mai; **~drik** [-dʀeg] Maibowle *f*

maje ['maiə]: *~ sig ud* F sich aufdonnern, sich auftakeln

maje|stæt [maiɑ'sdɛ:ʔd] ⟨*-en*; *-er*⟩ Majestät *f*; *fig* Erhabenheit *f*, Würde *f*; *Hans (Hendes) Majestæt* (*Abk. H. M.*) Seine (Ihre) Majestät (*Abk.* S(e). M., I. M.); *Deres Majestæt* (Eure) Majestät; **~stætisk** [-'sdɛ:ʔtisg] majestätisch; **~stætsfornærmelse** [-sfɔʀˈnɛʀˈməlsə] Majestätsbeleidigung *f*

majonæse [maioˈnɛːsə] ⟨*-n*; *-r*⟩ → mayonnaise

majs [maiʔs] ⟨*-en*; *-*⟩ Mais *m*

majstang ['maiʔsdaŋʔ] Maibaum *m*

makaroni [maka'ʀɔni] *pl*, **~er** [-'ʀɔni:ʔɐʀ] Makkaroni *m*, Nudeln *f*/*pl*

Makedonien [magə'do:ʔnjən] Mazedonien

makke ['magə] F: *~ ngt. sammen* etw zusammenpfuschen; *~ ret* gehorchen, spuren, sich fügen

M

makker ['mɑgər] ⟨-en; -e⟩ Partner m, Mitspieler m; F Macker m, Kumpel m; **blind** ~ *Kartenspiel:* Strohmann m; **~skab** [-sgaˀb] ⟨-et; -er⟩ Partnerschaft f

makrel [mɑˈkrɛlˀ] ⟨-len; -ler od -⟩ Makrele f

makron [mɑˈkroːˀn] ⟨-en; -er⟩ Makrone f; **gå til ~erne** F tüchtig zupacken, in die Hände spucken, F ranklotzen

maks. *Abk. für **maksimum** u für **maksimal***

maksimal [mɑgsiˈmaːˀl] maximal; **~hastighed** [-hasdiheˀðˀ] Höchstgeschwindigkeit f; **~pris** [-priːˀs] Höchstpreis m; **~ydelse** [-yˀðəlsə] Höchstleistung f

maksime [mɑgˈsiːmə] ⟨-n; -r⟩ Maxime f, Grundsatz m

maksimum ['mɑgsimom] ⟨-(m)et; maksima⟩ Maximum n, Höchstmaß n, Höchststand m

makværk ['mɑkvɛrg] ⟨-et; -er⟩ Machwerk n, Pfuscherei f; Kitsch m

male¹ ['maːlə] mahlen; **~t** gemahlen; **den, der kommer først til mølle, får først ~t** wer zuerst kommt, mahlt zuerst

male² ['maːlə] ⟨-ede od -te⟩ malen (a fig); anmalen, (an)streichen; **~t!** frisch gestrichen!; **~ byen rød** fig auf den Putz hauen; **rædslen stod ~t i hendes ansigt** das Entsetzen stand ihr im Gesicht geschrieben

male|arbejde ['maːləarbaiˀðə] Malerarbeit f; **~bog** [-boˀ] M Malbuch n; **~pistol** [-piˈsdoːˀl] Spritzpistole f (für Malarbeiten)

maler ['maːlər] ⟨-en; -e⟩ Maler m; Anstreicher m; **~i** [maːləˈriːˀ] ⟨-et; -er⟩ Gemälde n; Malerei f

maleri|samling [maːləˈriːsamleŋ] Gemäldesammlung f, Gemäldegalerie f; **~sk** ['maːlərisg] malerisch

maler|kunst ['maːlərkonˀsd] Malerei f, Malkunst f; **~lav** [-laˀ] Malerinnung f; **~lærred** [-lɛrəð] Malerleinwand f; **~rulle** [-rulə] Farbrolle f

maling ['maːleŋ] ⟨-en; -er⟩ Farbe f, Anstrich m; Malen n, Anstreichen n; Mahlen n

malke ['mɑlgə] *v/t* melken (a fig); *v/i Kuh:* Milch geben; **~ko** [-koːˀ] Milchkuh f, **~kvæg** [-kvɛːˀ] Milchvieh n; **~maskine** [-maˈsgiːnə] Melkmaschine f

malle ['mɑlə] ⟨-n; -r⟩ Öse f; zo Wels m

malm [malˀm] ⟨-en; -e⟩ Erz n

malm|fuld ['malmfulˀ] fig klangvoll, kräftig; **~holdig** [-hɔlˀdi] erzhaltig

malning ['maːlneŋ] ⟨-en; -er⟩ Mahlen n;

Malen n

mal|placeret [malplaˈseːˀrəð] deplatziert, fehl am Platz(e), unangebracht; **~proper** [-ˈproːˀbər] unsauber

malstrøm ['malsdrœmˀ] Ma(h)lstrom m; fig Strudel m, Sog m

malt [malˀd] ⟨-en od -et⟩ Malz n

malte ['mɑldə] malzen, mälzen

malurt ['malurˀd] ⟨-en; -er od -⟩ BOT Wermut m (a fig); **en dråbe ~** fig ein Wermutstropfen m

malør [maˈløːˀr] ⟨-en; -er⟩ Malheur n

man [man] *pron* man

manchet [maŋˈsjed] ⟨-ten; -ter⟩ Manschette f; **støde én på ~terne** F fig j-m auf die Schlips treten; **~skjorte** [-sgjordə] Oberhemd n

mand [manˀ] ⟨-en; mænd⟩ (Abk. **md.**) Mann m; Ehemann m, Gatte m; **dagens** ~ F der Held des Tages; **hver** ~ jedermann; **være** ~ **for ngt.** für etw der Mann sein; **~en for det hele** der Leiter des Ganzen; **i ~s minde** seit Menschengedenken; ~ **og** ~ **imellem taler man om ...** man munkelt ...; **pr.** ~ pro Mann; **til sidste** ~ bis auf den letzten Mann

mandag ['manˀda] Montag m; **blå** ~ blaue(r) Montag m; → **fredag**

mandant [manˈdanˀd] ⟨-en; -er⟩ Mandant(in) m(f), Auftraggeber(in) m(f)

mandarin [mandaˈriːˀn] ⟨-en; -er⟩ Mandarin m; BOT Mandarine f

mandat [manˈdaˀd] ⟨-et; -er⟩ Mandat n, Auftrag m; **~svig** [-sviˀ] JUR Untreue f

mand|bar ['manbaˀr] mannbar, geschlechtsreif; **~dom** [-dɔmˀ] ⟨-men⟩, **~domsalder** [-dɔmsalˀər] Mannesalter n

manddrab ['mandraˀb] Totschlag m, Töten n; **uagtsomt** ~ fahrlässige Tötung f

mande ['manə] NAUT mannen; ~ **sig op** sich ermannen, sich aufraffen

mandefald ['manəfalˀ]: **der var stort** ~ **ved eksamen** bei der Prüfung fielen viele durch

mandel ['manˀəl] ⟨mand(e)len; mandler⟩ BOT Mandel f; **hævede mandler** MED geschwollene Mandeln f/pl; **~gave** [-gaːvə] dän Sitte: Geschenk n für den, der am Heiligabend die Mandel im Milchreis bekommt

mandfolk ['manfɔlˀg] Mann m, F Mannsbild n, -person f; **et rigtigt** ~ ein ganzer Kerl; **et søle** ~ ein armer Kerl, ein Trottel m; **~eagtig** [-fɔlgʌgdi] männlich, nach Männerart

mandfolketække ['manfɔlgətɛgə]: **have**

manøvrere

~ *Frau:* bei den Männern beliebt sein
mand|haftig [man'hafdi] mannhaft; *Frau:* männlich; **~ig** ['-di] mannhaft, männlich; **~køn** ['-kœn] männliche(s) Geschlecht *n*; **~lig** ['-li] (*Abk. mdl.*) männlich

mandschauvinisme ['man'sjovi'nismə] männliche(r) Chauvinismus *m*, Machoverhalten *n*, Machismo *m*

mandshjerte ['man'sjɛrdə]: *mod og ~* Mannesmut *m*

mandshøj ['man'shøi?] mannshoch

mandskab ['mansga:?b] Mannschaft *f*

mands|ling ['man'slen] ⟨-en; -er⟩ Männlein *n*, Männchen *n*; **~linie**, **~linje** [-linjə] männliche Linie *f*; **~mod** [-mo:?ð] Mannesmut *m*; **~opdækning** [-ɔbdɛgnen] ⟨-en; -er⟩ sport Manndeckung *f*; **~samfund** [-samfon?] Männergesellschaft *f*

mand|stærk ['mansdɛrg] mannstark; **~tal(sliste)** [-tal(slesdə)] Volkszählung(sliste *f*) *f*

mane ['ma:nə] mahnen; beschwören; ~ *bort* bannen; ~ *frem* heraufbeschwören

manege [ma'ne:sjə] ⟨-n; -r⟩ Manege *f*; **~klovn** [-kloʔn] Pausenclown *m*

maner, manér [ma'ne:?ʀ] ⟨*maneren; manerer*⟩ Manier *f*, Art *f*, Weise *f*; *med ~* gebührend; gehörig

manerlig, manérlig [ma'ne:?ʀli] manierlich

mange ['maŋə] *pl* viele, manche; *hvor ~?* wie viele?; *hvor ~ er klokken?* wie spät ist es?; *klokken er ~* es ist spät; **~** *gange* viele Male, oft; **~** *gange større* um ein Vielfaches größer; **~** *penge* viel Geld; **~** *slags* vielerlei, mancherlei; **~** *tak!* vielen (*od* besten) Dank!; **~artet** [-ɑ:?ʀdəð] vielartig; **~dobbelt** [-dɔbəld] vielfach, mannigfach

mangefold¹ ['maŋəfɔl?] ⟨*et*⟩: *et ~* ein Vielfaches *n*; *det mindste fælles ~* das kleinste gemeinsame Vielfache

mangefold² ['maŋəfɔl?] vielfältig, vielfach, mannigfach

mangehovedet ['maŋəho:ðəð] vielköpfig

mangekant ['maŋəkan?d] GEOM Vieleck *n*; **~et** [-əð] vieleckig

mangel ['maŋ?əl] ⟨*mang(e)len; mangler*⟩ Mangel *m* (*på/an D*), Ermangelung *f*; Fehler *m*, Manko *n*; *af ~ på* aus Mangel an, mangels; *i ~ af* in Ermangelung von, mangels

mangelfuld ['maŋ?əlful?] mangelhaft, unzulänglich, lückenhaft

mangemillionær ['maŋəmiljo'nɛ:?ʀ] Multimillionär *m*, vielfache(r) Millionär *m*

mangen ['maŋən] mancher (manche *f*, manches *n*); ~ *én* manch einer, mancher; ~ ⟨*en*⟩ *gang* so manches Mal; → *mangt*, *mange*

mange|sidet ['maŋəsi:?ðəð], **~sidig** [-si:?ði] vielseitig; **~stemmig** [-sdɛm?i] vielstimmig; **~tydig** [-ty:?ði] vieldeutig; **~årig** [-ɔ:?ʀi] langjährig, jahrelang

mangfoldig [maŋ'fɔl?di] mannigfaltig, zahlreich; **~gøre** [-gœ:?ʀə] vervielfältigen

mangle ['maŋlə] fehlen, mangeln; *jeg ~r penge* es fehlt mir an Geld; *vi ~r ikke ngt.* uns fehlt (es an) nichts; *hun ~r kun lidt i at være færdig* es fehlt nicht viel, und sie ist fertig (*od* sie ist fast fertig); *hun ~de ord til at ...* ihr fehlten die Worte, um ...; *det skulle bare ~* (*od det ~de ba bare*)! das fehlte gerade noch (*od* das wäre ja noch schöner)!

mangt [maŋ?d] manches, vieles, ~ *og meget* manches, vieles

mani [ma'ni:?] ⟨-en; -er⟩ Manie *f*, F Fimmel *m*

manicure [mani'ky:ʀə] ⟨-n; -r⟩ Maniküre *f*

manifest|ation [manifesda'sjo:?n] ⟨-en; -er⟩ Manifestation *f*; **~ere** [-fɛ'sde:?ʀə] manifestieren

manipul|ation [manipula'sjo:?n] ⟨-en; -er⟩ Manipulation *f*; **~ere** [-'le:?ʀə] manipulieren

manisk ['ma:?nisg] MED manisch; *fig* krankhaft

manke ['maŋgə] ⟨-n; -r⟩ Mähne *f*

manna ['mana] ⟨-en⟩ Manna *n*, *f*; Küche: grobe(r) Grieß *m* = **~gryn** [-gʀy:?n] Weizengrieß *m*

manne ['manə] *pl*: **~!** NAUT Leute!; Kumpels!

mannequin [manə'kɛŋ] ⟨-en; -er⟩ Mannequin *n*; Schaufensterpuppe *f*; **~opvisning** [-ɔbvi:?sneŋ] Mode(n)schau *f*

manuduce|nd [manudu'sen?d] ⟨-en; -er⟩ Schüler *m* (*e-s Privatlehrers*); **~re** [-'se:?-ʀə] einpauken, privat unterrichten

manuduktion [manudug'sjo:?n] ⟨-en; -er⟩ Repetitorium *n*, F Einpauken *n*

manufaktur [manufag'tu:?ʀ] ⟨-en; -er⟩ Manufaktur *f*; Textilien *f/pl*; **~handel** [-han?əl] Textilwarengeschäft *n*; **~varer** [-va:ʀəʀ] *pl* Textilwaren *f/pl*

manus ['ma:nus] ⟨-(s)et; -(s)er *od* -⟩, **~kript** [manu'sgʀebd] ⟨-et; -er⟩ Manuskript *n*

manøvre [man'œûʀə] ⟨-n; -r⟩ Manöver *n*; **~dygtig** [-døgdi] manövrierfähig; **~re** [-œû're:?ʀə] manövrieren

maosko ['maosgo:?] *pl* F Hongkong-Stoffschlappen *f/pl*

mappe ['mabə] ⟨-n; -r⟩ Mappe *f*, Aktentasche *f*; EDV Ordner *m*

march¹ [mɑrsj] ⟨-en; -er⟩ Marsch *m*; **blæse én en lang ~** F j-m etwas husten

march² [mɑrsj] ~*/* marsch!

march|ere ['mɑr'sje:?Rə] marschieren; **~takt** ['mɑrsjtaɡd] Marschtritt *m*

marcipan [mɑrsi'pa:?n] ⟨-en⟩ Marzipan *n*; **~brød** [-bRø:?ð] Marzipanbrot *n*

mare ['ma:Rə] ⟨-n; -r⟩ Alb *m*, Alb *m*, (Nacht)Mahr *m*; **det red mig som en ~** es war wie ein Albdruck

mare|halm ['ma:Rəhal?m] BOT Strandhafer *m*, Dünengras *n*; **~kat** [-kad] Meerkatze *f*

marengs [ma'Rɛŋs] ⟨-en; -⟩ Baiser *n*

mareridt ['ma:RəRid] Albtraum *m* (*a fig*), Albdrücken *n*

margen ['ma:?Rwən] ⟨-en; -er⟩ Rand *m*; *fig* Spielraum *m*

margerit [mɑrɡə'Rid] ⟨-ten; -ter⟩ Margerite *f*

margin ['ma:?Rgin] ⟨-en; -er⟩ → **margen**

marginal [mɑrgi'na:?l] marginal; **~gruppe** [-gRubə] Randgruppe *f*; **~note** [-no:də] Randbemerkung *f*; **~vælger** [-vɛljər] Wechselwähler *m*

marginere [mɑrgi'ne:?Rə] mit e-m Rand versehen

marguerit [mɑrgə'Rid] → **margerit**

mariehøne ['ma'Ri:?ahø:nə] Marienkäfer *m*

marin [ma'Ri:?n] marin; **~ økologi** Meeresökologie *f*; **~a** [-'Ri:na] ⟨-en; -er⟩ Jachthafen *m*

marine [ma'Ri:nə] ⟨-n; -r⟩ Marine *f*; **~blå** [-blɔ:?] marineblau

marinere [mɑri'ne:?Rə] marinieren; **~t sild** eingelegte(r), marinierte(r) Hering *m*

marionet [mɑrio'nɛd] ⟨-ten; -ter⟩ Marionette *f* (*a fig*); **~regering** [-Rɛ'ge:?Rɛŋ] Marionettenregierung *f*; **~teater** [-te'a:?dər] Marionettentheater *n*

mark¹ [mɑrg] ⟨-en; -er⟩ Feld *n* (*a fig*); Acker *m*; SPORT Spielfeld *n*; **slå én af ~en** j-n aus dem Felde schlagen; **føre i ~en** *fig* ins Feld führen

mark² [mɑrg] ⟨-en; -⟩ Geld: Mark *f*

marked ['mɑrgəð] ⟨-et; -er⟩ Markt *m*; Jahrmarkt *m*; **det indre ~** EG-Binnenmarkt *m*

markeds|analyse ['mɑrgəðsana'ly:sə] Marktanalyse *f*; **~andel** [-ande:?l] Marktanteil *m*; **~dag** [-da:?] Markttag *m*; **~føre** [-fø:?Rə] auf den Markt bringen; **~føring** [-fø:Rɛŋ] Marketing *n*; **~gøgler** [-gɔ:lər] Schausteller *m*, Jahrmarktsgaukler *m*; **~plads** [-plas] Marktplatz *m*; Jahrmarktsplatz *m*; **~økonomi** ['-økono'mi:?] Marktwirtschaft *f*

markere [mɑr'ke:?Rə] markieren, kennzeichnen; bekunden; *Schule*: sich melden; **~ de ansigtstræk** markante Gesichtszüge *m/pl*

markering [mɑr'ke:?Rɛŋ] ⟨-en; -er⟩ Markierung *f*; Wortmeldung *f*

marketender [mɑrgə'tɛn?dər] ⟨-en; -e⟩ Kantinenwirt *m*; **~i** [-tɛndə'Ri:?] ⟨-et; -er⟩ Kantine *f*

markis [mɑr'ki:?s] ⟨-en; -er⟩ Marquis *m*

markise [mɑr'ki:sə] ⟨-n; -r⟩ Marquise *f*; Markise *f*, Sonnenschutzdach *n*

mark|mus ['mɑrgmu:?s] Feldmaus *f*; **~redskab** [-Rɛðsga:?b] Ackergerät *n*; **~skel** [-sgɛl?] Flurgrenze *f*, Feldrain *m*

markskriger ['mɑrgsgRi:ər] ⟨-en; -e⟩ Marktschreier *m*

markspiller ['mɑrgsbelər] SPORT Feldspieler *m*

mark|sti ['mɑrgsdi:?], **~vej** [-vai?] Feldweg *m*

marmelade [ma:mə'la:ðə] ⟨-n; -r⟩ Marmelade *f*

marmor ['ma:?Rmor] ⟨-et⟩ Marmor *m*; **~eret** [mɑrmo'Re:?Rəð] marmoriert; **~kugle** [-ku:lə] Murmel *f*

marsk [mɑrsg] ⟨-en; -er⟩ Marsch *f*

marskal ['mɑrsgal, -sjal] ⟨-en; -er⟩ MIL Marschall *m*

marskandiser [mɑrsgan'di:?sər] ⟨-en; -e⟩ Trödler *m*, Altwarenhändler *m*; **~butik** [-bu'tig] Trödelladen *m*

marsvin ['mɑrsvi:?n] Meerschweinchen *n*; Schweinswal *m*

mart [ma:?Rd] ⟨-et; -er⟩ (großes) Handelszentrum *n*

marterredskab ['mɑrdərRɛðsga:?b] Marterwerkzeug *n*, Folterwerkzeug *n*

martialsk [mɑrti'a:?lsg] martialisch

martre ['mɑrtRə] martern, foltern

marts [mɑrds] ⟨-en⟩ März *m*; **~viol** ['-vi'o:?l] Märzveilchen *n*

martyr ['mɑrty:?R] ⟨-en; -er⟩ Märtyrer *m*; **~død** [-tyrdø:?ð] Märtyrertod *m*; **~ium** [-'ty:?Riom] ⟨*martyriet; martyrier*⟩ Martyrium *n*; *a scherzh* Qual *f*

marv [ma:?Rv] ⟨-en⟩ Mark *n* (*a fig*); **gennem ~ og ben** durch Mark und Bein; **~ben** ['mɑrvbe:?n] Markknochen *m*; **~fuld** ['mɑrvful?] markig, *fig a* kraftvoll, kernig

mas [ma:ʔs] ⟨et⟩ Mühe f, Schererei f; Mus n; **have ~ med ngt.** s-e liebe Not mit etw haben; **koge i ~** zerkochen, zu Mus kochen

mase ['ma:sə] (zer)quetschen, zerdrücken; dränge(l)n; **~ sig frem** sich nach vorn dränge(l)n; **~ sig igennem** sich durchdränge(l)n; **~ på** dränge(l)n; fig vorwärtsstreben; **ikke ~ på!** nicht dränge(l)n!; **~ ud** zerquetschen, breit treten, flach machen; Zigarette f ausdrücken

maske¹ ['masgə] ⟨-n; -r⟩ Masche; Maske f (a THEA), Larve f; **der er løbet en ~ på din strømpe** du hast (od dein Strumpf hat) e-e Laufmasche; **holde ~n** F sich beherrschen; **lade ~n falde** fig die Maske fallen lassen; **være stram i ~n** ein grimmiges Gesicht machen

maske² ['masgə]: **~ op** Strumpf repassieren

maskebal ['masgəbalʔ] Maskenball m

maskefast ['masgəfasd] Strumpf: maschenfest

maskepi [masgə'pi:ʔ] ⟨-et; -er⟩ Kumpanei f, Bündelei f

maskere [ma'sge:ʔʀə] maskieren

maskin|arbejder [ma'sgi:nɑʀbaiʔdəʀ] Maschinenarbeiter m; Schlosser m; **~dreven** [-dʀe:ʔvən], **~drevet** [-dʀe:ʔvəð] maschinell betrieben

maskine [ma'sgi:nə] ⟨-n; -r⟩ Maschine f; **skrive på ~** auf (od mit) der Maschine schreiben, F tippen

maskinel¹ [masgi'nɛlʔ] ⟨-et; -⟩ Maschinerie f; EDV: Hardware f

maskinel² [masgi'nɛlʔ] maschinell

maskineri [masginə'ʀiːʔ] ⟨-et; -er⟩ Maschinerie f; **grus i ~et** fig Sand m im Getriebe

maskin|fabrik [ma'sgi:nfabʀeg] Maschinenfabrik f; **~gevær** [-ge'vɛ:ʔʀ] MIL Maschinengewehr n; **~ist** [-sgi'nisd] ⟨-en; -er⟩ Maschinist m; **~læsbar** [-lɛ:sba:ʔʀ] EDV: maschinenlesbar; **~officer** [-ɔfi'se:ʔʀ] NAUT 1. Maschinist m; **~passer** [-pasəʀ] ⟨-en; -e⟩ Maschinenwärter m; **~skade** [-sga:ðə] Maschinenschaden m, Motorschaden m; **~skrive** [-sgʀi:ʔvə] Maschine schreiben, F tippen; **~sprog** [-sbʀɔ:ʔw] EDV: Maschinensprache f

maskot [ma'sgɔd] ⟨-ten; -ter⟩ Maskottchen n

maskulin [masgu'li:ʔn] maskulin, männlich; GRAM maskulin(isch)

massage [ma'sa:sjə] ⟨-n; -r⟩ Massage f;

~klinik [-kli'nig] Massageinstitut n; F Massagesalon m

massakre [ma'sɑgʀə] ⟨-n; -r⟩ Massaker n; **~re** [-sa'kʀe:ʔʀə] massakrieren

masse ['masə] ⟨-n; -r⟩ Masse f, Menge f; **~r af gange** F sehr oft; **~r af penge** e-e Menge Geld, F haufenweise Geld; **~forsendelse** [-fɔʀ'sɛnʔəlsə] Wurfsendung f; **~medie** [-me:ʔdiə], **~medium** [-me:ʔdiom] Massenmedium n; **~møde** [-møːðə] Massenkundgebung f

massere [ma'se:ʔʀə] massieren

massevis ['masəvi:ʔs]: **i ~** massenhaft, haufenweise

massiv [ma'si:ʔv] massiv (a fig); fig massig, wuchtig

masso|r [ma'søːʔʀ] ⟨-en; -er⟩ Masseur m; **~se** [-'søːsə] ⟨-n; -r⟩ Masseurin f, Masseuse f

mast [masd] ⟨-en; -er⟩ NAUT Mast m

mat¹ [ma:ʔd] ⟨-en; -er⟩ NAUT Maat m

mat² [mad] ⟨-ten; -ter⟩ Schach: Matt n

mat³ [mad] matt (a fig); schlapp, kraftlos; **gøre ~** Schachspieler matt setzen; **blive ~** ermatten; **være ~ i sokkerne** F weich in den Knien sein, schlapp sein

matador [mata'do:ʔʀ] ⟨-en; -er⟩ Matador m; Spiel: Monopoli n

match [madsj] ⟨-en; -er⟩ SPORT Match n, Kampf m, Spiel n

matche ['madsjə] SPORT spielen, ein Spiel austragen; **sko og hat ~r** die Schuhe und der Hut passen farblich zusammen

matematik [madəma'tig] ⟨-ken; -ker⟩ Mathematik f; **~er** [-'ma:ʔtigəʀ] ⟨-en; -e⟩ Mathematiker(in) m(f)

matematisk [madə'ma:ʔtisg] mathematisch

materiale [mateʀi'a:lə] ⟨-t; -r⟩ Material n, Werkstoff m

material|handel [mateʀi'a:ʔlhanʔəl] Drogerie f; **~handler** [-hanləʀ] ⟨-en; -e⟩ Drogist m

materialis|me [mateʀia'lismə] ⟨-n⟩ Materialismus m; **~t** [-'lisd] ⟨-en; -er⟩ Materialist m; Drogist m; **~tisk** [-'lisdisg] materialistisch

materialvarer [mateʀia'ʔlvɑːʀəʀ] Drog(eriewar)en f/pl

materie [ma'te:ʔʀiə] ⟨-n; -r⟩ Materie f, Stoff m; MED Eiter m; **afsondre ~** eitern

materiel¹ [mateʀi'ɛlʔ] ⟨-let⟩ Material n, Gerät n

materiel² [mateʀi'ɛlʔ] materiell, stofflich; **~ skade** Sachschaden m

maternitetskjole [matɛʀni'te:ʔdskjoːlə] Umstandskleid n

M

mathed ['maðhe:ð?] ⟨-en⟩ Mattigkeit f
matjessild ['madjɛssil?] Matjeshering m
matrikel [ma'trigəl] ⟨matriklen; matrik-
ler⟩ Kataster m, n, Grundbuch n
matros [ma'tro:?s] ⟨-en; -er⟩ NAUT Matrose m; **blå ~er** F blaue Jungs pl; **~krave**
[-kra:və] Matrosenkragen m; **~tøj** [-tɔi]
Matrosenanzug m
matter|e [ma'te:?rə] mattieren; **~et** [-ð]
mattiert; **~ glas** Matt-, Milchglas n
mave[1] ['ma:və] ⟨-n; -r⟩ Magen m, Bauch
m, Leib m; **få ~ e-n** (Schmer)Bauch bekommen (od kriegen); **(sidde og) slå ~**
F die Mahlzeit verdauen; **have dårlig ~**
sich den Magen verdorben haben; **have**
hård ~ harten Stuhl haben; **ondt i ~n** Magenschmerzen m/pl (od Bauchweh n); **på**
~n bäuchlings; **ligge på ~n for én** fig vor
j-m auf dem Bauch liegen, j-n vergöttern
od anhimmeln
mave[2] ['ma:və]: **~ sig frem** auf dem Bauch
vorwärtskriechen, vorwärtsrobben
mave|bælte ['ma:vəbɛldə] Leibbinde f;
Zigarre: Bauchbinde f; **~dans** [-dan?s]
Bauchtanz m; **~kneb** [-kne:?b] Bauchschmerzen m/pl, F Bauchkneifen n; **~lan-**
de [-lanə] e-e Bauchlandung machen;
~onde [-onə] Magenverstimmung f;
~pine [-pi:nə] Magenschmerzen m/pl, F
Bauchweh n; **~plaster** [-plasdər] F
Bauchklatscher m; **~sur** [-su:?r] mürrisch; **~syre** [-sy:rə] Magensäure f;
~sår [-sɔ:?r] Magengeschwür n
mayonnaise [majo'nɛ:sə] ⟨-n; -r⟩ Mayonnaise f
mazarinkage [masa'ri:?nka(j)ə] Kuchen
aus Mandelteig
md. Abk. für **mand** u für **måned**
mdl. Abk. für **mandlig** u für **månedlig**
med[1] [með] su: **uden mål og ~** ohne Ziel
und Zweck, ziellos
med[2] [með, me] prp mit; **~ ét** mit einmal; **~**
flere (Abk. **mfl.** od **m. fl.**) und andere
mehr (Abk. **u. a.** (m.)); **~ mere** (Abk.
m. m.) und dergleichen mehr (Abk. u.
dgl. m.); **fra og ~ 1. april** vom ersten April
an; **prisen er steget ~ 10 kr.** der Preis ist
um zehn Kronen gestiegen); adv mit; **jeg**
~! ich auch!; **hun var ~** sie war dabei; **væ-**
re ~ på ngt. etw mitmachen; einverstanden sein; **er du ~?** verstehst du?; **~ andre**
ord (Abk. **m. a. o.**) mit anderen Worten
(Abk. m. a. W.); **~ hensyn til** (Abk. **mht.**
od **m. h. t.**) mit Rücksicht auf (A), mit
Bezug auf (A), betreffs (G); **~ rette** mit
(vollem) Recht; **~ videre** (Abk. **mv.** od
m. v.) und Ähnliches mehr (Abk. u. Ä.

m.)
medalje [me'daljə] ⟨-n; -r⟩ Medaille f, Ge-
denkmünze f; **~tager** [-ta:?ɔr] ⟨-en; -e⟩,
~vinder [-venɔr] Medaillengewinner m,
Preisträger m
medansvar ['mɛðansva:?r] Mitverant-
wortung f; **~lig** [-li] mitverantwortlich
(for/für A)
med|ansøger ['mɛðansø:?ɔr] Mitbewer-
ber m; **~arbejde** [-ɑrbaɪ?də] mitarbeiten
medarbejder ['mɛðarbaɪ?dɔr] Mitarbei-
ter m; **~demokrati** [-demokra'ti:?] Demokratie f am Arbeitsplatz; **~skab**
[-sga:?b] ⟨-et⟩ Mitarbeit f
medbejler ['mɛðbaɪ?lɔr] Mitbewerber m,
Nebenbuhler m
medbestemme|lse ['mɛðbe'sdɛm?əlsə]
Mitbestimmung f; **~lsesret** [-sred] Mit-
bestimmungsrecht n; **~nde** [-nə] mitwir-
kend, mitbestimmend
medborger ['mɛðbɔrwɔr] Mitbürger(in)
m(f); **~hus** [-hu:?s] Nachbarschaftsheim
n, Kommunikationszentrum n; **~kund-**
skab [-konsga:?b] etwa: Sozialkunde f,
Gemeinschaftskunde f; **~lig** [-li] staats-
bürgerlich
med|bringe ['mɛðbreŋ?ə] mitbringen;
~byggerhus [-byge?r] Ausbauhaus
n; **~bør** [-bø:?r] günstige(r) Wind m; fig
Erfolg m; **~delagtig** [-de:l'agdi] JUR beteiligt, mitschuldig
meddele ['mɛðde:?lə] mitteilen, bekannt
geben; durchgeben, melden; **~lse** [-lsə]
⟨-n; -r⟩ Mitteilung f, Bekanntgabe f;
Durchsage f, Meldung f; Bescheid m
meddelelses|middel ['mɛðde:?ləlsəsmi-
ð?əl] Kommunikationsmittel n; **~trang**
[-traŋ?] Mitteilungsbedürfnis n
meddele|er ['mɛðde:?lɔr] ⟨-en; -e⟩ Über-
mittler m; **~som** [-'de:?lsɔm?] mitteil-
sam
meddomsmand ['mɛðdɔmsman?] JUR
Schöffe m
mede[1] ['me:ðə] ⟨-n; -r⟩ (Schlitten)Kufe f
mede[2] ['me:ðə] angeln
medeje ['mɛðaɪə] Mitbesitz m; **~r** [-r] Mit-
besitzer m, Miteigentümer m; **~rskab**
[-rsga:?b] Miteigentum n
me(de)ns ['me:?ðəns, men?s] während
mede|snor ['mɛðəsno:?r] Angelschnur
f; **~stang** [-sdaŋ?] Angelrute f
medfange ['mɛðfaŋə] Mitgefangene(r) m
medfaren ['mɛðfa:?rɔn]: **han blev ilde ~**
ihm wurde übel mitgespielt
medfart ['mɛðfa:?rt] Behandlung f; **give**
én e-n ilde ~ j-m übel mitspielen
medfødt ['mɛðfø:?d] angeboren

medføle|lse ['meðføː'ləlsə] Mitgefühl n, Anteilnahme f; **~nde** [-føː'lənə] mitfühlend

medfølge ['meðføl'jə] beiliegen, **~nde** beiliegend, anbei

medfør ['meðføː'ʀ]: *i embeds ~* von Amts wegen; **~e** [-ə] mitführen; herbeiführen

med|gang ['meðgaŋ'] Glück n; **~gift** [-gifd] ⟨-en⟩ Mitgift f; **~give** [-giː'və, -giː'] mitgeben; zugeben; **~gørlig** ['gœʀˀli] fügsam, umgänglich

medhjælp ['meðjel'b] Hilfe f; **~er** [-jɛl'bəʀ] Gehilfe m; (Aus)Hilfe f, Hilfskraft f; Angestellte(r) m

medhold ['meðhɔl'] ⟨et⟩ *give en ~ j-m* recht geben, zustimmen

medhør ['meðhøː'ʀ] ⟨-et⟩ Mithören f

medicin [medi'siː'n] ⟨-en; -er⟩ Medizin f, Arzneikunde f; Arznei f

medicinal [medisi'naː'l] medizinal; **~varer** [-vaːʀɐʀ] pl Arzneiwaren f/pl

mediciner [medi'siː'nɐʀ] ⟨-en; -e⟩ Mediziner m

medicin|mand [medi'siː'ʔmanˀ] Medizinmann m; **~sk** [-sg] medizinisch

medie ['meː'ðiə] ⟨-t; -r⟩ Medium n; **~begivenhed** [be'giː'vənheːð?] Medienereignis n; **~forsker** [-fɔʀsgəʀ] Medienforscher m, Kommunikationswissenschaftler m

medik|ament [medika'men'd] ⟨-et; -er⟩ Medikament n, Arzneimittel n; **~amentel** [-men'tel?] medikamentös

med|indbefattet ['meðənbefadəð] (mit) einbegriffen, einschließlich; **~inddrage** [-endʀaː'ʷə] (mit) einbeziehen; **~indehaver** [-enəhaː'ʷəʀ] Mitinhaber m; **~indflydelse** [-enfly'ʔðəlsə] Mitbestimmung f

medister [me'disdəʀ] ⟨-en⟩, **~pølse** [-pølsə] etwa: Bratwurst f

medlem ['meðlem'] ⟨-met; -mer⟩ Mitglied n; fig Glied n

medlemskab ['meðlemsgaːʔb] ⟨-et; -er⟩ Mitgliedschaft f

medlems|kontingent ['meðlemskɔntiŋˀgen'd] Mitgliedsbeitrag m; **~tal** [-tal] Mitgliederzahl f

medleven ['meðleːʷən] ⟨en⟩ Anteilnahme f, Einfühlungsvermögen n

medliden|de ['meðliːˀðənə] mitleidig, mitleidsvoll; **~hed** [-'liːˀðənheːð?] ⟨-en⟩ Mitleid n; *have~ med én j-n* bemitleiden; **~hedsdrab** [-'liːˀðənheðsdʀaːʔb] aktive Sterbehilfe f

med|lyd ['meðlyð?] Mitlaut m, Konso-

nant m; **~løber** [-løː'?bəʀ] Mitläufer m

medmenneske ['meðmenəsgə] Mitmensch m; **~lig** [-li] mitmenschlich

med|mindre [me(ð)'mendʀa] es sei denn, außer; **~regnet** ['-ʀɑɪ'ˀnəð] einschließlich; **~sammensvoren** ['-samənsvoː'?ʀən] Mitverschworene(r) m; **~skabning** ['-sgaːbneŋ] Mitgeschöpf n

medskyld ['meðsgyl'?] Mitschuld f; **~ig** [-di] mitschuldig (i/an D); Komplize m

med|spiller ['meðsbelɐʀ] Mitspieler m; **~studerende** ['-sdu'deː'ʀənə] Kommilitone m, Studienkollege m

medtage ['meðta'(jə] mitnehmen, mitführen; *hunde må ikke ~s* das Mitführen von Hunden ist nicht gestattet; **~n** [-n], **~t** [-ð] fig mitgenommen, erschöpft

medunderskrive ['meðonɐʀsgʀiː'ʷə] mitunterschreiben; **~r** [-ʀ] Mitunterzeichner m

medvide|n ['meðviː'ˀðən] Mitwissen n; **~r** [-viː'ʔðəʀ] ⟨-en; -e⟩ Mitwisser m

medvind ['meðven'] Rückenwind m; fig Erfolg m

medvirke ['meðviʀgə] mitwirken; *under ~n (od medvirkning) af ...* unter Mitwirkung von ...

medvirkning ['meðviʀgneŋ] ⟨en⟩ Mitwirkung f; → *medvirke*

megen ['maɪˀən], **meget¹** ['maɪˀəð] (*mange* ['maŋə] pl) adj viel; *hvor meget?* wie viel?; *det var meget!* allerhand!, tatsächlich?; (*alt*) *for megen/meget* (viel) zu viel; *der er mig lige meget* das ist mir gleich (od egal)

meget² ['maɪˀəð] adv sehr; viel; weit; **~ stor** sehr groß; **~ større** viel (od weit) größer (*end* als); *det er ikke så ~ pengene det drejer sig om som ...* es dreht sich weniger ums Geld, als vielmehr um ...; *han sagde ikke så ~ som tak* er bedankte sich nicht einmal; *det er ~ muligt* das ist gut möglich; *så ~ mere som ...* insofern als ...

megetsigende ['maɪˀðsiːənə] vielsagend

meje ['maɪə] mähen; **~ ned** niedermähen; **~r** [-ʀ] ⟨-en; -e⟩ zo Weberknecht m

mejeri [maɪə'ʀiː'?] ⟨-et; -er⟩ Molkerei f, Meierei f; Milchladen m; **~brug** [-'ʀiːbʀuː'?] Milchwirtschaft f

mejerist [maɪə'ʀisd] ⟨-en; -e⟩ Molkereiangestellte(r) m

mejetærsker ['maɪˀətɛʀsgəʀ] ⟨-en; -e⟩ Mähdrescher m

M

mejse ['maɪsə] ⟨-n; -r⟩ Meise f

mejs|el ['maɪˀsəl] ⟨mejs(e)len; mejsler⟩ Meißel m; **~le** ['maɪˀslə] meißeln

mekanik [meka'nig] ⟨-ken; -ker⟩ Mechanik f; **~er** [-'ka:ˀnigər] ⟨-en; -e⟩ Mechaniker m; Schlosser m

mekanis|ere [mekani'se:ˀrə] mechanisieren; **~k** [-'ka:ˀnisg] mechanisch; **~me** [-'nɪsmə] ⟨-n; -r⟩ Mechanismus m, Vorrichtung f

mel [me:ˀl] ⟨-et⟩ Mehl n; **have rent ~ i posen** F ein reines Gewissen haben

melankol|i [melanko'li:ˀ] ⟨-en; -er⟩ Melancholie f; **~sk** [-'ko:ˀlsg] melancholisch

melbolle ['me:lbɔlə] Mehlkloß m

melde ['melə] ⟨-te⟩ melden, anzeigen; ~ **fra** abmelden; fig Nein sagen, nicht mitmachen (wollen); F passen, verzichten; ~ **én ind i skole** j-n in e-r Schule anmelden; ~ **sig ind i en forening** e-m Verein beitreten

melding ['melɛŋ] ⟨-en; -er⟩ Meldung f

mele ['me:lə] mit Mehl bestreuen; ~ **sin egen kage** F auf s-n Vorteil bedacht sein

meleret [me'le:ˀrəð] meliert

melet ['me:ləð] mehlig

melis [me'lis] ⟨-(s)en⟩: **stødt~** Feinzucker m, Streuzucker m

mellem [mɛl(?)əm] zwischen, unter; ~ **os (sagt)** unter uns (gesagt); → a **imellem**; **~akt** [ˈmɛləmagd] THEA Zwischenakt m

Mellemamerika ['mɛləma'me:ˀrika] Mittelamerika n

mellem|blond ['mɛləmblɔnˀ(d)] mittelblond; **~bys** [-by:ˀs]: ~ **samtale** Ferngespräch n; **~bølge** [-bøljə] Radio: Mittelwelle f; **~distanceraket** [-di'sdaŋsəra-'keð] Mittelstreckenrakete f; **~dæk** [-dɛg] NAUT Zwischendeck n

Mellemeuropa ['mɛləmœûˀro:pa] Mitteleuropa n

mellem|europæisk ['mɛləmœûˀro-'pɛ:ˀisg] mitteleuropäisch; **~fod** [-fo:ˀð] ANAT Mittelfuß m

mellemfolkelig ['mɛləmfɔlgəli] international, zwischenstaatlich; ~ **forståelse** Völkerverständigung f

mellem|fornøjet ['mɛləmfɔr'nɔîˀəð] verstimmt, etwas unzufrieden, vergnügt; **~fristet** [-fresdəð] mittelfristig; **~gulv** [-gol] ANAT Zwerchfell n; **~handler** [-hanlər] ⟨-en; -e⟩ Zwischenhändler m; **~hjernen** [-jɛrnən] ANAT das Zwischenhirn; **~hånd** [-hɔnˀ] Mittelhand f; **~kjole** [-kjo:lə] etwa: Tageskleid n

mellem|kommunal ['mɛləmkomu'na:ˀl]

zwischengemeindlich; **~komst** [-kɔmˀsd] ⟨-en⟩ Vermittlung f, Eingreifen n; **~lag** [-la:ˀ(j)] Zwischenschicht f, Mittelschicht f (a Soziologie); **~lagret** [-la:(j)rəð] Käse: mittelalt; **~lande** [-lanˀə] FLUG zwischenlanden

mellemlanding ['mɛləmlanən] Zwischenlandung f; **flyvning uden ~** Nonstopflug m

mellem|lang ['mɛləmlaŋˀ] Kleid: mittellang, halblang; **~liggende** [-legənə] (da)zwischenliegend

mellemlægspapir ['mɛləmlɛgspa'pi:ˀr] Butterbrotpapier n, das zwischen belegte Schnitten gelegt wird

mellem|mad ['mɛləmmað] Butterbrot n (als Zwischenmahlzeit), F Klappstulle f; **~mand** [-manˀ] Vermittler m, Mittler m, Mittelsmann m; **~navn** [-nɑûˀn] zweiter Familienname m; Muttername m; **~regning** [-raɪˀnəŋ] ØKON gegenseitige Versprechung f; Schule: Nebenrechnung f; Zwischensumme f; **~ret** [-reð] GASTR Zwischengericht n, -gang m; **~rum** [-rɔmˀ] Zwischenraum m, Abstand m

mellem|spil ['mɛləmsbel] Zwischenspiel n (a fig); **~st** ['mɛlˀəmsd] mittler, mittelst; **~stade** [-sda:ðə] Mittelposition f; **~stand** [-sdan?] Mittelstand m; **~station** [-sda'sjo:ˀn] Zwischenstation f; Zwischenhalt m; **~statslig** [-sda:ˀdsli] zwischenstaatlich; **~stor** [-sdo:ˀr] mittelgroß

mellemtid ['mɛləmtiðˀ]: **i ~en** in der Zwischenzeit

mellemting ['mɛləmteŋ] Mittelding n, Zwischending n

mellemvare ['mɛləmvɑ:rə]: **den bløde ~** F fig durchwachsen, so lala

mellemvej ['mɛləmvaɪˀ] fig Mittelweg m

mellemvægt ['mɛləmvɛgd] SPORT Mittelgewicht n

mellemværende ['mɛləmvɛ:rˀənə] ⟨-t; -r⟩ Zwistigkeit f; fig unbegliche (od offene) Rechnung f; **afgøre sit ~ med én** fig mit j-m abrechnen

mellem|værk ['mɛləmvɛrg] ⟨-et; -er od -⟩ Wäsche: (Spitzen)Einsatz m; **~øre(betændelse)** [-ø:rə(be'tɛnˀəlsə)] Mittelohr(entzündung) n(f)

Mellemøsten ['mɛləmøsdən] der Mittlere Osten

melodi [melo'di:ˀ] ⟨-en; -er⟩ Melodie f; **~sk** [-'lo:ˀdisg] melodisch

melodunte [melo'dɔndə] ⟨-n; -r⟩: F **den sædvanlige ~** die alte Leier

melon [me'lo:ˀn] ⟨-en; -er⟩ Melone f

messe

memoirer [memo'ɑːʀər] *pl* Memoiren *pl*

men¹ [me:ʔn] ⟨*en od et*; -⟩ (dauernde(r)) Schaden *m*, Gebrechen *n*

men² [men] aber, sondern; ~ *Lena dog!* aber Lena! (*Vorwurf*); ~ *dog!* meine Güte!

men³ [men] ⟨*-net*; *-ner*⟩ Aber *n*; *der er et ved sagen* es ist ein Aber dabei

menage [me'naːsjə] ⟨*-n*; *-r*⟩ Wirtschaft *f*, Haushalt *m*

mene [ˈmeːnə] ⟨*-te*⟩ meinen; denken (*om/* über *A*); *det skulle jeg ~!* das will ich meinen!

mened [ˈmeːneːʔð] Meineid *m*

menig [ˈmeːni] gemein, einfach; ~ *soldat* Gemeine(r) *m*, einfache(r) Soldat *m*; ~**hed** [-heˑðʔ] ⟨*-en*; *-er*⟩ REL Gemeinde *f*

menigheds|pleje [ˈmeːniheðsplaiə] Gemeindepflege *f*; ~**råd** [-ʀɔːʔð] Gemeinde(kirchen)rat *m*

menigmand [ˈmeːnimanʔ] der Normalbürger, F Otto Normalverbraucher *m*

mening [ˈmeːneŋ] ⟨*-en*; *-er*⟩ Meinung *f*, Ansicht *f*, Erachten *n*; Absicht *f*; Sinn *m*; *det var ikke min ~ at forskrække dig* es war nicht meine Absicht, dich zu erschrecken; ~*en er god nok!* es ist gut gemeint!; *hvad er ~en!* was soll das!, was fällt dir ein!; *det var ikke ~en!* das war nicht meine Absicht!, so war das nicht gemeint!; *være af en anden ~* anderer Meinung sein; *efter min ~* meiner Meinung nach

menings|dannelse [ˈmeːneŋsdanəlsə] Meinungsbildung *f*; ~**forskel** [-fɔʀsgelʔ] Meinungsverschiedenheit *f*; ~**forstyrrende** [-fɔʀˈsdyʀʔənə] sinnentstellend; ~**fuld** [-fulʔ], ~**fyldt** [-fylʔð] sinnvoll; ~**fælle** [-fɛlə] Gesinnungsgenosse *m*; ~**løs** [-løːʔs] sinnlos, unsinnig; ~**måling** [-mɔːleŋ] Meinungsumfrage *f*, demoskopische Befragung *f*; ~**udveksling** [-uðvegsleŋ] Meinungsaustausch *m*

menneske [ˈmenəsgə] ⟨*-t*; *-r*⟩ Mensch *m*; *et ungt ~* ein junger Mann; *unge ~r pl* junge Leute *pl*; *komme ud blandt ~r* unter die Leute kommen; ~ *dog!* Mensch(enskind)!

menneske|fjendsk [ˈmenəsgəfjenʔsg], ~**fjendtlig** [-fjendli] menschenfeindlich; ~**foragt** [-fɔʀˈagd] Menschenverachtung *f*; ~**hed** [-heðʔ] ⟨*-en*⟩ Menschlichkeit *f*

menneskekærlig [ˈmenəsgəkæʀli] menschenfreundlich

menneskelig [ˈmenəsgəli] menschlich; ~**gøre** [-gœːʔʀə] vermenschlichen, humanisieren

menneske|liv [ˈmenəsgəliːʔv] Menschenleben *n*; ~**mængde** [-mɛŋʔdə] Menschenmenge *f*

menneskerettighed [ˈmenəsgəʀediheːðʔ] Menschenrecht *n*

menneske|skabt [ˈmenəsgəsgabd] von Menschenhand geschaffen; ~**sky** [-sgyːʔ] menschenscheu

menneske|tom [ˈmenəsgətɔmʔ] menschenleer; ~**ven** [-ven] Menschenfreund *m*; ~**værdig** [-veʀʔdi] menschenwürdig; ~**værdighed** [-veʀdiheːðʔ] Menschenwürde *f*

mens [menʔs] während; → *medens*

menstru|ation [mensdʀuaˈsjoˑʔn] ⟨*-en*; *-er*⟩ Menstruation *f*, Regel *f*; ~**ationsbind** [-sbenʔ] Monatsbinde *f*

mental [menˈtaˑʔl] mental; ~**itet** [-taliˈteˑʔd] ⟨*-en*; *-er*⟩ Mentalität *f*; ~**undersøge** [-onəʀsøːʔə] *j-n* auf *s-n* Geisteszustand hin untersuchen

mente [ˈmendə] ⟨*-n*; *-r*⟩ MATH Übertrag *m*; *i ~* im Sinn; *have ngt. i ~ fig* sich *etw* merken

mentol [menˈtoˑʔl] ⟨*-et*⟩ Menthol *n*

menu [meˈnyʔ] ⟨*-en*; *-er*⟩ Menü *n* (*u* EDV), Speisenfolge *f*

menukort [meˈnykɔʀd] Speisekarte *f*

mere [ˈmeːʀə, meːʔʀ] mehr; *med ~* (*Abk. m. m.*) und anderes mehr (*Abk. u. a. m.*); ~ *og ~* immer mehr, mehr und mehr; *aldrig ~* nie wieder; ~ *eller mindre* mehr oder weniger; *så meget ~ (som)* umso mehr (als); *det er ~ end nok* das genügt, das ist mehr als genug; → *megen*; ~**bemidlet** [ˈmeːʀəbeˈmiðʔləð] (finanziell) besser gestellt

merian [meˈʔʀian] ⟨*-en*; *-er od -*⟩ Majoran *m*

mer|indkomst [ˈmeːʔʀenkɔmˀsd], ~**indtægt** [-entɛgd] Mehreinkommen *n*, Mehreinnahme *f*

meritter [meˈʀidər] *pl, iron* (Groß)Taten *f*/*pl*, Verdienste *n*/*pl*

merkonom [mɛʀkoˈnoˑʔm] ⟨*-en*; *-er*⟩ *etwa*: Diplomkaufmann *m*

mer|omkostninger [ˈmeːʔʀɔmkɔsdneŋʔəʀ] *pl* Mehrkosten *pl*; ~**pris** [-priːʔs] Aufpreis *m*

merudgift [ˈmeːʔʀudgifd] Mehrausgabe *f*

merværdi [ˈmeːʔʀveʀdiːʔ] Mehrwert *m*; ~**(omsætnings)afgift** [(-ɔmsædneŋs)auˀgifd] Mehrwertsteuer *f*; → *moms*

messe¹ [ˈmesə] ⟨*-n*; *-r*⟩ REL, ÖKON, MIL Messe *f*

messe² [ˈmesə] PROT die Liturgie lesen (*od* singen); KATH die Messe lesen; *fig*

M

eintönig vortragen; **~nde stemme** eintönige (od salbungsvolle) Stimme f

messe|bog ['mɛsəbɔ;ˀw] Messbuch n; **~dreng** [-drɛŋ] Messdiener m, Ministrant m; NAUT Schiffsjunge m; **~hagel** [-ha;ˀ(j)əl] ⟨en; messehag(e)ler⟩ Messgewand n; Kasel f

messing ['mɛsɛŋ] ⟨-en od -et⟩ Messing n; **~blæser** [-blɛ:səʀ] MUS Blechbläser m; **~suppe** [-sobə] scherzh Blechmusik f

mest [me:ˀsd] adj meist; adv am meisten; **det ~e** das meiste; **den ~ uforskammede fyr** der unverschämteste Kerl; **~ læst** meistgelesen; **for det ~e** meist(ens); **~endels** ['-ɔndə-?ls] meistenteils

mester ['mɛsdəʀ] ⟨-en; mestre⟩ Meister m (a fig); **øvelse gør ~** Übung macht den Meister; **~ Jakel** THEA das/der Kasperle; **hvem er ~ her?** wer hat das angestiftet (od gemacht)?; **~brev** [-bʀe;ˀv] Meisterbrief m; **~lig** [-li] meisterhaft; **~skab** [-sga;ˀb] ⟨-et; -er⟩ Meisterschaft f (a SPORT); **~stykke** [-sdøgə] Meisterstück n; **~værk** [-vɛʀg] Meisterwerk n

mestre ['mɛsdʀə] meistern; beherrschen

metafor [meta'fo;ˀʀ] ⟨-en; -er⟩ Metapher f; **~isk** [-isg] metaphorisch

metal [me'tal] ⟨-let; -ler⟩ Metall n; **af ~** aus Metall, metallen

metaltræthed [me'taltʀɛðhe:ð?] Metallermüdung f

meteorolog [met(eo)ʀo'lo;ˀw] ⟨-en; -er⟩ Meteorologe m; **~i** [-lo'gi;?] Meteorologie f, Wetterkunde f

meter ['me:?dəʀ] ⟨-en; -⟩ (Abk. m) Meter m, n (Abk. m); **~mål** [-mɔ;?l] Metermaß n; **~system** [-sy'sde:?m] metrisches System n; **~vare** [-va:ʀə] ÖKON Meterware f, Schnittware f

metode [me'to:ðə] ⟨-n; -r⟩ Methode f, Verfahren n

metodi|k [meto'dig] ⟨-ken; -ker⟩ Methodik f; **~ker** [-'to:ˀðigəʀ] ⟨-en; -e⟩ Methodiker m; **~sk** [-'to:ˀðisg] methodisch

metrisk ['me:?tʀisg] metrisch

metro ['me:tʀo] ⟨-en; -er⟩ U-Bahn f

metropol [metʀo'po:?l] ⟨-en; -er⟩ Metropole f

mezzanin [mɛsa'ni:?n] Zwischengeschoss n, Hochparterre n

MF Abk. für **medlem af Folketinget** (Mitglied n des Folketing (dän Parlament))

mfl. od **m. fl.** Abk. für **med flere**; → **med²**

mht. od **m. h. t.** Abk. für **med hensyn til**; → **hensyn**, **med²**

miav [mjaŭ] → **mjav**, **~e** ['mjaŭə] → **mjave**

midaldrende ['miðalʀənə] Person: mittleren Alters

middag ['meda] ⟨-en; -e⟩ Mittag m; Mittagessen n; **i ~s** heute Mittag; **i går ~s** gestern Mittag; **om ~en** mittags, am Mittag; **spise til ~** zu Mittag essen; **sove til ~** e-n Mittagsschlaf machen

middagslukning ['medaslogneŋ]: **~ fra klokken 12-13** von 12 bis 13 Uhr geschlossen

middagsmad ['medasmað] Mittagessen n

middagspause ['medaspaŭsə] Mittagspause f; **holde ~** zu Tisch sein

middags|selskab ['medasselsga;?b] (größeres) Abendessen n; Abendgesellschaft f; **~søvn** [-sœŭ?n] Mittagsschlaf m

middagstid ['medastiˀð] Mittagszeit f; **ved ~** um die Mittagszeit

middel ['mið?əl] ⟨-(de)let; midler⟩ Mittel n (mod|gegen A)

middel- ['mið?əl-] mittler, mittel-, Mittel-

middelalder ['mið?əlalˀəʀ] ⟨-en⟩ Mittelalter n; **~by** [-by;?] mittelalterliche Stadt f; **~lig** [-li] mittelalterlich

middelbar ['mið?əlbaːʀ] mittelbar

Middelhavet ['mið?əlhaːʔvəð] das Mittelmeer

middelhøj ['mið?əlhɔi;?] mittelgroß, von mittlerer Größe

middel|klasse ['mið?əlklasə] Mittelklasse f; Mittelschicht f; **~mand** [-man?] Durchschnittsmensch m

middelmådig ['mið?əlmɔ;?ði] mittelmäßig

middel|stand ['mið?əlsdanˀ] Mittelstand m, Mittelschicht f; **~stor** [-sdo:?ʀ] mittelgroß

middeltid ['mið?əltiˀð]: **Greenwich ~** (Abk. **GMT**) Greenwicher Zeit f (westeuropäische Zeit) (Abk. WEZ)

middelvej ['mið?əlvaiˀ] Mittelweg m (**den gyldne** der goldene)

mide ['mi:ðə] ⟨-n; -r⟩ Milbe f

midlertidig ['miðˀlɔʀti:?ði] zeitweilig; vorläufig; vorübergehend; **~ hjælp** Person: Aushilfe f

midnat ['miðnad] Mitternacht f

midnats|forestilling ['miðnadsfɔʀəsdel?eŋ] Mitternachtsvorstellung f; **~sol** [-so:?l] Mitternachtssonne f

midnatstid ['miðnadstiˀð]: **ved ~** um Mitternacht

midsommer ['miðsɔməʀ] Mittsommer m; **~nat** [-nad] Johannisnacht f

midt [med] mitten, in der Mitte; **~ i byen** mitten in der Stadt; **~ i maj (fyrrerne)** Mitte Mai (Vierzig); **~ igennem** mitten durch; **~ om natten** mitten in der Nacht; **rive ngt. ~ over** etw mittendurch reißen, zerreißen; **~ på formiddagen** mitten am Vormittag; **stå i vand til ~ på livet** bis zum Nabel im Wasser stehen; **~splller** ['ba:nəsbelər] SPORT Mittelfeldspieler m; **~e** ['-ə] ⟨-n⟩ Mitte f

midter|bane ['medɒrba:nə] Fahrbahn: Mittelspur f; **~linie**, **~linje** [-linjə] Mittellinie f; **~parti** [-pɑrˈtiːˀ] Mittelstück n; POL Partei f der Mitte; **~rabat** [-ʀɑˈbad] Fahrbahn: Mittelstreifen m; **~skilning** [-sgelneŋ] Mittelscheitel m

midterst ['medɒrsd] **den ~e søjle** die mittlere Säule; **stå ~ på billedet** auf dem Bild in der Mitte stehen

midterstribe ['medɒrsdri:bə] Mittelstreifen m

midtfor ['medfɒr] (in der) Mitte

midtpunkt ['medpoŋˀd] Mittelpunkt m

midt|samle ['medsɑmlə] konzentrieren; **~skibs** [-sgiˀbs] mittschiffs; **~vejs** [-vaiˀs] auf halbem Wege

midvlnter ['miðvenˀdɒr] Mittwinter m

mig [maiˀ] mich; mir; **det er ~** ich bin es; **stakkels ~!** ich Ärmste(r) f(m)!; **for ~ gerne!** meinetwegen!

mikkel ['megəl]: **~ ræv** Tierfabel: Reineke Fuchs m

mikrobølgeovn ['mikʀobøljəoˀn] Mikrowellenherd m

mikrofon [mikʀoˈfoːˀn] ⟨-en; -er⟩ Mikrofon n; **skjult ~** F Wanze f; **~skræk** [-sgʀeg] Mikrofonangst f

mikroskop [mikʀoˈsgoːˀb] ⟨-et; -er⟩ Mikroskop n; **~isk** [-ˈsgoːˀpisg] mikroskopisch

miks [megs] ⟨-en⟩ F Mischung f

mikse ['megsə] mischen, vermengen; mixen; **~r** [-ʀ] ⟨-en; -e⟩ Mixer m, Mixgerät n; → **mikse(r)pult**; **~(r)pult** [-(ʀ)puˀd] TECH Mischpult n

mil [miːˀl] ⟨-en; - od poet -e⟩ Meile f (ca 7,5 km); **en ~s vej** etwa e-e Meile

mild [milˀ] mild(e), sanft; gelinde; **~est talt** (od **mest od ~t udtryk**) gelinde gesagt; **du ~e (Gud)!** du liebe Zeit!, (du) meine Güte!

mildne ['milnə] mildern, lindern; besänftigen; **~s** Wetter: milder werden

mile ['miːlə] ⟨-n; -r⟩ Wanderdüne f; Meiler m

mile|pæl ['miːləpeˀl] Meilenstein m (a fig); fig Markstein m; **~vid** [-viðˀ] meilenweit

milieu [milˈjøˀ] ⟨-et; -er⟩ → **miljø**

militaris|ere [militɑʀiˈseːˀʀə] militarisieren; **~me** [-ˈʀismə] ⟨-n⟩ Militarismus m; **~tisk** [-ˈʀisdisg] militaristisch

milits [miˈlids] ⟨-en; -er⟩ Miliz f

militær¹ [miliˈtɛːˀʀ] ⟨-et⟩ Militär n

militær² [miliˈtɛːˀʀ] militärisch

militær|attaché [miliˈtɛːˀʀɑtaˈsjeː] Militärattaché m; **~nægter** [-negdɒr] Wehrdienstverweigerer m; **~styre** [-sdyːʀə] Militärregierung f; **~tjeneste** [-tjeːnəsdə] Militärdienst m, Wehrdienst m

miljø [milˈjøˀ] ⟨-et; -er⟩ Umwelt f; Milieu n; **~aktivist** [-ɑgtiˈvisd] Umweltschützer m; **~beskyttelse** [-beˀsgødəlsə] Umweltschutz m; **~forurening** [-fɒʀuˈʀeːˀneŋ] Umweltverschmutzung f; **~skadet** [-sga:ðəd] milieugeschädigt

Miljøstyrelsen [milˈjøsdyːʀəlsən] Umweltamt n, Umweltbehörde f

miljø|venlig [milˈjøvenli] umweltfreundlich, **~ødelæggelse** [-øˀðəleːgəlsə] Umweltstörung f

millimeter [miliˈmeːˀdɒr] (Abk. **mm**) Millimeter m, n (Abk. mm); **~retfærdighed** [-ʀedˈfɛʀˀdiheːˀðˀ] übertriebene Gerechtigkeit f

million|bøf [miliˈoːˀnbøˀf] F Gehackte(s) n mit Sauce; **~foretagende** [-fɒːʀɑtɑˀənə] Millionenunternehmen n; **~ær** [-oˈnɛːˀʀ] ⟨-en; -er⟩ Millionär(in) m(f)

milt [milˀd] ⟨-en; -er⟩ ANAT Milz f

mime ['miːmə] mimen

mimre ['memʀə]: **~ med munden (som en kanin)** (wie ein Kaninchen) mümmeln; **en ~nde olding** ein Mummelgreis m; **~kort** [-kɒrd] scherzh Senioren(fahr)karte f

min [miːˀn], **mit** [mid] mein(e); meiner, meine, meines; **~e** ['miːnə] pl meine; **for min skyld** meinetwegen; um meinetwegen; **jeg og ~** ich und die Mein(ig)en

min. Abk. für **minut**

minde¹ ['menə] ⟨-t; -r⟩ Erinnerung f, Andenken n (**om/an** A); Denkmal n; Gedächtnis n; Einwilligung f; **i mands ~** seit Menschengedenken

minde² ['menə] erinnern, mahnen (**om/an** A); → **mindes**

minded ['maindəð]: **være ~ for ngt.** an etw (D) (sehr) interessiert sein, für etw veranlagt sein

mindehøjtidelighed ['menəhɔiˀtiːˀðəliheːˀðˀ] Gedenkfeier f

mindelig ['menəli] gütlich, in Güte; eindringlich, inständig

mindelighed ['menəliheːˀðˀ] ⟨-en⟩: **i ~ in** Güte, gütlich

M

mindelse ['menəlsə] ⟨-n; -r⟩ Erinnerung f; Anklang m, Reminiszenz f; fig Nachwehen f/pl

minde|lund ['menəlon'] Gedenkhain m, Gedenkstätte f; **~ord** [-o:'r] pl Nachruf m; **~rig** [-ri:'] reich an Erinnerungen, denkwürdig

mindes ['menəs] ⟨impf mindedes⟩ gedenken (G), sich erinnern (G od an A), sich entsinnen (G od an A); **jeg ~ godt den aften** ich erinnere (od entsinne) mich gut an diesen Abend

mindesmærke ['menəsmɛrgə] Denkmal n, Ehrenmal n

minde|sten ['menəsde:'n] Denkstein m, Gedenkstein m; **~tavle** [-tauˈlə] Gedenktafel f; **~værdig** [-vɛr'di] denkwürdig

mindre ['mendrə] adj kleiner, weniger, geringer; → **lille**; adv weniger, minder; → **lidt**; **langt ~** viel weniger; **ikke des(to) ~** nichtsdestoweniger; **ikke ..., end ~ ...** nicht (einmal) ..., geschweige denn ...; **~bemidlet** [-beˈmið'ləð] minderbemittelt; **~tal** [-tal] Minderheit f; **~talsregering** [-talsˈge:'re:'ʔreŋ] Minderheitsregierung f

mindreværd ['mendrɑvɛ:'r] ⟨-et⟩ Minderwertigkeit f; **~ig** [-di] minderwertig

mindreværdskompleks ['mendrɑvɛ:'rskomˈplegs] Minderwertigkeitskomplex m

mindreårig ['mendrɔ:'ri] minderjährig; **Jugendliche(r)** m

mindske ['mensgə] mindern, verringern, reduzieren, drosseln

mindst [men'sd] adj kleinst; wenigst, geringst, mindest; adv am wenigsten; wenigstens, zumindest; **i det ~e** wenigstens, zumindest; **ikke i ~e måde** nicht im Geringsten; **ikke ~** nicht zuletzt; **han arbejder ~ muligt** er arbeitet so wenig wie möglich

mindstbe|midlede ['men'sdbeˈmið'ləðə]: **de ~** die sozial Schwächsten pl

mindste|indtægt ['men'sdæntegd] Mindesteinkommen n; **~mål** [-mɔ:'l] Mindestmaß n

mine ['mi:nə] ⟨-n; -r⟩ Gesichtsausdruck: Miene f; MIL, BERGB Mine f; **gøre ~ til at ville gå** sich zum Gehen anschicken; **stryge ~r** Minen räumen

mine|drift ['mi:nədrefd] Bergbau m; **~felt** [-fel'd] MIL Minenfeld n

mineral [minəˈrɑː'l] ⟨-et; -er⟩ Mineral n

mineralvand [minəˈrɑːˈlvan'] ⟨-et⟩ Mineralwasser n

minere [mi'ne:'rə] verminen; minieren

minespil ['mi:nəspel] Mienenspiel n

minestryge ['mi:nəsdry'ʔə] entminen; **~r** [-r] ⟨-en; -e⟩ Minenräumboot n, Minensuchboot n

mingelere [meŋgəˈle:'rə] zusammenmischen; F **e-e** Sache deichseln (od hinkriegen)

miniature [minia'ty:rə] ⟨-n; -r⟩ Miniatur f

minibil ['minibi:'l] Minicar m, Kleintaxi n

mini|bus ['minibus] Kleinbus m; **~golf-bane** [-gɔl'fba:nə] Minigolfplatz m

minimal [mini'mɑ:'l] minimal; **~løn** [-lœn'] Mindestlohn m; **~t** mindestens

minimælk® ['minimɛl'g] fettarme Milch (unter 0,5 %)

minister [mi'nisdər] ⟨-en; -er/-ministre⟩ Minister(in) m(f); Gesandte(r) m; **~emne** [-ɛmnə] Anwärter m auf e-n Ministerposten

ministeri|albog [minisdeˈriˈa:'lbɔ:'w] Kirchenbuch n; **~el** [-'ɛl'] ministeriell; **~um** [-'sde:'riom] ⟨ministeriet; ministerier⟩ Ministerium n

minister|post [mi'nisdərpɔsd] Ministerposten m; **~præsident** [-ˈprɛsiˈdɛn'd] BRD: Ministerpräsident m; **~taburet** [-tabuˈred] fig Ministersessel m

mink [meŋ'g] ⟨-en; -e(r) od -⟩ zo Nerz m

minoritet [minoriˈte:'d] ⟨-en; -er⟩ Minorität f, Minderheit f

minsanden [min'san'dən] wahrhaftig!, meiner Treu!, in der Tat!

minsæl [min'sɛ:'l] F wahrhaftig!, meiner Seel!, tatsächlich!

minus¹ ['mi:nus] ⟨-(s)et; -(s)er⟩ Minus n

minus² ['mi:nus] minus, weniger

minut [mi'nud] ⟨-tet; -ter⟩ (Abk. **min.**) Minute f (Abk. Min.); **om et ~** in e-r Minute; **på ~tet** (od **~ten**) sofort, auf die Minute; **ti ~ters** zehnminütig; **for fem ~ter siden** vor fünf Minuten; **fem ~ter over tre** fünf (Minuten) nach drei

minutlang [mi'nudlaŋ'] minutenlang

mirabel [mirɑ'bel'] ⟨-len; -ler⟩, **~le** [-'belə] ⟨-n; -r⟩ BOT Mirabelle f

mirakel [mi'rɑgəl] ⟨miraklet; mirakler⟩ Wunder n, Mirakel n; **som ved et ~** wie durch ein Wunder

mirakuløs [mirɑkuˈlø:'s] wunderbar

mis [mis] ⟨-sen; -ser⟩ Mieze(katze) f, Muschi f; Kätzchen n; **det går som en ~** F es geht spielend leicht

misbillige ['misbilˈi:'ə] missbilligen

misbrug ['misbru:'] ⟨-en od -et; -⟩ Missbrauch m; **~e** [-ə] missbrauchen; **~er** [-ər] ⟨-en; -e⟩ Süchtige(r) m

mis|dannelse ['misdan'əlsə] ⟨-n; -r⟩

Missbildung *f*; **~dannet** [-danˀəð] miss-
gebildet, missgestaltet

misdæder ['misdɛ:ˀðər] ⟨*-en*; *-e*⟩ *lit* Mis-
setäter *m*, Übeltäter *m*

misfarvet ['misfaːˀrvəð] verfärbt

misforhold ['misfɔrhɔlˀ] Missverhältnis
n

misfornøjet ['misfɔrnɔiˀˀəð] missver-
gnügt, unzufrieden

misforstå ['misfɔrsdɔ:ˀ] missverstehen;
~elig [-'sdɔ:ˀəli] missverständlich; **~else**
[-ˀəlsə] ⟨*-n*; *-r*⟩ Missverständnis *n*

mis|foster ['misfɔsdər] Missgeburt *f* (*a*
fig); **~gerning** [-gɛrneŋ] Missetat *f*,
Übeltat *f*; **~greb** [-gʀeˀb] Missgriff *m*

mishag ['mishaˀ(j)] ⟨*-et*⟩ Missfallen *n*,
Missbehagen *n*, Abneigung *f*

mishagsytring ['misha:(j)sydreŋ] Miss-
fallensäußerung *f*

mishandle ['mishanˀlə] misshandeln

misinformere ['misenfɔr'me:ˀrə] falsch
unterrichten (*od* informieren)

miskend|e ['misken̩ˀə] verkennen; **~t**
[-kenˀd] verkannt

mis|klang ['misklaŋˀ] Missklang *m*;
~klæde [-klɛ:ˀ(ðə)]: ~ *én* *Kleidung*: j-m
schlecht (*od* nicht) stehen

miskmask ['miskmasg] ⟨*-et*⟩ Mischmasch
m

miskreditere ['miskʀedi'te:ˀrə] diskreditieren, in Verruf bringen

miskund|elig ['miskɔnˀəli] BIBL barmher-
zig; **~hed** [-'konhe:ðˀ] ⟨*-en*⟩ BIBL Barmherzigkeit *f*

mislig ['misli] misslich, bedenklich, heikel

misligholde ['mislihɔlˀə] *Vertrag* verletzen, nicht erfüllen

mislyd ['mislyðˀ] Missklang *m*

mislykke|s ['misløgəs] misslingen, miss-
glücken, missraten; **~t** [-løgəð] misslungen, missglückt

mismodig ['mismo:ˀði] missmutig, verstimmt

mis|nøje ['misnɔiˀə] ⟨*-et od -t*⟩ Missvergnü-
gen *n*; **~opfatte** [-ɔbfadə] missverstehen,
falsch auffassen

mis|pryde ['mispʀy:ˀðə] verunzieren,
verunstalten; **~rekommandere** ['-ʀekɔm-
man'de:ˀrə] *fig* diskreditieren, verleumden, in Verruf bringen

misrøgte ['misrœgdə] vernachlässigen;
verwahrlosen

misse ['misə]: ~ *med øjnene* blinzeln;
~kat [-kad] Miezekatze *f*

missil ['misiˀl] ⟨*-et*; *-er*⟩ Missile *n*

missionær [misjo'nɛ:ˀr] ⟨*-en*; *-er*⟩ Missi-
onar *m*

---

mistanke ['mistaŋgə] Verdacht *m*; **nære**
(*vække*) ~ Verdacht hegen (erregen); **ha-**
ve ~ til én j-n in Verdacht haben

mistbænk ['misdbɛŋˀg] Frühbeet *n*

miste ['misdə] verlieren, einbüßen

mistelten ['misdlteˀn] ⟨*-en*; *-e*⟩ Mistel *f*

mistillid ['mistelˀð] Misstrauen *n*; **have ~**
til én j-m misstrauen

mistillidsvotum ['mistelˀðsvoːtom] Miss-
trauensvotum *n*

mistro[1] ['mistʀoˀ] Misstrauen *n*, Argwohn *m*

mistro[2] ['mistʀoˀ] misstrauen (*én* j-m)

mis|troisk ['mistʀoˀisg] misstrauisch,
argwöhnisch; **~trøstig** [-tʀœsdi] verzagt,
verstimmt; **~tyde** [-ty:ˀðə] missdeuten,
falsch auslegen

mistænke ['mistɛŋˀgə] verdächtigen (*for*/
wegen *G*), im Verdacht haben; **være**
mistænkt im Verdacht stehen, verdächtig sein; **have én mistænkt** j-n im Verdacht haben

mistænkelig [mis'tɛŋˀgəli] verdächtig;
~gøre [-gœːˀʀə] verdächtigen

mistænk|som ['mistɛŋˀgsom] misstrau-
isch, argwöhnisch; **~t** ['-tɛŋˀgd] → **mis-**
tænke

misunde [mis'onˀə] beneiden (*én ngt.*
j-m um *etw*), missgönnen, neiden (*én*
ngt. j-m *etw*); **~lig** [-li] neidisch; **være ~**
over ngt. auf *etw* (*A*) neidisch sein

misundelse [mis'onˀəlsə] ⟨*-n*⟩ Neid *m*,
Missgunst *f*; **~sværdig** [-sverdi] benei-
denswert

misvisende ['misviˀsənə] irreführend;
~vækst [-vɛgsd] Misswuchs *m*; Missernte *f*

mit [mid] → **min**

mixed ['megsd(dəbəl)]: ~ *double* *Tennis*:
gemischte(s) Doppel *n*

mjav [mjaːü] miau!; **~e** ['mjaüə] miauen

ml. *Abk. für* **mellem**

m. m. *Abk. für* **med mere**; → **med**[2] *u* **mere**

mobbe ['mɔbə] schikanieren, hänseln; an-
pöbeln, F piesacken

mobil [mo'bi:ˀl] mobil; *fig* rüstig

mobili|sere [mobili'se:ˀrə] mobilisieren;
MIL mobil machen; **~sering** [-'se:ˀreŋ]
⟨*-en*; *-er*⟩ Mobilisierung *f*, Mobilma-
chung *f*; **~seringsordre** ['-se:ˀreŋsɔ:ˀʀ-
dʀə] Mobilmachungsbefehl *m*

mobiltelefon [mo'bi:ˀltelefoːˀn] Handy
n

mobning ['mɔbneŋ] ⟨*-en*; *-er*⟩ Schika-
niererei *f*, Pöbelei *f*; Mobbing *n*

mod[1] [moːˀð] ⟨*-et*⟩ Mut *m*; **fatte ~** Mut
fassen; **sætte ~ i én** j-m Mut machen;

M

tage ~ til sig sich ein Herz fassen; **være ved godt ~** guten Mutes sein; **jeg er ilde til ~e** mir ist mulmig

mod² [mo:'ð, moð] *prp* gegen, wider; → *imod*; **jm var venlig ~ alle** sie war zu allen freundlich

mod|angreb ['moðangrε:'b] Gegenangriff *m*; **~arbejde** [-αrbαi'ðə] entgegenarbeiten, entgegenwirken; **~bemærkning** ['-be'mεrgnεŋ] Gegenbemerkung *f*, Einwand *m*

modbevis ['moðbe'vi:'s] Gegenbeweis *m*; **~e** [-ə] widerlegen

modbydelig [moð'by:'ðəli] widerlich, widerwärtig

mode¹ ['mo:ðə] Mode *f*; **gå af ~** aus der Mode kommen; **være på ~** Mode sein; **være med på ~n** mit der Mode gehen, F jede Mode mitmachen

mode² ['mo:ðə] *til* ~ → *mod¹*

mode|bevidst ['mo:ðəbe'vesd] modebewusst; **~handler** [-hanlər] **⟨-en; -e⟩** Modewarenhändler *m*; **~journal** [-sjur-'na:'l] Modezeitschrift *f*

model [mo'dεl'] **⟨-len; -ler⟩** Modell *n*; Typ *m*; **stå ~ for en maler** e-m Maler Modell stehen; **det vil jeg ikke stå ~ til** F da mache ich nicht mit

modeller|e [mode'le:'rə] modellieren, kneten; **~voks** [-'vɔ'rvɔgs] Modellierwachs *n*, Knetmasse *f*

modelune ['mo:ðəlu:nə] modische(r) Einfall *m*, F Modegag *m*

moden ['mo:'ðən] reif (*a fig*); reiflich, **~hed** [-he:ð'] **⟨-en⟩** Reife *f*

modeopvisning ['mo:ðəɔbvi:'snεŋ] Mode(n)schau *f*

mo(de)r ['mo:ðər, mo:r] **⟨-en; mødre⟩** Mutter *f* (*til/* von *D*); *mor* Anrede: Mama, Mutti; *Hund*: Frauchen *n*; **mors dag** Muttertag *m*; **mors dreng** Muttersöhnchen *n*; **ikke en mors sjæl** *fig* keine Menschenseele; **her hjælper ingen kære mor** da hilft nichts (*od* kein Beten *od* kein Lamentieren), **gå i sin mor igen** unterbleiben, scheitern, F einschlafen

moderat [modə'rα:'d] gemäßigt, mäßig; **~ion** [-rα'sjo:'n] **⟨-en; -er⟩** Ermäßigung *f*; *fig* Mäßigung *f*

moderere [modə'rε:'rə] mäßigen

moderigtig ['mo:ðərεgdi] der Mode entsprechend, F up to date

moder|kage ['mo:ðərkα:(j)ə] *ANAT* Mutterkuchen *m*; **~lig** [-li] mütterlich, **~løs** [-lø:'s] mutterlos; **~mærke** [-mεrgə] Muttermal *n*

moderne [mo'dεrnə] modern, modisch;

heutig, von heute

modernisere [modεrni'se:'rə] modernisieren

moder|selskab ['mo:ðərselsgα:'b] *ÖKON* Muttergesellschaft *f*; **~skab** [-sga:'b] **⟨-et; -er⟩** Mutterschaft *f*

modersmål ['mo:ðərsmɔ:'l] Muttersprache *f*

mode|sag ['mo:ðəsα:'(j)] Modesache *f*; **~skaber** [-sga:bər] Modeschöpfer *m*

modfalden ['moðfal'ən] mutlos, verzagt

mod|forholdsregel ['moðfɔrhɔlsrε:'əl] Gegenmaßnahme *f*, **~gang** [-gaŋ'] Missgeschick *n*, F Pech *m*; **~gift** [-gifd] Gegengift *n*

modgå [moð'gɔ:'] *fig* entgegentreten (*D*), abwehren; widersprechen (*D*), entgegnen (*D*); **~ende færdsel** Gegenverkehr *m*

modhage ['moðha:(j)ə] Widerhaken *m*

modig ['mo:ði] mutig, beherzt; **græde sine ~e tårer** bittere Tränen weinen

mod|kandidat ['moðkandi'da:'d] Gegenkandidat *m*; **~krav** [-krα:'w] Gegenforderung *f*

modkørende ['moðkø:'rənə]: ~ **trafik** Gegenverkehr *m*, entgegenkommende(r) Verkehr *m*

modlys ['moðly:'s] *FOT* Gegenlicht *n*

modløs ['moðlø:'s] mutlos; **gøre ~e** entmutigen

modn|e(s) ['moðnə(s)] reifen; **~ingsproces** [-neŋsproˈsεs] Reifeprozess *m*

modpart ['moðpα:'rd] *JUR* Gegner *m*, Gegenpartei *f*; **~i** ['-pαr'ti:'] *SPORT* Gegenpartei *f*

mod|pol ['moðpo:'l] Gegenpol *m*; **~regning** [-rαi'neŋ] Verrechnung *f*, Gegenrechnung *f*; **~revolution** [-revolu'sjo:'n] Konterrevolution *f*

modsat ['moðsad] entgegengesetzt; **det (stik) ~te** (genau) das Gegenteil; **i ~ fald** im entgegengesetzten Fall, widrigenfalls; **~rettet** [-rεdəð] gegenläufig

modsige ['moðsi:'ə] widersprechen (*D*), **~lse** [-lsə] **⟨-n; -r⟩** Widerspruch *m*; Widerrede *f*

modsigelsesfri ['moðsi:'əlsəsfri:'] konsequent, folgerichtig, unstrittig

modskrift ['moðsgrεfd] Gegenschrift *f*

modspil ['moðsbel] Gegenspiel *n*; **~ler** [-ər] Gegenspieler *m*, Gegner *m*

modstand ['moðsdan'] **⟨-en; -e⟩** Widerstand *m* (*a EL*); **gøre ~** Widerstand leisten; **uden ~** widerstandslos; **~er** [-ər] **⟨-en; -e⟩** Gegner *m*

modstands|bevægelse ['moðsdansbe-

've:?(j)əlsə] POL Widerstandsbewegung f; **~dygtig** [-døgdi] widerstandsfähig; **~kraft** [-krɑfd] Widerstandskraft f; Abwehrkräfte f/pl

modstille ['moðsdel?ə] fig gegenüberstellen

modstrid ['moðsdʀi:?ð] Widerstreit m; **stå** (od **være**) **i ~ med** ... im Widerspruch zu ... stehen; **~ende** [-ənə] widerstreitend, widersprechend, widersprüchlich

mod|stræbende ['moðsdʀɛ:?bənə] widerstrebend; **~strøm** [-sdʀœm?] Gegenstrom m; **~stykke** [-sdøgə] Gegenstück n

modstå ['moðsdɔ:?] widerstehen (D); **~ende** [-ənə] gegenüberliegend

modsvar|e ['moðsvɑ:?ʀə] entsprechen (D); **~ende** [-ənə] entsprechend; **~ighed** [-svɑ:?ʀihe:ð?] ⟨-en; -er⟩ Entsprechung f, Analogie f

modsætning ['moðsɛdneŋ] Gegensatz m, Gegenteil n

modsætningsforhold ['moðsɛdneŋsfɔr-hɔl?] fig Gegensatz m, Spannung f

modsætningsvis ['moðsɛdneŋsvi:?s] im Gegensatz zu ...; gegensätzlich

modsætte ['moðsɛdə]: **~ sig** sich widersetzen (D)

modtage ['moðta:?(j)ə] empfangen, erhalten, entgegennehmen, annehmen; aufnehmen; **~lig** [-'ta:?(j)əli] empfänglich; empfindlich, verletzbar; anfällig; zugänglich, aufgeschlossen; **~lse** [-lsə] ⟨-n; -r⟩ Empfang m

modtagelses|tid ['moðta:?(j)əlsəstið?] Sprechstunde f, Sprechzeit f; **~værelse** [-ve:rəlsə] Empfangsraum m; Sprechzimmer n

modtager ['moðta:?(j)ər] ⟨-en; -e⟩ Empfänger m (a Radio)

mod|tryk ['moðtʀøg] Gegendruck m; **~træk** [-tʀɛg] Schach: Gegenzug m

modul [mo'du:?l] ⟨-en od -et; -er⟩ Modul m; Modul n; Unterrichtseinheit f; **~byggeri** [-bygə'ʀi:?] Fertigbauweise; **~møbler** [-mø:?blər] pl Anbaumöbel n/pl

modvilj|e ['moðviljə] Widerwille m, Abneigung f; **~lig** [-vil?i] widerwillig; widerstrebend

mod|vind ['moðven?] Gegenwind m; **~virke** [-virgə] entgegenwirken (D)

modvægt ['moðvɛgd] Gegengewicht n

modværge ['moðvɛrwə] ⟨et⟩ (Gegen-)Wehr f; **sætte sig til ~** sich zur Wehr setzen

mokke ['mɔgə] ⟨-n; -r⟩ V (fette) Schlampe f, Tussi f

mol¹ [mɔl?] ⟨en⟩ MUS Moll n

mol² [mɔl?] ⟨et od en⟩ Baumwollgewebe: Mull m

molbo ['mɔlbo:?] ⟨-en; -er⟩ GEOGR Person f von Mols; fig Schildbürger m; **~agtig** [-bɑgdi] schildbürgerhaft, einfältig; **~historie** [-bohi'sdo:?ʀiə] Schildbürgerstreich m

mole ['mo:lə] ⟨-n; -r⟩ NAUT Mole f, Kai m

molekyle [molə'ky:lə] ⟨-t; -r⟩ Molekül n

molestere [molə'sde:?ʀə] beschädigen, F kaputtmachen; verletzen

molevitten [molə'vidən]: **hele ~** F der ganze Kram (od Krempel)

moment [mo'men?d] ⟨-er⟩ fig Moment n; [mo'maŋ] scherzh Moment m, Augenblick m; **~vis** [-vi:?s] für Augenblicke; zeitweilig

moms [mɔm?s] Abk. für **merværdi-omsætningsafgift**

mon¹ [mɔn?] ⟨-net⟩: **i ngt. ~** zum Teil (schon); **til et vist ~** bis zu e-m gewissen Grad(e)

mon² [mon] ob; **~?** glaubst du?, wirklich?; **~ ikke ...?** ich denke ..., ich glaube ..., ob nicht ...?; **ja ~** ich denke (od glaube) ja!, F und ob (od wle)!, **hvem ~ det er?** wer mag das sein?; **ja, hvem ~!** ja, wer wohl!; **~ hun kommer?** ob sie wohl kommt?

monark [mo'nɑrg] ⟨-en; -er⟩ Monarch m; **~i** [-nɑr'ki:?] ⟨-et; -er⟩ Monarchie f; **~isk** [-'nɑ:?ʀkisg] monarchisch; **~ist** [-nɑr-'kisd] ⟨-en; -er⟩ Monarchist m

mondæn [mɔn'dɛ:?n] mondän

moneter [mo'ne:?dər] pl F Moneten pl

mongol¹ [mɔŋ'go:?l] ⟨-en; -er⟩ Mongole m, Mongolin f

mongol² [mɔŋ'go:?l]: **~t barn**, **~barn** [-ba:?ʀn] MED mongolides Kind n; **~id** [-go'lið?] mongolid

Mongoliet [mɔŋgo'li:?əð] die Mongolei

mongol|oid [mɔŋgolo'ið?] MED mongoloid; **~sk** [-'go:?lsg] mongolisch

monstro [mɔns'tʀo:?] lit = **mon²**

monstr|um ['mɔnsdʀɔm?] ⟨-(m)et; -(m)er⟩ Monstrum n, Ungetüm n, Ungeheuer n; **~øs** [-'sdø:?s] monströs

montage [mɔn'ta:sjə] ⟨-n; -r⟩ Montage f; Rundfunk: Feature n; **~byggeri** [-bygə-'ʀi:?] Fertigbauweise f

montere [mɔn'te:?ʀə] montieren; einrichten

montre ['mɔ:ŋdʀə] ⟨-n; -r⟩ Schaukasten m, Vitrine f

montør [mɔn'tø:?ʀ] ⟨-en; -er⟩ Monteur m

monument [monu'men?d] ⟨-et; -er⟩ Monument n, Denkmal n

monumental [monumen'taːˀl] monumental, großartig, imposant

mop [mɔb] ⟨-pen; -per⟩, **moppe¹** ['mɔbə] ⟨-n; -r⟩ Mop m

moppe² ['mɔbə] ⟨-n; -r⟩ Mops m

moppe³ ['mɔbə] moppen

moppedreng ['mɔbədrɛŋ] F Kaventsmann m; Buch: Schinken m, Wälzer m

mops ['mɔbs] ⟨-en; -er⟩, **er**, -er⟩ → **moppe²**; **et** ['-əð] mürrisch, verdrießlich, F eingeschnappt

mor [moːr] ⟨-en; mødre⟩ → **moder**

morads [mo'ʁɑs] ⟨-et; -er⟩ Morast m

morakke [mo'ʁɑgə] F schuften; **r** [-ʁ] ⟨-en; -e⟩ F Arbeitstier n

moral [mo'ʁɑːˀl] ⟨-en; -er⟩ Moral f; **isere** [-ʁɑliˈseːˀʁə] moralisieren; **ære** [-lɛːʁə] Sittenlehre f; **præ(di)ken** [-pʁɛ(ði)gən] Moralpredigt f; **sk** [-sg] moralisch, sittlich

morbro(de)r ['mɔrbʁoːˀr] Onkel m (Bruder der Mutter)

morbær ['mɔrbɛr] ⟨-ret; -⟩ BOT Maulbeere f, **træ** [-tʁɛ:ˀ] Maulbeerbaum m

mord [moːˀr] ⟨-et; -⟩ Mord m

morder ['mɔrdər] ⟨-en; -e⟩ Mörder m; **isk** [-isg] mörderisch; **lig(t)** [-li(d)] mordsmäßig, fig F furchtbar, gewaltig

mordreng ['mɔrdrɛŋ] Muttersöhnchen n

more ['moːʁə] unterhalten, amüsieren (**sig** sich); **det r mig** es macht mir Spaß (od Freude); **gå ud og at ~ sig** ausgehen (um sich zu amüsieren); **mor dig godt!** viel Spaß!, viel Vergnügen!

morfa(de)r ['mɔrfɑːˀr] Großvater m (mütterlicherseits)

morfin [mɔrˈfiːˀn] ⟨-en⟩ Morphin n, Morphium n; **isme** [-fi'nismə] ⟨-n⟩ Morphinismus m, Morphiumsucht f

morforældre ['mɔrfɔrˈelˀdʁə] pl Großeltern pl (Eltern der Mutter)

morgen ['mɔːʁən] ⟨morg(e)ner; morg(e)ner⟩ Morgen m; **god ~!** guten Morgen; **en (skønne) ~** e-s (schönen) Morgens; **mandag ~** Montagmorgen (od Montag früh); **fra ~ til aften** von morgens bis abends; **fra i ~** von morgen an; **i ~** morgen; **i ~ 8 dage** morgen in acht Tagen; **i ~ aften** morgen Abend; **i dag til ~** heute Morgen; **dagen i ~** der morgige Tag; **om ~en** morgens; am Morgen; **tidligt om ~en** frühmorgens, am frühen Morgen; **nu til ~** heute Morgen; **til den lyse ~** bis in den Morgen hinein, F bis in die Puppen; **i morges** heute Morgen (od früh); **i går morges** gestern Morgen

morgen|avis ['mɔːʁənɑˈviːˀs] Morgenzeitung f; **bord** [-boːˀr] Frühstückstisch m; **complet** [-kɔmˈpleː] Frühstücksgedeck n; **dagen** [-daˀən] der morgige Tag

morgenduelig ['mɔːʁənduːˀəli] **~ person** Frühaufsteher m

morgen|dæmring ['mɔːʁəndɛmrɛŋ] Morgendämmerung f; **frisk** [-fʁɛsg] frisch (wie der junge Morgen); **være ~** morgens putzmunter sein; **frue** [-fʁuːə] Ringelblume f

morgengnaven ['mɔːʁəŋnɑːvən] **være ~** ein Morgenmuffel sein

morgenkaffe ['mɔːʁənkɑfə] (erste(s)) Frühstück n

morgenkvisten ['mɔːʁənkvesdən] **på ~** am frühen Morgen, frühmorgens

morgen|kåbe ['mɔːʁənkɔːbə] Morgenrock m; **mad** [-mɑð] Frühstück n; **mand** [-manˀ] Frühaufsteher(in) m(f); **røde** [-ʁøːˀðə] ⟨-n⟩ Morgenröte f; **sko** [-sgoːˀ] Hausschuh m; **stund** [-sdonˀ] Morgenstunde f

morges ['mɔːʁəs]: **i ~** heute früh, heute früh; **i går** gestern Morgen

morild ['moːril] Meeresleuchten n

morlil [mɔrˈlil] ⟨-len; -ler⟩, **le** [-ə] ⟨-n; -r⟩ Mütterchen n, F Muttchen f

mormo(de)r ['mɔrmoːˀr] Großmutter f (mütterlicherseits)

mormor ['mɔrmoːˀr] → **mormoder**

moro ['moːʁo] ⟨-en⟩ → **morskab**

morse ['mɔːʁsə] morsen

morskab ['mɔrsgaːˀb] ⟨-en; -er⟩ Vergnügen n, Belustigung f; **for ~s skyld** zum Spaß

morskabs|bog ['mɔrsgabsbɔːˀw] unterhaltsame(s) Buch n; **læsning** [-lɛːsneŋ] Unterhaltungslektüre f

morsom ['mɔrsɔmˀ] lustig, spaßig, amüsant, drollig; unterhaltend; nett; **nu bliver det snart for ~t!** fig F jetzt wird es mir bald zu bunt!, jetzt reicht es mir gleich!; **lad nu være med at være ~!** Spaß beiseite!, hör auf mit dem Unsinn!; **hed** [-sɔmheðˀ] ⟨-en; -er⟩ Witz m, Scherz m

morsyg ['mɔrsyˀ]: **han er ~** er hängt der Mutter am Rockzipfel

mortens|aften ['mɔrdənsɑfdən] Martinsabend m; **dag** [-daˀ] Martinstag m; **gås** [-gɔːˀs] Martinsgans f

morter ['mɔrdər] ⟨-en; -er⟩ Mörser m

mos¹ [moːˀs] ⟨-en⟩ Mus n, Brei m

mos² [mɔs] ⟨-set; -ser⟩ Moos n

mose¹ ['moːsə] ⟨-n; -r⟩ Moor n

mose² ['moːsə] quetschen; **de kartofler**

pl Quetschkartoffeln *f/pl*

mose|drag ['moːsəˌdʀɑːˀw] Moorstrecke *f*, Moorland *n*; **~fund** [-fonˀ] ARCHÄOL Moorfund *m*; *F alte Menschen, Eltern:* Tattergreis *m*, der/die Alte; **~gris** [-gʀiːˀs] Wasserratte *f*, Wühlmaus *f*

mosekone ['moːsəˌkoːnə] **~n brygger** *lit* der Abendnebel steigt auf

mosgroet [mosgʀoːˀð] *fig* verstaubt, vorsintflutlich

moske, **moské** [moˈsgeˀ] ⟨moskeen; moskeer⟩ Moschee *f*

moskusokse ['mosguˀsgsə] Moschusochse *m*; **~rotte** [-ʀɔdə] Bisamratte *f*

Moskva [mɔˀsgvɑ] Moskau *n*

most [mɔsd] ⟨-en; -e(r)⟩ Most *m*, Saft *m*

moster ['mɔsdɐr] ⟨-en; mostre⟩ Tante *f* (*Schwester der Mutter*)

motherboard ['mɔðɐbɔːˀd] *n* Hauptplatine *f*

motion [moˈsjoːˀn] ⟨-en⟩ Bewegung *f*; **~ere** [-sjoˈneːˀʀə] sich trimmen; **~ist** [-sjoˈnisd] ⟨-en; -er⟩ SPORT Trimmer *m*

motions|center [moˈsjoːˀnssenˀdɐr] Fitnesscenter *n*, Fitnessstudio *n*; **~cykel** [-sygəl] *Fahrrad:* Hometrainer *m*; **~sti** [-sdiːˀ] Trimm-dich-Pfad *m*

motiv [moˈtiːˀv] ⟨-et; -er⟩ Motiv *n*; **~ation** [-tivaˈsjoːˀn] ⟨-en; -er⟩ Motivation *f*; **~ere** [-tiˈveːˀʀə] motivieren, begründen

motor [moˈtɔːr] ⟨-en; -er⟩ Motor *m*; **~cykel** [-sygəl] Motorrad *n*; **~fører** [-føːrɐr] Kraftfahrer *m*; **~hjelm** [-jelˀm] Motorhaube *f*; **~ik** [motoˈʀig] ⟨-ken⟩ Motorik *f*; **~kørende** [-køːrɒnə], **~kører** [-køːrɐr] Kraftfahrer *m*; **~køretøj** [-køːrəˌtɔjˀ] Kraftfahrzeug *n*; **~sagkyndig** [-sɑwkønˀdi] Kfz-Sachverständige(r) *m*; **~stop** [-sdɔb] *få~ e-e* Motorpanne haben; **~trafikvej** [-tʀɑˈfigvɑjˀ] Schnellstraße *f*; **~vej** [-vɑjˀ] Autobahn *f*; **~vogn** [-vɔwˀn] BAHN Triebwagen *m*

moussere [muˈseːˀʀə] *Sekt:* schäumen, moussieren; **~nde vin** Schaumwein *m*

moustache [muˈsdɑːsj(ə)] ⟨-n; -r⟩ Oberlippenbart *m*, Schnurrbart *m*

MP3-|afspiller [empeːˀtʀeːˀäusbelɐr], **~player** [-pleːˀ] MP3-Player *m*

mrk. *Abk. für* **mærket**; → **billet**

mudder ['muðˀɐr] ⟨-et⟩ Schlamm *m*, Morast *m*; *fig* Unruhe *f*; Murren *n*; **gøre ~** *F* meckern, murren; **~pøl** [-pøːˀl] Schlammpfütze *f*

mudre ['muðrə] baggern (*op* aus-); *fig* murren, raunen; **~t** [-ð] schlammig, morastig, trüb(e)

muffe ['mɔfə] ⟨-n; -r⟩ Muff *m*; TECH Muffe

f; **være ved ~n** *F* bei Kasse sein

mug [mog] ⟨-gen *od* -get⟩ Pilz: Schimmel *m*

muge ['muːə] **~ ud** Stall, *fig* ausmisten

muggen ['mogən] verschimmelt; muffig; muffelig, mürrisch; **der er ngt. ~t ved den sag** an dieser Sache ist *etw* faul

mugne ['mognə] ⟨-(ede)⟩ schimmeln

muk [mog] ⟨-et⟩ *F* Mucks(er) *m*; **ikke et ~** kein Wort (*od* kein Sterbenswörtchen)

mukke ['mogə] muck(s)en, murren, schmollen; **~bik** [-ˈbeg] ⟨-ken; -ker⟩, **~bikke** [-ˈbegə] ⟨-n; -r⟩ *Auto:* Töfftöff *n*, Nuckelpinne *f*; **~ri** [-ˈriːˀ] ⟨-et; -er⟩ *F hold op med det ~!* hör auf zu schmollen!

mulat [muˈlad] ⟨-ten; -ter⟩ Mulatte *m*, Mulattin *f*

muld [mulˀ] ⟨-en⟩ Humus *m*, Muttererde *f*; Ackerkrume *f*

muldvarp ['mulvɑrb] ⟨-en; -e(r)⟩ Maulwurf *m*

muldvarpeskud ['mulvɑrbəsguðˀ] Maulwurfshaufen *m*, Maulwurfshügel *m*

muldyr ['muldyːˀʀ] Maultier *m*

mule¹ ['muːlə] ⟨-n; -r⟩ Maul *n*

mule² ['muːlə] maulen, schmollen; (durch)prügeln

mulepose ['muːləpoːsə] Futterbeutel *m*, Futtersack *m*

mulig [muˈli] möglich, etwaig; **så hurtigt som ~t** so schnell wie möglich, möglichst schnell; **det er meget ~t** das ist gut möglich, es kann sein; **om ~t** wenn möglich; womöglich; **vi bliver længst ~t** wir bleiben so lange wie (nur) möglich (*od* möglichst lange); **~gøre** [-gœːˀʀə] ermöglichen; **~hed** [-heðˀ] ⟨-en; -er⟩ Möglichkeit *f*; **~vis** [-viːˀs] möglicherweise

mulkt [mulˀgd] ⟨-en; -er⟩ Geldstrafe *f*

mulktere [mulgˈteːˀʀə] **~ én** j-m e-e Geldstrafe auferlegen

mulm [mulˀm] ⟨-et⟩ Finsternis *f*; **i ~ og mørke** bei Nacht und Nebel

multihandicappet ['multihandikɑbəð] mehrfachbehindert

multipli|cere [multipliˈseːˀʀə] multiplizieren; **~kation** [-kaˈsjoːˀn] ⟨-en; -er⟩ Multiplikation *f*

mulæsel ['muːlˀəsəl] Maulesel *m*

mumle ['momlə] murmeln; **~ i skægget** *F* in den Bart brummen, nuscheln; **~ri** [-ˈriːˀ] ⟨-et; -er⟩ Gemurmel *n*

mund [monˀ] ⟨-en; -e⟩ Mund *m*; V Maul *n*; **bruge ~** schimpfen, keifen; **hold ~!** F halt den Mund (*od* die Klappe)!; **tage ~en fuld** *fig* den Mund voll nehmen; **spise** (*od* **tygge**) **af ~en** zu Ende kauen, das Essen hinunterschlucken; *snakke én efter ~en* j-m nach dem Munde reden; *holde sig for ~en* die Hand vor den Mund halten; *snakke i ~en på hinanden* durcheinanderreden; *tale med mad i ~en* mit vollem Mund reden; *som med én ~* wie aus e-m Munde; *lukke ~en op* den Mund aufmachen (a fig); *lukke ~en op på én* j-n zum Sprechen bringen; *lukke ~en på én* j-n zum Schweigen bringen; *j-n mundtot machen*

munde ['monə]: *~ ud* münden (*I/in* A)

mundering [mon'de:ʔreŋ] ⟨-en; -er⟩ MIL Ausrüstung f; fig Aufzug m, Aufmachung f, F Kluft f

mund|fuld ['monful?] ⟨-en; -e⟩ Happen m, Bissen m, ein Mund voll; *~godt* [-gɔd] ⟨-et⟩ Leckerei f; Leckerbissen m; *~held* [-hel?] ⟨-et; -⟩ Sprichwort n, Redensart f, Spruch m

mundhugge|ri ['monhogəˈʁiːʔ] ⟨-et; -er⟩ Zank m, Wortgefecht n; *~s* [-hogəs] sich zanken

mund|hule ['monhuːlə] Mundhöhle f; *~ing* ['moneŋ] ⟨-en; -er⟩ Mündung f; *~kurv* [-kuʁˀv] Maulkorb m (a fig); *~lam* [-lamˀ] F maulfaul; *~læder* [-lɛːˀðəʁ] F Mundwerk n

mund- og klov(e)syge ['monˀɔˈkloˈ(ə)syˈə] Maul- und Klauenseuche f

mund|rap ['monʁab] nie um Worte verlegen, schlagfertig; vorlaut; *~ret* [-ʁɛd] mundgerecht; *Stil:* geläufig, flüssig; *~smag* [-smaːˀ(j)] Kostprobe f; *~stykke* [-sdøɡə] Mundstück n; Düse f

mundsvejr ['monˀsveːʔʁ] ⟨-et⟩ leere(s) Gerede n

mundtlig ['mondli] mündlich

mundtøj ['montɔi̯] ⟨-et⟩ F Mundwerk n, V Maulwerk n

mund|vand ['monvanˀ] Mundwasser n; Speichel m; *~vig* [-viːˀ] Mundwinkel m

munk [monˀg] ⟨-en; -e⟩ Mönch m

munke|celle ['moŋɡəselə] Mönchszelle f; *~kutte* [-kudə] Mönchskutte f; *~orden* [-ɔːʔʁdən] Mönchsorden m; *~sten* [-sdeːʔn] etwa: große(r) Backstein m

munter ['monˀdəʁ] munter, heiter, fröhlich

muntre ['mondʁə] zerstreuen, unterhalten; *~ (op)* ermuntern, aufheitern

mur [muːʔʁ] ⟨-en; -e⟩ Mauer f; *løbe panden mod en ~* fig auf Granit beißen

mur|brokker ['muʁbʁɔɡəʁ] pl Mauerbrocken m/pl, (Bau)Schutt m; *~brækker* [-bʁɛɡəʁ] ⟨-en; -e⟩ Mauerbrecher m; fig Pionier m, Wegbereiter m, Bahnbre-

cher m

mure ['muːʁə] mauern; *~ én inde* j-n einmauern; *~ sig inde* fig sich von der Umwelt absondern, zu Hause hocken; *~ til* zumauern

murer ['muːʁəʁ] ⟨-en; -e⟩ Maurer m; *~arbejdsmand* [-aʁbaiˀdsmanˀ] Maurergehilfe m, Handlanger m

murfast ['muʁfasd]: *mur- og nagelfast* niet- und nagelfest

mur|hage ['muːʁhaː(j)ə] Mauerhaken m; *~ing* ['muːʁeŋ] ⟨-en; -er⟩ Mauern n

murmeldyr ['moʁˀməldyːʔʁ] Murmeltier n (a fig)

murre ['muʁə] murren, knurren

mur|sejler ['muʁsailˀəʁ] zo Mauersegler m; *~ske* [-sge:ʔ] Mauerkelle f; *~sten* [-sdeːʔn] Backstein m, Ziegel(stein) m

murstens|roman ['muʁsde:ʔnsʁoˈmaːʔn] F dicke(r) Roman m, Wälzer m; *~væg* [-vɛːˀg] Backsteinwand f, Backsteinmauer f

murværk ['muʁvɛʁg] ⟨-et⟩ Mauerwerk n, Gemäuer n

mus [muːʔs] ⟨-en; -⟩ Maus f (a EDV); *stille som en ~* mäuschenstill

muse|fælde ['muːsəfɛlə] Mausefalle f; *~grå* [-gʁɔ:ʔ] mausgrau; *~hul* [-hol] Mauseloch n

muse|rede ['muːsəʁeːðə] Mäusenest n; *~stille* [-sdelə] (mucks)mäuschenstill

museum [mu'seːom] ⟨museet; museer⟩ Museum n

museums|genstand [mu'seːomsgenˈsdanˀ] Museumsstück n; *~inspektør* [-ensbegˈtoːʔʁ] Kustos m

musik [mu'sig] ⟨-ken⟩ Musik f; *~alier* [-siˈkaːʔliəʁ] pl Musikalien f/pl; *~alitet* [-sikaliˈteːʔd] ⟨-en⟩ Musikalität f; *~alsk* [-siˈkaːʔlsg] musikalisch

musiker ['muːʔsigəʁ] ⟨-en; -e⟩ Musiker m

musik|handel [mu'sighanˀəl] Musikalienhandlung f; *~konservatorium* [-kɔnsɛʁvaˈtoːʔʁiom] Konservatorium n, Musikhochschule f; *~lærer* [-lɛːʁəʁ], *~pædagog* [-pɛdaˈgoːʔ(w)] Musiklehrer(in) m(f)

musisk ['muːʔsisg] musisch

muskat [mu'sgaːʔd] ⟨-en; -e⟩ Muskat m; *~nød* [-nøðˀ] Muskatnuss f; *~vin* [-viːʔn] Muskateller m

muskedonner [musgəˈdɔnˀəʁ] ⟨-en; -e⟩ große(s) Gewehr n; F Knarre f

muskel ['musgəl] ⟨musk(e)len; muskler⟩ Muskel m; *~bundt* [-bonˀd] Muskelbündel n; *~fiber* [-fiːʔbəʁ] Muskelfaser f; *~mand* [-manˀ] Bodybuilder m, Muskelprotz *m*, Kraftprotz *m*; **~sprængning** [-sbʀɛŋŋəŋ] Muskelriss *m*

musketer [musɡə'te:ʔʀ] ⟨-en; -er⟩ Musketier *m*

muskul|atur [musɡula'tu:ʔʀ] ⟨-en; -er⟩ Muskulatur *f*; **~øs** [-'løːʔs] muskulös

muslim [mus'li:ʔm] ⟨-(m)en; -(m)er⟩ Moslem *m*, Moslime *f*; **~sk** [-sɡ] moslemisch

musling ['musleŋ] ⟨-en; -er⟩ zo Muschel *f*

musvit [mus'vid] ⟨-ten; -ter⟩ Kohlmeise *f*

musvåge ['musvɔ:wə] ⟨-n; -r⟩ (Mäuse)-Bussard *m*

mut [mud] mürrisch, verdrossen

mutter ['mudɐr, 'modɐr] ⟨en⟩ F Frau *f*, Alte *f*

mutters ['mudɐrs, 'modɐrs]: **~ alene** mutterseelenallein

mv. *od* **m. v.** *Abk. für* **med videre**; → **med²**, **videre**

m.v.h. (= **med venlig hilsen**) MfG (*mit freundlichen Grüßen*)

myg¹ [myɡ] ⟨-gen; -⟩ Mücke *f*

myg² [my:ʔ] geschmeidig; *fig* gefügig

myggestik ['myɡəsdeɡ] Mückenstich *m*

mylder [myl'ʔər] ⟨myld(e)ret⟩ Gewimmel *n*

myldre ['mylrə] wimmeln; **~tid** [-tiðʔ] Hauptverkehrszeit *f*

mynde ['mønə] ⟨-n; -r⟩ Windhund *m*

myndig ['møndi] fest, bestimmt; gebieterisch, herrisch; JUR mündig, volljährig

myndighed ['møndiheːðʔ] ⟨-en; -er⟩ Autorität *f*; Befugnis *f*; JUR Volljährigkeit *f*, Mündigkeit *f*; Behörde *f*; **~erne** die Behörde(n *pl*)

myndigheds|alder ['møndiheðsalʔər] Volljährigkeit *f*; **~misbrug** [-misbru:ʔ] Amtsmissbrauch *m*

myndling ['mønleŋ] ⟨-en; -e(r)⟩ Mündel *n* (*m od f*)

mynte ['møndə] ⟨-n; -r⟩ BOT Minze *f*

myr¹ [my:ʔʀ] ⟨-en; -er⟩ Hochmoor *n*

myr² [my:ʔʀ] ⟨-et; -⟩ Kind: Murkel *m*, Knirps *m*

myrde ['myʀdə] (er)morden; **~ri** [-'ʀi:ʔ] ⟨-et; -er⟩ Morden *n*, Gemetzel *n*, Metzelei *f*

myre² ['my:ʀə] ⟨-n; -r⟩ Ameise *f*

myre² [my:ʀə] wimmeln

myre|flid ['my:ʀəfliðʔ] Bienenfleiß *m*; **~flittig** [-flidi] bienenfleißig; **~tue** [-tu:ə] Ameisenhaufen *m*

myrra ['myʀɑ] ⟨en⟩ Myrrhe *f*

myrte ['myʀdə] ⟨-n; -r⟩ BOT Myrte *f*

myseost ['mysəɔsd] Molkenkäse *m* (*aus Ziegenmilch*)

mysli ['mysli] ⟨-en; -er⟩ Müsli *n*

mystifistisk [mysdi'fisdisɡ] *scherzh* → **mystisk**

mystik [my'sdiɡ] ⟨-ken⟩ Mystik *f*

mystisk ['mysdisɡ] mystisch, geheimnisvoll

myte ['my:də] ⟨-n; -r⟩ Mythos *m*, Mythus *m*, Mythe *f*

mytteri [mydə'ʀi:ʔ] ⟨-et; -er⟩ Meuterei *f*; **gøre ~** meutern; **~st** [-'ʀisd] ⟨-en; -er⟩ Meuterer *m*

mæcen [mɛ'se:ʔn] ⟨-en; -er⟩ Mäzen *m*

mægl|e ['mɛːlə, 'mɛjlə] vermitteln, schlichten; makeln; **~er** [-ʀ] ⟨-en; -e⟩ (Ver)Mittler *m*; ØKON Makler *m*; **~ing** ['mɛːleŋ, mɛjleŋ] ⟨-en; -er⟩ Vermittlung *f*, Schlichtung *f*; **~ingsforslag** ['mɛːleŋsfɔrsla:ʔ] Schlichtungsvorschlag *m*, Vorschlag *m* zur Güte

mægte ['mɛɡdə] vermögen, bewältigen (*A*), gewachsen sein (*D*)

mægtig ['mɛɡdi] mächtig (*a fig*), gewaltig; **ikke være sproget ~** der Sprache nicht mächtig sein; **~ rar** furchtbar nett; **den er ~ (fin)!** ausgezeichnet!, super!

mæhæ [mɛ:'hɛ:] ⟨-et; -od -er⟩ Nölpeter *m*, Nölsuse *f*, Schlappschwanz *m*; Einfaltspinsel *m*

mæle¹ ['mɛ:lə] ⟨-t⟩ Stimme *f*; Sprache *f*; **tabe ~t** die Sprache verlieren

mæle² ['mɛ:lə] ⟨-ede od -te⟩ sprechen

mælk [mɛlʔɡ] ⟨-en⟩ Milch *f*; **skummet ~** → **skummetmælk**; **sød ~** → **sødmælk**

mælke ['mɛlɡə] ~ *Fisch*: Milch *f*; **~agtig** [-aɡdi] milchartig, milchig

mælkebøtte ['mɛlɡəbødə]: (**fandens**) **~** BOT Löwenzahn *m*

mælke|flaske ['mɛlɡəflasɡə] Milchflasche *f*; **~junge** [-jɔŋə] (große) Milchkanne *f*; **~karton** [-kɑʀ'tɔŋ] ⟨-en; -er⟩ Milchtüte *f*; **~mad** [-mað] Milchspeise *f*; **~t** [-ð] milchig, milchartig; **~tand** [-tanʔ] Milchzahn *m*

Mælkevejen ['mɛlɡəvɑiʔən] ASTR die Milchstraße

mænd [mɛnʔ] *pl* → **mand**

mængde ['mɛŋʔdə] ⟨-n; -r⟩ Menge *f*; **~tal** [-tal] MATH Grundzahl *f*, Kardinalzahl *f*

mængdevis ['mɛŋʔdəviːʔs]: *i* **~** massenhaft, haufenweise

mænge ['mɛŋə]: **~ sig med de rige** sich bei reichen Leuten anbiedern; **ikke ville ~ sig med hoben** (*abwertend*) F sich nicht unters Volk mischen wollen (*od* sich nicht mit dem Plebs einlassen wollen)

mær [mɛ:ʔʀ] ⟨-en; -e⟩ Mähre *f*; V Hure *f*

mærkat [mɛʀ'ka:ʔd] ⟨-en *od* -et; -er⟩ (Reklame)Aufkleber m, Etikett n

mærkbar ['mɛrgbɑ:ˀr] merkbar, merklich

mærke[1] ['mɛrgə] ⟨-t; -r⟩ Marke f (a ØKON.); Zeichen n; Mal n; Abzeichen n; **bide ~ i ngt.** sich etw merken; **lægge ~ til ngt.** etw bemerken (od beachten); auf etw (A) achten; **være oppe på ~rne** F den Erwartungen entsprechen, auf der Höhe (od fit) sein; F auf Zack sein

mærke[2] ['mɛrgə] (be)merken; (kenn)zeichnen; spüren; **~de kort** gezinkte Karten f/pl; **vel at ~** wohlgemerkt; **ikke lade sig ~ med ngt.** sich etw nicht anmerken lassen; **man kan ikke ~ det på ham** man merkt es ihm nicht an; **det har jeg ikke ~t til** davon habe ich nichts gemerkt; **en ~t mand** MED u fig ein gezeichneter Mann; **billet ~t** → **billet**

mærkedag ['mɛrgədaːˀ] Gedenktag m; Tag m, an dem (Wohlfahrts)Abzeichen verkauft werden

mærkelig ['mɛrgəli] merkwürdig, sonderbar; **~(t) nok** merkwürdigerweise

mærke|seddel ['mɛrgəseðˀəl] Adresszettel m, Anhänger m, Aufkleber m; **~t** [-ð] → **mærke**[2]; **~vare** [-vɑːrə] Markenware f, Markenartikel m

mærkning ['mɛrgnen] ⟨-en; -er⟩ Kennzeichnung f, Auszeichnung f

mærkværdig [mɛrg'vɛrˀdi] merkwürdig, seltsam; **~hed** [-heˀð] ⟨-en; -er⟩ Merkwürdigkeit f, Kuriosität f; **~vis** [-viːˀs] merkwürdigerweise

mæske ['mɛsgə] maischen; mästen; **~ sig** F sich (mit Essen) vollstopfen, schlemmen

mæslinger ['mɛsleŋˀər] pl MED Masern pl

mæt [mɛd] satt; **være ~ af dage** alter Mensch: des Lebens müde (od überdrüssig) sein

mætte ['mɛdə] sättigen (a CHEM.); **~nde** sättigend

mø [møːˀ] ⟨-en; -er⟩ lit Jungfrau f, Jungfer f, Maid f

møbel ['møːˀbəl] ⟨møb(e)let; møbler⟩ Möbel n, Möbelstück n; **~arkitekt** [-ɑRki'tɛgd] etwa: Möbeldesigner m; **~plade** [-plɑːðə] Tischlerplatte f; **~polstrer** [-pʌlsdRɑr] Polsterer m

møblement [møbləˀmaŋ] ⟨-et; -er⟩ Einrichtung f, Mobiliar n

møblere [møˀbleːˀRə] möblieren; **~t værelse** möbliertes Zimmer n

mødding ['møðən] ⟨-en; -er⟩ Misthaufen m

møde[1] ['møːðə] ⟨-t; -r⟩ Begegnung f; Sitzung f, Tagung f; **give ~** erscheinen, sich einfinden; **holde ~** tagen; **gå (komme) én i ~** j-m entgegengehen (entgegenkommen a fig)

møde[2] ['møːðə] ⟨-te⟩ v/t begegnen, treffen; v/i erscheinen, sich einfinden; **jeg har mødt ham** er ist mir begegnet, ich habe ihn getroffen; **vi skal ~ kl. ni** wir sollen uns um 9 Uhr einfinden; **~ modstand** auf Widerstand stoßen; **~s** sich treffen, sich begegnen; **de mødtes i Berlin** sie trafen sich in Berlin; **~ frem, ~ op** erscheinen, sich einfinden; **vel mødt!** willkommen!

møde|aften ['møːðəɑfdən] Sitzungsabend m; **~berettiget** [-beˀRɛdidə] teilnahmeberechtigt; **~dag** [-daːˀ] Versammlungstag m, Sitzungstag m; JUR Termin m; **~leder** [-leːðər] Versammlungsleiter m; **~pligt** [-plegd] obligatorische(s) Erscheinen n, Präsenzpflicht f; **~s** [-s] → **møde**[2]; **~sted** [-sdeð] Treffpunkt m

mødig ['møːði] lit müde

mø|dom ['møːˀdʌmˀ] ⟨-men; -me⟩ Jungfernschaft f, Jungfräulichkeit f; **~doms-hinde** [-dʌmshenə] ANAT Jungfernhäutchen n

mødre ['møðRə] pl → **mo(de)r**; **~hjem** [-jɛmˀ] Heim n für ledige Mütter

mødrene ['møðRənə] **på (den) ~ side** mütterlicherseits; **~arv** [-ɑːˀRv] mütterliche(s) Erbe n

møg [mʌiˀ] ⟨-et⟩ Mist m (a fig); **~beskidt** ['-be'sgid] F (sehr) dreckig; **~bunke** ['-bʊŋgə] Misthaufen m; **~ert** [mʌiˀərd] ⟨-en; -er⟩ V Schlampe f, Dreckschwein n, Miststück n

møgfald ['mʌiˀfalˀ] ⟨-et; -:⟩ **give én et ordentligt ~** F j-n zusammenstauchen, j-m die Leviten lesen

møg|fuld ['mʌiˀfulˀ] F stinkbesoffen; **~greb** [-gRɛːˀb] Mistgabel f; **~kedelig** ['-'keːˀðəli] F stinklangweilig; **~so** [-soːˀ] V Drecksau f; **~svin** [-sviːˀn] V Drecksau f, Dreckskerl m; **~vejr** [-veːˀr] F Sauwetter n, Mistwetter n

møje ['mʌiə] ⟨-n⟩ Mühe f; **med ~ og besvær** mit Müh und Not

møjsommelig [mʌiˀsʌmˀəli] mühsam, mühselig

møl [møl] ⟨-let; -⟩ Motte f; **der er gået ~ i tæppet** der Teppich ist von Motten befallen; **~kugle** [-kuːlə] Mottenkugel f

mølle ['mølə] ⟨-n; -r⟩ Mühle f (a Spiel); **den, der kommer først til ~, får først malet** wer zuerst kommt, mahlt zuerst; **vende ~** Turnen: Rad schlagen; **~hjul**

[-ju:'l] Mühlrad n

møller ['møləʀ] ⟨-en; -e⟩ Müller m; **~i** [møləˈʀi:'] ⟨-et; -er⟩ Müllerei f, Müllerhandwerk n

mølle|sten ['møləsde:'n] Mühlstein m; **~vinge** [-veŋə] Mühlenflügel m

mølpose ['mølpo:sə] Mottenschutzhülle f; **putte i ~n** fig auf Eis legen

møltæt ['mølted] mottendicht

møl|ædt ['møled] mottenzerfressen; fig altmodisch, überholt; **~ægte** [-ɛgdə] mottenfest, mottenecht

mønning ['mønəŋ] ⟨-en; -er⟩ (Dach)First m

mønster ['møn'sdər] ⟨mønst(e)ret; mønstre⟩ Muster n (a fig), **tage efter ~** sich j-n zum Muster (od Vorbild) nehmen

mønsterbeskytte|lse ['møn'sdərbe'sgødəlsə] JUR Musterschutz m; **~t** [-'sgødəð] gesetzlich geschützt

mønster|gyldig ['møn'sdərgyldi] mustergültig, musterhaft; **~værdig** [-veʀdi] mustergültig, vorbildlich

mønstre ['mønsdʀə] mustern; NAUT anmustern; Truppen mustern, inspizieren; Arbeitskräfte stellen, aufbringen, beschaffen; **~ én fra top til tå** (od fra øverst til nederst) j-n von oben bis unten mustern

mønstret ['mønsdʀəð] Stoff, Tapete: gemustert

mønstring ['mønsdʀəŋ] ⟨-en; -er⟩ Musterung f, MIL Inspektion f, Antreten n zum Appell

mønt [møn'd] ⟨-en; -er⟩ Münze f; **klingende ~** klingende (od bare) Münze f; **give igen** (od betale) **med samme ~** fig mit gleicher Münze heimzahlen; kontern, Kontra geben; **slå ~ af ngt.** F aus etw (D) Kapital schlagen

mønte ['møndə] münzen; fig **det er ~t på dig** das ist auf dich gemünzt

mønt|fod ['møndfo:'ð] Währung f; **~indkast** [-enkasd] Geldeinwurf m; **~renseri** ['-ʀensəˈʀi:'] Münzreinigung f; **~telefon** ['-telə'fo:'n] Münzfernsprecher m; **~union** ['-'uni'o:'n] Währungsunion f; **~vaskeri** ['-vasgəˈʀi:'] (Münz)Waschsalon m

mør [mø:'ʀ] mürbe; gar; morsch, brüchig; **gøre én ~** F fig j-n mürbemachen; **er du ~!** F bist du nicht ganz dicht?!

mørbanke ['møʀbaŋ'gə] durchprügeln, windelweich schlagen; **som ~t** wie gerädert, abgekämpft, F fix und fertig

mørbrad ['mø:'ʀbʀɑð] ⟨-en; -er od -⟩ Fleisch: Filet n; **~bøf** [-bøf] Filet(steak)

n, Schweinelendensteak n

mørdej ['mø:'ʀdɑi'] Mürb(e)teig m

mørk [mœʀg] dunkel, finster, düster; Wetter: trübe; **~ chokolade** bittere Schokolade f; **~blond** ['-blɔn'(d)] → **mørkeblond**

mørke ['mœʀgə] ⟨-t⟩ Dunkelheit f, Finsternis f, Dunkel n; **i nattens mulm og ~** bei Nacht und Nebel; **~blond** [-blɔn'(d)] dunkelblond; **~blå** [-blɔ:'] dunkelblau; **~kammer** [-kɑm'əʀ] FOT Dunkelkammer f; **~lægge** [-lɛgə] → **mørklægge**; **~lægning** [-lɛgnəŋ] → **mørklægning**; **~mand** ['mɑn'] Schwarzseher m, Pessimist m; **~ræd** [-ʀɛð']: **være ~** Angst vor Dunkelheit haben; **~tal** [-tal] Dunkelziffer f

mørk|hudet ['mœʀghu:'ðəð] dunkelhäutig; **~håret** [-hɔ:'ʀəð] dunkelhaarig; **~laden** [-la:'ðən] von dunkler Hautfarbe, dunkel; finster

mørklægge ['mœʀglɛgə] MIL verdunkeln; **~ forhandlingerne** e-e Nachrichtensperre über die Verhandlungen verhängen

mørklægning ['mœʀglɛgnəŋ] ⟨-en; -er⟩ MIL Verdunk(e)lung f; Nachrichtensperre f

mørk|lødet ['mœʀglø:'ðəð] dunkelhäutig, mit dunklem Teint; **~ne(s)** [-nə(s)] dunkel werden; dämmern; **~ning** [-nəŋ] ⟨-en⟩ (Abend) Dämmerung f

mørkrande|t ['mœʀgʀɑn'əð]: **hun havde ~de øjne** sie hatte dunkle Ränder unter den Augen

mørkøjet ['mœʀgɔi'əð] dunkeläugig

mørne ['møʀnə] mürbe od morsch werden

mørtel ['mœʀdəl] ⟨mørt(e)len; mørtler⟩ Mörtel m

møtrik ['møtʀeg] ⟨-ken; -ker⟩ (Schrauben)Mutter f

møv(r)e ['mœwə, 'mœüʀə]: **møv(r)e sig frem** sich durch-, vordrängeln

må¹ [mɔ:'] → **måtte²**

må² [mɔ:']: **på ~ og få** aufs Geratewohl

måbe ['mɔ:bə] (mit offenem Mund) staunen, gaffen, Mund und Nase aufsperren

måde ['mɔ:ðə] ⟨-n; -r⟩ Art f, Weise f; Maß n, GRAM Modus m; **holde ~** Maß halten; **i alle ~r** in jeder Hinsicht; **(tak,) i lige ~!** (danke,) gleichfalls!; **ikke i mindste ~** nicht im Geringsten; **alt med ~** alles mit Maßen; **på en ~** auf e-e Weise (od Art); **in e-r Weise** (od Art); gewissermaßen; **på en eller anden ~** in irgendeiner Weise, irgendwie; **på den ~** in der (od auf die) Weise, so; **på følgende ~** folgendermaßen; **på ingen ~** keineswegs; **på mange ~r** auf verschiedene Weise; in vielerlei Hinsicht; **på nogen** ~ irgend

mådehold ['mɔːðəhʌlˀ] ⟨-et⟩ Mäßigkeit f, Mäßigung f; **~en(de)** [-ˀn(ə)] mäßig, maßvoll; **~enhed** [-ənheːðˀ] ⟨-en⟩ → **mådehold**

mådelig ['mɔːðəli] mäßig, mittelmäßig, gering

mådesudsagnsord ['mɔːðəsuðsaŋnˀsoːˀr] GRAM Modalverb n

måge ['mɔːwə] ⟨-n; -r⟩ Möwe f

mål [mɔːˀl] ⟨-et; -⟩ Maß n (a Schneiderei); Messgefäß n; Messwerkzeug n; Ziel n; SPORT Tor n; Sprache f, Stimme f; Mundart f; **~ og vægt** Maß n und Gewicht n; **sætte sig et** ~ sich ein Ziel setzen (od stecken); **skyde over** ~ et fig über das Ziel (hinaus)schießen; **skyde** ~ in ein Tor schießen; **tage** ~ **af én** Schneider: bei j-m Maß nehmen; j-n taxieren; **efter** ~ nach Maß; **syet efter** ~ Kleidung: maßgeschneidert; **er fuldt** fig das Maß ist voll; **i fuldt** ~ in vollem Maße; **stå** ~ **med én** sich mit j-m messen können; **uden** ~ **og med** ziellos, ohne Ziel und Zweck; **~bevidst** ['mɔːlbevesð] zielbewusst, zielstrebig

måle ['mɔːlə] ⟨-te⟩ messen; **~ sig med én** sich mit j-m messen; **~ af** Stoff abmessen; **~bånd** [-bɔnˀ] Bandmaß n, Zentimetermaß n; **~enhed** [-eːnheːðˀ] Maßeinheit f; **~lig** [-li] messbar

måler ['mɔːlər] ⟨-en; -e⟩ Messer m; EL Zähler m

målestok ['mɔːləsdɔk] Maßstab m (a fig)

målestoksforhold ['mɔːləsdʌgsfɔrhʌlˀ] Karte: Maßstab m

mål|felt ['mɔːlfelˀð] SPORT Torraum m; **~gruppe** [-grubə] Zielgruppe f; **~ing** ['mɔːleŋ] ⟨-en; -er⟩ Messung f, Messen n; **~kast** [-kasd] Abwurf m; **~linie, ~linje** [-linjə] SPORT Torlinie f

målløs ['mɔːlløˀs] sprachlos; **blive** ~ verstummen, baff sein

mål|mand ['mɔːlmanˀ] SPORT Torwart m; **~rettet** [-rɛðəð] zielgerichtet, gezielt; **~scorer** [-sgoːrɔr, -er] SPORT Torschütze m; **~snor** [-snoːˀr] Zielband n; **~streg** [-sdraiˀ] SPORT Ziellinie f; **~tagning** [-tasdnen] ⟨-en; -er⟩ Zielsetzung f; **~tagning** [-ta-ˀneŋ] ⟨-en; -er⟩ Maßnehmen n

måltid ['mɔːltiðˀ] ⟨-et; -er⟩ Mahlzeit f

måne ['mɔːnə] ⟨-n; -r⟩ Mond m (a fig); F Glatze f

måned ['mɔːnəð] ⟨-en; -er⟩ (Abk. **md.**) Monat m; **en** ~**s tid** etwa e-n Monat (lang); **tre** ~**s** dreimonatig; **for en** ~ **siden** vor e-m Monat; **i november** ~ im (Monat) November; **i begyndelsen af**

november ~ Anfang November; **i flere** ~**er** monatelang; seit (mehreren) Monaten; **først (midt; sidst) i denne** ~ Anfang (Mitte; Ende) dieses Monats; **om** ~**en** monatlich, im Monat; **om** ~ **in** e-m Monat; **om en** ~**s tid** in etwa e-m Monat; **først (sidst) på** ~**en** Anfang (Ende) des Monats

måned|gammel ['mɔːnəðgaməl] einen Monat alt; **~lang** [-laŋˀ] adj von der Dauer eines Monats; monatelang; **~lig** [-li] (Abk. **mdl.**) monatlich

måneds|blad ['mɔːnəðsblað] Monatsblatt n, Monatszeitschrift f; **~dag** [-daː]: **hver** ~ am Monatsersten; **~gage** [-gaːsjə] Monatsgehalt n; **~kort** [-kɔrd] Monatskarte f; **~lov** [-loˀ] ⟨-en⟩ Schule: monatliche(r) freie(r) Tag m; **~løn** [-lœnˀ] Monatslohn m

månedsvis ['mɔːnəðsviˀs] monatlich, monatsweise; **i** ~ monatelang; seit Monaten

måne|fase ['mɔːnəfaːsə] Mondphase f; **~formørkelse** [-fɔrˀmœrgəlsə] Mondfinsternis f; **~klar** [-klaːˀr] mondhell; **~landskab** [-lansgaˀb] Mondlandschaft f (a fig)

måne|raket ['mɔːnərakˀed] Mondrakete f; **~skifte** [-sgifdə] Mondwechsel m; **~skin** [-sgenˀ] Mondschein m

måneskins|arbejde ['mɔːnəsgensar-baiˀdə] Schwarzarbeit f; **~nat** [-nad] Mondnacht f; **~tur** [-tuːˀr] Spaziergang m bei Mondschein, Mondscheinfahrt f

månesyg ['mɔːnəsyːˀ] mondsüchtig

mår [mɔːˀr] ⟨-en; -e⟩ Marder m

mås [mɔːˀs] ⟨-en; -e⟩ F Hintern m, Po(dex) m

måske [mʌˈsgeːˀ] vielleicht

måtte¹ ['mʌdə] ⟨-n; -r⟩ Matte f, (Fuß)Abtreter m; F Kultur f; Mondlicht m; **holde sig på** ~ F fig auf dem Teppich bleiben; sich hüten; **brug** ~! (bitte) Füße abtreten!

måtte² ['mʌdə] dürfen; mögen; müssen; Zulassen: **I må** ... Ihr dürft ...; **det må du om** das ist deine Sache; **det må du selv om** das ist (od bleibt) dir überlassen; Verbot: **hun må ikke** ... sie darf nicht ...; **græsset må ikke betrædes!** Betreten des Rasens verboten!; Höflichkeit: **må jeg bede Dem** ...? darf ich Sie bitten ...?; Notwendigkeit: **vi må hjem** wir müssen nach Hause; **han har** ~**t gøre det** er hat es tun müssen; Annahme: **hun må have glemt det** sie muss es vergessen haben; **han må vel være syg** er wird wohl krank sein; **det må guderne vide!** das wissen die Götter!; *Wunsch*: **måtte ingen af os** ... möge keiner von uns ...; **gid det må bekomme Dem vel!** möge es Ihnen

wohl bekommen!; *Möglichkeit*: **hvis nogen måtte ønske det** ... falls jemand es wünscht ...

N

N, n [ɛn] ⟨-'et; -'er⟩ N, n *n*
N *Abk. für* **nord**
nabo ['na:bo] ⟨-en; -er⟩ Nachbar *m*; **~by** [-by:ˀ] Nachbarstadt *f*; **~ejendom** [-aˀiəndɔmˀ] Nachbarhaus *n*; **~erske** ['na:boːˀɐsɡə] ⟨-n; -r⟩ → **nabokone**; **~folk** [-fɔlˀɡ] *pl* Nachbarsleute *pl*; Nachbarvolk *n*; **~kone** [-koːnə] Nachbarsfrau *f*, Nachbarin *f*, **~lag** [-la:ˀ], **~skab** [-sɡaːˀb] ⟨-et; -er⟩ Nachbarschaft *f*
nadver ['naðvɐr] ⟨-en⟩ REL Abendmahl *n*; KATH Kommunion *f*; **~bord** [-boːˀr] Altar *m*; **~brød** [-brøːˀð] Oblate *f*; KATH Hostie *f*
nag [na:ˀ] ⟨-et⟩ Groll *m*; **hære ~ til én** gegen *j-n* Groll hegen; *fig j-m etw* nachtragen
nage ['na:(j)ə] *fig* nagen, wurmen (*A*)
nagelfast ['na:ˀəlfasd] *fig* niet- und nagelfest
nagle[1] ['nawlə] ⟨-n; -r⟩ Nagel *m*, Bolzen *m*; Pflock *m*
nagle[2] ['nawlə] nageln; **~ fast** annageln, festnageln
naiv [na'iˀv] naiv; **~itet** [naivite:ˀð] ⟨-en⟩ Naivität *f*
nakke ['naɡə] ⟨-n; -r⟩ ANAT Nacken *m*, Genick *n*; **tage én i ~n** *j-n* am Kragen packen; **have øjne i ~n** *s-e* Augen überall haben; **tage sig selv i ~n** sich zusammennehmen; **tage benene på ~n** *fig* die Beine in die Hand nehmen; **være på ~n af én** hinter *j-m* her sein; **~drag** [-dra:ˀw] Nackenschlag *m*; **~knude** [-knuːðə] Haarknoten *m*; **~pisk** [-pisɡ] Zopf *m*; **~skud** [-sɡuð] Genickschuss *m*; **~spejl** [-sbaiˀl] Handspiegel *m*; **~støtte** [-sdøðə] AUTO Kopfstütze *f*
namnam [nam'namˀ] F: **det er ~!** das ist was Leckeres!
nap[1] [nab] ⟨-pet; -⟩ schnelle(r) Griff *m*, Zugriff *m*; **tage et ~ med** mit anfassen (*od* zupacken)
nap[2] [nab]: **knap og ~** mit Müh und Not
napoleonskage [na'poːˀleonska(j)ə] *Butterkuchen mit Schlagsahne, Himbeerkonfitüre und Glasur*
nappaskind ['napa'sɡenˀ] Nappaleder *n*

nappe ['nabə] zupfen, zwicken; schnappen; F klauen; F erwischen; **~ (sig) et bæger** F (sich) ein Gläschen nehmen; **~s** sich streiten (*od* kabbeln)
nar [naːˀr] ⟨-ren; -re⟩ Narr *m*, Närrin *f*; Hanswurst *m*; Geck *m*; **gøre ~ ad** (*od* **af**) **én** *j-n* veräppeln; **holde én for ~** *j-n* zum Narren halten; **~agtig** [naˀaɡdi] närrisch, albern
narko ['narko] ⟨-en⟩ Rauschgift *n*, Drogen *f/pl*; **~center** [-sɛnˀdɐr] Releasecenter *n*, Drogenberatungsstelle *f*; **~luder** [-luðˀɐr] F drogenabhängige Prostituierte *f*; **~man** [-'maːˀn] ⟨-en; -er⟩ Rauschgiftsüchtige(r) *m*, F Junkie *m*, Fixer *m*; **~miljøet** [-milˀjøːˀəð] die Drogenszene
narkose [naːˀkoːsə] ⟨-n; -r⟩ Narkose *f*.
narkoti|ka [naːˀkoːˀtika] *pl* Narkotika *n/pl*, Drogen *f/pl*, Rauschmittel *n/pl*; **~kum** [-'koːˀtikom] ⟨-(m)et; *narkotika*⟩ Narkotikum *n*; Rauschmittel *n*, Rauschgift *n*
narkovrag ['narkovraːˀw] vom Rauschgift zerstörte(r) Mensch *m*
narre ['narə] narren, zum Narren halten, anführen, hereinlegen, täuschen; **~hue** [-huːə] Narrenkappe *f*
narrestreger ['narəsdraiˀɐr] *pl* (Narren)Streiche *m/pl*, Unfug *m*; **lave ~** Narren(s)possen treiben, F Unsinn (*od* Faxen) machen
narresut ['narəsud] Schnuller *m*; *fig* F Lockmittel *n*, Köder *m*
narv [naːˀrw] ⟨-en⟩ Gerberei: Narbe *f*
nas[1] [nas] *su* F: **leve på ~** schmarotzen
nas[2] [nas] ⟨-et⟩ F schmierige(s) Zeug *n*, F Pampe *f*
nasal [na'saːˀl] ⟨-en; -er⟩ GRAM Nasal *m*
nasse ['nasə] schmarotzen; **~ på én** bei *j-m* schmarotzen; **~t** [-ð] schmierig
nat [nad] ⟨-ten; nætter⟩ Nacht *f*; **en ~** eines Nachts; **god ~!** (*od* **godnat!**) gute Nacht!; **i ~** heute Nacht, diese Nacht; **hele nætter** nächtelang; **om ~ten** nachts, in der Nacht; **til langt ud på ~ten** bis tief in die Nacht hinein; **blive ~ten over** übernachten
nat|arbejde ['nadɑrbaiˀdə] Nachtarbeit *f*,

Nachtschicht f; ~bord [-boːˀʀ] n Nachttisch m; ~dragt [-dʀɑgd] Schlafanzug m; ~hold [ˈhɔlˀ] Nachtschicht f; ~hue [ˈhuːə] Schlafmütze f (a fig)

nation [naˈsjoːˀn] ⟨-en; -er⟩ Nation f

national [nasjoˈnaˀl] national; ~bank [-baŋˀg] (dän.) Reichsbank f; ~dragt [-dʀɑgd] Nationaltracht f, Volkstracht f; ~flag [-flaˀ] Nationalflagge f; ~formue [-ˈfɔʀmuːə] Volksvermögen n; ~følelse [-føˀləlsə] Nationalgefühl n; ~indkomst [-ˈenkɔmˀsd] Nationaleinkommen n

nationalisere [nasjonaliˈseˀʀə] nationalisieren; ~me [-ˈlismə] ⟨-n⟩ Nationalismus m; ~tisk [-ˈlisdisg] nationalistisch

nationalitet [nasjonaliˈteˀd] ⟨-en; -er⟩ Nationalität f; Staatsangehörigkeit f

nationalitetsmærke [nasjonaliˈteˀdsˈmɛʀgə] AUTO Nationalitätskennzeichen n

national|museum [nasjoˈnaˀlmuˈseːom] Nationalmuseum n; ~produkt [-pʀɔdogd] Sozialprodukt m; ~ret [-ʀed] GASTR Nationalgericht n; ~sang [-saŋˀ] Nationalhymne f, Nationallied n

nationalsocialis|me [nasjoˈnaˀlsosjaˈlismə] Nationalsozialismus m; ~t [-ˈlisd] Nationalsozialist m

nationaløkonom [nasjoˈnaˀløkoˈnoːˀm] Volkswirt(schaftler) m; ~i [-noˈmiˀ] Volkswirtschaft(slehre f) f

nat|kafé [ˈnadkaˈfeːˀ] Nachtlokal n; ~kjole [-kjoːlə] (Damen)Nachthemd n; ~klokke [-klɔgə] Nachtklingel f, Nachtglocke f; ~kvarter [-kvɑʀˈteːˀʀ] Nachtquartier n; ~lig [ˈnadli] nächtlich; ~læge [-lɛː(j)ə] Notarzt m, Notärztin f; ~mad [-maˀð] ⟨-en⟩ nächtliche(r) Imbiss m; ~potte [-pɔdə] Nachttopf m

natron [ˈnaːtʀɔn] ⟨-en od -et⟩ Natron f; ~lud [-luˀð] Natronlauge f

nat|skjorte [ˈnadskjɔʀdə] (Herren)Nachthemd n; ~sværmer [-svɛʀməʀ] ZO Nachtschwärmer m; ~sygeplejerske [-syːəplaiˀəʀsgə] Nachtschwester f; ~takst [-tɑgsd] Nachttarif m

natteblind [ˈnadəblenˀ] nachtblind

nattefrost [ˈnadəfʀɔsd] Nachtfrost m

nattegn [ˈnadtaiˀn] MIL Nachturlaub m

natte|leje [ˈnadəlaiə] Nachtlager n; ~liv [-liˀv] ⟨-et⟩ Nachtleben n; ~ly [-lyˀ] ⟨-et⟩ Obdach n für die Nacht; ~ravn [-ʀaŭˀn] fig F Nachteule f, Nachtschwärmer m

nattergal [ˈnadəʀgaˀl] ⟨-en; -e⟩ Nachtigall f

natte|ro [ˈnadəʀoːˀ] ⟨-en⟩ Nachtruhe f; ~svir [-sviːˀʀ], ~sværmen [-svɛʀmən]

Nachtschwärmerei f; ~søvn [-søˀn] Schlaf m (in der Nacht)

nattetid [ˈnadətiðˀ] Nachtzeit f; ved ~(e) nachts, zu nachtschlafender Zeit

natte|time [ˈnadətiˀmə] Nachtstunde f; ~vagt [-vagd] Nachtwache f, Krankenhaus a: Nachtschwester f

nat|tillæg [ˈnadˈteleˀg] Nachtzuschlag m; ~tog [-tɔˀw] BAHN Nachtzug m; ~tøj [-tɔiˀ] Nachthemd n, Schlafanzug m, F Nachtzeug n

natur [naˈtuːˀʀ] ⟨-en; -er⟩ Natur f; af ~en von Natur aus

naturalier [natuˈʀaːˀliəʀ] pl Naturalien f/pl

naturalisere [natuʀaliˈseːˀʀə] naturalisieren, einbürgern

natural|ydelse [natuˈʀaːˀlyːðəlsə] Naturalleistung f; ~økonomi [-økonoˈmiˀ] Naturalwirtschaft f

natur|anlæg [naˈtuːˀʀanlɛˀg] Naturanlage f; ~barn [-baˀʀn] Naturkind n; ~drift [-dʀɛfd] Naturtrieb m

naturel [natyˈʀɛlˀ] ⟨-let; -ler⟩ Naturell n

naturelsker [naˈtuːˀʀɛlsgəʀ] Naturfreund m

natur|fag [naˈtuːˀʀfaˀ(j)] pl naturwissenschaftliche Fächer n/pl; ~farvet [-fɑʀvəð] naturfarben; ~fredning [-fʀeðnən] Naturschutz m; ~fredningsområde [-fʀeðnəŋsɔmʀɔːðə] Naturschutzgebiet n; ~fænomen [-fɛnoˈmeːˀn] Naturerscheinung f; ~gas [-gas] Naturgas n, Erdgas n; ~given [-giːvən] naturgegeben; ~historie [-hiˈsdoːˀʀiə] Naturgeschichte f; ~isme [natuˈʀismə] ⟨-n⟩ Freikörperkultur f, Naturismus m; ~ist [natuˈʀisd] ⟨-en; -er⟩ Naturist, F FKKler m; ~kundskab [-kɔnsgaˀb] Naturkunde f

naturlig [naˈtuːˀʀli] natürlich; ~hed [-heːðˀ] ⟨-en⟩ Natürlichkeit f; ~vis [-viːˀs] natürlich, selbstverständlich

natur|lov [naˈtuːˀʀlɔŭ] Naturgesetz n; ~læge [-lɛːə] Naturarzt m, Naturheilkundige(r) m, Heilpraktiker m; ~lære [-lɛːʀə] Naturkunde f; ~nødvendig [-nøðˀvenˀdi] zwangsläufig; naturnotwendig; ~park [-paʀg] Natur(schutz)park m; ~silke [-selgə] Naturseide f

natur|stridig [naˈtuːˀʀsdʀiˀðˀi] naturwidrig; ~tro [-tʀoːˀ] naturgetreu

naturvidenskab [naˈtuːˀʀviˀðənsgaˀb] Naturwissenschaft f; ~elig [-ˈsgaˀbəli] naturwissenschaftlich

natvægter [ˈnadvɛgdəʀ] Nachtwächter m

nautisk [ˈnaŭˀtisg] NAUT nautisch

nav [naŭ?] ⟨-et; -⟩ Nabe f

naver ['na:?vər] ⟨-en; -e⟩ skandinavische(r) wandernde(r) Handwerksgeselle m

naviga|bel [navi'ga:?bəl] NAUT befahrbar; **~tionsskole** [-ga'sjo:?nsgo:lə] Navigationsschule f, Seefahrtsschule f; **~tør** [-ga'tø:?R] ⟨-en; -er⟩ Navigator m

navigere [navi'ge:?Rə] navigieren, steuern

navle ['naŭlə] ⟨-n; -r⟩ ANAT Nabel m

navlebeskue|lse ['naŭləbe'sgu:?əlsə] Nabelschau f; **~nde** [-be'sgu:?ənə] narzisstisch

navle|bind ['naŭləben?] Nabelbinde f; **~brok** [-bRɔg] Nabelbruch m; **~snor** [-sno:?R], **~streng** [-sdRɛŋ?] Nabelschnur f, Nabelstrang m

navn [naŭ?n] ⟨-et; -e⟩ Name m; **hvad er Deres ~?** wie ist Ihr Name?; **skabe sig et ~** sich e-n Namen machen; **have et godt ~** in gutem Ruf stehen; **kun af ~** nur dem Namen nach; **ved ~** namens; **kalde** (od **nævne**) **én ved ~** j-n beim Namen nennen

navne ['naŭnə] ⟨-en; -r⟩ Namensvetter m, Namensschwester f; **~bog** [-bɔ:?w] TEL Teilnehmerverzeichnis n; **~bro(de)r** [-bRo:R] Namensvetter m; **~forandring** [-fɔr'an?dRɛŋ] Namensänderung f; **~form** [-fɔr?m] GRAM Nennform f; Infinitiv m; **~fortegnelse** [-fɔr'taɪ?nəlsə] Namenverzeichnis n; **~fælle** [-fɛlə] → **navne**; **~måde** [-mɔ:ðə] GRAM Nennform f, Infinitiv m

navneopråb ['naŭnə'ɔb'Rɔ:?b] Namensaufruf m; **ved ~ a** namentlich

navne|ord ['naŭnəo:?R] GRAM Hauptwort n, Substantiv n; **~skilt** [-sgel?d] Namensschild n; **~søster** [-søsdər] Namensschwester f; **~tillæg** [-'tele:?g] GRAM Apposition f; **~træk** [-tRɛg] Namenszug m; **~ændring** [-ɛndRɛŋ] Namensänderung f

navngive ['naŭngi:?və] nennen, namhaft machen

navnkundig [naŭn'kɔn?di] berühmt

navn|lig ['naŭnli] namentlich, besonders; **~løs** [-lø:?s] namenlos

navra! ['naŭRa] na warte!, au Backe!

nazi ['na:si] ⟨-en; -er⟩ Nazi m; **~sme** [na-'sismə] ⟨-n⟩ Nationalsozialismus m; **~st** [na'sisd] ⟨-en; -er⟩ Nazi m

NB, nb. [ɛnbe:?] Abk. für notabene; → notabene²

ned [neð?] nieder; herab, hinab, herunter, hinunter, nach unten; poet hernieder; **~ med ham!** nieder mit ihm!; **~ ad bakke**

bergab (a fig); **gå ~** hinabgehen; Sonne: untergehen; **gå ~ ad trappen** die Treppe hinuntergehen; **op og ~** auf und ab; auf und nieder

nedad ['neð?að] abwärts, nach unten; herab, hinab; **~gående** [-gɔ:?ənə] abwärtsgehend; **~til** [-tel] nach unten (hin); **~vendt** [-ven?d] nach unten gekehrt

nedarve|s ['neða:?Rvəs] sich vererben, sich forterben; **~t** [-ð] ererbt; fig hergebracht

nedbringe ['neðbRɛŋ?ə] vermindern, verringern

nedbrudt ['neðbRud] → **nedbryde**

nedbryde ['neðbRy:?ðə] abbrechen, niederreißen, abtragen; abbauen; fig zerstören, zerrütten; **nedbrudt** fig gebrochen; **~lig** [neð'bRy:?ðəli] abbaubar

ned|brændt ['neðbRen?d] abgebrannt; **~bøjet** [-bɔɪ?əð] gebeugt

nedbør ['neðbø:?R] ⟨-en⟩ Niederschlag m; **~(s)mængde** [-(s)mɛŋ?də] Niederschlagsmenge f

ned|dykket ['neðdøgəð] (unter)getaucht; **~dysse** [-dysə] vertuschen; **~dæmpe** [-dɛm?bə] Zorn dämpfen

nede [ne:ðə] unten; **være nervemæssigt langt ~** mit den Nerven völlig herunter sein; **længere ~** weiter unten; **~fra** [-fRa:?] von unten

nedefter ['neð?əfdər] nach unten

neden ['ne:ðən] **fra ~** von unten; **~for** unterhalb (G); **~ under** unter (D); **~for** [-fɔr] unten; **~fra** [-fRa:?] von unten; **~nævnt** [-neŭ?nd] unten angeführt

nedenom ['ne:ðənɔm?] unten herum; **gå ~ og hjem** F zugrunde gehen, auf den Hund kommen

neden|stående ['ne:ðənsdɔ:?ənə] nachstehend; **~under** [-ɔn?ər] unten

nederdel ['ne:ðərde:?l] Rock m

nederdrægtig [neðər'dRegdi] niederträchtig; F verdammt; **~hed** [-he:ð?] ⟨-en; -er⟩ Niederträchtigkeit f, Niedertracht f

nederlag ['ne:ðərla:?] ⟨-et; -⟩ Niederlage f, Schlappe f

Nederlandene ['ne:ðərlanənə] pl die Niederlande (n/pl)

neder|landsk ['ne:ðərlan?sg] niederländisch; **~lænder** [-lɛn?ər] ⟨-en; -e⟩ Niederländer(in) m(f)

nederst ['neð?əRsd] adj unterst; (von zweien) unter-; adv zuunterst

nedfald ['neðfal?] Einsturz m; Absturz m; **radioaktivt ~** radioaktive(r) Niederschlag m; **~en frugt** Fallobst n

N

nedfalds|frugt ['neðfalsʀɔgd] Fallobst
n; **~æble** [-ɛːblə] Fallapfel *m*
nedfrys|e ['neðfʀyˀsə] einfrieren *(a fig)*;
~ning [-fʀyˀsneŋ] Einfrieren *n*
ned|fælde ['neðfɛlˀə] GEOM fällen; *schriftlich* niederlegen; **~gang** [-gaŋˀ] Herabsteigen *n*, Abstieg *m*; Niedergang *m*;
Sonne: Untergang *m*; *Preis:* Fallen *n*;
~gangstid [-gaŋˀstiðˀ] Zeit *f* des Niedergangs; Rezession *f*; **~grave** [-gʀɑːˀgʀoet]
vergraben, verscharren; **~groet**
[-gʀoːˀəð] *Nagel:* eingewachsen; **~gøre**
[-gœːˀʀə] F heruntermachen, verreißen;
~gående [-gɔːˀɔnə] untergehend; *Preis:*
fallend; **~hængende** [-hɛŋˀənə] herabhängend, herunterhängend
nedkast|e ['neðkasdə] abwerfen; **~ning**
[-kasdneŋ] ⟨-en; -er⟩ Abwurf *m*, Abwerfen *n*
nedkom|me ['neðkɔmˀə] niederkommen
(med/ mit *D);* **~st** [-kɔmˀsd] ⟨-en; -er⟩
Niederkunft *f*
ned|kradse ['neðkʀasə] niederkritzeln;
~kule [-kuˀlə] *Kartoffeln* einmieten;
Geld festlegen; **~køle** [-køˀlə] kühl lagern; *fig* abkühlen; **~kørsel** [-køʀsəl] Abfahrt(srampe) *f*
nedlade ['neðlaːˀðə]: **~ sig** sich herablassen; **~nde** [-nə] herablassend; gönnerhaft; **~nhed** [-nheˀðˀ] ⟨-en⟩ Herablassung *f*
nedlægge ['neðlɛgə] niederlegen; erlegen, fällen; stilllegen; *Arbeit* einstellen;
Grundstein legen; einlegen *(a Protest);*
Kabel verlegen; **~ forbud** ein Verbot aussprechen *(mod/* gegen *A);* **~lse** [-lsə] ⟨-n;
-r⟩ *Arbeit:* Niederlegung *f; Wild:* Erlegung *f*
nedlægning ['neðlɛgneŋ] ⟨-en; -er⟩ Heringe: Einlegen *n; Kabel:* Verlegung *f*
nedløb ['neðløˀb] Ablauf *m*
nedløbsrør ['neðløˀbsʀœːˀʀ] Abflussrohr *n*, Fallrohr *n*
ned|meje ['neðmaiˀə] *fig* niedermähen;
~over ['neðˀɔuˀɑʀ] abwärts, nach unten;
~plukke [-plɔgə] (ab)pflücken; **~rakke**
[-ʀagə] *fig* herunterreißen; **~ramme**
[-ʀamˀə] einrammen
nedre ['neðʀə] *adj* untere(r); **~ løb** *Fluss:*
Unterlauf *m*
nedrig ['neðʀiˀ] niedrig, gemein, unwürdig
nedringet ['neðʀeŋˀəð] *Kleid:* ausgeschnitten; dekolletiert
nedrive ['neðʀiˀvə] niederreißen, abrei
ßen, abbrechen
nedrullet ['neðʀulˀəð] *Rollo:* herunterge

lassen
nedrust|e ['neðʀɔsdə] MIL abrüsten;
~ning [-ʀɔsdneŋ] ⟨-en; -er⟩ Abrüstung *f*
nedryk|ker ['neðʀœgɑʀ] ⟨-en; -e⟩ *Fußball:*
Absteiger *m*; **~ning** [-ʀœgneŋ] ⟨-en; -er⟩
Abstieg *m*
ned|sable ['neðsaːˀblə] niedersäbeln,
niedermetzeln; *fig* herunterreißen, verreißen; **~salte** [-salˀdə] einsalzen, einpökeln
nedsat ['neðsad]: *arbejde på ~ tid* kurzarbeiten
nedskrift ['neðsgʀefd] ⟨-en; -er⟩ Niederschrift *f*
nedskriv|e ['neðsgʀiˀvə] niederschreiben, aufnehmen; ÖKON abschreiben; abwerten; **~ning** [-sgʀiˀvneŋ] ⟨-en; -er⟩
Niederschreiben *n*, Aufnahme *f*; Abschreibung *f*; Abwertung *f*
nedskær|e ['neðsgɛːˀʀə] ÖKON beschneiden, abbauen, kürzen; **~ing** [-sgɛːˀʀeŋ]
⟨-en; -er⟩ Abbau *m*, Kürzung *f*
nedslag ['neðsla] Niederschlag *m; Granate:* Aufschlag *m*, Einschlag *m; Steuer:*
Ermäßigung *f*
nedslagne ['neðslaːˀnə]: *med ~ øjne* mit
niedergeschlagenen Augen
nedslagte ['neðslagdə] (ab)schlachten;
fig niedermetzeln
nedslidt ['neðslid] abgenutzt; *Reifen:* abgefahren; *Person:* abgearbeitet
nedslående ['neðslɔːˀɔnə] niederdrückend, entmutigend
nedslået ['neðslɔˀəð] *Schirm* zusammengeklappt; *fig* niedergeschlagen;
~hed [-heˀðˀ] ⟨-en⟩ Niedergeschlagenheit *f*, Mutlosigkeit *f*
nedspring ['neðsbʀeŋˀ] Absprung *m*
nedstam|me ['neðsdamˀə] abstammen,
herstammen; *(fra/* von *D)*, entstammen
(D); **~ning** [-sdamˀneŋ] ⟨-en; -er⟩ Abstammung *f*
nedstemme ['neðsdɛmˀə] niederstimmen; *fig* herabstimmen; PARL überstimmen, ablehnen
nedstemt ['neðsdɛmˀd] gedrückt, verstimmt; **~hed** [-heˀðˀ] ⟨-en; -er⟩ Niedergeschlagenheit *f*, Verstimmtheit *f*
nedstige ['neðsdiˀə] absteigen; *den
~nde linje Verwandtschaft:* die absteigende Linie
nedstigning ['neðsdiˀneŋ] Abstieg *m*
ned|stryger ['neðsdʀyˀɑʀ] ⟨-en; -e⟩ Metallsäge *f*; **~styrtning** [-sdyʀˀdneŋ] ⟨-en;
-er⟩ Absturz *m*; **~styrtningsskakt** [-sdy
ʀˀdneŋssgagd] Müllschlucker *m*
ned|sving ['neðsveŋˀ] *Turnen:* Ab

schwung *m*; **~svælge** [-svɛlˀjə] (herunter)schlucken; *Ärger* hinunterschlucken

nedsætte ['neðsɛdə] herabsetzen (*a fig*); *Ausschuss* einsetzen; ÖKON verbilligen, ermäßigen; *Arbeitszeit* verkürzen; *Verdienste* schmälern; *Geschwindigkeit* drosseln; **~ sig (som bager)** sich (als Bäcker) niederlassen; **~nde** herabsetzend, abfällig, abschätzig; **nedsatte priser** herabsetzte (*od* ermäßigte) Preise *m/pl*; **nedsat syn** verminderte(s) Sehvermögen *n*; **~lse** [-lsə] (-*n*; -*r*) Herabsetzung *f* (*a fig*); *Ausschuss*: Einsetzung *f*; Verbilligung *f*, Ermäßigung *f*; Abbau *m*

nedtrapning ['neðtrabneŋ] (-*en*; -*er*) Deeskalation *f* (*a* MIL), *fig* stufenweise(r) Abbau *m*; *Drogen*: Entzug *m*

nedtrukne ['neðtrognə]: **~ rullegardiner** herabgelassene Rollos *n/pl*

nedtrykt ['neðtrøgd] *fig* gedrückt, bedrückt, niedergedrückt; *i ~ sindsstemning* (*od* sindstilstand) in niedergedrückter Stimmung, **~hed** [-he:ˀð] (-*en*) Niedergeschlagenheit *f*

ned|tråd ['neðtrɔð] *Schuh*: ausgetreten, F ausgelatscht; **~tur** [-tuːˀr] Talfahrt *f* (*a fig*); **~tælling** [-tɛlˀeŋ] Countdown *m, n*; **~vej** [-vaiˀ] Abstieg *m*, Talfahrt *f*, Abfahrt *f*

nedværdige ['neðværˀdiə] herabwürdigen, entwürdigen, erniedrigen; **~ sig** sich herablassen; **~nde** herabwürdigend, entwürdigend

neg [ne:ˀ(j)] (-*et*; -) Garbe *f*

negation [nega'sjoːˀn] (-*en*; -*er*) Negation *f*, Verneinung *f*

negativ ['negati:ˀv] (-*et*; -*er*) FOT Negativ *n*

neger ['neː(j)ər] (-*en*; *neg(e)re*) *neg!* Neger(in) *m(f)*; *fig* Kuli *m*; **~bolle** [-bɔlə] Negerkuss *m*; **~kys** [-køs] Schoko-, Negerkuss *m*

negl [naiˀl] (-*en*; -*e*) ANAT Nagel *m*; *være en hård ~ fig* ein harter Knochen sein; hart im Nehmen sein; *bide ~e* an den Nägeln kauen; *sorte ~e* schmutzige Nägel *m/pl*; *få ngt. op under ~ene* F *etw* klauen

negle ['nailə] *pl* → **negl**, F *a* klauen; **~børste** [-bœrsdə] Nagelbürste *f*, **~fil** [-fiːˀl] Nagelfeile *f*; **~lak** [-lag] Nagellack *m*; **~renser** [-rɛnsər] (-*en*; -*e*) Nagelreiniger *m*; **~rod** [-roːˀð] Nagelwurzel *f*; Niednagel *m*; **~saks** [-sags] Nagelschere *f*

neglig|e, -é [negli'sje] (*negligeet; negligeer*) Negligé *n*; **~ere** [-'sjeːˀrə] außer Acht lassen, vernachlässigen

nej¹ [naiˀ] (-*et*; -*er*) Nein *n*

nej² [naiˀ] nein; *å* (*h*) *~!, ih ~!* o nein!, ach nein!; **~ da!** wirklich?, so?; **~ se!** sieh mal an!; **~ vel?** nicht wahr?; **~ vist ikke!** i wo!; *du kan tro ~!* nie!; das könnte dir so passen!; **~ tak!** ich danke (nein)! *sige ~* Nein sagen; absagen

nej|e ['naiə] knicksen, sich verneigen; **~ning** Knicks *m*, Verneigung *f*

nej|siger ['naiˀsiːər] (-*en*; -*e*) Neinsager *m*; **~stemme** [-sdɛmə] Neinstimme *f*

nektar ['negtaːˀr] (-*en*) *od* Nektar *m*; **~in** [negtaˈriːˀn] (-*en*; -*er*) BOT Nektarine *f*

nellike ['nelˀigə] (-*n*; -*r*) BOT Nelke *f*, Gewürznelke *f*

nem [nɛm] leicht, bequem, einfach; praktisch; *det er ~t sagt!* leicht gesagt!

neme ['neːmə] *Jargon*: stibitzen

nemlig ['nemli] nämlich; und zwar; **~!** stimmt!

nemme¹ ['nɛmə] (*et*) Auffassungsvermögen *n*; *have ~ for sprog* sprachbegabt sein

nemme² ['nɛmə] fassen, begreifen

neon|lys ['neːɔnly:ˀs] EL Neonlicht *n*; **~rør** [-rɔːˀr] Neonröhre *f*

nerve ['nɛrvə] (*n*; -*r*) ANAT Nerv *m*; *det går mig på ~rne* F es geht (*od* fällt) mir auf die Nerven; **~r af stål** Nerven aus Stahl; **~anspændelse** [-ansbɛnˀəlsə] Nervenanspannung *f*; **~betændelse** [-beˈtɛnˀəlsə] MED Nervenentzündung *f*; **~bundt** [-bɔnˀd] Nervenbündel *n* (*a fig*); **~lidelse** [-liðəlsə] Nervenleiden *n*; **~læge** [-lɛːə] Nervenarzt *m*; **~nedbrudt** [-neðbrud] nervlich heruntergekommen (*od* F kaputt)

nervepirrende ['nɛrvəpirˀənə] nervenaufreibend, nervenaufpeitschend

nerve|pres ['nɛrvəprɛs] Nervenbelastung *f*, Nervenanspannung *f*; **~sammenbrud** [-samənbruð] Nervenzusammenbruch *m*; **~styrkende** [-sdyrgənə] nervenstärkend; **~svag** [-svaːˀ], **~svækket** [-svegəð] nervenschwach

nervesygdom ['nɛrvəsy:dɔmˀ] Nervenkrankheit *f*

nerve|system ['nɛrvəsysdeːˀm] Nervensystem *n*; **~vrag** [-vraːˀw] *fig* Nervenbündel *n*

nervøs [nɛrˈvøːˀs] nervös; **~itet** [nɛrvøsiˈteːˀð] (-*en*) Nervosität *f*

net¹ [neð] (-*tet*; -) Netz *n* (*a fig*, EDV)

net² [neð] nett, hübsch, anständig, sauber; *en ~ historie!* iron *e-e* schöne Geschichte!; *sidde ~ i det* iron in der Patsche sitzen

net|bold ['neðbɔlˀd] Netzball *m*; **~hinde**

[-henə] ANAT Netzhaut f; **~kort** [-kɔrd] Netzkarte f

netop ['nɛdɔb] eben, gerade; genau; (*lige*) **~** eben, ausgerechnet; **~** *derfor* ebendarum

nette ['nɛdə]: **~** *sig* sich hübsch machen, F sich zurechtmachen

netto ['nɛto] ÖKON netto, rein; **~fortjeneste** [-fɔr'tjɛ:'nɔsdə] Reingewinn m; **~indtægt** [-entɛgd] Nettoeinnahme f, Reingewinn m; **~udbytte** [-uðbydə] Nettogewinn m, Reinerlös m; **~vægt** [-vɛgd] Nettogewicht n

netværk ['nɛdvɛrg] Netzwerk n

neurolog [nœuʀo'lo:'ʔ] ⟨-en; -er⟩ Neurologe m

neuro|se [nœu'ʀo:sə] ⟨-n; -r⟩ Neurose f; **~tiker** [-'ʀo:'tigər] ⟨-en; -e⟩ Neurotiker(in) m(f); **~tisk** [-'ʀo:'tisg] neurotisch

neutral [nœu'tʀɑ:'l] neutral, unparteiisch; *holde sig* **~** neutral bleiben; **~isere** [-tʀɑli'se:'ʔrə] neutralisieren; **~itetskrænkelse** [-skrɛŋgəlsə] Neutralitätsverletzung f

neutrum ['nœutʀɔm] ⟨-(m)et; -(m)er od neutra⟩ GRAM Neutrum n, sächliche(s) Substantiv n

nev [neu'ʔ] → *nive*

New Zealand [nju:'si:la:nd] n Neuseeland n

nevø [ne'vø] ⟨-en; -er⟩ Neffe m

ni [ni:'ʔ] neun

niche [ni:sjə] ⟨-n; -r⟩ Nische f

nid [nið] ⟨-det⟩ Neid m, Missgunst f; **~ding** ['niðeŋ] ⟨-en; -er⟩ lit Feigling m; Schurke m; **~dingsdåd** ['niðeŋsdɔ:'ʔð] lit Schandtat f

nidkær ['niðkɛ:'ʔr] pflichteifrig, übereifrig, diensteifrig

nidsk [niðsg] neidisch; gehässig

nid|stirre ['niðsdir'ʔə] (gehässig) anstarren; **~vise** [-vi:sə] Spottlied n

niece [ni'ɛ:sə] ⟨-n; -r⟩ Nichte f

nik [neg] ⟨-ket; -⟩ nikofinfrei

nikke ['nɛgə] nicken; **~** *en bold* Fußball: e-n Ball köpfen; **~** *ind* einnicken; **~** *en* j-m zunicken; **~** *en en skalle* j-m e-n Kopfstoß versetzen; **~dukke** [-dɔgə] bsd fig Jasager m, Schlappschwanz m

nikkel ['negəl] ⟨nik(ke)let⟩ Nickel m

nikotin [niko'ti:'ʔn] ⟨-en od -et⟩ Nikotin n; **~fri** [-fri:'ʔ] nikotinfrei

niks [negs]: **~!** F nein!; *nul og* **~** F gar nichts

Nilen ['ni:'ʔlən] GEOGR der Nil

nip [neb] ⟨-pet; -⟩ Schluck m; *være på* **~pet til at gøre ngt.** im Begriff stehen (od auf

dem Sprung sein), *etw* zu tun

nippe ['nebə] zwicken; **~** *til vinen* vom Wein nippen

nips [nebs] ⟨-et; -⟩ Nippsachen f/pl

nipse ['nebsə] *Kindersprache:* mit Nadeln spielen

niptang ['nebtaŋ'ʔ] Beißzange f, Drahtzange f

nisse ['nesə] ⟨-n; -r⟩ MYTH Heinzelmännchen n; Kobold m; Weihnachtsmann m; *din gamle* **~!** F du alter Trottel!; **~hue** [-hu:ə] rote Zipfelmütze f; **~mand** [-man'ʔ] → *nisse*; **~øl** [-øl] süßes, dunkles Weihnachtsbier

nistret ['nisdrəð] gesprenkelt

nitte¹ ['nidə] ⟨-n; -r⟩ TECH Niet(e) m(f); *Lotterie:* Niete f (*a fig*)

nitte² ['nidə] TECH nieten

nitten ['nedən] neunzehn

nittengryn ['nedəŋgry:'ʔn]: *Per~* F Korinthenkacker m

nive ['ni:və] ⟨nev; nevet⟩ zwicken

niveau [ni'vo] ⟨-et; -er⟩ Niveau n; Ebene f, Stufe f, Stand m; **~dele** [-de:lə] *Schule:* in Leistungsgruppen einteilen

nivellere [nivə'le:'ʔrə] nivellieren

nobelpris [no'bɛlpri:'ʔs] Nobelpreis m; **~tager** [-ta:ər] Nobelpreisträger m

nobret ['nɔbrəð] genoppt

node ['no:ðə] ⟨-n; -r⟩ MUS Note f; *efter* **~r** nach Noten (*a fig*); *være med på* **~rne** F auf dem Laufenden sein, mit der Zeit gehen; **~blad** [-blað] Notenblatt n; **~stativ** [-sta'ti:'ʔv] Notenständer m; **~stol** [-sdo:'ʔl] Notenpult n

nogen ['nɔ:ən], **noget** ['nɔ:əð] (*als adj*) einige (einiges); ein (eine, ein); etwas; (*als su*) jemand, einer (eine, eines); etwas, F was; *ikke nogen/noget* (*als adj*) kein (keine, kein); (*als su*) keiner (keine, keins); keiner, niemand; *ikke noget a* nichts; *hvad er noget?* was?; wie?; *det er noget hårdt* das ist ein wenig (*od* etwas) hart; *noget sød* F furchtbar süß (*od* nett); *du siger noget!* F glänzend!; bravo!; *nogle* ['nɔ:lə], **nogen** ['nɔ:ən] *pl* einige *pl*; *har du nogle æbler?* hast du ein paar Äpfel? (*Menge*) *har du nogen æbler?* hast du Äpfel?; *der sad ikke nogen børn i klasseværelset* es saßen (*überhaupt*) keine Kinder im Klassenraum; *hvad for nogle?* was für welche?; *nogle få* ein paar; *nogen sinde* → *nogensinde*; *nogen som helst* irgendein (-eine, -ein), irgendeiner (-eine, -eins); *noget som helst* irgendetwas; **~lunde** [-lɔnə] einigermaßen, leidlich

nogensinde ['nɔːˀənsenə] jemals; *aldrig ~* nie(mals)

noget ['nɔːˀəð] → *nogen*

nogetsteds ['nɔːˀəðsdeðs] irgendwo; *ikke ~* nirgendwo

nogle ['nɔːˀlə] → *nogen*

nok [nɔg] genug, genügend, hinreichend; wohl, schon, noch; *være ~* genügen; *mere end ~* mehr als genug; *få (have) ~ af det* es satthaben; *nu kan det være ~!* Schluss damit!; jetzt reicht es aber!; *det skal jeg ~ gøre* das werde ich schon machen; *det går ~* es wird schon gehen; *jeg gad ~ vide ...* ich möchte wohl wissen ...; *hun er vel ~ sød!* F sie ist aber süß (*od* nett!); *det var vel ~ dejligt!* es war so schön!; *ja, det tror jeg ~* ich glaube ja; *det er sandt ~, men ...* das ist zwar wahr, aber ...; *hun er ~ så dygtig som ...* sie ist tüchtiger als ...; *sagde jeg det ikke ~!* habe ich es nicht gesagt!; *ja, det tænkte jeg ~!* ja, das habe ich mir doch gedacht!; *pudsigt ~* komischerweise; *~ en gang* noch einmal

nole ['noːlə] F mausen

nomade [no'maːðə] ⟨-n; -r⟩ Nomade *m*

nomen [noːmən] ⟨-et *od* nominet; nominer *od* nomina⟩ GRAM Nomen *n*

nomin|alværdi [nomi'naːˀlværˀdiːˀ] Nominalwert *m*; **~ativ** ['nominatiːˀv] ⟨-en; -er⟩ GRAM Nominativ *m*, Werfall *m*

nonne ['nɔnə] ⟨-n; -r⟩ KATH, ZO Nonne *f*; **~agtig** [-agdi] nonnenhaft

non|sens ['nɔnˀsəns] ⟨-et⟩ Nonsens *m*, Unsinn *m*; **~stopflyvning** ['nonsdɔbflyːvnen] Nonstopflug *m*

nopret ['nɔbɾəð] genoppt

nor ['noːˀɾ] ⟨-et; -⟩ Haff *n*, Bucht *f*, Nehrung *f*; Kindchen *n*

nord [noːˀɾ] (*Abk. N*) su Nord(en) *m* (*Abk.* N); *~ for byen* nördlich der Stadt; *fra ~* von Norden; *mod ~* gegen Norden, nordwärts

nord|bagge ['nɔɾbagə] ⟨-n; -r⟩ Nordlandpony *n*; **~bo** [-boːˀ] ⟨-en; -er⟩, **~boer** [-boːˀəɾ] ⟨-en; -e⟩ Nordländer(in) *m(f)*, Skandinavier(in) *m(f)*

norden[1] ['noːˀɾən] ⟨et⟩ Norden *m*

norden[2] ['noːɾən]: *~ for* nördlich von; *~ om Skagen* nördlich um Skagen

Norden ['noːˀɾən] der Norden, Skandinavien *n*

norden|storm ['noːɾənsdɔːˀɾm] Nordsturm *m*; **~vind** [-venˀ] Nord(wind) *m*

nordfra ['noːˀɾfɾaːˀ] von (*od* vom) Norden *m*, aus (dem) Norden

nordgående ['nɔɾgɔːˀənə]: *et ~ tog* BAHN ein Zug *m* in Richtung Norden; *skibet er for ~* das Schiff hat nördlichen Kurs

Nordhavet ['nɔɾhaːˀvəð] GEOGR der Nordatlantik; *lit* das Nordmeer

nordisk ['nɔɾdisg] nordisch

nord|lig ['nɔɾli] nördlich; **~lys** [-lyːˀs] Nordlicht *n*; **~mand** [-manˀ] Norweger(in) *m(f)* (→ *a norsk*[2])

nordom ['noːˀɾɔm]: *vinden drejer ~* der Wind dreht nach Norden

nordpolsekspedition ['nɔɾpoːlsɛgsbediˀsjoːˀn] Nordpolexpedition *f*

nord|på ['noːˀɾpɔːˀ] nordwärts; im Norden; **~re** ['nɔɾðrə] nördlich, Nord-

Nordstjernen ['nɔɾsdjɛɾnən] der Nordstern, der Polarstern

Nordsøen ['nɔɾsøːˀən] die Nordsee

nordvendt ['nɔɾvenˀd] *Zimmer*: nach Norden gelegen

nordvest [nɔɾ'vesd] Nordwest(en) *m*

nordøst [nɔɾ'øsd] Nordost(en) *m*

Norge ['nɔɾwə] Norwegen *n*

norm [nɔːˀɾm] ⟨en; -er⟩ Norm *f*

normal[1] [nɔɾ'maːˀl] ⟨-en; -er⟩ Mittel *n*

normal[2] [nɔɾ'maːˀl] normal; **~t** *a* normalerweise

normalisere [nɔɾmaliˀseːˀɾə] normalisieren

normannisk [nɔɾ'manˀisg] normannisch

normdansk ['nɔːˀɾmdanˀsg] → *rigsdansk*

normere [nɔɾ'meːˀɾə] normier(en)

normgivende ['nɔːˀɾmgiːvənə] maßbebend

norsk[1] [nɔɾsg] Norwegisch *n*

norsk[2] [nɔɾsg] norwegisch; *hun er ~* sie ist Norwegerin; → *dansk*[3]

nosser ['nɔsəɾ] *pl* F (*Hoden*) Eier *pl*; Mumm *m*

nostalgi [nɔsdal'giːˀ] ⟨-en; -er⟩ Nostalgie *f*; **~ker** [nɔ'sdalˀgikəɾ] ⟨-en; -e⟩ Nostalgiker *m*; **~sk** [nɔ'sdalˀgisg] nostalgisch

nota ['noːta] ⟨-en; -er⟩ Rechnung *f*; Kassenzettel *m*

notabene[1] [nota'beːnə] ⟨-t; -r⟩ Notabene *n*; *sætte et ~ e-e* Anmerkung machen

notabene[2] [nota'beːnə] (*Abk. NB od nb.*): *~!* notabene! (*Abk.* NB), wohlgemerkt!

notar [no'taːˀɾ] ⟨-en; -er⟩ Notar *m*

notarialkontor [notariaˀlkɔnˀtoːˀɾ] Notariat(skanzlei) *n(f)*

notarius publicus [no'taːˀɾius'publikus] ⟨-en⟩ etwa Notar *m*

notat [no'taːˀd] ⟨-et; -er⟩ Aufzeichnung *f*, Notiz *f*; (offizielle) Stellungnahme *f*; *tage ~er* Notizen machen

note ['noːðə] ⟨-n; -r⟩ POL Note *f*; Anmerkung f

notere [no'te:?Rə] notieren, vermerken, verzeichnen; vormerken; *blive ~t af politiet* von der Polizei e-e (gebührenpflichtige) Verwarnung erhalten

notering [no'te:?Reŋ] ⟨-en; -er⟩ Notierung f (a Börse); TEL Voranmeldung f

noteringskalender [no'te:?Reŋska'lɛnʔəR] Vormerkkalender m, Terminkalender m

notes|blok ['no:dəsblɔg] Notizblock m; **~bog** [-bɔ:ʔw] Notizbuch f

notits [no'tids] ⟨-en; -er⟩ Notiz f; *tage ~ af ngt.* von etw Notiz nehmen

nougat ['nuga] ⟨-en; -er⟩ N(o)ugat m, n

nov. Abk. für *november*

novelle [no'velə] ⟨-n; -r⟩ Novelle f, Kurzgeschichte f; **~samling** [-samleŋ] Novellensammlung f

november [no'vɛmʔbəR] ⟨en⟩ November m

novice [no'vi:sə] ⟨-n; -r⟩ KATH Novize m, Novizin f

nr. Abk. für *nummer*

nu[1] [nu] ⟨-et⟩ Nu n; *i ét* im Nu; *i samme ~* im gleichen Moment

nu[2] [nu] jetzt, nun; *~ eller aldrig* jetzt oder nie; *~ og da* ab und zu, dann und wann; *fra ~ af* von jetzt ab (od an); *først ~* jetzt erst; *~ i år* in diesem Jahr; *~ igen* schon wieder; *lige ~* soeben, gerade; *~ om stunder, ~ til dags* heutzutage; *~ som før* nach wie vor; *~ til morgen* heute Morgen; *~ vel!* gut!, nun ja; *hvad var det ~, jeg sagde?* was sagte (od wovon sprach) ich gerade?; *hvad er det ~ hun hedder?* wie heißt sie doch gleich?, wie heißt sie noch?; *det var ~ også dumt af dig* das war aber auch dumm von dir

nuance [ny'aŋsə] ⟨-n; -r⟩ Nuance f, Farbton m, Abstufung f; *en ~ mørkere* e-e Spur dunkler

nubret ['nɔbRəð] ~ *nobret*

nudansk[1] ['nudanʔsg] Gegenwartsdänisch n, moderne(s) Dänisch n

nudansk[2] ['nudanʔsg] neudänisch

nudel ['nuðʔəl] ⟨nud(e)len; nudler⟩ Nudel f

nudis|me [nu'dismə] ⟨-n⟩ Nudismus m, Freikörperkultur f; **~t** [nu'disd] ⟨-en; -er⟩ Nudist m, F FKKler(in) m(f); **~tstrand** [-sdRan?] FKK-Strand m

nugældende ['nugɛl?ənə] jetzt geltend; jetzig

nul [nɔl] ⟨-let; -ler⟩ Null f (a fig); *han er et rent ~* F er ist e-e Null; *~ og niks* F gar nichts; *i løbet af ~ komma ~* F in null

Komma nichts (sofort); *~ fejl* pl null (od keine) Fehler; *klokken er tyve ~ fem* es ist zwanzig Uhr fünf (20.05); *~!* F nein!

nulevende ['nule:?vənə] gegenwärtig, heutig

nuller|mand ['nul?ɔRman?] Fussel f, m; **~mænd** [-mɛn?] pl scherzh Wollmäuse flpl (Staubflocken)

nulre ['nulRə] F reiben, kraulen

nul|stilling ['nɔlsdeleŋ] Nullstellung f; **~te** ['nɔldə] MATH nullte; **~vækst** ['nɔlvegsd] Nullwachstum n

nummer ['nom?əR] ⟨num(me)ret; numre⟩ (Abk. **nr.**) Nummer f (Abk. Nr.); AUTO (Auto)Nummer f; MUS Stück n; Schuhgröße f; *få galt (od forkert) ~* TEL falsch verbunden sein, sich verwählen; *det er et ~ for groft!* F das geht zu weit!; *gøre et stort ~ ud af ngt.* F viel Wesen(s) um etw machen; *lave et ~* (od *lave numre*) F Unfug anstellen, e-n Streich spielen; *hun er ikke mit ~* sie ist nicht mein Fall; *~ først* (od *det*) *et* der Erste; *~ sidst* (od *~ sjok*) der Letzte; *som ~ ét* an erster Stelle; *uden for ~* außer der Reihe

nummerere [nomə'Re:?Rə] nummerieren

nummer|orden ['nom?əROR?dən] Nummernfolge f; **~plade** [-pla?ðə] AUTO Nummernschild n; **~skive** [-sgi:və] TEL Nummernscheibe f, Wählscheibe f

numse ['nomsə] ⟨-n; -r⟩ F Po(po) m

nuppe ['nobə] F sich etw schnappen, klauen; etw erwischen

nus [nus] ⟨-et; -⟩ Kind: Pusselchen n; → a *nussehoved*

nusse ['nusə] pusseln, fummeln, trödeln; *gå og ~ rundt* herumpusseln, herumtrödeln; **~hoved** [-ho:ðə] langsame(r) und schwerfällige(r) Mensch m, F Nölpeter m, Nölsuse f; **~ri** [-'Ri:?] ⟨-et; -er⟩ Trödelei f, Fummelei f; **~t** ['nusəð] unsauber, schmuddelig

nutid ['nutið?] ⟨-en⟩ Gegenwart f (a GRAM), Jetztzeit f, Heute n; GRAM Präsens n; **~ig** ['-ti:?ði] jetzig, gegenwärtig, heutig

nutids|historie ['nutiðshi'sdo:?Riə] Geschichte f der Gegenwart, Zeitgeschichte f; **~kunst** [-kon?sd] Gegenwartskunst f; **~menneske** [-mɛnəsɛ̃] moderne(r) Mensch m

nutildags ['nuteda:?s] heutzutage

nuttet ['nuðəð] allerliebst, F schnuckelig

nuværende ['nuvɛ:?Rənə] gegenwärtig, jetzig

ny[1] [ny:?] ⟨-et⟩ lit Neumond m; *i ~ og næ*

dann und wann

ny² [ny:ˀ] neu; frisch; neuartig; **en ~** *bog a e-e* Neuerscheinung; **på ~** aufs Neue, von neuem; **som ~** wie neu, neuwertig; **hvad ~t?** was gibt's Neues?; **det var godt ~t!** das war *e-e* gute Neuigkeit!

ny|ankommen ['nyankɔmˀən] (so)eben (erst) angekommen; **~anskaffelse** [-ansgafɔlsə] Neuanschaffung *f*; **~ansættelse** [-ansedɔlsə] Neueinstellung *f*; **~bagt** [-bagd] *Brot*: frisch (gebacken), ofenfrisch; *fig* frisch gebacken, neu gebacken; **~barberet** ['-bɑrˀbeːˀʀɔð] frisch rasiert; **~begynder** ['-be'gønˀɔr] Anfänger *m*, Neuling *m*

nybyg|ger ['nybygɔr] ⟨-*en*⟩ (An)Siedler *m*, Kolonist *m*; **~get** [-bygɔð] neu erbaut; **~ning** [-bygneŋ] Neubau *m*

nydannelse ['nydanɔlsə] Neubildung *f*

nydansk¹ ['nydanˀsg] moderne(s) Dänisch *n*, Neudänisch *n*

nydansk² ['nydanˀsg] neudänisch

nydansker ['nydansgɔr] Einwanderer(in) *m*(*f*) in Dänemark

nyde ['nyiˀðə] ⟨*nød; nydt*⟩ genießen (*a fig*); verzehren, essen, trinken, zu sich nehmen; **~** godt *af ngt.* von *etw* profitieren; **jeg skal ikke .. ngt.** ich danke!; F ich kann mich beherrschen!; **~lig** [-li] niedlich, nett, reizend; **~lse** [-lsə] ⟨-*n; -r*⟩ Genuss *m*

nydelses|middel ['ny:ðɔlsɔsmiðˀɔl] Genussmittel *n*; **~rig** [-ʀiːˀ] genussreich; **~syg** [-syːˀ] genusssüchtig

nyd|er ['nyːðɔr] ⟨-*en; -e*⟩ JUR Nutznießer *m*; **~t** [nyd] → **nyde**

nyerhvervelse ['nyɛʀˀvɛrˀvɔlsə] Neuerwerbung *f*

nyfalden ['nyfalˀɔn] *Schnee*: frisch gefallen

nyfigen ['nyfiːˀɔn] *lit* neugierig; **~hed** [-heːðˀ] ⟨-*en*⟩ Neugier(de) *f*

ny|forlovet ['nyfɔrˀlɔːˀvɔð] frisch verlobt; **~født** [-føːˀd] neugeboren; **~gift** [-gifd] jung verheiratet

nyhed ['nyheːðˀ] ⟨-*en; -er*⟩ Neuigkeit *f*; Neuheit *f*; *Buch*: Neuerscheinung *f*; **~er** *pl* TV, *Radio*: Nachrichten *f/pl*

nyheds|brev ['nyheðsbʀeːˀv] *n* Newsletter *m*; **~bureau** ['nyheðsbyˀʀo] Nachrichtenbüro *n*, Nachrichtenagentur *f*; **~oplæser** [-ɔbleːˀʔsɛr] Nachrichtensprecher *m*; **~tjeneste** [-tjeːnɔsdə] *Presse*: Nachrichtendienst *m*, Pressedienst *m*

nykke ['nøgə] ⟨-*n; -er*⟩ Grille *f*, Laune *f*; Schrulle *f*

nyklippet ['nyklebɔð] frisch geschnitten;

---

være ~ frisch geschnittene Haare haben

ny|lagt ['nylagd] *Ei*: frisch (gelegt); **~land** [-lanˀ] Neuland *n*; (*a fig*); **~lavet** [-laːˀvɔð] frisch (gemacht)

nylig ['ny:li] jüngst, kürzlich, neulich; **for ~** neulich, vor kurzem

nylonstrømper ['nɑilɔnsdʀœmbɔ] *pl* Nylonstrümpfe *pl*

nymalet ['nyma:ˀlɔð] frisch gestrichen; *Kaffee*: frisch gemahlen

nymfe ['nømfɔ] ⟨-*n; -r*⟩ MYTH Nymphe *f*

ny|modens ['nymoːˀðɔns] neumodisch, neuartig; **~måne** ['-mɔːnə] Neumond *m*; **~nazist** ['-na'sisd] Neonazi *m*

nynne ['nønə] *Lied* summen

nyordning ['nyˀɔrdneŋ] Neuregelung *f*

nyre ['ny:ʀə] ⟨-*n; -r*⟩ ANAT Niere *f*; **~bark** [-bɑrg] Nierenrinde *f*; **~bækken(betændelse)** [-begən(be'tɛnˀɔlsə)] Nierenbecken(entzündung) *n*(*f*); **~grus** [-gʀu:ˀs] Nierengrieß *m*; **~sten** [-sdeːˀn] *pl* Nierensteine *m/pl*

ny|ristet ['nyʀesdɔð] *Brot*: frisch getoastet; *Kaffee*: frisch geröstet; **~røget** [-ʀɔˀʔɔð] frisch geräuchert

nys¹ [nyˀɛ] ⟨*et*- -⟩ Nieser *m*

nys² [nys]: **få ~ om ngt.** Wind (*od* Nachricht) von *etw* bekommen

nys³ [nys] *lit* kürzlich, neulich

nyse ['ny:sə] ⟨*nyste od nøs; nyst*⟩ niesen; **~n** Niesen *n*; **~pulver** [-pɔlˀvɔr] Niespulver *n*

nysgerrig ['nysgɛrˀi] neugierig; **~hed** [-heːðˀ] ⟨-*en*⟩ Neugier(de) *f*

ny|skabelse ['nysgaːbɔlsə] Neuschöpfung *f*; **~slået** [-slɔːˀʔɔð] *Heu*: frisch gemäht; *Münze*: frisch geprägt

nys|nævnt ['nysnɛvˀnd] soeben genannt; **~omtalt** [-ɔmta:ˀld] kürzlich erwähnt

nysproglig ['nysbʀɒwli] *Schule*: neusprachlich

nysselig ['nysɔli] *scherzh* niedlich

nyst [ny:ˀsd] → **nyse**

nystrøge|n ['nysdʀɔˀʔɔn], **~t** [-ð] frisch gebügelt

ny|sølv ['nysøl] Neusilber *n*

nyt [nyd] → **ny²**

nytestamentlig ['-'tesda'mɛndli] REL neutestamentlich

nytte¹ ['nødə] ⟨-*n*⟩ Nutzen *m*, Vorteil *m*; **drage ~ af ngt.** Nutzen aus *etw* ziehen; **gøre ~, være til ~** nützlich sein; **det er ingen ~ til** es hat keinen Zweck; **til hvad** (*od* **hvilken**) **~?** zu welchem Zweck?, wozu?; **til ~ og gavn** zu Nutz und Frommen

nytte² ['nødə] nutzen, nützen; **det ~r ikke ngt.** es nützt nichts; **hvad kan det ~?** was nützt es?, wozu?, zu welchem Zweck?

nytte|bringende ['nødəbreŋ'ˀənə] nutzbringend; **~dyr** [-dy:ˀʀ] Nutztier n; **~have** [-ha:və] Nutzgarten m; **~(s)løs** [-(s)løːˀs] zwecklos, nutzlos; **~virkning** [-viʀgneŋ] Nutzeffekt m, Nutzleistung f

nyttig ['nødi] nützlich, dienlich, praktisch, zweckmäßig

nyttiggøre ['nødigœː'ˀʀə] nutzbar machen; **~lse** [-lsə] ⟨-n; -r⟩ Nutzbarmachung f

nytænkning ['nytɛŋgneŋ] Umdenken f, Neuorientierung n

nytår ['nydɔːˀʀ] Neujahr n; **godt ~!** pros(i)t Neujahr!; ein gutes neues Jahr!

nytårs|aften ['nydɔʀsˀafdən] Silvester(abend) m; **~forsæt** [-fɔʀsed] Neujahrsvorsatz m; **~kur** [-kuːˀʀ] Neujahrsempfang m; **~skyderi** [-sgyːðəˀʀiːˀ] Silvesterknallerei f; **~torsk** [-tɔʀsg] Dorsch m, der am Silvesterabend gegessen wird

ny|valg ['nyvalˀ] Neuwahl f; **~vasket** [-vasgəð] frisch gewaschen; **~vælge** [-veljə] neu wählen

næ¹ [nɛːˀ] ⟨-et⟩ lit abnehmende(r) Mond m; **i ny og ~** dann und wann

næ² [nɛː] → **næh**

næb [nɛːˀb] ⟨-(b)et; -⟩ Schnabel m (a fig); **hænge med ~bet** fig den Kopf hängen lassen; **en tale med ~ og klør** fig e-e gepfefferte Rede; **få én over ~bet** F ausgeschimpft werden; **klap ~bet i!** F halt den Schnabel!; **~(b)es** ['nɛːbəs] (sich) schnäbeln; sich kabbeln; **~(b)et** ['nɛːbəð] geschnäbelt; F frech, naseweis

nægte ['negdə] verneinen, leugnen, bestreiten; verweigern, verwehren, versagen; sich weigern; **~ sig ngt.** sich etw verkneifen (od versagen); **~ sig hjemme** sich verleugnen (lassen); **~nde** verneinend; **i ~nde fald** wenn nein; **~lse** [-lsə] ⟨-n; -r⟩ Verneinung f, Leugnung f; Verweigerung f; **~r** [-ʀ] ⟨-en; -e⟩ bsd Wehrdienstverweigerer m, Zivildienstleistende(r) m

næh [nɛː]: **~!** nein, so was!; ach!, oh!; nee!

nælde ['nɛlə] ⟨-n; -r⟩ bot Nessel f; **gøre i ~rne** fig sich in die Nesseln setzen

næn [nɛnˀ] → **nænsom**

nænne ['nɛnə]: **jeg ~r det ikke** ich kann es nicht übers Herz bringen

nænsom ['nɛnsɔmˀ] schonend, behutsam; **~hed** [-heːðˀ] ⟨-en⟩ Schonung f, Behutsamkeit f

næppe ['nɛbə] kaum, schwerlich; **~ ... før ... kaum ..., als ...**

nær [nɛːˀʀ] nah(e); eng; adv nahe; beinahe, fast; → a **~mere, ~mest; ~ og fjern**

nah und fern; **det går mig ~, jeg tager mig det ~** es geht mir nahe; **gå én for ~** j-m zu nahe treten; **komme ~** nahekommen (D); **stå én ~ j-m** nahestehen; **alle på én ~** (od på ~ én) alle bis auf einen; **ikke (på langt) ~** lange (od bei weitem) nicht; **noget ~** beinahe, fast; **ikke ~ så god** bei weitem (od lange) nicht so gut; **~ ved** dicht (od nahe) bei; **jeg havde ~ glemt det** ich hätte es fast vergessen

nær|billede ['nɛʀbeləðə] FOT Nahaufnahme f; **~butik** [-buˀtig] etwa: Tante-Emma--Laden m

nære ['nɛːʀə] nähren, ernähren; hegen; **kan du ~ dig!** lass das!, willst du wohl!; **jeg kan ikke ~ mig for hede** ich kann es vor Hitze nicht aushalten; **~nde** nahrhaft

nærforestående ['nɛːˀʀˀfɔːʀəsdɔ̥ːˀʀənə] nahe bevorstehend

nærgående ['nɛʀgɔ̥ːˀənə] zudringlich, aufdringlich; anzüglich

nærhed ['nɛʀheːðˀ] ⟨-en⟩ Nähe f

nærig ['nɛːʀi] geizig, knauserig; **~hed** [-heːðˀ] ⟨-en⟩ Geiz m, Knauserigkeit f

næring ['nɛːʀeŋ] ⟨-en; -er⟩ Nahrung f; Gewerbe n, Erwerb m; **gå én i ~en** j-m ins Handwerk pfuschen

nærings|bevis ['nɛːʀeŋsbeˀviːˀs], **~brev** [-bʀeːˀv] Gewerbeschein m; **~drivende** [-dʀiːvənə] gewerbetreibend; Gewerbetreibende(r) m; **~frihed** [-fʀiheːðˀ] Gewerbefreiheit f; **~liv** [-liːˀv] Erwerbsleben n, Wirtschaftsleben n; **~lov** [-lɔːˀv] Gewerbeordnung f; **~middel** [-miðˀəl] Nahrungsmittel n; **~ret** [-ʀɛd] Gewerberecht n; **~stof** [-sdɔf] Nährstoff m; **~vej** [-vaiˀ] Gewerbe n, Beruf m; Erwerbsquelle f; **~værdi** [-vɛʀˀdiːˀ] Nährwert m

nær|kamp ['nɛʀkɑmˀb] MIL Nahkampf m; **~liggende** [-legənə] nahe gelegen, benachbart; fig naheliegend; **~lys** [-lyːˀs] AUTO Abblendlicht n; **~læse** [-lɛːˀsə] intensiv lesen

nærme ['nɛʀmə] v/t nähern, annähern; v/r **~ sig** sich nähern, nahen, herangehen, herantreten an (A); **det ~r sig frækhed** das grenzt an Frechheit

nærmere ['nɛʀməʀə] ⟨komp von **nær**⟩ näher; **ikke ngt. ~** nichts Näheres; **~ oplysninger** Nähere(s) n; **~ bestemt** und zwar; adv eher

nærmest ['nɛʀməsd] ⟨sup von **nær**⟩ nächst, engst; adv am nächsten; **enhver er sig selv ~** jeder ist sich selbst der Nächste; **~ ved** zunächst (D)

nær|optagelse ['nɛːˀʀɔbtaːˀəlsə] FOT

Nahaufnahme f; **~radio** [-ʁɑːˀdio] Regionalradio n; **~stående** [-sdɔːˀənə] nahestehend

nærsynet ['nɛʁsyːˀnəð] kurzsichtig

nærtagende ['nɛʁtaˀənə] Person: überempfindlich

nært|beslægtet ['nɛˀʁdbeˀslɛɡdəð] nahe verwandt; **~forestående** [-fɔːʁɑsdɔːˀənə] nahe bevorstehend; **~liggende** [-leɡənə] nahe gelegen

nærtrafik ['nɛʁtʁaˀfiɡ] BAHN Nahverkehr m

nærtstående ['nɛːˀʁdsdɔːˀənə] nahestehend

nærved ['nɛːˀʁveð] nahebei, in der Nähe; nahezu

nærvær ['nɛʁvɛːˀʁ] ⟨et⟩, **~else** [-əlsə] ⟨-n⟩ Anwesenheit f, Gegenwart f, Beisein n

nærværende ['nɛʁvɛːˀʁənə] anwesend, gegenwärtig; geistesgegenwärtig; Text: vorliegend; adv zugegen; **for ~** gegenwärtig, im Augenblick

næs [nɛs] ⟨-set; -⟩ Landspitze f

næse ['nɛːsə] ⟨-n; -r⟩ Nase f; Schuh: Spitze f, fig Verweis m, 5 Kroner pr. ~ F 5 Kronen f|pl pro Nase; **det kan du bide dig i ~n på** F darauf kannst du Gift nehmen; **få en lang ~** mit langer Nase abziehen; **gå lige efter ~n** immer der Nase nach gehen; **have sin ~ alle vegne** die Nase in alles stecken; **have (en fin) ~ for ngt.** e-e feine (od gute) Nase haben, F den richtigen Riecher für etw haben; **have ben i ~n** Haare an den Zähnen haben; **pudse ~** (sich) die Nase putzen; **være bleg om ~n** ein blasses Gesicht haben; **rynke på ~n** die Nase rümpfen; **vrænge ad én** j-m e-e Nase drehen; **stikke ~n i sky** die Nase hoch tragen; **sætte ~n op efter ngt.** F sich spitzen auf etw (A); **jeg tabte både ~ og mund** ich war völlig baff/fassungslos; **være som snydt ud af ~n på én** F j-m wie aus dem Gesicht geschnitten sein; **tage én ved ~n** fig j-n hereinlegen (od an der Nase herumführen od übers Ohr hauen); **vende ~n hjemad** sich auf die Heimweg machen

næse|blod ['nɛːsəbloˀð] Nasenbluten n; **~bor** [-boːˀʁ] ⟨-et; -⟩ Nasenloch n; **~fløj** [-flɔiˀ] Nasenflügel m

næsegrus ['nɛːsəɡruːˀs]: **falde ~** auf die Nase fallen; **~ beundring** grenzenlose Bewunderung f

næsehorn ['nɛːsəhoːˀʁn] Nashorn n

næse|styver ['nɛːsəsdyːvəʁ] ⟨-en; -e⟩ Nasenstüber m; **~tip** [-tib] ⟨-pen; -pe od

-per⟩ Nasenspitze f

næst [nɛsd]: **~ (efter)** nächst, nach (D); **~bedst** ['-bɛsd] zweitbest

næste¹ ['nɛsdə] ⟨-n⟩ BIBL Nächste(r) m; **du skal elske din ~ ...** du sollst deinen Nächsten lieben ...

næste² ['nɛsdə] nächst, am nächsten; **~ gang** das nächste Mal; **~ dag** am nächsten Tag; **~ tirsdag** nächsten Dienstag

næstekærlig ['nɛsdəkɛʁli] selbstlos; **~hed** [-heːðˀ] ⟨-en⟩ Nächstenliebe f

næsten ['nɛsdən] beinahe, fast

næst|formand ['nɛsdˀfɔʁmanˀ] zweite(r) Vorsitzende(r) m, Vizepräsident m; **~følgende** [-føljənə] drauf folgend; **~kommanderende** [-kɔmanˀdeˀʁanə] Erste(r) Offizier m; Unterbefehlshaber m; **~sidst** [-sisd] vorletzt, zweitletzt

næststørste ['nɛsdsdœrsdə]: **den ~** der zweitgrößte

næstyngst ['nɛsdøŋˀsd] zweitjüngst

næsvis ['nɛːsviˀs] naseweis, vorwitzig, frech, ungezogen; **~hed** [-heːðˀ] ⟨-en; -er⟩ Vorwitz m, freche Bemerkung f

nætter ['nɛdər] pl → **nat**

næve ['nɛivə] ⟨-n; -r⟩ Faust f: **en knyttet ~** e-e geballte Faust; **trykke én på ~n** j-m die Hand drücken; **spytte i ~rne** F sich die Hände spucken; **~fuld** [-fulˀ] ⟨-en; -e⟩ Handvoll f; **~nyttig** [-nødi] geschäftig, emsig

nævn [nɛuˀn] ⟨-et; -⟩ Ausschuss m

nævne ['nɛunə] ⟨a -te⟩ nennen; Amtssprache: namhaft machen; erwähnen; **~ en ting ved dens rette navn** fig das Kind beim rechten Namen nennen; **~fald** [-falˀ] GRAM Werfall m, Nominativ m

nævnelse ['nɛunəlsə] ⟨-n⟩ Nennung f; **med navns ~** mit Namensnennung

nævne|r ['nɛunəʁ] ⟨-en; -e⟩ Nenner m; **~værdig** ['nɛunəvɛʁˀdi] nennenswert, erwähnenswert

nævning ['nɛunəŋ] ⟨-en; -e od -er⟩ JUR Geschworene(r) f

nævninge|domstol ['nɛunəŋəˀdomsdoːˀ], **~ret** [-ʁɛd] Schwurgericht n, Geschworenengericht n; **~sag** [-saːˀ] Schwurgerichtsprozess m

nævnt [nɛuˀnd] erwähnt, genannt

nød¹ [nøðˀ] ⟨-den; -der⟩ Nuss f; F Kopf m; **en hård ~** fig e-e harte Nuss

nød² [nøˀð] → **nyde**

nød³ [nøːˀð] ⟨-en⟩ Not f; **til ~** zur Not; **med ~ og næppe** mit knapper Not, mit Müh und Not

nødbremse ['nøðbʁɛmsə] Notbremse f

nødde|brun ['nøðəbruːˀn] nussbraun;

~busk [-busg] Haselnussstrauch *m;* **~kerne** [-kɛrnə] Nusskern *m;* **~knækker** [-knɛgɐr] ⟨*-en; -e*⟩ Nussknacker *m;* **~skal** [-sgal] Nussschale *f (a fig);* **~træ** [-trɛ:ˀ] Nussbaum(holz) *m(n)*

nøde ['nøːðə] ⟨*a -te*⟩ nötigen, zwingen; **~s** genötigt werden; **være nødt til (at gøre) ngt.** zu etw gezwungen sein, *etw* (tun) müssen

nød|foranstaltning ['nøðfɔran'sdalˀðnen] Notmaßnahme *f;* **~forbinding** ['-fɔrˈbenˀen] MED Notverband *m*

nødhjælp ['nøðjɛlˀb] Nothilfe *f,* Erste Hilfe *f;* **som ~** behelfsmäßig

nødhjælpsarbejde ['nøðjɛlbsˈarbaɪˀðə] Notstandsarbeit *f*

nødig ['nøːði] nötig; *adv* ungern

nød|lande ['nøðlanˀə] FLUG notlanden; **~landing** [-laneŋ] Notlandung *f*

nødlidende ['nøːliːˀðənə] notleidend; **~løgn** [-lɔiˀn] Notlüge *f;* **~løsning** [-løːsneŋ] Notlösung *f;* **~råb** [-Rɔːˀb] Notruf *m,* Hilferuf *m*

nødsaget ['nøðsaːˀəð] **være ~ til at gøre ngt.** sich genötigt/gezwungen sehen, *etw* zu tun

nødsfald ['nøðsfalˀ] Notfall *m;* **i yderste ~** im äußersten Notfall

nød|signal ['nøðsiˈnaːˀl] Notsignal *n;* **~situation** [-situaˈsjoːˀn] Notlage *f;* **~skilling** [-sgelˀeŋ] Notgroschen *m,* Notpfennig *m;* **~stedt** [-sdeːˀd] in Not (befindlich); notleidend

nødstilfælde ['nøðstelfelˀə] → *nødsfald*

nødt [nøːˀð] → *nøde*

nødtvungen ['nødtvɒŋˀən] notgedrungen

nødtørft ['nødtœrfd] ⟨*-en*⟩ Notdurft *f;* **forrette sin ~** s-e Notdurft verrichten; **~ig** [-i] notdürftig

nødtørfts|anstalt ['nødtœrfdsˈansdalˀd] Bedürfnisanstalt *f;* **~hus** [-huːˀs] Abort *m,* F Lokus *m*

nødudgang ['nøðuðgaŋˀ] Notausgang *m*

nødvendig [nøðˈvɛnˀdi] notwendig, nötig, erforderlich; **være ~t** notwendig sein, nottun; **~gøre** [-gœːˀrə] notwendig machen, erfordern; **~hed** [-heːˀð] ⟨*-en; -er*⟩ Notwendigkeit *f;* **~hedsartikel** [-heðsarˀtiɡəl] Bedarfsartikel *m;* **~vis** [-viːˀs] notwendig(erweise)

nødværge ['nøðvɛrwə] Notwehr *f*

nøfle ['nœflə] → *ka(r)nøfle*

nøgen ['nɔiˀən] nackt, bloß; *fig* kahl; **~badning** [-baːdneŋ] Nacktbaden *n;* **~kultur** [-kulˈtuːˀr] Nacktkultur *f;* **~studie** [-sduːˀdiə] Akt(studie) *m(f)*

nøgle¹ ['nɔiˀlə] ⟨*-n; -r*⟩ Schlüssel *m (a fig)*

nøgle² ['nɔiˀlə] ⟨*-t; -r*⟩ Knäuel *m, n*

nøgle|barn ['nɔiˀləbaːˀrn] Schlüsselkind *n;* **~ben** [-beːˀn] ANAT Schlüsselbein *n;* **~bræt** [-brɛd] Schlüsselbrett *n;* **~færdig** [-fɛrdi] schlüsselfertig; **~hul** [-hɒl] Schlüsselloch *n;* **~industri** [-enduˈsdriːˀ] Schlüsselindustrie *f;* **~knippe** [-knebə] Schlüsselbund *m;* **~stilling** [-sdeleŋ] Schlüsselstellung *f;* Schlüsselposition *f*

nøgtern ['nøgtɛrn] nüchtern *(a fig)*

nøjagtig [nɔiˀagdi] genau; sorgfältig; pünktlich; **~hed** [-heːðˀ] ⟨*-en; -er*⟩ Genauigkeit *f;* Pünktlichkeit *f;* Sorgfalt *f*

nøje¹ ['nɔiˀə] genau; **ikke tage det så ~** es nicht so genau nehmen

nøje² ['nɔiˀə] **~s** (*od* **lade sig ~**) **med ngt.** sich mit etw begnügen

nøjeregnende ['nɔiˀəraiˀnənə] genau, etepetete

nøjes ['nɔiˀəs] ⟨*nøjedes*⟩ → *nøje²*

nøjsom ['nɔiˀsomˀ] genügsam, anspruchslos; **~hed** [-heːðˀ] ⟨*-en; -er*⟩ Genügsamkeit *f*

nøkke ['nøgə] ⟨*-n; -r*⟩ MYTH Nix *m;* **~rose** [-Rɔːsə] See-, Teichrose *f*

nøle ['nøːlə] zögern, zaudern; trödeln; **hvad ~r du efter?** worauf wartest du (noch)?; **~nde** zögernd; **~r** [-R] ⟨*-en; -e*⟩ Zauderer *m*

nørk(l)e ['nœrg(l)ə] (herum)pusseln, (herum)wursteln

nørre ['nœrə] nördlich, Nord(er)-

nøs [nøːˀs] → *nyse*

nå¹ [nɔ]: **~!** na!; nun!; aha!; so?; **~ da!** na nu!; **~ da da!** au Backe!; **~ ja!** ach ja!, stimmt!; **~ sådan!** ach so!

nå² [nɔːˀ] *v/t* erreichen; **~ sit arbejde** *(zeitlich)* seine Arbeit schaffen, mit der Arbeit fertig werden; **ikke ~ toget** den Zug verpassen; **han ~r det ikke** er schafft es nicht, er kommt zu spät; *v/i* (aus)reichen, langen; gelangen; **~ langt** weit kommen

nåde¹ ['nɔːðə] ⟨*-n*⟩ Gnade *f;* HIST *Anrede:* **Deres Nåde** Euer *(Abk. Ew.)* Gnaden; **tage til ~ igen** in Gnaden wieder aufnehmen

nåde² ['nɔːðə]: **Gud ~ dig, hvis du …!** gnade dir Gott, wenn du …!

nåde|gave ['nɔːðəgaːvə] Gnadengeschenk *n;* **~løs** [-løːˀs] gnadenlos

nådes|akt ['nɔːðəsagd] JUR Gnadenakt *m;* **~bevisning** [-beˈviːˀsneŋ] Gnadenbeweis *m*

nådeskud ['nɔːðəsguð] Gnadenschuss *m*

okkergul

nådesløs ['nɔːðəsløːʔs] → **nådeløs**
nådestød ['nɔːðəsdøð] Gnadenstoß m
nådig ['nɔːði] gnädig
nådsensbrød ['nɔːʔðsənsbʁøːʔð] ⟨-et⟩
Gnadenbrot n
nåh [nɔː] → **nå¹**
nål [nɔːʔl] ⟨-en; -e⟩ Nadel f; **sidde som på**
~e wie auf Nadeln sitzen
nåle|bog ['nɔːləbɔːʔw] Nadelbuch n;
~brev [-bʁɛːʔv] Nadelbrief m; **~dannet**

[-danəð], **~formet** [-fɔʁʔməð] nadelför-
mig; **~pude** [-puːðə] Nadelkissen n;
~skov [-sgoːʔ] Nadelwald m; **~stik**
[-sdeg] Nadelstich m (a fig); **~stribet**
[-sdʁiːbəð] mit Nadelstreifen; **~træ**
[-tʁɛːʔ] Nadelbaum m; **~øje** [-øiə] ⟨-t;
-r⟩ Nadelöhr n, Nadelloch n
når [nɔːʔʁ] konj wenn; adv lit wann; →
hvornår, ~ som helst jederzeit, wann immer

O

O, o [oːʔ] ⟨-et; -'er⟩ O, o n
o [oː] o(h)!
o. Abk. für omkring
o. a. [ɔ 'anɔð] (= **og andet, andre** pl) und
anderes (andere pl) mehr (Abk. u. a. m.)
obduktion [ɔbdug'sjoːʔn] ⟨-en; -er⟩ Obduktion f, Leichenöffnung f
objekt ['ɔbjɛgd] ⟨-et; -er⟩ Objekt n;
[ɔb'jɛgd] Gegenstand m
objektiv [ɔbjɛg'tiːʔv] ⟨-et; -er⟩ Objektiv n
oblat [ɔb'laːʔd] ⟨-en; -er⟩ Klebemarke f,
Verschlussmarke f, REL Oblate f, Hostie f
obo [o'boːʔ] ⟨-en; -er⟩ MUS Oboe f
observ|ation [ɔbsɛʁva'sjoːʔn] ⟨-en; -er⟩
Observation f, Beobachtung f; **~atorium**
[-'toːʔʁiom] ⟨observatoriet; observato-
rier⟩ Observatorium n, Sternwarte f;
~atør [-'tøːʔʁ] ⟨-en; -er⟩ Beobachter
m; **~ere** [-'veːʔʁə] observieren, beobachten
obskøn [ɔbsgøːʔn] obszön
obsternasig [ɔbsdəʁ'naːʔsi] aufmüpfig,
bockbeinig
obstruction [ɔb'sdʁɔgsjən] ⟨-en⟩ Fußball:
Behinderung f
ocean [ose'aːʔn] ⟨-et; -er⟩ Ozean m
odde ['ɔðə] ⟨-n; -r⟩ Landspitze f, Landzunge f
odder ['ɔðʔər] ⟨-en; -e⟩ zo Otter m
ode ['oːðə] ⟨-n; -r⟩ Ode f
odelsbonde ['oːʔðəlsbɔnə] Erbbauer m
Odin ['oːðin] MYTH Odin, Wotan m
odør [o'dœːʔʁ] ⟨-en; -er⟩ übler Geruch m,
Mief m
offensiv¹ ['ɔfənsiːʔv] ⟨-en; -er⟩ Offensive
f
offensiv² ['ɔfənsiːʔv] offensiv
offentlig ['ɔfəndli] öffentlich; **det ~e** die
öffentliche Hand, der Staat; **~ hemme-**
lighed offene(s) Geheimnis n; **~gøre**
[-gœːʔʁə] veröffentlichen; **~gørelse**
[-gœːʔʁəlsə] ⟨-n; -r⟩ Veröffentlichung

f; **~hed** [-he:ð?] ⟨-en⟩ Öffentlichkeit f
offer ['ɔfər] ⟨of(fe)ret; ofre⟩ Opfer n (a
fig)
offerere [ɔfə'ʁeːʔʁə] offerieren, anbieten
offer|lam ['ɔfəʁlam?] Opferlamm n (a
fig); **~vilje** [-vilja] Opferwille f
officer [ɔfi'seːʔʁ] ⟨-en; -er⟩ Offizier m
officers|klub [ɔfi'sɐʁ?ʁskluːb], **~messe**
[-mesə] Offizierskasino n
official [ɔ'fisjəl] ⟨-en; -s⟩ SPORT Funktionär m
officiel [ɔfi'sjɛlʔ] offiziell, amtlich; **~øs**
[-'sjøːʔs] offiziös, halbamtlich
offside¹ ['ɔːfsaid] ⟨-en⟩ Fußball: Abseits n
offside² ['ɔːfsaid] abseits
ofre ['ɔfʁə] opfern, spenden; Zeit widmen; **~**
sig for ngt. sich übergeben, die Fische füttern; **~**
sig for ngt. sich etw (D) opfern
ofring ['ɔfʁen] ⟨-en; -er⟩ Opferung f
ofte ['ɔfdə] oft, oftmals, häufig; **som ~st**
gewöhnlich, meist
og [ɔ, oːu] und; **~ det** und das; und zwar; **~**
så videre (Abk. osv.) und so weiter
(Abk. usw.); **både ... ~ ...** sowohl ... als
(auch) ...; **to ~ to** je zwei, zu zweien; **blive**
større ~ større immer größer werden; **~**
lignende (Abk. o. l. od og lign.) und
Ähnliches (Abk. u. Ä.)
og lign. Abk. für og lignende; → **og**
også ['ɔsə] auch, ebenfalls; **ikke ~?** nicht
wahr?
oh [oː] → **o**
ohøj [o'hɔiʔ] ahoi!
ok [ɔgʔ] F ach!, oh!; **~ ja!** selbstverständlich!; ach ja!
o. k. ['ouˈkeiʔ] (= **okay**) in Ordnung, okay
(Abk. o. k., O. K.)
okker ['ɔgər] ⟨-en; -e⟩ MINER Ocker m, n;
~gul [-guːʔl] ockergelb

okkup|ation [ɔkupa'sjoːʔn] ⟨-en; -er⟩ Okkupation f, Besetzung f; **~ere** [-'peːʔrɔ] okkupieren, besetzen

okse [ˈɔgsə] ⟨-n; -r⟩ Ochse m, Rind n; **~bryst** [-brøsd] Rinderbrust f; **~hale-suppe** [-haːləsɔbə] Ochsenschwanzsuppe f; **~hud** [-huðˀ] Rindsleder n; **~kød** [-køð] Rindfleisch n; **~læder** [-lɛːˀʔðɔr] → **oksehud**; **~steg** [-sdaiˀ] Rinderbraten m; **~tunge** [-tɔŋə] Rinderzunge f, Ochsenzunge f (a BOT)

okt. _Abk. für_ **oktober**

oktav [ɔgˈtaːˀv] ⟨-en; -er⟩ MUS Oktave f; _Buchformat:_ Oktav n

oktober [ogˈtoːˀbɔr] ⟨en⟩ Oktober m

ol [oːlˀ] ⟨-en; -⟩ _lit._ Heringslaut f; Wall m

o. l. _Abk. für_ **og lignende**; → **og**

oldboyshold [ˈɔuldbɔishɔlˀ] n ⟨-et; -⟩ Altherrenmannschaft f

olddansk [ˈɔldanˀsg] altdänisch

olde|barn [ˈɔləbaˀrn] Urenkel(in) m(f); **~fa(de)r** [-faːr] Urgroßvater m; **~forældre** [-fɔrˀɛlˀdrə] pl Urgroßeltern pl

oldemo(de)r [ˈɔləmoːr] Urgroßmutter f; **fanden og hans oldemo(de)r** der Teufel und s-e Großmutter

olden [ˈɔlˀɔn] ⟨-en; -⟩ Buchecker f; Eichel f; **~borre** [-bɔrə] ⟨-n; -r⟩ Maikäfer m

oldermand [ˈɔlɔrmanˀ] Obermeister m, HIST Zunftmeister m

oldhøjtysk [ˈɔlhɔitysg] althochdeutsch

olding [ˈɔldeŋ] ⟨-en; -e⟩ Greis m

oldinge|agtig [ˈɔldeŋˀagdi] greisenhaft; **~alder** [-alˀɔr] Greisenalter n

old|nordisk [ˈɔlnɔrdisg] altnordisch; **~sager** [-saːɔr] pl Altertümer pl

oldtid [ˈɔltiðˀ] ⟨-en⟩ Altertum n, Vorzeit f

oldtids|forsker [ˈɔltiðsfɔrsgɔr] Altertumsforscher m; **~grav** [-graːˀv] vorzeitliche(s) Grab n, Hünengrab n; **~kundskab** [-kɔnsgaːˀb] klassische Altertumskunde f; **~minde** [-menə] Denkmal n der Vorzeit

Ole Lukøje [ˈoːləˀlogøiə] MYTH der Sandmann

olie [ˈoːljə] ⟨-n; -r⟩ Öl n; **amerikansk ~** Rizinusöl n; **den sidste ~** KATH die Letzte Ölung; **gyde ~ på ilden** Öl ins Feuer gießen

olie|agtig [ˈoːljɔagdi] ölig; **~farve** [-farvə] Ölfarbe f; **~felt** [-fɛlˀd] Ölfeld n; **~fyr** [-fyːˀr] Ölheizung f; **~fyring** [-fyːreŋ] Ölfeuerung f, Ölheizung f; **~gren** [-greːʔn] Ölzweig m (a fig); **~kage** [-kaːə] Ölkuchen m; **~kilde** [-kilə] Ölquelle f; **~kridt** [-kridˀ] n Ölkreide f; **~maleri** [-maːləˀriˀ] Ölgemälde n, Ölbild n;

~maling [-maːleŋ] Ölfarbe f; **~re** [oliˈeːʔrɔ] ölen, mit Öl tränken; **~sheik** [-sjaiˀg] F Ölscheich m; **~skift** [-sgifd] Ölwechsel m; **~tryk** [-trøg] TECH Öldruck m; Ölfarbendruck m; **~tøj** [-tɔiˀ] NAUT Ölzeug n

oliven [oˈliːˀvɔn] ⟨-en; -⟩ Olive f; **~grøn** [-grøːnˀ] olivgrün; **~olie** [oˈolːjə] Olivenöl n

olm [ɔlˀm] Stier: wütend, bösartig

Olympen [oˈlømˀbɔn] MYTH der Olymp

olympiade [olømpiˈaːðə] ⟨-n; -r⟩ Olympiade f; **~vinder** [-venɔr] Olympiasieger(in) m(f)

olympisk [oˈlømˀpisg] olympisch; **~e lege** pl Olympische Spiele n/pl

om [ɔm, ɔmˀ] _konj_ ob; wenn; falls; **~ jeg vil!** ob ich will!; und ob!; **~ Gud vil** so Gott will; **~ end** wenn auch; _hvad ~ du gik med?_ wie wäre es, wenn du mitgingst?; **~ muligt** wenn möglich, womöglich; **~ så/selv** selbst wenn; _som ~_ als wenn, als ob; _lade som ~_ tun, als ob; _prp um_ (A); um … herum; **~ dagen** am Tage, tagsüber, pro Tag; **~ fredagen** freitags; **~ sommeren** im Sommer; **~ året** im Jahr, jährlich, pro Jahr; **~ 2 år (dage)** in 2 Jahren (Tagen); **~ bord** an Bord; **~ lidt** binnen kurzem, bald; _side ~ side_ Seite an Seite; _han ~ det, det må han ~_ das ist seine Sache; das muss er selbst am besten wissen; _der er ngt. ~ det_ da ist etw Wahres dran; _det er mig ~ at gøre_ es liegt mir daran; _være længe ~ ngt._ lange Zeit zu etw brauchen; _være ~ sig_ geschäftig sein; _adv um_; _se sig ~_ sich umsehen; _højre ~!_ rechts um!; **~ igen!** noch einmal!

o.m.a. (= _og mange andre; og meget andet_) u.v.a. (_und viele andere_); u.v.m. (_und vieles mehr_)

om|adressere [ˈɔmadreˀseːʔrɔ] _Post:_ umadressieren; **~arbejde** [ˈɔmarbɑiˀðə] umarbeiten; **~bejlet** [ˈɔmbaiˀləð] umworben

ombestemme [ˈɔmbeˀsdemˀə]: **~ sig** sich etw anders überlegen

om|betrække [ˈɔmbeˀtregə] Polstermöbel _anders (od neu)_ beziehen; **~boende** [-boːˀɔnə] umwohnend; **~bordværende** [-ˈboːˀrvɛːˀʔrɔnə] an Bord befindlich; _su Fahrgast m_; **~bringe** [-breŋə] umbringen; austragen; **~bud** [-buðˀ] ⟨-(d)et; -⟩ (Ehren)Amt n

ombudsmand [ˈɔmbuðsmanˀ] Ombudsmann m, Bürgerbeauftragte(r) m

ombyg|ge [ˈɔmbygə] umbauen; **~ning**

[-bygnen] Umbau *m*

ombyt|ning ['ɔmbydnen] Umtausch *m*; **~ningsret** [-sʀɛd] Umtauschrecht *n*; **~te** [-bydə] umtauschen; vertauschen

ombære ['ɔmbɛ:ʔʀə] Post austragen

ombæring ['ɔmbɛ:ʔʀen]: **sidste ~** F höchste Eisenbahn

omboje ['ɔmbɔiʔə] umbiegen

omdanne ['ɔmdanʔə] umbilden, umgestalten

omdebatteret ['ɔmdeba'te:ʔʀəð] umstritten, viel erörtert

omdele ['ɔmde:ʔlə] verteilen; Post austragen, zustellen

om|digte ['ɔmdegdə] umdichten; **~dirigere** [-diʀi'ge:ʔʀə] umleiten, umstellen; **~diskuteret** ['-disgu'te:ʔʀəð] viel diskutiert; umstritten

omdisput|abel ['ɔmdispu'ta:ʔbəl], **~eret** ['-'te:ʔʀəð] umstritten

omdrejning ['ɔmdʀɑiʔnen] TECH Umdrehung *f*, Drehung *f*, Tour *f*

omdrejnings|hastighed ['ɔmdʀɑiʔnens'hasdihe:ʔð] Umdrehungsgeschwindigkeit *f*; **~tal** [-tal] Drehzahl *f*; **~tæller** [-tɛləʀ] Drehzahlmesser *m*

omdømme ['ɔmdœmə] ⟨-t; -r⟩ Urteil *n*, Meinung *f*; **have et godt ~** e-n guten Ruf haben

omega [o'me:ga] ⟨-et; -er⟩ Omega *n*; **alfa og ~** F das A und (das) O

omegn ['ɔmaiʔn] Umgebung *f*

omegnskommune ['ɔmainsko'mu:nə] Stadtrandgemeinde *f*

omelet [ɔmə'led] ⟨-ten; -ter⟩ Omelett(e) *n(f)*, Eierkuchen *m*

omendskønt [ɔmen'sgønʔd] obgleich, obwohl, wenn auch

omfang ['ɔmfaŋʔ] ⟨-et⟩ Umfang *m*; Ausmaß *n*

omfangsrig ['ɔmfaŋsʀiʔ] umfangreich

omfartsvej ['ɔmfaʀdsvaiʔ] Umgehungsstraße *f*

omfatte ['ɔmfadə] umfassen (*a fig*); **~nde** umfassend

omfavne ['ɔmfaũʔnə] umarmen, **~lse** [-lsə] ⟨-n; -r⟩ Umarmung *f*

omflakken ['ɔmflagən] ⟨en⟩ Umherstreifen *n*; **~de** [-ə] umherstreifend; unstet

om|flytning ['ɔmflødnen] Umstellung *f*; Versetzung *f*; **~fordeling** ['-fɔʀ'de:ʔlen] Umverteilung *f*

omforme ['ɔmfɔʀmə] umformen, neu formen, umgestalten, **~r** [-ʀ] ⟨-en; -e⟩ EL Umformer *m*

omgang ['ɔmgaŋʔ] Umgang *m*; Verkehr *m*; Runde *f*; Bier: Lage *f*; **en ~ klø** e-e

Tracht Prügel; **give én en ~** F j-m den Kopf waschen; **efter** (*od* **på**) **~** der Reihe nach; **i første ~** *fig* zuerst; **i denne ~** diesmal

omgangs|form ['ɔmgaŋs'fɔʀʔm] Umgangsform *f*; **~kreds** [-kʀeʔs] Umgang *m*, Bekanntenkreis *m*; **~sprog** [-sbʀɔ:ʔw] Umgangssprache *f*

omgive ['ɔmgi:ʔvə] umgeben (*a fig*), **~lse** [-lsə] ⟨-n; -r⟩ Umgebung *f*

omgænge|lig ['ɔm'gɛŋʔəli] umgänglich; **~r** [-'gɛŋʔəʀ] ⟨-en; -e⟩ Schule: Wiederholer(in) *m(f)* (*e-r Klassenstufe*), F Sitzenbleiber(in) *m(f)*

omgærde ['ɔmgɛ:ʔʀə] umzäunen; umgeben (*a fig*)

omgå ['ɔmgɔ:ʔ] Gesetz umgehen; **~ende** [-ənə] umgehend, sofort, postwendend

omgås ['ɔmgɔ:ʔs] ⟨omgikkes; omgåedes⟩: **~ én** mit j-m verkehren (*od* umgehen); mit j-m Umgang haben; **han er let at ~** er ist ein umgänglicher Mensch

om|handle ['ɔmhanʔlə] behandeln, handeln von (*D*); **~hegne** [-haiʔnə] umzäunen, einfried(ig)en; **~hu** [-hu:ʔ] ⟨-en⟩ Sorgfalt *f*; Mühe *f*; **~hugge** [-hogə] umhauen, fällen

omhyggelig [ɔm'hygəli] sorgfältig, sorgsam; **~hed** [-he:ʔð] ⟨-en⟩ Sorgfältigkeit *f*, Sorgfalt *f*

omhæng ['ɔmhɛŋʔ] ⟨-et; -⟩ (Bett)Vorhang *m*

ominøs [omi'nø:ʔs] ominös

omkalfatre ['ɔmkalfadʀə] umgestalten, ändern

omkamp ['ɔmkamʔb] SPORT Wiederholungsspiel *n*

omklamre ['ɔmklamʔʀə] umklammern

omklæd|ning ['ɔmklɛ:ʔðnen] Umkleiden *n*; **~ningsrum** [-klɛ:ʔðnensʀɔmʔ] Umkleideraum *m*; **~t** [-klɛ:ʔd]: **være~** umgezogen sein

om|komme ['ɔmkɔmʔə]: **~ ved en flyveulykke** bei *e-m* Flugzeugunglück umkommen; **være ved at ~ af tørst** F vor Durst fast umkommen; **de omkomne** *pl* die Opfer *n/pl* (*die Toten*); **~kostning(er)** [-kɔsdnen'əʀ] Kosten *pl*; Spesen *pl*

omkreds ['ɔmkʀe:ʔs] Umkreis *m*; Umfang *m*; **~e** [-ə] umkreisen

omkring [ɔm'kʀeŋʔ] *prp* um; um ... herum; *bei Zahlen*: ungefähr, etwa; *adv* umher, herum; **rundt ~** ringsherum, rundherum; **~!** MIL kehrt!; **gøre ~** kehrtmachen; **~boende** [-bo:ʔənə] umwohnend; **~liggende** [-legənə] um(her)liegend, benachbart; **~stående** [-sdɔ:ʔənə] um(her)stehend

omkuld [ɔm'kul?] um, über den Haufen; *falde* ~ umfallen

om|kvæd ['ɔmkvɛ:?ð] ⟨-*et*; -⟩ Kehrreim *m*, Refrain *m*; **~korsel** [-kør?səl] Umleitung *f* (*over*/über *A*); **~korselsvej** [-kør?səlsvaɪ?] Umgehungsstraße *f*

omlad|e ['ɔmla:?ðə] umladen, umschlagen; **~ningshavn** [-la:?ðneŋshau?n] Umschlaghafen *m*

om|liggende ['ɔmligənə] umliegend; **~lyd** [-lyð?] GRAM Umlaut *m*; **~lægge** [-lɛgə] umstellen, ändern, verlagern

omlæs|ning ['ɔmlɛsneŋ] Umladen *n*; **~se** [-lɛsə] umladen

omløb ['ɔmlø:?b] Umlauf *m*; Verkehr *m*; **have ~ i hovedet** F Grütze (*od* Verstand) im Kopf haben; **være i ~** kursieren, im Umlauf sein

omme ['ɔmə] um, vorüber; **~ bag huset** hinter dem Haus

om|ordne ['ɔmɔr?dnə] umordnen, neu ordnen; **~plante** [-plan?də] umpflanzen, verpflanzen; **~postere** [-pɔ'sde:?rə] umbuchen, umstellen; **~potte** [-pɔdə] umtopfen; **~prioritere** [-priori'te:?rə] *Darlehen* umschulden; **~redigere** [-redi'ge:?rə] überarbeiten, neu fassen

omregn|e ['ɔmraɪ?nə] umrechnen; **~ingskurs** [-raɪ?neŋsku:?rs] ÖKON Umrechnungskurs *m*

omrejsende ['ɔmraɪ?sənə] umherreisend, umherziehend; **~ cirkus** Wanderzirkus *m*

omrids ['ɔmris] Umriss *m*; *fig* Abriss *m*

omringe ['ɔmreŋ?ə] umringen, umstellen, umzingeln

omryste ['ɔmrøsdə] schütteln; **~s før brugen!** *Medizin:* vor Gebrauch schütteln

omrøre ['ɔmrœ:?rə] umrühren

område ['ɔmrɔ:ðə] ⟨-*t*; -*r*⟩ Gebiet *n*, Bereich *m*, Raum *m*; **grønne ~r** Grünanlagen *f/pl*; **~nummer** [-nɔm?ər] TEL Vorwahlnummer *f*

oms [ɔm?s] ⟨-*en*⟩ *Abk. für* **omsætningsafgift**

omsad|le ['ɔmsaðlə] *Pferd* umsatteln; **~ling** [-saðleŋ]: *foretage en ~* *fig* umsatteln

omsagnsled ['ɔmsawnsleð] GRAM Prädikativ *n*; Prädikatsnomen *n*

omsejle ['ɔmsaɪ?lə] umfahren, umsegeln

om|sider [ɔm'si:ðər] endlich, schließlich; **~siggribende** ['ɔm?saɪ?gri:bənə] um sich greifend

omskabe ['ɔmsga:?bə] umschaffen, umbilden; verwandeln

omskifte ['ɔmsgifdə] umtauschen, (aus)wechseln

omskiftelig [ɔm'sgifdəli] veränderlich, unbeständig

omskiftelse ['ɔmsgifdəlsə] ⟨-*n*; -*r*⟩ Wechsel *m*, Wandel *m*

omskole ['ɔmsgo:?lə] umschulen

omskrive ['ɔmsgri:?və] umschreiben, mit anderen Worten wiedergeben

omskære ['ɔmsgɛ:?rə] REL beschneiden; **~lse** [-lsə] ⟨-*n*; -*r*⟩ Beschneidung *f*

om|slag ['ɔmsla:?] Umschlag *m* (*a* MED); MED Kompresse *f*; *fig* Umschwung *m*; **~slutte** [-sludə] umschließen; **~slynge** [-sløŋ?ə] umschlingen

omsmelte ['ɔmsmel?də] umschmelzen

omsonst [ɔm'sɔn?sd] umsonst, vergebens, F für die Katz

omsorg ['ɔmsɔr?w] ⟨-*en*⟩ Fürsorge *f*, Vorsorge *f*, Sorgfalt *f*; **drage ~ for ngt.** für etw Sorge tragen

omsorgsfuld ['ɔmsɔrwsful?] fürsorglich, sorgsam

om|spænde ['ɔmsben?ə] *fig* umspannen; *Feuer:* umlodern; **~stemme** [-sdem?ə] umstimmen; **~stigning** [-sdi:?neŋ] ⟨-*en*; -*er*⟩ Umsteigen *n*; **~stigningsbillet** [-sdi:?neŋsbi'led] Umsteigefahrschein *m*

omstill|e ['ɔmsdel?ə] umstellen; TEL verbinden; **~ing** [-sdel?eŋ] Umstellung *f*

omstillings|bord ['ɔmsdel?eŋsbo:?r] Schaltbrett *n*, Schalttafel *f*; TEL Vermittlung *f*; **~vanskelighed** [-vansgəlihe:ð?] Umstellungsschwierigkeit *f*

omstoppe ['ɔmsdɔbə] *Möbel* aufpolstern

omstrejfe|nde ['ɔmsdraɪ?fənə] umherstreifend, umherziehend; streunend; **~r** [-sdraɪ?fər] ⟨-*en*; -*e*⟩ Herumtreiber *m*

om|stridt ['ɔmsdrid] umstritten; zweifelhaft; **~strukturere** [-'sdrugtu're:?rə] umstrukturieren

omstyrte ['ɔmsdyr?də] *fig* umstürzen

omstændelig [ɔm'sden?əli] umständlich, weitschweifig

omstændighed [ɔm'sten?dihe:ð?] ⟨-*en*; -*er*⟩ Umstand *m*; **ledsagende ~** Begleiterscheinung *f*; **faktiske ~er** *pl* Tatbestand *m*; **efter ~erne** den Umständen nach/entsprechend; **i ~er** *fig* in anderen Umständen; **under ingen ~er** auf keinen Fall

omstændighedskjole [ɔm'sden?dihe:ðəskjo:lə] Umstandskleid *n*

om|støde ['ɔmsdø:?ðə] *fig* umstoßen, für ungültig erklären; **~stående** [-sdɔ:?ənə] umstehend; **~sving** [-svɛn?] *fig* Umschwung *m*, Wandel *m*; **~sværme** [-sver?mə] umschwärmen

omsvøb ['ɔmsvøːˀb] ⟨et⟩ *fig* Umschweife *pl*

omsy ['ɔmsyːˀ] umnähen, ändern

omsæt|ning ['ɔmsednen] ⟨-en; -er⟩ ØKON Umsatz *m*; **~ningsafgift** [-saŭgifd] (*Abk.* **oms**) Umsatzsteuer *f*; **~te** [-sedə] umsetzen; **~telig** [ɔmˀsedəli] umsetzbar

omtale[1] ['ɔmtaːlə] Erwähnung *f*; *kende* **~** vom Hörensagen kennen

omtale[2] ['ɔmtaːlə] erwähnen; **~** *én ned-sættende* abfällig von *j-m* reden

omtalt ['ɔmtaˀld] erwähnt, genannt, besagt; **~e bog** besagtes Buch

omtanke ['ɔmtanɡə] Umsicht *f*

omtrent [ɔmˀtʀenˀd] fast; ungefähr, etwa, um … herum; **~lig** [-li] ungefähr

omtumlet ['ɔmtomˀləð] benommen; unruhig, unstet

omtviste|lig ['ɔmtvesdəli] umstritten, anfechtbar, zweifelhaft; **~t** ['ɔmtvesdəd] umstritten

omtåge ['ɔmtɔːˀwə] umnebeln, trüben; **~t** benebelt

om|valg ['ɔmvalˀ] Neuwahl *f*; **~van-drende** [-vanˀdʀanə] umherwandernd, umherziehend

omvej ['ɔmvaiˀ] Umweg *m*; *ad* **~e** auf Umwegen (*a fig*)

omveksl|e ['ɔmveɡslə] umwechseln; **~ing** [-veɡsleŋ] ⟨-en; -er⟩ Wechsel *m*, Umwechs(e)lung *f*; Wandel *m*

omvende ['ɔmvenˀə] bekehren (*sig* sich); **~lse** [-lsə] ⟨-n; -r⟩ Bekehrung *f*

omvendt ['ɔmvenˀd] umgekehrt

omverden ['ɔmverdən] ⟨-en⟩ Umwelt *f*

omvis|er ['ɔmviːˀsər] ⟨-en; -e⟩ *Person:* Führer(in) *m(f)* (*in e-m Museum*); **~ning** [-viˀsneŋ] ⟨-en; -er⟩ Führung *f* (*Rund-gang*)

omvurdere ['ɔmvurˀdeːˀrə] umwerten; neu schätzen

omvælt|e ['ɔmvelˀdə] umwälzen, umstürzen; **~ning** [-velˀdneŋ] ⟨-en; -er⟩ Umwälzung *f*, Umsturz *m*, Umbruch *m*

onan|ere [onaˀneːˀrə] onanieren; **~i** [-ˀniːˀ] ⟨-en⟩ Onanie *f*

ond [ɔnˀ] böse, schlecht, schlimm, übel; *det* **~e** das Böse; *jeg får* **~t** mir wird übel (*od* schlecht); *give* **~** *af sig* schimpfen; *gøre* **~t** wehtun, schmerzen; *det gør mig* **~t** es tut mir leid (*for én* um *j-n*); *jeg har* **~t** *i hovedet* ich habe Kopfschmerzen (Magenschmerzen); *jeg har* **~t** *af ham* er tut mir leid; *han har* **~t** *ved ngt.* etw fällt ihm schwer; *sætte* **~t** *i én* *j-n* aufhetzen; *tale* **~t** *om én* *j-n* schlechtmachen, von *j-m* schlecht reden;

~artet ['onaːˀrdəð] bösartig

onde ['onə] ⟨-t; -r⟩ Übel *n*; *den* **~** der Böse (*od* Teufel)

ond|sindet ['onsenˀəð] boshaft, böswillig; **~skab** [-sɡaːˀb] ⟨-en⟩ Bosheit *f*, Tücke *f*; **~skabsfuld** [-sɡabsfulˀ] boshaft, tückisch; hämisch; **~skabsfuldhed** [-sɡaːbsfulheðˀ] ⟨-en; -er⟩ Bösartigkeit *f*; Boshaftigkeit *f*

onkel ['onˀɡəl] ⟨onk(e)len; onkler⟩ Onkel *m*; *F* Pfandleiher *m*

onsdag ['onˀsda] Mittwoch *m*; → *fredag*

op [ɔb] auf; aufwärts, nach oben, empor, hinauf, herauf, hoch; *nu skal du* **~** jetzt musst du aufstehen; **~** *og ned* auf und ab (*od* nieder); *vende* **~** *og ned på ngt.* etw auf den Kopf stellen; **~** *ad bjer-get* (*od bakken*) bergauf; *gå gade* **~** *og gade* **ned** straßauf, straßab laufen; **~** *med hovedet!* Kopf hoch!; **~** *med humø-ret!* immer lustig!; **~** *med pengene!* Geld her!; *det er* **~** *til dig* das ist deine Sache

opad ['ɔbað] aufwärts, nach oben, empor; **~gående** [-ɡɔːˀɔnə] steigend; **~stræ-bende** [-sdʀɛːˀbənə] aufstrebend, emporstrebend, **~vendt** [-vɛnˀd] nach oben gekehrt

op|amme ['ɔbamˀə] aufziehen, *F* aufpäppeln; **~arbejde** [-ɑʀbaiˀdə] *Geschäft, Unternehmen* aufbauen, hochbringen; *Brennelemente* wiederaufbereiten; *Stim-mung* schaffen, bilden; **~** *et sandt raseri* in Raserei (*od* heftigen Zorn) geraten; **~bakning** [-baɡneŋ] ⟨-en; -er⟩ Unterstützung *f*

opbevare ['ɔbbeˀvaːˀrə] aufbewahren, verwahren

opbinde ['ɔbbenˀə] aufbinden

opblande ['ɔbblanˀə] mischen

opblomstre ['ɔbblɔmˀsdrə] aufblühen

opblussen ['ɔbblusən] ⟨-en⟩ Auflodern *n*, Aufflackern *n*; **~de Leidenschaft:** auflodernd

opblæst ['ɔbblɛːˀsd] *fig* aufgeblasen

op|bløde ['ɔbbløːˀðə] ⟨-ede od -te⟩ aufweichen; **~bragt** [-bʀaɡd] aufgebracht, aufgeregt; **~bremsning** [-bʀemˀsneŋ] Bremsen *n*, Abbremsung *f*; **~bringe** [-bʀeŋˀə] NAUT aufbringen; **~bruds-stemning** [-bʀuðsˀsdɛmneŋ] Aufbruchs-stimmung *f*; **~bruge** [-bʀuːˀə] aufbrauchen, verbrauchen; **~brusende** [-bʀuːˀsənə] aufbrausend, aufwallend

opbryde ['ɔbbʀyːˀðə] aufbrechen

opbud ['ɔbbuð] ⟨-(d)et; -⟩ Aufgebot *n*; Aufwand *m*

opbyde ['ɔbbyːˀðə] aufbieten; **~lse** [-lsə]

⟨-n⟩ Aufbietung f, Aufwendung f

opbygge ['ɔbbygə] aufbauen; *fig* erbauen; **~lig** [ɔb'bygəli] erbaulich

opbygning ['ɔbbygneŋ] Aufbau m

opdage ['ɔbda:ʔə] entdecken; **~lse** [-lsə] ⟨-n; -r⟩ Entdeckung f

opdagelses|betjent ['ɔbda:ʔəlsəsbe'tjenʔd] Kriminalbeamte(r) m; **~politi** [-poli'ti:ʔ] Kriminalpolizei f; **~rejse** [-ʀɑisə] Entdeckungsreise f, **~rejsende** [-ʀɑisənə] Entdeckungsreisende(r) m

opdager ['ɔbda:ʔɔʀ] ⟨-en; -e⟩ Entdecker m; Kriminalbeamte(r) f(m), Detektiv m

opdele ['ɔbde:ʔlə] (auf)teilen

opdigt ['ɔbdegd] ⟨et⟩ Erdichtung f, Erfindung f; **~e** [-ə] erdichten, erfinden; **~et** [-əð] erfunden, erlogen

opdrag ['ɔbdʀɑ:ʔw] ⟨-et; -⟩ Auftrag m

opdrage ['ɔbdʀɑ:ʔwə] ⟨-ede od opdrog⟩ erziehen; **~nde** erzieherisch; **~lse** [-lsə] ⟨-n⟩ Erziehung f; F Kinderstube f; **~lsesanstalt** [-lsəs'ansdalʔd] Erziehungsanstalt f; **~r** [-ʀ] ⟨-en; -e⟩ Erzieher m

opdrift ['ɔbdʀefd] ⟨-en⟩ PHYS Auftrieb m; **der er ~ i ham** *fig* er strebt vorwärts

opdrive ['ɔbdʀi:ʔə] auftreiben, beschaffen

opdræt ['ɔbdʀed] ⟨-tet; -⟩, **~ning** [-neŋ] ⟨-en; -er⟩ Zucht f, Züchtung f; **~te** [-ə] (auf)ziehen, züchten; **~ter** [-ɔʀ] ⟨-en; -e⟩ Züchter m

op|dukkende ['ɔbdogənə] *fig* auftauchend, aufgehend; **~dunstet** [-don'sdøð] aufgedunsen

opdynge ['ɔbdøŋʔə] (an)häufen, aufhäufen

opdyrk|e ['ɔbdyʀgə] urbar machen, bestellen; *fig* pflegen, entwickeln; **~ning** [-dyʀgneŋ] ⟨-en; -er⟩ Urbarmachung f, Anbau m

opdæk|ket ['ɔbdegəð] *Tisch:* gedeckt; **~ning** [-degneŋ] Anrichten n; Decken n; Gedeck n

op|dæmme ['ɔbdemʔə] aufdämmen, aufstauen; **~efter** [-efdər] aufwärts, nach oben; **~elske** [-ɛlʔsgə] ziehen, züchten; fördern

opera ['o:ʔbəʀɑ] ⟨-en; -er⟩ Oper f; **~sanger(inde)** [-saŋɔʀ('enə)] Opernsänger(in) m(f)

operation [obəʀɑ'sjo:ʔn] ⟨-en; -er⟩ Operation f

operations|bord [obəʀɑ'sjo:ʔnsbo:ʔʀ] Operationstisch m; **~stue** [-sdu:ə] Operationssaal m; **~sygeplejerske** [-sy:əplɑi'ʔɔʀsgə] Operationsschwester f

operat|iv [obəʀɑti:ʔv] operativ; **~ør** [-'tø:ʔʀ] ⟨-en; -er⟩ Operateur m; Filmvorführer m

operere [obəʀe:ʔʀə] operieren

op|fanatisere ['ɔbfanati'se:ʔʀə] aufhetzen; **~fange** [-faŋʔə] auffangen; F aufschnappen; **~farende** [-fɑ:ʔʀənə] *fig* auffahrend, jähzornig

opfatte ['ɔbfadə] auffassen, begreifen; **~lse** ['ɔbfadəlsə] ⟨-n; -r⟩ Auffassung f; **langsom ~** F lange Leitung f

opfattelsesevne ['ɔbfadəlsəs'euʔnə] Auffassungsgabe f

opfede ['ɔbfe:ʔðə] mästen; **~ning** [-fe:ʔðneŋ] Mast f

opfinde ['ɔbfen'ə] erfinden; **~lse** [-lsə] ⟨-n; -r⟩ Erfindung f

opfindsom [ɔb'fen'sɔmʔ] erfinderisch, einfallsreich; **~hed** [-he:ðʔ] ⟨-en⟩ Erfindungsgabe f

op|flamme ['ɔbflamʔə] *fig* entflammen, entfachen; **~flaske** [-flasgə] aufpäppeln, großziehen; **~flytte** [-flødə] *Schüler* versetzen

opfordre ['ɔbfɔʀʔdʀə] auffordern

opfordring ['ɔbfɔʀʔdʀeŋ] Aufforderung f; **på almindelig ~** auf allgemeinen Wunsch

opfostre ['ɔbfɔsdʀə] erziehen, großziehen

opfriske ['ɔbfʀesgə] auffrischen

opfyld|e ['ɔbfylʔə] ⟨-te⟩ (an-, auf)füllen; erfüllen; nachkommen; *Loch* füllen; **~else** [-fylʔəlsə] ⟨-n⟩ Erfüllung f

opføre ['ɔbfø:ʔʀə] ⟨-te⟩ aufführen; errichten; THEA spielen; **~ sig** sich benehmen, sich betragen; **~lse** [-lsə] ⟨-n; -r⟩ Aufführung f

opførsel ['ɔbførˀsəl] ⟨opførs(e)len⟩ Benehmen n, Betragen n

opgang ['ɔbgaŋʔ] ⟨-en; -e⟩ Aufstieg m; *Sonne:* Aufgang m; Treppe(nhaus) f(n)

opgangsperiode ['ɔbgaŋsperi'o:ðə] Aufschwungperiode f

op|gave ['ɔbga:və] ⟨-n; -r⟩ Aufgabe f, Auftrag m; **~gejle** [-gɑi'lə] aufgeilen, aufputschen

opgive ['ɔbgi:ʔvə] aufgeben, fallen lassen; *Name u Adresse* angeben; **~lse** [-gi:ʔvəlsə] ⟨-n; -r⟩ Aufgeben n, Aufgabe f; Angabe f

opgrave ['ɔbgʀɑ:ʔvə] ausgraben

opgæld ['ɔbgelʔ] ⟨-en⟩ ÖKON Aufgeld n, Agio n

opgør ['ɔbgœ:ʔʀ] ⟨-et; -⟩ Auseinandersetzung f [-ʔə] abschließen, abrechnen; *Schaden* feststellen, berechnen; **~else** [-əlsə] ⟨-n; -r⟩ Abschluss m, Abrechnung f *f*; Bilanz *f*; Bestandsaufnahme *f*

opgående ['ɔbgɔ:ˀənə] aufgehend, steigend

ophav ['ɔbhau̯] ⟨*-et; -*⟩ Ursprung *m*; *scherzhaft*: **mit fædrene ~** mein Vater

ophavs|mand ['ɔbhau̯sman?] Urheber *m*; Anstifter *m*; **~ret(s)lig** [-ʀɛd(s)li] urheberrechtlich

ophede ['ɔbhe:ˀðə] erhitzen

ophidse ['ɔbhisə] aufregen; aufhetzen, aufwiegeln; erregen; **~nde** aufregend; **~t** aufgeregt, erregt; **~lse** [-lsə] ⟨*-n; -r*⟩ Aufregung *f*, Erregung *f*

ophjælpe ['ɔbjelˀbə] fördern, *fig* aufhelfen

ophobe ['ɔbho:ˀbə] (auf)häufen; **~ sig** sich ansammeln, sich anhäufen

ophold ['ɔbhɔlˀ] Aufenthalt *m*; Unterbrechung *f*, Pause *f*; Verzögerung *f*; (Lebens)Unterhalt *m*; **gøre ~ på en kro** in *e-m* Gasthof Station machen; **uden ~** unaufhörlich

opholde ['ɔbhɔlˀə] aufhalten (**sig** sich)

opholds|rum ['ɔbhɔlˀsʀɔmˀ] Aufenthaltsraum *m*; **~sted** [-sdeð] *n* Aufenthaltsort *m*; **~stue** [-sdu:ə] Wohnzimmer *n*; **~tilladelse** [-tela-ˀðɔlsə] Aufenthaltserlaubnis *f*; **~vejr** [-vɛ:ˀʀ] trockene(s) Wetter *n*

ophovnet ['ɔbhɔu̯ˀnəð] (an)geschwollen

ophugge ['ɔbhogə] verschrotten

ophæng ['ɔbheŋˀ] (Auf)Hängevorrichtung *f*; **~e** [-ə] ⟨*-te*⟩ Bild aufhängen; **jeg er stærkt ophængt for tiden** ich bin augenblicklich stark in Anspruch genommen

ophæve ['ɔbhɛ:ˀvə] aufheben, annullieren

ophævelse ['ɔbhɛ:ˀvəlsə] Aufhebung *f*; **gøre mange ~r over ngt.** viel Aufhebens um *etw* machen

ophøje ['ɔbhɔiˀə] erheben, erhöhen; **~t** *fig* hehr, erhaben; **~lse** [-lsə] ⟨*-n; -r*⟩ Erhebung *f*, Erhöhung *f*; **~thed** [-ˀðhe:ð?] ⟨*-en*⟩ Erhabenheit *f*

ophør ['ɔbhøːˀʀ] ⟨*-et; -*⟩ Ende *n*, Aufhören *n*, Schluss *m*; **uden ~** unablässig, pausenlos; **~e** [-ə] aufhören

ophørsudsalg ['ɔbhøːʀsˀuðsalˀ] Räumungsverkauf (wegen Geschäftsaufgabe) *m*

opildne ['ɔbilˀnə] *fig* anfeuern; **~nde** *Rede*: zündend

opinion [opin'joˀn] ⟨*-en; -er*⟩ öffentliche Meinung *f*

opinions|dannelse [opin'joˀnsdanəlsə] Meinungsbildung *f*; **~undersøgelse** [-onəʀsøːˀɔlsə] Meinungsumfrage *f*

opirre ['ɔbirˀə] aufbringen, reizen

opium ['oːˀpiom] ⟨*-(m)en od -(m)et*⟩ Opium *m*; **~(s)valmue** [-(s)valmu:ə] Schlafmohn *m*

opkald ['ɔbkalˀ] TEL Anruf *m*; **~e** [-ə] benennen; **~else** [-əlsə] Benennung *f*

opkast ['ɔbkasd] ⟨*-et*⟩ Erbrochene(s) *n*; **~e** [-ə] aufwerfen; **~ning** [-neŋ] Erbrechen *n*; **~ningsfornemmelse** [-neŋsfɔʀˀnɛmˀəlsə] Brechreiz *m*

opklare ['ɔbklaːˀʀə] aufklären, erhellen, lösen; **~s** sich aufhellen

opklaring ['ɔbklaːˀʀeŋ] Aufklärung *f*, Erhellung *f*; *Wetter*: Aufklaren *n*, Aufheiterung *f*

opklodse ['ɔbklɔsə] *Auto* aufbocken

opklæbe ['ɔbkle:ˀbə] aufkleben, ankleben

opkog ['ɔbkɔ:ˀw] ⟨*-et; -*⟩ Aufkochen *n*; F *fig* Abklatsch *m*; **give et ~** aufkochen

opkoge ['ɔbkɔ:ˀwə] aufkochen; **opkogt i hovedet** mit erhitztem Kopf

opkom|ling ['ɔbkɔmˀleŋ] ⟨*-en; -e od -er*⟩ Emporkömmling *m*; **~me** [-kɔmˀə] aufkommen, entstehen; **~st** [-kɔmˀsd] ⟨*-en; -er*⟩ Aufkommen *n*, Entstehung *f*

opkræv|e ['ɔbkʀɛ:ˀvə] einfordern, *Steuer* erheben; **~er** [-ʀ] ⟨*-en; -e*⟩ (Steuer)Einnehmer *m*; **~ning** [-kʀɛ:ˀvneŋ] ⟨*-en; -er*⟩ Erhebung *f*; (Ein)Forderung *f*

opkvikkende ['ɔbkviɡənə] belebend, erquickend

opkøb ['ɔbkø:ˀb] Aufkauf *m*, Ankauf *m*; **~e** [-ə] aufkaufen, ankaufen

opkør|sel ['ɔbkøʀˀsəl] Auffahrt *f*; **~t** [-køʀˀd] *Weg*: ausgefahren

oplade[1] ['ɔblaːˀðə] ⟨*oplod; opladt*⟩ *Stimme* erheben

oplade[2] ['ɔbla:ˀðə] EL (auf)laden

oplad|elig [ɔb'la:ˀðəli] aufladbar; **~ning** ['-la:ˀðneŋ] EL Laden *n*

oplag ['ɔbla:ˀ] TYP Auflage *f*; Lager *n*; **~e** [-ə] lagern, (auf)speichern

oplagt ['ɔblagd] aufgelegt (*a fig*); klar, eindeutig; **~ mælk** dicke Milch *f*

opland ['ɔblanˀ] Hinterland *n*

opleve ['ɔble:ˀvə] erleben; **~lse** [-lsə] ⟨*-n; -r*⟩ Erlebnis *n*; **~lsesrig** [-lsəsˀʀiːˀ] erlebnisreich

opliv|e ['ɔbliːˀvə] beleben, erheitern; **~else** [-lsə] ⟨*-n; -r*⟩ Belebung *f*, Erheiterung *f*; Wiederbelebung *f*; **~ning** [-liːˀvneŋ] ⟨*-en; -er*⟩ Wiederbelebung *f*; **~ningsforsøg** [-liːˀvneŋsfɔʀˀsøːˀ] Wiederbelebungsversuch *m*

oplukker ['ɔbloɡəʀ] ⟨*-en; -e*⟩ (Flaschen)Öffner *m*

oplyse ['ɔbly:ˀsə] erleuchten, erhellen; beleuchten; erklären; mitteilen; **~nde** aufschlussreich

oplysning ['ɔbly:ˀsneŋ] Beleuchtung f; Aufklärung f; Auskunft f

oplysningsarbejde ['ɔbly:ˀsneŋsˈɑrbaiˀdə] Aufklärungsarbeit f; **~pligt** [-plegd] Auskunftspflicht f; **~tid** [-tiðˀ] Epoche: Aufklärung f

oplæg ['ɔblɛːˀg] ⟨-get; -⟩ Diskussionsgrundlage f, (einleitende(r)) Diskussionsbeitrag m

oplære ['ɔblɛːˀʀə] anlernen, heranbilden, schulen

oplæse ['ɔblɛːˀsə] vorlesen, vortragen; verlesen; **~r** [-ʀ] Radio Sprecher m

oplob ['ɔblɔːˀb] Auflauf m, Menschenansammlung f, sport Angriff m (Fußball); Endkampf m; **~en** [-ən] hoch aufgeschossen, schlaksig

oplofte ['ɔbløfdə] erheben

oplose ['ɔbløːˀsə] auflösen; verwesen; fig zersetzen; **~lig** [ɔbˈløːˀsəli] (auf)lösbar, löslich

oplosning ['ɔbløːˀsneŋ] (Auf)Lösung f; Vewesung f; fig Zersetzung f, Zerfall m

oplosningsmiddel ['ɔbløːsneŋsmiðˀəl] Lösungsmittel n

opmagasinere ['ɔbmagasiˀʀə] (auf)speichern; **~mand** [-manˀ] Unparteiische(r) m, Schiedsrichter m

opmarch ['ɔbmɑʁʂ] Aufmarsch m

opmuntre ['ɔbmonˀdʀə] aufmuntern, aufheitern; ermuntern, ermutigen; **~ing** [-monˀdʀeŋ] ⟨-en; -er⟩ Aufmunterung f, Ermutigung f, Zuspruch m

opmærksom [ɔbˈmɛrgsɔmˀ] aufmerksam; **~hed** [-sɔmheːðˀ] ⟨-en; -er⟩ Aufmerksamkeit f, Augenmerk n

opmåle ['ɔbmɔːˀlə] Gebiet vermessen

opnå ['ɔbnɔːˀ] erreichen, erlangen, erzielen; **~elig** [ɔbˈnɔːˀəli] erreichbar

opofre ['ɔbɔfʀə] aufopfern

oppakning ['ɔbpɑgneŋ] MIL Gepäck n; **~passer** [-pasɔr] ⟨-en; -e⟩ MIL Bursche m

oppe¹ ['ɔbə] oben, droben, auf; **der ~** dort oben; **~ fra** von oben; **blive ~** aufbleiben; **være ~** auf sein; Schule: examiniert werden; **være ~ at køre** F in der Patsche sitzen; **være højt ~** F obenauf (od übermütig) sein

oppe² ['ɔbə]: **~ sig** sich zusammennehmen

oppebie ['ɔbəbiˀə] lit abwarten; **~bære** [-beːˀʀə] beziehen; **~børsel** [-bœrˀsəl] ⟨oppebørs(e)len; oppebørsler⟩ Erhebung f; **~fra** [-fʀɑːˀ] von oben; **~gående** [-gɔːˀʔənə] nicht (mehr) bettlägerig

opportunisme [ɔpɔʁtuˈnismə] ⟨-n⟩ Opportunismus m

oppustelig [ɔbˈpuːˀsdəli] aufblasbar; **~et** ['ɔbpuˀsdøð] aufgedunsen, aufgeblasen (a fig)

oprakt ['ɔbʀagd] Arm: hochgestreckt; **~redt** [-ʀeːˀd] Bett: gemacht; **~regne** [-ʀɑiˀnə] aufzählen

oprejsning ['ɔbʀɑiˀsneŋ] Aufrichtung f, Errichtung f, Genugtuung f; **~t** [-ʀɑiˀsd] aufgerichtet, aufrecht

opreklamere ['ɔbʀeklaˈmeːˀʀə]: **~ ngt.** für etw die Werbetrommel rühren

opremse ['ɔbʀɛmˀsə] ableiern; aufzählen

opret ['ɔbʀeːd] aufrecht; **~holde** [-hɔlˀə] aufrechterhalten; **~holdelse** [-hɔlˀəlsə] Aufrechterhaltung f; **~stående** [-sdɔːˀʔənə] aufrecht stehend, Stand-

oprette ['ɔbʀeːdə] errichten; Schaden wiedergutmachen; **~lse** [-lsə] ⟨-n; -r⟩ Errichtung f, Gründung f; fig Wiedergutmachung f

oprevet ['ɔbʀeːˀvəð] aufgeregt

opridse ['ɔbʀisə] skizzieren

oprigtig [ɔbˈʀegdi] aufrichtig; **~(t) talt** ehrlich gesagt

oprik ['ɔbʀeg] ⟨-ken; -ker⟩ Post, EDV: maschinenlesbare (od elektronisch lesbare) Zahlkarte f

oprinde ['ɔbʀenˀə] lit anbrechen, kommen

oprindelig [ɔbˈʀenˀəli] ursprünglich; urwüchsig

oprindelse ['ɔbʀenˀəlsə] ⟨-n; -r⟩ Ursprung m, Herkunft f

opringning ['ɔbʀeŋˀneŋ] TEL Anruf m

oprivende ['ɔbʀiːˀvənə] aufregend, aufreibend

oprulle ['ɔbʀulˀə] aufrollen, Rollo hochziehen

opruste ['ɔbʀosdə] MIL aufrüsten; **~ning** [-ʀosdneŋ] ⟨-en⟩ Aufrüstung f

oprydning ['ɔbʀyðˀneŋ] Aufräumung f, Aufräumen n

oprykke ['ɔbʀøgə] Schüler versetzen; **~r** [-ʀ] ⟨-en; -e⟩ Fußball: Aufsteiger m

oprykning ['ɔbʀøgneŋ] fig Aufsteigen n, Versetzung f, Beförderung f

oprømme ['ɔbʀœmˀə] ÖKON räumen; **~ningsudsalg** [-ʀœmˀneŋsˈuðsalˀ] Räumungs(aus)verkauf m

oprømt ['ɔbʀœmˀd] fig aufgeräumt, heiter

oprør ['ɔbʀʊːˀʀ] ⟨-et; -⟩ Aufruhr m, Rebellion f

oprøre ['ɔbʀøːˀʀə] empören, aufregen;

anrühren; **~nde** [-nə] empörend; **~r** [-ʀ] ⟨-en; -e⟩ Aufrührer m, Rebell m

oprørsk ['ɔbʀøʀˀsg] aufrührerisch, aufständisch

opråb ['ɔbʀɔːˀb] Aufruf m, Ausruf m

opsamle ['ɔbsamˀlə] aufsammeln, auflesen; **~ing** [-samˀleŋ] Aufsammeln n

opsang ['ɔbsaŋˀ]: **give én en ~** j-m die Leviten lesen

op|sat ['ɔbsad] erpicht, versessen (**på**/auf A); **~hår ~ opsætte**; **~sats** [-s] Aufsatz m; Tafelaufsatz m

opsejling ['ɔbsaïˀleŋ]: **være under ~** fig im Anzug sein

opsende ['ɔbsenˀə] Gebet zum Himmel schicken; Rakete starten; abfeuern

opsige ['ɔbsiːˀə] kündigen; **~lig** [ɔb'siːˀəli] kündbar; **~lse** [-lsə] ⟨-n; -r⟩ Kündigung f

opsigt ['ɔbsegd] ⟨-en⟩ Aufsehen n; Aufsicht f (**over**/über A); **vække ~** Aufsehen erregen; **~(s)vækkende** [-(s)veɡənə] aufsehenerregend

upskrift ['ɔbsɡʀefd] ⟨-en; -er⟩ (Koch)Rezept n; Strickanleitung f

opskrive ['ɔbsɡʀiːˀvə] aufschreiben; ÖKON aufwerten

op|skruet ['ɔbsɡʀuːˀəð] hochgeschraubt, überhöht; **opskruede ismasser** Packeis n; **~skræmme** [-sɡʀemˀə] aufscheuchen, aufschrecken; **~skylle** [-sɡølˀə] anschwemmen, anspülen; **~skære** [-sɡɛːˀʀə] aufschneiden

opslag ['ɔbsla:ˀ] Aufschlag m, Revers n, Patte f; Hose: Umschlag m; Anschlag m, Aushang m

opslags|ord ['ɔbsla:s'o:ˀʀ] Stichwort n; **~tavle** [-taülə] Anschlagtafel f, Schwarze(s) Brett n; **~værk** [-vɛʀɡ] Nachschlagewerk n

opslide ['ɔbsliːˀðə] verschleißen, abnutzen; **~nde arbejde** zermürbende Arbeit f; **opslidt** abgenutzt, verschlissen; fig abgearbeitet

op|slidset ['ɔbsliːsəð] aufgeschlitzt; **~sluge** [-sluːˀə] verschlingen, verschlucken; in Anspruch nehmen; **~slutning** [-sludnen] ⟨-en⟩ → **opbakning**

op|slå ['ɔbslɔ:ˀ] aufschlagen; anschlagen; Stelle: ausschreiben; **~smøge** [-smɔïˀə] aufkrempeln; **~snappe** [-snabə] aufschnappen, auffangen; **~snuse** [-snu:ˀsə] → **opspore**

opspare ['ɔbsbaːˀʀə] ersparen, aufsparen; **~de penge** pl Ersparnisse f/pl

opsparing ['ɔbsbaːˀʀeŋ] ⟨-en; -er⟩ (Auf)Sparen n

opspile ['ɔbsbiːˀlə] aufreißen, aufsperren

opspind ['ɔbsbenˀ] Erdichtung f, Erfindung f; **~e** [-ə] erfinden, erdichten

opsplitning ['ɔbsbledneŋ] ⟨-en; -er⟩ Aufsplitterung f

op|spole ['ɔbsbo:ˀlə] aufspulen; **~spore** [-sbo:ˀʀə] aufspüren, aufstöbern

opsprætning ['ɔbsbʀædneŋ] ⟨-en; -er⟩ Auftrennen n; **~te** [-sbʀɛðə] auftrennen; aufschlitzen

opspyt ['ɔbsbød] MED Auswurf m; **~te** [-ə] ausspucken, auswerfen

op|spæde ['ɔbsbɛːˀðə] verdünnen; **~stadset** [-sda:ˀsəð] aufgedonnert; herausgeputzt; ausgeschmückt

opstand ['ɔbsdanˀ] ⟨-en⟩ Aufstand m; **~else** [-'sdanˀəlsə] ⟨-n; -r⟩ BIBL Auferstehung f; Erregung f; **~en** [-'sdanˀən] BIBL erstanden; **~er** [-əʀ] Ständer m

opstemme ['ɔbsdemˀə] aufstauen; **~t sø** Stausee m

opstemt ['ɔbsdemˀð] aufgeräumt, fröhlich, F aufgekratzt; **~ sø → opstemme**

opstigende ['ɔbsdiːˀənə] aufsteigend

opstille ['ɔbsdelˀə] aufstellen; **~ing** [-sdelˀeŋ] ⟨-en, -er⟩ Aufstellung f; Anordnung f; **~ingskreds** [-sdelˀeŋskʀeːˀs] Wahlkreis m, Stimmbezirk m

opstoppernæse ['ɔbsdɔbəʀˀnɛːsə] Stupsnase f

opstrammer ['ɔbsdʀamˀəʀ] ⟨-en; -e⟩ F Schnaps m, Tröster m; **give én en ~** j-m e-n Rüffel erteilen

opstrøg ['ɔbsdʀöïˀ] MUS Aufstrich m; **~et** [-əð] Haar: hochgekämmt

op|styltet ['ɔbsdylˀdəð] gekünstelt, geschraubt; **~stød** [-sdøð] Aufstoßen n, F Rülps(er) m; **~støve** [-sdø:ˀvə] → **opspore**; **~stå** [-sdɔ:ˀ] entstehen; BIBL auferstehen; **~summere** ['-su'me:ˀʀə] summieren, zusammenzählen; **~sving** [-sveŋˀ] Aufschwung m; **~svulmet** [-svulˀməð] (an)geschwollen

opsyn ['ɔbsy:ˀn] ⟨-et⟩ Aufsicht f; **holde ~ med** beaufsichtigen, betreuen

opsynsmand ['ɔbsynsmanˀ] Aufseher m, Aufsichtsbeamte(r) m, Wärter m

opsætning ['ɔbsɛdneŋ] Aufstellung f; Haar: Aufstecken n; THEA Inszenierung f; Aufmachung f; TYP Setzen n

opsætsig [ɔb'sɛdsi] aufsässig

opsætte ['ɔbsɛðə] aufstellen, anbringen; aufsetzen, abfassen, aufschieben, verschieben; **opsat hår** Hochfrisur f; **~lse** [-lsə] ⟨-n; -r⟩ Aufschub m

opsøge ['ɔbsø:ˀə] aufsuchen

optage ['ɔbta:ˀə] aufnehmen (a fig); Film

drehen; *Platz* einnehmen, belegen, besetzen; *fig* in Anspruch nehmen, beschäftigen; **~t** besetzt, belegt; ausgebucht; **~lse** [-lsə] Aufnahme *f*; **~lsesprøve** [-lsəsprøːvə] Aufnahmeprüfung *f*

optaget ['ɔbtaˀð] → **optage**; **~hed** [-heˀð] ⟨-en⟩ Inanspruchnahme *f*; Interesse *n*

optakt ['ɔbtagd] ⟨-en; -er⟩ Auftakt *m*; *fig* Anfang *m*

optegne ['ɔbtaiˀnə] aufzeichnen

optik [ɔb'tig] ⟨-ken⟩ Optik *f*; **~er** ['ɔbtigər] ⟨-en; -e⟩ Optiker *m*

optimis|me ['ɔbti'mismə] ⟨-n⟩ Optimismus *m*; **~tisk** [-'misdisg] optimistisch

optisk ['ɔbtisg] optisch

op|tog ['ɔbtɔːˀw] (Um)Zug *m*; **~trapning** [-trɑbnən] ⟨-en; -er⟩ MIL, POL Eskalation *f*, Eskalierung *f*; **~trappe** [-trɑbə] MIL, POL eskalieren *v/t*, (allmählich) steigern; **~trevle** [-trɛuˀlə] → **optrævle**; **~trin** [-trin] Auftritt *m*; Zwischenfall *m*

optrykke ['ɔbtrøgə] ⟨-te⟩ nachdrucken, neu auflegen

optræde ['ɔbtrɛːˀðə] auftreten; **~n** [-n] ⟨-en; -er⟩ Auftreten *n*; Auftritt *m*

optræk ['ɔbtrɛg] Aufzug *m*; *der er ~ til torden* ein Gewitter ist im Anzug; **~kende** [-ənə]: *et ~ uvejr* ein aufziehendes Gewitter, **~ker** [-ɔr] ⟨-en; -e⟩ Flaschenöffner *m*; Nepper *m*; **~keri** [-əˀriˀ] ⟨-et; -er⟩ Prellerei *f*, Nepp *m*

optrævle ['ɔbtrɛuˀlə] *Strickzeug* aufribbeln, auftrennen; *Verbrecherorganisation* F auffliegen lassen, ausheben

optugte ['ɔbtugdə] *lit* erziehen; **~lse** [-lsə] ⟨-n⟩ Erziehung *f*

optælle ['ɔbtɛlˀə] (auf) zählen, auszählen

optænde ['ɔbtɛnə] anzünden; *fig* entzünden, entfachen; **~s** *fig* entbrennen

optænd|ing ['ɔbtɛnˀeŋ] Feueranmachen *n*; **~ingsbrænde** [-sbrɛnə] Anmachholz *n*, Kleinholz *n*

optænke ['ɔbtɛŋˀgə] erdenken; **~lig** [ɔb'tɛŋˀgəli] erdenklich

op|tø ['ɔbtøːˀ] auftauen (*a fig*); **~tøjer** [-tɔiˀər] *pl* Krawalle *m/pl*; **~tårne** [-tɔːˀrnə] auftürmen; **~vakt** [-vagd] *fig* aufgeweckt

opvarm|e ['ɔbvaːˀrmə] erwärmen; aufwärmen, heizen; **~ning** [-vaːˀrmnən] ⟨-en; -er⟩ Erwärmung *f*, Aufwärmung *f*; **~ningsanlæg** [-vaːˀrmnəŋsˀanlɛˀg] Heizanlage *f*; **~ningsgruppe** [-neŋsgrubə] MUS Vorband, -gruppe *f*

opvarte ['ɔbvaːˀrdə] aufwarten; bedienen

opvask ['ɔbvasg] Abwasch *m*

opvaske|balje ['ɔbvasgəbaljə] Spülschüssel *f*; **~maskine** [-ma'sgiːˀnə] Geschirrspüler *m*; **~middel** [-miðˀəl] Spülmittel *n*; **~vand** [-vanˀ] Abwaschwasser *n*, Spülwasser *n*

op|vej ['ɔbvaiˀ] Weg *m* hinauf; **~veje** [-ə] aufwiegen

opvigle ['ɔbviˀlə] aufwiegeln

opvis|e ['ɔbviˀsə] aufweisen; **~ning** [-viˀsneŋ] Vorführung *f*, Schau *f*; **~ningsgymnastik** [-viˀsneŋsgymna-'sdig] Schauturnen *n*

opvokse ['ɔbvɔgsə] heranwachsen, aufwachsen, groß werden; *den ~nde ungdom* die heranwachsende Jugend

op|vride ['ɔbvriːˀðə] auswringen; *opvreden karklud* ausgewrungene(s) Spültuch *n*; **~vurdere** [-vurˀdeˀrə] aufwerten

opvække ['ɔbvɛgə] ⟨-ede od opvakte⟩ *fig* erwecken, erregen; BIBL auferwecken

op|vækst ['ɔbvɛgsd] ⟨-en⟩ Heranwachsen *n*, Jugend *f*; **~vågnen** [-vɔːˀwnən] ⟨-en⟩ Erwachen *n*; **~vågningsafdeling** [-vɔːˀwneŋsaůðeˀleŋ] *Krankenhaus*: Wachstation *f*; **~ægge** [-ɛgə] aufreizen, aufstacheln; **~øve** [-øːˀvə] einüben; anleiten, trainieren

orakel [o'raɡəl] ⟨*oraklet; orakler*⟩ Orakel *n*; **~svar** [-svaːˀr] Orakelspruch *m*

orange|ade [ɔraŋˀsja:ðə] ⟨-n; -r⟩ Orangeade *f*, Orangenlimonade *f*; **~farvet** [o'raŋsjafarˀvəð] orangefarben; **~juice** [o'raŋsjadjuːs] Orangensaft *m*

ord [oːˀr] ⟨-et; -⟩ Wort *n* (*a fig*); Spruch *m*; **~ for ~,** **~ til andet** Wort für Wort wörtlich; *med andre ~* (*Abk. m. a. o.*) mit anderen Worten (*Abk. m. a. W.*); *han fik ~et* ihm wurde das Wort erteilt; *fratage én ~et j-m* das Wort entziehen; *jeg har også et ~ at skulle have sagt* ich habe auch noch ein Wörtchen mitzureden; *lade et ~ falde* ein Wörtchen fallen lassen (*om/* über *A*); *bede om ~et* ums Wort bitten; *komme til ~e* zu Worte kommen; *tage til ~e* das Wort ergreifen; *tage én på ~et j-n* beim Wort nehmen; *ikke et ~* F keine Silbe; *der er ikke ~et!* F das reicht (*od* langt) gar nicht!, und ob

ordblind ['ɔrblenˀ] wortblind, legasthenisch

ord|bog ['ɔrbɔːˀw] Wörterbuch *n*; **~dannelse** [-danəlsə] Wortbildung *f*

orden¹ ['ɔrˀdən] ⟨*ord(e)nen*⟩ Ordnung *f*; Reihenfolge *f*; *dagens ~* Tagesordnung *f*; *tor en ~s skyld* ordnungshalber; *bringe* (*være*) *i ~* in Ordnung bringen (sein)

orden² ['ɔr⁷dən] ⟨ord(e)nen; ord(e)ner⟩ Orden m

ordens|betjent ['ɔr⁷dənsbe'tjen⁷d] Schutzpolizist m; **~duks** [-dogs] Schüler m, der den Klassenraum in Ordnung hält; **~håndhæver** [-hɔnhɛ:⁷vər] ⟨-en; -e⟩ Ordnungshüter m

ordensmenneske ['ɔr⁷dənsmenəsgə] **være et ~** ordnungsliebend sein

ordens|politi ['ɔr⁷dənspoli'ti:⁷] Schutzpolizei f; **~sans** [-san⁷s] Ordnungssinn m, Ordnungsliebe f; **~tal** [-tal] Ordnungszahl f

ordentlig ['ɔr⁷dəndli] ordentlich; anständig; F tüchtig, gehörig

ord|fattig ['ɔrfadi] wortarm; **~flom** [-flɔm⁷] Wortschwall m; **~forråd** [-fɔrɔ:⁷ð] Wortschatz m; **~fortegnelse** ['-fɔr'tɑⁱ⁷nəlsə] Wörterverzeichnis n; **~fører** [-fø:rər] Wortführer m, Sprecher m

ordgyder ['ɔrgy:ðər] ⟨-en; -e⟩ Wortemacher m, Schwätzer m; **~i** ['-gy:ðəˈri:⁷] ⟨ɔt; ~er⟩ Wortemacherei f, leere(s) Geschwätz n

ordholdende ['ɔrhɔl⁷ənə] zuverlässig

ordinere [ɔrdi'ne:⁷rə] MED verordnen, verschreiben; REL ordinieren

ordinær [ɔrdi'nɛ:⁷r] ordinär, gewöhnlich; ordentlich; Zug: fahrplanmäßig

ordkløver ['ɔrklø:vər] Wortklauber m; **~i** [-i:⁷] ⟨-et⟩ Wortklauberei f, Haarspalterei f

ord|knap ['ɔrknab] wortkarg, einsilbig; **~lyd** [-lyð⁷] Wortlaut m

ordn|e ['ɔrdnə] ordnen, regeln, erledigen; F deichseln; fig zurechtweisen; **~ing** ['ɔrdneŋ] ⟨-en; -er⟩ Regelung f; (Ein)Ordnen n

ordonnans [ɔrdo'nan⁷s] ⟨-en; -er⟩ MIL Ordo(n)nanz f, Meldegänger m, Meldefahrer m

ordre ['ɔ:⁷rdrə] ⟨-n; -r⟩ Befehl m, Order f, Weisung f; ØKON Auftrag m, Bestellung f; **efter ~** auftragsgemäß; **~bekræftelse** [-be'krɛfdəlsə] Auftragsbestätigung f; **~bog** [-bɔ:⁷w] Auftragsbuch n; **~nummer** [-nɔm⁷ər] Bestellnummer f; **~seddel** [-seð⁷əl] Bestellzettel m

ord|ret ['ɔrred] wortgetreu, wörtlich; **~rig** [-ri:⁷] wortreich; **~skifte** [-sgifdə] Wortwechsel m; **~skvalder** [-sgval⁷ər] → **ord-flom**; **~spil** [-sbel] Wortspiel n

ordsprog ['ɔrsbrɔ:⁷w] Sprichwort n, Spruch m; **som ~et siger** wie das Sprichwort sagt

ord|stilling ['ɔrsdel⁷eŋ] Wortstellung f,

Wortfolge f; **~strid** [-sdɛi:⁷ð] Wortgefecht n; **~strøm** [-sdrœm⁷] Redefluss m; **~styrer** [-sdy:rər] Diskussionsleiter m, Versammlungsleiter m; **~veksling** [-vɛgsleŋ] Wortwechsel m

organisat|ion [ɔrganisa'sjo:⁷n] ⟨-en; -er⟩ Organisation f; **~or** [-'sa:tɔr] ⟨-en; -er⟩ Organisator m; **~orisk** [-sa'to:⁷risg] organisatorisch

organis|ere [ɔrgani'se:⁷rə] organisieren; **~k** [-ga:⁷nisg] organisch; **~me** [-'nismə] ⟨-n; -r⟩ Organismus m

orgas|me [ɔr'gasmə] ⟨-n; -r⟩ Orgasmus m; **~tisk** ['-'gasdisg] orgastisch

orgel ['ɔr⁷wəl] ⟨orge(l)et; orgler⟩ MUS Orgel f; **~pibe** [-pi:bə] Orgelpfeife f; **~spiller** [-sbel⁷ər] Orgelspieler m

orient [ɔri'ɛn⁷d] ⟨-en⟩ Orient m; **~aler** [-ɛn'ta:⁷lər] ⟨-en; -e⟩ Orientale m; **~alsk** [-ɛn'ta:⁷lsg] orientalisch

orientere [ɔriɛn'te:⁷rə] orientieren (**sig**); **være ~t fig** im Bilde sein

orientering [ɔriɛn'te:⁷reŋ] ⟨-en; -er⟩ Orientierung f

orienterings|evne [ɔriɛn'te:⁷reŋs'ɛunə] Orientierungssinn m, -vermögen n; **~løb** [-lø:⁷b] SPORT Orientierungslauf m

original¹ [ɔrigi'na:⁷l] ⟨-en; -er⟩ Original n; Sonderling m

original² [ɔrigi'na:⁷l] original, ursprünglich; originell

originalitet [ɔriginali'te:⁷d] ⟨-en; -er⟩ Originalität f

orkan [ɔr'ka:⁷n] ⟨-en; -er⟩ Orkan m; **~agtig** [-agdi] orkanartig

orke ['ɔrgə] können, vermögen; **spise så meget man ~r** so viel essen, wie man (nur) kann

orkester [ɔr'kɛsdər] ⟨orkest(e)ret; orkestre⟩ MUS Orchester n, (Musik)Kapelle f; **~grav** [-grɑ:⁷v] THEA Orchestergraben m

orkide, orkidé [ɔrki'de:⁷] ⟨orkideen; orkideer⟩ Orchidee f

orlogs|flåde ['ɔrlɔwsflɔ:ðə] Kriegsflotte f; **~gast** [-gasd] Matrose m der Kriegsmarine; **~skib** [-sgi:⁷b] Kriegsschiff n; **~værft** [-vɛrfd] Marinewerft f

orlov ['ɔrlɔu] MIL Urlaub m; Beurlaubung f; F Fimmel m

orm [ɔr⁷m] ⟨-en; -e od -⟩ Wurm m; Made f; F Fimmel m

orm|stukken ['ɔrmsdogən] wurmstichig, wurmig, madig; **~ædt** [-ɛd] von Würmern zerfressen

orne [ɔr'nə] ⟨-n; -r⟩ Eber m

ortodoks [ɔrto'dɔgs] orthodox

ortografi [ɔrtogrɑ'fi:⁷] ⟨-en; -er⟩ Ortho-

grafie f; **~sk** [-'gʀɑːʔfisg] orthographisch
ortopæd [ɔʀtoˈpɛːʔð] ⟨-en; -er⟩ MED Orthopäde m; **~i** [-ˈpɛˈdiːʔ] ⟨-en⟩ Orthopädie f; **~isk** [-ˈpeːʔdisg] orthopädisch
os[1] [ɔs] uns; **det er ~** wir sind es; → **vi**
os[2] [oːʔs] ⟨-en⟩ Dunst m, Qualm m
ose [ˈoːsə] ⟨-ede od -te⟩ qualmen; stinken; F in den Geschäften rumschnüffeln, ohne etw zu kaufen; **~r** [-ʀ] ⟨-en; -e⟩ Sehkundschaft f
ost [ɔsd] ⟨-en; -e⟩ Käse m
oste|anretning [ˈɔsdəanʀɛdneŋ] Käseplatte f; **~handler** [-hanˈlɐ] ⟨-en; -e⟩ Käsehändler m; **~høvl** [-hœuˀl] Käsehobel m; **~kiks** [-kegs] pl Käsegebäck n; **~klokke** [-klɔɡə] Käseglocke f; **~mad** [-maˀð] F Käsebrot n, Käsestulle f; **~pind** [-penˀ] Käsestange f; **~skorpe** [-sgɔʀbə] Käserinde f; **~skærer** [-sgɛːʀɐʀ] ⟨-en; -e⟩ Käseschneider m, Käsehobel m; **~stænger** [-sdɛŋˀɐʀ] pl Käsestangen f/pl, Käsegebäck n
osv. Abk. für **og så videre**; → **og, videre**
othellokage [oˈtɛloːkaˈ(j)ə] Schokoladentorte f
otium [ˈoːʔtiɔm] ⟨-(m)et od otiet⟩ Ruhestand m
otte [ɔːˀtə] acht
ottekant [ˈɔːdəkanˀð] Achteck n
ottetimers [ˈɔːdətiːmɐs] achtstündig; **~dag** [-daːˀ] Achtstundentag m
ottoman [ɔtoˈmaːʔn] ⟨-en; -er⟩ Liege f
outreret [uˈtʀɛːˀʀəð] übertrieben, überspitzt, auffällig
outsider [ˈɑüdsaidɐr] ⟨-en; -e⟩ Außenseiter m
ovari|e [oˈvaːˀʀiə] ⟨-t; -r⟩, **~um** [-ʀiɔm] ⟨ovariet; ovarier⟩ Ovarium n, Eierstock m
oven [ˈɔüən] adv oben; **~ for** oberhalb (G); **~ i købet** obendrein; **fra ~** (**og nedad**) von oben (herab); **~ over døren** über der Tür; **~ senge** nicht mehr bettlägerig sein; **~ vande** über (dem) Wasser (a fig); **~anført** [-anfoːʔʀd] oben erwähnt; **~for** [-fɔʀ] oben; **~fra** [-fʀɑːʔ] von oben
oveni [ˈɔüənˀiːʔ]: **hælde ~** nachschenken; dazukippen; **få et slag ~** eins draufbekommen
ovenlys [ˈɔüənlyːˀs] Oberlicht n
oven|nævnt [ˈɔüənnɛüˀnð] oben genannt; **~om** [-ɔmˀ] obenherum; **~omtalt** [-ɔmtaːʔld] oben erwähnt; **~over** [-ɔüˀɐʀ] oben; oberhalb (G); **~på** [-pɔːʔ] oben, obenauf; fig obenauf; danach; **være ~** gut gelaunt sein; es gut haben; **~stående** [-sdɔːʔənə] oben ste-

hend; **~til** [-tel] (nach) oben (hin)
ovenud [ˈɔüənuðˀ] obenhinaus; überaus
over [ˈɔüˀɐʀ] prp über; adv über, hinüber, herüber; vorüber, vorbei; entzwei; durch; **5 minutter ~ 2** fünf Minuten f/pl nach zwei; **klokken er ~ 2** es ist zwei Uhr durch; **~ bord** über Bord; **~ ende** über den Haufen; aufrecht; **~ for** gegenüber; **komme ~ ngt.** fig etw verwenden, über etw hinwegkommen; **det går ~** das geht vorüber; **~all** [ˈɔːvɐʀɔl] ⟨-en; -s od -⟩ Overall m, Schlosseranzug m; **~alt** [ɔüɐʀˈalˀð] überall
overanstrenge [ˈɔüɐʀansdʀɛŋˀə] überanstrengen, überarbeiten (**sig** sich); **~lse** [-lsə] Überanstrengung f
over|antvorde [ˈɔüɐʀandvɔːʔʀdə] überantworten, übertragen; **~arbejde** [-ɑʀbaiˀðə] Überstunden f/pl; **~arm** [-ɑʀˀm] Oberarm m; **~balance** [-baˈlɑŋsə] Übergewicht n; **få ~** das Gleichgewicht verlieren; **~bebyrde** [-beˈbyʀˀðə] überlasten, überhäufen
overbefolk|e [ˈɔüɐʀbeˈfɔlˀgə] übervölkern; **~ning** [-ˈfɔlˀgneŋ] ⟨-en⟩ Übervölkerung f
over|begavet [ˈɔüɐʀbeˈgaːʔvəð] überbegabt; **~beglo** [-beˈgloːʔ] F beglotzen; **~begramse** [-beˈgʀɑmˀsə] F betatschen, begrapschen; **~begreb** [-beˈgʀeːʔb] Oberbegriff m; **~belaste** [-beˈlasdə] über(be)lasten; **~belyse** [-beˈlyːʔsə] FOT überbelichten; **~betaling** [-beˈtaːʔleŋ] Überbezahlung f; **~betjent** [-beˈtjɛnˀð] Polizei: Oberwachtmeister m
overbevise [ˈɔüɐʀbeˈviːʔsə] überzeugen
over|bid [ˈɔüɐʀbiðˀ] vorstehende(r) Oberkiefer m, F Überbiss m; **~blik** [-bleg] Überblick m
overbo [ˈɔüɐʀboːʔ] ⟨-en; -er⟩, **~er** [-ɐʀ] ⟨-en; -e⟩ Hausbewohner m, der über j-m wohnt
overbringe [ˈɔüɐʀbʀɛŋˀə] überbringen, bestellen
overbrodere [ˈɔüɐʀbʀoˈdeːʔʀə] besticken; **~ über und über (mit Stickerei) bedeckt/übersät; fig überladen
over|bud [ˈɔüɐʀbuðˀ] Übergebot n; **~byde** [-byːʔðə] überbieten
overbyg|ge [ˈɔüɐʀbygˀə] überbauen; **~ning** [-bygneŋ] Überbau m; Oberbau m; Aufbau m
overbæren|de [ˈɔüɐʀbɛːʔʀənə] nachsichtig; **~hed** [-ˈbɛːʔʀənheːðˀ] ⟨-en⟩ Nachsicht f
over|del [ˈɔüɐʀdeːʔl] Oberteil n; **~dimensioneret** [-dimɛnsjoˈneːʔʀəð] überdi-

mensional
overdrage ['ɔʊ̆əʁdʁɑ:ʔwə] übertragen; überlassen
over|dramatisere ['ɔʊ̆əʁdʁɑmɑti'se:ʔʁə] überdramatisieren; **~drev** [-dʁɛ:ʔv] Gemeindeweide f; *fig* Grenzgebiet n
overdreven ['ɔʊ̆əʁdʁɛ:ʔvən] übertrieben
overdrive ['ɔʊ̆əʁdʁi:ʔvə] übertreiben
over|drysse ['ɔʊ̆əʁdʁøsə] bestreuen; **~dækket** [-dɛgəð] *Balkon:* überdacht; **~dænge** [-dɛŋ'ʔə] bewerfen; überhäufen; **~døve** [-dø:'ʔvə] übertäuben, übertönen
overdådig [ɔʊ̆əʁ'dɔ:ʔði] üppig, verschwenderisch; **~hed** [-he:ð'] ⟨-en; -er⟩ Üppigkeit f, Verschwendung f
overeksponere ['ɔʊ̆əʁɛkspo'ne:ʔʁə] FOT überbelichten; *fig* übertreiben
overens [ɔʊ̆əʁ'e:ʔns] überein; *komme ~* übereinkommen; *stemme ~* übereinstimmen
overenskomst [ɔʊ̆əʁ'e:ʔnskɔmʔsd] ⟨-en; -er⟩ Übereinkommen n, Abkommen n, Vereinbarung f, Vertrag m
overensstemmelse [-ʔɑ̃ʁ'e:ʔnsdɛmʔəlsə] ⟨-n; -r⟩ Übereinstimmung f, Einklang m
overfald ['ɔʊ̆əʁfalʔ] ⟨-et; -⟩ Überfall m; **~e** [-ə] überfallen
overfart ['ɔʊ̆əʁfɑ:ʔʁd] ⟨-en; -er⟩ Überfahrt f
overfiske ['ɔʊ̆əʁfesgə] überfischen
overflade ['ɔʊ̆əʁflɑ:ðə] Oberfläche f
overfladisk ['ɔʊ̆əʁflɑ:ʔðisg] oberflächlich; *fig* seicht
overflod ['ɔʊ̆əʁflo:ʔð] ⟨-en⟩ Überfluss m (*af* an D); Schwemme f; *i ~* in Hülle und Fülle; *til ~* zum Überfluss
overflodssamfund ['ɔʊ̆əʁfloðs'samfʔon] Überflussgesellschaft f
over|flytte ['ɔʊ̆əʁfladə] übersiedeln; versetzen; verlegen; **~flyve** [-fly'ʔvə] überfliegen
overflødig [ɔʊ̆əʁ'flø:ʔði] überflüssig; **~gøre** [-gœ:'ʔʁə] überflüssig machen; **~hedshorn** [-heðsho:ʔʁn] Füllhorn n
over|fløje ['ɔʊ̆əʁflɔi'ʔə] überflügeln; **~fodre** [-foð'ʔʁə] überfüttern; **~for** ['ɔʊ̆əʁfɔʁ] gegenüber; **~formynderi** [-fɔʁmønə'ʁi:ʔ] Vormundschaftsgericht n, Treuhand f; **~frakke** [-fʁagə] Mantel m; **~fuse** [-fu:'ʔsə] *fig* anfahren, F anschnauzen; **~fylde** [-fyl'ʔə] überfüllen; *overfyldt* überfüllt; **~følsom** [-'fø:ʔl-som'] überempfindlich

overfør|e ['ɔʊ̆əʁfø:'ʔʁə] überführen; übertragen; *i overført betydning* im übertragenen Sinne; **~else** [-lsə] ⟨-n; -r⟩, **~ing** [-fø:'ʔʁeŋs] Überführung f, Übertragung f; **~ingsbillede** [-fø:'ʔʁeŋsbeləðə] Abziehbild n; **~sel** [-før'ʔsəl] ⟨overførs(e)len; overførsler⟩ ØKON Übertragung f, Übertrag m, Überweisung f
overgang ['ɔʊ̆əʁgaŋʔ] Übergang m; *fig* Übertritt m; Stimmbruch m, Stimmwechsel m; *en ~* e-e Zeit lang; *~ for fodgængere* Fußgängerüberweg m; *~ over sporene forbudt!* Betreten der Gleise verboten!
overgangs|alder ['ɔʊ̆əʁgaŋs'al'ʔəʁ] Wechseljahre n/pl; Pubertät f; **~frakke** [-fʁagə] Übergangsmantel m; **~tid** [-tið'] Übergangszeit f
overgearet ['ɔʊ̆əʁgi:ʁɑ:ð] *fig* überdreht, exaltiert
overgemt ['ɔʊ̆əʁgɛmʔd] (zu) alt
overgive ['ɔʊ̆əʁgi:'ʔvə] übergeben; *~ sig* MIL sich ergeben; **~lse** [-lsə] ⟨-n; -r⟩ Übergabe f
overgiven ['ɔʊ̆əʁgi:'ʔvən] ausgelassen, übermütig
over|gramse ['ɔʊ̆əʁgʁamʔsə] F begrapschen, betasten; **~greb** [-gʁɛ:ʔb] ⟨-et; -⟩ Übergriff m; *Turnen:* Ristgriff m; **~groet** [-gʁo:ʔð] überwachsen, überwuchert; **~gæret** [-gɛ:'ʔʁɑ:ð] obergärig; **~gå** [-gɔ:ʔ] übertreffen; übertragen; widerfahren; *~ til privateje* in Privatbesitz übergehen
overhale ['ɔʊ̆əʁhɑ:lə] überholen
overhaling ['ɔʊ̆əʁhɑ:ʔleŋ] ⟨-en; -er⟩ Überholung f; Überholen n; *give én en ordentlig ~* F *fig* j-m tüchtig den Kopf waschen; *~ forbudt!* Überholen verboten!
overhalings|lys ['ɔʊ̆əʁhɑ:ʔleŋslys:ʔs] Lichthupe f; **~manøvre** [-man'øʊ̆ʁɑ] Überholmanöver n
overhedet ['ɔʊ̆əʁhe:ð'ʔəd] überhitzt
overherredømme ['ɔʊ̆əʁhɛʁədœmə] Oberherrschaft f
overholde ['ɔʊ̆əʁhɔlʔə] einhalten, befolgen
overhoved ['ɔʊ̆əʁho:ðə] Oberhaupt n; **~et** [-'ho:ðəd] überhaupt
over|hud ['ɔʊ̆əʁhuð'] Oberhaut f; **~hus** [-hu:ʔs] PARL Oberhaus n; **~hælde** [-hɛl'ʔə] übergießen
overhænge ['ɔʊ̆əʁhɛŋʔə] behängen; **~nde** *Gefahr:* drohend, dringend
overhængt ['ɔʊ̆əʁhɛŋʔd] behängt;

Fleisch: (zu) sehr abgegangen
overhøre ['ɔüərhøː'ʔrə] überhören;
Schule: abhören; zufällig hören
overhørig [ɔüər'høː'ʔri]: *sidde* (*od være*)
ngt. ~ -e *r* Sache (*D*) nicht nachkommen,
etw nicht beachten (*od* befolgen), *etw*
missachten
overhøring ['ɔüərhøː'ʔreŋ] ⟨*-en; -er*⟩ Abhören *n*, Prüfung *f*
overhånd ['ɔüərhɔn'] ⟨*en*⟩ *fig* Oberhand
f; *få ~* **e-r** die Oberhand gewinnen; *tage ~*
überhandnehmen; **~tagende** [-hɔn-
taːʔənə] überhandnehmend
overile ['ɔüəri:'lə] übereilen (*sig* sich); **~t**
[-ð] übereilt, voreilig, überstürzt
over|iset ['ɔüərisəð] vereist, mit Eis
überzogen; **~jeg** [-jaɪ] psych Überich
n; **~jordisk** [-jɔr'ʔdisg] überirdisch;
oberirdisch; **~kalke** [-kal'ʔgə] übertün-
chen
overkant ['ɔüərkanʔd] obere Kante *f*;
ligge i ~en an der Obergrenze liegen;
det er i ~en das ist etwas zu viel
overklasse ['ɔüərklasə] Oberschicht *f*;
~løg [-lɔɪ'] F feine(r) Pinkel *m*
over|klatte ['ɔüərkladə] (über u. über) be-
klecksen; **~klippe** [-klebə] durchschneiden; **~klistre** [-klisdrə] überkleistern,
überkleben; **~kommando** [-ko'mando]
⟨*-en; -er*⟩ Oberkommando *n*
overkomme ['ɔüərkɔm'ʔə] bewältigen;
leisten, schaffen; **~lig** [-'kɔm'ʔəli] zu bewältigen; erschwinglich
over|kop ['ɔüərkɔb] Tasse *f* (*ohne Unter-
tasse*); **~korrekt** [-kɔ'ʔrɛgd] überkorrekt;
~kradse [-krasə] über und über bekrit-
zeln; **~krop** [-krɔb] Oberkörper *m*; **~kva-
lificeret** [-kvalifi'seːʔrəð] überqualifi-
ziert; **~kæbe** [-kɛːbə] Oberkiefer *m*; **~kø-
je** [-køiə] *Etagenbett:* obere(s) Bett *n*
overkørsel ['ɔüərkœrʔsəl] Überführung
f, Bahnübergang *m*; **~t** [-køːʔrd] *fig* über-
lastet, abgearbeitet, F geschafft
over|lade ['ɔüərlaðə] überlassen, abtre-
ten, anheimstellen; **~lagt** [-lagd] (wohl)-
überlegt; absichtlich, vorsätzlich; **~lappe**
[-labə] überlappen
overlast ['ɔüərlasd] naut Überladung *f*,
Überlastung *f*; *lide ~* beschädigt werden;
Schaden erleiden
overlegen ['ɔüərleː'ʔən] *adj* überlegen;
überheblich; **~hed** [-heːð'ʔ] ⟨*-en*⟩ Überle-
genheit *f*; Überheblichkeit *f*
overleve ['ɔüərleː'ʔvə] überleben, über-
dauern; *de ~nde* die Überlebenden *pl*
overlevere ['ɔüərleːve:'ʔrə] überliefern
overliste ['ɔüərlisdə] überlisten

overlyds|fly ['ɔüərlyðsfly:ʔ] Überschall-
flugzeug *n*; **~hastighed** [-hasdiheːð'ʔ]
Überschallgeschwindigkeit *f*
overlæbe ['ɔüərlɛːbə] Oberlippe *f*
overlæg ['ɔüərlɛː'ʔg] Überlegung *f*, Vorbedacht *m*; *gøre ngt. med ~* etw mit Absicht (*od* absichtlich) tun
over|læge ['ɔüərlɛː'ʔgə] Chefarzt *m*, Ober-
arzt *m*; **~lægge** [-lɛgə] (sich *D*) überlegen, erwägen; → *overlagt*; **~lærer**
[-lɛːrər] Oberlehrer *m*
overlæs ['ɔüərlɛːs] zu schwere Ladung *f*,
Überladung *f*; **~se** [-ə] überladen, über-
lasten (*a fig*); überbürden
overløb ['ɔüərløː'ʔb] Überlauf *m*; **~er**
[-ɔr] Überläufer *m*
over|magt ['ɔüərmagd] Übermacht *f*;
~male [-maː'ʔlə] übermalen
overmand ['ɔüərman'ʔ]: *finde sin ~ fig s-n*
Meister finden; *være ens ~ j-m* überlegen sein
overmande ['ɔüərman'ʔə] überwältigen;
~s af træthed von Müdigkeit übermannt
werden
overmenneske ['ɔüərmɛnəsgə] Über-
mensch *m*; **~lig** [-li] übermenschlich
over|mod ['ɔüərmoːð'] Übermut *m*;
~moden [-ən] überreif; **~modig** [-i] übermütig
overmæt ['ɔüərmɛd] übersatt; übersät-
tigt; **~te** [-ə] übersättigen
over|måde ['ɔüərmɔː'ʔðə] außerordent-
lich, überaus; **~mål** [-mɔː'ʔl] ⟨*et*⟩ Über-
maß *n*
overnatning ['ɔüərnadneŋ] ⟨*-en; -er*⟩
Übernachtung *f*
overnatte ['ɔüərnadə] übernachten
(*hos*/bei *D*)
over|naturlig ['ɔüərnaːtu:'ʔrli] übernatür-
lich; **~ophedet** [-ɔbheːð'ʔəd] überer-
hitzt; **~ordentlig** [ɔüər'ɔr'ʔdəndli] außerordentlich; **~ordnet** [-ʔdnəð] *fig*
übergeordnet; *min overordnede* mein
Vorgesetzter *m*; **~pris** [-priːʔs] Überpreis
m
overraske ['ɔüərrɑsgə] überraschen;
~lse [-lsə] ⟨*-n; -r*⟩ Überraschung *f*
overrendt ['ɔüərrɛn'ʔd]: *~ af turister Gegend:* von Touristen überlaufen
overrisle ['ɔüərrislə] berieseln, sprengen,
bewässern
overrumple ['ɔüərrɔm'ʔblə] überrumpeln

overrække ['ɔʊ̆ɐRɛgə] überreichen

over|sanselig ['ɔʊ̆ɐRsansəli] übersinnlich; **~save** [-sa:ʔvə] durchsägen

overse ['ɔʊ̆ɐRse:ʔ] übersehen (*a fig*), überblicken

oversende ['ɔʊ̆ɐRsɛnʔə] übersenden

oversidder ['ɔʊ̆ɐRseð̩ʔər] ⟨-en; -e⟩ *Schule:* Sitzenbleiber *m;* **blive ~** sitzen bleiben

overside ['ɔʊ̆ɐRsi:ðə] Oberseite *f*

oversigt ['ɔʊ̆ɐRsegd] ⟨-en; -er⟩ Übersicht *f;* Überblick *m;* **~lig** [-li] übersichtlich

overskride ['ɔʊ̆ɐRsgRi:ʔðə] überschreiten; **~lse** [-lsə] ⟨-n; -r⟩ Überschreitung *f*

over|skrift ['ɔʊ̆ɐRsgRefd] Überschrift *f;* Schlagzeile *f;* **~skrævs** [ɔʊ̆ɐRsgRɛʊ̆ʔs] rittlings; **~skud** [-sguð] ⟨-det; -⟩ Überschuss *m,* Gewinn *m*

overskue ['ɔʊ̆ɐRsgu:ʔə] überblicken, übersehen; **~lig** [-'sgu:ʔəli] übersichtlich; absehbar

over|skydende ['ɔʊ̆ɐRsgy:ʔðənə] *fig* überschüssig; **~skyet** [-sgy:ʔəð] bewölkt; **~skygge** [-sgygə] überschatten; **~skylle** [-sgøl̩ʔə] überfluten, überschwemmen; **~skæg** [-sgɛ:ʔg] Schnurrbart *m,* Schnauzbart *m*

overskær|e ['ɔʊ̆ɐRsgæ:ʔRə] durchschneiden; **~ing** [-sgɛ:ʔRɛŋ] ⟨-en; -er⟩ Durchschneiden *n;* BAHN Bahnübergang *m*

over|slag ['ɔʊ̆ɐRsla:ʔ] Überschlag *m* (*a* SPORT); Voranschlag *m;* **~smøre** [-smœ:ʔRə] beschmieren; **~spille** [-sbel̩ʔə] *Platte* überspielen; **~springe** [-sbRɛŋʔə] überspringen; **~sprøjte** [-sbRɔjʔdə] bespritzen, besprühen

overspændt ['ɔʊ̆ɐRsbɛnʔd] *fig* überspannt, F überkandidelt

over|stadig ['ɔʊ̆ɐRsda:ʔði] ausgelassen; **~stat(s)lig** ['-sda:ʔd(s)li] überstaatlich

overstemme ['ɔʊ̆ɐRsdɛmʔə] überstimmen

over|stemple ['ɔʊ̆ɐRsdɛmʔblə] überstempeln; **~stige** [-sdi:ʔə] übersteigen; **~strege** [-sdRɑɪʔə] durchstreichen; **~stryge** [-sdRy:ʔə] überstreichen, übermalen; bestreichen

overstrømme ['ɔʊ̆ɐRsdRœmʔə] überströmen, überfluten; **~nde** überströmend, überschwänglich

over|stråle ['ɔʊ̆ɐRsdRɔ:ʔlə] *fig* überstrahlen; **~styre** [-sdy:ʔRə] übersteuern; **~stænke** [-sdɛŋʔə] bespritzen; **~stå** [-sdɔ:ʔ] überstehen

oversvømme ['ɔʊ̆ɐRsvœmʔə] überschwemmen; **~lse** [-lsə] ⟨-n; -r⟩ Überschwemmung *f*

oversygeplejerske ['ɔʊ̆ɐRsy:əpluʔ'-

ɐRsgə] Oberschwester *f*

oversætte ['ɔʊ̆ɐRsɛdə] übersetzen, übertragen (*fra ... til ...* aus (*D*) ... ins ...); **~lig** [ɔʊ̆ɐR'sɛdəli] übersetzbar, übertragbar; **~lse** [-lsə] ⟨-n; -r⟩ Übersetzung *f,* Übertragung *f*

oversættelses|fejl [ɔʊ̆ɐRsɛdəlsəs'faɪ̆ʔl] Übersetzungsfehler *m;* **~lån** [-lɔ:ʔn] Lehnübersetzung *f*

oversætter ['ɔʊ̆ɐRsɛdər] ⟨-en; -e⟩ Übersetzer *m*

over|søisk ['ɔʊ̆ɐRsø:ʔisg] überseeisch, Übersee-; **~så** [-sɔ:ʔ] übersäen

overtag ['ɔʊ̆ɐRta:ʔ] ⟨-et⟩: **få (have) ~et** die Oberhand gewinnen (haben); **~e** [-ə] übernehmen; **~else** [-əlsə] ⟨-n; -r⟩ Übernahme *f*

overtal ['ɔʊ̆ɐRtal] Überzahl *f*

overtale ['ɔʊ̆ɐRta:ʔlə] überreden, F breitschlagen; **~lse** [-lsə] ⟨-n; -r⟩ Überredung *f*

overtalelses|evne ['ɔʊ̆ɐRta:ʔləlsəs'eʊ̆nə] Überredungsgabe *f;* **~kunst** [-konʔsd] Überredungskunst *f*

over|tallig ['ɔʊ̆ɐRtalʔi] überzählig; **~tand** [-tanʔ] ɔbɛıс(r) Zahn *m;* **~tegne** [-taɪ̆ʔnə] ÖKON überzeichnen; ausbuchen; vollkritzeln, vollmalen; **~time** [-ti:mə] Überstunde *f*

overtro ['ɔʊ̆ɐRtRo:ʔ] Aberglaube *m;* **~isk** [-isg] abergläubisch

over|trukket ['ɔʊ̆ɐRtRogəð] bewölkt, bedeckt; *Konto:* überzogen; **~trumfe** [-tRomʔfə] übertrumpfen, überbieten

overtræde ['ɔʊ̆ɐRtRɛ:ʔðə] *Gesetz* übertreten, verletzen; **~lse** [-lsə] ⟨-n; -r⟩ Übertretung *f;* Zuwiderhandlung *f,* Verstoß *m*

overtræffe ['ɔʊ̆ɐRtRɛfə] übertreffen

overtræk ['ɔʊ̆ɐRtRɛg] ⟨-ket; -⟩ Überzug *m,* Bezug *m;* Überziehung *f;* **~ke** [-ə] überziehen (*a* ÖKON)

overtræks(bukser ['ɔʊ̆ɐRtRɛgs'bogsər] *pl* Überziehhose *f (aus wetterfestem Material);* Damenunterwäsche: Überziehschlüpfer *m,* F Liebestöter *m;* **~chokolade** [-sjogo'la:ðə] Kuvertüre *f*

overtræt ['ɔʊ̆ɐRtRɛd] übermüdet, abgespannt

overtværs¹ ['ɔʊ̆ɐR'tvɛRs]: **sidde ~** rittlings sitzen

overtværs², **overtvært** [-, ɔʊ̆ɐR'tvɛRd]: **bryde ~** kurzen Prozess machen; **tage ngt. ~** sich kurz entschließen

over|tyde ['ɔʊ̆ɐRty:ʔðə] überzeugen (*om/* von *D*); **~tænke** [-tɛŋʔgə] überdenken; **~tøj** [-tɔɪ̆] Oberbekleidung *f (Mantel, Jacke)*

O

overveje ['ɔu̯ərvaɪ̯ʔə] erwägen, überlegen, bedenken; **~lse** [-lsə] ⟨-n; -r⟩ Erwägung f, Überlegung f; **~nde** [-nə] überwiegend; adv vorwiegend

overvinde ['ɔu̯ərven̩ʔə] überwinden; **~lig** [ɔu̯ər'ven̩ʔəli] überwindbar

overvintre ['ɔu̯ərven̩ʔdrə] überwintern

overvurdere ['ɔu̯ərvur'de:ʔrə] überschätzen, überbewerten

overvægt ['ɔu̯ərvɛgd] ⟨-en⟩ Übergewicht n (a fig); **~ig** [-i] übergewichtig, zu schwer

overvælde ['ɔu̯ərvel'ʔə] überwältigen; überhäufen; **~nde** [-nə] überwältigend

overvære ['ɔu̯ərvɛː:ʔrə] beiwohnen (D); **~lse** [-lsə] ⟨-n⟩ Gegenwart f, Beisein n

over|vættes ['ɔu̯ərvɛdəs] außerordentlich; überaus; **~våge** [-vɔ:ʔwə] überwachen; **~øse** [-ø:ʔsə] überschütten, überhäufen

ovn [ɔu̯ʔn] ⟨-en; -e⟩ Ofen m; **~bagt** [-bagd]: ~ **kartoffel** Backkartoffel f; **~fast** ['ɔu̯nfasd] hitzebeständig; feuerfest; **~sætter** ['ɔu̯nsedər] ⟨-en; -e⟩ Ofensetzer m

ovre ['ɔu̯rə] drüben; Zeit: vorüber, vorbei; **~ved** (drüben) an, bei

ozon [o'so:ʔn] ⟨-en od -et⟩ Ozon n; **~hul** [-hol] Ozonloch n; **~lag** [-la:ʔ] Ozonschicht f; **~lampe** [-lambə] Rauchverzehrer m

P

P, p [peːʔ] ⟨-'et; -'er⟩ P, p n

pace|maker ['peɪ̯smeɪ̯gər] ⟨-en; -e⟩, **~r** ['peɪ̯sər] ⟨-en; -e⟩ SPORT Schrittmacher m; MED Herzschrittmacher m

pacificere [pasifi'se:ʔrə] beruhigen, Patient ruhigstellen

pacifis|me [pasi'fismə] ⟨-n⟩ Pazifismus m; **~t** [-'fisd] ⟨-en; -er⟩ Pazifist m

padde ['paðə] ⟨-n; -r⟩ Kröte f, Lurch m, Amphibie f; **~hat** [-had] BOT Pilz m

padle ['paðlə] paddeln

padleåre ['paðlɔːrə] Paddel n

paf¹ [paf]: **~f** piff, paff!

paf² [paf]: **jeg er ~!** F ich bin baff (od platt!)

pagaj [pa'gaɪ̯ʔ] ⟨-en; -er⟩ Paddel n

page ['paːsjə] ⟨-n; -r⟩ HIST Page m, Edelknabe m; **~hår** [-hɔːʔr] Pagenfrisur f, Pagenkopf m, Bubikopf m

pagt [pagd] ⟨-en; -er⟩ Pakt m, Vertrag m; Bund m (a BIBL)

paj [paɪ̯ʔ] ⟨-en; -er⟩ Pastete f

pak [pag] ⟨-ket⟩ Gesindel n, Pack n

pak|hus ['paghuːʔs] Speicher m, Lagerhaus n, Lagerschuppen m; **~is** [-iːʔs] NAUT Packeis n

pakke¹ ['pagə] ⟨-n; -r⟩ Paket n; Packen m; Packung f; **en ~ cigaretter** e-e Schachtel Zigaretten; **lille ~** Päckchen n; **en flot ~** F e-e flotte Biene (junge Frau)

pakke² ['pagə] packen; ~ **ind** einpacken, einwickeln; ~ **ngt. ind i pæne ord** fig etw durch die Blume sagen; ~ **ned** einpacken; ~ **sammen** zusammenpacken; fig einpacken; ~ **op/ud** auspacken; **pak dig!** mach, dass du fortkommst!

pakke|dato ['pagəda:to] Esswaren: Verpackungsdatum n; **~indleveringssted** ['-'enleve:ʔreŋsdeð] Post: Paketannahme f; **~løsning** [-løːsneŋ] Pauschallösung f, Pauschalangebot n

pakkenelliker [pagə'nelʔigər] pl F Siebensachen pl, Habseligkeiten f/pl

pakke|post ['pagəpɔsd] Paketpost f; **~r** [-r] ⟨-en; -e⟩ Packer m; **~rejse** [-'raɪ̯sə] Pauschalreise f; **~ri** [-'riːʔ] ⟨-et; -er⟩ Packerei f; **~smør** [-smœr] abgepackte Butter f; **~udlevering** ['-'uðleve:ʔreŋ] Paketausgabe f

pak|ning ['pagneŋ] ⟨-en; -er⟩ Packung f; TECH Dichtung f; Packen m; **~vogn** [-vɔ-w'ʔn] Gepäckwagen m, Packwagen m; **~æsel** [-ɛːʔsəl] fig Packesel m

palads [pa'las] ⟨-et; -er⟩ Palast m

palet [pa'led] ⟨-ten; -ter⟩ Palette f; **~kniv** [-kniːʔv] Spachtel m, f; Küche: Pfannenwender m

palle ['palə] ⟨-n; -r⟩ Transport: Palette f

palme ['palmə] ⟨-n; -r⟩ Palme f; **~gren** [-gre:ʔn] Palm(en)zweig m; **~have** [-ha:və] Restaurant: Wintergarten m; **~søndag** [-sœn'ʔda] Palmsonntag m

palæ [pa'lɛːʔ] ⟨-et; -er⟩ Palais n

pamfilius [pam'fi:ʔlius] ⟨-(s)en; -(s)er⟩ F **lykkens ~** Glückspilz m

pamflet [pam'fled] ⟨-ten; -ter⟩ Pamphlet n, Schmähschrift f

pamper ['pamʔbər] ⟨-en; -e⟩ F Gewerkschaftsbonze m, Parteibonze m; **~vælde** [-velə] Bonzentum n, Bonzokratie f

pampusser [pam'pusʔər] pl Hausschuhe m/pl, F (Pam)Puschen pl

pande ['panə] ⟨-n; -r⟩ Pfanne f; Stirn f; **rynke ~n** die Stirn runzeln; **slå for ~n** Tier töten; **skyde sig en kugle for ~n** sich e-e Kugel durch den Kopf jagen; **~ben** [-be:⁷n] Stirnbein n; **~brask** [-brɑsg] ⟨-en; -er⟩ F → **pandeskal**; **~bånd** [-bɔn⁷] Stirnband n

pandehule ['panəhu:lə] Stirnhöhle f

pandehår ['panəhɔ:⁷ʀ] Frisur: Pony m

pandekage ['panəka:ə] Eier(pfann)kuchen m; **~hus** [-hu:⁷s] Märchen: Knusperhäuschen n

pandeskal ['panəsgal⁷] Schädel m

panel [pa'ne:⁷l] ⟨-et; -er⟩ Paneel n, Holztäfelung f; **~diskussion** [-disgu'sjo:⁷n] Podiumsdiskussion f; **~e(re)** [-ə, -nə'le:⁷-ʀə] täfeln

panere [pa'ne:⁷ʀə] panieren

panik [pa'nig] ⟨-ken⟩ Panik f; **~mager** [-ma:⁷əʀ] ⟨-en; -e⟩ Person f, die Panikmache betreibt; **~slagen** [-sla:⁷ən] von Panik ergriffen

panisk ['pa:⁷nisg] panisch

pansør¹ ['pan⁷søʀ] ⟨-en; -e⟩ F Bulle m (Polizist)

panser² ['pan⁷søʀ] ⟨-et; -e⟩ Panzer m, Rüstung f

panser|dør ['pan⁷sørdœ:⁷ʀ] Stahltür f; **~klædt** [-klɛ:⁷d] gepanzert; **~værnsskyts** [-vɛʀ⁷nsgøds] MIL Panzerabwehrgeschütz n

pansr|e ['pansʀə] panzern; **~et** [-ð] gepanzert

pant [pan⁷d] ⟨-et; -er⟩ Pfand n; Sicherheit f; fig Unterpfand n; **som ~** pfandweise; **give i ~** als Pfand geben

pante ['pandə] pfänden; **~brev** [-bʀe:⁷v] Hypotheken(pfand)brief m; **~foged** [-fo:əð] Gerichtsvollzieher m; Eintreiber m; **~leg** [-laɪ⁷] Pfänderspiel n; **~låner** [-lɔ:⁷nəʀ] Pfandleiher m

panter ['pan⁷dəʀ] ⟨-en; -e⟩ Pant(h)er m

pant|flaske ['pandflasgə] Pfandflasche f; **~haver** [-ha:vɒʀ] ⟨-en; -e⟩ Pfandgläubiger m; **~ning** [-neŋ] ⟨-en; -er⟩ Pfändung f

pantomim|e [panto'mi:mə] ⟨-n; -r⟩ THEA Pantomime f; **~iker** [-'mi:⁷migəʀ] ⟨-en; -e⟩ Pantomime m

pantry ['pantʀi] ⟨-et; -er⟩ Schiff, Flugzeug: Bordküche f

pantsætte ['pandsɛdə] verpfänden, versetzen; **~lse** [-lsə] ⟨-n; -r⟩ Verpfändung f, Versetzung f

pap [pab] ⟨-pen od -pet; -per⟩ Pappe f

papand ['paban⁷]: **det rager mig en ~** F das geht mich e-n Dreck an

papegøje [pabə'gɔɪə] ⟨-n; -r⟩ Papagei m; **skyde ~n** fig den Vogel abschießen

paperback ['pɛɪbæbag] ⟨-en; -s⟩ Taschenbuch n

papfar ['fɑ:ʀ] Stiefvater m

papillot [papi'lɔd] ⟨-ten; -ter⟩ Lockenwickler m

papir [pa'pi:⁷ʀ] ⟨-et; -er⟩ Papier n; **ark ~** Papierbogen m; **lap ~** Papierfetzen m; **han er noget fint ~** fig er ist ein fragwürdiger Charakter; **have ~erne i orden** fig ein gutes Gewissen haben; **af ~** papieren; **være stiv i ~erne** s-e Sache verstehen; **få sin afsked på grå⁷t ~** fristlos entlassen werden

papir|handel [pa'pi:⁷ʀhan⁷əl] Papierhandlung f, Schreibwarengeschäft n; **~kniv** [-kni:⁷v] Papiermesser n, Brieföffner m; **~kurv** [-kuʀ⁷v] Papierkorb m; **~lommetørklæde** [-lɔmətœʀkle:ðə] Papiertaschentuch n

papirløs [pa'pi:⁷ʀlø:⁷s]: **~t ægteskab/parforhold** Ehe f ohne Trauschein, nichteheliche Lebensgemeinschaft f

papir|masse [pa'pi:⁷ʀmasə] Papierbrei m; **~mølle** [-mølə] Papiermühle f; **~nusser** [-nusəʀ] ⟨-en, -e⟩ für Beamte u. Ä.: F Schreiberseele f, V Sesselpuper m; **~penge** [-peŋə] Papiergeld n; **~saks** [-sags] Papierschere f; **~(s)lap** [-(s)lab] Papierfetzen m, Wisch m; **~spild** [-sbil⁷] Papierverschwendung f; **~vælde** [-velə] Bürokratismus m

pap|karton ['pabkaʀ'tɔŋ] → **papæske**; **~kasse** [-kasə] Pappkarton m; **~mor** [-mo:ʀ] Stiefmutter f

pap|mælk ['pabmel⁷g] F Milch f im Karton; **~næse** [-nɛ:sə] Pappnase f

paprika ['pabʀika] ⟨-en; -er od -∅⟩ Paprika m; Paprikaschote f

pap|vin [-vi:⁷n] F billiger Wein in Pappkarton; **~æske** [-ɛsgə] Pappschachtel f, Karton m

par [pɑʀ] ⟨-ret; -∅⟩ Paar n; **et ~ støvler** ein Paar n Stiefel; **et ~ dage** ein paar (od zwei, drei) Tage m/pl

parabol|antenne [pɑʀabo:⁷lan'tɛnə] Parabolantenne f, F Satellitenschüssel f; **~spejl** [-sbaɪ⁷l] Parabolspiegel m

parade|march [pa'ʀɑ:ðəmɑʀsj] MIL Parademarsch m; **~nummer** [-nom⁷əʀ] Schaustück n; **~re** [-ʀɑ'de:⁷ʀə] paradieren (a fig)

paradis ['pɑ:ʀadi:⁷s] ⟨-et; -er⟩ Paradies n; **~ets have** der Garten Eden

paradis|fugl ['pɑ:ʀadi:sfu:⁷l] Paradiesvogel m; **~isk** [-'di:⁷sg] paradiesisch

paradoks¹ [pɑʀa'dɔgs] ⟨-et; -er⟩ Paradox(on) n

paradoks² [pɑʀɑ'dɔgs], **~al** [-dɔg'saːʔl] paradoks, widersinnig

paragraf [pɑʀɑ'gʀɑf] ⟨-fen; -fer⟩ (Abk. *par.*) Paragraph *m*; **klare ~ferne** die Sache regeln; **~rytter** [-ʀydəʀ] Paragraphenreiter *m*

parallel [pɑʀɑ'lelʔ] ⟨-len; -ler⟩ GEOM Parallele *f (a fig)*

paralysere [pɑʀɑly'seːʔʀə] paralysieren, lähmen

paraply [pɑʀɑ'plyʔ] ⟨-en; -er⟩ Regenschirm *m*

paraply|organisation [pɑʀɑ'plyɔʀɡanisa'sjoːʔn] Dachorganisation *f*; **~stativ** [-sdaˈtiːʔv] Schirmständer *m*

parasol [pɑʀɑ'sɔlʔ] ⟨-len; -ler⟩ Sonnenschirm *m*

parat [pɑˈʀaːʔd] bereit; fertig

parcel [pɑʀ'selʔ] ⟨-len; -ler⟩ Parzelle *f*; **~hus** [-huːʔs] Eigenheim *n*, Einfamilienhaus *n*; **~list** [-seˈlisd] ⟨-en; -er⟩ Kleinbauer *m*

parentes [pɑʀɑn'teːʔs] ⟨-en; -er⟩ Parenthese *f*, Klammer *f*; **skarp** (od **kantet**) **~ eckige Klammern** *f/pl*; **~ begynd** (slut) Klammer auf (zu); **i ~ bemærket** nebenbei bemerkt

parere [pɑˈʀɛːʔʀə] parieren; abwehren; wetten

parforhold ['pɑʀfɔʀhɔlʔ] *n* (Zweier-)Beziehung *f*

parfume [pɑʀ'fyːmə] ⟨-n; -r⟩ Parfüm *n*; **~re** [-fyˈmeːʔʀə] parfümieren

pariserhjul [paˈʀiːʔsəʀjuːʔl] *n* Riesenrad *n*

park [pɑʀg] ⟨-en; -er⟩ Park *m*

parkant [pɑʀ'kanʔd] ⟨-en; -er⟩ Parker *m*

parkere [pɑʀ'keːʔʀə] parken, abstellen

parkering [pɑʀ'keːʔʀeŋ] ⟨-en; -er⟩ Parken *n*; **~ forbudt!** Parken verboten!

parkerings|afgift [pɑʀ'keːʔʀeŋsaʊgifd] Parkgebühr *f*; **~bøde** [-bøðə] Strafzettel *m*, F Knöllchen *n*; **~forbud** [-fɔʀbuðʔ] Parkverbot *n*; **~kælder** [-keləʀ] Tiefgarage *f*; **~lys** [-lyːʔs] Standlicht *n*; **~plads** [-plas] Parkplatz *m*; **~skive** [-sgiːvə] Parkscheibe *f*; **~ur** [-uːʔʀ] Parkuhr *f*

parket [pɑʀ'kɛd] ⟨-tet; -ter⟩ Parkett *n (a* THEA*)*

parkometer [pɑʀko'meːʔdəʀ] ⟨*parkome(t)eret; parkometre*⟩ Parkuhr *f*

parlament [pɑʀla'menʔd] ⟨-et; -er⟩ Parlament *n*; **~ariker** [-menˈtɑːʔʀigəʀ] ⟨-e⟩ Parlamentarier *m*; **~ere** [-menˈteːʔʀə] unterhandeln, verhandeln; palavern

parlere [pɑʀ'leːʔʀə] parlieren

parløb ['pɑʀløʔb] *Eiskunstlauf*: Paarlauf *m*

parlør [pɑʀ'lœːʀ] ⟨-en; -er⟩ Sprachführer *m*

parodi [pɑʀo'diːʔ] ⟨-en; -er⟩ Parodie *f*; **~ere** [-diˈeːʔʀə] parodieren

parole [pɑˈʀoːlə] ⟨-n; -r⟩ Parole *f*, Losung *f*

parre ['pɑʀə] paaren (*sig* sich); **~lysten** [-løsdən] brünstig, läufig

parring [pɑʀeŋ] ⟨-en; -er⟩ Paarung *f*, Begattung *f*

parrings|dans ['pɑʀeŋsdanʔs], **~leg** [-laiʔ] Paarungsspiel *n*, Balz *f*; **~tid** [-tiðʔ] Paarungszeit *f*, Balz(zeit) *f*

part [pɑːʔʀd] ⟨-en; -er⟩ Part *m*, Teil *m*, Anteil *m*; JUR Partei *f*; **have ~ i ngt.** an etw *(D)* Anteil haben; **jeg for min ~** ich für mein(en) Teil; **for største ~en** größtenteils; **~ere** [pɑʀ'teːʔʀə] zerteilen, zerlegen, zerstückeln

parterre [pɑʀ'tɛʀɑ] ⟨-t; -r⟩ THEA Parterre *n*; Erdgeschoss *n*

parthaver ['pɑʀdhaˌvəʀ] ⟨-en; -e⟩ Teilhaber *m*

parti [pɑʀ'tiːʔ] ⟨-et; -er⟩ Partie *f (a* Karten; Ehe); ØKON Posten *m*; POL Partei *f*; **tage éns ~** für j-n Partei ergreifen

participium [pɑʀti'sipiɵm] ⟨*participiet; participier*⟩ GRAM Partizip *n*

parti|fælle [pɑʀ'tifelə] Parteifreund *m*, Parteigenosse *m*; **~gænger** [-ɡeŋəʀ] ⟨-en; -e⟩ Parteigänger *m*

parti|løs [pɑʀ'tiløʔs] parteilos; **~medlem** [-meðlemʔ] Parteimitglied *n*; **~møde** [-møːðə] Fraktionssitzung *f*; Parteitag *m*

partisk [pɑʀ'tiːʔsg] parteiisch, befangen

partitro [pɑʀ'titʀoːʔ] linientreu

partner ['pɑːʀdnəʀ] ⟨-e⟩ Partner *m*, Teilhaber *m*; Mitspieler *m*; **~skab** [-sgaːʔb] ⟨-et; -er⟩ Partnerschaft *f*

partout [pɑʀ'tu] partout, unbedingt; **~kort** [-kɔʀd] Dauerkarte *f*

parvis ['pɑʀviːʔs] paarweise

paryk [pɑˈʀœg] ⟨-ken; -ker⟩ Perücke *f*

pas¹ [pas] ⟨-en; -ser od -⟩: **melde ~** *Kartenspiel*: passen (a *fig*)

pas² [pas] ⟨-set; -⟩ (Reise)Pass *m*

pas³ [pas] ⟨-set; -ser od -⟩ (Gebirgs)Pass *m*

pas|form ['pasfɔːʔʀm] Passform *f*; **~foto** [-foto] Passfoto *n*; **~gang** [-ɡaŋʔ] ⟨-en⟩ zo Passgang *m*; **~gænger** [-ɡeŋəʀ] ⟨-en; -e⟩ Passgänger *m*

pasha ['pasja] ⟨-en; -er⟩ Pascha *m (a fig)*

pasning ['pasnəŋ] ⟨-en, -er⟩ Pflege *f*, Wartung *f*, Betreuung *f*

passa|bel [pa'saːʔbəl] passabel; passierbar; **~ge** [-'sa:sjə] ⟨-n; -r⟩ Passage f, Durchgang m, Durchfahrt f

passager [pasa'sje:ʔʁ] ⟨-en; -er⟩ Passagier m, Fahrgast m, Fluggast m, Reisende(r) m; **~båd** [-bɔ:ʔð], **~skib** [-sgi:ʔb] Passagierschiff n

passe ['pasə] v/t Arbeit verrichten, nachgehen (D); bedienen; aufpassen auf (A); pflegen, warten, hüten, betreuen; Zeit einhalten; **pas dig selv!** kümmere du dich um deine eigenen Angelegenheiten!, was geht dich das an?; **~ op** abpassen, auflauern; **~ på** aufpassen, Acht geben auf (A); **pas på!** pass auf!, Vorsicht!, Achtung!; **pas på hunden (trinnet)!** Vorsicht, Hund (Stufe)!; **~ til** anpassen; v/i passen (a Karten); stimmen; **det ~r!** (es) stimmt!; Trinkgeld: das stimmt so!; **~r det dig?** ist es dir recht?; **det ~r sig ikke** es schickt (od gehört) sich nicht; **~nde** passend, angemessen, geeignet; gebührend, schicklich

passer ['pasər] ⟨-en; -e⟩ GEOM Zirkel m

passer|e [pa'se:ʔrə] passieren (a GASTR); geschehen; **passér gaden!** Polizei: Straße frei!, weitergehen!; **den påklædning kan til nød ~** diese Aufmachung (Kleidung) kann (od mag) zur Not angehen (geht gerade noch); **~seddel** [-'se:ʔʁsəðʔəl] Passierschein m

passiar [pa'sja:ʔʁ] ⟨-en; -er⟩ Geplauder n, Unterhaltung f, F Plausch m; **~!** F Unsinn!; **~e** [-ə] plaudern

passion [pa'sjo:ʔn] ⟨-en; -er⟩ Passion f, Leidenschaft f, **~eret** [-sjo'ne:ʔrəð] passioniert

passiv ['pasi:ʔv] ⟨-en; -er⟩ GRAM Passiv n; **~er** pl ØKON Schulden pl, Passiva pl

password [pa:swɔ:ʔd] ⟨-; -s⟩ Passwort n

pasta ['pasda] ⟨-en; -er⟩ Paste f, Pasta f; Spag(h)etti pl, Nudeln fl pl

pastel [pa'sdel?] ⟨-len; -ler⟩ Pastell n; **~fave** [-farvə] Pastellfarbe f

pastil [pa'sdel?] ⟨-len; -ler⟩ Pastille f, Plätzchen n

pastor ['pasdɔr] ⟨-en; -er⟩ Pastor m; **~at** [-do'ʁɑ:ʔd] ⟨-et; -er⟩ Pastorat n, Pfarramt n

patent [pa'tɛn?d] ⟨-et; -er⟩ Patent n; **~anmeldt** [-anmel?d], **~beskyttet** [-be'sgøðəð] patentiert, geschützt; **~ere** [-ten'te:ʔrə] patentieren; **~haver** [-ha:vɔr] ⟨-en; -e⟩ Patentinhaber m; **~løsning** [-lø:snen] Patentlösung f, Patentrezept n

paternitetssag [patɛrni'te:ʔdsa:ʔ] Vaterschaftsklage f

patetisk [pa'te:ʔtisg] pathetisch

patient [pa'sjɛn?d] ⟨-en; -er⟩ Patient(in) m(f), Kranke(r) m

patriark [patri'aʁg] ⟨-en; -er⟩ Patriarch m; **~alsk** [-aʁ'ka:ʔlsg] patriarchalisch; **~at** [-aʁ'ka:ʔd] ⟨-et; -er⟩ Patriarchat n

patricier [pa'tʁisjər] ⟨-en; -er⟩ Patrizier m; **~ejendom** [-aiʔəndɔmʔ], **~villa** [-vila] Patrizierhaus n, hochherrschaftliche Villa f

patriot [patri'o:ʔd] ⟨-en; -er⟩ Patriot(in) m(f), **~isk** [-'o:ʔtisg] patriotisch; **~isme** [-o'tismə] ⟨-n⟩ Patriotismus m

patron [pa'tʁo:ʔn] ⟨-en; -er⟩ MIL Patrone f; Patron m, Schutzherr m; (Kugelschreiber)Mine f; **~løs** ~ Platzpatrone f; **en sjov ~** F ein komischer Kauz; **~hylster** [-hylʔsdər] Patronenhülse f

patrulje [pa'tʁulʔjə] ⟨-n; -r⟩ Patrouille f, Kontrollgang m, Runde f; Polizei: Streife f; **~båd** [-bɔ:ʔð] Patrouillenboot n, Wachboot n; **~re** [-tʁul'je:ʔrə] patrouillieren, Streife gehen; **~tjeneste** [-tje:nəsdə] Streifendienst m; **~vogn** [-vɔwʔn] (Funk)Streifenwagen m

patte¹ ['padə] ⟨-n; -r⟩ Brustwarze f; ZO Zitze f; V Titte f; **give ~** säugen, stillen

patte² ['padə] saugen; F paffen

patte|barn ['padəba:ʔrn] Säugling m; **~iron** Muttersohn m, V Hosenscheißer m; **~dyr** [-dy:ʔr] Säugetier n; **~flaske** [-flasgə] Saugflasche f, Nuckelflasche f; **~gris** [-gri:ʔs] Spanferkel n, Saugferkel n; **~vorte** [-vɔrdə] Zitze f

paulun [pau'lu:ʔn] ⟨-et; -er⟩ scherzh Behausung f, Bude f

pause ['pɑusə] ⟨-n; -r⟩ Pause f; **holde ~** (e-e) Pause machen; **~re** [-'se:ʔrə] pausieren; **~signal** ['-si'na:ʔl] Pausenzeichen n

pauver ['po:ʔvər] armselig, ärmlich; dürftig

pave [pa:və] ⟨-n; -r⟩ Papst m; **~dømme** [-dœmə] ⟨-t; -r⟩ Papsttum n; **~lig** [-li] päpstlich; **~stat** [-sda:ʔd] Kirchenstaat m; **~stolen** [-sdo:ʔlən] KATH der Heilige (Apostolische) Stuhl

pavillon [pavil'jɔn] ⟨-en; -er⟩ Pavillon m

PBS® [pebe'ɛs] automatisches Zahlungssystem in Dänemark

pct. Abk. für **procent**

peb [pe:ʔb] → **pibe²**

peber ['peuʔər] ⟨-et⟩ Pfeffer m; **~bøsse** [-bøsə] Pfefferstreuer m; **~frugt** [-frɔgd] Paprikaschote f; **~kværn** [-kvɛr?n] Pfeffermühle f; **~mynte** ['-møndə] Pfefferminze f; **~mø** [-mø:ʔ] alte Jungfer f; **~nød** [-nøð?] Pfeffernuss f; **~rod** [-ro:ʔð] Meerrettich m; **~svend** [-svɛnʔ] Jungge-

P

selle *m*

pebet ['pe:bəð] → *pibe²*

pebre ['peʊrə] pfeffern; **~t** gepfeffert (*a fig*)

pedal¹ [pe'da:ʔl] ⟨-en; -er⟩ Fahrrad: Pedal *n*

pedal² [pe'da:ʔl] ⟨-et; -er⟩ Orgel: Pedal *n*

pedant [pe'dan²d] ⟨-en; -er⟩ Pedant *m*; **~eri** [-dandə'ri:ʔ] ⟨-et; -er⟩ Pedanterie *f*; **~isk** [-isg] pedantisch

pedel [pe'del²] ⟨-len; -ler⟩ Schule: Hausmeister *m*

pedicure [pedi'ky:rə] ⟨-n⟩ Pediküre *f*, Fußpflege *f*

pege ['paɪə] zeigen, weisen; **~ fingre ad én** mit Fingern auf *j-n* zeigen; **~ på** hinweisen auf (A); **~ på én** auf *j-n* zeigen; **~ ud** auswählen; **~finger** [-feŋˀər] Zeigefinger *m*; **~pind** [-penˀ] Zeigestock *m*

pejle ['paɪlə] peilen, orten; *fig* ermessen, ausloten; **~apparat** [-apa'ra:ʔd] Peilgerät *n*

pejs [paɪˀs] ⟨-en; -e⟩ Kamin *m*, Kaminofen *m*

pejse|brænde ['paɪsəbrɛnə] Kaminholz *n*; **~stue** [-sdu:e] Kaminzimmer *n*

pekingeser [pekeŋ'ge:ˀsər] ⟨-en; -e⟩ Hund Pekinese *m*

pelikan [peli'ka:ʔn] ⟨-en; -er⟩ Pelikan *m*

pels [pelˀs] ⟨-en; -e⟩ Pelz *m*, Pelzmantel *m*; **redde ~en** *fig* mit heiler Haut davonkommen; **vove ~en** *fig s-e* Haut zu Markte tragen, *etw* riskieren

pels|bereder ['pelsbe'rɛ:ˀðər] ⟨-en; -e⟩ Rauchwarenzurichter *m*; **~besætning** [-be'sɛdneŋ] Pelzbesatz *m*; **~dyr** [-dy:ˀr] Pelztier *n*; **~farm** [-fa:ˀrm] Pelztierfarm *f*; **~varer** [-va:rər] *pl* Pelzwaren *f/pl*, Rauchwaren *f/pl*; **~værk** [-verg] ⟨-et⟩ Pelzwerk *n*

pen [penˀ] ⟨-nen; -ne⟩ (Schreib)Feder *f*; **fatte ~en** zur Feder greifen; **~alhus** [pe'na:ʔlhu:ˀs] → **pennalhus**

pencil ['pensil] ⟨-en; -er *od* -s⟩ Drehbleistift *m*

pendle ['pendlə] pendeln; **~r** [-ʀ] ⟨-en; -e⟩ Pendler *m*

pendul [pen'du:ʔl] ⟨-et; -er⟩ Pendel *n*; **~fart** [-fa:ʔrd] Pendelverkehr *m*

penge ['peŋə] *pl* Geld *n*; **rede** (*falske, mange*) **~** bare(s) (falsche, viel) Geld *n*; **gøre i ~** zu Geld machen; **være alle ~ne værd** *fig* unbezahlbar sein; **have ~ som græs** F Geld wie Heu haben

penge|afpresning ['peŋəɑʊbrɛsneŋ] Gelderpressung *f*; **~afpresser** [-ɑʊbrɛsər] ⟨-en; -e⟩ Erpresser *m*; **~an-**

bringelse [-anbreŋˀəlsə] Geldanlage *f*; **~begærlig** [-be'gɛ:ˀʀli] geldgierig; **~beholdning** [-be'hɔlˀnen] Geldvorrat *m*; **~bidrag** [-bidra:ˀw] Geldspende *f*; **~bøde** [-bø:ðə] Geldstrafe *f*, Geldbuße *f*; **~forsendelse** [-fɔr'sɛnˀəlsə] Geldsendung *f*; **~grisk** [-grisg] geldgierig; **~kasse** [-kasə] Geldkasse(tte) *f*; **~kat** [-kad] Geldkatze *f*, Brustbeutel *m*

penge|marked ['peŋəmɑrgəð] Geldmarkt *m*; **~puger** [-pu:ər] Geizhals *m*; **~pung** [-pɔŋˀ] Geldbeutel *m*, Portemonnaie *n*; **~sager** [-sa:ər] *pl* Geldangelegenheiten *f/pl*; **~seddel** [-sɛðˀəl] Geldschein *m*; **~skab** [-sga:ˀb] Geldschrank *m*, Tresor *m*, Safe *m*; **~stykke** [-sdøgə] Geldstück *n*; **~stærk** [-sdɛrg] kapitalkräftig, kapitalstark; **~sum** [-somˀ] Geldsumme *f*; **~trang** [-tʀaŋˀ] Geldverlegenheit *f*

penibel [pe'ni:ˀbəl] penibel, unangenehm, peinlich

penis ['pe:nis] ⟨-(s)en; -(s)er⟩ ANAT Penis *m*

pennalhus [pe'na:ˀlhu:ˀs] Schüleretui *n*, Federtasche *f*

penne|fejde ['penəfaɪðə] Federkrieg *m*; **~fører** [-fø:rər] *fig* Anwalt *m*, Befürworter *m*; **~prøve** [-prɛ:va] *fig* lit. Debütarbeit *f*; **~skaft** [-sgafd] Federhalter *m*; **~tegning** [-taɪˀneŋ] Federzeichnung *f*; **~ven** [-vɛn] Brieffreund *m*; **~visker** [-vesgər] Tintenwischer *m*

pensel ['penˀsəl] ⟨*pens(e)len, pensler*⟩ Pinsel *m*; **~strøg** [-sdʀɔɪ̯ˀ] Pinselstrich *m*

pension [paŋ'sjo:ˀn] ⟨-en; -er⟩ Pension *f*, Ruhegehalt *n*, Rente *f*; Kost *f*, Verpflegung *f*; **fuld ~** Vollpension *f*

pensionere [paŋsjo'ne:ˀrə] pensionieren, in den Ruhestand versetzen; **~t** pensioniert, außer Dienst, im Ruhestand

pensionist [paŋsjo'nisˀd] ⟨-en; -er⟩ Pensionär(in) *m(f)*, Ruheständler *m*, Rentner(in) *m(f)*; **~kort** [-kɔrd] Seniorenkarte *f*

pensionsberettiget [paŋ'sjo:ˀnsbe'rɛdiəð] pensionsberechtigt

pensionær [paŋsjo'ne:ˀr] ⟨-en; -er⟩ Pensionsgast *m*, Kostgänger *m*

pensle ['penˀslə] pinseln; **~ing** [-leŋ] ⟨-en; -er⟩ Pinseln *n*

pensum ['pensom] ⟨-(m)et; *pensa*⟩ Pensum *n*, Lehrstoff *m*

pep [peb] ⟨-pet⟩ Pep *m*, Elan *m*, Schwung *m*

peppe ['pebə] **~ op** F auffrischen, aufmöbeln; Schwung geben

per [pɛr] → *pr.*

Per [pɛr]: **~ og Poul** Hinz und Kunz

perfektum ['pɛrfɛgtom] ⟨-(m)en od -(m)et; -(m)er od perfekter⟩ GRAM Perfekt n

perfid [pɛr'fið?] perfid(e)

periferi [perife'ri:?] ⟨-en; -er⟩ GEOM Peripherie f; Randgebiet n, Stadtrandbezirk m

periode [po:'o:ðə] ⟨-n; -r⟩ Periode f; Zeitabschnitt m; **~vis** [-vi:?s] periodenweise

perle¹ ['pɛrlə] ⟨-n; -r⟩ Perle f (a fig)

perle² ['pɛrlə] perlen

perle|broderi ['pɛrləbrodə'ri:?] Perl(en)stickerei f; **~grå** [-grɔ:?] perlgrau; **~humør** [-hu'mø:?ʀ] rosige Laune f, Spitzenlaune f; **~krans** [-krɑn?s], **~kæde** [-kɛ:ðə] Perlenkette f

perlemor ['pɛrləmo:?ʀ] ⟨-et⟩ Perlmutt(er) n(f); **af ~, ~s** perlmuttern, Perlmutt-

perle|musling ['pɛrləmusleɲ] Perlmuschel f; **~rad** [-ʀɑð], **~række** [-ʀɛgə] Perlenreihe f; **~stukken** [-sdogən] Stoff: perlenbestickt; **~venner** [-venəʀ] pl dicke Freunde m/pl, Busenfreunde m/pl

permanent [pɛrma'nɛn?d] ⟨ en; -er⟩ F Dauerwelle f

permanentbølg|e [pɛrma'nɛn?dbøljə] **~t hår** dauergewellte(s) Haar n; **blive ~t, få sit hår ~t** sich e-e Dauerwelle machen lassen; **~ning** [-bøljeɲ] Dauerwelle f

permanente [pɛrma'nɛn?də] **~t hår** dauergewellte(s) Haar n; **blive ~t** sich e-e Dauerwelle machen lassen

permanentkrølle [pɛrma'nɛn?dkrœlə], **permanentkrølning** → permanentbølge

permission [pɛrmi'sjo:?n] ⟨-en; -er⟩ MIL Urlaub m; **~erne** pl, scherzh für Hose: die Unaussprechlichen pl

permittere [pɛrmi'te:?ʀə] beurlauben

pernitten [pɛr'nedən] F penibel; **~gryn** [-gry:?n] ⟨-en; -er⟩ Kleinigkeitskrämer m, V Korinthenkacker m

perpleks [pɛr'plɛgs] perplex, verwirrt

perron [pɛ'ʀɔŋ] ⟨-en; -er⟩ Bahnsteig m; **~billet** [-bi'led] Bahnsteigkarte f

perse ['pɛrsə] keltern

persienne [pɛrsi'enə] ⟨-n; -r⟩ Jalousie f, Rollladen m

persille [pɛr'selə] ⟨-n⟩ Petersilie f; **~hacker** [-hagəʀ] Wiegemesser n; **~sovs** [-sɔu?s] Petersiliensoße f

person [pɛr'so:?n] ⟨-en; -er⟩ Person f; **i egen ~** in eigener Person

personage [pɛrso'na:sjə] ⟨-n; -r⟩: **en ubehagelig ~** e-e unangenehme Person

personale [pɛrso'na:lə] ⟨-t; -r⟩ Personal

n, Belegschaft f; **~afdeling** [-ɑ̈ːðe:?leɲ] Personalabteilung f, Personalbüro n; **~chef** [-sjɛ:?f] Personalchef m; **~kontor** [-kɔn'to:?ʀ] → personaleafdeling; **~loft** [-lɔfd] Personalbegrenzung f

personalhistorie [pɛrso'na:?lhi'sdo:?riə] Personengeschichte f

personalia [pɛrso'na:?lia] pl Personalien pl

persondatamat [pɛr'so:?ndata'ma:?d] Personalcomputer m (Abk. PC)

persondyrkelse [pɛr'so:?ndyrgəlsə] Personenkult m

personel [pɛrso'nel?] ⟨-let⟩ → personale

personfradrag [pɛr'so:?nfradrɑ:?w] Steuer: Freibetrag m

personifi|cere [pɛrsonifi'se:?ʀə] verkörpern, personifizieren; **~cering** [-'se:?ʀeɲ] ⟨-en; -er⟩, **~kation** [-ka'sjo:?n] ⟨-en; -er⟩ Verkörperung f

personlig [pɛrso:?nli] persönlich; **~gøre** [-gœ:?ʀə] verkörpern

personlighed [pɛrso:?nlihe:ð?] ⟨-en; -er⟩ Persönlichkeit f; **komme med ~er** F persönlich/anzüglich werden

person|navn [pɛr'so:?nnɑu?n] Personenname m; **~nummer** [-nom?əʀ] Personennummer f, Personenkennzahl f; **~register** [-ʀe'gisdəʀ] Personen(stands)register n, Einwohnermeldeamt n, Standesamt n; **~søger** [-sø:(j)əʀ] Piepser m; **~tog** [-tɔ:?w] Personenzug m; **~vogn** [-vɔw?n] Personenkraftwagen m, PKW od Pkw m

perspektiv [pɛrsbɛg'ti:?v] ⟨-et; -er⟩ Perspektive f; **~isk** [-isg] perspektivisch

pertentlig [pɛr'ten?dli] (übertrieben) ordentlich, peinlich genau; penibel, F pingelig

perver|s [pɛr'vers] pervers; **~sitet** [-vɛrsi'te:?d] ⟨-en; -er⟩ Perversität f; **~teret** [-vɛr'te:?ʀəd] pervertiert

pessimis|me [pesi'mismə] ⟨-n⟩ Pessimismus m; **~tisk** [-'misdisg] pessimistisch

pest [pɛsd] ⟨-en⟩ Pest f; **~befængt** ['-be-'feŋ?d] pestkrank, pestbehaftet; **~byld** ['-byl?] Pestbeule f; **~icid** [-i'si:?d] ⟨-et⟩ Pestizid n; **~ramt** ['-rɑm?d] von der Pest befallen

petitesse [peti'tesə] ⟨-n; -r⟩ Kleinigkeit f, Lappalie f

petroleum [pe'tʀo:?leom] ⟨-(m)en od -(m)et⟩ Petroleum n

petroleums|apparat [pe'tʀo:?leomsapa'ʀɑ:?d] Petroleumkocher m; **~lampe** [-lambə] Petroleumlampe f

pga. od på gr. af Abk. für på grund af; →

P

grund¹

ph.d. Doktor philosophiae (Dr. phil.)

plan|ette [pia'nεdə] ⟨-t; -r⟩ MUS Kleinklavier *n*, Pianino *n*; **~ist** [-'nisd] ⟨-en; -er⟩ Pianist *m*

piano [pi'a:no] ⟨-et; -er⟩ MUS Piano *n*

pib [piü'] ⟨-et; -⟩ *Hund:* Winsellaut *m*

pibe¹ ['pi:bə, 'pi:wə] ⟨-n; -r⟩ Pfeife *f* (*a* MUS); Röhre *f*; MIL Rohr *n*; Krause *f*; *danse efter ens ~ fig* nach *j-s* Pfeife tanzen; *~n har fået en anden lyd fig* das Blatt hat sich gewendet

pibe² ['pi:bə, 'pi:wə] ⟨peb; pebet⟩ pfeifen, quieken; quietschen; winseln; F heulen; *~ én ud* (*od* *j-n*) auspfeifen

pibe|hoved ['pi:bəho:ðə] Pfeifenkopf *m*; **~koncert** [-kɔn'sεrd] Pfeifkonzert *n*; **~krave** [-krɑ:və] Mühlsteinkragen *m*, Halskrause *f*; **~renser** [-rεnsər] Pfeifenreiniger *m*; **~ryger** [-ry:ər] Pfeifenraucher *m*

pibe|stativ ['pi:bəsda'ti:ʔv] Pfeifenständer *m*; **~stilke** [-sdelgə] *pl* F spindeldürre Arme *od* Beine *pl*; **~strimmel** [-sdrεmʔəl] Hals-, Handkrause *f*, Rüsche *f*; **~t** [-ð, 'pi:wəð] wehleidig; **~tobak** [-to'bag] Pfeifentabak *m*

pibetøjet ['pi:wə-, 'piütɔiʔəð]: *hele ~* F der ganze Klimbim

pible ['pi:blə] rieseln, sickern; *~ frem* hervorquellen

pibåben ['piüɔ:bən] → **piváben**

piccolo ['pikolo] ⟨-en; -er⟩ Pikkolo *m*, Page *m*, Boy *m*

pickup [pig'ɔb] ⟨-pen; -per⟩ Tonabnehmer *m*; *Auto* Kleintransporter *m*

picnic ['pignig] ⟨-en; -er⟩ Picknick *n*

pie [pɑ:iI] ⟨-n; -r⟩ Pastete *f*

pietets|fuld [pie'te:ʔdsfulʔ] pietätvoll; **~løs** [-løːʔs] pietätlos

pif [pif]: *~ paf!* piff, paff!

pift [pifd] ⟨-et; -⟩ Pfiff *m*

pifte ['pifdə] (auf den Fingern) pfeifen; *~ en cykel* die Luft aus den Fahrradreifen herauslassen

pig [pig] ⟨-gen; -ge⟩ Stachel *m*; **~dæk** ['-dεg] *pl* AUTO Spikes *pl*, Spike(s)reifen *m/pl*

pige ['pi:ə] ⟨-n; -r⟩ Mädchen *n*, Mädel *n*; Dienstmädchen *n*, Hausgehilfin *f*; *hans ~* seine Freundin *f*; *gammel ~* alte Jungfer *f*; *ung ~ i huset* Haustochter *f*; *en rigtig jens* F ein Don Juan *m*; **~agtig** [-agdi] mädchenhaft; **~barn** [-baːʔrn] junge(s) Ding *n*; **~jæger** [-jɛːɔr] Schürzenjäger *m*; **~lig** [-li] mädchenhaft; **~ill** [lil] ⟨en⟩ Kleine *f*; **~navn** [-naüʔn] Mädchenname

m; **~sjov** [-sjɔüʔ]: *gå på ~* F auf Mädchenjagd gehen; **~spejder** [-sbɔiðər] Pfadfinderin *f*; **~t** [-ð] mädchenhaft, feminin

pig|get ['pigəð] stachelig; **~hvar** [-vaːʔr] ⟨-ren; -rer⟩ Steinbutt *m*

pigtråd ['pigtrɔ:ʔð] Stacheldraht *m*

pigtråds|hegn ['pigtrɔðshɑiʔn] Stacheldrahtzaun *m*; **~musik** [-mu'sig] F *für* Beatmusik *f*

pik¹ [peg] ⟨-ken; -ke⟩ V Schwanz *m*, Pimmel *m*

pik² [peg, pig] ⟨-ket; -⟩ *Vogel:* Pick *m*, Picken *n*

pik³ [pig]: *med ~ og pak* mit Sack und Pack

pikant [pi'kanʔd] pikant

pikeret [pi'ke:ʔrɔð] pikiert

pikke ['pigə, 'pegə] picken

pil [piːʔl] ⟨-en; -e⟩ BOT Weide *f*; Pfeil *m*; **~dannet** ['piːldanəð] pfeilförmig

pile ['piːlə] flitzen; *~ af* (*sted*) davonrennen, losflitzen; **~fletning** [-flεdnen] Weidengeflecht *n*; **~kogger** [-kɔwʔɔr] Pfeilköcher *m*; **~kvist** [-kvesd] Weidenrute *f*; **~træ** [-trεːʔ] Weide(nbaum) *f*(*m*); **~urt** [-urʔd] BOT Knöterich *m*

pilfinger ['pelfeŋʔər] F Kind *n*, das alles anfasst und befummelt

pilgrim ['pilgrεmʔ] ⟨-(m)en; -(m)e⟩ Pilger *m*

pilgrims|færd ['pilgrεmsfεːʔr], **~rejse** [-rɑisə] Pilgerfahrt *f*

pille¹ ['pelə] ⟨-n; -r⟩ ARCH Pfeiler *m*; MED Pille *f*

pille² ['pelə] zupfen, klauben, pflücken; pellen; *Erbsen* ausschoten, palen; bohren, pulen; *~ næse* in der Nase bohren; *~ af* abziehen, abpulen; *fig* abschwirren; *~ fra hinanden* zerpflücken (*a fig*); *~ med ngt.* sich mit *etw* (D) beschäftigen; *~ én ned j-n* heruntermachen (*od* herunterputzen); *~ op* auftrennen; *~ ud* auszupfen; auslesen; *~ nykkerne ud af én j-m* die Flausen austreiben; *~ ved ngt. etw* betasten (*od* anfassen); an *etw* (D) herumfingern (*od* herumfummeln); **~arbejde** [-ɑrbɑiʔdə] Kleinarbeit *f*, Fummelarbeit *f*; **~kartoffel** [-kɑr'tɔfəl] Pellkartoffel *f*

pillemisbrug ['peləmisbruʔ] Tablettenmissbrauch *m*, Tablettensucht *f*

pillen ['pelən] sauber, sorgfältig, penibel

pillerier [pelə'riːʔər] *pl* Lappalien *pl*, Kleinigkeiten *pl*

pillesikker ['peləsegɔr]: *~ stikkontakt* Steckdose *f* mit *e-r* Kindersicherung

pitabrød

pille|spejl ['peləsbaɪ'l] Pfeilerspiegel *m*; **~triller** [-tʀílɒʀ] ⟨-en; -e⟩ F Pillendreher *m (scherzh für Apotheker)*

pilot [pi'lo:'d] ⟨-en; -er⟩ Pilot *m*, Flugzeugführer *m*

pilrådden ['pel'ʀɔðən] F völlig verfault, durchgefault

pils [pil's] ⟨-en; -e⟩ → **pilsner**

pilskaldet ['pel'sɡaləð] ganz kahl, glatzköpfig, F ratzekahl

pilsner ['pil'snɒʀ] ⟨-en; -e⟩ helle(s) Bier *n*, Pils *n*, Pils(e)ner *n*

pilsur ['pel'su:'ʀ] F stinksauer

pimpe ['pembə] F picheln, saufen

pimpsten ['pembsde:'ʔn] Bimsstein *m*

pinagtig [pin'aɡdi] peinlich

pince|nez [pɛŋs'ne] ⟨-en; -er⟩ Zwicker *m*, Kneifer *m*, Klemmer *m*; **~t** [pin'sed] ⟨-ten; -ter⟩ Pinzette *f*

pind [pen'ʔ] ⟨-en; -e⟩ Stab *m*, Stäbchen *n*, (kleiner) Stock *m*, Stange *f*; Hölzchen *n*; Stiel *m*; *Paket*: Knebel *m*; FLUG Steuerknüppel *m*; *Stricken*: Nadel *f*; **stiv som en ~** stocksteif; **ikke en ~!** F kein bisschen!; **ryge af ~en** F fliegen; **det kan du skyde en hvid ~ efter** das kannst du in den Schornstein schreiben; **stå på ~e for én** nach *j-s* Pfeife tanzen; **være en ~ til éns ligkiste** *j-m* ein Bein ausreißen; **være en ~ til éns ligkiste** ein Nagel zu *j-s* Sarg sein

pinde ['penə]: **~ (ud)** *Holz* klein hacken; **~brænde** [-bʀenə] Kleinholz *n*

pindehugger ['penəhoɡɒʀ] ⟨-en; -e⟩ Wortklauber *m*; **~i** [-hoɡə'ʀi:ʔ] ⟨-et; -er⟩ Wortklauberei *f*, Kleinigkeitskrämerei *f*

pindemad ['penəmað] Appetithappen *m*, Cocktailspießchen *n*

pindsvin ['pensvi:ʔn] Igel *m*

pine¹ ['pi:nə] ⟨-n; -r⟩ Pein *f*, Qual *f*

pine² ['pi:nə] ⟨-te⟩ quälen, peinigen, foltern, martern; schmerzen

pinebænk ['pi:nəbeŋ'ɡ] Folter(bank *f*) *f*; **spænde én på ~en** *fig j-n* auf die Folter spannen

pine|død ['pi:nə'døð'] F wahrlich, wahrhaftig; (zum) Donnerwetter; **~fuld** [-ful'ʔ] qualvoll, schmerzhaft; **~gal** [-ɡa:'ʔl] ganz verrückt (*od* verkehrt) *P*

ping [peŋ'ʔ] ⟨-en; -er⟩ Promi *m*

pingeling [peŋə'leŋ] F: **der er ~!** prima!, in Ordnung!

pingvin [peŋ'vi:'ʔn] ⟨-en; -er⟩ Pinguin *m*

pinje ['pinjə] ⟨-n; -r⟩ BOT Pinie *f*

pinkode ['penko:ðə] PIN-Code *f*

pinlig ['pi:nli] peinlich

pinse ['pensə] ⟨-n; -r⟩ Pfingsten *f*

pinsedag ['pensəda:'ʔ]: **første (anden) ~** Pfingstsonntag (Pfingstmontag) *m*

pinsel ['pi:'nsəl] ⟨pins(e)len; pinsler⟩ Peinigung *f*; Qual *f*; → **a pine¹**

pinse|lilje ['pensəliljə] Narzisse *f*; **~snit: være i ~tet** *etwa*: herausgeputzt sein wie ein Pfingstochse

pinsom ['pi:nsɒm'ʔ] bitter, qualvoll

pioner [pio'ne:'ʔʀ] ⟨-en; -er⟩ Pionier *m* (*a* MIL)

pip¹ [pib] ⟨et⟩: **det rene ~** F der reine Blödsinn

pip² [pib] ⟨-pet; -⟩ Piep(s) *m*; **ikke et ~** kein Laut; **det tog ~pet fra ham** das hat ihn vollkommen erledigt/fertiggemacht

pip³ [pib] ⟨en⟩ VET Pips *m*; **have ~** F e-n Vogel haben; **du må have ~!** F bei dir piept's wohl!

pip⁴ [bib]: **~!** piep!

pip|fugl ['pibfu:'ʔl], **~hans** [-han'ʔs] ⟨-en; -er⟩ F Piepmatz *m*

pippe ['pibə] piep(s)en; **~ frem** hervorgucken, zum Vorschein kommen

pirat [pi'ʀɑ:'d] ⟨-en; -er⟩ Pirat *m*; **~sender** [-sɛnɒʀ] Piratensender *m*; **~tryk** [-tʀœɡ], **~udgave** [-uðɡɑ:və] Raubdruck *m*

pirk [piʀɡ] ⟨-en; ø⟩ Seepilker *m*; **~e** ['-ə] stochern, pulen

pirre ['piʀə] reizen; erregen; **~nde** reizend, prickelnd

pirrelig [piʀɒli] reizbar, gereizt

pirring ['piʀɛŋ] ⟨-en; -er⟩ Reiz *m*, Reizung *f*; Erregung *f*

pis [pes] ⟨-set⟩ V Pisse *f*; **tage ~ på** F verarschen

pisk¹ [pisɡ] ⟨-en; -e⟩ Peitsche *f*; *Haar*: Zopf *m*; *fig* Fuchtel *f*

pisk² [pisɡ] ⟨-en; -⟩ Peitschenhieb *m*; **få ~** die Peitsche bekommen

piske ['pisɡə] peitschen; *Sahne* schlagen; **~ af sted** lossausen; **~nde galt** ganz verkehrt; **~ op** aufpeitschen; **være ~t til ngt.** *zu etw (D)* gezwungen sein; **græde, som man var ~t** wie ein Schlosshund heulen; **~fløde** [-fløðə] süße Sahne *f*, Schlagsahne *f*; **~r** [-ʀ] ⟨-en; -e⟩, **~ris** [-ʀi:'ʔs] Quirl *m*, Schneebesen *m*; **~snert** [-snɛʀ'd] Peitschenschnur *f*; *fig* Peitschenhieb *m*

piskning ['pisɡneŋ] ⟨-en; -er⟩ Peitschen *n*, Geißelung *f*; Schlagen *n*

pisse ['pesə] V pinkeln

pist ['pisd]: **~!** pst!; **være ~ væk** spurlos verschwunden sein

pistacie [pi'sda:'siə] ⟨-n; -r⟩ Pistazie *f*

pistol [pi'sdo:'ʔl] ⟨-en; -er⟩ Pistole *f*; **~skud** [-sɡuð] Pistolenschuss *m*

pitabrød ['pitabʀøð'ʔ] *n* Pitabrot *n*, Fladenbrot *n*

piv|falsk ['piu'fal'sg] F völlig falsch; **~set** [-səð] weinerlich, verzärtelt; **~sur** ['-'su:'?ʀ] F stocksauer, stinksauer; **~åben** ['-'ɔːbən] F sperrangelweit offen

pjad|der ['pjaðˀər] ⟨-et⟩ F Quatsch m; **~re** ['pjaðʀə] quatschen

pjalt¹ [pjalˀd] ⟨-en, -er⟩ Fetzen m, Lumpen m; **slå sine ~er sammen** F sich zusammentun; F heiraten

pjalt² [pjalˀd] ⟨-en, -e⟩ fig Lump m

pjaltet ['pjaldəð] zerlumpt; fig lumpig

pjank [pjɑŋ'g] ⟨-et⟩ Albernheit f, Unsinn m, Quatsch m

pjanke ['pjɑŋgə] herumalbern, Unsinn treiben; **~ bort** Zeit vertrödeln; **~dorte** [-dɔʀdə] F alberne Gans f; **~ri** ['-'ʀiˀ] ⟨-et; -er⟩ Albernheit f; **~t** [-ð] albern

pjask [pjasg] ⟨-et; -⟩ Platsch m; F dünne Brühe f, Plörre f; **~e** ['-ə] platschen, plätschern; plan(t)schen; **~våd** ['-'vɔ:'ð] patschnass, klitschnass, pudelnass

pjat [pjad] ⟨-tet⟩ Unsinn m, dumme(s) Zeug n, Quatsch m; **~hoved** ['-ho:ðə] → **pjattehoved**

pjatte ['pjadə] quatschen, schwatzen; albern sein; **~gås** [-gɔ:'s] F alberne Gans f; **~hoved** [-ho:ðə] Quatschkopf m; **~ri** ['-'ʀiˀ] → **pjat**, **~t** [-ð] albern

pjece ['pjɛːsə] ⟨-n; -r⟩ Broschüre f

pjok [pjɔg] ⟨-ket; -⟩ F Waschlappen m, Schwächling m; **sølle ~!** armer Tropf!

pjokket ['pjɔgəð] **være ~** F ein Waschlappen (od Schwächling) sein

pjus [pjus] ⟨-⟩ F fig Würmchen n

pjusk [pjusg] ⟨et⟩ zerzauste(r Bart m) Haare n/pl; **~e** ['-ə] zerzausen

pjusket ['pjusgəð] wuschelig, zerzaust

pjæk [pjɛg] ⟨et⟩ F Schule: Schwänzen n

pjække ['pjɛgə] schwänzen, blaumachen; **~ fra skolen** die Schule schwänzen; **~ri** ['-'ʀiˀ] ⟨-et⟩ Schwänzen n

pjækkert ['pjɛgəʀd] ⟨-en, -er⟩ lange Jacke f, Joppe f

placer|e [pla'seːˀʀə] platzieren, anbringen, hinsetzen, hinstellen, hinlegen; **~ing** [-'seˀʀeŋ] Platzierung f; Anbringung f; Platz m; fig Stellenwert m

pladder ['plaðˀər] ⟨-et⟩ Schlamm m, Matsch m; fig F Gewäsch n, Quatsch m; **~våd** ['-'vɔ:'ð] klitschnass

plade ['pla:ðə] ⟨-n; -r⟩ Platte f; Scheibe f; Backen: Blech n; Schokolade: Tafel f; MUS Schallplatte f; fig F große(r) Fuß m; fig Lüge f; **stikke én en ~** F j-m etw vorlügen; **~spiller** [-sbelə] Plattenspieler m; **~vender** [-venɐ] ⟨-en; -e⟩ Discjockey m

pladre ['plaðʀə] quatschen; **~ ned** Regen: pladdern

plads [plas] ⟨-en; -er⟩ Platz m, Ort m, Stelle f; Stand m; (An)Stellung f; fig Raum m; **gøre ~ for én** j-m Platz machen; **sætte på ~** zurückstellen, einräumen, an (od auf) s-n Platz stellen; fig zurechtweisen; **være på sin ~** am (rechten) Platze sein; **~besparende** ['-be'sbaːˀʀənə] raumsparend, platzsparend; **~billet** ['-'bi'led] BAHN Platzkarte f

pladshensyn ['plashensy:'n] **af ~** aus Platzgründen

plads|hund ['plashun'] Wachhund m; **~søgende** [-søːənə] Stellungssuchende(r) m

plaf¹ [plaf] ⟨-fet; -⟩ Knall m

plaf² [plaf] **~!** piff, paff!

plaffe ['plafə] knallen; fig schießen, F ballern; **~ én ned** j-n niederknallen

plag [pla:ˀ(j)] ⟨-en; -e⟩ junge(s) Pferd n

plage¹ ['pla:ə] ⟨-n; -r⟩ Plage f, Qual f

plage² ['pla:ə] plagen, quälen, drangsalieren; bedrängen; F quengeln; **~ én om ngt.** um etw betteln

plage|ri [pla:ə'ʀiˀ] ⟨-et; -er⟩ Quälerei f, Plackerei f; Bettelei f; **~ånd** ['-ɔnˀ] Quälgeist m

plagsom ['pla:(j)sɔmˀ] mühsam, lästig

plaid [plɛːˀd] ⟨-en; -er⟩ (Reise)Decke f

plakat [pla'kaːˀd] ⟨-en; -er⟩ Plakat n, Anschlag m; Poster n, m; **tage af ~en** THEA vom Spielplan absetzen; **~fuld** [-'ful'] F sternhagelvoll; **~opklæber** [-ɔkkleˀbɐ] Plakatanschläger m; **~søjle** [-sɔilə] Litfaßsäule f

plamage [pla'ma:sjə] ⟨-n; -r⟩ Klecks m, (großer Schmutz)Fleck m

plan¹ [plaːˀn] ⟨-en; -er⟩ Plan m; Grundriss m; **skumle ~er** dunkle Pläne m/pl, üble Absichten f/pl; **lægge ~er** Pläne machen

plan² [plaːˀn] ⟨-et⟩ FLUG Tragfläche f

plan³ [plaːˀn] ⟨-et; -er od -⟩ GEOM Ebene f (a fig); fig Stufe f, Niveau n

plan⁴ [plaːˀn] plan, eben

planche ['planʃə] ⟨-n; -r⟩ Buch: Tafel f

planere [pla'neːˀʀə] planieren, ebnen

planet [pla'neːˀd] ⟨-en; -er⟩ Planet m; **~by** [-by:ˀ] Trabantenstadt f, Satellitenstadt f

planke ['plaŋgə] ⟨-n; -r⟩ Planke f, Bohle f, Brett n, Latte f

plankeværk ['plaŋgəveʀg] Bretterzaun m

plankeværks|lytter ['plaŋgəveʀgslydɐ] Radio: Schwarzhörer m; TV: Schwarzseher m; **~tilskuer** ['-'telsgu:'ʀ] Zaungast m

planlagt ['plaːnlagd] geplant

planlæg|ge ['plɑːnlɛɡə] planen, vorbereiten; **~gelse** [-lsə] ⟨-n; -r⟩, **~ning** [-neŋ] ⟨-en; -er⟩ Planung f, Vorbereitung f

plan|løs ['plɑːnløˀs] planlos, ziellos; **~mæssig** [-mɛsi] (BAHN fahr)planmäßig

plantage [plan'taːsjə] ⟨-n; -r⟩ Plantage f, (An)Pflanzung f, Schonung f

plante¹ ['plandə] ⟨-n; -er⟩ Pflanze f; **du er en køn ~!** du bist ein nettes Früchtchen!

plante² ['plandə] pflanzen, anpflanzen; **~ sig foran én** F sich vor j-m aufpflanzen

plante|skole ['plandəsgoːlə] Baumschule f; **~verden** [-vɛrdən] Pflanzenwelt f; **~vækst** [-vegsd] Pflanzenwuchs m, Vegetation f; **~æder** [-ɛːðər] Pflanzenfresser m

plantning ['plandneŋ] ⟨-en; -er⟩ Pflanzung f; Pflanzen n

planøkonomi ['plɑːnøkonoˀmiˀ] Planwirtschaft f

plapre ['plɑbrə] plappern; **~ efter** nachplappern; **~ op** F schnattern; **~ ud med ngt.** etw ausplappern

plaske ['plasgə] platschen, klatschen, plätschern, plan(t)schen

plaskregn ['plasgˈrɑiˀn] Platzregen m; **~e** [-'rɑinə] Regen; v/i gießen

plaskvåd ['plasgˈvɔːˀð] klitschnass

plast ['plasd] ⟨-en od -et; -⟩ → **plastic**

plaster ['plasdər] ⟨plast(e)ret; plastre⟩ MED Pflaster n

plastic ['plasdig] ⟨-en⟩ Plastik n, Kunststoff m; **~itet** [-disi'teˀd] ⟨-en⟩ Plastizität f; **~pose** [-poˀsə] Plastiktüte f

plastik [pla'sdig] ⟨-ken⟩ Plastik f

plastisk ['plasdisg] plastisch; knetbar, formbar; **~ træ** Holzkitt m

plastpose ['plasdpoːsə] → **plasticpose**

plat¹ [plad] flach, platt; fig platt

plat² [plad] su: **slå ~** betrügen, gaunern; **slå ~ eller** (od **og**) **krone om ngt.** e-e Münze um etw hochwerfen

platan [pla'taːˀn] ⟨-en; -er⟩ Platane f

platfod ['pladfoːˀð] Plattfuß m, Senkfuß m; **~et** [-əd] plattfüßig

plat|form ['pladfɔˀrm] ⟨-en; -er⟩ Plattform f; **~hed** [-heˀð] ⟨-en; -er⟩ Plattheit f, Platitüde f

platin [pla'tiˀn] ⟨-et⟩ Platin n

platmenage [pladme'naːsjə] ⟨-n; -r⟩ Gewürzständer m, Menage f

platonisk [pla'toˀnisg] platonisch

platte ['pladə] ⟨-n; -r⟩ Wandteller m; Restaurant: kalte Platte f

plattenslager ['pladənslaːˀər] ⟨-en; -e⟩ Hochstapler m; **~i** [-'slaːəˀriˀ] ⟨-et;

-er⟩ Hochstapelei f

plattysk ['pladtysg] ⟨-et⟩ Plattdeutsch n, Niederdeutsch n

plebej|er [ple'bɑiˀər] ⟨-en; -e⟩ Plebejer m; **~isk** [-'bɑiˀisg] plebejisch

pleje¹ ['plɑiə] ⟨-n; -r⟩ Pflege f, Wartung f; **have (sætte) i ~** in Pflege haben (geben)

pleje² ['plɑiə] v/t pflegen, warten; v/i pflegen, gewohnt sein; **vi ~r at gøre det** wir tun es meist(ens)

pleje|barn ['plɑiəbɑːˀrn] Pflegekind n; **~forældre** [-fɔrˀelˀdrə] pl Pflegeeltern pl; **~hjem** [-jɛmˀ] Pflegeheim n; **~mo(de)r** [-moːr] Pflegemutter f

plejer ['plɑiər] ⟨-en; -e⟩ Krankenpfleger m

plejl [plɑiˀl] ⟨-en; -e⟩ (Dresch)Flegel m; **~stang** ['plɑilsdɑŋˀ] TECH Pleuelstange f

plenar|forsamling [ple'nɑːˀrfɔrˀsamˀleŋ] Vollversammlung f, Plenum n; **~møde** [-moːðə] Plenarsitzung f

plesken ['plesgən] ⟨-en; plesk(e)ner⟩ Plätzchen n (aus Mürbeteig)

plet¹ [pled] ⟨-ten; -ter⟩ Fleck(en) m (a fig); Makel m; **være på ~ten** zur Stelle sein; **ramme ~** ins Schwarze treffen (a fig)

plet² [pled] ⟨-et⟩ Dublee n

pletblødning ['pledbløːðneŋ] MED Schmierblutung f

pletfri ['pledfriˀ] fleckenlos, makellos, unbefleckt

plet|middel ['pledmiðˀəl] Fleck(en)entferner m; **~skud** [-sguð] Schuss m ins Schwarze, Volltreffer m (a fig)

plette ['pledə] (be)flecken, Flecken machen; **~re** [ple'teˀrə] plattieren, versilbern; **~t** [-ð] befleckt, fleckig, gefleckt

plet|vand ['pledvanˀ] Fleckenwasser n; **~vis** [-viˀs] stellenweise

pli [pliˀ] ⟨-en⟩ fig Schliff m, gutes Benehmen

pligt [plegd] ⟨-en; -er⟩ Pflicht f; **~arbejde** ['-ɑrbɑiˀðə] Pflichtarbeit f, F Pflichtübung f (Auftragsarbeit); **~forsømmelse** ['-fɔrsœmˀəlsə] Pflichtverletzung f; **~følelse** ['-føːləlsə] Pflichtgefühl n; **~ig** ['-i] verpflichtet, -pflichtig; **~mæssig** ['-mɛsi] pflichtgemäß; **~opfyldende** ['-ɔbfylˀˀənə] pflichtbewusst; **~tro** ['-troˀ] pflichtgetreu

plimsoller ['plemsɔlˀər] ⟨-en; -e⟩ NAUT fig Seelenverkäufer m; alte(r) Kahn m

plir(r)e ['pliːrə] blinzeln, plieren

plombe ['plɔmbə] ⟨-n; -r⟩ Plombe f (a Zoll), Zahnfüllung f; **~re** [-'beˀrə] plombieren; verplomben

plov [plɔuˀ] ⟨-en; -e⟩ Pflug m

plov|fure ['plɔufuːrə] (Acker)Furche f;

~mand [-man?] Pflüger *m*; F 500-Kronen-Schein *m*; **~skær** [-sgɛ:?ʀ] Pflugschar *f, n*; **~sving** [-sveŋ?] *Skisport*: Stemmbogen *m*

pludder ['pluð?ər] ⟨-et⟩ Schlamm *m*; **~bukser** [-bogsɔr] *pl* Pluderhose *f*, Pumphose *f*, Knickerbocker *pl*

pludre ['pluðrə] plaudern, plappern

pludselig ['pluslii] plötzlich, jäh

pluk [plog] ⟨-ket; -⟩ (kleine(r)) Auszug *m*, kleine Auswahl *f*; **ikke forstå er ~** kein Wort (*od* kein bisschen) verstehen

plukfisk ['plogfesg] Gericht *n* aus Fischresten; **hugge ngt. til ~** kurz und klein schlagen

plukke ['plogə] pflücken; rupfen (*a fig*); zupfen; **~ én for penge** *fig* j-n rupfen, j-n schröpfen; **have en høne at ~ med én** *fig* mit j-m ein Hühnchen zu rupfen haben; **~moden** [-mo:?ðən] pflückreif

plumkage ['plomka:ə] Rosinenkuchen *m*

plump[1] [plom?b] ⟨-et; -⟩ Plumps *m*

plump[2] [plom?b] plump, klobig, derb

plump[3] [plom?b] ~*!* plumps!

plumpe ['plombə] plumpsen; ~ *i* hereinfallen (*a fig*); ~ *ud med ngt.* mit *etw* herausplatzen

plumphed ['plombhe:ð?] ⟨-en; -er⟩ Plumpheit *f*, Derbheit *f*

plumre ['plomrə] trüben; ~*t* trübe, getrübt

plums [plom?s] ~*!* plumps!; ~*e* ['plomsə] plumpsen, purzeln

pluralis [plu'ra:lis] ⟨-(s)en; -(s)er⟩ GRAM Plural *m*, Mehrzahl *f*; **~me** [plura'lismə] ⟨-n⟩ Pluralismus *m*

plus[1] [plus] ⟨-set; -ser⟩ Plus *n*; Mehr(betrag) *n(m)*; *fig* Vorteil *m*

plus[2] [plus] plus; und; ~ *renter* zuzüglich der Zinsen

plusfour(s) [plus'fɔ:ʀ(s)] Knickerbocker *pl*; **~kæbet** [-kɛ:'bəð] pausbäckig

plyndre ['plønrə] plündern; *fig* berauben; ~ *juletræet* den Weihnachtsbaum abputzen

plyndringstogt ['plønʀeŋstɔgd] Plünderungszug *m*, Raubzug *m*

plys [plys] ⟨-set; -ser⟩ Plüsch *m*; **~hår** ['-hɔ:?ʀ] *Frisur*: Bürstenschnitt *m*; **~klippet** ['-klebəð]: **være ~ e-n** Bürstenschnitt haben; **~set** [-səð] stoppelig

plædere [plɛ'de:?ʀə] plädieren

plæne ['plɛ:nə] ⟨-n; -r⟩ Rasen *m*; **~klipper** [-klebər] Rasenmäher *m*; **~vander** [-vanər] ⟨-en; -e⟩ Rasensprenger *m*

pløje ['plɔiə] pflügen; ~ *igennem* *fig* durchackern, durcharbeiten; ~ *ned* unterpflügen; **~mark** [-mɑrg] Acker *m*

pløjning ['plɔinəŋ] ⟨-en; -er⟩ Pflügen *n*

pløk [pløg] ⟨-ken; -ke *od* -ker⟩ Pflock *m*; Zwecke *f*; *Zelt*: Hering *m*; **~ke** ['-ə] plöcken; ~ (*ned*) F abknallen, niedermähen

pløre ['plø:ʀə] ⟨-t⟩ Schlamm *m*, Matsch *m*, (Straßen)Schmutz *m*

pløreful ['plø:ʀəful?] F stockbesoffen

pløret ['plø:ʀəð] schlammig, matschig, aufgeweicht; F beduselt

pochere [po'sje:?ʀə] pochieren; ~*t æg* GASTR verlorene(s) Ei *n*

pocketbog ['pɔkidbɔ:?w] Taschenbuch *n*

pode[1] ['po:ðə] ⟨-n; -r⟩ *fig* Sprössling *m*

pode[2] ['po:ðə] pfropfen, impfen (*a fig*)

podekvist ['po:ðəkvɛsd] Pfropfreis *n*

podning ['po:ðnəŋ] ⟨-en; -er⟩ Pfropfung *f*; Pfropfen *n*; Impfung *f*, Impfen *n*

poesi [poe'si:?] ⟨-en; -er⟩ Poesie *f*; **~forladt** [-fɔrlad] poesielos, nüchtern

poet [po'e:?d] ⟨-en; -er⟩ Poet *m*; **~isk** [-'e:?tisg] poetisch

pog [pɔ?w] ⟨-en; -e⟩ *lit* Knabe *m*, F Knirps *m*

point [po'eŋ] ⟨-et; -⟩ Punkt *m*; **sejre på ~s** SPORT nach Punkten siegen

pointe [po'eŋdə] ⟨-n; -r⟩ Pointe *f*; **~re** [-ɛŋ'te:?ʀə] betonen, pointieren

pointsejr [po'eŋsɑi?ʀ] SPORT Punktsieg *m*

pokal [po'ka:?l] ⟨-en; -er⟩ Pokal *m*

pokker ['pɔgəʀ] *su* F Teufel *m*; **så for ~!**, **~s også!** F verflixt noch mal!, zum Teufel!; **gå ~ i vold!** F scher dich zum Henker!; **jeg bryder mig ~ om det** F ich schere mich um den Henker drum, es ist mir völlig Wurscht; **han bor ~ i vold** F er wohnt (irgendwo) jwd (*sehr weit weg von hier*)

pokkers ['pɔgəʀs] F verzwickt, verflixt, verflucht; **en ~ fyr** ein Mordskerl *m*; ~ *dygtig* verdammt tüchtig

pol [po:?l] ⟨-en; -er⟩ Pol *m*

polak [po'lag] ⟨-ken; -ker⟩ Pole *m*, Polin *f*

polar [po'lɑ:?ʀ] polar; **~cirkel** [-sirgəl], **~kreds** [-krɛ?s] Polarkreis *m*; **~ræv** [-rɛ:?v] Polarfuchs *m*

Polarstjernen [po'lɑ:?ʀsdjɛrnən] der Polarstern

polemik [polə'mig] ⟨-ken; -ker⟩ Polemik *f*; **~sk** [-'le:?misg] polemisch

polere [po'le:?ʀə] polieren; putzen; ~ *op* aufpolieren (*a fig*); ~*t* Auftreten: (aal)glatt

polering [po'le:?ʀeŋ] ⟨-en; -er⟩ Polieren *n*; Politur *f*

polet [po'lɛd] ⟨-ten; -ter⟩ Jeton *m*, Automatenmünze *f*

pollo [po'li:?o] ⟨-en⟩ MED Kinderlähmung *f*, Polio *f*; **~ramt** [-rɑm?d] polioerkrankt

polisk [po'lisg] pfiffig, verschmitzt

politi [poli'ti:ʔ] ⟨-et⟩ Polizei f; **hemmeligt ~** Geheimpolizei f

politi|anmeldelse [poli'tianmelʔəlsə] Strafanzeige f; **~betjent** [-be'tjɛnʔd] Polizeibeamte(r) m, Polizist(in) m(f); **~bil** [-bi:ʔl] Polizeiwagen m; **~direktør** [-direɡ'tøːʔr] etwa: Polizeipräsident m; Polizeidirektor m; **~gård** [-ɡɔ:ʔr] Polizeipräsidium n

politik [poli'tig] ⟨-ken; -ker⟩ Politik f; **~er** [-'litiɡər] ⟨-en; -e⟩ Politiker m

politi|kreds [poli'tikreːʔs] Polizeirevier n; **~mand** [-manʔ] Polizeibeamte(r) m; Polizist m; **~mester** [-mesdər] etwa: Polizeipräsident m, Polizeidirektor m; **~patrulje** [-pa'truljə] Polizeistreife f; Überfallkommando n; **~rapport** [-ra'pɔrd] Polizeibericht m; **~sag** [-sa:ʔ] etwa: Ordnungsverfahren n

politi|sere [politi'seːʔrə] politisieren; **~k** [-'litisg] politisch

politi|stat [poli'tisda:ʔd] Polizeistaat m; **~station** [-sda'sjoːʔn] Polizeiwache f, Polizeirevier n; **~stav** [-sda'ʔv] Schlagstock m; **~tilhold** [-telhɔlʔ] polizeiliche Auflage f; **~vedtægt** [-veðtɛɡd] Polizeiverordnung f

politur [poli'tuːʔr] ⟨-en; -er⟩ Politur f; fig Schliff m

pollen [pɔlʔən] ⟨-et; -⟩ Pollen m, Blütenstaub m

poloskjorte ['po:losgjɔrdə] Polohemd n

polsk [poːʔlsg] polnisch; **leve på ~** in wilder Ehe leben

polster ['pɔlʔsdər] ⟨polst(e)ret; polstre⟩ Polster n

polstre ['pɔlsdrə] polstern; **~t stol** Polsterstuhl m; **~r** [-r] ⟨-⟩ Polsterer m

polytekniker [poly'tɛgniɡər] ⟨-en; -e⟩ Student m an e-r technischen Hochschule; Diplomingenieur m; **Polyteknisk Læreanstalt** (die) Technische Hochschule

polær [po'lɛːʔr] polar, entgegengesetzt

pomfritter [pɔm'fridər] pl Pommes frites pl

Pommern ['pɔmʔərn] GEOGR Pommern n; **det smager ad ~ til** F es schmeckt abscheulich; **gå ad ~ til!** F scher dich zum Teufel!

pommes frites [pɔm'frid] pl → **pomfritter**

pomp [pɔmʔb] ⟨-en⟩ Pomp m

pond [pɔnʔd] ⟨-et; -⟩ Pond n; **~us** ['pɔndus] ⟨-(s)en⟩ Würde f, Gewicht(igkeit) n(f)

pony ['pɔni] ⟨-en; -er⟩ Pony n

pop [pɔb] ⟨-pen⟩ Pop m/f; **~corn**, **~korn** [-koʔn] su Popcorn n; Puffmais m; **~musik** [-mu'sig] Popmusik f

poppedreng ['pɔbədrɛŋʔ] F Papagei m

poppel ['pɔbəl] ⟨pop(pe)len; popler⟩ Pappel f; **~træ** [-trɛ:ʔ] Pappel(holz) f(n)

pop|pet ['pɔbəð] poppig; **~sanger** [-saŋər] Popsänger m

populari|sere [populari'seːʔrə] popularisieren; **~tet** [-'te:ʔd] ⟨-en⟩ Popularität f

populær [popu'lɛːʔr] populär, volkstümlich; beliebt; **~videnskabelig** [-viːðən'sga:ʔbəli] populärwissenschaftlich

porcelæn [pɔrsə'lɛːʔn] ⟨-et; -er⟩ Porzellan n; **~et** F das Geschirr

pore ['po:rə] ⟨-n; -r⟩ Pore f; **~t** porig

porno|blad ['pɔrnoblað] n Pornoheft n; **~grafi** [pɔrnogra'fi:ʔ] ⟨-en⟩ Pornografie f; **~grafisk** [-'gra:ʔfisg] pornografisch

porre ['pɔːrə] ⟨-n; -r⟩ Porree m

port [poːʔrd] ⟨-en; -e⟩ Tor n; Pforte f; Toreinfahrt f; **sætte på ~en** fig hinauswerfen, an die Luft setzen

porte|følje [pɔrdə'føljə] ⟨-n; -r⟩ Portefeuille n; **~monnæe** [-mo'nɛ] ⟨-en; -er⟩ Portemonnaie n

portier [pɔr'tje] ⟨-en; -er⟩ Portier m; **~e** [-tjeːrə] ⟨-n; -r⟩ Türvorhang m

portion [pɔr'sjoːʔn] ⟨-en; -er⟩ Portion f; **to ~er is!** zweimal Eis!

portionsanretning [pɔr'sjoːʔnsanrednen] i **~** portionsweise angerichtet

portner ['pɔrdnər] ⟨-en; -er⟩ Pförtner m

porto ['pɔrto] ⟨-en⟩ Post: Porto n; **~fri** [-fri:ʔ] portofrei, gebührenfrei

portræt [pɔr'trɛd] ⟨-et; -ter⟩ Porträt n; Bildnis n; **~galleri** [-galə'ri:ʔ] Bildergalerie f; **~tere** [-trɛ'te:ʔrə] porträtieren

portugis|er [pɔrtu'giːʔsər] ⟨-en; -e⟩ Portugiese m, Portugiesin f; **~isk** [-'giːʔsisg] portugiesisch

portvin ['pɔrdviʔn] Portwein m

portør [pɔrtøːʔr] ⟨-en; -er⟩ Krankenträger m; BAHN untere(r) Eisenbahnbeamte(r) m

porøs [po'rœːʔs] porös

pose¹ ['po:sə] ⟨-n; -r⟩ Tüte f, Beutel m; Pose f (Attitüde); **have rent mel i ~n** F ein reines Gewissen haben; **tale lige ud af ~n** frisch von der Leber weg sprechen

pose² ['po:sə] bauschen, beuteln; **~t** bauschig, blusig, ausgebeult

pose|dame ['po:sədaːmə] Obdachlose f (mit vielen Tüten); **~fuld** [-fulʔ] ⟨-en; -e⟩ e-e Tüte voll; **~kigger**, **~kikker** [-kigər] F Schnüffler m (Neugieriger)

posere [po'se:ʔrə] posieren

P

poset ['po:səð] → *pose²*

position [posi'sjo:?n] ⟨-en; -er⟩ Position *f*, Stellung *f*

positionslys [posi'sjo:?nsly:?s] AUTO Parklicht *n*, Standlicht *n*

positiv¹ ['po:siti:?v] ⟨-en; -er⟩ GRAM Positiv *m*, Grundstufe *f*

positiv² ['po:siti:?v] ⟨-et; -er⟩ FOT Positiv *n*

positiv³ ['po:siti:?v] positiv

post¹ [pɔsd] ⟨-en; -e⟩ Pumpe *f*

post² [pɔsd] ⟨-en⟩ Post® *f*; F Briefträger *m*

post³ [pɔsd] ⟨-en; -er⟩ MIL Posten *m* (a ØKON); Stellung *f*; **stå på ~** Posten stehen; **være på sin ~** *fig* auf der Hut sein

postal [po'sda:?l] postalisch, postamtlich

post|anvisning ['pɔsdanvi:?sneŋ] Postanweisung *f*; **~besørge** [-besœr?wə] mit der Post abschicken; **~boks** [-bɔgs] Post(schließ)fach *n* (*Abk.* PF); **~bud** [-buð] Postbote *m*, Briefträger *m*

postdatere ['pɔ:?sdda'te:?ʀə] → *fremdatere*

postdistrikt ['pɔsddi'sdʀegd] Zustellbezirk *m*

poste ['pɔsdə] pumpen; **~ et brev** e-n Brief in den (Brief)Kasten werfen

postej [po'sdɑi:?] ⟨-en; -er⟩ Pastete *f*

postekspedient ['pɔsdegsbe'djen?d] Schalterbeamte(r) *m*

postelin [pɔsdə'li:?n] ⟨-et⟩ *scherzh* → *porcelæn*

poste restante ['pɔsd(ə)ʀe'sdɑŋd(ə)] postlagernd; **poste restante-brev** postlagernde(r) Brief *m*

postering [pɔ'sde:?ʀeŋ] ⟨-en; -er⟩ ØKON Buchung *f*

postevand ['pɔsdəvan?d] Leitungswasser *n*; *scherzh* Gänsewein *m*

post|frisk ['pɔsdfʀesg] Briefmarke: postfrisch; **~gang** [-gaŋ?] Briefverkehr *m*, Postbetrieb *m*

postgirokontor ['pɔsdgji:rokɔn'to:?ʀ] Postgiroamt *n*

posthus ['pɔsdhu:?s] Postamt *n*

postkasse ['pɔsdkasə] Briefkasten *m*; **~rød** [-ʀøð?] knallrot

post|kontor ['pɔsdkɔnto:?ʀ] Postamt *n*; **~kort** [-kɔʀd] Ansichtskarte *f*; **~nummer** [-nom?əʀ] Postleitzahl *f*

postordre ['pɔsdɔ:?ʀdʀə]: **bestille ngt. pr. ~** *etw* durch den Versandhandel bestellen; **~firma** [-fiʀma] *n*, **~forretning** [-fɔ'ʀednɛŋ] Versandhaus *n*; **~salg** [-sal?] *n* Versandhandel *m*

post|pakke ['pɔsdpaqə] Postpaket *n*; **~lakst** [-tagsd] Postgebühr *f*; **~væsen** [-vε:?søn] *n* Post® *f*

postyr [po'sdy:?ʀ] ⟨-et⟩ Lärm *m*, Wirbel *m*; F Hallo *m*

pot [pɔd] ⟨-ten; -ter⟩ *veralt* Maß: etwa 1 Liter *m*, *n*; **de er ~ og pande** sie gehen durch dick und dünn miteinander

potageske [po'ta:sjəsge:?] Suppenlöffel *m*, Schöpfkelle *f*

pote ['po:də] ⟨-n; -r⟩ Pfote *f* (a F), Tatze *f*; **give ~** Pfötchen geben; *fig* F sich auszahlen

potens [po'tɛn?s] ⟨-en; -er⟩ Potenz *f*; **2³ (to i tredje ~)** zwei hoch drei; **~ere** [-tɛn'se:?ʀə] potenzieren, steigern

potte¹ ['pɔdə] ⟨-n; -r⟩ Topf *m*; **så er den ~ ude** F damit ist die Sache erledigt

potte² ['pɔdə]: **~ om** *Pflanze* umtopfen

pottemager ['pɔdəmɑ:?əʀ] ⟨-en; -e⟩ Töpfer *m*; **~varer** [-vɑ:ʀəʀ] *pl* Töpferwaren *f*/*pl*

potte|plante ['pɔdəplɑndə] Topfblume *f*; **~skår** [-sgɔ:?ʀ] Tonscherbe *f*

poussere [pu'se:?ʀə]: **~ én frem** *j-n* (be)fördern, protegieren

p-pille ['pe:?pelə] Antibabypille *f*; → *præventivpille*

pr. [PEʀ] (= *per*) per, pro; **~ dag** pro Tag; **~ bane** per Bahn

PR, pr ['pe:?'ɛʀ] ⟨-en⟩ PR (*Public Relations*)

pragt [pʀagd] ⟨-en⟩ Pracht *f*, Prunk *m*, Staat *m*; **~eksemplar** ['-egsem'plɑ:?ʀ] Prachtexemplar *n* (a *fig*); **~fuld** [-'ful?] prachtvoll, prächtig

praj [pʀɑi?] ⟨-et; -.⟩: **give én et ~** F *j-m* e-n Wink geben

praje ['pʀɑiə] NAUT anrufen; *Taxi* anhalten; **~hold** [-hɔl?] ⟨-et⟩ Rufweite *f* (*på* in)

prakke ['pʀaqə]: **~ én ngt. på** *j-m* *etw* aufschwatzen, andrehen

praksis ['pʀagsis] ⟨-(s)en; -(s)er *od* -⟩ Praxis *f*

praktik [pʀag'tig] ⟨-ken; -ker⟩ Praktik *f*; Praktikum *n*; **være i ~** ein Praktikum absolvieren; **~abel** [-'ti:ka:?bəl] machbar; **~ant** [-'ti'kan?d] ⟨-en; -er⟩ Praktikant *m*

praktisabel [pʀagti'sa:?bəl] machbar

praktisere [pʀagti'se:?ʀə] praktizieren; **~nde læge** praktische(r) Arzt *m*

praktisk ['pʀagtisg] praktisch; handlich; bequem; **~ taget, ~ talt** F praktisch, sozusagen

pral [pʀɑ:?l] ⟨-et⟩ Prahlerei *f*; F Aufschneiderei *f*, Angabe *f*

prale ['pʀɑ:lə] prahlen, protzen, F angeben; **~nde** [-nə] prahlerisch, **~ri** [-'ʀi:?] ⟨-et; -er⟩ → *pral*

pral|hals ['prɑːlhalˀs], **~hans** [-hanˀs] ⟨-en; -e od -er⟩ Prahlhans m, F Großmaul n, Angeber m

pram [prɑmˀ] ⟨-men; -me⟩ NAUT Prahm m, (Last)Kahn m

prange ['prɑŋə] prangen; ÖKON handeln; **~nde** adj prunkvoll, protzig; **~r** [-ʀ] ⟨-en; -e⟩ Händler m

prat [prɑːˀd] ⟨-en od -et⟩ F Schwatz m

prekær [pʀεˈkεːˀʀ] prekär, heikel

prelle ['pʀεlə]: **~ af** abprallen

premiere [pʀεmˈjeːʀə] ⟨-n; -r⟩ THEA Premiere f, Uraufführung f

premierløjtnant [pʀεmˈjeˈlɔjdnanˀd] MIL Oberleutnant m

pren [pʀεːˀn] ⟨-en; -e⟩ Pfriem m

prent [pʀεnˀd]: **på ~** gedruckt; **~e** ['pʀεndə] sorgfältig schreiben; **~ sig i bevidstheden** fig sich (D) tief einprägen

pres [pʀεs] ⟨-set; -⟩ Druck m; fig Anspannung f, (seelischer) Druck m

presenning [pʀεˈsenεŋ] ⟨-en; -er⟩ Persenning f, Plane f

present [pʀεˈsaŋ] ⟨-en; -er⟩ Geschenk n, Präsent n

presse¹ ['pʀεsə] ⟨-n; -r⟩ TYP Presse f (a fig); **den kulørte ~** (die) Sensationspresse f

presse² ['pʀεsə] pressen, drücken; Zitrone auspressen; Anzug bügeln; **~ én** j-n nötigen, j-n bedrängen; **~ på** drängen; pressieren, eilig sein; **~t glas** Pressglas n

presse|bureau [ˈpʀεsəbyˈʀo] Presseagentur f; **~fold** [-fʌlˀ] Bügelfalte f; **~fotograf** [-fotoˈɡʀɑːˀf] Pressefotograf m, Bildberichterstatter m; **~konference** [-kɔnfəˈʀaŋsə] Pressekonferenz f; **~kort** [-kɔːd] Presseausweis m; **~møde** [-møːðə] → **pressekonference**

presserende [pʀεˈseːˀʀənə] dringend, eilig

pression [pʀεˈsjoːˀn] ⟨-en; -er⟩ fig Druck m

pressions|gruppe [pʀεˈsjoːˀnsɡʀubə] Pressuregroup f; **~middel** [-miðˀəl] fig Druckmittel n

prestige [pʀεˈsdiːsjə] ⟨-n⟩ Prestige n; **~tab** [-taːˀb] Prestigeverlust m

prik [pʀεɡ] ⟨-ken; -ker⟩ Punkt m, Pünktchen n; **~ken over i'et** der i-Punkt; fig das Tüpfelchen auf dem i; **på en ~, til punkt og ~ke** haargenau

prikke ['pʀεɡə] punkt(ier)en, tüpfeln; kribbeln, stechen, F pik(s)en; **~ til én** gegen j-n anspielen; **~ én på skulderen** j-m auf die Schulter tippen; **~n** [-n] empfindlich, reizbar; pikiert; **~t** [-ð] gepunktet,

getüpfelt

prikle ['pʀεɡlə]: **~ ud** BOT pikieren

prima ['pʀiːma] prima, hochwertig, erstklassig; **~donnanykker** [-dɔnanøɡəʀ] pl Starallüren pl

primitiv [ˈpʀimitiˀv] primitiv

primo ['pʀiːmo] adv Anfang; **~ maj** Anfang Mai

primula ['pʀiːmula] ⟨-en; -er⟩ Primel f

primus ['pʀiːmus] ⟨-(s)en; -(s)er⟩, **~apparat** [-ɑpɑˈʀɑːˀd] Petroleumkocher m

primus motor [pʀiːmusˈmoːtɔʀ] treibende Person eines Projekts

primær [pʀiˈmεːˀʀ] primär

princip [pʀεnˈsibˀ] ⟨-pet; -per⟩ Prinzip n (af aus), Grundsatz m; **i ~pet** im Prinzip

principal [pʀεnsiˈpaːˀl] ⟨-en; -er⟩ Chef m

princip|debat [pʀεnˈsibdeˈbad] Grundsatzdiskussion f; **~fast** [-fasd] prinzipienfest; **~iel** [-siˈpjelˀ] prinzipiell, grundsätzlich; **~rytter** [-ʀydɐ] Prinzipienreiter m; **~spørgsmål** [-sbœʀsmɔːˀl] Prinzipienfrage f, Grund(satz)frage f

prins [pʀεnˀs] ⟨-en; -er⟩ Prinz m

prinse ['pʀεnsə]: **~ den** auf der faulen Haut liegen; in Saus und Braus leben

prinsesse [pʀεnˈsεsə] ⟨-n; -r⟩ Prinzessin f

print [pʀεnˀd] n ⟨-et; -⟩ EDV Druck m, Druckversion f; **på ~** ausgedruckt

printer ['pʀεndɐ] ⟨-en; -e⟩ EDV Drucker m

prior ['pʀiːɔʀ] ⟨-en; -er⟩ Kloster: Prior m; **~inde** [pʀiˈɔʀˈenə] ⟨-n; -r⟩ Kloster: Priorin f, Frauenstift: Stiftsvorsteherin f, Oberin f

prioritere [pʀiɔʀiˈteːˀʀə] ÖKON mit Hypotheken belasten; Prioritäten setzen; **højere ~t** vorrangig, mit höherem Stellenwert

prioritet [pʀiɔʀiˈteːˀd] ⟨-en; -er⟩ Priorität f, Vorrecht n; ÖKON Hypothek f

pris¹ [pʀiːˀs] ⟨-en⟩ Preis m; Lob n

pris² [pʀiːˀs] ⟨-en; -er⟩ Preis m (a ÖKON); Tabak: Prise f; **børn halv ~** Kinder (zahlen) die Hälfte; **sætte ~ på ngt.** Wert auf etw (A) legen, etw schätzen; **for enhver ~** um jeden Preis

pris|belønnet ['pʀiːsbeˈlœnˀəð] preisgekrönt; **~billig** [-bili] preiswert

prise ['pʀiːsə] ⟨-r⟩ preisen, rühmen

priselig ['pʀiːsəli] lobenswert, preiswürdig

pris|fald ['pʀiːsfalˀ] Preissturz m; **~give** [-ɡiːˀ(və)] preisgeben; **~ide**, **~idé** [-iˈdeːˀ] Preisvorstellung f; **~kurant** [-kuˈʀɑnˀd] ⟨-en; -er⟩ Preisliste f; Lohntarif m

prismekrone ['prɪsmkroːnə] Kristall-lüster m

prismodtager ['priːsmoðta:'ʔər] Preis-träger m

prismærke[1] ['priːsmɛrgə] Preisschild n

prismærke[2] ['priːsmɛrgə] Ware ausprei-sen

pris|nedsættelse ['priːsneðsɛdəlsə] Preissenkung f, Preisermäßigung f; **~skilt** [-sgel'ʔd] Preisschild n; **~stigning** [-sdi:neŋ] Preissteigerung f, Preiserhö-hung f; **~tager** [-ta:ʔər] ⟨en; -e⟩ Preisträ-ger m; **~tal** [-tal] Preisindex m; **~tillæg** [-tele:'ʔg] Preisaufschlag m; **~værdig** ['vɛr'ʔdi] lobenswert, rühmlich

privat [pri'va:'ʔd] privat

privateje [pri'va:'ʔdaiə] Privatbesitz m; **~t** [-ð] im Privatbesitz

privatindkvartering [pri'va:'ʔdenkvarte:'ʔreŋ] Privatunterkunft f

privatliv [pri'va:'ʔdli:'ʔv] n Privatleben n

privatret [pri'va:'ʔdrɛd] Privatrecht n; **~(s)lig** [-(s)li] privatrechtlich

privat|sag [pri'va:'ʔdsa:ʔ] Privatsache f, Privatangelegenheit f; **~sekretær** [-sekre'tɛ:'ʔr] Privatsekretär(in) m(f)

privileg|ere [privile'ge:'ʔrə] privilegie-ren; **~ium** [-'le:'ʔgiom] ⟨privilegiet; privilegier⟩ Privileg n

pro [pro:'ʔ] pro, für

probat [pro'ba:'ʔd] probat, erprobt, be-währt

probere [pro'be:'ʔrə] scherzh probieren, versuchen

problem [pro'ble:'ʔm] ⟨et; -er⟩ Problem n

problemati|k [problema'tig] ⟨-ken; -ker⟩ Problematik f; **~sk** [-'ma:'ʔtisg] proble-matisch, zweifelhaft, fraglich

problem|barn [pro'ble:'ʔmba:'ʔrn] Prob-lemkind n; **~fri** [-fri:'ʔ] ohne Probleme; **~fyldt** [-fyl'ʔd] voller Probleme; **~løs** [-lø:'ʔs] problemlos

proced|ere [prose'de:'ʔrə] prozessieren; **~ure** [-'dy:rə] ⟨-n; -r⟩ Prozedur f; (Rechts)Verfahren n

procent [pro'sɛn'ʔd] ⟨-en; -er⟩ (Abk. pct.) Prozent m; Quote f, Prozentsatz m; ti ~ zehn Prozent; **~del** [-de:'ʔl] Prozentsatz m; **~isk** [-'sɛn'ʔtisg] prozentual; **~uel** [-sɛntu'ɛl'ʔ], **~vis** [-vi:'ʔs] prozentual

proces [pro'sɛs] ⟨-sen; -ser⟩ Prozess m (a CHEM, JUR); Vorgang m; JUR fri ~ Armen-recht n, Prozesskostenbefreiung f; gøre kort ~ med én fig F mit j-m kurzen Pro-zess machen; **~omkostninger** [-ɔmkɔsd-nen'ʔər] pl JUR Prozesskosten pl; **~sion** [-sɛ'sjo:'ʔn] ⟨-en; -er⟩ Prozession f, Um-

zug m; Aufzug m

produce|nt [produ'sɛn'ʔd] ⟨-en; -er⟩ Pro-duzent m, Erzeuger m, Hersteller m; **~r** [-'dju:sər] ⟨-en; -e⟩ Film, TV: Aufnahme-leiter m; **~re** [-'se:'ʔrə] produzieren, er-zeugen, herstellen

produkt [pro'dogd] ⟨-et; -er⟩ Produkt n, Erzeugnis m; **~handler** [-hanlər] ⟨-en; -e⟩ Altwarenhändler m

produktion [produg'sjo:'ʔn] ⟨-en; -er⟩ Produktion f, Erzeugung f, Herstellung f; **~sskole** [-s'sgo:lə] Schule mit prakti-schen, herstellungsorientierten Fächern

produktiv ['produgti:'ʔv] produktiv, schöpferisch; **~itet** [-tivi'te:'ʔd] ⟨-en; -er⟩ Produktivität f

produktudvikling [pro'dogdudvegleŋ] Produktentwicklung f, Innovation f

prof [prɔf] ⟨-en; -fer⟩ F Profi m

profession [profe'sjo:'ʔn] ⟨-en; -er⟩ Pro-fession f, Beruf m, Gewerbe n; **~al** [pra'fɛsjənəl] ⟨-en; -e⟩ Berufssportler m, Professional m, F Profi m

professionel [pro'fɛsjonɛl'ʔ] professio-nell; berufsmäßig; **~ bokser** Berufsboxer m

professor [pro'fɛsɔr] ⟨-en; -er⟩ Professo-r(in) m(f) (i medicin der Medizin); **~at** [-fɛso'ra:'ʔd] ⟨-et-, -er⟩ Professur f, Lehr-stuhl m

profet [pro'fe:'ʔd] ⟨-en; -er⟩ Prophet m; **~ere** [-fe'te:'ʔrə] prophezeien, weissa-gen; **~i** [-fe'ti:'ʔ] ⟨-en; -s⟩ Prophezeiung f; **~isk** [-'fe:'ʔtisg] prophetisch

profil[1] [pro'fi:'ʔl] ⟨-en; -er⟩ Profil n; holde lav ~ F Zurückhaltung üben

profil[2] [pro'fi:'ʔl] ⟨-en; -er⟩ TECH Profil n

profit [pro'fid] ⟨-ten; -ter⟩ Profit m; Ge-winn m; **~abel** [-fi'ta:'ʔbəl] profitabel, ge-winnbringend; **~begær** [-be'ge:'ʔr] Pro-fitgier f; **~ere** [-fi'te:'ʔrə] profitieren, Profit ziehen; **~mager** [-ma:'ʔər] ⟨-en; -e⟩ Profitmacher m

proforma [pro'fɔrma] pro forma; **~ægte-skab** [-egda:ʔəg'ʔb] Scheinehe f

program [pro'gram'ʔ] ⟨-met; -mer⟩ Pro-gramm n (a EDV); **~leder** [-le:dər] Mode-rator(in) m(f)

programmer|bar [progrɑ:me'ʔrba:'ʔr] programmierbar; **~e** [-'me:'ʔrə] pro-grammieren

program|mæssig [pro'gram'ʔmesi] programmäßig; programmgemäß; **~mør** [-grɑ'mø:'ʔr] ⟨-en; -er⟩ Programmierer m; **~oversigt** [-'ɔ:vəsogd] Programmvor-schau f; **~vært** [-vɛrd] Moderator(in) m(f)

projekt [pro'sjɛgd] ⟨-et; -er⟩ Projekt n, Plan m, Entwurf m; **~ere** [-sjɛg'te:ˀrə] projektieren, planen, entwerfen; **~ering** [-sjɛg'te:ˀreŋ] ⟨-en; -er⟩ Planung f; **~il** [prosjɛg'tiːˀl] n ⟨-et; -er⟩ Geschoss n; **~ion** [-jɛg'sjoːˀn] ⟨-en; -er⟩ Projektion f; **~ionsapparat** [-jɛg'sjoːˀnsapa-'raːˀd] ⟨-et; -er⟩ Projektionsapparat m, Projektor m; **~ør** [-sjɛg-'tøːˀr] ⟨-en; -e⟩ Scheinwerfer m

projicere [proji'se:ˀrə] projizieren; *fig* übertragen; **~klamere** [-kla'me:ˀrə] proklamieren

prokura [pro'kuːra] ⟨-en; -er⟩ ØKON Prokura f; **~ator** [-ku'raːtɔr] ⟨-en; -er⟩ F Winkeladvokat m; **~ist** [-ku'risd] ⟨-en; -er⟩ Prokurist m

proletar [prole'taːˀr] ⟨-en; -er⟩ HIST Proletarier m; F *(herabsetzend)* Prolet m; **~iat** [-tari'aːˀd] ⟨-et; -er⟩ Proletariat n; **~isk** [-isg] proletarisch

promenade [prome'naːðə] ⟨-n; -r⟩ Promenade f; **~vogn** [-vɔwˀn] *Kinderwagen:* Sportwagen m

promille [pro'milə] ⟨-n; -r⟩ Promille n; **~kørsel** [-kœrˀsəl] Trunkenheit f am Steuer

prompte ['prɔmbdə] prompt

pronomen [pro'noːmən] ⟨-et.; -er od *pro-nominer*⟩ GRAM Pronomen n, Fürwort n

prop [prɔb] ⟨-pen; -per⟩ Pfropfen m, Stöpsel m, Korken m; Verschluss m; EL Sicherung f; MED Thrombose f; *hun er en lille ~* F sie ist ein (kleiner) Pummel, Pummelchen n; *jeg får en ~!* F *fig* mich trifft der Schlag!

propel [pro'pɛlˀ] ⟨-len; -ler⟩ → *propeller*; **~dreven** [-drɛːvən], **~drevet** [-drɛːvəð] mit Propellerantrieb; **~ler** [-ər] ⟨-en; -e⟩ FLUG, NAUT Propeller m

proper [pro'ˀbər] sauber, ordentlich; **~hed** [-he:ˀð] f Sauberkeit f

pro persona [pro pɛr'soːna] pro Person

propfuld ['prɔbˀfulˀ] vollgepfropft, proppenvoll, brechend voll; **~mæt** ['-'mɛd] F knüppeldicke satt

proppe ['prɔbə] pfropfen, stopfen; **~ fuld** vollstopfen; **~ til** verkorken, zukorken; **~ sig** sich vollstopfen

proprietær [propriə'tɛːˀr] ⟨-en; -e⟩ Großbauer m; **~ejendom** [-aiˀəndɔmˀ], **~gård** [-gɔːˀr] Landgut n

proptrækker ['prɔbtrɛgər] ⟨-en; -e⟩ Korkenzieher m

prosa ['proːsa] ⟨-en⟩ Prosa f; **~isk** [pro-'saːisg] prosaisch; alltäglich

prosit ['proːsid] ⟨-!⟩ Gesundheit!

prospekt [pro'sbɛgd] ⟨-et; -er⟩ Prospekt m; Werbeschrift f; **~kort** [-kɔrd] Ansichtskarte f

prostituere [prosditu'e:ˀrə] prostituieren (*sig* sich); **~t** Prostituierte f

protegere [prote'sje:ˀrə] protegieren

protektorat [protegto'raːˀd] ⟨-et; -er⟩ Protektorat n, Schirmherrschaft f

protese [pro'te:sə] ⟨-n; -r⟩ Prothese f; Zahnersatz m

protest [pro'tɛsd] ⟨-en; -er⟩ Protest m, Einspruch m; *nedlægge ~* Protest einlegen, Einspruch erheben

protestant [protɛ'sdanˀd] ⟨-en; -er⟩ Protestant m; **~isk** [-'sdanˀtisg] protestantisch, evangelisch

protestere [protɛ'sde:ˀrə] protestieren, Einspruch erheben (*mod*/gegen A)

protokol [proto'kɔlˀ] ⟨-len; -ler⟩ Protokoll n; *Schule:* Klassenbuch n; *føre til ~(s)* zu Protokoll nehmen; **~lat** [-kɔ-'laːˀd] ⟨-et; -er⟩ Protokollnotiz f; **~lere** [-kɔ'le:ˀrə] protokollieren; **~lær** [-kɔ-'lɛːˀr] protokollarisch

provenu [prove'ny] ⟨-et; -er⟩ Erlös m, Ertrag m

proviant [provi'anˀd] ⟨-en; -er⟩ Proviant m, Verpflegung f; **~ere** [-an'te:ˀrə] verproviantieren

provins [pro'venˀs] ⟨-en; -er⟩ Provinz f; **~bo** [-bo:ˀ] ⟨-en; -er⟩, **~boer** [-bo:ˀər] ⟨-en; -e⟩ Provinzler(in) m(f); **~by** [-by:ˀ] Kleinstadt f, Provinzstadt f; **~ialisme** [-vensia'lismə] ⟨-n; -r⟩ Provinzialismus m; **~ianer** [-vensi'aːˀnər] ⟨-en; -e⟩ Provinzler(in) m(f); **~iel** [-ven'sjelˀ] provinziell, F provinzlerisch

provision [provi'sjoːˀn] ⟨-en; -er⟩ Provision f; **~orisk** [-'so:ˀrisg] provisorisch, vorläufig

provokation [provoka'sjoːˀn] ⟨-en; -er⟩ Provokation f; **~ør** [-'tø:ˀr] ⟨-en; -er⟩ Provokateur m

provokere [provo'ke:ˀrə] provozieren

provst [prɒuˀsd] ⟨-en; -er⟩ REL Propst m, Superintendent m; **~i** [prɒu'sdiːˀ] ⟨-et; -er⟩ Propstei f; **~inde** [prɒusd'enə] ⟨-n; -r⟩ Pröpstin f, Frau Superintendent f

pruhest ['pruhɛsd] *Kindersprache:* Hottehü n

prunk [prɒŋˀg] ⟨-en⟩ Prunk m, Pracht f; **~ende** [-'prɒŋgənə] prunkvoll; **~løs** ['prɒŋgløːˀs] prunklos

pruste ['pru:sdə] schnauben, prusten

prut [prud] ⟨-ten; -ter⟩ F Pup(s) m; **~te** ['-ə] F pup(s)en; feilschen, handeln

pryd [pryðˀ] ⟨-en⟩ Zierde f, Schmuck m

pryde ['pry:ðə] zieren, schmücken; **~lse** [-lsə] ⟨-n; -r⟩ Schmuck m, Verzierung f

prydgenstand ['pry:ðgensdan?] Ziergegenstand m, Nippes pl

prydhave ['pry:ðha:və] Ziergarten m

prygl¹ [pry:?l] ⟨-en; -e od -er⟩ Lümmel m

prygl² [pry:?l] pl Prügel pl, F Keile f, Haue f

prygle ['pry:lə] prügeln, F hauen

præcedens [prɛ'se:den?s] ⟨-en od -et; -er⟩ Präzedenzfall m

præcis [prɛ'si:?s] genau, pünktlich; **~ kl. 9** Punkt 9 Uhr; **~ere** [-si'se:?rə] präzisieren; **~ion** [-si'sjo:?n] Präzision f, Genauigkeit f, Pünktlichkeit f

prædikant [prɛdi'kan?d] ⟨-en; -er⟩ Prediger m; **~liste** [-lesdə] Zeitung: Predigerverzeichnis n

prædikat [prɛdi'ka:?d] ⟨-et; -er⟩ Prädikat m; GRAM Prädikat n, Satzaussage f

prædike ['prɛð(i)gə] predigen; **~n** [-n] ⟨-en; -er⟩ Predigt f; **~stol** [-sdo:?l] Kanzel f

præfabrikeret ['prɛ:?fabri'ke:?rəð] vorgefertigt; **~ del** (od element) Fertigteil n; **præfabrikerede meninger** n vorgefasste Meinungen f/pl

præference [prɛfə'raŋs] ⟨-n; -r⟩ Vorrang m, Vorzug m; **~aktie** [-agsjə] ÖKON Vorzugsaktie f; **~stilling** [-sdelen] Vorzugsstellung f; **~told** [-tɔl?] Präferenzzoll m

præfiks [prɛ'fegs] ⟨-et; -er⟩ GRAM Präfix n, Vorsilbe f

præg [prɛ:?(j)] ⟨-et; -⟩ Gepräge n (bsd fig), Prägung f

præge ['prɛ:(j)ə] prägen (a fig)

prægnan|s [prɛ(j)'nan?s] ⟨-en⟩ Prägnanz f; **~t** [-'nan?d] prägnant

prægtig ['prɛgdi] prächtig, prachtvoll

præk [prɛ:?g] ⟨-et⟩ Gewäsch n; **~e** ['prɛ:gə] fig (Moral) predigen; **~en** ['prɛ:gən] ⟨-; præk(e)ner⟩ → **prædiken**

præmie ['prɛ:miə] ⟨-n; -r⟩ Preis m, Prämie f; **~konkurrence** [-kɔŋku'raŋsə] Preisausschreiben n, Wettbewerb m; **~obligation** [-ɔbliga'sjo:?n] staatl. Prämienschuldverschreibung f

præmiere [prɛmi'e:?rə] präm(i)ieren, auszeichnen; **~t** preisgekrönt

præmie|tager ['prɛ:miəta:(j)ər] ⟨-en; -e⟩ Preisträger m; **~uddeling** [-uððe:?leŋ] Preisverteilung f, Preisverleihung f

præmisser [prɛ'misər] f pl JUR Entscheidungsgründe m/pl; Voraussetzungen f/pl

præparere [prɛpa'ʁe:?rə] präparieren, vorbereiten

præposition [prɛposi'sjo:?n] ⟨-en; -er⟩ GRAM Präposition f, Verhältniswort n

prærie ['prɛ:?riə] ⟨-n; -r⟩ Prärie f; **~vogn** [-vɔw?n] Planwagen m

præsens¹ ['prɛ:?sens] ⟨en od et⟩ GRAM Präsens n, Gegenwart f

præsens² [prɛ'sɛn?s] ⟨-en⟩ Anwesenheit f

præsent [prɛ'sɛn?d] präsent; **~abel** [-sɛn'ta:?bəl] präsentabel, vorzeigbar, ansehnlich; **~ation** [-sɛnta'sjo:?n] ⟨-en; -er⟩ Präsentation f, Vorstellung f

præsenterbakke [prɛsɛn'te:?rbaɡə]: **sidde på en ~** fig F wie auf dem Präsentierteller sitzen

præservativ [prɛsɛrvati'?v] ⟨-et; -er⟩ Präservativ n, Kondom n; **~ere** [-sɛr've:?rə] konservieren

præsident [prɛsi'dɛn?d] ⟨-en; -er⟩ Präsident m, Vorsitzende(r) m; **~valg** [-val?(j)] Präsidentschaftswahl f

præsid|ere [prɛsi'de:?rə]: **~** (ved et møde) (bei e-r Versammlung) den Vorsitz führen (od präsidieren); **~ium** [-'si:?-diɔm] ⟨præsidiet; præsidier⟩ Präsidium n, Vorstand m; Vorsitz m

præst [prɛsd] ⟨-en; -er⟩ Pfarrer m, Pastor m, KATH Priester m; **kvindelig ~** Pastorin f, Pfarrerin f; **gå til ~(en)** den Konfirmandenunterricht besuchen

præstation [prɛsda'sjo:?n] ⟨-en; -er⟩ Leistung f

præste|ed ['prɛsdae:?ð] Pastoraleid m, Ordinationsgelübde n; **~embede** [-ɛmbe:ðə] Pfarramt n, Priesteramt n; **~frue** [-fru:ə] → **præstekone**; **~gård** [-gɔ:?ʁ] Pfarrhaus n, Pfarrhof m, Pastorat n; **~kjole** [-kjo:lə] Talar m; **~kone** [-ko:nə] Pfarrfrau f, Pastorenfrau f; **~krave** [-kʁa:və] Halskrause f (Mühlsteinkragen), Beffchen n; **~lig** [-li] geistlich, priesterlich

præstere [prɛ'sde:?rə] leisten, schaffen

præste|skab ['prɛsdəsɡa:?b] ⟨-et; -er⟩ Geistlichkeit f; **~vi(e)** [-vi:?(ə)] PROT ordinieren; KATH weihen; **~vielse** [-vi:?əlsə] Ordination f; Priesterweihe f

præstinde [prɛsd'enə] ⟨-n; -r⟩ Priesterin f

præteritum [prɛ'te:?ritɔm] ⟨-(m)en od ⟨-(m)et; -(m)er⟩ GRAM Präteritum n

prævention [prɛven'sjo:?n] ⟨-en; -er⟩ Prävention f, Vorbeugung f, Verhütung f; MED Empfängnisverhütung f

præventiv [prɛventi:?v] präventiv

præventivpille [prɛventi:?vpelə] → **p-pille**

Prøjsen ['prɔĭ'sən] Preußen *n*

prøjser ['prɔĭ'sər] ⟨en; -e⟩ Preuße *m*, Preußin *f*

prøjsisk ['prɔĭ'sisg] preußisch

prøve¹ ['prøːvə] ⟨n; -r⟩ Probe *f*; Versuch *m*; Anprobe *f*; Prüfung *f*; ØKON Muster *n*; **på ~** zur Probe, probehalber; **holde ~** (**på**) THEA proben

prøve² ['prøːvə] proben, versuchen, probieren; untersuchen, prüfen; *Kleidung* anprobieren; **~t** erprobt, bewährt; *fig* geprüft

prøve|ballon ['prøːvəbaˈlɔŋ] Versuchsballon *m* (*a fig*); **~billede** [-beləðə] TV Testbild *n*; **~boring** [-boːreŋ] Probebohrung *f*; **~flyvning** [-flyːvneŋ] FLUG Testflug *m*; **~hus** [-huːˀs] Musterhaus *n*; **~klud** [-kluðˀ] F Versuchskaninchen *n*; **~kuffert** [-kofˀərd] ØKON Musterkoffer *m*; **~køre** [-køːˀrə] Probe fahren; *fig* testen, Probe laufen (lassen)

prøve|korsel ['prøːˀvəkœrˀsəl] Probefahrt *f*; *fig* Probelauf *m*; **~lse** [-lsə] ⟨n; -r⟩ Prüfung *f* (*a fig*); Zumutung *f*; **~løsladelse** [-løslaˀˀløslsə] Entlassung *f* auf Bewährung; **~rum** [-romˀ] Anprobekabine *f*; **~sprængning** [-sbrεŋneŋ]: **atomar ~** Atomtest *m*; **~tid** [-tiðˀ] Probezeit *f*, JUR Bewährung(sfrist) *f*; **~tidsværge** [-tiðsvεrɔ] JUR Bewährungshelfer *m*; **~tur** [-tuːˀr] Probefahrt *f*; **~valg** [-valˀ(j)] Testwahl *f*

prøvning ['prøːvneŋ] ⟨en; -er⟩ Anprobe *f*

prås [prɔːˀs] ⟨en; -e⟩ *lit* Talglicht *n*; *fig* Kauz *m*, Kerl *m*; → **vigtigprås**; **der er gået en ~ op for mig** *fig* F mir ist ein Licht aufgegangen

PS, p. s. ['peːˀˀεs] *Abk. für* **postscriptum**

p-skive ['peːˀskiːvə] (= **parkeringsskive**) AUTO Parkscheibe *f*

psyke ['syʃə] ⟨n; -r⟩ Psyche *f*

psykiat|er [syki'aːˀdər] ⟨en; -e⟩ Psychiater *m*; **~ri** [-a'triːˀ] ⟨en; -er⟩ Psychiatrie *f*; **~risk** [-a'ˀtrisg] psychiatrisch

psykisk ['sykisg] psychisch

psykoanalyse ['sykoanaˀlyːsə] Psychoanalyse *f*

psykolog [syko'loːˀ(w)] ⟨en; -er⟩ Psychologe *m*; **~i** [-lo'giːˀ] ⟨en; -er⟩ Psychologie *f*; **~isk** [-'loːˀisg] psychologisch

psykopat [syko'paːˀd] ⟨en; -er⟩ Psychopath *m*

psykose [sy'koːsə] ⟨n; -r⟩ Psychose *f*

psykoterap|eut ['sykoterɑˀpœuˀd] Psychotherapeut *m*; **~i** [-'piːˀ] Psychotherapie *f*

psykotisk [sy'koːˀtisg] psychotisch

p. t. ['peːˀˀteːˀ] (= **pro tempore**) zurzeit (*Abk. zz., zzt.*)

pubertet [pubɛrˀteːˀd] ⟨en⟩ Pubertät *f*

pubeshår ['puːbəshɔːˀr] *pl* Schamhaare *n/pl*

public|ere [publiˀseːˀrə] publizieren, veröffentlichen; **~ist** [-'sisd] ⟨en; -er⟩ Publizist *m*

publikum ['publikom] ⟨-(m)et; -(m)er⟩ Publikum *n*; **~mer** ['-komˀər] ⟨en; -e⟩ *scherzh* Zuschauer *m*, Zuhörer *m*

puddel ['puðˀəl] ⟨*pud(de)len*; *pudler*⟩ **~hund** [-hunˀ] zo Pudel *m*

pudder ['puðˀər] ⟨-et; -e⟩ Puder *m*, *n*; **~dåse** [-dɔːsə] Puderdose *f*; **~sukker** [-sogˀər] Farin(zucker) *m*

pude ['puːðə] ⟨-n; -r⟩ Kissen *n*; **~betræk** [-be'trεg] Kissenhülle *f*, Kissenbezug *m*; **~vår** [-vɔːˀr] Kissenbezug *n*

pudre ['puðrə] pudern (*sig* sich)

puds¹ [pus]: **være i stiveste ~** in vollem Staat sein, herausgeputzt sein

puds² [pus] ⟨-en *od* -et⟩ ARCH Putz *m*, Verputz *m*

puds³ [pus] ⟨-et; -⟩ Streich *m*; **spille én et ~** *j-m* e-n Streich spielen

pudse ['pusə] putzen; ARCH abputzen, verputzen; anführen, narren; **~ hunden på én** den Hund auf *j-n* hetzen; **~creme** [-krεˀˀm] Schuhputzmittel *n*; (Silber-, Messing)Putzmittel *n*; **~klud** [-kluðˀ] Poliertuch *n*; Putzlappen *m*; **~krem** [-krεˀˀm] → **pudsecreme**

pudsig ['pusi] putzig, drollig

puf¹ [pof] ⟨-fen; -fer⟩ Möbel: Puff *m*; *Kleid:* Puffe *f*

puf² [pof] ⟨-fet; -⟩ Puff *m*, Stoß *m*

puffe ['pofə] puffen, stoßen; **~r** [-r] ⟨en; -e⟩ BAHN Puffer *m*

puge ['puːɔ]: **~ penge sammen** Geld raffen; **~r** [-r] ⟨en; -e⟩ Geizhals *m*

pukke ['pogə]: **~ på ngt.** auf *etw* pochen

pukkel ['pogəl] ⟨*puk(ke)len*; *pukler*⟩ Buckel *m*; Höcker *m*; **~rygget** [-rœgəð] buck(e)lig

pukle ['poglə] schuften; **~t** buck(e)lig; höckerig

puld [pulˀ] ⟨-en; -e⟩ Hutkopf *m*

pule ['puːlə] V bumsen, vögeln

pulje ['puljə] ⟨n; -r⟩ *Spiel:* Einsatz *m*; *Gewinn:* Jackpot *m*

pullover [pul'œuˀvər] ⟨en; -e⟩ Pullover *m*

puls [pulˀs] ⟨-en; -e⟩ Puls *m*; **føle éns ~** *j-m* den Puls fühlen; **~e** ['pulsə] *Blut:* pulsieren; *Raucher:* qualmen; **~ere** [pul'seːˀrə] *fig* pulsieren; **~nde liv** pulsierende(s) Leben n; **~slag** ['-sla:?] Pulsschlag m; **~åre** ['-ɔ:rə] Pulsader f

pult [pul?d] ⟨-et; -er⟩ Pult n; Schulbank f

pulterkammer ['puldəkɑm?ər] Rumpelkammer f

pulver ['pol?vər] ⟨-et; -e⟩ Pulver n; **give én et ordentligt** ~ f j-m gehörig die Meinung sagen, fig j-m den Kopf waschen

pulver|heks ['pol?vərhɛgs] F alte Hexe f; **~isere** [polvəri'se:?rə] pulverisieren

pumpe¹ ['pombə] ⟨-n; -r⟩ Pumpe f; Luftpumpe f; **køre på ~rne** fig F sich mühsam über Wasser halten, auf dem letzten Loch pfeifen

pumpe² ['pombə] pumpen; F aushorchen; ~ **op** aufpumpen

pumpestok ['pombəsdɔg]: **fanden og hans** ~ F was weiß ich alles

punch [pon?sj] ⟨-en; -e od -er⟩ Punsch m; Bowle f

punche|bolle ['ponsjəbɔlə] Gefäß: Bowle f; **~sold** [-sɔl?] Punschgelage n

pund [pun?] ⟨-et; -⟩ Pfund n

pundevis ['punəvi:?s]: (i) ~ pfundweise

pung [poŋ?] ⟨-en; -e⟩ Beutel m; Portemonnaie n, Geldbörse f; ANAT Hodensack m; **~dyr** ['poŋdy:?r] Beuteltier n

punge ['poŋə]: **måtte ~ ud med et større beløb** F e-n größeren Geldbetrag blechen (od berappen od locker machen) müssen

punk¹ [poŋg] ⟨-en⟩ MUS Punk m

punk² [poŋg] ⟨-en; -er⟩, **punker** ['poŋgər] ⟨-en; -e⟩ Punk(er) m

punkt [poŋ?d] ⟨-et; -er⟩ Punkt m; **på dette** ~ in diesem Punkt; **til** ~ **og prikke** voll und ganz, haargenau

punktere [poŋg'te:?rə] v/t punktieren; **cyklen er ~t** das Fahrrad hat e-n platten Reifen (F e-n Platten)

punktering [poŋg'te:?reŋ] ⟨-en; -er⟩ Reifenpanne f; Punktieren n; MED Punktion f

punktlig ['poŋdli] pünktlich

punkt|skrift ['poŋdsgrefd] Punktschrift f (Blindenschrift); **~strejke** [-sdrɑïgə] Schwerpunktstreik m

punktum ['poŋtom] ⟨-(m)er; -(m)er⟩ GRAM Punkt m; fig Schlusspunkt m; **og dermed ~!** und damit Schluss!

pupil [pu'pil?] ⟨-len; -ler⟩ Pupille f

puppe ['pubə] ⟨-n; -r⟩ zo Puppe f

pur¹ [pur] ⟨-ret; -⟩ volle(s) krause(s) Haar n, etwa: Struwwelkopf m

pur² [pu:?r] Gold: pur, rein

pure¹ ['pu:rə] adj lautor, rein, pur, glatt; ~ **løgn** pure Erfindung f, e-e glatte Lüge

pure² ['pu:rə] adv glatt(weg), entschieden

puré [py're] ⟨pureen; pureer⟩ Püree n

purere [py're:?rə] pürieren

purk [purg] ⟨-en; -e⟩ Knirps m, Steppke m

purløg ['purlɔï?] ⟨-en; -⟩ Schnittlauch m

purpur ['purpur] ⟨-et⟩ Purpur m; **~rød** [-rœ:?ð] purpurrot

purre ['purə] stochern, herumwühlen; ~ **op i håret** sich in die Haare fahren; ~ **ud** NAUT wecken, purren

purung ['puroŋ?] blutjung

pus¹ [pus] ⟨-et; -⟩: **(lille)** ~ Kind: Würmchen n, Pusselchen n

pus² [pus] ⟨-set⟩ MED Eiter m

pusher ['pusjər] ⟨-en; -e⟩ Dealer m

pusle ['puslə] Kind wickeln; ~ **med ngt.** sich mit etw beschäftigen, an etw (D) basteln/werkeln; ~ **om én** j-n umsorgen od umgeben; **det** ~ **r** es raschelt; es spukt; **~bord** [-bo:?r] Wickeltisch m, Wickelkommode f; **~ri** [-ri:?] ⟨-et; -er⟩ Bastelei f; Spuk m; **~spil** [-sbel] Puzzle n, Geduld(s)spiel n

pusling ['pusleŋ] ⟨-en; -e od -er⟩ kleine(s) Wesen n, Pusselchen n; Zwerg m

pusselanker [pusə'laŋgər] pl F Beinchen n/pl, Füßchen n/pl

pust¹ [pusd] ⟨-en; -⟩ Puste f, Atem m; **tabe ~en** außer Puste kommen; **det tager ~en fra mig** fig es verschlägt mir den Atem, mir bleibt die Luft weg

pust² [pu:?sd] ⟨-et; -⟩ Schnauben n; Hauch m; Lüftchen n

puste ['pu:sdə] pusten, blasen, hauchen; kräftig atmen, schnaufen; verschnaufen; ~ **op** aufblasen; blähen; ~ **sig op** fig sich aufblasen; sich aufplustern (a fig); ~ **til** anfachen; fig schüren; ~ **ud** ausblasen; verschnaufen

pusterum ['pu:sdərom?] (Atem)Pause f

pusterør ['pu:sdərœ:?r] Blasrohr n

putte¹ ['pudə] ⟨-n; -r⟩ Huhn: Putput f

putte² ['pudə] stecken; F tun; Kind zu Bett bringen; ~ **i lommen** einstecken (a fig); ~ **sig** sich kuscheln

py [py:?] ⟨-en; -er⟩, **pyjamas** [py'(d)ja:mas] ⟨-(s)en; -(s)er od -⟩ Pyjama m, Schlafanzug m

pylre ['pylrə]: ~ **om én** j-n umsorgen, umhegen; **~hoved** [-ho:ðə] F Zimperliese f; **~t** [-ð] zimperlich; wehleidig; etepetete; **~vorn** [-vɔ:?rn] verzärtelt, wehleidig

pynt¹ [pøn?d] ⟨-en⟩ Landspitze f

pynt² [pøn?d] Putz m, Schmuck m, Dekoration f

pynte ['pøntə] schmücken, zieren; dekorieren; ~ **på ngt.** etw schmücken; fig *etw* beschönigen, *etw* frisieren; **~dukke** [-dog ə] *fig* Zierpuppe *f*; **~lig** [-li] nett, zierlich

Pyrenæerne [pyrɐ'nɛːʔərnə] *pl* die Pyrenäen *pl*

pyrrhussejr ['pyʀussaiʔʀ] Pyrrhussieg *m* (*Scheinsieg*)

pyt[1] [pyd] ⟨*-ten; -ter*⟩ Pfütze *f*, Lache *f*

pyt[2] [pyd]: **~!** pah!; **~ med det!** ach was!, hat nichts zu sagen!

pædagog [peda'goːˀ] ⟨*-en; -er*⟩ Pädagoge *m*; **~ik** [-go'gig] ⟨*-ken; -ker*⟩ Pädagogik *f*; **~isk** [-isg] pädagogisch

pægl [pɛːˀ(j)l] ⟨*-en; -e*⟩ *veralt* Viertelliter *m*, *n*; **~e** ['pɛjlə] picheln, zechen

pæl [pɛːˀl] ⟨*-en; -e*⟩ Pfahl *m*; **huset står på gloende ~e** *F* im ganzen Haus herrscht Hochbetrieb

pæle|musling ['pɛːləmuslən] Pfahlmuschel *f*; **~stik** [-sdeg] *NAUT* Palstek *m*

pæn [pɛːˀn] nett, hübsch; fein, schön; anständig; **~ i tøjet** nett (*od* gut) angezogen; **det er ~t af dig** das ist nett von dir

pæon [pɛˈoːˀn] ⟨*-en; -er*⟩ Pfingstrose *f*

pære[1] ['pɛ:ʀə] ⟨*-n; -r*⟩ Birne *f* (*a* EL); **være blød på ~n** *F fig* e-e weiche Birne haben; **have en god ~** *F* Köpfchen haben; **~dansk** [-danˀsg] echt (*od* durch und durch) dänisch; **~fuld** [-fulˀ] *F* total besoffen

Pærekøbing ['pɛːʀəkøːˀbeŋ] *F* Krähwinkel (*n*), Hintertupfingen (*n*)

pære|let ['pɛːʀəˀled], **~nem** ['-ˀnɛmˀ] *F* kinderleicht; **~skude** [-sguːðə] *F* Äppelkahn *m*; **~træ** [-tʀɛ:ˀ] Birnbaum *m*; **~vælling** [-veleŋ] *fig* *F* (heillose(s)) Durcheinander *n*, Mischmasch *m*

pø [pøːˀ]: **~ om ~** *F* peu à peu

pøbel ['pøːˀbəl] ⟨*pøb(e)len*⟩ Pöbel *m*; **~agtig** [-agdi] pöbelhaft

pøj [poiˀ]: **~! ~!** pfui!; **~ ~!** viel Glück!; Hals- und Beinbruch!; **~t** [poiˀd] ⟨*-et*⟩ *F* Gesöff *n*

pøl [pøːˀl] ⟨*-en; -e*⟩ Lache *f*; *lit* Pfuhl *m*

pølle ['pølə] ⟨*-n; -r*⟩ Wulst *m*, *f*; Schlummerrolle *f*, Nackenrolle *f*

pølse ['pølsə] ⟨*-n; -r*⟩ Wurst *f*; **bajerske ~r** (Wiener) Würstchen *n/pl*; **rød ~** *dän* rotes Würstchen *n*; **lave ~r** *Kindersprache* Aa machen; **~bar** [-baːˀʀ], **~bod** [-boːˀð] Würstchenbude *f*

pølseende ['pølsæːnə] Wurstzipfel *m*; **rosinen kommer i ~n** *fig* das Beste kommt zuletzt

pølsesnak ['pølsəsnaˀ]: **koge suppe på en ~** viel Lärm um nichts machen

pølse|skind ['pølsəsgenˀ] Wurstpelle *f*;

~snak [-snag] Unsinn *m*, *F* Quatsch *m*; **~tysker** [-tysgəʀ] *neg! etwa* Teutone *m*; **~vogn** [-vɔwˀn] Würstchenbude *f*

pøns(k)e ['pøns(g)ə] sinnen (*på/auf* A); **pøns(k)e på hævn** auf Rache sinnen

pøs [pøːˀs] ⟨*-en; -e*⟩ Eimer *m*; *NAUT* Pfütze(f) *f*; **~e** ['pøːsə] gießen, schütten

på [pɔ:ˀ, pɔ] auf, an (*A u D*); **~ bordet** auf dem Tisch; **~ væggen** an der Wand; **en pige ~ 10 år** ein Mädchen *n* von zehn Jahren; **~ cykel** per (*od* mit dem) Rad; **~ (næste) fredag** (nächsten) Freitag; **~ kontoret** im Büro; **gå ~ museum** ins Museum gehen; **have penge ~ sig** Geld bei sich haben; **til langt ud ~ natten** bis tief in die Nacht hinein; **det er ~ tide** es ist an der Zeit; **er du med ~ den?** *F* verstanden? **være stor ~ den** großtun, angeben; **være ~ den** *F* aufgeschmissen sein

påagtet ['pɔagdəð] *adj* beachtet; **~anke** [-aŋˀgə] *JUR* Berufung einlegen

påbegynde ['pɔbegønˀə] anfangen, beginnen

påberåbe ['pɔbɐʀɔːˀbə]: **~ sig ngt.** sich auf *etw* (A) berufen; **~lse** [-lsə] ⟨*-n; -r*⟩ Berufung *f*

påbud ['pɔbuð] Gebot *n*, Befehl *m*; Erlass *m*

påbudstavle ['pɔbuðstaulə] *Verkehr:* Gebotsschild *n*

på|byde ['pɔbyːˀðə] gebieten, befehlen; vorschreiben; **~byrde** [-byrˀðə] aufladen, aufbürden

pådrage ['pɔdʀaːˀwə]: **~ sig ngt.** sich *etw* zuziehen, *etw* auf sich ziehen

pådutte ['pɔdudə]: **~ én ngt.** *j-m etw* andichten (*od* unterstellen *od* unterschieben)

pådømme ['pɔdœmˀə] aburteilen, entscheiden, verhandeln; **~lse** [-lsə] ⟨*-n; -r*⟩ Aburteilung *f*, Entscheidung *f*

påfaldende ['pɔfalˀənə] auffallend, auffällig

påfugl ['pɔfuːˀl] Pfau *m*

påfund ['pɔfonˀ] Einfall *m*; Erdichtung *f*

påfyld|e ['pɔfylˀə] auffüllen; abfüllen; *Auto* (be)tanken

påfølgende ['pɔfølˀjənə] (darauf) folgend

påføre ['pɔføːˀʀə] verursachen; *Farbe* auftragen; **~ en skrivelse en bemærkning** Amtssprache ein Schreiben mit e-r Bemerkung versehen; **~ et land krig** ein Land in e-n Krieg verwickeln; **~ én en sygdom** *j-n* mit e-r Krankheit anstecken

på gr. af *od* **pga.** Abk. für **på grund af**; →

grund¹

pågribe ['pɔgri:ʔbə] fassen, festnehmen, stellen; **~be** [-lsə] ⟨-n; -r⟩ Ergreifung f, Festnahme f

pågældende ['pɔgel'ʔənə] betreffend, zuständig

pågå ['pɔgɔ:ʔ] geschehen, stattfinden; **~ende** [-ənə] zudringlich; draufgängerisch

påhit ['pɔhid] ⟨-tet, -⟩ → *påfund*; **~som** ['hidsɔmʔ] *scherzh* einfallsreich, erfinderisch

påholden|de ['pɔhɔlʔənə] sparsam; geizig, F knick(e)rig; **~hed** [-hɔlʔɔnhe:ðʔ] ⟨-en⟩ Geiz m

påhvile ['pɔvi:ʔlə] obliegen (*én j-m*); **ansvaret ~r dig** du trägst die Verantwortung

påhæng ['pɔheŋʔ] ⟨-et; -⟩ F Anhang m, Anhängsel n

påhængs|motor ['pɔheŋsmo:tɔr] NAUT Außenbordmotor m; **~vogn** [-vɔwʔn] AUTO Anhänger m

påhør ['pɔhø:ʔr] ⟨et⟩ Gegenwart f; **~e** [-ə] anhören (*A*), zuhören (*D*)

påkalde ['pɔkalʔə] anrufen

påkende ['pɔkenʔə] JUR aburteilen, entscheiden

på|klage ['pɔkla:ʔ(j)ə]: **~** (*en afgørelse til ministeren*) (beim Minister gegen e-e Entscheidung) Beschwerde einlegen; **~klistret** [-klisdrəðʔ] an-, aufgeklebt; *fig* angestückelt, -flickt, -pappt

påklæder ['pɔklɛ:ʔðɔr] ⟨-en; -e⟩ THEA Garderobier m; **~ske** [-sgə] ⟨-n; -r⟩ THEA Garderobiere f

påklædning ['pɔklɛ:ʔðnəŋ] ⟨-en; -er⟩ Kleidung f; Ankleiden n

påklædt ['pɔklɛ:ʔd] angekleidet, angezogen

påkommende ['pɔkɔmʔənə]: *i ~ tilfælde* Amtssprache vorkommendenfalls, bei Bedarf

på|krav ['pɔkrɑ:ʔv] ⟨-et; -⟩ Mahnung f; JUR Mahnbescheid m; **~krævet** [-krɛ:ʔvəð] erforderlich, notwendig, angezeigt

påkære ['pɔkɛ:ʔrə]: **~** *en retslig afgørelse* JUR gegen eine Gerichtsentscheidung Berufung einlegen

påkør|e ['pɔkø:ʔrə] anfahren, rammen; **~sel** [-sɔl] Anfahren n, Aufprall m; Zusammenstoß m; **~selsulykke** [-kørsɔls'uløgə] Auffahrunfall m, Zusammenstoß m

pålandsvind ['pɔlansvenʔ] Seewind m, auflandige(r) Wind m

pålidelig [pɔ'li:ʔəli] zuverlässig, verlässlich; sicher

påligne ['pɔli:ʔnə] *Steuern* veranlagen

pålydende¹ ['pɔly:ʔðənə] ⟨-t; -r⟩ Nennwert m

pålydende² ['pɔly:ʔðənə]: **~ værdi** Nennwert m

pålæg ['pɔlɛ:ʔg] ⟨-get; -⟩ Befehl m, Auftrag m, Weisung f; JUR Auflage f; Erhöhung f, Zulage f; Aufschnitt m, Belag m; **~ge** [-lɛgə] beauftragen; auftragen, befehlen, auf(er)legen

pålægs|chokolade ['pɔlɛgsjoko'la:ðə] Belagschokolade f; **~forretning** [-fɔ'rɛ:dnən] Feinkostgeschäft n

på|læsning ['pɔlesnən] Beladen m; **~løbe** [-lø:ʔbə] *Kosten* auflaufen, entstehen

påminde ['pɔmen'ə] erinnern, mahnen (*om/an A*); **~lse** [-lsə] Mahnung f

på|montere ['pɔmɔnte:ʔrə] anmontieren; **~mønstre** [-mønʔsdrə] NAUT anmustern; **~nøde** [-nø:ʔðə] aufnötigen, aufdrängen

påpasselig [pɔ'pasəli] sorgfältig, aufmerksam, umsichtig; **~hed** [-he:ðʔ] ⟨-en⟩ Sorgfalt f, Aufmerksamkeit f, Umsicht f

påpege ['pɔpai'ʔə]: **~** *ngt. auf etw.* (*A*) hinweisen, *etw* hervorheben; **~nde stedord** GRAM hinweisende(s) Fürwort n (= *demonstrativt pronomen* Demonstrativpronomen n)

påregne ['pɔrai'ʔnə]: **~** *ngt.* auf *etw* (*A*) rechnen/zählen; **~lig** [-'rɑiʔnəli] mutmaßlich, voraussichtlich

pårørende ['pɔrœ:ʔrənə] ⟨en⟩ Angehörige(r) m

påsat ['pɔsad] *Feuer*: vorsätzlich (gelegt)

påse ['pɔse:ʔ]: **~** *ngt.* für *etw* sorgen (*od* Sorge tragen), *etw* überwachen

påsejling ['pɔsaiʔleŋ] ⟨-en; -er⟩ NAUT Zusammenstoß m, Kollision f

påske ['pɔ:sgə] ⟨-n; -r⟩ Ostern n; **glædelig ~!** frohe Ostern!; **~bryg** [-brœg] Osterbräu n (*starkes, dunkles Bier*)

påskedag ['pɔ:sgəda:ʔ] Osterfeiertag m; **første** (**anden**) **~** Ostersonntag m (Ostermontag m)

påske|ferie ['pɔ:sgəfe:ʔriə] Osterferien pl; **~lam** [-lɑmʔ] Osterlamm n; **~lilje** [-liljə] BOT Osterglocke f (-lilje) [-lœrdə] Ostersonnabend m, Karsamstag m; **~søndag** [-sœnʔda] Ostersonntag m; **~æg** [-ɛ:ʔg] Osterei n

påskrevet ['pɔsgre:ʔvəð]: **få læst og ~** abgekanzelt/zusammengestaucht werden

påskrift ['pɔsgrefd] Aufschrift f, Beschrifting f; Anschrift f

påskud ['pɔsguð] Vorwand m, Ausrede f; *bruge ngt. som ~ etw* vorschützen

påskynde ['pɔsgøn'ʔə] beschleunigen

påskønne ['pɔsgœn'ʔə] schätzen, würdigen, anerkennen; **~lse** [-lsə] ⟨-n; -r⟩ Würdigung f, Anerkennung f

på|smøre ['pɔsmœːʔʀə] *Salbe* auftragen; **~stand** [-sdan?] Behauptung f, Aussage f; JUR Antrag m; **~stryge** [-sdʀy:ʔə] *Farbe* aufstreichen, -tragen

påstå ['pɔsdɔːʔ] behaupten

påståelig [pɔˈsdɔːʔəli] rechthaberisch, eigensinnig; **~hed** [-he:ð?] ⟨-en; -er⟩ Rechthaberei f, Starrsinn m

påsy ['pɔsy:ʔ] annähen, aufnähen

påsyn ['pɔsy:ʔn] Gegenwart f

påsætte ['pɔsedə] aufsetzen; (an)montieren; *ilden var påsat* der Brand wurde gelegt

påtage ['pɔta:ʔ(j)ə]: **~** *sig* übernehmen, auf sich nehmen; **~t** unnatürlich, gekünstelt, vorgetäuscht; falsch; **~lig** [-'ta:ʔ(j)əli] offenbar, handfest

påtale¹ ['pɔta'lə] Rüge f, Ahndung f; JUR (An)Klage f; Einspruch m, Verweis m

påtale² ['pɔta:ʔlə] rügen, beanstanden, ahnden; *Recht* geltend machen, Einspruch erheben

påtale|berettiget ['pɔta:ləbeʀedi:(ʔ)ð]

einspruchsberechtigt; **~ret** [-ʀɛd] Einspruchsrecht n

påtegne ['pɔtai'ʔnə] unterzeichnen; beglaubigen; **~t** *Muster* vorgezeichnet; **~lse** [-lsə] ⟨-n; -r⟩ → **påtegning**

påtegning ['pɔtai'ʔneŋ] Unterschrift f, Beglaubigung f; Vermerk m

påtryk ['pɔtʀɛg] Aufdruck m

påtrykke¹ ['pɔtʀœgə] *Meinung* aufzwingen, aufdrängen

påtrykke² ['pɔtʀœgə] ⟨-te⟩ TYP aufdrucken

på|træffe ['pɔtʀɛfə] antreffen; *ikke ~truffen* nicht angetroffen

påtrængende ['pɔtʀɛŋ'ʔənə] aufdringlich, zudringlich; dringend

påtvinge ['pɔtveŋ'ʔə] aufzwingen; *påtvungen* aufgezwungen

påtænk|e ['pɔtɛŋ'ʔgə] beabsichtigen, vorhaben; **~t** [-tɛŋ'ʔgd] geplant, vorgesehen

påvirke ['pɔviʀgə] beeinflussen; *være ~t* unter Alkoholeinfluss stehen; **~lig** [-'viʀgəli] beeinflussbar

påvirkning ['pɔviʀgneŋ] Beeinflussung f, Einflussnahme f

påvis|e ['pɔvl:'sə] nachweisen, (auf)zeigen; **~elig** [-'vi:ʔəli] nachweisbar, nachweislich; **~ning** [-vi:ʔsneŋ] Nachweis m; JUR Lokaltermin m

Q, q [ku:ʔ] ⟨-'et; -'er⟩ Q, q n

quilt|e ['kvildə] quilten, steppen, **~ning** ['kvildneŋ] ⟨-en; -er⟩ Steppen n, Steppsticharbeit f

quisling ['kvisleŋ] ⟨-en; -e od -er⟩ Quisling m, Landesverräter m

quiz [kvis] ⟨-zen od -zet; -zer⟩ Quiz n

R

R, r [ɛʀ] ⟨-'et; -'er⟩ R, r n; *rulle (snurre) på r'erne* das r rollen

rabalder [ʀɑˈbal'ʔəʀ] ⟨-et⟩ Krach m, Lärm m, Gepolter n; **~møde** [-mø:ðə] Radauversammlung f

rabarber [ʀɑˈbɑrˈbəʀ] ⟨-en; -⟩ Rhabarber m

rabat [ʀɑ'bad] ⟨-ten; -ter⟩ ÖKON Rabatt m, Preisnachlass m, Ermäßigung f; *Weg:* Seitenstreifen m; **~ten er blød!** *Schild:* unbefestigter Seitenstreifen; **~mærke**

[-mɛʀgə] Rabattmarke f

rable ['ʀɑblə]: *det ~r for ham* es rappelt bei ihm; **~ af sig** herunterleiern

rabundus [ʀɑˈbɔndus] F: *gå ~* zugrunde gehen; ÖKON Pleite machen

race¹ [ʀɛis] ⟨-t; -⟩ Wettrennen n

race² ['ʀɑːsə] ⟨-n; -r⟩ Rasse f

race|adskillelse ['ʀɑːsəˈaðsgelʔəlsə] Rassentrennung f; **~blanding** [-blaneŋ] Rassenmischung f; **~diskriminering** [-diskrimi'ne:ʔʀeŋ] Rassendiskrimine-

rung f; **~dyr** [-dy:ˀʀ] Rassetier n; **~for-**
dom [-fɔʀdɔmˀ] Rassenvorurteil n;
~hest [-hɛsd] Rassepferd n

racer ['ʀɛːsɐ] ⟨-en; -e⟩ Rennrad n, Rennwagen m; **~bil** [-biːˀl] Rennwagen m; **~cykel** [-sygəl] Rennrad n

raceren ['ʀɑːsɐe:ˀn] reinrassig, rasserein

racis|me [ʀɑ'sismə] ⟨-n⟩ Rassismus m; **~tisk** [-'sisdisg] rassistisch

rad[1] [ʀɑð] ⟨-en; -er⟩ Reihe f; Zeile f; **3**
gange i ~ dreimal nacheinander; **i/på ~**
og række in Reih und Glied; **nu kom-**
mer ~en til dig jetzt kommst du an die Reihe

rad[2] [ʀɑð] ⟨-en; -e⟩ Kerl m; **en snu ~** ein Schlitzohr n

radar ['ʀɑːdɑʀ] ⟨-en; -er⟩ EL Radar m, n

radbrække ['ʀɑðbʀɛgə] rädern; *fig* radebrechen (**et sprog** e-e Sprache)

rader|e [ʀɑ'deːˀʀə] radieren; **~ing** [-'deːˀ-ʀeŋ] ⟨-en; -er⟩ Radierung f

radial [ʀɑdi'aːˀl] radial; **~dæk** [-dɛg] AUTO Gürtelreifen m

radiator [ʀɑdi'aːtɔʀ] ⟨-en; -er⟩ Heizkörper m

radikal [ʀɑdi'kaːˀl] radikal (*a* POL.); **~isere** [-kali'seːˀʀə] radikalisieren

radio ['ʀɑːˀdio] ⟨-en; -er⟩ Radio n, Rundfunk m; Funk m

radio|amatør ['ʀɑːˀdioamaˈtøːˀʀ] Funkamateur m; **~apparat** [-apaˈʀɑːˀd] Radioapparat m, Rundfunkgerät n; **~avis** [-aˈviːˀs] Radio: Nachrichten f/pl; **~bil** [-biːˀl] Jahrmarkt: (Auto)Skooter m; Funktaxi n; Polizei: (Funk)Streifenwagen m

radiofoni [ʀɑdiofo'niːˀ] ⟨-en; -er⟩ Rundfunkanstalt f

radio|hus ['ʀɑːˀdiohuːˀs] Funkhaus n; **~licens** [-li'sɛnˀs] Rundfunkgebühr f; **~lytter** [-lydɐ] Rundfunkhörer m, Rundfunkteilnehmer m; **~modtager** [-'moðtaːˀɐ] Rundfunkempfänger m; **~pejling** [-païleŋ] Funkpeilung f; **~sender** [-sɛnɐ] Radiosender m; Rundfunksender m

radiotelegraf|ere ['ʀɑːˀdiotelegʀaˈfeːˀʀə] funken; **~ist** [-'fisd] NAUT, FLUG (Bord)Funker m

radio|telegram ['ʀɑːˀdiotelegʀamˀ] Funkspruch m, Funktelegramm n; **~transmission** [-tʀansmiˈjoːˀn] Rundfunkübertragung f; **~udsendelse** [-'uð-sen'əlsə] Rundfunksendung f

radise [ʀɑ'diːsə] ⟨-n; -r⟩ Radieschen n

radius ['ʀɑːˀdius] ⟨-(s)en *od* radier; *radi-us*(s)er *od* radier⟩ Radius m; Halbmesser m

radmager ['ʀɑðˈmaːˀɐ] knochendürr, spindeldürr

raffin|aderi [ʀɑfinaˈðɐˀʀi:ˀ] ⟨-et; -er⟩ Raffinerie f; **~ement** [-nəˈmɑŋ] ⟨-et; -er⟩ Raffinement n, Raffinesse f; **~ere** [-'neːˀʀə] raffinieren, reinigen; **~eret** [-'neːˀʀəð] raffiniert (*a fig*); **~ering** [-'neːˀʀeŋ] ⟨-en; -er⟩ Raffination f

rafle ['ʀɑflə] würfeln; **~bæger** [-bɛːɐʀ] Würfelbecher m, Knobelbecher m

rafraichisseur [ʀɑfʀɛʃiˈsœːʀ] ⟨-en; -er⟩ (Parfüm)Zerstäuber m

rafte ['ʀɑfdə] ⟨-n; -r⟩ Latte f; **~hegn** [-haïˀn] Zaun m aus naturbelassenen Baumstämmen

rage ['ʀɑːwə] ragen; rasieren; wühlen; stochern; F angehen, scheren; **det ~r ikke**
dig! das geht dich nichts an!; **det ~r**
mig en fjer ich schere mich e-n Dreck darum, das geht mich e-n Dreck an; **~ af** abrasieren; **~ frem** hervorragen, herausragen, vorspringen; **~ i vejret, ~ op** emporragen; **~ op i ilden** das Feuer schüren; **~ op over ngt.** etw (A) überragen; **~ på** betatschen; **~ til sig** an sich (A) raffen; **~ u-klar med én** sich mit j-m überwerfen

ragelse ['ʀɑːwəlsə] ⟨-t⟩ Gerümpel n, Plunder m

ragnarok ['ʀɑwnɑʀɔg] ⟨-ket⟩ MYTH Ragnarök f, Weltuntergang m; *fig* Wirren *pl*

ragsok ['ʀɑgsɔg] *etwa:* Skisocke f

raillere [ʀɑïˈjeːˀʀə] spötteln

rak [ʀɑg] ⟨-ket⟩ Gesindel n, Pack n

raket [ʀɑˈked] ⟨-ten; -ter⟩ Rakete f; **~fart** [-faːˀʀd] *med~* blitzschnell; **~fly** [-fly:ˀ] Raketenflugzeug n; **~værn** [-veʀˀn] MIL Raketenabwehr f

rakke ['ʀɑgə] **~ én ned, ~ ned på én** j-n heruntermachen, j-n schlechtmachen, über j-n herziehen; **~ én til** j-n übel zurichten; **~ rundt** F herumkutschieren; dauernd unterwegs sein

rakker ['ʀɑgɐ] ⟨-en; -e⟩ *lit* Schinder m, Abdecker m; **~arbejde** [-ɑʀbaïˀdə] F Schinderei f; **~liv** [-liːˀv] F Schinderei f; unstete(s) Dasein n; **~pak** [-pag] Lumpenpack n, Lumpengesindel n

rakle ['ʀɑglə] ⟨-n; -r⟩ BOT Kätzchen n

rakt [ʀɑgd], **~e** ['ʀɑgdə] → **række**[2]

ral [ʀɑlˀ] ⟨-len *od* -let⟩ Kies m, Geröll n

ralle ['ʀɑlə] röcheln

rally ['ʀɑli] ⟨-et; -er⟩ SPORT Rallye f

ram [ʀɑmˀ] herb, bitter, scharf; **mit ~me**
alvor mein voller Ernst; **få ~ på én** j-n treffen, erwischen (*od* ⊦ zu fassen kriegen); **ingen gik ~ forbi** F *fig* es blieb kei-

ner verschont, keiner kam ungeschoren davon

ramasjang [ʀɑmaˈsjɑŋ] ⟨-en od -et⟩ F Klamauk m, Rummel m

ramaskrig [ˈʀɑːmasgʀiʔ] Zetergeschrei n

rambuk [ˈʀɑmbɒg] TECH Ramme f

ramle [ˈʀɑmlə] zo rammeln; ~ sammen zusammenkrachen (a fig); Auto zusammenprallen; ~r [-ʀ] ⟨-en; -e⟩ zo Rammler m

ramme¹ [ˈʀɑmə] ⟨-n; -r⟩ Rahmen m; inden for ~rne af im Rahmen des, der; sætte i ~ einrahmen

ramme² [ˈʀɑmə] ⟨-te⟩ treffen; ~ ved siden af danebenhauen (a F fig); ~nde treffend

ramme³ [ˈʀɑmə]: ~ ned einrammen; ~ en pæl gennem ngt. e-r Sache e-n Riegel vorschieben, Einhalt gebieten

ramme|aftale [ˈʀɑməaûtaːlə] Rahmenabkommen n, -vereinbarung f; ~fortælling [-fɔʀˈtɛlʔen] Rahmenerzählung f; ~lov [-lɔû] Rahmengesetz n

rampe [ˈʀɑmbə] ⟨-n; -r⟩ Rampe f; ~lys [-lyːʔs] Rampenlicht n

ramsaltet [ˈʀɑmsalʔdɒð] Witz: gesalzen, saftig

ran [ʀɑːʔn] ⟨-et; -⟩ Diebstahl m, Raub m

rand [ʀɑnʔ] ⟨-en; -e⟩ Rand m, Kante f; på ~en fig am Rande; ~bemærkning [ˈʀɑnbeˈmɛʀgnen] Randbemerkung f

randt [ʀɑnʔd] → rinde

rane [ˈʀɑːnə] rauben

rang [ʀɑŋʔ] ⟨-en⟩ Rang m; af første ~ ersten Ranges, erstrangig

range|re [ʀɑŋˈsjeːʔʀə] rangieren; BAHN verschieben; ~lokomotiv [-ˈsjeːʔʀlokomoˈtiːʔv] BAHN Rangierlok(omotive) f

rang|forordning [ˈʀɑŋfɔʀˈɔːʔʀdnen] Rangordnung f; ~følge [-følʲə] Rangfolge f

rangle¹ [ˈʀɑŋlə] ⟨-n; -r⟩ (Kinder)Klapper f, Rassel f

rangle² [ˈʀɑŋlə] klappern, rasseln

ranglet [ˈʀɑŋləð] junger Mensch: (hoch) aufgeschossen, schlaksig

rangsperson [ˈʀɑŋˈspɛʀsoːʔn] Person von Rang, Standesperson f

rangstige [ˈʀɑŋsdiːə]: på den sociale ~ auf der sozialen Stufenleiter

rank [ʀɑŋʔg] gerade; fig aufrecht

ranke¹ [ˈʀɑŋgə] ⟨-n; -r⟩ Ranke f, Rebe f

ranke² [ˈʀɑŋgə]: ride ~ Kindersprache: auf den Knien reiten; ride, ride ~! hoppe hoppe Reiter!

ranke³ [ˈʀɑŋgə]: ~ sig sich aufrichten; BOT sich (empor)ranken

ransag|e [ˈʀɑnsaːʔə] durchsuchen; erforschen; prüfen; ~else [-lsə], ~ning [-saːʔnen] ⟨-en; -er⟩ Durchsuchung f; Prüfung f

ransel [ˈʀɑnʔsəl] ⟨rans(e)len; ransler⟩ Ranzen m

rap¹ [ʀɑb] ⟨-pet; -⟩ Hieb m, Schlag m; Ente: Quak(laut) m

rap² [ʀɑb] schnell, fix, rasch

rap|fodet [ˈʀɑbfoːʔðəd] schnellfüßig; ~kæftet [-kefdɒð] F, ~mundet [-mɒnʔɒð] zungenfertig, schlagfertig, vorlaut

rappe [ˈʀɑbə] Ente: quaken; Mauer berappen; ~ sig sich beeilen; rap dig! mach schnell!; ~nskralde [-nˈsgʀalə] ⟨-n; -r⟩ F böse Sieben f, Besen m

rapport [ʀɑˈpɔʀd] ⟨-en; -er⟩ Rapport m, Meldung f, Bericht m; Protokoll n; Report m; ~ere [-pɔʀˈteːʔʀə] melden, berichten

rapse [ˈʀɑbsə] F mausen, stibitzen, klauen; ~ri [-ˈʀiːʔ] ⟨-et; -er⟩ geringfügiger Diebstahl, F Mauserei f

rapsmark [ˈʀɑbsmɑʀg] Rapsfeld n

raptus [ˈʀɑbtus] ⟨-(s)en; -(s)er od -⟩ F Rappel m, Raptus m

rar [ʀɑːʔʀ] nett, liebenswürdig; angenehm, gemütlich; en ~ historie fig e-e nette Geschichte

raritet [ʀɑʀiˈteːʔd] ⟨-en; -er⟩ Rarität f

rase [ˈʀɑːsə] rasen, toben, wüten, schimpfen; ~ ud sich austoben; ~nde rasend, wütend; blive ~nde F wütend werden, ausrasten; ~nde dyr F furchtbar teuer

rasere [ʀɑˈseːʔʀə] verwüsten

raseri [ʀɑsəˈʀiːʔ] ⟨-et⟩ Wut f, Raserei f; ~anfald [-ˈʀiʔanfal] Wutanfall m

rask [ʀɑsg] rasch, schnell, flink, F fix; vorschnell; forsch, keck; MED gesund; ~ væk frischweg, munter; blive ~ gesund werden, genesen; være ~ igen wieder gesund sein, wiederhergestellt sein

raskmelde [ˈʀɑsgmelʔə] gesund schreiben

raskvæk [ˈʀɑsgveg] frischweg, munter

rasle [ˈʀɑslə] rasseln; raschen; BAHN rattern; klappern; knistern; F Spenden sammeln; ~ ned Preise: fallen, purzeln; ~bøsse [-bøsə] Sammelbüchse f

rasp¹ [ʀɑsb] ⟨-en; -e⟩ TECH Raspel f

rasp² [ʀɑsb] ⟨-en⟩ Paniermehl n

raspe [ˈʀɑsbə] raspeln

rast [ʀɑsd] ⟨-en; -e⟩ Rast f; holde ~ Rast machen

raste [ˈʀɑsdə] rasten; ~plads [-plas] Rastplatz m; ~sted [-sdeð] Raststätte f

rastløs [ˈʀɑsdløːʔs] rastlos

R

rast|plads ['rɑsdplas] → *rasteplads*;
~**sted** [-sdeð] → *rastested*
rat [rɑd] ⟨-tet; -⟩ *Auto*: Steuer *n*, Lenkrad *n*
rate ['rɑːdə] ⟨-n; -r⟩ Rate *f*, Teilbetrag *m*,
Teilzahlung *f*; **betale i** ~ in Raten zahlen,
F abstottern; ~**betaling** [-be'taːlʔeŋ] Ratenzahlung *f*; ~**vis** [-viːʔs] ratenweise
ratgear ['rɑdgiːʔʁ] AUTO Lenkradschaltung *f*
rationaliser|e [ʁasjonali'seːʔʁə] rationalisieren; ~**ing** [-'seːʔʁeŋ] ⟨-en; -er⟩ Rationalisierung *f*
ratio|nalitet [ʁasjonali'teːʔd] ⟨-en⟩ Rationalität *f*; ~**nel** [-'nelʔ] rationell
rationere [ʁasjo'neːʔʁə] rationieren
rationerings|kort [ʁasjo'neːʔʁskɔrd]
Bezug(s)schein *m*, Lebensmittelkarte *f*;
~**mærke** [-mɛʁgə] Lebensmittelmarke
f, Abschnitt *m*
rat|lås ['ʁɑdlɔːʔs] AUTO Lenkradschloss *n*;
~**slør** [-sløːʔʁ] AUTO Lenkradspiel *n*
rav¹ [ʁɑʊ] ⟨-et⟩ Bernstein *m*
rav² [ʁɑʊ]: *nu er der ~ i den* F jetzt gibt es
Zoff/Krach
rave [ʁɑːvə] taumeln, torkeln
ravende ['ʁɑːvənə]: ~ **fuld** F Person: total
blau; ~ **ligegyldigt** F völlig wurscht, piepegal
rav|gal ['ʁɑʊgaːʔl] F ganz und gar verrückt; grundfalsch; ~**gul** [-guːʔl] bernsteingelb; ~**jysk** [-'jysg] unverfälschtes
Jütisch, echt jütländisch
ravn [ʁɑʊʔn] ⟨-en; -e⟩ Rabe *m*
ravne|krog ['ʁɑʊnəkʁɔːʔw] F Kaff *n*, Nest
n; ~**mo(de)r** [-moːʁ] *fig* Rabenmutter *f*
ravn(e)sort ['ʁɑʊn(ə)sord] rabenschwarz
ravruskende ['ʁɑʊˈʁɔsgənə]: ~ **gal** F total
verrückt; völlig falsch
ravrør ['ʁɑʊʁøːʔʁ] Bernstein(zigaretten)-
spitze *f*
rawlplug ['ʁɔːlplɔg] ⟨-s⟩ Dübel *m*
reagensglas [ʁeaˈgenˀsglas] Reagenzglas *n*; ~**barn** [-bɑʁʔn] Retortenbaby *n*
reagere [ʁeaˈgeːʔʁə] reagieren
reaktions|dreven [ʁeagˈsjoːʔnsdʁeˀvən],
~**drevet** [-dʁeˀvəð] mit Rückstoßantrieb;
~**evne** [-ˀeʊnə] Reaktionsvermögen *n*
reaktionær [ʁeagsjoˈneːʔʁ] reaktionär
reaktor [ʁeˈagtʔʁ] ⟨-en; -er⟩ Reaktor *m*
real [ʁeˈaˀl] real; ~**eksamen** [-ɛgˈsaːmən]
Schule: mittlere Reife *f*
realisa|bel [ʁealiˈsaːʔbəl] realisierbar; ~**tion** [-sa'sjoːʔn] ⟨-en; -er⟩ Realisation *f*;
Verwirklichung *f*; (Aus)Verkauf *m*
realiser|bar [ʁealiˈseːʔbɑːʔʁ] realisierbar; ~**e** [-'seːʔʁə] realisieren, verwirklichen; verkaufen

realis|me [ʁeaˈlismə] ⟨-n⟩ Realismus *m*; ~**t**
[-'lisd] ⟨-en; -er⟩ Realist *m*; Realschulabsolvent(in) *m(f)*; ~**tisk** [-'lisdisg] realistisch
realitet [ʁealiˈteːʔd] ⟨-en; -er⟩ Realität *f*,
Wirklichkeit *f*
realitetssans [ʁealiˈteːʔdssanʔs] Realitätssinn *m*
real|leksikon [ʁeaˈlʔlɛgsikɔn] Sachwörterbuch *n*; ~**løn** [-lœnʔ] Reallohn *m*;
~**værdi** [-veʁˈdiːʔ] Realwert *m*, Sachwert
m
reb [ʁeˀb] ⟨-et; -⟩ Seil *n*, Tau *n*, Strick *m*
rebel [ʁeˈbelʔ] ⟨-len; -ler⟩ Rebell(in) *m(f)*;
~**lere** [-be'leːʔʁə] rebellieren; ~**sk**
[-'belʔsg] rebellisch
rebslager ['ʁeːbsla:ʔʁ] Seiler *m*
rebstige ['ʁeːbsdiːə] Strickleiter *f*
rebus ['ʁeːbus] ⟨-(s)en; -(s)er⟩ Rebus *m, n*,
Bilderrätsel *n*
recens|ent [ʁesenˈsɛnˀd] ⟨-en; -er⟩ Rezensent(in) *m(f)*; ~**ere** [-'seːʔʁə] rezensieren
recept [ʁeˈsɛbd] ⟨-en; -er⟩ MED Rezept *n*,
ärztliche Verordnung *f*
reception [ʁeˈsɛbsjoːʔn] ⟨-en; -er⟩ Empfang *m*; *Hotel*: Rezeption *f*; ~**ist** [ʁesɛbsjoˈnist] Empfangschef *m*; Empfangsdame *f*
receptions|chef [ʁeˈsɛbˀsjoːʔnssjeːʔf]
Empfangschef *m*; ~**dame** [-da:mə] Empfangsdame *f*
receptpligtig [ʁeˈsɛbdplegdi] rezeptpflichtig, verschreibungspflichtig
recidivist [ʁesidiˈvisd] ⟨-en; -er⟩ MED, JUR
Rückfällige (der, die); JUR Rückfalltäter
m, Wiederholungstäter *m*
recitere [ʁesiˈteːʔʁə] rezitieren, vortragen
red¹ [ʁɛð] ⟨-en; -e⟩ NAUT Reede *f*
red² [ʁeːʔð] → *ride*
redakt|ion [ʁedagˈsjoːʔn] ⟨-en; -er⟩ Redaktion *f*; ~**ionel** [-sjoˈnelʔ] redaktionell; ~**ør** [-'tøːʔʁ] ⟨-en; -er⟩ Redakteur(in) *m(f)*
redde ['ʁɛðə] retten, erretten; F organisieren, beschaffen; ~ **éns liv** *j-m* das Leben
retten; ~ **sig ud af en knibe** *fig* glücklich
aus *e-r* Klemme herauskommen; ~**r** ⟨-en;
-e⟩ (Lebens)Retter *m*; Mitglied *n* der
dän. Unfallhilfe (→ *redningskorps*)
rede¹ ['ʁeːðə] ⟨-n; -r⟩ Nest *n (a fig)*; Horst
m; *bygge/have* ~ nisten
rede² ['ʁeːðə] bereit, fertig; ~ **penge** *pl* bare(s) Geld *n*; *have svar på* ~ *hånd* *e-e*
Antwort parat haben; *være* ~ bereit sein
(til/zu D)
rede³ ['ʁeːðə] *su*: *bringe* ~ *i ngt.* etw in

Ordnung bringen; **gøre ~ for ngt.** etw erklären; etw darlegen, etw erläutern; **finde** (od **hitte**) **~ i ngt.** etw entwirren, aus etw klug werden; **få ~ på ngt.** über e-e Sache Klarheit gewinnen

rede⁴ ['reːðə] ⟨redte; redt⟩ kämmen (**sig** sich); **Bett** machen; **~ (en seng) op** ein Bett zurechtmachen; **man ligger, som man har red(e)t** wie man sich bettet, so liegt man; **~ ud** fig entwirren, klarlegen (impf redede/redte ud); **være redt slemt til** schlimm zugerichtet sein

redebygning ['reːðəbygnen] Nestbau m

redefuld ['reːðəfulʔ] ⟨-en; -e⟩: **en ~ børn** ein Nest voll Kinder

redegøre ['reːðəgœːʔrə]: **~ for ngt.** über etw (A) berichten, etw darlegen, etw erläutern; **~lse** [-lsə] ⟨-n; -r⟩ Erklärung f, Darstellung f, Darlegung f

redekam ['reːðəkamʔ]: **spille på ~** auf dem Kamm spielen

redelig ['reːðəli] redlich, rechtschaffen

redelighed ['reːðəlɪheˑðʔ] ⟨-en⟩ Redlichkeit f; **hele ~en** F der ganze Kram; **en køn ~** iron e-e schöne Bescherung

reder ['reːðər] ⟨-en; -e⟩ NAUT Reeder m; **~i** [reːðə'riːʔ] ⟨-et; -er⟩ Reederei f

redet ['reːðəd] → **ride**

redigere [redi'geːʔrə] redigieren, bearbeiten

redning ['reːðnen] ⟨-en; -er⟩ Rettung f

rednings|bælte ['reːðnensbeldə] Rettungsgürtel, -ring m; **~båd** [-bɔːʔð] Rettungsboot n; **~korps** [-kɔrbs] Rettungsgesellschaft f, Rettungsdienst m; **~krans** [-kranʔs] Rettungsring m; **~løs** [-løːʔs]: **~t fortabt** rettungslos verloren; **~mand** [-manʔ] (Lebens)Retter m; **~planke** [-plaŋgə] fig Rettungsanker m; **~stol** [-sdoːʔl] NAUT Hosenboje f; **~tjeneste** [-tjeːnəsdə] Rettungsdienst m; **~vest** [-vesd] Schwimmweste f; **~væsen** [-veˑʔsən] Rettungswesen n, Rettungsdienst m

redskab ['reðsgaˑʔb] ⟨-et; -er⟩ Gerät n; fig Werkzeug n

redskabs|gymnastik ['reðsgabsgymnaˑsdiʔg] Geräteturnen n; **~hus** [-huːʔs], **~skur** [-sguːʔr] Geräteschuppen m

reducere [redu'seːʔrə] reduzieren; **~ing** [-'seːʔren] ⟨-en; -er⟩ → **reduktion**

reduktion [redug'sjoˑʔn] ⟨-en; -er⟩ Reduzierung f, Reduktion f

reel [re'elʔ] reell, wirklich; redlich; **~le hensigter** ernsthafte Absichten f/pl

reference [refə'raŋsə] ⟨-n; -r⟩ Referenz f; **~ramme** [-ramə] → **referensramme**

referensramme [refə'rɛnʔs'ramə] PSYCH Bezugssystem n

referere [refə're:ʔrə] referieren, berichten, wiedergeben; **~ til** sich beziehen auf (A)

refill ['riːfil] ⟨-en; -er⟩ Ersatzmine f; Nachfüllpackung f

refleks [re'flegs] ⟨-en; -er⟩ Reflex m; → **refleksbrik**

refleks|bevægelse [re'flegsbeˑveˑʔəlsə] Reflexbewegung f; **~brik** [-breg] Leuchtplakette f; **~ion** [-fleg'sjoˑʔn] ⟨-en; -er⟩ Reflexion f; fig Betrachtung f

reflektere [refleg'teːʔrə] reflektieren; nachdenken; **~ på en annonce** auf e-e Anzeige antworten

reform [re'fɔːʔrm] ⟨-en; -er⟩ Reform f; **~ation** [-fɔrma'sjoˑʔn] ⟨-en; -er⟩ REL Reformation f

reformere [refɔr'meːʔrə] reformieren, erneuern; **~t** [-merʔd] REL reformiert

reformiver [re'fɔːʔrmiˑʔvər] Reformfreudigkeit f

refræn [re'frɛn] ⟨-et; -er⟩ Refrain m; **~sanger(inde)** [-saŋər('enə)] Schlagersänger(in) m(f)

refundere [refon'de:ʔrə] zurückzahlen, erstatten, vergüten

refusere [refy'se:ʔrə] zurückweisen, ablehnen

refusion [refu'sjoˑʔn] ⟨-en; -er⟩ Rückerstattung f

regel ['reˑʔ(j)əl] ⟨reg(e)len; regler⟩ Regel f; **i reg(e)len/som ~** in der Regel; **~bunden** [-bonən] regelmäßig; geregelt

regelmæssig ['reˑʔəlmɛsi] regelmäßig; gleichmäßig

regelret ['reˑʔ(j)əlʀed] regelrecht

regent [re'gɛnʔd] ⟨-en; -er⟩ Regent(in) m(f)

regere [re'ge:ʔrə] regieren; **~ med én** mit j-m herumkommandieren

regering [re'ge:ʔren] ⟨-en; -er⟩ Regierung f

regerings|parti [re'ge:ʔrenspɑr'tiˑʔ] Regierungspartei f; **~tid** [-tiðʔ] Regierungszeit f

regi [re'sjiːʔ] ⟨-en od -et⟩ Regie f, Spielleitung f

regiment [regi'menʔd] ⟨-et; -er⟩ MIL Regiment n; **~e** [-'mendə] ⟨-t; -r⟩ Regiment n, Herrschaft f

regimentsschef [regi'menʔdssjeˑʔf] Regimentskommandeur m

regional [regio'naˑʔl] regional; **~tog** [-toːʔw] n Regionalzug m

regissør [resji'søːʔr] ⟨-en; -er⟩ THEA Re-

R

gisseur(in) *m(f)*, Spielleiter(in) *m(f)*

register [ʀɛˈgisdʌʀ] ⟨*regist(e)ret; registre*⟩ Register *n* (*a* MUS), (Inhalts)Verzeichnis *n*; *løbe hele ~et igennem fig* alle Register ziehen

registrer|e [ʀegisˈdʀɛːˀʀə] registrieren, eintragen; **~ingsafgift** [-ˈsdʀɛːˀʀəŋsaʊˀgifd] AUTO Zulassungsgebühr *f*; **~ings nummer** [-eŋsnɔmˀʔəʀ] *n* Kfz-Kennzeichen *n*

reglement [ʀe(j)ləˈmaŋ] ⟨*-et; -er*⟩ Reglement *n*, Vorschriften *f/pl*, Dienstordnung *f*; **~eret** [-menˈteˀʀəð] vorschriftsmäßig, ordnungsgemäß

reglementsstridig [ʀe(j)ləˈmaŋsdʀiːði] ordnungswidrig, vorschriftswidrig

regn [ʀaiˀn] ⟨*-en*⟩ Regen *m*

regn|bue [ˈʀaɪnbuːə] Regenbogen *m*; **~buehinde** [-henə] Regenbogenhaut *f*; **~byge** [-byːə] Regenschauer *m*; **~dråbe** [-dʀɔːbə] Regentropfen *m*

regne [ˈʀaɪnə] regnen; rechnen; *ikke ~ det så nøje* es nicht so genau nehmen; *~ forkert* falsch rechnen, sich verrechnen; *~ én blandt sine venner* j-n zu seinen Freunden zählen; *~ fra* abziehen; *~ med ngt.* mit etw rechnen; *~ op* aufzählen; *~ ud* ausrechnen; herausfinden, verstehen; *hun forstår at ~ den ud* F sie hat den Dreh heraus

regne|ark [ˈʀaɪnəaʀg] *n* Kalkulationsprogramm *n*; **~bog** [-bɔːˀw] Rechenbuch *n*; **~fejl** [-faiˀl] Rechenfehler *m*; **~maskine** [-maˈsgiːnə] Rechenmaschine *f*; **~stykke** [-sdøgə] Rechenaufgabe *f*

regn|fang [ˈʀaɪnfaŋ] BOT Rainfarn *m*; **~frakke** [-fʀagə] Regenmantel *m*; **~fuld** [-fulˀ] regnerisch, verregnet

regning [ˈʀaɪneŋ] ⟨*-en; -er*⟩ Rechnen *n*, ÖKON Rechnung (*a fig*); *gøre ~ på ngt.* auf etw (A) rechnen; *efter ~* laut Rechnung; *for egen ~* auf eigene Rechnung; *for* (*od på*) *Deres ~ og risiko* ÖKON auf Ihre Rechnung und Gefahr; *en streg i ~en fig* ein Strich durch die Rechnung

regn|mængde [ˈʀaɪnmɛŋˀðə] Regenmenge *f*; **~måler** [-mɔːlaʀ] Regenmesser *m*; **~orm** [-ɔːˀʀm] Regenwurm *m*

regnskab [ˈʀaɪnsgaːˀb] ⟨*-et; -er*⟩ Rechenschaft *f*; Buchführung *f*; *føre éns ~* ÖKON *j-m* die Bücher führen; *gøre ~ for ngt.* über etw Rechenschaft ablegen; *opgøre ~et* die Rechnung abschließen, die Bilanz ziehen, abrechnen (*á fig*)

regnskabs|bog [ˈʀaɪnsgaːbsbɔːˀw] Rechnungsbuch *n*; **~år** [-ɔːˀʀ] Rechnungsjahr *n*, Geschäftsjahr *n*

regn|skov [ˈʀaɪnsgɔuˀ] Regenwald *m*; **~skyl** [-sgøl] Regenguss *m*; **~slag** [-slaːˀ] Regenumhang *m*, Regencape *n*; **~tid** [-tiðˀ] Regenzeit *f*; **~tæt** [-ted] regendicht; **~vejr** [-vɛːˀʀ] Regen(wetter) *m(n)*; **~vejrsdag** [-vɛːˀʀsda:ˀ] Regentag *m*, regnerischer Tag

regres [ʀɛˈgʀɛs] ⟨*-sen; -ser*⟩ Regress *m*; **~siv** [ˈʀɛgʀɛsiːˀv] regressiv

regula|tiv [ʀegulaˈtiːˀv] ⟨*-et; -er*⟩ Regulativ *n*, Vorschrift *f*, Verordnung *f*; **~tor** [-ˈlaːtɔʀ] ⟨*-en; -er*⟩ Regulator *m*, Regler *m*

reguler|bar [ʀeguˈleːˀʀbaːˀʀ] regulierbar; **~e** [-ˈleːˀʀə] regeln, regulieren; **~ing** [-ˈleːˀʀeŋ] ⟨*-en; -er*⟩ Regulierung *f*

regulær [ʀeguˈlɛːˀʀ] regulär, regelrecht

reineclaude [ʀɛnəˈkloːðə] ⟨*-n; -r*⟩ BOT Reneklode *f*

reje [ˈʀaiˀə] ⟨*-n; -r*⟩ Garnele *f*, Krabbe *f*; *ikke en rød ~* F *fig* keinen roten Heller, keine müde Mark; **~cocktail** [-ˈkɔgteil] Krabbencocktail *m*; **~hop** [-hɔb] Hopser *m*; **~mad** [-mað] Krabbenbrot *n*

rejicere [ʀeɟiˈseːˀʀə] *Prüfling:* durchfallen lassen

rejnfan [ˈʀaɪnfaŋ] ⟨*-en*⟩ → *regnfang*

rejse[1] [ˈʀaiˀsə] ⟨*-n; -r*⟩ Reise *f*, Fahrt *f*; *god ~!, lykke på ~n!* gute (*od* glückliche) Reise!; *tage på ~* auf Reisen gehen, *e-e* Reise machen; *være på ~* auf der Reise (*od* auf Reisen) sein

rejse[2] [ˈʀaiˀsə] ⟨*-te*⟩ reisen, fahren, abreisen; gehen; *~ bort* verreisen; *~ omkring* umherreisen, herumreisen; *v/t:* aufrichten; errichten; *~ børster* sich sträuben; *~ indvendinger* Einwände erheben; *~ et mindesmærke for én* j-m ein Denkmal setzen (*od* errichten); *~ penge* Geld auftreiben; *~ et spørgsmål* *e-e* Frage aufwerfen; *v/r ~ sig* sich erheben (*a fig*), aufstehen; sich aufrichten; *hårene ~r sig på mit hoved* die Haare stehen mir zu Berge

rejse|beskrivelse [ˈʀaiˀsəbeˈsgʀiːˀvəlsə] Reisebeschreibung *f*; **~bureau** [-byˈʀoː] Reisebüro *n*; **~check** [-ʃeg] Reisescheck *m*; **~fælle** [-fɛlə] Reisegefährte *m*, Reisegefährtin *f*; **~færdig** [-fɛːˀʀði] reisefertig

rejsegilde [ˈʀaiˀsəgilə] Richtfest *n*

rejsegods [ˈʀaiˀsəgɔs] Reisegepäck *n*; **~bevis** [-beˈviːˀs] Gepäckschein *m*; **~ekspedition** [-egsbediˈsjoːˀn] Gepäckabfertigung *f*; **~forsikring** [-fɔʀˈsegʀeŋ] Reisegepäckversicherung *f*

rejse|hjemmel [ˈʀaiˀsəjemˀəl] Fahrausweis *m*; **~klar** [-klaːˀʀ] → *rejsefærdig;*

~leder [-le:ðər] Reiseleiter(in) m(f); **~ly-**
sten [-løsdən] reiselustig; **~nde** [-nə]
⟨en⟩ Reisende(r) m, Fahrgast m; Han-
delsreisende(r) m; **~pas** [-pas] Reisepass
m; fig Laufpass m; **~selskab** [-selsgaːˀb]
Reisegesellschaft f; **~vant** [-vanˀd] ans
Reisen gewöhnt

rejsning [ˈrɑisneŋ] ⟨-en; -er⟩ Aufrichtung
f, Errichtung f; Erhebung f, Aufstand m;
Haltung f; Erektion f

reklame [reˈklaːmə] ⟨-n; -r⟩ Reklame f,
Werbung f; **gøre~ for ngt.** für etw werben
(od Reklame machen); **~brochure**
[-broˈsjyːrə] Werbeprospekt m; **~bu-**
reau [-byˈro] Werbeagentur f; **~chef**
[-sjeːˀf] Werbeleiter(in) m(f); **~(fag)-**
mand [-(ˈf)awˀman?] Werbefachmann
m; **~film** [-filˀm] Werbefilm m; **~re** [-kla-
ˈmeːˀrə] ØKON werben, reklamieren, beanstanden

rekognoscere [rekɔwnoˈseːˀrə] MIL er-
kunden; auskundschaften; **~ing** [-ˈseːˀ-
reŋ] ⟨-en; -er⟩ Aufklärung f, Erkundung
f; **~ingsfly** [-ˈseːˀreŋsflyːˀ] Aufklä-
rungsflugzeug n, Aufklärer m

rekommandation [rekɔmandaˈsjoːˀn]
⟨-en; -er⟩ Empfehlung f

rekommandere [rekɔmanˈdeːˀrə] empfehlen; Post: einschreiben; **~t brev** Einschreiben n, Einschreibebrief m

rekonstruere [rekɔnsdruˈeːˀrə] rekonst-
ruieren

rekonvalescent [rekɔnvaləˈsɛnˀd] ⟨-en;
-er⟩ Rekonvaleszent(in) m(f); **~hjem**
[-jemˀ] Genesungsheim n, Kurklinik f
Rehaklinik f

rekord [reˈkɔrd] ⟨-en; -er⟩ Rekord m (a
fig); **forbedre (slå, sætte) en ~** en Rekord verbessern (brechen, aufstellen);
~holder [-hɔlər] Rekordhalter(in) m(f);
~indehaver [-enəha:ˀvər] Rekordinhaber(in) m(f); **~præ-**
station [-prɛsdaˈsjoːˀn] Rekordleistung
f, Spitzenleistung f; **~stor** [-sdoːˀr] Re-
kord-; **~høst** Rekordernte f; **~tid** [-tiðˀ]
Rekordzeit f

rekreation [rekrɛaˈsjoːˀn] ⟨-en; -er⟩ Er-
holung f

rekreationshjem [rekrɛaˈsjoːˀnsjemˀ]
Erholungsheim n, Sanatorium n

rekreativ [ˈrekrɛatiːˀv] **~t område** Erho-
lungsgebiet n

rekreere [rekreˈeːˀrə]; **~ sig** sich erholen
rekrut [reˈkrud] ⟨-ten; -ter⟩ MIL Rekrut m
rekruttere [rekruˈteːˀrə] rekrutieren
rektangel [ˈregdaŋˀəl] ⟨rektang(e)let;
rektangler⟩ GEOM Rechteck n; **~ulær**
[-taŋguˈlɛːˀr] rechteckig

rektor [ˈregtɔr] ⟨-en; -er⟩ höhere Schule:
Direktor(in) m(f), Schulleiter(in) m(f);
Universität: Rektor(in) m(f), Präsiden-
t(in) m(f)

rekvirere [rekviˈreːˀrə] anfordern, bestellen; JUR beantragen; **~sit** [-ˈsid]
⟨-ten; -ter⟩ Requisit n, Zubehör n; **~si-**
tion [-siˈsjoːˀn] ⟨-en; -er⟩ Bestellung f,
~sitionsseddel [-siˈsjoːˀnˀseðˀəl] Bestellschein m; **~sitør** [-siˈtøːˀr] ⟨-en;
-er⟩ THEA Requisiteur m

relation [relaˈsjoːˀn] ⟨-en; -er⟩ Relation f,
Beziehung f

relativ [ˈrelatiːˀv] relativ, verhältnismä-
ßig; GRAM rückbezüglich; **~(is)ere** [rela-
tiˈveːˀrə, -viˈseːˀrə] relativieren; **~itets-**
teori [-tiviˈteːˀsteoˈriːˀ] ⟨-en⟩ Relati-
vitätstheorie f; **~sætning** [-sædneŋ] Re-
lativsatz m

relevans [reləˈvanˀs] ⟨-en; -er⟩ Relevanz
f; **~t** [-ˈvanˀd] relevant

relief [reliˈɛf] ⟨-fet; -fer⟩ Relief n

religionsfrihed [religiˈoːˀnsfrihe:ðˀ]
Religionsfreiheit f; **~undervisning** [-ˈon-
ərviːˀsneŋ] Religionsunterricht m

religiøs [religiˈøːˀs] religiös; **~itet** [-giø-
siˈteːˀd] ⟨-en⟩ Religiosität f

relikt [reˈligd] ⟨-en od -et; -er⟩ Relikt n,
Überbleibsel n

relikvie [reˈliːˀkviə] ⟨-n od -t; -r⟩ Reliquie
f (a fig); **~gemme** [-gemə], **~skrin**
[-sgriːˀn] Reliquienschrein m

relæ [reˈlɛːˀ] ⟨-et; -er⟩ EL Relais n

rem [remˀ] ⟨-men; -me⟩ Riemen m; Gürtel m; **alt hvad ~mer og tøj kan holde**
was das Zeug hält

remedier [reˈmeðˀjər] pl Utensilien pl

remise [reˈmiːsə] ⟨-n; -r⟩ Verkehr: Lok(o-
motiv)schuppen m, Depot(halle f)

remse¹ [ˈremsə] ⟨-n; -r⟩ Merkspruch m,
Merkvers m; fig Litanei f; **kunne ngt.**
på ~ etw auswendig können/wie am
Schnürchen hersagen

remse² [ˈremsə]; **~ op** aufsagen, ableiten
ren¹ [reˀn] ⟨-en; -er⟩ Ren(tier) n

ren² [reˀn] rein, sauber (a fig), frisch; **gi-**
ve én ~ besked fig j-m reinen Wein einschenken; **af ~ og skær misundelse** aus
lauter (od purem) Neid; **~t ud sagt** offen
gesagt; **~t umuligt** schier unmöglich; **det**
~e vanvid helle(r) Wahnsinn m; **det ~e**
vrøvl bare(r) (od lauter) Unsinn m, rei-
ne(r) Blödsinn m; **gøre ~t** sauber machen, putzen; **tale ~t** fehlerfrei (od sauber) sprechen; **bringe på det ~e** ins Reine bringen, klären; **komme på det ~e**
med ngt. sich über etw klar werden

R

rend [ʀɛnʔ] ⟨-et⟩ Gerenne n, Kommen und Gehen n; *stikke i ~* losrennen

rende¹ ['ʀɛnə] ⟨-n; -r⟩ Rinne f; NAUT Fahrrinne f

rende² ['ʀɛnə] ⟨-te⟩ rennen, laufen; *du kan ~ og hoppe!* F rutsch mir den Buckel runter!; *~ sin vej* sich davonmachen, F sich aus dem Staub machen; *~ livet af sig* F sich (D) die Seele aus dem Leib rennen; *~ med sladder* fig klatschen; *~ omkuld (od over ende)* umrennen, über den Haufen rennen; *~ på én* j-n zufällig treffen; *~ én på dørene* j-m das Haus/die Bude einrennen

rende|maske ['ʀɛnəmasɡə] *Strumpf*: Laufmasche f; F Herumtreiberin f; **~ri** [-'ʀiːʔ] ⟨-et; -er⟩ Lauferei f, Rennerei f

rendesten ['ʀɛnəsdeˌʔn] Rinnstein m, Gosse f; *smide pengene i ~en* F fig das Geld zum Fenster hinauswerfen

rendestenssprog ['ʀɛnəsdeːnsbʀɔˌʔw] Gossensprache f

rendyrket ['ʀeˈndyʀɡəð] fig in Reinkultur, ausgemacht, unverfälscht

renfærdig [ʀɛnˈfɛʀʔdi] fig lauter; anständig, ehrsam

rengør|e ['ʀɛnɡœːʔʀə] sauber machen, putzen; **~ing** [-ɡœˌʔʀɛŋ] ⟨-en; -er⟩ Rein(e)machen n; Säubern n

rengørings|assistent [ʀɛnɡœːʔʀɛŋsasiˈsdɛnˈʔd], **~dame** [-daˌmə] Putzfrau f, Raumpflegerin f; **~dille** [-dilə] F Putzfimmel m; **~kone** [-koːnə] Rein(e)machefrau f, Putzfrau f

ren|hed ['ʀɛnːheðˌʔ] ⟨-en⟩ Reinheit f, Sauberkeit f; **~holdelse** [-hɔlʔəlsə] ⟨-n⟩ Reinhaltung f, Sauberhalten n; **~kultur** [-kulˈtuːʔʀ] Reinkultur f; *i ~* fig unverfälscht

renlig ['ʀɛnli] reinlich, sauber

renlivet ['ʀɛnliːʔvəð] echt, unverfälscht

renomme, renommé [ʀenoˈme] ⟨-⟩ Renommee n, Ruf m, Leumund m

renoncere [ʀənɔŋˈseːʔʀə] verzichten (*på*/auf A)

renovation [ʀenovaˈsjoːʔn] ⟨-en; -er⟩ Müllabfuhr f

renovations|arbejder [ʀenovaˈsjoːʔnsˈaʀbaɪˈʔdəʀ] Müllwerker m, F Müllmann m; **~vogn** [-vɔwˈn] Müllwagen m

renover|e [ʀenoˈveːʔʀə] renovieren; **~ing** [-'veːʔʀɛŋ] ⟨-en; -er⟩ Renovierung f

rens [ʀɛnˈs] *Abk. für* Reinigung f

rensdyr ['ʀɛnˈsdyˌʔʀ] Rentier n

rense ['ʀɛnsə] reinigen, säubern (*a* fig); klären, läutern; *~ ud* säubern (*a* fig); **~an|læg** [-anˈlɛːʔɡ] Kläranlage f; **~creme,**

~krem [-kʀɛˌʔm] Reinigungscreme f; **~ri** [-'ʀiːʔ] ⟨-et; -er⟩ Reinigung(sanstalt) f

renskri|ft ['ʀɛnsɡʀefd] Reinschrift f; **~ve** [-sɡʀiːʔvə] ins Reine schreiben

rensning ['ʀɛnsneŋ] ⟨-en; -er⟩ Reinigung f, Säuberung f

rensningsanlæg ['ʀɛnsneŋsˈanlɛːʔɡ] → **renseanlæg**

rentabel [ʀɛnˈtaːʔbəl] rentabel

rente ['ʀɛndə] ⟨-n; -r⟩ ÖKON Zins m; **~s ~** Zinseszins m; **~bærende** [-bɛːʔʀənə] verzinslich; **~fod** [-foːʔð] Zinsfuß m; **~fri** [-fʀiːʔ] zinslos, unverzinslich; **~penge** [-pɛŋə] pl Zinsen m/pl

rentesregning ['ʀɛndəsʀaɪnəŋ] Zinsrechnung f

renvaske ['ʀɛːnvasɡə] sauber waschen; fig rein waschen, weißwaschen

renæssance [ʀɛnɛˈsɑŋsə] ⟨-n; -r⟩ Renaissance f

reol [ʀɛˈoːʔl] ⟨-en; -er⟩ Regal n, Bücherbord n; **~seng** [-sɛŋˈ] Wandklappbett n

reparat|ion [ʀepɑʀɑˈsjoːʔn] ⟨-en; -er⟩ Reparatur f, Ausbesserung f, Überholung f; *sende til ~* in Reparatur geben; **~tions|værksted** [-ʀɑˈsjoːʔnsvɛʀgsdeð] Reparaturwerkstatt f; **~tør** [-ʀɑˈtœːʔʀ] ⟨-en; -er⟩ Schlosser m, Mechaniker m

reparere [ʀepɑˈʀeːʔʀə] reparieren, ausbessern; *få ~t* reparieren lassen

repetere [ʀepeˈteːʔʀə] repetieren, wiederholen

replik [ʀeˈplig] ⟨-ken; -ker⟩ THEA Dialogstelle f, (Rollen)Text m; Replik f, Erwiderung f, Entgegnung f; **~skifte** [-sgifdə] Wortwechsel m

report|age [ʀepɔʀˈtaːsjə] ⟨-n; -r⟩ Reportage f, Berichterstattung f; **~er** [-'pɔʀdəʀ] ⟨-en; -e⟩ Berichterstatter(in) m(f), Reporter(in) m(f); **~ere** [-pɔʀˈteːʔʀə] berichten

repos [ʀɛˈpo] ⟨-en; -er⟩ Treppenabsatz m

repressalie [ʀepʀɛˈsaːliə] ⟨-n; -r⟩ Repressalie f, Vergeltungsmaßnahme f

reproducer|bar [ʀepʀoduˈseːʔʀbɑːʔʀ] reproduzierbar; **~e** [-seːʔʀə] reproduzieren

repræsentant [ʀepʀɛsɛnˈtanˈʔd] ⟨-en; -er⟩ Repräsentant(in) m(f), Vertreter(in) m(f) (*a* ÖKON); **~skab** [-sgaːʔb] ⟨-et; -er⟩ Verwaltungsrat m, Delegiertenversammlung f

repræsent|ation [ʀepʀɛsɛntaˈsjoːʔn] ⟨-en; -er⟩ Vertretung f, Repräsentation f; **~ere** [-ˈteːʔʀə] vertreten, repräsentieren; darstellen

reps [ʀɛbs] ⟨-et⟩ *Stoff*: Rips m

reptil [ʀɛb'ti:ʔl] ⟨-et; -er⟩ Reptil n

republik [ʀepu'blig] ⟨-ken; -ker⟩ Republik f; **~ansk** [-bli'ka:ʔnsg] republikanisch

reservat [ʀɛsɛʀ'va:ʔd] ⟨-et; -er⟩ Reservat n, Schutzgebiet n; **~ion** [-va'sjo:ʔn] ⟨-en; -er⟩ Reservierung f; Vorbestellung f; Vorbehalt m; Reserviertheit f, Zurückhaltung f

reserve [ʀe'sɛʀvə] ⟨-n; -r⟩ Reserve f (a MIL); SPORT Ersatzspieler m; Geld: Rücklage f; **~beholdning** [-be'hɔlʔnen] Vorrat m; Rücklage f; **~del** [-de:ʔl] Ersatzteil n; **~hjul** [-ju:ʔl] Ersatzrad n; **~læge** [-lɛ:ə] Assistenzarzt m; **~re** [-sɛʀ've:ʔʀə] reservieren; vorbestellen; vormerken; Karten zurücklegen; **~r(e)t** [-sɛʀ've:ʔʀɔð, -sɛʀ-veʀ'ɔ̈d] reserviert, zurückhaltend; **~ring** [-sɛʀ've:ʔʀeŋ] ⟨-en; -er⟩ Reservierung f; **~sæde** [-sɛ:ðə] Notsitz m

reserv|ist [ʀɛsɛʀ'visd] ⟨-en; -er⟩ MIL Reservist m; **~oir** [-vo'ɑːʀ] ⟨-et; -er⟩ Sammelbecken n, Wasserspeicher m

residens [ʀesi'dɛnʔs] ⟨-en; -er⟩ Residenz f; **~by** [-byʔ] Residenzstadt f

resign|ation [ʀɛsigna'sjoːʔn] ⟨-en; -er⟩ Resignation f; **~ere** [-'neːʔʀə] resignieren, verzichten

resocialisere ['ʀesɔsjalise:ʔʀə] resozialisieren

resolut [ʀesoʔlud] resolut, entschlossen; **~ion** [-lu'sjo:ʔn] ⟨-en; -er⟩ Resolution f; Beschluss m

resonans [ʀeso'nanʔs] ⟨-en; -er⟩ Resonanz f (a fig); **~bund** [-bɔnʔ] MUS Resonanzboden, Schallboden m

resor|bere [ʀesɔʀ'be:ʔʀə] resorbieren; **~ptionsevne** [-sɔʀb'sjo:ʔnseʊnə] Resorptionsfähigkeit f

resp. Abk. für respektive

respekt [ʀe'sbɛgd] ⟨-en⟩ Respekt m, (Hoch)Achtung f; **~abel** [-sbɛg'taːʔbəl] respektabel, achtbar; beachtlich; **~ere** [-sbɛg'teːʔʀə] respektieren, achten, anerkennen; **~fuld** [-fulʔ] respektvoll; **~indgydende** [-engy'ʔðənə] respekteinflößend; **~iv** ['ʀesbɛgti:ʔv] jeweilig; **~ive** ['ʀesbɛgti:ʔvə] (Abk. resp.) beziehungsweise (Abk. bzw.); **~løs** [-løːʔs] respektlos; **~stridig** [-sbɛ:ʔði] respektwidrig

respit [ʀe'sbid] ⟨-ten; -ter⟩ ÖKON Stundung f, Zahlungsaufschub m; Segelsport: Handicap n

respons [ʀe'sbɔnʔs] ⟨-en od -et; -er⟩ fig Widerhall m, Anklang m; **~um** [-'sbɔnsom] ⟨-(m)er; -(m)er od responsa⟩ Gutachten n

n, Überrest m; **for~en** übrigens; **have til ~** übrig haben

restance [ʀe'sdɑnsə] ⟨-n; -r⟩ Verzug m, Rückstand m; **~r** pl Außenstände pl

restaura|nt [ʀesdaʊ'ʀanʔ] ⟨-en; -er⟩ Restaurant n, Gaststätte f, Lokal n; **~tion** [-ʀa'sjoːʔn] ⟨-en; -er⟩ Restaurant n, (Gast)Wirtschaft f; Kunst, ARCH Restauration f, Restaurierung f; **~tor** [-'ʀɑːtɔʀ] ⟨-en; -er⟩ Restaurator m; **~tør** [-ʀɑ'tøːʔʀ] ⟨-en; -er⟩ Gastwirt m

restaurere [ʀesdaʊ'ʀe:ʔʀə] restaurieren, wiederherstellen

rest|beholdning ['ʀesdbe'hɔlʔnen] Restbestand m; **~beløb** [-be'løːʔb] Restbetrag m

restere [ʀe'sde:ʔʀə] übrig sein; **~nde** restlich; **~nde gæld** Restschulden pl

restparti ['ʀesdpaʀti:ʔ] Restposten m

restriktion [ʀesdʀig'sjoːʔn] ⟨-en; -er⟩ Einschränkung f, Beschränkung f

restskat ['ʀesdsgad] Steuernachzahlung f

resultat [ʀesul'ta:ʔd] ⟨-et; -er⟩ Resultat n, Ergebnis n; Erkenntnis f; **dårligt ~** Misserfolg m; **endeligt ~** Endergebnis n; **uden ~** erfolglos, **~løs** [-løːʔs] erfolglos, ergebnislos; **~rig** [-ʀiːʔ] erfolgreich, ergebnisreich

resume, resumé [ʀesy'me] ⟨resumeet; resumeer⟩ Resümee n, Zusammenfassung f

ret¹ [ʀɛd] ⟨-ten⟩ Recht n; Anrecht n; Stoff: rechte Seite f; Außenseite f; **få ~** recht behalten; **give ~** recht geben; **have ~** recht haben; **det har du ~ i** da hast du recht; **have ~ til** ein Recht auf (od zu) etw haben; **komme til sin ~** zur Geltung kommen; **gå i ~te med én** fig mit j-m ins Gericht gehen; **med ~te** mit (vollem) Recht; **finde sig til ~te** sich zurechtfinden; **komme til ~te** zurechtkommen (med/mit D); **lægge til ~te** zurechtlegen; **vise til ~te** zurechtweisen; zurechthelfen

ret² [ʀɛd] ⟨-ten; -ter⟩ GASTR Gericht n, Gang m; JUR Gericht n; **tage for sig af ~terne** zugreifen, zulangen, sich bedienen; F (i einhauen; **dagens ~** das Tagesgericht; **ad ~tens vej** auf dem Rechtswege

ret³ [ʀɛd] adj gerade; recht (a GEOM), richtig, wahr; Behörde: zuständig; **den ~te (mand)** der Rechte, der rechte/richtige Mann; **i ~te tid** rechtzeitig; **to ~, to vrang** (Stricken) 2 rechts, 2 links

ret⁴ [ʀɛd] adv: **stå ~** gerade stehen (od strammstehen); **(alle) ~!** MIL stillgestanden!; **det er ~ godt** das ist ganz (od recht *od* ziemlich) gut; *ikke ~ stor* nicht besonders groß; *~ som han kom* gerade als er kam; *~tere sagt* besser gesagt, vielmehr

retfærdig [REdˈfɛʁˀdi] gerecht; **~gøre** [-gœːˀʁə] rechtfertigen; **~hed** [-heːˀðˀ] ⟨*en*⟩ Gerechtigkeit *f*; **~vis** [-viːˀs] gerechterweise

rethaveri [REdhavaˈʁiːˀ] ⟨*et; -er*⟩ Rechthaberei *f*; **~isk** [-ha:ˀvəʁisg] rechthaberisch

retirere [Retiˈʁeːˀʁə] sich zurückziehen; *scherzh* retirieren

ret|lede [ˈREdleːˀðə] belehren, leiten, lenken; **~lig** [-li] rechtlich, **~linet** [-liːˀnəðˀ] geradsinnig, unbestechlich; *fig* geradlinig; **~liniet, ~linjet** [-linˀjəðˀ] *Dreieck:* geradlinig; **~maske** [-masgə] *Stricken:* Rechtsmasche *f*; **~mæssig** [-mɛːˀsi] rechtmäßig, rechtlich

retning [ˈREdneŋ] ⟨*en*⟩ *-er*⟩ Richtung *f*; Hinsicht *f*; *i ~ af skoven* nach dem Wald zu, Richtung Wald

retningsgivende [ˈREdnəŋsgiːˀvənə] richtunggebend, richtungweisend; *~ pris* (empfohlener) Richtpreis *m*

retnings|linier, ~linjer [ˈREdnəŋslinjəʁ] *pl* Richtlinien *f/pl*

retorisk [Reˈtoːˀʁisg] rhetorisch

retort [Reˈtɔʁd] ⟨*en; -er*⟩ Retorte *f*

retouch|e [Reˈtuʃ] ⟨*en*⟩ FOT Retusche *f*; **~ere** [-tuˈʃeːˀʁə] retuschieren

retræte [Reˈtʁɛːˀðə] ⟨*-n; -r*⟩ MIL Rückzug *m*; Zapfenstreich *m*; *fig* Rückzieher *m*

retsbelæring [ˈREdsbeˀleːˀʁen] Rechtsbelehrung *f*

retsforfølg|else [ˈREdsfɔʁˀføˀlˀjəlsə], **~ning** [-fɔʁˀføˀlˀjnen] gerichtliche(s) Verfahren *n*

rets|forhandling [ˈREdsfɔʁˀhanˀleŋ] Gerichtsverhandlung *f*; **~formand** [-fɔʁman] Vorsitzende(r) *m* des Gerichts; **~gyldig** [-gylˀdi] rechtsgültig, rechtswirksam; **~hjælp** [-jelˀb] Rechtsbeistand *m*, Rechtsberatung *f*; **~hjælpsforsikring** [-jelbsfɔʁˀsegʁen] Rechtsschutzversicherung *f*

retside [ˈREdsiːðə] *Stoff:* rechte Seite *f*

retsind [ˈREdsenˀ] → *retsindighed*

retsindig [REdˈsenˀdi] geradsinnig, redlich; **~hed** [-heːˀðˀ] ⟨*en*⟩ Redlichkeit *f*

retskaffen [ˈREdsgafən] rechtschaffen; **~hed** [-heːˀðˀ] ⟨*en*⟩ Rechtschaffenheit *f*

rets|kendelse [ˈREdsken̩əlsə] Gerichtsbeschluss *m*; **~kreds** [-kʁɛːˀs] Gerichtsbezirk *m*

retskrivning [ˈREdsgʁiːˀvnen] Rechtschreibung *f*

retskrivnings|fejl [ˈREdsgʁiː-ˀvnensfaiˀl] Rechtschreibfehler *m*; **~ordbog** [-oːʁbɔːˀw] Rechtschreib(wörter)buch *n*

rets|kyndig [ˈREdskønˀdi] rechtskundig; **~lig** [-li] gerichtlich; gesetzlich; **~læge** [-lɛːˀ(j)ə] Gerichtsmediziner *m*; **~lærd** [-lɛːˀʁd] rechtsgelehrt; Rechtsgelehrte(r) *m*, Jurist *m*; **~løs** [-løˀs] rechtlos; **~medicin** [-mediˀsiˀn] Gerichtsmedizin *f*, Rechtsmedizin *f*; **~møde** [-møːðə] (Gerichts)Termin *m*, Gerichtsverhandlung *f*; **~pleje** [-pluiˀə] Rechtspflege *f*; **~præsident** [-pʁesiˀdɛnˀd] (Gerichts)Vorsitzende(r) *m*; **~sag** [-saˀ] Gerichtsverfahren *n*, Rechtsstreit *m*

rets|sal [ˈREdssaˀl] Gerichtssaal *m*; **~stat** [-sdaˀd] Rechtsstaat *m*; **~stridig** [-sdʁiːði] rechtswidrig, widerrechtlich; **~videnskab** [-viːˀðənsgaˀb] Rechtswissenschaft *f*, **~væsen** [-vɛːˀsən] Rechtswesen *n*, Justiz *f*

rette [ˈREdə] richten (*a fig*); gerade machen; verbessern, berichtigen, korrigieren; *~ sin opmærksomhed mod ngt. s-e* Aufmerksamkeit auf *etw* (*A*) richten; *~ sig efter én* sich nach *j-m* richten; *~ an* Essen anrichten; *~ op* aufrichten; *~ ud* Blech ausbeulen; *finde sig til ~* sich zurechtfinden; **~lig** [-li] richtig, rechtmäßig; **~lse** [-lsə] Berichtigung *f*, Verbesserung *f*

rette|snor [ˈREdəsnoːˀʁ] Richtschnur *f*; **~tast(e)** [-tasd(ə)] Korrekturtaste *f*

rettidig [ˈREdtiˀði] rechtzeitig, fristgerecht

retthed [ˈREdiheˀðˀ] ⟨*en; -er*⟩ Recht *n*; *tab af de borgerlige ~er* Ehrverlust *m*

rettroen|de [ˈREdtʁoˀənə] rechtgläubig, strenggläubig; **~hed** [-tʁoːˀənheˀðˀ] ⟨*en*⟩ Rechtgläubigkeit *f*

rettænkende [ˈREdtenˀgənə] rechtschaffen, redlich

retur¹ [Reˈtuːˀʁ] ⟨*en*⟩ Rückfahrt *f*; → *tur*; *hendes indflydelse er på ~* ihr Einfluss schwindet immer mehr; *han er på ~* F sein Stern ist im Sinken (begriffen)

retur² [Reˈtuːˀʁ] zurück; *en København ~!* BAHN F einmal Kopenhagen und zurück!

retur|billet [Reˈtuːˀʁbilˀed] BAHN Rückfahrkarte *f*; **~flaske** [-flasgə] Pfandflasche *f*, Mehrwegflasche *f*; **~kamp** [-kamˀb] SPORT Rückspiel *n*

returnere [Retuʁˈneːˀʁə] zurückschicken, zurücksenden; zurückkehren

retur|pant [Reˈtuːˀʁpanˀd] *Flasche usw:* Pfand *m*; **~porto** [-pɔʁto] Rückporto *n*;

~ret [-rɛd] Rückgaberecht n

retvinklet ['rɛdveŋˀgləð] GEOM rechtwinklig

reumatis|k [rɔiˀmaːˀtisg] MED rheumatisch; **~me** [-maˀtismə] ⟨-n⟩ Rheuma(tismus) n(m)

rev¹ [rɛʊ] ⟨-et; -⟩ Riff n

rev² [rɛːˀv] → **rive²**

revalide|nd [rɛvaliˀdɛnˀd] ⟨-en; -er⟩ Rehabilitand(in) m(f); **~re** [-ˀdeːˀrə] rehabilitieren; **~ringscenter** [-ˀrɛŋsɛnˀdər] Rehabilitationszentrum n

revaluere [rɛvaluˀeːˀrə] ÖKON revalvieren, aufwerten

revanche [rɛˀvaŋsjə] ⟨-n; -r⟩ Revanche f; **~tage** ~ sich revanchieren; **~kamp** [-kamˀb] SPORT Revanchespiel n

revanchere [rɛvaŋˀsjeːˀrə]: **~ sig** sich revanchieren

reverenter [rɛvəˀrɛnˀdər]: **~ talt** mit Respekt zu sagen

revers¹ [rɛˀvɛrs] ⟨-er⟩ Kehrseite f, Revers m

revers² [rɛˀvɛrs, rɛˀveːr] ⟨-en od -et; -er⟩ Jacke: Aufschlag m, Revers n, m

revet [rɛˀvəð] → **rive²**

revidere [rɛviˀdeːˀrə] revidieren, (über)prüfen, verbessern

revir [rɛˀviːˀr] ⟨-et; -er⟩ Revier n

revision [rɛviˀsjoːˀn] ⟨-en; -er⟩ Revision f, (Über)Prüfung f

revisor [rɛˀviːsɔr] ⟨-en; -er⟩ Wirtschaftsprüfer m, Bücherrevisor m, Rechnungsprüfer m, Steuerberater m

revle [ˀrɛʊlə] ⟨-n; -r⟩ Sandbank f

revne¹ [ˀrɛʊnə] ⟨-n; -r⟩ Riss m, Sprung m, Spalt m; **slå ~r** Sprünge (od Risse) bekommen

revne² [ˀrɛʊnə] platzen, bersten, zerspringen, aufplatzen; **~t** rissig; **~nde ligegyldigt f** vollkommen egal

revnefærdig [ˀrɛʊnəfɛrˀdi]: **være ~ af nysgerrighed f** vor Neugier bald (od fast) platzen

revolution [rɛvoluˀsjoːˀn] ⟨-en; -er⟩ Revolution f; **~ere** [-sjoˀneːˀrə] revolutionieren, grundlegend verändern; **~ær** [-sjoˀneːˀr] revolutionär; Revolutionär m

revolver [rɛˀvɔlˀvər] ⟨-en; -e⟩ Revolver m

revse [ˀrɛʊsə] züchtigen; tadeln; **~lse** [-lsə] ⟨-n; -r⟩ Züchtigung f; Tadel m

revy [rɛˀvy] ⟨-en; -er⟩ Revue f; Truppenschau f, Truppenparade f; **lade passere ~** Revue passieren lassen

Rhinen [ˀriːˀnən] der Rhein

rhinsk [riːˀnsg] rheinisch; **~vin** [ˀrɛnsgviːˀn] Rheinwein m

ri [riːˀ] heften, reihen

ribbe¹ [ˀribə] ⟨-n; -r⟩ Rippe f (a BOT); **~rne** pl SPORT die Sprossenwand

ribbe² [ˀribə] pflücken, rupfen; Bohnen abfädeln; fig plündern

ribben [ˀribəˀn] ANAT Rippe f

ribbensteg [ˀribeːnsdaiˀ] (gebratene) Schweinerippchen pl

ribs [rɛbs] ⟨-et; -⟩ Johannisbeere f; **~busk** [ˀbusg] Johannisbeerstrauch m

ribstrikket [ˀribsdrɛgəð] im Rippenmuster gestrickt

ridder [ˀriðˀər] ⟨-en; -e⟩ Ritter m; **arme ~e** GASTR arme Ritter; **slå sig til ~ på ngt.** sich mit etw hervortun; **~ af Dannebrog** Ritter m des Dannebrogordens

ridderlig [ˀriðˀərli] ritterlich

riddersmand [ˀriðˀərsmanˀ] Ritter(smann) m, Kavalier m

ride [ˀriːðə] ⟨red; redet⟩ reiten; **~ ranke →** **ranke²**; **~ stormen af** NAUT den Sturm abwettern; fig sich durch e-e schwierige Lage hindurchmanövrieren; **~ til** zureiten; **komme ~nde** geritten kommen

ride|bukser [ˀriːðəbɔgsˀər] pl Breeches pl, Reithose f; **~hest** [-hɛsd] Reitpferd n; **~pisk** [-pisg] Reitpeitsche f; **~sti** [-sdiːˀ] Reitweg m; **~tur** [-tuːˀr] Ausritt m

ridning [ˀriːðneŋ] ⟨-en; -er⟩ Reiten n

rids [ris] ⟨-et; -⟩ Riss m; Abriss m, (kurze) Darstellung f

ridse¹ [ˀrisə] ⟨-n; -r⟩ Ritz m, F Kratzer m, Schramme f

ridse² [ˀrisə] ritzen; reißen, zeichnen

ridt [rid] ⟨-et; -⟩ Ritt m

riffel [ˀrɛfəl] ⟨rif(fe)len, rifler⟩ Büchse f, Gewehr n; **~skud** [-sguð] Gewehrschuss m

rifle [ˀrɛflə] riefe(l)n, kannelieren; **~t** [-ð] rieflig, geriffelt

rift [rɛfd] ⟨-en; -er⟩ Schramme f, Riss m; **der er ~ om det** man reißt sich darum

rig [rig] ⟨-en; -e⟩ NAUT Takelung f

rig² [riːˀ] reich (**på/an** D)

rigdom [ˀriːdɔmˀ] ⟨-men; -me⟩ Reichtum m (**på/an** D), Fülle f (**på/von** D)

rige [ˀriːə] ⟨-t; -r⟩ Reich n

rigelig [ˀriːəli] reichlich; ausgiebig

rigge [ˀrɛgə] NAUT takeln; **~ sig til** (od **ud**) sich herausputzen, F sich auftakeln

righoldig [ˀrihɔlˀdi] reichhaltig

rigmand [ˀriːmanˀ] Reiche(r) m

rigmands|tilværelse [ˀriːmanstɛlveːˀrəlsə] Luxusdasein n; **~villa** [-vila] No-

R

belvilla *f*

rigning ['ri:gnen] ⟨-en; -er⟩ NAUT Takelage *f*

rigsdag ['ri:sda:ˀ] HIST Reichstag *m*

rigs|dansk ['ri:sdanˀsg] *Sprache:* Hochdänisch *n*; **~sprog** [-sbrɔ:ˀw] Hochsprache *f*; **~våben** [-vɔ:ˀbən] Reichswappen *n*

rigtig ['regdi] richtig, recht; echt, wahr; *det er ~t* es ist richtig, es stimmt; *det går ikke ~ til* es geht nicht mit rechten Dingen zu; *er du ~ klog!* du bist wohl nicht recht bei Trost!; **~ god fornøjelse** recht viel Spaß!; **~hed** [-heðˀ] ⟨-en⟩ Richtigkeit *f*; **~nok** [-nɔg] allerdings, zwar; wahrhaftig, in der Tat

rille[1] ['rilə] ⟨-n; -r⟩ Rille *f*

rille[2] ['rilə] rillen

rim[1] [ri:ˀm] ⟨-en; -⟩ Reif *m*

rim[2] [ri:ˀm] ⟨-et; -⟩ Reim *m*

rime ['ri:mə] reimen; sich reimen

rimelig ['ri:məli] billig, fair; vernünftig, angemessen; wahrscheinlich; **~hed** [-heðˀ] ⟨-en⟩ Angemessenheit *f*; **~vis** [-vi:ˀs] wahrscheinlich, vermutlich

rimfri ['ri:mfri:ˀ] *Gedicht:* ungereimt, reimlos

rimfrost ['ri:mfrɔsd] Raureif *m*

rimpe ['rempə] lose annähen, heften; **~ sammen** schlecht zusammennähen; *Mund* zusammenschieben

rimtåge ['ri:mtɔ:wə] Frostnebel *m*

rinde ['renə] ⟨*randt; rundet*⟩ rinnen, fließen; *Auge:* triefen; *Zeit:* verstreichen; **~ væarelse med ~nde vand** Zimmer mit fließendem Wasser; *det randt mig i hu* lit es kam mir in den Sinn

ring [reŋˀ] ⟨-en; -e⟩ Ring *m*; Kreis *m*; Reifen *m*

ring|bind ['reŋben] Ordner *m*, Schnellhefter *m*; **~brynje** [-brynjə] HIST Ringpanzer *m*, Panzerhemd *n*; **~due** [-du:ə] Ringeltaube *f*

ringe[1] ['reŋə] gering; geringfügig, knapp, wenig; niedrig; *ikke det ~ste* nicht das Geringste; *ikke i ~ste måde* nicht im Geringsten

ringe[2] ['reŋə] läuten, klingeln; anrufen, telefonieren; *ring 3 gange!* 3-mal klingeln!; **~ efter én** nach j-m telefonieren; **~ efter ngt.** etw telefonisch bestellen; *det ~r for mine ører* mir klingen die Ohren; **~ julen ind** das Weihnachtsfest einläuten; **~ én op**, **~ til én** TEL j-n anrufen; **~ solen ned** die Kirchenglocken bei Sonnenuntergang läuten; **~ på** (an der Tür) klingeln

ringeagt ['reŋˀagd] ⟨-en⟩ Geringschätzung *f*; **~e** [-ə] gering schätzen, missachten; **~ende** [-ənə] geringschätzig

ringe|apparat ['reŋəapaˈra:ˀd], **~klokke** [-klɔgə] Klingel *f*

ring|finger ['reŋfeŋˀər] Ringfinger *m*; **~forlovet** [-fɔrˈlɔ:ˀvəð] offiziell verlobt; **~formet** [-fɔrˀməð] ringförmig

ringhed ['reŋheðˀ] ⟨-en⟩: *min ~* F *scherzh m-e* Wenigkeit *f*

ringle ['reŋlə] ringeln (*sig* sich); klingeln

ring|mærke ['reŋmɛrgə] *Vogel* beringen; **~ridning** [-ri:ðnen] Ringreiten *n*, Ringelstechen *n* (*Turnierspiel*); **~vej** [-vaiˀ] Ringstraße *f*, Umgehungsstraße *f*

rippe ['ribə]: **~ op i ngt.** fig etw aufrühren, aufwärmen

ris[1] [ri:ˀs] ⟨-en; -⟩ Reis *m*

ris[2] [ri:ˀs] ⟨-et; -⟩ Reis *n*, Rute *f*; *Papier:* Ries *n*; *få ~* die Rute (*od* Schläge) bekommen; *uddele ros og ~* → *ros*[2]

risalamande [risalaˈmaŋdə] ⟨-n⟩ GASTR Mandelreis *m*

rise ['ri:sə]: **~ op** am Rosenmontag mit der Rute wecken

risen|gryn ['ri:səngryˀn] Reis *m*, Reiskörner *pl*; **~grød** [-grø:ˀ] Milchreis *m*

risik|abel [risi'ka:ˀbəl] riskant; **~ere** [-'ke:ˀrə] riskieren; aufs Spiel setzen; **~o** ['risiko] (*-en; -er od risici*) Risiko *n*; Gefahr *f*; *med den ~, at...* auf die Gefahr hin, dass ...; *på egen ~* auf eigene Gefahr

risikofyldt ['risikofylˀd] riskant

riskost ['ri:skɔsd] Reisigbesen *m*

risle ['rislə] rieseln, plätschern

rist[1] [resd] ⟨-en; -e⟩ (Brat-, Gitter)Rost *m*; metaller Fußabtreter *m*

rist[2] [resd]: *uden ~ og ro* ohne Rast und Ruh; *hverken have ~ eller ro, før ...* keine Ruhe geben, bis ...

riste ['resdə] rösten, toasten; *Runen* ritzen; *en ~t* F eine (dünne) Bratwurst; **~t brød** gerösteste(s) Brot *n*, Toast *m*

rite ['ridə] ⟨-n; -r⟩ → *ritus*

rituel [ritu'eˀl] rituell

rival [ri'va:ˀl] ⟨-en; -er⟩ Rivale *m*, Nebenbuhler *m*; **~inde** [-'val'ənə] ⟨-n; -r⟩ Rivalin *f*, Nebenbuhlerin *f*; **~isere** [-vali-'se:ˀrə] rivalisieren; **~itet** [-vali'te:ˀd] ⟨-en⟩ Rivalität *f*

rive[1] ['ri:və] ⟨-n; -r⟩ Harke *f*, Rechen *m*

rive[2] ['ri:və] ⟨*rev; revet*⟩ reißen; kratzen; reiben; ritzen; harken, rechen; **~ sig** F spendabel sein; **~ sig løs** sich losreißen; **~ vittigheder af sig** Witze reißen; **~ ngt. fra én** j-m etw entreißen; *have nok at ~* i F genug zu tun haben; **~ i stykker** zerrei-

ßen, zerfetzen; ~ **én ngt. i næsen** fig j-m
etw unter die Nase reiben; ~ **sig i håret**
sich die Haare raufen; ~ **ned** herunterreißen, abreißen; ~ **over** durchreißen; ~ **til**
sig an sich (A) reißen; ~**s om ngt.** sich
um etw reißen; ~**nde** reißend; fig gewaltig; ~**nde gal** → rivegal

rive|gal ['ri:vəgæ:ʔl] F ganz falsch; völlig
verrückt; ~**gilde** [-gilə] F heftige Auseinandersetzung f; F Lästerrunde f; ~**jern**
[-jɛɐʔn] Reibeisen n, Reibe f; F fig Drachen m; ~**nde** [-nə] → rive²

rivning ['ri:vnen] ⟨-en; -er⟩ Harken n; fig
Reiberei f

ro¹ [ro:ʔ] ⟨-en⟩ Ruhe f; **i ~ og mag** in aller
Ruhe; **tage den med ~** sich nicht übereilen; **tag det med ~!** immer mit der Ruhe!;
falde til ~ sich beruhigen; **gå til ~** schlafen
gehen; **slå sig til ~ med ngt.** sich mit etw
abfinden

ro² [ro:ʔ] rudern

robot [ro'bɔd] ⟨-ten; -ter⟩ Roboter m
robåd ['ro:bɒ:ʔð] Ruderboot n
rock [rɔg] ⟨-en⟩ mus Rock m; ~**wool**
[-'wul] Mineralwolle, Steinwolle f

rod¹ [ro:ʔð] ⟨-en; rødder⟩ Wurzel f (a
MATH); **slå rødder** Wurzeln schlagen,
wurzeln; **rykke op med ~e** mit der Wurzel ausreißen (a fig); ~**en til alt ondt** die
Wurzel allen Übels

rod² [ro:ʔð] ⟨-et⟩ Unordnung f, Durcheinander n

rodbehandling ['roðbehanʔleŋ] MED
Wurzelbehandlung f

rode¹ ['ro:ðə] ⟨-n; -r⟩ MIL Rotte f; Steuer-
bezirk m

rode² [ro:ðə] wühlen; ~ **i ngt.** in etw (D)
kramen; ~ **sig ind i etw** (A)
verwickeln; ~ **op** aufwühlen (a fig); ~
rundt herumwühlen; ~ **sammen** zusam-
menmixen, vermengen; fig durcheinanderbringen

rode|butik ['ro:ðəbu'tig] wüste(s) Durch-
einander n, fig Rumpelkammer f; ~**ho-**
ved [-ho:ðə] unordentlicher Mensch m,
F Liederjan m; ~**kasse** [-'kasə] F Kram-
kiste f; ~**kontor** [-kɔn'to:ʔr] Steueramt
n, Finanzamt n; ~**ri** [-'ri:ʔ] ⟨-et; -er⟩
Durcheinander n, Gewühl n; ~**t** [-d] unordentlich

rod|fast ['roðfasd] verwurzelt; ~**frugt**
[-frɔgd] Hackfrucht f, Knollenfrucht f;
~**fæstet** [-fɛsdɒð] fig verwurzelt, (fest)
verankert; ~**løs** [-løːʔs] fig entwurzelt

rodsammen [roð'samʔən] ⟨-et⟩ F Mischmasch m

roe ['ro:ə] ⟨-n; -r⟩ BOT Rübe f; Wunde:
Schorf m; ~**avl** [-auʔl], ~**dyrkning**
[-dyrgnen] Rübenanbau m; ~**kule**
[-ku:lə] Rübenmiete f

roer ['ro:ʔər] ⟨-en; -e⟩ Ruderer m
roesukker ['ro:əsɔgər] Rübenzucker m
rogn [rɔwʔn] ⟨-en⟩ Rogen m; Laich m
rok [rɔg] ⟨-ken; -ke⟩ Spinnrad n
rokade [ro'ka:ðə] ⟨-n; -r⟩ Schach: Rocha-
de f; fig Umstellung f

rokere [ro'ke:ʔrə] rochieren; ~ **med ngt.**
fig etw umstellen

rokke¹ ['rɔgə] ⟨-n; -r⟩ zo Rochen m
rokke² ['rɔgə] v/i wackeln; v/t (hin- und
her)bewegen; fig erschüttern; ~ **ved**
ngt. fig an etw (D) rütteln; etw zum Wanken bringen; **ikke lade sig ~ fra ngt.** sich
von etw nicht abbringen lassen; ~**tand**
[-tanʔ] Wackelzahn m

roklub ['ro:ʔklub] Ruderverein m
rolig ['ro:li] ruhig; gelassen; **bare ~!, tag**
det ~! immer mit der Ruhe!, ruhig Blut!

roligan ['ro:ligan] F bsd friedlicher dän
Fußballfan

rolle ['rɔlə] ⟨-n; -r⟩ THEA Rolle f, Part m,
Partie f; **det spiller ingen ~** fig das spielt
keine Rolle; **falde ud af en** fig aus der
Rolle fallen; ~**besætning** [-be'sednen]
Rollenbesetzung f; ~**havende**
[-ha:ʔvənə] ⟨-en⟩ Darsteller(in) m(f)

rolling ['rɔleŋ] ⟨-en⟩ Kleinkind n, F
Hosenmatz m; F Knirps m; ~**erne** pl
die (lieben) Kleinen n/pl, die Gören
n/pl (scherzh, liebevoll)

roll-on [rɔl'ɔn] ⟨-en; -er⟩ Mieder(höschen) n

rom [rɔmʔ] ⟨-men⟩ Rum m

roman [ro'ma:ʔn] ⟨-en; -er⟩ Roman m;
~**blad** [-blað] Groschenheft n, Groschenroman m; ~**ce** [-'maŋsə] ⟨-n; -r⟩ Roman-
ze f

romansk [ro'ma:ʔnsg] romanisch
romantik [roman'tig] ⟨-ken⟩ Romantik f
romantisk [ro'manʔtisg] romantisch
romble ['rɔmbə] ⟨-n; -r⟩ GEOM Rhombus
m; ~**isk** ['rɔmʔbisg] rhombisch

romer ['ro:ʔmər] ⟨-en; -e⟩ Römer m; ~**kir-**
ken [-kirgən] die römisch-katholische
Kirche

Romerriget ['ro:ʔməri:əð] das Römische
Reich

romersk ['ro:ʔmərsg] römisch; ~**katolsk**
[-ka'to:ʔlsg] römisch-katholisch
romertal ['ro:ʔmərtal] römische Ziffern/
Zahlen

romkugle ['rɔmku:lə] Rumkugel f
rommy ['rɔmi] ⟨-en; -er⟩ Rommee n
romtoddy ['rɔmtɔdi] Grog m

R

roning ['roːʔneŋ] ⟨-en; -er⟩ Rudern n

ror [roːʔr] ⟨-et; -⟩ NAUT Steuer n, Ruder n; *være ved ~et* fig am Ruder sein; *stå til ~s* am Ruder stehen

ros¹ [roːʔs] ⟨-⟩ Lob n; *uddele ~ og ris* Lob und Tadel erteilen

ros² [roːs] ⟨-set⟩ Gesindel n, Pack n

rose¹ ['roːsə] ⟨-n; -r⟩ BOT Rose f; *en buket ~r* ein Rosenstrauß m; *danse på ~r* fig auf Rosen gebettet sein

rose² ['roːsə] ⟨-te⟩ loben, belob(ig)en, rühmen; *~ én for ngt.* j-n wegen etw (G) loben; *~nde* lobend, anerkennend

rose³, rosé [roˈseː] ⟨roseen; roseer⟩ Wein: Rosé m

rosen ['roːsən] ⟨eŋ⟩ MED Rose f

rosen|brød ['roːsənbrøðʔ] n flacher, länglicher Kuchen aus Blätterteig mit weißer Glasur; *~busk* ['roːsənbusg] Rosenstrauch m; *~krans* [-krɑnʔs] KATH Rosenkranz m; Haarkranz m; *~kål* [-kɔːʔl] Rosenkohl m; *~rød* [-røːʔð] rosenrot, rosig (a fig); *~skær* [-sgεːʔr] rosige(r) Schimmer m

roset [roˈsed] ⟨-ten; -ter⟩ Rosette f

rosin [roˈsiːʔn] ⟨-en; -er⟩ Rosine f; *~en i pølseenden* F der Clou vom Ganzen

Roskilde ['rɔskilə]: *stå af i ~* F etwa aufpassen (beim Sex)

rostbøf ['rɔsdbøf] Roastbeef n

rostævne ['roːsdεʊnə] Ruderregatta f

rosværdig [rɔsˈvεrʔdi] lobenswert, löblich

rotere [roˈteːʔrə] rotieren; *i sin grav* fig sich im Grab umdrehen; *~nde* umlaufend

rotte¹ ['rɔdə] ⟨-n; -r⟩ Ratte f; *en gammel ~* F fig in seiner Art Hase/Fuchs; *være hvid til ~rne* F vor die Hunde gehen, am Ende sein; *have ~r på loftet* F fig e-n Dachschaden haben

rotte² ['rɔdə]: *~ sig sammen* sich zusammenrotten

rotte|hale ['rɔdəhaːlə] Rattenschwänzchen n (Zopf); *~ræs* [-rεːʔs] F Stress m, stressige Arbeit; F Hetze f

rotur ['roːʔtuːʔr] Ruderpartie f, Ruderfahrt f

roulade [ruˈlaːðə] ⟨-n; -r⟩ Roulade f; Gebäck: Biskuitrolle f

roulet [ruˈlεd] ⟨-ten; -ter⟩, *~te* [-ə] ⟨-n; -r⟩ Spiel: Roulett(e) n

rov [rɔʊ] ⟨-et; -⟩ Raub m; Beute f; *blive et ~ for flammerne* ein Raub der Flammen werden; *~dyr* ['roʊ-dyːʔr] Raubtier n; *~fugl* ['-fuːʔl] Raubvogel m; *~grisk* ['-grisg] raubgierig; *~mord* ['-moːʔr] Raubmord m

ru [ruːʔ] rau

rub [rɔb]: *~ og stub* alles, der ganze Krempel; *med ~ og stub* mit Stumpf und Stiel

rubbe ['rɔbə]: *~ sig* sich beeilen, schnell machen; *rub dig!* dalli (dalli)!

rubricere [rubriˈseːʔr] rubrizieren, einordnen

rubrik [ruˈbrεg] ⟨-ken; -ker⟩ Rubrik f; *~annonce* [-ˈbrεgaˈnɔŋsə] Kleinanzeige f

ruche [rysj] ⟨-n; -r⟩ Rüsche f

rude ['ruːðə] ⟨-n; -r⟩ Fensterscheibe f; Raute f; Schach: Feld n; *~glas* [-glas] Fensterglas n; *~knuser* [-knuˈsɔr] ⟨-en; -e⟩ Fenstereinwerfer m, Rowdy m; *~konvolut* [-kɔnvoˈlud] Fensterbriefumschlag m

ruder ['ruːðər] ⟨-en; -e od -⟩ Spielkartenfarbe: Karo n; *~ dame* Karodame f

ruf [rɔf]: *i en ~* im Nu

ruffer ['rɔfər] ⟨-en; -e⟩ Kuppler m; *~i* [-ˈriːʔ] ⟨-et⟩ Kuppelei f; *~ske* [-sgə] Kupplerin f

rug [ruːʔ] ⟨-en⟩ Roggen m; *~brød* ['ru-brøːʔð] Schwarzbrot n; F Kleinbus m

ruge ['ruːə] Huhn: brüten; Dunkelheit: ruhen; (gå og) ~ over ngt. fig über etw (D) brüten; *~ ud* Eier ausbrüten; *~høne* [-høːnə] Bruthenne f; *~maskine* [-maˈsgiːnə] Brutschrank m; Brutapparat m; *~mo(de)r* [-moːr] Leihmutter f

rug|mark ['rumɑrg] Roggenfeld n; *~mel* [-meːʔl] Roggenmehl n

rugning ['ruːneŋ] ⟨-en; -er⟩ Brüten n

ruhåret ['ruːhɔːʔrǝð] rauhaarig; *~ terrier* Rauhaarfox m, Drahthaarfox m

ruin [ruˈiːʔn] ⟨-en; -er⟩ Ruin m, Untergang m; Ruine f; *~er* Trümmer pl; *~ere* [-ˈiˈneːʔrə] ruinieren, zugrunde richten; *~hob* [-hoːʔb] Trümmerhaufen m

rulle¹ ['rulə] ⟨-n; -r⟩ Rolle f; (Heiß)Mangel f; Stammrolle f

rulle² ['rulə] v/t rollen, wälzen, kullern; mangeln; Zigarette drehen; F ausplündern; v/i rollen (a NAUT); *lade pengene ~* F den Rubel rollen lassen; *~ sig ud* F in Fahrt kommen, loslegen, sich entfalten; *~nde trappe* Rolltreppe f

rulle|bræt ['ruləbrεd] Rollerbrett n, Skateboard n; *~forretning* [-fɔˈrεdneŋ] Geschäft: Heißmangel f; *~gardin* [-gɑrˈdiʔn] Rollo n; *~krave* [-krɑˈwə] Rollkragen m; *~pølse* [-pølsə] etwa: Presswurst m; *~skøjte* [-sgɔiðə] Rollschuh m;

~sten [-sdeʔn] Kiesel *m*; *pl* Geröll *n*; **~stol** [-sdoʔl] Rollstuhl *m*; **~trappe** [-trabə] Rolltreppe *f*

rum¹ [rɔmˀ] ⟨-*met*; -⟩ Raum *m*; Fach *n*; Weltraum *m*

rum² [rɔmˀ] NAUT offen; *Zeit*: geraum; *i ~ sø* auf hoher See

rum|alder [ˈrɔmalˀʔər] Zeitalter der Raumfahrt; **~fang** [-faŋˀ] Rauminhalt *m*, Fassungsvermögen *n*; **~fart** [-faːˀrð] ⟨-*en*⟩ Raumfahrt *f*; **~fartøj** [-fartøjˀ] Raumfahrzeug *n*; **~færge** [-fɛrwə] Raumfähre *f*

rumle [ˈrɔmlə] rummeln, rumpeln, poltern, grollen (*Donner*); *det ~r i maven* es rummort (*od* kollert) im Bauch, der Magen knurrt; **~kasse** [-kasə] F *Auto*: Klapperkasten *m*, Klapperkiste *f*

rum|lig [ˈrɔmli] räumlich; **~me** [ˈ-ə] fassen; *fig* (in sich) bergen

rummel [ˈrɔmˀəl] ⟨*rum(me)len*⟩ Gerumpel *n*, Gepolter *n* (*Lärm*); *kende ~en* den Rummel kennen

rummelig [ˈrɔmˀəli] geräumig; weit; vorurteilsfrei

rummet [ˈrɔmˀəð] ⟨-⟩ (das) Weltall *n*, (der) Weltraum *m*

rum|meter [ˈrɔmmeːˀdər] Raummeter *m*; **~mål** [-mɔːˀl] Raummaß *n*, Hohlmaß *n*

rumpe [ˈrɔmbə] ⟨-*n*; -*r*⟩ F Hintern *m*, Po(po) *m*; **~dasker** [-dasgər] ⟨-*en*; -*e*⟩ F Umhängetasche *f*

rum|pilot [ˈrɔmpiˈloˀd] Raumfahrer *m*; **~skib** [-sgiˀb] Raumschiff *n*; **~sonde** [-sɔndə] Raumsonde *f*

rumster|e [ˈrɔmˀsdeːˀrə] rumoren, poltern; wirtschaften, hantieren

rumæner [ruˈmɛːˀnər] ⟨-*en*; -*e*⟩ Rumäne *m*, Rumänin *f*

rumænsk [ruˈmɛːˀnsɡ] rumänisch

rund [rɔnˀ] rund; F mollig, rundlich; *med ~ hånd* mit vollen Händen; *~t om(kring)* rundherum, ringsum; *være ~t på gulvet* F verwirrt sein; *året ~t* das ganze Jahr (lang); *det løber ~t for mig* *fig* mir wird schwind(e)lig; ich bin ganz durcheinander; *du må ikke være rigtig ~!* F du musst ja 'ne Macke haben!; **~bordssamtale** [ˈrɔnboːrsamtaːlə] Gespräch *n* am runden Tisch

rundbuestil [ˈrɔnbuːəsdiˀl] romanische(r) Stil *m*, Rundbogenstil *m*; *i ~* F pummelig

rund|dans [ˈrɔndanˀs] Rundtanz *m*, (Ringel)Reigen *m*; **~del** [-deːˀl] runde(r) Platz *m*, Rondell *n*

runde¹ [ˈrɔndə] ⟨-*n*; -*r*⟩ Runde *f* (*a* MIL)

runde² [ˈrɔnə] runden, rund machen; um … herumfahren, umrunden; *~ op/ned Summe* aufrunden/abrunden

rundelig [ˈrɔnəli] reichlich

rundet [ˈrɔnəð] → **rinde**

rund|fart [ˈrɔnfaːˀrð] Rundfahrt *f*; **~flyvning** [-flyˀvneŋ] Rundflug *m*; **~håndet** [-hɔnˀəð] großzügig, freigiebig; **~ing** [-eŋ] ⟨-*en*; -*er*⟩ Rundung *f*; **~kindet** [-kenˀəð] rundbäckig; **~kreds** [-kreːˀs] Kreis *m*; *sidde i ~* im Kreis sitzen; **~kørsel** [-kørˀsəl] Kreisverkehr *m*

rundpuldet [ˈrɔnpulˀəð]: *~ hat* runde(r), steife(r) Hut *m*, F Melone *f*

rundrejse [ˈrɔnraisə] Rundreise *f*, Rundfahrt *f*

rund|rygget [ˈrɔnrøgəð]: *være ~* en krummen Rücken haben; **~sav** [-saːˀv] TECH Kreissäge *f*; **~skrivelse** [-sgriːvəlsə] Rundschreiben *n*

rundskue [ˈrɔnsgu:ə] Rundschau *f*, Rundblick *m*; **~dag** [-daːˀ] *etwa* Tag der offenen Tür

rundskål [ˈrɔnsgɔːˀl] *etwa*: Umtrunk *m*, Trinken *n* reihum

rundskåren [ˈrɔnsgɔːˀrən], **rundskåret** [-sgɔːˀrəð] glockig; *~ nederdel* Glockenrock *m*

rund|spørge [ˈrɔnsbœrwə] ⟨-*n od* -*t*; -*r*⟩ Umfrage *f*; **~stykke** [-sdøgə] Brötchen *n*, Rundstück *n*, Semmel *f*; **~tenom** [ˈrɔnˀdənɔmˀ] ⟨-*en*⟩ -(*m*)*er*) Brotschnitte *f*; **~tosset** [-tɔsəð] schwindelig, benommen; verwirrt; **~tur** [-tuːˀr] Rundfahrt *f*; **~visning** [-viːˀsneŋ] Führung *f*

rune [ˈruːnə] ⟨-*n*; -*r*⟩ Rune *f*; **~sten** [-sdeːˀn] Runenstein *m*

runge [ˈrɔŋə] dröhnen, hallen, schallen

runken [ˈrɔŋgən] runz(e)lig

rus¹ [Rus] ⟨-*sen*; -*ser*⟩ Student(in) *m*(*f*) im ersten Studienjahr

rus² [ruːˀs] ⟨-*en*⟩ Rausch *m* (*a fig*); *fig* Taumel *m*

ruse [ˈruːsə] ⟨-*n*; -*r*⟩ Reuse *f*

rusgift [ˈruːsgifd] Rauschgift *n*

rusk¹ [rɔsg] ⟨-*et*⟩: *regn og ~* Sturm und Regen

rusk² [rɔsg] ⟨-*et*; -⟩ Ruck *m*, Rütteln *n*

ruske [ˈrɔsgə] rütteln, schütteln; zerren; *~ én op* *j-n* aufrütteln, *j-n* wach rütteln (*a fig*)

ruskind [ˈrusgenˀ] Wildleder *n*

ruskomsnusk [rusgɔmˈsnusg] ⟨*en od et*⟩ *fig* F Mischmasch *m* (*a Essen*)

rusk|regn [ˈrɔsgraiˀn] → **rusk¹**; **~vejr**

R

[-vɛ:ˀʀ] stürmische(s) und regnerische(s) Wetter n

russer [ˈʀusəʀ] ⟨-en; -e⟩ Russe m, Russin f; **~bluse** [-bluːsə] Russenkittel m

russisk [ˈʀusisg] russisch

rust [ʀɔsd] ⟨-en⟩ Rost m (a BOT); **~behandlet** [-ˈbeˀhanˀləð] gegen Rost behandelt; **~beskyttelse** [-ˈbeˀsgødəlsə] Rostschutz m

ruste [ˈʀɔsdə] rosten; rüsten (a MIL); **~ op** verrosten; MIL aufrüsten; **~ sig til ngt.** sich zu etw rüsten; **være ~t mod ngt.** fig gegen etw gewappnet sein; **~n** [-n] rostig; Stimme: rau

rust|farvet [ˈʀɔsdfɑːˀʀvəð] rostfarben, rostfarbig; **~fri** [-fʀiːˀ] rostfrei, nicht rostend

rustik [ʀuˈsdig] rustikal

rustning [ˈʀɔsdneŋ] ⟨-en; -er⟩ MIL Rüstung f

rustnings|industri [ˈʀɔsdneŋsenduˈsdʀiːˀ] Rüstungsindustrie f; **~kapløb** [-kabløˀb] Wettrüsten n

rust|plet [ˈʀɔsdpled] Rostfleck m; **~rød** [-ʀøːˀð] rostrot

rustvogn [ˈʀɔsdvɔwˀn] Leichenwagen m

rusår [ˈʀuːˀʀ] erste(s) Studienjahr n

rute [ˈʀuːdə] ⟨-n; -r⟩ Route f, Linie f, Strecke f; **~bil** [-biːˀl] Omnibus m, Bahnbus m; **~båd** [-bɔːˀð] Linienschiff n; **~fart** [-fɑːˀʀd] Linienverkehr m; **~fly** [-flyːˀ] Verkehrsflugzeug n; **~sejlads** [-saiˀlaːˀs] Linienschifffahrt f

rutsche, rutsje [ˈʀutsjə] rutschen

rutschebane, rutsjebane [ˈʀutsjəbaːnə] Rutschbahn f; Achterbahn f

rutte [ˈʀudə]: **~ med ngt.** mit etw verschwenderisch sein

ry [ʀyːˀ] ⟨-et⟩ Ruf m, Ruhm m; **have ~ for at være en gnier** im Ruf stehen, ein Geizhals zu sein

rydde [ˈʀyðə] (aus)räumen; entrümpeln; Wald roden; **~ af vejen** wegräumen, beseitigen; fig aus dem Weg räumen; **~ op** aufräumen; **~ til side** beiseiteräumen

ryddelig [ˈʀyðəli] ordentlich, aufgeräumt

rydning [ˈʀyðneŋ] ⟨-en; -er⟩ Räumung f; Beseitigung f; Wald: Rodung f

ryg [ʀøg] ⟨-gen; -ge⟩ Rücken m; Stuhl: Rückenlehne f; **skyde ~ e-n** Buckel machen; **~ mod ~** Rücken an Rücken; **have én i ~gen** fig e-e Stütze an j-m haben; **falde én i ~gen** fig j-m in den Rücken fallen; **vende én ~gen** j-m den Rücken kehren (a fig); **vende ~gen til én** j-m den Rücken

zudrehen; **~dækning** [ˈdɛgneŋ] Rückendeckung f (a fig)

ryge [ˈʀyːə] ⟨røg; røget⟩ rauchen; räuchern; **~ en pibe til** e-e Pfeife anrauchen; **du kan ~ og rejse!** F scher dich zum Kuckuck!/Teufel!; **dér røg en knap!** F der Knopf ist ab!; **alle penge er røget** das ganze Geld ist flötengegangen/futsch!; **~ af pinden** F abgesägt werden; **~ i totterne på hinanden** fig aneinandergeraten; **~ løs på én** auf j-n losgehen; **døren røg op** die Tür flog auf; **priserne røg op** die Preise schnellten in die Höhe; **ordet røg mig ud af munden** F das Wort ist mir (so) herausgerutscht; **~ uklar** sich überwerfen; **være ~nde uvenner** total verkracht sein

ryge|kupe, ~kupé [ˈʀyːəkupe:ˀ] BAHN Raucherabteil n; **~ost** [-ɔsd] geräucherte(r) weiße(r) Käse m

ryger [ˈʀyːəʀ] ⟨-en; -e⟩ Raucher m; **~kupe, ~kupé → rygekupé**

ryggesløs [ˈʀøgəsløːˀs] ruchlos, verrucht

ryg|hvirvel [ˈʀøgviʀ̩ˀvəl] ANAT Rückenwirbel m; **~læn** [-lɛːˀn] Rückenlehne f; **~marv** [-mɑːˀʀv] ANAT Rückenmark n

rygning¹ [ˈʀyːneŋ] ⟨-en; -er⟩ Rauchen n; Räuchern n; **~ forbudt!** Rauchen verboten!

rygning² [ˈʀøgneŋ] ⟨-en; -er⟩ (Dach)First m

rygrad [ˈʀøgʀɑð] Rückgrat n (a fig)

rygstykke [ˈʀøgsdøgə] Rückenstück n; **varme ens ~r** F j-m das Fell gerben

ryg|stød [ˈʀøgsdøð] Rückenlehne f; fig Rückhalt m; **~svømning** [-svœmneŋ] Rückenschwimmen n; **~sæk** [-sɛg] Rucksack m; **~søjle** [-sɔiˀlə] ANAT Wirbelsäule f

rygte [ˈʀøgdə] ⟨-t; -r⟩ Gerücht n (om/über A); Ruf m; **~t siger** es geht das Gerücht; **have et godt (dårligt) ~** e-n guten (schlechten) Ruf haben; **~s** [-s] sich herumsprechen, ruchbar werden; **~smed** [-smeð] Gerüchtemacher m

rygvind [ˈʀøgven?] Rückenwind m

ryk [ʀøg] ⟨-ket; -⟩ Ruck m; i ~ ruckweise; **med et ~** ruckartig; **det gav et ~ i ham** er zuckte zusammen

rykind [ʀøˈgenˀ] ⟨-et; -⟩ Hochbetrieb m, Andrang m, Zustrom m; **der er stort ~** es ist ein ständiges Kommen und Gehen

rykke [ˈʀøgə] v/t rücken; Schuldner mahnen; v/i rücken, zucken, ziehen, zupfen; **~ bort** wegrücken, abrücken; **~ an** anmahnen; **~ op** v/t ausreißen; v/i aufrücken, Fußball: aufsteigen (I/in A); Schule: versetzt werden; **~ ud med ngt.** mit etw herausrücken

rykker ['ʀøgəʀ] ⟨-en; -e⟩ Mahner m; Mahnung f; **~brev** [-bʀɛːʔv], **~skrivelse** [-sgʀiːvəlsə] n Mahnbrief m

rykvis ['ʀøgviːʔs] ruckweise, schubweise

rynke¹ ['ʀøŋgə] ⟨-n; -r⟩ Runzel f, Falte f, Fältchen n

rynke² ['ʀøŋgə] runzeln, krausziehen, fälteln, falten; raffen; kräuseln; **~ panden** die Stirn runzeln; **~ på næsen ad ngt.** die Nase über etw (A) rümpfen; **~t** runz(e)lig, faltig; Stirn: kraus

rype ['ʀyːbə] ⟨-n; -r⟩ Schneehuhn n

ryste ['ʀøsdə] v/i zittern, beben; F bibbern; schlottern; v/t rütteln, rütteln; erschüttern (a fig); FOT verwackeln; **~ ens hånd** j-m die Hand schütteln; **~ af sig** abschütteln; **blive ~t af kulde** vor Kälte zittern; **~ for én** vor j-m zittern; **~ i bukserne** F es mit der Angst bekommen; **~ på hovedet** den Kopf schütteln; **blive ~t sammen** fig gut miteinander bekannt werden; **være dybt ~t** tief erschüttert sein; **~nde** zitternd, bebend; fig erschütternd; **det er ~nde ligegyldigt** F es ist vollkommen schnuppe

rystelse ['ʀøsdəlsə] ⟨-n; -r⟩ Erschütterung f

rytm|e ['ʀydmə] ⟨-n; -r⟩ Rhythmus m; **~ik** [ʀyd'mig] ⟨-ken⟩ Rhythmik f; **~isk** ['ʀydmisg] rhythmisch

rytter ['ʀødɐ] ⟨-en; -e⟩ Reiter m; Dachreiter m; **~i** [ʀydɐ'ʀiːʔ] ⟨-et; -er⟩ MIL Reiterei f, Kavallerie f; **~ske** [-sgə] ⟨-n; -r⟩ Reiterin f

ræb [ʀɛːʔb] ⟨-et; -⟩ F Rülps(er) m; **~e** ['ʀɛːbə] rülpsen, aufstoßen

ræd [ʀɛðʔ] bange, ängstlich, furchtsam; **være ~ for ngt.** sich vor etw (D) fürchten; **~delig** ['ʀɛðəli] scherzh F entsetzlich, fürchterlich; **~des** ['ʀɛðəs] sich fürchten (for/vor D)

ræddike ['ʀɛðʔigə] ⟨-n; -r⟩ Rettich m

rædsel ['ʀɛðʔsəl] ⟨ræds(e)len; rædsler⟩ Entsetzen n, Schrecken m, Angst f; Gräuel m; fig F geschmacklose(s), schauderhafte(s) Ding n

rædsels|fuld ['ʀɛðʔsəlsful] schrecklich, grauenhaft, schauerlich; **~gerning** [-gɛʀneŋ] Gräueltat f; **~slagen** [-slaʔʔən] entsetzt, von Grauen gepackt; **~vækkende** [-vegənə] grauenerregend

rædsom ['ʀɛðsɔmʔ] entsetzlich, schrecklich, gräßlich

række¹ ['ʀɛgə] ⟨-n; -r⟩ Reihe f; Folge f; **en ~ år** e-e Reihe von Jahren; viele Jahre hindurch; **i første ~** fig in erster Linie, vor allem; **holde (parkere) i anden ~** in zweiter Spur halten (parken)

række² ['ʀɛgə] ⟨rakte; rakt⟩ v/i reichen; F langen; v/t reichen, geben; **~ én hånden** j-m die Hand reichen; **~ tunge** die Zunge herausstrecken (ad én j-m); **~ frem** hinhalten; **~ fingeren i vejret** den Finger (hoch)heben; Schule: sich melden; **~ og strække sig** sich recken und strecken

række|følge ['ʀɛgəføljə] Reihenfolge f; **~hus** [-huːʔs] Reihenhaus n; **~vidde** [-viːʔðə] Reichweite f; fig a Tragweite f; **~vis** [-viːʔs] reihenweise

rækværk ['ʀɛgvɛʀg] Geländer n

rælig ['ʀɛːli] → **ræddelig**

ræling ['ʀɛːleŋ] ⟨-en; -er⟩ NAUT Reling f

rænke|fuld ['ʀɛŋgəful] lit ränkevoll; **~r** [-ʀ] pl Ränke f (smede od spinde schmieden od spinnen); **~smed** [-smeð] Ränkeschmied m; **~spil** [-sbel], **~spind** [-sbenʔ] Ränkespiel n

rær [ʀɛːʔʀ] ⟨-et; -⟩ F: **et langt ~** F fig e-e Bohnenstange, lange Latte f

ræs [ʀɛːʔs] ⟨-et; -⟩ F Hetze f, Stress m; **stå af ~et** fig aussteigen; **~e** ['ʀɛːsə] flitzen

ræson [ʀɛ'sɔn] ⟨en⟩ Vernunft f; **det er der ikke megen ~ i** das hat nicht viel Sinn; **~nement** [-sɔnə'maŋ] ⟨-et; -er⟩ Gedankengang m, Erwägung f, Schlussfolgerung f; **~nere** [-so'neːʔʀə] denken, überlegen

ræv [ʀɛːʔv] ⟨-en; -e⟩ Fuchs m (a fig); **han har en ~ bag øret** fig er hat es faustdick hinter den Ohren; **Mikkel Ræv** Tierfabel: Reineke Fuchs

ræve|grav ['ʀɛːvəgʀɑːʔv] Fuchsbau m; **~jagt** [-jɑgd] Fuchsjagd f; **~pels** [-pɛlʔs] Fuchspelz m; fig (schlaue(r)) Fuchs m; **~rød** [-ʀøːʔð] fuchsrot; **~saks** [-sɑgs] Fuchseisen n; **~skindspels** [-sgenʔs-'pɛlʔs] Fuchsmantel m; **~streg** [-sdʀɑʔ] Streich m, F übler Trick; übermütiger Streich, Unfug m

rævesøvn ['ʀɛːvəsœʔn]: **sove~** (so) tun, als ob man schläft

røbe ['ʀøːbə] verraten (**sig** sich); ausplaudern

rød [ʀøːʔð] rot (a POL); **blive~** rot werden, erröten; **~e hunde** pl MED Röteln pl; **det ~e kort** Fußball: die Rote Karte; **det Røde Hav** das Rote Meer; **Røde Kors** das Rote Kreuz; **der er ~ lygte** THEA alles ist ausverkauft; **ikke en ~ øre** keinen roten Heller (od Pfennig); **male byen ~** F die Stadt unsicher machen; **~t** Rot n; **se ~t** F fig rotsehen

rød|bede ['rœð'be:ðə] BOT Rote Bete f; **~blisset** ['blisəð] Gesicht rotfleckig; Pferd: rot mit weißer Blesse; **~bøg** ['bøː?] Rotbuche f, Blutbuche f

Rødhavet ['rœːðhaːʔvəð] = det Røde Hav → rød

rød|glødende ['rœðglø:ðənə] rot glühend; fig wütend; **~gran** [-grɑn] Fichte f, Rottanne f; **~grød** ['rœð?grøð?] rote Grütze f; **~hals** [-halʔs] → rødkælk; **~hud** [-huð?] ⟨-en; -er⟩ Rothaut f (Indianer)

Rødhætte ['rœðhɛdə] Märchen: Rotkäppchen n

rød|håret ['rœðhɔːʔrəð] rothaarig; **~kløver** [-kløʔvər] rote(r) Klee m; **~kælk** [-kɛlʔg] Rotkehlchen n; **~kål** [-kɔːʔl] Rotkohl m; **~lig** [-li] rötlich

rødme¹ ['rœðmə] ⟨-n⟩ Röte f; Erröten n

rødme² ['rœðmə] erröten, rot werden, sich röten

rød|mosset ['rœðmosəð] rotwangig, rotbäckig; **~sprængt** [-sbrɛŋ?d] rotfleckig; Augen: blutunterlaufen; **~spætte** [-sbɛdə] Scholle f; **~stenshus** [-sdeːnshuːʔs] (rotes) Backsteinhaus n; **~stjert**, **~stjært** [-sdjɛrʔd] Rotschwänzchen n; **~strømpe** [-sdrœmbə] Feministin f; abwertend Emanze f; **~t** [rœð] → rød

rødvin ['rœðviːʔn] Rotwein m

rødvinstoddy ['rœðviːnstɔdi] Rotweingrog m, Glühwein m

røf|fel ['rœfəl] ⟨røf(fe)len; røfler⟩ Rüffel m; **~le** ['rœflə] rüffeln, e-n Rüffel erteilen

røg¹ ['rɔiʔ] ⟨-en⟩ Rauch m; gå op i ~ in Rauch aufgehen; der er ~ i køkkenet fig F es ist (od herrscht) dicke Luft

røg² ['rɔiʔ] → ryge

røgalarm ['rɔiala:ʔrm] Rauchmelder m

røgdykker ['rɔiˈdøgər] ⟨-en; -e⟩ Feuerwehrmann m mit Rauchmaske

røge ['rœː(j)ə] räuchern; **~lse** [-lsə] ⟨-n; -r⟩ KATH Weihrauch m; **~lsespind** [-lsəspen?] Räucherstäbchen n; **~ri** [rœː(j)ɔ-ˈriːʔ] ⟨-et; -er⟩ Räucherei f

røget¹ ['rɔiəð] geräuchert; **~ål** Räucheraal m, Spickaal m; **~flæsk** geräucherte(r) Speck m; **~ sild** Bückling m

røget² ['rɔiəð] → ryge

røg|fane ['rɔiːfaːnə] Rauchfahne f; **~forgiftning** [-fɔrˈgifdneŋ] Rauchvergiftung f; **~fri** [-friːʔ] rauchlos, rauchfrei; **~ zone** Nichtraucherbereich m; **~ning** ['rœː(j)neŋ] ⟨-en; -er⟩ Räuchern n, Räucherung f; **~pind** [-pen?] F Glimmstängel m; **~sky** [-sgyːʔ] Rauchwolke f, Rauchschwaden m

røgt ['rœgd] ⟨-en⟩ Pflege f; Wartung f

røgte ['rœgdə] pflegen, warten; Auftrag ausführen; Amt (ver)walten; **~ garn** Fischerei: Netze einholen

røgter ['rœgdər] ⟨-en; -e⟩ → fodermester

røjser ['rɔiʔsər] ⟨-en; -e⟩ Gummistiefel m

rømme¹ ['rœmə] v/t räumen, verlassen; v/r ~ sig sich räuspern

rømme² ['rœmə] ⟨-ede od -te⟩ v/i (ent)fliehen, F durchbrennen, ausreißen

rømning ['rœmneŋ] ⟨-en; -er⟩ Räumung f; Flucht f; MIL Desertation f; Räuspern n

rømningsmand ['rœmneŋsman?] Flüchtige(r), entflohener Häftling m, F Ausreißer m

røn [rœn?] ⟨-nen; -ne od -⟩ Eberesche f, Vogelbeerbaum m

rønne ['rœnə] ⟨-n; -r⟩ baufällige Hütte f, F Bruchbude f

rønnebær ['rœnəbɛr] Vogelbeere f; **~træ** [-trɛːʔ] → røn

røntgen|billede ['rœn?dgən'beləðə] Röntgenbild n, Röntgenaufnahme f; **~fotografere** [-fotogrɑˈfeːʔrə] röntgen, durchleuchten

rør¹ [rœːʔr] ⟨-et; -⟩ Rohr n, Röhre f; TEL Hörer m; BOT Rohr n, Schilf n; lægge ~et på (telefonen) (den Hörer) auflegen

rør² [rœːʔr] → røre²

røre¹ ['rœːrə] ⟨-t⟩ Trubel m; Wirbel m; Erregung f; vække stort ~ großes Aufsehen erregen, für großen Wirbel sorgen

røre² ['rœːrə] ⟨-te⟩ rühren (a fig); berühren; regen, bewegen; ~ dej Teig (an)rühren; rør! MIL rührt euch!; ikke ~! nicht berühren!; det ~r mig ikke das lässt mich kalt; ~ om (i ngt. etw) umrühren; ~ op (i) aufrühren (a fig); ~ på sig sich rühren; fig sich regen; ~ rundt umrühren; ~ ved ngt. etw berühren, an etw (A) rühren (a fig); ~nde fig rührend; rørt gerührt, bewegt; Butter schaumig gerührt; fiske i rørt vand(e) fig im Trüben fischen

rørelse ['rœːrəlsə] ⟨-n; -r⟩ Rührung f, Bewegung f; fig Strömung f

rørfletning ['rœːrfledneŋ] Rohrgeflecht n

rørhat ['rœːrhad] BOT: spiselig ~ Steinpilz m

rørig ['rœːri] rege, rüstig; rask og ~ rüstig, gesund und munter

rørlig ['rœːli] ~t gods bewegliche Habe f

rørstrømsk ['rœrsdrœm?sg] rührselig

rørsukker ['rœːrsogər] Rohrzucker m

rørt [rœrʔd] → røre²

røræg ['rœːrʔy] ⟨-gen od -get⟩ Rührei n

røst [rœsd] ⟨-en; -er⟩ Stimme f

røv [rœüʔ] ⟨-en; -e⟩ V Arsch m; op i ~en

med scheiß auf; *tage ~ en på* verarschen; *rend mig i ~en!* V leck mich am Arsch!; *være på ~en* in der Patsche sitzen; abgebrannt/pleite sein; *~balde, ~balle* [-balə] V Arschbacke *f*

røve ['røːvə] rauben, stehlen

røver ['røːvər] ⟨-en; -e⟩ Räuber *m*; *~historie* [-hiˈsdoːʔrə] Räubergeschichte *f (a fig)*; *~høvding* [-hœüdeŋ] Räuberhauptmann *m*; *~i* [røːvəˈriːʔ] ⟨-et; -er⟩ Raub *m*

røverisk ['røːvərisg] räuberisch; *~ overfald* Raubüberfall *m*

røverkule ['røːvərkulə]: *ikke gøre en ~ af sit hjerte* fig aus *s-m* Herzen keine Mördergrube machen

røverkøb ['røːvərkøʔb]: *det er det rene ~* das ist spottbillig

røvertogt ['røːvərtɔgd] Raubzug *m*

røv|fuld ['rœüʔfulʔ]: *få en ~* V den Arsch vollkriegen; *~hul* ['rœühol] V Arschloch *n*; *~rende* ['rœüʀenʔə] V verarschen, bescheißen

rå¹ [ʀɔːʔ] ⟨en; -er⟩ Reh *n*

rå² [ʀɔːʔ] ⟨-en; ʀæer⟩ NAUT Rahe *f*

rå³ [ʀɔːʔ] roh; rüde; *Luft:* rau, nasskalt; *sluge ngt. ~t* fig etw blind glauben, etw für bare Münze nehmen

råb [ʀɔːʔb] ⟨-et; -⟩ Ruf *m*

råbe ['ʀɔːbə] ⟨-te⟩ rufen, schreien; *~ an* anrufen; *~ ngt. efter én* j-m etw nachrufen; *~ op* aufrufen; F maulen, Lärm machen; *~ på én* j-n rufen; *~ ngt. til én* j-m etw zurufen; *~r* [-ʀ] ⟨-en; -e⟩ Megafon *n*, F Flüstertüte *f*

råbuk ['ʀɔːbɔg] Rehbock *m*

råd¹ [ʀɔːʔð] ⟨-et; -⟩ Rat *m*; Rat(schlag) *m*; MED Mittel *n*; *~ pl* Ratschläge *m/pl*; *have ~ til ngt.* sich etw leisten können; *der er der ~ for* dem ist abzuhelfen; *ikke vide sine levende ~* sich nicht zu helfen wissen; *efter mit ~* auf m-n Rat (hin); *stå i bi med ~ og dåd* j-m mit Rat und Tat beistehen; *spørge én om ~ (od til ~s)* j-n um Rat fragen; *lægge ~ op om ngt.* etw planen, über etw beratschlagen; *finde på ~ e-n* Ausweg finden; *tage én med på ~ ~* j-n zu Rate ziehen

råd² [ʀɔð] ⟨-det⟩ Fäulnis *f*

rådden ['ʀɔðən] faul, verfault, verdorben, verrottet, morsch, faulig; *~skab* [-sgaːʔb] ⟨-en⟩ Fäulnis *f*, Verwesung *f*; *fig* Demoralisation *f*, Verderbtheit *f*

råde ['ʀɔːðə] raten (*D*), beraten; herrschen (*over/*über *A*); verfügen (*over/* über *A*); *lade fornuften ~* Vernunft walten lassen; *~ én fra ngt.* j-m von etw abraten; *~ én til ngt.* j-m zu etw raten; *~lig* [-li] ratsam, geraten; *~rum* [-ʀɔmʔ] *fig* Spielraum *m*

rådføre ['ʀɔðføːʔʀə]: *~ sig med én* sich mit j-m beraten

rådgive ['ʀɔðgiːʔvə] beraten; *~nde* beratend; *~r* [-ʀ] ⟨-en; -e⟩ Ratgeber *m*, Berater *m*

rådgivning ['ʀɔðgiːʔvneŋ] ⟨-en; -er⟩ Beratung *f*

rådhus ['ʀɔðhuːʔs] Rathaus *n*

rådig ['ʀɔːði]: *være ~ over ngt.* über etw (*A*) verfügen können

rådighed ['ʀɔːðiheːʔð] ⟨-en⟩ Verfügung *f*; *have ~ over, have til sin ~* verfügen über; *stå (stille) til ~* zur Verfügung stehen (stellen)

rådløs ['ʀɔðløːʔs] ratlos; *~hed* [-heːʔð] ⟨-en⟩ Ratlosigkeit *f*

rådmand ['ʀɔðmanʔ] Stadtrat *m*

rådne ['ʀɔðnə] (ver)faulen, (ver)modern, verwesen

rådsforsamling ['ʀɔːʔðsfɔrˈsamʔleŋ] Ratsversammlung *f*

rådslagning ['kʀɔðslaʔneŋ] ⟨-en; -er⟩ Beratung *f*, Beratschlagung *f*

rådslå ['ʀɔðslɔːʔ] beratschlagen; *~ om ngt.* etw beraten

råd|snar ['ʀɔðsnaːʔr] findig; entschlossen, resolut; *~spørge* [-sbœːʔwə] um Rat fragen, zu Rate ziehen

rådsrepublik ['ʀɔːʔðsʀɛpuˈbliʔg] HIST Räterepublik *f*

rådvild ['ʀɔðvilʔ] unschlüssig, ratlos

rådyr ['ʀɔdyːʔʀ] Reh *n*

råge ['ʀɔːwə] ⟨-n; -r⟩ Saatkrähe *f*

rå|gummisål ['ʀɔgɔmisɔːʔl] Kreppsohle *f*; *~hed* [-heːʔð] Rohheit *f*; Rauheit *f*; *~hvid* [-við] naturweiß; *~kalv* [-kalʔ(v)], *~kid* [-kið] Rehkalb *n*, Rehkitz *n*; *~kladde* [-klaðə] Rohfassung *f*; *~kold* [-kɔlʔ] nasskalt

råkost ['ʀɔkɔsd] Rohkost *f*; *~jern* [-jɛʀʔn] Rohkostreibe *f*; *~spiser* [-sbiːsər] ⟨-e⟩ Rohköstler *m*

rålam ['ʀɔlamʔ] → **råkalv, råkid**

rå|materiale ['ʀɔmateriˈaːlə] Rohmaterial *n*; *~olie* [-oːljə] Rohöl *n*; *~produkt* [-pʀɔdɔgd] Roherzeugnis *n*, Rohprodukt *n*; *~silke* [-selgə] Rohseide *f*, Wildseide *f*; *~stege* [-sdaːə] Kartoffelscheiben *f* roh braten; *~stof* [-sdɔf] Rohstoff *m*; *~sukker* [-sɔgər] Rohzucker *m*; *~vare* [-vaːʀə] Rohstoff *m*

råvildt ['ʀɔvilʔd] Rehwild *n*

S

S, s [ɛs] ⟨-'et; -'er⟩ S, s n

s. Abk. für **side** u für **se**

sabbat ['sabad] ⟨-ten; -ter⟩ Sabbat m; **~(s)år** [-(s)ɔ:ʔɐ] Sabbatjahr n

sabel ['sa:ʔbəl] ⟨sab(e)len; sabler⟩ Säbel m; **~hug** [-hog] Säbelhieb m; **~klirren** [-kliʁən], **~raslen** [-ʁaslən] ⟨en⟩ Säbelgerassel n

sable ['sa:blə]: **~ ned** niedermetzeln; fig F heruntermachen

sabot|age [sabo'ta:sjə] ⟨-n; -r⟩ Sabotage f; **~ere** [-'te:ʔʁə] sabotieren; **~or** [-'tø:ʔɐ] ⟨-en; -er⟩ Saboteur m

sad [saʔð] → **sidde**

sad(d)el [saðəl] ⟨sad(de)len; sadler⟩ Sattel m; **vippe én af sad(de)len** fig j-n aus dem Sattel heben; **~gjord** [-gjo:ʔʁ] Sattelgurt m; **~knap** [-knab] Sattelknopf m

sad(d)elmager ['saðəlma:ʔɐ] ⟨-en; -e⟩ Sattler m; **~arbejde** [-aʁbaiʔðə] Sattlerarbeit f; **~værksted** [-vɛʁgsdeð] Sattlerei f

sadis|me [sa'dismə] ⟨-n⟩ Sadismus m; **~t** [-'disd] ⟨-en; -er⟩ Sadist m; **~tisk** [-'disdisg] sadistisch

sadle ['saðlə] satteln; **~ af** absatteln; **~ om** umsatteln (a fig)

safari [sa'fa:ʁi] ⟨-en; -er⟩ Safari f; **~stol** [-sdo:ʔl] Safarisessel m

safiansskind ['safiansgenʔ] Saffianleder n

safir [sa'fi:ʔʁ] ⟨-en; -er⟩ MINER Saphir m; **~blå** [-blɔ:ʔ] saphirblau, saphirfarben

saft [safd] ⟨-en; -er⟩ Saft m; **uden ~ og kraft** ohne Saft und Kraft; **~ suse mig!** F verdammt noch eins!

safte ['safdə] saften, saftreich sein; **~vand** [-van] (verdünnter) Saft m, Limonade f

saft|holdig ['safdhɔlʔdi] saftreich, saftig; **~ig** [-i] saftig (a fig); **~presser** [-pʁɛsɐ] ⟨-en; -e⟩ Saftpresse f, Entsafter m; **~rig** [-ʁi] saftreich

sag [sa:ʔ(j)] ⟨-en; -er⟩ Sache f; Angelegenheit f; JUR Fall m, Verfahren n; **søde ~er**pl Süßigkeiten pl; **anlægge ~** JUR klagen; **det er netop ~en** das ist es eben; **det er ~en i dag** F das ist heute modern/F in; **det er mig en let ~** das ist mir ein Leichtes; **det er min ~** das ist meine Sache; **det er ingen ~** das ist e-e Kleinigkeit, das ist ganz einfach; **tale éns ~** sich für j-n verwenden, sich j-s Sache (G) annehmen; **for den ~s skyld** meinetwegen; an und für sich; **med uforrettet ~** unverrichteter Dinge, **til ~en!** zur Sache!; **holde sig til ~en** bei der Sache bleiben; **få sin ~ for ~** fig unter die Lupe genommen werden

saga ['sa:ga] ⟨-en; -er⟩ Saga f; **det er en ~ blot** das ist längst passé; **han er ude af ~en** fig er hat ausgespielt, F er ist weg vom Fenster

sagde ['sa:(ə)] → **sige**

sagesløs ['sa:əsløːʔs] JUR schuldlos, unschuldig

sag|forhold [sawfɔrhɔlʔ] → **sagsforhold**; **~fører** ['sawføːʁɐ] ⟨-en; -e⟩ Rechtsanwalt m (→ a **advokat**)

sagkundskab ['sawkonsga:ʔb] Sachkenntnisse fl pl; **~en** die Fachleute pl

sag|kyndig ['sawkønʔdi] sachkundig, Sachverständige(r) m, Gutachter m; **~lig** [-li] sachlich

sagn [sawʔn] ⟨-et; -⟩ Sage f; **få syn for ~** fig etw mit eigenen Augen sehen, sich überzeugen, sich Klarheit verschaffen

sagn|agtig ['sawnagdi] sagenhaft; **~digtning** [-degdnɛŋ] Sagendichtung f; **~figur** ['fi'gu:ʔʁ] Sagengestalt f; **~omspunden** [-omsbɔnʔən], **~omspundet** [-omsbɔnʔəð] sagenumwoben

sago ['sa:go] ⟨-en; -⟩, **~gryn** [-gʁy:ʔn] Sago m

sag|område ['sawomʁo:ðə] Sachgebiet n, Aufgabenbereich m; **~register** ['-ʁe'gisdɐ] Sachregister n

sags|anlæg [sa:ʔsanlɛ:ʔg] JUR gerichtliche Klage f (od Verfolgung f); **~behandler** ['-be'hanʔlɐ] ⟨-en; -e⟩ Sachbearbeiter m; **~forhold** [-fɔrhɔlʔ] Sachlage f, Sachverhalt m; **~omkostninger** [-omkɔsdnɛŋʔɐ] pl Gerichtskosten pl; **~område** [-omʁo:ðə] → **sagområde**

sag|søge ['sawsøːʔ] JUR verklagen; **sagsøgte** Beklagte(r) m; **~søger** [-ʁ] ⟨-en; -e⟩ Kläger(in) m(f); **~søgning** [-søʔnɛŋ] ⟨-en⟩ JUR Klage f

sagt [sagd] gesagt; → **sige; kort ~** kurz gesagt, kurzum; **som ~** wie gesagt; **som ~, så gjort** gesagt, getan

sagte ['sagdə, 'sa:gdə] leise, sacht(e), still, sanft; **så ~!** sachte, sachte!; **tal ~!** leise sprechen!; **~lig** [-li] poet sanft, leise

sagtens ['sagdəns] leicht, schon; wahrscheinlich; *du kan ~!* du hast es gut!; *du kan ~ le!* du hast gut lachen!

sagtmodig [sagd'mo:ʔði] sanftmütig

sagtne ['sagdnə] *v/t* verlangsamen, mäßigen; *v/i* nachlassen

sagvolder ['saw-, 'sa:jvɔlər] ⟨-en; -e⟩ Beklagte(r) *m*

sakkarin [saka'ri:ʔn] ⟨-et⟩ Sac(c)harin *f*

sakke ['sagə]: *~ agterud* ins Hintertreffen geraten, zurückbleiben (*a fig*)

sakr|amente [sakra'mendə] ⟨-t; -r⟩ Sakrament *n*; **~istan** [-kri'sda:ʔn] ⟨-en; -er⟩ KATH Messdiener *m*; **~isti** [-kri'sdi:ʔ] ⟨-et; -er⟩ Sakristei *f*

saks [sags] ⟨-en; -e⟩ Schere *f*; Fangeisen *n*; *sidde i ~en* F in der Patsche sitzen

saks|er ['sagsər] ⟨-en; -e⟩ Sachse *m*, Sächsin *f*; **~isk** ['sagsisg] sächsisch

sal [sa:ʔl] ⟨-en; -e⟩ Saal *m*; Stock(werk) *m(n)*; *på anden ~* im zweiten Stock, zwei Treppen (hoch)

salami [sa'la:mi] ⟨-en; -er⟩, **~pølse** [-pølsə] Salami(wurst) *f*; **~taktik** [-tag-'tig] POL Salamitaktik *f*

salat [sa'la:ʔd] ⟨-en; -er⟩ Salat *m*; *italiensk ~* Erbsen und Karotten in Mayonnaise; *russisk ~* Rote Bete, Makkaroni und Zwiebeln in Mayonnaise; **~agurk** [-a'gurg] Salatgurke *f*; **~bar** [-ba:ʔr] Salatbuffet *n*; **~fad** [-fað] Salatschüssel *f*; F grüne Minna (*Polizeiauto*); **~hoved** [-ho:ðə] Salatkopf *m*; **~sæt** [-sɛd] Salatbesteck *n*

saldere [sal'de:ʔrə] ÖKON saldieren, ausgleichen

salg [sal'(j)] ⟨-et; -⟩ Verkauf *m*; Vertrieb *m*; *til ~* zum Verkauf, zu verkaufen, verkäuflich; **~bar** ['sal(j)ba:ʔr] verkäuflich, absetzbar

salgs|chauffør ['sal'(j)sjo'føːʔr] Verkaufsfahrer *m*, Berufsfahrer *m*; **~chef** [-sjeːʔf] Verkaufsleiter *m*; **~fremmende** [-frɛmənə] verkaufsfördernd; **~pris** [-pri:ʔs] Verkaufspreis *m*; **~succes** [-syg'se] Verkaufsschlager *m*; **~værdi** ['-vɛr'di:ʔ] Verkaufswert *m*

salig ['sa:li] selig (*a fig*); **~gørende** [-'gøːʔrənə]: *det eneste ~* das Alleinseligmachende, F das einzig(e) Wahre

salighed ['sa:lihɛð?] ⟨-en⟩ Seligkeit *f*; *min ~!* meiner Seel!

salme ['salmə] ⟨-n; -r⟩ Kirchenlied *n*; BIBL Psalm *m*; **~bog** [-bɔ:ʔw] (Kirchen)Gesangbuch *n*

salmiak [salmi'ag] ⟨-ken⟩ Salmiak *m*; **~pastil** [-pa'sdelʔ] Salmiakpastille *f*;

~spiritus [-sbi:ʔritus] Salmiakgeist *m*

salmist [sal'misd] ⟨-en; -er⟩ Psalmist *m*, Psalmendichter *m*

salmonellainfektion [salmo'nɛlaenfeg-'sjo:ʔn] MED Salmonelleninfektion *f*

salomonisk [salo'mo:ʔnisg] salomonisch

salon [sa'lɔŋ] ⟨-en; -er⟩ Salon *m*; **~fæhig** [-fɛːi] salonfähig; **~vogn** [-vɔwʔn] BAHN Salonwagen *m*

salpeter [sal'pe:ʔdər] ⟨-en *od* -et⟩ Salpeter *m*; **~syre** [-sy:rə] Salpetersäure *f*

salt[1] [sal'd] ⟨-et; -e⟩ Salz *n*; *komme ~ i maden* Salz an das Essen tun

salt[2] [sal'd] salzig; *Träne a:* bitter; *~ kød* Pökelfleisch *n*

saltbøsse ['saldbøsə] Salzstreuer *m*

salte ['saldə] salzen; (ein)pökeln; *~ for meget* versalzen; *~t* gesalzen, gepökelt; *~t sild* Salzhering *m*

salt|holdig ['saldhɔlʔdi] salzhaltig, salzig; **~kar** [-kɑr] Tisch: Salzfässchen *n*; **~lage** [-la:(j)ə] Salzlake *f*; **~ning** [-neŋ] ⟨-en; -er⟩ Salzen *n*, Pökeln *n*

salt|opløsning ['saldɔbløːʔsneŋ] Salzlösung *f*; **~pastil** [-pa'sde:ʔl] Salmiakpastille *f*; **~stang** [-sdaŋʔ] Salzstange *f*; **~syre** [-sy:rə] Salzsäure *f*; **~vand** [-vanʔ] Salzwasser *n*

saltvands|fisk ['saldvansfesg] Seefisch *m*; **~indsprøjtning** [-ensbrɔiʔdneŋ] MED Injektion *f* e-r Kochsalzlösung; *fig* neue(r) Schwung *m*

salut [sa'lud] ⟨-ten; -ter⟩ Salut *m*; *fig* F Schimpfkanonade *f*; *få e-n ordentlig ~ fig* F e-n ordentlichen Anpfiff kriegen; **~ere** [-lu'te:ʔrə] salutieren

salve[1] ['salvə] ⟨-n; -r⟩ MIL Salve *f*; MED Salbe *f*; F Schimpfkanonade *f*

salve[2] ['salvə] salben

salve|krukke ['salvɛkrɔgə] Salbendose *f*; **~lse** [-lsə] ⟨-n⟩ *fig* Salbung *f*; **~lsesfuld** [-lsəsful'] salbungsvoll

salveten [sal've:ʔdən]: *være i ~* F gut bei Kasse sein, (finanziell) gut abgesichert sein

salvie [sal'vi:ə] ⟨-n; -r⟩ Salbei *m*, *f*

salær [sa'lɛːʔr] ⟨-et; -er⟩ Honorar *n*, Vergütung *f*; Gebühr *f*

samarbejde[1] ['samarbaiʔdə] ⟨-t; -r⟩ Zusammenarbeit *f*

samarbejde[2] ['samarbaiʔdə] zusammen (*od* gemeinsam) arbeiten, kooperieren

samarbejdsvillig ['samarbaiᵈsvili] kooperativ

samarit [sama'rid] ⟨-en; -ter⟩ MED Sanitäter *m*; **~an** [-ri'ta:ʔn] ⟨-en; -er⟩, **~aner** [-ri'ta:ʔnər] ⟨-en; -e⟩ BIBL Samariter

S

m, Samaritaner *m*; **~erkursus** [-ǝʀkur-sus] Erste-Hilfe-Kurs *m*

sambeskatte ['sambe'sgadǝ] (*Ehepaare steuerlich*) gemeinschaftlich veranlagen

sambo ['sambo:ˀ] ⟨*-en*; *-er*⟩ (Wohn)Partner(in) *m(f)*

samdrift ['samdʀefd] *Betrieb*: gemeinsames Betreiben *n*

samdrægtig [sam'dʀɛgdi] einträchtig

same ['sa:mǝ] ⟨*-n*; *-r*⟩ *Lappland*: Same *m*, Samin *f*

sam|eje ['samaïǝ] Gemeinschaftsbesitz *m*, gemeinsame(r) Besitz *m*; **~eksistens** ['-egsi'sdɛnˀs] Koexistenz *f*

samfulde ['samfulǝ]: *i ~ 2 dage* zwei volle Tage

samfund ['samfonˀ] ⟨*-et*; *-*⟩ Gesellschaft *f*, Gemeinschaft *f*

samfunds|fag ['samfonsfa:ˀ(j)] Sozialkunde *f*; sozialwissenschaftliche(s) Fach *n*; **~farlig** [-faʀli] gemeingefährlich; **~forsker** [-fɔʀsgɐʀ] Sozialwissenschaftler *m*; **~hjælper** [-jɛlbɐʀ] *Flaschenöffner*: F Hebamme *f*; **~kundskab** [-konsga:ˀb] → **samfundslære**; **~lag** [-la:ˀ] Gesellschaftsschicht *f*; **~lære** [-lɛ:ʀǝ] Gemeinschaftskunde *f*, Gesellschaftskunde *f*, Sozialkunde *f*

samfunds|mæssig ['samfonsmɛsi] gesellschaftlich; sozial; **~orden** [-ɔ:ˀʀdǝn] Gesellschaftsordnung *f*, öffentliche Ordnung *f*; **~ordning** [-ɔːʀdnǝn] Gesellschaftssystem *n*; **~sind** [-senˀ] Gemeinschaftsgefühl *n*, -geist *m*; **~stige** [-sdi:ǝ] soziale Stufenleiter *f*; **~tjeneste** [-tjenǝsdǝ] (*Auflage zu*) gemeinnützige(r) Arbeit; **~videnskab** [-vi:ðǝnsga:ˀb] Sozialwissenschaft *f*; **~økonomi** [-økono'mi:ˀ] Volkswirtschaft *f*

sam|færdsel ['samfɐʀˀsǝl] Verkehr *m*; **~færdselsmiddel** [-smiðˀǝl] Verkehrsmittel *n*; **~følelse** [-føːlǝlsǝ] Zusammengehörigkeitsgefühl *n*; **~handel** [-hanˀǝl] Handelsverkehr *m*

samhør ['samhøːˀʀ] ⟨*-et*⟩ Verbundenheit *f*; **~ende** [-ǝnǝ] zusammengehörend

samhørig ['samhøːˀʀi] zusammengehörig; **~hed** [-he:ðˀ] ⟨*-en*⟩ Zusammengehörigkeit *f*, Verbundenheit *f*

sam|klang ['samklaŋˀ] Einklang *m*, Übereinstimmung *f*; **~kvem** [-kvɛmˀ] ⟨*-met*⟩ Umgang *m*, Verbindung *f*, Verkehr *m*; **~kvemsret** [-kvɛmsʀɛd] JUR Besuchsrecht, Umgangsrecht *n*; **~køring** [-køːˀʀɛŋ] Verbundbetrieb *m*

samle ['samlǝ] *sammeln; versammeln*; TECH zusammensetzen, montieren; **~**

ind (ein)sammeln; **~ op** aufsammeln; **~ på mønter** Münzen sammeln; **~s** sich versammeln, sich einfinden; **~ sig** sich fassen, sich konzentrieren; sich (ver)sammeln; *Staub*: sich ansammeln; **~ sig sammen** fig sich zusammennehmen; **~t** gesammelt; gesamt, Gesamt-; *fig* einig, geschlossen; **~de værker** gesammelte Werke *n/pl*

samle|bånd ['samlǝbɔnˀ] Fließband *n*; **~båndsarbejde** [-bɔnsaʀbaïˀdǝ] Fließbandarbeit *f*

samleje ['samlaïǝ] ⟨*-t*; *-r*⟩ Beischlaf *m*, Geschlechtsverkehr *m*

samlemappe ['samlǝmabǝ] Sammelmappe *f*, Ordner *m*

samler ['samlɐʀ] ⟨*-en*; *-e*⟩ Sammler *m*; **~lidenskab** [-li:ðǝnsga:ˀb] Sammelleidenschaft *f*

samleskinne ['samlǝsgenǝ] EL Sammelschiene *f*

samleve ['samle:ˀvǝ] in ehelicher *bzw* eheähnlicher Gemeinschaft leben; **~r** [-ʀ] ⟨*-en*; *-e*⟩ Lebensgefährte *m*; **~rske** [-ʀsgǝ] ⟨*-n*; *-r*⟩ Lebensgefährtin *f*

samling ['samleŋ] ⟨*-en*; *-er*⟩ Sammlung *f* (*a Museum*); PARL Legislaturperiode *f*; TECH Montage *f*; F Haufen *m*; **få ~ på sine tanker** seine Gedanken sammeln; → *a* **sans**

samlings|regering ['samleŋsʀeˀge:ˀʀeŋ] POL Koalitionsregierung *f*; **~sted** [-sdeð] Treffpunkt *m*; Versammlungsort *m*

sam|liv ['samli:ˀv] Zusammenleben *n*; **ægteskabeligt ~** eheliche Gemeinschaft *f*; **~læsning** [-lɛːˀsneŋ] Gemeinschaftsunterricht *m*

samme ['samǝ]: **den** (*det n, de pl*) **~** derselbe, dieselbe, dasselbe, *pl* dieselben; gleich; **~ år** im selben Jahr; **den selv ~** eben (*od genau*) derselbe; **det er mig det ~** es ist mir einerlei (*od gleich*); **i det ~** im selben Augenblick; **med det ~** sofort; **på ~ måde** in derselben Weise; **vi er her** (*jo*) **til det ~** dazu sind wir (ja) da

sammen ['samˀǝn] zusammen, beisammen, miteinander; **alle ~** alle (zusammen); **tale ~** miteinander reden, sich unterhalten

sammen|arbejde ['samǝnaʀbaïˀdǝ] zusammenarbeiten, koordinieren; **~bidt** [-bid] zusammengebissen; *fig* verbissen; **~blande** [-blanˀǝ] zusammenmischen, vermischen; *fig* durcheinanderbringen, verwechseln; **~bragt** [-bʀagd] *Kinder aus zwei verschiedenen Ehen*: zusam mengebracht; *Gesellschaft*: bunt zusammengewürfelt; **~brud** [-bruð] Zusammenbruch *m* (*a fig*)

sammen|drag ['saməndrɑ:ˀw] ⟨*-et*; *-*⟩ Zusammenfassung *f*; **~drage** [-drɑ:ˀwə] zusammenfassen; **~fald** [-falˀ] Zusammentreffen *n*, Zusammenfall *m*; **~falden** [-falˀən] *Mauer*: eingestürzt; *fig* zusammengesunken; **~faldende** [-falˀənə] zusammentreffend; **~fatte** [-fadə] zusammenfassen; **~filtret** [-filˀdrəð] verfilzt; **~fletning** [-fledneŋ] *Verkehr*: Einfäd(e)lung *f*; **~folde** [-fɔlˀə] zusammenfalten

sammenfoldelig [saman'fɔlˀəli] faltbar; **~ båd** Faltboot *n*

sammenføj|e ['samənfɔjˀə] zusammenfügen; **~ning** [-fɔjˀneŋ] ⟨*-en; -er*⟩ Zusammenfügung *f*; Fuge *f*; Naht *f*

sammenhobet ['samənho:ˀbəð] *Reichtum*: angehäuft

sammenhold ['samənhɔlˀ] ⟨*-et*⟩ Zusammenhalt *m*; **~e** [-ə] *zwei Dinge* vergleichen, einander gegenüberstellen

sammenhæng ['samənhɛŋˀ] ⟨*-en od -et*; *-e od -*⟩ Zusammenhang *m*, Kontext *m*; **sagens** (*rette*) **~** der Sachverhalt

sammen|hørende ['samənhø:ˀrənə] zusammengehörig; **~kalde** [-kalˀə] zusammenrufen, einberufen; **~klappelig** ['klabəli] zusammenklappbar; **~klumpet** [-klomˀbəð] dicht gedrängt; **~kneben** [-kne:ˀbən], **~knebet** [-kne:ˀbəð] zusammengekniffen; **~knytte** [-knydə] verknüpfen, verbinden; **~koble** [-kɔblə] TECH zusammenkoppeln, (ver)koppeln

sammenkogt ['samənkɔgð]: **~ ret** Eintopfgericht *n*

sammen|komst ['samənkɔmˀsd] ⟨*-en; -er*⟩ Zusammenkunft *f*; **~krøben** [-krɔ:ˀbən], **~krøbet** [-krɔ:ˀbəð] zusammengekauert; **~krøllet** [-krɔlˀəð] zerknüllt; **~kæde** [-kɛ:ˀðə] zusammenketten; *fig* verketten; **~lagt** [-lagd] zusammengelegt; zusammengerechnet, insgesamt

sammenligne ['samənli:ˀnə] vergleichen; **~lig** [-'li:ˀnəli] vergleichbar

sammenligning ['samənli:ˀneŋ] Vergleich *m*; *i ~ med ...* im Vergleich zu (*od mit*) ...; *uden ~* bei weitem

sammenligningsgrundlag ['samənli:ˀneŋsgrɔnla:ˀ] Vergleichsmöglichkeit *f*

sammenlæg|ge ['samənlɛgə] zusammenlegen; *Zahlen* zusammenziehen; **~ning** [-lɛgneŋ] ⟨*-en; -er*⟩ Zusammenlegung *f*, Zusammenlegen *n*; Addieren *n*,

Addition *f*

sammenløb ['samənlø:ˀb] *Flüsse*: Zusammenfluss *m*; (*Menschen*)Auflauf *m*; **~en** [-ən] zusammengelaufen; *Milch*: geronnen

sammenrodning ['samənro:ˀðneŋ] ⟨*-en; -er*⟩ *fig* Durcheinander *n*

sammenrotte ['samənrɔdə] zusammenrotten (*sig*/sich)

sammenryste ['samənrɔsdə]: *blive godt* **~t** F sich gut verstehen

sammensat ['samənsad] zusammengesetzt; *en ~ natur* e-e schwierige (*od* komplizierte) Natur

sammen|skrive ['samənsgri:ˀvə] zusammenschreiben; **~skudsgilde** [-sguðsgilə] Feier *f* (Party *f*), zu der alle Gäste *etw* beisteuern; **~slutning** [-sludnən] Zusammenschluss *m*, Fusion *f*; Verband *m*

sammenslynge ['samənsløŋˀə]: *tæt* **~t** Liebespaar: eng umschlungen

sammensmelte ['samənsmelˀðə] *Metalle* zusammenschmelzen; verschmelzen, fusionieren

sammensnerpet ['samənsnɛrbəð] *Mund*: zusammengepresst

sammen|snøre ['samənsnœ:ˀrə] *Herz* zusammenschnüren; **~sparet** [-sbɑ:ˀrəð] zusammengespart, erspart; **~spil** [-sbel] Zusammenspiel *n*; **~spillet** [-sbelˀəð] eingespielt (*godt* gut); **~stille** [-sdelˀə] vergleichen; **~stimling** [-sdemˀlən] ⟨*-en; -er*⟩ (*Menschen*)Auflauf *m*; **~stuvet** [-sdu:ˀ(v)əð] zusammengestaut; zusammengepfercht; **~stykke** [-sdøgə] zusammenstückeln

sammenstyrt|et ['samənsdyrˀdəð] zusammengestürzt, eingestürzt; **~ning** [-sdyrˀdneŋ] Einsturz *m*

sammenstød ['samənsdøð] Zusammenstoß *m* (*a fig*); (unglückliches) Zusammentreffen *n*; **~ende** [-sdø:ˀðənə] zusammenstoßend; zusammentreffend

sammen|sunken ['samənsɔŋˀən], **~sunket** [-sɔŋˀgəð] zusammengesunken

sammensurium [samən'su:ˀriɔm] ⟨*-(m)et od sammensuriet*; *sammensurium(m)er od sammensurier*⟩ F Sammelsurium *n*, Mischmasch *m*

sammen|svejse ['samənsvɑiˀsə] zusammenschweißen (*a fig*); **~svoren** [-svo:ˀrən] verschworen; *de sammensvorne* die Verschworenen *pl*, die Verschwörer *pl*

sammensværge ['samənsvɛrˀwə]: **~ sig** sich verschwören (*imod*/gegen *A*); **~lse** [-lsə] ⟨*-n; -r*⟩ Verschwörung *f*

S

sammensyning ['samənsy:?neŋ] Naht f; Zusammennähen n

sammensæt|ning ['samənsædneŋ] Zusammensetzung f; **~te** [-sedə] zusammensetzen, zusammenstellen; aufsetzen (Schreiben); → **sammensat**

sammentræde ['saməntrɛ:ðə] ⟨-t; -r⟩ Zusammentritt m, Sitzung f

sammentræf ['saməntrɛf] ⟨-fet; -⟩ Zusammentreffen n; Zufall m; **~fende** [-ənə] zusammentreffend, gleichzeitig

sammentrække ['saməntrɛgə] zusammenziehen; raffen

sammentrængt ['saməntrɛŋ'd] (zusammen)gedrängt, -geballt; fig kurz, knapp, in gedrängter Form

sammentælle ['saməntɛl'ə] zusammenzählen, zusammenrechnen

sammentømret ['saməntœm'rəð]: **en fast ~ klike** e-e unzertrennliche (od eng zusammengeschweißte) Clique

sammesteds ['saməsdeðs] am selben Ort, ebenda; **~fra** [-fra:?] vom gleichen Ort, ebendaher; **~hen** [-hɛn?] an den gleichen Ort, ebendahin

samordne ['samɔ:?rdnə] (aufeinander) abstimmen, koordinieren

sam|råd ['samrɔ:?ð] Beratung f; Rücksprache f; **~sending** [-sɛneŋ] R/TV: Gemeinschaftssendung f

sam|spil ['samsbel] Zusammenspiel n, Harmonie f, Gleichklang m; **~spilsramt** [-sram?ð] verhaltensgestört

samstemme ['samsdɛm?ə] zusammenstimmen, harmonieren; fig übereinstimmen (med/mit D); **~nde** übereinstimmend

sam|stemmig ['samsdɛm?i] einmütig, einstimmig; **~svarighed** [-sva:?rihe:ð?] ⟨-en⟩ Übereinstimmung f, Harmonie f

samt [sam?d] samt, nebst (D); sowie; **med ~** mitsamt

samtale¹ ['samta:lə] ⟨-en; -er⟩ Gespräch n

samtale² ['samta:?lə] ⟨-ede od -te⟩ sprechen, sich unterhalten (**om**/von D, über A)

samtale|anlæg ['samta:laənlɛ:?g] (Gegen)Sprechanlage f; **~emne** [-ɛmnə] Gesprächsstoff m; **~partner** [-pardnər] Gesprächspartner m

samtid ['samti:?ð] ⟨-en⟩ Mitwelt f; hans**~** seine Zeitgenossen m/pl; **~ig** [-i] gleichzeitig; zeitgenössisch; Zeitgenosse m, Zeitgenossin f

samtids|historie ['samtiðshi'sdo:?riə] Zeitgeschichte f; **~orientering** [-ɔrɪɛn-'te:?reŋ] Gegenwartskunde f

samtlige ['samdli:ə] pl sämtlich, gesamt

samtykke¹ ['samtygə] ⟨-t⟩ Einwilligung f, Zustimmung f (til/zu D)

samtykke² ['samtygə] einwilligen (I/in A), zustimmen (D)

samvirke¹ ['samvirgə] ⟨-t⟩ Zusammenarbeit f

samvirke² ['samvirgə] zusammenwirken, zusammenarbeiten

samvittighed [sam'vidihe:ð?] ⟨-en; -er⟩ Gewissen n; **have dårlig ~** ein schlechtes Gewissen haben; **have ngt. på ~en** etw auf dem Gewissen haben

samvittigheds|fuld [sam'vidiheðsful?] gewissenhaft; **~løs** [-lø:?s] gewissenlos; **~nag** [-na:?j] Gewissensbisse pl; **~spørgsmål** [-sbœrsmo:?l] Gewissensfrage f, Gretchenfrage f

samvær ['samvɛ:?r] ⟨-et; -⟩ Beisammensein n

sanatorium [sana'to:?riom] ⟨sanatoriet; sanatorier⟩ Sanatorium n, Heilstätte f

sand¹ [san?] ⟨-et⟩ Sand m; **løbe ud i ~et** fig im Sande verlaufen

sand² [san?] wahr; **det er ~t** es ist wahr; **det er (for resten) ~t, ...** (übrigens) was ich noch sagen wollte, ...; **ikke ~t?** nicht wahr?; **~t at sige** um die Wahrheit zu sagen, offen gesagt

sandal [san'da:?l] ⟨-en; -er⟩ Sandale f

sand|blæse ['sanblɛ:?sə] TECH sandstrahlen; **~bund** [-bon?] Sandgrund m

sanddru ['sandru:?] wahrhaftig; wahrheitsliebend, aufrichtig

sande¹ ['sanə] gestehen, zugeben; **~ éns ord** j-m (im Nachhinein) recht geben

sande² ['sanə]: **~ til** versanden

sandelig ['sanəli] wahrhaftig, in der Tat

sand|et ['sanəð] sandig; **~farvet** [-fa:?rvəð] sandfarben, sandfarbig; **~flugt** ['sanflogd] Sandtreiben n

sandfærdig [san'fɛr?di] wahr(haftig)

sandhed ['sanhe:ð?] ⟨-en; -er⟩ Wahrheit f; **sige én et par ~er** F fig j-m deutlich s-e Meinung sagen; **i overensstemmelse med ~en** wahrheitsgemäß; **holde sig til ~en** bei der Wahrheit bleiben; **i ~** in der Tat, wahrlich, wahrhaftig

sandhedskærlig ['sanheðskɛrli] wahrheitsliebend

sand|jord ['sanjo:?r] Sandboden m; **~kage** [-ka:ə] Sandkuchen m; **~kasse** [-kasə] Sandkasten m, Buddelkasten m; **~papir** ['-pa'pi:?r] Sandpapier n

sand|sten ['sansden?] Sandstein m; **~suger** [-su:ər] Saugbagger m

sandsynlig [san'sy:?nli] wahrscheinlich;

~**gøre** [-gœ:ˀʁə] glaubhaft machen

sandsynlighed [san'sy:ˀnlihe:ð?] ⟨*en*; -*er*⟩ Wahrscheinlichkeit *f*; *efter al* ~ aller Wahrscheinlichkeit nach

sandsynligvis [san'sy:ˀnli'vi:ˀs] wahrscheinlich

saner|e [sa'ne:ˀʁə] sanieren (*a* ÖKON.); ~**ing** [-'ne:ˀʁeŋ] ⟨-*en*; -*er*⟩ Sanierung *f*

saneringsmoden [sa'ne:ˀʁeŋsmo:ˀðən] sanierungsreif, sanierungsbedürftig

sang¹ [saŋ?] ⟨-*en*; -*e*⟩ Lied *n*; Gesang *m*, Singen *n*

sang² [saŋ?] → **synge**

sang|bar ['saŋba:ˀʁ] sangbar, singbar; ~**bog** [-bɔ:ˀw] Liederbuch *n*; ~**bund** [-bon?] Resonanzboden *m*; *fig* Resonanz *f*, Anklang *m*; ~**er** [-əʁ] ⟨-*en*; -*e*⟩ Sänger *m*; ~**erinde** [-əʁˈenə] ⟨-*n*; -*r*⟩ Sängerin *f*; ~**forening** [-'fɔʁˈe:ˀneŋ] Gesangverein *m*; ~**fugl** [-fu:ˀl] Singvogel *m*; ~**kor** [-ko:ˀʁ] Sängerchor *m*; ~**lærer** [-lɛ:ʁəʁ] *Schule*: Gesangslehrer, Musiklehrer *m*; ~**skat** [-sgad] Liedgut *n*; ~**skriver** [-sgʁi:ˀʋəʁ] Liedermacher *m*, Texter *m*

sanitets|artikel [sani'tøːˀdsɒʁˈtiɡəl] Sanitärartikel *m*; ~**korps** [-kɔʁbs] MIL. Sanitätskorps *n*; ~**mester** [-mesdəʁ] Installateurmeister für Sanitäranlagen

sank [saŋ?g] → **synke**

sanke ['saŋgə] sammeln, lesen

sanktbernhardshund [saŋdˈbɛʁˀn-haʁdshun?] Bernhardiner *m*

sankthans [saŋdˈhans] ⟨*en*⟩ Johanni(s) *n*; ~**aften** [-afdən] Johannisabend *m* (23. 6.); ~**blus** [-blus], ~**bål** [-bɔ:ˀl] Johannisfeuer *n*, Sonnenwendfeuer *n*; ~**dag** [-da:ˀ] Johannistag *m* (24. 6.); ~**fest** [-fesd] Sonnenwendfeier *f*; ~**orm** [-ɒʁˀm] Glühwürmchen *n*

sanktion [saŋgˈsjoːˀn] ⟨-*en*; -*er*⟩ Sanktion *f*; Bestätigung *f*; ~**er** POL Sanktionen *f/pl*, Zwangsmaßnahmen *f/pl*; ~**ere** [-sjo-'ne:ˀʁə] sanktionieren, bestätigen, gutheißen

sans [san?s] ⟨-*en*; -*er*⟩ Sinn *m*; *de fem* ~**er** die fünf Sinne; *være fra* ~ *og samling* (*od fra vid og* ~) von Sinnen sein, außer Rand u. Band

sanse ['sansə] wahrnehmen, *fig* fassen, begreifen; *hverken kunne* ~ *eller samle* *fig* weder hören noch sehen können, von Sinnen sein; ~**bedrag** [-be'dʁaːˀw] Sinnestäuschung *f*; ~**indtryk** [-entʁœg] Sinneseindruck *m*; ~**lig** [-li] sinnlich; ~**løs** [-lø:ˀs] besinnungslos; ~**organ** [-ɒʁˈgaːˀn] Sinnesorgan *n*

sansning ['sansneŋ] ⟨-*en*; -*er*⟩ Sinneswahrnehmung *f*

sardin [sɑʁˈdiːˀn] ⟨-*en*; -*er*⟩ Sardine *f*; ~ *i olie* Ölsardine *f*; ~**dåse** [-dɔ:sə] Sardinenbüchse *f*; *Auto*: Klapperkiste *f*

sarg [sɑːˀʁw] ⟨-*en*; -*e(r)*⟩ Möbel: Zarge *f*

sarkas|me [sɑʁˈkasmə] ⟨-*n*; -*r*⟩ Sarkasmus *m*; ~**tisk** [-'kasdisg] sarkastisch

sart [sɑːˀʁd] zart; empfindlich

sat¹ [sad] *fig* gesetzt

sat² [sad] → **sætte**

satan ['sa:tan] ⟨-*en*; -*er*⟩ Satan *m*, Teufel *m*; *fy* (*od føj*) *for* ~*!* pfui Teufel!; *det var* ~*s!*, *så for* ~*!*, ~*s også!* verdammt noch mal!

satans ['sa:tans] → **satan**

satellit [sadə'lid] ⟨-*ten*; -*er*⟩ Satellit *m*; ~**by** [-by:ˀ] Trabantenstadt *f*, Satellitenstadt *f*

satellit-tv [sadə'lidte:ˀve:ˀ] Satellitenfernsehen *n*

sateme ['sa:dəmə] verdammt noch mal

satir|e [sa'ti:ʁə] ⟨-*n*; -*r*⟩ Satire *f*; ~**isere** [-tiʁi'se:ˀʁə] spotten, spötteln

sats [sads] ⟨-*en*; -*er*⟩ Satz *m*; Zündmasse *f*

satse ['sadsə]: ~ *på ngt. fig* auf etw (*A*) setzen (*od abzielen od* etw anstreben); schätzen, vermuten

satte ['sadə] → **sætte**

sauce [sɔ:s] ⟨-*n*; -*r*⟩ → **sovs**

sautere [so'te:ˀʁə] in Butter schwenken/dünsten

sav [sa:ˀv] ⟨-*en*; -*e*⟩ Säge *f*

sav|blad ['sɑублад] Sägeblatt *n*; ~**buk** [-bog] Sägebock *m*

save [sa:və] sägen; ~ *over* durchsägen; zersägen

savl [sɑuˀl] ⟨-*et*⟩ Speichel *m*, Geifer *m*, F Sabber *m*; ~*e* ['sɑула] *Kind*: sabbern

savn [sɑuˀn] ⟨-*et*; -⟩ Entbehrung *f*; *fig* Verlust *m*, Lücke *f*

savne ['sɑuna] vermissen, entbehren; *han* ~ *de børnene* ihm fehlten/er vermisste die Kinder; ~*t* vermisst

savning ['sɑu:vneŋ] ⟨-*en*; -*er*⟩ Sägen *n*

savskærer ['sɑusgɛ:ˀʁɒʁ] ⟨-*en*; -*e*⟩ Sägewerker *m*; ~**i** [-sgɛ:ʁɒ'ri:ˀ] ⟨-*et*; -*er*⟩ Sägerei *f*, Sägewerk *n*

sav|smuld ['sɑusmul?] ⟨-*en od* -*et*⟩ Sägemehl *n*; ~**smuldstapet** [-'smulsta'pe:ˀd] Raufasertapete *f*; ~**værk** [-vɛʁg] Sägewerk *n*

S-bane [ɛsba:nə] S-Bahn *f*

scene ['se:nə] ⟨-*n*; -*r*⟩ THEA. Bühne *f*; Szene *f* (*a fig* F), Auftritt *m*; *sætte i* ~ inszenieren, in Szene setzen; ~**arrangement** [-aʁɑŋsjəˈmaŋ] Bühnenbild *n*, Dekoration *f*; ~**forandring** [-fɔʁˈanˀdʁeŋ] Sze-

S

nenwechsel *m*; **~funktionær** [-foŋgsjo-'ne:ʔʀ] Bühnenarbeiter *m*; **~gulv** [-gol] Bühne(nbretter *pl*) *f*

scene|instruktør ['se:nənsdʀug'tø:ʔʀ] Spielleiter *m*, Regisseur *m*; **~kunstner** [-konsdnəʀ] Bühnenkünstler *m*; **~ri** [-'ʀi:ʔ] ⟨-et; -er⟩ Szenerie *f*; **~skift(e)** [-sgifd(ə)] Szenenwechsel *m*; **~vant** [-van'd] mit Bühnenerfahrung; *f* selbstsicher, gewandt

scenisk ['se:ʔnisg] szenisch, Bühnen-; *en ~ begavelse* ein schauspielerisches Talent

scenograf [seno'gʀa:ʔf] ⟨-en; -er⟩ Bühnenbildner *m*

scepter ['sɛbdəʀ] ⟨scept(e)ret; sceptre⟩ Zepter *n*

schattering [sja'te:ʔʀeŋ] ⟨-en; -er⟩ Schattierung *f*, Farbton *m*

sc(h)ellak ['sjɛlag] ⟨-ken⟩ Schellack *m*

schuft [sjufd] ⟨-en; -er⟩ → *sjuft*

Schweiz [svaɪʔ(d)s] → *Svejts*

schweizer ['svaɪʔ(d)səʀ] ⟨-en; -e⟩ → *svejtser*; **~ost** [-osd] → *svejtserost*

schweizisk ['svaɪʔ(d)sisg] → *svejtsisk*

schæfer ['sjɛːʔfəʀ] ⟨-en; -e⟩, **~hund** [-hunʔ] Schäferhund *m*

scooter ['sgu:dəʀ] ⟨-en; -e⟩ Motorroller *m*

score ['sgo:ʀə] ein Tor schießen; *~ en fyr (pige)* F einen Typen (ein Mädchen) anbaggern; *~ kassen* einen Haufen Geld verdienen; *~ points* SPORT Punkte machen *(a fig)*

scrapbog ['sgʀabboʔw] Sammelmappe *f*, -album *n*, Klebebuch *n*

se [se:ʔ] ⟨så; set⟩ *v/i* sehen, blicken, schauen, gucken; ersehen; *v/t* sehen; erblicken, schauen; ~ *side 2* siehe (Abk. *s.*) Seite zwei; *~, ~!* sieh mal an!; *der kan du (bare) ~!* siehst du!; *~ (så) at komme væk!* F mach, dass du fortkommst!; *vi må ~ at få det gjort* wir müssen (zu)sehen, dass es fertig wird; *lade sig ~* sich blicken lassen; *~ ad* nachsehen, nachschauen; *~ sine folk an* erst mal sehen, mit wem man es zu tun hat; *~ tiden an* abwarten, die Dinge auf sich zukommen lassen; *~ bort fra ngt.* von *etw* absehen; *~ efter* nachsehen; *~ efter én* j-m nachsehen; nach *j-m* sehen; *j-n* betreuen; *~ sig for* sich vorsehen; *~ frem/hen til ngt.* *etw* (D) entgegensehen; *etw* ersehnen; *~ igennem* durchsehen; *~ ind til én* *j-m* vorsprechen, *j-n* besuchen; *~ ned på én* fig auf *j-n* herabblicken; *~ sig om* sich umsehen; *~ op* aufblicken; *~ op til én* zu *j-m* aufblicken, *j-n* bewun-

dern; *~ på* zusehen, zugucken; *~ på ngt. etw* ansehen (od betrachten); fig auf *etw* (A) Wert legen; *~ til* zusehen; *~ til børnene* nach den Kindern sehen; *~ til, at du kommer væk!* mach, dass du fortkommst!; *have meget at ~ til* viel zu tun haben, F viel um die Ohren haben; *~ sig tilbage* sich umsehen, zurückblicken; *~ ud* hinaussehen; fig aussehen; *vi ~s ofte* wir sehen uns oft

seddel ['seðʔəl] ⟨sed(de)len; sedler⟩ Zettel *m*; *Geld:* Schein *m*; *Lotterie:* Los *n*

seddel|mappe ['seðəlmabə] Scheintasche *f*; **~penge** [-pɛŋə] *pl* Papiergeld *n*, Banknoten *f/pl*

seer ['se:ʔəʀ] ⟨-en; -e⟩ Seher *m*; Fernsehzuschauer(in) *m(f)*; **~storm** [-sdɔ:ʔʀm] TV Zuschauerprotestanrufe *pl*

segl¹ [saɪʔl] ⟨-et; -⟩ Sichel *f*

segl² [saɪʔl] ⟨-et; -⟩ Siegel *n*; *forsyne ngt. med ~ etw* versiegeln

segne ['saɪnə] ⟨-de⟩ *~ (om)* umsinken, umfallen; **~færdig** [-feʀʔdi] todmüde, zum Umfallen müde

Seinen ['sɛ:nən] GEOGR die Seine

sej¹ [saɪʔ] ⟨-en; -er⟩ ZO Köhler *m*, F Seelachs *m*

sej² [saɪʔ] zäh *(a fig)*

sejl [saɪʔl] ⟨-et; -⟩ Segel *n*; *sætte ~* die Segel setzen; *for fulde ~* mit vollen Segeln; *sætte alle ~ til* fig alle Hebel in Bewegung setzen; *weder Kosten noch Mühen scheuen*

sejlads [saɪˈlaːʔs] ⟨-en; -er⟩ Fahrt *f*; Schifffahrt *f*, Schiffsverkehr *m*

sejl|bar ['saɪlbaːʔʀ] schiffbar; **~bræt** [-bʀɛd] Surfbrett *n*; **~båd** [-bɔːʔð] Segelboot *n*; **~dug** [-du:ʔ] Segeltuch *n*; **~dygtig** [-døgdi] NAUT fahrtüchtig

sejle ['saɪlə] segeln, fahren; *gulvet ~r* der Fußboden ist überschwemmt; **~r** [-ʀ] ⟨-en; -e⟩ Segler *m*

sejl|færdig ['saɪlfeʀʔdi] → *sejlklar*; **~garn** [-gaːʔʀn] Bindfaden *m*

sejlivet ['saɪliˑʔvəð] zäh(lebig)

sejl|jolle ['saɪljɔlə] Segeljolle *f*; **~klar** [-klaːʔʀ] seeklar, segelfertig, abfahrbereit; **~klub** [-klub] Segelklub *m*; **~løb** [-løːʔb], **~rende** [-ʀɛnə] Fahrwasser *n*, Fahrrinne *f*; **~skib** [-sgiːʔb] Segelschiff *n*; **~tur** [-tuːʔʀ] Segeltörn *m*; Bootsfahrt *f*

sejpine ['saɪpiˑnə] fig auf die Folter spannen, zappeln lassen; **~ri** ['-piˑnəˈʀiːʔ] ⟨-et; -er⟩ Quälerei *f*, Marter *f*

sejr [saɪʔʀ] ⟨-en; -e⟩ Sieg *m*; *gå af med ~en* den Sieg davontragen

sejre ['saɪʀə] siegen (*over*/über *A*); **~nde** siegreich, Sieger-

sejr|herre ['saɪˀʀhɛʀə] Sieger *m*; **~rig** [-ˌʀiːˀ] siegreich

sejrsgang ['saɪˀʀsɡɑŋˀ] ⟨*en*⟩ Siegeszug *m*

sejr(s)sikker ['saɪˀʀseɡəʀ] siegessicher

sejrsskjorte ['saɪˀʀsɡjɔʀdə]: *være født med ~n fig* ein Glückskind *n*/Glückspilz *m* sein

sejr(s)stolt [-sdɔlˀd] siegesstolz; **~vinding** ['saɪˀʀvneŋ] Sieg *m*; *fig* Erfolg *m*

sejtflydende ['saɪˀdflyːðənə] zähflüssig

sekondløjtnant se'kɔnˀdlɔɪˀdnanˀd] MIL Leutnant *m*

sekraft ['seːˀkʀɑfd] Sehkraft *f*, Augenlicht *n*

sekretariat [sekʀɛtɑˀriaːˀd] ⟨*-et*; *-er*⟩ Sekretariat *n*, Geschäftsstelle *f*

sekretær [sekʀɛ'teːˀʀ] ⟨*-en*; *-er*⟩ Sekretär *m* (*a Schreibschrank*), Sekretärin *f*

seks [seɡs] sechs

seks|cifret ['seɡssifʀəð] sechsstellig; **~dagesløb** ['-daːəsløːˀb] Sechstagerennen *n*

seksogtres ['seɡsɔˀtʀɛs] ⟨*en*⟩ Kartenspiel: Sechsundsechzig *n*

seksten ['saɪsdən] sechzehn

seksual|drift [seɡsu'aːˀldʀefd] Sexualtrieb *m*; Geschlechtstrieb *m*; **~forbryder** [-fɔʀˀbʀyːˀðəʀ] Sexualverbrecher *m*; **~itet** [-ali'teːˀd] ⟨*-en*⟩ Sexualität *f*; **~liv** [-liːˀv] Sexualleben *n*; **~undervisning** [-ˀɔnəʀviˀneŋ] Sexualkunde *f*

seksuel [seɡsu'elˀ] sexuell, geschlechtlich

sekt [seɡd] ⟨*-en*; *-er*⟩ Sekte *f*; Sekt *m*, Schaumwein *m*

sekt|er|er [seɡ'teːˀʀəʀ] ⟨*-en*; *-e*⟩ Sektierer *m*; **~isk** [-'teːˀʀisɡ] sektiererisch

sektion [seɡ'sjoːˀn] ⟨*-en*; *-er*⟩ Sektion *f* (*a* MED); Gruppe *f*; Teil *m*

sektionsstue [seɡ'sjoːˀnssduːə] Obduktionsraum *m*, Seziersaal *m*

sekund [se'kɔnˀd] ⟨*-et*; *-er*⟩ Sekunde *f*

sekundavare [se'kɔndavaːˀʀə] Ausschussware *f*, minderwertige Ware *f*

sekundere [sekɔn'deːˀʀə] *fig* sekundieren, beipflichten

sekundviser [se'kɔnˀdviːsəʀ] Sekundenzeiger *m*

sekvens [se'kvɛnˀs] ⟨*-en*; *-er*⟩ Sequenz *f*

sele ['seːlə] ⟨*-n*; *-r*⟩ Gurt *m*; Hosenträger *m*; *lægge sig i ~n fig* sich ins Geschirr/Zeug legen; → *seletøj*

seletøj ['seːlətɔɪ] ⟨*-et*; *-er*⟩ (Pferde)Geschirr *n*

selleri ['seləʀiːˀ] ⟨*-en*; *-er od* -⟩ Sellerie *m*, *f*

selskab ['sɛlsɡaˀb] ⟨*-et*; *-er*⟩ Gesellschaft *f* (*a* ØKON); Fest *n*; Umgang *m*; *holde én med ~ j-m* Gesellschaft leisten; *for ~s skyld* zur Gesellschaft; *komme i dårligt ~* in schlechte Gesellschaft geraten; **~elig** ['-sɡaːˀbəli] gesellig; gesellschaftlich

selskabs|dame ['sɛlsɡabsdaːmə] Gesellschaftsdame *f*, Gesellschafterin *f*; **~dragt** [-dʀɑɡd] Abendanzug *m*; **~kjole** [-kjoːlə] Abendkleid *n*; **~leg** [-laɪˀ] Gesellschaftsspiel *n*; **~liv** [-liːˀv] Gesellschaftsleben *n*; **~lokale** [-loˈkaːlə] Gesellschaftsraum *m*; **~mand** [-manˀ], **~menneske** [-mɛnəsɡə] geselliger Mensch, F Partylöwe *m*

selv¹ [sɛlˀ] ⟨*et*⟩ Selbst *n*

selv² [sɛlˀ] *pron* selbst, selber; **~ tak!** (danke) gleichfalls; *det kan du ~ være! selber einer!; han er ikke mere sig ~* er ist nicht mehr er selbst; *det siger sig ~* das versteht sich von selbst; *det kommer af sig ~* das kommt von selbst; *hun var helt ude af sig ~* sie war völlig außer sich; *for sig ~* [li sich; *hjemme hos sig ~* bei sich zu Hause; *i sig ~* an sich; *~e* (*od* F **~este**) *kongen* der König selbst; *den ~ samme* (genau) derselbe; *det må du ~ om* das bleibt dir überlassen; *adv* selbst, sogar; *~ om → selvom*

selv|agtelse [ˈsɛlaɡdəlsə] Selbstachtung *f*; **~angivelse** [-aŋiˀvəlsə] Steuererklärung *f*; **~antændelse** [-antɛnˀdəlsə] Selbstentzündung *f*; **~bebrejdelse** [-bebʀɑɪˀdəlsə] Selbstvorwurf *m*; **~bedrag** [-bedʀɑˀw] Selbstbetrug *m*, Selbsttäuschung *f*; **~behagelig** [-behaˀ(j)əli] selbstgefällig

selv|beherskelse [ˈsɛlbehɛʀsɡəlsə] Selbstbeherrschung *f*; **~bestaltet** [-besdalˀdað] selbst ernannt; **~bestemmelsesret** [-besdɛmˀəlsəsʀɛd] Selbstbestimmungsrecht *n*; **~betjening** [-betjɛˀneŋ] Selbstbedienung *f*; **~betjeningsbutik** [-betjɛˀneŋsbuˀtig] Selbstbedienungsladen *m*; **~bevidst** [-bevesd] selbstbewusst; **~biografi** ['-bioˀgʀaˀfiːˀ] Selbstbiografie *f*; **~buden** [-buːˀðən] *Gast*: ungebeten

selvbyg ['sɛlbyg] ⟨*et*⟩ Eigenbau *m*; **~ger** [-əʀ] *jmd.* der sein Haus selbst baut; **~geri** [-əˀʀiːˀ] Eigenbau *m*

selv|centreret ['sɛlsɛntʀeːˀʀəð] egozentrisch, ichbezogen; **~død** [-døːˀð] *Tier*: verendet, eingegangen; **~e** ['selvə] → *selv²*; **~eje** [-aɪˀə] Eigenbesitz *m*

selvejende ['selvɑiǝnǝ]: ~ *institution* etwa: (unabhängig) Stiftung *f*

selv|erhverv ['selɛʁvɛʁʔv] Berufstätigkeit *f*; **~erhvervende** [-ɛʁvɛʁʔvǝnǝ] berufstätig; **~erkendelse** [-ɛʁkɛnʔǝlsǝ] Selbsterkenntnis *f*; **~este** ['selvǝsdǝ] → *selv²*; **~foragt** [-fɔʁɑgd] Selbstverachtung *f*; **~forglemmelse** [-fɔʁglɛmʔǝlsǝ] Selbstvergessenheit *f*

selv|fornægtelse [-sɛlfɔʁnɛgdǝlsǝ] Selbstverleugnung *f*; **~forskyldt** [-fɔʁsgylʔd] selbst verschuldet; **~forståelse** [-fɔʁsdɔːʔǝlsǝ] Selbstverständnis *n*; **~forsvar** [-fɔʁsvɑːʔʁ] Selbstverteidigung *f*, Selbstschutz *m*; **~forsynende** [-fɔʁsyːʔnǝnǝ] Land: autark, sich selbst versorgend; **~forsyning** [-fɔʁsyːʔnǝn] Selbstversorgung *f*; **~følelse** [-føːlǝlsǝ] Selbst(wert)gefühl *n*

selv|følge ['selføljǝ] ⟨*en*⟩ Selbstverständlichkeit *f*; *det er en ~* es ist selbstverständlich; **~lig** [-'følǝli] selbstverständlich; **~lighed** [-'følǝliheðʔ] ⟨*-en*; *-er*⟩ Binsenwahrheit, Gemeinplatz *m*

selv|gjort [-sɛljo:ʔʁd] selbst gemacht; **~glad** [-glɑð] selbstgefällig, selbstzufrieden; **~glæde** [-glɛːðǝ] Selbstgefälligkeit *f*; **~god** [-go:ʔð] selbstzufrieden; **~hjulpen** [-jolʔbǝn], **~hjulpet** [-jolʔbǝð] selbstständig, Selfmade; **~hjælp** [-jelʔb] Selbsthilfe *f*; **~hævdelse** [-hɛuðǝlsǝ] Selbstbehauptung *f*

selv|højtidelig ['selhɔitiːʔðǝli] selbstherrlich, ichbezogen; **~indlysende** [-enly:ʔsǝnǝ] einleuchtend, selbstverständlich; **~ironi** [-iʁoni:ʔ] Selbstironie *f*; **~isk** ['selʔvisg] selbstisch, selbstsüchtig; **~klog** [-klɔ:ʔw] eigensinnig, F neunmalklug; **~klæbende** [-klɛːʔbǝnǝ] selbstklebend; *~ lukke* Adhäsionsverschluss *m*; **~kontrol** [-kɔntʁɔlʔ] Selbstkontrolle *f*, **~kritik** [-kʁitig] Selbstkritik *f*

selv|lavet ['sella:ʔvǝð] selbst gemacht; **~lyd** [-lyðʔ] GRAM Selbstlaut *m*, Vokal *m*; **~lysende** [-ly:ʔsǝnǝ] selbstleuchtend, Leucht-; **~lært** [-lɛʁʔd] selbstständig, autodidaktisch, Selfmade-; **~medlidenhed** [-meðliːʔðǝnheðʔ] Selbstmitleid *n*; **~modsigelse** [-mɔðsi:ʔǝlsǝ] Widerspruch *m*; **~modsigende** [-mɔðsi:ʔǝnǝ] widersprüchlich, sich selbst (*od* einander) widersprechend

selvmord ['selmo:ʔʁ] Selbstmord *m*; **~erisk** [-mɔʁdǝʁisg] selbstmörderisch

selv|mordsforsøg ['selmoːʁsfɔʁsøːʔ] Selbstmordversuch *m*; **~mål** [-mɔːʔl] sport Eigentor *n*; **~om** ['selʔɔm] selbst wenn, wenn auch; obwohl, obgleich; → *a selv²*; **~opholdelsesdrift** [-ɔbholʔɔlsǝsdʁefd] Selbsterhaltungstrieb *m*; **~opofrende** [-ɔbɔfʁǝnǝ] selbstaufopfernd; **~optaget** [-ɔbta:ʔðǝ] ichbezogen, selbstgefällig; **~overvindelse** [-ɔuǝʁvenʔǝlsǝ] Selbstüberwindung *f*

selv|overvurdering ['selʔɔuǝʁvuʁdǝ:ʔʁen] Selbstüberschätzung *f*; **~plagerisk** [-pla:jǝʁisg] selbstquälerisch; **~portræt** [-'pɔʁtʁeð] Selbstporträt *n*; **~respekt** [-ʁesbegd] Selbstachtung *f*; **~retfærdig** [-ʁɛdfɛʁʔdi] selbstgerecht; **~risiko** [-ʁiːsiko] *Versicherung:* Selbstbeteiligung *f*; **~ros** [-ʁo:ʔs] Eigenlob *n*; **~rådig** [-ʁɔ:ʔði] eigenwillig; selbstherrlich

selv|sagt ['selsɑgd] selbstverständlich, selbstredend; **~sikker** [-segǝʁ] selbstsicher; **~skabt** [-sgɑbd] selbst verschuldet, selbst gemacht

selvskreven ['selsgʁe:ʔvǝn] selbst geschrieben, eigenhändig geschrieben; *fig* berufen, (wie) geschaffen, prädestiniert (*til det* dazu)

selv|starter ['selsdɑʁdǝʁ] TECH Anlasser *m*; **~styre** [-sdy:ʁǝ] Selbstverwaltung *f*

selvstændig ['selsdɛnʔði] selbstständig; **~gøre** [-'sdɛnʔdigœ:ʔʁǝ] verselbstständigen

selvsyn ['selsy:ʔn]: *af ~* aus eigener Anschauung, durch Augenschein

selvsået ['selsɔːʔð] *Pflanze:* wild gewachsen

selv|tilfreds ['seltefʁes] selbstzufrieden; **~stillelse** [-sdelʔǝlsǝ] Selbstbefriedigung *f*

selv|tillid ['seltelið] Selbstvertrauen *n*; **~tilstrækkelig** [-tesdʁegǝli] selbstgenügsam; **~tugt** [-togd] Selbstzucht *f*; **~tægt** [-tɛgd] ⟨*-en*⟩ Selbstjustiz *f*; **~tænkende** [-tɛŋǝnǝ] TECH selbsttätig; **~udfoldelse** [-uðfolʔǝlsǝ] Selbstentfaltung *f*; **~udløser** [-uðløːʔsǝʁ] FOT Selbstauslöser *m*; **~udslettende** [-uðslɛdǝnǝ] selbstlos, uneigennützig, selbstlos; **~valg** [-valʔj] TEL Selbstwählverkehr *m*, Durchwahl *f*; **~valgt** [-valʔjd] selbst gewählt

selv|virkende ['selvɪʁgǝnǝ] selbsttätig; **~virksomhed** [-vɪʁgsɔmheðʔ] Selbstständigkeit *f*, Eigeninitiative *f*

seminarie|rektor [semi'nɑːʔʁiɔʁegtɔʁ] Rektor *m e-r* pädagogischen Hochschule; **~uddannelse** [-uðan̩ʔǝlsǝ] Lehrerausbildung *f*

seminari|st [semina'ʁisd] Lehrerstudent(in) *m(f)*, Student(in) *m(f) e-r* pädagogischen Hochschule; **~um** [-'nɑːʔʁiɔm]

ses

⟨seminariet; seminarier⟩ pädagogische Hochschule f

semulje [se'muljə] ⟨-n⟩ Grieß m

sen [se:ʔn] spät, langsam; **~t på aftenen** spät am Abend, spätabends; **så ~t som i går** erst gestern; **for ~t** zu spät; **komme for ~t til toget** den Zug verpassen; **i den ~ere** tid in letzter Zeit; **være ~t på den** F verspätet (od spät dran) sein; **før eller ~ere** früher oder später; **~ere hen** später(hin); **~est kl. 20** spätestens um 20 Uhr

senat [se'na:ʔd] ⟨-et; -er⟩ Senat m

senatsmøde [se'na:ʔdsmø:ðə] Senatssitzung f

sende ['senə] ⟨-te⟩ senden, schicken (**til én** j-m od an j-n); **~ én et blik** j-m e-n Blick zuwerfen; **~ bud efter én** j-n bitten zu kommen, nach j-m schicken; **~ ud** hinaussenden; verschicken; **~bud** [-buð] Bote m; **~mand** [-manʔ] Delegierte(r) m; **~r** [-ʀ] ⟨-en; -e⟩ Radio: Sender m; **~tid** [-tiðʔ] Sendezeit f

sending ['senen] ⟨-en; -er⟩ Sendung f; Waren: Posten m

sendrøgtig [sen'drʀøgdi] langsam, saumselig

sene ['se:nə] ⟨-n; -r⟩ ANAT Sehne f; **~skedebetændelse** [-sge:ðəbe'tɛnʔəlsə] MED Sehnenscheidenentzündung f; **~t** [-ð] sehnig

seng [seŋʔ] ⟨-en; -e⟩ Bett n; **gå i ~** schlafen (od ins Bett) gehen; **gå i ~ med én** mit j-m schlafen; **~tid** [-tiðʔ] Schlafenszeit f; **~e** holde **~en** das Bett hüten; **lægge** (od **putte**) **i ~** zu Bett bringen; **rede ~en** das Bett machen

senge|hest ['seŋəhesd] (lose(s)) Bettgitter n; **~kant** [-kanʔd] Bettkante f, Bettrand m; **~klæder** [-klɛːðəʀ] pl Bettzeug n; **~leje** [-laiə] Bettruhe f; **~liggende** [-legənə] bettlägerig; **~linned** [-lenəð] Bettwäsche f; **~tid** [-tiðʔ] Schlafenszeit f; **~trøje** [-trɔiə] Bettjäckchen n; **~tæppe** [-tɛbə] Bettdecke f, Tagesdecke f; **~tøj** [-tɔiʔ] Bettwäsche f, Bettzeug n; **~væder** [-vɛːðəʀ] ⟨-en; -e⟩ MED Bettnässer m

seniorhold ['se:nioʀhɔlʔ] SPORT Seniorenmannschaft f

sennep ['senəb] ⟨-pen; -per⟩ Senf m, Mostrich m

senneps|frø ['senəbsfrøʔ] pl BOT Senfsamen pl, Senfkörner n/pl; **~gul** [-guːʔl] senffarben, senffarbig; **~sovs** [-sɔuʔs] Senfsoße f

sensation [sensa'sjoːʔn] ⟨-en; -er⟩ Sensation f, Aufsehen n; **~el** [-sjo'nelʔ] sensationell, aufsehenerregend

sensations|avis [sensa'sjoːʔnsa'viːʔs]

Krawallblatt n; **~lysten** [-løsdən] sensationslüstern

sensib|el [san'si:ʔbəl] sensibel, empfindlich; **~ilisere** [sɛnsibili'se:ʔʀə] sensibilisieren

sensommer(dag) ['se:nsɔməʀ(da:ʔ)] Spätsommer(tag m) m

sensuel [sɛnsu'elʔ] sinnlich

sentens [sen'tɛnʔs] ⟨-en; -er⟩ Sentenz f; (Sinn)Spruch m, Gedankensplitter m

sentimental [sɛntimen'taːʔl] sentimental; **~itet** [-tali'te:ʔd] ⟨-en⟩ Sentimentalität f, F Gefühlsduselei f

separat [sepa'ʀaːʔd] separat; abgesondert, einzeln; **~ion** [-ʀa'sjoːʔn] ⟨-en; -er⟩ Ehe: Trennung f (von Tisch und Bett); **~kabinet** [-kabi'neð] Séparée n

separere [sepa'ʀeːʔʀə] trennen; **være ~t** Eheleute: getrennt leben

september [seb'tɛmʔbəʀ] ⟨-en⟩ (Abk. **sept.**) September m (Abk. Sept.)

septiktank ['sebtigtaŋʔg] (Haus)Kläranlage f, Klärgrube f

serenade [seʀe'na:ðə] ⟨-n; -r⟩ Serenade f, Ständchen n

sergent [sɛʀ'sjanʔd] ⟨-en, -er⟩ MIL Feldwebel m

serie ['se:ʔʀiə] ⟨-n; -r⟩ Serie f; Reihe f

seriebygget ['se:ʔʀiəbygəð] : **~ hus** Haus: Serienbau m

serie|fabrikation ['se:ʔʀiəfabrika'sjoːʔn] Serienfabrikation f; **~fremstilling** [-frɛmsdel'eŋ] Serien(an)fertigung f

seriøs [seʀi'øːʔs] seriös

serpentine [sɛʀpen'ti:nə] ⟨-n; -r⟩ Serpentine f, Windung f; Papierschlange f

serv [sɛʀʔv] ⟨-en; -er⟩, **serve**[1] ['sɛʀvə] ⟨-n; -r⟩ Tennis: Aufschlag m

serve[2] ['sɛʀvə] Tennis: aufschlagen

server|e [sɛʀ've:ʔʀə] servieren; **~ing** [-'ve:ʔʀeŋ] ⟨-en; -er⟩ Servieren n; Mahlzeit f; **~ingsdame** [-'ve:ʔʀeŋsda:mə] Kellnerin f, Serviererin f

service[1] ['sœʀvis] ⟨-n⟩ Service m, Kundendienst m

service[2] [sɛʀ'viːsə] ⟨-t; -r⟩ Service n, Geschirr n

service|fag ['sœʀvisfaːʔj] Dienstleistungsgewerbe n; **~station** [-sda'sjoːʔn] Tankstelle f mit Kfz-Wartung

serviet [sɛʀvi'ed] ⟨-ten; -ter⟩ Serviette f

servitrice [sɛʀvi'tʀiːsə] ⟨-n; -r⟩ Kellnerin f, Serviererin f

servostyring ['sɛʀvosdy:ʀeŋ] AUTO Servolenkung f

ses [se:ʔs] ⟨impf **sås**⟩ vi **~** (**igen**) wir sehen uns (wieder); → **se**

sesam ['se:sʌm]: **~, luk dig op!** Sesam, öffne dich!

sesambolle ['se:sʌmbɔlə] Sesambrötchen n

session [sɛ'sjoːʔn] ⟨-en; -er⟩ Session f, Sitzung f; MIL Musterung f

seværdighed [se'vɛrʔdihe:ð?] ⟨-en; -er⟩ Sehenswürdigkeit f

sex [sɛgs] ⟨en⟩ Sex m; **~chikane** ['-sjika:nə] sexuelle Belästigung f; **~et** ['-əð] sexy

sexisme [sɛg'sismə] ⟨-n⟩ Sexismus m

sfinks [sfɛŋʔs] ⟨-en; -er⟩ Sphinx f

sfære ['sfɛ:ʀə] ⟨-n; -r⟩ Sphäre f

sgu [sgu] F wirklich, weiß Gott, zum Teufel, verdammt (noch mal); **det kan ~ godt være!** schon möglich!

shah [ʃaːʔ] ⟨-en; -er⟩ Schah m

shaker ['sjɛıɡər] ⟨-en; -e⟩ Shaker m, Mixbecher m

shampo ['sjampo] ⟨-en; -er⟩, **~o** [-pu:] ⟨-en; -er⟩ Schampon n

shanghaje ['sjʌŋhʌıʔə] NAUT schanghaien; anwerben, F keilen

shaver ['sjɛıvʌʀ] ⟨-en; -e⟩ Elektrorasierer m, Trockenrasierer m

sheik [sjaıʔg] ⟨-en; -er⟩ Scheich m; F Beau m, Angeber m; F Freund m, Typ m

shellak ['sjɛlag] ⟨-ken⟩ → **schellak**

sherif [sje'ʀiʔf] ⟨-fen; -fer⟩ Sheriff m

shetlands|pony ['sjedlanspɔni] Shetlandpony n; **~uld** [-ulʔ] Shetlandwolle f

Shetlandsøerne ['sjedlansøːʔəʀnə] pl die Shetlandinseln pl

shine ['sjaınə] F in Stand setzen; reinigen

shop [sjɔb] ⟨-pen; -per⟩ Shop m, Laden m; **~ping** ['sjɔpeŋ] ⟨-en⟩ Shopping n, Einkaufsbummel m

si¹ [siːʔ] ⟨-en; -er⟩ Sieb n

si² [siːʔ] v/t sieben

siameser [sia'me:ʔsər] ⟨-en; -e⟩, **~kat** [-kad] Siamkatze f

siamesisk [sia'me:ʔsisg] siamesisch; **~e tvillinger** pl siamesische Zwillinge pl

sid [siːʔð] Mantel: lang, weit

sidde ['seðə] ⟨sad; siddet⟩ sitzen, stecken; haften (**på**/an D); **~ og spise** beim Essen sein; **~ af** absitzen (a Strafe); **~ efter** Schule: nachsitzen; **~ godt (dårligt) i det** in guten (schlechten) Verhältnissen leben; **nu ~r han kønt i det** jetzt sitzt er in der Patsche; **~ inde med** besitzen; **~ op i sengen** aufrecht im Bett sitzen; **~ over** Schule: sitzen bleiben; nachsitzen; **ikke ville lade ngt. ~ på sig** etw nicht auf

sich (D) sitzen lassen wollen; **blive ~nde** sitzen bleiben; haften; **den sad!** Bemerkung, Hieb: F das hat gesessen!

side|badekar ['seðəbaːðəkʌʀ] Sitzbadewanne f; **~plads** ['-plas] Sitzplatz m

side ['siːðə] ⟨-n; -r⟩ (Abk. **s.**) Seite f; **fra ~n** von der Seite; **fra min ~** von m-r Seite, von mir aus, meinerseits; **fra ministeriets ~** seitens (od vonseiten) des Ministeriums; **~ om ~** Seite an Seite; **ligge på den lade ~** auf der faulen Haut liegen; **på mødrene ~** mütterlicherseits; **være på den sikre ~** fig sichergehen; **på denne ~** diesseits, auf dieser Seite (**af**/G); **på den anden ~** jenseits, auf der anderen Seite (**af**/G); **på den ene ..., på den anden ~** ... einerseits ..., andererseits ...; (**gå til ~** zur Seite (gehen); **spøg til ~!** Scherz beiseite!; **lægge til ~** beiseitelegen; **være lidt til en ~** F nicht ganz normal sein, nicht ganz dicht sein; **ved ~n af** (Abk. **vsa.**) prp neben (D u A), außer (D); adv nebenan, daneben

side|bemærkning ['siːðəbeˈmɛrgneŋ] Nebenbemerkung f, Zwischenbemerkung f; **~ben** [-beːʔn] scherzh Rippe f; **~blik** [-bleg] Seitenblick m; **~bygning** [-bygneŋ] Nebengebäude n; Seitengebäude n; **~fag** [-faːʔ(j)] n Nebenfach n; **~gade** [-gaːðə] Nebenstraße f, Seitenstraße f; **~kammerat** [-kamʌˈʀaːʔd] Schule: (Tisch)Nachbar(in) m(f), Nebenmann m; **~læns** [-lɛnʔs] seitwärts; **~løbende** [-løːʔbənə] gleichlaufend, gleichzeitig, parallel; **~mand** [-manʔ] (Tisch)Nachbar(in) m(f), Nebenmann m

siden ['siːðən] prp seit (D); **jeg har boet her ~ maj** ich wohne seit Mai hier; adv seitdem, von da an; später; darauf, nachher; **hverken før eller ~** weder früher noch später; **det er længe (en måned) ~** es ist lange (e-n Monat) her; **for 2 år (en uge) ~** vor zwei Jahren (e-r Woche); **for længe ~** vor langer Zeit; seitens, längst; **~ da** seitdem; konj seit(dem); weil, da; **~ der er dig** weil du es bist

sideordne ['siːðɔːʔrdnə] gleichstellen, beiordnen; **~nde bindeord** GRAM beiordnende Konjunktion f

side|spejl ['siːðəsbaıl] n Außenspiegel m; **~spor** [-sboːʔʀ] BAHN Nebengleis n, Abstellgleis n; **forvilde sig ind på et ~** fig vom Thema abschweifen; **~spring** [-sbʀeŋ] Seitensprung m; Abschweifung f; **~stille** [-sdelˀə] gleichstellen; vergleichen; **~sting** [-sdeŋʔ] MED Seitenstechen n

sidestykke ['siːðəsdøgə] Seitenstück *n*, Seitenteil *n*; *fig* Gegenstück *n*; *uden ~* beispiellos

side|tal ['siːðətal] Seitenzahl *f*; **~tallerken** [-talɛʀgən] Kuchen-, Dessert-, Salatteller *m*; **~vej** [-vaiˀ] Nebenweg *m*, Seitenweg *m*; **~vind** [-venˀ] Seitenwind *m*; **~vogn** [-vɔwˀn] Motorrad: Beiwagen *m*; **~værelse** [-vɛːʀəlsə] Nebenraum *m*; **~værts** [-vɛʀds] seitwärts

sidse ['sisə] ⟨-n; -r⟩ F Trine *f*, Tussi *f*

sidst [sisd] *adj* **den ~e** der Letzte; *von zweien*: der Letztere; **~e skrig** F der letzte Schrei, die neueste Mode; **~e uge** letzte (*od vorige*) Woche; **for ~e gang** zum letzten Mal; **til det ~e** bis zuletzt; **~i maj** Ende Mai; **~ på vinteren** gegen Ende des Winters; **til ~** zuletzt; schließlich; **~, men ikke mindst ...** nicht zu vergessen ...; **tak for ~!** → **tak²**

sidstemand ['sisdəmanˀ] der Letzte

sidstnævnte ['sisdnɛuˀndə] **den ~** der/die Letztgenannte

sig [saiˀ] sich (*D*, *A*); **~ selv** sich selbst; **af ~ selv** von selbst; **en sag for ~** *e-e* Sache für sich; **i og for ~** an (und für) sich; **hun er ængstelig af ~** sie ist von Natur (aus) ängstlich

sige ['siːə] ⟨*sagde*, *sagt*⟩ sagen; reden; *lit* sprechen; **det vil ~** (*Abk. dvs.*) das heißt (*Abk. d. h.*); **så at ~** sozusagen; **hvad skal det ~?** was soll das heißen?; **sig mig en gang** sag mir mal; **~ god for én** für *j-n* einstehen (*od* bürgen); **der har ikke ngt. at ~** es hat nichts zu sagen; **det ~r du ikke!** was du nicht sagst!, wirklich?; **det må jeg ~!** das muss ich sagen!, alle Achtung!, sag bloß!; **jeg skal ~ fra min broder, at ...** mein Bruder lässt sagen, dass ...; **~ ja** (*nej*) **til ngt.** etw bejahen (verneinen), etw annehmen (abschlagen); **det ~r sig selv** das versteht sich von selbst; **~r og skriver** sage und schreibe; **~ af Zeitung** abbestellen; **~ efter** nachsagen, nachsprechen; **~ fra** protestieren; absagen; **~ én imod** *j-m* widersprechen; **~ op** kündigen; **~ op til** *j-m* etw nachsagen; **~ til** Bescheid sagen; **det er der jo ikke ngt. at ~** dagegen kann man nichts einwenden; das ist doch begreiflich; **~ ngt. til én** *j-m* etw sagen; **det er lettere sagt end gjort** das ist leichter gesagt als getan; **han har ikke meget at skulle have sagt** er hat nicht viel zu sagen; **det kan du sagtens ~!** du hast gut reden!; **et ~nde blik** ein vielsagender Blick; **her ~s at have ligget et slot** hier soll (angeblich)

ein Schloss gewesen sein; → **sagt**

sigende ['siːənə] *efter ~* angeblich

sign. *Abk. für* **signeret**; → **signere**

signal [si'naˀl] ⟨-et; -er⟩ Signal *n*, Zeichen *n*; **ændre ~er** *fig* e-n Kurswechsel vornehmen; **~ement** [-naləˀmaŋ] ⟨-et; -er⟩ Signalement *n*, Personenbeschreibung *f*; **~ere** [-na'leːˀʀə] signalisieren (*a fig*; *ngt. til én* *j-m* etw); **~isere** [-nali'seːˀʀə] → **signalere**; **~lygte** [-løgdə] Signallampe *f*

signatur [sinja'tuːˀʀ] ⟨-en; -er⟩ Signatur *f*; Zeichen *n*; **~forklaring** [-fɔrˀklaːˀʀeŋ] *Karte*: Legende *f*

signe ['siːnə] *lit* segnen

signere [sin'jeːˀʀə] signieren, abzeichnen; **~t** (*Abk. sign.*) gezeichnet (*Abk. gez.*)

signet [sig'neːˀd, sin'jeːˀd] ⟨-en *od* -et; -er⟩ Petschaft *n*; **~ring** [-ʀeŋˀ] Siegelring *m*

sigt [segd] ⟨en⟩ Sicht *f* (*a* ÖKON); **på lang(t) ~** langfristig; **~bar** [-'baːˀʀ] NAUT sichtig, klar; **~barhed** [-baʀheðˀ] ⟨-en⟩ Sichtbarkeit *f*

sigte¹ ['segdə] ⟨-n; -r⟩ Sieb *n*

sigte² ['segdə] ⟨-t; -r⟩ Sicht *f*; **få i ~** ausbekommen; **tabe af ~** aus den Augen verlieren; **tage ~** *Jagd*: zielen; **tage ~ på ngt.** auf etw zielen (*a fig*); etw ins Auge fassen, anvisieren

sigte³ ['segdə] *Mehl* sieben; zielen (*a fig*); *fig* sichten; JUR beschuldigen; bezichtigen (*én for ngt.* *j-n* G); **den ~de** der/die Beschuldigte; **~ mod et mål** *fig* ein Ziel vor Augen haben, etw anstreben; **~ til** *fig* anspielen auf (*A*)

sigte|brød ['segdəbʀœˀð] *etwa*: Graubrot *n*; **~korn** [-koʀˀn] MIL (Visier)Korn *n*

sigtelse ['segdəlsə] ⟨-n; -r⟩ Bezichtigung *f*, Beschuldigung *f*

sigøjner [si'gɔiˀnəʀ] ⟨-en; -e⟩ *neg!* Zigeuner *m*; **~ske** [-sgə] ⟨-n; -r⟩ *neg!* Zigeunerin *f*

sikken ['segən] *sikket n*, *sikke pl*: **sikken frækhed!, sikke(n) en frækhed!** so eine Frechheit!; **sikket vejr!, sikke(n) et vejr!** was für (*od* so) ein Wetter!; **sikke (nogle) farver!** was für Farben!; **sikke noget!** na, so was!; **sikke noget sludder** so ein Quatsch!; **sikke(n) du dog sidder!** wie sitzt du nur da!

sikker ['segəʀ] sicher, gewiss; zuverlässig; **være ~ i sin sag** (sich *D*) s-r Sache sicher sein; **jeg er ~ på, at ...** ich bin (dessen) sicher, dass ...; **~t** *adv* sicher, bestimmt,

S

gewiss; **du har ~t hørt det** du wirst es sicher gehört haben

sikkerhed ['segəɐhe:ð?] ⟨-en; -er⟩ Sicherheit f (a JUR), Gewissheit f; ÖKON Deckung f; **for en ~s skyld** sicherheitshalber; **bringe sig i ~** sich in Sicherheit bringen

sikkerheds|bælte ['segəɐheðsbεldə] Flugzeug: Sicherheitsgurt m, Anschnallgurt m; **~foranstaltning** [-fɔran'sdal?dneŋ] Sicherheitsmaßnahme f; **~hjælm** [-jel?m] Schutzhelm m; **~kæde** [-kε:ðə] Sicherheitskette f; **~nål** [-nɔ:?l] Sicherheitsnadel f; **~sele** [-se:lə] Auto: Sicherheitsgurt m; **~ventil** [-ven'ti:?l] Sicherheitsventil n

sikre ['segrə] sichern; sicherstellen; **~ sig mod ngt.** sich gegen etw (ab)sichern

sikring ['segreŋ] ⟨-en; -er⟩ Sicherung f (a EL); Absicherung f, Sicherstellung f

sikringsrum ['segreŋsrɔm?] Schutzraum m

siksak ['sigsag] ⟨en od et⟩ Zickzack m; **gå i ~** zickzack (od im Zickzack) laufen; **~ke** [-ə] zickzacken (nähen); → **gå i siksak**

sild [sil?] ⟨-en; -⟩ ZO Hering m; **fersk ~** grüne(r) (od frische(r)) Hering m; **røget ~** Bückling m; **stegt ~** Brathering m; **død som en ~** mausetot; **som ~ i en tønde** wie die Heringe zusammengepresst; **ikke mange sure ~ værd** F keinen Pfifferling/(roten) Heller wert

Sild [sil?] GEOGR Sylt

silde ['silə] lit spät

silde|anretning ['siləanrεdneŋ] Restaurant: (kleine kalte) Heringsplatte; **~bensmønster** [-be:nsmøn?sdɐ] Fischgrätenmuster n; **~fangst** [-faŋ?sd], **~fiskeri** [-fesgə'ri:?] Heringsfang m

sildefødning ['siləfø:ðneŋ] ⟨-en; -er⟩ Spätling m, Nachzügler m

silde|mad ['siləmað] F Schnitte mit mariniertem Hering; **~salat** [-sa'la:?d] dän. Heringssalat m; **~stime** [-sdi:mə] Heringsschwarm m

sildig ['sildi] spät

sile ['si:lə]: **regnen ~r ned** es gießt (in Strömen)

silhuet [sil(h)u'εd] ⟨-ten; -ter⟩ Silhouette f, Schattenriss m; **~klip** [-klεb] Scherenschnitt m

silke ['selgə] ⟨-n; -r⟩ Seide f; **~blød** [-blø:?ð] seidenweich, seidig

silke|orm ['selgəɔr?m] Seidenraupe f; **~papir** [-pa'pi:?r] Seidenpapier n

silke|stof ['selgəsdɔf], **~tøj** [-tɔj] Seidenstoff m

---

simili ['si:?mili] ⟨-en od -et⟩ Simili n, m, Strass m; unecht

simpel ['sem?bəl] einfach, schlicht; **~t hen**, **~then** [-d'hεn?] ganz einfach, schlechthin

simplificere [semplifi se:?rə] simplifizieren, vereinfachen

simre ['semrə] köcheln

simulere [simu'le:?rə] simulieren; **~ syg** sich krank stellen, Krankheit vortäuschen

simultan [simul'ta:?n] simultan; **~tolk** [-tɔl?g] Simultandolmetscher(in) m(f)

sin [si:?n], **sit** [sid] n, **sine** ['si:nə] pl poss.pron (bezieht sich immer auf das Subjekt des Satzes) sein (seine, sein); seiner (seine, seines); der (die, das) sein(ig)e); ihr (ihre, ihr); ihrer (ihre, ihres); der (die, das) ihr(ig)e; **han/hun gik hjem til sin mor** er/sie ging nach Hause zu seiner/ihrer (eigenen!) Mutter; **han/hun gik til sit barn** er/sie ging nach Hause zu seinem/ihrem (eigenen!) Kind; **han/hun gik hjem til sine forældre** er/sie ging nach Hause zu seinen/ihren (eigenen!) Eltern; **gøre sit (til det)** das Sein(ig)e (dazu) tun; **enhver sørger for sine** jeder sorgt für die Sein(ig)en; **i sin tid** seinerzeit; **på sine steder** stellenweise; **det er ~ sag, at …** es ist nicht so einfach, …; **på ~ vis** irgendwie (schon); **gå hver til ~** fig auseinandergehen; **hver ting til sin tid** alles zu seiner Zeit

sind [sen?] ⟨-et; -⟩ Gemüt n; Sinn m; Charakter m, Natur f; Gesinnung f; Seele f; **få i ~e** auf den Gedanken kommen; **have i ~e** beabsichtigen, vorhaben, gedenken; **i sit stille ~** im Stillen, bei sich; **det ligger mig på ~e** es liegt mir am Herzen; **lægge én ngt. på ~e** j-m etw ans Herz legen; **lægge sig ngt. på ~e** etw beherzigen; **være til ~s** gesonnen sein; gewillt sein; **ude af øje, ude af ~** aus den Augen, aus dem Sinn

sindbilled|e ['senbeləðə] Sinnbild n; **~lig** [-beləðli] sinnbildlich

sinde ['senə] ⟨en⟩: **ingen ~ = ingensinde** niemals; **nogen ~ = nogensinde** jemals

sinde|lag ['senəla:?(j)] Gesinnung f; **~lagskontrol** [-la:(j)skɔn'trɔl?] Gesinnungsschnüffelei f; **~t** ['senəð] gesinnt; gesonnen, gewillt

sindig ['sendi] bedächtig, besonnen

sindrig ['senri:?] sinnreich, sinnig

sinds|bevægelse ['sen?sbevε:?əlsə] Gemütsbewegung f, Gemütserregung f; **~forvirret** [-fɔrvir?əð] geistesgestört;

~forvirring [-fɔrviʔ'eŋ] Geistesgestört-
heit *f*, geistige Umnachtung; **~lidelse**
[-li:ðəlsə] Gemütsleiden *n*; Geisteskrankheit *f*; **~lidende** [-li:ðənə] gemüts-
krank; geisteskrank; Gemütskranke(r)
m; **~ligevægt** [-li:əvegd] Gleichmut *m*

sindsoprivende ['senʔsɔbri:ʔvənə]
Nachrichter: erschütternd; **~oprør** [-ɔb-
rœ:ʔr] Gemütserregung *f*; **~ro** [-ro:ʔ]
Seelenruhe *f*, Gleichmut *m*; **~stemning**
[-sdemnəŋ] (Gemüts)Stimmung *f*;
~styrke [-sdyrgə] Geisteskraft *f*; **~svag**
[-sva:ʔ(j)] *fig* *f* verrückt, blödsinnig

sindssyg ['senʔsy:ʔ] geisteskrank, irrsinnig; Irre(r) *m*; *f* irre; verrückt; **~dom**
[-sy:dɔmʔ] → **sindssyge**

sindssyge ['senʔsy:ə] Geisteskrankheit *f*

sindstilstand ['senʔstelsdanʔ] Gemüts-
zustand *m*, Gemütsverfassung *f*

sine ['si:nə] → **sin**

singels ['seŋəls] *pl* grobe(r) Kies *m*, Geröll *n*

single ['seŋəl] ⟨-n; -r⟩ *Tennis*: Einzel *n*,
Single *n*; *Schallplatte*: Single *f*; Single
m (*Alleinstehende(r)*)

singulæris ['seŋgula:ris] ⟨-(s)en; -(s)er⟩
(*Abk.* **sing.** *od* **sg.**) GRAM Singular *m*,
Einzahl *f*; **~ær** [-'le:ʔr] singulär

sinkadus [seŋka'du:ʔs] ⟨-en; -er⟩ **få én
på ~en** *f* *fig* eins auf die Birne kriegen

sinke¹ ['seŋgə] ⟨-n; -r⟩ *Pädagogik*: (geistig) Zurückgebliebene(r) *m*; *f* Schwachkopf *m*

sinke² ['seŋgə] aufhalten, verzögern

sippe ['sebə] ⟨-n; -r⟩ *Frau*: *f* (spröde, prüde) Ziege *f*, Zicke *f*, Zimperliese *f*; **~nip-
pet** [-'nebəð], **~t** [-ð] zickig, zimperlich,
etepetete; *f* pingelig

sir [si:ʔr] ⟨en⟩ *scherzh* Zier(de) *f*

sir|at [si'ra:ʔd] ⟨-et; -er⟩ Zierrat *m*; **~busk**
['si:rbusg] Zierstrauch *m*

sirlig ['sirli] zierlich, fein; ordentlich,
sorgfältig

sirts [sirds] ⟨-en *od* -et; -er⟩ Chintz *m*

sirup ['si:ʔrɔb] ⟨-pen; -per⟩ Sirup *m*

sisken ['sisgən] ⟨-en; sisk(e)ner⟩ Zeisig *m*;
f Flittchen *n*, Schickse *f*

sit [sid] → **sin**

sitdownstrejke ['sid'daʊnsdraɪgə] Sitz-
streik *m*

sitre ['sidrə] zittern

situation [situa'sjo:ʔn] ⟨-en; -er⟩ Situation *f*, Lage *f*

situationsfornemmelse [situa'sjo:ʔns-
fɔr'nem²əlsə] Fingerspitzengefühl *n*,
Feingefühl *n*; **mangel på ~** Instinktlosig-
keit *f*

situationsrapport [situa'sjo:ʔnsra-
'pɔrd] Lagebericht *m*

situeret [situ'e:ʔrəð] situiert

siv [si:ʔv, siʊʔ] ⟨-et; -⟩ Schilf *n*, Binse *f*

sive ['si:və] sickern; **~ ud** *Gas, Luft*: aus-
strömen; **~brønd** [-brœnʔ] Sickergrube *f*

sivmåtte ['siʊmɔdə] Binsenmatte *f*

sixpence ['sigspens] ⟨-n; -r⟩ *e-e* Art
Schirmmütze *f*, *f* Schiebermütze *f*

sjak [sjag] ⟨-ket⟩ *f* Arbeitsgruppe *f*,
Schicht *f*, *f* Rotte *f*; **hele ~ket** die ganze
Bande

sjakal [sja'ka:ʔl] ⟨-en; -er⟩ Schakal *m*

sjak|bajs ['sjagbaiʔs] ⟨-en; -er⟩, **~for-
mand** [-fɔrman] Vorarbeiter *m*, Polier
m

sjakre ['sjagrə] schachern, feilschen

sjal [sja:ʔl] ⟨-et; -er⟩ Umhängetuch *n*

sjap [sjab] ⟨-pet⟩ *f* Matsch *m*; **~pet** ['-əð]
matschig

sjask [sjasg] ⟨-et; -⟩ *f* Matsch *m*; **~e** ['-ə]
plan(t)schen, *f* pladdern; *Kleidung*:
schlottern; **~et** [-'əð] nass, *f* matschig;
~regn ['-raɪ²n] Platzregen *m*; **~våd**
['-'vo:ʔð] klatschnass, klitschnass

sjaslik ['sjaslig] ⟨-ken⟩ Schaschlik *m*, *n*

sjat [sjad] ⟨-ten; -ter⟩ Rest *m*; Schluck *m*,
Schuss *m*

sjippe ['sjibə] seilspringen, seilhüpfen;
~tov [-toʊ] Springseil *n*, Sprungseil *n*

sjofel ['sjo:ʔfəl] gemein, schofel(ig); schäbig; *Witz*: zotig

sjof|ert ['sjo:ʔfərd] ⟨-en; -er⟩ *f* Zote *f*; **~le**
['sjo:flə] schofel behandeln, *f* schurigeln

sjok [sjɔg]: **nummer ~** *f* Schlusslicht *n*,
Letzter

sjokke¹ ['sjɔgə] ⟨-n; -r⟩ *f* Schlampe *f*

sjokke² ['sjɔgə] schlurfen, *f* trotten, latschen

sjokkehoved ['sjɔgəho:ðə] *f* Trödelfritze
m, Trödelliese *f*, Transuse *f*

sjoske ['sjɔsgə] → **sjokke**²

sjov¹ [sjoʊ] ⟨en *od* et⟩ Spaß *m*; *f* Trubel
m, Rummel *m*; Plackerei *f*; **tilfældigt ~**
Gelegenheitsarbeit *f*; **det er ikke der
bare ~** das ist kein Zuckerlecken; **holde**
(*od* **lave**) **~ med én** *s-n* Spaß mit *j-m* treiben, *f* *j-n* auf den Arm nehmen; **for ~** aus
Spaß; **for ~s skyld** spaßeshalber, aus
Spaß

sjov² [sjoʊʔ] *adj* ulkig, drollig, spaßig, komisch (*a fig*); seltsam; **det er ~t** es macht
Spaß; es ist ulkig (*od* komisch)

sjover ['sjoʊər] ⟨-en; -e⟩ Schuft *m*, *f* Fies-
ling *m*; (*Hafen*)Arbeiter *m*

sjuft [sjufd] ⟨-en; -er⟩ Schuft *m*

sjus [sjus] ⟨-sen; -ser⟩ *f* Whiskysoda *m*

S

sjusk [sjusg] ⟨-et⟩ → **sjuskeri**
sjuske¹ ['sjusgə] ⟨-n; -r⟩ F Schlampe f
sjuske² ['sjusgə] schludern
sjuske|dorte ['sjusgədɔrdə] ⟨-en; -r⟩ F
Schlampe f; **~fejl** [-fɑiˀl] Flüchtigkeitsfehler m; **~malene** [-ma'le:nə] ⟨-en; -r⟩
→ **~dorte**; **~mikkel** [-megəl] ⟨en; sjuskemikler⟩ F Schlamper m, Schluderer m;
~ri [-'riˀ] ⟨-et; -er⟩ F Schlamperei f, Nachlässigkeit f; **~t** [-ð] schlampig, nachlässig
sjæl [sjɛˀl] ⟨-en; -e⟩ Seele f (a fig); **ikke
en (levende) ~** keine (lebende) Seele,
kein Mensch; **min ~!** meiner Seel!
sjælden ['sjɛlən] selten; **i ~ grad** außerordentlich
sjæle ['sjɛːlə] F schmalzig spielen (od singen)
sjæle|angst ['sjɛːlɑŋˀsd] Seelenangst f;
~fred [-freð] Seelenfriede(n) m; **~glad**
[-glað] seelenvergnügt, heilfroh; **~kender** [-kenˀər] Menschenkenner m; **~kval**
[-kvaˀl] Seelenqual f; **~lig** [-li] seelisch;
~liv [-liˀʋ] Seelenleben n; **~r** [-ər] ⟨-en;
-e⟩ mus Ballade f, Klammerblues m;
~sorg [-sɔʁˀʋ] Seelsorge f; **~sørger**
[-sœrwər] ⟨-en; -e⟩ Seelsorger m; **~varmer** [-vɑrmər] ⟨-en; -e⟩ F Seelenwärmer
m (Bettjacke)
sjælfuld ['sjɛːlfulˀ] seelenvoll
Sjælland ['sjɛlanˀ] Seeland n
sjællænder ['sjɛlɛnˀər] ⟨-en; -e⟩ Seeländer(in) m(f)
sjælløs ['sjɛːløˀs] seelenlos
sjæls|adel ['sjɛˀlsaˀððl] Seelenadel m;
~styrke [-sdyrgə] Seelenstärke f; **~tilstand** [-telsdanˀ] Seelenzustand m
skab¹ [sgaˀb] ⟨-et⟩ med, Tier: Räude f,
Krätze f
skab² [sgaˀb] ⟨-et; -e⟩ Schrank m; **have
skeletter i ~et** Leichen im Keller haben;
komme od springe ud af ~et sich outen
skabagtig [sgab'ɑgdi] geziert, geschraubt
skabe¹ ['sga:bə] ⟨-te⟩ schaffen; erschaffen; machen, bilden, gestalten; **smukt
skabt** schön gebaut; **være (som) skabt
til fx** für (od zu) etw (wie) geschaffen
sein; **jeg har ikke begreb skabt om matematik** ich habe keine Ahnung von Mathematik; **~nde** schaffend, schöpferisch
skabe² ['sga:bə] ⟨-ede od -te⟩: **~ sig** sich
zieren; sich gebärden, sich anstellen;
lad være med at ~ dig F hab dich nicht
so!
skabe|hoved ['sga:bəho:ðð], **~krukke**
[-krogə] affektierte Person f, Wichtigtuer m, Zierpuppe f

skabelon [sgabə'loːˀn] ⟨-en; -er⟩ Schablone f
skabe|lse ['sga:bəlsə] ⟨-n; -r⟩ Schöpfung
f, Erschaffung f; **~lseshistorie** [-shi-'sdo:ˀriə] bibl Schöpfungsgeschichte f;
~nde [-nə] schöpferisch; **~r** ['sga:bɑr]
⟨-en; -e⟩ Schöpfer m, Erschaffer m; Urheber m
skaberglæde ['sga:bərglɛːðə] Schaffensfreude f
skaberi [sga:bəˀriːˀ] ⟨-et; -er⟩ Ziererei f
skabertrang ['sga:bərtraŋˀ] Schaffensdrang m
skabet ['sga:bəð] Hund: räudig; fig geziert, gespreizt; **de skabede unger!** diese
verflixten Gören!; **~hals** ['sga:bhalˀs] →
skabehoved
skabilken [sga:bil'gən] ⟨-en; -er⟩ F fig Vogelscheuche f
skabning [sga:bnen] ⟨-en; -er⟩ Geschöpf
n; Schöpfung f
skabrøs [sga:brøˀs] anzüglich, schlüpfrig
skabs|dør ['sga:ˀbsdœːˀr] Schranktür f;
~fryser [-fry:sər] Gefrierschrank m;
~hylde [-hylə] Schrankfach n
skade¹ ['sga:ðə] ⟨-n; -r⟩ zo Elster m
skade² ['sga:ðə] ⟨-n; -r⟩ Schaden m; **det
var ~!** (es ist) schade!; **(for)volde (od anrette) ~** Schaden anrichten; **komme til ~**
zu Schaden kommen, verletzt werden; **til
~ for dig** zu deinem Schaden, von Nachteil für dich; **det er ingen ~ til!** das schadet nichts!
skade³ ['sga:ðə] schaden (D), schädigen
(A); **det ~r ikke** das schadet nichts
skade|dyr ['sga:ðədyˀr] Schädling m (a
fig); **~dyr(s)bekæmpelse** [-(s)be'kemˀbəlsə] Schädlingsbekämpfung f; **~forsikring** [-fɔr'segreŋ] Schadenversicherung
f; **~fri** [-friˀ] unfallfrei; **~fro** [-froːˀ]
schadenfroh; **~fryd** [-fryð] Schadenfreude f
skadelidt ['sga:ðəlid] geschädigt; **den ~e**
der/die Geschädigte
skadelig ['sga:ðəli] schädlich
skaderamt ['sga:ðərɑmˀd]: **den ~e** der/
die Geschädigte
skades|erstatning ['sga:ðəsɛr'sdadneŋ]
Schaden(s)ersatz m; **~forsikring** [-fɔr-'segreŋ] → **skadeforsikring**
skadesløs ['sga:ðəsløˀs] schadlos;
holde én ~ for ngt. j-n für etw entschädigen (od schadlos halten); **~holdelse** [-hɔlˀəlsə] ⟨-n; -r⟩ Schadloshaltung f; Entschädigung f
skade|stue ['sga:ðəsdu:ə] Unfallstation f;

~virkning [-vi̥gnɛŋ] schädliche Wirkung f; **~voldende** ['-vɔlənə] schädigend, Schaden verursachend, nachteilig; **~volder** [-vɔlər] ⟨-en; -e⟩ JUR, *Versicherungen:* Schadensverursacher m, Schädiger m

skaffe ['sgafə] verschaffen, schaffen; beschaffen, besorgen; **~ oplysninger** Auskünfte einholen; **~ én af med ngt.** j-n von etw befreien; **~ sig af med ngt.** sich etw vom Halse schaffen; **~ én af vejen** F *fig* j-n aus dem Weg räumen; j-n um die Ecke bringen; **~ bort** fortschaffen; **~ til side** beiseiteschaffen; **~ ngt. til veje** etw herbeischaffen (*od* besorgen); **~grejer** [-grɑi̯ər] *pl scherzh* Essbesteck n

skafot [sga'fɔd] ⟨-tet; -ter⟩ Schafott n

skaft [sgafd] ⟨-et; -er⟩ Schaft m, Stiel m; Griff m, Heft n; **~(e)støvle** ['-(ə)sdœʊlə] Schaftstiefel m

skagle ['sgawlə] ⟨-n; -r⟩ Zugleine: Strang m; **slå til ~rne** *fig* über die Stränge schlagen

skak [sgag] ⟨-ken⟩ Schach n; **holde i ~** *fig* in Schach halten; **~brik** ['-bʀeg] Schachfigur f; **~bræt** ['-bʀed] Schachbrett n

skakke ['sgagə]: **på ~** schräg

skak|mat ['sgagmad] schachmatt; **sætte én ~** j-n schachmatt setzen (*a fig*); **~spil** [-sbɛl] Schachspiel n

skakt [sgagd] ⟨-en; -e(r)⟩ Schacht m; Müllschlucker m

skakternet ['sgagtɛʀnəð] im Schachbrettmuster

skaktpose ['sgagdpo:sə] Abfalltüte f

skaktræk [-tʀɛg] Schachzug m (*a fig*)

skal¹ [sgal?] ⟨-len; -ler⟩ Schale f (*a fig*); Hülle f, Hülse f; *fig* F Schädel m; **give én en på ~len** F j-m eins auf die Birne geben; **blive gal i ~len** F wütend werden; **trække sig ind i sin ~** *fig* sich abkapseln

skal² [sga(l?)] → *skulle*

skala ['ska:la] ⟨-en; -er⟩ Skala f, MUS Tonleiter f; Maßstab m; Abstufung f

skaldepande ['sgaləpanə] Glatzkopf m

skaldet ['sgaləð] kahl(köpfig); F lausig, lumpig; **~ isse** Glatze f

skal|dynge ['sgaldøŋə] ARCHÄOL Muschelhaufen m; Köckenmöddinger pl; **~dyr** [-dy:?ʀ] Schaltier n

skalk [sgal?g] ⟨-en; -e⟩ Schalk m, Schelm m; **~agtig** [sgalg'agdi] schalkhaft

skalkeskjul ['sgalgəsgju:?l] Deckmantel m, Vorwand m

skalle¹ ['sgalə] ⟨-n; -r⟩ zo Plötze f; Schädel m; F Kopfstoß m; **give** (*od*) **nikke én en ~** F j-m e-n Kopfstoß geben

skalle² ['sgalə]: **~ (af)** abblättern, sich

schälen

skallesmækker ['sgaləsmɛgər] ⟨-en; -e⟩ Raufbold m, Rowdy m

skalmeje [sgal'mai̯ə] ⟨-n; -r⟩ MUS Schalmei f

skalmur ['sgalmu:?ʀ] ARCH Verblendung f; **~e** [-mu:ʀə] verblenden

skalotte [sga'lɔdə] ⟨-n; -r⟩, **~løg** [-lɔi̯?] BOT Schalotte f

skalpel [sgal'pɛl?] ⟨-len; -ler⟩ Skalpell n

skalpere [sgal'pe:?ʀə] skalpieren

skalte ['sgaldə]: **~ og valte** schalten und walten

skam¹ [sgam?] ⟨-men⟩ Schande f, *lit* Schmach f; Scham f; **med ~ at melde** zu meiner Schande; **rødme af ~** vor Scham (D) erröten; **det er en ~, at han ikke kommer!** es ist schade (*od* wie schade), dass er nicht kommt! **for ~s skyld** anstandshalber; **få ~ til tak** mit Undank belohnt werden; **gøre ens ord til ~me** j-n Lügen strafen; **~ og skændsel →** *skændsel*

skam² [sgam] wahrhaftig, wirklich; **det ved jeg ~ ikke** das weiß ich wahrhaftig (*od* wirklich) nicht

skamben ['sgambe:?n] ANAT Schambein n

skam|bide ['sgambi:?ðə] zuschanden beißen; **~byde** [-by:?ðə] unterbieten

skamfere [sgam'fe:?ʀə] verunstalten

skam|fuld ['sgamful?] beschämt; **~følelse** [-føːləlsə] Schamgefühl n; **~læbe** [-lɛːbə] ANAT Schamlippe f; **~løs** [-løː?s] schamlos

skamme ['sgamə]: **~ sig for én** sich vor j-m schämen; **~ sig over ngt.** sich (wegen) e-r Sache schämen; **jeg ~r mig ved at sige det** ich schäme mich, es zu sagen; **fy, skam dig!** pfui, schäm dich!

skammekrog ['sgamakʀo:?w]: **stå i ~en** (*zur Strafe*) in der Ecke stehen

skammel ['sgaməl] ⟨skam(me)len; skamler⟩ Schemel m, Fußbank f; Hocker m

skammelig ['sgaməli] schändlich; unverschämt; **det var ~(t), at ...!** wie schade, dass ...!

skam|plet ['sgampled] Schandfleck m; **~ros** [-ʀo:?s] Lobhudelei f; **~rose** [-ʀo:?sə] lobhudeln; **~rødme** [-ʀœðmə] Schamröte f; **~skyde** [-sgy:?ðə] *v/t.* anschießen; **~skænde** [-sgɛn?ə] entstellen, verunstalten; **~slå** [-slɔ:?] zuschanden schlagen

skandale [sgan'da:lə] ⟨-n; -r⟩ Skandal m; **~ombrust** [-ɔmbʀu:?sd] skandalumwittert

skandal|isere [sgandali'se:ˀrə] kompromittieren; **~øs** [-'lø:ˀs] skandalös

skandinav [sgandi'naːˀv] ⟨-en; -er⟩ Skandinavier(in) m(f)

skandinavisk [sgandi'naːˀvisg] skandinavisch

skandskrift ['sgansgrefd] Schmähschrift f

skank [sgɑŋˀg] ⟨-en; -e⟩ VET Unterschenkel m; Hachse f; Eisbein n

skanker [sgaŋgər] pl F Beine pl; **tage ~ne med sig** F die Beine in die Hand nehmen

skanne ['sganə] scannen, absuchen, untersuchen; **~r** [-ʀ] ⟨-en; -e⟩ Ultraschallgerät n, Scanner m

skanning ['sganeŋ] ⟨-en; -er⟩ Ultraschalluntersuchung f, Scanning n

skanse ['sgansə] ⟨-n; -r⟩ Schanze f

skar [sgaːˀʀ] → **skære**

skare¹ ['sgaːʀə] ⟨-n; -r⟩ Schar f

skare² ['sgaːʀə]: **~ sig** sich scharen (**om/um** A)

skarevis ['sgaːʀəviːˀs] scharenweise

skarlagens|feber ['sgaːla⁽ʲ⁾ansfeːˀbər] MED Scharlach(fieber) m(n); **~rød** [-ʀœːˀð] scharlachrot

skarn¹ [sgaːˀʀn] ⟨-et⟩ Unrat m, Dreck m, Schmutz m; **slæbe én i ~et** F j-n in den Dreck ziehen, verleumden

skarn² [sgaːˀʀn] ⟨-et; -⟩ Person: F Lump m, Miststück n

skarn|basse ['sgɑʀnbasə] Mistkäfer m; **~bøtte** [-bødə], **~kasse** [-kasə] Mülleimer m

skarns|knægt ['sgaːˀʀnsknegd] F Lump m, Lausbub m; **~streger** [-sdʀɑiˀər] pl Unfug m

skarntyde [sgɑʀn'tyːðə] ⟨-n; -r⟩ BOT Schierling m

skarp¹ [sgaʀb] ⟨-en⟩ Messer: Schneide f

skarp² [sgaʀb] scharf (a fig); **~ parentes** eckige Klammern f/pl; **gøre ~** schärfen; **skyde med ~t** MIL scharf schießen

skarp|hed ['sgaʀbheˀð] ⟨-en; -er⟩ Schärfe f; **~hedsdybde** [-heðsdybðə] FOT Schärfentiefe f; **~kantet** [-kanˀtðeð] scharfkantig; **~ladt** [-lad] Pistole: scharf geladen; **~retter** [-ʀeðər] ⟨-en; -e⟩ Scharfrichter m; **~sindig** [-'senˀdi] scharfsinnig; **~skytte** [-sgødə] Scharfschütze m; **~skåren** [-sgɔːˀʀən], **~skåret** [-sgɔːˀʀəð] Gesicht: scharf geschnitten, markant; **~sleben** [-sleːˀbən], **~slebet** [-sleːˀbəð] scharf geschliffen

skarp|syn ['sgaʀbsyːˀn] Scharfblick m, Scharfsinn m; **~synet** [-syːˀnəð] scharf-

sichtig; **~tandet** [-tanˀəð] scharfzahnig, scharfzackig; **~tunget** [-toŋˀəð] scharfzüngig

skarv [sgaːʀv] ⟨-en; -e(r)⟩ ZO Kormoran m

skat¹ [sgad] ⟨-ten; -te⟩ Schatz m; **lille/min ~!** fig mein Schatz!, Schätzchen!

skat² [sgad] ⟨-ten; -ter⟩ Steuer f; **betale (od svare) ~ af ngt.** von etw Steuern zahlen (od entrichten), etw versteuern

skatkammer ['sgadkamˀər] Schatzkammer f

skatte ['sgadə]: **~ én højt** j-n hoch schätzen; **~t** fig geschätzt

skatte|ansættelse ['sgadəansedəlsə] Steuerveranlagung f; **~billet** [-bi'led] Steuerbescheid m; **~borger** [-bɔʀwər] Steuerzahler m; **~direktorat** [-diʀegto'ʀɑːˀd] ⟨-et⟩ oberste Steuerbehörde f; **~flugt** [-flogd] Steuerflucht f; **~fradrag** [-fʀɑdʀɑːˀw] Steuerabzug m, Steuerfreibetrag m; **~fri** [-fʀiːˀ] steuerfrei

skatte|graver ['sgadəgʀaːvər] Schatzgräber m; **~jagt** [-jagd] Schatzsuche f

skatte|kort ['sgadəkɔʀd] ⟨-et⟩ Lohnsteuerkarte f; **~kroner** [-kʀoːnər] pl Steuergelder pl; **~ligning** [-li:neŋ] → **skatteansættelse**; **~loft** [-lɔfd] Steuerhöchstgrenze f; **~lov** [-loːu] Steuergesetz n; **~ly** [-lyːˀ] Steueroase f, Steuerparadies n; **~mæssig** [-mesi] steuerlich

skattepige ['sgadəpiːə] F (mein) Schätzchen n

skatte|pligtig ['sgadəplegdi] steuerpflichtig; **~procent** [-pʀo'senˀd] Steuersatz m; **~ret(s)lig** [-ʀed(s)li] steuerrechtlich; **~råd** [-ʀɔːˀð] etwa: Finanzamt n; **~rådgiver** → **revisor**; **~skema** [-sge:ma] Steuererklärung f; **~snyder** [-sny:ðər] Steuerhinterzieher m; **~svig** [-sviːˀ] Steuerhinterziehung f; **~tryk** [-tʀœg] Steuerlast f; **~væsen** [-vɛːˀsən] Steuerbehörde f; Finanzamt n; Fiskus m; **~yder** [-yːðər] Steuerzahler m

skavank [sga'vaŋˀg] ⟨-en; -er⟩ Gebrechen n; Mangel m

ske¹ [sgeːˀ] ⟨-en; -er⟩ Löffel m; **give én ngt. ind med ~er** fig F j-m etw eintrichtern; **tage ~en i den anden hånd** etw anders anpacken; andere Saiten aufziehen; **han er ikke god at bide ~er itu med** fig mit ihm ist nicht gut Kirschen essen

ske² [sgeːˀ] ⟨-te⟩ geschehen, sich ereignen, passieren; lit widerfahren (D); **skal ~!** mach ich!; **så er det ~t!** F nun ist es erledigt!; **gud ~ lov!** Gott sei Dank!

sked [sgeðˀ] → **skide²**

skede ['sge:ðə] ⟨*-n*; *-r*⟩ Scheide *f* (*a* ANAT)

ske|formet ['sge:'fɔ:'ʀməð] löffelförmig; **~fuld** [-'ful'] ⟨*-en*; *-e*⟩ ein Löffel voll; **~fuldevis** [-fuləvi:'s] löffelweise

skeje ['sgaiə]: **~ ud** *fig* ein ausschweifendes Leben führen, F über die Stränge schlagen

skejs [sgai's] ⟨*-en*; *-er*⟩ F: **ikke en ~** keinen Pfennig; **hit** (*od* **op**) **med ~erne!** her mit der Kohle!

skel [sgel'] ⟨*-let*; *-*⟩ Grenze *f*; *fig* Markstein *m*; **gøre ret og ~ til begge sider** beiden Seiten gerecht werden

skele ['sge:lə] schielen (*a fig*) (**til ngt.** nach *etw*)

skelet [sge'led] ⟨*-tet*; *-ter*⟩ Skelett *n*, Knochengerüst *n*; Gerippe *n*; (tragendes) Gerüst *n*

skellig ['sgeli]: **uden ~ grund** ohne triftigen Grund

skelne ['sgelnə] unterscheiden; erkennen, ausmachen; **~evne** [-'ɛünə] Unterscheidungsvermögen *n*; **~lig** [-li] unterscheidbar; erkennbar; **~mærke** [-mɛʀgə] Unterscheidungsmerkmal *n*

skel|pæl ['sgelpɛ:'l] Grenzpfahl *m*; **~sættende** [-sɛdənə] *fig* epochemachend, epochal, bahnbrechend

skelsår ['sgel'sɔ:'ʀ]: **komme til ~ og alder** volljährig/*fig* erwachsen werden

skeløjet ['sgelɔiəð]: **være ~** schielen; **ikke så ~** F gar nicht so übel

skema [sge'ma] ⟨*-et*; *-er*⟩ Schema *n*; Vordruck *m*; *Schule*: Stundenplan *m*

skema|lægning ['sge:malegneŋ] *Schule*: Planbau *m*; **~tisere** [sgemati'se:'ʀə] schematisieren; **~tisk** [sge'ma:'tisg] schematisch

skep|sis ['sgebsis] ⟨*-(s)en*⟩ Skepsis *f*; **~cisme** [-ti'sismə] ⟨*-n*⟩ Skeptizismus *m*; **~tisk** [-tisg] skeptisch

ski [sgi:'] ⟨*-en*; *-*⟩ Ski *m*, Schi *m*; **stå på ~** Ski laufen

skib [sgi:'b] ⟨*-et*; *-e*⟩ Schiff *n* (*a* ARCH); **brænde sine ~e** *fig* alle Brücken hinter sich abbrechen

skibakke [-bagə] Skihügel *m*

skib|brud ['sgibbruð] Schiffbruch *m* (**lide** erleiden); *fig* scheitern, stranden; **~bruden** [-bru:'ðən] schiffbrüchig; Schiffbrüchige(r) *m*; *fig* gescheitert

skibsbygger ['sgibsbygəʀ] ⟨*-en*; *-e*⟩ Schiffbauer *m*; **~l** [-'ʀi:'] Schiff(s)bau *m*

skibs|dreng ['sgibsdʀɛŋ'] Schiffsjunge *m*; **~fart** [-fa:'ʀd] Schifffahrt *f*; **~fører** [-fø:'ʀəʀ] Schiffsführer *m*; **~handel** [-han'əl] Schiffsbedarf *m*; **~handler**

[-hanlʌʀ] ⟨*-en*; *-e*⟩ Schiffsausrüster *m*; **~journal** ['-sjuʀ'na:'l] Schiffsjournal *n*, Logbuch *n*; **~kiste** [-ki:sdə] Seemannskiste *f*; **~ladning** [-la:ðnen] Schiffsladung *f*; **~lejlighed** [-lailihe:ð'] *Schiff*: Mitfahrgelegenheit *f*; **~liste** [-lesdə] Schiffsregister *n*; Fahrplan *m*; **~mægler** [-mɛ:lʌʀ] Schiffsmakler *m*

skibs|papier ['sgibspa'pi:'ʀəʀ] *pl* Schiffspapiere *pl*; Schiffsaktien *pl*; **~proviantering** [-'pʀovian'te:'ʀen], **~provianteringshandel** ['-pʀovian'te:'ʀenshan'əl] Geschäft *n* für Schiffsbedarf; **~reder** [-ʀe:ðʌʀ] Reeder *m*; **~rotte** [-ʀɔdə] Schiffsratte *f*; F Dieb *m* der Schiffspassagiere bestiehlt; **~side** [-si:ðə] Bordwand *f*; **~skrog** [sgʀɔw] Schiffsrumpf *m*; **~tømrer** [-tœmʀəʀ] Schiffszimmermann *m*

skibs|vrag ['sgibsvʀa:'w] Schiffswrack *n*; **~værft** [-vɛʀfd] (Schiffs)Werft *f*; **~øl** [-øl] *e-e Art* Lagerbier *n*, besonders lagerfähige(s) Bier *n*

skibukser ['sgibogsəʀ] Skihose *f*

skid [sgið?] ⟨*-en*; *-e od -er*⟩ V Kacke *f*; V Furz *m*; *Person*: V Scheißkerl *m*, Miststück *n*; **ikke forstå en ~** F keinen Deut (*od* nicht die Bohne) verstehen

skide¹ ['sgi:ðə] *su*: **være med det!** F (ich) scheiß(e) darauf!; das ist doch scheißegal!

skide² ['sgi:ðə] *adj* lausig, F beschissen; **en ~ knægt** ein Lausebengel *m*

skide³ ['sgi:ðə] ⟨*sked; skidt*⟩ V scheißen

skide|balle ['sgi:ðəbalə] F Anschiss *m*; **~fuld** [-ful'] F sternhagelvoll; **~god** [-go:'] F irre gut

skiden ['sgiðən] schmutzig; **skidne æg** *pl* hart gekochte Eier *n/pl* in Senfsauce; **~gul** [-gu:'l] schmutziggelb

skiderik ['sgið?əʀeg] ⟨*-ken*; *-ker*⟩ V Dreckskerl *m*

skidt¹ [sgid] ⟨*-et*⟩ Dreck *m*; Schund *m*, Mist *m*; **dit lille ~!** du (armes) Würmchen!; **have penge som ~** Geld wie Heu haben; **hverken ~ eller kanel** weder Fisch noch Fleisch; **~ med det!** macht nichts!, ich pfeife d(a)rauf!

skidt² [sgid] schlecht; **~ fyr** F mieser Typ, Schuft *m*; **det går ~ med ham** es geht ihm (*gesundheitlich*) schlecht (*od* F dreckig); **han sidder ~ i det** es geht ihm (*wirtschaftlich*) schlecht; **jeg er ~ tilpas/jeg har det ~** mir geht es nicht gut

skidt|ra(d)s [sgiðə'ʀa:'s] ⟨*-et*⟩, **~ri** [-'ʀi:'] ⟨*-et*; *-er*⟩ F Schund *m*, Mist *m*; **skidt|fisk** ['sgidfesg] Industriefisch *m*;

~vigtig [-vegdi] *fig* aufgeblasen, neunmalklug

skif(f)er ['sgifər] ⟨*-en*; *-e od skifre*⟩ Schiefer *m*; **~tag** [-ta:ʔj] Schieferdach *n*; **~tavle** [-taŭlə] Schiefertafel *f*; **~tækket** [-tɛgəð] mit *e-m* Schieferdach

skift [sgifd] ⟨*-et*; -⟩ → **skifte**[1]; **arbejde på ~** Schichtarbeit machen; **på ~** abwechselnd, umschichtig

skifte[1] ['sgifdə] ⟨*-t*; *-r*⟩ Wechsel *m*; *Arbeit*: Schicht *f*; *Jur* (Erb)Teilung *f*

skifte[2] ['sgifdə] wechseln; ändern; umsteigen; *Jur* teilen; **~ med én** *Jur* j-m sein Erbteil auszahlen; **~ gear** *Auto* schalten; **~ ham** *zo* sich häuten; **~ mening** *s-e* Meinung ändern; **~ skjorte** das Hemd wechseln; **~ tog** *Bahn* umsteigen; **~ tøj** sich umziehen; **~ ud** auswechseln; **~s til ngt.** sich abwechseln, *etw* abwechselnd tun; **med ~nde held** mit wechselndem Glück

skifte|behandling ['sgifdəbehan'leŋ], **~forretning** [-fɔ'rɛdneŋ] *Jur* Erbschaftsteilung *f*, Nachlassverfahren *n*; **~hold** [-hɔlʔ] *Arbeit*: Schicht *f*; **~holdsarbejde** [-hɔlʔsɑrbaiʔdə] Schichtarbeit *f*; **~nøgle** [-nøilə] *Schreibmaschine*: Umschalter *m*, Umschalttaste *f*; Universalschraubenschlüssel *m*

skifte|ramme ['sgifdərɑmə] Wechselrahmen *m*; **~ret** [-rɛd] Nachlassgericht *n*; **~samling** [-samleŋ] *Jur* Zusammenkunft *f* der Erben; **~sko** [-sgo:ʔ] *pl* Schuhe *m/pl* zum Wechseln; **~spor** [-sbo:ʔr] *Bahn* Weiche *f*; **~vis** [-vi:ʔs] abwechselnd, wechselweise

skifting ['sgifdeŋ] ⟨*-en*; *-er*⟩ Wechselbalg *m*

ski|føre ['sgifø:rɑ] Schneeverhältnisse *pl*; Skiwetter *n*; **~hejs** [-haiʔs] Skilift *m*; **~hop** [-hɔb] Skispringen *n*; Sprungschanze *f*

skik [sgig] ⟨*-ken*; *-ke*⟩ (Ge)Brauch *m*, Sitte *f*; *det er ~* das *har* das ist hier üblich (*od gang u. gæbe od* Sitte); **have for ~ at ...** die Gewohnheit haben zu ...; **sætte ~ på** in Ordnung bringen; *fig* Lebensart beibringen (*én* j-m)

skikke ['sgigə] *lit* senden; **~ sig godt** sich gut benehmen; **det ~de sig så heldigt, at ...** es fügte sich so glücklich, dass ...; **~ bud efter én** nach j-m schicken

skikkelig ['sgigəli] gutmütig; anständig; annehmbar, akzeptabel

skikkelse ['sgigəlsə] ⟨*-n*; *-r*⟩ Gestalt *f*, Erscheinung *f*; Figur *f*

skikket ['sgigəð] *godt ~* gut geeignet

skilderi [sgelə'ri:ʔ] ⟨*-et*; *-er*⟩ (schlechtes) Gemälde *n*, F *fig* Schinken *m*

skildpadde ['sgelpaðə] Schildkröte *f*; Schildpatt *n*; *forloren ~* etwa Kalbskopf in Madeirasoße; **~skal** [-sgal] Schildkrötenpanzer *m*; **~suppe** [-sobə] Schildkrötensuppe *f*

skildr|e ['sgeldrɑ] schildern, darstellen; **~ing** [-dreŋ] ⟨*-en*; *-er*⟩ Schilderung *f*

skildvagt ['sgelvagd] *Mil* Schildwache *f* (**stå** stehen)

skille ['sgelə] ⟨*-te*⟩ scheiden, trennen; **~ håret** das Haar scheiteln; *Milch, Soße*: gerinnen, klumpen; *lade sig ~* sich scheiden lassen; **~ ad** trennen; zerlegen, auseinandernehmen; **~ én af med ngt.** j-m etw abnehmen; *j-n* von etw befreien; **~ sig af med ngt.** sich von etw trennen, sich etw (G) entledigen; **~ fra** trennen, (aus)sondern; **~s** sich trennen; sich scheiden lassen, geschieden werden; **skilt** *Jur* geschieden

skille|linie, **~linje** ['sgeləlinjə] Trenn(ungs)linie *f*; **~mønt** [-mønʔd] Hartgeld *n*, Kleingeld *n*; **~rum** [-romʔ] Trennwand *f*; **~tegn** [-taiʔn] *Gram* Satzzeichen *n*; **~vej** [-vaiʔ] Scheideweg *m*; **~væg** [-vɛ:ʔg] Trennwand *f*

skilling ['sgelʔeŋ] ⟨*-en*; *-er*⟩ F Groschen *m*; Scherflein *n*; *Jur* F Moos *n*, Kröten *pl*; *det har kostet ~er* F das hat *e*-n schönen Batzen Geld gekostet; *han ejer ikke en ~* F er hat (*od* besitzt) keinen Pfennig; *holde på (od vende) ~en* jeden Pfennig (zweimal) umdrehen

skillinge ['sgeleŋə]: **~ sammen** *Geld* zusammenlegen

skillingsvise ['sgelʔeŋsvi:sə] Moritat *f*

skilning ['sgelnen] ⟨*-en*; *-er*⟩ *Haar*: Scheitel *m*

skilre ['sgelrə]: **~ af** Raum abtrennen

skilsmisse ['sgelʔsmisə] ⟨*-n*; *-r*⟩ (Ehe-)Scheidung *f*; **~barn** [-ba:ʔrn] Kind *n* aus *e-r* geschiedenen Ehe; **~grund** [-gronʔ] Scheidungsgrund *m*

skilt[1] [sgelʔd] ⟨*-et*; *-e*⟩ Schild *n*; *Polizei*: Marke *f*

skilt[2] [sgelʔd] *Jur* geschieden

skilte ['sgeldə]: **~ for ngt.** für etw Reklame machen; *fig* zur Schau stellen, prahlen, angeben (*med* mit D); **~maler** [-ma:lər] Schildermaler *m*

skiløb ['sgiløʔb] Skilauf(en) *m*(*n*); **~er** [-ər] ⟨*-en*; *-e*⟩ Skiläufer(in) *m*(*f*)

skiløjpe ['sgiløibə] Skilanglaufbahn *f*, Loipe *f*

skimle ['sgemlə] (ver)schimmeln

skimlet ['sgemləð] schimmelig; ~ **hest** ZO Schimmel m

skimme ['sgemə] *Text* überfliegen, querlesen, diagonal lesen

skimmel[1] ['sgem'əl] ⟨skim(me)len⟩ Pilz: Schimmel m

skimmel[2] ['sgem'əl] ⟨skim(me)len; skimler⟩ ZO Schimmel m

skimte ['sgemdə] undeutlich sehen, ahnen, ausmachen

skin [sgen'] ⟨-net⟩ Schein m (a fig); Anschein m; ~**net bedrager** der Schein trügt; **redde ~net** den Schein wahren; **han har ~net imod sig** der Schein spricht gegen ihn; ~**angreb** ['sgenangre:'b] Scheinangriff m

skinbarlig [sgen'ba:'rli] leibhaftig; **den ~e djævel** der leibhaftige Teufel

skind [sgen'] ⟨-et; -⟩ Fell n; Haut f; Leder n; Pelle f; **han var kun ~ og ben** er war nur noch Haut und Knochen; **dit lille ~!** du Ärmste(r)!, armes Würmchen!; **gå ud af sit gode ~** fig aus der Haut fahren; **holde sig i ~et** sich beherrschen, an sich halten; **klæde én af til ~et** fig j-n bis aufs Hemd ausziehen; **redde** (od ~et) **sit ~** fig die eigene Haut retten; **beholde ~et på næsen** fig mit e-m blauen Auge davonkommen

skind|**bind** ['sgenben'] Leder(ein)band m; ~**bukser** [-bogsər] Lederhose f; ~**hue** [-huːə] Fellmütze f; ~**krave** [-krɑːvə] Pelzkragen m; ~**lap** [-lɑb] Lederflicken m

skindpels ['sgenpel'ʂ]: **sætte én lus i ~en** fig j-m e-e Laus in den Pelz setzen

skindød ['sgendøː'ð] scheintot; **Scheintote(r)** m

skinger ['sgen'ər] adj gellend, schrill

skingre ['sgen'rə] gellen, schrillen; schmettern; ~**nde frost** klirrende(r) Frost m

skinhellig ['sgenheli] scheinheilig

skinke ['sgeŋgə] ⟨-n; -r⟩ Schinken m

skinne[1] ['sgenə] ⟨-n; -r⟩ (a MED) Schiene f

skinne[2] ['sgenə] scheinen, leuchten, strahlen; ~ **igennem** durchscheinen, durchschimmern; **lade ngt. ~** etw durchblicken lassen; ~**nde hvid** strahlend (od blendend) weiß

skinne|**ben** ['sgenəbe:'n] ANAT Schienbein n; ~**bensbrud** [-be:nsbruð] MED Unterschenkelbruch m; ~**benssår** [-be:nsɔ:'r] Unterschenkelgeschwür n

skinsyg ['sgensy:'] eifersüchtig; ~**e**

[-syːə] Eifersucht f

skin|**tilværelse** ['sgentelve:'rəlsə] Scheindasein n; ~**verden** [-verdən] Scheinwelt f

skippe ['sgibə] fallen lassen, aufgeben, F sausen lassen

skipper ['sgibər] ⟨-en; -e⟩ Schiffer m; **halløj** [-lɔi'] F hallo, Kumpel (od Meister)!; ~**historie** [-hiˈsdo:'ɾiə] → ~**løgn**; ~**labskovs** [-labskoˈuːs] Labskaus n; ~**løgn** [-lɔi'n] Seemannsgarn n; ~**skrå** [-sgrɔ:'] e-e Art Kautabak m

ski|**spor** ['sgisbo:'r] pl Skispur f; ~**stav** [-sda:'v] Skistock m; ~**støvle** [-sdøːülə] Skistiefel m

skitse ['sgidsə] ⟨-n; -r⟩ Skizze f; Entwurf m; ~**bog** [-bɔ:'] Skizzenbuch n; ~**re** [-'se:'rə] skizzieren, umreißen

skive[1] ['sgiːvə] ⟨-n; -r⟩ Scheibe f; Brot: a Schnitte f; Uhr: Zifferblatt n; fig Zielscheibe f; **give en ~** F e-n (e-e Lage) ausgeben

skive[2] ['sgiːvə]: ~ **op** in Scheiben schneiden

skive|**bremse** ['sgiːvəbremsə] AUTO Scheibenbremse f; ~**skydning** [-sgy:ðnen] Scheibenschießen n

skizofren [sgidso'fre:'n] schizophren

skjald [sgjal'] ⟨-en; -e⟩ lit Skalde m, Barde m

skjalv [sgjal'v] → **skælve**

skjold[1] [sgjɔl'] ⟨-en; -er⟩ (Wasser)Fleck m, Rand m

skjold[2] [sgjɔl'] ⟨-et; -e⟩ Schild m; Schildkröte: Panzer m; **føre ngt. i sit ~** fig etw im Schilde führen

skjoldbruskkirtel ['sgjɔlbrusgkirdəl] Schilddrüse f

skjolde ['sgjɔlə] (durch Feuchtigkeit) fleckig machen; ~**t** [-ð] fleckig

skjold|**formet** ['sgjɔlfɔ:'rməð] schildförmig; ~**lus** [-lu:'s] ZO Schildlaus f; ~**mø** [-møː'] MYTH Walküre f

skjorte ['sgjɔrdə] ⟨-n; -r⟩ Hemd n; **i den bare ~** im bloßen Hemd; **plyndre én til ~n** fig j-n bis aufs Hemd ausplündern; ~**bluse** [-bluːsə] Hemdbluse f; ~**ærme** [-ermə] Hemdsärmel m; **trække i ~r** das Jackett ablegen

skjul [sgjuːl'] ⟨-et; -⟩ Versteck n; **lege ~** Versteck(en) spielen (a fig); **ikke lægge ~ på ngt.** kein Hehl aus etw (D) machen; **krybe i ~** sich verkriechen, sich verstecken

skjule ['sgjuːlə] ⟨-te⟩ verstecken, verbergen; verheimlichen; **skjult** versteckt, verborgen; ~**sted** [-sdeð] Versteck n

S

sko¹ [sgo:ʔ] ⟨-en; -⟩ Schuh *m*; *Pferd*: Hufeisen *n*; **skyde én ngt. i ~ene** *fig* j-m etw in die Schuhe schieben

sko² [sgo:ʔ] *Pferd* beschlagen

sko|børste ['sgobœɐsdə] Schuhbürste *f*; **~creme** [-krɛːʔm] → **skokrem**

skod [sgɔð] ⟨-det; -⟩ Zigarettenkippe *f*, Zigarrenstummel *m*

skodde¹ ['sgɔðə] ⟨-n; -r⟩ (Fenster)Laden *m*

skodde² ['sgɔðə] *Zigarette* (halb geraucht) ausdrücken, F kippen

skogger|latter ['sgɔwɐladɐr] schallende(s) Gelächter *n*; Hohngelächter *n*; **~le** [-leːʔ] schallend lachen

skogre ['sgɔwrɐ] *Vogel*: balzen, kollern; **slå en ~nde latter op** in ein schallendes Gelächter ausbrechen

skohorn ['sgohɔrʔn] Schuhanzieher *m*, Schuhlöffel *m*

skok [sgɔg] ⟨-ken; -ke⟩ Schock *n*; *fig* Haufen *m*

skokrem ['sgokrɛːʔm] Schuhcreme *f*

skolde ['sgɔlə] (ver)brühen; abbrühen; GASTR überbrühen; **~nde varm** *Tee*: kochend heiß; **~t** sonnenverbrannt

skold|hed ['sgɔlʔheːð] brühheiß; **~kopper** [-kɔbɐr] *pl* MED Windpocken *f/pl*; **~ning** [-neŋ] ⟨-en; -er⟩ (Ab)Brühen *n*; Verbrühen *n*; starke(r) Sonnenbrand *m*

skole¹ ['sgoːlə] ⟨-n; -r⟩ Schule *f*; **gå i ~** zur (*od* in die) Schule gehen; **gå i en ~** e-e Schule besuchen; **danne ~** *fig* Schule machen; **sladre af ~** *fig* aus der Schule plaudern; **tage én i ~** F sich j-n vornehmen

skole² ['sgoːlə] schulen; **~t** geschult

skole|alder ['sgoːlalʔɐr] Schulalter *n*; **~bespisning** [-be'sbiːʔsneŋ] Schulspeisung *f*; **~bestyrer** [-be'sdyːʔrɐr] Schulleiter *m*; **~betjent** [-be'tjenʔd] (Schul-)Hausmeister *m*

skolebrug ['sgoːləbruːʔ]: **til ~** für den Schulgebrauch

skole|bus ['sgoːləbus] Schulbus *m*; **~direktion** [-direg'sjoːʔn] *etwa*: Schulverwaltung *f*; **~direktør** [-direg'tøːʔr] *etwa*: Schulrat *m*; **~dreng** [-drɛŋʔ] Schuljunge *m*, Schüler *m*; **~eksempel** [-eg'sem'bəl] Schulbeispiel *n*, Musterbeispiel *n*; **~elev** [-e'leːʔv] Schüler(in) *m(f)*; **~embedseksamen** [-embeðseg'saːmən] *Studienrat*: 1. Staatsexamen *n*; **~forløb** [-fɔr'løːʔb] Schulcurriculum *n*

skole|gang ['sgoːləgaŋʔ] Schulbesuch *m*; **~gård** [-gɔːʔr] Schulhof *m*; **~hjem** [-jɛmʔ] Heim *n* (mit Schule) für schwer erziehbare Jugendliche; **~inspektør**

[-ensbeg'tøːʔr] *Schule*: Rektor *m*, Schulleiter *m*; **~kammerat** [-kɑməˈrɑːʔd] Schulkamerad(in) *m(f)*, Mitschüler(in) *m(f)*; **~kommission** [-komiˈsjoːʔn] Schulbehörde *f*; Schulamt *n*

skole|køkken ['sgoːləkøgən] Schulküche *f*, Lehrküche *f*; **~leder** [-leːðɐr] Schulleiter *m*; **~læge** [-lɛːə] Schularzt *m*; **~lærer** [-lɛːrɐr] Schullehrer *m*; **~lærerinde** [-lɛːrɐˈenə] Schullehrerin *f*; **~mad** [-mað] Pausenbrot *n*

skolemester ['sgoːləmesdɐr] *fig* Schulmeister *m*; **~ere** [-mesdɐˈreːʔrə] *fig* schulmeistern

skolemoden ['sgoːləmoːʔdən] schulreif; **~hedsprøve** [-heðsprøːʔvə] Schulreifetest *m*

skole|mæssig ['sgoːləmesi] schulmäßig, schulisch; schulgerecht; **~mæssigt** *etwa*: Schulbeirat *m*; **~patrulje** [-paˈtruljə] Schülerlotsen *m/pl*; **~pligtig** [-plegdi] schulpflichtig; **~psykolog** [-sykoˈloːʔ(w)] Schulpsychologe *m*; **~radio** [-rɑːˈdio] Schulfunk *m*

skoleret ['sgoːlrɛd] ⟨-en⟩: **stå ~ for én** j-m Rede und Antwort stehen

skole|ridning ['sgoːləriːðnen] Dressurreiten *n*; **~ridt** [-rid] Hohe Schule *f*; **~rytter(ske)** [-rydɐr(sgə)] Dressurreiter(in) *m(f)*; **~skema** [-sgeːma] Stundenplan *m*; **~skib** [-sgiːʔb] NAUT Schulschiff *n*; **~skift** [-sgifd] Schulwechsel *m*; **~start** [-sdaːʔrd] Schulanfang *m*, Schulbeginn *m*; **~søgende** [-søːʔjənə]: **~ barn** Schulkind *n*, Kind *n* im schulpflichtigen Alter

skole|taske ['sgoːlətasgə] Schultasche *f*, Schulmappe *f*, Schulranzen *m*; **~tid** [-tiðʔ] Schulzeit *f*; **~træt** [-trɛd] schulmüde; **~tv** [-teːˈveːʔ] Schulfernsehen *n*; **~undervisning** [-onərviːʔsneŋ] Schulunterricht *m*

skolevej ['sgoːləvaiʔ] Schulweg *m*; **gå ~en** Lehrer werden

skole|vogn ['sgoːləvɔwʔn] *Auto*: Fahrschulwagen *m*; *Schild*: Fahrschule!; **~væsen** [-vɛːʔsən] Schulwesen *n*

skoling ['sgoːleŋ] ⟨-en; -er⟩ Schulung *f*

skolæst ['sgoːlesd] Schuhleisten *m*; Schuhspanner *m*

skomager ['sgoma:ʔɐr, -mɑːʔr] ⟨-en; -e⟩ Schuhmacher *m*, Schuster *m*

skomagerdreng ['sgoma:ʔrdrɛŋʔ]: **det regner ~e ned** *fig* F es regnet Bindfäden

skomageri [sgoma:(j)əˈriːʔ] ⟨-et⟩ Schuhmacherei *f*

skonnert ['sgɔnʔɐrd] ⟨-en; -er⟩ NAUT Schoner *m*

skonummer ['sgonomˀɔʀ] Schuhgröße f

skorpe ['sgɔʀbə] ⟨-n; -r⟩ Kruste f, Rinde f, MED Schorf m; **~r pl** F Stullen flpl; **~t** [-ð] krustig, verkrustet

skorsten ['sgɔʀsdeːˀn] Schornstein m; **Fabrik:** Schlot m; **ryge som en ~** wie ein Schlot rauchen

skorstensfejer ['sgɔʀsdeːnsfaiˀɐ] Schornsteinfeger m

skorte ['sgɔʀdə]: **ikke lade det ~ på ngt.** es an nichts fehlen lassen

skorzonerrod [sgɔʀsoˈneːˀʀʀoːˀð] BOT Schwarzwurzel f

skose[1] ['sgoːsə] ⟨-n; -r⟩ Stichelei f, spitze Bemerkung f

skose[2] ['sgoːsə]: **~ én for ngt.** gegen j-n sticheln, F j-n wegen etw hänseln

skosnude ['sgoːnuːðə] Schuhspitze f

skosse ['sgɔsə] ⟨-n; -r⟩ (treibende) Eisscholle f

skosværte ['sgoːsvɛʀdə] Schuhcreme f

Skotland ['sgɔdlanˀ] Schottland n

skotsk [sgɔdsg] schottisch

skotsktærnet ['sgɔdsgtɛʀnəð] im Schottenmuster, Schotten-

skotte[1] ['sgɔdə] ⟨-n; -r⟩ Schotte m, Schottin f; Scotchterrier m

skotte[2] ['sgɔdə]: **~ til én** j-n verstohlen angucken; **~ af** Raum abtrennen

skottehistorie ['sgɔdəhiˈsdoːˀʀiə] Schottenwitz m

skotøj ['sgotɔiˀ] Schuhe pl, Schuhwaren pl, Schuhwerk n

skotøjs|butik ['sgotɔisbuˈtigˀ], **~forretning** [-fɔˈʀɛdneŋ] Schuhgeschäft n; **~æske** [-ɛsgə] Schuhkarton m

skov [sgɔuˀ] ⟨-en; -e⟩ Wald m; Forst m; **tage i ~en** e-n Ausflug in den Wald machen; e-n Waldspaziergang machen; **rent i ~en** fig F vollkommen daneben/absurd

skov|brand ['sgɔuˀbʀanˀ] Waldbrand m; **~brug** [-bʀuːˀ] Forstwirtschaft f; **~bryn** [-bʀyˀn] Waldrand m; **~bund** [-bonˀ] Waldboden m; **~due** [-duːə] Ringeltaube f; **~død** [-døːˀð] Waldsterben n; **~e** [-ə] (ab)holzen

skov|fattig ['sgɔuˀfadi] waldarm; **~flåt** [-flɔːˀd] ⟨-en; -e⟩ Zecke f; **~foged** [-foːəð] Revierförster m; **~gangsmand** [-gaŋsmanˀ] HIST Geächtete(r) m; **~grænse** [-gʀɛnsə] Waldgrenze f; **~hugger** [-hogɐ] ⟨-en; -e⟩ Holzfäller m; **~hugst** [-hogsd] Holzschlag m; **~jordbær** [-jɔʀbɛʀ] Walderdbeere f; **~kant** [-kanˀd] Waldrand m; **~klædt** [-klɛːˀd] bewaldet

skovl [sgɔuˀl] ⟨-en; -e⟩ Schaufel f, Schippe f

skovle ['sgɔulə] schaufeln, schippen; **~ i sig** Essen: F fig spachteln, reinhauen; **~ penge ind** Geld scheffeln

skovl|fuld ['sgɔulful?] ⟨-en; -e⟩ Schaufel voll f; **~hjul** [-juːˀl] Schaufelrad n

skov|løber ['sgɔuløːˀbɐ] Waldhüter m; **~løberhus** [-løːbɐhuːˀs] Forsthaus n; **~løs** [-løːˀs] waldlos, unbewaldet; **~mus** [-muːˀs] Waldmaus f; **~mærke** [-mɛʀgə] ⟨-n; -r⟩ BOT Waldmeister m; **~ning** [-neŋ] ⟨-en; -er⟩ Abholzung f, Holzfällen n; **~rider** [-riðˀɐ] ⟨-en; -e⟩ (Ober)Förster m; **~ridergård** [-riðˀɐʀgɔːˀʀ] Oberförsterei f; **~rig** [-riˀ] waldreich; **~svin** [-sviˀn] F Waldfrevler m

skov|syre ['sgɔuˀsyːʀə] BOT Sauerklee m; **~trold** [-tʀɔl] Waldschrat m; **~tur** [-tuːˀʀ] Ausflug m ins Grüne, Waldpartie f, Picknick n; **~tygning** [-tygneŋ] Walddickicht n; **~vogn** [-vɔwˀn] Kremser m; Polizei Mannschaftswagen m; **~væsen** [-vɛːˀsən] Forstwirtschaft f, Forstverwaltung f

skrab [sgʀɑːˀb] ⟨-et; -⟩ fig Plunder m, Kram m, Mist m; Kratzen m, Scharren m

skrabe ['sgʀɑːbə] schaben; scharren; kratzen; schleifen; Haut abschürfen; **bukke og ~** Kratzfüße machen; **~ bunden** fig das Letzte rausholen; so ziemlich am Ende sein; **~ sammen** Geld scharren, zusammenkratzen; **~ til sig** F (alles) an sich reißen; **~t (bolig)byggeri** etwa: Schlichtwohnungsbau m; **med ~t smør Brot:** (sehr) dünn mit Butter bestrichen; **det kan lige ~ af** das geht gerade noch; **~jern** [-jɛʀˀn] Schabeisen n; Tür: Kratzeisen n; **~lod** [-loð] n Rubbellos

skraber ['sgʀɑːbɐ] ⟨-en; -e⟩ Schaber m; **slibe sig en ~** fig ein Schläfchen machen

skraet ['sgʀɑuˀɐð] die Drecksarbeit f

skrabæg [-ɛːˀg] n Freilandei (von frei laufenden Hühnern)

skrab|sammen [sgʀɑbˈsamˀɐn] ⟨-et⟩ Plunder m, Kram m; **~ud** [-'uðˀ] ⟨-et; -⟩ Kratzfuß m (gøre machen)

skral [sgʀalˀ] schlecht, elend, F mies; **det står ~t til med ham** er kränkelt, fig er baut ab

skrald[1] [sgʀalˀ] ⟨-et; -⟩ Knall m, Krach m (a fig); Schmettern n

skrald[2] [sgʀalˀ] ⟨-et⟩ Müll m

skralde[1] ['sgʀalə] ⟨-n; -r⟩ Ratsche f, Schnarre f

skralde[2] ['sgʀalə] krachen, schnarren, schmettern; **~nde latter** schallende(s) Gelächter n

S

skralde|bøtte ['sgʁɑləbødə] Mülltonne *f*; **~mand** [-manˀ] Müllmann *m*, Müllwerker *m*

skralden ['sgʁalˀʔən]: *gal i ~* F wütend

skralde|spand ['sgʁɑləsbanˀ] Mülleimer *m*; **~vogn** [-vɔwˀn] Müllwagen *m*

skraldgrine ['sgʁalgʁiːnə] schallend lachen

skramle ['sgʁɑmlə] poltern, scheppern, rasseln; rattern; **~kasse** [-kasə] *Auto*: F Klapperkiste *f*

skramme[1] ['sgʁɑmə] ⟨-n; -r⟩ Schramme *f*, Kratzer *m*

skramme[2] ['sgʁɑmə] schrammen, abschürfen

skrammel ['sgʁɑmˀəl] ⟨skram(me)let⟩ Gerümpel *n*, F Krempel *m*, Plunder *m*; **~legeplads** [-laiˀ̍plas] Abenteuerspielplatz *m*

skrammet ['sgʁɑməð] zerschrammt, abgeschürft, zerkratzt

skranke ['sgʁaŋə] ⟨-n; -r⟩ Schranke *f* (*a fig*); *Bank, Post*: Schalter *m*; **~pave** [-paːvə] F überhebliche(r) Schalterbeamte(r) *m*, Bürohengst *m*

skrante ['sgʁɑndə] kränkeln; **~nde** kränklich; **~nde helbred** angegriffene Gesundheit

skrap [sgʁɑb] scharf, streng, hart; tüchtig; gewagt; *den er (betydelig) ~!* F das ist ein Hammer!, allerhand!

skratte ['sgʁɑdə] schnarren, krächzen, kreischen, schrillen, knattern

skravere [sgʁɑˈveːˀʁə] schraffieren

skravl [sgʁɑuˀl] ⟨-et; -⟩ F Schwächling *m*; klappriger (alter) Mensch; Würmchen *n*

skred[1] [sgʁeð] ⟨-(d)et; -⟩ Sturz *m*, Rutsch *m*; F *fig* Schwung *m*

skred[2] [sgʁɛːˀð], **~et** ['sgʁɛːðəð] → *skride*

skreg [sgʁaiˀ], **~et** ['sgʁaiˀəð] → *skrige*

skrev [sgʁɛːˀv], **~et** ['sgʁɛːvəð] → *skrive*

skribent [sgʁiˈbenˀd] ⟨-en; -er⟩ Schriftsteller *m*, Autor *m*

skrible ['sgʁiblə]: **~ sammen** F zusammenschreiben, hinkritzeln; **~r** [-ʁ] ⟨-en; -e⟩ F Vielschreiber *m*; **~ri** [-ˈʁiːˀ] ⟨-et; -er⟩ F Schmiererei *f*, Gekritzel *n*

skride ['sgʁiːðə] ⟨skred; skredet⟩ schreiten; rutschen; ausgleiten; *Auto*: schleudern; ins Schleudern geraten; *nu ~r det endelig* F jetzt flutscht es/geht es endlich voran; *nu ~r vi* F jetzt machen wir uns auf die Socken; **~ til eksamen** F beim Examen durchfallen; **~ til handling** zur Tat schreiten; **~ ind** einschreiten, vorgehen

(*mod*/gegen *A*); **~ ud** ausrutschen

skrid|fast ['sgʁiðfasd], **~fri** [-fʁiːˀ] rutschfest; **~mønster** [-mønˀsdøɐ], **~riller** [-ʁilɐ] *pl* Reifenprofil *n*; **~sikker** [-segɐ] → *skridfast*

skridt [sgʁid] ⟨-et; -⟩ Schritt *m* (*a* ANAT, *Hose*); **~ for ~** Schritt für Schritt, schrittweise

skridte ['sgʁidə]: **~ af** abschreiten; **~ ud** ausschreiten, mit ausgreifenden Schritten gehen

skridt|gang ['sgʁidgaŋˀ] Schritt *m*, Schritttempo *n*; **~måler** [-mɔːlɐ] Schrittmesser *m*; **~tæller** [-tɛlɐ] Schrittzähler *m*

skrift[1] [sgʁefd] ⟨-en; -er⟩ Schrift *f*, Handschrift *f*

skrift[2] [sgʁefd] ⟨-et; -er⟩ Schrift *f*, Arbeit *f*, Schriftstück *n*; **samlede ~er** gesammelte Schriften *f/pl*

skrifte[1] ['sgʁefdə] ⟨-et⟩ Beichte *f* (*a fig*)

skrifte[2] ['sgʁefdə] beichten (*for én i-m*)

skrifte|fader ['sgʁefdəfaˌðɐ] Beichtvater *m*; **~mål** [-mɔːˀl] Beichte *f*; **~stol** [-sdoˀl] Beichtstuhl *m*

skrift|klog ['sgʁefdklɔˌʔw] Schriftgelehrte(r); **~lig** [-li] schriftlich; **~sprog** [-sbʁɔˌʔw] Schriftsprache *f*; **~sted** [-sdeð] Bibelstelle *f*; **~tegn** [-taiˀn] Schriftzeichen *n*; **~træk** [-tʁɛg] *pl* Schriftzüge *m/pl*

skrig [sgʁiːˀ] ⟨-et; -⟩ Schrei *m*; Geschrei *n*; *det sidste ~* F der letzte Schrei

skrige ['sgʁiːə] ⟨skreg; skreget⟩ schreien (*af smerte* vor Schmerz), quieken; *Vogel*: krächzen; *Tür*: kreischen, quietschen; **~nde** schreiend, knallig (*Farbe*); *fig* himmelschreiend

skrige|ballon ['sgʁiːəbaˌlɔŋ] Quietschballon *m*; *fig* Schreihals *m*; **~dukke** [-dogə] Sprechpuppe *f*; *fig* Schreihals *m*; **~ri** [-ˈʁiːˀ] ⟨-et; -er⟩ Geschrei *n*, Schreierei *f*

skrighals ['sgʁiːhalˀs] Schreihals *m*

skrin [sgʁiːˀn] ⟨-et; -⟩ Schrein *m*, Kästchen *n*, Kassette *f*; *få én (od et par) på ~et* F eins auf den Deckel kriegen; **~lægge** ['sgʁiːnlɛgə] *fig* begraben, aufgeben

skrive ['sgʁiːvə] ⟨skrev; skrevet⟩ schreiben; aufschreiben; anschreiben; *siger og ~r* sage und schreibe; **~ rent** ins Reine schreiben; *hvad (dato) ~r vi i dag?* den wievielten haben wir heute?; **~ af** abschreiben; **~ sig fra ngt.** herrühren von *etw* (*D*); **~ ind** einschreiben, eintragen; **~ med stort/småt** groß-/kleinschreiben;

~ ned aufschreiben; **~ om** umschreiben, neu (*od anders*) schreiben; **~ om ngt**. über *etw* (*A*) schreiben; **~ op** aufschreiben; **~ på en roman** an *e-m* Roman schreiben; **~ på** (*skrive*)*maskine* auf (*od mit*) der Maschine schreiben, tippen; **~ sammen** (*od til hinanden*) sich schreiben; **~ til én** (*od an j-n*) schreiben; **~ under** unterschreiben, unterzeichnen; *det* **~s** *sådan* das wird so geschrieben

skrive|blok ['sgri:vəbloɡ] Schreibblock *m*; **~bord** [-bo:ʔʀ] Schreibtisch *m*

skrivebords|lærdom ['sgri:vəbo:ʀslɛʀdomʔ] (graue) Theorie *f*; **~stol** [-sdoːʔl] Schreibtischstuhl *m*

skrive|fast ['sgri:vəfasd] *Papier*: knitterfest; **~fejl** [-faiʔl] Schreibfehler *m*; **~hjul** [-juːʔl] *Schreibmaschine*: Typenrad *n*; **~kløe** [-kløːə] Schreibwut *f*; **~lse** [-lsə] ⟨*n*; -*r*⟩ Schreiben *n*, Schriftstück *n*

skrivemaskine ['sgri:vəma'sgi:nə] Schreibmaschine *f*; *skrive på* **→** *skrive*; **~dame** [-da:mə] Maschinenschreiberin *f*, Schreibkraft *f*; F Tippse *f*

skrive|måde ['sgri:vəmoːʔðə] Schreibweise *f*; Schreibung *f*; **~pult** [-pulʔd] Schreibpult *n*, Stehpult *n*

skriver ['sgri:vəʀ] ⟨*-en*; -*e*⟩ Schreiber *m*

skrive|redskab ['sgri:vəʀeːðsgaːʔb] Schreibgerät *n*; **~rekvisitter** [-ʀɛkvi'sidəʀ] *pl* Schreibutensilien *pl*; **~ri** [-'ʀiːʔ] ⟨*-et*; -*er*⟩ Schreiberei *f*; **~stue** [-sdu:ə] Schreibbüro *n*, Schreibzimmer *n*; **~tøj** [-tɔiʔ] Schreibzeug *n*; **~øvelse** [-øːvəlsə] *Universität*: Klausurarbeit *f*

skrivning ['sgri:vnen] ⟨*-en*; -*er*⟩ (*Schule*) Schreiben *n*

skrog [sgʀɒu] ⟨*-et*; -⟩ NAUT Rumpf *m*; *Gans*: Gerippe *n*; *Apfel*: Kerngehäuse *n*; *fig* F Waschlappen *m*, Flasche *f*; *et sølle* **~** ein armer Tropf/Schlucker *m*; **~et** ['-əð] *Person*: lahm, F klapp(e)rig

skrot [sgʀɒd] ⟨*-ten od -tet*⟩ Schrott *m*, Altmetall *n*; **~te** ['-ə] verschrotten

skru [sgʀuʔ] ⟨*-et*⟩ Fußball: Effet *m*, Drall *m*

skrub [sgʀob] ⟨*-bet*; -⟩: *tage sine* **~** *fig* die bittere Pille schlucken

skrubbe¹ ['sgʀɒbə] ⟨*-n*; -*r*⟩ Scheuerbürste *f*, Schrubber *m*; *Flunder* F; *Backwerk*: Plunderstück *n*

skrubbe² ['sgʀɒbə] scheuern, schrubben; TECH schruppen; **~ af** *fig* sich packen, abhauen; *skrub af!* F verschwinde!, hau ab!

skrubber ['sgʀɒbəʀ] ⟨*-en*; -*e*⟩ Scheuerbürste *f*, Topfreiniger *m*

skrubtudse ['sgʀɒbtuːsə] Kröte *f*; Knallfrosch *m*

skrud [sgʀuð] ⟨*-(d)et*; -⟩ Gewand *n*, Staat *m*; *trække i* **~et** F sich in Schale werfen

skrue¹ ['sgʀuːə] ⟨*-n*; -*r*⟩ Schraube *f*; *han har en* **~** *løs*! F bei ihm ist *e-e* Schraube locker!

skrue² ['sgʀuːə] schrauben; *Eis*: sich (an)stauen; **~ i** einschrauben, festschrauben, festdrehen; **~ ned** Ansprüche heruntschrauben; *Radio* leiser stellen; *Gasflamme* herunterdrehen; **~ op for** *Radio* lauter stellen; *Gasflamme* (höher) aufdrehen; *hendes hænder er* **~t** *rigtigt på* *fig* sie ist praktisch veranlagt

skrue|blyant ['sgʀuːəblyanʔd] Drehbleistift *m*; **~brækker** [-bʀɛɡəʀ] ⟨*-en*; -*e*⟩ Streikbrecher *m*; **~formet** [-fɔːʔʀməð] schraubenförmig; **~gang** [-ɡɑŋʔ] (Schrauben)Gewinde *n*; **~is** [-iːʔs] Packeis *n*; **~låg** [-lɔːʔw] Drehverschluss, Schraubverschluss *m*; **~nøgle** [-nɔilə] Schraubenschlüssel *m*; **~stik** [-sdeg] Schraubstock *m*

skruet ['sgʀuːəð] *fig* geschraubt; *Hörner* schraubenförmig; **~ bold** SPORT anɡɑ schnittene(r) Ball *m*

skrue|trækker ['sgʀuːətʀɛɡəʀ] ⟨*-en*; -*e*⟩ Schraubenzieher *m*; **~tvinge** [-tveŋə] ⟨*-n*; -*r*⟩ Schraubzwinge *f*

skruk [sgʀoɡ] brütig; **~høne** ['-hœːnə] Glucke *f*, Bruthenne *f*; **~ke** ['-ə] glucken

skrumle ['sgʀomlə] poltern, rattern, rumpeln; **~kasse** [-kasə] *Auto*: F Klapperkiste *f*

skrummel ['sgʀomʔəl] ⟨*skrum(me)let*; *skrumler*⟩ *Person*: F Trampel *m*, *n*; F *Haus*: Monstrum *n*, Ungetüm *n*

skrumpe ['sgʀombə]: **~ ind**, **~ sammen** (ein)schrumpfen, zusammenschrumpfen; **~n** [-n] verschrumpelt, verhutzelt; runz(e)lig

skrumple ['sgʀomblə] rumpeln, rattern

skruning ['sgʀuːneŋ] ⟨*-en*; -*er*⟩: *give en bold* **~** SPORT *e-n* Ball anschneiden; **→** *is-skruning*

skrupelløs ['sgʀubəlløːʔs] **→** *skruppelløs*

skrup|forelsket ['sgʀobfɔʀ'elʔsgəð] F bis über beide Ohren verliebt, total verknallt; **~forkert** ['-fɔʀ'keʀʔd] F völlig falsch; **~forvirret** ['-fɔʀviʀʔəð] F völlig durcheinander, total wuschig; **~gal** [-ɡaːʔl] F völlig falsch; total verrückt; **~grine** [-ɡʀiːnə] F sich ausschütten vor Lachen, sich kaputtlachen; **~kedelig** [-keːðəli] F stinklangweilig

S

skrup|ler ['sgʀublɐʁ] *pl* Skrupel *m*|*pl*, Gewissensbisse *pl*; **~pelløs** ['sgʀublˀøˀs] skrupellos

skrup|skør ['sgʀobsgøˀʀ] F total verrückt; hirnverbrannt; **~sulten** [-suldˀn] *være* ~ F e-*n* Mordshunger haben; **~tosset** [-tɔsəð] F total verrückt

skrupuløs [sgʀupuˀløˀs] (über)ängstlich; peinlich genau

skrut ['sgʀud] ⟨-*ten*; -*ter*⟩ *fylde* **~ten** F sich den Bauch vollschlagen

skrutrygget ['sgʀudʀøgəð] bucklig

skryde ['sgʀyˀðə] ⟨-*ede od skrød*⟩ Esel: iahen; *fig* prahlen, angeben, aufschneiden; **~r** [-ʀ] ⟨-*en*; -*e*⟩ Prahlhans *m*; Aufschneider *m*

skrædder ['sgʀɛðɐ] ⟨-*en*; -*e*⟩ Schneider *m*; **~ere** [-ˀʀeˀʀɐ] F schneidern; **~i** [-ˀʀiˀ] ⟨-*et*; -*er*⟩ Schneiderei *f*; **~kridt** [-krid] Schneiderkreide *f*; **~saks** [-sags] Schneiderschere *f*; **~sjæl** [-sjɛˀl] Feigling *m*, Angsthase *m*, Memme *f*; **~stilling** [-sdelen] Schneidersitz *m*; **~syet** [-syˀəð] Kleid: maßgeschneidert

skræk [sgʀɛg] ⟨-*ken*⟩ Schreck(en) *m*; *sætte* ~ *i* én *j-m* e-*n* Schrecken einjagen; *slippe med* **~ken** mit dem Schrecken davonkommen; *til* ~ *og advarsel* zur Warnung; **~film** ['-filˀm] Horrorfilm *m*, Thriller *m*; **~indjagende** [-enja:ˀʀəʀ] schreckenerregend; **~kelig** ['-əli] schrecklich; **~slagen** ['-sla:ˀən] starr vor Schreck, entsetzt

skræl [sgʀɛlˀ] ⟨-*len*; -*ler*⟩ Schale *f*, Pelle *f*

skrælle ['sgʀɛlə] schälen; **~kniv** [-kniːˀv] Schälmesser *n*

skrælling ['sgʀɛlen] ⟨-*en*; -*er*⟩ F Schwächling *m*, Kümmerling *m*

skræmme ['sgʀɛmə] ⟨-*te*⟩ erschrecken; *fig* abschrecken; *ikke lade sig* ~ sich nicht einschüchtern lassen; ~ *livet af* én *j-n* zu Tode erschrecken; ~ *op* Wild aufscheuchen; *skræmt* verängstigt, verschüchtert; **~skud** [-sguð] Schreckschuss *m*; **~våben** [-vɔːˀbən] Schreckschusspistole *f*

skrænt [sgʀɛnˀd] ⟨-*en*; -*er*⟩ Abhang *m*, Böschung *f*

skræppe¹ ['sgʀɛbə] ⟨-*n*; -*r*⟩ ʙoт Ampfer *m*

skræppe² ['sgʀɛbə] schnattern, krächzen; plappern; ~ *op* Lärm machen, schwatzen; prahlen

skræv [sgʀɛːˀv] ⟨-*et*; -⟩ ᴀɴᴀᴛ, Hose: Schritt *m*

skræve ['sgʀɛːvə] grätschen, die Beine spreizen; ~ *over* ngt. über etw (A) hinwegschreiten (*od* hinwegsteigen); *med*

~nde ben breitbeinig

skrævs [sgʀɛˀvs]: *på* ~ rittlings

skrøbelig ['sgʀøːbəli] zerbrechlich; *Hütte*: baufällig; *fig* schwach, gebrechlich; **~hed** [-heːðˀ] ⟨-*en*; -*er*⟩ Zerbrechlichkeit *f*; Gebrechlichkeit *f*; Gebrechen *n*; *fig* Schwäche *f*; Hinfälligkeit *f*

skrød [sgʀøːˀd] → *skryde*

skrømt [sgʀœmˀd]: *på* ~ zum Schein; **~vis** ['sgʀœmdviˀs] zum Schein

skrøne ['sgʀøːnə] ⟨-*n*; -*r*⟩ Lügengeschichte *f*, F Märchen *n*

skrå¹ [sgʀɔ:ˀ] ⟨-*en*; -*er*⟩ Kautabak *m*, Priem *m*

skrå² [sgʀɔ:ˀ] ⟨-*en od -et*⟩ Korn: Schrot *m*, *n*

skrå³ [sgʀɔ:ˀ] schräg; *på* ~ schräg; *sætte hatten på* ~ den Hut aufs Ohr setzen; **~t overfor** schräg gegenüber

skrå⁴ [sgʀɔ:ˀ] *v*/*t* schräg schneiden; *v*/*i* schräg gehen; ~ *over gaden* die Straße (schräg) überqueren

skrå⁵ [sgʀɔ:ˀ] priemen, Tabak kauen; *Getreide* schroten

skrå|bjælke ['sgʀɔbjɛlgə] Schrägbalken *m*; **~hue** [-huːə] Käppi *n*, F Schiffchen *n*

skrål [sgʀɔːˀl] ⟨-*et*; -⟩ Grölen *n*, Gebrüll *n*; Geplärre *n*

skråle ['sgʀɔːlə] ⟨-*ede od -te*⟩ grölen, johlen; plärren; **~ri** [-ˀriːˀ] ⟨-*et*; -*er*⟩ Gegröle *n*, Gejohle *n*; Geplärre *n*

skrålhals ['sgʀɔːlhalˀs] Schreihals *m*

skråne ['sgʀɔːnə] abfallen, sich neigen; schräg sein; **~ing** ['sgʀɔːˀnen] ⟨-*en*; -*er*⟩ Abhang *m*, Böschung *f*

skrå|plan ['sgʀɔplaːˀn]: *komme ind på et* ~ *fig* auf die schiefe Bahn geraten; **~pude** [-puːðə] Keilkissen *n*; **~rem** [-ʀɛmˀ] Schulterriemen *m*

skrås [sgʀɔs]: ~ *overfor* schräg gegenüber

skråsikker [sgʀɔsegɐ] F ganz (*od* hundertprozentig) sicher; übertrieben selbstsicher

skrå|skrift ['sgʀɔsgʀefd] Schrägschrift *f*; **~stilling** [-sdelen] Schräglage *f*; **~streg** [-sdʀɑ͡ɪˀ] Schrägstrich *m*

skråtobak ['sgʀɔːˀtoˀbag] Kautabak *m*

skråvæg ['sgʀɔveˀg] Schrägwand *f*

Skt. *Abk. für* Sankt Sankt (*Abk.* St.)

skub [sgob] ⟨-*bet*; -⟩ Stoß *m*, Schub *m*, F Schubs *m*; Antrieb *m*; *sætte* ~ *i* ngt. etw in Schwung/ins Rollen bringen; *i* ~ schubweise; stockend

skubbe ['sgobə] stoßen, schieben; F schubsen; ~ *ansvaret fra sig* die Verantwortung von sich abwälzen; ~ *til* én *j-n* anstoßen, *j-n* schubsen, *j-n* anrempeln;

fig j-m e-n Schubs geben; **~r** [-ʀ] ⟨*-en*; *-e*⟩ Essgerät: Schieber *m*

skud [sguð] ⟨*-det*; *-*⟩ MIL Schuss *m* (*a Fußball*, F Injektion); BOT Spross *m*, Trieb *m*; *Familie*: Spross *m*; Zigarettenkippe *f*, Zigarrenstummel *m*; *Weben*: (Durch-) Schuss *m*; **måtte stå for ~** *fig* den Kopf hinhalten müssen; *jeg er ikke rigtig i* **~det i dag** F ich bin heute nicht gut drauf; *ikke være i* **~det længere** F weg vom Fenster sein; **~dag** [-'daːʔ] Schalttag *m*

skuddermudder ['sguðˀɔʀmuðˀɔʀ]: *gå i* **~** F misslingen, schiefgehen, in die Brüche gehen; sich verheddern

skude ['sguːðə] ⟨*-n*; *-r*⟩ kleine(s) Schiff *n*, F Kahn *m*; F *fig* Matrone *f*; F Ladung *f* (*Portion*), **~fuld** [-ˈfulˀ] ⟨*-en*; *-e*⟩ F Ladung *f*, *e-n* großen Teller voll

skud|hold ['sguðˀhɔlˀ] Schussweite *f* (*på*/in *D*, *A*); **~klar** [-klaːˀʀ] schussbereit; **~linie**, **~linje** [-linjə] Schusslinie *f*; **~rigel** [-ˈʀiːʔəl] Schubriegel *m*; **~sikker** [-seˀgəʀ] *Weste*: schusssicher, kugelfest; *Alibi*: F wasserdicht

skudsmål ['sguðsmɔˀl] Zeugnis *n*; *fig* Ruf *m*, Renommee *n*, Leumund *m*

skud|sår ['sguðsɔːʔʀ] Schusswunde *f*; **~t** [sgud] = *skyde*; **~veksling** [-vɛgsləŋ] Schusswechsel *m*; **~vidde** [-viːˀðə] Schussweite *f* (*uden for* außer; *a fig*)

skudår ['sguðɔːʔʀ] Schaltjahr *n*

skue¹ ['skuːə] ⟨*-t*; *-r*⟩ Anblick *m*; Schau *f*; *bære til* **~** zur Schau tragen

skue² ['sguːə] schauen

skue|brød ['sguːəbʀøːʔð] BIBL Schaubrot *n*; **~plads** [-plas] Schauplatz *m*; THEA Bühne *f*; *fig* Bildfläche *f*

skuespil ['sguːəsbel] Schauspiel *n*; **~ler** [-əʀ] Schauspieler *m*; **~lerinde** [-əʀˀenə] ⟨*-n*; *-r*⟩ Schauspielerin *f*

skuffe¹ ['sgofə] ⟨*-n*; *-r*⟩ Schublade *f*, F Klappe *f*; Schippe *f*, Schaufel *f*; *af første* **~** *fig* vom Feinsten; *mere af samme* **~** mehr von derselben Sorte

skuffe² ['sgofə] *Unkraut* jäten, harken

skuffe³ ['sgofə] enttäuschen (*én j-n*); *en* **~nde lighed** *e-e* täuschende Ähnlichkeit; **~t** enttäuscht

skuffedarium [sgofəˈdaːʔʀiom] ⟨*skuffedariet*; *skuffedarier*⟩ → **skuffemøbel**

skuffejern ['sgofəjɛʀˀn] Jäthacke *f*, Unkrauthacke *f*

skuffelse ['sgofəlsə] ⟨*-n*; *-r*⟩ Enttäuschung *f*

skuffemøbel ['sgofəmøˀbəl] *hohe Kommode*: Schubladenschrank *m*

skulder ['sgulˀɔʀ] ⟨*-en*; *skuldre*⟩ Schulter *f*,

Achsel *f*; **~ mod ~** (*fig*), **~ ved ~** Schulter an Schulter; **gevær på ~!** MIL Gewehr auf!; *trække på skuldrene* die Schultern zucken; *vise én a kold* ~ F *j-m* die kalte Schulter zeigen; **~blad** [-blað] Schulterblatt *m*; **~bred** [-bʀeːˀð] breitschult(e)-rig; **~klap** [-klab] Schulterklopfen *n*; **~strop** [-sdʀɔb] Schulterklappe *f*; *Unterhemd*: Träger *m*; **~taske** [-tasgə] Umhängetasche *f*; **~træk** [-tʀɛg] ⟨*et*⟩ Achselzucken *n*

skuldre ['sgulʀə] schultern; meistern; *godt ~t!* F gut gemacht!

skule ['sguːlə] *fig* schielen, scheel blicken; **~ til én** *j-n* scheel anblicken; **~nde** scheel

skulke ['sgulgə]: **~ fra skolen** die Schule schwänzen; **~r** [-ʀ] ⟨*-en*; *-e*⟩ Schwänzer *m*; **~ri** [-ˈʀiːʔ] ⟨*-et*; *-er*⟩ Schwänzen *n*

skulle ['sgulə] ⟨*skulle*; *skullet*⟩ sollen; müssen; werden; wollen; *jeg skal/* **~ spørge fra min far** mein Vater lässt fragen; *han skal være syg* er soll krank sein; *det skal han komme til at fortryde* das wird er noch bereuen; *jeg skal i biografen i aften* ich gehe heute Abend ins Kino; *skal vi gå?* wollen wir gehen?; *hvad skal/* **~** *det være?* ÖKON was darf es sein?; *det* ~ *du have set* das hättest du sehen sollen; *man* ~ *tro* man möchte meinen; *han har ikke ngt. at* ~ *have sagt* er hat überhaupt nichts zu sagen (*od* F zu melden)

skulptur [sgulbˈtuːˀʀ] ⟨*-en*; *-er*⟩ Bildhauerkunst *f*; Skulptur *f*, Plastik *f*; **~ør** [-ˈtøːʔʀ] ⟨*-en*; *-er*⟩ Bildhauer *m*

skum [sgomˀ] ⟨*-met*⟩ Schaum *m*; *Bier*: Blume *f*; F Schampus *m*

skum|bad ['sgombað] Schaumbad *n*; **~gummi** [-gomi] Schaumgummi *m*; **~klædt** [-klɛːʔd] Welle: schaumbedeckt

skumle ['sgomlə] munkeln; **~ over ngt.** an *etw* (*D*) herumnörgeln, über *etw* (*A*) lästern/meckern; **~r** [-ʀ] ⟨*-en*; *-e*⟩ Nörgler *m*; Lästerzunge *f*, Lästermaul *n*; **~ri** [-ˈʀiːʔ] ⟨*-et*; *-er*⟩ Gemunkel *n*; Lästern *n*, Kritte- lei *f*

skumlæse ['sgomlɛːˀsə] → **skimme**

skumme ['sgomə] *v/i* schäumen; **~ af raseri** vor Wut schäumen; *v/t* Milch entrahmen; **~fløden** [-] *fig* den Rahm abschöpfen, F absahnen; **~t mælk** Magermilch *f*, entrahmte Milch *f*

skummel ['sgomˀəl] düster, finster, unheimlich

skummeske ['sgomˀəsgeːʔ] Schaumkelle *f*, Schaumlöffel *m*

skummetmælk ['sgomˀəðmɛlˀg] Mager-

S

milch f

skumpelskud ['sgɔm?bəlsguð] Aschenbrödel n, Außenseiter m, fig Stiefkind n

skumplast ['sgɔmplasd] Schaumstoff m, Styropor n

skumple ['sgɔmblə] holpern, rumpeln

skumr|e ['sgɔmrə] Abend: dämmern; **~ing** [-eŋ] ⟨-en; -er⟩ (Abend-)Dämmerung f; **~ingstime** ['sgɔmreŋsti:mə] Dämmerstunde f

skum|slukker ['sgɔmsloɡɔr] ⟨-en; -e⟩ Schaumlöschgerät n; **~sprøjt** [-sbrɔi?d] Schaumspritzer m; Gischt m; **~top** [-tɔb] Schaumkrone f

skunk¹ [sgɔŋ?g] ⟨-en; -e⟩ zo Skunk m, Stinktier n

skunk² [sgɔŋ?g] ⟨-en; -er⟩ unter e-r Dachschräge eingebauter Schrank

skur [sgu:?r] ⟨-et; -e⟩ Schuppen m, Bude f

skure¹ ['sgu:rə] ⟨-n; -r⟩ Kerbe f; fig Geleise n; **alt går i den gamle ~** F es läuft alles wie gehabt

skure² ['sgu:rə] scheuern

skure|børste ['sgu:rəbœrsdə] Scheuerbürste f; **~pulver** [-pol?vər] Scheuerpulver n; **~stribe** [-sdri:bə] GEOL Gletscherschliff m

skurk [sgurg] ⟨-en; -e⟩ Schurke m, Schuft m; Bösewicht m; **~agtig** [-'aɡdi] schurkisch, schuftig, gemein

skurke|rolle ['sgurgərɔlə] Schurkenrolle f; **~streg** [-sdrɑi?] Schurkenstreich m

skurre ['sgurə] misstönen, schnarren; **~i éns ører** das Ohr beleidigen; **en ~nde lyd** Missklang m, Misston m

skurv [sgur?v] ⟨-en⟩ MED Schorf m, Grind m; **~et** ['sgurvəð] schorfig

skurvogn ['sgu:?rvɔw?n] Bauwagen m

skutte ['sgudə]: **~ sig** sich schütteln, (vor Kälte) schaudern

skvadder ['sgvad?ər] ⟨-et od -en⟩ Geschnatter n; F Gequassel n, Gequatsche n; Quatsch m; **~hoved** [-ho:ðə] F Trottel m, Dussel m

skvadre ['sgvaðrə]: **~ op** F laut schwatzen, schnattern, (los)plaudern

skvalder ['sgval?ər] ⟨-en od -et⟩ (lautes) Geschnatter n; F Gequatsche n; Gewäsch n; F Gewieher n

skvaldre ['sgvalrə] (laut) quatschen, schnattern, schwatzen; F wiehern

skvat¹ [sgvad] ⟨-ten; -ter⟩ F Tropfen m, Schluck m; Spritzer m

skvat² [sgvad] ⟨-tet; ->, **~figur** [-'fi:gu:?r], **~mikkel** [-megəl] ⟨-en; **skvatmikler**⟩ fig Waschlappen m, F Flasche f

skvatte ['sgvadə] F: **~ (om)** ausrutschen,

hinfallen, F hinfliegen; **~ sammen** Bretterbude: in sich zusammenfallen, F zusammenkrachen; Person: fig F zusammenklappen

skvulp [sgvul?b] ⟨-et; -⟩ Plätschern n, Wellenschlag m

skvulpe ['sgvulbə] plätschern, (leise) schlagen; **~ over** F überschwappen

skvæt [sgved] ⟨-tet; -⟩ Spritzer m, GASTR Schuss m

skvætte ['sgvedə]: **~ ud** herausspritzen, überschwappen

sky¹ [sgy:?] ⟨-en; -er⟩ Wolke f; **skrige i vilden ~** aus vollem Halse schreien; **sætte** (od **stikke**) **næsen i ~** fig F die Nase hoch tragen; **rose/hæve én til ~erne** fig j-n in den Himmel heben

sky² [sgy:?] ⟨-en⟩ Jus f, n, Bratensaft m

sky³ [sgy:?] scheu; schüchtern; **blive ~** Pferd: scheuen

sky⁴ [sgy:?] v/t scheuen, meiden

sky|banke ['sgybaŋgə] Wolkenbank f; **~brud** [-bruð] Wolkenbruch m

skyde ['sgy:ðə] ⟨skød; skudt⟩ MIL schießen (a fig u BOT); erschießen; schieben; BOT treiben; **~ ham** sich häuten; **~ ryg** e-n Buckel machen; **~ af** abfeuern; **~ for** Riegel vorschieben; **~ forbi** vorbeischießen, danebenschießen; **~ ngt. fra sig** fig etw von sich schieben; **~ frem** Blume: (hervor)sprießen; **~ i vejret** in die Höhe schießen; **~ ihjel** totschießen, erschießen; **~ løs** losschießen; **~ med skarpt** scharf schießen; **~ ned** niederschießen, Flugzeug abschießen; **~ op** emporschießen; **~ på én** auf j-n schießen; **~ på ngt.** F fig auf etw (A) tippen; **~ skylden på én** die Schuld auf j-n schieben/abwälzen; **~ sammen** F Geld zusammenlegen, zusammenschmeißen; **~ til Geld** zuschießen; **~ til én** F mit j-m liebäugeln, j-m schöne Augen machen; **~ til side** beiseiteschieben; **~ til skive** nach der Scheibe schießen; **~ ud** Vorhaben aufschieben; fig aussieben; **~ sig** sich erschießen; **~ sig en kugle for panden** sich (D) e-e Kugel durch den Kopf schießen; **skudt** geschossen; erschossen; fig verliebt, verknallt (i/in A); **skudt forbi!** daneben!, Fehlanzeige f

skyde|bane ['sgy:ðəba:nə] MIL Schießplatz m; **~broder** [-bro:r] Schützenverein: Schützenbruder m; **~dør** [-dœ:?r] Schiebetür f; **~gal** [-ga:?l] schießwütig; **~glad** [-glað] schießfreudig; **~klar** [-klɑ:?r] schussbereit; **~lodsvægt** [-loðsvegð] Laufgewichtswaage f; **~r** [-r] ⟨-en;

-e⟩ TECH Schieber m, Riegel m; F Knarre f; **~ri** [-'ri:?] ⟨-et; -er⟩ Schießerei f; **~sel-skab** [-sɛlsga:?b] Schützenverein m; **~skive** [-sgi:va] Schießscheibe f; Zielscheibe f; **~skår** [-sgɔ:?ʀ] Schießscharte f; **~våben** [-vɔ:?bən] Schusswaffe f

skydning ['sgy:ðnen] ⟨-en; -er⟩ Schießen n; Erschießung f; MIL Feuer n

sky|dække ['sgydɛga] Wolkendecke f, Bewölkung f; **~et** ['sgy:əð] bewölkt, wolkig; **~fri** [-'fʀi:?] wolkenlos, heiter

skygge¹ ['sgyga] ⟨-n; -r⟩ Schatten m (a fig); Hut: Rand m, Krempe f; Mütze: Schirm m; **kaste ~** Schatten werfen; **lægge ~ på** Zeichnung schattieren; **der er ikke ~ af tvivl** es besteht keinerlei Zweifel; **vi har ikke ~ af bevis** wir haben nicht die Spur e-s Beweises

skygge² ['sgyga] Person beschatten; **du ~r for solen!** geh mir aus der Sonne!; **~ med hånden for øjnene** die Augen mit der Hand beschatten

skygge|billede ['sgygabelaða] Schattenbild n; **~fuld** [-'ful?] schattig; **~kabinet** [-kabi'neð] Schattenkabinett n; **~lægning** [-lɛgnen] Schattieren n; **~morel** [-mo'ʀɛl?] Schattenmorelle f, **~rids** [-ʀis] Schattenriss m; **~side** [-si:ða] Schattenseite f (a fig); **~spil** [-sbɛl] Schattenspiel n; **~tilværelse** [-tɛlvɛ:?ʀəlsa] Schattendasein n

skyhøj ['sgyhɔi?] Preise: haushoch

skyklap ['sgyklab] ⟨-pen; -per⟩ Scheuklappe f

skyl [sgøl?] ⟨-let; -⟩ (Regen)Guss m; WC Spülung f

skyld [sgyl?] ⟨-en⟩ Schuld f (**i ngt.** an ngt (D)); **det er din ~** du bist schuld, es ist deine Schuld; **han er uden ~** er ist schuldlos, ihn trifft keine Schuld; **for din ~** deinetwegen, um deinetwillen; **for min ~ gerne!** meinetwegen!; **for himlens ~!** um Himmels willen!; **for en gangs ~** dieses eine Mal; **for en ordens ~** ordnungshalber; **for den sags ~** im Grunde (genommen); **for sjovs ~** spaßeshalber; **~betynget** ['sgylbetɒŋ?əð] schuldbeladen; **~bevidst** ['sgylbevesd] schuldbewusst

skylde ['sgyla] ⟨-te⟩ schulden, schuldig sein; fig a verdanken; **~ én tak** j-m Dank schulden; **det ~r jeg mig selv** das bin ich mir selbst schuldig

skyldes ['sgyləs] ⟨impf skyldtes⟩ herrühren von, zurückzuführen sein auf; **det ~ en misforståelse** das beruht auf e-m Missverständnis; **det ~ hende, at ...** es ...

ist ihr zu verdanken, dass ...

skyld|fri ['sgylfʀi:?] schuldlos, unschuldig; schuldenfrei; **~følelse** [-fø:ləlsa] Schuldgefühl n

skyldig ['sgyldi] schuldig; **den ~e** der (od die) Schuldige; **gøre sig ~ i ngt** sich (D) etw zuschulden kommen lassen, etw verüben; **kende én ~** JUR j-n schuldigsprechen; **~hed** [-he:ð?] ⟨-en; -er⟩ Schuldigkeit f

skyldner ['sgylnɒʀ] ⟨-en; -e⟩ Schuldner m

skylds|bevidst ['sgyl?sbevesd] → **skyldbevidst**; **~følelse** [-fø:ləlsa] → **skyldfølelse**

skyld|(s)spørgsmål ['sgyl?(s)sbœʀsmɔ:?l] Schuldfrage f; **~sætte** ['sgylsɛda] (steuerlich) veranlagen

skylight ['sgailaið] ⟨-et; -er⟩ NAUT Deckfenster n, Oberlicht n

skylle¹ ['sgøla] ⟨-n; -r⟩ Regenguss m; Schwall m; **få en ~** fig ausgeschimpft werden, F eins auf den Deckel kriegen

skylle² ['sgøla] spülen, strömen, schütten; **~ munden** den Mund ausspülen; **~ efter** nachspülen; **~ i sig, ~ ned** Bier hinunterstürzen, hinuntergießen; **det ~r ned** es gießt; **~ ind over** überfluten; **~ op** anschwemmen; **~ ud** WC: spülen; **~ væk** wegspülen, fortschwemmen

skylle|middel ['sgølamiðəl?] Weichspüler m; **~skål** [-sgɔ:?l] Fingerschale f

skylning ['sgølnen] ⟨-en; -er⟩ Spülung f, (Aus)Spülen n

skylregn ['sgølʀai?n] Gussregen m, Platzregen m; **~e** [-ʀaina] in Strömen gießen

skynde¹ ['sgøna] ⟨-ede⟩ **~ på** (zur Eile) antreiben, drängen

skynde² ['sgøna] ⟨-te⟩ **~ sig** sich beeilen, F schnell machen; **skynd dig!** mach schnell!, beeile dich!; **~ sig hjem** nach Hause eilen

skynding ['sgønen] ⟨-en⟩ Eile f

skyndsom ['sgønsɒm?] eilig, schnell; schleunig; **~st** schleunigst, eilends

sky|pumpe ['sgypomba] Windhose f; **~skraber** [-sgʀa:bɒʀ] ⟨-en; -e⟩ Wolkenkratzer m

skysovs ['sgysɔu?s] Bratensauce f

skyts [sgøds] ⟨-et⟩ Geschütz n (a fig)

skyts|engel ['sgødsɛŋəl] Schutzengel m; **~helgen** [-heljən] Schutzheilige(r) m; **~patron** [-pa'tʀo:?n] Schutzpatron m

skytte ['sgøda] ⟨-n; -r⟩ Schütze m, Jäger m; **~ a skyttel**; **~forening** [-fɔʀ'e:?nen] Schützenverein m; **~grav** [-gʀɑ:?v] MIL Schützengraben m; **~gravskrig** [-gʀɑ:vskri:?] Stellungskrieg m

skyttel ['sgødəl] ⟨skyt(te)len; skytler⟩ (Weber)Schiffchen n

skæbne ['sge:bnə] ⟨-n; -r⟩ Schicksal n; Verhängnis n, Geschick n; **tak, ~!** da haben wir die Bescherung (fig F den Salat)!, F auweia!, F au Backe!; **~bestemt** [-be-'sdem?d] schicksalhaft; **~fællesskab** [-fel?əssga:?b] Schicksalsgemeinschaft f; **~gudinde** [-guð'enə] Schicksalsgöttin f; **~svanger** [-svaŋ?ər], **~tung** [-toŋ?] schicksalsschwanger, verhängnisvoll

skæfte ['sgefdə] ⟨-t; -r⟩ Schaft m, Kolben m

skæg¹ [sge:?g] ⟨et⟩ Spaß m, Jux m, Faxen pl; F Ärger m; **det var bare for ~s skyld** das war nur zum Spaß

skæg² [sge:?g] ⟨-get; -⟩ Bart m; **smile i ~get** sich ins Fäustchen lachen, schmunzeln; **lade ~get stå** sich den Bart wachsen lassen

skæg³ [sge:?g] lustig, spaßig, witzig, ulkig (a fig); **det var ~(t)** a das hat Spaß gemacht

skæg|abe ['sge:ga:bə] F bärtige(r) Mann m; **~get** ['sge:gəð] bärtig; unrasiert; **~hår** [-hɔ:?ʀ] Bartflechte f; **~pest** [-pesd] MED Bartflechte f; **~stubbe** [-sdubə] pl Bartstoppeln f/pl; **~vækst** [-vegsd] Bartwuchs m

skæl [sgel?] ⟨-let; -⟩ Schuppe f; ~ pl a (Haar)Schuppen f/pl

skælde ['sgelə] schelten, schimpfen; keifen; **~ én ud** j-n ausschimpfen; **~ én huden fuld** fig F j-m den Kopf waschen; **~ og smælde** wie ein Rohrspatz schimpfen

skældsord ['sgel?so:?ʀ] Schimpfwort n

skældud [sgel'uð?] ⟨-en; -⟩: **få ~** Schelte bekommen, zusammengestaucht werden

skælle ['sgelə] schuppen; **~t** [-ð] schuppig

skælm [sgel?m] ⟨-en; -e od -er⟩ Schelm m, Schalk m, Spitzbube m

skælmsk [sgel?msg] schelmisch, schalkhaft; verschmitzt, spitzbübisch

skælve ['sgelvə] ⟨-ede od skjalv; skælvet⟩ zittern (**af kulde** vor Kälte), beben

skæmme ['sgemə] entstellen, verunzieren, verunstalten; **~ sig** abmagern, schlecht aussehen, fig abbauen

skæmt [sgem?d] ⟨-en⟩ Scherz m, Spaß m

skæmte ['sgemdə] scherzen, spaßen; **det er ikke til at ~ med** damit ist nicht zu spaßen; **~vise** [-vi:sə] Scherzlied n

skæmtsom ['sgemdsɔm?] scherzhaft, spaßig

skænd [sgen?] pl Schelte f; **få ~** Schelte bekommen

skænde¹ ['sgenə] schänden; entweihen, entehren; **~ og brænde** sengen und brennen

skænde² ['sgenə] ⟨-te⟩ schimpfen, schelten; **~ på én** j-n ausschimpfen

skænde|ri ['sgenə'ʀi:?] ⟨-et; -er⟩ Streit m, Zank m; **~s** ['sgenəs] ⟨impf skændtes⟩ sich streiten; **være oppe at ~** sich streiten (od zanken)

skændig ['sgendi] schändlich

skændsel ['sgen?səl] ⟨skænds(e)len; skændsler⟩ Schande f, Schmach f; **skam og ~** Schmach und Schande

skændsels|dåd ['sgen?səlsdɔ:?ð], **~gerning** [-gɛʀnəŋ] Schandtat f

skænk [sgɛŋ?g] ⟨-en; -e⟩ Büffet n, Anrichte f; Tresen m, Schanktisch m; Trunk m, Drink m, F Gläschen n

skænke ['sgɛŋgə] einschenken; schenken, stiften; **~ for én** j-m einschenken; **det har jeg ikke ~t en tanke** daran habe ich gar nicht gedacht; **~prop** [-pʀɔb] Gießkorken m; **~stue** [-sdu:ə] Schankstube f, Gaststube f

skæppe¹ ['sgebə] ⟨-n; -r⟩ Scheffel m (altes Hohl- und Flächenmaß); **måle én ~n fuld** F j-m die Leviten lesen; **sætte sit lys under en ~** sein Licht unter den Scheffel stellen

skæppe² ['sgebə]: **det ~r godt** F das bringt was (ein), das schlägt zu Buche

skæppe|god ['sgebəgo:?], **~skøn** [-sgøn?] F toll, irre, umwerfend

skær¹ [sge:?ʀ] ⟨-et; -⟩ Schneide f, (Pflug)Schar f, n; Klippe f (a fig), Riff n, Schäre f; Schein m, Schimmer m; **klare ~ene** fig e-e Klippe umschiffen, F über die Runden kommen

skær² [sge:?ʀ] rein, zart; Fleisch: schier; **af ren og ~ misundelse** aus lauter Neid

skærbar ['sgɛʀba:?ʀ] schneidbar, leicht zu schneiden

skære ['sgɛ:ʀə] ⟨skar; skåret⟩ schneiden; **~ hinanden** GEOM sich schneiden; **hvordan skær' den?** F wie geht's?; **~ ansigter** fig Gesichter/F Fratzen schneiden; **~ brød** Brot schneiden; **~ tænder** mit den Zähnen knirschen; **~ tørv** Torf stechen; **~ af** abschneiden; **~ for** vorschneiden, vorlegen, tranchieren; **~ sig i fingeren** sich in den Finger schneiden; **det ~r mig i hjertet** es schneidet mir ins Herz; **~ itu** zerschneiden; **~ ned** Löhne kürzen; **dér blev du skåret ned!** F da hat man es dir aber gegeben!; **~ op** aufschneiden; **~ over** durchschneiden; **~ sig på en kniv**

sich an e-m Messer schneiden; ~ **sammen med én** F aneinandergeraten; ~ **til** zuschneiden; ~ **ud** ausschneiden; schnitzen; **~nde** schneidend

skære|brænder ['sgɛːrəbrɛnɐr] Schneidbrenner m; **~bræt** [-ˌbrɛd] Schneidebrett n; **~fast** [-fasd] schnittfest

skærf [sgɛrf] ⟨-et; -⟩ Schärpe f

skærgård ['sgɛrɡɔːˀr] Schären f/pl, Schärenküste f

skærings|dag ['sgɛːreŋsdaˀ] Stichtag m; **~punkt** [-poŋˀd] Schnittpunkt m

skærm [sgɛrˀm] ⟨-en; -e⟩ Schirm m; Bildschirm m; Schutzwand f; BOT Dolde f; Fahrrad: Schutzblech n; Auto: Kotflügel m

skærm|bræt ['sgɛrˀmbrɛd] ⟨-tet; -ter⟩ spanische Wand f, Paravent n; fig Schutz m, Deckmantel m; **~e** ['sgɛrmə] schützen, schirmen (vor D); **~terminal** ['-tɛrmiˈnaːˀl] EDV: Bildschirmterminal n; **~trold** [-ˌtrɔlˀ] F etwa: Fernsehliebling m

skærpe[^1] ['sgɛrbə] ⟨-n; -r⟩ Schneide f

skærpe[^2] ['sgɛrbə] schärfen; verschärfen; Appetit anregen, **~nde omstændigheder** erschwerende Umstände pl

skærsild ['sgɛːrsilˀ] Fegefeuer n; fig Hölle f; Flut f

skærsli|ber, ~pper [sgɛrˈsliːbɐr] ⟨-en; -e⟩ Scherenschleifer m

skær|sommer [sgɛrˈsʌmɐr] Vorsommer m, Mittsommer m; **~torsdag** [-ˈtɔːˀrsda] Gründonnerstag m

skærv [sgɛrˀv] ⟨-en⟩ Scherflein n (a fig); Keramikerzeugnis: Scherben m

skærve|belægning ['sgɛrvəbeˌlɛŋneŋ] Schotterung f, Schotterdecke f; **~knuser** [-knuːsɐr] ⟨-en; -e⟩ Fahrrad, Auto: F Drahtesel m, F Klapperkasten m

skærver ['sgɛrvɐr] pl Schotter m, Steinschlag m; **belægge med ~** schottern

skæv [sgɛːˀv] schief; **gå ~t** fig schiefgehen; **se ~t til** én j-n scheel/schief ansehen; **gå sin ~e gang** F s-n Gang gehen; ~ **helligdag** Feiertag m, der nicht auf e-n Sonntag fällt; **~e øjne** pl Schlitzaugen n/pl; **~benet** ['sgɛːˀbeːˀnəð] krummbeinig; **det er slet ikke så ~ ...** das ist gar nicht so dumm

skæve ['sgɛːvə]: ~ **til én** j-n scheel/schief ansehen; j-n verstohlen anblicken; ~ **til ngt.** nach etw schielen

skæv|hed ['sgɛːvheːˀð] ⟨-en; -er⟩ Schiefheit f, Schiefe f; F Missverhältnis n; **~ryg-get** [-ˌrøɡɡɔð] buck(e)lig, verwachsen; **~vinklet** [-veŋˀɡləð] schiefwinklig; **~øjet** [-ˌɔjəð] schlitzäugig

skød[^1] [sgøð] ⟨-et; -⟩ Schoß m; **lægge hænderne i ~et** fig die Hände in den Schoß legen

skød[^2] [sgøð, sgøːˀð] ⟨-et; -er⟩ Kleidung: Schoß m, Schößchen n

skød[^3] ['sgøːˀð] → **skyde**

skøde[^1] ['sgøːðə] ⟨-t; -r⟩ JUR Übertragungsurkunde f, Kaufvertrag m → **skød**[^2]

skøde[^2] ['sgøːðə]: ~ **ngt. til én** j-m etw urkundlich übertragen

skøde|barn ['sgøːðəbɑˌˀrn] Schoßkind n; **~hund** [-hunˀ] Schoßhund m; **~skind** [-sgenˀ] → **skødskind**

skødesløs ['sgøːðəsˌløˀs] (nach)lässig, fahrlässig; salopp; **være ~ med ngt.** etw vernachlässigen

skødesynd ['sgøːðəsønˀ] (besondere) Schwäche f, Untugend f, Hauptlaster m

skødskind ['sgøðsgenˀ] Schurzfell n, Lederschurz m

skoge ['sgoːˀ(j)ə] ⟨-n; -r⟩ Hure f

skøjte ['sgʌidə] ⟨-n; -r⟩ Schlittschuh m; **løbe på ~r** Schlittschuh laufen; **~bane** [-baːnə] Eisbahn f; **~løb** [-løˀb] Eislauf m, Schlittschuhlaufen n; **~løber** [-løːbɐr] Schlittschuhläufer m

skøn[^1] [sgœnˀ] ⟨-net; -⟩ Ermessen n, (Ein)Schätzung f, Urteil n; Gutachten n, Begutachtung f; **efter mit ~** meines Erachtens (Abk. m. E.); **danne sig et ~ over ngt.** sich über etw ein Urteil bilden

skøn[^2] [sgœnˀ] schön; herrlich; **en ~ne dag** e-s schönen Tages; **i ~ forening** in schönster Eintracht

skønhed ['sgœnheːˀð] ⟨-en; -er⟩ Schönheit f

skønheds|dronning ['sgœnheðsˌdrɔneŋ] Schönheitskönigin f; **~fejl** [-faiˀl] Schönheitsfehler m; **~klinik** [-kliˈniɡˀ] Kosmetiksalon m; **~konkurrence** [-kʌŋkuˈraŋsə] Schönheitswettbewerb m; **~plet** [-pled] Schönheitsfleck m; Salon [-saˈlʌŋ] Kosmetiksalon m; **~sans** [-sanˀs] Schönheitssinn m

skønhedsåbenbaring ['sgœnheðsɔːbənˌbaːˀren]: **hun er en ren ~!** sie ist e-e wahre Schönheit!

skøn|jomfru [sgœnˈjʌmfru] poet, F scherzh Schöne f (Frau); **~litteratur** ['-lidəraˀtuˀr] Belletristik f; **~litterær** ['-lidəˈrɛːˀr] belletristisch, schöngeistig

skønne ['sgœnə] (be)urteilen, ermessen, abschätzen; **så vidt jeg kan ~** soweit ich es beurteilen (od einschätzen) kann, meines Erachtens; ~ **på ngt.** etw anerkennen, würdigen, zu schätzen wissen

skøns|forretning ['sgœnsfɔˀrɛdneŋ]

JUR Besichtigung *f*, Abschätzung *f*; Begutachtung *f*

skøns|mand ['sgœn̉ˀsman̉ˀ] Gutachter *m*, Sachverständige(r) *m*; **~mæssig** [-mɛsi] gutachtlich; schätzungsweise

skønsom ['sgœnsɔm̉ˀ] verständig, klug; erkenntlich

skøns|sag ['sgœn̉ˀssaːˀ] ⟨*en*⟩ Ansichtssache *f*, Ermessensfrage *f*; **~vis** [-viːˀs] schätzungsweise

skønt [sgœn̉ˀd] obgleich, obwohl

skønånd ['sgœnɔn̉ˀ] Schöngeist *m*

skør [sgøːˀʁ] zerbrechlich, spröde, brüchig, mürbe, morsch; *fig* F verrückt

skørbug ['sgøʁbuːˀ] ⟨*-en*⟩ MED Skorbut *m*

skørhovedet ['sgøʁhoːˀðəd] F übergeschnappt, verrückt

skørlevned ['sgøʁleˀunɔð] BIBL wüste(s) Leben *n*, Hurerei *f*

skørne ['sgøʁnə] morsch werden, mürbe werden, bröck(e)lig werden

skørt [sgøʁd] ⟨*-et; -er*⟩ Rock *m*, Unterrock *m*, Röckchen *n*; *fig* F Schürze *f*; **hænge i sin moders ~er** der Mutter am Rockzipfel (*od* an der Schürze) hängen

skørte|jæger ['sgœʁdəjɛːˀəʁ] Schürzenjäger *m*; **~regimente** [-ʁɛgiˀmɛndə] Weiberregiment *n*

skøtte ['sgøðə]: **~ sig selv** sich um *s-e* eigenen Angelegenheiten kümmern; **lade én ~ sig selv** *j-n* gewähren lassen; **ikke ~ om ngt.** → **bryde sig om**; **~ sit arbejde** *s-r* Arbeit nachgehen

skål¹ [sgɔːˀl] ⟨*-en; -e*⟩ Schale *f*, Schüssel *f*, Napf *m*

skål² [sgɔːˀl] ⟨*en; -er*⟩ Toast *m*, Trinkspruch *m*; **udbringe en ~ for én** *e-n* Toast auf *j-n* ausbringen; **drikke en ~** auf *j-s* Gesundheit (*od* Wohl) trinken; **Deres ~!** auf Ihr Wohl!; **~!** prost!, zum Wohl!, Wohlsein!

skåle ['sgɔːlə] anstoßen (*auf j-s Wohl*); **~ med én** *j-m* zutrinken (*od* zuprosten)

skål|formet ['sgɔːlfɔːˀʁməð] schalenförmig; **~frugter** [-fʁɔgdəʁ] *pl* Schalenobst *n*

skålfuld ['sgɔːlful̉ˀ] ⟨*-en; -e*⟩ **en ~** *e-e* Schale voll

skåltale ['sgɔːltaːlə] Trinkspruch *m*

skålvægt ['sgɔːlvɛgd] Balkenwaage *f*

skåne ['sgɔːnə] schonen (*sig* sich); **~ én for ngt.** *j-n* mit etw verschonen

Skåne ['sgɔːnə] GEOGR Schonen *n*

skåne|betræk [-be'tʁɛg] Schonbezug *m*; **~koot** [-kɔsd] Schonkost *f*; **~vask** [-vasg] Schonwaschgang *m*

skånsel ['sgɔːˀnsəl] ⟨*skåns(e)len*⟩ Schonung *f*, Nachsicht *f*; **uden ~**, **~sløs** [-sløːˀs] schonungslos, unerbittlich

skånsom ['sgɔːnsɔm̉ˀ] schonend, behutsam

skår [sgɔːˀʁ] ⟨*-et; -*⟩ Scherbe *f*; Scharte *f*; Schnitt *m*; Kerbe *f*; **gøre ~ i ngt.** *fig* *e-r* Sache (D) Abbruch tun, etw schmälern; F **der går ikke ngt. ~ af dig, hvis ...** du wirst dir keinen Zacken aus der Krone brechen, wenn ...

skåret¹ ['sgɔːʁəð] schartig, rissig, angeschlagen

skåret² ['sgɔːʁəð] → **skære**

slabbera(d)s [slabəˀʁɑːˀs] ⟨*-en; -er*⟩ F Gesöff *n*, Brühe *f*; Kaffeeklatsch *m*

slacks [slags] *pl* lange Damenhose *f*

sladder ['slaðˀəʁ] ⟨*en*⟩ Klatsch *m*, Tratsch *m*; Geschwätz *n*; **løbe** (*od* **rende**) **med ~** Klatsch verbreiten

sladder|agtig [slaðəʁˀagdi] klatschhaft; **~hank** ['-haŋˀə] F Klatschmaul *n*; Schülerjargon: Petze *f*; **~kælling** ['-kɛleŋ] **~taske** ['-tasgə] F Klatschweib *n*; **~vorn** ['-vɔːˀʁn] klatschsüchtig

sladre ['slaðʁə] schwatzen; klatschen, tratschen; petzen; **~ af skole** aus der Schule plaudern; **sladre-** → **sladder-**

slag [sla:ˀ] ⟨*-et; -*⟩ Schlag *m* (*a fig*); Streich *m*, Hieb *m*; MIL Schlacht *f*; Umhang *m*; et **~ kort** *e-e* Partie Karten; **have frit ~** *fig* freie Hand/freie Auswahl haben; **slå et ~ for ngt.** sich für etw einsetzen; **slå et ~ ind mod byen** *e-n* (kleinen) Stadtbummel machen; **~ i ~** Schlag auf Schlag; **på ~et tolv** Schlag/Punkt zwölf; **små ~!** langsam!, immer mit der Ruhe!; **være stor i ~et** ['slɑːˀəð] F *e-e* große Klappe haben, angeben; große Töne; **et ~ i luften** *fig* ein Schlag *m* ins Wasser

slag|bor ['slɑːbo:ˀʁ] Schlagbohrer *m*; **~bænk** [-bɛŋˀ] F Klappbank *f*, Schlafbank *f*

slagen ['slaː(j)ən] geschlagen (*a fig*); **følge den slagne landevej** F im alten Schlendrian (*od* Trott) bleiben; unbeirrt *s-n* Weg gehen

slager ['slaː(j)əʁ] ⟨*-en; -e*⟩ MUS Schlager *m*

slag|fast ['slɑːfasd] schlagfest; **~færdig** [-'fɛːˀdi] schlagfertig

slagge ['slagə] ⟨*-n; -r*⟩ Schlacke *f*

slag|instrument ['sluˀensdʁuˀmen̉ˀd] MUS Schlaginstrument *n*; **~kraft** [-kʁɑfd] *fig* Schlagkraft *f*; **~kraftig** [-kʁɑfdi] schlagkräftig; **~mark** [-mɑʁg] Schlachtfeld *n*; **~ord** [-oːˀʁ] Schlagwort *n*; **~plan** [-plɑːˀn] MIL Schlachtplan *m* (*a fig*);

~regn [-ʀɑiˀn] Platzregen m

slags [slags] ⟨-en; -⟩ Art f, Sorte f, Schlag m; alle ~ allerlei; mange ~ vielerlei; to ~ zweierlei; i al ~ vejr bei jedem Wetter

slagsang ['slaŭsɑŋˀ] Kampflied n

slagsbro(de)r ['slaŭsbʀoːʀ] Raufbold m

slag|side ['slaŭsiːðə] Schlagseite f (a fig); ~skib [-sgiːˀb] Schlachtschiff n; ~skygge [-sgygə] Schlagschatten m; fig Schatten m

slagsmål ['slaŭsmɔˀl] Schlägerei f, Prügelei f

slagstyrke ['slaŭsdyʀgə] MIL Streitmacht f, Kampfstärke f

slagte ['slagdə] schlachten; fig herunterwirtschaften; ~bænk [-beŋˀg] Schlachtbank f (a fig); ~hus [-huːˀs] Schlachthaus n; ~kvæg [-kvɛːˀ(j)] Schlachtvieh n

slagter ['slagdɐʀ] ⟨-en; -e⟩ Fleischer m, Schlachter m, Metzger m; ~butik [-buˀtig] Fleischerladen m; ~bænk → slagtebænk; ~forretning [-fɔˀʀedneŋ] Fleischerei f

slagterhorn ['slagdɐʀhunˀ]: fræk som en ~ Γ frech wie ein Rohrspatz, frech wie Oskar

slagteri [slagdɐˀʀiˀ] ⟨-et; -er⟩ Schlachthof m; Fleischerei f; ~udsalg [-ˀʀiuðsalˀ(j)] Fleisch(erei)abteilung f; Fleischerladen m

slagterkniv ['slagdɐʀkniˀv] Fleischermesser n

slagtilfælde ['slaŭtelfɛlˀə] Schlaganfall m; fig F Schlag m

slagt|ning ['slagdneŋ] ⟨-en; -er⟩ Schlachten n, Schlachtung f; fig Ausschlachtung f, Raubbau m; ~offer [-ˀɔfɐʀ] REL Schlachtopfer n

slag|tøj ['slaŭtɔiˀ] Orchester: Schlagzeug n; ~tøjsspiller [-sbelɐʀ] Schlagzeuger m

slag|vare ['slaŭvɑːʀə] Preisschlager m; ~værk [-vɛʀg] Uhr: Schlagwerk n

slam [slamˀ] ⟨-men od -met⟩ Schlamm m; ~bad ['slambað] MED Schlammbad n, Moorbad n

slambert ['slamˀbɐʀd] ⟨-en; -er⟩ F Lümmel m, Bengel m, Lausejunge m

slambrønd ['slambʀœnˀ] Senkgrube f, Klärbecken n

slang [slaːŋ] ⟨-en od -et⟩ Slang m

slange¹ ['slaŋə] ZO Schlange f (a fig); TECH Schlauch m

slange² ['slaŋə]: ~ sig sich aalen/rekeln

slange|agurk ['slaŋəˀguʀg] Salatgurke f; ~bid [-bið] Schlangenbiss m; ~krøller [-kʀœlɐʀ] pl Korkenzieherlocken f|pl; ~løs [-løˀs] Reifen: schlauchlos; ~men-

neske [-mɛnəsgə] Schlangenmensch m; ~skind [-sgenˀ] Schlangenhaut f; Schlangenleder n; ~tæmmer [-tɛmɐʀ] ⟨-en; -e⟩ Schlangenbeschwörer m

slank [slaŋˀg] schlank; passe på den ~e linie auf die schlanke Linie achten

slanke ['slaŋgə] schlank machen; det ~r, det virker ~nde das macht schlank; hun har ~t sig sie ist schlanker geworden; ~kur [-kuːˀʀ] Schlankheitskur f

slant [slanˀd] ⟨-en; -er⟩ F Groschen m, Moos n; et par usle ~er F ein paar lumpige Groschen/Kröten

slap¹ [slab] → slippe²

slap² [slab] schlaff; schlapp, lasch; Moral: locker, lax

slappe ['slabə] lockern, entspannen; ~ af sich entspannen, ausspannen; ~s erschlaffen, nachlassen, sich lockern (a fig)

slapsvans ['slabsvanˀs] ⟨-en; -e⟩ F Schlappschwanz m

slaraffenland [slaˀʀɑfənlanˀ] ⟨et⟩ Schlaraffenland n

slaske ['slasgə] schlottern; ~t [-ð] schlott(e)rig; schwabbelig

slat [slad] ⟨-ten; -ter⟩ F Schluck m, Tropfen m; (kleine(r)) Rest m

slatten ['sladən] schlaff, schlott(e)rig

slave¹ ['slaːvə] ⟨-n; -r⟩ Sklave m (a fig)

slave² ['slaːvə] F schuften

slave|anstalt ['slaːvɑɑnsdalˀd] F Schule: Penne f; Arbeitsplatz: Knochenmühle f; ~arbejde [-ɑʀbaiˀdə] Sklavenarbeit f (a fig); ~binde [-benˀə] versklaven (a fig)

slavehandel ['slaːvəhanˀəl] Sklavenhandel m; hvid ~ Mädchenhandel m

slave|handler ['slaːvəhanlɐʀ] ⟨-en; -e⟩ Sklavenhändler m; ~liv [-liːˀv] Sklavendasein n

slaver ['slaːˀvɐʀ] ⟨-en; -e od -⟩ Slawe m, Slawin f

slave|ri [slaːvɐˀʀiˀ] ⟨-et⟩ Sklaverei f; ~sjæl [-ˀsjɛːˀl] Sklavenseele f, Kriecher m; ~tilværelse ['-telvɛːˀʀəlsə] Sklavendasein n

slavinde [slaːvˀenə] ⟨-n; -r⟩ Sklavin f

slavisk [slaːˀvisg] sklavisch (a fig); slawisch

slavis|t [slaˀvisd] ⟨-en; -er⟩ Slawist m; ~tik [-viˀsdig] ⟨-ken⟩ Slawistik f

sleb [sleːˀb] → slibe; ~en ['sleːbən] geschliffen (a fig); ~et [-sleːbəð] → slibe

sled [sleːˀð] → slide

sleepingpartner ['sliːpeŋpɑʀdnɐʀ] ØKON stille(r) Teilhaber m

slem¹ [slemˀ] ⟨-men; -mer od -⟩ Karten: Schlemm m

slem² [slɛmˀ] schlimm, schlecht, übel, böse; **han er en ~ én** F er ist ein ganz Schlimmer; **han er ~ til at bande** er flucht furchtbar viel

slendrian [ˈslɛnˀdrian] ⟨-en⟩ Schlendrian *m*

slentre [ˈslɛndrə] schlendern, bummeln

slesk [slɛˀsg] unterwürfig, kriecherisch, schmeichlerisch; F scheißfreundlich; *fig* schleimig

sleske [ˈslɛsgə] ~ **for én** um *j-n* herumscharwenzeln, katzbuckeln, *j-m* um den Bart gehen

Slesvig [ˈslɛːˀsvi] Schleswig *n*

slet [slɛd] schlecht, böse; **~ og ret** schlichtweg, einfach; **~ ikke** gar nicht; **~ ingen** gar keiner; **~ intet** gar nichts; **ikke ~ så klog som …** nicht ganz so klug wie …

slet-og-ret-tast [slɛdˀˈrɛdtasd] *Schreibmaschine*: Lösch-, Korrekturtaste *f*

slette¹ [ˈslɛdə] ⟨-n; -r⟩ Ebene *f*

slette² [ˈslɛdə] löschen, streichen, tilgen; ~ **ud** (aus)streichen, auslöschen, wegwischen

slette|bo [ˈslɛdəboːˀ] ⟨-en; -er⟩ Flachländer *m*; **~land** [-lanˀ] Ebene *f*, Flachland *n*, Tiefland *n*

slev [slɛːˀv] ⟨-en; -e⟩ (Schöpf)Kelle *f*, Kochlöffel *m*

slibe [ˈsliːbə] ⟨*sleb, slebet*⟩ schleifen (*a fig*), schärfen; → **sleben**; ~ **af** abschleifen; **~ri** [-ˈriˀ] ⟨-et; -er⟩ Schleiferei *f*; **~sten** [-sdeːˀn] Schleifstein *m*

slibning [ˈsliːbneŋ] ⟨-en; -er⟩ Schliff *m*, Schleifen *n*, Schärfen *n*

slibrig [ˈsliːbri] schlüpfrig (*a fig*)

slid [sliðˀ] ⟨-det⟩ Abnutzung *f*, Verschleiß *m*; Schufterei *f*; ~ **og slæb** F Plackerei *f*, Mühe *f*; **~bane** [-ˈbaːnə] *Reifen*: Lauffläche *f*; **~bånd** [-ˀbɔnˀ] *Hose*: Stoß(band) *m(n)*

sliddersladder [ˈsliðˀərslaðˀər] ⟨-en *od* -et⟩ Larifari *n*, Unsinn *m*; **~!** Quatsch!, papperlapapp!

slide [ˈsliːðə] ⟨*sled; slidt*⟩ *v/t* abnutzen, abtragen; zerren, reißen (*i*/an *D*); ~ **sig løs** sich losreißen, ~ **op** auftragen, verschleißen; **slidt** abgenutzt, abgetragen; *v/i* hart arbeiten, schuften, *fig* ackern; ~ **og slæbe** ackern, schuften; ~ **i det** hart arbeiten, sich abmühen; ~ **sig op** sich abarbeiten, sich abrackern; ~ **s** sich abnutzen; **~r** [-ˀr] ⟨-en; -e⟩ Streber *m*, Büffler *m*, F *fig* Arbeitstier *n*

slid|fast [ˈsliðˀfasd] strapazierfähig; **~gigt** [-ˀgigd] MED Arthrose *f*

slids [slis] ⟨-en; -er⟩ Schlitz *m*; **~e** [ˈ-ə]

schlitzen; **~t op** *Rock* hochgeschlitzt

slid|som [ˈsliðˀsɔmˀ] mühevoll; **~styrke** [-sdyrgə] Strapazierfähigkeit *f*; **~stærk** [-sdɛrg] strapazierfähig; **~t** [slid] → **slide**

Slien [ˈsliːˀən] GEOGR die Schlei (*Ostseeförde*)

slig [sliˀ] *lit* dergestalt, derart, so; → **sådan**

slik¹ [sleg] ⟨-ken⟩ GEOL Schlick *m*

slik² [sleg] ⟨en⟩: **for en ~** für ein Butterbrot, spottbillig

slik³ [sleg] ⟨-ket⟩ Süßigkeiten *f/pl*

slikasparges [ˈslegaˈsbaːˀrs] Stangenspargel *m*

slikke [ˈslegə] lecken, schlecken; naschen; *Flammen*: lecken, züngeln; ~ **solskin** sich sonnen; ~ **af** ablecken; ~ **sig om munden** sich die Lippen lecken; ~ **sig om munden efter ngt.** *fig* sich die Finger/Lippen nach *etw* lecken; ~ **på ngt.** *etw* belecken, an *etw* (*D*) lecken; **~t** geleckt (*a fig*)

slikken [ˈslegən] naschhaft; *ikke være særlig ~ efter at gøre ngt.* nicht besonders erpicht/F scharf darauf, eine Sache zu tun

slikke|pind [ˈslegəpenˀ] → **slikpind**; **~pot** [-pɔd] *Kinderspr.* Zeigefinger *m*; **~rier** [-ˈriːˀər] *pl* Süßigkeiten *f/pl*, Naschwerk *n*; **~t** [-ð] → **slikke**

slik|mund [ˈslegmɔnˀ] Leckermaul *n*, Naschkatze *f*; **~pind** [-penˀ] (Dauer)Lutscher *m*; **~porre** [-pɔrə] Poree *m* mit zerlassener Butter

slim [sliːˀm] ⟨-en *od* -et⟩ Schleim *m*; **~et** [ˈsliːməð] schleimig (*a fig*)

slimhinde [ˈsliːmhenə] Schleimhaut *f*; **~afskrab** [-ˀaːusgrɑːˀb] MED Abstrich *m*

slinger [ˈsleŋˀər] ⟨en⟩: **der er ~ i valsen** F *fig* da ist Sand im Getriebe; **der var ingen ~ i valsen** F alles klappte, es lief wie geschmiert; **hun passer sit arbejde uden ~ i valsen** F sie macht ihre Arbeit ohne zu mucksen/exakt

slingre [ˈsleŋrə] schwanken; torkeln, taumeln; NAUT schlingern, rollen; *Auto*: schleudern; **~vorn** [-vɔːˀrn] unsicher, schlotternd; schwankend, wack(e)lig

slip¹ [sleb] ⟨-pen; -per⟩ Papierstreifen *m*

slip² [sleb] ⟨-pet; -⟩ Pause *f*, Lücke *f*

slip³ [sleb]: **give ~ på ngt.** *etw* loslassen; *fig etw* fallen lassen, F *etw* sausen lassen; **giv ~!** lass los!

slipover [sleˀbˈœuˀvər] ⟨-en; -e⟩ Pullunder *m*

slippe¹ [ˈslebə] ⟨-n; -r⟩ Gässchen *n*

slippe² [ˈslebə] ⟨*slap; sluppet*⟩ *v/t* loslassen; gehen lassen, laufen lassen; *fig* fallen lassen; *slip mig!* lass mich los!; *hvor slap vi sidst?* wo sind wir das letzte Mal stehen geblieben?; ~ *én fri* (*od løs*) j-n freilassen (*od* loslassen); ~ *én ind* j-n (her-, hin)einlassen; ~ *ud* hinauslassen; *Dampf ablassen*; *v/i* davonkommen; ~ *af med én* (*ngt.*) j-n (etw) loswerden; ~ *bort* (*od væk*) entkommen; ~ *for ngt.* um etw herumkommen; ~ *fri* (*od løs*) loskommen; ~ *slap* (*fri*) *for det* ich brauchte es nicht zu tun, es blieb mir erspart; ~ *fra sine forfølgere* seine Verfolger abschütteln, den Verfolgern entkommen; ~ *godt fra ngt.* bei e-r Sache gut wegkommen/abschneiden; ~ *fra det med livet* mit dem Leben davonkommen; ~ *igennem* durchkommen; hindurchschlüpfen; ~ *med skrækken* mit dem Schrecken davonkommen; ~ *op* ausgehen, F alle sein; ~ *nemt til ngt.* billig zu e-r Sache kommen; ~ *ud* hinausschlüpfen; entschlüpfen; herauskommen; *nå, dér slap det ud!* aha, daher weht der Wind (*od da liegt der Hund begraben!*); ~ *uden om ngt.* sich vor etw (D) drücken; um etw herumkommen

slippers ['slɛbərs] ⟨-en; -⟩ Pantoffel *m*, Hausschuh *m*

slips [slebs] ⟨-et; -⟩ Schlips *m*, Krawatte *f*; ~*e)nål* ['-(ə)nɒːˀl] Krawattennadel *f*

slisk [slisg] ⟨-en; -er⟩, ~*e* ['-ə] ⟨-n; -r⟩ Rutsche *f*, Laderampe *f*

slitage [sli'taːsjə] ⟨-n; -r⟩ Abnutzung *f*, Verschleiß *m*

slog [sloˑˀ(w)] → *slå²*

slot [slɔd] ⟨-tet; -te⟩ Schloss *n*; *Rosenborg* ~ Schloss Rosenborg

slotsaftapning ['slɔdsɑu̯tabneŋ] Wein: Originalabfüllung *f*

slovak [slo'vag] ⟨-ken; -ker⟩ Slowake *m*, Slowakin *f*

Slovakiet [slova'kiːˀəð] Slowakei *f*

slowmotion ['slœu̯mœu̯sjən] ⟨en⟩ Zeitlupe *f*

slubbert ['slobərd] ⟨-en; -er⟩ Schlingel *m*, Schuft *m*, Lump *m*

slubre ['slobrə] schlürfen; *Schuh:* schlappen; ~ *i sig* einschlürfen, hinunterschlürfen

slud [sluð] ⟨et⟩ Schneeregen *m*

sludder¹ ['sluðˀər] ⟨-en; -e⟩ Plausch *m*, Schwatz *m*; *slå en* ~ *af med én* mit j-m plaudern

sludder² ['sluðˀər] ⟨-et⟩ Unsinn *m*, Quatsch *m*; ~ *og vrøvl!* (so ein) Quatsch!; F *benene slår* ~ *for ham* die Beine versagen ihm den Dienst; *give én en* ~ *for en sladder* F j-m blauen Dunst vormachen

sludfuld ['sluðfulˀ] nasskalt (mit Schneeregen)

sludre ['sluðrə] plaudern, schwatzen; ~*bøtte* [-bøðə], ~*chatol* [-sjaˀtɔl] F Plaudertasche *f*, Schwätzer *m*; Quasselstrippe *f*; ~*hoved* [-hoːðə] F Quatschkopf *m*; ~*vorn* [-vɔːˀrn] geschwätzig

sluge ['sluːə] ⟨-te⟩ (ver)schlucken; *fig* verschlingen; ~ *ngt. råt* etw für bare Münze nehmen, etw blind glauben

slughals ['sluːhalˀs] F Vielfraß *m*, Nimmersatt *m*

slugt [slugd] ⟨-en; -er⟩ Schlucht *f*

slugvorn ['sluːvɔːˀrn] gefräßig

slukke ['slogə] löschen, ausmachen; *fig a* stillen; ~ *for fjernsynet* den Fernseher ausschalten

sluknje ['slognə] erlöschen, verlöschen; ~*ing* ['slogneŋ] ⟨-en⟩ Löschen *n*, Ausmachen *n*, Ausschalten *n*

slukningsapparat ['slogneŋsapaˈrɑːˀd] (Feuer)Löschgerät *n*

slukøret [ˈslogøˀːˀrəð] beschämt, kleinlaut

slum [slom] ⟨-men *od* -met; -⟩, ~*kvarter* [ˈ-kvɑrteːˀr] Slum *m*; Elendsviertel *n*

slummer ['slomˀər] ⟨-en⟩ Schlummer *m*

slump [slomˀb] ⟨-en⟩ Menge *f*, Anzahl *f*; *en god* ~ *penge* ein schöner Batzen (*od* ein Haufen) Geld; *på* ~ aufs Geratewohl, auf gut Glück

slumpe ['slombə] ~ *sig til ngt.* etw durch e-n Glücksfall bekommen

slump(e)træf ['slomb(ə)trɛf] Glücksfall *m*, Glückssache *f*, F Zufallstreffer *m*

slumre ['slomrə] schlummern; ~*nde* schlummernd (*a fig*); ~ *ind* eindösen, einnicken; ~*tæppe* [-tɛbə] kleine (Woll)Decke *f*, Schlafdecke *f*

slumstormer ['slomsdɔrmər] ⟨-en; -e⟩ Instandbesetzer *m*, Hausbesetzer *m*

slunken ['sloŋgən] schlaff, leer; *fig* mager; *Geldbeutel:* schmal

slup [slob] ⟨-pen; -per⟩ NAUT Schaluppe *f*

sluppet ['slobəð] → *slippe²*

slurk [slurg] ⟨-en; -e⟩ Schluck *m*; *i én* ~ in e-m Zug trinken, ohne abzusetzen

sluse¹ ['sluːsə] ⟨-n; -r⟩ Schleuse *f* (*a fig*)

sluse² ['sluːsə] schleusen (*a fig*); ~ *igennem* Schiff durchschleusen; ~ *ind* *fig* einschleusen

sluser ['sluːsər] ⟨-en; -e⟩ Schlepper *m* illegaler Fluchthelfer *m*

slut [slud] Schluss *m*; ~ *med det!* aus!, vorbei!, Schluss damit!; **være ~** aus (od vorbei *od* zu Ende) sein; **til ~** zum Schluss, schließlich; **~beløb** ['be'løʔb] Endbetrag *m*; **~kamp** ['kɑmʔb] SPORT Endkampf *m*, Entscheidungsrunde *f*; **~løn** ['lœnʔ] Endgehalt *n*, Endlohn *m*

slutning ['sludnɛŋ] ⟨*-en*; *-er*⟩ Schluss *m*; Abschluss *m*; (*schluss*)Folgerung *f*; **drage en ~ af ngt.** *e-n* Schluss aus *etw* ziehen; **i ~en af maj** Ende Mai

slutnings|effekt ['sludnɛŋsɛ'fɛgd] Endeffekt *m*; **~ord** [-oːʔʁ] Schlusswort *n*

slut|opgørelse ['sludɔbgœːˀʁɔlsə] Jahresausgleich *m*, Jahresbilanz *f*; **~resultat** ['ʁɛsulta'ʔd] Endergebnis *n*; **~spurt** [-sbuʁ'ʔd] SPORT Endspurt *m*; **~sten** [-sdeːʔn] ARCH Schlussstein *m* (*a fig*); **~sum** [-somʔ] Endsumme *f*

slutte ['sludə] schließen, abschließen, beenden; Schluss machen; aus sein; (*schluss*)folgern; **~ fred** Frieden schließen; **~ kreds** *e-n* Kreis schließen; **~ strømmen** EL den Stromkreis schließen; **~ af** (ab)schließen (*med*/mit *D*); Schluss machen; **deraf kan man ~** ... daraus kann man schließen ...; **~ én i sine arme** *j-n* in *s-e* Arme schließen; **~ op** aufschließen, aufrücken; **~ op om én** geschlossen hinter *j-m* stehen; **~ sig sammen** sich zusammenschließen; **kjolen ~r tæt** das Kleid liegt eng an; **~ sig til et parti** sich *e-r* Partei anschließen; **~ fra sig selv til andre** von sich auf andere schließen; **i ~t trop** geschlossen, in Reih und Glied; **~t selskab** geschlossene Gesellschaft *f*

sluttelig ['sludəli] schließlich, zum Schluss, abschließend

slyng [sløŋʔ] ⟨*-et*; *-er*⟩ *Weg*: Windung *f*

slyngbold ['sløŋbɒlʔd] Schleuderball *m*

slynge¹ ['sløŋə] ⟨*-n*; *-r*⟩ Schlinge *f*; Schleuder *f*, Zwille *f*

slynge² ['sløŋə] schlingen, winden, schlängeln (**sig** sich); schleudern; **~ armene om én** die Arme um *j-n* schlingen

slyngel ['sløŋʔəl] ⟨*slyng(e)len*; *slyngler*⟩ Schlingel *m*; Lümmel *m*; Schurke *m*; **~agtig** [-agdi] schurkisch, niederträchtig; **~stat** [-sda:ʔd] Schurkenstaat *m*; **~streg** [-sdʁɑiʔ] Schurkenstreich *m*; **~stue** [-sdu:ə] *etwa:* Schankstube *f*

slyng|ning ['sløŋnɛn] ⟨*-en*; *-er*⟩ Windung *f*; **~plante** [-plandə] Schlingpflanze *f*, Kletterpflanze *f*

slæb [slɛ:ʔb] ⟨*-et*; *-*⟩ Schleppe *f*; Mühe *f*, Schinderei *f*; **tage på ~** *Auto* abschleppen; **olid og ~** ¹ **slid**

slæbe ['slɛ:bə] ⟨*-te*⟩ schleppen, schleifen;

F schuften; **det ~r lige af** F es geht so (einigermaßen, leidlich); **~ sig af sted** sich fortschleppen; **~ bort** fortschleppen, abschleppen; **~ sig ihjel** sich zu Tode rakkern; **~ på ngt.** an *etw* (*D*) schleppen; **~ på benene**, **benene efter sig** die Füße nachziehen, mit schleppenden Schritten gehen; **~tov** schleppend

slæbe|båd ['slɛ:bɒbɒˀð] Schleppschiff *n*, Schlepper *m*; **~r** [-ʁ] ⟨*-en*; *-e*⟩ NAUT Schlepper *m*; BAHN Güterzug *m*, Bummelzug *m*; *Hausschuh*: Schlappen *m*, Latschen *m*; **~tov** [-tʌu] Schlepptau *n* (*a fig*), Abschleppseil *n*

slæde¹ ['slɛ:ðə] ⟨*-n*; *-r*⟩ Schlitten *m* (*a* TECH); **køre i ~** Schlitten fahren

slæde² ['slɛ:ðə] Schlitten fahren, mit dem Schlitten transportieren

slædefart ['slɛ:ðəfaːʔʁd] Schlittenfahrt *f*

slægt [slɛgd] ⟨*-en*; *-er*⟩ Geschlecht *n*, Sippe *f*; Familie *f*, Verwandtschaft *f*; **de er i ~ med hinanden** sie sind miteinander verwandt

slægte ['slɛgdə]: **~ én på** *j-m* arten

slægt|led ['slɛgdleð] Generation *f*; **~ning** [-nɛŋ] ⟨*-en*; *-e*⟩ Verwandte(r) *m*

slægts|arv ['slɛgdsˀʁv] Familienerbe *n*; **~bog** [-bɒ:ʔw] Familienstammbuch *n*; **~forskning** [-fɒʁsgnɛn] Ahnenforschung *f*; **~gård** [-gɒ:ʔʁ] Erbhof *m*

slægtskab ['slɛgdsgaːʔb] ⟨*-et*; *-er*⟩ Verwandtschaft *f*

slægtskabs|forhold ['slɛgdsgabsfɒʁhɒlʔ] *pl* verwandtschaftliche Beziehungen *pl*; **~følelse** [-fø:ləlsə] Familiensinn *m*

slægts|navn ['slɛgdsnɑuˀn] Familienname *m*; **~tavle** [-tɑulə] Ahnentafel *f*

slække ['slɛgə] NAUT fieren, lockern (*a fig*); **~ på sine krav** *fig s-e* Ansprüche mäßigen/zurückschrauben/zurückstecken

slæmme ['slɛmə] schlämmen; **~kridt** [-kʁid] Schlämmkreide *f*

slæng [slɛŋʔ] ⟨*-et*; *-*⟩ F Bande *f*, Meute *f*; **~e** ['slɛnə] schleudern, werfen; um-, überwerfen; **~ sig** F sich lümmeln; **~kappe** ['slɛŋkɒbə] Umhang *m*

sløj [slɒiʔ] matt, schlapp, unwohl, unpässlich; schlecht, gering; ØKON flau

sløjd [slɒiʔd] ⟨*-en*⟩ Werken *n*, Werkunterricht *m*

sløje ['slɒiə]: **~ af** nachlässig werden; *fig* abbauen; *Patient*: schwächer werden

sløjfe¹ ['slɒifə] ⟨*-n*; *-r*⟩ Schleife *f*; *Weg*: Kehre *f*

sløjfe² ['slɒifə] *abtragen* schleifen; streichen, ausfallen (lassen); einebnen

slør¹ [sløːˀʀ] ⟨-et; -⟩ Schleier m (a fig)

slør² [sløːˀʀ] ⟨-et⟩ Maschine: Spiel n, Spielraum m

sløre [ˈsløːʀə] verschleiern (a fig); MIL tarnen; Maschinenteil: Spielraum haben, F eiern; **~t** [-ð] Blick, Stimme: verschleiert; Bild: verschwommen, unscharf; **slørede æg** pl pochierte Eier pl

sløringsnet [ˈsløːʀeŋsneð] Tarnnetz n

sløse [ˈsløːsə]: **~ bort** Zeit vertrödeln; Geld verschwenden, verplempern; **~ med ngt.** mit etw nachlässig/F schlampig sein, schludern; **~ri** [-ˈʀiːˀ] ⟨-et; -er⟩ Nachlässigkeit f, Schlamperei f; **~t** [-ð] nachlässig, schlud(e)rig, schlampig

sløv [sløˀv] stumpf; stumpfsinnig, träge, teilnahmslos

sløve [ˈsløːvə] stumpf machen; fig abstumpfen; **~s** stumpf werden; fig abstumpfen

sløvsind [ˈsløˑsenˀ] MED Stumpfsinn m

slå¹ [sloːˀ] ⟨-en; -er⟩ Riegel m; **skyde** k.o. (od fertig) sein; **slå ~en for** den Riegel vorschieben; **under lås og ~** unter Schloss und Riegel

slå² [sloːˀ] ⟨slog; slået⟩ schlagen; F hauen; Rasen mähen; **klokken ~r 9** die Uhr schlägt neun; **det slog mig, at …** es fiel mir auf, dass …; **~ græs** Rasen mähen; **~ en knude** e-n Knoten machen; **~ rod** Wurzeln schlagen (a fig); **~ sønder og sammen, i stumper og stykker** kurz und klein schlagen; **~ sig** sich stoßen, sich wehtun; Holz: sich werfen; **~ af** abschlagen; ÖKON vom Preis ablassen; **~ en handel af** e-n Handel abschließen; **~ an** Ton anschlagen; Erfolg haben, F gut ankommen; **~ bagud** Pferd: ausschlagen; fig bockig werden; **~ ngt. efter** etw nachschlagen; **~ fast** Brett anschlagen; fig feststellen; einschärfen; **~ én for penge** F j-n anpumpen; **~ fra** TECH abstellen, ausschalten; **~ fra sig** sich wehren; **~ ngt. hen** fig abwinken; **~ ngt. hen i spøg** etw als Scherz abtun; **~ døren i** die Tür zuwerfen (od zuknallen); **~ i stykker ~ itu**; **~ i vejret** Flammen: emporlodern; **~ igen** zurückschlagen; sich wehren; **~ igennem** Feuchtigkeit: durchschlagen; (durchschlagenden) Erfolg haben, s-n Durchbruch haben; **~ sig igennem** sich durchschlagen; **~ ind** einschlagen (a Lebensweg); Scheibe einwerfen; Krankheit: nach innen schlagen; **~ itu** zerschlagen, F kaputtschlagen; **~ løs på én** auf j-n einschlagen; **~ med nakken** den Kopf in den Nacken werfen; **~ ned** herunterschlagen; zu Boden schlagen; Blitz: einschlagen;

Augen niederschlagen; **~ sig ned** sich niederlassen; **det slog ind i ham, at …** ihm fiel schlagartig ein, dass …; **~ om** Stimmung, Wetter: umschlagen; s-e Meinung ändern; **~ om sig** um sich schlagen; fig um sich werfen (**med**/mit D); **~ op** aufschlagen; Plakat anschlagen; **~ ngt. op** etw nachschlagen; **~ ngt. stort op** fig etw groß aufziehen; **~ op med én** mit j-m Schluss machen; **~ over** überschlagen; überwechseln; **~ på ngt.** fig etw andeuten, auf etw anspielen; **~ på tråden** F TEL anrufen, sich melden; **~ sig sammen** sich zusammentun; **~ til** zuschlagen, losschlagen; Handel: einschlagen, zustimmen; fig eintreffen, sich bestätigen; **pengene ~r til** das Geld reicht (aus); **~ tilbage** zurückschlagen; **~ ud** Zähne ausschlagen; Scheibe einschlagen; Boxen: k.o. schlagen; F fig umhauen, erledigen; **være helt ~et ud** F völlig k.o. (od fertig) sein; **~ende bevis** schlagende(r) Beweis m; **~ende lighed** frappante Ähnlichkeit f; **~et** geschlagen

slåbrok [ˈsloːbʀɔg] ⟨-ken; -ker⟩ Morgenrock m

slåen [ˈsloːˀən] ⟨-en; -⟩ BOT Schlehe f; **~busk** [-busg] Schlehbusch m, Schlehdorn m; **~bær** [-bɛʀ] Frucht: Schlehe f

slå|fejl [ˈsloːˀfɑjˀl] Tippfehler m; **~maskine** [ˈ-maˈsgiːnə] Rasenmäher m

slå om-nederdel [sloˀɔmˀneːðɔʀdeˀl] Wickelrock m

slås [sloːs] ⟨impf sloges⟩: (**være oppe at**) ~ sich schlagen, sich raufen; sich bekriegen, F sich in den Haaren liegen; **~ med et problem** sich mit e-m Problem herumschlagen

slåskamp [ˈsloːskɑmˀ] Schlägerei f

smadder [ˈsmaðˀəʀ] ⟨-et⟩ F Ärger m, Schwierigkeiten pl; Schmadder m; Schlamm m; **gå i ~** kaputtgehen, **slå i ~ → smadre**; **køre en bil i ~** ein Auto zu Schrott fahren; **have ~ med ngt.** mit etw Ärger (od Scherereien) haben; **~fuld** [-fulˀ] F gepfropft voll; sternhagelvoll; **~god** [-goːˀ] F wahnsinnig gut; **~kasse** [-kasə] F Haus, Auto: alte(r) Kasten m

smadre [ˈsmaðʀə] zerschmettern, zerschlagen, einschlagen; **~kasse → smadderkasse**

smag [smaˀ] ⟨-en; -e⟩ Geschmack m (a fig); **have en god (dårlig) ~** fig e-n guten (schlechten) Geschmack haben; **uden ~** geschmacklos; **~ og behag!** über Geschmack lässt sich nicht streiten

smage [ˈsmaˑjə] ⟨-te⟩ v/t schmecken,

S

kosten; *v/i* schmecken, *lit* munden (*D*); ~ **på ngt.** *etw* kosten; ~ **af ngt.** nach etw schmecken; **hvad skal det ~ af?** *fig* F was soll das bedeuten?; ~ **efter mere** F nach mehr schmecken; ~ **til med salt** mit Salz abschmecken

smag|fuld ['sma:jful?] geschmackvoll; **~løs** [-lœ:?s] geschmacklos (*a fig*); **~hed** [-lœ:sə:ð?] ⟨*-en; -er*⟩ Geschmacklosigkeit *f*, Abgeschmacktheit *f*

smags|løg ['smas:ʔ(j)slœ?ʔ] *pl* ANAT Geschmacksknospen *f/pl*; **~prøve** [-prœ:və] Kostprobe *f* (*a fig*); **~sag** [-sa:?(j)] Geschmack(s)sache *f*; **~sans** [-san?s] Geschmackssinn *m*; **~stof** [-sdɔf] Geschmacksverstärker *m*, Aromastoff *m*

smal [smal?] schmal; **det er en ~ sag for mig!** F das ist mir ein Leichtes!; **der var ingen ~le steder** F es wurde an nichts gespart, es fehlte an nichts

smal|ben ['smalbe:?n] ANAT, *Mensch:* Fessel *f*; **~filme** [-filmə] *e-n* Schmalfilm drehen; **~film(s)apparat** [-fil?m(s)apaˈʀa:?d] Schmalfilmkamera *f*

smal|hals ['smalhal?s] ⟨*-en*⟩, **~hans** [-han?s] ⟨*-en*⟩: **der hersker ~hans** *fig* da ist Schmalhans Küchenmeister

smalkost ['smalkɔsd] schmale Kost *f*; **sætte én på ~** *j-m* den Brotkorb höher hängen

smalne ['smalnə]: ~ **ind** *Weg:* sich verschmälern (*od* verengen)

smalriflet ['smalrefløð]: ~ **fløjl** schmal gerippte(r) Cord *m*, Kordsamt *m*

smal|side ['smalsi:ðə] Schmalseite *f*; **~skuldret** [-sgulˀʀeð] schmalschultrig

smalsporet ['smalsbo:?ʀəð] BAHN schmalspurig; **åndelig ~** F *fig* geistig beschränkt

smaragd [smaˈʀɑw?d] ⟨*-en; -er*⟩ Smaragd *m*

smart [sma:?ʀd] schick, modisch; clever, gewieft, geschäftstüchtig; **~ness** ['sma:ʀdnes] ⟨*-en*⟩ Cleverness *f*, Geschäftstüchtigkeit *f*, F Gewieftheit *f*

smash [smasj] ⟨*-et; -er od -*⟩ *Tennis:* Schmetterball *m*

smask [smasg] ⟨*-et; -*⟩ Schmatz(er) *m*, Schmatzen *n*; **~e** [ˀ-ə] schmatzen; **~forvirret** ['-fɔrˈvir?ʔəð] *Person:* F *fig* total durcheinander

smat [smad] ⟨*-et*⟩ Matsch *m*

smattet ['smadəð] F glitschig, schmierig

s.m.b.a. (= *selskab med begrænset ansvar*) G.m.b.H. (*Gesellschaft mit beschränkter Haftung*)

smed¹ [smeð] ⟨*-en; -e*⟩ Schmied *m*;

Schlosser *m*; **passe på som en ~** F wie ein Schießhund aufpassen; **hvad for en ~?** F wie bitte?, was für ein Ding?

smed² [sme:?ð] → **smide**

smede ['sme:ðə] schmieden (*a fig*); **~jern** [-jeʀ?n] Schmiedeeisen *n*; **~jernsgitter** [-jeʀnsgidər] schmiedeeiserne(s) Gitter *n*

smedje ['smeðjə] ⟨*-n; -r*⟩ Schmiede *f*

smelte ['smeldə] *v/i* schmelzen (*a fig*), zergehen; *v/t* schmelzen (*a fig*), *Butter* auslassen, zerlassen; ~ **bort** schmelzen, zerrinnen [*in Tränen*]; ~ **hen i tårer** in Tränen zerfließen; ~ **sammen** zusammenschmelzen, verschmelzen; **~nde** schmelzend (*a fig*); **~nde hed** *Sommertag:* glühend heiß; **~digel** [-di:əl] Schmelztiegel *m*; **~ost** [-osd] Schmelzkäse *m*; **~ri** [-ˈʀi:?] ⟨*-et; -er*⟩ Schmelzerei *f*, Schmelzhütte *f*; **~vand** [-van?] Schmelzwasser *n*

smergel ['smeʀ?wəl] ⟨*smerg(e)len; smergler*⟩ Schmirgel *m*; **~lærred** [-lɛʀəð] Schmirgelleinwand *f*, -papier *n*

smerte¹ ['smeʀdə] ⟨*-n; -r*⟩ Schmerz *m*

smerte² ['smeʀdə] schmerzen; **det ~r mig, at …** *fig* es schmerzt mich, dass …

smerte|fri ['smeʀdəfʀi:?] schmerzfrei, schmerzlos; **~fuld** [-ful?] schmerzvoll, schmerzhaft; **~grænse** [-gʀensə] Schmerzgrenze *f* (*a fig*); **~lig** [-li] schmerzlich, schmerzvoll

smertens|barn ['smeʀdənsba:?ʀn] Sorgenkind *n* (*a fig*); **~leje** [-laiə] Schmerzenslager *n*; **ligge på sit ~** *scherz* krank danieterliegen

smerte|stillende ['smeʀdəsdel?ʔənə] schmerzstillend; **~tærskel** [-teʀsgəl] Schmerzschwelle *f*; **~voldende** [-vɔlˀʔənə] schmerzhaft

smide ['smi:ðə] ⟨*smed; smidt*⟩ F schmeißen, werfen; ~ **jakken** die Jacke ausziehen; ~ **bort** (*od* **væk**) wegwerfen; ~ **ud** hinauswerfen, vor die Tür setzen; wegwerfen

smidig ['smi:ði] geschmeidig, gelenkig; gewandt; flexibel; **~gøre** [-gœ:?ʀə] geschmeidig machen, gelenkig machen; **~hed** [-he:ð?] ⟨*-en*⟩ Geschmeidigkeit *f*; Gewandtheit *f*; Flexibilität *f*; *fig* Geschick *n*

smiger ['smi:?ʀ] ⟨*-en*⟩ Schmeichelei *f*

smigre ['smi:ʀə] schmeicheln (*D*); ~ **sig med ngt.** sich *e-r* Sache rühmen; **~nde** schmeichelnd, schmeichelhaft; **føle sig ~t** sich geschmeichelt fühlen; **~r** [-ʀ] ⟨*-en, -e*⟩ Schmeichler *m*, F Schleimer *m*; **~ri** [-ˈʀi:?] ⟨*-et; -er*⟩ Schmeichelei *f*

smil [smiˀl] ⟨-et; -⟩ Lächeln *n*

smile ['smiːlə] ⟨-ede od -te⟩ lächeln (*ad*/ über *A*); ~ *ad ngt.* etw belächeln, über etw schmunzeln; ~ *til én* j-n anlächeln, j-m zulächeln; ~*nde* lächelnd; *et* ~*nde landskab* e-e heitere Landschaft

smilebånd ['smiːləbɔnˀ]: *trække på* ~*et* ein Lächeln erkennen lassen, schmunzeln

smile|hul ['smiːləhɔl] Grübchen *n*; ~**rynke** [-ʁœŋɡə] Lachfältchen *n*

sminke¹ ['smeŋɡə] ⟨-n; -r⟩ Schminke *f*

sminke² ['smeŋɡə] schminken (*sig* sich); *fig* beschönigen

sminkør [smeŋ'køːˀʁ] ⟨-en; -er⟩ Maskenbildner *m*, Visagist *m*

smiske ['smisɡə] schmunzeln; schmeicheln; ~ *for én* fig j-m um den Bart gehen

smit|som ['smidsɔm] ansteckend; ~**stof** [-sdɔf] (Krankheits)Erreger *m*

smitte¹ ['smidə] ⟨-n⟩ MED Ansteckung *f*

smitte² ['smidə] MED anstecken (*a fig*); ~ *af* abfärben (*a fig*)

smitte|bærer ['smidəbɛːʁɒʁ] Bazillenträger *m*; Krankheitsüberträger *m*; ~**fare** [-fɑːʁə] Ansteckungsgefahr *f*; ~**fri** [-fʁiˀ] nicht (mehr) ansteckend; ~**kilde** [-kilə] Ansteckungsherd *m*; ~**kim** [-kiːˀm] Krankheitskeim *m*; ~**spreder** [-sbʁeˀðɒʁ] ⟨-en; -e⟩ Krankheitsüberträger *m*; → *a* ~**bærer**

sml. (= *sammenlign*) vergleiche (*Abk.* vgl.)

smocksyning ['smɔɡsyˀneŋ] Smokarbeit *f*

smog [smɔɡ] ⟨-gen⟩ Smog *m*

smoking ['smœükən] ⟨-en; -er⟩ Smoking *m*

smovs [smɔuˀs] ⟨-en; -er⟩ F Schmaus *m*

smuds [smus] ⟨-et⟩ Schmutz *m*; ~**afvisende** ['-aˀüviˀsənə] schmutzabweisend; ~**blad** [-blað] TYP Schmutzblatt *n*; *Zeitung*: Schundblatt *n*

smudse ['smusə]: ~ *sig til* (sich) beschmutzen, schmutzig machen

smudsig ['smusi] schmutzig (*a fig*)

smudske ['smusɡə]: ~ *til* F → *smudse*

smuds|litteratur ['smusliðəʁɑ'tuˀʁ] Schundliteratur *f*; ~**omslag** [-ɔmslaˀ] *Buch*: Schutzumschlag *m*; ~**tillæg** [-telɛːˀɡ] Schmutzzulage *f*

smug [smuˀɡ]: *i* ~ heimlich, verstohlen

smug|drikke ['smuˀdʁɛɡə] heimlich trinken; ~**handel** [-hanˀəl] Schleichhandel *m*, Schwarzhandel *m*; F Schieberei *f*; ~**kro** [-kʁoˀ] illegale Kneipe *f*

smugle ['smuːlə] schmuggeln; ~ *ind* ein-

schmuggeln; ~*r* [-ʁ] ⟨-en; -e⟩ Schmuggler *m*; ~**ri** [-'ʁiːˀ] ⟨-et; -er⟩ Schmuggel(ei) *m(f)*

smug|ryge ['smuːʁyːə] heimlich rauchen; ~**træne** [-tʁɛːnə] heimlich trainieren

smuk [smɔɡ] schön, hübsch; *det er* ~*t af dig* das ist nett (*od* reizend) von dir

smukkesere [smɔɡə'seːˀʁə]: ~ *sig* F sich hübsch machen

smuld [smulˀ] ⟨-et⟩ (Kohlen)Grus *m*; Torfmull *m*

smuldre ['smulʁə] (zer)bröckeln; (zer)-krümeln; ~ *bort* zerrinnen

smule ['smuːlə] ⟨-n; -r⟩ Brocken *m*, Bissen *m*; Krümelchen *n*; *en* ~ ein bisschen; *en lille* ~ ein klein wenig; *ikke en* ~ kein bisschen; *den* ~ *penge* das bisschen Geld

smult [smulˀd]: ~ *vand(e)* NAUT ruhige (*od* glatte) See *f*

smurt [smorˀd], ~**e** ['smordə] → *smøre*²

smut [smud] ⟨-tet; -⟩ *fig* F Sprung *m*, Abstecher *m*, Spritzfahrt *f*; *slå* ~ *Spiel*: Steine flach über das (Meer)Wasser springen lassen; *slå* ~ *med øjnene* fig kokettieren, mit den Wimpern klimpern; ~**hul** ['-hol] Schlupfloch *n*, Schlupfwinkel *m*

smutte ['smudə] schlüpfen; huschen; ~ *mandler* Mandeln abziehen (*od* F ausschnipsen); *chancen* ~*de fra mig* ich habe die Chance verpasst; ~ *bort fra sine forfølgere* s-n Verfolgern entwischen; *faldet* ~*de fra mig* die Schüssel rutschte mir aus den Händen; *smut lige hen til bageren!* lauf mal schnell zum Bäcker; ~ *uden om ngt.* fig kneifen, sich vor etw drücken; *jeg* ~*r nu!* F ich haue jetzt ab; ~ *med øjnene* fig F kokettieren; ~*r* [-ʁ] ⟨-en; -e⟩ F Irrtum *m*, Ausrutscher *m*, Schnitzer *m*; ~**rs** [-ʁs] ⟨-en; -⟩ e-e Art Pantoffeln *m/pl*, F Schlappen *pl*

smut|tur ['smudtuˀʁ] *fig* F Sprung *m*, Spritztour *f*, Abstecher *m*; ~**vej** [-vaiˀ] Schleichweg *m*, Abkürzung *f*

smyge ['smyːə] ⟨-ede od smøg; -t od smøget⟩: ~ *sig* sich schmiegen; sich schleichen; ~ *sig igennem* durchschlüpfen; ~ *sig ind til én* sich an j-n (an)schmiegen (*od* (an)kuscheln)

smykke¹ ['smøɡə] ⟨-t; -r⟩ Schmuck *m*

smykke² ['smøɡə] schmücken

smykker *pl* Schmucksachen *pl*; **smykke-skrin** ['smøɡəsɡʁiˀn] Schmuckkästchen *n*

smæde ['smɛːðə] schmähen; ~**navn** [-nauˀn] Spottname *m*; ~**skrift** [-sɡʁefd] Schmähschrift *f*; ~**vise** [-viːsə] Spottlied *n*

S

smægte ['smɛgdə] schmachten, lechzen (*efter*/nach D); **~nde** schmachtend

smæk[1] [smɛg] ⟨-ken; ker⟩ → **smække**[1]

smæk[2] [smɛg] ⟨-ket; -⟩ Knall m, Schlag m; *Zunge*: Schnalzer m; **et alvorligt** (*od **ordentligt***) **~** fig ein harter Schlag; **få ~** *Kind*: Schläge/Haue bekommen; **få et ~** fig e-n Knacks bekommen (*gesundheitlich*); **få ~ for skillingen** fig sein gerütteltes Maß von *etw* bekommen; **slå to fluer med ét ~** fig zwei Fliegen mit e-r Klappe schlagen

smæk|**fed** ['smɛg'fe:ʔð] F feist, wahnsinnig dick; **~fornærmet** ['-fɔr'nɛrʔməð] tief beleidigt, F stinksauer; **~fuld** ['-'fu1ʔ] F gepfropft *od* gerammelt voll; **være ~ af penge** F viel Geld haben

smække[1] ['smɛgə] ⟨-n; -r⟩ Schürze: Latz m; *Wagenkasten*: (Verlade)Klappe f

smække[2] ['smɛgə] ⟨-ede *od* F smak⟩ schlagen, klappen, knallen; **~ én en lussing** F j-m eine knallen; j-m e-e Ohrfeige geben; **~ i** *Schloss*: zuschnappen; *Tür*: ins Schloss fallen; **~ døren i** die Tür zuwerfen (*od* F zuknallen); **~ med tungen** mit der Zunge schnalzen; **~ op** *Fenster* aufreißen; **~ et hus op** ein Haus schnell bauen, F hochziehen; **~ røret på** TEL den Hörer aufknallen; **~ sammen** *Hacken* zusammenschlagen

smækker[1] ['smɛgər] ⟨-en; -e⟩ (Fliegen-)Klatsche f

smækker[2] ['smɛgər] gertenschlank

smæk|**kys** ['smɛgkøs] F Schmatz m, dicker Kuss; **~lås** [-lɔ:ʔs] Schnappschloss n, Sicherheitsschloss n

smæld [smɛlʔ] ⟨-et; -⟩ Knall m, Klatschen n, Knattern n; **slå ~ med tungen** mit der Zunge schnalzen

smælde ['smɛlə] knallen, klatschen, knattern, flattern; schimpfen; **~ i** *v/i., v/t. Tür* zuknallen

smøg[1] [smɔiʔ] ⟨-en; -er⟩ Glimmstängel m; **tage sig en ~** e-e (Zigarette) rauchen

smøg[2] [smɔ:ʔ(j)] → **smyge**

smøge[1] ['smɔiə] ⟨-n; -r⟩ Gässchen n

smøge[2] ['smɔiə] schmauchen, rauchen; **~ af** abstreifen; **~ ngt. af sig** fig *etw* (von sich) abschütteln; **~ ned** herunterkrempeln; **~ op** aufkrempeln, hochkrempeln

smøget ['smɔ:(j)əð] → **smyge**

smøl [smøːlʔ] ⟨-en; -⟩ F Trödelfritze m, Trödelliese f, Schlafmütze f

smøle ['smøːlə] trödeln, bummeln; **~ tiden væk** die Zeit vertrödeln; **~hoved** [-hoːðə] → **smøl**; **..ri** ['riːʔ] ⟨-et; -er⟩ Trödelei f

smør [smœr] ⟨-ret⟩ Butter f; **rørt** (**smeltet**) **~** cremig gerührte (zerlassene) Butter; **~bar** ['-ba:ʔr] *Butter*: streichfähig

smørdampe ['smœrdɑmʔbə] in Butter dünsten/schwenken; **~de ærter** pl Buttererbsen pl

smøre[1] ['smœːrə] ⟨-n; -r⟩ F: **en lang ~** ein langes Geschreibsel n

smøre[2] ['smœːrə] ⟨smurte; smurt⟩ schmieren (*a fig*), streichen; TECH ölen; (ein)fetten, abschmieren; **~ ind** einreiben, einfetten; **~ en artikel sammen** F e-n Artikel zusammenschmieren, -schustern; **~ tykt på** fig dick auftragen, aufschneiden; **det går, som det var smurt** F es läuft wie geschmiert

smøre|**bræt** ['smœːrəbred] ⟨-tet, -ter⟩ Schneidebrett n, Frühstücksbrett n; **~kande** [-kanə] Ölkanne f; **~lse** [-lsə] ⟨-n; -r⟩ Schmiermittel n, Schmiere f; **~ost** [-osd] Streichkäse m; **~r** [-ʔr] ⟨-en; -e⟩ Schmierer m (*a fig*); **~ri** [-'riːʔ] ⟨-et; -er⟩ Schmiererei f

smør|**gås** ['smœrgɔ:ʔs] ⟨-en; -er⟩ belegte(s) Butterbrot n (nach Schwedenart); **~kage** [-ka:(j)ə] etwa Plunder(gebäck) m (n)

smørrebrød ['smœrəbrøðʔ]: **et stykke ~** ein (belegtes) Butterbrot, Smörrebröd n; **højt ~** üppig belegtes Butterbrot n

smørrebrøds|**jomfru** ['smœrəbrøðsjomfru] Kaltmamsell f; **~seddel** [-seðʔəl] *Restaurant*: Smörrebrödkarte f

smørret ['smœrəð] *Lächeln*: verschmitzt; **et ~ grin** F ein feistes Grinsen

smør|**ske** ['smœrsgeːʔ] Butterkelle f; **~sovs** [-søʔs] zerlassene Butter f; **~tenor** ['-teˈnoːʔr] schmalzige(r) Tenor m; **~tyv** [-tyːʔv] Cracker m

små [smɔ:ʔ] pl von **lille**; **de ~** die Kleinen pl; **de ~ i samfundet** die kleinen Leute in der Gesellschaft; **store og ~** groß und klein; **der er ~ to kilometer derhen** es sind knapp zwei Kilometer bis dahin; **få ~** Kinder bekommen; **til ud på de ~ timer** bis spät in die Nacht hinein; **det er ~t med pengene** das Geld ist knapp; **de har det ~t** es geht ihnen finanziell nicht gut; **skrive med ~t** kleinschreiben; **skære ngt. ~t** *etw* klein schneiden; **hun er ~t begavet** sie ist schwach begabt; **det er kun ~t bevendt med ham** es geht ihm schlecht, um ihn ist es schlecht bestellt; **nu begynder det så ~t** jetzt fängt es allmählich/langsam an; *→ adv. →* **småt**

små|**barnsalder** ['smɔbaːrnsalʔər] Kleinkindalter n; **~billedkamera**

[-belə̍ðka:ʔməʀə] Kleinbildkamera f; **~blomstret** [-blɔmsdʀəð] Stoff: fein geblümt

småborger ['smɔbɔʀwəʀ] Kleinbürger m; **~lig** [-li] kleinbürgerlich; **~skab** [-sga:ʔb] ‹et› Kleinbürgertum n

små|byer ['smɔby:ʔəʀ] pl Städtchen n/pl; Kleinstädte f/pl; **~børn** [-bœʀ̍ʔn] pl Kleinkinder n/pl; **~dele** [-de:lə] pl Teilchen n/pl; **~drenge** [-dʀɛŋə] pl kleine Jungen m/pl; **~folk** [-fɔlˀg] pl kleine Leute pl (a Kinder); **~fugle** [-fu:lə] pl Vögelchen n/pl; Vöglein n/pl; **~gader** [-ga:ðəʀ] pl kleine Straßen f/pl; Gässchen n/pl; **~grine** [-gʀi:nə] in sich hineinlachen, schmunzeln; **~græde** [-gʀɛ:ðə] leise weinen, wimmern

små|gæld ['smɔgɛlˀ] → **klatgæld**; **~handel** [-hanˀəl] Kleinhandel m; **~handlende** [-hanlənə] Kleinhändler m, Einzelhändler m; **~kager** [-ka:əʀ] pl Kekse m/pl, Plätzchen n/pl; **~koge** [-kɔːwə] köcheln; **~kravl** [-kʀɑuˀl], **~kryb** [-kʀy:ʔb] Ungeziefer m Krabbler m/pl; F Krabbeltiere pl; **~kød** [-køð] Fleischstückchen n/pl; **~kårsfolk** [-kɔːʀsfɔlˀg] pl kleine Leute pl

Smålandshavet ['smɔlansha:ʔvəð] Meer zwischen den Inseln Seeland und Lolland

småle ['smɔːlə:ʔ] lächeln, schmunzeln

smålig ['smɔli] kleinlich; F knauserig

små|mønstret ['smɔmønsdʀəð] klein gemustert; **~mønt** [-mønˀd] Kleingeld n; **~pakke** [-pagə] Post: Päckchen n; **~partier** ['paʀ'ti:ʔəʀ] pl ÖKON kleine Mengen f/pl, kleine Posten m/pl; POL Splitterparteien f/pl; **~penge** [-pɛŋə] pl Kleingeld n, Münzgeld n; **~piger** [-pi:əʀ] pl kleine Mädels n/pl; **~regne** [-ʀɑīnə] nieseln; **~skavanker** [-sga'vaŋˀgəʀ] pl F Zipperlein n; **~skillinger** [-sgelˀeŋəʀ] Kleingeld n

små|skændes ['smɔsgɛnəs] sich kabbeln/frotzeln, sich gegenseitig anmeckern; **~sløjd** [-slɔīˀð] Basteln n, Bastelarbeit f; **~snakke** [-snagə] sich leise unterhalten; plaudern; **~sparer** [-sbɑːʀəʀ] Kleinsparer m; **~sten** [-sde:ʔn] pl Kieselsteine pl; **~stykker** [-sdøgəʀ] pl kleine Stücke m/pl, Stückchen n, Fetzen m/pl

småt [smɔd] → **små**; **~begavet** ['-bega:ʔvəð] schwach begabt, minder-

små|ternet ['smɔtɛʀnəð] kleinkariert; **~ting** [-teŋˀ] Kleinigkeit f (a fig); Kleinkram m; Kaufhaus: Kurzwaren f/pl; **~tingsafdeling** [-teŋsaüde:ʔleŋ] Kurzwarenabteilung f; **~tosset** [-tɔsəð] fig F

übergeschnappt, behämmert; **være lidt** ~ fig F e-n Tick haben

småtravlt ['smɔtʀɑüˀld]: **have lidt ~** es ziemlich eilig haben

småtryk ['smɔtʀœg] pl Druckschriften f/pl, Broschüren f/pl

små|skåren ['smɔsdgɔːʔʀən] fig kleinlich, kleinkariert; **~skåret** [-sgɔːʔʀəð] fein geschnitten

småtterier [smɔdə'ʀi:ʔəʀ] Kleinigkeiten f/pl; Kleinkram m, Lappalien pl/pl

småtrykt ['smɔdtʀœgd] klein gedruckt

småtærende ['smɔdtɛ:ʀənə]: **være ~** wenig essen, ein schlechter Esser sein

småvask ['smɔvasg] kleine Wäsche f

snabel ['sna:ʔbəl] ‹snab(e)len, snabler› Rüssel m; F Nase f, Schnauze f; **~a** [-a:ʔ] n in Internetadressen: @, at; Klammeraffe m

snack [snag] ‹-en; -s› Imbiss m, Knabbereien pl; **~bar** ['-ba:ʔʀ] Imbissstube f, Schnellimbiss m

snadde ['snaðə] ‹-n; -r› Stummelpfeife f, Shagpfeife f

snadre ['snaðʀə] schnattern, fig F plappern, schwatzen

snage ['sna:(j)ə] (herum)wühlen, (herum)stöbern; fig (herum)schnüffeln

snak¹ [snag] ‹-ken; -ke› Gespräch n; Geschwätz n, Gerede n; **komme i ~ med én** mit j-m ins Gespräch kommen; **holde én hen med ~** j-n mit leeren Worten hinhalten; **~ken gik livligt** es wurde lebhaft geredet; **~ken gik, at …** es wurde gemunkelt, dass …; **der er vist ngt. om ~ken** da ist wohl etw Wahres daran

snak² [snag] su Unsinn m; **det er det rene ~** das ist reiner Quatsch

snakke ['snagə] reden; plaudern; schwatzen; **~ forretning** über geschäftliche Dinge reden; **du kan sagtens ~** du hast gut reden; **~ tiden bort** die Zeit verplaudern; **~ efter** nachplappern; **~ én efter munden** j-m nach dem Munde reden; **~ for ngt. etw** anpreisen; **~ godt for én** j-m gut zureden; auf j-n einreden; **~ én fra ngt.** j-m etw ausreden; **~ sig fra ngt.** sich aus etw herausreden; **det kan jeg ~ med om** davon weiß ich ein Lied zu singen; **~ over sig** sich verplappern; **~ sammen** miteinander reden

snakkehjørne ['snagɔjœʀnə]: **være i ~t** gesprächig sein, zum Reden (od Plaudern) aufgelegt sein

snakke|hoved ['snagəho:ʔðə] Schwätzer m, Plaudertasche f; **~lysten** [-løsdən] geschwätzig; **~salig** ['-sa:ʔli] redselig, ge-

S

språchig; **~tøj** [-tɔi̯] ⟨-et⟩ F Mundwerk n

snaksom ['snɑgsɔm^ʔ] gesprächig, redselig

snalret ['snalrɒð] F beduselt, angesäuselt

snap [snɑb] ⟨-pet; -⟩ (Zu)Schnappen n; schnelle(s) Zufassen n, Haschen n

snappe ['snɑbə] v/i schnappen, haschen *(efter*/nach *D)*; v/t (er)haschen, erwischen; **~ efter luft** *(od vejret)* nach Luft schnappen, F japsen; **~ ngt. fra én** j-m etw wegschnappen

snaps [snɑbs] ⟨-en; -e⟩ Aquavit m, Korn m; Schnaps m; **~e** ['-ə] F schnapsen, schnäpseln, picheln; **~(e)flaske** ['-(ə)flɑsgə] Schnapsflasche f; **~(e)glas** ['-(ə)glɑs] Schnapsglas n

snapshot ['snɑbsjɒd] ⟨-tet; -⟩ FOT Schnappschuss m

Snapstinget ['snɑbstɛŋ^ʔəð] *scherzh* für das Restaurant des dän. Folketings

snar [snɑ:^ʔʀ] rasch, schnell, geschwind; **kom det ~este, du kan!** komm, so schnell du kannst!; → **snarest**

snare ['snɑ:rə] ⟨-n; -r⟩ Schlinge f; Dohne f; *fig* Falle f

snarere ['snɑ:rɒrə] eher, vielmehr

snarest ['snɑ:rɒsd] am ehesten; **~ muligt** möglichst bald; → **snar**

snar|lig ['snɑ:rli] baldig; bald; **~rådig** [-rɒ^ʔði] entschlossen, geistesgegenwärtig, tatkräftig

snart [snɑ:^ʔrd] bald; fast, beinahe; **så ~** sobald; **~ sagt** fast, beinahe; **~ efter** bald danach; **ikke så ~ ..., før ...** kaum ..., als ...

snask¹ [snɑsg] ⟨-en; -er⟩ F Spelunke f

snask² [snɑsg] ⟨-et⟩ F Pampe f, Mansch m

snaske ['snɑsgə] F schmatzend essen, mampfen

snavs¹ [snɑu̯^ʔs] ⟨-et⟩ Schmutz m, F Dreck m

snavs² [snɑu̯^ʔs] schlecht; **en ~ fyr** ein Dreckskerl m

snavse ['snɑu̯sə]: **~ til** beschmutzen, schmutzig machen; **~t** [-ð] schmutzig; **~tøj** [-tɔi̯] schmutzige Wäsche f; **~tøjskurv** [-tɔi̯skur^ʔv] Wäschekorb m

sne¹ [sne:^ʔ] ⟨-en⟩ Schnee m (a F *Kokain*), Koks m; **kaste** *(od* **skovle)** **~** Schnee räumen *(od* schippen)

sne² [sne:^ʔ] schneien; **det ~r** es schneit; **~ inde** einschneien; **~ til** zuschneien, verschneien

sneblind ['snebliin^ʔ] schneeblind

snebold ['snebɔl^ʔd] Schneeball m; **slås med ~** sich mit Schneebällen bewerfen, e-e Schneeballschlacht machen; **~kamp** [-bɔldkam^ʔb] Schneeballschlacht f

snebær ['snebɛʀ] ⟨-ren⟩ Schneebeere f

sned [sneð]: **på ~** schräg; **med hatten på ~** den Hut schief auf e-m Ohr

snedig ['sneːði] schlau, clever, pfiffig

snedker ['sne:^ʔgər] ⟨-en, -e⟩ Tischler m, Schreiner m; **~ere** [snegə'ʀe:^ʔʀə] F tischlern; werkeln; **~i** [sne:gə'ri:^ʔ] ⟨-et; -er⟩ Tischlerei f

sne|drive ['snedri:və] Schneewehe f, Schneeverwehung f; **~dæk(ke)t** [-dɛgəð, -dɛgd] schneebedeckt; **~fnug** [-fnug] Schneeflocke f; **~fog** [-fo:^ʔ] Schneegestöber n, Schneetreiben n

sneg [sne:^ʔ(j)], **~et** ['sne:(j)əð] → **snige**

snegl [snɑi̯^ʔl] ⟨-en; -e⟩ Schnecke f (a *Kuchen u* ANAT); **en sær ~** F ein komischer Kauz

snegle ['snɑilə]: **~ sig af sted** Zeit: schleichen, (quälend) langsam vergehen; BAHN sich langsam vorwärtsbewegen; **~fart** [-fɑ:^ʔrd] *fig* F Schneckentempo n (*i, med* im); **~hus** [-hu:^ʔs] Schneckenhaus n

sne|grænse ['snegʀɛnsə] Schneegrenze f; **~hvid** [-vi:^ʔð] schneeweiß, schlohweiß

Snehvide ['sne'vi:ðə] *Märchen:* Schneewittchen n

snekast|er ['snekɑsdɒr] Schneeräumer m; **~ning** [-kɑsdnɛŋ] ⟨-en⟩ Schneeschippen n

snekke ['snegə] ⟨-n; -r⟩ *poet* Barke f, Segler m; TECH Schnecke f

sne|klædt ['sneklɛ:^ʔd] schneebedeckt; **~kæde** [-kɛ:ðə] AUTO Schneekette f; **~mand** [-man^ʔ] Schneemann m; **~plov** [-plɔu̯^ʔ] Schneepflug m

sneppe ['snebə] ⟨-n; -r⟩ ZO Schnepfe f

snerle ['snɛrlə] ⟨-n; -r⟩ BOT Winde f

snerpe¹ ['snɛrbə] ⟨-n; -r⟩ F Zimperliese f, Spröde f, Zicke f

snerpe² ['snɛrbə]: **~ sammen** Mund zusammenziehen, zusammenkneifen; **det ~r hen imod ...** es tendiert/geht in Richtung ...

snerpet ['snɛrbəð] zimperlich, prüde, F zickig; schnippisch; etepetete

snerre ['snɛrə] knurren; **~ ad én** j-n anknurren; *fig* j-n anschnauzen; **maden står og ~r** das Essen schmort/köchelt

snert¹ [snɛr^ʔd] ⟨-en; -er⟩ Peitschenschnur f; *fig* (Seiten)Hieb m; **have en ~ af ngt.** *fig* e-n Anflug/Touch von etw haben

snert² [snɛr^ʔd] → **snært**

snerte ['snɛrdə]: **en ~nde satire** e-e beißende Satire

snerydning ['sneryðnɛŋ] Schneebeseitigung f

snes [sne:ʔs] ⟨-en; -e⟩ zwanzig Stück, *veralt* Stiege f; *hun er vel en (halv)* ~ *år gammel* sie wird um die zwanzig sein; **~e af gange** F dutzendmal, x-mal

snescooter ['snesgu:dər] Motorschlitten m

snesevis ['sne:səvi:ʔs]: (i) ~ dutzendweise, zu Dutzenden

sne|sjap ['snesjab] Schneematsch m; **~skred** [-sgrɛð] Schneerutsch m, Lawine f; **~storm** [-sdɔːʔrm] Schneesturm m; **~tykning** [-tygnen] (dicke) Schneeluft f; dichtes Schneegestöber n; **~ugle** [-u:lə] Schneeeule f; **~vejr** [-vɛ:ʔr] Schnee(wetter) m(n); **~vejrsdag** [-vɛːrs-da:ʔ] Schneetag m

SNG GUS (*Gemeinschaft Unabhängiger Staaten*)

sniffe ['snifə] schnüffeln, F sniffen; **~r** [-r] ⟨-en; -e⟩ Schnüffler m

snige ['sni:ə] ⟨sneg; sneget⟩ (sich) schleichen; **~ sig bort** davonschleichen, sich davonstehlen; **~ sig ind** sich einschleichen; **~ sig til ngt.** etw heimlich/verstohlen tun; **~nde** schleichend

snigløb ['sni:lœʔb] fig hinterhältige(r), gemeine(r) Angriff m, Hinterlist f

snigløbe ['sni:lœ:ʔbə]: ~ **én** j-m in den Rücken fallen

snigmord ['sni:mo:ʔr] lit Meuchelmord m; **~er** [-mordər] Meuchelmörder m

snig|myrde ['sni:myrðə] meucheln, meuchlings ermorden; **~skytte** [-sgødə] Heckenschütze m

snigvej ['sni:vaiʔ] Schleichweg m; **gå ~e** Winkelzüge machen, krumme Wege gehen; **ad ~e** auf Schleichwegen, F hinterherum

snild [snilʔ] gescheit, geschickt; **det går ~t** das lässt sich ohne weiteres machen

snilde ['snilə] ⟨-n od -t⟩ Geschick n, Talent n

snip¹ [sneb] ⟨-pen; -per⟩ Zipfel m

snip² [snib]: ~ **snap snude, nu er historien ude!** F … und aus ist das Märchen

snirkel ['snirgəl] ⟨snirk(e)len; snirkler⟩ Schnörkel m; **med snirkler og sving** mit Schnörkeleien

snirklet ['snirgləð] geschnörkelt, verschnörkelt, schnörkelig; fig gewunden

snit [snid] ⟨-tet; -⟩ Schnitt m (a Kleid); **i** ~ im Schnitt; **se sit** ~ **til at gøre ngt.** die Gelegenheit wahrnehmen, etw zu tun; **~mønster** ['snid-mønʔsdər] Schnittmuster n; **~sår** [-sɔːʔr] Schnittwunde f

snitte¹ ['snidə] ⟨-n; -r⟩ Schnitte f

snitte² ['snidə] schnitze(l)n; **~ af** Scheibe

abschneiden

snittebønne ['snidəbœnə] Schnittbohne f

snitværk ['snidvɛrg] Schnitzwerk n, Schnitzerei f

sno [sno:ʔ] winden, drehen, schlängeln; **vejen ~r sig** der Weg windet (od schlängelt) sich; **forstå at ~ sig** fig sich durchzuschlängeln verstehen; **~ sig fra** (od **ud af**) ngt. sich herauswinden, F sich vor etw (D) drücken; **~et** gewunden, gedrechselt

snobbe ['snɔbə] kriechen (for/vor D), sich einschmeicheln; **~ nedad** sich anbiedern; **~ri** [-'riːʔ] ⟨-et; -er⟩ Snobismus m; **~t** [-ð] versnobt, snobistisch

snobrød ['sno:ʔbrøːʔð] Stockbrot n

snog [sno:ʔ(w)] ⟨-en; -e⟩ Natter f, fig Kriecher m

snolde ['snɔlə] Süßigkeiten kaufen, naschen

Snolderød ['snɔlərøːʔð] F Kleinkleckersdorf n, Hintertupfingen n

snoldet ['snɔlðəð] F unansehnlich, schäbig, zu klein/eng

snoning ['sno:ʔnen] ⟨-en; -er⟩ Windung f; Verschlingung f; (*Stricken*) Zopfmuster n

snor [sno:ʔr] ⟨-en; -e⟩ Schnur f, Strippe f, Leine f; **det går (som) efter en** ~ es geht wie am Schnürchen; **trække perler på** ~ Perlen auffädeln

snore|besætning ['sno:rəbe'sɛdnen] Schnurbesatz m; **~loft** [-lɔfd] THEA Schnürboden m

snork [snɔrg] ⟨-et; -⟩ Schnarchton m, F Schnarcher m

snorke ['snɔrgə] schnarchen; F ratzen, pofen

snorkel ['sno:ʔrgəl] ⟨snork(e)len; snorkler⟩ MIL Schnorchel m

snorke|lyd ['snɔrgəlyðʔ] Schnarchton m; **~træ** [-trɛːʔ] F *Person*: Schnarcher m, Pennratze f

snorksove ['snɔrgsɔuə] F schlafen wie ein Murmeltier, pofen

snorlige ['snorliːə] schnurgerade

snot [snod] ⟨-tet⟩ F Rotz m; **~abe** ['-a:bə] Rotzbengel m, V Rotzlöffel m; **~dum** ['-dom] F saudumm; **~forkølet** [-fɔr'køːʔləð] F stark erkältet; **~forvirret** ['-fɔr'virʔəð] F total durcheinander; **~hvalp** ['-valʔb] V Rotzgöre f; **~klud** ['-kluðʔ] V Rotzfahne f; **~næse** ['-nɛ:sə] F Rotznase f; **~tet** ['-əð] F rotznasig; fig frech, naseweis

snu [snu:ʔ] schlau

snubbe ['snubə]: ~ **ordene af** die Wörter (halb) verschlucken; **én af** j-m das Wort abschneiden, j-n kurz abfertigen

S

snuble ['snublə] stolpern, straucheln; *ligge ∼nde nær* fig auf der Hand liegen

snude ['snu:ðə] ⟨*n*; *-r*⟩ Schnauze f (*a F* fig); Schuh: Spitze f; **∼skaft** [-sgɑfd] F Fresse f, Rüssel m

snue¹ ['snu:ə] ⟨*n*⟩ Schnupfen m

snue² ['snu:ə] F pofen, pennen

snuppe ['snobə] (er)haschen, schnappen; *∼ ngt. fra én* j-m etw wegschnappen; *det kan jeg ikke ∼* F das kann ich nicht haben (*od* leiden); das kann ich nicht kapieren; *hende kan jeg ikke ∼* F die kann ich nicht riechen (*od* verknusen)

snuptag ['snobtɑ:ʔ] i (*od med*) *et ∼* ruck, zuck, im Nu, mit *e-m* Griff

snur [snuʁʔ]: *sætte hatten på ∼* den Hut schief (aufs Ohr) setzen

snurre ['snuʁə] v/i schnurren; *Kessel*: summen; *∼ rundt* (sich) herumdrehen; (auf dem Absatz) kehrtmachen; *∼ på'er'ne* ein rollendes R sprechen; v/t schnell umdrehen; herumwirbeln; **∼piberi** [-pi:bɔ'ʁiʔ] ⟨*et*; *-er*⟩ Kuriosität f, Kinkerlitzchen n, Nippes pl; **∼top** [-tɔb] Spielzeug: (Holz)Kreisel m, Brummkreisel m

snurrig [snuʁi] schnurrig, drollig, kauzig

snus [snu:ʔs] ⟨*en od -et*⟩ Schnupftabak m; *tage en ∼* e-e Prise nehmen; *ikke en ∼* fig keinen Deut, kein bisschen, F nicht die Bohne

snuse ['snu:sə] ⟨*-ede od -te*⟩ schnüffeln (*a* fig), schnuppern; *gå og ∼ omkring* (*od rundt*) fig herumschnüffeln, herumstöbern; *∼ til ngt.* etw beschnüffeln, etw beschnuppern (*a* fig)

snusfornuft ['snu:sfɔʁ'nɔfd] Altklugheit f; Besserwisserei f; **∼ig** [-i] überklug, F neunmalklug; altklug

snushane ['snu:sha:nə] Schnüffler m

snusk [snusg] ⟨*et*⟩ F unappetitliche(r) Pampe f (*Mischmasch m*); **∼et** ['-əð] schmuddelig, schmutzig; **∼regn** ['-ʁɑiʔn] Nieselregen m

snustobak ['snu:sto'bɑg] Schnupftabak m

snut [snud] ⟨*-ten*; *-ter*⟩ F: *min ∼!* Schnucki! n, Mäuschen! n

snyd [snyðʔ] ⟨*et*⟩ F → *snyderi*

snyde ['sny:ðə] ⟨*snøð*; *snydt*⟩ v/t Nase putzen, schnäuzen; fig betrügen, prellen (*for*/um A), F ums Ohr hauen, beschummeln; v/i mogeln, F schummeln; *∼ sig fra ngt.* sich vor etw (D) drücken; *∼ sig med sin* einschmuggeln; *∼ sig til ngt* etw erschwindeln, etw (klamm)heimlich tun

snyde|bluse ['sny:ðəblu:sə] *Bluse*: (Kragen)Einsatz m; **∼dum** [-dɔmʔ] F saudumm; **∼fuld** [-fulʔ] F sternhagelvoll; **∼kontakt** [-kɔn'tɑgd] Zwischenstecker m, Doppelstecker m; **∼r** [-ʁ] ⟨*-en*; *-e*⟩ Betrüger m; Mogler m; **∼ri** [-'ʁiʔ] ⟨*-et*; *-er*⟩ Betrug m, Betrügerei f; F Schmu m, Mogelei f; **∼seddel** [-seðʔəl] Betrüger: Spickzettel m; **∼tamp** [-tɑmʔb] → *snyder*

snylte ['snyldə] schmarotzen (*a* fig); **∼dyr** [-dyʁʔ] Schmarotzertier n; **∼gæst** [-gɛsd] Schmarotzer m; **∼plante** [-plandə] Schmarotzerpflanze f; **∼r** [-ʁ] ⟨*-en*; *-e*⟩ Schmarotzer m (*a* fig), F Nassauer m

snære ['snɛːʁə] schnüren, drücken, spannen, (ein)schneiden

snært [snɛʁʔd]: *det var ∼ på* das war knapp, beinahe, es war nahe (*od* dicht) daran

snæver ['snɛːʔvəʁ] eng, begrenzt (*a* fig); *i en ∼ vending* notfalls, F wenn Not am Mann ist; *i en snævrere forstand* im engeren Sinne; **∼sind** [-senʔ] Engherzigkeit f; **∼sindet** [-senʔəð] engherzig; **∼synet** [-sy:ʔnəð] engstirnig, fig kurzsichtig

snævre ['snɛːʁə]: *∼ (sig) ind* enger werden, sich verengen; *vennekredsen ∼r ind* der Freundeskreis wird immer kleiner

snævring ['snɛːʁeŋ] ⟨*-en*; *-er*⟩ Enge f, Engpass m

snøbel ['snøːʔbəl] ⟨*snøb(e)len*; *snøbler*⟩ F Lümmel m, Schnösel m

snød [snøːʔ] → *snyde*

snøft [snøfd] ⟨*-et*; *-*⟩ Schnaufen n, F Schnaufer m, Schluchzer m; **∼e** ['-ə] schnaufen, schniefen, schnuppern

snøre¹ ['snœːʁə] ⟨*-n*; *-r*⟩ (Angel)Schnur f; *fiske med ∼* angeln

snøre² ['snœːʁə] schnüren; *∼ sammen* zusammenschnüren; *∼ én* F j-n anführen, j-n an der Nase herumführen

snøre|bånd ['snœːʁɔbɔnʔ] Schnürsenkel m; **∼lidse** [-lisə] Schnürsenkel m

snørkel ['snœʁgəl] ⟨*snørk(e)len*; *snørkler*⟩ → *snirkel*; **∼let** [-snœʁgləð] Weg: verschlungen; fig verschnörkelt, gewunden

snøvl [snœʊ̯ʔl] ⟨*-et*; *-*⟩ F → *smøl*

snøvle ['snœʊ̯lə] näseln; fig F trödeln, bummeln; **∼hoved** [-ho:ðə] F → *smøl*

snøvs [snœʊ̯ʔs] ⟨*-en*⟩: *gå fra ∼en* F den Kopf verlieren, ausflippen

so [so:ʔ] ⟨*-en*; *søer*⟩ Sau f (*a F* fig)

sober [so:ʔbəʁ] nüchtern; fig verhalten

social [so'sja:ʔl] sozial, gesellschaftlich

socialdemokrat [so'sja:ʔldemo'kʁɑ:ʔd]

Socialdemokrat(in) m(f); **~isk** [-'kʀɑ:?-tisg] sozialdemokratisch

socialforvaltning [so'sja:?lfɔʀ'val?dnɘn] Sozialamt n

socialhjælp [so'sja:?ljɛl?b] Sozialhilfe f

socialisere [sosjali'se:?ʀɑ] sozialisieren; vergesellschaften

socialis|me [sosja'lismə] ⟨-n⟩ Sozialismus m; **~tisk** [-'lisdisg] sozialistisch

social|kontor [so'sja:?lkɔnto:?ʀ] Sozialamt n; **~lovgivning** [-lɔ̃ugi:?vnen] Sozialgesetzgebung f; **~pædagog** [-peda-'go:?(w)] Sozialpädagoge m, Erzieher(in) m(f); **~rådgiver** [-ʀɔ̃:gi:?vəʀ] Sozialarbeiter(in) m(f)

sociolog [sosjo'lo:?(w)] ⟨-en; -er⟩ Soziologe m, Soziologin f

sod [so:?ð] ⟨-en⟩ Ruß m

sodavand[1] ['so:davan?] ⟨-et⟩ Sodawasser n, Sprudel m

sodavand[2] ['so:davan?] ⟨-en; -er od -⟩ Brause f

sodavands|flaske ['so:davansflasgə] Brauseflasche f; **~is** [-i:?s] Fruchteis n

sode ['so̅ð̄ɘl] rußen; **~ til** Schornstein: versotten; **~t** verrußt, rußig

sofa ['so:fa] ⟨-en; -er⟩ Sofa n, Couch f; **~bord** [-bo:?ʀ] Couchtisch m; **~gruppe** [-grubə] Couchgarnitur f, Sitzgruppe f; **~stykke** [-sdøgə] F Kitschgemälde n, Schinken m; **~vælger** [-veljəʀ] F POL Nichtwähler m

sofistikeret [sofisdi'ke:?ʀəð] raffiniert, gekünstelt, hochgestochen; blasiert

softice ['sɔfdɑis] ⟨-en; -⟩ Softeis n

sogn [sɔu?] ⟨-et; -e⟩ REL Gemeinde f, Kirchspiel n, Pfarrbezirk m

sogne|foged ['so̅unɘfo:əð] veralt Gemeindevorsteher m, Dorfschulze m; **~gård** [-gɔ:?ʀ] Gemeindezentrum n; **~kirke** [-kiʀgə] Pfarrkirche f; **~præst** [-pʀɛsd] (Gemeinde)Pfarrer(in) m(f); **~råd** [-ʀɔ:?ð] veralt Gemeinderat m, Gemeindevertretung f; **~rådsformand** [-ʀɔ:ðsfɔʀman?] Gemeindevorsteher m

soigneret [soan'je:?ʀəð] gepflegt

soire, soiré [soɑ'ʀe] ⟨soireen; soireer⟩ Soiree f

soja ['sɔja] ⟨-en⟩ Soja f, Küche: gewürzte Speisefarbe f; **~bønne** [-bœnə] Sojabohne f

sok [sɔg] ⟨-ken; -ker⟩ Socke f; **være mat i ~kerne** fig unwohl, schlapp sein

sokkel ['sɔgəl] ⟨sok(ke)len; sokler⟩ Sockel m

soklet [sɔg'led] ⟨-ten; -ter⟩ Söckchen n

sol [so:?l] ⟨-en; -e⟩ Sonne f; **~en står op**

(går ned) die Sonne geht auf (unter); **skifte ~ og vind lige** fig objektiv urteilen; gerecht verteilen; **forsvinde som dug for ~en** fig im Nu weg sein; F verduften; **når man taler om ~en...** wenn man vom Teufel spricht…

solbad ['so:lbað] Sonnenbad n; **tage ~** sich sonnen

sol|beskinnet ['so:lbe'sgen?əð] sonnig; **~briller** [-bʀelɘʀ] pl Sonnenbrille f; **~brun** [-bʀu:?n], **~brændt** [-bʀɛn?d] sonnengebräunt, braun gebrannt

solbær ['so:lbɛʀ] schwarze Johannisbeere f; **~rom** [-ʀɔm?] etwa Johannisbeerlikör m

solcelle ['so:lsɛlɘ] Solarzelle f

sold[1] [sɔl?] ⟨-et; -e⟩ Trinkgelage n, Zeche f; Süßigkeiten f/pl; (große(s)) Sieb n; **gå på ~en** (Kneipen)Bummel machen

sold[2] [sɔl?] ⟨-en od -et⟩ Sold m, Besoldung f, Lohn m; **være i ens ~** von j-m finanziell abhängig sein

soldat [sol'da:?d] ⟨-en; -er⟩ Soldat m

soldater|bog [sol'da:?dɑʀbɔ:?w] Wehrpass m; **~tid** [-i:?ð] Militärzeit f

solde ['sɔlə] zechen, bummeln; Süßigkeiten kaufen; **~ op** F Geld verjubeln; **~bro(de)r** [-bʀo:ʀ] Zechbruder m; **~ri** [-'ʀi:?] ⟨-et; -er⟩ Verschwendung f, F Aasen n; Zecherei f; **~rist** [-'ʀisd] ⟨-en; -er⟩ Zecher m, F Kneipenbruder m

sol|dragt ['so:ldʀagd] etwa: Strandanzug m; **~dreven** [-dʀe:vən], **~drevet** [-dʀɛ:vəð] mit Sonnenenergie betrieben, Solar-; **~dyrkelse** [-dyʀgəlsə] REL Sonnenanbetung f, Sonnenkult m (a fig, scherzh); **~dyrker** [-dyʀgɘʀ] REL Sonnenanbeter m (a fig, scherzh)

sole [so:lə] sonnen (sig sich); **~klar** [-klɑ:?ʀ] fig F sonnenklar

solemærker ['so:ləmɛʀgəʀ] su pl: **efter alle ~ at dømme** wenn nicht alle Zeichen trügen

solenergi ['so:lenɛʀ'gi:?] Sonnenenergie f, Solarenergie f

solennitetssal [soleni'te:?dssa:?l] Aula f, Festsaal m

sol|fanger ['so:lfaŋəʀ] Sonnenkollektor m; **~fattig** [-fadi] sonnenarm; **~formørkelse** ['-fɔʀmœʀgəlsə] Sonnenfinsternis f; **~fyldt** [-fyl?d] sonnendurchflutet, sonnig

solgt [sɔl?d], **~e** ['sɔldə] → **sælge**

sol|hverv ['so:lvɛʀ?v] Sonnenwende f; **~hvervsfest** [-vɛʀvsfɛsd] Sonn(en)-wendfeier f; **~højde** [-hɔi?də] Sonnenstand m

solid [so'li:'ð] solide, gediegen (*a fig*); haltbar; zuverlässig

solid|arisere [solidari'se:'rə] solidarisieren (*sig med én* sich mit *j-m*); **~arisk** [-'da:'risg] solidarisch; **~aritet** [-'te:'ð] ⟨-*en*⟩ Solidarität *f*

sollys¹ ['so:lly?s] Sonnenlicht *n*

sollys² ['so:lly?s] sonnenhell, sonnig

sol|moden [so:lmo:'ðən] sonnengereift; **~nedgang** [-neðgaŋ?] Sonnenuntergang *m*

solodanser(inde) ['so:lodansər('enə)] Solotänzer(in) *m(f)*

sololie [so:loljə] Sonnenöl *n*

solopgang ['so:lobgaŋ?] Sonnenaufgang *m*

solosang ['so:losaŋ?] Sologesang *m*

sol|plet ['so:lpleð] Sonnenfleck *m*; **~rig** [-ri:?] sonnig; **~sejl** [-saî?l] Sonnensegel *n*, Sonnendach *n*; **~side** [-si:ðə] Sonnenseite *f*

solsikke ['so:lsegə] ⟨-*n; -r*⟩ Sonnenblume *f*; **~frø** [-frœ:?] Sonnenblumensamen *m*; **~olie** [-oljə] Sonnenblumenöl *n*

solskin ['so:lsgen?] Sonnenschein *m*; **slikke ~** sich sonnen

solskins|barn ['so:lsgensba:?rn] *Kind:* Sonnenschein *m*; **~dag** [-da:?] sonniger Tag *m*; **~tag** [-ta:?] *Auto:* Schiebedach *n*, Sonnenverdeck *n*; **~vejr** [-vɛ:?r] sonniges Wetter *n*, Sonnenschein *m*

solskoldet ['so:lsgoləð] *være* ~ *e-n* Sonnenbrand haben

sol|skærm ['so:lsgɛr?m] Sonnenschirm *m*; Blendschirm *m*, Blendschutz *m*; **~sort** [-so:rd] Amsel *f*; **~stik** [-sdeg] Sonnenstich *m*

solstråle ['so:lsdro:lə] Sonnenstrahl *m*; *fig* Sonnenschein *m*; **~fortælling** [-for'tɛl?eŋ] rührselige Erzählung *f*

sol|system ['so:lsy'sde:?m] Sonnensystem *n*; **~tag** [-ta:?] *Auto:* Schiebedach *n*, Sonnenverdeck *n*; **~tørret** [-tœrəð] an der Sonne getrocknet; **~ur** [-u:?r] Sonnenuhr *f*

solvarmeanlæg ['so:lvarmeanlɛ:?g] Solaranlage *f*, Sonnenkollektor *m*

solven|s [sol'vɛn?s] ⟨-*en*⟩ Solvenz *f*; **~t** [-'vɛn?d] solvent, zahlungsfähig

sol|ægte ['so:lɛgdə] farbecht, lichtecht; **~år** [-ɔ:?r] Sonnenjahr *n*

som [sɔm] *pers.pron* der (die, das; *pl* die), welcher (welche, welches; *pl* welche); **den, ~ ikke vil høre, må føle** wer nicht hören will, muss fühlen; *konj* als, wie; **ganske ~** ganz wie; **netop ~** gerade als

so|malene [so:?ma'le:nə] F Schlampe *f*;

~mikkel [-megəl] ⟨*somik(ke)len; somikler*⟩ F Schmierfink *m*

somme ['sɔmə] *pl* einige, gewisse; **~ tider → sommetider**

sommer ['sɔmər] ⟨-*en; somre*⟩ Sommer *m*; **flyvende ~** Altweibersommer *m*; **i ~** diesen (*od* vergangenen *od* kommenden) Sommer; **(midt) om ~en** (mitten im) Sommer; **til ~** nächsten/kommenden Sommer; **~ferie** [-fe:?riə] Sommerurlaub *m*, Sommerferien *pl*, **~fugl** [-fu:?l] Schmetterling *m*; **~gæst** [-gɛsd] Sommerfrischler *m*, Sommergast *m*

sommer|hus ['sɔmərhu:?s] Sommerhaus *n*, Ferienhaus *n*; **~kjole** [-kjo:lə] Sommerkleid *n*; **~land** [-lan?] Ferienhausgebiet *n*; *poet* sommerliche(s) Land *n*, Sommerfrische *f*; **~lejr** [-laî?r] (Kinder-)Ferienlager *n*; **~lig** [-li] sommerlich; **~tid** [-tið?] Sommerzeit *f*

sommetider ['sɔməti:ðər] mitunter, manchmal

sonde ['sɔndə] ⟨-*n; -r*⟩ Sonde *f*; **~re** [-'de:?rə] sondieren (*a fig*)

sondr|e ['sɔndrə] sondern, unterscheiden; **~ing** [-draŋ] ⟨-*en; -er*⟩ Sonderung *f*

sone ['so:nə] sühnen, büßen

sophisticated → sofistikeret

soppe ['sɔbə] waten, plan(t)schen; **~bassin** [-ba'sɛŋ] Plan(t)schbecken *n*

sorg [sɔ:?rw] ⟨-*en; -er*⟩ Trauer *f*; Kummer *m*, Leid *n*

sorg|arbejde ['sɔrwarbaî?də] Trauerarbeit *f*; **~fuld** [-ful?] traurig, kummervoll; **~løs** [-lø:?s] sorglos, unbekümmert; **~ramt** [-ram?d] Trauernde(r) *m*

sort¹ [sɔ:?rd] ⟨-*en; -er*⟩ Sorte *f*

sort² [sord] schwarz; **den ~e børs** der schwarze Markt; **familiens ~e får** *fig* das schwarze Schaf der Familie; **den ~este løgn** die größte Lüge; **være i ~ humør** miesepeterig sein, Trübsal blasen; **~ på hvidt** schwarz auf weiß

sortbroget ['sordbrɔ:?wəð] *Vieh:* schwarzbunt, schwarzweiß gefleckt

sortbørs ['sordbœr?s] Schwarzmarkt *m*; **~grosserer** [-gro'se:?rər] Schwarzhändler *m*

Sortehavet ['sordəha:?vəð] das Schwarze Meer

sorteper ['sordəpɛr] ⟨*en*⟩ *Kartenspiel:* Schwarze(r) Peter *m*

sortere [sɔr'te:?rə] sortieren; **det ~r under ministeriet** dafür ist das Ministerium zuständig

sortering [sɔr'te:?reŋ] Sortierung *f*; **første ~** erste Wahl *f*

sort-hvid ['soʀdviðˀ]: ~ *film* Schwarzweißfilm *m*

sortiment [soʀti'maŋ] ⟨-*et*; -*er*⟩ Sortiment *n*

sort|kridt ['soʀdkʀid] Kohlestift *m*, Zeichenkohle *f*; **~laden** [-la:ˀðən] schwärzlich, dunkel

sortliste[1] ['soʀdlesdə] schwarze Liste *f*

sortliste[2] ['soʀdlesdə] auf die schwarze Liste setzen

sortne ['soʀdnə]: *det ~r for mine øjne* mir wird schwarz vor (den) Augen

sort|seer ['soʀdse:ˀəʀ] Schwarzseher *m* (*a* TV), F Miesmacher *m*; **~smuds(k)et** [-smus(g)əð] von dunkler Gesichtsfarbe, dunkelhäutig

sot [so:ˀd] ⟨-*en*; -*er*⟩ Seuche *f*

souffle, soufflé [su'fle] ⟨*soufleen*; *soufleer*⟩ Soufflé *n*, Auflauf *m*

soutenør [sute'nø:ˀʀ] ⟨-*en*; -*er*⟩ Zuhälter *m*

souvenir [suvə'ni:ʀ] ⟨-*en*; -*er od* -*s*⟩ Souvenir *n*, Reiseandenken *n*

sove ['sɔuə] ⟨*sov*; *sovet*⟩ schlafen; *min arm ~r* der Arm ist mir eingeschlafen; *lægge sig til at ~* sich schlafen legen; ~ *som en sten* wie ein Murmeltier schlafen; *sov godt!* schlaf gut!; ~ *hos én* bei (*od* mit) *j-m* schlafen; ~ *hen*, ~ *ind* entschlafen, sterben; ~ *over sig* verschlafen; ~ *på ngt. etw* überschlafen; ~ *til middag* *e-n* Mittagsschlaf machen; ~ *ud* ausschlafen; *komme ~nde til ngt.* F *etw* im Schlaf bekommen (*od* verdienen); **~by** [-by:ˀ] Schlafstadt *f*

sovehjerte ['sɔuəjɛʀdə]: *have et godt ~* *e-n* gesunden Schlaf haben

sove|kammer ['sɔuəkamˀəʀ] Schlafkammer *f*, (kleine(s)) Schlafzimmer *n*; **~pille** [-pelə] Schlaftablette *f*; **~pose** [-po:sə] Schlafsack *m*; **~sofa** [-so:fa] Schlafsofa *n*, Bettcouch *f*; **~syge** [-sy:ə] MED Schlafkrankheit *f*; **~tryne** [-tʀy:nə] F Schlafmütze *f*; **~vogn** [-vɔwˀn] BAHN Schlafwagen *m*; **~værelse** [-vɛ:ʀəlsə] Schlafzimmer *n*

sovjet [sɔ'vjed] ⟨-*ten*; -*ter*⟩ HIST Sowjet *m*

Sovjet [sɔ'vjed] HIST = *Sovjetunionen*

Sovjetunionen [sɔ'vjeduni'o:ˀnən] HIST die Sowjetunion

sovs [sɔuˀs] ⟨-*en*; -*e od* -*er*⟩ Soße *f*

sovse ['sɔuˀsə] *Tabak*: Soße bilden; ~ *ngt. ind fig etw* verschleiern, verbrämen; **~kande** [-kanə] Sauciere *f*, Soßenschüssel *f*; **~ske** [-sge:ˀ] Soßenlöffel *m*

spade ['sba:ðə] ⟨-*n*; -*r*⟩ Spaten *m*

spadefuld ['sba:ðəful] ⟨-*en*; -*e*⟩: *en ~* ein

Spaten voll

spadestik ['sba:ðəsdeg] Spatenstich *m*

spadsere [sba'se:ˀʀə] spazieren; *fig* arbeitslos sein

spadsere|dragt [sba'se:ʀədʀagd] (Damen)Kostüm *n*; **~sti** [-sdi:ˀ] Spazierweg *m*; **~tur** [-tu:ˀʀ] Spaziergang *m*

spag [sba:ˀ(j)] schwach, zahm, kleinlaut

spagfærdig [sbaʊˀfɛʀˀdi] kleinlaut

spag(h)etti [sba'geti] ⟨-*en*; -*er od* -⟩ Spag(h)etti *pl*; **~strop** [-sdʀɔb] Spag(h)ettiträger *m*; **~western** [-vɛsdəʀn] Italowestern *m*

spagnum ['sbaʊˀnɔm] ⟨-(*m*)*en od* (-*m*)*et*⟩ Torfmull *m*

spalier [sbal'je:ˀʀ] ⟨-*et*; -*er*⟩ → *espalier*

spalte[1] ['sbaldə] ⟨-*n*; -*r*⟩ Spalt *m*; Spalte *f* (*a* TYP)

spalte[2] ['sbaldə] spalten; *Atome* zertrümmern

spalte|korrektur ['sbaldəkɔʀɛg'tu:ˀʀ] TYP (Druck)Fahne *f*, Korrekturabzug *m*; **~lig** [-li] spaltbar

spaltning ['sbaldneŋ] ⟨-*en*; -*er*⟩ Spaltung *f*; *Atome* Zertrümmerung *f*

spand[1] [sbanˀ] ⟨-*en*; -*e*⟩ Eimer *m*; *være på ~en* F in der Patsche sitzen; *det øser ~e ned* F es gießt in Strömen

spand[2] [sbanˀ] ⟨-*et*; -⟩ Gespann *n*; *gå godt i ~ med én* F mit *j-m* gut zusammenarbeiten können, mit *j-m* gut auskommen

spand[3] [sbanˀ] ⟨-*et*; -⟩ Spanne *f* (*Zeit*); *et ~ af år* *e-e* Reihe von Jahren

spandevis ['sbanəvi:ˀs]: *i ~* eimerweise

spandfuld ['sban'ful] ⟨-*en*; -*e*⟩: *en ~* ein Eimer voll

spandgardin ['sbangaʀˀdi:ˀn] Spanngardine *f*

spandt [sbanˀd] → *spinde*

spang [sbaŋˀ] ⟨-*en*; -*e*, **~e** [sbaŋə] ⟨-*n*; -*r*⟩ hölzerne(r) Steg *m*, Brückensteg *m*

spanier ['sba:ˀniəʀ] ⟨-*en*; -*e*⟩ Spanier *m*; **~inde** [-'enə] ⟨-*n*; -*r*⟩ Spanierin *f*

spanke ['sbaŋə] → *spankulere*

spanking ['sbaŋkeŋ] ⟨-*en*⟩ *sexuell* Flagellation *f*; *fig* Strafe *f*, Qual *f*

spankulere [sbaŋku'le:ˀʀə] stolzieren; ~ *omkring* umherstolzieren

spansk [sbanˀsg] spanisch

spansk|grønt ['sbansggʀœnˀd] ⟨-*et*⟩ CHEM Grünspan *m*; **~rør** [-ʀœ:ˀʀ] spanische(s) Rohr *n*, Rotang *m*; *fig* Rohrstock *m*

spar [sba:ˀʀ] ⟨-*en*; -*er*⟩ *Spielkartenfarbe*: Pik *n*

spare ['sba:ʀə] sparen; ersparen; *fig* schonen; ~ **sammen** zusammensparen; ~ **sig for ngt.** fig sich etw (D) ersparen; **~bøsse** ['sbɑ:ʔbøsə] Sparbüchse f; **~gris** [-gri:ʔs] Sparschwein n; **~kassebog** [-kasəbɔ:ʔʍ] Sparbuch n

sparekniv ['sbɑ:rəkni:ʔv]: **tage ~en frem** fig F den Rotstift ansetzen, Sparmaßnahmen einleiten

spare|penge ['sbɑ:rəpɛŋə] pl Ersparnisse f/pl; **~r** [-ʀ] ⟨-en; -e⟩ Sparer m; **~skilling** [-sgelʔeŋəʀ] pl Spargroschen m/pl

spark [sbɑʀg] ⟨-et; -⟩ Fußtritt m; Fußball: Stoß m, Schuss m; **give én et ~** j-m e-n Fußtritt versetzen (od geben)

sparke ['sbɑʀgə] treten, e-n Fußtritt geben; Fußball: schießen, stoßen; Pferd: ausschlagen; Kind: strampeln; ~ **dynen af sig** Kind: sich bloß strampeln; ~ **én bag i** F j-m in den Hintern treten; ~ **én ud** F j-n rausschmeißen; **~dragt** [-dʀɑgd] Strampelanzug m

sparkstøtting ['sbɑʀgsdødɛŋ] ⟨-en; -er⟩ Tretschlitten m

sparre ['sbɑʀə] ⟨-n; -r⟩ ARCH Sparren m

sparsom ['sbɑ:ʀsɔmʔ] spärlich; sparsam; **~melig** [sbɑʀˈsɔmʔəli] sparsam; wirtschaftlich

spartansk [sbɑʀˈtaːʔnsg] spartanisch

spartel ['sbɑːʔʀdəl] ⟨spart(e)len; spartler⟩ → **spatel**; **~farve** [-fɑʀvə], **~masse** [-masə] Spachtelmasse f

spartle ['sbɑʀdlə] spachteln, verkitten

sparto [sbɑʀˈtoːʔ]: **sige ~ til ngt.** etw übertreffen, etw in den Schatten stellen

spas [sbɑːʔs] ⟨-en⟩ Spaß m, Scherz m; **~mager** ['-maːʔ(j)əʀ] ⟨-en; -e⟩ Spaßmacher m, Faxenmacher m

spastisk ['sbasdisg] MED spastisch; ~ **lammet** spastisch gelähmt

spatel ['sbɑːʔdəl] ⟨spat(e)len; spatler⟩ Spachtel m, Spatel m

spe [sbeː?] su → **spot¹**

speake ['sbiːgə] TV ansagen, sprechen

speaker ['sbiːgəʀ] R/TV: Ansager m, Sprecher m; **kvindelig ~** Ansagerin f

special|arbejder [sbeˈsjɑːʔlɑʀbaɪʔdəʀ] angelernte(r) Arbeiter m; **~bygget** [-bygəð] als Sonderanfertigung (gebaut); **~e** [-'sjɑːlə] ⟨-t; -r⟩ Fachgebiet n, Spezialgebiet n; Diplomarbeit f; **~forretning** [-fɔˈʀednəŋ] Fachgeschäft n; **~isere** [-sjɑliˈseːʔʀə] spezialisieren (sig A); **~ist** [-sjɑˈlisd] ⟨-en; -er⟩ Spezialist(in) m(f); **~itet** [-sjɑliˈteːʔd] ⟨-en; -er⟩ Spezialität f; **~læge** [-sjɑliˈteːʔd] ⟨-en; -er⟩ Facharzt m

speciel [sbəˈsjelʔ] speziell

specifi|cere [sbesifiˈseːʔʀə] spezifizie-

ren; **~k** [-'si:ʔfig] spezifisch

spedalsk [sbeˈdaːʔlsg] MED aussätzig, leprakrank

spedit|ion [sbediˈsjoːʔn] ⟨-en; -er⟩ Spedition f; **~ør** [-ˈtøːʔʀ] ⟨-en; -er⟩ Spediteur m

speed [sbiːd] ⟨en⟩ Geschwindigkeit f, Tempo n; Speed n; **fuld ~** F Vollgas n; **~båd** ['-bɔːʔð] Rennboot n

speede ['sbiːdə]: ~ **op** Motor beschleunigen, Gas geben

speeder ['sbiːdəʀ] ⟨-en; -e⟩ Auto: Gashebel m, Gaspedal n; **træde ~en i bund** Vollgas geben

speed|marker ['sbiːdmɑʀkəʀ] ⟨-en; -e⟩ Markierstift m, Marker m; **~ometer** [sbido'meːʔdəʀ] ⟨speedomet(e)ret; speedometre⟩ Geschwindigkeitsmesser m, Tacho(meter n, m) m

spege|pølse ['sbaɪʔəpølsə] etwa: Salami f; **~sild** [-silʔ] Salzhering m, eingelegte(r) Hering m; **~skinke** [-sgeŋə] Räucherschinken m, rohe(r) Schinken m

speget ['sbaɪʔəð] verfilzt, verheddert; fig verworren, kniff(e)lig, heikel

spejde ['sbaɪʔdə] spähen

spejder ['sbaɪʔdəʀ] Späher m, Kundschafter m; Pfadfinder(in) m(f); **~dolk** [-dɔlʔg] Fahrtenmesser n; **~hagl** [-haüʔl] e-e Art Lakritzbonbon n, m

spejl [sbaɪʔl] ⟨-et; -e⟩ Spiegel m (a fig)

spejl|billede ['sbaɪlbeləðə] Spiegelbild n; **~blank** [-blaŋʔg] spiegelblank

spejle ['sbaɪlə] spiegeln (sig sich); ~ **æg** Spiegeleier machen

spejl|glas ['sbaɪlglas] Spiegelglas n; **~glat** [-glad] spiegelglatt; **~ing** ['sbaɪlɛŋ] ⟨-en; -er⟩ Spiegelung f; **~skrift** [-sgʀefd] Spiegelschrift f; **~vendt** [-venʔd] spiegelverkehrt, seitenverkehrt; **~æg** [-ɛːʔg] Spiegelei n

spektakel ['sbeˈtagəl] ⟨spektaklet; spektakler⟩ Lärm m, Krach m; F Radau m, Krawall m, Spektakel n; **~mager** m, F Radaubruder m

spekt|akulær [sbɛgtakuˈleːʔʀ] spektakulär; **~er** ['sbɛgdəʀ] ⟨spekt(e)ret; spektre(r)⟩ → **spektrum**

spektrum ['sbɛgtʀɔm] ⟨-(m)et od spektret; -(m)er od spektrer⟩ Spektrum n

spekul|ant [sbekuˈlanʔd] ⟨-en; -er⟩ Spekulant m; **~ation** [-laˈsjoːʔn] ⟨-en; -er⟩ Spekulation f (a ØKON); **~ativ** ['-lati:ʔv] spekulativ; **~ere** [-'leːʔʀə] spekulieren (a ØKON); fig mutmaßen, grübeln (**over, på**/über A)

spencer ['sbɛnʔsəʀ] ⟨-en; -e⟩, **~kjole** [-kjoːlə] e-e Art Trägerkleid n

spenderbukser [sbɛn'de:ʔʀbɔgsǝʀ]: *ha-*
ve ~ne på F die Spendierhosen anhaben
spendere [sbɛn'de:ʔʀǝ] spendieren
sperm [sbɛʀʔm] ⟨-en⟩, **~a** ['sbɛʀma] ⟨-en*
od -et⟩ Sperma *n*
spid [sbið] ⟨-det; -⟩ (Brat)Spieß *m*; **~de**
['-ǝ] (auf)spießen
spids¹ [sbes] ⟨-en; -er⟩ Spitze *f*; *Hund:*
Spitz *m*; *byens ~er* pl die Honoratioren
der Stadt; *gå i ~en* an der Spitze gehen;
gå op i en ~ F fig in die Luft gehen; *tak ~!*
auweia!; *kan du bide ~ på den?* kannst
du das überbieten (*od* übertreffen)?;
stille (*od* *sætte*) *ngt. på ~en* fig ewt.
auf die Spitze treiben
spids² [sbes] spitz (*a* fig)
spids|artikel ['sbesˀaʀtigǝl] *Zeitung:* Leit-
artikel *m*; F Aufmacher *m*; **~belastning**
['-be'lasdneŋ] Spitzenbelastung *f*; **~bor-**
ger [-bɔʀwǝʀ] Spießbürger *m*, F Spießer
m; **~borgerlig** [-bɔʀwǝʀli] spießbürgerlich, F spießig; **~buet** [-bu:ǝð] spitzbogig;
~bukser [-bogsǝʀ] *pl* Breeches *pl*, Reit-
hose *f*
spidse ['sbesǝ] spitzen; **~ ørene** die Ohren
spitzen; *fig a* aufhorchen; **~** (*sig*) *til* Kon-
flikt: sich zuspitzen
spidsfindig [sbes'fenˀdi] spitzfindig
spids|hund ['sbeshun] *Hund:* Spitz *m*;
~kandidat ['-kandi'da:ˀd] Spitzenkandi-
dat *m*; **~kål** [-kɔːˀl] Spitzkohl *m*, *e-e* Art
Weißkohl *m*; **~mus** [-mu:ˀs] Spitzmaus *f*;
~næset [-nɛːˀsǝð] spitznasig
spidsrod ['sbesʀo:ˀð]: *løbe ~* fig Spießru-
ten laufen
spidstegt ['sbiðsdɛgd] am Spieß gebraten
spidsvinklet ['sbesveŋˀglǝð] GEOM spitz-
wink(e)lig
spig|er ['sbi:ˀǝʀ] ⟨-en *od* -et; *spig(e)re od*
-⟩ NAUT Spieker *m*, große(r) (Schiffs)Na-
gel *m*; **~re** ['sbi:ʀǝ] spiekern, annageln,
festnageln
spil [sbel] ⟨-let; -⟩ MUS, THEA, *Karten:* Spiel
n (*a* fig); *~ Spill n*, Winde *f*; *gå til ~*
Klavierunterricht nehmen; *have frit ~*
freie Hand haben; *opgive ~ let* das Spiel
verloren geben; *aftalt ~* fig abgekartetes
Spiel; *stå på ~* auf dem Spiel stehen; *være på*
~ sein Unwesen treiben; *gøre gode mi-*
ner til slet ~ fig gute Miene zum bösen
Spiel machen; *sætte en ud af ~let* fig
j-n außer Gefecht setzen, kaltstellen;
~let er ude fig das Spiel ist aus
spild [sbilˀ] ⟨-et⟩ Verlust *m* (*af*an *D*); Abfall *m*; Vergeudung *f*, Verschwendung *f*;
gå til ~e verloren gehen, umkommen

spilde ['sbilǝ] ⟨-te⟩ vergeuden; verlieren;
verschütten, F verkleckern; **~** *sin tid* *s-e*
Zeit vergeuden/F *od* verplempern; **~** *på*
ngt. etw bekleckern
spilde|vand ['sbilǝvanˀ] Abwasser *n*;
~vandsrør [-vansʀɶ:ˀʀ] Abflussrohr,
Abwasserrohr *n*
spild|indsamling ['sbilensamˀleŋ] Alt-
stoffsammlung *f*, Altmaterialsammlung
f; **~olie** [-oljǝ] Altöl *n*; **~varme** [-vɑʀmǝ]
Abwärme *f*
spile ['sbi:lǝ] ausspannen; (auf)blähen,
öffnen, spreizen; **~** *øjnene op* die Augen
aufreißen; *vinden ~r sejlet ud* der Wind
bläht das Segel; **~r** [-ʀ] ⟨-en; -e⟩ NAUT
Spinnaker *m*
spilkoge ['sbel'kɔːwǝ] sprudelnd kochen;
~nde vand kochend heißes Wasser
spille ['sbelǝ] spielen; schillern; **~** *et*
stykke THEA ein Stück spielen (*od* geben); **~** *bort* verspielen; **~** *med musk-*
lerne die Muskeln spielen lassen; **~**
med tungen Schlange: züngeln; **~** *én*
ngt. i hænde fig j-m etw zuspielen; **~**
op aufspielen; **~** *sig op* sich einspielen;
~ (*på*) *klavér* (auf dem) Klavier spielen;
~ *ud* ausspielen
spille|automat ['sbelǝaůto'ma:ˀd] Spiel-
automat *m*; **~bule** [-bu:lǝ] Spielhölle *f*;
~dåse [-dɔːsǝ] MUS Spieldose *f*; **~film**
[-filˀm] Spielfilm *m*; **~fugl** [-fu:ˀl]
Spieler *m*, Spielbruder *m*; **~gal** [-gaːˀl]
spielsüchtig; **~kant** [-'kanˀd] ⟨-en; -er⟩
F Musikus *m*; **~kort** [-kɔʀd] Spielkarte
f; **~lidenskab** [-li:ðǝnsgaːˀb] Spiellei-
denschaft *f*; **~lærer(inde)** [-lɛːʀǝʀ('enǝ)]
Musiklehrer(in) *m(f)*
spillemand ['sbelǝmanˀ] Spielmann *m*,
Musikant *m*; *lille Peter ~ Kindersprache*
der kleine Finger
spillemærke ['sbelǝmɛʀgǝ], **~mønt**
[-mønˀd] Spielmarke *f*, Jeton *m*; **~plan**
[-plaːˀn] Spielplan *m*; **~r** [-ʀ] ⟨-en; -e⟩
Spieler(in) *m(f)*; **~regel** [-ʀɛːˀ(j)ǝl]
Spielregel *f*; **~rum** [-ʀɔmˀ] Spielraum
m; **~tid** [-tiðˀ] Spielzeit *f*, Spieldauer *f*
spillevende ['sbel'lǝ:mˀǝ] springleben-
dig, quicklebendig, F putzmunter
spilop|mager [sbi'lɔbma:ˀ(ǝ)ʀ] ⟨-en; -e⟩
Spaßvogel *m*, Schelm *m*, Filou *m*; **~per**
['-lɔbǝʀ] *pl* Possen *f/pl*, Unfug *m*
spilvågen ['sbel'vɔːwǝn] hellwach
spinat [sbi'naːˀd] ⟨-en⟩ Spinat *m*; *træde*
(*od jokke*) *i ~en* F ins Fettnäpfchen treten

S

spind [sben?] ⟨-et; -⟩ Gespinst n; Spinne: Netz n; **gå i ~** FLUG ins Trudeln kommen

spinde [sbenə] ⟨spandt; spundet⟩ spinnen; Katze: schnurren; Reifen: durchdrehen; Flugzeug: trudeln; **~ rænker** Ränke schmieden; **~ en ende** ein Seemannsgarn spinnen

spindelvæv [ˈsbenˀɔlvεːˀv] Spinnwebe f; **~stynd** [-vε:vstənˀ] hauchdünn

spinder [ˈsbenɐ] ⟨-en; -e⟩ Spinner m (a ZO u NAUT); **~i** [sbenɐˈriːˀ] ⟨-et; -er⟩ Spinnerei f

spinderok [ˈsbenɐrɔg] Spinnrad n

spinderske [ˈsbenɐrsgɔ] ⟨-n; -r⟩ Spinnerin f

spindeside [-siːðə] weibliche Seite (od Linie) f

spinke [ˈsbengə]: **~ og spare** knausern, an allen Ecken und Enden sparen

spinkel [ˈsbeŋˀgəl] schmächtig, schmal, zart gebaut; fig schwach, dünn

spion [sbiˈoːˀn] ⟨-en; -er⟩ Spion m; **~ere** [-oˈneːˀrə] spionieren; **~eri** [-oːnɐˈriːˀ] ⟨-et; -er⟩ Spionieren n, Spionage f

spir[1] [sbiːˀr] ⟨-et; -⟩ (Turm)Spitze f; et (langt) **~** F e-e lange Latte

spir[2] [sbiːˀr] pl F Mäuse f/pl (Geld)

spiral [sbiˈrɑːˀl] ⟨-en; -er⟩ Spirale f; **~bund** [-bɔnˀ] Bett: Sprungfederrahmen m; **~fjeder** [-fjeðˀɐr] Sprungfeder f, Spiralfeder f; **~formet** [-fɔːˀrmɔð] spiralförmig; **~snoet** [-snoːˀɔð] spiralig, schneckenförmig

spire[1] [ˈsbiːrə] ⟨-n; -r⟩ Keim m (a fig); Spross m, Sprössling (a F) m

spire[2] [ˈsbiːrə] keimen; sprießen, treiben; **~ frem** hervorsprießen

spiredygtig [ˈsbiːrədøgdi] keimfähig; **~evne** [-cũnə] Keimfähigkeit f

spirituosa [sbirituˈoːsa] su pl Spirituosen pl

spiritus [ˈsbiːˀritus] ⟨-(s)en⟩ Alkohol m; **~afgift** [-uũgifd], **~beskatning** [-beˈsgadnen] Getränkesteuer f; **~bevilling** [-beˈvilˀen] Schankerlaubnis f; **~kørsel** [-køːˀrˀsəl] Trunkenheit f am Steuer; **~promille** [-proˈmilə] Alkoholspiegel m, Blutalkoholgehalt m

spiritusprøve[1] [ˈsbiːˀritusprøːvə] Alkoholtest m

spiritusprøve[2] [ˈsbiːˀritusprøːvə]: **han blev ~t** bei ihm wurde ein Alkoholtest gemacht

spirituspåvirket [ˈsbiːˀrituspɔviɐgɔð] alkoholisiert; **være ~** unter Alkoholeinfluss stehen

spirituøs [sbiɾituˈøːˀs]: **~e drikke** pl alkoholische Getränke pl

spirrevip [sbiɐˈvib] ⟨-pen; -per⟩ F kleine(s) Persönchen n, Knirps m

spise[1] [ˈsbiːsə] ⟨-n; -r⟩ Speise f, Essen n

spise[2] [ˈsbiːsə] ⟨-te⟩ essen, speisen; **~ til aften** zu Abend essen; **~ én af** j-n abspeisen; **~ ngt. op** etw aufessen; **hun er lige til at ~!** F sie ist zum Anbeißen!; **~ en ud af huset** F j-n arm essen; **spist op** Brot: alle

spise|bestik [ˈsbiːsəbeˀsdeg] Essbesteck n; **~bord** [-boːˀr] Esstisch m; **~frikvarter** [-frikvɐˈteːˀr] Schule: große Pause f; **~grejer** [-grɑˀiɐr] pl Essbesteck n; **~hus** [-huːˀs] (billige(s)) Esslokal n; **~kammer** [-kɑmˀɐr] Speisekammer f; **~kort** [-kɔrd] Speisekarte f; **~krog** [-krɔːˀr] Essecke f; **~køkken** [-køgən] Wohnküche f

spise|lig [ˈsbiːsəli] essbar; **~rør** [-røːˀr] ANAT Speiseröhre f; **~seddel** [-seðˀɔl] Speisekarte f; Küchenzettel m; Zeitung: Anschlagzettel m, Werbe-, Flugblatt n; **~ske** [-sgeːˀ] Esslöffel m

spiseskefuld [ˈsbiːsɔsgefulˀ] ⟨-en; -e⟩: **en ~** ein Esslöffel voll

spisested [ˈsbiːsɔsdɔð] Esslokal n

spise|stel [ˈsbiːsɔsdelˀ] Essservice n; **~stue** [-sduːə] Esszimmer n; **~tid** [-tiðˀ] Essenszeit f, Tischzeit f; **~vat** [-vad] Zuckerwatte f; **~vogn** [-vɔwˀn] BAHN Speisewagen m; **~vægring** [-vεːˀj(j)ɐŋ] Nahrungsverweigerung f, MED Magersucht f

spisning [ˈsbiːsnen] ⟨-en⟩ Essen n, Speisen n

spjæld [sbjelˀ] ⟨-et; -⟩ Ofen: Klappe f; F Knast m, Kittchen n

spjæt [sbjed] ⟨-tet; -⟩ Ruck m, Zuckung f; **det gav et ~ i ham** er zuckte zusammen; **~te** [-ə] zappeln, zucken, strampeln

splatterfilm [ˈsblaðɐfilˀm] ⟨-en; -⟩ F Splatterfilm m, blutiger Horrorfilm m

splejs [sblɑiˀs] ⟨-en; -e(r)⟩ F Schwächling m, F kleines Persönchen, Knirps m

splejse [ˈsblɑisə] NAUT spleißen; F Geld zusammenlegen (til ngt. für etw); **~ sammen** F fig Paar trauen; **~t** [-ð] schmächtig, dünn, mickerig

splid [sbliðˀ] ⟨-en⟩ Zwietracht f, Zwiespalt m; Zwist m; **sætte ~ mellem venner** Freunde entzweien; **være i ~ med sig selv** (mit sich selbst) in e-n Zwiespalt geraten (sein); **~agtig** [sbliðˀɑgdi] uneins; streitsüchtig; zwiespältig

splidse [ˈsbliːə] NAUT spleißen, splissen

splint [sblenˀð] ⟨-en; -er⟩ Splitter m; **der går ingen ~er af dig, fordi ...** du brichst dir keinen Zacken aus der Krone, wenn ...

splinterny ['sblen?dərny:?] funkelnagelneu

splintfri ['sblendfri:?] splitterfrei; **~t glas** Sicherheitsglas n, Verbundglas n

splint|re ['sblendrə] (zer)splittern; **~sikker** ['sblendseɡɒʀ] splittersicher

split [sbled] ⟨-ten, -ter⟩ Schlitz m, Einschnitt m; TECH Splint m; **~flag** ['-fla:?] zweispitzige Flagge f (dän Staatsflagge)

splitte ['sbledə] zerspalten; zersplittern; fig entzweien; Menschenmenge zerstreuen; **~ ad** auseinandernehmen, zerlegen; **~t** fig gespalten, zwiespältig; **~lse** [-lsə] ⟨-n; -r⟩ fig Zersplitterung f, Spaltung f

splitter|gal ['sbledər'ɡa:?l] F völlig falsch; total verrückt; **~nøgen** ['-'nøˀən] splitter(faser)nackt; **~tosset** ['-'tɒsəð] F völlig übergeschnappt; → a **splittergal**

spole[1] ['sbo:lə] ⟨-n; -r⟩ Spule f

spole[2] ['sbo:lə] spulen

spoleben ['sbo:lə̞be:?n] ANAT Speiche f

spolere [sbo'le:?ʀə] verderben

sponsor ['sbɒnsɒʀ] ⟨-en; -ér⟩ Зponsor m; **~e** ['-so:ʀə], **~ere** [-so'ʀɛ:?ʀə] sponsern

spontan [sbɒn'ta:?n] spontan; Streik: wild; **~itet** [-tani'te:?ð] ⟨-en⟩ Spontan(e)ität f

spor [sbo:ʀ] ⟨-et; -⟩ Spur f (a fig), Fährte f; BAHN Gleis n; Schule: Zug m, Parallelklasse f; fig Geleise n; **løbe af ~et** BAHN entgleisen; **ikke ~** F nicht die Spur, überhaupt nicht(s); **følge** (od **træde**) **i ens ~** fig in j-s Fuß(s)tapfen treten; **komme på ~et af ngt.** fig e-r Sache auf die Spur kommen

sporadisk [sbo'ʀɑ:?disɡ] sporadisch

spore[1] ['sbo:ʀə] Sporn m; BOT Spore f; fig Ansporn m; **give hesten** (af) **~rne** dem Pferd die Sporen geben

spore[2] ['sbo:ʀə] (ver)spüren (a fig); Hund: wittern; Pferd (an)spornen, antreiben; **~ tilbage** (til) zurückverfolgen (bis); **~ ind** (på) fig lenken (auf A)

sporenstregs ['sbo:ʀənsdʀɑɪ?s] spornstreichs

spor|hund ['sbo:ʀhun] Spürhund m; **~løs** [-løˀs] spurlos; **~sans** [-sanˀs] Spürsinn (a fig) m, Witterung f; **~skifte** [-sɡifdə] ⟨-t; -r⟩ BAHN Weiche f; fig Wende f, Umschwung m; **~stoffer** [-sdɒfəʀ] pl Spurenelemente n/pl

sport [sbɒʀd] ⟨-en⟩ Sport m; **drive** (od **dyrke**) **~** Sport treiben

sportig ['sbɒʀti] → **sporty**

sports|begivenhed ['sbɒʀdsbe'ɡi:?vən-

he:ð?] Sportereignis n; **~fly** [-fly:?] Sportflugzeug n; **~gren** [-ɡʀe:?n] Sportart f; **~helt** [-helˀd] Sportgröße f, F Sport(s)kanone f; **~idiot** ['-idi'o:?d] Sportfanatiker m; **~klub** [-klub] Sportverein m; **~klædt** [-klɛ:?d] sportlich gekleidet; im Sportdress; **~kvinde** [-kvenə] Sportlerin f

sportlig [-li] sportlich

sports|mand [-manˀ] Sportler m **~plads** ['sbɒʀdsplas] Sportplatz m; **~strømpe** [-sdʀœmbə] Kniestrumpf m; **~stævne** [-sdɛünə] Sportveranstaltung f, Sportfest n; **~trænet** [-tʀɛ:nəð] sportlich, durchtrainiert; **~vogn** [-vɔwˀn] Sportwagen m, Kabriolett n; **~ånd** [-ɒnˀ] Sportgeist m

sporty ['sbɒʀti] sportlich

sporvogn ['sbɒʀvɔwˀn] Straßenbahn f

spot[1] [sbɒd] ⟨-ten⟩ Spott m; Gespött n; **drive ~ med ngt.** mit etw Spott treiben; **~ og skade følges ad** wer den Schaden hat, braucht für den Spott nicht zu sorgen; **være til ~** (og **spe**) **for andre** anderen zum Gespött werden

spot[2] [sbɒd] ⟨-ten; -s od -⟩, **~light** ['-laɪd] ⟨-et; -s⟩ Spotlight n; **~lys** ['-ly:?s] EL Strahler m (Lampe)

spotsk [sbɒdsɡ] spöttisch

spotte ['sbɒdə] spotten; **~ én** j-n verspotten; **~nde** spöttisch; **~fugl** [-fuˀl] ZO Spottvogel m (a fig); Spötter m; **~gloser** [-glo:səʀ] pl Spottworte n/pl, Spötteleien pl; **~r** [-ʀ] ⟨-en; -e⟩ Spötter m

spradebasse ['sbʀɑ:ðəbasə] F Laffe m, Angeber m, Geck m

spraglet ['sbʀɑüləð] bunt(scheckig), kunterbunt

sprak [sbʀɑɡ] → **sprække**[2]

sprang [sbʀɑŋ?] → **springe**

spray [sbʀɛːˀi] ⟨-en; -er od -⟩ Spray m, n; **~dåse** ['-dɔːsə] Spraydose f; **~e** ['-ə] sprayen, sprühen

sprede ['sbʀɛːðə] ⟨-te⟩ verbreiten; verstreuen; zerstreuen; ausbreiten; spreizen; Virus übertragen; **~ glæde** Freude bereiten; **~ sig** fig sich verzetteln; **~s** (Menschenmenge) sich zerstreuen; sich verbreiten; **spredt** zerstreut; vereinzelt; fig beiläufig; **~linse** [-lensə] Zerstreuungslinse f

spredning ['sbʀɛːðnəŋ] ⟨-en; -er⟩ Zerstreuung f; Ausbreiten n, Verbreitung f; Streuung f

spredt [sbʀɛːˀd] → **sprede**; **~liggende** ['-leɡənə] Häuser: verstreut liegend

spring [sbʀɛŋ?] ⟨-et; -⟩ Sprung m (a fig);

priserne steg i ~ die Preise stiegen sprunghaft (an); *tage trappen i to* ~ die Treppe in zwei Sätzen hinaufspringen; *stå på* ~ *til at gøre ngt.* auf dem Sprung sein/stehen, *etw zu tun*; *vove* ~*et fig* den Sprung ins kalte Wasser wagen

spring|avancement ['sbreŋavaŋsə'maŋ] Blitzkarriere *f*, F Senkrechtstart *m*; ~**bind** [-ben'] Ringbuch *n*, Ringhefter *m*; ~**bræt** [-bred] Sprungbrett (*a fig*)

springe ['sbreŋə] ⟨*sprang*; *sprunget*⟩ springen; platzen, zerspringen; reißen; *Sicherung*: durchbrennen; *lade en tier* ~ F *e-n* Zehner springen lassen; ~ *af* abspringen; ~ *fra* sich zurückziehen; absagen, abspringen; ~ *om* umspringen, umschlagen; *det* ~*r jeg op og falder ned på* F *fig* das lässt mich kalt; ~ *over Seiten* überspringen; ~ *ud* hinausspringen; FLUG abspringen; *Baum*: ausschlagen; ~*nde* springend (*a fig*), sprunghaft; ~*r* [-R] ⟨*-en*; *-e*⟩ Springer *m* (*a Schach*)

spring|fjeder ['sbreŋfje:'ðər] Sprungfeder *f*; ~**flod** [-flo:'ð] Springflut *f*; ~**kniv** [-kni:'v] Klappmesser *n*; ~**lagen** [-la:'ən] Sprungtuch *n*; ~**madras** ['-ma'dras] Sprungfedermatratze *f*; ~**sk** [sbreŋ'sg] ausgelassen, wild; ~**tur** [-tu:'R]: *være på* ~ (*aus dem Gefängnis*) ausgebrochen sein, F abgehauen (*od* getürmt) sein; ~**vand** [-van'] Springbrunnen *m*

sprinkler ['sbreŋlər] ⟨*-en*; *-e*⟩ Sprinkler *m*; Scheibenwaschanlage *f*

sprint [sbren'd] ⟨*et*⟩ SPORT Sprint *m*; ~**e** ['sbrendə] sprinten

sprinter ['sbrendər] ⟨*-en*; *-e*⟩ SPORT Sprinter(in) *m(f)*; ~**løb** [-lø:'b] Sprint *m*, Kurzstreckenlauf *m*

sprit [sbrid] ⟨*-ten*⟩ (*Brenn*)Spiritus *m*, Sprit *m*; ~**apparat** ['-apa'ra:'d] Spirituskocher *m*; ~**bilist** [-'bi'lisd] Autofahrer(in) *m(f)*, der/die unter Alkoholeinfluss steht, Alkoholsünder *m*; ~**kørsel** ['-kør'-səl] Trunkenheit *f* am Steuer; ~**smugler** ['-smu:lər] Alkoholschmuggler *m*; ~**stift** ['-sdefd] Filzstift *m*; ~**ter** ['-ər] ⟨*-en*; *-e*⟩ F Fuseltrinker *m*

sprog [sbrɔ:'w] ⟨*-et*; *-*⟩ Sprache *f*; *ud med* ~*et!* heraus mit der Sprache!

sprog|barriere ['sbrɔwbari'ɛ:rə] Sprachbarriere *f*; ~**blomst** [-blɔm'sd] Stilblüte *f*; ~**brug** [-bru:'] Sprachgebrauch *m*; ~**bruger** [-bru:ər] Sprachteilnehmer *m*; ~**forbistring** ['-fɔr'bisdrəŋ] ⟨*-en*; *-er*⟩ die skandinavische Sprachentrennung *f*; ~**færdighed** [-fɛrdihe:ð']

Sprachfertigkeit *f*; ~**følelse** [-fø:ləlsə] Sprachgefühl *n*; ~**føring** [-fø:reŋ] Ausdrucksweise *f*, Sprachstil *m*; ~**geni** ['-sje'ni:'] Sprachgenie *n*

sprog|historie ['sbrɔwhi'sdo:'riə] Sprachgeschichte *f*; ~**kundskaber** [-kon-sga:'bər] *pl* Sprachkenntnisse *f/pl*; ~**laboratorium** ['-labora'to:'riom] Sprachlabor *n*; ~**lig** [-li] sprachlich; ~**lære** [-lɛ:rə] Sprachlehre *f*; ~**lærer** [-lɛ:rər] Sprachlehrer *m*; ~**nævn** [-nɛu̯'n] *etwa* Gesellschaft für dänische Sprache; ~**område** [-ɔmrɔ:ðə] *n* Sprachgebiet *n*

sprog|røgt ['sbrɔwrøgd] Sprachpflege *f*; ~**sans** [-san'ˀs] Sprachgefühl *n*; ~**talent** ['-ta'len'd] Sprachtalent *n*; ~**undervisning** [-onərvi:'sneŋ] Sprachunterricht *m*; ~**videnskab** [-vi:ðənsga:'b] Sprachwissenschaft *f*; ~**æt** [-ɛ:'d] Sprachfamilie *f*; ~**øre** [-ø:rə] Sprachgefühl *n*

sprosse ['sbrɔsə] ⟨*-n*; *-r*⟩ Sprosse *f*

sprude ['sbru:ðə] *Funke* sprühen, *Vulkan* speien

sprudle ['sbruðlə] sprudeln; *fig* sprühen; ~*nde* sprudelnd; *fig* sprühend, spritzig

sprukken ['sbrɔgən], *sprukket*, *pl sprukne* geborsten; aufgesprungen, rissig; rau, brüchig (*Stimme*); → *sprække²*

sprunget ['sbrɔŋəð] → *springe*

sprut¹ [sbrud] ⟨*-ten*⟩ F Sprit *m*, Stoff *m* (*Alkohol*)

sprut² [sbrud] ⟨*-tet*; *-*⟩ (*Fett*)Spritzer *m*

sprutrød ['sbrud'rø:'ð] F puterrot

sprutte ['sbrudə] spritzen; brutzeln; ~ *af grin* F vor Lachen prusten

sprække¹ ['sbrɛgə] ⟨*-n*; *-r*⟩ Ritze *f*, Spalt *m*; Einwurf *m*, Schlitz *m*

sprække² ['sbrɛgə] ⟨*-ede od sprak*; *sprækket od sprukket*⟩ bersten, platzen; *hun sled, så sveden sprak ud af alle porer* sie mühte sich ab (F sie ackerte), dass ihr der Schweiß aus allen Poren brach; *være ved at* ~ *af latter* vor Lachen fast platzen; → *sprukken*

spræl [sbrɛl'] ⟨*-let*; *-*⟩ F Unsinn *m*, Faxen *pl*; *der er* ~ *i ham* er ist ein lustiger Geselle, er hat Schwung

sprælle ['sbrɛlə] zappeln; strampeln; ~*mand* [-man'] Hampelmann *m*

spræl|levende ['sbrɛl'le:vənə] quicklebendig; ~**sk** [sbrɛl'ˀsg] ungestüm, unbändig

sprænge ['sbrɛŋə] ⟨*sprængte*⟩ sprengen; *være ved at* ~*s af nysgerrighed* vor Neugierde fast platzen; ~ *af sted Reiter*: davonsprengen; → *sprængt*

spræng|farlig ['sbrɛŋfarli] *Mine*: scharf;

fig brisant; **~fyldt** ['-'fyl'd] vollgepfropft
sprængfærdig ['sbrɛŋfɛr'di]: **være ~ af
latter** vor Lachen bald platzen
spræng|ladning ['sbrɛŋlaːðnen] Spreng-
ladung *f*; **~lært** [-lɛr'd] stockgelehrt;
~ning [-nen] ⟨-en; -er⟩ Sprengung *f*; **~sik-
ker** [-segər] *Mine*: gesichert; **~stof**
[-sdɔf] Sprengstoff *m*; **~stykke** [-sdøgə]
Bombe: Splitter *m*
sprængt [sbrɛŋ'd] gesprengt; *Rohr, Verhandlungen*: geplatzt; *Fleisch*: gepökelt
sprætte ['sbrɛdə]: **~ op** *Naht* auftrennen;
~ maven op på én *j-m* den Bauch aufschlitzen
sprød [sbrøː'ð] knusprig, kross, knackig;
spröde; **~stegt** ['sbrøːsdɛgd] knusprig
gebraten
sprøjt [sbrɔi'd] ⟨-et; -⟩ Spritzer *m*, Strahl
m, Gischt *m*; *F* Gesöff *n*; *fig* dünne Brühe
sprøjte¹ ['sbrɔidə] ⟨-n; -r⟩ Spritze *f*;
Feuerwehr: Löschfahrzeug *n*; *F* Käseblatt
n; **være på ~n** *F* an der Nadel hängen, fixen
sprøjte² ['sbrɔidə] spritzen; besprühen
sprøjte|hus ['sbrɔidəhuːʔs] Spritzenhaus
n; **~lakere** [-la'keːʔrə], **~male** [-maːlə]
spritzlackieren, spritzen; **~narkoman**
[-narko'maːʔn] *F* Fixer *m*
sprøjtning ['sbrɔidnen] ⟨-en; -er⟩ Spritzen *n*; Besprühen *n*
spsk. *Abk. für* **spiseskefuld**
spule ['sbuːlə] *NAUT* abspülen
spundet ['sbɔnəð] → **spinde**
spuns [sbɔn's] ⟨-en; -e(r)⟩ Spund *m*; **~e**
['sbɔnsə] spunden
spurgt [sbor'd], **~e** ['sbordə] → **spørge**
spurt [sbur'd] ⟨-en; -er⟩ Spurt *m*; **~e**
['sburdə] spurten
spurv [sbur'v] ⟨-en; -e⟩ Spatz *m*, Sperling
m
spurve|høg ['sburvəhøːʔ(j)] Sperber *m*;
~unge [-ɔŋə] junge(r) Spatz *m*
spy¹ [sby:ʔ] ⟨-et⟩ Fliegeneier *n/pl*, *F* Flie-
gendreck *m*
spy² [sby:ʔ] (aus)speien; **~ gift og galde**
fig F Gift und Galle speien (*od* spucken)
spyd [sbyð] ⟨-(d)et; -⟩ Speer *m*; Spieß *m*
spydig ['sby:ði] anzüglich, *fig* spitz
spydkast ['sbyðkasd] Speerwurf *m*
spyflue ['sbyfluːə] Schmeißfliege *f*,
Brummer *m*
spyt [sbøð] ⟨-tet⟩ Speichel *m*, Spucke *f*;
~kirtel ['-kirdəl] *ANAT* Speicheldrüse *f*;
~klat ['-klad] (Speichel)Auswurf *m*, *F*
Spucke *f*; **~krølle** [-krølə] *F* Schmachtlo-
cke *f*, Schmalztolle *f*
spytslikker ['sbødsleɡər] ⟨-en; -e⟩ Spei-

chellecker *m*
spytte ['sbødə] spucken; **~ efter én** *fig* für
j-n den Daumen drücken; *F j-m* Hals-
und Beinbruch wünschen; **~ i bøssen**
F Geld blechen, spenden; **~ på én** *j-n* an-
spucken; **spyt ud!** *F* heraus damit!
spæd [sbɛːʔð] zart, fein; klein; **~barn**
['sbɛðbaːʔrn] Säugling *m*
spædbørns|hjem ['sbɛðbœrnsjem?]
Säuglingsheim *n*; **~udstyr** [-uðsdyːʔr]
Babywäsche *f*; Erstlingsausstattung *f*
spæde ['sbɛːðə] ⟨-ede od -te⟩: **~ op** verdünnen; **~ til** *fig* beisteuern, zuschießen;
~kalv [-kal'(v)] Kälbchen *n*
spædlemmet ['sbɛðləm'əð] feingliedrig,
zart gebaut
spæge ['sbɛː(j)ə] kasteien (**sig** sich)
spæk [sbɛg] ⟨-ket⟩ Speck *m*; **~bræt**
['-brɛd] → **spækkebræt**
spække ['sbɛgə] spicken (*a fig*); bespi-
cken; **~bræt** [-brɛd] Hack-, Schneide-
brett *n*; **~nål** [-nɔːʔl] Spicknadel *f*
spænd [sbɛnʔ] ⟨-et; -⟩ Spanne *f*, Spann *m*;
gå godt i ~ sammen *fig* ein gutes Gespann abgeben, sich gut vertragen; **~be-
ton** ['sbɛnbetɔŋ] Spannbeton *m*
spænde¹ ['sbɛnə] ⟨-t; -r⟩ Spange *f*;
Schnalle *f*
spænde² ['sbɛnə] ⟨-te⟩ *v/i* spannen; *v/t*
spannen, schnallen; **~ ben for én** *j-m*
ein Bein stellen (*a fig*); **~ for** Zugtier an-
spannen; **~ fra** ausspannen (*a fig*); **~ over**
fig umfassen
spændende ['sbɛnənə] *fig* spannend
spænde|tamp ['sbɛnətamʔb] *Mantel*:
Riegel *m*, Rückengurt *m*; **~trøje**
[-trɔiə] Zwangsjacke *f*
spænd|ing ['sbɛnen] ⟨-en; -er⟩ Spannung
f (*a fig u* EL); **~ingsmåler** [-smɔːlər]
Spannungsmesser *m*; **~kraft** ['sbɛn-
krɔfd] Spannkraft *f*
spændstig ['sbɛnsdi] elastisch, geschmeidig, federnd
spændt [sbɛnʔd] gespannt; angespannt
(*Lage*); **være ~ på ngt.** auf etw (*A*) gespannt sein
spæne ['sbɛːnə] *F* flitzen, sausen
spær [sbɛːʔr] ⟨-et; -⟩ *Dach*: Sparren *m*
spærre ['sbɛrə] sperren, versperren; **~ vejen for én** *j-m* den Weg versperren; **~ inde** einsperren; **~ op** *Augen, Mund* aufsperren; **~t** TYP gesperrt; **~grænse**
[-grɛnsə] → **~regel**; **~ild** [-il'ʔ] MIL Sperr-
feuer *n*; **~regel** [-rɛːʔəl] PARL Sperr-
klausel *f*; **~tid** [-tiðʔ] Sperrzeit *f*, Sperr-
stunden *f/pl*, Ausgehverbot *n*; EL Strom-
sperre *f*

spærring ['sbɛrɛŋ] ⟨-en; -er⟩ Sperrung *f*; Sperre *f*

spætte ['sbɛdə] ⟨-n; -r⟩ Specht *m*

spættet ['sbɛdəð] gefleckt, scheckig

spøg [sbøˀ(j), sbøɪˀ] ⟨-en⟩ Spaß *m*; Scherz *m*; ~ *til side!* Scherz beiseite!; *ikke forstå* ~ keinen Spaß verstehen; *for* ~ aus Spaß, zum Scherz; *slå ngt. hen i* ~ *etw* als Scherz abtun; ~ *og skæmt* Scherzartikel *m/pl*

spøge ['sbø:(j)ə, 'sbøɪə] ⟨-ede; -te⟩ scherzen, spaßen; *Geist:* spuken; *han er ikke til at* ~ *med* er lässt nicht mit sich spaßen, mit ihm ist nicht gut Kirschen essen

spøge|fugl ['sbø:(j)əfuːˀl] Spaßvogel *m*, Witzbold *m*; ~**fuld** [-fulˀ] scherzhaft, spaßig

spøgelse ['sbø:(j)əlsə, 'sbøɪəlsə] ⟨-t; -r⟩ Gespenst *n*

spøgelses|historie ['sbø:(j)əlsəshi'sdoːˀʁiə] Gespenstergeschichte *f*; ~**time** [-ti:mə] Geisterstunde *f*

spøgeri [sbø:(j)ə'riːˀ] ⟨-et; -er⟩ Spuk *m*

spøjs [sbøɪˀs] komisch, drollig, ulkig

spølkum ['sbølkom] ⟨-men; -mer⟩ *scherzh* große Tasse *f*

spørge ['sbœrwə, 'sbœrə] ⟨*spurgte*; *spurgt*⟩ fragen (*efter*, *om*/nach *D*); *om jeg må* ~ wenn ich fragen darf; ~ *ad* (nach)fragen, sich erkundigen; ~ *efter én* nach *j-m* fragen; ~ *sig for* sich erkundigen; ~ *én til råds j-n* um Rat fragen; ~ *ud* ausfragen; **~jørgen** [-jœrən] ⟨-en⟩ F Kind *n* im Fragealter, kleine Nervensäge *f*; ~**kasse** [-kasə] *Zeitung:* Leserbriefkasten *m*; ~**lysten** [-løsdən] fragelustig; ~**r** [-rˀ] ⟨-en; -e⟩ Frager *m*; ~**skema** [-sge:ma] Fragebogen *m*; ~**sætning** [-sɛdnəŋ] Fragesatz *m*; ~**tid** [-tiðˀ] PARL Fragestunde *f*

spørgsmål ['sbœrsmɔːˀl] ⟨-et; -⟩ Frage *f*; *stille et* ~ *e-e* Frage an *j-n* stellen; *det er et* (*åbent*) ~ *om ...* es fragt sich, ob ...; *et* ~ *om tid e-e* Frage der Zeit, *e-e* Zeitfrage

spørgsmålstegn ['sbœrsmɔːlstɑɪˀn] Fragezeichen *n*

spå [sbɔːˀ] wahrsagen, weissagen, prophezeien

spå|dom ['sbɔdɔmˀ] Wahrsagung *f*, Weissagung *f*; Prophezeiung *f*; ~**kone** [-koːnə], ~**kvinde** [-kvenə] Wahrsagerin *f*; ~**mand** [-manˀ] Wahrsager *m*

spån [sbɔːˀn] ⟨-en; -er⟩ Span *m*; (Dach)Schindel *f*; (Seifen)Flocke *f*; *gå i* ~*er*(*ne*) F schiefgehen, danebengehen, in die Binsen gehen

spån|plade ['sbɔnplaːðə] Spanplatte *f*; ~**tag** [-taːˀ(j)] Schindeldach *n*

squash¹ [sgvɔsj] ⟨-en; -⟩ Squash *n* (*Limonade mit Fruchtfleisch*)

squash² [sgvɔsj] ⟨-en⟩ SPORT Squash *n*

squash³ [sgvɔsj] ⟨-en; -er⟩ BOT Zucchini *f*

st. *Abk. für* **stuen**

St. *Abk. für* **Store** *in* Ortsnamen

stab [sdaːˀb] ⟨-en; -e⟩ Stab *m*; Belegschaft *f*

stabejs [sda'baɪˀs] ⟨-en; -er⟩ F (alte(r)) Kauz/Knacker *m*

stabel ['sdaːbəl] ⟨*stab*(*el*)*en*; *stabler*⟩ Stapel *m* (*a* NAUT); Stoß *m*; ~**afløbning** [-ɑˑłøːˀbnəŋ] ⟨-en; -er⟩ Stapellauf *m*; ~**plads** [-plas] Stapelplatz *m*

stabil [sda'biːˀl] stabil; ~**isere** [-bili'se:ˀrə] stabilisieren; ~**itet** [-bili'te:ˀd] ⟨-en⟩ Stabilität *f*

stable ['sdaːblə] stapeln, aufhäufen, schichten; ~ *op* aufstapeln; ~ *sig på benene* F auf die Beine kommen, sich aufraffen/F aufrappeln

stabs|chef ['sdaːˀbssjeːˀf] MIL Stabschef *m*; ~**læge** [-lɛːə] MIL Stabsarzt *m*; ~**tambur** ['tɑmˀbuːˀʁ] Tamburmajor *m*

stad [sdað] ⟨-en; *stæder*⟩ (Groß)Stadt *f*

stade ['sdaːðə] ⟨-t; -r⟩ (Verkaufs)Stand *m*; Platz *m*; Bienenstock *m*; *fig* Stand *m*, Niveau *n*; ~**penge** [-pɛŋə] Standgeld *n*, Platzmiete *f*; ~**plads** [-plas] Stand(platz *m*) *m*

stadfæste ['sdaðfɛsdə] JUR bestätigen; sanktionieren; ~**lse** [-lsə] ⟨-n; -r⟩ Bestätigung *f*, Sanktionierung *f*

stadig ['sdaːði] *adj* ständig; beständig, stetig, anhaltend; *adv* ständig, stets, immer; immer noch, weiterhin; ~ *væk* → **stadigvæk**

stadighed ['sdaːðiheːð?] ⟨-en⟩ Beständigkeit *f*; Stetigkeit *f*; *til* ~ beständig, dauernd

stadigvæk ['sdaːðiˀveg] immer noch, noch immer, immerzu, immerfort

stadium ['sdaːˀdiom] ⟨*stadiet*; *stadier*⟩ Stadium *n*, *fig* Stufe *f*

stads [sdaˀs] ⟨-en⟩ Staat *m*, Prunk *m*; *fig* Zeug *n*, Flitterkram *m*; F Zeugs *n*; *hele* ~*en* der ganze Krempel; *det er ngt.* ~*!* so ein Schund!; *gøre* ~ *af én* viel Wesens um *j-n* (*od* von *j-m*) machen; *i fuld* ~ in vollem Staat; *sidde til* ~ müßig herumsitzen; *der er der ikke megen* ~ *ved* das ist nicht umwerfend (*od* nichts Besonderes), F damit ist es nicht weit her

stads|arkitekt ['sdaðsɑrki'tegd] *etwa* Stadtbaumeister *m*, Baudezernent *m*;

~arkiv ['-ɑʀki:ʔv] Stadtarchiv n

stadse ['sda:sə]: **~ op** aufputzen, herausputzen, F aufdonnern; **~lig** [-li] stattlich; **~stue** [-sdu:ə] → **stadsstuen**

stadslæge ['sda's'lɛ:ʔə] etwa: Amtsarzt m

stads|stuen ['sda:ʔssdu:ən] die gute Stube; **~tøj** [-tɔi] F Sonntagsstaat m

stafet [sda'fed] ⟨-ten; -ter⟩ Stafette f; Staffellauf: Stab m; **~løb** [-lø:ʔb] SPORT Staffellauf m

staffeli [sdafə'li:ʔ] ⟨-et; -er⟩ Staffelei f

staffere [sda'fe:ʔʀə] (aus)staffieren, verzieren

stage¹ ['sda:(j)ə] ⟨-n; -r⟩ Stange f, Staken m; Leuchter m, Kerzenhalter m

stage² ['sda:(j)ə] NAUT staken

stagn|ation [sdɑůna'sjoʔn] ⟨-en; -er⟩ Stagnation f; **~ere** [-'ne:ʔʀə] stagnieren

stak¹ [sdɑg] ⟨-ken; -ke⟩ Schober m; Stoß m, Haufen m; **sætte i ~** in Schober setzen

stak² [sdɑg] → **stikke**

stakater [sda'ka:ʔdɐ] su pl F Mäuse pl, Piepen pl (Geld)

stakit [sda'kid] ⟨-tet; -ter⟩ Lattenzaun m

stakke ['sdɑůə] schobern

stakkel ['sdɑgəl] ⟨stak(ke)len; stakler⟩ Arme(r) m, arme(r) Kerl m; **din ~!** du Ärmste(r)!, armes Ding!; **en fattig ~** ein armer Schlucker/Tropf

stakkels ['sdɑgəls] arm, bedauernswert; **~ dig!** du Ärmste(r)!; **en ~ fyr** ein armer (od armseliger) Tropf

stakket ['sdɑgəd] kurz, von kurzer Dauer; **en ~ frist** e-e (od nur) kurze Zeit

stakle ['sdɑglə] bemitleiden

stakåndet ['sdɑgɔnʔəð] kurzatmig, außer Atem

stald [sdalʔ] ⟨-en; -e⟩ Stall m

staldbroder ['sdalbʀo:ɐ] Kumpel m, Kumpan m

stalde ['sdal:ə]: **~ op** Pferd im Stall unterbringen, einstallen

stald|fodre ['sdalfoðʀə] im Stall füttern; **~karl** [-ka:ʔl] Stallknecht m

stalle ['sdal:ə] Flugzeug: absacken, nach unten gedrückt werden

stam|bog ['sdɑmbɔ:ʔw] Stammbuch n, Zuchtstammbuch n, Herdbuch n; MIL Stammrolle f; **~bord** [-bo:ʔʀ] Stammtisch m; **~café** [-ka'fe:ʔ] Stammlokal n; **~gæst** [-gesd] Stammgast m; **~herre** [-hɛʀə] scherzh Stammhalter m

stamme¹ ['sdɑmə] ⟨-n; -r⟩ Stamm m

stamme² ['sdɑmə] stammen (**fra**/von, aus D); fig entspringen

stamme³ ['sdɑmə] stammeln, stottern

stammer ['sdɑmɐ] ⟨-en; -e⟩ Stotterer m

stammo(de)r ['sdɑmmo:ɐ] Stammmutter f

stamp [sdɑmʔb] ⟨-et; -⟩ Stampfen n

stampe¹ ['sdɑmbə] su: **stå i ~** ins Stocken geraten sein, stagnieren; Pflanze: (ver)kümmern

stampe² ['sdɑmbə] stampfen (a Schiff); verpfänden, F versetzen; **~ ngt. op af jorden** fig etw aus dem Boden stampfen

stam|personel ['sdɑmpɛʀsoʔnel?] Stammpersonal n; **~tavle** [-tɑůlə] Stammtafel f; **~træ** [-tʀɛ:ʔ] Stammbaum m; **~værtshus** [-vɛʀdshu:ʔs] Stammlokal n

stand¹ [sdanʔ] ⟨-en; -e⟩ Stand m; Zustand m

stand² [sdanʔ] ⟨-en; stænder⟩ Stand m; **den gejstlige ~** der geistliche Stand

stand³ [sdanʔ] ⟨-en⟩: **bringe** (od **få**) **i ~** zustande bringen; **gøre i ~** instand setzen, in Ordnung bringen, herrichten, reparieren; Gemüse putzen; **gøre sig i ~** sich zurechtmachen; **komme i ~** zustande kommen; **se sig i ~ til** → **være i ~ til ngt.**; **sætte i ~** instand setzen, herrichten; **sætte én i ~ til at gøre ngt.** j-m etw ermöglichen; **være i ~ til ngt.** zu etw imstande (od fähig od in der Lage) sein, etw vermögen; **være i ~ til alt** zu allem fähig sein; **være i god ~** Gebäude: in gutem Zustand sein; **være godt i ~** wohlgenährt (od beleibt) sein; **være ude af ~ til ngt.** zu etw außerstande (od außer imstande) sein; **holde ~** standhalten (mod én j-m)

standard ['sdɑndaʔʀd] ⟨-en; -er⟩ Standard m, Norm f; **~isere** [-dɑʀdi'se:ʔʀə] norm(ier)en, standardisieren, vereinheitlichen; **~isering** [-dɑʀdi'se:ʔʀeŋ] ⟨-en; -er⟩ Normierung f, Standardisierung f, Vereinheitlichung f

standart [sdan'dɑ:ʔʀd] ⟨-en; -er⟩ MIL Standarte f

stande ['sdanə] ⟨-ede od stod; standet⟩ veralt stehen; **den ~nde strid** der schwelende Streit; **stat op!** scherzh erhebe dich!, erhebt euch!

stander ['sdanɐʀ] ⟨-en; -e⟩ Ständer m; Stander m, Wimpel m; **~lampe** [-lɑmbə] Stehlampe f

standhaftig [sdan'hɑfdi] standhaft

stand-in [sda:nd'en] ⟨-en; -s⟩ Film: Double m, Stuntman m

stand|punkt ['sdɑnpɔnʔd] fig Standpunkt m; Niveau: Stand m; **~punktsprøve** [-pɔnʔdspʀø:və] Schule: Leistungsprüfung f; **~ret** [-ʀɛd] MIL Standgericht n

stands [sdanʔs]: **uden ~** ununterbrochen,

pausenlos

standse ['sdansə] *v/i* stehen bleiben, halten; aufhören, stocken, innehalten; TECH stoppen, aussetzen; *v/t* anhalten, zum Stehen bringen; stilllegen, einstellen; TECH abstellen, stoppen; ~ *op* plötzlich stehen bleiben; innehalten; ~ *sine betalinger* die Zahlungen einstellen; ~ *en sag* e-r Sache (*D*) Einhalt gebieten

stands|forskel ['sdan?sfɔrsgəl?] Standesunterschied *m*; **~fælle** [-felə] Standesgenosse *m*; **~mæssig** [-mɛsi] standesgemäß

standsning ['sdansnen] ⟨-en; -er⟩ Stockung *f*, Unterbrechung *f*; Stillstand *m*; Einstellung *f*; ~ *forbudt!* Halten verboten!

stang [sdaŋ?] ⟨-en; stænger⟩ Stange *f*; Stab *m*; *Kuchen*: Striezel *m*, (Schoko-) Riegel *m*; *flage på halv* (*hel*) ~ halbmast (vollmast) flaggen; *flagning på halv* ~ Trauerbeflaggung *f*; *holde én* ~ *en fig* j-m die Stirn bieten, es mit j-m aufnehmen können

stang|bønne ['sdaŋbœnə] Stangenbohne *f*; **~drukken** [-drogən] F sternhagelvoll

stange ['sdaŋə] mit den Hörnern stoßen; ~ *ål* Aale stechen; ~ *tænder* in den Zähnen stochern

stanglakrids ['sdaŋlaˈkris] Lakritz(en)stange *f*; *være solgt til* ~ F verraten und verkauft sein, geliefert sein

stang|lorgnet ['sdaŋlɔrn?jed] Stielbrille *f*, Lorgnette *f*; **~spring** [-sbreŋ?] SPORT Stabhochsprung *m*

stank¹ [sdaŋ?g] ⟨-en; -e⟩ Gestank *m*

stank² [sdaŋ?g] → *stinke*

stankelben ['sdaŋgəlbeˈn] ⟨-en od -et; -⟩ Schnake *f*

stanniol [sdani'oˈl] ⟨-en od -et⟩ Stanniol(papier) *n*, Silberfolie *f*, F Alufolie *f*

stanse¹ ['sdansə] ⟨-n; -r⟩ TECH Stanze *f*

stanse² ['sdansə] stanzen

star [sdaːr] ⟨-en; -s⟩ *Film*: Star *m*

starlet ['sdɑrled] ⟨-ten; -ter⟩ *Film*: Starlet(t) *n*, Filmsternchen *n*

start [sdɑːr?d] ⟨-en; -er⟩ Start *m*; Abfahrt *f*; FLUG Abflug *m*; *fig* Anfang *m*; **~bane** ['-baːnə] FLUG Startbahn *f*, Rollbahn *f*, Rollfeld *n*

starte ['sdɑrdə] *v/i* starten, abfahren, abfliegen; *Motor*: anspringen; *v/t* starten, anlassen, anwerfen, ankurbeln; beginnen, anfangen; *klar*, (*parat*,) *start!* Achtung, fertig, los!

start|hul ['ˈudaːˈrdhul] Startloch *n* (*a fig*); **~klar** [-klaːˈr] startbereit; **~nøgle**

[-nɔilə] *Auto*: Zündschlüssel *m*; **~signal** ['-siˈnaːˈl] Startzeichen *n*; **~skammel** [-sgaməl] Schwimmsport: Startblock *m*; **~skud** [-sguˈð] Startschuss *m*; **~sving** [-sveŋ?] *Auto*: Startkurve *f*

starut [sdaːˈrud] ⟨-ten; -ter⟩ F komische(r) Kerl (*od* Vogel) *m*, Kauz *m*

stat [sdaːˈd] ⟨-en; -er⟩ Staat *m*; *De Forenede Stater*, F **~erne** die (Vereinigten) Staaten; *på* **~ens** *bekostning* auf Staatskosten

statelig ['sdaːdəli] stattlich

statik [sdaˈtig] ⟨-ken⟩ Statik *f*

station [sdaˈsjoːˈn] ⟨-en; -er⟩ Station *f*; Bahnhof *m*; (*Radio*) Sender *m*; **~car** ['sdeɪsjənkɑːr] ⟨-en; -s⟩ AUTO Kombiwagen *m*

stations|by [sdaˈsjoːˈnsbyˈ?] Kleinstadt *f* mit Bahnstation; **~forstander** [-fɔrsdanˈ?ər] Bahnhofsvorsteher *m*

stationær [sdasjoˈneːˈ?ʀ] *fig* stillstehend, gleichbleibend; ortsfest

statisk ['sdaːˈtisg] statisch

statist [sdaˈtisd] ⟨-en; -er⟩ Statist *m*

statistik [sdatiˈsdig] ⟨-ken; -ker⟩ Statistik *f*; **~er** ['-tisdigər] ⟨-en; -er⟩ Statistiker *m*

statistisk [sdaˈtisdisg] statistisch

stativ [sdaˈtiːˈv] ⟨-et; -er⟩ Ständer *m*; Stativ *n*, Gestell *n*

stats|advokat ['sdaːˈdsadˈvoˈkaːˈd] (Ober)Staatsanwalt *m*; **~advokatur** ['-aðvokaˈtuːˈ?ʀ] ⟨-en; -er⟩ Staatsanwaltschaft *f*; **~anerkendt** [-anˈ?ərkenˈ?d] staatlich anerkannt (*od* geprüft); **~autoriseret** ['-aˈutoriseˈ?ʀəð] (staatlich) vereidigt/geprüft; **~bane** [-baːnə] Staatsbahn *f*; **~besøg** [-beˈsøˈ?(j)] Staatsbesuch *m*

statsborger ['sdaːˈdsbɔrwər] Staatsbürger *m*, Staatsangehörige(r) *m*; **~ret** [-ʀed], **~skab** [-sgaːˈb] ⟨-et; -er⟩ Staatsangehörigkeit *f*, Staatsbürgerschaft *f*

stats|budget ['sdaːˈdsbyˈsjed] Staatshaushalt *m*; **~ejet** [-aˈiˈəð] staatseigen; **~eksamineret** ['-egsamiˈneːˈ?ʀəð] staatlich geprüft; **~gæld** [-gelˈ?] Staatsschulden *f/pl*; **~hemmelighed** [-hemələˈhiˈð?] Staatsgeheimnis *n*; **~kasse** [-kasə] Staatskasse *f*; **~kirke** [-kirgə] Staatskirche *f*; **~kundskab** [-konsgaˈ?b] Politikwissenschaft *f*, Politologie *f*; **~kup** [-kub] Staatsstreich *m*, Putsch *m*

stats|lig ['sdaːˈdsli] staatlich; **~løs** [-løˈ?s] staatenlos; **~lån** [-lɔˈ?n] Staatsanleihe *f*; **~mand** [-manˈ?] Staatsmann *m*; **~minister** ['-miˈnisdən] Ministerpräsident *m*; ⟨ꝑ*ministeriet* [-mini'sdeˈ?ʀiəð] *etwa* (das) dänische Kanzleramt *n*; **~mo-**

~nopol ['mono'po:?l] Staatsmonopol *n*; **~obligation** [-ɔbliga'sjo:?n] *etwa* Staatsanleihe *f*; **~overhoved** [-ˈɔˈʌərˈhoːˈvəð] Staatsoberhaupt *n*; **~ret** [-ʁɛd] Staatsrecht *n*; **~ret(s)lig** [-ʁɛd(s)li] staatsrechtlich; **~råd** [-ʁɔ:?ð] *Dänemark:* Kronrat *m*; **~samfund** [-samfon?] Staatengemeinschaft *f*, Staatenbund *m*

stats|skole ['sdaˈ?dssgoːlə] staatliche Schule *f*; **~støtte** [-sdødə] staatliche Unterstützung/Subvention *f*; **~tilskud** [-telsguð] staatliche Zuwendung *f*, staatliche Zuschüsse *mpl*; **~videnskab** [-viːðənsgaˈ?b] Staatswissenschaft *f*, Politologie *f*

statue ['sdaˈ?tuːə] ⟨-n; -r⟩ Statue *f*, Standbild *n*

statuere [sdatuˈeˈ?ʁə] statuieren (*et eksempel* ein Exempel)

status ['sdaˈtus] ⟨-(s)en; -(s)er⟩ Status *m*; Bilanz *f*; Inventur *f*; **gøre ~ (op)** Inventur machen, Bilanz ziehen (*a fig*)

statut [sdaˈtud] ⟨-ten; -ter⟩ Statut *n*, Satzung *f*

stav [sdaˈ?v] ⟨-en; -e⟩ Stab *m*; Stock *m*; Latte *f*; Schlagstock *m*; F Gummiknüppel *m*; **bryde ~en over én** den Stab über *j-n* brechen

stave¹ ['sdaˈvə] ⟨-n; -r⟩ Fass: Daube *f*; *falde i ~r fig* sich in Gedanken verlieren

stave² ['sdaˈvə] buchstabieren; *hvordan ~s det ord?* wie wird das Wort geschrieben?

stavefejl ['sdaˈvəfaiˈ?l] Rechtschreibfehler *m*

stavelse ['sdaˈvəlsə] ⟨-n; -r⟩ Silbe *f*; *ikke en ~* keine Silbe

stave|lsesgåde ['sdaˈvəlsəsgoːðə] Silbenrätsel *n*; **~måde** [-mɔːðə] Schreibweise *f*

staver ['sdaˈvər] ⟨-en; -e⟩: *løbe (od rende) sig en ~ i livet fig* in (des) Teufels Küche geraten

stave|retarderet ['sdaˈvəʁetarˈdeˈ?ʁəð], **~svag** ['sdaˈvɔsva:?] *Schüler:* rechtschreibschwach, legasthenisch

stav|formet ['sdauˈfɔ:?ʁməð] stabförmig; **~kirke** [-kiʁgə] *Norwegen:* Stabkirche *f*; **~lygte** [-løgdə] Stablampe *f*

stavn [sdauˈ?n] ⟨-en; -e⟩ NAUT → **stævn**

stavning ['sdaˈvnen] ⟨-en; -er⟩ Buchstabieren *n*

stavre ['sdauˈʁə] stolpern, stapfen

stavrim ['sdauˈʁiːˈ?m] Stabreim *m*

stavær [sdaˈvɛ:?ʁ] ⟨-et; -er⟩ Gestell *n*

stearin [sdeaˈʁiːˈ?n] ⟨-en od -et⟩ Stearin *n*; **~lys** [-lyˈ?s] Kerze *f*

sted [sdɛð] ⟨-et; -er⟩ Stelle *f*, Ort *m*, Platz

m; Stätte *f*; *et lille ~* ein kleines Anwesen; *et vist ~* ~ F Örtchen *n* (*Toilette*); *alle ~er* überall; *et (eller andet) ~* irgendwo; *ingen ~er* nirgends, nirgendwo; *mange ~er* vielerorts; *her er ingen smalle ~er* F hier ist keine Not; *finde ~* stattfinden; *af ~* weg, fort, davon; *af ~ med dig!* F hau ab!; *hvordan kunne ham komme af ~ med det?* F wie konnte ihm das bloß passieren?; *ikke røre sig af ~et* sich nicht von der Stelle rühren; *fra ~ til ~* von Ort zu Ort; *i ~et (od ~en)* dafür, stattdessen; *i ~et (od ~en) for* statt, anstatt (*G*); *an Stelle von; stattdessen; i Deres (dit) ~* an Ihrer (deiner) Stelle; *jeg ville ikke være i hans sted* ich möchte nicht in seiner Haut stecken; *træde i éns ~* an *j-s* Stelle treten; *være én i moders ~* bei *j-m* Mutterstelle vertreten; *på ~et* an Ort und Stelle; *zeitlich:* sofort, auf der Stelle; *være til ~e* anwesend sein; *ikke komme (od røre sig) af ~et* nicht vom Fleck kommen (*od* sich rühren) (*a fig*)

sted|barn ['sdɛðbaˈ?ʁn] Stiefkind *n*; **~bro(de)r** ['-bro:ʁ] Stiefbruder *m*; **~bunden** ['-bon?ən], **~bundet** ['-bon?əð] ortsgebunden, örtlich begrenzt; **~datter** ['-dadər] Stieftochter *f*

stede ['sdɛːðə] ⟨-ede od -te⟩: *~ én til hvile feierl* *j-n* bestatten, *j-n* zu Grabe tragen; *~s for kongen* beim König vorgelassen werden

stedfa(de)r ['sdɛðfaːʁ] Stiefvater *m*

sted|findende ['sdɛðfen?ənə] stattfindend; **~fortrædende** [-fɔʁtʁɛːˈ?ðənə] stellvertretend; **~fortræder** [-fɔʁtʁɛːˈ?ðəʁ] ⟨-en; -e⟩ Stellvertreter(in) *m(f)*; **~fæste** [-fɛsdə] lokalisieren; **~kendt** [-ken?d] ortskundig; *være ~* sich auskennen; **~lig** [-li] örtlich, hiesig

sted|mo(de)r ['sdɛðmoːʁ] Stiefmutter *f*; **~mo(de)rblomst** [-moːʁbləm?sd] BOT Stiefmütterchen *n*

sted|navn ['sdɛðnauˈ?n] Ortsname *m*; **~ord** [-oːˈ?ʁ] GRAM Fürwort *n*, Pronomen *n*

stedsangivelse ['sdɛðsangiˈ?vəlsə] Ortsangabe *f*

stedsans ['sdɛðsanˈ?s] Ortssinn *m*, Orientierungsvermögen *n*

steds|bestemme ['sdɛðsbeˈsdem?ə] lokalisieren; **~biord** [-bioːˈ?ʁ] GRAM Ortsadverb

stedse ['sdɛðsə] immer, stets; *for ~* für immer; **~grøn** [-gʁœn?] BOT immergrün; **~varende** [-vaːˈ?ʁənə] beständig, immer während

S

sted|søn ['sdɛðsœn] Stiefsohn m; **~søskende** [-søsgənə] pl Stiefgeschwister pl; **~søster** [-søsdər] Stiefschwester f; **~tillæg** [-telɛ·ˀg] Ortszulage f; **~vant** [-vanˀd] an e-n Ort gewöhnt; ortskundig; **~vis** [-vi·ˀs] stellenweise

steg¹ [sdaiˀ] ⟨-en; -e⟩ Braten m; **en lækker ~** F fig ein hübscher Käfer

steg² [sde·ˀ(j)] → **stige²**

stege ['sdaiə] ⟨-te⟩ braten; **stegt sild** Brathering m; **~nde hede** Gluthitze f; **~nde hedt** glühend heiß

stege|fedt ['sdaiəfed] Bratfett n; (Braten)Schmalz n; **~gryde** [-gRy·ðə] Schmortopf m; **~klar** [-kla·ˀR] bratfertig; **~ovn** [-ɔuˀn] Bratofen m, Bratröhre f; **~pande** [-panə] Bratpfanne f; **~so** [-so·ˀ] ⟨-en; -er od stegesøer⟩ Römertopf m

steget ['sde·əð] → **stige²**

steghed ['sdaihe·ðˀ] glühend heiß; **~e** [-he·ðə] Gluthitze f

stejl ['sdaiˀl] steil, abschüssig, schroff (a fig); starr, stur

stejle¹ ['sdailə] ⟨-n; -r⟩ Pfahl m zum Trocknen der Fischernetze; **dømme til hjul og ~** HIST zum Rad verurteilen

stejle² ['sdailə] Pferd: sich aufbäumen; fig stutzen, empört/F baff sein; **komme ~nde** F angestiefelt kommen, aufkreuzen

stel [sdɛlˀ] ⟨-let; -⟩ Gestell n; Brille: Fassung f; Fahrrad: Rahmen m; Geschirr n, Service n

stemme¹ ['sdɛmə] ⟨-n; -r⟩ Stimme f (a POL)

stemme² ['sdɛmə] ⟨-te⟩ stimmen; POL a wählen; **det ~r (ikke)** das stimmt (nicht), es trifft (nicht) zu; **kassen ~r** die Kasse stimmt; **~ for ngt.** für etw stimmen; **~ sine krav ned** s-e Ansprüche mäßigen, F zurückstecken; **~ om ngt.** über etw (A) abstimmen; **~ overens** übereinstimmen; **~ på én** j-n wählen; **~ sammen** zusammenstimmen, harmonieren

stemme³ ['sdɛmə] stemmen (a SPORT); drücken; **~ strømmen** fig die Entwicklung hemmen; **~ op for Wasser** stauen, (ein)dämmen

stemme|afgivelse ['sdɛməaũgiˀvəlsə] Stimmabgabe f; **~berettiget** [-beˀRediˀ·əð] stimmberechtigt; **~bånd** [-bɔnˀ] ANAT Stimmband n; **~flerhed** [-fleRhe·ðˀ] Stimmenmehrheit f; **~gaffel** [-gafəl] Stimmgabel f

stemmejern ['sdɛməjɛRˀn] Stemmeisen n

stemme|kvæg ['sdɛməkve·ˀ(j)] POL

Stimmvieh n; **~leje** [-laiə] MUS Stimmlage f; **~lighed** [-lihe·ðˀ] Stimmengleichheit f; **~læbe** [-lɛ:bə] → **stemmebånd**; **~ret** [-Red] Stimmrecht n, Wahlrecht n; **~seddel** [-seðˀəl] Stimmzettel m; **~urne** [-uRnə] Wahlurne f

stemning ['sdɛmnɛŋ] ⟨-en; -er⟩ Stimmung f; **er der ~ for kaffe?** wie wär's mit e-r Tasse Kaffee?; **i løftet ~** in gehobener Stimmung

stemnings|billede ['sdɛmnɛŋsbeləðə] Stimmungsbild n; **~fuld** [-fulˀ] stimmungsvoll; **~menneske** [-mɛnəsgə] Stimmungsmensch m; **~mættet** [-medðð] (äußerst) stimmungsvoll

stempel ['sdɛmˀbəl] ⟨stemp(e)let; stempler⟩ Stempel m; TECH Kolben m; **~afgift** [-aũgifd] Stempelgebühr f; **~mærke** [-mɛRgə] Gebührenmarke f; **~pligtig** [-plegdi] gebührenpflichtig; **~sværte** [-sveRdə] Stempelfarbe f

stemple ['sdɛmblə] stempeln; **~ én som løgner** j-n zum Lügner (ab)stempeln

stemt [sdɛmˀd] fig gestimmt; Laut: stimmhaft; **være ~ for ngt.** für etw (gestimmt) sein

sten¹ [ste·ˀn] ⟨-en; -⟩ Stein m (a MED); BOT Kern m; Hoden m; **af ~** a steinern; **der faldt en ~ fra mit hjerte** fig mir fiel ein Stein vom Herzen; **lægge ~ på éns vej** fig j-m Steine in den Weg legen; **sove som en ~** wie ein Toter schlafen

sten² [ste·ˀn] ⟨-en; -e od -⟩ Stein m (Edelstein, Gedenkstein)

sten|alder ['sde:nalˀəR] Steinzeit f; **~bider** [-bi·ˀðəR] ⟨-en; -e⟩ zo Seehase m; **~bro** [-bRo·ˀ] (Kopfstein)Pflaster n; **~brud** [-bRuð] Steinbruch m; **~buk** [-bog] zo Steinbock m (a ASTR)

stencil ['sdɛnsil] ⟨-en; -er od -s⟩ Matrize f

sten|dysse ['sde:ndysə] ARCHÄOL Hünengrab m; **~død** ['-dø·ˀð] F mausetot; **~e** ['sde:nə] steinigen; **~et** ['sde:nəð] steinig; **~fri** [-fRi·ˀ] Obst: kernlos; entsteint; **~frugt** [-fRogd] Steinobst n; **~hugger** [-hogəR] ⟨-en; -e⟩ Steinmetz m; **~høj** [-hɔiˀ] Steingarten m; **~hård** ['-hɔ·ˀR] steinhart; **~kast** [-kasd] Steinwurf m; **~kul** [-kol] Steinkohle f

stenograf|ere [sdenogRa'fe·ˀRə] stenografieren; **~i** [-gRa'fi·ˀ] ⟨-en; -er⟩ Stenografie f, Kurzschrift f

steno|gram [sdeno'gRamˀ] ⟨-met; -mer⟩ Stenogramm n; **~typist** [-ty'pisd] ⟨-en; -er⟩ Stenotypist(in) m(f)

sten|rig ['sde:n'Ri·ˀ] steinreich; **~sikker** ['-'segəR] F ganz sicher, bombensicher;

~sætning [-sɛdnɛŋ] Steinsetzung f, Steinmauer f

stentryk ['sdɛːntʁœg] Steindruck m, Lithographie f

sten|tøj ['sdeːntɔj] Steingut n; **~uld** [-ul] *Isoliermaterial:* Steinwolle f; **~økse** [-øgsə] Steinaxt f; **~ørken** [-œʁgən] fig Steinwüste f

step [sdɛb] ⟨en⟩, **~dans** ['-danʔs] Stepp(tanz) m

steppe¹ ['sdɛbə] ⟨-n; -r⟩ Steppe f

steppe² ['sdɛbə] steppen, Stepp tanzen

stereoanlæg ['sdeːʔʁeoanlɛːʔg] Stereoanlage f

steril [sdeˈʁiːʔl] steril, keimfrei; **~isation** [-ʁilisaˈsjoːʔn] ⟨-en⟩ Sterilisation f; **~isere** [-ʁiliˈseːʔʁə] sterilisieren

sterling ['sdɔːlɛŋ] ⟨-en⟩, **-** ØKON Sterling m; *et pund* Sterling; **~sølv** ['sdɛʁlɛnsɔl] 925er Silber n

steward ['sdjuːɑʁd] ⟨-en⟩, **-er** Steward m; **~esse** [sdjuɑʁˈdɛsə] ⟨-n; -r⟩ Stewardess f

sti [sdiːʔ] ⟨-en⟩, **-er** Pfad m, Fußweg m; (Hühner)Stall m; (Schweine)Koben m; *holde ein ~ ren* fig *en* fig auf dem Weg der Tugend wandeln; **~finder** ['sdifenʔɔʁ] Pfadfinder m; fig Bahnbrecher m

stift¹ [sdefd] ⟨-en⟩, **-er** Stift m, Zwecke f; *Kugelschreiber:* Mine f

stift² [sdefd] ⟨-et; -er⟩ Stift n; Bistum n, Diözese f

stift³ [sdifd] → *stiv*

stiftamtmand ['sdefdɑmdmanʔ] *etwa:* Regierungspräsident m

stifte ['sdefdə] stiften, gründen, errichten; **~ bekendtskab** Bekanntschaft machen; **~ gæld** Schulden machen; **~lse** [-lsə] ⟨-n; -r⟩ Stiftung f; Gründung f, Stift n; **~r** [-ʔɔ] ⟨-en; -e⟩ Stifter m, (Be)Gründer m

stifts|by ['sdefdsbyʔ] Bischofsstadt f, -sitz m; **~dame** [-daːmə] Stiftsdame f

stifttand ['sdefdtanʔ] Stiftzahn m

stigbøjle ['sdibɔilə] Steigbügel m (a ANAT)

stige¹ ['sdiːə] ⟨-n; -r⟩ Leiter f

stige² ['sdiːə] ⟨steg; steget⟩ steigen (a fig); ansteigen; sich steigern; **~ af** (aus dem Zug, Bus) aussteigen; **~ af cyklen** vom Rad steigen; **~ ind** einsteigen; **~ ned** hinabsteigen, hinuntersteigen; **~ om** umsteigen; **~ op** hinaufsteigen; **~ på** (in den Bus, Zug) einsteigen, zusteigen; **~ til hest** aufs Pferd steigen; **~ til hovedet** *Wein, Ruhm:* zu Kopf steigen; **~ ud** aussteigen

stigevogn ['sdiːəvɔwʔn] Feuerwehrauto n mit Drehleiter

stigning ['sdiːneŋ] ⟨-en; -er⟩ Steigung f; Steigerung f; Anstieg m

stik¹ [sdeg] ⟨-ket; -⟩ Stich m (a fig); EL Stecker m; NAUT Stek m; *holde ~* Stich halten

stik² [sdeg] gerade, genau, direkt; *det ~ modsatte* genau das Gegenteil; *have ~ modvind* (vollen) Gegenwind haben, den Wind direkt von vorn haben; *handle ~ imod en ordre* e-m Befehl direkt zuwiderhandeln

stik|dåse ['sdegdɔːsə] EL Mehrfachsteckdose f; **~flamme** [-flɑmə] Stichflamme f; **~hævert** [-heːʔvɔdd] Stechheber m; **~irenddreng** [-iˈʁɛnʔdʁɛŋʔ] Laufbursche m

stikke ['sdega] ⟨stak; stukket⟩ stechen; stecken; sticheln, steppen; denunzieren; **~ én in lussing** F j-m eine runterhauen/-langen; **~ én ngt.** F j-m etw zustecken (od in die Hand drücken); **~ én en løgn** j-m etw vorlügen; *tag og stik mig det!* F gib/lang mir das mal rüber!; *når det ~r ham* F wenn es ihn juckt; **~ af** *Rasen* abstechen; F türmen, abhauen, davonlaufen, durchbrennen; **~ af mod ngt.** gegen etw abstechen; **~ an** *Fass* anstechen; **~ frem** *Unterrock:* hervorgucken; *(tag og) stik hen til bageren!* F lauf mal schnell zum Bäcker!; **~ i brand** in Brand stecken; **~ ngt. i lommen** etw in die Tasche stecken; fig einstecken; **~ penge i ngt.** Geld in etw (A) stecken; **~ i at tude** zu heulen anfangen, losheulen; **~ ihjel** erstechen; umbringen; **~ sig på ngt.** sich an etw (D) stechen; **~ ild på et hus** ein Haus anstecken; **~ én på næven** F j-m die Hand drücken; **~ hovederne sammen** fig F die Köpfe zusammenstecken; *skibet ~r til søs* das Schiff sticht in See; **~ ngt. til sig** etw (heimlich) einstecken; **~ ngt. til side** etw (heimlich) beiseiteschaffen; **~ øjnene ud på én** j-m die Augen ausstechen; **~ én ud** fig j-n ausstechen; **~ ngt. under stolen** fig mit etw hinter dem Berge halten; *der ~r ngt. under* fig es steckt etw dahinter

stikkelsbær ['sdegəlsbɛʁ] Stachelbeere f; **~ben** [-beːʔn] F stark behaarte Beine n/pl; **~busk** [-busg] Stachelbeerstrauch m

stikken¹ ['sdegən]: *lade én i ~* j-n im Stich lassen

stikken² ['sdegən] ⟨pl stikne⟩ reizbar, grantig, empfindlich

stikker¹ ['sdegɔʁ] ⟨-en; -e⟩ Spitzel m; Denunziant m

stikker² ['sdegɔʁ] *su pl* F Beine n/pl; *være på ~ne hele dagen* F den ganzen Tag auf

S

den Beinen sein

stikkeri [sdegəˈʀiˀ] ⟨-et; -er⟩ Denunziation f, Denunziantentum n

stikkesting [ˈsdegəsdeŋˀ] Steppstich m

stikkontakt [ˈsdegkɔnˈtagd] EL Steckdose f

stikle [ˈsdeglə] fig sticheln (til én gegen j-n)

stikledning [ˈsdegleˀðneŋ] Wasser, Gas, Strom: (Haus)Anschluss m, Zuleitung f

stikleri [sdegləˈʀiˀ] ⟨-et; -er⟩ fig Stichelei f

stikling [ˈsdegleŋ] ⟨-en; -er⟩ BOT Steckling m, Ableger m

stik|lomme [ˈsdeglɔmə] Stecktasche f, Schubtasche f; **~narkoman** [-nɑrko-ˈmaːˀn] Fixer m; **~ning** [-neŋ] ⟨-en; -er⟩ Steppnaht f; **~ord** [-oˀʀ] Stichwort n; **~ordsregister** [ˈ-oˀʀsʀeˀgisdɐr] Stichwortverzeichnis n; **~pille** [-pelə] MED Zäpfchen n; fig Stichelei f, Spitze f; **~prop** [-pʀɔb] EL Stecker m; **~prøve** [-pʀøˀvə] Stichprobe f; **~sav** [-saˀv] Stichsäge f; **~sår** [-sɔˀʀ] Stichwunde f; **~våben** [-vɔˀbən] Stichwaffe f

stil [sdiˀl] ⟨-en; -e⟩ Stil m; Schule: Aufsatz m; i **~ med** ähnlich wie; **i den ~** im selben Stil, in dieser Art; **~art** [ˈsdiˀlɑˀʀd] Stilart f, Stil m

stilbar [ˈsdelbaˀʀ] verstellbar

stile [ˈsdiˀlə] **~ til Brief** richten an; **~ efter** (od mod) ngt. nach etw streben; **~ hen mod én** auf j-n zusteuern

stilebog [ˈsdiˀləbɔˀw] Schreibheft n, Aufsatzheft n

stil(e)emne [ˈsdiˀl(ə)ɛmnə] Aufsatzthema n

stile|hefte, **~hæfte** [ˈsdiˀləhæfdə] Schreibheft n

stilet [sdiˀled] ⟨-ten; -ter⟩ Stilett n; **~hæl** [-hɛˀl] Schuh: Pfennigabsatz m

stileøvelse [ˈsdiˀlœˀvəlsə] → **stiløvelse**

stilfuld [ˈsdiˀlfulˀ] stilvoll

stilfærdig [sdelˈfɛʀˀdi] ruhig, bescheiden, friedfertig; **~hed** [-heˀð] ⟨-en⟩ Stille f

stil|lig [ˈsdiˀli] stilvoll; korrekt; **~isere** [sdiˀliˈseːˀʀə] stilisieren; **~istisk** [sdiˀlisdisg] stilistisch

stilk [sdelˀg] ⟨-en; -e⟩ Stängel m, Stiel m; **hans øjne står på ~e** er macht Stielaugen; **stilkede ben** F Stelzen(beine) pl

stillads [sdiˀlaːˀs] ⟨-et; -er⟩ Gerüst n, Gestell n

stille¹ [ˈsdelə] ⟨et⟩ NAUT (Wind)Stille f

stille² [ˈsdelə] still, ruhig; **~!** ruhig!; **i mit ~ sind** im Stillen; **holde ~** stillhalten; **sidde**

~ still sitzen; **gå ~ med dørene** fig leisetreten, vorsichtig (od diskret) sein

stille³ [ˈsdelə] Durst, Blut stillen

stille⁴ [ˈsdelə] v/i sich einfinden, sich melden; MIL antreten; v/t stellen; **~ én frit** j-m freie Hand lassen; **es j-m freistellen; ~ én tilfreds** j-n zufriedenstellen; **~ frem** Ausstellungsstücke, Waren auslegen, ausstellen; **Stuhl** vorrücken; Uhr vorstellen; **~ hen** hinstellen; **~ ind på ngt.** Radio auf etw (A) einstellen; **~ om** R/TV umschalten; TEL verbinden (til/mit D); **~ op** aufstellen; **hvad skal vi ~ op?** was sollen wir machen?; **ham er der ikke ngt. at ~ op med** an ihm ist Hopfen und Malz verloren; **~ sammen** zusammenstellen; **~ tilbage** Gegenstand, Uhr zurückstellen; **~ sig** sich stellen, sich verhalten; **~ sig tosset an** sich dumm anstellen; **~ sig i kø** sich anstellen (in e-e Reihe); **være godt ~t** gut gestellt sein; sein gutes Auskommen haben

stillegade [ˈsdeləgaːðə] verkehrsberuhigte Straße f

Stillehavet [ˈsdeləhaːˀvəð] der Stille/Pazifische Ozean

stillekupé [ˈsdeləkuˈpeˀ] BAHN Ruheabteil n

stillesidden [ˈsdeləseðˀən] ⟨en⟩ Stillsitzen n; Sitzen n; **~de** [-ə] (still) sitzend

stille|stående [ˈsdeləsdɔˀənə] stillstehend; stagnierend; fig eintönig; Mensch: teilnahmslos, abgestumpft; **~vej** [-vaiˀ] → **stillegade**

stillids [ˈsdelˀis] ⟨-en; -er⟩ Stieglitz m

stilling [ˈsdeleŋ] ⟨-en; -er⟩ Stellung f (a MIL); Stand m; Lage f; Stelle f; Position f; **tage ~ til ngt.** zu etw Stellung nehmen

stillings|beskrivelse [ˈsdeleŋsbeˀsgʀiˀ-vəlsə] Stellenbeschreibung f; **~krig** [-kʀiˀ] MIL Stellungskrieg m

stillingtagen [ˈsdeleŋtaˀən] ⟨en⟩ Stellungnahme f

stil|løs [ˈsdiˀløˀs] stillos; **~møbler** [-møˀbˀlɐr] pl Stilmöbel n/pl

stilne [ˈsdelnə] **~ af** Regen, Lärm: sich legen, nachlassen

stilren [ˈsdiˀlʀeˀn] stilrein

stilskrivning [ˈsdiˀlsgʀiˀvneŋ] Aufsatzschreiben n

stil|stand [ˈsdeˀlsdanˀ] ⟨-en⟩ Stillstand m; ÖKON Flaute f; Stockung f; **~tiende** [-tiˀˀɔnə] stillschweigend

stiløvelse [ˈsdiˀlœˀvəlsə] Stilübung f; Schule: schriftliche Übungsarbeit f

stimand [ˈsdimanˀ] Wegelagerer m

stime¹ [ˈsdiːmə] ⟨-n; -r⟩ Schwarm m

stime² ['sdi:mə]: ~ *sammen* sich scharen

stim|le ['sdemlə] → *stime²*; **~mel** ['sdem⁹əl] ⟨*stim(me)len*; *stimle*⟩ Schwarm *m*, Gewimmel *n*

stimul|ans [sdimu'lan⁹s] ⟨*-en*; *-er*⟩ Stimulans *n*, Anregung *f*; **~ere** [-'le:⁹ʁə] stimulieren, beleben, anregen

sting [sdeŋ⁹] ⟨*-et*; *-⟩* (Nadel)Stich *m*; **~ i siden** MED Seitenstechen *n*

stink|bombe ['sdeŋgbombə] Stinkbombe *f*; **~dyr** [-dy:⁹ʁ] Stinktier *n*; **~e** ['sdeŋgə] ⟨*stank*, *stinket*⟩ stinken (*af*/nach *D*)

stiplet ['sdiblə] *Linie* gestrichelt, punktiert; **~t linie** Verkehr Leitlinie *f*

stirre ['sdiʁə] starren; **~ på én** j-n anstarren; **~nde blik** ein starrer (*od* stierer) Blick

stirrids ['sdiʁis] ⟨*-et*; *-er*⟩ auf Schiffen: Pantry *f*

stiv [sdi:⁹v] steif, starr; **blive ~** steif werden, erstarren; **være ~ i ngt.** stark (*od* gut beschlagen) in *etw* (*D*) sein; **det tager jeg i ~ arm** *fig* F das erledige ich mit links; das lässt mich kalt; **et stift ben** ein steifes Bein; **del ei dog et stift stykke!**, **det er den ~este!** F das ist (doch) die Höhe!, das geht über die Hutschnur!; **~benet** ['sdiibe:⁹nə] steifbeinig

stive ['sdi:və] *Wäsche* stärken; **~ af** absteifen, verstärken, abstützen, stützen (*a fig*); **~t** gestärkt; **~ hinanden af** sich gegenseitig stützen/aufrichten; **~lse** ['sdiils] ⟨*-n*; *-r*⟩ (*Wäsche*)Stärke *f*; **~r** [-ʁ] ⟨*-en*; *-e*⟩ ARCH Stütze *f*, Strebe *f*; *Korsett:* Stange *f*; *Schirm:* Rippe *f*

stiv|frossen ['sdiifʁɔsən] starr vor Kälte, steif gefroren; **~krampe** [-kʁambə] MED Wundstarrkrampf *m*; **~lærred** [-lɛʁə] Steifleinen *n*

stivnakke ['sdiinagə] Starrkopf *m*; **~t** [-ð] starrköpfig

stivne ['sdiinə] steif werden, erstarren (*a fig*)

stivsind ['sdiisen⁹] Starrsinn *m*; **~et** [-əð] starrsinnig

stiv|skørt ['sdiisgœʁd] Petticoat *m*; **~stikker** [-sdegəʁ] ⟨*-en*; *-e*⟩ steife(r), verknöcherte(r), hölzerne(r) Mensch *m*; F *Fisch* Stockfisch *m*

stjal [sdja:⁹l] → *stjæle*

stjerne ['sdjɛʁnə] ⟨*-n*; *-r*⟩ Stern *m*; *Film:* Star *m*; **have en høj ~ hos én** bei j-m gut angeschrieben sein; bei j-m e-n Stein im Brett haben; **~banner** [-ban⁹əʁ] USA: Sternenbanner *n*; **~billede** [-beləðə] Sternbild *n*, Gestirn *n*; **~formet**

[-fɔ:⁹ʁmə] sternförmig; **~himmel** [-hemə] Sternenhimmel *m*; **~kaster** [-kasdəʁ] ⟨*-en*; *-e*⟩ Wunderkerze *f*; **~klar** [-kla:⁹ʁ] stern(en)klar, stern(en)hell; **~skud** [-sguð] Sternschnuppe *f*

stjert ['sdjɛʁ⁹d] → *stjært*

stjæle ['sdjɛ:lə] ⟨*stjal*; *stjålet*⟩ stehlen; **~ sig til ngt.** *etw* verstohlen tun

stjæler ['sdjɛ:ləʁ] ⟨*-en*; *-e*⟩: **hæleren er lige så god som ~en** der Hehler ist schlimmer als der Stehler

stjært [sdjɛʁ⁹d] ⟨*-en*; *-e*⟩ *Pflug*, *Vogel:* Sterz *m*

stjåle|n ['sdjo:lən] verstohlen, heimlich; **~t** ['sdjo:ləð] → *stjæle*

stk. *Abk. für* **styk** *u* **stykke¹**

stod [sdo:⁹(ð)] → *stå²*

stodder ['sdoðəʁ] ⟨*-en*; *-e*⟩ Bettler *m*, armer Schlucker, Penner *m*; F Dreckskerl *m*, Schuft *m*; **~prins** [-pʁɛn⁹s] F vornehme(r) Habenichts *m*

stof [sdɔf] ⟨*-fet*; *-fer*⟩ Stoff *m*; *Material n*; F Rauschgift *n*; **der er ~ til … i ham** er hat das Zeug zu …; **~fri** ['fʁi:⁹] drogenfrei, F clean; **~lig** ['-li] stofflich, inhaltlich; **~misbruger** ['-misbʁu:⁹uʁ] Rauschgiftsüchtige(r) *m*, Drogenabhängige(r) *m*, F Junkie *m*

stofskifte ['sdɔfsgifdə] Stoffwechsel *m*

S-tog ['esto:⁹w] S-Bahn *f*

S-togs-station ['ɛstowssda'sjo:⁹n] S-Bahnhof *m*

stok [sdɔg] ⟨*-ken*; *-ke*⟩ Stock *m*, Stab *m*; **over ~ og sten** über Stock und Stein; **~døv** ['-'dø:⁹v] stocktaub

stok|konservativ ['sdɔgkɔn'sɛʁvati:⁹v] stockkonservativ; **~rose** [-ʁo:sə] BOT Stockrose *f*; **~værk** [-vɛʁg] ⟨*-et*; *-⟩* Stock(werk) *m(n)*

stol [sdo:⁹l] ⟨*-en*; *-e*⟩ Stuhl *m* (*a fig*); MUS Steg *m*

stole ['sdo:lə]: **~ på én** j-m vertrauen, sich auf j-n verlassen; **han er ikke til at ~ på** auf ihn ist kein Verlass; **det kan du (lige) ~ på!** darauf kannst du dich verlassen (*od* F Gift nehmen)!

stole|ryg ['sdo:ləʁœg] Stuhllehne *f*; **~stade** [-sda:ðə] *Kirche:* Gestühl *n*; **~sæde** [-sɛ:ðə] Stuhlsitz *m*

stolle ['sdɔlə] ⟨*-n*; *-r*⟩ BERGB Stollen *m*

stolpe ['sdɔlbə] ⟨*-n*; *-r*⟩ Pfosten *m*, Pfahl *m*; **snakke op ad vægge og ned ad ~r** weitschweifig erzählen; F labern, j-m die Ohren abschwatzen; **~r** *pl* F Stampfer *m/pl* (*dicke Beine*)

stolpre ['sdɔlbʁə] *Kleinkind:* stapfen, stolpern

stolt [sdɔl̩'d] stolz; (*af, over*/auf *A*); **~hed** ['sdɔldhe:ð⁷] ⟨-en⟩ Stolz *m*; **~sere** [sdɔld'se:⁷rə] stolzieren

stop¹ [sdɔb] ⟨-pet; -⟩ Stopp *m*, Halt *m*, Aufenthalt *m*; Unterbrechung *f*; Pfeife (voll) Tabak; *køre på ~* per Anhalter fahren

stop² [sdɔb] → **stoppe²**

stopfodre ['sdɔbfoðrə] mästen; *Gans* stopfen

stopforbud ['sdɔbfɔrbuð] Halteverbot *n*

stop|fuld [sdɔb'ful⁷], **~fyldt** ['-'fyl⁷d] F proppenvoll, knüppeldicke voll

stop|hane ['sdɔbha:nə] Absperrhahn *m*; **~klods** [-klɔs] Bremsklotz *m*, Hemmklotz *m*; Türstopper *m*; **~lygte** [-løgdə], **~lys** [-ly:⁷s] Bremslicht *n*

stop|mæt ['sdɔb'mɛd] F (wie) genudelt, knüppeldicke satt; **~ning** [-nɛŋ] ⟨-en; -er⟩ (Kissen)Füllung *f*; Stopfen *n*; *Strumpf:* gestopfte Stelle *f*

stoppe¹ ['sdɔbə] stopfen (*a Strumpf*)

stoppe² ['sdɔbə] anhalten, stoppen; *stop!* halt!; *stop tyven!* haltet den Dieb!

stoppe|garn ['sdɔbəga:⁷rn] Stopfgarn *n*, Stopfwolle *f*; **~nål** [-nɔ:⁷l] Stopfnadel *f*

stopper ['sdɔbər] ⟨-en; -e⟩ *Fußball:* Stopper *m*; *sætte en ~ for ngt. fig* etw unterbinden, e-r Sache (*D*) e-n Riegel vorschieben

stoppested ['sdɔbəsdeð] Haltestelle *f*

stoppeæg ['sdɔbɛ:⁷g] Stopfpilz *m*, -ei *n*

stop|signal ['sdɔbsi'na:l⁷] Haltesignal *n*; **~ur** [-u:⁷r] Stoppuhr *f*; **~ventil** ['-vɛn'ti:⁷l] Absperrventil *n*

stor [sdo:⁷r] ⟨større; størst⟩ groß; **~e og små** groß und klein; *du ~e (Gud)!* du meine Güte!, großer Gott; *i det ~e og hele* im Großen und Ganzen; *være ~ på det* großtun, angeben; *en ~ mand* ein großer Mann; F ein hohes Tier; *skrive med ~t* großschreiben; *det betyder ikke stort* das hat nicht viel zu bedeuten; **~t set**, *i det ~e hele* im großen Ganzen; *Knud den Store* Knut der Große; *det ser jeg ~t på* ich mache mir nichts daraus, F darauf pfeife ich

stor|agtig [sdor'agdi] hochmütig, überheblich; **~artet** ['-a:⁷rdəð] großartig; F prima; **~bedrift** ['-bedrɛfd] Großbetrieb *m*; *fig* Großtat *f*; **~blomstret** ['-blɔmsdrəð] groß geblümt; **~borger** ['-bɔrwɔr] Großbürger *m*; F Großkotz *m*

Storbritannien ['sdɔrbri'tanjən] Großbritannien *n*

storby ['sdorby:⁷] Großstadt *f*; **~ungdom** [-byoŋdɔm⁷] Großstadtjugend *f*

stordrift ['sdɔrdrefd] Massenherstellung *f*, großindustrielle Produktion *f*

storebro(de)r ['sdo:rəbro:⁷r]: *min storebro(de)r* mein großer Bruder

Storebælt ['sdo:rəbɛl⁷d] der Große Belt

stores ['sdo:rɔs, 'sdo:rəs] ⟨-en; -e⟩ *Gardine:* Store *m*

stor(e)slem ['sdo:rə-, 'sdo:rəslɛm⁷] F sehr schlimm, sehr ungezogen

storesøster ['sdo:rəsøsdər]: *min ~* meine große Schwester

stor(e)tå ['sdo:r-, 'sdo:rətɔ:⁷] große Zehe *f*

stor|familie ['sdɔrfa'mil⁷jə] Großfamilie *f*; **~forbruger** ['-fɔr'bru:⁷ər] Großverbraucher *m*; **~hans** [-han⁷s] ⟨-en; -er⟩ (Geld)Protz *m*; **~hed** [-heð⁷] *fig* Größe *f*; *fig* Erhabenheit *f*; **~hedstid** [-heðstið⁷] große Zeit *f*, Blütezeit *f*; **~hedsvanvid** [-heðsvanvið] Größenwahn *m*; **~hjerne** [-jɛrnə] ANAT Großhirn *n*; **~industri** ['-endu'sdri:⁷] Großindustrie *f*

stork [sdɔrg] ⟨-en; -e⟩ Storch *m*; *~ langeben* Kindersprache: der Klapperstorch, Meister Adebar

storke ['sdɔrgə] *fig* stelzen, F staksen

storke|rede ['sdɔrgərɛ:ðə] Storch(en)nest *n*; **~unge** [-oŋə] junge(r) Storch *m*

storkøb ['sdɔrkø:⁷b] Großmarkt *m*

Storkøbenhavn ['sdɔrkøbən'hau⁷n] Groß-Kopenhagen *n*

storkøbsbutik ['-kø:bsbu'tig] → **storkøb**

storladen ['sdɔrla:⁷ðən] großzügig; großartig, grandios, imposant

storlig ['sdɔrli]: *tage ~ fejl* sich gewaltig irren

stor|liniet, **~linjet** ['sdɔrlin⁷jəð] *Roman:* gewaltig, monumental

storm [sdɔ:⁷rm] ⟨-en; -e⟩ Sturm *m* (*a* MIL *u fig*); *tage med ~* erstürmen, im Sturm erobern

stor|magasin ['sdɔrmaga'si:⁷n] Kaufhaus *n*; **~magt** [-magd] Großmacht *f*

stor|masket ['sdɔrmasgəð] großmaschig; **~mast** [-masd] NAUT Großmast *m*

storme ['sdɔrmə] *v/i* stürmen; *v/t* MIL (er)stürmen; *det ~r* es stürmt; **~nde bifald** rauschende(r) (*od* stürmische(r)) Beifall *m*; *gøre ~nde lykke* riesigen Erfolg haben, F ein Bombenerfolg sein

stormester ['sdɔrmesdər] *Schach:* Großmeister *m*

storm|flod ['sdɔrmflo:⁷ð] Sturmflut *f*; **~fuld** [-ful⁷] stürmisch (*a fig*); **~krog** [-krɔ:⁷w] *Fenster:* Sturmhaken *m*

stormkur ['sdɔrmku:⁷r]: *gøre ~ til en*

kvinde e-r Frau stürmisch den Hof machen

stormlygte ['sdɔʀmløɡdə] Sturmlaterne *f;* Windlicht *n*

stormløb ['sdɔʀmlø:ˀb] Sturmlauf *m*

stormomsust ['sdɔʀmɔmsu:ˀsd] sturmumbraust, sturmumtost

storm|pisket ['sdɔʀmpisɡəð] *Meer:* sturmbewegt, sturmgepeitscht; **~skade(-forsikring)** ['-sga:ðə(fɔʀˀseɡʀeŋ)] Sturmschaden(versicherung) *m(f);* **~skridt** [-sɡʀid] Sturmschritt *m (med* im); **~varsel** [-va:ˀʀsəl] Sturmwarnung *f;* **~vejr** [-ve:ˀʀ] Sturm *m,* stürmisches Wetter *n;* **~vind** [-venˀ] Sturm *m; fig* Wirbelwind *m*

stormægtig [sdɔʀˈmɛɡdi] großmächtig; F großspurig

stormønstret ['sdɔʀmønˀsdʀəð] groß gemustert

stor|politikken ['sdɔʀpoliˀtiɡən] die hohe Politik; **~ryger** [-ʀy:ɔʀ] starker Raucher; **~sejl** [-saiˀl] NAUT Großsegel *m,* **~sind** [-sənˀ] *Großmut f;* **~sindet** [-senˀəð] großzügig, großmütig; **~skrald** [-sɡʀɑlˀ] Sperrmüll *m;* **~slem** [-slɛmˀ] → *store-slem;* **~slået** [-slɔ:ˀəð] großartig, erhaben; großzügig; **~snudet** [-snu:ˀðəð] hochnäsig, eingebildet, großspurig; **~stad** [-sdɑð] Großstadt *f;* **~stilet** [-sdiː-ˀləð] großzügig; *fig* groß angelegt, grandios

stor|syn ['sdɔʀsyˀn] Weitblick *m;* **~synet** [-syˀnəð] weitblickend; **~talende** [-taːlənə] großsprecherisch; **~ternet** [-tɛʀnəð] groß kariert; **~tromme** [-tʀɔmə] *slå på ~ for ngt. fig* die Trommel für *etw* rühren; **~trøje** [-tʀɔiə] Joppe *f;* Seemannsjacke *f;* **~tude** [-tu:ðə] laut heulen/flennen; **~tå** [-tɔ:ˀ] große Zehe *f*

storvask ['sdɔʀvasɡ] große Wäsche *f (ha-ve* haben); *holde* ~ *fig* mit etw aufräumen; bei *etw* (energisch) durchgreifen; *fig* mit *j-m* abrechnen

storvildt ['sdɔʀvilˀd] Großwild *n*

stovt [sdɔůˀd] stramm, aufrecht, stattlich

strabads [sdʀaˈbas] *⟨-en; -er⟩* Strapaze *f;* **~ere** [-baˈseːˀʀə] strapazieren

straf [sdʀaf] *⟨-fen; -fe⟩* Strafe *f; idømme én en* ~ *j-n* zu e-r Strafe verurteilen; *af-sone/udstå sin* ~ *s-e* Strafe verbüßen, F absitzen; *til* ~ zur Strafe; **~afsoner** ['-aůso:ˀnɔʀ] *⟨-en; -e⟩* Häftling *m,* (Gefängnis)Insasse *m,* Insassin *f*

strafansvar ['sdʀafansvaˀʀ] Strafe *f; forbudt under* ~ bei Strafe verboten

straf|arbejde ['sdʀafaʀbaiˀdə] Strafarbeit *f;* **~bar** [-baːˀʀ] strafbar; **~eftergivelse** [-ɛfdɔʀgiˀvɔlsə] Straferlass *m*

straffe¹ ['sdʀafə] *⟨-et od -en; -r od -⟩* Abk. für *straffespark*

straffe² ['sdʀafə] (be)strafen; *tidligere ~t* vorbestraft

straffe|anstalt ['sdʀafəansdalˀd] Strafanstalt *f;* **~attest** [-aˀtɛsd] *(polizeiliches)* Führungszeugnis *n;* **~fange** [-faŋə] Sträfling *m;* Strafgefangene(r) *m(f);* **~lov** [-lɔů] Strafgesetz(buch) *n;* **~prædiken** [-pʀɛ-ðiˀ(ə)ɡən] Strafpredigt *f;* **~register** [-ʀɛˀgisdɔʀ] Strafregister *n;* **~ret** [-ʀɛd] Strafrecht *n;* **~ret(s)lig** [-ʀɛd(s)li] strafrechtlich; **~sag** [-sa:ˀ(j)] Strafverfahren *n;* **~spark** [-sbaʀg] *Fußball:* Elfmeter *m,* Strafstoß *m;* **~spark(s)felt** [-sbaʀg(s)felˀd] SPORT Strafraum *m*

straf|forfølgning ['sdʀafɔʀfølˀ(j)nen] *⟨-en; -er⟩* Strafverfolgung *f;* **~fri** [-fʀiːˀ] straffrei; **~point** ['-poˀeŋ] SPORT Strafpunkt *m;* **~porto** [-pɔʀto] Strafporto *n,* Nachgebühr *f;* **~rente** [-ʀɛndə] Verzugszinsen *pl;* **~skyldig** [-sgyldi] straffällig; **~udmåling** [-uðmɔ:ˀleŋ] Strafmaß *n;* **~værdig** [-vɛʀˀdi] sträfwürdig, sträflich

straks [sdʀɑgs] sofort, gleich; **~billede** ['-belǝðǝ] Sofortbild *n*

strakt [sdʀɑgd], **~e** ['-ǝ] → *strække*

stram [sdʀɑmˀ] stramm, straff; fest; *Ge-schmack:* herb; *Geruch:* streng; *Miene:* sauer, verdrießlich

stramaj [sdʀɑˈmaiˀ] *⟨-et⟩* Stramin *m*

strambuks ['sdʀɑmbogs] *su: give én* ~ F *j-m* die Hosen strammziehen

stramme ['sdʀɑmə] stramm ziehen, anziehen, spannen, straffen; *fig* verstärken, verschärfen; begrenzen; *bæltet* ~ *r* der Gürtel sitzt zu stramm (*od* eng); ~ *sig an,* ~ *sig op* sich aufraffen; sich zusammennehmen; ~ *sig op* sich stärken (*på ngt.* mit *etw*); ~ *én op j-n* ermuntern; *j-m* den Rücken stärken

stramtandet ['sdʀɑmtanˀəð] *Person:* streng, säuerlich, prüde

stramtsiddende ['sdʀɑmˀdseðənə] *Kleid:* eng anliegend

strand [sdʀanˀ] *⟨-en; -e⟩* Strand *m*

strand|bred ['sdʀanbʀeðˀ] (Meeres)Ufer *n;* **~dragt** [-dʀagd] Strandanzug *m;* **~e** ['sdʀanə] stranden; scheitern (*på* an D); **~foged** [-fo:əð] Strandvogt *m;* **~grund** [-gʀonˀ] Strandgrundstück *n;* **~hugst** [-hogsd] *fig* unberechtigte Einmischung *f,* Übergriff *m,* Raubzug *m;* **~ing** [-sdʀanen] *⟨-en; -er⟩* Strandung *f,* Stranden *n (a fig);* **~ingsgods** ['sdʀaneŋsgos] Strandgut n; **~kant** [-kanʔd] (Strand)Ufer n; **~vasker** [-vasgər] ⟨en; -e⟩ Wasserleiche f; **~vej** [-vaiʔ] Strandweg m, Uferweg m

strateg [sdʁɑ'teːʔ(j)] ⟨en; -er⟩ Stratege m; **~i** [-te'giːʔ] ⟨en; -er⟩ Strategie f; **~isk** [-'teːʔgisg] strategisch

stratenrøver ['sdʁɑːʔdənʁøːvɒʁ] scherz Rowdy m, F Rabauke m, Strauchdieb m

stratosfære [sdʁɑto'sfɛːʁə] Stratosphäre f

stred [sdʁɛːʔð], **~es** ['sdʁɛːðəs] → **stride**

streg [sdʁɑiʔ] ⟨en; -er⟩ Strich m; Heft: Linie f; Strich m; **en ~ i regningen** fig ein Strich durch die Rechnung; **slå en ~ en** Strich ziehen; **gå over ~en** fig zu weit gehen; **slå en ~ over ngt.** fig e-n Strich unter etw (A) machen; **have en (lille) ~ på** e-n (kleinen) Schwips haben; **lave gale ~er** Unfug machen/treiben

strege ['sdʁɑiə] streichen; **~ over** (od ud) durchstreichen, ausstreichen

streg|kode ['sdʁɑiˌkoːðə] Strichkode f; **~papir** [-pa'piːʔʁ] Linienblatt n, Linienpapier n; **~tegning** [-tɑiˌneŋ] Strichzeichnung f

strejf [sdʁɑiʔf] ⟨-et; -⟩ Streiflicht n, Schimmer m; Streifen m; fig Anflug m, Hauch m

strejfe ['sdʁɑiʔfə] streifen (a fig) **~ om(kring)** umherstreifen, F sich herumtreiben, stromern

strejf|lys ['sdʁɑiflyːʔs] Streiflicht n; **~skud** [-sguð] Streifschuss m; **~tog** [-tɔːʔw] Streifzug m (a fig)

strejke¹ ['sdʁɑigə] ⟨-n; -r⟩ Streik m, Ausstand m

strejke² ['sdʁɑigə] streiken (a fig)

strejke|bryder ['sdʁɑigəbʁyːðɒʁ] Streikbrecher m; **~kasse** [-kɑsə] Streikkasse f; **~lamme** [-lɑmə] durch Streik lahmlegen; **~ramt** [-ʁɑmʔd] vom Streik betroffen, bestreikt; **~ret** [-ʁɛd] Streikrecht n; **~vagt** [-vɑgd] Streikposten m; **~varsel** [-vɑːʔʁsəl] Streikwarnung f

streng¹ [sdʁɛŋ] ⟨-en; -e⟩ MUS Saite f (a fig); ANAT Strang m

streng² [sdʁɛŋ] streng, hart, scharf; strikt; **~t taget** streng genommen, genau genommen; **på det ~este forbudt** strengstens verboten; **det er ikke ~t nødvendigt** es ist nicht unbedingt notwendig

strenge [sdʁɛŋə] **~ op** Tennisschläger bespannen; **~ sig an** sich anstrengen

strengeinstrument ['sdʁɛŋəensdruˈmenʔd] Saiteninstrument n

strenges ['sdʁɛŋəs] ⟨impf strengedes⟩

Winter: strenger werden

strenghed ['sdʁɛŋheðʔ] ⟨-en⟩ Strenge f

stress [sdʁɛs] ⟨-en od -et⟩ Stress m; **~e** ['-ə]: **~ af** F ausspannen, entspannen; **~ende** [-ənə] stressig; **~et** ['-əð] gestresst

stribe¹ ['sdʁiːbə] ⟨-n; -r⟩ Streifen m; Striemen m; Reihe f; **på ~** in Reih und Glied; der Reihe nach

stribe² ['sdʁiːbə] streifen

stribet ['sdʁiːbəð] gestreift, streifig, striemig; Katze gestromt; Anzug mit Nadelstreifen; **~ flæsk** durchwachsene(r) Speck m

stribevis ['sdʁiːbəviːʔs] reihenweise

strid¹ [sdʁiðʔ] ⟨-en⟩ Streit m; poet Kampf m, Ringen n; **komme i ~** in Streit geraten (om/um, über A); **i ~ med loven** gesetzwidrig, gegen das Gesetz

strid² [sdʁiðʔ] Haar: struppig, borstig, widerspenstig; Person: unnachgiebig, beharrlich, störrisch; Wind: rau, hart; **det regner i ~e strømme** es regnet in Strömen

stridbar ['sdʁiðbɑːʔʁ] streitbar, streitsüchtig

stride ['sdʁiːðə] ⟨stred; stridt⟩ streiten, kämpfen, ringen; **~ imod** sich sträuben; **~ imod ngt.** etw (D) widerstreiten, widersprechen, gegen etw verstoßen; **~ sig frem mod stormen** sich gegen den Sturm vorwärtskämpfen; **~s med én** sich mit j-m streiten (od zanken) (om/um, über A)

stridhåret ['sdʁiðhɔːʔʁəð] struppig, rauhaarig, borstig

stridig ['sdʁiːði] streitbar, widerborstig; **gøre én rangen ~** j-m den Rang streitig machen

strids|handske ['sdʁiðshɑnsgə] Fehdehandschuh m (kaste/optage hinwerfen/aufnehmen); **~kræfter** [-kʁɛfdər] pl Streitkräfte f/pl; **~lysten** [-løsdən] streitlustig, streitsüchtig; **~magt** [-mɑgd] Streitmacht f; **~skrift** [-sgʁefd] Streitschrift f, Pamphlet n; **~spørgsmål** [-sbœʁsmɔːʔl] Streitfrage f; **~økse** [-øgsə] Streitaxt f, Kriegsbeil n (a fig) (grave ned begraben)

strigle¹ ['sdʁiːlə] ⟨-n; -r⟩ Striegel m; F Xanthippe f, Besen m

strigle² ['sdʁiːlə] striegeln

strik¹ [sdʁɛg] ⟨-ken; -ke od -ker⟩ Person: F Strick m, Schelm m, Filou m

strik² [sdʁɛg] ⟨en od et⟩ Strickware f

strik³ [sdʁɛg] ⟨-ken; -ker⟩ → **strikke**¹

strikke¹ ['sdʁɛgə] ⟨-n; -r⟩ Strick m; Strang m

strikke² ['sdʁɛgə] stricken; **~t trøje** Strickjacke f

strikke|garn ['sdregəgɑː'ʀn] Strickgarn n, -wolle f; **~opskrift** [-ɔbsgʀefd] Strickanleitung f, Strickmuster m; **~pind** [-pen'] Stricknadel f; **~strømpe** [-sdʀœmbə] Strickstrumpf m; **~tøj** [-tɔi] Strickzeug n

striks [sdʀegs] streng

strikte ['sdʀigdə] strikt(e), (peinlich) genau

strikvarer ['sdʀegvɑːʀəʀ] pl Strickwaren f/pl

strimet ['sdʀiːməð] striemig; streifig

strimle ['sdʀemlə] in Streifen schneiden

strimmel ['sdʀemˀəl] 〈strim(me)len; strimler〉 Streifen m, Fetzen m

strinte ['sdʀendə] spritzen (a Revier markieren: Rüde, Kater)

strippe ['sdʀibə] spritzen; Tabakblätter ausrippen; **~r** [-ʀ] 〈-en; -e〉 Stripperin f

strisser ['sdʀisəʀ] 〈-en; -e〉 F Bulle m, Polyp m

strithåret ['sdʀidhɔːˀʀɔð]: **være ~** störrisches, struppiges Haar haben

stritte[1] ['sdʀidə] sich sträuben, sich spreizen; **~ imod** sich sträuben/sperren (gegen); **~ imod med hænder og fødder** fig sich mit Händen und Füßen sträuben; **~nde ører** abstehende Ohren n/pl

stritte[2] ['sdʀidə] werfen, schmeißen; **~ én ud** j-n hinauswerfen

stritøret ['sdʀidøːʀɔð]: **være ~** abstehende Ohren/F Segelohren haben

strofe ['sdʀoːfə] 〈-n; -r〉 Strophe f

strop [sdʀɔb] 〈-pen; -per〉 Schlaufe f; Straßenbahn: Halteriemen m; Handtuch: Aufhänger m; Unterhemd: Träger m; Uniform: Schulterklappe f; **~løs** ['-løːˀs] Kleid: trägerlos

stroppe ['sdʀɔbə]: **~ én op** F fig j-m den Kopf waschen; **~tur** [-tuːˀʀ] MIL Strafexerzieren m; fig Schinderei f, Strapaze f

strube ['sdʀuːbə] 〈-n; -r〉 ANAT Kehle f, Gurgel f; **sætte én kniven på ~n** fig j-m das Messer an die Kehle setzen

strubehoste ['sdʀuːbəhoˌsdə] MED Krupp m; **falsk ~** Pseudokrupp m

strubehoved ['sdʀuːbəhoˌðð] ANAT Kehlkopf m

struds [sdʀus] 〈-en; -e〉 ZO Strauß m; **~(e)fjer** ['-(ə)fjeˌʔʀ] Straußenfeder f; **~(e)mave** ['-(ə)mɑːvə]: **have en ~(e)mave** e-n guten Magen, e-n Pferdemagen haben; **~(e)politik** ['-(ə)poliˀtig] Vogel-Strauß-Politik f; **~(e)æg** ['-(ə)ɛˀg] Straußenei n

struggler ['sdʀɔgləʀ] 〈-en; -e〉 rücksichts-

lose(r) Streber m

strunk ['sdʀɔŋˀg] aufrecht, stramm, kerzengerade; **holde sig ~** fig Haltung bewahren, F senkrecht bleiben

strut [sdʀud] 〈-ten; -ter〉 Faschingsgebäck n mit spitzen Ecken

strutmave ['sdʀudmɑːvə] Bäuchlein n, Spitzbauch m

strutte ['sdʀudə] strotzen; **~ med maven** den Bauch vorstrecken; **~nde skørter** abstehende Röcke m/pl

stryg [sdʀyˀ] pl F Keile f, Prügel pl

stryge ['sdʀyːə] 〈strøg; strøget〉 streichen (a MUS); Wäsche bügeln, plätten; Ziegelstein formen; Streichholz zünden; Verdienst einstreichen; Minen räumen; **~ af** abstreifen; **~ afsted** davonfliezen, lossausen; **~ (i)mod hårene** gegen den Strich bürsten; fig reizen; **~ sig op ad ngt.** sich an etw (A) schmiegen; **~nde afsætning** ØKON reißende(r) Absatz m; **det går ~nde** es geht wie geschmiert, F es flutscht; **i ~nde fart** in schnellem/flottem Tempo; **en strøget teskefuld** ein Teelöffel gestrichen voll

stryge|bræt ['sdʀyːəbʀɛd] Bügelbrett n; **~flade** [-flaˌðə] Reibfläche f; **~fri** [-fʀiːˀ] bügelfrei; **~instrument** [-ensdʀuˀmenˀd] Streichinstrument n; **~jern** [-jeˌʀˀn] Bügeleisen n; **~kvartet** [-kvɑʀˀted] Streichquartett n; **~let** [-led] bügelleicht; **~r** [-ʀ] 〈-en; -e〉 MUS Streicher m; **~stål** [-sdɔːˀl] Wetzstahl m; **~tøj** [-tɔi] Plättwäsche, Bügelwäsche f

strygning ['sdʀyːneŋ] 〈-en; -er〉 Bügeln n; Streichen n; Streichung f

stræb [sdʀɛːˀb] 〈-et〉 Mühe f, F Schinderei f; Strebertum n

stræbe ['sdʀɛːbə] 〈-te〉 streben, trachten (efter/nach D); **~ fremad** fig vorwärtsstreben; **~r** [-ʀ] 〈-en; -e〉 Streber m

stræbsom ['sdʀɛːbsɔmˀ] strebsam

stræde ['sdʀɛːðə] 〈-t; -r〉 Gasse f, NAUT Straße f, Meerenge f

stræk [sdʀɛg] 〈-ket; -〉: **i et ~** in e-m Zuge

strække ['sdʀɛgə] 〈strakte; strakt〉 strecken (a Waffen), dehnen, recken (sig sich); **~ sig videst muligt** fig j-m so weit wie möglich entgegenkommen; **~ hals** e-n langen Hals machen; **~ frem** vorstrecken; **i vejret** emporstrecken; **~ til** (aus)reichen; **~ til jorden** zu Boden strecken; **~ armen ud** den Arm ausstrecken; **~ sig** sich strecken; Land: sich erstrecken; **i strakt arm** mit ausgestrecktem Arm

stræk|march ['sdʀɛgmɑʀsj] MIL Stechschritt m; **~ning** [-neŋ] 〈-en; -er〉 Strecke

S

f; Strecken *n*, Streckung *f*, Dehnen *n*, Dehnung *f*; **~nylon** [-nɑilɔn] *Gewebe*: Stretch *m*

strø [sdrø:ˀ] streuen; **~ om sig med penge** mit Geld um sich werfen; **~bemærkning** ['-be'mɛrɡneŋ] Nebenbemerkung *f*, beiläufige Bemerkung *f*; **~else** ['-əlsə] ⟨*n*⟩ Streu *f*

strøg[1] [sdrɔiˀ] ⟨*-et*; -⟩ (Bogen-, Pinsel)Strich *m*; Streicheln *n*; F Hauptgeschäftsstraße *f*

strøg[2] [sdrɔiˀ], **~et** ['sdrɔiˀəð] → *stryge*

strøgkunde ['sdrɔiˀkɔnə] Laufkunde *m*

Strøget ['sdrɔiˀəð] *Einkaufsstraße in Kopenhagen zw. Rathausplatz und Kgs. Nytorv*

strøgtur ['sdrɔiˀtu:ˀr]: **gå ~ e-n** (Einkaufs)Bummel machen

strøm [sdrœmˀ] ⟨*-men*; *-me*⟩ Strom *m* (*a* EL), Strömung *f*, *fig* Schwall *m*; Flut *f*; **det regner ~me ned** (*od* **i ~me**) es regnet in Strömen; **gå imod ~men** *fig* gegen den Strom schwimmen; **følge med ~men** *fig* mit dem Strom schwimmen

strømer ['sdrœ:ˀmər] ⟨*-en*; *-e*⟩ F Stromer *m*; F Bulle *m*, Polyp *m*

strøm|forbrug ['sdrœmfɔr'bru:ˀ] Stromverbrauch *m*; **~førende** [-fø:ˀrənə] *Kabel*: stromführend; **~hvirvel** [-virˀvəl] Stromschnelle *f*; **~kreds** [-krɛ:ˀs] Stromkreis *m*; **~kæntring** [-kɛndreŋ] Gezeitenwechsel *m*; *fig* Umschlag *m*, Wende *f*; **~linet** [-li:nəð], **~liniet**, **~linjet** [-linˀjəð] stromlinienförmig

strømme ['sdrœmə] strömen, fließen; **~ ind** hereinströmen (*a fig*); *Briefe*: in Massen eingehen; **regnen ~r ned** es gießt in Strömen; **~ til** *fig* herbeiströmen; **~vis** [-vi:ˀs]: **i ~** in Strömen

strømning ['sdrœmneŋ] ⟨*-en*; *-er*⟩ Strömung *f* (*a fig*)

strømpe ['sdrœmbə] ⟨*-n*; *-r*⟩ Strumpf *m*; **~bukser** [-bogsər] *pl* Strumpfhose *f*; **~bånd** [-bɔnˀ] Strumpfband *n*; **~fod** [-fo:ˀð] Füßling *m*; **på ~fødder** auf Strümpfen; **~holder** [-hɔlər] Strumpfhalter *m*; **~skaft** [-sɡɑfd] Beinling *m*, Strumpfschaft *m*; **~sok** [-sɔɡ] → *strømpefod*

strøm|pil ['sdrœmpi:ˀl] *fig* Richtungsanzeiger *m*, Trend *m*; **~styrke** [-sdyrɡə] Stromstärke *f*; **~svigt** [-svegd] Stromausfall *m*

strø|sukker ['sdrø:ˀsoɡər] Streuzucker *m*; **~tanke** [-tɑŋɡə] Gedankensplitter *m*, Aphorismus *m*

strå [sdrɔ:ˀ] ⟨*-et*; -⟩ Halm *m*; Stroh *n*; **væ-**

re højt på ~ *fig* auf dem hohen Ross sitzen; es weit gebracht haben; **trække det korteste ~** *fig* den Kürzeren ziehen

strå|gul ['sdrɔɡu:ˀl] strohgelb; **~hat** [-had] Strohhut *m*

stråle[1] ['sdrɔ:lə] ⟨*-n*; *-r*⟩ Strahl *m*

stråle[2] ['sdrɔ:lə] strahlen, glänzen; **~ af glæde** vor Freude strahlen

stråle|nde ['sdrɔ:lənə] strahlend, glänzend; **~rør** [-rœ:ˀr] Strahlrohr *n*; **~varme** [-vɑrmə] Strahlungswärme *f*

stråling ['sdrɔ:leŋ] ⟨*-en*; *-er*⟩ Strahlung *f*; **afgive ~** PHYS strahlen

strålingsbeskyttelse ['sdrɔ:leŋsbe-'sɡødəlsə] Strahlenschutz *m*

strå|mand ['sdrɔmanˀ] *fig* Strohmann *m*; **~tag** [-ta:ˀ(j)] Reetdach *n*, Strohdach *n*; **~tæk(ke)t** [-tɛɡəð, -tɛɡd] reetgedeckt, strohgedeckt

stub [sdub] ⟨*-ben*; *-be*⟩ Baumstumpf *m*; *Getreide*, *Bart*: Stoppel *f*; **sælge rub og ~** [sdɔb] F den ganzen Krempel verkaufen

stub|mark ['sdubmarɡ] Stoppelfeld *n*; **~mølle** [-møIə] Bock(wind)mühle *f*

stud [sduðˀ] ⟨*-en*; *-e*⟩ Ochse *m* (*a fig*)

stud. [sduðˀ] (= *studiosus*) Student *m* (*Abk.* stud.); *z. B.* **stud. med.** Student der Medizin

studehandel ['sdu:ðəhanˀəl] Viehhandel *m*; *fig* Kuhhandel *m*, Kungelei *f*

student [sdu'dɛnˀd] ⟨*-en*; *-er*⟩ Student(in) *m(f)*; Hochschüler(in) *m(f)*; Abiturient(in) *m(f)*; **medicinsk** (**juridisk, teologisk**) **~** Student der Medizin (der Rechte, der Theologie)

studenter|brød [sdu'dɛnˀdərbrø:ˀð] F *e-e Art* Rumkugel *f*; **~eksamen** [-'ɡ'sa:mən] Abitur *n*, Reifeprüfung *f*; **~hue** [-hu:ə] Studentenmütze *f*; **~kursus** [-kursus] *etwa*: Abendgymnasium *n*, Abiturkurs *m*; **~nellike** [-nelˀjgə] Bartnelke *f*

studenteroprør [sdu'dɛnˀdərɔbrœ:ˀr] Studentenrevolte (*bsd 1968*); **~er** [-ər] *etwa*: 68er *m*

student|erråd [sdu'dɛnˀdərrɔ:ˀð] *etwa*: Allgemeine(r) Studentenausschuss *m* (*Abk.* AStA *m*); **~ikos** [-dɛnti'ko:ˀs] studentenhaft

studepranger ['sdu:ðəprɑŋər] Viehhändler *m*; *fig* F grobschlächtige(r) Mensch *m*, Grobian *m*; Gauner *m*

studere [sdu'de:ˀrə] studieren; **~kammer** [-kɑmˀər] Studierzimmer *n*; **~nde** [-nə] ⟨*en*⟩ Student(in) *m(f)*; **~værelse** [-vɛ:rəlsə] → *studerekammer*

studering [sdu'de:ʔʀeŋ] ⟨-en; -er⟩ Studieren n, Studium n

studie¹ ['sdu:ʔdiə] ⟨-n od -t; -r⟩ Studie f; Entwurf m

studie² ['sdu:ʔdiə] ⟨-t; -r⟩ Studio n

studie|fag ['sdu:ʔdiəfaˀ(j)] Studienfach n; **~kammerat** [-kamə'ʀɑːˀd] Kommilitone m, Kommilitonin f; **~kreds** [-kʀeːˀs] Arbeitsgemeinschaft f; **~lektor** [-lɛgtɒʀ] Oberstudienrat m, Studiendirektor m; **~ophold** [-ɔbhɔlˀ] Studienaufenthalt m; **~vejledning** [-vaɪle:ʔðneŋ] Studienberatung f; **~vært** [-vɛʀd] R/TV: Moderator m

studine [sdu'di:nə] ⟨-n; -r⟩ F Studentin; Abiturientin f

studium ['sdu:ʔdiom] ⟨studiet; studier⟩ Studium n

studs¹ [sdus] ⟨-en; -e od -er⟩ Rohrstück: Stutzen m

studs² [sdus] ⟨en⟩: **på en ~** auf der Stelle, schnurstracks

studs³ [sdus] barsch, kurz angebunden; pikiert

studs|e ['sdusə] v/i stutzen, stutzig werden, staunen; v/t stutzen; **~ning** ['sdusneŋ] ⟨-en; -er⟩ Haar: Stutzen n

stue ['sdu:ə] ⟨-n; -r⟩ Stube f; Zimmer n; Wohnzimmer n; (Abk. st.) Erdgeschoss n; **bo i ~n** parterre wohnen; **~arrest** [-ɑˈʀesd] Hausarrest m, Stubenarrest m; **~etage** [-eˈtaːsjə] Erdgeschoss n, Parterre n; **~flue** [-fluːə] Stubenfliege f

stue|gang ['sdu:əgaŋˀ] Krankenhaus: Visite f; **~hus** [-huːˀs] Bauernhof: Wohnhaus n; **~lejlighed** [-laɪlihe:ðˀ] Parterrewohnung f; **~lind** [-lenˀ] Zimmerlinde f; **~lærd** [-lɛʀˀd] Stubengelehrte(r) m; **~orgel** [-oːˀʀwəl] Harmonium n; **~pige** [-piːə] Hausmädchen n; Hotel: Zimmermädchen n; **~plante** [-plandə] Zimmerpflanze f; **~ren** [-ʀeːˀn] stubenrein (a fig)

stuk [sdug] ⟨-ken od -ket⟩ Stuck m; **~katur** [sduka'tuːʔʀ] ⟨-en⟩ Stuckarbeit f; Stukkatur f; **~katør** [sduka'tøːˀʀ] ⟨-en; -er⟩ Stuckateur m

stukket ['sdogəð] → **stikke**

stukloft ['sdugləfd] Stuckdecke f

stum [sdomˀ] stumm

stump¹ [sdomˀb] ⟨-en; -er⟩ Stückchen n; Stummel m; (Melodie)Fetzen m; **rive i ~er og stykker** in Fetzen reißen; Kind: Steppke m, Kleines n, Mäuschen n

stump² [sdomˀb] stumpf (a GEOM)

stumpe ['sdombə] Ärmel: zu kurz sein; **~t** [-ð] zu kurz, zu klein

stumprumpet ['sdombʀombəð] Hund:

mit e-m Stummelschwanz; **være ~** fig F ein Grünschnabel sein

stumtjener ['sdomtje:nɒʀ] Kleiderständer m, Garderobenständer m

stund [sdonˀ] ⟨-en; -er⟩ Weile f, Zeit f; fig Stunde f; **al den ~** scherzh alldieweil; **nu om ~er** heutzutage; **efter en ~s forløb** nach e-r Weile

stunde ['sdonə]: **aftenen ~r til** poet es wird Abend, der Abend naht

stundesløs ['sdonəsløˀs] rastlos

stundom ['sdondɒmˀ] bisweilen

stupid [sdu'piðˀ] stupid(e)

stuts [sduds] → **studs¹**

stutteri [sdudə'ʀiːʔ] ⟨-et; -er⟩ Gestüt n

stuve¹ ['sdu:(v)ə] stauen; **~ fuld** vollpfropfen; **~ væk** verstauen; **sidde ~t sammen** zusammengedrängt/-gepfercht sitzen; **~nde fuld** proppenvoll

stuve² ['sdu:(v)ə]: **~de kartofler** pl etwa Béchamelkartoffeln pl; **~t spinat** etwa Rahmspinat m

stuvning ['sdu:(v)neŋ] ⟨-en; -er⟩ Stauen n; GASTR etwa: Mehlschwitze f

styg [sdyg] hässlich, garstig; übel, ek(e)lig

styk [sdøg] ⟨-et; -⟩ (Abk. **stk.**) → **stykke¹**; **~gods** ['-gos] Stückgut n

stykke¹ ['sdøgə] ⟨-t; -r⟩ (Abk. **stk.**) (Abk. St.); JUR Absatz m; **~ brød** Stück n Brot, Schnitte f; **et ~ med ost** e-e Schnitte mit Käse, ein Käsebrot n; **vi var en 3-4 ~r** wir waren drei (bis/oder) vier Mann (od Leute); **et stift~** F ein starkes Stück; **et godt~vej** ein gutes Stück Weges, ziemlich weit; **et godt ~ tid** geraume Zeit; **et rigtigt ~ mandfolk** ein richtiger Mann; **blæse én et (langt) ~** fig F j-m etw pfeifen; **~ for ~** Stück für Stück; **10 kroner ~t** (od **pr. styk**) zehn Kronen das Stück (od pro Stück); **gå i ~r** zerbrechen, entzweigehen; F kaputtgehen; fig scheitern; **rive (slå) i ~r** zerreißen (zerschlagen); **slå i ~r** F (Geldschein) kleinmachen; **si ngt. gennem et ~** etw durch ein Tuch seihen; **når det kommer til ~t kan det være lige meget** letzten Endes ist es egal; **da det kom til ~t turde han ikke** im entscheidenden Augenblick (od am Ende) traute er sich nicht

stykke² ['sdøgə]: **~ sammen** zusammenstückeln; **~ ud** aufteilen, zerstückeln, parzellieren

styk|pris ['sdøgpʀiːʔs] Stückpreis m; **~vis** [-viːʔs] stückweise; **~værk** [-vɛʀg] fig Stückwerk n, Flickwerk n

stylte¹ ['sdyldə] ⟨-n; -r⟩ Stelze f (a F Bein); **gå på ~r** auf Stelzen gehen

S

stylte² ['sdyldə] *fig* stelzen, staksen, stöckeln; **komme ~nde** herangestelzt kommen

stymper ['sdɔm⁹bər] ⟨-en; -e⟩ Stümper *m*; bedauernswerte(r) Mensch *m*; F arme(r) Schlucker *m*

styne ['sdy:nə] *Baumspitze* kappen, stutzen; ~ **træ** Kopfbaum *m*

styr [sdy:'ʔʁ] ⟨-et; -⟩ Steuer *n*, Lenkrad *n*; *Fahrrad:* Lenkstange *f*; **holde ~ på én** *j-n* bändigen ~ (od im Zaum(e) halten); **gå over ~** sich zerschlagen, zunichtewerden, in die Brüche gehen; **sætte over ~** verschwenden *fig* verscherzen; **~bar** ['sdyrbɑ:'ʔʁ] lenkbar; **~bord** ['sdyʁbo:'ʔʁ] NAUT Steuerbord *n*

styre¹ ['sdy:rə] ⟨-t; -r⟩ Regierung *f*; Regime *n*; Leitung *f*; **hun står for ~t** F sie hat das Sagen

styre² ['sdy:rə] lenken, steuern; regieren (*a* GRAM); beherrschen; leiten, führen; ~ **sig** sich beherrschen, mäßigen, zügeln; **ikke til at ~** nicht zu bändigen; **få sin lyst ~t** zufriedengestellt (*od* befriedigt) werden

styre|form ['sdy:rəfɔ:'ʔʁm] Regierungsform *f*; **~grejer** [-gʁɑiʔər] *pl* Lenkvorrichtung *f*, Lenkmechanismus *m*; **~hus** [-hu:'ʔs] NAUT Ruderhaus *n*, Steuerhaus *n*, Kommandobrücke *f*; **~lse** ['sdyrəlsə] ⟨-n; -r⟩ Lenkung *f*, Leitung *f*, Führung *f*; *Verein:* Vorstand *m*; *fig* Fügung *f*; **~pind** [-pen⁹] NAUT Ruderpinne *f*; FLUG Steuerknüppel *m*; EDV Joystick *m*; **~r** [-ʁ] ⟨-en; -e⟩ Lenker *m*, Leiter *m*; **~tøj** [-tɔiʔ] AUTO Lenkung *f*, Lenkgetriebe *n*

styring ['sdy:ren] ⟨-en⟩ Lenkung *f*, Steuerung *f*; Verwaltung *f*, Kontrolle *f*

styrke¹ ['sdyʁgə] ⟨-n; -r⟩ Stärke *f*, Kraft *f* (*a* *fig*); Mannschaft *f*; MIL Streitkräfte *pl*; **prøve ~ med én** sich mit *j-m* messen

styrke² ['sdyʁgə] stärken, kräftigen (**sig** sich); bestärken

styrke|drik ['sdyʁgədreg] Stärkungstrunk *m*, F Gläschen *n* zur Stärkung; **~lse** [-lsə] ⟨-n⟩ Stärkung *f*, Kräftigung *f*; **~prøve** [-prø:və] Kraftprobe *f*; **~træning** [-tʁɛ:nen] ⟨-en⟩ Muskel-, Fitnesstraining *n*

styrkning ['sdyʁgnen] ⟨-en⟩ Stärkung *f*

styrmand ['sdyrman²] Steuermann *m*

styrt [sdyr²d] ⟨-et; -⟩ Sturz *m*; **~dykning** ['sdyrdɔgnen] FLUG Sturzflug *m*

styrte ['sdyrdə] stürzen (**sig** sich), fallen; **~ af sted** losrennen, lossturzen; **~ én i ulykke** *j-n* ins Unglück stürzen; **~ ned** (her-, hin)abstürzen; *Regen:* herabströmen, gießen; **~ om** umstürzen, umfallen; **~ sammen** zusammenstürzen; einstürzen; **~nde** F unheimlich, wahnsinnig; **tjene ~nde med penge** F unheimlich viel Geld verdienen

styrtebad ['sdyrdəbað]: **tage ~** duschen

styrtefærdig ['sdyrdəfɛr²di]: **være ~ af træthed** zum Umfallen müde sein

styrt|hjelm ['sdyrdjel²m] Sturzhelm *m*; **~løb** [-lø:²b] *Skisport:* Abfahrtslauf *m*; **~regn** [-rɑiʔn] Sturzregen *m*, Platzregen *m*, Regenguss *m*; **~sø** [-sø:ʔ] Sturzsee *f*, Sturzwelle *f*, Brecher *m*

stædig ['sdɛ:ði] widerspenstig, störrisch; stur, bockig

stække ['sdɛgə] *Flügel* beschneiden, stutzen; **hans vilje er blevet ~t** sein Wille(n) ist gebrochen, er ist eingeschüchtert (worden)

stænge¹ ['sdɛŋə] ⟨-t; -r⟩ Heuboden *m*

stænge² ['sdɛŋə] ⟨-ede *od* -te⟩ verriegeln, versperren, verschließen (*a* GRAM)

stængel ['sdɛŋ²əl] ⟨-glen; -gler⟩ Stängel *m*

stænk [sdɛŋ²g] ⟨-et; -⟩ Spritzer *m*, Tropfen *m*; Sprenkel *m*; F Schuss *m*; *fig* Anflug *m*, Hauch *m*

stænke ['sdɛŋgə] *v/i* spritzen; **det ~r lidt** es nieselt; *v/t* (be)sprengen, einsprengen; **~ vand på én** *j-n* mit Wasser bespritzen; **~skærm** [-sgɛr²m] Kotflügel *m*

stær¹ [sdɛ:'ʔʁ] ⟨-en; -e⟩ ZO Star *m*

stær² [sdɛ:'ʔʁ] ⟨-en; -e⟩ MED Star *m*

stærk [sdɛrg] stark, kräftig (*a fig*); *Speise:* scharf; **100 ~e** F *fig* 100 Kronen, F Piepen *pl* (*Geld*); **løbe ~t** schnell laufen; **uret går for ~t** die Uhr geht vor; **det er dog for ~t!** F man je so was erlebt (*od* gehört!)?; jetzt schlägt's dreizehn!, das ist die Höhe (*od* der Gipfel)!; **leve for ~t** zu intensiv leben; **på det ~este** aufs Schärfste; **~strøm** ['-sdrœm²] EL Starkstrom *m*

stævn [sdɛu²n] ⟨-en; -e⟩ NAUT Steven *m*; **vende ~en hjemefter** *fig* den heimatlichen Hafen ansteuern

stævne¹ ['sdɛunə] ⟨-t; -r⟩ Treffen *n*, Tagung *f*, Zusammenkunft *f*; **sætte én ~** sich mit *j-m* verabreden; *j-n* (an e-n best. *Ort*) (hin)bestellen

stævne² ['sdɛunə] *v/t* JUR vorladen; gerichtlich belangen; ~ **sammen** zusammenrufen, F zusammentrommeln; *v/i* NAUT steuern

stævnemøde ['sdɛunəmø:ðə] Stelldichein *n*, Rendevouz *n*

stævning ['sdɛunen] JUR Vorladung *f*; Klage *f*; Klageschrift *f*; **udtage ~ mod**

én Klage gegen *j-n* erheben

stævningsmand ['sdæuneŋsman?] *etwa:* JUR Zustellungsbeamte(r) *m*, Gerichtsbote *m*, Gerichtsvollzieher *m*

støbe ['sdø:bə] ⟨*-te*⟩ gießen; *kjolen sidder som støbt* das Kleid sitzt wie angegossen; → *ngt. om fig etw* ändern (*od* ummodeln)

støbejern ['sdø:bəjɛr?n] Gusseisen *n; af ~, ~s-* gusseisern

støber ['sdø:bɔr] ⟨*-en*; *-e*⟩ Gießer *m; ~i* [sdø:bɔ'Ri:?] ⟨*-et*; *-er*⟩ Gießerei *f*, Hüttenwerk *n*, Schmelzhütte *f*

støbeske ['sdø:bəsgə:?] Gießlöffel *m; fig befinde sig i ~en* (noch) auf dem Prüfstand sein, von Grund auf geändert werden; im Werden (begriffen) sein

støbning ['sdø:bneŋ] ⟨*-en*; *-er*⟩ Gießen *n*; Guss *m fig* Schlag *m*, Sorte *f*

stød [sdøð] ⟨*-et*; *-*⟩ Stoß *m*, F Schubs *m*; Schlag *m*; GRAM Stoßton *m*; Pfeife: Pfiff *m*; An-, Aufprall *m*; Baumstumpf *m; fig* Anstoß *m* (*til/zu D*); *elektrisk ~* elektrische(r) Schlag *m; være i ~et fig* in Form sein; (gut) aufgelegt sein; *give ~et til ngt. etw* (*D*) Vorschub leisten, *etw* anregen; *komme i ~et fig* in Fahrt kommen; *~dæmper* ['-dɛmbɔr] Stoßdämpfer *m*

støde ['sdø:ðə] ⟨*-te*⟩ stoßen; *fig* beleidigen, verletzen, kränken; ~ *sig på ngt.* sich an *etw* (*D*) stoßen; ~ *an mod ngt. fig* gegen *etw* verstoßen; ~ *fra* NAUT abstoßen; ~ *fra sig* von sich stoßen; ~ *imod ngt.* gegen *etw* stoßen, auf *etw* aufprallen; ~ *omkuld* umstoßen; ~ *op* Fenster aufstoßen; ~ *op til ngt.* an *etw* (*A*) stoßen (*od* grenzen); ~ *på grund* auf Grund stoßen; ~ *sammen* zusammenstoßen, prallen; *fig* aneinandergeraten; ~ *til* zustoßen, sich anschließen; *Komplikationen:* eintreten, hinzukommen; *~nde fig* anstößig; *Wesen:* abstoßend; → *stødt*

støder ['sdø:ðɔr] ⟨*-en*; *-e*⟩ Stößel *m; en gammel ~* F ein alter Knacker *m*

stødpude ['sdøðpu:ðə] *fig* Puffer *m; ~stat* [-sda:?d] POL Pufferstaat *m*

stødsikker ['sdøðsegɔr] stoßfest

stødt [sdød] gestoßen; *fig* beleidigt, eingeschnappt; *Apfel mit e-r* Druckstelle, angestoßen; *være ~ over ngt.* über *etw* (*A*) pikiert sein; → *støde*

stød|tand ['sdøðtan?] Stoßzahn *m; ~trop* [-trɔb] MIL Stoßtrupp *m; ~vis* [-vi:?s] stoßweise, ruckweise

støj [sdɔi?] ⟨*-*⟩ Geräusch *n*, Lärm *m*; *Radio:* Störung *f*, Rauschen *n*

støjdæmpe ['sdɔidɛmbə] entstören;

schalldämmen; *~nde* schallschluckend, schalldämmend; *~r* [-R] Schalldämpfer *m*

støje ['sdɔiə] lärmen, toben; *~nde* lärmend, geräuschvoll, laut

støj|forurening ['sdɔifɔru:RE:?neŋ] Lärmbelästigung *f; ~fri* [-fRi:?] geräuschlos; störungsfrei, entstört; *Autoreifen:* laufruhig; *~kilde* [-kilə] Geräuschquelle *f*, Lärmmacher *m; ~niveau* [-ni'vo] Lärmpegel *m; ~sender* [-sɛnɔr] *Radio:* Störsender *m; ~svag* [-sva:?(j)] geräuscharm

støn [sdœn?] ⟨*-net*; *-*⟩ Stöhnen *n*, Seufzer *m; ~ne* ['sdœnə] stöhnen, ächzen

stør [sdø:?R] ⟨*-en*; *-er od -e*⟩ ZO Stör *m*

størkne ['sdœrgnə] erstarren, hart werden; *Blut:* gerinnen

større ['sdœrə] größer; → *stor; ~lse* [-lsə] ⟨*-n*; *-r*⟩ Größe *f*; Höhe *f*; F Geschöpf *n; en lille ~* Kind: ein kleiner Knirps/Steppke; *på ~ med* so groß wie; *~lsesorden* [-lsəsɔ:?Rdən] Größenordnung *f*

størst [sdœrsd] größt; *adv* am größten; → *stor*

størstedelen ['sdœrsdedə:?lən] der größte Teil, Großteil *m, for ~* größten teils

størsteparten ['sdœrsdəpɑ:?Rdən] der größte Teil, Gros *n*

støt [sdød] ruhig, fest, sicher, stetig

støtte[1] ['sdøðə] ⟨*-n*; *-r*⟩ Stütze *f*; Säule *f* (*a fig*); Unterstützung *f*; Denkmal *n; yde en sag sin ~ e-r* Sache (*D*) Vorschub leisten, unterstützen; *stå stiv som en ~* stocksteif dastehen

støtte[2] ['sdøðə] stützen (*a fig*), unterstützen; *kunne ~ på benene* stehen können; *ikke kunne ~ på benet* mit dem Bein nicht auftreten können; ~ *sig på* (*od til*) *ngt.* sich auf *etw* (*A*) stützen

støtte|ben ['sdøðəbe:?n] *am Fahrrad:* (Kipp)Ständer *m; ~pille* [-pelə] Stützpfeiler *m; ~punkt* [-poŋ?d] Stützpunkt *m; ~stav* [-sda:?v] *fig* Stütze *f*

støv [sdø:?v] ⟨*-et*⟩ Staub *m* (*a fig*); *samle ~* verstauben (*a fig*); *krybe i ~et for én fig* vor *j-m* im Staub kriechen; *træde ngt. i ~et etw* in den Dreck ziehen; *~ets år fig etwa* das Greisenalter (70 Jahre); *tørre ~ af* Staub wischen

støv|bærer ['sdøûbɛ:rɔr], *~drager* [-drɑ:wɔr] BOT Staubgefäß *n*

støve ['sdø:və] stauben; ~ *af* abstauben; ~ *igennem fig* durchstöbern; ~ *op* aufstöbern; ~ *byen rundt efter ngt.* F die ganze Stadt nach *etw* abklappern/abgrasen; ~ *til* verstauben; *~klud* [-kluð?] Staubtuch *n*;

S

~kost [-kɔsd] Staubwedel *m*; **~r** [-ʀ] ⟨*-en*; *-e*⟩ Stöber(hund) *m*; **~t** [-ð] staubig; *fig* verstaubt

støv|fang ['sdøːfɑŋ?] ⟨*-et*; -⟩ BOT Narbe *f*; **~fnug** [-fnug] Staubflocke *f*, Staubfussel *m*; **~fri** [-fʀiː?] staubfrei; **~gran** [-gʀɑn] → **støvfnug**; **~knap** [-knɑb] BOT Staubbeutel *m*; **~korn** [-kɔ:?ʀn] Staubkorn *n*, -körnchen *n*; BOT Pollen *m*

støvle ['sdœːblə] ⟨*-n*; *-r*⟩ Stiefel *m*; **~knægt** [-knɛgd] Stiefelknecht *m*; **~skaft** [-sgɑfd] Stiefelschaft *m*; **~snude** [-snuːðə] Stiefelspitze *f*; **~t** [sdœʊˈled] ⟨*-ten*; *-ter*⟩ Stiefelette *f*, Halbstiefel *m*; **~tramp** [-tʀɑmʔb] Stapfen *n*, Getrampel *n* von Stiefeln; Marschieren *n*

støv|lunge ['sdøːloŋə] MED Staublunge *f*; **~regn** [-ʀɑiʔn] Sprühregen *m*, Nieselregen *m*; **~regne** [-ʀɑiːnə] nieseln; **~sky** [-sgyː?] Staubwolke *f*; **~suge** [-suː?ə] staubsaugen; **~suger** [-suːɐ] Staubsauger *m*; **~tæt** [-ted] staubdicht; **~vej** [-vɑiʔ] BOT Stempel *m*

stå [sdɔ:?] *su*: **gå i ~** stehen bleiben, stocken (*a fig*)

stå [sdɔ:?] ⟨*stod, stået*⟩ stehen; *Hochzeit*: stattfinden; *uret ~r* die Uhr ist stehen geblieben; *han ~r og ryger* er (steht und) raucht; **~ sin prøve** die Probe bestehen; sich bewähren; **~ af** absteigen; aussteigen; *vom Pferd* absitzen; *fig* aussteigen; *vom Pferd* absitzen; *fig* aussteigen; **~ bag ved ngt.** dahinterstecken; *... så det ~r efter ...*, dass es *e-e* Art hat, *F* dass es (nur so) kracht; **~ for** sich davorstellen; *im Weg* stehen; **~ for husholdningen** für den Haushalt verantwortlich sein; *det ~r dig frit* es steht dir frei; *det kan jeg ikke ~ for* da kann ich nicht widerstehen (of Nein sagen); *hun er ikke til at ~ for* sie ist unwiderstehlich; *det ~r for mig, som om ...* es kommt mir vor, als ob ...; *vinteren ~r for døren* fig der Winter steht vor der Tür; **~ frem** vorstehen, vorragen; *fig* vortreten; **~ hen** dahinstehen, dahingestellt bleiben; **~ i gæld til én** bei *j-m* Schulden haben; *fig j-m* viel verdanken; *det ~r mig i 100 kroner* es hat mich 100 Kronen gekostet; **~ igennem** überstehen; durchstehen; **~ imod** widerstehen (*D*); *have ngt. at ~ imod med* Reserven haben; **~ inde for ngt.** für *etw* einstehen; **~ op** (auf)stehen; sich erheben; *Sonne*: aufgehen; *så ~r vi op!* aufstehen!; **~ op på en stol** auf *e-n* Stuhl steigen; **~ på en stol** auf *e-m* Stuhl stehen; **~ på** BAHN einsteigen; **~ på cyklen** auf das Fahrrad steigen; *det ~r længe på* es dauert lange,

es zieht sich hin; *solen/vinden ~r på her* die Sonne/der Wind steht hier (direkt) drauf; *middagen ~r på frikadeller* zu Mittag gibt es Bouletten; **~ sammen** zusammenstehen; zusammenhalten; **~ godt sammen** Farben gut zusammenpassen, harmonieren; **~ stille** stillstehen; *hvordan ~r det til?* wie geht's?; **~ lade ~ til** den Dingen ihren Lauf lassen; *han ~r ikke til at redde* er ist nicht zu retten; *det ~r til dig* es steht bei dir; das ist deine Sache; **~ til søs** NAUT auslaufen, in See stechen; **~ tilbage for én** hinter *j-m* zurückstehen, *j-m* nachstehen; **~ ud** aussteigen (*af* aus *D*); NAUT auslaufen; **~ under én** *j-m* unterstehen; *det ~r ngt. bei etw* bleiben; **~ sig godt:** sich gut stehen; **~ende** stehend; *fig a* ständig; *blive ~ende* stehen bleiben; *have penge ~ende i banken* Geld auf der Bank stehen haben; *på ~ende fod* stehenden Fußes, sofort; *F auf* Anhieb

ståhej [sdɔˈhɑiʔ] ⟨*-en od -et*⟩ *F* Lärm *m*, Krach *m*; *fig* Aufheben *n*; *stor ~ for ingenting* viel Lärm um nichts

stål [sdɔ:?l] ⟨*-et*⟩ Stahl *m*; *af ~* stählern

stålampe ['sdɔ:?lɑmbə] Stehlampe *f*

stål|orm ['sdɔ:lɔ:?ʀm] Blindschleiche *f*; **~sat** [-sad] *fig* gestählt; **~stik** [-sdeg] Stahlstich *m*; **~tråd** ['sdɔ:ltʀɔ:?ð] (Stahl-) Draht *m*; **~trådshegn** [-tʀɔðshɑiʔn] Drahtzaun *m*; **~trådsnet** [-tʀɔðsned] Maschendraht *m*; **~uld** [-ul?] Stahlwolle *f*; **~værk** [-vɛʀg] Stahlwerk *n*

stål|plads ['sdɔ:?plas] Stehplatz *m*; **~sted** [-sdeð] *fig* Standpunkt *m*, (Rück)Halt *m*

s. u. (= *svar udbedes*) um Antwort wird gebeten (*Abk.* u. A. w. g.); → *svar, udbede*

S.U. (= *Statens Uddannelsesstøtte*) *etwa*: BAFöG (*Bundesausbildungsförderungsgesetz*)

subjekt¹ ['subjɛgd] ⟨*-et*; *-er*⟩ GRAM Subjekt *n*

subjekt² [sub'jɛgd] ⟨*-et*; *-er*⟩ *Person*: verkommene(s) Subjekt *n*, F Penner *m*

subjektiv ['subjɛgtiˑʔv] subjektiv; **~itet** [-tiviˈteː?d] ⟨*-en*⟩ Subjektivität *f*

sub|limere ['subliˈmeːʔʀə] sublimieren; **~sidiært** [-sidiˈɛːʔʀd] JUR ersatzweise; **~skribere** [-sgʀiˈbeˑ?ʀə] subskribieren; **~stans** [-'sdanʔs] ⟨*-en*⟩ Substanz *f*

substantiv ['subsdantiˑʔv] ⟨*-et*; *-er*⟩ Substantiv *n*, Hauptwort *n*; **~isk** [-ti:ʔvisg] substantivisch

substituere [subsditu'eˑ?ʀə] substituieren

subtrahere [subtʀɑ'heːˀʀə] subtrahieren

subtropisk [subtʀoːˀpisg] subtropisch

subvention [subvɛn'sjoːˀn] ⟨-en; -er⟩ Subvention f; **~ere** [-sjoˈneːˀʀə] subventionieren

succes [syg'se] ⟨-en; -er⟩ Erfolg m; **en stor ~** ein Riesenerfolg m; **~forfatter** [-fɔʀfadɐ] Erfolgsautor(in) m(f); **~fuld** [-fulˀ] erfolgreich; **~løs** [-løːˀs] erfolglos; **~ombrust** [-ɔmbʀuːˀsd] erfolggekrönt; **~rig** [-ʀiːˀ] erfolgreich

successiv [sugsɛsiˀv] sukzessiv; **~e** [-ə] adv sukzessive

suder [su:ðɐ] ⟨-en; -e⟩ zo Schlei m, Schleie f

sudle ['suðlə] F manschen, pan(t)schen; **~ til** besudeln (a fig)

suffiks [su'fɛgs] ⟨-et; -er⟩ Suffix n

suffl|ere [su'fleːˀʀə] THEA soufflieren; **~ør** [-'fløːˀʀ] ⟨-en; -er⟩ Souffleur m; **~øse** [-'fløːsə] ⟨-n; -r⟩ Souffleuse f

sug [su:ˀ] ⟨-et; -⟩ Saugen n; Sog m; fig Ziehen n, Stechen n; Zigarette: Zug m

suge ['suːɪ] saugen (**på**/an D); **~ på labben** fig am Hungertuche nagen, **~ sig fast** sich festsaugen; **~ ind** einsaugen (a fig); **~nde** fig nagend (a fig); **~evne** [-eu̯nə] Saugfähigkeit f; **~fod** [-foːˀð] Fliege: Saugfuß m, -füßchen n; **~kop** [-kɔb] Saugnapf m, Sauger m; **~mund** [-monˀ] Insekt: Saugrüssel m; **~r** [-ʀˀ] ⟨-en; -e⟩ Sauger m; **~rør** [-ʀøːˀʀ] Strohhalm m, Trinkhalm m; **~skål** [-sgɔːˀl] zo Saugnapf m

suggerere [sugəˈʀeːˀʀə] suggerieren

suite ['svidə] ⟨-n; -r⟩ Hotel, Musik, Gefolge: Suite f; **en ~ værelser** e-e Zimmerflucht f

suk [sog] ⟨-ket; -⟩ Seufzer m; **ikke et ~** F kein Wort; **drage et lettelsens ~** e-n Seufzer der Erleichterung ausstoßen, erleichtert aufatmen; **drage sit sidste ~** den letzten Atemzug tun

sukat [su'ka:ˀd] ⟨-en⟩ Sukkade f, Zitronat n

sukke ['sogə] seufzen (**af**/vor D; **over**/über A)

sukker ['sogɐ] ⟨-et; -e⟩ Zucker m; **hugget ~** Würfelzucker m; **komme ~ i kaffen** Zucker in den Kaffee tun; **~fri** [-fʀiːˀ] ungezuckert, ohne Zucker; **~glasur** [-glaˈsuːˀʀ] Zuckerguss m; **~holdig** [-hɔlˀdi] zuckerhaltig; **~raffinaderi** [-ʀɑfinaˈðɐ-ˈʀiːˀ] Zuckerraffinerie f; **~roe** [-ʀoːə] Zuckerrübe f; **~rør** [-ʀœːˀʀ] Zuckerrohr n; **~skål** [-sgɔːˀl] Zuckerschale f

sukker|stads ['sogɐsda:ˀs] Zuckerzeug

n, Naschwerk n, Süßigkeiten f/pl; **~syge** [-sy:ˀə] Zuckerkrankheit f; **~sød** [-sø:ˀð] zuckersüß (a fig); **~top** [-tɔb] Zuckerhut m; **~ært** [-ɛʀˀd] Zuckererbse f

sukre ['sogʀə] (ein)zuckern; **~ ind** überzuckern (a fig); fig versüßen, hübsch verpacken

sul [su:ˀl] ⟨-et⟩ Fleisch n; **have ~ på kroppen** F Speck auf den Rippen haben; **være ond i ~et** F e-e Wut im Bauch haben

sult [sulˀd] ⟨-en⟩ Hunger m; **dø af ~** vor Hunger sterben; **jeg er ved at dø af ~** fig scherzh ich sterbe bald vor Hunger

sulte ['suldə] hungern; hungern lassen; **~ ihjel** verhungern; **~ ud** aushungern; **~ sig** e-e Hungerkur machen; **~død** [-dø:ˀð] Hungertod m

sulte|føde ['suldəføːðə] scherzh Magerkost f; **~kost** [-kɔsd] **sætte én på ~** j-n hungern lassen; fig j-m den Brotkorb höher hängen

sulte|kur ['suldəkuːˀʀ] Hungerkur f; **~løn** [-lœnˀ] Hungerlohn m

sulten ['suldən] hungrig; **være ~** hungrig sein, Hunger haben; **være ~ som en ulv** F e-n Bären-, Wolfs-, Mordshunger haben

sultestrejke ['suldəsdʀɑi̯gə] Hungerstreik m

sum [somˀ] ⟨-men; -mer⟩ Summe f; **en vældig ~** e-e gewaltige Summe, F e-e Unsumme; **en pæn lille ~** Geld: ein hübsches Sümmchen

summe ['somə] summen; **det ~r for (od i) mine ører** mir klingen die Ohren; **rygterne ~de** die Gerüchte schwirrten

summere [suˈmeːˀʀə] summieren; **~ sig op** F sich zusammenläppern

sump [somˀb] ⟨-en; -e⟩ Sumpf m (a fig); Bruch n, Moor n; **~egn** [sombai̯ˀn] Sumpfgebiet n; **~et** ['sombəð] sumpfig

sump|feber ['sombɐˀbɐ] Sumpffieber n; **~gas** [-gas] Sumpfgas n

sund[1] [sonˀ] ⟨-et; -e⟩ Sund m, Meerenge f; **Sundet = Øresund**

sund[2] [sonˀ] gesund (a fig), bekömmlich; **få sig en ~ latter** herzhaft lachen

sunde [sonə]: **~ sig** sich besinnen, sich fassen, F zu sich kommen

sundhed [sonheˀð] ⟨-en⟩ Gesundheit f

sundheds|apostel ['sonheðsaˀpɔsdəl] iron Gesundheitsapostel m; **~farlig** [-fɑʀli] gesundheitsschädlich; **~lære** [-lɛːʀə] Gesundheitslehre f, Hygiene f; **~myndigheder** [-møndiheˀðɐ] pl Gesundheitsbehörde f; **~pleje** [-plai̯ə] Gesundheitspflege f; **~plejerske**

S

[-plaɪɔʁsgə] Säuglings(fürsorge)schwester f; Helferin f des Schularztes; **~styrelse** [-sdy:rəlsə] Gesundheitsbehörde f; Gesundheitsministerium n; **~væsen** [-vɛ:ʔsən] Gesundheitswesen n, Gesundheitsamt n

sunget ['soŋəð] → **synge**

sunket ['soŋgəð] → **synke**

superfin ['su:ʔbəʁfi:ʔn] F super(fein); irre gut

superlativ [su'pɛrlati:ʔv] ⟨-en; -er⟩ GRAM Superlativ m, Höchststufe f

super|magt ['su:ʔbərmagd] Supermacht f; **~mand** [-man?] Allerweltskerl m; F Supermann m; **~marked** [-mɑrgəð] Supermarkt m

suppe ['sobə] ⟨-n; -r⟩ Suppe f; **klar ~ med boller** klare (Fleisch)Brühe mit Klößchen; **koge ~ på en gammel sag** fig e-e alte Geschichte (immer) wieder aufwärmen

suppedas [sobə'da:ʔs] ⟨-en⟩ F: **sidde i ~en, være i en slem ~** in der Tinte (od Patsche) sitzen, sich e-e schöne Suppe eingebrockt haben

suppe|tallerken ['sobətaˈlɛrgən] Suppenteller m; **~terning** [-tɛrnɛŋ] Brühwürfel m, Suppenwürfel m; **~terrin** [-tɛ'ri:ʔn] Suppenterrine f, Suppenschüssel f; **~urt** [-uʁ?d] Suppenkraut n; Liebstöckel m/n; **~visk** [-vesg] Suppengrün n

suppleant [suple'an?d] ⟨-en; -er⟩ Stellvertreter m

supplement [suplə'maŋ] ⟨-et; -er⟩ Supplement n, Ergänzung f

supplement(s)bind [suplə'maŋ(s)ben?] Ergänzungsband m

suppler|e [su'ple:ʔʁə] ergänzen; **~ing** [-'ple:ʔʁeŋ] ⟨-en; -er⟩ Ergänzung f; **~ingsvalg** [-'ple:ʔʁeŋsval?(j)] Ersatzwahl f

sur¹ [su:ʔʁ]: **det løber helt ~ for mig, jeg løber helt ~ i det** F ich bin völlig durcheinander

sur² [su:ʔʁ] sauer; fig a verdrießlich, griesgrämig, mürrisch, beleidigt; **et ~t løg** F Muffel m, Sauertopf m; **mine ~t erhvervede penge** mein sauer verdientes Geld; **se ~t til ngt.** saure Miene zu etw machen

sur|brød ['surbrœ:ʔð] etwa Kümmelbrot n; **~dej** [-daɪ?] Sauerteig m

surf|bræt ['sɤrfbrɛd] Surfbrett n; **~e** ['sɤrfə] surfen; **~er** ['sɤrfər] ⟨-en; -e⟩ Surfer m; **~ing** ['sɤrfeŋ] ⟨-en⟩ Surfing n, Surfen n

surkål ['surkɔ:ʔl] Sauerkraut n, Sauer-

kohl m

surmule ['surmu:ʔlə] schmollen, maulen; **~r** [-ʁ] ⟨-en; -et⟩ F Muffel m

surmælk ['surmɛl?g] Sauermilch f

surre ['surə] surren, summen; NAUT zurren

surrogat [suro'ga:ʔd] ⟨-et; -er⟩ Surrogat n, Ersatz(stoff) m; **~kaffe** [-kafə] Malzkaffee m, F Muckefuck m

sursød ['sursø:ʔð] süßsauer, sauersüß (a fig)

surt|erhvervet ['suʁ?dɛrˈver?vəð], **~fortjent** ['-fɔr?tjɛ:ʔnd] F sauer verdient

sus [su:ʔs] ⟨-et; -⟩ Sausen n; fig Fahrt f, Schwung m; fig Wirbel m, Strudel m; Raunen n (a fig); **det var ikke det store ~** F es war nicht (gerade) umwerfend, nicht besonders (gut); **leve i ~ og dus** fig in Saus und Braus leben

suse ['su:sə] ⟨-ede od -te⟩ sausen, rauschen; fig sausen, preschen; **det ~r for mine ører** ich habe Ohrensausen; **være ude at ~** F e-n (Zech)Bummel machen; **komme ~nde** angesaust kommen; **have ~nde travlt** sehr in Eile sein, F es brandeilig haben; **se hvor viel zu tun haben**

sut¹ [sud] ⟨-en; -ter⟩ Schnuller m, Nuckel m; Flasche: Sauger m; F Säufer m; → **sutsko**

sut² [sud] ⟨-et; -⟩ das Einsaugen Zug m, Schluck m

sutsko ['sudsgo:ʔ] F Hausschuh m, Latsch(en) m, Pampusche f

sutte ['sudə] saugen, nuckeln; lutschen (**på** an D); **~flaske** [-flasgə] Saugflasche f, Nuckelflasche f; **~klud** [-kluð?] F Nuckeltuch n, Schmusedecke f

suverænitet [suvʁɛni'te:ʔd] Souveränität f

svab|er ['sva:bər] ⟨-en; -e⟩ Scheuerlappen m, Wischmopp m; **~re** ['sva:brə] (mit e-m Mopp) wischen

svada ['sva:da] ⟨-en; -er⟩ Suada f, Suade f, Beredsamkeit f

svag [sva:ʔ(j)] schwach, kraftlos; **et ~t håb** eine schwache (od leise) Hoffnung; **éns ~e side** j-s schwache Seite f, Schwäche f

svagbørnskoloni ['sva:(j)bœrnskolo'ni:ʔ] Kindererholungsheim n

svagelig ['sva:(j)əli] schwächlich, kränklich; **~hed** [-he:ð?] ⟨-en; -er⟩ Schwächlichkeit f; Kränklichkeit f

svag|før ['sva:(j)fø:ʔʁ] gehbehindert, körperbehindert; **~hed** [-he:ð?] ⟨-en; -er⟩ Schwäche f (a fig); Faible n; Schwachheit f, MED Leiden n; **~strøm** [-sdrœm?] EL Schwachstrom m; **~synet**

[-sy:ʔnəð] schwachsichtig

svagt|begavet ['sva:ʔ(j)dbe'ga:ʔvəð] schwach begabt; **~hørende** [-hø:ʀənə] hörgeschädigt, (stark) hörbehindert; **~seende** [-se:ʔənə] (stark) sehbehindert

svaj [svaiʔ] ⟨-et; -⟩ Schwung m, Kurve f; Hose: Schlag m

svaje [svaiə] schwanken, wanken; **~ som et siv for vinden** fig wie ein schwankendes Rohr im Wind(e) sein; **~r** [-ʀ] ⟨-en; -e⟩ F Fahrradbote m

svajrygget ['svaiʀøgəð]: **være ~** ein Hohlkreuz haben

sval [sva:ʔl] kühl

svale¹ ['sva:lə] ⟨-n; -r⟩ Schwalbe f

svale² ['sva:lə] (ab)kühlen (a fig); **~s af** fig nachlassen, sich abkühlen; fig ernüchtern

svalebajer ['sva:ləbaiʔəʀ]: **en ~** F ein kühles Bier

svalegang ['sva:ləgaŋʔ] ARCH Galerie f, Laubengang m, Söller m

svalerede ['sva:ləʀe:ðə] Schwalbennest n; Turnen: Nest n

svamp [svamʔb] ⟨-en; -e⟩ Pilz m; Schwamm m (a BOT); **drikke som en ~** F wie in Loch saufen

svampe|jagt ['svambəjagd] Pilzesammeln n; **~t** [-ð] schwammig

svandt [svanʔd] → **svinde**

svane ['sva:nə] ⟨-n; -r⟩ Schwan m; **~hals** [-halʔs] Schwanenhals m; **~sang** [-saŋʔ] Schwanengesang m (a fig)

svang¹ [svaŋʔ] ⟨-en⟩ Sohlenwölbung f, Fußwölbung f

svang² [svaŋʔ] su: **gå i ~** im Schwange sein

svang³ [svaŋʔ] → **svinge**

svanger ['svaŋʔəʀ] schwanger; **gå ~ med ngt.** fig mit etw schwanger gehen; **~skab** [-sga:ʔb] ⟨-et; -er⟩ Schwangerschaft f

svangerskabsafbrydelse ['svaŋʔəʀsgabsaübʀy:ʔðəlsə] Schwangerschaftsabbruch m

svangerskabsforebyggende ['svaŋʔəʀsgabsfɔ:ʀəbygənə]: **~ middel** empfängnisverhütende(s) Mittel n

svans [svanʔs] ⟨-en; -e⟩ bsd (Fuchs-) Schwanz m, Schweif m; **~e** ['svansə] fig F schwänzeln

svar [sva:ʔʀ] ⟨-et; -⟩ Antwort f, Erwiderung f, Entgegnung f; **s. u.**) um Antwort wird gebeten (Abk. u. A. w. g.); **som ~ på ngt.** als Antwort auf etw (A); ÖKON in Beantwortung (G); **give én ~ på tiltale** j-m gehörig antworten, kontern

svarbrev ['sva:ʔʀbʀe:ʔv] Antwortschreiben n

svare ['sva:ʀə] antworten, erwidern, entgegnen; Steuern (be)zahlen; **~ sig** sich lohnen, sich bezahlt machen, sich rechnen/rentieren; **~r ikke** TEL es meldet sich niemand; **kunne ~ for sig** nicht auf den Mund gefallen sein; **~ for ngt.** für etw einstehen; **~ igen** widersprechen, e-e freche Antwort geben; **~ på ngt.** etw beantworten; **~ til** entsprechen (D)

svar|porto ['sva:ʔʀpɔʀto] Rückporto n; **~skrivelse** [-sgʀi:vəlsə] Antwortschreiben n

sved¹ [sve:ʔð] ⟨-en⟩ Schweiß m

sved² [sve:ʔð] → **svide**, **svie²**

sved|drivende ['sveðdʀi:ʔvənə] schweißtreibend; **~dryppende** [-dʀøbənə] schweißtriefend; **~dråbe** [-dʀɔ:bə] Schweißtropfen m

svede ['sve:ðə] ⟨-te⟩ schwitzen; Schule: nachsitzen; **jeg ~r** a mir ist heiß; **~ ud** ausschwitzen; fig verschwitzen; **~kur** [-ku:ʔʀ] Schwitzkur f

sveden ['sve:ðən] versengt; angebrannt; **et ~t grin** ein verschmitztes Grinsen; → **svide**

sveder ['sve:ðəʀ] ⟨-en; -e⟩: **få en ~** Schule F nachsitzen müssen

svedet ['sve:ðəð] → **svide**, **svie²**

sved|ig ['sve:ði] schweißig, verschwitzt; **~kirtel** ['sveðkiʀdəl] ANAT Schweißdrüse f; **~t** [sved] schweißig, verschwitzt

sveg [sve:ʔ(j)], **~et** ['sve:(j)əð] → **svige**

svejfe ['svaifə] v/t schweifen; **~de ben** Stuhl: geschweifte Beine n/pl

svejse ['svaisə] TECH schweißen; **~ sammen** zusammenschweißen (a fig); **~brænder** [-bʀɛnəʀ] Schweißbrenner m; **~r** [-ʀ] ⟨-en; -e⟩ Schweißer m

svejsning ['svaisnəŋ] ⟨-en; -er⟩ Schweißen n

Svejts [svaiʔ(d)s] die Schweiz

svejtser [svaiʔ(d)səʀ] ⟨-en; -e⟩ Schweizer(in) m(f); **~ost** [-osd] Schweizer Käse m, Emmentaler m

svejtsisk ['svaiʔ(d)sisg] schweizerisch

svelle ['svɛlə] ⟨-n; -r⟩ BAHN Schwelle f

svend [svenʔ] ⟨-en; -e⟩ Geselle m; Bursche m; **~farende** fahrende(r) Geselle m

svende|brev ['svenəbʀe:ʔv] Gesellenbrief m; **~prøve** [-pʀø:və] Gesellenprüfung f; **~stykke** [-sdøgə] Gesellenstück n

svensk¹ [svɛnʔsg] ⟨et⟩ Schwedisch n; **tale ~** Schwedisch sprechen; → **dansk²**

svensk² [svɛnʔsg] schwedisch; **hun er ~** sie ist Schwedin; → **dansk³**

S

svensker ['svɛnsgər] ⟨-en; -e⟩ Schwede *m*, Schwedin *f*

svensknøgle ['svɛnsgnøːlə] verstellbarer Schraubenschlüssel *m*

Sverige ['svɛrʔi(ə)] Schweden *n*

sveske ['svɛsgə] ⟨-n; -r⟩ Backpflaume *f*, Dörrpflaume *f*; **det går som en ~** F es flutscht; **~blomme** [-bloːmə] Zwetsch(g)e *f*; **~sten** [-sdeːʔn] Zwetsch(g)enkern *m*; **vende ~ene** schmachtende/schöne Augen machen

svibel ['sviːʔbəl] ⟨svib(el)en; svibler⟩ Blumenzwiebel *f* (bsd Hyazinthe *f*)

svide ['sviːðə] ⟨sved; svedet⟩ (ver)sengen, anbrennen; → **sveden, svie²**

svie¹ ['sviːə] ⟨-n; -r⟩ Schmerz Brennen *n*, Beißen *n*; **erstatning for ~ og smerte** JUR Schmerzensgeld *n*

svie² ['sviːə, sviːʔ] ⟨sved; svedet⟩ Schmerz brennen, beißen; **det vil ~ til ham** fig er wird dafür büßen müssen, das wird ihn (*a* ihm) teuer zu stehen kommen; **~nde** fig Satire: beißend, *Niederlage*: bitter, vernichtend, schmählich

svig [sviːʔ] ⟨-en od -et⟩ JUR Betrug *m*; lit Falsch *m*, Falschheit *f*; **~agtig** [sviˈagdi] arglistig; JUR betrügerisch

svige ['sviːə] ⟨sveg; sveget⟩ betrügen; verraten; im Stich lassen; **~ sit ord** sein Wort brechen; **~fuld** [-ful²] falsch, arglistig

sviger|datter ['sviːʔərdadər] Schwiegertochter *f*; **~fa(de)r** [-faːr] Schwiegervater *m*; **~forældre** [-fɔrˈɛlˀdrə] pl Schwiegereltern *pl*; **~inde** [sviɐˈenə] ⟨-n; -r⟩ Schwägerin *f*; **~mo(de)r** [-moːr] Schwiegermutter *f*; **~søn** [-sœn] Schwiegersohn *m*

svigt [svegd] ⟨-et; -⟩ Versagen *n*, Ausfall *m*

svigte ['svegdə] versagen; *Kraft*: nachlassen; im Stich lassen; **~ sit løfte** sein Wort brechen

svikmølle ['svegmølə] *Mühlespiel*: Zwickmühle *f* (*a* fig), fig Teufelskreis *m*, Schraube ohne Ende

svime ['sviːmə] su: **falde i ~** fig scherzh in Ohnmacht fallen

svimle ['svemlə] *det ~r for mig* mir (*a* mich) schwindelt, mir ist schwind(e)lig; **~nde** fig schwindelerregend

svimmel ['svemʔəl] schwind(e)lig; **jeg bliver ~** mir wird schwindlig; **~hed** [-heːð²] ⟨-en⟩ MED Schwindel *m*, Schwindelgefühl *n*

svin [sviːʔn] ⟨-et; -⟩ Schwein *n* (*a* fig F); F Sau *f*, Schweinehund *m*; **dit heldige ~!** du Glückspilz!; **kaste perler for ~** Perlen vor die Säue werfen; **~agtig** [svinˈagdi]

abwertend schweinisch, säuisch

svind [svenʔ] *n* ⟨-et⟩ Schwund *m*

svinde ['svenə] ⟨svandt; svundet⟩ schwinden, abnehmen, schrumpfen; *Zeit*: vergehen; **~ bort** nach und nach verschwinden; *Zeit*: vergehen; **~ hen** dahinschwinden; **~ ind** (ein-, zusammen)schrumpfen; weniger werden

svindel ['svenʔəl] ⟨svind(el)en⟩ Schwindel *m*, faule(r) Zauber *m*; Betrug *m*

svindle ['svenlə] schwindeln; betrügen; **~r** [-R] Schwindler *m*; Betrüger *m*; Ganove *m*

svindsot ['svensoʔd] MED Schwindsucht *f*; **~(t)ig** [-soːʔdi, -sodi] schwindsüchtig

svine ['sviːnə] sudeln, F sauen, schweinigeln (*med/mit D*); **~ til** besudeln (*a* fig), beschmutzen; **~avl** [-aʊ²l] Schweinezucht *f*; **~binde** [-benʔə] an Händen u. Füßen binden; fig j-m e-n Maulkorb anlegen; j-n knebeln; **~bæst** [-bɛːʔsd] F Schwein *n*, Schweinehund *m*, Miststück *m*; **~fedt** [-fed] Schweineschmalz *n*

sviheldig ['sviːnəheldi] **være ~** F Schwein haben

svine|hund ['sviːnəhun²] → **svinebæst**; **~kød** [-køð] Schweinefleisch *n*; **~læder** [-lɛːʔðər] Schweinsleder *n*; **~mikkel** [-megəl] ⟨svinemik(ke)len; svinemikler⟩ F Schweinigel *m*; Schmierfink *m*; **~ri** [-ˈriːʔ] ⟨-et; -er⟩ Schweinerei *f*; **~skindshandsker** [-sgenshansgər] *pl* schweinslederne Handschuhe *m/pl*; **~sti** [-sdiːʔ] Schweinestall *m* (*a* fig); F Saustall *m*; **~streg** [-sdraɪʔ] F Schweinerei *f*, Gemeinheit *f*

sving [svenʔ] ⟨-et; -⟩ Schwung *m* (*a* fig); Kurve *f*, Kehre *f*; Kurbel *f*; **sætte i ~** in Schwung setzen (*od* bringen); **arbejde for fuldt ~** F auf Hochtouren arbeiten; **~dør** [ˈ-dœːʔr] Drehtür *f*, Pendeltür *f*

svinge ['svenə] ⟨-ede⟩ *v/t a svang; svinget od svunget⟩ v/i* schwingen, schwenken; *Preis*: schwanken; abbiegen; **~ om hjørnet** um die Ecke biegen; *v/t* schwingen (**sig** sich), schwenken; **~ sig op** sich emporschwingen; **~ne fuldt** *Becher*: randvoll, zum Überlaufen voll

svinger ['svenər] ⟨-en; -e⟩ Zechbruder *m*

sving|hjul ['svenjuːʔl] Schwungrad *n*; **~lampe** [-lambə] schwenkbare Lampe *f*; **~le** [-lə] taumeln, torkeln; **~ning** [-nen] ⟨-en; -er⟩ Schwingung *f*; Schwankung *f*, Schwenkung *f*

svingom [svenˈʔɔmʔ] ⟨-men; -er⟩ F Tanz *m*, Tänzchen *n*; **få sig en ~** das Tanzbein schwingen

svingtaske ['svɛŋtasgə] Umhängetasche, Schultertasche f

svingkeærinde ['svɛŋgæːrɒnə] Abstecher m; fig Abschweifung f

svinsk [svi:'ʔnsg] schweinisch, schmutzig, F dreckig, säuisch

svip [sveb] ⟨-pet; -⟩ leichte(r) Schlag m; Schwupp m; fig Katzensprung m; Sprung m, Spritztour f; Abstecher m; *i en* (*od et*) ~ im Nu, F ehe man bis drei zählen kann; *jeg får snart ~!* F ich werde bald verrückt!

svippe ['svebə] schwippen, schlagen; ~ *op* (*od tilbage*) Zweig: zurückschnellen; ~ *en tur til København* F e-n Rutsch nach Kopenhagen machen

svipse ['svebsə] F fehlschlagen, misslingen; ~*r* [-ʀ] ⟨-en; -e⟩ F Fehlschlag m, Niete f, Ausrutscher m

sviptur ['svebtuːʔʀ] Spritzfahrt f, Spritztour f, F Rutsch m

svir [svi:'ʔʀ] ⟨-en⟩ Zecherei f; fig Vergnügen n, Wonne f

svire ['sviːʀə] zechen, saufen; ~ *op* versauten; ~*bro(de)r* [-bʀoɒʀ] Zechbruder m; Saufkumpan m; ~*gilde* [-gilə] Saufgelage n

svirp [svirb] ⟨-et; -⟩ Hieb m, Schlag m, Streich m; ~*e* ['-ə] schnellen, streifen, schlagen

svirre ['sviʀə] schwirren, flirren

svitse ['svidsə] GASTR kurz (an)braten, (an)bräunen

svoger ['svowʔɒʀ] ⟨-en; svogre⟩ Schwager m

svor [svoːʔʀ] → **særge**

svoren ['svoːʀɒn]: *være en ~ fjende (tilhænger) af én/ngt.* ein geschworener Feind (Anhänger) von j-m/etw sein

svoret ['svoːʀɒə] → **særge**

svovl [svʊʊʔl] ⟨-en od -et⟩ Schwefel m

svovl|brinte ['svʊʊlbʀɛndə] Schwefelwasserstoff m; ~*e* ['svʊʊlə] schwefeln; F fig fluchen und wettern; ~*et* ['svʊʊlɒð] schweflig; ~*gul* [-guːʔl] schwefelgelb; ~*holdig* [-hɒlʔdi] schwefelhaltig; ~*syre* [-syːʀɒ] Schwefelsäure f

svullen ['svulən] geschwollen

svulme ['svulmə] schwellen, blähen; Segel: sich bauschen; ~ *op* anschwellen; ~*nde former bei e-r Frau* üppige Formen, F kurvenreich

svulst [svulʔsd] ⟨-en; -er⟩ MED Geschwulst f, Geschwür n, Tumor m; fig Schwulst m; ~*ig* [-sdiʔl] schwülstig

svundet ['svonəð] → **svinde**

svunget ['svoŋəð] → **svinge**

svuppe ['svobə] schwappen, schwabbeln; ~ *op* Korken: mit e-m Schwupp hochkommen

svække ['svegə] schwächen (*a fig*); ~*t* geschwächt; ~*lse* [-lsə] ⟨-n; -r⟩ (Ab)Schwächung f, Schwäche f

svækling ['svegleŋ] ⟨-en; -e⟩ Schwächling m

svælg [svel'ʔj] ⟨-et; -⟩ ANAT Rachen m; Schlund m (*a fig*)

svælge ['sveljə] fig schwelgen; ~ (*ned*) hinunterschlucken

svælgkatar ['sveljka'tɑːʔʀ] MED Rachenkatarr(h) m

svær[1] [sveːʔʀ] ⟨-en; -⟩ Schwarte f; *død i ~en* F todlangweilig, träge

svær[2] [sveːʔʀ] schwer (*a fig*); stark, beleibt; schwierig; *det var ~t!* allerhand!; *jeg kan ~t godt lide hende* ich mag sie furchtbar gern

sværd [sveːʔʀ] ⟨-et; -⟩ Schwert n

sværd|side ['svɛʀsiːðə] männliche Seite (*od Linie*) f; ~*slag* [-slaːʔ] fig Schwertstreich m

sværge ['svɛʀwə] ⟨-ede od svor; -et od svoret⟩ schwören (*på, til* auf A, *ved* bei D); fluchen; ~ *højt og helligt* hoch und heilig schwören

svær|hedsgrad ['svɛʀheðsgʀɑː'ʔð] Schwierigkeitsgrad m; ~*industri* [-endu'sdʀi:ʔ] Schwerindustrie f; ~*lemmet* [-lɛm'ʔəð] starkgliedrig

sværm [sveʀʔm] ⟨-en; -e⟩ Schwarm m

sværme ['svɛʀmə] schwärmen (*for*/für A); (umher)schwirren; ~ *omkring* umherstreifen; ~*r* [-ʀ] ⟨-en; -er⟩ Schwärmer m (*a* zo u Feuerwerk); zo Falter m; ~*ri* [-'ʀi:ʔ] ⟨-et; -er⟩ Schwärmerei f; fig F Schwarm m; ~*risk* [-ʀisg] schwärmerisch

sværtbevæbnet ['svɛʀʔdbeveːʔbnəð] schwer bewaffnet

sværte[1] ['svɛʀdə] ⟨-n; -r⟩ Schwärze f; Schuhcreme f

sværte[2] ['svɛʀdə] schwärzen (*a* mit Schuhcreme einschmieren); ~ *én* (*til*) fig j-n anschwärzen

sværvægt ['svɛʀvegd] SPORT Schwergewicht n

svæv [sveːʔv] ⟨-et; -⟩ Plankton n

svæve ['sveːvə] schweben (*a fig*); ~*nde* schwebend, in der Schwebe; vage; ~*bane* [-baːnə] Schwebebahn f; ~*fly* [-fly:ʔ] Segelflugzeug n; ~*flyver* [-fly:vɒʀ] Segelflieger m; Segelflugzeug n; ~*flyvning* [-fly:vneŋ] Segelfliegen n, Segelflug m; ~*plan* [-plaːʔn] Segelflugzeug n; ~*støv* [-sdøːʔv] Schwebstoff m

svøb [svø:?b] ⟨-et; -⟩ Hülle f; Wickeltuch n; i ~ fig kommend, werdend, im Werden; **ligge i ~(et)** fig im Werden begriffen sein, F noch in den Kinderschuhen stecken

svøbe¹ ['svø:ba] ⟨-n; -r⟩ Geißel f (a fig)

svøbe² ['svø:ba] ⟨-te⟩ wickeln; einwickeln, einhüllen; ~ **sig om én Kleid:** sich anschmiegen

svøbelse(s)barn ['svø:bəlsəsbɑ:?ʁn] Wickelkind n

svømme ['svœmə] schwimmen; ~ **i penge** F im Geld schwimmen; ~ **ovenpå** Kork: oben schwimmen; fig obenauf schwimmen; ~ **over en flod** über e-n Fluss schwimmen; ~ **over sine bredder** Fluss: über seine Ufer treten; **være ude at ~** fig F schwimmen, in der Bredouille sein

svømme|bassin ['svœmˌøba'sɛŋ] Schwimmbecken n; **~blære** [-blɛ:ʁə] Fisch: Schwimmblase f; **~dykker** [-dœgɐ] → **frømand**; **~finner** [-fenɐ] pl Schwimmflossen f/pl; **~fødder** [-fø-ð?ɐ] pl Ente: Schwimmfüße m/pl; sport Schwimmflossen f/pl; **~hal** [-hal?] Schwimmhalle f, Hallenbad n; **~hud** [-huð?] Schwimmhaut f; **~r** [-ʁ] ⟨-en; -e⟩ Schwimmer m (a tech); **~rske** [-ʁsgə] ⟨-n; -r⟩ Schwimmerin f; **~tag** [-ta:?(j)] Schwimmstoß m

svømmetur ['svœmˌøtu:?ʁ] Schwimmen n; **tage sig en ~** (e-e Strecke) schwimmen; schwimmen gehen

svømmevinger ['svœmˌøveŋɐ] pl Schwimmflügel pl

svømning ['svœmneŋ] ⟨-en; -er⟩ Schwimmen n

swagger ['svagɐ] ⟨-en; -e⟩ dreiviertellange(r), weite(r) Damenmantel m, Swinger m

sweater ['svedɐ] ⟨-en; -e⟩ Pullover m

swing [svɛŋ] ⟨en od e⟩ mus Swing m; **~pjatte** [-'pjadə] ⟨-n; -r⟩ F Backfisch m, Teenager m

sy [sy:?] nähen; ~ **på en kjole** an e-m Kleid nähen; ~ **på maskine** mit (od auf) der Maschine nähen; ~ **i** annähen; ~ **om** umnähen; ändern; ~ **på** aufnähen, annähen; ~ **sammen** zu(sammen)nähen; ~ **til** zunähen; annähen; **~bord** ['sybo:?ʁ] Nähtisch m

syd [syð] su Süd(en) m; → **nord**

Sydafrika ['syðafʁika] Südafrika n

syde ['sy:ðə] sieden, brodeln; fig kochen

syd|en ['sy:?ðən] ⟨et⟩ der Süden, **~fra** ['syðfʁɑ:?] von (vom od vom) Süden, aus (dem) Süden; **~frugter** ['syðfʁogdɐ] pl Südfrüchte f/pl

sydgående ['syðgɔ:?ənə]: **et ~ tog** bahn ein Zug in Richtung Süden; **skibet er for ~** das Schiff hat südlichen Kurs

syd|havsøerne ['syðhɑvsø:?ɐnə] pl die Südseeinseln f/pl; scherzh die Inseln südlich von Seeland und Fünen; **~landsk** [-lan?sg] südländisch; **~lig** [-li] südlich; **~lænding** [-lɛn?ɐn] ⟨-en; -e⟩ Südländer(in) m(f); **~over** [-'sⁱ:?ʌ?ʁ] südwärts, gegen Süden; **~pol** [-po:?l] Südpol m; **~på** [-pɔ:?] südwärts, in den Süden

Sydslesvig ['syðslɛ:?svi] Südschleswig n

sydvendt ['syðvɛn?d] Zimmer: nach Süden gelegen

sydvest [syð'vɛsd] ⟨-en; -e od -er⟩ Hut: naut Südwester m

syerske ['sy:?ɐsgə] ⟨-n; -r⟩ Näherin f

syg [sy:?] krank (a fig); **er du ~?** bist du krank?; fig F spinnst du?, bist du nicht ganz bei Trost?; **ligge ~** (krank) daniederliegen; **være ~ af lungebetændelse** an e-r Lungenentzündung erkrankt sein; **være ~ af hjemve** fig krank vor Heimweh sein; **være ~ efter ngt.** fig begierig (od F verrückt) nach etw sein; **den ~e** der/die Kranke

sygarn ['sygɑ:?ʁn] Nähgarn n

sygdom ['sy:dɔm?] ⟨-men; -me⟩ Krankheit f; **lide af en ~** an e-r Krankheit leiden

sygdoms|billede ['sy:dɔmsbeləðə] Krankheitsbild n; **~mærket** [-mɛʁgəð] von e-r/der Krankheit gezeichnet; **~ramt** [-ʁɑm?d] von e-r/der Krankheit betroffen

syge ['sy:ə] ⟨-n; -r⟩ Krankheit f; Seuche f; **engelsk ~** englische Krankheit f, Rachitis f; **~besøg** [-be'sø:?] Krankenbesuch m; **~forsikring** [-fɔʁˈsegʁeŋ] Krankenversicherung f; **~hjælp** [-jɛl?b] Krankengeld n; **~hjælper** [-jɛlbɐ] Krankenpfleger(in) m(f); **~hus** [-hu:s] Krankenhaus n; **~journal** [-sjuʁ'na:?l] Krankenbericht m; **~kasse** [-kasə] Krankenkasse f; **~leje** [-lɑiə] Krankenlager n

sygelig ['sy:əli] kränklich; krankhaft; **være ~** kränkeln

sygemelde ['sy:əmɛl?ə] sich krankmelden; krankschreiben; **sygemeldt** krankgeschrieben

syge|melding ['sy:əmɛl?eŋ] Krankmeldung f; **~passer** [-pasɐ] Sanitäter m

sygepleje ['sy:əplɑiə] Krankenpflege f; **~assistent** [-asi'sden?d] Krankenpfleger(in) m(f); **~elev** [-e'le:?v] Lernschwester f, Schwesternschülerin f; **~r** [-ʁ] Krankenpfleger m; **~rske** [-ʁsgə] Krankenschwester f; Krankenpfleger m

sygesikring ['sy:əsegreŋ]: **den offentlige ~** etwa: die gesetzliche Krankenversicherung

sygne ['sy:nə]: **~ hen** dahinsiechen, verkümmern, kränkeln

sykurv ['sykur⁹v] Nähkorb m

syl [sy:ˀl] ⟨-en; -e⟩ Ahle f, Pfriem m; **~e pl** Kies m (Geld)

sylespids ['sy:ləsbes] Zähne: messerscharf; nadelspitz

sylte¹ ['syldə] ⟨-n; -r⟩ Sülze f

sylte² ['syldə] Obst einmachen, -wecken, Gurken einlegen; **~ en sag** fig e-e Sache hinhalten/verschleppen; etw auf die lange Bank schieben; etw auf Eis legen; **~de agurker** pl Gewürzgurken f/pl

sylte|glas ['syldəglas] Einmachglas n, Weckglas n; **~krukke** [-krogə] Einmachtopf m; **~sukker** [-sogər] Gelierzucker m; **~tøj** [-tɔj] Eingemachte(s) n; Konfitüre f

syltning ['syldneŋ] ⟨-en; -er⟩ Einmachen n, Einlegen n

symaskine ['syma'sgi:nə] Nähmaschine f

symbol ['symˀbol⁷l] ⟨ at; -er⟩ Symbol n; Sinnbild n; **~ik** [-bo'lig] ⟨-ken⟩ Symbolik f; **~isere** [-boli'se:ˀrə] symbolisieren; **~sk** [-sg] symbolisch

symfoni [symfo'ni:⁷] ⟨-en; -er⟩ MUS Sinfonie f; **~orkester** [-'nio:ˀkɛsdər] Sinfonieorchester n

symmetri [syme'tri:⁷] ⟨-en; -er⟩ Symmetrie f; **~sk** [-'me:⁷tris] symmetrisch

sympatetisk [sympa'te:⁷tisg]: **~ blæk** Geheimtinte f

sympati [sympa'ti:⁷] ⟨-en; -er⟩ Sympathie f; **~sere** [-pati'se:⁷rə] sympathisieren (med/mit D); **~sk** [-'pa:⁷tisg] sympathisch; **~strejke** ['tisdrɑigə] Solidaritätsstreik m; **~sør** [-ti'sø:⁷r] ⟨-en; -er⟩ Sympathisant m

symptom [sym(b)'to:⁷m] ⟨-et; -er⟩ Symptom n; **~atisk** [-to'ma:⁷tisg] symptomatisch

syn¹ [sy:⁷n] ⟨-et; -⟩ Sehkraft f; Anblick m; Ansicht f, Anschauung f; Gesicht n, V Fresse f; fig Schein m; Auto: Inspektion f, TÜV; JUR Besichtigung f; **miste ~et** erblinden, das Augenlicht verlieren; **~et af ham** sein Anblick; **få ~ for sagn** (od **sagen**) etw mit eigenen Augen sehen; sich Klarheit verschaffen; **komme til ~e** zum Vorschein kommen, erscheinen; **have et andet ~ på sagen** anderer Ansicht (od Meinung) sein; **slå én i lige midt ~et** V j-n (voll) in die Fresse hauen; **for et ~s skyld** zum Schein; **tabe én af ~e** j-n aus

den Augen verlieren

syn² [sy:⁷n] ⟨-et; -er⟩ Erscheinung f, Halluzination f, Vision f; **se ~er ved højlys dag** am helllichten Tag Gespenster sehen

synd¹ [sønˀ] ⟨-en; -er⟩ Sünde f; **du skal ikke do i ~en!** F das wirst du mir büßen!, das wird nicht ungestraft bleiben!

synd² [sønˀ, sœnˀ]: **det er ~!** F schade!; **det er (både) ~ og skam** F es ist jammerschade; **det er ~ for ham** F er tut mir leid, schade um ihn; **det var ~ at sige, at ...** man kann nicht gerade sagen, dass ...; **han er flittig, det er (od var) ~ at sige andet** er ist fleißig, das muss man wirklich sagen (od das muss man ihm lassen)

synde ['sønə] sündigen, sich versündigen (mod/gegen A); **~buk** [-bog] fig Sündenbock m, Prügelknabe m; **~fald** [-falˀ] BIBL Sündenfall m; **~fuld** [-fulˀ] sündig, sündhaft

synde|r ['sønər] ⟨-en; -e⟩ Sünder(in) m(f), Schuldige(r) m; **~register** [-rɛ'gisdər] fig Sündenregister n; **~rinde** [-'enə] ⟨-n; -r⟩ Sünderin f

synderlig ['sønərli]: **ikke ~** nicht besonders, nicht sonderlich

syndflod ['sønflo:⁷ð] BIBL Sintflut f; fig Flut f; **fra før ~en** F vorsintflutlich

syndig ['søndi] sündig, sündhaft; **et ~t rod** ein heilloses Durcheinander; **et ~t spektakel** ein Heidenlärm (m)

synds|bevidst ['-be'vesd] schuldbewusst; **~forladelse** ['sønˀsfɔr'la:⁷ðəlsə] REL Sündenvergebung f, Sündenerlass m

syne ['sy:nə] aussehen (**af ngt.** nach etw); **~ af ngt.** F etw hermachen; JUR besichtigen, prüfen, begutachten; **huset ~r ikke af ret meget udefra** das Haus wirkt von außen eher klein

synes ['sy:nəs, 'synˀəs] ⟨impf **syntes**⟩ scheinen, vorkommen, meinen, finden; **hun ~ at have tabt modet** sie scheint den Mut verloren zu haben; **huset ~ større, end det i virkeligheden er** das Haus scheint größer, als es in Wirklichkeit ist; **jeg ~, (at) hun er smuk** ich finde sie schön; **jeg ~, (at) jeg har hørt det før** mir scheint/es kommt mir so vor, als hätte ich das schon mal gehört; **jeg ~, (at) han overdriver** ich finde, er übertreibt; **det ~ jeg også** das finde (od meine) ich auch; **~ om** mögen; **~ godt om ngt.** etw gernhaben, etw mögen, an etw (D) Gefallen finden; **~ bedre om** lieber mögen; **hvad ~ du om hende?** wie findest du sie?; wie gefällt sie dir?

synftig ['sønfdi] F zünftig, derb

synge ['sønə] ⟨*sang*; *sunget*⟩ singen; **~ for** vorsingen; **~ ngt. for én** j-m etw vorsingen; **~ i søvn** im Schlaf singen; **~ med** mitsingen; **~ på sit sidste vers** fig zur Neige gehen, sich dem Ende nähern, F auf den letzten Loch pfeifen; **han fik en lussing, så det sang** er bekam e-e schallende Ohrfeige; **~pige** [-pi:ə] Varieteesängerin f; **~spil** [-sbel] Singspiel n

syning¹ ['sy:neŋ] ⟨*-en*; *-er*⟩ Nähen n; Naht f

syning² ['sy:neŋ] ⟨*-en*; *-er*⟩ JUR Begutachtung f, Prüfung f, AUTO F TÜV m

synke ['sønkə] ⟨*sank, sunket*⟩ v/i sinken; **~ i til knæene** bis zu den Knien/knietief einsinken; **~ ned** niedersinken, (herab)sinken; **~ om** umsinken; **~ sammen** zusammensinken; **som sunket i jorden** wie vom Erdboden verschluckt, spurlos verschwunden; v/t (hinunter)schlucken; **~besvær** [-be'svɛ:ˀʁ] Schluckbeschwerden f/pl; **~fri** [-fʁi:ˀ] NAUT unsinkbar

synkning ['sønkneŋ] ⟨*-en*; *-er*⟩ Sinken n; Schlucken n

synkronisere [synkʁoni'se:ˀʁə] synchronisieren

synlig ['sy:nli] sichtbar; (er)sichtlich; zusehends

syns|bedrag ['sy:ˀnsbe'dʁɑ:ˀw] optische Täuschung f; **~evne** [-ɛünə] Sehkraft f, Sehvermögen n; **~felt** [-fel'd] Blickfeld n, Gesichtsfeld n; **~forretning** ['-fɔˀʁɛdneŋ] JUR Besichtigung f, Begutachtung f, Prüfung f; **~hæmmet** [-heməð] sehbehindert; **~indtryk** [-entʁœg] optische(r) Eindruck m

synsk [sy:ˀnsg] (hell)seherisch

syns|kreds ['sy:ˀnskʁe:ˀs] Gesichtskreis m (a fig); **~mand** [-man'] JUR Auto: Prüfer m, Sachverständige(r) m, Gutachter m; **~nerve** [-nɛʁvə] ANAT Sehnerv m; **~punkt** [-poŋˀd] Gesichtspunkt m; **set fra hans** ~ aus s-r Sicht; **~rand** [-ʁɑnˀ] Horizont m; **~sans** [-san'ˀs] Sehvermögen n; **~vidde** [-vi:ˀðə] Sichtweite f; **~vinkel** [-veŋˀgəl] Blickwinkel m (a fig), Gesichtswinkel m, Aspekt m

syn|taks [syn'tɑgs] ⟨*-en*; *-er*⟩ GRAM Syntax f, Satzlehre f; **~tese** [-'te:sə] ⟨*-n*; *-r*⟩ Synthese f; **~tetisk** [-'te:ˀtisg] synthetisch

sy|nål ['synɔ:ˀl] Nähnadel f; **~pigetips** [-pi:ətibs] su F Milchmädchenrechnung f; Zufallstreffer m

syre¹ ['sy:ʁə] ⟨*-n*; *-r*⟩ Säure f; Sauerampfer m

syre² ['sy:ʁə] säuern; **~ af** abbeizen, ablaugen

syre|bad ['sy:ʁəbað] Abbeizbad n, Laugenbad n; **~bestandig** [-be'sdanˀdi] säurebeständig; **~fast** [-fasd] säurefest; **~fri** [-fʁi:ˀ] säurefrei; **~holdig** [-hɔlˀdi] säurehaltig

syren [sy'ʁe:ˀn] ⟨*-en*; *-er*⟩ Flieder m, Syringe f

syreregn ['sy:ʁəʁɑiˀn] saure(r) Regen m

syrlig ['syʁli] säuerlich (a fig), herb; **~e bolsjer** saure Drops

syrne ['syʁnə] sauer werden, säuern; **~t fløde** saure Sahne f

sy|silke ['syselgə] Nähseide f; **~skrin** [-sgʁi:ˀn] Nähkasten m

sysle ['syslə] sich beschäftigen (*med*/mit D); (herum)basteln

syssel ['sysəl] ⟨*sys(se)len, sysler*⟩ Beschäftigung f, Arbeit f, Tätigkeit f; **~sætning** [-sedneŋ] → **sysselsættelse**; **~sætte** [-sedə] beschäftigen; **~sættelse** [-sedəlsə] ⟨*-n*; *-r*⟩ Beschäftigung f

system [sy'sde:ˀm] ⟨*-et*; *-er*⟩ System n; **~atik** [-sdoma'tig] ⟨*-ken*; *-ker*⟩ Systematik f; **~atisere** [-sdomati'se:ˀʁə] systematisieren; **~atisk** [-sdo'ma:ˀtisg] systematisch

sytten ['sødən] siebzehn

sytøj ['sytɔiˀ] Nähzeug n

syv [syü'ˀ] sieben; **~ lange og ~ brede** F e-e Ewigkeit; **~, ni, tretten** F unberufen!, toi, toi, toi!; **det var som ~ Satan!** F verflixt, verdammt, zum Donnerwetter noch mal!; **være i ~ sind** unschlüssig sein, hin und her überlegen; **lade fem og ~ være lige** fig F fünf gerade sein lassen

syvende ['syü'ˀənə] **i den ~ himmel** fig im sieb(en)ten Himmel; **til ~ og sidst** schließlich, zu guter Letzt, am Ende

syvmileskridt ['syümi:ləsgʁid] pl: **med ~** fig mit Riesenschritten m/pl, mit Siebenmeilenschritten m/pl

syvmilestøvler ['syümi:ləsdœülər] pl Siebenmeilenstiefel pl

syvsover ['syüsoü'ˀɘʁ] ⟨*-en*; *-e*⟩ Langschläfer m

Syvstjernen ['syüsdjɛrnən] ASTR das Siebengestirn

syæske ['syesgə] Nähkasten m

sæbe¹ ['sɛːbə] ⟨*-n*; *-r*⟩ Seife f; **brun ~** Schmierseife f

sæbe² ['sɛːbə] **~ af** abseifen; **~ ind** einseifen (a fig)

sæbe|boble ['sɛːbəboblə] Seifenblase f; **~kasseløb** [-kasələ:ˀb] Seifenkistenrennen n; **~opera** [-oːˀbɑʁɑ] F Seifenoper f;

~skum [-sgom⁹] Seifenschaum *m*;
~vand [-van⁹] Seifenwasser *n*, Seifenlauge *f*; **~øje** [-ˈsɛˀwɔɔ̠jə] *fig* F blaue(s) Auge *n*, Veilchen *n*

sæd¹ [sɛːˀð] ⟨-en; -er⟩ Sitte *f*, Brauch *m*; **~er og skikke** Sitten und Gebräuche; **handle imod ~ og skik** Anstand u. Sitte nicht beachten

sæd² [sɛːˀð] Saat *f* (*a fig*); Getreide *n*; *Sperma:* Samen *m*

sæd|afgang [ˈsɛːˀðaʊ̯ɡɑŋˀ] Samenerguss *m*; **~art** [-ɑːˀrd] Getreideart *f*; **~bank** [-baŋˀɡ] Samenbank *f*; **~celle** [-selə] Samenzelle *f*; **~donor** [-doːnɒr] Samenspender *m*; **~dræbende** [-drɛːbənə] spermientötend, samentötend

sæde [ˈsɛːðə] ⟨-r⟩ Sitz *m* (*a fig*); *WC:* Brille *f*, ANAT Gesäß *n*; **lette/rejse sig i ~et** sich vom Sitz erheben; **~bad** [-bað] Sitzbad *n*; Bidet *n*; **~badekar** [-baːðəkar] Sitzbadewanne *f*

sædekorn [ˈsɛːðəkɒrˀn] Saatgetreide *n*, Saatkorn *n*

sædelig [ˈsɛːðəli] sittlich, sittsam; **~hed** [-ˌheːð⁹] ⟨-en⟩ Sittlichkeit *f*, Sittsamkeit *f*

sædeligheds|forbrydelse [ˈsɛːðəliheðsfɒrˈbryˀðəlsə] Sittlichkeitsverbrechen *n*; **~politi** [-poliˈtiːˀ] Sittenpolizei *f*

sæde|mand [ˈsɛːðəmanˀ] BIBL Sämann *m*; **~mark** [-marɡ] Saatfeld *n*

sæd|fim [ˈsɛːðfiˀm] Samenfaden *m*; **~flåd** [-flɔð] MED Samenfluss *m*, Samenabgang *m*; **~kanal** [-kaˈnaːˀl] Samenleiter *m*

sædoverføring [ˈsɛːðoʊ̯ɐrføːˀreŋ] *kunstig* **~** künstliche Besamung *f*

sædvane [ˈsɛːðvaːnə] Gewohnheit *f*, Sitte *f*; **~mæssig** [-mesi] gewohnheitsmäßig, gewohnheitsgemäß

sædvanlig [seðˈvaːˀnli] gewöhnlich, üblich; **~hed** [-heːð⁹] ⟨-en; -er⟩ Banalität *f*, Alltäglichkeit *f*; **~vis** [-viːˀs] gewöhnlich, in der Regel, üblicherweise

sæk [seɡ] ⟨-ken; -ke⟩ Sack *m*

sækfuld [ˈseɡful⁹] ⟨-en; -e⟩: **en ~** ein Sack (voll) *m*

sække|kjole [ˈseɡəkjoːlə] Sackkleid *n*; **~lærred** [-lɛrɒð] Sackleinen *n*; **~løb** [-løˀb] *Spiel:* Sackhüpfen *n*

sækkepibe [ˈseɡəpiːbə] MUS Dudelsack *m*

sækkevogn [ˈseɡəʊ̯ʊwˀn] Sackkarre *f*

sæl [sɛːˀl] ⟨-en; -er⟩ Seehund *m*, Robbe *f*; **~fangst** [-seˈlfaŋˀsd] Robbenfang *m*

sælge [ˈseljə] ⟨*solgte; solgt*⟩ verkaufen (*til én* j-m, an j-n); **~ ud** ausverkaufen; **han er solgt** F *fig* er ist geliefert (*od* verraten und verkauft); **~lig** [-li] verkäuflich, absetzbar; **~r** [-r] ⟨-en; -e⟩ Verkäufer

sælhund [ˈsɛːlhunˀ] → *sæl*

sællert [ˈselˀɒrd] ⟨-en; -er⟩ F Verkaufsschlager *m*, Renner *m*, Knüller *m*

sælskind [ˈsɛːlsɡenˀ] Seehundsfell *n*

sælsom [ˈsɛːlsɒmˀ] seltsam, sonderbar; **~hed** [-sɒmheːð⁹] ⟨-en; -er⟩ Sonderbarkeit *f*, Seltsamkeit *f*, F Schrulle *f*

sænk [sɛnˀɡ] **sejle et skib i ~** ein Schiff versenken (*od* in den Grund bohren); **skyde i ~** (durch Beschuss) versenken; **køre sin forretning i ~** F sein Geschäft zugrunde richten

sænke [ˈsɛŋɡə] senken (*sig* sich); absenken; *Schiff* versenken

sænkning [ˈsɛŋɡneŋ] ⟨-en; -er⟩ Senkung *f*; *Schiff:* Versenkung *f*

sær [sɛːˀr] sonderbar, merkwürdig, F schrullig, mürrisch

sær|art [ˈsɛrɑːˀrd] Eigenart *f*; **~barn** [-baːˀrn] Kind *n* e-s Ehepartners aus e-r früheren Ehe; **~beskatning** [ˈbeˈsgadneŋ] *Eheleute:* getrennte Steuerveranlagung

særdeles [sɛrˈdeːˀləs] besonders, überaus, außerordentlich

særdeleshed [sɛrˈdeːˀlashexð⁹] *su:* **i ~** insbesondere, besonders

særegen [ˈsɛrˀeˀ(j)ən] eigen(artig), eigentümlich; **~hed** [-heˀð⁹] ⟨-en; -er⟩ Eigenheit *f*, Besonderheit *f*

sær|eje [ˈsɛrˀaiˀə] *Ehe:* Gütertrennung *f*; Sondereigentum *n*; **~hed** [-heˀð⁹] ⟨-en; -er⟩ Sonderbarkeit *f*, Eigenheit *f*; **~interesser** *pl* [ˈentəˀresɒr] Sonderinteressen *pl*

sær|kende [ˈsɛrkenə] ⟨-r; -r⟩ Merkmal *n*, Kennzeichen *n*; **~klasse** [-klasə] Sonderklasse *f*; **~lig** [-li] besondere, speziell, Sonder-; besonders; **~ling** [-leŋ] ⟨-en; -e⟩ Sonderling *m*, Eigenbrötler *m*

særmærke¹ [ˈsɛrmɛrɡə] besondere(s) Kennzeichen *n*, Merkmal *n*

særmærke² [ˈsɛrmɛrɡə] (besonders) kennzeichnen

særpræg [ˈsɛrprɛːˀ(j)] besondere(s) Gepräge *n*, besondere Note *f*, Eigenart *f*, Besonderheit *f*; **~et** [-əð] eigenartig

sær|rettighed [ˈsɛrredihexð⁹] Sonderrecht *n*; **~skilt** [-sgelˀd] Sonder-, gesondert, getrennt; besonders; **~stilling** [-sdelen] Sonderstellung *f*; **~syn** [-syˀn] ⟨-et⟩ Seltenheit *f*; **~tilbud** [-telbuð] Sonderangebot *n*; **~tilfælde** [-telfelə] Sonderfall *m*; **~tog** [-tɔːˀw] BAHN Sonderzug *m*; **~tryk** [-trɒɡ] Sonder(ab)druck *m*; **~træk** [-trɛɡ] besonderer (Charakter-)Zug *m*, Merkmal *n*

S

sæson [sɛ'sɔŋ] ⟨-en; -er⟩ Saison f; THEA Spielzeit f; **~arbejde** [-aʁbɑiˀdə] Saisonarbeit f; **~kort** [-kɔʁd] Dauerkarte f

sæt [sɛd] ⟨-tet; -⟩ Sprung m, Ruck m; Serie f, Set n; Satz m; *Wäsche:* Garnitur f; **~ tøj** Anzug m; **det gav et ~ i ham** er schrak (*od* zuckte) zusammen; **på ~ og vis** in gewisser Hinsicht, gewissermaßen; **på samme** ~ auf dieselbe Weise; **~bold** ['-bɔlˀd] *Tennis:* Satzball m

sæter ['sɛːˀdɔr] ⟨-en; -e⟩ Alm f; **~hytte** [-hydə] Sennhütte f

sætning ['sɛdneŋ] ⟨-en; -er⟩ GRAM Satz m (a TYP)

sætnings|bygning ['sɛdneŋsbygneŋ] GRAM Satzbau m; **~kæde** [-kɛːðə] Satzgefüge n; **~led** [-leˀð] Satzglied n

sætte ['sɛdə] ⟨satte; sat⟩ setzen (a TYP); stecken; stellen, legen; **~ sig** sich setzen; **sæt (nu), at ...** gesetzt den Fall, (dass) ...; **~ knopper** Knospen ansetzen; **~ splid** Zwietracht stiften; **~ af** *Passagier* absetzen; **få benet sat af** MED das Bein abgenommen bekommen; **~ efter én** j-m nachsetzen; **~ fast** festnehmen, inhaftieren; **~ for** vorsetzen, vorhängen, vorstellen; **~ ngt. for én** j-m etw vorsetzen; **ondt i én** i-n aufhetzen; **~ sig ngt. for** sich etw vornehmen; **~ fra sig** abstellen, hinstellen; **~ frem** hinstellen; *Uhr* nachstellen; **~ sig hen** sich hinsetzen; **~ én højt** j-n hoch schätzen; **~ i** *Scheibe* einsetzen; anstimmen (**med ngt.** etw); **~ i løb** losrennen; **~ i et skrig** aufschreien, losschreien; **~ sig ngt. i hovedet** *fig* sich etw in den Kopf setzen; **~ sig i gæld** sich verschulden; **~ penge i ngt.** Geld in etw (A) stecken; **~ én i rette** j-n zurechtweisen; **~ i lære** in die Lehre geben; **~ sig imod ngt.** sich (D) widersetzen; **~ ind** einsetzen; dransetzen; **~ sig ind i ngt.** sich mit etw vertraut machen; **~ ned** herabsetzen; **~ sig ned** sich hinsetzen; **~ op** heraufsetzen, erhöhen; THEA inszenieren; **~ et venligt ansigt op** ein freundliches Gesicht machen; **~ én op imod én** j-n gegen j-n aufhetzen; **~ sig op imod ngt.** sich gegen etw aufbäumen; **~ over ngt.** über etw setzen (*od* springen); **~ på** aufsetzen; **~ én uden for fig** j-n vor die Tür setzen; **~ én på gaden** *fig* j-n auf die Straße setzen; **~ alt på ét kort** *fig* alles auf e-e Karte setzen; **~ sammen** zusammensetzen; zusammenstellen; **~ til** hinzufügen; *Geld* einbüßen; **~ alle klude (*od* sejl) til** *fig* F alle Hebel in Bewegung setzen; weder Kosten noch

Mühe(n) scheuen; **~ livet til** ums Leben kommen, sein Leben einbüßen; **~ én til et arbejde** j-m e-e Arbeit auftragen, F j-n zu e-r Arbeit verdonnern; **~ tilbage** zurücksetzen; zurückstellen; **~ ud** aussetzen; hinauswerfen; **~ én ud af spillet** j-n ausschalten; **~ sig ud over ngt.** sich über etw (A) hinwegsetzen

sætter ['sɛdɔr] ⟨-en; -e⟩ TYP Setzer m; **~i** [sɛdə'ʁiˀ] ⟨-et; -er⟩ Setzerei f; **~nisse** [-nesə] F Druckfehlerteufel m

sættevogn ['sɛdəvɔwˀn] (Sattelschlepper)Anhänger m

sø [søˀ] ⟨-en; -er⟩ (Binnen)See m; See f; Meer n; Welle f, See(gang) f(m); **lade én sejle sin egen** ~ *fig* j-n s-n eigenen Weg gehen lassen; *fig* j-n s-m Schicksal überlassen; **i åben (*od* rum) ~** auf hoher See; **til ~s** [søs] zur See; **gå til ~s** Seemann werden; **stikke til ~s** in See stechen; zur See gehen, sich anheuern lassen; **så til ~s!** verflixt!

søbe ['søːbə] schlürfen, löffeln; **~ den kål, man selv spyttet i** F die Suppe auslöffeln, die man sich selbst eingebrockt hat

søbred ['søbreˀð] Seeufer n

sød [søˀð] süß (a *fig*); nett, lieb; niedlich; **~e sager** Süßigkeiten f/pl; **sov ~t og drøm behageligt!** schlaf gut und träum was Schönes!; **~e** ['søˀðə] süßen

sødelig(t) ['søːðəli(d)]: **sove ~** ruhig (*od* sanft) schlafen

sødemiddel ['søːðəmiðˀəl] Süßstoff m

sød|grød ['søˀðgrøˀð] Gerstenbrei m; Gerstengrütze f; **~kirsebær** [-kiʁsəbɛˀr] Süßkirsche f; **~laden** [-la:ˀðən] *fig* süßlich; **~lig** [-li] süßlich (a *fig*)

sødme ['søˀðmə] Süße f, Lieblichkeit f; **~fyldt** [-fylˀd] voller Süße

sød|mælk ['søˀdmɛlˀg] Vollmilch f; **~suppe** [-sobə] Graupensuppe f mit Dörrobst; *fig* F sentimentale(r) Kitsch m, Schmachtfetzen m

sø|dygtig ['søˀdøgdi] seetüchtig; **~farende** [-fɑːˀʁənə] Seefahrer m; **~fart** [-fɑːˀrd] Seefahrt f, Schifffahrt f; **~fartsbog** [-fɑːʁdsbɔ̥ːˀw] Seefahrtsbuch n; **~fly(vemaskine)** [-flyːˀ, '-flyːvəmɑ'sgiːnə] Wasserflugzeug n; **~folk** [-fɔlˀg] *pl* Seeleute *pl*; **~forhør** [-fɔrˀhøːˀr] JUR, NAUT Seeverhör n, Seeamtsverhandlung f; **~forklaring** ['-fɔrˀklɑːˀʁeŋ] JUR, NAUT Verklarung f; Seeprotest m; *fig* F faule Ausrede f; **~fyrbøder** [-fyrbøːˀdər] Schiffsheizer m; **~gang** [-gɑŋˀ] Seegang m

søge ['søː(j)ə] ⟨-te⟩ suchen (*efter*/nach D);

~ **læge** e-n Arzt aufsuchen; ~ **at undgå ngt.** versuchen, *etw* zu vermeiden; ~ **ind ved postvæsenet** sich bei der Post bewerben; ~ **ind til sagens kerne** bis zum Kern der Sache vorstoßen; ~ **om ngt.** sich um *etw* bewerben, *etw* beantragen, um *etw* nachsuchen; ~ **én op** *j-n* aufsuchen; ~ **sammen med én** *j-s* Gesellschaft suchen, mit *j-m* verkehren; ~ **ud** aussuchen; **søgt** gesucht, gefragt; gekünstelt; *fig* an den Haaren herbeigezogen

søgelys ['sø:(j)əly:ʔs] (Such)Scheinwerfer *m*; **være i ~et** *fig* im Rampenlicht stehen

søger ['sø:(j)əR] ⟨-en; -e⟩ Sucher *m* (*a* FOT)

søgnedag ['sɔinəda:ʔ] Wochentag *m*, Werktag *m*

søgning ['sɔi(j)neŋ] ⟨-en⟩ Suchen *n*; Zuspruch *m*, Nachfrage *f*, Kundschaft *f*

søgræs ['søgRɛs] Seegras *n*

søgsmål ['søs:ʔ(j)smɔːʔl] JUR Klage *f*, Prozess *m*

søgt [søgd] → **søge**

søgående ['søgɔ:ʔɔnəl] NAUT seetüchtig; ~**handel** [-hanʔəl] Seehandel *m*; ~**helt** [-helʔd] Seeheld *m*; ~**hest** [-hɛsd] ZO Seepferdchen *n*

søjle ['sɔila] ⟨-n; -r⟩ Säule *f*, ~**gang** [-gaŋʔ] Säulengang *m*; ~**helgen** [-heljən] Säulenheilige(r) *m*

søkikkert ['søkigəRd] NAUT (Teleskop)-Fernrohr *n*; ~**kort** [-kɔRd] Seekarte *f*; ~**kyndig** [-kønʔdi] seemännisch erfahren; ~**laks** [-lɑgs] Seelachs *m*

søle¹ ['sø:lə] ⟨-t *od* -n⟩ Schmutz *m*; Schlamm *m*, F Matsch *m*

søle² ['sø:lə] ⟨*sig*⟩ til (sich) beschmutzen, (sich) besudeln (*a fig*)

sølet ['sø:ləð] schmutzig, F matschig

sølle ['søla] erbärmlich, jämmerlich; *Geld:* lumpig; ~ **fyr** arme(r) Tropf *m*

sølv [søl] ⟨-et⟩ Silber *n*; **af ~, sølv-** silbern; ~**armbånd** ['-ɑRmbɔnʔ] Silberarmband *n*; ~**bede** [-'be:ðə] BOT Mangold *m*; ~**bestik** ['-be'sdeg] Silberbesteck *n*; ~**brudepar** ['-bRu:ðəpɑːʔ] Silberpaar *n*; ~**bryllup** ['-bRøləb] silberne Hochzeit *f*, Silberhochzeit *f*; ~**bryllupskvarter** [-bRøløbskvaʔte:ʔR] *n* Villenviertel *n* mit älteren Leuten; ~**dyr** ['-dy:ʔR] → **sølvkræ**

sølvgrå ['sølgRɔ:ʔ] silbergrau; ~**hvid** ['-viðʔ] silberweiß; ~**klar** [-kla:ʔR] *Lachen:* silberhell; ~**kræ** [-kRɛ:ʔ] *Insekt:* Silberfischchen *n*; ~**medalje** [-'me'daljə] Silbermedaille *f*; ~**mønt** [-mønʔd] Silbermünze *f*; ~**møntfod** [-møndfo:ʔð] Silber-

währung *f*; ~**papir** ['-pa'piːʔR] Silberpapier *n*, Stanniolpapier *n*; ~**plet** [-pled] Silberauflage *f*; plattierte(s) Silber *n*; ~**ræv** [-Rɛːʔv] Silberfuchs *m*; ~**smed** [-smeð] Silberschmied *m*

sølvsnor ['sølsno:ʔR] Silbertresse *f*; ~**ene** *pl* F die mittleren/unteren Beamten *m/pl*

sølvtallerken ['søltaˈlɛRgən] Silberteller *m*; ~**tøj** [-tɔiʔ] Silber(zeug) *n*; Tafelsilber *n*

søløjtnant ['sølɔiˈdnanʔd] *veralt* Leutnant *m* zur See; *später* ~ Löwe [-lø:və] Seelöwe *m*

søm¹ [sœmʔ] ⟨-men; -me⟩ Naht *f*; Saum *m*; **se ngt. efter i ~mene** F *fig etw* unter die Lupe nehmen; **løbe/gå op i ~mene** *fig* aus den/allen Nähten platzen, aus den Fugen gehen/geraten

søm² [sœmʔ] ⟨-met; -⟩ Nagel *m*; **ramme** (*od* **slå**) **hovedet på ~met** F *fig* den Nagel auf den Kopf treffen; **være der som et** (*lille*) ~ F fix/sofort zur Stelle sein

sømkasse ['sœmkasə] Nagelkasten *m*; *Straße:* Fußgängerüberweg *m*, F Zebrastreifen *m*

sømløs ['sœmlø:ʔs] *Strumpf:* nahtlos

sømme¹ ['sœmə] nageln; säumen; ~ **fast** festnageln; ~ **til** zunageln

sømme² ['sœmə]: ~ **sig** sich ziemen, sich schicken, sich gebühren; ~**lig** [-li] anständig, schicklich, geziemend

sømærke ['sømɛRgə] Seezeichen *n*, Bake *f*

søn [scœn] ⟨-nen; -ner⟩ Sohn *m*

søndag ['scœnʔda] Sonntag *m*; **på søn- og helligdage** an Sonn- und Feiertagen; → **fredag**

søndags|avis ['scœnʔdasa'vi:ʔs] Sonntagszeitung *f*; ~**barn** [-ba:ʔRn] Sonntagskind *n*; Glückskind *n*; ~**bilist** [-bi'lisd] *abwertend* Sonntagsfahrer *m*; ~**skole** [-sgo:lə] Sonntagsschule *f* (*Kindergottesdienst*)

sønden¹ ['scœnən] *su:* **fra ~** vom Süden

sønden² ['scœnən]: ~ **for ...** südlich von (*o. G*) ...

søndenvind ['scœnənvenʔ] Südwind *m*

sønder ['scœnʔəR]: **i ~** entzwei, F kaputt; **slå ~ og sammen** kurz und klein schlagen

sønder|bombe ['scœnəRbomʔbə] zerbomben; ~**dele** [-de:ʔlə] zerteilen, zerlegen; CHEM spalten; ~**flænge** [-fleŋʔə] zerfetzen

Sønderjylland ['scœnəRjylanʔ] Südjütland

S

n, Nordschleswig *n*

sønderknust ['sønərknu:?sd] *fig* gebrochen; niedergeschmettert; zerknirscht

sønderlemmende ['sønərlem?ənə]: *en ~ kritik e-e* vernichtende Kritik

sønderrive ['sønərri:?və] zerreißen

søndre ['sønrə] südlich, Süd-

sønlig ['sœnli] söhnlich, Sohnes-

sønne|datter ['sœnədadər] Enkelin *f (Tochter des Sohnes);* **~søn** [-sœn] Enkel *m (Sohn des Sohnes)*

sønnike ['sœn?igə] *⟨-n; -r⟩ scherzh* Söhnchen *n,* Filius *m;* junge(r) Mann *m*

sø|officer ['sø:?of'se:?r] Seeoffizier, Marineoffizier *m;* **~pindsvin** [-pensvi:?n] Seeigel *m*

søreme ['sœ:rəmə, 'sœrmə] F wirklich, in der Tat

søren ['sœ:rən] *su:* **slå til ~** F über die Stränge schlagen, auf die Pauke hauen; **(så) for ~!** F wie dumm!, verflixt!, zum Donnerwetter noch mal!; **hvad ~ ...?** was zum Kuckuck ...?; **fy for ~!** pfui Deibel!; **~s også!** verflixt!; **det var ~s!** F allerhand!, wirklich!, nanu!, Donnerwetter!

sørge ['sœrwə] trauern *(over/*um *A);* sorgen *(for/*für *A);* **~bind** [-ben?] Trauerbinde *f;* **~dragt** [-dragd] Trauerkleidung *f;* **~flor** [-flo:?r] Trauerflor *m;* **~højtid** [-hɔitid?] Trauerfeier *f;* **~klædt** [-klɛ:?d] in Trauerkleidung *f;* **~lig** [-li] traurig; *fig* kläglich; **~march** [-marʃ] Trauermarsch *m;* **~pil** [-pi:?l] Trauerweide *f;* **~rand** [-ran?] Trauerrand *m (a fig* F); **~slør** [-slø:?r] Trauerschleier *m;* **~spil** [-sbel] Trauerspiel *n;* **~tog** [-tɔ:?w] Trauerzug *m*

sørg|modig [sœrw'mo:?ði] traurig, kummervoll; betrübt, trübsinnig; **~munter** ['-mon?dər] wehmütig, teils traurig, teils lustig, tragikomisch

sørøver ['sørœ:vər] Seeräuber *m;* **~i** [-'ri:?] *⟨-et; -er⟩* Seeräuberei *f;* **~skib** [-sgi:?b] Seeräuberschiff *n*

søs [søs] *til ~* zur See

søskende ['søsgənə] *pl* Geschwister *pl;* **~barn** [-ba:?rn] Geschwisterkind *n;* Vetter *m,* Cousine *f;* Neffe *m,* Nichte *f*

sø|slag ['søsla:?(j)] Seeschlacht *f;* **~slange** [-slaŋə] *MYTH* Seeschlange *f;* **~spejder** [-sbaidər] dän. Marine-Pfadfinder *m (Jugendorganisation)*

søster ['søsdər] *⟨-en; søstre⟩* Schwester *f; Anrede für ein junges Mädchen:* Mädchen!, Mädel!, F Puppe!; **~datter** [-dadər] Nichte *f (Tochter der Schwester);* **~kage** [-ka:(j)ə] *etwa* Napfkuchen *m;*

~lig [-li] schwesterlich; **~seng** [-seŋ?] breite(s) Bett *n* für mehrere Personen; **~skib** [-sgi:?b] Schwesterschiff *n;* **~solidaritet** [-solidari'te:?d] Frauensolidarität *f;* **~søn** [-sœn] Neffe *m (Sohn der Schwester)*

sø|stjerne ['søsdjɛrnə] *zo* Seestern *m;* **~stærk** [-sdɛrg] seefest; **~støvle** [-sdœülə] Wasserstiefel *m;* **~syg** [-sy:?] seekrank; **~syge** [-sy:ə] Seekrankheit *f;* **~sætning** [-sɛdneŋ] Stapellauf *m;* **~sætte** [-sɛdə] *NAUT* zu Wasser lassen, vom Stapel laufen lassen; **~territorium** [-tɛri'to:?riom] Hoheitsgewässer *n;* **~tunge** [-toŋə] *zo* Seezunge *f;* **~ulk** [-ul?g] F *fig* Seebär *m;* **~vant** [-van?d] an die See gewöhnt; **~vej** [-vai?] Seeweg *m*

søvn [sœü?n] *⟨-en⟩* Schlaf *m; falde i ~* einschlafen; *i ~e* im Schlaf; **gå i ~e** schlafwandeln, nachtwandeln; **~drucken** ['sœündrogən] schlaftrunken, verschlafen; **~dyssende** ['sœündysənə] einschläfernd

søvngænger ['sœüngeŋər] *⟨-en; -e⟩* Nachtwandler *m,* Schlafwandler *m*

søvn|ig ['sœüni] schläfrig, müde; **~løs** ['sœünlø:?s] schlaflos; **~tung** ['sœüntoŋ?] *Luft:* einschläfernd, dumpf

sø|værn ['søvɛr?n] *MIL* Seestreitkräfte *f/pl,* Kriegsmarine *f;* **~værts** [-vɛrds] seewärts; auf dem Seeweg *(od* Wasserweg), per Schiff

så¹ [sɔ:?] säen; **~ til** besäen

så² [sɔ] so, dann; **~ (at)** so dass; **~(h)?** [sɔ?, sɔ:?] so?, wirklich?; **hvad ~?** und dann?; **og hvad ~?** F na und?; **~ gerne** (sehr) gern, bitte sehr; **~ godt som ...** so gut wie ...; **~ lang en vej** ein so langer Weg; **~ meget** so viel; **~ at sige** sozusagen; **det er ~** [sɔ:?] *som ~* es ist so lala; **i ~** [sɔ:?] **fald** in diesem Fall; **i ~** [sɔ:?] **henseende** in dieser Hinsicht; diesbezüglich; **~ snart** sobald, sowie; **~!** hör auf!, na na!; **for ~ vidt** soweit; **for ~ vidt som ...** insofern als ...; **~ vidt jeg ved** soviel ich weiß

så³ [sɔ:?] → **se**

sådan ['sɔ:dan, 'sɔdən] *⟨sådant; sådanne⟩* solch; solcher *m (*solche *f,* solches *n;* solche *pl),* derartig; so; **~ set** eigentlich; so gesehen; **sagen som ~** die Sache an sich; **nå, ~!** ach so!

så|fremt [sɔ'frɛm?d] falls, wenn, sofern; **~gar** [-'ga:?r] sogar; **~gu** [-'gu] F → **sgu**

såh [sɔ, sɔ:] *~?* so?, ja?, wirklich?; → **så²**

såkaldt ['sɔkal?d] sogenannt

såkorn ['sɔ:?kor?n] Saatkorn *n*

sål [sɔːˀl] ⟨-en; -er⟩ Sohle *f*
således [ˈsɔːˀleːðəs] so, derart
sålelæder [ˈsɔːˀlælɛðˀər] Sohl(en)leder *n*; **sej som ~** F zäh wie Leder
sålunde [ˈsɔːˀlˀonə] *lit* so, derart
sålydende [ˈsɔːˀlyˀðənə]: *et brev, ~ ...* ein Brief, der wie folgt lautet: ...
såmænd [sɔˀmɛnˀ] wahrhaftig, wahrlich, wirklich; *nej, ~ vil jeg ej!* nein, (ich will) unter keinen Umständen!, F ich denke nicht daran!; *det kan ~ godt være* das mag schon/durchaus sein; *det skal ~ nok gå* es wird schon (schief) gehen
såning [ˈsɔːˀnen] ⟨-en; -er⟩ Säen *n*, Saat *f*
sår [sɔːˀr] ⟨-et; -⟩ Wunde *f*, Verletzung *f*; *rippe op i ~et fig e-e* alte Wunde wieder aufreißen; **~bar** [ˈsɔːˀrbaˀr] verwund-

bar; *fig* verletzbar; **~behandling** [ˈsɔːˀrbeˀhanˀleŋ] Wundbehandlung *f*, Wundversorgung *f*
såre¹ [ˈsɔːrə] verwunden, verletzen; kränken; **~nde** *fig* verletzend; **~t** verwundet, verletzt; gekränkt
såre² [ˈsɔːrə] *lit* sehr, höchlichst, äußerst; *så ~* sobald
sår|feber [ˈsɔːˀrfeˀbər] MED Wundfieber *n*; **~klemme** [-klɛmə] MED Wundklammer *f*; **~skorpe** [-sgɔrˀbə] Schorf *m*
såsom [ˈsɔːˀsɔm] da, weil; wie zum Beispiel
såvel [sɔˀvel]: **~** (*od så vel*) *som* sowie; **~** (*od så vel*) *som ...* sowohl ... als (auch) ...

T

T, t [teːˀ] ⟨-'et; -'er⟩ T, t *n*
t *Abk. für* ton
t. *Abk. für* time
tab [taˀb] ⟨-et; -⟩ Verlust *m*; Einbuße *f*
tabe [ˈtaːbə] ⟨-te⟩ verlieren; fallen lassen; *uret ~r* die Uhr geht nach; *De tabte ngt.!* Sie haben *etw* verloren (*od* fallen lassen)!; *være ved at ~ både næse og mund fig* Mund und Augen aufsperren; *~ sig* sich verlieren (*a fig*), abnehmen (*a an Gewicht*); *tabt* verloren; *gå tabt* verloren gehen; *give tabt* das Spiel verloren geben; *ikke give tabt* den Mut nicht verlieren; *hun er ikke tabt bag af en vogn fig* sie ist nicht auf den Kopf gefallen; *den ~nde part* JUR die unterlegene Partei
tabel [taˀbɛlˀ] ⟨-len; -ler⟩ Tabelle *f*; *den lille (store)* **~** das kleine (große) Einmaleins
taber [ˈtaˀbər] ⟨-en; -e⟩ Verlierer *m*; *en dårlig (god)* **~** ein schlechter (guter) Verlierer
tabernakel [tabərˀnagəl] ⟨*tabernaklet; tabernakler*⟩ KATH Tabernakel *n, m*; F Remmidemmi *n*, Trubel *m*
tablet [tabˀled] ⟨-ten; -ter⟩ Tablette *f*
tabskonto [ˈtaˀbskɔnto] ØKON Verlustkonto *n*
tabt [tabd] → tabe
tabu [ˈtaˀbu] ⟨-et; -er⟩ Tabu *n*; **~belagt** [-beˀlagd] tabuisiert
tabuere [tabuˀeˀrə] tabuisieren
taburet [tabuˀred] ⟨-ten; -ter⟩ Hocker *m*; *fig* PARL F Ministerposten, -sessel *m*

tackl|e [ˈtaglə] F (an)packen, meistern; *Fußball*: in den Gegner hineingrätschen, (an)rempeln; **~ing** [ˈtɯɡleŋ] ⟨-en; -er⟩ SPORT Rempelei *f*
taffel [ˈtafəl] ⟨*taf(fe)let; tafler*⟩ Tafel *f*; **~ur** [-uˀr] Tischstanduhr *f*
tag¹ [taˀ(j)] ⟨-et; -e⟩ Dach *n*; *Auto*: Verdeck *n*; *bo under* **~** *med én* mit *j-m* unter *e-m* Dach wohnen
tag² [taˀ(j)] ⟨-et; -⟩ Griff *m*; Ruck *m*; *Schwimmen*: Stoß *m*, Zug *m*; *få* **~** *i én j-n* zu fassen bekommen; *tage et* **~** *med* mit anfassen; *have det rette* **~** *på ngt. fig etw* richtig anpacken, *etw* im Griff haben
tagbagagebærer [ˈtɑwbaˀgaːsjɔbeːˀrər] ⟨-en; -e⟩ *Auto*: Gepäckbrücke *f*, Dachgepäckträger *m*
tag|bjælke [ˈtɑwbjelgə] Dachbalken *m*; **~brand** [-bɑnˀ] Dachstuhlbrand *m*; **~dryp** [-drœb] Traufe *f*; **~dækker** [-degər] ⟨-en; -e⟩ Dachdecker *m*
tage [ˈtaˀ(j)ə, taˀ(ˀ)] ⟨*tog; taget*⟩ nehmen; reisen, fahren; *Zeit*: dauern; *tag og gør det!* F tu es (bitte)! *tag og gå med!* F geh doch mit!; *som man ~r det* wie man's nimmt; *tag den med ro!* F immer mit der Ruhe!; *det kan jeg ikke ~!* F das ist mir zu hoch!; das kann ich nicht ertragen; *jeg kan ikke ~ ham!* F ich kann ihn nicht verknusen!; **~** *én* F ein Foto von *j-m* machen; **~** *ansvaret* die Verantwortung übernehmen; **~** *en beslutning e-n* Entschluss fassen, sich entschließen; **~** *en ek-*

samen *e-e* Prüfung bestehen (*od* machen); ~ **en forhindring** SPORT ein Hindernis nehmen; ~ **medicin** *e-e* Arznei einnehmen; ~ **munden fuld** *fig* den Mund voll nehmen; ~ **en bils nummer** die Nummer *e-s* Autos aufschreiben; ~ **plads** Platz nehmen; ~ **overhånd** überhandnehmen; ~ **et skridt** *e-n* Schritt machen; ~ **tid** SPORT die Zeit stoppen; **det ~r tid** es dauert lange; ~ **sig god tid** sich Zeit lassen; ~ **en tur** *e-e* Fahrt (*od* Reise) machen; ~ **af** *v/i* (*an Gewicht*) abnehmen; nachlassen (*Sturm, Schmerz*); *v/t* abnehmen (*Mütze, Brille*); ausziehen (*Mantel, Schuhe*); *Karten* abheben; ~ **af for vinden** Windschutz geben; ~ **af bordet** den Tisch abdecken, abräumen; ~ **sig af én** (ngt.) sich um *j-n* (*etw*) kümmern; **det ~r jeg mig ikke af** das kümmert mich nicht; darum kümmere ich mich nicht; ~ **livet af sig** sich das Leben nehmen; ~ **af sted** abreisen, abfahren; ~ **bort** abreisen ~ *ngt.* **bort** *etw* wegnehmen; ~ **fat** anfassen, anfangen (*på ngt. etw* (A)); zupacken; ~ **fejl** sich irren; ~ **sig ngt. for** sich *etw* vornehmen; ~ **for sig af retterne** *beim Essen*: sich bedienen, zulangen, zugreifen; F (r)einhauen; ~ *ngt.* **fra** *én j-m etw* wegnehmen; ~ **frem** hervorholen; ~ **hen til én** *j-n* besuchen, zu *j-n* hinfahren; ~ **hjem** nach Hause fahren *od* gehen; ~ **i sig igen** *fig* zurücknehmen; ~ **igennem** durchnehmen; *Einladung* annehmen; empfangen; ~ **ind** *Stricken*: abnehmen; ~ **ind på et hotel** in *e-m* Hotel absteigen; ~ **ind til byen** in die Stadt fahren; ~ **én med storm** *fig j-n* im Sturm erobern; ~ **sig ngt. nær** sich *etw* zu Herzen nehmen; ~ **op** aufheben (*vom Fußboden*); *fig* Thema aufgreifen, anschneiden; ~ **det op med én** es mit *j-m* aufnehmen; ~ *ngt.* **ilde op** *etw* übel nehmen (*od fig* krummnehmen); ~ **over** übernehmen; *j-n* ablösen; ~ **på** *an Gewicht* zunehmen; *Anzug* anziehen; *Schlips* umbinden; *Hut* aufsetzen; ~ **på én** *j-n* anfassen (*med fløjlshandsker* mit Samthandschuhen); **det ~r på mig** es geht mir nahe, es nimmt mich mit; ~ **hårdt på én** *j-n* streng behandeln, *j-n* hart anpacken; *Krankheit*: *j-m* schwer zusetzen; **det er du til at ~ og føle på** *fig* das hat doch wenigstens Hand und Fuß; ~ **én på ordet** *j-n* beim Wort nehmen; ~ *ngt.* **på sig** *etw* übernehmen (*od* auf sich nehmen); ~ **sig sammen** sich zusammennehmen, sich zusammenrei-

ßen, sich aufraffen; ~ **til an Stärke** zunehmen; ~ **til Hamborg** nach Hamburg fahren; ~ **til sig** *Kind, Essen* zu sich nehmen; *Geld an sich* nehmen; ~ **sig ngt. til** sich mit *etw* beschäftigen; ~ **tilbage** zurücknehmen; zurückfahren; ~ **ud** herausnehmen; *Stricken*: zunehmen; ~ **ud på landet** aufs Land fahren; ~ **sig godt ud** sich gut machen *od* ausnehmen; ~ **væk** wegnehmen

tagetage ['tʌwe'ta:ʔsjə] Dachgeschoss *n*
tagfat [ta'fad]: **lege ~** Fangen spielen
tag|kammer ['tʌwkʌmʔər] Dachkammer *f*; **~rende** [-Rɛnə] Dachrinne *f*; **~ryg(ning)** [-Rœg(neŋ)] Dachfirst *m*
tagselvbord [ta'sɛlʔbɔ:ʔR] (Frühstücks-)Buffet *n*
tag|skæg ['tʌwsgɛːʔg] ⟨-get; -⟩ Dachtraufe *f*; **~spån** [-sbɔ:ʔn] Dachschindel *f*; **~sten** [-sdeːʔn] ⟨-en; -⟩ Dachziegel *m*; **~vindue** [-vendu] Dachfenster *n*, Dachluke *f*
tak¹ [tʌg] ⟨-ken; -ker⟩ Zacke *f*; **en ~ bedre** F ein bisschen besser; **~ker** *pl Jagd*: Geweih *n*; *Briefmarke*: Zähnung *f*
tak² [tʌg] ⟨-ken⟩ Dank *m*; **sige ~** sich bedanken; ~! danke (schön)!; **ja ~!** ja, bitte (*gerne*)!; **nej ~!** nein, danke!; **ellers ~!** danke sehr!; **mange ~!** vielen Dank!; **hjertelig ~!** herzlichen Dank!; ~ **skal De** (*du*) **have!** ich danke Ihnen (dir)!, haben Sie (hab) vielen Dank!; ~ **skal du have!** F (ach) du meine Güte!; ~ **for mad!** *etwa*: es hat (mir) gut geschmeckt!; ~ **for sidst** (*i går*)! *z. B. nach einer Einladung*: ich möchte mich (*od* wir möchten uns) nochmals für neulich (gestern) bedanken!; ~ **for lån!** mit bestem Dank zurück!; **på forhånd ~!** besten Dank im Voraus!; **i lige måde, selv ~!** danke gleichfalls!, gern geschehen!; **skylde én ~** *j-m* Dank schulden; **gud ske ~ og lov!** Gott sei Dank!; **nu skal du snart have ~!** F jetzt reicht es aber bald!, das ist viel zu viel!; **tage til ~ke med ngt.** mit *etw* vorliebnehmen
takke¹ ['tʌgə] danken (**én for ngt.** *j-m* für *etw*); sich bedanken (**én** bei *j-m*); **det har jeg dig at ~ for** das verdanke ich dir; **ikke ngt. at ~ for!** nichts zu danken!; **~t være hans hjælp** dank *s-r* Hilfe; ~ **af** abdanken; **tage til ~** → **tak²**
takke² ['tʌgə] zacken
takkebrev ['tʌgəbRɛːʔv] Dankschreiben *n*
takkelage [tʌgə'la:sjə] ⟨-n; -r⟩ NAUT Takelage *f*, Takelung *f*

takket ['tɑgəð] zackig, gezackt, gezahnt

takl|e ['tɑglə] NAUT takeln; → *a tackle* **~ing** ['tɑglen] ⟨-en; -er⟩ Takelung f

taknem(me)lig [tɑg'nɛm?(ə)li] dankbar, erkenntlich; **~hed** [-he:ð?] ⟨-en⟩ Dankbarkeit f

taknem(me)lighedsgæld [tɑg'nɛm?(ə)-liheðsgɛl?]: *stå i taknem(me)lighedsgæld til én* j-m zu Dank verpflichtet sein

taks [tɑgs] ⟨-en; -⟩ BOT Eibe f, Taxus m

taksat|ion [tɑgsa'sjo:?n] ⟨-en; -er⟩ Schätzung f, Taxation f, Taxierung f; **~or** [-'sa:-tɔr] ⟨-en; -er⟩ Gutachter m, Taxator m, Schätzer m

takser|e [tɑg'se:?rə] taxieren, (ab)schätzen; **~ing** [-'se:?rɐŋ] ⟨-en; -er⟩ (Ab-) Schätzung f, Schätzen n, Wertbestimmung f

tak|sigelse [tɑg'si:?əlsə] ⟨-n; -r⟩ Danksagung f, **~skyldig** [-'sgyldi] zu Dank verpflichtet

takst [tɑgsd] ⟨-en; -er⟩ Gebühr f, Taxe f; Satz m; Tarif m; **~grænse** [-'grɛnsə] Stadtverkehr: Tarifgrenze f; **~område** ['-ɔmrɔ:ðə] Verkehr: Tarifzone f

takstræ ['tɑgstrɛ:?] ⟨-et; -er⟩ → **taks**

takt¹ [tɑgd] ⟨-en⟩ fig Takt m; *lære* ~ *og tone* guten Ton (od F Benimm) lernen

takt² [tɑgd] ⟨-en; -er⟩ MUS Takt m; *slå* ~ den Takt schlagen; *komme ud af* ~ aus dem Schritt/Tritt kommen

taktere [tɑg'te:?rə] MUS taktieren

taktfuld ['tɑgdful?] taktvoll; **~hed** [-he:ð?] ⟨-en⟩ fig Takt m, Taktgefühl n

taktfølelse ['tɑgdfø:ləlsə] Taktgefühl n

taktik [tɑg'tig] ⟨-ken; -ker⟩ Taktik f; **~er** ['-tigɐr] ⟨-en; -e⟩ Taktiker m

taktisk ['tɑgtisg] taktisch

taktløs ['tɑgdløs?] taktlos; **~hed** [-løs-he:ð?] ⟨-en; -er⟩ Taktlosigkeit f

takt|regulere [tɑg'dregu'le:?rə] Lohn angleichen; **~stok** [-sdɔg] Taktstock m

tal [tɑl] ⟨-let; -⟩ Zahl f; Ziffer f; *i 1600-tallet* im 17. Jahrhundert

tale¹ ['tɑ:lə] ⟨-n; -r⟩ Rede f, Ansprache f; Sprache f; *daglig* ~ Umgangssprache f; *det kan der ikke være* ~ *om* davon kann keine Rede sein; das kommt nicht in Frage; *ikke* ~ *om!* ausgeschlossen!; *der er* ~ *om, at ...* es geht die Rede od man munkelt, dass ...; *høre* ~ *om ngt.* von etw reden hören; *falde én i* ~ j-m ins Wort fallen; *få én i* ~ j-n sprechen; *bringe på* ~ zur Sprache bringen; *komme på* ~ in Frage kommen; zur Sprache kommen

tale² ['tɑ:lə] ⟨-te⟩ sprechen, reden; *hvem* ~*r jeg med?* TEL wer ist dort?; ~ *politik*

über Politik reden; ~ *éns sag* fig für j-n eintreten; ~ *godt for én* j-m gut zureden; *auf j-n einreden*; *alt~r for, at ...* alles spricht dafür, dass ...; ~ *forbi hinanden* aneinander vorbeireden; ~ *i munden på hinanden* durcheinanderreden; ~ *med* mitreden; ~ *med én* mit j-m sprechen (od reden), sich mit j-m unterhalten; j-n sprechen; *han er ikke til at* ~ *med* mit ihm ist nicht zu reden; ~ *om ngt.* über etw (A) (od von etw D) sprechen (od reden); ~ *ondt om én* j-m etw Böses nachsagen, j-n schlechtmachen; *ikke værd at* ~ *om* nicht der Rede wert; *for ikke at* ~ *om ...* ganz zu schweigen von ...; *lad os ikke* ~ *om det* sprechen wir nicht darüber; ~ *over sig* fig sich verplappern; ~ *sammen* miteinander sprechen, sich unterhalten; ~ *til fordel for én* für j-n sprechen, zu j-s Gunsten sprechen; ~ *én til rette* j-n zur Vernunft bringen; ~ *ud med én* sich mit j-m aussprechen; ~*s ved* sich aussprechen

tale|boble ['tɑ:ləbɔblə] Sprechblase f; **~fejl** [-fɑi?l] Sprachfehler m; **~film** [-fil?m] Tonfilm m

talefod ['tɑ:ləfo:?ð]: *komme på* ~ *med én* mit j-m ins Gespräch kommen

tale|frihed ['tɑ:ləfrihe:ð?] Redefreiheit f; **~færdighed** [-fɛrðihe:ð?] Sprachfertigkeit f; Redegewandtheit f; **~gaver** [-ga:vɐr] pl Redegabe f; Beredsamkeit f; **~hæmmet** [-hɛmɔð] sprachbehindert; sprachgestört; **~kor** [-ko:?r] Sprechchor m; **~lidende** [-li:ðənə] sprachgestört; Sprachgestörte(r) m; **~måde** [-mɔ:ðə] Redensart f; **~nde** [-nə] fig beredt; sprechend, vielsagend; *være meget* ~ sehr gesprächig sein

talent [ta'lɛn?d] ⟨-et; -er⟩ Talent m; **~fuld** [-ful?] talentvoll, talentiert; **~spejder** [-sbɑiðɐr] Film, THEA Talentsucher m

talepædadagog ['tɑ:ləpædago:?(w) Logopäde m, Logopädin f

taler ['tɑ:lɐr] ⟨-en; -e⟩ Redner m; **~kursus** [-kursus] Rhetorikkurs m; **~stol** [-sdo:?l] Rednerpult n

tale|rør ['tɑ:lərœr:?r] fig Sprachrohr n; **~sprog** [-sbrɔ:?w] Alltagssprache, Umgangssprache f; **~strøm** [-sdrœm?] Redestrom m; **~sæt** [-sɛd] Sprechweise, Redeweise f; **~tid** [-tið?] Redezeit f

talg [tal?j] ⟨-en⟩ Talg m; **~kirtel** ['taljkir-dəl] Talgdrüse f

talje ['taljə] ⟨-n; -r⟩ Taille f; Flaschenzug m; **~ret** [tal'je:?rəð] tailliert

talkum ['talkom] ⟨-(m)et⟩ Talkum n; Körperpuder *m*

tallerken [ta'lɛʀgən] ⟨tallerk(e)nen; tallerk(e)ner⟩ Teller *m*; *flyvende ~* fliegende Untertasse *f*; **~fuld** [-fulʔ] ⟨-en; -e⟩: *en ~* en Teller *m* (voll); **~række** [-ʀɛgə] Tellerbord *n*

tal|lotteri ['talloɖə'ʀiʔ] Zahlenlotterie *f*; **~løs** [-løʔs] zahllos; **~mæssig** [-mɛsi] zahlenmäßig; **~ord** [-oʔʀ] GRAM Zahlwort *n*, Numerale *n*; **~rig** [-ʀiʔ] zahlreich

talsmand [ta:ʔlsman?] Fürsprecher(in) *m(f)*; Wortführer(in) *m(f)*; POL Sprecher(in) *m(f)*, Vertreter(in) *m(f)* (*for/G*)

tal|stærk [talsdɛʀg] zahlreich, vielköpfig; **~system** ['-sy'sde:ʔm] Zahlensystem *n*; **~t** [talʔd, ta:ʔld] → *tælle²* u *tale²*; **~værdi** ['-veʀ'di:ʔ] Zahlenwert *m*

tam [tamʔ] zahm (*a fig*)

tamdyr [ta'tamdy:ʔʀ] zahme(s) Tier *n*, Haustier *n*

tamp [tamʔb] ⟨-en; -e⟩ Tauende *n*; *fig* Lümmel *m*, Brocken *m*; *få ~* Prügel bekommen; *det er dér ~en brænder* da liegt der Hase im Pfeffer; *~en brænder!* (*Such*)*Spiel:* es brennt!, Feuer!; **~e** ['tambə]: *~ løs på én* auf *j-n* eindreschen

tand [tanʔ] ⟨-en; tænder⟩ Zahn *m* (*a fig*); *mine tænder løber i vand* das Wasser läuft mir im Mund zusammen; *skære tænder* mit den Zähnen knirschen; *holde ~ for tunge* dichthalten, schweigen; *få blod på ~en* *fig* Blut lecken; *føle én på tænderne* *fig* *j-m* auf den Zahn fühlen; *en ~ bedre* F ein bisschen besser; *give den en ~ til* F, *fig* noch *e-n* Zahn zulegen (*Tempo*)

tand|brud ['tanbʀuð] ⟨-det; -⟩ Zahndurchbruch *m*; *Baby:* Zahnen *n*; **~byld** [-byl?] Zahngeschwür *n*

tandbørst|e ['tanbœʀsdə] Zahnbürste *f*; **~ning** [-bœʀsdneŋ] Zähneputzen *n*

tand|et [tanʔð] gezähnt; **~film** [-filʔm] Zahnbelag *m*; **~fyldning** [-fylneŋ] (Zahn)Füllung *f*, Plombe *f*; **~hjul** [-ju:ʔl] Zahnrad *n*; **~krus** [-kʀu:ʔs] Zahnputzbecher *m*; **~kød** [-køð] Zahnfleisch *n*

tandlæge ['tanlɛ:ə] Zahnarzt *m*; **~højskole** [-hɔjsgo:lə] zahnärztliche Hochschule *f*

tand|løs ['tanlø:ʔs] zahnlos; **~pasta** [-pasda] ⟨-en; -er⟩ Zahnpasta *f*; **~pine** [-pi:nə] Zahnschmerzen *m/pl*; **~rod** [-ʀo:ʔð] ANAT Zahnwurzel *f*; **~skifte** [-sgifdə] Zahnwechsel *m*; **~stikker** [-sdegəʀ] ⟨-en; -e⟩ Zahnstocher *m*; **~sæt** [-sɛd] ANAT Gebiss *n*; Zahnprothese *f*; **~tekniker** [-tɛgnigəʀ] Zahntechniker *m*

---

tang¹ [taŋ?] ⟨-en; tænger⟩ Zange *f*

tang² [taŋ?] ⟨-en⟩ BOT (See)Tang *m*

tangatrusse ['taŋgatʀusə] Tangahöschen *n*, Tangaslip *m*

tange ['taŋə] ⟨-n; -r⟩ Landzunge *f*, Landenge *f*, Nehrung *f*

tangent [taŋ'gɛn?d] ⟨-en; -er⟩ MUS Taste *f* (*a* TECH); GEOM Tangente *f*

tangere [taŋ'ge:ʀə] tangieren, *fig* berühren; *det ~r det latterlige* das grenzt ans Lächerliche

tangforløsning ['taŋfɔʀ'lø:ʔsneŋ] MED Zangengeburt *f*

tank¹ [taŋ?g] ⟨-en; -e⟩ Tank *m*; Tankstelle *f*

tank² [ta:ŋg] ⟨-en; -e od -s⟩ MIL Panzer(wagen) *m*

tank|bil ['taŋgbi:ʔl] Tankfahrzeug *n*; **~båd** [-bɔ:ʔð] Tankschiff *n*, Tanker *m*

tanke¹ ['taŋgə] ⟨-n; -r⟩ Gedanke *m*; Absicht *f*; *fig* Idee *f*, Hauch *m*; *kødet har en ~* das Fleisch hat *e-n* ~ (ist angegangen); *det var min ~* es war meine Absicht; *falde i ~r* in Gedanken versinken; *jeg kommer i ~(r) om ngt.* etw fällt mir ein, ich besinne mich auf *etw* (*A*); *gøre sig sine (egne) ~er om ngt.* sich über *etw* Gedanken machen; *komme på andre ~er* auf andere Gedanken kommen, sich *e-s* Besseren besinnen

tanke² ['taŋgə] tanken; betanken; *~ op* auftanken (*a fig*), volltanken

tanke|fuld ['taŋgəfulʔ] gedankenvoll; **~gang** [-gaŋ?] ⟨-en; -e⟩ Gedankengang *m*; **~læser** [-lɛ:ʔsəʀ] Gedankenleser *m*; **~løs** [-lø:ʔs] gedankenlos; **~overføring** [-ɔuˀʀfø:ʔʀeŋ] Gedankenübertragung *f*

tanke|række ['taŋgəʀɛgə] Gedankenfolge *f*; **~spind** [-spin?] Hirngespinst *n*; **~sprog** [-sbʀɔ:ʔw] Denkspruch *m*, Sinnspruch *m*, Gedankensplitter *m*; **~streg** [-sdʀaiˀ] Gedankenstrich *m*; **~tom** [-tɔm?] gedankenleer; **~torsk** [-tɔʀsg] F *fig* Schnitzer *m*, Denkfehler *m*; **~vækkende** [-vɛgənə] zum Nachdenken anregend

tank|fuld ['taŋgfulʔ] ⟨-en; -e⟩ Tankfüllung *f*; **~ning** [-neŋ] ⟨-en; -er⟩ (Auf)Tanken *n*, Betankung *f*; **~passer** [-pasəʀ] ⟨-en; -e⟩ Tankwart *m*; **~skib** [-sgiˀb] Tankschiff *n*, Tanker *m*; **~station** [-sda'sjo:ʔn] Tankstelle *f*; **~vogn** [-vɔwʔn] Tankfahrzeug *n*

tant [tanʔd] ⟨-en od et⟩ Tand *m*, F Firlefanz *m*

tante ['tandə] ⟨-n; -r⟩ Tante *f*; **~t** [-ð] tantenhaft

tap [tab] ⟨-pen; -pe od -per⟩ TECH Zapfen

tegnestue

m

tape [tɛɪb] ⟨*n*⟩ Tesafilm *m*, Klebestreifen
m

tape-lukning ['tɛɪblognɛŋ] Klettverschluss *m*

tapet [ta'pe:²d] ⟨*-et*; *-er*⟩ Tapete *f*; *bringe*
på ~et fig aufs Tapet bringen

tapetser|e [tapεd'se:²ʀə] tapezieren; *~er*
[-ʀ] ⟨*-en*; *-e*⟩ Dekorateur *m*, Tapezierer
m; *~ing* [-'se:²ʀεŋ] ⟨*-en*; *-er*⟩ Tapezieren
n

tap|hane ['tabha:nə] Zapfhahn *m*; *~hul*
[-hol] Spundloch *n*

tapning ['tabnɛŋ] ⟨*-en*; *-er*⟩ (Ab)Zapfen *n*,
Abfüllung *f*

tappe ['tabə] zapfen, abfüllen; *fig* anzap-
fen; *~ af* abzapfen

tappenstreg ['tabənsdʀɑɪ²] ⟨*-en*; *-er*⟩ MIL
Zapfenstreich *m*

tapper ['tabər] tapfer

tapperhed ['tabərhe:ð²] ⟨*-en*⟩ Tapferkeit
f

tarif [ta'ʀif] ⟨*-fen*; *-fer*⟩ Tarif *m*; *~løn*
[-lœn²] Tariflohn *m*; *~mæssig* [-mεsi]
tarifmäßig, tariflich

tarm [tɑ:²ʀm] ⟨*-en*; *-e*⟩ ANAT Darm *m*;
~ene pl die Därme *m/pl*, das Gedärm *n*

tarm|blødning ['tɑ:ʀmblø:ðnɛŋ] MED
Darmblutung *f*; *~katar* [-ka'tɑ:²ʀ] MED
Darmkatarrh *m*; *~slyng* [-sløŋ²] ⟨*-en
od -et*⟩ MED Darmverschlingung *f*

tartelet [tɑʀdə'led] ⟨*-ten*; *-ter*⟩ Pastetchen
n

tarv [tɑ:²ʀv] ⟨*en od et*⟩ Nutzen *m*, Vorteil
m, Wohlergehen *n*

tarvelig ['tɑ:ʀvəli] dürftig, einfach, bescheiden; minderwertig; *Person:* gemein,
schäbig

tarvelighed ['tɑ:ʀvəlihe:ð²] ⟨*-en*; *-er*⟩
Dürftigkeit *f*; Gemeinheit *f*; *i al ~* in aller
Bescheidenheit

taske ['tasgə] ⟨*-n*; *-r*⟩ Tasche *f*; V Weibsstück *n*, Flittchen *n*

taskenspiller ['tasgənsbelər] Taschen-
spieler *m*

tast [tasd] ⟨*-en*; *-er*⟩ Taste *f*

taste¹ ['tasdə] ⟨*-n*; *-r*⟩ Taste *f*; → **tast**

taste² ['tasdə]: *~ ind* Daten eingeben

tatar [ta'tɑ:²ʀ] ⟨*-en*; *-er*⟩ Tatar(in) *m(f)*;
Tatar *n*, Schabefleisch *n*; *~bøf* [-bøf] Ta-
tarbeefsteak *n*

tatover|e [tato've:²ʀə] tätowieren; *~ing*
[-'ve:²ʀεŋ] ⟨*-en*; *-er*⟩ Tätowierung *f*

tav [taʊ²] → **tie**

tave ['ta:və] ⟨*-n*; *-r*⟩ Faser *f*

tavle ['taʊlə] ⟨*-n*; *-r*⟩ Tafel *f*; *Bienenzucht:*
Wabe *f*; *~t* [-ð] getäfelt

tavs [taʊ²s] still, schweigend, stumm;
schweigsam, verschwiegen; *det ~e flertal*
die schweigende Mehrheit; *~hed* ['taʊs-
he:ð²] ⟨*-en*⟩ Schweigen *n*; Schweigsam-
keit *f*; Verschwiegenheit *f*

tavsheds|løfte ['taʊsheðsløfdə] Verspre-
chen *n* der Amtsverschwiegenheit, Be-
amteneid *m*; *~pligt* [-plegd] Schweige-
pflicht *f*, Amtsgeheimnis *n*

taxa ['tagsa] ⟨*-en*; *-er*⟩ Taxe *f*, Taxi *n*;
~chauffør [-sjo'fø:²ʀ] Taxifahrer *m*, Ta-
xichauffeur *m*; *~holdeplads* [-hɔləplas]
Taxistand *m*

taxifly ['tagsifly²] Lufttaxi *n*

te¹ [te:²] ⟨*-en*; *-er*⟩ Tee *m*; *lave ~* Tee kochen (*od* machen); *det var en køn kop ~!*
F *fig* das ist ja *e-e* schöne Bescherung; *det
er ikke min kop ~* F *fig* das ist nicht meine
Kragenweite *od* mein Fall

te² [te:²]: *~ sig* sich benehmen, sich gebärden

teaktræ ['tigtʀe:²] ⟨*-et*⟩ Teakholz *n*

teater [te'a:²dər] ⟨*teat(e)ret*; *teatre*⟩ Theater *n*; *gå i teatret* ins Theater gehen; *~bil-
let* [-bi'led] Theaterkarte *f*; *~gænger*
[-gεŋə] ⟨*-en*, *-e*⟩ Theaterbesucher *m*;
~kikkert [-kigəʀd] Opernglas *n*

teatralsk [tea'tʀa:²lsg] theatralisch

te|bakke ['te:²baga] Teebrett *n*; *~birkes*
[-biʀgəs] *e-e* Art Mohnbrötchen *n*;
~bolle [-bɔlə] süße(s) Brötchen *n*, Rosi-
nenbrötchen *n*; *~brev* [-bʀe:²v] Teebeu-
tel *m*

teddybjørn ['tεdibjœʀ²n] Teddy(bär) *m*

tegl [taɪ²l] ⟨*-en od -et*⟩ Ziegel *m*; *stryge ~*
Ziegel formen

tegl|brænder ['taɪlbʀεnəʀ] Ziegelbren-
ner *m*; *~sten* [-sde:²n] Ziegelstein *m*,
Backstein *m*; *~stensrød* [-sde:nsʀœ:²ð]
ziegelrot; *~tag* [-ta:²(j)] Ziegeldach *n*;
~værk [-vεʀg] Ziegelei *f*

tegn [taɪ²n] ⟨*-et*; *-*⟩ Zeichen *n*

tegne ['taɪnə] zeichnen (*a* ÖKON); *~ abonnement* Zeitung bestellen; *~ en forsikring e-e* Versicherung abschließen; *han
~r til at blive stor* er scheint groß zu werden; *det ~r godt* es lässt sich gut an, es
sieht gut aus

tegne|bestik ['taɪnəbε'sdeg] Reißzeug *n*;
~blok [-blɔg] Zeichenblock *m*; *~bog*
[-bɔ:²w] Brieftasche *f*, Zeichenheft *n*;
~bræt [-bʀεd] ⟨*-tet*; *-ter*⟩ Zeichenbrett
n, Reißbrett *n*; *~film* [-fil²m] Zeichen-
trickfilm *m*; *~r* [-ʀ] ⟨*-en*; *-e*⟩ Zeichner
m; *~serie* [-se:²ʀiə] Comic(strip) *m*;
~stift [-sdefd] ⟨*-en*; *-er*⟩ Reißzwecke *f*,
Heftzwecke *f*; *~stue* [-sdu:ə] Konstrukti-

T

onsbüro, Zeichenbüro *n*

tegnfejl ['tɑiˀnfaiˀl] → **tegnsætningsfejl**

tegning ['tɑineŋ] ⟨*-en*; *-er*⟩ Zeichnung *f*, Zeichnen *n*; **ødelægge ~en for én** *fig j-m e-n* Strich durch die Rechnung machen

tegningsberettiget ['tɑineŋsbeˈʀɛdiːəð] zeichnungsberechtigt

tegn|sprog ['tɑiˀnsbʀɔ:ˀw] Zeichensprache *f*; **~sætning** [-sɛdneŋ] Zeichensetzung *f*; **~sætningsfejl** [-sɛdneŋsfaiˀl] Interpunktionsfehler *m*

te|handel ['tehanˀəl] Teehandlung *f*; **~hætte** [-hɛðə] Teewärmer *m*, Teemütze *f*

teknificere [tɛgnifiˈseːˀʀə] technisieren

teknik [tɛgˈnig] ⟨*-ken*; *-ker*⟩ Technik *f*; **~er** ['-niɡɔʀ] ⟨*-en*; *-e*⟩ Techniker *m*

teknikum ['tɛgnikɔm] ⟨*et*; *teknika*⟩ Technikum *n*; **~ingeniør** [-ensjenˈjøːˀʀ] *etwa*: graduierte(r) Ingenieur(in) *m(f)*, Diplomingenieur(in) *m(f)*

teknisk ['tɛgnisg] technisch; **~ tegner** technische(r) Zeichner *m*; **~ uheld** technische Panne *f*, (Bild)Störung *f*; *Danmarks* **~e Højskole = Polyteknisk Læreanstalt**, → **polyteknisk**

teknolog [tɛgnoˈloːˀ(w)] ⟨*-en*; *-er*⟩ Technologe *m*; **~i** [-loˈgiˀ] ⟨*-en*; *-er*⟩ Technologie *f*

tekop [teːˀkɔb] Teetasse *f*

tekst [tɛgsd] ⟨*-en*; *-er*⟩ Text *m*; *Film*: Untertitel *m*; **læse én ~en** *fig j-m* die Leviten lesen, F *j-n* abkanzeln

tekstbehandling ['tɛgsdbeˈhanˀleŋ]: **elektronisk ~** (*Abk.* **etb**) elektronische Textverarbeitung *f*

tekste ['tɛgsdə] texten; *Film* untertiteln; **~r** [-ʀ] ⟨*-en*; *-e*⟩ Texter *m*

tekstforfatter ['tɛgsdfɔʀˈfadəʀ] Textverfasser *m*, Texter *m*

tekstil¹ [tɛgsˈtiːˀl] ⟨*-et*; *-er*⟩ Gewebe *n*, Faserstofferzeugnis *n*; **~er** *pl* Textilien *pl*

tekstil² [tɛgsˈtiːˀl] textil

tekstil|industri [tɛgsˈtiːˀlenduˈsdʀiːˀ] Textilindustrie *f*; **~sløjd** [-sløiˀd] *Schule*: textiles Gestalten *n*

tekst|kritisk ['tɛgsdkʀitisk] textkritisch; **~ning** [-neŋ] ⟨*-en*; *-er*⟩ Texten *n*, *Film* Untertitelung *f*; **~tv** [-teːˀveːˀ] Bildschirmtext *m*, Videotext *m*; **~udlæggelse** [-uðlegəlsə] ⟨*-n*; *-r*⟩ Textauslegung *f*, Textinterpretation *f*

tekøkken ['teːˀkøgən] Teeküche *f*, Kochnische *f*

telefon [teləˈfoːˀn] ⟨*-en*; *-er*⟩ (*Abk.* **tlf.**) Telefon *n*, Fernsprecher *m*; **~abonnent**

[-abɔˈnɛnˀd] Fernsprechteilnehmer *m*, Telefonkunde *m*; **~automat** [-auto-ˈmaːˀd] Münztelefon *n*; **~bog** [-bɔːˀw] Telefonbuch *n*; **~boks** [-bɔgs] Telefonzelle *f*; **~bombe** [-bɔmbə] (falsche) telefonische Bombendrohung *f*; **~bruse(r)** [-bruːsə(ʀ)] Handdusche *f*; **~central** [-senˈtʀɑːˀl] Fernsprechamt *n*; Telefonzentrale *f*; **~dame** [-daːmə] Telefonistin *f*

telefonere [teləfoˈneːˀʀə] telefonieren; **~ til én** *j-n* anrufen, bei *j-m* anrufen; **~ til Berlin** nach (*od* mit) Berlin telefonieren, in Berlin anrufen

telefon|forbindelse [teləˈfoːnfɔʀˈbenˀəlsə] Fernsprechverkehr *m*; Telefonverbindung *f*, Anschluss *m*; **~isk** [-foːˀnisg] telefonisch, fernmündlich; **~ledning** [-leðneŋ] Telefonleitung *f*, Telefonschnur *f*; **~møde** [-møːðə] Konferenzschaltung *f*; **~net** [-nɛd] Telefonnetz *n*, Fernsprechnetz *n*; **~nøgle** [-nøiˀlə] ⟨*-n*; *-r*⟩ Rufnummernverzeichnis *n*

telefon|opkald [teləˈfoːnɔbkalˀ] *n*, **~opringning** [-ɔbʀeŋˀneŋ] TEL Anruf *m*; **~rør** [-ʀœːˀʀ] (Telefon)Hörer *m*; **~samtale** [-samtaːlə] Telefongespräch *n*, Telefonat *n*; **~svarer** [-svɑːʀɔʀ] ⟨*-en*; *-e*⟩ Anrufbeantworter *m*; **~tid** [-tiðˀ] Telefonsprechstunde *f*; **~tragt** [-tʀɑgd] Sprechmuschel *f*; **~vagt** [-vɑgd] telefonische(r) Auftragsdienst *m*; **~væsen** [-veːˀsən] Fernmeldewesen *n*

telegraf [teləˈgʀɑːˀf] ⟨*-en*; *-er*⟩ Telegraf *m*; **~bud** [-buðˀ] ⟨*-(d)et*; *-e*⟩ Telegrammbote *m*; **~ere** [-gʀɑːˀfeˀʀə] telegrafieren; funken; **~isk** [-isg] telegrafisch; **~ist** [-gʀɑˈfisd] ⟨*-en*; *-er*⟩ Telegrafist(in) *m(f)*, Funker *m*; **~væsen** [-veːˀsən] Fernmeldewesen *n*

telegram [teləˈgʀɑmˀ] ⟨*-met*; *-mer*⟩ Telegramm *n*; **indlevere et ~** ein Telegramm aufgeben; **~bureau** [-byˀʀo] Nachrichtenbüro *n*, -agentur *f*; **~stil** [-sdiːˀl] Telegrammstil *m* (*i* im)

telekommunikation ['teləkɔmunikaˈsjoːˀn] Telekommunikation *f*, Fernmeldeverkehr *m*

telekort ['teːˀləkɔʀd] Telefonkarte *f*

tele|satellit ['teːˀləsadeˀlid] Nachrichtensatellit *m*; **~teknik** [-tegˈnig] Nachrichtentechnik *f*; **~tekst** [-tɛgsd] Bildschirmtext *m*; Videotext *m*; **~tjeneste** [-tjeːnəsdə] Fernmeldedienst *m*; **~vision** [-viˀsjoːˀn] ⟨*-en*; *-er*⟩ (*Abk.* **tv/TV**) Fernsehen *n*

telex ['teːˀlegs] ⟨*-et*; *-er*⟩ Telex *n*, Fernschreiben *n*

telexe ['teːˀlegsə] telexen

telt [tɛlˀd] ⟨-et; -e⟩ Zelt n (*rejse* aufschlagen); **ligge i ~** zelten

telt|bardun ['tɛldbɑrduːˀn] Zeltleine f; **~dug** [-duː] Zeltbahn f, Zeltplane f, Zeltleinwand f; **~holder** [-hɔlɑr] ⟨-en; -e⟩ Schausteller m; **~lejr** [-laiˀr] Zeltlager n; **~ligger** [-legɑr] ⟨-en; -e⟩ Zelt(l)er m; **~ning** [-nen] ⟨-en⟩ Zelten n; **~plads** [-plas] Zeltplatz m; **~pløk** [-pløg] Zeltpflock m, Hering m; **~pæl** [-pɛːˀl] Zeltmast m, Zeltstock m

tema ['teːma] ⟨-et; -er⟩ Thema n; **~tisk** [te'maːˀtisg] thematisch

temmelig ['temɑli] ziemlich; *det går så ~* es geht so einigermaßen (*od* leidlich)

temperament [tembɑra'maŋ] ⟨-et; -er⟩ Temperament n

temperamentsfuld [tembɑra'maŋsfulˀ] temperamentvoll

temperatur [tembɑra'tuːˀr] ⟨-en; -er⟩ Temperatur f; **~tagning** [-taː(j)neŋ] ⟨-en; -er⟩ Fiebermessen f

tempo ['tempo] ⟨-et; -er *od* tempi⟩ Tempo n

ten [teːˀn] ⟨-en; -e⟩ Spindel f

tendens [tɛn'dɛnˀs] ⟨-en; -er⟩ Tendenz f

tendenti|el [tɛnden'sjɛlˀ] tendenziell; **~øs** [-'sjøːˀs] tendenziös

tendere [tɛn'deːrɑ] tendieren

tennis ['tɛnis] ⟨-(s)en⟩ Tennis n; **~bane** [-baːnɑ] Tennisplatz m; **~bold** [-bɔlˀd] Tennisball m; **~ketsjer** [-kɛdsjɑr] ⟨-en; -e⟩ Tennisschläger m

teolog [teo'loːˀ(w)] ⟨-en; -er⟩ Theologe m; **~i** [-lo'giːˀ] ⟨-en; -er⟩ Theologie f; **~isk** [-isg] theologisch

teoreti|ker [teo'rɛːˀtigɑr] ⟨-en; -e⟩ Theoretiker m; **~sere** [-rɛti'seːˀrɑ] theoretisieren; **~sk** [-'rɛːˀtisg] theoretisch

teori [teo'riːˀ] ⟨-en; -er⟩ Theorie f

te|pose [teːˀpoːsɑ] Teebeutel m; **~potte** [-pɔdɑ] Teekanne f

terapi [terɑ'piːˀ] ⟨-en; -er⟩ Therapie f

term [tɛrˀm] ⟨-en; -er⟩ Fachausdruck m, Terminus m

termin [tɛr'miːˀn] ⟨-en; -er⟩ (Zahl)Termin m; **~en** ØKON der halbjährliche Zahltag (*11. Juni u 11. Dezember*)

terminal [tɛrmi'naːˀl] ⟨-en; -er⟩ *offentlicher Verkehr*: Terminal m, n; EDV: Terminal n

termit [tɛr'mid] ⟨-ten; -ter⟩ ZO Termite f; **~bo** [-boːˀ] Termitenhügel m

termo|flaske ['tɛrmoflasgɑ] Thermosflasche f; **~kande** [-kanɑ] Thermoskanne f; **~meter** [-'meːˀdɑr] ⟨termomet(e)ret; termometre⟩ Thermometer n; **~rude** [-ruːðɑ] Thermopanefenster n, Isolierfenster n; **~stat** [-'sdaːˀd] ⟨-en; -er⟩ Thermostat m

tern [tɛrˀn] ⟨-en *od* -et; -er *od* -⟩ Karo n, Würfel m; **~et** ['tɛrnɑð] kariert, gewürfelt

terning ['tɛrneŋ] ⟨-en; -er⟩ Würfel m; *spille ~er* würfeln (*om*/um A); **~erne er kastet** *fig* die Würfel sind gefallen; **~kast** [-kasd] *Würfel*: Wurf m; **~spil** [-sbel] Würfelspiel n

terpe ['tɛrbɑ] büffeln, pauken; **~ ind** einpauken

terper ['tɛrbɑr] ⟨-en; -e⟩ F Pauker m (*Lehrer*); **~i** [-bɑ'riːˀ] ⟨-et; -er⟩ F Büffelei f, Paukerei f

terrin [tɛ'riːˀn] ⟨-en; -er⟩ Terrine f, Suppenschüssel f

territorialfarvand [tɛritori'aːˀlfɑrvanˀ] Territorial-, Hoheitsgewässer n

terror ['tɛrɔr] ⟨-en⟩ Terror m; **~handling** [-hanleŋ] Terrorakt m; **~isere** [-rori'seːˀrɑ] terrorisieren; **~isme** [-ro'rismɑ] ⟨-n⟩ Terrorismus m

terræn [tɛ'rɛŋ] ⟨-et; -er⟩ Terrain n, Gelände n; *vinde ~ fig* (an) Boden gewinnen, um sich greifen

terrængående [tɛ'rɛŋgɔːˀɔnɑ] geländegängig; **~ køretøj** Geländefahrzeug n

terrænløb [tɛ'rɛŋløːˀb] Geländelauf m

terts [tɛrds] ⟨-en; -er⟩ MUS Terz f (*a Fechten*)

tese ['teːsɑ] ⟨tesen; teser⟩ These f

tesi ['teːˀsiːˀ] Teesieb n

tesis ['teːsis] ⟨tesen; teser⟩ → **tese**

teske ['teːˀsgeːˀ] Teelöffel m; **~fuld** [-fulˀ] Teelöffel m (voll)

testament|arisk [tesdamen'taːˀrisg] testamentarisch; **~e** [-'mendɑ] ⟨-t; -r⟩ Testament n; *det Gamle (Ny) Testamente* das Alte (Neue) Testament n; **~ere** [-'seːˀrɑ] vererben, F vermachen (*én ngt. j-m etw*)

teste ['tɛsdɑ] testen

testikel [tɛs'digɑl] ⟨testiklen; testikler⟩ ANAT Hode f, Hoden m

testning ['tɛsdneŋ] ⟨-en; -er⟩ Testen n, Testung f, Testverfahren n

tete [teːd] ⟨-n⟩: *tage ~n* die Führung übernehmen

te|vand ['teːˀvanˀ] Teewasser n; *scherzh* Tee m; **~vandsknægt** [-vansknɛgd] Tee mit Rum *od* Cognac; Teepunsch m; **~varmer** [-vɑrmɑr] ⟨-en; -e⟩ Teewärmer m, Teemütze f

th., t. h. *Abk. für til højre;* → *højre² u til*

Themsen ['tɛmˀsɑn] GEOGR die Themse

thi [tiːˀ, ti] denn; **~ kendes for ret ...** JUR

ti 460

deshalb wird als Recht erkannt ...

ti [ti:ʔ] zehn

tid [tiðˀ] ⟨-en; -er⟩ Zeit *f; den ~, den sorg* alles zu seiner Zeit; *hvad ~?* um welche Zeit?, zu welcher Zeit?; *hele ~en* die ganze Zeit (hindurch); *en ~ lang* e-e Zeit lang; *somme ~er* dann und wann; *vor ~s ungdom* die heutige Jugend, die Jugend von heute; *et års ~* etwa ein Jahr; *få ~ til at gå* sich die Zeit vertreiben; *give sig ~* sich Zeit lassen; *have god ~, have ~ nok* Zeit genug/viel Zeit haben; *tage ~* lange dauern; SPORT die Zeit stoppen; *det vil ~en vise* das wird sich zeigen; *alle ~ers største feltherre* der größte Feldherr aller Zeiten; *det er alle ~ers idé!* F das ist e-e tolle Idee!; *~ efter anden* von Zeit zu Zeit; *nogen ~ efter* nach einiger Zeit; *for en ~* eine Zeit lang; *for ~en* zurzeit; *for kort ~ siden* vor kurzem; *for ~ og evighed* für immer; *fra ~ til anden* von Zeit zu Zeit; *for ~en* vor der Zeit; *få ~ hos lægen* sich beim Arzt e-n Termin geben lassen; *i ~e* beizeiten; *i god ~* zeitig; *i den senere ~* in letzter Zeit; *i rette ~* zur rechten Zeit; *i sin ~* seinerzeit; *med ~en* mit der Zeit; *være ansat på ~* auf Zeit angestellt sein, e-n Zeitvertrag haben; *være på ~e* an der Zeit sein, höchste Zeit sein; *være på høje ~* höchste Zeit sein; *det er på ~e* es wird Zeit; *på den ~, da ...* zur Zeit, als ...; *det er lang ~ siden* es ist lange her; *komme til ~en* rechtzeitig kommen; *til den ~* bis dahin; *til ~er* dann und wann; *det går/kun til en ~* das geht e-e Zeit lang

tide|hverv [ˈtiːðəvɛrˀv] ⟨et⟩ Zeit(en)wende *f,* Zeitalter *n,* Epoche *f;* **~nde** [-nə] ⟨-n; -r⟩ Nachricht *f;* Zeitung *f;* **~vand** [-vanˀ] Gezeiten *pl;* **~vandsbølge** [-vansbøljə] Flutwelle *f*

tidlig [tiðli] früh, zeitig; *~ moden* frühreif; *for ~* zu früh, vorzeitig; *i morgen ~* morgen früh; *~t om morgenen* frühmorgens; *~t på dagen* früh am Tage; *så ~t som i 1850* bereits 1850; *~ere* früher; ehemals; *~st* frühest, frühestens; am frühesten

tidløn [ˈtiðløːn] Zeitlohn *m*

tidløs [tiðløsˀ] zeitlos

tidnød [ˈtiðnøːˀð] Zeitnot *f*

tidrøvende [ˈtiðrœːvənə] zeitraubend

tids [tiðs, tis]: *~ nok* früh genug, rechtzeitig

tids|afsnit [ˈtiðsaʊsnið] Zeitabschnitt *m;* **~alder** [-alˀər] Zeitalter *n;* **~angivelse** [-angiːʔvəlsə] Zeitangabe *f;* **~begrænse** [-begrɛnˀsə] zeitlich begrenzen, befris-

ten

tidsbespare|lse [ˈtiðsbespɑːʔrəlsə] Zeitersparnis *f,* Zeitgewinn *m;* **~nde** [-sbɑːʔrənə] zeitsparend

tidsbestem|me [ˈtiðsbestemˀə] zeitlich bestimmen, datieren; **~t** [-sdemˀd] zeitlich bestimmt (*od* gebunden); vom Zeitgeist geprägt

tids|billede [ˈtiðsbeləðə] Zeitbild *n;* **~bil-ord** [-bioːʔr] GRAM Zeitadverb(ium) *n*

tidsbunde|n [ˈtiðsbɔnən], **~t** [-bɔnəð] zeitgebunden

tidsel [ˈtisəl] ⟨tids(e)len; tidsler⟩ Distel *f*

tidsfordriv [ˈtiðsfɔrdriːʔv] ⟨en od et⟩ Zeitvertreib *m,* Kurzweil *f*

tidsfrist [ˈtiðsfresd] Frist *f; med ~* befristet

tidsfæste [ˈtiðsfɛstə] zeitlich festlegen, datieren

tidsfølge [ˈtiðsføljə] ⟨-n⟩: *efter ~* chronologisch, zeitlich geordnet

tidsindstillet [ˈtiðsensdelˀəð]: *~ bombe* Zeitbombe *f* (*a fig*)

tid(s)|krævende [ˈtið(s)krɛːvənə] zeitaufwändig; **~lig** [-li] zeitlich; **~mangel** [-maŋˀəl] Zeitmangel *m;* **~nok** [-nɔg] früh genug, rechtzeitig; **~nød** [-nøːˀð] Zeitnot *f,* Zeitdruck *m;* **~punkt** [-pɔŋˀd] Zeitpunkt *m;* **~regning** [-raɪneŋ] Zeitrechnung *f;* **~rum** [-rɔmˀ] Zeitraum *m,* Zeitspanne *f,* Dauer *f;* **~røvende** [-rœːvənə] zeitraubend; **~signal** ['-siˀnaːʔl] Radio Zeitzeichen *n;* **~skel** [-sgelˀ] Zeitwende *f,* Epoche *f; fig* Meilenstein *m;* **~skrift** [-sgrefd] ⟨-et; -er⟩ Zeitschrift *f*

tidsspild [ˈtiðsbilˀ] ⟨-et⟩, **~e** [-sbilə] ⟨-t⟩ Zeitvergeudung *f,* Zeitverschwendung *f;* Zeitverlust *m*

tids|spørgsmål [ˈtiðspœrsmɔːʔl] Zeitfrage *f;* **~svarende** [-svɑːʔrənə] zeitgemäß; **~ånd** [-ɔnˀ] Zeitgeist *m*

tid|tagende [ˈtiðtaːʔənə] zeitaufwändig; **~tager** [-taːʔ(j)ər] ⟨-en; -e⟩ SPORT Zeitnehmer *m;* **~vis** [-viːʔs] zeitweise

tie [tiːə] ⟨-ede od tav; tiet⟩ schweigen; *~ ihjel* totschweigen; *ti stille!* schweig!, ruhig!; *~ stille med en ngt.* etw für sich behalten, etw verschweigen

tier [ˈtiːʔər] ⟨-en; -e⟩ Zehner *m* (*a Münze*); Zehn *f*

tie|re [ˈtiːərə] ⟨*komp av* tit⟩ öfter, häufiger; **~st** [ˈtiːəsd] am häufigsten, meistens

tiger [ˈtiːər] ⟨-en; tig(e)re⟩ Tiger *m;* **~kat** [-kad] Tigerkatze *f; a* getigerte Katze *f;* **~stribet** [-sdriːbəð] getigert

tigge [ˈtegə] betteln (*om/*um *A*); *~ og be-*

de bitten und betteln, flehen; **~ sig til ngt.** sich (D) etw erbetteln

tigger ['tegər] ⟨*-en; -e*⟩ Bettler *m*

tiggergang [tegərgɑŋ?] Bittgang *m*; **gå ~** fig betteln gehen

tiggeri [tega'ri:?] ⟨*-et; -er*⟩ Bettelei *f*

tigger|munk ['tegərmɔŋ?g] Bettelmönch *m*; **~stav** [-sda:?v] Bettelstab *m* (*a fig*)

tik¹ [teg] ⟨*-ket; -*⟩ Ticken *n*

tik² [tig]: *lege* ~ Zeck/Haschen spielen

tik³ [tig]: *~tak!* ticktack!

tikamp ['tikam?b] SPORT Zehnkampf *m*

tikke ['tegə] ticken

tikrone ['tikro:nə], **~mønt** [-møn?d] Zehnkronenstück *n*

til [tel, te] *prp* nach; zu; bis; an (*A*); für; auf (*A*); in (*A*); *til højre (venstre)* (*Abk. th., t. h.; tv., t. v.*) (nach) rechts (links); *tage ~ Berlin* nach Berlin fahren; *~ alt held* zum Glück; *~ sidste mand* bis auf den letzten Mann; *nu kommer turen ~ dig* jetzt bist du dran (*od* an der Reihe); *lugte ~ en blomst* an e-r Blume riechen; *skrive ~ én* j-m (*od* an j-n) schreiben; *det er ~ dig* das ist für dich; *støtte sig ~ ngt.* sich auf *etw* (*A*) stützen; *~ og med torsdag* bis einschließlich Donnerstag; *han er ~ og med fræk!* F frech ist er auch noch!; *forfatteren ~ bogen* der Verfasser des Buches; *det er ikke ~ at betale* das ist nicht zu bezahlen; *~ banegården* zum Bahnhof?; *~ leje (salg)* zu vermieten (zu verkaufen); *~ hest* zu Pferde; *adv* zu; *af og ~* ab und zu, dann und wann; *~ byen ~* nach der Stadt zu; *slå ~!* schlag zu!; *én gang ~* noch einmal; *der er længe ~* es dauert noch lange; *konj* bis; *vent, ~ han kommer!* warte, bis er kommt!

tilbage [te'ba:(j)ə] zurück, rückwärts, nach hinten; übrig; *fig* rückständig; geistig zurückgeblieben; *frem og ~* hin und zurück; hin und her; *have to kilometer ~* noch zwei Kilometer zu fahren (*od* gehen) haben; *have 3 æbler ~* noch 3 Äpfel (übrig) haben; *ikke have en øre ~* keinen Pfennig mehr haben; *lade meget ~ at ønske* viel zu wünschen übrig lassen; *lade blive ~* zurücklassen

tilbage|betal|e [te'ba:(j)əbe'ta:?lə] zurückzahlen, (zurück)erstatten; *fig* heimzahlen; **~ing** [-ta-?leŋ] Rückzahlung *f*

tilbage|bleven [te'ba:(j)əble:?vən] übriggeblieben; zurückgelassen; **~blik** [-bleg] Rückblick *m*, Rückschau *f*; **~datere** [-da'te:?ʁɑ] zurückdatieren; **~fald** [-fal?] Rückfall *m*; **~gang** [-gɑŋ?] *fig* Rückgang

tilbageholde [te'ba:(j)əhɔl?ə] einbehalten, zurückbehalten; festnehmen; zurückhalten; vorenthalten; **~lse** [-lsə] ⟨*-n; -r*⟩ Einbehalten *n*, Zurückhalten *n*; **~n(de)** [-n(ə)] zurückhaltend; **~nhed** [-nhe:ð?] ⟨*-en*⟩ Zurückhaltung *f*

tilbagekalde [te'ba:(j)əkal?ə] zurück(be)rufen; widerrufen; **~lse** [-lsə] Zurückberufung *f*; Widerruf *m*

tilbage|kobling [te'ba:(j)əkɔbleŋ] Rückkopplung *f*; **~komst** [-kɔm?sd] ⟨*-en; -er*⟩ Rückkehr *f*; **~købsværdi** [-kø:bsvɛr'di:?] Rückkaufswert *m*; **~levering** [-le've:?ʁeŋ] Rückgabe *f*; **~lægge** [-legə] zurücklegen, bewältigen

tilbage|melding [te'ba:(j)əmeleŋ] Rückmeldung *f*; **~rejse** [-ʁɑi̯sə] Rückreise *f*; **~sende** [-sɛn?ə] zurücksenden, zurückschicken; **~skridt** [-sgrid] Rückschritt *m*; **~skuende** [-sgu-?ənə] rückblickend; **~slag** [-sla:?] Rückschlag *m* (*a fig*), Rückprall *m*

tilbagestående [te'ba:(j)əsdɔ:?ənə] *fig* zurückgeblieben; rückständig (*a fig*)

tilbagetog [te'ba:(j)ətɔ:?w] Rückzug *m*

tilbagetrukke|n [te'ba:(j)ətʁogən], **~t** [-tʁogəð] *fig* zurückgezogen

tilbagetræde|lse [te'ba:(j)ətʁɛ:?ðəlsə] ⟨*-n; -r*⟩, **~n** [-tʁɛ:?ðən] ⟨*en*⟩ Rücktritt *m*

tilbage|trækning [te'ba:(j)ətʁegneŋ] Zurückziehen *n*, Zurücknahme *f*; Rückzug *m*; **~vej** [-vɑi̯?] Rückweg *m*

tilbagevenden [te'ba:(j)əven?ən] ⟨*en*⟩ Rückkehr *f*, Wiederkehr *f*; **~de** [-ve-n?ənə] zurückkehrend, heimkehrend; wiederholt

tilbagevirkende [te'ba:(j)əvirgənə] GRAM rückbezüglich; rückwirkend; *med ~ kraft* rückwirkend

tilbage|vise [te'ba:(j)əvi:?sə] zurückweisen, abweisen; **~værende** [-ve:?ʁənə] übrig (geblieben), restlich

tilbede ['telbe:?ðə] verehren, anbeten; **~r** [-ʁ] ⟨*-en; -e*⟩ Verehrer *m*, Anbeter *m*

tilbehør ['telbehø:?ʁ] ⟨*-et*⟩ Zubehör *n*; **~ til bilen** Autozubehör *n*

tilbered|e ['telbere:?ðə] zubereiten; **~else** [-lsə] ⟨*-n; -r*⟩, **~ning** [-ʁe:?ðneŋ] ⟨*-en; -er*⟩ Zubereitung *f*

tilbinde ['telben?ə] zubinden; *Augen* verbinden

tilblivelse ['telbli:?vəlsə] ⟨*-n*⟩ Entstehung *f*, Werden *n*

tilblivelseshistorie ['telbli:?vəlsəshi-'sdo:?ʁiə] Entstehungsgeschichte *f*

til|bringe ['telbʁeŋ?ə] verbringen, verleben, zubringen; **~bud** [-buð] ⟨-(d)et; -⟩ Angebot n; Offerte f

tilbuds|avis ['telbuðsa'vi:?s] Reklamezeitung f; **~giver** [-gi:vɔr] (An)Bieter m, Interessent m; **~pris** [-pri:?s] Sonderpreis m

tilbundsgående [te'bɔn?sgɔ:?ənə] gründlich, durchgreifend

tilbyde ['telby:?ðə] anbieten; offerieren; **~ sig** sich bereit erklären, sich zur Verfügung stellen, sich erbieten; *Gelegenheit:* sich (dar)bieten

tilbyg|ge ['telbygə] anbauen; **~ning** [-bygneŋ] Anbau m

tilbytte ['telbydə]: **~ sig** eintauschen (*for/* gegen, *for* A)

tilbøjelig [te'bɔi?əli] *fig* geneigt (*til/*zu D); **~hed** [-he:ð?] ⟨-en; -er⟩ Neigung f, Hang m; Anfälligkeit f

tilbørlig [te(l)'bør?li] gebührend

tildanne ['teldan?ə] anpassen, formen, gestalten; **~lse** [-lsə] Anpassung f, Formung f, Gestaltung f

tildel|e ['telde:?lə] zuteilen, erteilen, verleihen, F verpassen (*én ngt. j-m etw*); **~ing** [-de:?leŋ] Zuteilung f; Vergabe f

tildigte ['teldegdə] hinzudichten

tildrage ['teldrɑ:?wə]: **~ sig** auf sich ziehen, erregen; sich ereignen, *lit* sich zutragen; **~lse** [-lsə] ⟨-n; -r⟩ Ereignis n, Vorkommnis n

tildække ['teldegə] zudecken, verdecken

til|dænge ['teldɛn?ə] *fig* überhäufen; **~dømme** [-dœm?ə] zuerkennen (*én ngt. j-m etw*)

tilegne ['telai?nə] widmen, zueignen; **~ sig ngt.** sich (*D*) etw aneignen; **~lse** [-lsə] ⟨-n; -r⟩ Widmung f; Aneignung f

tilendebringe [te(l)'ɛnəbreŋ?ə] beendigen, zu Ende bringen

tilfalde ['telfal?ə] *fig* zufallen, zuteilwerden

tilfangetage [te'faŋəta:?(j)ə] gefangen nehmen; **~lse** [-lsə] ⟨-n; -r⟩ Gefangennahme f, Festnahme f

til|fartsvej ['telfɑrdsvɑi?] Zufahrtsstraße, Zubringerstraße f; **~file** [-fi:?lə] *Schlüssel* zu(recht)feilen

tilflugt ['telflogd] Zuflucht f; **tage sin ~ til ngt.** *fig* sich auf etw verlegen, auf etw zurückgreifen

tilflugts|rum ['telflogdsrom?] MIL (Luft-) Schutzraum m; **~sted** [-sdeð] Zufluchtsort m

tilflyde ['telfly:?ðə] *fig* zufließen; **lade ~** *Bescheid* zukommen lassen

tilflyt|ning ['telflødneŋ] Zuzug m; **~te**

[-flødə] zuziehen (*aus e-m anderen Ort*); **~ter** [-flødɔr] ⟨-en; -e⟩ Zugezogene(r) m, Zuzügler m, Zuwanderer m

til|forladelig [telfɔr'la:?ðəli] zuverlässig; vertrauenswürdig; **~forn** [-'fɔ:?rn] zuvor; früher, einst; **~forordne** ['telfɔr-ɔ:?rdnə] beiordnen

tilfreds [te'frɛs] zufrieden; **give sig ~** sich zufriedengeben; **stille ~** → **tilfredsstille**; **~hed** [-he:ð?] ⟨-en⟩ Zufriedenheit f

tilfredsstille [te'frɛssdel?ə] befriedigen, zufriedenstellen; **~nde** befriedigend; **~lse** [-lsə] ⟨-n⟩ Befriedigung f, Genugtuung f

tilfrosse|n ['telfrɔsən], **~t** [-frɔsəð] zugefroren

tilfælde ['telfel?ə] ⟨-t; -⟩ Fall m (*a* MED); Zufall m; MED Anfall m; Anlass m; **han ville få et ~, hvis ...** F er würde ausrasten, wenn ...; **for alle ~s skyld** für alle Fälle; **i alle** (*od* **hvert**) **~** auf jeden Fall, auf alle Fälle; **i ~ af** im Falle (*G*); **i bedste ~** bestenfalls; **i modsat ~** widrigenfalls; **i så** [sɔ:?] **~** in dem/diesem Fall, wenn dem so ist; **i værste ~** schlimmstenfalls; **ved et ~** durch Zufall, zufällig

tilfældig [te'fel?di] zufällig; gelegentlich; **ikke helt ~t** nicht von ungefähr; **~hed** [-he:ð?] ⟨-en; -er⟩ Zufälligkeit f, Zufall m; **~vis** [-'vi:?s] zufällig(erweise)

til|fælles [te'fel?əs] gemein(sam); **~føget** ['telfø:?(j)əð] verweht, mit Schnee (*od* Sand) bedeckt, verschneit, versandet

tilføje ['telfɔi?ə] hinzufügen; zufügen, antun; **~ én et nederlag** j-m e-e Niederlage zufügen; **~lse** [-lsə] ⟨-n; -r⟩ Hinzufügung f, Zusatz m; Nachtrag m, Ergänzung f

tilfør|e ['telfø:?rə] zuführen, zuleiten, versorgen, (ein)speisen; **~sel** [-før?səl] ⟨til-førs(e)len; tilførsler⟩ Zufuhr f, Zuführung f, Zuleitung f, Versorgung f; *Proto-koll:* Eintragung f; **~selsvej** [-før?səl-svɑi?] Zufahrtsstraße f

til|gang ['telgɑŋ?] Zugang m; Zuwachs m, Zunahme f; **~gift** [-gifd] ⟨-en⟩ Zugabe f; **~gitre** [-gidrə] vergittern

tilgive ['telgi:?(v)ə] verzeihen, vergeben (*én j-m*); **~lig** [-'gi:?vəli] verzeihlich; **~lse** [-gi:?vəlsə] ⟨-n; -r⟩ Verzeihung f, Vergebung f

tilgjort ['telgjo:?rd] affektiert, geziert

tilgode|havende [te'go:ðəha:?vənə] ⟨-t; -r⟩ Guthaben n; **~se** [-se:?] wahren, berücksichtigen, gerecht werden (*D*); **~sed-del** [-seð?əl] ÖKON Gutschrift f, Gutschein m; **~skrive** [-sgri:?və] gutschreiben

tilgrise ['telɡʀiːˀsə] besudeln, F einsauen

til|groet ['telɡʀoːˀəð] überwuchert, zugewachsen; **~grundliggende** [teˀɡʀonˀləɡənə] zugrunde liegend; **~grænsende** [-ɡʀɛnˀsənə] angrenzend

tilgængelig [teˀɡɛŋˀəli] zugänglich (a fig); **gøre ~** erschließen

tilgå ['telɡɔːˀ] zugehen, zukommen (lassen)

tilhold ['telhɔlˀ] Aufenthaltsort m; Weisung f; Auflage f; **~ssted** [-sdeð] Aufenthaltsort m, Verbleib m, F Bleibe f; Treffpunkt m

tilhugge ['telhoɡə] behauen

tilhviske ['telvesɡə] zuflüstern

tilhylle ['telhylˀə] verhüllen

tilhænger ['telhɛŋˀəʀ] ⟨-en; -e⟩ Anhänger m, Sympathisant m; **~skare** [-sɡɑːʀə] Anhängerschaft f

tilhøre ['telhøːˀʀə] gehören (én j-m); gehören zu; angehören (én j-m)

tilhører ['telhøːˀʀɒʀ] ⟨-en; -e⟩ Zuhörer m; **~plads** [-plas] Zuhörerbank f

tilhørighed ['te(l)høˀʀiheːðˀ] ⟨-en⟩, **til-høɒ(lyhəd)sforhold** ['tɛlhøɒʀs, -həˀʀi-heðsfɔʀhɔlˀ] Angehörigkeit f, Zugehörigkeit f

tililende ['teliˀlənə] herbeieilend

tilintetgøre [te(l)ˀendɔðɡœːˀʀə] vernichten, zerstören, zunichtemachen; **~lse** [-lsə] ⟨-n; -r⟩ Vernichtung f

til|ise ['teliːˀsə] vereisen; **~juble** [-jublə] zujubeln

tilkalde ['telkalˀə] (herbei)rufen, alarmieren, kommen lassen, hinzuziehen; **~vagt** [-vaɡd] Arzt: Bereitschaftsdienst m

tilkaste ['telkasdə] Blick zuwerfen; Loch zuschütten

tilkende ['telkenˀə] zuerkennen, zusprechen; **~give** [-'kenəɡiːˀvə] bekunden; Wunsch äußern, Dank zum Ausdruck bringen; bedeuten, wissen lassen (én ngt. j-n etw A); zu verstehen geben (én ngt. j-m etw A); **~givelse** [-'kenəɡiː-vəlsə] ⟨-n; -r⟩ Äußerung f; Kundgebung f; Kundgabe f; **~lse** [-lsə] ⟨-n; -r⟩ Zuerkennung f

tilknappet ['telknabəð] fig zugeknöpft

tilknytning ['telknydneŋ] Anknüpfung f, Verbindung f; Beziehung f, Verbundenheit f, Bindung f

tilknytte ['telknydə]: **være ~t Socialdemokratiet** der Sozialdemokratischen Partei nahestehen (od angehören)

tilkoble ['telkɔblə] BAHN ankoppeln, anhängen

tilkomme ['telkɔmˀə] zukommen (D), zustehen (D), gebühren (D); **~nde** zukünftig; **min ~nde** mein Zukünftiger, meine Zukünftige

tilkomst ['telkɔmˀsd] ⟨-en; -er⟩ Hinzukommen n, Zuwachs m

tilkæmpe ['telkɛmˀbə]: **~ sig ngt.** sich etw erkämpfen, etw erringen; **med ~t ro** mit erzwungener Ruhe

tilkøbe ['telkøːˀbə]: **~ sig ngt.** fig sich etw erkaufen

tilkøbsbillet ['telkøːbsbiˀled] BAHN Zuschlagkarte f

tilkør|e ['telkøːˀʀə] Auto: einfahren; (her)anfahren, liefern; **~ing** [-køːˀʀeŋ] ⟨-en; -er⟩ Einfahren n; **~sel** [-køːˀʀsəl] Zufahrt f; Anfuhr f, Lieferung f (per Auto); **~selsvej** [-køːˀʀsəlsvaɪˀ] Zubringerstraße f

tillade ['tela:ˀðə] erlauben, gestatten (én ngt. j-m etw); **~r De?** gestatten Sie?; **du kan ~ dig det** du kannst es dir leisten; **ikke tilladt** nicht erlaubt; **~lig** [-'la:ˀðəli] zulässig, statthaft; verzeihlich; **~lse** [-lsə] ⟨-n; -r⟩ Erlaubnis f; Genehmigung f

tillakket ['tellaɡəð]: **være godt ~** F e-n in der Krone haben

tillav|e ['tella:ˀvə] zubereiten, zurechtmachen; **~t** fig gekünstelt; **~ning** [-la:ˀvneŋ] ⟨-en; -er⟩ Zubereitung f

tillempe ['tellemˀbə] fig anpassen, abstimmen; **~ ngt. efter omstændighederne** etw den Umständen anpassen

tillid ['teliðˀ] ⟨-en⟩ Vertrauen n, Zutrauen n; Zuversicht f; **have** (od **nære**) **~ til én** Vertrauen zu j-m haben, j-m vertrauen, auf j-n vertrauen

tillids|brud ['teliðsbʀuð] Vertrauensbruch m; **~fuld** [-fulˀ] vertrauensvoll, zuversichtlich; zutraulich; **~hverv** [-jɛʀˀv] Vertrauensamt n, Ehrenamt n; **et** (**ulønnet**) **~** ehrenamtlich; **~kvinde** [-kvenə] Vertrauensfrau f; Betriebsrat(smitglied) m(n) (Frau); **~mand** [-manˀ] Vertrauensmann m; Betriebsrat(smitglied) m(n); **~post** [-pɔsd] ⟨-en; -er⟩ Vertrauensposten m; **~sag** [-sa:ˀ] ⟨en⟩ Vertrauenssache f

tillid(s)vækkende ['teliðˀsvɛɡənə] vertrauenerweckend

tillige [te'li:ə] zugleich, außerdem, zusätzlich; **~ med** nebst, samt; **~med** [-mɛð] außerdem noch, obendrein noch

tilliggende[1] ['te(l)leɡənə] ⟨-t; -r⟩ dazugehörige(r) Grund m und Boden m, anliegende Ländereien f/pl

tilliggende² ['te(l)legənə] dazugehörig, anliegend; benachbart

tilokke|lse ['telʃɔgəlsə] ⟨-n; -r⟩ Reiz m, Anziehungskraft f, Verlockung f; **~nde** [-lɔgənə] reizvoll, verlockend

til|lukket ['tellɔgəð] verschlossen (a fig); **~lykke** [te'lœgə] = **til lykke**; → **lykke**; **~lyse** [-ly:ˀsə] ankündigen

tillæg ['te(l)lɛːˀg] ⟨-get; -⟩ ÖKON Zuschlag m; Lohn: Zulage f; Zeitung: Beilage f; Buch: Anhang m; Nachtrag m, Zusatz m; Haustiere: (Auf)Zucht f; Schneiderzutaten pl; **~ge** [-lɛgə] beimessen, zuteilwerden lassen; unterstellen; Vieh züchten; **søen er tillagt med is** der See mit Eis bedeckt, zugefroren

tillægs|agtig ['tɛlɛgsagdi] adjektivisch; **~billet** [-bi'lel] BAHN Zuschlagkarte f; **~mandat** [-man'da:ˀd] PARL Zusatzmandat n, Ausgleichsmandat n; **~måde** [-mɔ:ðə] GRAM Partizip n; **~ord** [-o:ˀʀ] GRAM Adjektiv n, Eigenschaftswort n; **~pension** [-pɑŋˀsjo:ˀn] Zusatzrente f

til|lært ['tellɛʀˀd] angelernt; fig gekünstelt, einstudiert; **~løb** ['telø:ˀb] Anlauf m; Zulauf m, Andrang m; Fluss: Zufluss m; fig Ansatz m

tilløbende ['tellø:ˀbənə]: **hunden var kommet ~** der Hund war zugelaufen

tilløbsstykke ['teløbsdøgə] THEA Zugstück n, Kassenerfolg m

tilmed ['telmeð] außerdem, obendrein

tilmeld|e ['telmɛlˀə] anmelden (sig sich); **~else** [-lsə] ⟨-n; -r⟩, **~ing** [-mɛlˀəŋ] ⟨-en; -er⟩ Anmeldung f

til|måle ['tellˀlə] zumessen; **knapt tilmålt** knapp bemessen; **~navn** [-nɑuˀn] Beiname m

tilnærme ['telnɛʀˀmə] annähern, angleichen; **~lse** [-lsə] ⟨-n; -r⟩ Annäherung f

tilnærmelses|forsøg ['telnɛʀˀməlsəsfɔʀˀsø:ˀ] Annäherungsversuch m; **~vis** [-'nɛʀˀməlsəsvi:ˀs] annähernd

tilordne ['telɔ:ˀʀdnə] zuordnen

tilovers [te(l)'ɔuˀʀs] übrig; **blive ~** übrig bleiben; **få ~** übrig behalten; **have (være) ~** übrig haben (sein); **have ngt. ~ for én** fig für j-n etw übrighaben; **føle sig ~** sich überflüssig vorkommen; **~bleven** [-'ɔuˀʀsble:vən], **~blevet** [-ɔuˀʀsble:vəð] übrig geblieben

tilpas [te'pas] passend, recht, zupass; gelegen; angemessen; **er det ~?** ist das so recht?; **komme (meget)~** wie gerufen kommen; **han er godt ~** er fühlt sich wohl; **føle sig dårlig** (od **skidt**) **~** sich nicht wohl/(unwohl) fühlen

tilpas|ning ['telpasnen] ⟨-en; -er⟩ Anpassung f; **~ningsevne** [-'scünə] Anpassungsvermögen n; **~ningsvanskelig** [-s'vansgəli]: **være ~** Anpassungsschwierigkeiten haben, nicht anpassungsfähig sein; **~se** [-pasə] anpassen (sig sich)

til|plante ['telplanˀdə] bepflanzen; **~pligte** [-plegdə] verpflichten, JUR verurteilen; **~proppe** [-prɔbə] verkorken

tilrakke ['telʀagə] übel zurichten; fig verleumden; **~t** [-d] verdreckt, verlottert

tilrane ['telʀɑːˀnə]: **~ sig ngt.** etw an sich reißen, sich etw aneignen; F etw ergattern

tilredt ['telʀɛ:ˀd]: **ilde ~** übel zugerichtet

tilregne ['telʀɑiˀnə] zurechnen, anrechnen, zur Last legen; **~lig** [-'ʀɑiˀnəli] zurechnungsfähig

tilrejsende ['telʀɑiˀsənə] Zugereiste, Fremde, Auswärtige (der, die)

tilrettelægge [te'ʀɛdələgə] zurechtlegen, vorbereiten, bearbeiten, zusammenstellen; **~lse** [-lsə] ⟨-n; -r⟩ Zurechtlegung f, Vorbereitung f, Bearbeitung f, Redaktion f, Layout n; **~r** [-ʀ] Herausgeber m, Bearbeiter m, Layouter m

tilrettevis|e ['telʀɛdəvi:ˀsə] zurechtweisen; **~ning** [-vi:ˀsneŋ] ⟨-en; -er⟩ Zurechtweisung f, Verweis m

tilride ['telʀi:ˀðə] Pferd zureiten

tilrive ['telʀiːˀvə]: **~ sig magten** die Nacht an sich (A) reißen

til|ryge ['telʀyˀə] anrauchen; **~røget** [-ʀɔˀəð] Pfeife angeraucht; verräuchert, verraucht

tilråb ['telʀɔ:ˀb] Zuruf m; **~e** [-ə] zurufen (D)

tilråde ['telʀɔ:ˀðə] (an)raten (D); **~lig** [-'ʀɔ:ˀðəli] ratsam

til|sagn ['telsauˀn] Zusage f, Versprechen n; **~sammen** [te'samˀən] zusammen, insgesamt

tilsande ['telsanˀə] versanden

tilse ['telse:ˀ] beaufsichtigen, überwachen; betreuen

tilsende ['telsɛnˀə] zusenden, zuschicken

tilsidesætte [te'si:ðəsɛdə] fig zurücksetzen; zurückstellen, hintansetzen; außer Acht lassen; **~lse** [-lsə] ⟨-n; -r⟩ fig Zurücksetzung f, Hintansetzung f, Nichtbeachtung f

tilsige ['telsi:ˀə] zusagen, versprechen; bestellen; JUR laden; fig gebieten; **~lse** [-lsə] ⟨-n; -r⟩ (Vor)Ladung f; Zusicherung f

til|sigte ['telsegdə] beabsichtigen; **~sikre** [-segrə] zusichern (D)

tilskadekommen [te'sga:ðəkɔmˀən],

~met [-kɔm?əð] verletzt; *den* ~*e* der/die Verletzte

til|skikke ['telsgigə] *lit* bescheiden; ~lse [-lsə] ⟨*-n; -r*⟩ Fügung *f*

til|skodde ['telsgɔð?ə]: ~*de vinduer* Fenster mit Fensterläden verschlossen

til|skrive ['telsgri:?və] schreiben (*én j-m*), anschreiben (*én j-n*); dazuschreiben; *fig* zuschreiben (*én j-m*); ~**skud** [-sguð] Zuschuss *m*

til|skuer ['telsgu:?ər] ⟨*-en; -e*⟩ Zuschauer *m*; ~**plads** [-plas] *på* ~*erne* im Zuschauerraum

til|skyde ['telsgy:?ðə] *Geld* zuschießen, beisteuern

til|skynde ['telsgøn?ə] anregen, antreiben, anspornen; ~lse [-lsə] ⟨*-n; -r*⟩ Anregung *f*, Antrieb *m*

til|skær|e ['telsgæ:?ər] zuschneiden; ~**ing** [-sgɛ:?ʁeŋ] ⟨*-en; -er*⟩ Zuschneiden *n*

til|skøde ['telsgø:?ðə] JUR übertragen, übereignen

til|slutning ['telsludneŋ] Anschluss *m*, Anlehnung *f*; Beteiligung *f*; Zustimmung *f*, Anklang *m*; *i*~ *til* im Anschluss an (*A*); *få (od have)* ~ Anklang (*od* Zustimmung) finden

til|slutte ['telsludə] anschließen (*sig A*)

til|sløre ['telslø:?ʁə] verschleiern (*a fig*)

til|slå ['telslɔ:?] *Auktion:* zuschlagen (*én ngt. j-m etw A*); ~**smage** [-sma:?(j)ə] abschmecken; ~**smile** [-sni:?lə]: *lykken* ~*r hende lit* das Glück lächelt ihr zu; ~**smudse** [-smusə], ~**snavse** [-snɑu?sə] beschmutzen; ~**sneet** [-sne:?ð] verschneit, zugeschneit

til|snige ['telsni:?ə]: ~ *sig ngt.* (sich) *etw* erschleichen; ~lse [-lsə] ⟨*-n; -r*⟩ Erschleichung *f*, bewusste Irreführung *f*, Unterstellung *f*

til|snit ['telsnid] ⟨*-tet*⟩ *fig* Zuschnitt *m*, Gepräge *n*

til|spidse ['telsbesə] zuspitzen (*a fig*)

til|spørge ['telsbœr?wə] *lit* (be)fragen

til|stand ['telsdan?] ⟨*-en; -e*⟩ (Zu)Stand *m*, Lage *f*; *tingenes* ~ Sachlage *f*, Stand der Dinge

til|stede ['telsde:?ðə] ⟨*-ede od -te*⟩ erlauben, gestatten, gewähren; ~**komst** [te'lsde:ðəkɔm?sd] ⟨*-en; -er*⟩ Erscheinen *n*; ~**lig** [-'sde:?ðəli] zulässig, statthaft

til|stedevær [te'lsde:ðəvæ:?ʁ] ⟨*-et*⟩, ~**else** [-əlsə] ⟨*-n*⟩ Anwesenheit *f*, Gegenwart *f*; ~**elsespligt** [-əlsəsplegd] Präsenzpflicht *f*; ~**ende** [-ənə] anwesend

til|stille ['telsdel?ə] zustellen, übersenden

til|stoppe ['telsdɔbə] zustopfen, verstopfen

til|stræbe ['telsdræ:?bə] erstreben, streben nach, anstreben; ~**lsesværdig** [-lsəsværdi] erstrebenswert

til|strækkelig ['telsdrægəli] genügend, ausreichend; *være* ~ genügen

til|strømning ['telsdrœm?neŋ] Andrang *m*, Zustrom *m*, Zulauf *m*; ~**stundende** [-sdon?ənə] *lit* bevorstehend

til|støde ['telsdø:?ðə] zustoßen; ~*nde* anstoßend, anliegend, angrenzend

til|stå ['telsdɔ:?] zugeben, gestehen, bekennen, eingestehen; bewilligen, gewähren; ~**else** [-əlsə] ⟨*-n; -r*⟩ Geständnis *n*, Bekenntnis *n*; Bewilligung *f*, Gewährung *f*

til|sudlet ['telsuð?ləð] besudelt (*a fig*)

til|svare ['telsvɑ:?ʁə] entrichten; ~*nde* [-nə] entsprechend

til|svine ['telsvi:?nə] besudeln, verdrecken; ~**sværge** [-svɛr?wə] schwören (*D*)

til|syn ['telsy:?n] Aufsicht *f* (*med*/über *A*); Überwachung *f*; *føre (od have)* ~ *med ngt. etw* beaufsichtigen, *etw* überwachen

til|syne|komst [te'sy:nəkɔm?sd] ⟨*-en; -er*⟩ Erscheinen *n*; ~**ladende** [-la:?ðənə] anscheinend; scheinbar

til|syns|førende ['telsynsfør?ʁənə], ~**havende** [-ha:vənə] aufsichtsführend; Aufsichtsführende(r) *m*, Lehrer: Aufsicht *f*; ~**pligt** [-plegd] Aufsichtspflicht *f*; ~**råd** [-ʁɔ:?ð] Aufsichtsrat *m*; ~**værge** [-vɛrwə] *etwa:* Amtspfleger *m*, Erziehungsbeistand *m*

til|sæt ['telsɛd] ⟨*-et*⟩ Verlust *m*; ~**ning** [-neŋ] Zusatz *m*, Beimischung *f*; Verlust *m*, Verlustgeschäft *n*

til|sætnings|fri ['telsɛdneŋsfʁi:?] ohne Zusatzstoffe; ~**stof** [-sdɔf] *n* Zusatzstoff *n*

til|sætte ['telsɛdə] zusetzen; hinzufügen; *fig* verlieren, F draufzahlen

til|så ['telsɔ:?] besäen

til|tag ['telta:?(j)] ⟨*-et; -*⟩ Initiative *f*, Anregung *f*, Unterfangen *n*; *fig* Ansatz *m*

til|tage ['telta:?(j)ə] zunehmen, wachsen; ~ *sig ngt.* sich anmaßen; *månen er i* ~*nde* wir haben zunehmenden Mond

til|tale¹ ['telta:lə] Anrede *f*; JUR Anklage *f*; *rejse* ~ Anklage erheben (*mod*/gegen *A*); *sætte én under* ~ *j-n* anklagen (*od* unter Anklage stellen)

til|tale² ['telta:?lə] ansprechen; anreden; *fig* gefallen; JUR anklagen (*for*/wegen *G*); ~*nde* ansprechend, sympathisch; *den tiltalte* JUR der Angeklagte

tiltale|frafald ['telta:ləfʀafalʔ] JUR Einstellung f des Verfahrens; **~rejsning** [-ʀaîsnen] JUR Anklageerhebung f

tiltro[1] ['teltʀo:ʔ] ⟨-en⟩ Zutrauen n, Vertrauen n (*til*/zu D); **nære ~ til ngt.** e-r Sache Glauben schenken, *etw* vertrauen (D)

tiltro[2] ['teltʀo:ʔ] zutrauen (*én ngt.* j-m etw)

tiltræde ['teltʀɛ:ʔðə] antreten; beitreten (D); beistimmen (D); **~lse** [-lsə] ⟨-n; -r⟩ Antritt m; Beitritt m; **~n** [-n] Antritt m; Beitritt m

tiltrække ['teltʀɛgə] anziehen; **~ sig opmærksomhed** die Aufmerksamkeit auf sich ziehen; **~nde** [-nə] anziehend, reizend; verlockend

tiltrækningskraft ['teltʀɛgnɛnskʀafd] Anziehungskraft f

til|trænges ['teltʀɛnʔəs] vonnöten sein, bedürfen; **hårdt tiltrængt** dringend nötig; **~tuske** [-tusgə] → **tuske**

tiltvinge ['teltveŋ'ʔə] erzwingen (*sig ngt.* sich *etw*)

til|tænke ['teltɛnʔgə] zugedenken (*én ngt.* j-m etw); **~valgsfag** [-val(j)sfa:ʔ(j) Schule: Wahlfach n; **~vant** [-vanʔd] gewohnt, vertraut; **~vejebringe** [te(l)'vaîəbʀɛŋʔə] herbeischaffen; beschaffen

tilvende ['telvɛnʔə] ~ **sig ngt.** sich (D) etw aneignen

tilvifte ['telvefdə] zufächeln; zuwinken (D)

tilvirk|e ['telviʀgə] anfertigen, verfertigen, herstellen; **~ning** [-viʀgnən] ⟨-en; -er⟩ Verfertigung f, Herstellung f

tilvokset ['telvogsəð] *Garten:* überwuchert, zugewachsen

tilvriste ['telvʀɛsdə] ~ **sig ngt.** fig sich etw erkämpfen, *etw* erzwingen

til|vækst ['telvɛgsd] Zuwachs m; **~vænning** [-vɛn'ʔen] ⟨-en; -er⟩ Gewöhnung f; Eingewöhnung f; **~værelse** [-vɛ:'ʀəlsə] ⟨-n; -r⟩ Dasein n, Leben n

time[1] ['ti:mə] ⟨-n; -r⟩ (*Abk.* **t.**) Stunde f; **hver ~** jede Stunde, stündlich; **en stiv ~** F e-e geschlagene Stunde; **en ~s tid** ungefähr e-e Stunde; **i ~vis** stundenlang; **om en ~s tid** ungefähr in e-r Stunde; **en ~s vej** e-e Stunde zu gehen (od zu fahren); **10 kroner i ~n** 10 Kronen die (od pro) Stunde; **en otte ~rs arbejdsdag** ein Achtstundentag (m); **ud på de små ~r** spät in der Nacht, nach Mitternacht; **give ~r i dansk** *Unterricht:* Dänischstunden geben

time[2] ['taîmə] timen, zeitlich abstimmen;

SPORT stoppen

time|betaling ['ti:məbe'ta:ʔlɛŋ] Stundenlohn m; **~glas** [-glas] Stundenglas n, Sanduhr f; **~lang** [-laŋʔ] stundenlang; **~lig** [-li] zeitlich; **~lærer** [-le:ʀɐʀ] nicht fest angestellte(r) Lehrer m, Hilfslehrer m

timeløn ['ti:məlønʔ] Stundenlohn m; **~net** [-lœnəð] stundenweise bezahlt

timeplan ['ti:məpla:ʔn] Stundenplan m

times ['ti:məs] widerfahren (D), begegnen (D)

timetal ['ti:mətal] Stundenzahl f

timevis ['ti:məvi:s] *i* **~** stundenlang

timeviser ['ti:məvi:sɐʀ] *Uhr:* Stundenzeiger m

timian ['ti:ʔmian] ⟨-en⟩ *-er od* -> BOT Thymian m

tin [ten] ⟨-net⟩ Zinn n; **af ~** zinnern

tinde ['tenə] ⟨-n; -r⟩ Gipfel m (*a fig*); Zinne f

tinding ['tenen] ⟨-en; -er⟩ ANAT Schläfe f

tindre ['tendʀə] funkeln, glitzern

tindrende ['tendʀənə]: ~ **gal** F fuchsteufelswild; **jeg er ~ ligeglad** F es ist mir piepegal

ting[1] [teŋʔ] ⟨-en; -⟩ Ding n; Sache f; **~ og sager** verschiedene Sachen; **nu skal jeg sige dig en ~!** F jetzt will ich dir mal eins sagen; **hver ~ til sin tid** alles zu seiner Zeit; **kunne sine ~** *fig* sein Handwerk verstehen; **ingen ~** → **ingenting**

ting[2] [teŋʔ] ⟨-et; -⟩ HIST Thing n; JUR Gericht n; PARL Folketing n; **på ~e** im Folketing, im Parlament

ting|bog ['teŋbo:ʔw] Grundbuch n; **~e** ['teŋə] feilschen (*om*/um A)

tingest ['teŋəsd] ⟨-en; -er⟩ Ding(s) n

tinghus ['teŋhu:ʔs] Gerichtsgebäude n

tinglys|e ['teŋly:'sə] amtlich eintragen, ins Grundbuch eintragen; *Brautpaar* aufbieten; **~ning** [-ly:'sneŋ] amtliche Eintragung f, Grundbucheintragung f; *Ehe:* Aufgebot n; **~ningskontor** [-ly:'sneŋskon'to:ʔʀ] Grundbuchamt n

tingslig ['teŋ'sli] dinglich, gegenständlich; **~gøre** [-gœ:ʔʀə] verdinglichen

tingsnavn ['teŋˀsnaûʔn] GRAM Konkretum n

tinsoldat ['tensol'da:ʔd] Zinnsoldat m, Bleisoldat m; **~tallerken** ['-ta'lɛʀgən] Zinnteller m

tip[1] [tib] ⟨-pen; -per⟩ (Nasen)Spitze f

tip[2] [tib] ⟨-pet; -⟩ → **tips**[1]

tipbar ['tibba:ʔʀ] kippbar

tipning ['tibnen] ⟨-en; -er⟩ Toto n

tipoldebarn ['tibɔləba:ʔʀn] Ururenkel(in) *m(f)*

tippe ['tibə] kippen; tippen, im Toto spielen; *fig* vermuten, schätzen; **~lad** [-lað]: *lastbil med ~* Kipper *m*, Kipplader *m*

tips¹ [tibs] ⟨-et; -⟩ Tipp *m*

tips² [tibs] *su* Toto *n*

tips|forhandler ['tibsfɔr'han²lər] Totoannahmestelle *f*; **~kupon** [-ku'pɔŋ] Tippzettel *m*, Totoschein *m*; **~midler** [-miðˀlər] *pl*, **~penge** [-peŋə] *pl* Totogelder *pl*

tiptop ['tib'tɔb] F tipptopp, tadellos; **~ moderne** hochmodern

tipvogn ['tibvʌwˀn] Kipplore *f*

tirade [ti'ʁaːðə] ⟨-n; -r⟩ *abwertend* Tirade *f*, Wortschwall *m*

tirre [tiʁə] reizen

tirsdag ['tiːˀʁsda] Dienstag *m*; → *fredag*

tis [tis] ⟨-set⟩ Urin *m*; F Pipi *n*

tiske ['tesɡə] flüstern, tuscheln

tisse ['tisə] pullern, F pinkeln, *Kindersprache*: Pipi machen; *jeg skal ~!* F ich muss mal!; **~kone** [-koːnə] F Muschi *f*; **~mand** [-manˀ] F Pimmel *m*; *Kindersprache*. Piepel, Schniepel *m*; **~trængende** [-tʁeŋənə]: *være ~* F pinkeln müssen

tistykspakke ['tisdøɡspaɡə] Zigaretten: Zehnerpackung *f*

tit [tid] *adv* oft, häufig; *~ og ofte* sehr häufig, des Öfteren

titalssystem ['titalsy'sdeːˀm] Dezimalsystem *n*, Zehnersystem *n*

titel ['tiðəl] ⟨*titlen; titler*⟩ Titel *m*; **~blad** [-blað] Titelblatt *n*; **~kamp** [-kamˀb] *SPORT* Titelkampf *m*

titte ['tidə] gucken, blicken; *~ frem* hervorgucken

tittit [ti'tid]: *~! Kindersprache*: kuckuck!

titulere [titu'leːˀʁə] titulieren, betiteln

Tivoli ['tivoli] *n alter, gemütlicher Vergnügungspark im Zentrum Kopenhagens*

tiøre ['tiøːʁə] Zehnörestück *n*; *der faldt ~n* F *fig* jetzt ist der Groschen gefallen

tiår ['tiɔːˀʁ] Jahrzehnt *n*

tiårsdag ['tiɔːʁsdaːˀ] 10. Jahrestag *m*

tiårsperiode ['tiɔːʁspeʁiˀoːðə] im Zeitraum von zehn Jahren, Dezennium *n*, Dekade *f*

tjald [tjalˀ] ⟨-en⟩ Haschisch *n*; Haschpfeife *f*, Schillum *n*

tjans [tjanˀs] ⟨-en; -er⟩ F Chance *f*, günstige Gelegenheit *f*; Job *m*; *nappe ~en* F *fig* die Gelegenheit beim Schopf(e) fassen (*od* packen)

tjat [tjad] ⟨-tet; -⟩ Klaps *m*

tjatte ['tjadə] klapsen; *~ efter én* j-m e-n Klaps geben

tjavs [tjaũˀs] ⟨-en; -er⟩ Strähne *f*, Zottel *f*; **~et** ['tjaũsəð] strähnig, zott(e)lig, ungekämmt

tjek [tjeɡ] ⟨-ket; -⟩ → *check*²

tjekke¹ ['tjeɡə] → *checke*

tjekke² ['tjeɡə] ⟨-n; -r⟩, **~r** [-ʁ] ⟨-en; -e⟩ Tscheche *m*, Tschechin *f*

Tjekkiet [tje'kiːˀəð] Tschechien *n*

tjekkisk ['tjeɡisɡ] tschechisch

tjekliste ['tjeɡlisɡə] → *checkliste*

tjene ['tjeːnə] ⟨*-te*⟩ dienen; *Geld* verdienen; *~ tykt* F massig (Geld) verdienen; *det kan jeg ikke være tjent med* damit ist mir nicht gedient; *~ sig op fig* von der Pike auf dienen; *~ på ngt.* an etw (*D*) (Geld) verdienen; *det ~r ikke til ngt.* das nützt nichts

tjener ['tjeːnər] ⟨-en; -e⟩ Diener *m*; Kellner *m*; *~!* F (Herr) Ober!

tjeneste ['tjeːnəsdə] ⟨-n; -r⟩ Dienst *m*; Gefallen *m*; *gøre én en ~ j-m* e-n Gefallen tun, *j-m* e-n Dienst erweisen

tjeneste-- → *a tjenst-*

tjeneste|folk [-fɔlˀɡ] *pl* Dienstboten *m/pl*; **~fri** ['tjeːnəsdəfʁiˀ] dienstfrei, **~hed** [-fʁiːheˀð] → *orlov*

tjeneste|karl ['tjeːnəsdəkaːˀl] Knecht *m*; **~mand** [-manˀ] Beamte(r) *m*; *kvindelig ~* Beamtin *f*

tjenestemands|ansat ['tjeːnəsdəmansˀansad] (ver)beamtet; **~lov** [-lʌũ] Beamtenrecht *n*; **~stilling** [-sdeleŋ] Beamtenstelle *f*, Beamtenposten *m*

tjeneste|pige ['tjeːnəsdəpiːə] Dienstmädchen *n*; **~rejse** [-ʁaɪsə] Dienstreise *f*; **~tid** [-tiðˀ] Dienstzeit *f*; **~ydelse** [-yːðəlsə] Dienstleistung *f*

tjenlig ['tjeːnli] dienlich, brauchbar; zuträglich; reif

tjenst|dygtig ['tjensddøgdi] dienstfähig, diensttauglich; **~gørende** [-gœːˀʁənə], **~havende** [-haːvənə] diensttuend, diensthabend; **~iver** [-iːˀvʌʁ] Diensteifer *m*; **~ivrig** [-iüʁi] diensteifrig; **~ledig** [-leːði] *Beamter*: stellenlos

tjenstlig ['tjensdli] dienstlich; *ad ~ vej* auf dem Dienstweg

tjenstvillig ['tjensd'vilˀi] gefällig, dienstbereit

tjep [tjeb] F fix; *lad det gå lidt ~t* F mach schnell!, ein bisschen dalli!

tjur [tju:ˀʁ] ⟨-en; -er⟩ *zo* Auerhuhn *n*

tjære¹ ['tjeːʁə] ⟨-n; -r⟩ Teer *m*

tjære² ['tjeːʁə] teeren; *~ ngt. ned* F *fig* etw hinschmieren

tjørn [tjœrˀn] ⟨-en; -e⟩ Weiß-, Rotdorn *m*

tjørne|busk ['tjœrnəbusg] Dornbusch *m*; **~krat** [-krad] Dornengestrüpp *n*

tlf. *Abk. für* **telefon**

to¹ [to:ʔ] zwei; **begge ~** alle beide; **~ og ~** zwei und zwei; paarweise

to² [to:ʔ] *lit* waschen

toast [toũsd] ⟨-en; -er⟩ Toast *m*, Trinkspruch *m*; **~brød** ['-bʀœ:ʔð] Toastbrot *n*

tobak [to'bag] ⟨-ken; -ker⟩ Tabak *m*

tobaks|handler [to'bagshanˀlər] ⟨-en; -e⟩ Tabakwarenhändler *m*; **~hoste** [-ho:sdə] Raucherhusten *m*; **~pibe** [-pi:bə] Tabakspfeife *f*; **~pung** [-poŋˀ] Tabaksbeutel *m*

to|benet ['tobe:ʔnəð] zweibeinig; **~cifret** [-sifrəð] zweistellig; **~cylindret** ['-sy'len'drəð] zweizylindrig; **~dages** [-da:əs] zweitägig

toddy ['tɔdi] ⟨-en; -er⟩ Grog *m*

to|delt ['tode:ˀld] *Badeanzug:* zweiteilig; **~dækker** [-degər] ⟨-en; -e⟩ FLUG Zweidecker *m*; **~dørs** [-dœrˀs] zweitürig; **~er** ['to:ʔər] ⟨-en; -e⟩ Zweier *m*, Zwei *f*; **~etage(r)s** ['-e'ta:ˀsjə(ʀ)s] zweistöckig; **~fags** [-fa:ˀ(j)s]: **~ stue** zweifenstrige(s) Zimmer *n*

tofamilie|hus ['tofa:mi:ˀliəhu:ʔs], **~(r)shus** [-'mi:ˀliə(ʀ)shu:ʔs] Zweifamilienhaus *n*

tofaset ['tofa:ˀsəð] EL zweiphasig

toft [tɔfd] ⟨-en; -er⟩ Koppel *f*

tofte ['tɔfdə] ⟨-n; -r⟩ NAUT Ruderbank *f*

tog¹ [tɔʔw] ⟨-et; -e od -⟩ BAHN Zug *m*; *Spielzeug:* Eisenbahn *f*; **et gennemgående ~** ein durchgehender Zug; **komme for sent til ~et** den Zug verpassen; **tage/køre med ~et** mit dem Zug/der Bahn fahren

tog² [tɔ:ʔw] ⟨-et; -⟩ Zug *m* (*z. B. Trauerzug*)

tog³ [tɔ:ʔ(w)] → **tage**

tog|billet ['tɔwbiˀled] (Eisenbahn)Fahrkarte *f*; **~fører** [-føːʀəʀ] BAHN Zugführer *m*; **~gang** [-gaŋˀ] Zugverkehr *m*; **~kort** [-kɔrd] BAHN Dauerkarte *f*, Monatskarte *f*; **~plan** [-plaːˀn] ⟨-en; -er⟩ Fahrplan *m*; **~revisor** [-ʀe'vi:sɔr] Kontrolleur(in) *m(f)*

togt [tɔgd] ⟨-et; -er⟩ (Kreuz)Fahrt *f*, *Wikinger:* (Kriegs)Zug *m*

togvogn ['tɔwvɔwˀn] Eisenbahnwagen *m*, Waggon *m*

to|hjulet ['toju:ˀləð] zweiräd(e)rig; **~hændig** [-henˀdi] MUS zweihändig

toilet [toa'led] ⟨-tet; -ter⟩ Toilette *f*, Abort *m*; **~bord** [-bo:ˀr] Frisiertoilette *f*; **~papir** [-pa'pi:ʔr] Toilettenpapier *n*; **~sæde** [-se:ðə] WC-Sitz *m*, F Klobrille *f*; **~taske** [-tasgə] Kulturbeutel *m*, Kosmetiktasche *f*; **~te** [-ə] ⟨-t; -r⟩ Toilette *f* (*a Kleidung:* **gøre** machen)

tokammersystem ['tɔkamˀərsy-'sde:ʔm] PARL Zweikammersystem *n*

tokrone ['tokro:nə] Zweikronenstück *n*

told¹ [tɔlˀ] ⟨-en; -e⟩ NAUT (Ruder)Dolle *f*

told² [tɔlˀ] ⟨-en⟩ Zoll *m* (**på/**auf, für A)

told|assistent ['tɔlasiˀsdenˀd] Zollbeamte(r) *m*; **~behandle** [-'be'hanˀlə] zollamtlich; **~behandling** ['-be'hanˀleŋ] Zollabfertigung *f*; **~betjent** [-be'tjenˀð] Zollbeamte(r) *m*, Zollbeamtin *f*; **~bod** [-bo:ˀð] Zollamt *n*; **~deklaration** [-deklɑra'sjo:ˀn] Zollerklärung *f*; **~er** ['tɔlər] ⟨-en; -e⟩ Zöllner *m*; **~fri** [-fri:ʔ] zollfrei; **~grænse** [-gʀɛnsə] Zollgrenze *f*

told|kammer ['tɔlkamˀər] Zollamt *n*; **~klarere** ['-klɑ'ʀeːˀʀə] zollamtlich abfertigen; **~klarerer** ['-klɑ'ʀe:ˀʀər] Zollbeamte (der, die), Zöllner(in) *m(f)*; **~pligtig** [-plegdi] zollpflichtig; **~væsen** [-ve:ʔsən] Zollbehörde *f*

toleddet ['tɔleˀðəð] zweigliedrig

tolerance [tolə'ʀɑŋsə] ⟨-n; -r⟩ Toleranz *f*; **~tærskel** [-tɛʀsgəl] Toleranzschwelle *f*

toler|ant [tolə'ʀanˀð] tolerant; **~ere** [-'ʀe:ˀʀə] tolerieren, dulden

tolk [tɔlˀg] ⟨-en; -e⟩ Dolmetscher *m*; **~e** ['tɔlgə] dolmetschen; deuten, interpretieren; zum Ausdruck bringen, Ausdruck verleihen; **~ning** [-neŋ] ⟨-en; -er⟩ Dolmetschen *n*; Interpretation *f*

tollekniv ['tɔləkniːʔv] Schnitzmesser *n*

tolv [tɔlˀ] zwölf

tolver ['tɔlˀər] ⟨-en; -e⟩ Zwölfer *m*, Zwölf *f*; **få en ~** *Toto:* zwölf Richtige tippen

tom [tɔmˀ] leer (*a fig*)

tomandshånd ['tomanshɔnˀ]: **på ~** unter vier Augen

tomat [to'ma:ˀd] ⟨-en⟩ Tomate *f*; **~ketchup** [-kedsjub] Tomatenketchup *m*, *n*; **~pure, ~puré** [-py'ʀe] Tomatenmark *n*

tomgang ['tɔmgaŋˀ] ⟨-en⟩ TECH Leerlauf *m*; **gå (i) ~** leerlaufen

tomhed ['tɔmˀhe:ð] ⟨-en⟩ Leere *f*

tom|hjernet ['tɔmjɛʀ(?)nəð] F geistlos, dumm; **~hændet** [-henˀəð] mit leeren Händen; **gå ~ bort** *fig* leer ausgehen; **~kørsel** [-køʀ(?)səl] Leerfahrt *f*

tomle ['tɔmlə] trampen, F per Anhalter fahren

tomme ['tɔmə] ⟨-n; -r⟩ Maßeinheit Zoll *m*

tommel ['tɔməl] ⟨tom(me)len; tomler⟩

tommelfinger ['tɔməlfeŋˀʔər] Daumen *m*; *Handschuh:* Däumling *m*; **rejse på**

~en → tomle; **have for mange tommelfingre** F zwei linke Hände haben; **trille tommelfingre** Däumchen drehen; **holde tommelfingre for én** j-m die Daumen drücken; **~regel** [-reː²əl] Faustregel f

Tomme|liden ['tɔməˌliːðən] *Märchen:* Däumling m; **~lise** [-'liːsə] *Märchen:* Däumelinchen n

tommel|skrue ['tɔməlsgruːə] → **tommeskrue**; **~tot** [-tɔd] ⟨-ten; -ter⟩ *Kindersprache* Daumen m

tomme|skrue ['tɔməsgruːə] Daumenschraube f; **~stok** [-sdɔg] Zollstock m; **~tyk** [-tyg] daumendick, zolldick

tomrum ['tɔmrɔm] *fig* Leere f, Vakuum n, Lücke f

tomt [tɔm²d] ⟨-en; -er⟩ Bauplatz m; Brandstätte f

ton [tɔn²] ⟨-nen od -net; -s od -⟩ (Abk. **t**) Maß; Tonne f

tone[1] ['toːnə] ⟨-n; -r⟩ MUS, *Farbe:* Ton m (a *fig*); **god** ~ *fig* der gute Ton, → **a takt**; **må jeg bede om en anden ~!** ich verbitte mir diesen Ton!; **give ~n an** *fig* den Ton angeben

tone[2] ['toːnə] *v/i* (er)tönen; *v/t* tönen; ~ **flag** Flagge zeigen; *fig* Farbe bekennen; ~ **frem** auftauchen

tone|angivende ['toːnəˌangiˀvənə] tonangebend; **~art** [-ɑːˀrd] MUS Tonart f; **~fald** [-falˀ] Tonfall m

tone|leje ['toːnəˌlɑiə] Tonlage f; **~trin** [-trin] Tonstufe f, Intervall n

toning ['toːnen] ⟨-en; -er⟩ (Haar)Tönung f

tonløs ['toːnløˀs] tonlos; unbetont

-tonner ['tɔn²ər] ⟨-en; -e⟩: **en 5000-tonner** NAUT F ein Fünftausendtonner m (*Schiff mit 5000 BRT*)

top[1] [tɔb] ⟨-pen; -pe⟩ Gipfel m (a *fig*); *Baum:* Wipfel m; *Mast:* Topp m, Spitze f; *Vogel:* Haube f; Toupet n; F Schopf m; *Badeanzug:* Oberteil n; *Spielzeug:* Kreisel m; **~pen af isbjerget** die Spitze des Eisbergs; **løbe i ~** *Gemüse:* ins Kraut schießen; **fra ~ til tå** von Kopf bis Fuß, von oben bis unten; **med ~** *Löffel:* gehäuft (voll); **til ~s** empor, in die Höhe, hoch; **flaget går til ~(s)** die Flagge wird gehisst

top[2] [tɔb] ~**!** topp! (*Zustimmung*)

topartisystem ['topaˌr'tisyˀsdeˀm] Zweiparteiensystem n

topbelastning ['tɔbbeˌlasdneŋ] Spitzenbelastung f

topersonersvogn ['topersoˀˀnɔrsˈvɔwˀn] *Auto:* Zweisitzer m

topfigur ['tɔbfiguˀr] F Gallionsfigur f,

Paradepferd n; *fig* Aushängeschild n

top|folk ['tɔbfɔlˀg] *pl* F Spitzenleute *pl*; **~form** [-fɔːˀrm] Hochform f; **~fuld** [-fulˀ] übervoll, gehäuft (voll); **~hastighed** [-hasdihe:ˀð] Spitzengeschwindigkeit f, Höchstgeschwindigkeit f; **~hemmelig** [-heməli] streng geheim; **~hue** [-hu:ə] *etwa:* Zipfelmütze f, Pudelmütze f; **~klasse** [-klasə] Spitzenklasse f; **~konference** [-kɔnfəˈrɑŋsə] Gipfel(konferenz) m(f)

toplanshus ['toplaˀnshuˀs] zweistöckige(s) Haus n

top|løs ['tɔbløˀs] *Badeanzug:* ohne Oberteil, F oben ohne; **~mave** [-ma:və] Spitzbauch m, Bäuchlein n; **~møde** [-møˀðə] Gipfel(treffen) m(n)

topmål ['tɔbmɔˀl] gehäufte(s) Maß n; **~et af uforskammethed** der Gipfel der Unverschämtheit

topmålt ['tɔbmɔˀld]: **en ~ frækhed** e-e Frechheit ohnegleichen, e-e beispiellose Frechheit f; **et ~ fjols** F ein Erzdummkopf m, ein ausgemachter Trottel m

top|notering ['tɔbnoteˀˀreŋ] Höchstpreis m; **~nøgle** [-nɔilə] Steckschlüssel m

toppe ['tɔbə] gipfeln, kulminieren; ~ **op** (auf)häufen, aufschichten, auftürmen

toppes ['tɔbəs] streiten; **komme op at ~** F *fig* sich in die Haare/Wolle geraten

toppet ['tɔbəð]: **toppede brosten** Kopfsteinpflaster n

top|plan ['tɔbplaˀn] ⟨-et; -er⟩: **på ~** auf höchster Ebene; **~politiker** [-po'litigər] Spitzenpolitiker m; **~pris** [-priˀs] Spitzenpreis m; **~præstation** [-prɛsda'sjoˀn] Spitzenleistung f; **~punkt** [-pɔŋˀd] *fig* Gipfel m, Höhepunkt m; GEOM Scheitelpunkt m; **~scorer** [-sgoˈrɔər] *Fußball:* Torschützenkönig m; *fig* Spitzenreiter m

topsejl ['tɔbsaiˀl] NAUT Toppsegel n; **stryge ~et** F den Hut ziehen

top|skefuld ['tɔbsge:ˀfulˀ] gehäufte(r) Löffel (voll) m; **~skud** [-sguˀð] BOT Spitzentrieb m; **~stilling** [-sdeleŋ] Spitzenposition f; **~stykke** [-sdøgə] TECH Zylinderkopf m; **~ti** [-'tiːˀ], **~tyve** [-ty:və] ⟨-en⟩ Hitparade f

to|pundig ['topunˀdi], **~punds** [-punˀs] Zweipfund-

toradet ['toːˌˀðəd] zweireihig, doppelreihig; *Gerste:* zweizeilig

torbist ['tɔrˀbisd] ⟨-en; -er⟩ Mistkäfer m

torden ['tɔrdən] ⟨-en; -er⟩ Donner m; Gewitter n; **som lyn og ~** blitzschnell; **det trækker op til ~** ein Gewitter zieht auf;

der er ~ i luften ein Gewitter ist im Anzug; *fig* da herrscht dicke Luft; **~brag** [-bʁɑːʔw] Donnerschlag *m*; **~byge** [-byːə] Gewitterregen *m*; **~kaffe** [-kafə] nächtliches Kaffeetrinken *n* während *e-s* Gewitters; **~røst** [-ʁøst] Donnerstimme *f*

torden|skrald [ˈtɔʁdənsgʁal?] ⟨*-et*; *-*⟩ → **tordenbrag**; **~skylle** [-sgølə] Gewitterschauer *m*; **~svanger** [-svaŋʔəʁ] gewitterschwer, -drohend; **~tale** [-taːlə] donnernde Rede *f*; Strafrede *f*, *fig* F Standpauke *f*; *holde en ~ for én* j-m die Leviten lesen; **~vejr** [-veːʔʁ] Gewitter *n*; *fig* Donnerwetter *n*

tordne [ˈtɔʁdnə] donnern (*a fig*); wettern

torn [tɒʁʔn] ⟨*-en*; *-e*⟩ Dorn *m*, Stachel *m*; *være en ~ i øjet på én fig* j-m ein Dorn im Auge sein

torne|busk [ˈtɒʁnəbusg] Dornbusch *m*; **~fuld** [-fulʔ] *fig* dornig, dornenreich; **~krone** [-kʁoːnə] Dornenkrone *f*

Tornerose [tɒʁnəˈʁoːsə] *Märchen:* Dornröschen *n*

tornet [ˈtɒʁnəð] dornig, stachelig

tornyster [tɒʁˈnysdəʁ] ⟨*tornyst(e)ret; tornystre*⟩ Tornister *m*, (Schul)Ranzen *m*

torpedere [tɒʁpeˈdeːʔʁə] MIL torpedieren (*a fig*)

torpedo [tɒʁˈpeːdo] ⟨*-en; -er*⟩ MIL Torpedo *m*; **~båd** [-bɒːʔð] Torpedoboot *n*

torsdag [ˈtɒʁsda] Donnerstag *m*; → **fredag**

torsk [tɒʁsg] ⟨*-en; -*⟩ Dorsch *m*, Kabeljau *m*; F Dummkopf *m*; *trække ~ i land fig* F schnarchen, sägen; *stikke én en par på ~en* F j-m e-e runterhauen

torske|dum [ˈtɒʁsgədomʔ] F stockdumm, saublö(e); **~hoved** [-hoːðə] F Dummkopf *m*; **~mund** [-monʔ] ⟨*-en; -*⟩ BOT Löwenmaul *n*; **~t** [-ð] F dumm, doof

tort [tɔːʔʁd] ⟨*-en*⟩ Schmach *f*; *erstatning for ~ og svie* JUR Schmerzensgeld *n*

tortere [tɒʁˈteːʔʁə] → **torturere**

tortur [tɒʁˈtuːʔʁ] ⟨*-en; -er*⟩ Folter *f*, Tortur *f*; **~ere** [-tuˈʁeːʔʁə] foltern; **~kammer** [-kamʔəʁ] Folterkammer *f*

torv [tɒːʔʁv] ⟨*-et; -e*⟩ (Wochen)Markt *m*; Marktplatz *m*; *bringe til ~s* Waren zu Markte bringen; *Gerücht* verbreiten

torvedag [ˈtɒʁvəda:ʔ] Markttag *m*

to|sengstue [ˈtoseŋssduːʔə] *Krankenhaus:* Zweibettzimmer *n*; **~sidet** [-siːʔðəd], **~sidig** [-siːʔði] zweiseitig; **~somhed** [-sɔmheːðʔ] ⟨*-en*⟩ Zweisamkeit *f*; **~spand** [-sbanʔ] Zweigespann *n*; **~sporet** [-sboːʔʁəð] zweispurig, zweigleisig;

Schule: zweizügig; **~sproget** [-sbʁɔːʔwəð] zweisprachig; **~sproglig** [-sbʁɔwli]: *~ korrespondent* Fremdsprachenkorrespondent(in) *m(f)* für zwei Sprachen; **~spænder** [-sbɛnəʁ] ⟨*-en; -e*⟩ Zweispänner *m*

tosse[1] [ˈtɔsə] ⟨*-n; -r*⟩ Narr *m*, Dummkopf *m*, F Dussel *m*

tosse[2] [ˈtɔsə] sich wie ein Trottel benehmen, sich blöd anstellen, F Mist machen; *~ omkring* sich ungeschickt anstellen; herumalbern

tosse|god [ˈtɔsəgoːʔð] gutmütig, leichtgläubig, naiv; **~hoved** [-hoːðə] F Dummkopf *m*, Narr *m*, Trottel *m*; **~ri** [-ˈʁiːʔ] ⟨*-et; -er*⟩ Torheit *f*, Albernheit *f*; **~streg** [-sdʁaiʔ] dumme(r) Streich *m*, Unsinn *m*

tosset [ˈtɔsəð] verrückt, blöd, närrisch; wütend; *det ville ikke være så ~!* F das wäre nicht übel!

to|stavelsesord [ˈtosda:vəlsəso:ʔʁ] zweisilbige(s) Wort *n*; **~stemmig** [-sdem?i] MUS zweistimmig; **~sædet** [-sɛːʔðəd] zweisitzig

tot [tɔd] ⟨*-ten; -ter*⟩ Büschel *n*; Bausch *m*; Zottel *f*; *ryge (od komme) i ~terne på hinanden fig* sich in die Haare/Wolle geraten

to|takter [ˈtotagdəʁ] ⟨*-en; -e*⟩ *Auto:* Zweitakter *m*; **~taktsmotor** [-tagdsmo:tɒʁ] Zweitaktmotor *m*

total[1] [ˈtotal] Zwei *f*

total[2] [toˈtaːʔl] total

total|afholdende [toˈtaːʔlaũholʔənə] abstinent; **~afholdsmand** [-aũholsmanʔ] Abstinenzler *m*; **~forbud** [-fɒʁbuð] Prohibition *f*, Alkoholverbot *n*; **~forsikring** [-fɒʁˈsegʁeŋ] Vollkaskoversicherung *f*; **~fredet** [-fʁeːðəd] *Tier, Pflanze:* ganzjährig geschützt; **~indtryk** [-entʁœg] Gesamteindruck *m*; **~sanering** [-saˈneːʔʁeŋ] Kahlschlagsanierung *f*; **~skade** [-sga:ðə] Totalschaden *m*

totenschlæger [ˈto:dənsjlɛːgəʁ] ⟨*-en; -e*⟩ Totschläger *m* (*Waffe*)

totrinsraket [ˈtotʁinsʁaːʔked] Zweistufenrakete *f*

tottes [ˈtɔdəs]: *komme op at ~ fig* sich in die Haare (*od* Wolle) geraten

tottet [ˈtɔdəð] zott(el)ig

touche [tusj] ⟨*-n; -r*⟩ MUS Tusch *m*

toupé, toupe [tuˈpe] ⟨*toupeen; toupeer*⟩ → **toupet**; **~re** [-ˈpeːʔʁə] toupieren *f*; **~t** [tuˈpe] ⟨*-en; -er*⟩ Toupet *n*

tov [tɒũ] ⟨*-et; -e*⟩ Tau *n*, Seil *n*; *være ude i ~ene fig* in den Seilen hängen

tovbane [ˈtɒũbaːnə] (Draht)Seilbahn *f*

transportere

tovejskommunikation ['tovaĭskomuni-ka'sjoːʔn] Zweiweg(e)kommunikation f (Dialog)

tovinget ['tovenˀəð] zweiflüg(e)lig

tovtræk|keri ['tɔŭtregəˀriːʔ] ⟨-et; -er⟩, **~ning** [-tregnen] Tauziehen n (a fig), Hin und Her n

tovværk ['tɔŭverg] Tauwerk n

to|værelse(r)slejlighed ['tovεˑrəl-sə(ʀ)slaĭlihεˑðˀ] Zweizimmerwohnung f; **~ægget** [-εˀgəð] zweieiig

trace, tracé [tʀɑ'se] ⟨traceen od traceet; traceer⟩ Trasse f

tradition [tʀɑdi'sjoːʔn] ⟨-en; -er⟩ Tradition f, Überlieferung f; **~en tro** traditionsgemäß; **~el** [-'sjoˈnelˀ] traditionell

traditions|bunden [tʀɑdi'sjoːʔnsbonən], **~bundet** [-bonəð] traditionsgebunden; **~rig** [-ʀiːʔ] traditionsreich

traf [tʀɑf] → **træffe**

trafik [tʀɑ'fig] ⟨-ken⟩ Verkehr m; **træg ~** stockender/zähflüssiger Verkehr; **det er hans ~** F das ist sein Trick (od seine Art); **~abel** [-fi'kaːʔbəl] befahrbar; **~al** [-fi'kaːʔl] Verkehrs-, **~ant** [fi'kanˀð] ⟨-en; -er⟩ Verkehrsteilnehmer m; **~dræbt** [-dʀεbd] Verkehrstote(r) m

trafikere [tʀɑfi'keːʔʀə] stærkt **~t** verkehrsreich, belebt

trafik|fly [tʀɑ'figflyːʔ] Verkehrsflugzeug n; **~middel** [-miðˀəl] Verkehrsmittel n; **~offer** [-ɔfəʀ] Verkehrsopfer n; **~prop** [-pʀɔb] Verkehrsstockung f, Verkehrsstau m; **~ulykke** [-uløgə] Verkehrsunfall m

tragedie [tʀɑˈgeðˀiə] ⟨-n; -r⟩ Tragödie f, Trauerspiel n; **~nne** [-sjeˀdjen] ⟨-n; -r⟩ Tragödin f

tragik [tʀɑ'gig] ⟨-ken⟩ Tragik f

tragi|komisk ['tʀɑgiko:ˀmisg] tragikomisch; **~sk** ['tʀɑːˀgisg] tragisch

tragt [tʀɑgd] ⟨-en; -er⟩ Trichter m; TEL Sprechmuschel f

tragte [tʀɑgdə] trichtern; Kaffee filtern; trachten; **~ én efter livet** j-m nach dem Leben trachten

tragtformet ['tʀɑgdfɔːʔʀməð] trichterförmig

trak [tʀɑg] → **trække**

traktat [tʀɑg'taːʔd] ⟨-en; -er⟩ Vertrag m; Traktat n; **~brud** [-bʀuð] Vertragsbruch m; **~lig** [-li] vertraglich; **~mæssig** [-mεsi] vertragsmäßig

trakte|ment [tʀɑgde'maŋ] ⟨-et; -er⟩ Bewirtung f, Imbiss m, Schmaus m; **~re** [-'teːʔʀə] bewirten; traktieren

traktor ['tʀɑgtɔʀ] ⟨-en; -er⟩ Traktor m,

Trecker m

traktørsted [tʀɑg'tøːʔʀsdeð] (Ausflugs-, Garten)Lokal n, (Wald)Schenke f

tralle ['tʀɑlə] trällern

tramp [tʀɑmˀb] ⟨-et; -⟩ Trampeln n, Stampfen n

trampe ['tʀɑmbə] trampeln, stampfen, stapfen; **~ i pedalerne** Radfahren: in die Pedale treten, F strampeln; **~ på ngt.** auf etw (A) treten; fig etw mit Füßen treten; **~n** [-n] Getrampel n

tran [tʀɑn] ⟨-nen od -net⟩ Tran m

trance ['tʀɑŋsə] ⟨-n; -r⟩ Trance f

trancher|e [tʀɑŋ'sjeːʔʀə] tranchieren; **~saks** [-'sjeˀʀsɑgs] Geflügelschere f

trane ['tʀɑːnə] ⟨-n; -r⟩ Kranich m; **~bær** [-bεʀ] Moosbeere f

trang¹ [tʀɑŋˀ] ⟨-en⟩ Drang m, Bedürfnis n (til/nach D)

trang² [tʀɑŋˀ] eng, bedrängt

trangbrystet ['tʀɑŋbʀøsdəð] engbrüstig

trannet ['tʀɑnˀəð] tranig

transfer [tʀɑns'feːʔʀ] ⟨-en; -er⟩ Transfer m; **~ere** [-fe'ʀεːʔʀə] transferieren, überweisen

transfusion [tʀɑnstu'sjoːʔn] MED Transfusion f, Blutübertragung f

transistor [tʀɑn'sisdɔʀ] ⟨-en; -er⟩ Transistor m; → **transistorradio**; **~radio** [-ʀɑːʔdio] Kofferradio n

transit [tʀɑn'sid] ⟨-ten; -ter⟩ Transit m

translator [tʀɑnsla'toːʔʀ] ⟨-en; -er⟩ (staatlich geprüfte(r)) Dolmetscher(in) m(f)

transmission [tʀɑnsmi'sjoːʔn] ⟨-en; -er⟩ TECH Übertragung f, **direkte ~** R/TV Direktübertragung f

transmittere [tʀɑnsmi'teːʔʀə] Radio: übertragen, senden

transparens [tʀɑnspɑ'ʀɛnˀs] ⟨-en⟩ Transparenz f

transparent¹ [tʀɑnspɑ'ʀɑŋ] ⟨-en od -et; -er⟩ Transparent n, Spruchband n; OH-Projektor: Folie f

transparent² [tʀɑnspɑ'ʀɛnˀd] transparent

transpirere [tʀɑnsbi'ʀeːʔʀə] transpirieren, schwitzen

transport [tʀɑns'pɔʀd] ⟨-en; -er⟩ Transport m, Beförderung f; ØKON Übertrag m; Übertragung f; **~abel** [-pɔʀ'taːʔbəl] transportabel, tragbar, beweglich; ØKON übertragbar; **~bånd** [-bɔnˀ] Förderband n, Fließband n; **~er** [-əʀ] ⟨-en; -e⟩ Elektrokarren m; **~erbar** [-pɔʀ'teːʔʀbɑʀ] transportierbar; **~ere** [-pɔʀ'teːʔʀə] transportieren, befördern; übertragen;

T

~middel [-mið⁷əl] Transportmittel n; Beförderungsmittel n, Verkehrsmittel n; **~ør** [-pɔrˈtøːʔr] ⟨-en; -er⟩ Winkelmesser: Transporteur m; Elektrokarren m

trans|seksuel ['trɑnssɛgsuelʔ] transsexuell; **~sibir(i)sk** [-sibiˈʔr(i)sg] transsibirisch

trappe¹ ['trɑbə] ⟨-n; -r⟩ Treppe f; **rullende** ~ Rolltreppe f; **gå op (ned) ad** ~n die Treppe hinaufgehen (hinuntergehen); ~ **op (ned)** treppauf, treppab; **være på ~rne** F fig im Anzug sein, vor der Tür stehen

trappe² ['trɑbə]: ~ **op** → **optrappe**; ~ **ned** → **nedtrappe**

trappe|afsats ['trɑbəʊsads] Treppenabsatz m, -podest m; **~gang** [-ˈgaŋ⁷], -**opgang** [-ɔbgaŋʔ] Treppenhaus n; **~stige** [-sdiːə] Treppenleiter f, Trittleiter f; **~trin** [-trin] (Treppen)Stufe f

traske ['trɑsgə] traben, trotten; ~ **om(kring)** F umherstiefeln; **komme ~nde** F angestiefelt kommen

trauma ['trɑuma] ⟨traumet; traumer⟩ Trauma n; **~tisk** [-'maːⁿtisg] traumatisch

traume ['trɑuˀmə] ⟨-t; -r⟩ → **trauma**

trav [trɑuˀ] ⟨-et; -⟩ Trab m; **ride i** ~ (im) Trab reiten; **~bane** [-ˈbaːnə] Trabrennbahn f

trave¹ ['trɑːvə] ⟨-n; -r⟩ Getreide: Trave f

trave² ['trɑːvə] traben, trotten; F wandern

traver ['trɑːvər] ⟨-en; -e⟩ Traber m; **en gammel** ~ fig F ein abgedroschener Witz, aufgewärmte(r) Kohl m; **~bane** [-baːnə] → **travbane**

trave|sko ['trɑːvəsgoːʔ] pl F Wanderschuhe m/pl; **~tur** [-tuːʔr] (Fuß)Wanderung f

trav|hest ['trɑuˀhesd] Trabrennpferd n; **~kusk** [-kusg] Jockey m

travl [trɑuˀl] geschäftig, emsig, rege; **jeg har** ~**t** ich habe es eilig; ich habe (alle Hände voll) zu tun; **her er ~t** hier herrscht Hochbetrieb; **have ~t med ngt.** mit etw beschäftigt sein; F sich in fremde Angelegenheiten einmischen; **~hed** [-heːʔð] ⟨-en⟩ Geschäftigkeit f, Hochbetrieb m; viel Arbeit f; große Eile f; rege(r) Verkehr m

trav|løb ['trɑuˀløːˀb] Trabrennen n; **~sport** [-sbɔrd] Trabrennsport m

trawl [trɑːʔl] ⟨-en od -et; -⟩ Trawl n, Grundschleppnetz n

trawle ['trɑːlə] NAUT mit dem Grundschleppnetz fischen; ~ **igennem** fig durchkämmen

tre [treˀ] drei; **alle gode gange er** ~ aller guten Dinge sind drei; **gæt** ~ **gange!** F dreimal darfst du raten!

tre|benet ['treːbeˀnəð] dreibeinig; **~cifret** [-sifrəð] dreistellig; **~cylindret** ['-syˀlenˀdrəð] dreizylindrig; **~dagesfeber** [-daːəsfeːˀbər] MED Dreitagefieber n; **~dele** [-deːˀlə] dritteln

tredimensional ['treːdimensjoˀnaːˀl] dreidimensional

tredive ['treðvə] dreißig

tredjedagen ['treðjəda:ʔən]: **på** ~ am dritten Tag

tredjegrads|forbrænding ['treðjə-grɑːðsfɔrˈbrenʔen] MED Verbrennung dritten Grades; **~ligning** [-liːnen] MATH Gleichung dritten Grades

tredje|land ['treðjəlanˀ] Drittland n; **~mand** [-manˀ] ⟨-en⟩ Dritte(r) m; **~pladsen** [-plasən] der dritte Platz; **~rangs** [-raŋˀs] drittrangig; **~sidst** [-sisd] drittletzt; **~verdensland** [-vɛrðənslanʔ] Land der Dritten Welt

tredobbelt ['treðɔbəld] dreifach

treenig [treˈeːⁿni] dreieinig; **~hed** [-heːð⁷] ⟨-en⟩ Dreieinigkeit f

treetage(r)s ['treːtaˀsjə(r)s] dreistöckig

tre|faset ['treːfaˀsəð] EL dreiphasig; **~fjerdedelstakt** [-ˈfjeːrəˀdelsˀtagd] MUS Dreivierteltakt m; **~fod** [-foːˀð] Dreifuß m; **~foldig** [-fɔlˀdi] dreifach

trehjulet ['treˈjuːʔləð] dreiräd(e)rig; ~ **cykel** (Kinder)Dreirad n

trekant ['treːkanˀð] Dreieck n; **~et** [-əð] dreieckig; **~(s)forhold** [-kanð(s)fɔrhɔlʔ] fig Dreiecksverhältnis n

treklang ['treːklaŋˀ] Dreiklang m

trekløver¹ ['treːkløˀvər] ⟨-en; -e⟩ BOT dreiblättriges Kleeblatt n

trekløver² ['treːkløˀvər] ⟨-et; -e⟩: **et kønt** ~ fig ein sauberes Kleeblatt n

trekornsbrød ['treːkɔrnsbrœːʔð] Dreikornbrot n

trekvart [treˈkvarð] dreiviertel; **lynende** ~ F stinkwütend; **~lang** [-laŋˀ] dreiviertellang

tre|leddet ['treːleðˀəð] dreigliedrig; **~længet** [-leŋˀəð] Bauernhof dreiflüg(e)lig; **~master** [-masdər] ⟨-en; -e⟩ NAUT Dreimaster m; **~milegrænse** [-miːləgrɛnsə] NAUT Dreimeilenzone f

tremme ['trɛmə] ⟨-n; -r⟩ Sprosse f, Latte f, Stab m; **sidde bag ~rne** F hinter Gittern sitzen; **~seng** [-seŋˀ] Gitterbett n

tren [treˀn] → **trine**

trense ['trɛnsə] ⟨-n; -r⟩ Trense f; Schlaufe f; Skistock: Teller m

tro

trepersoners ['tʁepɛʁso:ʔnɐs]: ~ **bil** Auto: Dreisitzer m; Sofa dreisitzig

trepunktssele ['tʁepɔŋdse:lə] AUTO Dreipunktgurt m

tres ['tʁɛs] sechzig

tre|sidet ['tʁɛsi:ʔðəd], **~sidig** [-si:ʔði] dreiseitig

tre|spaltet ['tʁɛsbaldəð] dreispaltig; **~sporet** [-sbo:ʔʁɐð] dreispurig, dreigleisig; dreizügig; **~sproget** [-sbʁo:ʔwəð] dreisprachig

tresse ['tʁɛsə] ⟨-n; -r⟩ Tresse f

tre|stemmig ['tʁɛsdɛmʔi] dreistimmig; **~stjernet** [-sdjɛʁʔnɛð] Drei-Sterne-; **~strenget** [-sdʁɛŋʔəð] MUS dreisaitig

tretrinsraket [tʁeˈtʁinsʁɑˈked] Dreistufenrakete f

tretten ['tʁɑdən] dreizehn

tretårnet ['tʁɛtɔ:ʔʁnəð] dän Gütezeichen für Vollsilber (mit drei Türmen)

treven ['tʁeːvən] träge, langsam

trevl [tʁɛuˀl] ⟨-en; -er⟩ → **trævl**; **~e** ['tʁɛulə] → **trævle**; **~et** ['tʁɛulˀəð] → **trævlet**

treværelse(r)slejlighed ['tʁɛvɛːʁəlsə(ʁ)slaˀilˈheːð] Dreizimmerwohnung f

triangel ['tʁiaŋˀəl] ⟨triang(e)len; triangler⟩ MUS Triangel m; Dreieck n; **~ulær** [-aŋguˈlɛːʔʁ] triangulär, dreieckig

tribune ['tʁiˀbyːnə] ⟨-n; -r⟩ Tribüne f

tricykel ['tʁisyɡəl] (Kinder)Dreirad n

trikin [tʁiˈkiːʔn] ⟨-en; -er⟩ MED Trichine f; **~øs** [-kiˈnøːʔs] trichinös

trikotage [tʁikoˈtaːsjə] Trikotage f, Strickware f, Wirkware f

trille¹ ['tʁilə] ⟨-n; -r⟩ MUS Triller m; Vogel: Tirili n; **slå ~r** Vogel: trillern, tirilieren; **det spiller ingen ~** F fig es spielt keine Rolle

trille² ['tʁilə] trillern; rollen, kullern, kugeln; F gondeln, kutschieren

trille|bør ['tʁiləbø:ʔʁ] ⟨-en; -e⟩ Schubkarre(n) f(m); **~bånd** [-bɔnˀ] Spielzeug: (Lauf)Reifen m; **~fløjte** [-flɔiðə] Trillerpfeife f; **~vogn** [-vɔwˀn] Handwagen m

trilling ['tʁilɛŋ] ⟨-en; -er⟩ Drilling m; **~(e)fødsel** [-(ə)føsəl] Drillingsgeburt f

trilre ['tʁilʁə] scherzh trillern

trimle ['tʁɛmlə] rumpeln, rollen; ~ **om-(kuld)** purzeln, hinfallen, hinplumpsen

trimme ['tʁɛmə] NAUT, Hund: trimmen; Motor: frisieren

trin [tʁin] ⟨-(n)et; -⟩ Stufe f (a fig); Schritt m, Tritt m; Sprosse f; ~ **for** ~ stufenweise, Stufe um Stufe; ~ **bræt** [-bʁɛd] Trittbrett n; BAHN Haltepunkt m, (Bedarfs)Haltestelle f

trind [tʁenˀ] rundlich, drall, F mollig; **~t omkring** lit ringsumher

trindele ['tʁinde:ʔlə] in Stufen einteilen, abstufen, staffeln

trine ['tʁi:nə] ⟨-ede od tren⟩ lit treten; **trin indenfor!** scherzh hereinspaziert!

trin|løs ['tʁinløːʔs] stufenlos; **~vis** [-vi:ʔs] stufenweise

trip¹ [tʁib] ⟨-pet; -⟩ Trip m (a Drogen); Rutsch m, Spritztour f

trip² [tʁib]: ~, **trap!** tipp, tapp!; ~, **trap, træsko** fig F wie die Orgelpfeifen, der Größe nach

trippe ['tʁibə] trippeln

trisse¹ ['tʁisə] ⟨-n; -r⟩ Flaschenzug m; (Garn)Rolle f

trisse² ['tʁisə]: ~ **af** F abschwirren, sich auf die Socken machen, sich trollen; ~ **rundt** umherzotteln

trisseværk ['tʁisəvɛʁɡ] ⟨-et; -er⟩ Flaschenzug m

trist [tʁisd] traurig, trübe; öde, langweilig

trit [tʁid] ⟨-tet; -⟩ Tritt m; Schritt m; Gleichschritt m; **holde ~** fig Schritt halten (**med**/mit D); **være ude af ~** F nicht auf dem Laufenden sein; F nicht in Form sein

triumf [tʁiˈomʔf] ⟨-en; -er⟩ Triumph m; **~ere** [-omˈfeːʔʁə] triumphieren (**over**/ über A); **~tog** [-tɔːʔw] ⟨-et; -⟩ Triumphzug m

trivelig ['tʁiːvəli] rund(lich), beleibt, F pummelig

trives ['tʁiːvəs] gedeihen; **han ~ ikke i byen er** fühlt sich in der Stadt nicht wohl

trivialitet [tʁiviaˈliteʔd] ⟨-en; -er⟩ Trivialität f, Plattheit f

triviel [tʁiviˈel?] trivial, abgedroschen

trivsel ['tʁiuˀsəl] ⟨trivs(e)len⟩ Gedeihen n, Wohlergehen n; am Arbeitsplatz: gutes Betriebsklima; **~sfremmende** [-sˈfʁɛmənə] fig gedeihlich, fördernd

tro¹ [tʁoːʔ] ⟨-en⟩ Glaube(n) m (**på**/an A); **den kristne ~** der christliche Glaube; **min tro!** wahrhaftig!; **i god ~** in gutem Glauben; **på ~ og love** auf Treu und Glauben; **nære ~ til ngt.** auf etw (A) vertrauen

tro² [tʁoːʔ] treu, getreu; **være ~ mod sin overbevisning** s-r Überzeugung treu bleiben

tro³ [tʁoːʔ] glauben; trauen (D); ~ **ngt.** an etw (A) glauben; ~ **én** j-m glauben; **man skulle ~** man könnte meinen; **hvem skulle have ~ det?** wer hätte das gedacht?; **det vil jeg bedst ~** das glaube ich (gern); **det kan du tro!** F das kannst du mir glauben!; **du ~r fejl, hvis ...** du irrst dich, wenn ...; **du kan ~ nej!** F auf (gar) keinen Fall!; **nå, så det ~r du!** F denkste!, das könnte dir so passen!; **hun ~ede ikke sine egne øjne** F sie traute ihren Augen nicht

trods¹ [tʀɔs] ⟨-en⟩ Trotz m; **på ~ af (stærk modstand)** trotz (starken Widerstands); **til ~ for (hans gode egenskaber)** trotz (s-r guten Eigenschaften)

trods² [tʀɔs] prp (G od D) trotz, ungeachtet; **~ alderen var han den hurtigste** trotz s-s Alters war er der Schnellste; **~ alt** trotz allem

trodsalder ['tʀɔsalʔəʀ] Kind: Trotzalter n

trodse ['tʀɔsə] trotzen (D); **det ~r enhver beskrivelse** es spottet jeder Beschreibung (G)

trodsig ['tʀɔsi] trotzig, widerspenstig

troende ['tʀoːənə] **stå til ~** glaubwürdig, glaubhaft sein

trofast ['tʀofasd] treu; **~hed** [-heːðʔ] ⟨-en⟩ Treue f

trofæ [tʀoˈfeːʔ] ⟨-en od -et; -er⟩ Trophäe f

tro|hjertet ['tʀojɛʀ'dəð], **~hjertig** [-'jɛʀˀ-di] treuherzig

trold [tʀɔlʔ] ⟨-en; -e⟩ myth Troll m; Kobold m; Kind: Schelm m, F Fratz m; **~dom** ['tʀɔldɔmʔ] ⟨-men⟩ Zauber m, Zauberei f; **~domskraft** ['tʀɔldɔms-kʀafd] Zauberkraft f

trolde ['tʀɔlə] zaubern; **~ri** [-'ʀiːʔ] ⟨-et; -er⟩ Zauberei f

trold|kvinde ['tʀɔlkvenə] Zauberin f, Hexe f; **~mand** [-manʔ] Zauberer m, Hexenmeister m; **~sk** [tʀɔlˀsg] wild, störrisch; eigensinnig; **~tøj** [-tɔjˀ] ⟨-et⟩ Spuk m

trolig ['tʀoːli] glaubhaft, wahrscheinlich; treu, getreulich, brav

trolleybus ['tʀɔlibus] O(berleitungsomni)bus m

trolovelse [tʀoˈlɔːʔvəlsə] ⟨-n; -r⟩ feierl Verlobung f

troløs ['tʀoløːʔs] treulos

tromle¹ ['tʀɔmlə] ⟨-n; -r⟩ Walze f; tech Trommel f

tromle² ['tʀɔmlə] walzen; **~ flad** fig niederwalzen

tromle|bremse ['tʀɔmləbʀemsə] auto Trommelbremse f; **~revolver** [-ʀeˈvɔlʔ-vəʀ] Trommelrevolver m

tromme¹ ['tʀɔmə] ⟨-n; -r⟩ Trommel f; **slå på ~** die Trommel schlagen; **slå på ~ for ngt.** fig die Trommel für etw rühren

tromme² ['tʀɔmə] trommeln; Regen: prasseln; **~ sammen** fig zusammentrommeln

tromme|hinde ['tʀɔməhenə] anat Trommelfell n; **~hvirvel** [-viʀˀvəl] Trommelwirbel m; **~slager** [-slaːʔəʀ] ⟨-en; -e⟩ Trommelschläger m, Schlagzeuger m; **~stik** [-sdeg] ⟨-en; -ker⟩, **~stikke** [-sdegə] ⟨-n; -r⟩ mus Trommelstock m, Trommelschlägel m; **~syge** [-syːə] Vieh: Trommelsucht f, Blähsucht f; **~ sæt** [-sɛd] Schlagzeug n

trompet [tʀɔmˈpeːʔd] ⟨-en; -er⟩ Trompete f; **~er** [-pəˈteːʔʀ] ⟨-en; -e od -er⟩ mil Trompeter m; **~ere** [-pəˈteːʔʀə] trompeten; **~ist** [-pəˈtisd] ⟨-en; -er⟩ Trompeter m

tronarving ['tʀoːnaʀveŋ] Thronerbe m

trone¹ ['tʀoːnə] ⟨-n; -r⟩ Thron m; **støde fra ~n** enthronen

trone² ['tʀoːnə] thronen

tronfølge ['tʀoːnføljə] ⟨-n⟩ Thronfolge f; **~r** [-ʀ] ⟨-en; -e⟩ Thronfolger(in) m(f)

tron|kræver ['tʀoːnkʀeːvəʀ] ⟨-en; -e⟩, **~prætendent** [-pʀɛtenˈdɛnʔd] ⟨-en; -er⟩ Thronprätendent m; **~stol** [-sdoːʔl] Thronsessel m; **~tale** [-taːlə] Thronrede f

trop [tʀɔb] ⟨-pen; -pe⟩ Truppe f; Trupp m; **~per** pl mil Truppen pl; **i sluttet ~** in Reih und Glied, geschlossen; **ikke kunne følge ~ med de andre** mit den anderen nicht Schritt halten können (a fig)

trope|hjelm ['tʀoːbəjelʔm] Tropenhelm m; **~rne** [-ʀnə] pl die Tropen pl

tropisk ['tʀoːʔpisg] tropisch

troppe ['tʀɔbə]: **~ op** F anrücken, aufkreuzen; **~r** [-ʀ] mil pl → **trop**; **~styrker** [-sdyʀgəʀ] pl mil Streitkräfte f|pl

tropsfører ['tʀɔbsføːʀɔʀ] Pfadfinderführer(in) m(f); Turnen: Riegenführer(in) m(f)

tros [tʀɔs] ⟨-set⟩ mil Tross m

tros|artikel ['tʀoːʔsaʀtiɡəl] Glaubensartikel m; **~bekendelse** ['-beˈkɛnʔəlsə] Glaubensbekenntnis n; **~fælle** [-felə] Glaubensgenosse m, -genossin f

tro|skab ['tʀɔsgaːʔb] ⟨-en⟩ Treue f; **~skabsed** [-sgabseːʔð] Treueschwur m

troskyldig [tʀoˈsgylʔdi] treuherzig, arglos

tros|retning ['tʀoːʔsʀednen] Glaubensrichtung f; **~sag** [-saːʔ] Glaubenssache f; **~samfund** [-samfonʔ] Glaubensgemeinschaft f

trosse ['tʀɔsə] ⟨-n; -r⟩ naut Trosse f

troværdig [tʀoˈvɛʀˀdi] glaubwürdig, glaubhaft

truck [tʀɔg] ⟨-en; -er od -⟩ Gabelstapler m; Lkw m; **~er** ['-əʀ] ⟨-en; -e⟩, **~fører** ['-føːʀəʀ] Gabelstaplerfahrer m; Lkw--Fahrer m

true ['tʀuːə] drohen (D), bedrohen (A); fig

gefährden; **~ ad én** j-m drohen; **~ én med klø** j-m Prügel androhen; **huset ~r med at falde sammen** das Haus droht einzu- stürzen; **~ én på livet** j-m mit dem Tode drohen; **~ én til ngt.** j-n durch Drohun- gen zu etw bewegen; **~nde** drohend, be- drohlich; **~t** fig bedroht, gefährdet

truffet [tɾɔfəð] → **træffe**

trug [tɾuːʔ] ⟨-et; -⟩ Trog m

trukket [tɾɔɡəð] → **trække**

trumf [tɾɔmʔf] ⟨-en; -er⟩ Karten: Trumpf m (a fig); **spille ~** Trumpf ausspielen; **sætte en ~ på ngt.** fig etw (D) Nach- druck verleihen; auftrumpfen

trumfe [tɾɔmfə] Karten: (mit Trumpf) stechen; **~ ngt. igennem** etw durchset- zen, F durchdrücken

trummerum [tɾɔməʔɾɔm] ⟨en⟩: **den dag- lige ~** das ewige Einerlei, der tägliche Trott

trup [tɾub] ⟨-pen; -pe od -per⟩ (Schau- spiel)Truppe f

trusse [tɾusə] ⟨-n; -r⟩ Slip m; → a **trus- ser**; **~indlæg** [-enlε:ʔɡ] Slipeinlage f

trussel [tɾusl̩] ⟨trus(se)len; trusler⟩ Dro- hung f, Bedrohung f; **~(s)brev** [-(s)bɾεːʔv] Drohbrief m

trusser [tɾusɐ] pl Höschen n, Slip m

trut [tɾud] ⟨-tet; -⟩ Hupen n, Tuten n; **give et ~** F hupen; **~horn** [-hoɐʔn] F Hupe f; Tuthorn n; **~mund** [-ʔmonʔ] Schmoll- mund m, Kussmund m; F Flunsch m (**la- ve** machen, ziehen)

trutte [tɾudə] MUS tuten, blasen; **~ (i hor- net)** Auto: hupen; **~ munden** e-n Flunsch ziehen

tryg [tɾœɡ] sicher, geborgen, ruhig; ge- trost, unbesorgt; **~hed** [-heðʔ] ⟨-en⟩ Si- cherheit f, Geborgenheit f

trygle [tɾyːlə] v/i flehen; v/t anflehen (**om/um** A)

tryk [tɾœɡ] ⟨-ket; -⟩ Druck m (a TYP); GRAM Ton m, Betonung f, Akzent m; **gå i ~ken** TYP in Druck gehen; **her står det på ~** hier steht das schwarz auf weiß; **~fejl** [-faiʔl] Druckfehler m; **~færdig** [-fεɐ- di] druckfertig, druckreif

trykke[1] [tɾœɡə] drücken (a fig); **~ éns hånd** j-m die Hand drücken; **~ én til sit bryst** j-n an s-e Brust drücken; **~ sig** drucksen; **~ af** Gewehr abdrücken; **~ til Tür** zudrücken; **~ ud** ausdrücken; **~nde** drückend (a fig); **~t** gedrückt (a fig)

trykke[2] [tɾœɡə] ⟨-te⟩ TYP drucken; **trykt** gedruckt

trykkefrihed [tɾœɡəfɾiheːðʔ] Pressefrei- heit f, Druckfreiheit f

trykker [tɾœɡɐ] ⟨-en; -e⟩ Drucker m; **~i** [tɾœɡɐˈɾiːʔ] ⟨-et; -er⟩ Druckerei f

trykklar [tɾœɡlaːʔ] TYP druckfertig, druckreif

trykknap [tɾœɡknab] EL Druckknopf m, Drucktaste f, Klingelknopf m; **~telefon** [-teləˈfoːʔn] (Druck)Tastentelefon n

tryk|koger [tɾœɡkɔːwɐ] Dampfkoch- topf m, Schnellkochtopf m; **~luft** [-lofd] Druckluft f, Pressluft f; **~luft(s)bor** [-lofd(s)boːʔɐ] Pressluftbohrer m; **~lås** [-lɔːʔs] Kleidung: Druckknopf m; **~ning** [-neŋ] ⟨-en⟩ Druck m, Drucken n, Druck- legung f; **~sag** [-saːʔ] Post: Drucksache f; **~seksten** [-ˈsaisdən] ⟨en od et⟩ F (der- ber) Schlag m, Druck m; Delle f; **~stærk** [-sdεɐɡ] betont; **~svag** [-svaːʔ(j)] unbe- tont; **~sværte** [-svεɐdə] Druckerschwär- ze f

trylle [tɾylə] zaubern; **~binde** [-benʔə] verzaubern, bannen; **~dej** [-daiʔ] Salz- teig m (zum Basteln); **~formular** [-fɔɐ- muˈlaːʔɐ] Zauberformel f

tryllekunst [tɾyləkonʔsd] Zauberkunst f; **~ner** [-konsdnɐ] Zauberkünstler m

trylle|ri [tɾyl/əˈɾiːʔ] ⟨-et; -er⟩ Zauber(ei) m(f); **~slag** [-ˈslaːʔ]: **som ved et ~** wie mit e-m Zauberschlag, schlagartig; **~stav** ['-sdaːʔv] Zauberstab m

tryne[1] [tɾyːnə] ⟨-n; -r⟩ Schwein: Rüssel m (a scherzh für Nase)

tryne[2] [tɾyːnə]: **~ én** F j-n zur Sau od Schnecke machen; j-n herumtrampeln

træ[1] [tɾεːʔ] ⟨-et; -er⟩ Baum m; **klatre op i et ~** auf e-n Baum klettern

træ[2] [tɾεːʔ] ⟨-et⟩ Holz n; **af ~, ~** [tɾε-] aus Holz, hölzern, Holz-

træ|agtig [tɾεaɡti] holzig; **~beskyttel- sesmiddel** ['-beˈsgødsəsəsmiðʔəl] Holz- schutzmittel n; **~buk** [-bɔɡ] Borkenkäfer m

træde [tɾεːðə] ⟨trådte; trådt⟩ treten; Na- del einfädeln; **~ vande** Wasser treten; **~ af** MIL wegtreten; **~ af på naturens vegne** austreten, s-e Notdurft verrichten; **~ an** MIL antreten; **~ fejl (på foden)** sich den Fuß vertreten; **~ fra ~ fratræde**; **~ frem** hervortreten; sich abheben; **~ i kraft** in Kraft treten; **~ i stedet for én** j-n vertre- ten; an j-s Stelle treten; **~ imellem** fig da- zwischentreten; **~ én for nær** j-m zu nahe treten; **~ én over tæerne** j-m auf die Ze- hen treten (a fig); **~ sammen** zusammen- treten; **~ til** hinzutreten, hinzukommen; **mit dem Fuß** auftreten; **~ tilbage** zurück- treten; **~ ud** austreten, ausscheiden; **~ ngt. under fode** fig etw mit Füßen treten

træde|mølle ['trɛːðəmølə] Tretmühle f (a fig); **~pude** [-puːðə] Hund: Ballen m

trædød ['trɛːdɔ:ˀð] Baumsterben n

træet ['trɛːəð] holzig; fig hölzern

træf [trɛfˀ] ⟨-fet; -⟩ Zufall m; Treffen n; F Treff m; **ved et ~** durch Zufall; **det var et rent ~** es war reiner (od purer) Zufall

træffe ['trɛfˀə] ⟨traf; truffet⟩ treffen; **føle sig truffet** fig sich getroffen fühlen; **~ jeg fru NN?** ist Frau NN zu sprechen?; **~ forberedelser** Vorbereitungen treffen; **~ på én** auf j-n treffen, j-m zufällig begegnen; **~ på ngt.** auf etw (A) stoßen; **~ sammen** zusammentreffen; **som det kan ~ sig** je nach dem, wie es sich gerade trifft; **det ~ sig heldigt** es trifft sich gut; **~s fra 9-11** Sprechstunde von 9-11 (Uhr); **ikke ~ nogen hjemme** niemanden zu Hause antreffen; **~nde** fig (zu)treffend; **~r** [-ʀ] ⟨-en; -e⟩ Treffer m; F Hit m; **~tid** [-tiˀð] Sprechstunde f

træfning ['trɛfnɛŋ] ⟨-en; -er⟩ MIL Gefecht n

træfri ['trɛfriːˀ] holzfrei

træfsikker ['trɛfsɛgəʀ] treffsicher, zutreffend

træg [trɛːˀ(j)] träge, langsam; Verkehr: stockend, zäh(flüssig); **~hed** [-heːðˀ] ⟨-en⟩ Trägheit f

træ|grænse ['trɛːɡrɛnsə] Baumgrenze f; **~gulv** [-gol] Holzfußboden m

træk¹ [trɛg] ⟨-ken⟩ Zug(luft) m(f); → **gennemtræk¹**

træk² [trɛg] ⟨-ket; -⟩ (Spiel-, Vogel-, Schrift)Zug m; fig: **det var et smukt ~ af dig** das war nett od ein schöner Zug von dir; **i (ét) ~** ununterbrochen, hintereinander; **in e-m** Zuge od Stück; **flere gange i ~** mehrmals hintereinander; **gå på ~** F fig auf den Strich gehen, anschaffen gehen

træk|fugl ['trɛgfuːˀl] Zugvogel m; **~harmonika** ['-haʀˈmoːˀnika] Ziehharmonika f; **~kanal** ['-kaˈnaːˀl] Abzugskanal m

trække ['trɛgə] ⟨trak; trukket⟩ ziehen; **det ~r** es zieht; **træk!** Tür: ziehen!; **~ cyklen** das Rad schieben; **~ lod** losen; **~ frisk luft** frische Luft schöpfen (od F schnappen); **~ det korteste strå** fig den Kürzeren ziehen; **lade teen ~** den Tee ziehen lassen; **~ vejret** Atem holen; **hun ~r** F fig sie geht auf den Strich; **~ af** abstreifen, ausziehen; **~ abziehen**; **~ bort** Rauch: sich verziehen; **~ for** vorziehen, zu-; **~ fra** abziehen, weg-; **~ ned** Rollo herunterziehen, herunterlassen; **~ op** Uhr, MIL aufziehen; Flasche öffnen, entkorken; Lippen nachziehen; **~ én**

op j-n hochnehmen/neppen (od fig F übers Ohr hauen); **det ~r op til torden** ein Gewitter zieht herauf; **~ over** überziehen; Gewitter: sich verziehen; **~ på det ene ben** das (od ein) Bein nachziehen; **~ (sig) sammen** (sich) zusammenziehen; **~ til** kräftig ziehen; **~ (sig) tilbage** (sich) zurückziehen; **~ ud** Zahn ziehen; Schublade herausziehen; Tisch ausziehen; Zeit: sich in die Länge ziehen; **~s med ngt.** sich mit etw herumplagen (od herumschlagen)

trækkerdreng ['trɛgəʀdrɛŋˀ] Strichjunge m

trækning ['trɛgnɛŋ] ⟨-en; -er⟩ Lotterie: Ziehung f; Zuckung f

træknings|liste ['trɛgnɛŋsˌlesðə] Ziehungsliste f; **~ret** [-ʀɛð], **~rettighed** [-ʀɛːdiheːðˀ] Ziehungsrechte n/pl

trækpapir ['trɛgpaˌpiːˀʀ] Löschpapier n; **et stykke ~** ein Löschblatt (n)

træk|plaster ['trɛgplasdəʀ] MED Zugpflaster n; fig Lockmittel n; THEA Zugstück n; **~procent** ['-pʀoˈsɛnˀd] Lohnsteuersatz m; **~rude** [-ʀuːðə] Klappfenster n, Kippfenster n

træ|kul ['trɛkol] Holzkohle f; **~kulsgrill** [-kolsgril] Holzkohlengrill m

træk|vind ['trɛgvenˀ] Zugwind m; **~vogn** [-vɔwˀn] Ziehkarren m, Handwagen m, Bollerwagen m

træl [trɛlˀ] ⟨-len; -le⟩ Sklave m; fig Knecht m

trælast ['trɛlasd] (Schiffsladung) Nutzholz n; **~handel** [-hanˀəl] Holz(groß)handlung f, Baumarkt m

træl|binde ['trɛlbenˀə] knechten, versklaven; **~dom** [-dɔmˀ] ⟨-men⟩ Knechtschaft f, Sklaverei f

trælle ['trɛlə] sich abarbeiten, sich plagen, F schuften; **~arbejde** [-aʀbaiˀðə] Sklavenarbeit f

træls [trɛlˀs], **~om** ['trɛlsɔmˀ] mühselig, beschwerlich

træ|mand ['trɛmanˀ] fig hölzerne(r) Mensch m, F Stockfisch m

træne ['trɛːnə] trainieren; **~r** [-ʀ] ⟨-en; -e⟩ Trainer m

trænge ['trɛŋə] ⟨-te⟩ v/i dringen; v/t drängen; **~ frem** vorwärtsdringen; **~ sig frem** sich vordrängen; **~ igennem** durchdringen; **~ ind** eindringen (a fig); **~ (sig) ind på én** sich j-m aufdrängen, j-n belästigen; **~ på** drängeln; **~ sig på** sich aufdrängen (hos én j-m), F sich an j-n heranmachen; **~ tilbage** zurückdrängen; **~ til** nötig haben, benötigen; **~nde** bedürftig;

være ~nde F mal müssen; **trængt: hårdt trængt** hart bedrängt

træng|sel ['tʀɛŋˀsəl] ⟨*trængs(e)len; trængsler*⟩ Gedränge *n*; Bedrängnis *f*, Not *f*, Drangsal *f*; **~selstid** [-stiðˀ] Zeit(en) der Not

træn|ing ['tʀɛːneŋ] ⟨*-en*⟩ Training *n*, Trainieren *n*; **~ingsdragt** [-sdʀagd] Trainingsanzug *m*

træorm ['tʀɛɒʀˀm] zo Holzwurm *m*

træsk [tʀɛˀsg] arglistig

træsko ['tʀɛsgoˀ] Holzschuh *m*, Holzpantoffel *m*, Clog *m*; **~mager** [-maːˀɒʀ] ⟨*-en; -e*⟩, **~mand** [-manˀ] Holzschuhmacher *m*

træskærer ['tʀɛsgɛːʀɒʀ] ⟨*-en; -e*⟩ Holzschnitzer *m*; **~arbejde** [-ɑʀbaɪˀdə] → **træskæring**

træ|skæring ['tʀɛsgɛːʀeŋ] Holzschnitzerei *f*; **~snit** [-snid] Holzschnitt *m*; **~sprit** [-sbʀid] CHEM Holzgeist *m*, Methylalkohol *m*; **~stamme** [-sdɑmə] Baumstamm *m*; **~stub** [-sdub] Baumstumpf *m*

træt [tʀɛd] müde; **blive ~** müde werden, ermüden; **være ~ af ngt.** von *etw* müde sein; *e-r Sache* überdrüssig sein, F *etw* satthaben; **køre ~ i et arbejde** *e-r Arbeit* müde sein; **~hed** [-heːðˀ] ⟨*-en*⟩ Müdigkeit *f*; *Metall* Ermüdung *f*

trætop ['tʀɛdɒb] Baumspitze *f*, Wipfel *m*

trætte¹ ['tʀɛdə] ⟨*-n; -r*⟩ Zank *m*, Streit *m*

trætte² ['tʀɛdə] ermüden; langweilen; **~nde** ermüdend; **~s** ermüden, müde werden

trætte|kær ['tʀɛdɒkɛːˀʀ] zänkisch; **~s** [-s] sich zanken (**om**/über *A*)

træuld ['tʀeulˀ] Holzwolle *f*

trævl [tʀɛuˀl] ⟨*-en; -er*⟩ Faser *f*; **ikke have en tør ~ på kroppen** keinen trockenen Faden am Leibe haben; **uden en ~ på (kroppen)** F splitter(faser)nackt, ohne *e-n* Fetzen am Leib(e)

trævle ['tʀɛulə] fasern; **~ op** *Gestricktes* aufräufeln; *fig* aufwärmen, aufrollen; **~t** [-ð] faserig; ausgefranst

træværk ['tʀɛvɛʀg] ⟨*-et*⟩ Holz(verkleidung) *n(f)*; Gebälk *n*

tröffel ['tʀœfəl] ⟨*trøf(fe)len; trøfler*⟩ BOT Trüffel *f* (*a Praline*)

trøje ['tʀɔˀiə] ⟨*-n; -r*⟩ Jacke *f*; Trikot *n*, Sporthemd *n*; **strikket ~** Strickjacke *f*; Pullover *m*, Pulli *m*; **komme i ~n** F zig zum Barras/F zum Bund kommen (*Soldat werden*)

trøske ['tʀœsgə] ⟨*-n*⟩ Zunder *m*; MED Mundfäule *f*; **~t** [-ð] morsch, verfault

trøst [tʀœsd] ⟨*-en*⟩ Trost *m*; Tröstung *f*; **et ~ens ord** ein Trostwort *n*

trøste ['tʀœsdə] trösten (**sig** sich); **~nde** tröstend; **~præmie** [-pʀɛːmiə] Trostpreis *m*; **~r** [-ʀ] ⟨*-en; -e*⟩ Tröster *m*; *fig* Schlummerrolle *f*; **~rig** [-ʀiːˀ] trostreich

trøstesløs ['tʀœsdəsløːˀs] trostlos; **~hed** [-heːðˀ] ⟨*-en*⟩ Trostlosigkeit *f*

trøstespise ['tʀœsdəsbiːsə] aus Kummer essen, F Kummerspeck ansetzen

trøstig ['tʀœsdi] getrost, unverdrossen

trøstpræmie ['tʀœsdpʀɛːmiə] → **trøstepræmie**

tråd¹ [tʀɒːˀ] ⟨*-en; -e*⟩ Faden *m*, Zwirn *m*; Draht *m*; **den røde ~** *fig* der rote Faden; **tabe ~en** *fig* den Faden verlieren; **hænge i en (tynd) ~** *fig* am seidenen Faden hängen; **slå på ~en** TEL *j-n* (kurz) anrufen; **være let (løs) på ~en** leichtfertig (locker) sein

tråd² [tʀɒð] Tritt *m*; **falde i ~ med ngt.** mit *etw* übereinstimmen, entsprechen (*D*)

tråde ['tʀɒːðə] einfädeln

tråd|hegn ['tʀɒðhaɪˀn] Drahtzaun *m*; **~løs** [-løːˀs] drahtlos; **~net** [-nɛd] Maschendraht *m*; **~rulle** [-ʀulə] Zwirnrolle *f*, Garnrolle *f*

trådt [tʀɒd], **~e** [ˀ-ə] → **træde**

trådvæv ['tʀɒðvɛːˀv] Drahtgewebe *n*

tsar [saːˀʀ] ⟨*-en; -er*⟩ Zar *m*; **~isme** [sa-'ʀismə] Zarismus *m*; **~istisk** [sa'ʀisdisg] zaristisch

tsk. *Abk. für* **teskefuld**

tube ['tuːbə] ⟨*-n; -r*⟩ Tube *f*

tud [tuðˀ] ⟨*-en; -e*⟩ Tülle *f*; F Schnauze *f*

tudbrøle ['tuðbʀœːlə] F (los)heulen, Rotz und Wasser heulen

tude ['tuːðə] F heulen, flennen, tuten, hupen; **~ én ørene fulde** *fig j-m* in den Ohren liegen; **~grim** [-gʀɛmˀ] F potthässlich; **~horn** [-hɒʀˀn] *Auto:* Hupe *f*; **~hoved** [-hoːðə] F weinerlic(h)r Mensch *m*, Heulsuse *f*; **~kop** [-kɒb] Schnabeltasse *f*; **~mikkel** [-megəl] ⟨*tudemik(ke)len; tudemikler*⟩, **~peter** [-peːˀdɒʀ] ⟨*-en*⟩ F Heulpeter *m*; **~ri** [-'ʀiːˀ] ⟨*-et; -er*⟩ F Heulerei *f*, Flennerei *f*; Gehupe *n*; **~vorn** [-vɒːˀʀn] weinerlich

tudkop ['tuðkɒb] → **tudekop**

tudse ['tusə] ⟨*-n; -r*⟩ Kröte *f*

tudskråle ['tuðsgʀɒːlə] → **tudbrøle**

tue ['tuːə] ⟨*-n; -r*⟩ (Erd)Hügelchen *n*; Grasbüschel *m*

tuf [tof] ⟨*-fen; -fer*⟩ GEOL Tuff *m*

tugt [togd] ⟨*-en*⟩ Zucht *f*; **~e** ['-ə] züchtigen; **~else** ['-əlsə] ⟨*-n*⟩ Züchtigung *f*; **~hus** ['-huːˀs] Zuchthaus *n*; **~huskandidat** ['-hu:skandiˀda:ˀd] F schwere(r) tugtig   478

Junge *m*, Galgenvogel *m*

tugtig ['togdi] *lit* züchtig

tulipan [tuli'pa:ʔn] ⟨*-en; -er*⟩ Tulpe *f*; **~løg** [-løʔ] Tulpenzwiebel *f*; **~træ** [-tʀɛ:ʔ] Tulpenbaum *m*, Magnolie *f*

tulle¹ ['tulə] ⟨*-n; -r*⟩ F kleine(s) Mädchen *n*, Mäuschen *f*

tulle² ['tulə]: **~ omkring** *etwa:* ziel- und planlos umhergehen, F herumwursteln

tulre ['tulʀə] → **tulle omkring**

tumbler ['tomblər] ⟨*-en; -e*⟩ Wäschetrockner *m*

tumle ['tomlə] tummeln (*sig* sich); taumeln; **~ rundt** herumtollen; **kunne ~ eleverne** die Schüler im Griff haben; **~ med ngt.** sich mit etw abmühen; **~ med problemer** sich mit Problemen herumschlagen; **~ om(kuld)** umfallen, (hin)purzeln; **~plads** [-plas] Tummelplatz *m*; **~r** [-ʀ] ⟨*-en; -e*⟩ zo Tümmler *m*

tumling ['tomleŋ] ⟨*-en; -er*⟩ Kleinkind: Purzel *m*; *Spielzeug:* Stehaufmännchen *n*; *Becher* Tummler *m*

tummel ['tomˀəl] ⟨*tum(me)len*⟩ Getümmel *n*, Trubel *m*; **~umsk** [tomə'lomˀsg] F wirr, schwindlig

tummerum [tomə'ʀom] ⟨*en*⟩ → **trummerum**

tumpe ['tombə] ⟨*-n; -r*⟩ F Dummkopf *m*; Tölpel *m*; **~t** [-ð] F dumm; tölpelhaft

tumult [tu'mulˀd] ⟨*-en; -er*⟩ Tumult *m*; **~(u)arisk** [-multuˈa:ʀisg, -mulˈta:ʔʀisg] *lit* tumultuarisch

tun [tu:ʔn] ⟨*-en; -*⟩ → **tunfisk**

tune ['tju:nə] *Motor:* frisieren

tunfisk ['tu:nfesg] Thunfisch *m*

tung [toŋˀ] schwer (*a fig*); schwerfällig; wuchtig; **være ~ i det** F schwer von Begriff sein; **være ~ i hovedet** F e-n schweren Kopf haben; **det ligger (lidt) ~t** F es hat so s-e Schwierigkeiten; **med ~t hjerte** schweren Herzens; **tage ~t på ngt.**, **tage ngt. ~t** etw schwernehmen; **~t vand** CHEM schwere(s) Wasser *n*

tunge¹ ['toŋə] ⟨*-n; -r*⟩ Zunge *f* (*a fig*); Lasche *f*, ausgebogte Zacke *f*; **onde ~r** böse Zungen; **det lå mig på ~n** es lag mir auf der Zunge; **det smager som at række ~n ud ad vinduet** F es schmeckt nach nichts; **række ~ ad en** j-m die Zunge herausstrecken; **~en på vægtskålen** das Zünglein an der Waage; **holde ~n lige i munden** *fig* e-n kühlen Kopf bewahren, F *fig* die Ohren steifhalten

tunge² ['toŋə]: **~ ud** Saum ausbogen, bogenförmig schneiden

tungebånd ['toŋəbɔnˀ] ANAT Zungenband *n*; **hun er godt skåret for ~et** *fig* sie ist nicht auf den Mund gefallen

tunge|færdighed ['toŋəfɛʀˀdihe:ð] ⟨*-en*⟩ Zungenfertigkeit *f*; **~mål** [-mɔ:ʔl] Sprache *f*, *lit* Zunge *f*; **~rod** [-ʀo:ʔð] ANAT Zungenwurzel *f*

tunghør ['toŋhø:ʔʀ] schwerhörig; **~(ig)hed** [-hø:ʀhe:ð? -hø:ʔʀihe:ð?] ⟨*-en*⟩ Schwerhörigkeit *f*

tungmetal ['toŋme'tal] Schwermetall *n*

tungnem ['toŋnemˀ] schwerfällig, begriffsstutzig, schwer von Begriff

tungsind ['toŋsenˀ] Schwermut *f*

tungsindig [toŋ'senˀdi] schwermütig; **~hed** [-he:ð?] ⟨*-en*⟩ Schwermut *f*

tungt|fordøjelig ['toŋ'dfɔʀˈdɔjˀəli] schwer verdaulich; **~lastet** [-lasdəð] schwer beladen; **~opløselig** ['ɔbˈløʔsəli] schwer löslich; **~vand** [-vanˀ] CHEM schwere(s) Wasser *n*; **~vejende** [-vaiˀənə] *fig* schwerwiegend

tunnel ['tonˀəl] ⟨*-en; -er*⟩ Tunnel *m*, Unterführung *f*; **~bane** [-ba:nə] Untergrundbahn *f*, U-Bahn *f*

tur [tu:ʔʀ] ⟨*-en; -er*⟩ Fahrt *f*; Reise *f*; Wanderung *f*, Spaziergang *m*; Bummel *m*; Ausflug *m*, Tour *f*; *Kino:* Besuch *m*; **gå (sig) en ~** spazieren gehen, e-n Spaziergang machen; **vasen gik sig en ~** F die Vase ist hinüber; **gå ~ med hunden** den Hund ausführen; **køre en ~** spazieren fahren, e-e Spazierfahrt machen; **cykle en ~** (ein bisschen, F e-e Runde) Rad fahren, e-e Radtour machen; **tage en ~** e-e Fahrt (*od* Reise) machen; **~ (og) retur**, **~-retur** Hin- und Rückfahrt, hin und zurück; **efter ~** der Reihe nach; **stå for ~** an der Reihe sein; **hvis ~ er det?** wer ist dran?; **det er min ~** ich bin dran (*od* an der Reihe); **nu kommer ~en til dig** jetzt bist du dran, jetzt kommst du an die Reihe; **det går på ~ mellem dem** sie wechseln miteinander ab

turbulen|s [tuʀbu'lenˀs] ⟨*-en; -er*⟩ Turbulenz *f*; **~t** [-'lenˀd] turbulent

turcykel ['tuʀ(d)ə] Tourenrad *n*

turde ['tuʀðə] ⟨*turde; turdet*⟩ wagen; sich trauen; **jeg tør ikke** ich wage es nicht, ich trau(e) mich nicht; **om jeg tør spørge** wenn ich fragen darf; **det tør jeg ikke love** das kann ich nicht versprechen; **det tør anses for sikkert** das dürfte sicher sein; **det ~ være en selvfølge** das dürfte selbstverständlich sein; **det tør jeg nok/ svagt antyde!** das kann man wohl sagen!, das kannst du aber annehmen!, F und ob!

ture ['tu:ʀə]: ~ *omkring* umherfahren, Ausflüge machen; sich herumtreiben

turisme [tu'rismə] ⟨-n⟩ Tourismus m, Touristik f, Fremdenverkehr m

turist [tu'risd] ⟨-en; -er⟩ Tourist(in) m(f); **~brochure** [-bʀo'sjy:ʀə] Reiseprospekt m; **~bureau** [-by'ʀo] (Fremden)Verkehrsbüro n, Fremdenverkehrsamt n; **~bus** [-bus] Reisebus m

turkis[1] [tyʀ'ki:ʔs] ⟨-en; -er⟩ Edelstein: Türkis m; Farbe: Türkis n

turkis[2] [tyʀ'ki:ʔs], **~farvet** [-fɑʀvəð] türkis(farben), türkisfarbig

turne, turné [tuʀ'ne] ⟨*turneen; turneer*⟩ THEA Tournee f; *tage (være) på* ~ auf Tournee gehen (sein)

turner|e [tuʀ'ne:ʔʀə] THEA auf Tournee sein; HIST turnieren; *fig* Witze drechseln; **~ing** [-'ne:ʔʀɛŋ] ⟨-en; -er⟩ SPORT Turnier n

turnips ['tuʀnebs] ⟨-en; -⟩ BOT (weiße) Rübe f

tur-retur ['tu:ʔʀʀe'tu:ʔʀ], **tur (og) retur** → **tur**

turteldue ['tuʀdəldu:ə] Turteltaube f

tusch [tusj] ⟨-en⟩ Tusche f; **~ere** [tu-'sje:ʔʀə] tuschen

tusind[1] ['tu:ʔsən] ⟨-et; -er od -e⟩: ~ *er af mennesker* Tausende von Leuten

tusind[2] ['tu:ʔsən]: ~ *tak!* tausend Dank!; ~ *gange* tausendmal; ~ *og én nat* Tausendundeine Nacht

tusindben ['tu:ʔsənbe:ʔn] Tausendfüß(l)er m

tusinde[1] ['tu:ʔsenə] ⟨-t; -r od -⟩ → **tusind**[1]

tusinde[2] ['tu:ʔsenə]: ~ *gange* tausendmal

tusind|fryd ['tu:ʔsenfʀyð] ⟨-en; -⟩ Tausendschön(chen) n, Gänseblümchen n; **~kunstner** [-konsdnəʀ] F Tausendkünstler m

tusindtal ['tu:ʔsental]: *i* ~ zu Tausenden

tusindtallig ['tu:ʔsental?i]: *en* ~ *mængde* e-e tausendköpfige Menge

tusindvis ['tu:ʔsenvi:ʔs]: ~ *af insekter* Tausende (und Abertausende) von Insekten; *i* ~ → **tusindtal**

tusk [tusg] ⟨-et⟩ Tausch(handel) m

tuske ['tusgə] tauschen; ~ *sig ngt. til etw* durch Tausch erwerben, *etw* einhandeln

tusmørke ['tusmœʀgə] Zwielicht n, (Abend)Dämmerung f

tusse[1] ['tusə] ⟨-n; -r⟩ Schreibstift: F dicke(r) Filzer m

tusse[2] ['tusə] F trotten, schlurfen

tut[1] [tud] ⟨-et; -⟩ Auto: Hupen n

tut[2] [tud] ⟨-en, -ter⟩ für Münzen: Rolle f; Fingerling m; Kind: F Mäuschen n, Pur-

tutte ['tudə] *in e-e Trompete* tuten

tuttenut [tudə'nud] ⟨-en; -ter⟩ F *Mädchen:* Schnuckelchen n, Schnuckiputz m; **~tet** [-əð] F *Mädchen:* schnuck(e)lig, niedlich

tv ['te:ʔve:ʔ] ⟨-'et; -'er⟩ Fernsehen n; Fernsehgerät n, F Fernseher m

tv., t. v. *Abk. für til venstre;* → **venstre**[2], **til**

tvang[1] [tvaŋʔ] ⟨-en⟩ Zwang m

tvang[2] [tvaŋʔ] → **tvinge**[2]

tvang|fri ['tvaŋfʀi:ʔ], **~løs** [-lø:ʔs] zwanglos, ungezwungen

tvangs|arbejde ['tvaŋʔsɑʀbai̯ʔdə] Zwangsarbeit f; **~auktion** [-au̯g'sjo:ʔn] Zwangsversteigerung f; **~fodre** [-foðrə] zwangsernähren; **~forestilling** [-fɔ:ʀəsdel'eŋ] Zwangsvorstellung f

tvangsindlægge ['tvaŋʔsenlɛgə] *in e-e Heilanstalt* zwangseinweisen; *være tvangsindlagt til ngt.* F zu *etw* verdonnert sein

tvangs|situation ['tvaŋʔssitua'sjo:ʔn] Zwangslage f; **~tanke** [-taŋgə] → **tvangsforestilling**

tv-apparat [ˈte:ʔve:ʔapa'ʀa:ʔd] Fernsehapparat m

tv-avis ['te:ʔve:ʔa'vi:ʔs] Fernsehnachrichten(sendung f) pl

tvebak ['tve:ʔbag] ⟨-en; -ker⟩ Zwieback m; *fig* F Zwiebel f (*Taschenuhr*)

tvedel|ing ['tvede:leŋ] Zweiteilung f; **~t** [-de:ʔld] *Persönlichkeit:* gespalten, zwiespältig

tve|dragt ['tvedʀagd] ⟨-en⟩ Zwietracht f; **~kamp** [-kɑmʔb] Zweikampf m; **~kulsur** [-kolsu:ʔʀ] CHEM doppeltkohlensauer; **~kønnet** [-kœnʔəð] zweigeschlechtig; BOT zwitterblütig

tvende ['tvenə] *lit* zwei

tve|sindet ['tvesenʔəð] *Person:* zwiespältig, schwankend; **~sproget** [-sbʀo:ʔwəð] zweisprachig; **~tulle** [-tulə] ⟨-n; -r⟩ Zwitter m; **~tunget** [-toŋʔəð] doppelzüngig; **~tydig** [-ty:ʔði] zweideutig

tveægget[1] ['tveɛgəð] zweischneidig

tveægget[2] ['tvee:ʔgəð] zweieiig

tvilling ['tvileŋ] ⟨-en; -er⟩ Zwilling m

tvilling(e)|bro(de)r ['tvileŋ(ə)bʀo:ʔʀ] Zwillingsbruder m; **~søster** [-søsdəʀ] Zwillingsschwester f

tvinge[1] ['tveŋə] ⟨-n; -r⟩ Zwinge f

tvinge[2] ['tveŋə] ⟨*tvang; tvunget*⟩ zwingen; ~ *én i knæ fig* j-n in die Knie zwingen; ~ *sin vilje igennem* seinen Willen durchsetzen od durchdrücken; **~nde** zwingend

tvist[1] [tvesd] ⟨-en od -et⟩ Twist m, Putzwolle f

tvist² [tvesd] ⟨-en; -er⟩ Zwist m, Zank m

tvistes ['tvesdəs] sich zanken, sich streiten (*om*/um *A*)

tvistighed ['tvesdihe:ð?] ⟨-en; -er⟩ Zwistigkeit f, Streitigkeit f

tvivl [tviʊ⁷l] ⟨-en; -⟩ Zweifel m; *drage* ~ *i* ~ *etw* bezweifeln, *etw* in Frage stellen; *nære* ~ *om ngt.* an *etw* (*D*) zweifeln; *være i* ~ *om ngt.* über *etw* in Zweifel sein; *det er der ingen* ~ *om* das steht außer Zweifel; *uden* ~ ohne Zweifel, zweifellos

tvivle ['tviʊlə] zweifeln; ~ *om/på ngt.* an *etw* (*D*) zweifeln, *etw* bezweifeln; *~nde* zweifelnd; *stille sig ~nde til ngt.* fig *etw* (*D*) skeptisch gegenüberstehen

tvivler ['tviʊlɐ] ⟨-en; -e⟩ Zweifler m

tvivlrådig ['tviʊlʀɔ:?ði] unschlüssig, unentschlossen

tvivlsom ['tviʊlsɔm?] zweifelhaft, fraglich; fragwürdig, dubios

tvivls|spørgsmål ['tviʊ⁷lsspœʀsmɔ:?l] Zweifelsfrage f; *~tilfælde* [-telfel?ə] Zweifelsfall m

tv–|overvågning ['te:?'ve:?ɔ̃uʀvɔ:?nŋ] Videoüberwachung f; *~satellit* [-sadə'lid] Fernsehsatellit m; *~skærm* [-sgɛʀ?m] Bildschirm m, F Mattscheibe f; *~udsendelse* [-uðsən?əlsə] Fernsehsendung f

tvunge|n ['tvoŋən] *Lächeln:* gezwungen; *Unterricht:* obligatorisch; *~t* ['tvonʔəð] → *tvinge²*

tvær ['tvɛ:?ʀ] verdrießlich, mürrisch, grantig, querköpfig; *~bjælke* ['tvɛʀbjelɡ] ARCH Querbalken m

tvære ['tvɛ:ʀə] ~ *ud Farbe* verschmieren, verwischen; fig breittreten

tvær|faglig ['tvɛʀfawli] fachübergreifend, interdisziplinär; *~fløjte* [-fløjdə] MUS Querflöte f; *~gade* [-ga:ðə] Querstraße f

tværgående ['tvɛʀɡɔ:?ənə] *den* ~ *trafik* der kreuzende Verkehr

tværmål ['tvɛʀmɔ:?l] Durchmesser m

tværpolitisk ['tvɛʀpolitisɡ] interfraktionell

tværs [tvɛʀs] quer; ~ *igennem* querdurch; *gå* ~ *over gaden* die Straße überqueren; *brække ngt.* ~ *over* mittendurch brechen; *på kryds og* ~ kreuz und quer; *hvad er der kommet dig på* ~? was ist dir denn in die Quere gekommen?; *på* ~ *af al sund fornuft* bar jeder Vernunft, vernunftwidrig

tvær|snit ['tvɛʀsnid] Querschnitt m; *~streg* [-sdʀɑ:?] Querstrich m; *~stribet*

[-sdʀi:?bəð] quer gestreift

tværtimod [tvɛʀd] ~ *imod* wider, (ent)gegen; *~imod* ['-i'mo:?ð], *~om* ['-'ɔm?] im Gegenteil, vielmehr

tvær|vej ['tvɛʀvɑ:?] Querstraße f; Querweg m; *~videnskabelig* [-viðənsga:?bəli] interdisziplinär

tvætning ['tvedneŋ] ⟨-en; -er⟩ lit Waschung f; *~te* ['tvedə] waschen

ty [ty:?]: ~ *til én* fig sich (hilfesuchend) an j-*n* wenden; ~ *til ngt.* s-e Zuflucht nehmen zu *etw*, fig *auf etw* (*A*) zurückgreifen

Tycho Brahes dag [tygo'bʀɑ:əsda:?] ⟨-en⟩ F Tag voller Pech, Unglückstag m

tyde ['ty:ðə] deuten; entziffern; auslegen; ~ *på ngt.* auf *etw* (*A*) (hin)deuten, auf *etw* (*A*) schließen lassen; *det ~r ikke godt* das verspricht nichts Gutes

tydelig ['ty:ðəli] deutlich; unverkennbar, eindeutig; vernehmlich; *et ~t vink* ein Wink mit dem Zaunpfahl; *~gøre* [-gœ:?ʀə] verdeutlichen; *~vis* [-'vi:?s] deutlich, unverkennbar

tydning ['ty:ðnŋ] ⟨-en; -er⟩ Deutung f

tyende ['ty:(?)ənə] ⟨-t; -r⟩ Dienstbote m; *~t* das Gesinde

tyfon [ty'fo:?n] ⟨-en; -er⟩ Taifun m

tyfus ['tyfus] ⟨-(s)en; -(s)er⟩ Typhus m

tygge ['tyɡə] kauen; *~drøv* wiederkäuen, → *a drøv*; ~ *af munden* fertig kauen; ~ *ngt. igennem* fig *etw* durchkauen; vorkauen (*for én* j-m); ~ *på ngt.* an *etw* (*D*) kauen/F knabbern; fig *etw* überlegen; *~gummi* [-gomi] ⟨-et⟩ Kaugummi m, n

tygning ['tyɡneŋ] Kauen n

tyk [tyɡ] dick; *Stimme:* belegt; *de ~keste løgnehistorier* F faustdicke Lügen f/pl; *følges ad i ~t og tyndt* F miteinander durch dick und dünn gehen; *smøre ~t på* fig dick auftragen; *tjene ~t* F massig Geld verdienen; *den er for ~!* fig F du willst mich wohl veralbern *od* du nimmst mich auf den Arm; *das nehme ich dir nicht ab*; *~ke Kosename:* Dicke(r) m; *~hovedet* ['-ho:ðəð] *Person:* beschränkt, schwer von Begriff

tykhud ['tyghu:?ð] ⟨-en; -er⟩ zo Dickhäuter m; *~et* [-əd] fig dickfellig

tykke ['tyɡə] ⟨-et⟩ *efter eget* ~ nach (eigenem) Gutdünken

tyk|kelse ['tyɡəlsə] ⟨-en; -r⟩ Dicke f, Stärke f; *~kert* [-kɐt] *Person:* Dicker m F → *tyksak*

tykkes ['tyɡəs] lit: *det ~ mig* es dünkt mich (*a* mir)

tyk|mavet ['tyɡma:vəð] dickbäuchig; *Flasche:* (dick)bauchig; *~mælk* [-mel?g]

Dickmilch f; **~ne** [-nə] *Nebel:* dicker werden, sich verdichten; **~ning** [-nɛŋ] ⟨*-en; -er*⟩ *Wald:* Dickicht n; **~pandet** [-panɔð] → *tykhovedet;* **~sak** [-sag] ⟨*-ken; -ke od -ker*⟩ F Dickerchen n, Wonneproppen m; Dickwanst m, Fettsack m; **~steg** [-sdɑi⁷] *etwa* (Rinder)Filet n; **~tarm** [-tɑ:⁷ʁm] ANAT Dickdarm m

tyktflydende ['tygdfly:⁷ðənə] dickflüssig

tyl [tyl⁷] ⟨*-len od -let; -ler*⟩ Tüll m

tylle¹ ['tylə] ⟨*-n; -r*⟩ Tülle f

tylle² ['tylə]: *~ i sig Bier* in sich hineingießen (*od* hineinschütten)

tynd [tøn⁷] dünn; schwach; spärlich; *~t befolket* dünn besiedelt; *det er en ~ kop te* F das ist *e-e* schwache Leistung; *have ~ mave* Durchfall haben; **~benet** ['tønbe:⁷nəð] dünnbeinig; *fig* schwach, dürftig

tynde ['tønə]: *~ ud* ausdünnen, (aus)lichten; *Pflanzen* verziehen; *det begynder at ~ ud i håret* die Haare fangen an, sich zu lichten; *det ~r ud i rækkerne* die Reihen lichten sich

tynd|hudet ['tønhu:⁷ðəð] *fig* dünnhäutig; **~håret** [-hɔ:⁷ʁəð]: *være ~* schütteres Haar haben; **~skid** [-sgið⁷] ⟨*-en*⟩ F Dünnschiss m

tyndslidt ['tønslid] abgetragen, fadenscheinig; *Nerven:* zerrüttet

tynd|steg ['tønsdɑi⁷] *Rindfleisch:* Blume f; **~sålet** [-sɔ:⁷lɔð] *Schuh:* mit *e-r* dünnen Sohle; **~tarm** [-tɑ:⁷ʁm] ANAT Dünndarm m

tyndt|befolket ['tøn⁷dbefɔl⁷gəð] dünn besiedelt; **~flydende** [-fly:ðənə] dünnflüssig

tyngde ['tøŋ⁷də] ⟨*-n; -r*⟩ Schwere f, Gewicht n, Last f (*a fig*); **~kraft** [-kʁɑfd] Schwerkraft f; **~lov** [-lɔu] PHYS Gesetz n der Schwerkraft, Gravitationsgesetz n; **~punkt** [-pɔŋ⁷d] Schwerpunkt m

tynge ['tøŋə] *v/i* lasten (*på/*auf D); *v/t* drücken, belasten (*a fig*)

type ['ty:bə] ⟨*-n; -r*⟩ Typ m; Typus m; TYP Type f, Letter f; *han er ikke min ~* F er ist nicht mein Typ; **~hus** [-hu:⁷s] Fertighaus n

typisk ['typisg] typisch

typograf [typo'gʁɑ:⁷f] ⟨*-en; -er*⟩ Schriftsetzer m, Typograf m

tyr [ty:⁷ʁ] ⟨*-en; -e*⟩ Stier m, Bulle m; *tage ~en ved hornene* F den Stier bei den Hörnern packen

tyran [ty'ʁɑn⁷] ⟨*-nen; -ner*⟩ Tyrann m; **~ni** [-ʁɑ'ni:⁷] ⟨*-et; -er*⟩ Tyrannei f; **~nisere** [-ʁɑni'se:⁷ʁə] tyrannisieren; **~nisk** [-isg] tyrannisch

tyre ['ty:ʁə] F büffeln, ochsen

tyre|fægter ['ty:ʁəfægdəʁ] Stierkämpfer m; **~fægtning** [-fægdnɛŋ] Stierkampf m; **~gal** [-gɑ:⁷l] *Kuh:* rinderig, stierig; **~kalv** [-kal⁷(v)] Bullenkalb n; **~nakke** [-nagə] Stiernacken m

tyrk [tyʁ(⁷)g] ⟨*-en; -e*⟩ Türke m, Türkin f

Tyrkiet [tyʁ'ki:⁷əd] die Türkei

tyrk|isk ['tyʁ⁷kisg] türkisch; **~tro** [-tʁo:⁷] blinde(r) Glaube m, *lit* Köhlerglaube m

Tyrol [ty'ʁo:⁷l] Tirol n

tyroler [ty'ʁo:⁷lɔʁ] ⟨*-en; -e*⟩ Tiroler(in) m(f); **~hat** [-had] Tirolerhut m, Seppelhut m; **~kjole** [-kjo:lə] Dirndl(kleid) n

tys [tys]: *~!* ruhig!, pst!, still!, horch!

tysk¹ [tysg] ⟨*et*⟩ Deutsch n; **~en** *scherzh* das Deutsche, die deutsche Sprache; *tale ~* Deutsch sprechen; *på ~* auf Deutsch, in Deutsch

tysk² [tysg] deutsch; *det ~e sprog* die deutsche Sprache; *han er ~* er ist Deutscher

tysker ['tysgɔʁ] ⟨*-en; -e*⟩ Deutsche(r) m, Deutsche f

tyskhed ['tysghe:ð⁷] ⟨*-en; -er*⟩ Deutschtum n; *abwertend* Deutschtümelei f; *Sprache:* Germanismus m

Tyskland ['tysglan⁷] Deutschland n; *Forbundsrepublikken ~* die Bundesrepublik Deutschland (*Abk.* BRD)

tysk|sindet ['tysksen⁷əð] deutschgesinnt; **~talende** [-ta:lənə] deutschsprachig, Deutsch sprechend

tysse ['tysə]: *~ på én* j-m Schweigen gebieten; *~ ned* totschweigen, vertuschen

tyst [tysd] still, leise; *~ne* ['-nə] still werden, verstummen

tyttebær ['tydəbæʁ] ⟨*-ret; -*⟩ Preiselbeere f

tyv [ty:⁷v] ⟨*-en; -e*⟩ Dieb m; *stop ~en!* haltet den Dieb!; **~agtig** [tyⁱ⁷agdi] diebisch

tyve ['ty:və] zwanzig

tyvebande ['ty:vəbandə] Diebesbande f

tyveknægt ['ty:vəknɛgd] Dieb m; *enarmet ~ Spielautomat:* F einarmige(r) Bandit m

tyvekoster ['ty:vəkɔsdəʁ] *pl* Diebesgut n

tyver ['ty:vəʁ] ⟨*-en; -e*⟩ Zwanziger m; Zwanzig f

tyveri [ty:və'ʁi:⁷] ⟨*-et; -er*⟩ Diebstahl m; **~alarm** [-'ʁia'la:⁷ʁm] Alarmanlage f; **~forsikring** [-'ʁifɔʁ'segʁeŋ] Diebstahlversicherung f

tyvestykspakke ['ty:vəsdøgspagə] *Zigaretten:* Zwanzigerpackung f

tyvstart ['tyⁱsdɑ:⁷ʁd] SPORT Fehlstart m;

~e [-sdɑrdə] SPORT zu früh starten

tyvstjæle ['tyʊsdjeːlə] *scherzh* stibitzen, klauen

tyvte ['tyʊðə]: **~ én** *lit* j-n des Diebstahls bezichtigen

tæer ['tɛːˀər] → **tå**

tæft [tɛfd] ⟨-en; -e⟩ Hund: Witterung *f*, Spürsinn *m*; *fig* (feine) Nase *f*, Gespür *n*, F gute(r) Riecher *m* (**for**/für *A*)

tæge [tɛːˀ(j)ə] ⟨-n; -r⟩ zo Zecke *f*; (Bett)-Wanze *f*

tække[1] ['tɛgə] ⟨et⟩ Reiz *m*; Anziehungskraft *f*, *fig* F Ausstrahlung *f*

tække[2] ['tɛgə] *Dach* decken

tækkelig ['tɛgəli] adrett, nett

tækkemand ['tɛgəmanˀ] Dachdecker *m*

tækkes ['tɛgəs] ⟨*impf* **tækkedes**⟩ gefallen

tælle[1] ['tɛlə] ⟨-n⟩ Talg *m*

tælle[2] ['tɛlə] ⟨*talte*; *talt*⟩ zählen; **det ~r ikke** das zählt nicht; **~ én blandt sine venner** j-n zu s-n Freunden zählen; **~ af** abzählen; **~ efter** nachzählen; **~ ud** Boxen: auszählen

tæller ['tɛlɐr] ⟨-en; -e⟩ Zähler *m* (*a* MATH)

tælleremse ['tɛlɐremsə] Abzählreim *m*

tællet ['tɛləð] *Geschmack*: talgig

tælling ['tɛleŋ] ⟨-en; -er⟩ Zählung *f*; Erhebung *f*; **som på ~** wie auf Kommando, wie im Mann; **tage ~** Boxen auszählen

tæmme ['tɛmə] zähmen, bändigen; *fig* bezähmen

tændbar ['tɛnbɑːˀʀ] entzündbar, (an)zündbar

tænde ['tɛnə] ⟨-te⟩ anzünden, anstecken, EL einschalten, anmachen, F anknipsen; **~ for gassen** das Gas anzünden; **~ ild i ngt.** etw anzünden; **~ op** im Ofen Feuer machen

tænder[1] ['tɛnɐr] ⟨-en; -e⟩ Feuerzeug *n*

tænder[2] ['tɛnˀər] → **tand**

tænder|**klaprende** ['tɛnˀərklɑbrənə] zähneklappernd; **~skærende** [-sgeːrənə] zähneknirschend

tænd|**ing** ['tɛneŋ] ⟨-en; -er⟩ AUTO Zündung *f*; **~ingsnøgle** [-snøˀilə] Zündschlüssel *m*; **~rør** ['tɛnrœːˀʀ] Zündkerze *f*; **~sats** [-sads] Zündsatz *m*

tændstik ['tɛnsdeg] ⟨-ken; -ker⟩ Streichholz *n*; **~æske** [-ɛsgə] Streichholzschachtel *f*

tænger ['tɛŋˀər] → **tang**[1]

tænke ['tɛŋgə] ⟨-te⟩ denken (**på**/an *A*; **om**/über *A*); **at ~ sig!**, **tænk bare** (*od* **en gang**)! stell dir das mal vor!, stellen Sie sich das mal vor!; das ist ja ein Ding!; **det tænkte jeg nok, tænkte jeg det ikke nok** das habe ich mir gleich gedacht; **jeg kunne godt ~ mig en ny bil** ich hätte gern ein neues Auto; **hvem skulle have tænkt det** wer hätte das gedacht; **~ sig om** nachdenken, sich besinnen; **~ efter** nachdenken; **~ igennem** durchdenken; **~ over** ngt. über etw (*A*) nachdenken, sich (*D*) etw überlegen; **hvad ~r du på?** woran denkst du?; **hvad ~r du dog på?** wo denkst du hin?, was fällt dir ein?; **han kom til at ~ på ngt.** etw fiel ihm ein; **jeg har andet at ~ på** ich habe anderes zu tun; **han ~r på at rejse i morgen** er gedenkt (*od* beabsichtigt) morgen abzureisen; **jeg kan ~ mig (til), hvordan ...** ich kann mir denken, wie ...; **~ sig tilbage til barndommen** sich in die Kindheit zurückversetzen; **jeg ~r mit ved det** ich denke mir mein(en) Teil dabei; **hun er den sødeste pige, der ~s kan** sie ist das netteste Mädchen, das man sich vorstellen kann; **tænkt** *adj* angenommen, hypothetisch; **som tænkt, så gjort** gedacht, getan

tænkeboks ['tɛŋgəbɔgs] *Fernsehratespiel*: (Kandidaten)Kabine *f*; **gå i ~** *fig* in Klausur gehen, in sich gehen

tænke|**evne** ['tɛŋgæuˀnə] Denkvermögen *n*; **~lig** [-li] denkbar, erdenklich; **~måde** [-mɔːðə] Denkweise *f*, Denkart *f*, Gesinnung *f*; **~pause** [-pɑʊsə] Denkpause *f*; **~r** [-ʀ] ⟨-en; -e⟩ Denker *m*; **~sæt** [-sed] → **tænkemåde**

tænksom ['tɛŋgsɔmˀ] nachdenklich

tæppe[1] ['tɛbə] ⟨-t; -r⟩ Decke *f*; Teppich *m*; THEA Vorhang *m*; **for åbent ~** auf offener Szene; *fig* in aller Öffentlichkeit

tæppe[2] ['tɛbə]: **~ af** Bett abdecken

tæppe|**banker** ['tɛbəbaŋgər] ⟨-en; -e⟩ Teppichklopfer *m*; **~belagt** [-beˀlagd] mit e-m Teppich ausgelegt; **~fald** [-falˀ] THEA (*a* Schluss e-s Akts): Vorhang *m*; **~flise** [-fliːsə] Teppichfliese *f*

tære ['tɛːrə] zehren, *fig* nagen; **sygdommen ~r på ham** die Krankheit zehrt an ihm; **~t af rust** von Rost zerfressen; **luften ~r** die (gute) Luft macht Appetit; **~s hen af sorg** vom Kummer verzehrt werden

tæring ['tɛːreŋ] ⟨-en; -er⟩ Korrosion *f*; **sætte ~ efter næring** *fig* sich nach der Decke strecken

tærske ['tɛrsgə] dreschen; **~ langhalm** *fig* leeres Stroh dreschen; **~ igennem** Stoff, Pensum durchpauken; → **tæske**

tærskel ['tɛrsgəl] ⟨*tærsk(e)len*; *tærskler*⟩ Schwelle *f*

tærskemaskine ['tɛʀsgəma'sgi:nə] →
tærskeværk

tærsker ['tɛʀsgɔʀ] ⟨-en; -e⟩: **æde som en
~ F** fressen wie ein Scheunendrescher

tærskeværk ['tɛʀsgəvɛʀg] ⟨-et; -er⟩
Dreschmaschine f

tærte ['tɛʀdə] ⟨-n; -r⟩ Torte f

tæsk [tɛsg] pl F Dresche f, Prügel pl

tæske ['tɛsgə] F verhauen, verdreschen;
→ **tærske**

tæt [tɛd] dicht; eng; Figur: gedrungen;
drikke ~ kräftig bechern; **gå ~ på en**
fig j-m den Leib rücken; **holde ~**
fig F dichthalten; **~bygget** ['-bygəð] Person: gedrungen, stämmig; **~masket**
['-masgəð] engmaschig; **~ne** ⟨-r⟩ sich
verdichten, dichter werden; dicht machen, abdichten; **~pakket** ['-pagəð] dicht
gedrängt; Raum: überfüllt; **~skreven**
['-sgʀe:'vən], **~skrevet** ['-sgʀe:'vəð]
eng beschrieben; **~sluttende** ['-sludənə]
Deckel fest (od dicht) schließend, Kapuze, eng anliegend

tætte ['tɛdə] Ritze (ab)dichten, dicht machen; **~kam** [-kɑm'] Staubkamm m

tættrykt ['tɛdtʀœgd] eng bedruckt

tæv [tɛ:'v] pl F Prügel pl

tæve¹ ['tɛ:və] ⟨-n; -r⟩ Hündin f, F Töle f;
fig F Dirne f, Nutte f

tæve² ['tɛ:və]: **få et par på ~n** V ein paar in
die Fresse (od aufs Maul) kriegen

tæve³ ['tɛ:və] F verhauen; **~ løs på én** auf
j-n eindreschen

tævehund ['tɛ:vəhun'] Hündin f

to¹ [tø:'] ⟨-en⟩ Tauwetter n

to² [tø:']: tauen; **~ op** auftauen (a fig)

tøbrud ['tøbʀuð] ⟨-det; -⟩ Schneeschmelze
f; Tauwetter n (a fig)

tøddel ['tøð'əl] ⟨tød(de)len; tødler⟩: **ikke
en ~** F kein Tüttelchen (od keinen Deut

tøffe ['tøfə] F töffen, tuckern

tøffel ['tøfəl] ⟨tøf(fe)len; tøfler⟩ Pantoffel
m; **være under ~en** fig unter dem Pantoffel stehen; **~helt** [-hel'd] Pantoffelheld
m; **~regimente** [-ʀegi'mɛndə] ⟨-t; -r⟩
Weiberherrschaft f

tofle ['tøflə]: **~ af** F sich trollen, abstiefeln,
abtrotten

tøj [tɔɪ'] ⟨-et⟩ Stoff m; F Zeug n; Kleidung f,
(Anzieh)Sachen pl; **et sæt ~** Anzug m;
dagligt ~ Alltagskleidung f; **være pæn
i ~et** gut angezogen sein; **vil De ikke
lægge ~et?** bitte, legen Sie ab!; **tørre ~**
Wäsche trocknen; **dumt ~** dummes
Zeug n; **tage sit gode ~ og gå** F fig
s-n Hut nehmen; **alt hvad remmer og
~ kan holde** F was das Zeug hält

tøjeri [tɔɪə'ʀi:'] ⟨-et; -er⟩ dumme(s) Zeug
n

tøj|hus ['tɔɪhu:'s] MIL Zeughaus n; **~jon**
[-jo:'n] F Modenarr m, Schickimicki
m; **~klemme** [-klɛmə] Wäscheklammer f

tøjle¹ ['tɔɪlə] ⟨-n; -r⟩ Zügel m, Zaumzeug
n; **køre én i stramme ~r** F fig j-m die Zügel kurzhalten, j-n an die Kandare nehmen; **slappe (stramme) ~rne** fig die Zügel lockern (anziehen); **give fantasien fri
~r** der Fantasie freien Lauf lassen

tøjle² ['tɔɪlə] zügeln, bändigen (a fig)

tøjlesløs ['tɔɪlesløː's] fig zügellos

tøjr [tɔɪ'ʀ] ⟨-et; -⟩ Weidestrick m, Tüder m

tøjre ['tɔɪrə] anpflocken, anbinden, tü-
dern (a F fig); **~pæl** [-pɛ:'l] (Tüder-)
Pflock m; **~slag** [-sla:'] → **tøjrslag**

tøjrslag ['tɔɪʀsla:'] ⟨-et; -⟩ fig Spielraum
m, Freiraum m

tøjsnor ['tɔɪsno:'ʀ] Wäscheleine f

tøjte ['tɔɪdə] ⟨-n; -r⟩ F Nutte f, Flittchen n

tølper ['tøl'bəʀ] ⟨-en; -e⟩ Tölpel m, Roh-
ling m, Rüpel m

tømme¹ ['tœmə] ⟨-n; -r⟩ Pferd: Zügel m;
holde sin vrede i ~ s-n Zorn im Zaume
halten (od zügeln)

tømme² ['tœmə] ⟨-te⟩ leeren; **~s** sich leeren

tømmer ['tœm'əʀ] ⟨-et⟩ (Bau-, Nutz)Holz
n; **der er godt ~ i ham** fig er ist aus dem
rechten Holz (geschnitzt)

tømmer|fláde ['tœmərflɔ:ðə] (Holz)Floß
n; **~handel** [-han'əl] Holzhandel m;
~mand [-man'] (Schiffs)Zimmermann
m; **have tømmermænd** pl F fig Katzenjammer (od e-n Kater) haben; **~værk**
[-vɛʀg] ⟨-et⟩ Gebälk n

tømning ['tœmnen] ⟨-en; -er⟩ Leeren n,
(Ent)Leerung f

tømre ['tœmʀə] zimmern; **~ sammen** zu-
sammenzimmern

tømrer ['tœmʀəʀ] ⟨-en; -e⟩ Zimmermann
m, Bautischler m; **~håndværk** [-hɔn-
vɛʀg] Zimmer(er)handwerk n

tønde ['tønə] ⟨-n; -r⟩ Fass n, Tonne f (a
Maß); **en ~ land** ungefähr: zwei Morgen,
1/2 Hektar Land; **nu har jeg fået nok af
den ~!** F fig davon hab ich jetzt genug!;
slå katten af ~n dän Fastnachtsbrauch:
„die Katze aus der Tonne schlagen";
stå som sild i en ~ wie die Heringe zusammengepresst stehen

tønder ['tøn'əʀ] ⟨-et⟩ Zunder m; fig
Zündstoff m

tøndeslagning ['tønəsla:(j)nen] ⟨-en; -er⟩
= **dän Fastnachtsbrauch**; → **tønde**

tøndevis ['tønəvi:'s]: **i ~** tonnenweise

tør **484**

tør¹ [tœr] → turde
tør² [tœ:'ʀ] trocken (a fig), dürr; **kost** → **tørkost; en ~ kop kaffe** e-e Tasse Kaffee ohne Kuchen; **~re hug** e-e anständige Tracht Prügel; **falde på et ~t sted** Geld wie gerufen kommen; **hverken få vådt eller ~t** F weder zu essen noch zu trinken kriegen; **give et barn ~t på** ein Kind trockenlegen; **give én ~t på** fig j-m den Kopf waschen, → **a tørre af**; **have sit på det ~e** fig sein Schäfchen im Trockenen haben; **løbe** (od **køre**) **~ for benzin** AUTO kein Benzin mehr haben; **løbe ~ for penge** F auf dem Trockenen sitzen (*finanziell*); **være ~ i halsen** F fig e-e trockene Kehle haben

tørhed ['tœrheð?] ⟨en⟩ Trockenheit f
tørke ['tœrgə] ⟨n; -r⟩ Trockenheit f, Dürre f; **~ramt** [-ʀɑm?d] von Dürre heimgesucht
tør|klæde ['tœrklɛ:ðə] ⟨-t; -r⟩ Tuch n; Schal m; **~kost** [-kɔsd] kalte Mahlzeit f, Kaltverpflegung f
tørlægge ['tœrlɛgə] trockenlegen (a fig)
tørmælk ['tœrmɛl?g] Trockenmilch f
tørn [tœr?n] ⟨en; -⟩ NAUT Törn m; Dienst m; **en hård ~** F e-e harte Arbeit, e-e Mordsarbeit; **tage en ~ med** F mit anpacken; **tage en ~ med én** F e-e Auseinandersetzung mit j-m haben
tørne ['tœrnə] **~** (*i*)*mod ngt.* gegen etw (an-, auf)prallen; **~ sammen** zusammenprallen; fig aneinandergeraten
tørre¹ ['tœrə] ⟨en⟩ **hænge tøj til ~** Wäsche zum Trocknen aufhängen
tørre² ['tœrə] *v/i* trocknen; *v/t* trocknen; dörren; wischen; **~ af** abtrocknen, (ab)wischen; **~ sig om munden** sich den Mund abwischen; **~ op** aufwischen; **~ én ordentligt af** fig j-m e-e (tüchtige) Abreibung verpassen; **~t frugt** Dörrobst n, Backobst m
tørre|hjelm ['tœrəjɛl?m] Trockenhaube f; **~snor** [-sno:?ʀ] Wäscheleine f; **~stativ** [-sda'ti:?v] Wäscheständer m; **~tumbler** [-tom(b)lər] Wäschetrockner m; **~vejr** [-vɛ:?ʀ] günstige(s) Wetter n zum Wäschetrocknen
tørring ['tœreŋ] ⟨-en; -er⟩ Trocknen n, Trocknung f
tør|salte ['tœrsaldə] trocken salzen; **~skoet** [-sgo:?əð] trockenen Fußes; **slippe ~ fra ngt.** fig mit heiler Haut (od ungeschoren) davonkommen; **~sprit** [-sbʀid] Trockenspiritus m
tørst [tœrsd] ⟨-en⟩ Durst m (a fig) (**slukke** löschen od stillen; **drikke en tår over**

~en F e-n über den Durst trinken
tørste ['tœrsdə] dursten, dürsten (**efter** nach D); Durst haben; fig lechzen; **~ ihjel** verdursten
tørstege ['tœrsdaiə] ohne Fettzugabe braten
tørstig ['tœrsdi] durstig; **være ~** Durst haben
tør|stof ['tœrsdɔf] Trockensubstanz f, Trockenmasse f; **~suppe** [-sobə] Tütensuppe f
tørv [tœr?v] ⟨-en; -⟩ Torf m; **grave ~** Torf stechen
tørvejord ['tœrvəjo:?ʀ] Torferde f
tørvejr ['tœrvɛ:?ʀ] trockene(s) Wetter n
tørve|mose ['tœrvəmo:sə] Torfmoor n; **~skær** [-sgɛ:?ʀ] ⟨-et; -⟩ Torfstich m; **~smuld** [-smul?], **~strøelse** [-sdrœ:?əlsə] Torfmull m, Mulch m; **~triller** [-trilər] fig F Langweiler m
tøs [tøs] ⟨-en; -e od -er⟩ Mädel n, Fratz m; Gör(e) n(f); F Flittchen n
tøse|agtig ['tø:səagdi] weibisch, feminin, weichlich; **~dreng** [-dʀɛŋ?] Muttersöhnchen n; Angsthase m, F Memme f, F Flasche f; **~t** [-ð] übermütig, albern
tø|sjap ['tøsjab] Schneematsch m; **~sne** [-sne:?] Pappschnee m, Schneeregen m
tøve ['tø:və] zögern, zaudern; **tøv** (**nu**) **lidt!** wart(e) mal!, immer mit der Ruhe!; **~nde** zaghaft
tøvejr ['tøve:?ʀ] Tauwetter n
tøven ['tø:vən] Zögern n, Zaudern n; **uden ~** unverzüglich, ohne zu zögern
tå [tɔ:?] ⟨-en; tær⟩ Zehe f, Zeh m; *Strumpf:* Spitze f; **fra top til ~** von oben bis unten, vom Scheitel bis zur Sohle, von Kopf bis Fuß; **let på ~** leichtfüßig; **være på tæerne** F geschäftig od emsig sein; **træde én over tæerne** fig F j-m auf die Zehen treten; **krumme/krølle tæer** fig peinlich berührt sein
tåbe ['tɔ:bə] ⟨-n; -r⟩ Tor m, Narr m
tåbelig ['tɔ:bəli] töricht
tåge ['tɔ:wə] ⟨-n; -r⟩ Nebel m; **~banke** [-baŋgə] Nebelbank f; **~dis** [-di:?s] Nebeldunst m; **~horn** [-hɔr?n] Nebelhorn n; *Person:* Wirrkopf m; **~lygte** [-løgdə] Nebelscheinwerfer m; **~rim** [-ʀi:?m] → **rimtåge**; **~snak** [-snag] ungereimte(s) Zeug n, nebulöses Gerede f
tåget ['tɔ:wəð] neb(e)lig; fig unklar
tåle ['tɔ:lə] ⟨-te⟩ dulden, erdulden; ertragen, vertragen, F verknusen, ausstehen; **jeg kan ikke ~ kaffe** Kaffee bekommt mir nicht; **~lig** [-li] erträglich, leidlich
tålmod ['tɔlmo:?ð] ⟨-et⟩ Geduld f; **~ig**

[-'mo:ʔði] geduldig

tålmodighed [tɔl'mo:ʔðihe:ð°] ⟨*-en*⟩ Geduld *f*

tålmodighedsprøve [tɔl'mo:ʔðiheðsprœːvə] Geduldsprobe *f*

tåls [tɔːˀls]: *slå sig til ~ med ngt.* sich mit *etw* begnügen (*od* zufriedengeben)

tålsom ['tɔːlsɔmˀ] duldsam, tolerant, nachsichtig

tå|negl ['tɔnaˀl] Zehennagel *m*, Fußnagel *m*; **~næse** [-nɛːsə] Schuhspitze *f*

tår [tɔːˀʀ] ⟨*-en*⟩ Schluck *m*; *få sig en ~ kaffe* sich ein Tässchen Kaffee genehmigen; *drikke en ~ over tørsten* → **tørst**

tåre ['tɔːʀə] ⟨*-n*; *-r*⟩ Träne *f*; *fælde ~r* Tränen vergießen; *hun fik ~r i øjnene* die

Tränen traten ihr in die Augen; **~blændet** [-blɛnəð] tränenfeucht; **~kirtel** [-kiʀðəl] ANAT Tränendrüse *f*; **~kvalt** [-kvaːˀld] tränenerstickt

tåreperse|nde ['tɔːʀəpɛʀsənə] rührselig; **~r** [-pɛʀsəʀ] ⟨*-en*; *-e*⟩ F (*Film*) Schnulze *f*, Schmachtfetzen *m*

tåre|pil ['tɔːʀəpiːˀl] BOT Trauerweide *f*; **~vædet** [-vɛːˀðəð] tränennass

tårn [tɔːˀʀn] ⟨*-et*; *-e*⟩ Turm *m*

tårne ['tɔːʀnə]: **~** *sig op* *fig* sich auftürmen, sich häufen

tårn|falk ['tɔːʀnfalˀg] Turmfalke *m*; **~høj** ['-ˀhɔjˀ] turmhoch; *Preise:* horrend

tåspids ['tɔsbes] Zehenspitze *f*; **~dans** [-danˀs] Spitzentanz *m*

U

U, u [uːˀ] ⟨*-et*; *-'er*⟩ U, u *n*

uadskillelig [uað'sgelˀəli] untrennbar; *fig* unzertrennlich

uaf|brudt ['uaˀbrud] ununterbrochen, unablässig; **~gjort** [-gjoːˀʀd] unentschieden; **~hængig** [-hɛŋˀi] unabhängig; **~klaret** [-klaːˀʀəð] ungeklärt; **~ladelig** ['-'laːˀðəli] unablässig, pausenlos; **~vendelig** [-'vɛnˀəli] unabwendbar

uafvidende ['uaũˀviːˀðənə] unwissentlich; *mig selv ~* ohne mein Wissen

uafviselig [uaũˀviːˀsəli] unabweisbar, unabweislich

uagtet ['uagðəð] *konj* obgleich, obwohl; *prp* ungeachtet (*G*), trotz (*G od D*)

uagtsom [u'agdsɔmˀ] unachtsam, fahrlässig

ualmindelig [ual'menˀəli] außergewöhnlich, außerordentlich; ungewöhnlich

uan|bringelig [uan'bʀɛŋˀəli] *Post:* unzustellbar; **~et** ['-aːˀnəð] ungeahnt; **~fægtet** ['-anfɛgðəð] unbeirrt; **~gribelig** ['-'gʀiːˀbəli] unangreifbar; JUR unanfechtbar; *fig a* tadellos; **~meldt** ['-mɛlˀð] unangemeldet; **~se(e)lig** [-'seːˀli] unansehnlich

uanset ['uanseːˀd] ungeachtet (*G*); *~ at* obwohl

uan|stændig [uansdɛnˀdi] unanständig; **~svarlig** ['-'sva:ˀʀli] unverantwortlich; **~tagelig** [-taːˀəli] unannehmbar; **~tastet** [-tasdəð] unangetastet, unbehelligt; **~vendelig** [-'vɛnˀəli] unanwendbar, unbrauchbar

uappetitlig ['uabtidli] unappetitlich

uarbejdsdygtig ['uaʀbaĩdsdøgdi] arbeitsunfähig

uartig [u'aʀˀdi] unartig, ungezogen; unverschämt; unanständig

ubarberet ['ubaʀbeːˀʀəð] unrasiert

ubarmhjertig ['ubaʀmjɛʀdi] unbarmherzig, erbarmungslos

ube|boelig [ube'bo:ˀli] unbewohnbar; **~boet** ['-bo:ˀəð] unbewohnt; **~bygget** ['-bygəð] unbebaut; **~dragelig** [-'dʀa:ˀwəli] untrüglich; **~færdet** ['-fɛʀˀðəð] unbelebt, menschenleer; **~fæstet** ['-fɛsdəð] MIL unbefestigt; *fig* unbeständig, schwankend; **~føjet** ['-fɔjˀəð] unbefugt; **~gavet** ['-ga:ˀvəð] unbegabt; **~gribelig** [-'gʀiːˀbəli] unbegreiflich; **~grundet** ['-gʀonˀəð] unbegründet, grundlos; **~grænset** ['-gʀɛnˀsəð] unbegrenzt, grenzenlos, unbeschränkt

ubehag ['ubeha:ˀ(j)] Unbehagen *n*; **~elig** [-'ha:ˀəli] unangenehm, unerfreulich; **~elighed** [-'ha:ˀəlihe:ð°] ⟨*-en*; *-er*⟩ Unannehmlichkeit *f*

ube|hersket ['ubehɛʀsgəð] unbeherrscht; **~hjælpsom** ['-jɛlˀbsɔmˀ] unbeholfen; **~hændig** [-hɛnˀdi] ungeschickt; **~høvlet** ['-høˀøˀləð] *fig* ungehobelt; **~kendt** [-kenˀð] unbekannt; **~kvem** [-kvemˀ] unbequem; ungelegen; **~kymret** [-kømˀʀəð] unbekümmert, sorglos; unbesorgt; **~lejlig** [-'laĩˀli] ungelegen; **~mandet** [-manˀəð] unbemannt; **~midlet** [-miðˀləð] unbemittelt, mittellos

ube|mærket ['ubemɛʀgəð] unbemerkt, unauffällig; **~nyttet** [-nødəð] unbenutzt, ungenutzt; **~nævnt** [-neṷ'nd] MATH unbenannt; **~regnelig** ['-ʀɑĭ'nəli] unberechenbar (a fig); **~rettiget** [-ʀɛdiəð] unberechtigt, grundlos; **~rygtet** [-ʀøɡdəð] unbescholten; **~rørt** [-ʀø'ʀd] unberührt; **~sat** [-sad] unbesetzt, vakant; **~set** [-se'ð] unbesehen

ubesindig [ube'sen'di] unbesonnen, unbedacht; **~hed** [-he:ð'] ⟨-en; -er⟩ Unbesonnenheit f

ube|skadiget ['ubesga:'ðiəd] unbeschädigt; **~skeden** [-sge:'ðən] unbescheiden

ubeskreve|n ['ubesɡʀe:'vən], **~t** [-sɡʀe:'vəð] unbeschrieben (a fig)

ube|skrivelig [ube'sɡʀi:'vəli] unbeschreiblich; **~skyttet** [-'sɡødəð] unbeschützt, schutzlos; **~skæftiget** [-sɡɛf-diəð] unbeschäftigt; untätig

ubeskåre|n ['ubesɡo:'ʀən], **~t** [-sɡo:'ʀəð] fig ungeschmälert, in voller Höhe

ube|slutsom [ube'sludsɔm'] unentschlossen, unschlüssig; **~smittet** ['-sme-dəð] KATH unbefleckt (a fig); **~standig** ['-sdan'di] unbeständig, unstet; **~stemmelig** [-'sdɛm'əli] unbestimmbar

ubestemt [ube'sdɛm'd] unbestimmt (a GRAM), vage, unklar; **på ~ tid** auf unbestimmte Zeit, unbefristet

ubestikkelig [ube'sdeɡəli] unbestechlich

ubestrid|elig [ube'sdʀi:'ðəli] unbestreitbar, unstreitbar; **~t** ['-sdʀid] unbestritten

ube|svaret [ube'svaːʀəð] unbeantwortet; fig unerwidert; **~sværet** [-sve:'ʀəð] unbeschwert; **~sørget** [-sœʀ'wəð] Post: nicht zugestellt

ubetal|elig [ube'ta:'ləli] unbezahlbar; fig köstlich; **~t** ['-ta:'ld] unbezahlt

ube|timelig [ube'ti:'məli] unzeitig; **~tinget** ['-teŋ'əð] unbedingt; JUR Strafe: ohne Bewährung; **~tonet** ['-to:'nəð] GRAM unbetont, tonlos; **~tvingelig** [-'tveŋ'əli] unbezwinglich, unbezähmbar; **~tvivlelig** [-'tviŭ'ləli] unbezweifelbar, unzweifelhaft

ubetydelig [ube'ty:'ðəli] unbedeutend, unerheblich; geringfügig; **~hed** [-he:ð'] ⟨-en; -er⟩ Geringfügigkeit f, Unerheblichkeit f; Bedeutungslosigkeit f; Kleinigkeit f

ubetænksom [ube'tɛŋ'ɡsɔm'] unbedacht, unbesonnen, unüberlegt; **~hed** [-sɔmhe:ð'] ⟨-en; -er⟩ Unbedachtsamkeit f, Unbesonnenheit f

ube|vidst [ube'ubevesd] unbewusst; **~vis(e)lig** [ube'vi:'sli] unbeweisbar, nicht nachweisbar; **~vist** [-vi:'sd] unbewiesen,

nicht nachgewiesen; **~vogtet** [-vɔɡdəð] unbewacht; BAHN unbeschrankt; **~væbnet** [-ve:'bnəð] unbewaffnet; **~vægelig** ['-ve:'əli] unbeweglich, reg(ungs)los; fig unerbittlich

ubillig ['ubil'i] unbillig

ublandet ['ublan'əð] ungemischt, rein

ublid ['ubli:'ð] unsanft, rau, hart

ublodig ['ublo:'ði] unblutig

ublu ['ublu:'] unverschämt, F Preis: happig

ublufærdig ['ublufɛʀ'di] schamlos

ubodelig [u'bo:'ðəli] unersetzlich; **~ skade** nicht wiedergutzumachender Schaden

ubrugelig [u'bʀu:'əli] unbrauchbar, untauglich

ubrugt ['ubʀoɡd] ungebraucht, unbenutzt; unverbraucht

ubrydelig [u'bʀy:'ðəli], **ubrødelig** [u'bʀø:'ðəli] unverbrüchlich

ubuden ['ubu:'ðən] ungebeten

ubunden ['ubon'ən], **ubundet** ['ubo-n'əð] ungebunden

ubændig [u'ben'di] unbändig

ubøjelig [u'bɔĭ'əli] fig unbeugsam, unnachgiebig; GRAM undeklinabel

ubønhørlig [ubœn'høʀ'li] unerbittlich

ubåd ['u:'bɔ:'ð] U-Boot n

uciviliseret ['usivili'se:'ʀəð] unzivilisiert, unkultiviert

ud [uð'] aus; heraus, hinaus; **~/ Tür:** Ausgang m; **måneden ~** bis Ende des Monats; **jeg skal ~ i aften** ich gehe heute Abend aus; **kende ngt. ~ og ind** etw in- u. auswendig kennen; **hverken vide ~ eller ind** weder aus noch ein wissen; **rent ~ sagt** ehrlich (od offen) gesagt; **~ af huset** aus dem Haus (hinaus); **~ ad døren (vinduet)** zur Tür (zum Fenster) hinaus; **~ for** gegenüber, (direkt) vor; **~ i det blå** ins Blaue hinein; **~ med det (dig)!** heraus damit (mit dir)!; **~ med sproget!** heraus mit der Sprache!; **værelset ligger ~ mod gaden** das Zimmer liegt zur Straße (hinaus); **~ over ngt.** über etw (A) hinaus (od hinweg); **~ over mig ...** außer mir ...; **det går ~ over mig** es trifft mich, ich bin der/die Leidtragende; **til langt ~ på natten** bis tief in die Nacht (hinein); **hvad går det ~ på?** worauf läuft das hinaus?; **gøre sig ~ til bens** fig sich auf die Hinterbeine stellen, F bocken

udad ['uð'að] nach außen, auswärts

udadlelig [u'dað'ðəli] untad(e)lig, einwandfrei

udad|til [uð'ɔðtel] nach außen (hin); fig

äußerlich; **~vendt** [-vɛnˀd] nach außen gekehrt; *Mensch:* aufgeschlossen

udannet ['udanəð] ungebildet, unkultiviert

udarbejde ['uðɑʁbaiˀdə] ausarbeiten, konzipieren

udarte ['uðɑːˀʁdə] ausarten (*til*/in *A*); entarten

udaset ['uðaːˀsəð] abgehetzt, F geschafft

udbasunere ['udbasuˈneːˀʁə] ausposaunen

udbede ['uðbeːˀðə]: **~ sig ngt.** sich etw erbitten (*od* ausbitten); **svar ~s** (*Abk.* **s. u.**) um Antwort wird gebeten (*Abk.* u. A. w. g.)

udbedre ['uðbɛðˀʁə] ausbessern, beheben

udbene ['uðbeːˀnə] *Fisch* entgräten

udbetale ['uðbeˈtaːˀlə] auszahlen; anzahlen

udbetaling ['uðbeˈtaːˀleŋ] ⟨-en; -er⟩ Auszahlung *f;* Anzahlung *f*

ud|blik ['uðbleg] *fig* Ausblick *m,* Übersicht *f;* **~blokke** [-blɒgə] *Schuh* (aus)weiten

udblæsningsrør ['uðblɛːˀsneŋsʁøiˀʁ] Auspuff(rohr) *m(n)*

udbløde ['uðbløːˀðə] ⟨-ede *od* -te⟩ einweichen, wässern

udbombe ['uðbomˀbə]: **blive ~t** ausgebombt werden

udbore ['uðboːˀʁə] ausbohren

udbrede ['uðbʁeːˀðə] ausbreiten; verbreiten; **~ sig om** (*od* **over**) **ngt.** *fig* sich über *etw* (*A*) ausbreiten (*od* auslassen); **~lse** [-lsə] ⟨-n; -r⟩ Ausbreitung *f*

udbringe ['uðbʁeŋˀə] *Post* austragen, zustellen; **~ en skål for én** e-n Toast auf *j-n* ausbringen

udbringning ['uðbʁeŋˀneŋ] ⟨-en; -er⟩ Zustellung *f,* Austragen *n*

udbrud ['uðbʁuð] ⟨-det; -⟩ Ausbruch *m;* Ausruf *m;* **et ~ af vrede** ein Zorn(es)ausbruch *m*

udbryde ['uðbʁyːˀðə] ausbrechen; ausrufen; **~r** [-ʁ] ⟨-en; -e⟩ Ausbrecher *m;* SPORT Ausreißer *m*

udbrænde ['uðbʁɛnˀə] ausbrennen; **~t** niedergebrannt, ausgebrannt (*a fig*)

udbud ['uðbuð] ⟨-(d)et; -⟩ Angebot *n*

udbule ['uðbuːˀlə] ausbeulen

udbyde ['uðbyːˀðə] *Ware* anbieten; *Arbeit* (öffentlich) ausschreiben

udbygge ['uðbygə] ausbauen (*a fig*)

udbygning ['uðbygneŋ] ⟨-en; -er⟩ Ausbau *m* (*a fig*); Vorbau *m;* **~erne** *pl* die Wirtschaftsgebäude *n/pl,* Stallungen *pl*

udbytning ['uðbydneŋ] ⟨-en; -er⟩ Ausbeutung *f*

udbytte[1] ['uðbydə] ⟨-t; -r⟩ Ertrag *m,* Ausbeute *f,* Gewinn *m*

udbytte[2] ['uðbydə] ausbeuten

udbytterig ['uðbydeʁiːˀ] ergiebig, gewinnbringend, lohnend

udbære ['uðbɛːˀʁə] austragen; *Post* zustellen

uddanne ['uðdanˀə] ausbilden; **~lse** [-lsə] Ausbildung *f*

uddannelsessøgende ['uðdanˀəlsəssøːˀənə] ⟨en⟩ Auszubildende(r) *f (m),* Lehrling *m,* F Azubi *m/f*

ud|data ['uðdaːta] *Datenverarbeitung:* Output *m;* **~debatere** [-debaˈteːˀʁə] ausdiskutieren, ausführlich erörtern

uddel|e ['uðdeːˀlə] verteilen, austeilen, erteilen; **~er** [-ʁ] ⟨-en; -e⟩ Leiter e-r Verkaufsstelle e-r Konsumgenossenschaft → **brugs(forening)**; **~ing** [-deːˀleŋ] ⟨-en; -er⟩ Verteilung *f,* Austeilung *f*

uddifferentiere ['uðdifaʁɛnsjeːˀʁə] differenzieren, unterteilen

uddrag ['uðdʁɑːˀw] ⟨-et; -⟩ Auszug *m;* **i ~** auszugsweise; **~e** [ə] *Folgerungen, die od e-e Lehre* ziehen; **~ en slutning** (schluss)folgern

uddriv|e ['uðdʁiːˀvə] austreiben, vertreiben; **~else** [-ɛlsə] ⟨-n; -r⟩, **~ning** [-dʁiːˀvneŋ] ⟨-en; -er⟩ Austreibung *f,* Vertreibung *f*

uddunste ['uðdonˀsdə] ausdünsten

uddyb|e ['uðdyːˀbə] tiefer machen, vertiefen (*a fig*); **~ning** [-dyːˀbneŋ] ⟨-en; -er⟩ Vertiefung *f*

uddø ['uðdøːˀ] aussterben; **~d** ausgestorben

ude ['uːðə] draußen; außen; aus, zu Ende; **være ~** nicht zu Hause *od* außer Haus(e) sein; **spise ~** draußen *od* auswärts essen; **være ~ af sig selv,** F **af flippen** außer sich sein; **have arbejde ~** erwerbstätig sein; **være ~ af stand til at ...** außerstande sein zu ...; **være ~ efter én** hinter *j-m* her sein; es auf *j-n* abgesehen haben; **være ~ efter ngt.** auf *etw* (*A*) aus sein; **det har jeg aldrig været ~ for før** das habe ich noch nie erlebt, das ist mir noch nie passiert; **det er ~ med ham** es ist um ihn geschehen; **det har du selv været ~ om** das hast du dir selbst zuzuschreiben; **være ~ over ngt.** über *etw* (*A*) hinaus sein; **være ~ på ngt.** *etw* bezwecken; auf *etw* aus sein

udearbejde ['uːðəɑʁbaiˀdə]: **have ~** berufstätig sein; **~nde** [-nə] berufstätig, erwerbtätig

udebane ['u:ðəba:nə]: SPORT **kamp på** ~
Auswärtsspiel n

udeblive ['u:ðəbli:ʔvə] ausbleiben, fig
unterbleiben; fernbleiben (fra ngt. etw
D); **~lse** [-lsə] ⟨-n; -r⟩ Ausbleiben n,
Fernbleiben n; JUR Nichterscheinen n

udefiner|bar ['udefi:ne:ʔrba:ʔr], **~lig**
['-'nεrʔli] undefinierbar

udefra ['u:ðəfrɑ:ʔ] von außen; von auswärts

udefter ['uðʔεfdər] nach außen

udekamp ['u:ðəkɑm²b] SPORT Auswärtsspiel n

udelade ['u:ðəla:ʔðə] auslassen, weglassen; **~lse** [-lsə] ⟨-n; -r⟩ Auslassung f,
Weglassung f

udelelig [u'de:ʔləli] unteilbar

udeliv ['u:ðəli:ʔv] Leben n im Freien; Leben n außerhalb des Hauses

udel|t ['ude:ʔld] ungeteilt; **~tagende**
['udelta:ʔənə] teilnahmslos

udelukke ['u:ðəlogə] ausschließen; **~nde**
[-nə] ausschließlich; **~t** [-ð] ausgeschlossen

uden ['u:ðən] prp ohne (A); außer; **der var
ingen ~ mig** da war keiner außer mir; **~
videre** ohne weiteres, F mir nichts, dir
nichts; adv ~ **for** außerhalb (G); vor
(D); ~ **for tjenesten** außerdienstlich; **være ~ for fare** außer Gefahr sein; **ikke
kunne komme ~ om ngt.** um etw (A)
nicht herumkommen; **~ på døren** (dr)au-
ßen an der Tür; konj ~ **at** ohne zu; ohne
dass

udenad ['u:ðənað] auswendig; **~lært**
[-lε:ʔrd] auswendig gelernt

udenbords ['u:ðənbo:ʔrs] NAUT außen-
bords; **~motor** [-mo:tɔr] Außenbordmo-
tor m

udenbys ['u:ðənby:ʔs] auswärtig; auswärts; ~ **samtale** TEL Ferngespräch n

udendørs ['u:ðəndœrʔs] außer dem Hause, draußen; **~liv** [-li:ʔv] Leben n im Frei-
en; **~optagelse** [-ɔbta:ʔəlsə] Film: Au-
ßenaufnahme f

udenfor ['u:ðənfɔr] adv außen, draußen;
außerhalb; **de gik ~** sie gingen nach draußen; **han følte sig ~** er fühlte sich isoliert
(od ausgegrenzt); **holde sig ~** fig sich
fernhalten; **~stående** [-sdɔ:ʔənə] Au-
ßenstehende(r) m

udenlands ['u:ðənlɑnʔs] außer Landes,
im Ausland; **rejse** (od **tage**) ~ ins Ausland reisen (od fahren); **~dansker**
[-dɑnsgər] → **udlandsdansker**; **~k** [-g]
ausländisch; **~rejse** [-rɑïsə] Auslandsrei-

se f

udenom ['u:ðənɔmʔ] adv außen herum;
d(a)rum herum; **der er ingen vej ~** F
fig da führt kein Weg dran vorbei, man
kommt nicht d(a)rum herum; → **a uden
om**

udenoms|bekvemmeligheder ['u:ðə-
nɔmsbe'kvεmʔəlihe:ðər] pl Neben-
räume m/pl; **~parlamentarisk** [-pɑrla-
menʔtɑ:ʔrisg] außerparlamentarisch;
~snak [-snɑg] Drumherumgerede n,
Umschweife pl

uden|på ['u:ðənpɔ:ʔ] adv außen; **~ret(s)-
lig** [-rεd(s)li] JUR außergerichtlich

udenrigs|handel ['u:ðənrishanʔəl] Au-
ßenhandel m; **~k** [-risg] auswärtig; **~mi-
nister** [-mi'nisdər] Außenminister m;
~ministerium [-mini'sde:ʔriom] Außen-
ministerium n, Auswärtige(s) Amt n;
~politik [-poli'tig] Außenpolitik f; **~tje-
neste** [-tjε:nəsdə] auswärtiger Dienst m

ude|rum ['u:ðərɔmʔ] überdachte Terras-
se; **~sko** [-sgo:ʔ] Straßenschuhe pl;
~stue [-sdu:ə] → **uderum**

udestående¹ ['u:ðəsdɔ:ʔənə] ⟨-t; -r⟩ fig
unbeglichene Rechnung f; **have et ~
med én** fig mit j-m noch e-e Rechnung
zu begleichen haben

udestående² ['u:ðəsdɔ:ʔənə] ausste-
hend; **~fordringer** ausstehende Forde-
rungen f/pl, Außenstände pl

udetøj ['u:ðətɔï] etwa Allwetterkleidung f

udfald ['uðfalʔ] Ausgang m, Ergebnis n;
Ausfall m (a MIL)

udfalds|port ['uðfalspɔ:ʔ] Ausfall(s)tor
n; **~vej** [-vaïʔ] Ausfallstraße f

ud|finde ['uðfenʔə] ersinnen, F austüfteln;
~fletning [-flednəŋ] Verkehrsweg: Ver-
zweigung f, Verteiler m; **~flippet**
[-flebəð] F ausgeflippt

udflugt ['uðflogd] Ausflug m; Ausrede f;
komme med ~er Ausflüchte machen

udflydende ['uðfly:ʔðənə] fig verschwommen; ~ **olie** ausfließende(s) Öl n

udflytning ['uðflødnəŋ] Auszug m, Ausziehen n

udflytter ['uðflødər] ⟨-en; -e⟩ (Aus)Sied-
ler m; **~gård** [-gɔ:ʔr] Einödhof m, Ein-
zelhof m

udflåd ['uðflɔð] MED Ausfluss m

udfolde ['uðfɔlʔə] entfalten (a fig); **~lse**
[-lsə] ⟨-n; -r⟩ Entfaltung f

udfordre ['uðfɔ:ʔrdrə] herausfordern;
~nde herausfordernd

udfordring ['uðfɔ:ʔrdrεŋ] Herausforde-
rung f; Forderung f

udform|e ['uðfɔ:ʔrmə] (aus)gestalten,

formen; abfassen; **~ning** [-fɔ:ˀrmnɛŋ] (Aus)Gestaltung *f*, Formung *f*; Abfassung *f*

udforsk|e ['uˀdfɔʀsgə] ausforschen, erforschen; **~ning** [-fɔʀsgnɛŋ] ⟨-en; -er⟩ Ausforschung *f*, Erforschung *f*

udfri ['uˀdfʀi:ˀ] befreien, erlösen; **~else** [-əlsə] ⟨-n; -r⟩ Befreiung *f*, Erlösung *f*

udfritte ['uˀdfʀidə] ausfragen, aushorchen; **~n** Ausfragen *n*

udfyld|e ['uˀdfylˀə] ausfüllen; ergänzen; **~else** [-lsə] ⟨-n; -r⟩, **~ning** [-fylˀnɛŋ] ⟨-en; -er⟩ Ausfüllung *f*; Ergänzung *f*

udfælde ['uˀdfelˀə] CHEM ausfällen, ausscheiden

udfærdige ['uˀdfɛʀˀdiə] ausfertigen

udføre ['uˀdfø:ˀʀə] ausführen; *Arbeit* erledigen

udførlig [uˀdˀføːˀʀli] ausführlich

udførsel ['uˀdføʀˀsəl] ⟨udførs(e)len; udførsler⟩ Ausfuhr *f*

udførsels|forbud ['uˀdføʀsəlsˀfɔʀbuð] Ausfuhrverbot *n*; **~tilladelse** [-'tela:ˀðəlsə] Ausfuhrerlaubnis *f*, Ausfuhrgenehmigung *f*

udgang ['uˀdgaŋˀ] ⟨-en; -e⟩ Ausgang *m*; Ende *n*

udgangsbillet ['uˀdgaŋsbiˀled] *tage ~* sig F Reißaus nehmen, abhauen

udgangsforbud ['uˀdgaŋsfɔʀbuð] Ausgehverbot *n*; Ausgangssperre *f*

udgave ['uˀdga:va] ⟨-n; -r⟩ Ausgabe *f*, Fassung *f*

udgift ['uˀdgifd] ⟨-en; -er⟩ Ausgabe *f*; **~er** Auslagen *f/pl*, Kosten *pl*, Spesen *pl*

udgiftspost ['uˀdgifdspɔsd] Ausgabeposten *m*

udgive ['uˀdgi:ˀ(v)ə] ausgeben; *Buch* herausgeben, veröffentlichen; *~ sig for at være læge* sich als Arzt ausgeben; **~lse** [-lsə] ⟨-n; -r⟩ Herausgabe *f*, Veröffentlichung *f*; Erscheinen *n* (*under* im/D); **~r** [-ʀ] ⟨-en; -e⟩ Herausgeber *m*

udglatte ['uˀdglaðə] glätten; *fig* ausbügeln

udgranske ['uˀdgʀanˀsgə] erforschen

udgrav|e ['uˀdgʀɑːˀvə] ausgraben; ausschachten; **~ning** [-gʀɑːˀvnɛŋ] Ausgraben *n*, Ausgrabung *f*

udgrunde ['uˀdgʀɔnˀə] ergründen

udgyde ['uˀdgyːˀðə] *Tränen, Blut* vergießen; *~ sit hjerte* sein Herz ausschütten; **~lse** [-lsə] *fig* Erguss *m*

udgøre ['uˀdgø:ˀʀə] ausmachen, bilden; *Summe*: betragen

udgå ['uˀdgɔ:ˀ] ausgehen; entfallen; ausscheiden; *lade ~ Befehl, Mitteilung* erlassen, ergehen lassen; *~ fra en skole* aus e-r

Schule hervorgehen; **~et** ausverkauft, vergriffen; *vi er ~et for kaffe* der Kaffee ist alle; *et ~et træ* ein eingegangener Baum

udgående ['uˀdgɔ:ˀənə] *for ~* NAUT auslaufend, in See gehend

udhale|r ['uˀdha:ˀlər] ⟨-en; -e⟩ Laffe *m*; Wüstling *m*; **~t** [-ət] F *fig* aufgetakelt, aufgedonnert

udholde ['uˀdhɔlˀə] aushalten, ertragen; **~lig** [-'hɔlˀəli] erträglich; **~nde** [-nə] ausdauernd; **~nhed** [-nhe:ð?] ⟨-en⟩ Ausdauer *f*

ud|hugge ['uˀdhogə] aushauen; *Wald* lichten; **~hule** [-hu:ˀlə] aushöhlen; *fig* untergraben, unterhöhlen; **~hungre** [-hoŋˀʀə] aushungern; **~hus** [-hu:ˀs] Nebengebäude *n*; (Geräte)Schuppen *m*; **~hvilet** [-vi:ˀləð] ausgeruht

udhængs|skab ['uˀdhɛŋsga:ˀb] Schaukasten *m*; **~skilt** [-sgelˀd] Aushängeschild *n*

udhæve ['uˀdhɛ:ˀvə] TYP hervorheben; **~lse** [-lsə] Hervorhebung *f*

udisciplineret ['udisipliˀne:ˀʀəð] undisziplinirt

udjage ['uˀdja:ˀə] hinausjagen, vertreiben

udjævne ['uˀdjɛvˀnə] (aus)glätten; ausgleichen (*a fig*); einebnen; ebnen (*a fig*)

udkald ['uˀdkalˀ] Ausruf *m*; *fig sidste ~* letzte Chance *f*; F höchste Eisenbahn

udkant ['uˀdkanˀd] Rand *m*; *fig* Grenze *f*; *bo i ~en af byen* am Stadtrand wohnen

udkast ['uˀdkasd] Entwurf *m*; **~e** [-ə] entwerfen

udkerne ['uˀdkɛʀˀnə] entkernen (*a Bebauung*)

udkig ['uˀdkig] ⟨-et; -⟩ Ausschau *f*; Ausguck *m*

udkigspost ['uˀdkigspɔsd] ⟨-en; -er⟩ Ausguck *m*, Beobachtungsposten *m*

udkik ['uˀdkig] ⟨-et; -⟩ → **udkig**

udklip ['uˀdkleb] (Zeitungs)Ausschnitt *m*

udklæd|ning ['uˀdklɛ:ˀðnɛŋ] Verkleidung *f*; **~t** [-kle:ˀd]: *han var ~ som sørøver* sie hatte sich als Seeräuber verkleidet

udklæk|ke ['uˀdklegə] ausbrüten (*a fig*); **~ning** [-klegnɛŋ] ⟨-en; -er⟩ Ausbrüten *n*

udklækningsanstalt ['uˀdklegnɛŋsˀansdalˀd] *fig* Brutanstalt *f*

udkog ['uˀdkɔ:ˀw] ⟨-et; -⟩ Dekokt *n*, Auszug *m*, Extrakt *m*

udkommandere ['uˀdkɔmanˀde:ˀʀə] abkommandieren

udkomme[1] ['uˀdkɔmˀə] ⟨-t⟩ Auskommen *n*; *det er intet ~ med ham* mit ihm ist kein Auskommen

udkomme² ['uðkɔm?ə] erscheinen

ud|komst ['uðkɔm?sd] ⟨-en⟩ *Buch* Erscheinen *n*; **~konkurrere** ['-kɔnku-'re:?ʀə] *fig* ausschalten, im Wettbewerb schlagen; vom Markt verdrängen

udkrads ['uðkʀɑs] ⟨-et⟩ *Pfeife*: das Ausgekratzte; **~e** [-ə] auskratzen

ud|kramme ['uðkʀɑm?ə] auskramen; *Herz* ausschütten; **~krystallisere** ['-kʀysdali'se:?ʀə] herauskristallisieren *(a fig)*

udkræves ['uðkʀɛ:?vəs] erforderlich/geboten sein

udkæmpe ['uðkɛm?bə] auskämpfen, ausfechten; SPORT austragen

udkør|e ['uðkø:?ʀə] *Waren* ausfahren, (an)liefern; **~sel** [-kørsəl] Ausfahrt *f*; **~t** [-kø:?ʀd] *fig* erschöpft, fix und fertig

udkåre ['uðkɔ:?ʀə] (er)küren; *hans hjertes udkårne lit* die Auserwählte *od* Auserkorene *s-s* Herzens

udlad|e ['uðla:?ðə] *Schiff* ausladen, löschen, entladen; EL entladen *(sig* sich); **~ning** [-la:?ðnen] Entladung *f (a fig)*

udland ['uðlan?] Ausland *n*; *rejse til ~et* ins Ausland reisen

udlands|dansker ['uðlansdansgəʀ] Auslandsdäne *m*; **~samtale** [-sɑmta:lə] TEL Auslandsgespräch *n*

udle ['uðlɛ:?] auslachen

udled|e ['uðlɛ:?ðə] herleiten, ableiten; *Abwasser* einleiten; folgern; **~ning** [-lɛ:?ðnen] Herleitung *f*, Ableitung *f*; Einleitung *f*; Folgerung *f*

udleje ['uðlɑɪ?ə] vermieten

udlej|er ['uðlɑɪ?əʀ] Vermieter *m*; **~ning** [-lɑɪ?nen] Vermietung *f*

udlevere ['uðlə've:?ʀə] ausliefern; herausgeben, aushändigen; **~ sig (selv)** sich verraten

udlevering ['uðlə've:?ʀen] Auslieferung *f*; Herausgabe *f*, Aushändigung *f*

udlevet ['uðlɛ:?vəð] abgelebt, hinfällig; verlebt

udligne ['uðli:?nə] ausgleichen

udlodde ['uðlɔð?ə] *Kapital* verteilen, verlosen

udlove ['uðlɔ:?və] *Belohnung* aussetzen

udlufte ['uðlofdə] (aus)lüften, durchlüften; TECH entlüften

udlyd ['uðlyð?] GRAM Auslaut *m*; **~ende** ['uðly:?ðənə] auslautend, im Auslaut

udlæg ['uðlɛ:?g] ⟨-get; -⟩ Auslagen *pl*, Spesen *pl*; JUR Pfändung *f*, Zwangsvollstreckung *f*; *gøre ~ i ngt. etw* pfänden; **~ge** [-lɛgə] auslegen; deuten; angeben *(som* als); **~ger** [-lɛgəʀ] ⟨-en; -e⟩ Ausle-

ger *m*, Interpret *m*; **~ning** [-lɛgnen] Auslegung *f*

udlægsforretning ['uðlɛgsfɔʀɛdnen] JUR Pfändung *f*, Zwangsvollstreckung *f*

udlænd|ighed ['uðlɛn?dihe:ð?] ⟨-en⟩ Aufenthalt *m* im Ausland, Exil *n*; **~ing** [-lɛn?en] ⟨-en; -e⟩ Ausländer(in) *m(f)*

udlængsel ['uðlɛn?səl] Fernweh *n*

udlært ['uðlɛʀ?d] ausgelernt

udløb ['uðlø:?b] Auslauf *m*; Mündung *f*; *Zeit*: Ablauf *m*; **~e** [-ə] ablaufen; erlöschen, verfallen; **~er** [-əʀ] Ausläufer *m (a fig)*; Folge *f*; Seitentrieb *m*

udløs|e ['uðlø:?sə] auslösen; erlösen; freikaufen; **~ning** [-lø:?snen] Auslösung *f*; Erlösung *f*; Orgasmus *m*

udlån ['uðlɔ:?n] Verleih *m*; *Bibliothek*: Ausleihe *f*; ØKON Darleh(e)n *n*; **~e** [-ə] verleihen, ausleihen

udmaje ['uðmɑɪ?ə] aufputzen, F aufdonnern; **~t** F aufgedonnert

ud|male ['uðma:?lə] ausmalen *(sig ngt.* sich *etw)*; **~manøvrere** ['-manøv're:?ʀə] ausmanövrieren, F ausbooten; **~marvet** [-ma:?ʀvəð] *fig* ausgeblutet, ausgemergelt

udmatte ['uðmadə] *v/t* ermatten, erschöpfen; **~t** erschöpft, F geschafft; **~lse** [-lsə] ⟨-n; -r⟩ Erschöpfung *f*

udmelde ['uðmɛl?ə] abmelden; **~ sig af en forening** aus *e-m* Verein austreten; **~lse** [-lsə] ⟨-n; -r⟩ Abmeldung *f*; Austritt *m*

udmund|e ['uðmon?ə] (ein)münden, (aus)münden *(a fig)*; ausarten; **~ing** [-mon?en] Mündung *f*

udmærke ['uðmɛʀgə] auszeichnen *(sig* sich); **~lse** [-lsə] ⟨-n; -r⟩ Auszeichnung *f*

udmærket ['uð'mɛʀgəð] ausgezeichnet

udmønte ['uðmøn?də] prägen, ausmünzen *(a fig)*

udmåle ['uðmɔ:?lə] ausmessen; *Strafe* festsetzen, bemessen

udnytte ['uðnødə] (aus)nutzen, ausnützen; ausbeuten; auslasten; verwerten; **~lse** [-lsə] ⟨-n; -r⟩ Ausnutzung *f*, Verwertung *f*; Ausbeutung *f*

udnævne ['uðnɛʊ?nə] ernennen; **~lse** [-lsə] ⟨-n; -r⟩ Ernennung *f*

udover ['uð?oʊ?əʀ] *adv* seewärts hinaus

udpant|e ['uðpan?də] pfänden; **~ning** [-pan?dnen] Pfändung *f*

ud|parcellere ['uðpɑʀsɛ'le:?ʀə] parzellieren; **~pege** [-pɑɪ?ə] bezeichnen *(som* als), angeben, identifizieren; benennen; ernennen; **~pensle** [-pen?slə] auspinseln; bis ins kleinste Detail *(od* haargenau) ausmalen (*od* schildern); **~pibe** [-pi:ʔbə] auspfeifen, ausbuhen; **~pine** [-pi:ʔnə] *Boden* ausmergeln; **~plante** [-planʔdə] auspflanzen

udpluk ['uðplog] Auswahl *f*, Ausschnitt *m*; **~ke** [-ə] auslesen, auswählen

udplyndre ['uðplønʔʁə] ausplündern

udpolstre ['uðpɔlʔsdʁə] auspolstern

udpose ['uðpo:ʔsə] bauschen, schwellen

udposning ['uðpo:ʔsneŋ] *~er under øjnene* Tränensäcke *pl*

udpresse ['uðpʁɛsə] auspressen

udpræget ['uðpʁɛ:ʔ(j)əð] *fig* ausgeprägt, ausgesprochen

udpumpe ['uðpɔmʔbə] auspumpen; *fig* ausforschen, F ausquetschen; **~t** [-ð] ausgepumpt (*a fig*); erschöpft

ud|pønse ['uðpønʔʁə] ersinnen, ausklügeln; **~radere** ['-ʁɑˈde:ʔʁə] ausradieren

udrangere ['uðʁɑŋˈsjeːʔʁə] *fig* ausrangieren, F ausmustern

udrede¹ ['uðʁe:ʔðə] ⟨-*ede*⟩ *Summe* entrichten

udrede² ['uðʁe:ʔðə] ⟨-*ede od* -te⟩ entwirren; darlegen, klarlegen

udredning ['uðʁeðneŋ] ⟨-*en*; -*er*⟩ Erklärung *f*, Darstellung *f*

udregne ['uðʁɑiʔnə] ausrechnen, errechnen

udrejse ['uðʁɑisə] Ausreise *f*; Hinreise *f*; **~tilladelse** [-tela:ʔðəlsə] Ausreisegenehmigung *f*

udrejst ['uðʁɑiʔsd] ausgereist

udrens|e ['uðʁɛnʔsə] *fig*, POL säubern; ausmerzen; **~ning** [-ʁɛnʔsneŋ] Säuberung *f*; **~ningsaktion** [-ʁɛnʔsneŋsagˈsjoːʔn] Säuberungsaktion *f*

udrette ['uðʁɛdə] begradigen, gerade machen; *Kotflügel* ausbeulen; *fig* ausrichten (*erreichen*); *Arbeit* leisten, schaffen, verrichten

udrigge ['uðʁegə] auftakeln (*a fig*)

udrikkelig [u'dʁegəli] untrinkbar, ungenießbar

udrinde ['uðʁɛnʔə] *Zeit*: verrinnen, verstreichen

udringe ['uðʁɛŋʔə]: *dybt ~t Kleid* tief ausgeschnitten (*od* dekolletiert); **~de sko** [*ol*] Pumps *m/pl*

udrive ['uðʁi:ʔvə] (her)ausreißen

udrug|e ['uðʁu:ʔə] ausbrüten; *fig* aushecken; **~ningsapparat** [-ʁuːʔneŋsapaˈʁɑːʔd] Brutapparat *m*

udrust|e ['uðʁosdə] ausrüsten (*a fig*); **~ning** [-neŋ] Ausrüstung *f*

udrydde ['uðʁyðʔə] ausrotten, ausmerzen; vertilgen; beseitigen

udryk|ke ['uðʁøgə] TECH ausrücken; **~ning** [-ʁøgneŋ] ⟨-*en*; -*er*⟩ Ausrücken *n*; *Brand*: *a* Einsatz *m*; **med ~** mit Blaulicht (und Martinshorn)

udryknings|bil ['uðʁøgneŋsbiːʔl] Einsatzwagen *m*; Rettungswagen *m*; Löschfahrzeug *n* (*im Einsatz*); **~horn** [-hoːʔʁn] Martinshorn *n*

udrøj ['udʁɒiʔ] unergiebig, wenig ergiebig

udrøre ['uðʁøːʔʁə] *Gips, Farbe* anrühren

udråb ['uðʁɒːʔb] Ausruf *m*; **~e** [-ə] ausrufen (*én til ngt. j-n* zu etw)

udråbs|ord ['uðʁɒːʔbsʔʁ] Ausrufewort *n*, Interjektion *f*; **~tegn** [-tɑiʔn] Ausrufezeichen *n*

udsagn ['uðsɑwʔn] Aussage *f*

udsagnsord ['uðsawnsoːʔʁ] GRAM Verb *n*, Tätigkeitswort *n*, Zeitwort *n*

udsalg ['uðsalʔ] Ausverkauf *m*, (Schluss-)Verkauf *m*; Laden *m*, Handlung *f*

udsat ['uðsad] exponiert; → *a* **udsætte**

udse ['uðseːʔ] ausersehen; *~ sig ngt.* sich *etw* aussuchen

udseende¹ ['uðseːʔənə] ⟨-*t*; -*r*⟩ Aussehen *n*; *kende én af ~ j-n* vom Sehen kennen; *give det af, at man ...,* sich den Anschein geben, als ob man ...

udseende² ['uðseːʔənə] *adj* aussehend

udsejling ['uðsɑiʔleŋ] ⟨-*en*; -*er*⟩ NAUT Ausfahrt *f*

udsend|e ['uðsɛnʔə] aussenden, ausschicken, entsenden; ausstrahlen; herausbringen; R/TV: senden, übertragen; **~else** [-lsə] ⟨-*n*; -*r*⟩ R/TV: Sendung *f*; Verschickung *f*; **~ing** [-seŋʔ] ⟨-*en*; -*e*⟩ Abgesandte(r) *m*; POL Gesandte(r) *m*, Botschafter *m*

udsigt ['uðsegd] ⟨-*en*; -*er*⟩ Aussicht *f* (*till-* auf A) (*a fig*); *der er ~ til regn* es ist Regen angesagt, es wird regnen; *det har lange ~er fig* das liegt noch in weiter Ferne

udsigtsløs ['uðsegdsløːʔs] aussichtslos

udskeje|lse ['uðsgaiʔəlsə] ⟨-*n*; -*r*⟩ Ausschweifung *f*; **~nde** [-sgɑiʔənə] ausschweifend

udskib|e ['uðsgi:ʔbə] ausschiffen; verschiffen; **~ning** [-sgiːʔbneŋ] ⟨-*en*; -*er*⟩ Ausschiffung *f*; Verschiffung *f*

udskifte ['uðsgifdə] auswechseln, austauschen; ersetzen; **~lig** [-'sgifdəli] auswechselbar

udskiftning ['uðsgifdneŋ] Auswechs(e)lung *f*

udskille ['uðsgelʔə] ausscheiden, absondern; ausfällen; **~s** CHEM sich absetzen *od* niederschlagen

udskrabning ['uðsgrɑ:ʔbneŋ] ⟨-en; -er⟩ MED Ausschabung f

ud|skreget ['uðsgraiʔəð] → **udskrige**; **~skrift** [-sgʀefd] Brief: Aufschrift f; Abschrift f, Auszug m; **~skrige** [-sgʀi:ʔə] ausschreien; verschreien; **udskreget** Buch: vielfach angepriesen, hochgejubelt

udskriv|e ['uðsgʀi:ʔvə] ausschreiben, ausstellen; MIL einberufen, einziehen; Steuer erheben; entlassen (**fra sygehuset** aus dem Krankenhaus); **~ning** [-sgʀiːʔvneŋ] Ausschreibung f, Ausstellung f; MIL Einberufung f; Entlassung f; (Geld)Ausgabe f

udskud ['uðsguð] Ware Ausschuss m; fig Auswurf m, Abschaum m; Schund m

udskyd|e ['uðsgy:ʔðə] ausschießen; abschießen; Ware ausmustern; Geschworener ablehnen, verwerfen; fig aufschieben, verschieben (**til**/auf A); **~else** [-lsə] ⟨-n; -r⟩, **~ning** [-sgyðʔneŋ] Ausschießen n; Aufschiebung f, Verschiebung f

udskyl|le ['uðsgøl'ə] (aus)spülen; **~ning** [-sgøl'neŋ] (Aus)Spülung f

udskældning ['uðsgɛl'neŋ] ⟨-en; -er⟩ Schelte f

udskænk|e ['uðsgɛŋ'gə] ausschenken, verzapfen; **~ning** [-sgɛŋ'gneŋ] ⟨-en; -er⟩ Ausschenken n, Ausschank m

udskær|e ['uðsgɛ:ʔʀə] ausschneiden, Fleisch (auf)schneiden; (aus)schnitzen; **~ing** [-sgɛ:ʔʀeŋ] Ausschneiden n, Schnitzen n; Ausschnitt m, Dekolleté n; Schnitzerei f

udskåre|n ['uðsgɔːʔʀɑn] Bluse: ausgeschnitten; Stuhl: geschnitzt; **~t** [-ʀɔð] Fleisch aufgeschnitten

udslag ['uðsla:ʔ] Ausschlag m (a fig); Folge f; **gøre ~et** den Ausschlag geben; **hele den udslagne dag** den lieben langen Tag; **~givende** [-gi:vənə] → **udslagsgivende**

udslags|givende ['uðsla:sgi:vənə] ausschlaggebend; **~vask** [-vasg] Ausguss m

udslette ['uðsledə] auslöschen (a fig); ausstreichen, tilgen; fig verwischen; **~s** sich verwischen; fig erlöschen

udslidt ['uðslid] abgearbeitet, erschöpft; **~e sko** verschlissene, abgetragene Schuhe m/pl

udslip ['uðsleb] ⟨-pet; -⟩ Radioaktivität, Giftgas Austritt m, Entweichen n, Freisetzung f

udslukke ['uðslogə] auslöschen; **~s** erlöschen; **~t** [-ð] → **udslukt**

udslukt ['uðslogd] erloschen (a fig)

ud|sluse ['uðslu:ʔsə] ausschleusen (a fig); **~slynge** [-sløŋʔə] herausschleudern; fig a ausstoßen; **~slæt** [-sled] ⟨-tet; -⟩ MED Ausschlag m; **~slået** [-slɔ:ʔəð] Haar: aufgelöst

udsmelte ['uðsmɛlʔdə] ausschmelzen

udsmid|er ['uðsmiʔðɐ] ⟨-en; -e⟩ Rausschmeißer m; **~ning** [-smiðʔneŋ] ⟨-en; -er⟩ Hinauswurf m, F Rausschmiss m

udsmugle ['uðsmu:ʔglə] herausschmuggeln

udsmyk|ke ['uðsmøgə] (aus)schmücken, verzieren; **~ning** [-smøgneŋ] ⟨-en; -er⟩ Ausschmückung f, Schmücken n, Verzierung f

ud|snit ['uðsnid] Teil Ausschnitt m; **~solgt** [-sɔlʔd] ausverkauft, vergriffen

udsondre ['uðsɔnʔdʀə] aussondern, ausmustern

ud|sovet ['uðsɔuʔəð] ausgeschlafen; **~spare** [-sbaːʔʀə] aussparen

udspejde ['uðsbaiʔdə] ausspähen; auskundschaften

udspekuleret ['uðsbegu'le:ʔʀəð] schlau, hinterlistig, fig F gerissen, ausgeklügelt, ausgetüftelt

udspil ['uðsbel]: **du har ~et** du spielst aus, du hast die Vorhand; fig du bist am Zug(e)

udspile ['uðsbi:ʔlə] ausspannen; ausspreizen, Krallen ausstrecken; Segel: aufblähen

udspille ['uðsbelʔə] ausspielen; **~ sig** sich abspielen; **have ~t sin rolle** fig s-e Rolle ausgespielt haben

udspinde ['uðsbenʔə]: **~ sig** fig sich entspinnen

udspionere ['uðsbio'ne:ʔʀə] ausspionieren

udsprede ['uðsbʀe:ʔðə] ausbreiten; fig verbreiten

udspring ['uðsbʀeŋʔ] Quelle f; Ursprung m; BOT Ausschlagen n, Aufblühen n; Schwimmsport: Sprung m; **~e** [-ə] entspringen (**af**/D)

udsprungen ['uðsbʀoŋʔən] Baum: ausgeschlagen, grün; Blume: aufgeblüht

ud|spy ['uðsby:ʔ] fig ausspeien; **~spænde** [-sbenʔə] aufspannen, aus-; **~spørge** [-sbœʀʔwə] ausfragen; **~staffere** [-sda-'fe:ʔʀə] ausstaffieren, herausputzen; **~stanse** [-sdanʔsə] TECH ausstanzen; **~stationere** [-sdasjo'ne:ʔʀə] stationieren, entsenden; unterbringen

udstede ['uðsdɛ:ʔðə] ⟨-te⟩ ausstellen; Schein a ausfertigen; Befehl erlassen;

∼lse [-lsə] ⟨-n; -r⟩ Ausstellung f, Ausfertigung f; **Erlass** m; **∼lsesdato** [-lsəs'da:to] Ausstellungsdatum n

ud|stene ['uðsde:ʔnə] entsteinen; **∼stigning** [-sdi:ʔneŋ] Aussteigen n, Ausstieg m; **∼stikke** [-sdegə] Plätzchen ausstechen

udstille ['uðsdel'ə] ausstellen; Ware a auslegen

udstilling ['uðsdel'eŋ] Ausstellung f

udstillingsvindue ['uðsdel'eŋsvendu] Schaufenster n

ud|stoppe ['uðsdɔbə] ausstopfen; auspolstern; **∼strakt** [-sdrɑgd] → **udstrække**; **∼strege** [-sdrɑiʔə] ausstreichen, durchstreichen

udstridt ['uðsdriːd]: **han har ∼** er hat ausgelitten

udstræk|ke ['uðsdrɛgə] ausstrecken, ausdehnen (a fig); **udstrakt** ausgestreckt; ausgedehnt, weit; umfassend; **∼ning** [-sdrɛgneŋ] Ausdehnung f; fig Umfang m, Ausmaß n

udstrål|e ['uðsdrɔ:ʔlə] ausstrahlen; **∼ing** [-sdrɔ:ʔleŋ] Ausstrahlung f (a fig)

udstyk|ke ['uðsdøgə] Land aufteilen, (aus)parzellieren; **∼ning** [-sdøgneŋ] ⟨-en; -er⟩ Aufteilung f, Parzellierung f

udstyr ['uðsdy:ʔʀ] ⟨-et; -⟩ Braut: Aussteuer f; Ausstattung f, Aufmachung f; Ausrüstung f

udstyre ['uðsdy:ʔʀə] ausstatten; ausrüsten, versehen; **være ∼t med gode evner** mit guten Anlagen ausgestattet sein

udstyrsstykke ['uðsdy:ʀsdøgə] THEA Ausstattungsstück n

udstød|e ['uðsdø:ʔðə] ausstoßen; ausschließen; Geächtete(r); **∼else** [-lsə] ⟨-n; -r⟩ Ausstoßung f; Ausschluss m; **∼ning** [-sdø:ʔðneŋ] ⟨-en; -er⟩ TECH Auspuff m

udstødnings|gas ['uðsdø:ʔðneŋsgas] Auspuffgas n, Abgas n; **∼rør** [-ʀø:ʔʀ] Auspuff m

udstå ['uðsdɔ:ʔ] ausstehen, ertragen; **jeg kan ikke ∼ ham** ich kann ihn nicht ausstehen (od F riechen, verknusen); **∼ en straf** e-e Strafe abbüßen (od F absitzen); **∼nde** Ohren abstehend

udsuge ['uðsu:ʔə] aussaugen; fig a. ausbeuten

udsult|e ['uðsulʔdə] aushungern; **∼ning** [-sulʔdneŋ] ⟨-en; -er⟩ Aushungern n

udsvede ['uðsve:ʔðə] ausschwitzen, absondern

udsving ['uðsveŋ] (Zeiger)Ausschlag m; fig Schwankung f; **vise store ∼** großen Schwankungen unterworfen sein

udsvæve|lse ['uðsvɛ:ʔvəlsə] ⟨-n; -r⟩ Ausschweifung f; **∼nde** [-svɛ:ʔvənə] ausschweifend

ud|syn ['uðsy:ʔn] Ausblick m, Aussicht f; fig Überblick m, Übersicht f; Weitblick m; **∼sæd** [-sɛ:ʔð] Aussaat f (a fig); **∼sælge** [-sɛlʔjə] (aus)verkaufen; → a **udsolgt**

udsæt|ning ['uðsɛdneŋ] ⟨-en; -er⟩ Aussetzen n, Aussetzung f; → a **udsættelse**; **∼te** [-sɛdə] aussetzen (sig sich D); aufschieben; stunden; Sitzung vertagen; **være udsat for ngt.** etw (D) ausgesetzt sein; → a **udsat**; **∼telse** [-sɛdəlsə] ⟨-n; -r⟩ Aussetzung f; Verschiebung f, Vertagung f, Aufschub m; Fristverlängerung f, Stundung f

udsøge ['uðsø:ʔə] aussuchen; **udsøgt** ausgesucht, (aus)erlesen; unerhört

udtage ['uðta:ʔ(ə)] (her)ausnehmen; fig auswählen, nominieren; **∼ stævning mod én** JUR e-e Klage gegen j-n einreichen; **∼lig** [-'ta:ʔəli] herausnehmbar

udtag|elseskamp ['uðta:ʔəlsəskɑmʔb] Ausscheidungskampf m; **∼ning** [-ta:ʔneŋ] ⟨-en; -er⟩ SPORT Nominierung f; Stricken Zunehmen n

udtale¹ ['uðta:lə] Aussprache f

udtale² ['uðta:ʔlə] aussprechen; äußern (sig sich; om/über A); **udtalt** ausgesprochen

udtalelse ['uðta:ʔləlsə] ⟨-n; -r⟩ Äußerung f (om/über A); Ausspruch m; Zeugnis n

udtjent ['uðtje:ʔnd] ausgedient

udtog ['uðto:ʔw] ⟨-et; -⟩ Auszug m; **i ∼** auszugsweise

udtryk ['uðtʀøg] Ausdruck m; **∼ke** [-ə] ausdrücken (sig sich); **hans udtrykte billede** sein Ebenbild n; **∼kelig** [-'tʀøgəli] ausdrücklich

udtryks|fuld ['uðtʀøgsfulʔ] ausdrucksvoll; **∼løs** [-ʔs] ausdruckslos; **∼måde** [-mo:ðə] Ausdrucksweise f

udtræde ['uðtʀɛ:ʔðə] austreten, ausscheiden; **udtrådte sko** ausgetretene Schuhe m/pl; **∼lse** [-lsə] ⟨-n; -r⟩ Austritt m, Ausscheiden n

udtræk ['uðtʀɛg] ⟨-ket; -⟩ Orgel: (Register)Zug m; (Pflanzen-, Bank)Auszug m; **bord med ∼** Ausziehtisch m; **∼ke** [-ə] ausziehen, herausziehen; Obligation auslosen

ud|tur ['uðtuʔʀ] Hinfahrt f; **∼tvære** [-tvɛ:ʔʀə] verwischen, verschmieren; fig breittreten, auswalzen

udtyde ['uðty:ʔðə] (aus)deuten, auslegen

U

udtynde ['uðtøn?ə] ausdünnen, lichten, *Pflanzen* verziehen; *Bebauung* entkernen

udtænke ['uðtɛŋ?gə] ausdenken, ersinnen

udtære ['uðtɛː?Rə] auszehren; **~t** abgezehrt, ausgemergelt

udtømm|e ['uðtøm?ə] (aus)leeren; *fig* erschöpfen; **~ende** [-nə] erschöpfend; **~ning** [-tøm?nɛn] ⟨*-en*; *-er*⟩ Ausleerung *f*, Ausleeren *n*

udtorr|e ['uðtœR?ə] austrocknen, ausdörren; *Moor a* trockenlegen; **~s** versiegen, trocken werden; **~ing** [-tœR?ɛn] Austrocknung *f*, Trockenlegung *f*

uduelig [u'du:?əli] untauglich, unbrauchbar, unfähig (*til/*zu *D*)

udvalg [u'ðval?] Auswahl *f*; Ausschuss *m*; *nedsætte et ~* PARL *e-n* Ausschuss einsetzen

udvalgs|behandle ['uðvalsbehan?lə] im Ausschuss beraten; **~møde** [-møːðə] Ausschusssitzung *f*

udvalgt [u'ðval?d] → **udvælge**

udvand|e ['uðvan?ə] (ein)wässern; **~t** *fig* verwässert; **~ing** [-van?ɛn] Wässern *n*

udvandre ['uðvan?dRə] auswandern

udvaske ['uðvasgə] auswaschen; *Gold* waschen

ud|ve ['uðveː?] ⟨*-en*⟩ *poet* → **udlængsel**; **~vej** [-vai?] Hinweg *m*; *fig* Ausweg *m*; **~veje** [-vai?ə] ausweigen

udveksl|e ['uðvegslə] auswechseln (*a* TECH), austauschen (*a fig*); **~ing** [-vegslɛn] Auswechs(e)lung *f*, Austausch *m*

udvendig ['uðven?di] (der, die, das) äußere, Außen-; äußerlich, außen; *den ~e side* die äußere Seite, die Außenseite; **~fra** [-fRɑː?] von außen

udvide [u'ðviː?ðə] ausweiten, ausdehnen; ausbauen, vergrößern; *fig* erweitern; **~lig** [-'viː?ðəli] dehnbar; ausbaufähig; **~lse** [-lsə] ⟨*-n*; *-r*⟩ Erweiterung *f*, Ausdehnung *f*; Ausbau *m*

udvikle [u'ðveglə] entwickeln (*sig* sich); auseinandersetzen, darlegen; **~t** entwickelt, reif; *tidligt ~t* frühreif

udvikling ['uðveglen] Entwicklung *f*; Darlegung *f*; Werdegang *m*

udviklings|hæmmet ['uðveglenshɛmɔð] entwicklungsgestört; **~land** [-lan?] (*Abk. uland*) Entwicklungsland *n*; **~trin** [-tRin] Entwicklungsstufe *f*

udvind|e ['uðven?ə] BERGB fördern; **~ing** [-ven?ɛn] ⟨*-en*; *-er*⟩ Gewinnung *f*, Abbau *m*

udvirke ['uðviRgə] erwirken

udvise ['uðviː?sə] ausweisen; abschieben; zeigen, an den Tag legen, erweisen; **~nde** [-nə] ⟨*et*⟩ *Taxameter, Konto*: Stand *m*

udviske ['uðvesgə] auswischen, ausradieren; verwischen

udvisning ['uðvi:?snen] ⟨*-en*; *-er*⟩ Ausweisung *f*, Abschiebung *f*

udvokset ['uðvɔgsɔð] ausgewachsen

udvortes[1] ['uðvɔː?Rðəs] ⟨*et*⟩ Äußere(s) *n*

udvortes[2] ['uðvɔː?Rðəs] äußerlich

udvækst ['uðvegsd] Auswuchs *m*

udvælge ['uðvel?jə] auswählen, erwählen; *udvalgt* ausgewählt, auserlesen; auserwählt, auserkoren; **~lse** [-lsə] ⟨*-n*; *-r*⟩ Auswählen *n*, Auswahl *f*

udygtig ['uðøgdi] untüchtig, unfähig

udyr ['udy:?R] Untier *n*, Bestie *f*

udækket ['udɛgɔð] ungedeckt; *fig* unbefriedigt

udæske ['uðɛsgə] herausfordern

udøbt ['udøbd] ungetauft

udødelig [u'dø:?ðəli] unsterblich; **~gøre** [-gœ:?Rə] unsterblich machen

udørk ['uðœRg] ⟨*-en*⟩, **~en** [-ən] Einöde *f*, Wüstenei *f*

udøse ['uðø:?sə]: **~ sit hjerte for én** *j-m* sein Herz ausschütten; **~ sin vrede over én** *s-e* Wut an *j-m* auslassen

udøve ['uðø:?və] ausüben; üben; *den ~nde magt* POL die ausübende (*od* vollziehende) Gewalt, die Exekutive; **~lse** [-lsə] ⟨*-n*⟩ Ausübung *f*

udåd ['uðɔ:?ð] ⟨*-en*⟩ Untat *f*

udånd|e ['uðɔn?ə] *v/t* ausatmen; aushauchen, *lit* verscheiden; **~ing** [-ɔn?ɛn] Ausatmung *f*, Ausatmen *n*

ueffen ['u'efən] ungerade; *ikke så ~* F gar nicht so uneben/übel, gar nicht übel

uegennyttig ['u:e(:)ənøði] uneigennützig

uegentlig ['ue:?əndli] uneigentlich; übertragen, figürlich

uegnet ['uɑi?nəð] ungeeignet, nicht geeignet (*til/*zu *D*, *for/*für *A*)

uendelig [u'en?əli] unendlich; endlos; *i det ~e* ins Unendliche

uendelighed [u'en?əlihe:ð?] ⟨*-en*; *-er*⟩ Unendlichkeit *f*; *i én ~* in einem fort

uenig [u'e:?ni] uneinig (*om/*über *A*); *blive ~e* uneinig werden, sich entzweien; **~hed** [-he:ð?] ⟨*-en*; *-er*⟩ Uneinigkeit *f*

uens ['ue:?ns] ungleich, verschieden

uensartet ['ue:?nsɑː?Rðəð] ungleichartig, verschieden

uerfaren ['uɛʀfɑ:'ʔən] unerfahren

uerstattelig [uɛʀ'sdadəli] unersetzlich

uf [uf]: ~! pfui!, igitt!

ufaglært ['ufɑwlɛʀ'ʔd] ungelernt

ufarbar ['ufɑ:ʀbɑ:'ʀ] unwegsam, unbefahrbar, unpassierbar

ufarlig ['ufɑːʀli] ungefährlich, harmlos

ufattelig [u'fɑdəli] unfassbar, unbegreiflich, unvorstellbar

ufejlbar[lig] ['ufɑïlbɑ:'ʀ, -faïl'bɑ:'ʀli] unfehlbar

ufiks ['ufegs] ungeschickt; *Kleidung* bieder

ufin ['ufi:'n] unfein, unsauber (*fig*)

uforanderlig [ufɔʀ'an'əʀli] unveränderlich, unabänderlich, unwandelbar

uforandret ['ufɔʀan'dʀəð] unverändert

uforbederlig [ufɔʀ'beð'əʀli] unverbesserlich

uforbeholden ['ufɔʀbehol'ʔən] aufrichtig, unumwunden, rückhaltlos; vorbehaltlos

uforberedt ['ufɔʀbe'ʀe:'d] unvorbereitet

uforbindende ['ufɔʀben'ʔənə] unverbindlich

uforblommet ['ufɔʀblɔm'ʔð] unverblümt

ufordelagtig ['ufɔʀdelagdi] unvorteilhaft

ufordragelig [ufɔʀ'dʀɑ:'wəli] unverträglich, streitbar

ufordærvet ['ufɔʀdɛʀ'vəð] unverdorben (*a fig*)

ufordøje|**lig** ['ufɔʀ'dɔï'əli] unverdaulich; **~t** [-dɔï'ʔðð] unverdaut (*a fig*)

uforenelig [ufɔʀ'e:'nəli] unvereinbar

uforfalsket ['ufɔʀfal'ʔsgəð] unverfälscht, echt (*a fig*)

uforfærdet ['ufɔʀfɛʀ'dəð] unerschrocken, furchtlos

uforglemmelig [ufɔʀ'glem'ʔəli] unvergesslich

uforgribelig [ufɔʀ'gʀi:'bəli] unverblümt, entschieden, fest

uforgængelig [ufɔʀ'gɛŋ'əli] unvergänglich; unverwüstlich

uforholdsmæssig ['ufɔʀhɔlsmɛsi] unverhältnismäßig, unangemessen

ufor|**klarlig** [ufɔʀ'klɑ:'ʀli] unerklärlich; **~knyt** ['-knyd] unverzagt; **~kortet** ['-kɔʀdəð] ungekürzt; **~ligelig** [-'li:'əli] unvereinbar; unversöhnlich; **~lignelig** [-'li:'nəli] unvergleichlich

uformel ['ufɔʀmel'ʔ] informell, formlos; ungezwungen

uformelig [u'fɔ:'ʀməli] unförmig, formlos; ungeschlacht

ufor|**midlet** ['ufɔʀmið'ʔləð] unvermittelt; **~mindsket** [-men'ʔsgəð] unvermindert; **~modet** [-mo:'ðəð] unvermutet, unerwartet, unverhofft

uformuende ['ufɔʀmu:'ʔənə] unvermögend (*a fig*)

uformåen ['ufɔʀmɔ:'ʔ] Unvermögen *n*; **~de** [-nə] *fig* kraftlos, unfähig

ufornuftig ['ufɔʀnofdi] unvernünftig

uforrettet ['ufɔʀedðː]: *med* ~ *sag* unverrichteter Dinge

uforsagt ['ufɔʀsagd] unverzagt

uforsigtig ['ufɔʀ'segdi] unvorsichtig

uforskammet ['ufɔʀ'sgam'ʔəð] unverschämt, unverfroren

uforskyldt ['ufɔʀsgyl'ʔd] *adj* unverschuldet; *adv* unverschuldeterweise

uforsonlig ['ufɔʀso:'ʔnli] unversöhnlich

uforstand ['ufɔʀsdan'ʔ] ⟨*en*⟩ Unverstand *m*

uforstandig ['ufɔʀsdan'ʔdi] unverständig

uforstilt ['ufɔʀsdel'ʔd] unverstellt, ungeheuchelt

uforstyrre|**lig** [ufɔʀ'sdyʀ'ʔəli] unerschütterlich; *fig* unverwüstlich; **~t** ['-sdyʀ'ʔəð] ungestört, unbehelligt; ungetrübt; unbeirrt

uforstäe|**lig** [ufɔʀ'sdɔï'ʔəli] unverständlich, **~nde** ['ʔ-sdɔïʔənə] verständnislos

uforsvarlig ['ufɔʀ'svɑ:'ʔʀli] unverantwortlich, fahrlässig

uforsætlig ['ufɔʀsedli] nicht vorsätzlich, unbeabsichtigt, ohne Absicht

uforsørget ['ufɔʀscɛʀ'wəð] unversorgt

ufortalt ['ufɔʀta:'ʔld] abgesehen von ...; *hans øvrige fortjenester* ~ unbeschadet seiner sonstigen Verdienste

ufortrøden ['ufɔʀtʀø:'ʔðən] unverdrossen, unbeirrt

ufortøvet ['ufɔʀtø:'vəð] unverzüglich

uforud|**se(e)lig** ['ufɔʀuð'se:'ʔli] unvoraussehbar, unvorhersehbar; **~set** [-se:'ʔd] unvorhergesehen; **~sigelig** [-si:'ʔəli] unvorhersagbar

uforvarende ['ufɔʀvɑ:'ʔʀənə] versehentlich

ufravendt ['ufʀɑvən'ʔd] unverwandt, immerzu

ufravigelig ['ufʀɑ'vi:'ʔəli] unveränderlich, unabänderlich

ufred ['ufʀeð] Unfriede(n) *m*

ufremkommelig [ufʀɛm'kɔm'ʔəli] unwegsam, unbefahrbar

ufri ['ufʀi:'] unfrei; verklemmt

ufrivillig ['ufʀivil'ʔi] unfreiwillig

ufrugtbar ['ufʀogdbɑ:'ʀ] unfruchtbar (*a fig*)

ufuldendt ['ufulɛn'ʔd] unvollendet

ufuld|**kommen** ['ufulkɔm'ʔən] unvollkommen; **~stændig** [-sdɛn'ʔdi] unvollständig

ufærdig ['ufɛrdi] unfertig, unausgegoren
ufødt ['uføːˀd] ungeboren
ufølsom [u'føˀlsɔmˀ] unempfindlich, gefühllos
uføre ['uføːrə] ⟨-t⟩ Morast m; **komme ud i ~ fig** in die Klemme geraten; auf die schiefe Bahn geraten
uge ['uːə] ⟨-n; -r⟩ Woche f; **den stille ~** REL die Stille Woche, Karwoche f; **en ~s tid** ungefähr e-e Woche; **hver ~** jede Woche; **hver anden ~** jede zweite Woche, alle zwei Wochen; **for to ~r siden** vor zwei Wochen; **i denne** (**forrige, sidste**) **~** diese (vorige, letzte) Woche; **sidst på ~n** Ende der Woche; **~blad** [-blaðˀ] Illustrierte f; **~dag** [-daːˀ] Wochentag m; **~lang** [-laŋˀ] einwöchig; **~løn** [-lœnˀ] Wochenlohn m
ugen- → **uigen-**
ugeneret ['usjeneˀrəð] ungestört
ugenert ['usjeneˀrˀd] ungeniert, unbefangen; ungestört
ugennem- → **uigennem-**
uge|ntlig ['uːəndli] (Abk. ugtl.) wöchentlich; **~revy** [-ʀeˀvy] Film: Wochenschau f
ugerne ['uːəʀnə] ungern
ugerning ['uːəʀnɛŋ] Untat f, Missetat f
ugevis ['uːəviːˀs] wochenweise; **i ~** wochenlang; seit Wochen
ugidelig [u'giːˀðəli] träge, faul
ugift ['ugifd] unverheiratet, ledig
ugjort ['ugjoˀr] ungetan; ungeschehen
ugle[1] ['uːlə] ⟨-n; -r⟩ Eule f; Käuzchen n; **der er ~r i mosen** fig es ist etw im Anzug; **da ist etw** faul; **have ~r i håret** verfilztes Haar haben
ugle[2] ['uːlə] Haare zerwühlen, zerzausen; **~ sig ud** F sich aufdonnern
ugle|gylp ['uːləgylˀb] Gewölle n; **~set** [-seːˀd] ungern gesehen, schlecht angeschrieben
ugrundet ['ugʀɔnˀəð] unbegründet, grundlos
ugræs ['ugʀɛs] ⟨-set⟩ Unkraut n (bsd fig, BIBL)
ugtl. Abk. für **ugentlig**
ugudelig [u'guːˀðəli] gottlos; **en ~ masse** F eine Unmenge
ugunst [u'gɔnˀsd] Ungunst f; Missgunst f; **~ig** [-i] ungünstig; **~t stemt** abgeneigt
ugyldig [u'gylˀdi] ungültig; **~hed** [-heˀðˀ] ⟨-en⟩ Ungültigkeit f
ugæret ['ugeːˀʀəð] unvergoren
ugæstfri [u'gɛsdfriːˀ] ungastlich
ugørlig [u'gœrˀli] unausführbar, nicht machbar, unmöglich
uha ['uːha / u'ha / u'ha:] **~!** oh!; uff!

uhand(l)elig [u'hanˀ(l)əli] unhandlich
uhelbredelig [uhelˀbʀeːˀðəli] unheilbar
uheld ['uhelˀ] ⟨-et; -⟩ Unglück n; Unfall m; Panne f; fig Pech n; **teknisk ~** (technische) Störung f
uheldig [u'helˀdi] unglücklich; ungünstig; unvorteilhaft; schlecht; **være ~** F Pech haben; **det var da ~t!** F so ein Pech!; **komme i et ~t øjeblik** sehr ungelegen kommen; **opføre sig ~t** sich ungeschickt benehmen; **~vis** [-viːˀs] unglücklicherweise
uheld(s)svanger ['uhelsvaŋˀəʀ] verhängnisvoll; **~varslende** [-(s)vɑrˀslənə] unheilverkündend
uhensigtsmæssig ['uhɛnsegdsmɛsi] unzweckmäßig
uhildet ['uhilˀəð] vorurteilslos, unbefangen
uhindret ['uhenˀdʀəð] ungehindert, unbehelligt
uhjælpelig [u'jelˀbəli] unrettbar
uholdbar ['uhɔlbaːˀr] unhaltbar; nicht stichhaltig
uhumsk ['uhomˀsg] unappetitlich, unsauber; unflätig; **~hed** [u'homsghe:ð?] ⟨-en; -er⟩ Unappetitlichkeit f, Unsauberkeit f, Unflätigkeit f
uhygge ['uhygə] ⟨-n⟩ Unheimlichkeit f; Ungemütlichkeit f; **~lig** [u'hygəli] unheimlich; ungemütlich, unwohnlich
uhyre[1] ['uhy:ʀə] ⟨-t; -r⟩ Ungeheuer n, Scheusal n; Ungetüm n (a fig)
uhyre[2] [u'hy:ˀʀə] ungeheuer, riesig
uhyrlig [u'hy:ˀʀli] ungeheuerlich
uhæderlig ['uhɛːðəʀli] unehrlich
uhæmmet ['uhɛmˀəð] ungehemmt
uhøflig ['uhøfli] unhöflich
uhøjtidelig [uhɔiti:ˀðəli] zwanglos
uhør|lig [u'hø:ˀʀli] unhörbar; **~t** ['uhø:ˀʀd] ungehört; unerhört
uhøvisk ['uhø:ˀvisg] unanständig
uhånd|gribelig [uhɔnˀgʀi:ˀbəli] fig nicht greifbar, abstrakt; **~terlig** [-'te:ˀʀli] unhandlich; sperrig
uigen|drivelig [uigenˀdʀi:ˀvəli] unwiderlegbar; **~gældt** ['-gelˀd] unerwidert; **~kaldelig** ['-'kalˀəli] unwiderruflich; **~kendelig** ['-'kenˀəli] unerkennbar, nicht wiederzuerkennen
uigennem|førlig ['uigenəmˀføːˀrli] unausführbar; **~sigtig** [-'segdi] undurchsichtig; **~skuelig** ['-'sgu:ˀəli] undurchschaubar, unergründlich; **~trængelig** ['-'tʀɛŋˀəli] undurchdringlich; undurchlässig; **~tænkt** [-tɛŋˀd] undurchdacht, unbesonnen

uimod|sagt ['uimoðsagd] unwidersprochen, unbestritten; **~sigelig** [-'si:?əli] unbestreitbar; **~ståelig** ['-'sdɔ:?əli] unwiderstehlich; **~tagelig** ['-'ta:?əli] unempfänglich

uind|budt ['uenbud] ungeladen; **~bunden** [-bon?ən] *Buch* ungebunden; **~løst** [-lø:?sd] *Versprechen* uneingelöst, nicht eingelöst; **~pakket** [-pagəð] unverpackt; **~skrænket** [-sgʀɛŋ?gəð] unbeschränkt, uneingeschränkt; unumschränkt; **~tagelig** [uen'ta:?əli] uneinnehmbar; **~viet** [-vi:?əð] uneingeweiht

ujævn ['ujæʊ?n] uneben, ungleichmäßig; *Weg:* holp(e)rig

ukaldet ['ukal?əð] unberufen, ungefragt

ukammeratlig ['ukamɔʀa:?dli] unkameradschaftlich

ukampdygtig ['ukambdøgdi] kampfunfähig

ukendelig [u'ken?əli] unkenntlich; unerkennbar

ukend|skab ['ukensga:?b] Unkenntnis *f*; **~t** [-ken?d] unbekannt; unerkannt; **være ~ med ngt.** sich mit *etw* nicht auskennen; **jeg er ~ her** ich kenne mich hier nicht aus

uklanderlig [u'klan?əʀli] tadellos, einwandfrei

uklar [u'kla:?ʀ] unklar, trübe; *rage ~ med én* sich mit *j-m* überwerfen; **~hed** [-kla:ʀhe:ð?] ⟨-en; -er⟩ Unklarheit *f*

uklog [u'klo:?w] unklug

uklædelig [u'klɛ:?ðəli] unkleidsam

ukomplet ['ukomplɛd] unvollständig

ukoncentreret ['ukɔnsɛn'tʀe:?ʀəð] unkonzentriert

ukontrol|abel ['ukɔntʀola:?bəl], **~erbar** ['-'lɛ:?ʀba:?ʀ] unkontrollierbar

ukristelig [u'kʀesdəli] unchristlich; unsagbar; **~ mange penge** F ein Heidengeld

ukritisk ['ukʀitisg] unkritisch

ukrudt ['ukʀud] ⟨-et⟩ ʙᴏᴛ Unkraut *n*; **~ forgår ikke så let** *fig* Unkraut vergeht nicht

ukrænkelig [u'kʀɛŋ?gəli] unverletzlich, unantastbar

ukuelig [u'ku:?əli] unbezwingbar, unbezwinglich; *Humor:* unverwüstlich

ukunstlet ['ukon?sdləð] ungekünstelt

ukvemsord ['ukvɛmso:?ʀ] Schimpfwort *n*

ukvindelig [u'kvenəli] unweiblich

ukyndig ['ukøn?di] unkundig (*i/G*)

ukær ['uke:?ʀ] unlieb; **~lig** [-keʀli] lieblos

ukønnet ['ukœn?əð] ungeschlechtlich

uladsiggørlig ['ulasa'gœʀ?li] *scherzh* ein Ding *n* der Unmöglichkeit, nicht machbar

uland ['u:?lan?] *Abk. für* **udviklingsland**

ulandshjælp ['u:?lansjɛl?b] Entwicklungshilfe *f*

ulastelig [u'lasdəli] tadellos

ulave ['u:a:və] ⟨*en od et*⟩ Unordnung *f*

uld [ul?] ⟨-en⟩ Wolle *f*; **~e** ['ulə] *Material aus Wolle:* fusseln; **~en** [ulən] wollen, aus Wolle, Woll-, wollig; *fig* F suspekt, nicht ganz geheuer; **~et** ['uləð] wollig; **~garn** ['ulga:?ʀn] Strickwolle *f*; **~hår** ['ulhɔ:?ʀ] *fig* Wollhaar *n*; **~trøje** ['ultʀø-iə] wollene(s) Unterhemd *n*; Strickjacke *f*; **~tæppe** ['ultebə] Wolldecke *f*

ulejlige [u'laï?liə] bemühen, belästigen

ulejlighed [u'laï?lihe:ð?] ⟨-en⟩ Mühe *f*; Bemühung *f*; Ungelegenheit *f*; *spildt ~* verlorene Mühe; *gøre én ~ j-n* bemühen, *j-m* Mühe machen; *gør Dem ingen ~!* bemühen Sie sich bitte nicht!; *komme til ~* ungelegen kommen; *være ~en værd* der Mühe (*G*) wert sein

ulempe ['ulɛmbə] ⟨-n; -r⟩ Nachteil *m*; Missstand *m*; Unannehmlichkeit *f*

ulidelig [u'li:?ðəli] unerträglich

ulig ['uli:?] ungleich, unähnlich

ulige ['uli:ə] ungleich; *Zahl:* ungerade; **~ bedre** ungleich (*od bei weitem*) besser; **~vægtet** [-vɛgdi] *fig* unausgeglichen

ulinieret, ulinjeret ['ulinje:?ʀəð] unliniiert

ulivssår ['uliüssɔ:?ʀ] *poet* Todeswunde *f*

ulk [ul?g] ⟨-en; -e⟩ zo Seeskorpion *m*; *fig scherzh* alte(r) Seebär *m*

ulme ['ulmə] glimmen, schwelen (*a fig*)

ulovlig [u'løʊ?li] ungesetzlich, gesetzwidrig; **~hed** [-he:ð?] ⟨-en; -er⟩ Ungesetzlichkeit *f*

ulovmedhold(el)ig ['uloʊmeð'hɔl?əli, -'hɔl?di] gesetzwidrig, rechtswidrig

ultralyd ['ultʀalyð?] Ultraschall *m*

ultramoderne ['ultʀamo'dɛʀnə] supermodern

ulv [ul?v] ⟨-en; -e⟩ Wolf *m*; **være sulten som en ~** *e-n* Wolfshunger haben

ulve|hund ['ulvəhun?] Wolfshund *m*, Schäferhund *m*; **~unge** [-oŋə] junge(r) Wolf *m*; *junger Pfadfinder:* Wölfling *m*

ulvinde [ulv'enə] ⟨-n; -r⟩ Wölfin *f*

ulydig [u'ly:?ði] ungehorsam; **~hed** [-he:ð?] ⟨-en⟩ Ungehorsam *m*

ulykke ['uløgə] ⟨-n; -r⟩ Unglück *n*, Unheil *n*; Unglücksfall *m*, Unfall *m*; *fig* Verderben *n*; *lave ~r* Unheil anrichten; *så for en ~!* F verflixt!

ulykkelig [u'løgəli] unglücklich; **~vis** [-vi:?s] unglücklicherweise

U

ulykkes|bilist [uløgəsbi'lisd] Unfallfahrer *m*; **~forsikring** [-fɔr'segrɛŋ] Unfallversicherung *f*; **~fugl** [-fu:?l] F Unglücksrabe *m*, Pechvogel *m*; **~sted** [-sdeð] Unfallort *m*; **~tilfælde** [-telfɛl'ə] Un(glücks)fall *m*; **~varslende** [-vɑ:rslənə] unheilverkündend

u|lyksalig [uløg'sa:?li] un(glück)selig; **~lyst** ['-løsd] ⟨-en⟩ Unlust *f*, Widerwille *m*; **~lækker** ['-lɛgər] unappetitlich, widerwärtig; **~lærd** ['-lɛr?d] ungelehrt

ulæselig [u'lɛ:?səli] unleserlich; unlesbar

ulæst ['ulɛ:?sd] ungelesen; *Text*: unvorbereitet; **ulønnet** [-lœn?əð] unbesoldet, unbezahlt, ehrenamtlich

uløs|elig [u'lø:?səli] unlösbar; **~t** ['-lø:?sd] ungelöst

umage[1] ['uma:(j)ə] ⟨-n⟩ Mühe *f*; **gøre sig ~** sich Mühe geben (**med**/mit *D*)

umage[2] ['uma:?(j)ə] bemühen (**sig** sich)

umage[3] ['uma:(j)ə] ungleich, nicht zusammengehörend

umagelig ['uma:(j)əli] unbequem

umalet ['uma:?ləð] ungestrichen

umanerlig, umanérlig [uma'ne:?rli] *Kind* ungebärdig, störrisch; *adv* ungeheuer, ungemein

umeddelsom ['umeð'de:?lsɔm?] wortkarg

umedgørlig [umeð'gœ:?rli] widerspenstig, querköpfig

umenneske ['umɛnəsgə] Unmensch *m*

umenneskelig [u'mɛn?əsgəli] unmenschlich

umiddelbar ['umið?əlba:?r] unmittelbar; *Person*: unkompliziert

umild ['umil?] rau, unsanft

umindelig [u'men?əli] undenklich

umis|forståelig ['umisfɔrsdɔ:?əli] unmissverständlich; **~kendelig** [-'kɛn?əli] unverkennbar

umoden ['umo:?ðən] unreif (*a fig*)

umoderne [u'modɛrnə] unmodern

umoralsk [u'mora:?lsg] unmoralisch

umotiveret ['umotive:?rəð] unmotiviert, unbegründet; unvermittelt

umulig [u'mu:?li] unmöglich; ausgeschlossen; **~gøre** [-gœ:?rə] unmöglich machen, verhindern

umulius [u'mu:?lius] ⟨-(s)en⟩ -(s)er⟩ F Nichtskönner *m*, Versager *m*, Tölpel *m*

umyndig [u'møn?di] unmündig, minderjährig; **~gøre** [-gœ:?rə] entmündigen

umælende ['umɛ:?lənə] stumm, sprachlos

umærkelig [u'mɛrgəli] unmerklich, unmerkbar

umættelig [u'mɛdəli] unersättlich

umættet ['umedəð] CHEM ungesättigt

umådehold ['umɔ:ðəhɔl?] Unmäßigkeit *f*; **~en(de)** (-:ðə) unmäßig

umådelig [u'mɔ:?ðəli] unermesslich, ungeheuer, immens; übermäßig, maßlos

umålelig [u'mɔ:?ləli] nicht messbar; unermesslich

unaturlig ['unatur?li] unnatürlich

unavngiven ['unɑüngi:?vən] ungenannt; unbenannt

unddrage ['ondrɑ:?wə] entziehen (*D*); **~ sig ansvaret** sich der Verantwortung (*D*) entziehen

unde ['onə] ⟨-te⟩ gönnen (**én ngt.** *j-m etw*)

under[1] ['onər] ⟨-en; -e⟩ → **underkrydder**

under[2] ['on?ər] ⟨-et; -e⟩ Wunder *n*; **det er intet ~!** kein Wunder!

under[3] ['on?ər] *prp* unter (*D, A*); während (*G*); während **~ arbejde** in Arbeit haben; **gå ~ jorden** POL untertauchen; **~ krigen** während des Krieges; **~ straf** bei Strafe; **hen~ aften** gegen Abend; *adv* unter, darunter; **bukke ~** unterliegen (**for**/*D*)

under|afkøle ['on?ərɑükø:?lə] unterkühlen; **~ansigt** [-ansegd] untere Gesichtshälfte *f*; **~balance** ['-ba'laŋsə] Unterbilanz *f*; **~begavet** ['-be'ga:?vəð] minderbegabt; **~belyse** ['-be'ly:?sə] FOT unterbelichten; **~bemandet** ['-be'man?əð] *Personal* unterbesetzt; **~betalt** ['-be-ta:?ld] unterbezahlt

underbevidst ['on?ərbevesd] unterbewusst; **~hed** [-he:ð?] ⟨-en⟩ Unterbewusstsein *n*

underbo ['on?ərbo:?] ⟨-en; -er⟩, **~er** [-ər] ⟨-en; -e⟩ Bewohner *m* der Wohnung unter *j-m*; **vores~er(e)** die Mieter/die Leute unter uns

under|bud ['on?ərbuð] ⟨-(d)et; -⟩ Untergebot *n*, Mindergebot *n*; **~bukser** [-bogsər] *pl* Unterhose *f*; **~byde** [-by:?ðə] unterbieten; **~bygge** [-bygə] *fig* untermauern, belegen

underdanig [on?ər'da:?ni] untertänig, unterwürfig

underdejlig ['on?ərdaili] wunderschön

underdirektør ['on?ərdirɛg'tø:?r] Vizedirektor *m*, stellvertretender Direktor

underdrejet ['on?ərdrai?əð] NAUT beigedreht

underdrive ['on?ərdri:?və] untertreiben, F tiefstapeln; **~lse** [-lsə] ⟨-n; -r⟩ Untertreibung *f*

under|eksponere ['on?ərɛgspo'ne:?rə] FOT unterbelichten; **~entreprenør**

[-ɑŋtʀɛpʀɛ'no:'ʀ] Subunternehmer *m*

underernæret ['onɐʀɛʀnɛ:'ʀəð] unterernährt

underetage ['onɐʀe'ta:sjə] darunterliegende Etage *f*; Erdgeschoss *n*

underforstå ['onɐʀfɔʀsdɔ:'] hinzudenken, ergänzen; (stillschweigend) voraussetzen; **~et** unausgesprochen, vorausgesetzt

underfuld ['onɐʀful'] wundervoll; wundersam, seltsam

underfundig ['onɐʀ'fon'di] hinterlistig, schlau, verschmitzt; hintergründig

undergang ['onɐʀgɑŋ'] ⟨-*en; -e*⟩ Untergang *m*; Verderben *n*; Unterführung *f*

undergive ['onɐʀgi:'və] unterstellen; **være ~t** unterstehen (*D*); **de undergivne** die Untergebenen

undergrave ['onɐʀgʀɑ:'və] untergraben (*a fig*), unterminieren

undergrundsbane ['onɐʀgʀonsba:nə] Untergrundbahn *f*, U-Bahn *f*

undergørende ['onɐʀgœ:'ʀənə] wundertätig

undergå ['onɐʀgɔ:'] erfahren, erleben

underhandler ['onɐʀhan'lɒʀ] ⟨-*en; -e*⟩ Unterhändler *m*

underhold ['onɐʀhɔl'] ⟨-*et*⟩ Unterhalt *m*

underholde ['onɐʀhɔl'ə] unterhalten (**sig** sich; **om**/über *A*); **~nde** unterhaltend, unterhaltsam

underholdning ['onɐʀhɔl'neŋ] Unterhaltung *f*

underholds|bidrag ['onɐʀhɔlsbi'dʀɑ:'w] Unterhaltsbeitrag *m*, *Kind* Alimente *pl*; **~pligt** [-plegd] Unterhaltspflicht *f*

underhånden [onɐʀ'hɔn'ən] unter der Hand; vertraulich

underhåndsaftale ['onɐʀhɔnsɑũta:lə] Vorabsprache *f*

underinddele ['onɐʀende:'lə] unterteilen

underjordisk ['onɐʀjoʀ'disg] unterirdisch; **~ bane** BAHN Untergrundbahn *f*; **~ garage** Tiefgarage *f*

underkant ['onɐʀkan'd] die untere Kante; **i ~en** *fig* an der unteren Grenze

underkaste ['onɐʀkasdə] unterwerfen; unterziehen; **~ sig en operation** sich *e-r* Operation unterziehen

under|kende ['onɐʀken'ə] JUR verwerfen, umstoßen; *fig* unterschätzen; **~klasse** [-klasə] Unterschicht *f*; **~kop** [-kɔb] Untertasse *f*; **~korporal** [-kɔʀpo'ʀɑ:'l] MIL Gefreite(r) *m*

underkue ['onɐʀku:'ə] unterjochen, knechten, unterdrücken

under|kæbe ['onɐʀkɛ:bə] Unterkiefer *m*; **~købe** [-kø:'bə] bestechen, erkaufen, F schmieren; **~køle** [-kø:'lə] unterkühlen; **~kørsel** [-kœʀ'səl] Unterführung *f*; **~lag** [-la:'] Unterlage *f*; Basis *f*, Grundlage *f*

underlegen ['onɐʀle:'(j)ən] unterlegen, minderwertig; **~hedsfølelse** [-heðsfø:ləlsə] Minderwertigkeitsgefühl *n*

underleverandør ['onɐʀlevɐʀɑn'dø:'ʀ] Zulieferer *m*

underlig ['onɐʀli] sonderbar, seltsam; F komisch; wunderlich

underliggende ['onɐʀlegənə] *fig* unterschwellig; **de ~ jordlag** *pl* Erde: die unteren Schichten (*f/pl*)

under|liv ['onɐʀli:'v] Unterleib *m*; **~livssygdom** [-liũsy:dɔm'] Unterleibskrankheit *f*

under|lægge ['onɐʀlɛgə] unterwerfen (**sig ngt** sich *etw D*); unterlegen; **~løben** [-lø:'bən] (blut)unterlaufen; **~lødig** [-lø:'ði] minderwertig, kitschig

underminere ['onɐʀmi'ne:'ʀə] *fig* unterminieren, untergraben

undermund ['onɐʀmon'] Unterkiefer *m*

undermåler ['onɐʀmɔ:'lɐʀ] *fig* Schwachkopf *m*, Versager *m*, F Nulpe *f*

underneden ['onɐʀne:'ðən] unten, darunter

underordne ['onɐʀɔ:'ʀdnə] unterordnen (**sig** sich *D*); **~t** untergeordnet; nebensächlich; Untergebene(r) *m*

underpant ['onɐʀpan'd] ⟨-*et*⟩ Unterpfand *n* (*a fig*)

underpris ['onɐʀpri:'s]: **sælge til ~** unter(m) Preis verkaufen

underret ['onɐʀʀed] JUR Amtsgericht *n*

underretning ['onɐʀʀednŋ] ⟨-*en; -er*⟩ Nachricht *f*, Benachrichtigung *f*, Unterrichtung *f*; Auskunft *f*, Erkundigung *f*; **skaffe sig/indhente ~** Erkundigungen einziehen; **til ~** zur Information *od* Kenntnisnahme

underrette ['onɐʀʀedə] verständigen, benachrichtigen, unterrichten (**om**/über *A*, von *D*)

under|skole ['onɐʀsgo:lə] Grundschule *f*; **~skov** [-sgɒ̃ũ'] Unterholz *n*

underskride ['onɐʀsgʀi:'ðə] unterschreiten

under|skrift ['onɐʀsgʀefd] ⟨-*en; -er*⟩ Unterschrift *f*; **~skrive** [-sgʀi:'və] unterschreiben, unterzeichnen

underskud ['onɐʀsguð] Fehlbetrag *m*, Defizit *n*; Verlust *m*

underskudsforretning ['onɐʀsguðsfɔˈʀɛdneŋ] Verlustgeschäft *n*

underskøn ['onəʀsgœnˀ] wunderschön

under|skørt ['onəʀsgœrd] Unterrock *m*; **~skål** [-sgɔːˀl] *für Blumentopf* Untersetzer *m*; **~slæb** [-slɛːˀb] ⟨-*et*; -⟩ Unterschlagung *f*, Veruntreuung *f*; **~slå** [-slɔːˀ] unterschlagen, veruntreuen; **~st** ['onˀ-əʀsd] *adj* unterst; *adv* zuunterst; **~stel** [-sdelˀ] F Untergestell *n* (*Beine*); Fahrgestell *n*

understrege ['onəʀsdʀɑɪˀə] unterstreichen (*a fig*)

understrøm ['onəʀsdʀœmˀ] NAUT Unterströmung *f*; **en ~ af humor** unterschwelliger Humor

understøt|ning ['onəʀsdødneŋ] ⟨-*en*; -*er*⟩ ARCH (Ab)Stützung *f*; **~te** [-sdødə] unterstützen; fördern; abstützen; **~telse** [-sdødəlsə] ⟨-*n*; -*r*⟩ Unterstützung *f*; Förderung *f*; Beihilfe *f*

understå ['onəʀsdɔːˀ]: **~ sig** sich unterstehen, sich erdreisten

undersætsig ['onəʀsɛdsi] untersetzt, gedrungen

undersøge ['onəʀsøːˀə] untersuchen; prüfen; **~lseskommission** [-ləsʌskomi-ˈsjoːˀn] Untersuchungsausschuss *m*

undersåt ['onəʀsɔd] ⟨-*ten*; -*ter*⟩ Untertan *m*; **~lig** [-li] Untertanen-

undertal ['onəʀtal] Minderzahl *f*

undertegne ['onəʀtaɪˀnə] unterzeichnen; **~de** der/die Unterzeichnete

undertekst ['onəʀtegsd] *Film*, TV Untertitel *m*

undertiden [onəʀˈtiːˀðən] mitunter, manchmal

undertrykke ['onəʀtʀœgə] unterdrücken

undertrøje ['onəʀtʀɔɪˀə] Unterhemd *n*

undertvinge ['onəʀtveŋˀə] unterjochen, bezwingen

under|tøj ['onəʀtɔɪˀ] Unterwäsche *f*; **~ud-viklet** [-uðveglə̃d] unterentwickelt, rückständig; zurückgeblieben; **~vandsbåd** [-vansbɔːˀð] Unterseeboot *n*, U-Boot *n*, Tauchboot *n*; **~vejs** [-ˈvaɪˀs] unterwegs

undervis|e ['onəʀviːˀsə] unterrichten; **~er** [-ʀ] ⟨-*en*; -*e*⟩ Lehrer *m*; **~ning** [-neŋ] ⟨-*en*⟩ Unterricht *m*

undervisnings|assistent ['onəʀviːˀ-snɛŋsasˀsdenˀd] *Univ.* Assistent(in) *m*(*f*); **~fag** [-faːˀ(j)] Unterrichtsfach *n*, Lehrfach *n*; **~inspektør** [-ensbegˀtøːˀʀ] Schulrat *m*; **~pligt** [-plegd] Unterrichtspflicht *f*, Schulpflicht *f*

under|vogn ['onəʀvɔwˀn] *Auto:* Fahrgestell *n*; **~vognsbehandling** [-vɔwnsbe-

'hanˀleŋ] Unterbodenpflege *f*

undervurdere ['onəʀvurˈdeːˀʀə] unterschätzen, unterbewerten, verkennen

undervægt ['onəʀvegd] Untergewicht *n*; **~ig** [-i] untergewichtig

underværk ['onəʀvеʀg] ⟨-*et*; -*er*⟩ Wunder *n*, Wunderwerk *n*

undfange ['onfaŋˀə] MED empfangen; *fig* ausbrüten, aushecken; **~lse** [-lsə] ⟨-*n*; -*r*⟩ Empfängnis *f*

undfly ['onflyˀ] entfliehen (*D*)

undgælde ['ongelˀə] entgelten, büßen (*for*/für *A*); **lade én ~ for ngt.** (*A*) entgelten lassen

undgå ['ongɔːˀ] entgehen (*D*); vermeiden; meiden; ausweichen; **ikke kunne ~ ngt.** *fig* um *etw* nicht herumkommen; nicht umhinkönnen; **den kunne du have ~et** F das hast du dir selbst zuzuschreiben; **~elig** [-ˈgɔːˀəli] vermeidbar

undkomme ['onkʌmˀə] entkommen

undlade ['onlaˀðə] unterlassen, versäumen; **~lsessynd** [-lsəssɔnˀ] Unterlassungssünde *f*

und|live ['onliˀvə] *fig* aus der Welt schaffen, beseitigen; **~løbe** [-løːˀbə] entlaufen

undre ['ondʀə] wundern (*sig* sich); **det ~r mig** (*ikke*) es (ver)wundert mich (nicht); **~s over ngt.** über *etw* (*A*) staunen, sich über *etw* (*A*) wundern; **~nde** verwundert, erstaunt, staunend; **~n** Verwunderung *f*, Staunen *n*

undse ['onse:ˀ]: **~ sig** sich scheuen, sich schämen; **~elig** [-ˈse:ˀəli] → **undselig**; **~else** [-əlsə] ⟨-*n*⟩ Scham *f*; **~elig** [-ˈse:ˀəli] verschämt; schamhaft

undsige ['onsi:ˀə]: **~ én j-m** die Freundschaft (auf)kündigen/aufsagen

undskylde ['onsgylˀə] entschuldigen, verzeihen; **undskyld!** entschuldigen (*od* verzeihen) Sie!, entschuldige bitte!, Verzeihung!, erlauben Sie?; **~, hvor er …?** bitte, wo ist …?; **have én undskyldt** *j-n* entschuldigen; **~nde** entschuldigend; mildernd; **~lig** [-ˈsgylˀəli] entschuldbar, verzeihlich

undskyldning ['onsgylˀneŋ] ⟨-*en*; -*er*⟩ Entschuldigung *f*; **gøre** (*od* **give** *od* F **stikke**) **én en ~** sich bei *j-m* entschuldigen (*for*/wegen *G*)

undslippe ['onslebə] entkommen, entwischen; *Wort:* entschlüpfen

undslå ['onslɔːˀ]: **~ sig for at gøre ngt.** sich weigern, *etw* zu tun

undsætning ['onsedneŋ] ⟨-*en*; -*er*⟩ Hilfe *f*; MIL Entsatz *m*; **komme én til ~** *j-m* zu Hilfe kommen

undsætte ['onsɛdə] helfen; MIL entsetzen

undtage ['onta:ˀ(ə)] ausnehmen; *når undtages = undtagen*

undtagelse ['onta:ˀəlsə] ⟨-n; -er⟩ Ausnahme f; *med ~ af mig* mit Ausnahme von mir, mich ausgenommen, bis auf mich; *uden ~* ausnahmslos

undtagelses|løs [-lø:ˀs] ausnahmslos; **~tilfælde** ['onta:ˀəlsəs'telfɛlə] Ausnahmefall m; **~tilstand** [-telstan?] Ausnahmezustand m; **~vis** [-vi:ˀs] ausnahmsweise

undtagen ['onta:ˀən] außer, ausgenommen; *~ dig* dich ausgenommen, außer dir, bis auf dich

undulat [ondu'la:ˀd] Wellensittich m

undvige ['onvi:ə] entweichen (*fra*/aus D); ausweichen (D); **~nde** ausweichend; **~(lses)manøvre** [-(lsəs)man'øⁿ̃ʁɑ] Ausweichmanöver n

undvære ['onvɛ:ˀʁɑ] entbehren, missen

undværlig [on'vɛʁˀli] entbehrlich

ung [oŋˀ] jung; *gamle og ~e* Alt und Jung; *de ~e* die Jungen, die jungen Leute; *fra ~ af* von jung auf; von Jugend an (*od* auf); *i en ~ alder* in jungen Jahren, *ikke helt ~ længere* nicht mehr der/die Jüngste; *som ~* als junger Mensch

ungar|er ['oŋga:ˀʁɑʁ] ⟨-en; -e⟩ Ungar(in) m(f); **~sk** ['oŋga:ˀʁsg] ungarisch

ungdom ['oŋdɔmˀ] ⟨-men⟩ Jugend f; junge Leute *pl*, Jungen *pl*; *fra ~men af* von Jugend auf (*od* an)

ungdommelig [oŋ'dɔmˀəli] jugendlich

ungdoms|forsorg ['oŋdɔmsfɔʁsɔʁˀw] Jugendfürsorge f; **~herberg** [-hɛʁbɛʁˀw] Jugendherberge f; **~hjem** [-jemˀ] Erziehungsanstalt f, Erziehungsheim n; **~kærlighed** [-kɛʁlihe:ð?] Jugendliebe f; **~oprør** [-ɔbʁœ:ˀʁ] Jugendprotestbewegung f; **~ven** [-ven] Jugendfreund m

ungdyr ['oŋdy:ˀʁ] Jungtier n

unge ['oŋə] ⟨-n; -r⟩ Junge(s) n; *få ~r* Junge werfen; *Kind*: F Gör n, Göre f, Balg m/n; *~rne* F die Gören, die Kinder *pl*; *din uartige ~!* F du ungezogenes Gör!

ungersvend ['oŋəʁsvenˀ] *poet, scherzh* Jüngling m

ungkarl ['oŋka:ˀl] Junggeselle m; *inkarneret ~* eingefleischte(r) Junggeselle m

ungkarle|lejlighed ['oŋka:lɑliːhe:ð?] Junggesellenwohnung f; **~pige** [-pi:ə] Junggesellin f

ungkvæg ['oŋkvɛ:ˀ] Jungvieh n

ungpige|agtig ['oŋpiːagdi] mädchenhaft; **~værelse** [-vɛ:ʁɑlsə] Jungmädchenzimmer n

ung|skov ['oŋsgoŭˀ] junge(r) Wald m; **~skue** [-sgu:ə] Jungtierschau f

uniform [uni'fɔːˀʁm] ⟨-en; -er⟩ Uniform f

uniformere [unifɔʁ'me:ˀʁɑ] uniformieren; vereinheitlichen, gleichstellen

unik [u'nig] einmalig, einzig(artig)

union [uni'o:ˀn] ⟨-en; -er⟩ Union f

univers [uni'vɛʁs] ⟨-et; -er⟩ Universum n, Weltall n

universal [univɛʁ'saːˀl] universal, universell; **~arving** [-ɑʁveŋ] Universalerbe m; **~geni** [-sje'ni:ˀ] Universalgenie n; **~middel** [-miðˀəl] Universalmittel n, Allheilmittel n; **~nøgle** [-nøilə] Universalschraubenschlüssel m, F Franzose m

universel [univɛʁ'sel] universell

universitet [universi'te:ˀt] ⟨-et; -er⟩ Universität f, Hochschule f, F Uni f

universitets|adjunkt [universite:ˀsdɑ-djoŋˀd] *etwa* wiss. Mitarbeiter(in) m(f), Lehrerbeauftragte(r) m; **~center** [-sen?dɑʁ] Gesamthochschule f; **~lærer** [-lɛ:ʁɑʁ] Hochschullehrer m

universitetsuddannelse [universi'te:ˀds'uðdanˀəlsə] Hochschulabschluss m, **~t** [-ð] akademisch gebildet

unode [uno:ðə] ⟨-n; -r⟩ Unart f; *lave ~r* Unfug machen

unormal ['unɔʁma:ˀl] unnormal

unyttig ['unøðli] unnütz, nutzlos

unægtelig [u'nɛgdəli] unleugbar, zweifelsohne

unævnelig [u'nɛŭˀnəli] unaussprechlich; *de ~e scherzh* die Unaussprechlichen (*Unterhose*)

unød|ig ['unø:ˀði], **~vendig** [unø'venˀ-di] unnötig, nicht notwendig

unøjagtig ['unɔiagdi] ungenau; **~hed** [-he:ð?] ⟨-en; -er⟩ Ungenauigkeit f

unåde ['unɔ:ðə] Ungnade f; *falde i ~ hos én* bei j-m in Ungnade fallen

unådig ['unɔ:ˀði] ungnädig

uofficiel ['uofi'sjelˀ] inoffiziell

uom|gængelig [uomˀgeŋˀəli] unumgänglich; *Person*: unverträglich; **~stødelig** [-'sdøːˀðəli] unumstößlich; **~tvistelig** [-'tvesdəli] unbestreitbar

uop|dragen ['uobdrɑ:ˀwən] unerzogen; **~dyrket** [-dyʁgəð] unbestellt, unerschlossen (*a fig*); **~fordret** [-fɔːˀʁdʁɑð] unaufgefordert

uopfyld|elig [uob'fylˀəli] unerfüllbar, **~t** ['-fylˀð] unerfüllt

uop|holdelig [uob'holˀəli] unverzüglich; **~hørlig** [-'høːˀʁli] unaufhörlich, unablässig; **~klaret** ['-klɑ:ˀʁəð] *Fall*: unaufgeklärt; **~lagt** ['-lagd] nicht aufgelegt, un-

U

lustig; **~lyst** [-ly:?sd] unaufgeklärt, unwissend; **~løselig** [-'lø:?səli] un(auf)lösbar; CHEM unlöslich; **~mærksom** ['-mɛrgsɔm?] unaufmerksam; **~nåelig** ['-'nɔ:?əli] unerreichbar

uop|rettelig [uɔb'ʀɛdəli] unwiederbringlich, unersetzbar; *Schaden:* irreparabel, nicht wiedergutzumachen; **~sagt** ['-sagd] ungekündigt; **~sigelig** [-'si:?əli] unkündbar; **~slidelig** [-'sli:?ðəli] unvergänglich, unverwüstlich; **~sættelig** [-'sɛdəli] unaufschiebbar

uorden ['uɔ:?ʀdən] Unordnung *f*; *komme i ~* in Unordnung geraten; **~tlig** [-'ɔ:?ʀdənðli] unordentlich

uordholden(de) ['uo:ʀhɔl?ən(ə)] wortbrüchig

uorganiseret ['uɔʀganise:?ʀəð] unorganisiert, nicht organisiert

uoverensstemme|lse [uɔuɑʀe:?nssdɛm?əlsə] Nichtübereinstimmung *f*; Widerspruch *m*, Missverhältnis *n*, Diskrepanz *f*; Meinungsverschiedenheit *f*, Unstimmigkeit; *Scheidungsgrund* Zerrüttung *f*; **~nde** [-sdɛm?ənə] nicht übereinstimmend, abweichend

uoverkommelig [uɔuɑʀ'kɔm?əli] unüberwindlich; *Preis:* unerschwinglich

uoverlagt ['uɔuɑʀlagd] unüberlegt

uoverskuelig [uɔuɑʀ'sgu:?əli] unübersehbar; unabsehbar; unübersichtlich

uoverstigelig [uɔuɑʀ'sdi:?əli] unübersteigbar; *fig* unüberwindbar, unüberbrückbar

uover|truffen ['uɔuɑʀtʀɔfən] unübertroffen; **~træffelig** [-'tʀɛfəli] unübertrefflich; **~vejet** ['-vɑi?əð] unüberlegt; **~vindelig** ['-'ven?əli] unüberwindlich, unbesiegbar

upartisk ['upɑʀti:?sg] unparteiisch, unvoreingenommen; unparteilich

upasse|lig [u'pasəli] unpässlich, unwohl; **~nde** ['-pasənə] unpassend, unangebracht

upersonlig ['upɛʀsɔ:?nli] unpersönlich

uplejet [uplɑi?əð] ungepflegt

uplettet ['upledəð] unbefleckt

upopulær ['upopule:?ʀ] unbeliebt

uppercut ['ɔbkɔd] ⟨-ten; -s od -⟩ *Boxen:* Aufwärtshaken *m*, Uppercut *m*

upraktisk ['upʀagtisg] unpraktisch, unbeholfen, ungeschickt

upræcis ['upʀɛsi:?s] ungenau; unpünktlich

uprøvet ['upʀø:?vəð] unversucht; ungeprüft; unerprobt; unerfahren

upåagtet ['upɔagdəð] unbeachtet

upåkald(e)t ['upɔkal?əð, 'upɔkal?d] ungebeten, unaufgefordert, ungefragt

upåklagelig [upɔ'kla:?əli] einwandfrei; tadellos, untadelig

upåklædt ['upɔklɛ:?d] unbekleidet

upålidelig [upɔ'li:?ðəli] unzuverlässig

upåtalt ['upɔta:?ld] unbeanstandet

upåvirkelig ['upɔ'viʀgəli] unbeeinflussbar; *være ~* sich nicht beeinflussen/beeindrucken lassen

upåvirket ['upɔviʀgəð] unbeeinflusst, unbeeindruckt; gelassen

upåviselig ['upɔ'vi:?səli] nicht nachweisbar

ur [u:?ʀ] ⟨-et; -e⟩ Uhr *f*; *~et slår (går, står)* die Uhr schlägt (geht, steht); *~et vinder/går for stærkt (taber/går for langsomt)* die Uhr geht vor (nach); *~et er gået i stå* die Uhr ist stehen geblieben

urafstemning ['uʀɑüsdɛm?nɛn] Urabstimmung *f*

uran [u'ʀɑ:?n] ⟨-en od -et⟩ Uran *n*

uransagelig [uʀɑn'sa:?li] unergründlich, unerforschlich

urationel ['uʀɑsjonel?] unrationell

urealisabel ['uʀealisa:?bel] nicht realisierbar, undurchführbar

urede ['uʀe:ðə] ⟨en od et⟩ Unordnung *f*; *bringe i~ Garn* verfitzen; *komme i~* sich verfitzen, in Unordnung geraten

uredelig [u'ʀe:?ðəli] unredlich, unlauter

uredt ['uʀe:?d] *Haar:* ungekämmt; *Bett:* nicht gemacht

ureel ['uʀeel?] unreell

uregelmæssig ['uʀe:?əlmɛsi] unregelmäßig

uregerlig [uʀe'geʀ?li] nicht zu bändigen, ungebärdig, störrisch

uren ['uʀe:?n] unrein, unsauber; **~hed** [-ʀe:nhe:ð?] ⟨-en; -er⟩ Unreinheit *f*, Unsauberkeit *f*; **~lig** ['-ʀe:?nli] unsauber

uret¹ ['uʀɛd] ⟨-ten⟩ Unrecht *n*; *have ~* unrecht haben, im Unrecht sein; *med ~ te* zu Unrecht, fälschlich

uret² ['uʀɛd] unrecht, falsch

uretfærdig [uʀɛd'fɛʀ?di] ungerecht; **~hed** [-he:ð?] ⟨-en; -er⟩ Ungerechtigkeit *f*

uretmæssig ['uʀɛdmɛsi] unrechtmäßig

ur|fjeld ['uʀfjel?] Urgestein *n*; **~folk** [-fɔl?g] Urvolk *n*

urfugl ['uʀfu:?l] → **urhane**

urgammel ['uʀgaməl] uralt

ur|hane ['uʀhɑ:nə] zo Birkhahn *m*; **~høne** [-hø:nə] Birkhuhn *n*

urigtig ['uʀegdi] unrichtig, falsch, irrig

urimelig [u'ʀi:?məli] unbillig, unangemessen, unzumutbar; unsinnig; *Forderung* überhöht; *Person* nicht zufriedenzustellen; *Kind* quengelig; widersinnig

urimet ['uRi:ˀməð] *Vers:* ungereimt

urin [u'Ri:ˀn] ⟨*en*; *-er*⟩ Urin *m*, Harn *m*; **~blære** [-ble:Rə] ANAT Harnblase *f*; **~ere** [-Ri'ne:ˀRə] urinieren; **~rør** [-RØ:ˀR] Harnröhre *f*

ur|kæde ['uRke:ðə] Uhrkette *f*; **~mager** [-ma:ˀgəR] ⟨*en*; *-e*⟩ Uhrmacher *m*

urne ['uRnə] ⟨*n*; *-r*⟩ Urne *f*; **~grav** [-gRɑːˀv] Urnengrab *v*

uro¹ ['uRoːˀ] ⟨*en*⟩ Unruhe *f*

uro² ['uRoːˀ] ⟨*en*; *-er*⟩ Uhr: Unruh *f*; Mobile *n*; *bsd Kind* Quirl *m*

uro|center ['uRosenˀdəR], **~centrum** [-sentRom] Unruheherd *m*

urokkelig [u'Rɔgˀəli] unerschütterlich; unverrückbar; unbeirrbar; beharrlich

urokse ['uRɔgsə] Auerochse *m*

urolig [u'Roːˀli] unruhig; *gøre én~* j-n beunruhigen; *være~ for én* sich um j-n Sorgen machen; **~heder** [-he:ðəR] *pl* Unruhen *pl*

uromager [u'Roma:ˀəR] ⟨*en*; *-e*⟩ Störenfried *m*, Unruhestifter *m*

uropatruljen ['uRopa'tRuljən] *polizeiliche Sondereinheit für Krawalle, häufig in Zivil*

uropførelse ['uRobfø:ˀRəlsə] Uraufführung *f*

uro|signal ['uRosi'na:ˀl] Sturmsignal *n*; *fig* Sturmzeichen *n*; **~stifter** [-sdefdəR] Unruhestifter *m*, Störenfried *m*; **~varsel** [-vɑRˀsəl] Sturmwarnung *f*; **~vækkende** [-vegənə] beunruhigend

urpremiere ['uRpRemˀjɛ:Rə] → *uropførelse*

ur|rem ['uRRemˀ] Uhrarmband *n*; **~skive** [-sgi:və] Zifferblatt *n*

urskov ['uRsgɔüˀ] Urwald *m*

urt [uRˀd] ⟨*en*; *-er*⟩ Kraut *n*

urte|have ['uRdəha:və] Kräutergarten *m*, Gemüsegarten *m*; **~kost** [-kɔsd] *scherzh* Blumenstrauß *m*; **~kræmmer** [-kREmˀəR] *veralt* Kolonialwarenhändler *m*, Krämer *m*

urtepotte ['uRdəpɔdə] Blumentopf *m*; **~skjuler** [-sgju:ləR] Übertopf *m*

urte|suppe ['uRdəsobə] Gemüsesuppe *f*; **~te** [-te:ˀ] Kräutertee *m*

urtid ['uRtiðˀ] Urzeit *f*

uryddelig [u'Ryðˀəli] unordentlich

urør|lig [u'Rø:ˀRli] unbeweglich, unantastbar; *fig* unübertrefflich; **~t** ['-RØ:ˀRd] unberührt

uråd ['uRɔːˀð] ⟨*et*⟩: *ane~* Unrat wittern,

Verdacht schöpfen; *jeg aner~ mir* schwant nichts Gutes

usaglig ['usawli] unsachlich

usagt ['usɑgd] ungesagt; *lade ngt. være~ etw* dahingestellt sein lassen

usalig [u'saːˀli] unselig, unglückselig

usammen|hængende ['usamənhɛŋˀənə] unzusammenhängend; **~sat** [-sad] *Wort:* nicht zusammengesetzt, einfach; *Charakter:* unkompliziert

usand ['usanˀ] unwahr, falsch; **~færdig** [usanˀfeRˀdi] lügenhaft; **~hed** ['usanhe:ðˀ] ⟨*en*; *-er*⟩ Unwahrheit *f*; **~synlig** ['usanˀsyːˀnli] unwahrscheinlich

uselskabelig ['usɛlsga:ˀbəli] ungesellig

uselvisk ['usɛlˀvisg] selbstlos; **~hed** [-he:ðˀ] ⟨*en*; *-er*⟩ Selbstlosigkeit *f*

uselvstændig ['usɛlsdənˀdi] unselbständig

usigelig [u'siːˀəli] unsagbar

usikker ['usegəR] unsicher

uskadelig [u'sga:ˀðəli] unschädlich, harmlos

uskadeliggøre [u'sga:ˀðəligøːˀRə] unschädlich machen; *fig* kaltstellen, *Mine* entschärfen

uskadt ['usgad] unverletzt, unversehrt

uskarp ['usgɑRb] unscharf

usket ['usge:ˀd] ungeschehen

uskiftet ['usgifdəð] JUR ungeteilt; *sidde i~ bo* die Gütergemeinschaft fortsetzen

uskik ['usgig] ⟨*-en*⟩ Unsitte *f*, Unart *f*; **~ket** [-əð] ungeeignet

uskolet ['usgoːˀləð] ungeschult

uskreven ['usgRe:ˀvən] ungeschrieben

uskrømtet ['usgRœmˀdəð] ungeheuchelt, aufrichtig

uskyld ['usgylˀ] Unschuld *f*

uskyldig [u'sgylˀdi] unschuldig; harmlos; schuldlos (*i*/an *D*); **~hed** [-he:ðˀ] ⟨*en*; *-er*⟩ Unschuld *f*; **~smagelig** [u'sma:ˀjəli] *Stil:* geschmacklos

uskøn [u'sgœnˀ] unschön

uskånsom [u'sgɔ:ˀnsɔmˀ] schonungslos

usleben ['usle:bən] ungeschliffen (*a fig*)

usling ['usleŋ] ⟨*-en*; *-e od -er*⟩ Schurke *m*, Lump *m*, Feigling *m*, F Memme *f*

usmagelig [u'sma:ˀəli] abgeschmackt, taktlos

usmidig ['usmi:ˀði] *fig* ungelenk, hölzern; unflexibel

usminket ['usmenˀgəð] ungeschminkt (*a fig*)

usnobbet ['usnɔbəð] einfach, geradezu

usoigneret ['usoanˀje:ˀRəð] *Person:* ungepflegt

usolid ['uso'li:ˀð] unsolid(e)

uspiselig [u'sbiː?səli] ungenießbar

usporlig [u'sboːˀʀli] spurlos; unerforschlich, unergründlich

ussel ['usəl] elend, erbärmlich; jämmerlich; schnöde; **~ig** [-i] → **ussel**

ustabil [u'sdaˈbiːˀl] *Wetter:* unbeständig

ustadig [u'sdaː?ði] unstet; *Wetter:* unbeständig

ustandselig [u'sdanˀsəli] unaufhörlich

ustemplet [u'sdɛmˀbləð] ungestempelt

ustemt ['usdɛmˀð] nicht gestimmt; GRAM stimmlos

ustraffet ['usdʀɑfəð] ungestraft

ustyrlig [u'sdyʀˀli] zügellos, ausgelassen; unbändig; *Kind:* wild, ungebärdig; *~ morsom* F umwerfend komisch; *en ~ masse penge* F *(verstärkend)* ein Heidengeld

usund [uson?] ungesund

usvigelig [u'sviː?əli] unverbrüchlich, untrüglich

usvækket [u'svɛgəð] unvermindert

usynlig [u'syː?nli] unsichtbar; *gøre sig ~* F sich dünn(e)machen

usyret [u'syːˀʀəð] ungesäuert

usædelig [u'sɛː?əli] unsittlich

usædvanlig [usɛð'vaː?nli] ungewöhnlich, außergewöhnlich

usælgelig [u'sɛlˀjəli] *~ vare* Ladenhüter *m*

usødet [u'søː?ðəð] ungesüßt; *give én råt for ~ fig* j-m mit gleicher Münze heimzahlen

usømmelig [u'sœmˀəli] unschicklich

usårlig [u'soːˀʀli] unverwundbar, unverletzbar; gefeit *((over) for* gegen)

utak ['utɑg] ⟨-*ken*⟩ Undank *m*

utaknem(me)lig [utɑg'nɛmˀ(ə)li] undankbar

utal ['utal] ⟨-*et*⟩ Unzahl *f*, Unmenge *f*; **~lig** [-'talˀi] unzählig, zahllos

utalt ['utalˀð] ungezählt

uterlig [u'teːˀʀli] unzüchtig; **~hed** [-heːð?] JUR Erregung öffentlichen Ärgernisses

utide [u'tiːðə] *i ~* zur Unzeit; *i tide og ~* zu passender und unpassender Zeit, zu allen möglichen und unmöglichen Tageszeiten

utidig ['utiːˀði] unangebracht, unpassend; unaufgelegt; *Kind* quengelig

utidssvarende ['utiðsvaˈ?ʀənə] unzeitgemäß

utilbøjelig [ute'boiˀˀəli] abgeneigt, nicht geneigt

utilbørlig [utel'bøːˀʀli] ungebührlich

utilfreds ['ute(l)fʀɛs] unzufrieden; **~stil-**

lende [-sdelˀ?ənə] unbefriedigend; **~stillet** [-sdelˀ?əð] unbefriedigt

utilgivelig [ute(l)'giːˀvəli] unverzeihlich; **~gængelig** [-'gɛŋˀəli] unzugänglich *(a fig)*; **~ladelig** [-'laːˀðəli] unzulässig; **~nærmelig** [-'nɛʀˀˀməli] unnahbar; **~pas** ['-pas] unpässlich, unwohl; ungelegen; **~regnelig** [-'ʀɑiˀˀnəli] unzurechnungsfähig, unberechenbar; **~sigtet** ['-sɛgðəð] unbeabsichtigt, ungewollt; **~sløret** ['-sløːˀʀəð] unverschleiert; unverhüllt, unverblümt; **~stedelig** [-'sdɛːˀ?əli] unzulässig

utilstrækkelig [ute'sdʀɛgəli] ungenügend, unzulänglich, unbefriedigend

utiltalende ['utelta?ˀlənə] unsympathisch, abstoßend

uting [uteŋ?] ⟨*-en*⟩ Unding *n*

utjenstdygtig ['utjɛnsdøgdi] dienstunfähig, dienstuntauglich

utopi [uto'piːˀ] ⟨*-en; -er*⟩ Utopie *f*

utro ['utroː?] untreu, treulos; *være ~* F fremdgehen; **~lig** [-'tʀoː?li] unglaublich; **~skab** [-tʀosgaˀb] ⟨*-en; -er*⟩ Untreue *f*; F Fremdgehen *n*; **~værdig** [-tʀoveʀˀˀði] unglaubwürdig

utryg ['utʀøg] unsicher, verunsichert

utrættelig [u'tʀɛdəli] unermüdlich

utrøstelig [u'tʀœsdəli] untröstlich

utugt [u'togð] ⟨*-en*⟩ Unzucht *f*; **~ig** [-i] unzüchtig

utur ['utuːˀʀ] ⟨*-en*⟩: *have ~* Pech haben

utvetydig [utvety?ˀði] unzweideutig, eindeutig

utvivlsom [u'tviuˀˀlsomˀ] unzweifelhaft, zweifellos

utvungen ['utvɒŋˀ?ən] *fig* ungezwungen

utydelig [u'tyː?ðəli] undeutlich

utyske ['utysgə] ⟨*-t; -r*⟩ Ungetüm *n*; *Kind* Schlingel *m*

utæmmelig [u'tɛmˀəli] un(be)zähmbar; **~t** ['-tɛmˀˀəð] ungezähmt, ungebändigt

utænkelig [u'tɛŋ?əli] undenkbar

utæt ['uteð] undicht

utøj ['utoiˀ] ⟨*-et*⟩ Ungeziefer *n*

utålelig [u'toːˀʀli] unerträglich; unleidlich

utålmodig [utɒl'moːˀði] ungeduldig; **~hed** [-heːð?] ⟨*-en*⟩ Ungeduld *f*

utålsom [u'toːˀlsomˀ] unduldsam

uudforskelig [uuðˈfɒʀsgəli] unerforschlich; **~t** ['uuðfɒʀsgəð] unerforscht

uudførlig [uuð'føːˀʀli] unausführbar

uudgrundelig [uuð'gʀɒnˀˀəli] unergründlich; **~holdelig** [-'holˀ?əli] unerträglich; **~sigelig** [-'siːˀ?əli] unsagbar; **~slettelig** [-'sledˀəli] unauslöschlich, unvergesslich; **~slukkelig** [-'sloɡǝli] *fig* unauslöschbar; **~talt** ['-ta:ʔld] unausgesprochen; **~tømmelig** [-'tœmʔǝli] unerschöpflich

uundgåelig (uon'ɡɔ:ʔǝli) unvermeidlich, unumgänglich; unausbleiblich

uundværlig [uon'vɛrʔli] unentbehrlich

uvan ['uva:ʔn] *Stier*: wütend; **~e** [-va:nǝ] schlechte (An)Gewohnheit *f*, Unart *f*; **~t** ['-va:ʔd] ungewohnt

uveder|heftig, **~hæftig** ['uve:ðǝrhefdi] unzulässig, unsolid(e)

uvedkommende ['uveðkɔmʔǝnǝ] unbefugt; **~ forbydes adgang!** Unbefugten (ist der) Zutritt verboten!; **det er mig ~** das geht mich nichts an; **det er sagen ~** das gehört nicht zur Sache

uvejr ['uve:ʔr] Gewitter *n*, Unwetter *n*

uvejsom [u'vaïʔsɔmʔ] unwegsam

uven ['uvɛn] Feind *m*; **blive ~ner** sich entzweien, F sich verkrachen

uvenlig ['uvɛnli] unfreundlich

uvenskab ['uvɛnsɡa:ʔb] Feindschaft *f*; **~elig** [-sɡa:ʔǝli] wenig freundschaftlich; feindselig

uventet ['uvɛnʔdǝð] unerwartet, unvorhottt, unvermutet; unversehens

uvidende ['uvi:ʔðǝnǝ] unwissend; **være ~ om ngt** über *etw* nicht Bescheid wissen/ nicht informiert sein

uvidenhed [u'vi:ʔðǝnhe:ðʔ] ⟨-en⟩ Unwissenheit *f*; Unkenntnis *f*

uvillig ['uvilʔdi] unparteiisch, unbefangen

uvilje ['uviljǝ] Abneigung *f*, Widerwille *m*; Unwille *m*, Unmut *m*

uvilkårlig ['uvilʔkɔ:ʔrli] unwillkürlich

uvillig ['uvilʔi] abgeneigt, widerwillig; **~hed** [-he:ðʔ] ⟨-en⟩ Unlust *f*, Abneigung *f*

uvirk|elig [u'virɡǝli] unwirklich; **~som** [-virɡsɔmʔ] untätig; unwirksam

uvis ['uves] ungewiss, unsicher; *fig* in der Schwebe

uvished [u'veshe:ðʔ] ⟨-en⟩ Ungewissheit *f*, Unsicherheit *f*; **lade én i ~** *j-n* im Ungewissen lassen

uvisnelig [u'vesnǝli] unverwelklich

uvorn ['uvɔ:ʔrn] ungezogen, unartig

uvurderlig [uvur'der'ʔli] unschätzbar

uvægerlig [u'vɛ:ʔ(j)ǝrli] unweigerlich

uværdig ['uvɛrʔdi] unwürdig; würdelos; **det er mig ~t** das ist meiner (G) unwürdig

uvæsen ['uvɛ:ʔsǝn] Unwesen *n*; **~tlig** [-dli] unwesentlich, nebensächlich

uægte ['uɛɡdǝ] unecht; *Kind*, *veralt*: unehelich; **~ sammensat** *Verb*: trennbar

uægteskabeligt ['uɛɡdǝsɡa:ʔbǝlid] *Kind*: nichtehelich, unehelich

uønsel ['uɛn'sǝl] unbeachtet

uærbødig ['uɛrbø:ʔði] respektlos

uærlig ['uɛrli] unehrlich

uæstetisk ['uɛsde:ʔtisɡ] unästhetisch

uønsket ['uønʔsɡǝð] unerwünscht

uøvet ['uø:ʔvǝð] ungeübt

uåbnet ['uǝ:ʔbnǝð] ungeöffnet; *Packung*: unangebrochen

uår ['uɔ:ʔr] *Ernte*: Missjahr *n*

V

V, v [ve:ʔ] ⟨-'et; -'er⟩ V, v *n*

vabel ['va:bǝl] ⟨vab(e)len; vabler⟩ *Haut*: Blase *f*; **~t** [-ð] blasig; **vable** ['va:blǝ] ⟨-n; -r⟩ → **vabel**

vaccination [vaɡsina'sjo:ʔn] ⟨-en; -er⟩ MED (Schutz)Impfung *f*

vaccinationsattest [vaɡsina'sjo:ʔnsa-'tɛsd] Impfschein *m*

vaccine [vaɡ'si:nǝ] ⟨-n; -r⟩ Impfstoff *m*; **~re** [-si'ne:ʔrǝ] impfen

vade¹ ['va:ðǝ] ⟨-n; -r⟩ GEOGR Watt *n*

vade² ['va:ðǝ] waten; F latschen; **~ i penge** *fig* im Geld schwimmen

vade|fugl ['va:ðǝfu:ʔl] Stelzvogel *m*, Watvogel *m*; **~hav** [-h@ü] Watt(enmeer) *n*; **~sted** [-sdeð] Furt *f*

vad|mel ['vaðmǝl] ⟨-et⟩ Fries *m*; **~sæk**

[-seɡ] Reisesack *m*, Seesack *m*

vaffel ['vafǝl] ⟨vaf(fe)len; vafler⟩ Waffel *f*; **~is** [-i:ʔs] Eiswaffel *f*; **~jern** [-jɛrʔn] Waffeleisen *n*

vag [va:ʔ(j)] vage, unbestimmt

vagabond [vaɡa'bɔnʔd] ⟨-en; -er⟩ Vagabund *m*, Landstreicher *m*; **~ere** [-bon-'de:ʔrǝ] vagabundieren; **~tilværelse** [-'telvɛ:ʔrǝlsǝ] Vagabundenleben *n*

vagina [va'gi:na] ⟨en⟩ ANAT Vagina *f*

vagt [vaɡd] ⟨-en; -er⟩ Wache *f*; *Apotheke*, *Krankenhaus*: (Schicht-, Not-, Nacht)Dienst *m*; **stå på ~** Wache stehen; F Schmiere stehen; **være på ~** *fig* auf der Hut sein (**over for**/vor)

vagtel ['vaɡdǝl] ⟨vagt(e)len; vagtler⟩ ZO Wachtel *f*

vagt|havende [ˈvɑgdhaˑˀvənə] wachhabend; **~hund** [-hunˀ] Wachhund *m*; **~lokale** [-loˈkaːlə] Wachstube *f*, Wachlokal *n*; **~læge** [-lɛːˀ(j)ə] Notarzt *m*; **~mandskab** [-mansgaˀb] Wachmannschaft *f*; **~post** [-pɔsd] ⟨-en; -er⟩ Wach(t)posten *m*; **~selskab** [-sɛlsgaˀb] Wach- und Schließgesellschaft *f*; **~skifte** [-sgifdə] Wachablösung *f*; **~som** [-sɔmˀ] wachsam; **~stue** [-sduːə] Wache *f*, Wachstube *f*; **~tjeneste** [-tjeːnəsdə] Wachdienst *m*; **~tårn** [-tɔːˀrn] Wach(t)turm *m*

vaje [ˈvɑiə] *Fahne*: wehen, flattern

vakkelvorn [ˈvɑgəlvɔːˀrn] wack(e)lig

vakle [ˈvɑglə] taumeln, wackeln, manken, schwanken (*a fig*); **~nde** wack(e)lig, schwankend; unschlüssig, unentschlossen; **~n** Wackeln *n*, Wanken *n*, Schwanken *n*; **~vorn** [-vɔːˀrn] → **vakkelvorn**

vaks [vɑgs] flink; F aufgeweckt, pfiffig

vakt [vɑgd], **~e** [ˈ-ə] → **vække²**

vakuum [ˈvaːˀkuɔm] ⟨-(m)et; -(m)er⟩ Vakuum *n*

val [vaːˀl] ⟨-en⟩ Walstatt *f*; **blive på ~en** *fig* auf der Strecke bleiben

valborg(s)|aften, ~nat [ˈvalboˑˀʀsˀafdən, -nad] Walpurgisnacht *f*

valdhorn [ˈvaldhoːˀʀn] MUS Waldhorn *n*

valen [ˈvaːˀlən] steif (*vor Kälte*) klamm, (*wie*) abgestorben; *fig* lau

valens [vaˈlɛnˀs] ⟨-en; -er⟩ CHEM Valenz *f*, Wertigkeit *f*

valfart [ˈvalfaˑˀʀd] ⟨-en; -er⟩ Wallfahrt *f*; **~e** [-ə] pilgern (*a fig* F), wallfahr(t)en

valg [vaːˀl(j)] ⟨-et; -⟩ Wahl *f*; **give én ~et** *j-m* die Wahl lassen; **jeg har ikke andet ~** ich habe keine andere Wahl; **~et faldt på ham** die Wahl fiel auf ihn

valgbar [ˈvalbɑːˀʀ] wählbar

valg|berettiget [ˈvalˀbeʀɑˀɑðəð] wahlberechtigt; **~bestyrelse** [-beˀsdyːˀʀəlsə] Wahlvorstand *m*; **~deltagelse** [-delta:ˀɑlsə] Wahlbeteiligung *f*; **~fag** [-faˑˀ(j)] Wahlfach *n*; **~flæsk** [-flɛsg] F Wahlköder *m*; **~fri** [-fʀiˀ] wahlfrei; **~handling** [-hanleŋ] Wahlakt *m*, Wahlhandlung *f*; **~kamp** [-kɑmˀb], **~kampagne** [-kɑmˀpanjə] Wahlkampf *m*; **~kreds** [-kʀeːˀs] Wahlkreis *m*, Wahlbezirk *m*; **~liste** [-lesdə] Wählerliste *f*; **~mand** [-manˀ] Wahlmann *m*

valg|menighed [ˈvalmeːnihəˀð] REL freikirchliche Gemeinde *f*; **~møde** [-møːðə] Wahlversammlung *f*; **~ret** [-ʀɛd] Wahlrecht *n*; **~sprog** [-sbʀɔˀw] Wahlspruch *m*; **~t** [valˀd], **~te** [ˈvaldə] → **vælge**; **~tryk** [-tʀøg] Wahlbeeinflussung *f*

valk [valˀg] ⟨-n; -r⟩ Haareinlage *f*; Wulst *m*, *f*

valke [ˈvalgə] walken

valkyrie [valˈkyːˀʀiə] ⟨-n; -r⟩ MYTH Walküre *f*

vallak [ˈvalɑg] ⟨-ken; -ker⟩ Wallach *m*

valle¹ [ˈvalə] Molke *f*

valle² [ˈvalə] *Ski* wachsen

valm [valˀm] ⟨-en; -e⟩ ARCH Walm *m*; **~tag** [ˈvalmtaˀ] Walmdach *n*

valmue [ˈvalmuːə] ⟨-n; -r⟩ BOT Mohnblume *f*, Klatschmohn *m*; **~frø** [-frøːˀ] Mohn(samen) *m*

valnød [ˈvalnøð] Walnuss *f*; **~(de)træ** [-nøð(e)tʀɛːˀ] Walnussbaum *m*; Walnussholz *n*

valplads [ˈvalplas] → **val**; **beholde/forlade ~en** *fig* das Feld behaupten/räumen

vals [valˀs] ⟨-en; -e⟩ Walzer *m*; **give én en ~** F *fig* *j-m* den Kopf waschen

valse¹ [ˈvalsə] ⟨-n; -r⟩ TECH Walze *f*

valse² [ˈvalsə] walzen; (*Walzer*) tanzen

valsen [ˈvalˀsən]: **være på ~** auf der Walz *od* Wanderschaft sein

valse|takt [ˈvalsətɑgd] Walzertakt *m*; **~værk** [-vɛʀg] Walzwerk *n*

valte [ˈvaldə] → **skalte**

valuta [vaˈluta] ⟨-en; -er⟩ Valuta *f*; Wert *m*; Währung *f*; Devisen *f/pl*; **få ~ for pengene** *fig* (voll) auf s-e Kosten kommen; **~kurs** [-kuʀˀs] Devisenkurs *m*

vammel [ˈvamˀəl] ekelhaft, widerlich (*süß*); *fig* süßlich

vamp [vɑmˀb] ⟨-en; -e⟩ Vamp *m*; **~yr** [vɑmˈpyːˀʀ] ⟨-en; -e⟩ Vampir *m*; Wucherer *m*; → *a* **vamp**

vanartet [ˈvanˀˀʀdəð] missraten, ungezogen (*Kind*)

vand [vanˀ] ⟨-et; -e⟩ Wasser *n*; **~e** *pl* Gewässer *n/pl*; *dansk ~* Mineralwasser *n*; **det er det rene ~ imod ...** *fig* F das ist (rein gar) nichts im Vergleich mit ...; **fiske i rørt ~e** im Trüben fischen; **gå i ~et** baden gehen; F *fig* hereinfallen; **holde sig oven ~e** sich über Wasser halten (*bdr → fig*); **lade ~et** Wasser lassen; **øjnene løber i ~** die Augen tränen; **mine tænder løber i ~** das Wasser läuft mir im Mund zusammen; **slå koldt ~ i blodet!** ruhig Blut! **sætte i ~** *Blumen* ins Wasser stellen; **træde ~e** Wasser treten; **til ~s** zu Wasser

vandafvisende [ˈvanɑuviˑˀsənə] wasserabweisend

vandal [vanˈdaːˀl] ⟨-en; -er⟩ Vandale *m* (*a fig*); **~isme** [-daˈlismə] ⟨-n; -r⟩ Vandalismus *m*

vand|bad ['vanbað] Wasserbad *n*; **~bakkelse** [-bagəlsə] *Gebäck*: Windbeutel *m*; **~bold** [-bɔlˀd] Wasserball *m*; **~bygning** [-bygnen] TECH Wasserbau *m*; **~cykel** [-sygəl] Tretboot *n*; **~damp** [-damˀb] Wasserdampf *m*; **~dråbe** [-drɔ:bə] Wassertropfen *m*

vande ['vanə] (be)gießen; (be)sprengen; bewässern; *Vieh* tränken; **~** *ud Salzfleisch* wässern; *fig* verwässern; → *a* **vand[1]**

vandel ['vanˀəl] ⟨-*en*⟩ Lebenswandel *m*, Führung *f*; **handel og ~** Handel *m* und Wandel *m*

vandet ['vanəð] wässerig, wässrig; *fig* fad(e); faul (*Witz*)

vand|fad ['vanfað] Waschschüssel *f*; **~fald** [-falˀ] Wasserfall *m*; **~fast** [-fasd] wasserfest; **~flyver** [-fly:vər] Wasserflugzeug *n*; **~forsyning** [-fɔr'sy:ˀnen] Wasserversorgung *f*; **~førende** [-føːrənə] wasserführend; **~gang** [-gaŋˀ] ⟨-*en*; -*e*⟩ Baden *n*; NAUT Wasserlinie *f*; F *fig* Reinfall *m*; **~glas** [-glas] Wasserglas *n*; **~hane** [-ha:nə] Wasserhahn *m*; **~hund** [-hunˀ] *fig* Wasserratte *f*, **~ig** ['vandi] wässerig, wässrig

vand|ing ['vanen] ⟨-*en*; -*er*⟩ (Be)Gießen *n*; Sprengen *n*; Bewässerung *f*; Tränken *n*; **~kande** [-kanə] Gießkanne *f*; **~kanon** [-ka'no:ˀn] Wasserwerfer *m*; **~klar** [-kla:ˀr] wasserhell, klar; **~kraft** [-krafd] Wasserkraft *f*; **~kæmmet** [-kɛmˀəð]: *nyvasket og ~* frisch gewaschen und gekämmt, geschniegelt und gebügelt; **~kølet** [-kø:ˀləð] wassergekühlt

vand|ladning ['vanla:ˀðnen] ⟨-*en*; -*er*⟩ Wasserlassen *n*; **~land** [-lanˀ] *n* Erlebnisbad *n*; **~løb** [-lø:ˀb] Wasserlauf *m*, Rinnsal *n*; **~lås** [-lɔ:ˀs] *Abwasserleitung*: Geruchsverschluss *m*; **~mand** [-manˀ] ZO Qualle *f*; *Sternbild*: Wassermann *m*; **~mester** [-mesdər] → *gas- og vandmester*; **~mærke** [-mɛrgə] *Papier*: Wasserzeichen *n*

vand|måler ['vanmo:lər] Wasserzähler *m*; **~ondulation** [-ɔndula'sjo:ˀn] *Frisur*: Wasserwellen *f/pl*; **~opløselig** [-ɔbløˀsə-li] wasserlöslich; **~polo** [-po:lo] Wasserball(spiel) *m*(*n*); **~post** [-pɔsd] (Wasser)Pumpe *f*; **~pyt** [-pyd] (Wasser)Pfütze *f*

vandre ['vandrə] wandern; *lit* wandeln; *fig Blick*, *Gedanken* schweifen lassen; **~nde håndværkssvend** wandernder Handwerksgeselle *m*; **~fugl** [-fuˀl] *fig* Wandervogel *m*; **~hal** [-halˀ] Wandelhalle *f*; **~herberg** [-hɛrbɛrˀw], **~hjem**

[-jemˀ] Jugendherberge *f*; **~klit** [-klid] GEOL Wanderdüne *f*; **~nyre** [-ny:rə] MED Wanderniere *f*; **~pokal** [-po'ka:ˀl] Wanderpokal *m*

vandrer ['vandrər] ⟨-*en*; -*e*⟩ Wanderer *m*; **vandrer-** → *vandre-*

vandret ['vanrɛd] waagerecht

vandre|tur ['vandrɛtuːˀr] (Fuß)Wanderung *f*; **~udstilling** [-uðsdelˀeŋ] Wanderausstellung *f*; **~år** [-ɔ:ˀr] *pl* Wanderjahre *n/pl*

vandrig ['vanri:ˀ] wasserreich

vandring ['vandren] ⟨-*en*; -*er*⟩ Wanderung *f*; Wanderschaft *f*

vandrings|mand ['vandreŋsmanˀ] *lit* Wandersmann *m*; **~stav** [-sda:ˀv] Wanderstab *m*

vand|rotte ['vanrɔdə] ZO Wasserratte *f*; **~rør** [-RøːˀR] Wasserrohr *n*; **~seng** [-seŋˀ] Wasserbett *n*; **~skade** [-sga:ðə] Wasserschaden *m*; **~skel** [-sgelˀ] Wasserscheide *f*; **~ski** [-sgi:ˀ] Wasserski *m*

vandskorpe ['vansgɔrbə] Wasseroberfläche *f*; **hænge med enden i ~n** F, *fig* in der Klemme sitzen; **lure i ~n** F, *fig* auf der Lauer liegen

vandskræk ['vansgRɛg]: **have ~** wasserscheu sein

vand|skyende ['vansgy:ˀənə] wasserabweisend; **~slange** [-slaŋə] Wasserschlauch *m*; **~spejl** [-sbaiˀl] Wasserspiegel *m*; **~spild** [-sbilˀ] Wasservergeudung *f*; **~stand** [-sdanˀ] Wasserstand *m*

vandt ['vanˀd] → *vinde[2]*

vand|trædning ['vantRɛːˀðnen] ⟨-*en*⟩ MED Wassertreten *n*; **~tæt** [-tɛd] wasserdicht; **~varmer** [-vaRmər] Warmwasserbereiter *m*, Boiler *m*; **~vogn** [-vɔwˀn] Sprengwagen *m*; **~værk** [-vɛRg] Wasserwerk *n*; **~værksvand** [-vɛRgsvanˀr] Leitungswasser *n*; **~åre** [-ɔːrə] Wasserader *f*

vane ['va:nə] ⟨-*n*; -*r*⟩ (An)Gewohnheit *f*; **komme i ~ med ngt.** sich (*D*) *etw* angewöhnen; **komme ud af ~(n)** aus der Gewohnheit (*od* aus dem Rhythmus) kommen; **~dranker** [-draŋgər] Gewohnheitstrinker *m*; **~forbryder** [-fɔrˀbryːˀðər] Gewohnheitsverbrecher *m*; **~menneske** [-menəsgə] Gewohnheitsmensch *m*; **~mæssig** [-mɛsi] gewohnheitsmäßig; **~sag** [-sa:ˀj]: *en ~* Gewohnheitssache *f*

vanfør ['vanføːˀr] körperbehindert; *en ~* ein Körperbehinderte(r) *m*

vang [vaŋˀ] ⟨-*en*; -*e*⟩ *poet* Flur *f*

vanheld ['vanhelˀ] Missgeschick *n*, Pech *n*

vanhellige ['vanhelˀi:ə] entweihen,

schänden

vanilje [va'niljə] ⟨-n⟩ Vanille *f*; **~is** [-i:ʔs] Vanilleeis *n*; **~krans** [-krɑnʔs] *Gebäck:* Vanillekränzchen *n*

vanille [va'niljə] → **vanilje**

vanke ['vaŋgə] *poet* wandeln; **der ~r ...** *Eis ...* es gibt ...; *Schläge* es setzt ...

vankelmod ['vaŋ'gəlmoːʔð] Wankelmut *m*; **~ig** [-i] wankelmütig

vankundig [van'kon'di] unwissend

vanlig ['vaːnli] üblich, gewöhnlich; **~vis** [-vi:ʔs] für gewöhnlich, üblicherweise

vanry ['vanry:ʔ] Verruf *m*

vanrøgt ['vanrøgd] Verwahrlosung *f*, Misswirtschaft *f*; **~e** [-ə] verwahrlosen/verkommen lassen; herunterwirtschaften; **~et** [-əð] verwahrlost

vansire ['vansi:ʔrə] entstellen, verunstalten

vanskab|ning ['vansga:bneŋ] Missgeburt *f*, Missgestalt *f*; **~t** [-sgabd] missgestaltet, missgebildet

vanskelig ['vansgəli] *adj* schwierig, schwer; *adv* schwerlich; **~gøre** [-gœːʔrə] erschweren; **~hed** [-heːðʔ] ⟨-en; -er⟩ Schwierigkeit *f*

van|skæbne ['vansgɛːbnə] Missgeschick *n*; **~skøtte** [-sgødə] vernachlässigen

vanslægte ['vanslɛgdə] entarten, aus der Art schlagen; **~t** entartet

vansmægte ['vansmɛgdə] (ver)schmachten

vant [vanʔd] gewohnt (**til ngt.** *etw A*), gewöhnt (**til/**an *A*); **han er ~ til det** er ist es gewohnt (*od* daran gewöhnt)

vante ['vandə] ⟨-n; -r⟩ Fausthandschuh *m*; *F* Maschlappen *m*; **få med ~n!** F los!; ran an den Speck!, nur zu!

van|treven ['vantreːʔvən] verkümmert, verkrüppelt; **~trives** [-tRiːʔvəs] *v/i* verkümmern, nicht gedeihen; **~trivning** [-tRiːʔvneŋ] ⟨-en; -er⟩ Kümmerling *m*

vantro[1] ['vantroːʔ] ⟨-en⟩ Unglaube *m*; Ungläubigkeit *f*

vantro[2] ['vantroːʔ] ungläubig, skeptisch

vanvare ['vanvaːrə]: **af ~** aus Versehen, versehentlich

vanvid ['vanvið] ⟨-det⟩ Wahnsinn *m* (*bsd* F); **det er det rene** (*od* **glade**) **~!** F das ist heller Wahnsinn

vanvittig ['vanvidi] wahnsinnig, irre, irrsinnig (*bsd* F)

vanære[1] ['vanɛːrə] ⟨-n⟩ Schande *f*, Schmach *f*

vanære[2] ['vanɛːʔrə] entehren, schänden; **~nde** entehrend

vanærelse ['vanɛːʔrəlsə] ⟨-n; -r⟩ Entehrung *f*

var[1] [vaːʔr]: **blive ngt. ~ etw** (*A od G*) gewahr werden

var[2] [vaːr] → **være**

vare[1] ['vaːrə] ⟨-n; -r⟩ Ware *f*; **de våde ~r** *pl* alkoholische Getränke *n/pl*; **tage ngt. for gode ~r** *fig etw* für bare Münze nehmen

vare[2] ['vaːrə]: **tage ~ på børnene** sich um die Kinder kümmern; **tage ~ på sin mund** *s-e* Zunge hüten/wahren; **tage sig i ~ for ngt.** sich vor *etw* hüten/in Acht nehmen

vare[3] ['vaːrə]: **~ sig/sit skind** sich hüten; **var dig!** nimm dich in Acht!

vare[4] ['vaːrə] dauern; reichen, vorhalten; **~ ved** andauern, anhalten

vare|bil ['vaːrəbiːʔl] Lieferwagen *m*; **~deklaration** [-deklɑraˈsjoːʔn] ⟨-er⟩ Angabe von Zutaten; Beipackzettel *m*; **~elevator** [-eləˈvaːtɔr] Lastenaufzug *m*; **~hus** [-huːʔs] Kaufhaus *n*; **~kundskab** [-konsgaːʔb] Warenkunde *f*; **~mærke** [-mɛrgə] Warenzeichen *n*; **~prøve** [-prøːvə] Warenprobe *f*, Warenmuster *n*

varetage ['vaːrətaːʔə] wahrnehmen; wahren, versehen, nachgehen

varetægt ['vaːrətɛgd] ⟨-en⟩ Obhut *f*; Gewahrsam *n*

varetægts|arrest ['vaːrətɛgdsaˈrɛsd] JUR Untersuchungshaft *f*; **~fange** [-faŋə] Untersuchungshäftling *m*

varevogn ['vaːrəvɔwʔn] Lieferwagen *m*

vari|ant [variˈanʔd] ⟨-en; -er⟩ Variante *f*; **~ation** [-aˈsjoːʔn] ⟨-en; -er⟩ Variation *f*, Abwechs(e)lung *f*; **~ere** [-ˈeːʔrə] variieren

varig ['vaːri] dauerhaft, dauernd, Dauer-; bleibend; nachhaltig; **~hed** [-heːðʔ] ⟨-en; -er⟩ Dauer *f*; **af kort ~** von kurzer Dauer

varlig ['vaːli] behutsam

varm [vaːʔrm] warm, heiß (*a fig*); **være ~ på en pige** in ein Mädchen verliebt sein; **blive ~ på ngt.** sich für *etw* erwärmen; **~blodet** ['vaRmbloːʔðəd] warmblütig; *fig* heißblütig; **~blodig** ['vaRmbloːʔði] *fig* heißblütig; **~driksautomat** ['vaRmdregsaˈoto'maːʔd] Automat *m* für heiße Getränke

varme[1] ['vaRmə] ⟨-n⟩ Wärme *f* (*a fig*); Hitze *f*; Heizung *f*; **jeg har det med ~** F mir ist warm; **kan du holde ~n?** ist dir warm genug?; **stille maden til ~** das Essen warm stellen

varme[2] ['vaRmə] wärmen; aufwärmen, erwärmen, warm machen; **~ maden op** das Essen aufwärmen; → *a* **opvarme**

varme|apparat ['vaRməapaˈraːʔd] Heizkörper *m*; **~bølge** [-bøljə] Hitzewelle *f*; **~dunk** [-doŋˀg] ⟨*-en; -e*⟩ Wärmflasche *f*

varmeferie ['vɑrməfeˀriə] *få* ~ hitzefrei bekommen

varme|front ['vɑrməfrɔnˀd] Warmfront *f*; **~fylde** [-fylə] PHYS spezifische Wärme *f*; **~kilde** [-kilə] Wärmequelle *f*; **~legeme** [-leːəmə] Heizkörper *m*; **~mester** [-mɛsdər] Heizer *m*; Hausmeister *m*

varmeovn ['vɑrməoˀʊˀn] = *elektrisk* ~ Heizsonne *f*, elektrische(s) Heizgerät *n*

varme|plade ['vɑrməplɑːðə] Heizplatte *f*; Warmhalteplatte *f*; **~pude** [-puːðə] Heizkissen *n*

varm|front ['vɑrmfrɔnˀd] → *varmefront*; **~hjertet** [-jɛrdəð] warmherzig; **~luft** [-lofd] Heißluft *f*, Warmluft *f*

varmt|følende ['vɑrmˀdføˀlənə] warmherzig; **~følt** [-føˀld] herzlich, aufrichtig

varmtvands|beholder ['vɑrmdvansbeˀhɔlˀər] Boiler *m*, Warmwasserspeicher *m*; **~hane** [-haːnə] Warmwasserhahn *m*

varpe ['vɑrbə]: F *blive~t ud* hinausgeworfen werden

varsel ['vɑːˀrsəl] ⟨*vars(e)let; varsler*⟩ Warnung *f*, Vorzeichen *n*; Frist *f Streik*-Ankündigung *f*; *uden* ~ fristlos

varsko¹ ['vɑrsgoˀ] ⟨*-et; -er od -*⟩ Warnung *f*

varsko² ['vɑrsgoˀ] warnen

varsko³ ['vɑrsgoˀ]: ~*!* Achtung!

varsle ['vɑrslə] verkünden; warnen; *det ~r intet godt* das bedeutet nichts Gutes

varsom ['vɑrsɔmˀ] behutsam, vorsichtig

varte ['vɑrdə]: ~ *én op j-m* aufwarten, *j-s* bedienen; *han skal ~s op i alle ender og kanter* F er lässt sich von vorn bis hinten bedienen; ~ *op med ngt.* etw auftischen (*a fig*)

vartegn ['vɑːrtaiˀn] Wahrzeichen *n*

varulv ['vɑːrulˀv] Werwolf *m*

vasal [va'salˀ] ⟨*-len; -ler*⟩ Vasall *m*; **~stat** [-sdaˀd] Vasallenstaat *m*

vase ['vɑːsə] ⟨*-n; -r*⟩ Vase *f*

vaselin [vasə'liːˀn] ⟨*-en; -er*⟩, **~e** [-'liːnə] ⟨*-n; -r*⟩ Vaseline *f*

vask [vasg] ⟨*-en; -e*⟩ Wäsche *f*; Waschen *n*; Ausguss *m*, Spüle *f*; *sende til* ~ in die Wäscherei geben; *gå i ~en* F misslingen, ins Wasser fallen, flachfallen; **~bar** ['bɑːˀr] (ab)waschbar

vaske ['vasgə] waschen; *Karten* F mischen; ~ *sine hænder* sich (*D*) die Hände waschen; ~ *af* abwaschen, aus-; ~ *op Geschirr* abwaschen; ~ *gulv* den Fußboden wischen; **~balje** [-baljə] Waschwanne *f*, Bottich *m*; **~bjørn** [-bjœrˀn]

Waschbär *m*; **~klud** [-kluðˀ] Waschlappen *m*; **~kumme** [-kɔmə] Waschbecken *n*

vaske|maskine ['vasgəmaˀsgiːnə] Waschmaschine *f*; **~middel** [-miðˀəl] Waschmittel *n*; **~pulver** [-polˀvər] Waschpulver *n*; **~ri** [-'riːˀ] ⟨*-et; -er*⟩ Wäscherei *f*; **~skind** [-sgenˀ] Waschleder *n*, Fensterleder *n*; **~tøj** [-tɔiˀ] Wäsche *f*; **~ægte** [-ɛgdə] waschecht (*a fig*)

vat [vad] ⟨*-ten; -*⟩ Watte *f*

vaterpas ['vadərpas] ⟨*-set; -ser od -*⟩ Wasserwaage *f*

Vatikanet [vati'kaːˀnəð] der Vatikan

vat|nisse ['vadnesə] F *fig* Waschlappen *m*, Hampelmann *n*; **~skulder** [-sgulər] Schulterpolster *n*

vattere [va'teːˀrə] wattieren; ~*t tæppe* Steppdecke *f*

vattersot ['vadərsoˀd] MED Wassersucht *f*

vat|tet [vadəð] *Mensch*: schlapp, willensschwach; **~tot** [-vadˀəd] Wattebausch *m*; **~tæppe** [-vadteˀbə] Steppdecke *f*

ve¹ [veːˀ] ⟨*-en; -er*⟩ MED Wehe *f*

ve² [veːˀ] ⟨*et*⟩ Weh *n*, Leid *n*

ve³ [veˀi]: ~*! wch(o)!., ~ uly, livls ...!* wehe, wenn du ...!

ved¹ [veð] ⟨*-det*⟩ Holz *n*

ved² [veð] *prp* bei (*D*), an (*D*), durch (*A*); *Zeit*: um; *vi er~ at gå* wir sind am Gehen; *sidde ~ vinduet* am Fenster sitzen; *professor ~ universitetet* Professor *m* an der Universität; *opnå ngt. ~ flid* etw durch Fleiß erreichen; ~ *denne tid* um diese Zeit; *det er der ikke ngt.* ~ das macht keinen Spaß; da ist nichts d(a)ran; *hvad forstår man ~ det?* was versteht man darunter?; ~ *siden af* (*Abk. vsa.*) neben (*A/D*); *adv* nebenan; ~ *hjælp af* (*Abk. ved hj. af od vha.*) mit Hilfe (*G od von D*); *hun var nær ~ at græde* sie war den Tränen nahe; *være ~ godt mod* guten Mutes sein; *han vil ikke være ~, at ...* er will es nicht eingestehen (*od* wahrhaben), dass ...; *det kommer ikke dig ~* das geht dich nichts an; *stationen ligger lige ~* der Bahnhof liegt ganz in der Nähe

ved³ [veːˀð] → *vide²*

vedbend ['veðbenˀ] ⟨*-en; -*⟩ Efeu *m*

vedblive ['veðbliˀvə] *vi* fortfahren (*med/*mit *D*); fortdauern, andauern; ~ (*med*) *at være* (weiterhin) bleiben; **~nde** fortwährend, andauernd, weiterhin

veder|fares [veðərˀfaːˀrɑs] widerfahren (*D*), geschehen (*D*); **~heftig**, **~hæftig** [-'hefdi] zuverlässig, solid(e)

vederkvæge [veðəʀˈkve:ʔə] erquicken, laben (*sig* sich); **~lse** [-lsə] ⟨*-n*; *-r*⟩ Erquickung *f*, Labung *f*, Labsal *n*

vederlag ['veðəʀla:ʔ] ⟨*-et*; -⟩ Vergütung *f*, Entgelt *n*; *uden ~ →* **vederlagsfri**

vederlagsfri ['veðəʀla:sfʀi:ʔ] unentgeltlich

vederlægge ['veðəʀlɛgə] vergüten, honorieren

vederstyggelig [veðəʀˈsdygəli] abscheulich; **~hed** [-he:ð?] ⟨*-en*; *-er*⟩ Abscheulichkeit *f*; *det er mig en ~* das ist mir ein Gräuel

vedføje ['veðfɔiʔə] beifügen; **~t** beigefügt; *adv* anbei

ved|gå ['veðgɔ:ʔ] (ein)gestehen, bekennen; anerkennen; **~hefte** [-hefdə] *→* **vedhæfte**

vedholdende ['veðhɔlʔənə] beharrlich, anhaltend

vedhæfte ['veðhefdə] anheften

vedhæng ['veðhɛŋʔ] ⟨*-et*; -⟩ Anhang *m*; Anhängsel *n*; *Schmuck*: Anhänger *m*; **~ende** [-ənə] anhängend; *fig* anhänglich

vedk. *Abk. für* **vedkommende²**

vedkende ['veðkenʔə]: **~ sig ngt.** *etw* anerkennen, sich zu *etw* bekennen

vedkomme ['veðkɔmʔə] angehen; *det ~r ikke Dem sagen* das gehört nicht zur Sache

vedkommende¹ ['veðkɔmʔənə] ⟨*-et*⟩ *for ... ~* was ... betrifft, hinsichtlich ... (*G*); *for mit ~* was mich betrifft

vedkommende² ['veðkɔmʔənə] (*Abk.* **vedk.**) betreffend, betreffs; der/die Betreffende; *rette ~ Behörde*: zuständig

vedlagt ['veðlagd] beiliegend, anbei

vedligeholde [veð'li:əhɔlʔə] unterhalten, erhalten, pflegen; *pænt vedligeholdt* in gutem Zustand, gepflegt; **~lse** [-lsə] ⟨*-n*; *-r*⟩ Erhaltung *f*, Instandhaltung *f*, Pflege *f*; TECH Wartung *f*

vedlægge ['veðlɛgə] beilegen, beifügen

vedr. *Abk. für* **vedrørende**, *→* **vedrøre**

vedrøre ['veðʀø:ʔʀə] angehen, betreffen; **~nde** (*Abk.* **vedr.**) betreffend (*A*), betreffs (*G*)

vedstå ['veðsdɔ:ʔ] zu *etw* stehen, sich zu *etw* bekennen; an *etw* festhalten

vedtage ['veðta:ʔə] beschließen, annehmen; *Gesetz* verabschieden; (*så er det*) **~t!** abgemacht!; **~lse** [-lsə] ⟨*-n*; *-r*⟩ Beschluss *m*

vedtegning ['veðtɑiʔnen] ⟨*-en*; *-er*⟩ Anmerkung *f*, Vermerk *m*

vedtægt ['veðtegd] ⟨*-en*; *-er*⟩ Verordnung *f*; Satzung *f*, Statut *n*; Vorschrift *f*; Sitte *f*, Brauch *m*

vedtægtsmæssig ['veðtegdsmesi] herkömmlich; vorschriftsgemäß

vedvare ['veðvɑ:ʔʀə] anhalten, fortdauern; **~nde** andauernd; anhaltend; *Energie* erneuerbar

veg¹ [ve:ʔ(j)] *fig* weich, schwach

veg² [ve:ʔ(j)], **~et** *→* **vige**

vegetabilsk [vegəta'bi:ʔlsg] pflanzlich

vegetar [vegə'tɑ:ʔʀ] ⟨*-en*; *-er*⟩ Vegetarier *m*; **~iansk** [-tɑʀi'a:ʔnsg], **~isk** [-'tɑ:ʔʀisg] vegetarisch

veget|ation [vegəta'sjo:ʔn] ⟨*-en*; *-er*⟩ Vegetation *f*; **~ere** [-'te:ʔʀə] vegetieren, so dahinleben

vegne ['vainə] *su pl*: *alle* (*vide*) *~* überall, allerorten; *alle ~ fra* von überall her; *vi kommer ingen ~ fig* wir kommen nicht vorwärts; *på ~ af* für (*A*); *på mine ~* in meinem Namen, für mich; *på embeds ~* von Amts wegen; *på familiens ~* im Namen der Familie

vehikel [ve'hiɡəl] ⟨*vehiklet*; *vehikler*⟩ *fig* Mittel *n* zum Zweck

vej [vaiʔ] ⟨*-en*; *-e*⟩ Weg *m* (*a fig*); Straße *f*; Richtung *f*; *Beruf* Laufbahn *f*; *blind ~* Sackgasse *f*; *gå sin ~* weggehen, fortgehen; *gå din ~!* F verschwinde!, mach, dass du wegkommst!; *se den anden ~ fig* wegblicken; *vi skal samme ~* wir haben denselben Weg; *hen ad ~en* den Weg (die Straße) entlang; *fig* nach und nach, im Laufe der Zeit; *ad fredelig ~* auf friedliche Weise; *ad rettens ~* auf dem Rechtsweg; *gå af ~en for én fig* j-m aus dem Wege gehen (*od* ausweichen); *rydde* (*skaffe*) *én af ~en fig* j-n aus dem Wege räumen (schaffen); *det var ikke af ~en* das wäre gar nicht schlecht (*od* übel)!; *komme i ~en for én fig* j-m in die Quere kommen; *der er kommet ngt. i ~en fig* es ist etw dazwischengekommen; *stå i ~en for én* j-m im Wege stehen (*a fig*); *hvad er der i ~en?* was ist los?; *hvad er der i ~en med dig?* was hast du?; *det er der ikke ngt. i ~en for* dem steht nichts im Wege; *på ~en* auf dem Wege, unterwegs; *begive sig på ~* sich auf den Weg machen; *være én på ~en* j-n ein Stück begleiten; *tage på ~(e)* sich aufregen; wettern, heftig werden; *bringe* (*od skaffe*) *til ~e* herbeischaffen, besorgen; *ved ~en* am Weg(e), an der Straße; *vi er ved ~s ende fig* wir sind am Ziel

vej|anlæg ['vaianlɛ?ɡ] Straßenbau *m*; **~arbejde** [-ɑʀbai?də] Straßenbauarbeit *f*; **~bane** [-ba:nə] Fahrdamm *m*, Fahrbahn *f*; Fahrspur *f*; **~beliggenhed** [-be-

'legønhe:ð?] *Auto*: Straßenlage f; **~bred** [-bʀeð] ⟨*-en*; *-*⟩ ʙoᴛ Wegerich m; **~bygning** [-bygnɛŋ] Straßenbau m

veje ['vaiə] *v/i* wiegen; *v/t* wiegen; *fig* wägen; abwägen; **~ af** abwiegen, auswiegen; **~ til** schwer wiegen; **~ tungt** *fig* (schwer) ins Gewicht fallen

vej|farende ['vaifɑ:?ʀənə] Reisende(r) m, Passant m; **~grøft** [-gʀœfd] Straßengraben m; **~kant** [-kan?d] Straßenrand m; **~kryds** [-kʀys] *Straße*: Kreuzung f

vejlede ['vaile:?ðə] ⟨*-ede od -te*⟩ beraten, anleiten, unterweisen

vejledende ['vaile:?ðənə]: **~ pris** Richtpreis m, unverbindliche Preisempfehlung f

vejled|er ['vaile:?ðər] Berater m; **~ning** [-le:?ðɔnɛŋ] Anleitung f; Beratung f

vej|melding ['vaimelɛŋ] Straßenzustandsbericht m; **~net** [-neð] Straßennetz, Wegenetz n

vejning ['vainɛŋ] ⟨*-en*; *-er*⟩ Wiegen n

vejr [vɛ:?ʀ] ⟨*-et*; *-*⟩ Wetter n; Atem m; *jeg kan ikke få ~et* ich kriege keine Luft; **holde ~et** den Atem anhalten; **trække ~et** Atem holen, atmen; **hun har tabt ~et** ihr ist die Puste ausgegangen; **tage ~et fra én** j-m den Atem nehmen; **i ~et** in die Höhe, hoch, empor; **det er helt hen i ~et** F das ist völlig unsinnig (*od* daneben); **gå med næsen i ~et** *fig* die Nase hoch tragen; **ligge med næsen i ~et** F krank sein, *fig* auf der Nase liegen; tot sein; **bede om godt ~** *fig* klein beigeben; **til ~s → i ~et; komme under ~ med ngt.** hinter *etw* (A) kommen, Wind von *etw* bekommen

vejr|beretning ['vɛʀbe?ʀednɛŋ] Wetterbericht m; **~bestandig** [-be'sdan?di] wetterbeständig; **~bidt** [-bid] wettergebräunt

vejre ['vaiʀə] wittern (*a fig*); **hendes betænkeligheder ~des bort** ihre Bedenken waren wie weggeblasen

vejr|fast ['vɛʀfasd] wetterfest; **~forhold** [-fɔʀhɔl?] *pl* Witterungsverhältnisse *pl*, Wetterlage f; **~hane** [-ha:nə] Wetterhahn m; **~kort** [-kɔʀd] Wetterkarte f; **~lig** [-li:?] ⟨*-et*; *-*⟩ Witterung f; **~melding** [-mɛlɛŋ] Wetterbericht m

vejrmølle ['vɛʀmølə] Windmühle f; **slå en ~ Turnen:** ein Rad schlagen

vejrtrækning ['vɛʀtʀɛgnɛŋ] Atmen n

vejrudsigt ['vɛʀuðsegd] Wettervorhersage f

vej|salt ['vajsal?d] n Streusalz n; **~skilt** [-sgel?d] n Straßenschild n; **~spærring**

[-sbɛʀɛŋ] Straßensperre f; **~stabil** [-sdabi:?l] *Auto*: mit guter Straßenlage; **~sving** [-svɛŋ?] Kurve f

vejviser ['vaivi:?sɔʀ] Wegweiser m; Führer m; Adressbuch n; **det kan du kigge i ~en efter!** *fig* F das kannst du in den Schornstein schreiben!

vejvæsen ['vaivɛ:?sən] Straßenverwaltung f, Straßenbauamt n

veklage ['vɛ?kla:ə] Wehklage f

veksel ['vɛgsəl] ⟨*veks(e)len; veksler*⟩ Wechsel m (a ØKON); **udstede en ~** e-n Wechsel ausstellen; **trække veksler på éns tålmodighed** *fig* j-s Geduld auf e-e harte Probe stellen; **~drift** [-dʀefd] *Ackerbau*: Wechselwirtschaft f; **~erer** [-sə'le:?ʀəʀ] ⟨*-en*; *-e*⟩ Börsenmakler m, **~falsk** [-fal?sg] Wechselfälschung f; **~kurs** [-kuʀ?s] Wechselkurs m

vekselrytter ['vɛgsəlʀydəʀ] ØKON *abwartend* Wechselreiter m; **~i** [-ʀydə?ʀi:?] Wechselreiterei f

veksel|strøm ['vɛgsəlsdʀœm?] EL Wechselstrom m; **~virkning** [-viʀgnɛŋ] Wechselwirkung f; **~vis** [-vi:?s] wechselweise, abwechselnd

veksle ['vɛgslə] wechseln; *Geld* umtauschen; **~nde** wechselnd

veksling ['vɛgslɛŋ] ⟨*-en*; *-er*⟩ Wechseln n

vel¹ [vel] ⟨*-et*⟩ Wohl n; **det almene ~** das Allgemeinwohl

vel² [vel] wohl; gut; zwar; ziemlich; **være ~ stor** ziemlich/reichlich groß sein; **han er ~ ..., men** ... zwar ist er ..., aber ...; **godt og ~ 10 kr.** gut und gern 10 Kronen; **vi var ~ 30 personer** wir waren etwa dreißig Personen; **alt ~** alles in Ordnung; **~vidende** wohl wissend; **lev~!** leb' (*od* lebt *od* leben Sie) wohl!; **ikke være rigtig ~ forvaret** F nicht (ganz) bei Trost sein; **nu ~!** schön!; gut!; **han er ~ nok stor!** F (d)er ist aber groß!; **du er ikke vred, ~?** du bist doch nicht böse (, oder)?, **~ vil jeg ej** F ich denke nicht daran!, kommt nicht in Frage!; **~ vil jeg så!** natürlich will ich!; **han er ~ ikke syg?** er ist doch (wohl) nicht krank?; **gid det var så ~!** wenn es nur so wäre!; **~ at mærke** wohlgemerkt

vel|afbalanceret ['vɛlɑubalaŋ'se:?ʀəð] ausgewogen, ausgeglichen; wohldurchdacht; **~aflagt** [-ɑulagd] wohlbestallt, gut besoldet

velan [vel'an]: **~!** *lit* wohlan!

velanskreven ['vɛlanʃgʀe:?vən] gut angeschrieben, beliebt, geschätzt

velanstændig ['vɛlan'sdɛn?di] (wohl)an

ständig; **~hed** [-he:ð°] ⟨*-en*⟩ Wohlanständigkeit *f*, Anstand *m*; **for ~ens skyld** anstandshalber

velartikuleret ['vɛlartiku'le:ʔʀäð]: **være ~** gut zu formulieren verstehen

vel|assorteret ['vɛlasɔr'te:ʔʀäð] *Lager*: gut (as)sortiert; **~befindende** [-befɛnʔənə] Wohl *n*; Wohlbefinden *n*; **~begavet** [-bega:ʔvəð] wohlbegabt

velbehag ['vɛlbeha:ʔ(j)] Wohlgefallen *n*, Wohlbehagen *n*; Behaglichkeit *f*; **~elig** [vɛlbe'ha:ʔəli] wohlgefällig, selbstzufrieden

vel|beholden ['vɛlbehɔlʔən] wohlbehalten; **~bekendt** [-bekɛnʔd] wohlbekannt

velbekomme ['vɛlbe'kɔmʔə]: **~!** (gesegnete) Mahlzeit!; wohl bekomm's!

velberåd ['vɛlbeʀɔ:ʔð]: **med ~ hu** mit Vorbedacht, wohlüberlegt

vel|beslået ['vɛlbeslɔ:ʔəð] F gut beruckt, begütert; **~betænkt** [-betɛŋʔd] wohlbedacht; **~bevandret** [-bevanʔdräð] wohlbewandert; **~bjerget**, **~bjærget** [-bjɛʀʔwəð] arriviert

velc(h)roband ['vɛlkʀoban°], **~lukning** [-lognən] Klettverschluss *m*

vel|drejet ['vɛldʀɑïʔəð] *Frau*: gut gebaut; **~dædig** ['dɛ:ʔði] wohltätig; **~egnet** [-äïnəð] geeignet (*til*/zu *D*); **~formet** [-foʀʔməð] wohlgeformt; **~fornøjet** [-fɔrnɔïʔəð] vergnügt, zufrieden; **~fortjent** [-fɔʀtjɛ:ʔnd] wohlverdient; **~funderet** ['-fon'de:ʔʀäð] finanziell gut abgesichert; *fig* solide; **~færd** [-fɛ:ʔʀ] ⟨*-en od -et*⟩ Wohlergehen *n*; Wohl *n*; Wohlfahrt *f*; **~færdsstat** [-fɛʀsda:ʔd] Wohlfahrtsstaat *m*; **~gerning** [-gɛʀnəŋ] Wohltat *f*

velgjort ['vɛlgjo:ʔʀd] wohl getan, gut gemacht; **selvgjort er ~** F selbst ist der Mann

velgøren|de ['vɛlgœ:ʔʀənə] ⟨*-en; -e*⟩ wohltuend; **~hed** [-'gœ:ʔʀənhe:ð°] ⟨*-en*⟩ Wohltätigkeit *f*; **~hedsarbejde** [-gœ:ʔʀənheðsarbaïʔdə] Arbeit *f* für wohltätige Zwecke

velgører ['vɛlgœ:ʔʀər] ⟨*-en; -e*⟩ Wohltäter *m*

velgående ['vɛlgɔ:ʔənə] Wohlergehen *n*, Wohl(sein) *n*; **i bedste ~** bei bester Gesundheit; **drikke på éns ~** auf *j-s* Wohl trinken

velhaven|de ['vɛlha:ʔvənə] wohlhabend; **~r** [-ha:ʔvər] ⟨*-en; -e*⟩ wohlhabende(r) Mann *m*

vel|holdt ['vɛlhɔlʔd] gut erhalten, in gutem Zustand, gepflegt; **~informeret** ['-enfɔr'me:ʔʀäð] gut informiert;

~kendt [-kɛnʔd] wohlbekannt; vertraut; **~klang** [-klaŋʔ] Wohlklang *m*; Wohllaut *m*; **~klædt** [-klɛ:ʔd] gut gekleidet

velkommen ['vɛlkɔmʔən] ⟨*et*⟩ Willkommen *n*; willkommen; **byde ~** willkommen heißen, begrüßen

velkomst ['vɛlkɔmʔsd] ⟨*-en; -er*⟩ Willkommen *n*, Begrüßung *f*; **~tale** [-ta:lə] Begrüßungsrede *f*

vel|konserveret ['vɛlkɔnsɛr've:ʔʀäð] rüstig; **hun er ~** F *scherzh* sie hat sich gut gehalten (*wirkt immer noch recht jung*); **~kvalificeret** [-'kvalifi'se:ʔʀäð] bestens qualifiziert; **~levned** [-leünəð] Wohlleben *n*; **~lidt** [-liʔd] beliebt; **~lignende** [-li:ʔnənə] sehr ähnlich; *Foto*: gut getroffen

vellugt ['vɛllogd] Wohlgeruch *m*; **~ende** [-ənə] wohlriechend

vel|lyd ['vɛlly:ʔð] Wohllaut *m*; **~lykket** [-løgəð] gelungen; wohlgeraten

vellyst ['vɛlløsd] Wollust *f*; **~ig** [-i] wollüstig; **~ning** [-nɛŋ] ⟨*-en; -e*⟩ Wollüstling *m*

vellønnet ['vɛllœnʔəð] gut besoldet, gut bezahlt

velmagtsdage ['vɛlmagdsda:jə] *pl*: **i mine ~** in meinen glücklichen Tagen, in meiner Glanzzeit

velmen|ende ['vɛlme:ʔnənə] wohlmeinend; **~t** [-me:ʔnd] wohlgemeint, gut gemeint

vel|meriteret ['vɛlmeʀi'te:ʔʀäð] *scherzh* verdienstvoll, verdient; **~næret** [-nɛ:ʔʀäð] wohlgenährt; **~opdragen** [-ɔbdʀɑ:ʔwən] wohlerzogen; **~oplagt** [-ɔblagd] gut aufgelegt

velour [ve'lu:ʀ] ⟨*et*⟩ Velours *m*

vel|overvejet ['vɛloüɐrvaïʔəð] wohlbedacht, wohlüberlegt; **~plejet** [-plaïʔəð] gepflegt; **~proportioneret** ['-pʀopɔr-sjo'ne:ʔʀäð] wohlproportioniert; **~renommeret** ['-ʀɛno'me:ʔʀäð] renommiert, angesehen; **~rettet** [-ʀɛdəð] gut gezielt; **~sagtens** ['-sagdəns] wahrscheinlich, wohl; **~set** [-se:ʔd] gern gesehen, beliebt

velsigne [vɛl'si:ʔnə] segnen; *i ~de omstændigheder* in anderen (*od* gesegneten) Umständen

velsignelse [vɛl'si:ʔnəlsə] ⟨*-n; -r*⟩ Segen *m*; Segnung *f*; **lyse ~n** den Segen sprechen (*over*/über *A*); **~srig** [-sʀig] segensreich

vel|situeret ['vɛlsitu'e:ʔʀäð] gut situiert; **~skabt** [-sgabd] wohlgestaltet

velsmag ['vɛlsma:ʔ(j)] Wohlgeschmack *m*; **~ende** [-ənə] wohlschmeckend,

vente

schmackhaft

vel|spækket ['vɛlsbɛɡəð] *Brieftasche: fig* gut gespickt; **~stand** [-sdan?] ⟨*-en*⟩ Wohlstand *m;* **~standssamfund** [-sdansamfon?] Wohlstandsgesellschaft *f;* **~stillet** [-sdel?əð], **~stående** [-sdɔ:?ənə] gut situiert, wohlhabend

veltalen|de ['vɛlta:?lənə] beredt, redegewandt; **~hed** [-ta:?lənheð?] ⟨*-en*⟩ Beredsamkeit *f,* Redegewandtheit *f*

vel|tilfreds ['vɛltefʁɛs] zufrieden; **~tilpas** [-tepas] behaglich, wohlig; **~tjent** [-tje:?nd] altgedient, treu; **~uddannet** [-uðdan?əð] gut ausgebildet; **~underrettet** [-onaʁʁedəð] wohlunterrichtet, gut informiert; **~valgt** [-val?d] gut gewählt; **~vilje** [-viljə] Wohlwollen *n;* **~villig** [-vil?i] wohlwollend; **~voksen** [-vɔgsən] groß (gewachsen); **~være** [-vɛːʁə] ⟨*-t*⟩ Wohlbefinden *n;* **~ynder** [-øn?ʌr] Gönner *m,* Mäzen *m*

vemod ['ve:moː?ð] ⟨*-en od -et*⟩ Wehmut *f*

vemodig ['ve:moː?ði] wehmütig

ven [vɛn] ⟨*-nen; -ner*⟩ Freund *m; fine ~ner* dicke Freunde; *lille ~ Anrede:* Kleine(r), Freundchen; *være (blive) gode ~ner med én* mit *j-m* befreundet sein (sich mit *j-m* anfreunden); *blive gode ~ner igen* sich wieder vertragen

vende ['vɛnə] ⟨*-te*⟩ wenden, kehren; drehen; *vognen ~r* der Wagen wendet; *~ hø* Heu wenden; *~ én ryggen fig j-m* den Rücken kehren; *vend!* bitte wenden! (*Abk. b.w.);* *~ sig* sich wenden, sich (um)drehen; *det ~r sig i mig* es dreht sich mir der Magen um; *~ bort* Gesicht abwenden; *~ hjem* heimkehren, nach Hause zurückkehren; *~ og dreje hver øre fig* jeden Pfennig (zweimal) umdrehen; *~ sin opmærksomhed mod én j-m s-e* Aufmerksamkeit zuwenden; *~ om* umkehren, umdrehen; *~ op og ned på ngt.* das Unterste zuoberst kehren; F *fig etw* auf den Kopf stellen; *~ ryggen til én j-m* den Rücken zudrehen; *~ sig til det gode* sich zum Guten wenden; *~ tilbage* zurückkehren (*til*/zu D); *fig* zurückkommen (*til*/auf A); *~ ud til gaden* Zimmer. nach der Straße (zu) liegen, auf die Straße gehen; *~kreds* [-kʁɛːs] Wendekreis *m*

vendekåbe ['vɛnəkɔːbə] *fig* Wetterfahne *f,* POL F *fig* Wendehals *m; han er en ~ fig* er dreht die Fahne (*od* sein Mäntelchen) nach dem Wind

vendepunkt ['vɛnəpoŋ?d] Wendepunkt *m,* Wende *f*

vendetæppe ['vɛnətɛbə] durchgewebter Teppich *m*

vending ['vɛneŋ] ⟨*-en; -er*⟩ Wendung *f (a fig);* Wende *f;* Redewendung *f;* Redensart *f; gå en lille ~* einen kleinen Spaziergang machen; *hurtig i ~en* fix, flink, wendig; *langsom (od sen) i ~en* schwerfällig; *klare sig i en snæver ~* sich zu helfen wissen

vene ['ve:nə] ⟨*-n; -r*⟩ ANAT Vene *f*

venerisk [ve'ne:?ʁisg] venerisch

veninde [vɛn'enə] ⟨*-n; -r*⟩ Freundin *f*

venlig ['venli] freundlich (*mod*/zu D; *gegen* A); *vær så ~ at sende pengene* bitte, schicke(n Sie) das Geld; *vær ~ at holde op* bitte, hör(t) auf; *vil De være så ~ at sige mig, hvor ...* würden Sie mir bitte sagen, wo ...; *~hed* [-heːð?] ⟨*-en; -er*⟩ Freundlichkeit *f;* **~(t)sindet** [-(d)sen?əð] freundlich gesinnt, wohlgesinnt; befreundet

venne|kreds ['vɛnəkʁɛ:?s], **~lag** [-la:?] Freundeskreis *m;* **~sæl** [-sɛ:?l] leutselig; **~tjeneste** [-tjeːnəsdə] Freundschaftsdienst *m*

venskab ['vɛnsɡaː?b] ⟨*-et; -er*⟩ Freundschaft *f; for gammelt ~s skyld* aus alter Freundschaft

venskabelig [vɛn'sɡa:?bəli] freundschaftlich

venskabsby ['vɛnsgabsby?] Partnerstadt *f*

venstre[1] ['vɛnsdʁə] ⟨*et*⟩: POL (*partiet*) *Venstre rechtsliberale Partei in Dänemark; det Radikale Venstre linksliberale Partei in Dänemark*

venstre[2] ['vɛnsdʁə] link-; *~ hånd* die linke Hand, die Linke; **~austen** SPORT Linksaußen *m; fra~* von links; *på~ hånd* linker Hand; *til ~* (*Abk. tv., t.v.*) (nach) links

venstredrejning ['vɛnsdʁədʁɑïneŋ] POL Linksruck *m*

venstrehåndet ['vɛnsdʁəhɔn?əð]: *være ~* Linkshänder sein

venstre|korsel ['vɛnsdʁəkœr?səl] Linksverkehr *m;* **~mand** [-man?] POL Liberale(r) *m;* **~orienteret** [-ɔʁiɛn'te:?ʁəð] POL linksgerichtet); **~sving** [-sveŋ?] *Verkehr:* Linksabbiegen *n;* Linkskurve *f;* **~vendt** [-vɛn?d] → *venstreorienteret*

vente[1] ['vɛnə] *i ~* in Aussicht, zu erwarten

vente[2] ['vɛnə] *v/i* warten (*på*/auf A); *v/t* erwarten; *vent og se!* warte (nur) ab!; *det kan godt ~* es hat (noch) Zeit; *hvad kan man ~ andet af dig?* das sieht dir ähnlich!; *det ~r jeg mig meget af* davon verspreche ich mir viel; *det kan De ~ længe på* iron da können Sie lange warten; *~ med ngt.* mit *etw* warten, *etw* aufschieben; *v/r ~ sig* in anderen Umständen sein; *du kan ~ dig!* warte (nur)!; ich werd dir helfen!

ventelig ['vendəli] voraussichtlich, vermutlich

vente|sal ['vɛndəsa:ˀl] BAHN Wartesaal *m*; *~tid* [-tið?] Wartezeit *f*; *~tøj* [-toiˀ] Umstandskleidung *f*; *~værelse* [-veːrəlsə] Wartezimmer *n*

ventil [vɛn'ti:ˀl] ⟨-en; -er⟩ TECH Ventil *n*; *~ation* [-tila'sjoˀn] ⟨-en; -er⟩ Entlüftung *f*, Ventilation *f*; *~ere* [-ti'leːˀrə] ventilieren, (be)lüften; *fig* anschneiden, zur Sprache bringen; *fig* versmaß

venusmål ['veːnusmɔːˀl] *scherzh* Venusmaße *n/pl*

venøs [ve'nøːˀs] MED venös

verbum ['vɛrbom] ⟨*verbet*; *verber*⟩ GRAM Verb *n*, Zeitwort *n*

verden ['vɛrdən] ⟨-en; *verd(e)ner*; *best. Form*: *verden*⟩ Welt *f* (*a fig*); *hele ~* die ganze Welt; *den tredje ~* die Dritte Welt; *ingen ~s ting* F überhaupt nichts; *~s undergang* Weltuntergang *m*; *for alt i ~!* um Himmels willen!; *ikke for alt i ~!* um nichts in der Welt!; *aldrig i ~!* nie (und nimmer)!; *hvor i al ~?* wo in aller Welt?; *~ over* in der ganzen Welt; *til ~s ende* bis ans Ende der Welt; *komme til ~* zur (*od* auf die) Welt kommen; *få ud af ~* aus der Welt schaffen

verdens|alt ['vɛrdənsalˀd] Weltall *n*; *~begivenhed* [-be'giːˀvənhe:ð?] Weltereignis *n*

verdensberøm|melse ['vɛrdənsbeˀrœmˀəlsə] Weltruhm *m*, Weltruf *m*; *~t* [-'rœmˀd] weltberühmt

verdens|billede ['vɛrdənsbeleðə] Weltbild *n*; *~borger* [-bɔrwər] Weltbürger *m*; *Kind*: Erdenbürger *m*; *~dame* [-daːmə] Weltdame *f*, Dame *f* von Welt; *~del* [-deːˀl] Erdteil *m*; *~fjern* [-fjɛrˀn] weltfremd; *~hav* [-hɑu̯] Weltmeer *n*; *~historie* [-hi'sdoːˀriə] Weltgeschichte *f*; *~hjørne* [-jœrnə] Himmelsrichtung *f*; *~kort* [-kɔrd] Weltkarte *f*; *~krig* [-kriːˀj] Weltkrieg *m*; *~magt* [-magd] Weltmacht *f*; *~mand* [-manˀ] Weltmann *m*; *~mester* [-mɛsdər] Weltmeister(in) *m(f)*

verdens|mesterskab ['vɛrdənsmɛsdərsga:ˀb] (*Abk.* **VM**) Weltmeisterschaft *f*; *~navn* [-nɑuˀn] Weltruf *m* (*vinde* erlangen); *~omspændende* [-ɔmsbɛnˀənə]

weltumspannend, weltweit; *~orden* [-ɔːˀrdən] ⟨*verdensord(e)nen*; *verdensord(e)ner*⟩ Weltordnung *f*; *~rekord* [-reˀkɔrd] Weltrekord *m*

verdens|rum ['vɛrdənsrɔmˀ] Weltraum *m*; *~ry* [-ryˀ] Weltruf *m*; *~sprog* [-sbrɔːˀw] Weltsprache *f*; *~økonomi* [-økono'miːˀ] Weltwirtschaft *f*

verdslig ['vɛrsli] weltlich

verdsliggøre ['vɛrsligœːˀrə] verweltlichen

verdsligsindet ['vɛrslisenˀəð] weltlich (gesinnt)

verfe ['vɛrfə]: *~ ud* hinauswerfen

verificere [verifi'seːˀrə] verifizieren

vers [vɛrs] ⟨-et; -⟩ Vers *m*; Strophe *f*; *på ~* in Versen; *synge på sit sidste ~* F auf dem letzten Loch pfeifen; zur Neige gehen

vers- → **verse-**

verse|fod ['vɛrsəfoˀð] ⟨-en; *versefødder*⟩ Versfuß *m*; *~linie*, *~linje* [-liːnjə] Verszeile *f*; *~mager* [-maːˀər] ⟨-en; -e⟩ Verseschmied *m*; *~mål* [-mɔːˀl] Versmaß *n*

versere [vɛr'seːˀrə] *Gerücht*: im Umlauf sein, kursieren; JUR anhängig sein

versificere [vɛrsifi'seːˀrə] versifizieren, in Verse bringen

vesir [ve'siːˀr] ⟨-en; -er⟩ Wesir *m*

vest¹ [vɛsd] ⟨-en; -e⟩ Weste *f*

vest² [vɛsd] *su* West(en) *m*; → *nord*; *~ for* westlich von

vesten¹ ['vɛsdən] ⟨*et*⟩ der Westen

vesten² ['vɛsdən]: *~ for byen* westlich (von) der Stadt

vestenvind ['vɛsdənvenˀ] Westwind *m*

Vesterhavet ['vɛsdərhɑːˀvəð] die Nordsee

vesterlandsk ['vɛsdərlanˀsg] abendländisch

vestfra ['vɛsdfrɑːˀ] von/vom Westen (her)

vestgående ['vɛsdgɔːˀənə]: *skibet er for ~* das Schiff hat westlichen Kurs

vestibule [vɛsdi'byːlə] ⟨-n; -r⟩ Vestibül *n*

vestindisk [vɛsd'enˀdisg] *De ~ Øer* pl die Westindischen Inseln *pl*

Vestjylland ['vɛsdjylanˀ] Westjütland *n*

vest|lig ['vɛsdli] westlich; *~magterne* [-magdərnə] pl die Westmächte pl

vest|på ['vɛsdpɔːˀ] nach Westen; im Westen; *~re* ['vɛsdrə] westlich, West-

Vesttyskland ['vɛsdtysglanˀ] Westdeutschland *n*

veteran [veta'rɑːˀn] ⟨-en; -er⟩ Veteran *m*; *~bil* [-biːˀl] *Auto*: Oldtimer *m*

veto ['veːto] ⟨-et; -er⟩ Veto *n* (*nedlægge*

einlegen); **~ret** [-ʀɛd] Vetorecht n

vha. *od* **ved hj. af** *Abk. für* **ved hjælp af**; → **hjælp, ved²**

vi¹ [vi] *pers.pron* wir; → **os²**

vi² [vi:ˀ] → **vie**

via ['vi:a] über, via; durch; **~dukt** [-'dogd] ⟨*-en; -er*⟩ Viadukt m, Überführung f

vibe ['vi:bə] ⟨*-n; -r*⟩ zo Kiebitz m; **~æg** [-ɛ:ˀg] ⟨*en*⟩ Schachblume f

vibrere [vi'bʀɛːˀʀə] vibrieren

vice- ['vi:sə] Vize-

vicevært ['vi:səvɛʀd] Hauswart m

vid¹ [við] ⟨*-det*⟩ Witz m; **gå** (*od* **være**) **fra ~ og sans** von Sinnen sein; *fig* durchdrehen

vid² [vi:ˀ(ð)] weit (*a fig*); → **vidt, videre, videst; stå på ~ gab** Tür: sperrangelweit offen stehen

vidde ['vi:ˀdə] ⟨*-n; -r*⟩ Weite f

vide¹ ['vi:ðə]: **~ ud** ausweiten, ausdehnen

vide² ['vi:ðə] ⟨*vidste; vidst*⟩ wissen; **hvem ved?** wer weiß?; **så vidt jeg ved** soviel ich weiß; **den bog, du ved nok** F das bewusste Buch, das Buch, du weißt schon; **ved du hvad?** weißt du was?; **få ngt. at ~** etw erfahren; **hvem har De fået det at ~ af?** von wem wissen Sie das?; **jeg gad (nok) ~** ich möchte wissen; **lade én ngt. ~** j-n etw wissen lassen; **jeg ville ikke af, at ...** ich wüsste nicht, dass ...; **ikke det jeg ved af** nicht, dass ich wüsste; **før man ved af det** ehe man sich's versieht; **hvor ved du det fra?** woher weißt du das?; **det ved jeg ikke ngt. om** darüber (*od* davon) weiß ich nichts; **jeg gad ~** ich möchte wissen; **det er ikke godt at ~** das weiß man nie, (das ist) schwer zu sagen; **hverken ~ ud eller ind** weder aus noch ein wissen; **det skulle din far bare ~!** wenn das eine Vater wüsste!; **man vil ~ at ...** es verlautet, dass ...; **det ~s ikke** man weiß es nicht; **være ~nde om ngt.** von (*od* um A) etw wissen; **vel ~nde at ...** wohl wissend, dass ...

videbegær ['vi:ðəbeˀgɛːˀʀ] Wissbegier(de) f; **~lig** [-li] wissbegierig

videlysten ['vi:ðələsdən] → **videbegærlig**

viden¹ ['vi:ðən] ⟨*en*⟩ Wissen n, Kenntnisse f/pl

viden² ['vi:ðən]: **~ om i verden** weit in der Welt

vidende ['vi:ðənə] ⟨*et*⟩ Wissen n; **med (uden) mit ~** mit meinem (ohne mein) Wissen; **mod bedre ~** wider besseres Wissen

videnskab ['vi:ðənsgaˀb] ⟨*-en; -er*⟩ Wissenschaft f; **~elig** [-'sgaːˀbəli] wissenschaftlich

videnskabs|kvinde ['vi:ðənsgabskvenə] Wissenschaftlerin f; **~mand** [-manˀ] Wissenschaftler m

video ['vi:ˀdeo] ⟨*-en; -er*⟩ Video n; **~bånd** [-bɔnˀ] n Videoband n; **~båndoptager** [-bɔnobta:ˀər] Videogerät n; **~optagelse** [-ɔbta:ˀəlsə] Videoaufnahme f

videre ['vi:ðəʀə] ⟨*komp von* **vid²**⟩ weiter; **og så ~** (*Abk. osv.*) und so weiter (*Abk. usw.*); **med ~** (*Abk.* **mv.** *od* **m.v.**) und Ähnliches mehr (*Abk.* u. Ä. m.); **uden ~** ohne weiteres; F nun nichts, dir nichts; **indtil ~** bis auf weiteres; **ikke bryde sig ~ om ngt.** sich aus etw nicht viel machen; **ikke ~?** darf es sonst noch etw sein?; **køre ~** weiterfahren

viderebefordre ['vi:ðəʀəbefoːˀʀdʀə] weiterbefördern

videre|føre ['vi:ðəʀəføːˀʀə] *Geschäft* weiterführen, fortführen; **~give** [-gi:ˀ(və)] *Nachricht* weitergeben; **~gående:** **~ uddannelse** Hochschulausbildung f; **~kommen** [-kɔmˀən] fortgeschritten; **for viderekomme** für Fortgeschrittene; **~salg** [-salˀ(j)] Weiterverkauf m

videresende ['vi:ðəʀəsenˀə] weitersenden, weiterleiten

videreuddanne ['vi:ðəʀəuddanˀə] fortbilden, weiterbilden (*sig* sich); **~lse** [-lsə] Fortbildung f, Weiterbildung f

viderværdighed [viðəʀ'vɛʀˀdihe:ðˀ] ⟨*-en; -er*⟩ Widerwärtigkeit f, Widrigkeit f

videst ['vi:ðəsd] ⟨*sup von* **vid²**⟩ weitest; am weitesten; **~ muligt** möglichst weit

vidje ['viðjə] ⟨*-n; -r*⟩ вот Weidenrute f, Weidengerte f; **~kurv** [-kuʀˀv] Weidenkorb m

vidne¹ ['viðnə] ⟨*-t; -r*⟩ JUR Zeuge m (*a fig*), Zeugin f (**til ngt.** e-r Sache (G)); Trauzeuge m; *fig* Zeugnis n; **i ~s nærvær** vor Zeugen; **føre én som ~** j-n als Zeugen benennen; **blive indkaldt som ~** als Zeugen vorgeladen werden; **bære ~ om ngt.** von etw zeugen

vidne² ['viðnə] JUR zeugen (*a fig*; **for/**für A; **om/**von D)

vidne|afhøring ['viðnəaʊhøːˀʀen] Zeugenvernehmung f; **~ansvar** [-ansvaːˀʀ]: **under ~** unter (Zeugen)Eid; **~fast** [-fasd] durch Zeugen bestätigt; **~forklaring** [-fɔʀˀklaːˀʀen] Zeugenaussage f; **~førsel** [-føʀˀsəl] ⟨*-førs(e)len; -førsler*⟩ Zeugenvernehmung f; **~godtgørelse** [-gɔdgœːˀʀəlsə] Zeugengeld n

V

vidnesbyrd ['viðnəsbyʀ'ð] ⟨-et; -⟩ Zeugnis n; *fig* Zeuge m; *Schule:* Zensur f; **af-lægge ~ om ngt.** von *etw* Zeugnis ablegen

vidne|skranke ['viðnəsgʀɑŋgə] Zeugenstand m; **~udsagn** [-uðsɑu'n] Zeugenaussage f

vidskræmt ['viðsgʀɛm'ð] verstört, verängstigt

vidst [vesd], **~e** [-'ə] → *vide²*

vidsyn ['viðsy:'n] Weitblick m

vidt [vid] weit; **~ og bredt** weit und breit; **så ~ jeg ved** soviel ich weiß; **for så ~** soweit, insofern, insoweit; **bringe** (*od* **drive**) **det ~** es weit bringen; **nu går det for ~!** jetzt geht es (aber) zu weit!; **~bekendt** ['-be'ken'ð] weit und breit bekannt; **~berejst** ['-be'ʀɑi'sd] weit gereist

vidtløftig ['vidløfdi] weitschweifig, weitläufig; leichtfertig, locker (*fig*)

vidt|rækkende ['vidʀɛgənə] weit reichend, weit tragend; **~skuende** [-sgu-'ʔənə] weitblickend, voraussehend; **~strakt** [-sdʀɑgd] weit ausgedehnt, weitläufig, weiträumig

vidunder ['viðon'əʀ] ⟨-et; -e⟩ Wunder n; **~barn** [-bɑːˀʀn] Wunderkind n

vidunderlig [við'on'əʀli] wunderbar, wundervoll; **~sk** wunderschön

vidåben ['við'ɔːbøn] weit offen

vie [viːˀ] → *vi²*; trauen (*borgerligt* standesamtlich); *Priester* weihen; **~ sit liv til ngt.** *etw* (*D*) sein Leben widmen

vielse ['viːʔəlsə] ⟨-n; -r⟩ Trauung f; **borgerlig ~** standesamtliche Trauung f

vielses|attest ['viːʔəlsəsˀtesd] Trauschein m; **~ring** [-ʀeŋˀ] Ehering m, Trauring m

vievand ['viːəvan'] KATH Weihwasser n

vift [vefd] ⟨-et; -⟩ Wink m; *fig* F Sprung m; **gå på ~en** *fig* F *e*-n draufmachen

vifte¹ ['vefdə] ⟨-n; -r⟩ Fächer m

vifte² ['vefdə] fächeln; wedeln; wehen; **~ én af** *fig* j-n abblitzen lassen

vifte|formet ['vefdəfɔʀ'ˀməð] fächerförmig; **~palme** [-palmə] Fächerpalme f

vig [viːˀ] ⟨-en; -e⟩ Bucht f, Wiek f

vige ['viːə] ⟨veg; veget⟩ weichen (*for én* j-m); **~ til side for** én *j-m* ausweichen; **~ tilbage** zurückweichen; **~pligt** [-plegd] **have~** die Vorfahrt beachten müssen; **ikke overholde ~en** die Vorfahrt nicht beachten; **~spor** [-sboːˀʀ] BAHN Weiche f, Nebengleis n

vignet [vin'jed] ⟨-ten; -ter⟩ Vignette f

vigte ['vegdə]: **~ sig med ngt.** sich mit *etw* wichtigtun, F mit *etw* angeben

vigtig ['vegdi] wichtig; *fig a* wichtigtuerisch, angeberisch; **gøre sig ~** wichtigtun; **~hed** [-heːð'] ⟨-en⟩ Wichtigkeit f; Wichtigtuerei f

vigtig|per ['vegdipeʀ] ⟨-en; -er⟩, **~prins** [-pʀen'ס], **~prinsesse** [-pʀen'sesə], **~prås** [-pʀɔːˀs] Wichtigtuer m, Angeber m, F Klugscheißer m

vigør [vi'gœːʀ] ⟨-en⟩: **være i fuld ~** voller Schwung sein

vikar [vi'kaːʀ] ⟨-en; -er⟩ Stellvertreter m; Vertretungslehrer m; Aushilfe f, Aushilfskraft f; **~iat** [-kɑʀi'æːˀd] (Stell)Vertretung f; **~iere** [-kɑʀi'eːˀʀə] vertreten (*for én* j-n)

viking ['vikeŋ] ⟨-en; -er⟩ Wiking(er) m; *spez.* Eisbader m

vikingeskib ['vikeŋəsgiːˀb] Wikingerschiff n

vikle ['veglə] wickeln; **~ én om lillefingeren** *fig* j-n um den (kleinen) Finger wickeln; **~ én ind i et tæppe** j-n in *e*-e Decke einwickeln; **trådene har ~t sig ind i hinanden** die Fäden haben sich verheddert; **~ sig ind i selvmodsigelser** *fig* sich in Widersprüche verwickeln (*od* verstricken); **~ op** aufwickeln; **~ sammen** zusammenwickeln; **~ sig ud af affæren** *fig* sich aus der Affäre ziehen

vikse ['vegsə]: **~ overskægget** die Schnurrbartspitzen zwirbeln

viktualieforretning [vigtu'aːˀliəfɔʀˀʀednen] Feinkostgeschäft n

vil [vel] → *ville*

vild [vilˀ] wild; F verrückt; **fare** (*od* **gå**) **~** sich verirren, sich verlaufen; **lede én ~** j-n irreleiten (*od* irreführen); **tale ~t** irrereden; **være ~ efter ngt.** F (ganz) wild auf/verrückt nach *etw* (*A*) sein; **~t forelsket** unsterblich verliebt; **være ~ på den** (*od* **på kareten**) F schiefgewickelt sein, auf dem Holzweg sein; **~and** ['vilan'] Wildente f; **~basse** ['vilbasə] *fig* Wildfang m; **~dyr** ['vildy:'ʀ] *fig* wilde(s) Tier n, Bestie f

vildelse ['vildəlsə] ⟨-n; -r⟩ Fieberwahn m; **tale i ~** irrereden, fantasieren

vilden ['vilən]: **skrige i ~ sky** wie am Spieß schreien

vildfare|lse ['vilfɑːˀʀəlsə] ⟨-n; -r⟩ Irrglaube(n) m; *fig* Verirrung f; **~nde** [-fɑːˀʀənə] verirrt

vild|fremmed ['vilˀˀfʀɛməð] wildfremd; **~føre** ['vilføːˀʀə] irreführen; **~kat** ['vilkad] Wildkatze f; *fig* Wildfang m

vildlede ['villeːˀðə] *fig* irreführen, irreleiten, täuschen; **~nde** irreführend

vildmand ['vilmanʔ] Wilde(r) m; *blive lokket på en ~ fig* j-m auf den Leim gehen; *den ~ gik jeg ikke på* darauf bin ich nicht (he)reingefallen

vild|mark ['vilmɑʀg] Ödland n, Wildnis f; **~nis** [-nis] ⟨-(s)et; -(s)er od ->⟩ Wildnis f

vildrede ['vilʀɛːð] ⟨en od et⟩: *bringe i ~* verwirren, durcheinanderbringen; *komme i ~* verwirrt werden; durcheinandergeraten; *være i ~ med ngt.* über et etw (A) im Unklaren sein

vild|skab ['vilsgaːʔb] ⟨-en; -er⟩ Wildheit f; **~skud** [-sguð] BOT Wildling m; fig Auswuchs m; **~som** [-sɔmʔ] unwegsam, pfadlos

vildspor ['vilsboːʔʀ] falsche Fährte f; *være på ~* irren, auf dem Holzweg sein

vildsvin ['vilsviːʔn] Wildschwein n

vildt [vil'd] ⟨-et⟩ Wild n; Wildbret n

vildttyv ['vildtyːʔv] Wilddieb m, Wilderer m

vildtvoksende ['vilʔdvɔgsənə] wild wachsend, wildwüchsig

vildvin ['vilviːʔn] ⟨-en; -⟩ BOT wilde(r) Wein m

vilje ['viljə] ⟨-n; -r⟩ Wille(n) m; *hans sidste ~* sein Letzte(r) Wille m; *lade én få sin ~* j-m s-n Willen lassen; *af egen fri ~* aus freiem Willen/aus freien Stücken; *gøre ngt. med ~* etw absichtlich tun; **~fast** [-fasd] entschlossen, standhaft

viljekraft ['viljəkʀɑfd] Willenskraft f

viljeløs ['viljələːʔs] willenlos

viljes|akt ['viljəsagd] Willensakt m; **~anspændelse** [-ansbɛnʔəlsə] Willensanspannung f; **~sag** [-saːʔ] Willenssache f, Willensfrage f

vilje|styrke ['viljəsdyʀgə] Willensstärke f; **~stærk** [-sdɛʀg] willensstark; **~svag** [-sva:ʔ] willensschwach

vilkår ['vilkɔːʔʀ] ⟨-et; -⟩ Bedingung f; *på disse ~* unter diesen Bedingungen; *ikke på ..!* F unter keinen Umständen!; *~ pl a* Verhältnisse n/pl

vilkårlig ['vilkɔːʔʀli] willkürlich; **~hed** [-he:ʔð] ⟨-en⟩ Willkür f

villa ['vila] ⟨-en; -er⟩ Villa f; **~by** [-by:ʔ] Villensiedlung f, Villenvorort m; **~kvarter** [-kvɑʀ'te:ʔʀ] Villenviertel n; **~telt** [-tɛlʔd] große(s) Hauszelt n

ville ['vilə] ⟨ville; villet⟩ wollen; werden; mögen; *uden at ~ det* ohne es zu wollen, ungewollt; *hvad vil De mig?* was wollen Sie von mir?; (hvad) *enten han vil eller ej* wohl oder übel, er mag wollen oder nicht; *ske, hvad der vil* komme, was da wolle; *jeg tror, du vil!* wo denkst du

hin!; i wo!; *det vil sige (Abk. dvs.)* das heißt (Abk. d. h.); *det vil blive meget dyrt* es wird sehr teuer werden; *vil (höflicher: ville) De være så venlig at sige mig, ...* würden Sie mir bitte sagen, ...; *jeg vil (höflicher: ville) gerne have et glas øl* ich möchte (od hätte gern) ein Glas Bier; *jeg ~ ønske at han var her* ich wollte, er wäre hier; *det ~ jeg gerne have set* das hätte ich sehen mögen; *jeg ~ gøre det i dit sted* ich würde es an deiner Stelle tun; *han har ikke ~t det* er hat es nicht gewollt; *han har ikke ~t sige det* er hat es nicht sagen wollen; *~ af med ngt.* etw los sein wollen; *~ hjem* nach Hause wollen; *~ med* mitwollen; *jeg ~ lige til at gøre det* ich wollte es gerade tun

villig ['vili] willig, gewillt, bereit (til/zu D); *lad det gå lidt ~t!* F mach ein bisschen dalli!, los!, dalli!; **~hed** [-he:ʔð] ⟨-en; -er⟩ Willigkeit f, Bereitwilligkeit f; Gefälligkeit f

vilter ['vilʔdəʀ] wild, ausgelassen

vimpel ['vemʔbəl] ⟨vimp(e)len; vimpler⟩ Wimpel m

vimre ['vemʀə] schnuppern; wimmern; wittern, wedeln (med dem Schwanz)

vims [vemʔs] flink, geschäftig

vimse ['vemsə] huschen; *~ om(kring) (od rundt)* umherhuschen

vin [viːʔn] ⟨-en; -e⟩ Wein m

vin|avl ['viːnɑvʔl] Weinbau m; **~avler** [-əʀ] Weinbauer m, Winzer m; **~bakke** [-bagə] (Flaschen-, Glas)Untersetzer m; **~bjergssnegl** [-bjɛʀwsnaiʔl] Weinbergschnecke f

vinca ['ven̩ka] ⟨-en; -er⟩ Immergrün n

vind[1] [venʔ] ⟨-en; -e⟩ Wind m (a fig); *med ~ens hast* mit Windeseile; *mærke hvad vej ~en blæser* fig F merken, woher der Wind weht; *få ~ i sejlene* fig Auftrieb erhalten; *sprede for alle ~e* in alle Winde zerstreuen; *være i ~en* gefeiert werden, beliebt/gefragt sein; *snakke om ~ og vejr* plaudern; über Gott u. die Welt reden; *løbe med en halv ~* fig nur halb Bescheid wissen; *god ~!* F viel Glück!

vind[2] [venʔ]: *~ og skæv* krumm und schief

vind[3] [venʔ]: *lægge ~ på ngt.* sich e-r Sache (G) befleißigen, auf etw (A) großen Wert legen

vind|bøjtel ['venbɔiʔdəl] ⟨-bøjt(e)len; -bøjtler⟩ fig Windbeutel m, Luftikus m; **~dreven** [-dʀɛːʔvən] windbetrieben

vinde[1] ['venə] ⟨-n; -r⟩ TECH Winde f; Haspel f

vinde² ['venə] ⟨vandt; vundet⟩ gewinnen; *Sieg* erringen; **~ den store gevinst** (*spillet, tid*) das Große Los (das Spiel, Zeit) gewinnen; **~ sejr** den Sieg davontragen; *uret* **~r** die Uhr geht vor; **~ frem** (langsam) vorwärtskommen; *fig* Eingang finden, Boden gewinnen; **~ frem til ngt.** *etw* erreichen; **~ ind på én** j-n langsam einholen; **~ over én** j-n besiegen; **~ med** mitkommen, Schritt halten; **~nde** gewinnend (*a fig*); *fig* einnehmend, ansprechend

vinde³ ['venə] ⟨vandt; vundet⟩ winden, (auf)wickeln; **~ op** hochwinden; **~ garn til et nøgle** Wolle zu e-m Knäuel wickeln

vinde|bro ['venəbʀoːʔ] Zugbrücke f; **~brønd** [-bʀœnʔ] Ziehbrunnen m

vindeltrappe ['venʔəltʀabə] Wendeltreppe f

vindende ['venənə] → **vinde²**

vindenergi ['venenɐʀ'giːʔ] Windenergie f

vinder ['venɐ] ⟨-en; -e⟩ Gewinner m; Sieger m; **~liste** [-lesdə] Gewinnliste f

vind|fang ['venfaŋ] ⟨-et; -⟩ Windfang m; **~fløj** [-flɔiʔ] Windfahne f, Wetterfahne f; **~has** [-haːʔs] ⟨-en; -e⟩ → **vindbøjtel**

vinding ['venen] ⟨-en; -er⟩ Gewinn m, Vorteil m; Windung f; EL Wicklung f

vind|jakke ['venjagə] Windjacke f; **~kast** [-kasd] Windstoß m, Bö f; **~kraft** [-kʀafd] Windkraft f

vind|mølle ['venmølə] Windmühle f; **~pose** [-poːsə] Windsack m; **~pust** [-puːʔsd] ⟨-et; -⟩ Luftzug m, Windhauch m; **~retning** [-ʀɛdnen] Windrichtung f

vindrue ['viːndʀuːə] Weinbeere f; **~r** *pl* Weintrauben *pl*; **~klase** [-klaːsə] Weintraube f

vindsel ['venʔsəl] ⟨vind(e)let; vindsler⟩ Garn: Wickel m, Kärtchen n

vindskibelig [ven'sgiːʔbəli] unternehmend, geschäftstüchtig

vind|skærm ['vensgɐʀʔm] → **vindspejl**; **~skæv** [-sgɛːʔv] windschief

vindspejl ['vensbaiʔl] Auto: Windschutzscheibe f

vindspejlsvasker ['vensbaiʔlsvasgɐʀ] ⟨-en; -e⟩ Auto: Scheibenwascher m

vindstille¹ ['vensdelə] ⟨et⟩ Windstille f, Flaute f

vindstille² ['vensdelə] windstill

vind|styrke ['vensdyʀgə] Windstärke f; **~stød** [-sdøʔ] Windstoß m, Bö(e) f; **~tæt** [-ted] *Stoff:* winddicht, wetterfest

vindtør ['ventœːʔʀ] (völlig) vertrocknet, verdorrt; *Person:* hölzern; **~re** [-tœːʀə] an der Luft trocknen

vindue ['vendu(ːə] ⟨-t; -r⟩ Fenster n; Schaufenster n; **for åbne ~r** bei offenen Fenstern; **se ud ad ~t** aus dem Fenster sehen; **smide pengene ud ad ~t** *fig* das Geld zum Fenster hinauswerfen

vindues|fordybning ['vendusfɐʀ'dyʔbnen] Fensternische f; **~karm** [-kaːʔʀm] Fensterbrett n, Fensterbank f; **~kigger**, **~kikker** [-kigɐʀ] Voyeur m, F Spanner m; **~mannequin** [-manəˈkeŋ] Schaufensterpuppe f; **~niche** [-nisjə] Fensternische f; **~polerer** [-poˈleːʔɐʀ], **~pudser** [-pusəʀ] Fensterputzer m; **~skodde** [-sgɔðə] Fensterladen m; **~visker** [-vesgəʀ] Auto: Scheibenwischer m

vindyrker ['viːndyʀgəʀ] → **vinavler**

vind|æg ['venɛːʔg] Windei n; **~øjet** [-øiʔəð] → **skeløjet**; **~åben** ['venˈʔoːbən] dem Wind ausgesetzt, ungeschützt

vin|eddike ['viːneðigə] Weinessig m; **~fad** [-faʔ] Weinfass n; **~flaske** [-flasgə] Weinflasche f

vinge ['veŋə] ⟨-n; -r⟩ Flügel m, *poet* Fittich m, Schwinge f; FLUG Tragfläche f; **gå på ~rne** FLUG aufsteigen

vingeben ['veŋəbeːʔn]: *tage ved én ~et* j-n am (*od* beim) Schlafittchen nehmen

vinge|fang ['veŋəfaŋ] ⟨-et; -⟩ (Flügel-) Spannweite f; **~skudt** [-sgud] flügellahm; *fig* mutlos, verzagt; **~slag** [-slaʔ] Flügelschlag m; **~svamp** [-svɑmʔb] → **kantarel**; **~t** [-ð] geflügelt

vin|glas ['viːnglas] Weinglas n; **~gummi** [-gomi] Weingummi n; **~gummibamse** [-gomibamsə] Gummibärchen n; **~gård** [-gɔːʔʀ] BIBL Weinberg m; **~handel** [-haˈnʔəl] Weinhandel m, Weinhandlung f; **~høst** [-høsd] Weinernte f, Weinlese f

vink [veŋʔg] ⟨-et; -⟩ Wink m; *fig a* Hinweis m, Tipp m; **give én et tydeligt ~** *fig* j-m e-n Wink mit dem Zaunpfahl geben

vinke ['veŋə] winken (*til én* j-m); **~ af** abwinken, abblitzen lassen; **~ ad én**, **~ én hen til sig** j-n zu sich winken

vinkel ['veŋʔgəl] ⟨vink(e)len; vinkler⟩ GEOM Winkel m; **den er i ~!** F ist (*od* geht) in Ordnung! **~ben** [-beːʔn] Schenkel m des Winkels; **~hus** [-huːʔs] Winkelhaus n; **~jern** [-jɐʀʔn] Winkeleisen n; **~måler** [-mɔːlɐʀ] Winkelmesser m

vinkelret ['veŋʔgəlʀɛd] im Winkel von 90°, rechtwink(e)lig; **den ~te** das Lot (*nedfælde* fällen)

vinkelskriver ['veŋʔgəlsgʀiːvɐʀ] *fig* Winkeladvokat m

vin|kender ['viːnkenɐʀ] Weinkenner m; **~kort** [-kɔʀd] Weinkarte f, Getränkekar-

vise

te *f*; **~kyper** [-ky:bər] Küfer *m*; **~kælder** [-kεlər] Weinkeller *m*; **~ranke** [-raŋə] Weinrebe *f*, -ranke *f*; **~rød** [-rø:ʔð] weinrot; **~sprit** [-sbrid] Weingeist *m*, **~sten** [-sde:ʔn] Weinstein *m*; **~stok** [-sdɔg] Weinstock *m*, Rebstock *m*; **~stue** [-sdu:ə] Weinlokal *n*

vinter ['ven?dər] ⟨-en; *vintre*⟩ Winter *m*; **~en over** den Winter über; → *sommer*; **~badning** [-ba:ðnεn] Eisbaden *n*

vinterbrug ['ven?dərbruː?] : *til ~* für den Winter

vinter|dag ['ven?dərda:?] Wintertag *m*; **~dæk** [-dεg] *Auto*: Winterreifen *m*; **~ferie** [-fe:?riə] Winterurlaub *m*; **~frakke** [-fragə] Wintermantel *m*

vinter|gæk ['ven?dərgεg] ⟨-ken; -ker⟩ Schneeglöckchen *n*; **~have** [-ha:və] Wintergarten *m*; **~klædt** [-klε:?d] in Winterkleidung; **~lege** [-laïə] *pl* SPORT Winterspiele *n*/*pl*; **~lig** [-li] winterlich; **~solhverv** [-so:lvεrʔv] Wintersonnenwende *f*; **~sæd** [-sε:?ð] Wintersaat *f*; **~tid** [-tið?] Winter(s)zeit *f* (*ved* zur)

vintervej ['ven?dərvaï?] : *vise én ~en* F *fig j-m* heimleuchten, *j-n* abblitzen lassen

vinånd ['vi:nɔn?] Weingeist *m*

viol [vi'o:?l] ⟨-en; -er⟩ Veilchen *n*; **~blå** [-blo:?] veilchenblau; **~et** [vio'lεd] violett

violin [vio'li:?n] ⟨-en; -er⟩ Geige *f*, Violine *f*; **~bue** [-bu:ə] Geigenbogen *m*; **~ist** [-li-'nisd] ⟨-en; -er⟩ Geiger *m*; Violinist *m*; **~kasse** [-kasə] Geigenkasten *m*

violoncel [violɔn'sεl?] ⟨-len; -ler⟩ Cello *n*; **~list** [-sε'lisd] ⟨-en; -er⟩ Cellist *m*

vippe¹ ['veba] ⟨-n; -r⟩ (Kinder)Wippe *f*; *Schwimmen*: Sprungbrett *n*; *Auge*: Wimper *f*; *stå på ~n fig* auf der Kippe (*od des Messers Schneide*) stehen

vippe² wippen, schaukeln; kippeln, kippen; **~** *én af pinden fig j-n* aus dem Sattel heben

vippe|brønd ['vebəbrœn?] Ziehbrunnen *m*; **~lad** [-lað] *Auto*: kippbare(r) Wagenkasten *m*; **~vindue** [-vendu] Kippfenster *n*

vips [vebs]: ~! husch!, wupp(dich)!

vip|stjert, ~stjært ['vebsdjεrʔd] ⟨-en; -er⟩ Bachstelze *f*

virak ['vi:rag] ⟨-ken⟩ *fig* Weihrauch *m*, Wirbel *m*

vire ['vi:rə] ⟨-n; -r⟩ (Metall)Draht *m*

virke¹ ['vi:rgə] ⟨-t; -r⟩ Tätigkeit *f*, Wirken *n*

virke² ['virgə] wirken; funktionieren; tätig sein; **~** *ind på én j-n* beeinflussen

virkefelt ['virgəfεlʔd] Wirkungsfeld *n*,

Tätigkeitsbereich *m*

virkelig ['virgəli] wirklich; *nej, ~?* wirklich?, tatsächlich?

virkeliggøre ['virgəligœ:?rə] verwirklichen; **~lse** [-lsə] ⟨-n; -r⟩ Verwirklichung *f*

virkelighed ['virgəlihe:ð?] ⟨-en; -er⟩ Wirklichkeit *f*; **~en** in Wirklichkeit; *gøre til ~* verwirklichen

virkeligheds|fjern ['virgəliheðsfjεrʔn] wirklichkeitsfremd; **~nær** [-nε:?r] wirklichkeitsnah(e); **~sans** [-san?s] Wirklichkeitssinn *m*; **~tro** [-tro:?] wirklichkeitsgetreu

virkelyst ['virgəløsd] Tatendrang *m*, Schaffensfreude *f*; **~en** tatendurstig

virke|middel ['virgəmið?əl] (Wirkungs-)Mittel *n*; **~trang** [-traŋ?] Schaffensdrang *m*

virkning ['virgnεŋ] ⟨-en; -er⟩ Wirkung *f*; Auswirkung *f*, Folge *f*; *gøre sin ~ s-e* Wirkung tun

virknings|fuld ['virgnεŋsfulʔ] wirkungsvoll; **~løs** [-lø:?s] wirkungslos

virksom ['virgsɔm] wirksam; rührig, rege; tätig; **~hed** [-sɔmheð?] ⟨-en; -er⟩ Tätigkeit *f*, Betrieb *m*, Unternehmen *n*; **~hedsledelse** [-sɔmheðslε:ðəlsə] Betriebsleitung *f*, Geschäftsleitung *f*

virre ['virə]: **~** *med hovedet* den Kopf schütteln

virtuos¹ [virtu'o:?s] ⟨-en; -er⟩ Virtuose *m*

virtuos² [virtu'o:?s] virtuos

virtuos|itet [virtuosi'te:?d] ⟨-en⟩ Virtuosität *f*; **~mæssig** [-'o:?smεsi] virtuos, meisterhaft

virus ['vi:rus] ⟨-(s)en *od* -(s)et; -(s)er *od* -*od vira*⟩ MED Virus *n*, *m*

virvar ['virvar] ⟨-et⟩ Wirrwarr *m*, Durcheinander *n*

vis¹ [vi:?s] ⟨-en⟩ Weise *f*, Art *f*; *på den ~* in der (*od* auf diese) Weise

vis² [vi:?s] weise; *de ~es sten fig* der Stein der Weisen

vis³ [ves] gewiss, sicher; → *a vist*; **~se folk** *pl* gewisse Leute *pl*; *et ~t sted* F ein gewisses (*od* stilles) Örtchen (WC); *være ~ i sin sag s-r* Sache (G) gewiss sein; *det kan du være ~ på* dessen kannst du sicher sein, darauf kannst du dich verlassen; *se ~t på én j-n* starr ansehen; *til ~se lit* gewiss, wahrhaftig

vis-a-vis [visa'vi] gegenüber

visdom ['vi:sdɔm?] ⟨-men⟩ Weisheit *f*

visdoms|ord ['vi:sdɔmso:?r] *pl* Worte *n*/*pl* der Weisheit, weiser Spruch (*a iron*); **~tand** [-tan?] Weisheitszahn *m*

vise¹ ['vi:sə] ⟨-n; -r⟩ Lied *n*, Weise *f*; *det*

V

blev enden på ~*n fig* das ist das Ende vom Lied

vise² ['viːsə] ⟨-*te*⟩ zeigen; weisen; erweisen; *Mut* beweisen; ~ *én den sidste ære j-m* die letzte Ehre erweisen; ~ *én døren j-m* die Tür weisen; ~ *pas* den Pass vorzeigen; ~ *tænder fig* die Zähne zeigen; *Hund:* die Zähne fletschen; ~ *sig* sich zeigen, erscheinen; F wichtigtun; *det vil snart* ~ *sig* das wird sich bald zeigen; ~ *sig at være en fejltagelse* sich als Irrtum erweisen; ~ *af* abweisen; die Fahrtrichtung angeben; ~ *fra sig* von sich weisen; ~ *til rette* zurechtweisen; ~ *tilbage* zurückweisen; ~ *tilbage til ngt.* sich auf *etw (A)* beziehen; ~ *én ud* hinausbegleiten; *j-m* die Tür weisen; ~ *én ud af landet j-n* des Landes verweisen

viselig ['viːsəli] (wohl)weislich

viser¹ ['viːsɒʀ] ⟨-*en*; -*e*⟩ *Uhr:* Zeiger *m*

viser², **visér** [vi'seːʀ] ⟨-*et*; -*er*⟩ *Gewehr:* Visier *n*

visere [vi'seːʀə] *Pass* visieren

vished ['veshəð] ⟨-*en*⟩ Gewissheit *f*

visibel [vi'siːˀbəl]: *(ikke) være* ~ (nicht) zu sprechen sein

vision [vi'sjoːˀn] ⟨-*en*; -*er*⟩ Vision *f*

visir [vi'siːˀʀ] ⟨-*et*; -*er*⟩ Visier *n*, Helmgitter *n*; *kæmpe med åbent* ~ *fig* mit offenem Visier kämpfen

visit [vi'sid] ⟨-*ten*; -*ter*⟩ Besuch *m* (*aflægge*, *gå på* abstatten, machen); *kort* (*od fransk*) ~ Stippvisite *f*

visit|ation [visita'sjoːˀn] ⟨-*en*; -*er*⟩ Visitation *f*, Durchsuchung *f*; ~*ere* [-'teːˀʀə] visitieren, durchsuchen, kontrollieren

visitkort [vi'sidkɒʀd] Visitenkarte *f*

visk [vesg] ⟨-*en*; -*e*⟩ (Stroh)Wisch *m*; Suppengrün *n*

viske ['vesgə]: ~ *bort* wegwischen; ~ *ud* ausradieren; ~ *læder* [-lɛːˀðɒʀ] ⟨-*et*; -*e*⟩ Radiergummi *m*; ~*r* [-ʀ] ⟨-*en*; -*e*⟩ Scheibenwischer *m*; F Rüffel *m*; ~*stykke* [-sdøgə] Geschirrtuch *n*

vismand ['viːsmanˀ] Weise(r) *m*

visne ['vesnə] (ver)welken (*a fig*); ~ *hen* dahinwelken, verkümmern

visse ['visə]: ~ *i søvn* Kind einlullen

visselig ['visəli] wahrlich, fürwahr

visselulle [visə'lulə] ⟨-*n*; -*r*⟩ *Kindersprache:* Heia(bett) *f(n)*

vissen ['vesən] welk, verwelkt; ~*pind* [-penˀ] F hölzerner Mensch *m*, Stockfisch *m*

vissevasse ['visəˀvasə] → *visvas*

vist [vest] gewiss, sicher; wahrscheinlich; → *vis³*; *ja* ~ (*så*)! (aber) sicher!; ~ *ikke*

nej! auf keinen Fall; *ganske* ~ ..., *men* ... zwar ..., aber ...; ~*nok* ['vesdnɔg] wahrscheinlich, soviel ich weiß

visuel [visu'elˀ] visuell

visum ['viːsom] ⟨-(*m*)*et*; *visa*⟩ Visum *n*; Sichtvermerk *m*

visvas ['vis'vas]: ~*!* Unsinn!

vita ['viːta] ⟨*et*⟩ Lebenslauf *m*

vital [vi'taˀl] vital; ~*itet* [-tali'teːˀd] ⟨-*en*⟩ Vitalität *f*

vitamin [vita'miːˀn] ⟨-*et*; -*er*⟩ Vitamin *n*; ~*fattig* [-fadi] vitaminarm; ~*rig* [-ʀiːˀ] vitaminreich

vits [vids] ⟨-*en*; -*er*⟩ Witz *m*

vitterlig ['vidɒʀli] offenkundig; *gøre ngt.* ~ *etw* bekannt machen; *til* ~*hed* zur Bestätigung, zur Beglaubigung; ~*hedsvidne* [-heðsviðnə] JUR Zeuge *m*

vittig ['vidi] witzig; *et hoved* Witzbold *m*

vittighed ['vidiheːˀð] ⟨-*en*; -*er*⟩ Witz *m*; *ri-ve* ~*er af sig* Witze reißen

vittigheds|blad ['vidiheðsblað] Witzblatt *n*; ~*tegner* [-taiˀnɒʀ] Karikaturist *m*, Cartoonist *m*

viv [viˀv] ⟨-*en*⟩ *lit, scherzh* Weib *n*, Gattin *f*

VM ['veːˀˀɛm] *Abk. für* **verdensmesterskab**

vod [voð] ⟨-*det*; -⟩ Schleppnetz *n*

vodka ['vodka] ⟨-*en*; -*er*⟩ Wodka *m*

vogn ['vɔwˀn] ⟨-*en*; -*e*⟩ Wagen *m* (*a Auto*); *han er ikke tabt bag en* ~ F *fig* er ist nicht auf den Kopf gefallen

vogn|bane ['vɔwnbaːnə] Fahrspur *f*, Fahrstreifen *m*; ~*dæk* [-deg] *Fähre:* Wagendeck *n*

vognfuld ['vɔwnful] ⟨-*en*; -*e*⟩: *en* ~ *børn* ein Wagen/*e*-*e* Fuhre voll(er) Kinder

vogn|læs ['vɔwnlɛs] Fuhre *f*, Wagenladung *f*; ~*mand* [-manˀ] Fuhrunternehmer *m*; ~*mandsforretning* [-mansfɒˀʀɛdnen] Fuhrunternehmen *n*; ~*park* [-paʀg] Wagenpark *m*; ~*skur* [-sguːˀʀ] Wagenschuppen *m*; ~*stang* [-sdɑŋˀ] Deichsel *f*; ~*styrer* [-sdyːʀɒʀ] *Straßenbahn:* Wagenführer *m*; ~*tog* [-tɔːˀw] Autokolonne *f*, Autokorso *m*

vogte ['vɔgdə] *Vieh* hüten; ~ *sig* sich hüten, sich in Acht nehmen (*for/vor D*); ~ *nøje på ngt.* aufpassen, *etw* genau beobachten

vogter ['vɔgdɒʀ] ⟨-*en*; -*e*⟩ Hüter *m*, Aufpasser *m*, Wärter *m*; ~*dreng* [-dʀɛŋˀ] Hütejunge *m*; ~*hund* [-hunˀ] Hütehund *m*; ~*ske* [-sgə] ⟨-*n*; -*r*⟩ Hüterin *f*, Wärterin *f*

vokal [vo'kaːˀl] ⟨-*en*; -*er*⟩ Vokal *m*

voks [vɔgs] ⟨-et; -er⟩ Wachs n; **blød som ~** *fig* butterweich; **~bleg** ['blai'?] wachsbleich; **~dug** ['du:?] Wachstuch n

vokse ['vɔgsə] wachsen; anwachsen; **~ én over hovedet** j-m über den Kopf wachsen (a *fig*); **~ fra sit tøj** den Kleidern entwachsen; **~ frem** hervorwachsen; **til at ~ i Klædning** auf Zuwachs; **~ op** aufwachsen; heranwachsen; hervorwachsen; **~ sammen** zusammenwachsen, verwachsen; **~ til** heranwachsen; zuwachsen; **~nde** wachsend, zunehmend; **~alder** [-al'?ɔʀ] Wachstumsalter n

voksen ['vɔgsən] erwachsen; Erwachsene(r) m; **de voksne** die Erwachsenen; **(ikke) være situationen ~** der Lage (nicht) gewachsen sein; **~alder** [-al'?ɔʀ] Erwachsenenalter n; **~bog** [-bɔ;?w] Buch n für Erwachsene; **~undervisning** [-onəʀvi:?snen] Erwachsenenbildung f

vokse|sted ['vɔgsəsdeð] *Pflanze:* Standort m; **~tid** [-tið?] Wachstumsperiode f; **~værk** [-vɛʀg] MED Wachstumsschmerzen m/pl

voks|figur ['vɔgsfiˈgu:?ʀ] Wachsfigur f; **~kabinet** [-kabi'ned] Wachsfigurenkabinett n, Panoptikum n; **~kage** [-ka:ə] Wabe f; **~lys** [-ly:?s] Wachskerze f; **~mannequin** [-manə'ken] Schaufensterpuppe f

voksværk ['vɔgsvɛʀg] → **vokseværk**

volapyk [vola'pyg] ⟨-et⟩ F Quatsch m; **det er det rene~** F ich verstehe nur Bahnhof

vold[1] [vɔl?] ⟨-en; -e⟩ (Erd)Wall m

vold[2] [vɔl?] ⟨-en; -⟩ JUR Gewalttat f; **øve ~ mod én** j-m Gewalt antun; **gøre ~ på sig selv** an sich halten; **gå pokker i ~!** F scher dich zum Teufel!; **med (djævelens) ~ og magt** mit aller Gewalt; **han bor langt pokker i ~** F er wohnt jwd

volde ['vɔlə] ⟨-te⟩ verursachen; anrichten; bereiten; **~lig** [-li] gewaltsam, tätlich

voldføre ['vɔlføːʔʀə] terrorisieren; *fig* vergewaltigen

voldgift ['vɔlgifd] ⟨-en; -er⟩ Schiedsverfahren n, Schiedsgericht n

voldgifts|domstol ['vɔlgifdsdɔmsdoːʔl] Schiedsgericht n; **~kendelse** [-kenəlsə] Schiedsspruch m; **~mand** [-man?] Schiedsmann m; **~ret** [-ʀed] Schiedsgericht n

voldgrav ['vɔlgʀɑːʔv] Wallgraben m

voldsforbryder ['vɔl?sfɔʀbʀyːʔðəʀ] Gewaltverbrecher m

volds|handling ['vɔl?shanleŋ] Gewalttat f; **~herredømme** [-hɛʀədœmə] Gewaltherrschaft f; **~k** [vɔl?sg] tätlich, brutal;

zügellos; **~mand** [-man?] Gewalttäter m

voldsom ['vɔlsɔm?] gewaltig; heftig, vehement, ungestüm; gewaltsam

vold|tage ['vɔlta:?ə] vergewaltigen; **~tægt** [-tegd] ⟨-en; -er⟩ Vergewaltigung f; Notzucht f

voldtægts|forbryder ['vɔltegdsfɔʀˈbʀy:?ðəʀ] Vergewaltiger m; Sittenstrolch m; **~forsøg** [-fɔʀˈsø:?] versuchte Vergewaltigung f; **~mand** [-man?] Vergewaltiger m

volontør [volɔn'tø:?ʀ] ⟨-en; -er⟩ Volontär m, Praktikant m

volt [vɔl?] ⟨-en; -⟩ EL Volt n

volum|en [vo'lu:mən] ⟨-et od voluminet; -er od volumener⟩ Volumen n; **~inøs** [-mi'nø:?s] voluminös

vom [vɔm?] ⟨-men; -me⟩ Bauch m, Wanst m; **fylde ~men** F sich den Bauch vollschlagen

vons [vɔn?s] (*lige*) *med det ~* sofort, auf der Stelle

vor [vɔʀ], **vort** [vɔʀd] n, **vore** ['vo:ʀə] pl, F **vores** ['vo:ʀəs] (*poss.pron*) unser(e); *unser* Herre unser/der Herrgott (*od* der liebe Gott); *vort fædreland* unser Vaterland; *vi skal gøre vort til, at ...* wir werden das Unsere (*od* Unsrige) tun, dass ...; *vore forfædre* unsere Vorfahren; *i vore dage* heutzutage, in der heutigen Zeit; → *a* **vores**

vorden ['vɔʀdən] ⟨-en⟩: **være i sin ~** im Werden (begriffen) sein; **~de** [-ə] angehend, werdend

vores ['vo:ʀəs] = **vor**; *det er ~* es gehört uns

Vorherre [vɔʀ'hɛʀə] unser/der Herrgott (der liebe Gott); *vorherre bevares!* (ach) i wo!; du meine Güte!; *vorherre må vide, hvordan ...* weiß der Himmel, wie ...

vorte ['vɔʀdə] ⟨-n; -r⟩ Warze f; **~mælk** [-mel?g] ⟨-en; -⟩ BOT Wolfsmilch f

votere [vo'te:?ʀə] votieren, (ab)stimmen; JUR beraten

votum ['vo:tom] ⟨-(m)et; vota⟩ Votum n

vov [vou?]: **~!** wau!

vove[1] ['vo:ʀə] ⟨-n; -r⟩ *poet* Woge f; **drive for vind og ~** *fig* sich treiben lassen

vove[2] ['vo:ʀə]: **sætte sit liv i ~** sein Leben aufs Spiel setzen

vove[3] ['vo:ʀə] wagen; **~ livet** das Leben riskieren; **~ sig frem** sich (her)vorwagen; **~ sig for langt ud** *fig* sich zu viel zutrauen; zu weit gehen; **du kan ~ på/du ~r at gøre det!** unterstehe dich!; *hvor tør du ~?* wie kannst du es wagen?; **~t** gewagt (a *fig)*

vove|hals ['vɔ:vəhal'ʔs] Wagehals *m*; **~lig** [-li] gewagt, riskant, wag(e)halsig; **~mod** [-mo:'ð] Wagemut *m*; **~spil** [-sbel], **~stykke** [-sdøgə] Wagnis *n*, Unterfangen *n*; **~t** [-ð] → **vove³**

vov|hund ['vɔ:vuhun'ʔ], **~se** [-sə] ⟨-n; -r⟩ *Kindersprache:* Wauwau *m*

vovvov ['vɔu̯vɔu̯] ⟨*en*⟩ → **vovhund**

vrag [vʀɑ:'w] ⟨-et; -⟩ NAUT Wrack *n* (*a fig*); *fig* Krücke *f*; *kaste ~ på ngt. etw* verschmähen

vrage ['vʀɑ:wə] verwerfen, verschmähen; *kunne vælge og ~* → **vælge**

vrag|gods ['vʀɑwgɔs] Strandgut *n*, Treibgut *n*; **~tømmer** [-'tœm'ʔər] Wrackholz *n*, Wrackreste *m/pl*

vralte ['vʀɑldə] watscheln

vrang¹ [vʀɑŋ'ʔ] ⟨-en⟩ Stoff: linke Seite *f*, Kehrseite *f*; *stryge på ~en* von links bügeln; *vende ~ en ud* die Innenseite/linke Seite nach außen kehren; *fig* die raue Seite heraufkehren

vrang² [vʀɑŋ'ʔ] verkehrt, irrig; *strikke én ret og én ~* eine rechts, eine links stricken

vrang|forestilling ['vʀɑŋfɔ:ʀəsdel'ʔeŋ] Wahnvorstellung *f*; irrige Auffassung *f*; **~lære** [-lɛ:ʀə] Irrlehre *f*; **~maske** [-masgə] *Stricken:* Linksmasche *f*; **~side** [-si:ðə] → **vrang¹**; **~strikket** [-sdʀegəð] linksgestrickt; **~villig** [-vil'ʔi] querköpfig, widerwillig; *mürrisch*

vranten ['vʀɑndən] mürrisch, griesgrämig, F muffelig

vred¹ [vʀe:'ð] → **vride**

vred² [vʀe:'ð] böse (*på én* j-m *od* auf j-n; *over*/über *A*); zornig; *blive ~* böse werden; *være ~ på én* auf j-n/(mit j-m) böse sein

vredagtig [vʀe'ð'ɑgdi] heftig, reizbar

vrede ['vʀe:ðə] ⟨-n⟩ Zorn *m*; Wut *f*; *lade sin ~ gå ud over én* s-n Zorn an j-m auslassen

vredladen ['vʀe:ðla:'ʔðən] grimmig, barsch

vridbor ['vʀiðbo:'ʔʀ] Handbohrer *m*

vride ['vʀi:ðə] ⟨*vred; vredet*⟩ drehen, winden; *Wäsche* (aus)wringen; *Hände* ringen; *~ sin hjerne* sich den Kopf zerbrechen; *~ sig* sich winden (*a fig*), sich krümmen (*af latter* vor Lachen); *fig* sich sträuben (*ved ngt.* gegen etw); *~ af led* verrenken, ausrenken; *~ sig løs* sich losreißen; *~ op* auswringen

vridning ['vʀi:ðneŋ] ⟨-en; -er⟩ (Aus)Wringen *n*; TECH Verdrehung *f*

vrikke ['vʀegə] wackeln (*med hovedet* mit dem Kopf); *~ om på foden* mit dem Fuß umknicken

vrim|le ['vʀemlə] wimmeln (*af/med ngt.* von etw); **~mel** ['vʀem'əl] ⟨*vrim(me)len*; *vrimle*⟩ Gewimmel *n*, (Menschen)Gewühl *n*

vrinsk [vʀen'sg] ⟨-et; -⟩ Wiehern *n*; **~e** ['vʀensgə] wiehern; **~en** Wiehern *n*, Gewieher *n*

vrippen ['vʀebən] mürrisch, reizbar

vrisse ['vʀesə] *fig* knurren, murren, meckern; *~ ad én fig* j-n anfahren, F anmotzen; **~n** [-n] grantig, mürrisch

vrist [vʀesd] ⟨-en; -e *od* -er⟩ Spann *m*

vriste ['vʀesdə]: *~ ngt. fra én* j-m etw entwinden; *han var ikke til at ~ et ord ud af* man konnte kein Wort aus ihm herauskriegen

vræl [vʀe:'l] ⟨-et; -⟩ Aufschrei *m*; *stikke i et ~* losbrüllen, losheulen; **~e** ['vʀe:lə] ⟨-ede *od* -e⟩ schreien, brüllen, plärren; **~n** Gebrüll *n*

vrængbillede ['vʀeŋbeləðə] Zerrbild *n*

vrænge ['vʀeŋə] verzerren, verziehen; *~ ansigt ad én* j-m Gesichter schneiden; *~ ens ord efter j-s* Worte nachäffen

vrøvl¹ [vʀœ̈ü'ʔl] ⟨-et; -⟩ F Quatschkopf *m*

vrøvl² [vʀœ̈ü'ʔl] ⟨-et⟩ Unsinn *m*; F Quatsch *m*, Stuss *m*; Ärger *m*, Scherereien *f/pl*; *gøre ~* meckern, sich beschweren; Schwierigkeiten machen; *uden ~* anstandslos, ohne weiteres; *sikke ngt. ~!*, *sludder og ~!* F so ein Quatsch!; papperlapapp!

vrøvle ['vʀœ̈ülə] dummes Zeug reden, F quatschen, faseln; **~bøtte** [-bødə], **~hoved** [-ho:ðə] F Quatschkopf *m*; **~ri** [-'ʀi:'ʔ] ⟨-et; -er⟩ F Quatsch *m*, Gequassel *n*; **~t** [-ð] albern, *fig* ungereimt

vsa. [veð 'si:dən a] *Abk. für ved siden af*; → **side**, **ved²**

V-udskæring ['ve:'ʔudsgɛ:'ʔʀeŋ] V-Ausschnitt *m*

vue [vy] ⟨-t; -r⟩ Aussicht *f*, (Über)Blick *m*

vugge¹ ['vogə] ⟨-n; -r⟩ Wiege *f* (*a fig*)

vugge² ['vogə] wiegen, schaukeln; *Boot:* dümpeln; *gå hjem og vug!* F rutsch mir den Buckel runter!; **~nde** wiegend (*Gang*)

vuggegave ['vogəga:və]: *hun har fået det i ~ fig* es ist ihr in die Wiege gelegt worden

vugge|sang ['vogəsaŋ'ʔ] Wiegenlied *n*; **~stue** [-sdu:ə] Kinderkrippe *f*; **~vise** [-vi:sə] Wiegenlied *n*

vulgær [vul'gɛ:'ʔʀ] vulgär

vulkan [vul'ka:'ʔn] ⟨-en; -er⟩ Vulkan *m*;

V

~isere [-kani'se:ʔʀə] vulkanisieren; **~iseringsanstalt** [-kani'se:ʔʀɛnsandalʔð] Vulkanisieranstalt f; **~sk** [-sg] vulkanisch; **~udbrud** [-uðbʀuð] Vulkanausbruch m

vulst [vulʔsd] ⟨-en; -er⟩ Wulst m

vundet [vɔnəð] → **vinde²**

vupti ['vobdi] **~!** wuppdich!, schwupp!

vurdere [vuʀ'de:ʔʀə] schätzen, taxieren, veranschlagen; beurteilen; einschätzen, bewerten; fig würdigen, schätzen; **~ing** [-'de:ʔʀen] ⟨-en; -er⟩ Schätzung f, Bewertung f, Veranschlagung f; Einschätzung f; Würdigung f; Schätzwert m

vurderings|mand [vuʀ'de:ʔʀɛnsmanʔ] Taxator m, Schätzer m; **~pris** [-pʀi:ʔs] Schätzpreis m; **~sum** [-somʔ] Schätzwert m

vvs [ve:ʔve:ʔ'ɛs] Abk. für **varme, ventilation, sanitet**

vvs-firma [ve:ʔve:ʔ'ɛsfiʀma] etwa Gebäudetechnik f; **~mand** [-manʔ] Klempner m, Sanitärinstallateur m

vy [vy] ⟨-et; -er⟩ → **vue**

væbne ['vɛ:bnə] (be)waffnen; fig wappnen; **~r** [-ʀ] ⟨-en; -ɐ⟩ IIIGT Knappe m, **~t** bewaffnet

vædde [veðə] wetten; **~ ti mod en** zehn gegen eins wetten; **jeg ~r** (od **tor ~**) **på, at ...** ich wette darauf, dass ...; **~kamp** [-kamʔb] Wettkampf m

væddeløb ['veðəlø:ʔb] Wettlauf m; (Wett)Rennen n

vædde|løbsbane ['veðəlø:bsba:nə] Rennbahn f; **~mål** [-mɔ:ʔl] Wette f

vædder ['veðʔəʀ] ⟨-en; -er⟩ Widder m (a ASTR)

væde¹ ['vɛ:ðə] ⟨-n⟩ Nässe f, Feuchtigkeit f; Saft: Flüssigkeit f

væde² ['vɛ:ðə] anfeuchten, befeuchten, poet benetzen

vædre ['veðʀə] Auto: rammen

væg [vɛgʔg] ⟨-gen; -ge⟩ Wand f; **inden for mine fire ~ge** in meinen vier Wänden; **snakke op ad ~ge og ned ad stolper** fig ins Blaue hineinreden, drauflosreden, quasseln; **sætte én til ~s** fig j-n in die Enge treiben; j-m den Mund stopfen; **~avis** ['vɛ:ga'vi:ʔs] Wandzeitung f

væge ['vɛ:ə] ⟨-n; -r⟩ Docht m

vægelsind ['vɛ:ʔgjəlsɛnʔ] Wankelmut m; **~et** [-əð] wankelmütig

væg|flade ['vɛ:gfla:ðə] Wandfläche f; **~flise** [-fli:sə] Wandfliese f, Kachel f

vægge|dyr ['vɛgədyːʔʀ] **~lus** [-lu:ʔs] ZO Wanze f; **~tøj** [-tɔiʔ] Wanzen f/pl

væg|kort ['vɛ:gkɔʀd] Wandkarte f; **~ma-**

leri ['-ma:lə'ʀi:ʔ] Wandmalerei f, Wandgemälde n; **~plads** [-plas] (freie) Wand- und Stellfläche f

vægre ['vɛ:(j)ʀə]: **~ sig** sich weigern (**ved at gøre ngt.** etw zu tun)

vægring ['vɛ:(j)ʀeŋ] ⟨-en; -er⟩ Weigerung f

vægskab ['vɛ:gsga:ʔb] Wandschrank m

vægt [vegd] ⟨-en; -er⟩ Waage f (a ASTR); Gewicht n (a fig); Wucht f; fig Schwere f, Last f; **levende ~** Vieh: Lebendgewicht n; **sælge i løs ~** lose verkaufen; **lægge ~ på ngt.** auf etw Wert legen; **~afgift** ['-aügifd] Kfz-Steuer f; **~e** [-'ə] gewichten; **~enhed** ['-e:nhe:ð?] Gewichtseinheit f

vægter ['vegdəʀ] ⟨-en; -er⟩ Wächter m

vægt|forøgelse ['vegdfɔʀ'ø:ʔəlsə] Gewichtszunahme f; **~fylde** [-fylə] ⟨-n; -r⟩ PHYS spezifische(s) Gewicht n; **~ig** [-i] fig gewichtig, schwerwiegend; triftig; fig gehaltvoll

væg-til-væg-tæppe ['vɛ:ʔgte'vɛ:ʔgtɛbə] Teppichboden m, Auslegeware f

vægt|klasse ['vɛgdklasə] SPORT Gewichtsklasse f; **~lod** [-loð] Gewicht n (für die Waage)

vægtløfter ['vegdløfdəʀ] ⟨-en; -e⟩ SPORT Gewichtheber m; **~ning** [-løfdneŋ] Gewichtheben n

vægt|løs ['vegdlø:ʔs] schwerelos; **~ning** [-neŋ] ⟨-en⟩ Gewichtung f; **~skål** [-sgɔ:ʔl] Waagschale f (a fig); **~stang** [-sdaŋ?] Hebel m; **~tab** [-ta:ʔb] Gewichtsabnahme f, Gewichtsverlust m

væg|tæppe ['vɛ:gtɛbə] Wandteppich m; **~ur** [-u:ʔʀ] Wanduhr f

væk [vɛg] weg, fort; F futsch, hops; **i ét ~** in einem fort; **være ganske ~ i én** F in j-n ganz vernarrt sein; **langt ~** weit weg; **rask ~** frischweg; **snak bare ~!** schieß los!

vække¹ ['vɛgə] aus dem Schlaf wecken

vække² ['vɛgə] ⟨-ede od -vakte; -t od vakt⟩ fig erwecken, erregen; wachrufen; anregen (**til eftertanke** zum Nachdenken)

vækkelse ['vɛgəlsə] ⟨-n; -r⟩ REL Erweckung f

vækkeur ['vɛgouːʔʀ] Uhr: Wecker m

vækning ['vɛgneŋ] ⟨-en; -er⟩ Wecken n

vækst [vegsd] ⟨-en; -er⟩ Wachsen n, Wachstum n (a fig); Zunahme f; Statur f, Wuchs m; BOT Gewächs n; **~betingelser** ['-be'teŋʔəlsəʀ] pl Wachstumsbedingungen f/pl; **~fremmende** ['-fʀɛmənə] wachstumsfördernd; **~hus** ['-hu:ʔs] Gewächshaus n; **~periode** ['-peʀi'o:ðə] Wachstumsperiode f; **~rate** ['-ʀɑ:ðə] Wachstumsrate f

V

væld [vɛlˀ] ⟨-et; -⟩ *fig* Flut *f*, Fülle *f*

vælde¹ ['vɛlə] quellen, sprudeln (*a fig*); ~ **frem** hervorquellen

vælde² ['vɛlə] ⟨-n⟩ Gewalt *f*, Macht *f*; Herrschaft *f*

vældig ['vɛldi] gewaltig; **blive ~ glad** sich riesig freuen

vælge ['vɛljə] ⟨*valgte; valgt*⟩ wählen; sich (*D*) aussuchen; **kunne ~ og vrage** freie Wahl/die (Aus)Wahl haben

vælger ['vɛljər] ⟨-en; -e⟩ Wähler *m*; **~ne a** Wählerschaft *f*; **~forening** [-fɔrˈeˀneŋ] Wählervereinigung *f*; **~møde** [-møːðə] Wahlversammlung *f*

vælling ['vɛleŋ] ⟨-en; -er⟩ (Milch)Brei *m*

vælte ['vɛldə] *v/i* umfallen, umkippen; *v/t* umwerfen, umkippen, umrennen, umstoßen (*a fig*); *Stein* wälzen; *Regierung* stürzen, abwählen; *v/r* ~ **sig** sich wälzen (*a fig*); ~ **skylden fra sig** die Schuld von sich abwälzen; **det ~r ind med breve** die Briefe strömen herein; ~ **skylden over på én** die Schuld auf *j-n* wälzen; ~ **ud** *fig* hinausströmen, hinausquellen

vælten ['vɛlˀdən] **være i ~** gefeiert werden, beliebt/F in sein, en vogue

væltepeter ['vɛldəpeːˀdər] ⟨-en; -e⟩ Hochrad *n*

væmmelig ['vɛməli] ekelhaft, widerlich

væmmelse ['vɛmməlsə] ⟨-n; -r⟩ Ekel *m*; **sød indtil ~** widerlich süß

væmmes ['vɛmməs] *e-n* Ekel haben, sich ekeln; ~ **ved ngt.** Ekel vor *etw* empfinden, sich vor *etw* ekeln; **jeg ~ ved det** es ist mir zuwider, es widert mich an

vænge ['vɛŋə] ⟨-t; -r⟩ Koppel(weide) *f*

vænne ['vɛnə] gewöhnen (**sig** sich); ~ **én af med (til) ngt.** *j-m etw* abgewöhnen (*j-n* an *etw* gewöhnen); ~ **sig af med at ryge** sich das Rauchen abgewöhnen; ~ **fra** *Säugling* entwöhnen; **man ~r sig til det** man gewöhnt sich daran

vær. *Abk. für* værelse

værd¹ [vɛːˀʀ] ⟨*et*⟩ *fig* Wert *m*; **lade ngt. stå ved sit ~** *etw* auf sich beruhen lassen

værd² [vɛːˀʀ] wert; **bogen er ~ at læse** es lohnt sich, das Buch zu lesen; **ikke ~ at tale om** nicht der Rede wert; **det er ikke umagen ~** das ist nicht der Mühe wert; **det er ikke ~ at gøre det!** tu das lieber nicht!

værdi [vɛrˈdiˀ] ⟨-en; -er⟩ Wert *m*; **pålydende ~** ÖKON Nennwert *m*; **tabe i ~** an Wert verlieren; **til en ~ af** im Wert(e) von

værdi|angivelse [vɛrˈdianˀgiˀvəlsə] Wertangabe *f*; **~brev** [-bʀeːˀv] *Post* Wertbrief *m*; **~fast** [-fasd] wertbeständig; **~fri**

[-fʀiˀ] wertfrei; **~fuld** [-fulˀ] wertvoll

værdig ['vɛrdi] würdig, *Miene:* ehrerbietig; **det er dig ikke ~t** es ist deiner (*G*) nicht würdig; **være en bedre sag ~** *e-r* besseren Sache (*G*) wert sein

værdige ['vɛrdiə] **ikke ~ én et blik** *j-n* keines Blickes würdigen; **han ~des at høre på mig** *fig* und ließ sich herab, mich anzuhören

værdigenstand [vɛrˈdigensdanˀ] Wertgegenstand *m*

værdighed ['vɛrdiheːˀð] ⟨-en; -er⟩ Würde *f*; **holde på ~en** die Würde wahren; **under min ~** unter meiner Würde

værdi|løs [vɛrˈdiløˀs] wertlos; **~neutral** [-nøˀˈtʀaːˀl] wertneutral; **~pakke** [-pagə] *Post:* Wertpaket *n*; **~papir** [-paˈpiːˀʀ] Wertpapier *n*; **~stigning** [-sdiːneŋ] Wertsteigerung *f*; **~tab** [-taːˀb] Wertverlust *m*

værdsætte ['vɛrsɛdə] *fig* schätzen, würdigen

være ['vɛːʀə] ⟨*var; været*⟩ sein; **at ~ eller ikke ~** Sein oder Nichtsein; **to og to er fire** zwei und zwei ist (*od* macht) vier; **det er mig (dig)** ich bin es (du bist es); **der er folk, som ...** es gibt Leute, die ...; **vær så artig!** bitte!; **vær så god!** bitte (sehr)!; *nach Klopfen:* herein!; **det kan (godt/gerne) ~!** mag sein; **hvor(dan) kan det ~?** wie kommt das?; **der kan ikke ~ flere i bilen** mehr Passanten nicht ins Auto; **det kan nok ~, at vi løb!** dann sind wir aber gelaufen!; **lad mig ~ (i fred)!** lass mich (in Ruhe *od* in Frieden)!; **lad ~ med at græde** lass das Weinen (sein)!, hör auf zu weinen (*od* mit dem Weinen)!; **det skal du lade ~ med!** das solltest du bleiben lassen!; **hvad vil du ~?** was willst du werden?; ~ **af den mening** der Ansicht (*od* Meinung) sein; **hvad er den af?** F was soll das bedeuten?; ~ **af med ngt.** *etw* (A) los sein; ~ **efter én** hinter *j-m* her sein; **det er jeg ikke meget for** davon halte ich nicht viel; **der er ikke andet for** es bleibt nichts anderes übrig; ~ **fra sig selv** (*od* fra det) außer sich sein; **hvor er han henne?** wo steckt er?; ~ **for/imod ngt.** für/gegen *etw* sein; ~ **med** sein, mitmachen, dabei sein, teilnehmen (**til**i an *D*); **hvordan er det med dig?** wie sieht es bei dir aus?; **er du med?** verstanden?, verstehst du?; ~ **om sig** unternehmend (*od* eifrig) sein; ~ **længe om ngt.** viel Zeit zu *etw* brauchen; **det var du længe om!** das dauerte aber lange!; **der er ngt. om det** da ist (et)was (Wahres)

dran; *min måde at ~ på* meine Art; *~ til* (da) sein; existieren; *der er mange idioter til* es gibt viele Idioten; *hvad skal det ~ til (od godt for)?* was soll das?; *skal det ~, så lad det ~!* wenn schon, denn schon!; *~ ude* aus sein; draußen sein; *~ ude af sig selv (od af det)* → *~ fra sig selv; jeg var ude for ngt.* ich erlebte *etw*, mir passierte *etw*; *det er ude med ham* es ist um ihn geschehen; *selv ~ ude om ngt. etw* selbst verschuldet haben; *~ ved at gå* beim Gehen sein; *det er der ikke ngt. ved* das macht keinen Spaß; *han vil ikke ~ at ...* er will es nicht eingestehen (*od* wahrhaben), dass ...; *dermed ~ ikke sagt ...* damit sei nicht gesagt ...

værelse ['vε:rəlsə] ⟨-t; -r⟩ Zimmer *n*; *in* **toværelse(r)slejlighed** *e-e* Zweizimmerwohnung *f*; **~(s)anvisning** [-(s)anvi:?snεn] Zimmervermittlung *f*, Zimmernachweis *m*

være|måde ['vε:rəmɔ:ðə] Art *f*, Wesen *n*; Benehmen *n*; **~n** [-n] Sein *n*

værft [vεrfd] ⟨-et; -er⟩ Werft *f*

værftsarbejder ['vεrfdsarbai?dər] Werftarbeiter *m*

værge¹ ['vεrwə] ⟨-n; -r⟩ JUR Vormund *m*; gesetzliche(r) Vertreter *m*

værge² ['vεrwə] wehren (*sig mod ngt.* sich gegen *etw*), schützen

værgeløs ['vεrwələ:?s] wehrlos

værgemål ['vεrwəmɔ:?l] Vormundschaft *f*, Pflegschaft *f*

værk¹ [vεrg] ⟨-en⟩ MED Gliederreißen *n*

værk² [vεrg] ⟨-et; -er⟩ Werk *n*; Arbeit *f*, Tat *f*; *skride til ~et* ans Werk gehen; *gå forsigtigt til ~s* behutsam zu Werke gehen

værk³ [vεrg] ⟨et⟩ Werg *n*

værkbruden ['vεrgbruð?ən] gichtbrüchig, gichtkrank

værke ['vεrgə] schmerzen

værk|fører ['vεrgfø:rɔr], **~mester** [-mεsdər] Werkmeister *m*; **~sted** [-sdεð] Werkstatt *f*, Werkstätte *f*; **~stedsteater** [-sdε̂ðste'a:?dər] Theaterwerkstattt *f*, experimentelles Theater

værktøj ['vεrgtɔi?] ⟨-et; -er⟩ Werkzeug *n* (*a fig*)

værktøjs|kasse ['vεrgtɔiskasə] Werkzeugkasten *m*; **~mager** [-ma:?ər] ⟨-en; -e⟩ Werkzeugmacher *m*

værn ['vεr?n] ⟨-et; -⟩ Wehr *f*, Schutz *m*; *til ~ for* zum Schutz (*G*); *til ~ mod ngt.* zum Schutz gegen *etw*

værne ['vεrnə] schützen (*mod/*gegen *A*, vor *D*); *~ om ngt. etw* verteidigen, *etw*

wahren; **~mager** [-ma:?ər] ⟨-en; -e⟩ Kollaborateur *m* (*spez.* 1940-45); **~magten** [-magdən] (*spez.* 1935-45) die deutsche Wehrmacht

værnepligt ['vεrnəplegd] Wehrpflicht *f*; *almindelig ~* allgemeine Wehrpflicht *f*; *aftjene sin ~ s-e* Wehrpflicht (ab)leisten; *civil ~* (Wehr)Ersatzdienst *m*, Zivildienst *m*; **~ig** [-i] wehrpflichtig; Wehrpflichtige(r) *m*

værneting ['vεrnəteŋ?] Gerichtsstand *m*

værnschef ['vεr?nsjε:?f] MIL Inspekteur *m*

værre [vεrə] ⟨*komp* von *ilde, ond, slem, slet*⟩ schlimmer, ärger; böser; schlechter; *~ og ~* immer schlimmer; *forandre sig til det ~* sich zum Schlimmen wenden; *det gør kun ondt~* das macht es nur noch schlimmer

værsgo ['vεrsgɔ:?]: **~!** bitte (sehr)!; *nach Klopfen:* herein!

værst [vεrsd] ⟨*sup* von *ilde, ond, slem, slet*⟩ *adj* schlimmst-, ärgst-; *adv* am schlimmsten (*od* ärgsten, schlechtesten); *hendes ~e fjende* ihr ärgster Feind; *i ~e fald* schlimmstenfalls; *have overstået det ~e, være over det ~e* das Schlimmste überstanden (*od* hinter sich) haben; *gå med på den ~e* F jeden Quatsch (*od* alles) mitmachen; *være belavet (od forberedt) på det ~e* auf das Schlimmste gefasst sein; *hun er ikke ~!* sie ist nicht übel!

vært [vεrd] ⟨-en; -er⟩ (Gast)Wirt *m*; Gastgeber *m*; Hauswirt *m*; *gøre regning uden ~* die Rechnung ohne den Wirt machen; **~dyr** → **værtsdyr**; **~inde** [-'enə] ⟨-n; -r⟩ (Gast)Wirtin *f*; Gastgeberin *f*; Hauswirtin *f*; Hostess *f*; **~plante** → **værtsplante**

værts|dyr ['vεrdsdu:?r] Biol. Wirtstier *n*; **~folk** [-fol?g] *pl* Wirtsleute *pl*

værtshus ['vεrdshu:?s] Wirtschaft *f*, Kneipe *f*, Lokal *n*; **~holder** [-holər] ⟨-en; -e⟩ Gastwirt *m*

værtskab ['vεrdsga:?b] ⟨-et; -er⟩ Gastgeberrolle *f*

værts|land ['vεrdslan?] Gastland *n*; **~plante** [-plandə] Biol. Wirtspflanze *f*

væsel ['vε:?səl] ⟨*væs(e)len; væsler*⟩ Wiesel *n*

væsen ['vε:?sən] ⟨*væs(e)net; væs(e)ner*⟩ Wesen *n*; Geschöpf *n*; *gøre stort ~ af ngt.* viel Wesen(s) (*od* Aufheben(s)) von *etw* machen; **-væsen** -wesen *n*, -verwaltung *f*, -behörde *f*

væsens|beslægtet ['vε:?sənsbe'slægdəð] wesensverwandt; **~forskellig** [-fɔr-'sgelʔi] wesensverschieden; **~fremmed** [-fʀeməð] wesensfremd

væsentlig ['veː?sɑndli] wesentlich; *i alt ~t, i det ~e* im Wesentlichen, in allem Wesentlichen

væske¹ ['vesgə] ⟨-n; -r⟩ Flüssigkeit *f*; *Pflanze:* Saft *m*

væske² ['vesgə] *Wunde:* nässen, eitern

væskeform ['vesgəfɔrˀm] flüssige Form *f*; **~et** [-ɑð] flüssig

vættelys ['vedəlyːˀs] GEOL Belemnit *m*, Donnerkeil *m*

væv¹ [veːˀv] ⟨-en; -e⟩ Webstuhl *m*

væv² [veːˀv] ⟨-et; -⟩ Gewebe *n* (*a fig*); F Gewäsch *n*, Gefasel *n*; *et ~ af løgne* ein Lügengewebe, Lügengespinst *n* (*indvikle sig* sich verstricken)

væve ['veːvə] weben; F *fig* spinnen, faseln; **~fejl** [-faiˀl] Webfehler *m*

væver¹ ['veːvər] ⟨-e; -e⟩ Weber *m*

væver² ['veː?vər] lebhaft, emsig, flink, fix

væver|i [veːvəˀriːˀ] ⟨-et; -er⟩ Weberei *f*; **~ske** ['veːvərsgə] ⟨-n; -r⟩ Weberin *f*

væve|skytte(l) ['veːvəsgødə(l)] Web(er)-schiffchen *n*; **~stue** [-sduːə] Weberei *f*

vævning ['veːvneŋ] ⟨-en; -er⟩ Weben *n*, Gewebe *n*

våben ['vɔːˀbən] ⟨*våb(e)net; -, für Wappen a våb(e)ner*⟩ Waffe *f* (*a fig*); Wappen *n*; *gribe til ~* zur Waffe greifen; **~art** [-ɑːˀrd] Waffe *f*, Waffengattung *f*; **~broder** [-broːr] Waffenbruder *m*; **~før** [-føːˀr] wehrfähig, waffenfähig; **~hus** [-huːˀs] *Kirche:* Vorhalle *f*, Vorraum *m*; **~hvile** [-viːlə] Waffenruhe *f*; **~magt** [-mɑgd] Waffengewalt *f*; **~skjold** [-sgjɔ-lˀ] Wappen(schild *m*, *n*) *n*; **~stilstand** [-sdelsdanˀ] Waffenstillstand *m*; **~tilladelse** [-telaːˀðəlsə] Waffenschein *m*

våd [vɔːˀð] nass; *drivende ~* triefend nass, tropfnass, F pudelnass; *ligne en ~ hund fig* wie ein begossener Pudel dastehen; *hverken få ~t* [vɑd] *eller tørt* weder zu essen noch zu trinken bekommen; **~celle** ['vɔðsela] ARCH Nasszelle *f*; **~dragt** [-dʀɑgd] Neoprenanzug *m*

vådeskud ['vɔːðəsguðˀ] (tödlicher) Unfall durch *e-e* Schusswaffe

våd|område ['vɔðɔmʀɔːˀðə] Feuchtgebiet *n*; **~serviet** [-serviˀed] Erfrischungstuch *n*

våge¹ ['vɔːwə] ⟨-n; -r⟩ Eisloch *n*, Wake *f*

våge² ['vɔːwə] wachen

våge|blus ['vɔːwəblus] Sparflamme *f*; **~kone** [-koːnə] Frau *f*, die Nachtwache hält; **~lampe** [-lɑmbə] Schlummerlicht *n*, Nachtlicht *n*

vågen ['vɔːwən] wach; munter; *fig* aufgeweckt; *vågne nætter* schlaflose Nächte; *have et ~t øje med en* ein wachsames Auge auf *j-n* haben

vågne ['vɔwnə] ~ (*op*) aufwachen, erwachen (*a fig*), wach werden

vånd [vɔnˀ] ⟨-en; -e⟩ Gerte *f*

vånde¹ ['vɔnə] ⟨-n; -r⟩ Not *f*, Bedrängnis *f*; Seelenqual *f*

vånde² ['vɔnə] ~ *sig* jammern, stöhnen

vår¹ [vɔːˀr] ⟨-et; -⟩ (Bett)Bezug *m*

vår² [vɔːˀr] ⟨-en⟩ Lenz *m*, Frühling *m*

vår|bebuder ['vɔːrbeˀbuːˀðər] Frühlingsbote *m*; **~brud** [-bʀuð] Frühlingserwachen *n*

våre ['vɔːrə] *det ~r, det ~s poet* es lenzt

vår|sæd ['vɔːrseːˀð] Frühsaat *f*; Frühgetreide *n*; **~tid** [-tiðˀ] Frühlingszeit *f*

vås [vɔːˀs] ⟨-et⟩ Unsinn *m*, Quatsch *m*

våse ['vɔːsə] faseln, Unsinn reden; **~mikkel** [-megəl] ⟨-*mik(ke)len; -mikler*⟩ F Quatschkopf *m*; **~t** [-ð] faselig, albern, *fig* ungereimt

W

W **W, w** ['dɔbəld veːˀ] ⟨-'et; -'er⟩ W, w *n*

wagon [va'gɔŋ] ⟨-en; -er⟩ BAHN Waggon *m* (*Eisenbahnwagen für Personen*)

watt [vad] ⟨-; -⟩ EL Watt *n*

wc ['veːˀseːˀ] ⟨-'et; -'er⟩ Toilette *f*, WC *n*, F Klo *n*

wc-|børste ['veːˀseːˀbœrsdə] Toilettenbürste *f*, F Klobürste *f*; **~kumme** [-komə] Toiletten-, F Klobecken *n*; **~låg** [-lɔːˀw] Klodeckel *m*; **~papir** [-paˀpiːˀr]

Toiletten-, F Klopapier *n*; **~rulle** [-rulə] Toiletten-, F Klopapierrolle *f*; **~sæde** [-seːðə] Klosettsitz *m*, F Klobrille *f*

weekend ['wiːgend] ⟨-en; -er⟩ Wochenende *n*; **~lukning** [-logneŋ] am Wochenende geschlossen; **~udflugt** [-uðflogd] Wochenendausflug *m*

whiskers ['wisgərs] *su pl* Backenbart *m*

whiskysjus ['wisgisjus] Whiskysoda *m*

wiener ['viːˀnər] ⟨-en; -e⟩ Wiener(in)

m(f); **~brød** [-brøː?ð] GASTR Plunder *m*, Kopenhagener (*Gebäck*); **~pølse** [-pølsə] Wiener *f*, Wiener Würstchen *n*; **~schnitzel**, **~snitsel** [-snidsəl] Wiener Schnitzel *n*; **~stol** [-sdoː?l] Wiener Kaffeehausstuhl *m*; **~vals** [-val?s] Wiener

Walzer *m*
wiensk [viː?nsg] wienerisch
wing [weŋ] ⟨*-en; -er*⟩ *Fußball:* Flügelstürmer *m*
wire ['wɑɪr] ⟨*-n; -r*⟩ Drahtseil *n*

X

X, x [ɛgs] ⟨*-'et; -'er*⟩ X, x *n*
xanthippe [san'tibə] ⟨*-n; -r*⟩ *fig* Xanthippe *f*

xylofon [sylo'foː?n] ⟨*-en; -er*⟩ MUS Xylophon *n*

Y

Y, y [yː?] ⟨*-'et; -'er*⟩ Ü, ü *n*; Y, y (*Ypsilon*) *n*
yacht [jɑgd] ⟨*-en; -er*⟩ Jacht *f*
yale|lås ['jeːlɔ:?s] Zylinderschloss *n*, Sicherheitsschloss *n*; **~nøgle** [-nɔîlə] Sicherheitsschlüssel *m*
yde ['yːðə] leisten, geben; gewähren; entrichten; zollen; **~dygtig** [-døgdi] leistungsfähig; **~evne** [-eûnə] Leistungsfähigkeit *f*, Leistungsvermögen *n*; **~lse** [-lsə] ⟨*-n; -r*⟩ Leistung *f*
yder|bane ['yːðərbaːnə] SPORT Außenbahn *f*; Überholspur *f*; **~distrikt** [-di-'sdregd] Außenbezirk *m*; **~dør** [-dœː?r] Außentür *f*, Haustür *f*; **~grænse** [-grɛnsə] äußere Grenze *f*; **~kant** [-kan?d] Außenkante *f*, äußerer Rand *m*; **~kreds** [-kreː?s] Außenkreis *m*; **~kvarter** [-kvɑr'teː?r] Außenbezirk *m*, Stadtrandsiedlung *f*
yderlig ['yːðərli] *sæt dig ikke så ~(t)!* setz dich nicht so dicht an den Rand!; **~ere** ferner, weiter; außerdem
yderlighed ['yːðərlihe:ð?] ⟨*-en; -er*⟩ Extrem *n*; *gå fra den ene ~ til den anden* von einem Extrem in andere fallen
yderlig(t)gående [-(d)gɔː?ənə] extrem, radikal
yder|lomme ['yːðərlɔmə] Außentasche *f*; **~mere** [-meːrə] ferner, überdies, außerdem; **~mur** [-muː?r] Außenmauer *f*; **~punkt** [-poŋ?gd] äußerste(r) Punkt *m*; **~side** [-siːðə] Außenseite *f*
yderst ['yːðərsd] äußerst; *i ~e øjeblik* im letzten Augenblick; *den ~e dag* BIBL der Jüngste Tag; *ligge på sit ~e fig* in den letzten Zügen liegen

yder|tøj ['yːðərtɔî] Oberbekleidung *f*; **~verden** [-vɛrdən] Außenwelt *f*; **~væg** [-veː?g] Außenwand *f*
yderwing ['yːðərveŋ] *Fußball:* Außenstürmer *m*, Flügelstürmer *m*, *højre ~* Rechtsaußen *m*; *venstre ~* Linksaußen *m*
ydmyg ['ydmyː?] demütig; **~e** [-ə] demütigen (*sig* sich); **~else** [-lsə] ⟨*-n; -r*⟩ Demütigung *f*; **~hed** [-he:ð?] ⟨*-en*⟩ Demut *f*
ydre[1] ['yðrə] ⟨*-t; -r*⟩ Äußere(s) *n*
ydre[2] ['yðrə] äußer-, Außen-
ylette® [yl'edə] ⟨*-n; -r*⟩ Dickmilch *f* aus fettentrahmter Milch
ymer® ['yː?mər] ⟨*-en; -e*⟩ *etwa:* Dickmilch *f*
ymte ['ømdə] munkeln, flüstern (*om*/von D)
ynde[1] ['ønə] ⟨*-n; -r*⟩ Anmut *f*, (Lieb)Reiz *m*
ynde[2] ['ønə] lieben, gern mögen (*od* haben); **~ ngt.** *a* ein Freund von etw sein; **~ sig ind** sich einschmeicheln (*hos*/bei D); **~t** beliebt
ynde|fuld ['ønəful?] anmutig; **~r** [-r] ⟨*-en; -e*⟩ Liebhaber *m*, Freund *m*; **~st** ['øn?-əsd] ⟨*-en*⟩ Gunst *f*, Beliebtheit *f*; **~t** [-ð] beliebt
yndig ['øndi] anmutig, reizend, lieblich, liebreizend
yndighed ['øndihe:ð?] ⟨*-en; -er*⟩ Anmut *f*; **~er** *pl* Reize *m/pl*
yndling ['ønleŋ] ⟨*-en; -e od -er*⟩ Liebling *m*, Günstling *m*
yndlings|beskæftigelse ['ønleŋsbe-'sgefdi:?əlsə] Lieblingsbeschäftigung *f*;

~læsning [-lɛːsnɛŋ] Lieblingslektüre f

yngel ['øŋˀəl] ⟨-en⟩ Brut f (a fig); fig Gezücht n

yngle ['øŋlə] sich fortpflanzen, sich vermehren; zo, Hund, Katze: Junge werfen; **~dygtig** [-døgdi] fortpflanzungsfähig; **~plads** [-plas] Brutplatz m; **~tid** [-tiðˀ] Brutzeit f

yngling ['øŋlɛŋ] ⟨-en; -e⟩ Jüngling m; SPORT Junior(in) m(f), Juniorenspieler(in) m(f)

ynglinge|alder ['øŋlɛŋəalˀər] Jünglingsalter n; **~hold** [-hɔlˀ] SPORT Jugendmannschaft f, Juniorenmannschaft f

yng|re ['øŋrə] ⟨komp von ung⟩ jünger; **~st** [øŋˀsd] ⟨sup⟩ jüngst, am Jüngsten; von zweien: jünger

ynk [øŋˀg] ⟨-en⟩ Jammer m, Elend n

ynke ['øŋgə] bemitleiden, bedauern (én j-n); **jeg ~s over ham** ich bedaure ihn, er tut mir leid; **til at ~s over** zum Erbar-

men; **~lig** [-li] jämmerlich, erbärmlich

ynk|som ['øŋgsɔmˀ] → **ynkelig**; **~værdig** ['øŋgverˀdi] jämmerlich, erbärmlich; bemitleidenswert, erbarmenswert

yoghurt ['jɔgʊrd] ⟨-en; -er⟩ Joghurt m

yppe ['ybə] **~ kiv** (od **klammeri, strid**) Streit (od Händel) anfangen

ypper|lig ['ybərli] vorzüglich, vortrefflich, ausgezeichnet; **~st** [-sd] vorzüglichst, best

ypperstepræst ['ybərsdəpresd] BIBL Hohepriester m

yppig ['ybi] üppig

yt [yd] F out

ytre ['ydrə] v/t äußern; **~ sig om ngt.** sich über etw. (A) äußern

ytring ['ydrɛŋ] ⟨-en; -er⟩ Äußerung f

ytringsfrihed ['ydrɛŋsfrihεːðˀ] Redefreiheit f, Recht der freien Meinungsäußerung

yver ['yːˀvər] ⟨-et; -e⟩ Euter n

Z

Z, z [sɛd] ⟨-'et; -'er⟩ Z, z n

zappe ['sabə] TV switchen

zar [sɑːˀr] ⟨-en; -er⟩ Zar m; **~dømme** ['-dœmə] Zarenreich n

zebra ['seːbra] Zebra n; **~striber** [-sdriːbər] pl Verkehr: Zebrastreifen m/pl

zenit ['seːnid] ⟨et⟩ der Zenit m (a fig)

zeppeliner ['sɛbəliːˀnər] ⟨-en; -e⟩ Zeppelin m

zink [sɛŋˀg] ⟨-en od -et⟩ CHEM Zink n; **~blik** ['-bleg] Zinkblech n; **~holdig** ['-hɔlˀdi] zinkhaltig; **~spand** ['sɛŋgs-

banˀ] Zinkeimer m

zionist [sio'nisd] ⟨-en; -er⟩ Zionist(in) m(f)

zobel ['soːˀbəl] ⟨zob(e)len; zobler⟩ zo Zobel (a Fell) m; **~skind** [-sgɛnˀ] Zobel(fell) n(n)

zone ['soːnə] ⟨-n; -r⟩ Zone f; **~tarif** [-ta'rif] BAHN Zonentarif m

zoo [soːˀ] ⟨-en; -er⟩ Zoo m; **~log** [soo-'loˀ(w)] ⟨-en; -er⟩ Zoologe m, Zoologin f

zoologisk [soo'loːˀ(w)isg] zoologisch; **~ have** zoologische(r) Garten m, Zoo m

Æ

Æ, æ [ɛːˀ] ⟨-'et; -'er⟩ Ä, ä n

æble ['ɛːblə] ⟨-t; -r⟩ Apfel m; **bide i det sure ~** fig in den sauren Apfel beißen; **~t falder ikke langt fra stammen** fig der Apfel fällt nicht weit vom Stamm; **stridens ~** fig Zankapfel m; **~grød** [-grøːˀð] **~mos** [-moːˀs] Apfelmus n; **~most** [-mɔsd] Apfelsaft m; **~skive** [-sgiːvə] Apfelkrapfen m; **~skrog** [-sgrɔw] Kerngehäuse n des Apfels, F Apfelgriebs m; **~skræl** [-sgrɛlˀ] Apfel-

schale f; **~træ** [-trɛːˀ] Apfelbaum m

æde¹ ['ɛːðə] ⟨-n od -t⟩ Futter n, Fressen n, Fraß m

æde² ['ɛːðə] ⟨åd; ædt⟩ Tier: fressen (a F Mensch); äsen; **~ op** auffressen; zerfressen; **~ én ud af huset** fig j-n arm fressen; **være ~nde gal** F stinkwütend sein

æde|dolk ['ɛːðədɔlˀg] F Nimmersatt m, Fresssack m; **~gilde** [-gilə] F Fresserei f, Fressgelage n

ædel ['ɛːˀðəl] edel; **~gran** [-grɑn] Edeltanne f; **~metal** [-'me'tal] Edelmetall n

ædelmod ['ɛːʔðəlmoːʔð] → **ædelmodig|hed**

ædelmodig [eðəl'moːʔði] edelmütig, großherzig; **~hed** [-he:ʔð] ⟨-en⟩ Edelmut m

ædelse ['ɛːðəlsə] ⟨-n⟩ F Fraß m

ædel|sindet ['ɛːʔðəlsenʔəð] edel gesinnt; **~sten** [-sde:ʔn] ⟨-en; -e od -⟩ Edelstein m

ædeltænkende ['ɛːʔðəldtɛŋgənə] edel denkend

æde|lyst ['ɛːðələsd] ⟨-en⟩ Fressgier f; **~r** [-ʁ] ⟨-en; -e⟩ Fresser m; **~ri** [-'ʁiːʔ] ⟨-en; -er⟩ F Fresserei f, Fresssucht f; **~trug** [-tʁuːʔ] Futtertrog m

ædru ['ɛːdʁuː] nüchtern (nicht betrunken; a fig); **gøre ~** ernüchtern (a fig)

ædruelig [eˈdʁuːʔəli] nüchtern; im Trinken: mäßig

æg¹ [ɛːʔg] ⟨-gen; -ge⟩ Schneide f; Stoff: Salleiste f, Webkante f

æg² [ɛːʔg] ⟨-get; -⟩ Ei n; Fisch, Frosch: Laich m; **blødkogt ~** weichgekochtes Ei n, weiches Ei n; **skidne ~** pl Eier n/pl in Senfsoße; **behandle én som et ráddent ~** fig j-n wie ein rohes Ei behandeln

æg|bakke ['ɛːgbagə] → **æggebakke**, **~celle** [-selə] Eizelle f; **~dannet** [-danʔəð], **~formet** [-fɔʁˀməð] eiförmig

ægge ['ɛgə] anreizen, anspornen; (auf-)reizen, aufstacheln

ægge|bakke ['ɛgəbagə] Eierkarton m; **~blomme** [-bləmə] (Ei)Dotter n, Eigelb n; **~bæger** [-bɛːʁ] Eierbecher m; **~dans** [-danʔs]: **danse ~** fig F e-n Eiertanz aufführen; **~gul** [-guːʔl] dottergelb

æggehvide ['ɛgəviːðə] Eiweiß n; **pisket ~** Ei(er)schnee m; **~stof** [-sdɔf] Eiweiß(stoff) n(m)

ægge|kage ['ɛgəkaːə] Eierkuchen m, Omelett n; **~leder** [-le:ðəʁ] ANAT Eileiter m

ægge|pulver ['ɛgəpol'vəʁ] Eipulver n; **~skal** [-sgal'] Ei(er)schale f; **~ske** [-sge:ʔ] Eierlöffel m; **~stok** [-sdɔg] ANAT Eierstock m

ægkant ['ɛːgkanʔd] Webkante f; → **æg**¹

ægleder ['ɛːgleːðəʁ] → **æggeleder**

æglæg|gende ['ɛːglɛgənə] eierlegend; **~ger** [-legʁ] ⟨-en; -e⟩ Eierleger m, Legehuhn n; **~ning** [-lɛgneŋ] ⟨-en; -er⟩ Eierlegen n, Eiablage f

ægløsning ['ɛːgløsneŋ] Eisprung m

ægte¹ ['ɛgdə] feierl, lit heiraten, ehelichen; **tage til ~** heiraten, ehelichen, zur Frau/zum Mann nehmen

ægte|barn ['ɛgdabaʁʔn] eheliche(s) Kind n; **~folk** [-fɔlʔg] pl Eheleute pl; **~fælle** [-felə] Ehepartner m, Gatte m, Gattin f; **~født** [-føːʔd] Kind: ehelich; **~halvdel** [-halde:ʔl] scherzh Ehehälfte f; **~hustru** [-husdʁu] Ehefrau f, scherzh Gemahlin f; **~mage** [-maːə] Gatte m, Gattin f; **~mand** [-manʔ] Ehemann m, scherzh Eh(e)gemahl m; **~pagt** [-pagd] JUR Ehevertrag m; Gütertrennung f; **~par** [-paʁ] Ehepaar n; **~seng** [-sɛŋʔ] Ehebett n

ægteskab ['ɛgdəsgaːʔb] ⟨-et; -er⟩ Ehe f; Heirat f; **borgerligt ~** standesamtliche Ehe f; Zivilehe f; **indgå (et) ~** e-e Ehe schließen; **indgåelse af ~** Eheschließung f; **papirløst ~** eheähnliche Gemeinschaft f; **børn uden for ~** uneheliche (od außereheliche) Kinder pl; **~elig** [-'sgaːʔbəli] ehelich

ægteskabs|brud ['ɛgdəsgabsbʁuð] Ehebruch m; **~bryder** [-bʁyːðəʁ] Ehebrecher(in) m(f); **~indgåelse** [-'engɔ:ʔəlsə] Eheschließung f; **~løfte** [-løfdə] Eheversprechen n; **~svindler** [-svenlaʁ] Heiratsschwindler m; **~tilbud** [-tilbuð] Heiratsantrag m

ægte|stand ['ɛgdəsdanʔ] Ehestand m; **~vi(e)** [-seːlə] (j-n) trauen; **~vielse** [-vi:ʔəlsə] Trauung f; **~viv** [-viːʔv] scherz. Eheweib n

ægthed ['ɛgdheð] ⟨-en; -er⟩ Echtheit f

æh [ɛː]: **~, bæh!** F ätsch!

ækel ['ɛːʔgəl] ekelhaft, widerlich

ækle ['ɛːglə]: **~ en ud** j-n rausekeln; **det æklede mig** es ekelte (od widerte) mich an; **~s →** **væmmes**

ækvator [ɛ'kvaːtoʁ] ⟨en⟩ der Äquator

ælde¹ ['ɛlə] ⟨-n⟩ Alter n

ælde² ['ɛlə] altern; ~s altern, alt werden

ældgammel ['ɛlgaməl] uralt; steinalt

ældre ['ɛldʁə] ⟨komp von gammel⟩ älter; **plejehjem for ~** Altenpflegeheim n; **~forsorg** [-fɔʁsɔʁʔw] Altenpflege f; **~klub** [-klub] Seniorenklub m

ældst [ɛlʔsd] ⟨sup von gammel⟩ ältest; von zweien: älter; Zeit: frühest; **byens ~e** die Ältesten der Stadt

ældsteråd ['ɛlʔsdəʁɔːʔ] Ältestenrat m

ælling ['ɛleŋ] ⟨-en; -er⟩ Entlein n, Entenküken n; Märchen: **den grimme ~** das hässliche Entlein

ælte¹ ['ɛldə] ⟨-n od -t; -r⟩ Morast m; F Matsch m; **et bundløst ~** ein bodenloser Morast

ælte² ['ɛldə] kneten

ænder ['ɛnʔəʁ] pl → **and**

ændr|e ['ɛndrə] ändern, verändern, abändern; **~ing** [-drɛŋ] ⟨-en; -er⟩ Änderung f, Veränderung f

ængste ['ɛŋstə] (be)ängstigen; **~ sig, ~s** sich ängstigen (*for*/um A; vor D)

ængstelig ['ɛŋstəli] ängstlich, schüchtern; **være ~ for én** um j-n besorgt sein; **~hed** [-he:ðʔ] ⟨-en; -er⟩ Ängstlichkeit f, Schüchternheit f

ængstelse ['ɛŋstəlsə] ⟨-en; -r⟩ Angst f, Beängstigung f, Sorge f

ænse ['ɛnsə] beachten, achten, achten auf (A)

æra ['ɛːra] ⟨-en; -er⟩ Ära f

ærbar ['ɛrbaːʔr] ehrbar, anständig, sittsam; **~hed** [-he:ðʔ] ⟨-en⟩ Ehrbarkeit f, Anständigkeit f, Sittsamkeit f

ærbødig [ɛr'bøːʔði] ehrerbietig, achtungsvoll; **Deres ~e N.N.** Brief: Ihr ergebener N.N., Ihre ergebene N.N.; **~st** ergebenst, hochachtungsvoll; **~hed** [-he:ðʔ] ⟨-en⟩ Ehrerbietung f, Achtung f

ære[1] ['ɛːrə] ⟨-n⟩ Ehre f; **al ~ værd** aller Ehren wert; **jeg har den ~** ich habe (*od* gebe mir) die Ehre; **sætte en ~ i ngt.** s-e Ehre in e-e Sache setzen, viel Wert auf etw (A) legen; **ham tilkommer ~n** ihm gebührt die Ehre; **vise én den sidste ~** j-m die letzte Ehre erweisen; **være hans minde!** Ehre s-m Andenken!; **holde i ~** in Ehren halten; **på ~!** auf Ehre!, bei m-r Ehre!; **komme til ~ og værdighed igen** wieder zu Ehren kommen

ære[2] ['ɛːrə] ehren, **~t** geehrt, verehrt, wert; **~de gæster!** werte (*od* sehr geehrte) Gäste!

ære|fornærmelse ['ɛːrəfɔr'nɛrʔməlsə] → **æresfornærmelse**; **~fornærmende** [-fɔr'nɛrʔmənə] ehrverletzend; **~frygt** [-frøgd] Ehrfurcht f; **~fuld** [-fulʔ] ehrenvoll

ærekrænke|lse ['ɛːrəkrɛŋəlsə] Ehrenbeleidigung f; **~nde** [-gənə] ehrverletzend, ehrenrührig

ære|kær ['ɛːrəkɛːʔr] ehrsüchtig; **~løs** [-lø:ʔs] ehrlos

ærende ['ɛːrənə] ⟨-t; -r⟩ → **ærinde**

ærerørig ['ɛːrərœːʔri] ehrenrührig

æres|begreb ['ɛːrəsbe'grεʔb] Ehrbegriff m; **~bevisning** [-be'vi:ʔsnən] ⟨-en; -er⟩ Ehrung f, Ehrenbezeigung f; **~borger** [-bɔrwɔr] Ehrenbürger(in) m(f); **~doktor** [-dɔgdɔr] Ehrendoktor m; **~fornærmelse** [-fɔr'nɛrʔməlsə] Ehrenkränkung f, Beleidigung f; **~følelse** [-fø:ləlsə] Ehrgefühl n; **~gæst** [-gɛsd] Ehrengast m

æreskænder ['ɛːrəsgɛnɔr] ⟨-en; -e⟩ Ehr-

abschneider m, Verleumder m

æres|medlem ['ɛːrəsmɛðləmʔ] Ehrenmitglied n; **~oprejsning** [-ɔbraiʔsnən] Ehrenrettung f, Rehabilitation f; *fig* Genugtuung f; **~ord** [-oːʔr] Ehrenwort n; **~post** [-pɔsd] Ehrenamt n; **~præmie** [-prɛːmiə] Ehrenpreis m; **~sag** [-saːʔ] Ehrensache f; **~tab** [-taːʔb] Ehrverlust m; **~tegn** [-taiʔn] Ehrenzeichen n; **~vagt** [-vagd] Ehrenwache f, Totenwache f

ærgerlig ['ɛrwərli] ärgerlich

ærgerrig [ɛr'gɛrʔi] ehrgeizig; **~hed** [-he:ðʔ] ⟨-en⟩ Ehrgeiz m

ærgre ['ɛrwrə] ärgern; **det ~r mig** F es wurmt mich; **~ sig ihjel** F sich totärgern; **~ sig gul og grøn** F sich grün und gelb ärgern; **~lse** [-lsə] ⟨-n⟩ Ärger m, Verdruss m

ærinde ['ɛːrənə] ⟨-t; -r⟩ Besorgung f, Gang m, Geschäft n; Auftrag m; Anliegen n; **gå et ~** etw besorgen, etw einkaufen; **et lille (stort) ~** F ein kleines (großes) Geschäft

ærke|biskop ['ɛrgə'bisgɔb] Erzbischof m; **~bisp** [-bisb] Erzbischof m; **~dansk** [-danʔsg] echt dänisch; **~engel** [-ɛŋəl] BIBL Erzengel m; **~fjols** [-fjolʔs] Erzdummkopf m, Rindvieh n; **~hertug** [-hɛrtu] Erzherzog m; **~reaktionær** [-rɛagsjo'nɛːʔr] erzreaktionär

ærlig ['ɛrli] ehrlich; **~ talt** ehrlich (gesagt), offen gestanden; **~ kop kaffe** F e-e anständige Tasse Kaffee; **~hed** [-he:ðʔ] ⟨-en⟩ Ehrlichkeit f; **~ varer længst** ehrlich währt am längsten

ærme ['ɛrmə] ⟨-t; -r⟩ Ärmel m; **binde én ngt. på ~t** fig j-m e-n Bären aufbinden; **ryste ngt. ud af ~t** etw aus dem Ärmel schütteln; **~blad** [-blað] Schweißblatt n, Armblatt n; **~bræt** [-brɛd] ⟨-tet; -ter⟩ Ärmelbügelbrett n; **~gab** [-gaːʔb] Ärmelausschnitt m; **~holder** [-hɔlɔr] Ärmelhalter m; **~løs** [-lø:ʔs] ärmellos

ært [ɛrʔd] ⟨-en; -er⟩ Erbse f; **gule ~er** *Gericht*: Erbsensuppe f; **klare ~erne** F die Sache regeln

ærtebælg ['ɛrdəbɛlʔ(j)] Erbsenschote f

ærtehalm ['ɛrdəhalʔm] Erbs(en)stroh n; **hænge sammen som ~** *fig* zusammenhalten wie die Kletten

ærtesuppe ['ɛrdəsobə] Erbsensuppe f

ærtstor ['ɛrdsdo:ʔr] erbsengroß

ærværdig ['ɛr'vɛrʔdi] ehrwürdig

æsel ['ɛːʔsəl] ⟨æs(e)let; æsler⟩ Esel m; **din** (*od* **dit**) **~!** du Esel!; **~driver** [-driːʔvər] Eseltreiber m; **~føl** [-føl] Eselfüllen n; **~(s)øre** [-(s)øːrə] ⟨-t; -r⟩ *fig* Eselsohr n

Æ

æske¹ ['ɛsgə] ⟨-n; -r⟩ Schachtel f, Karton m

æske² ['ɛsgə] abfordern; herausfordern

æskefuld ['ɛsgəful?] ⟨-en; -e⟩ e-e Schachtel voll

æstet [e'sde:ʔd] ⟨-en; -er⟩ Ästhet(in) m(f), Schöngeist m; **~ik** [ɛsdə'tig] ⟨-ken;-ker⟩ Ästhetik f; **~isk** [-'sde:ʔtisg] ästhetisch

æt [ɛːʔd] ⟨-ten; -ter⟩ lit Geschlecht n, Stamm m; (Familie) Sippe f

æter ['ɛːʔdər] ⟨-en; -e⟩ Äther m; **~bølge** [-bøljə] Ätherwelle f; **~isk** [ɛ'te:ʔRisg]

ätherisch (a fig); **~vader** [-va:ðər] F Fantast m

ætling ['ɛdleŋ] ⟨-en; -e od -er⟩ lit Abkömmling m, Nachkomme m

ætse ['ɛdsə] ätzen; **~middel** [-miðʔəl] Ätzmittel n

ætsning ['ɛdsneŋ] ⟨-en; -er⟩ Ätzung f; Verätzung f

æv [ɛuˀ] **~!** F pfui!; ätsch!

ævl [ɛuˀl] ⟨-et⟩ F Quatsch m, Faselei f; **~e** [ˈɛulə] F quasseln; faseln

ævred ['ɛuRəð]: **opgive ~** fig die Flinte ins Korn werfen; fig das Handtuch werfen

Ø

Ø¹, ø [øːˀ] ⟨-'et; -'er⟩ Ö, ö n

ø² [øːˀ] ⟨-en; -er⟩ Insel f

øbo ['øːˀboːˀ] ⟨-en; -er⟩, **~er** [-boːʔər] ⟨-en; -e⟩ Inselbewohner(in) m(f), Insulaner m

øde¹ ['øːðə] ⟨-t; -r⟩ → **ødemark**

øde² ['øːðə] öde, wüst; einsam, menschenleer; **blive ~** veröden; **lægge ~** verheeren, verwüsten

øde³ ['øːðə] ⟨-te od -ede⟩: **~ bort** verschwenden, vergeuden

ødeland ['øːðalanˀ] ⟨-en; -e⟩ Verschwender(in) m(f)

ødelægge ['øːðəlɛgə] zerstören, zerrütten, vernichten, verheeren, verwüsten, F kaputtmachen; verderben; fig zugrunde richten, ruinieren; **jeg er helt ødelagt** F ich bin völlig kaputt (od erschöpft); **~nde** zerstörend, vernichtend, verheerend; **~s, blive ødelagt** verderben; **~lse** [-lsə] ⟨-n; -r⟩ Zerstörung f, Vernichtung f, Verheerung f, Verwüstung f

ødelæggelses|drift ['øːðəlɛgəlsəsdRefd] Zerstörungstrieb m; **~lyst** [-løsd], **~trang** [-tRaŋˀ] Zerstörungswut f

ødelægger ['øːðəlɛgər] ⟨-en; -e⟩ Zerstörer m

ødemark ['øːðemɑRg] Einöde f, Ödland n

ødsel ['øsəl] verschwenderisch

ødsle ['øslə] verschwenden (**på**/an A); **~ med ngt.**, **~ ngt. bort** etw verschwenden, etw vergeuden; **~n** Verschwenden n, Verschwendung f

øffe ['œfə] grunzen

øg [ɔiˀ, øːˀ(j)] ⟨-et; -⟩ Mähre f, Gaul m

øge ['øːˀ(j)ə] ⟨-ede; -⟩ vermehren, vergrößern, erhöhen, steigern, verlängern; **~ sammen** zusammennähen; **~ til** anstü-

ckeln; **~s** sich vermehren, sich steigern; **~navn** [-naủˀn] Spitzname m

øgle ['ɔilə] ⟨-n; -r⟩ Echse f; Saurier m

øgning ['øːˀ(j)neŋ] ⟨-en; -er⟩ Vermehrung f, Vergrößerung f, Erhöhung f, Verlängerung f

ø|gruppe ['øːˀgRubə] Inselgruppe f; **~hav** ['øːˀhaủ] Inselmeer n, Archipel m

øje ['ɔiə] ⟨-t; øjne⟩ Auge n (a fig); ⟨-t; -r⟩ (Nadel)Öhr n; **få et blåt ~** ein blaues Auge bekommen; **ude af ~, ude af sind** aus den Augen, aus dem Sinn; **~ for ~** BIBL Auge um Auge; **få ~ på ngt.** etw erblicken; **gøre store øjne** fig große Augen machen; **have et godt ~ til én** ein Auge auf j-n geworfen haben; **have ~ for ngt.** ein Auge für etw haben; **holde ~ med én** j-n beobachten (od im Auge behalten); **med det blotte ~** mit bloßem Auge; **få (sig) én på et** F ein Nickerchen machen; **kaste sine øjne på én** fig in ein Auge j-n werfen; **kaste seks øjne** Spiel: sechs Augen werfen; **lukke øjnene** die Augen schließen (od zumachen); fig ein Auge zudrücken; **øjnene løber i vand** die Augen tränen; **slå øjnene ned** die Augen niederschlagen; **være lutter øjne** ganz Auge sein; **for alles øjne** vor aller Augen; **have for ~** fig vor Augen haben; fig im Auge haben; **for dine blå øjnes skyld** um deiner schönen Augen willen; **tårde i øjnene** fig in die Augen springen; **han fik tårer i øjnene** seine Augen füllten sich mit Tränen; **se faren i øjnene** fig der Gefahr ins Auge sehen; **med åbne øjne** fig mit offenen Augen; **sluge én med øjnene** fig j-n mit den Augen verschlingen; **under fire**

øjne fig unter vier Augen

øjeblik ['øjə'bleg] Augenblick m, Moment m; **et ~l** e-n Augenblick bitte!, (e-n) Moment mal!; **hvert ~** jeden Augenblick, alle Augenblicke; **hvert andet ~** F fig alle zwei Sekunden; **for** (od i) **~ket** augenblicklich, im Augenblick (od Moment); **for et ~ siden** diesen Augenblick, g(e)rade, vor kurzem; **på ~ket** sofort, im Nu; **~kelig** ['blegəli] augenblicklich, sofortig; fristlos; F momentan; gegenwärtig

øjebliksbillede ['øjəblegsbeləðə] FOT Momentaufnahme f, Schnappschuss m

øjekast ['øjəkasd] Blick m; **ved første ~** fig auf den ersten Blick

øje|låg ['øjəlɔ:'w] Augenlid n; **~med** [-mɛð] Zweck m; **~mål** [-mɔ:'l] Augenmaß n

øjen|bryn ['øjənbry:'n] Augenbraue f, **~brynsstift** [-bry:nsdefd] Augenbrauenstift m; **~dråber** [-dRɔ:bəɐ] pl Augentropfen pl; **~forblindelse** [-fɔR'blenˀəlsə], **~forblændelse** [-fɔR'blɛnˀəslə] ‹-n; -r› Augentäuschung f, optische Täuschung f; **~hule** [-hu:lə] ANAT Augenhöhle f

øjen|hår ['øjənhɔ:'R] (Augen)Wimper f; **~krog** [-kRɔ:'w] Augenwinkel m; **~lyst** [-løsd] Augenweide f; **~læge** [-lɛ(j)ə] Augenarzt m; Augenärztin f; **~låg** [-lɔ:'w] Augenlid n; **~skygge** [-sgygə] Lidschatten m

øjenslyst ['øjənsløsd] → **øjenlyst**

øjen|svaghed ['øjənsva:(j)he:ðˀ] Augenschwäche f; **~sygdom** [-sy:dɔmˀ] Augenkrankheit f; **~synlig** [-'sy:'nli] augenscheinlich, offensichtlich; **~tjener** [-tje:nəɐ] Augendiener m, Schmeichler m; **~vidne** [-viðnə] Augenzeuge m, Augenzeugin f; **~vippe** ['-vebə] (Augen)Wimper f

øjesten ['øjəsde:'n] fig Augenstern m

øjesyn ['øjəsy:'n]: **tage i ~** in Augenschein nehmen

øjeæble ['øjəˀɛ:blə] ANAT Augapfel m

øjne ['øjnə] sehen, gewahr werden, erblicken (a fig)

øklima ['ø:'kli:ma] Inselklima n

økolog [øko'lo:'] ‹-en; -er› Ökologe m, Ökologin f; **~i** [-'gi:'] ‹-en› Ökologie f; **~isk** [-'lo:'(w)isg] ökologisch

økonom [øko'no:'m] ‹-en; -er› Ökonom m, Wirtschaftswissenschaftler m; **~a** [-'no:ma] ‹-en; -er› Wirtschafterin f; **~i** [-no'mi:'] ‹-en; -er› Wirtschaft f; Ökonomie f, Wirtschaftswissenschaft f; Finanzlage f; Wirtschaftlichkeit f; **~isere** [-no-

mi'se:'Rə] haushalten (a fig)

økonomisk [øko'no:'misg] wirtschaftlich, ökonomisch; haushälterisch; finanziell; **~ krise** Wirtschaftskrise f

økse ['øgsə] ‹-n; -r› Axt f, Beil n; **~blad** [-blað] Axtblatt n, Beilblatt n; **~hug** [-hog] Axthieb m, Beilhieb m; **~skaft** [-sgafd] Axtstiel m, Beilstiel m

øl [øl] ‹-let; -› Sorte: Bier n; **lyst** (**mørkt**) **~** helle(s) (dunkle(s)) Bier n; ‹-len; - od -ler› Flasche, Glas: Bier n; **drikke en ~** ein Bier trinken; **~anker** ['-aŋgəɐ] Bierfass m; **~bas** ['-bas] F Bierbass m; **~brik** ['-bReg] Bierdeckel m, Bierfilz m; **~bryggeri** ['-bRøgə'Ri:'] Bierbrauerei f; **~depot** [-'de'po:'d] Bierverlag m; **~flaske** ['-flasgə] Bierflasche f; **~gær** ['-gɛ:'R] Bierhefe f

øl|jern ['øljɛɐ'n] Flaschenöffner m; **~kasse** [-kasə] Bierkasten m; **~krus** [-kRu:'s] Bierkrug m; **~kusk** [-kusg] Bierfahrer m

ølle|brød ['øləbRø:'ð] ‹-en› Biersuppe f, Brotsuppe f; **~brødsbarmhjertighed** [-bRø:ðsbarm'jɛrdihe:ðˀ] F Humanitätsduselei f; **~t** ['øləð] beduselt, F bierselig

øl|oplukker ['øløbløgəɐ] Flaschenöffner m; **~sjat** [-sjad], **~slat** [-slad] Bierrest m (Neige); Bierlache f; **~sort** [-sɔ:'Rd] Biersorte f; **~stue** [-sdu:ə] Bierlokal n; **~tapper** [-tabəɐ] Bierzapfer m; **~tønde** [-tønə] Bierfass n

øm [œmˀ] wund (a fig); empfindlich; schmerzhaft; zärtlich, liebevoll; **jeg har ~me fødder** die Füße schmerzen mir (od mich)

ømbenet ['œmbe:'nəð]: **jeg er** (noget) **~** mir tun die Beine weh

ømfindtlig [œm'fenˀdli] empfindlich (**for/**gegen A) (a fig); **~hed** [-he:ðˀ] ‹-en› Empfindlichkeit f

ømhed ['œmhe:ðˀ] ‹-en; -er› Schmerzhaftigkeit f; Zärtlichkeit f

ømme ['œmə]: **~ sig af smerte** vor Schmerzen stöhnen; **~ sig ved ngt.** fig sich bei etw drücken wollen, sich sträuben, etw zu tun

ømskindet ['œmsgenˀəð] empfindlich, wehleidig, zart

ømtå(le)lig [œm'tɔ:'(lə)li] Person: (über)empfindlich (sensibel); Angelegenheit: delikat, heikel, schwierig

ønske¹ ['ønsgə] ‹-t; -r› Wunsch m; Verlangen n; Belieben n; **efter ~** nach Wunsch, wunschgemäß

ønske² ['ønsgə] wünschen; **ikke lade ngt. tilbage at ~** nichts zu wünschen übrig lassen; **~ én til lykke** j-n beglückwünschen,

østregne

j-m gratulieren (*med*/zu *D*); **jeg ville ~, at hun var her** ich wollte (*od* wünschte), sie wäre hier; **som De ~r** wie es Ihnen beliebt, wie Sie wünschen; **De ~r?** Sie wünschen?, was darf es sein?; **~t De te?** Tee gefällig?; **det ~de bedes understreget** Zutreffendes bitte unterstreichen; **~t** erwünscht, gewünscht

ønske|barn ['ønsgəba:'ʀn] Wunschkind *n*; **~drøm** [-dʀœm'] Wunschtraum *m*; **~hus** [-hu:'s] Traumhaus *n*, Idealhaus *n*; **~koncert** ['-kɔn'seʀd] *Radio:* Wunschkonzert *n*; **~kvist** [-kvesd] Wünschelrute *f*; **~lig** [-li] wünschenswert, erwünscht; **~måde** [-mɔ:ðə] GRAM Möglichkeitsform *f*, der Konjunktiv; **~seddel** [-seð'əl] Wunschzettel *m*; **~tænkning** [-teŋŋəŋ] Wunschdenken *n*

ønskværdig [ønsg'veʀ'di] wünschenswert, erwünscht

ør [ø:'ʀ] wirr, verwirrt; schwind(e)lig; benommen

øre¹ ['ø:ʀə] ⟨*-n*; *od* -*r*⟩ ÖKON Öre *n*, *f*; **en 50-øre** ein Fünfzigörestück *n*; **det koster 80 ~** es kostet 80 Öre; **ikke eje en rød ~** keinen roten Heller haben (*od* besitzen); **vende og dreje hver ~** *fig* jeden Pfennig dreimal umdrehen

øre² ['ø:ʀə] ⟨*-t*; *-r od lit -n*⟩ Ohr *n*; *Topf:* Henkel *m*; **udstående ~r** *pl* abstehende Ohren *n*/*pl*; **væggene har ~r** F, *fig* die Wände haben Ohren; **holde ~rne stive** *fig* die Ohren steifhalten; **låne én ~** *fig j-m* Gehör schenken; **spidse ~** *fig* die Ohren spitzen; **varme éns ~r** *fig j-m* eins hinter die Ohren geben; **være lutter ~** *fig* ganz Ohr sein; **klø sig bag ~t** sich hinter dem Ohr kratzen (*a fig*); **skrive sig not. bag ~t** *fig* sich *etw* hinter die Ohren schreiben; **holde sig for ~rne** sich die Ohren zuhalten; **det er kommet mig for ~** es ist mir zu Ohren gekommen; **prædike for døve ~n** *fig* tauben Ohren predigen; **det ringer for mine ~r** die Ohren klingen mir; **trække én i ~rne** *fig j-m* die Ohren lang ziehen; **sidde i gæld til op over begge ~r** F bis über die (*od* beide) Ohren in Schulden stecken; **døv på det høje ~** *fig* auf dem rechten Ohr taub; **sove på sit grønne ~** F den Schlaf des Gerechten schlafen; **få ~rne i maskinen** F, *fig* in die Klemme geraten

øre|beskytter ['ø:ʀəbe'sgødəʀ] Ohrenschützer *m*; **~brusk** [-bʀusg] Ohrmuschel *f*; **~clips** [-klebs] Ohrklipp *m*; **~døvende** [-dø:'vənə] ohrenbetäubend

ørefigen ['ø:ʀəfi:ən] Ohrfeige *f*, Back-

pfeife *f*; **give én en ~** *j-n* ohrfeigen

øre|flip ['ø:ʀəfleb] Ohrläppchen *n*; **~gang** [-gaŋ'] Gehörgang *m*; **~gas** [-gas] F Gelaber *n*, leere(s) Gerede *n*; **~klapper** [-klabəʀ] *pl* Ohrenschützer *m*/*pl*; **~klapstol** [-klabsdo:'l] Ohrensessel *m*; **~lap** [-lab] → **øreflip**; **~læge** [-lɛ:(j)ə] Ohrenarzt *m*, Ohrenärztin *f*

ørelyd ['ø:ʀəly:'ð] Gehör *n*; **man kan ikke høre ~** man kann sein eigenes Wort nicht verstehen

øre(n)ring ['ø:ʀə(n)ʀeŋ'] Ohrring *m*

ørenslyst ['ø:ʀənsløsd] Ohrenschmaus *m*

ørentvist ['ø:ʀəntvesd] ⟨*-en*; *-er*⟩ ZO Ohrenkriecher *m*, Ohrwurm *m*

øre|pine ['ø:ʀəpi:nə] Ohrenschmerzen *pl*; **~prop** [-pʀɔb] Ohrenwatte *f*; Ohrschmalzpfropfen *m*; Ohrstöpsel *m*; **~ring** [-ʀeŋ'] → **øre(n)ring**

Øresund ['ø:ʀəsɔn'] GEOGR der Öresund, der Sund

øre|susen ['ø:ʀəsu:sən] MED Ohrensausen *n*; **~sønderrivende** [-sønəʀi:'vənə] ohrenbetäubend; **~tuder** [-tu:ðəʀ] ⟨*-en*; *-e*⟩ *fig* Ohrenbläser *m*, Zuträger *m*

øretæve ['ø:ʀətɛ:və] ⟨*-n*; *-r*⟩ → **ørefigen**

øretæveindbydende ['ø:ʀətɛ:və'enby:'-ðənə]: **se ~ ud** F ein Backpfeifengesicht haben

ørevoks ['ø:ʀəvɔgs] Ohrenschmalz *n*

ørige ['ø:'ʀi:ə] Inselreich *n*

ørken ['œʀgən] ⟨*ørk(e)nen; ørk(e)ner*⟩ Wüste *f*; **~beboer** [-be:bo:'əʀ] Wüstenbewohner *m*; **~sand** [-san'] Wüstensand *m*

ørkesløs ['œʀgəslø:'s] müßig, unnütz; fruchtlos, zwecklos

ørn [œʀ'n] ⟨*-en*; *-e*⟩ Adler *m*

ørne|blik ['œʀnəbleg] *fig* Adlerblick *m*; **~flugt** [-flogd] Adlerflug *m*; **~næse** [-nɛ:sə] Adlernase *f*; **~rede** [-ʀe:ðə] Adlerhorst *m*

ørred ['œʀəð] ⟨*-en*; *-er od -*⟩ Forelle *f*; **~avl** [-aü'l] Forellenzucht *f*; **~dam** [-dam'] Forellenteich *m*

øse¹ ['ø:sə] ⟨*-n*; *-r*⟩ Kelle *f*

øse² ['ø:sə] *v/i Regen:* gießen; *v/t* schöpfen; **det ~r ned** es gießt, es regnet in Strömen; **~ op** *Speise* auffüllen, auf (die Teller) tun; **~ penge ud** *fig* Geld mit vollen Händen ausgeben

øse|kar ['ø:səkaʀ] Schöpfgefäß *n*, Schöpfeimer *m*; **~ske** [-sge:'] Schöpflöffel *m*

øsken ['øsgən] ⟨*øsk(e)nen; øsk(e)ner*⟩ Öse *f*

østregn ['ø:sʀaï'n] Platzregen *m*; Dauerregen *m*; **~e** ['ø:s'ʀaïnə] (in Strömen) gie-

Ø

ßen

øst¹ [øsd] *su* Osten *m*, Ost *m*; **mod ~** ostwärts

øst² [øsd] östlich; **~ for** östlich von

østblok ['øsdbloɡ] HIST POL Ostblock *m*

østefter ['øsdɛfdər] → **østover**

østen¹ ['øsdən] ⟨*et*⟩ Osten *m*; **det fjerne**
(mellemste, nære) ~ der Ferne (Mittlere,
Nahe) Osten

østen² ['øsdən] östlich

østen|fra ['øsdənfrɑːʔ] → **østfra**; **~vind**
[-venʔ] Ost(wind) *m*

østerland ['øsdərlanʔ] Morgenland *n*;
Orient *m*; **~landsk** [-lanʔsɡ] morgenlän-
disch, orientalisch; **~lænding** [-lenʔeŋ]
⟨*-en; -e*⟩ Morgenländer(in) *m(f)*, Orientale *m*, Orientalin *f*

østers ['øsdɑrs] ⟨*-en; -*⟩ Auster *f*; **~banke**
[-baŋɡə] Austernbank *f*; **~hat** [-had] Aus-
ternseitling *m*; **~skal** [-sɡalʔ] Austern-
schale *f*

Østersøen ['øsdərsøːʔən] die Ostsee

østersø|kyst ['øsdərsøkøsd] Ostseeküste
f; **~område** [-ɔmrɔːʔðə] Ostseeraum *m*

Østeuropa ['øsdeʊˈroːpa] Osteuropa *n*

øst|europæisk ['øsdeʊ̆roˈpɛːʔisɡ] osteu-
ropäisch; **~fra** [-frɑːʔ] aus dem Osten,
von Osten, vom Osten (her)

østgående¹ ['øsdɡɔːʔənə] ⟨*su*⟩: **skibet er**
for ~ das Schiff hat östlichen Kurs

østgående² ['øsdɡɔːʔənə] Zug: nach Osten fahrend

Østjylland ['øsdjylanʔ] Ostjütland *n*

øst|kyst ['øsdkøsd] Ostküste *f*; **~land**
[-lanʔ] HIST POL Ostblockland *n*; **~lig**
[-li] östlich; **~over** [-oʊ̆ʔər] nach (dem)
Osten, gegen Osten; **~på** [-pɔːʔ] gegen

Osten, ostwärts

østre ['øsdrə] Ost-, östlich

Østrig ['øsdri] Österreich *n*

østrig|er ['øsdri:ʔɡər] ⟨*-en; -e*⟩ Österrei-
cher(in) *m(f)*; **~sk** [-risɡ] österreichisch

østtysk ['øsdtysɡ] ostdeutsch; **~er** [-ər]
Ostdeutsche (der, die); HIST POL *1949-90*
DDR-Bürger(in) *m(f)*

Østtyskland ['øsdtysɡlanʔ] Ostdeutsch-
land *n*; HIST POL *1949-90* die DDR (=
Deutsche Demokratische Republik)

øv [øʊ̆] **~!** F buh!; bah!; pah!

øve ['øːvə] üben; **~ sig i at læse** lesen
üben; **~t** geübt; **~bog** [-bɔːʔw] Übungs-
buch *n*

øvelse ['øːvəlsə] ⟨*-n; -r*⟩ Übung *f*; **være**
ude af ~ aus der Übung sein; **komme**
ud af ~ aus der Übung kommen

øvelses|plads ['øːvəlsəsplas] MIL (Trup-
pen)Übungsplatz *m*; **~togt** [-tɔɡd] NAUT
Übungsfahrt *f*

øverst ['øːʔvɛrsd]: **den/det ~e** der, die,
das Oberste; (*von zweien*) der, die, das
Obere; zuoberst, obenan, ganz oben;
fra ~ til nederst von oben bis unten; **~be-**
falende ['-beˈfaːʔlənə], **~kommande-**
rende [-kɔmanˈde:ʔrənə] MIL Oberbe-
fehlshaber *m*

øvre ['øʊ̆rə]: **de ~ etager** die oberen
Stockwerke *n/pl*; **~løb** Fluss: Oberlauf *m*

øvrig ['øʊ̆ri] übrig; sonstig; **for ~t, i ~t** im
Übrigen, übrigens

øvrighed ['øʊ̆riheːð?] ⟨*-en; -er*⟩ Obrigkeit
f; Behörde *f*

øvrighedsperson ['øʊ̆riheðspɛrˈsoːʔn]
Amtsperson *f*, Beamte(r) *m*

Å

Å, å¹ [ɔːʔ] ⟨*-'et; -'er*⟩ Buchstabe Å, å *des*
dän Alphabets

å² [ɔːʔ] ⟨*-en; -er*⟩ Bach *m*; (kleiner) Fluss
m, Flüsschen *n*

å³, åh [ɔːʔ] **~!** ach!, o(h)!; ach was!; **~ jeg**
beder (*od be'r*)*!* bitte sehr!, gern geschehen!

åben ['ɔːbən] offen (*a fig*); frei; *fig* aufrichtig, aufgeschlossen; **~bar** [-baːʔʀ] offenbar, offenkundig; **~bare** [-'baːʔʀə] ⟨*-n;*
-r⟩ offenbaren, eröffnen, enthüllen, aufdecken; **~baring** [-'baːʔʀeŋ] ⟨*-en; -er*⟩
Offenbarung *f*; **~hed** [-heːð?] ⟨*-en; -er*⟩
Offenheit *f*, Aufrichtigkeit *f*; **~hjertet**

[-jɛrdəð], **~hjertig** [-'jɛrdi] offenherzig,
aufrichtig; **~lys** [-lyːʔs] offensichtlich;
offen(kundig), unverhohlen; **~mundet**
[-monʔəð] geschwätzig, schwatzhaft

åben(t)stående ['ɔːbən(d)sdɔːʔənə] offen

åbne ['ɔːbnə] öffnen, aufmachen, aufschließen; eröffnen; **~ for en æske** e-e
Schachtel aufbrechen (*od* aufmachen);
~ sig sich (er)öffnen, sich auftun; **~r** [-ʀ]
⟨*-en; -e*⟩ Öffner *m*

åbning ['ɔːbneŋ] ⟨*-en; -er*⟩ Öffnung *f*,
Loch *n*; Lücke *f*; Öffnen *n*, Eröffnung
f; Einwurf *m*, Schlitz *m*

åbnings|højtidelighed ['o:bneŋshɔi'ti:'-dəlihe:ð?] Eröffnungsfeier *f*; **~tider** [-ti:ðər] *pl* Öffnungszeiten *f*/*pl*, Geschäftsstunden *f*/*pl*

åbred ['o:'bʀeð?] Bachufer *n*, Flussufer *n*

åd [ɔ:'ð] → **æde²**

ådre ['ɔðʀə, 'ɔ:ʀə] → **åre²**

ådsel ['ðð?səl] ⟨*åds(e)let*; *ådsler*⟩ Aas *n*; **~bille** [-bilə] zo Aaskäfer *m*; **~graver** [-gʀɑ:vəʀ] zo Totengräber *m*; **~grib** [-gʀib] zo Aasgeier *m*

åg [ɔ:'w] ⟨*-et*⟩ Joch *n* (*a fig*); **bringe under ~et** unterjochen

åger ['ɔ:'wɔʀ] ⟨*-en*⟩ Wucher *m*; **~karl** [-ka:'l] Wucherer *m*; *fig* Halsabschneider *m*; **~pris** [-pʀi:'s] Wucherpreis *m*; **~rente** [-ʀɛndə] Wucherzins *m*

ågre ['ɔ:wʀə] wuchern, Wucher treiben

åh [ɔ:] → **å³**

åkande ['ɔ:'kanə] Seerose *f*, Teichrose *f*

ål [ɔ:'l] ⟨*-en*; *-*⟩ Aal *m*; **~røget** [-ʀøːəð] Räucheraal *m*, Spickaal *m*; **sno** (*od* **vride**) **sig som en ~** sich wie ein Aal winden (*a fig*); **strømperne hænger i ~** *fig* Die Strümpfe ziehen Wasser

åle ['ɔ:lə] F anpflaumen, aufziehen; **~ én** *j-n* zwiebeln; *j-n* hänseln

åle|glat ['ɔ:lɔglad] *fig* aalglatt; **~kvabbe** [-kvabə] zo Aalmutter *f*; **~ruse** [-ʀu:sə] Aalreuse *f*

åløb ['ɔ:'løː?b] kleine(r) Flusslauf *m*

ånd [ɔn?] ⟨*-en*; *-er*⟩ Geist *m*; **i hans ~** *fig* in *s-m* Sinne

ånde¹ ['ɔnə] ⟨*-n*⟩ Atem *m*; **drage ~** atmen, Atem holen (*od fig* schöpfen); **holde i ~** in Atem halten; *fig* fesseln; **dårlig ~** Mundgeruch *m*

ånde² ['ɔnə] atmen; hauchen; **~ lettet op** aufatmen; **~ på ngt.** *etw* anhauchen

ånde|agtig ['ɔnəagdi] geisterhaft; **~besværgelse** [-be'svɛʀ?wəlsə] Geisterbeschwörung *f*; **~drag** [-dʀɑ:'w] Atemzug *m*

åndedræt ['ɔnədʀɛd] ⟨*-tet*⟩ Atem(zug) *m*, Atmung *f*; **give én kunstigt ~** *j-n* (künstlich) beatmen

åndedræts|besværligheder ['ɔnədʀɛdsbe'svɛʀ?lihe:'ðəʀ] *pl* Atembeschwerden *f*/*pl*; **~organ** [-'ɔʀ'gɑ:'n] Atmungsorgan *n*; **~øvelser** [-ø:vəlsəʀ] *pl* Atemübungen *f*/*pl*

åndelig ['ɔnəli] geistig; REL geistlich; **~gøre** [-gœ:'ʀə] vergeistigen

ånde|lyd ['ɔnəlyð?] GRAM Hauchlaut *m*; **~løs** [-'løː?s] atemlos, außer Atem; atemberaubend; **~maning** [-ma:neŋ] ⟨*-en*; *-er*⟩ Geisterbeschwörung *f*; **~nød** [-nøː?ð]

Atemnot *f*; **~pust** [-pu:?sd] Hauch *m*; **~syn** [-sy:?n] Geistererscheinung *f*; **~t** [-ð] F blöd, doof

åndfuld ['ɔnful?] geistvoll

ånding ['ɔneŋ] ⟨*-en*; *-er*⟩ Atmung *f*

ånd|løs ['ɔnlø:?s] geistlos; **~rig** [-ʀi:?] geistreich

ånds|arbejde ['ɔn?sɑʀbɑi?də] Geistesarbeit *f*; **~beslægtet** ['-be'slɛgdəð] geistesverwandt; **~evne** [-'ɛ:ünə] Geistesgabe *f*; **~forladt** ['-fɔʀ'lad] geistlos; öde; **~fortærende** ['-fɔʀ'tɛ:'ʀənə] geisttötend

åndsfravære|lse ['ɔn?sfʀɑ:ve:'ʀəlsə] Geistesabwesenheit *f*; **~nde** [-nə] geistesabwesend

ånds|frisk ['ɔn?sfʀesg] geistig beweglich (*od* rege); **~fælle** [-fɛlə] Geistesverwandte(r) *m*; **~liv** [-li:?v] Geistesleben *n*

åndsnærvære|lse ['ɔn?snɛʀvɛ:'ʀəlsə] Geistesgegenwart *f*; **~nde** [-nə] geistesgegenwärtig

ånds|sløv ['ɔn?sløː?v] stumpfsinnig; senil; **~styrke** ['ɔn?sstyʀgə] Seelenstärke *f*; **~svag** ['ɔn?sva:?(j)] schwachsinnig (*a* F), F blöd, doof

ånds|svækket ['ɔn?ssvegəð] geistig geschwächt; **~videnskab** [-vi:ðənsga:?b] Geisteswissenschaft *f*; **~virksomhed** [-viʀgsomhe:ð?] geistige Tätigkeit *f*

år [ɔ:'ʀ] ⟨*-et*; *-*⟩ Jahr *n*; **to ~ gammel** zwei Jahre (alt); **et ~ på tid** ungefähr ein Jahr; **sidste ~** im vorigen Jahr; **ad ~e** in einigen Jahren; **~ for** Jahr für Jahr; **hvert ~** jedes Jahr; **hvert fjerde ~** alle vier Jahre; **i** (*året*) **1910**, (*år*) **1910** (im Jahre) 1910; **i ~** dieses Jahr, in diesem Jahr; **om et ~** in einem Jahr; **om ~et** im Jahr; pro Jahr; jährlich; **for mange ~ siden** vor (vielen) Jahren; **til ~s** bei Jahren, bejahrt; **~ ud og ~ ind** jahraus, jahrein; **fireårs** vierjährig; **flere ~s** mehrjährig; **mange ~s** vieljährig; **~bog** [ɔ:ʀbɔ:?w] Jahrbuch *n*

åre¹ ['ɔ:ʀə] ⟨*-n*; *-r*⟩ ANAT Ader *f* (*a fig*); *Holz*: Maser(ung) *f*; NAUT Ruder *n*, Riemen *m*; Paddel *n*

åre² [ɔ:ʀə] ädern; **~t** geädert, ad(e)rig, äd(e)rig; BOT gemasert

årebetændelse ['ɔ:ʀəbe'tɛn?əlsə] MED Venenentzündung *f*

åreblad ['ɔ:ʀəblað] NAUT Ruderblatt *n*

åreforkalkning ['ɔ:ʀəfɔʀ'kal?gneŋ] MED Arterienverkalkung *f*

åregaffel ['ɔ:ʀəgafəl] NAUT Rudergabel *f*, Dolle *f*

åre|knude ['ɔ:ʀəknu:ðə] MED Krampfader *f*; **~lade** [-la:'?ðə] zur Ader lassen (*én j-n*); *fig* schröpfen

åre|lang ['ɔːrəlɑŋ'] jahrelang; **~mål** [-mɔːˀl] Reihe f von Jahren; **på ~** befristet, auf Zeit; **~målsansættelse** [-mɔːlsansedəlsə] Anstellung f auf Zeit, befristete(s) Arbeitsverhältnis n

året ['ɔːrəð] → *åre²*

åre|tag ['ɔːrətaːˀ] Ruderschlag m; **~told** [-tɔlˀ] NAUT Dolle f

årevis ['ɔːrəviːˀs]: *i ~* seit Jahren, jahrelang

år|gammel ['ɔːrgɑməl] einjährig; viele Jahre alt; **~gang** [-gɑŋˀ] Jahrgang m

årh. Jh. *Abk. für århundred(e)*

århundred [ɔːr'hunrəð] ⟨-et; -er⟩, **~e** [-ə] ⟨-t; -r⟩ (*Abk.* **årh.**) Jahrhundert n (*Abk.* Jh.); **~(e)skifte** [-(ə)sgifdə] Jahrhundertwende f

-årig [-ɔːˀri] -jährig, *z. B.* **tyveårig** *od* **20-årig** zwanzigjährig

årle ['ɔːrlə] *poet* früh(zeitig)

år|lig ['ɔːrli] jährlich; **~penge** [-peŋə] ⟨*en*⟩ Apanage f; **~ring** [-reŋˀ] BOT Jahresring m; **~række** [-regə] Reihe f von Jahren

-års [-ɔːˀrs] -jährig, *z. B.* **et femårs barn** ein fünfjähriges Kind

årsag ['ɔːrsaːˀ] ⟨*-en; -er*⟩ Ursache f, Grund m; *ingen ~!* keine Ursache!, bitte, gern geschehen!

årsagslov ['ɔːrsaːslɔuˀ] Kausalgesetz n

års|beretning ['ɔːˀrsbeˌredneŋ] Jahresbericht m, Geschäftsbericht m; **~karakter** ['kɑrɑgˈteːˀr] *Schule:* Vorzensur f, Durchschnittszensur f des Jahres; **~møde** [-møːðə] Jahresversammlung f, Jahrestreffen n, Jahrestagung f; **~prøve** [-prøːvə] *Schule:* jährliche Prüfung f; **~skifte** [-sgifdə] Jahreswende f, Jahreswechsel m; **~skrift** [-sgrefd] Jahresschrift f; **~tal** [-tal] Jahreszahl f

årstid ['ɔːrstiðˀ] Jahreszeit f; *på denne ~* zu dieser Jahreszeit

årsunge ['ɔːrsɔŋə]: *jeg er ingen ~* F ich bin nicht (mehr) der die Jüngste (*od* nicht mehr ganz taufrisch)

årsvis ['ɔːˀrsviːˀs] jahrweise, jährlich

årti [ɔːrˈtiːˀ] ⟨*-et; -er*⟩ Jahrzehnt n

årtusind [ɔːr'tuːˀsən] ⟨*-et; -er*⟩, **~e** [-ə] ⟨*-t; -r*⟩ Jahrtausend n

årvågen ['ɔrvɔːˀwən] wachsam, aufmerksam

ås [ɔːˀs] ⟨*-en; -e*⟩ Berg: Höhenrücken m, Höhenzug m; (Dach)First m

åsted ['ɔːˀsdeð] JUR Tatort m

åstedsforretning ['ɔːˀsdeðsfɔˌredneŋ] JUR Lokaltermin m

åsyn ['ɔːsyːˀn] ⟨*-et; -*⟩ Antlitz n, Angesicht n

Wörterverzeichnis
Deutsch-Dänisch

A

A, a n A, a n; **wer A sagt, muss auch B sagen** når man har sagt A, må man også sige B; **von A bis Z** fra først til sidst, fra ende til anden

Ä, ä n Æ, æ n

Aal m ⟨-(e)s; -e⟩ ål; 2en F: **sich ~** strække sig, slange sig; 2'**glatt** åleglat; **~reuse** f åleruse

a. a. O. (= **am angeführten Ort**) på anførte sted

Aas n ⟨-es; -e⟩ ådsel n; lokkemad, madding; fig pej ⟨pl Äser⟩ bæst n; **~fliege** f spyflue; **~geier** m ådselgrib

ab 1. adv bort; ned; **auf und ~** op og ned; **~ und zu** af og til; nu og da; **von heute ~** fra i dag (af); **2.** prp ⟨D⟩ af, fra; **~ Hamburg** fra Hamborg; **~ 1. Mai** fra første maj

ab·änder|n (verbessern) rette; 2**ung** f ændring, forandring; (Verbesserung) rettelse

Abänderungs|antrag m, **~vorschlag** m ændringsforslag n

ab·arbeiten slide løs; Schulden arbejde af; Überstunden afspadsere; **sich ~** slide sig op

Abart f afart; 2**ig** afvigende, unormal; pervers

Ab|bau m ⟨-(e)s; 0⟩ brydning, udvinding; Stellen: inddragelse; Personal: indskrænkning, reduktion; 2**·bauen** udnytte, bryde; Vorrichtung: demontere; Personal indskrænke, reducere

ab·beißen bide af; **~beizen** afsyre

ab·bekommen få af; **s-n Teil ~** få del i ngt.

ab·beruf|en kalde bort; fig kalde herfra, bortkalde; Beamte afskedige; Botschafter hjemkalde; 2**ung** f bortkaldelse; afskedigelse; hjemkaldelse

ab·bestell|en afbestille, sige af; 2**ung** f afbestilling; afbud

ab·bezahl|en afbetale; 2**ung** f afbetaling

ab·bieg|en v/t bøje løs; v/i ⟨sn⟩ svinge, bøje af; **vom Weg ~** dreje af (fra vejen); 2**er** m svingende (trafik); 2**ung** f frakørsel

Ab|bild n billede n, afbildning; 2**·bilden** afbilde; kopiere; **~bildung** f afbildning, illustration

ab·binden løse; Schürze tage af; Ader af binde

Abbitte f: **~ tun** (od **leisten**) gøre afbigt, gøre undskyldning

ab·blasen blæse bort; Streik afblæse;

~blättern v/i ⟨sn⟩ skalle af

ab·blend|en afblænde, blænde, af; Scheinwerfer blænde ned; 2**licht** n nærlys n

ab·blitzen v/i ⟨sn⟩ F blive snydt, komme galt fra det, få en lang næse; fig **j-n ~ lassen** give én en kurv, afvise én

ab·blocken afparere, hindre; **~blühen** v/i ⟨sn⟩ afblomstre

ab·brausen: sich ~ tage brusebad

ab·brechen v/t u v/i ⟨sn⟩ brække af; knække af; Haus rive ned; Beziehungen afbryde; Zelte tage ned; **mitten in der Rede ~** bryde af midt i talen

ab·bremsen bremse; **scharf ~** bremse hårdt (op); **~brennen** v/t u v/i ⟨sn⟩ afbrænde; brænde op; Haus nedbrænde; **~bringen: j-n von D ~** få én fra ngt., få én på andre tanker; **~bröckeln** v/i ⟨sn⟩ smuldre (væk), brække af

Abbruch m afbrydelse; Haus: nedrivning; **~ tun** (D) gøre skade; 2**reif** saneringsmoden

ab·brühen Schwein skolde; Gemüse blanchere; fig **abgebrüht** uforskammet, hårdkogt; **~brummen** F Strafe sidde i spjældet for ngt.; **~buchen** afskrive; debitere; **~bummeln** F = **abfeiern; ~bürsten** børste af

ab·büß|en afsone; 2**ung** f afsoning

Abc [a:be:'tse:] n ⟨-; -⟩ abc

ab·checken [-tʃɛkən] tjekke

Abc-Schütze m elev i første klasse

ab·dämm|en afdæmme; dæmme ind od op; 2**dampf** m spildedamp; **~dampfen** v/i ⟨sn⟩ F fig skrubbe af, stikke af; **~dämpfen** afdæmpe

ab·dank|en v/i tage sin afsked, nedlægge sit embede; Herrscher: abdicere; 2**ung** f afsked; abdikation

ab·deck|en afdække; **den Tisch ~** tage (od rydde) af bordet; Tier flå; Bett tæppe af; **das Dach** (od **Haus**) **~** rive taget af; 2**creme** f makeupcreme; 2**e'rei** f destruktion(sanstalt)

ab·dichten tætte, gøre tæt; NAUT kalfatre; **~drängen** trænge bort; **~drehen** v/t dreje bort; Schlüssel dreje om; Gas, Licht lukke, slukke (for); Wasser lukke af (for); v/i dreje af; **~drosseln** lukke (delvis) for; Auto tage gassen af (motoren)

Abdruck m ⟨-(e)s; -e⟩ TYP optryk n; kopi;

⟨pl ⁓e⟩ Fuß2, Stempel2 usw: aftryk n;
mærke n

ab-|drucken aftrykke; Presse: trykke,
bringe; **⁓drücken** (a v/i, Waffe) trykke
af, aftrykke; **⁓ebben** v/i ⟨sn⟩ ebbe ud

Abend m ⟨-s; -e⟩ aften; am ⁓, 2s om aften-
en; gegen ⁓ henimod aften; gestern ⁓ i
går aftes; heute ⁓ i aften; morgen ⁓ i
morgen aften; e-s ⁓s en aften; der Heilige ⁓ juleaften; guten ⁓! god aften!; es
wird ⁓ det er ved at blive aften; zu ⁓ essen spise til aften

Abend|andacht f aftenandagt; **⁓anzug** m
selskabsdragt; **⁓ausgabe** f aftenudgave;
⁓blatt n aftenavis; **⁓brot** n aftensmad;
⁓dämmerung f (aften)skumring; **⁓essen**
n aftensmad; festlich: middag; 2füllend:
⁓er Film helaftensfilm; **⁓gesellschaft** f
aftenselskab n; **⁓gymnasium** n studen-
terkursus n; HF; **⁓kasse** f: an der ⁓
ved indgangen; **⁓kleid** n aftenkjole;
⁓kurs(us) m aftenkursus n; **⁓land** n
⟨-(e)s; 0⟩ vesten, occident; 2ländisch
vesterlandsk, europæisk; 2lich (hvad
der sker) om aftenen, aften...; **⁓mahl** n
⟨-(e)s; -e⟩ REL nadver; **⁓mahlzeit** f af-
tensmåltid n; aftensmad; **⁓röte** f aften-
røde

abends → Abend

Abend|schule f aftenskole; **⁓sitzung** f af-
tenmøde n; **⁓stern** m aftenstjerne; **⁓ver-
anstaltung** f aftenunderholdning; aften-
arrangement n; **⁓vorstellung** f aftenfore-
stilling; **⁓zeitung** f → Abendblatt

Abenteuer n eventyr n; **⁓film** m eventyr-
film; 2lich eventyrlig; **⁓lust** f ⟨0⟩ eventyr-
lyst; **⁓spielplatz** m skrammellegeplads

Abenteurer(in) m(f) eventyrer(ske)

aber men; im Satz: imidlertid, dog; jamen;
das schmeckt ⁓! F det smager dejligt!;
das ist ⁓ nett von dir/Ihnen! det er vel
nok pænt af dig!; ⁓ gern! meget gerne!;
nun ⁓! nu gå det løs!; oder ⁓ eller også;
tausend und ⁓ tausend (i) tusindvis

Aber|glaube m overtro; 2gläubisch over-
troisk

ab-erkenn|en frakende; bestride; JUR fra-
dømme; → absprechen; 2ung f frakende-
delse; fradømmelse

aber|malig gentagen, fornyet; **⁓mals** igen,
endnu en gang, påny

ab-ernten afhøste

aberwitzig tåbelig, idiotisk

ab-fackeln afbrænde

abfahrbereit klar til afgang; startklar

ab-fahr|en v/t køre bort; Bein køre af; v/i
⟨sn⟩ køre bort; sejle bort; afgå; starte; 2t f

afrejse; afsejling; afgang; start; im Gebirge: nedtur

Abfahrts|lauf m SPORT styrtløb n; **⁓signal**
n afgangssignal n; **⁓tag** m afrejsedag;
⁓zeit f afgangstid

Abfall m affald n, skrald n; Rückgang: tilbagegang; Blätter: løvfald n; Glauben:
frafald n; **⁓eimer** m skraldespand

ab-fallen v/i ⟨sn⟩ falde af; vom Glauben:
falde fra; Berg: skråne; SPORT sakke agterud; es fällt etw. (N) für dich ab der falder ngt. af til dig

abfällig nedsættende, dadlende; **⁓e Antwort** nedsættende svar n

Abfallprodukt n affaldsprodukt n

ab-|fangen: den Ball ⁓ skrue en bold;
⁓fangen opfange; Brief opsnappe; Hieb
afværge; 2fangjäger m forsvarsjager;
⁓färben farve af, smitte af (a fig); **⁓fas-
sen** Werk affatte, forfatte; **⁓fegen** feje
bort, støve af; **⁓feiern** F: Überstunden
⁓ afspadsere overtimer; **⁓feilen** file af;
⁓feilschen: etw. vom Preis ⁓ prutte
prisen ned

ab-fertig|en ekspedere; fig affærdige
(kurz kort); 2ung f ekspedition; fig affær-
digelse

ab-feuern affyre

ab-find|en v/t godtgøre, erstatte, betale;
sich mit etw. (D) ⁓ finde sig i ngt.;
2ung f affindelse, overenskomst; godtgørelse; 2ungssumme f affindelsessum

ab-flachen jævne, gøre flad; sich ⁓ blive
flad; **⁓flauen** v/i ⟨sn⟩ Wind: løje af, lægge
sig; **⁓fliegen** v/i ⟨sn⟩ flyve bort, starte;
⁓fließen v/i ⟨sn⟩ flyde bort, flyde af

Abflug m afgang, start; **⁓tag** m afrejsedag;
⁓zeit f afgangstid

Abfluss m afløb n; bortstrømning; **⁓gra-
ben** m afløbsgrøft; **⁓rohr** n afløbsrør n

Abfolge f (bestemt) rækkefølge

ab-fragen: j-m etw. (A) ⁓ (ud)spørge én
om ngt.; e-m Schüler die Grammatik ⁓
(over)høre en elev i grammatik

ab-|fressen afæde, fortære; **⁓frieren** v/i
⁓ fryse af

Abfuhr f bortkørsel; j-m e-e ⁓ erteilen afvise én, vise én tilbage

ab-führ|en v/t køre bort; Geld (ind)betale;
(abbuchen) afskrive, overføre; → a ableiten; v/i virke afførende; 2mittel n afføringsmiddel n

ab-füll|en tappe af, aftappe; 2ung f aftap-
ning

ab-füttern Tiere fodre

Abgabe f afgivelse, udlevering; Steuer:
skat, afgift; 2nfrei afgiftsfri, skattefri;

~**pflicht** f skattepligt; ~**preis** m salgspris

Abgang m afgang; (*Weggehen*) bortgang; *Waren*: afsætning; (*Verlust*) spild n, tab n

Abgangs|prüfung f afgangseksamen; ~**zeugnis** n afgangsbevis n

Abgase n/pl forbrændingsgas; (bil)os

ab-gaunern: F: *j-m etw. (A)* ~ franarre én ngt

ab-geben afgive, aflevere, udlevere, overgive; *Schuss* affyre, afgive; (*einliefern*) indlevere; *sich mit etw. (j-m)* ~ give sig af med ngt. (én)

abge|brannt F (*ohne Geld*) flad; ~**brochen** knækket af; ~**brüht** F hårdkogt, hård i filten; ~**droschen** fig fortærsket, forslidt; ~**fahren** *Reifen*: slidt; ~**feimt** snu, durkdreven; ~**griffen** slidt, fortærsket; ~**hackt**: ~ *sprechen* tale staccato; ~**härtet** hærdet; fig forhærdet

ab-gehen afgå; starte; afsejle; (*fehlen*) mangle; → *abblättern, abweichen, abzweigen*

abge|hetzt forjaget; ~**kämpft** F udmattet, færdig; ~**kartet**: *e-e ~e Sache* aftalt spil n; ~**klärt** afklaret; ~**kürzt** forkortet; afkortet; ~**lagert** *Wein*: lagret; ~**laufen** *Pass etc*: udløbet; ~**legen** afsides (liggende), ensom

ab-gelten *Schuld* betale; *Dienste* (be-)lønne; *Verlust* erstatte

abgemacht aftalt; ~*!* det er en aftale!

abgemagert afmagret

abge|neigt uvillig; *j-m* ~ ugunstig stemt mod én; *ich bin nicht* ~ jeg har ikke noget imod det; 2**heit** f ⟨0⟩ uvilje, utilbøjelighed

abgenutzt brugt; slidt (*a fig*)

Abgeordne|te(r) m deputeret, medlem n (af); *Dänemark*: folketingsmand; ~**tenhaus** n deputeretkammer n, parlament n; *Dänemark* folketing n

abge|packt færdig(ind)pakket; ~**rackert** F udslidt, udaset; ~**rissen** afrevet; pjaltet; 2**sandte(r)** afsending, gesandt

abgeschieden afsondret; (*einsam*) ensom; 2**heit** f ⟨0⟩ ensomhed, tilbagetrukkenhed

abgeschlossen *Tür*: lukket; låst; *Ausbildung* afsluttet; *Vertrag*: underskrevet; *Versicherung*: tegnet; *Wohnung*: med egen indgang; → *abgeschieden*

abgeschmackt flov; fig smagløs, plat; 2**heit** f smagløshed, plathed

abgesehen → *absehen*; *es* ~ *haben auf (A)* lægge an på, have et horn i siden på én

abgespannt slap, overtræt; 2**heit** f ⟨0⟩ udmattelse, træthed

abge|standen flov, fordærvet; *Bier*: doven; ~**storben** følesesløs, død

abgestumpft sløv(et) (*a fig* **gegen** over for); 2**heit** f ⟨0⟩ sløvhed, ligegladhed

abge|takelt afdanket; ~**tragen** *Kleidung* slidt

abge|winnen afvinde; *e-r Sache Geschmack* ~ finde smag i ngt; ~**wogen** afbalanceret

abgewöhn|en: *j-m etw. (A)* ~ vænne én af med ngt.; *sich das Rauchen* ~ vænne sig af med at ryge; 2**ung** f ⟨0⟩ afvænning

abgezehrt udtæret

ab-gießen afstøbe; *Wasser* hælde af

Abglanz m afglans; *Widerschein*: genskin n, refleks

ab-gleiten v/i ⟨sn⟩ glide af od ned; → *rutschen*

Abgott m afgud

abgöttisch: *j-n* ~ *lieben* forgude én

ab-|graben (*abtragen*) afgrave; fig *j-m das Wasser* ~ slå grunden væk under fødderne på én; ~**grasen** afgræsse; F (*absuchen*) gennemstøve

ab-grenz|en afgrænse; 2**ung** f afgrænsning

Abgrund m afgrund, dyb n; 2**tief** afgrundsdyb; bundløs

ab-gucken (*nachahmen*) imitere; F (*von*) *j-m* ~ kigge hos én

Abguss m afstøbning

abhaben: *etw. (A)* ~ *wollen von ...* også ville have ngt. med af ...

ab-|hacken hugge af; ~**haken** tage af krogen; *Liste* krydse af, chekke af

ab-halt|en *Sitzung, Fest* afholde; (*hindern*) afværge, holde tilbage; *Regen* beskytte mod; *Kind* holde frem; *abgehalten werden* (*verhindert sein*) blive (od være) forhindret; *sich nicht* ~ *lassen* ikke lade sig stoppe; 2**ung** f ⟨0⟩ (*Durchführung*) afholdelse

ab-hand|eln[1] *vom Preis*: prutte af; *j-m etw. (A)* ~ købe ngt. af én

ab-handeln[2] *Thema* behandle

ab'handen-kommen v/i ⟨sn⟩ komme bort, blive borte

Abhandlung f afhandling

Abhang m skråning, skrænt

ab-häng|en v/t tage ned; BAHN koble fra; *Gegner* distancere, hægte af; v/i afhænge (*von D*/af); ~**ig** afhængig (*von*/af); 2**igkeit** f afhængighed

ab-härt|en hærde; *sich* ~ hærde sig; 2**ung** f ⟨0⟩ hærdning

ab-|haspeln afhaspe; → *ableiern*; ~**hauen**

v/t afhugge, hugge af; *v/i* ⟨*sn*⟩ F stikke af; **~häuten** flå; **~heben** *Geld* hæve; *Karten* løfte af, tage af; *sich ~* træde frem; **~heften** sætte i ringbind; *fig* lægge ad acta; **~heilen** *v/i* ⟨*sn*⟩ læges; **~helfen** hjælpe ned (*od* af); *e-r Sache ~* afhjælpe (*od* råde bod på) den ting; *dem ist abzuhelfen* det kan der rådes bod på; **~hetzen:** F *sich ~* overanstrenge sig; mase; → *abgehetzt*

Abhilfe *f* ⟨0⟩ hjælp, udvej (*gegen*/for); *~ schaffen* → *abhelfen*

ab·|hobeln afhøvle; *fig* sætte skik på; **~hold** ugunstig stemt (*D*/imod); → *abgeneigt*; **~holen** (af)hente; **~holzen** rydde (skoven), skove; **~horchen** *Kranken* auskultere; → *abhören*

Ab·|hördienst *m* lyttetjeneste; **2-hören** *Band, Mailbox usw* (af)lytte; → *abfragen*; **~hörgerät** *n* lytteapparat *n*

ab·irren *v/i* ⟨*sn*⟩ afvige; *vom Wege ~* gå vild; *fig* begå et fejltrin

Abi'tur *n* ⟨-s; 0⟩ studentereksamen; *sein ~ machen* tage studentereksamen, blive student; **~ient** [-u'riɛnt] *m* ⟨-*en*⟩ student; **~ientin** *f* student; studine (*nur scherzh od iron*); **~zeitung** *f* blå bog

ab·jagen (*wegnehmen, entreißen*) fratage, fravriste; F *sich ~* → *abhetzen*

Abk. (= *Abkürzung*) forkortelse

ab·|kanzeln ⟨-*le*⟩: F *j-n ~* læse én teksten; **~kapseln** ⟨-*le*⟩: *sich ~ fig* trække sig ind i sin skal; **~kassieren** indkassere; **~kaufen:** *j-m etw.* (*A*) ~ købe ngt. af én

Abkehr *f* ⟨0⟩ afstandtagen (*von*/fra)

ab·|kehren: *sich ~ von* vende sig bort fra; *→a abfegen*; **~klappern** F gennemstøve; **~klären** afklare; (*filtern*) klare, filtrere

Abklatsch *m* aftryk *n*; *fig* (dårlig) kopi

ab·|klemmen klemme af; **~klingen** svinde, dø hen; **~klopfen** afbanke; *Wand, Kranken* undersøge bankende; **~knabbern** F afgnave; **~knallen** F knalde ned; **~knappen, ~knapsen** F knibe af, knappe af; **~kneifen** knibe af, nippe af; **~knicken** knække af; **~knöpfen** knappe, tage af; F *j-m etw.* (*A*) ~ blokke (*od* plukke) én for ngt.; **~knutschen** F kramme, knuselske; **~kochen** (af)koge

ab·kommandieren afkommandere

Abkomme *m* ⟨-*n*⟩ efterkommer

ab·kommen *v/i* ⟨*sn*⟩ komme bort (*von* fra; *a fig v. Thema*); *Gebrauch:* gå af brug (*od* mode)

Abkommen *n* aftale, overenskomst

abkömm·|lich undværlig; **2ling** *m* ⟨-*s*; -*e*⟩ efterkommer, afkom *n*; CHEM derivat *n*

ab·|koppeln koble fra; **2kopplung** *f* frakobling; **~kratzen** *v/t* kradse af, skrabe af; *v/i* ⟨*sn*⟩ P kradse af, dø; **~kriegen** F → *abbekommen*

ab·|kühl|en *v/t u v/i* ⟨*sn*⟩ afkøle, afsvale; *sich ~* afkøles; **2ung** *f* afkøling

Abkunft *f* ⟨0⟩ herkomst

ab·kürz|en afkorte, formindske; *Wort* forkorte; *Weg* skyde genvej; **2ung** *f* afkortning; forkortelse; genvej; **2ungszeichen** *n* forkortelsestegn *n*

ab·küssen knuselske, kramme

ab·lade|n aflæsse, (af)losse; **2platz** *m* losseplads

Ablage *f* opbevaring; *Ort:* opbevaringssted *n*, arkiv *n*; *Regal:* hylde

ab·lager|n (af)lagre; *sich ~* aflejres; **2ung** *f* aflejring

Ablass *m* ⟨-*es*; *~e*⟩ afløb *n*; REL aflad; (*Preis*2) afslag *n*, rabat; *ohne ~* ufladelig

ab·lassen *v/t Wasser* lade løbe af; *Teich* aflede; *Fass* aftappe; *vom Preis ~* slå af på prisen; *v/i* afstå (*von etw.* (*D*) fra ngt.); *von j-m ~* give slip på én

ab·latschen F *Schuhe* træde ned

Ablauf *m* afløb *n*; *Frist:* udløb *n*; *vor ~ dieser Woche* før denne uges udgang

ab·laufen *v/t Schuhe* slide; *v/i* ⟨*sn*⟩ løbe af; *Frist:* udløbe; *~ lassen* → *ablassen*, *abrollen*

ab·lauschen aflure

Ablaut *m* GRAM aflyd

Ableben *n* ⟨-*s*; 0⟩ død

ab·lecken slikke af

ab·leg|en *v/t* lægge bort (*od* fra sig); *fig* aflægge; *bitte, legen Sie ab!* vær så god at lægge tøjet!; *v/i* lægge fra (land); **2er** *m* BOT *u fig* aflægger

ab·lehn|en afvise, afslå; (*verwerfen*) forkaste; *Schuld* fralægge sig; **~end** benægtende, negativ; **2ung** *f* afslag *n*; afvisning, forkastelse; fralæggelse

ab·|leiern remse op, lire af; **~leisten** *Wehrpflicht* aftjene

ab·leit|en aflede (*a fig*); → *herleiten*; **2ung** *f* afledning; bortledning, udledning

ab·lenk|en *v/t* dreje til siden; *Aufmerksamkeit* aflede; *Gedanken, Verdacht* bortlede (*von* fra); *Stoß* afparere; **2ung** *f* afledning; bortledning; (*Abwechslung*) afveksling, andet at tænke på; **2ungsmanöver** *n* afledningsmanøvre

ab·lesen *Skala* aflæse; *Rede* læse op; *Obst* (af)plukke; **~leuchten** gennemsøge med lys; belyse indgående; **~leugnen** fralægge sig; benægte; **~lichten** ⟨-*e*-⟩ (foto)kopiere

ab·liefer|n aflevere; **₂ung** f aflevering; **₂ungstermin** m afleveringsfrist; **₂ungszeit** f (af)leveringstid

ab·|liegen (a sn) ligge afsides; → **abgelegen**; **~listen** ⟨-e-⟩: **j-m etw.** (A) ~ fraliste én ngt.); **~löschen** slukke

ab·lös|en løsne; MIL afløse; **sich** ~ gå af, blive løs; fig afløse hinanden, skiftes (**bei** D/til); **₂ung** f afløsning

ab·lutschen sutte af od på

ab·mach|en tage af, løsne; (vereinbaren) aftale; **e-e Sache** ~ afgøre (od aftale) en sag; → **abgemacht**; **₂ung** f afgørelse; aftale, overenskomst

ab·mager|n ⟨-re; sn⟩ blive mager; → **abgemagert**; **₂ung** f afmagring; **₂ungskur** f afmagringskur, slankekur

ab·|mähen afmeje, slå; **~malen** (af)male

Abmarsch m ⟨-es; 0⟩ afmarch; **₂ieren** v/i ⟨sn⟩ afmarchere

ab·meld|en afmelde; Zeitung afsige; e-n Schüler, bei e-m Verein udmelde; **sich polizeilich** ~ melde sig fra på folkeregistret, melde flytning; **₂ung** f afmeldelse; udmeldelse; flytningsanmeldelse

ab·mess|en atmåle; **abgemessen** afmålt; **₂ung** f afmåling

abmontieren demontere, afmontere

ab·|mühen: **sich** ~ mit have mas med, slide og slæbe med; **~murksen** F gøre det af med, likvidere; **~mustern** afmønstre; **~nagen** afgnave

Abnäher m faconlæg n, indsyning

Abnahme f ⟨0⟩ aftagelse; Verminderung: formindskelse, nedgang, svind n; MED amputering; (e-s Baues) godkendelse; (Bauernhaus) aftægtsbolig; → a **Annahme**

ab·nehm|en v/t tage af; sætte af, amputere; Bart afrage; (kaufen) aftage, købe; (wegnehmen) fratage, berøve; **j-m Arbeit** usw ~ overtage (fra); **j-m ein Versprechen** ~ tage et løfte af én; v/i aftage; Gewicht: tabe sig; Telefon: tage telefonen; Wasser: svinde; **₂er** m køber, kunde

Abneigung f utilbøjelighed; (Widerwille) modvilje, afsky

ab'norm abnorm

Abnormi'tät f abnormitet; misvækst

ab·nötigen (j-m etw) afnøde, aftvinge (én ngt.)

ab·nutz|en, ab·nützen slide (op), bruge op; **sich** ~ slide sig op; **₂ung** f ⟨0⟩ slid n, slitage

Abon|nement [-'maŋ od -mãː] n ⟨-s; -s⟩ abonnement n; **~'nent** m ⟨-en⟩ abonnent, holder; **₂'nieren** v/t, **abonniert sein** (**auf**

A) abonnere (på); Zeitung a holde

ab·ordn|en afsende som fuldmægtig; overføre (til andet arbejdsområde); **₂ung** f afsendelse, deputation

A'bort m **1.** ⟨-(e)s; -e⟩ toilet n, w. c. n; **2.** ⟨-s; -e⟩ MED abort

ab·|packen færdigpakke; **~passen** Gelegenheit afvente; **j-n** ~ passe én op; (passend machen) afpasse; **~pausen** kalkere; **~pfeifen** SPORT fløjte af; **~pflücken** afplukke; **~plagen**: **sich** ~ slide og slæbe; **~platten** ⟨-e-⟩ v/t fladtrykke; **~platzen** ⟨-e-⟩ ⟨sn⟩ skalle af

Ab|prall m ⟨-(e)s; 0⟩ tilbageslag n, afprellen; **₂·prallen** v/i ⟨sn⟩ springe tilbage, prelle af

ab·|pumpen pumpe (læns); **~putzen** afpudse; Haus pudse (med puds); **~quälen**: **sich** ~ → **abplagen**

ab·|qualifizieren nedvurdere; **~rackern**: F **sich** ~ ase og mase; **~rahmen** skumme fløden af (j); **~rasieren** barbere af, afrage; **~raten** fraråde (**j-m von** én ngt.)

Abraum m ⟨-(e)s; 0⟩ BERGB slakker pl

ab·räumen rydde bort; tage af vejen; **den Tisch** ~ tage af bordet

ab·rechn|en v/t fraregne, trække fra; **abgerechnet** fraregnet; v/i afregne; gøre afregning; fig gøre op, holde opgør (**mit j-m** med én); **₂ung** f afregning, opgørelse; clearing; fig opgør n; → **Abzug**

Abrede f: **in** ~ **stellen** benægte

ab·reib|en (af)gnide; → **abtrocknen**, **abwischen**; **₂ung** f frottering; F fig omgang, skældud; (Prügel) klø

Ab|reise f ⟨0⟩ afrejse; **₂·reisen** v/i ⟨sn⟩ (af)rejse

ab·reiß|en v/t afrive, rive af, rive løs; Haus nedrive; → **abgerissen**; v/i ⟨sn⟩ gå af, knække; **₂kalender** m afrivningskalender

ab·richt|en afrette, dressere; **₂ung** f dressur

ab·|riegeln lukke med slå; → **absperren**; **~ringen** fravriste; fig aftvinge (**j-m etw.** A én ngt.)

Abriss m afrids n; (Zeichnung) skitse, udkast n; Buch: kort fremstilling; Haus: nedrivning

ab·|rollen v/t u v/i ⟨sn⟩ rulle af; køre bort; fig udspille sig; **~rücken** v/t rykke bort, flytte; fig tage afstand (**von** fra); v/i ⟨sn⟩ flytte bort; MIL afmarchere; **~rudern** v/i ⟨sn⟩ slutte rosæsonen

Abruf m ⟨-(e)s; 0⟩ tilbagekaldelse; **auf** ~ til successiv levering

ab·|rufbar EDV tilgængelig; **~rufen** kalde

bort; *Fin.* debitere; → **abberufen**

ab·rund|en afrunde (*auf hundert Euro* til 100 euro); **2ung** *f* afrunding

ab·rupfen plukke af

ab'rupt abrupt

ab·rüst|en *v/t* afvæbne; *v/i* afruste; nedruste; **2ung** *f* nedrustning; **2ungskonferenz** *f* afrustnings-, nedrustningskonference

ab·|rutschen *v/i* ⟨*sn*⟩ glide af *od* ned; **~sacken** *v/i* ⟨*sn*⟩ *fig* komme bagud; NAUT synke

Abs. (=*Absender*) afsender (*Abk.* afs.)

Absage *f* afbud *n*, afmelding; afbestilling; *e-e* ~ **erteilen** *fig* afvise, forkaste; **~brief** *m* afbud *n*

ab·|sagen *v/t* afmelde; *Veranstaltung* aflyse; *v/i* sende afbud; **~sägen** afsave; *fig* sætte på gaden; **~sahnen** *auch* Milch skumme; *fig* skumme fløden; **~satteln** afsadle, sadle af

Absatz *m* (*Schuh*2) hæl; (*Treppen*2) afsats; TYP afsnit *n*; (*Waren*2) afsætning; *neuer* ~*f* ny linje!; **~gebiet** *n* afsætningsmarked *n*

ab·|saugen suge (af); *Teppich* støvsuge; **~schaben** skrabe af

ab·schaff|en afskaffe; (*sich trennen von*) skille sig af med; → **aufheben**; **2ung** *f* afskaffelse

ab·|schälen afskalle; *Frucht* skrælle; **~schalten** koble fra; *Maschine* standse, slå fra; *Motor* slukke for; **~schatten** MAL skyggelægge; skattere

ab·schätz|en vurdere, taksere; **~ig** nedsættende; **2ung** *f* vurdering, taksering

Abschaum *m* ⟨-(e)s; *0*⟩ *fig* afskum *n*, udskud *n*

ab·|scheiden fraskille, udskille; **~scheren** (af)klippe

Abscheu *m* ⟨-(e)s; *0*⟩ afsky (*vor etw. D*/for ngt.)

ab·scheuern skure (af), gnide af

ab'scheulich afsende; skrækkelig; **2keit** *f* afskyelighed

ab·|schicken afsende; **~schieben** *v/t* skyde bort; *Ausländer* udvise, sende over grænsen; *v/i* ⟨*sn*⟩ F sjokke af (sted)

Abschied *m* ⟨-(e)s; *0*⟩ afsked (*von j-m*/med én); *zum* ~ **winken** vinke farvel; *den* ~ **geben** afskedige; *s-n* ~ **nehmen** tage (*od* få) sin afsked

Abschieds|besuch *m* afskedsbesøg *n*, afskedsvisit; **~feier** *f* afskedsfest; **~gesuch** *n* afskedsbegæring; **~kuss** *m* farvelkys *n*

ab·|schießen *Pfeil, Rakete* afskyde; *Torpedo* udskyde; → **abfeuern**; *Mensch,*

Wild, Flugzeug skyde ned; *fig* **den Vogel** ~ vinde prisen; **~schinden**: *fig sich* ~ slide sig op; **~schirmen** afskærme; → **beschützen**; **~schlachten** (ned)slagte

Abschlag *m* ÖKON afslag *n*; *Rate*: afdrag *n*; *Lohn*: forskud *n*; SPORT udspark *n*; *auf* ~ på afbetaling

ab·|schlagen slå af, afslå (*a fig j-m etw. A* én ngt.); **~schlägig** nægtende, afslående; **~e Antwort** afslag *n*; **2schlagszahlung** *f* afbetaling; afdrag *n*; forskud *n*

ab·schleifen (af)slibe, polere

Abschleppdienst *m* redningstjeneste; Falck

ab·schleppen slæbe (bort); *sich* ~ slæbe (*mit D*/på ngt.)

Abschlepp|seil *n* slæbetov *n*; **~wagen** *m* kranvogn

ab·schließen *Tür* lukke (af), låse; *Versicherung* tegne; *Vertrag* (af)slutte; ÖKON *Rechnung* opgøre; (*beenden*) afslutte, fuldende; *fig sich* ~ afsondre sig

abschließend *adj* afsluttende; *adv* til slut

Abschluss *m* afslutning; *Vertrag:* undertegnelse; ÖKON slutopgørelse; *zum* ~ **bringen** afslutte; **~prüfung** *f* sluteksamen

ab·|schmecken smage ngt. til; **~schmettern** F afvise; POL nedstemme; **~schmieren** *Auto* smøre; **~schminken** sminke af; **~schnallen** spænde af

ab·schneiden *v/t* skære af, klippe af; *Rückzug usw* afskære; *ein Stück Weg* ~ skyde genvej; *das Gespräch* ~ afbryde samtalen; *v/i* F *gut/schlecht* ~ klare sig godt/dårligt

Abschnitt *m* afskåret stykke *n*; afsnit *n* (*a fig*, MATH); ÖKON kupon; → **Abteilung**

ab·|schnüren afsnøre, afskære; MED underbinde; **~schöpfen** øse af; *Geld* opsuge; *den Rahm* ~ skumme fløden; **~schrauben** skrue af

ab·schreck|en afskrække; *sich* ~ *lassen* lade sig skræmme; **~end** afskrækkende; **2ung** *f* afskrækning

ab·schreib|en skrive af, afskrive (*a fig*); (*abrechnen*) afregne; *v/i* sende afbud (*j-m*/til én); *sich* ~ *Stift*: slides ved skrivning; **2ung** *f* afskrivning

ab·schreiten skridte af

Abschrift *f* afskrift; *beglaubigte* ~ bekræftet genpart; **2lich** i afskrift

ab·|schrubben F skrubbe; **~schuften**: F *sich* ~ slide og slæbe; **~schuppen** skrabe skæl af; *sich* ~ skalle (af)

ab·schürf|en skrabe af; **2ung** *f* skrabesår *n*

Abschuss *m* nedskydning (*a Flugzeug*); (*Torpedo*2) udskydning; (*Raketen*2) affyring

abschüssig stejl, brat

Abschuss|rampe *f* affyringsrampe; ~**zeit** *f Wild*: jagtsæson

ab-|schütteln ryste af; ~**schütten** hælde af; ~**schwächen** (af)svække; *fig* mildne; ~**schwatzen** → **abgaunern**, **ablisten**; ~**schweifen** *v/i ⟨sn⟩* afvige; *vom Thema*: fjerne sig; ~**schwellen** *v/i ⟨sn⟩* svinde (ind); ~**schwenken** *v/i ⟨sn⟩* svinge (af); ~**schwirren** *v/i ⟨sn⟩* F *fig* fordufte; ~**schwören** (*D*) afsværge; ~**segeln** *v/i ⟨sn⟩* afsejle

ab-|sehbar overskuelig; *in ~er Zeit* inden for en overskuelig fremtid; ~**sehen** *v/t* (*überblicken*) overskue, overse; → *a* **voraussehen**; *v/i* se bort (*von D*/fra ngt.); *abgesehen davon, dass ...* bortset fra, at ...

ab-|seifen sæbe af; ~**seihen** si af; ~**seilen** hejse ned

Abseile *f* aflukke *n*

abseits *adv* afsides, borte; *sich ~ halten* holde sig tilbage; *prp* (*G*) et stykke fra

Abseits *n ⟨-; 0⟩* SPORT off-side

abseits·stehen *v/i* stå for sig selv

ab-|send|en afsende; bortsende; 2**er(in)** *m(f)* afsender

ab-|sengen svie (af); ~**senken** sænke; forplante ved udløber

ab|setzbar afsættelig; *Steuer*: fradragsberettiget; *Ware* salgbar; ~**·setzen** *Glas* tage fra munden; *Hut*, *Brille usw* tage af; *Last* sætte fra sig; *Fahrgast* sætte af; *Ware*, *König*, *Beamte* afsætte; *Truppen* landsætte; *Medikament* holde op med; (*vom Spielplan*, *von der Tagesordnung*) stryge, slette; (*von der Steuer*) trække fra; *v/i* gøre ophold *n*, standse; *ohne absetzen* uden standsning; *sich ~* afsætte sig; skille sig ud (*von D*/fra); (*flüchten*) hoppe af; 2**setzung** *f* afsættelse

Absicht *f* hensigt; → *a* **Vorsatz**; *in der ~* med den hensigt, i det øjemed; *mit ~* med forsæt; *a* → 2**lich** med vilje, forsætlig

ab-|singen afsynge; ~**sinken** *v/i ⟨sn⟩* synke ned; ~**sitzen** *v/t Strafe* sidde af; *v/i ⟨sn⟩* sidde af, stå af hesten

abso'lut absolut; 2**ion** [-'tsĭoːn] *f* syndsforladelse; 2**ismus** [-'tɪs-] *m ⟨-; 0⟩* enevælde

Absol'vent(in) *m ⟨-en⟩ (f)* dimittend; 2**'vieren** absolvere; *Examen* bestå, tage eksamen; *Lehrkurs* tage, gennemgå

ab'sonderlich sær, besynderlig; 2**keit** *f*

besynderlighed

ab-sonder|n afsondre; MED *a* udskille; *sich ~* isolere sig; skille sig ud; 2**ung** *f* afsondring

absor'bieren absorbere

ab-|spalten kløve, spalte af; *fig sich ~* splitte sig, skille sig ud; ~**spannen** spænde af; *Pferde* spænde fra; → *abgespannt*; ~**sparen**: *sich etw.* (*A*) *vom Munde* ~ spare på sit personlige forbrug; ~**speisen** bespise; spise op; *fig* spise af, afspise

ab-|sperr|en afspærre; → *abschließen*; 2**ung** *f* afspærring

ab-|spielen spille; *sich ~* foregå, hænde, ske; ~**splittern** *v/t u v/i ⟨sn⟩* splintre af

Absprache *f* aftale; *in ~* efter aftale

ab-|sprechen (*vereinbaren*) aftale; (*j-m etw*) frakende; ~**sprengen** *v/t* sprænge af; ~**springen** *v/i ⟨sn⟩* springe af; FLUG springe ud; *fig* hoppe af; → *abprallen*, *absplittern*; ~**spritzen** sprøjte; 2**sprung** *m* nedspring *n*; FLUG udspring *n*; afhopning; ~**spulen** afhaspe (*a fig*), spole af; ~**spülen** (af)skylle, skylle ren

ab-|stamm|en *v/i* afstamme, nedstamme (*von D*/fra); 2**ung** *f* afstamning; herkomst; GRAM afledning

Abstand *m* afstand; ~ *halten* holde sig på afstand; ~ *nehmen von* tage afstand fra; *in Abständen* (*zeitlich*) en gang imellem; *mit ~ der Größte* langt den største; ~**szahlung** *f* godtgørelse

ab-statten *⟨-e-⟩*: *e-n Besuch ~* aflægge besøg; *Dank ~* takke

ab-|stauben støve af; *fig* snakke (*od* snyde) sig til; 2**r** *m* F SPORT slumpetræf *n*

ab-stech|en *v/t Tier*, *Torf* stikke; *Stahl* tappe; *v/i fig* stikke af (*gegen A*, *von D*/mod ngt.); 2**er** *m* afstikker

ab-|stecken afstikke, afmærke; ~**stehen** stå ud (*von der Wand* fra muren); *Haar* stritte; *fig* ~ *von* afstå fra; ~**stehend** strittende; ~*e Ohren* flyveører

Absteige *f* F billigt hotel *n*

ab-steig|en *v/i ⟨sn⟩* stige ned; *vom Rad*, *Pferd*: stå af; (*einkehren*) tage ind (*bei* D/hos; *in* D/på); → *a* **aussteigen**; ~**end** nedstigende; 2**equartier** *n* logis *n*

ab-stell|en stille bort, sætte fra sig; *Maschine* standse, stoppe, slå fra; *Gas*, *Radio* lukke (for); (*abschaffen*) afskaffe, ophæve; 2 *von Fahrrädern verboten!* henstillen af cykler forbudt!; ~**gleis** *n* sidespor *n* (*a fig*); 2**platz** *m* für Wohnwagen: standplads; (*im Winter*) opbevaringsplads; 2**raum** *m* pulterkammer *n*

ab·|stempeln (af)stemple (*a fig*); **~sterben** *v*/*i* ⟨*sn*⟩ uddø, dø bort; *Glied:* blive vissen; **2stieg** *m* ⟨-(e)s; -e⟩ nedstigning; *fig* nedgang, nedtur; **im ~** *a* på retur

ab·stimm|en *v*/*t* afstemme; *v*/*i* stemme (*über A*/om); **aufeinander ~** tilpasse til hinanden; **2ung** *f* afstemning; **2ungsergebnis** *n* afstemningsresultat *n*

Absti'nenz *f* ⟨0⟩ afholdenhed, abstinens; **~ler** *m* afholdsmand/-kvinde

ab·stoppen *v*/*t* *u* *v*/*i* stoppe (op); *sport* tage tid

Abstoß *m* *sport* udspark *n*

ab·stoß|en *v*/*t* støde af; (*zurückstoßen*) støde bort; *Waren* sælge; *fig* frastøde; *v*/*i* støde fra; **... stößt mich ab** jeg væmmes ved ...; → *ablegen*; **~d** *fig* frastødende

ab·stottern F afbetale

abstra'hieren abstrahere

ab'strakt ⟨-*est*⟩ abstrakt; **2ion** [-'tsĭoːn] *f* abstraktion; **2ionsvermögen** *n* ⟨-*s*; 0⟩ abstraktionsevne

ab·streichen skrabe af, stryge af; *Schuhe* tørre af; **~streifen** stryge af, smøge af; *fig* aflægge

ab·streiten bestride; *j-m etw.* (*A*) ~ frakende én ngt.; *das lasse ich mir nicht ~* det holder jeg fast ved

Abstrich *m* nedstrøg *n*; nedstreg; *med* afskrab *n*; *ohne ~* til punkt og prikke

ab'strus ⟨-*est*⟩ forvirret, uforståelig

ab·stuf|en inddele (i trin, afdelinger); *Farben* afskygge; **2ung** *f* trin(deling) *n*; skala; nuance, afskygning

ab·|stumpfen afstumpe, sløve (*a fig*); *v*/*i* ⟨*sn*⟩ afstumpes; **2sturz** *m* nedstyrtning, fald *n*; **~stürzen** *v*/*i* ⟨*sn*⟩ styrte ned; **~stützen** afstive; **~suchen** afsøge, gennemlede; F gennemtrawle

Absud *m* ⟨-(e)s; -e⟩ afkog *n*, dekokt *n*

ab'surd ⟨-*est*⟩ absurd, urimelig; **Absurdi'tät** *f* absurditet

Ab'szess *m* ⟨-*es*; -e⟩ absces

Abt *m* ⟨-(e)s; ⁓e⟩ abbed

Abt. (= *Abteilung*) afdeling

ab·|takeln aftakle (*a fig*); **~tasten** føle på; **~tauen** *v*/*t Kühlschrank* afrime; *Eis* (*a v*/*i*, *sn*) tø op

Ab'tei *f* abbedi *n*, kloster *n*

Ab'teil *n* kupé

ab·teil|en afdele, inddele; **2ung** [ap'-] *f* afdeling; **2ungsleiter(in)** [ap'-] *m*(*f*) afdelingsleder, afdelingschef

ab·tippen F skrive af på maskine

Äb'tissin *f* abbedisse

ab·|tönen aftone; afdæmpe; nuancere;

~töten dræbe; **~tragen** *Speisen* tage af bordet; *Hügel* sløjfe, jævne; *Haus* nedrive; *Schulden* afbetale; *Kleider* slide (op); **~träglich** skadelig

abtransportieren transportere (*od* føre) bort

ab·treib|en drive bort; *med* foretage abort; *v*/*i* ⟨*sn*⟩ drive ud af kurs; **2ung** *f* *med* (foster)fordrivelse, abort

ab·trenn|en udskille, fraskille; løsne; *Gebiet* løsrive; *Genähtes* sprætte af; **2ung** *f* fraskillelse; adskillelse; løsrivelse

ab·tret|en *v*/*t* trampe (*od* sparke) af; (*abnutzen*) slide (af); *Absätze* træde ned; (*überlassen*) afstå (*an A*/til); *Füße ~!* brug måtten!; *v*/*i* ⟨*sn*⟩ aftræde; fratræde; *mil* 2*f* træd af!; **2er** *m* måtte; (*Gitter*) rist; **2ung** *f* afståelse

Abtrift *f* afdrift

ab·|trinken drikke af; **2tritt** *m* → *Abgang*; (*Abort*) lokum *n*; **~trocknen** *v*/*t* aftørre, tørre af; **~trocknen** *v*/*i* ⟨*sn*⟩ dryppe af; **~trotzen** *j-m etw.* (*A*) ~ tiltrodse sig ngt. af én

abtrünnig troløs, frafalden; ~ *werden* falde fra; **2e(r)** frafalden

ab·tun F → *ablegen*, *abnehmen*; *fig als Scherz ~* slå hen i spøg; *etw.* (*A*) *mit e-m Achselzucken ~* kun have et skuldertræk for

ab·tupfen duppe

ab·urteil|en dømme, domfælde; **2ung** *f* dom(fældelse)

abverlangen: *j-m etw.* (*A*) ~ forlange ngt. af én

ab·|wägen afveje; *fig s-e Worte ~* veje sine ord; **~wählen** vrage, vælte; **~wälzen** vælte af; *fig* vælte fra sig; *etw.* (*A*) *auf j-n ~* vælte ngt. over på én; **~wandeln** variere; **~wandern** afvandre; **2wanderung** *f* afvandring; **2wandlung** *f* variation; **2wärme** *f* spildevarme; **~warten** *v*/*t* afvente; *v*/*i* vente; **~wartend** afventende

abwärts ned(ad); *es geht mit ihm ~* det går ned ad bakke med ham

Abwasch *m* ⟨-(e)s; 0⟩ opvask; **2bar** afvaskelig; **~becken** *n* vask

ab·wasch|en vaske op; (*abspülen*) vaske af; **2wasser** *n* opvaskevand *n*

Abwasser *n* ⟨-*s*; ⁓⟩ kloakvand, spildevand *n*

ab·wechseln *v*/*i* (*a sich ~*) afveksle; skifte(s); *einander ~* a afløse hverandre, skiftes til; **~d** (*unterhaltsam*) afvekslende; *etw.* (*A*) ~ *tun od machen* gøre ngt. skiftevis

Abwechslung *f* afveksling; *zur ~* til en af

veksling; **2sreich** afvekslende, varieret

Abweg *m*: **auf ~e geraten** komme på afveje; **2ig** forkert; → *irrig*

Abwehr *f ⟨0⟩* forsvar *n* (*a* SPORT); (*e-s Angriffs*) afværgelse; → *a* **Verteidigung**

ab·wehr|en afværge; (*verhindern*) forhindre; **2kampf** *m* forsvarskamp; **2mittel** *n* forebyggende middel *n*; **2spieler(in)** *m(f)* forsvarsspiller; **2stoffe** *m/pl* antistoffer *pl*

ab·weich|en *v/i ⟨sn⟩* deviere; (*a fig*) afvige (*von D/fra*; *in D/i*); **~end** afvigende; **2ung** *f* deviation; *fig* afvigelse

ab·weiden afgræsse

ab·weis|en vise bort; afvise; **~end** afvisende; **2ung** *f* afvisning

ab|wendbar afvendelig; **~·wenden** vende bort (*sich* sig); *Gefahr* afvende; → *abwehren*, *verhüten*

ab·|werben *Kunden* lokke til, „hugge"; **~werfen** kaste ned *od* bort; *Bomben* nedkaste; *Reiter* kaste af; *Gewinn* kaste af sig, indbringe

ab·wert|en nedvurdere; *Währung* devaluere; **~end** → *abfällig*; **2ung** *f* nedvurdering; devaluering

abwesen|d fraværende; *fig* ~ **sein** være åndsfraværende; **2heit** *f ⟨0⟩* fraværelse, fravær *n*; *fig* åndsfraværelse; *durch* (*s-e*) ~ *glänzen* glimre ved sin fraværelse

ab·wick|eln vikle af; → *a* **abrollen**, *abspulen*; *fig* (*a Geschäft*) afvikle; **2lung** *f* afvikling

ab·|wiegeln dæmpe gemytterne; **~wiegen** veje af; **~wimmeln** *⟨-le⟩* F afvise, få ekspederet væk; **~winken** vinke af; **~wirtschaften** „dreje nøglen om", gå fallit; **~wischen** tørre af, tørre bort; **~wracken** ophugge; **2wurf** *m* FLUG nedkastning; *Handball*: målkast *n*; **~würgen** kvæle, dreje halsen om på; *Motor* blokere; **~zahlen** afbetale; *in Raten* ~ købe på afbetaling; **~zählen** aftælle; F *das kann man sich an den Fingern ~* det er ganske klart!; **2zählreim** *m* tællerim *n*

Abzahlung *f*: *auf ~* på afbetaling

ab·zapfen aftappe; F *j-m Blut ~* tappe én for blod

ab·zäumen afbidsle

ab·zehr|en *v/i ⟨sn⟩* hentæres, sygne hen; **2ung** *f* tæring, svindsot

Abzeichen *n* kendetegn *n*, mærke *n*; MIL distinktion

ab·zeichnen aftegne, kopiere; (*signieren*) signere; *sich ~* aftegne sig (*gegen A*, *auf D*/mod, på)

Abziehbild *n* overføringsbillede *n*, af-

træksbillede *n*

ab·ziehen *v/t* trække fra (*a* MATH); *Betrag a* fradrage; *Messer* trække af; *Schlüssel* tage ud; TYP aftrække, tage aftryk *n* af; CHEM destillere; *Fell ~* flå af; → *a* **abfüllen**, *zurückziehen*; *v/i ⟨sn⟩* (*fortgehen*) drage (*od* rejse) bort; *Rauch, Gewitter*: trække bort; → *abmarschieren*, *wegziehen*; *zieh ab!* F skrub af!

ab·|zielen (*auf A*) sigte til, mønte på; **~zirkeln** afkredse, afmåle; **2zug** *m* bortgang; MIL tilbagetrækning; *Preis*: rabat; (*e-r Waffe*) aftrækker; FOT kopi; TYP aftræk *n*; *Abzüge pl Lohn*: fradrag *pl*; **~züglich** (*G*) med fradrag af, minus

abzugs|fähig fradragsberettiget; **~frei** afgiftsfri; **2haube** *f* emhætte; **2rohr** *n* røgkanal, aftræk *n*

ab·|zupfen plukke af; **~zwacken** knibe af (*a fig*)

Abzweigdose *f* EL forgreningsdåse

ab·zweig|en *v/i ⟨sn⟩ Straße*: vige af; *sich ~* forgrene sig; *v/t fig* sætte til side; **2ung** *f* forgrening; sidevej

ach: ~! ak!, åh!; ~ *ja!* nå ja!; ~ *so!* nå sådan!, virkelig?; ~ *was!* å sludder!; ~ *Gott!* herre Gud!; *F mit 2 und Krach* med nød og næppe

A'chat *m ⟨-(e)s; -e⟩* agat

A'chilles|ferse *f* akilleshæl; **~sehne** *f* akillessene

Achse [-ks-] *f* akse; F *auf ~* undervejs

Achsel [-ks-] *f ⟨-; -n⟩* skulder; *unter der ~* under armen; → *Schulter*; **~haare** *n/pl* hår *pl* under armene; **~höhle** *f* armhule; **~schweiß** *m* armsved; **~zucken** *n ⟨-s; 0⟩* skuldertræk *n*

Achs|lager *n* [-ks-] *n* akselleje *n*; **~last** *f* akselbelastning

acht otte; *heute in ~ Tagen* i dag (om) otte dage; *vor ~ Tagen* for otte dage (*od* en uge) siden; *gegen ~* ved ottetiden

Acht¹ *f* ottetal *n*

Acht² *f ⟨0⟩*: *etw.* (*A*) *außer ~ lassen* forsømme ngt., ikke tage hensyn til (*od* højde for) ngt.; ~ *geben* (*auf A*) være opmærksom på, lægge mærke til; *sich in ~ nehmen* tage sig i agt (*vor D*/for)

Acht³ *f ⟨0⟩*: HIST fredløshed, band *n*; *in ~ und Bann tun* lyse i band

achtarmig ottearmet

achtbar agtværdig, respektabel

achte ottende; *am ~n März* den ottende marts; *heute ist der ~ Mai* i dag er det den ottende maj

Achteck *n ⟨-(e)s; -e⟩* ottekant; **2ig** ottekantet

Achtel n ottendedel

achten ⟨-e-⟩ v/t agte, respektere; v/t ~ auf (A) lægge mærke til; være opmærksom på

ächten ⟨-e-⟩ bandlyse

achtens for det ottende

achtenswert agtværdig

achter|- NAUT agter

achtern: nach ~ agterud

Achter m otter (a Boot)

Achter|bahn f (bjerg)rutsjebane; ~deck n agterdæk n; ~schiff n agterskib n; ~steven m agterstavn

achtfach ottedobbelt

acht·geben → Acht²

acht|hundert otte hundrede; ~jährig otteårig; Frist: otteårs; ~kantig ottekantet

acht|los uagtsom, skødesløs; (gleichgültig) ligegyldig, uopmærksom; **2losigkeit** f ⟨0⟩ uagtsomhed, skødesløshed; ligegyldighed

achtmal otte gange; ~ig otte gange gentagen

achtsam agtpågivende; → aufmerksam, vorsichtig; **2keit** f ⟨0⟩ agtpågivenhed

acht|seitig ottesidet; **2°stundentag** m ottetimersdag; ~stöckig otteetages; ~stündig ottetimers; **2tägig** ottedages

Achtung f ⟨0⟩ agtelse, respekt (vor D/for); ~! giv agt!, pas på!; alle ~! respekt!; SPORT ~, fertig, los! klar, færdig, start!

Ächtung f bandlysning

achtung|gebietend respektindgydende, myndig; **2svoll** ærbødig

achtzehn atten; am ~ten den attende; ~jährig attenårig; Frist: attenårs; **2tel** n attendedel; ~te(r) attende

achtzig firs; im ÖKON usw a otti; er ist hoch in den **2ern** han er højt oppe i firserne; **2erjahre** n/pl firsere pl; ~jährig firsårig; **2stel** n firsindstyvendedel; **2ste(r)** firsindstyvende

ächzen ⟨-t⟩ klage sig, stønne; → knarren

Acker m ⟨-s; =⟩ mark, ager; ~bau m ⟨-(e)s; 0⟩ landbrug n; ~boden m agerjord; ~gaul m arbejdshest; ~land n ⟨-(e)s; 0⟩ agerland n, landbrugsjord

ackern ⟨-re⟩ pløje; F fig slide (som en hest)

Acker|schlepper m traktor; ~walze f cambridgetromle

a. D. (= außer Dienst) pensioneret; forhenværende (= fhv.)

Adams|apfel m adamsæble n; ~kostüm n: F im ~ optræde i adamskostume

A'dapter m adapter

ad'dieren addere

Addition [-'tsɪo:n] f addition; ~sfehler m additionsfejl

---

a'de! lev vel!, farvel!

Adel m ⟨-s; 0⟩ adel; **2n** ⟨-le⟩ adle

Adels|brief m adelspatent n; ~stand m adelsstand

Ader f ⟨-; -n⟩ åre; zur ~ lassen årelade; fig e-e ~ haben für (A) have anlæg for ngt.; **2ig** året; ~lass m ⟨-es; =e⟩ åreladning (a fig)

a'dieu! farvel!

Adjektiv n ⟨-s; -e⟩ adjektiv n, tillægsord n; **2isch** adjektivisk

Adju'tant m ⟨-en⟩ adjudant

Adler m ørn; ~blick m fig falkeblik n; ~horst m ørnerede; ~nase f ørnenæse

adlig adelig; **2e(r)** adelsmand; adelsdame

Administra|tion [-'tsɪo:n] f administration; **2'tiv** administrativ

Admi'ral m ⟨-s; -e/=e⟩ admiral; ~i'tät f admiralitet n

adop'tieren adoptere; **2tion** [-'tsɪo:n] f adoption

Adop'tiv|eltern pl adoptivforældre pl; ~kind n adoptivbarn n

Adres'sat m ⟨-en⟩ adressat

A'dressbuch n adressebog, vejviser

A'dresse f adresse; per ~ (p. A.) adresse (adr.), c/o

adres'sier|en adressere (an A/til); **2maschine** f adressograf

a'drett → hübsch, sauber

Ad'vent m ⟨-(e)s; 0⟩ advent

Ad'vents|kalender m julekalender; ~kranz m adventskrans

Ad'verb n ⟨-s; -ien⟩ adverbium n; **2ial** [-'bɪa:l] adverbiel

Advo'kat [a:] m ⟨-en⟩ advokat

aerody'namisch aerodynamisk

Af'färe f affære; fig sich aus der ~ ziehen redde sig ud af en vanskelig situation

Affe m ⟨-n⟩ abe (a fig)

Af'fekt m ⟨-(e)s; -e⟩ affekt; ~handlung f affekthandling

affek'tiert affekter(e)t; **2heit** f ⟨0⟩ affektation, skaberi

affen|artig abeagtig, abelignende; mit ~er Geschwindigkeit i en forrygende fart; **2brotbaum** m abebrødtræ n; **2hitze** f F frygtelig varme, glødende hede; **2liebe** f blind kærlighed; **2mensch** m abemenneske n; **2schande** f F synd og skam; **2theater** n F skaberi n, fjolleri n; **2zahn** m: F fig e-n ~ drauf haben køre som en vild

affig F fjollet; affekteret

Äffin f hunabe

Affini'tät f affinitet (a CHEM)

Af'ghan|e m ⟨-n⟩ afghaner; **2isch** afghansk

Afrika n Afrika n
Afri'kan|er(in) m(f) afrikaner; **≈isch** afrikansk
After m tarmåbning; (*Fisch≈ usw*) gat n; **~flosse** f gatfinne
AG (= *Aktiengesellschaft*) aktieselskab n (A/S)
ägäisch [-'gɛːɪʃ]: **≈es Meer** n Ægæiske Hav n
A'gent|(in) m ⟨-en⟩ (f) agent; **~ur** [-'tuːʀ] f agentur n
Aggres|'sion f aggression; **≈'siv** aggressiv; **~sivi'tät** f aggressivitet
Agi|tation [-'tsĭoːn] f agitation; **≈'tieren** agitere
Ago'nie f agoni
ag'rarisch agrarisk
Ä'gypt|er(in) m(f) egypter; **≈isch** egyptisk
ah!, aha! ah!; jaså!
Ahle f ål
Ahn m ⟨-(e)s/-en; -en⟩ stamfader; **~en** pl aner, forfædre pl
ahnden ⟨-e-⟩ straffe; retsforfølge
Ahne f stammoder; → *Ahn*
äh øh
ähneln ⟨-le⟩ (D) ligne (*sich* hinanden); → *ähnlich*
ahnen ane; *nichts (Böses)* **~d** intetanende
Ahnen|forschung f ⟨0⟩ slægtsforskning; **~galerie** f anegalleri n; **~tafel** f stamtavle
ähnlich lignende; *j-m ~ sehen/sein* ligne én; *etwas ≈es* noget lignende; *das sieht dir ~!* det ligner dig!; **≈keit** f lighed
Ahnung f anelse; F *keine ~!* det aner jeg ikke!; *keine (blasse) ~ haben* ikke ane det ringeste (*davon*/om det); → *Schimmer*
ahnungs|los intetanende; **≈losigkeit** f ⟨0⟩ uvidenhed; **~voll** fuld af anelser
Ahorn m ⟨-s; -e⟩ ahorn
Ähre f aks n; **~nlese** f aksesankning
Akade|'mie f akademi n; **~miker(in)** [-'deː-] m(f) akademiker; **≈misch** [-'deː-] akademisk
A'kazie [-tsĭə] f akacie
Akklamation [-'tsĭoːn] f: *durch ~* med akklamation
akklimati'sieren akklimatisere (*sich* sig)
Ak'kord m ⟨-(e)s; -e⟩ akkord; *im ~* på akkord; **~arbeit** f akkordarbejde n
Ak'kordeon [ode'ɔn] n ⟨-s; -s⟩ akkordeon n, (stor) trækharmonika
Ak'kordlohn m akkordløn
akkredi|'tieren akkreditere; **≈'tiv** n ⟨-s; -e⟩ (ak)kreditiv n
Akku m ⟨-s; -s⟩, **~mu'lator** m ⟨-s; -'toren⟩ akkumulator

akku'rat akkurat; nøjagtig; **≈esse** [-'tɛˑsə] f ⟨0⟩ akkuratesse
Akkusativ m ⟨-s; -e⟩ akkusativ, genstandsfald n; **~objekt** n akkusativobjekt n
Akne f akne, filipenser
A'kontozahlung f a conto-betaling
Akro'bat|(in) m ⟨-en⟩ (f) akrobat; **≈isch** akrobatisk
Akt m ⟨-(e)s; -e⟩ akt (*a* THEA); (*Malerei a*) nøgenstudie; **~e** f aktstykke n; journal; **~n** pl (sagens) akter; *zu den ~n legen* fig lægge ad acta
akten|kundig: es ist ~ det er dokumenteret; **≈mappe** f (dokument-) mappe; **≈notiz** f memo(randum) n; **≈schrank** m dokumentskab n; **≈stück** n → *Akte*; **≈tasche** f → *Aktenmappe*; **≈zeichen** n journal-nummer n
Aktfoto n nøgenfoto n
Aktie ['aktsĭə] f aktie
Aktien|gesellschaft f (*AG*) aktieselskab n (A/S); **~kapital** n aktiekapital; **~kurs** m aktiekurs
Aktion [-'tsĭoːn] f aktion
Aktio'när(in) m ⟨-s; -e⟩ (f) aktionær
Ak'tions|gruppe f POL aktionsgruppe; **~programm** n aktionsprogram n; **~radius** m aktionsradius
ak'tiv aktiv
Aktiv n ⟨-s; 0⟩ GRAM aktivform
Ak'tiva pl: *~ und Passiva* aktiver og passiva
akti|'vieren aktiv(is)ere; **≈vi'tät** f aktivitet
Aktmodell n nøgenmodel
aktu|ali'sieren aktualisere; **≈ali'tät** f aktualitet; **~'ell** aktuel
Akupunk'tur f akupunktur
A'kust|ik f ⟨0⟩ akustik; **≈isch** akustisk
a'kut ⟨-est⟩ akut
Ak'zent m ⟨-(e)s; -e⟩ accent; → *a Betonung*; **≈frei** uden accent (*nachgestellt*); **≈u'ieren** accentuere
Ak'zept n ⟨-(e)s; -e⟩ accept; **≈'tabel** acceptabel; **~'tanz** f ⟨0⟩ accept; **≈'tieren** acceptere
Ala'baster m alabast (n)
A'larm m ⟨-(e)s; -e⟩ alarm; **~bereitschaft** f alarmberedskab n; **≈'ieren** alarmere; **~knopf** m alarmknap; **~stufe** f alarmberedskab n; *höchste ~* højeste alarmberedskab; **~vorrichtung** f alarmapparat n
A'laun m ⟨-s; -e⟩ alun
Al'ban|er m albaner; **≈isch** albansk
albern fjollet, pjattet; tåbelig; *~ sein* fjolle, fjase; **≈heit** f fjolleri n; (*Einfalt*) enfoldighed; (*Dummheit*) tåbelighed

Al'bino *m* ⟨-s; -s⟩ albino
Albtraum *m* mareridt *n*
Album *n* ⟨-s; Alben⟩ album *n*
Alchi'mie *f* ⟨0⟩ alkymi
Alge *f* alge
Algebra *f* ⟨0⟩ algebra
Al'geri|en *n* Algeriet; **~er** *m* algerier; **2sch** algerisk
Alibi *n* ⟨-s; -s⟩ alibi *n*
Ali'mente *n/pl* børne-bidrag *n*
Al'kali *n* ⟨-s; -ien⟩ alkali *n*; **2sch** alkalisk
Alkohol [-ho:l] *m* ⟨-s; -e⟩ alkohol; (*Getränke*) spiritus; **2frei** alkoholfri; afholds-; **~gehalt** *m* spiritusindhold *n*; **~genuss** *m* spiritusnydelse; **2haltig** alkoholholdig
Alko'hol|iker *m* alkoholiker, alkoholist; **2isch** alkoholisk
Alkohol|spiegel *m* alkoholprocent; **~sünder** *m* spritbilist; **~test** *m* spiritusprøve; **~verbot** *n* spiritusforbud *n*
all al, alt *n*, alle *pl*; hver; *das ist* **~es** det er det hele (*od* alt); **~e beide** begge to; **~e** (*vier*) *Tage* hver (fjerde) dag; **~er Art** af enhver art; **~e Welt** alverden; **~es Gute!** alt godt!; *vor* **~em** fremfor alt; *um* **~es** *in der Welt* for alt i verden; *in* **~er Frühe** tidligt om morgenen; *in* **~er Ruhe** i ro og mag; **~es lief hinaus** alle løb ud
All *n* ⟨-s; 0⟩ (verdens)alt *n*, univers *n*
all'|abendlich hver aften; **~bekannt** almindelig (be)kendt
alle *adv* F sluppet op; **~ sein** være sluppet op; **~ werden** slippe op
Al'lee *f* allé
alle'gorisch allegorisk
al'lein alene, ene; (*einsam*) ensom; **~ stehend** (*einzeln*) fritstående; *fig.* → *allein-stehend*; *adv* kun, blot; *einzig und* **~** ene og alene; *konj* men; *nicht* **~** ..., *sondern auch* ikke blot ... men også; *von* **~** af sig selv; **~berechtigt** eneberettiget; **~besitz** *m* særeje *n*, enebesiddelse; **2erbe** *m* universalarving; **2gang** *m*: *im* **~** på egen hånd; **2herrscher** *m* enehersker; **~ig** eneste, udelukkende; **2inhaber** *m* eneindehaver; **2sein** *n* ensomhed
al'leinstehend (*ohne Partner*) enlig; → *einsam*
Al'lein|verkauf *m* ⟨-(e)s; 0⟩ eneforhandling; **~vertretung** *f* enerepræsentation
allenfalls (*zur Not*) til nød; (*höchstens*) i det højeste, højst
aller|best allerbedst; **~'dings** ganske vist, rigtignok; javel!; **~erst** allerførst
Aller|gie *f* allergi; **2sch** [-'lcr-] allergisk
aller|größt allerstørst; **~hand** alle slags, allehånde; (*viel*) en hel del; *das ist* **~!** det

må jeg sige!; *beleidigt*: det er et stift stykke!; **2'heiligen** *n* ⟨-; 0⟩ allehelgen(s-dag); **~höchst(ens)** allerhøjest
aller|lei allehånde; **~letzt** allersidst; *zu* **~** (til) allersidst; **~liebst** allerkærest, sød, yndig; **~meist** (aller)mest; især; allerflest; **~orten** overalt, alle vegne; **2'seelen** *n* ⟨-; 0⟩ allesjælesdag; **~seits** på (od fra) alle sider; **2'weltsgesicht** *n* anonymt ansigt *n*; **2'weltswort** *n* forslidt frase; **~'wenigst**: *die* **~en** de færreste; *am* **~en** mindst muligt; slet ikke; **2'werteste(r)** *m* ⟨-n⟩ F bagdel, ende
alles alt; **~ in allem** alt i alt; → *a all*
alle'samt allesammen
Alles|fresser *m* altædende dyr *n*; **~kleber** *m* universallim
allezeit altid
all'gegenwärtig allestedsnærværende
allge'mein almindelig; *im* **2en** almindeligvis; i almindelighed; **~ bildend, ~ gültig** → *allgemeinbildend, allgemeingültig usw*; **2befinden** *n* almenbefindende *n*; **~bildend**: *das* **~e** *Schulwesen* det offentlige skolevæsen; **2bildung** *f* ⟨0⟩ almendannelse; **~gültig** almengyldig; **2heit** *f* ⟨0⟩ almindelighed; almenhed; **~verständlich** let forståelig; populær, jævn
All'heilmittel *n* universalmiddel *n*
Alli|anz [a'lïants] *f* alliance, forbund *n*; **~'ierte(r)** allieret; *die Alliierten* de allierede
all'|jährlich årlig, hvert år; **~'mächtig** almægtig; **~'mählich** gradvis; *adv* lidt efter lidt, efterhånden
Allotria [a'lo:-] *n* spilopper *pl*, sjov *n*; **~ treiben** lave fest (od sjov)
Allradantrieb *m* firehjulstræk *n*
all'|seitig alsidig; **2tag** *m* hverdag; **~'täglich** daglig, hver dag; *fig* dagligdags, hverdagsagtig; **~umfassend** altomfattende; **~'wissend** alvidende
allzu alt for; **~ sehr, ~ viel** alt for meget
Allzweckreiniger *m* universal(rense)middel *n*
Alm *f* sæter
Almanach *m* ⟨-s; -e⟩ almanak
Almosen *n* almisse
Alb *f* alpegræsgang, sæter
Albdrücken *n* ⟨-s; 0⟩ mareridt *n*
Alpen *die* Alperne *pl*; **~ in** *Zssgn mst* alpe-, *z. B.* **~veilchen** *n* alpeviol; **~pass** *m* alpepas *n*; **~rose** *f* alperose
Alpha'bet *n* ⟨-(e)s; -e⟩ alfabet *n*; **2isch** alfabetisk
al'pin alpin (*a* SPORT)

Alptraum *m* mareridt *n*

Al'raun *m* ⟨-(e)s; -e⟩, **~e** *f* alrune

als *zeitlich*: da, dengang (da); (*wie*) (lige)som; (*zum Beispiel*) såsom; (*nach komp*) end; **~ ob, ~ wenn** som om; **kaum ... ~** næppe ... før(end); **nichts ~** intet andet end; kun; **sowohl ... ~ auch** både ... og; **~'bald** straks, øjeblikkelig

also altså

alt ⟨*~er; ~est*⟩ gammel; **mein ~er Herr** far, F den gamle; F **~er Junge!** gamle dreng (*od* ven)!; **in ~en Zeiten** i gamle dage; **beim 2en Bleiben** blive ved det gamle; **wie ~ sind Sie/bist du?** hvor gammel er du?; **ich bin 20 Jahre ~** jeg er tyve år (gammel); *fig* **er ist immer noch der 2e** han er stadig den samme

Alt *m* ⟨-s; 0⟩ alt

Al'tar *m* ⟨-(e)s; *~e*⟩ alter *n*

alt|backen *Brot:* gammel, hård; *fig* gammeldags; snerpet; **2bau** *m* ⟨-(e)s; -ten⟩ ældre byggeri *n* ældre ejendom; **2bauwohnung** *f* lejlighed i ældre byggeri; **~bekannt** gammelkendt; **~bewährt** prøvet gennem mange år; **~dänisch** gammeldansk; **~deutsch** gammeltysk, oldtysk; **2e** *f* ⟨-n⟩ gammel kone; **~eingesessen** fra gammel tid boende; hjemmehørende; **2e(r)** *m* ⟨-n⟩ gammel mand, gamling; *die Alten* de gamle; **2eisen** *n* gammelt jern *n*, skrot *n*

Alten|heim *n* alderdomshjem *n*; **~pfleger(in)** *m*(*f*) hjemmehjælper; **~teil** *n* aftægt(sbolig); **~wohnheim** *n* aldersboliger *pl*

Alter *n* alder; (*Ggs Jugend*) alderdom; ælde; **im ~ von 20 Jahren** i en alder af tyve år; **in s-m besten ~** i sine bedste år; **in meinem ~** i på min alder; **von 2s her** fra gammel tid (af)

älter alder; (*bejahrt*) alderstegen

altern *v/i* ⟨-re; *sn*⟩ ældes, blive gammel

alterna'tiv alternativ; **2e** *f* alternativ *n*

alters → *Alter*; **~bedingt** betinget af alderen; **2beschwerden** *f/pl* alderdomsbesværligheder *pl*; **2erscheinung** *f* alderdomstegn *n*; **2genosse** *m*, **2genossin** *f* samtidig, jævnaldrende; **2grenze** *f* aldersgrænse; *die ~ erreichen* falde for aldersgrænsen; **2heim** *n* alderdomshjem *n*; **2klasse** *f* aldersklasse; **2rente** *f* folkepension; **~schwach** svækket af alderdom; **2schwäche** *f* alderdomssvaghed; **2stufe** *f* alderstrin (*konkret*) folkepension; **2versorgung** *f* folkepensionsordning

Alter|tum *n* ⟨-s; 0⟩ oldtid; **~tümer** *n/pl* oldsager *pl*, antikviteter *pl*; **2tümlich** gam-

meldags, antik; *fig* forældet; *iron* oldnordisk

Altertumskunde *f* oldtidskundskab

ältest|- ældst; **2e(r)** *m* ⟨-n⟩ den ældste; **2enrat** *m* POL ældsteråd *n*, (parlaments)-præsidium *n*

alt|gedient veltjent; **2glas** *n* genbrugsglas; **~'hergebracht** nedarvet; hævdvunden, traditionel; **2'herrenmannschaft** *f* SPORT oldboys-hold *n*; **~'jüngferlich** gammeljomfruagtig; snerpet; **~klug** gammelklug

ältlich gammelagtig; aldrende

Alt|meister *m* gammel mester, veteran; **~metall** *n* ⟨-s; 0⟩ metalaffald *n*, skrot *n*; **2modisch** gammeldags; **2nordisch** oldnordisk, norrøn; **~papier** *n* ⟨-s; 0⟩ papiraffald *n*; **~stadt** *f* den gamle by(kærne), den indre by(del); **2testamentarisch** gammeltestamentlig; **~'weibersommer** *m* flyvende sommer, indian summer

Alu|folie *f* sølvpapir *n*, stanniol; **~'minium** [-nĭum] *n* ⟨-s; 0⟩ aluminium *n*

am = *an dem*; **~ besten** bedst; **~ schwierigsten** sværest; **~ Abend** om aftenen; **~ Sonntag** på søndag; **~ ersten Mai** første maj; **~ Einschlafen** (lige) ved at falde i søvn; → *a an*

Amateur|(in) [-'tø:ʀ(ɪn)] *m* ⟨-s; -e⟩ (*f*) amatør; **2haft** amatøragtig

Ama'zone *f* amazone

Ambiti|on [-'tsĭo:n] *f* ambition; **2ös** ⟨*-est*⟩ ambitiøs

Amboss *m* ⟨-es; -e⟩ ambolt

ambu'lan|t ambulant; **2z** *f* ambulance

Ameise *f* myre

Ameisen|bär *m* myresluger; **~haufen** *m* myretue; **~säure** *f* ⟨0⟩ myresyre

Amen *n* amen *n*; *zu allem Ja und ~ sagen* sige ja og amen til alt

A'merika *n* Amerika *n*; **~ner(in)** [-'ka:-] *m*(*f*) amerikaner; **2nisch** [-'ka:-] amerikansk

Amme *f* amme; **~nmärchen** *n* ammestuehistorie

Ammer *f* ⟨-; -n⟩ zo gulspurv

Ammoniak [-'nĭak] *n* ⟨-s; 0⟩ ammoniak

Amnes'tie *f* amnesti

A'möbe *f* amøbe

Amok: ~ laufen gå amok (*od* F agurk)

Amorti'sation [-'tsĭo:n] *f* amortisation, amortisering; **2'sieren** amortisere

Ampel *f* ⟨-; -n⟩ (*Verkehrs2*) (lys)kurv; (*Hängelampe*) ampel, hængelampe;

Ampere [-'pɛ:ʀ] *n* ⟨-[s]; -⟩ ampère

Am'phibie [-bĭə] *f* amfibium *n*; **~n-** *in Zssgn* amfibie-

Am'phitheater *n* amfiteater *n*

Am'pulle f ampul

Ampu|tation [-'tsio:n] f amputation, amputering; **2'tieren** amputere

Amsel f ⟨-; -n⟩ solsort

Amt n ⟨-(e)s; ⁀er⟩ embede m; (*Priester*2) kald n; TEL central; (*Bezirk*) sogn n; REL messe; → *Behörde, Dienst, auswärtig*; **von ⁀s wegen** på embeds vegne; i embeds medfør; **2'ieren** gøre tjeneste, fungere; **2lich** tjenstlig, embeds-; officiel

Amts|anmaßung f overskridelse af kompetence; **⁀antritt** m embedstiltrædelse; **⁀arzt** m embedslæge; **⁀bereich** m embedsområde n; **⁀bezeichnung** f embedstitel; **⁀bruder** m embedsbroder; kollega; **⁀diener** m retsbud n; **⁀eid** m embedsed; **⁀führung** f embedsførelse; **⁀geheimnis** n embedshemmelighed; **⁀gericht** n underret, byret; **⁀geschäfte** n/pl embedsforretninger pl; **⁀handlung** f embedshandling; **⁀hilfe** f ⟨0⟩ hjælp mellem offentlige instanser; **⁀missbrauch** m embedsmisbrug (n); **⁀pflicht** f embedspligt; **⁀richter** m underdommer, byretsdommer; **⁀schimmel** m ⟨-s; 0⟩ F kontornusseri n; **⁀weg** m kommandovej; **⁀zeichen** n TEL summetone; **⁀zeit** f embedstid; **⁀zimmer** n embedskontor n

Amu'lett n ⟨-(e)s; -e⟩ amulet

amü'sant ⟨-est⟩ morsom, fornøjelig; **⁀'sieren** more (*sich* sig)

an 1. *prp* (A, D) *Raum:* ved; **⁀ dem Fenster** ved (siden af) vinduet; *Dozent ⁀ der Universität* docent ved universitetet; *Raum u Zeit:* på; **⁀ der Wand hängen** hænge på væggen; *am Mittwoch* på onsdag; *fig am Herzen liegen* ligge på hjertet; *Ziel:* til; **⁀ e-m Ort ankommen** ankomme til et sted; *Ursache:* af; **⁀ Heimweh sterben** dø af hjemve; *Überfluss ⁀ Fleisch* overflod af kød; *reich* (*arm*) **⁀ etw.** (D) rig (fattig) på ngt.; *fig mst* i; **⁀ und für sich** i og for sig; **⁀ einem Fest teilnehmen** deltage i en fest; *am Leben sein* være i live; *am Tage* om dagen; *am Haus vorbei* forbi huset; *am 1. Mai* (den) første maj; **⁀ die Tür klopfen** banke på døren; *fig* til; **⁀ j-n schreiben** skrive til én; 2. *adv* af; *von diesem Tage ⁀* fra denne dag (af); *von heute ⁀* fra i dag (af); *Licht ⁀!* tænd lyset!

Anachro'nismus [-k-] m ⟨-; -men⟩ anakronisme

Ana|lo'gie f analogi; **2'log** analog, tilsvarende

Analpha'bet m ⟨-en⟩ analfabet; **⁀entum** n ⟨-s; 0⟩ analfabetisme

Ana|'lyse f analyse; **2ly'sieren** analysere

Ananas f ⟨-; - od -se⟩ ananas

Anar|'chie f anarki n; **2'chistisch** anarkistisk

Ana|to'mie f anatomi; **2'tomisch** anatomisk

an-|backen v/i ⟨sn⟩ klampe, klumpe; v/t bage (let); **⁀bahnen** forberede, bane vej for; *sich ⁀* være i vente; **⁀bändeln** v/i ⟨-le⟩ indlade sig (*mit* med)

Anbau m ⟨-(e)s; 0⟩ dyrkning; ARCH (*pl -ten*) tilbygning

an-bauen tilbygge; (*op*)dyrke

Anbau|fläche f opdyrkningsareal n; **⁀küche** f elementkøkken n; **⁀möbel** n/pl byggemøbler n/pl

Anbeginn m: *von ⁀ an* fra begyndelsen (af)

an-behalten beholde på

an'bei vedlagt, hoslagt

an-|beißen v/t bide i; v/i bide på; **⁀belangen** angå; *was mich anbelangt* hvad mig angår; **⁀bellen** gø ad; *fig* skælde ud; **⁀beraumen** beramme (*für* til)

an-bet|en tilbede, dyrke; **2er(in)** m(f) tilbeder(inde)

Anbetracht m: *in ⁀* (G) i betragtning af

an|betreffen angå, vedrøre; *was mich anbetrifft* hvad mig angår; **⁀betteln** tigge af (*od* hos); **2betung** f tilbedelse, dyrkelse; **⁀biedern** ⟨-re⟩ *sich ⁀* (D) lefle for; F fedte for; **⁀bieten** tilbyde; → (*sich*) *bieten*; **2bieter** m tilbud(s)giver; **⁀binden** v/t binde fast; → *angebunden*; **⁀blasen** blæse på; *Glut* puste til; *Hochofen* tænde op; *Jagd* blæse ind

Anblick m skue n, syn n; *sein ⁀* synet af ham; *beim ersten ⁀* ved første blik m

an-|blicken se på, betragte; **⁀blinzeln** blinke til; **⁀bohren** bore hul i; *Fass* tage hul på, stikke an; **⁀braten** stege (let); **⁀bräunen** brune; **⁀brechen** v/t brække (et stykke) af; *Packung, Flasche* åbne for, tage hul på, påbegynde; v/i ⟨sn⟩ *Tag:* bryde frem; **⁀brennen** v/t → *anzünden*; **⁀ lassen** *Speisen* svide, branke; v/i ⟨sn⟩ *Essen:* svides, brænde på; **⁀bringen** (*befestigen, hinstellen*) anbringe; → *herbeibringen, -schaffen*; *Klage* fremføre; *das ist nicht angebracht* det er upassende

Anbruch m ⟨-(e)s; 0⟩ (*Tages*2) frembrud n, komme n; (*Anfang*) begyndelse; *bei der Dunkelheit* ved mørkets frembrud

an-|brüllen brøle ad (*od* til); **⁀brummen** brumme ad

Anchovis [-'ʃo:-] f ⟨-; -⟩ ansjos

An|dacht *f* andagt; 2dächtig andægtig

an·dauern vedvare, vare ved; ~d vedvarende, stadig

Andenken *n* erindring; minde *n*; souvenir; *zum ~ an* (*A*) til minde om

ander anden, andet *n*, andre *pl*; *am ~(e)n Tag* næste dag; *ein um das ~e Mal* den ene gang efter den anden; *der eine ... der ~e* den ene ... den anden; *pl die einen ..., die ~n* nogle ... andre; *nichts ~es als* intet andet end; *ein ~es Mal* en anden gang; *unter ~(e)m (u. a.)* blandt andet (bl. a.); *~erseits* på den anden side

ändern ⟨*-re*⟩ ændre, forandre, lave om; *fig etw.* (*A*) ~ lave om på ngt.; *sich ~* forandre sig, forandres

andern|falls ellers, i modsat fald *n*; *~orts* andetsteds; *~tags* den næste dag

anders anderledes, på anden måde; *jemand ~* nogen (*od* en) anden; *niemand ~ als* ingen anden end; *wer ~?* hvem ellers?; *die Sache verhält sich ~* sagen forholder sig anderledes; *sich ~ besinnen* komme på andre tanker, bestemme sig om; *~denkend → andersdenkend;* *artig* anderledes; *~denkend* anderledestænkende; *~gläubig* anderledes troende; *~herum,* F *~rum* i modsat retning; F *er ist andersrum* han er bøsse; *~sprachig* fremmedsproget; på et andet sprog; *~wo* andetsteds; *~woher* andetsteds fra; *~wohin* andetsteds hen

anderthalb [*a* -'halp] halvanden

Änderung *f* ændring, forandring; *~santrag m, ~svorschlag m* ændringsforslag *n*

ander|wärts andetsteds; *~weitig* på anden måde, anderledes

an·deut|en antyde; → *a* anspielen; *sich ~* skimtes; 2ung *f* antydning (*a Spur*); (*Anspielung*) hentydning; *~ungsweise* antydningsvis

an·dicht|en: *j-m etw.* (*A*) ~ pådigte én ngt.; *~dicken Suppe* jævne; *~donnern* brøle til, tordne løs mod; 2drang *m* ⟨*-(e)s; 0*⟩ tilstrømning; (*Gedränge*) trængsel; *~drehen* skrue på; *Radio, Heizung* lukke (*od* skrue) op for; *Licht* tænde; *Gas* tænde for; F *j-m etw.* (*A*) ~ narre (*od* prakke) én ngt. på

andre(r) → *ander*

an·droh|en: *j-m etw.* (*A*) ~ true én med ngt.; 2ung *f* trussel; *unter ~ von Strafe* under trussel af straf

Andruck *m* ⟨*-(e)s; -e*⟩ TYP prøvetryk *n*

an·drücken trykke på, trykke imod; *~ecken v/i* ⟨*sn*⟩ *fig* lægge sig ud

an·eign|en: *sich etw.* (*A*) ~ tilegne sig ngt.; 2ung *f* tilegnelse

anein'ander ved siden af hinanden, sammen; *dicht ~* tæt op til hinanden

anein'ander·|fügen sammenføje; *~geraten v/i* ⟨*sn*⟩ komme i hårene på hinanden; *~grenzen* grænse op til hinanden; *~reihen* kæde sammen; *~schneiden Film* klippe sammen; *~stoßen v/i* ⟨*sn*⟩ støde mod hinanden

Anek'dote *f* anekdote

an·ekeln virke modbydeligt på; *es ekelt mich an* jeg væmmes ved det

Ane'mone *f* anemone

An·erbieten *n* tilbud *n*

anerkannt anerkendt; godkendt; *~er'maßen* som indrømmet; almindelig vedtaget

anerkenn|en (*würdigen*) anerkende, påskønne; (*gutheißen, akzeptieren*) godkende; *~end* anerkendende; *~enswert* påskønnelsesværdig; 2ung *f* anerkendelse; påskønnelse; godkendelse

an·|fachen puste til; *fig* opflamme; *~fahren v/t* (*bringen*) tilkøre, tilføre; (*rammen*) påkøre; *fig j-n ~* overfuse én; køre frem mod én; *angefahren kommen* komme kørende

Anfahrt *f* tilkørsel (→ *a Zufahrt*); (*zur Arbeit*) transport; *~sweg m* tilkørselsvej

An|fall *m* anfald *n* (*a fig*); 2-fallen *v/t* anfalde; (*entstehen*) opstå; *die ~de Arbeit* alt forefaldende arbejde

anfällig modtagelig; ikke modstandsdygtig; 2keit *f* modtagelighed; manglende modstandskraft

Anfang *m* ⟨*-(e)s; ~e*⟩ begyndelse; *am ~* i begyndelsen; *von ~ an* fra begyndelsen (af); *~ März* i begyndelsen af marts, først i marts

an·fangen begynde, starte (*a v/i*); *e-e Sache ~* tage fat på ngt.; *mit ihm ist nichts anzufangen* ham er der ikke ngt. at stille op med

Anfäng|er(in) *m(f)* (ny)begynder; *~erkurs m* begynderkursus *n*; 2lich *adj* begyndende, først; *adv* i begyndelsen

anfangs i begyndelsen, i til at begynde med; 2buchstabe *m* begyndelsesbogstav *n*; 2gehalt *n* begyndelsesløn; 2geschwindigkeit *f* begyndelsesfart, -hastighed; 2schwierigkeit *f* begyndelsesvanskelighed; 2stadium *n* begyndelsesstadium (*od* -stade) *n*; 2unterricht *m* begynderundervisning

an·|fassen tage fat (på), gribe (fat i); *~fauchen fig* overfuse; *~faulen v/i* ⟨*sn*⟩

begynde at rådne

an|fechtbar angribelig; **~fechten** anfægte; **2fechtung** f bestridelse; (*Zweifel, Versuchung*) anfægtelse

an-feinden ⟨-*e*-⟩ bekæmpe; være fjendsk imod

an-fertig|en forfærdige, lave; **2ung** f forfærdigelse; → **Herstellung**

an-feuchten ⟨-*e*-⟩ fugte

an-feuer|n *fig* opflamme, opildne; SPORT heppe; **2ung** f *fig* opmuntring; incitament *n*

an-|flehen bønfalde, bede om; **~fliegen** *Flughafen* flyve hen til; (*regelmäßig*) beflyve; **angeflogen kommen** komme (til)flyvende; **2flug** *m* anflyvning, indflyvning; *fig* stænk *m*; (*Hauch*) anstrøg *n*

an-forder|n fordre, gøre krav på; (*bestellen*) bestille; **2ung** f krav *n*; **hohe ~en stellen an** (*A*) stille store krav til

An|frage f forespørgsel; POL *a* interpellation; **e-e ~ stellen** stille en forespørgsel; **2-fragen** forespørge; → **fragen, sich erkundigen**

an-|fressen gnave på; CHEM ætse; **~freunden** ⟨-*e*-⟩: **sich ~** blive (gode) venner; **~frieren** *v/i* ⟨*sn*⟩ fryse fast (*an D*/til); **~fügen** tilføje; vedlægge; **~fühlen**: **sich ~** føles; **es fühlt sich hart an** det er hårdt at tage (*od* føle) på

Anfuhr f tilkørsel; (*Zufuhr*) tilførsel

an-führ|en anføre (*a Gründe, Zitate*); (*narren*) narre; → *a* **führen**; **2er(in)** *m(f)* anfører; **2ung** f anførelse; → **Führung; Zitat**; **2ungszeichen** *n/pl* anførelsestegn *n/pl*, gåseøjne *n/pl*

an-füllen (op)fylde, fylde på

Angabe f opgivelse, angivelse; (*Auskunft, mst pl*) oplysning; SPORT serve; ⟨-; 0⟩ F praleri *n*; **genaue ~n** nøjagtige oplysninger

an-gaffen (stå og) glo på

an-geb|en *v/t* (*nennen*) angive; *Namen, Preis* opgive; **den Ton ~** give tonen an (*a fig*); *v/i* SPORT serve; F (*prahlen*) blære sig, gøre sig vigtig; **2er(in)** *m(f)* pralhals, blære; **2e'rei** f praleri *n*; geben-ven; påstået; *adv* angiveligt, efter sigende

angeboren medfødt

Angebot *n* tilbud *n*; **im ~** på tilbud

ange|bracht passende, rimelig; **~brannt** branket, brændt på; **~brochen** som der er taget hul på, påbegyndt; *Flasche*: åbnet; **~bunden** → **anbinden**; F **kurz ~** kort for hovedet; **~deihen**: **j-m etw.** (*A*) **~ lassen** lade ngt. komme én til gode; **~fault** (noget) rådden; **~gossen**: **wie ~** som

støbt; **~graut** gråsprængt; **~griffen** → **angreifen**; *Nerven, Gesundheit*: nedbrudt; **~ aussehen** se medtaget ud; **~heitert** F animeret; lettere beruset

an-gehen *v/t* ⟨*a sn*⟩ (*betreffen*) angå, vedkomme, F rage; (*bitten*) henvende sig til, bede én; *Problem usw* → **anpacken; das geht mich nichts an** det kommer ikke mig ved; **was mich angeht** hvad mig angår; **was geht das Sie an?** hvad rager det Dem?; **das mag noch ~** det kan endda gå an; *v/i* ⟨*sn*⟩ (*anfangen*) begynde; *Licht*: tændes; → **anwachsen; es geht (nicht) an** det går (ikke) an; **~d** *Beruf*: vordende

angehör|en (*D*) tilhøre, høre til; **~ig** tilhørende, hørende til; **2ige** *m/f* (*Mitglied*) medlem; **meine ~** mine pårørende *pl*

Angeklagte *m/f* anklagede

angekränkelt sygelig

Angel f ⟨-; -*n*⟩ (dør)hængsel *n*; (*Fisch2*) fiskestang

angelaufen *Metall*: anløben; **~ kommen** komme løbende

angelegen: *sich* (*D*) *etw.* (*A*) **~ sein lassen** lade ngt. være én magtpåliggende; **2heit** f sag, anliggende *n*; **in welcher ~?** i hvilket anliggende?; → **Sache**

angelehnt på klem

Angel|fischerei f lystfiskeri *n*; **~gerät** *n* medetøj *n*, fiskegrej *n*; **~haken** *m* mede-, fiskekrog; **~leine** f → **Angelschnur**; **2n** ⟨-*le*⟩ mede, fiske (*a fig*, efter); **~n** *n* ⟨-*s*; 0⟩ → **Angelfischerei; ~punkt** *m fig* hovedpunkt *n*; **~rute** f medestang, fiskestang; **~schein** *m* fisketegn *n*; **~schnur** f line, snøre; **~sport** *m* sports-, lystfiskeri *n*

ange|messen passende, tilsvarende, rimelig; afpasset (*j-m*/efter én); (*gehörig*) sømmelig; **~nagelt**: **wie ~** som fastnaglet

angenehm behagelig, rar; **~!** glæder mig!; → **ansprechend; was ist dir ~?** hvad ønsker du?; **es ist mir ~** det er rart, det passer mig godt; **das 2e mit dem Nützlichen verbinden** forene det nyttige med det behagelige

angenommen antaget, vedtaget; *Name*: påtaget; *Kind*: adoptiv-; **~, dass** sæt at, antaget at

Anger *m* fælled, åben (grøn) plads

angerannt: **~ kommen** komme løbende

ange|regt livlig; (*veranlasst*) fremskyndet (*durch* af); **~schlagen** *fig* medtaget; *Boxer*: groggy; **~schlossen** tilsluttet; **~schossen** anskudt; **~schrieben**: *fig* **gut ~ sein** være afholdt; **~sehen** anset

Angesicht *n* ansigt *n*; **2s** (*G*) i betragtning

af

ange|spannt spændt; → *a* **angestrengt**; **~stammt** medfødt; nedarvet; *Platz usw*: sædvanlig

Angestellte *m/f* ansat, funktionær; **~nver-sicherung** *f* pensionskasse (for funktio-nærer)

angestrengt anstrengt

angetan → **antun**; *es j-m* **~** *haben* falde i nogens smag; *ich bin von ihm sehr* **~** jeg synes godt om ham; *von etw.* (D) *nicht* **~** *sein* finde mishag i ngt.; *dazu* **~** ... egnet til ...

angetrunken F halvfuld

angewandt anvendt; praktisk; **~e Kunst** anvendt kunst

angewiesen: **~** *sein auf* (A) være afhæng-ig af; *auf sich selbst* **~** *sein* være henvist til sig selv

ange|wöhnen (D) vænne til; *sich* **~** vænne sig til; **2wohnheit** *f* vane; **~wurzelt:** *wie angewurzelt dastehen* stå som lamslået; **~zeigt** tilrådelig; → *a* **anzeigen**; **~zogen** klædt (på); *sich* **~** *fühlen von* føle sig til-trukket af

An'gina *f* ⟨-; *-nen*⟩ angina

an·gleichen tillempe (D/efter); → **anpassen**

Angler(in) *m(f)* lystfisker

an·gliedern knytte til; indlemme i

angli'kanisch anglikansk

an·glotzen F (stå og) glo på

An'gorawolle *f* angorauld

an|greifbar angribelig; **~greifen** angribe (*a fig*); **2greifer(in)** *m(f)* angriber

an·grenzen grænse op (*an* A/til); **~d** til-grænsende; *Zimmer:* tilstødende

Angriff *m* angreb *n*; *in* **~** *nehmen* påbe-gynde, tage fat på; *zum* **~** *übergehen* gå over til angreb

Angriffs|krieg *m* angrebskrig; **~linie** *f Ballspiele:* angrebskæde; **2lustig** an-grebslysten; **~spieler** *m* sport angrebs-spiller; **~ziel** *n* angrebsmål *n*

an·grinsen F grine til

angst: *mir ist* **~** jeg er bange

Angst *f* ⟨-; *⸚e*⟩ angst, ængstelse; **~** *haben vor* (D) være bange for; *in* **~** *geraten* bli-ve bange; *vor* **~** af angst; *j-m* **~** *machen* gøre én bange; → *a* **einjagen**; **2erfüllt** angstfuld, fuld af angst; **~gefühl** *n* angst-fornemmelse; **~geschrei** *n* angstskrig *n*; **~hase** *m* hare, bangebuks

ängst|igen ængste, skræmme; *sich* **~** ængs-tes, være bange (*vor* D/for; *um* A/for, da ... vegne); **~lich** ængstelig, bange; (*scheu*) sky, forlegen; **2lichkeit** *f* ⟨0⟩ ængstelig-

hed, bekymring, uro

Angst|neurose *f* angstneurose; **~schweiß** *m* angstsved; **2voll** → **angsterfüllt**

an·gucken kigge på, F glo på; **~haben** ha-ve på; *fig er kann mir nichts* **~** han kan ikke gøre mig ngt.; **~haften** (D) klæbe ved, hænge ved (*a fig*); **~haken** hage fast; sætte på krog; hænge op; (*ankreuzen*) sætte kryds ved, afmærke

an·halt|en *Atem* holde; *Maschine* stoppe, standse; *j-n zur Arbeit* **~** holde én til ar-bejdet; *v/i* standse; (*dauern*) vare (ved), vedblive; *um ein Mädchen* **~** fri til en pige; **~end** vedvarende, vedholdende; (*beharrlich*) ihærdig; **2er(in)** *m(f)* blaffer; *per Anhalter reisen* rejse på tommel-fingren, blaffe; **~spunkt** *m* fig holde-punkt *n*, indicium *n*

an'hand *with* hjælp af; på grundlag af

Anhang *m* tillæg *n*, bilag *n*; ⟨-(e)s; *0*⟩ fig slæng *n*; (*Familie*) påhæng *n*; *ohne* **~** uden pårørende; F uden pige (*od* fyr)

an·hängen *v/t* hænge (*an* A/på); → **an-koppeln, beifügen**; *fig j-m etw.* (A) **~** på-dutte én ngt., give én skyld for ngt.; *v/i* (D) hænge ved; være tilhænger af

Anhänger *m* tilhænger; *Auto:* påhængs-vogn, anhænger; *Schmuck:* hænge-, hals-smykke *n*; (*Koffer2*) navne-, mær-ke-seddel; → *a* **Aufhänger**; **~kupplung** *f* anhængerkobling; **~schaft** *f* tilhængere *pl*

anhäng|ig: **~** *machen* føre, indanke (en proces); **~lich** hengiven, tro; **2lichkeit** *f* ⟨0⟩ hengivenhed, troskab; **2sel** *n* ved-hæng *n*; → **Anhänger, lästiges ~** påhæng *n*

an·hauchen ånde på, puste på; **~hauen** P tiltale; tigge hos

an·häuf|en opdynge; *sich* **~** dynge sig op, hobe sig op; **2ung** *f* ophobning; dynge

an·heben *v/t* lette på; *Preis, Lohn* for-høje; *v/i* → *beginnen*; **~heften** hæfte til *od* på; **~heilen** læges, gro sammen

anheimeln hjemlig, hyggelig

an'heim·|fallen *v/i* ⟨sn⟩ hjemfalde (D/til), blive ofer for; **~stellen** henstille, overgi-ve (til afgørelse)

an·heizen tænde op, fyre (op); fig puste til, opflamme; **~heuern** ⟨-re⟩ *v/i* tage hyre; *v/t* forhyre

Anhieb *m:* *auf* **~** lige fra starten

an·himmeln ⟨-le⟩ forgude

Anhöhe *f* bakke, høj

an·hör|en høre på, lytte til; *das hört sich gut an* det lyder godt; **2ung** *f* høring

ani'mieren animere, bringe i stemning,

opmuntre

Animosi'tät f animositet, uvilje (*gegen* A/mod)

Anis [aˈniːs] m ‹-es; -e› anis

an-kämpfen kæmpe (*gegen* imod)

An|kauf m (ind)køb n, opkøb n; **2-kaufen** (ind)købe, opkøbe

Anker m anker n; *vor~ gehen* ankre (op); *vor~ liegen* ligge for anker; *~ werfen* kaste anker; **~boje** f ankerbøje; **~geld** n havneafgift, havnepenge pl; **~kette** f ankerkæde; **2n** ‹-/re› ankre; **~platz** m ankerplads; **~winde** f ankerspil n

an-|ketten ‹-e-› lænke (til), fastgøre; **~kitten** kitte fast

Anklage f anklage, beskyldning; *unter ~ stehen* være under anklage; *unter ~ stellen* anklage, stævne; **~bank** f ‹-; ÷e› anklagebænk; *auf die ~ bringen* → **anklagen**

an·klag|en stævne; (*beschuldigen*) anklage, beskylde (G/for); **2epunkt** m anklagepunkt n

Ankläger m anklager

Anklage|rede f anklagetale; **~schrift** f anklageskrift n

an-klammern hage fast, lukke med krog; *sich ~* klynge sig til

Anklang m genklang; *fig ~ finden* vinde (*od* finde) genklang (*od* tilslutning)

an-kleben v/t klistre fast; *Plakate* opklæbe, opslå; v/i hænge ved, hænge fast

An|kleidekabine f omklædningsrum n; prøverum n; **2-kleiden** ‹-e-› klæde på

Ankleide|puppe f påklædningsdukke; **~zimmer** n påklædningsværelse n

an-|klicken EDV klikke på; **~klingeln** F → *anrufen*; **~klingen** fig finde genklang; **~klopfen** v/i banke på; **~knabbern** bide lidt af; **~knipsen** ‹-t-› Licht tænde; **~knöpfen** knappe på (*od* til)

an-knüpf|en (a fig) knytte fast (*od* til); (*sich beziehen*) referere (*auf* (A) til); **2ungspunkt** m tilknytningspunkt n

an-kommen ankomme; *bei ihm ist nicht anzukommen* hos ham kan man ingen vegne; *es kommt auf dich an* det kommer an på dig; *es auf etw.* (A) ~ *lassen* risikere; lade det bero (*od* komme an) på ngt.; *es kommt darauf an, ob* det kommer an på, om; *es kommt nicht darauf an* det gør ikke ngt.; *es kommt ganz darauf an* det kommer helt an på; *darauf soll es nicht ~* det skal der ikke være ngt. i vejen for; *gegen etw.* (A) ~ kunne hamle op med

Ankömmling m ‹-s; -e› nyankommen

an-|koppeln ‹-le› koble til (*od* sammen); **~kotzen** V: fig *das kotzt mich an* jeg kan brække mig over det; **~kreiden** ‹-e-›: fig *j-m etw.* (A) ~ huske én ngt.; klandre én for ngt.; **~kreuzen** afkrydse; **~kriechen** *mst angekrochen kommen* komme krybende (a fig)

an-kündig|en bekendtgøre; meddele; **2ung** f meddelelse, bekendtgørelse

Ankunft f ‹0› ankomst; **~szeit** f ankomsttidspunkt n

an-kuppeln → *ankoppeln*; **~kurbeln** starte, sætte i gang (a fig); *Geschäft, Konjunktur* sætte gang i; **~lächeln** smile til; **~lachen** le til

Anlage f Park, Fähigkeiten: anlæg n; (*das Anlegen*) anlæggelse; Geld: investering; → *Beilage*; **~kapital** n anlægs-, driftskapital; **~kosten** pl anlægsomkostninger pl

an-|landen ‹-e-› v/t lande; **~langen** v/i ‹sn› ankomme; indtræffe (*in* D/i); → *betreffen*

Anlass m ‹-es; ÷e› anledning; *aus ~* (G) i anledning af

an-lass|en Kleidung beholde på; Motor starte, sætte i gang; Licht lade være tændt; *sich gut ~* tegne godt; **2er** m (selv)starter

anlässlich (G) i anledning af

an-lasten: *j-m etw.* (A) ~ læge én ngt. til last, klandre én for ngt

Anlauf m tilløb n (a fig); ~ *nehmen* tage tilløb

an-lauf|en v/t Hafen anløbe; v/i ‹sn› Glas: dugge(s); Metall: løbe an; Betrieb: starte, komme i gang; Film: begynde at løbe; ~ *gegen* støde (*od* løbe) imod; → *auflaufen*, *angelaufen*; **2stelle** f kontaktsted n

An|laut m GRAM forlyd; **2-lauten** GRAM (*mit*) begynde med

an-läuten ringe på (*od* til)

Anlegebrücke f anlægsbro

an-legen v/t lægge, sætte (*an* A/til *od* ved); Garten, Verband anlægge; Kleid tage på; Geld anbringe; investere; Waffe lægge an (*auf* A/på); fig *es auf etw.* (A) ~ gå ud på ngt.; v/i Schiff: lægge til

Anlegestelle f anløbssted n

an-lehn|en (*an* A) støtte, læne til, imod; Tür åbne (*od* lade stå) på klem; *sich ~* læne (*od* støtte) sig til; **2ung** f fig tilslutning; *in ~ an* (A) i analogi med

Anleihe f lån n

an-|leimen lime på, fastlime; **~leinen** Hund føre i snor

an-leit|en vejlede; **2ung** f vejledning, anvisning

an-lern|en lære, undervise; **2zeit** f oplæringstid

an-liefern levere, udbringe

an-lieg|en ligge op til; *Kleid:* slutte tæt; **~end** *Zimmer:* tilstødende; (*beigefügt*) vedlagt, hosliggende; **2en** n anliggende n; **2er(in)** m(f) beboer (ved vejen)

an-|locken lokke til (sig); **~löten** lodde på, fastlodde; **~lügen:** *j-n ~* lyve for én; **~machen** gøre fast, sætte på; I *provokere;* *Licht* tænde; *Feuer* tænde op; **~malen** male

Anmarsch m anmarsch, fremrykning; **2ie-ren** v/i ⟨sn⟩ marchere (*od* rykke) frem

an-maß|en ⟨-t⟩: *sich* (D) *etw.* (A) ~ tiltage sig ngt.; **~end** anmassende, arrogant; **2ung** f anmasselse

Anmelde|formular n tilmeldingsblanket; **~frist** f tilmeldingsfrist; **~gebühr** f indmeldelsesgebyr n

an-meld|en meddele; tilmelde (*sich* sig); *sich ~* a indmelde sig; **2ung** f *Kursus:* tilmelding; *Verein:* indmeldelse; *polizeiliche ~* tilmeldelse til folkeregistret (*für Ausländer:* ansøgning om opholdstilladelse)

Anmeldeschluss m tilmeldingsfrist

an-merk|en (be)mærke (*j-m etw.* A/ngt. på én); (*notieren*) notere; *sich* (D) *nichts ~ lassen* ikke lade sig mærke med noget; **2ung** f anmærkning

an-mustern v/t påmønstre; v/i forhyre sig

Anmut f ⟨0⟩ ynde, yndighed

an-muten ⟨-e-⟩ virke på; berøre; forekomme

anmutig yndig, yndefuld

an-|nageln sømme (*od* nagle) fast; → **an-genagelt;** **~nähen** sy i (a fast *od* på)

an-näher|n: *sich ~* nærme sig; **~nd** omtrentlig; *adv* rundt regnet, tilnærmelsesvis; **2ung** f tilnærmelse; **2ungspolitik** f tilnærmelsespolitik

Annahme f modtagelse; (*Vermutung*) antagelse; **~stelle** f indleveringssted n; **~verweigerung** f nægtelse af modtagelse

annehmbar acceptabel

an-nehmen modtage; *Namen, Vorschlag, Rat, Form, Charakter* antage (a *vermuten*); *Einladung* tage imod; *nehmen wir an, dass* ... lad os antage, at ...; *sich* ~ (G) tage sig af

Annehmlichkeit f behagelighed, fordel

anne|k'tieren annektere; **2xion** [-'ksio:n] f anneksion

anno: *von ~ dazumal* fra gamle dage, fra arilds tid

Annon|ce [a'nɔŋsə] f annonce; **2cieren** [-'si:-] annoncere

Annui'tät f annuitet

annul'lier|en annullere; **2ung** f annullering

A'node f anode

an-öden ⟨-e-⟩ kede, trætte

ano'nym anonym; **2i'tät** f ⟨0⟩ anonymitet

Anorak m ⟨-s; -s⟩ anorak

an-ordn|en ordne, arrangere; (*verfügen*) anordne; give ordre (til); **2ung** f ordning, arrangement n; (*Befehl*) ordre, anordning; (*alphabetische* alfabetisk) orden

anorganisch uorganisk

an-packen tage fat i (*od* på), gribe

an-pass|en tilpasse, (til)lempe; *Kleid* prøve; *sich ~* (D) indrette sig efter, tilpasse sig; **2ung** f tilpasning (*an* A/til), tillempning; **2ungsfähigkeit** f tilpasningsevne; **2ungsschwierigkeiten** f/pl tilpasningsvanskeligheder pl

an-|peilen pejle efter; sigte mod; **~pfeifen** SPORT give startfløjt til; fig irettesætte; **2pfiff** m SPORT startfløjt n; fig irettesættelse; **~pflanzen** plante; tilplante, beplante; **~pinseln** sætte farve på; male; **~pöbeln** ⟨-le⟩ torulempe, genere

An|prall m ⟨-s; 0⟩ stød n, anslag n; **2-prallen** v/i ⟨sn⟩ støde, tørne (*an, gegen* A/imod)

an-|prangern ⟨-re⟩ *Person* hænge ud; *Zustand* kritisere skarpt; *angeprangert werden Person* blive sat i gabestokken; **~preisen** gøre reklame for; opreklamere; **~pressen** presse imod

Anprob|e f prøve, prøvning; **~eraum** m prøveværelse n; **2ieren** prøve

an-pumpen: F *j-n ~* låne (penge) af én, slå én for penge

Anrainer m: *Ostsee*2 østersøland; → **An-lieger**

an-|raten tilråde (*j-m etw.* A/én ngt.); **~rauchen** *Pfeife* ryge til; **~rechnen** beregne; skrive på regning; *Studium, Qualifikationen* godtage, godkende; *Strafe* trække fra; *fig. j-m etw.* (A) *hoch ~* tillægge én stor fortjeneste for ngt.; **2recht** n ret til, krav på

An|rede f tiltale; **~redeform** f tiltaleform; **2-reden** tiltale

an-reg|en (*beleben*) opmuntre, stimulere; *Appetit usw* vække; (*vorschlagen*) tilskynde; give stødet til, sætte i gang; **~end** tankevækkende, animerende, idéfyldt, oplivende; **2ung** f tilskyndelse, impuls, idé, forslag n; **2ungsmittel** n opkvikkende middel n

an-|reichern ⟨-re⟩ tilsætte; berige; **~rei-**

hen föje til (i række); **sich ~ an** (A) slutte sig til, følge efter; → **anstellen**

Anreise f henrejse; ankomst; **~tag** m ankomstdag

an-reißen tage hul på, åbne for, påbegynde

Anreiz m tilskyndelse, ansporing, incitament n

an-|rempeln ⟨-le⟩; **j-n ~** løbe imod én, skubbe til én (med vilje); **~rennen** v/i ⟨sn⟩ **(gegen** A) løbe imod; → **angerannt**

An|richte f anretterbord n; **2·richten** Speisen tilberede; Speisen, Schaden anrette

an-|rollen rulle frem; begynde at køre; (Waren) tilkøre; **~rosten** v/i ⟨sn⟩ begynde at ruste; **~rüchig** tvivlsom; **~rücken** v/t rykke hen; v/i ⟨sn⟩ rykke frem, nærme sig

Anruf m anråb n, tilråb n; TEL opringning; **~beantworter** m TEL telefonsvarer

an-ruf|en anråbe, tilkalde; påkalde; TEL ringe op; **j-n ~** ringe til en od én op; **2er** m én der ringer; **2ung** f påkaldelse; appel; bønfaldelse

an-rühren berøre, røre ved; Speisen, Pulver røre op

ans = **an das**

An|sage f anmeldelse; Radio: meddelelse; bekendtgørelse; **2·sagen** anmelde **(sich** sit besøg); bekendtgøre, meddele

an-sägen save lidt (i)

Ansager(in) m(f) Radio, Fernsehen: speaker; konferencier

an-samm|eln samle, opdynge; **sich ~** hobe sig op; **2lung** f (an)samling, ophobning; (Menschen-) sammenstimlen

ansässig bosat, bosiddende; → **alteingessessen**

Ansatz m (Zusatz) tilføjelse, forlængelsesstykke n; (Beginn) ansats; spire; (Ablagerung) aflejring; (Ausgangspunkt) udgangspunkt n; (Berechnung) overslag m, beregning; Blasinstrument: ansats

an-saufen: P **sich e-n ~** drikke sig fuld

an-saugen suge til (sig); **sich ~** suge sig fast

an-schaff|en anskaffe **(sich** D/sig); P **~ gehen** trække; **2ung** f anskaffelse

an-schalten koble ind; Licht tænde; Radio, Fernsehen tænde for; Maschine starte

an-schau|en betragte, se på; **~lich** anskuelig; **~ machen** anskueliggøre; **2ung** f anskuelse, mening; → **Betrachtung**

Anschauungs|mittel n anskuelsesmiddel n; **~unterricht** m anskuelsesundervisning; **~weise** f betragtningsmåde

Anschein m ⟨-(e); 0⟩ skin n, udseende n; **dem ~ nach** tilsyneladende; **allem ~ nach** efter al sandsynlighed; **es hat den ~, als ob ...** det ser ud til, at ...; **2end** øjensynlig, tilsyneladende

an-|schicken: sich ~ gøre sig færdig (od klar) til; **~schieben** Auto skubbe i gang; **~schießen** anskyde; **2schiss** m ∨ skideballe

Anschlag m (Attentat, MUS, TECH) anslag n; plakat, opslag n; **in ~ bringen** ÖKON tage i beregning; Waffe bringe i anslagsstilling; → **a** **Aushang, Attentat; ~brett** n opslagstavle

an-schlag|en v/t (befestigen) slå (od banke) på; Plakat slå op; Ton slå an, anslå; v/i Hund: give hals, gø; Uhr, Glocke: (begynde at) slå; Kur, Arznei: hjælpe; slå an; → **a** **angeschlagen; 2säule** f plakatsøjle

an-schleichen: sich ~ (an A) snige sig til

an-schleppen slæbe til; Auto slæbe i gang

an-schließen v/t slutte til; fig, EL a tilslutte; → **anketten, anfügen, verbinden; sich ~** (D) slutte sig til; **~d** derefter, i tilslutning dertil

Anschluss m tilslutning; (Verbindung) forbindelse; **im ~ an** (A) umiddelbart efter; fig **~ finden** få kontakt; **~dose** f stikkontakt; **~zug** m tog n, der har forbindelse med ens tog

an-schmieg|en: sich ~ an (A) trykke sig (kærligt) ind til; føje sig efter; **~sam** kælen; føjelig

an-schmieren smøre på; fig F snyde, narre

an-schnall|en spænde på; (Auto) **sich ~** spænde sikkerhedsselen; **2gurt** m Flugzeug: sikkerhedsbælte n; Auto: sikkerhedssele; **2pflicht** f ⟨0⟩ selvtvang

an-|schnauzen ⟨-t⟩ F overfuse; **~schneiden** skære (od tage) hul på, skære i; fig Frage strejfe, komme ind på; **2schnitt** m snit n, afskåret stykke n

An'schovis f ⟨-; -⟩ ansjos

an-|schrauben skrue fast (od på); **~schreiben** skrive til; **~ lassen** (beim Kaufmann) købe på kridt; fig. **bei j-m gut angeschrieben sein** være vel anskreven hos én; **~schreien** skrige (od råbe) til; råbe op i ansigtet på

Anschrift f adresse

an-schuldig|en beskylde, sigte (for); **2ung** f beskyldning, sigtelse

an-schwärmen: j-n ~ sværme for

an-schwärzen sværte; fig j-n ~ sværte én til

an-schweißen svejse på (od fast)

an·schwell|en *v/i* ⟨*sn*⟩ svulme op; hæve; (*zunehmen*) stige; **2ung** *f* hævelse, byld

an·schwemmen afsætte, aflejre; skylle op; **~schwindeln** lyve for, snyde

Ansegeln *n* åbning af sejlsæsonen

an·sehen betragte, se på; anse (*für*/for; *als*/som)

Ansehen *n* ⟨*-s; 0*⟩ beskuelse, betragtning; (*Geltung*) anseelse; **~ genießen** nyde anseelse; **ohne ~ der Person** uden persons anseelse

ansehnlich anselig; → **bedeutend, stattlich**

an·seilen binde fast

an·setzen *v/t* sætte; sætte til (*od* på); *Tag* fastsætte, bestemme; *Kosten* ansætte, vurdere; *Fett* ~ lægge sig ud, blive fed; *Blätter* ~ løves, få blade; *v/i* tage tilløb *n*, sætte af; (*beginnen*) begynde, tage fat

Ansicht *f* betragtning, besigtigelse; (*Anblick*) udsigt, blik *n*; (*Meinung*) anskuelse, mening; *zur* ~ til gennemsyn; **2ig:** ~ **werden** (*G*) få øje på

Ansichts|karte *f* prospektkort, postkort *n*; **~sache** *f*: *das ist* ~ det er en skønssag (*od* smagssag); **~sendung** *f* (prøve)sendning til gennemsyn

an·sied|eln: *sich* ~ bosætte sig, slå sig ned; **2ung** *f* bosættelse; koloni

Ansinnen *n* forlangende *n*

an·sonsten ellers, i øvrigt

an·spann|en anspænde; *Pferd* spænde for; **2ung** *f* stramning; *Nerven*: pres *n*

an·speien spytte på (*od* ad)

an·spiel|en begynde spillet; *Karten* spille ud; *fig* hentyde (*auf A*/til); **2ung** *f* hentydning

an·spinnen: *sich* ~ udspinde sig

an·spitz|en tilspidse; *Bleistift* spidse; **2er** *m* blyantspidser

An|sporn *m* ⟨*-(e)s; 0*⟩ ansporing, opmuntring; incitament *n*; **2·spornen** spore; *fig* anspore (*zu D*/til); tilskynde

Ansprache *f* tale

an|sprechbar til at tale med, til at få i tale; **~·sprechen** *v/t* tiltale (*a gefallen*); (*sich wenden an*) henvende sig til; *fig* ~ *als* kunne betragtes som; *v/i* virke, reagere; **~sprechend** tiltalende

an·|springen *v/t* springe frem; *v/i* ⟨*sn*⟩ *Motor*: starte; **~spritzen** oversprøjte, sprøjte på

Anspruch *m* fordring, krav *n*; ~ *erheben* gøre krav (*auf A*/på); (*beanspruchen*) in ~ *nehmen* lægge beslag på; (*benutzen*) gøre brug af; (*stark beschäftigt*) *in* ~ *genommen* optaget; *große Ansprüche*

stellen stille store fordringer; **2slos** fordringsløs, beskeden; **2svoll** fordringsfuld

an·|sprühen spraye, oversprøjte; **~spucken** spytte på; **~spülen** skylle op; **~stacheln** anspore, ægge (*zu D*/til)

Anstalt *f* anstalt, institut *n*; → **Heil-, Straf-anstalt;** **~en machen** vise tegn på

An|stand *m* ⟨*-(e)s; 0*⟩ anstand; *mit* ~ *fig* med manér; **2·ständig** anstændig, skikkelig; (*F beträchtlich*) anselig; → **angemessen, ehrbar, ordentlich;** **~ständigkeit** *f* ⟨*0*⟩ anstændighed

Anstands|besuch *m* høflighedsvisit; **~dame** *f* anstandsdame; **~gefühl** *n* ⟨*-s; 0*⟩ finfølelse, takt; **2halber** for et syns skyld; **2los** uden betænkning, uden videre; **~wauwau** *m* ⟨*-s; -s*⟩ F „følgesvend"

an·starren stirre (*od* glo) på

an'statt (*G, zu + inf*) i stedet for

an·|stauen opstemme; *Arbeit, Akten*: *sich* ~ hobe sig op; **~staunen** se forbavset på; glo på; **~stechen** stikke til; *Fass* tage hul på, stikke an

Ansteckblume *f* knaphulsblomst

an·stecken hæfte på, sætte fast; *Zigarette* tænde; *Haus* sætte ild på; MED smitte; *sich* ~ blive smittet; **~d** smitsom; *nicht* ~ smittefri

Ansteck|nadel *f* knappenål; **~ung** *f* smitte

Ansteckungs|gefahr *f* smittefare; **~herd** *m* smittekilde

an·stehen stå i kø (*nach etw. A*/efter ngt.); (*auf Erledigung warten*) være i vente; (*geziemen*) passe sig (*D*/for); **~d** fig aktuel

an·steigen *v/i* ⟨*sn*⟩ stige, hæve sig

an'stelle (*G, von*) i stedet for

an·stell|en → **anlehnen, einschalten;** *Person* ansætte; *Betrachtungen, Untersuchung* anstille; (*zustande bringen*) iværksætte, hitte på; *sich* ~ stille sig i kø (*nach etw. A*/efter ngt.), stille sig op; *fig* bære sig ad, anstille sig; (*sich gebärden, zieren*) skabe sig; *sich dumm* ~ opføre sig kejtet; spille dum; **~ig** dygtig, flink; **2ung** *f* ansættelse

an·steuern styre (hen)imod

Anstich *m* *Fass*: anstikning, aftapning

Anstieg *m* ⟨*-(e)s; -e*⟩ opstigning; *Straße u fig* stigning (*G*/af; *von* ... *%*/på ... *%*)

an·stift|en anstifte; → **anzetteln, verleiten;** **2er** *m* anstifter; → **Urheber;** **2ung** *f* anstiftelse

an·stimmen istemme

Anstoß *m* stød *n*; *Fußball*: kick-off *n*; (*Anlass*) (an)stød *n*, (for)anledning; (*Ärgernis*) anstød *n*; ~ *nehmen an* (*D*) tage anstoß af; **~ erregen** wecke anstoß (*od* for- argelse)

an·stoßen stoße (*od* skubbe) til; støde imod; (*angrenzen*) støde op (*an* A/til); *Fußball:* kicke off; *mit den Gläsern ~* klinke, skåle; **~d** tilstødende

anstößig stødende, anstødelig

an·|strahlen stråle på; oplyse; **~streben** tilstræbe, stræbe efter

an·streichen male; *Fehler* understrege, sætte mærke ved; **2er(in)** *m(f)* maler

an·strengen anstrenge (*sich* sig); *Prozess* anlægge; **~end** anstrengende; **2ung** *f* anstrengelse

Anstrich *m* maling; *fig* anstrøg *n*, skin *n*

an·|strömen strømme til; **~stückeln** stykke til; **2sturm** *m* ⟨-(e)s; 0⟩ stormløb *n*; *fig* trængsel, tilløb *n*; **~stürmen** *v/i* ⟨*sn*⟩ storme frem; **2suchen** *n* ansøgning; **~tanzen** F troppe op

Ant'arktis *f* ⟨0⟩ antarktis

an·tasten føle på, røre ved (*a in Zweifel ziehen*); *Recht* antaste

Anteil *m* andel, lod *n*; → **Anteilnahme**; **~ nehmen an** (*D*) nære interesse for; **2ig** proportional; **~nahme** *f* ⟨0⟩ deltagelse

antelefonieren → **anrufen**

An'tenne *f* antenne; **~nmast** *m* antennemast

Antholo'gie *f* antologi

Anthroposo'phie *f* ⟨0⟩ antroposofi

Anti|alko'holiker(in) *m(f)* afholdsmand, -kvinde; **2autori'tär** antiautoritær; **~'babypille** *f* p-pille; **~bi'otikum** *n* ⟨-s; -ka⟩ antibiotikum *n*

an'tik antik; klassisk; oldtids-; **2e** *f* ⟨0⟩ antikken

Antikörper *m* antistof *n*

Antipa'thie *f* antipati

an·tippen berøre let; *fig* strejfe

Antiquar [-'kva:ʁ] *m* ⟨-s; -e⟩ antikvar(boghandler); **~iat** [-'ʁia:t] *n* ⟨-(e)s; -e⟩ antikvariat *n*, antikvarboghandel; **2isch** antikvarisk

anti'quiert antikveret

Antiqui'tät *f* antikvitet; **~enhändler** *m* antikvitetshandler; **~enladen** *m* antikvitetsforretning

Antise'mit *m* ⟨-en⟩ antisemit; **2isch** antisemitisk; **~'ismus** *m* ⟨-; 0⟩ antisemitisme, jødehad *n*

anti'|septisch antiseptisk; **~'statisch** antistatisk

Antlitz *n* ⟨-es; -e⟩ åsyn *n*

Antrag *m* ⟨-(e)s; ÷e⟩ (*Gesuch*) ansøgning, andragende *n*, anmodning; (*Vorschlag*) forslag *n*; (*Anerbieten*) tilbud *n*; (*Hei-*

rats2) frieri *n*; **e-n ~ stellen** indsende en ansøgning; stille et forslag

an·trag|en *j-m etw.* (*A*) → foreslå én ngt.; **2steller(in)** *m(f)* forslagstiller; ansøger

an·|treffen finde; (*begegnen*) træffe på, møde; **~treiben** *v/t* (*drängen*) skynde på; *Maschine, Boot* (frem)drive; *v/i* ⟨*sn*⟩ *Treibgut:* drive (ind); **~treten** *v/t* *Amt* tiltræde; *Strafe, Beweis, Reise* begynde; *Erbe* overtage; *v/i* træde an; (*sich einfinden*) møde

Antrieb *m* tilskyndelse, drift; TECH drev *n*; *aus eigenem ~* af egen drift; *mit elektrischem ~* el(motor)drevet

Antriebs|kraft *f* drivkraft; **2los** TECH motorløs; *fig* sløv; **~maschine** *f* drivmaskine; **~welle** *f* drivaksel

an·trinken (begynde at) drikke; *sich* (*D*) *e-n* (*Rausch*) ~ drikke sig fuld; → *a angetrunken*

Antritt *m* ⟨-(e)s; 0⟩ tiltrædelse; debut

Antritts|besuch *m* tiltrædelsesbesøg *n*; **~rede** *f* tiltrædelsestale

an·trocknen *v/i* ⟨*sn*⟩ tørre fast (til)

an·tun (*j-m etw*) påføre; *es j-m ~* fortrylle én; *sich ein Leid ~* gøre en ulykke på sig selv; → *a angetan, anziehen*

Antwort *f* svar *n* (*auf* A/på); *um ~ wird gebeten* svar udbedes; **2en** ⟨-e⟩ svare (*auf* A/på); **~schein** *m* svarkupon; **~schreiben** *n* svarskrivelse

an·|vertrauen betro (*sich* *j-m*/sig til én); **~visieren** sigte på (*a fig*); **~wachsen** *v/i* ⟨*sn*⟩ slå rod, vokse fast; (*ansteigen*) forøges, vokse

Anwalt *m* ⟨-(e)s; ÷e⟩, **Anwältin** *f* sagfører, advokat; *fig* forkæmper, forfægter; **~sbüro** *n* sagførerkontor *n*; **~schaft** *f* sagførerstand; sagførerstilling

An|wandlung *f* (*Laune*) anfald *n*; (*Einfall*) indfald *n*, indskydelse; **2wärmen** opvarme, gøre lunken; **~wärter** *m* ekspektant, kandidat, aspirant; (*a Thron-*)emne *n*; **~wartschaft** *f* ekspektance

an·weis|en anvise; (*anleiten*) vejlede, give anvisning; (*beordern*) beordre, pålægge; → *a angewiesen*; **2ung** *f* anvisning; → *Anleitung*

an|wendbar anvendelig, brugbar; **~wenden** benytte, bruge; anvende (*auf* A/på); → *a angewandt*; **2wendung** *f* anvendelse

an·werb|en hverve; *Arbeiter* antage; **2ung** *f* hvervning

an·werfen *Motor* starte

Anwesen *n* (land)ejendom, gård

anwesen|d nærværende, tilstedeværende; **2heit** *f* ⟨0⟩ nærværelse, tilstedeværelse;

♀heitsliste f præsensliste

an-|widern ⟨-re⟩ være modbydelig; **es widert mich an** jeg væmmes ved det; → **anekeln**; **~winkeln** ⟨-le⟩ bøje i vinkel; **♀wohner(in)** m(f) nabo; **♀wurf** m SPORT første kast n; fig bebrejdelse

An|zahl f ⟨0⟩ antal n; → **Menge**; **♀-zahlen** betale et beløb (od én del af beløbet) forud (od som første udbetaling); **~zahlung** f (første) udbetaling od rate; à conto-beløb n

an-zapfen begynde at tappe, tage hul på; TEL aflytte; fig F pumpe (for penge, for oplysninger)

An|zeichen n tegn n; symptom n; (Vorbote) (forvarsel n; **♀-zeichnen** optegne, notere; anmærke

Anzeige f anmeldelse, angivelse; (Inserat) annonce; (Messwert) stilling; **~ erstatten** (an)melde

an-zeigen (an)melde, angive; (inserieren) annoncere; Gerät: vise; fig (andeuten) varsle, bebude, tyde på; **♀annahme** f annoncebureau n, -kontor n; **♀blatt** n lokalavis, annonceblad n; **♀teil** m annoncesiderne, -spalterne pl

Anzeige|pflicht f ⟨0⟩ anmeldelsespligt; **~r** m angiver; TECH viser, indikator; **~tafel** f tableau n

an-zetteln ⟨-le⟩ anstifte; **Streit ~** yppe kiv

an-zieh|en v/t (her-) trække i; trække til sig; Saite, Schraube: stramme, spænde; (anlocken) tiltrække; Kleid: tage i, iføre; **sich ~** klæde sig på; v/i Pferde: sætte sig i gang; Preise: stige; **~end** tiltrækkende, tiltalende; **♀ung** f tiltrækning; **♀ungskraft** f tiltrækningskraft

Anzug m jakkesæt n, sæt n tøj, habit; fig **im ~ sein** nærme sig, rykke frem; være i vente; Gewitter: være under optræk

anzüglich (zweideutig) dobbelttydig; (stichelnd) spydig; (schlüpfrig) slibrig; **~keit** f hentydning; spydighed; slibrighed

an-zünd|en (an)tænde, sætte ild på; **♀er** m ildtænder

an-zweifeln betvivle, tvivle på

AO'K f Abk. für **Allgemeine Ortskrankenkasse**

a'part yndefuld

A'partment n ⟨-s; -s⟩ → **Appartement**

a'pathisch apatisk

Aperi'tif m ⟨-s; -s⟩ aperitif

Apfel m ⟨-s; ≈⟩ æble n; (Pferde♀) (heste)pære; fig **in den sauren ~ beißen** bide i det sure æble; **~baum** m æbletræ n; **~kuchen** m æblekage; **~most** m æblemost; **~mus** n æblemos; **~saft** m æblejuice;

~schale f æbleskræl

Apfel'sine f appelsin; **~nmarmelade** f appelsinmarmelade

Apfel|torte f æbletærte; **~wein** m æblevin

APO f Abk. für **Außerparlamentarische Opposition**

A'postel m apostel; **~geschichte** f ⟨0⟩ apostlenes gerninger pl

apo'stolisch apostol(i)sk

Apo'stroph m ⟨-s; -e⟩ apostrof

Apo'theke f apotek n; **~r(in)** m(f) apoteker

Appa'rat m ⟨-(e)s; -e⟩ apparat n; telefon; **am ~ sein** være i telefonen; **Herr Olsen am ~!** De taler med hr. Olsen!

Appara'tur f apparatur n

Appartement [-'mã·] n ⟨-s; -s⟩ appartement n

Ap'pell m ⟨-s; -e⟩ appel (à MIL)

Appella'tionsgericht n appeldomstol

appel'lieren appellere (an A/til)

Appe'tit m ⟨-(e)s; -e⟩ appetit (auf A/på), madlyst; **♀anregend** appetitvækkende; **♀lich** appetitlig; **~losigkeit** f ⟨0⟩ appetitløshed; madlede

Ap'plaus m ⟨-es; 0⟩ applaus, bifald n

Applikation [-'tsio:n] f Stoff: applikation

Approbation [-'tsio:n] f approbation

Apri'kose f abrikos

A'pril m ⟨-[s]; -e⟩ april (måned); fig **in den ~ schicken** narre april; **~, ~!** aprilsnar!; **~scherz** m aprilspøg; **~wetter** n april(s)vejr n

Aqua'planing n ⟨-s; 0⟩ akvaplaning

Aqua'rell n ⟨-s; -e⟩ akvarel; **~malerei** f akvarelmaleri n

Aquari|enfisch m akvariefisk; **~um** [-'rīum] n ⟨-; Aquarien⟩ akvarium n

Ä'quator m ⟨-s; 0⟩ ækvator

Aqua'vit m ⟨-(e)s; -e⟩ akvavit

äquiva'lent [-kvi·-] ækvivalent

Ära f ⟨-; Ären⟩ æra, tidsalder

Araber(in) m ⟨-s; -⟩ (f) araber

a'rabisch arabisk; **~e Ziffer** arabertal n

Arbeit f arbejde n; **schriftliche ~** skriftligt arbejde, stil; **in ~ sein** være under arbejde; **sich an die ~ machen** tage fat; **♀en** ⟨-e-⟩ v/t arbejde (an D/på; bei D/hos); være i gang; v/t **~ lassen** Kleid få syet

Arbeiter m arbejder; **ungelernter ~** arbejdsmand; specialarbejder; **~bewegung** f ⟨0⟩ arbejderbevægelse; **~in** f arbejder(ske), kvindelig arbejder; (Biene) arbejder(bi); **~klasse** f arbejderklasse; **~schaft** f ⟨0⟩ arbejderne pl; **~siedlung** f arbejderkoloni; arbejderkvarter n

Arbeitgeber|(in) *m(f)* arbejdsgiver; **~verband** *m* arbejdsgiverforening

Arbeitnehmer|(in) *m(f)* arbejdstager; lønmodtager; **~schutz** *m* → **Arbeitsschutz**

arbeitsam arbejdsom

Arbeits|amt *n* arbejdsformidling *n*; **~anzug** *m* arbejdsdragt; **~bedingungen** *f/pl* arbejdsbetingelser *pl*; **~beschaffung** *f* fremskaffelse af arbejde; kamp mod arbejdsløsheden; **~beschaffungsmaßnahme** *f* (*ABM*) beskæftigelsesprojekt *n*; jobtilbud *n*; **~besprechung** *f* arbejdskonference; **~biene** *f* arbejdsbi (*a fig*); **~einstellung** *f* (*Arbeitsstopp*) arbejdsstandsning; (*Auffassung*) indstilling til arbejdet; **~essen** *n* forretningsfrokost; **~fähig** arbejdsdygtig, arbejdsfør; **~fähigkeit** *f* ⟨0⟩ arbejdsevne; **~frei** *f* ⟨0⟩ arbejdsglæde; **~gang** *m* arbejdsgang; **~gebiet** *n* arbejdsfelt *n*, arbejdsområde *n*; **~gemeinschaft** *f* arbejdsgruppe; studiekreds; **~gerät** *n* arbejdsredskab *n*; **~gericht** *n* arbejdsret, voldgiftsret; **2intensiv** arbejdskrævende; **~kamerad** *m* arbejdskammerat; **~kampf** *m* arbejdskamp; **~kleidung** *f* arbejdstøj *n*; **~klima** *n* ⟨-s; *0*⟩ arbejdsklima *n*; **~kraft** *f* arbejdskraft; **~lohn** *m* arbejdsløn; **2los** arbejdsløs; **~lose(r)** *f* arbejdsløs; **~losengeld** *n* dagpenge *pl*; **~losenunterstützung** *f* arbejdsløshedsunderstøttelse; **~losigkeit** *f* ⟨0⟩ arbejdsløshed; **~markt** *m* arbejdsmarked *n*; **~medizin** *f* arbejdsmedicin; **~nachweis** *m* arbejdsanvisning; **~niederlegung** *f* arbejdsnedlæggelse; **~plan** *m* arbejdsplan; **~platz** *m* arbejdsplads; **~produktivität** *f* arbejdsproduktivitet; **~recht** *n* ⟨-(e)s; *0*⟩ arbejdsret; **2scheu** arbejdssky; **~schutz** *m* arbejdsmiljø(lovgivning) *n*; **2sparend** arbejdsbesparende; **~sicherheitsbestimmungen** *f/pl* arbejdssikkerhedsregler *pl*; **2sparend** arbejdsbesparende; **~stelle** *f* → **Arbeitsplatz**; **~studie** *f* arbejdsstudie; **~tag** *m* arbejdsdag; **~teilung** *f* arbejdsdeling; **~tier** *n* F arbejdsnarkoman; **2unfähig** arbejdsudygtig; **~vermittlung** *f* arbejdsanvisning; **~vertrag** *m* arbejdsoverenskomst; arbejdskontrakt; **~weise** *f* arbejdsmåde, arbejdsmetode; **~zeit** *f* arbejdstid; **~zeitverkürzung** *f* arbejdstidsnedsættelse; **~zimmer** *n* arbejdsværelse *n*

Archäolo'gie [-çε'o·-] *f* ⟨0⟩ arkæologi

Archi'pel *m* ⟨-s; *-e*⟩ arkipelag *n*, øhav *n*

Archi'tekt|(in) *m* ⟨-en⟩ (*f*) arkitekt; **~ur** [-'tu:ʀ] *f* arkitektur

Archiv [-'çi:f] *n* ⟨-s; *-e*⟩ arkiv *n*

A'rena *f* ⟨-; *Arenen*⟩ arena

arg ⟨*⁎er*; *⁎st*⟩ slem, ond, ilde; *adv* (*sehr*) meget

Argen'tin|ien [-nĭən] *n* Argentina *n*; **~ier(in)** *m(f)* argentiner; **2isch** argentinsk

ärger (*komp v.* **arg**) værre

Ärger *m* ⟨-s; *0*⟩ (*Verdruss*) ærgrelse, vrøvl *n*; (*Zorn*) harme; **2lich** ærgerlig; harmelig; → **zornig**; **2n** ⟨-re⟩ ærgre; (*zornig machen*) forarge; **sich ~ über** (*A*) ærgre sig over; **~nis** *n* ⟨-ses; *-se*⟩ ærgrelse, vrede; → *a* **Anstoß**; **~ erregen** vække forargelse; **2niserregend** forargelig

Arglist *f* ⟨0⟩ ondskab, lumskhed; **2ig** underfundig, lumsk

arglos ⟨*⁎est*⟩ uden bagtanke, troskyldig, naiv; **2igkeit** *f* ⟨0⟩ troskyldighed, naivitet

Argu'men|t *n* ⟨-(e)s; *-e*⟩ argument *n*; **2'tieren** argumentere

Argwohn *m* ⟨-s; *0*⟩ mistanke

argwöhn|en mistænke, have mistanke (til *od* om); **~isch** mistænksom, mistroisk

Arie ['a:rĭə] *f* arie

Aristo|kra'tie *f* ⟨0⟩ aristokrati *n*; **2'kratisch** aristokratisk

Arith'metik *f* ⟨0⟩ aritmetik

arktisch arktisk

arm ⟨*⁎er*; *⁎st*⟩ fattig, arm (*a an* D/på)

Arm *m* ⟨-(e)s; *-e*⟩ arm; *fig j-m unter die ~e greifen* tage én under armene(n); *fig auf den ~ nehmen* gøre grin med; **~ voll** → **Armvoll**

Arma'turenbrett *n* instrumentbræt *n*

Arm|band *n* armbånd *n*; **~banduhr** *f* armbåndsur *n*; **~binde** *f* armbind *n*; **~bruch** *m* armbrud *n*, brækket arm; **~brust** *f* armbrøst

Ar'mee *f* ⟨-; *-n*⟩ armé; **~korps** [-ko:ʀ] *n* armékorps *n*

Ärmel *m* ærme *n*; **~kanal** *m* ⟨-s; *0*⟩ den Engelske Kanal; **2los** ærmeløs

Armenhaus *n* fattighus *n*

ar'menisch armensk

Armenviertel *n* fattigkvarter *n*

ar'mieren armere

Arm|lehne *f* armlæn *n*; **~leuchter** *m* armlysestage; *Schimpfwort*: røvhul *m*

ärmlich fattig, ussel, nødtørftig, tarvelig

Armreif *m* armbånd *n*

armselig ussel, sølle, ynkelig

Arm|sessel *m* lænestol; **~stütze** *f* → **Armlehne**

Armut *f* ⟨0⟩ armod, fattigdom; **~szeugnis** *n* *fig* falliterklæring

Armvoll *m* ⟨-; -⟩ *armfuld*, favn

A'roma *n* ⟨-s; *Aromen*⟩ aroma; **2tisch** [-'ma:-] aromatisk

Arran|gement [arɑ̃'ʒə'mɑ̃] *n* ⟨-*s*; -*s*⟩ arrangement *n*; **2gieren** [-'ʒiː-] arrangere

Ar'rest *m* ⟨-(*e*)*s*; -*e*⟩ arrest; hæfte *n*

arre'tieren TECH blokere

arro'gan|t arrogant; **2z** *f* ⟨0⟩ arrogance

Arsch *m* ⟨-*es*; ⸚*e*⟩ V røv; *leck mich am ~!* rend mig i røven!, skråt op!; *~kriecher m* V spytslikker, fedterøv; *~loch n* V røvhul *n*

Arse'nal *n* ⟨-*s*; -*e*⟩ arsenal *n*

Art *f* art (*a* BOT, ZO); (*Sorte*) slags, sort; → *Weise, Wesen; eine ~ ...* en art ...; *auf diese~ (und Weise)* på denne måde; *Bücher aller~* alle slags bøger; *in seiner~* i sin art; *aus der ~ schlagen* vanslægte

Ar'terie [-'riːə] *f* pulsåre; *~nverkalkung f* åreforkalkning

art|fremd artsfremmed; **2genosse** *m* artsfælle

artig artig, velopdragen; **2keit** *f* artighed (*a Kompliment*)

Ar'tikel *m* artikel (*a* GRAM, ÖKON)

Artikulation [-'tsĭoːn] *f* artikulation

Artille'rie [*a* '-ar-] *f* artilleri; *~feuer n* artillericild

Arti'schocke *f* artiskok; *~nboden m*, *~nherz n* artiskokhjerte

Ar'tist(in) *m* ⟨-*en*⟩ (*f*) artist

artverwandt artsbeslægtet

Arz'nei *f* medicin, lægemiddel *n*; *~kunde f* ⟨0⟩ farmakologi; *~mittel n* lægemiddel *n*, medikament *n*

Arzt *m* ⟨-*es*; ⸚*e*⟩ læge

Ärzteschaft *f* ⟨0⟩ lægestand

Arzthelfer(in) *m*(*f*) lægesekretær

Ärzt|in *f* kvindelig læge; **2lich** læge...; lægevidenskabelig

As *n* ⟨-; -⟩ MUS es *n*

As'best *m* ⟨-(*e*)*s*; -*e*⟩ asbest

Asch|becher *m* askebæger *n*; **2blond** askeblond; *~e f* aske

Aschen|bahn *f* slaggebane; *~becher m* → *Aschbecher; ~brödel n, ~puttel n* askepot

Ascher *m* askebæger *n*; *~'mittwoch m* askeonsdag

asch|farben, *~grau* askegrå; **2kasten** *m* askeskuffe

äsen ⟨-*t*⟩ æde, græsse

Asi'at(in) *m* ⟨-*en*⟩ (*f*) asiat; **2isch** asiatisk

Asien ['ɑːzĭən] *n* Asien *n*

as'ketisch asketisk

Askor'binsäure *f* ⟨0⟩ ascorbinsyre

asozial asocial

As'pekt *m* ⟨-(*e*)*s*; -*e*⟩ aspekt *n*

As'phal|t *m* ⟨-(*e*)*s*; -*e*⟩ asfalt; **2'tieren** asfaltere

As'pik *m od n* ⟨-*s*; -*e*⟩ aspic, gelé

Ass *n* ⟨-*es*; -*e*⟩ Kartenspiel: es *n* (*a fig*)

Assel *f* ⟨-; -*n*⟩ bænkebider

As'sessor *m* ⟨-*s*; -'*soren*⟩ assessor

Assimilation [-'tsĭoːn] *f* assimilation; tilpasning

Assis'tent(in) *m* ⟨-*en*⟩ (*f*) assistent

Assis'tenz *f* assistance; *~arzt m* turnuskandidat, yngre læge

Ast *m* ⟨-(*e*)*s*; ⸚*e*⟩ gren; (*im Holz*) knast; **2en** ⟨-*e*-⟩ P slæbe, bakse med

Aster *f* ⟨-; -*n*⟩ asters

astfrei knastfri

äs'thetisch æstetisk

Asthma *n* ⟨-*s*; 0⟩ astma

Ast|loch *n* knasthul *n*; **2rein**: *fig nicht ganz ~* ikke helt fin i kanten

Astro|'loge *m* ⟨-*n*⟩ astrolog; *~logie* [-'giː] *f* ⟨0⟩ astrologi; *~'naut m* ⟨-*en*⟩ astronaut; *~'nom m* ⟨-*en*⟩ astronom; *~nomie* [-'miː] *f* ⟨0⟩ astronomi; **2'nomisch** astronomisk

A'syl *n* ⟨-*s*; -*e*⟩ asyl *n*

Asy'l|ant (in) *m* ⟨-*en*⟩ (*f*) *oft neg!, ~bewerber(in)* *m*(*f*) asylsøgende; *~recht n* ⟨-(*e*)*s*; 0⟩ asylret

Atelier [-'lĭeː] *n* ⟨-*s*; -*s*⟩ atelier *n*

Atem *m* ⟨-*s*; 0⟩ ånde, åndedræt *n*, vejr *n*; *außer~* forpustet; *außer~ kommen* tabe vejret; *~ holen, ~ schöpfen* trække vejret, puste (*fig* ud); *zu ~ kommen* få vejret; **2beraubend** *Anblick*: betagende; *Fahrt*: vild; *Spannung*: åndeløs; *~beschwerden f|pl* åndedrætsbesværligheder *pl*; *~gerät n* respirator; **2los** åndeløs (*a fig*), forpustet; *~maske f* iltmaske; *~not f* ⟨0⟩ åndenød; *~pause f* pusterum *n*; *~übungen f|pl* åndedrætsøvelser *pl*; *~wege m|pl* luftveje *pl*; *~zug m* åndedrag *n*; vejrtrækning

Athe'ismus *m* ⟨-; 0⟩ ateisme

Äther *m* ⟨-*s*; 0⟩ æter

Äthiop|ien [-'tĭoːpĭən] *n* Etiopien *n*; **2isch** etiopisk

Ath'let|(in) *m* ⟨-*en*⟩ (*f*) atlet; *~ik f* ⟨0⟩ atletik; **2isch** atletisk

At'lant|ik *m* ⟨-*s*; 0⟩ Atlanterhavet, Atlanten; **2isch** atlantisk

Atlas *m* ⟨-*od -ses*; 0⟩ *Stoff*: atlask *n*; *Karten*: ⟨*pl* -'*lanten*⟩ atlas *n*

atmen ['ɑː-] ⟨-*e*-⟩ ånde; trække vejret; → *aus-, einatmen*

Atmosphär|e [-'sfɛː-] *f* atmosfære; **2isch** atmosfærisk

Atmung *f* åndedræt *n*, vejrtrækning; *~sorgane n/pl* åndedrætsorganer *n/pl*

A'tom *n* ⟨-*s*; -*e*⟩ atom *n*; **2'ar** [-'mɑːʁ]

atom-, atomar; **~bombe** f atombombe;
~energie f ⟨0⟩ atomenergi; **2getrieben**
atomdreven; **~kern** m atomkerne; **~kraft-**
werk n a-kraftværk n, atomkraftværk n;
~krieg m atomkrig; **~müll** m atomaffald
n; **~rakete** f atomraket; **~sperrvertrag** m
antiatomspredningsaftale; **~waffen** f/pl
atomvåben n/pl; **atomwaffenfreie Zone**
atomvåbenfri zone; **~zeitalter** n atom-
tidsalder

ätsch! [ɛːtʃ] æh bæh!

Attaché [-'ʃeː] m ⟨-s; -s⟩ attaché

At'tacke f angreb m, attak

Atten|'tat n ⟨-(e)s; -e⟩ attentat n; **~täter(in)**
m(f) attentatsmand

At'test n ⟨-(e)s; -e⟩ (læge)attest; vidnesbyrd n

attrak'tiv attraktiv

At'trappe f attrap

ätz|en ⟨-t⟩ ætse; **~end** ætsende (a fig); **2na-**
tron n ætsnatron

au!, aua! av!

Au(e) f eng

Aubergine [obɛʁ'ʒiːnə] f aubergine

auch også, ligeledes; end, endogså; **~ nicht**
heller ikke; end ikke; **sowohl ... als ~**
både ... og, såvel ... som; **wenn ~** selv
om (også), omend; **wer es ~ sein mag**
hvem det end kan være; **wo ~** hvor end

Audienz [-'diɛnts] f audiens

audiovisu'ell audiovisuel

Audi'torium n ⟨-s; -rien⟩ auditorium n

Auer|hahn m tjur; **~ochse** m urokse

auf 1. prp (wo? D; wohin? A) på; ved; i; til;
~ der Reise på rejse(n); **~ der ganzen**
Welt på hele jorden, i hele verden; **~ Dä-**
nisch på dansk; **~ die Post gehen** gå på
posthuset; **Geld ~ der Bank** penge i banken; **~ Wiedersehen!** på gensyn, farvel!;
~ deine Frau! Prost skål for din kone!; **~**
den Baum klettern klatre op i træet; **~**
jeden Fall i hvert fald; **~ den ersten Blick**
ved første blik; **er kam ~ mich zu** han
kom hen imod mig; **bis ~ (außer)** undtagen; **bis ~ Weiteres** indtil videre; **2.** adv ~
und ab frem og tilbage; **~ und davon** af
sted, væk; **von allem ~** fra lille af; **die Tür**
ist ~ døren er åben; F **er ist schon ~** han
er allerede oppe

auf·|arbeiten Problem kulegrave; Unerle-
digtes indhente; Möbel forny; **~atmen**
ånde dybt; fig trække vejret frit (igen),
ånde (lettet) op; **~bahren** lægge på båre

Auf|bau m opbygning; **2-bauen** opbygge,
bygge op; (anordnen) stille op, arrangere

auf·bäumen: sich ~ rejse sig; stejle (a fig)

auf·bauschen oppuste (a fig); fig overdrive

Aufbau|schule f fortsættelsesskole, -kur-
sus n; **~ten** m/pl NAUT overbygninger pl

auf·be|gehren skælde ud, gøre vrøvl;
~halten Hut beholde på; **~kommen** (öffnen) få op; Hausaufgabe få for; **~reiten**
gøre anvendelig, bearbejde

auf·bessern: das Gehalt ~ tjene en eks-
traskilling; **2ung** f forhøjelse

aufbewahr|en opbevare; **2ung** f opbeva-
ring; **2ungsort** m opbevaringssted n;
gemmested n

auf·biet|en Brautpaar lyse for; Kräfte op-
byde, samle; **2ung: unter ~ aller Kräfte**
med opbydelse af alle sine kræfter

auf·binden (hochbinden) binde op; (lösen) løse op; fig: **j-m etw.** (A) **~** binde
én ngt. på ærmet, bilde én ngt. ind

auf·|blähen puste op (sich sig); **~blasen**
blæse op; fig **sich ~** blære sig; **~bleiben**
v/i ⟨sn⟩ blive oppe; Tür: blive (stående)
åben; **~blenden** blænde op for; **~blicken**
se op (zu j-m/til én), se i vejret; **~blitzen**
v/i ⟨a sn⟩ glimte, lyne pludseligt; **~blü-**
hen v/i ⟨sn⟩ (a fig) blomstre op, opblomstre; **~bocken** klodse (op); **~brauchen**
bruge op, forbruge

auf·brausen v/i ⟨a sn⟩ bruse op; fig fare
op, blive voldsom (od hidsig); **~d** fig opfarende, hidsig

auf·|brechen v/t brække (od bryde) op; v/i
⟨sn⟩ springe ud, åbne sig; zur Reise:
bryde op; **~bringen** Geld rejse, skaffe til-
veje; Verständnis (ud)vise; Schiff op-
bringe; Person ophidse; (einführen) indføre, bringe på moden; → aufgebracht;
2bruch m opbrud n; **2bruchsstimmung**
f ⟨0⟩ opbrudsstemning; **~brühen** Tee lave; → aufgießen; **~brummen** F Strafe tildele; **~bügeln** stryge på

auf·bürden ⟨-e-⟩: **j-m etw.** (A) **~** bebyrde
én med ngt

auf·decken afdække, blotte; (enthüllen)
afsløre (a fig); Tischtuch, die Karten
lægge på bordet

auf·donnern: F sich **~** maje sig ud

auf·drängen: j-m etw. (A) **~** pånøde (od
påtvinge) én ngt.; **sich ~** trænge sig på

auf·|drehen v/t (öffnen) skrue op; v/i F gi-
ve gas; **~dringlich** påtrængende, nærgående; **2druck** m ⟨-(e)s; -e⟩ påtryk n;
overtryk n; **~drucken** påtrykke; trykke
over; **~drücken** trykke på; (öffnen)
støde op; Siegel påtrykke

aufein'ander på (od efter) hinanden;
2folge f ⟨0⟩ (uafbrudt) rækkefølge

aufein'ander·|folgen v/i ⟨sn⟩ følge efter

hinanden; **~prallen** v/i ⟨sn⟩, **~stoßen** v/i ⟨sn⟩ støde sammen (a fig)

Aufenthalt m ⟨-(e)s; -e⟩ ophold n (a BAHN); → a **Aufenthaltsort**; *der Zug hat fünf Minuten* ~ toget holder fem minutter

Aufenthalts|dauer f opholdstid; **~erlaubnis** f, **~genehmigung** f opholdstilladelse; **~ort** m opholdssted n, bopæl; **~raum** m opholdsrum n

auferlegen *j-m etw.* (A) ~ pålægge én ngt

aufsteh|en v/t ⟨sn⟩ REL opstå; **2ung** f ⟨0⟩ opstandelse

auf|erwecken REL (op)vække; **~essen** spise op, fortære

auf·fahr|en v/i ⟨sn⟩ → **hinauffahren**; (anstoßen) støde (od køre, Schiff: sejle) op; Autounfall: køre op (i); (aufspringen, zornig werden) fare op (**aus dem Schlaf** af søvne); v/t Kies køre op; Kanonen køre op (med); → **auftischen**; **~end** opfarende; **2t** f opstigning; (Weg) opkørsel, rampe; Autobahn: indkørsel; **2unfall** m påkørsel; mit mehreren Autos: harmonikasammenstød n

auf·fall|en v/i ⟨sn⟩ fig være påfaldende; *es fällt mir auf* jeg har lagt mærke til; **~fallend**, **~fällig** påfaldende

auf·fang|en (op)fange, gribe; **2lager** n opsamlingslejr

auf·fass|en opfatte; **2ung** f opfattelse; *der ~ sein, dass ...* være af den opfattelse, at ...

Auffassungs|gabe f ⟨0⟩ fatteevne; **~sache:** *das ist* ~ det kommer an på

auf·finden finde; *fig* opsnappe; **~flackern** v/i ⟨sn⟩ blusse op (a fig); **~flammen** v/i ⟨sn⟩ flamme i vejret; *fig* → **auflodern**; **~fliegen** v/i ⟨sn⟩ flyve op; Tür: springe op; F Bande: blive afsløret; → **scheitern**

auf·forder|n opfordre; *zum Tanz:* byde op, engagere; *zum Kampf:* udfordre; **2ung** f opfordring; engagering; udfordring

auf·forsten ⟨-e-⟩ plante skov; **~fressen** æde op, fortære; **~frischen** v/t opfriske; Möbel forny; v/i Wind: friske op

auf·führ|en opføre (*sich* sig); **2ung** f THEA opførelse; **2ungsrecht** n opførelsesret

auf·füll|en fylde op (od på); fig supplere op; **~füttern** opføde

Aufgabe f opgave; (Schul2) lektie; *schriftliche* ~ stil; (e-s Briefes) indlevering; (Auflösung, Schließung) opgivelse; → a **Verzicht, Niederlegung**

auf·gabeln ⟨-le⟩ fig F opsnappe

aufgaben|frei lektiefri; **2heft** n stilehæfte

n; notesbog

Auf|gabeort m indleveringssted n; **~gang** m opgang; **2·geben** opgive (a v/i); Lektion give for; Brief indlevere; Gepäck (lade) indskrive; *j-m etw.* (A) ~ pålægge én ngt

aufgeblasen fig opblæst; selvoptaget; F blæret; **2heit** f ⟨0⟩ opblæsthed

Aufgebot n opbud n (a an D/af); (Ehe2) lysning; *mit dem ~ der letzten Kräfte* med opbydelse af alle kræfter

auf|gebracht opbragt, vred; **~gedonnert** F udmajet; **~gedunsen** opsvulmet, oppustet; **~gehen** v/i ⟨sn⟩ gå op (od i vejret); Sonne: stå op; Teig: hæve sig; Saat: spire frem; Rechnung: gå op; Tür: gå op, åbne sig; F *mir ist ein Licht aufgegangen* der er gået en pås op for mig

auf·geilen V gejle op

aufge|klärt oplyst; **~kratzt** fig opstemt; **~legt** fig oplagt; *gut (schlecht)* ~ veloplagt (i dårligt humør); **~näht:** *mit ~en Taschen* med påsyede lommer; **~putzt** ~ **aufgetakelt**; **~räumt** ryddelig; fig oprømt; **~regt** ophidset; nervøs, spændt; **~ruhrt** Meer: oprørt

aufgeschlossen fig åben; (empfänglich) modtagelig; (tolerant) frisindet; **2heit** f ⟨0⟩ åbent sind n, modtagelighed

aufge|schmissen F fortabt; „ude at svømme", „i skoven"; **~setzt** → **aufgenäht**; **~sprungen** Haut: sprukken; **~staut:** *~e Aggressionen* ophobede aggressioner; **~takelt** F majet ud; **~weckt** fig opvakt, livlig; F vaks

auf·gießen hælde (kogende vand) på; **~gliedern** opdele, inddele; **~graben** grave op; **~greifen** gribe, (op)snappe; Täter pågribe; Thema referere til

auf'grund (G) på grund af

Aufguss m påhældning; (Kräuter2) udtræk n; **~tierchen** n infusionsdyr n

auf·haben Hut have på (hovedet); (offen haben) have åben; Aufgabe have for; **~haken** hægte op; **~halsen** ⟨-t⟩: *j-m etw.* (A) ~ læsse ngt. over på én

auf·halten v/t holde op(pe); (offen halten) holde åben; (anhalten) standse; (verzögern) sinke; *sich* ~ opholde sig; *fig sich mit etw.* (D) ~ spilde sin tid på ngt

auf·häng|en hænge op, (op)hænge; *er hat sich aufgehängt* han har hængt sig; **2er** m strop; fig påskud n, anledning; **2ung** f ophængning

auf·|hauen hugge op; **~häufen** ophobe, opdynge

auf·heb|en tage op, løfte (op), hæve; (ver-

wahren) gemme, opbevare; (*abschaffen, beenden*) ophæve, afskaffe; **gut aufgehoben** i gode hænder; 2en *n* ⟨-s; 0⟩: **viel ~s machen von** D gøre meget væsen af; 2ung *f* ⟨0⟩ ophævelse, afskaffelse

auf·heiter|n ⟨-re⟩ opmuntre; **sich ~** *Wetter:* klare op; 2ung *f* opklaring; *fig* opmuntring

auf·helfen: *j-m ~* hjælpe én op; *fig* hjælpe opad (*od* frem)

auf·hellen opklare; *Farbe* gøre lysere; **sich ~** klare op

auf·hetz|en *Wild* jage op; *fig* ophidse; 2ung *f* ophidselse, agitation

auf·holen *v/t* hente (*od* hale) op; *Verlust, Verspätung (a v/i)* indhente; *Vorsprung* hale ind (på), indhente; **~horchen** lytte, spidse ører *pl*; **~hören** holde op, ophøre; *da hört doch alles auf!* det er virkelig for galt!; **~jagen** jage op; **~jauchzen** give sig til at juble højt; **~kaufen** opkøbe; 2käufer *m* opkøber; **~keimen** *v/t* ⟨*sn*⟩ spire frem

auf|klappen til at klappe op; **~·klappen** *v/t* slå op

auf·klaren *v/i* klare op

auf·klär|en (*j-n über etw*) oplyse; *Mord* opklare; *Kind* give seksualoplysning; MIL rekognoscere; **sich ~** → **aufklaren**; 2er *m* oplysningsmand; FLUG rekognosceringsfly *n*; → **Kundschafter**; 2ung *f* oplysning; opklaring; MIL rekognoscering; *Zeitalter der ~* HIST oplysningstiden; 2ungs- in Zssgn MIL rekognoscerings-

auf·kleb|en klæbe på, opklæbe; 2er *m* mærkat (*n*)

auf|klinken *Tür* lukke op; **~knöpfen** knappe op; **~knüpfen** løse op; *Verbrecher* klynge op; **~kochen** koge op; **~ lassen** give et opkog

auf·kommen *v/i* ⟨*sn*⟩ *Gewitter:* trække op; (*entstehen, a Brauch, Mode usw*) opstå; *Wind:* rejse sig; *Gedanke:* opkomme; **für etw.** (*A*) **~** indestå for ngt.; betale ngt.; **gegen etw.** (*A*) **~** kunne måle sig (*od* hamle op) med ngt.; 2 *n* ⟨-s; 0⟩ (*Steuer*2) indtægt, provenu *n*

auf|kratzen kradse op; → **aufgekratzt**; **~kreischen** skrige op, hvine; **~krempeln** ⟨-*le*⟩ smøge op; **~kreuzen** *v/i* ⟨*sn*⟩ dukke op; **~kriegen** F → **aufbekommen**; **~kündigen** sige op, opsige; **~lachen** slå en latter op; **~laden** læsse på; EL oplade; → **aufbürden**

Auflage *f* TYP oplag *n*; (*Ausgabe*) udgave; (*Überzug*) belægning, lag *n*; (*Stütze*) støtte; (*Vorschrift*) pålæg *n*, påbud *n*;

~n *pl* (*geforderte Leistung, Verpflichtung*) restriktioner *pl*; **~(n)höhe** *f* oplagstal *n*

auf·|lassen F lade stå åben; JUR overdrage; **~lauern** *j-m ~* lure på én, ligge på lur efter én; 2lauf *m* opløb *n*; (*Speise*) gratin; **~laufen** *v/i* ⟨*sn*⟩ *Zinsen:* løbe op; *Schiff:* løbe på grund; → *a* **aufprallen**; 2laufform *f* ildfast fad *n*; **~leben** *v/i* ⟨*sn*⟩ leve op (igen); *fig* blive munter; komme sig; **~legen** lægge på; *Buch* udgive; *Karten* lægge op; → **auftragen**; TEL (*den Hörer*) **~** lægge røret på; → **aufgelegt**

auf·lehn|en: **sich ~** *fig* sætte sig op (*gegen* A/mod); 2ung *f* opsætsighed; oprør *n* (*a* POL)

auf·|lesen samle op; **~leuchten** blusse op, lyse pludselig; **~liegen** ligge (*auf* D/på); **~listen** ⟨-*e*-⟩ remse op; **~lockern** løse, gøre løs (*a fig*); *Boden* kultivere; *Stimmung* peppe op; **~lodern** blusse op

auf|lösbar opløselig; **~lösen** *Knoten* løse (op); *Rätsel, Aufgabe* løse; CHEM, *Ehe, Parlament* opløse; **sich ~** (op)løses (*a fig*); *fig* gå i opløsning; 2lösung *f* opløsning; løsning

Auflösungs|vermögen *n* ⟨-s; 0⟩ PHYS opløsningsevne; **~zeichen** *n* MUS opløsningstegn *n*

auf·mach|en (*öffnen*) åbne, lukke op); → **aufknöpfen**; *Rechnung* opgøre; **sich ~** bryde op, tage afsted; 2ung *f e-r Ware:* præsentation; **in großer ~** i flot udstyr; *Nachricht:* med kæmpeoverskrifter *pl*, i stor opsætning

Aufmarsch *m* opmarch; festtog *n*; **~gebiet** *n* opmarchområde *n*; 2ieren *v/i* ⟨*sn*⟩ opmarchere

aufmerksam opmærksom; **~ machen auf** gøre opmærksom på; 2keit *f* opmærksomhed (*a fig*)

auf·mucken F brokke sig

auf·munter|n ⟨-re⟩ opmuntre; vække; 2ung *f* opmuntring

auf|müpfig opsætsig; oprørsk; **~·nähen** sy (*od* fast); → **aufgenäht**

Aufnahme *f* optagelse (*a Foto, Ton*2 *usw*); *Schallplatte:* optagelse, indspilning; → **aufnehmen, Empfang;** **~ finden** blive (godt) modtaget; 2fähig modtagelig; **~fähigkeit** *f* ⟨0⟩ optagelsesevne; **~gerät** *n* optager; **~prüfung** *f* optagelsesprøve

auf·nehmen optage; → **aufheben;** *Protokoll* nedskrive; **es mit j-m ~** måle sig med én, holde én stangen

auf·nötigen: *j-m etw.* (*A*) **~** pånøde én ngt

auf·opfer|n (op)ofre (*sich* sig); **~nd** opofrende, hengiven; 2ung f⟨0⟩ opofrelse, hengivenhed

auf·päppeln ⟨-le⟩ opflaske

auf·pass|en v/i passe på; være opmærksom; **pass auf!** hør engang!, pas på!; 2er m oppasser, vogter; spion

auf·peitschen piske (op); fig opægge; **~pflanzen** (op)plante, opstille; **~picken** pille op; **~platzen** v/i ⟨sn⟩ revne, springe; **~plustern** ⟨-re⟩: **sich ~** puste sig op, blære sig

aufpolieren polere op

auf·prägen indpræge, påtrykke

Auf|prall m ⟨-(e)s; selten: -e⟩ stød n; 2-**prallen** v/i ⟨sn⟩ (**auf** A) støde imod

Aufpreis m pristillæg n, merpris

auf·pumpen pumpe op; **~putschen** ophidse; **~putzen** (op)pynte; **~quellen** vælde frem; svulme op (a fig); **~raffen**: **sich ~** komme på benene; tage sig sammen; **~rauchen** ryge op; **~rauen** gøre ru

auf·räum|en rydde op (a fig); gøre ryddelig; 2ungsarbeiten f/pl oprydningsarbejde n

auf·rechnen udligne, opveje (etw. N gegen etw. A/ngt. med ngt.); → **anrechnen**

aufrecht opret, oprejst; fig oprigtig; **~erhalten** Ordnung opretholde; Regelung, Meinung, Forderung fastholde; Umgangston vedligeholde

auf·reg|en ophidse; (ärgern) irritere; **sich ~** blive ophidset; blive irriteret; **~end** (nerve)pirrende, ophidsende; 2ung f sindsbevægelse; ophidselse; → **Durcheinander**, **Verwirrung**

auf·reiben gnide (od skure) hul på; fig Feind oprive; → **zermürben**, **erschöpfen**; **sich ~** slide sig op; **~d** opslidende; enerverende

auf·reihen trække på snor; stille på rad; **~reißen** v/t rive op (a Tür, Brief usw); Straße bryde op; Augen, Mund spærre op; v/i ⟨sn⟩ sprænges, gå i stykker, revne; **~reizen** opægge, ophidse; **~reizend** ophidsende; **~richten** → **errichten**; fig trøste, opmuntre; **sich ~** rejse sig (op); fig rette sig, trøste sig

aufrichtig oprigtig; 2keit f⟨0⟩ oprigtighed

Aufriss m oprids n; oversigt

auf·rollen rulle op (a MIL); rulle sammen; Frage tage op; **~rücken** v/i ⟨sn⟩ flytte (od rykke) op; → **vor-**, **zusammenrücken**; Rang: blive forfremmet

Auf|ruf m opråb n, appel; 2-**rufen** opråbe, råbe op; Schüler høre; → **auffordern**

Aufruhr m ⟨-(e)s; selten: -e⟩ oprør n

auf·rühr|en røre op i; fig Leidenschaften

oprøre, ophidse; 2er m oprører; **~erisch** oprørsk

auf·runden ⟨-e-⟩ Zahl runde op

auf·rüst|en opruste; 2ung f oprustning

auf·rütteln ruske op, ryste (a fig)

aufs = **auf das**

auf·sagen fremsige; **~sammeln** opsamle, samle sammen

aufsässig opsætsig; 2keit f opsætsighed

Aufsatz m opsats (a Abhandlung); (Schul2) stil

auf·saugen opsuge; **~schauen** se op(ad) (fig **zu** j-m/til én); **~schäumen** v/i ⟨a sn⟩ skumme; **~scheuchen** opskræmme, jage op (a fig); **~scheuern** → **aufreiben**; **~schichten** opstable, lægge i lag; **~schieben** skyde op; fig udsætte, udskyde (**auf** A/til); **aufgeschoben ist nicht aufgehoben** gemt er ikke glemt; **aufschiebende Wirkung** JUR opsættende virkning

Aufschlag m slag n, fald n; Granate: nedslag n; Tennis: serve; (Ärmel2, Rock2) opslag n; (auf den Preis usw) tillæg n, ekstrabetaling

auf·schlagen v/t slå op (a Augen, Buch, Zelt usw); auf den Preis a lægge på; Ärmel smøge op; Knie slå til blods; v/i (fallen) falde, slå imod; Flamme: slå i vejret; Preis: stige (i pris); Tennis: serve, give op; **~schließen** v/t lukke op, åbne (for); v/i slutte op; → a **aufgeschlossen**; **~schlitzen** sprætte op; 2schluss m fig oplysning (über A/om); **~ geben** informere; **~schlüsseln** ⟨-le⟩ rubricere, inddele; (erklären) fortolke; **~schlussreich** oplysende; indholdsrig; **~schnallen** (befestigen) spænde på; (öffnen) spænde op; **~schnappen** opsnappe (a fig)

auf·schneid|en v/t skære (od sprætte) op; v/i fig prale; overdrive; (lyve) prale; 2er m blære, pralhals; løgner; 2e'rei f pral(eri n) n; løgn

Aufschnitt m ⟨-(e)s; 0⟩ (Brotbelag) pålæg n

auf·schnüren snøre op; **~schrauben** skrue på (od fast); (losschrauben) skrue af (od løs); **~schrecken** v/t (op-) skræmme; v/i ⟨sn⟩ fare (forskrækket) op; 2schrei m skrig n; **~schreiben** skrive op, notere; **~schreien** skrige (op), råbe højt

Aufschrift f påskrift; indskrift; adresse

Aufschub m udsættelse; henstand; **~ gewähren** give henstand; **ohne ~** ufortøvet

auf·schütteln ryste (od ruske) op; **~schütten** Hügel opkaste; → **aufhäufen**;

~schwatzen: *j-m etw.* (A) ~ prakke (*od* snakke) én ngt. på; ~schweißen *Safe usw* svejse op; ~schwemmen gøre oppustet; *das schwemmt auf* det feder; → *aufspülen*

auf·schwingen: *sich* ~ svinge sig op

Aufschwung *m* (*a fig*) opsving *n*

auf·seh|en se op; *fig* → *aufschauen*; 2en *n* ⟨-*s*; 0⟩ opsigt; ~erregen vække opsigt; ~erregend → ~enerregend opsigt(s)vækkende; 2er(in) *m(f)* opsynsmand

auf·setze|n *v/t* sætte på; *Hut, Brille* a tage på; *Text* affatte; *Dokument* opsætte; *v/i* FLUG lande; *sich* ~ sætte sig op; 2r *m* SPORT lop *n*

Aufsicht *f* opsyn *n*, tilsyn *n*; ~ führen føre tilsyn (*über* A/med)

Aufsichts|beamte(r) *m* tilsynsførende, opsynsmand; ~pflicht *f* ⟨0⟩ *Eltern, Schule:* opsynspligt; ~rat *m* tilsynsråd *n*

auf·sitzen ⟨*sn*⟩ *Reiter:* sidde op; ~spalten kløve; *fig* splitte; ~spannen spænde op (*od* ud); *Schirm* slå op; ~sparen (op-) spare; *fig* gemme; ~sperren spærre (*od* lukke) op; ~spielen spille op; *sich* ~ gøre sig vigtig; skabe sig; ~spießen spidde, gennembore; ~sprayen spraye på; ~springen *v/i* ⟨*sn*⟩ springe op; (*platzen*) sprække, revne; ~spritzen *v/t* sprøjte op (*od* i vejret); ~sprühen spraye (*od* sprøjte) på; ~spulen spole op; ~spülen *Sand* skylle op; ~spüren opspore, opsnuse; ~stacheln opildne, ophidse; ~stampfen stampe i jorden

Aufstand *m* opstand; oprør *n*

aufständisch oprørsk; *die* 2en oprørerne

auf·staue|n *Wasser* opdæmme, stemme; *fig* → *aufgestaut*; ~stechen stikke op; ~stecken hæfte på; *Haar, Kleid* sætte fast (*od* op) med nåle; *fig* opgive; ~stehen *v/i* stå op *n*, rejse sig; *Tür:* stå åben

auf·steig|en *v/i* ⟨*sn*⟩ stige op, rejse sig; *Mannschaft:* rykke op; *Verdacht usw:* opstå; ~end opstigende; 2er *m* SPORT oprykker; *Beruf:* karrieremager

auf·stell|en opstille, stille op (*a Kandidaten*); *Denkmal* rejse; *Behauptung, Theorie* hævde; *Rechnung* opgøre; *Rekord* sætte; *sich* ~ stille sig op; 2ung *f* opstilling

auf·stemmen stemme op

Aufstieg *m* ⟨-(*e*)*s*; -*e*⟩ opstigning; (*Beförderung*) forfremmelse, avancement *n*; (*Vorwärtskommen, Fortschritt*) opgang; ~sspiel *n* oprykningskamp

auf·stöbern opsnuse, opspore; ~stocken

bygge etager på; *fig* udvide; ~stöhnen stønne højt; ~stoßen *v/t* støde (*od* sparke) op; *v/i* ⟨*a sn*⟩ få/have opstød, ræbe; → *a auffallen*; ~streben stræbe opad (*od* frem); ~streichen smøre (*od* stryge) på

Aufstrich *m* opstreg; det påsmurte; → *a Brot*

auf·|stülpen smøge op; *Hut* sætte på; *aufgestülpte Nase* opstoppernæse; ~stützen støtte (på); *sich* ~ støtte sig på (*od* til); ~suchen opsøge; ~takeln: *sich* ~ → *aufgetakelt*

Auftakt *m* optakt (*a fig*)

auf·|tanken tanke op, fylde på; ~tauchen *v/i* ⟨*sn*⟩ dukke op (*a fig*); ~tauen *v/t u v/i* ⟨*sn*⟩ tø op, optø (*a fig*)

auf·teil|en fordele, dele op; 2ung *f* inddeling; (*Verteilung*) fordeling; *Gelände:* udstykning

auf·tischen diske op med (*a fig*)

Auftrag *m* ⟨-(*e*)*s*; ≃*e*⟩ hverv *n*, kommission; bestilling, ordre; *im* ~ *von* på éns vegne

auf·tragen *Speisen* servere, sætte frem; *Farbe* lægge (*od* smøre) på; *Kleid:* slide op; *j-m etw.* (A) ~ give én besked på; *fig dick* ~ smøre (tykt) på, overdrive

Auftraggeber *m* én der giver hverv; bestiller; kunde; mandant; *pej* bagmand

Auftrags|bestätigung *f* bekræftelse af modtaget ordre; 2gemäß efter ordre; ~lage *f* ⟨0⟩ ØKON ordrebeholding

auf·|treiben drive op; *fig* opdrive; ~trennen sprætte op; ~treten *v/i* ⟨*sn*⟩ træde (op); *fig* forekomme; 2trieb *m* opdrift; *fig* indre kraft; *das gibt* ~ det giver vind i sejlene; 2tritt *m* optrin *n*, optræden; THEA *a* forestilling; ~trumpfen *fig* spille trumf på, sige triumferende; ~tun åbne, lukke op; *Möglichkeiten* finde frem til; ~türmen optårne (*sich*) (op); ~wachen *v/i* ⟨*sn*⟩ vågne (op) (*a fig*); ~wachsen *v/i* ⟨*sn*⟩ vokse (op); ~wallen *v/i* ⟨*sn*⟩ *fig* blive hidsig

Aufwand *m* ⟨-(*e*)*s*; 0⟩ (*Einsatz*) opbydelse; (*Kosten*) omkostninger *pl*; (*Prunk*) overdådighed; *unnützer* ~ ødslen (*an* D/med ngt.); → *Verbrauch*; ~sentschädigung *f* repræsentationsudgifter *pl*

auf·|wärmen opvarme; *Sport* varme op; *sich* ~ få varmen; 2wärtefrau *f* hushjælp; ~warten opvarte, varte op (*bei Tisch* ved bordet); *fig mit* D/med)

aufwärts opad; 2bewegung *f* opadstigende bevægelse; 2entwicklung *f* opadgående udvikling

Aufwartung *f*: *j-m seine* ~ *machen* gøre

én sin opvartning

Aufwasch m ⟨-es; 0⟩ opvask; *fig* **in e-m** ~ på én gang

auf-|waschen vaske op; **~wecken** (op)-vække; → *a* **aufgeweckt**; **~weichen** v/t (op)bløde; v/i ⟨sn⟩ blive blød, opblødes; **~weisen** fremvise, opvise; *Fähigkeit* udvise

auf-wend|en anvende, opbyde; *Geld* spendere, ofre; **~ig** kostbar; **2ung** f anvendelse; opbydelse; **2ungen** pl udgift(er pl)

auf-werfen *Erde* grave op; *Frage* opkaste, fremsætte

auf-wert|en opprioritere; *Währung* opskrive; **2ung** f opprioritering; opskrivning

auf-|wickeln vikle på; vikle op; *Garn* vinde; **~wiegeln** ⟨-le⟩ ophidse, sætte op imod; **~wiegen** opveje

Aufwiegler m agitator; oprører; **2isch** ophidsende, oprørsk

Aufwind m opvind

auf-|winden hejse op; vinde op; **~wirbeln** hvirvle op; *fig* **Staub** ~ vække røre; **~wischen** tørre op, viske op; *Fußboden* vaske; **~wühlen** rode op (i); *See* bringe i oprør; *fig* ophidse; *(erschüttern)* ryste

auf-zähl|en optælle; remse op; **2ung** f opremsning

auf-|zäumen optømme; **~zehren** fortære, forbruge

auf-zeichn|en tegne (op); optegne; *Bild, Ton* optage; ofre; **2ung** f optegnelse; optagelse; **2ungen** f|pl noter pl

auf-zeigen fremvise, forevise; *fig* påvise

auf-ziehen v/t trække op (*a Uhr*); *(hochziehen)* hejse op, løfte; *Segel* hejse; *Reifen* påmontere; *Saite* spænde på; *Vieh* opdrætte; *Kind* opdrage; F *(necken)* drille; v/i ⟨sn⟩ *Wache, Gewitter*: trække op

Aufzucht f opdræt

Aufzug m *(Festzug, Aufmarsch)* optog n; THEA *a* akt; *(Lift)* elevator; *([Art der] Kleidung)* antræk n

auf-zwingen påtvinge

Augapfel m øjeæble n; *fig* øjesten

Auge n ⟨-s; -n⟩ øje n; *mit bloßem* ~ med (de) blotte øjne pl; *fig* **im** ~ **haben** have for øje; *aus den* ~**n lassen** (*od verlieren*) tabe af syne; *vor* ~**n** for øje; *große* ~**n machen** gøre store øjne; *unter vier* ~**n** under fire øjne; MIL ~**n rechts!** se til højre!; *j-m schöne* ~ *machen* lave øjne til én; *ein* ~ *zudrücken* lukke øjnene for

Augen-|arzt m øjenlæge n; **~blick** m øjeblik n; *einen* ~! (lige) et øjeblik!; **2blicklich**

adj øjeblikkelig; *adv* *(zurzeit)* for øjeblikket; *(sofort)* straks; **~braue** f øjenbryn n; **~brauenstift** m øjenbrynsstift; **~entzündung** f øjenbetændelse; **2fällig** iøjnefaldende; **~heilkunde** f ⟨0⟩ oftalmologi; **~höhle** f øjenhule; **~klappe** f øjeklap; **~krankheit** f, **~leiden** n øjensygdom; **~licht** n ⟨-[e]s; 0⟩ syn(skraft) n; **~lid** n øjenlåg n; **~maß** n ⟨-es; 0⟩ øjemål n; *fig* sans for proportioner, realitetssans; **~opti-ker(in)** m(f) optiker; **~paar** n øjepar n; **~schatten** m poser pl under øjnene; **~schein** m: **in** ~ **nehmen** tage i øjesyn; **2scheinlich** øjensynlig, åbenbar; **~täu-schung** f øjenforblindelse; **~tropfen** m/pl øjendråber pl; **~weide** f ⟨0⟩ øjens-lyst; **~wimper** f øjenvippe; **~winkel** m øjenkrog; **~wischerei** f ⟨0⟩ F selvbedrag n; **~zeuge** m øjenvidne n; **~zwinkern** n ⟨-s; 0⟩ blinken med øjnene; **2zwinkernd** *fig* med et indforstået smil

Au¦gust m ⟨-[e]s; -e⟩ august

Auktion [-'tsio:n] f auktion

Aula f ⟨-; Aulen⟩ aula

Aupair|aufenthalt [o:'pɛːʁ-] m au pair-ophold n; **~mädchen** n au pairpige

aus 1. *prp* ⟨D⟩ af, ud af; *(von ... her)* fra; ~ *e-m Glas trinken* drikke af et glas; ~ *Holz* af træ; ~ *Furcht* (*Liebe*) af frygt (kærlighed); ~ *Kopenhagen* fra København; ~ *Spaß* for spøg; **2.** *adv* ud (*von ... aus*) fra; *von hier* ~ herfra; *ein und* ~ ud og ind; *weder ein noch* ~ *wissen* hverken vide ud eller ind; *(vorbei)* ude, forbi, slut; ~ *sein* F (*zu Ende sein*) være ude (*od* for-bi); *das Feuer ist* ~ ilden er gået ud; *auf etw. (A)* ~ *sein* være ude efter (*od* på) ngt

Aus n ⟨0⟩ SPORT: *der Ball geht ins* ~ bol-den går ud

aus-arbeit|en udarbejde; **2ung** f udarbej-delse

aus-|arten ⟨-e-; sn⟩ v/i udarte, vanslægte; **~atmen** udånde; **~baden**: *etw. (A)* ~ *müssen* måtte bøde for noget; **~bag-gern** opmudre; udgrave

Ausbau m ⟨-[e]s; 0⟩ udbygning (*a fig*); *(Erweiterung)* udvidelse

aus-bauen demontere, skille ad; *(erweitern)* udbygge, udvide (*a fig*)

ausbau|fähig som kan udbygges; **2stre-cke** f (provisorisk) udvidet vejstrækning

ausbedingen: *sich (D) etw. (A)* ~ betinge (*od* forbeholde) sig ngt

aus-beißen: *sich (D) e-n Zahn* ~ knække en tand; *fig* **sich (D) die Zähne daran** ~ ikke kunne klare pynten

aus-besser|n udbedre, reparere; **2ung** f

udbedring, reparation

aus·beulen udhamre, rette ud

Aus·beute f udbytte n, gevinst; **2·beuten** ⟨-e-⟩ udbytte (a j-n); Rohstoffe udvinde; **~beuter** m udbytter; **~beutung** f udbytning; udvinding

aus·bezahlen udbetale

aus·bild|en uddanne (sich a); vejlede; (entwickeln) udvikle; **2er(in)** m(f) instruktør; **2ung** f uddannelse; udvikling; **2ungsprogramm** n uddannelses-program n

aus·bitten: sich (D) ~ udbede sig; **~blasen** puste ud, slukke; **~bleiben** v/i ⟨sn⟩ udeblive; die Folgen werden nicht ~ følgerne vil ikke udeblive; **~blenden** fade ud; **2blick** m udsigt; **~bluten** v/i ⟨sn⟩ forbløde; **~bohren** udbore; **~bomben** udbombe; → ausgebombt; **~brechen** ⟨-e-⟩ debarkere, udskibe; fig fortrænge, sætte ud i den kolde sne

aus·brechen¹ v/t → herausbrechen; v/i ⟨sn⟩ Vulkan, Häftling, Krieg: bryde ud; Feuer: udbryde; in Lachen ~ bryde ud (od briste) i latter; in Tränen ~ udbryde i tårer

aus·brech|en² v/t → erbrechen; **2er** m udbryder

aus·breit|en ⟨-e-⟩ brede ud; Flügel sprede; → a verbreiten; sich ~ brede sig; udstrække sig; fig udbrede sig (über A/om od over); **2ung** f udbredelse

aus·|brennen v/t u v/i ⟨sn⟩ brænde ud; **~bringen**: e-n Toast ~ udbringe en skål; **2bruch** m udbrud n (a fig); **~brüten** udruge; fig pønse på; **~buchen** → ausgebucht; **2buchtung** f udhuling, bule; an schmaler Straße: vigeplads; **~buddeln** F grave ud (od op); **~bügeln** stryge, presse; fig bringe i orden, udglatte

Ausbund m ⟨-(e)s; 0⟩ mønster n, (skole)eksempel n (an, von D/på)

aus·bürger|n ⟨-re⟩ fratage statsborgerskab n; **2ung** f fratagelse af statsborgerskabet

aus·|bürsten (gennem)børste; **~·checken** [-tʃɛkən] F checke ud

Ausdauer f ⟨-; 0⟩ udholdenhed; **2nd** udholdende; **~training** n intervaltræning

aus·dehnen (ud)strække, udvide (sich sig); **2ung** f udstrækning (a Erstreckung), udvidelse; → Expansion

aus·|denken udtænke, udspekulere; sich (D) etw. (A) ~ forestille sig; **~diskutieren** diskutere færdig (od igennem); **~docken** tage ud af dock; **~dörren** v/t (ud)tørre; v/i ⟨sn⟩ udtørres; **~drehen** dreje ud; Licht

usw slukke (for)

Ausdruck m ⟨-(e)s; ⁺e⟩ udtryk n; etw. (A) zum ~ bringen give udtryk for ngt

aus·drucken trykke færdig; trykke helt ud

aus·drück|en trykke (od presse) ud; fig udtrykke, udtale; **~lich** udtrykkelig

Ausdrucks|art f udtryksmåde; **~kraft** f ⟨0⟩ udtryksevne; **2los** udtryksløs; **~mittel** n udtryksmiddel n; **2voll** udtryksfuld; **~weise** f udtryksmåde

aus·dünst|en uddunste; **2ung** f uddunstning

ausei'nander fra hinanden

ausei'nander-|bringen adskille; **~fahren** v/i ⟨sn⟩ fare fra hinanden, skilles hurtigt; **~fallen** v/i ⟨sn⟩ gå i stykker, skilles ad; **~fliegen** v/i ⟨sn⟩ flyve hver til sin side, flyve fra hinanden; **~gehen** v/i ⟨sn⟩ skilles ad, spredes; Partner: gå fra hinanden; Meinungen: afvige (fra hinanden); **~halten** holde hver for sig, holde fra hinanden; **~laufen** v/i ⟨sn⟩ løbe fra hinanden; **~legen** skille, tage fra hinanden; fig forklare; **~nehmen** skille ad, tage fra hinanden; Argumente pille éns argumentation fra hinanden; **~rücken** flytte fra hinanden; **~setzen** sætte hver for sig; fig forklare, udrede; sich mit j-m ~ diskutere med én; sich mit etw. (D) ~ sætte sig ind i ngt.; **2setzung** f forklaring; diskussion; (Streit) opgør n; **~treiben** jage fra hinanden, splitte

auser|koren udvalgt; s-e 2e hans udkårne; **~lesen** (vorzüglich) udsøgt, fortrinlig; **~sehen** udse (zu D/til); adj udset; **~wählen** udvælge; s-e Auserwählte hans udvalgte

aus·|essen spise op; **~fahrbar** teleskop-; **~fahren** v/i ⟨sn⟩ køre ud (od en tur); Schiff: sejle ud; (spazieren-)fahren køre en tur (v/t Baby med baby); v/t Waren køre (od bringe) ud; Fahrwerk slå landingshjulene ud; Sehrohr stikke op; **2fahrt** f køretur; bortkørsel; (Tor) udkørsel (a Autobahn), port

Ausfall m udfald n (a MIL, SPORT, fig); (Wegfall, Nichtstattfinden) bortfald n; (Einbuße) mangel, tab n, deficit n

aus·|fallen v/i ⟨sn⟩ falde ud; (nicht stattfinden) blive aflyst, falde bort, udgå; Strom, Bremse svigte; Ergebnis: falde ud; gut ~ gå godt; in udfalde; **~fällen** udfælde; **~fallend**, **~fällig** fornærmelig, grov; **2fallstraße** f udfaldsvej

aus·|fasern ⟨-re⟩ v/t trævle; v/i ⟨sn⟩ flosse; **~fechten** udfægte, udkæmpe (a fig); **~fe-**

gen feje ud; **~feilen** file til; *Sprache* file på

aus·fertig|en udfærdige; 2**ung** f udfærdigelse; *in zweifacher* ~ in duplo

ausfindig: ~ *machen* finde, opspore

aus·|flaggen v/i sejle under bekvemmelighedsflag; **~fliegen** v/i ⟨sn⟩ flyve ud (*od* bort); *Vögel, Jugendliche*: flyve fra reden; **~fließen** v/i ⟨sn⟩ flyde (*od* løbe) ud; **~flippen** v/i ⟨sn⟩ F flippe ud; *er ist ganz und gar ausgeflippt* han er helt til rotterne; 2**flucht** f ⟨-; ~e⟩ påskud n; *Ausflüchte machen* komme med udflugter (*od* en søforklaring); 2**flug** m (*Fahrt*) udflugt, (skov)tur; 2**flügler** m (søndags)turist

Ausflugs|lokal n udflugtsrestaurant; traktørsted n; **~ort** m udflugtssted n; **~ziel** n udflugtsmål n

Ausfluss m udstrømning, udløb n; MED udflåd n

aus·forsch|en udforske, udfritte; 2**ung** f udforskning, udfritning

aus·frag|en udspørge; 2**e'rei** f udfritten

aus·|fransen v/i ⟨sn⟩ frynse, flosse; **~fressen** æde op; *fig* bedrive; *er hat (wieder) etwas ausgefressen* han har (igen) lavet noget galt

Ausfuhr f udførsel, eksport

ausführbar udførlig, mulig; 2**keit** f ⟨0⟩ udførlighed

Ausfuhr|beschränkung f eksportrestriktion; **~bewilligung** f → *Ausfuhrgenehmigung*

aus·führen føre ud; *Freundin* gå ud med; *Plan, Waren, Arbeit* udføre; *fig (darlegen)* fremsætte

Ausfuhr|genehmigung f udførsels-, eksporttilladelse; **~handel** m eksporthandel; **~land** n eksportland n

ausführlich udførlig; detaljeret; 2**keit** f ⟨0⟩ udførlighed

Ausführung f udførelse; fig. fremstilling, redegørelse

Ausfuhr|verbot n udførsels-, eksportforbud n; **~zoll** m udførselstold

aus·füll|en udfylde, opfylde (*a fig*); 2**ung** f udfyldelse

Ausgabe f ⟨0⟩ (*v. Waren usw*) udlevering; (*Emission*) udstedelse, emission; (*a pl*) (*Geld2*) udgift(er pl); TYP udgave; **~kurs** m udstedelseskurs; **~(n)buch** n udgiftsbog; **~stelle** f udleveringssted n

Ausgang m udgang (*a Schluss, Anfang*); (*freie Zeit, Gefangenen2 a*) udgangstur; (*Ergebnis*) udfald n; ~ *haben* have udgang

Ausgangs|punkt m udgangspunkt n; **~sperre** f udgangsforbud n; **~stellung** f udgangsstilling

aus·geben *Geld* give ud; *Waren, Essen* udlevere; *Aktien, Befehl* udstede; udgive (*a sich für j-n* sig for én)

ausge|bombt bomberamt; **~bucht** booked op, udsolgt; **~bufft** F snu; 2**burt** f foster n, produkt n; **~dehnt** udstrakt, vidtstrakt; **~dient** udtjent; **~fallen** usædvanlig, aparte; **~flippt** F → *ausflippen*

ausgeglichen fig ligevægtig; 2**heit** f ⟨0⟩ ligevægt

aus·gehen v/i ⟨sn⟩ gå ud (*a Licht, Feuer, Farbe, ins Lokal; auf A/*på); *Haare*: falde af; (*enden*) ende, slutte; *Ware, Geld*: udgå, slippe op; *fig gut (schlecht)* ~ løbe godt (skidt) af, få et godt (dårligt) udfald; *straffrei* ~ slippe for straf; *leer* ~ ikke få ngt., gå tomhændet bort; *von etw.* (*D*) ~ udgå fra ngt

ausgehungert udsultet; sulten

Ausgehverbot n → *Ausgangssperre*

ausge|klügelt raffineret, udspekuleret; **~kocht** fig dreven, snu; **~lassen** løssluppen; overgiven, kåd; **~leiert** forslidt; løs; **~liefert** fig prisgivet; **~macht** afgjort, bestemt; **~mergelt** helt udslidt; **~nommen** (*A*) undtagen, med undtagelse af; **~prägt** udpræget; **~rechnet** *adv* netop, lige, just; **~schlafen** udsovet; **~schlossen** udelukket, umuligt; **~schnitten** *Kleid*: nedringet; **~sprochen** afgjort, udpræget

ausgestalt|en udforme; 2**ung** f udforming

ausge|storben uddød; **~sucht**, **~wählt** udsøgt, glimrende; **~wogen** afbalanceret; **~zeichnet** udmærket, fortræffelig

aus|giebig (*reichlich*) rigelig; grundig, omfattende; **~gießen** hælde ud, udgyde

Aus|gleich m ⟨-(e)s; -e⟩ udligning (*a* ÖKON, SPORT), (*mst fig*) udjævning; (*Kompromiss*) forlig n; 2**-gleichen** udligne, (*mst fig*) udjævne; fig. a. forlige

Ausgleichs|getriebe n differentiale n; **~rennen** n handicap(løb) n; **~sport** m motionsgymnastik; **~tor** n, **~treffer** m udligningsmål n

aus·|gleiten v/i ⟨sn⟩ glide (ud); **~glühen** udgløde

aus·grab|en grave ud (*od* op), udgrave; 2**ung** f udgravning

Ausguck m ⟨-(e)s; -e⟩ udkig n

Ausguss m (*Becken*) vask

aus·|haben F *Buch* have læst færdig; *Glas, Flasche* have drukket færdig; **~hacken** hakke ud; *Unkraut* luge; **~haken** v/t hægte af, tage af krogen; → **aushängen**; **~halten** *v/t* holde ud; (*erdulden*) udholde, udstå; *es ist nicht zum* 2 det er ikke til at holde ud; *v/i* holde ud, holde stand; **~handeln** opnå ved forhandling; → **vereinbaren**

aus·händig|en overrække, udlevere; 2ung *f* overrækkelse, udlevering

Aushang *m* opslag *n*, plakat; → **Bekanntmachung**

aus·hängen hænge ud; *Plakat* slå (*od* hænge) op; *Tür* tage af hængslerne; 2**hängeschild** *n* udhængsskilt *n*; (*Deckmantel*) skalkeskjul *n*; (*Renommee*) flagskib *n*; **~harren** holde ud; **~hauchen** udånde; *den Geist~* opgive ånden; **~hauen** udhugge, udmejsle; **~heben** *Tür* tage ud (*od* løfte) af; → **ausschachten**; *Truppen* udskrive; *Verbrecherenest* foretage razzia i; **~hecken** F udspekulere, pønse på; **~heilen** *v/i* ⟨*sn*⟩ læges helt; **~helfen** hjælpe (*im Haus* i huset), give en håndsrækning (*j-m* én)

Aushilfe *f* midlertidig hjælp, nødhjælp; *Person:* vikar

Aushilfs|kraft *f* ekstrahjælp, ekstramand; vikar; 2**weise** som nødhjælp, indtil videre, foreløbig

aus·höhlen udhule (*a fig*); **~holen** (*zum Schlag*) løfte hånden, lange ud; *zum Sprung~* tage tilløb til et spring; *fig weit ~* gå langt tilbage; → **ausfragen**; **~holzen** ⟨*-t*⟩ udtynde; **~horchen** fritte ud; **~hungern** udsulte (*a fig*); **~husten** *v/t* hoste op; **~jäten** luge (bort); **~kämmen** rede (*od* kæmme) ud; **~kämpfen** udkæmpe; **~kehren** feje ud (*od* ren); **~kennen**: *sich ~* kunne finde vej (*od* sig til rette); vide besked; **~kippen** hælde ud; **~klammern** *fig* holde udenfor

Ausklang *m* slutningstone; *fig* afslutning

aus·kleiden: *mit etw.* (*D*) *~* beklæde (indvendig) med ngt.; → *sich ausziehen*; **~klingen** *v/i* ⟨*sn*⟩ klinge ud, dø hen; *fig* slutte; **~klinken** hægte af; *Segelflugzeug:* kappe slæbetovet; **~klopfen** banke (ud); 2**klopfer** *m* tæppebanker; **~knipsen** F slukke; **~knobeln** F hitte på; **~kochen** *v/t* koge ud; *v/i* ⟨*sn*⟩ koge bort; → **ausgekocht**

aus·leben: *sich ~* rase ud, nyde livet

aus·kommen *v/i* ⟨*sn*⟩: *mit wenig Geld usw ~* klare sig med lidt; *mit j-m ~* komme (godt) ud af det med én; 2 *n* ⟨*-s*; *0*⟩: *sein gutes ~ haben* have sit gode udkomme; *mit ihm ist kein ~* der er noget ikke at komme med ham

aus·kosten *fig* nyde til sidste dråbe;

~kramen F kramme ud med; **~kratzen** *v/t* kradse ud; 2**kratzung** *f* udskrabning (*a* MED); **~kriechen** *v/i* ⟨*sn*⟩ → **ausschlüpfen**; **~kugeln** ⟨*-le*⟩ → **ausrenken**; **~kühlen** *v/i* ⟨*sn*⟩ afsvales; *v/t* → **abkühlen**; **~kundschaften** ⟨*-e-*⟩ udspejde, spionere

Auskunft *f* ⟨*-; ÷e*⟩ oplysning, information; (*Schalter usw*) „oplysningen"; **~ geben** informere; **~ei** ['-taɪ] *f* (*privat*) oplysningsbureau *n*; detektivbureau *n*; **~sbüro** *n*, **~sstelle** *f* informations-, oplysningskontor *n*

aus·kuppeln koble ud; **~kurieren** kurere grundigt; **~lachen** udle, le ad

aus·laden[1] *v/t Schiff* (ud)losse; *LKW* læsse af

aus·laden[2] *Gäste* annullere en invitation

Auslage *f* ÖKON vinduesudstilling; fremlagte varer *pl*; (*Schaukasten*) montre; **~n** *pl* udgifter *pl*, udlæg *n*

aus·lagern evakuere

Ausland *n* ⟨*-(e)s; 0*⟩ udland *n*; *ins* (*od im*) *~* udenlands; *ins~ reisen* rejse til udlandet

Ausländ|er(in) *m(f)* udlænding; 2**isch** udenlandsk

Auslands|aufenthalt *m* udenlandsophold *n*; **~gespräch** *n* TEL udlandssamtale; **~reise** *f* udenlandsrejse

Auslass *m* ⟨*-es; ÷e*⟩ udløb *n*

aus·lassen lukke (*od* slippe) ud; (*weglassen*) udelade, springe over; (*schmelzen*) smelte; *Kleider* lægge ud; *s-n Ärger an j-m ~* lade én undgælde for sin vrede (*od* harme); *sich über etw.* (*A*) *~* ytre sig om ngt

Auslassung *f* udeladelse; *fig* ytring

Auslassventil *n* udstødningsventil

aus·lasten udnytte; belaste passende

Auslauf *m* udløb *n*; bevægelsesfrihed; *die Kinder haben zu wenig ~* børnene har ikke tumleplads nok

aus·laufen *v/i* ⟨*sn*⟩ løbe ud; *Schiff a:* sejle ud; (*leer laufen*) løbe tom; (*enden*) ende, slutte; *~ in* (*A*) løbe ud i, slutte med

Aus|läufer *m* GEOGR *u fig* udløber; BOT rodskud *n*; **~laut** *m* GRAM udlyd; 2**·lauten** udlyde (*auf A*/på)

aus·lecken slikke op; **~leeren** tømme

aus·leg|en lægge ud (*a Geld*), udlægge (*a deuten*); *Zimmer usw* belægge; (*zur Ansicht usw*) fremlægge, udstille; (*deuten*) fortolke; 2**er** *m* (*Kran-, Boots-*) udligger, udlægger; 2**eware** *f* væg-til-væg tæppe *n* (i metermål); 2**ung** *f* udlægning, fortolkning

aus·|leiern udslide; → *ausgeleiert*; ₂*leihe* f udlån n; **~leihen** udlåne; **~lernen** lære til ende; *Ausbildung:* udlære; *man lernt nie aus* man lærer så længe man lever

Aus|lese f udvalg n; (*Ware*) udsøgt vare; (*Wein*) udsøgt vin

aus·|lesen[1] sortere, sigte; → *auswählen*

aus·|lesen[2] *Buch* læse færdig; ₂*leseverfahren* n udvælgelsesprocedure

aus·leuchten belyse fuldstændigt

aus·|liefer|n ekspedere, udlevere (*a Verbrecher*); → *ausgeliefert*; ₂*ung* f udlevering; ₂*ungslager* n udleveringslager n, depot n; ₂*ungsvertrag* m udleveringsaftale

aus·|liegen ligge fremme; **~löffeln** spise med ske; *fig* tage følgerne af ngt.; „søbe den kål man selv har spyttet i"; **~loggen** [-lɔgən] EDV logge af; **~löschen** slukke; *Schrift* viske ud, slette; *fig* (*töten*) dræbe; → *tilgen*; **~losen** udtrække; trække lod

aus·lös|en udløse; → *loskaufen*; ₂*er* m udløser

Aus|losung f lodtrækning; **~lösung** f udløsning

aus·|loten lodde (dybden) (*a fig*); **~luften** lufte ud; **~machen** *Licht* slukke; (*vereinbaren*) aftale, blive enig om; (*bilden, kosten*) udgøre; (*erkennen*) skelne; *das macht nichts aus* det gør ikke ngt.; *wenn es Ihnen nichts ausmacht* hvis det ikke gør noget for Deres skyld; **~mahlen** finmale; **~malen** farvelægge, kolorere; *fig* udmale

ausmanövrieren udmanøvrere

Aus|marsch m udmarch, udrykning; **~maß** n mål n; → *Umfang*, *Ausdehnung*

aus·|mauern udmure, beklæde med murværk n; **~meißeln** mejsle ud; **~mergeln** → *ausgemergelt*; **~merzen** ⟨-t⟩ fjerne, udsondre, kassere; → *ausrotten*; **~messen** udmåle, opmåle; **~misten** ⟨-e-⟩ muge ud; **~mustern** udskyde, kassere; *Person* hjemsende

Ausnahme f undtagelse; *mit* ~ (*G, von*) med undtagelse af; **~fall** m undtagelsestilfælde n; **~zustand** m undtagelsestilstand

ausnahms|los uden undtagelse; **~weise** undtagelsesvis

aus·|nehmen tage ud, udtage; (*auswählen*) udvælge; *Wild* skære op; *Fische* rense; *fig* (*im Spiel*) blanke af; → *ausschließen*, *herausnehmen*; *sich* ~ tage sig ud; **~d** ualmindelig, udmærket; *adv* særdeles

Ausnüchterungszelle f detention

aus·nutz|en, aus·nütz|en udnytte; ₂*ung* f

⟨0⟩ udnyttelse

aus·|packen pakke ud; *fig* sladre; **~parken** køre ud fra parkeringsbåsen; **~peitschen** gennempiske; **~pfeifen** pibe ud; **~pflanzen** udplante; **~plaudern** plapre ud med; sladre; **~plündern** udplyndre; **~polstern** udpolstre; **~posaunen** F udbasunere; **~prägen** udpræge, udmønte; → *ausgeprägt*; *sich* ~ træde tydeligt frem; **~pressen** udpresse; *fig* afpresse; **~probieren** (af)prøve

Auspuff m ⟨-(e)s; -e⟩ udblæsning; udblæsningsrør n; **~gase** n/pl udstødningsgas, bilos; **~rohr** n udblæsningsrør n; **~topf** m lydpotte

aus·|pumpen pumpe ud; *fig* pumpe; **~pusten** F → *ausblasen*; **~putzen** pynte, smykke (*sich* sig); (*reinigen*) rense

ausquartieren udkvartere

aus·|quatschen P → *ausplappern*; **~quetschen** → *auspressen*

aus|radieren radere ud; *fig* udslette; **~rangieren** *fig* udrangere, kassere; **~rasieren** barbere af

aus·|rasten *v/i* ⟨*sn*⟩ TECH løsne sig; springe op; *fig* ⊢ gå grassat; *v/t* TECH slå fra, koble fra; **~rauben** udplyndre; **~rauchen** ryge færdig; **~räuchern** ryge ud (*a fig*); **~räumen** (*hinaustragen*) flytte (*od* rydde) ud; *Raum* tømme, rømme, rydde op i; *Zweifel* rydde af vejen; **~rechnen** udregne, regne ud; → *ausgerechnet*

Ausrede f udflugt, påskud n; *faule* ~n dumme undskyldninger

aus·reden *v/i* tale ud; *j-n* ~ *lassen* lade én tale ud; *v/t* *j-m etw.* (*A*) ~ snakke én fra ngt

ausreiben grnid ud

ausreichen slå til, være tilstrækkelig; **~d** tilstrækkelig

Ausreise f udrejse; → *Abreise*; **~erlaubnis** f udrejsetilladelse

aus·reisen *v/i* ⟨*sn*⟩ rejse ud

Ausreisevisum n udrejsevisum n

aus·|reiß|en *v/t* rive ud (*od* op); *v/i* ⟨*sn*⟩ *Naht:* gå i tu (*od* op); F (*weglaufen*) stikke af, forsvinde; ₂*er* m én, der er på springtur

aus·|reiten *v/i* ⟨*sn*⟩ ride ud; **~renken** vride af led, forvride; **~richten** rette (ud); *Auftrag* udrette, udføre; *e-n Gruß* ~ hilse; *Fest* arrangere; *Gerät* indstille (*auf* A/på)

Ausritt m ridetur

aus·|roden rydde; **~rollen** *v/t* *Teig, Tapete* rulle ud; *v/i* ⟨*sn*⟩ FLUG løbe farten af; **~rotten** ⟨-e-⟩ udrydde; **~rücken** *v/i* ⟨*sn*⟩ MIL, *Feuerwehr:* rykke ud; F → *ausreißen*

Ausruf *m* udråb *n*, udbrud *n*

aus·ruf|en *v/i* udbryde; *v/t* udråbe; proklamere; **2er** *m* udråber; **2ezeichen** *n* udråbstegn *n*; **2ung** *f* udråbelse; proklamation

aus·|ruhen *v/i* (*a sich*) hvile ud; **~rupfen** plukke ud

aus·rüst|en udruste (*sich* sig); udstyre; **2ung** *f* udrustning; udstyr *n*

aus·rutsch|en *v/i* ⟨*sn*⟩ glide ud; **2er** *m fig* svipser, tanketorsk

Aussaat *f* udsæd

Aussage *f* udsagn *n*; JUR *a* vidnesbyrd *n*, forklaring (for retten); *fig* (*e-s Werkes*) budskab *n*; GRAM (*Satz* 2) udsagnsled *n*

aus·|sagen udsige; JUR vidne, forklare; **~sägen** save ud

Aus|satz *m* ⟨*-es; 0*⟩ spedalskhed, udslæt *n*; **2sätzig** spedalsk

aus·|saugen suge ud; *fig* udsuge; **2schabung** *f* MED udskrabning; **~schachten** ⟨*-e-*⟩ udgrave

aus·schalt|en *Licht, Radio* afbryde, slukke (*od* lukke) for; *Maschine* slå fra; *fig* udelukke; **2er** *m* afbryder; **2ung** *f* afbrydelse; → *Ausschluss*

Ausschank *m* ⟨*-(e)s; 0*⟩ udskænkning; (*Lokal*) beværtning

Aus|schau *f* ⟨*0*⟩ udkig *n*; *nach j-m ~ halten* holde udkig efter én; **2·schauen** se ud; holde udkig (*nach D*/efter)

aus·scheid|en *v/t* udskille, udsondre; *v/i* ⟨*sn*⟩ træde ud (af), gå ud (af), afgå; **2ung** *f* udskillelse; SPORT udtagning, udvælgelse; *med* udsondring; **2ungsspiel** *n* udtagelseskamp, kvalifikationskamp

aus·|schelten skælde ud; **~schenken** udskænke; **~scheren** *v/i* ⟨*sn*⟩ køre ud af rækken, komme ud af sin bane; **~schiffen** udskibe; **2schilderung** *f* skiltning; **~schimpfen** skælde ud; **~schlachten** *Tier* hugge ud; *Auto, Wrack* ophugge, afmontere; *fig* udnytte situationen; **~schlafen** *v/t u v/i* sove ud

Ausschlag *m* udslag *n*; (*Ausgang*) resultat *n*; MED udslæt *n*; *fig den ~ geben* gøre udslaget

aus·schlag|en *v/t* slå ud; (*verkleiden*) beklæde (indvendig), betrække; (*verweigern*) afslå, afvise; *v/i* BOT springe ud, blive grøn; *Pferd:* slå bagud, sparke; *Waage:* give udslag *n*; *fig zum Guten:* falde godt ud, få et heldigt udfald; **~gebend** afgørende

aus·schließ|en lukke ud; *fig* udelukke; SPORT diskvalificere; → *a ausgeschlossen*; **~lich** *adj* udelukkende; *prp* (*G*) undtagen

aus·|schlüpfen *v/i* ⟨*sn*⟩ smutte ud; *Vögel usw:* udklækkes; **~schlürfen** drikke langsomt og støjende

Ausschluss *m* udelukkelse; *unter ~ der Öffentlichkeit* for lukkede døre

aus·|schmieren *Fugen* smøre til; kitte; **~schmücken** udsmykke, pynte; *fig* pynte på; **~schnauben:** (*sich*) *die Nase* ~ snyde næsen; **~schnäuzen** → *ausschnauben*; **~schneiden** skære ud, (*bsd mit Schere*) klippe ud; → *a ausgeschnitten*

Ausschnitt *m* udskæring (*a Kleid*), (*mit Schere*) udklipning; (*Zeitungs* 2) udklip *n*; (*Teil*) udsnit *n*; MATH sektor

aus·|schnüffeln *fig* udspionere; **~schöpfen** gse ud; *fig* udtømme; **~schrauben** skrue ud

aus·schreib|en skrive ud; *Zahl* skrive med bogstaver; *Rechnung, Wahlen, Wettbewerb* udskrive; *Stelle* opslå (som ledig); *Lieferung, Bauarbeiten* indhente tilbud på; licitere bort; **2ung** *f* udskrivning; *Wirtschaft:* licitation

aus·schreien udskrige, udråbe; (*feilbieten*) udbyde

aus·schreit|en *v/i* ⟨*sn*⟩ skridte ud; **2ung** *f* udskejelse; *pl* optøjer *pl*, overgreb *n*

Ausschuss *m* udvalg *n*, komité; kommission; (*defekte Ware*) udskud(s-vare) *n*, skrammel *n*; **~mitglied** *n* udvalgsmedlem, komitémedlem *n*; **~sitzung** *f* udvalgsmøde *n*; **~ware** *f* udskudsvare

aus·schütteln ryste ud

aus·schütt|en hælde ud; *Dividende* udbetale; *fig sein Herz ~* udøse sit hjerte; *sich vor Lachen ~* være ved at revne af latter; **2ung** *f Dividende:* dividendeudbetaling

aus·schwärmen *v/i* ⟨*sn*⟩ sværme ud; MIL sprede sig, spredes

aus·schweif|end *Leben:* udsvævende; *Fantasie:* vild, frodig; **2ung** *f* (*mst pl*) udskejelse, udsvævning

aus·schweigen: *sich ~* (*über A*) være helt tavs, tie stille med

aus·|schwenken *v/t Glas* skylle ud; (*a v/i; bsd* MIL) svinge (*nach links* til venstre); **~schwitzen** svede ud

aus·seh|en *v/i* se ud (*nach*/efter; *wie*/ som); *es sieht nach Regen aus* det ser ud til regn; *sich* (*D*) *die Augen ~* stirre sig øjnene ud af hovedet; F *so siehst du aus!* den går ikke!; → *scheinen*; **2en** *n* ⟨*-s; 0*⟩ udseende *n*, ydre *n*; *dem ~ nach* (*zu urteilen*) efter udseendet at dømme

außen ude, udenfor; udvendig; udenpå; **nach ~** (a fig) udadtil; **von ~** (**her**) udefra

Außen|aufnahme f Film: udendørs optagelse; **~bezirk** m yderdistrikt n; udkant; **~bordmotor** m udenbordsmotor, påhængsmotor; **~deich** m fremskudt dige n

aus·senden udsende

Außen|dienst m tjeneste (od arbejde n) udenfor arbejdsstedet; **im ~ sein** være repræsentant; **~hafen** m yderhavn; **~handel** m udenrigshandel; **~haut** f TECH yderhud; **~kabine** f yderkahyt; **~minister** m udenrigsminister; **~ministerium** n udenrigsministerium n; **~politik** f udenrigspolitik; **2politisch** udenrigspolitisk; **~seite** f yderside; fig facade; **~seiter** m outsider; løsgænger; fig sær snegl, original; **~stände** m/pl udestående fordringer pl; **~stehende(r)** udenforstående; **~stelle** f filial; **~stürmer** m SPORT yderwing; **~temperatur** f temperaturen udenfor; **~wand** f ydervæg; **~welt** f⟨0⟩ yderverden, omverden; **~wirtschaft** f udenrigsøkonomi

außer 1. prp (D) uden for; (for)uden; undtagen; **~ dem Hause** uden for huset; **Betrieb** ude af drift, **~ Dienst** (= a. D.) pensioneret; forhenværende; **~ Atem** åndeløs; **~ sich** (D) ude af sig (selv); **~ mir** (for)uden mig; 2. konj uden, undtagen; **~ dass** uden at; **~ wenn** medmindre

außer|dem desuden; **~dienstlich** uden for tjeneste; uofficiel, privat

äußere 1. adj ydre; POL udenrigs; **~ Angelegenheiten** udenrigsanliggender n/pl; 2. 2(s) n ydre n; (Aussehen) udseende n, skin n; **dem Äußeren nach** efter udseendet at dømme

außer|ehelich uden for ægteskab; **~europäisch** ikkeeuropæisk; **~gerichtlich** uden for rettens mellemkomst; **~gewöhnlich** usædvanlig, ualmindelig, ekstraordinær; **~halb** 1. prp (G) uden for; 2. adv udenfor, udvendig; **~irdisch** uden for jorden (værende), fra verdensrummet

äußerlich ydre, udvortes; (oberflächlich) overfladisk, indholdsløs; 2keit f ydre n; (Formsache) formalitet; (Oberflächlichkeit) uvæsentlighed, overfladiskhed; 2keiten (Manieren) høflighed; (Unwichtiges) detaljer pl

äußern ⟨-re⟩ ytre, udtale; **sich ~** ytre (od udtale) sig (**über** A/om)

außer|ordentlich overordentlig, usædvanlig; Professor: ekstraordinær; **~parlamentarisch** udenomsparlamentarisk; **~planmäßig** Zug: ekstra; **~schulisch** uden for skolen

äußerst adj u adv yderst, højst, størst; **im ~en Falle** i yderste (od værste) fald n; **aufs 2e** (erschrocken, gespannt) meget, vældig

außer'stande ude af stand

Äußerste(s) n yderste; **j-n bis zum Äußersten bringen** drive én til det yderste; **sein Äußerstes tun** gøre sit bedste

Äußerung f ytring, udtalelse; Diskussion: indlæg n

aus·setzen 1. v/t sætte ud; Belohnung udsætte, udlove; Wache, Boot, Person udsætte; etw. (A) auszusetzen haben an (D) have ngt. at kritisere ved; 2. v/i **~ mit** ophøre (od holde op) med; Motor: standse, gå i stå

Aussicht f udsigt (a fig); **in ~ stellen** stille i udsigt

aussichts|los uden udsigter, håbløs; 2punkt m udsigtspunkt n; **~reich** rig på gode udsigter, lovende; 2turm m udsigtstårn n; **~voll** → aussichtsreich

aus·sieben si fra

aus·sied|eln v/t tvangsforflytte; v/i flytte ud; 2ler m Bauer: udflytter; (Spät-) repatrieret, indvandrer; 2lerhof m udflyttergård

aus·söhn|en udsone, forsone (sich sig); 2ung f udsoning, forsoning

aus·|sondern udskille, fraskille; **~sortieren** sortere; **~spähen** v/i spejde; **~spannen** v/t spænde ud, udspænde; (ausbreiten) brede ud; Pferde spænde fra; fig **j-m etw.** (A) **~** snuppe ngt. fra én; v/i (ausruhen) hvile (sig), holde fri; slappe af; **~sparen** udspare; **~speien** spytte ud (a fig)

aus·sperr|en spile (od brede) ud; (ausschließen) lukke ud(e); Arbeitskampf: lockoute; 2ung f udelukkelse; lockout

aus·spielen udspille ud (a fig); **j-n gegen e-n ~** spille én ud mod en anden

ausspionieren udspionere

Aussprache f udtale; (Erörterung) diskussion, samtale; **fremd(ländisch)e ~** fremmed accent

aussprechbar som kan udtales

aus·sprechen udtale; (sagen) tale ud, ytre; **sich über etw. ~** udtale sig om ngt.; (sich einigen) snakke sig tilrette om

aus·|spritzen (abspülen) spule; 2spruch m udtalelse, ytring; **~sprühen** sprutte ud, sprøjte ud; **~spucken** spytte (ud); **~spülen** skylle ud; (abwaschen) udvaske; bortskylle

aus·staffieren udstaffere

Ausstand m (*Streik*) strejke, arbejdsnedlæggelse; **in den ~ treten** strejke, nedlægge arbejde

aus·statt|en ⟨-e-⟩ udstyre, udruste; **2ung** f udstyr n (a *Aussteuer*); **2ungsstück** n THEA udstyrsstykke n

aus·stechen stikke ud; *fig j-n ~* stikke (*od* konkurrere) én ud, fortrænge én

aus·stehen v/i *Geld:* være udestående; (*aushalten*) holde ud; v/t (*leiden*) udstå, fordrage; *nicht ~ können* ikke kunne fordrage

aus·steige|n v/i ⟨sn⟩ stige ud, stå af; NAUT gå fra borde; **2r** m *fig* én der har meldt sig ud af samfundet

aus·stell|en stille (*od* sætte) ud; *Waren* udstille; *Pass, Zeugnisse, Wechsel* udstede; **2er(in)** m(f) udstiller; udsteder

Ausstellung f udstilling; *Wechsel, Rechnung, Dokument:* udstedelse

Ausstellungs|datum n udstedelsesdato; **~gebäude** n udstillingsbygning; **~gelände** n udstillingsterræn n; **~zentrum** n udstillingscenter n

aus·sterben v/i ⟨sn⟩ dø ud, uddø; → *a ausgestorben*

Aus|steuer f udstyr n; **2·steuern** ⟨-re⟩ udstyre, udruste; TECH indstille, justere, regulere

Ausstieg m ⟨-(e)s; -e⟩ udstigning; **~ aus der Kernenergie** afkald på atomkraft

aus·stopfen fylde ud; *Tier* udstoppe

Aus|stoß m produktion; **2·stoßen** støde ud; *Worte* udstøde; *Ware* producere; bringe på markedet

aus·strahl|en udstråle; R/TV udsende, transmittere; **2ung** f udstråling (a *fig*); R/TV udsendelse

aus·strecken strække (*od* række ud), fremstrække; *sich ~* strække sig (ud)

aus·|streichen *Falten* glatte, stryge ud; *Worte* strege ud (*od* over); *Fugen* fuge, polere; **~streuen** udstrø; *fig* udsprede; **~strömen** v/i ⟨sn⟩ strømme (*od* flyde) ud; (*sich ergießen*) udmunde; v/t udstråle, udsende; **~suchen** udsøge; → *a ausgesucht*

Austausch m ⟨-es; 0⟩ bytte n; (*Personen*2, *Gedanken*2) udskiftning; **etw.** (j-m) **im ~ bekommen** få ngt. i bytte (**für** for); **2bar** udskiftelig, til at skifte ud

aus·tausch|en bytte, udveksle; **2motor** m udskiftet (*od* ny) motor; **2student(in)** m(f) udvekslingsstuderende; **2teil** n reservedel; udskiftelig del

aus·teil|en uddele; (*geben*) tildele, give; **2ung** f uddeling; tildeling

Auster f ⟨-; -n⟩ østers

Austern|bank f ⟨-; ⸚e⟩ østersbanke; **~fischer** m østersfisker; **~zucht** f østersavl

aus·tilgen udrydde, udslette

aus·toben: (*sich*) **~** rase ud; *junge Leute:* løbe hornene af sig

aus·|tragen bære ud; *fig* afgøre; *Briefe* bringe ud; *Kampf,* SPORT udkæmpe; *Streit* bilægge; *Kind* føde; **2träger** m bud n; **2tragung** f udbæring; afgørelse; SPORT kamp

Aus·tral|ien [-lĭən] n Australien n; **~ier(in)** m(f) australier; **2isch** australsk

aus·treib|en fordrive; *Vieh* drive ud (*od* på græs); *Teufel* uddrive; **2ung** f uddrivelse

aus·treten v/t *Feuer* træde ud; *Schuhe* udtræde; v/i ⟨sn⟩ træde ud; (*überfließen*) flyde over (sine bredder); (*sich zurückziehen*) træde tilbage, afgå; *aus e-m Verein:* melde sig ud; F *ich muss ~* jeg skal (træde af på naturens vegne)

aus·|tricksen ⟨-t⟩ løbe om hjørner med; **~trinken** drikke ud, tømme; **2tritt** m udtrædelse; udmeldelse; **~trocknen** v/t udtørre, tørlægge; v/i ⟨sn⟩ udtørres; **~trompeten** *fig* udbasunere; **~tüfteln** udspekulere

aus·üb|en udøve; **~de Gewalt** udøvende magt; **2ung** f ⟨0⟩ udøvelse

aus·ufern v/i ⟨-re; sn⟩ gå over sine bredder; *fig* udvide sig uheldigt

Ausverkauf m udsalg n; **2en** udsælge, sælge ud; (*alles*) *ausverkauft!* (alt) udsolgt

Auswahl f udvalg n

aus·wählen udvælge, udsøge

Auswahl|mannschaft f udvalgt hold n; **~spiel** n kvalifikationskamp

Aus|wanderer m udvandrer; **2·wandern** v/i ⟨sn⟩ udvandre (**nach** D/til); **~wanderung** f udvandring

auswärtig fremmed, udenbys; (*ausländisch*) udenlandsk; **2es Amt** udenrigsministerium n

auswärts (*nach außen*) ud(ad); (*an e-m anderen Ort*) andetsteds, ude; (*außerhalb der Stadt*) udenbys; (*ins Ausland*) udenlands; **2spiel** n SPORT kamp på udebane

aus·waschen vaske ud; *Fleck* vaske af; (*aushöhlen*) udhule

aus·wässern udvande, lægge i blød

aus·wechs|eln udveksle, udskifte; ombytte; 2(e)lung *f* udveksling; TECH *u* SPORT udskiftning

Ausweg *m* udvej (*a fig*); 2los ⟨*-est*⟩ håbløs

aus·weich|en *v/i* ⟨*sn*⟩ gå af vejen, vige til side, gøre plads (*j-m* for én); (*entgehen*) undgå, undvige; **~end** undvigende; 2ma-növer *n* undvigemanøvre; 2möglichkeit *f* alternativ *n*; 2stelle *f* vigested *n*, vigeplads; 2studium *n* foreløbigt studium *n*

aus·weinen: *sich* ~ græde ud

Ausweis *m* ⟨*-es*; *-e*⟩ (*Personal2*) identitetskort *n*, legitimation; (*Beweis*) bevis *n*

aus·weis|en udvise; (*beweisen*) bevise, godtgøre; *sich* ~ legitimere sig, vise sine papirer *pl*; 2ung *f* udvisning; legitimation

aus·welt|en udvide (*sich* sig); *Schuhe* blokke ud; 2ung *f* udvidelse

auswendig *adj* udvendig, ydre; *adv* udenad; ~ **lernen** (**können**) lære (udenad) udenad

aus·werfen kaste ud; *Anker* kaste; *Asche, Feuer* kaste op, slynge op; *Graben* grave, opkaste; *Summe* bevilge, fastsætte

aus·wert|en udnytte; *Bericht* evaluere; 2ung *f* udnyttelse; evaluering

aus·|wickeln vikle ud, → *auspacken*; **~wiegen** veje ud, sælge i løs vægt; → *ausgewogen*

aus·wirk|en: *sich* ~ give sig udslag, vise sig; 2ung *f* udslag *n*, følge

aus·wischen viske (*od* tørre) ud; (*auslöschen*) udviske, udslette; *sich* (*D*) *die Augen* ~ tørre sine øjne; *fig. j-m eins* ~ spille én et puds

aus·wringen *Wäsche* vride (ud)

Auswuchs [-uːks] *m* ⟨*-es*; *ue*⟩ BOT *u* MED udvækst (*a fig*); *Auswüchse fig* abnormitet, skadelig overdrivelse

aus·wuchten ⟨*-e-*⟩ *Rad* afbalancere

Auswurf *m* udkastning; MED opspyt *n*, slim; slimklat, spytklat

aus·|zahlen udbetale; *sich* ~ betale sig; **~zählen** optælle; SPORT tælle ud; 2zahlung *f* udbetaling; **~zehren** udtære; (*aussaugen*) udsuge

aus·zeichn|en mærke, kendetegne; *Waren* mærke, forsyne med pris; *j-n* ~ udmærke én; *sich* ~ udmærke sig; → *ausgezeichnet*; 2ung *f* mærkning; udmærkelse

ausziehbar udtræks-; til at trække ud

aus·ziehen *v/t* trække ud (*od* af); (*ablegen*) tage af; klæde af (*a fig*); *v/i* ⟨*sn*⟩ (*umziehen*) flytte, drage bort; (*abmarschieren*) drage afsted; *sich* ~ klæde sig af

Ausziehtisch *m* udtræksbord *n*

aus·zischen pibe ud

Auszubildende(r) *m/f* lærling

Auszug *m* (*Abmarsch*) udmarch; (*Umzug*) flytning; (*Exzerpt*) udtog *n*, uddrag *n*; (*Extrakt*) udtræk *n*, ekstrakt; 2sweise i uddrag

aus·zupfen rykke (*od* plukke) ud

au'tark selvforsynende, autarkisk; 2ie [-'kiː] *f* autarki *n*

au'thentisch autentisk

Auto *n* ⟨*-s*; *-s*⟩ bil, vogn; ~ *fahren* køre bil

Autobahn *f* motorvej; (*motorvejs*)indkørsel; **~ausfahrt** *f* (motorvejs)-udkørsel; **~gebühr** *f* motorvejsafgift; **~kreuz** *n* motorvejskryds *n*; **~raststätte** *f* motorvejsrestaurant; **~zubringer** *m* vej, der fører til motorvej; tilkørselsvej

Autobiogra'fie *f* selvbiografi

Autobus *m* bus; *im Linienverkehr:* rutebil; **~haltestelle** *f* (bus)stoppested *n*; **~verbindung** *f* busforbindelse

Autodi'dakt *m* ⟨*-en*⟩ autodidakt

Autodiebstahl *m* biltyveri *n*

Auto|fähre *f* bilfærge; **~fahrer(in)** *m(f)* bilist; **~fahrschule** *f* køreskole; **~fahrt** *f* biltur; 2frei bilfri; **~e Zone** gågade; **~friedhof** *m* bilkirkegård

Auto'gramm *n* ⟨*-s*; *-e*⟩ autograf; **~jäger** *m* autografjæger

Auto|hilfe *f* vejhjælp; **~hof** *m* vognpark; **~karte** *f* → *Straßenkarte*; **~kennzeichen** *n* registreringsnummer *n*; **~kino** *n* drive-in-bio; **~knacker** *m* F biltyv; **~kolonne** *f* bilkolonne; **~kra'tie** *f* autokrati *n*

Auto'mat *m* ⟨*-en*⟩ automat; **~enrestaurant** *n* automatcafé; cafeteria *n*; **~ikge-triebe** *n* automatgear *n*

Auto|mation [-'tsi̯oːn] *f* automation; 2matisch automatisk; 2mati'sieren automatisere

Auto|mechaniker *m* bilmekaniker; **~minute** *f* minut *n* i bil

Automo'bil *n* ⟨*-s*; *-e*⟩ automobil (*n*); **~industrie** *f* bilindustri; **~klub** *m* motorklub

auto'nom autonom, selvstændig

Auto|no'mie *f* selvstyre *n*, autonomi; **~nummer** *f* registreringsnummer *n*; **~pilot** *m* autopilot; **~'psie** *f* autopsi

Au|tor *m* ⟨*-s*; *-'toren*⟩ forfatter; **~'torin** *f* forfatter

Auto|radio *n* bilradio; **~reifen** *m* bildæk *n*; **~reisezug** *m* biltog *n*; **~rennen** *n* bilvæddeløb *n*; **~reparaturwerkstatt** *f* bil(reparations)-værksted *n*

autori'sieren autorisere; **~'tär** autoritær; 2'tät *f* autoritet; **~'tätsgläubig** autoritetstro

Autorschaft *f* ⟨*0*⟩ forfatterskab *n*

Auto|schlange *f* bilkø; **~schlosser(in)** *m(f)* automekaniker; **~straße** *f* motor-

B

vej, bilvej; ~**tür** f bildør; ~**unfall** m biluheld n, bilulykke; ~**verkehr** m biltrafik; ~**vermietung** f biludlejning; ~**zubehör** n ⟨-s; 0⟩ autotilbehør n

autsch! av!

au'weh! av!, nåda!

avancieren [aˈvaŋˈsiː-] v/i ⟨sn⟩ avancere

Avantgarde [aˈvaŋˈgaˑʁd] f ⟨0⟩ avantgarde

avi'sieren melde

Avo'cado f ⟨-; -s⟩ avocado

Axi'om n ⟨-s; -e⟩ aksiom n

Axt f ⟨-; ¨e⟩ økse

Aza'lee f azalea

Azety'len n ⟨-s; 0⟩ acetylen (n)

A'zoren pl Azorerne pl

A'zubi m ⟨-s; -s⟩ F (Auszubildender) im Handwerk: lærling; im Büro: elev

a'zurblau azurblå

B

B, b [beː] n B, b n

b. (= **bei**) ved; in Adressen: adresse (Abk. adr.), c/o

Baby [ˈbeːbi] n ⟨-s; -s⟩ baby, spædbarn n, pattebarn n, lille barn n; **ein ~ bekommen** få en baby (od lille od F arving); ~**ausstattung** f babyudstyr n; ~**korb** m kurv(evogn); vugge; ~**nahrung** f babymad; ~**sitten** sbabysitte; ~**sitter(in)** m ⟨-s; -⟩ (f) babysitter; ~**wäsche** f barnetøj n; ~**zelle** f lille batteri n

Bach m ⟨-(e)s; ¨e⟩ bæk, (lille) å

Bache f zo vildso

Bach|forelle f bækørred; ~**stelze** f vipstjert

back adv bak, tilbage; 2 f naut bak

Back|apfel m ovntørret æble n; ~**blech** n bageplade

Backbord n bagbord n

Backe f Gesicht: kind; Gesäß: balde; Werkzeug: kæbe

backen ⟨L⟩ **1.** v/t Kuchen bage; Obst tørre; Fleisch stege; **frisch gebacken** (a fig) nybagt; **2.** v/i bages, steges

Backen|bart m kindskæg n, bakkenbart; ~**knochen** m kindben n; ~**tasche** f kæbepose; ~**zahn** m kindtand

Bäcker m bager; ~**brot** n bagerbrød n

Bäcke'rei f bageri n

Bäcker|geselle m bagersvend; ~**in** f bagerkone; ~**laden** m bagerbutik; ~**lehrling** m bagerlærling; ~**meister** m bagermester

Back|fisch m fig tøs, halvvoksent pigebarn n, teen-ager; ~**form** f kageform; ~**hähnchen** n stegt kylling; ~**hefe** f gær; ~**obst** n tørret frugt; ~**ofen** m bageovn; ~**pfeife** f F lussing, ørefigen; ~**pflaume** f tørret sveske; ~**pulver** n bagepulver n; ~**rezept** n bageopskrift; ~**stein** m mursten, teglsten; ~**trog** m dejgtrug n; ~**waren** f/pl, ~**werk** n bag-

værk n

Bacon [ˈbeːkn] m ⟨-s; 0⟩ bacon

Bad n ⟨-(e)s; ¨er⟩ bad n; (Badeort) badested n, kursted n; **ein ~ nehmen** tage et bad, bade; **Wohnung mit ~** lejlighed med bad(eværelse n)

Bade|anstalt f badeanstalt; ~**anzug** m badedragt; ~**arzt** m kurlæge; ~**gast** m badegæst, kurgæst; ~**haus** n badehus n; ~**hose** f badebukser pl; ~**kabine** f badekabine; ~**kappe** f badehætte; ~**kur** f badekur; ~**mantel** m badekåbe; ~**meister(in)** m(f) bademester

baden ⟨-e-⟩ v/i u v/t bade (sig), tage et bad; (~ **gehen**) gå i vandet; 2 **verboten!** badning forbudt!

Ba'denser m indbygger i Baden

Bade|ofen m badeovn; ~**ort** m badested n; kursted n; ~**sachen** f/pl badetøj n; ~**saison** f badesæson; ~**salz** n badesalt n; ~**schwamm** m badesvamp; ~**steg** m badebro; ~**strand** m badestrand; ~**stube** f badeværelse n; ~**tuch** n badehåndklæde n; ~**unglück** n drukneulykke (ved badning); ~**wanne** f badekar n; ~**wasser** n badevand n; ~**zeit** f badesæson; badetid; ~**zeug** n badetøj n; ~**zimmer** n badeværelse n

Badminton [ˈbɛtmɪntən] n ⟨-; 0⟩ badminton

baff: ~ **sein** F være forbløffet (od paf)

BAFöG n ⟨-(s); 0⟩ (= **Bundesausbildungsförderungsgesetz**) etwa S.U.

Baga'telle f bagatel, ubetydelighed; 2i'**sieren** bagatellisere

Bagger m gravko; muddermaskine; ~**führer** m traktorfører (på en gravko); 2**n** ⟨-re⟩ opgrave; opmudre

Baguette [baˈgɛt] n ⟨-s; -s⟩ flute, baguette n

bah! øv!, pyt!

bäh! ad!

Bahn f bane; (Weg) vej(bane); (Eis2) skøjtebane; SPORT plads, bane; (Eisen2) (jern)bane; **mit der ~, per ~** med tog; (**sich** D) **~ brechen** bane (sig) vej (a fig); **~ frei!** af banen!; fig **auf die schiefe ~ geraten** komme på skråplanet; **~bau** m baneanlæg n; **~beamte(r)** m banefunktionær; 2**brechend** banebrydende; **~brecher** m banebryder; **~brücke** f jernbanebro; **~bus** m (forbundsbane)rutebil; **~damm** m (jern)banedæmning

bahnen bane; **sich** (D) **e-n Weg ~** bane sig vej

Bahn|fahrt f togrejse; **~gleis** n jernbanespor n; **~hof** m banegård, (jernbane)station

Bahnhofs|halle f banegårdshal; **~restaurant** n banegårdsrestaurant; **~vorsteher** m stationsforstander

Bahn|körper m banelegeme n; 2**lagernd** afhentes; **~linie** f (jern)banelinie; **~schranke** f (jernbane)bom; **~steig** m ⟨-(e)s; -e⟩ perron; **~strecke** f (jern)banestrækning; **~übergang** m jernbaneoverskæring; **~unterführung** f jernbaneviadukt; **~verbindung** f jernbaneforbindelse, togforbindelse; **~wärter** m ledvogter

Bahre f båre

Bai f (hav)bugt

Baiser [be·'ze:] n ⟨-s; -s⟩ marengs

Baisse ['be:sə] f baisse, prisfald n

Bajo'nett n ⟨-(e)s; -e⟩ bajonet

Bake f båke, sømærke n, mærkepæl

Bake'lit® n ⟨-s; 0⟩ bakelit

Bak'teri|e f bakterie; **~olo'gie** f ⟨0⟩ bakteriologi

Balanc|e [-'lɑ̃sə] f balance, ligevægt; 2**ieren** [-'si:-] balancere, holde ligevægt

bald adv snart, om kort tid, inden længe, straks; **~ ... ~** snart ... snart; **~ hier, ~ dort** snart her, snart der; **so ~ wie möglich** så snart som muligt; **bis ~!** vi ses!

Baldachin [-xi:n] m ⟨-s; -e⟩ baldakin

Bälde f: **in ~** snart, om kort tid

bald|ig snarlig, nær forestående; **~igst**, **~möglichst** snarest mulig

Baldrian m ⟨-s; 0⟩ baldrian

Balg m ⟨-es; ~e⟩ bælg, skind n, hud; (Blase2) (blæse)bælg; fig ⟨a n, pl ~er⟩ (Kind) unge, skarn n; 2**en: sich ~** slås; **~e'rei** f slåskamp

Balkan m ⟨-s; 0⟩ Balkan

Balken m bjælke; **~decke** f bjælkeloft n; **~träger** m støttebjælke, drager; **~waage**

f bismer; **~werk** n bjælkeværk n

Balkon [-'kɔŋ] m ⟨-s; -s⟩ altan; THEA balkon; **~kasten** m altankasse; **~sitz** m THEA balkonplads; **~tür** f altandør; **~zimmer** n altanværelse n

Ball m ⟨-(e)s; ~e⟩ bold; (Erd2) (jord)klode; (Kugel) kugle; Billard: bal; Tanz: bal n; **~ spielen** spille bold; **auf den ~ gehen** gå til bal; **~abgabe** f SPORT boldaflevering

Bal'lade f ballade(digt n)

Ballast m ⟨-(e)s; 0⟩ ballast

ballen trykke sammen; **die Faust ~** knytte næven

Ballen m (Waren2) balle, pakke; ANAT balde

Bal'lett n ⟨-s; -e⟩ ballet; **~meister** m balletmester; **~tänzer(in)** m(f) balletdanser(-inde)

Ball|junge m boldedreng; **~kleid** n balkjole

Ballon [-'lɔŋ] m ⟨-s; -s⟩ ballon; (Korbflasche) ballon(flaske), kurveflaske; **~fahrt** f ballonfærd, tur i ballon; **~hülle** f ballonhylster n; **~reifen** m ballonring

Ball|saal m balsal; **~spiel** n boldspil n

Ballung f ophobning; **~sgebiet** n, **~sraum** m tætbefolket (industri)område n

Balsam m ⟨-s; -e⟩ balsam; 2**ieren** balsamere

Balt|e m ⟨-n⟩ balter; **~endeutsche(r)** tysker fra Estland (od Letland); **~ikum** n ⟨-s; 0⟩ de baltiske lande; 2**isch** baltisk

Balu'strade f balustrade

Balz f Vögel: parring(stid); 2**en** ⟨-t⟩ udstøde lokketoner

Bambus m ⟨-; -se⟩ bambus; **~rohr** n bambusrør n; **~sprossen** f/pl bambusskud pl; **~stock** m bambusstok, bambuspind

bammeln ⟨-le⟩ F → **baumeln**

ba'nal banal; 2**i'tät** f banalitet

Ba'nane f banan

Ba'nanen|schale f bananskal; **~stecker** m EL banastik n

Ba'nause m ⟨-n⟩ filister, plebejer

Band 1. m ⟨-(e)s; ~e⟩ bind n; **2.** n ⟨-(e)s; ~er⟩ bånd n (a fig); (schmales Band) bændel n; **am laufenden ~** på transportbånd; fig i én køre, på stribe; **3.** n ⟨-(e)s; -e⟩ fig bånd n, lænke; **4.** [bɛnt] f ⟨-; -s⟩ jazzband n, danseorkester n

Ban'da|ge [-ʒə] f bandage, forbinding; 2**gieren** [-ʒi:-] forbinde, bandagere

Bandaufnahme f båndoptagelse

Bande f (Umrandung) rand, indfatning; (Schar) trup, skare; (Verbrecher2) bande

Bandeisen n båndjern n

Bandenkrieg m bandekrig

B

Bande'role f Steuer: banderole
Band|förderer m transportbånd n; **~gerät** n båndoptager
bändig|en (zähmen) tæmme; (zügeln) tøjle; (besänftigen) styre, betvinge; **2er** m dyretæmmer; **2ung** f tæmning, betvingelse
Ban'dit(in) m ⟨-en⟩ (f) bandit
Band|maß n målebånd n; **~säge** f båndsav; **~scheibe** f MED diskus; **~scheibenvorfall** m diskusprolaps; **~wurm** m bændelorm
bange bange, ængstelig, urolig; **~ sein** være bange; **mir ist ~ vor** (D) jeg er bange for; **~n** være bange; **~ um** ængstes for
Bank f 1. ⟨-; ⁓e⟩ (Sitz2) bænk, sæde n; im Meer: banke, revle; (Fuß2) skammel, taburet; fig **durch die ~** over én bank, i flæng; fig **auf die lange ~ schieben** trække i langdrag, forhale; 2. ⟨-; -en⟩ ÖKON bank; **~aktie** f bankaktie; **~angestellte** m/f bankfunktionær, bankmand; **~anweisung** f bankanvisning, check; **~automat** m pengeautomat; **~beamte** m/f bankmand; **~direktor** m bankdirektør, bankbestyrer
Ban'kett n ⟨-s; -e⟩ banket, festmåltid n
Bank|fach n → Bankschließfach; **~filiale** f bankfilial; **~geheimnis** n ⟨-ses; 0⟩ bankhemmeligehed; **~geschäft** n bankforretning
Bankier [baŋ'kïe:] m ⟨-s; -s⟩ bankier
Bank|konto n bankkonto; **~krach** m bankkrak n; **~leitzahl** f etwa: registreringsnummer; **~note** f pengeseddel; **~raub** m → Banküberfall; **~räuber** m bankrøver
bank'rott adj bankerot, fallit; **2** m ⟨-(e)s; -e⟩ bankerot, fallit; **2 machen** gå fallit; **2erklärung** f (a fig) falliterklæring
Bank|schließfach n bankboks; **~überfall** m bankrøveri n, holdop n
Bann m ⟨-(e)s; -e⟩ band n; forvisning; fig fortryllelse, trolddom; **~bulle** f HIST bandbulle
bannen bandlyse, lyse i band, forvise; Geister besværge, bortmane; fig fortrylle, forhekse
Banner n banner n, fane
Bann|fluch m bandlysning; **~kreis** m tryllekreds, indflydelse; **~meile** f POL område n med demonstrationsforbud n
Bap'tist m ⟨-en⟩ baptist
bar bar; ÖKON kontant; fig blottet, fri (G/for); **~ bezahlen** betale kontant; **in ~, gegen ~** pr. (= per) kontant; fig **für ~e Münze nehmen** tage ngt. for gode va-

rer
Bar f ⟨-; -s⟩ bar
Bär m ⟨-en⟩ zo bjørn; F bamse; **der Große (Kleine) ~** Storebjørn (Lillebjørn); fig **j-m e-n ~en aufbinden** bilde én ngt. ind, binde én ngt. på ærmet
Ba'racke f barak; **~nlager** n baraklejr; **~nsiedlung** f barakkoloni
Bar'bar m ⟨-en⟩ barbar; **~ei** [-'raɪ] f barbari n, grusomhed; **2isch** barbarisk, grusom
Barbe f (Fisch) barbe
bärbeißig arrig, gnaven
Bar|bestand m (kontant) kassebeholdning; **~betrag** m kontant beløb n
Bar'bier m ⟨-s; -e⟩ barber
barbusig med bare bryster (nachgestellt)
Bar|code [-ko:d] m stregkode; **~dame** f bardame, barpige
Bären|dienst m fig bjørnetjeneste; **~haut** f bjørneskind n; fig **auf der ~ liegen** drive, ligge på den lade side; **~hunger** m F glubende appetit; **~mütze** f bjørneskindshue
Ba'rett n ⟨-(e)s; -e⟩ baret
bar|fuß adv barfodet, barbenet; **2füßer** m REL franciskaner; **~füßig** barfodet
Bargeld n ⟨-(e)s; 0⟩ rede penge pl, kontanter pl; **2los: ~er Zahlungsverkehr** pr. (= per) giro
barhäuptig barhovedet
Barhocker m barstol
Bärin f hunbjørn
Bariton m ⟨-s; -e⟩ baryton
Bar'kasse f barkasse
Barke f fiskerbåd
Barkeeper [-ki:-] m bartender
barm'herzig barmhjertig; **2keit** f ⟨0⟩ barmhjertighed
Barmixer m bartender
ba'rock 1. adj (a fig) barok; **2.** **2** n (od m) ⟨-s; 0⟩ barok; **2stil** m ⟨-(e)s; 0⟩ barokstil
Baro'meter n barometer n; **~stand** m barometerstand
Ba'ron m ⟨-s; -e⟩ baron; **~in** f baronesse
Barras m ⟨-; 0⟩ F militær n
Barren m (metal)stang; barre (a SPORT)
Barriere [-'rïe:-] f barriere, afspærring
Barri'kade f barrikade
barsch barsk, grov
Barsch m ⟨-(e)s; -e⟩ (Fisch) aborre
Bar|schaft f rede penge pl, kontanter pl; **~scheck** m check (til kontant udbetaling)
Bart [a:] m ⟨-(e)s; ⁓e⟩ skæg n; Katze: knurhår pl; fig **der ~ ist ab!** så er det slut; F **so ein ~!** den har jeg hørt før

bärtig skægget

bart|los skægløs; **2tracht** f skæg(form) n; **2wuchs** m skægvækst

Bar|verkauf m salg n pr. (= per) kontant; **~zahlung** f kontant betaling

Ba'salt m ⟨-(e)s; -e⟩ basalt

Ba'sar m ⟨-s; -e⟩ basar

Base f kusine; CHEM base

Baseball ['be:sbɔ:l] m ⟨-s; 0⟩ baseball; **~schläger** m baseballbat n

ba'sieren basere (sig), grunde (sig) (*auf D*/på)

Ba'silika f ⟨-; *Basiliken*) basilika

Bas|is f ⟨-; *Basen*) basis; **2isch** CHEM basisk

Baskenmütze f baskerhue

Bass m ⟨-es; ⁼e⟩ bas; **~geige** f kontrabas, violoncel

Bassin [ba'sɛ:] n ⟨-s; -s⟩ bassin n; vandbeholder

Bas'sist m ⟨-en⟩ bassist

Bassschlüssel m basnøgle

Bast m ⟨-(e)s; -e⟩ bast

basta! nok!, slut!, basta!

Baotard m ⟨-(ø)s; ⁼e⟩ bastard

Bastel|arbeit f sløjd, husflid(sarbejde n), hobbyarbejde n; **2n** ⟨-le⟩ arbejde med hobby

Bas'tion f bastion

Bastler m amatør, fingernem person, selvbygger

Bataillon [-tal'jo:n] n ⟨-s; -e⟩ bataljon

Batik f ⟨-; -en⟩ batik

Ba'tist m ⟨-s; -e⟩ batist (n)

Batte'rie f batteri n; **2betrieben** batteridrevet; **~ladegerät** n batterioplader; **~zündung** f batteritænding

Bau m ⟨-(e)s; -ten⟩ (*Gebäude*) bygning, hus n; (*Errichtung*) opførelse; *im* **~** under opførelse; ⟨-(e)s; -e⟩ (*von Tieren*) bo n, hule, hi n

Bau|amt n teknisk forvaltning; **~arbeiten** f/pl byggearbejder pl; (*Straßenbau*) vejarbejde n; **~arbeiter(in)** m(f) bygningsarbejder; **~art** f byggemåde, byggestil; **~aufsicht** f bygningstilsyn n; **~behörde** f → *Bauamt*

Bauch m ⟨-(e)s; ⁼e⟩ mave, bug; **~binde** f mavebælte n (a F *bei Zigarren*); **~fell** n bughinde; **~fellentzündung** f bughindebetændelse; **~höhle** f bughule; **2ig** buet, udbuget, hvælvet; **~laden** m transportabel tobakskasse; **~landung** f fig mavelanding, fadæse

bäuchlings adv på maven

Bauch|muskel m mavemuskel; **~redner** m bugtaler; **~schmerzen** m/pl mavepine;

~speicheldrüse f bugspytkirtel; **~tanz** m mavedans; **~tänzerin** f mavedanserinde; **~weh** n → *Bauchschmerzen*

Baude f bjerghytte

Baudenkmal n arkitektonisk seværdighed

bauen 1. v/t (op)bygge; *Straße* anlægge; *fig* lave, gøre; 2. v/i *fig auf j-n* **~** bygge (*od* stole) på én

Bauer 1. m ⟨-n⟩ bonde (a *Schach*), landmand; *Karten*: → *Bube*; 2. n ⟨-s; -⟩ bur n

Bäuer|chen n *Säuglinge*: bøvs; **~in** f bondekone, landmandskone; **2isch** → *bäuerisch*; **2lich** landlig, fra landet; landbo-

Bauern|brot n landbrød n; **~bursche** m bondedreng; **~fänger** m fig bondefanger; **~fänge'rei** f ⟨0⟩ fig bondefangeri n; **~haus** n bondehus n; landboejendom; **~hof** m bondegård; **~jugend** f → *Landjugend*; **~möbel** n/pl almuemøbel pl; **~regel** f *Wetter*: vejrspådom; **2schlau** (bonde)snu; **~stand** m ⟨-(e)s; 0⟩, **~tum** n ⟨-s; 0⟩ bondestand; **~verband** m landboforening; **~volk** n ⟨-(e)s; 0⟩ folk n af bønder

Bauersfrau f → *Bäuerin*

Bau|fach n ⟨-(e)s; 0⟩ byggefag n; **2fällig** faldefærdig, forfalden; **~fälligkeit** f ⟨0⟩ faldefærdighed; **~firma** f *Tiefbau*: entreprenørfirma n; *Hochbau*: byggefirma n; **~führer** m bygningsingeniør; tilsynsførende ved byggeriet; **~gelände** n byggegrund; **~genehmigung** f byggetilladelse; **~genossenschaft** f byggeforening; **~gerüst** n byggestillads n; **~gewerbe** n byggehåndværk n; byggefag pl; **~herr** m bygherre; **~hof** m kommunal lagerplads; **~holz** n bygningstømmer n; **~hütte** f arbejdsskur n; **~industrie** f → *Bauwirtschaft*; **~ingenieur(in)** m(f) bygningsingeniør; **~jahr** n byggeår n; **~kasten** m byggeklodsæske; **~kastensystem** n *Hausbau*: elementbyggeri n; **~klotz** m byggeklods; **~kosten** pl byggeomkostninger pl; **~kunst** f ⟨0⟩ byggekunst, arkitektur; **~land** n ⟨-(e)s; 0⟩ byggegrund (*mst* pl); **~leiter** m → *Bauführer*; **2lich** arkitektonisk, bygningsmæssig; **~lücke** f byggetomt

Baum m ⟨-(e)s; ⁼e⟩ træ n; (*Schlag2*) bom

Bau|markt m byggecenter n; **~maschine** f byggemaskine; **~material** n byggemateriale n

Baumbestand m bestand af træer

Baumeister m bygmester, arkitekt

baumeln ⟨-le⟩ dingle

Baum|grenze f ⟨0⟩ trægrænse; **2los** træløs; **~rinde** f bark; **~schere** f havesaks; **~schule** f planteskole; **~stamm** m træ-

B

stamme; 2**stark** bomstærk; ~**stumpf** *m* træstub; ~**wolle** *f* bomuld; 2**wollen** bom-ulds-; ~**wuchs** *m* trævækst

Bau|ordnung *f* byggelov, byggevedtægt; ~**platz** *m* byggeplads, byggegrund; ~**polizei** *f* byggetilsyn *n*; 2**reif** byggemoden

bäurisch bondsk

Bausatz *m* byggesæt *n*

Bausch *m* ⟨-es; ≈e⟩ pude, klump; fold; *Watte*: tot; *fig* **in ~ und Bogen** i en bunke, rub og stub; 2**en** pose ud, svulme op; 2**ig** poset, svulmende

Bau|schutt *m* murbrokker *pl*; ~**sparkasse** *f* byggespareforening; ~**stelle** *f* byggeplads; ~**stil** *m* bygningsstil; ~**stoff** *m* byggemateriale *n*; ~**unternehmen** *n* entreprenørfirma *n*; ~**unternehmer** *m* bygge-entreprenør; ~**wagen** *m* skurvogn; ~**weise** *f* byggemåde; ~**werk** *n* bygning(sværk *n*); ~**wirtschaft** *f* ⟨0⟩ byggefag *pl*

Bau'xit *m* ⟨-s; -e⟩ bauxit

Bay|er *m* ⟨-n⟩ bajrer; 2(**e**)**risch** bajersk; ~**ern** *n* ⟨-s; 0⟩ Bayern *n*

Ba'zill|enträger *m* smittebærer; ~**us** *m* ⟨-; -'*zillen*⟩ bacille

be'absichtigen have til hensigt, agte, påtænke; **beabsichtigt** påtænkt, overlagt

be'acht|en lægge mærke til; være opmærksom på; (*berücksichtigen*) tage hensyn til; ~**enswert**, ~**lich** værd at lægge mærke til, anselig

Be'achtung *f* opmærksomhed; (*Rücksicht*) hensyn *n*; ~ **finden** vække opmærksomhed

be'ackern gennempløje (*a fig*)

Be'amte *m* ⟨-n⟩ tjenestemand, embedsmand; ~ **werden** gå embedsvejen; **mittlerer** ~ F „sølvsnor"; **höherer** ~ „guldsnor"

Be'amten|beleidigung *f* fornærmelse mod tjenestemand; ~**laufbahn** *f* embedsmandsvejen; ~**tum** *n* ⟨-s; 0⟩ embedsstand

Be'amtin *f* kvindelig funktionær

be'ängstigend skræmmende, forskrækkelig

be'anspruch|en gøre krav på, fordre, forlange; TECH belaste; 2**ung** *f* krav *n*, fordring; udnyttelse, brug (*n*)

be'anstand|en ⟨-e-⟩ påtale, gøre indvending(er) imod; 2**ung** *f* påtale, indvending, reklamation

be'antragen ansøge (*od* anmode) om; (*vorschlagen*) foreslå

be'antwort|en besvare, svare på; 2**ung** *f* besvarelse

be'arbeit|en bearbejde (*a fig*); *Fall* behandle, undersøge, drøfte; *Garten* passe, dyrke; 2**er(in)** *m(f)* (*Verwaltung*) sagsbe-

handler; 2**ung** *f* bearbejdelse; dyrkning; 2**ungsgebühr** *f* administrationsgebyr *n*

be'argwöhnen mistænke

Be'atmung *f*: **künstliche** ~ kunstigt åndedræt

be'aufsichtig|en have opsyn (*od* tilsyn) med; (*überwachen*) overvåge; *von Kindern*: passe; 2**ung** *f* opsyn, tilsyn *n*; (*Kinder-*) pasning

be'auftrag|en give et hverv, beordre; **ich bin beauftragt …** jeg har fået det hverv …; 2**te** *m/f* befuldmægtiget; beskikket; kommissionær

be'äugen betragte; kigge mistænksomt på

be'bau|en bebygge; opdyrke; 2**ung** *f* bebyggelse; opdyrkelse; 2**ungsplan** *m* lokalplan; byggemodningsplan

beben (*vor D*) bæve (af); (*zittern*) ryste, skælve (af; for)

be'bildern ⟨-re⟩ illustrere

be'brillt med briller

Becher *m* bæger *n*; 2**n** ⟨-re⟩ F svinge bægeret

Becken *n* bækken *n* (*a* GEOGR, ANAT, MUS); (*Wasch*2) kumme; håndvask; (*Bassin*) bassin *n*, beholder

be'dachen lægge tag *n* på; tække

be'dacht 1. ~ sein auf etw. (*A*) tænke på ngt., være ude efter ngt.; **2.** 2 *m*: **mit**2 med overlæg *n*

be'dächtig betænksom, forsigtig; (*langsam*) afmålt, sindig; 2**keit** *f* ⟨0⟩ betænksomhed; (*Langsamkeit*) sindighed, ro

be'danken: sich ~ takke, sige tak; **sich bei j-m** ~ takke én; **iron sich für etw.** (*A*) ~ betakke sig for ngt

Be'darf *m* ⟨-(e)s; 0⟩ behov *n*, fornødenhed; forbrug *n*; ~ **haben an** (*D*) behøve; **nach** ~ efter behov; ~**sartikel** *m* forbrugsartikel; ~**shaltestelle** *f* (ikke fast) stoppested *n*

be'dauerlich beklagelig; kedelig; ~**er-'weise** beklageligvis, kedeligt nok

be'dauern beklage, være ked af; (*Mitleid haben*) have medlidenhed med; **ich bedauere sehr** jeg beklager meget, jeg er meget ked af (det); 2 *n* ⟨-s; 0⟩ beklagelse; (*Mitleid*) medlidenhed; **zu meinem** ~ til min beklagelse; ~**swert** ynkelig, ynkværdig

be'deck|en bedække, skjule; MIL eskortere; **sich** ~ bedække sig; *Himmel*: blive overskyet; 2**ung** *f* bedækning; MIL sikring, eskorte

be'denken betænke, overveje, huske på; **j-n mit etw.** (*D*) ~ betænke én med ngt.; **sich** ~ betænke (*od* besinde) sig; (*zö-*

gern) være i tvivl; **2** *n* ⟨-*s*; *0*⟩ betænkning, overvejelse; (*Zögern*) betænkelighed; tvivl; ~ **haben** nære betænkeligheder; **~los** ⟨-*est*⟩ uden betænkning, uden tøven

be'denk|lich betænksom; (*zögernd*) betænkelig; (*gefährlich*) farlig; **2lichkeit** *f* betænkelighed; (*Zögern*) tvivlrådighed; **2zeit** *f* betænkningstid

be'deut|en betyde; (*andeuten*) antyde, give at forstå; (*Bescheid sagen*) lade vide, underrette; (*wichtig sein*) betyde, være af betydning; *j-m etw.* (*A*) ~ give én et vink om ngt., give én ngt. at forstå; *was soll das ~?* hvad skal det betyde?; *das hat nichts zu ~* det har ikke ngt. at sige; det gør ikke ngt.; **~end** betydende, vigtig; **~sam** betydningsfuld; **2ung** *f* betydning, vigtighed; *von (ohne)* ~ af (uden) betydning; **~ungslos** ⟨-*est*⟩ betydningsløs, intetsigende; **~ungsvoll** betydningsfuld, vigtig

be'dien|en betjene, opvarte; *Kunden* ekspedere; *sich* ~ betjene sig (*G*/af), benytte; ~ *Sie sich!* værs'go'!; *werden Sie schon bedient?* bliver De ekspederet?

Be'dienung *f* betjening, opvartning; ~ *inbegriffen* inklusive betjening; **~sanleitung** *f* brugsanvisning; **~sgeld** *n* drikkepenge *pl*

be'ding|en forudsætte; bevirke; **~t** betinget, afhængig; beroende (*durch A*/på); *adv* betingelsesvis; med forbehold

Be'dingung *f* vilkår *n*, betingelse; *unter der ~, dass* på den betingelse, at; *unter keiner* ~ på ingen vilkår *od* måde; **2slos** ubetinget; uden forbehold

be'dräng|en trykke, plage, pine; *in bedrängter Lage* i trykket (*od* betrængt) stilling, i nød; **2nis** *f* ⟨-; -*se*⟩ betrængthed, nød, trang

be'drohen true; **~lich** truende; **2ung** *f* trussel

be'drucken trykke på, trykke fuldt

be'drück|en plage, trykke; **~end** trykkende; **~t** nedtrykt; **2ung** *f* tryk *n*, undertrykkelse

Bedu'ine *m* ⟨-*n*⟩ beduin

be'dürfen (*G*) behøve, trænge til; *ich bedarf dessen nicht* jeg behøver det ikke

Be'dürfnis *n* ⟨-*ses*; -*se*⟩ behov *n*; trang (*nach D*/til); **~anstalt** *f* offentligt toilet *n*; **2los** ⟨-*est*⟩ uden fornødenheder

be'dürftig trængende (*G*/til); (*arm*) fattig; ~ *sein* trænge til, behøve; **2keit** *f* trang, fattigdom

Beefsteak ['bi:fste:k] *n* ⟨-*s*; -*s*⟩ bøf; *deut-*

sches ~ hakkebøf

be'ehren beære, hædre; *sich* ~ beære sig, have den ære (at)

be'eiden ⟨-*e*-⟩ beedige, bekræfte med ed

be'eilen: *sich* ~ skynde sig; *beeile dich!* skynd dig!

be'eindrucken gøre indtryk på, imponere

be'einfluss|en påvirke, præge, indvirke på; **2ung** *f* påvirkning; indoktrinering

be'einträchtig|en (*verletzen*) gøre indgreb n i; (*schaden*) skade; **2ung** *f* afbræk *n*, hæmning; (*Schaden*) skade

be'enden ende, fuldføre, (af)slutte

be'endig|en → *beenden*; **2ung** *f* ⟨*0*⟩ afslutning

be'eng|en indsnævre, indskrænke; *fig* nedtrykke, gøre beklemt; **2theit** *f* ⟨*0*⟩ pladsmangel; *fig* nedtrykthed

be'erben: *j-n* ~ arve (efter) én

be'erdig|en begrave; **2ung** *f* begravelse, jordfæstelse; **2ungsfeier** *f* F gravøl *n*; **2ungsinstitut** *n* begravelsesforretning, „bedemanden"

Beere *f* bær *n*; (*Traube*) drue; **~nwein** *m* frugtvin

Beet *n* ⟨-(*e*)*s*; -*e*⟩ bed *n*

be'fähig|en dygtiggøre, gøre i stand (*zu* til); **~t** begavet, dygtig; egnet, skikket; **2ung** *f* begavelse, dygtighed; egnethed; **2ungsnachweis** *m* duelighedsattest

be'fahr|bar farbar; NAUT sejlbar; **~en** befare, trafikere, køre på; NAUT besejle; *adj Straße:* trafikeret; NAUT befaren

be'fallen angribe; *adj* angrebet (*von* af)

be'fangen (*scheu*) forlegen, genert; (*voreingenommen*) fordomsfuld; (*parteiisch*) partisk; POL inhabil; **2heit** *f* ⟨*0*⟩ forlegenhed, generthed; (*Voreingenommenheit*) fordom; partiskhed; inhabilitet

be'fassen: *sich* ~ *mit* befatte sig med, give sig af med

be'fehden ⟨-*e*-⟩ bekæmpe, angribe (*sich* hinanden)

Be'fehl *m* ⟨-(*e*)*s*; -*e*⟩ befaling; MIL ordre, kommando; *zu* ~! javel!; **2en** (*L*) befale, byde; kommandere; beordre; **2igen** kommandere, befale

Be'fehls|ausgabe *f* ordreudstedelse; **~form** *f* GRAM bydemåde, imperativ; **~haber** *m* befalingsmand; kommandant; **~verweigerung** *f* lydighedsnægtelse

be'festig|en befæste, gøre fast; MIL befæste, forskanse; *fig* befæste, (be)styrke; **2ung** *f* fastgørelse; MIL befæstning; *fig* bestyrkelse; **2ungslinie** *f* befæstningsanlæg *n*, -linie

be'feuchten ⟨-*e*-⟩ fugte, væde

B

Beffchen n præstekrave
be'finden finde, anse for; **sich ~** befinde
sig; opholde sig; (*liegen*) ligge, findes;
sich wohl (**schlecht**) ~ befinde sig godt
(dårligt); 2 n ‹-s; 0› befindende n; (*Gesundheit*) tilstand, helbred n; *fig* (*Meinung*) mening, skøn n
be'findlich værende, eksisterende; 2keit f
sindstilstand
be'flaggen flagsmykke, pynte med flag n;
~flecken plette, tilsøle (*a fig*); ~fleißige:
sich ~ beflitte sig (G/på), stræbe efter;
~flissen flittig; ivrig; ~flügeln ‹-le› bevinge; *fig* fremskynde
be'folgen følge; adlyde, efterkomme;
2ung f lydighed, efterkommelse
Be'förderer m befordrer; (*Beschützer*)
beskytter, velynder, mæcen; 2n befordre;
(*versenden*) forsende, transportere, ekspedere; *Beamte* forfremme; **befördert
werden** blive forfremmet, rykke op;
~ung f befordring; (*Versendung*) forsendelse, transport; *Beamte:* forfremmelse;
~ungsmittel n befordringsmiddel n
be'fragen rådspørge, adspørge, udspørge
(*wegen* G *od* D/om); **sich ~** forhøre sig;
2ung f (ud)spørgen; (*Meinungsumfrage*)
meningsmåling
be'freien befri (*von* D/fra), frigøre (*von*
D/for); *von Abgaben:* fritage; 2er m befrier; 2ung f befrielse; *von Abgaben:* fritagelse; 2ungskrieg m frihedskrig
be'fremden ‹-e-› forundre, forbavse; (*zurückstoßen*) virke frastødende; 2en n ‹-s;
0› forundring; ~end, ~lich mærkelig, besynderlig, påfaldende, sær
be'freunden ‹-e-›: **sich ~** slutte venskab,
blive (gode) venner (**mit** D/med); *fig*
vænne sig (**mit** D/til), gøre sig fortrolig
(**mit** D/med); ~et nærstående, fortrolig,
gode venner
be'frieden ‹-e-› *Land* berolige, give fred,
pacificere
be'friedigen tilfredsstille, fyldestgøre; *fig*
berolige; ~end tilfredsstillende; ~t tilfreds; 2ung f tilfredsstillelse; beroligelse
be'fristen ‹-e-› fastsætte en frist (for); ~et
med tidsfrist
be'fruchten ‹-e-› befrugte (*a fig*); 2ung f
befrugtning
Be'fug|nis f ‹-; -se› beføjelse, ret(tighed);
kompetence; **seine ~se überschreiten**
overskride sine beføjelser; 2t beføjet, berettiget, kompetent
be'fühlen berøre, føle på; ~fummeln F befamle, beføle
Be'fund m ‹-(e)s; -e› resultat n (af under-

søgelse); konstatering; (*Meinung*) skøn
n; diagnose
be'fürchten frygte for, befrygte; 2ung f
frygt; ~en pl bange anelser pl
be'fürworten ‹-e-› anbefale, favorisere;
træde i skranken for; 2ung f anbefaling
be'gab|t begavet, intelligent; 2ung f begavelse, anlæg n, evne(r pl)
be'gaffen glo (*od* måbe) på
be'gatt|en ‹-e-›: **sich ~** parre sig, parres;
2ung f parring
be'gaunern F bedrage, narre
be'geben: **sich ~** (*gehen*) begive sig, rejse;
tage; (*sich ereignen*) hænde, ske, tildrage
sig; 2heit f begivenhed, hændelse, tildragelse
be'gegn|en vli ‹-e-; sn› j-m møde én, træffe én; *fig* imødegå, behandle, optræde
imod; (*vorbeugen*) forebygge; (*passieren*)
ske, hænde, tilstøde; **sich ~** mødes, træffes; **wir sind uns begegnet** vi har mødt
hinanden; 2ung f sammentræf n, møde n
be'gehen (*durchwandern*) gennemvandre, betræde; (*besichtigen*) inspicere, se
efter; (*feiern*) fejre; (*machen*) begå, gøre
be'gehr|en begære; forlange; (*wünschen*)
ønske, have lyst til; ~enswert attråværdig; ~lich begærlig, grådig; 2lichkeit f begærlighed; ~t: ~ **sein** være efterspurgt (*od*
eftertragtet)
be'geister|n begejstre, inspirere; (*entzücken*) gøre henrykt; **sich ~ für** være interesseret i, ~t begejstret, henrykt; 2ung f
begejstring, henrykkelse, inspiration
Be'gier|de f begær n, begærlighed, attrå
(*nach* D/efter); lyst (*nach* D/til); 2ig begærlig, grådig; (*neugierig*) nysgerrig (*od*
spændt) på
be'gießen *Blumen* vande; (*übergießen*)
overøse, overhælde
Be'ginn m ‹-(e)s; 0› (på)begyndelse; **zu ~** i
begyndelsen (G/af); 2en ‹L› (på-) begynde; (*vorhaben*) bestille, foretage sig
be'glaubig|en bevidne, bekræfte, attestere; **beglaubigte Kopie** attesteret kopi;
2ung f bevidnelse, attestering; 2ungs-schreiben n fuldmagt; (*Diplomat*) akkreditiver pl
be'gleichen (ud)ligne, ordne; *Rechnung*
gøre op, betale; 2ung f ordning, betaling
Be'gleit|brief m adressekort n, fragtbrev
n; 2en ‹-e-› ledsage; (*folgen*) følge; MIL
eskortere; MUS akkompagnere; ~er(in)
m(f) ledsager(ske); ~erscheinung f
følge, ledsagende omstændighed; ~papiere n/pl, ~schein m fragtbrev n, fragt-seddel; ~schreiben n vedlagt brev n;

behilflich B

~umstände *m/pl* ledsagende omstændigheder *pl*; ~ung *f* ledsagelse; (*Gefolge*) selskab *n*, følge *n*; stab; MUS eskorte; MUS akkompagnement *n*; **in ~ von** fulgt af, i selskab med; ~wort *n* ledsagende ord *n*

be'glück|en lyksaliggøre, gøre lykkelig; 2ung *f* lyksaliggørelse; ~wünschen lykønske; ønske til lykke, gratulere

be'gnadig|en benåde; 2ung *f* benådning; 2ungsgesuch *n* ansøgning om benådning

be'gnügen: **sich ~** nøjes (**mit** med)

Be'gonie [-niə] *f* begonia

be'graben begrave; fig. **da liegt der Hund ~!** der er vanskeligheden (*od* knuden)

Be'gräbnis *n* ⟨-ses; -se⟩ begravelse

be'gradig|en rette ud, gøre lige

be'greif|en (*anfassen*) tage på, føle på; (*umfassen*) indslutte, indbegribe; *fig* (*verstehen*) begribe, forstå, fatte; **begriffen sein in** (*D*) være i færd med; ~lich begribelig, til at fatte; ~ **machen** gøre forståelig; ~licher'weise begribeligvis

be'grenz|en begrænse; *fig* indskrænke; 2theit *f* ⟨0⟩ begrænsethed; 2ung *f* begrænsning; *fig* indskrænkethed, snæverhed

Be'griff *m* begreb *n*, forestilling; (*Verstand*) forstand, opfattelse; **im ~ sein** være i færd med; **sich** (*D*) **e-n ~ machen** gøre sig (en) forestilling (**von** om); 2lich begrebsmæssig, abstrakt

Be'griffs|bestimmung *f* definition; begrebsbestemmelse; 2stutzig tungnem; ~vermögen *n* ⟨-s; 0⟩ fatteevne; ~verwirrung *f* begrebsforvirring

be'gründ|en grundlægge; *Geschäft* etablere, starte; *Gesellschaft* stifte; *Antrag* begrunde, motivere; 2er *m* grundlægger, stifter; 2ung *f* grundlæggelse; (*Antrag*) begrundelse

be'grüß|en hilse (på); MIL salutere; *Gäste* byde velkommen, modtage; (*gern sehen*) være glad ved; **sich ~** hilse på hinanden, sige goddag til hinanden; **ich würde es ~** jeg vilde hilse det med glæde; 2ung *f* hilsen; MIL salut; modtagelse, velkomst(tale)

be'gucken F beglo, kigge på

be'günstig|en begunstige; (*fördern*) støtte, fremme; 2ung *f* begunstigelse; (*Förderung*) fremme

be'gutacht|en udtale sig om, afgive sin mening om (*od* sit skøn over); bedømme; 2er *m* skønsmand; 2ung *f* udtalelse; skøn *n*, betænkning

be'gütert rig, velhavende

be'gütigen formilde, berolige

be'haar|t håret, lådden; 2ung *f* behåring, låddenhed

be'häbig veltilfreds, hyggelig; (*bequem*) magelig

be'haftet: ~ **sein mit** være behæftet (*od* befængt) med

be'hag|en behage; 2en *n* ⟨-s; 0⟩ (vel)behag *n*, smag; ~ **finden an** (*D*) finde behag i; ~lich behagelig, hyggelig; veltilfreds; (*bequem*) magelig; bekvem; 2lichkeit *f* ⟨0⟩ behagelighed, hygge, tilfredshed; (*Bequemlichkeit*) magelighed

be'halten beholde, (op)bevare; (*gedenken*) huske, mindes; **recht ~** få (*od* have) ret

Be'hälter *m* beholder, reservoir *n*, bassin *n*, opbevaringssted *n*, tank

be'händ|(e) behændig, rask, hurtig

be'hand|eln behandle (*a* MED); *Thema* handle om

Be'händigkeit *f* ⟨0⟩ behændighed, hurtighed

Be'handlung *f* behandling (*a* MED)

Be'hang *m* hængesmykke *n*; (*Wand*2) vægtæppe *n*

be'hängen behænge, beklæde, drapere; **sich mit etw.** (*D*) ~ hænge ngt. på sig

be'harr|en *v/i* (for)blive, vedblive; ~ **auf** (*D*) holde fast ved, stå på; ~lich vedholdende, udholdende, stædig; 2lichkeit *f* ⟨0⟩ vedholdenhed, stædighed; 2ungsvermögen *n* PHYS inerti, træghed

be'hauchen ånde på, puste på

be'haupt|en ⟨-e-⟩ (*sagen*) påstå, hævde; (*beharren*) holde fast ved; **sich ~** holde sig, hævde sig, sætte sig igennem; 2ung *f* påstand; hævdelse

Be'hausung *f* husly *n*; (*Heim*) bolig, hus *n*

be'heben afhjælpe, overvinde

be'heimatet hjemmehørende (**in** *D*/i)

be'heizen fyre (op) i; opvarme

Be'helf *m* ⟨-(e)s; -e⟩ nødhjælp; 2en: **sich ~** klare sig, hjælpe sig; 2smäßig foreløbig, interimistisk, nødhellig

be'helligen ulejlige, besvære

be'herberg|en huse, give husly; 2ung *f* husly *n*

be'herrsch|en beherske, magte; dominere; **sich ~** beherske sig; 2er *m* (be)hersker; 2ung *f* ⟨0⟩ beherskelse

be'herzig|en lægge (sig) på hjerte; F skrive sig bag øret; 2ung *f* ⟨0⟩ overvejelse

be'herzt resolut; modig; 2heit *f* ⟨0⟩ behjertethed; mod *n*

be'hilflich behjælpelig; **j-m bei etw.** (*D*) ~

sein hjælpe én med ngt

be'hinder|n (for)hindre; *Verkehr, Entfaltung usw* genere; **~t** handicappet; **~tengerecht** handicapvenlig; **2ung** f (for)hindring; handicap *n*

Be'hörd|e [ø:] f øvrighed, myndighed; *pl* myndigheder; *(Ausschuss)* nævn *n*, udvalg *n*; *die zuständige ~* de rette *(od på gældende)* myndigheder *pl*; **2lich** ret(s)lig, officiel

be'hüten bevare, (be)vogte; *Gott behüte!* Gud bevars!

be'hutsam forsigtig, varsom; **2keit** f ⟨0⟩ forsigtighed

bei (D) ved; *(bei Menschen, Tieren)* hos; med; *(zur Zeit)* i, om, ved; *(etwa)* omtrent, cirka; *die Schlacht ~ Düppel* slaget ved Dybbøl; *dicht ~* tæt ved; *~ Nordwind* ved nordlig vind; *~ der Arbeit* ved arbejdet; *~ der Hand* ved hånden; *~ mir* hos mig; *~ j-m wohnen* bo hos én; *Geld ~ sich haben* have penge hos *(od på)* sig; *~ diesen Worten* med disse ord; *~ Strafe* under straf; *~ seinen Lebzeiten* i hans levetid; *~ diesem Wetter* i det vejr; *~ Tag (Nacht)* om dagen (natten); *~ Tisch* ved bordet; *~ offenen Fenstern* for åbne vinduer; *~ weitem nicht* langtfra

bei·behalt|en bibeholde, bevare; **2ung** f ⟨0⟩ bibeholdelse, bevaring

Bei|blatt *n* tillæg *n*; **~boot** *n* skibsjolle

bei·bringen *(lehren)* bibringe, lære; *(beschaffen)* tilvejebringe

Beicht|e f skrifte(mål *n*); *die ~ ablegen* skrifte; **2en** ⟨-e-⟩ skrifte, bekende; **~geheimnis** *n* skriftemålshemmelighed; **~stuhl** *m* skriftestol; **~vater** *m* skriftefader

beid|e begge; *alle ~* begge to; *die ~n Brüder* de to brødre; *wir ~* vi to; *keiner von ~n* ingen af dem *(od de to)*; *eins (keins) von ~n* en (ingen) af delene; **~erlei** *adv* begge slags; **~erseitig** *adj* på begge sider, gensidig

bei·drehen *v/i* NAUT lægge bi, dreje bi

beiei'nander sammen

Beifahrer|(in) *m(f)* passager på forsædet; **~sitz** *m* forsæde ved siden af chauffør

Beifall *m* ⟨-(e)s; 0⟩ bifald *n*; *~ finden* vinde bifald; *~ klatschen* klappe

beifällig bifaldende

Beifallsklatschen *n* (bifalds)klappen

Beifilm *m* ekstrafilm

beifolgend medfølgende, vedlagt

bei·füg|en vedlægge, tilføje; **2ung** f vedlæggelse; GRAM attribut *n*

Beifuß *m* ⟨-es; 0⟩ BOT bynke

Beigabe f (Zugabe) tilgift; (Beilage) tillæg *n*

beige [be:ʃ] ⟨0⟩ beige

bei·geben vedføje, medgive; *fig klein ~* give køb

beige|fügt vedlagt, vedføjet; hoslagt; **2ordnete(r)** *m* tilforordnet; borgerrepræsentant; **2schmack** *m* bismag

beigesellen give som ledsager *(od* medhjælper)*; *sich j-m ~* slutte sig til én

Bei|heft *n* (lærer)vejledning; **~hilfe** f medhjælp, bistand; understøttelse; **~klang** *m* bilyd, biklang; **2·kommen** *v/i ⟨sn⟩* hamle op med *(j-m* én)

Beil *n* ⟨-(e)s; -e⟩ økse

Beilage f bilag *n*; *Zeitung:* tillæg *n*; *(Gemüse)* garniture, gemyse

beiläufig *adj* lejlighedsvis, tilfældig; *adv* i forbigående; *~ gesagt* i parentes bemærket

bei·leg|en vedlægge, tilføje; *(zuschreiben)* tilskrive; *(schlichten)* bilægge; **2ung** f ⟨0⟩ vedlæggelse; bilæggelse

bei'leibe: *~ nicht* endelig *(od* for Guds skyld) ikke

Beileid *n* ⟨-s; 0⟩ medfølelse, deltagelse; *j-m sein ~ bezeigen* bevidne én sin deltagelse, kondolere

Beileids|besuch *m* kondolencevisit; **~bezeigung** f kondolence; **~schreiben** *n* kondolenceskrivelse

bei·liegen *v/i* være vedlagt; NAUT ligge bi; **~d** vedlagt, hoslagt

beim = bei dem

bei·|mengen blande i; **~messen** tillægge

bei·misch|en tilsætte, blande i; **2ung** f iblanding, tilsætning

Bein *n* ⟨-(e)s; -e⟩ ben *n*; *j-m ein ~ stellen* spænde ben for én; *fig a* skade én; *durch Mark und ~ gehen* gå gennem marv og ben; *auf die ~e bringen* bringe på benene; *j-m auf die ~e helfen* hjælpe én på benene; *auf die ~e kommen* komme op *(od* på benene)*; *auf den ~en sein* være på benene; *sich auf die ~e machen* begive sig afsted; *die ~e in die Hand nehmen* tage benene på nakken; F *sich kein ~ ausreißen* ikke overanstrenge sig

beinah(e) næsten, omtrent, cirka

Beiname *m* tilnavn *n*; *(Spitzname)* øgenavn *n*

Beinbruch *m* benbrud *n*; *fig das ist kein ~* det var ikke så slemt

be'inhalten ⟨-e-⟩ indeholde

Beinkleider *n/pl* benklæder *pl*

bei·|ordnen tilforordne, give til hjælp; **~packen** pakke med (ned) i; **~pflichten** *v/i* ⟨-*e*-⟩ samstemme (*j-m* med én); billige, bifalde

Bei|programm *n* ekstraprogram *n*; **~rat** *m* rådgiver, konsulent; *Verein*: bestyrelse

be'irren vildlede; *sich nicht ~ lassen* ikke lade sig forstyrre

bei'sammen sammen, hos hinanden; **2sein** *n* ⟨-*s*; *0*⟩ samvær *n*

Bei|schlaf *m* samleje *n*; **~sein** *n* ⟨-*s*; *0*⟩ nærværelse, tilstedeværelse; *im ~ von* i overværelse af

bei'seite til side; **~legen** lægge til side; **~schaffen** skaffe af vejen

bei'setz|en bisætte; **2ung** *f* bisættelse

bei-sitz|en *v/i* være bisidder; **2er** *m* bisidder; meddommer

Beispiel *n* eksempel *n*; (*Muster*) mønster *n*; *zum ~ (z. B.)* for eksempel (f. eks., fx.); *sich* (*D*) *ein ~ an j-m nehmen* tage én til eksempel; **2haft** forbilledlig; **2los** enestående; uhørt; **2sweise** for eksempel

bei-springen *v/i* ⟨*sn*⟩: *j-m ~* komme (*od* ile) én til hjælp

beißen ⟨*L*⟩ bide; *Rauch*: svide; *fig ins Gras ~* F bide i græsset, dø; *nach j-m ~* snappe efter én; **~d** bidende (*a fig*); svidende

Beiß|korb *m* mundkurv; **~zahn** *m* fortand; **~zange** *f* bidetang, knibtang

Beistand *m* bistand, hjælp; forsvarer, sagfører; *j-m ~ leisten* bistå én

bei-|stehen (*D*) hjælpe, stå bi; **~steuern** (*zu*) give sit bidrag, skyde til; **~stimmen** *v/i*: *j-m ~* være enig med én, give én ret (*od* medhold)

Beistrich *m* komma *n*

Beitrag *m* ⟨-(*e*)*s*; ̈*-e*⟩ bidrag *n*; (*Mitglieds2*) kontingent *n*; *Diskussion*: indlæg *n*

bei-|tragen *v/i* bidrage, hjælpe (*zu* *D*/til); **~treiben** inddrive; **~treten** *v/i* (*sn, D*) (*eintreten*) træde (*od* melde sig) ind i; *fig* (*beipflichten*) tiltræde; slutte sig (*D*/til)

Bei|tritt *m* (*Eintritt*) indtrædelse, indmeldelse (*zu* *D*/i); **~wagen** *m* bivogn, sidevogn; **~werk** *n* biting

bei-wohnen *v/i* (*D*) overvære, være til stede ved

Beiwort *n* ⟨-(*e*)*s*; ̈*-er*⟩ GRAM (*Adjektiv*) tillægsord *n*, adjektiv *n*

Beize (*Fäll*)beize; bejdsning; falkejagt

bei'zeiten i tide, i god tid

beizen ⟨-*t*⟩ bejdse; ætse

be'jahen bekræfte, sige ja til; **~d** bekræftende, bejaende

be'jahrt gammel, bedaget

Be'jahung *f* bekræftelse

be'jammern beklage, begræde; **~swert** beklagelsesværdig

be'jubeln tiljuble

be'kämpf|en bekæmpe; **2ung** *f* bekæmpelse

be'kannt ⟨-*est*⟩ kendt, bekendt; *er ist in Dänemark ~* han er kendt i Danmark; *er ist mir ~* han er mig bekendt, jeg kender hamt; *~ machen* (*geben*) bekendtgøre; *öffentlich ~ machen* offentliggøre; *sich ~ machen* gøre sig (be)kendt; præsentere sig (*D*/for); *darf ich Sie ~ machen?* må jeg præsentere Dem for hinanden?; *mit j-m ~ werden* gøre bekendtskab med én, blive kendt med én; *~ werden* blive kendt

Be'kannt|e *m/f* bekendt, ven; **~enkreis** *m* bekendtskabskreds; **~gabe** *f* bekendtgørelse

be'kannt-geben → *bekannt*

be'kanntlich som bekendt

be'kannt-machen → *bekannt*

Be'kannt|machung *f* bekendtgørelse; **~schaft** *f* bekendtskab *n*; *j-s ~ machen* gøre éns bekendtskab

be'kannt-werden → *bekannt*

be'kehr|en omvende (*sich* sig); **2ung** *f* omvendelse

be'kenn|en bekende, tilstå, vedgå; *fig Farbe ~* bekende kulør; *sich ~ zu* bekende sig til, vedkende sig; *sich (für) schuldig ~* erkende sig skyldig; **2er(in)** *m(f)* bekender; **2tnis** *n* ⟨-*ses*; -*se*⟩ bekendelse; tilståelse; konfession

be'klag|en beklage (*sich* sig); *zwei Todesopfer sind zu ~* ulykken krævede to menneskeliv; **~enswert** beklagelsesværdig; **2te** *m/f* sagsøgte

be'|klatschen klappe ad; **~kleben** beklæbe, overklæbe; **~kleckern**, **~klecksen** F tilklatte, svine til

be'kleid|en beklæde; (*überziehen*) betrække; (*verwalten*) beklæde, indehave; *sich ~* klæde sig (på); **2ung** *f* beklædning; **2ungsindustrie** *f* beklædningsindustri

be'klemm|en trykke (*a fig*); **~end** pinlig; **2ung** *f* beklemmelse

be'|klommen *Stimmung*: beklemt, trykket; **~klopfen** banke (*od* hamre) på; **~kloppt** F ikke rigtig klog

be'kommen 1. *v/t* få; *Durst ~* blive tørstig; *zu Gesicht ~* få øje på; *etw.* (*A*) *fertig ~* få ngt. færdig; *etw.* (*A*) *satt ~* blive træt af ngt.; *geschenkt ~* få forærende (*od* foræret); F *du bekommst was!* du kan lige vente dig!; **2.** *v/i* ⟨*sn*⟩ bekomme; *es be-*

B

kommt mir gut (schlecht) det bekommer mig godt (dårligt); *wohl bekomm's!* velbekomme!

be'**kömmlich** gavnlig, sund; (*verdaulich*) letfordøjelig; ~**köstigen** *j-n* give én kost; *sich selbst* ~ holde sig selv med mad; ~**kräftigen** bekræfte, stadfæste, bevidne; ~**kränzen** *⟨-t⟩* bekranse; ~**kreuzigen** slå kors for; *sich* ~ korse sig; ~**kriegen** bekrige, bekæmpe; ~**kritteln** *⟨-le⟩* kritisere småligt, rakke ned; ~**kritzeln** overmale, tegne fuldt

be'**kümmern** bekymre, forurolige; *sich* ~ *um* (*A*) bryde (*od* bekymre) sig om; *sich* ~ *über* (*A*) være bekymret over

be'**kunden** *⟨-e-⟩* tilkendegive, lægge for dagen; (*bescheinigen*) erklære, bevidne; ~**lächeln** smile over (*od* ad); ~**lachen** le over, le ad; ~**laden** belæsse; *Schiff* laste

Be'**lag** *m ⟨-(e)s; ¨e⟩* belægning (*a* MED); (*Brems2*) bremsebelægning; (*Brot2*) pålæg *n*; (*Zahn2*) film; *Weg:* dække *n*, lag *n*

Be'**lager|er** *m* belejrer; 2**n** belejre; ~**ung** *f* belejring; ~**ungszustand** *m* belejringstilstand

Be'**lang** *m ⟨-(e)s; -e⟩* betydning, vigtighed; *von (ohne)* ~ af (uden) betydning; 2**en** angå, vedkomme; JUR stævne; *j-n* ~ *wegen G* sagsøge én for; 2**los** *⟨-est⟩* ubetydelig, ligegyldig

be'**lassen** lade blive (*od* bero)

be'**lasten** belaste (*a fig*); *Wagen* læsse; NAUT laste; *fig* trykke, bebyrde, besvære; JUR beskylde; ÖKON påføre, debitere; *erblich belastet* arveligt belastet; ~**d** belastende (*a* JUR)

be'**lästig|en** genere, ulejlige; 2**ung** *f* besvær *n*, ulejlighed; forulempelse

Be'**lastung** *f* belæsning; *fig u* TECH belastning; last; ÖKON debitering; JUR beskyldning; *erbliche* ~ arvelig belastning; ~**sprobe** *f* TECH prøvebelastning; *fig* belastningsprøve; ~**szeuge** *m* vidne *n* mod den anklagede

be'**lauern** belure; ~**laufen:** *sich* ~ *auf* (*A*) beløbe sig til, udgøre; ~**lauschen** belure; aflytte

be'**leb|en** sætte liv i, give liv *n*; *fig* opmuntre; *sich* ~ blive livlig, vågne op; ~**end** opkvikkende; 2**t** livlig, levende; *Straße:* trafikeret, myldrende; 2**ung** *f ⟨0⟩* oplivelse

be'**lecken** slikke på, overslikke

Be'**leg** *m ⟨-(e)s; -e⟩* citat *n*; (*Urkunde*) dokument *n*, skriftligt bevis *n*; (*Rechnung*) regning; 2**en** *Fußboden* belægge, lægge på; *Angaben* bevise, godtgøre; *Platz* belægge, optage; *Vorlesung* indtegne sig til;

~**exemplar** *n* frieksemplar *n*; ~**schaft** *f* mandskab *n*, arbejdsstyrke, personale *n*; 2**t** *Platz:* optaget, reserveret; *Zunge, Stimme:* belagt; *Brot:* med pålæg; ~**es Butterbrot** (stykke *n*) smørrebrød, pålægsmad

be'**lehr|en** belære, oplyse (*über A*/om); *sich* ~ *lassen* tage imod belæring; ~**end** belærende, oplysende; 2**ung** *f* belæring, oplysning, råd *n*

be'**leibt** *⟨-est⟩* tyk, buttet

be'**leidig|en** fornærme (*verletzen*) såre, krænke, støde; ~**end** fornærmende; 2**er** *m* fornærmer; ~**t** fornærmet, stødt; 2**ung** *f* fornærmelse, krænkelse, injurie

be'**leihen** belåne; *Haus* optage lån *n* i (*od* på)

be'**lesen** belæst; 2**heit** *f ⟨0⟩* belæsthed

be'**leucht|en** oplyse, belyse (*a fig*); 2**ung** *f* belysning; lys *n*; 2**ungsanlage** *f* belysningsanlæg *n*, lysanlæg *n*

Belg|ien *[-ɡiən] n ⟨-s; 0⟩* Belgien *n*; ~**ier(in)** *m(f)* belgier; 2**isch** belgisk

be'**licht|en** *⟨-e-⟩ Foto* belyse, eksponere; 2**ung** *f* belysning, eksponering; 2**ungsmesser** *m* belysningsmåler; 2**ungszeit** *f* belysningstid

be'**lieb|en** behage, ønske; *wie Sie* ~ som De ønsker; 2**en** *n ⟨-s; 0⟩* behag *n*, ønske *n*, forgodtbefindende *n*; ~**ig** efter behag, vilkårlig; *jede(r, -s)* 2**e** en hvilken som helst; ~**t** afholdt, populær; 2**theit** *f ⟨0⟩* yndest, popularitet

be'**liefer|n** forsyne (med varer); 2**ung** *f* udbringning, varelevering

bellen *v/i* gø

Belle'**tristik** *[belɛ-] f ⟨0⟩* skønlitteratur

be'**lohn|en** belønne; 2**ung** *f* belønning; dusør

Belt *m: Großer (Kleiner)* ~ Store(Lille-)-bælt *n*

be'**lüft|en** ventilere; 2**ung** *f* ventilering, ventilation; (*Sauerstoffzufuhr*) iltning

be'**lügen:** *j-n* ~ lyve for én

be'**lustig|en** more; ~**end** morsom, F sjov; 2**ung** *f* forlystelse; morskab, F sjov *n*

be'**mächtigen:** *sich* ~ (*G*) bemægtige sig

be'**malen** (be)male, overmale; ~**mängeln** *⟨-le⟩* kritisere; reklamere over

be'**mann|en** bemande; 2**ung** *f ⟨0⟩* bemanding; (*Mannschaft*) mandskab *n*, besætning

be'**mänteln** *⟨-le⟩* besmykke, skjule

be'**merk|bar** tydelig, kendelig; *sich* ~ *machen* gøre sig bemærket; *en* (*sehen*) få øje på, lægge mærke til, bemærke; (*äußern*) bemærke, sige; ~**enswert** bemærkelsesværdig; mærkelig; 2**ung** f bemærkning, iagttagelse

be'**messen** (ud)måle, afpasse; *Steuern* ansætte, påligne; *reichlich* ~ rigeligt afmålt (*od* dimensioneret)

be'**mitleiden** ‹-e-› beklage, have medlidenhed med; **~swert** beklagelsesværdig, stakkels

be'|**mittelt** bemidlet, velhavende; **~mogeln** F snyde; **~moost** mosgroet; *fig* gammel

be'**müh|en** ulejlige, gøre besvær; *sich* ~ ulejlige sig, gøre sig ulejlighed; *sich um etw.* (A) ~ søge at opnå (*od* få) ngt.; ~ *Sie sich nicht!* gør Dem ingen ulejlighed!; **~t sein** være ivrig, bestræbe sig (på); 2**ung** f (*mst -en pl*) besvær n, ulejlighed; bestræbelse; (*Einsatz*) indsats

be'**müßigt** *sich* ~ *fühlen* føle sig foranlediget (til)

be'|**muttern** ‹-re-› sørge moderligt for; **~nachbart** ['-'naxbaːrt] (D) tilgrænsende, nærliggende, nabo... (til)

benachrichtig|en ['-'nɔrɪx-] underrette (*von* D/om); 2**ung** f underretning

be'**nachteilig|en** [ɑː] forfordele; tilsidesætte; 2**ung** f forfordeling; tilsidesættelse

be'|**nagen** gnave på; **~nebelt** F omtåget, påvirket

be'**nehmen** fratage, berøve; *sich* ~ opføre sig, bære sig ad; *benimm dich!* opfør dig ordentligt!; 2 n ‹-s; 0› opførsel, adfærd; (*Verbindung*) forståelse; *sich ins* ~ *setzen* sætte sig i forbindelse (*mit* med)

be'**neiden** *j-n um* (A) ~ misunde én ngt.; **~s·wert** misundelsesværdig

be'**nennen** benævne, (op)kalde; 2**ung** f benævnelse, navn n

be'**netzen** væde, fugte

Bengal|e [bɛŋ'gɑː-] n ‹-s; 0› Bengalen; 2**isch** bengalsk

Bengel m lømmel, knægt, laban

be'**nommen** fortumlet, ør; 2**heit** f ‹0› fortumlethed

be'**noten** give karakterer

be'**nötig|en** behøve, trænge til; **~t:** ~ *werden* være nødvendig

be'**nutz|bar** brugelig, brugbar, anvendelig; **~en** benytte, bruge, anvende; afbenytte

Be'**nutzer|(in)** m(f) bruger; **~oberfläche** f EDV brugergrænseflade

Be'**nutzung** f ‹0› benyttelse, brug (n); anvendelse

Ben'**zin** n ‹-s; 0› benzin; **~kanister** m benzindunk; **~mischung** f benzinblanding;

~motor m benzinmotor; **~pumpe** f benzinpumpe; **~tank** m benzintank; **~uhr** f benzinmåler; **~verbrauch** m benzinforbrug n

Ben'**zol** n ‹-s; -e› benzol

be'**obacht|en** ‹-e-› iagttage, lægge mærke til, passe på; (*verfolgen*) (for)følge; (*beachten*) overholde, efterkomme; 2**er(in)** m(f) iagttager; 2**ung** f iagttagelse, observation; (*Beachtung*) overholdelse; 2**ungsgabe** f ‹0› iagttagelsesevne; 2**ungsposten** m observationspost

be'|**ordern** beordre; *Waren* bestille; **~packen** belæsse, bepakke; **~pflanzen** beplante; **~pinseln** bemale; pensle

be'**quem** komfortabel; (*gemächlich*) bekvem, magelig; (*passend*) passende; (*faul*) doven, lad; *machen Sie sich's* ~! lad som om De var hjemme!; *sich* ~ bekvemme sig (*zu* til); 2**lichkeit** f bekvemmelighed, komfort; magelighed

be'**rappen** *Mauer* pudse; *fig* F punge ud med

be'**rat|en** vejlede, råde; (*debattieren*) drøfte, rådslå (*über* A/om); *sich mit j-m* ~ rådføre sig med en (*über* A/om), **~end** rådgivende; *mit* ~*er Stimme* uden stemmeret; 2**er(in)** m(f) rådgiver, konsulent, vejleder; **~schlagen** (*sich*) rådslå, rådføre sig; 2**ung** f råd n; vejledning; rådgivning; rådslagning; POL drøftelse; *Arzt:* konsultation; 2**ungsstelle** f rådgivende kontor, oplysningskontor n

be'**raub|en** berøve, (ud)plyndre; *j-n e-r Sache* ~ berøve (*od* fratage) én ngt.; 2**ung** f berøvelse, udplyndring

be'**rausch|en** beruse (*sich* sig) (*a fig*); **~d** berusende

Berbe'**ritze** f BOT berberis

be'**rech|enbar** beregnelig; forudsigelig; **~nen** udregne; (*überschlagen*) kalkulere, gøre et overslag over; (*erwägen*) beregne; **~nend** beregnende; 2**nung** f beregning; (*Überschlag*) overslag n

be'**rechtig|en** berettige (*zu* D/til); **~t** berettiget; 2**ung** f berettigelse; *mit voller* ~ med fuld berettigelse

be'**red|en** drøfte, tale om; (*verabreden*) aftale; (*überzeugen*) overtale; *j-n* ~ bagtale én; *sich mit j-m* ~ drøfte (*od* aftale) ngt. med én; **~sam** veltalende; 2**samkeit** f ‹0› veltalenhed; **~t** veltalende

be'**regn|en** ‹-e-› vande; 2**ungsanlage** f vandingsanlæg n

Be'**reich** m ‹-(e)s; -e› område n; felt n, sektor

be'**reicher|n** ‹-re-› berige (*sich* sig); 2**ung** f

B

berigelse

be'reif|en *Auto* sætte dæk (*od* slange) på; *Frost*: dække med rim; 2ung *f* dæk *n*, slange; påsættelse af dæk og slange

be'reinig|en klare, ordne; rydde af vejen; 2ung *f* ordning; udligning

be'reis|en berejse; ~t berejst

be'reit beredt, parat, færdig, klar (til); *sich ~ machen* gøre sig færdig

be'reit|en ⟨-e-⟩ berede; (*zubereiten*) tilberede, tillave, gøre færdig; ~halten holde parat; ~machen → **bereit**

be'reits allerede

Be'reitschaft *f* beredskab *n* (til); *in ~* i beredskab; ~sdienst *m* beredskabsvagt; *Arzt*: lægevagt

Be'reitstellen stille til disposition

Be'reitung *f* tilberedelse, tillavelse

be'reitwillig (bered)villig; 2keit *f* ⟨0⟩ beredvillighed

be'|rennen MIL storme; ~reuen angre, fortryde

Berg *m* ⟨-(e)s; -e⟩ bjerg *n*; (*Hügel*) bakke, høj; (*Gebirge*) fjæld *n*; *fig über alle ~e sein* være over alle bjerge, være stukket af; *j-m goldene ~e versprechen* love én guld og grønne skove; *hinter dem ~e halten* holde hemmelig; *die Haare stehen zu ~e* hårene rejser sig

berg|'ab (*a fig*) ned ad bakke, nedad; ~'an op ad bakke, opad; 2arbeiter *m* minearbejder; ~'auf (*a fig*) op ad bakke, opad; 2bahn *f* bjergbane; 2bau *m* ⟨-(e)s; 0⟩ minedrift; 2bewohner(in) *m(f)* bjergboer

Bergelohn *m* bjærgeløn

bergen ⟨L⟩ bjærge, redde; gemme

Berg|fahrt *f* NAUT sejlads op ad floden; ~führer *m* bjergfører; ~hütte *f* bjerghytte; 2ig bjergrig, bjergfuld; ~kamm *m* bjergryg; ~kessel *m* bjergkedel; ~kette *f* bjergkæde; ~kuppe *f* bjergtop; ~land *n* bjergland *n*; ~mann *m* ⟨-(e)s; *Bergleute*⟩ minearbejder; ~predigt *f* ⟨0⟩ bjergprædi(d)ken; ~rennen *n* SPORT bjerg(vædde)løb *n*; ~rücken *m* bjergryg; ~rutsch *m* bjergskred *n*; ~spitze *f* bjergtinde; ~steiger(in) *m(f)* bjergbestiger; alpinist

Bergung *f* bjærgning

Berg|wand *f* bjergvæg; ~weide *f* sæter, (alpe)græsgang; ~werk *n* bjergværk *n*, mine; ~werksschule *f* bjergværksskole; ~wesen *n* ⟨-s; 0⟩ bjergvæsen *n*

Be'richt *m* ⟨-(e)s; -e⟩ beretning, underretning, efterretning; (*Meldung*) rapport, indberetning; (*Vortrag*) referat *n*, redegørelse; *~ erstatten* aflægge beretning; afgive rapport; 2en (*mitteilen*) meddele,

gøre rede (for), berette (om); (*belehren*) underrette; *j-m über etw.* ⟨A⟩ ~ indberette ngt. til én, afgive rapport om ngt. til én; ~erstatter *m* referent; *Zeitung*: reporter, korrespondent, medarbejder; ~erstattung *f* referat *n*; indberetning

be'richtig|en berigtige, rette; 2ung *f* berigtigelse, rettelse

be'riechen lugte (*od* snuse) til

be'riesel|n overrisle; 2ung *f* overrisling; 2ungsanlage *f* overrislingsanlæg *n*; *Brandschutz*: sprinkler; 2ungsmusik *f* baggrundsmusik, muzak

be'ritten bereden, ridende, til hest

ber'liner *adj* berlinsk; 2 *m* berliner; GASTR „berliner"; ~isch berlinsk

Bernhar'diner *m* St. Bernhardshund

Bernstein *m* ⟨-(e)s; 0⟩ rav *n*

bersten *v/i* ⟨L; *sn*⟩ revne, briste; *zum 2 voll* propfuld

be'rüchtigt ⟨-est⟩ berygtet

be'rückend besnærende, fortryllende

be'rücksichtig|en tage hensyn *n* til; 2ung *f* hensyn(tagen) *n*; *unter ~* (*des Umstandes, ...*) (omstændigheden) taget i betragtning

Be'ruf *m* ⟨-(e)s; -e⟩ (*Amt*) stilling, embede *n*; (*Stand*) bestilling, livsstilling; (*Bereich*) fag *n*, profession; (*Neigung*) kald *n*; *von ~* af profession, af fag; *freie Berufe* de liberale erhverv; *im ~ stehen* have en stilling, 2en 1. (*ernennen*) kalde, udnævne; *sich ~ auf* ⟨A⟩ påberåbe sig, henvise til; 2. *adj* prædestineret; (*geeignet*) kompetent; *sich ~ fühlen* føle sig kaldet; 2lich af (livs)stilling (*od* profession); faglig, af fag; *~ tätig sein* have en stilling, have arbejde

Be'rufs|ausbildung *f* (fag)uddannelse; ~beratung *f* erhvervsvejledning; ~bezeichnung *f* stillingsbetegnelse; ~geheimnis *n* tavshedspligt; forretningshemmelighed; ~genossenschaft *f* lovpligtigt ulykkesforsikringsselskab *n*; ~heer *n* hvervet hær; ~krankheit *f* erhvervssygdom; ~leben *n* ⟨-s; 0⟩ erhverv *n*, faglig virksomhed; 2mäßig faglig, fagmæssig; ~politiker *m* levebrødspolitiker; ~schule *f* fagskole, teknisk skole, „EFG" (= erhvervsfaglig grunduddannelse); ~soldat *m* professionel soldat; ~spieler *m* professionel spiller; ~sportler(in) *m(f)* professionel sportsudøver; 2tätig i stilling, i arbejde, arbejdende; ~verbot *n* forbud *n* mod ansættelse i offentlig tjeneste, „berufsverbot" *n*; ~wahl *f* ⟨0⟩ valg *n* af uddannelse (*od* livsstilling); ~wech-

sel m jobskifte n; **~zweig** m erhvervsgren

Be'rufung f kaldelse, udnævnelse; JUR appel; **~ einlegen** JUR appellere (dommen); **~sgericht** n appeldomstol; **~sverfahren** n JUR appelsag

be'ruhen bero, komme an (**auf** D/på); **etw.** (A) **auf sich ~ lassen** stille ngt. i bero

be'ruhig|en berolige; **sich ~** blive rolig; slå sig til tåls (**bei** od **mit** D/med); **~end** beroligende; **Qung** f berolige; **Qungsmittel** n beroligende middel n; **Qungsspritze** f beroligende injektion

be'rühmt ⟨-est⟩ berømt, kendt (**wegen** G od **durch** A/for); **~berüchtigt** herostratisk berømt; **Qheit** f berømthed, berømmelse

be'rühr|en berøre, røre ved, tangere; fig berøre, omtale; **Qung** f berøring, kontakt

be'sag|en (bedeuten) betyde; **~t** omtalt, ovennævnt

Be'samung f insemination

be'sänftig|en berolige, formilde; **~end** beroligende; **Qung** f beroligelse, formildelse

Be'satz m (Schmuck) pynt

Be'satzung f mandskab n; NAUT besætning; MIL besætte(n); **~struppen** f/pl besættelsestropper pl; **~szone** f besættelseszone

be'saufen: P **sich ~** drikke sig fuld

be'schädig|en beskadige; **~t** beskadiget; **Qung** f beskadigelse, skade

be'schaff|en 1. tilvejebringe, (frem-) skaffe; 2. adj beskaffen; **wie ist es damit ~?** hvordan forholder det sig dermed? **Qenheit** f ⟨0⟩ beskaffenhed; (Zustand) stand; (Art) art; (Qualität) kvalitet; **Qung** f tilvejebringelse; anskaffelse

be'schäftig|en beskæftige; sysselsætte (**sich** sig); **Qung** f beskæftigelse, arbejde n, tidsfordriv n; **Qungsgrad** m beskæftigelsesgrad

be'schäm|en beskæmme, gøre til skamme; **~end** beskæmmende, ydmygende; **~t** skamfuld; **Qung** f beskæmmelse, ydmygelse

be'schatten ⟨-e-⟩ beskygge (a fig)

be'schau|en betragte, beskue; (besichtigen) besigtige, bese; **Qer** m beskuer; kontrollør; **~lich** tankefuld, indadvendt; hyggelig; **Qlichkeit** f ⟨0⟩ indadvendthed; selvfordybelse; hygge

Be'scheid m ⟨-(e)s; -e⟩ besked; (Auskunft) oplysning; **~ geben** give besked (**über** A/om); **~ wissen** vide besked, være stedkendt

be'scheiden[1] tilskikke; **sich ~** (verzichten) give afkald på; (sich begnügen) nøjes (med)

be'scheiden[2] adj beskeden, fordringsløs; **Qheit** f ⟨0⟩ beskedenhed

be'scheinen beskinne

be'scheinig|en bevidne, attestere; **den Empfang e-r Summe ~** kvittere for modtagelsen af et beløb; **Qung** f attest, bevidnelse; (Quittung) kvittering

be'scheißen V overbeskide; fig røvrende snyde

be'schenken: j-n **mit etw.** (D) ~ forære én ngt

be'scher|en forære; **beschert bekommen** få foræret; **Qung** f foræring; **Weihnachten:** (jule)gaveuddeling; **e-e schöne ~** en køn historie

be'scheuert åndssvag

be'schichten lægge et lag på

be'schicken sende deltagere (od repræsentanter) til; (ordnen) beskikke, ordne; **mit Waren:** forsyne

be'schieß|en beskyde; **Qung** f beskydning, bombardering

be'schild'ern opsætte skilte pl, forsyne med skilte pl

be'schimpf|en fornærme, forhåne, udskælde; **Qung** f fornærmelse; udskældning, skældud

be'schirm|en beskærme, beskytte; **Qung** f beskyttelse

be'schissen V beskidt; (betrogen) snydt, røvrendt

Be'schlag m beslag n; Pferd: skoning; (Feuchtigkeit) dug, fugtighed; (Schimmel) skimmel, mug; **in ~ nehmen** lægge beslag på, beslaglægge; **Qen** 1. v/t beslå; Pferd sko; (gut) **~ sein in** (D) være (godt) inde i ngt.; 2. v/i ⟨sn⟩ (feucht werden) dugge, løbe an; (schimmelig werden) skimle, mugne; **~nahme** f beslaglæggelse; **Qnahmen** beslaglægge

be'schleichen liste (sig) ind på; fig påkomme

be'schleunig|en fremskynde; Auto: accelerere (**auf** A/op til); **die Fahrt ~** sætte farten op; **Qung** f fremskyndelse, acceleration; **Qungsvermögen** n ⟨-s; 0⟩ accelerationsevne

be'schließ|en (beenden) (af)slutte, ende; (bestimmen) beslutte, vedtage

Be'schluss m (Abschluss) (af)slutning, ende; (Entschluss) beslutning; afgørelse; **e-n ~ fassen** træffe en afgørelse; **Qfähig** beslutningsdygtig

be'schmieren besmøre, smøre over; (be-

B

sudeln) tilsmøre, oversmøre

be'schmutz|en gøre snavset, tilsvine (*a fig*); 2ung *f* tilsnavsning; tilsvining

be'schneiden (be)skære, klippe; *Ritual:* omskære; *fig* indskrænke

be'schneit snedækket

be'schnüffeln snuse til; ~schnuppern snuse til (*a fig*)

be'schönig|en besmykke, forskønne; 2ung *f* besmykkelse

be'schränk|en indskrænke, begrænse (*auf* A/til); *sich* ~ *auf* (*A*) indskrænke sig til, nøjes med; ~t begrænset; *fig* indskrænket; 2theit *f* ⟨0⟩ indskrænkethed; 2ung *f* begrænsning

be'schreib|en beskrive (*a fig*); 2ung *f* beskrivelse; (*Katalog*) vejledning, katalog *n*

be'schreiten betræde (*a fig*)

be'schrift|en ⟨-e-⟩ beskrive, skrive på; tekste; 2ung *f* påskrift; tekstning

be'schuldig|en beskylde, anklage (*G*/for); 2te(r) JUR anklagede; 2ung *f* beskyldning

be'schummeln F snyde

Be'schuss *m* ⟨-es; 0⟩ beskydning

be'schütz|en beskytte, skærme (*vor* D/mod); værne (om); 2er(in) *m(f)* beskytter

be'schwatzen overtale; *etw.* (*A*) ~ sladre (*od* snakke) om ngt

Be'schwerde *f* besvær *n*, besværlighed, møje, byrde; JUR anke, klagemål *n*; ~ führen klage sig, klage; F gøre vrøvl, kværulere (*über* A/over); ~buch *n* ankeprotokol; ~frist *f* klagefrist; ~führer *m* klager; ~schrift *f* klageskrift *n*

be'schwer|en betynge, bebyrde; (*klagen*) beklage sig, F gøre vrøvl; ~lich besværlig; 2lichkeit *f* besværlighed

be'schwichtig|en berolige, bringe til ro; 2ung *f* beroligelse

be'schwindeln snyde, F fuppe

be'schwipst F (halv)fuld, i stemning

be'schwör|en besværge; sværge på; (*bannen*) mane; 2ung *f* besværgelse

be'seelen besjæle, beånde

be'sehen bese, betragte

be'seitig|en fjerne, bortskaffe, rydde (bort *od* af vejen); 2ung *f* fjernelse, (bort)rydning

Besen *m* (feje)kost; *fig* **neue ~ kehren gut** nye koste fejer bedst; ~schrank *m* kosteskab *n*; ~stiel *m* kosteskaft *n*

be'sessen besat; 2e(r) besat, vanvittig

be'setz|en *Amt* besætte; *Platz* optage; *Rollen* fordele; *Kleid* kante; MIL besætte, erobre; ~t optaget, reserveret; *Saal:* fuld;

MIL besat; 2tzeichen *n* TEL optagetone; 2ung *f* besættelse; *Rollen:* fordeling; *Kleid:* garnering; THEA **in bester ~** med fremragende rollebesætning

be'sichtig|en bese, besigt(ig)e, betragte, se; efterse; *ein Museum* ~ besøge et museum, gå på museum; 2ung *f* besigt(ig)else; besøg *n*; eftersyn *n*; inspektion

be'sied|eln bebygge, kolonisere; 2lung *f* bebyggelse, kolonisation

be'siegeln forsegle; *fig* besegle, stadfæste

be'sieg|en besejre, overvinde; 2te(r) besejret

be'singen besynge

be'sinn|en 1. *sich* ~ (*nachdenken*) besinde sig, tænke efter; (*sich erinnern*) huske, erindre; (*sich fassen*) komme til sig selv, fatte sig; **wenn ich mich richtig besinne** hvis jeg husker ret; **sich e-s Besseren** ~ komme på andre (*od* bedre) tanker; 2. 2 *n* ⟨-s; 0⟩ besindelse, betænkning

Be'sinnung *f* ⟨0⟩ besindelse, bevidsthed; *fig* fatning; **zur ~ kommen** komme til besindelse (*od* sig selv); 2slos bevidstløs; sanseløs

Be'sitz *m* ⟨-es; 0⟩ besiddelse; (*Eigentum*) eje *n*; (*Grund*2) ejendom; **in den ~ von etw.** (*D*) **kommen** komme i besiddelse af ngt.; **~ ergreifen von** tage i besiddelse; 2anzeigend GRAM possessiv, ejer-; **~es Fürwort** *n* ejestedord *n*; 2en beside, eje; ~er(in) *m(f)* ejer; ~ergreifung *f* besættelse, okkupering, tagen i besiddelse; 2los besiddelsesløs; ~tum *n* ⟨-s; ⸚er⟩ ejendom; ~ung *f* eje *n*, ejendom

be'soffen P fuld, drukken, beruset

be'sohl|en forsåle; 2ung *f* forsåling

be'sold|en ⟨-e-⟩ lønne; 2ung *f* løn; 2ungsgruppe *f* lønramme

be'sonder|- (*einzeln*) enkelt, særskilt; (*außergewöhnlich*) særlig; (*seltsam*) mærkelig, ejendommelig, besynderlig; **im Besonderen** særlig; 2heit *f* særpræg *n*; (*Seltsamkeit*) besynderlighed; ~s særlig, navnlig

be'sonnen *adj* besindig, rolig, eftertænksom; 2heit *f* ⟨0⟩ besindighed, ro

be'sorg|en besørge, passe; (*verschaffen*) skaffe; gøre indkøb (af); (*ausrichten*) udrette, foretage

Be'sorgnis *f* ⟨-; -se⟩ bekymring; ~ erregend → 2erregend forurolingende, urovækkende

be'sorg|t urolig, bekymret; ~ **sein um** (*A*) være bekymret for (*od* over); 2theit *f* ⟨0⟩ omhu; uro; 2ung *f* besørgelse; (*Einkauf*) ærinde *n*; **~en machen** gå i byen be'|spannen *Wagen* spænde for; *Tennis-schläger* sætte nye strenge i; **~speien** spytte på; **~spiegeln** belyse, skildre; **~spielen** indspille; **~spitzeln** *⟨-le⟩* udspionere

be'sprech|en tale om, snakke om; *Buch* anmelde, kritisere; (*verhandeln*) drøfte, forhandle; *Krankheit* læse over; 2ung *f* samtale; *Buch*: anmeldelse, kritik; (*Verhandlung*) drøftelse, forhandling

be'|sprengen stænke (på), vande; **~springen** bedække; **~spritzen** (over)stænke, oversprøjte; **~spucken** spytte på; **~spülen** beskylle

besser bedre; *umso* (*od desto*) **~** jo (*od* des[to]) bedre; *j-n e-s* 2en *belehren* bringe én på andre (*od* bedre) tanker; **~n** *⟨-re⟩* (for)bedre; *sich* **~** bedre sig; 2ung *f ⟨0⟩* (for)bedring; *gute* **~***!* god bedring!

best'|- bedst; *der erste Beste* den første, den bedste; *am besten* bedst; *bestens, aufs Beste* på det bedste, på bedste måde; *beim besten Willen* med den bedste vilje; *zum Besten geben* give til bedste; *j-n zum Besten haben* have én til bedste

be'stallen beskikke, ansætte

Be'stand *m* bestand; (*Dauer*) varighed; (*Verbleiben*) bestående; (*Vorrat*) lager(beholdning) *n*, forråd *n* (*an D*/af); (*Vieh*) besætning; (*Kassen2*) beholdning

be'ständig *adj* bestandig, stadig, vedvarende; (*standhaft*) standhaftig; *adv* bestandig, altid; 2keit *f ⟨0⟩* bestandighed, stadighed; (*Standhaftigkeit*) standhaftighed

Be'standsaufnahme *f* opgørelse; *fig eine* **~** (*G*) *machen* gøre status over

Bestandteil *m* bestanddel

be'stärken bestyrke, bekræfte

be'stätig|en godkende; bekræfte (*sich* sig); stadfæste; (*anerkennen*) anerkende; 2ung *f* bekræftelse, godkendelse; stadfæstelse; anerkendelse

be'statt|en *⟨-e-⟩* begrave; (*verbrennen*) brænde; 2ung *f* begravelse; ligbrænding; 2ungsinstitut *n* begravelsesforretning, "bedemanden"

be'stäuben bestøve

be'staunen betragte forbavset, stirre på

Beste|(s) bedste; *sein* **~***s tun* gøre sit bedste; *zu deinem* **~**n til dit eget bedste; → *a best-*

be'stech|en bestikke, **~lich** bestikkelig; 2lichkeit *f ⟨0⟩* bestikkelighed; 2ung *f* bestikkelse; 2ungsgelder *n/pl* bestikkelses-penge *pl*

Be'steck *n ⟨-(e)s; -e⟩* bestik (*a* NAUT); (*Ess2*) sæt *n*, bestik *n*; 2en *mit* (*D*) sætte, stikke ngt. på (*od* i)

be'stehen 1. *v/i* være til, eksistere, bestå; **~ aus** (*in D*) bestå af (i); *fig* **~ auf** (*D*) holde fast ved; 2. *v/t Prüfung* bestå; *Gefahr* overstå; 2 *n ⟨-s; 0⟩* bestáen, eksistens

be'stehlen bestjæle

be'steigen *Berg* bestige; *Wagen* stige op i; *Fahrrad* stå på cyklen

be'stell|en bestille; *Auftrag* sige, besørge; (*abliefern*) aflevere; *Feld* bearbejde, (op)dyrke; *Haus* passe, ordne; *j-m sich* (*D*) **~** kalde én til sig; *j-m Grüße* **~ von** hilse ngn fra; 2er *m* kunde; 2num-mer *f* kundenummer *n*, bestillingsnummer *n*; 2schein *m* bestillingsseddel, -kupon; ordreseddel; 2ung *f* ØKON bestilling; *auf* **~** på (*od* efter) bestilling

besten|falls i bedste tilfælde (*od* fald); **~s** på bedste måde; *danke* **~***!* mange tak!

be'steuern beskatte; 2ung *f* beskatning

bestiali|sch [bɛsˈtiːa-] bestialsk, dyrisk; 2'tät *f* bestialitet

be'sticken brodere

Bestie ['-tiə] *f* bæst *n*, (u)dyr *n*

be'stimm|en bestemme, fastsætte (*befehlen*) befale; (*abmachen*) afgøre, vedtage; *j-n zu etw.* (*D*) **~** overtale én til ngt.; **~t** bestemt; sikker; *das ist für dich* **~** det er bestemt til dig; 2heit *f ⟨0⟩* bestemthed

Be'stimmung *f* bestemmelse (*a Vorschrift*)

Be'stimmungs|land *n* bestemmelsesland *n*; **~ort** *m* bestemmelsessted *n*; **~wort** *n ⟨-(e)s; ʺer⟩* bestemmelsesord *n*

Best|leistung *f* SPORT rekord; 2'möglich bedst mulig

be'straf|en (af)straffe; 2ung *f* afstraffelse, straf

be'strahl|en bestråle (*a* MED); give lysbehandling; 2ung *f* bestråling; lysbehandling

be'streb|en: *sich* **~** bestræbe sig på, gøre sig umage (for); 2en *n ⟨-s; 0⟩*, 2ung *f* bestræbelse

be'streichen stryge over, oversmøre; (*berühren*) berøre; *Brot* smøre; **~streiken** strejke over for, lamme med strejke; **~streiten** bestride; *Ausgaben* afholde, bære; **~streuen** bestrø; **~stricken** *fig* besnære; **~stücken** forsyne med

be'stürm|en (be)storme (*a fig*); 2ung *f* storm(angreb *n*); *fig* påtrængenhed

be'stürz|en gøre bestyrtet; **~t** forfærdet;

B

2ung f bestyrelse

Bestzeit f SPORT rekordtid

Be'such [u:] m ⟨-(e)s; -e⟩ besøg n, visit; **j-m e-n ~ abstatten** aflægge én et besøg; **zu ~ bei** D på besøg hos; 2en besøge; *Ausstellung* gå (*od* være) på; **~er(in)** m(f) besøgende, gæst; **~szeit** f besøgstid; **~szimmer** n modtagelsesværelse n

be'|sudeln ⟨-le⟩ svine til, besudle; **~tagt** [ɑ:] bedaget; **~tanken** tanke op; **~tasten** føle på; F begramse

be'tätig|en sætte i gang; **sich ~** tage del (**bei** D/i), være virksom, arbejde; 2ung f virksomhed; 2ungsfeld n virkeområde n

be'täub|en bedøve; 2ung f bedøvelse; 2ungsmittel n bedøvende middel n; narkotika pl

Bete f: **Rote ~** rødbeder pl

be'teilig|en interessere én (**an** D/for), lade én deltage (i); **sich ~** deltage, tage del (**an** D/i); 2te(r) interesseret, deltager; 2ung f interesse, deltagelse (**a** Kapital), fremmøde n

beten ⟨-e-⟩ bede; **vor Tisch ~** bede til bords; 2 n ⟨-s; 0⟩ bøn

be'teuer|n ⟨-re⟩ forsikre, bedyre; 2ung f forsikring

be'|titeln ⟨-le⟩ betitle, kalde; **~tölpeln** ⟨-le⟩ snyde, tage ved næsen

Beton [-'tɔŋ] m ⟨-s; -s⟩ beton

be'tonen betone, accentuere; *fig* fremhæve

beto'n|ieren betonere; 2mischer [-'tɔŋ-] m betonblander

Be'tonung f betoning, eftertryk n; (*Akzent*) tryk m

be'tören forføre, bedåre

betr. (= **betreffend, betrifft**) angående, vedrørende

Be'tracht m ⟨-(e)s; 0⟩ henseende; **in ~ ziehen** tage i betragtning; **außer ~ lassen** lade ude af betragtning; (**nicht**) **in ~ kommen** (ikke) komme i betragtning; 2en betragte; (*erwägen*) tage i betragtning; **~ als** anse for; **~er** m beskuer, iagttager

be'trächtlich betydelig, anselig

Be'trachtung f betragtning; (*Erwägung*) overvejelse; **~sweise** f måde at betragte ngt. på

Be'trag m ⟨-(e)s; *͏e⟩ beløb n, sum; ÖKON **~ erhalten** betalt; 2en beløbe sig til, udgøre; **sich ~** opføre sig, bære sig ad; **~en** n ⟨-s; 0⟩ opførsel, adfærd

be'|trauen (**j-n mit etw.** D) betro én ngt.; give én et hverv; **~trauern** sørge over, begræde

be'treff|en angå, vedkomme; **was ... betrifft** hvad angår; **~end** hvad ... angår; (*genannt*) vedkommende; **~s** (G) vedrørende, angående, hvad ... angår

be'treiben fremskynde; *Geschäft, Arbeit, Studien* drive, udøve, beskæftige sig med; **auf 2 von** (D) på foranledning af

be'treten **1.** v/t betræde, træde på; **2.** adj fig overrasket, forlegen; 2heit f ⟨0⟩ forlegenhed

be'treu|en pleje, have omsorg for, passe, sørge for; have opsyn med, tilse; **~er(in)** m(f) plejer; *fachl.* vejleder; 2ung f pasning, pleje; *fachl.* vejledning

Be'trieb m **1.** ⟨-(e)s; -e⟩ (*Unternehmen*) foretagende n, virksomhed n. **2.** ⟨-(e)s; 0⟩ (*Verkehr*) trafik; F liv n, røre n; **in ~ sein** (*setzen/nehmen*) være (sætte) i gang (*od* funktion); **außer ~** ude af drift (*od* funktion), virker (*od* fungerer) ikke; **hier ist ~** her hersker travlhed, her er liv og røre; 2lich drifts-, erhvervs-; 2sam driftig, arbejdsom

Be'triebs|arzt m bedriftslæge; **~ausflug** m personaleudflugt, personaleskovtur; 2bereit færdig (*od* klar) til drift, i brugbar stand; **~ferien** pl ferielukning; **~führung** f (*Direktion*) ledelse; (*Besichtigung*) rundvisning; **~geheimnis** n forretningshemmelighed; **~jahr** n driftsår, forretningsår n; **~kapital** n driftskapital; **~klima** n arbejdsklima n, trivsel; **~kosten** pl driftsomkostninger pl; **~leiter(in)** m(f) driftschef; **~rat** m ⟨-(e)s; *͏e⟩ tillidsmandsråd n; *Pers* tillidsmand; **~schluss** m fyraften; 2sicher driftssikker; **~stoff** m brændstof n; **~system** n EDV styresystem n; **~unfall** m uheld n (*od* ulykke) i driften; **~wirt** m driftsøkonom; **~wirtschaft** f driftsøkonomi

be'trinken: **sich ~** drikke sig fuld; → a betrunken

be'troffen bestyrtet, overrasket; 2heit f ⟨0⟩ forvirring, bestyrtelse

be'trüb|en bedrøve; **~lich** bedrøvelig; 2nis f ⟨-; -se⟩ bedrøvelse, sorg; **~t** bedrøvet, ked af det

Be'trug m ⟨-(e)s; 0⟩ bedrag n, snyderi n

be'trüg|en bedrage, snyde (**um** A/for); 2er(in) m(f) svindler; 2e'rei f bedrageri n, snyderi n; **~erisch** bedragerisk, falsk

be'trunken beruset, drukken, F fuld; 2e m/f fuld mand/kvinde; 2heit f ⟨0⟩ beruselse, F fuldskab

Bett n ⟨-(e)s; -en⟩ seng; *Schiff:* køje; (*Fluss*2) leje n; (*Feder*2) dyne; **das ~ hü**

ten (*müssen*) ligge i sengen; *das ~ machen* rede sengen; *zu* (*od ins*) *~ gehen* gå i seng; **~bezug** *m* dynebetræk *n*; **~couch** [kautʃ] *f* sovesofa; **~decke** *f* sengetæppe *n*

bettel|'arm ludfattig; **2brief** *m* tiggerbrev *n*; **2ei** [-'laɪ] *f* tiggeri *n*; *fig* plagen; **2mönch** *m* tiggermunk; **~n** *v/i* ⟨-*le*⟩ tigge; *fig* trygle; *Kind:* plage

bett|en ⟨-*e*-⟩ lægge (*Kind* putte) i seng; **2federn** *f/pl* sengefjedre *pl*; **2gestell** *n* sengestel *n*; **~lägerig** sengeliggende; **2laken** *n* (senge)lagen *n*

Bettler(in) *m*(*f*) tigger(ske)

Bett|nässen *n* ⟨-*s*; *0*⟩ ufrivillig natlig vandladning; **~pfanne** *f* bækken *n*; **~ruhe** *f* sengeleje *n*; **~sofa** *n* sovesofa; **~tuch** [e] *n* lagen *n*; **~überzug** *m* dynebetræk *n*

Bett|vorleger *m* sengeforligger; **~wäsche** *f* lagener *pl*, betræk *pl*, sengelinned *n*; **~zeug** *n* sengetøj *n*

be'tulich pertentlig; pylrende; langsommelig

be'tupfen *mit Wattebausch:* duppe

beug|en bøje (*a* GRAM); *fig* nedtrykke, kue; *gebeugt* bøjet; *sich ~* bukke (*od* bøje) sig; *fig* (*D*) bøje sig for; **2ung** *f* bøjning

Beule *f* bule, bukkel; MED byld

be'unruhig|en forurolige, ængste; *sich ~* blive urolig (*od* ængstelig) (*über etw.* [*A*]/for ngt.); **~end** foruroligende, urovækkende; **2ung** *f* ⟨*0*⟩ foruroligelse, ængstelse

be'urkunden ⟨-*e*-⟩ dokumentere, godtgøre

be'urlaub|en give fri (*od* ferie); lade gå *n*; (*entlassen*) afskedige; MIL give orlov, hjemsende; *sich ~ lassen* tage (sin) afsked; (*Urlaub nehmen*) tage orlov; **2ung** *f* afskedigelse; hjemsendelse

be'urteil|en bedømme, vurdere; *Buch* kritisere, anmelde; **2ung** *f* bedømmelse, vurdering

Beute *f* ⟨*0*⟩ bytte *n*, rov *n*

Beutel *m* pose (*a* Tee2), sæk; (*Geld*2) pung; **2n** ⟨-*le*⟩: *sich ~* slå folder, pose; **~tier** *n* pungdyr *n*

be'völker|n ⟨-*re*⟩ befolke; **2ung** *f* befolkning; **2ungsdichte** *f* befolkningstæthed; **2ungsüberschuss** *m* befolkningsoverskud *n*

be'vollmächtig|en befuldmægtige, bemyndige; **2te(r)** befuldmægtiget, fuldmægtig; **2ung** *f* bemyndigelse, fuldmagt

be'vor før(end), inden

be'vormund|en ⟨-*e*-⟩ være formynder (*j-n* for én); sætte under formynderskab *n* (*a* *fig*); *fig* optræde formynderisk; **2ung** *f* formynderskab *n*; *fig* formynderi *n*

be'vor|raten ⟨-*e*-⟩ forsyne; oparbejde et lager; **~rechtigen** privilegere, give særrettigheder; **~stehen** *v/i* forestå; **~stehend** forestående, overhængende; **~zugen** foretrække (*vor D/*frem for), begunstige; favorisere; **2zugung** *f* begunstigelse

be'|wachen bevogte; **2wacher(in)** *m*(*f*) vogter; **~wachsen** *adj* bevokset, tilgroet; **~wacht** bevogtet; **2wachung** *f* bevogtning; **~waffnen** ⟨-*e*-⟩ (be)væbne (*sich* sig); **~waffnet** bevæbnet; *bis an die Zähne bewaffnet* bevæbnet til tænderne; **2waffnung** *f* bevæbning; **~wahren** (*schützen*) bevare (*vor D/*for); (*hüten*) passe på, værne om; (*Gott*) *bewahre!* (Gud) bevares!

be'währen: *sich ~* stå sin prøve, svare til forventningerne; (*wahr sein*) bekræfte sig; *es hat sich* (*gut*) *bewährt* det har vist sig at være godt

be'|wahrheiten ⟨-*e*-⟩ bekræfte (*sich* sig); **~währt** (af)prøvet, sikker, pålidelig; **2wahrung** *f* ⟨*0*⟩ bevarelse

Be'währung *f* bekræftelse; prøve; *Urteil, Strafe: auf ~* betinget dom; *ohne ~* ubetinget dom; **~sfrist** *f* JUR prøvetid; **~shilfe** *f* ⟨*0*⟩ kriminalforsorg; **~sstrafe** *f* betinget straf

be'waldet skovklædt

be'wältig|en forhindre, få bugt med; *fig* overkomme; **2ung** *f* ⟨*0*⟩ betvingelse; overkommelse

be'wandert bevandret, hjemme (i)

Be'wandtnis *f* ⟨-; -*se*⟩ betydning, sammenhæng (*n*); *eigene ~* særlig sammenhæng (*od* betydning)

be'wässer|n vande, overrisle; **2ung** *f* vanding; **2ungsanlage** *f* vandingsanlæg *n*

be'wegbar bevægelig

be'weg|en **1.** bevæge, røre (*a* *fig*); **2.** ⟨*L*⟩ (*veranlassen*) bevæge, få (til); *sich ~ lassen* lade sig overtale, give efter; **2grund** *m* bevæggrund, motiv *n*; **~lich** bevægelig; *Habe:* transportabel, flyttelig; *fig* livlig; **2lichkeit** *f* ⟨*0*⟩ bevægelighed; **~t** bevæget; urolig; **2theit** *f* ⟨*0*⟩ bevægelse, uro; **2ung** *f* bevægelse (*a* POL); SPORT motion; (*Unruhe*) uro, røre *n*; (*sich*) *in ~ setzen* sætte (sig) i bevægelse; **2ungsfreiheit** *f* ⟨*0*⟩ bevægelsesfrihed; råderum *n*; **~ungslos** ubevægelig

be'|weihräuchern ⟨-*re*⟩ *fig* skamrose; fedte for; **~weinen** begræde

Be'weis m ⟨-es; -e⟩ bevis n; **unter ~ stellen** bevise; **~aufnahme** f vidneafhøring; **2bar** bevislig; **2en** bevise; fig vise (**sich** sig); **~führung** f bevisførelse; **~grund** m bevisgrund; **~kraft** f ⟨0⟩ beviskraft; **~stück** n bevislighed, dokument n

be'wenden: es ~ lassen bei (D) lade det bero (od blive) ved ngt.; 2 n ⟨-s; 0⟩: **dabei hat es sein** ~ derved bliver det

be'werb|en: sich um etw. (A) ~ ansøge om ngt., (for)søge at få ngt.; 2er(in) m(f) ansøger; 2ung f ansøgning; 2ungsschreiben n skriftlig ansøgning

be'werfen kaste på, overdænge; Mauer pudse; **~werkstelligen** iværksætte, udføre

be'wert|en vurdere, anslå; 2ung f vurdering

be'willig|en bevilge; tillade; 2ung f (Geld) bevilling; (Erlaubnis) tilladelse

be'wirken bevirke, fremkalde

be'wirt|en ⟨-e-⟩ beværte, traktere; **~schaften** ⟨-e-⟩ bestyre, drive, forvalte; 2ung f beværtning, forplejning

be'wohn|bar beboelig; **~en** bebo; 2er(in) m(f) beboer; 2erschaft f ⟨0⟩ (alle) beboerne pl

be'wölk|en: sich ~ blive overtrukken (od skyet); **~t** overtrukken, skyet; 2ung f ⟨0⟩ skydannelse, skydække n

Be'wuchs m ⟨-es; 0⟩ bevoksning

be'wunder|er m beundrer; 2n beundre; 2nswert, 2nswürdig beundringsværdig; **~ung** f beundring

Be'wurf m puds

be'wusst ⟨-est⟩ bevidst; klar; **sich ~ sein** (G) være klar over; **soviel mir ~ ist** så vidt jeg véd; **das ~e Buch** omtalte bog; **~los** bevidstløs; **~ werden** besvime, blive bevidstløs; 2losigkeit f ⟨0⟩ bevidstløshed, afmagt; 2sein n ⟨-s; 0⟩ bevidsthed

be'zahl|bar betalbar; forfalden; **~en** betale; fig gengælde; fig **die Zeche ~ müssen** måtte betale gildet; 2er m betaler; **~t** betalt; **sich ~ machen** betale (od lønne) sig; 2ung f betaling

be'zähmen tæmme; fig styre; **sich ~** beherske sig

be'zauber|n forhekse; fig fortrylle, henrykke; **~nd** fortryllende; 2ung f fortryllelse

be'zeichn|en betegne; mærke, afmærke; **~end** betegnende; karakteristisk; **~ender'weise** typisk nok; 2ung f betegnelse; mærke n

be'zeigen (be)vise, lægge for dagen; bevidne; **~zeugen** bevidne

be'zichtig|en beskylde, anklage (G/for); 2ung f beskyldning

be'zieh|en Bett betrække, overtrække; Wohnung flytte ind i; Gehalt få, oppebære; Prügel få; Zeitung holde; Universität besøge; **mit Saiten** ~ sætte strenge på; Wetter: **sich ~** blive skyet; **sich auf** (A) **j-n** (od **etw.**) ~ referere til én (od ngt.); 2er m holder, abonnent; modtager

Be'ziehung f betrækning; indflytning; oppebærelse; (Verbindung) forbindelse; (Personen) kontakt, forhold n; (Bezugnahme) henseende n; hentydning; **~ zu j-m haben** stå i forbindelse med én, have forbindelse med én; **in ~ auf** (A) med hensyn til; 2sweise henholdsvis

be'ziffern ⟨-re⟩ nummerere; **sich ~ auf** (A) beløbe sig til

Be'zirk m ⟨-(e)s; -e⟩ område n, distrikt n, kreds

Be'zug m ⟨-(e)s; ⁓e⟩ betræk n, Bett a vår n; (Überzug) overtræk n; Haus: indflytning; Waren: levering, køb n; Zeitung: abonnement n; (Beziehung) forhold n, hensyn n, henblik n; **Bezüge** pl løn; **mit ~ auf, in ~ auf** (A) med hensyn til; med henblik på; **~ auf** (A) **nehmen** referere til ngt

be'züglich prp (G) med hensyn til, hvad angår

Be'zugnahme f bezugnahme n; **unter~ auf** (A) i henhold til, hvad ... angår

Be'zugs|person f nærstående person; **~preis** m indkøbspris; Zeitung: abonnementspris; **~quelle** f indkøbssted, leveringssted n; **~rahmen** m referenceramme; **~schein** m rationeringskort n; **~system** n referencesystem n

be'|zuschussen yde tilskud n til; **~zwecken** have til hensigt (od formål n), gå ud på; **~zweifeln** betvivle, drage i tvivl

be'zwing|en betvinge; **sich ~** beherske sig; 2er m betvinger

BGB (= **Bürgerliches Gesetzbuch**) „borgerlig lovbog"

BH m (= **Büstenhalter**) brystholder

Bibel f ⟨-; -n⟩ bibel; **~auslegung** f bibelfortolkning; **~gesellschaft** f bibelselskab n; **~spruch** m skriftsted n

Biber m bæver (a ~pelz)

Biblio|gra'fie f bibliografi; bogfortegnelse; **~'thek** f bibliotek n, bogsamling; **~the'kar(in)** m ⟨-s; -e⟩ (f) bibliotekar

biblisch bibelsk; fig **~e Geschichte** bibelhistorie

Bidet [-'de:] n ⟨-s; -s⟩ bidet n

bieder brav, hæderlig, retskaffen; 2keit f ⟨0⟩ retskaffenhed; 2mann m bedsteborger; **2meierstil** m ⟨-(e)s; 0⟩ borgerlig senempire, biedermeierstil

biegen ⟨L⟩ bøje, krumme (**nach oben** opad; **nach unten** nedad); **um die Ecke ~** dreje om hjørnet; **sich ~** bøje sig

biegsam bøjelig, smidig; **2keit** f ⟨0⟩ bøjelighed

Biegung f bøjning, krumning; Weg: drejning, sving

Biene f bi

Bienen|honig m bihonning; **~königin** f bidronning; **~korb** m bikube; **~schwarm** m bisværm; **~stich** m bistik n; Kuchen (slags) konditorkage; **~stock** m bistade; **~wachs** n bivoks; **~zucht** f biavl; **~züchter** m biavler

Bier n ⟨-(e)s; -e⟩ øl n; **ein ~!** en øl!; **beim ~ sitzen** sidde over et glas øl; **~brauerei** f ølbryggeri n; **~deckel** m ølbrik; **~dose** f øldåse; **~fass** n øltønde; **~flasche** f ølflaske; **~glas** n ølglas n; **~kasten** m ølkasse; **~krug** m ølkrus n

Biest n ⟨-(e)s; -er⟩ F bæst n

bieten ⟨L⟩ (til)byde; Hand række; **das lasse ich mir nicht ~!** det finder jeg mig ikke i!

Bi|ga'mie f bigami; **2'gott** ⟨-est⟩ bigot

Bi'kini m ⟨-s; -s⟩ bikini

Bi'|lanz f balance, status; opgørelse; **die ~** (G) **ziehen** opgøre balancen; fig gøre status (over)

Bild n ⟨-(e)s; -er⟩ billede n; (Gemälde) maleri n; (Foto) foto(grafi n) n; (Abbild) portræt n; fig **sich** (D) **ein ~ machen** gøre sig en forestilling (**von** D/om); **im ~e sein** være med, forstå, vide besked; **~archiv** n billed-, fotoarkiv n; **~band** m (Buch) billedværk n; **~bericht** m illustreret beretning

bilden ⟨-e-⟩ forme, danne; udgøre; fig danne

Bilder|buch n billedbog; billedværk n; **~galerie** f billedgalleri n; **~rahmen** m billedramme; **~rätsel** n rebus

Bild|fläche f synsfelt n; Film: lærred n; Fernsehen: skærm; fig **von der ~ verschwinden** forsvinde (fra overfladen), blive borte; **~funk** m billedtelegrafi; **2haft** ⟨-est⟩ figurlig, symbolsk; **~hauer(in)** m(f) billedhugger; **~hauerei** ['raɪ] f ⟨0⟩ billedhuggerkunst; **2hübsch** → **bildschön**; ⟨ich billedlig, figurlig; **~nis** n ⟨-ses; -se⟩ portræt n; **~röhre** f billedrør n; **2sam** modtagelig for dannelse; **~schärfe** f billedskarphed; **~schirm** m billedskærm; **~schirmschoner** m EDV screensaver; **~schnitzer** m billedskærer;

2schön dejlig, meget smuk; **~tafel** f planche; **~telegramm** n billedtelegram n; **~teppich** m vægtæppe n, gobelin (n); **~ung** f dannelse (a geistig); (Gestalt) form, skikkelse

Bildungs|anstalt f læreanstalt; **~gang** m uddannelsesforløb n; **2hungrig** videbegærlig; **2lücke** f huller pl i éns viden; **~niveau** n dannelsesniveau n; **~stufe** f dannelsestrin n

Bildwerfer m → **Projektor**

Billard ['bɪljart] n ⟨-s; -e od -s⟩ billard n; **~kugel** f (billard)bal; **~queue** [-kø] m kø; **~tisch** m billardbord n

Billett [bɪl'jet] n ⟨-s; -s⟩ billet

billig billig; (gerecht) rimelig; fig letkøbt; fig **recht und ~** ret og billigt; **~en** billige, bifalde; (einwilligen) samtykke i; **~er**-**weise** billigvis; **2flieger** m lavprisflyselskab n; **2keit** f ⟨0⟩ billighed; fig rimelighed; **2ung** f billigelse; samtykke n

Billion [-'liːo:n] f billion

bim, bam dingdang!, gonggong!

bimmeln v/i ⟨-le-⟩ F ringe, kime

Bimsstein m pimpsten

Binde f bind n (a Hygiene); MED forbinding, bandage; (Halstuch) halsbind n; slips n; **~gewebe** n bindevæv n; **~glied** n bindeled n; **~haut** f bindehinde; **~mittel** n bindemiddel n

binden ⟨L⟩ binde, knytte; Buch indbinde; Suppe legere; **sich ~** binde sig, forpligte sig; **~d** fig bindende

Binder m binder; (Krawatte) (binde)slips n

Binde|strich m bindestreg; **~wort** n ⟨-(e)s; "er⟩ bindeord n, konjunktion

Bind|faden m sejlgarn n, snor; **~ung** f (sammen)binding (a fig)

binnen prp (D od G) Zeit: inden; Ort: inden for, i; **~ kurzem** inden længe (od kort tid); **~ einer Woche** i løbet af en uge; **2hafen** m inderhavn; **2handel** m indenrigshandel; **2land** n indland n; **2markt** m indre marked n; **2meer** n indhav n; **2schifffahrt** f flodsejlads; **2see** m indsø; **2verkehr** m indenrigs trafik

Binse f siv n; fig **in die ~n gehen** gå tabt; **~nwahrheit** f selvfølgelighed, selvindlysende sandhed

Bioche'mie [bio'-] f biokemi

Bio'graf m ⟨-en⟩ biograf; **~ie** [-'fiː] f biografi; **2isch** biografisk

Bio'log|e m ⟨-n⟩ biolog; **~ie** [-'giː] f ⟨0⟩ biologi; **2isch** biologisk

Bio|müll m organisk affald n; **~top** [-'to:p] m, n ⟨-s; -e⟩ biotop

Birk|e f birk(etræ n); **~hahn** m urhane

B

Birn|baum *m* pæretræ *n*; **~e** *f* pære (*a* EL); (*Kopf*) F „pære", hoved *n*, hjerne

bis 1. *prp örtlich:* til; *zeitlich:* (ind)til; **~ Kopenhagen** til København; **~ hierher** hertil; *zeitlich:* hidtil; **~ dahin** derhen, dertil; *zeitlich:* indtil da; **~ heute, ~ jetzt** indtil nu; **~ wann?** (*Dauer*) hvor længe?; (*Frist*) hvornår?; **~ wohin?** hvorhen, hvor langt?; **von ... ~** fra ... til; **7 bis 8** syv til otte, syv-otte; **~ an** (*A*), **~ auf** (*A*), **~ in** (*A*), **~ nach** (*D*), **~ zu** (*D*) (lige) til; **~ auf** (*A*) (*Ausnahme*) undtagen, bortset fra; 2. *konj* (ind)til; førend

Bisam *m* ⟨-s⟩ moskus; **~pelz** *m* bisampels; **~ratte** *f* bisamrotte

Bischof *m* ⟨-s; ∞e⟩ biskop, bisp

bischöflich biskoppelig, bispe-

Bischofssitz *m* bispesæde *n*

bisexu'ell biseksuel

bis'her hidtil, indtil nu; **~ig** hidtidig

Biskaya [-'ka:ja⌃] *f:* Golf von ~ Biskayen

Biskuit [-'kvi:t] *n* ⟨-s; -s *od* -e⟩ biskuit

bis'lang *adv* hidtil

Bison *m* ⟨-s; -s⟩ bison(okse)

Biss *m* ⟨-es; -e⟩ bid *n*

bisschen: ein (*ganz klein*) ~ en (lille bitte) smule; **warte ein ~!** vent lidt!; **das ist ein ~ stark!** det er lidt for galt!

Bissen *m* bid, mundfuld; *fig* ein harter ~ en hård nød

bissig bidsk; *fig* skarp, F skrap; **~er Hund!** *Schild:* hunden er løs!, pas på hunden!; **&keit** *f* bidskhed

Bisswunde *f* bidesår *n*

Bistro *n* bistro

Bistum *n* ⟨-s; ∞er⟩ bispedømme *n*, stift *n*

bis'weilen undertiden, nu og da

Bittbrief *m* tiggerbrev *n*

bitte: **~!** værsågod!; (*keine Ursache!*) det var så lidt!; *erlaubend:* værs(å)god!; (*herein!*) kom ind!; *bei Frage:* undskyld!; (*seien Sie so freundlich*) vær så venlig ...; (*wie?*) hvadbehager?; (*ja, danke*) ja tak!; (*Sie wünschen?*) De ønsker?

Bitte *f* bøn, anmodning (*um A*/om); **e-e ~ an j-n haben** bede én om ngt.; **&n** ⟨*L*⟩ bede, anmode (*j-n um etw.* [*A*] én om ngt.); (*einladen*) indbyde; **ich lasse ~!** værsgo!, lad ham (*od* hende) komme ind!; **ich bitte Sie!** nej, ved De hvad!; **um Antwort wird gebeten!** svar udbedes! (= s. u.)

bitter bitter, besk; *fig* hård; **~er Ernst** ramme alvor; **~'böse** meget vred, ond, bister; **~kalt** bidende kold; **&keit** *f* bitterhed; **~lich** bitterlig, bitter; **~'süß** bittersød

Bitt|gang *m* tiggergang; procession; **~schrift** *f* bønskrift *n*; **~steller** *m* ansøger

Biwak *n* ⟨-s; -s *od* -e⟩ bivuak; **&ieren** [-'ki:-] bivuakere

bi'zarr bizar, underlig, forskruet

Bizeps *m* ⟨-[es]; -e⟩ biceps

bläh|en ['blɛ:ən] *v/i u v/t* puste op, blæse op; **sich ~** puste sig op, svulme; *fig* blære sig, være storsnudet; **&ung** *f* oppustning; **~en** *pl* vinde *pl*, tarmluft

Bla'm|age [-ʒə] *f* blamage, pinlig sag; **&ieren** blamere, latterliggøre (**sich** sig)

blank ⟨-est⟩ blank; (*leuchtend*) skinnende, klar; (*entblößt*) bar, blottet; *fig* **~ sein** være helt blank

blanko *adv* blanko; **&scheck** *m* blankocheck; **&vollmacht** *f* blankofuldmagt; „carte blanche"

Bläschen *n* blegn

Blase *f* boble; ANAT blære; (*Bläschen*) blegn; (*Fuß&, Hand&*) vable; **~balg** *m* blæsebælg

blasen ⟨*L*⟩ blæse (*a* MUS); puste

Blasen|entzündung *f* blærebetændelse; **~stein** *m* blæresten

Bläser *m* blæser; (*Glas&*) (glas)puster

bla'siert ⟨-est⟩ blaseret(e), indbildsk

blas|ig blæret; **&instrument** *n* blæseinstrument *n*; **&kapelle** *f* hornorkester *n*; **&rohr** *n* pusterør *n*

blass ⟨-ssest⟩ bleg; (*blässlich*) blegnæbbet; *Farbe:* lys, mat; **~ werden** blive bleg, blegne; F **keine blasse Ahnung haben** ikke have spor af anelse

Bläs|se *f* ⟨∅⟩ bleghed; **~shuhn** *n* blishøne

Blatt *n* ⟨-(e)s; ∞er⟩ blad *n* (*a* TECH, *Zeitung usw*); **vom ~ spielen** spille fra bladet; *fig* **kein ~ vor den Mund nehmen** tage bladet fra munden; **das wendet sich** piben får en anden lyd; **das steht auf einem anderen ~** det er en helt anden sag

blätt(e)rig bladrig, bladrig

Blattern *f/pl* kopper *pl*

blätter|n ⟨-re⟩ blade (*in D*/i); (*abblättern*) skalle; **&teig** *m* butterdeig

Blatt|gold *n* bladguld *n*; **~grün** *n* bladgrønt *n*; **~laus** *f* bladlus; **&los** bladløs

blau *adj* blå; F (*betrunken*) fuld; (*gefroren*) blåfrossen; *fig* **~es Auge** blåt øje; **grün und ~ schlagen** prygle gul og blå; **ins &e hinein** på må og få; **das &e vom Himmel herunterlügen** lyve mægtigt; **Fahrt ins &e** tur ud i det blå; **& n** ⟨-s; -⟩ blåt *n*, blå farve

blau|äugig blåøjet (*a fig*); **&beere** *f* blåbær *n*

Bläue *f* ⟨∅⟩ blå *n*, blå farve

Blau|fuchs *m* blåræv; **~helme** *m/pl* FNsoldater

bläulich blålig

Blau|licht m blålys n; *Polizei:* udrykningssignal n; **2machen** F (*nicht arbeiten*) pjække; **~säure** f ⟨0⟩ blåsyre; **~schimmelkäse** m blåskimmelost; **~strumpf** m *fig* blåstrømpe

Blazer ['ble:zɐ] m blazer

Blech n ⟨-(e)s; -e⟩ blik n; (*Schutz2*) skærm n; MUS messing n; (*Back2*) plade; F (*Unsinn*) vås n, pjat n; **~büchse** f, **~dose** f blikdåse, blikæske; **2en** F punge ud, bløde, betale; **2ern** af blik, blik...; **~musik** f hornmusik, F messingsuppe; **~schaden** m blikskade

blecken: *die Zähne* ~ vise tænder

Blei n ⟨-(e)s; -e⟩ bly n; (*Lot*) (bly)lod n

Bleibe f ⟨0⟩ opholdssted n, sted n at bo

bleiben v/i (L; sn) blive, forblive; ~ *lassen* lade være (med); *stehen* ~ (*liegen* ~, *hängen* ~) blive stående (liggende, hængende); *bei etw.* (D) ~ holde fast ved ngt.; *bei der Sache* ~ holde sig til sagen; *es bleibt dabei!* det bliver derved; **~d** blivende, varig, stadig; **~lassen** → **bleiben**

bleich bleg; **~en 1.** v/t blege; **2.** v/i (L; sn) bleges; **2sucht** f ⟨0⟩ blegsot

blei|ern af bly, bly-; (*schwer*) blytung; **~farben** blygrå; **~frei** blyfri; **2gießen** n ⟨-s; 0⟩ blysmeltning (til spådom); **~haltig** blyholdig; **2lot** n (bly)lod n; **2soldat** m tinsoldat; **2stift** m blyant; **2stift(an)spitzer** m blyantspidser; **2vergiftung** f blyforgiftning

Blend|e f ARCH blænding, blindt vindue n; FOT blænder; *Erz:* blende; **2en** ⟨-z⟩ blænde; blinde; *fig* forblinde; **~end** *fig* strålende, storartet, glimrende; **2frei** *Glas:* refleksfri; **~rahmen** m blændramme; **~schirm** m solskærm; **~schutz** m svejseskærm; **~ung** f blænding; *fig* forblindelse; **~werk** n blændværk n

Blesse f blis

Blick m ⟨-(e)s; -e⟩ blik n, gjekast n; (*Aussicht*) udsigt; (*Aufblitzen*) glimt n; *auf den ersten* ~ ved første øjekast; *Liebe auf den ersten* ~ kærlighed ved første blik; **2en** v/i se, kigge (*auf* A/på); *das lässt tief* ~ det afslører meget; *sich ~ lassen* vise sig; **2en-lassen** → **blicken**; **~fang** m blikfang n; **~feld** n synsfelt n; *sein* ~ *erweitern* udvide sin horisont; **~kontakt** m øjenkontakt; **~punkt** m øjepunkt n; focus; **~winkel** m synsvinkel

blind blind (*auf* D/på); *Scheibe:* uigennemsigtig, mat; *Spiegel:* anløben; **~er Eifer** voldsom iver; **~er Alarm** falsk alarm;

~er Passagier blind passager; **2darm** m blindtarm; **2darmentzündung** f blindtarmsbetændelse; **2e** m/f blind; **2ekuh** f ⟨0⟩: ~ *spielen* lege blindebuk

Blinden|anstalt f blindeinstitut n; **~hund** m blindehund, førerhund; **~schrift** f blindeskrift

Blind|flug m blindflyvning, instrumentflyvning; **~gänger** m blindgænger, ueksploderet granat; **~heit** f ⟨0⟩ blindhed; **~landung** f instrumentlanding; **2lings** i blinde, uoverlagt; **~schleiche** f stålorm; **2wütig** blindt rasende

blink|en v/i blinke; skinne; **2er** m (*Auto-*) blinklys n; **2feuer** n blinkfyr n; **2gerät** n blink(signal)apparat n; **2licht** n blinklys n; **2zeichen** n blinksignal n

blinzeln v/i ⟨-le⟩ blinke; misse med øjnene

Blitz m ⟨-es; -e⟩ lyn n; (*Aufblinken*) glimt n, blink n; *wie ein* ~ *aus heiterem Himmel* som et lyn fra en klar himmel; **~ableiter** m lynafleder; **2'blank** skinnende blank; **2en** v/i ⟨-t⟩ lyne; (*glänzen*) blinke, glimte; **~gerät** n FOT blitz; **~gespräch** n TEL ekspressamtale; **~krieg** m lynkrig; **~licht** n FOT blitz(lys n); **~lichtaufnahme** f blitzoptagelse; **~schlag** m lynnedslag n; **2'schnell** lynhurtig; **~schutz** m lynafleder; **~telegramm** n lyntelegram n; **~würfel** m FOT blitzterning

Block m ⟨-(e)s; =e od -s⟩ blok, klods; (*Häuser2*) (bolig)karré, (hus)blok; (*Kalender2*) (kalender)blok

Blo'ckade f blokade

Block|buchstabe m blokbogstav n; **~flöte** f blokfløjte; **2frei** *Staat:* blokfri, neutral; **~haus** n bjælkehus n, blokhus n

blo'ckieren blokere

Blockschrift f: *in* ~ med blokbogstaver

blöd|(e) fjollet; (*dumm*) idiotisk, dum; **~eln** v/i ⟨-le⟩ være fjoget, pjatte; **2heit** f åndssløvhed; **2sinn** m ⟨-(e)s; 0⟩ åndssvaghed; (*Unsinn*) vrøvl n, vanvid n; **~sinnig** åndssvag; (*albern*) tosset, fjollet

blöken v/i *Kalb:* brøle; *Schaf:* bræge

blond ⟨-est⟩ blond; **~haarig** lyshåret

Blon'dine f blondine

bloß 1. *adj* (*nackt*) bar, nøgen; (*entblößt*) blottet; *mit ~em Auge* med blotte øjne; *die ~e Erde* den bare jord; **2.** *adv* blot, kun; *was hast du ~?* hvad er der dog i vejen med dig?; ~ *nicht!* hvis bare ikke; ~ *nicht!* lad endelig være!; *sich ~ strampeln* sparke (dynen) af sig

Blöße f nøgenhed; *fig* blottelse; *sich* (D) *e-e* ~ *geben* blotte sig

bloß-|legen blotlægge; **~stellen** hænge

B

ud; *sich ~* blotte sig

blubbern v/i ‹-re› F svuppe, boble

Bluejeans ['blu:'dʒi:ns] pl cowboybukser pl, (blue) jeans

bluffen [œ] bluffe, narre

blühen v/i blomstre, trives (a fig)

Blume f blomst; *Bier:* skum n; *Wein:* buket, aroma; *fig lasst ~n sprechen!* sig det med blomster

Blumen|beet n blomsterbed n; **~erde** f blomsterjord; **~garten** m blomsterhave; **~geschäft** n blomsterforretning; **~händler** m blomsterhandler; **~handlung** f blomsterforretning; **~kasten** m blomsterkasse, altankasse; **~kohl** m blomkål; **~kübel** m blomsterbøtte; **~laden** m blomsterforretning; **~schau** f blomsterudstilling; **~stand** m blomsterkiosk, blomsterhandel; **~strauß** m (blomster)buket; **~topf** m urtepotte; **~** f vase; **~zucht** f blomster-avl; blomstergartneri n; **~zwiebel** f blomsterløg n

blumig blomsterrig, blomstrende (a fig)

Bluse f bluse; let jakke

Blut n ‹-es; 0› blod n (a fig); *fig ~ lecken* få blod på tanden; *ruhig ~ zeigen* slå koldt vand i blodet; *das liegt mir im ~* det ligger mig i blodet; **~ stillend = blutstillend**; **~alkohol** m ‹-s; 0› alkoholprocent (i blodet); **~andrang** m blodtilstrømning; **~apfelsine** f blodappelsin; **~arm** blodfattig; **~armut** f blodmangel; **~bad** n blodbad n; **~bank** f ‹-; -en› blodbank, 2befleckt blodplettet; **~buche** f blodbøg; **~druck** m ‹-(e)s; 0› blodtryk n; *erhöhter ~* forhøjet blodtryk; 2dürstig blodtørstig

Blüte f blomst; (*Blühen*) blomstring; *fig* flor n; *in ~ stehen* stå i blomst (a fig)

Blutegel m blodigle; *fig* blodsuger

bluten v/i ‹-e-› bløde; *fig er soll mir dafür ~* det skal han komme til at betale (*od* bløde) for

Blüten|lese f *fig* digtsamling, antologi; **~stand** m blomsterstand; **~staub** m blomsterstøv n, pollen

Blutentnahme f blodaftapning

blutenweiß snehvid

Blut|er(in) m ‹-s; -› (f) bløder; **~erguss** m blodansamling

Blütezeit f blomstringstid; *fig* glanstid

Blut|fleck m blodplet; **~gefäß** n blodkar n; **~gerinnsel** n blodprop; **~gerinnung** f blodstørkning; 2gierig blodtørstig; **~gruppe** f blodtype; **~hund** m blodhund (a fig); 2ig blodig; *fig* ren, fuldstændig; **~er Anfänger** ren nybegynder; 2jung purung; **~konserve** f blodkonserves;

~körperchen n blodlegeme n; **~kreislauf** m blodomløb n; **~lache** f blodpøl; 2leer blodfattig, blodløs; **~mangel** m ‹-s; 0› blodmangel; **~orange** f blodappelsin; **~plasma** n (blod)plasma n; **~probe** f blodprøve; **~rache** f blodhævn; 2reinigend blodrensende; 2rot blodrød; 2rünstig bloddryppende, blodig; **~sauger** m blodsuger; **~sbruder** m blodbroder; **~schande** f ‹0› blodskam; **~schuld** f ‹0› blodskyld; **~senkung** f blodsænkning; **~spender(in)** m(f) bloddonor; 2stillend blodstillende; **~stropfen** m blod(s)dråbe; **~sturz** m blodstyrtning; 2sverwandt blodsbeslægtet; **~tat** f mord n, bloddåd; **~transfusion** f blodtransfusion; 2triefend bloddryppende; **~übertragung** f blodoverføring, blodtransfusion; **~ung** f blødning; 2unterlaufen blodunderløben; *er hatte ~e Augen* han var helt blodskudt i øjnene; **~untersuchung** f blodundersøgelse; **~vergießen** n ‹-s; 0› blodsudgydelse; **~vergiftung** f blodforgiftning; **~verlust** m blodtab n; **~wurst** f blodpølse

BLZ f (= *Bankleitzahl*) etwa: reg. nr. (*registreringsnummer for bank*)

Bö f ‹-; -en› vindkast n, byge

Boa ['bo:a'] f ‹-; -s› boa; pels

Bob m ‹-s; -s› bobslæde; **~bahn** f bobslædebane

Bock m ‹-(e)s; ⸚e› buk; *fig (Fehler)* bommert, fejl; F *e-n ~ schießen* begå en bommert; **~ springen** springe buk; **~bier** n mørkt øl n, „påskebryg"

bock|en v/i springe i vejret, stejle; *fig* blive stædig; **~ig** stædig

Bockshorn n: *fig ins ~ jagen* spore én forkert ind

Bock|sprung m bukkespring n; **~wurst** f (en slags tyk) pølse

Boden m ‹-s; ⸚› jord(bund); *Gefäß:* bund; *Zimmer:* gulv n; *Haus:* loft n; *fig* grundlag n; *zu ~ gehen* synke til bunds; *zu ~ schlagen* slå i jorden; *~ gewinnen* vinde terræn (*od* frem)

Boden|belag m gulvbelægning; **~beschaffenheit** f ‹0› jordbund; *Gefäß:* **~fenster** n loftsvindue n; **~fläche** f gulvflade; grundareal n; **~frost** m let frost (ved jordoverfladen); **~kammer** f loftskammer n; **~kunde** f ‹0› jordbundslære; 2los ‹-est› bundløs (a fig); **~personal** n jordpersonale n; **~raum** m loftsværelse n, loftsrum n; **~reform** f jordreform; **~satz** m bundfald n, bærme; **~schätze** m/pl (naturlige) rigdomme (*od* værdier) i jorden; **~spekulation** f jordspekulation; 2ständig hjemmehørende; **~treppe** f loftstrappe; **~ventil** n bundventil

Bogen m ⟨-s; - od ⁀⟩ bue, krumning; *Waffe, Geige*: bue; *Papier*: ark n; **einen weiten ~ machen um** gå i en stor bue uden om; **~fenster** n buevindue n; **2förmig** buedannet; **~gang** m buegang; **~gewölbe** n buehvælving; **~lampe** f buelampe; **~schießen** n ⟨-s; 0⟩ bueskydning; **~schütze** f bueskytte; **~sehne** f buestreng

bogig buet

Bohle f planke

Böhm|en n ⟨-s; 0⟩ Böhmen n; **2isch** böhmisk; *fig das sind für mich ~e Dörfer* det er en by i Rusland for mig

Bohne f bønne; **grüne ~n** grønne bønner

Bohnen|kaffe m (ren) kaffe; **~stange** f bønnestage *(a fig)*; *fig langt rær n*; **~stroh** n: *fig dumm wie ~* edderdum; **~suppe** f bønnesuppe

Bohner|maschine f bonemaskine; **2n** ⟨-re⟩ bone; *frisch gebohnert!* gulvet er bonet; **~wachs** n bonevoks n

bohr|en bore; *fig plage*; **2er** m bor n; **2ge-rät** n boregrej n; **2insel** f boreplatform; **2maschine** f boremaskine; **2turm** m boretårn n; **2ung** f boring

böig byget, blæsende

Boiler m varmtvandsbeholder

Boje f bøje

bolivi|anisch [-'vĭa:-] boliviansk; **2ien** [-'li:vĭən] n ⟨-s; 0⟩ Bolivien n

Böller m salutkanon

Bollwerk n bolværk n *(a fig)*; *fig* værn n

Bolsche'w|ismus m ⟨-; 0⟩ bolsjevisme; **2istisch** bolsjevistisk

Bolzen m bolt; kile

Bombar|dement [-'mã:] n ⟨-s; -s⟩ bombardement n; **2'dieren** bombardere *(a fig)*; bombe

bom'bastisch svulstig, opstyltet

Bombe f bombe

Bomben|abwurf m bombenedkastning; **~angriff** m bombeangreb n; **~anschlag** m bombeattentat n; **~drohung** f bombetrussel; **~er'folg** m F kæmpesucces; **2fest** bombefast; **~flugzeug** n bombefly n; **~geschäft** n F glimrende *(od fin)* forretning; **2sicher** bombesikker; **~splitter** m bombesplint; **~stimmung** f ⟨0⟩ F fantastisk stemning; **~trichter** m bombekrater n; **~ziel** n bombemål n

Bomber m bombefly n; **~jacke** f flyverjakke

bombig F vældig flot

Bon [bɔŋ] m ⟨-s; -s⟩ kvittering, rabat-

mærke n, kupon, bon

Bonbon [bɔŋ'bɔŋ] m (n) ⟨-s; -s⟩ bolsje n

Bonze m ⟨-n⟩ POL pamper

Boom [buːm] m ⟨-s; -s⟩ boom n

Boot n ⟨-(e)s; -e⟩ båd

Boots|haken m bådshage; **~haus** n bådehus n; **~mann** m ⟨-(e)s; *Bootsleute*⟩ bådsmand; **~rennen** n kapsejlads; **~steg** m bådebro; **~verleih** m, **~vermietung** f udlejning af både

Bord 1. m ⟨-(e)s; -e⟩ *(Rand)* rand, kant; ræling; **an ~** om bord; **über ~ werfen** kaste over bord *(a fig)*; **von ~ gehen** gå fra borde; **2.** n ⟨-(e)s; -e⟩ hylde, reol

Bor'dell n ⟨-s; -e⟩ bordel n

Bord|funker m radiotelegrafist; **~kapelle** f skibsorkester n; **~karte** f boardingpas n; **~stein** m kantsten; **~wand** f skibsside

borgen låne

Borke f bark; skal, skorpe

bor'niert ⟨-est⟩ bornert, indskrænket; **2heit** f ⟨0⟩ indskrænkethed

Borsalbe f ⟨0⟩ borvaselin

Börse f børs; *(Geldbeutel)* pung; **~nkurse** m/pl børsnoteringer pl; **~nmakler** m børsmægler; vekselerer

Borst|e f børste; F hår n; **2ig** børsteagtig; *(Haar)* strid; *fig* grov, stridbar

Borte f bort, kant

Borwasser n ⟨-s; 0⟩ borvand n

bös|(e) *(schlecht)* ond, slem; *(zürnend)* vred, arrig; *(gefährlich)* farlig; **~e auf j-n sein, j-m ~e sein** være vred på én; **es ist nicht ~ gemeint** det er ikke ondt ment **~artig** ond(skabsfuld), slem; MED ondartet

Böschung f skrænt, skråning; (nedkørsels)rampe

Böse|(s) n onde n; **~s beabsichtigen** have ondt i sinde; **~ewicht** m ⟨-(e)s; -er⟩ skurk

bos|haft ⟨-est⟩ ond(skabsfuld), skadefro; **2heit** f ondskab(sfuldhed)

böswillig ond(skabsfuld); **2keit** f ondskab

Bo'tan|ik f ⟨0⟩ botanik; **2isch** botanisk; **~er Garten** botanisk have

Bote m ⟨-n⟩ bud n; sendebud n; **~ngang** m ærinde n; **~nlohn** m budpenge, postpenge pl

botmäßig (D) undergiven

Botschaft f budskab n; *Behörde*: ambassade; **~er(in)** m(f) ambassadør, gesandt; **~srat** m ⟨-(e)s; ⁀e⟩ ambassaderåd

Böttcher m bødker

Bottich m ⟨-(e)s; -e⟩ kar n

Bouillon [bul'jɔŋ] f ⟨-; -s⟩ bouillon, kraftsuppe; **~würfel** m bouillonterning

Boulevard [buːlə'vaːʀ] m ⟨-s; -s⟩ boule-

B

vard; ~**zeitung** f boulevardavis
Bowdenzug ['baudən-] m kabel n
Bowle [bo:-] f punch(ebolle)
Bowling ['bo:ü-] n ⟨-s; ∅⟩ bowling
Box f ⟨-; -en⟩ boks; (*Stall*) bås
box|en ⟨-t⟩ bokse; 2**er(in)** m(f) bokser (a
 Hunderasse); 2**ershorts** [-'ʃɔːɐts] f/pl
 boksershorts f/pl; 2**handschuh** m bokse-
 handske; 2**kampf** m boksekamp; 2**sport**
 m boksesport
Boy [bɔy] m ⟨-s; -s⟩ pikkolo; boy
Boy'ko|tt [bɔy-] m ⟨-s; -e⟩ boykot; 2t'tie-
 ren boykotte
brach [a:] brak; *fig* ubenyttet; 2e f brak-
 mark
Brachialgewalt [bra·'xïa:l-] f ⟨∅⟩ rå-
 styrke; (rå) vold
Brach|land n brakmark; 2**liegen** ligge
 brak (a *fig*)
brack|ig brak, saltholdig; 2**wasser** n ⟨-s; -⟩
 brakvand n
Bramsegel n bramsejl n
Branche ['brãʃə] f branche, fag n;
 ~**nkenntnis** f branchekendskab n; ~**nver-
 zeichnis** n (*Telefonbuch*) fagbog
Brand m ⟨-(e)s; ∺e⟩ (ilde)brand; *Ziegel*:
 brænding; MED koldbrand; *fig* glød; **in
 ~ stecken** sætte ild på; **in ~ geraten**
 bryde i brand; **den ~ löschen** slukke ilden
Brand|blase f brandvable; ~**bombe** f
 brandbombe; ~**eisen** n brændejern n
branden v/i ⟨-e-⟩ skumme, bruse, være i
 oprør
Brand|fackel f brandfakkel; ~**fleck** m
 brandplet; ~**herd** m brandsted n; ~**kasse**
 f brandforsikringsselskab n; ~**mal** n
 ⟨-(e)s; -e⟩ brændemærke (a *fig*); 2**marken**
 brændemærke (a *fig*); ~**mauer** f brand-
 mur; 2'**neu** splinterny; ~**rede** f brandtale,
 ophidsende tale; ~**rodung** f svedebrug n;
 ~**salbe** f brandsalve; 2**schatzen** ⟨-t⟩
 brandskatte; ~**stifter** m brandstifter;
 ~**stiftung** f brandstiftelse; ildspåsættelse
Brandung f brænding
Brandwunde f brandsår n
Branntwein m brændevin; ~**brennerei** f
 brændevinsbrænderi n
Brasil|ianer(in) m(f) [-'lïa:-] m(f) brasilianer;
 2**ianisch** brasiliansk; ~**ien** n [-'zi:lïən]
 Brasilien n
Bratapfel m stegt æble n
braten v/t u v/i ⟨L⟩ stege, grillere, riste; 2
 m steg; *fig* **den ~ riechen** lugte lunten;
 2**saft** m sky, kødsaft; 2**soße** f skysovs;
 2**wender** m paletkniv
Brat|fisch m stegt fisk; ~**hähnchen** n

(stegt) kylling; ~**hering** m stegt sild; ~**kartoffeln** pl brasekartofler pl; ~**ofen** m ste-
 geovn; ~**pfanne** f stegepande, bradepande; ~**rost** m stegerist
Bratsche [a:] f bratsch
Brat|spieß m stegespid n; ~**wurst** f medi-
 sterpølse
Brauch m ⟨-(e)s; ∺e⟩ brug (n), skik; 2**bar**
 brugbar, brugelig; ~**barkeit** f ⟨∅⟩ brug-
 barhed, anvendelighed; 2**en** (*benötigen*)
 behøve, trænge til, have brug for; (*benutzen*) bruge, benytte; **der Zug braucht
 zwei Stunden** det tager to timer med
 tog; **Sie ~ es nur zu sagen** De behøver
 bare at sige det; ~ **Sie das?** behøver De
 het?; ~**tum** n ⟨-s; ∅⟩ skikke pl, hvad der er
 skik og brug
Braue f øjenbryn n
brau|en brygge; 2**er** m brygger; 2**e'rei** f,
 2**haus** n bryggeri n; 2**meister** m brygmester
braun brun; *Haut*: solbrændt; ~**e Butter**
 brunet smør; ~ **gebrannt** solbrændt; ~**äugig** brunøjet
Bräune f ⟨∅⟩ brunhed; *Haut*: brun teint;
 MED angina
bräunen brune, farve brun; **sich ~** brunes,
 blive brun; *Haut*: blive solbrændt
braungebrannt → **braun**
Braunkohle f brunkul n
bräun|lich brunlig; 2**ungsstudio** n solari-
 um n
Brause f bruse; (*Getränk*) sodavand (n);
 (*Bad*) brusebad n; ~**bad** n brusebad n;
 ~**kopf** m brushoved n; 2**n** ⟨-t⟩ bruse; (*baden*) tage brusebad; ~**pulver** n bruspulver
 n
Braut f ⟨-; ∺e⟩ kæreste, den forlovede; *am
 Hochzeitstag*: brud; 2**führer** m forlover;
 ~**geschenk** n brudegave
Bräutigam m ⟨-s; -e⟩ kæreste, den forlovede; *am Hochzeitstag*: brudgom
Braut|jungfer f brudepige; ~**kleid** n bru-
 dekjole; ~**leute** pl, ~**paar** n brudepar n;
 ~**schau** f ⟨∅⟩: **auf ~ gehen** gå på frieri
 (*od* F frierfødder); ~**schleier** m brudeslør
 n; ~**werbung** f frieri n
brav [-a:f] brav, hæderlig; (*tapfer*) modig;
 Kind: **sei...!** vær sød (*od* artig); 2**heit** f ⟨∅⟩
 bravhed; tapperhed; artighed
bravo! [-v-] bravo!, godt!
Bravour [-'vu:ɐ] f: **mit ~** med bravur
BRD (= *Bundesrepublik Deutschland*)
 Den tyske Forbundsrepublik
Brech|bohnen f/pl grønne bønner;
 ~**durchfall** m kolerine; ~**eisen** n brækk-
 jern n

brechen ⟨L⟩ **1.** brække, knække; PHYS bryde; *das Schweigen* ~ bryde tavsheden; *Bahn* ~ bane vej; *fig das bricht ihm den Hals* det knækker halsen på ham; *gebrochenes Deutsch* gebrokkent (*od* dårligt) tysk; **2.** v/i ⟨*sn*⟩ knække, brække, gå itu; (*haben*) MED kaste op; *mit j-m* ~ bryde med én; **3.** *sich* ~ brydes; *sich ein Bein (e-n Arm)* ~ brække sig benet (armen)

Brech|er *m* ⟨L⟩ bretoner; **2isch** bretonsk

Brech|er *m* (*Welle*) brændingsbølge; ~**mittel** *n* brækmiddel *n*; ~**reiz** *m* opkastningsfornemmelse; ~**stange** *f* brækjern; ~**ung** *f* brydning

Brei *m* ⟨-(e)s; -e⟩ (*Grütze*) grød, vælling; (*Mus*) mos; (*flüssige Masse*) blød (*od* grødagtig) masse, dynd *n*, pløre *n*; **2ig** grødagtig, tykflydende; *fig* grødet

breit ⟨-*est*⟩ bred; *fig* vidtløftig; *weit und* ~ vidt og bredt; ~ *treten* trampe flad; *fig.* → **breittreten**; **2bandkabel** *n* bredbånd; ~**beinig** skrævende; *fig* vigtig; **2e** *f* bredde; breddegrad; ~**en** ⟨-*e*-⟩ brede, sprede

Breiten|grad *m* breddegrad; ...**sport** *m* almen idræt; ~**wirkung** *f* ⟨*0*⟩: ~ *haben* nå ud til mange mennesker

breit-machen: *sich* ~ gøre sig vigtig; vinde terræn

breit·schlagen *fig* gøre mør, overtale; ~**schultrig** bredskuldret; **2seite** *f* bredside (*a fig*); ~**treten** *fig* tvære ud; **2wand** *f* wide-screen; **2wandfilm** *m* wide screen-film

Brems|belag *m* bremsebelægning; ~**e** *f* bremse (*a* zo); **2en** ⟨-*t*⟩ bremse (op); *fig* bremse for, stoppe; ~**flüssigkeit** *f* bremsevædske; ~**hebel** *m* bremsearm; ~**klotz** *m* bremseklods; ~**kraft** *f*, ~**leistung** *f* bremseevne; ~**licht** *n* stoplys *n*; ~**spur** *f* bremsespor *n*; ~**trommel** *f* bremsetromle; ~**vorrichtung** *f* bremse(apparat *n*); ~**weg** *m* bremselængde, bremsespor *n*

brenn|bar brændbar; **2barkeit** *f* ⟨*0*⟩ brændbarhed; **2dauer** *f* brændetid; **2eisen** *n* brændejern *n*

brennen v/t *a* v/i ⟨*L*⟩ brænde; *Lampe:* lyse; *fig vor Verlangen* ~ brænde af længsel; *es brennt!* det brænder!; *Spiel:* tampen brænder!; ~**d** brændende (*a fig*)

Brenn|er *m* brænder; ~**e'rei** *f* brænderi *n*

Brenn|glas *n* brændglas *n*; ~**holz** *n* ⟨-*es*; *0*⟩ brænde *n*, brændsel *n*); ~**nessel** *f* ⟨-; -*n*⟩ brændenælde; ~**ofen** *m* brændeovn (*a f. Keramik*); ~**punkt** *m* brændpunkt *n* (*a fig*); ~**schere** *f* krøllejern; ~**spiritus** *m* brændesprit; ~**stoff** *m* brændstof *n*,

brændsel *n*; benzin; ~**stoffverbrauch** *m* benzin-, olie-forbrug *n* (*usw*); ~**weite** *f* brændvidde; ~**wert** *m* brændværdi

brenzlig sveden; *fig* kilden

Bresche *f* breche; hul *n*; *fig* **e-e** ~ *schlagen* slå en breche for; *in die* ~ *springen* træde in i brechen for

Bre'ton|e *m* ⟨-*n*⟩ bretoner; **2isch** bretonsk

Brett *n* ⟨-(e)s; -er⟩ bræt *n*, planke; *pl* brædder *pl*; (*Anschlag2*) tavle; (*Bücher2*) hylde; ~**er** *pl* (*Bühne*) scene; *das Schwarze* ~ opslagstavlen; *fig ein* ~ *vor dem Kopf haben* være indskrænket (*od* tykhovedet)

Bretter|bude *f* bræddeskur *n*; ~**verschlag** *m* bræddeskur *n*; (brædde)skillerum *n*; ~**wand** *f* bræddevæg, plankeværk *n*; ~**zaun** *m* plankeværk *n*

Brettspiel *n* brætspil *n*

Bre'vier [-v-] *n* ⟨-*s*; -*e*⟩ bønnebog, breviar *n*

Bridge [brɪdʒ] *n* ⟨-; *0*⟩ bridge

Brief *m* ⟨-(e)s; -e⟩ brev *n* (*an A*/til); ~**e mit j-m wechseln** brevveksle med én; ~**beschwerer** *m* brevpresser; ~**bogen** *m* ark *n* brevpapir; ~**einwurf** *m* brevsprække; ~**freund(in)** *m(f)* pennevén; ~**geheimnis** *n* ⟨-*ses*; *0*⟩ brevhemmelighed; ~**kasten** *m* postkasse; ~**kastenfirma** *f* ÖKON skuffeselskab *n*; ~**kopf** *m* hoved *n* (på et brev); **2lich** skriftlig, pr. brev; ~**marke** *f* frimærke *n*

Briefmarken|album *n* frimærkealbum *n*; ~**automat** *m* frimærkeautomat *n*; ~**sammler(in)** *m(f)* frimærkesamler; ~**sammlung** *f* frimærkesamling

Brief|öffner *m* brevåbner, papirkniv; ~**ordner** *m* brevordner; ~**papier** *n* ⟨-*s*; *0*⟩ brevpapir, skrivepapir *n*; ~**porto** *n* brevporto; ~**post** *f* brevpost; ~**schreiber** *m* brevskriver; ~**stil** *m* brevstil; ~**tasche** *f* tegnebog; ~**taube** *f* brevdue; ~**telegramm** *n* telegram *n* der udbringes som brev; ~**träger(in)** *m(f)* postbud *n*; ~**umschlag** *m* konvolut; ~**wechsel** *m*, ~**verkehr** *m* brevveksling, korrespondance; ~**waage** *f* brevvægt; ~**wahl** *f* brevstemme; ~**zustellung** *f* brevombæring

Bri'gade *f* brigade

Brigadier [-'die:] *m* ⟨-*s*; -*s*⟩ brigadier, leder af arbejdsbrigade

Bri'kett *n* ⟨-*s*; -*s*⟩ briket

brillant [brɪ'ljant] brillant; **2** *m* ⟨-*en*⟩ brillant

Brille *f* (et par) briller *pl*; WC: sæde *n*; **e-e** ~ *tragen* gå med briller

Brillen|fassung f brillestel n; ~futteral n brillefoderal n; ~gestell n brillestel n; ~glas n brilleglas n; ~schlange f brilleslange; ~träger m person, som bruger briller pl

Brim'borium n ⟨-s; 0⟩ F snak, ståhej (n)

bringen ⟨L⟩ bringe; (führen) føre; (ein~) give, indbringe; (mit~) medføre, skaffe, tage med; (vorsetzen) komme med, servere; fig es weit ~ bringe det vidt; es nicht übers Herz ~ ikke få (od bringe) det over sit hjerte; j-n um etw. (A) ~ berøve én ngt.; j-n auf e-n Gedanken ~ give én en idé; in Erfahrung ~ erfare, bringe i erfaring; an den Tag ~ bringe for dagen; zur Ruhe ~ berolige; unter Dach und Fach ~ fig bringe i hus; zu Fall ~ få til at falde; POL vrage; zu Bett ~ lægge i seng; Kinder zur Welt ~ føde

bri'sant ⟨-est⟩ højeksplosiv, brisant

Brise f brise, let vind

britisch britisk

bröck|(e)lig smuldrende, skør; ~eln ⟨-le⟩ smuldre

Brocken m smule, stump; 2weise i småbidder

brodeln v/i ⟨h⟩ koge, boble, syde

Broiler m grillkylling

Bro'kat m ⟨-(e)s; -e⟩ brokade

Brom [o:] n ⟨-s; 0⟩ brom n

Brombeer|e [ɔ] f brombær n; ~strauch m brombærbusk

Bronchitis [-'çi:-] f ⟨0⟩ bronkitis

Bronz|e ['brɔŋsə] f bronce; bronceting, broncestatue; 2en adj af bronce; ~ezeit f ⟨0⟩ broncealder; 2ieren [-'zi:-] broncere

Brosame f brødkrumme

Brosche f broche (od brosje)

bro'sch|iert hæftet, i papirbind; 2üre f brochure, pjece; (Touristik) folder

Brot n ⟨-(e)s; -e⟩ brød n; (stykke n) smørrebrød n; fig levebrød n; ~aufstrich m ngt. (til) at smøre på brødet; pålæg n; ~beutel m brødpose

Brötchen [ø:] n rundstykke n; belegtes ~ rundstykke n (od franskbrød n) med pålæg

Brot|erwerb m levebrød n; ~getreide n brødkorn n; ~herr m arbejdsgiver; ~korb m brødkurv; ~krume f brødkrumme; ~kruste f brødskorpe; ~laib m helt brød n; 2los brødløs; ~messer n brødkniv; ~neid m brødnid n; ~rinde f brødskorpe; ~röster m brødrist(er); ~(schneide)maschine f brødmaskine; ~schnitte f skive brød, rundtenom; ~suppe f øllebrød,

brødsuppe; ~teig m brøddej; ~verdiener m én, der tjener til familiens underhold; F skaffedyr n

Bruch 1. m ⟨-(e)s; ¨e⟩ brud n, knæk n; (Spalte) revne; (Zahl) brøk; MED brok; fig bras n, skidt n; fig in die Brüche gehen gå i stykker, ikke blive til ngt.; 2. m (n) ⟨-(e)s; ¨e⟩ sump, mose, delta n; ~band n brokbind n; ~bude f F (Haus) rønne; (Zimmer) hul n; ~fläche f brudflade

brüchig revnet, sprukken; skør, skrøbelig

Bruch|landung f havarilanding; ~rechnung f ⟨0⟩ brøkregning; ~strich m brøkstreg; ~stück n brudstykke n, fragment n; ~teil m brøkdel; ~zahl f brøktal n

Brücke f bro (a Kommando); fig forbindelse; (Teppich) løber; fig alle ~n hinter sich abbrechen bryde alle broer (af) bag sig

Brücken|bau m brobygning; ~bogen m brobue; ~klappe f broklap; ~kopf m brohoved n; ~pfeiler m bropille; ~waage f decimalvægt; ~zoll m bropenge pl

Bruder m ⟨-s; ¨⟩ bro(de)r; (Genosse) fyr; lustiger ~ sjov fyr; V warmer ~ bøsse

Brüder|chen n lillebror; 2lich broderlig; fig kærlig; ~lichkeit f ⟨0⟩ brodersind n, broderskab n; ~schaft f broderskab n; ~ trinken drikke dus

Brüh|e f bouillon, kødsuppe; 2en skolde, koge; 2'heiß skoldhed, brændende varm; 2'warm brandvarm; fig Nachricht: frisk, splinterny; ~würfel m bouillonterning

brüllen brøle, vræle; (weinen) F tude

Brumm|bär m bamse; fig gnavpotte; 2en brumme, knurre; (singen) nynne; F (im Gefängnis) sidde in brummen (od i spjældet); ~er m MUS brumbasse; zo spyflue; F (Lastwagen) langtursvogn; 2ig gnaven; ~kreisel m snurretop; ~schädel m F tømmermænd pl

Brü'nette f brunette

Brunft f ⟨-; ¨e⟩ brunst; brunsttid; 2ig brunstig

Brunnen m brønd, kilde; (Springbrunnen) springvand n, fontæne; (Getränk) mineralvand n; ~kresse f brøndkarse; ~vergiftung f fig: ~ betreiben så mistillid

Brunst f ⟨-; ¨e⟩ brynde; brunst

brünstig brunstig; hed, sanselig

brüsk ⟨-est⟩ brysk, grov; ~ieren [-'ki:-] fornærme

Brüssel n Bruxelles n

Brust f ⟨-; ¨e⟩ bryst n; barm; (Tier2) bringe; fig sich in die ~ werfen bryste sig; F blære sig; ~bild n brystbillede n; ~drüse f brystkirtel brüsten ⟨-e-⟩: *sich* ~ bryste sig, prale

Brust|fell *n* brysthinde; ~flosse *f* bryst-
finne; ~korb *m* brystkasse; ~krebs *m*
brystkræft; ~schwimmen *n* brystsvøm-
ning; ~stück *n* bryststykke *n*; ~tasche *f*
brystlomme; ~ton *m* brysttone; *im ~
der Überzeugung* med overbevisning-
ens styrke; ~umfang *m* brystvidde,
brystmål *n*

Brüstung *f* brystværn *n*

Brust|warze *f* brystvorte; ~wehr *f* bryst-
værn *n*; ~weite *f* brystmål *n*

Brut *f* yngel; *Vogel*: udrugning, kuld *n*; *Fische*: udklækning, yngel

bru'tal brutal; 2l'tät *f* brutalitet

Brut|anstalt *f* udrugningsanstalt; ~appa-
rat *m* rugemaskine; ~ei *n* rugeæg, ligge-
æg *n*

brüten *v/i* ⟨-e-⟩ ruge (*a fig*); ligge på æg;
Sonne: bage

Brut|henne *f* liggehøne, rugehøne; ~hitze
f rugevarme; *Sonne*: bagende varme;
~kasten *m* MED kuvøse; ~schrank *m* rugemaskine; ~stätte *f* rugeplads; *fig* arnested *n*

brutto *adv* brutto, alt ialt; 2einkommen *n*
bruttoindkomst; 2ertrag *m* bruttoind-
tægt; 2gewicht *n* bruttovægt; 2gewinn
m bruttofortjeneste; 2sozialprodukt *n*
bruttonationalprodukt *n*

Brutzeit *f* yngletid

brutzeln *v/t u v/i* ⟨-le⟩ F stege

Bube *m* ⟨-n⟩ dreng; (*Schurke*) knægt, fyr,
slyngel; *Karten*: knægt; ~nstreich *m*
drengestreg, skurkestreg

Bubikopf *m* pagehår, drengehår *n*

Buch [u:] *n* ⟨-(e)s⟩ ~er⟩ bog; ~ führen føre
bog; ~besprechung *f* boganmeldelse;
~binder *m* bogbinder; ~binde'rei *f* bog-
binderi *n*; ~deckel *m* bogbind *n*; ~druck
m ⟨-(e)s; 0⟩ bogtryk *n*; ~drucke'rei *f* bog-
trykkeri *n*

Buch|e [u:] *f* bøg(etræ *n*); ~ecker *f* olden

Bucheinband *m* bogbind *n*, bogindbin-
ding

buchen [u:] bogføre, notere; *Flug, Reise*
booke, bestille, reservere

Bücher|abschluss *m* ÖKON (bog)opgø-
relse; ~bord, ~brett *n* boghylde

Büche'rei *f* bibliotek *n*

Bücher|freund *m* bogven, bogelsker;
~kunde *f* ⟨0⟩ bogkundskab (*n*); ~markt
m ⟨-(e)s; 0⟩ bogmarked *n*; ~narr *m* bog-
menneske *n*; læsehest; ~regal *n* bogreol
n; ~revisor *m* revisor; ~schrank *m* bogskab
n; ~stütze *f* bogstøtte; ~verzeichnis *n*
bogfortegnelse, katalog (*n*); ~wurm *m*

fig bogorm

Buchfink *m* bogfinke

Buch|führung *f* → *Buchhaltung*; ~ge-
meinschaft *f* bogklub; ~halter(in) *m(f)*
bogholder; ~haltung *f* bogføring, bogholderi *n*, regnskab(sføring) *n*; ~handel
m boghandel; ~händler *m* boghandler;
~handlung *f* boghandel, boglade

Büchlein *n* lille bog, pjece

Buch|macher(in) *m(f)* bookmaker;
~messe *f* bogmesse; ~prüfer(in) *m(f)* revisor; ~prüfung *f* revision

Buchsbaum [ks] *m* buksbom

Buchse [-ksə] *f* (tilslutnings)stik *n*

Büchse *f* [-ksə] dåse, bøsse, æske; (*Flinte*)
bøsse, riffel

Büchsen|fleisch *n* dåsekød *n*, kødkonser-
ves *pl*; ~milch *f* dåsemælk, kondenseret
mælk; ~öffner *m* dåseåbner

Buchstab|e *m* ⟨-ns od -n; -n⟩ bogstav *n*;
TYP type; *nach dem ~n* efter bogstaven;
~enfolge *f* alfabetisk rækkefølge; 2ieren
[-'bi:-] stave

buch|stäblich bogstavelig, nøjagtig; *adv
fig* bogstaveligt, i bogstavelig forstand;
2stütze *f* → *Bücherstütze*

Bucht *f* ⟨-; -en⟩ bugt, vig

Buch|titel *m* bogtitel; ~umschlag *m* bog-
omslag *n*

Buchung *f* bogføring; (*Reservierung*)
booking, reservation; ~sgebühr *f* gebyr
n for kontoføring, bankgebyr *n*

Buch|verleih *m* bogudlån *n*, lejebibliotek
n; ~versand *m* bogforsendelse

Buchweizen *m* boghvede

Buch|wert *m* ÖKON bogført værdi; ~zei-
chen *n* bogmærke *n*

Buckel *m* pukkel; F ryg; F *rutsch mir den
~ runter!* gå hjem og vug!, du kan rende
og hoppe!; *e-n ~ machen* skyde ryg; 2lig
pukkelrygget

bücken: *sich* ~ bukke sig, bøje sig

Bückling[1] *m* ⟨-s; -e⟩ (*Fisch*) røget sild

Bückling[2] *m* ⟨-s; -e⟩ (*Verbeugung*) buk *n*

buddeln *v/i* ⟨-le⟩ grave, rode

Bude *f* bod; skur *n*; F (*Zimmer*) værelse *n*,
hummer *n*, hybel

Budget [by'dʒe:] *n* ⟨-s; -s⟩ budget *n*

Büfett [by'fe:] *n* ⟨-(e)s; -s⟩ buffet; *kaltes ~*
koldt bord *n*

Büff|el *m* bøffel; ~e'lei *f* F terperi *n*, slid *n*;
2eln ⟨-le⟩ F slide, terpe; ~ler *m* F slider,
læsehest

Bug *m* ⟨-(e)s; -e⟩ bov (*a beim Tier*); NAUT
forstævn, bov

Bügel *m* bøjle; ~brett *n* strygebræt *n*; ~ei-
sen *n* strygejern *n*; ~falte *f* pressefold;

2frei strygefri; **2n** ⟨-le⟩ presse; *Wäsche* stryge

bug|'sieren bugsere; **2spriet** n ⟨-(e)s; -e⟩ NAUT bovspryd n; **2welle** f bovbølge

buhl|en v/i bejle (*um* A/til), smigre sig ind (hos); **2er(in)** m(f) elsker, elskerinde

Buhmann m F bussemand

Buhne f høfde

Bühne f skueplads, scene, teater n; (*Tribüne*) stillads n, tribune; *fig über die ~ gehen* opføres; gennemføres, afvikles

Bühnen|bild n sceneri n; teaterdekorationer pl; **~bildner** m dekorationsmaler; **~dichter** m skuespilforfatter, dramatiker; **~sprache** f mønsterudtale, "rigstysk" n; **~stück** n THEA teaterstykke n; **~technik** f sceneteknik

Bu'kett n ⟨-(e)s; -s⟩ buket

Bu'lette f GASTR frikadelle

Bul'gar|e m ⟨-n⟩, **~in** f bulgarer; **~ien** [-riən] n Bulgarien; **2isch** bulgarsk

Bull|auge n køøje n; **~dogge** f buldog; **~dozer** [-do:zər] m bulldozer

Bulle m ⟨-n⟩ tyr; F (*Polizist*) strisser

Bulle f HIST (*Urkunde*) bulle

Bullenhitze f F stegende varme

bum! bum!, knald!, bang!

Bumerang m ⟨-s; -e od -s⟩ boomerang (*a fig*)

Bummel m strøgtur, spadseretur; gå i byen; **~ei** [-'laı] f driveri n, sløseri n; **2ig** uordentlig; driveragtig; **2n** ⟨-le⟩ slentre, drive om(kring); **~streik** m arbejdslangsom-aktion; **~zug** m bumletog n

Bummler m drivert

bums! bums!, gong!

bumsen ⟨-t⟩ bumpe; V knæppe

Bund 1. m ⟨-(e)s; ≈e⟩ forbund n, sammenslutning; *band* n; *Kleidung:* linning; → *a Bundeswehr; e-n ~ schließen* slutte et forbund; *im ~e mit j-m* i forening med én; **2.** n ⟨-(e)s; -e⟩ bundt n, knippe n

Bündel n bundt n, knippe n; (*Päckchen*) bylt; *sein ~ schnüren* snøre sin ransel; **2n** ⟨-le⟩ bundte; **2weise** bundtvis, i bundter

Bundes|anstalt f forbundsinstitution; **~bahn** f HIST: *Deutsche ~* Tyske statsbaner; **2eigen** forbundsejet, statsejet; **~genosse** m forbundsfælle; **2ge'richtshof** m højesteret; **~'grenzschutz** m grænse(beskyttelses)korps n, grænsepoliti n; **~haus** n forbundsdagsbygning; **~kanzler** m forbundskansler, statsminister; **~land** n delstat; **~liga** f første division; **~post** f HIST tysk postvæsen n; **~präsident** m forbundspræsident; **~rat** m forbundsråd n;

~regierung f forbundsregering; **~republik** f forbundsrepublik; **~staat** m forbundsstat, delstat; **~straße** f hovedvej; **~tag** m forbundsdag, det tyske parlament; **~ver'fassungsgericht** n den tyske forfatningsdomstol; **~wehr** f forbundsværn n, det tyske militær

bünd|ig tvingende, overbevisende; *kurz und ~* kort og klart; **2nis** n ⟨-ses; -se⟩ forbund n, pagt

Bungalow ['buŋgɑ'lo:] m ⟨-s; -s⟩ bungalow

Bunker m bunker; kulrum n; **2n** ⟨-re⟩ indtage kul, bunkre

Bunsenbrenner m bunsenbrænder

bunt ⟨-est⟩ broget, spraglet (*a fig*); *Bild:* kulørt, farvelagt; *fig ~e Reihe* skiftevis herre og dame; *es sieht ~ aus* det ser broget ud, det ser ud til allehånde; **2druck** m ⟨-(e)s; -e⟩ farvetryk n

bunt|gefleckt spraglet; **~gestreift** med kulørte striber pl

Bunt|heit f ⟨0⟩ brogethed; farverigdom; **~metall** n ikke-jern-metal n; **~papier** n glanspapir n; **2scheckig** broget, spraglet; **~stift** m farveblyant, kulørt blyant; **~wäsche** f *Waschmaschine:* finvask

Bürde f byrde

Burg f borg

Bürg|e m ⟨-n⟩, **~in** f kautionist; **2en** v/i borge, indestå (*für* A/for); kautionere

Bürger|(in) m(f) borger(inde); **~initiative** f græsrodsbevægelse; **~krieg** m borgerkrig; **2lich** borgerlig; **2es Gesetzbuch** borgerlig lovbog, civilret; **~meister(in)** m(f) borgmester; **~recht** n borgerret; **~rechtler** m borgerretsforkæmper; **~schaft** f borgerne pl, borgerstand; POL borgerrepræsentation, byråd n; **~schreck** m ⟨-s; 0⟩ borgerskræk; **~sinn** m ⟨-(e)s; 0⟩ borgersind n; **~steig** m fortov n; **~tum** n ⟨-s; 0⟩ borgerskab n; **~wehr** f borgerværn

Burgfriede m fig POL borgfred

Bürgschaft f sikkerhed, garanti, kaution; *~ leisten* stille kaution, kautionere (*für* A/for)

Bur'gund n Bourgogne n

bur'lesk ⟨-est⟩ burlesk

Bü'ro n ⟨-s; -s⟩ bureau n, kontor n; **~angestellte** f kontordame, kontorassistent; **~angestellte(r)** m kontorassistent; **~artikel** m kontorartikel; **~bedarf** m kontorartikler pl; **~gehilfe** m, **~gehilfin** f kontorhjælp; **~klammer** f klips; **~kraft** f kontorhjælp

Büro|'krat m ⟨-en⟩ bureaukrat; **~kra'tie** f bureaukrati n; **2'kratisch** bureaukratisk

Bü'ro|maschinen f/pl kontorinventar n, kontormaskiner pl; **~möbel** n/pl kontormøbler pl; **~schluss** m ⟨-es; 0⟩ kontorlukketid; **~stunden** f/pl kontortid; **~vorsteher** m kontorchef; **~zeiten** f kontortid

Bursch|e m ⟨-n⟩ ungt menneske n, knægt, fyr; **~enschaft** f (tysk) studenterforening; **2i'kos** friskfyragtig

Bürste f børste; **2n** ⟨-e-⟩ børste; **~nbinder** m børstenbinder; **~nfrisur** f, **~nschnitt** m strithår n

Bus m ⟨-ses; -se⟩ bus; rutebil; **~bahnhof** m busholdeplads

Busch m ⟨-es; ⁻e⟩ busk; dusk, tot; Afrika: savanne; fig auf den ~ klopfen sondere terrænet; **~bohne** f buskbønne

Büschel n kvast, dusk; (Haar2) tot; (Bündel) knippe n

busch|ig busket, kratbevokset; **2mann** m buskmand; **2messer** n machete; **2werk** n ⟨-(e)s; 0⟩ buskads n, krat n

Busen m bryst n, barm; (Meer2) bugt; **~freund** m hjertensven, kammerat

Bus|fahrer(in) m(f) buschauffør; **~haltestelle** f busstoppested n; **~reise** f busrejse

Bussard m ⟨-s; -e⟩ musvåge

Buße f bod; bøde; **~ tun** gøre bod

büß|en gøre bod; bøde, undgælde (für

A/for); **2er(in)** m(f) bodfærdig

buß|fertig bodfærdig, angrende; **2geld** n bøde; **2geldbescheid** m bødeforlæg n; **2predigt** f bodspræ(di)ken; **2~ und Bettag** m Store (Abk. St.) bededag

Büste f buste; (Brust) bryst n; **~nhalter** m brystholder, bh

Butler [batlər] m ⟨-s; -⟩ butler

Butt m ⟨-(e)s; -e⟩ rødspætte

Bütt f (Faschings2) tønde; **~e** f bøtte, kar n, balje

Bütten|papier n bøttepapir n; **~rede** f karnevalstale

Butter f ⟨0⟩ smør n; fig alles ist in ~ alt er i orden; **~blume** f smørblomst; **~brot** n (stykke n) smørrebrød n; rundtenom; belegtes ~ dansk smørrebrød (med pålæg), stykke n smørrebrød, pålægsmad; **~brotpapier** n smørrebrødspapir n; **~cremetorte** f (slags) lagkage; **~dose** f smørdåse; **~kuchen** m smørkage; **~milch** f kærnemælk; **2n** ⟨-re⟩ kærne (od lave) smør; **~säure** f smørsyre; **2'weich** blød som smør

Butzenscheibe f ruder pl med buede glas

BWL f (= Betriebswirtschaftslehre) etwa: (erhvervs)økonomi

byzan'tinisch byzantinsk

bzw. (= beziehungsweise) henholdsvis

C

C, c [tse:] n C, c n

C (= Celsius) celsius

ca. (= zirka) cirka (ca.), omtrent (omtr.)

Café [ka'fe:] n ⟨-s; -s⟩ café

Cafeteria f ⟨-; -s⟩ cafeteria

Camcorder ['kɛmkɔɐd-] m ⟨-s; -⟩ videokamera n

camp|en ['kɛm-] v/i campere; **2er** m ⟨-s; -⟩ campist

Camping n ⟨-s; 0⟩ camping, campering; **~ausrüstung** f campingudstyr n; **~platz** m camping-plads; **~wagen** m campingvogn

Cape [ke:p] n ⟨-s; -s⟩ slag n, regnslag n

Carport ['ka:ɐpɔːɐt] m ⟨-s; -s⟩ carport

Cartoon [ka:'tu:n] m/n ⟨-s; -s⟩ tegneserie

Cas'sette f kassette; (Tonband) kassettebånd n; **~nrekorder** m kassette-båndoptager

CD [tse:'de:] f cd; **~-Brenner** m cd-brænder; **~-Player** [-ple:-] m cd-afspiller; **~-ROM-Laufwerk** n EDV cd-rom-drev n;

~-Spieler m cd-afspiller

Cell|ist [tʃɛ'l-] m ⟨-en⟩ cellist; **~o** n ⟨-s; -s od -i⟩ cello, violoncel

Celsius ['tsɛlziʊ] m celsius

Chaiselongue [ʃɛs'lɔŋ] f ⟨-; -s od -n⟩ chaiselong

Chamäleon [kɑ'mɛːleːɔn] n ⟨-s; -s⟩ kameleon (a fig)

Champagner® [ʃam'panʲ-] m champagne(vin)

Champignon ['ʃampɪnʲɔŋ] m ⟨-s; -s⟩ champignon

Chance ['ʃãːsə, 'ʃaŋsə] f chance

Cha|os ['ka:ɔs] n ⟨-; 0⟩ kaos n, uorden; **~'ot(in)** m ⟨-en; -en⟩ f) rodehoved n; POL autonom; **2'otisch** kaotisk, uordentlig

Cha'rakter [k-] m ⟨-s; -e [-'te:-]⟩ karakter; **~bild** n karakterskildring; **~darsteller** m karakterskuespiller; **~eigenschaft** f karakteregenskab; **2fest** karakterfast; **2i'sieren** karakterisere, kendetegne;

~**istik** [-'ʀɪs-] f karakteristik; 2**istisch** karakteristisk, typisk; 2**lich** hvad angår karakteren; 2**los** karakterløs; ~**schwäche** f karaktersvaghed; ~**zug** m karaktertræk n

Charge ['ʃaʁʒə] f charge; MIL grad

charm|ant [ʃaʁ'mant] charmant; 2**e** [ʃaʁm] m ⟨-s; 0⟩ charme

Charter|flug ['(t)ʃaʁ-] m charterflyvning; ~**gesellschaft** f charterselskab n; ~**maschine** f charterfly n; 2**n** ⟨-re⟩ chartre, befragte, leje

Chassis [ʃa'siː] n ⟨-; -⟩ chassis n, stel n

chatten ['tʃɛtən] chatte (**mit** med)

Chauffeur [ʃo'føːʁ] m ⟨-s; -e⟩ chauffør

Chaussee [ʃo'seː] f landevej, vej, chaussé

Chauvi'nis|mus [ʃovi-'] m ⟨-; 0⟩ chauvinisme; ~**t(in)** m ⟨-en⟩ (f) chauvinis t; 2**tisch** chauvinistisk

checken ['tʃɛkən] tjekke

Chef [ʃɛf] m ⟨-s; -s⟩ chef; foresat, leder, direktør; ~**arzt** m overlæge; ~**in** f kvindelig chef; ~**redakteur** m chefredaktør

Che'mie [ç-] f ⟨0⟩ kemi; ~**faser** f kemifiber

Chemi'kalien f/pl kemikalier pl; ~**ker(in)** m(f) kemiker; 2**sch** kemisk

Chemotherapie ['çemo-] f kemoterapi

Chicorée ['ʃikoʀeː] ⟨-s; 0⟩ m julesalat

Chiffr|e ['ʃɪf-] f chiffer n; Zeitung: billet mærket (mrk.); 2**ieren** chifrere

Chile ['tʃiːle] n Chile n

Chi'len|e [ç-] m ⟨-n⟩ chilener; 2**isch** chilensk

Chili ['tʃili] m ⟨-s; 0⟩ chili

China [ç-] n Kina n

Chinchilla [tʃɪn'tʃɪla] f⟨-; -s⟩ od n ⟨-s; -s⟩ chinchilla

Chi'nes|e [ç-] m ⟨-n⟩ kineser; ~**in** f kineser, kvinde fra Kina; 2**isch** kinesisk

Chi'nin [ç-] n ⟨-s; 0⟩ kinin

Chi'rurg|(in) [ç-] m ⟨-en⟩ (f) kirurg; ~**ie** [-'giː] f kirurgi; 2**isch** kirurgisk

Chlor [k-] n ⟨-s; 0⟩ klor n

Chloro|form n ⟨-s; 0⟩ kloroform; 2**formieren** kloroformere; ~**phyll** [-'fʏl] n ⟨-s; 0⟩ klorofyl n

Cholera ['koːlɔ-] f ⟨0⟩ kolera

Cho'ler|iker m koleriker; 2**isch** kolerisk

Chor [k-] m ⟨-(e)s; ≈e⟩ (sang)kor n; kor-(bygning) n

Cho'ral m ⟨-s; ≈e⟩ koral, salme

Choraltar m højalter n

Choreo|'graf m ⟨-en⟩ koreograf; ~**gra'fie** f koreografi

Chor|hemd n messesærk; ~**herr** m kannik; ~**knabe** m kordreng

Christ|(in) [k-] m ⟨-en⟩ (f) kristen; Kristus; ~**abend** m juleaften

Christbaum m juletræ n; ~**schmuck** m juletræspynt, julestads; ~**ständer** m juletræsfod

Christen|heit f ⟨0⟩ kristenhed; ~**liebe** f kristenkærlighed; ~**tum** n ⟨-s; 0⟩ kristendom

Christ|fest n julefest; ~**kind** n Jesusbarn n; 2**lich** kristelig, kristen; gudelig; ~**rose** f julerose

Christus m ⟨-sti; 0⟩ Kristus; **vor Christi Geburt (v. Chr.)** før Kristi fødsel (f. Kr.); **nach Christi Geburt (n. Chr.)** efter Kristi fødsel (e. Kr.)

Chrom [k-] n ⟨-s; 0⟩ krom n

Chromo'som n ⟨-s; -en⟩ kromosom n

Chron|ik ['k-] f krønike(bog); 2**isch** kronisk

Chrono'lo'gie f ⟨0⟩ kronologi; 2**'logisch** kronologisk

ciao! [tʃau] hej, hej!

Clique ['klɪkə] f klike, kreds

Clou [klu-] m ⟨-s; -s⟩ clou n

Clown [klaun] m ⟨-s; -s⟩ klovn

Club ['k-] m ⟨-s; -s⟩ klub

cm (= **Zentimeter**) centimeter (cm)

Cockpit ['k-] n ⟨-s; -s⟩ cockpit n

Cocktail ['kɔkteːl] m ⟨-s; -s⟩ cocktail; ~**party** f cocktailparty

Code [koːd] m ⟨-s; -s⟩ kode; lovbog

Codex m ⟨-; -dices [-tseːs]⟩ kodeks

Cognac® ['kɔnjak] m ⟨-s; -s⟩ cognac

Comic ['kɔmɪk], **Comicstrip** m tegneserie

Computer [kɔm'pjuː-] m computer, datamat; ~**spiel** n computerspil n

Conférencier [kõfeˈʀãːˈsieː] m ⟨-s; -s⟩ conférencier

Container [kɔn'teːn-] m container

contra ['kɔn-] contra

cool [kuːl] (kühl) sej; ~**!** fedt!

Cord m ⟨-(e)s; -e⟩ fløjl; ~**hose** f fløjlsbukser pl

Couch [kautʃ] f ⟨-; -es⟩ (sove)sofa, divan

Coup [kuː] m ⟨-s; -s⟩ kup n

Coupon [ku'põ] m ⟨-s; -s⟩ kupon

couragiert [ku'ʀaˈʒiːɐt] ⟨-est⟩ modig, behjertet

Cousin [ku'zɛ̃] m ⟨-s; -s⟩ fætter; ~**e** [-'ziːnə] f kusine

Creme [kʀɛːm, kʀeːm] f⟨-; -s⟩ creme; 2**farben** cremefarvet

Currywurst ['kœri-] f karrypølse

D

D, d [de:] n D, d n

da 1. adv (*dort*) der; (*hier*) her; nærværende, til stede; (*dann*) dengang, da; *hier* *und* ~ her og der; ~ *sein* (*anwesend sein*) være nærværende (*od* til stede); (*vorhanden sein*) være til, eksistere, findes; ~ *bin ich!* her er jeg; *von ~ an* fra da (*od* den tid) af; *es ist nichts mehr* ~ der er ikke mere tilbage; ~ *siehst du!* der kan du se!; **2.** *konj* (*als*) da; (*weil*) da, fordi, siden

da·behalten holde tilbage, beholde

da·bei (*nahebei*) ved siden af; derved; (*außerdem*) samtidig, tillige, desuden; men, alligevel; ~ *sein* være med, være til stede; (*im Begriff sein*) være ved; ~**bleiben** v/i ⟨sn⟩ (*weitermachen*) blive ved

da·bleiben v/i ⟨sn⟩ blive (der)

Dach n ⟨-(e)s; ⟋er⟩ tag n; *unter~ und Fach* *sein* fig være i hus; fig *j-m aufs~ steigen* give én en omgang; ~**balken** m tagbjælke; ~**boden** m loftsrum n; ~**decker** m tagdækker; *Strohdach:* tækkemand; ~**fenster** n tagvindue n; ~**first** m tagryg; ~**garten** m taghave, tagrestaurant; ~**gaube** f karnap; ~**gepäckträger** m tagbagagebærer; ~**geschoss** n kvist(etage); ~**kammer** f kvistværelse n; ~**latte** f (tag)spær n; ~**luke** f → *Dachfenster*; ~**organisation** f centralorganisation; ~**pappe** f tagpap n; ~**pfanne** f tagsten; ~**reiter** m tagrytter; ~**rinne** f tagrende

Dachs [-ks] m ⟨-es; -e⟩ grævling; ~**bau** m ⟨-(e)s; -e⟩ grævlingegrav; ~**hund** m grævlingehund

Dach|sparren m spær n; ~**stuhl** m tagkonstruktion; tagetage; ~**wohnung** f kvistlejlighed; ~**ziegel** m tagsten

Dackel m grævlingehund

dadurch derigennem; på den måde, derved

da·für (*zugunsten*) for den (*od* det), derfor; (*an Stelle*) i stedet (for), til gengæld; ~ *oder dagegen* for eller imod; ☐**halten** n: *nach meinem* ~ efter min mening

da·für-können: *nichts* ~ ikke kunne gøre for det; *ich kann nichts dafür* jeg kan ikke gøre for det

da·gegen 1. adv derimod, imod den (*od* det); *nichts* ~ *haben* ikke have noget imod det; ~ *sein* være imod det; **2.** *konj* derimod, tværtimod, men; ~**halten** holde imod; (*vergleichen*) sammenligne, jævnføre

da·heim adv (der)hjemme

da·her 1. adv derfra; **2.** *konj* derfor, af den grund; ~**laufen** v/i ⟨sn⟩ komme løbende; ~**reden** bare snakke løs

da·hin (*dorthin*) derhen, i den retning; (*zu Ende*) hen, forbi; (*weg*) af sted, bort; *bis* ~ indtil da (*od* der); ~ *sein* være borte (*od* forbi); fig være død; ~**ab** der ned; ~**auf** der op; ~**aus** der ud; ~**eilen** v/i ⟨sn⟩ skynde sig derhen, ile af sted; ~**ein** derind; ~**fahren** v/i ⟨sn⟩ gå (*od* køre *od* sejle) derhen; ~**fliegen** v/i ⟨sn⟩ flyve bort (*od* af sted); ~**geben** give bort, ofre; ~**gehen** v/i ⟨sn⟩ gå derhen; fig dø; ~**gehören** høre til der(henne); ~**gestellt:** ~ *sein lassen* lade stå hen, lade være usagt; ~**siechen** v/i ⟨sn⟩ sygne hen; ~**stellen** sætte hen

da·hinten (der)henne, derovre

da·hinter (der) bag ved; fig ~ *sein* være på spor efter ngt.; ~**her:** ~ *sein* være ivrig efter ngt.; ~**kommen** v/i ⟨sn⟩ opdage; ~**stecken** v/i fig gemme sig bag; fig *es steckt etw.* (N) ~ der stikker ngt. under; der ligger ngt. bag; ~**stehen** v/i stå bag

dahin|über der over; ~**unter** der ned

Dahlie ['-liə] f georgine, dahlia

da·lassen efterlade; ~**liegen** v/i ligge fremme

damalig daværende; ~**s** dengang

Da·mast m ⟨-(e)s; -e⟩ damask n

Dame f dame, kvinde; *Spiel:* dam

Damen|binde f hygiejnebind; ~**doppel** n SPORT damedouble; ~**friseur(in)** m(f) damefrisør; ☐**haft** ⟨-est⟩ dameagtig; ~**handtasche** f damehåndtaske; ~**mannschaft** f SPORT damehold n; ~**rad** n damecykel; ~**toilette** f dametoilet n; ~**wahl** f ⟨0⟩ dameklination; ~**welt** f ⟨0⟩ dameverden

Damespiel n damspil n

Damhirsch m dåhjort

da·mit 1. adv dermed; *her ~!* kom (*od* hit) med det!; **2.** *konj* for at

dämlich F dum, idiotisk, fjollet; ☐**keit** f ⟨0⟩ idioti, fjollethed

Damm m ⟨-(e)s; ⟋e⟩ dæmning, vold (*a* fig); (*Hafen*☐) mole, kaj; fig *j-n auf den ~ bringen* hjælpe én på ret køl; ~**bruch**

m dæmningsbrud *n*

dämmen (op)dæmme, opstemme; *fig* hæmme, standse

dämmer|ig dæmrende, halvlys, skumrende; *fig* drømmende; **2licht** *n* ⟨*-(e)s; 0*⟩ halvlys *n*, skumring; **~n** *v/i* ⟨*-re*⟩ *morgens*: dæmre, gry; *abends*: mørkne(s); *fig* lysne; *es dämmert mir* der går et lys op for mig; **2ung** *f morgens*: gry *n*, dæmring; *abends*: skumring, mørkning, tusmørke *n*; **2zustand** *m* halvbevidst tilstand

Dämmstoff *m* isoleringsmateriale *n*

Dämon *m* ⟨*-s; -en* [-'mo:nən]⟩ dæmon; **2isch** [-'mo:-] dæmonisk

Dampf *m* ⟨*-(e)s; ~e*⟩ damp; (*Rauch*) dunst, røg, os; **~bad** *n* dampbad *n*; **~boot** *n* dampbåd; **~druckmesser** *m* damptrykmåler; **2en** *v/i* (*rauchen*) dampe, ryge; (*qualmen*) ose

dämpfen (*kochen*) dampkoge; (*mildern*) dæmpe, formindske; *mit gedämpfter Stimme* med dæmpet røst

Dampfer *m* damper

Dämpfer *m* dæmper (*a fig u* MUS)

Dampf|hammer *m* damphammer; **~heizung** *f* dampopvarmning; **~kessel** *m* dampkedel; **~kochtopf** *m* trykkoger; **~kraft** *f* ⟨*0*⟩ dampkraft; **~maschine** *f* dampmaskine; **~schiff** *n* dampskib *n*

Dämpfung *f* dæmpning; ÖKON afmatning

Dampfwalze *f* damptromle

Damwild *n* dåvildt *n*

da'nach derefter, efter det, siden; dertil, til det; *und ~ …* og så …; *das Verlangen ~* ønsket om det; *er sieht ganz ~ aus* han ser ud til det

Dandy ['dɛndi] *m* ⟨*-s; -s*⟩ dandy

Däne *m* ⟨*-n*⟩ dansker, dansk

da'neben ved siden af; (*außerdem*) desuden, tillige; **~gehen** *v/i* ⟨*sn*⟩ *fig* mislykkes; **~hauen** ramme ved siden af; *fig* tage fejl

Danebrog *m* ⟨*-s; 0*⟩ (*dän Flagge*) dannebrog *n*

Dänemark ⟨*-s; 0*⟩ Danmark *n*

Danewerk *n* ⟨*-(e)s; 0*⟩ (*Grenzwall*) Dannevirke *n*

da'nieder ned(e); **~liegen** *v/i* ligge syg; *Handel*: ligge stille

Dän|in *f* dansker, dansk, dansk kvinde (*od* pige); **2isch** dansk

dani'sieren fordanske, danisere

dank *prp* (*G*) takket være

Dank *m* ⟨*-(e)s; 0*⟩ tak; *~ sagen* takke, sige (så mange) tak; *Gott sei ~!* Gudskelov!; *besten ~!, vielen ~!* mange (*od* tusind) tak; *mit (bestem) ~ zurück!* tak for lån!

dankbar taknem(me)lig; **2keit** *f* ⟨*0*⟩ taknem(me)lighed

danken (*D*) takke (*j-m für etw. A* én for ngt.); *danke schön* (*od sehr*)! mange tak!; *danke! ablehnend*: nej tak!; *~d* taknem(me)lig, med tak; *Betrag ~ erhalten!* betalt!; *~swert* værd at takke for

dank|erfüllt taknem(me)lig; **2sagung** *f* taksigelse; **2schreiben** *n* takkeskrivelse

dann så; (*darauf*) derefter, derpå; (*außerdem*) desuden, endvidere; *und ~?* og hvad så?; *~ und wann* nu og da, af og til, engang imellem, undertiden, fra tid til anden

dannen: *von ~ gehen* gå bort

da'ran (F *dran*) derved, deri, dertil, derom; *jetzt bin ich ~* nu er det min tur; *gut ~ sein* have det godt; *übel ~ sein* være i knibe; *iron da bin ich schön ~!* nu er jeg godt oppe at køre!; *es ist nichts ~* der er ikke ngt. om det; det er ikke ngt. værd; *nahe ~ sein* være lige ved; *es liegt mir nichts ~* det er mig ligegyldigt; *~gehen* *v/i* ⟨*sn*⟩ begynde, give sig i lag med; *~kommen* *v/i* ⟨*sn*⟩ blive éns tur; *~machen*: *sich ~* give sig i lag (der)med; *~setzen* sætte på spil, vove

da'rauf *örtlich*: derpå, dertil, derover; *zeitlich*: derpå, derefter (*a ~hin*); *bald ~* kort tid efter; *ein Jahr ~* et år efter, næste år; *stolz ~ sein* være stolt af det; *~losgehen* gå (lige) løs (derpå)

da'raus der(ud)af; *es folgt ~, dass* deraf følger, at; *~ wird nichts* det bliver ikke til ngt.; *ich mache mir nichts ~* jeg bryder mig ikke om det

darben *v/i* lide mangel, trænge

dar-biet|en (*reichen*) byde, række; (*sich bieten*) tilbyde, frembyde; **2ung** *f* THEA indslag *n*, nummer *n*, underholdning

dar-bringen overbringe, overrække

da'rein derind; **~finden**: *sich ~* finde sig (der)i; **~reden** *v/i* snakke med

dar'in deri

dar-leg|en fremstille, gøre rede for; godtgøre; **2ung** *f* fremstilling, udredning, redegørelse

Darlehen *n* lån *n*

Darm *m* ⟨*-(e)s; ~e*⟩ tarm; **~katarrh** *m* tarmkatar; **~öffnung** *f* tarmåbning; **~saite** *f* tarmstreng; **~verschlingung** *f* tarmslyng *n*

Darre *f* stativ *n* til tørring

dar-reichen overrække, række frem

dar-stell|en (*vorstellen*) forestille; (*aufführen*) spille; (*beschreiben*) skildre, beskrive; **2er(in)** *m(f)* THEA skuespiller;

2ung f redegørelse; fremstilling; THEA udførelse; (*Beschreibung*) skildring, beskrivelse

Darts [da:ʁts] *n* ⟨-; 0⟩ dart

dar-tun godtgøre; (be)vise

da'rüber *örtlich*: derover, over den (*od* det); *zeitlich*: imens; *ich freue mich* ~ jeg glæder mig (der)over; ~ *hinaus* derudover

da'rum 1. *adv* (*örtlich*) derom, om det; **2.** *konj* (*kausal*) derom; *es handelt sich* ~ det handler (*od* drejer sig) derom (*od* om det)

da'runter derunder; (*zwischen*) derimellem, deriblandt; *ich leide* ~ jeg lider deraf (*od* derunder, derved); **~fallen** *v/i* ⟨*sn*⟩ *fig* kunne rubriceres under

Darwi'nismus *m* ⟨-; 0⟩ darwinisme

das 1. *art* → *der*; **2.** *dem.pron* → *der*; **3.** *rel.-pron* der, som; ~ *alles* alt det; ~, *was* det som; ~ *heißt* (*d. h.*) det vil sige (dvs.)

Dasein *n* ⟨-s; 0⟩ nærværelse; tilværelse, liv *n*, eksistens; *Kampf ums* ~ kamp for tilværelsen; **~sberechtigung** *f* ⟨0⟩ eksistensberettigelse; **~sform** *f* væremåde

da'selbst der, på samme sted, på stedet

da-sitzen *v/i* side (der)

dasjenige → *derjenige*

dass at; *Folge*: så at; (*damit*) for at; *als* ~ end at; *auf*~ for at; *so* ~ så (at); *bis* ~ indtil; ~ *du dich nicht rührst!* bevæg dig ikke!

das'selbe → *derselbe*

da-stehen *v/i* stå (der); *einzig* ~*d* enestående

Da'tei *f* kartotek; EDV fil

Daten *n/pl* data *pl*; **~bank** *f* ⟨-; -en⟩ datacentral; **~schutz** *m* databeskyttelse; **~verarbeitung** *f* databehandling

da'tieren datere (sig)

Dativ *m* ⟨-s; -e⟩ dativ

dato: *bis* ~ til dato

Dattel *f* ⟨-; -n⟩ daddel; **~palme** *f* daddelpalme

Datum *n* ⟨-s; *Daten*⟩ dato; *vom heutigen* ~ fra dags dato (d. d.); *vom gestrigen* ~ fra gårs dato (g. d. d.); ~**(s)stempel** *m* datostempel

Daube *f* (tønde)stav(e)

Dauer *f* ⟨-; 0⟩ tidsrum *n*, varighed; *auf die* ~ i længden, i det lange løb; *von kurzer* ~ af kort varighed; *von langer* ~ langtidsledig; **~arbeitslos** *adj* langtidsledig; **~arbeitslosigkeit** *f* ⟨0⟩ langtidsledighed; **~ausstellung** *f* permanent udstilling; **~belastung** *f* *bei Personen*: stadigt pres *n*; **~geschwindigkeit** *f* marchhastighed; **2haft** ⟨-*est*⟩ varig; holdbar; **~haftig-**

keit *f* ⟨0⟩ varighed; holdbarhed; **~karte** *f* abonnements-, års-, sæsonkort *n*; **~lauf** *m* udholdenhedsløb, kondiløb *m*; **~marsch** *m* distancemarch

dauern ⟨-*re*⟩ **1.** *v/i* (*bestehen*) vare (ved), vedvare; holde sig; (*währen*) vare; **2.** *v/t* *es dauert mich* det gør mig ondt; ~*d* vedvarende

Dauer|parker *m* langtidsparkerende; **~regen** *m* vedvarende regn; **~welle** *f* permanent(bølg)ning; **~wurst** *f* røget pølse; **~zustand** *m* vedvarende tilstand

Daumen *m* tommelfinger, tommel; *Kindersprache*: tommeltot; *die* ~ *drücken* krydse fingre for én; **2breit** tommelbred; **2dick** tommetyk; **~lutscher** *m* én der (stadig) sutter på tommelfinger; **~schraube** *f* tommeskrue

Däumling *m* ⟨-s; 0⟩ *Handschuh*: tommelfinger; *Märchen*: tommeliden

Daune *f* dun *n*; **~nbett** *n* dundyne; **~ndecke** *f* duntæppe *n*; **~njacke** dunjakke

da'von deraf, af den, af det; (*von dort*) derfra; (*darüber*) derom; (*fort*) bort, af sted

da'von-|eilen *v/i* skynde sig derfra; **~fahren** *v/i* ⟨*sn*⟩ tage derfra; **~gehen** *v/i* ⟨*sn*⟩ gå derfra (*od* bort); **~jagen** *v/i* ⟨*sn*⟩ halse afsted; *v/t* jage bort; **~kommen** *v/i* ⟨*sn*⟩ komme (*od* slippe) godt derfra; **~laufen** *v/i* ⟨*sn*⟩ stikke af; **~machen:** *sich* ~ stikke af, liste af; **~tragen** *fig* opnå; pådrage sig; *den Preis* ~ vinde præmien

da'vor *örtlich*: foran den (*od* det); *hüte dich* ~*!* tag dig i agt for det!

DAX® *m* (= *Deutscher Aktienindex*) det tyske aktieindeks

da'zu dertil; (*überdies*) tilmed, oven i købet; (*gleichzeitig*) tillige; *was sagst du* ~*?* hvad siger du til det?; **~gehören** *v/i* høre der(til); **~gehörig** dertil hørende; **~kommen** *v/i* ⟨*sn*⟩ komme til; **~lernen** lære mere

dazumal dengang; *Anno* ~ på arilds tid; F 1800 og hvidkål

da'zu-|schreiben skrive til; **~tun** tilsætte; **2tun** *n* medvirken; **~verdienen** have en biindkomst

da'zwischen (der)imellem; **~kommen** *v/i* ⟨*sn*⟩ komme imellem; komme på tværs; **~legen:** *sich* ~ lægge sig imellem; **~liegend** mellemliggende; **~reden** *v/i* falde i talen, afbryde; **~treten** *v/i* ⟨*sn*⟩ lægge sig imellem; *fig* formidle

DB (= *Deutsche Bahn*) tyske vorbundsbaner *pl*

DDR (= *Deutsche Demokratische Republik*) HIST den Tyske Demokratiske Republik

Dealer [i:] m ⟨-s; -⟩ narkohandler

De'bakel n sammenbrud n

De'batt|e f forhandling, debat (*über A*/om); **zur ~ bringen** sætte under debat; **2ieren** forhandle, debattere

Debet ['de:bɛt] n ⟨-s; -s⟩ debet (n), skyld

de'bil debil

Debüt [-'by:] n ⟨-s; -s⟩ debut (n); **~ant(in)** [-by-'ta-] m ⟨-en⟩ (f) debutant; **2ieren** [-'ti:-] debutere

dechiffrieren [de-ʃɪ'fri:-] dechifrere, tyde

Deck n ⟨-(e)s; -s⟩ dæk n; **~adresse** f dæk-adresse; **~anstrich** m dækmaling; **~bett** n overdyne; **~blatt** n dæksblad n

Decke f dække n (*Tisch*2) dug, bordtæppe n; (*Bett*2, *Woll*2) tæppe n; (*Zimmer*2) loft n; (*Reifen*2) dæk n; *fig* **sich nach der ~ strecken** sætte tæring efter næring; **mit j-m unter e-r ~ stecken** spille under dække med én; **an die ~ gehen** fare op, blive gal

Deckel m dæksel n, låg n; *Buch*: omslag n; F **eins auf den ~ kriegen** få én oven i hovedet

decken dække (*a Tisch*); *Dach* tække; *Tiere* be dække: **sich ~** (*sich schützen*) forsvare (*od* dække) sig; **der Scheck ist (un)gedeckt** der er (ikke) dækning for checken

Decken|beleuchtung f loftsbelysning, ovenlys n; **~gemälde** n loftsmaleri n; **~strahler** m projektør til (indirekte) loftsbelysning

Deck|farbe f dækfarve; **~ladung** f dæks-last; **~mantel** m *fig* dække m, påskud n; **~name** m pseudonym n, dæknavn n; **~offizier** m dæksofficer; **~stuhl** m dæk-stol

Deckung f dækning (ÖKON, MIL, SPORT); sikkerhed; **zur ~ der Kosten** til dækning af udgifterne; **~ suchen** søge dækning

Decoder [de'ko:d-] m ⟨-s; -⟩ dekoder; TV movieboks

Deduk|tion [-'tsio:n] f deduktion; **2tiv** deduktiv

Defä'tist m ⟨-en⟩ defaitist

de'fekt i stykker

defen'siv defensiv; **2e** [-və] f defensiv; *j-n in die ~ drängen* trænge én over i defensiven

defi'lieren v/i ⟨sn⟩ defilere, marchere forbi

defi'ni|eren definere, bestemme; **2tion** [-'tsio:n] f definition, forklaring; **~'tiv** definitiv, afgørende

Defizit ['de:fi:tsɪt] n ⟨-s; -e⟩ deficit n, un-

derskud n

Deflation [-'tsio:n] f deflation

defor'mieren deformere, misdanne

De'froster m defroster

deftig djærv

Degen m kårde

de|gene'rieren v/i ⟨sn⟩ degenerere; **~gra-'dieren** degradere

dehn|bar til at strække (*od* udvide), elastisk (*a fig*); **~en** (ud)strække, række, forlænge, udvide; **gedehnt** *Stimme*: drævende; *Silbe*: lang; **2ung** f strækning, forlængelse

Deich m ⟨-(e)s; -e⟩ dige n, dæmning; **~bruch** m digebrud n; **2en** bygge dige; **~graf** m digegreve

Deichsel [-ks-] f ⟨-; -n⟩ vognstang; **2n** ⟨-le⟩ F klare, ordne

dein (*in Briefen a: Dein*) din, dit n; *der* (*die, das*) **2(ig)e** din, dit n; *die* **2(ig)en** dine, din familie; **~erseits** på (*od* fra) din side; **~es'gleichen** din lige; **~et'halben, ~et'wegen** for din skyld; på dine vegne; **~et'willen um ~** på dine vegne

deinige → **dein**

deka'den|t ⟨-est⟩ dekadent; **2z** f ⟨0⟩ dekadence, forfald n

De'kan(in) m ⟨-s; -e⟩ (f) dekan

dekla'mieren deklamere

dekla'rieren deklarere

deklas'sieren deklassere

Dekli|nation [-'tsio:n] f deklination, bøjning; **2nieren** deklinere, bøje

Dekolle|té [-kɔl'te:] n ⟨-s; -s⟩ dyb nedringning; **2tiert** nedringet, dekolleteret

Dekor|a'teur(in) m ⟨-s; -e⟩ (f) dekoratør; **~a'tion** f dekoration; *Ausschmückung* pynt; **2ieren** dekorere, pynte

De'kre|t n ⟨-(e)s; -e⟩ dekret n; **2tieren** dekretere

Dele|gation [-'tsio:n] f delegation; **2ieren** delegere, befuldmægtige; **~'gierte** m/f delegeret; **~'giertenkonferenz** f repræsentantskabsmøde n

Del'fin m ⟨-s; -e⟩ delfin

deli'kat ⟨-est⟩ delikat, lækker; (*heikel*) kilden, vanskelig

Delika'tesse f delikatesse (*a fig*); *fig* finfølelse; **~ngeschäft** n delikatesseforretning

De'likt n ⟨-(e)s; -e⟩ forseelse

De'lirium n ⟨-s; -rien⟩ delirium n

Delle f bule

Delphin [-'fi:n] → **Delfin**

Delta n ⟨-s; -s⟩ delta n

Dema'go|ge m ⟨-n⟩ demagog; **~'gie** f demagogi

De'men|ti n ⟨-s; -s⟩ dementi n; **2'tieren** dementere

dem|entsprechend 1. adj tilsvarende, dertil svarende; **2.** adv følgelig; **~gegen-'über** over for det; **~gemäß, ~nach** i overensstemmelse hermed; (folglich) følgelig, derfor; **~'nächst** snart, inden længe

Demo'krat m ⟨-en⟩ demokrat; **~ie** [-'ti:] f demokrati n, folkestyre n; **2isch** demokratisk

demo'lieren ødelægge

Demon'str|ant m ⟨-en⟩ demonstrant; **~ation** [-'tsĭo:n] f demonstration; **2ieren** [-'strI:-] demonstrere

demon'tieren afmontere, demontere

demorali'sieren demoralisere

Demut f ⟨0⟩ ydmyghed

demütig ydmyg; **~en** ydmyge (sich sig); **2ung** f ydmygelse

demzufolge følgelig, altså

Denk|art f tænkemåde; **2bar** tænkelig

denken ⟨L⟩ tænke; (glauben) tro, mene; **an j-n** (etw. A) ~ tænke på én (ngt.); **ich denke nicht dran!** F det falder mig ikke ind!; det kunne aldrig (od ikke) falde mig ind!; **sich** (D) ~ tænke sig; **denk nur!** tænk engang!, **was denkst du davon?** hvad mener du om det?; **gedacht, getan** som tænkt så gjort; **das habe ich mir gedacht!** det lige nok!; **2** n ⟨-s; 0⟩ tænkning; tankevirksomhed

Denk|er m tænker; **~fähigkeit** f ⟨0⟩ tænkeevne; **2faul** tanketræg; **~freiheit** f ⟨0⟩ tanke-, tænkefrihed

Denkmal n ⟨-s; ⸚er⟩ mindesmærke n, monument n; **~pflege** f fredning af mindesmærker (od værdifulde bygninger); **unter ~ stehen** være fredet

Denk|schrift f POL betænkning; hvidbog; **~sport** m hjernegymnastik; hovedbrud n; **~spruch** m tankesprog n; fyndord n; **~weise** f tænkemåde; **2würdig** mindeværdig; **~zettel** m fig lussing, afklapsning

denn for, thi; da; **wann ~?** hvornår?; **wo ist er ~?** hvor er han da (od så)?; **es sei ~, dass ...** med mindre; **mehr ~ je** mere end nogensinde

dennoch alligevel, dog

Denun|zi'ant m ⟨-en⟩ stikker, angiver; **2'zieren** melde, angive, stikke

Deo|do'rant n ⟨-s; -e od -s⟩ deodorant; **~roller** m roll-on

De'pesche f depeche, telegram n

Depo'nie f (Müll2) losseplads; **2ren** deponere, give i forvaring

Depor'tation [-'tsĭo:n] f deportation; **2'tieren** deportere

Depo'sit|enbank f ⟨-; -en⟩ depositobank; **~um** [-'po:-] n ⟨-s; -ta od -ten [-'si:-]⟩ depositum n

Depot [-'po:] n ⟨-s; -s⟩ depot n

Depp m ⟨-en⟩ F dumrian, tåbe

Depres|sion [-'sĭo:n] f depression; nedtrykthed; **2siv** depressiv

depri'mieren deprimere; gøre nedtrykt

Depu|'tat n ⟨-(e)s; -e⟩ løn (i naturalier); andel; **~tation** [o'tsĭo:n] f deputation; **~'tierte(r)** deputeret, folketingsmedlem

der m (die f, das n; die pl) **1.** art -en, -et n; -(e)ne pl; vor adj den, det n; de pl; **~ Mann** manden; **~ gute Mann** den gode mand; **2.** dem.pron den, det n; de pl; den ... her (od der), det n ... her, de pl ... her; han, hun f; **es ist der Apparat!** det er det apparat dér!; **der und zahlen!** tror du virkelig han betaler?; **3.** rel.pron som, der

derart sådan; i den grad; **2ig** sådan, så

derb (kräftig) kraftig, fast, drøj, solid; (grob) grov, plump, djærv; **2heit** f (Kraft) fasthed, hårdhed; (Grobheit) grovhed, plumphed

deren rel.pron (G/pl u f/sg) hvis; dem.-pron deres; **~nt'wegen** rel.pron for hvis skyld; dem.pron for deres skyld

dergestalt således, på den måde; i den grad; **~, dass ...** således at ...

der'gleichen sådan, deslige, denslags; **und ~ (u. dgl.)** og lignende (o. lgn.)

Deri'vat n ⟨-(e)s; -e⟩ derivat n

derjenige (diejenige f, dasjenige n; diejenigen pl) dem.pron han, hun, den, det; de pl

der'maßen på en sådan måde, i den grad

Dermato'lo|ge m ⟨-n⟩ dermatolog, læge i hudsygdomme; **~'gie** f ⟨0⟩ dermatologi

der'selbe (dieselbe f, dasselbe n; dieselben pl) han, hun, den, det; pl de; den (det n; de pl) samme

der'weil(en) adv imidlertid, så længe; konj imens

derzeit nu, for øjeblikket; **~ig** nuværende

des G von der u das

Deser't|eur m ⟨-s; -e⟩ desertør, overløber; **2ieren** v/i ⟨sn⟩ desertere, rømme

des|'gleichen denslags, deslige; sådan; ligeledes; **~halb** derfor, af den grund

Design [di'zaɪn] n ⟨-s; 0⟩ design n

Designer|(in) [di-'zaɪnər(ɪn)] m ⟨-s; -⟩ (f) designer; **~brille** f designerbriller pl

Desinfek'tion [-'tsĭo:n] f desinfektion; **~smittel** n desinfektionsmiddel n

desinfi'zieren desinficere

Desinteres|se n ⟨-s; 0⟩ desinteresse; **2siert** uinteresseret

desorientieren desorientere
Des'po|t *m ‹-en›* despot; **2tisch** despotisk;
~'**tismus** *m ‹-; 0›* despoti *n*
dessen *dem.pron* hans, *rel.pron* hvis; ~
ungeachtet desuagtet
Dessert [dɛ'sɛːʁ] *n ‹-s; -s›* dessert; ~**löffel**
m dessertske; ~**wein** *m* dessertvin
Dessous [dɛ'su:] *n* fransk undertøj *n*
Destil|lation [-'tsi̯oːn] *f* destillering, de-
stillation; ~'**lierapparat** *m* destillations-
apparat *n*; **2'lieren** destillere; **2'liert**:
~**es Wasser** destilleret vand
desto des(to), så meget; ~ **besser**
(**schlechter**) (*od* så meget) bedre
(værre); ~ **mehr** (**weniger**) des mere
(mindre)
destruk'tiv destruktiv
deswegen derfor, af den grund
Detail [-'tai̯] *n ‹-s›* detalje, enkelthed;
ÖKON *im ~* i detail, en detail; **2'lieren** de-
taillere
Detek't|ei *f* detektivbureau *n*; ~**iv(in)** *m*
‹-s; -e›, *(f)* detektiv, opdager
De'tektor *m ‹-s; -en* [-'toː-]› detektor
Deto|nation [-'tsi̯oːn] *f* detonation; **2'nie-
ren** *v/t ‹sn›* detonere
Deut *m*: **keinen ~** ikke en døjt (*od* tøddel)
deuteln *v/i ‹-le›* fordreje, fortolke spids-
findigt
deut|en *‹-e›* (*auslegen*) tyde, (for)tolke,
udlægge; (*zeigen*) pege, vise (*auf*
A/på); ~**lich** tydelig, klar; **2lichkeit** *f*
‹0› tydelighed
deutsch 1. *adj* tysk; ~**e Schrift** gotisk
skrift; **2.** *auf gut* **2** på godt tysk; **2** *sprechen* tale tysk; *sprechen Sie* **2?** taler du
tysk?; *etw.* (*A*) *ins* **2e** *übersetzen* oversætte ngt. til tysk; ~**dänisch** tysk-dansk;
2e *pl* tyskere; **2e(r)** tysker; ~**feindlich**
tyskfjendtlig; ~**freundlich** tyskvenlig;
2land *n* Tyskland *n*; **2landlied** *n* den tyske nationalsang; **2lehrer(in)** *m(f)* tysk-
lærer; ~**sprachig** tysksproget; **2tum** *n*
‹-s; 0› tyskhed; tysk væsen *n*
Deutung *f* tydning, fortolkning
De'vise *f* (*Wahlspruch*) devise, valgsprog *n*
De'visen *f/pl* fremmed valuta; ~**bewirtschaftung** *f* valutaadministration; ~**genehmigung** *f* valuta-attest; ~**geschäft**
n valutahandel; ~**händler** *m* vekselerer;
~**schmuggler** *m* valutasmugler; ~**sperre**
f spærring af valutaudførsel; ~**stelle** *f* va-
lutakontor *n*
De'zember *m* december (måned); *im ~* i
december
de'zent decent, tilbageholdende
dezentrali'sier|en decentralisere; **2ung** *f*

decentralisering
Dezer'n|at *n ‹-(e)s; -e›* afdeling *m*; ~**ent** *m*
‹-en› afdelings-, kontorchef
dezi'mal decimal; **2bruch** *m* decimalbrøk;
2system *n ‹-s; 0›* decimalsystem *n*
Dezi'meter *n* decimeter
dezi'mieren decimere
d. h. (= *das heißt*) det vil sige (d. v. s.)
d. i. (= *das ist*) det er (d. e.)
Dia ['di:a] *n ‹-s; -s›* dia(positiv) *n*
Dia'bet|es *m ‹-; 0›* diabetes, sukkersyge;
~**iker(in)** *m(f)* diabetiker
Diafilm *m* diasfilm, film til lysbilleder
Dia'gnos|e *f* diagnose; **2tisch** [ɔ] diag-
nostisk
Dia|go'nale *f* diagonal; ~'**gramm** *n ‹-(e)s;
-e›* diagram *n*; ~**ko'nisse** *f* diakonisse
Dia'lekt *m ‹-(e)s; -e›* dialekt; ~'**log** *m*
‹-(e)s; -e› dialog; ~'**lyse** *f* dialyse
Dia'mant *m ‹-en›* diamant; **2en** *adj* af diamant; ~**e Hochzeit** diamantbryllup *n*
diame'tral diametral
Diapro'jektor *m* lysbilledapparat *n*
Diät [di'ɛːt] *f* diæt; ~ *halten* holde diæt;
~**en** *pl* (parlamentariker)løn; ~**küche** *f*
diætkøkken *n*
Diavortrag *m* lysbilledeforedrag *n*
dich (*A von* **du**, *in Briefen a: Dich*) dig; *für*
~ til dig
dicht *‹-est›* tæt; F (*geschlossen*) lukket; ~
anliegen slutte tæt; ~ *bei, ~ an* (*D*) tæt
ved (*od* på); *fig er hält ~* han holder
tæt; ~ *behaart* stærkt behåret; ~ *bevöl-
kert* tæt befolket; ~ *gedrängt* tætpakket;
~ *machen* tætne, gøre tæt; *fig.* → *dicht-
machen*
Dichte *f ‹0›* tæthed, fasthed
dichten[1] *‹-e›* digte, forfatte; (*erdenken*)
opdigte, udtænke, spekulere
dichten[2] *‹-e›* TECH (*ab~, ver~*) tætte, gøre
tæt
Dichter *m* digter, forfatter; ~**in** *f* digter,
forfatter(inde); **2isch** poetisk, digterisk
dicht|-halten *fig* holde tæt; **2heit** *f ‹0›* tæt-
hed
Dichtkunst *f ‹0›* digtekunst
dicht-machen *fig. Geschäft* lukke
Dichtung[1] *f* digt(ning) *n*; (*Erdachtes*) påhit *n*, opdigtelse
Dichtung[2] *f* TECH tætning, pakning;
~**sring** *m* tætningsring; ~**sstreifen** *m*
(vindues)tætning, tætningsliste
dick tyk; (*geschwollen*) hoven; ophovnet;
fig ein ~es Fell haben have en bred
ryg; *durch ~ und dünn* gennem tykt og
tyndt
dick|bändig tyk, omfangsrig; **2bauch** *m* F

borgmestermave; tyksak; 2**darm** m tyktarm; 2**e** f tykkelse; (*Korpulenz*) fedme; **~fellig** tykhudet; (*flüssig* tykflydende; 2**häuter** m tykhud; 2**icht** n ⟨-*s*; -*e*⟩ tykning, tæt krat n; 2**kopf** m stivnakke, stædig ræl, påståelig fyr; **~köpfig** stædig, påståelig; **~leibig** tykmavet, før; 2**milch** f tykmælk; 2**schädel** m → *Dickkopf*; 2**wanst** m tykvom

Di'dakti|k f ⟨0⟩ didaktik; 2**sch** didaktisk

die → *der*

Dieb m ⟨-(e)s; -e⟩ tyv; **~e'rei** f tyveri n; rapseri n; **~esbande** f tyvebande; **~esgut** n tyvekoster pl; **~in** f tyv(etøs); 2**isch** tyvagtig; *fig* morderlig; **~stahl** m ⟨-(e)s; ⁓e⟩ tyveri n; **~stahlversicherung** f tyveriforsikring

diejenige(n) f (pl) dem.pron den (de) pl

Diele f (*Brett*) bræt n, planke; (*Fußboden*) gulv n; (*Flur*) forstue, entré; *Bauernhof:* lo

dienen v/i (D) tjene; MIL aftjene sin værnepligt; stå til tjeneste; *zu etw.* (D) ~ tjene til ngt., bruges til ngt.; *womit kann ich* (*Ihnen*) ~? hvad kan jeg tjene (od hjælpe) Dem med?, hvad kan jeg gøre for Dem?

Diener m tjener; (*Verbeugung*) buk n; **~in** f tjenerinde, kvindelig tjener; **~schaft** f tjenerskab n, personale n

dienlich tjenlig, nyttig; *j-m ~ sein* være én til nytte

Dienst m ⟨-(e)s; -e⟩ tjeneste; service; (*Amt*) embede n; *außer ~* (*a. D.*) forhenværende (fhv.), pensioneret (pens.); *in ~ treten* træde i tjeneste; *zu ~en stehen* stå til tjeneste; *~ am Kunden* kundebetjening, service; *~ habend* → *diensthabend*

Dienstag m tirsdag; 2**s** om tirsdagen

Dienst|alter n tjenestealder, anciennitet; **~antritt** m tiltrædelse (af embedet); **~auffassung** f tjenestemoral; 2**bar** tjenende; (*ergeben*) underdanig; *fig ~e Geister* tjenende ånder; 2**bereit** tjenstvillig; *Apotheke:* vagthavende; **~bezüge** m/pl løn, aflønning; **~bote** m tyende n; **~buch** n skudsmålsbog; **~eid** m embedsed; **~eifer** m tjensteiver; **~entlassung** f afsked; afskedigelse; 2**fertig** tjenstvillig; 2**frei** fri for tjeneste; **~geheimnis** n tjenstlig hemmelighed; **~grad** m MIL tjenestegrad; 2**habend** tjenstgørende, vagthavende; **~jahre** n/pl anciennitet

Dienst|leister(in) m(f) ansat i serviceerhverv; **~leistung** f tjeneste(ydelse); **~en** pl serviceydelser, servicefag pl; **~leis-**

tungssektor m servicefag pl

Dienst|leute pl tjenestefolk pl; 2**lich** tjenstlig; officiel; **~mädchen** n (tjeneste)pige, husassistent; **~mann** m drager; **~marke** f *Polizei:* politiskilt n; **~ordnung** f reglement n; **~pflicht** f embedspligt; **~reise** f tjensterejse; **~stelle** f kontor n, myndighed; 2**tauglich** tjenstdygtig; 2**unfähig**, 2**untauglich** utjenstdygtig; (*krank*) sygemeldt; **~vorschrift** f reglement n; **~wagen** m tjenestebil; **~weg** m kommandovej; *auf dem ~* ad kommandovejen; 2**widrig** imod reglementet; 2**willig** tjenstvillig; **~wohnung** f embedsbolig; **~zeit** f tjenestetid; (*Öffnungszeit*) åbningstid; MIL soldatertid

dies → *dieser*, *und das* dit og dat; **~bezüglich** pågældende

Diesel|motor m dieselmotor; **~öl** n diesel(olie)

dieser m (*diese* f, *dies*(es) n; *diese* pl) dem.pron denne, dette n; disse pl; *am 5. dieses Monats* (*d. M.*) den 5. dennes (ds.)

diesig diset

dies|jährig fra i år, dette års; **~mal** denne gang; **~seitig** på denne side; **~seits** (G) på denne side; 2**seits** n ⟨-; 0⟩ jordeliv n

Dietrich m ⟨-(e)s; -e⟩ (*Nachschlüssel*) dirk

diffa'mier|en rakke ned (på), bagtale; 2**ung** f nedrakning, bagtalelse

Diffe'ren|z f difference, forskel; *fig* uenighed

Differenzial [-'tsïa:l] n ⟨-s; -e⟩ differential n; **~getriebe** n *Auto:* differentiale n

differen'zieren differentiere, nuancere

dif'fus ⟨-est⟩ diffus

Digi'taluhr f digitalur n

Dikta'fon n ⟨-s; -e⟩ diktafon

Dik'tat n ⟨-(e)s; -e⟩ diktat

Dik'ta|tor m ⟨-s; -en [-'to:-]⟩ diktator; 2**to-risch** diktatorisk; **~'tur** f ⟨-; -en⟩ diktatur n

dik'tier|en diktere; *fig* foreskrive, befale; 2**gerät** n diktafon

Di'lemma n ⟨-s; -s⟩ dilemma n

Dilet'tant m ⟨-en⟩ dilettant; amatør; 2**isch** dilettantisk

Dill m ⟨-s; 0⟩ dild

Dimension [-'zïo:n] f dimension, udstrækning

Diminu'tiv m ⟨-s; -e⟩ diminutiv n

DIN® [di·n] (= *Deutsche Industrienorm*) tysk industristandard; **~A4-Bogen** m A-4-ark n

Diner [-'ne:] n ⟨-s; -s⟩ diner, middag

Ding n ⟨-(e)s; -e⟩ ting, sag; *iron* tingest; *vor*

D

allen ~*en* fremfor alt, især; *nicht mit rechten* ~*en zugehen* ikke gå rigtigt til; *guter* ~*e sein* være i godt humør; *unverrichteter* ~*e* med uforrettet sag; *ein* ~ *der Unmöglichkeit* ganske umuligt; *ein junges* ~ *(Mädchen)* tøs, pigebarn *n*

ding|en ⟨L⟩ *(in Dienst nehmen)* Personen tinge, fæste; *Mörder* leje; ~*fest: j-n* ~ *machen* sætte én fast; ~*lich* tinglig

Dings *n* ⟨0⟩, ~*bums* *m, f, n* ⟨0⟩ tingest, dippedut; ~*da m, f, n* ⟨0⟩: F *Herr* ~ denne hersens, hvad er det nu han hedder

Dino'saurier *m* ⟨-; -⟩ dinosaurus, øgle

Di'ode *f* diode

Diö'zese *f* stift *n*

Diphthe'rie [dif'tə-] *f* difteritis

Diph'thong [dif-] *m* ⟨-s; -e⟩ diftong, tvelyd

Di'plom *n* diplom *n*; eksamensbevis *n*; ~ *mst cand. …*

Diplo'|mat ⟨-en⟩ diplomat; ~*ma'tie* *f* ⟨*y*⟩ diplomati *n* (*a fig*); ⟨⟩*matisch* diplomatisk

Di'plom|ingenieur *m* (*Dipl.-Ing.*) civilingeniør, cand. polyt.; ~*kaufmann* *m* merkonom, cand. merc.; ~*psychologe* *m* cand. psych., psykologisk kandidat; ~*volkswirt* *m* cand. øcon., national-økonom

dippen NAUT *Flagge* kippe (med)

dir (*D von du; in Briefen: Dir*) dig

di'rekt ⟨-est⟩ direkte; ⟨⟩*flug* *m* direkte flyforbindelse

Direktion [-'tsio:n] *f* direktion, ledelse

Di'rektor *m* ⟨-s; -en [-'to:-]⟩, ~*in* [-'to:-] *f* direktør; *Gymnasium:* rektor; „*folkeskole*": skoleinspektør; *freie Bildungsstätten:* forstander

Di'rektübertragung *f* R/TV liveudsendelse

Diri'g|ent(in) *m* ⟨-en⟩ (*f*) dirigent; ⟨⟩*ieren* dirigere

Dirndlkleid *n* tyrolerkjole

Dirne *f* (*Hure*) luder

Dis|agio [-'a:dʒo] *n* ⟨-s; -s⟩ disagio; ~*counter*, ~*countladen* [dis'kaunt-] *m* billigbutik, lavprisvarehus *n*; ~*harmonie* *f* disharmoni

Dis'kette *f* EDV diskette; ~*nlaufwerk* *n* diskettedrev *n*

Disko *f* ⟨-; -s⟩ diskotek *n*

Dis'kont *m* ⟨-s; -e⟩ diskonto; ~*erhöhung* *f* diskontoforhøjelse; ~*ieren* diskontere; ~*senkung* *f* diskontonedsættelse

Disko'thek *f* diskotek *n*

dis|kredi'tieren bringe i miskredit; ⟨⟩*kre-panz* *f* diskrepans

dis'kret ⟨-est⟩ diskret, taktfuld; ⟨⟩*ion* [-'tsio:n] *f* ⟨0⟩ diskretion

diskrimi'nier|en diskriminere; ⟨⟩*ung* *f* diskriminering, forskelsbehandling

Diskus *m* ⟨-; -se⟩ SPORT diskos

Diskussion [-'sio:n] *f* diskussion, drøftelse; *zur* ~ *kommen* komme under debat

Diskuswerfer *m* diskoskaster

disku't|abel diskutabel; ~*ieren* diskutere, drøfte

Dis'pens *m* ⟨-es; -e⟩ dispensation, fritagelse (fra); ⟨⟩*ieren* fritage (*von* D/for)

dispo|'nieren *V* disponere, råde over; ⟨⟩*sition* [-'tsio:n] *f* disposition; *zur* ~ til rådighed

Dis'put *m* ⟨-(e)s; -e⟩ disput, ordstrid

disqualifi'zier|en diskvalificere; ⟨⟩*ung* *f* diskvalificering

Dis|sertation [-'tsio:n] *f* doktorafhandling, disputats; ~*si'dent* *m* ⟨-en⟩ dissident, afviger; ~*so'nanz* *f* dissonans

Dis'tanz *f* distance, afstand; ⟨⟩*ieren: sich* ~ *von* (*D*) distancere sig fra

Distel *f* ⟨-; -n⟩ tidsel; ~*fink* *m* stillids

distinguiert [-tɪŋ'giː-] distingveret

Distribution [-'tsio:n] *f* distribution

Dis'trikt *m* ⟨-(e)s; -e⟩ distrikt *n*, område *n*

Diszi'plin *f* disciplin (*a Fach*); ⟨⟩*arisch* disciplinær; ~*arverfahren* *n* disciplinærundersøgelse; ~*losigkeit* *f* mangel på disciplin

dito ditto

Diver'g|enz *f* divergens; ⟨⟩*ieren* *v/i* divergere

divers [-'vɛrs] *mst pl* forskellig(e)

Divi'dende [v] *f* dividende; ~*nausschüttung* *f* udbyttefordeling

divi|'dieren dividere, dele; ⟨⟩*sion* [-'zio:n] *f* MATH dividering; MIL division

Diwan *m* ⟨-s; -e⟩ divan, sofa

d. J. (= *dieses Jahres*) i år

DJH (= *Deutsche Jugendherberge*) tysk vandre(r)hjem *n*

DM *f* (= *Deutsche Mark*) HIST D-mark

doch dog; vel; (*jedoch*) alligevel; (*wahrhaftig*) sandelig; *nach verneinten Fragen:* jo; *lass* ~ *sein!* lad være!; *Sie wissen* ~, *dass …* De ved vel, at …; *komm* ~*!* så kom da lis!

Docht *m* ⟨-(e)s; -e⟩ væge; ~*schere* *f* lysepudser, vægesaks

Dock *n* dok; ~*e* *f* *Garn:* dukke; ⟨⟩*en* NAUT tage i dok, dokke

Dogge *f* grand danois, dogge

Dogma *n* ⟨-s; -men⟩ dogme *n*; ⟨⟩*tisch* [-'ma:-] dogmatisk; ~*'tismus* *m* ⟨-; 0⟩ dogmatisme

Dohle *f* allike

doktern *v/i* ⟨-re⟩ F doktorere

Doktor *m* ⟨-*s*; -*en* [-'to:-]⟩, **~in** [-'to:-] *f* doktor; *akadem. Titel*: ph.d.

Doktor ['dɔktɔr] (*Dr.*) doktor (dr.); (*Arzt*) doktor, læge; *seinen ~ machen* tage doktorgraden

Dokto'rand *m* ⟨-*en*⟩ doktorand

Doktorarbeit *f* doktorafhandling, doktordisputats

Dok'tri|n *f* doktrin; 2'**när** doktrinær

Doku'men|t *n* ⟨-(*e*)*s*; -*e*⟩ dokument *n*; **~'tarfilm** *m* dokumentarfilm; 2'**tarisch** dokumentarisk; 2'**tieren** dokumentere

Dolch *n* ⟨-(*e*)*s*; -*e*⟩ dolk; **~stoß** *m* dolkestød *n*

Dolde *f* blomsterskærm

Dollar *m* ⟨-*s*; -*s*⟩ dollar

Dolle *f* NAUT (åre)told

Dolmen *m* ⟨-*s*; -⟩ dysse, kæmpegrav, jættestue

dolmetsch|en tolke, oversætte; 2**er(in)** *m(f)* tolk; *Beruf a* translatør

Dolo'miten *pl* Dolomitterne *pl*

Dom *m* ⟨-(*e*)*s*; -*e*⟩ domkirke; kuppel

Domain [do'mɛin] *f* ⟨-; -*s*⟩ EDV domæne *n*

Do'm|äne *f* krongods *n*; domæne (*n*) (*a fig*); 2i'**nieren** *v/i* dominere, beherske

Domino *n* ⟨-*s*; -*s*⟩ *Spiel*: domino *n*; **~spiel** *n* dominospil *n*; **~stein** *m* dominobrik

Dompfaff *m* ⟨-*en*⟩ zo dompap

Dompteur [-'tø:r] *m* ⟨-*s*; -*e*⟩ domptør, dyretæmmer

Donner *m* torden; 2**n** *v/i* ⟨-*re*⟩ tordne (*a schimpfen*); *es donnert* det tordner; **~schlag** *m* tordenskrald *n*, tordensbrag *n*

Donnerstag *m* torsdag; 2**s** *adv* om torsdagen

Donnerwetter *n fig* tordenprædiken; *Fluch*: pokkers også!

doof F dum; (*langweilig*) dødkedelig

Doping *n* ⟨-*s*; -*s*⟩ doping

Doppel *n* dublet; (*Abschrift*) genpart, kopi; SPORT double(spil *n*); **~besteuerung** *f* dobbeltbeskatning; **~bett** *n* dobbeltseng; 2**bödig** *fig* dobbeltbundet; **~brief** *m* brev *n* med overvægt; **~decker** *m* FLUG dobbeltdækker; 2**deutig** tvetydig; **~fenster** *n* dobbeltvindue, forsatsvindue *n*; **~gänger(in)** *m(f)* dobbeltgænger; **~hochzeit** *f* dobbeltbryllup *n*; **~kinn** *n* dobbelthage; **~klick** *m* EDV dobbeltklik *n*; **~kopf** *m* ⟨-(*e*)*s*; 0⟩ kortspil *n* med to spil kort; **~lauf** *m* diftong; **~leben** *n* ⟨-*s*; 0⟩ *fig* dobbeltlivværelse; **~moral** *f* dobbeltmoral; **~punkt** *m* kolon *n*; 2**seitig** dobbeltsidig, tosidig; **~sinn** *m* tvetydighed; 2**sinnig** tvetydig; **~spiel** *n* ⟨-*s*; 0⟩ *fig* dobbeltspil *n*; **~stecker** *m* dobbeltkontakt; dobbeltstik *n*;

2**t** dobbelt; **~e Buchführung** dobbelt bogholderi *n*; **~ so viel** dobbelt så meget; *das* 2**e** det dobbelte; *fig mit ~em Boden* dobbeltbundet; **~tür** *f* fløjdør; **~verdiener** *m/pl* par *n*, hvor begge arbejder; **~zentner** *m* 100 kg; **~zimmer** *n* dobbeltværelse *n*; 2**züngig** dobbeltmoralsk, falsk

Dorf *n* ⟨-(*e*)*s*; *-er*⟩ landsby, lille by (på landet); *das sind böhmische Dörfer für ihn* han aner ikke en skid; **~bewohner** *m* landsbyeboer; **~kirche** *f* landsbykirke

Dörfler *m* landsbyeboer

Dorf|schenke *f* landsbykro; **~schule** *f* landsbyskole

Dorn *m* ⟨-(*e*)*s*; -*en*⟩ torn; tjørn; TECH dorn; *fig ein ~ im Auge* en torn i øjet; **~busch** *m* tornebusk

Dornen|hecke *f* tjørnehæk; **~krone** *f* tornekrone

dorn|ig *fig* tornefuld; 2'**röschen** [-sç] *n* Tornerose; 2'**röschenschlaf** *m fig* tornerosesøvn

dörr|en tørre; 2**obst** *n* tørrede frugter *pl*

Dorsch *m* ⟨-*es*; -*e*⟩ torsk

dort der(henne); *hier und ~* her og der; F hist og pist; *von ~ aus* derfra; **~her** derfra; **~hin** derhen; **~ig** derværende

Dose *f* dåse, æske; konserves

dösen *v/i* ⟨-*t*⟩ døse, halvsove, dase

Dosen|bier *n* dåseøl; **~öffner** *m* dåseåbner

do's|ieren dosere; 2**is** ['do:-] *f* ⟨-; *Dosen*⟩ dosis

do'tieren dotere

Dotter *n od m* æggeblomme; **~blume** *f* kabbeleje

Double [du:bl] *n* ⟨-*s*; -*s*⟩ Film: dubleant

downloaden ['daunlo:dan] downloade

Do'zent(in) *m* ⟨-*en*⟩ (*f*) docent

Dr. (= **Doktor**) doktor; **~ habil.** (= *doctor habilitatus*) *entspricht etwa* (dansk) doktor; **~ h. c.** (= **Doktor honoris causa**) æresdoktor

Drache *m* ⟨-*n*⟩ drage; **~n** *m* (*Papier*-) drage; *fig* kælling

Dragée [-'ʒe:] *n* ⟨-; -*s*⟩ MED tablet, pille

Dra'goner *m* dragon; *fig* kælling

Draht *m* ⟨-(*e*)*s*; *-e*⟩ (metal)tråd, ståltråd; **~bürste** *f* stål(tråds)børste; 2**en** ⟨-*e*⟩ telegrafere; **~fenster** *n* ståltrådsvindue *n*; **~gewebe** *n* trådvæv *n*, trådnet *n*; **~glas** *n* ⟨-*es*; 0⟩ monierglas *n*; 2**ig** strid, stiv; (*sportlich*) spændstig; *Haar*: strittende; 2**los** trådløs; **~seil** *n* ståltov *n*, wire, kabel *n*; *Nerven wie ~ haben* have nerver af stål; **~seilbahn** *f* svævebane; **~stift** *m* (kobber)søm *n*; **~verhau** *m* pigtrådsspærring; **~zange** f trådtang; **~zaun** m tråd-hegn n; **~zieher(in)** m(f) fig bagmand

dra'konisch drakonisch

drall adj stram, fast; rund, fyldig; fig spændstig, rask

Drall m ⟨-(e)s; -e⟩ riffel(ud)boring; (om)-drejning, snoning; fig tilbøjelighed

Drama n ⟨-s; -men⟩ drama (a fig), skuespil n

Dra'ma|tik f ⟨0⟩ dramatik; fig dramatik; **~tisch** dramatisk; fig a spæn-dende; **~ti'sieren** dramatisere; **~tur'gie** f skuespilteori, dramaturgi

dran: ich bin ~ det er min tur

Drä'nage [-ʒə] f dræning; dræn n

Drang m ⟨-(e)s; -e⟩ (Gedränge) trængsel; (Bedrängnis) trang; fig længsel (nach D/efter); **den ~ nach etw.** (D) verspüren føle trang til ngt

drängeln v/i ⟨-le⟩ skubbe, mase på; (for-dern) kræve

drängen (drücken) trænge, mase, skubbe, trykke; (be~) plage, pine; (antreiben) til-skynde, opmuntre; **es drängt mich** jeg føler trang (til); **die Zeit drängt** det haster; **sich ~** trænges, stimle sammen, flokkes

Drangsal f ⟨-; -e⟩ trængsel, nød; **2'ieren** plage; Schule: mobbe; **~'ieren** n ⟨-s; 0⟩ mobning

drä'nieren dræne, tørlægge

Dra|pe'rie f draperi n; **2'pieren** drapere

drastisch drastisk

drauf → **darauf**, **2gänger** m F gå-på-mand; **~'gängertum** n ⟨-s; 0⟩ gå-på-mod n; **~geben: j-m eins ~** give én en opsang (od afklapsning); **~gehen** v/i ⟨sn⟩ gå med (i løbet), gå til; **~zahlen** betale oveni

draus → **daraus**

draußen derude, udenfor; (im Freien) ude; **von ~** udefra

Drechs|elbank [-ks-] f ⟨-; -e⟩ drejebænk; **2eln** dreje; **~ler** m drejer

Dreck m ⟨-(e)s; 0⟩ (Schmutz) snavs n, skidt n; (Kot) møg n, P lort n; (Kleinigkeit) smule, bagatel; **2ig** P beskidt, snavset (a fig); **es geht mir ~** det går mig skidt, jeg har det skidt; **~sau** f V svinemikkel, gris

Dreh m ⟨-(e)s; -e⟩ håndelag n, tag n; F **den ~ kennen** kende fidusen; **~achse** f om-drejningsakse; **~arbeiten** f/pl filmopta-gelser pl; **~bank** f ⟨-; -e⟩ drejebænk; **2bar** drejelig; **~bleistift** m skrueblyant, pencil; **~brücke** f svingbro; **~buch** n dre-jebog; **~bühne** f drejescene; **2en** dreje;

(wenden) vende; Film optage, filme; Zi-garette rulle; **sich ~** dreje sig, vende sig; **~er** m drejer; **~knopf** m knap; **~kran** m svingkran; **~orgel** f lirekasse; **~punkt** m omdrejningspunkt n; **~scheibe** f dreje-skive; **~strom** m ⟨-(e)s; 0⟩ trefaset veksel-strøm; **~stuhl** m kontorstol; **~tür** f sving-dør; **~ung** f (om)drejning; **~zahl** f om-drejningstal n; **~zahlmesser** m omdrej-ningstæller

drei tre; **2** f tretal n; Würfel: treer; **~armig** trearmet; **~beinig** trebenet; **~dimensio-nal** tredimensional; **2eck** n ⟨-(e)s; -e⟩ tre-kant; **~eckig** trekantet; **~ein'halb** treen-halv; **~'einig** REL treenig; **~erlei** ⟨0⟩ tre slags; **2erpakt** m tremagtspagt; **~fach** tre-dobbelt; **ein ~es Hoch** et trefoldigt leve; **2faltigkeit** f ⟨0⟩ trefoldighed; **2'farben-druck** m trefarvetryk n; **~farbig** trefar-vet; **2fuß** m treben n; **~hundert** tre hun-drede; **~jährig** treårig; **2kampf** m tretrin-trekamp; **2'käsehoch** ⟨-s; -s⟩ spirrevip; **2klang** m treklang; **2'königsfest** n hel-ligtrekonger(sfest); **~köpfig** tremands; **~mal** tre gange; **~malig** tre gange genta-get; **2master** m tremaster; **2'meilenzone** f tremilszone; **~'monatlich** tre måneders, kvartalsvis

drein → **darein**

drei|phasig trefaset; **2rad** n trehjulet cy-kel; **~seitig** tresidet; **~silbig** trestavelses-; **~sitzig** trepersoners; **~sprachig** i tre sprog; tresproget; **2sprung** m SPORT tre-spring n

dreißig tredive; **in die 2ern** (od **~er Jah-ren**) i trediverne; **2er** m mand i tredi-verne; **~jährig** trediveårig; **der 2e Krieg** tredveårskrigen; **~ste(r)** trediveste

dreist ⟨-est⟩ dristig, djærv; fræk, vaks; **2ig-keit** f dristighed; frækhed

drei|stimmig trestemmig; **~stöckig** tre-etagers; **~stufig** tretrins; **~stündig** tretri-mers; **2'tagebart** m skægstubbe pl; **~tä-gig** tredages; **~'tausend** tre tusind; **2tei-lung** f tredeling; **~viertel** tre fjerdedel(s); **2viertel'stunde** f tre kvarter pl; **2zack** m ⟨-(e)s; -e⟩ trefork; **~zehn** tretten; **~zehn-te(r)** trettende; **2'zimmerwohnung** f tre-værelseslejlighed; **~zinkig** tregrenet

Dresch|e f ⟨0⟩ F prygl, klø pl, tæsk pl; **2en** ⟨L⟩ tærske; F klø; fig leeres Stroh ~ tær-ske langhalm; **~en** n ⟨-s; 0⟩ tærskning; **~flegel** m plejl; **~maschine** f tærskeværk n

dres's|ieren dressere; **2ur** f dressur

dribbeln v/i ⟨-le⟩ SPORT drible

Drill m ⟨-(e)s; 0⟩ MIL u fig eksercits; **~boh-**

rer m drilbor n; **2en** bore; eksercere, afrette

Drillich m ‹-s; -e› drejl n

Drilling m ‹-s; -e› trilling; treløbet jagtgevær n

Drillmaschine f såmaskine

drin → **darin**

dring|en v/i (L; sn) trænge (hen); **zu j-m ~** trænge hen til én; **in j-n ~** trænge ind på én; **~end, ~lich** trængende; (eilig) påtrængende; (zwingend) tvingende; **~!** haster!; **~e Gefahr** overhængende fare

Dringlichkeit f ‹0› nødvendighed; indstændighed; **~sliste** f prioriteringsliste; **~ssitzung** f hastemøde n

Drink m ‹-s; -s› drink

drinnen (der)inde

dritt: zu ~ tre mand høj; **~e** tredje; **~e(r)** tredje; **2el** n tredjedel; **~ens** for det tredje; **~letzte(r)** tredjesidste

droben deroppe, ovenpå

Droge f apotekervare, materialvare; (Rauschmittel) narkotika pl, F stof n; **~nabhängige** m/f narkoman; **~nopfer** n F narkovrag n

Droge|rie f materialhandel; **~'ist** m ‹-en› materialhandler, materialist

Droh|brief m trusselsbrev n; **2en** v/i (D) true (**j-m mit etw.** D/én med ngt.); **2end** truende

Drohne f drone; fig dovenlars

dröhnen v/i drøne, runge

Drohung f trussel

drollig pudsig, morsom, F sjov

Drome'dar n ‹-s; -e› dromedar

Drops m ‹-; -› bolsje n; **saurer ~** syrligt bolsje n, drops n

Droschke f drosche; taxa

Drossel f ‹-; -n› zo drossel; **~klappe** f тесн drosselklap; **2n** ‹-le› lukke af (for), skrue ned (for)

drüben derovre, på den anden side; **hüben und ~** (både) her og der; **von ~** derovrefra

drüber → **darüber**

Druck m ‹-(e)s; -e, тесн ~e› tryk n, pres n; (Schwere) tyngde; fig (efter)tryk n; pres n, pression; тур trykning; **in ~ geben** give i trykken; **im ~ sein** under trykning; fig være under pres; **im ~ erscheinen** komme på tryk; **~ausgleich** m trykudligning

Druckbuchstabe m type; **~n** pl (Blockschrift) trykte bogstaver pl

Drückeberger m skulker, luskepeter, arbejdsky (person); fejg fyr

drucken тесн trykke; **wie gedruckt spre-**

chen tale som en bog; **2** n ‹-s; 0› trykning

drücken trykke, presse; (belasten) tynge; (eng sein) klemme; fig nedtrykke, undertrykke; **j-m etw.** (A) **in die Hand ~** stikke en ngt.; **~!** tryk (på knappen)!; fig **wo drückt der Schuh?** hvor trykker skoen?; **sich ~** skulke, luske af; drive den af; **~d** trykkende; fig plagende; **~ heiß** lummer

Drucker m (bog)trykker, typograf

Drücker m Tür: håndtag n, klinke; Gewehr: aftrækker

Drucke'rei f trykkeri n

Drucker|presse f trykpresse; **~schwärze** f ‹0› tryksværte

Druck|farbe f tryksværte; **~fehler** m trykfejl; **~fehlerteufel** m fig sætternisse; **~knopf** m tryklås; тесн (tryk)knap, afbryder; **~kosten** pl trykkeomkostninger pl; **~luft** f ‹0› trykluft, komprimeret luft; **~luftbohrer** m trykluftbor n; **~messer** m manometer n; **~mittel** n pressionsmiddel n; **~pumpe** f trykpumpe; **~sache** f tryksag; **~schrift** f tryksag, brochure; Buchstaben: trykte bogstaver pl; **~seite** f trykside

drucksen v/i ‹-t› F tøve, trykke sig

Druck|stelle f Apfel: stødt (od blødt) sted n, **~taste** f trykknap; **~verband** m MED kompres n; **~welle** f trykbølge; **~werk** n trykt værk n, bog

drum → **darum**; **2 und Dran** hvad der hører med

Drummer(in) ['drɑmər(ɪn)] m ‹-s; -› (f) trommeslager

drunte|n dernede; **~r: ~ und drüber** hulter til bulter

Drüse f kirtel; **~nkrankheit** f kirtelsygdom

Dschungel [dʒ-] m jungle

DSL n Internetanschluss: bredbånd n

du (in Briefen: Du) du; **bist ~ es?** er det dig?; **j-m das 2 anbieten** foreslå en at blive dus; **mit j-m auf ~ und ~ sein** være meget gode venner med én

Dua'lismus [duˈaˑ-] m ‹-; 0› dualisme

Dübel m dyvel, pløk; **2n** ‹-le› slå pløkker i

dubios [-ˈbĭoːs] ‹-est› dubiøs, tvivlsom

Du'blette f dublet

duck|en: sich ~ bøje sig, dukke sig; **2mäuser** m F hykler, luskepeter, F lumskebuks

dudel|n: F es **dudelt** muzakken spiller; **2sack** m sækkepibe

Du'ell n ‹-s; -e› duel, tvekamp; **2'ieren: sich ~** duellere

Du'ett n ‹-(e)s; -e› duet

Duft m ‹-(e)s; ~e› duft; fig duft; **2e** F smart, mægtig; **2en** v/i ‹-e-› dufte, lugte (**nach** D/af ngt.); **2end** duftende, vellugtende; **2ig** Kleid:

let, luftig

Du'katen *m* dukat

duld|en ⟨-*e*-⟩ tåle, lide; (*gestatten*) finde sig i; **~sam** tålsom, tolerant; **2samkeit** *f* ⟨0⟩ tålsomhed, tolerance; **2ung** *f* ⟨0⟩ tolereren; udholden

dumm ⟨*~er*; *~st*⟩ dum; (*verrückt, übermütig*) fjollet; **e-e ~e Geschichte** en ærgerlig historie (*od* sag); **~es Zeug!** sludder og vrøvl!; **sich ~ anstellen** spille dum; **~dreist** dumdristig; **2er'jungenstreich** *m* drengestreg; **2heit** *f* dumhed; **aus ~** af dumhed; **2kopf** *m* grødhoved *n*, dumrian, dum fyr

dumpf dump; (*gefühllos*) sløv; *Luft*: trykkende, muggen; *Klang*: hul; **2heit** *f* ⟨0⟩ sløvhed; lummerhed

Düne *f* klit; **~ngras** *n* marehalm

Dung *m* ⟨-*es*; 0⟩ gødning

Düng|emittel *n* kunstgødning, gødningsstof *n*; **2en** gøde, gødske; **~er** *m* gødning; **~ung** *f* gødskning

dunkel ⟨-*kl*-⟩ dunkel; (*finster*) mørk; (*unklar*) utydelig, uklar; **~ werden** blive mørkt; **2** *n* ⟨-*s*; 0⟩ mørke *n*; **im ~n** i mørke

Dünkel *m* ⟨-*s*; 0⟩ indbildskhed, standshovmod *n*

dunkel|blau mørkeblå; **~braun** mørkebrun; **~farbig** mørk(farvet); **~grün** mørkegrøn; **2heit** *f* ⟨0⟩ mørke *n*, mørkhed; (*Unklarheit*) uklarhed; **bei einbrechender ~** ved mørkets frembrud; **2kammer** *f* mørkekammer *n*; **2mann** *m* bagmand; **~n** *v/i* ⟨-*le*⟩ mørknes, blive mørkt; **2ziffer** *f* (formodet) reelt (an)tal *n*

dünken synes, forekomme; **es dünkt mich, mich dünkt** det forekommer mig, jeg synes; **sich ~** bilde sig ind at være

dünn tynd; **~ werden** tabe sig; blive tynd; *fig* **sich ~ machen** stikke af; **2darm** *m* tyndtarm; **2druckausgabe** *f* udgave på tyndt papir; **2druckpapier** *n* silkepapir, japanpapir *n*; **~flüssig** tyndtflydende

Dunst *m* ⟨-*es*; *~e*⟩ dunst; (*Nebel*) tåge, dis; (*Dampf*) damp, røg; *fig* (*Ahnung*) begreb *n*; *fig* **j-m blauen ~ vormachen** bilde én ngt. ind; **~abzugshaube** *f* emhætte

dünsten ⟨-*e*-⟩ dampkoge

Dunst|glocke *f* forureningsdyne; **2ig** diset, tåget; (*schwül*) trykkende, lummer; **~kreis** *m fig* dunstkreds

Dünung *f* dønning

Duo ['duːo] *n* ⟨-*s*; -*s*⟩ duo

Dupli'kat *n* ⟨-(*e*)*s*; -*e*⟩ genpart, kopi

Dur *n* ⟨-; 0⟩ dur

durch 1. *prp* (*A*) (i)gennem; (*vermittels*) (ved hjælp) af, gennem, ved; (*dank*) tak-

ket være; **~ Deutschland** gennem Tyskland; **~ Geld erwerben** erhverve for penge; **quer ~** tværs igennem; **zehn ~ zwei** ti divideret med to; **die ganze Nacht ~** hele natten igennem; **2. adv:** **~ und ~** helt igennem; **er ist ~** han er kommet igennem, han er over det

durch-|arbeiten gennemarbejde, gennemgå; **sich ~** arbejde sig igennem; *fig* bane sig vej; **~atmen** *v/i:* **tief ~** trække vejret dybt ind

durch'aus fuldstændig, aldeles, helt og holdent; (*unbedingt*) endelig, absolut; **~ nicht** aldeles ikke, slet ikke

durch-|backen gennembage; **~beißen** bide over (*od* itu); *fig* **sich ~** slå sig igennem; **~blasen** blæse igennem; **~blättern** blade igennem; **2blick** *m* udsigt, kik *n*; *fig* overblik *n*; **~blicken** se (tværs) igennem; *fig* have (et) overblik; *fig* **~ lassen** antyde, lade skinne igennem; **2blutung** *f* ⟨0⟩ blodomløb *n*; **~bohren** gennembore; **~braten** gennemstege; **~brechen** *v/t* brække over (*od* itu); *v/i* ⟨*sn*⟩ bryde igennem (*od* frem); *Zähne:* komme frem

durch'brechen *v/t* gennembryde (*a fig*), lave hul i

durch-|brennen *v/t* brænde hul i; *v/i* ⟨*sn*⟩ brænde igennem; *fig* stikke af; **~bringen** bringe igennem; *Kranke* gøre rask; *Gesetz* få vedtaget; *Geld* ødsle bort; **sich ~** slå sig igennem; **2bruch** *m* gennembrud *n*; **zum ~ kommen** bryde frem

durch'denken gennemtænke, overveje

durch-|drängen: sich ~ mase sig igennem; **~drehen** *v/i* ⟨*sn*⟩ *fig* gå agurk, flippe ud; **~dringen 1.** *v/i* ⟨*sn*⟩ trænge igennem; **2.** **~'dringen** gennemtrænge; **~dringend** gennemtrængende; **~drücken** trykke igennem; *fig* trumfe igennem; **~'eilen** gennemile

durchei'nander hulter til bulter, mellem hinanden; **2** *n* ⟨-*s*; 0⟩ rod *n*, virvar *n*; **~bringen** bringe i uorden; *fig* blande sammen

durch-|fahren 1. *v/t* ⟨*sn*⟩ rejse (*od* køre, sejle) igennem; **2.** **~'fahren** gennemfare, gennemrejse; **2fahrt** *f* gennemrejse; *Schiff:* gennemsejling; *Auto:* gennemkørsel; **~ verboten!** gennemkørsel forbudt!; **2fall** *m* MED diarré, tynd mave; *fig* fiasko; **~fallen** *v/t* ⟨*sn*⟩ falde igennem; (*Examen*) dumpe; **~faulen** *v/i* ⟨*sn*⟩ rådne igennem; **~fechten** sætte igennem; **sich ~** slå sig igennem; **~feilen** gennemfile; **~finden: sich ~** finde ud af det; **~·fliegen 1.** v/t ⟨sn⟩ flyve igennem; **2. ~'fliegen** gennemflyve; fig gennemlæse (hastigt); **~·fließen 1.** v/i ⟨sn⟩ flyde (od strømme) igennem; **2. ~'fließen** gennemstrømme; **2flug** m gennemflyvning; **2fluss** m gennemstrømning; **~'forschen** gennemforske; **~·fragen: sich ~** spørge sig frem; **~·fressen: sich ~** F nasse, snylte **durch|führbar** gennemførlig; **~·führen** føre igennem; fig gennemføre; **2führung** f gennemføring; fig gennemførelse

Durch|gang m gennemgang; (Weg) passage; ÖKON transit! **~·verboten!** gennemgang forbudt!; **2gängig** almindelig; helt igennem, uden undtagelse

Durchgangs|güter n/pl transitgods n; **~handel** m transithandel; **~verkehr** m gennemgående trafik; **~zug** m (D-Zug) lyntog n, eksprestog n

durch|gedreht F forvirret, flippet ud; **~(ge)'froren** forfrossen; **~·gehen** v/t ⟨sn⟩ (durchsehen) gennemgå; Vorschlag gå igennem; v/i ⟨sn⟩ (weglaufen) løbe væk; Pferd: løbe løbsk; fig **j-m etw.** (A) **~ lassen** tillade én ngt.; bære over med ngt. hos én; **~gehend** gennemgående; **~ geöffnet** åben hele dagen; **~'geistig** sjælfuld, æterisk; **~·gießen** hælde igennem; **~·glühen 1.** gennemgløde; **2. ~'glühen** fig opflamme; **~·greifen** gribe igennem; fig gribe (kraftigt) ind; **~greifend** gennemgribende; **~·halten** holde ud til det sidste; **~·hauen** hugge igennem; F gennembanke; **~·hecheln:** fig etw. (A) **~** sladre om ngt.; **~·heizen** fyre over; **~·helfen** v/i (D) hjælpe igennem; **sich ~** slå sig igennem; **~'irren** gennemstrejfe; **~·jagen** v/i ⟨sn⟩ jage igennem; **~·kämmen** rede igennem; fig gennemtrawle, gennemsøge; **~·kämpfen: sich ~** slå sig igennem; **~·kauen** fig tygge igennem; **~·klingen** klinge (od lyde) igennem; **~·kneten** gennemmælte; **~·kochen** gennemkoge; **~·kommen** v/i ⟨sn⟩ komme igennem; (Examen) bestå; (entgehen) komme (godt) fra det; **~·können** kunne komme igennem; **~'kreuzen** fig krydse, tilintetgøre; **~·kriechen** v/i ⟨sn⟩ krybe igennem; **~·kriegen** få igennem **Durch'lass** m ⟨-es; ~e⟩ (Tor) gennemgang; (Rohr) afløbsrør n; (Sieb) sold n, sigte; **2·lassen** lade slippe igennem; **2lässig** gennemtrængelig, utæt **Durch'laucht** f ⟨0⟩ (Deres) højhed **durch|·laufen 1.** v/i ⟨sn⟩ løbe igennem; **sich** (D) **die Füße ~** få ømme fødder; **2. ~'laufen** gennemløbe; **2lauferhitzer**

m gennemstrømningsvandvarmer; **~·leben** gennemleve; **~·lesen** gennemlæse; **2lesen** n gennemlæsning; **~·leuchten 1.** v/i skinne igennem; **2. ~'leuchten** gennemlyse; MED røntgenundersøge; **2'leuchtung** f gennemlysning; **~·liegen: sich ~** få liggesår; **~'löchern** gennemhulle; **ganz durchlöchert sein** være fuld af huller; **~·lüften** udlufte, lufte ud; **~·machen** gennemgå, døje, opleve; **2marsch** m gennemmarch; F diarré; **~marschieren** v/i ⟨sn⟩ marchere igennem; **2messer** m diameter; **~·müssen** måtte (gå) igennem; **~'nässt** gennemvåd; **~·nehmen** gennemgå; **~nummerieren** give fortløbende numre; **~·peitschen** gennempiske; fig trumfe igennem; **~·probieren** prøve grundigt; **~·prügeln** gennemprygle; **~'queren** gennemrejse; **~·rasseln** v/i ⟨sn⟩ Schüler: falde igennem, dumpe; **~·rechnen** regne igennem; **~·regnen** v/i regne igennem; **2reiche** f serveringslem, serveringslug

Durch|reise f gennemrejse; **auf der ~** på gennemrejse; **2·reisen** v/i ⟨sn⟩ rejse igennem; **2. 2'reisen** gennemrejse **durch·|·reißen** rive i/u; v/i ⟨sn⟩ gå i stykker; **~·reiten 1.** v/i ⟨sn⟩ ride igennem; **2. ~'reiten** gennemride; **~'rieseln** gennemstrømme, gennemrisle, fare igennem; **~·ringen: sich zu etw.** (D)~ overvinde sig selv til; **~·rosten** v/i ⟨sn⟩ ruste over (od igennem); **~·rühren** røre godt igennem

durchs = durch das

Durch|sage f meddelelse; **2·sagen** meddele (videre) **durch·|·sägen** save over, gennemsave; **~·schauen 1.** se (od kigge) igennem; **2. ~'schauen** fig gennemskue; **~·schauern** gennemisne; **~·scheinen** v/i skinne igennem; **~·scheinend** gennemskinnelig; **~·scheuern** skure i stykker; **~·schießen 1.** skyde (od fare) igennem; **2. ~'schießen** gennemskyde; **~'schiffen** gennemsejle; **~·schimmern** v/i skinne igennem; **~·schlafen** v/i sove … igennem **Durch|schlag** m (Sieb) dørslag n, sigte; (Kopie) gennemslag n, kopi; TECH punsel; **2·schlagen 1.** slå igennem (a Erfolg haben); **sich ~** slå sig igennem, bane sig vej; **2. 2'schlagen** slå igennem; **2schlagend** fig gennemgribende; afgørende; **~schlagpapier** n gennemslagspapir n; **~schlagskraft** f ⟨0⟩ gennemslagskraft (a fig) **durch·|·schlängeln: sich ~** sno sig igennem (a fig); **~schleichen** v/i ⟨sn⟩ liste (od snige) (sig) igennem; **~schleppen** slæbe igennem; **~schlüpfen** v/i ⟨sn⟩ smutte igennem (od over); **~schmelzen** smelte igennem (od over); **~schmuggeln** smugle igennem; **~schneiden 1.** skære (od klippe) igennem (od over); **2.** ~'schneiden skære igennem (od i stykker)

Durchschnitt m gennemsnit n; (Durchschneidung) gennemskæring; **im ~** i gennemsnit; **2lich** i gennemsnit; fig middelmådig

Durchschnitts|betrag m gennemsnitsbeløb n; **~ertrag** m gennemsnitsudbytte n; **~geschwindigkeit** f gennemsnitsfart; **~mensch** m gennemsnitsmenneske, dusinmenneske n; **~preis** m gennemsnitspris; **~temperatur** f middeltemperatur; **~wert** m gennemsnitstal n

durch|·schnüffeln gennemsnuse; **~schreiben** skrive igennem, kalkere; **~schreiten 1.** v/i ⟨sn⟩ gå igennem; **2.** ~'schreiten gennemvandre; **2schrift** f kopi, duplikat n; **2schuss** m skud n der er gået igennem; TYP spatium n; **~schütteln** gennemryste; (Flüssigkeiten) omryste; **~schwimmen 1.** v/i ⟨sn⟩ svømme igennem; **2.** ~'schwimmen gennemsvømme; **~schwindeln: sich ~** svindle sig igennem; **~schwitzen** gennemsvede; **~segeln** gennemsejle; **~sehen v/i** (lesen) gennemse; **sich ~** hæve sig; **2.** ~'setzen gennemtrænge, blande (mit D/med); **durchsetzt mit** spækket med

Durchsicht f ⟨0⟩ gennemsyn n; **zur ~** til gennemsyn; **2ig** gennemsigtig (a fig)

durch|·sickern v/i ⟨sn⟩ sive ud (a fig), bløde igennem; **~sieben** sigte; **~spielen** spille igennem; (genomen) drøfte; **~'stechen 1.** gennembore; **2.** ~stechen stikke igennem; **~stecken** stikke (od putte) igennem; **~stehen** stå igennem; **~stellen** TEL stille om (zu j-m/til én); **2stich** m gennemstikning, -gravning, -skæring; **~stöbern** gennemstøve; gennemrode; **2.** ~'stoßen gennembore; **~streichen** strege ud, slå en streg over; **~streifen** gennemstrejfe; **~strömen 1.** v/i ⟨sn⟩ strømme igennem; **2.** ~'strömen gennemstrømme; (Polizei) ransage; **2suchung** f gennemsøgning; (Polizei) ransagning; **2suchungsbefehl** m ransagningskendelse;

~tanzen Schuhe danse i stykker; Nacht tilbringe med dans; **~'tränken** gennemvæde, gennembløde; imprægnere; fig gennemsyre; **~'trieben** adj udspekuleret (durk)dreven; **~wachen** gennemvåge; **~'wachsen** adj med fedtstriber (i); fig så som så; **~wählen** TEL dreje direkte; **~'wandern** gennemvandre; **~'wärmen** gennemvarme

durchweg gennemgående, helt igennem

durch|'wehen blæse igennem; **~'weichen 1.** gennembløde; **2.** ~·weichen v/i ⟨sn⟩ blive gennemblødt; **~winden: sich ~** (a fig); sno sig igennem; **~'wirken** gennemvæve; **~wollen** ville igennem; **~'wühlen 1.** gennemrode; **2.** ~wühlen: sich ~ grave sig igennem; **~zählen** tælle igennem (od efter); **~'zechen** gennemsvire; **~'zeichnen** gennemtegne, kalkere; **~ziehen 1.** trække igennem; fig føre til ende; v/i ⟨sn⟩ drage igennem; **2.** ~'ziehen v/t drage igennem, gennemrejse; (durchwirken) gennemvæve; **~'zucken** fare igennem; **2zug** m gennemmarch; Luft: gennemtræk; **~zwängen: sich ~** kante sig igennem

dürfen ⟨L⟩ (wagen) turde; (Erlaubnis) måtte, have lov til; (können) kunne; **du darfst ...** du må godt ...; **darf ich fragen?** må jeg (få lov [til] at) spørge?; **es dürfte (nicht) schwer sein** det turde (ikke) være svært; **wenn ich bitten darf** om jeg må bede; **was darf es sein?** De ønsker?

dürftig (karg) utilstrækkelig, tarvelig; (ärmelig) trængende, fattig; Begabung: middelmådig; **2keit** f ⟨0⟩ tarvelighed

dürr tør, udtørret; (mager) mager; **2e** f tørke

Durst m ⟨-es; 0⟩ tørst; **~ haben** være tørstig; **2en, dürsten** v/i ⟨-e-⟩ tørste (nach D/efter; a fig); **2ig** tørstig; **2löschend, 2stillend** læskende, som slukker tørsten; **~strecke** f fig ørkenvandring

Dusch|e f brusebad n; **2en** v/i tage brusebad; **~kabine** f brusebås; **~raum** m bruserum n; **~vorhang** m brusebadsforhæng n

Düse f tud, mundstykke n; dyse

Dusel m ⟨-s; 0⟩ (Schwindel) svimmelhed, ørhed; (Schläfrigkeit) døs, drømmen; (Rausch) rus; F (Glück) svineheld n; **2ig** (schwindelig) gr, svimmel, fortumlet; (schläfrig) døsig

Düsen|antrieb m: **mit ~** jetdreven; **~flugzeug** n jetmaskine, jet(fly n); **~jäger** m jetjager; **~motor** m, **~triebwerk** n jetmotor

Dussel *m* F tossehovede *n*; ₂**ig** F klodset, ubehjælpsom

düster [y:] mørk, skummel; *fig* trist, mørk; ₂**keit** *f* ⟨0⟩ mørke *n*, skummelhed; *fig* tristhed

Dutt *m* ⟨-(e)s; -s⟩ F (*Frisur*) knude

Dutzend *n* ⟨-s; -e⟩ dusin *n*; **zu ~en** i dusinvis; **~mensch** *m* dusinmenneske *n*; **~ware** *f* ⟨0⟩ dusinvare; ₂**weise** i dusinvis

duz|en [u:] ⟨-t⟩ sige du til, være dus med (*a* **sich mit j-m ~**); ₂**freund** *m* dusbroder

DVD-Player [-ple:-] *m* ⟨-s; -⟩ dvd-afspiller

Dy'nam|ik *f* ⟨0⟩ dynamik; ₂**isch** dynamisk

Dyna'mit *n* ⟨-s; 0⟩ dynamit

Dy'namo *m* ⟨-s; -s⟩ dynamo; **~maschine** *f* dynamo(maskine)

Dy'nastie *f* dynasti *n*

D-Zug ['de:tsu:k] *m* lyntog *n*

E

E, e *n* E, e *n*

EAN-Code [-ko:d] *m* ⟨-s; -s⟩ stregkode

Ebbe *f* ebbe (*a fig*)

eben 1. *adj* jævn, lige; *Landschaft*: flad; (*glatt*) jævn; **zu ~er Erde** på jævn mark; *Haus*: i stueetagen; **2.** *adv* netop, lige, just, akkurat; **das ~ nicht** ikke netop det; **~ darum** netop derfor; **er war ~ hier** han var lige her; **er ist ~ angekommen** han er lige kommet; **~ damals** lige da; **~ erst** først nu; **er ist ~ ein Schuft!** han er nu engang en skurk!

Eben|bild *n* genbillede *n* (*G*/af); ₂**bürtig** jævnbyrdig; ₂**'da** sammesteds; ₂**'darum** netop derfor

Ebene *f* slette; MATH flade, plan *n*; **schiefe ~** skråplan *n*; *fig* **auf die schiefe ~ geraten** komme ud på skråplanet

eben|erdig i gadehøjde, i stueetagen; **~falls** ligeledes, også, i lige måde; ₂**heit** *f* ⟨0⟩ jævnhed; ₂**holz** *n* ibenholdt *n*; ₂**maß** *n* jævnmål *n*, symmetri; **~mäßig** jævn, velformet; rank; **~so** ligeså, ligeledes; **~ groß (gut)** lige så stor (god); **~ sehr, ~ viel** lige så meget; **~ wenig** lige så lidt

Eber *m* vildsvin *n*; orne; **~esche** *f* røn(nebærtræ *n*)

ebnen ⟨-e-⟩ (ud)jævne, glatte; *fig* **den Weg ~** bane vejen (for)

E-Business ['i:bɪznɪz] *m* ⟨-; 0⟩ e-handel

Echo *n* ⟨-s; -s⟩ ekko *n*, genlyd; **~lot** *n* ekkolod *n*

echt ⟨-est⟩ ægte; (*wahr*) sand, rigtig; (*unverfälscht*) uforfalsket; **echt?** er det rigtigt?; ₂**heit** *f* ⟨0⟩ ægthed

Eckball *m* SPORT hjørnespark *n*

Ecke *f* hjørne *n*, krog; (*Kante*) kant; (*Haus*₂) gadehjørne *n*; *fig* **an allen ~n (und Enden)** på alle ledder (og kanter); *Schule u fig*: **in die ~ stellen** sætte i skammekrogen; **um die ~ biegen** dreje om

hjørnet

Ecker *f* ⟨-; -n⟩ (*Buch*₂) bog

Eck|fenster *n* hjørnevindue *n*; **~haus** *n* hjørnehus *n*; ₂**ig** kantet, skarp; *fig* usleben; **in ~en Klammern** i skarp parentes; **~lohn** *m* grundløn; **~pfeiler** *m* hjørnepille; **~platz** *m* hjørneplads; **~schrank** *m* hjørneskab *n*; **~stein** *m* hjørnesten (*a fig*); **~zahn** *m* hjørnetand; **~zimmer** *n* hjørneværelse *n*; vinkelstue

Eden *n*: **der Garten ~** Edens Have

E'dikt *n* ⟨-(e)s; -e⟩ edikt *n*

EDV (= **Elektronische Datenverarbeitung**) elektronisk databehandling (edb)

Efeu *m* ⟨-s; 0⟩ vedbend

Eff'eff: *etw.* (*A*) **aus dem ~ können** kunne ngt. på fingrene

Ef'fekt *m* ⟨-(e)s; -e⟩ effekt, virkning; **~en** *pl* effekter, sager; værdipapirer; **~enbörse** *f* fondsbørs; **~hasche'rei** *f* ⟨0⟩ anglen efter popularitet

effek'tiv effektiv, virksom

effekt'voll effektfuld, virkningsfuld

EG (= **Europäische Gemeinschaft**) det Europæiske Fællesskab (EF)

e'gal lige; ligegyldig; **das ist mir (ganz) ~** det er mig lige meget (*od* F fedt)!

Egel *m* zo igle

Egge *f* harve; ₂**n** harve

Ego|'ismus *m* ⟨-; -men⟩ egoisme; selviskhed; ₂**'ist** *m* ⟨-en⟩ egoist; ₂**'istisch** selvisk, egoistisk; ₂**'zentrisch** egocentrisk

eh: **wie ~ und je** som altid; **~e** inden, før(-end)

Ehe *f* ægteskab *n*, giftermål *n*; **in erster ~** i første ægteskab; **Kind aus erster ~** barn af første ægteskab; **wilde** ~ papirløst ægteskab; **~anbahnung** f ægteskabsformidling; **~beratung** f ægteskabsrådgivning; **~bett** n ægteseng

ehebreche|n (*ich breche die Ehe*) være utro; **2r** m utro ægtemand; **~risch** utro (i ægteskab)

Ehebruch m utroskab

ehedem fordum, før

Ehe|frau f kone, hustru; **~gatte** m mand, ægtefælle; **~gattin** f hustru; **~hälfte** f F bedre halvdel; **~hindernis** n ægteskabshindring; **~leute** pl gifte (folk), ægtefolk pl; **2lich** ægteskabelig; *Kinder:* ægte; **~e Gemeinschaft** samliv n; **2lichen** ægte, gifte sig med; **2los** ugift

ehe|malig tidligere, forhenværende (fhv.); **~mals** før, tidligere

Ehe|mann m (ægte)mand; **~paar** n ægtepar n

eher før (**als** end); (*lieber*) hellere; **je ~, desto besser** jo snarere des bedre

Ehe|recht n ⟨-(e)s; 0⟩ ægteskabsret, ægteskabslovgivning; **~ring** m vielsesring

ehern ['eːərn] af malm (*od* bronce) af streng, hård

Ehe|scheidung f skilsmisse; **~scheidungsklage** f skilsmissebegæring; **~schließung** f indgåelse af ægteskab; vielse

ehest: *am* **~en** snarest (*a fig*)

Ehe|stand m ⟨-(e)s; 0⟩ ægtestand; *in den* **~treten** indgå ægteskab, gifte sig; **~vermittlung** f ægteskabsformidling; **~versprechen** n ægteskabsløfte n; **~vertrag** m ægtepagt

ehrbar ærbar; **2keit** f ⟨0⟩ ærbarhed

Ehre f ære; hæder; *auf* **~!** på ære (sord)!; *ein Mann von* **~** en mand af ære; *in* (*allen*) *n* i al ærbarhed; *ich habe die* **~** jeg har den ære; *j-m in* **~n erweisen** vise én hæder; *in* **~n halten Sache** holde i hævd

ehren ære; (*auszeichnen*) hædre; *Traditionen* holde i hævd; → *a* **geehrt**

Ehren|amt n (ulønnet) hædershverv, tillidshverv n; **2amtlich** for ærens skyld, uden betaling, frivillig, ulønnet, gratis; **~bezeigung** f hædersbevisning; **~bürger(in)** m(f) æresborger; **~doktor** m (= *Dr. h. c.*) æresdoktor; **~erklärung** f æresprejsning; **~gast** m æresgæst; **~gericht** n æresret; **2haft** ⟨-est⟩ hæderlig; **2halber** for ærens skyld, honoris causa, æres...; **~kompanie** f æreskompagni n; **~mal** n mindesmærke n (for de faldne); **~mann** m hædersmand; **~mitglied** n æresmedlem n; **~preis 1.** m ærespræmie; **2.** n

BOT ærenpris; **~recht** n: *die bürgerlichen* **~e** de borgerlige rettigheder; **~rettung** f æresoprejsning; **2rührig** ærerørig, krænkende; **~runde** f æresrunde; **~sache** f æressag; F selvfølgelighed; **~tag** m hædersdag; **~titel** m hæderstitel; **2voll** ærefuld; hæderlig; **2wert** agtværdig; **~wort** n ⟨-(e)s; -e⟩ æresord n; (*auf*) **~!** på (spejder)ære!; **~zeichen** n hæderstegn n, orden

ehr|erbietig ærbødig; **2erbietung** f ⟨0⟩ ærbødighed; **2furcht** f ærefrygt; **2gefühl** n ⟨-(e)s; 0⟩ æresfølelse; **2geiz** m ærgerrighed, ambition; **~geizig** ærgerrig, ambitiøs

ehrlich ærlig, hæderlig; retskaffen, skikkelig; **~ gesagt** ærlig talt; **2keit** f ⟨0⟩ ærlighed

ehr|los æreløs; **2losigkeit** f ⟨0⟩ æreløshed; **~sam** ærbar; **~süchtig** æresyg; **2ung** f hædersbevisning, hyldest

Ehr|würden: *Euer* **~** Deres velærværdighed; **2würdig** ærværdig

ei! ih!, så så!, aha!

Ei n ⟨-(e)s; -er⟩ æg n; *fig wie aus dem* **~ gepellt** så pæn som et pillet æg; *mit j-m wie mit e-m rohen* **~ umgehen** behandle én som et råddent æg; *sich gleichen wie ein* **~ dem anderen** ligne hinanden som to dråber vand; *ein weiches* (*hartes*) **~** et blødkogt (hårdkogt) æg

Eibe f taks(træ n)

Eichamt n justérkammer n

Eiche f eg, egetræ n

Eichel f ⟨-; -n⟩ agern n; ANAT penishoved n; **~häher** m skovskade

eichen1 adj af egetræ, egetræs-

eichen2 justere, måle

Eichen|holz n egetræ n; **~wald** m egeskov f

Eichhörnchen n egern n

Eich|maß n justérmål n; **~meister** m justérmester; **~ung** f justéring

Eid m ⟨-(e)s; -e⟩ ed; (*Versprechen*) (højtideligt) løfte n; *e-n* **~ leisten** aflægge ed (*auf A/på*); *an* **~es statt** under eds tilbud; **~bruch** m edsbrud n

Eidechse [-ksə] f firben n

Eider f ⟨0⟩ GEOGR Ejder; **~daune** f edderdun n; **~ente** f edderfugl

Eides|formel f edsformular; **~leistung** f edsaflæggelse; **2stattlich** under eds tilbud; **~e Erklärung** erklæring på tro og love; **~verweigerung** f edsvægring

Eid|genosse m edsforbunden; **~genossenschaft** f ⟨0⟩ edsforbund n; **2genössisch** edsforbunden; svejtsisk; **2lich** under ed

Eidotter n æggeblomme

Eier|becher m æggebæger n; **~kuchen** m omelette, pandekage; **~likör** m æggesnaps; **~löffel** m æggeske; **~schale** f æggeskal; **~schneider** m æggeskærer, æg(ge)deler; **~speise** f æggeret; **~stock** m ANAT ægge- stok; **~tanz** m: *fig* *e-n* **~** *aufführen* være ude på slap line; **~uhr** f æggeur n

Eifer m *⟨-s; 0⟩* iver; *fig* hidsighed; *in* **~** *ge- raten* blive ivrig (*od* hidsig); **~er** m iver, fanatiker; **2n** *v/i* *⟨-re⟩* ivre (*gegen* A/mod); *fig* blive hidsig; (*wetteifern*) kap- pes (*mit* j-m/med én); **~sucht** f *⟨0⟩* skinsyge, jalousi; (*Neid*) misundelse; **~süchte'lei** f smålig skinsyge; **2süchtig** skinsyg, jaloux; (*neidisch*) misundelig (*auf* A/på; *wegen* G/over); **~suchtsdra- ma** n jalousidrama n

eiförmig ægformet, aflang, oval

eifrig ivrig; *fig* hidsig

Eigelb n *⟨-s; -e⟩* æggeblomme

eigen *adj* egen; (*kennzeichnend*) særegen, karakteristisk; (*seltsam*) ejendommelig, besynderlig; (*kleinlich*) sær, vanskelig; *im Essen*: kræsen; *auf* **~***e Faust* på egen hånd; *aus* **~***em Antrieb* af egen drift; *sein* **~***er Herr sein* være sin egen herre; *in* **~***er Person* i egen person; *sich* (*D*) *zu* **~** *machen* tilegne sig; *fig* overtage; *auf* **~***e Rechnung* for egen regning; *es ist ihm* **~** det er ejendommeligt (*od* ty- pisk) for ham

Eigen|art f ejendommelighed; egenart; **2artig** ejendommelig, egenartig, særpræ- get, karakteristisk; **~bedarf** m eget brug n; **~brötler** m særling, enspænder; **~ge- wicht** n egenvægt, nettovægt; **2händig** egenhændig; **~heim** n eget hjem n (*od* hus n); **~heit** f ejendommelighed, særhed; **~kapital** n egenkapital; **~liebe** f *⟨0⟩* egen- kærlighed; **~lob** n selvros; **~ stinkt** selvros stinker, **2mächtig** egenmægtig, egen- rådig; **~mächtigkeit** f egenmægtighed; **~name** m egennavn n; **~nutz** f *⟨-es; 0⟩* egennytte; **2nützig** egennyttig

eigens særlig, speciel, alene

Eigen|schaft f egenskab; *in seiner* **~** *als* i sin egenskab af; **~schaftswort** n GRAM til- lægsord n, adjektiv n; **~sinn** m *⟨-(e)s; 0⟩* egensindighed, trods; **2sinnig** egensin- dig, trodsig; **2ständig** selvstændig, uaf- hængig

eigentlich egentlig; (*ursprünglich*) oprin- delig; *im* **~***en Sinne* i egentlig forstand

Eigen|tor n selvmål n; **~tum** n *⟨-s; 0⟩* ejen- dom, eje n; **~tümer** m ejer(mand) m; **~tü- merin** f ejerinde; **2tümlich** ejendomme-

lig; egen; karakteristisk, typisk; **~tüm- lichkeit** f ejendommelighed

Eigentums|recht n ejendomsret; **~verge- hen** n berigelsesforbrydelse; **~wohnung** f ejerlejlighed

eigenwillig selvrådig; trodsig

eign|en *⟨-e-⟩*: *sich* **~** egne sig (*zu* D/til *od* for), passe (sig) (*zu* D/til *od* for); *geeig- net für* egnet for, passende for; **2er** m ejer; **2ung** f egnethed, skikkethed; **2ungsprüfung** f (optagelses)prøve, duelighedsprøve

Eiland n *⟨-(e)s; -e⟩* *poet* ø, holm

Eil|bote m ekspresbud n; *durch* **~***n* (*pr.*) ekspres; **~brief** m ekspresbrev n

Eile f *⟨0⟩* hast, skyndsomhed; *in aller* **~** i største hast; *es hat* (*keine*) **~** det haster (ikke); **~ haben** have travlt

eilen *v/i* *⟨sn⟩* skynde sig, ile; *es eilt* det haster; **~ds** i hast

eil|fertig tjenstivrig; **2gespräch** n TEL eks- pressamtale; **2gut** n ilgods n; *als* **~** som ilgods

eilig hurtig, skyndsom; (*dringend*) has- tende, presserende; *es* **~** *haben* have travlt

Eil|marsch m, **~schritt** m ilmarch; **~paket** n eksprespakke; **~sendung** f ekspresfor- sendelse; **~zug** m lyntog n; **~zustellung** f ekspresudbringning

Eimer m spand; NAUT pøs; *fig im* **~** *sein* væ- re lige til lossepladsen; **2weise** i spande- vis

ein **1.** *Zahlwort:* en, et; *betont:* én, ét; *um ~ Uhr* klokken (kl.) et; *es ist ~s* klokken er et; **~** *für alle Mal* én gang for alle; *in* **~***em fort* uafbrudt, i ét væk; *es ist mir* **~***s* det er mig lige meget; **2.** *art* (*ein, eine, ein*) en, et n; **~** *jeder* enhver; **3.** *pron* én, man, nogen; *es tut* **~***em wohl* det gør én godt; *der* **~***e ...*, *der andere* de ene ... den anden; **~***er nach dem andern* den ene efter den anden; *die* **~***en ... die andern* nogle ... andre; **4.** *adv weder* **~** *noch aus wissen* hverken vide ud eller ind

einachsig **~er Anhänger** tohjulet på- hængsvogn

Einakter m THEA enakter

ei'nander hinanden, hverandre

ein-arbeiten indarbejde; *sich* **~** sætte sig ind (*in* A/i)

einarmig enarmet

ein-äscher|n *⟨-re⟩* lægge i aske, brænde (*a Leiche*); **2ung** f Tote: ligbrænding

ein-atmen indånde; trække vejret

ein·äugig enøjet; **2bahnstraße** f gade med ensrettet kørsel

einbalsamieren balsamere

Ein|band m indbinding; omslag n; **2bändig** i ét bind, etbinds-; **~bau** m indbygning; indbygget del

ein·bau|en indbygge (*in* A/i); **eingebaut** indbygget; **2küche** f elementkøkken n

Einbaum m båd af træstamme

Einbauschrank m indbygget skab n

einbe|greifen medregne; inkludere; **~griffen** indbefattet, inklusive, medregnet, iberegnet; **~halten** holde tilbage

einberuf|en *Versammlung u* MIL indkalde; **2ung** f indkaldelse

ein·bett|en (*in* A) TECH nedlægge (i); *fig* stille i en større sammenhæng; **2zimmer** n enkeltværelse n

ein|beziehen medregne; drage ind; **~·biegen** v/t bøje indad; v/i ⟨*sn*⟩ dreje ind

ein·bild|en: *sich* (D) ~ indbilde sig; *sich* (D) *viel* ~ være indbildsk; være stolt (*auf* A/over); **eingebildet** indbildsk; **2ung** f indbildning; indbildskhed; **2ungskraft** f ⟨0⟩ indbildningskraft, fantasi

ein·|binden binde ind (*in* A/i); *Bücher* indbinde; *fig* stille i en (større) sammenhæng; **~bläuen**: *j-m etw.* (A) ~ banke ngt. ind i én; **~blenden** R/TV u *Film* fade (*od* blænde) ind; **2blick** m indblik n; *e-n* ~ *in etw.* (A) *gewähren* få (et) indblik i ngt.; ~ *gewähren in* (A) give indblik i

ein·brech|en 1. v/t *Tür* sprænge; 2. v/i ⟨*sn*⟩ styrte sammen; *Dieb:* bryde ind, gøre indbrud n; *im Eis:* falde igennem isen; **2er(in)** m(f) indbrudstyv

ein·brennen brænde (et mærke) ind i; **~bringen** bringe (*od* føre) ind; *Gesetz* fremsætte; *Nutzen* afkaste, indbringe; (*einsparen*) indvinde; **~brocken** brække i, smuldre i; *fig sich etw.* (*Schönes*) ~ rode sig ind i ngt.; sidde kønt i det

Einbruch m indbrud n; *Bau:* sammenstyrtning; *der Nacht:* frembrud n, komme n; **~sdiebstahl** m indbrudstyveri n; **2ssicher** indbrudssikker

Einbuchtung f indbugtning

ein·bürger|n ⟨-re⟩ give indfødsret; *sich* ~ få (*od* vinde) indpas; **2ung** f naturalisation

Ein|buße f tab n, skade; **2·büßen** miste, tabe

ein·|checken [-tʃɛkən] checke ind; **~cremen** smøre ind

ein·|dämmen inddæmme; *fig* indskrænke; dæmme op (for); **~dämmung** f inddæmmelse

ein·deck|en: *sich* ~ *fig* dække sig ind (med); **2er** m FLUG endækker

ein·deich|en inddige; **2ung** f inddigning

eindeutig entydig, klar, tydelig; **2keit** f tydelighed

ein·deutschen fortyske

ein·dräng|en: *auf ihn* ~ trænge sig ind på ham; *sich* ~ trænge sig ind

ein·drehen dreje ind; skrue ind

ein·dring|en ⟨*sn*⟩ trænge ind (*auf j-n/*på én); **~lich** indtrængende, eftertrykkelig; **2ling** m ⟨*-s; -e*⟩ ubuden gæst; påtrængende person, snyltegæst

Ein|druck m ⟨*-(e)s; ⁓e*⟩ indtryk n; *einen* ~ *gewinnen* få (*od* danne sig) et indtryk; **2·drücken** trykke ind; **2drucksvoll** imponerende; tankevækkende, gribende

eine → *ein*

ein·ebnen udjævne (*a fig*)

ein|eiig enægget; **~ein'halb** halvanden

einen v/t → *einigen*

ein·engen indsnævre (*a fig*)

einer 1. én, ét n; → *ein u eins*; 2. 2 m ener; **~'lei** ens, af samme slags; (*einförmig*) ensformig; (*gleichgültig*) ligegyldig, lige meget; *das tägliche* 2 den daglige trummerum; **~seits** på den ene side

einfach *adj* enkelt; (*schlicht*) jævn, simpel, ligetil, ligefrem, usnobbet; (*bescheiden*) beskeden; *ganz* ~ ganske simpelt; *adv* ligefrem, simpelthen; **2heit** f ⟨0⟩ enkelhed; simpelhed

ein·fädeln ⟨-le⟩ træde; *fig* anstifte, indlede; *Verkehr:* *sich* ~ flette sig ind

ein·fahr|en v/t køre ind; *neues Auto* køre til; v/i ⟨*sn*⟩ køre ind; NAUT sejle ind; **2t** f indkørsel; (*Ankunft*) ankomst; (*Hafen-*) indsejling

Einfall m indfald n (*a* MIL), idé; (*Eingebung*) indskydelse; *Bau:* sammenstyrtning; *auf den* ~ *kommen* få den idé

ein·fallen v/i ⟨*sn*⟩ falde ind; (*einstürzen*) styrte sammen; (*abmagern*) blive mager; MIL gøre indfald n; *was fällt Ihnen ein?* hvad tænker De på?; *was fällt Ihnen ein!* det er uforskammet!; *sich* (D) *etw.* (A) ~ *lassen* tænke på, få den idé

einfalls|reich idérig; **2winkel** m indfaldsvinkel

Ein|falt f ⟨0⟩ enfoldighed; uskyldighed; **2fältig** enfoldig, naiv, F blåøjet; **~faltspinsel** m F fjols n

Einfamilienhaus n enfamilie(s)hus n, parcelhus n

ein·farbig ensfarvet

ein·fass|en indfatte, sætte i ramme;

Saum: kante; 2*ung f* indfatning; (*Saum*) kant

ein·|fetten (ind)smøre, indgnide; **~finden**: *sich ~* indfinde sig, møde (op); **~flechten** indflette (*a fig*); **~fließen** *v/i* ⟨*sn*⟩ flyde ind; *etw.* (*A*) *~ lassen* nævne i forbigånde; **~flößen** ⟨*-t*⟩ hælde i; *fig* indgive (*a* MED), indgyde

Einflug *m* indflyvning; **~schneise** *f* indflyvningsrute

Einfluss *m* indløb, udløb *n*; *fig* indflydelse (*auf A*/på); 2*los* uden indflydelse; **~nahme** *f* påvirkning; pres *n*, manipulation; 2*reich* indflydelsesrig

ein·|flüstern tilhviske, indgive; **~fordern** indkræve; opkræve

einförmig ensformig

ein·|fressen: *sich ~ Säure u fig* ætse sig ind (*in A*/i); **~fried(ig)en** indhegne; **~frieren** fastfryse (*a Preise*); *Lebensmittel* dybfryse; nedfryse (*a Pläne*)

ein·fügen indføje, indskyde; *sich ~* føje (*od passe*) sig ind (*in A*/i)

ein·|fühl|en: *sich ~* leve sig ind (*in A*/i); **~sam** følsom, med megen finfølelse; 2*ung f* indføling; 2*ungsvermögen* n indfølingsevne

Einfuhr *f* ⟨-; *-en*⟩ indførsel, import; **~beschränkungen** *f/pl* importrestriktioner *pl*; **~bestimmungen** *f/pl* indførselsbestemmelser *pl*

ein·führen indføre, importere; *in die Gesellschaft*: præsentere, introducere; *in ein Amt*: indsætte

Einfuhrgenehmigung *f* indførselstilladelse

Einführung *f* indførelse; introduktion; (*Einleitung*) indledning; (*Empfehlung*) anbefaling

Einfuhr|verbot *n* indførselsforbud *n*; **~zoll** *m* indførselstold, importafgift

ein·|füllen fylde i (*od* på); 2*gabe f* indlevering; EDV input *n*; (*Eintippen*) indtastning; 2*gabefeld* *n* indtastningsfelt *n*

Eingang *m* indgang, adgang; (*Empfang*) ankomst; *Waren*: tilførsel; **~ finden** vinde indpas

eingangs i begyndelsen; 2*bestätigung f* modtagelseskvittering; 2*datum* *n* modtagelsesdato; 2*tür f* indgangsdør, gadedør

ein·geben *Arznei* give (ind); *Gesuch* indlevere; *fig* indgive, indskyde; inspirere

einge|bildet indbildsk; (*vermeintlich*) indbildt; **~boren** indfødt; 2*borene* *m/f* indfødt

Eingebung *f fig* indskydelse; inspiration

einge|denk: *~ sein* (*G*) huske, mindes;

~fallen indfalden; *Bau*: sammenstyrtet; **~fleischt** indgroet, uforbederlig

ein·gehen *v/t* indgå (*a Ehe*); *ein Risiko ~* løbe en risiko; *e-e Wette ~* vædde; *v/i* ⟨*sn*⟩ gå ind (*auf A*/på); *Post*: indløbe, ankomme; *Gelder*: komme ind; (*aufhören*) gå ind, ophøre; *Stoff*: krybe ind; **~d** indgående, nøje

Einge|machte(s) *n* syltetøj *n*; 2*meinden* ⟨-*e*-⟩ indlemme (i kommune), sammenlægge; **~meindung** *f* kommunesammenlægning; 2*nommen* indtaget (*für A*/for; *gegen A*/mod); *von sich* (*D*) **~ sein** være indbildsk, bilde sig ngt. ind; 2*schränkt* ~krænket; **~schränktheit** *f* ⟨*0*⟩ indskrænkethed; 2*schrieben* *Brief*: anbefalet; 2*sessen* bosat, hjemmehørende; **~ständnis** *n* bekendelse, indrømmelse; 2*stehen* tilstå, indrømme; **~weide** *n*/*pl* indvolde *pl*; **~weihte(r)** indviet; 2*wöhnen*: *sich ~* vænne sig til; falde til; 2*wurzelt* rodfæstet; indgroet; 2*zogen* tilbagetrukket; MIL indkaldt

ein·|gießen hælde i, skænke i; **~gipsen** MED lægge i gips

eingleisig enkeltsporet; *fig* ensporet, ensidig

ein·glieder|n indføje, indlemme; integrere; *sich ~* tilpasse sig, lade sig integrere; 2*ung f* integration

ein·|graben grave ned; **~gravieren** indgravere; **~greifen** *v/i* gribe ind (*in A*/i); **~grenzen** ⟨*-t*⟩ begrænse; afgrænse; 2*griff* *m* indgriben; MED, POL *usw* indgreb *n*; **~haken** hægte på; *Paar*: tage under armen; *eingehakt* arm i arm

Ein|halt *m* ⟨-(*e*)*s*; *0*⟩ standsning; *e-r Sache* (*D*) *~ gebieten* standse en sag; 2*halten* *v/t* (*aufhalten*) standse, holde tilbage, stoppe; (*beachten*) overholde; *v/i* standse, holde inde; *halt ein!* hold op!; **~haltung** *f Frist*: overholdelse

einhändig enhåndet

ein·|hängen hænge i (*od* op); TEL lægge røret på; **~hauchen** *fig e-r Sache neues Leben ~* puste nyt liv i en sag; **~hauen** *v/t* indhugge; *v/i* slå løs (*auf A*/på); F (*beim Essen*) tage for sig af retterne; **~heften** (ind)hæfte

einheimisch indenlandsk; hjemmehørende, lokal; (*eingeboren*) indfødt; 2*e(r)* *m/f* *pl* den lokale befolkning

ein·|heimsen ⟨*-t*⟩ (ind)høste; **~heiraten** gifte sig ind

Einheit *f* enhed (*a* MIL); 2*lich* ens(artet);

E

~lichkeit f ⟨0⟩ ensartethed

Einheits|bestrebungen f/pl enhedsbe-
stræbelser pl; ~preis m enhedspris;
~schule f enhedsskole; ~wert m Steuer:
vurdering

ein-heizen lægge i kakkelovnen (a fig),
fyre

einhellig enstemmig; 2keit f ⟨0⟩ enstemmighed; enighed, overensstemmelse

ein'her frem (a der vej[en]); ~fahren v/i ⟨sn⟩
komme kørende; ~gehen v/i ⟨sn⟩
komme gående; ~ mit være forbundet
med

ein-hol|en indhente, nå; (einkaufen) købe
ind; die Erlaubnis ~ spørge om lov; 2ung
f indhentning

Einhorn n enhjørning

ein-hüllen indhylle, indsvøbe (in A/i)

ein'hundert ethundrede

einig enig; ~ werden blive enig, enes
(über A/om); ~e pl nogle, enkelte pl; ~
Mal nogle gange; ~ Zeit et godt stykke tid

einigen forene; (versöhnen) forlige; sich ~
blive enig, enes

einig|er'maßen nogenlunde; så som så;
~es noget

Einig|keit f ⟨0⟩ enighed, overensstem-
melse; ~ung f forening; (Vergleich) forlig
n

ein-|impfen fig indprente (j-m etw. [A] én
ngt.); ~jagen indjage (j-m Angst én
angst)

einjährig etårig

ein|kalkulieren indkalkulere; tage i be-
tragtning; ~kapseln ⟨-le⟩ indkapsle
(sich sig)

Ein|kauf m indkøb n; ærinde n; Einkäufe
machen handle, gå på indkøb; 2-kaufen
købe ind, handle

Einkäufer m (op)køber

Einkaufs|bummel m strøgtur; ~preis m
indkøbspris; ~tasche f indkøbstaske;
~wagen m indkøbsvogn; ~zentrum n
indkøbscenter n, butikstorv n

Einkehr f ⟨0⟩ ophold n, rast

ein-|kehren v/i ⟨sn⟩ tage ind (bei j-m til
én; in e-m Wirtshaus på en kro); ~keilen
kile fast, indkile; ~kellern ⟨-re⟩ lægge i
kælderen; ~kerben skære ind; 2kerbung
f indhak n; ~kerkern ⟨-re⟩ sætte i fængsel;
~kesseln ⟨-le⟩ indeslutte, indkredse;
~klagen indklage; ~klammern sætte i parentes

Ein|klang m samklang (a fig), overens-
stemmelse; in ~ bringen mit få til at passe
med; 2-kleben klæbe ind

ein-kleid|en iklæde; indklæde; 2ung f

i(nd)klædning

ein-|klemmen klemme fast (od ind);
~klinken hægte til (od på); ~knicken
v/t knække; v/i ⟨sn⟩ knække sammen;
2knöpffutter n aftageligt foer n; ~ko-
chen (lade) koge ind; (einwecken) hen-
koge

ein-kommen v/i ⟨sn⟩ Geld: indkomme; 2
n indtægt, indkomst; ~sschwach lavt-
lønnet; 2steuer f indkomstskat; 2steuer-
erklärung f selvangivelse

ein-kreis|en indkredse, omringe; 2ung f
indkredsning

ein-|kremen smøre ind; 2künfte f/pl ind-
tægt(er pl); ~kuppeln Auto: koble til

ein-lad|en Waren læsse på; Gäste indbyde,
invitere; ~end indbydende, fristende;
2ung f Gäste: indbydelse, invitation;
2ungsschreiben n skriftlig indbydelse

Einlage f indlæg n; (Beilage) bilag n; (Einsatz) indsats; (Kapital) indskud n; (Ein-
schub) ekstranummer n; Schuh: indlægssål, fodindlæg n; in der Suppe: boller pl,
grønsager pl, nudler pl

ein-lager|n opmagasinere; 2ung f opma-
gasinering

Einlass m ⟨-es; ⁻e⟩ adgang; ~ gewähren
lade komme ind

ein-lassen give adgang, lukke ind; (einfügen) indføje; TECH indlægge; sich ~ indlade sig (mit j-m med én; auf etw.
[A]/på ngt.)

Einlasskarte f adgangskort n, billet

Einlassung f JUR udtalelse, indrømmelse

Einlassventil n indgangsventil

Ein|lauf m indløb n; MED lavement n;
2-laufen v/i ⟨sn⟩ løbe ind; NAUT sejle
ind; Stoff: krybe (ind), krympe; sich ~
SPORT løbe sig varm

ein-läuten ringe ind

ein-leben: sich ~ in (A) leve sig ind i; (sich
eingewöhnen) falde til

Einlege-arbeiten f/pl Möbel: intarsia

ein-leg|en lægge ind (i); Obst sylte; Geld
indsætte; Ehre ~ indlægge sig ære; Einspruch ~ protestere; ein (gutes) Wort
für j-n ~ lægge et (godt) ord ind for én;
eingelegter Hering marineret sild

Einlegesohle f indlægssål, fodindlæg n

ein-leit|en indlede; Abwasser udlede;
~end indledende; adv indledningsvis;
2ung f indledning; udledning

ein-lenken fig dreje af, give efter, trække i
land

ein-leuchten v/i (D) være indlysende (od
klar) (j-m for én); das leuchtet mir nicht
ein det kan jeg ikke indse; ~d indlysende

ein·liefer|n indlevere, aflevere; *Krankenhaus*: (lade) indlægge; ⏃ung f indlevering; indlæggelse; ⏃ungsfrist f indleveringsfrist; ⏃ungsschein m modtagelsesbevis n

ein|liegend indlagt, vedføjet; ⏃liegerwohnung f separat lejlighed (i parcelhus); ~lochen F putte i spjældet; ~loggen [-lɔgən]: *sich* ~ logge sig på

ein·lös|en indløse, indfri; ⏃ung f indløsning, indfrielse

ein·lullen lulle i søvn

ein·mach|en sylte, henkoge; *eingemachte Erdbeeren* jordbærsyltetøj n; ⏃glas n henkogningsglas, sylteglas n

einmal 1. en gang; *auf* ~ på en gang, pludselig; **2.** engang: *nicht* ~ ikke engang; *es war* ~ der var engang; *komm* ~ *(od mal) her!* kom (nu) hen til mig!; *noch* ~ endnu engang, én gang til; → *mal*; ⏃*eins* n ⟨-; 0⟩: *das kleine (große)* ~ den lille (store) tabel; ~*ig* som kun sker én gang, engangs-; *fig* enestående

Ein|'mannbetrieb m enmandsbetjening; enmandsfortagende n

Einmarsch m indmarch; ⏃ieren v/i ⟨sn⟩ indmarchere

Einmaster m NAUT enmaster

ein·mauer|n ind(e)mure; ~mengen → *einmischen*; ~mieten: *sich* ~ leje sig ind (*bei* D/hos)

ein·misch|en: *sich* ~ (*in* A) indblande sig (i); ⏃ung f indblanding

einmotorig enmotoret

ein·|motten ⟨-e-⟩ præparere (*od* beskytte) mod møl; *Schiffe* lægge i mølpose, oplægge; ~mumme(l)n indhylle (*sich* sig)

ein·münd|en v/i ⟨sn⟩ udmunde (*in* A/i); ⏃ung f udmunding

einmütig enstemmig; ⏃keit f ⟨0⟩ enstemmighed, overensstemmelse

ein·nähen sy ind, sy i

Einnahme f indtægt(e); (*Gewinn*) indtægt; ~quelle f indtægtskilde

ein·nebeln ⟨-le-⟩ MIL dække med (kunstig) tåge, (ind)hylle i tåge; *fig* udlægge røgslør

ein·nehmen indtage; *Geld* få ind; *fig* vinde; ~ *für (gegen)* stemme (u)gunstig for; ~*d fig* indtagende

ein·nicken v/i ⟨sn⟩ falde i søvn

ein·nisten: *sich* ~ bygge rede; *fig* bosætte sig, sætte sig fast; *er hat sich eingenistet* han er ikke til at jage ud igen

Einöde f udørken, ensomt sted n

ein·ölen smøre (med olie)

ein·ordn|en indordne, rubricere; *sich* ~

tilpasse sig; *Verkehr:* vælge spor; ⏃ung f indordning; klassificering

ein·|packen pakke ind; *fig* pakke sammen; ~parken parkere; ~passen indpasse, tilpasse; ~pauken *fig (j-m etw. [A])* banke ngt. ind i én; ⏃peitscher m POL indpisker; demagog; ~pendeln: *sich* ~ falde på plads; ~pferchen indelukke, stuve sammen (*a fig*); ~pflanzen plante (ind); indpode; MED transplantere; ~pfropfen indpode; proppe ind

einphasig enfaset

ein·|pinseln male, stryge; MED pensle; ~planen inddrage i overvejelserne *pl*; ~pökeln (ned)salte

ein·präg|en indpræge; *fig a* indprente (*sich* D/sig); ~sam markant; let at huske

ein·pressen presse ind

einquartier|en indkvartere; ⏃ung f indkvartering

ein·rahm|en indramme; ⏃ung f indramning; ramme (*a fig*)

ein·|rammen ramme i (*od* ned); ~rasten v/i ⟨sn⟩ hægte på (*od* i); ~räuchern gennemryge; indhylle i røg

ein·räum|en flytte ind; (*abtreten*) afstå, overlade; *fig* indrømme, tilstå; ⏃ung f afståelse; *fig* indrømmelse

ein·rechnen medregne, iberegne

ein·reih|en indordne; ~ig en(kelt)radet

Ein|rede f indvending; ⏃·reden bilde ind; overtale til; *auf j-n* ~ søge at overtale én

ein·|regnen: *sich* ~ blive ved med at regne; ~reiben indgnide; *sich* ~ kræme sig ind; ~reichen indgive, indlevere

Einreise f indrejse; ~erlaubnis f indrejsetilladelse

ein·reisen v/i ⟨sn⟩ indrejse

Einreisevisum n indrejsevisum n

ein·|reißen v/t nedrive; v/i ⟨sn⟩ gå i stykker; *fig* gribe om sig; ~reiten ride til; ~renken sætte i led; *fig wir haben die Sache wieder eingerenkt* vi er kommet på talefod igen

ein·rennen rende ind; *Tür* sprænge; *fig j-m die Tür* ~ løbe det ene ærinde efter det andet; DET endnu

ein·richt|en indrette (*a Zimmer*); (*arrangieren, regeln*) ordne, arrangere; *sich* ~ sætte bo, indrette sig (*a fig*); *fig* (ind)rette sig efter omstændighederne; ⏃ung f indretning; (*Möbel*) udstyr n, inventar n; TECH installation

ein·|riegeln ⟨-le-⟩ lukke (*od* spærre) inde; ~ritzen indridse; ~rollen rulle ind (*od* sammen); ~rosten v/i ⟨sn⟩ ruste (fast); ~rücken v/i ⟨sn⟩ rykke ind; v/t TYP rykke ind; (*Inserat*) indrykke

eins en, et *n*; *um~* klokken (kl.) et; *~, zwei, drei!* én, to, tre!; *~ trinken* drikke et glas; *adv (gleichgültig)* lige meget, F lige fedt; *(einig)* enig; *~ werden* blive enig, enes; 2 *f ⟨-; -en⟩* ener; ettal *n*

ein-|sacken *v/t* fylde i sække; *fig* skumme fløden; *~salzen* nedsalte

einsam alene, ensom; enlig; *fig* stille; *2keit f ⟨0⟩* ensomhed

ein·sammeln (ind)samle

Einsatz *m* indsats (*a* MIL *u* Spiel); *~bereitschaft f ⟨0⟩* beredskab *n*; *2fähig* funktionsdygtig; arbejdsdygtig; *~plan* *m* beredskabsplan

ein-|saugen indsuge (*a fig*); *~säumen* kante, sømme; *~scannen* [-skɛnən] scanne ind

ein-schalt|en indskyde, indføje; TECH koble ind, slutte (strømmen); *Licht* tænde (for); *Radio* lukke op for; *Gang ~* skifte gear; *fig sich ~* gribe ind (*in* A/i); *2quote* *f* seertal *n*; *2ung* *f* indskydning; TECH indkobling; tænding; *fig* indgriben

ein-schärfen indskærp e (*j-m etw.* [A] én ngt.)

ein-schätz|en vurdere, taksere; *2ung* *f* vurdering, taksering; *Steuer:* skatteligning, vurdering

ein-|schenken skænke (i *od* op); *fig j-m reinen Wein ~* sige én sandheden; *~scheren* *v/i ⟨sn⟩* Auto: finde sin plads i rækken; *~schicken* indsende

ein-schieb|en indskyde, indføje; *2ung* *f* indføjning

ein-schien|en MED lægge skinner om; *~schießen* Geld, Waffe indskyde; *fig sich ~ auf* (A) skyde på

ein-schiff|en indskibe; *sich ~* gå om bord; *2ung* *f* indskibning

einschl. (= *einschließlich*) indbefattet, inklusive

ein-|schlafen *v/i ⟨sn⟩* falde i søvn; *mein Arm ist eingeschlafen* min arm sover; *~schläfern* ⟨-re⟩ dysse i søvn; *Haustier* aflive; *fig* gøre ufølsom; *~d* søvndyssende

Ein|schlag *m* Blitz, Schuss: nedslag *n*; *2-schlagen* *v/t* slå ind; *Fenster* slå itu (*od* ud), knuse; *Loch* slå hul *n* i; *Paket* pakke ind; *Kleid* lægge ind; *fig Weg* slå ind på; *v/i ⟨sn⟩* slå ind; *(gelingen)* lykkes, trives; *mit ~* mislykkes; *(haben)* slå ind (*auf* A/på); *Hand:* slå til; *Blitz:* slå ned; *es hat eingeschlagen* lynet slog ned

einschlägig derhenhørende, herhenhørende; *~ bekannt* velkendt

ein-|schleichen: *sich ~* liste (*od* snige) sig

ind; *fig* indsnige sig; *~schleifen* indslibe; *fig* indterpe; *fig sich ~* blive en vane; *~schleppen* slæbe ind; *Krankheit* slæbe med hjem; *~schleusen* *fig* indsluse, indsmugle

ein-schließ|en indelukke, låse inde; blokere, indespærre; *(beilegen)* vedlægge; *fig (mit)* iberegne, indbefatte; *~lich* (G) (med)indbefattet, medregnet, inklusive, til og med; *2ung* *f* indeslutning; omkredsning; *fig* indbefattelse

Einschluss *m* indeslutning; *mit (od unter)* ~ (G) medregnet, indbefattet

ein-|schmeicheln: *sich ~* indsmigre sig (*bei j-m*/hos én)

ein-|schmelzen *v/t u v/i ⟨sn⟩* smelte om; *~schmieren* (ind)smøre; *~schmuggeln* smugle ind; *~schnappen* *v/i ⟨sn⟩* smække i; *fig* blive fornærmet; *fig eingeschnappt sein* føle sig stødt

ein-|schneiden skære ind; *~d* gennemgribende

ein-|schneien *v/i ⟨sn⟩* sne ind(e); *2schnitt* *m* indsnit *n*, hak *n*; *(Absatz)* cæsur; *fig* skelsættende begivenhed; *~schnüren* indsnøre

ein-schränk|en indskrænke, begrænse; *sich ~* indskrænke sig; *2ung* *f* indskrænkning, begrænsning

ein-schrauben skrue ind (*od* fast)

Einschreibe|brief *m* anbefalet brev *n*; *~gebühr* *f* indskrivningsgebyr *n*; *Brief:* anbefalingsgebyr *n*

ein-schreib|en indskrive; *(eintragen)* indføre; *Brief* anbefale; *2! anbefalet, rekommanderet; sich ~ Buch:* skrive sig ind; *sich ~ lassen* lade sig indskrive; *2en* *n* anbefalet (brev); *2ung* *f* indskrivning

ein-|schreiten *v/i ⟨sn⟩* *fig* skride ind; *~schrumpfen* *v/i ⟨sn⟩* skrumpe ind; *2schub* *m* indskud *n*, indføjelse

ein-|schüchter|n ⟨-re⟩ gøre bange, skræmme; intimidere; *2ung* *f* intimidation; *2ungsversuch* *m* forsøg *n* på intimidation

ein-schul|en indskole; *2ung* *f* indskoling

Ein|schuss *m* indskud *n*; Weberei: islæt *(n)*; Geschoss: indskudssted *n*; *2-schütten* hælde i, komme i; *2-schwenken* *v/t* svinge ind; *v/i ⟨sn⟩ Kurs:* tilslutte sig

ein-segn|en velsigne, indvie; *Brautpaar* vie; *Kinder* konfirmere; *2ung* *f* velsignelse, indvielse; *Brautpaar:* vielse; *Kinder:* konfirmation

ein-sehen *v/t* gennemse; *(begreifen)*

indse, begribe; *v/i:* **in etw.** (*A*) ~ se ind i
ngt.; **2n** *⟨-s-; 0⟩* indseende *n;* **ein ~ haben**
se fornuftigt (på); tage hensyn (til); tage
mod fornuft
ein·seifen indsæbe (**sich** sig); *fig* snyde
einseitig ensidig; **2keit** *f* ensidighed
ein·send|en indsende; **2er** *m* indsender;
2ung *f* indsendelse
ein·senk|en sænke ned; **2ung** *f* nedsænk-
ning; (*Vertiefung*) fordybelse
ein·setz|en sætte ind, indsætte (*a Geld,
Verkehrsmittel usw*); *Leben* sætte på, spil,
vove; *Anzeige* indrykke; *Pflanzen* ud-
plante; *Ausschuss* nedsætte; (*ernennen*)
udnævne; *v/i* begynde; **sich** ~ gå ind
(**für** *A*/for); **2ung** *f* indsættelse; *Ausschuss:* nedsættelse; (*Ernennung*) udnævnelse
Einsicht *f* eftersyn *n*, gennemsyn *n*; (*Ein-
blick*) indblik *n*; (*Kenntnis*) indsigt; **zur ~**
til gennemsyn; **~ nehmen** gøre sig bekendt (*in* *A*/med); **zur ~ kommen** (*bringen*) komme (bringe) til fornuft; **2ig** ind-
sigtsfuld, fornuftig; **~nahme** *f* eftersyn *n*,
gennemsyn *n*
ein·sickern *v/i* ⟨*sn*⟩ sive ind
Einsie|de'lei *f* eremitbolig; **~ler** *m* ene-
boer; *fig* enspænder
einsilbig enstavelses-; *fig* fåmælt, ordknap; **2keit** *f* ⟨*0*⟩ *fig* fåmælthed
ein·sinken *v/i* ⟨*sn*⟩ synke (ned); (*zusammensinken*) synke sammen
ein·sitz|en *v/i* sidde i fængsel; **2er** *m* NAUT
ensædet køretøj *n* (*od* kajak); **~ig** ensædet
ein·|spannen spænde for (*od* fast); *fig j-n*
~ lægge beslag på én; **2spänner** *m* enspænder
ein·spar|en spare; skære ned (på); **2ung** *f*
besparelse; nedskæring
ein·|sperren indespærre, indelukke;
~spielen indspille; (ind)øve (**sich** sig);
eingespielt sammenspillet; *das hat sich
so eingespielt* det er blevet i en vanesag;
~sprechen: auf j-n ~ tale indtrængende
til én; **~springen** *v/i* ⟨*sn*⟩ springe ind
(*od* i); *für j-n* ~ springe ind for én
ein·spritz|en indsprøjte; **2motor** *m* ind-
sprøjtningsmotor; **2ung** *f* indsprøjtning
Einspruch *m:* **~ erheben** gøre indsigelse,
komme med indvendinger
einspurig enkeltsporet
einst før, tidligere; (*zukünftig*) engang (i
fremtiden)
ein·|stampfen stampe ned; *fig* kassere;
2stand *m* tiltrædelse; *Tennis:* lige; *s-n
~ geben* give en omgang; **~stauben** *v/i*

⟨*sn*⟩ samle støv (*a fig*); **~stäuben** spraye
ind; sprøjte; **~stechen** stikke ind;
~stecken putte (*od* stikke) ind (*od* i lommen); *fig* **viel ~ müssen** måtte stå for
skud; *e-e Beleidigung* ~ indkassere en
fornærmelse; **~stehen** *v/i* ⟨*sn*⟩ indestå,
sige god (**für** *j-n*/for én); **~steigen** *v/i*
⟨*sn*⟩ stige ind; *Bus, Zug:* stå på; *Geschäft:*
være med, deltage i
ein|stellbar indstillelig; **~stellen** stille
ind, sætte ind; *Radio,* TECH indstille; justere; (*anstellen*) antage, ansætte; (*aufgeben*) indstille, standse, nedlægge; *Rekord*
egalisere; **sich** ~ indfinde sig, møde; **sich**
~ **auf** (*A*) indstille sig på, være indstillet
på; **2stellung** *f* indstilling; (*Anstellung*)
ansættelse; (*Aufgabe*) ophør *n*, standsning; (*Gesinnung*) indstilling, holdning
Ein|stich *m* indstik *n; Biene:* sted *n,* hvor
man er stukket; **~stieg** *m* ⟨*-(e)s; -e*⟩ ind-
stigning; (*Eingang*) indgang; *fig* begyndelse (*in* *A*/til)
einstig (*früher*) forhenværende; (*künftig*)
fremtidig
ein·stimm|en: ~ in (*A*) istemme; *fig* **sich** ~
vænne sig (til); **~ig** enstemmig; **2igkeit** *f*
⟨*0*⟩ enstemmighed
einstmals engang
einstöckig énetages, med én etage
ein·|stoßen støde ind (*od* itu); **2strahlung**
f Sonne: kvantum *n* af sollys; **~streichen**
stryge ind; *Geld:* stikke i lommen;
~streuen indstrø; *fig* indblande; **~strö-
men** strømme ind; **~studieren** indøve,
indstudere; **~stufen** indplacere; rubricere; **2stufung** *f* indplacering; **~stündig**
entimes-; **~stürmen** *v/i* ⟨*sn*⟩ storme ind
(*auf* *A*/på); **2sturz** *m* sammenstyrtning,
fald *n;* **~stürzen** *v/i* ⟨*sn*⟩ styrte (*od* falde)
sammen; **2sturzgefahr** *f* fare for sammenstyrtning
einst'weil|en foreløbig; **~ig** foreløbig
ein|tägig endags; **2tagsfliege** *f* døgnflue
(*a fig*); **~tauchen** *v/t* dyppe (ned *od* i);
v/i ⟨*sn*⟩ dykke ned
Ein|tausch *m* bytte(handel) *n;* **2-tau-
schen** tilbytte sig (*gegen* *A*/mod)
ein'tausend ettusinde
ein·teil|en inddele; (*verteilen*) fordele; **~ig**
bestående af kun én del; **2ung** *f* inddeling; fordeling
ein'tippen taste ind; **~tönig** ensformig;
2tönigkeit *f* ⟨*0*⟩ ensformighed
Ein|topf(gericht *n*) *m* sammenkogt mid-
dagsmad; **~tracht** *f* ⟨*0*⟩ enighed; **2träch-
tig** enig
Ein|trag *m* ⟨*-(e)s; ¨e*⟩ (*Notierung*) ind-

E

førelse; *Schule*: anmærkning; 2-**tragen** bære ind; (*notieren*) indføre, skrive ind; (*buchen*) bogføre; (*registrieren*) indregistrere; *eingetragene Marke* indregistreret varemærke *n*; *eingetragener Verein* „selvejende institution"

ein|träglich indbringende, fordelagtig; 2**tragung** *f* indførelse; indregistrering; anmærkning

ein|träufeln dryppe i; ~**treffen** v/i ⟨*sn*⟩ indtræffe, ankomme; (*geschehen*) ske, gå i opfyldelse; ~**treiben** drive ind; *fig* inddrive; ~**treten** v/i ⟨*sn*⟩ træde ind; (*Verein*) melde sig ind (i); (*geschehen*) indtræde, hænde; ~ **für** (*A*) gå ind for; v/t *Tür* sparke ind

ein-trichtern ⟨*-re*⟩ fylde i; *j-m etw.* (*A*) ~ proppe ngt ind med ngt

Eintritt *m* indtrædelse; (*Zutritt*) adgang, entré; (*Anfang*) begyndelse; *Verein*: indmeldelse; ~ **verboten!** adgang forbudt!; *freier* ~ gratis adgang

Eintritts|geld *n*, ~**karte** *f* adgangskort, billet

ein-|trocknen v/i ⟨*sn*⟩ tørre ind; ~**tröpfeln** dryppe i

ein-trüb|en: *sich* ~ blive (over)skyet; 2**ung** *f* tiltagende skydække *n*

ein-|trudeln v/i ⟨*sn*⟩ F komme efterhånden; ~**tunken** dyppe (i)

ein-üb|en indøve; 2**ung** *f* indøvning

einverleib|en indlemme; 2**ung** *f* indlemmelse

Einvernehmen *n* ⟨*-s*; *0*⟩ forståelse, enighed

einverstanden enig; ~**?** er vi enige?; *Antwort*: ~**!** så er vi enige!, det er et ord!; *mit etw.* (*D*) ~ **sein** være indforstået med ngt., sige ja til ngt

Einverständnis *n* ⟨*-ses*; *-se*⟩ forståelse, enighed; (*Einwilligung*) samtykke *n*; *im* ~ *mit* (*D*) i forståelse med

ein|wachsen v/i ⟨*sn*⟩ vokse ind; v/t *Ski* vokse; 2**wand** *m* ⟨*-(e)s*; *⁓e*⟩ indvending

Ein|wanderer(in) *m(f)* indvandrer; 2**wandern** v/i ⟨*sn*⟩ indvandre; ~**wanderung** *f* indvandring

ein|wandfrei upåklagelig; uangribelig, ulastelig; ~**wärts** indad; ~**weben** indvæve; *fig* indflette; ~**wechseln** (ind)veksle; *SPORT* udskifte

ein-weck|en *Obst* henkoge; 2**glas** *n* henkogningsglas *n*

Einweg|flasche *f* engangsflaske; ~**verpackung** *f* engangsemballage

ein-weich|en lægge i blød; ~ *lassen* (*Wäsche*) sætte i blød; 2**mittel** *n* blødgørings-

middel *n*

ein-weih|en indvie; 2**ung** *f* indvielse

ein-weis|en (*anleiten*) instruere, anvise; *ins Krankenhaus* ~ indlægge på sygehus; 2**ung** *f* instruktion, anvisning; indlæggelse

ein-wend|en indvende (*gegen* *A*/mod); *ich habe nichts dagegen einzuwenden* jeg har ikke ngt. (at indvende) imod det; 2**ung** *f* indvending, indsigelse

ein-werfen kaste ind (*a* SPORT); *Scheiben* slå itu (*od* i stykker); *fig* bemærke

ein-wickel|n vikle ind, svøbe ind; *Paket* pakke ind; *fig* F snakke efter munden, besnære; 2**papier** *n* indpakningspapir *n*

ein-willig|en samtykke, indvillige (*in A*/i), gå ind (*in A*/på); 2**ung** *f* samtykke *n*, tilladelse

ein-wirk|en virke ind; ~ **auf** (*A*) indvirke på; 2**ung** *f* indvirkning

einwöchig én uges; som varer én uge

Einwohner(in) *m(f)* indbygger; ~**melde-amt** *n* folkeregister *n*; ~**schaft** *f* befolkning, indbyggere *pl*; ~**zahl** *f* antal *n* indbyggere

Ein|wurf *m* åbning, sprække; *Brief*: brevsprække; SPORT indkast *n*; *fig* indvending, bemærkning; 2-**wurzeln** v/i ⟨*sn*⟩ slå rod (*a fig*)

Einzahl *f* ⟨*0*⟩ ental *n*

ein-zahl|en indbetale; 2**er** *m* indbetaler; 2**ung** *f* indbetaling

ein-zäun|en indhegne; 2**ung** *f* indhegning

ein-zeichnen indtegne, indskrive (*in A*/i)

Einzel *n* SPORT single; ~**abkommen** *n* særaftale; ~**behandlung** *f* særbehandling; ~**fall** *m* enkelt tilfælde *n*; særtilfælde *n*; ~**gänger(in)** *m(f)* enspænder; ~**haft** *f* ⟨*0*⟩ isolationsfængsel *n*; ~**handel** *m* detailhandel; ~**heit** *f* enkelthed; *sich auf* ~**en einlassen** fortabe sig i enkeltheder; ~**kabine** *f* enkeltkahyt; ~**kind** *n* enebarn *n*; ~**leistung** *f* enkeltpræstation

einzellig encellet

einzeln enkelt, ene; (*allein dastehend*) ensom, særskilt; ~**e(s)** nogle; et og andet; *adv* for sig selv; enkeltvis; *im* 2**en** mere specifikt; *bis ins* 2**e** i detaljer

Einzel|reise *f* individuel rejse; ~**spiel** *n* → *Einzel*; ~**teile** *n/pl* enkelte bestanddele *pl*; ~**verkauf** *m* detailsalg *n*; *Zeitung*: løssalg *n*; ~**wesen** *n* (enkelt) individ *n*; ~**zimmer** *n* enkeltværelse *n*

einziehbar som kan trækkes ind

ein-zieh|en v/t trække ind; *Geld* inddrive, indkassere; *Güter* inddrage; *Nachricht* indhente; MIL indkalde; *Segel* bjærge;

v/i ⟨sn⟩ drage ind; *Wohnung*: flytte ind; **2ung** f *Geld*: inddrivning; *Güter*: inddragning; *Nachricht*: indhentning; *Truppen*: indkaldelse

einzig eneste; (*einzigartig*) enestående, mageløs; **~ und allein** ene og alene; *ein* **2er** én eneste; **~artig** enestående

Ein|zimmerapartment n etværelseslejlighed; **2-zuckern** sukre

Einzug m indtog n; *Wohnung*: indflytning

Einzugsermächtigung f kontofuldmagt; *e-e* **~ erteilen** tilmelde sig „PBC"

Einzugsgebiet n *Stadt*: opland n; *Fluss*: afvandingsområde n

ein-zwängen klemme (*od* presse) ind

eirund aflang, oval

Eis n ⟨-es; 0⟩ is; **~ am Stiel** ispind; *fig auf* **~ legen** lægge på is (*od* på hylden); **~bahn** f: (*künstliche*) ~ (kunstig) skøjtebahn; **~bär** m isbjørn; **~becher** m isbæger n; **~bein** n saltet flæskeskank; **~berg** m isbjerg n; **~beutel** m ispose; **~blume** f isblomst; **~bombe** f *Nachtisch*: is(bombe); **~brecher** m isbryder; **~bude** f F iskiosk

Eischnee m piskel æggehvide

Eis|decke f isskorpe; **~diele** f is-bar

Eisen n jern n; (*Huf*2) hestesko; *altes* ~ gammelt jern; **zum alten ~ werfen** udrangere, smide i brokkassen (*a fig*); *fig* **Not bricht** ~ nød bryder alle love; *fig* **ein heißes** ~ en varm kartoffel, en kilden sag

Eisenbahn f (jern)bane; F *es ist höchste* ~ det er på høje tid; **~beamte(r)** m (jern)banefunktionær; **~betrieb** m jernbanedrift; **~brücke** f jernbanebro; **~damm** m (jern)banedæmning; **~er(in)** m(f) jernbanemand; **~fähre** f jernbanefærge; **~fahrkarte** f (tog-, jernbane)billet; **~knotenpunkt** m jernbaneknudepunkt n; **~linie** f jernbanelinje; **~netz** n jernbanenet n; **~unglück** n jernbaneulykke; **~verkehr** m jernbanetrafik; **~zug** m jernbanetog n

Eisen|band n tøndebånd n; **~beschlag** m jernbeslag n; **~beton** m jernbeton; **~blech** n jernblik n; **~draht** m jerntråd; **~erz** n jernmalm; **~gehalt** m jernindhold n; **~gießerei** f jernstøberi n; **~guss** m jernstøbning; **2haltig** jernholdig; **2hart** jernhård; **~hütte** f jernværk n; **~industrie** f jernindustri n; **~späne** m/pl jernspåner pl; **~stange** f jernstang; **~träger** m jernbjælke; **~waren** f/pl jernvarer pl, isenkram n; **~zeit** f jernalder

eisern af jern, jern-; *fig* jernhård, ubøjelig; (*dauerhaft*) varig; **~er Bestand** varig (*od* fast) bestand; **~er Fleiß** jernflid; **~e Hochzeit** jernbryllup n; **~e Lunge** jernlunge; **2es Kreuz** (*EK.*) jernkors n; **~e Ration** nødration; **2er Vorhang** jerntæppe n

Eisfach n fryseboks

eis|frei isfri; **2gang** m ⟨-(e)s; 0⟩ isgang; **~gekühlt** isafkølet; **2glätte** f glatføre n; **2heilige(n)** m/pl „de kolde døgn fra 11. til 14. maj med fare for nattefrost"; **2hockey** n ishockey; **2hockeyschläger** m ishockeystav; **~ig** isnende; (*eiskalt*) iskold; **2kaffee** m iskaffe; **~kalt** iskold; **2(kunst)lauf** m ⟨-(e)s; 0⟩ (kunst)skøjteløb n; **2meer** n ishav n; **2pickel** m *Bergsport*: isøkse

Eisprung m MED ægløsning

Eis|regen m isslag n; **~schießen** n ⟨-s; 0⟩ curling; **~scholle** f isflage; **~schrank** m køleskab n; **~sport** m issport; **~sporthalle** f skøjtehal; **~tee** m iste; **~verkäufer** m ismand; **~vogel** m isfugl; **~waffel** f isvaffel, iskage; **~wasser** n isvand n; **~würfel** m isterning; **~zapfen** m istap; **~zeit** f istid

eitel ⟨-tl-⟩ forfængelig; (*eingebildet*) indbildsk; (*nichtig*) tom, værdiløs; (*lauter*) lutter; **2keit** f forfængelighed; (*Ehrsucht*) indbildskhed; (*Nichtigkeit*) tomhed

Eiter m ⟨-s; 0⟩ materie, bullenskab; **~beule** f byld

eit(e)rig fuld af materie, bullen

eiter|n v/i ⟨sn⟩ vædske, afsondre materie; **2ung** f bullenskab, afsondring af materie

Eiweiß n ⟨-es; -e⟩ æggehvide; protein n; **~bedarf** m proteinbehov n; **~gehalt** m proteinindhold n; **~mangel** m proteinmangel

Ekel **1.** m ⟨-s; 0⟩ afsky; modbydelighed, væmmelse (*vor* D/[over] for); (*Überdruss*) lede (*vor* D/ved); **2.** n ⟨-s; -⟩ F *Person*: væmmelig fyr; **2haft**, **ek(e)lig** modbydelig, væmmelig; **2n** ⟨-le⟩: *sich ~ vor* (D) væmmes ved; *es ekelt mich* jeg væmmes; *etw.* (N) *ekelt mich an* jeg får kvalme af ngt

EKG n (= *Elektrokardiogramm*) elektrokardiogram n

Eklat [e'kla:] m ⟨-s; -s⟩ POL sammenstød n, skandale; **2ant** [-'tant] ⟨-est⟩ eklatant

Ek'sta|se [st] f ekstase, henrykkelse; **2tisch** ekstatisk

Ek'zem n ⟨-s; -e⟩ eksem n

Elan [e'la:n] m ⟨-s; 0⟩ elan

E'lastikbinde f elastikbind n

e'lasti|sch elastisk; spændstig; **2zi'tät** f ⟨0⟩ elasticitet; spændstighed

Elch m ⟨-(e)s; -e⟩ elg, elsdyr n

Ele'fant m ⟨-en⟩ elefant; F *wie ein ~ im*

Porzellanladen som en elefant i en glas-butik

Ele'fanten|kalb n elefantunge; **~rüssel** m elefantsnabel

ele'gan|t ⟨*-est*⟩ elegant; F flot, smart; **♀z** f ⟨0⟩ elegance, flothed

Ele'gie f elegi

elektrifi'zieren elektrificere

E'lektriker(in) m(f) elektriker

e'lektrisch elektrisk; **~e Lokomotive** ello-komotiv n; **~er Schlag** elektrisk stød n; **~er Stuhl** elektrisk stol

elektri|'sieren elektrisere; **♀zi'tät** f ⟨0⟩ elektricitet

Elektrizi'täts|versorgung f elforsyning; **~werk** n elværk m; **~zähler** m elmåler

E'lektrochemie f elektrokemi

Elek'trode f elektrode

E'lektro|geschäft n elektroforretning; **~herd** m el-komfur n; **~kardio'gramm** n elektrokardiogram n; **~magnet** m elektromagnet; **~monteur** m elektromontør, elektriker; **~motor** m elektromotor

E'lektron ⟨*-s*; *-en* [-'tRo:-]⟩ elektron

Elek'tronen|gehirn n elektronhjerne, da-tamaskine; **~mikroskop** n elektronmi-kroskop n

Elek'troni|k f ⟨0⟩ elektronik; **♀sch** elek-tronisk

E'lektro|schock m elektrochock n; **~technik** f ⟨0⟩ elektroteknik; **♀tech-nisch** elektroteknisk

Ele'ment n ⟨*-(e)s*; *-e*⟩ element n

elemen'tar elementær, grundlæggende; **♀buch** n begynderbog; **♀schule** f grund-skole

elend elendig; (*armselig*) ynkelig, ussel

Elend n ⟨*-(e)s*; 0⟩ elendighed, nød

Elends|quartier n slumbolig; **~viertel** n slumkvarter n

elf elleve; **♀** f elleve; SPORT (fodbold)hold n

Elf m ⟨*-en*⟩, **~e** f alf; elverpige

Elfenbein n ⟨*-(e)s*; 0⟩ elfenben n; **~turm** m fig elfenbenstårn n

elf|jährig elleveårig; **♀'meter** m SPORT straffespark n; **~te(r)** ellevte; **am elften Mai** den ellevte maj

elimi'nieren eliminere

eli'tär [-'tɛ:-] elitær

E'lite f elite

Elixier [-'ksi:ɐ] n ⟨*-s*; *-e*⟩ eliksir

Elle f alen; fig *mit der gleichen ~ messen* måle med samme alen

Ell(en)bogen m albue; fig *die Ell(en)bo-gen gebrauchen* bruge albuerne

El'lip|se f ellipse; **♀tisch** elliptisk

Elsass n ⟨*-*; 0⟩ Alsace n

Elster [-st-] f ⟨*-*; *-n*⟩ skade

elterlich forældre-; **~e Gewalt** forældre-myndighed

Eltern pl forældre pl; **~abend** m forældre-aften; **~beirat** m forældreråd n; **~haus** n (barndoms)hjem n; **♀los** forældreløs; **~sprechstunde** f forældrekonsultation f; **~teil** m: **ein ~** en forælder

Email [e'ma(l)] n ⟨*-s*; *-s*⟩, emaille, lak

E-Mail ['i:mɛ:l] f ⟨*-*; *-s*⟩ e-mail; **~Adresse** f e-mail-adresse

Emaille [e'maljə] f ⟨0⟩ → **Email**

emaillieren [-mal'ji:-] emaljere, lakere

Emanzi|pation [-'tsǐo:n] f ⟨0⟩ emancipa-tion, frigørelse; **♀'pieren: sich ~** emanci-pere sig, frigøre sig; **♀'piert** ⟨*-est*⟩ eman-ciperet, frigjort; **e-e ~e Frau** en emanci-peret kvinde; **iron** rødstrømpe

Emati'gr|ant(in) m ⟨*-en*⟩ (f) emigrant; **~ati-on** [-'tsǐo:n] f emigration; **♀ieren** v/i ⟨*sn*⟩ emigrere

Emotio|n [-'tsǐo:n] f emotion; **♀'nal** emoti-onel

Em'pfang m ⟨*-(e)s*; *≈e*⟩ modtagelse (*a* R/TV *u Audienz*); (*Fest*) reception; **in ~ neh-men** modtage; **♀en** ⟨*L*⟩ modtage; (*be-kommen*) få

Em'pfäng|er(in) m(f) modtager (*a* R/TV); **~ unbekannt** ubekendt efter adressen; **♀lich** modtagelig

Em'pfängnis f ⟨*-*; *-se*⟩ undfangelse; **~ver-hütung** f svangerskabsforebyggelse, præ-vention

Em'pfangs|antenne f modtageantenne; **~apparat** m modtager(apparat n); **~be-stätigung** f modtagelsesbevis n; kvitte-ring; **~chef** m receptionschef; **~dame** f receptionsdame; **~gerät** n modtagerap-parat n; **~halle** f receptionshall; **~schein** m kvittering

emp'fehl|en ⟨*L*⟩ anbefale; **sich ~** anbe-fale sig, sige farvel, gå; **es empfiehlt sich** det anbefales; **~enswert** anbefalelses-værdig; **♀ung** f anbefaling; (*Gruß*) hilsen; **♀ungsschreiben** n anbefaling(sskri-velse)

emp'find|en ⟨*L*⟩ føle, mærke; **~lich** modtagelig, følsom (*gegen* A/for); (*wund*) øm; (*reizbar*) gmtålig; pirrelig; (*fühlbar*) følelig; **♀lichkeit** f følsomhed; (*Reizbar-keit*) pirrelighed; **~sam** følsom, senti-mental; **♀samkeit** f følsomhed; **♀ung** f fø-lelse, fornemmelse; **~ungslos** ufølsom, føl(els)esløs; **♀ungsvermögen** n ⟨*-s*; 0⟩

følsomhed

em'pirisch empirisk

em'por op(ad), i vejret; **~arbeiten: sich ~** arbejde sig op; **~blicken** se op(ad); *fig zu j-m ~* se op til én

Em'pore *f* pulpitur *n*, galleri *n*

em'pör|en: sich ~ gøre oprør (*gegen A*/mod), være rystet (over); *es empört mich* det harmer (*od* oprører) mig; *empört* harmful (*über j-n*/på én; *wegen etw.* [*G*]/over ngt.); **~end** oprørende, rystende; **2er** *m* oprører

empor-|fliegen *v/i* ⟨*sn*⟩ flyve op; **~halten** holde op (*od* i vejret); **~heben** løfte op; **~kommen** *v/i* ⟨*sn*⟩ komme op; **2kömmling** *m* ⟨*-s; -e*⟩ opkomling; **~ragen** rage op; knejse; **~schwingen: sich ~** svinge sig op (*zu D*/til); **~steigen** *v/i* ⟨*sn*⟩ stige op

Em'pörung *f* oprør *n*; (*Zorn*) harme, uvilje

emsig travl, ivrig, virksom; (*fleißig*) flittig; **2keit** *f* ⟨*0*⟩ travlhed, iver; (*Fleiß*) flid

End|bahnhof *m* endestation; **2betont** med tryk på sidste stavelse

Ende *n* ⟨*-s; -n*⟩ ende, slut(ning); (*Stuckchen*) lille stykke, stump; **~ dieses Monats** i slutningen af denne måned; **~ Mai** sidst i maj; **am ~** til slut, til syvende og sidst; **letzten ~s** når alt kommer til alt, når det kommer til stykket; **zu ~ bringen** (*od führen*) afslutte; **ein ~ machen** gøre en ende (*D*/på); **zu ~ gehen** være ved at være slut; **zu ~ sein** være slut

Endeffekt: im ~ når alt kommer til alt

enden *v/i* ⟨*-e-*⟩ (af)slutte, ende, ophøre

End|ergebnis *n* slutresultat *n*; **2gültig** endelig, definitiv; uomstødelig; **2igen →** *enden*

En'divie [-vĭə] *f* endivie

End|kampf *m* slutkamp; **~lagerung** *f Atomabfall*: opbevaringssted *n* for radioaktivt affald; **~lauf** *m* SPORT finale; **2lich** endelig; *adv* endelig, omsider; **2los** endeløs, uendelig; **~punkt** *m* endepunkt *n*; **~reim** *m* enderim *n*; **~runde** *f* SPORT slutrunde, finale; **~silbe** *f* slutstavelse, endestavelse; **~spiel** *n* finale; **~spurt** *m* slutspurt; **~station** *f* endestation; **~summe** *f* slutsum; **~ung** *f* endelse; **~urteil** *n* slutdom; **~ziffer** *f* endetal *n*

Ener'gie *f* energi; **~krise** *f* energikrise; **2los** energiløs; **~politik** *f* energipolitik; **~quelle** *f*, **~träger** *m* energikilde; **~verbrauch** *m* energiforbrug *n*; **~versorgung** *f* energiforsyning

e'nergisch energisk, eftertrykkelig

---

eng smal, snæver; (*gedrängt*) tæt; **hier ist es ~** her er det trangt (med plads); **~ befreundet** som er nære venner; **~e Freundschaft** nært venskab; **im ~eren Sinne** i snævrere forstand; **~er machen** sy ind

Engag|ement [ā·gaʒ(ə)'mã:] *n* ⟨*-s; -s*⟩ engagement *n*; ansættelse; **2ieren** [-'ʒi:-] engagere, ansætte

engbefreundet → *eng*

engbrüstig trangbrystet; stakåndet

Enge *f* snæverhed; *in die ~ treiben* bringe i knibe, trænge op i en krog

Engel *m* engel; **~sgeduld** *f* engletålmodighed

Engerling *m* ⟨*-s; -e*⟩ (oldenborre)larve

engherzig snæverhjertet; smålig

Eng|land *n* England *n*; **~länder(in)** *m(f)* englænder; TECH svensknøgle; **2lisch** engelsk; *auf ~* på engelsk

eng|maschig finmasket; **2pass** *m* (snævert) pas *n*; *fig Verkehr*: flaskehals; ÖKON *es gibt einen ~* det skorter (*bei D*/på); **~stirnig** snæversynet, smålig

Enkel(in) *m(f)* barnebarn *n*; *fig* efterkommer, **~kind** *n* barnebarn *n*, efterkommer

En'klave *f* enklave

e'norm enorm, uhyre, vældig

Ensemble [ā·'sā:bl] *n* ⟨*-s; -s*⟩ ensemble *n*

ent'art|en *v/i* ⟨*-e-; sn*⟩ udarte, degenerere, vanslægte; **2ung** *f* udartning, vanslægtning

ent'äußern: sich ~ (*G*) skille sig af med, afhænde

ent'behr|en undvære; savne; **~lich** undværlig (*j-m* for én); **2ung** *f* savn *n*; **~en** *pl* trængsler *pl*

ent'bieten: *j-m e-n Gruß ~* hilse (på) én

ent'bind|en løse, befri, fritage (*von D*/for); *von e-m Sohn entbunden werden* føde (*od* få) en søn; **2ung** *f* MED nedkomst, fødsel; **2ungsanstalt** *f*, **2ungsklinik** *f* fødeklinik

ent'blättern afblade; **~'blöden** (*G*): *sich nicht ~* ikke skamme sig ved

ent'blöß|en blotte; **2ung** *f* blottelse

ent'deck|en opdage; (*aufdecken*) afsløre; **2er(in)** *m(f)* opdager; **2ung** *f* opdagelse; **2ungsreise** *f* opdagelsesrejse

Ente *f* and (*a fig*)

ent'ehr|en vanære; (*schänden*) skænde; **~end** vanærende; **2ung** *f* vanærelse

ent'eign|en ekspropriere; **2ung** *f* ekspropriation

ent|'eilen *v/i* ⟨*sn*⟩ ile bort, undfly; **~'eisen** ⟨*-t*⟩ *Kühlschrank*: afise, afrime

Enten|braten *m* andesteg; **~grütze** *f* BOT

andemad; **~jagd** f andejagt
ent'erb|en gøre arveløs; **2ung** f udelukkelse fra arv
Enterhaken m skibshage
Enterich m ‹-s; -e› andrik
entern ‹-re› entre
ent'fachen antænde; fig opflamme
ent'fallen v/i ‹sn› falde ud af hænderne; (ausfallen) blive aflyst, bortfalde; **mir ist etw.** (N) ~ jeg har glemt ngt.; **auf j-n** ~ falde på én's (del)
ent'falt|en folde ud; fig udfolde; **sich** ~ udvikle (od udfolde) sig; Knospen: springe ud; **2ung** f udfoldelse, udvikling
ent'färben affarve, blege; **sich** ~ affarves, blive bleg, falme
ent'fern|en fjerne (sich sig); **~t** fjern, afsides; **weit~** langt borte; langt fra; **nicht im** **2esten** langtfra; **2ung** f fjernelse; (Abstand) afstand, distance; **2ungsmesser** m afstandsmåler
ent'fessel|n fig slippe løs; **2ung** f udladning, frigørelse
ent'fett|en afmagre; Suppe skumme fedt af; **2ungskur** f afmagringskur
ent'|flammen antænde; v/i ‹sn› fig opflamme, begejstre; **~flechten** ÖKON aftruste, opsplitte; **~fliehen** v/i ‹sn› (D) flygte bort (fra); **~fremden** ‹-e-› gøre fremmed; **sich** ~ blive fremmed for hinanden; **2'froster** m Auto: defroster
ent'führ|en bortføre; **2er** m bortfører; **2ung** f bortførelse
ent'gegen (D) imod; i møde
ent'gegen-|bringen: **j-m etw.** (A) ~ vise én ngt.; **~gehen** v/i ‹sn› (D) gå i møde; **~gesetzt** modsat; **~halten** holde frem imod; (einwenden) indvende; **~kommen** v/i ‹sn› (D) komme i møde; fig imødekomme; **2kommen** n ‹-s; 0› imødekommenhed; **~nehmen** tage imod; **~sehen** v/i (D) imødese, se hen til; **~setzen** sætte imod; **~stehen** v/i (D) stå imod, være i vejen for; **~stellen** stille imod; **sich j-m** ~ sætte sig op imod én; **~treten** v/i (D) gå i møde; fig imødegå; **~wirken** v/i (D) modvirke
ent'gegn|en ‹-e-› svare (j-m auf etw. [A]/én på ngt.); **2ung** f svar n
ent'|gehen v/i ‹sn› (D) undgå, undslippe; **sich** (D) etw. (A) nicht ~ lassen ikke lade ngt. gå éns næse forbi; **es ist mir entgangen** jeg har overset det; det er gået min næse forbi; **~'geistert** overrasket, måbende
Ent'gelt n ‹-(e)s; 0› vederlag n, betaling; **gegen** ~ mod (en) godtgørelse; **ohne** ~

gratis; **2en** undgælde (for); (entschädigen) give erstatning for)
ent'giften ‹-e-› afgifte, desinficere
ent'gleis|en v/i ‹-t; sn› afspores (a fig), løbe af sporet; **2ung** f afsporing; taktløshed
ent'|gleiten v/i ‹sn› (D) glide ud af hånden (på); **~'gräten** ‹-e-› Fisch tage benene ud; **~'haaren** fjerne hårene fra; **2'haarungsmittel** n hårfjerner
ent'halt|en indeholde; (fassen) rumme; **sich** ~ afholde sig (G/fra); **sich des Lachens** ~ lade være med at le; **sich der Stimme** ~ undlade at stemme; **~sam** Alkohol afholdende; Sex: kysk; **2samkeit** f ‹0› afholdenhed; **2ung** f undladelse; afholdenhed
ent'|härten Wasser afkalke, blødgøre; **~'haupten** ‹-e-› halshugge; **~'häuten** flå
ent'heb|en befri, fritage (G/for); **2ung** f fritagelse; afskedigelse
ent'|heiligen vanhellige; **~'hemmen** slippe løs; **enthemmt** løssluppen
ent'hüll|en afsløre (a fig); **2ung** f afsløring
Enthusias|mus [entu'zĭas-] m ‹-; 0› entusiasme, begejstring; **2tisch** entusiastisk, begejstret
ent'|jungfern ‹-re› deflorere; **~'kalken** afkalke; **~'keimen** sterilisere; **~'kernen** afstene; **~'kleiden** afklæde, klæde af (sich sig); fig blotte; **~'kommen** v/i ‹sn› komme bort, undslippe; **~'korken** Flasche trække op; **~'kräften** ‹-e-› v/t Argument afkræfte; **entkräftet sein** være udmattet; **~'krampft** afslappet, frigjort
ent'lad|en aflæsse; NAUT (a)losse; Waffe aflade; (schießen) affyre; **sich** ~ EL udlade sig; fig bryde løs; **2ung** f aflæsning; NAUT losning; Waffe: afladning; EL u fig udladning; fig udbrud n
ent'lang langs med; das (od am) Ufer ~ langs med bredden; **die Straße** ~ hen ad gaden; **~fahren** v/i ‹sn› køre langs med (od hen ad)
ent'larv|en demaskere; fig afsløre; **2ung** f afsløring
ent'lass|en lade gå; (absetzen) afskedige; Gefangene løslade; Kranke udskrive; **2ung** f afsked(igelse); løsladelse, frigivelse; udskrivning; **2ungsgesuch** n afskedsbegæring
ent'last|en aflaste; ÖKON godskrive; ~ von befri for, fritage for; **2ung** f aflastning; befrielse; ÖKON u JUR godskrivning; Verein: decharge
Ent'lastungs|straße f aflastningsgade, omkørselsvej; **~zeuge** m vidne n til gunst

for den anklagede

ent'**laufen** v/i ⟨sn⟩ (D) løbe sin vej, løbe bort (fra); ~'**lausen** afluse; ~'**ledigen** **sich** ~ befri sig, frigøre sig (G/for); **sich e-s Auftrags** ~ udføre et hverv

ent'**leer**|**en** (ud)tømme; 2**ung** f (ud-) tømning

ent'**legen** afsides, fjern(liggende); ~'**lehnen**, ~**leihen** (D) låne (fra); ~'**loben** **sich** ~ hæve forlovelsen; ~'**locken** fralokke, aflokke

ent'**lohn**|**en** betale, lønne; 2**ung** f løn(udbetaling)

ent'**lüft**|**en** udlufte; 2**ung** f ventilation; 2**ungsanlage** f ventilationsanlæg n

ent'**macht**|**en** ⟨-e-⟩ tage magten fra; ~'**mannen** kastrere; ~'**menscht** dyrisk, umenneskelig; ~**militari'sieren** afmilitarisere; ~'**minen** minestryge; ~'**mündigen** gøre umyndig; ~'**mutigen** gøre modløs; 2'**nahme** f tagen ud; „forbrug‟ n; ~'**nehmen** (D) tage (ud od bort); ÖKON trække (veksel på); (ersehen) slutte (fra od af); ~'**nerven** enervere; ~'**puppen**: fig sich ~ åbenbare sig, afsløre sig; ~'**rahmen** Milch skumme; ~'**rätseln** gætte, tyde, løse; ~'**rechten** ⟨-e-⟩ gøre ret(s)løs; ~'**reißen** fravriste; ~'**richten** udrede, betale; ~'**riegeln** ⟨-le-⟩ slå slåen fra; ~'**rinnen** v/i ⟨sn⟩ (D) undslippe (j-m én); ~'**rollen** rulle ud; udfolde (**sich** sig); ~'**rosten** rense for rust; ~'**rücken** rykke bort; fig henrykke

ent'**rümpel**|**n** ⟨-le-⟩ tømme, rydde (op i); 2**ung** f Müllabfuhr: afhentning; pulterkammerrydning

ent'**rüst**|**en**: **sich** ~ blive vred, harmes; ~**et** harmfuld, vred, opbragt; 2**ung** f harme, vrede

ent'**safte**|**n** ⟨-e-⟩ presse saften ud af; 2**r** m saftpresser

ent'**sag**|**en** v/i (D) frasige sig, give afkald på, forsage; 2**ung** f afkald n; pl bsd afsavn n

ent'**salzen** afsalte

ent'**schädig**|**en** godtgøre, erstatte; 2**ung** f godtgørelse, (skades)erstatning

ent'**schärfen** desarmere; fig tage brodden af

ent'**scheid**|**en** afgøre; **sich** ~ bestemme sig (for od til til); ~**end** afgørende; 2**ung** f afgørelse; dom; **e-n** ~ **treffen** træffe en afgørelse; 2**ungsspiel** n afgørende kamp, omkamp; finale

ent'**schieden** afgjort, bestemt; **auf das** 2**ste** på det bestemteste; 2**heit** f ⟨0⟩ bestemthed

ent'**schlafen** v/i ⟨sn⟩ fig sove hen; ~'**schleiern** ⟨-re⟩ afsløre

ent'**schließen**: **sich** ~ bestemme sig (**zu** D/for), beslutte; 2**ung** f beslutning

ent'**schlossen** beslutsom, rådsnar; resolut; **ich bin fest** ~ jeg er fast besluttet på; 2**heit** f ⟨0⟩ beslutsomhed

ent'**schlüpfen** v/i ⟨sn⟩ (D) smutte bort; (entkommen) undslippe, slippe ud

Ent'**schluss** m beslutning; **e-n** ~ **fassen** tage en beslutning

ent'**schlüsseln** ⟨-le-⟩ dechifrere

Ent'**schlusskraft** f ⟨0⟩ beslutsomhed

ent'**schuldig**|**en** undskylde (**sich** sig; **wegen** G/for); ~ **Sie!** undskyld!; **es ist** (**nicht**) **zu** ~ det er (ikke) til at undskylde; 2**ung** f undskyldning; ~**!** undskyld!

ent'**schwefeln** afsvovle; ~'**schwinden** v/i ⟨sn⟩ forsvinde

ent'**send**|**en** udsende; 2**ung** f udsendelse

ent'**setz**|**en** MIL undsætte; **sich** ~ **über** (A) forfærdes over (od for); 2**en** n ⟨-s; 0⟩ forfærdelse, rædsel; ~**lich** forfærdelig, rædsom; ~**t** forfærdet, rædselsslagen; **ich bin** ~ jeg er chokeret

ent'**sichern** afsikre

ent'**sinnen**: **sich** ~ (G) huske

ent'**spann**|**en**: **sich** ~ hvile ud, slappe af; 2**ung** f afslappelse, hvile; POL u PSYCH afspænding

ent'**spinnen**: **sich** ~ udvikle sig, opstå

ent'**sprechen** v/i (D) svare til; Wunsch: opfylde; ~**d** tilsvarende, passende

ent'**springen** v/i ⟨sn⟩ Fluss: udspringe, opstå; (Ursprung haben) stamme (fra); ~'**stammen** v/i ⟨sn⟩ (ned)stamme (D/fra); ~'**stauben** afstøve

ent'**steh**|**en** v/i ⟨sn⟩ opstå, blive til; 2**ung** f opståen, oprindelse; tilblivelse

ent'**steigen** v/i ⟨sn⟩ stige op (D/fra od)

ent'**stell**|**en** fordreje, forvanske; Körper: vansire; 2**ung** f fordrejning, forvanskning; vansiring

ent'**stör**|**en** fjerne støj; ~'**strömen** v/i ⟨sn⟩ (D) strømme ud (af)

ent'**täusch**|**en** skuffe; ~**t** skuffet; 2**ung** f skuffelse

ent'**thronen** afsætte, støde fra tronen; ~'**völkern** ⟨-re⟩ affolke; 2'**völkerung** f affolkning; ~'**wachsen** v/i ⟨sn⟩ vokse (D/fra); ~'**waffnen** afvæbne (a fig); ~'**walden** ⟨-e-⟩ rydde skoven; ~'**warnen** v/i afvarsle; ~'**wässern** afvande, tørlægge, dræne

ent**weder** enten; ~ ... **oder** enten ... eller

ent'**weichen** v/i ⟨sn⟩ (fliehen) undvige, flygte; Dampf: strømme ud; ~'**weihen** vanhellige, krænke; profanere; **~'wenden** fratage, stjæle; **~'werfen** udkaste, skitsere, projektere; planlægge

ent'wert|en gøre værdiløs, annullere; devaluere; *Briefmarken* stemple; **2ung** *f* værdiforringelse; devaluering; (*Inflation*) inflation; *Briefmarken:* (af-) stempling

ent'wick|eln udvikle (*sich* sig); *Foto* fremkalde; **2ler** *m* fremkalder; **2lung** *f* udvikling; fremkaldelse

Ent'wicklungs|geschichte *f* ⟨0⟩ udviklingshistorie; **~helfer** *m* u-landshjælper; u-landsfrivillig; **~hilfe** *f* u-landshjælp; **~land** *n* u-land *n*; **~lehre** *f* udviklingslære; **~stufe** *f* udviklingstrin *n*

ent|'winden fravriste; **~'wirren** udrede; **~'wischen** *v/i* ⟨*sn*⟩ smutte (bort) (*D*/fra), undslippe; **~'wöhnen** vænne af; *Kind* vænne fra; **2'wöhnung** *f* ⟨0⟩ afvænning, nedtrapning; **~'würdigen** nedværdige; ydmyge; **~'würdigend** nedværdigende; **2'wurf** *m* udkast *n*, skitse; plan; studie

ent'wurzel|n rykke op med rode; *fig* gøre rodløs; **2ung** *f* ⟨0⟩ *fig* rodløshed

ent'zaubern hæve fortryllelsen

ent'zieh|en unddrage; *j-m das Wort ~* fratage én ordet; *sich ~* (*D*) unddrage sig; *das entzieht sich meiner Kenntnis* det kender jeg ikke noget til; **2ung** *f* ⟨0⟩ unddragelse; *Alkohol usw.:* afvænning; **2ungskur** *f* afvænningskur, antabuskur

ent'ziffer|n ⟨*-re*⟩ tyde; dechifrere; **2ung** *f* tydning

ent'zück|en begejstre, gøre henrykt, betage; **2en** *n* ⟨*-s; 0*⟩ begejstring, henrykkelse; **~end** fortryllende, henrivende, betagende, bedårende; **~t** henrykt, betaget

Ent'zug *m* ⟨*-(e)s; 0*⟩ fratagelse; *Drogen:* afvænning; **~serscheinungen** *f/pl* afvænningssymptomer *pl*

ent'zünd|bar antændelig; **~en** antænde; *sich ~* antændes, komme i brand; *fig* opflammes, MED blive betændt; **2ung** *f* antændelse; MED betændelse

ent'zwei itu, i stykker; **~-brechen** bryde itu; *v/i* ⟨*sn*⟩ gå itu; **~en** skille ad, gøre uenige; *sich ~* blive uvenner (*wegen G*/om *od* over); **~-gehen** *v/i* ⟨*sn*⟩ gå itu; **~schlagen** slå itu

Ent'zweiung *f* ⟨0⟩ uenighed, splid; brud *n*

Enzian [-tsi-] *m* ⟨*-s; -e*⟩ ensian

Enzyklo|pä'die *f* encyklopædi; **2'pädisch** encyklopædisk

Epi|de'mie [e·pi·de·-] *f* epidemi; **2de-**

~misch epidemisk; **~'gone** *m* ⟨*-n*⟩ epigon; **~'gramm** *n* ⟨*-s; -e*⟩ epigram *n*

Epik *f* ⟨0⟩ epik, episk digtkunst

Epi|lep'sie *f* ⟨0⟩ epilepsi; **~'leptiker** *m* epileptiker

epi'leptisch: **~e Anfälle** epileptiske anfald

Epi'log *m* ⟨*-s; -e*⟩ epilog, eftertale

episch episk, fortællende

Epi'skop *n* ⟨*-s; -e*⟩ episkop *n*

Epi'sode *f* episode, hændelse

E'pistel *f* ⟨*-; -n*⟩ epistel, brev *n*

E'poche *f* epoke; **2machend** epokegørende

Epos *n* ⟨*-; Epen*⟩ epos *n*, fortællende digt *n*

Equip|age [e·k(v)i·'pa:3ə] *f* ekvipage; **~e** [-'ki·p] *f* hold *n*

er han; (*v. Sachen, Tieren*) den, det *n*; **~ selbst** han selv

er'achten anse, mene; **2** *n* ⟨*-s; 0*⟩ mening, opfattelse, skøn *n*; *meines ~s* efter mit skøn

er|'ahnen ane; **~'arbeiten** arbejde sig til; *Plan, Studie* udarbejde; *Vermögen* oparbejde

Erb|adel *m* arveadel; **~anlagen** *f/pl* arveanlæg *pl*; **~anteil** *m* arvedel

er'barmen: *sich ~* forbarme sig (*G*/over); **2** *n* ⟨*-s; 0*⟩ forbarmelse, medlidenhed, medynk

er'bärmlich ynkelig; (*elend*) elendig; **2keit** *f* ynkelighed, elendighed

er'barmungslos ⟨*-est*⟩ ubarmhjertig, hjerteløs; **2igkeit** *f* ⟨0⟩ ubarmhjertighed

er'bau|en bygge; *fig* opbygge, styrke; *sich ~* opbygges (*an D*/ved); **2er** *m* opbygger, bygmester; **~lich** opbyggelig; **2ung** *f* ⟨0⟩ opførelse, bygning; *fig* opbyggelse

erbberechtigt arveberettiget

Erbe 1. *m* ⟨*-n*⟩ arving; **2.** *n* ⟨*-s; 0*⟩ arv

er'beben *v/i* ⟨*sn*⟩ bæve, skælve, ryste

erben arve (*von D*/efter), gå i arv, arves

er|'betteln tiltigge sig; **~'beuten** ⟨*-e-*⟩ erobre, gøre til bytte

Erb|fall *m* arvefald *n*; **~fehler** *m* arvevejl; nedarvet fejl; **~feind** *m* arvefjende; **~folge** *f* ⟨0⟩ arvefølge; **~gut** *n* arvegods *n*; MED arveanlæg *pl*

er'bieten: *sich ~* tilbyde sig

Erbin *f* kvindelig arving

er'bitten udbede (sig); bede om

er'bitter|n ⟨*-re*⟩ forbitre, ophidse; **2ung** *f* ⟨0⟩ forbitrelse, vrede

Erbkrankheit *f* arvelig sygdom

er'blassen *v/i* ⟨*sn*⟩ blegne

Erblasser(in) *m(f)* arveleder(ske)

erblich arvelig; **~ belastet** arvelig belastet; **2keit** *f* ⟨0⟩ arvelighed er|'blicken få øje på, se; ~'blinden v/i ⟨-e-; sn⟩ blive blind

er'bosen ⟨-t⟩ gøre vred, forbitre; sich ~ blive vred

Erbpacht f arvefæste n

er'brechen Siegel bryde; sich ~ kaste op, F brække sig; 2 n ⟨-s; 0⟩ MED opkastning

Erbrecht n ⟨-(e)s; 0⟩ arveret

Er'brochene n ⟨-n; 0⟩ opkast n

Erb|schaft f arv; ~schaftssteuer f arveafgift; ~schleicher m testamentsjæger

Erbse ['ɛʀpsə] f ært; grüne ~n grønærter

Erbsen|brei m ærtepurée; ~schote f ærtebælg; ~stroh n ærtehalm; ~suppe f gule ærter pl

Erb|stück n arvestykke n; ~sünde f arvesynd; ~teil n arvedel

Erd|achse f⟨0⟩ jordakse; ~apfel m kartoffel; ~arbeiten f/pl jordarbejder pl; ~bahn f jordbane; ~ball m ⟨-(e)s; 0⟩ jordklode; ~beben n jordskælv n; ~beere f jordbær n; ~boden m ⟨-s; 0⟩ jordbund; dem ~ gleichmachen jævne med jorden

Erde f jord; (Boden) grund; auf ~n på jorden; zu ebener ~ wohnen bo i stuen; 2n ⟨-e-⟩ jordforbinde; ~nbürger m Neugeborenes: verdensborger

er'denk|en udtænke, finde på; ~lich (op)tænkelig

erd|farben gusten; 2ferne f ⟨0⟩ største afstand fra jorden; 2gas n naturgas; 2geist m jordånd; 2geschoss n stue(etage)

er'dicht|en opdigte; 2ung f opdigt n, påhit n

erdig jordet; jordagtig

Erd|kabel n jordkabel n; ~klumpen m jordklump; ~kruste f jordskorpe; ~kugel f jordklode; globus; ~kunde f ⟨0⟩ geografi; ~leitung f jordledning; ~nähe f ⟨0⟩ jordnærhed; ~nuss f jordnød; ~oberfläche f jordoverflade; ~öl n olie

er'dolchen stikke ihjel, dolke

Erdreich n ⟨-(e)s; 0⟩ jordsmon n; jord

er'dreisten ⟨-e-⟩: sich ~ driste sig (til)

er'drosseln kvæle

er'drücken trykke ihjel; fig tynge, knuge; ~d trykkende, knugende

Erd|rutsch m jordskred n; ~satellit m jordsatellit; ~schicht f jordlag n; ~scholle f jordklump; ~stoß m jordstød n; ~teil m verdensdel

er'dulden tåle, lide

Erd|umkreisung f jordomkredsning; ~umsegelung f jordomsejling

Erdung f jordforbindelse

Erd|wall m jordvold; ~wärme f jordvarme

er'eifern ⟨-re⟩: sich ~ hidse sig op

er'eignen: sich ~ hænde, ske

Er'eignis n ⟨-ses; -se⟩ hændelse, begivenhed; 2reich begivenhedsrig

er'eilen indhente, nå

Erektion [-'tsɪoːn] f erektion

Ere'mit m ⟨-en⟩ eremit, eneboer

er'erben arve; ererbt nedarvet

er'fahren 1. v/t erfare, få at vide; Leid gå igennem, 2. adj erfaren (in D/i); 2heit f ⟨0⟩ erfaring

Er'fahrung f erfaring; aus ~ af erfaring; in ~ bringen få at vide; 2sgemäß erfaringsmæssig

er'fassbar som kan fattes (od måles), fattelig

er'fass|en gribe; fig omfatte, tage med; (messen) måle; (begreifen) fatte; Daten indsamle, registrere; 2ung f indsamling, registrering

er'fechten tilkæmpe sig

er'find|en opfinde; (ersinnen) finde på; 2er(in) m(f) opfinder; ~erisch opfindsom; Not macht ~ nød lærer nøgen kone at spinde

Er'findung f opfindelse; (Einfall) påhit n; (Lüge) opspind n; ~sgabe f ⟨0⟩ opfindelsesevne; opfindsomhed; 2sreich opfindsom

er'flehen bønfalde om

Er'folg m ⟨-(e)s; -e⟩ succes, godt (od heldigt) resultat n (od udfald n); ~ haben have succes, slå igennem; ~ versprechend → erfolgversprechend; 2en v/i ⟨sn⟩ følge (aus D/af); (geschehen) ske; 2los ⟨-est⟩ uden succes (od held); resultatløs; ~losigkeit f ⟨0⟩ resultatløshed; 2reich resultatrig, succesrig; ~serlebnis n oplevelse af success; 2versprechend lovende, gunstig

er'forder|lich nødvendig, fornøden; påkrævet; ~n fordre, kræve; 2nis n ⟨-ses; -se⟩ nødvendighed, krav n; fornødenhed

er'forsch|en udforske; 2ung f ⟨0⟩ udforskning

er'fragen spørge sig til, få at vide; zu ~ bei ... man henvende sig til ...

er'freu|en glæde, fornøje; sich ~ glæde sig (G/ved od over); sich e-r guten Gesundheit ~ være ved godt helbred; ~lich glædelig; ~licher'weise heldigvis; ~t glad

er'frier|en v/i ⟨sn⟩ blive stivfrossen; (totfrieren) fryse ihjel; erfroren ihjelfrossen; 2ung f forfrysning

er'frisch|en forfriske, styrke; 2ung f forfriskelse, forfriskning; (Getränk) læskedrik; 2ungsraum m bar, kantine; cafeteria n er'füll|bar opfyldelig; **∼en** opfylde; **sich ∼** gå i opfyldelse; **2ung** f ⟨0⟩ opfyldelse; **in ∼ gehen** gå i opfyldelse; **2ungsort** m ÖKON betalingssted n

er'gänz|en ⟨-t⟩ supplere; udfylde, tilføje; **2ung** f (Zusatz) supplement n, tillæg n; GRAM objekt n, genstandsled n; **2ungs-band** m tillægsbind, supplementbind n; **2ungsstück** n TECH (stykke n) tilbehør n

er'gattern ⟨-re⟩ hugge, kapre; **∼'gaunern** ⟨-re⟩ tilsvindle (**sich** sig)

er'geben 1. (erbringen) give; **sich ∼** MIL overgive sig; (sich herausstellen) følge, fremgå (aus D/af); **hieraus ergibt sich** heraf følger; **sich ∼ in** (A) føje sig i; 2. adj (A) (geduldig) tålmodig; Brief: **Ihr (sehr) ∼er** Deres hengivne; **2heit** f ⟨0⟩ hengivenhed; (Fügsamkeit) hengivelse

Er'gebnis n ⟨-ses; -se⟩ resultat n, udfald n; **2los** resultatløs

Er'gebung f hengivelse; MIL overgivelse

er'gehen v/i ⟨sn⟩ Befehl: udgå; **∼ lassen** udstede; **etw.** (A) **über sich ∼ lassen** finde sig i ngt.; se at få ngt. overstået; **es ergeht e-m gut (schlecht)** det går én godt (dårligt); **sich ∼ in** (D) give sig hen til; **2n** ⟨-s; 0⟩ befindende n

er'giebig frugtbar; (einträglich) indbringende; **2keit** f ⟨0⟩ frugtbarhed; rigelighed

er'gießen udgyde, udøse; **sich ∼** udgyde sig; Fluss: udmunde; (sich ausbreiten) udbrede sig

er'glühen gløde; fig blive begejstret; (erröten) rødme, blive rød

er'götz|en ⟨-t⟩ fornøje, more; **sich ∼ an** (D) more sig over, blive glad ved; **2en** n ⟨-s; 0⟩ morskab; **∼lich** morsom, fornøjelig

er'grauen v/i ⟨sn⟩ gråne, blive grå; **ergraut** grånet

er'greif|en gribe; (festnehmen) pågribe, tage; **Besitz von etw.** (D) ∼ tage ngt. i besiddelse; **die Flucht ∼** flygte; **das Wort ∼** tage ordet; **∼end** gribende; **2ung** f pågribelse

er'griffen grebet; **2heit** f ⟨0⟩ grebethed

er'gründen udgrunde, udforske

Er'guss m udgydelse

er'haben ophøjet; (hoch) høj; (höchstehend) fremstående; (großartig) storslået, imponerende; (feierlich) højtidelig; **∼ über** (A) hævet over; **2heit** f ⟨0⟩ ophøjethed

er'halten (bekommen) få, modtage; (bewahren) bevare, vedligeholde; (unterhal-

ten) vedligeholde; **gut ∼ sein** være godt bevaret; være i god stand; **Betrag (dankend) ∼!** beløbet (med tak) modtaget!

er'hältlich til at få

Er'haltung f bevarelse, vedligeholdelse; opretholdelse; **∼strieb** m selvopholdelsesdrift

er'hängen hænge (**sich** sig); **∼'härten** hærde; fig bekræfte, bevise; **∼'haschen** snappe, gribe

er'heb|en løfte op, hæve; **Arm** strække i vejret; **Zoll, Steuern** opkræve; **Zweifel, Klage, Anspruch** rejse; **Streit** begynde; **Protest** nedlægge; **sich ∼** (aufstehen) rejse sig, stå op; (hochstehen) hæve sig; **Aufruhr:** rejse sig (**gegen** A/mod); **∼lich** vigtig, betydelig, væsentlig; **2ung** f ophøjelse, opløftning; (Höhe) højde; **Geld:** opkrævning; (Empörung) oprør n, rejsning; (Untersuchung) undersøgelse, enquete

er'heischen (ud)kræve, fordre

er'heitern ⟨-re⟩ opmuntre

er'hellen oplyse; fig opklare; **sich ∼** blive opklaret

er'hitzen ⟨-t⟩ varme (op); **sich ∼** blive varm; fig blive ophidset

er'hoffen håbe (på)

er'höh|en forhøje, højne; (steigern) (for)øge, forstærke; **2ung** f forhøjelse; (Steigerung) forøgelse, stigning; (Hügel) forhøjning

er'hol|en: **sich ∼** komme sig (**von** D/af), blive rask (**von** D/efter); (ausruhen) hvile sig, holde ferie; **∼sam** styrkende, sund; **2ung** f ⟨0⟩ helbredelse; rekreation; (Ausruhen) hvile; (Urlaub) ferie

Er'holungs|aufenthalt m rekreationsophold n; **2bedürftig: ∼ sein** trænge til ferie; **∼heim** n hvile-, rekreationshjem n; **∼reise** f feriereise, rekreationsrejse; **∼urlaub** m rekreationsrejse

er'hören bønhøre, opfylde

er'inner|n ⟨-re⟩ minde (**an** A/om), huske (**an** A/på); **sich e-r Sache** (G) ∼, **sich ∼ an etw.** (A) erindre, huske, mindes ngt.; **2ung** f erindring, minde n; **zur ∼ an** (A) til minde om; **etw.** (A) **in ∼ bringen** minde om ngt.; **2ungsvermögen** n ⟨-s; 0⟩ hukommelse

er'kalten v/i ⟨-e-; sn⟩ blive kold, kølnes

er'kält|en ⟨-e-⟩: **sich ∼** blive forkølet; **∼et** forkølet; **2ung** f forkølelse

er'kämpfen tilkæmpe sig

er'kaufen købe; **teuer ∼** betale dyrt (for)

er'kenn|bar kendelig (**an** D/på); (deutlich) tydelig; **∼en** (gen)kende; (unterscheiden) opdage, se; (*einsehen*) forstå, mærke, indse; JUR ~ *auf* (A) idømme; **sich zu ~ geben** give sig til kende

er'**kenntlich** kendelig (*an* D/på); *fig* erkendtlig, taknemmelig; **2lichkeit** f letkendelighed; *fig* erkendtlighed; **2nis** f ⟨-; -se⟩ erkendelse, indsigt; **zur ~ kommen** komme til erkendelse

Er'**kennung** f erkendelse; genkendelse, identificering; **~sdienst** m identificeringsafdeling; **~smelodie** f kendingsmelodi; **~szeichen** n identitetstegn n

Erker m karnap

er'**klär**|**bar** forklarlig; **~en** erklære, udtale; (*auslegen*) forklare, tyde; fortolke; **~lich** forklarlig; **2ung** f erklæring; udtalelse; (*Auslegung*) forklaring, tydning

er'**klecklich** klækkelig, betydelig; **~'klettern**, **~'klimmen** klatre op i; **~'klingen** v/i ⟨sn⟩ klinge, (gen)lyde; **~'koren** udkåren

er'**krank**|**en** v/i ⟨sn⟩ blive syg; **erkrankt sein an** (D) være syg af, lide af; **2ung** f sygdom

er'**kund**|**en** ⟨-e-⟩ udspejde; **~igen**: **sich ~ forhøre** sig (*nach* D/om); **2igung** f ⟨-; -en⟩ forespørgsel; **~en einziehen** indhente oplysninger (*über* A/om); **2ung** f rekognoscering, udspejdning

er'**lahmen** v/i ⟨sn⟩ *fig* lammes, blive træt

er'**lang**|**en** (op)nå, vinde, erhverve; **2ung** f ⟨0⟩ opnåelse

Er'**lass** m ⟨-es; -e⟩ bekendtgørelse, cirkulære n; forordning, påbud n; (*Befreiung*) eftergivelse, dispensation

er'**lassen** *Bestimmungen* udstede; *Schuld* eftergive, fritage for; *Sünden* forlade

er'**laub**|**en** tillade (*sich* [D]/sig); **~ Sie?** tillader De?; **~ Sie mal!** nej hør nu!; **2nis** f ⟨0⟩ tilladelse; (*Lizenz*) licens

er'**laucht** ⟨-est⟩ højvelbåren

er'**läuter**|**n** forklare, oplyse; *Text* kommentere; **2ung** f forklaring, oplysning, kommentar

Erle f el(letræ n)

er'**leb**|**en** opleve; **2nis** n ⟨-ses; -se⟩ oplevelse; hændelse

er'**ledig**|**en** gøre færdig, blive færdig med; *Auftrag* udføre, besørge; *Geschäft* afslutte; *Formalitäten* opfylde, overholde; *fig* **j-n ~** gøre det af med én; **~t** færdig, afgjort; (*erschöpft*) udkørt; **das hat sich ~** det er ikke længere aktuelt; **2ung** f besørgelse; *Geschäft*: afslutning

er'**legen** *Wild* nedlægge; skyde

er'**leichter**|**n** ⟨-re⟩ lette, befri (*von* D/for); **2ung** f lettelse, befrielse

er'**leiden** tåle, lide (*a fig*); **~'lernen** lære; **~'lesen** *adj* udsøgt

er'**leucht**|**en** oplyse, belyse (*a fig*); **2ung** f oplysning, idé

er'**liegen** v/i ⟨sn⟩ bukke under (D/for); *fig* dø; **~'logen** usand, opdigtet

Er'**lös** m ⟨-es; -e⟩ indtægt, salgssum; (*Gewinn*) udbytte n

er'**löschen** v/i (L; sn) slukkes, gå ud; forsvinde; (*ablaufen*) ophøre; *fig* uddø; **ein erloschener Vulkan** en udbrændt vulkan

er'**lös**|**en** befri (*von* D/fra); REL forløse, frelse; **2er** m befrier; REL frelser, forløser; **2ung** f befrielse; REL forløsning, frelse

er'**mächtig**|**en** bemyndige (*zu* D/til); **2ung** f fuldmagt, bemyndigelse

er'**mahn**|**en** formane, advare; **2ung** f formaning

er'**mangel**|**n** (G) mangle; **2ung** f ⟨0⟩: **in ~** (G) i mangel af

er'**mannen**: **sich ~** mande sig op (*zu* D/til)

er'**mäßig**|**en** *Preis* nedsætte (*um* A/med); **ermäßigte Fahrkarte** rabatbillet; **2ung** f nedsættelse, rabat, afslag n

er'**matten** ⟨-e-⟩ v/t udmatte; v/i ⟨sn⟩ udmattes, blive træt

er'**messen** bedømme, skønne; **2** n ⟨-s; 0⟩ skøn n, bedømmelse; **nach meinem ~** efter min opfattelse; **es ist in Ihr ~ gestellt** det er overladt til Dem

er'**mitt**|**eln** ⟨-le⟩ undersøge, udfinde, opdage; **2lung** f undersøgelse, opdagelse

er'**möglichen** muliggøre

er'**mord**|**en** myrde, dræbe; **2ung** f mord n, drab n

er'**müd**|**en** ⟨-e-⟩ v/t udmatte, trætte; v/i ⟨sn⟩ blive træt; **~end** trættende; **2ung** f ⟨0⟩ udmattelse, træthed; **2ungserscheinungen** f/pl tegn pl på træthed

er'**munter**|**n** ⟨-re⟩ opmuntre, oplive; **2ung** f opmuntring

er'**mutig**|**en** sætte mod i; tilskynde; **2ung** f opmuntring, tilskyndelse

er'**nähr**|**en** ernære, forsørge; **sich ~ von** leve af; **2er** m ernærer, forsørger; **2ung** f ⟨0⟩ ernæring, føde; **2ungslage** f ⟨0⟩ ernæringssituation, fødevaresituation

er'**nenn**|**en** udnævne (*zu* D/til); **2ung** f udnævnelse

Er'**neuer**|**er** m fornyer; **2n** ⟨-re⟩ forny; *Gebäude* istandsætte; *Farbe* opfriske; **~ung** f fornyelse; *Gebäude*: istandsættelse, reparation

er'**neut** gentagen, fornyet

er'**niedrig**|**en** nedsætte; *fig* fornedre, nedværdige; (*demütigen*) ydmyge; **sich ~** fornedre sig; ydmyge sig; **2ung** f nedsættelse; *fig* fornedrelse; ydmygelse

ernst ⟨*-est*⟩ *adj* alvorlig; (*eifrig*) ivrig; **~e Absichten** reelle hensigter; **es ~ meinen** mene det alvorligt; **~ gemeint** alvorlig, seriøs

Ernst *m* ⟨*-es; 0*⟩ alvor (*n*); (*Eifer*) iver; **im ~** for alvor; alvorlig (talt); **im ~?** er det rigtigt?; **allen ~es** for ramme alvor; **~ machen mit** gøre alvor af

Ernst|fall *m* ~ hvis det bliver alvor; i tilfælde af krig, 2**haft** ⟨*-est*⟩, 2**lich** alvorlig, seriøs

Ernte *f* høst (*a fig*); **~aussicht** *f* høstudsigt; **~(dank)fest** *n* takkefest for høsten; høstgilde *n*; REL høstgudstjeneste; 2**n** ⟨*-e-*⟩ høste (*a fig*)

er'nüchter|n ⟨*-re*⟩ gøre ædru; *fig* bringe til sig selv; desillusionere; 2**ung** *f* ædruhed; *fig* desillusionering

Er'ober|er *m* erobrer; 2**n** ⟨*-re*⟩ erobre, indtage; **~ung** *f* erobring

er'öffn|en åbne, lukke op; (*anfangen*) begynde, indlede; (*mitteilen*) meddele, åbenbare; 2**ung** *f* åbning; (*Anfang*) begyndelse; (*Mitteilung*) meddelelse; *Ausstellung:* fernisering; 2**ungsfeier** *f* åbningshøjtidelighed; 2**ungsrede** *f* åbningstale

er'örter|n ⟨*-re*⟩ drøfte, diskutere; 2**ung** *f* drøftelse, diskussion

E'ro|tik *f* ⟨*0*⟩ erotik; 2**tisch** erotisk

er'picht forhippet, opsat (**auf** *A*/på), ivrig (**auf** *A*/efter)

er'press|en afpresse; 2**er(in)** *m(f)* pengeafpresser; **~erisch** ved afpresning; ved pression; 2**ung** *f* (penge)afpresning

er'proben prøve, sætte på prøve; **erprobt** prøvet, pålidelig

er'quick|en forfriske, (veder)kvæge (**sich** sig); **~lich** forfriskende; (*erfreulich*) fornøjelig; 2**ung** *f* forfriskning, vederkvægelse

er|'raten ⟨*-re*⟩ gætte (sig til); **~'rechnen** regne ud

er'reg|bar let bevægelig (*od* at ophidse); (*reizbar*) pirrelig; 2**barkeit** *f* ⟨*0*⟩ ophidselse; pirrelighed; **~en** sætte i bevægelse; (*reizen*) ophidse, pirre; (*verursachen*) fremkalde, vække; 2**er** *m* MED virus; 2**theit** *f* ⟨*0*⟩, 2**ung** *f* (sinds)bevægelse, ophidselse

er'reich|bar opnåelig; **~en** op(nå)

er'rett|en redde (**aus** *D*/ud af; **vor** *D*/fra); (*befreien*) befri (**von** fra); 2**ung** *f* ⟨*0*⟩ redning; REL frelse

er'richt|en rejse, bygge, opstille; (*gründen*) grundlægge, (ind)stifte, oprette;

2**ung** *f* oprejsning, opstilling; (*Gründung*) grundlæggelse, indstiftelse, oprettelse

er|'ringen tilkæmpe sig, erhverve; *Sieg* vinde; **~'röten** *v/i* ⟨*sn*⟩ rødme (**vor** *D*/af); 2**rungenschaft** *f* erhvervelse, erobring, resultat *n*; *fig a* landvinding

Er'satz *m* ⟨*-es; 0*⟩ erstatning, surrogat *n*; afløser; (*Entschädigung*) vederlag *n*, godtgørelse; **als ~** i stedet; *j-m ~* **leisten** yde én erstatning; **~anspruch** *m* erstatningskrav *n*; **~dienst** *m* civil arbejdstjeneste; **~mann** *m* stedfortræder; reserve-(mand *od* ospiller); **~mittel** *n* surrogat *n*; **~mutter** *f* lejemor, ("rugemor"; **~pflicht** *f* ⟨*0*⟩ erstatningspligt; **~rad** *n Auto:* reservehjul *n*; **~spieler(in)** *m(f)* udskiftningsspiller; **~teil** *n* reservedel; 2**weise** som erstatning; JUR subsidiært

er|'saufen *v/i* ⟨*sn*⟩ F drukne; **~'schaffen** skabe, danne; (*widerhallen*) give genlyd; **~'schallen** *v/i* ⟨*sn*⟩ lyde; (*widerhallen*) give genlyd; **~'schaudern** *v/i* ⟨*sn*⟩ gyse

er'schein|en *v/i* ⟨*sn*⟩ vise sig, blive synlig; (*kommen*) indfinde sig; møde (op *od* frem); *Buch:* udkomme; *fig* synes, forekomme; **~ lassen** offentliggøre; **soeben erschienen** nyudkommen; 2**en** *n* ⟨*-s; 0*⟩ tilsynekomst; *Buch:* udkomme; forekomme, udgivelse; 2**ung** *f* åbenbarelse, syn *n*; fænomen *n*; *Buch:* udgivelse, offentliggørelse; **in ~ treten** vise sig

Er'scheinungs|bild *n fig* optræden, fremtoning; **~jahr** *n* udgivelsesår *n*; **~ort** *m* trykkested *n*

er'schieß|en skyde; 2**ung** *f* skydning

er'schlaffen *v/i* ⟨*sn*⟩ blive slap, svækkes; **~'schlagen** slå ihjel, dræbe; **~'schleichen** tilsnige sig

er'schließ|en åbne, gøre tilgængelig; (*folgern*) gætte sig til; 2**ung** *f* åbning; nyttiggørelse

er'schöpf|en udtømme (*a fig*); (*ermatten*) udmatte; **~t** udkørt, udmattet; 2**ung** *f* (*Ermattung*) udmattelse

er'schreck|en *v/t* forskrække, gøre bange; *v/i* ⟨*L; sn*⟩ forskrækkes, blive bange

er'schrocken forskrækket, bange; 2**heit** *f* ⟨*0*⟩ forskrækkelse

er'schütter|n ⟨*-re*⟩ ryste (*a fig*); gøre et dybt indtryk på; rokke (ved ngt.); **~t** rystet; 2**ung** *f* rystelse; chok *n*

er'schweren vanskeliggøre, gøre besværlig; JUR **~de Umstände** skærpende omstændigheder

er'schwindeln snyde sig til

er'schwing|en *Geld* fremskaffe; **~lich**

overkommelig, til at overkomme

er|**sehen** se (*aus D*/af), mærke (*aus D*/på); (*auswählen*) udse; *man ersieht daraus, daraus ist zu ~* deraf ser man; *~'sehnen* længes efter; *ersehnt* med længsel ventet, kærkommen

er'**setz**|**bar** erstatelig; *~en* erstatte (*j-m etw.* (*A*)/én med ngt.; *j-n durch e-n anderen/* én med en anden), træde i stedet for; *Geld* godtgøre, refundere

er'**sichtlich** synlig, tydelig, klar; *daraus ist ~* deraf fremgår; *wie ~* som det ses

er|**sinnen** udtænke, udspekulere, finde på; *~'spähen* få øje på, udspejde

er'**spar**|**en** spare (*sammen*); *j-m etw.* (*A*) *~* spare én for ngt.; 2**nis** *f* ⟨*:; -se*⟩ (*Einsparung*) besparelse; (*Geld*) sparepenge *pl*

er'**sprießlich** nyttig, gavnlig

erst [e:] (*zuerst*) først; (*nur*) kun, lige, bare; *eben ~* lige nu; *jetzt ~* først nu; *~ gestern* endnu (*od* så sent som) i går; *~ recht* først rigtig; *nun ~ recht nicht* nu overhovedet ikke

er'**starken** *v/i* ⟨*sn*⟩ blive stærk(ere)

er'**starr**|**en** *v/i* ⟨*sn*⟩ blive stiv, stivne (*vor D*/af); *~t* stivnet, lammet; 2**ung** *f* stivnen; *fig* sløvhed

er'**statt**|**en** ⟨*-e-*⟩ (*tilbage*)betale, refundere; *Bericht ~* aflægge beretning; 2**ung** *f* (*tilbage*)betaling; *Bericht:* aflæggelse

Erstaufführung *f* første opførelse, premiere

er'**staun**|**en** *v/t* overraske, forbavse; *v/i* ⟨*sn*⟩ blive overrasket, forbavses (*über A*/over); 2**en** *n* ⟨*-s; 0*⟩ forbavselse; *in ~ setzen* forbavse, gøre forbavset; *~lich* forbavsende; *~t* forbavset

Erstausgabe *f* første udgave

Erst'beste: *der, die, das ~* den/det første den/det bedste

erste(**r, -s**) første; *fürs Erste* for det første; foreløbig; *am Ersten Mai* den første maj; *Erste Hilfe* førstehjælp; *erster Klasse* førsteklasses (*vorangestellt*); *zum ersten Mal* for første gang

er|**stechen** stikke ihjel, myrde; *~'stehen* *v/i* ⟨*sn*⟩ opstå; *v/t* købe

Erste-'Hilfe-Kasten *m* førstehjælpskasse

er|**steigen** bestige; *~'stellen* bygge, fremstille; konstruere, opstille

erstens for det første

erstere(**r, -s**) førstnævnte (af to)

Erst|**gebärende** *f* førstegangsfødende; 2**geboren** førstefødt; *~geburt* *f* førstefødsel; 2**genannt** førstnævnt

er'**stick**|**en** *v/t* kvæle; *fig* undertrykke, holde nede; *v/i* ⟨*sn*⟩ kvæles (*an od vor*

D/af); *~t* (halv)kvalt; 2**ung** *f* kvælning; *fig* undertrykkelse

erst|**klassig** førsteklasses; 2**ligist**(**in**) *m(f)* SPORT førstedivisionsspiller; 2**ling** *m* ⟨*-s; -e*⟩ førstefødt; den første; *~malig* førstegangs-; *~mals* *adv* for første gang; *~rangig* førsterangs-

er'**streben** efterstræbe; *~swert* værdat stræbe efter

er'**strecken:** *sich ~* (ud)strække sig (*auf A*/til)

er'**stunken:** F *das ist ~ und erlogen!* det er en lodret løgn!

er'**stürm**|**en** tage med storm; 2**ung** *f* storm(angreb *n*)

Erstwähler *m* POL førstegangsvælger

er'**suchen** anmode, bede (*um A*/om); 2 *n* ⟨*-s; 0*⟩ anmodning, henstilling

er'**tappen** gribe; *j-n auf frischer Tat ~* gribe én på fersk gerning; → *a erwischen*

er|**teilen** give (*a Rat, Unterricht, Wort usw*); *~'tönen* *v/i* ⟨*sn*⟩ lyde, klinge, tone

Er'trag *m* ⟨*-(e)s; ~e*⟩ udbytte *n*, indtægt, afkast(ning) *n*; (*Ernte*) afgrøde, høstudbytte *n*; 2**en** tåle, udholde; 2**fähig** udbytterig, produktiv

er'**träglich** udholdelig, tålelig; *adv* nogenlunde

er'**trag**|**reich** givtig, udbyttterig; 2**slage** *f* ⟨*0*⟩ produktivitetssituation; 2**ssteigerung** *f* udbytteforøgelse

er|**tränken** drukne; *~'träumen* drømme (*sich til*)

er'**trinken** *v/i* ⟨*sn*⟩ drukne

Er'trunkene(**r**) druknet, strandvasker

er'**tüchtigen:** *sich ~* dygtiggøre (*od* hærde) sig

er'**übrigen** få tilovers, levne; *sich ~* være overflødig

Eruption [-'tsïo:n] *f* eruption

er|**wachen** *v/i* ⟨*sn*⟩ vågne (op); *Tag:* gry; 2**wachen** *n* ⟨*-s; 0*⟩ opvågnen; *~'wachsen* **1.** *v/i* ⟨*sn*⟩ vokse op; (*entstehen*) opstå; **2.** *adj* voksen; 2'**wachsene**(**r**) voksen

Er'wachsenenbildung *f* voksenuddannelse

er'**wäg**|**en** overveje; 2**ung** *f* overvejelse; *in ~ ziehen* tage under (*od* op til) overvejelse

er'**wählen** (ud)vælge

er'**wähn**|**en** omtale; (*anführen*) anføre; *~enswert* nævneværdig; 2**ung** *f* nævnelse, omtale

er'**wärm**|**en** (op)varme, gøre varm; *sich für etw.* (*A*) *~* begejstres for ngt.; 2**ung** *f* ⟨*0*⟩ opvarmning

er'**wart**|**en** vente (på), afvente; forvente;

es steht (*od ist*) *zu ~* det er at vente; *sie erwartet ein Kind* hun venter sig; **2ung** *f* forventning; *in ~* (*G*) i forventning om; *große ~en setzen in* (*A*) stille store forventninger til; *die ~en erfüllen* indfri (*od* leve op til) forventningerne; **~ungs-gemäß** som ventet; **~ungsvoll** forventningsfuld

er'wecken vække; *fig* fremkalde

er'wehren *sich ~* forsvare sig (*G*/imod); (*sich enthalten*) afholde sig (*G*/fra)

er'weichen blødgøre; *fig* formilde, røre; *fig sich ~ lassen* lade sig bevæge

er'weisen bevise, godtgøre; *j-m e-n Dienst ~* vise én en tjeneste; *sich ~* vise sig (*als*/som); *sich als notwendig ~* vise sig nødvendigt

er'weiter|n *~re* (*a fig*) udvide (*a Geschäft usw*); (*vergrößern*) forstørre; *in erweitertem Sinne* i udvidet betydning, i videre forstand; **2ung** *f* udvidelse; forstørrelse

Er'werb *m* <*-(e)s; -e*> erhverv *n*; næringsvej; (*Lohn*) fortjeneste; **2en** erhverve; (*kaufen*) købe; *sein Brot ~* tjene sit brød; *sich* (*D*) *Verdienste ~* indlægge sig fortjenester (*um A*/for); **~er** *m* køber

er'werbs|fähig arbejdsdygtig; **~los** arbejdsløs; **2quelle** *f* indtægtskilde; **~tätig** beskæftiget; **~unfähig** uarbejdsdygtig; *teilweise ~* erhvervshæmmet; **2zweig** *m* erhvervsgren, næringsvej

Er'werbung *f* erhvervelse (*G*/af)

er'wider|n <*-re*> besvare; (*antworten*) svare; (*vergelten*) gengælde; *e-n Besuch ~* gengælde et besøg; **2ung** *f* besvarelse; svar *n*; indlæg *n*; gengældelse

er|wiesener'maßen som bevist; **~'wirken** udvirke, opnå; **~'wirtschaften** få et udbytte (*A*/på); **~'wischen** gribe, få fat på; F nappe, snuppe; få ram på; *es hat mich erwischt* det er sket med mig

er'wünscht <*-est*> gnskelig, kærkommen, belejlig; *nicht ~* uønsket

er'würgen kvæle

erz- ærke- (*z. B. ærkekonservativ*)

Erz [e:; *in Zssgn* ɛ] *n* <*-es; -e*> malm (*n*), erts; (*Metall*) metal *n*; **~ader** *f* malmåre

er'zähl|en fortælle (*von D*/om); snakke sammen; **2er** *m* fortæller; **2ung** *f* fortælling *f*

Erz|bischof *m* ærkebiskop, ærkebisp; **~bistum** *n* ærkebispedømme *n*; **~engel** *m* ærkeengel

er'zeug|en avle; producere, tilvirke; frembringe (*a fig*); **2er** *m* fa(de)r; fremstiller, producent; **2nis** *n* <*-ses; -se*> frembringelse; produkt *n*, fa-

brikat *n*; *deutsches ~* fremstillet i Tyskland; **2ung** *f* <*0*> avling; fremstilling, produktion

Erzfeind *m* dødsfjende

Erzförderung *f* malmudvinding

Erzgauner *m* værre skurk

Erz|gießer *m* metalstøber; broncestøber; **2haltig** malmholdig

Erzherzog *m* ærkehertug

er'zieh|bar: *schwer ~* (*Schule*) adfærdsvanskelig; **~en** opdrage; **2er(in)** *m(f)* opdrager; (*Lehrer*) lærer; **~erisch** pædagogisk, opdragende; **2ung** *f* <*0*> opdragelse

Er'ziehungs|anstalt *f* opdragelsesanstalt; (*Schule*) kostskole; **2berechtigt** som har forældremyndigheden; **~wesen** *n* <*-s; 0*> undervisningsvæsen *n*; **~wissenschaft** *f* pædagogik

er|'zielen opnå, tilstræbe; **~zittern** *v/i* ryste (*vor D*/af)

erzkonservativ ærkekonservativ, bundreaktionær

er'zürnen gøre vred; *sich ~* blive vred; *sich mit j-m ~* blive uvenner med én

Erzvater *m* patriark, stamfader

er'zwingen tiltvinge sig; tvinge igennem; *erzwungen* tvungen

es [es] **1.** *pers.pron* den, det *n*; **2.** *unpersönliches pron* det, der; *ich bin ~* det er mig; *~ gibt* der er, der findes; *~ ist, ~ sind* det er; *~ war einmal* der var engang

Esche *f* ask(etræ *n*)

Esel *m* æsel *n*; *fig* æsel, torsk, asen *n*; **~ei** [-'laɪ] *f* dumhed; **~in** *f* hunæsel *n*

Esels|brücke *f* huskeregel, hjælp til at huske; **~ohr** *n* æselsøre *n* (*a im Buch*)

Eska|lation [-'tsĭo:n] *f* eskalation, optrapning; **2lieren** eskalere, optrappe

Eska'pade *f* udskejelse, eskapade

Eskimo *m* <*-s; -s*> eskimo; grønlænder

Es'kor|te *f* følge *n*; eskorte; **2tieren** eskortere

Espe *f* asp, esp(etræ *n*)

Espenlaub *n*: *zittern wie ~* ryste som et espeløv

Es'pressobar *f* espressobar

Essay [e'se:] *m od n* <*-s; -s*> essay *n*

ess|bar spiselig; **2besteck** *n* kniv og gaffel, spisebestik *n*

Esse *f* esse, ildsted *n*; (*Schornstein*) skorsten

Essecke *f* Küche: spisekrog

essen <*L*> spise; *zu Mittag ~* spise til middag (*od* spise frokost); *zu Abend ~* spise aftensmad (*od* spise til aften); *sich satt ~* spise sig mæt; **2** *n* spisning; (*Speise*) mad, spise; (*Gericht*) ret; (*Mahlzeit*) måltid *n*;

(*Mittag*♀) middagsmad; frokost; (*Abend*♀) aftensmad; middag; *das ~ ist fertig* maden er færdig, der er serveret; ♀*zeit* f spisetid

Es'senz f essens (*a fig*)

Esser m: *ein guter ~* én med appetit

Ess|geschirr n service n; ~**gier** f grådighed

Essig m ⟨-s; -e⟩ eddike; ~**gurke** f sur agurk; ♀**sauer** eddike; ~**säure** f ⟨0⟩ eddikesyre; ~ **und Ölständer** m platmenage

Ess|kastanie f marone; ~**korb** m madkurv; ~**löffel** m spiseske; ~**lust** f⟨0⟩ madlyst; ~**paket** n madpakke; ~**saal** m spisesal; ~**stäbchen** n/pl spisepinde pl; ~**tisch** m spisebord n; ~**waren** f/pl madvarer pl; ~**zimmer** n spisestue

Estrich m ⟨-s; -e⟩ (cement)gulv n

eta'bl|ieren etablere, nedsætte (*sich* sig); ♀**issement** [-blɪs(ə)'mãː] n ⟨-s; -s⟩ etablissement n

E'tage [-ʒə] f etage; *zweite ~* anden sal; *Haus von drei ~n* et treetagers hus; ~**nbett** n køjeseng; ~**nwohnung** f etagelejlighed

E'tappe f etape (*a* MIL.); ♀**nweise** etapevis

Etat [e:'ta:] m ⟨-s; -s⟩ (stats)budget n, finanslov; (*außer*)*ordentlicher ~* (ekstra)ordinær finanslov; ~**sjahr** n finansår n

Eth|ik f⟨0⟩ etik; ♀**isch** etisk; ♀**nisch** etnisk; ~**nolo'gie** f⟨0⟩ etnologi; etnografi

Eti'kett n ⟨-(e)s; -e *od* -s⟩ *Flasche*: etiket; ~**e** f (*Sitte*) etikette

etliche pl nogle, adskillige

Etui [e'tüi:] n ⟨-s; -s⟩ etui n

etwa (*ungefähr*) omtrent, næsten, henved, cirka; (*vielleicht*) måske, muligvis; *wenn du ihn ~ siehst* hvis du (måske) skulle se ham; *~ eine Woche* omtrent en uge; *in ~* nogenlunde; *nicht~...?* vel ikke ...?; ~**ig** [-aiç] mulig, eventuel

etwas 1. pron (*einiges*) noget; (*wenig*) lidt; *so ~!* sådan (*od* sikke) noget!; *daraus kann ~ werden* der kan blive noget ud af; *~ Geld* en smule penge; *nur ~* kun lidt; *~ über hundert* lidt mere end hundrede; **2.** adv noget, en smule; *~ leichter* noget lettere

Etymo|lo'gie f etymologi; ♀**logisch** etymologisk

EU f (= *Europäische Union*) Europæiske Union (*Abk.* EU); *als ohne Artikel, z. B. Mitglied der ~* medlem af EU; ~**Bürger(in)** m(f) EU-borger

euch(*in Briefana: Euch*) jer; (*einander*) hinanden; *von ~* af jer

euer(*in Briefana: Euer*) jeres

Eule f ugle; *fig ~n nach Athen tragen* byde bagerbørn hvedebrød; ~**nspiegel** m (*Person*) spøgefugl

Eunuch [-'nu:x] m ⟨-en⟩ eunuk

Euphe'mismus m ⟨-; *Euphemismen*⟩ eufemisme

Eu|pho'rie f ⟨0⟩ eufori; ♀**phorisch** euforisk

eure jeres; ~**r'seits** fra jeres side; ~**s'gleichen** jeres lige; ~**t'wegen** for jeres skyld

eurige: *der* (*die, das*) ~ jeres

Euro m ⟨-s; -s⟩ euro

Eu'ropa n Europa

Euro'päer m europæer

euro'päisch europæisk; *die* ♀*e Gemeinschaft* det Europæiske Fællesskab (EF); *der* ♀*e Gerichtshof* Europadomstolen; *das* ♀*e Parlament* Europaparlamentet

Eu'roparat m ⟨-(e)s; 0⟩ Europarådet

Euter n yver n

e. V. (= *eingetragener Verein*) indregistreret forening; selvejende institution

evaku'ieren evakuere

evan'gel|isch evangelisk, protestantisk; ♀**ist** [-'l-] m ⟨-en⟩ evangelist; prædikant; ♀**ium** [-'lĭum] n ⟨-s; *Evangelien*⟩ evangelium n

eventu'ell mulig, eventuel

evi'dent evident

Evolution [-'tsĭo:n] f evolution, udvikling

E(W)G f (= *Europäische* [*Wirtschafts*]*Gemeinschaft*) Det Europæiske Fællesskab, F Fællesmarkedet (EF)

ewig evig; evindelig; *ich warte schon ~ auf dich* jeg har ventet en evighed på dig; *seit ~en Zeiten* i umindelige tider; *immer und ~* evig og altid; ♀**keit** f evighed

Ex- *in Zssgn* eks-

ex|akt [ɛ'ksakt] ⟨-*est*⟩ eksakt; ~**al'tiert** eksalteret, overspændt

E'xam|en n ⟨-s; -*od Examina*⟩ eksamen, prøve; *ein ~ machen* tage en eksamen; *durchs ~ fallen* dumpe (til eksamen); ~**ensarbeit** f speciale n; ♀**i'nieren** eksaminere, høre

exeku'tieren henrette; ♀**ion** [-'tsĭo:n] f henrettelse

Exeku'tiv|e f⟨0⟩, ~**gewalt** f⟨0⟩ udøvende magt

E'xempel n eksempel n; *ein ~ statuieren* statuere et eksempel

Exem'plar n ⟨-s; -e⟩ eksemplar n; ♀**isch** eksemplarisk, mønstergyldig

exer'zier|en eksercere; ♀**platz** m ekscercer-

plads
Exhibitio'nist [-tsĭo·-] m ⟨-en⟩ ekshibitio-
nist

E'xil n ⟨-s; -e⟩ eksil n

Exi'stenz f eksistens, tilværelse; **~berech-**
tigung f eksistensberettigelse; **~frage** f
spørgsmål n om liv eller død; **~kampf**
m kampen for tilværelsen; kampen for
overlevelse; **~minimum** n eksistensmini-
mum n

exis'tieren v/i eksistere, være til

exklu'siv eksklusiv, fornem; **~e** eksklusive, fraregnet

Exkre'mente n/pl ekskrementer pl, afføring

Exkursion [-sĭo:n] f ekskursion

e'xotisch eksotisk, fremmed(artet)

Expansion [-'sĭo:n] f ekspansion (a PHYS);
~spolitik f ekspansionspolitik

Expedition [-'tsĭo:n] f ekspedition

Experi'ment n ⟨-(e)s; -e⟩ eksperiment n,
forsøg n; **2'tieren** v/i eksperimentere, lave forsøg

Ex'perte m ⟨-n⟩ sagkyndig, ekspert

explo|'dieren v/i ⟨sn⟩ eksplodere; **2sion**
[-'sĭo:n] f eksplosion; **~'siv** eksplosiv

Expo'nent m ⟨-en⟩ eksponent (MATH u fig)

Ex'port m ⟨-(e)s; -e⟩ eksport, udførsel;
~eur [-'tø:ʁ] m ⟨-s; -e⟩ eksportør; **~förde-**
rung f ⟨0⟩ eksportfremme; **2ieren** [-'ti:-]
eksportere, udføre

Expressio'nismus m ⟨-; 0⟩ ekspressio-
nisme

exterritorial [-'ʁĭɑ:l] eksterritorial

extra ekstra, særlig; for sig; **2blatt** n ekstra-
blad n, særnummer n

Ex'trakt m ⟨-(e)s; -e⟩ ekstrakt, uddrag n

extrava'gant ekstravagant

ex'trem yderliggående, ekstrem; **2m** n ⟨-s;
-e⟩ ekstrem n; **2'mist** m ⟨-en⟩ ekstremist;
2mi'tät f ANAT ekstremitet

extrover'tiert udadvendt

Ex'zel'lenz f excellence; Anrede: Deres
Excellence; **2'zentrisch** excentrisk

Ex'zess m ⟨-es; -e⟩ exces, umådeholden-
hed

F

F, f [ɛf] n F, f n

Fabel f ⟨-; -n⟩ fabel; (Erdichtung) opdigt
n; **~dichter** m fabeldigter; **2haft** ⟨-est⟩ fa-
belagtig; F mægtig (groß), storartet, fantastisk; **2n** ⟨-le⟩ fable, vrøvle; (erdichten)
hitte på, opdigte

Fa'brik f fabrik; **~ant** [-'k-] m ⟨-en⟩ fabri-
kant; **~arbeit** f fabriksarbejde n; **~arbei-**
ter(in) m(f) fabriksarbejder(ske)

Fabri'kat n ⟨-(e)s; -e⟩ fabrikat n

Fabrika'tion f fabrikation, tilvirkning;
~sgeheimnis n fabrikationshemmelig-
hed

Fa'brik|besitzer m fabriksejer; **2neu** fa-
briksny, direkte fra fabrikken; **~ware** f fa-
briksvare; **~zeichen** n fabriksmærke n

fabri'zieren fabrikere, tilvirke

fabu'lieren digte, fabulere

Fach n ⟨-(e)s; ~er⟩ rum n, skuffe; Schrank:
hylde; (Schließ2, Post2) boks; ÖKON fag n
(a Schul2 u Studien2), branche; **~arbeiter(in)** m(f) faglært arbejder; **~arzt** m, **~ärz-**
tin f speciallæge; **~ausbildung** f fagud-
dannelse; **~ausdruck** m fagudtryk n;
~berater m fagkonsulent; **~bereich** m
fagområde; Hochschule: afdeling, fa-
kultet; **~blatt** n fagtidsskrift n, fagblad n
fäch|eln ⟨-le⟩ vifte; **2er** m vifte (a fig); **~er-**

förmig vifteformet; **~ern** ⟨-re⟩ sprede (od
fordele) sig vifteformet

Fach|gebiet n fagområde n; **2gerecht** fag-
mæssig, fagkyndig; **~geschäft** n special-
forretning; **~gruppe** f faggruppe; **~hoch-**
schule f ingeniørakademi n; højere fagskole; **~idiot** m fagidiot; **~kenntnisse** f/pl
faglig viden; **2kundig** sagkyndig, fagkyndig; **~lehrer** m faglærer; **~literatur** f fag-
litteratur; **~mann** m ⟨-(e)s; Fachleute⟩
fagmand; **2männisch** sagkyndig, fagkyndig; **~schaft** f faglig sammenslutning,
faggruppe; **~schule** f fagskole, teknisk
skole; **2simpeln** v/i ⟨-le⟩ snakke om sit
fag; **~sprache** f fagsprog n; **~werk** n bin-
dingsværk n; Buch: fagbog; fagvidenska-
beligt værk n; **~werkhaus** n bindings-
værkshus n; **~wissen** n faglig kunnen,
ekspertise; **~wort** n fagudtryk n; **~zeit-**
schrift f fagtidsskrift n

Fackel f ⟨-; -n⟩ fakkel (a fig); **2n** ⟨-le⟩ F (zögern) tøve, nøle; **~zug** m fakkeltog n

fad(e) fad (a fig); flov, smagløs

Faden m ⟨-s; ~⟩ tråd (a fig); (Bind2) snor,
sejlgarn n; fig der rote ~ den røde tråd;
fig **den ~ verlieren** tabe tråden; **~kreuz**
n sigtekorn n; **~nudeln** f/pl trådnudler
pl; **2scheinig** luvslidt, flosset, tynd; fig

(let) gennemskuelig; tyndbenet; *Moral:* anløben

Fadheit f ⟨0⟩ flovhed, smagløshed

Fading ['fe:-] n ⟨-s; 0⟩ ʀ/ᴛᴠ fading

Fa'gott n ⟨-(e)s; -e⟩ fagot

fähig i stand til, dygtig (*G od zu D*/til); (*klug*) begavet, flink, dygtig; **2keit** f evne, dygtighed

fahl bleg; (*verblichen*) falmet

Fähnchen n lille fane (*od* flag n)

fahnd|en v/i ⟨-e-⟩ efterlyse, eftersøge (*nach j-m*/én); **2ung** f efterlysning, eftersøgning

Fahne f fane, flag n; (*Wetter2*) vindfløj; ᴛʏᴘ fane(korrektur)

Fahnen|eid m faneed; **~flucht** f ⟨0⟩ faneflugt, desertion; **2flüchtig:** ~ *werden* desertere; **~flüchtige(r)** desertør; **~stange** f flagstang; **~träger** m fanebærer

Fähnrich m ⟨-(e)s; -e⟩ fændrik, kornet

Fahr|ausweis m billet; **~bahn** f kørebane; vejbane; **2bar** farbar; fremkommelig; **2bereit** køreklar, startklar; **~damm** m kørebane; **~dienstleiter** m toggangsleder

Fähre f færge

fahren ⟨L⟩ **1.** v/t køre; ɴᴀᴜᴛ sejle; *Lasten* transportere; **2.** v/i ⟨sn⟩ rejse, tage; køre; ɴᴀᴜᴛ sejle; (*e-e schnelle Bewegung machen*) fare, styrte; *Auto* ~ køre (i) bil; *gut bei* (*od mit*) *etw.* (*D*) ~ stå sig godt ved ngt.; *mit dem Zug* ~ tage med toget

Fahrer(in) m(f) (*Auto*) chauffør

Fahrerflucht f: *~ begehen* være flugtbilist

Fahr|erlaubnis f køretilladelse; **~gast** m passager, rejsende; **~gelegenheit** f lejlighed til at køre (med), kørelejlighed; (*Wagen*) vogn, køretøj n; **~gestell** n *Auto:* chassis n; **2ig** nervøs, rodet

Fahrkarte f billet; **~automat** m billetautomat; **~nschalter** m billethul n, billetkontor n

fahrlässig skødesløs, uagtsom; ᴊᴜʀ **~e Tötung** uagtsomt manddrab; **2keit** f skødesløshed, uagtsomhed

Fahrlehrer(in) m(f) kørelærer

Fährmann m ⟨-(e)s; *Fährleute*⟩ færgemand

Fahrplan m køreplan; *Schiff:* fartplan; **2mäßig** (fart)planmæssig

Fahrpraxis f ⟨0⟩ køretræning

Fahrpreis m billetpris, takst; **~anzeiger** m taksameter n; **~ermäßigung** f rabat, reduktion

Fahrprüfung f køreprøve

Fahrrad n cykel; *mit dem* ~ på cykel; ~ *fahren* cykle; **~geschäft** n cykelhandel; **~reifen** m cykeldæk n; **~schlauch** m cykelslange; **~ständer** m cykelstativ n; am

Fahrrad: støtteben n

Fahr|rinne f sejlrende; **~schein** m billet

Fährschiff n færge

Fahr|schule f køreskole; *Schild:* „skolevogn"; **~spur** f, **~streifen** m spor n; **~stuhl** m elevator; **~stuhlschacht** m elevatorskakt; **~stunde** f (*Entfernung*) en times kørsel; (*Fahrschule*) køretime

Fahrt f tur, køretur, ɴᴀᴜᴛ sejltur; (*Reise*) rejse; (*Geschwindigkeit*) fart, hastighed; (*Fahren*) kørsel; *auf der* ~ *nach Kopenhagen* på (*od* under) rejsen til København; ~ *ins Blaue* tur ud i det blå; **~dauer** f rejsens varighed

Fährte f spor n; *auf der falschen* ~ *sein* være på vildspor

Fahrten|messer n skovmandskniv; **~schreiber** m fartskriver

Fahrtrichtung f kørselsretning; **~anzeiger** m retningsviser

fahrtüchtig i stand til at køre; *Auto:* køreklar

Fahrtunterbrechung f rejseafbrydelse, ophold n

Fährverbindung f færgeforbindelse

Fahr|verhalten n *Auto:* køreegenskaber pl; **~vorschrift** f kørselsforskrift, færdselsreglement n; **~wasser** n ⟨-; 0⟩ farvand n (*a fig*); **~weg** m kørevej; **~werk** n FLUG landingsstel n; **~zeit** f køretid; rejsetid; **~zeug** n køretøj n; (*Schiff*) fartøj n

fair [ɛː] fair

Faktenwissen n paratviden

fak|tisch faktisk, virkelig; **2tor** m ⟨-s; -en⟩ [-'toː-] faktor; **2tum** n ⟨-s; *Fakten*⟩ faktum n, kendsgerning; **~tu'rieren** fakturere

Fakul|'tät f fakultet n; **2ta'tiv** frivillig, ikke obligatorisk

Falk|e m ⟨-n⟩ falk; **~enjagd** f falkejagt; **~ner** m falkoner

Fall m ⟨-(e)s; *¨e*⟩ fald n; (*Ereignis*) hændelse, tilfælde n; ᴊᴜʀ sag; ɢʀᴀᴍ fald n, kasus; *auf jeden* ~, *auf alle Fälle* i hvert fald; *auf keinen* ~ under ingen omstændigheder; *im* ~(*e*), *dass ...* i det tilfælde, at ...; *gesetzt den* ~, *dass ...* hvis vi antager, at ...; *zu* ~ *bringen* vælte (*a fig*); *fig* spænde ben for; **~äpfel** m/pl nedfaldsæbler pl; **~beil** n guillotine; **~brücke** f faldbro

Falle f fælde (*a fig*); *j-m e-e* ~ *stellen* stille en fælde for én; *in die* ~ *gehen* gå i fælden (*a fig*)

fallen v/i ⟨L; sn⟩ falde (*in A*/i); (*stürzen*) styrte; *langsam:* dale, gå ned; *Preise:* falde; *zu Boden* ~ falde til jorden; *j-m um* *den Hals* ~ falde én om halsen; *j-m in die Hände* ~ falde i hænderne på én; *fig j-m ins Wort* ~ afbryde én; *fig schwer ins Gewicht* ~ veje tungt; *es fällt mir schwer* (*leicht*) jeg har svært (let) ved; ~ *lassen* tabe, lade falde (*a fig*); (*aufgeben*) droppe

fällen fælde (*a Baum, Urteil, Senkrechte*)

fallenlassen → **fallen**

Fall|geschwindigkeit *f* faldhastighed; ~**grube** *f* faldgrube (*a fig*)

fällig forfalden; *Arbeit*: foreliggende; ~ *werden* forfalde; *das ist längst* ~ det burde have været gjort for længst; 2**keit** *f* forfald *f*

Fall|obst *n* nedfaldsfrugt; ~**rohr** *n* nedløbsrør *n*

falls hvis, ifald

Fallschirm *m* faldskærm, ~**absprung** *m* faldskærmsudspring *n*; ~**springer(in)** *m(f)* faldskærmsudspringer

Fall|strick *m* snare (*a fig*); ~**sucht** *f* ⟨0⟩ epilepsi; ~**tür** *f* falddør

falsch ⟨*-est*⟩ falsk; (*unrichtig*) forkert; gal; (*unecht*) uægte; (*betrügerisch*) falsk, lumsk, troløs; ~**e Zähne** forlorne tænder; ~ *verbunden sein* have fået forkert nummer; 2**aussage** *f* JUR falsk vidnesbyrd *n*

fälsch|en forfalske; 2**er** *m* falskner

Falsch|geld *n* falske penge *pl*; ~**heit** *f* falskhed; (*Unrichtigkeit*) urigtighed, fejlagtighed

fälschlich urigtig, fejlagtig, falsk

Falsch|meldung *f* falskmelding; ~**münzer** *m* falskmøntner; 2**spielen** spille falsk; ~**spieler** *m* falskspiller

Fälschung *f* forfalskning, falskneri *n*; falsum *n*

faltbar sammenklappelig, sammenfoldelig

Falt|blatt *n* folder; ~**boot** *n* sammenfoldelig kajak

Falte *f* fold, læg *n*; (*Runzel*) rynke; ~*n werfen* slå folder; *in* ~*n legen* lægge i læg; *die Stirn in* ~*n ziehen* rynke panden

falten ⟨*-e-*⟩ folde (*od* lægge) sammen; *Stirn* rynke; *Hände* folde

falten|los *Gesicht*: uden rynker, glat; ~**reich** foldeig; 2**rock** *m* plisseret (*od* lægget, rynket) nederdel; 2**wurf** *m* foldekast *n*

Falter *m* sommerfugl

falt|ig foldet, folderig; *Stirn*: rynket; 2**prospekt** *m* folder

Falz *m* ⟨*-es; -e*⟩ fals, fure; ~**bein** *n* falsben *n*; 2**en** ⟨*-t*⟩ false

familiär [-'lïɛːʀ] familiær, fortrolig

Fa'milie [-lị̈a] *f* (nærmeste) familie; (*Geschlecht*) slægt

Fa'milien|angehörige *m/f* familiemedlem *n*; ~**anschluss** *m*: *mit* ~ med ophold *n* i familien; ~**beratung** *f* familierådgivning (*od* -vejledning); ~**feier** *f* familiefest; ~**glück** *n* huslig lykke; ~**lastenausgleich** *m* børnetilskud *n*; ~**leben** *n* ⟨*-s; 0*⟩ familieliv *n*; ~**name** *m* efternavn, slægtsnavn *n*; ~**oberhaupt** *n* familiens overhoved *n*; ~**planung** *f* ⟨0⟩ familieplanlægning; ~**recht** *n* ⟨*-(e)s; 0*⟩ ægteskabslovgivning; ~**stand** *m* ⟨*-(e)s; 0*⟩ familiær stilling; ~**unterhalt** *m* familiens underhold *n*

fa'mos ⟨*-est*⟩ F udmærket, pragtfuld

Fa'na|tiker *m* fanatiker; 2**tisch** fanatisk; ~**'tismus** *m* ⟨*-; 0*⟩ fanatisme

Fan'fare *f* fanfare

Fang *m* ⟨*-(e)s; ⁓e*⟩ fangst; (*Beute*) bytte *n*; (*Krallen*) kløer *pl*; ~**arm** *m* fangarm; ~**ball** *m* ⟨*-(e)s; 0*⟩ gribebold; ~**eisen** *n* (rævesaks

fangen ⟨*L*⟩ fange, gribe; *Feuer* ~ fænge; *sich* ~ fanges; *sich* ~ *lassen* lade sig fange; *sich gefangen geben* overgive sig

Fänger *m* fanger, jæger

Fang|frage *f* fælde; spørgsmål *n* til at gå i vandet på; ~**gerät** *n* fangstredskab *n*; ~**leine** *f* NAUT fangline; ~**schuss** *m* dødsskud *n*; ~**spiel** *n* tagfat; ~**zahn** *m* hugtand

Fanta'sie *f* fantasi; 2**los** fantasiløs, fantasiforladt; 2**ren** fantasere; tale i vildelse; 2**voll** fantasifuld

Fan'tast *m* ⟨*-en*⟩ fantast; ~**e'rei** *f* fantasteri *n*; 2**isch** fantastisk

Farbband *n* farvebånd

Farb|druck *m* farvetryk *n*; ~**drucker** *m* farveprinter

Farbe *f* farve; (*Öl? usw*) maling; (*Drucker?*) sværte; *fig* ~ **bekennen** bekende kulør; *die* ~ **wechseln** skifte farve

farbecht farveægte

färben farve (*a fig*); kolorere

farben|blind farveblind; 2**druck** *m* farvetryk *n*; ~**freudig**, ~**froh** farveglad; 2**kasten** *m* farvelade; 2**lehre** *f* farvelære; ~**prächtig** farverig, farvestrålende; 2**sinn** *m* ⟨*-(e)s; 0*⟩ farvesans; 2**spiel** *n* farvespil *n*

Färbe|r *m* farver; ~**'rei** *f* farveri *f*

Farbfernseh|en *n* farvefjernsyn *n*; ~**er** *m*, ~**gerät** *n* farvefjernsyn *n*

Farb|film *m* farvefilm *n*; ~**foto** *n* farvefoto *n*; ~**gebung** *f* ⟨0⟩ kolorit

farbig farvet, kulørt; 2**e(r)** en farvet

farb|los farveløs (*a fig*); 2**stift** *m* farveblyant; 2**stoff** *m* farvestof *n*; 2**ton** *m* farvetone; *Haut*: lød, teint

Färbung *f* farvning; *fig* farve(nuance)

Farce [-sə] f farce, lystspil n

Farm f farm; **~er** m farmer

Farn(kraut n) m ‹-(e)s; -e› bregne

Fä'rö|er(in) m(f) færing; **~er** pl: **die ~** (*Inseln*) Færøerne; **2isch** færøsk

Färse f kvie

Fa'san m ‹-(e)s; -e od -en› fasan; **~e'rie** f fasaneri n

Fa'schine f faskine, risknippe n

Fasching m ‹-s; -e› fastelavn, karneval n

Fa'schis|mus m ‹-; 0› fascisme; **2tisch** fascistisk

Fase'lei f F vrøvl n, pjat n

faseln ‹-le› F vrøvle

Faser f ‹-; -n› tråd, trævl, fiber; **2ig** trævlet, trådet; **2n** v/i ‹-re› trævle op

Fass n ‹-es; *~er*› fad n, tønde; **zwei ~ Bier** to tønder øl

Fas'sade f facade (a fig); **~nkletterer** m klatretyv

fassbar fattelig, tydelig; **2keit** f ‹0› håndgribelighed, tydelighed

Fass|bier n fadøl; **~binder** m bødker

fassen gribe (fat på), tage (fat i); (*einfassen*) indfatte; (*enthalten*) rumme; fig (*begreifen*) fatte, begribe, forstå; *Mut ~* fatte mod (til); *e-n Beschluss ~* tage en beslutning; *in Worte ~* udtrykke i ord; *sich ~* fatte sig; *sich kurz ~* fatte sig i korthed; *gefasst* fattet, rolig; *gefasst auf* (A) belavet på, indstillet på

fasslich fattelig, tydelig; **2keit** f ‹0› begribelighed

Fasson [-'sɔ̃] f ‹-; -s› façon, form

Fassung f (*Einз*) indfatning; (*Wortlaut*) affattelse; version, udgave; *Glühbirne, Ruhe*: fatning; (*seel. Gleichgewicht*) (sinds)ligevægt; *aus der ~ bringen* bringe ud af fatning; *die ~ verlieren* tabe fatningen

Fassungs|kraft f ‹0› fatteevne; **2los** ‹-est› måbende; ude af fatning (*od* sig selv); **~vermögen** n ‹-s; 0› fatteevne; (*Rauminhalt*) rumfang n

fast næsten, omtrent, nær (ved)

fasten v/i ‹-e› faste; **2zeit** f fastetid, fastelavn

Fastnacht f ‹0› fastelavn; **~snarr** m fastelavnsnar; **~szeit** f karnevalstid, fastelavnstid

Faszi|nation [fastsi·na'tsĭoːn] f ‹0› fascination; **2'nieren** fascinere, fortrylle, bedåre

fa'tal fatal, uheldig, ubehagelig; **2'lismus** m ‹-s; 0› fatalisme; **2'list** m ‹-en› fatalist

fauchen v/i hvæse (a fig)

faul råtten, fordærvet; (*träge*) doven, ugi-

delig; **~e Witze** vandede vittigheder; fig **~er Zauber** humbug, snak; *sich auf die ~e Haut legen* lægge sig på den lade side; fig *die Sache ist ~* der er ngt. muggent ved den sag

Fäule f ‹0› råddenskab

faulen v/i (*sn u haben*) rådne, blive fordærvet

faulenz|en v/i ‹-t› drive, dovne; **2er(in)** m(f) doven person; **2e'rei** f ‹0› dovenskab, driveri

Faulheit f ‹0› dovenskab

faulig rådden

Fäulnis f ‹0› (*Faulen*) forrådnelse; (*Fäule*) råddenskab (a fig)

Faul|pelz m fig drivert, dovenlars; **~tier** m dovendyr n

Faun m ‹-(e)s; -e› faun

Fauna f ‹-; *Faunen*› fauna, dyreliv n

Faust f ‹-; *~e*› næve, hånd; fig *auf eigene ~* på egen hånd; *eiserne ~* jernnæve, jernhånd

Fäustchen n lille næve; fig *sich (D) ins ~ lachen* le i skægget, grine indvendig

faust|dick nævetyk; fig *er hat es ~ hinter den Ohren* han har en ræv bag øret; **2handschuh** m (bælg)vante, luffe; **2kampf** m nævekamp, boksekamp; **2keil** m håndkile

Fäustling m ‹-s; -e› vante, luffe

Faust|pfand n håndpant n; **~recht** n ‹-(e)s; 0› næveret; lovløshed; **~regel** f tommelfingerregel; **~schlag** m næveslag n

Favo'rit(in) m ‹-en› (f) favorit

Fax|(gerät n) m faks; **2en** fakse (*j-m* til ngn)

Faxen f/pl narrestreger pl, dikkedarer pl; grimasser pl; **~ machen** lave narrestreger; skære grimasser; **~macher** m spasmager

Faxnummer f faks nummer (*-numre*)

Fayence [fa·'jãːsə] f fajance

Fazit n ‹-s, -e od -s› facit n, resultat n

Februar ['feːbruaːʁ] m ‹-[s]; -e› februar (måned); *im ~* i februar

fecht|en ‹L› fægte; (*kämpfen*) kæmpe, slås; **2en** n ‹-s; 0› fægtning; **2er** m fægter; **2kunst** f ‹0› fægtekunst; **2maske** f fægtemaske; **2meister** m fægtemester; **2stunde** f fægtetime

Feder f ‹-; -n› *Vogel*: fjer; TECH fjeder; (*Schreibз*) pen; (*Flaumз*) dun n; *in den ~n* i fjerene, i sengen; fig *fremde ~n* lånte fjer; **~ball** m fjerbold, badminton; **~bett** n (dun)dyne; **~busch** m fjerbusk; **~fuchser** m penneslikker; **2führend** fig ansvarshavende; **~gewicht** n SPORT fjervægt; **~halter** m pen(neskaft n); (Füllfederhalter) fyldepen; **~kernmatratze** f springmadras; **~kissen** n dunpude; **2'leicht** dunlet; **~lesen** n: *nicht viel ~s machen* ikke gøre mange omstændigheder; **~messer** n pennekniv; **2n** ⟨-re⟩ fjedre, være elastisk; (mausern) tabe fjerene; **~strich** m pennestrøg n (a fig); **~tasche** f pennalhus n; **~ung** f (af)fjedring; **~vieh** n fjerkræ n; **~weiße** m ⟨-n⟩ vin (i gæring); **~zeichnung** f pennetegning

Fee f fe; **2nhaft** ['feːən-] feagtig
Fege|feuer n ⟨-s; 0⟩ skærsild; **2n** v/t feje; v/i ⟨sn⟩ F suse, fare; **~r** m håndkost, fejekost
Fehde f fejde; **~handschuh** m stridshandske
fehl adv: ~ *am Platz* malplaceret; **2** m: *ohne* ~ uden fejl; **2anzeige** f fejlagtig meddelelse; *das war* ~ der var ikke ngt.; **~bar** fejlbar; ~ *sein* kunne fejle; **2betrag** m underskud n, kassemangel; **2diagnose** f fejldiagnose; **2einschätzung** f fejlvurdering
fehl|en v/i (abwesend sein) mangle, savnes; (unrecht handeln) fejle; (irren) tage fejl; *in der Schule:* være fraværende; *was fehlt Ihnen?* hvad fejler De?; *an mir soll es nicht* ~ jeg skal gøre hvad jeg kan; *es fehlte nicht viel* der manglede ikke meget, det var lige ved; *das fehlte (gerade) noch!* det manglede bare!; *es fehlt uns* (D) *an Geld* vi mangler penge; *weit gefehlt!* der tager du meget (od grundigt) fejl!; **2entscheidung** f fejlagtig (od forkert) afgørelse
Fehler m fejl (a Charakter2 usw); urigtighed; skavanker pl; (Verstoß) forseelse; (Mangel) mangel pl; **2frei** fejlfri; **2haft** fejlagtig; **2los** fejlfri; **~quelle** f fejlkilde
Fehl|farbe f (Karten) renonce; (Zigarre) fejlfarve; **~geburt** f abort, for tidlig fødsel; **2-gehen** v/i ⟨sn⟩ gå forkert (od vild); fig tage fejl; **~griff** m fejlgreb n; **~leistung** f fejl; fiasko; **2-leiten** sende et forkert sted hen; **~pass** m SPORT dårlig aflevering; **~schlag** m fejlslagning, uheld n, F svipser; **2-schlagen** v/i ⟨sn⟩ slå fejl, mislykkes, F svipse, klikke; **~schluss** m fejlslutning; fejlbedømmelse; **~schuss** m fejlskud n, forbier; vådeskud n; **~start** m forkert start; SPORT tyvstart; **2-treten** v/i ⟨sn⟩ træde fejl; **~tritt** m fig fejltrin n; **~urteil** n fejlagtig dom; forkert bedømmelse; **~zündung** f Motor. fejltænding
Feier f ⟨-; -n⟩ fest, højtidelighed; **~abend** m fyraften; ~ *machen* holde fyraften

feierlich højtidelig, festlig; **2keit** f højtidelighed, fest(lighed)
feier|n ⟨-re⟩ v/i hvile; (Fest begehen) holde fest, feste; v/t fejre, holde fest; **2schicht** f skift n uden arbejde; **2stunde** f (Veranstaltung) højtidelighed; **2tag** m (Festtag) helligdag, festdag; *Sonn- u. Feiertage* søn- og helligdage
feig(e) fej
Feige f figen; **~nbaum** m figentræ n; **~nblatt** n figenblad n; fig „narresut"
Feig|heit f fejhed; **~ling** m ⟨-; -e⟩ kryster, bangebuks
feil til fals; **~bieten** falbyde
Feile f fil; **2n** file; ~ *an* (D) bsd fig file på
feilschen købslå, tinge, prutte (um A/om)
fein fin (a fig); (schön) køn, pæn; (vornehm) fornem; *ein ~er Kerl* en flink (iron køn) fyr; *das ist aber!* ~! den er (vel nok) fin!; **2abstimmung** f finindstilling; **2arbeit** f præcisionsarbejde n; **2bäckerei** ssf hjemmebageri n
Feind(in) m ⟨-(e)s; -e⟩ (f) fjende, uven
Feindes|hand f ⟨0⟩ fjendehånd; **~land** n ⟨-(e)s; 0⟩ fjendtligt land, fjendeland n
feind|lich fjendtlig (gegen A/mod); **2lichkeit** f ⟨0⟩ fjendtlighed; **2schaft** f fjendskab n, uvenskab n; **~selig** fjendtlig; fjendsk; **2seligkeit** f fjendtlighed
Fein|einstellung f finindstilling; **2fühlig** fintfølende, taktfuld; **~gebäck** n (små)-kager pl; **~gefühl** n ⟨-s; 0⟩ finfølelse; takt; **~gehalt** m finhed; **~gold** n rent guld n; **~heit** f finhed; finesse; **~körnig** finkornet; **~kost** f delikatesse(r pl); **~kostladen** m viktualie-, delikatesseforretning; **~mechaniker(in)** m(f) finmekaniker; **~schmecker** m lækkermund, madkyndig, gourmand; **~schnitt** m ⟨-(e)s; 0⟩ finskåret tobak; **2sinnig** fin(t)følende; **~wäsche** f finvask; **~waschmittel** n finvaskemiddel n
feist ⟨-est⟩ fed, tyk
feixen v/i ⟨-t⟩ F grine fjollet; være skadefro
Feld n ⟨-(e)s; -er⟩ mark; SPORT, Spiel: felt n; (Platz) bane (a Fußball); *auf freiem* ~ på åben mark, under åben himmel; fig *j-n aus dem* ~*e schlagen* slå én af marken; MIL *ins* ~ *ziehen* drage i felten; *das* ~ *behaupten* beholde valpladsen
Feld|arbeit f markarbejde n; **~arbeiter** m markarbejder; **~bett** n feltseng; **~blume** f markblomst; **~bohne** f hestebønne; **~dienst** m ⟨-(e)s; 0⟩ felttjeneste; **~flasche** f feltflaske; **~frucht** f markfrugt; **~herr** m feltherre; **~jäger** m (tysk) militærpoliti; **~küche** f feltkøkken n; **~lazarett** n feltla-

zaret *n*; **~marschall** *m* feltmarskal; **2marschmäßig** feltmæssig; **~maus** *f* markmus; **~messer** *m* landmåler; **~post** *f* feltpost; **~salat** *m* endivie; **~schlacht** *f* feltslag *n*; **~spat** *m* feldspat; **~stecher** *m* (felt)kikkert; **~verweis** *m* SPORT udvisning; **~webel** *m* oversergent; **~weg** *m* markvej, marksti; **~zeichen** *n* MIL felttegn *n*, fane; *fig* samlingsmærke *n*; **~zug** *m* felttog *n*

Felge *f* fælg; **~nbremse** *f* fælgbremse

Fell *n* ⟨-(e)s; -e⟩ pels, skind *n*, hud; *fig j-m das ~ über die Ohren ziehen* flå én, blanke én af, blokke én; *fig ein dickes ~ haben* være tykhudet

Fels *m* ⟨-en⟩ klippe; **~block** *m* klippeblok

Felsen *m* klippe, fjeld *n*; **2fest** *fig* klippefast; **~höhle** *f* klippehule; **~insel** *f* klippeø; skær *n*; **~riff** *n* skær *n*, klipperev *n*; **~schlucht** *f* bjergkløft

fels|ig klippeagtig; klippefuld; **2spitze** *f* klippespids, bjergtop; **2stück** *n* klippestykke; **2wand** *f* klippevæg; **2zeichnungen** *fpl* hulemalerier *pl*

Feme|(gericht *n)* *f* hemmelig domstol; **~mord** *m* fememord *n*; likvidering

femi'nin feminin, kvindelig; **2um** ['feˑ-] *n* ⟨-s; Feminina⟩ hunkøn *n*

Fenchel *m* ⟨-s; 0⟩ fennikel

Fender *m* fender

Fenn *n* ⟨-(e)s; -e⟩ mose, sump

Fenster *n* vindue *n*; (*Schau2*) udstillingsvindue *n*; **~bank** *f*, **~brett** *n* vindueskarm; **~briefumschlag** *m* rudekuvert; **~flügel** *m* vinduesfløj; **~glas** *n* vinduesglas, rudeglas *n*; **~haken** *m* haspe; **~laden** *m* (vindues)skodde; **~leder** *n* vaskeskind *n*; **~platz** *m* vinduesplads; **~putzer(in)** *m(f)* vinduespudser; **~rahmen** *m* vinduesramme; **~reinigung** *f* (*Firma*) renholdningsselskab *n*; **~scheibe** *f* (vindues)rude

Ferien ['-kiən] *pl* ferie; *in die ~ fahren* tage på ferie; **~aufenthalt** *m* ferieophold *n*; **~gast** *m* sommergæst, turist; **~haus** *n* sommerhus *n*; **~heim** *n* feriehjem, rekreationshjem *n*; **~kurs** *m* feriekursus *n*; **~lager** *n* ferielejr; **~reise** *f* ferierejse; **~wohnung** *f* ferielejlighed; **~zeit** *f* ferietid

Ferkel|n *n* gris; *fig* svin *n*; **~'lei** *f* griseri *n*

fern fjern, afsides; *der 2e Osten* det østen; *von nah und ~* fra nær og fjern; **2amt** *n* telefoncentral; „rigstelefon"; **2bahnhof** *m* banegård for fjerntrafik; **2bedienung** *f* fjernbetjening; **~bleiben** *v/i* ⟨*sn*⟩ (*D*) blive væk; **2blick** *m* udsigt

Ferne *f* afstand; fjerntliggende tid (*od* sted *n*); *in der ~* i det fjerne (*od* fremmede); *in die ~* ud i det fjerne; *aus der ~* på afstand

ferner *adj* videre, længere; yderligere; *adv* (*künftig*) videre; (*außerdem*) fremdeles, desuden, endvidere; **~hin** i fremtiden; fremdeles

Fernfahr|er(in) *m(f)* langturschauffør; **~t** *f* langtur

Fern|flug *m* langdistanceflyvning; **2gelenkt** fjernstyret; **2gespräch** *n* TEL (udenbys) telefonopringning; **2gesteuert** fjernstyret; **2glas** *n* kikkert; **~güterverkehr** *m* international godstransport; **2-halten** holde borte; **~heizung** *f* fjernvarme; **~kurs** *m* brevkursus *n*; **~lastwagen** *m* langturslastvogn; **~leitung** *f* fjernledning; **2-lenken** fjernstyre; **~licht** *n* ⟨-(e)s; 0⟩ fjernlys *n*; **2liegen** *v/i* ligge langt væk; *fig (D)* ligge fjernt; **~meldewesen** *n* ⟨-s; 0⟩ telegrafvæsen *n*; **2mündlich** telefonisk; **~ost** (*ohne Artikel*) Fjernøsten *n*; **~rohr** *n* kikkert; **~ruf** *m* (*Nummer*) telefonnummer *n*; **~schreiber** *m* fjernskriver; telex

Fernseh|ansager(in) *m(f)* speaker; **~apparat** *m* fjernsynsapparat *n*

fern|-sehen *v/i* se fjernsyn; **2sehen** *n* ⟨-s; 0⟩ fjernsyn *n*

Fernseh|er *m* fjernsyn *n*; **~gebühren** *fpl* tv-licens; **~programm** *n* fjernsynsprogram *n*; **~schirm** *m* billedskærm; **~sendung** *f* fjernsynsudsendelse; **~spiel** *n* tv-spil *n*; **~studio** *n* tv-studie *n*; **~turm** *m* tv-tårn; **~zuschauer(in)** *m(f)* (fjern)seer

Fernsicht *f* udsigt

Fernsprech|amt *n* telefoncentral; **~buch** *n* telefonbog; **~er** *m* telefon; **~teilnehmer** *m* telefonabonnent; **~verzeichnis** *n* telefonbog; **~zelle** *f* telefonboks

fern|-stehen *v/i* (*D*) stå fjernt; **~-steuern** fjernstyre; **2steuerung** *f* fjernstyring; **2studium** *n* korrespondancestudium *n*; brevkursus *n*

Fernverkehr *m* fjerntrafik; **~sstraße** *f* hovedvej

Fern|weh *n* ⟨-s; 0⟩ udlængsel; **~ziel** *n* endeligt (*od* langsigtet) mål *n*; **~zug** *m* (internationalt) intercity-tog *n*

Ferse *f* hæl; *j-m auf den ~n sein* følge i hælene på én

fertig færdig; (*bereit*) parat, klar (til); (*müde*) udmattet, udkørt; *fig. ~ machen* gøre færdig; *fig. ~ machen* → *fertigmachen*; *~ stellen* → *fertigstellen*; **2bauweise** *f* elementbyggeri *n*; *~ bekommen* *od* *~ bringen* få (od gøre) færdig; *fig.* → **~bekommen**, **~bringen**: *fig. das bringe ich nicht fertig!* det kan jeg ikke nænne (od få mig selv til)

fertigen → *anfertigen*

Fertig|gericht *n* færdigret, dåsemad; **~haus** *n* elementhus *n*; **~keit** *f* færdighed, dygtighed

fertig|kriegen → *fertig*; **~machen**: *fig j-n ~* gøre det af med én; **~stellen** gøre færdig; **⁀stellung** *f* færdiggørelse; fuldendelse, udførelse; **⁀ung** *f* forfærdigelse, fabrikation; **⁀ware** *f* færdigvare; **~werden**: *fig. mit j-m ~* få bugt med én; **~gestellt** fastansat

Fest *n* ⟨-(e)s; -e⟩ fest; højtid(elighed), (*Gelage*) gilde *n*; *frohes ~!* glædelig jul!; **~abend** *m* festaften; gala

Festausschuss *m* festudvalg *n*

fest|binden binde fast; **~drehen** skrue fast

Festessen *n* festmåltid *n*; gilde *n*; festmiddag

fest|fahren: *sich ~* køre fast (*a fig*); NAUT sejle på grund; **~halten** holde (*sich* sig) fast (*an D*/ved)

festig|en stabilisere, gøre fast; **⁀keit** *f* ⟨0⟩ fasthed; (*Dichte*) tæthed; **⁀ung** *f* konsolidering

Festival *n* ⟨-s; -s⟩ festival

fest|kleben *v/i* ⟨sn⟩ *u v/t* klæbe (od klistre) fast; **⁀land** *n* ⟨-(e)s; 0⟩ fastland *n*; **⁀landssockel** *m* fastlandssokkel; **~legen** fastlægge; *Kapital* anbringe (med lang løbetid)

festlich festlig, højtidelig; **⁀keit** *f* festlighed; (*Pracht*) stads, pragt

fest|liegen *v/i* ligge fast; være båndlagt; **~machen** gøre fast; NAUT fortøje

Festmahl *n* banket, festmåltid *n*

fest|nageln sømme fast; *fig* fremhæve; **⁀nahme** *f* anholdelse; **~nehmen** anholde, sætte fast

Fest|netz *n* TEL fastnet *n*; **~platte** *f* EDV harddisk; **~preis** *m* ÖKON fastpris; **~rede** *f* festtale; **~redner** *m* festtaler

fest|schnallen spænde fast; **~schnüren** snøre fast; **~schrauben** skrue fast

Festschrift *f* festskrift *n*

fest|setzen sætte fast; (*bestimmen*) fastsætte, bestemme; *sich ~* sætte sig fast; **⁀setzung** *f* fastsættelse; *fig* bestemmelse; **~sitzen** sidde fast (*a fig*)

Festspiel *n* festspil *n*; festival

fest|stehen *v/i* stå fast; *es steht fest, dass ...* det står fast, at ...; **~stellbar** til at konstatere; **~stellen** fastsætte; fastslå, konstatere; **⁀stellung** *f* fastsættelse; konstatering

Festtag *m* festdag, højtidsdag

Festung *f* fæstning; **~swerk** *n* fæstningsværk *n*; voldgrav

Festwoche *f* festuge

festziehen stramme

Festzug *m* fest(op)tog *n*

festzurren NAUT surre fast

Fetisch *m* ⟨-(e)s; -e⟩ fetich

fett ⟨-est⟩ fed, tyk

Fett *n* ⟨-(e)s; -e⟩ fedt *n*; **~ansatz** *m* fedtaflejring; **⁀arm** fedtstoffattig; **~auge** *n* fedtperle, fedtøje *n*; **~bauch** *m* tyk mave; **~druck** *m* TYP fedt tryk *n*, fede typer *pl*; **~fleck** *m* fedtplet; **~gedruckte(s)** *m* skrevet med store bogstaver (*a fig*); **~gehalt** *m* fedtindhold *n*, fedtholdighed; **~gewebe** *n* fedtvæv *n*; **⁀ig** fedtet; **⁀leibig** tyk(mavet); **~polster** *n* fedtpude, F delle; **~sucht** *f* ⟨0⟩ fedtsyge; **~wanst** *m* ⟨-es; ~e⟩ *pej* tykvom

fetzen F så deruda'; *Fetzen m* (*Lumpen*) pjalt, las; (*kleines Stück*) lap, klud; *in ~ reißen* rive i stykker

feucht ⟨-est⟩ fugtig, klam; (*nass*) våd; **⁀igkeit** *f* ⟨0⟩ fugt(ighed); **⁀igkeitscreme** *f* fugtighedscreme; **~'kalt** råkold; **~'warm** lummer

feu'dal feudal; F pragtfuld, smart; **⁀'lismus** *m* ⟨-; 0⟩ feudalisme

Feudel *m* gulvklud

Feuer *n* ild (*a fig u* MIL); (*Lager⁀*) bål *n*; (*Brand*) (ilde)brand; (*Flamme*) fyr *n*, blus *n*; (*Glut*) glød; *fig* fyrighed, varme; **~fangen** fænge; *fig* falde for; *~ legen* sætte ild på; *~ und Flamme sein* være fyr og flamme

Feuer|alarm *m* brandalarm; **~ball** *m* ildkugle; **~beständig** ildfast; **~bestattung** *f* ligbrænding; **⁀fest** ildfast; brandfri; **⁀gefährlich** brandfarlig; **~gefecht** *n* ildkamp; **~haken** *m* ildrager; **~herd** *m* komfur *n*; **~leiter** *f* brandstige; **~löschanlage** *f* sprinkleranlæg *n*; brandalarm; **~löscher** *m* ildslukker; **~mauer** *f* brandmur; **~melder** *m* brandalarm(skab *n*)

feuern ⟨-re⟩ fyre op; MIL fyre, skyde (*auf*

A/på); (*entlassen*) fyre

Feuer|probe f ildprøve; **~qualle** f brandmand; **2rot** ildrød; **~sbrunst** f (ilde)brand; **~schaden** m brandskade; **~schein** m ildskær m; **~schiff** n fyrskib n; **~schutz** m brandsikring; brandværn n; **2speiend** ildsprudende; **~spritze** f brandsprøjte; fyrstål n; **~stein** m flint(esten); **~stelle** f ildsted n; **~taufe** f MIL. ilddåb

Feuerung f fyring (*a Entlassung*); (*Brennstoff*) brændsel n

Feuer|versicherung f brandforsikring; **2verzinkt** galvaniseret; **~waffe** f ildvåben n; **~wehr** f brandvæsen n; redningskorps n, "Falck"; **~wehrfrau** f, ~wehrmann m brandmand; **~werk** n fyrværkeri n; **~werkskörper** pl fyrværkerisager pl; **~zange** f ildtang; **~zeug** n lighter

Feuilleton n [fœjə'tɔŋ] n ⟨-s; -s⟩ feuilleton; kronik; **~'nist(in)** m ⟨-en⟩ (f) kronikør

feurig glødende, gloende; *fig* ildfuld, fyrig

ff. = *folgende (Seiten)* følgende

Fi'asko n ⟨-s; -s⟩ fiasko

Fibel f ⟨-; -n⟩ ABC

Fiber f ⟨-; -n⟩ fiber, trævl

Fichte f (rød)gran, grantræ n

Fichten|holz n granved n; **~nadelöl** n fyrrenålsolie

ficken V kneppe

fi'del gemytlig, lystig, sjov

Fieber n fiber; **~anfall** m feberanfald n; **2frei** feberfri; **2haft** feberagtig, febrilsk; **~mittel** n feberstillende middel n; **2n** v/t ⟨-re⟩ have feber; (*fantasieren*) fantasere; **~thermometer** n lægetermometer n; **~wahn** m febervildelse

fiebrig → *fieberhaft*

Fiedel f ⟨-; -n⟩ violin; **2n** ⟨-le⟩ spille på violin

fies F tarvelig, unfair

Fi'gu|r f figur; (*Gestalt*) skikkelse; **~'rant** m ⟨-en⟩ statist; **2'rieren** figurere, optræde som

fi'gürlich figurlig, billedlig, overført

Filet [-'le:] n ⟨-s; -s⟩ (*Braten*) filet, mørbrad; (*Gewebe*) filerarbejde n; **~braten** m mørbrad

Filial|e [-'liːa:-] f filial, afdeling; **~leiter** m afdelingsleder

Film m ⟨-(e)s; -e⟩ film; **e-n ~ drehen** optage en film; **~atelier** n filmatelier n; **~aufnahme** f filmoptagelse; **2en** filme, optage film; **~festspiele** n/pl filmfestival; **2isch** filmisk; **~kamera** f filmkamera n; **~projektor** m filmgengiver; **~regisseur(in)** m(f) filminstruktør; **~schauspiele-**

r(in) m(f) filmskuespiller(inde); **~star** m filmstjerne; **~theater** n biograf; **~verleih** m filmudlejning; **~vorführer** m filmoperatør; **~vorführung** f, **~vorstellung** f filmforestilling

Filter m filter n; **~kaffee** m filterkaffe; **2n** ⟨-re⟩ filtrere; **~papier** n filtrerpapir n; **~zigarette** f filtercigaret

fil'trieren filtrere

Filz m ⟨-es; -e⟩ filt (n); *fig* POL. "nepotisme"; **2en** ⟨-t⟩ *fig* F gennemgranske; **2ig** filtret; F (*geizig*) fedtet, nærig; **~laus** f fladlus; **~schreiber** → *Filzstift*; **~schuh** m filtsko, kludesko; **~stift** m filtpen, speedmarker

Fimmel m F dille; **e-n ~ haben** være blød (*od* bims), have en dille

Fi'nale n ⟨-s; -[s]⟩ finale

Fi'nanz|amt n skattevæsen n, ligningsdirektorat n; **~beamte(r)** m skatteinspektør; **~behörde** f skattevæsen n; **~en** f/pl finanser pl; **2iell** [-'tsi̯ɛl] finansiel; **2'ieren** finansiere; **~ierung** f finansiering; **~jahr** n finansår, regnskabsår n; **~lage** f finansiel situation; **~ministerium** n finansministerium n, **~well** f⟨0⟩ finansverden; **~wesen** n ⟨-s; 0⟩ finansvæsen n

Findelkind n hittebarn n

finden ⟨L⟩ finde, hitte; (*antreffen*) træffe; (*glauben*) mene, synes; *Beifall* ~ vinde bifald; *sich* ~ findes, forekomme; *sich in* (A) ~ finde sig i ngt.; *das wird sich ~* det skal nok ordne sig

Finder(in) m(f) finder; **~lohn** m findeløn

findig opfindsom; rådsnar; snu

Findling m ⟨-s; -e⟩ *Kind*: hittebarn n; (*Stein*) vandreblok, kampesten

Finger m finger; *der kleine* ~ lillefingeren, *fig j-m auf die ~ sehen* se én på fingrene; *fig sich* (D) *etw.* (A) *aus den ~n saugen* gribe ngt. ud af luften; **~abdruck** m fingeraftryk m; **2breit** fingerbred; **2dick** fingertyk; **2fertig** fingernem; **~fertigkeit** f fingernemhed; **~hut** m fingerbøl n; **~ling** m ⟨-s; -e⟩ handskefinger, fingertut; **2n** F fingerere; **~nagel** m fingernegl; **~ring** m fingerring; **~satz** m MUS fingersætning; **~spitze** f fingerspids; **~spitzengefühl** n ⟨-(e)s; 0⟩ finfølelse, fingerspidsfornemmelse; **~sprache** f fingersprog n; **~übung** f fingerøvelse; **~zeig** m ⟨-(e)s; -e⟩ fingerpeg n, vink n

fin'gier|en fingere; **~t** fingeret

Fink m ⟨-en⟩ finke

Finne[1] f (Flosse) (ryg)finne

Finne[2] m ⟨-n⟩ finne; **~in** f finsk dame (*od* pige); **2isch** finsk; **~land** n Finland n

finster mørk; (*düster*) skummel, dunkel; *Tat:* forbryderisk, ond; **im 2n tappen** famle i mørket; **2nis** f ⟨-; -se⟩ mørke n; ASTR formørkelse

Finte f finte, kneb n

Firlefanz [-lə-] m ⟨-es; -e⟩ nar; narrestreger pl; dikkedarer pl

Firma f ⟨-; *Firmen*⟩ firma n

Firma'ment n ⟨-(e)s; -e⟩ firmament n

firmen konfirmere

Firmen|schild n firmaskilt n; **~sprecher(in)** m(f) informationschef; **~zeichen** n firmamærke n

Firmung f (katolsk) konfirmation

Firn m ⟨-(e)s; -e⟩ evig sne, gletscher

Firnis m ⟨-ses; -se⟩ fernis (*a fig*); **2sen** fernisere

First m ⟨-(e)s; -e⟩ (*Haus2*) tagrygning; (*Berg2*) bjergryg, bjergtop

Fisch m ⟨-(e)s; -e⟩ fisk; **weder ~ noch Fleisch** hverken fugl eller fisk; **~adler** m fiskeørn; **~angel** f fiskesnøre; **2arm** fattig på fisk; **~behälter** m hyttefad n; **~bein** n ⟨-(e)s; 0⟩ fiskeben n; **~besteck** n fiskesæt n; **~brut** f fiskeyngel; **~dampfer** m trawler

fischen fiske; *fig* **im Trüben ~** fiske i rørt vande

Fischer(in) m(f) fisker; **~boot** n fiskerbåd; **~dorf** n fiskerleje n

Fisch|e'rei f fiskeri n; **~fang** m fiskefangst; **~filet** n fiskefilet; **~gabel** f ålejern n; → *Fischbesteck*; **~garn** n fiskergarn n; **~gerät** n fiskeredskab n; **~gericht** n fiskeret; **~gräte** f fiskeben n; **~händler** m fiskehandler; **~haut** f fiskeskind n; **~kasten** m hyttefad n; **~köder** m madding; **~kutter** m fiskekutter; **~laich** m fiskenes leg; **~markt** m fisketorv n, fiskemarked n; **~mehl** n fiskemel n; **~messer** n fiskekniv; **~netz** n fisket n; **~otter** m fiskeodder; **2reich** fiskerig; **~reiher** m fiskehejre; **~reuse** f (*Reuse*) ruse; **~rogen** m rogn; **~schuppe** f fiskeskæl n; **~suppe** f fiskesuppe; **~teich** m fiskedam; **~tran** m levertran; **~verbot** n fiskeriforbud n; **~versteigerung** f fiskeauktion; **~zucht** f fiskeavl; **~zug** m fiskedræt n; *fig* fangst

fis'kalisch skattemæssig

Fiskus m ⟨-; 0⟩ skattevæsen n

Fistel f ⟨-; -n⟩ fistel; **~stimme** f fistelstemme

Fittich m ⟨-(e)s; -e⟩ vinge; *pl fig* beskyttelse

fix ⟨-est⟩ (*fest*) fast, fiks; (*flink*) rask, hurtig; **~ und fertig** F (*müde*) færdig, ganske udmattet; **~e Idee** fiks idé

fixe|n v/i ⟨-t⟩ F være på stoffer; **2r** m narkoman

Fi'xier|bad n fikserbad n; **2en** (*festsetzen*) fastsætte; (*starr ansehen*) stirre stift på, fiksere, nidstirre; FOT fiksere

Fix|punkt m fast punkt; **~stern** m fiksstjerne

Fixum n ⟨-s; *Fixa*⟩ fast gage

Fjord m ⟨-(e)s; -e⟩ fjord

FKK|ler(in) m(f) naturist; **~Strand** m nudiststrand

flach flad, jævn; (*seicht*) smul, lavvandet; *fig* overfladisk; **2bau** m ⟨-(e)s; -ten⟩ etplansbebyggelse; **2dach** n fladt tag n

Fläche f (over)flade; MATH plan n; (*Ebene*) slette

Flächen|inhalt m fladeindhold n, areal n; **~maß** n flademål n; **~nutzung** f arealanvendelse; **~raum** m fladerum n

Flach|heit f fladhed; *fig* overfladiskhed; **~land** n sletteland, lavland n; **~mann** m lommelærke; **~relief** n basrelief n

Flachs [-ks] m ⟨-es; 0⟩ hør; *fig* F sjov; **2blond** hørblond; **2en** v/i ⟨-t⟩ F lave sjov; **~haar** n hørgult hår n

flackern v/i ⟨-re⟩ flagre; *Feuer:* blusse

Fladen m fladbrød n; (*Kuh2*) kokasse; **~brot** n fladbrød

Flagge f flag n; **dänische ~** dannebrog n; **2n** v/i flage; hejse flag

Flaggen|leine f flagline, flagsnor; **~stange** f flagstang; **~tuch** n flagdug

Flaggschiff n flagskib n (*a fig*)

Flak f ⟨0⟩ antiluftskyts n

flam'bieren flambere

Flame m ⟨-n⟩ flamlænder

Flamingo [-'mɪŋgo·] m ⟨-s; -s⟩ flamingo

flämisch flamsk

Flamme f flamme (*a fig*), blus n, lue; **in ~n stehen** stå i lys lue

flammen flamme, blusse; **~d** blussende; *fig* lidenskabelig

Flammen|meer n flammehav n; **~werfer** m flammekaster

Flandern n Flandern n

Fla'nell m ⟨-s; -e⟩ flonel n

fla'nieren v/i ⟨sn⟩ drive om(kring)

Flank|e f side; MIL flanke; *Fußball:* (centrerings)aflevering; **2ieren** [-ŋ'ki:-] flankere

Flansch m ⟨-(e)s; -e⟩ flange

Fläschchen n lille flaske, flakon

Flasche f flaske; *fig* F tøsedreng

Flaschen|bier n flaskeøl n; **~boden** m flaskebund; **~gas** n kosangas; **~hals** m flaskehals (*a fig*); **~öffner** m kapselåbner, oplukker; **~post** f flaskepost; **~zug** m talje, trisseværk *n*

flatterhaft ⟨*-est*⟩ ustadig, flygtig, forfløjen; **2igkeit** *f* ustadighed

flattern ⟨*-re*⟩ flagre; *Fahne*: vaje, smælde, blafre; *fig* sværme

flau flov; *Getränk*: doven; (*matt*) mat, slap; ÖKON stille, flov; *mir ist* = jeg er dårlig tilpas

Flaum *m* ⟨*-(e)s; 0*⟩ dun *n*; **~feder** *f* dun *n*; **2ig** dunet

Flaus *m* ⟨*-es; -e*⟩, **Flausch** *m* ⟨*-(e)s; -e*⟩ tot; *Stoff*: plys *n*, dyffel *n*

Flausen *f/pl* F flovser, udflugter *pl*; **~macher** *m* flovsemager

Flaute *f* vindstille; ÖKON ringe forretning, flovhed

Flechte *f* fletning; BOT lav; MED udslæt *n*

flecht|en ⟨*L*⟩ flette; *fig* binde; **2werk** *n* ⟨*-(e)s; 0*⟩ fletværk *n*

Fleck *m* ⟨*-(e)s; -e*⟩ (*Ort*) sted *n*, plet, punkt *n*; (*Flicken*) lap; (*Schmutz*) plet; *nicht vom ~ kommen* ikke komme af pletten

flecken *v/i* plette; skjolde

Flecken *m* ⟨*-s; -*⟩ plet; *Dorf*: flække; **~entferner** *m* pletrenser; **2los** pletfri

Fleck|fieber *n* ⟨*-s; 0*⟩ plettyfus; **2ig** plettet, spættet; skjoldet; **~seife** *f* pletsæbe

Fleder|maus *f* flagermus; **~wisch** *m* støvkost

Flegel *m* plejl; *fig* lømmel, laban; **~ei** [-'laɪ] *f* lømmelagtighed; **2haft** ⟨*-est*⟩ lømmelagtig; **~jahre** *n/pl* lømmelalder

flehen *v/i* bønfalde, bede; **~tlich** bønlig, indstændig

Fleisch *n* ⟨*-(e)s; 0*⟩ kød *n*; **~ fressend →** *fleischfressend*; **~beschau** *f* ⟨*0*⟩ kødkontrol; **~brühe** *f* kødsuppe, bouillon

Fleischer|(in) *m(f)* slagter; **~ei** *f*; **~laden** *m* slagterbutik

Fleisch|esser *m* kødspiser; **~extrakt** *m* kødekstrakt; **2farben**, **2farbig** kødfarvet; **2fressend** kødædende; **~gericht** *n* kødret; **2ig** kødfuld; **~klößchen** *n* kødbolle; **~konserven** *f/pl* dåsemad, kødkonserves *pl*; **2lich** kødelig, sanselig; **2los** kødløs; **~markt** *m* kødtorv *n*; **~saft** *m* kødsaft, sky; **~speise** *f* kødmad; **~vergiftung** *f* kødforgiftning; **~ware** *f* kød *n*, viktualier *pl*; **~werdung** *f* legemliggørelse; **~wolf** *m* kødhakkemaskine; **~wunde** *f* kødsår *n*

Fleiß *m* ⟨*-es; 0*⟩ flid; *mit ~* med flid; med forsæt; **2ig** flittig, ivrig

flek'tieren GRAM bøje

flennen *v/i* flæbe, tude

fletschen: *die Zähne ~* vise tænder

Flexion [-'ksɪoːn] *f* bøjning

Flickarbeit *f* lappearbejde *n*

flicken lappe, flikke, udbedre, bøde; **2** *m* lap, flik; **2teppich** *m* kludetæppe *n*

Flick|e'rei *f* lapperi *n* (*a fig*), flikkeri *n*; **~schneider** *m* lappeskrædder; **~schuster** *m* lappeskomager; **~schuste'rei** *f* ⟨*0*⟩, **~werk** *n* ⟨*-(e)s; 0*⟩ fig lapperi *n*; **~wort** *n* fyldekalk, fyldeord *n*; **~zeug** *n* Fahrrad: lappegrejer *pl*

Flieder *m* syrén

Fliege *f* flue; (*Schlips*) butterfly

fliegen ⟨*L*⟩ *v/i* ⟨*sn*⟩ *u v/t* flyve; (*entlassen werden*) F blive fyret (*od* smidt ud); *in die Höhe ~* flyve op; *in die Luft ~* springe i luften; **~d** flyvende

Fliegen|fänger *m* fluefanger; **~gewicht** *n* SPORT fluevægt; **~klappe** *f*, **~klatsche** *f* fluesmækker; **~pilz** *m* fluesvamp

Flieger|(in) *m(f)* pilot; **~abwehr** *f* luftværn *n*; **~abwehrkanone** *f →* **Flak**, **~alarm** *m* luftalarm; **~angriff** *m* luftangreb *n*; **~anzug** *m* flyverdragt; **~aufnahme** *f* luftfoto *n*

Fliege'rei *f* ⟨*0*⟩ flyvning

Flieger|horst *m* militær flyveplads; **~krankheit** *f* luftsyge; **~schule** *f* flyveskole

flieh|en ⟨*L*⟩ *v/i* ⟨*sn*⟩ flygte; *v/t* undvige, flygte for; **2kraft** *f* centrifugalkraft

Fliese *f* flise, kakkel

Fließ|arbeit *f* arbejde *n* på løbende bånd; **~band** *n* samlebånd, transportbånd; **2en** ⟨*L*⟩ *v/i* ⟨*sn*⟩ flyde, strømme; **2end** flydende (*a fig*)

Flimmer *m* skær *n*, flimren; (*Flitter*) flitter *n*; **~kiste** *f* F fjernsyn *n*; **2n** ⟨*-re*⟩ flimre, glitre, tindre; *es flimmert mir vor den Augen* det flimrer for mine øjne

flink rask, kvik, hurtig, vims

Flinte *f* bøsse, gevær *n*; *fig die ~ ins Korn werfen* give op, tabe modet

flirren *v/i* flimre; svirre

Flirt [flœːrt] *m* ⟨*-(e)s; -s*⟩ flirt; **2en** *v/i* ⟨*-e-*⟩ flirte, „filme"

Flittchen *f* F letlevende pigebarn

Flitter *m* flitter(stads) *n*; **~glanz** *m* tom glans; **~gold** *n* flitterguld, bladguld *n*; **~wochen** *f/pl* hvedebrødsdage *pl*

Flitz|bogen *m* flitsbue; **2en** *v/i* ⟨*-t; sn*⟩ fare afsted

Flock|e *f* fnug *n*; **2ig** fnugget

Floh *m* ⟨*-(e)s; =e*⟩ loppe; **~markt** *m* loppemarked *n*; **~zirkus** *m* loppeteater *n*

Flor *m* ⟨*-s; 0*⟩ flor *n*, slør *n*; BOT blomstring, flor (*n*)

Flora *f* ⟨*-; Floren*⟩ flora, plantevækst

Flo'renz *n* Firenze

Flo'rett *n* ⟨*-(e)s; -e*⟩ floret

flo'rieren v/i florere, blomstre

Flo'rist m ⟨-en⟩ blomsterhandler

Floskel f ⟨-; -n⟩ floskel, talemåde

Floß n ⟨-es; ⸚e⟩ tømmerflåde; **~brücke** f flydebro

Flosse f finne; luffe; FLUG ror n, (hale)-finne; F (*Hand*) grab, lab

flöße|n ⟨-t⟩ flåde; **2r** m flådefører

Flöte f fløjte; **2n** ⟨-e-⟩ fløjte, spille på fløjte; *fig* **~ gehen** gå fløjten; **~nspiel** n fløjtespil n

flott ⟨-est⟩ flot; hurtig; (*schick*) flot, smart; **~er Bursche** flot fyr

Flotte f flåde

Flotten|basis f flådebase; **~manöver** n flådemanøvre; **~station** f flådestation; **~stützpunkt** m flådebase

Flottille f ⟨-'tɪljə⟩ f flotille

flott·machen NAUT gøre flot

Flöz [ø:] n ⟨-es; -e⟩ lag n

Fluch [u:] m ⟨-(e)s; ⸚e⟩ forbandelse; (*Kraftwort*) ed, bandeord n; **2en** v/i bande, sværge (*über A*/over); forbande (*j-m* én); (*schimpfen*) skælde ud

Flucht f flugt; (*gerade Linie*) flugt; (*Reihe*) række; **die ~ ergreifen** tage flugten, flygte; **in die ~ schlagen** slå på flugt; **2artig** over hals og hoved

flüchten v/i ⟨-e-; sn⟩ u **sich ~** redde sig, flygte

Flucht|gefahr f fare for flugt; **~helfer** m „flugthjælper" (fra øst til vest)

flüchtig flygtende, på flugt; CHEM letfordampelig; (*schnell*) hurtig; (*oberflächlich*) overfladisk, flygtig, jasket; (*vorübergehend*) forbigående, forgængelig; **2keit** f (*Oberflächlichkeit*) overfladiskhed; (*Vergänglichkeit*) forgængelighed; **2keitsfehler** m sjuskefejl

Flüchtling m ⟨-s; -e⟩ flygtning; **~slager** n flygtningelejr

Flug m ⟨-(e)s; ⸚e⟩ flugt; FLUG flyvning, flyvetur; **im ~e** i flugten; **~ball** m Tennis: flyvebold, flugtning; **2bereit** startklar; **~blatt** n løbeseddel; **~boot** n flyvebåd; **~dauer** f flyvetid; **~dienst** m luftfart, lufttrafik

Flügel m vinge; ARCH, POL fløj (*a Fenster*); længe; MUS flygel n; **2förmig** vingeformet; **2lahm** vingebrudt; **~mutter** f ⟨-; -n⟩ fløjmøtrik; **~schlag** m vingeslag n; **~stürmer** m SPORT yderwing; **~tür** f fløjdør

Fluggast m flyvepassager

flügge flyvefærdig; *fig* selvstændig

Flug|gesellschaft f luftfartsselskab n; **~hafen** m lufthavn, flyveplads; **~kapitän**

m flyvekaptajn; **~lehrer** m flyvelærer; **~linie** f flyvelinie, flyverute; **~lotse** m flyveleder; **~plan** m flyveplan; **~platz** m flyveplads; **~post** f luftpost; **~route** f flyverute

flugs [u:] straks, fluks

Flug|sand m flyvesand n; **~schein** m flyvecertifikat n; **~schrift** f flyveskrift n; **~schüler** m flyveelev; **~sport** m flyvesport, luftsport; **~strecke** f luftrute, flyverute, flyvestrækning; **~ticket** n flybillet; **~verbindung** f flyverute; flyveforbindelse; **~verkehr** m lufttrafik; **~wesen** n ⟨-s; 0⟩ flyvevæsen n; **~zeit** f flyvetid

Flugzeug n flyvemaskine, flyver, fly n; **~entführer** m flykaprer; **~entführung** f flykapring; **~führer** m pilot; **~halle** f hangar; **~schuppen** m hangar; **~träger** m hangarskib n

Fluidum ['fluːi-] n ⟨-s; *Fluida*⟩ fluidum n

Fluktu|ation [-'tsioːn] f fluktuation; *Personal:* gennemtræk; **2ieren** v/i fluktuere

Flunder f ⟨-; -n⟩ flynder, skrubbe

flunkern v/i ⟨-re⟩ F lyve, prale

Fluor ['fluːɔʀ] n ⟨-s; 0⟩ fluor n; **2es·zieren** v/i fluorescere

Flur[1] m ⟨-(e)s; -e⟩ entré; trappe(op)gang

Flur[2] f ⟨-; -en⟩ mark; **~bereinigung** f udskiftning *fig*

Fluss m ⟨-es; ⸚e⟩ flod, å; MED (ud)flåd n; (*Fließen*) flyden; *fig* **in ~ kommen** komme i gang; **2abwärts** ned ad floden; **~arm** m flodarm; **2aufwärts** op ad floden; **~bett** n flodseng, flodleje n

Flüsschen n å

Fluss|fisch m ferskvandsfisk; **~gebiet** n flodområde, afvandingsområde n

flüssig flydende (*a fig*); *Geld:* disponibel, rede; **2gas** n flydende gas; kosangas; **2keit** f vædske; (*Zustand*) flydende tilstand; **~machen** F *Geld* skaffe (penge)

Fluss|krebs m krebs; **~mündung** f munding; **~pferd** n flodhest; **~ufer** n flodbred, åbred

flüstern ⟨-re⟩ hviske (*ins Ohr* i øret); **~nd** hviskende; **2propaganda** f hviskepropaganda; hviskekampagne

Flut f flod, højvande n; (*Wogen*) bølge, vandmasse; *fig* mængde; **Ebbe u. ~** ebbe og flod; **2en** ⟨-e-⟩ v/t u v/i ⟨sn⟩ lade løbe fuld; flyde, strømme, svulme; *es flutet* vandet stiger, det er flod(tid)

Flut|hafen m dokhavn; **~licht** n stadionlys n

flutschen v/i F gå strygende

Flut|welle f flodbølge; **Flutzeit** f flodtid

Fock|mast m fok(kemast); **~segel** n foksejl n

Födera'lis|mus m ⟨-; 0⟩ føderalisme; **2tisch** føderalistisk

Fohlen n føl n

Föhn m ⟨-(e)s; -e⟩ føn

Föhre f fyr(retræ) n

Folge f følge; (*Ergebnis*) resultat n; (*Fortsetzung*) fortsættelse; (*Reihe*) række-(følge); (*Gefolge*) følge n; **~ leisten** (D) adlyde; **zur ~ haben** have til følge; **~erscheinung** f følge, konsekvens

folgen v/i (D) følge, ledsage; (*sich ergeben*) følge, fremgå (*aus* D/af); **~ auf** (A) følge på; **wie folgt** som følger; **es folgt daraus, dass ...** deraf følger, at ...; **~d** følgende; **~der'maßen** på følgende måde; **~los** uden følger; virkningsløs; **~schwer** skæbnesvanger

folgerichtig følgerigtig, konsekvent; **2keit** f ⟨0⟩ følgerigtighed, konsekvens

folger|n ⟨-re⟩ slutte (*aus* D/af); **2ung** f slutning; **e-e ~ ziehen** drage en slutning

folge|widrig inkonsekvent; **2zeit** f efterfølgende tid

folglich følgelig, altså

folgsam lydig; **2keit** f ⟨0⟩ lydighed

Folie [-li̯ə] f tolie; *fig* baggrund; **als ~ dienen** tjene til fremhævelse

Folio [-li̯o] n ⟨-s; -s od Folien⟩ folio(format n)

Folk'lo|re f ⟨0⟩ folklore; **2'ristisch** folkloristisk

Folter f ⟨-; -n⟩ tortur, pinsel; pinebænk; **auf die ~ spannen** spænde på pinebænken (*a fig*); **~bank** f pinebænk; **~gerät** n torturredskab n; **~kammer** f torturkammer n; **2n** ⟨-re⟩ pine, martre, tort(ur)ere; **~qual** f pinsel; **~ung** f tortur

Fön® m ⟨-(e)s; -e⟩ hårtørreapparat n

Fond [fɔ̃:, fɔŋ] m ⟨-s; -s⟩ grundlag n; (*Hintergrund*) baggrund; *Wagen:* bagsæde n

Fonds [fɔ̃:, fɔŋ] m ⟨-; -⟩ fond (n), kapital; ~ pl (værdi-)papirer pl

fönen tørre hår

Fon'täne f fontæne, springvand n

Fonta'nelle f fontanelle

fopp|en narre, drille; **2e'rei** f drilleri n

forcieren [-'si:-] forcere

Förde f fjord

Förder|anlage f transportanlæg n; **~band** n samle-, transportbånd n; transportør; **~er** m befordrer, hjælper; mæcen; **~klasse** f observationsklasse; **~kohle** f grubekul n; **~korb** m transportkurv; **2lich** fremmende, gunstig, nyttig, gavnlig, tjenlig

fordern ⟨-re⟩ fordre, forlange, kræve; (*heraus~*) udfordre; JUR stævne

förder|n ⟨-re⟩ fremme, støtte; BERGB hejse op; producere; **zu Tage ~** bringe for dagens lys, afsløre; **2eil** n hejsereb n; **2turm** m hejsetårn, elevatortårn n

Forderung f fordring, krav n; (*Heraus2*) udfordring; JUR stævning

Förder|ung f fremme, hjælp; støtte; BERGB ydeevne; **~unterricht** m special-, støtteundervisning

Fo'relle f forel, ørred; **~nteich** m ørreddam

Form f form; (*Gestalt*) skikkelse; (*Muster*) façon; *fig* formalitet; opførselsmåde; **in** (*der*) **~ von** i form af; **der ~ wegen** for formens skyld; **in ~ sein** være i (god) form

for'mal formel; **2ien** [-li̯ən] *f/pl* formaliteter *pl*; **2'lismus** m ⟨-; 0⟩ formalisme; **2li-'tät** f formalitet, formsag

For|'mat n ⟨-(e)s; -e⟩ format n; **2ma'tieren** formatere

form|beständig formfast; **2blatt** n formular

Formel f ⟨-; -n⟩ formel; **2haft** formelagtig

for'mell formel

formen forme, danne; *Ziegelstein:* stryge

Formen|lehre f GRAM formlære; **2reich** formrig

Former m former

Form|fehler m formfejl; **~gebung** f formgivning, udformning; **2gerecht** korrekt

for'mieren forme, danne

förmlich formelig; formel, afmålt; (*tatsächlich*) udtrykkelig, faktisk; **2keit** f formalitet, formsag; stiv optræden

form|los ⟨-est⟩ formløs; (*unförmlich*) uformelig; **2losigkeit** f ⟨0⟩ formløshed; afslappet optræden; **2sache** f formsag; **~schön** formskøn

Formu'lar n ⟨-s; -e⟩ formular, blanket

formu'lier|en formulere, affatte; **2ung** f formulering

Formung f udformning

form|vollendet ⟨-est⟩ formfuldendt; **~widrig** (stridende) imod formen, stødende

forsch ⟨-est⟩ kraftig, stærk; (*energisch*) flot, smart; (*geradezu*) lige til, rask

forsch|en forske, undersøge; **~ nach** (D) efterforske; **2er** m forsker; **2ung** f forskning, undersøgelse

Forst m ⟨-(e)s; -e od -en⟩ plantage, skov; **~amt** n forstinspektion, forstvæsen n; **~aufseher** m skovløber; **~beamte(r)** m skovrider, skovfoged

Förste|r(in) m(f) skovfoged; **~'rei** f skovdistrikt n; (*Forsthaus*) skovfogedhus n

Forst|frevel m skovtyveri n; **~haus** n skovfogedhus *n*; skovridergård; **~kultur** *f* forstkultur; **~kunde** *f⟨0⟩* forstvidenskab; **~revier** *n* skovdistrikt *n*; **~verwaltung** *f* forstforvaltning; **~wesen** *n* ⟨-s; 0⟩ forstvæsen *n*; **~wirtschaft** *f⟨0⟩* skovbrug *n*

fort bort, væk, af sted; (*weiter*) videre; (*verschwunden*) borte; **~ (mit dir!)** af sted med dig!; **~ damit** væk med det; **in e-m ~** ét væk; **und so ~** og så videre

Fort [fo:ʀ] *n* ⟨-s; -s⟩ fort *n*

fort|'ab, **~'an** for fremtiden, fra nu af; **~geben:** *sich ~* begive sig bort; **2bestand** *m* ⟨-(e)s; 0⟩ (fortsat) bestån, varighed; **~bestehen** *v/i* blive ved med at bestå; **~bewegen** bevæge (*sich* sig) fremad (*od* af sted); **2bewegung** *f* bevægelse (fremad); **~bilden** udforme, uddanne (*sich* sig) videre; **2bildung** *f* videreuddannelse, efteruddannelse; **2bildungskurs** *m* efteruddannelseskursus *n*; **~blasen** blæse væk; **~bleiben** *v/i* ⟨*sn*⟩ blive borte, udeblive; **~bringen** bringe frem; *fig* hjælpe (*j-n* én); (*entfernen*) bringe væk, fjerne; **2dauer** *f* fortsættelse, vedvaren; **~dauern** *v/i* blive (*od* vare) ved, fortsætte(s); F køre (videre); **~dauernd** vedvarende, stadig; **~dürfen** *v/i* måtte (få lov til at) gå; **~eilen** *v/i* ⟨*sn*⟩ ile (*od* skynde sig) bort; **~entwickeln** videreudvikle; **~fahren** *v/i* ⟨*sn*⟩ køre bort, rejse; *v/t* køre bort; (*fortsetzen*) blive ved, fortsætte; **2fall** *m* ⟨-(e)s; 0⟩ bortfald *n*; **~fallen** *v/i* ⟨*sn*⟩ falde bort; **~führen** føre bort; (*fortsetzen*) fortsætte; **2gang** *m* ⟨-(e)s; 0⟩ bortgang; (*Fortdauer*) fortsættelse, vedvaren; (*Erfolg*) fremgang; **~gehen** *v/i* ⟨*sn*⟩ gå bort; (*fortdauern*) vedblive; *fig* gå fremad

fortgeschritten fremskreden; **2e(r)** viderekommen

fort|'hin for fremtiden; **~jagen** jage bort; **~kommen** *v/i* ⟨*sn*⟩ komme bort (*od* videre); (*verschwinden*) bortkomme, blive væk; (*gedeihen*) trives, gøre fremgang; **mach, dass du fortkommst!** skrub af med dig!; **~können** *v/i* kunne komme bort (*od* videre); **~laufen** *v/i* ⟨*sn*⟩ løbe bort; (*fortdauern*) blive ved; **~laufend** fortløbende; **~müssen** *v/i* måtte gå; **~pflanzen** forplante (*sich* sig); **2pflanzung** *f* forplantning; **~schaffen** bortskaffe, fjerne; **~scheren:** *sich ~* pille (*od* stikke) af; **~schicken** sende bort; **~schreiben** videreføre; **2schreibung** *f* videreførelse; **~schreiten** *v/i* ⟨*sn*⟩ skride frem, gå videre; *fig* vise fremgang

Fortschritt *m* fremskridt *n*; **2lich** fremskridtsvenlig, progressiv

fortschrittsgläubig: **~ sein** have en naiv tiltro til fremskridt

fort·setz|en fortsætte; **fortgesetzt** fortsat; **2ung** *f* fortsættelse; **~ folgt** fortsættes

fort|·tragen bære bort; **~·treiben** drive bort; **~während** vedvarende, stadig; **~werfen** bortkaste; **~wollen** *v/i* ville bort; **~ziehen** *v/t* trække bort; *v/i* ⟨*sn*⟩ drage bort; (*umziehen*) flytte (bort)

Forum *n* ⟨-s; *Foren*⟩ forum *n*

Fos'sil *n* ⟨-s; -ien [-lⁱən]⟩ fossil *n*, forstening

Foto *n* ⟨-s; -s⟩ foto *n*; **~album** *n* fotoalbum *n*; **~apparat** *m* fotografiapparat *n*; **2'gen** fotogen; **~grafie** *f* fotoforretning; **~'graf(in)** *m* ⟨-en⟩ (*f*) fotograf; **~gra'fie** *f* fotografi *n*; **2gra'fieren** fotografere; **2'grafisch** fotografisk; **~ko'pie** *f* fotokopi; **2ko'pieren** fotokopiere; **~ko'pierer** *m* fotokopimaskine; **~labor** *n* fotolaboratorium *n*; **~modell** *n* fotomodel; **~montage** [-ʒə] *f* fotomontage; **~satz** *m* TYP fotosats; **~zelle** *f* fotocelle

Foyer [foa'je:] *n* ⟨-s; -s⟩ foyer

Fracht *f* fragt; **~boot** *n* fragtbåd; **~brief** *m* fragtbrev *n*; **~dampfer** *m* fragtdamper; **~er** *m* fragtskib *n*; **2frei** fragtfri; **~gut** *n* fragtgods; **~schiff** *n* fragtskib *n*; **~stück** *n* stykke *n* fragtgods, kolli *n*; **~verkehr** *n* godstrafik

Frack *m* ⟨-(e)s; -s *od* ⁼e⟩ kjole(sæt *n*)

Frage *f* spørgsmål *n*; **an j-n e-e ~ richten** rette et spørgsmål til én; **das ist noch die ~** det er tvivlsomt; **das kommt nicht in ~** det kan der ikke være tale om, det kommer ikke i betragtning; **in ~ stellen** stille spørgsmålstegn ved; **j-m e-e ~ stellen** stille et spørgsmål til én

Frage|alter *n Kind:* spørgealder; **~bogen** *m* spørgeskema *n*

fragen spørge (*nach j-m*/efter én; *nach etw.* [*D*]/om ngt.); **es fragt sich** det er tvivlsomt

Frage|satz *m* GRAM spørgesætning; **~stellung** *f* problemstilling; **~zeichen** *n* spørgsmålstegn *n*

frag|lich tvivlsom, uafgjort; (*betreffend*) omtalt; **~los** utvivlsom

Frag'men|t *n* ⟨-(e)s; -e⟩ fragment *n*, brudstykke *n*; **2'tarisch** brudstykkeagtig

fragwürdig tvivlsom

Fraktion [-'tsio:n] *f* fraktion, gruppe; **~sführer(in)** *m(f)* gruppeformand; **~szwang** *m* POL gruppedisciplin

Frak'tur *f* ⟨-; -en⟩ TYP fraktur (*a* MED), „krøllede bogstaver" *pl*

Franken m: *Schweizer* ~ svejtserfranc
fran'kieren frankere
fränkisch frankisk
franko franko, fri
Frankreich n Frankrig n
Frans|e f frynse; **2ig** frynset
Franzbranntwein m MED „fransk brænde-vin"
Franzis'kaner m franciskaner
Fran|'zose m ⟨-n⟩ franskmand; ~'zösin f
fransk kvinde (*od* pige); *sie ist* ~ hun
er fransk
fran'zösisch fransk; *auf* 2 på fransk; ~
sprechen tale fransk
frap'pierend påfaldende, slående
Fräs|e f fræse; 2en ⟨-t⟩ fræse; ~maschine f
fræsemaskine
Fraß ⟨-es; 0⟩ æde, dårlig mad; F hundeæde
Fratze f grimasse; F (*Gesicht*) fjæs n; ~n
schneiden skære ansigt
Frau f kvinde, dame; (*Ehefrau*) kone, hu-stru; *Anrede vor Namen*: fru; *gnädige* ~!
frue!; *Ihre* ~ *Mutter* Deres mor
Frauen|arzt m kvindelæge, gynækolog;
~**bewegung** f kvindebevægelse, kvinde-sag; ~**emanzipation** f kvindefrigørelse;
~**feind** m kvindehader; 2**haft** ⟨-est-⟩ kvin-delig, dameagtig; ~**haus** n kvindehus;
~**kirche** f Frue kirke; ~**kleid** n damekjole;
~**klinik** f fødeklinik; ~**krankheiten** f/pl
kvindesygdomme pl; ~**rechtlerin** f kvin-desagskvinde; ~**stimmrecht** n stemmeret
for kvinder; ~**verein** m kvindeforening;
~**zeitschrift** f dameblad, kvindeblad n;
~**zimmer** n pej fruentimmer n, kvinde-menneske n
Fräulein n frøken, ung dame
fraulich kvindelig; attraktiv
frech fræk, nærgående; 2**heit** f frækhed
Fre'gatte f fregat
frei fri; (*zwanglos*) tvangløs; frigjort; (*lo-cker*) løs; (*müßig*) ledig; (*offen*) åben, fri-modig; frigjort; (*ungestört*) ugenert; (*un-besetzt*) ubesat, ledig; (*unverheiratet*)
ugift; (*befreit*) fri(tagen) (*von* D/for);
(*gratis*) gratis; franko; ~ (*ins*) *Haus* fri le-veret; ~ *an Bord* frit om bord; ~ *heraus*
rent ud, lige ud; *im* 2*en, ins* 2*e* i det fri;
aus ~*em Antrieb, aus ~en Stücken* fri-villigt, af egen drift; *aus* ~*er Hand* på
fri hånd; *ich bin so* ~ jeg er så fri, jeg til-lader mig, jeg tager mig den frihed; *j-m*
~*e Hand lassen* give én frie hænder; ~*er*
Eintritt gratis adgang; ~*er Tag* fridag; ~*e*
Wohnung fribolig; ~*e Zeit* fritid; ~*e*
Fahrt! klar (*od* fri) bane!; → **freimachen**, **freibekom-**

men, *etc.*

Frei|bad n friluftsbad n; 2**-bekommen** få
fri; ~**berufler(in)** m(f) freelancer; 2**be-ruflich** i de liberale erhverv; (*som*) free-lance; ~**betrag** m skattefri bundgrænse;
~**bord** n fribord n; ~**brief** m fribrev n;
privilegium n; ~**denker** m fritænker
freien fri, bejle (*um* A/til)
Freier m frier, bejler; ~**süße** m/pl: *auf ~n*
gehen gå på frierfødder
Frei|exemplar n frieksemplar n; ~**fahr-schein** m fribillet; ~**frau** f baronesse;
~**gabe** f frigivelse; 2**geben** frigive, løs-slade; (*Urlaub geben*) give fri; 2**gebig** gav-mild; ~**gebigkeit** f ⟨0⟩ gavmildhed; ~**ge-päck** n frit rejsegods n; 2**-haben** have fri;
~**hafen** m frihavn; 2**-halten** *j-n* ~ betale
for én; ~**handel** m frihandel; 2**händig** fri-hånds-
Freiheit f frihed; fritagelse (*von* D/for);
sich die ~ *nehmen* tage sig den frihed;
j-m die ~ *geben* give én frihed(en) (*od* til-ladelse); 2**lich** liberal, frisindet
Freiheits|beraubung f frihedsberøvelse;
~**kampf** m frihedskamp; ~**kämpfer** m fri-hedskæmper; ~**krieg** m frihedskrig;
~**strafe** f fængselsstraf
frei|he'raus rent ud; 2**herr** m baron; 2**kar-te** f fribillet; 2**körperkultur** f ⟨0⟩ natu-risme, nudisme; 2**korps** [-koːʁ] n fri-korps n; ~**lassen** løslade, give fri, frigi-ve; (*blößen*) blotte; 2**lassung** f løsla-delse, frigivelse; 2**lauf** m frihjul n, frilob
n; ~**legen** frilægge, rydde; 2**legung** f fri-læggelse, rydning
freilich rigtignok, ganske vist; ~! jo vist!
Freilicht|bühne f friluftsscene; ~**kino** n
drive-in-bio; ~**museum** n friluftsmuse-um, frilandsmuseum
Frei|los n gratis nummer n; 2**machen**
Brief etc. frigøre; frankere; → *frei*; ~**mau-rer** m frimurer; ~**maure'rei** f ⟨0⟩ frimure-ri n; 2**mütig** frimodig, åben; ~**schärler** m
partisan; ~**schütz** m ⟨-; 0⟩ Oper: „Jæger-bruden"; ~**schwimmer** m frisvømmer;
2**-setzen** *Wirtschaft*: afskedige; 2**sinnig**
frisindet, liberal; ~**sprechen** JUR fri-kende, frifinde; *Lehrling* få sit svende-brev; ~**spruch** m frifindelse, frikendelse;
~**staat** m fristat, republik; 2**-stehen** v/i
(D) stå frit, være tilladt; *es steht Ihnen*
frei det står Dem frit; 2**-stellen** give frie
hænder, overlade (*j-m* A/én ngt.); ~**stil-ringen** ⟨-s; 0⟩ SPORT fri brydning; ~**stoß**
m SPORT frispark n; ~**stunde** f fritime
Freitag m fredag; 2s om fredagen
Frei|tod m selvmord n; ~**treppe** f åben

F

trappe, ydertrappe, fritrappe; **~übung** f Turnen: fritstående øvelse; **~wild** n fig „én, alle har lov til at skyde på"; **2willig** frivillig; **~willige** m/f frivillig; **~zeichen** n klartone

Freizeit f fritid; (Lager) sommerlejr; **~gesellschaft** f fritidssamfund n; **~gestaltung** f fritidssysler pl; **~heim** n fritidshjem n

Freizügigkeit f ⟨0⟩ opholdsfrihed, ret til frit at bosætte sig

fremd ⟨-est⟩ fremmed (D/for); (unbekannt) u(be)kendt; (ausländisch) udenlandsk; (seltsam) besynderlig, mærkelig; **~es Gut** fremmed ejendom; **2arbeiter** m neg! fremmedarbejder; **~artig** fremmed(artet); (seltsam) besynderlig; **2artigkeit** f besynderlighed, fremmedartethed; **2e** f ⟨0⟩ fremmed land n; **in der ~** i det fremmede, i udlandet, langt borte; **2e(r)** m fremmed; (Unbekannter) ubekendt; (Ausländer) udlænding; (Reisender) rejsende; (Gast) gæst; (Außenstehender) udenforstående

Fremden|buch n gæstebog, fremmedbog; **~führer(in)** m(f) (rejse)guide; **~hass** m fremmedhad n; **2legion** f fremmedlegion; **~verkehr** m turisme; **~verkehrsamt** n turistbureau n; **~zimmer** n gæsteværelse n; hotelværelse n

fremd|gehen v/t ⟨sn⟩ F „gå i byen" uden utro; **2heit** f⟨0⟩ fremmedhed; ukendskab n; **2herrschaft** f fremmedherredømme n; **2körper** m fremmedlegeme n; **~ländisch** udenlandsk, fremmed

Fremdsprach|e f fremmedsprog n; **~enunterricht** n fremmedsprogsundervisning; **2ig** fremmedsproget; **2lich** fremmedsprogs-

Fremd|wort n ⟨-(e)s, ̈er⟩ fremmedord n; **~wörterbuch** n fremmedordbog

fre'netisch frenetisk

fre|quen'tieren frekventere; **2'quenz** f frekvens

Freske f, **Fresko** f ⟨-s; Fresken⟩ freskomaleri, vægmaleri n; Kirche: kalkmaleri n

Fresse f P kæft, flab; **halt die ~!** hold kæft!; **eins in die ~ hauen** stikke én på snuden; **2n** ⟨L⟩ æde; Säure: ætse; Rost: gnave, fortære; **~n** n ⟨-s; 0⟩ æderi n; Essen: føde, æde (n); fig **ein gefundenes ~** en rigtig lækkerbisken; **~r** m F ædedolk, frådser; **~'rei** f F æderi n, frådseri n

Fressgier f grådighed

Frettchen n zo fritte, væsel

Freude f glæde, fryd; **mit ~(n)** med glæde;

es macht mir ~ det glæder mig; **außer sich** (D) **vor ~ sein** være ude af sig selv af glæde; **seine ~ an** (D) **haben** glæde sig over én (ngt.)

Freuden|fest n glædesfest; **~feuer** n glædesblus n; **~haus** n bordel n; **~mädchen** n skøge, luder; **~taumel** m glædesrus; **~tränen** f/pl glædestårer pl

freude|strahlend glædestrålende; **~trunken** beruset af glæde

freud|ig glad; (erfreulich) glædelig; **~los** ⟨-est⟩ glædeløs; **~voll** fuld af glæde

freuen: sich ~ glæde sig (an D, über A/over; auf A/til); **es freut mich** det glæder mig

Freund m ⟨-(e)s; -e⟩ ven, kammerat; F (Geliebter) kæreste; **mit j-m gut ~ sein** være ven med én, være éns ven; **~eskreis** m: **im ~** blandt venner; **~in** f veninde; (Geliebte) kæreste

freundlich venlig (zu D, gegen A/over for, mod); (angenehm) behagelig, tiltalende; Farbe: lys; **~e Gegend** smilende egn; **~ aufnehmen** tage venligt imod; **2keit** f venlighed

Freundschaft f venskab n; **aus ~** af venskab; **~ schließen** slutte venskab, blive venner (mit D/med); **2lich** venskabelig; **~svertrag** m venskabelig overenskomst

Frevel m forbrydelse, brøde; **2haft** ⟨-est⟩ forbryderisk, formastelig; **2n** v/i ⟨-le⟩ synde, begå en forbrydelse (gegen A/mod); **2tat** f misgerning, ugerning

Frevler m synder, nidding

Friede m ⟨-ns; -n⟩, **~n** m ⟨-s; -⟩ fred; (Ruhe) ro; **Frieden stiften** stifte fred; **in Frieden lassen** lade i fred

Friedens|bedingungen f/pl fredsbetingelser pl; **~bewegung** f fredsbevægelse; **~bruch** m fredsbrud n; **~gericht** n voldgiftsdomstol; **~konferenz** f fredskonference; **~no'belpreis** m fredsnobelpris; **~pfeife** f fredspibe; **~preis** m fredspris; **~richter** m forligsdommer; **~schluss** m fredsslutning, fredsaftale; **~stifter** m fredsstifter; **~stiftung** f fredsstiftelse; **~störer** m fredsforstyrrer; **~taube** f fredsdue; **~verhandlungen** f/pl fredsforhandlinger pl; **~vertrag** m fredstraktat; **~wille** m fredsvilje; **~zeit** f fredstid

friedfertig fredelig, fredsommelig; **2keit** f ⟨0⟩ fredsommelighed, fredelighed

Friedhof m kirkegård; **~schänder** m gravskænder

fried|lich fredelig, fredsommelig; **~liebend** fredselskende; **~los** uden ro, rastløs

frieren v/i ⟨L⟩ fryse; **es friert** det fryser;

mich friert, es friert mich jeg fryser

Fries *m* ⟨-es; -e⟩ ARCH frise; *Gewebe:* vadmel *n*

Fries|e *m* ⟨-n⟩ friser; ℒ**isch** frisisk

fri'gid|e frigide; ℒi'**tät** *f* ⟨0⟩ frigiditet

Frika'delle *f* frikadelle

Frikas'see *n* ⟨-s; -s⟩ frikassé

Friktion [-'tsĭo:n] *f* a *fig* friktion, gnidning

frisch ⟨-est⟩ frisk; *(kühl)* kølig; *(rein)* ren, pæn; *(neulich)* ny(lig); *(munter)* rask, livlig; *Fleisch:* fersk; *Eier.* nylagt; *Milch:* nymalket; *Schnee:* nyfalden; **auf ~er Tat** på fersk gerning; **es wird ~** friske op; **~ gestrichen!** (ny)malet!; **~'auf!** fat mod!, rask!

Frische *f* ⟨0⟩ friskhed; *(Kühle)* kølighed; *(Sommer*ℒ*)* sommerophold(ssted *n*) *n*; ℒ**n** Metall friske

Frischfleisch *n* fersk kød *n*

Frischhalte|beutel *m* plastikpose (til dybfrost); **~folie** *f* husholdningsfilm; **~packung** *f* langtidsemballage

Frisch|ling *m* ⟨-s; -e⟩ vildsvineunge; **~wasser** *n* ⟨-s; 0⟩ NAUT ferskvand *n*; ℒ'**weg** glat *(od* rask) væk

Fri'seur|(in) [(in) [ø:] *m* ⟨-s; -e⟩ *(f)* frisør; **~salon** *m* frisørsalon

fri'sier|en frisere, rede *(sich* sig); ℒ**haube** *f* tørrehjelm

Frist *f* frist; *(Aufschub)* henstand, udsættelse; **e-e ~ von drei Monaten** tre måneders frist; **~ablauf** *m* fristens udløb *n*; ℒ**en** ⟨-e-⟩ *Leben* friste; ℒ**gerecht** i rette tid; **~gewährung** *f* udsættelse; ℒ**los** uden varsel, øjeblikkelig; **~e Entlassung** afsked på gråt papir

Fri'sur ⟨-; -en⟩ frisure

Fri'ttüre *f* friture

fri'vol frivol, letfærdig

Frl. (= *Fräulein*) frøken

froh glad, fornøjet; **~ sein** være glad, glæde sig *(über A*/over*)*

fröhlich glad, munter; *(erfreulich)* glædelig; **~ sein** glæde sig, være glad *(über A*/over*)*; ℒ**keit** *f* ⟨0⟩ glæde, munterhed

froh|'locken juble *(über A*/over*)*; ℒ**sinn** *m* ⟨-(e)s; 0⟩ godt humør *n*

fromm from; *(geduldig)* tålmodig, rolig

Frömme|'lei *f* hykleri *n*, skinhellighed; ℒ**n** *v/i* ⟨-le⟩ hykle (fromhed)

Frömmigkeit *f* ⟨0⟩ fromhed

Fron *f* hoveri *n*; **~arbeit** *f*, **~dienst** *m* hoveriarbejde *n*

frönen *v/t (D)* hengive sig (til)

Fron'leichnam *m* ⟨-(e)s; 0⟩ Kristi legemsfest

Front *f* front; ARCH facade, forside; ℒ**al**

[-'ta:l] frontal; **~antrieb** *m* forhjulstræk *n*; **~dienst** *m* fronttjeneste; ℒ**kämpfer** *m* frontkæmper; **~scheibe** *f* forrude; **~wechsel** *m* MIL frontforandring; *fig* meningsskifte *n*

Frosch *m* ⟨-(e)s; ≈e⟩ frø; **~mann** *m* frømand; **~perspektive** *f* frøperspektiv *n*, blik opad; **~schenkel** *m* frølår *n*

Frost *m* ⟨-(e)s; ≈e⟩ frost; *(Kälte)* kulde; **~aufbruch** *m* frostsprængning; ℒ**beständig** kuldebestandig; **~beule** *f* frostknude

frösteln *v/i* ⟨-le⟩ småfryse, gyse af kulde

frostig kold, kølig (a *fig*); *(zart)* kuldskær; *(gleichgültig)* ligegyldig

Frost|schaden *m* frostskade; **~schutzmittel** *n* Auto: kølervæske; **~wetter** *n* frostvejr *n*

Frot'tee *n* ⟨-s; -s⟩ frotté *n*

frot'tier|en frottere; ℒ**tuch** *n* frottéhåndklæde *n*

Frucht *f* ⟨-; ≈e⟩ frugt (a *fig*); **~ bringend** → **fruchtbringend**; **~ tragend** → **fruchttragend**; ℒ**bar** frugtbar; **~barkeit** *f* ⟨0⟩ frugtbarhed; ℒ**bringend** *fig* gavnlig

Früchtchen *n* lille frugt; *iron* „køn planie"

früchten *v/i* ⟨-e-⟩ frugte, nytte

Frucht|entsafter *m* frugtpresse; **~fleisch** *n* frugtkød *n*; **~folge** *f* sædskifte *n*; **~gehäuse** *n* kærnehus *n*; ℒ**los** ⟨-est⟩ uden frugt, ufrugtbar; *(vergeblich)* frugtesløs; **~presse** *f* frugtpresse; ℒ**reich** rig på frugt; *fig* frugtbringende; **~saft** *m* frugtsaft, juice; ℒ**tragend** frugtbærende; **~wasser** *n* ⟨-s; 0⟩ MED fostervand *n*; **~wasseruntersuchung** *f* fostervandsprøve

früh tidlig; **zu ~** for tidlig; **von ~ bis spät** fra tidlig morgen til sen aften; **gestern** ℒ i går morges; **heute** ℒ nu til morgen, i morges (tidlig); ℒ**aufsteher(in)** *m(f)* morgenmenneske *n*, A-menneske *n*; ℒ**beet** *n* mistbænk; ℒ**e** *f* ⟨0⟩ morgenstund, (dag)gry *n*; **in der** *(od* aller*)* **~** tidlig om morgenen; **~er** *adj* tidligere; *(ehemalig)* forhenværende; *(vergangen)* fordums; *(vorhergehend)* forrig, forgående; *adv* tidligere, før, forud, (aller)først; ℒ**erkennung** *f* MED forebyggende undersøgelse; **~est-, ~estens** tidligst

Früh|geburt *f* for tidlig fødsel; **~geschichte** *f* ⟨0⟩ oldtidskundskab; **~jahr** *n* forår *n*; **~jahrsmüdigkeit** *f* forårstræthed; **~kartoffel** *f* tidlig kartoffel

Frühling *m* ⟨-s; -e⟩ forår *n*

Frühlings|anfang *m* forårets begyndelse; **~gefühle** *n/pl* forårsfornemmelser *pl*; ℒ**haft** forårsagtig; **~srolle** *f* forårsrulle

Früh|messe f morgenmesse; 2'**morgens** tidlig om morgenen; **~obst** n tidlig (moden) frugt; 2**reif** tidlig moden; **~reife** f ⟨0⟩ tidlig modenhed; **~rente** f førtidspension; **~schoppen** m „morgenbajer"; **~sommer** m forsommer; **~sport** m morgengymnastik

Frühstück n morgenmad, morgenkaffe; **zweites ~** frokost; 2en v/i drikke morgenkaffe, spise morgenmad

Frühstücks|paket n madpakke, skolemad; **~raum** m frokoststue, kantine; Hotel: restaurant

Früh|warnsystem n forvarslingssystem n; 2**zeitig** tidlig; **~zug** m morgentog n; **~zündung** f Motor: fortænding

Frustr|ation [-'tsĭo:n] f frustration; 2'**iert** frustreret

Fuchs [ks] m ⟨-es; ⸚e⟩ ræv; (Pferd) fuks; fig **schlauer ~** rævepels

Fuchs|bau m ⟨-(e)s; -e⟩ rævehule, rævegrav; **~eisen** n rævesaks; 2en ⟨-t⟩ F drille, ærgre

Fuchsie [-ksĭə] f fuchsia

Füchsin f hunræv

Fuchs|jagd f rævejagt; **~pelz** m ræveskindspels; **~schwanz** m rævehale; (Säge) stiksav; 2**teufels'wild** F bindegal, rasende

Fuchtel f ⟨-; -n⟩ kårde; fig „pisk", tugt; **unter der ~ stehen** være under pisken; 2n v/i ⟨-le⟩ fægte, svinge (frem og tilbage); **mit den Armen ~** fægte omkring sig med armene

Fuder n ⟨vogn⟩læs n

Fug: mit ~ und Recht med fuld føje

Fuge f sammenføjning; ARCH fuge; MUS fuga; **aus den ~n gehen** ryste(s) i sin grundvold; 2n fuge

fügen v/t føje; sammenføje; **wie Gott es fügt** som Gud vil; **sich ~** føje sig, finde sig (**in** A/i); (geschehen) træffe sig, hænde

fügsam føjelig, medgørlig; 2**keit** f ⟨0⟩ føjelighed

Fügung f sammenføjning; fig tilskikkelse

fühl|bar følelig; mærkbar; **~en** v/i føle, mærke, have på fornemmelsen; v/t (berühren) føle på; (einsehen) indse, føle; fig **j-m auf den Zahn ~** føle én på tænderne; **sich ~** føle sig; **sich gut** (od **schlecht**) **~** have det godt (od dårligt); 2**er** m følehorn n; fig føler, prøvebalon; **die ~ ausstrecken** have antennerne ude

Fühlung f berøring, forbindelse; **~ nehmen** søge kontakt (od føling); **in ~ stehen** stå i forbindelse (**mit** D/med); **~nahme** f føling

Fuhre f (vogn)læs n; (Fahrt) kørsel

führen v/t føre, (leiten) lede; Sport: være først, ligge i spidsen; (verwalten) forvalte, bestyre, forestå; ÖKON (vorrätig haben) føre, have på lager; fig vejlede; **die Aufsicht ~** have tilsyn; **den Beweis ~** føre bevis, bevise; **das Wort ~** føre ordet; **Klage ~** klage; **e-n Prozess ~** føre proces, anlægge sag; **e-n Namen ~** bære et navn; **zu Ende ~** føre til ende, fuldende; v/i føre; **zu nichts ~** ikke føre til ngt.; **sich** (**gut**) **~** svare til forventningerne; (Benehmen) opføre sig ordentligt

Führer m fører; (Leiter) leder; MIL anfører; Buch: rejsehåndbog (Touristen2) guide; fig vejleder; 2**los** førerløs; **~schaft** f førerskab n, anførsel, ledelse; **~schein** m førerkort n, førerbevis n

Fuhr|lohn m fragt; **~mann** m ⟨-(e)s; -leute⟩ fragtmand, vognmand; **~park** m depot n, vognpark

Führung f føring (a SPORT), anførsel; (Leitung) ledelse; (Fremden2) omvisning; (Verwaltung) forvaltning bestyrelse; (Buch2) bogføring; (Betragen) opførsel; **in ~ liegen** have føringen; **~szeugnis** n skudsmål n, opførselsattest

Fuhr|unternehmen n vognmandsforretning; **~werk** n køretøj n

Fülle f ⟨0⟩ fylde; (Dicke) fyldighed; (Füllung) fyld n; (Überfluss) rigdom, mængde; 2n fylde; (voll gießen) hælde i (od fuld); **sich ~** fyldes, blive fuld

Füllen n (Fohlen) føl n

Füll|er m, **~(feder)halter** m fyldepen; **~horn** n overflødighedshorn n; **~ung** f fyldning; (Fleisch) fars; (Tür-) fylding; (Zahn-) plombe; **~wort** n fyldekalk, floskel

fummeln v/i ⟨-le⟩ nusse; fingerere; F lave petting

Fund m ⟨-(e)s; -e⟩ fund n; fig list, kneb n

Funda|ment n ⟨-(e)s; -e⟩ fundament n, grundmur; fig grundlag n; 2**al** [-'ta:l] fundamental

Fund|büro n hittegodskontor n; depot n for fundne sager; **~grube** f fig guldgrube

fun'dieren grundlægge, stifte

fündig: ~ werden opdage

Fund|ort m findested n; **~sache** f hittegods n; **~stelle** f findested n

Füne m ⟨-n⟩ fynbo; 2n n Fyn n

fünf, 2 f fem; femtal n; fig **~ gerade sein lassen** lade fem (og syv) være lige

Fünf|eck n ⟨-(e)s; -e⟩ femkant, pentagon; 2**eckig** femkantet; 2**fach** femfoldig; 2'**hundert** fem hundrede; **~'jahresplan**

fußen

m femårsplan; 2**jährig** femårig; **~kampf** *m* SPORT femkamp; 2**mal** fem gange; **~pro'zentklausel** *f* fem procents spærregrænse; 2**seitig** femsidet; 2**stimmig** med fem stemmer; 2**stöckig** femetagers; **~'tagewoche** *f* femdagesuge; 2**'tausend** fem tusind

fünfte(r) den (det *n*) femte

Fünft|el *n* femtedel; 2**ens** for det femte

fünfzehn femten; 2**tel** *n* femtendedel

fünfzig halvtreds, femti; 2**er(in)** *m(f)* mand (kvinde) på halvtreds år; **~jährig** halvtredsårig

fun'gieren *v/i* fungere, virke

Funk *m* ⟨-*s*; *0*⟩ radio; **~amateur** *m* radioamatør; **~ausstellung** *f* udstilling for elektroniske medier

Funke *m* ⟨-*ns*; -*n*⟩ gnist (*a fig*) *fig* glød; *fig* **kein ~ von Verständnis** ikke gnist af forståelse

funkel|n *v/i* ⟨-*le*⟩ funkle, gnistre; **~nagel-'neu** splinterny; **~nd** funklende, gnistrende

funken gnistre; (*senden*) radiotelegrafere

Funken|fänger *m* gnistfanger; 2**sprühend** gnistrende

Funker(in) *m(f)* (radio)telegrafist

Funk|feuer *n* radiofyr *n*; **~gerät** *n* radio⟨-apparat *n*⟩; **~haus** *n* radiohus *n*; **~peilung** *f* radiopejling; **~sprechgerät** *n* radiosender; *Polizei*: bilradio; **~spruch** *m* radiotelegram *n*; **~stille** *f* radiopause; **~streifenwagen** *m* politipatruljevogn

Funktio|n *f* ⟨-'tsïo:n⟩ *f* funktion, virksomhed; 2**'nal** funktionel; **~'när** *m* ⟨-*s*; -*e*⟩ funktionær; POL sekretær; 2**'nieren** fungere, virke; 2**nsfähig** funktionsdygtig

Funk|turm *m* radiotårn *n*, radiomast; **~verbindung** *f*, **~verkehr** *m* radioforbindelse; **~werbung** *f* reklamer i radioen; **~zeichen** *n* radiosignal *n*

Funzel *f* ⟨-; -*n*⟩ F svag (*od* dårlig) lampe

für *prp A* for; (*anstatt*) (i stedet) for; (*bestimmt ~*) til; **~ immer** for altid; **~ zwei Euro** for to euro; **~s Erste** for det første; *Tag ~ Tag* dag for dag; *an und ~ sich* i og for sig; *was ~ (ein)* hvad for (en); 2 *n*: *das ~ und Wider* for og imod

Fürbitte *f* forbøn; **~ einlegen für** (*A*) gå i forbøn for

Furche *f* fure; (*Runzel*) rynke; 2**n** fure; (*runzeln*) rynke

Furcht *f* ⟨*0*⟩ frygt, angst; *aus ~ vor* (*D*) af frygt for; **~ vor** af frygt; 2**bar** frygtelig, rædsom, forfærdelig; **~barkeit** *f* ⟨*0*⟩ frygtelighed

fürcht|en ⟨-*e*-⟩, *sich ~ vor* (*D*) frygte, være

bange (for); **~erlich** frygtelig, forfærdelig

furchtlos uforfærdet, frygtesløs; 2**igkeit** *f* ⟨*0*⟩ uforfærdethed, dristighed

furchtsam bange, frygtsom; 2**keit** *f* ⟨*0*⟩ frygt

fürein'ander for hinanden

Furie [-ri̯ə] *f* furie; F gal kvinde

Fur'nier *n* ⟨-*s*; -*e*⟩ finér *n*, finering; 2**en** finere

Fu'rore *n*: **~ machen** vække furore

fürs = für das

Fürsorge *f* ⟨*0*⟩ omsorg, forsorg; socialhjælp, bistandshjælp; **~ für etw.** (*A*) tragen drage omsorg for ngt.; *von der ~ leben* være på bistandshjælp; **~amt** *n* socialkontor, bistandskontor; **~heim** *n* optagelseshjem *n*; **~r(in)** *m(f)* socialrådgiver, forsorgsassistent

fürsorglich omsorgsfuld; omhyggelig

Für|sprache *f* forbøn; **~ einlegen für** (*A*) gå i forbøn for; **~sprecher** *m* talsmand

Fürst *m* ⟨-*en*⟩ fyrste; **~entum** *n* ⟨-*s*; *-er*⟩ fyrstendømme *n*; **~in** *f* fyrstinde; 2**lich** fyrstelig; *fig* pragtfuld

Furt *f* vadested *n*

Fu'runkel *m* (overflade)byld

für|'wahr i sandhed, sandelig; 2**wort** *n* ⟨-(*e*)*s*; *-er*⟩ GRAM stedord *n*, pronomen *n*

Furz *m* ⟨-*es*; *-e*⟩ P fjært, fis; 2**en** *v/i* ⟨-*t*⟩ P fjærte, fise

Fusel *m* F dårlig snaps

Fusio|n [-'zïo:n] *f* fusion; 2**nieren** fusionere

Fuß *m* ⟨-*es*; *-e*⟩ fod; *Maß*: fod; *auf dem ~(e)* følge på fode; *auf dem ~ folgen* følge i hælene, følge tæt efter; *zu ~* til fods; *von Kopf bis ~* fra top til tå; *auf freien ~ setzen* sætte på fri fod; *fig j-m auf den ~ treten* træde én over tæerne; (*festen*) *fassen* få fodfæste; *fig auf großem ~* leben leve på en stor fod; *fig mit j-m auf gutem ~(e) stehen* stå på (en) god fod med én; *stehenden ~es* straks, på stående fod; *auf eigenen Füßen stehen* stå på egne ben

Fuß|abtreter *m* (dør)måtte, rist; **~angel** *f* fodangel, snare; **~bad** *n* fodbad *n*

Fußball *m* fodbold; **~er(in)** *m(f)* fodboldspiller; **~mannschaft** *f* fodboldhold *n*; **~spiel** *n* fodboldkamp; fodboldspil *n*; **~spieler(in)** *m(f)* fodboldspiller; **~toto** *m* (fodbold)tipning; *Organisation*: Dansk Tipstjeneste

Fuß|bank *f* ⟨-; *-e*⟩ skammel; **~boden** *m* gulv *n*; **~bodenbelag** *m* gulvbelægning; **~bremse** *f* fodbremse

Fussel *f* ⟨-; -*n*⟩ fnug *n*; 2**n** *v/i* ⟨-*le*⟩ fnugge

fußen *v/i* ⟨-*t*⟩ få fodfæste, stå (*auf D*); *fig*

bero (*auf* D/på)

Fußende n fodende

Fußfall m knæfald m; *e-n ~ vor j-m machen* falde på knæ for én

Fußgänger|(in) m(f) fodgænger; **~überweg** m fodgængerfelt n, fodgængerovergang; **~zone** f gågade; „strøget"

Fuß|gelenk n fodled n; **~hebel** m (fod)pedal; **~leiden** n fodlidelse; **~leiste** f fodliste; **~matte** f dørmåtte; **~nagel** m tånegl; **~note** f fodnote; anmærkning; **~pfad** m fodsti; **~pflege** f fodpleje, pedikure; **~pilz** m fodsvamp; **~raste** f fodhviler; **~reise** f fodrejse; **~sack** m fodpose; *Kinderwagen:* kørepose; **~schemel** m fodskammel; **~sohle** f fodsål; **~spitze** f tåspids; **~spur** f, **~stapfe** f fodspor n; **~tritt** m fodtrin n; (*Stoß*) spark n; **~volk** n ⟨-(e); 0⟩ fodfolk n; **~wanderung** f vandring, fod-

tur; **~weg** m gangsti; *in der Stadt:* fortov n; **~wurzelknochen** m fodrodsben n

futsch F væk, borte, fløjten

Futter n ⟨-s; 0⟩ foder n; (*Stoff*) for n

Futte'ral n ⟨-s; -e⟩ foderal n, etui n, hylster n

Futter|getreide n foderkorn n; **~krippe** f krybbe; **~mittel** n foderstof n

futtern ⟨-re⟩ F spise, æde

füttern ⟨-re⟩ fodre; *Kleid* fore; *mit Pelz gefüttert* pelsforet

Futter|napf m madskål; **~neid** m brødnid n; **~sack** m foderpose; **~stroh** n foderhalm; **~trog** m fodertrug n

Fütterung f fodring; *Kleider:* foring

Fu'tu|r n ⟨-s; -e⟩ futurum, fremtid; **~'rismus** m ⟨-; 0⟩ futurisme; 2'**ristisch** futuristisk; **~rum** n ⟨-s; *Futura*⟩ → **Futur**

G

G, g [ge:] n G, g n

Gabe f gave, foræring; (*Almosen*) almisse; (*Begabung*) gave, evne

Gabel f ⟨-; -n⟩ gaffel (*a Fahrrad* 2); (*Forke*) greb, fork, (hø)tyv; 2**förmig** gaffelformet; **~frühstück** n frokost med varm ret; 2n ⟨-le⟩ v/t tage med gaffel; v/i: *nach* (D) ~ fiske efter ngt.; *sich ~* forgrene sig, dele sig; **~stapler** m gaffeltruck; **~ung** f forgrening

gackern v/i ⟨-re⟩ kagle

gaffe|n v/i glo, gabe, måbe; 2r m nysgerrig (*od* måbende) tilskuer

Gage [-ʒə] f gage, løn

gähnen v/i gabe

Gala f ⟨0⟩ galla, festdragt; **~din(n)er** n gallamiddag

ga'lant ⟨-est⟩ galant; høflig; 2e'**rie** f galanteri n; høflighed

Gala|uniform f galauniform; **~vorstellung** f gallaforestilling

Ga'leere f galej; **~nsklave** m galejslave

Gale'rie [-lə-] f galleri n; (*Gemälde* 2) samling

Galgen m galge; *an den ~ kommen* blive hængt; *an den ~ bringen* få hængt; **~frist** f galgenfrist; **~humor** m galgenhumor; **~strick** m, **~vogel** m galgenfugl, gavtyv

Galionsfigur [-'liо:ns] f galionsfigur

Gallapfel m galæble n

Galle f galde; *fig* vrede, bitterhed; *fig s-e ~ ausschütten* udøse sin vrede (*über* A/o-

ver); 2(**n**)'**bitter** galdebitter

Gallen|blase f galdeblære; **~stein** m galdesten

Gallert n ⟨-(e)s; -e⟩ gelé

Galli|en [-liən] n Gallien n; **~er** m galler

gallig galdeagtig, besk, bitter (*a fig*)

Galli'zismus m ⟨-; *Gallizismen*⟩ gallicisme

Ga'lopp m ⟨-s; -e *od* -s⟩ galop; *im (vollen) ~* i (susende) galop; 2**ieren** [-'pi:-] v/i ⟨sn⟩ galopere

Ga'losche f galoche

galvani'sieren galvanisere

Ga'masche f gamache

gammel|n v/i ⟨-le⟩ drive den af; 2**er** m hippie, driver

Gämse f gemse

gang: *~ und gäbe* gængs, skik og brug

Gang m ⟨-(e)s; *≈e*⟩ gang; (*Weg*) vej; (*Galerie*) galleri n, korridor; (*Spazier* 2) tur; (*Speise*) ret; *Motor:* gear n; (*Runde*) omgang; *im (vollen) ~e sein* være i (fuld) gang; *in ~ bringen* (*od setzen*) sætte i gang; *s-n ~ gehen* gå sin gang; *den 3. ~ einlegen* skifte til 3. gear

Gang|art f gangart; 2**bar** gangbar, fremkommelig; *Münzen:* gældende; *Waren:* letsælgelig

Gängel|band n ⟨-(e)s; 0⟩ ledebånd n; *am ~ führen* føre i ledebånd (*a fig*); 2n ⟨-le⟩ føre i ledebånd

gängig gængs

Gangschaltung f gearskifte n
Gangster ['gɛŋst-] m gangster
Gangway ['gɛŋu̇e·ı] f ‹-; -s› landgangsbro
Ga'nove m ‹-n› svindler
Gans f ‹-; ⁓e› gås (a fig)
Gänse|blümchen n tusindfryd; **⁓braten** m gåsesteg; **⁓füßchen** n/pl TYP anførelsestegn n, F gåseøjne pl; **⁓haut** f ‹0› gåseskind n; fig **mich überläuft e-e ⁓** jeg får gåsehud, det gyser i mig; **⁓klein** n ‹-s; 0› gåsekråse(r pl); **⁓leber** f gåselever; **⁓marsch** m ‹-es; 0›: **im ⁓ gehen** gå (i) gåsegang; **⁓rich** m ‹-s; -e› gase; **⁓schmalz** n gåsefedt n
Ganter m gase
ganz adj hel; (vollkommen) fuldstændig; **wieder ⁓ machen** lave (igen); **von ⁓em Herzen** af hele mit hjerte; **im ⁓en** en hel del, alt i alt; **im ⁓en** i det hele taget; **im ⁓en** ialt, overhovedet, i det hele (taget); **im Großen (und) ⁓en** i det store og hele; **⁓e acht Tage** hele otte dage; **in ⁓ Dänemark** i hele Danmark; adv helt, aldeles, ganske; (vollkommen) fuldstændig; **⁓ gut** ganske (od rigtig) godt; **⁓ wenig** en lille smule, kun lidt; **⁓ gewiß** aldeles sikkert; **⁓ besonders** særdeleshed, særdeles; **⁓ allein** helt (od mutters) alene; **⁓ und gar** helt og holdent; **⁓ und gar nicht** overhovedet (od slet) ikke; **⁓ Ohr sein** fig være lutter øre; 2**e(s)** n det hele, helhed
Ganzheit f ‹0› helhed; 2**lich** helheds-; **⁓slösung** f helhedsløsning
Ganzleinen n hellærred n
gänzlich hel, fuldstændig, ganske
ganzmachen → **ganz**
gar adj færdig, tilberedt; Fleisch: færdigkogt, færdigstegt; adv aldeles, helt; (sogar) endog(så); **⁓ nicht** slet ikke; **⁓ nichts** slet ikke ngt., ingenting; **⁓ kein(e)** slet ingen; **⁓ zu (hoch)** alt for (høj)
Garage [-'ʀɑːʒə] f garage
Ga'rant m ‹-en› garant; (Bürge) kautionist
Garan'tie f garanti; (Bürgschaft) sikkerhed, kaution; 2**ren** garantere; (bürgen) kautionere (**für** A/for); **⁓schein** m garantiseddel
Garaus m ‹-; 0›: **j-m den ⁓ machen** gøre det al ende én
Garbe f neg n
Garde f garde, livvagt
Garde'robe f garderobe
Garde'roben|frau f garderobedame; **⁓marke** f garderobenummer n; **⁓ständer** m stumtjener
Gar'dine f gardin n, forhæng n; **⁓nstange** f gardinstang

gären ‹L› gære (a fig)
Garküche f spisehus n
Garn n ‹-(e)s; -e› garn n; (Netz) net n; **wollenes ⁓** uldgarn
Gar'nele f reje
gar'nieren garnere
Garni'son f garnison
Garni'tur f (Satz) garniture (n), sæt n; (Einfassung) indfatning, besætning
Garn|knäuel m (n) garnnøgle n; **⁓rolle** f garntrille
garstig ækel, modbydelig, hæslig, fæl; (schrecklich) gruelig
Garten m ‹-s; ⁓› have; **⁓anlage** f haveanlæg n; **⁓arbeit** f havearbejde n; **⁓baubetrieb** m gartneri n; **⁓erde** f havejord, muldjord; **⁓fest** n havefest; **⁓gerät** n haveredskab n; **⁓haus** n lysthus, havehus n; **⁓laube** f lysthus n; **⁓möbel** n/pl havemøbler n/pl; **⁓schirm** m haveparasol; **⁓schlauch** m haveslange; **⁓stadt** f haveby; **⁓tür** f havelåge; **⁓weg** m havegang; **⁓zaun** m havestakit n; **⁓zwerg** m „havenisse"
Gärtne|r(in) m(f) gartner; **⁓'rei** f gartneri n, **⁓rin** f gartner(kone)
Gärung f gæring (a fig); **⁓smittel** n gæringsmiddel n
Gas n ‹-es; -e› gas; **⁓ geben** give gas, accelerere; **⁓anstalt** f gasværk n; **⁓anzünder** m gastænder; **⁓behälter** m gasbeholder; **⁓beton** [-ˈbotɔŋ] m gasbeton; **⁓boiler** m gasvandvarmer; **⁓brenner** m gasbrænder; 2**dicht** gastæt; **⁓feuerzeug** n gaslighter; **⁓flamme** f gasflamme, gasblus n; **⁓flasche** f „kosangas"; 2**förmig** gasformet; **⁓hahn** m gashane; 2**haltig** gasholdig; **⁓hebel** m speeder; **⁓heizung** f gasopvarmning; **⁓herd** m gaskomfur n; **⁓kammer** f gaskammer n; **⁓kocher** m gasapparat n; **⁓lampe** f gaslampe; **⁓leitung** f gasledning; **⁓maske** f gasmaske; **⁓messer** m gasmåler; **⁓pedal** n speeder
Gässchen n smøge, gang
Gasse f gyde, smøge, stræde n; **⁓njunge** m gadedreng
Gast m ‹-es; ⁓e› gæst; (Besuch) fremmed; (Kunde) kunde; **bei j-m zu ⁓ sein** være på besøg hos én; **zu ⁓ bitten** invitere som gæst; **⁓arbeiter(in)** m(f) neg! gæstearbejder
Gäste|buch n gæstebog; **⁓handtuch** n gæstehåndklæde n; **⁓toilette** f gæstetoilet n; **⁓zimmer** n gæsteværelse n
gast|frei gæstfri; 2**freiheit** f ‹0› gæstfrihed; **⁓freundlich** gæstevenlig, gæstfri; 2**freundschaft** f gæstfrihed; 2**geber(in)**

G

m(f) vært(inde); **2geschenk** *n* værtinde-gave; **2haus** *n*, **2hof** *m* kro, hotel *n*

gas'tieren *v/i* THEA gæste, være gæst

gastlich gæstfri; *(wohnlich)* hyggelig; **2keit** *f* gæstfrihed

Gastrolle *f* THEA gæsterolle

Gastro'no|m *m* ⟨-en⟩ gastronom; **~'mie** *f* ⟨0⟩ gastronomi

Gast|spiel *n* THEA gæstespil; **~stätte** *f* restaurant, hotel *n*; kro; **~stube** *f* krostue; **~wirt(in)** *m(f)* hotelvært(inde), kroejer; **~wirtschaft** *f* restaurant, gæstgiveri *n*; kro; **~zimmer** *n* gæstestue; gæsteværelse *n*

Gas|uhr *f* gasur *n*, gasmåler; **~vergiftung** *f* gasforgiftning; **~versorgung** *f* gasforsyning; **~werk** *n* gasværk *n*; **~zähler** *m* gasmåler

Gatte *m* ⟨-n⟩ ægtefælle, (ægte)mand

Gatter *n* gitter *n*, stakit *n*

Gattin *f* ægtefælle, kone

Gattung *f* slags, art, sort; **~sname** *m* artsbenævnelse

Gau *m* ⟨-(e)s; -e⟩ landskab *n*, egn; *(Bezirk)* distrikt *n*, provins

Gaube *f* karnap, kvist

Gaudium *n* ⟨-s; 0⟩ sjov *n*, glæde

Gaukel|bild *n* gøglebillede *n*; **~ei** [-'laɪ] *f* gøgleri *n*, gøgl *n*; **2n** *v/i* ⟨-le⟩ gøgle, trylle; *(schweben)* svæve, flagre; **~spiel** *n* gøgleri *n*

Gaukler *m* gøgler, taskenspiller, tryllekunstner

Gaul *m* ⟨-(e)s; ⁓e⟩ hest, øg *n*, F krikke

Gaumen *m* gane; **~kitzel** *m* lækkeri *n*; **~segel** *n* ganesejl *n*

Gauner|(in) *m(f)* svindler; **~ei** [-'raɪ] *f* bedrageri *n*, skurkestreg; **2n** *v/i* ⟨-re⟩ snyde, bedrage; **~sprache** *f* tyvesprog *n*; **~streich** *m* skurkestreg

Gaze [-zə] *f* gaze, flor *n*

Ga'zelle *f* gazelle

ge'achtet respekteret

Ge'ächtete(r) fredløs

Ge'ächze [-'ɛçtsə] *n* ⟨-s; 0⟩ jamren, stønnen

ge|'ädert året; **~'artet** af en slags

Ge'äst *n* ⟨-(e)s; 0⟩ grene *pl*, grenværk *n*

Ge|'bäck *n* ⟨-(e)s; -e⟩ bagværk *n*, kager *pl*; **2backen** bagt

Ge'bälk *n* ⟨-(e)s; 0⟩ bjælkeværk *n*

Ge'bärde *f* gebærde, fagte; **2n** ⟨-e-⟩: *sich ~* opføre sig; skabe sig; **~nsprache** *f* tegnsprog *n*

ge'baren: *sich ~* opføre sig, bære sig ad; **2** *n* ⟨-s; 0⟩ opførsel, adfærd

ge'bär|en ⟨*L*⟩ føde; *fig* bringe til verden,

frembringe; **2mutter** *f* livmoder

Ge'bäude *n* bygning; **~reinigung** *f* *(Firma)* renholdningsselskab *n*

gebefreudig gavmild

Ge'bein *n* ⟨-(e)s; -e⟩ ben *pl*, skelet *n*

Ge'bell *n* ⟨-(e)s; 0⟩ gøen, bjæffen

geben ⟨*L*⟩ give; *(schenken)* forære; THEA spille; *Achtung ~* give agt; *Antwort ~* give svar, svare; *Rechenschaft ~* aflægge regnskab; *sich (D) Mühe ~* gøre sig umage; *es gibt* der findes, der er; *was gibt es?* hvad er der?, hvad får man?; *was gibt's Neues?* hvad nyt?; *das gibt's nicht!* nej!, umuligt!; *was wird's ~?* hvad vil der ske?; *zu gegebener Zeit* til given *(od* sin*)* tid; *sich ~* fortage sig; *sich gefangen ~* give sig til fange; *wie es sich gerade gibt* alt som det falder sig

Geber *m* giver; **~laune** *f*: *im ~ sein* være spendabel

Ge'bet *n* ⟨-(e)s; -e⟩ bøn; *j-n ins ~ nehmen* tage én i skole; **~buch** *n* bønnebog

Ge'bets|mühle *f* bedemølle; **~teppich** *m* bedetæppe *n*

Ge'bettel *n* ⟨-s; 0⟩ tiggeri *n*

Ge'biet *n* ⟨-(e)s; -e⟩ område *n*; *(Bezirk)* distrikt *n*, territorium *n*; **2en** ⟨-e-; *D*⟩ byde, befale; *(herrschen)* herske *(über A/*over*)*; **~er(in)** *m(f)* hersker, herre; herskerinde, frue; **2erisch** bydende, kommanderende

Ge'biets|anspruch *m* territorialkrav *n*; **~reform** *f* amts- og kommuneomlægning

Ge'bilde *n* billede *n*; *(Erzeugnis)* skabelse, frembringelse; *(Gestalt)* skikkelse, GEOL form(ation)

ge'bildet dannet; **2e(r)** dannet menneske *n*

Ge'bimmel *n* ⟨-s; 0⟩ ringen, kimen

Ge'binde *n* *(Bund)* bundt *n*, knippe *n*; *(Tonne)* fad *n*, tønde

Ge'birg|e *n* bjergkæde, bjerge *pl*; **2ig** bjergrig

Ge'birgs|bewohner *m* bjergbo; **~jäger** *m* alpejæger, bjergtropper *pl*; **~kette** *f* bjergkæde; **~klima** *n* bjergklima *n*; **~land** *n* bjergland *n*; **~pass** *m* (bjerg)pas *n*; **~rücken** *m* bjergryg; **~zug** *m* bjergkæde

Ge'biss *n* ⟨-es; -e⟩ gebis *n*, tandsæt *n*, tænder *pl*; *Zaum*: bidsel *n*; *künstliches ~* kunstige *(od* forlorne*)* tænder; **~regulierung** *f* tandregulering

Ge'bläse *n* blæsemaskine, blæser

Ge'blöke *n* ⟨-s; 0⟩ brægen, brølen

ge'blümt blomstret

Ge'blüt *n* ⟨-(e)s; 0⟩ blod *n*; *(Geschlecht)* slægt, afstamning, æt

ge'bogen kroget, krum

ge'boren født; **~er Deutscher** indfødt tysker; **wo sind Sie ~?** hvor er De født?; **~ sein, ~ werden** blive født, fødes; **sie ist e-e ~e Petersen** hun er født Petersen

ge'borgen tryg; i god behold, uden (for) fare; **~ sein** være sikker; **sich ~ fühlen** føle sig tryg; **2heit** *f* ⟨0⟩ tryghed; sikkerhed

Ge'bot *n* ⟨-(e)s; -e⟩ (på)bud *n*, befaling; (*Angebot*) tilbud *n*; **j-m zu ~e stehen** stå til éns rådighed; **die Zehn ~e** de ti bud; **~schild** *n* påbudstavle

ge'braten stegt

Ge'bräu *n* ⟨-(e)s; -e⟩ bryg *n*, F pjask *m*

Ge'brauch *m* ⟨-(e)s; ~e⟩ brug, anvendelse; (*Sitte*) skik; **von** (*D*) **~ machen** gøre brug af ngt.; **außer ~ kommen** (**sein**) gå (være) af brug; **für den eigenen ~** til eget brug

ge'brauchen bruge, anvende, benytte; (*bedürfen*) behøve; **nicht zu ~** ubrugelig; **er ist zu allem zu ~** han kan bruges til alt; *fig* han går med på det værste

ge'bräuchlich almindelig

Ge'brauchs|anweisung *f* brugsanvisning; **~artikel** *m* forbrugsartikel, 2fertig færdig (*od* klar) til brug, færdig, tilberedt; **~gegenstand** *m* brugsgenstand; **~güter** *n/pl* forbrugsgoder *pl*; **~kunst** *f* ⟨0⟩ brugskunst; **~wert** *m* nytteværdi

ge'braucht brugt, second hand-

Ge'brauchtwagen *m* brugtbil

ge'bräunt solbrændt

Ge'brause *n* ⟨-s; 0⟩ brusen

Ge'brech|en *n* mangel; (*Krankheit*) skrøbelighed, legemsfejl; 2lich skrøbelig, affældig; **~lichkeit** *f* ⟨0⟩ skrøbelighed, affældighed

ge'brochen brudt; *fig* nedbrudt; *Sprache:* gebrokken

Ge'brüder *pl Firma:* brødrene *pl*

Ge'brüll *n* ⟨-s; 0⟩ brølen, brøl *n*, vrælen, vræl *n*

Ge'bühr *f* pligt, skyldighed; (*Vergütung*) betaling, honorar *n*; (*Abgabe*) afgift, takst, gebyr *n*; **nach ~** efter fortjeneste; **über alle ~** over al rimelighed

ge'bühren *v/i* (*D*) tilkomme; **sich ~** sømme sig; **wie sich's gebührt** som det sig hør og bør; **~d** tilbørlig, passende

Ge'bühren|einheit *f* TEL takstenhed; 2frei afgiftsfri, gratis; **~ordnung** *f* takstregulativ *n*; 2pflichtig afgiftspligtig; **~e Verwarnung** bøde; **~zähler** *m* TEL tælleapparat *n*

Ge'bumse *n* ⟨-s; 0⟩ bumperi *n*; V kneppen

ge'bunden bunden, *Buch:* indbunden; 2heit *f* ⟨0⟩ tvang, bundethed

Ge'burt *f* fødsel; (*Herkunft*) herkomst, afstamning; **von** (**der**) **~ an** fra fødselen af; **vor** (**nach**) **Christi ~** før (efter) Kristi fødsel

Ge'burten|beschränkung *f* børnebegrænsning; **~kontrolle** *f* fødselskontrol; **~rate** *f* fødselstal *n*; **~regelung** *f* fødselskontrol; **~rückgang** *m* tilbagegang i fødselshyppigheden; 2schwach, 2stark (*Jahrgang*) svag (stærk) årgang; **~überschuss** *m* fødselsoverskud *n*; **~ziffer** *f* fødselstal *n*; **~zuwachs** *m* fødselsoverskud *n*

ge'bürtig: **~ sein aus** stamme fra, være født i

Ge'burts|anzeige *f* fødselsannonce; **~datum** *n* fødselsdato; **~fehler** *m* naturfejl, medfødt fejl; **~haus** *n* fødehjem *n*; **~helfer(in)** *m(f)* fødselshjælper (jordemor); **~hilfe** *f* ⟨0⟩ fødselshjælp; **~jahr** *n* fødselsår, fødeår *n*; **~klinik** *f* fødeklinik; **~land** *n* fødeland, fædreland *n*; **~name** *m* fødenavn; **~ort** *m* fødested *n*, fødeby; **~register** *n* fødselsregister *n*; kirkebog; **~schein** *m* dåbsattest; fødselsattest; **~stadt** *f* fødeby, **~tag** *m* fødselsdag; **am ~** på fødselsdagen; **~tagsgeschenk** *n* fødselsdagsgave; **~tagskind** *n* fødselsdagsbarn *n*; **~urkunde** *f* fødselsattest; **~wehen** *f/pl* fødselsveer *pl*

Ge'büsch *n* ⟨-es; -e⟩ buskads *n*, krat *n*

Geck *m* ⟨-en⟩ nar, gæk; laps; 2enhaft lapset

Ge'dächtnis *n* ⟨-ses; -se⟩ hukommelse; (*Erinnerung*) erindring, minde *n*; **aus dem ~** efter hukommelsen; **~lücke** *f*, **~schwund** *m* hukommelsestab *n*

ge'dämpft dampkogt; *Ton:* dæmpet

Ge'danke *m* ⟨-ns; -n⟩ tanke (**an** *A*/om); (*Einfall*) idé, indfald *n*; **ich kam auf den ~n** jeg fik den tanke (*od* idé); **etw.** (*A*) **in ~n tun** gøre ngt. i tankerne; **in** (*A*) **~n versunken sein** være i dybe tanker; **sich** (*D*) **über etw.** (*A*) **~n machen** gøre sig sine tanker

Ge'danken|austausch *m* udveksling af tanker, meningsudveksling; **~freiheit** *f* ⟨0⟩ tænkefrihed; **~gang** *m* tankegang; **~gut** *n* ⟨-(e)s; 0⟩ ideer *pl*; **~leser** *m* tankelæser; 2los ⟨-est⟩ tankeløs; **~losigkeit** *f* tankeløshed; **~strich** *m* tankestreg; **~übertragung** *f* tankeoverføring; 2voll tankefuld; **~welt** *f* ⟨0⟩ idéverden

ge'danklich tankemæssig, abstrakt

Ge'därm *n* ⟨-(e)s; -e⟩ tarme *pl*, indvolde *pl*

Ge'deck *n* ⟨-(e)s; -e⟩ kuvert; menu

Ge'deih: **auf ~ und Verderb** så må det

bære eller briste; **2en** ⟨L; sn⟩ trives; (wachsen) vokse, tiltage; fig have fremgang, lykkes; **2lich** gavnlig, tjenlig; fig gunstig, heldig

ge'denk|en v/i ⟨G⟩ mindes, huske, erindre; (erwähnen) omtale; (beabsichtigen) have i sinde, agte; **2en** n ⟨-s; 0⟩ erindring, minde n; **zum ~ an** (A) til minde om

Ge'denk|feier f mindehøjtidelighed; **~minute** f et minuts stilhed; **~stätte** f mindested n; **~stein** m mindesten; **~tafel** f mindetavle; **~tag** m mindedag

Ge'dicht n ⟨-(e)s; -e⟩ digt n; **~sammlung** f digtsamling

ge'diegen ren, lødig, massiv; fig pålidelig, solid

ge'dient MIL aftjent sin værnepligt

Ge'dräng|e n ⟨-s; 0⟩ trængsel; **in ~ kommen** komme i knibe; **2t** sammentrængt, tæt; Stil: kortfattet; **~theit** f ⟨0⟩ sammentrængthed

ge'drechselt [-ks-] drejet; fig kunstlet

Ge'dröhn n ⟨-(e)s; 0⟩ buldren

ge'drückt trykket; fig nedtrykt, flov

ge'drungen tæt, kompakt; Stil: kort(fattet), koncis; Wuchs: firskåren, undersætsig; **2heit** f ⟨0⟩ sammentrængthed; Stil: kort(fattet)hed

Ge'duld f ⟨0⟩ tålmodighed; **mit ~** tålmodigt; **~ haben** have tålmodighed (**mit** D/med); **die ~ verlieren** miste tålmodigheden; **die ~ auf e-e harte Probe stellen** sætte éns tålmodighed på en hård prøve; **~!** vent lidt!; **2en** ⟨-e-⟩: **sich ~** være tålmodig, slå sig til tåls; **~ Sie sich!** hav tålmodighed!; **2ig** tålmodig; **~sfaden** m: **der ~ reißt mir** min tålmodighed brister; **~sprobe** f tålmodighedsprøve

ge'dunsen opsvulmet

ge'ehrt æret; **sehr ~er Herr Hansen** kære (od højtærede) hr. Hansen

ge'eignet egnet (**zu** til od for); passende, skikket (**für** for)

Geest f (højtliggende) hede(land n), gest

Ge'fahr f fare; risiko; **außer ~** uden for fare; **auf die ~ hin, dass** med risiko for at; **auf eigene ~** på egen risiko; **in ~ bringen** udsætte for fare; **in ~ schweben** svæve i fare; **~ laufen zu** løbe den risiko; **es besteht die ~, dass** der er fare for at; **2bringend** farebringende, farlig

ge'fährd|en ⟨-e-⟩ udsætte for fare, bringe i fare; **gefährdet sein** være udsat for fare; fig være kommet i farezonen; **2ung** f sætten på spil, fare

Ge'fahren|stelle f farligt sted n; **~zone** f farezone; **~zulage** f faretillæg n

ge'fährlich farlig, risikabel; **2keit** f ⟨0⟩ farlighed, fare

ge'fahrlos ⟨-est⟩ ufarlig, farefri

Ge'fährt n ⟨-(e)s; -e⟩ køretøj n

Ge'fährt|e m ⟨-n⟩ ledsager, rejsefælle; (Kamerad) kammerat, ven; **~in** f ledsagerske; kammerat; veninde

ge'fahrvoll farefuld, farlig

Ge'fälle n fald n; Berg: skrænt, skråning, hældning, fald n

ge'fallen¹ v/i (D) behage; **es gefällt mir** jeg synes om det, jeg kan lide det, jeg holder af det; **wie gefällt es Ihnen hier?** hvad synes De om at være her?, kan De lide at være her?; **sich** (D) **etw.** (A) **~ lassen** finde sig i ngt.; **das könnte dir so ~!** det kunde du lige lide; **das lasse ich mir nicht ~!** det finder jeg mig ikke i!

ge'fallen² (tot) faldet

Ge'fallen¹ m tjeneste; **tun Sie mir den ~!** gør mig den tjeneste

Ge'fallen² n ⟨-s; 0⟩ behag n, fornøjelse; **nach ~** efter behag; **~ finden** finde behag (**an** D/i)

Ge'fallen|e(r) falden; **~endenkmal** n mindesmærke n for de faldne

ge'fällig tjenstvillig, venlig, hjælpsom; (angenehm) behagelig; **j-m ~ sein** være forekommende (od venlig) over for én; **2keit** f tjenstvillighed; (Dienst) tjeneste; **aus ~** af venlighed; **j-m e-e ~ erweisen** gøre én en tjeneste; **~st** venligst (a pej)

Ge'fall|sucht f ⟨0⟩ behagelyst, behagesyge; koketteri n; **2süchtig** behagelysten, behagesyg; koket

ge'fangen fangen; arresteret; **~ nehmen** tage til fange; **sich ~ geben** overgive sig; **2e(r** m) f fange; **2enlager** n fangelejr; **2enwärter** m fangevogter; **2nahme** f ⟨0⟩ tilfangetagelse; **2schaft** f ⟨0⟩ fangenskab n

Ge'fängnis n ⟨-ses; -se⟩ fængsel n; (Strafe) fængselsstraf; **ins ~ werfen** kaste i fængsel; **ins ~ kommen** blive sat i fængsel; **~strafe** f fængselsstraf; **~wärter** m fangevogter, fængselsbetjent

ge'färbt farvet

Ge'fasel n ⟨-s; 0⟩ vrøvl n

Ge'fäß n ⟨-es; -e⟩ kar n (a ANAT)

ge'fasst indfattet; (ruhig) fattet, rolig; (bereit) forberedt (**auf** A/på); **sich ~ machen** forberede sig (**auf** A/på); **2heit** f ⟨0⟩ fattethed, ro

Ge'fäßverkalkung f åreforkalkning

Ge'fecht n ⟨-(e)s; -e⟩ fægtning, træfning; **außer ~ setzen** gøre ukampdygtig; **2sbe-**

reit kampklar; **~sstand** m kommando-station

ge'feit usårlig

Ge'fieder n fjerdragt; fjer pl; 2t fjerklædt, vinget

Ge'filde n poet eng, vang

ge'flammt flammet

Ge'flatter n ⟨-s; 0⟩ flagren

Ge'flecht n ⟨-(e)s; -e⟩ fletværk n

ge'fleckt plettet; spættet

Ge'flimmer n ⟨-s; 0⟩ flimren

ge'flissentlich med vilje, forsætlig

Ge'fluche n ⟨-s; 0⟩ banden

Ge'flügel n ⟨-s; 0⟩ fjerkræ n; **~farm** f fjer-kræfarm; **~fleisch** n fjerkræ n; **~schere** f fjerkræsaks; 2t vinget; fig **~e Worte** be-vingede ord; **~zucht** f fjerkræavl

Ge'flunker n ⟨-s; 0⟩ løgnehistorier pl

Ge'flüster n ⟨-s; 0⟩ hvisken

Ge'folg|e n følge n; (Wirkung) følge, virk-ning; **im ~ haben** have til følge; **~schaft** f ⟨0⟩ følge n; følgeskab n; **~ leisten** slå føl-geskab, følge; **~smann** m ⟨-(e)s; **~er od** Gefolgsleute⟩ følgesvend

ge'fräßig grådig, forslugen; 2keit f ⟨0⟩ grådighed

Ge'freite(r) m korporal

Ge'frier|anlage f fryseboks; 2en v/i ⟨sn⟩ fryse (til is); **~fach** n (im Kühlschrank) fryserum n; **~fleisch** n frosset kød n; **~haus** n frysehus n; **~punkt** m frysepunkt n; **~schutzmittel** n frostvæske; **~truhe** f (dyb)fryser, kummefryser

Ge'frorene(s) n (spise)is; madvarer pl fra fryseren

Ge'füg|e n sammenføjning, struktur; 2ig føjelig, medgørlig; **~igkeit** f ⟨0⟩ føjelig-hed

Ge'fühl n ⟨-(e)s; -e⟩ følelse; (Empfindung) fornemmelse; (Ahnung) anelse; (Ver-ständnis) forståelse, sans; 2los føle(lse)s-løs, ufølsom (**gegen** [over] for); **~losig-keit** f følelsesløshed

ge'fühls|betont følelsesbetonet; 2duse'-lei f glæbrødsbarmhjertighed; **~kalt** føl-elseskold; 2leben n ⟨-s; -0⟩ følelsesliv n; **~mäßig** følelsesmæssig; instinktiv; 2mensch n følelsesmenneske n

ge'fühlvoll følelsesfuld, sentimental

ge'füllt fyldt (a Kochkunst)

Ge'funkel n ⟨-s; 0⟩ funklen, glans

Ge'gacker n ⟨-s; 0⟩ vedvarende kaglen

Ge'gebenen'falls i givet fald

Ge'gebenheit f given ting

gegen (A) (i)mod; (ungefähr) omkring, omtrent, cirka; (verglichen mit) i sam-menligning med, i forhold til

Gegen|aktion f modaktion; **~angriff** m modangreb n; **~anklage** f modbeskyld-ning; **~antrag** m modforslag n; **~besuch** m genbesøg n; **~bewegung** f modbevæ-gelse; **~beweis** m modbevis n; **~bild** n si-destykke, modstykke n

Gegend f egn; (Stadtviertel) kvartér n; (Umgebung) omegn; (Richtung) retning, kant; **hier in dieser ~** her i (od på) egnen; **aus dieser ~** fra denne kant (od egn)

Gegen|darstellung f Medien: (juridisk krav på) berigtigelse; **~dienst** m gentje-neste; **~druck** m ⟨-(e)s; 0⟩ modtryk n

gegenei'nander (i)mod hinanden; **~hal-ten** sammenholde

Gegen|fahrbahn f modsat vejbane; **~for-derung** f modkrav n, modfordring; **~fra-ge** f modspørgsmål n; **~füßler** m anti-pode; **~geschenk** n genforæring; **~ge-wicht** n modvægt; **~gift** n modgift; **~kan-didat** m modkandidat; **~klage** f kontra-søgsmål n; **~leistung** f gengæld, tak, modpræstation; **als ~ für** (A) til gengæld for; **~licht** n modlys n; **~liebe** f genkærlig-hed; **~maßnahme** f modforanstaltning, **~meinung** f modsat mening, **~mittel** n middel n imod; modgift; **~offensive** f modoffensiv; **~partei** f modparti n; mod-part; **~pol** m modpol; **~probe** f kontra-prøve, kontrol; **~rede** f gensvar n; (Ein-wand) indvending; **~reformation** f mod-reformation; **~revolution** f kontrarevolu-tion; **~satz** m modsætning, kontrast; **im ~ zu** (D) i modsætning til; 2sätzlich mod-sat; **~schlag** m tilbageslag n; ripost; **~seite** f modsat side; modpart; Münze: revers; 2seitig gensidig; **~seitigkeit** f ⟨0⟩ gensidighed; **~spionage** f kontraspi-onage; **~sprechanlage** f samtaleanlæg n; **~stand** m genstand; (Thema) emne n; 2ständlich virkelig, reel; (sachlich) sag-lig, objektiv; Kunst: naturalistisk; 2standslos uden grund; fig ubegrundet, intetsigende; **~stoß** m modstød n; **~strom** m modstrøm; **~stück** n mod-stykke n, pendant; modsætning; **~teil** n modsætning; det (stik) modsatte; **im ~** tværtimod; 2teilig modsat

gegen'über (D) over for; **mir ~** over for mig; 2 n genbo; modpart; **~liegend** over-for liggende; **~stehen** v/i (D) stå over-for; **~stellen** konfrontere; (vergleichen) sammenstille, sammenligne; 2stellung f sammenholdning; konfrontation; **~tre-ten** v/i ⟨sn⟩ (D) forholde sig

Gegen|verkehr m modgående trafik; **~versicherung** f genforsikring; **~vor-**

schlag m modforslag n; **~wart** f ⟨0⟩ nærværelse, tilstedeværelse; (*Jetztzeit*) nutid; **2wärtig** (*jetzig*) nutidig, nuværende; adv nu; **2wartsnah** aktuel; **~wartssprache** f nutidssprog n; **~wehr** f modværge n, modstand; **~wert** m tilsvarende værdi, modværdi; **~wind** m modvind; **~wirkung** f modvirkning; **2-zeichnen** kontrasignere, medunderskrive; **~zug** m modtræk n; BAHN modgående tog n; **im ~** til gengæld

Gegner|(in) m(f) modstander, fjende; **2isch** fjendtlig; **von ~er Seite** fra modpartens side; **~schaft** f ⟨0⟩ modpart; (*Widerstand*) modstand, fjendtlighed

Ge|'gröle n ⟨-s; 0⟩ vrælen; **~'grunze** n ⟨-s; 0⟩ grynten; **~'habe** n ⟨-s; 0⟩ skaberi n

Ge'hackte(s) n hakket kød n, kødfars

Ge'halt 1. m ⟨-(e)s; -e⟩ indhold n; (*Qualität*) værd(i) n; **2.** n ⟨-(e)s; ~er⟩ løn, gage; **2los** ⟨-est⟩ indholdsløs; (*wertlos*) værdiløs

Ge'halts|abrechnung f lønudbetaling; *Dokument*: lønseddel; **~anspruch** m lønkrav n; **~empfänger(in)** m(f) lønmodtager; **~erhöhung** f lønforhøjelse; **~konto** n lønkonto; **~kürzung** f lønnedskæring; **~zulage** f lønningstillæg

ge'haltvoll indholdsrig; (*wertvoll*) værdifuld

Ge'hänge n (*Laub*) guirlande; (*Ohr2*) gresmykke n

ge'|harnischt harniskklædt; *Protest*: voldsom; **~härtet** hærdet

ge'hässig hadsk, ond; **2keit** f hadefuldhed

Ge'häuse n hus n; (*Kapsel*) kapsel; (*Futteral*) etui n, hylster n, foderal n; *Uhr*: kasse; BOT kærnehus n

gehbehindert gangbesværet

Ge'hege n indhegning, indelukke n; (*Tiergarten*) dyrehave; *fig* **j-m ins ~ kommen** gå én i bedene

ge'heim hemmelig, skjult; *Schreiben*: fortrolig; **2bund** m hemmeligt forbund n; **2dienst** m efterretningstjeneste; **~halten** hemmeligholde; **2haltung** f hemmeligholdelse

Ge'heimnis n ⟨-ses; -se⟩ hemmelighed; **ein offenes ~** offentlig hemmelighed; **~krämer** n hemmelighedskræmmer; **~kräme'rei** f hemmelighedskræmmeri n; **~träger** m person med tavshedspligt; **2voll** hemmelighedsfuld

Ge'heim|polizei f hemmeligt politi n; **~polizist** m medlem n af det hemmelige politi; **~rat** m gehejmråd; **~schrift** f hem-

melig skrift; **~tue'rei** f hemmelighedskræmmeri n; **~tür** f hemmelig dør

Ge'heiß n ⟨-es; 0⟩ befaling, bud n

gehen v/i (L; sn) (*reisen*) tage (hen), begive sig; *Maschinen*: gå, være i gang, fungere; *Teig*: hæve sig; **wie geht es Ihnen?** hvordan har De det?; **mir geht's gut** (*schlecht*) jeg har det godt (dårligt); **es wird schon ~** det går nok!; **das Fenster geht auf die Straße** vinduet vender ud til gaden; **es geht auf 2 Uhr** klokken er snart to; **in die Brüche ~** gå i stykker, revne; **in sich ~** gå i sig selv; **wenn es nach mir ginge** hvis jeg måtte bestemme; **nach Dänemark ~** rejse til Danmark; **~ über** (A) gå over, overstige; **das geht über meine Kräfte** det overstiger mine kræfter; *fig* **um etw.** (A) ~ dreje sig om ngt.; (*behutsam*) **zu Werke** ~ gå (forsigtig) til værks; **sich ~ lassen** slippe sig løs; **2** n ⟨-s; 0⟩ SPORT kapgang

Ge'henkte(r) henrettet, hængt

gehen·lassen → **gehen**

ge'heuer: *nicht* (*ganz*) ~ ikke (helt) hyggelig, lumsk

Ge'heul n ⟨-(e)s; 0⟩ hylen, hyl n

Ge'hilf|e m ⟨-n⟩ (med)hjælper, assistent; *Laden*: kommis; **~in** f medhjælperske

Ge'hirn n ⟨-(e)s; -e⟩ hjerne; *fig* forstand, F „pære"; **~erschütterung** f hjernerystelse; **~hautentzündung** f meningitis; **~schlag** m hjerneblødning; **~wäsche** f hjernevask

Gehminuten f/pl minutters gang

ge'hoben *Stimmung*: (op)løftet, munter; *Rede*: ophøjet, højtidelig

Ge'höft n ⟨-(e)s; -e⟩ gård

Ge'hölz n ⟨-es; -e⟩ skov, lund

Ge'hör n ⟨-(e)s; 0⟩ hørelse; *fig* gehør n; **nach dem ~ spielen** spille efter gehør; **~ finden** blive hørt; **j-m ~ schenken** låne én øre

ge'horchen v/i (D) adlyde

ge'hören v/i (D) tilhøre; (*besitzen*) eje; (*zukommen*) tilkomme; **~ zu** (D) høre til, henhøre til (od under); **das gehört in die Küche** det hører til ude i køkkenet; **wem gehört dieses Haus?** hvem ejer dette hus?; **es gehört mir** det tilhører mig, det er mit; **sich ~** høre sig til, passe sig

Ge'hör|fehler m fejl ved hørelsen; **~gang** m gregang; **2geschädigt** høreskadet; **2ig** tilhørende; (*passend*) behørig, passende; (*tüchtig*) dygtig, ordentlig; **zu** (D) ~ hørende til; **~leiden** n hørelidelse; **2los** døv; **~losenschule** f døveskole

Ge'horn n ⟨-(e)s; -e⟩ horn n; 2t hornet; fig bedraget

ge'horsam lydig; (ergeben) ydmyg; 2 m ⟨-; 0⟩, 2keit f ⟨0⟩ lydighed

Ge'hör|schaden f høreskade; ~schutz m høreværn n; ~sinn m ⟨-(e)s; 0⟩ høresans

Geh|rock m diplomat(frakke); ~steig m ⟨-(e)s; -e⟩ fortov n; ~weg m gangsti; fortov n

Geier m grib

Geifer m ⟨-s; 0⟩ savl n; (Schaum) fråde, skum n; fig galde; 2n v/i ⟨-re⟩ savle; (schäumen) fråde, skumme; fig skumme af raseri

Geige f violin; ~ spielen spille (på) violin; 2n spille (på) violin

Geigen|bogen m violinbue; ~harz n violinharpiks n); ~kasten m violinkasse

Geiger(in) m(f) violinist

geil gejl, liderlig; 2heit f ⟨0⟩ gejlhed

Geisel f⟨-; -n⟩ gidsel (n); ~nahme f gidseltagning

Geiß f ged; ~blatt n ⟨-(e)s; 0⟩ gedeblad n; ~bock m gedebuk

Geißel f ⟨-; -n⟩ svøbe, pisk; 2n ⟨-le⟩ piske; fig kritisere; ~ung f piskning

Geist m ⟨-es; -er⟩ ånd; (Seele) sjæl; (Begabung) åndrighed, vid n, begavelse; (Gespenst) spøgelse n, genfærd n; der Heilige ~ Helligånden; im ~e i ånden; den ~ aufgeben opgive ånden; ein guter (böser) ~ en god (ond) ånd

Geister|bahn f Jahrmarkt: spøgelsestog n; ~beschwörung f åndemanen, åndebesværgelse; ~erscheinung f åndesyn n; ~fahrer m „spøgelsesbilist" (motorvejsbilist i modsat vejbane); ~geschichte f spøgelseshistorie; 2haft ⟨-est⟩ åndeagtig, spøgelseagtig; 2n v/i ⟨-re⟩ spøge; ~seher m åndeser; ~stunde f spøgelsestime, midnatstime; ~welt f ⟨0⟩ åndeverden

geistesabwesend åndsfraværende

Geistes|abwesenheit f åndsfraværelse; ~arbeiter m åndsarbejder; ~armut f åndelig fattigdom; ~blitz m pludselig god idé; ~gegenwart f åndsnærværelse; ~gegenwärtig åndsnærværende; 2gestört åndsforstyrret; ~haltung f holdning; 2krank sindssyg; ~krankheit f sindssygdom; 2schwach evnesvag; ~schwäche f evnesvaghed; 2verwandt åndsbeslægtet; ~wissenschaften f/pl åndsvidenskaber pl, humaniora pl; ~zustand m sindstilstand

geistig åndelig, intellektuel; ~e Getränke spirituøse drikke, spirituosa pl

geistlich åndelig; gejstlig; (religiös) reli-

giøs; ~e Lieder salmer; 2e(r) m/f præst, gejstlig; 2keit f ⟨0⟩ gejstlighed

geist|los ⟨-est⟩ åndløs, sjælløs; (langweilig) åndsforladt; ~reich åndrig; ~tötend åndsfortærende; ~voll åndfuld

Geiz m ⟨-es; 0⟩ gerrighed; 2en v/i ⟨-t⟩ være gerrig, spare; ~hals m gnier; 2ig gerrig, nærig; F fedtet

Ge'|jammer n ⟨-s; 0⟩ jammer, jamren; ~johle n ⟨-s; 0⟩ hujen

ge'kachelt med fliser, flisebeklædt

Ge'|keife n ⟨-s; 0⟩ skænden, skænderi n; ~kicher n ⟨-s; 0⟩ fnisen; ~kläff(e) n ⟨-s; 0⟩ bjæffen; ~klapper n ⟨-s; 0⟩ klapren; ~klatsche n ⟨-s; 0⟩ klasken, klappen; fig sladder; ~klimper n ⟨-s; 0⟩ klimpren; ~klingel n ⟨-s; 0⟩ ringen, kimen; ~klirr n ⟨-s; 0⟩ klirren; ~klopfe n ⟨-s; 0⟩ banken, hamren; ~knatter n ⟨-s; 0⟩ knalden, knitren; spektakel n; ~knirsche n ⟨-s; 0⟩ knirkeri n; ~knister n ⟨-s; 0⟩ knitren

ge'|kocht kogt; ~konnt dygtig; ~koppelt koblet sammen (mit med)

Ge'|krächze n ⟨-s; 0⟩ skrig n, skrigen; ~kratze n ⟨-s; 0⟩ kradsen, skraben; ~kreisch n ⟨-es; 0⟩ skrigen, hvinen; ~kritzel n ⟨-s; 0⟩ kradseri n; fig kragetæer pl

ge'|krümmt buet; krummet; ~künstelt ⟨-est⟩ kunstlet, affekteret, skruet

Ge'lächter n latter, leen; zum ~ werden blive til latter (od F grin)

Ge'lage n (drikke)lag n, gilde n

ge'lähmt lammet

Ge'lände n terræn n; 2gängig terrængående; ~lauf m orienteringsløb, terrænløb n

Ge'länder n rækværk n, gelænder n, balustrade n

Ge'lände|ritt m terrænridning; ~spiel n terrænleg; ~wagen m terrængående bil

ge'langen v/i ⟨sn⟩ nå, komme (an, in A/til, ind i); ~ zu (D) komme til; opnå

ge'langweilt kedet

ge'lassen rolig, sindig; (kaltblütig) koldblodig; 2heit f ⟨0⟩ ro, sindighed; koldblodighed

Gelatine [ʒeˈlaˈtiːnə] f ⟨0⟩ gelatine

ge'läufig flydende, let; (vertraut) bekendt, fortrolig; (üblich) gængs, almindelig; ~ Dänisch sprechen tale flydende dansk; 2keit f ⟨0⟩ lethed, færdighed

ge'launt stemt, oplagt; gut (schlecht) ~ sein være i godt (dårligt) humør

Ge'läut n ⟨-(e)s; -e⟩ ringen, kimen; (Schellenklang) bjældeklang

gelb gul; **~ werden** blive gul; gulne; **~e Rübe** gulerod; 2 n ‹-s; -s› gul farve, gult n; (Ei2) blomme; **~braun** gulbrun; 2**fieber** n gul feber; 2**filter** m gulfilter n; **~lich** gullig; 2**sucht** f ‹0› gulsot

Geld n ‹-(e)s; -er› penge pl; (Münze) mønt; **bares ~** kontanter pl, rede penge pl; (**kein**) **~ bei sich haben** (ikke) have penge på sig; **~ umtauschen** veksle penge; **das geht ins ~** det løber op; (penge)midler pl; **~adel** m pengearistokrati n; **~angelegenheit** f pengesag(er pl), økonomisk spørgsmål n; **~anlage** f pengeanbringelse; **~anweisung** f pengeanvisning; **~automat** m pengeautomat; **~beutel** m, **~börse** f (penge)pung; **~buße** f (penge)bøde; **~entwertung** f inflation; devaluering; **~erpressung** f pengeafpresning; **~gier** f pengebegær n; 2**gierig** pengebegærlig, pengegrisk; **~heirat** f pengegiftermål; **~institut** n pengeinstitut n; **~knappheit** f pengeknaphed; **~mangel** m ‹-s; 0› pengemangel; **~markt** m pengemarked n; **~mittel** n/pl pengemidler pl; **~schein** m pengeseddel; **~schrank** m pengeskab n; **~schrankknacker** m F pengeskabstyv; **~sendung** f pengeforsendelse, pengeanvisning; **~sorgen** f/pl pengeproblemer pl; **~spende** f pengegave; **~strafe** f (penge)bøde; **~stück** n mønt; **~summe** f pengesum; **~umlauf** m pengeomløb n; **~umtausch** m pengeveksling; **~verkehr** m pengeomsætning; **~verlegenheit** f pengeforlegenhed; **~verlust** m pengetab n; **~wechsel** m pengeveksling; vekselbank; **~wert** m ‹-(e)s; 0› pengeværdi; **~wirtschaft** f ‹0› pengevæsen n

Gelee [ʒə'le:] n ‹-s; -s› gelé

ge'legen (be)liggende; fig (passend) passende, belejlig, tilpas; **~ an** (D) (be)liggende ved; **mir ist** (**sehr**) **daran ~** det er mig (meget) magtpåliggende

Ge'legenheit f lejlighed; **bei ~** ved lejlighed; **fig die ~ beim Schopfe ergreifen** gribe lejligheden (od chancen)

Ge'legenheits|arbeit f løst arbejde n; **~arbeiter** m løsarbejder; **~gedicht** n lejlighedsdigt n; **~kauf** m lejlighedskøb n, tilbud n

ge'legentlich adj tilfældig; adv ved lejlighed; lejlighedsvis; prp (G) i anledning af

ge'lehrig lærvillig, lærenem

Ge'lehrsamkeit f ‹0› lærdom

ge'lehrt ‹-est› lærd, videnskabelig; 2**e**(**r**) m/f lærd

ge'leise n spor n; fig **ins ~ bringen** klare, bringe på ret spor

Ge'leit n ‹-(e)s; -e› følge(skab n) n, ledsagelse; eskorte; NAUT konvoj; **freies ~** frit lejde; **j-m das ~ geben** ledsage én, følge én; 2**en** følge, ledsage; eskortere; **~schiff** n konvojskib n; **~wort** n ‹-(e)s; -e› forord n, indledning(sord n); **~zug** m konvoj

Ge'lenk n ‹-(e)s; -e› led n; **~entzündung** f ledbetændelse; 2**ig** leddet; (gewandt) bøjelig, smidig; **~igkeit** f ‹0› bøjelighed, smidighed; **~rheumatismus** m ledegigt; gigtfeber

ge'lernt Arbeiter: faglært

Ge'liebte f ‹-n› den elskede, elskerinde; **~(r)** m ‹-n› den elskede, elsker

ge'linde (weich) lind; (mild) mild; **~ gesagt** mildest talt, mildt sagt

ge'lingen v/i (L; sn) lykkes; **es gelingt mir** det lykkes mig; → **gelungen**

Ge'lispel n ‹-s; 0› læspen

gell skingrende, gennemtrængende; **~en** v/i skingre, gjalde; **~end** skingrende

ge'loben love (høftideligt); **das Gelobte Land** det forjættede land

Ge'löbnis n ‹-ses; -se› (høftideligt) løfte n

gel(t)? F ikke (sandt)?

gelten v/i ‹L› gælde; Geld: være gyldig; (wert sein) være værd, koste; **~ lassen** lade gælde (od passere); indrømme; **das gilt nicht** det gælder ikke; **für** (A) (od als [N]) **etw. ~** gælde (od anses) for ngt.; **~d** gældende; (**sich**) **~ machen** gøre (sig) gældende

Geltung f gyldighed; (Wert) værdi; (Bedeutung) betydning, anseelse; **zur ~ bringen** gøre gældende; **zur ~ kommen** komme til sin ret (od gyldighed); **~sbedürfnis** n ‹-ses; 0› selvhævdelsestrang; **~sdauer** f gyldighed, varighed

Ge'lübde n ‹-s; -› (høftideligt) løfte n

ge'lungen vellykket; (ulkig) sjov, morsom

Ge'lüst n ‹-(e)s; -e› lyst, begær n (nach D/efter); 2**en** ‹-e-› have lyst (nach D/til), begære; **es gelüstet mich** jeg har lyst til

Ge'mach [a:] n ‹-(e)s; ~er› kammer n, gemak n

ge'mächlich magelig; magelig, bekvem; 2**keit** f ‹0› langsomhed; magelighed

Ge'mahl m ‹-(e)s; -e› (ægte)mand, gemal; **Ihr Herr ~** Deres mand; **~in** f hustru, kone; **Ihre Frau ~** Deres hustru

ge'mahnen minde (an A/om), huske (an A/på)

Ge'mälde [ɛ:] n maleri n, billede n; **~ausstellung** f maleriudstilling; **~galerie** f malerisamling; **~sammlung** f malerisamling

Ge'markung f (landsby)område n

ge'mäß (D) i overensstemmelse med, ifølge; **2heit** f ⟨0⟩ overensstemmelse

ge'mäßigt mådeholdende; moderat; *Klima*: tempereret

Ge'mäuer n murværk n; *altes* ~ ruiner pl

ge'mein (allgemein) almindelig; (gemeinsam) fælles; (üblich) sædvanlig; (einfach) simpel, jævn; (niedrig) tarvelig, gemen; *der* ~*e Mann* menigmand; *das* ~*e Wohl* almenvellet

Ge'meinde f kommune; menighed; *freie* ~ valgmenighed, frimenighed; *~abgaben* f/pl kommunale afgifter pl; *~beamte(r)* m kommunal tjenestemand; *~bezirk* m kommunalt område n; *~haus* n menighedshus n; *~mitglied* n sognebarn n; *~rat* m sogneråd n; *~reform* f kommunesammenlægning; *~verwaltung* f kommunalbestyrelse; *~vorsteher* m sognerådsformand; *~wahlen* f/pl kommunalvalg n

ge'meindlich kommunal

Ge'meine(r) m MIL menig (soldat)

Ge'mein|eigentum n fælleseje n; **2gefährlich** samfundsfarlig; **2gültig** almengyldig; *~gut* n ⟨-(e)s; 0⟩ fælleseje n

Ge'meinheit f gemenhed, lavhed

ge'mein|hin sædvanlig, i almindelighed; **2nutz** m ⟨-es; 0⟩ almenvel n; **2nützig** almennyttig; **2platz** m floskel, „gammel traver"

ge'meinsam fælles; **2keit** f fællesskab n; fælles punkt n

Ge'meinschaft f fællesskab n; (Verbindung) forbindelse; (Verein) forening, samfund n; **2lich** fælles

Ge'meinschafts|antenne f fællesantenne; *~arbeit* f team-work n, gruppearbejde n; *~kunde* f ⟨0⟩ samfundsfag n, orientering; *~sendung* f R/TV samsending; *~verpflegung* f fællesforplejning

Ge'mein|sinn m ⟨-(e)s; 0⟩ almenånd; almenvel n; **2verständlich** almenfattelig, populær; *~wesen* n ⟨-s; 0⟩ det almene, samfund n; *~wohl* n almenvel n

Ge'menge n, **Ge'mengsel** n blanding, F miskmask n

ge'messen afmålt; (feierlich) højtidelig; **2heit** f ⟨0⟩ afmålthed; (Feierlichkeit) højtidelighed

Ge'metzel n blodbad n, myrderi n

Ge'misch n ⟨-(e)s; -e⟩ blanding (a Benzin); **2t** blandet (a fig); SPORT *~es Doppel* n mixed double; *~twarenhandlung* f landhandel, blandet forretning

Gemme f (ædel)sten, kamé

Ge'munkel n ⟨-s; 0⟩ hvisken, mumlen; (Klatsch) sladder; *~murmel* n ⟨-s; 0⟩ mumlen; *Bach*: rislen; *~murre* n ⟨-s; 0⟩ knurren, mukken

Ge'müse n grønsager pl, gemyse, *junges* ~ friske grønsager; *~anbau* m havedyrkning; *~beilage* f grønsager pl, gemyse; *~garten* m køkkenhave; *~händler(in)* m(f) grønthandler; *~konserven* pl grøntkonserves pl; *~suppe* f urtesuppe

ge'mustert mønstret

Ge'müt n ⟨-(e)s; -er⟩ sind n, gemyt n; fig *sich* (D) *etw.* (A) *zu* ~*e führen* lægge sig ngt. på sinde; **2lich** gemytlig, hyggelig; *machen Sie es sich* ~ gør Dem det bekvemt!; *~lichkeit* f ⟨0⟩ hygge, gemytlighed; *Person*: venlighed; F *da hört die* ~ *auf!* så er den ikke morsom længere; **2los** ⟨-est⟩ føle(lse)sløs, kold

ge'müts|arm afstumpet, sløv; **2art** f sindelag n, karakter, temperament n; **2bewegung** f sindsbevægelse; *~krank* tungsindig; sindssyg; **2krankheit** f tungsind n; sindssyge; **2leben** n ⟨-s; 0⟩ følelsesliv n; **2mensch** m følelsesmenneske n; **2ruhe** f sindsro; **2stimmung** f sindsstemning; **2zustand** m sindstilstand

ge'mütvoll hjertelig

gen → **gegen**

Gen [e:] n ⟨-s; -e⟩ gen n

ge'nau adj nøje, nøjagtig; (sorgfältig) omhyggelig, (ausführlich) udførlig, grundig; (pünktlich) punktlig, akkurat, præcis; (deutlich) tydelig; (streng) streng; (sparsam) nøjeregnende; ~ *um 3 Uhr* præcis kl. 3; adv nøjagtig; (deutlich) tydelig; *ganz* ~ helt nøjagtig; *das weißt du ganz* ~! det ved du udmærket godt!; ~ *genommen* strengt taget

ge'naugenommen → **genau**

Ge'nauigkeit f ⟨0⟩ (Sorgfalt) nøjagtighed, akkuratesse; (Pünktlichkeit) punktlighed; (Deutlichkeit) tydelighed; (Strenge) strenghed; (Sparsamkeit) sparsommelighed

ge'nauso adv lige så + Adj

Gendarm [ʒanˈdaʀm] m ⟨-en⟩ gendarm; politibetjent; *~erie* f gendarmeri n; landpoliti n

Genea|'loge m ⟨-n⟩ genealog; *~lo'gie* f genealogi; **2'logisch** genealogisk

ge'nehm behagelig, velkommen; (passend) tilpas, passende

ge'nehmig|en (bestätigen) stadfæste; (erlauben) tillade; (gutheißen) billige, godkende; *~t* autoriseret, godkendt; *Antrag*: bevilget; *Gesetz*: vedtaget; **2ung** f (Be-

stätigung) stadfæstelse; (*Erlaubnis*) tilladelse; (*Gutheißung*) billigelse, godkendelse, samtykke *n*

ge'neigt skrå(nende), hældende; *fig* tilbøjelig (*zu* D/til); (*wohlwollend*) gunstig, velvillig; *j-m ~ sein* være velvillig stemt over for én; 2heit *f* ⟨0⟩ hældning; *fig* tilbøjelighed (*zu* D/for); (*Wohlwollen*) velvilje, gunst

General [geˈnəˈʀɑːl] *m* ⟨-s; -*e od ~e*⟩ general; *~direktor* m generaldirektør; *~i'tät* *f* ⟨0⟩ almindelighed; MIL generalskorps *n*; *~konsulat* m generalkonsulat *n*; *~leutnant* m generalløjtnant; *~major* m generalmajor; *~nenner* m fællesnævner; *~probe* *f* THEA generalprøve; *~staatsanwalt* m, *~staatsanwältin* *f* rigsadvokat; *~stab* m generalstab; *~streik* m generalstrejke; *~überholung* *f* Auto: hovedeftersyn *n*; *~versammlung* *f* generalforsamling; *~vollmacht* *f* generalfuldmagt

Generation [-'tsĭoːn] *f* generation, slægtled *n*

Gene'rator *m* ⟨-s; -'toren⟩ generator

gene'rell almindelig, generel

gene'r|ös ⟨-est⟩ generøs; 2osi'tät *f* ⟨0⟩ generøsitet

ge'nes|en *v/i* (L; sn): *von e-r Krankheit ~* komme sig af en sygdom, blive rask; 2ung *f* helbredelse; 2ungsheim *n* sanatorium *n*, hvilehjem *n*

Ge'neti|k *f* ⟨0⟩ genetik; 2sch genetisk

Genf *n* Genève

genial [-'nĭaːl] genial; 2i'tät *f* ⟨0⟩ genialitet

Ge'nick *n* ⟨-(e)s; -e⟩ nakke, hals; *sich* (D) *das ~ brechen* knække sin hals; *~schuss* m nakkeskud *n*; *~starre* *f* nakkestivhed

Genie [ʒe'niː] *n* ⟨-s; -s⟩ geni *n*

ge'nier|en genere (*sich* sig); *~t* genert; sky

ge'nieß|bar til at nyde (*od* spise, drikke), spiselig, drikkelig; *~en* ⟨L⟩ (*essen*) spise; (*trinken*) drikke; *Vergnügen* nyde; 2er *m* levemand; gourmand; *~erisch* nydelsesfuld

Geni'talien [-lĭən] *n/pl* kønsdele *pl*

Genitiv ['geːniˈtiːf] *m* ⟨-s; -e⟩ genitiv, ejefald *n*

Genius *m* ⟨-; *Genien*⟩ genius, skytsånd

ge'normt standardiseret, normeret

Ge'nosse *m* ⟨-n⟩ kammerat, kollega, fælle; (*Partei*2) partifælle

Ge'nossenschaft *f* andelsskab *n*, kooperativt foretagende *n*; 2lich andels-, fælles-

Ge'nossin *f* kammerat

Genre ['ʒɑ̃ːʀə] *m* ⟨-s; -s⟩ art, slags; *Kunst:* genre

Genspaltung ['geːn-] *f* gensplejsning

ge'nug nok, tilstrækkelig; (*das ist*) *~!* det er nok!, hold op!, nu kan det være nok!; *von etw.* (D) *~ haben* have fået nok af ngt

Ge'nüg|e *f* ⟨0⟩ tilstrækkelighed; (*Befriedigung*) tilfredsstillelse; *zur ~* nok, tilstrækkeligt; *j-m ~ leisten* tilfredsstille én; 2en *v/i* (D) være nok, forslå; *j-m ~* tilfredsstille én; *das genügt mir* det kan være nok; det er jeg tilfreds med; 2end tilstrækkelig; (*befriedigend*) tilfredsstillende; 2sam nøjsom, beskeden, fordringsløs; (*mäßig*) mådeholden; *~ sein* være nøjsom; *~samkeit* *f* ⟨0⟩ nøjsomhed, beskedenhed; (*Mäßigkeit*) mådeholdenhed

ge'nug|·tun *v/i* (D) tilfredsstille; 2tuung *f* tilfredsstillelse; (*Satisfaktion*) oprejsning; (*Entschädigung*) godtgørelse

Genus ['geːnus] *n* ⟨-; *Genera*⟩ genus *n*, køn *n*

Ge'nuss *m* ⟨-es; ÷e⟩ nydelse

ge'nüsslich med stor nydelse, nydende; suffisant

Ge'nuss|mittel *n* nydelsesmiddel *n*; *~sucht* *f* ⟨0⟩ nydelsessyge; 2voll *adj* skøn; *adv* med stor nydelse (*nachgestellt*)

ge'öffnet åben

Geo|'graf [geˈoˈ-] *m* ⟨-en⟩ geograf; *~'grafie* *f* ⟨0⟩ geografi; 2'grafisch geografisk; *~'graph usw ~ Geograf*; *~'loge* m ⟨-n⟩ geolog; *~lo'gie* *f* geologi; 2'logisch geologisk; *~me'trie* *f* ⟨0⟩ geometri; 2'metrisch geometrisk

Geor'gine [geˈoˈ-] *f* BOT georgine

Ge'päck *n* ⟨-(e)s; 0⟩ bagage; rejsegods *n*; *~abfertigung* *f* rejsegodsekspedition; *~annahme* *f* indlevering af rejsegods; *~aufbewahrung* *f* bagageopbevaring; *~ausgabe* *f* udlevering af rejsegods; *~halter* m bagagebærer; *~kontrolle* *f* bagagekontrol; *~netz* n bagagenet *n*; *~raum* m Auto: bagagerum *n*; *~schein* m garantisedlel, rejsegodsbevis *n*; *~schließfach* n bagageboks; metalskab, kuffertskab *n*; *~stück* n stykke *n* bagage (*od* rejsegods); *~tasche* *f* Fahrrad: cykeltaske; *~träger* m drager; *Fahrrad:* bagagebærer; *Auto:* tagbagagebærer; *~versicherung* *f* rejsegodsforsikring; *~wagen* *f* pakvogn; bagagevogn

ge·|'panzert pansret; *~'pfeffert* pebret (*a fig*)

Ge'pfeife *n* ⟨-s; 0⟩ piben, fløjten

ge'pflegt *Garten:* vel (*od* fint) passet (*od*

vedligeholdt); *Person*: velplejet, soigne-
ret; **2heit** f ⟨0⟩ soignerethed
Ge'pflogenheit f skik, vane
Ge'plänkel n skærmydsler pl (a fig)
Ge'plapper n ⟨-s; 0⟩ plapren, sludren
Ge'plärr n ⟨-s; 0⟩ råben
Ge'plätscher n ⟨-s; 0⟩ plasken
Ge'plauder n ⟨-s; 0⟩ sludder, passiar
ge'pökelt nedsaltet
Ge'polter n ⟨-s; 0⟩ buldren, larm
Ge'präge n ⟨-s; 0⟩ præg m, stempel n
Ge'pränge n ⟨-s; 0⟩ pragt, pomp, stads
Ge'prassel n ⟨-s; 0⟩ bragen, buldren (*Feuer*) knitren; (*Regen*) plaskeri n
ge'punktet prikket; stiplet
Ge'|quake n ⟨-s; 0⟩ kvækken; **~'quassel** n ⟨-s; 0⟩; **~'quatsche** n ⟨-s; 0⟩ snakkeri n
ge'rade adj lige, direkte; (*genau*) nøjagtig, præcis; *Zahl*: lige; fig ligefrem; adv lige, stik; (*genau*) nøjagtig, præcis; (*eben*) netop, just, akkurat; (*völlig*) aldeles, helt; **~ herausssagen** sige rent ud; **~ gegenüber** lige over for; **~ jetzt** netop nu; **~ dabei** netop i gang med; **~ so** netop sådan; **~ sitzen** v/i rette ryggen; **~ stellen** stille lige; 2 f MATH ret (od lige) linje; SPORT lige strækning (od bane); **~'aus** lige ud; **~'biegen** fig. glatte ud; **~'her'aus** fig rent ud; **~so** ligeså; **~wegs** den lige vej; fig direkte; **~zu** lige frem; (*gänzlich*) rent ud; *Mensch*: usnobbet, ligefrem; **er ist gerade'zu** han er lige ud ad landevejen
Ge'rad|heit f ⟨0⟩ lige retning; fig oprigtighed, retsind n; **2linig** retlinjet
Ge'ranie [-niə] f geranium
Ge'rassel n ⟨-s; 0⟩ raslen, larm
Ge'rät n ⟨-(e)s; -e⟩ redskab n, rekvisit n, apparat n, instrument n; stykke n værktøj; udstyr n; udrustning; (*Haus2*) husgeråd n; (*Rundfunk2, Fernseh2*) (radio-, fjernsyns)apparat n; **~e** pl grej n
ge'raten v/i (sn) komme; (*werden*) blive; fig lykkes; (*gedeihen*) trives; **in Streit ~** komme op at skændes; **in Wut ~** blive rasende; **ins Stocken ~** gå i stå; **außer sich** (*D*) **~** blive ude af sig selv; **gut ~** lykkes; **schlecht ~** mislykkes; adj (til)rådelig
Ge'räte|schuppen m redskabsskur n; **~turnen** n redskabsøvelser pl
Gerate'wohl n: **aufs ~** på må og få
Ge'rätschaften f/pl redskaber n/pl
ge'räuchert røget; **2e(s)** n røgvarer pl
ge'raum n: **~e Zeit** rum tid
Ge'räumig rummelig; **2keit** f ⟨0⟩ rummelighed, plads
Ge'räusch n ⟨-es; -e⟩ larm, støj, spektakel n; **2arm** støjsvag, lydsvag; **~kulisse** f bag-

grundsstøj; **2los** stille, lydløs; *Verkehr*: støjfri; **~losigkeit** f ⟨0⟩ stilhed, lydløshed; støjfrihed; **~pegel** m støjniveau n; **2voll** larmende, støjende
Ge'räusper n ⟨-s; 0⟩ rømmen
gerb|en garve; F *j-m das Fell ~* gennemprygle én; **2er** m garver; **2e'rei** f garveri; **2säure** f garvesyre
ge'recht ⟨-est⟩ retfærdig; (*rechtmäßig*) retmæssig; *j-m ~ werden* tilgodese ens interesser; **~fertigt** berettiget; **2igkeit** f ⟨0⟩ retfærdighed; (*Rechtmäßigkeit*) retmæssighed; **2igkeitssinn** m ⟨-(e)s; 0⟩ retfærdighedssans
Ge'rede n ⟨-s; 0⟩ snakken; (*Klatsch*) snak, sladder; *ins ~ bringen* bringe i folkemunde
ge'reichen *j-m zum Nutzen* (*Vergnügen*) *~* være til nytte (fornøjelse) for én
ge'reizt irriteret, tirret, stødt; *leicht ~* pirrelig; **2heit** f ⟨0⟩ pirrelighed, irritation
ge'reuen *es gereut mich* jeg angrer (od fortryder)
Ge'richt n ⟨-(e)s; -e⟩ *Essen*: ret (mad); JUR domstol, ret; *das Jüngste ~* dommedagen; *vor (das) ~* for retten; *j-n bei(m) ~ verklagen* anlæggesag mod én; *über j-n ~ halten* sidde til doms over én; **2lich** retslig, juridisk, ad rettens vej; *j-n ~ belangen* indstævne én for retten
Ge'richts|barkeit f ⟨0⟩ domsmyndighed; **~behörde** f ret; **~beschluss** m dom, kendelse; **~gebäude** n tinghus n, domhus n; **~hof** m domstol; **~kosten** pl sagsomkostninger pl; **~medizin** f retsmedicin; **~saal** m retslokale n; **~schreiber** m retssekretær; **~sitzung** f retsmøde n; **~stand** m retskreds; værneting n; **~tag** m retsdag; **~verfahren** n proces, retssag; procedure; **~verhandlung** f retsmøde n, procedure; **~vollzieher(in)** m(f) foged; **~wesen** n ⟨-s; 0⟩ retsvæsen n
ge'rieben fig (durk)dreven, udspekuleret, smart
ge'ring ringe, lille; (*unbedeutend*) ubetydelig; (*niedrig*) lav; **~ schätzen** ringeagte; *nicht im 2sten* ikke i mindste måde; **~fügig** ubetydelig; **2fügigkeit** f ubetydelighed; **~schätzen** → **gering**; **~schätzig** ringeagtende; **2schätzung** f ⟨0⟩ ringeagtelse; **~wertig** mindreværdig
ge'rinnen v/i (sn) *Milch*: løbe sammen; *Blut*: størkne; *geronnene Milch*: tyk; *Blut*: størknet
Ge'rinnsel n rindende vand n; (*Blut2*) blodprop
Ge'ripp|e n skelet n (a fig); **2t** ribbet; *Glas*:

riflet; (gestreift) stribet, rippet

ge'rissen fig snu, snedig, smart; **2heit** f ⟨0⟩ snuhed

Ger'man|e m ⟨-n⟩ germaner; **~in** f germansk kvinde; **2isch** germansk; **2i'sieren** germanisere, fortyske; **~ismus** m ⟨-; -men⟩ germanisme; **~istik** [-'nıstık] f ⟨0⟩ germanistik

gern|(e) (komp lieber, sup am liebsten) gerne (komp hellere, sup helst); **sehr ~** meget gerne; med fornøjelse; **ich möchte ~** jeg vilde gerne; **~ gesehen** velset; **~ geschehen!** det var så lidt!

Gernegroß m ⟨-; -e⟩ storpraler, skryder

gern-haben: **j-n ~** holde af én (ngt.)

Ge'röchel n ⟨-s; 0⟩ rallen

Ge'röll n rullesten ⟨pl⟩; grus n

ge'röstet ristet

Gerste f ⟨0⟩ byg; **~ngraupen** pl byggryn, perlegryn pl; **~nkorn** n bygkorn n (a MED)

Gerte f kvist, ris n; (Peitsche) ridepisk

Ge'ruch m ⟨-(e)s; -̈e⟩ lugt, duft (nach D/af); (Sinn) lugtesans; fig ry n; **2los** lugtfri; **~sinn** m ⟨-(e)s; 0⟩ lugtesans

Ge'rücht n ⟨-(e)s; -e⟩ rygte n; **es geht das ~** rygtet går

ge'ruh|en v/i behage, nedlade sig til; **~sam** rolig, magelig

Ge'rümpel n ⟨-s; 0⟩ ragelse (n), skrammel n

Ge'rundium n ⟨-s; Gerundien⟩ gerundium n

Ge'rüst n ⟨-(e)s; -e⟩ stillads n; (Aufbau) tribune, scene

Ge'rüttel n ⟨-s; 0⟩ rusken, rystelse

ge'salzen saltet; fig Preis: pebret

ge'samt samtlig, hel, fælles; **2ausgabe** f fuldstændig udgave, samtlige værker pl; **2betrag** m samlet beløb n; **2bild** n samlet billede n; helhedsbillede n; **~deutsch** fællestysk; **2eindruck** m helhedsindtryk n; **2ertrag** m samlet udbytte n; **2gewicht** n samlet vægt n; **2heit** f ⟨0⟩ helhed; **2hochschule** f universitet(scenter n) n; **2länge** f samlet længde; **2preis** m samlet pris; **2schaden** m samlet skade; **2schule** f enhedsskole; **2stärke** f samlet styrke; **2summe** f samlet sum; **2vermögen** n samlet formue; **2werk** n samlet produktion; **2wert** m ⟨-(e)s; 0⟩ samlet værdi; **2zahl** f samlet antal n; hele antallet (bst. Form)

Ge'sandt|e(r) m gesandt, afsending; **~schaft** f gesandtskab n, legation

Ge'sang m ⟨-(e)s; -̈e⟩ sang; (Lied) vise; **~buch** n salmebog; **~lehrer** m sanglærer; **~stunde** f sangtime; **~verein** m sangforening

Ge'säß n ⟨-es; -e⟩ sæde n, bagdel; hale; **~tasche** f baglomme

ge'sättigt mæt; fig mættet

Ge'sause n ⟨-s; 0⟩ susen; **~'säusel** n ⟨-s; 0⟩ (sagte) susen

Ge'schäft n ⟨-(e)s; -e⟩ forretning; (Laden) butik, forretning; (Besorgung) ærinde n, hverv n; (Büro) kontor n; **2ig** arbejdsom, virksom, travl; **~igkeit** f ⟨0⟩ arbejdsomhed; travlhed; **2lich** forretningsmæssig, forretnings-; adv i forretningsanliggende(r pl) n

Ge'schäfts|abschluss m kontrakt; **~anteil** m andel, anpart i en forretning; **~aufgabe** f forretningsophør n; **~ausschuss** m forretningsudvalg n; **~bedingungen** f/pl konditioner pl; **~bereich** m: Minister **ohne ~** uden portefølje; **~bericht** m handelsberetning, årsberetning; **~betrieb** m forretningsgang; **~beziehungen** f/pl forretningsforbindelser pl; **~brief** m forretningsbrev n; **~buch** n forretningsbog, regnskabsbog; **~eröffnung** f forretningsåbning; **~fähig** myndig; **~frau** f forretningskvinde; **~freund** m forretningsven; **2führend** administrerende (of forretningsførende); **~führer(in)** m(f) forretningsfører; **~gang** m forretningsgang; **~geheimnis** n forretningshemmelighed; **~haus** n handelshus n; erhvervsejendom; **~inhaber** m forretningsindehaver, chef; **~leben** n ⟨-s; 0⟩ forretningsliv n, handel; **~mann** m ⟨-(e)s; -leute⟩ forretningsmand; **~ordnung** f forretningsorden, dagsorden; **~reise** f forretningsrejse; **~reisende(r)** m handelsrejsende; **~schluss** m lukketid; **~stelle** f ekspedition, kontor n; **~stunden** f/pl åbningstid, forretningstid; Büro: kontortid; **~träger** m agent; POL chargé d'affaires; **~verbindung** f forretningsforbindelse; **~viertel** n forretningskvarter n; **~welt** f ⟨0⟩ forretningsverden; **~zeit** f åbningstid; **~zimmer** n kontor n; **~zweig** m forretningsgren, branche

ge|'schätzt skattet, anset; → **schätzen**; **~'scheckt** spættet; broget

ge'schehen v/i (L; sn) ske, hænde; **es ist um ihn ~** det er ude med ham, han er færdig; **2 n** ⟨-s; 0⟩ begivenheder(nes gang) pl

Ge'schehnis n ⟨-ses; -se⟩ hændelse, begivenhed

ge'scheit ⟨-est⟩ klog, udspekuleret; (vernünftig) fornuftig; **er ist nicht (recht) ~** han er ikke rigtig klog; **2heit** f ⟨0⟩ kløgt, klogskab

Ge'schenk n ⟨-(e)s; -e⟩ gave, foræring; **~artikel** m artikel til gavebrug; **~gutschein** m gavekort n, gavekupon; **~packung** f gavepakning

Ge'schicht|e f historie; (Erzählung) fortælling, novelle; iron **das ist e-e schöne ~!** det er en køn historie (od redelighed)!; **2lich** historisk

Ge'schichts|buch n lærebog i historie; **~forschung** f historieforskning; **~klitterung** f historieforfalskning; **~lehrer** m historielærer; **~schreiber** m historieskriver; **~werk** n historisk værk n

Ge'schick n ⟨-(e)s; -e⟩ (Schicksal) skæbne; ⟨-(e)s; 0⟩ (Gewandtheit) dygtighed, evne; **~lichkeit** f hændelag n; **2t** ⟨-est⟩ (tüchtig) dygtig; (gewandt) behændig; fingernem

ge'schieden (fra)skilt

Ge'schimpfe n ⟨-s; 0⟩ skælden, skænderi n

Ge'schirr n ⟨-(e)s; -e⟩ husgeråd n; (Gefäß) kar n, potte; (Küchen2) køkkentøj n; (Tisch2) (bord)service n; (Pferde2) seletøj n; (Gerät) redskab n; **~spüler** m, **~spülmaschine** f opvaskemaskine; **~tuch** n viskestykke n

Ge'schlecht n ⟨-(e)s; -er⟩ køn n; (Familie) slægt; (Sprachl.) køn, genus; seksuel

Ge'schlechts|akt m samleje n, kønsakt; **~krankheit** f kønssygdom; **~merkmal** n kønskarakter; **~organ** n kønsorgan n; **2reif** kønsmoden; **~teile** n/pl kønsdele pl; **~trieb** m kønsdrift; **~verkehr** m ⟨-s; 0⟩ samleje n, kønslig omgang; **~wort** n ⟨-(e)s; ⸚er⟩ kendeord n, artikel

ge'schliffen sleben (a fig)

ge'schlossen lukket; sluttet

Ge'schluchze n ⟨-(e)s; 0⟩ snøften, hulken

Ge'schmack m ⟨-(e)s; ⸚e od F ⸚er⟩ smag (a fig); **ohne ~** uden smag, smagløs (a fig); **mit ~** smagfuld; **~ an (D) finden** finde smag i ngt.; **2los** smagløs; **~losigkeit** f smagløshed; **~(s)sache** f smagssag; **~ssinn** m ⟨-(e)s; 0⟩ smagssans; **2voll** smagfuld

Ge'schmeid|e n smykke n; **2ig** smidig, bøjelig; fig elastisk, føjelig; **~igkeit** f ⟨0⟩ smidighed; fig føjelighed

Ge'schmeiß n ⟨-es; 0⟩ skarn n; fig pak n, udskud n

ge'|schmolzen smeltet; **~schmort** [o:] grydestegt

Ge'schnatter n ⟨-s; 0⟩ snadren; fig snakken, pludren, F knævren

ge'schniegelt pyntelig; lapset

Ge'schöpf n ⟨-(e)s; -e⟩ skabning, væsen n; fig kreatur n

Ge'schoss n ⟨-es; -e⟩ (Kugel) kugle, projektil n; ARCH etage, sal

ge'schraubt fig affekteret, skruet

Ge'schrei n ⟨-(e)s; 0⟩ skrigen; skrig n; fig larm, ståhej

Ge'schütz n ⟨-es; -e⟩ skyts n; kanon; **~donner** m kanontorden; **~rohr** n kanonløb n; **~turm** m kanontårn n; **~weite** f kaliber

Ge'schwader n eskadre; FLUG eskadrille

Ge'schwafel n ⟨-s; 0⟩ vrøvlen, vrøvl n

Ge'schwätz n ⟨-es; 0⟩ snak, vrøvl n; **2ig** snakkesalig; **~igkeit** f ⟨0⟩ snaksomhed

ge'schweige: **~ denn** endsige, langt (od så meget) mindre; for ikke at tale om

ge'schwind ⟨-est⟩ adj hurtig, rask; adv i en fart

Ge'schwindigkeit f hastighed, fart; **~sbegrenzung** f hastighedsbegrænsning; **~smesser** m hastighedsmåler, speedometer n; **~süberschreitung** f hastighedsoverskridelse

Ge'schwister pl søskende pl; **2lich** broderlig, søsterlig, søskende...; **~paar** n søskendepar n

ge'schwollen opsvulmet; fig højtravende

ge'schworen edsvoren; **2e(r)** JUR nævning; **die Geschworenen** pl juryen, nævninge(r)ne pl

Ge'schwulst f ⟨-; ⸚e⟩ svulst, knude

Ge'schwür n ⟨-(e)s; -e⟩ byld; **2ig** fuld af bylder

Ge'sell|e m ⟨-n⟩ svend; (Bursche) fyr; **2en: sich ~** slutte sig (zu D/til); **gleich und gleich gesellt sich gern** lige børn leger bedst

Ge'sellen|brief m svendebrev n; **~prüfung** f svendeprøve; **~stück** n svendestykke n

ge'sellig selskabelig; (gemütlich) hyggelig, omgængelig; **2keit** f ⟨0⟩ selskabelighed; hygge

Ge'sellschaft f selskab n (a ÖKON); POL samfund n; **j-m ~ leisten** holde en med selskab; gøre en selskab; **~ mit beschränkter Haftung (GmbH)** aktieselskab (A/S); **~er** m selskabsmenneske n, selskabsmand, selskabsbroder; ÖKON kompagnon, anpartshaver; **~erin** f selskabsdame; **2lich** selskabelig; POL social, samfundsmæssig, samfunds-

Ge'sellschafts|abend m aftenselskab n; **~anzug** m selskabsdragt; **~ordnung** f samfundsform, samfundsorden; **~reise** f selskabsrejse; **~schicht** f samfundslag n; **~spiel** n selskabsleg; **~wissenschaften** f/pl sociologi

Ge'setz n ⟨-es; -e⟩ lov, regel; (Verordnung)

forordning; **~blatt** *n* lovtidende; **~buch** *n* lov(bog); **~entwurf** *m* lovudkast *n*; **~eskraft** *f ⟨0⟩* lovkraft; **2gebend** lovgivende; **~geber** *m* lovgiver; **~gebung** *f* lovgivning; **2lich** lovlig; retslig, lovmæssig; **~geschützt** ÖKON lovbeskyttet; **~lichkeit** *f ⟨0⟩* lovlighed; **2los** lovløs; **~losigkeit** *f ⟨0⟩* lovløshed; **2mäßig** lovmæssig, lovlig, lovpligtig

ge'setzt sat, sindig; **~es Alter** moden alder; (*vorausgesetzt*) forudsat; **~ den Fall** forudsat at, sæt at

ge'setzwidrig lovstridig, ulovlig; **2keit** *f* lovstridighed

Ge'seufze *n ⟨-s; 0⟩* sukken

Ge'sicht *n ⟨-(e)s; -er⟩* ansigt *n*; (*Miene*) mine; **ins~** (ind) i ansigtet; **zu ~ bekommen** få øje på; **aus dem ~ verlieren** tabe af syne; **das ~ verlieren** *fig* tabe ansigtet; **~er schneiden** lave grimasser; *fig ⟨-(e)s; -e⟩* syn *n*, vision

Ge'sichts|ausdruck *m* ansigtsudtryk *n*; **~farbe** *f* ansigtsfarve, teint; **~feld** *n* synsfelt *n*; **~kreis** *m* synskreds, horizont; **~maske** *f* ansigtsmaske; **~massage** *f* ansigtsmassage; **~punkt** *m* synspunkt *n*; **~sinn** *m ⟨-(e)s; 0⟩* synssevne; **~winkel** *m* synsvinkel; **~züge** *m/pl* ansigtstræk *pl*

Ge'sims *n ⟨-es; -e⟩* gesims

Ge'sinde *n ⟨-s; 0⟩* tyende *n*, tjenestefolk *pl*

Ge'sindel *n ⟨-s; 0⟩* pak *n*, rak *n*

ge'sinn|t sindet; **2ung** *f* sindelag *n*; karakter, tænkemåde

Ge'sinnungs|genosse *m* meningsfælle; **2los** karakterløs; **~schnüffelei** *f* sindelagssnuseri *n*; **2treu** trofast, loyal; **~wechsel** *m* holdningsskifte *n*

ge'sitt|et civiliseret, dannet; **2ung** *f ⟨0⟩* civilisation, dannelse

Ge'söff *n ⟨-(e)s; -e⟩* F *pej* sprøjt *n*, elendig drik

ge'sondert særskilt, separat

ge'sonnen til sinds; -sindet

Ge'spann *n ⟨-(e)s; -e⟩* (for)spand *n*; (*Fuhrwerk*) køretøj *n*

ge'spannt spændt, stram; (*neugierig*) spændt, nysgerrig; **~ sein auf** *(A)* være spændt på; **2heit** *f ⟨0⟩* spændthed; (*Neugier*) spænding

Ge'spenst *n ⟨-(e)s; -er⟩* spøgelse *n*, genganger

Ge'spenster|geschichte *f* spøgelseshistorie; **2haft** spøgelsesagtig; **~stunde** *f* midnatstime, spøgelsestime

ge'|spenstisch spøgelsesagtig, uhyggelig; **~spickt** spækket (*mit* med)

Ge'spiel|e *m ⟨-n⟩* legekammerat; **~in** *f* le

gesøster

Ge|'spinst *n ⟨-(e)s; -e⟩* spind *n*, væv *n* (*a fig*); **~'spött** *n ⟨-(e)s; 0⟩* spot, hån; **zum ~ werden** blive til spot (*od* grin)

Ge'spräch [ɛː] *n ⟨-(e)s; -e⟩* samtale; konversation; **2ig** snaksom, meddelsom; **~ werden** blive meddelsom; **~igkeit** *f ⟨0⟩* snaksomhed

Ge'sprächs|gegenstand *m* samtaleemne; **~partner(in)** *m(f)* samtalepartner; **~stoff** *m*, **~thema** *n* samtaleemne *n*; **2weise** i samtaleform; i samtalens løb

ge'spreizt skrævende; *fig* vigtig; skabagtig

Ge'spür *n ⟨-s; 0⟩* flair, næse

Ge'stade *n ⟨-(e)s⟩* (strand)bred, kyst

Ge'stalt *f* skikkelse, figur; form, udseende *n*; design *n*; **2en** *⟨-e-⟩* danne, forme; designe; **sich ~** udvikle sig, forme sig; **~er** *m* skaber; formgiver; designer; **2los** uformelig, formløs; **~ung** *f* udformning, formgivning, design *n*; (*Zustand*) form, skikkelse

Gestammel *n ⟨-s; 0⟩* stammen

Ge'stampfe *n ⟨-s; 0⟩* stampen

ge'ständ|ig tilstående; **er ist ~** han har tilstået; **2nis** *n ⟨-ses; -se⟩* bekendelse; tilståelse

Ge'stank *m ⟨-(e)s; 0⟩* stank

ge'statten *⟨-e-⟩* tillade; **~ (Sie)?** tillader De?, undskyld!

Geste ['ge·stə] *f ⟨-⟩* håndbevægelse, gestus

ge'steh|en bekende, tilstå; **offen gestanden** ærlig talt; **2ungskosten** *pl* fremstillingsomkostninger *pl*; kostpris

Ge'stein *n ⟨-(e)s; -e⟩* bjergart, stenart; stenmasse; **~skunde** *f ⟨0⟩* mineralogi

Ge'stell *n ⟨-(e)s; -e⟩* stel *n*; stillads *n*, stativ *n*; *Auto*: chassis *n*; (*Unterbau*) fod(stykke *n*), sokkel; (*Bücherbrett*) hylde, reol

gestern i går; **~ Morgen (Abend)** i går morges (aftes); **seit ~** siden i går

ge'stiefelt støvleklædt, bestøvlet; **der 2e Kater** den bestøvlede kat

ge'stielt forsynet med skaft (*od* stilk)

Gestik ['ge·stɪk] *f ⟨0⟩* håndbevægelser *pl*; **2u'lieren** *v/i* gestikulere

Ge'stirn *n ⟨-(e)s; -e⟩* stjerne, himmellegeme *n*; (*Sternbild*) stjernebillede *n*; **2t** stjernebesået

Ge|'stöber *n ⟨-s; 0⟩* fygevejr *n*, snefog *n*; **~'stöhne** *n ⟨-s; 0⟩* stønnen; **2'storben** død; **2'stört** forstyrret; hæmmet (*a fig*); **~'stotter** *n ⟨-s; 0⟩* stammen; **~'strampel** *n ⟨-s; 0⟩* sprætten; **~'sträuch** *n ⟨-s; 0⟩* buskads *n*, krat *n*; **2'streift** stribet; **2'stresst** stresset; **2'strichelt: ~e Linie**

stiplet (*od* punkteret) linje; 2'**strichen**
strøget; malet; *frisch ~* nymalet!

gestrig fra i går; *der ~e Tag* gårsdagen

Ge'strüpp *n* ⟨-(e)s; -e⟩ krat *n*

Ge'stümper *n* ⟨-s; 0⟩ fuskeri *n*

Ge'stüt *n* ⟨-(e)s; -e⟩ stutteri *n*

Ge'such *n* ⟨-(e)s; -e⟩ ansøgning, anmodning; 2t (efter)søgt (*a* ÖKON); *fig* søgt, skruet

Ge'summ *n* ⟨-(e)s; 0⟩ summen

ge'sund sund, rask; (*bekömmlich*) sund, letfordøjelig; *~ und munter* sund og rask; *~er Menschenverstand* sund fornuft; *das ist ~* det er sundt; *~ pflegen* pleje; *~ werden* blive rask; 2**brunnen** *m* bad(e-sted *n*) *n*, sundhedsbrønd; *~en* *v/i* ⟨*-e-*; *sn*⟩ blive rask

Ge'sundheit *f* ⟨0⟩ sundhed; helbred *n*; (*zur*) *~!* *Trinken:* skål!; *Niesen:* prosit!, atji!; *bei guter~* ved godt helbred; 2**lich** sundheds-, hygiejnisk, sanitær; *adv* hvad sundheden angår

Ge'sundheits|amt *n* (det kommunale) sundhedsvæsen *n*; *~behörde* sundhedsstyrelse; 2**halber** af helbredshensyn; *~lehre* *f* ⟨0⟩ sundhedslære; *~pass* *m* helbredsattest; *~pflege* *f* ⟨0⟩ sundhedspleje; hygiejne; *~polizei* *f* sundhedspoliti *n*; 2**schädlich** sundhedsfarlig; *~zeugnis* *n* helbredsattest, sundhedsbevis *n*; *~zustand* *m* ⟨-(e)s; 0⟩ helbredstilstand

ge'sund·|pflegen → **gesund**; *~stoßen: sich ~* F lukrere af (*od* ved); 2**ung** *f* ⟨0⟩ helbredelse

Ge'surre *n* ⟨-s; 0⟩ snurren

Ge'täfel *n* ⟨-s; 0⟩ (*Wand*) panel *n*; (*Fußboden*) parketgulv *n*; 2t med (væg)panel; med parketgulv

Ge'tändel *n* ⟨-s; 0⟩ fjas(en) *n*

ge'tarnt kamufleret

Ge'töse *n* ⟨-s; 0⟩ larm, støj; bulder *n*

ge'tragen højtidelig

Ge'trampel *n* ⟨-s; 0⟩ trampen

Ge'tränk *n* ⟨-(e)s; -e⟩ drik; drink; *~e pl* drikkevarer *pl*

Ge'tränke|automat *m* drikkevareautomat; *~karte* *f* vinkort *n*; *~steuer* *f* spiritusafgift, spiritusbeskatning; *~zwang* *m* ⟨-(e)s; 0⟩ drikketvang

ge'trauen: *sich ~* vove, turde; (*sich zutrauen*) tiltro sig

Ge'treide *n* ⟨-s; *-sorten*⟩ korn *n*, sæd; *~anbau* *m* ⟨-(e)s; 0⟩ kornavl; *~art* *f* kornsort; *~ausfuhr* *f* korneksport; *~ernte* *f* kornhøst; *~handel* *m* kornhandel; *~speicher* *m* kornmagasin *n*, silo; kornloft *n*

ge'trennt skilt; adskilt, separat

ge'treu *adj* tro(fast); (*genau*) nøjagtig; *~lich* *adv* trolig, tro

Ge'triebe *n* maskineri *n*; *Auto:* gearkasse, drev *n*; *fig* færdsel, liv *n*

ge'|trocknet tørret; *~trost* [o:] trøstig, ved godt mod

Getto *n* ⟨-s; -s⟩ ghetto; *~bildung* *f* ghettodannelse

Getue [-'tu:ə] *n* ⟨-s; 0⟩ skaberi *n*; manerer *pl*

Ge'tümmel *n* ⟨-s; 0⟩ tummel, tumult; vrimlen

ge'übt øvet

Ge'vatter *m* ⟨-s *od* -n; -n⟩ (*Pate*) fadder, gudfader; *Anrede:* gamle ven!

Ge'viert *n* ⟨-(e)s; -e⟩ firkant, kvadrat *n*

Ge'wächs [-ks] *n* ⟨-es; -e⟩ vækst, plante; MED udvækst

ge'wachsen: *j-m ~ sein* være én jævnbyrdig; *e-r Arbeit ~ sein* være et arbejde voksen

Ge'wächshaus *n* drivhus *n*

ge'|wagt dristig, vovet; *~wählt* *fig* søgt

ge'wahr: *~ werden* (*G*) opdage

Ge'währ *f* ⟨0⟩ sikkerhed, garanti; (*Bürgschaft*) kaution, borgen; *ohne ~* uden garanti; *für etw.* (*A*) *~ leisten* garantere (*od* gå i kaution) for ngt

ge'wahren opdage, få øje på

ge'währen (*geben*) give, skænke, yde; (*bewilligen*) indrømme, bevilge; *j-n ~ lassen* lade én råde; give én frie tøjler

ge'währleist|en ⟨*-e-*⟩ garantere, sikre; 2**ung** *f* garanti, sikkerhed

Ge'wahrsam 1. *m* ⟨-s; -e⟩ varetægt, forvaring; *in ~ nehmen* tage i forvaring; **2.** *n* ⟨-s; -e⟩ fængsel *n*, arrest

Ge'währsmann *m* ⟨-(e)s; *~er od Gewährsleute*⟩ hjemmelsmand, garant

Ge'währung *f* tilståelse, opfyldelse

Ge'walt *f* magt; (*Kraft*) kraft; (*Herrschaft*) herredømme *n*, myndighed; (*Gewalttätigkeit*) vold; (*Zwang*) tvang; *mit ~* voldsomt; *mit aller ~* af alle kræfter; med djævelens vold og magt; *~ anwenden* bruge magt; *j-m ~ antun* gøre vold mod én; *die elterliche ~* forældremyndighed; *höhere ~ force majeure;* (*A*) *~akt* *m* magthandling; *~enteilung* *f* (stats)magtens deling; *~herrschaft* *f* voldsherredømme *n*, despoti *n*; 2**ig** vældig; (*stark*) stærk; (*mächtig*) mægtig; (*groß*) stor, kæmpemæssig; 2**sam** *adj* voldelig; *adv* med magt (*od* vold); *~tat* *f* vold(sgerning); *~täter* *m* voldsmand; 2**tätig** voldsom, brutal; *~tätigkeit* *f* voldsomhed; vold, terror

Ge'wand *n* ⟨-(e)s; *~er*⟩ klædning, dragt

ge'wandt ⟨-est⟩ behændig, smidig; (schnell) rask; (geübt) øvet; fig beleven; 2heit f ⟨0⟩ smidighed, behændighed; hurtighed; øvelse; fig belevenhed
ge'wärtig: ~ sein (G) være belavet på, vente; ~en (A) vente
Ge'wäsch n ⟨-(e)s; 0⟩ sludder (n), vås n
Ge'wässer n vand n; (Flüsse) vandløb n; (Meer) farvand n
Ge'webe n vævning, væv n (a ANAT)
ge'weckt (år)vågen; opvakt
Ge'wehr n ⟨-(e)s; -e⟩ gevær n; präsentiert das ~! præsentér gevær!; ~feuer n geværild; ~kolben m geværkolbe; ~lauf n geværpibe; ~schaft m skæfte n
Ge'weih n ⟨-(e)s; -e⟩ gevir n, takker pl
Ge'werbe n erhverv n, næringsvej, næring; (Handwerk) håndværk n; (Industrie) industri; ~aufsicht f fabrikstilsyn n; sundhedskontrol; ~ausstellung f industriudstilling; ~freiheit f ⟨0⟩ næringsfrihed; ~ordnung f næringslov; ~recht n næringsret; ~schein m næringsbevis n, næringsbrev n; ~schule f teknisk skole; handelsskole; ~steuer f næringsskat; ~treibende(r) m/f erhvervsdrivende
ge'werblich industriel; erhvervs-; ~smäßig håndværksmæssig; professionel
Ge'werkschaft f fagforening; ~ler(in) m(f) fagforeningsmedlem n; 2lich fagforenings-; ~sbund m landsorganisation (LO)
Ge'wicht n ⟨-(e)s; -e⟩ vægt; (vægt)lod n; (Schwere) tyngde; fig vægt, betydning; an ~ i vægt; schwer ins ~ fallen falde tungt i vægtskålen; (großes) legen auf (A) lægge (stor)vægt på; 2en vægte; ~heben n ⟨-s; 0⟩ vægtløftning; 2ig vægtig, tung (a fig)
Ge'wichts|abnahme f vægttab n; ~klasse f SPORT vægtklasse; ~zunahme f vægtforøgelse
Gewichtung f prioritering
ge'wieft ⟨-est⟩ F smart, snu
Ge'wieher n ⟨-s; 0⟩ vrinsken
ge'willt: ~ sein være villig (od til sinds)
Ge'wimmel n ⟨-s; 0⟩ vrimmel, mylder n
Ge'wimmer n ⟨-s; 0⟩ jamren, klynken
Ge'winde n snoning; (Schrauben2) skruegang, gevind n; (Blumen2) guirlande, krans; ~bohrer m gevindbor n
Ge'winn m ⟨-(e)s; -e⟩ vinding; ÖKON provenu n; (Nutzen) fordel, nytte; (Überschuss) gevinst (a fig), overskud n; Spiel: gevinst; ~bringend → gewinnbringend; ~anteil m udbytteandel, dividende; ~beteiligung f andel i udbyttet; 2bringend

indbringende, fordelagtig; 2en ⟨L⟩ vinde (a fig); (erhalten) få, opnå; (erwerben) tjene, erhverve; (erreichen) nå; die Überzeugung ~ få den overbevisning; Geschmack an (D) etw. ~ få smag for ngt.; ~ für overtale til; 2end vindende; ~er(in) m(f) vinder; ~liste f vinderliste; Lotterie: trækningsliste; ~spanne f gevinstmargin, avance; ~sucht f ⟨0⟩ griskhed; 2süchtig grisk; smag f ⟨0⟩ BERGB udvinding, brydning; ~zahl f vindertal n
Ge'winsel n ⟨-s; 0⟩ klynken
Ge'wirr n ⟨-(e)s; -e⟩ virvar n, forvirring
ge'wiss ⟨-er; -este⟩ vis, sikker; adv vist, sikkert; (wohl) vistnok; ein ~er ... en vis ...; ganz ~! helt bestemt!, ganske sikkert!; ~! jo (vist)!
Ge'wissen n samvittighed; etw. (A) auf dem ~ haben have ngt. på samvittigheden; j-m ins ~ reden tale til éns samvittighed; 2haft ⟨-est⟩ samvittighedsfuld; ~haftigkeit f ⟨0⟩ omhu; 2los ⟨-est⟩ samvittighedsløs; ~losigkeit f ⟨0⟩ samvittighedsløshed
Gewissens|angst f samvittighedsangst; ~bisse m/pl samvittighedsnag n (wegen over); ~frage f samvittighedsspørgsmål n; ~freiheit f ⟨0⟩ samvittighedsfrihed; ~zwang m ⟨-(e)s; 0⟩ samvittighedstvang
gewisser|maßen på en (vis) måde, så at sige
Ge'wissheit f visshed
Ge'witter n tordenvejr n, uvejr n; ~front f uvejrsfront; ~schauer m tordenbyge; ~wolke f tordensky
ge'wittrig lummer, udsigt til torden
ge'witzt ⟨-est⟩ klog, dreven
ge'wogen fig (D) bevågen, gunstig stemt; 2heit f ⟨0⟩ bevågenhed
ge'wöhnen vænne (sich/sig; an A/til); ich bin daran gewöhnt jeg er vant til det
Ge'wohnheit f vane; (Brauch) skik, sædvane; zur ~ werden blive til en vane
ge'wohnheits|mäßig vanemæssig; 2mensch m vanemenneske n; 2recht n ⟨-(e)s; 0⟩ hævdvunden ret; 2verbrecher m vaneforbryder
ge'wöhnlich sædvanlig; (allgemein) almindelig; (gemein) simpel, vulgær; für ~ normalt; wie ~ som sædvanlig
ge'wohnt vant; etw. (A) ~ sein være vant til ngt.; zur ~en Zeit til sædvanlig tid
Ge'wöhnung f ⟨0⟩ (til)vænning
Ge'wölb|e n hvælving; 2t hvælvet
Ge'wühl n ⟨-(e)s; 0⟩ roderi n; trængsel
ge'wunden snoet, drejet; fig snørklet, skruet; ~würfelt ternet; sammenrodet

Ge'würm n ⟨-(e)s; 0⟩ orme pl; fig kryb n

Ge'würz n ⟨-es; -e⟩ krydderi n, **~gurke** f syltet agurk; **~nelke** f kryddernellike; 2t krydret (a fig)

ge|'zackt takket; **~'zahnt** takket, (sav)tandet

Ge|'zänk n ⟨-(e)s; 0⟩ skænderi n; **~'zappel** n ⟨-s; 0⟩ spælleri n; **~'zeiten** pl tidevande pl; **~'zerre** n ⟨-s; 0⟩ hiven og sliden; **~'zeter** n ⟨-s; 0⟩ skrig n, hyl n

ge'ziemen: **sich ~** passe sig, sømme sig; **wie es sich geziemt** som det sømmer sig; **~d** passende; tilbørlig

Ge'zier|e n ⟨-s; 0⟩ skaberi n, affektation; 2t skabagtig; Stil: skruet

Ge|'zisch n ⟨-es; 0⟩ hvislen, hvæsen; **~'zücht** n ⟨-(e)s; -e⟩ yngel, afkom n; **~'zwitscher** n ⟨-s; 0⟩ kvidren

ge'zwungen tvungen (a fig)

Gicht f ⟨0⟩ gigt; 2isch gigtsvag

Giebel m gavl; **~fenster** n gavlvindue n

Gier f ⟨0⟩ begær(lighed) n, grådighed (**nach** D/efter); 2en være grisk (**nach** D/efter); 2ig begærlig, grådig, grisk (**nach** D/efter)

gießß|on (L) hælde, gyde, skænke, Blumen vande; TECH støbe; (regnen) øse, skylle ned; 2er m støber; 2e'rei f støberi n; 2form f støbeform; 2kanne f vandkande

Gift n ⟨-(e)s; -e⟩ gift; **darauf kannst du ~ nehmen** F det kan du tage gift på!; **~becher** m giftbæger n; **~gas** n giftgas; 2ig giftig (a fig); **~mischer(in)** m(f) giftblander(ske); **~pfeil** m giftig pil; **~pflanze** f giftplante; **~pilz** m giftig svamp; **~schlange** f giftslange; **~stoff** m giftstof n; **~zahn** m gifttand

Gi'gant m ⟨-en⟩ gigant, kæmpe; 2isch gigantisk, kæmpe-

Gilde f gilde n, lav n

Gimpel m dompap; fig fjols n

Gin [dʒɪn] m ⟨-s; -s⟩ gin

Ginster m gyvel

Gipfel m top, spids, højdepunkt n (a fig); **~konferenz** f topmøde n; 2n ⟨-le⟩ nå toppen, toppe; kulminere; **~punkt** m toppunkt n

Gips m ⟨-es; -e⟩ gips; **~abguss** m gipsafstøbning; **~decke** f gipsloft n; 2en ⟨-t⟩ gipse; **~figur** f gipsfigur; **~verband** m gipsbandage

Gi'raffe f giraf

gi'rieren girere

Gir'lande f guirlande

Giro ['ʒi:-] n ⟨-s; -s⟩ giro; **~bank** f ⟨-; -en⟩ girobank; **~konto** n girokonto; **~verkehr** m giroomsætning

girren kurre (a fig)

Gischt m ⟨-(e)s; -e⟩ fråde, bølgesprøjt n, skum(sprøjt n) n

Gi'tarre f guitar

Gitter n gitter n; **~bett** n tremmeseng; **~tor** n gitterport; **~tür** f gitterdør, tremmedør; **~werk** n gitterværk n; **~zaun** m trådhegn n

Glacéhandschuh ['sle:-] m glacéhandske

Gladi'ator m ⟨-s; -'toren⟩ gladiator

Gladiole [-'diɔ:-] f gladiolus

Glanz m ⟨-es; 0⟩ glans; (Schein) skær n; (Politur) politur; fig pragt

glänzen ⟨-t⟩ v/i glinse, lyse; (strahlen) stråle, funkle; blinke; **~d** glinsende, lysende; strålende, funklende; blinkende; fig glimrende

Glanz|leistung f strålende præstation; 2los ⟨-est⟩ glansløs, mat; **~papier** n glanspapir n; **~punkt** m glanspunkt n; **~stück** n glansnummer n; 2voll glansfuld; **~zeit** f glansperiode

Glas n ⟨-es; ~er⟩ glas n; (Fern2) kikkert; 2artig glasagtig; **~auge** n glasøje n; **~baustein** m glasbyggesten; **~bläser** m glaspuster; **~bläserei** f glaspusteri n

Gläschen n lille glas n; fig F en lille én; drink

Glasdach n glastag n

glasen ⟨-t⟩ v/i NAUT slå glas

Glaser m glarmester

gläsern af glas, glas-

Glas|fabrik f glasværk n; **~faser** f, **~fiber** f glasfiber, fiberglas; **~geschirr** n ildfast fad n; **~haus** n glashus; **~hütte** f glasværk n; 2ieren glasere; 2ig glasagtig; fig stiv, stirrende; **~kasten** m glaskasse; montre; **~kolben** m glaskolbe; **~kugel** f glaskugle; **~malerei** f glasmaleri n; **~schale** f glasskål, asiet; **~scheibe** f glasrude; **~scherbe** f glasskår n; **~schleifer** m glasliber; **~schneider** m diamant; **~schrank** m glasskab n; **~tür** f glasdør

Glas|versicherung f glasforsikring; **~wand** f glasvæg; **~waren** f/pl glasvarer pl; **~wolle** f glasuld

glatt ⟨-er od ~er; -est od ~est⟩ glat (a fig); (eben) jævn; (schlüpfrig) fedtet; fig (mühelos) let, nem; **~ heraus** rent ud; **~ rasiert** glatbarbere

Glätte f glathed; (Straße) glat føre n

Glatteis n isslag n; glat føre n; **j-n aufs ~ führen** fig føre én på glatis

glätten ⟨-t⟩ v/t glatte; fig glatte ud; (ebnen) jævne; (glänzend machen) polere, glitte

glatt|machen (bezahlen) glatte; **~rasiert**

→ *glatt*

glattweg glat væk, rent ud

Glatz|e *f* skaldet isse; **~kopf** *m* skalde-
pande; **2köpfig** skaldet

Glaube *m* ⟨-ns; 0⟩, tiltro (*an A*/til); REL tro
(*an A*/på); **j-m ~n schenken** fæste lid til
én

glauben *v/i* tro (*an A*/på; *j-m*/én); *es ist
kaum zu ~* det er næsten utroligt

Glauben *m* ⟨-s; 0⟩ → *Glaube*

Glaubens|bekenntnis *n* trosbekendelse;
~eifer *m* trosiver; **~freiheit** *f* ⟨0⟩ trosfri-
hed; **~gemeinschaft** *f* trosfællesskab *n*,
trossamfund *n*; **~lehre** *f* troslærdom; **~sa-
che** *f* ⟨0⟩ trossag; **~satz** *m* trossætning,
dogme *n*

glaubhaft ⟨-est⟩ troværdig; **2igkeit** *f* ⟨0⟩
troværdighed

gläubig troende; **2e(r)** troende; **2er** *m* kre-
ditor; **2erversammlung** *f* kreditormøde
n

glaubwürdig troværdig; **2keit** *f* ⟨0⟩ troværdighed

gleich 1. *adj* lig, ens; (*ebenso*) lige; samme,
lignende; (*gleichmäßig*) jævn; **~ lang
(breit)** lige lang (bred); *auf ~e (Art
und) Weise* på samme måde; *im ~en Augenblick* i samme øjeblik; *zur ~en Zeit*
samtidig, på samme tid; *es ist mir ganz
~* det er mig lige meget; *und ~ gesellt
sich gern* krage søger mage; **2.** *adv* lige;
(*sofort*) straks, med det samme; *er
kommt ~* han kommer straks; *~ am Anfang* straks, i begyndelsen; *~ bleibend*
→ *gleichbleibend*; *~ lautend* → *gleichlautend*

gleich|altrig jævnaldrende; **~artig** ensar-
tet; **~bedeutend** ensbetydende; **~be-
rechtigt** ligeberettiget; **2berechtigung** *f*
⟨0⟩ ligeberettigelse; **~bleibend** uforanderlig, uforandret; **~ denkend** ligesindet;
~en ⟨*L*⟩ (*D*) ligne (*sich*/hinanden); **~er-
maßen** på samme måde; **~falls** ligeledes,
i lige måde; *danke ~!* tak i lige måde!,
selv tak!; **~förmig** ligedannet; *fig* ensformig; **~geschlechtlich** homoseksuel; **~
gesinnt** ligesindet; **~gestellt** ligestillet;
2gewicht *n* ⟨-(e)s; 0⟩ ligevægt; *das ~ halten (verlieren)* holde (tabe) balancen; *im
~* afbalanceret, i ligevægt (*a fig*); **~gültig**
ligegyldig; *es ist mir ~* jeg er ligeglad;
2gültigkeit *f* ⟨0⟩ ligegyldighed; **2heit** *f*
lighed; **2heitszeichen** *n* lighedstegn *n*;
2klang *m* harmoni; *fig* samklang; **~kom-
men** (*D*) ligne, stå lige med; **~lautend**
enslydende; **~machen** gøre lige, udjævne; *dem Erdboden ~* jævne med jor-

den; **2mache'rei** *f* ⟨0⟩ ensretningsten-
dens, "janteloven"; **2maß** *n* jævnmål *n*;
symmetri; **~mäßig** jævn, ligelig; symmetrisk; **2mut** *m* sindsro, sindsligevægt;
~mütig sindig, rolig, ligevægtig, afbalanceret; **~namig** af samme navn; **2nis** *n*
⟨-ses; -se⟩ lignelse; **2richter** *m* EL ensret-
ter

gleich|sam ligesom, så at sige; **~schalten**
ensrette; **2schaltung** *f* ensretning;
2schritt *m* trit *n*, takt; *fig* fodslag *n*; **~sei-
tig** ligesidet; **~setzen** ligestille; **~ste-
hen** *v/i* stå på samme trin; **~stellen** ligestille; **2stellung** *f* ligestilling; **2strom** *m*
jævnstrøm; **~tun**: *es j-m ~* gøre ngt. (lige) så godt som én; **2ung** *f* ligning; **~viel**
lige meget; **~wertig** af samme værdi;
jævnbyrdig; **~wie** (lige)som; **~wohl** alligevel, dog; **~zeitig** *adj* samtidig; *adv* på
samme tid; **2zeitigkeit** *f* ⟨0⟩ samtidighed

Gleis *n* ⟨-es; -e⟩ spor *n*

gleißen *v/i* ⟨*L*⟩ stråle, skinne, glimre

Gleit|bahn *f* glidebane; **~boot** *n* hydrofoil-
båd, flyvebåd; **2en** ⟨*L*; *sn*⟩ glide; **~de Arbeitszeit** flextid; **~flug** *m* glideflugt; svæveflyvning; **~flugzeug** *n* svæveflyg *n*;
~wachs *n* skismurelse; **2zeit** *f* flextid

Gletscher *m* gletsjer, bræ; **~spalte** *f* glet-
scherspalte

Glied *n* ⟨-(e)s; -er⟩ led *n*; ANAT lem *n*; (*Mitglied*) medlem *n*; (*Reihe*) geled *n*

glieder|lahm apoplektisk, leddelam;
2lähmung *f* apopleksi; **~n** ⟨-*re*⟩ leddele;
(*einteilen*) inddele, ordne; **gegliedert**
leddelt; udformet; **2puppe** *f* leddedukke;
2reißen *n* ⟨-*s*; 0⟩ værk *n* i lemmerne; **2tier**
n leddyr *n*; **2ung** *f* leddeling; (*Einteilung*)
inddeling; disposition; organisation

Glied|maßen *pl* lemmer *pl*; **~weise** led for
led

glimmen *v/i* ⟨*L*⟩ ulme, gløde (*a fig*)

Glimmer *m* glimmer (*n*) (*a* BERGB); glans

Glimmstängel *m* F røgpind

glimpflich lempelig, lemfældig; *~ davonkommen* slippe mildt (*od* nådigt, helskindet) fra det

glitschig glat, fedtet, slibrig

glitzern *v/i* ⟨-*re*⟩ glitre, skinne, funkle

glo'bal global; **2bali'sierung** *f* globalise-
ring

Globus *m* ⟨*- od* -ses; *Globen od* -se⟩ globus

Glocke *f* klokke; (*Glöckchen*) bjælde;
(*Lampen*2) lampekuppel

Glocken|blume *f* klokkeblomst; **2förmig**
klokkeformet; **~geläut** *n* klokkeringning;
~gießer *m* klokkestøber; **~schlag** *m*
klokkeslag *n*; **~spiel** *n* klokkespil *n*;

~stuhl *m* klokkestol; **~turm** *m* klokketårn *n*

Glöckner *m* ringer, klokker

Glorie [-ʀīə] *f* glorie, glans; **~nschein** *m* stråleskær *n*

glorreich glorrig, ærefuld

Glos'sar *n* ⟨-s; -e⟩ glossar *n*

Glosse *f* skose, spottende bemærkning; (ord)kommentar, kronik

Glotz|auge *n* fremstående øje *n*; stift blik *n*; **~e** *f* F fjernsyn *n*, fjerner; **2en** *v/i* ⟨*t*⟩ glo, stirre

Glück *n* ⟨-(e)s; 0⟩ lykke; (*Erfolg, Zufall*) held *n*; **auf gut ~** på må og få; **j-m ~ wünschen** lykønske én (**zu** med); **viel ~!** held og lykke!; **zum ~** til alt held; **2bringend** lykkebringende

Glucke *f* skrukhøne; *fig* hønsemor; **2n** *v/i* kagle

glück|en *v/i* ⟨*sn*⟩ lykkes; **es glückt mir** det lykkes mig; **~lich** lykkelig; heldig; **~licher'weise** heldigvis

Glücksbringer *m* amulet, talisman

glück'selig lyksalig; **2keit** *f* lyksalighed

glucksen *v/i* ⟨-*t*⟩ klukke

Glücks|fall *m* lykketræf *n*; **~göttin** *f* lykkens gudinde; **~pilz** *m* lykkens yndling (*od* pamfilius); **~rad** *n* lykkehjul *n*; **~ritter** *m* lykkeridder; **~sache** *f* ⟨0⟩ lykketræf *n*; held *n*; **~spiel** *n* lotteri *n*, hasardspil *n*; **~stern** *m* lykkestjerne; **~strähne** *f*: *e-e ~ haben* være lykkens pamfilius; **~tag** *m* heldig dag

glückstrahlend lykkestrålende

Glückwunsch *m* lykønskning; *herzlichen ~!* hjertelig til lykke!; **~karte** *f* lykønskningskort *n*; **~telegramm** *n* lykønskningstelegram *n*

Glüh|birne *f* (elektrisk) pære; **2en** *v/i* gløde; *fig* blusse; **vor Liebe ~** gløde af kærlighed; **2end** glødende; *fig* brændende; **~ heiß** glohed

Glüh|hitze *f* gloende hede; **~lampe** *f* glødelampe; **~strumpf** *m* glødenet *n*; **~wein** *m* rødvinstoddy; **~würmchen** *n* Sankt Hansorm

Glut *f* glød (*a fig*); **2rot** ildrød

Glyze'rin [glytsə-] *n* ⟨-s; 0⟩ glycerin

GmbH (= *Gesellschaft mit beschränkter Haftung*) selskab *n* med begrænset ansvar, anpartsselskab (ApS) *n*

Gnade *f* nåde; (*Gunst*) gunst; *ohne ~* uden nåde; *auf ~ und Ungnade* på nåde og unåde; **2n**: *gnade uns Gott!* Gud være os nådig

Gnaden|akt *m* nådesbevisning; benådning; **~brot** *n* ⟨-(e)s; 0⟩ nådsensbrød *n*;

~frist *f* nådig frist; **~gesuch** *n* benådningsansøgning; **2los** nådesløs; **2reich** barmhjertig, fuld af nåde; **~stoß** *m* nådestød *n*

gnädig nådig; *die ~e Frau* fruen; *das ~e Fräulein* frøkenen

Gnom [o:] *m* ⟨-en⟩ gnom; nisse, trold

Gnu *n* ⟨-s; -s⟩ gnu

Gockel *m* ⟨-s; -⟩ hane; *fig* laps

Gold *n* ⟨-(e)s; 0⟩ guld *n*; **~ader** *f* guldåre; **~ammer** *f* gulspurv; **~barren** *m* guldbarre; **~bestand** *m* guldbeholdning; **~brokat** *m* guldbrokade; **~butt** *m* rødspætte; **~deckung** *f* gulddækning

golden gylden, af guld, guld-; *fig* prægtig; *j-m ~e Berge versprechen* love én guld og grønne skove; **~e Hochzeit** guldbryllup *n*; *die ~e Mitte* den gyldne middelvej; *das 2e Zeitalter* guldalderen

Gold|fasan *m* guldfasan; **~fisch** *m* guldfisk; **~füllung** *f* guldfyldning, guldplombe; **2gelb** guldgul; **~gier** *f* guldtørst; **~gräber** *m* guldgraver; **~grube** *f* guldgrube (*a fig*); **2haltig** guldholdig; **~hamster** *m* guldhamster

gold|ig gylden; *fig* dejlig, herlig; *Mensch*: prægtig, pragtfuld; **2kind** *n* dejligt barn *n*; **2macher** *m* guldmager; **2medaille** *f* guldmedalje; **2münze** *f* guldmønt; **2papier** *n* guldpapir *n*; **2regen** *m* BOT guldregn; **2reserven** *f/pl* guldreserver *pl*; **2ring** *m* guldring; **2schmied(in)** *m(f)* guldsmed; **2stück** *n* guldmønt; **2waage** *f* guldvægt; *etw.* (*A*) *auf die ~ legen fig* veje sine ord på en guldvægt; **2währung** *f* guldmøntfod; **2waren** *f/pl* guld(smede)varer *pl*

Golf[1] *m* ⟨-(e)s; -e⟩ golf, bugt

Golf[2] *n* ⟨-s; 0⟩ SPORT golf(spil *n*); **~ball** *m* golfbold; **2en** spille golf; **~er(in)** *m(f)* golfspiller; **~platz** *m* golfbane; **~schläger** *m* golfkølle; **~spieler(in)** *m(f)* golfspiller

Golfstrom *m* ⟨-(e)s; 0⟩ golfstrøm

Gondel *f* ⟨-; -n⟩ gondol; **~führer** *m* gondoliere; **2n** *v/i* ⟨-*le*; *sn*⟩ F rejse uden bestemt mål

Gong *m* ⟨-s; -s⟩ gongong

gönne|n (for)unde (*j-m/én*); *nicht ~* misunde; *sich ein Bier ~* få sig en bajer; **2r** *m* velynder, protektor; **~rhaft** ⟨-*est*⟩ (*herablassend*) nedladende; **2rschaft** *f* ⟨0⟩ protektorat *n*, beskyttelse

Gonorrhö [-nɔˈʀøː] *f* ⟨0⟩ gonorré

Gör *n* ⟨-(e)s; -en⟩, **Göre** *f* F unge; rolling; (*Mädchen*) tøs, pigebarn *n*

Go'rilla *m* ⟨-s; -s⟩ gorilla

Gosse *f* rendesten (*a fig*)

Got|en *m/pl* goterne *pl*; **~ik** *f* ⟨0⟩ gotik;

ℒisch gotisk

Gott m ⟨-es; ⸚er⟩ gud; *der liebe ~* Vorherre; *bei ~!* ved Gud!; *in ~es Namen* i Guds navn; *um ~es willen* for Guds skyld; *weiß ~!* det ved Gud!; *~ sei Dank!* Gud ske lov!; *leider ~es!* desværre; *grüß ~!* goddag!; *(ach,) du lieber ~!* du godeste!, (Vorherre) bevares!

Götter|bild n gudebillede n; **~dämmerung** f ragnarok n

gottergeben gudhengiven

Götter|lehre f gudelære, mytologi; **~speise** f ret for guder; (*Nachtisch*) gelébudding; **~trank** m gudedrik; **~welt** f guderverden

Gottes|dienst m gudstjeneste; **~furcht** f gudsfrygt; ℒfürchtig gudfrygtig; **~gericht** n gudsdom; **~haus** n Guds hus n, kirke; **~lästerer** m gudsbespotter; **~lästerung** f gudsbespottelse; **~leugner** m gudsfornægter; **~lohn** m ⟨-(e)s; 0⟩ himlens løn; **~reich** n ⟨-(e)s; 0⟩ Guds rige n; **~sohn** m ⟨-(e)s; 0⟩ Guds søn; **~urteil** n gudsdom; **~verehrung** f gudsdyrkelse; **~wunder** n Guds under n

gottgefällig Gud velbehagelig

Gottheit f guddom(melighed)

Gött|in f gudinde; ℒlich guddommelig; himmelsk; *fig* herlig, pragtfuld

gott'|lob! Gud ske lov!; **~los** gudløs, ugudelig; ℒlosigkeit f ⟨0⟩ gudløshed, ugudelighed; **~vergessen** gudsforgåen; **~verlassen** trøstesløs, øde, forladt af alle guder; ℒvertrauen n tillid til Gud; **~voll** guddommelig; F storartet, brillant

Götze m ⟨-n⟩ afgud

Götzen|bild n afgudsbillede n; **~diener** m afgudsdyrker; **~dienst** m afgudsdyrkelse

Gouver'|nante [gu'v-] f guvernante; **~neur** [-'nø:ʁ] m ⟨-s; -e⟩ guvernør

Grab n ⟨-(e)s; ⸚er⟩ grav; *zu ~e tragen* begrave, stede til hvile; ℒen ⟨L⟩ grave; **~en** m ⟨-s; ⸚⟩ grøft; kanal; (vold)grav; MIL skyttegrav

Gräber m graver

Grabes|ruhe f gravens ro; **~stille** f gravens stilhed; **~stimme** f gravrøst

Grab|gewölbe n gravhvælving; **~hügel** m gravhøj; **~inschrift** f gravskrift; **~mal** n gravmæle; **~rede** f begravelsestale; **~schändung** f gravskænding; **~stein** m gravsten

Gracht f ⟨-; -en⟩ kanal

Grad m ⟨-(e)s; -e⟩ grad (*a Titel*); *in hohem ~e* i høj grad; **~einteilung** f gradinddeling; **~messer** m (grad-) måler

Graf m ⟨-en⟩ greve

Grafik f gra'fik; **~er(in)** m(f) grafiker; **~karte** f EDV grafikkort n

Gräfin f grevinde

grafisch grafisk

Gra'fit m ⟨-s; -e⟩ grafit

gräflich grevelig

Grafo|lo'gie f grafologi; ℒlogisch grafologisk

Grafschaft f grevskab n

gram; *j-m ~ sein* være vred på én

gräm|en: *sich ~* græmme sig, sørge (*über* A/over); **~lich** gnaven, vranten

Gramm n ⟨-s; -e⟩ gram n

Gram'mat|ik f grammatik; sproglære; ℒisch grammatisk

Grammo'fon, Grammo'phon® n ⟨-s; -e⟩ grammofon

Gra'nat m ⟨-(e)s; -e⟩ (*Stein*) granat; **~apfel** m granatæble n; **~e** f granat; **~feuer** n granatild; **~splitter** m granatsplint; **~trichter** m granathul n; **~werfer** m mortér

grandios [-'dĭo:s] grandios

Gra'nit m ⟨-s; -e⟩ granit; ℒen granit-

Granu'lat n ⟨-(e)s; -e⟩ granulat n

Grapefruit ['ɡʁeːpfʁuːt] f ⟨-; -s⟩ grapefrugt

Graphik *usw →* **Grafik**

Gra'phit *→* **Grafit**

grapsen ⟨-t⟩ F gribe, snappe, grabse

Gras n ⟨-es; ⸚er⟩ græs n; *ins ~ beißen fig* bide i græsset, dø; *~ fressend → grasfressend*; ℒbewachsen græsbevokset; ℒen v/i ⟨-t⟩ græsse; ℒfressend græsædende; ℒgrün græsgrøn; **~halm** m græsstrå n; **~hüpfer** m græshoppe; **~land** n ⟨-(e)s; 0⟩ græsjord; **~mähmaschine** f græsslåmaskine; **~mücke** f græsmutte; **~narbe** f grønsvær n

gras'sieren v/i grassere

grässlich skrækkelig, gruelig; ℒkeit f gruelighed

Grat m ⟨-(e)s; -e⟩ kant; (*Berg*)kam, ryg

Gräte f (fiske)ben n

Gratifikation [-'tsĭo:n] f gratiale n

grätig fuld af ben; *fig* gnaven

gratis gratis; ℒbeilage f gratistillæg n

Grätsche [ɛ:] f spagat; ℒn skræve; sprede ben

Gratu'l|ant ⟨-en⟩ gratulant; **~ation** [-'tsĭo:n] f lykønskning; ℒieren v/i gratulere, lykønske (*j-m/én*), ønske til lykke (*zu D*/med); *ich gratuliere!* til lykke!

Gratwanderung f kamvandring; *fig* balanceakt

grau grå; *~ werden* gråne; *~e Haare bekommen* få grå hår; *in ~er Vorzeit* i tidernes morgen; *~ meliertes Haar* gråsprængt hår; 2bart *m* gråskæg *n*; ~blau gråblå; 2brot *n* sigtebrød *n*; 2chen *n* (*Esel*) Mester Grå

Gräuel *m* gru, rædsel; (*Abscheu*) afsky; grusomhed; ~märchen *n* rædselspropaganda, skræktpropaganda; ~tat *f* ugerning, rædselsdåd

grauen¹ *fig* Tag: gry

grauen²: sich ~ være bange, grue (*vor* D/for)

Grauen *n* ⟨-s; 0⟩ gru, rædsel; ~ erregend → 2erregend, 2haft ⟨-est⟩, 2voll rædselsfuld, gruelig, forfærdelig

grauhaarig gråhåret

graulen: sich ~ være mørkeræd, gyse

gräulich¹ *Farbe*: grålig

gräulich² (*Schauder erregend*) rædsom, gruelig

graumeliert → grau

Graupe *f* (byg)gryn *n*, semulje; (*Metall*) metalkorn *n*

graupel|n: es graupelt det hagler; 2n *f*/pl hagl *pl*; 2schauer *m* haglbyge

Graus *m* ⟨-es; 0⟩ gru, rædsel, gysen

grausam grusom; 2keit *f* grusomhed

graus|en *v*/*t* ⟨-t⟩ grüe, gyse; *mir graust* jeg gyser (*vor* D/for); 2en *n* ⟨-s; 0⟩ gysen; ~ig gruelig, gyselig

Graveur [-'vo:ɐ] *m* ⟨-s; -e⟩ gravør

gra'vieren gravere; ~d *fig* graverende, tungtvejende

Gravitation [-'tsio:n] *f* ⟨0⟩ tyngdekraft

gravi'tätisch gravitetisk, værdig

Gra'vur [u:] *f* ⟨-; -en⟩ inskription (på metal); gravure

Grazi|e [-tsiə] *f* ⟨0⟩ gratie, ynde; 2l [-'tsiɐ] slank, smidig; 2ös [-'tsiø:s] ⟨-est⟩ graciøs, yndefuld

Greif *m* ⟨-(e)s od -en; -e od -en⟩ (*Sagentier*) grif

greif|bar håndgribelig (*a fig*); ÖKON på lager; ~en ⟨L⟩ gribe (*nach* D/efter; *zu* D/til), tage fat; fange; *in die Tasche* ~ stikke hånden i kommen; *j-m unter die Arme* ~ *fig* tage én under armene; *um sich* ~ gribe om sig; *zum* 2 *nahe* meget tæt på; 2er *m* griberedskab *n*, grab

greinen *v*/*i* flæbe, tude

greis ⟨-est⟩ *adj* gråhåret, gammel; 2 *m* ⟨-es; -e⟩ olding, gammel mand; 2enalter *n* oldingealder; ~enhaft ⟨-est⟩ gammelmandsagtig; alderstegen; 2in *f* gammel kone

grell *Farbe*: skrigende, afstikkende; *Ton*: skærende, skingrende; *Licht*: skarp, grel

Gremium ['gre·miʊm] *n* ⟨-s; *Gremien*⟩ gremium *n*

Grena'dier *m* ⟨-s; -e⟩ garder, grenadér

Grenz|bahnhof *m* grænsestation; ~bewohner *m* grænsebeboer; ~bezirk *m* grænseområde *n* (*a fig*)

Grenze *f* grænse (*a fig*); *ohne* ~n grænseløs; 2n *v*/*t* ⟨-t⟩ grænse, støde op (*an* A/til); 2nlos grænseløs, umådelig

Grenz|er *m* grænsegendarm; ~fall *m* grænsetilfælde *n*; ~gänger *m* (*Arbeiter*) grænsegænger; ~gebiet *n* grænseområde *n*; ~land *n* ⟨-(e)s; 0⟩ grænseland *n*; ~linie *f* grænselinie; ~posten *m* grænsevagt; ~schutz *m* grænsevern *n*; ~sperre *f* grænseafspærring; ~stein *m* grænsesten; ~streitigkeiten *f*/pl grænsestridigheder *pl*; ~übergang *m*, ~übertritt *m* grænseovergang; ~verkehr *m* grænsetrafik; ~zwischenfall *m* grænseepisode

Gretchenfrage *f fig* samvittighedsspørgsmål *n*

Griebe *f* fedtegreve; ~nschmalz *n* fedtegrever *pl*

Griech|e *m* ⟨-n⟩ græker; ~enland *n* Grækenland *n*; ~in *f* græsk dame (*od* pige); 2isch græsk

grienen Γ grinc (skadefro)

Gries|gram [a:] *m* ⟨-(e)s; -e⟩ gnavpotte, surmuler; 2grämig gnaven, sur

Grieß *m* ⟨-es; -e⟩ gryn *n*; *fein:* semulje; ~brei *m* semuljegrød

Griff *m* ⟨-(e)s; -e⟩ tag *n*, greb *n*; (*Hand*2) håndtag *n*; *Krug:* hank; *Schwert:* hæfte *n*, fæste *n*; *im* ~ *haben* have styr på; 2bereit parat, lige til at gribe; ~brett *n* gribebræt *n*; ~el *m* griffel; BOT støvvej; 2ig håndterlig *Formulierung:* markant

Grill *m* ⟨-s; -s⟩ grill

Grille *f* zo fårekylling, græshoppe; *fig* grille, lune *n*, nykke; indbildning

grillen grille, grillere

Gri'masse *f* grimasse; ~n schneiden skære ansigter (*od* grimasser)

Grimm *m* ⟨-(e)s; 0⟩ forbitrelse; (*Wut*) harme, vrede; 2ig forbitret, rasende; (*schrecklich*) grum, frygtelig

Grind *m* ⟨-(e)s; -e⟩ skurv, udslæt *n*

grinsen *v*/*i* ⟨-t⟩ grine (skadefro)

Grippe *f* influenza; ~schutzimpfung *f* influenzavaccination

Grips *m* ⟨-es; 0⟩ F hjerne, forstand

grob ⟨*~er*; *~st*⟩ grov, plump; (*roh*) brutal; *See:* høj; ~er Fehler grov fejl; *j-n* ~ anfahren blive grov mod én; 2heit *f* grovhed; råhed; 2ian [-'bia:n] *m* ⟨-(e)s; -e⟩ grov fyr; ~körnig grovkornet

gröblich *adv* (temmelig) groft

Grog [ɔ] *m* ⟨-s; -s⟩ toddy, grog

grölen
686

grölen skråle, brøle, vræle

Groll m ⟨-(e)s; 0⟩ nag n (auf A/til); **2en** bære nag (j-m/til én); (donnern) buldre, drøne

Grön|land n Grønland n; **~länder** m grønlænder; **2ländisch** grønlandsk

Gros [GRO:] n ⟨-; -⟩ hovedmasse, gros n

Groschen m HIST „groschen", tipfennigstykke n; fig skilling; der ~ ist gefallen F tiøren er faldet; **~heft** n kulørte hæfter pl

groß ⟨∼er; ∼t⟩ stor; (Körperlänge) høj; (wichtig) vigtig; (vornehm) fornem; (berühmt) berømt; (bedeutend) betydelig; **~e Kälte** stærk kulde; der **2e Belt** Storebælt n; **~e Augen machen** gøre store øjne, måbe; das **~e Los gewinnen** vinde hovedgevinsten; fig have held med sig; **ganz ~!** F aldeles pragtfuldt; **im 2en und Ganzen** i det store og hele; **~artig** storartet, glimrende; das ist ~ han er mægtig (fin)!; **2artigkeit** f ⟨0⟩ storartethed; **2aufnahme** f Film: næroptagelse, nærbillede n; **2betrieb** m stort firma n; **2bri'tannien** [-niən] n Storbritannien n; **2buchstabe** m stort bogstav n; **2druck** m: **in ~** med store typer

Größe f størrelse, format n; fig storhed; (Persönlichkeit) personlighed; MATH størrelse

Groß|eltern pl bedsteforældre pl; **~enkel** m oldebarn n; **~enkelin** f oldebarn n

Größen|ordnung f størrelsesorden; **~verhältnis** n størresforhold n; **~wahn** m stormhedsvanvid n

Groß|fahndung f (storstilet) eftersøgning; **~familie** f storfamilie; **~feuer** n storbrand; **~fürst** m storfyrste; **~gemeinde** f storkommune; **~grundbesitzer** m godsejer; **~handel** m engroshandel; **~händler(in)** m(f) grossist; **2herzig** højsindet, ædelmodig; **~herzog(in)** m(f) storhertug(inde); **~hirn** n storhjerne; **~industrielle(r)** industrifyrste, magnat

Gros'sist m ⟨-en⟩ grossist, grosserer

groß|jährig (fuld)myndig; **2kapital** n storkapital; **2macht** f stormagt; **2mama** f F bedstemor; **2mannssucht** f ⟨0⟩ stormhedsvanvid n; **2mast** m stormast; **2maul** n F storpraler; **~mäulig** F stor i munden, storsnudet; **2meister** m stormester; **2mut** f ⟨0⟩ højmodighed, storsind n; **2mütig** storsindet; **2mutter** f bedstemoder; **2onkel** m grandonkel; **2papa** m F bedstefa(de)r; **2raumbüro** n kontorlandskab n; **2raumflugzeug** n jumbo; **2'reinemachen** n ⟨-s; 0⟩ hovedrengøring; fig stor-

vask, udrensning; **~schreiben: ein Wort ~** skrive et ord med stort; **2schreibung** f skrive med stort; **~sprecherisch, ~spurig** storsnudet, storpralende; **2stadt** f storby; **2städter** m storbymenneske n; **~städtisch** storby-; **2tante** f grandtante; **2tat** f bedrift; **~teil** m ⟨-s; 0⟩ stor del

größt|enteils for største delen; **~möglich** størst mulig

Groß|tuer m pralhans; **2tun** prale, gøre sig vigtig (mit D/af); **~vater** m bedstefar; **~wetterlage** f almen vejrsituation; **~wild** n storvildt n; **2ziehen** opdrætte; Kinder opdrage; **2zügig** storstilet; rundhåndet; **~zügigkeit** f ⟨0⟩ storstilethed; largesse

gro'tesk ⟨-est⟩ grotesk

Grotte f grotte

Grübchen n lille hul n; Wange: smilehul n

Grube f hul n; kule; BERGB grube

Grübe|'lei f grubleri n; **2ln** v/i ⟨-le⟩ gruble (über A/over)

Gruben|arbeiter m minearbejder; **~bau** m ⟨-(e)s; -e⟩ grubeanlæg n; **~katastrophe** f mineulykke

Grübler m grubler

Gruft f ⟨-; ∼e⟩ grav(hvælving)

Grum(me)t n ⟨-s; 0⟩ efterslæt (n)

grün grøn (a fig); (unreif) umoden; ~ **werden** blive grøn; grønnes; **2 n** ⟨-s; -⟩ grønt n, grøn farve; **im ~en** i det grønne; **2anlage** f parkanlæg n, grønt område n

Grund m ⟨-(e)s; ∼e⟩ grund; (Boden) bund; (Tal) dal, dyb n; (Grundlage) grundlag n; (Ursache) grund, årsag; **in ~ und Boden** fuldstændig, sønder og sammen; **bis auf den ~** til bunds; **e-r Sache auf den ~ gehen** fig undersøge en sag til bunds; **aus welchem ~e** af hvilken grund, hvorfor; **im ~e genommen** egentlig, i grunden; **~ausbildung** f grunduddannelse; **~bau** m fundamentering; **~bedeutung** f oprindelig betydning; **~begriff** m grundbegreb n; **~besitz** m grundejendom, jordbesiddelse; **~besitzer** m grundejer; **~buch** n matrikel, skødeprotokol, tingbog; **2ehrlich** bundærlig; **~eigentümer** m grundejer

gründ|en ⟨-e-⟩ grundlægge, grunde; (Verein) stifte, oprette; **sich ~ auf** (A) støtte (od grunde) sig på; **2r(in)** m(f) grundlægger (der Firma af firmaet

Grunderwerb m grundkøb n; **~(s)steuer** f stempelafgift

Gründerzeit f ⟨0⟩ gullaschtiden (efter 1871)

grundfalsch grundfalsk, ravgal

Grund|farbe f bundfarve, grundfarve;

~fläche f grundflade, areal n; ~form f grundform; ~frage f principielt spørgsmål n; ~gebühr f grundtakst, grundgebyr n; ~gedanke m grundtanke; ~gehalt n grundløn, begyndelsesløn; ~gesetz n grundlov; 2ieren ['di:-] grunde, grundere; ~kapital n grundkapital; ~lage f underlag n; fig grundlag n; 2legend grundlæggende; ~legung f grundlæggelse

gründlich grundig; 2keit f ⟨0⟩ grundighed

Grund|linie f grundlinie; ~lohn m grundløn; 2los u(be)grundet; (tief) bundløs; ~mauer f grundmur; ~nahrungsmittel n/pl livsnødvendige fødevarer pl

Grün'donnerstag m skærtorsdag

Grund|pfeiler m grundpille; ~rechte n/pl grundrettigheder pl; ~regel f grundregel; ~riss m grundrids n; fig udkast n, plan; ~satz m grundsætning, princip n; 2sätzlich principiel; ~schule f grundskole; ~stein m grundsten; ~steuer f ejendomsskat; grundskyld; ~stoff m grundstof n; ~stück n grund(stykke n); ~stücksmakler(in) m(f) ejendomsmægler; ~stufe f grundtrin n; ~ton m grundtone; ~übel n hovedonde n

Gründung f grundlæggelse; Verein: stiftelse, oprettelse; Geschäft: etablering, start; ARCH fundamentering; ~sjahr n stiftelsesår n

grund|verschieden bundforskellig; 2vertrag m basiskontrakt; 2wasser n grundvand n; 2zahl f grundtal n; 2zug m grundtræk n

grün|en v/i grønnes; fig blomstre; 2fläche f friareal n; grønt område n; 2gürtel m rekreative områder n/pl; 2kohl m grønkål; Speise: grønlangkål; 2land n ⟨-(e)s; 0⟩ græsjord; ~lich grønlig; 2schnabel m fig F grønskolling; 2span m ⟨-(e)s; 0⟩ ir, spanskgrønt n; 2specht m grønspætte; 2streifen m græsrabat

grunzen v/i ⟨-t⟩ grynte

Gruppe f gruppe

Gruppen|aufnahme f, ~bild n gruppebillede n; ~dynamik f gruppedynamik; ~ermäßigung f grupperabat; ~führer m, ~leiter m gruppeleder, holdleder; MIL delingsfører; ~reise f grupperejse; ~sex m gruppesex; ~therapie f gruppeterapi; 2weise gruppevis

grup'pier|en gruppere (sich sig), stille op; 2ung f gruppering

Grus m ⟨-es; 0⟩ smuld n

Grusel|film m gyser 2ig gyselig; 2n ⟨-le⟩ gyse

Gruß m ⟨-es; ~e⟩ hilsen; herzliche Grüße pl hjertelig hilsen; liebe Grüße kærlig hilsen; mit freundlichen Grüßen (Abk. mfG) med venlig hilsen (Abk. mvh)

grüßen ⟨-t⟩ hilse (j-n/på én); ~ lassen bede hilse; ~ Sie ihn von mir hils ham fra mig; grüß Gott! goddag!

Grütze f gryn pl; Speise: grød

guck|en v/i kikke, titte; 2fenster n kighul n; 2loch n kighul n

Guerilla [ge'rɪl(j)a:] f ⟨-; -s⟩ guerilla; ~krieg m guerillakrig

Guillotin|e [gi-jo'ti:nə] f guillotine; 2ieren guillotinere

Gulasch n (m) ⟨-(e)s; -e od -s⟩ gullasch; ~kanone f feltkøkken n

Gulden m gylden

Gülle f ⟨0⟩ ajle, gylle

Gully m ⟨-s; -s⟩ kloak; ~deckel m kloakrist

gültig gyldig, ægte; gældende; 2keit f ⟨0⟩ gyldighed; 2keitsdauer f gyldighed(stid)

Gummi n (m) ⟨-s; - od -s⟩ gummi (n); Auto, Rad: dæk n, ring; (Radier2) viskelæder n; ~absatz m gummihæl; 2artig gummiagtig; ~ball m gummibold; ~band n gummibånd n, elastik; ~bärchen n vingummibamse; ~baum m gummitræ n; ~dichtung f gummipakning, -tætning

gum'mieren gummiere

Gummi|handschuh m gummihandske; ~knüppel m gummiknippel; ~lösung f solution; ~paragraf m F gummiparagraf; ~ring m gummiring; ~schlauch m gummislange; ~schuh m galoche; ~sohle f gummisål; ~stiefel m/pl gummistøvler pl; ~strumpf m MED bandage; støttestrømpe, støttebind n; ~zug m elastik-(indlæg n)

Gunst f ⟨0⟩ gunst, yndest; (Vorteil) fordel; zu meinen ~en i min favør; ~bezeigung f gunstbevisning

günst|ig gunstig; (geneigt) bevågen; (vorteilhaft) fordelagtig, heldig; 2ling m ⟨-s; -e⟩ yndling

Gurgel f ⟨-; -n⟩ strube, hals; 2n v/i ⟨-le⟩ gurgle, skylle; ~wasser n gurglevand n

Gurke f agurk; ~nsalat m agurkesalat; ~nzeit f agurketid (a fig)

gurren v/i kurre

Gurt m ⟨-(e)s; -e⟩ gjord; (Gürtel) bælte n; Auto: sikkerhedssele

Gürtel m bælte n, livrem; (Zone) zone; ~linie f ⟨0⟩ bæltested n; unterhalb der~ under bæltestedet (a fig); ~reifen m radialdæk n; ~rose f helvedesild; ~schnalle f bæltespænde n; ~tier n bæltedyr n

gürten ⟨-e-⟩ omgjorde

Guss m ⟨-es; ⁻e⟩ støbning; (*Abguss*) afstøbning; (*Regen*) styrtregn, regnskyl n; *aus e-m* ⁓ helstøbt; ⁓**eisen** n støbejern n; ⁓**form** f støbeform; ⁓**stahl** m støbestål n

gut ⟨*besser, best-*⟩ god; *es ist* ⁓ det er godt; ⁓ **gelaunt** i godt humør; ⁓ **gemeint** velment; *seien Sie so* ⁓ vær så venlig; *es* ⁓ *haben* have det godt; *auf* ⁓ *Glück* på lykke og fromme; på må og få; *aus* ⁓*er Familie sein* være af god (*od* anset) familie; *adv* godt; ⁓*! godt!*; *kurz und* ⁓ kort og godt; ⁓ *und gern* godt og vel; ⁓ *zwei Monate* mindst to måneder; *so* ⁓ *wie* (lige) så godt som; (*fast*) næsten; *im* ⁓*en* med det gode; ⁓ *gehen* trives; lykkes; *lass es dir* ⁓ *gehen* ha' det godt

Gut n ⟨-(e)s; ⁻er⟩ gode n; (*Land*2) gods n; (*Besitz*) ejendom, formue; *mein Hab und* ⁓ alt hvad jeg ejer; *bewegliches* ⁓ løsøre n

Gut|achten n mening, skøn n; (*Zeugnis*) vidnesbyrd n; (*Memorandum*) betænkning, erklæring; JUR responsum n; ⁓**achter** m sagkyndig, ekspert; 2**artig** velopdragen; MED godartet; 2'**bürgerlich** borgerlig; ⁓**dünken** n: *nach* ⁓ efter (eget) forgodtbefindende

Güte f ⟨0⟩ godhed; kvalitet; (*Freundlichkeit*) venlighed; *du meine* ⁓*!* F ih du store!, vorherrebevares!

Güter|abfertigung f godsekspedition; ⁓**bahnhof** m godsbanegård; ⁓**fähre** f godsfærge; ⁓**fernverkehr** m udenbys godstransport; ⁓**gemeinschaft** f formue-

fællesskab n; ⁓**trennung** f særeje n; ⁓**verkehr** m godstrafik, fragtfart, fragtkørsel; ⁓**wagen** m godsvogn; ⁓**zug** m godstog n

Güte|termin m, ⁓**verhandlung** f forligsforhandling; ⁓**zeichen** n kvalitetsmærke n

gut|gehen → *gut*; ⁓**gehend** succesrig; ⁓**gelaunt** → *gut*; ⁓**gemeint** → *gut*; ⁓**gesinnt** velsindet; ⁓**gläubig** godtroende; 2**haben** n tilgodehavende n, indestående n; ⁓**heißen** godkende, godtage; ⁓**herzig** godhjertet

gütig god, venlig; (*wohlwollend*) velvillig

gütlich fredelig; mindelig; *sich* (*D*) ⁓ *tun* fig gøre sig til gode; *sich* ⁓ *einigen* ordne i mindelighed

gut|machen gøre godt (igen), godtgøre; ⁓**mütig** godmodig; 2**besitzer(in)** m(f) godsejer; 2**schein** m rabatmærke n; kupon, bon; (*Geschenk*) gavekort n; ⁓**schreiben** godskrive, kreditere (*j-m etw.* [*A*]/én ngt); 2**schrift** f godskrift, kreditnota; 2**shof** m herregård, gods n; ⁓ **situiert** velsitueret; 2**templer** m afholdsmand; ⁓**willig** (god)villig

Gymnasi|albildung [-na'zi:l-] f ⟨0⟩ gymnasieuddannelse; ⁓'**aldirektor** m (gymnasie)rektor; ⁓'**allehrer(in)** m(f) gymnasielærer; ⁓**ast** [-'ziast] m ⟨-en⟩ (gymnasie)elev; ⁓**um** [-'na:ziʊm] n ⟨-s; *Gymnasien*⟩ gymnasium n

Gym'nasti|k f ⟨0⟩ gymnastik; 2**sch** gymnastisk

Gynäko'lo|ge m ⟨-n⟩, ⁓**in** f gynækolog; ⁓'**gie** f ⟨0⟩ gynækologi

---

H

H, h [ha:] n H, h n

ha (= *Hektar*) hektar

ha! ha!

Haar n ⟨-(e)s; -e⟩ hår n; *sich* (*D*) *die* ⁓*e machen* frisere sig, rede sit hår; *sich* (*D*) *die* ⁓*e schneiden lassen* blive klippet; ⁓*e auf den Zähnen haben* fig have ben i næsen; *die* ⁓*e stehen mir zu Berge* hårene rejser sig på mit hoved; *auf ein* ⁓ fig på en prik; *um ein* ⁓ på et hængende hår, næsten; *sich in den* ⁓*en liegen* ligge i hårene (*od* F være i totterne) på hinanden; ⁓**ausfall** m håraffald n; (*Mauser*) fældning; ⁓**band** n hårbånd n; ⁓**bürste** f hårbørste; 2**en** v/i *Stoff:* håre; ⁓**entferner** m hårfjerner; ⁓**esbreite** f: *um* ⁓ på et

hængende hår; ⁓**eschneiden** n ⟨-s; 0⟩ (hår)klipning; ⁓**farbe** f hårfarve; ⁓**farbemittel** n hårfarvningsmiddel n; 2**fein** hårfin; 2**genau** på et hår, meget nøje; 2**ig** håret; fig vanskelig; 2**klein** ganske nøjagtig, detaljeret; ⁓**lack** m hårlak; ⁓**locke** f hårlok, krølle; ⁓**nadel** f hårnål; ⁓**nadelkurve** f hårnålesving n; ⁓**netz** n hårnet n; ⁓**pflege** f hårpleje; 2**scharf** fig kneben; ⁓**schnitt** m hårklipning; frisure; ⁓**sieb** n hårsi; ⁓**spalter** m hårkløver, ordkløver; ⁓**spalte'rei** f hårkløveri, ordkløveri n; ⁓**spange** f hårspænde, clips; ⁓**spray** n hårspray (n); ⁓**strähne** f hårtjavs; 2**sträubend** hårrejsende; ⁓**teil** n toupet, paryk; ⁓**tracht** f frisure; ⁓**trockner** m hårtørrer;

føn; **~waschmittel** n hårshampo; **~wasser** n hårlotion; **~wuchs** m hårvækst; **~wurzel** f hårrod

Habe f eje n, ejendom, gods n; *mein Hab und Gut* alt hvad jeg ejer og har

haben ⟨L⟩ have; (*besitzen*) eje; (*bekommen*) få; *gern* ~ synes om, holde af; *nötig* ~ behøve; *ich habe es gut* jeg har det godt; *ich habe es satt* jeg er træt af det; *du hast gut reden* du kan sagtens snakke; *ich habe zu schreiben* (*tun*) jeg skal til at skrive (bestille ngt.); *was hat er?* hvad fejler han?, hvad er der i vejen med ham?; *etw.* (*nichts*) *auf sich* ~ (ikke) have ngt. at betyde; *bei sich* ~ have på sig; *zum Besten* ~ have til bedste; *sich* ~ skabe sig

Haben n ⟨s; 0⟩ ÖKON kredit; *Soll und* ~ debet og kredit

Habenichts m ⟨-es; -e⟩ fattig stodder

Habgier f ⟨0⟩ havesyge, begærlighed; **2ig** havesyg, begærlig

habhaft: ~ *werden* få fat (G/på od i)

Habicht m ⟨-s; -e⟩ høg

Habili|tation [-'tsĭo:n] f erhvervelse af jus docendi; **2tieren:** *sich* ~ blive professor (od docent), få forelæsningsret

Hab|seligkeiten f/pl ejendele, F pakkenelliker pl; **~sucht** f ⟨0⟩ havesyge; **2süchtig** havesyg, begærlig

Hack|beil n lille økse; **~braten** m forloren hare; **~block** m ⟨-(e)s; ⁔e⟩ hakkeblok; **~brett** n hakkebræt, spækkebræt m

Hacke f (*Werkzeug*) hakke; (*Schuh, Strumpf*) hæl

hack|en hakke, *Boden* a hyppe; *Holz* kløve, hugge; v/i *Vogel:* hakke, pikke; **2fleisch** n hakket kød n; **2früchte** f/pl rodfrugter pl (der hyppes); **2messer** n hakkekniv; **2ordnung** f hakkeorden (a fig)

Häcksel m od n ⟨s; 0⟩ hakkelse

Hacksteak n hakkebøf

Hader m ⟨-s; 0⟩ kiv, strid; **2n** v/i ⟨-re⟩ strides, kives; *mit Gott* ~, *mit dem Schicksal* ~ gå i rette med Vorherre, skæbnen

Hafen m ⟨-s; ⁔⟩ havn; **~amt** n havnekontor n, havnevæsen n; **~anlage** f havneanlæg n; **~arbeiter** m havnearbejder; **~damm** m mole, havnedæmning; **~einfahrt** f havneindløb n; **~gebühr** f havneafgift; **~meister** m havnefoged; **~polizei** f havnepoliti n; **~rundfahrt** f havnerundfart; **~stadt** f havneby; **~viertel** n havnekvarter n

Hafer m ⟨-s; 0⟩ havre; **~brei** m havregrød; **~flocken** f/pl (valsede) havregryn pl;

~grütze f havregrød; **~schleim** m havresuppe

Haff n ⟨-(e)s; -s od -e⟩ strandsø, nor n

Haft f ⟨0⟩ hæfte n, varetægtsarrest; fængsel n; *in* ~ *nehmen* arrestere; *aus der* ~ *entlassen* løslade; **2bar** ansvarlig; **~befehl** m arrestordre, fængslingskendelse; **2en** v/i ⟨-e-⟩ sidde (od hænge) fast, blive siddende (od hængende) (*an* D/ved); (*bürgen*) indestå, være ansvarlig (*für* A/for); **~entlassung** f løsladelse (fra fængsel)

Häftling m ⟨-s; -e⟩ arrestant, fange

Haftpflicht f ⟨0⟩ ansvar n; **2ig** ansvarlig; **~versicherung** f ansvarsforsikring

Haftschalen f/pl kontaktlinser pl

Haftung f ansvar n; *Gesellschaft mit beschränkter* ~ (*GmbH*) selskab med begrænset ansvar

Hafturlaub m udgang

Hage|buche f avnbøg; **~butte** f hyben n; **~dorn** m ⟨-(e)s; -e⟩ hvidtjørn

Hagel m ⟨-s; 0⟩ hagl n (a *Schrot*); fig byge; **2dicht** tæt som hagl; **~korn** n haglkorn n; MED bygkorn n; **2n** v/i ⟨-le⟩ hagle (a fig); **~schaden** m haglskade; **~schauer** m haglbyge; **~schlag** m haglvejr n, **~versicherung** f haglskadeforsikring

hager mager; **2keit** f ⟨0⟩ magerhed

Häher m skovskade

Hahn m ⟨-(e)s; ⁔e⟩ hane (a TECH u *Gewehr*2); ~ *im Korbe sein* fig være ene hane i kurven

Hähnchen n (hane)kylling

Hahnen|balken m hanebjælke; **~fuß** m BOT ⟨-es; 0⟩ ranunkel; **~kamm** m hanekam; **~kampf** m hanekamp; **~schrei** m hanegal n; **~sporn** m hanespore

Hahnrei m ⟨-(e)s; -e⟩ hanrej

Hai m ⟨-(e)s; -e⟩ haj (a fig); **~fisch** m haj (-fisk)

Hain m ⟨-(e)s; -e⟩ lund, lystskov

Häkchen [ε:] n lille krog (od hage); GRAM apostrof; anførelsestegn n

Häkel|arbeit f hæklearbejde n; **~ei** [-'laı] f hæklearbejde n; fig drilleri; **2n** v/i ⟨-le⟩ hækle; **~nadel** f hæklenål

haken hage og hægte fast; sidde fast; **2** m hage, krog; (*Heftel*) hægte; (*Kleiderhaken*) knage; *die Sache hat e-n* ~ fig der er en hage ved den sag; **2kreuz** n im *Nationalsozialismus:* hagekors n; **~nase** f ørnenæse

halb halv; *adv* halvt; ~ *automatisch* halvautomatisk; ~ *fertig* halvfærdig; ~ *gar* halvkogt, halvstegt; ~ *nackt* halvnøgen; ~ *offen* halvåben, på klem; ~ *tot* halvdød; ~ *voll* halvfuld; **2affe** m halvabe; **~amt-**

lich halvofficiel; **~automatisch → halb**; 2blut n halvblods; 2bogen m halvcirkel; 2bruder m halvbro(de)r; 2dunkel n halvmørke, tusmørke n; 2edelstein m halvædelsten

halber (G): su + ~ for … skyld, på grund af

Halb|fabrikat n halvfabrikat n; 2fertig → **halb**; 2finale n semifinale; 2gar → **halb**; 2gebildet halvstuderet; **~geschwister** pl halvsøskende pl; **~gott** m halvgud; **~heit** f halvhed

hal'bier|en halvere; 2ung f ⟨0⟩ halvering

Halb|insel f halvø; **~jahr** n halvår n; semester n; 2jährig halvårig; 2jährlich halvårlig; **~kreis** m halvkreds; **~kugel** f halvkugle; 2lang halvlang; 2laut halvhøj; **~leder**band n halvbind n; **~leinen** n halvlærred n; **~leiter** m TECH halvleder; 2mast m halv mast; på halv stang; **~messer** m radius; **~mond** m halvmåne; 2nackt → **halb**; 2offen → **halb**; **~pension** f halv pension; **~produkt** n halvfabrikat n; 2rund halvrund; **~schlaf** m slummer, lur; **~schuh** m sko; **~schwergewicht** n SPORT mellemsværvægt; **~schwester** f halvsøster; **~seide** f halvsilke; 2seitig halvsidig; **~starke(r)** F [,læderjakke"]; **~strumpf** m halvstrømpe; 2stündig en halv times; 2stündlich hver halve time; **~stürmer** m innerwing; 2tägig halvdags-; **~tagsarbeit** f ⟨0⟩ halvdagsarbejde n; **~tagsausflug** m halvdagsudflugt; **~tagsjob** m halvdagsjob m; 2tot → **halb**; **~vokal** m halvvokal; 2voll → **halb**; **~waise** f barn n uden far od mor; 2wegs halvvejs; (ziemlich) nogenlunde; **~zeit** f SPORT halvleg

Halde f skrænt; (Schlacken2) slaggedynge, slaggebjerg n

Hälfte f halvdel; **meine bessere ~** iron min bedre halvdel; **zur ~** halvt; **Kinder (zahlen) die ~** børn halv pris

Halfter n grime; (Pistolen2) pistolhylster n

Hall m ⟨-(e)s; -e⟩ (gen)lyd, klang

Halle f hal, sal; vestibule; (Turn2) gymnastiksal; (Markt2) torvehal; (Flugzeug2) hangar

Halle'luja n ⟨-s; -s⟩ halleluja n

hallen v/i lyde, runge

Hallen|bad n svømmehal; **~handball** m indendørs håndbold; **~sport** m indendørs sport

Hallig f ⟨-; -en⟩ vadehavsø

hallo! hallo!; (Guten Tag!) davs!, hej!

Halluzination [-'tsio:n] f hallucination

Halm m ⟨-(e)s; -e⟩ (halm)strå n; (Trink2) sugerør n

Halo'genscheinwerfer m halogenlygte

Hals m ⟨-es; ⸚e⟩ hals; **~ über Kopf** over hals og hoved; **aus vollem ~e lachen** le af fuld hals; **im ~e stecken bleiben** fig blive siddende i halsen; **bis über den ~** fig til langt op om ørerne; **sich** (D) **etw.** (A) **vom ~e schaffen** skaffe sig ngt. fra halsen; **j-m den ~ abschneiden** fig ruinere én; **das hängt mir zum ~ heraus** F det hænger mig langt ud af halsen; **~abschneider** m fig ågerkarl; **~ausschnitt** m halsudskæring; **~band** n halsbånd n; (Hunde-) hundehalsbånd n; **~binde** f halsbind n; 2brecherisch halsbrækkende; **~bruch** m: **Hals- und Beinbruch!** F held og lykke!; **~entzündung** f halsbetændelse; **~kette** f halskæde; **~krankheit** f halssygdom; **~krause** f pibekrave

Hals-Nasen-'Ohren-|Arzt m, **~Ärztin** f øre-næse-halslæge

Hals|schlagader f halspulsåre; **~schmerzen** m/pl halssmerter pl, ondt i halsen; **~schmuck** m halssmykke n; 2starrig stivnakket; genstridig, halsstarrig; **~tuch** n halstørklæde n; **~weh** n ondt i halsen; **~wirbel** m halshvirvel

halt adv (süddeutsch) nu engang, skam, sandelig

Halt m ⟨-(e)s; -e⟩ holdt n, standsning, stop n, ophold n; (Stütze) støttepunkt, holdepunkt n; fig fasthed, hold(ning) n; **~ machen** gøre holdt; fig standse, stoppe; **~!** stop!; **den ~ verlieren** miste fodfæstet

haltbar holdbar; varig; (fest) fast; 2keit f ⟨0⟩ holdbarhed

halten ⟨L⟩ **1.** v/t holde (a Rede); **Frieden ~** holde fred; **Gericht über j-n ~** sidde til doms over én; **den Mund ~** holde mund; **e-e Sitzung ~** holde møde; **~ für** anse (od holde) for; **was ~ Sie davon?** hvad mener De om det?; **2.** v/i holde (a fig); (anhalten) standse, stoppe, holde; **das Eis hält** isen kan bære; **die Farbe hält** farven holder sig; **der Zug hält** toget holder; **dicht ~** holde tæt; fig → **dichthalten**; **3.** **sich ~** holde sig (an A/til); (Waren) holde sig; **sich rechts (links) ~** holde (sig) til højre (venstre)

Halte|platz m holdeplads; **~punkt** m holdepunkt n; **~r** m holder; (Federhalter) penneskaft n; fyldepen; (Handgriff) håndtag n, greb n; (Besitzer e-s Autos) ejer; **~schild** n stopskilt n; **~signal** n stopsignal n; **~stelle** f stoppested n, holdeplads; **~verbot** n stopforbud n; **~zei-**

chen n stopsignal n
haltlos ⟨-est⟩ holdningsløs, uden holdning; (unbegründet) uholdbar; 2igkeit f ⟨0⟩ holdningsløshed; Argument: uholdbarhed; (Entwurzelung) rodløshed
haltmachen → Halt
Haltung f holdning (a fig); ~sschäden m/pl MED holdningsskader pl
Ha'lunke m ⟨-n⟩ halunk, slyngel
Hamburg|er(in) m(f) indbygger i Hamburg; Speise: hamburger; 2isch hamburger
hämisch ondskabsfuld, lumsk
Hammel m bede; fig fjog n; ~braten m bedesteg; ~fleisch n bedekød n; lammekød n; ~keule f bedekølle
Hammer m ⟨-s; ¨⟩ hammer; unter den ~ kommen fig komme under hammeren
Hammerfisch m hammerhaj
hämmern ⟨-re⟩ hamre, banke
Hammer|schlag m hammerslag n; ~stiel m hammerskaft n; ~werfen n ⟨-s; 0⟩ SPORT hammerkast n
Hämoglo'bin n ⟨-s; 0⟩ hæmoglobin n
Hämorrhoiden [hɛːmɔrɔ'iːdən] f/pl hæmorroider pl
Hampelmann m sprællemand (a fig)
Hamster m hamster; ~er m F hamster; 2n ⟨-re⟩ fig hamstre
Hand f ⟨-; ¨e⟩ hånd; j-m die ~ drücken trykke én i hånden; alle Hände voll zu tun haben have fuldt op at gøre, have travlt; Hände weg! væk med fingrene (od F grabberne)!; an die ~ geben give i hænde; j-m zur ~ gehen fig gå én til hånde; an der ~ haben fig have på hånden; es liegt auf der ~ fig det er tydeligt nok; aus erster ~ på første hånd; von der ~ in den Mund leben fig leve fra hånden (og) i munden; bei der ~, zur ~ ved hånden; unter der ~ ØKON under hånden; zu Händen des (til) hr. X personlig, att; ~breit → Handbreit; ~ voll → Handvoll
Hand|arbeit f håndarbejde n; ~arbeiter m håndens arbejder, kropsarbejder; ~aufheben n ⟨-s; 0⟩ håndsoprækning; ~auflegen n ⟨-s; 0⟩ håndspålæggelse
Handball m ⟨-(e)s; 0⟩ håndbold; ~(spiel)er m håndboldspiller
Hand|bewegung f håndbevægelse; ~bohrer m vridbor n; ~brause f Bad: telefonbruse(r); ~breit f ⟨-; -⟩ håndsbred; ~bremse f håndbremse; ~buch n håndbog; ~bürste f neglebørste; ~dusche f håndbruse, telefonbruse(r)
Hände|druck m håndtryk n; ~klatschen n ⟨-s; 0⟩ håndklap n, klappen

Handel m ⟨-s; 0⟩ handel; (Kauf) køb n; (Geschäft) forretning; ~ treibend → handeltreibend
Händel m/pl (Streit) strid, kiv
handeln v/i ⟨-le⟩ handle (von D/om); (a ØKON) handle; drive handel (mit D/med); (feilschen) købslå, handle, tinge (um A/om); sich ~ dreje sig, handle (um A/om)
Handels|abkommen n handelsaftale; ~artikel m handelsartikel; ~attaché m handelsattaché; ~beschränkungen f/pl handelsrestriktioner pl; ~beziehungen f/pl handelsforbindelser pl; ~bilanz f handelsbalance; ~brauch m handelsbrug, usance; 2einig: ~ sein (werden) være (blive) enige (om handelen); ~firma f handelsfirma n; ~flagge f handelsflag n; ~flotte f handelsflåde; ~freiheit f ⟨0⟩ erhvervsfrihed; ~gesellschaft f handelsselskab n; ~gesetz n handelslov; ~hochschule f handelshøjskole; ~kammer f handelskammer; ~klasse f Obst, Gemüse: handelsklasse; ~korrespondenz f handelskorrespondance; ~krieg m handelskrig; ~mann m ⟨-(e)s; Handelsleute⟩ handelsmand, handlende; ~marine f handelsflåde; ~marke f varemærke n; ~minister m handelsminister; ~politik f handelspolitik; ~register n firmaforteg-nelse, handelsregister n; ~reisende(r) handelsrejsende, repræsentant; ~schiff n handelsskib n; ~schule f handelsskole; ~spanne f avance, fortjeneste; ~sperre f handelsblokade, embargo; ~statistik f handelsstatistik n; 2üblich skik og brug inden for handel
händelsüchtig trættekær
Handels|unternehmen n handelsforetagende n; ~vertrag m handelsaftale; ~vertreter m repræsentant; ~vertretung f handelsrepræsentation; ~ware f handelsvare; ~wert m handelsværdi; ~wesen n ⟨-s; 0⟩ handelsvæsen n; ~zentrum n handelscentrum n; ~zweig m forretningsgren
handeltreibend handlende
hände|ringend hændervridende; 2waschen n ⟨-s; 0⟩ at vaske hænder, håndvask; er wäscht seine Hände in Unschuld han vasker sine hænder
Hand|feger m fejekost; ~fertigkeit f fingerfærdighed; ~fesseln f/pl (et par) håndjern (pl); 2fest håndfast; kraftig, solid, kontant; ~feuerwaffe f håndskydevåben n; ~fläche f håndflade; 2gearbeitet håndlavet, håndgjort; ~gelenk n håndled

H

n; &gemein: **~ werden** komme i håndgemæng; **~gemenge** *n* håndgemæng *n*; **~gepäck** *n* håndbagage; &geschrieben håndskreve *n*, skrevet i hånden; &gewebt håndvævet; **~granate** *f* håndgranat; &greiflich håndgribelig; **~ werden** gå over til håndgribeligheder; **~griff** *m* håndtag *n*; håndgreb *n*; *Schwert:* (sværd)fæste *n*, (sværd)hæfte *n*; &groß så stor som en hånd; &habbar til at håndtere (*nachgestellt*); **~habe** *f* fig foranledning, holdepunkt *n*; &haben håndtere; anvende; føre; fig håndhæve; **~habung** *f* håndtering, anvendelse; fig håndhævelse

Handikap ['hɛndi·kɛp] *n* ⟨-s; -s⟩ handikap *n*

Hand|karren *m* trækvogn; **~koffer** *m* håndkuffert; **~korb** *m* hankekurv; **~kuss** *m* håndkys *n*; **~langer** *m* håndlanger; hjælper

Händler *m* handlende, handelsmand; in Zssgn ohandler; **~preis** *m* forhandlerpris

Hand|leser *m* kiromantiker; &lich praktisk, handy, let håndterlig; **~linie** *f* håndlinje

Handlung *f* handling; (*Laden*) handel, forretning

Handlungs|freiheit *f* ⟨0⟩ handlefrihed; **~reisende(r)** handelsrejsende; **~vollmacht** *f* prokura; **~weise** *f* handlemåde

Hand|puppe *f* fingerdukke; **~reichung** *f* håndsrækning; **~säge** *f* håndsav; **~schelle** *f* håndjern *n*; **~schlag** *m* håndslag *n*

Handschrift *f* håndskrift; &lich skriftlig; håndskreven

Hand|schuh *m* handske; **~schuhfach** *n* handskerum *n*; **~spiegel** *m* håndspejl *n*; **~stand** *m*: **~ machen** stå på hænder; **~streich** *m* overrumpling; fig kup *n*; **~tasche** *f* håndtaske; **~teller** *m* håndflade

Handtuch *n* håndklæde *n*; **~halter** *m* håndklædeholder

Hand|umdrehen *n*: **im ~** i en håndevending; &verlesen håndplukket (*a fig*); **~voll** *f* ⟨-; -⟩ håndfuld

Handwerk *n* håndværk *n*; **j-m das ~ legen** sætte en stopper for; **~er(in)** *m(f)* håndværker

Handwerks|betrieb *m* håndværksvirksomhed; **~bursche** *m*, **~geselle** *m* håndværkssvend; **~innung** *f* håndværkerlav *n*; **~zeug** *n* værktøj *n*

Handwurzel *f* håndrod

Handy ['hɛndi·] *n* ⟨-s; -s⟩ mobiltelefon; **~nummer** *f* mobilnummer *n*

Hand|zeichnung *f* håndtegning; **~zettel** *m* reklameseddel; (*Flugblatt*) løbeseddel

hanebüchen F grov, stærk, uhørt

Hanf *m* ⟨-(e)s; 0⟩ hamp

Hänfling *m* ⟨-s; -e⟩ irisk

Hanfseil *n* hampereb *n*

Hang *m* ⟨-(e)s; ≈e⟩ hang (*n*), tilbøjelighed; (*Abhang*) skråning, skrænt

Hangar ['haŋɡaːʀ] *m* ⟨-s; -s⟩ hangar

Hänge|bauch *m* hængemave; **~brücke** *f* hængebro; **~lampe** *f* hængelampe

hangeln ⟨-le⟩ *v/i* (*sn u haben*) gå armgang

Hängematte *f* hængekøje

hängen *v/i* ⟨L⟩ u *v/t* hænge (*a fig*); **den Kopf ~ lassen** hænge med hovedet; **mit** & **und Würgen** F med nød og næppe; **~ bleiben** blive hængende (*an D*/ved); (*stocken*) gå i stå; F (*Schule*) måtte gå en klasse om; **~ lassen** lade hænge; **~bleiben → hängen**; **~lassen → hängen**

Hänger *m* kåbe, løsthængende frakke; (*Auton*&) anhænger

Hänge|schloss *n* hængelås; **~schrank** *m* hængeskab *n*; **~weide** *f* grædepil

Hanse *f* ⟨0⟩ hanse, hansa; &atisch hanseatisk, hanse-

Hänse|lei *f* drilleri *n*, mobning; &ln ⟨-le⟩ (små)drille, gøre grin med

Hansestadt *f* hansestad, hanseby

Hans'wurst *m* ⟨-(e)s; -e⟩ bajads, nar

Hantel *f* ⟨-; -n⟩ håndvægt

han'tier|en håndtere; *v/i* arbejde (*mit D*/med); &ung *f* håndtering

hapern *v/i* ⟨-re⟩ gå i stå; være mangelfuld

Happ|en *m* mundfuld, bid, haps; &ig grådig; (*stark*) stærk, grov

Happy End [hɛpi·'ɛnd] *n* ⟨-s; -s⟩ happy end(ing)

Harde *f* herred *n*

Harem *m* ⟨-s; -s⟩ harem *n*

Harfe *f* harpe; **~nist(in)** *m* ⟨-en⟩ (*f*) harpespiller

Harke *f* rive; &n rive

Harlekin [-ləkiːn] *m* ⟨-s; -e⟩ harlekin

härmen: sich ~ græmme sig, harmes

harmlos ⟨-est⟩ uskyldig, ufarlig; naiv; &igkeit *f* uskyldighed

Harmo'n|ie *f* harmoni; overensstemmelse; &ieren *v/i* harmonere, overensstemme; **~ika** [-'moː·] *f* ⟨-; -s⟩ harmonika; &isch [-'moː·] harmonisk; &ium [-'moː·] *n* ⟨-s; *Harmonien*⟩ stueorgel *n*, harmonium *n*

Harn *m* ⟨-(e)s; 0⟩ urin; **~blase** *f* urinblære; &en lade vandet; F tisse, pisse

Harnisch *m* ⟨-(e)s; -e⟩ harnisk *n*; **in ~ bringen** fig bringe i harnisk

Harn|röhre *f* urinrør *n*; &treibend vanddrivende; **~zwang** *m* ⟨-(e)s; 0⟩ smertefuld vandladningstrang

Har'pu|ne f harpun; **2'nieren** harpunere

harren v/i (G; **auf** A) vente (på)

Harsch m ‹-es; 0› isskorpe

hart ‹*er*; *est*› hård (*a Wasser*); (*steif*) stiv; (*streng*) streng; (*schwierig*) drøj, besværlig; ~ **werden** stivne, hærdne; *adv* ~ **an** (*D u A*) tæt op til, lige ved; ~ **gekocht** hårdkogt

Härte f hårdhed (*a Wasser*); (*Strenge*) strenghed; ~**fall:** *m* **er ist ein** ~ han er særlig hårdt ramt; **2n** ‹-e-› hærde, gøre hård

Hart|futter n tørfoder n; **2gekocht → hart;** ~**geld** n ‹-(e)s; 0› skillemønt, klingende mønt; **2gesotten** *fig* forhærdet, (*hart*-*kogt*); ~**gummi** m ebonit; **2herzig** hårdhjertet; ~**holz** n hårdt træ; ~**hölzer** n/pl hårde træarter pl; **2näckig** hårdnakket, stivsindet; ~**näckigkeit** f ‹0› hårdnakkethed

Härtung f hærdning

Hartwährung f hård valuta

Harz[1] [aː] m: **der** ~ Harzen

Harz[2] [aː] n ‹-es; -e› harpiks (n); **2en** ‹-t› afgive harpiks; **2ig** harpiksagtig; fuld af harpiks

Ha'sardspiel n hasardspil n

Ha'schee ‹-s; -s› hachis

haschen v/i gribe, fange; **nach etw.** (*D*) ~ gribe (*od fig* jage) efter ngt.; v/i (*Haschisch rauchen*) ryge hash

Häschen n harekilling

Haschisch n ‹-; 0› hash

Hase m ‹-en› hare

Hasel f ‹-; -n› hassel; ~**maus** f hasselmus; ~**nuss** f haselnød; ~**strauch** m nøddebusk, hasselbusk

Hasen|braten m haresteg; ~**fuß** m harefod; F kujon, bangebuks; ~**klein** n ‹-s; 0›, ~**pfeffer** m hareragout; ~**scharte** f hareskår n

Häsin f hunhare

Haspe f haspe, krog

Haspel f ‹-; -n› (*Garn*2) garnvinde, haspe; **2n** ‹-le› *Garn* haspe; (*hochwinden*) vinde, hejse (op)

Hass m ‹-es; 0› had n (**gegen** A/til *od* mod)

hass|en hade; ~**enswert** værd at hade; **2er** m hader

hasserfüllt hadefuld, hadsk

hässlich hæslig, grim, styg; **2keit** f hæslighed, styghed

Hassliebe f had-kærligheds-forhold n

Hast f ‹0› hast(værk n); **2en** v/i ‹-e-; sn› haste, skynde sig; **2ig** hurtig, hastig

Hätschel|kind ['hɛː-] n kælebarn n; **2n** ‹-le› klappe, kæle for; (*verwöhnen*) for-

---

kæle; ~**tier** n kæledyr n, krammedyr n

hat'schi! atjih!

Hatz f parforcejagt; *fig* jag n, ræs n

Häubchen n hue, hætte, kappe

Haube f hætte, kappe, kyse; (*Motor*2) hjælm; ARCH kuppel; **unter die** ~ **kommen** *fig* blive gift

Hau'bitze f haubits

Hauch m ‹-(e)s; -e› ånde; (*Luftzug*) (vind)pust n, luftning; duft; *fig* stænk n; anelse; **2'dünn** spindelvævstynd; *fig* hårfin; **2en** v/i ånde; (*blasen*) puste; ~**laut** m spirant

Haudegen m huggert; *fig* hugaf, krigsmand

Haue f ‹0› F prygl, klø pl; **2n** hugge; (*schlagen*) slå; F prygle; **um sich** ~ slå om sig; **übers Ohr** ~ *fig* snyde, flå; **sich** ~ F slås; ~ *m* hugger; (*Zahn*) hugtand

häufeln ‹-le› *Kartoffeln* hyppe

Haufen m bunke, dynge, hob, mængde; (*Schar*) flok; **über den** ~ **schießen** *fig* skyde ned; **über den** ~ **werfen** vælte, kaste om; *fig* kuldkaste

häufen ophobe (**sich** sig), dynge (*od* stable) sammen, **sich** ~ ophobe sig, tiltage

haufen|weise i bunkevis, i massevis; **2wolke** f kumulussky, klodesky

häufig adj hyppig; (*zahlreich*) talrig; *adv* (tit og) ofte; **2keit** f ‹0› hyppighed

Häufung f ophobning (*a fig*)

Haupt n ‹-(e)s; *er*› hoved n; (*Führer*) overhoved n; (*Hauptperson*) hovedmand; ~**absicht** f hovedformål n; ~**ader** f hovedåre; ~**altar** m højalter n; **2amtlich** som hoveerhverv; ~**augenmerk** n hovedinteresse; ~**bahnhof** m hovedbanegård; **2beruflich** som hovederhverv; ~**bestandteil** m hovedbestanddel; ~**darsteller(in)** m(f) hovedperson; **als** ~ i hovedrollen; ~**deck** n øverste dæk n; ~**eingang** m hovedindgang; ~**fach** n hovedfag, linjefag n; ~**fehler** m hovedfejl; ~**gebäude** n hovedbygning; ~**gegenstand** m hovedemne n; ~**gericht** n *Speise:* hovedret; ~**geschäftsstelle** f hovedcentral, hovedkontor n; ~**gewinn** m hovedgevinst

Häuptling m ‹-s; -e› høvding; **2s** hovedkuls

Haupt|mahlzeit f hovedmåltid n; ~**mann** m ‹-(e)s; *Hauptleute*› MIL kaptajn; (*Räuber-*) høvding; ~**merkmal** n vigtigste kendetegn n; ~**mieter** m egentlig lejer; ~**nenner** m generalnævner; ~**person** f hovedperson; ~**post** f ‹0›, ~**postamt** n hovedpostkontor n; ~**probe** f generalprøve; ~**punkt** m hovedpunkt n; ~**quartier** n ho-

H

vedkvarter *n*; ~**regel** *f* hovedregel; ~**reisezeit** *f* rejsehøjsæson; ~**rolle** *f* hovedrolle; ~**sache** *f* hovedsag; 2**sächlich** hovedsagelig, væsentlig; ~**saison** *f* højsæson; ~**satz** *m* hovedsætning; ~**schalter** *m* EL hovedafbryder; ~**schlüssel** *m* hovednøgle; ~**schuld** *f* ⟨0⟩ hovedskyld; ~**schule** *f* folkeskole (kl. 5-10); ~**sicherung** *f* hovedsikring; ~**speicher** EDV *m* arbejdsdrev *n*; ~**stadt** *f* hovedstad; ~**straße** *f* hoved(lande)vej; *Stadt:* hovedgade, F strøg *n*; ~**studium** *n* overbygning; ~**teil** *m* hoveddel; ~**ursache** *f* hovedårsag; ~**verkehr** *m* hovedtrafik; ~**verkehrsstraße** *f* hovedfærdselsåre; ~**verkehrszeit** *f* myldretid; ~**versammlung** *f* generalforsamling; ~**verwaltung** *f* hovedadministration; ~**werk** *n* hovedværk *n*; ~**wort** *n* ⟨-(e)s; ¨er⟩ navneord *n*, substantiv *n*

hau' ruck! hiv ohøj!

Haus *n* ⟨-es; ¨er⟩ hus *n*; (*Heim*) hjem *n*; (*Familie*) familie, slægt; (*Firma*) handelshus *n*, firma *n*; ~**altes** ~ *fig* gammel fyr (*od* ven); ~**frei** ~ portofrit; *nach Hause* hjem; *zu Haus od zu Hause* hjemme; *bei uns zu* ~ (hjemme) hos os; *von* ~ *aus* hjemmefra; oprindelig; ~**angestellte** *f* husassistent; ~**apotheke** *f* husapotek *n*; ~**arbeit** *f* husgerning, husholdning; *Schule:* lektier *pl*; ~**arrest** *m* husarrest; ~**arzt** *m* huslæge; ~**aufgaben** *f/pl* hjemmearbejde *n*; *Schule:* lektier *pl*; ~ *machen* læse lektier; 2**backen** *fig* prosaisk, indskrænket; traditionel, naiv; ~**bar** *f* hjemmebar; ~**bau** *m* ⟨-(e)s; -ten⟩ bygning (af hus *n*); ~**besetzer** *m* bz'er; ~**besitzer(in)** *m(f)* husejer; ~**besuch** *m* besøg *n* i hjemmet; ~**bewohner(in)** *m(f)* husbeboer; ~**boot** *n* husbåd

Häuschen *n* lille hus *n*; *aus dem* ~ *sein fig* F være kulret (*od* ude af flippen)

Haus|diener *m* hotelkarl; 2**en** *v/i* ⟨-t⟩ bo; (*wüten*) husere, støje, rase

Häuser|block *m* ⟨-(e)s; -s⟩ husblok, karré; ~**flucht** *f* husrække; ~**makler** *m* ejendomsmægler

Haus|flur *m* entré; forstue; ~**frau** *f* husmo(de)r; ~**freund** *m* ven af huset; (*Liebhaber*) husven; ~**friedensbruch** *m* krænkelse af husfreden; ~**gebrauch** *m* husbrug; ~**gehilfin** *f* husassistent; 2**gemacht** hjemmelavet; ~**genosse** *m* husfælle; ~**gerät** *n* husholdningsredskaber *pl*; husgeråd *n*; ~**gericht** *n* husets specialitet

Haushalt *m* ⟨-(e)s; -e⟩ husholdning; (*Etat*)

budget *n*; 2**en** *v/i* ⟨-e-⟩ holde hus

Haushälter|in *f* husholderske; 2**isch** sparsommelig, økonomisk

Haushalts|ausschuss *m* finansudvalg *n*; ~**jahr** *n* finansår *n*; ~**plan** *m* budgetforslag *n*, finanslovsforslag *n*

Haushaltung *f* husholdning; ~**sschule** *f* husholdningsskole; ~**svorstand** *m* familieoverhoved *n*

Haus|herr(in) *m(f)* husets herre (frue); *Gastgeber(in)* vært(inde); 2**'hoch** himmelhøj, vældig; ~**hund** *m* gårdhund

hau'sieren *v/i* falbyde varer, sælge ved dørene; 2**er** *m* bissekræmmer

Haus|kleid *n* hjemmekjole; ~**lehrer** *m* huslærer

Häusler *m* husmand

häuslich huslig; (*gemütlich*) hjemlig; hyggelig; (*sparsam*) sparsommelig; 2**keit** *f* ⟨0⟩ huslighed

Hausmacherart *f: nach* ~ hjemmelavet

Haus|mädchen *n* stuepige; husassistent; ~**mannskost** *f* borgerlig mad; ~**marke** *f* bomærke *n*; (*Spezialmarke*) yndlingsmærke *n*; specialmærke *n*; ~**meister(in)** *m(f)* vicevært; ~**mittel** *n* husråd *n*; ~**müll** *m* køkkenaffald *n*; ~**mütterchen** *n iron* lillemor; ~**nummer** *f* husnummer *n*; ~**ordnung** *f* husreglement *n*, husvedtægt; ~**rat** *m* ⟨-(e)s; 0⟩ husgeråd *n*; ~**ratsversicherung** *f* indboforsikring; ~**schlüssel** *m* gadedørsnøgle; ~**schuhe** *m/pl* hjemmesko *pl*; *für Kinder:* sutsko *pl*

Hausse ['ho:s(ə)] *f* hausse

Haussegen *m: der* ~ *hängt schief* det knager i ægteskabet

Haus|stand *m* ⟨-(e)s; 0⟩ husstand; ~**suchung** *f* husundersøgelse; JUR ransagning; ~**tier** *n* husdyr *n*; ~**tür** *f* gadedør; ~**vater** *m* husfader; ~**versicherung** *f* indboforsikring; ~**verwalter** *m* vicevært; ~**verwaltung** *f* ejendomskontor *n*; ~**wart** *m* pedel; ~**wirt(in)** *m(f)* ejer; ~**wirtschaft** *f* ⟨0⟩ husholdning; *Studienfach:* hjemkundskab

Haut *f* ⟨-; ¨e⟩ hud, skind *n*; *auf der Milch:* hinde, skind *n*; *nur* ~ *und Knochen* det bare skind og ben; *bis auf die* ~ lige til skindet; *aus der* ~ *fahren fig* gå ud af sit gode skind; *mit* ~ *und Haar* med hud og hår; *mit heiler* ~ *davonkommen* slippe helskindet bort, komme fra det med skindet på næsen; ~**abschürfung** *f* hudafskrabning; ~**arzt** *m* hudlæge; ~**ausschlag** *m* udslæt *n*

Häutchen *n* tynd hinde (*od* hud)

Hautcreme *f* hudcreme

häuten ⟨-e-⟩ flå; **sich ~** skifte ham

hauteng stramtsiddende

Haut|farbe f hudfarve; **~krankheit** f hudsygdom; **~krebs** m MED hudkræft; **2nah: etw.** (A) **~ erleben** fig opleve ngt. på sin egen krop; **~pflege** f hudpleje

Häutung f flåning; hamskifte, hudskifte n

Hautunreinheit f uren hud

Hava'rie [-v-] f havari n, forlis n

Hbf. (= **Hauptbahnhof**) hovedbanegård

he! hov!

Hearing ['hɪːR-] n ⟨-s; -s⟩ høring

Hebamme f jordemoder

Hebe|baum m, **~l** m løftestang; (Fußhebel) pedal; **alle Hebel in Bewegung setzen** fig sætte himmel og jord i bevægelse; **2n** ⟨L⟩ løfte (i vejret), hæve; (erhöhen) opløfte; fig højne, forøge; **einen ~** F drikke et glas; **~ sich ~** hæve (od løfte) sig; **~r** m hævert; (Wagen-) donkraft

he'bräisch hebraisk

Hebung f løftning, hævning; (Verbessern) fremme n, højnelse

Hechel f ⟨-; -n⟩ hegle; **2n** ⟨-le-⟩ hegle (a fig); **v/i** gispe, sladre

Hecht m ⟨-(e)s; -e⟩ gedde; fig fyr; **~sprung** m SPORT udspring n (på hovedet)

Heck n ⟨-(e)s; -e od -s⟩ NAUT u Auto: hæk

Hecke f hæk, hegn n

Hecken|rose f vild rose; **~schere** f hækkesaks, havesaks; **~schütze** m snigskytte

Heck|klappe f Auto: bagsmæk; **~motor** m hækmotor; **~scheibe** f bagrude

heda! hov!

Heer n ⟨-(e)s; -e⟩ hær (a fig)

Heeres|bericht m frontberetning; **~dienst** m ⟨-(e)s; 0⟩ krigstjeneste; **~leitung** f hærkommando

Heer|führer m hærfører, feltherre; **~schar** f hærskare; **~schau** f troppeparade; **~straße** f hærvej; **~wesen** n ⟨-s; 0⟩ militærvæsen n

Hefe f gær; (Bodensatz) bærme, bundfald n; **~teig** m gærdej; **~weizen** n (Bier) hvedeøl

Heft n ⟨-(e)s; -e⟩ hæfte n; (Schreib2) stilebog; (Griff) skæfte n, håndtag n; (Stiel) skaft n; **2en** ⟨-e-⟩ hæfte (a Buch); (nähen) ri; Blick hæfte, fæste (**auf** A/på)

heftig heftig; voldsom; (hitzig) opfarende, hidsig; **2keit** f heftighed; hidsighed, voldsomhed

Heft|klammer f clips; **~maschine** f hæftemaskine; **~naht** f ri-søm; **~pflaster** n hæfteplaster; **~zwecke** f tegnestift

Hege f ⟨0⟩ pleje, pasning, røgt

Hegemo'nie f hegemoni n, overherredømme n

hegen pleje, beskytte; Wald frede; **Zweifel (Besorgnis) ~** nære tvivl (ængstelse)

Hegering m jagtforening

Hehl n ⟨-(e)s; 0⟩: **kein(en) ~ aus etw.** (D) **machen** ikke lægge skjul på ngt.; **~er(in)** m(f) hæler; **~e'rei** f hæleri n

hehr poet ophøjet, høj

hei! hej!, hov!

Heide¹ m ⟨-n⟩ hedning

Heide² f hede; **~kraut** n ⟨-(e)s; 0⟩ lyng; **~landschaft** f hedelandskab n

Heidelbeere f blåbær n

Heiden|angst f F skrækkelig angst; **~arbeit** f F helvedesarbejde n, hestearbejde n; **~geld** n F stor bunke penge; **~lärm** m F helvedes spektakel

Heide(n)röschen n hederose

Heiden|spaß m F morderlig sjov; **~tum** n ⟨-s; 0⟩ hedenskab n

hei'di! af sted!

Heid|in f hedning(ekvinde); **2nisch** hedensk

Heidschnucke f hedefår n

heikel ⟨-kl-⟩ kildon, vanskelig; Affäre: speget, kilden

heil hel, uskadt; (geheilt) lægt, helbredt

Heil n ⟨-(e)s; 0⟩ held n, lykke; (Rettung) frelse (a REL), redning; **sein ~ versuchen** prøve sin lykke

Heiland m ⟨-(e)s; 0⟩ frelser

Heil|anstalt f sanatorium n, klinik, kursted n; **~bad** n kur(bade)sted n; **2bar** helbredelig; **2bringend** heldbringende; sund; **~brunnen** m sundhedsbrønd; mineralvand n; **~butt** m helleflynder; oft a rødspætte; **2en** v/t helbrede, læge (**von** D/for); fig afhjælpe; v/i ⟨sn⟩ læges, helbredes, heles; **2'froh** kisteglad; **~gymnastik** f sygegymnastik

heilig hellig; **der 2e Geist** Helligånden; **2'abend** m Weihnachten: juleaften; **2e** m/f helgen; **~en** hellige, helliggøre; helligholde; **2enbild** n helgenbillede n; **2enschein** m glorie; **~halten** helligholde; **2keit** f ⟨0⟩ hellighed; **~sprechen** kanonisere; **2sprechung** f kanonisering; **2tum** n ⟨-s; ~er⟩ helligdom; **2ung** f helligholdelse; helliggørelse

Heil|klima n helbredende klima n; **~kraft** f lægekraft; **~kräuter** n/pl lægeurter pl; **~kunde** f ⟨0⟩ lægevidenskab; **2los** ⟨-est⟩ fig forfærdelig, usalig; **~methode** f helbredelsesmetode; **~mittel** n lægemiddel n; **~pflanze** f lægeurt; **~praktiker(in)** m(f) naturlæge; **~quelle** f sund-

H

heds-, helligkilde, sundhedsbrønd; 2**sam**
lægende; f*ig* sund, gavnlig, nyttig

Heils|armee f ⟨0⟩ Frelsens Hær; ~**bot‐
schaft** f evangelium n

Heilserum n (lægende) serum n

Heilslehre f frelseslære

Heil|stätte f kursted n; ~**ung** f helbredelse;
~**verfahren** n kur(metode), lægebehand‐
ling; ~**wirkung** f helbredende virkning

heim *adv* hjem

Heim n ⟨-(e)s; -e⟩ hjem n, bolig; institution;
~**arbeit** f hjemmearbejde n

Heimat f ⟨0⟩ hjemstavn, fødeegn; (*Hei‐
matland*) hjemland n; **ohne ~** hjemløs;
~**anschrift** f hjemadresse; ~**dichtung** f
hjemstavnsdigtning; ~**hafen** m NAUT
hjemsted n; ~**kunde** f ⟨0⟩ hjemstavns‐
kundskab; ~**land** n hjemland, fædreland
n; 2**lich** hjemlig; 2**los** hjemløs; ~**muse‐
um** n hjemstavnsmuseum n; ~**recht** n
hjemstedsret; ~**vertriebene(r)** flygtning

heim|begeben: **sich** ~ begive sig hjem;
~·**bringen** bringe (med) hjem; 2**chen**
n: ~ **am Herd** iron lillemor; ~**fahren**
v/i ⟨*sn*⟩ køre hjem; 2**fahrt** f hjemrejse,
hjemtur; ~**finden** finde hjem; ~**führen**
hjemføre; 2**gang** m ⟨-(e)s; 0⟩ hjemvej;
f*ig* bortgang, død; ~**gehen** v/i ⟨*sn*⟩ gå
hjem; f*ig* gå bort, dø; ~**isch** (*eingeboren*)
hjemmehørende, indfødt; (*inländisch*)
indenlandsk; (*vertraut*) hjemlig; **sich** ~
fühlen føle sig hjemme; ~ **werden**
komme til at føle sig hjemme

Heimkehr f ⟨0⟩ hjemkomst; 2**en** v/i ⟨*sn*⟩
vende hjem (*od* tilbage); ~**er** m hjem‐
vendt krigsfange

Heim|kino n hjemmebiograf; 2·**kommen**
v/i ⟨*sn*⟩ komme hjem; ~**leiter(in)** m(f)
forstander; 2·**leuchten** v/i (D) f*ig* jage
bort

heimlich hemmelig; 2**keit** f hemmelighed;
2**tue'rei** f hemmelighedskræmmeri n

Heim|reise f hjemrejse; 2·**schicken** hjem‐
sende; ~**spiel** n hjemmekamp; ~**stätte** f
hjemsted n; 2·**suchen** hjemsøge; ~**such‐
ung** f hjemsøgelse; ~**trainer** m kondi‐
-redskab n; ~**tücke** f ondskab; 2**tückisch**
ondskabsfuld; 2**wärts** hjemad; ~**weg** m
hjemvej; ~**weh** n ⟨-s; 0⟩ hjemve; ~**wehr**
f hjemmeværn n, civilforsvar n; 2·**zahlen**
f*ig* gengælde

Heinzelmännchen n nisse(mand)

Heirat f giftermål n, ægteskab n; 2**en** ⟨-e-⟩
gifte sig (*j-n* med en)

Heirats|antrag m ægteskabstilbud n, frieri
n; ~**anzeige** f ægteskabsannonce; ~**büro**
n ægteskabsbureau n; 2**fähig** giftefærdig;

2**lustig** giftesyg; ~**schwindler** m ægte‐
skabssvindler; ~**urkunde** f vielsesattest;
~**vermittlung** f ægteskabsformidling;
~**versprechen** n ægteskabsløfte n

heiser hæs; 2**keit** f ⟨0⟩ hæshed

heiß ⟨-est⟩ hed, varm; (*innig*) inderlig,
brændende; **mir ist ~** jeg bliver så hed;
sich ~ laufen løbe varm; ~ **geliebt** inder‐
ligt elsket; ~**blütig** varmblodig, hidsig

heißen ⟨L⟩ **1.** v/i hedde, kaldes; (*bedeu‐
ten*) betyde; **wie ~ Sie?** hvad hedder
De?; **wie heißt das auf Dänisch?** hvad
hedder det på dansk?; **das heißt (d. h.)**
det vil sige (d. v. s.); **es heißt** man siger,
der siges; **was soll das ~?** hvad skal det
betyde?; **2.** v/t (*befehlen*) befale, byde

heißgeliebt → **heiß**

Heiß|hunger m glubende sult; ~**luft** f
varmluft; ~**luftheizung** f varmluftop‐
varmning; ~**mangel** f strygeri n; ~**sporn**
m brushoved n; ~·**wasserspeicher** m
varmtvandsbeholder

heiter munter, glad; (*klar*) klar, lys; 2**keit** f
⟨0⟩ munterhed; (*Klarheit*) klarhed

Heiz|anlage f varmeanlæg n; ~**apparat** m
varmeapparat n; 2**bar** som kan opvar‐
mes; 2**en** ⟨-t⟩ v/t fyre, lægge i kakkelov‐
nen; (*Hitze geben*) varme; v/t opvarme,
fyre i; ~**er** m fyrbøder; *Wohnblock*: var‐
memester; ~**fläche** f varmeflade; ~**kis‐
sen** n varmepude; ~**körper** m radiator;
~**kraftwerk** n varmecentral; ~**lüfter** m
el-varmeovn; ~**material** n brændsel n;
~**öl** n fyringsolie; ~**platte** f kogeplade;
~**sonne** f varmelampe

Heizung f (*Erwärmung*) opvarmning; var‐
meanlæg n; *Anlage*: centralvarme; fyr n;
Miete: **mit (ohne)** ~ med (uden) varme;
~**sraum** m fyrrum n; ~**szuschlag** m *Ho‐
tel*: varmetillæg n

Heiz|werk n fjernvarmeværk n; ~**wert** m
brændværdi

Hektar n *od* m ⟨-s; -e⟩ hektar n

hektisch hektisk

hekto|gra'fieren stencilere, duplikere; 2**li‐
ter** m hektoliter

Held m ⟨-en⟩ helt

Helden|dichtung f heltedigtning; 2**haft**
⟨-est⟩ heltemodig, heroisk; ~**mut** m helte‐
mod n; ~**rolle** f helterolle; ~**sage** f helte‐
sagn; ~**tat** f heltedåd; ~**tod** m heltedød;
~**tum** n ⟨-s; 0⟩ heltemod n; ~**verehrung** f
heltedyrkelse

Heldin f heltinde

helf|en v/i ⟨L⟩ (D) hjælpe; (*nutzen*) gavne;
sich (D) **zu ~ wissen** vide at klare sig; **es
hilft nichts** det kan ikke nytte ngt.; 2**er**

(-in) *m(f)* hjælper; **2ershelfer** *m* medskyldig, håndlanger

Helium [-līum] *n* ⟨-s; 0⟩ helium

hell lys, klar (*a Klang*); (*grell*) skarp; (*deutlich*) åbenbar, tydelig; **~ werden** lysne; **~ leuchtende** klart lysende; **~es Gelächter** klingende latter; **~er Wahnsinn** F det rene vanvid; **ein 2es** et glas (lyst) øl; **~auf: ~ begeistert von** helt vild med; **~blau** lyseblå; **~blond** lyseblond; **2dunkel** *n* ⟨-s; 0⟩ clair-obscur *n*; **2e** *f* ⟨0⟩ klarhed, lys *n*

Helle¹barde *f* hellebard

Hel'lene *m* ⟨-n⟩ hellener, græker

Heller *m*: **keinen roten ~ haben** ikke eje en rød øre (*od* F reje); **auf ~ und Pfennig** til sidste skilling

hell¹grün lysegrøn; **~hörig** skarpt hørende; *fig* lydhør; *Haus*: lydt

Hell¹igkeit *f* ⟨0⟩ klarhed, lys *n*; **2licht: am ~en Tag** ved højlys dag; **2rot** lyserød

Hellseh¹en *n* ⟨-s; 0⟩ tankelæsning; synskhed; **~er** *m* tankelæser, synsk person; **~erin** *f* synsk spåkone; **2erisch** synsk

hellsichtig klarsynet

Helm *m* ⟨(*ø*)*s*; *e*⟩ hjelm; ARCH tårnkuppel, (*Stiel*) skaft *n*; **~busch** *m* hjelmbusk; **~dach** *n* kuppeltag *n*

hel'vetisch helvetisk, svejtsisk

Hemd *n* ⟨-(*e*)*s*; -*en*⟩ (*Männer2*) skjorte; **~bluse** *f* bluseskjorte, skjortebluse; **~särmel** *m* skjorteærme *n*; **2särmelig** *fig* storsnudet

hemm¹en hæmme, standse; (*hindern*) hindre; (*bremsen*) bremse; **gehemmt** *fig* hæmmet, kejtet; **2nis** *n* ⟨-ses; -se⟩ hindring; **2schuh** *m* hæmsko; *fig* hindring

Hemmung *f* hæmning; **2slos** ⟨-est⟩ uden hæmninger, hæmningsløs; **~slosigkeit** *f* ⟨0⟩ hæmningsløshed

Hengst *m* ⟨-es; -e⟩ hingst

Henkel *m* hank, håndtag *n*; **~korb** *m* hankekurv

henke¹n hænge (op); → *a* **Gehenkte(r)**; **2r** *m* bøddel, skarpretter; **hol dich der ~!** F Fanden ta' dig!; **2rsmahlzeit** *f* den dødsdømtes sidste måltid

Henne *f* høne

her (*wohin?*) herhen, hertil; (*woher?*) fra; *zeitlich*: siden; **~ damit!** kom med det!, giv mig det!; **wo kommt er ~?** hvor kommer han fra?; **es ist ein Jahr ~** det er et år siden; **von alters ~** fra gammel tid af; **von fern ~** langt borte fra; **hin und ~** frem og tilbage; **nicht weit ~ sein** *fig* ikke være meget værd; **hinter j-m ~ sein** *fig* være ude efter én

he'rab ned, nedad; **von oben ~** oppefra og nedad; *fig* hoven; **~blicken** *v/i* se ned (**auf** *A/på*); **~drücken** trykke ned; **~fallen** *v/i* ⟨*sn*⟩ falde ned; **~fliegen** *v/i* ⟨*sn*⟩ flyve ned; **~fließen** løbe ned; **~führen** føre ned; **~hängen** hænge ned; **~klettern** *v/i* ⟨*sn*⟩ klatre ned; **~kommen** *v/i* ⟨*sn*⟩ komme ned; **~lassen** lade komme (*od* gå) ned, hejse ned; **sich ~** fire sig ned; *fig* nedlade sig (**zu** *D/til*); **~lassend** nedladende; **2lassung** *f* nedladenhed; **~nehmen** tage ned; **~sehen** *v/i* se ned (**auf** *A/på*); **~setzen** sætte ned; *fig* nedsætte, rakke ned på; **2setzung** *f* nedsættelse (*a fig*); **~sinken** *v/i* ⟨*sn*⟩ synke (ned); **~steigen** *v/i* ⟨*sn*⟩ stige ned; (*absteigen*) stige af; **~stürzen** *v/i* ⟨*sn*⟩ styrte ned; **~würdigen** nedværdige; **2würdigung** *f* nedværdigelse; **~ziehen** *v/t* trække ned

He'raldik *f* ⟨0⟩ heraldik

he'ran frem(ad); (*hierher*) herhen, nærmere; **näher ~** nærmere; **~bilden** uddanne (*sich* sig); **~bringen** bringe (herhen; **~drängen: sich ~** trænge sig frem; **~gehen** *v/i* ⟨*sn*⟩ gå hen (*an* *A/til*); *fig* tage fat (*an* *A/på*); **~holen** hente herhen; **~kommen** *v/i* ⟨*sn*⟩ komme nærmere; **~locken** lokke frem; **~machen: sich ~** nærme sig; **~nahen** *v/i* ⟨*sn*⟩ nærme sig, rykke nærmere; **~reichen** nå hen (*an* *A/til*); *fig* kunne måle sig (med); **~rücken** flytte (*od* rykke) nærmere; *v/i* ⟨*sn*⟩ rykke nærmere, nærme sig; **~rufen** kalde til sig, tilkalde; **~schleichen:** (*sich*) **~** liste sig hen (*an* *A/til*); **~tasten: sich ~** famle sig frem (*an* *A/efter*) (*a fig*); **~treten** *v/i* ⟨*sn*⟩ træde frem (*an* *A/til*); kontakte; **~wachsen** *v/i* ⟨*sn*⟩ vokse op; **~wagen: sich ~** vove sig nærmere; *fig* turde binde an med; **~ziehen** **1.** *v/t* trække nærmere; (*erziehen*) opdrage, opelske; **j-n zu etw.** (*D*) **~** sætte én til ngt., tilkalde én til at gøre ngt.; **2.** *v/i* ⟨*sn*⟩ komme nærmere

he'rauf ned, opad; (*hierher*) herop; **~arbeiten: sich ~** arbejde sig op; **~beschwören** fremmane; fremkalde; **~bitten** bede herop; **~bringen** bringe op; **~helfen:** *j-m ~* hjælpe én op; **~holen** hente op; **~kommen** *v/i* ⟨*sn*⟩ komme op; **~schicken** sende op; **~setzen** *Preis* forhøje; **~steigen** *v/i* ⟨*sn*⟩ stige op; **~wagen: sich ~** vove sig op; **~ziehen** *v/t* trække op; *v/i* ⟨*sn*⟩ drage op; *Wetter*: trække op

he'raus ud; (*hierher*) herud, frem; **zum**

H

Fenster ~ ud ad vinduet; ~ *damit!* frem med det!; *fig* spyt ud!; **g(e)rade** ~ rent ud; *von innen* ~ indefra; **~arbeiten** arbejde ud, få ud; **~bekommen** få ud; *fig* finde ud af; **~brechen** bryde ud; **~bringen** bringe ud, få ud; *Wort* få frem(ført); *Buch* udgive; *Flecke* fjerne; **~drehen** skrue ud; **~dürfen** få lov til at komme ud; **~fallen** *v/i* ⟨*sn*⟩ falde ud; **~finden** finde (ud); **~fließen** *v/i* ⟨*sn*⟩ flyde ud; **~fordern** udfordre; **2forderung** *f* udfordring (*a fig*); **~führen** *v/t u v/i* føre ud; **2gabe** *f* ⟨*0*⟩ udlevering; *Buch:* udgivelse; **~geben** give ud; udlevere; *Buch* udgive; *Geld* give tilbage (*od* igen); **2geber** *m* udgiver

he'raus|gehen *v/i* ⟨*sn*⟩ gå ud; *Fenster:* vende ud (*auf* A/mod); **~graben** grave frem; **~greifen** tage ud, vælge ud; **~haben** have fået ud; *fig* have fundet ud af; **~hängen** hænge ud; **~hauen** udhugge; *fig* F komme til undsætning; **~heben** løfte ud; *fig* fremhæve, udhæve; **~holen** hente (*od* hale) ud (*od* frem); *fig* få ud af; **~kommen** *v/i* ⟨*sn*⟩ komme ud (*od* frem); *fig* blive bekendt (*od* opdaget); *mit der Wahrheit* ~ komme frem med sandheden; *das kommt dabei heraus fig* sådan ender det; **~können** kunne komme ud; **~kriechen** *v/i* ⟨*sn*⟩ krybe ud; **~kriegen** → *herausbekommen*; **~lassen** lade slippe ud; **~lesen** *v/t* ⟨*sn*⟩ *fig* læse mellem linierne; **~locken** lokke frem; **~machen** *Fleck* tage af, fjerne; **~nehmen** tage ud (*od* frem); *sich* (D) *etw.* (A) ~ understå sig i ngt., tillade sig ngt.; **~platzen** *v/i* ⟨*sn*⟩ briste ud; *fig* buse ud (*mit* D/med); **~putzen** (ud)pynte (*sich* sig); **~ragen** rage ud (*od* frem); **~reden** *sich* ~ snakke sig fra det; **~reißen** rive ud, udrive; **~rücken** *v/t u v/i* ⟨*sn*⟩ rykke ud (*mit* D/med); *mit etw.* (D) ~ *fig* røbe; **~rufen** kalde ud; **~sagen** udtale, erklære; **~schälen** *sich* ~ vise sig, fremgå; **~schauen** *v/i* se ud, kigge frem; **~schlüpfen** *v/i* ⟨*sn*⟩ smutte ud; **~schmeißen** smide ud (*a fig*); **~schmuggeln** udsmugle; **~schneiden** skære ud, klippe ud; **~schrauben** skrue ud; **~sein** *v/i* ⟨*sn*⟩ være kommet ud; *fein* ~ *fig* have fat i den rigtige ende; **~setzen** sætte ud; **~springen** *v/i* ⟨*sn*⟩ springe ud; **~staffiert** i fuld stads; **~stellen** stille ud; *etw.* (A) *groß* ~ *fig* slå ngt. stort op; *sich* ~ vise sig; **~strecken** strække ud (*od* frem); **~streichen** understrege, fremhæve; (*loben*) rose; **~stürzen** *v/t u v/i* ⟨*sn*⟩ styrte ud; **~suchen** søge frem; **~tragen** bære ud; **~treten** *v/i* ⟨*sn*⟩ gå ud; *fig* træde frem; **~wachsen** *v/i* ⟨*sn*⟩ vokse ud; **~wollen** ville ud; **~ziehen** *v/t* trække ud; *v/i* ⟨*sn*⟩ drage ud

herb bitter, besk; (*sauer*) sur; (*scharf*) stram, stærk; (*streng*) drøj, streng; *Mensch:* afvisende; *Wein:* tør

her'bei herhen, hertil, (her)hid; **~bringen** bringe hid (*od* til veje); **~eilen** *v/i* ⟨*sn*⟩ ile til; **~führen** føre (her)hen; *fig* medføre, bevirke; **~holen** hente (her)hen; **~kommen** *v/i* ⟨*sn*⟩ komme hid; **~lassen**: *sich* ~ *zu* nedlade sig til, indlade sig på; **~laufen** *v/i* ⟨*sn*⟩ komme løbende, ile til; **~locken** lokke til; **~schaffen** skaffe til veje; **~sehnen** vente med længsel; **~winken** vinke herhen; **~ziehen** *v/t* trække frem; *v/i* ⟨*sn*⟩ rykke frem

her|bekommen få herhen; *wo soll ich es* ~ ? hvor skal jeg få det fra?; **~bemühen** ulejlige herhen; *sich* ~ ulejlige sig herhen

Herberg|e *f* herberg *n*; husly *n*; **~svater** *m* herbergsleder

her|bestellen bede komme, hidkalde; **~beten** ramse op

Herbheit *f* ⟨*0*⟩ bitterhed, beskhed; (*Strenge*) strenghed

her|bitten bede komme herhen; **~bringen** føre (*od* bringe) herhen; *hergebracht* nedarvet, hævdvunden, overleveret, traditionel

Herbst *m* ⟨-(*e*)*s*; -*e*⟩ efterår *n*; *im* ~ om efteråret; **~farben** *f/pl* efterårsfarver *pl*; **~ferien** *pl* efterårsferie; **2lich** efterårsagtig, efterårs-

Herd [e:] *m* ⟨-(*e*)*s*; -*e*⟩ komfur *n*; *fig* arnested *n*

Herde *f* hjord, flok (*a fig*)

Herden|mensch *m* dusinmenneske *n*, massemenneske *n*; **~trieb** *m* ⟨-(*e*)*s*; *0*⟩ flokinstinkt *n*; **2weise** flokkevis

Herd|feuer *n* komfurild; **~platte** *f* kogeplade

he'rein herind, ind; **~!** kom ind!; **~bekommen** få ind; **~bemühen**: *sich* ~ ulejlige sig ind; **~bitten** bede komme ind; **~brechen** *v/i* ⟨*sn*⟩ bryde ind; *Nacht:* bryde frem; **~bringen** bringe (*od* føre) ind; **~dringen** *v/i* ⟨*sn*⟩ trænge ind; **~dürfen** måtte komme ind; **~fahren** *v/t u v/i* ⟨*sn*⟩ køre ind; **2fall** *m* *fig* vandgang, fiasko, flop *n*; **~fallen** *v/i* ⟨*sn*⟩ falde ind; *fig* gå i vandet; **~führen** føre ind; **~holen** hente ind; **~kommen** *v/i* ⟨*sn*⟩ komme ind; **~können** *v/i* kunne komme ind; **~lassen** slippe (*od* lukke) ind; **~legen**

lægge ind; *fig* narre; **~müssen** *v/i* være tvungen til at gå ind; **~platzen** *v/i* ⟨*sn*⟩ *fig* komme dumpende; **~regnen** *v/i* regne ind; **~schauen** *v/i* kigge ind, besøge; **~schicken** sende ind; **~schleichen: (sich)** ~ liste sig ind; **~schneien** *v/i* sne ind; *fig* F ⟨*sn*⟩ dumpe ned (*od* ind); **~stürmen** *v/i* ⟨*sn*⟩ *fig* komme stormende (ind); stige ind; **~stürzen** *v/i* ⟨*sn*⟩ styrte ind, fare ind; **~tragen** bære ind; **~treten** *v/i* ⟨*sn*⟩ gå ind; *fig* indtræde; **~ziehen** *v/t* trække ind; *v/i* ⟨*sn*⟩ drage ind; (*Wohnung*) flytte ind

her|·fahren *v/t u v/i* ⟨*sn*⟩ køre herhen; *über j-n ~ fig* overfuse én; **2fahrt** *f* henrejse, turen herhen; **~fallen** *v/i* ⟨*sn*⟩ *über j-n ~* fare løs på én, falde over én; *fig* overfuse én; **~finden** *v/i* finde frem (til); **~gang** *m* ⟨-(e)s; 0⟩ vejen herhen; (*Verlauf*) forløb *n*; **~geben** udlevere, afgive; præstere, yde; *sich ~* lade sig bruge (*zu* D/til); **~gebracht → herbringen**; **~gehen** *v/i* ⟨*sn*⟩ komme herhen; *fig* gå til, ske; *hinter j-m ~* følge efter én; *hier geht es hoch her fig* her er liv og glade dage, **~gelaufen** tilløben, *hergelaufen sein fig* komme tilløbende; **~haben** have *fig* have; **~halten** *v/i* holde (*od* række) frem; *fig* holde for; **~holen** hente herhen; **~hören** høre efter, lytte

Hering *m* ⟨-s; -e⟩ sild; *eingelegter ~* marineret sild; *geräucherter ~* røget sild; *gesalzener ~* spegesild; *grüner ~* fersk sild; *wie die ~e fig* som sild i en tønde

Herings|fang *m* sildefangst; **~salat** *m* sildesalat

her|·kommen *v/i* ⟨*sn*⟩ komme her ⟨-hen⟩; (*herstammen*) stamme fra, komme af; *wo kommst du her?* hvor kommer du fra?; **2kommen** *n* ⟨-s; 0⟩ herkomst, afstamning; **~kömmlich** nedarvet, traditionel

her·kriegen: *wo soll ich das ~?* hvor skal jeg få det fra?

Herkunft *f* ⟨0⟩ herkomst, oprindelse

her|·laufen *v/i* ⟨*sn*⟩ løbe (herhen) (*hinter* D/efter); **~leiten** lede (*od* føre) herhen; (*ableiten*) aflede: *sich ~* stamme fra; **~machen:** *sich über j-n ~* kaste sig over én; *sich über etw.* (*A*) ~ *fig* give sig i lag med ngt

Herme'lin [-mə-] *n* ⟨-s; -e⟩ hermelin

her'metisch hermetisk, lufttæt

her|·müssen *v/i Person:* måtte komme; *Sache:* skulle skaffes (frem); **~nach** herefter; (*darauf*) siden; **~nehmen** tage (fra), hente (fra); **~'nieder** (her)ned

Hero'in *n* ⟨-s; 0⟩ heroin; **2isch** [he'ʀo:ɪʃ]

heroisk; **~'ismus** *m* ⟨-; 0⟩ heroisme

Herold *m* ⟨-(e)s; -e⟩ herold

her·plappern F fremplapre

Herr *m* ⟨-n; -en⟩ herre; *Anschrift:* hr.; (*Haus2*) vært; *Gott der ~* Gud Herren; *~ Y.* hr. Y.; *mein ~* min herre, hr.; *für ~en* for herrer; **~chen** *n* *zu Tieren:* far

Her|reise *f* henrejse; **2-reisen** *v/i* ⟨*sn*⟩ rejse herhen

Herren|anzug *m* (sæt *n*) herretøj *n*; **~bekleidung** *f* herretøj *n*; **~besuch** *m* herrebesøg *n*; **~doppel** *n* SPORT herredouble; **~einzel** *n* SPORT herresingle; **2fahrrad** *n* herrecykel; **~haus** *n* herregård; **~hemd** *n* herreskjorte; **~hof** *m* herregård; **~konfektion** *f* herrekonfektion; **2los** herreløs; **~mode** *f* herremode; **~rad** *n* herrecykel; **~schneider** *m* herreskrædder; **~toilette** *f* herretoilet *n*

Herrgott *m* ⟨-s; 0⟩ Vorherre; **~sfrühe** *f:* *in aller ~* tidligt om morgenen

her·richten gøre i stand; (*bereiten*) tillave; *sich ~* gøre sig i stand

Herr|in *f* herskerinde, frue *f*; **2isch** myndig, bydende; hoven, arrogant; **2'je(mine)!** jøsses!, herre jemini!

herrlich herlig; (*prachtvoll*) pragtfuld, prægtig; (*ausgezeichnet*) vidunderlig, fortrinlig; **2keit** *f* herlighed, pragt

Herrschaft *f* herredømme *n*; (*Brotgeber*) herskab *n*; *meine ~en!* mine damer og herrer!; **2lich** herskabelig

herrsch|en *v/i* herske, regere (*über* A/over); 2e kommandere; **2er** *m* hersker; **2erhaus** *n* fyrstehus *n*; **2sucht** *f* ⟨0⟩ herskesyge; **~süchtig** herskesyge

her|·rücken *v/t* trække (*od* flytte) nærmere; *v/i* ⟨*sn*⟩ rykke (*od* komme) nærmere; **~rühren** *v/i* komme (*von* D/af), hidrøre (*von* D/fra); **~sagen** fremsige; **~schaffen** skaffe herhen (*od* frem); **~schauen** *v/i* se herhen; *schau her!* se her!; **~schicken** sende herhen; **~stammen** *v/i* (ned)stamme (*od* hidrøre) fra; **~stellen** stille herhen; (*anfertigen*) tilvirke, fremstille, fabrikere; **2steller(in)** *m(f)* producent; **2stellung** *f* fremstilling, produktion, fabrikation, **2stellungskosten** *pl* produktionsomkostninger *pl*

he'rüber herover, over; **~bringen** bringe over; **~führen** føre over; **~kommen** *v/i* ⟨*sn*⟩ komme over; **~reichen** række over

he'rum omkring, om; *um... ~* omkring; (*etwa*) omtrent, cirka; *um diese Zeit ~* omtrent på denne tid

he'rum|·albern *v/i* pjatte; **~balgen:** *sich*

~ slås; ~·blättern blade omkring; ~·blicken v/i se omkring (sig); ~·drehen dreje om; sich ~ vende sig om; ~·drücken: sich ~ liste omkring; sich um etw. (A) ~ fig snyde sig fra ngt.; ~·fahren køre omkring; ~·fliegen flyve omkring; ~·fuchteln v/i gestikulere; ~·führen føre omkring; fig an der Nase ~ tage ved næsen; ~·fummeln v/i pille (an D/ved); ~·gehen v/i ⟨sn⟩ gå rundt, gå omkring; ~·irren v/i ⟨sn⟩ flakke om; ~·kommen v/i ⟨sn⟩ komme omkring (od herhen); um etw. (A) ~ komme uden om ngt.; weit ~gekommen sein være vidt berejst; ~·kriegen: j-n ~ besnakke én; ~·laufen v/i ⟨sn⟩ løbe omkring; ~·liegen v/i ligge rundtom (og flyde); ~·lungern v/i drive (od F daske) omkring; ~·reichen byde omkring; ~·reißen Steuer dreje hårdt; ~·schauen v/i se omkring (sig); ~·schlagen: sich ~ ligge i slagsmål, kæmpe (mit D/med; a fig); ~·schleichen v/i ⟨sn⟩ liste omkring; ~·schlendern v/i slentre rundt; ~·schnüffeln v/i gå og snuse omkring; ~ sein v/i ⟨sn⟩ Zeit: være omme; ~·sprechen: sich ~ rygtes; ~·stehen v/i stå og drive; stå i vejen; ~·stöbern v/i rode omkring; ~·streiten: sich ~ skændes, kævles; ~·telefonieren ringe rundt; ~·treiben: (sich) ~ drive omkring; ~·trödeln v/i F gå og nusse; ~·wühlen v/i rode rundt (in D/i); ~·zanken: sich ~ skændes; ~·ziehen v/t trække omkring; v/i ⟨sn⟩ drage omkring

he'runter herned, ned; ~ damit! ned med det!

he'runter·bringen bringe ned; fig afkræfte; ødelægge; ~·drehen Autofenster rulle ned; ~·fallen v/i ⟨sn⟩ falde ned; ~·hauen: j-m e-e ~ stikke én en lussing; ~·klappen klappe ned; ~·kommen v/i ⟨sn⟩ komme ned; er ist heruntergekommen fig det er gået tilbage for ham, han er på knæerne; ~·laden EDV downloade (aus dem Internet fra internettet); ~·lassen lade komme ned; Gardine rulle ned; ~·machen slå (od tage) ned; j-n ~ fig rakke én ned; ~·nehmen tage ned; ~·reißen rive ned; fig rakke ned på; ~·rutschen rutsche ned; F rutsch mir den Buckel runter! rend mig i røven!; ~·schlucken synke; fig sluge råt; ~·schrauben skrue ned (a fig); ~ sein v/i være langt nede (mit den Nerven med nerverne); ~·setzen Preis nedsætte; ~·spielen fig dysse ned; ~·stürzen v/t u v/i ⟨sn⟩ styrte ned; ~·wirtschaften øde

lægge, ruinere; ~·ziehen trække ned; fig rakke ned (på)

her'vor frem, herud; ~·blicken v/i se frem, se ud; ~·bringen bringe (od få) frem; (erzeugen) frembringe; (sagen) sige; ~·drängen: sich ~ trænge sig frem; ~·gehen v/i ⟨sn⟩ gå frem; fig fremgå (aus D/af); ~·heben fremhæve; ~·holen hente frem; ~·quellen v/i ⟨sn⟩ vælde frem; ~·ragen v/i rage frem; fig udmærke sig; ~·ragend fremstående; fig fremragende; ~·rufen kalde frem; fig fremkalde; ~·stechend fig markant; ~·stehen v/i rage (od stå) frem; ~·stehend fremstående; ~·treten v/i ⟨sn⟩ fremstå, træde frem; (hervorragen) rage frem; ~·tun: sich ~ udmærke sig; (übereifrig sein) være overivrig; ~·wagen: sich ~ vove sig frem

Her|weg m henvej; 2·winken vinke til sig

Herz n ⟨-ens; -en⟩ hjerte n; (Spielkarte) hjerter pl; (Mut) mod; ein ~ und e-e Seele sein være (som) ét, være rørende enige; ans ~ legen fig lægge på hjertet; etw. (A) (nicht) übers ~ bringen (ikke) bringe ngt. over sit hjerte; von ~en gern hjertens gerne

her·zählen tælle op, opregne

Herz|anfall m hjerteanfald n; ~'ass n hjerter-as; ~beutel m hjertesæk; 2bewegend fig hjerteskærende, rørende; ~blatt n fig øjesten; ~blut n fig hjerteblod n; 2brechend hjerteskærende, sønderknusende; ~chen n fig øjesten; iron køn plante

her·zeigen vise frem

Herze|leid n hjertesorg; 2n ⟨-t⟩ kærtegne, kæle for

Herzens|angelegenheit f hjerteanliggende n; ~angst f hjerteangst; ~brecher m hjerteknuser; ~freund m hjertens ven; 2froh hjertensglad; ~grund m: aus ~ af hjertensgrund; 2gut ejegod, hjertensgod; ~lust f ⟨0⟩: nach ~ af hjertens lyst; ~sache f hjertesag; ~wunsch m inderligt ønske n

herz|erfreuend hjertevarmende; ~erfrischend fig uden omsvøb; ~ergreifend hjertegribende; 2fehler m hjertefejl; ~förmig hjerteformet; 2gegend f hjerteregion; ~haft ⟨-est⟩ Geschmack: kraftig

her·ziehen v/t u v/i ⟨sn⟩ flytte herhen; über j-n ~ rakke ned på én

herz|lig hjertelig, (lieb) kær, elskelig; 2infarkt m hjerteinfarkt n; ~'innig inderlig; 2kammer f hjertekammer n; 2klappe f hjerteklap; 2klopfen n ⟨-s; 0⟩ hjertebanken; fig iron hjertekvababbelse; 2krampf *m* hjertekrampe; **~krank** hjertelidende; ♀-'**Kreislauf-Erkrankung** *f* hjerte-kar-sygdom; ♀**leiden** *n* hjertelidelse

herzlich hjertelig; **~ gern** hjertensgerne; **~ schlecht** inderlig slet; ♀**keit** *f* hjertelighed

herz‖los ⟨-*est*⟩ hjerteløs; ♀**losigkeit** *f* ⟨0⟩ hjerteløshed; ♀-'**Lungen-Maschine** *f* hjerte-lunge-maskine; ♀**massage** *f* hjertemassage; ♀**muskel** *m* hjertemuskel

Herzog *m* ⟨-(*e*)*s*; *≃e*⟩ hertug; **~in** *f* hertuginde; ♀**lich** hertugelig; **~tum** *n* ⟨-*s*; *≃er*⟩ hertugdømme *n*

Herz‖schlag *m* ANAT hjerteslag *n*; (*Todes-ursache*) hjertestop *n*; **~schrittmacher** *m* pacemaker; ♀**stärkend** hjertestyrkende; **~stillstand** *m* hjertestop *n*; **~tätigkeit** *f* ⟨0⟩ hjertevirksomhed; **~töne** *m/pl* hjertetoner *pl*

her'zu hertil, herhen; nærmere

Herz‖verpflanzung *f* hjertetransplantation; **~weh** *n* hjertesorg; ♀**zerreißend** hjerteskærende

Hesse *m* ⟨-*n*⟩ hesser; **~en** *n* Hessen *n*; ♀**isch** hessisk

heterogen [heˑteˑʁoˈgeːn] heterogen

Hetz‖blatt *n* hetzblad *n*; **~e** *f* parforcejagt; (*Verfolgung*) forfølgelse; (*Eile*) ræs *n*; (*Agitation*) hetz; ♀**en** ⟨-*t*⟩ *v/t* pudse, ophidse; (*verfolgen*) forfølge, jage; *fig* opfanatisere, hetze; *v/i* ⟨*sn*⟩ (*eilen*) fare (*od* jage) *al* sted; **~er** *m* agitator; (*Verfolger*) forfølger; **~e'rei** *f* agitation; (*Verfolgung*) forfølgelse; (*Eile*) ræs *n*; **~jagd** *f* parforcejagt; **~rede** *f* agitatorisk tale

Heu *n* ⟨-(*e*)*s*; *0*⟩ hø *n*; *Geld wie ~ haben fig* have penge som græs (*od* skidt); **~boden** *m* høloft *n*

Heuche'lei *f* hykleri *n*, forstillelse; ♀**eln** *v/i* ⟨-*le*⟩ hykle; **~ler(in)** *m(f)* hykler, skinhellig; ♀**lerisch** hyklerisk

heuer i år

Heuer *f* ⟨-; -*n*⟩ hyre; ♀**n** ⟨-*re*⟩ hyre

Heu‖ernte *f* høhøst; **~gabel** *f* høtyv; **~haufen** *m* høstak; *nach einer Nadel im ~ suchen fig* søge efter en knappenål i en høstak

Heulboje *f* fløjtetønde

heul‖en *v/i* hyle (*a Wind*); tude; F (*weinen*) tude, brøle; *es ist zum* ♀ det er til at græde over; ♀**e'rei** *f* ⟨0⟩ hyleri *n*; (*Weinen*) tuderi *n*; ♀**suse** *f* F *Junge:* tudemikkel; *Mädchen:* tudeprinsesse

heurig dette års; ♀**e(r)** (ung) vin

Heu‖schnupfen *m* høfeber; **~schober** *m* hølade; **~schrecke** *f* græshoppe

heute i dag; in vore dage, nu til dags; **~, ~**

Morgen i morges, nu til morgen; **~ Mittag** i middags, nu til middag; **~ Abend** (nu) i aften; **~ in acht Tagen** i dag otte dage

heutig som sker i dag, dags-; (*jetzig*) nuværende, moderne, nutidig; *mit dem* (*od am*) **~en Tag** med dags dato

heutzutage nu til dags, i vor tid

Hexameter [hɛˈksaː-] *m* heksameter *n*

Hexe *f* heks; ♀**n** ⟨-*t*⟩ hekse, trylle

Hexen‖jagd *f fig* klapjagt, hetz; **~kunst** *f* heksekunst, trolddom; **~meister** *m* troldmand; **~sabbat** *m* heksesabbat; **~schuss** *m* heksekud *n*

Hexe'rei *f* hekseri *n*, trolddom

Hieb *m* ⟨-(*e*)*s*; -*e*⟩ hug *n*, slag *n* (*a fig*); *fig* snært, hib *n* (*auf A/til*); *es setzt ~e* der vanker klø; ♀**fest** usårlig; *hieb- und stichfest fig* uafviselig, „vandtæt"; **~waffe** *f* hugvåben *n*

hier her; **~ und da** hist og her; F hist og pist; *bis ~, nach ~* hertil; *von ~* herfra; TEL **~ Schmidt!** (De taler med) Schmidt; **~'an** herpå, herved, hertil

Hierar'ch‖ie [hiˑɛ-] *f* hierarki; ♀**isch** [-'ʁɑˑʁ-] hierarkisk

hier‖auf herpå, derpå, **~aus** heraf, deraf; **~bei** herved; hoslagt; **~bleiben** *v/i* ⟨*sn*⟩ blive her; **~durch** herved, derved; **~für** herfor; **~gegen** herimod; **~her** herhen, hertil

hier'her-‖blicken *v/i* se herhen; **~gehören** *v/i* høre til her; **~kommen** *v/i* ⟨*sn*⟩ komme herhen

hier‖herum heromkring; **~hin** herhen; **~in** heri, deri; **~mit** hermed, dermed; **~nach** herefter, derpå; **~'neben** her ved siden af

Hieroglyphe [hiˑeˑʁoˈglyːfə] *f* hieroglyf

hier‖orts her(steds); ♀**sein** *n* ⟨-*s*; *0*⟩ nærværelse; **~'selbst** her(steds); **~über** herover; herom; *um her* omkring; **~unter** herunder, heriblandt; **~von** heraf; herom; herfra; **~zu** hertil, dertil; **~zulande** her til lands, hos os

hiesig herværende; lokal

hieven NAUT hive, hejse

Hilfe *f* hjælp; *fig* støtte; *zu ~ kommen* komme til hjælp; (*zu*) **~!** hjælp!; *j-m ~ leisten* yde en hjælp; *Erste ~* førstehjælp; *mit ~* (*G*) *od von* (*D*) ved hjælp af; **~leistung** *f* hjælp; håndsrækning; **~ruf** *m* nødråb *n*; **~stellung** *f:* **~ leisten** SPORT tage imod, være modtager; **~suchend** søgende hjælp

hilf‖los ⟨-*est*⟩ hjælpeløs; ♀**losigkeit** *f* ⟨0⟩ hjælpeløshed; **~reich** hjælpsom; nyttig; værdifuld

Hilfs‖aktion *f* hjælpeaktion, hjælpepro-

H

gram *n*; **~arbeiter(in)** *m(f)* hjælpearbejder; **2bedürftig** trængende til hjælp; **2bereit** hjælpsom, flink; **~bereitschaft** *f* ⟨0⟩ hjælpsomhed; **~dienst** *m* hjælpetjeneste; **~gelder** *n/pl* pengehjælp; **~kraft** *f* ekstrahjælp; medhjælper; **~lehrer** *m* hjælpelærer; **~mittel** *n* hjælpemiddel *n*; **~motor** *m* hjælpemotor; **~schule** *f* hjælpeklasse; → *a* Sonderschüler; **~schwester** *f* sygeplejeassistent; **~truppen** *f/pl* hjælpetropper *pl*; **~verb** *n* hjælpeverbum *n*; **~werk** *n* hjælpeforetagende *n*

Himbeer|**beere** *f* hindbær *n*; **~geist** *m* ⟨-(e)s; 0⟩ hindbærsnaps; **~saft** *m* ⟨-(e)s; 0⟩ hindbærsaft; **~strauch** *m* hindbærbusk

Himmel *m* himmel; (*Zone*) himmelstrøg *n*; *am ~* på himlen; *unter freiem ~* under åben himmel; *vom ~ (herab)* (ned) fra himlen; *um ~s willen!* for Guds skyld!; **2'an** (op) mod himlen; **~bett** *n* himmelseng; **2blau** himmelblå; **~'donnerwetter!** *n* F for fanden!; **~fahrt** *f* himmelfart; **~fahrtsnase** *f* F opstoppernæse; **~fahrtstag** *m* Kristi himmelfart(sdag); **2hoch** himmelhøj; **2hoch'jauchzend** himmelhøjtjublende; **~reich** *n* ⟨-(e)s; 0⟩ himmerige *n*; **2schreiend** *fig* himmelråbende

Himmels|**erscheinung** *f* himmelfænomen, *n*; **~gewölbe** *n* himmelhvælving; **~körper** *m* himmellegeme *n*; **~licht** *n* himmellys *n*; **~richtung** *f* retning (*z. B.* øst, vest); **die vier ~en** de fire verdenshjørner; **~stürmer** *m* fantast

himmel|**wärts** (op) imod himlen; **~weit** himmelvid; uendelig; **~er Unterschied** himmel til forskel

himmlisch himmelsk; *fig* guddommelig

hin hen; væk, bort(e); derop; (*vorbei*) forbi; (*kaputt*) i stykker; *~ und her* frem og tilbage; *~ und her überlegen* spekulere frem og tilbage; *~ und wieder* nu og da; *~ und zurück* frem og tilbage; *es ist noch lange ~* der er endnu lange tid til; *~ ist ~* bort e er borte; *nach unten ~* nedad; *nach oben ~* opad; *vor sich ~* hen for sig; *wo denkst du ~?* hvad tænker du dog på?

hi'nab ned(ad); *den Fluss ~* ned ad floden; *hinauf und ~* op og ned; **~gehen** *v/i* ⟨*sn*⟩ gå ned(ad), dale; **~steigen** *v/i* ⟨*sn*⟩ stige ned

hi'nan → *hinauf*

hin·arbeiten *v/i*: *~ auf (A)* arbejde hen (i)mod

hi'nauf op(ad), derop; **~fahren** *v/i* ⟨*sn*⟩ køre op; **~gehen** *v/i* ⟨*sn*⟩ gå op(ad); **~klettern** *v/i* klatre op; **~steigen** *v/i* ⟨*sn*⟩ stige op; **~tragen** bære op; **~trei-**

ben drive op; *Preis*: skrue i vejret; **~wollen** ville op

hi'naus ud, derud; *zur Tür ~* ud ad døren; *~ mit dir!* ud med dig!; **~begleiten** ledsage ud; **~blicken** *v/i* se ud; **~ekeln** F fryse ud; **~fahren** *v/i* køre ud; **~gehen** *v/i* ⟨*sn*⟩ gå ud; *Fenster*: vende ud (*auf A/*til); fig gå ud (*auf A/*på); **~laufen** *v/i* ⟨*sn*⟩ løbe ud; *~ auf (A)* fig sigte til, gå ud på; *auf dasselbe ~* fig komme ud på ét; **~lehnen** læne sig ud; *nicht ~!* læn Dem ikke ud!; **~schieben** skubbe ud; fig udsætte; **~schmeißen** → *hinauswerfen*; **~schmuggeln** smugle ud (*aus dem Land* af landet); *~ sein* *v/i* være ude; vokse fra; **~schmeißen bin ich hinaus** det er jeg ude over; **~werfen** kaste ud, smide ud; *etw. (A) zum Fenster ~* smide ngt. ud ad vinduet (*a fig*); **~wollen** *v/i* ville (gå) ud; *hoch ~* fig ville være ngt. stort; *auf etw. (A) ~* være ude på ngt.; **~zögern** trække i langdrag, forhale

hin|**begeben**: *sich ~* begive sig derhen; **2blick** *m* ⟨-(e)s; 0⟩ henblik *n*; *im ~ auf (A)* med henblik på, i betragtning af; **~bringen** bringe hen; *Zeit* tilbringe; **~denken**: *wo denken Sie hin?* hvad tænker De dog på?

hinder|**lich** til hinder, i vejen, generende; **~n** ⟨-*re*⟩ (for)hindre (*j-n an etw.* [*D*]/én i ngt.); stå i vejen (*j-n/*for én)

Hindernis *n* ⟨-ses; -se⟩ (for)hindring; **~lauf** *m*, **~rennen** *n* forhindringsløb *n*

Hinderung *f* forhindring

hin-deuten fig pege hen, tyde (*auf A/*på)

Hindin *f* hind

Hindu *m* ⟨-s; -s⟩ hindu

hin'durch igennem; *durch etw. (A) ~* tværs igennem ngt.; *ein ganzes Jahr ~* et helt år (igennem); *die ganze Zeit ~* hele tiden; **~schleusen** fig lempe igennem; *für weitere Zssgn* → *durch-*

hin|**dürfen** *v/i* måtte komme derhen; **~eilen** *v/i* ⟨*sn*⟩ skynde sig derhen

hi'nein derind, ind (*in A/*i); *bis tief in die Nacht ~* til langt ud på natten; **~arbeiten**: *sich ~* arbejde sig ind; **~denken**: *sich ~* sætte (*od* tænke) sig ind (*in A/*i); **~fressen**: *in sich ~* æde i sig (*a fig*), guffe i sig; **~geheimnissen** overfortolke; **~gehen** *v/i* ⟨*sn*⟩ gå ind; *Fassungsvermögen*: rumme, indeholde; **~geraten** *v/i* ⟨*sn*⟩ komme ind (*in A/*i); **~knien**: *sich ~ in (A)* fordybe sig i ngt.; **~lassen** lukke ind; **~legen** lægge ind; **~passen** passe ind; **~platzen** *v/i* dumpe ind (i); **~reden**: *~ in (A)* blande sig i samtalen (*od* ngt.);

~**schieben** skubbe ind, indskyde; ~**springen** v/i ⟨sn⟩ springe ind; ~**steigern**: **sich** ~ **in** (A) bide sig fast i; ~**stellen** stille ind; ~**tun** putte ind, lægge ind; ~**ziehen** v/t trække ind; v/i flytte ind; ~**zwängen** presse (od klemme) ind

hin|·fahren v/i ⟨sn⟩ køre (od rejse od sejle) hen; v/t køre (od bringe) hen; 2**fahrt** f henrejse; ~**fallen** v/i ⟨sn⟩ falde (om); ~**fällig** faldefærdig, skrøbelig; svag; (vergänglich) forgængelig; (haltlos) uholdbar; (ungültig) ugyldig; 2**fälligkeit** f ⟨0⟩ skrøbelighed; (Vergänglichkeit) forgængelighed; (Haltlosigkeit) uholdbarhed; ~**fliegen** v/i ⟨sn⟩ flyve hen; F falde, snuble; 2**flug** m henflyvning, henrejse; ~'**fort** for fremtiden, herefter; ~**führen** føre hen; 2**gabe** f ⟨0⟩ hengivelse; fig hengivenhed; ~**gabe** f ⟨0⟩ hengivelse; fig hengivenhed; ~**geben**: **sich** ~ hengive sig (D/til); 2**gebung** f ⟨0⟩ hengivelse; ~**gebungsvoll** hengiven; ~'**gegen** derimod; ~**gehen** v/i ⟨sn⟩ gå (der)hen; Zeit: hengå; ~**gehören** v/i høre til (od hjemme); ~**geraten** v/i ⟨sn⟩ komme (tilfældigt) hen; ~**gerissen** henrevet, henrykt; ~**halten** holde (od række) frem; (verzögern) trække ud; (warten lassen) opholde, holde hen; fig F være i orden; Schrift: skrive ulæseligt (od sjusket) hen; ~**hören** v/i lytte, høre efter

hinken v/i halte (a Vergleich usw), humpe; im Spiel: hinke

hin|·knien v/i ⟨sn⟩ falde på knæ; ~**kommen** v/i ⟨sn⟩ komme (der)hen; (hingeraten) blive af; ~**können** v/i kunne komme (der)hen; ~**kriegen** F lykke; præstere: **ich habe es schließlich hingekriegt** det er omsider lykkedes (for) mig; ~**langen** v/i nå (od række) (der)hen; fig slå til; ~**länglich** tilstrækkelig; ~**legen** lægge hen; (fortlegen) lægge bort (od fra sig); **sich** ~ lægge sig (hen); ~**müssen** v/i være tvunget til at gå (der)hen; ~**nehmen** (dulden) finde sig i; ~**passen** v/i passe ind, høre til (od hjemme); ~**raffen** rive bort

hin·reichen v/t række hen; v/i slå til; ~**d** tilstrækkelig

Hinreise f henrejse

hin·reißen fig henrive, henrykke; **sich** ~ **lassen** lade sig forlede (zu D/til); ~**d** henrivende

hin·richten henrette; 2**ung** f henrettelse

hin|·scheiden v/i ⟨sn⟩ gå bort (a fig); 2**scheiden** n ⟨-s; 0⟩ bortgang (a fig); ~**schicken** sende (der)hen; ~**schlach-**

ten nedslagte; ~**schlagen** v/i ⟨sn⟩ falde om; ~**schmeißen** smide hen (a fig); ~**schreiben** skrive hen; (niederschreiben) skrive ned; ~**sehen** v/i se (der)hen; ~ **sein** v/i F være i stykker; Person: være død; ~**setzen** sætte hen (od ned); **sich** ~ sætte sig (hen)

Hinsicht f ⟨0⟩ henseende; **in** ~ **auf** (A) med hensyn til; 2**lich** (G) med hensyn til, angående

hin|·sollen v/i skulle gå (der)hen; ~**stellen** stille hen; fig opstille; Angelegenheit: fremstille; **sich** ~ **als** (A) stille sig op, fremstille sig; ~**steuern** v/i **auf** (A) styre hen (i)mod; ~**strecken** strække frem; (niederhauen) strække til jorden

hint'an tilbage, til side; ~**setzen** tilsidesætte; 2**setzung** f tilsidesættelse, forfordeling; ~**stellen** tilsidesætte

hinten bag, bagved; **nach** ~ bagtil; **von** ~ bagfra; **weit** ~ langt tilbage; ~'**an** bagved; ~(**he**)**rum** bagom; fig bag ens ryg; ~'**über** bagover

hinter (D, A) bag, bag efter, bag ved; **er hat es** (**faustdick**) ~ **den Ohren** fig han har én ræv bag øret, ~**s Licht führen** fig føre bag lyset; ~ **sich lassen** lade bag sig; ~ **etw.** (A) **kommen** fig opdage (od komme efter) ngt.; adj bagest, bag; → **hinterst**

Hinter|achse f bagaksel; ~**backe** f F endebalde; ~**bänkler** m F „MFer, som aldrig lukker munden op"; ~**bein** n bagben n; **sich auf die** ~**e stellen** stejle (a fig); ~'**bliebene**(**r**) efterladt, efterlevende; ~**deck** n agterdæk n; 2'**drein** bagefter

hinter|ei'nander efter hinanden, i træk; ~'**fragen** gerne have begrundet; 2**gebäude** n bagbygning; 2**gedanke** m bagtanke; ~'**gehen** føre bag lyset, bedrage; 2**grund** m baggrund; **in den** ~ **treten** træde i baggrunden (a fig); ~'**gründig** underfundig; 2**halt** m baghold n; ~**hältig** ondskabsfuld, lumsk; 2**hand** f: **etw.** (A) **in der** ~ **haben** fig have ngt. i baghånden; 2**haus** n baghus, udhus n; ~'**her** bagefter, senere; ~ **sein** fig være efter; ~'**her·laufen** v/i ⟨sn⟩ D løbe efter (a fig); 2**hof** m baggård; ~**indien** n Bagindien n; 2**kopf** m baghoved n; 2**lader** m baglader; 2**land** n ⟨-(e)s; 0⟩ opland n

hinter'lassen efterlade (sig); 2**schaft** f efterladenskab n, (døds)bo n

hinter'leg|en deponere; 2**ung** f deponering

Hinterlist f ⟨0⟩ underfundighed; lumskhed; 2**ig** underfundig; lumsk

Hinter|mann *m* bagmand *(a fig);* **~n** *m* F bagdel; **~rad** *n* baghjul *n;* **~radantrieb** *m* baghjulstræk *n;* **~reifen** *m* bagdæk *n;* 2**rücks** bagfra; *fig* lumsk; **~seite** *f* bagside; **~sitz** *m* bagsæde *n;* 2**st** bagest *(letzter)* sidst; **~teil** *n* bagdel; **~treffen** *n:* **ins geraten** sakke agterud; 2'**treiben** (for)-hindre, forpurre; **~treppe** *f* bagtrappe, køkkentrappe; **~tür** *f* *mst fig* bagdør; **~wäldler** *m* fig bondeknold; 2'**ziehen** bedrage *(j-m* én); **~'ziehung** *f* (Steuer)-skattesvig; **~zimmer** *n* værelse *n* til gården

hin|·tragen bære (der)hen; **~·tun** stille *(od* sætte) hen

hi'nüber (der)over, på den anden side; ovre; **~fahren** *v/i* ⟨sn⟩ køre over; **~führen** *v/i* føre over; **~gehen** *v/i* ⟨sn⟩ gå over; **über etw.** (A) **~** overskride ngt.; **~reichen** *v/i* spænde over; *v/t* række ngt. over; **~sehen** *v/i* se over; **~ sein** *v/i* fig være i stykker; være død

Hin- und Rückfahrt *f* hen- og tilbagerejse, tur-retur

hi'nunter (der)ned; nedad; nede; *die Treppe* **~** ned ad trappen; **~bringen** bringe ned; *Essen* fa ned; **~fallen** *v/i* ⟨sn⟩falde ned; **~führen** *v/i* føre ned; **~klettern** *v/i* ⟨sn⟩ klatre ned; **~lassen** lade gå ned, hejse ned; **~schlucken** (ned)sluge, synke; *fig* æde i sig; **~stürzen** *v/i* ⟨sn⟩ styrte ned; **~werfen** kaste ned; **~würgen** nedsvælge

hin|wagen: *sich* **~** vove sig (der)hen; **~'weg** bort, af vejen; 2**weg** *m* henvej

hin'weg·gehen *v/i* ⟨sn⟩ gå bort; **~ über** (A) gå hen over; **~sehen** se bort; **~ über** (A) fig overse, se bort fra; **~ sein** *v/i:* **~ über** (A) være ude over; **~setzen:** *sich* **~ über** (A) sætte sig ud over; **~täuschen** dække over

Hin|weis *m* ⟨-es; -e⟩ henvisning, hentydning *(auf* A/til); 2**weisen** henvise, hentyde *(auf* A/til); **~wenden:** *sich* **~** henvende sig *(zu* D/til); 2**werfen** kaste hen *(od* ned); *Bemerkung* henkaste; 2**wirken** *v/i* **auf** (A) virke for; 2**wollen** *v/i* ville gå (der)hen

Hinz *m* F: **~ und Kunz** Per og Povl

hin|·zaubern trylle frem *(a fig);* **~·ziehen** *v/t* trække (der)hen; *(verzögern)* trække ud; *v/i* ⟨sn⟩ flytte *(od* drage) (der)hen; *sich* **~** strække *(od* trække) sig; *(dauern)* trække ud; **~·zielen** *v/i* sigte *(auf* A/til)

hin'zu hen (til), til; **~denken** underforstå; **~fügen** tilføje; 2**fügung** *f* tilføjelse; **~gehören** *v/i* høre (med) til; **~gesellen:** *sich*

~ slutte sig til; **~kommen** *v/i* ⟨sn⟩ komme til; **~rechnen** medregne; **~zählen** regne med; **~ziehen** tilkalde

Hiob ['hi:ɔp] *m* ⟨-s; 0⟩ Job; **~sbotschaft** *f* jobspost

Hippo'drom *n* ⟨-s; -e⟩ hippodrom

Hirn *n* ⟨-(e)s; -e⟩ hjerne; *fig* forstand, F pære; 2**geschädigt** hjerneskadet; **~gespinst** *n* hjernespind *n;* **~haut** *f* hjernehinde; **~hautentzündung** *f* meningitis; 2**los** ⟨-est⟩ *fig* F forrykt, skør; **~schale** *f* hjerneskal; **~schlag** *m* hjerneslag *n;* 2**verbrannt** F bindegal; 2**verletzt** hjerneskadet

Hirsch *m* ⟨-(e)s; -e⟩ hjort; **~bock** *m* hjort; **~fänger** *m* jagtkniv; **~geweih** *n* hjortetakker *pl;* **~horn** *n* ⟨-(e)s; 0⟩ horn(skaft *n); n;* **~käfer** *m* eghjort; **~kalb** *n* hjortekalv; **~kuh** *f* hind; **~leder** *n* hjorteskind *n*

Hirse *f* ⟨0⟩ hirse

Hirt *m* ⟨-en⟩ hyrde *(a fig)*

Hirten|brief *m* hyrdebrev; **~flöte** *f* hyrdefløjte; **~gedicht** *n* hyrdedigt *n;* **~volk** *n* hyrdefolk *n*

hissen hejse (op)

Hi'stor|ie [-rĭə] *f* historie; **~iker** *m* historiker; 2**isch** historisk

Hitze *f* ⟨0⟩ hede, varme; 2**beständig** varmebestandig; 2**empfindlich** varmefølsom, som ikke kan tåle varme; 2**frei:** **~ bekommen** få varmeferie; **~welle** *f* varmebølge

hitz|ig hidsig; 2**kopf** *m* brushoved *n;* **~köpfig** hidsig; 2**schlag** *m* hedeslag *n*

hm! hm!

H-Milch *f* langtidsholdbar mælk

Hobby [-bi] *n* ⟨-s; -s⟩ hobby; **~raum** *m* hobbyrum *n*

Hobel *m* høvl; **grober ~** skrubhøvl; **~bank** *f* høvlebænk; **~maschine** *f* høvlemaskine; 2**n** ⟨-le⟩ høvle; **~späne** *m/pl* høvlespåner *pl*

hoch [o:] ⟨*höher, ~st*⟩ høj; *(groß)* stor; *(vornehm)* fornem, højtstående; *(aufwärts)* op; *drei Meter* **~** tre meter høj; *drei Treppen* **~** på tredje sal; *er lebe* **~!** han (skal) leve!; *Hände* **~!** op med hænderne; *wenn es* **~ kommt** i det højeste; *die Nase* **~ tragen** *fig* sætte næsen i sky; *hohes Alter* høj alder; *auf hoher See* på åbent hav; **~ schätzen** højagte, sætte højt; **~ entwickelt** højtudviklet; **~ begabt** → **hochbegabt**

Hoch [o:] *n* ⟨-s; -s⟩ maksimum *n*, toppunkt *n; Wetter:* højtryk *n; (Hurra)* leve *n*, hurra *n;* **ein ~ auf j-n ausbringen** udbringe et leve for én

Hochachtung f ⟨0⟩ højagtelse; 2svoll Briefe: med højagtelse

hoch|aktuell højaktuel; 2altar m højalter n; 2amt n rådhusmesse; ~arbeiten: sich ~ arbejde sig op; 2bahn f højbane; 2bau m ⟨-(e)s; -ten⟩ bygning(sarbejde n) over jorden; ~begabt højtbegavet; ~betagt højt bedaget; 2betrieb m ⟨-(e)s; 0⟩ travlhed, liv n, røre n, rykind n; Verkehr: voldsom trafik; 2blüte f ⟨0⟩ fuldeste blomstring; fig højeste blomstringstid; 2burg f højborg; ~deutsch højtysk; 2druck m højtryk n; mit ~ arbeiten fig arbejde under højtryk; 2druckgebiet n højtryksområde n; 2ebene f højslette; ~entwickelt ~ hoch; ~erfreut henrykt; ~fahrend stolt, hovmodig; ~fliegend højtflyvende; ~e Pläne ambitiøse planer; 2form f ⟨0⟩ topform; 2frequenz f højfrekvens; 2garage f taggarage; 2gebirge n høje bjerge pl, højfjeld; 2gefühl n henrykkelse, begejstring; ~gehen v/i ⟨sn⟩ gå i vejret; fig blive rasende; ~gelegen højt (be)liggende; ~gemut fuld af livskraft; ~geschlossen Kleid: højhalset; ~gespannt Erwartungen: højspændt; ~gestellt højtstående; ~gestochen højtravende; F blæret; ~gewachsen høj (af vækst); 2glanz m ⟨-es; 0⟩ højglans; ~gradig i høj grad; ~halten fig holde i hævd; 2haus n højhus n, skyskraber; ~heben løfte (op); ~herzig højhjertet; generøs; ~kant på højkant; ~klappen lukke op; ~kommen v/i ⟨sn⟩ fig komme op; 2konjunktur f højkonjunktur; ~krempeln smøge op; 2land n højland n; ~leben: j-n ~ lassen udbringe et leve (od en skål) for én

Hochleistung f topydelse; ~ssport m konkurrenceidræt

hoch|modern efter sidste mode; højmoderne; 2moor n højmose; 2mut m hovmod n; ~mütig hovmodig; ~näsig storsnudet; ~nehmen løfte op; tage op på armen; fig F drille; 2ofen m højovn; 2parterre f mezzanin; ~prozentig med høj procent

hoch-rechn|en beregne, fremskrive; 2ung f fremskrivning, prognose

hoch|rot højrød; 2ruf m leveråb n; 2saison f højsæson

hoch-schätz|en ~ hoch; 2ung f ⟨0⟩ højagtelse

Hoch|schule f højere læreanstalt; Landwirtschaftliche ~ landbohøjskole; ~schüler n student, studerende; 2schwanger højgravid; ~seefischerei f ⟨0⟩ havfiskeri n; ~sitz m jægerstand;

~sommer m højsommer, midsommer; ~spannung f højspænding (a fig); 2-spielen sætte på spidsen, slå stort op; ~sprache f rigsmål n; ~sprung m højdespring n

höchst [ø:] højest; adv højst; (größt) størst; fornemst, finest; am ~en højest; es ist ~e Zeit (od F ~e Eisenbahn) det er på høje(ste) tid

hoch|stämmig høj(stammet); 2stapler m svindler, plattenslager, storbedrager

Höchst|belastung f maksimalbelastning; ~betrag m maksimumsbeløb n

hoch|-stecken Haar: sætte op; ~stehend højtstående; ~stellen Kragen smøge (od slå) op

höchst|ens højst; 2geschwindigkeit f maksimalhastighed; fartgrænse; 2gewicht n maksimumsvægt; 2leistung f toppræstation; 2maß n maksimum n; ~persönlich i egen person; 2preis m maksimalpris

Hoch|straße f gade over niveau; 2strebend højtstræbende

Höchst|satz m højeste sats; 2wahrscheinlich højst sandsynlig; ~wert m højeste værdi; Messung: maksimum n

hoch|tönend fig højtravende; 2touren: auf ~ laufen køre på fuld kraft (a fig); ~tourig med højt omdrejningstal n; ~trabend fig højtravende; ~verehrt højtæret; 2verrat m højforræderi n; 2verräter m højforræder; 2wald m højskov; 2wasser n højvande n; ~wertig første klasses, prima; 2wild n råvildt n; ~willkommen højt velkommen; 2würden højærdighed

Hochzeit [ɔ] f bryllup n; silberne (goldene) ~ sølvbryllup (guldbryllup); 2lich bryllups-

Hochzeits|feier f bryllupsfest; ~geschenk n brudegave; ~kleid n brudekjole; ~marsch m bryllupsmarch; ~nacht f brudenat; ~reise f bryllupsrejse; ~tag m bryllupsdag

hoch-ziehen trække i vejret; hejse

Hocke f Turnen: hugstilling; 2n v/i sidde på hug; F sidde og kukkelure; ~r m skammel, taburet, lille stol

Höcker m pukkel; (Hügel) forhøjning; 2ig pukkelrygget; (uneben) ujævn, knudret

Hockey ['hɔke'] n ⟨-s; 0⟩ hockey; ~schläger m hockeystok

Hoden m ⟨-s; -⟩ testikel; pl V nosser pl; ~sack m pung

Hof m ⟨-(e)s; ~e⟩ gård; (Fürsten2) hof n; (Gut) herregård; astr ring; bei ~e ved

hoffet; *j-m den* ~ *machen* fig gøre kur til
én; ~**aufsicht** f *Schule:* gårdvagt; ~**ball** m
hofbal; ~**besitzer** m gårdejer; ~**dame** f
hofdame; ℒ**fähig** hoffæhig

Hoff|art ['hɔfaʀt] f ⟨0⟩ hovmod n, stolt-
hed; ℒ**artig** hovmodig, stolt

hoffen v/i håbe (*auf* A/på); (*erwarten*) vente; ~**tlich** forhåbentlig

Hoffnung f håb n, forhåbning; (*Erwartung*) forventning; *in der* ~ i det håb, i håbet om; *j-m* ~ *machen* give én håb; *guter*
~ *sein* fig være i omstændigheder

Hoffnungs|lauf m sport opsamlingsløb n;
ℒ**los** ⟨-*est*⟩ håbløs; ~**losigkeit** f ⟨0⟩ håb-
løshed; ~**schimmer** m ⟨-*s; 0*⟩ spinkelt
håb n; ℒ**voll** fuld af håb (*od* forventning);
(*vielversprechend*) håbefuld, lovende

Hof|haltung f hofholdning; ~**hund** m
gårdhund

ho'**fieren** kurtisere, smigre

höfisch hofmæssig; (*ritterlich*) ridderlig

höflich høflig; ℒ**keit** f høflighed, artighed

Hoflieferant m hofleverandør

Höfling m ⟨-*s; -e*⟩ hofmand; *pej* hofsnog

Hof|marschall m hofmarskal; ~**narr** m
hofnar; ~**schranze** f (m) hofsnog; ~**staat**
m hofstat, følge n; ~**tor** n gårdport

Höhe ['høːə] f højde; (*Gipfel*) højdepunkt
n, top; (*Berg*) høj, bakke; *das ist die* ~*!*
det er dog for galt!; *in gleicher* ~ *mit*
på højde med; *in die* ~ i vejret, opad;
Preis: in ~ *von* til et beløb af

Hoheit f højhed; *Staat:* overhøjhed

Hoheits|gewässer n nationalt farvand n;
~**recht** n højhedsrettigheder pl, suverænitet; ~**zeichen** n nationalflag n; kokarde

Hohelied n (*Hohenliedes; 0*) højsang

Höhen|angst f højdeskræk; ~**flug** m høj-
deflyvning; ~**klima** n højlandsklima n;
~**krankheit** f bjergsyge; ~**kurort** m luft-
kursted n (i bjergene); ~**lage** f høj beliggenhed; (højt) niveau n; ~**linie** f højdelin-
je; ~**luft** f ⟨0⟩ bjergluft; ~**messer** m høj-
demåler; ~**messung** f højdemåling; ~**rekord** m højderekord; ~**ruder** n højderor
n; ~**sonne**® f (*Lampe*) højfjeldssol;
~**strahlung** f (slags) kosmisk stråling;
~**unterschied** m højdeforskel, niveaufor-
skel; ~**zug** m bjergkæde

Hohepriester m yppersterpræst

Höhepunkt m højdepunkt n

höher højere; → *hoch*

hohl hul; (*ausgehöhlt*) udhulet; ~**äugig**
huløjet

Höhle f hule; (*Hohlraum*) hulrum n;
(*Grotte*) grotte

Höhlen|bewohner m hulebeboer;

~**zeichnung** f hulemaleri n

Hohl|heit f hulhed; fig tomhed; ~**kopf** m
fig F grødhoved n; ℒ**köpfig** tomhjernet;
~**maß** n hulmål n; ~**raum** m hulrum n;
~**raumversiegelung** f tektylbehandling,
rustbehandling; ~**spiegel** m hulspejl n

Höhlung f hulning; fordybning

hohl|wangig hulkindet; ℒ**weg** m hulvej

Hohn m ⟨-(*e*)*s; 0*⟩ hån, spot; *j-m zum* ~ for
at trodse én

höhnen v/i (for)håne

Hohngelächter n hånlatter

höhnisch hånlig

Höker m F (lille) købmand

Hokus'pokus m ⟨-; 0⟩ hokuspokus n

hold ⟨-*er*⟩ huld, hengiven; (*anmutig*) yndig, sød

Holdinggesellschaft [oː] f holdingsel-
skab n

holen hente; (*nehmen*) tage; hale; *Atem* ~
trække vejret; ~ *lassen* sende bud efter,
tilkalde, lade hente; *sich* (D) *etw.* (A) ~
(*bekommen*) pådrage (*od* få) sig; *hol
dich der Teufel!* P Fanden ta' dig!

Holland n Holland n

Holländ|er(in) m(f) hollænder; *der Flie-
gende* ~ den flyvende hollænder; ~**erin**
f pige (*od* kvinde) fra Holland; ℒ**isch** hollandsk

Hölle f helvede n; *zur* ~ *mit* til helvede med

Höllen|angst f skrækkelig angst; ~**fahrt** f
nedfart til helvede; ~**lärm** m helvedes
spektakel n; ~**maschine** f helvedesma-
skine; ~**qual** f helvedes pine; ~**stein** m
helvedessten

höllisch djævelsk, satanisk; helvedes-

Holm m ⟨-(*e*)*s; -e*⟩ sport barre

holp(e)rig ujævn, knudret (*a* fig); stammende

holpern v/i ⟨-*re*⟩ stolpre; støde, skumple

Holstein n Holsten n; ~**er** m holstener;
ℒ**isch** holstensk

holterdie'polter hulter til bulter

Ho'lunder m hyld; ~**beeren** flpl hyldebær
pl

Holz n ⟨-*es; ⁻er*⟩ træ n, ved n; (*Brenn*ℒ)
brænde n, brændsel n; (*Nutz*ℒ) tømmer
n; (*Wald*) skov; (*Stäbchen*) pind; ~**apfel**
m skovæble n; ~**art** f træsort; ℒ**artig** træagtig, træet; ~**bank** f træbænk; ~**bein** n
træben n; ~**bock** m savbuk; zo træbuk;
~**bohrer** m træbor n

holzen ⟨-*t*⟩ skove; fig sport spille unfair

hölzern af træ, træ-; fig klodset, stiv

Holz|fäller m skovhugger; ~**faser** f træfi-
ber; ~**faserplatte** f spånplade; ℒ**frei** træfri; ~**fuhre** f læs n brænde; ~**hammer** m

klaphammer; **~handlung** f tømmerhandel; **~haufen** m brændestabel; **~haus** n træhus n; **2ig** træet, træagtig; **~industrie** f træindustri; **~klotz** m træklods; hakkeblok; **~kohle** f trækul n; **~kopf** m træ torsk; **~leim** m trælim; **~nagel** m trænagle; **~scheit** n stykke n brænde; **~schnitt** m træsnit n; **~schnitzer** m billedskærer; **~schuh** m træsko; **~schuppen** m brændeskur n; **~schutz** m træbeskyttelse; imprægnering; **~span** m træspån; **~splitter** m træsplint; **~stoß** m brændestabel; **~täfelung** f træpanel n; **~wand** f trævæg; **~weg** m skovvej; *auf dem ~ sein* fig være på vildspor; **~wolle** f træuld; **~wurm** m borebille

Homepage ['hoːmpeːdʒ] f ⟨-; -s⟩ hjemmeside

homo|'gen homogen; **~'nym** homonym
Homöopa'thie f ⟨0⟩ homøopati
Homosexu|ali'tät f ⟨0⟩ homoseksualitet; **2'ell** homoseksuel

Honig m ⟨-s; 0⟩ honning; **~biene** f honningbi; **~kuchen** m honningkage; **2süß** honningsød; **~wabe** f bikage

Hono'r|ar n ⟨-s; -e⟩ honorar n, betaling; **2ieren** honorere, betale

Hopfen m ⟨-s; 0⟩ humle; *da ist ~ und Malz verloren* fig der er alt forgæves; **~bau** m ⟨-(e)s; 0⟩ humleavl; **~stange** f humlestage; fig F lang rad

hopp! hop(sa)!, hyp!
hoppeln v/i ⟨-le⟩ Hase: hoppe, springe
hoppla! hop(la)!, hovsa!
Hops m ⟨-es; -e⟩ hop n
hopsa! hopsa!, hejsa!, hovsa!
hopsen v/i ⟨-t; sn⟩ hoppe, springe
Hör|apparat m høreapparat n; **2bar** hørlig
horch|en v/i lytte *(auf* A/til); *(lauschen)* lure; *horch!* tys!, hør (efter)!; **2er** m lytter; lurer; **2gerät** n lytteapparat n; **2posten** m lyttepost
Horde f horde; bande
hören høre; *Vorlesungen* gå til forelæsning(er); **~** *auf j-n* lytte til én, (ad)lyde én; *gut (schlecht)* **~** høre godt (dårligt); *von sich* (D) **~** *lassen* lade høre fra sig; **2sagen** n: *vom* **~** *af* omtale
Hörer m (til)hører; R/TV (radio)lytter; TEL (telefon)rør n; **~schaft** f tilhørere pl, publikum n
Hör|fähigkeit f ⟨0⟩ høreevne; **~folge** f hørespil n, radioserie; **~funk** m radio; **~gerät** n høreapparat n; **2ig** fig lydig, hørig
Hori'zon|t m ⟨-(e)s; -e⟩ horisont, syns

kreds; **2'tal** horisontal, vandret; **~'tale** f vandret linje
Hor'mon [hɔʁ-] n ⟨-s; -e⟩ hormon n; **~präparat** n hormonpræparat n
Horn n ⟨-(e)s; ⸚er⟩ horn n (a MUS); *j-m Hörner aufsetzen* fig sætte én horn i panden; **2artig** hornagtig; **~bläser** m hornblæser; **~brille** f hornbriller pl
Hörnchen n lille horn n; *(Gebäck)* horn n
Hörnerv m hørenerve
Horn|haut f *Auge:* hornhinde; *Körper:* hård hud; **2ig** hornagtig; *(schwielig)* hornet, barket
Hor'nisse f gedehams
Hor'nist m ⟨-en⟩ hornblæser, hornist
Horn|ochse m fig F kvaj(hoved n) m; **~signal** n hornsignal n; **~vieh** n hornkvæg n
Hörorgan n høreorgan n
Horo'skop [hoˈʁɔ-] n ⟨-s; -e⟩ horoskop n
horrend [hɔˈʁɛ-] vanvittig, helt utrolig
Hörrohr n hørerør n
Horror m ⟨-s; 0⟩ *(Erlebnis)* forfærdelig oplevelse; mareridt n; **~film** m gyser
Hör|saal m forelæsningssal, auditorium n; **~spiel** n hørespil n
Horst m ⟨-(e)s; -e⟩ *(rovfuglo)*redo; *(Wald)* krat n; GEOL horst; *(Flieger)*2 flyverkaserne; **2en** v/i ⟨-e⟩ bygge rede
Hort m ⟨-(e)s; -e⟩ *(Zufluchtsort)* tilflugtssted n; *(Heim)* asyl n, børnehave; *(Schutz)* værn n; **2en** ⟨-e-⟩ *Geld, Waren* ophobe, hamstre
Hor'tensie [-ziə] f hortensia
Hörweite f ⟨0⟩ hørevidde
Höschen [-sç-] n små bukser pl; *(Damenwäsche)* trusser pl
Hose f (et par) bukser pl; *sie hat die ~ an* fig hun bærer bukserne; *in die ~ gehen* fig gå i vasken; *in die ~n machen (vor* D) gøre i bukserne (af)
Hosen|bein n bukseben n; **~bund** m bukselinning; **~klammer** f cykelklemme; **~knopf** m bukseknap; **~latz** m bukseklap; **~rock** m buksenederdel; **~schlitz** m gylp; **~spanner** m benklædebøjle; **~tasche** f bukselomme; **~träger** m sele(r pl)
Hospi|'tal n ⟨-s; ⸚er⟩ sygehus n, hospital n; **2'tieren** hospitere, være gæst; overvære undervisning; **~z** [-'piːts] n ⟨-es; -e⟩ herberg n; missionshotel n
Ho'stess f stewardesse; værtinde
Hostie [-tiə] f oblat, nadverbrød n, hostie
Ho'tel n ⟨-s; -s⟩ hotel n; *im ~ wohnen* bo på hotel; **~besitzer** m hotelejer; **2eigen** hotellets; **~fach** n ⟨-(e)s; 0⟩ hotelbranche; **~führer** m hotelkatalog n; **~halle** f foyer; **~kette** f hotelkæde; **~pension** f hotelpen-

H

sion; ~**verzeichnis** n hotelliste; ~**zimmer** n hotelværelse n

Hotten'totte m ⟨-n⟩ hottentot

hrsg. (= *herausgegeben*) udgivet

hü! hyp!

Hub m ⟨-(e)s; ⁓e⟩ hævning, løftning; *Motor*: stempelslag n; takt

hüben *adv*: ~ *und drüben* på begge sider

Hu'bertusjagd f hubertusjagt

Hubraum m cylindervolumen n

hübsch ⟨-est⟩ køn, smuk, pæn

Hubschrauber m helikopter

Hucke f byrde båret på ryggen; *j-m die ~ volllügen* F lyve lige så stærkt som hest kan rende; **2pack** på ryggen; ~**packverkehr** m transport af lastbiler på tog

Hude'lei f sjuskeri n, F svineri n

Huf m ⟨-(e)s; -e⟩ hov; *gespaltener*: klov; ~**beschlag** m hovbeslag n; ~**eisen** n hestesko; **2eisenförmig** hesteskoformet; ~**lattich** m følfod; ~**schlag** m hovslag n; ~**schmied** m beslagsmed

Hüft|bein n hofteben n; ~**e** f hofte; ~**gelenk** n hofteled n; ~**gürtel** m, ~**halter** m hofteholder; ~**weh** n hoftesmerter pl, ondt i hoften

Hügel m bakke, høj; **2ig** bakket; (*uneben*) ujævn; ~**land** n bakkeland n

Huge'notte m ⟨-n⟩ hugenot

Huhn n ⟨-(e)s; ⁓er⟩ høne

Hühnchen n kylling; *mit j-m ein ~ zu rupfen haben* fig have en høne at plukke med én

Hühner|auge n ligtorn; ~**brühe** f hønsekødssuppe; ~**fleisch** n hønsekød n; ~**frikassee** n hønsefrikassé; ~**hof** m hønsegård; ~**leiter** f hønsestige; ~**stall** m hønsehus n; ~**stange** f hønsepind; ~**zucht** f hønseavl

hui! vips!, tjæp!

Huld f ⟨0⟩ gunst; nåde; yndest; **2igen** *v/i* (D) hylde; ~**igung** f hyldning, hyldest; **2voll** nådig

Hülle f hylster n, indhylling; dække n, svøb n; *in* ~ *und Fülle* i overflod; **2n** (ind)hylle, indsvøbe; indpakke

Hülse f hylster n (a *Patronen*2); tut; bot bælg, skal; ~**nfrucht** f bælgfrugt

hu'ma|n human, menneskelig; **2'nismus** m ⟨-; 0⟩ humanisme; ~'**nistisch** humanistisch; ~**ni'tär** humanitær; **2ni'tät** f ⟨0⟩ humanitet

Humbug m ⟨-s; 0⟩ humbug (n)

Hummel f ⟨-; -n⟩ humlebi

Hummer m hummer

Hu'mo|r m ⟨-s; 0⟩ humor, lune n; ~'**rist** m ⟨-en⟩ humorist; **2'ristisch** humoristisk;

2rlos humørforladt; **2rvoll** fuld af humor

humpeln *v/i* ⟨-le; haben u sn⟩ humpe, halte

Humpen m ⟨-s; -⟩ krus n

Humus m ⟨-; 0⟩ muld(jord), humus

Hund m ⟨-(e)s; -e⟩ hund; *da liegt der ~ begraben* det er knuden (*od* det kildne punkt); *auf den ~ kommen* (*od vor die ~e gehen*) fig gå i hundene; være til rotterne; ~*e sind an der Leine zu führen!* hunde skal føres i snor!

Hunde|ausstellung f hundeudstilling; **2'elend:** *mir ist ~* jeg er hundesyg; ~**futter** n hundefoder n; ~**hütte** f hundehus n; ~**kuchen** m hundekiks; ~**leben** n hundeliv n; ~**leine** f hundesnor; ~**marke** f hundetegn n; **2'müde** dødtræt; ~**rasse** f hunderace

hundert hundrede; ~*e von* hundreder af; **2** n ⟨-s; -e⟩ hundrede n; *fünf vom ~ (v. H.)* fem procent (5%); *zu ~en* i hundredvis

Hunderter m hundrede(tal n) n; (*Geld*) hundredekroneseddel; **2lei** hundrede slags

hundert|fach, ~**fältig** hundredfold(ig), hundrede gange(s); **2'jahrfeier** f hundredårsfest; ~**jährig** hundredårig; **2jährige(r)** hundredårig; ~**mal** hundrede gange; ~**prozentig** hundrede procent

Hundert|ste(r) den (*od* nummer) hundrede ~**stel** n hundrededel

hundert'tausend hundrede tusinde

Hunde|schlitten m hundeslæde; ~**schnauze** f hundesnude; ~**sperre** f forbud n mod løsgående hunde; ~**steuer** f hundeskat; ~**wetter** n hundevejr n

Hünd|in f hunhund, tæve; **2isch** hundsk; fig krybende

Hunds|fott m ⟨-(e)s; -e⟩ P skiderik; **2ge'mein** nederdrægtig, bundtarvelig, modbydelig, gemen; **2mise'rabel** ⟨0⟩ F elendig; ~**stern** m Sirius; ~**tage** m/pl hundedage pl

Hüne m ⟨-n⟩ kæmpe; ~**ngrab** n kæmpehøj, dysse

Hunger m ⟨-s; 0⟩ sult; hunger (*a* fig); ~ *bekommen* (*haben*) blive (være) sulten (*nach* D/efter); ~**gefühl** n sultfornemmelse; ~**jahr** n hungerår n; ~**katastrophe** f hungerkatastrofe; ~**kur** f sultekur; ~**leider** m forsulten stakkel; ~**lohn** m sulteløn; **2n** *v/i* ⟨-re⟩ sulte, hungre; fig være begærlig (*nach* D/efter); ~**snot** f hungersnød; ~**streik** m sultestrejke; ~**tod** m hungersdød; ~**tuch** n: *am* ~ *nagen* fig suge på labben

hungrig sulten

Hunne m ⟨-n⟩ hunner

Hupe f Auto: bilhorn n; NAUT tudehorn n; **2n** v/i Auto: dytte; NAUT tude

hüpfe|n v/i ⟨sn⟩ hoppe; **das ist gehupft wie gesprungen** det er hip som hap; **2r** m springer

Hürde f (Viehzaun) kvægfold; SPORT hæk; Pferdesport: hurdle; fig forhindring; **~nlauf** m hækkeløb, forhindringsløb n

Hure f luder, hore; **2n** v/i hore, kneppe; **~'rei** f horeri n, knepperi n

hur'ra! hurra!

hurtig hurtig, rask, vims, kvik

Hu'sar m ⟨-en⟩ husar; **~enstreich** m, **~enstück** n dumdristigt enkeltmandsforehavende n

husch! tys!; vips!; væk!; svup!

huschen v/i ⟨sn⟩ smutte, fare

hüsteln [y:] v/i ⟨-le⟩ småhoste

husten [u:] v/i ⟨-e⟩ hoste; **ich huste darauf** jeg blæser på det; **2 m** ⟨-s; 0⟩ hoste; **2anfall** m hosteanfald n; **2bonbon** m halspastil; **2reiz** m krillerhoste

Hut[1] m ⟨-(e)s; ~e⟩ hat; (Zucker2) sukkertop; **den ~ vor j-m abnehmen** tage hatten af for én; **den ~ aufsetzen** tage hatten på; **unter e-n ~ bringen** fig finde frem til fælles fodslag

Hut[2] f ⟨0⟩ beskyttelse, varetægt; (Wache) vagt, (vagt)post; **auf der ~ sein** være på vagt (vor D/over for)

hüten ⟨-e-⟩ beskytte, passe på, bevare; (bewachen) (be)vogte; Vieh vogte; **das Bett ~** holde sengen; **sich ~** tage sig i agt, vogte sig (vor D/for); **~ Sie sich!** tag Dem (lidt) i agt!, vogt Dem!

Hüter m vogter; Vieh: røgter

Hut|form f hatteform; **~krempe** f hatteskygge; **~macher** m hattemager; **~schachtel** f hatteæske

Hütte f hytte, rønne; TECH jernværk, højovnsværk n

Hütten|industrie f metalindustri; **~kunde** f ⟨0⟩ metallurgi; **~werk** n jernværk, højovnsværk n

Hyäne [hy'ɛː-] f hyæne (a fig)

Hya'zinthe [hy·a·-] f hyacint

hy'brid ⟨0⟩ hybrid; **2netz** n hybridnet n

Hy'dr|ant m ⟨-en⟩ hydrant; **~at** n ⟨-(e)s; -e⟩ hydrat n

Hy'drauli|k f ⟨0⟩ hydraulik; **2sch** hydraulisk

Hygien|e [-'gïe:-] f ⟨0⟩ hygiejne; **2isch** hygiejnisk

Hymne f hymne, lovsang; salme

Hyp'no|se f hypnose; **2ti'sieren** hypnotisere

Hypo'chonder m hypokondør

Hypo'thek f prioritet; hypotek n; **e-e ~ aufnehmen** optage en prioritet; **erste ~** førsteprioritet; **~enbank** f kreditforening; **~enbrief** m panteobligation

Hypo'the|se f hypotese, antagelse; **2tisch** hypotetisk

Hys|te'rie f hysteri (n); **2'terisch** hysterisk

I, i n I, i

i. A. (= im Auftrag) på… vegne

i'ahen v/i sige ia (som et æsel)

ich jeg; **ich bin's** det er mig; **2** n ⟨- od -s; - od -s⟩ jeg n; **2-Roman** m jeg-roman; **2sucht** f egenkærlighed

Icon ['aikɔn] n ⟨-s; -s⟩ EDV ikon n

ideal [i·de·'ɑːl] ideal; ideel; **2** n ⟨-s; -e⟩ ideal n; **~i'sieren** idealisere

Idea'lis|mus m ⟨-; 0⟩ idealisme; **~t** m ⟨-en⟩ idealist; **2tisch** idealistisk

I'dee f idé; begreb n; (Gedanke) tanke; (Plan) hensigt; **fixe ~** fiks idé; **keine ~** ikke spor (von D/af)

ideell [i·de·'el] ideel, tænkt

Ideenaustausch [i·'de:ən-] m idéudveksling

Identi|fikation [-'tsïo:n] f identifikation; **2fi'zieren** identificere; **2sch** [i·'dɛn-] identisk; **~tät** f identitet

Ideo'lo|ge [i·de·o·-] m ⟨-n⟩ ideolog; **~'gie** f ideologi; **2gisch** ideologisk

Idiom [i·'dïo:m] n ⟨-s; -e⟩ idiom n

Idio|t(in) [i·'dïo:t(ɪn)] m ⟨-en⟩ (f) idiot; **~'tie** f idioti; **2tisch** idiotisk, fjollet, tosset; sindssyg

I'dol n ⟨-s; -e⟩ idol n

I'dyll n ⟨-s; -e⟩ idyl; **2isch** idyllisk

Igel m pindsvin n; **~stellung** f pindsvinestilling

Igno'r|anz f ⟨0⟩ uvidenhed; **2ieren** ignorere

ihm ham, den, det n

ihn ham, den, det n

ihnen dem; **2** Dem

ihr sg hende; pl I; (possessiv) f/sg hendes,

sin, sit; dens, dets; *pl* deres; *Anrede*: De-res

ihrer *sg* hende; *pl* dem; 2 Dem; **~seits** på (*od* fra) sin (*od* hendes, deres) side; 2**seits** på Deres side

ihresgleichen hendes (*od* sin, sine, deres) lige; 2 Deres lige

ihret|**halben, ~wegen, um ~willen** for hendes (*od* sin, deres) skyld; 2**halben,** 2**wegen, um** 2**willen** for Deres skyld

ihrig: der, die, das ~e hendes, dens, dets; *pl* deres; *die* 2**en** Deres familie; *das* 2**e** Deres

i. J. (= *im Jahre*) i (året)

I'kone *f* ikon

illegal ['ɪle·gaːl] illegal; 2**i'tät** *f* ⟨0⟩ illegalitet

Illumi|nation [-'tsi̯oːn] *f* illumination, festbelysning; 2**'nieren** illuminere

Illu|sion [-'zi̯oːn] *f* illusion, indbildning; 2**'sorisch** illusorisk, indbildt

Illustration [-stra·tsi̯oːn] *f* illustration

illu'strier|en illustrere; *fig* anskueliggøre; 2**te** *f* ⟨-n⟩ ugeblad *n*, billedblad *n*

Iltis *m* ⟨-ses; -se⟩ ilder

im = *in dem*

imagi'när imaginær

Imbiss *m* forfriskning, frokost; *Stand*: pølsevogn; **~bude** *f*, **~halle** *f*, **~stube** *f* snack-bar

Imi|tation [-'tsi̯oːn] *f* imitation, efterligning; 2**'tieren** imitere, efterligne

Imker(in) *m(f)* biavler

Immatriku|lation [-'tsi̯oːn] *f* immatrikulation; 2**'lieren** immatrikulere, indskrive

im'mens umådelig

immer altid; (*beständig*) stadig, bestandig; **~ besser** bedre og bedre; **~ mehr** mere og mere; **~ reicher** rigere og rigere; stadig rigere; **noch ~, ~ noch** stadigvæk; **~ und ewig** evig og altid; **~ wieder** igen og igen; *was auch* **~** hvad end; *wer auch* **~** hvem der end; *wie auch* **~** hvordan end; *wo auch* **~** hvor end; *auf* **~, für ~** for stedse (*od* bestandig); **~'dar** altid, (for) bestandig; **~'fort** stadigvæk, uophørlig; **~grün** stedsegrøn; **~'hin** alligevel, dog; **~ während** stedsevarende, evig; ustandselig; **~'zu** stadigvæk; hele tiden!

Immi'gr|ant(in) *m* ⟨-en⟩ (*f*) immigrant, indvandrer; **~ation** [-'tsi̯oːn] *f* immigration, indvandring

Immo'bilien [-li̯ən] *pl* fast(e) ejendom(me *pl*)

im'mun immun; **~i'sieren** gøre immun; 2**i'tät** *f* ⟨0⟩ immunitet (*a* POL)

Imperativ *m* ⟨-s; -e⟩ imperativ, bydemåde

Imperfekt *n* ⟨-s; -e⟩ imperfektum *n*, datid

Imperia'lis|mus [-pe·ri̯a·-] *m* ⟨-; 0⟩ imperialisme; 2**tisch** imperialistisk

impf|en vaccinere; 2**schein** *m* vaccinationsattest; 2**stoff** *m* vaccine; 2**ung** *f* vaccinering; 2**zwang** *m* ⟨-(e)s; 0⟩ vaccinationspligt

impli'zieren implicere

impo'nieren *v/i* (*D*) imponere; **~d** imponerende

Import *m* ⟨-(e)s; -e⟩ import, indførsel; **~eur** [-'tøːr] *m* ⟨-s; -e⟩ importør; 2**ieren** [-'tiː-] importere, indføre

impo'sant ⟨-est⟩ imponerende, mægtig

impo|tent impotent; 2**tenz** *f* impotens

impräg'nieren imprægnere

Impressio'nis|mus [-si̯o·-] *m* ⟨-; 0⟩ impressionisme; **~t** *m* ⟨-en⟩ impressionist; 2**tisch** impressionistisk

Im'pressum *n* ⟨-s; 0⟩ kolofon

Improvi|sation [-'tsi̯oːn] *f* improvisation; 2**'sieren** improvisere

Im'puls *m* ⟨-es; -e⟩ impuls; 2**siv** impulsiv

im'stande: ~ sein være i stand (*zu* D/til)

in (*D*) (*wo?*) (inde, ude, henne, nede *od* oppe) i; på; (*wann?* [*Zeitpunkt*]) om; på; (*A*) (*wohin?*) (ind, ud, hen, ned *od* op) i; (*wann?* [*Dauer*]) på; *im Sommer* (*Winter*) om sommeren (vinteren); **~ acht Tagen** om otte dage; på otte dage

In'an|griffnahme *f* ⟨0⟩ påbegyndelse; **~spruchnahme** *f* ⟨0⟩ optagethed

Inbegriff *m* *fig* indbegreb *n*; 2**en** iberegnet, inklusive; *alles* **~** alt inklusive

Inbe'trieb|nahme *f* igangsættelse, driftsåbning; **~setzung** *f* igangsættelse

In|brunst *f* ⟨0⟩ inderlighed, iver; 2**brünstig** inderlig, varm; ivrig

Inbusschlüssel *m* unbrakonøgle®

in'dem *konj* idet, da, ime(de)ns

Inder(in) *m(f)* inder

in'des(sen) (*jedoch*) imidlertid; (*während*) mens

Index *m* ⟨-; -e *od Indizes od Indices*⟩ indeks; **~zahl** *f* pristal, indekstal *n*

Indian|er(in) *m(f)* [-'di̯a·-] indianer; **~erhäuptling** *m* indianerhøvding; 2**isch** indiansk

Indien [-di̯ən] *n* Indien *n*

Indika|tion [-'tsi̯oːn] *f* indikation; **~tiv** *m* ⟨-s; -e⟩ indikativ

indirekt indirekte, middelbar

indisch indisk

indiskret indiskret, taktløs; 2**ion** [-'tsi̯oːn] *f* indiskretion

indisponiert indisponeret, uoplagt

Individua'lis|mus m ⟨-; 0⟩ individualisme; **2tisch** individualistisk
individu|ell [-'el] individuel; **2um** [-'vi:du·um] n ⟨-s; Individuen⟩ individ n
In'diz n ⟨-es; Indizien⟩ indicium n; **~ienbeweis** m indiciebevis n; **2ieren** [-'tsi:-] indicere
indoktri'nieren indoktrinere
Indo'nesi|en [-sīən] n Indonesien n; **~er (-in)** m(f) indoneser; **2sch** indonesisk
Indoss|a'ment n ⟨-s; -e⟩ endossement n; **~ant** [-dɔ's-] m ⟨-en⟩ endossant
Induktion [-'tsio:n] f induktion; **~sstrom** m induktionsstrøm
industriali'sier|en industrialisere; **2ung** f ⟨0⟩ industrialisering
Industrie [-'tri:] f industri; **~arbeiter** m industriarbejder; **~gebiet** n industriområde n; **~gewerkschaft** f industriforbund n, fagforening
industriell [-tri·'el] industriel; **2e(r)** m industrimand; erhvervsleder
Indus'trie|produkt n industriprodukt n; **~stadt** f fabriksby, industriby; **~ und Handelskammer** f industriråd n; handelskammer n; **~zentrum** n industricentrum n; **~zweig** m industrigren
inein'ander (ind) i hinanden, sammen; **~greifen** v/i gribe ind i hinanden
in'fam infam, nederdrægtig
Infante'r|ie f infanteri n, fodfolk n; **~ist** m ⟨-en⟩ infanterist
Infektion [-'tsio:n] f infektion, smitte; **~skrankheit** f infektionssygdom
infil'trieren infiltrere
Infinitiv m ⟨-s; -e⟩ infinitiv, navnemåde
infi'zieren inficere, smitte
Inflatio|n [-'tsio:n] f inflation; **2'när** inflatorisk; **~nsrate** f inflationsrate
Influenza [-'entsa] f ⟨0⟩ influenza
in'folge (G) ifølge; **~'dessen** som følge heraf (od deraf)
Infor'matik f ⟨0⟩ informatik; datalære
Information [-'tsio:n] f information, underrettelse; **~szentrum** n informationscenter n
infor'mieren informere, underrette (**über** A/om); **sich ~** forhøre sig (**über** A/om)
infra|rot infrarød; **2struktur** f infrastruktur
Infusion [-'zio:n] f infusion
Ingenieur|(in) [-ʒe·'nĭ ø:r(in)] m ⟨-s; -e⟩ (f) ingeniør; **~schule** f teknikum n
Ingredienz [-'dĭents] f ingrediens, bestanddel
Ingrimm m ⟨-(e)s; 0⟩ harme; forbitrelse
Ingwer m ingefær

Inhaber m (Besitzer) ejer; (Rekord2 usw) indehaver
inhaf'tier|en arrestere, fængsle; **2ung** f arrestering, fængsling
inha'lieren inhalere, indånde
Inhalt m ⟨-(e)s; -e⟩ indhold n; **2lich** indholdsmæssig
Inhalts|angabe f Paket: indholdsangivelse; Buch: resumé n, referat n; **2leer, 2los** indholdsløs; **2reich, 2schwer** indholdsrig; **~verzeichnis** n indholdsfortegnelse
Initiale [-'tsia:-] f initial n
Initia'tive f initiativ n; **die ~ ergreifen** tage initiativet
Initiator [-'tsia:t-] m ⟨-s; -en [-'to:-]⟩ initiativtager, igangsætter
In|jektion [-'tsio:n] f injektion, indsprøjtning; **~karnation** [-'tsio:n] f ⟨0⟩ inkarnation
In'kasso n ⟨-s; -s⟩ inkasso, indkassering; **~spesen** pl inkassoomkostninger pl
in|klusive (G) inklusive, iberegnet; **~'kognito** inkognito; **2'kognito** n ⟨-s; -s⟩ inkognito n; **2kompetent** inkompetent; **~konsequent** inkonsekvent, ulogisk
In'krafttreten n ⟨-s⟩ ikrafttræden
Inkubationszeit [-'tsio:n-] f inkubationstid
In|land n ⟨-(e)s; 0⟩ indland n; **2ländisch** indenlandsk, indenrigsk; **~landsgespräch** n indlandssamtale
Inlands|markt m hjemmemarked n; **~porto** n porto til indlandet
Inlaut m indlyd
Inlett n ⟨-(e)s; -e⟩ vår n, bolster n
inliegend vedlagt; indlagt
in'mitten (G) midt i (od under)
inne|·haben indehave, eje; **~·halten** v/i (aufhören) holde inde, standse
innen inde, indeni, indvendig; **nach ~** indad; **von ~** indefra; **2antenne** f indendørsantenne; **2architekt(in)** m(f) indendørsarkitekt; **2aufnahme** f indendørs optagelse; **2ausstattung** f indendørsindretning; boligindretning; **2hof** m indre gård; **2leben** n indre liv n; **2minister** m indenrigsminister; **2politik** f indenrigspolitik; **~politisch** indenrigspolitisk; **2seite** f inderside; **2stadt** f indre by; city; **2tasche** f inderlomme; **2welt** f ⟨0⟩ indre verden, sjæleliv n
inner indre, indvendig; **2asien** n Centralasien n; **~deutsch** fællestysk; **2e(s)** indre n; **~halb** (G) inden for, inden i; zeitlich: inden; **~lich** indvendig; MED til indvendig brug; **~st** inderst; **~staatlich** indenrigsk,

national; 2ste(s) inderste *n*

inne|-werden *v/i* ⟨*sn*⟩ (G) mærke, opdage; begribe; **~wohnen** *v/i* (D) bo i; **~wohnend** iboende

innig inderlig; 2keit *f* ⟨0⟩ inderlighed

Innung *f* lav *n*; **~smeister** *m* oldermand

inoffiziell uofficiel

Inquisition [-'tsĭo:n] *f* inkvisition

ins = *in das*

Insasse *m* ⟨*-n*⟩, **Insassin** *f* passager; *Gefängnis:* fange; **~nversicherung** *f* passagerforsikring

insbe'sondere i særdeleshed, særlig

Inschrift *f* indskrift, påskrift; inskription

In'sekt *n* ⟨*-(e)s; -en*⟩ insekt *n*; **~enbekämpfung** *f* insektbekæmpelse; **~enmittel** *n* insektmiddel *n*; **~enpulver** *n* insektpulver *n*

Insel *f* ⟨*-; -n*⟩ ø, (*kleine* **~**) holm; (*Verkehrs*2) helle; **~bewohner** *m* øbo; **~gruppe** *f* øgruppe; **~reich** *n*, **~staat** *m* ørige *n*

Insemination [-'tsĭo:n] *f* insemination, kunstig befrugtning

Inse'rat *n* ⟨*-(e)s; -e*⟩ annonce, inserat *n*; **~atenteil** *m* annonceafdeling; 2ieren annoncere, avertere

insge|'heim hemmelig; **~'samt** ialt, tilsammen

Insignien [-'zi:gnĭən] *f/pl* insignier *pl*

inso'fern (*wenn*) såfremt; **~ als** for så vidt som

insol'ven|t insolvent, fallit; 2z *f* insolvens, fallit

inso'weit for så vidt (som)

Inspekt|ion [-'tsĭo:n] *f* inspektion, tilsyn *n*; *Auto:* eftersyn *n*; **~or** [-'spɛk-] *m* ⟨*-s; -en* [-'to:-]⟩ inspektør, tilsynshavende

Inspi|ration [-'tsĭo:n] *f* inspiration; 2'rieren inspirere; 2'zieren inspicere, efterse

Instal|lateur [-'tø:ɐ] *m* ⟨*-s; -e*⟩ installatør; *Wasser, Gas:* vand- og gasmester; **~lation** [-'tsĭo:n] *f* installation, indlægning; 2'lieren installere, indlægge

in'stand: **~ halten** holde ved lige, vedligeholde; **~ setzen** istandsætte, reparere

In'standhaltung *f* vedligeholdelse

inständig indstændig

In'standsetzung *f* istandsættelse, reparation

Instanz [-'stɑ:nts] *f* instans; *in erster* **~** ved første instans

Instink|t instinkt [-'st-] *m* ⟨*-(e)s; -e*⟩ instinkt *n*, naturdrift; 2'tiv instinktmæssig, instinktiv

Insti'tut [-st-] *n* ⟨*-(e)s; -e*⟩ institut *n*, anstalt; **~ion** [-'tsĭo:n] *f* institution

instru|'ieren instruere; give instrukser; 2ktion [-'tsĭo:n] *f* instruktion

Instru'men|t [-st-] *n* ⟨*-(e)s; -e*⟩ instrument *n*; 2'tal instrumental

Insu'laner *m* øbo

Insu'lin *n* ⟨*-s; 0*⟩ insulin *n*

insze'nier|en [ɪnstse'-] iscenesætte; THEA sætte op; 2ung *f* iscenesættelse; opsætning

in'takt ubeskadiget, intakt

In'tarsien *f/pl* intarsia *pl*

Inte'gr|alrechnung *f* integralregning; **~ation** [-'tsĭo:n] *f* ⟨0⟩ integration; 2ieren integrere; **~i'tät** *f* ⟨0⟩ integritet

Intel'lekt *m* ⟨*-(e)s; 0*⟩ intellekt *n*; 2uell [-tu-'ɛl] forstandsmæssig; intellektuel; **~uelle(r)** [-tu-'ɛl-] intellektuel

intelli'gen|t ⟨*-est*⟩ intelligent; 2z *f* ⟨0⟩ intelligens, kløgt; 2zquotient *m* intelligenskvotient

Inten'dant *m* ⟨*-en*⟩ intendant; teaterdirektør

Inten|si'tät *f* ⟨0⟩ intensitet; 2'siv intensiv; **~'sivstation** *f* intensivafdeling

interes|'sant ⟨*-est*⟩ interessant; spændende; 2se [-'rɛsə] *n* ⟨*-s; -n*⟩ interesse; 2sengebiet *n* interessesfære, interesseområde *n*; 2sengemeinschaft *f* interessefællesskab *n*; 2sensphäre *f* interessesfære; 2'sent *m* ⟨*-en*⟩ interessent; **~'sieren** interessere (*sich* sig; *für* A/for); **~'siert** interesseret (*an* D/i)

Inter|fe'renz *f* interferens; **~jektion** [-'tsĭo:n] *f* interjektion, udråbsord *n*; 2konti-nen'tal interkontinental; **~mezzo** [-'mɛtso] *n* ⟨*-s; -s*⟩ intermezzo *n*, mellemspil *n*

in'tern indre, intern; 2nat *n* ⟨*-(e)s; -e*⟩ kostskole, kollegium *n*

internatio'nal [-tsĭo'-] international

Internet ['ɪntɐnɛt] *n* ⟨*-s; 0*⟩ internet; *ins*~ *gehen* gå på internettet; **~anschluss** *m* internetadgang

inter|nier|en internere; 2ung *f* internering

inter|pel'lieren *v/i* interpellere, forespørge

Interpre|tation [-'tsĭo:n] *f* (for)tolkning; 2'tieren (for)tolke

Inter|punktion [-'tsĭo:n] *f* interpunktion, tegnsætning; **~'vall** [-'val] *n* ⟨*-s; -e*⟩ mellemrum *n*; interval *n*; 2ve'nieren intervenere, indblande sig; mægle; **~vention** [-'tsĭo:n] *f* intervention, indblanding; mægling

Interview [-'vju:] *n* ⟨*-s; -s*⟩ interview *n*; 2en [-'vju:ən] interviewe; udspørge

in'tim intim, fortrolig; 2i'tät *f* intimitet, fortrolighed; 2sphäre *f* privatliv

intoleran|t intolerant; 2z *f* ⟨0⟩ intolerance,

utålsomhed
Intonation [-'tsio:n] f intonation
intransitiv intransitiv
intrave'nös intravenøs
In'trig|e f intrige; **2ieren** [-'gi:-] v/i intrigere
Intuition [-tu·i·'tsio:n] f intuition
inva'lid|(e) invalid, vanfør; **2e** m ⟨-n⟩ invalid, vanfør; **2enheim** n invalidehjem n; **2enrente** f invalidepension; **2i'tätsversicherung** f invalideforsikring
Invasion [-'zio:n] f invasion
Inven'tar n ⟨-s; -e⟩ inventar n
Inven'tur f status, lageropgørelse; **~ machen** opgøre lageret, gøre status
inve'sti|eren investere; **2tion** [-'tsio:n] f investering
inwendig indvendig, indre
inwie|'fern, ~'weit hvorvidt
In'zest m ⟨-(e)s; -e⟩ incest
Inzucht f ⟨0⟩ indavl
in'zwischen i mellemtiden
Ion [i'·o:n] n ⟨-s; -en⟩ ion, jon
i. R. (= *im Ruhestand*) pensioneret; fhv
I'rak m: **(der)** ~ Irak n; **2isch** irakisk
I'ran m: **(der)** ~ Iran n; **2isch** iransk
irden af ler, ler-; **~es Geschirr** lertøj n; **~isch** jordisk, timelig, forgængelig
Ire m ⟨-n⟩ irlænder
irgend overhovedet, på nogen måde; **~ein** en eller anden, nogen; et eller andet, noget n; **~eine(r)** en eller anden, nogen som helst; **~einmal** en enkelt gang, nogen sinde; **~etwas** et eller andet, noget (som helst); **~jemand** en eller anden, nogen som helst; **~wann** en eller anden gang; **~wer** hvilken som helst; nogen, en eller anden; **~wie** på en aller anden måde; **~wo** et eller andet sted; nogetsteds; **~woher** et eller andet sted fra; **~wohin** et eller andet sted hen
Irin f irlænder, kvinde (*od* pige) fra Irland
Iris f ⟨0⟩ regnbuehinde, iris; BOT iris, sværdlilje
irisch irsk
Irland n Irland n
Iro'n|ie f ⟨0⟩ ironi; **2isch** [-'ro:-] ironisk
irrational [-tsio-] irrationel; MATH irrational

irre (*verwirrt*) forvirret, forstyrret; gal, vanvittig; **~ werden** blive forvirret (*od* sindssyg); **2** f ⟨0⟩ vildfarelse, afvej; **in die 2 führen** føre vild; *fig* vildlede
Irre(r) m/f sindssyg, F gal
irre|·führen føre vild; *fig* vildlede; **~d** a misvisende (*a fig*); **~gehen** v/i ⟨sn⟩ gå (*od* fare) vild; *fig* tage fejl; **~leiten** vildlede; **~machen** forvirre
irren v/i flakke om, gå vild; (*falsch urteilen*) tage fejl; (*sündigen*) fejle; **sich ~** tage fejl (*in D/i*, af); **2anstalt** f, **2haus** n sindssygeanstalt
irre·reden v/i tale vildt, fantasere
Irr|fahrt f omflakken; *fig* vildfarelse; **~garten** m (have)labyrint; **2gläubig** kættersk; **2ig** fejlagtig, gal; vildfarende
irri'tieren irritere, ærgre; (*ablenken*) aflede opmærksomheden
Irr|lehre f vranglære; **~licht** n lygtemand; **~sinn** m ⟨-(e)s; 0⟩ vanvid n; **2sinnig** vanvittig (*a Preis usw*); **~tum** m ⟨-s; ⸚er⟩ fejltagelse, vildfarelse; **im ~ sein** tage fejl
irrtümlich urigtig, fejl(agtig); **~er'weise** ved en fejltagelse
Irr|ung f fejltagelse; uenighed; **~weg** m afvej, forkert vej
Ischias ['ɪʃίas] m ⟨-; 0⟩ iskias
Is'lam m islam; **2isch** islamisk
Is|land ['i·s-] n Island n; **~länder(in)** m(f) islænding; (*Pferd*) islænder; **2ländisch** islandsk
Isolation [-'tsio:n] f isolation
Iso'lier|band n isolerbånd n; **2en** isolere; **~kanne** f termokande; **~theit** f ⟨0⟩ isolerethed; **~ung** f isolering
Iso'top n ⟨-s; -e⟩ isotop
Israel ['ιsra·ɛːl] n Israel n; **~i** [-'eːli] m ⟨-s; -s⟩ israeler; **2isch** [-'e:-] israelsk; **~it** [-'li·t] m ⟨-en⟩ israelit, jøde; **2itisch** [-'li:t-] israelitisk, jødisk
Ist|bestand m virkelig beholdning; **~stärke** f faktiske styrke
I'talien [-liən] n Italien n; **~er(in)** [-'lie:-] m(f) italiener; kvinde (*od* pige) fra Italien **2isch** [-'lie:-] italiensk
i-Tüpfelchen n: *das* ~ prikken over i'et
i. V. (= *in Vertretung*) på … vegne

J

J, j [jɔt] n J, j n

ja ja; *nach Verneinung:* jo; *ach ~!* nå ja!; *~ doch!* jo!, javist!; *da ist er ~!* der er han jo!; 2 n ⟨- od -s; 0⟩ ja(ord n) n

Jacht f yacht; jagt; **~hafen** m lystbådehavn; **~klub** m yachtklub

Jacke f jakke, trøje; *das ist ~ wie Hose* F det er hip som hap; **~ntasche** f jakkelomme

Jackett [ʒa'kɛt] n ⟨-s; -s⟩ jakke; jaket

Jagd f jagt; *auf der ~ bes. fig* på jagt (*nach D/*efter); *auf die ~ gehen* gå på jagt; **~aufseher** m skovfoged; **2bar** jagtbar; **~beute** f jagtbytte n; **~flieger** m, **~flugzeug** n jager(maskine), kampflyver; **~gebiet** n jagtområde n; **~gewehr** n jagtgevær n; **~hund** m jagthund; **~hütte** f jagthytte; **~partie** f jagttur; **~recht** n ⟨-(e)s; 0⟩ jagtret; **~revier** n jagtdistrikt n; **~schein** m jagttegn n; *den ~ machen* tage jagttegn; **~schloss** n jagtslot n; **~schutzgebiet** n jagtreservat n; **~tasche** f jagttaske; **~verbot** n jagtforbud n; **~zeit** f jagttid

jagen v/i jage; *in die Flucht ~* jage på flugt; v/t (*haben u sn*) jage, gå på jagt (*nach D/*efter); (*eilen*) jage af sted

Jäge|r m jæger; **~rei** f ⟨0⟩ jagthåndværk n; jægerliv n; **~rlatein** n jægerløgn

Jaguar ['jɑːguɑːʁ] m ⟨-s; -e⟩ jaguar

jäh ⟨-est⟩ pludselig; (*steil*) brat, stejl; (*jähzornig*) hidsig

Jahr n ⟨-(e)s; -e⟩ år n; *dieses ~* i år; *voriges ~* i fjor; *in zwei ~en* (= *nach*) om to år; (= *während*) i løbet af to år; *im ~e 1990* i 1990; *seit ~en* i årevis; *übers ~* om et år; *vor e-m ~* for et år siden; *alle ~e, jedes ~* hvert år; *alle drei ~e* hvert tredje år; *er ist zwölf ~e* (*alt*) han er tolv år (gammel); 2*aus:* ~, *jahrein* år ud, år ind; **~buch** n årbog; 2*elang* i årevis, årelang

jähren: *sich ~* blive et år gammel, være ét år siden

Jahres|abschluss m årets slutning; ØKON årsopgørelse; **~anfang** m årets begyndelse; **~bericht** m årsberetning; **~bilanz** f status; **~durchschnitt** m årsgennemsnit n; *im ~* på årsbasis; **~einkommen** n årsindtægt; **~feier** f, **~fest** n årsfest; **~folge** f årenes løb n; **~frist** f: *binnen ~* inden et års forløb; **~tag** m årsdag (G/for); **~ver-**

~brauch m årligt forbrug n; **~wechsel** m årsskifte n; **~zahl** f årstal n; **~zeit** f årstid

Jahr'fünft n ⟨-s; -e⟩ femårsperiode

Jahr|gang m årgang; **~'hundert** n århundrede n, hundredår n; *im 18. ~* i det 18. (attende) århundrede, i 1700-tallet; **~'hundertfeier** f hundredårsfest

jähr|ig årgammel; ...årig; *ein dreijähriges Kind* et barn på tre år; **~lich** årlig, års-; hvert år; 2*ling* n ⟨-s; -e⟩ årgammelt dyr n

Jahr|markt m marked(sfest) n, krammarked n; **~'tausend** n årtusinde n; **~'tausendfeier** f tusindårsfest; **~'zehnt** n ⟨-(e)s; -e⟩ årti n, tiår n; 2*zehntelang* i årtier

Jähzorn m hidsighed; 2*ig* hidsig, heftig

Jalousie [ʒaˈluˈziː] f skinsyge; jalousi; *Fenster:* jalousi n, persienne

Jambus m ⟨-; *Jamben*⟩ jambe

Jammer m ⟨-s; 0⟩ jammer, ynk; (*Elend*) elendighed; *es ist ein ~* det er synd og skam; **~bild** n sørgeligt syn n; **~geschrei** n jammerklage; **~lappen** m F kujon, slap fyr

jämmerlich jammerlig, ynkelig; (*elend*) elendig

jammer|n ⟨-re⟩ v/i jamre (sig), klage; v/t *er jammert mich* det gør mig ondt for ham; **~'schade** synd og skam, kedeligt; 2*tal* n ⟨-(e)s; 0⟩ fig jammerdal; **~voll** jammerfuld, ynkelig

Januar m ⟨-s; -e⟩ januar; *im ~* i januar (måned)

Japan n Japan n; **~er(in)** [-'pɑː-] m(f) japaner; 2*isch* [-'pɑː-] japansk

jappen v/i, **japsen** v/i ⟨-t⟩ gispe, snappe (efter luft)

Jargon [ʒaʁ'gɔŋ] m ⟨-s; -s⟩ jargon

Jas'min m ⟨-s; 0⟩ jasmin

jäten ⟨-e-⟩ luge

Jauche f fajle; gylle; **~(n)grube** f ajle-, gyllebeholder

jauchz|en v/i ⟨-t⟩ juble; 2*er* m jubelråb n

jaulen v/i klynke, pibe, hyle

Jause f mellemmåltid n

Ja|va [-v-] n Java n; 2*vanisch** javansk

Jawort n ⟨-(e)s; -e⟩ ja(ord n) n

Jazz|band ['dʒɛsbɛnd] f ⟨-; -s⟩ jazzband n, jazzorkester n; **~konzert** n jazzkoncert

je (*jemals*) nogensinde; (*jedes Mal*) hver gang; *distributiv:* jo; *~ ... desto* jo ...

des(to); ~ **eher**, ~ **lieber** jo før jo hellere; ~ **nach(dem)** ált eft·er(som); **mehr als** ~ mere end nogensinde; ~ **zwei (und zwei)** to og to, to ad gangen; **für** ~ **zehn Wörter** for hver ti ord; ~ **fünf (Stück)** fem (styk) af hver(t)

Jeans ['dʒi:ns] pl jeans, cowboybukser pl

jede(r, -s) hver, hvert n, enhver, ethvert n; (irgendeiner) nogen(somhelst); **ein jeder** hver og én, enhver; **jedes Mal (wenn)** hver gang

jedenfalls i al(t) fald, i hvert tilfælde

jeder|mann enhver; ~**zeit** altid, til enhver tid

je'doch dog, alligevel; trods alt

jedwede(r, -s) enhver, ethvert

Jeep® [dʒi:p] m ‹-s; -s› jeep

jegliche(r, -s) enhver, ethvert

jeher: **von** ~ altid, hele tiden

Je'längerje'lieber n вот kaprifolium

jemals nogensinde

jemand nogen, én; ~ **anders** nogen anden

Jemen m: **(der)** ~ Jemen n

jemine! herre jemini!

jene(r, -s) den (det n) dér; han (hun f, den, det n) dér; den (det n) førstnævnte; **zu jener Zeit** på den tid

jenseit|ig på den anden side, modsat, hinsides; ~**s** (G, **von** D) på den anden side (af); 2s n ‹-; 0› det andet liv n

Jersey ['dʒɜ:si] m ‹- od -s; -s› jersey n

Jesu'it m ‹-en› jesuit

Jesus m Jesus

Jet [dʒet] m ‹- od -s; -s› jet(fly n)

jetzig nuværende

jetzt nu; **bis** ~ indtil nu; **von** ~ **an** (od **ab**) fra nu af

jeweil|ig respektiv; ~**s** i hvert tilfælde; ~ **zwei** to ad gangen

Jh. (= **Jahrhundert**) århundrede n

Job [dʒɔb] m ‹-s; -s› job n

Joch n ‹-(e)s; -e› åg n; fig tvang, trældom; (Bergrücken) bjergryg

Jockei, Jockey ['dʒɔke·] m ‹-s; -s› jockey

Jod n ‹-(e)s; 0› jod n

jodeln ‹-le› jodle

jodhaltig jodholdig

Joga m u n ‹-s; 0› yoga

jogg|en ['dʒɔgən] jogge; 2**inghose** f joggingbukser pl

Jog(h)urt ['joːɡʊɐt] m ‹-s; -s› yoghurt

Jo'hannis|beere f ribs n; **schwarze** ~ solbær n; ~**brot** n johannesbrød n; ~**feuer** n sankthansbål n; ~**käfer** m sankthansorm

johlen skråle, skrige, huje

Joker ['dʒo:-, 'jo:-] m joker

Jolle f jolle

Jongl|eur [ʒɔŋ'løːɐ] m ‹-s; -e› jonglør; 2**ieren** [-'li:-] jonglere

Joppe f stortrøje, jakke

Jordan m: **der** ~ Jordan n

Journa|l [ʒʊk'naːl] n ‹-s; -e› tidsskrift n, journal; ~'**list(in)** m ‹-en› (f) (kvindelig) journalist; 2'**listisch** journalistisk

jovi'al jovial, gemytlig

Jubel m ‹-s; 0› jubel; ~**fest** n jubelfest, jubilæum n; ~**jahr** n jubelår n; 2n v/i ‹-le› juble

Jubi|'lar m ‹-s; -e› jubilar; ~**läum** [-'leːʊm] n ‹-s; Jubiläen› jubilæum n

juchhe(i)! hurra!, hejsa!

Juchten n ‹-s; 0› ruslæder n

juck|en klø; **es juckt** det klør; **es juckt mir in den Fingern** fig det kribler i mine fingre; 2**en** n ‹-s; 0› kløen; 2**pulver** n kløpulver n; 2**reiz** m kløen, kløe

Jude m ‹-n› jøde

Juden|tum n ‹-s; 0› jødedom; ~**verfolgung** f jødeforfølgelse; ~**viertel** n jødekvarter n

Jüd|in f jødisk kvinde (od pige); 2**isch** jødisk

Judo n ‹-s, 0› judo

Jugend f ‹0› ungdom; **von** ~ **auf** fra ungdommen af; ~**alter** n ungdomstid; ~**amt** n ungdomsnævn n; ~**bewegung** f ungdomsbevægelse; ~**buch** n ungdomsbog; ~**erinnerungen** f/pl ungdomsminder pl; (Buch) ungdomserindringer pl; 2**frei** (Film) tilladt for børn; ~**freund** m(f) ungdomsven(inde); ~**fürsorge** f børneværn n; ~**herberge** f vandrehjem n; ~**kriminalität** f ungdomskriminalitet; ~**lager** n ungdomslejr

jugendlich ungdommelig; 2**e(r)** ungt menneske n; pl ungdom(men); 2**keit** f ‹0› ungdommelighed

Jugend|liebe f ungdomskærlighed; ~**organisation** f ungdomsorganisation; ~**pfleger** m ungdomskonsulent; ~**stil** m ‹-s; 0› Kunst: „nyromantik", jugendstil; ~**strafe** f ungdomsfængsel n; ~**traum** m ungdomsdrøm; ~**zeit** f ungdomstid

Jugo'slaw|e m ‹-n› jugoslav; ~**ien** n Jugoslavien n; 2**isch** jugoslavisk

Juli m ‹- od -s; -s›: **der** ~ juli (måned); **im** ~ i, til juli

Julklapp m ‹-s; 0› (små) julegaver pl

Jumbo(jet) m ‹-s; -s› jumbojet

jung ‹-er; ˽st› ung; (frisch) ny; frisk; ~ **werden** blive ung, forynges; ~ **und alt** unge og gamle; 2**e** m ‹-n› dreng; **alter** ~**!** gamle dreng!; ~**enhaft** ‹-est› drengeagtig

Jünger m (Anhänger) discipel; ♀ adj (→ jung) yngre
Jungfer f jomfru, mø; **alte ~** gammel jomfru, pebermø
Jungfern|fahrt f jomfrurejse; **~häutchen** n mødomshinde, hymen; **~rede** f jomfrutale; **~schaft** f ⟨0⟩ jomfrudom, mødom
Jung|frau f jomfru; ♀fräulich jomfruelig (a fig); **~fräulichkeit** f ⟨0⟩ jomfruelighed; **~geselle** m ungkarl, pebersvend
Jüngling m ⟨-s; -e⟩ yngling, ung mand; **~salter** n ⟨-s; 0⟩ ungdomsalder
jüngst adj (→ jung) yngst; (letzt) sidst, senest; **die ~en Ereignisse** de seneste begivenheder; **das ♀e Gericht** dommedag; adv (for) nylig
Juni m ⟨- od -s; -s⟩: **der ~** juni (måned); **im ~** i, til juni
junior [-nĭɔʁ] junior; ♀ m ⟨-s; -en [-'nĭo:-]⟩ junior
Junker m junker
Junta ['xʊn-] f ⟨-; Junten⟩ junta
Jura¹ m: **der ~** Jurabjergene pl
Jura² n/pl jura, retsvidenskab

Juris|diktion [-'tsĭo:n] f ⟨0⟩ jurisdiktion; **~pru'denz** f ⟨0⟩ retsvidenskab
Ju'rist|(in) m ⟨-en⟩ (f) jurist; ♀isch juridisk
Jury ['ʒy'ʁi:] f ⟨-; -s⟩ nævningeting n; jury
just netop, just, lige
jus'tieren justere
Jus'tiz f ⟨0⟩ justits, retsvæsen n; **~beamte(r)** m justitsembedsmand; (Gefängniswärter) fængselsbetjent; **~gebäude** n domhus, tinghus n; **~irrtum** m justitsfejltagelse; **~minister** m justitsminister; **~mord** m justitsmord n; **~vollzugsanstalt** f fængsel n
Jute f ⟨0⟩ jute
Jüt|land n Jylland n; **~länder** m jyde; ♀ländisch jysk
Ju'wel n ⟨-s; -en⟩ juvel (a Person); **~'lier** m ⟨-s; -e⟩ juvelér; **~'liergeschäft** n juvelérforretning
Jux m ⟨-es; -e⟩ sjov n, løjer pl, grin n; **e-n ~ mit j-m machen** gøre grin med én, lave sjov med én; **aus ~** for sjov

K

K, k [ka:] n K, k n
Kaba'ret|t n ⟨-s; -s od -e⟩ revy; **~'tist** n ⟨-en⟩ kabarettist
Kabel n kabel n; **~anschluss** m kabeltilslutning; **~fernsehen** n kabel-tv n
Kabeljau m ⟨-s; -e od -s⟩ kabliau
Kabel|legung f kabellægning; ♀n ⟨-le⟩ telegrafere; **~TV** n kabel-tv n
Ka'bine f kabine, kammer n; kahyt; (Zelle) celle, rum n
Kabi'nett n ⟨-s; -e⟩ kabinet n; **in Dänemark:** ministerium n; **~skrise** f ministerkrise
Kabrio'lett [-bʀĭo'-] n ⟨-s; -s⟩ Auto: kabriolet, sportsvogn
Kachel f kakkel, flise; ♀n ⟨-le⟩ beklæde med fliser; **gekachelt** flisebeklædt, med fliser; **~ofen** m kakkelovn
Kacke f ⟨0⟩ V lort m; ♀n v/i V skide, lave
Ka'daver m ⟨-s; -e⟩ kadaver n; **~gehorsam** m kadaverdisciplin
Ka'denz f kadence
Kader m kadre; hold n
Ka'dett m ⟨-en⟩ kadet; **~enschule** f kadetskole
Kadmium [-mĭum] n ⟨-s; 0⟩ kadmium n
Käfer m bille; F pigebarn n

Kaff n ⟨-s; -s⟩ F ravnekrog, hul n
Kaffee m ⟨-s; 0⟩ kaffe; **~ kochen** lave kaffe; **~automat** m kaffeautomat n; **~bohne** f kaffebønne; ♀braun kaffebrun; **~brenner** m kaffebrænder; **~ersatz** m kaffeerstatning, kaffetilsætning; **~filter** m kaffefilter n; **~geschirr** n kaffestel n; **~kanne** f kaffekande; F „madam blå"; **~klatsch** m kaffesladder; **~kränzchen** n kaffekomsammen; **~löffel** m kaffeske; **~maschine** f kaffemaskine; **~mühle** f kaffemølle; **~satz** m kaffegrums; **~service** n kaffestel n; **~tafel** f kaffebord n; **~tante** f kaffesøster; **~tasse** f kaffekop; **~wärmer** m kaffevarmer
Käfig m ⟨-s; -e⟩ bur n
Kaftan m ⟨-s; -e⟩ kaftan
kahl skaldet; (bloß) nøgen, bar; (leer) tom; (öde) øde; fig blottet; **~ fressen** gnave (od æde) helt bar (od op); **~fressen →** **kahl**; ♀heit f ⟨0⟩ skaldethed; nøgenhed; ♀kopf m skaldepande; ♀köpfig skaldet; ♀schlag m lysning; fig drastisk forringelse
Kahn m ⟨-(e)s; ⸚e⟩ (ro)båd; (Flussschiff) lastpram; **~ fahren** sejle (en tur); **~fahrt** f, **~partie** f sejltur, rotur

Kai *m* ⟨-*s*; -*s*⟩ kaj

Kaiser *m* kejser; **~in** *f* kejserinde; **2lich** kejserlig; **~reich** *n* kejserrige *n*; **~schnitt** *m* MED kejsersnit *n*; **~tum** *n* ⟨-*s*; *0*⟩ kejserdømme *n*

Kajak *m* ⟨-*s*; -*s*⟩ kajak

Ka'jüte *f* kahyt

Kakadu *m* ⟨-*s*; -*s*⟩ kakadue

Kakao [-'kau] *m* ⟨-*s*; *0*⟩ kakao; *j-n durch den ~ ziehen* fig F gøre grin med én; **~pulver** *n* kakaopulver *n*

Kakerlak(e *f*) *m* ⟨-en⟩ kakerlak

Kak|'tee *f*, **~tus** *m* ⟨-; *Kakteen*⟩ kaktus

Kalami'tät *f* kalamitet

Kalauer *m* plat vittighed; *Wortspiel*: ordspil *n*

Kalb *n* ⟨-(*e*)*s*; *≈er*⟩ kalv; **2en** kælve (*a Eis*)

Kalb|fell *n* kalveskind *n*; *fig* tromme; **~fleisch** *n* kalvekød *n*

Kalbs|braten *m* kalvesteg; **~brust** *f* kalvebryst *n*; **~leber** *f* kalvelever; **~leder** *n* kalveskind *n*; **~milch** *f* kalvebrissel; **~schnitzel** *n* (kalve)schnitzel

Kal'daunen *fpl* kallun *n*, indvolde *pl*

Kaleido'skop *n* ⟨-*s*; -*e*⟩ kalejdoskop *n*

Ka'lender *m* kalender, almanak; **~jahr** *n* kalenderår *n*

Ka'lesche *f* kaleche(vogn)

kal'fatern ⟨-*re*⟩ kalfatre

Kali *n* ⟨-*s*; -*s*⟩ kali *n*

Ka'liber *n* kaliber (*n*) (*a fig*)

Kalifornien [-'fɔːniən] *n* Californien *f*

Kalk *m* ⟨-(*e*)*s*; -*e*⟩ kalk; **~ablagerung** *f* kalkaflejring; **~boden** *m* kalkjord; **2en** kalke, hvidte; **2haltig** kalkholdig; **~lunge** *f* kalklunge; **~malerei** *f* *Kirche*: kalkmaleri *n*; **~ofen** *m* kalkovn; **~stein** *m* kalksten

Kalku|lation [-'tsjoːn] *f* kalkulation, beregning; **2'lieren** kalkulere, beregne

Kalo'rie *f* kalorie; **2narm** [-ʀɪˈɔn-] kaloriefattig

kalt ⟨*≈er*; *≈est*⟩ kold (*a fig*); *es ist ~* det er koldt; *mir ist ~* jeg fryser; *~ stellen* stille til afkøling, sætte i køligt sted; *fig* isolere, uskadeliggøre, lade falde; **~ werden** blive kold; **~e Platte** kold anretning; koldt bord; *das lässt mich ~* fig det er mig (ganske) ligegyldigt; **~blütig** koldblodet; *fig* koldblodig

Kälte *f* ⟨*0*⟩ kulde; *fig* koldsindighed; **2beständig** kuldebestandig; **~einbruch** *m* kuldebølge; **~grad** *m* kuldegrad; **~welle** *f* kuldebølge

Kalt|front *f* koldfront; **2herzig** koldhjertet; **~luft** *f* ⟨*0*⟩ kold luft; **2-machen** *fig* F myrde, gøre kold; **~schale** *f* koldskål;

2schnäuzig følelsesløs, fræk; **2-stellen** → *kalt*; **~welle** *f* koldpermanent

Kalvi'nis|mus *m* ⟨-; *0*⟩ kalvinisme; **2tisch** kalvinistisk

Kalzium [-tsiʊm] *n* ⟨-*s*; *0*⟩ kalcium *n*

Ka'mel *n* ⟨-(*e*)*s*; -*e*⟩ kamel; *fig* dumrian; **~haar** *n* kamelhår *n*, kameluld

Ka'melie [-liə] *f* kamelia

Ka'mellen *fpl* F: *olle* ~ gamle historier (*od* skrøner), „gammel traver"

Ka'meltreiber *m* kameldriver

Kamera [-əʀa] *f* ⟨-; -*s*⟩ kamera *n*

Kame'rad|(in) *m* ⟨-en⟩ (*f*) kammerat; **~schaft** *f* kammeratskab *n*; **2schaftlich** kammeratlig

Kameramann *m* filmfotograf, kameramand

Ka'mille *f* kamille; **~ntee** *m* kamillete

Ka'min *m* ⟨-(*e*)*s*; -*e*⟩ kamin, pejs; (*Schornstein*) skorsten; **~holz** *n* (pejse)brænde *n*

Kamm *m* ⟨-(*e*)*s*; *≈e*⟩ kam; *über e-n ~ scheren* fig skære over én kam

kämmen rede, frisere, kæmme (*sich* sig)

Kammer *f* ⟨-; -*n*⟩ kammer *n* (*a* POL.); **~diener** *m* kammertjener

Kamme'rei *f* HIST kæmnerkontor *n*, (kommunens) regnskabskontor *n*; **~rer** *m* kæmner

Kammer|gericht *n* kammerret; **~herr** *m* kammerherre; **~jäger** *m* fig F kammerjæger; **~musik** *f* kammermusik; **~sänger** *m* kammersanger; **~ton** *n* ⟨-(*e*)*s*; *0*⟩ kammertone

Kamm|garn *n* kamgarn *n*; **~wolle** *f* kamuld

Kampagne [-'panjə] *f* kampagne

Kampf *m* ⟨-(*e*)*s*; *≈e*⟩ kamp, strid; *der ~ ums Dasein* kampen for tilværelsen; **~anzug** *m* kampdragt, kampuniform; **~bahn** *f* arena; stadion *n*; **2bereit** kampklar

kämpfen kæmpe, stride

Kampfer *m* ⟨-*s*; *0*⟩ kamfer *n*

Kämpfer *m* kæmper, stridsmand; **2isch** stridslysten, kamplysten; aggressiv

kampf|fähig kampdygtig; **2flugzeug** *n* kampfly *n*; **2geist** *m* ⟨-(*e*)*s*; *0*⟩ kampånd; **2genosse** *m* kampfælle; **2gericht** *n* SPORT dommerkomité; **2hahn** *m* kamphane; **2handlung** *f* kamphandling; **2hund** *m* kamphund; **~los** uden kamp; **2lust** *f* ⟨*0*⟩ kamplyst; **2platz** *m* kampplads; **2richter** *m* kampdommer; **2schwimmer** *m* frømand; **2spiel** *n* kampleg; **2stoffe** *m*/*pl*: *chemische ~* kemiske våben *pl*; **~unfähig** ukampdygtig

kam'pieren v/i kampere

Kanada n Canada n

Ka'nad|ier(in) [-diər(ın)] m(f) canadier; **Qisch** canadisk

Kanaille [-'naljə] f F kanalje

Ka'nal m ⟨-s; ⁻e⟩ kanal (a R/TV); (Rohr) kloak; **~deckel** m kloaklåg n; **~isation** [-'tsio:n] f kanalisering; unterirdisch: kloakering; **Qi'sieren** kanalisere (a fig); kloakere

Ka'nar|ienvogel m kanariefugl; **Qisch:** die Qen Inseln f/pl De kanariske Øer pl

Kan'dare f stangbidsel n; an die ~ nehmen fig køre i stramme tøjler

Kande'laber m kandelaber

Kandi'd|at(in) m ⟨-en⟩ (f) kandidat; **~a'tur** f kandidatur; **Qieren** v/i opstille som kandidat

kan'dieren kandisere; kandierte Früchte kandiserede frugter

Kandis m ⟨-; 0⟩ kandis(sukker n)

Ka'neel m ⟨-s; 0⟩ kanel (n)

Kanevas m ⟨- od -ses; - od -se⟩ kannevas n, canvas n

Känguru n ⟨-s; -s⟩ kænguru

Ka'ninchen n kanin; **~bau** m ⟨-(e)s; -e⟩ kaninhule; **~fell** n kaninskind n; **~zucht** f kaninavl

Ka'nister m dunk

Kännchen n lille kande

Kanne f kande

Kanni'bal|e m ⟨-n⟩ kannibal; **Qisch** kannibalsk

Kanon ['ka:nɔn] m ⟨-s; -s⟩ kanon (a MUS)

Ka'none f kanon; fig stor mand, kapacitet; sportshelt

Ka'nonen|boot n kanonbåd; **~donner** m kanontorden; **~futter** n F kanonføde; **~kugel** f kanonkugle; **~schuss** m kanonskud n

Kano'nier m ⟨-s; -e⟩ kanonér

ka'nonisch kanonisk

Kan'tate f kantate

Kante f kant, rand; (Besatz) bort, besætning; Geld auf die hohe ~ legen fig lægge penge op; Qn ⟨-e-⟩ kante; sætte på kanten; **~n** m Brot: skorpe

kantig kantet

Kan'tine f kantine, cafeteria n

Kan'to|n m ⟨-s; -e⟩ kanton (n); **Q'nal** kantonal; **~'nist** m ⟨-en⟩: ein unsicherer ~ F en upålidelig fyr

Kantor m ⟨-s; -en⟩ [-'to:-] kantor

Kantstein m kantsten

Kanu n ⟨-s; -s⟩ kano

Ka'nüle f kanyle

Ka'nute m ⟨-en⟩ kanoroer

Kanzel f prædikestol; **~redner** m prædikant

Kanz'lei f kancelli n, kontor n; (Anwalts Q) advokatkontor n; **~sprache** f, **~stil** m kancellistil

Kanzler(in) m(f) kansler; etwa: statsminister; **~amt** n kanslerkontor n; etwa: statsministerium n

Kap [a] n ⟨-s; -s⟩ forbjerg n, kap n; ~ Skagen Grenen

Ka'paun m ⟨-s; -e⟩ kapun

Kapazi'tät f kapacitet (a fig); **~sauslastung** f kapacitetsudnyttelse

Ka'pell|e f kapel n; orkester n; **~meister** m kapelmester, dirigent

Kaper m HIST kaper; Qn ⟨-re⟩ kapre (a fig)

Kapern f/pl kapers pl

ka'pieren F begribe, kapere

Kapi'tal n ⟨-s; Kapitalien⟩ kapital; **~anlage** f kapitalanbringelse; **~erhöhung** f kapitaludvidelse; **~flucht** f kapitalflugt

Kapita'lis|mus m ⟨-; 0⟩ kapitalisme; **~t** m ⟨-en⟩ kapitalist, rigmand; **Qtisch** kapitalistisk

kapi'tal|kräftig kapitalstærk; **Qverbrechen** n kapitalforbrydelse

Kapi'tän(in) m ⟨-s; -e⟩ (f) kaptajn; ~ zur See kommandør

Kapitel [-'pıtəl] n kapitel n

Kapi'tell n ⟨-s; -e⟩ kapitæl (n)

Kapitu'lation [-'tsio:n] f overgivelse, kapitulation; **Q'lieren** v/i overgive sig, kapitulere

Ka'plan m ⟨-s; -e⟩ kapellan

Kappe f hue, hætte, lille hat; kalot; kasket; (Schuh Q) næse; hinten: bagkappe; auf s-e ~ nehmen fig tage på sin kappe; Qn afhugge, kappe

Käppi n ⟨-s; -s⟩ kepi, soldaterkasket

Kapri'olen f/pl udskejelser pl

kaprizi'ös lapriciøs, lunefuld

Kapsel f kapsel (a BOT); hylster n

Kapstadt n Cape Town n

ka'putt F kaput, ødelagt, i stykker; (matt) F færdig; → kaputtgehen, kaputtlachen usw; **~gehen** v/i ⟨sn⟩ gå i stykker; **~lachen: sich** ~ grine sig ihjel; **~machen** ødelægge

Ka'puze f hætte, kyse; **~ziner** m kapuciner(munk)

Kara'biner m karabin; **~haken** m karabinhage

Ka'raffe f karaffel

Karambo'lage [-3ə] f sammenstød n

Kara'mell [-'mɛl] m ⟨-s; 0⟩ karamel; **~en** f/pl karameller pl; **~pudding** m karamelbudding

Ka'rat n ⟨-(e)s; -e⟩ karat

Ka'rate n ⟨- od -s; 0⟩ karate

Kara'wane f karavane

Kar'bid n ⟨-s; 0⟩ karbid (n)

Kar'bol n ⟨-s; 0⟩ karbol; **~ineum** [-'ne·ʊm] n ⟨-s; 0⟩ karbolineum n

Karbo'nade f karbonade; kotelet

Kar'bunkel m brandbyld

Karda'mom m (n) ⟨-s; -e od -en⟩ kardemomme

Kar'dan|gelenk n kardanled n; **~welle** f kardanaksel

Kardi'nal m ⟨-s; ⁓e⟩ kardinal; **~zahl** f grundtal n

Kardio'gramm [-dĭo·-] n kardiogram n

Ka'renztag m karensdag

Kar'freitag m langfredag

Kar'funkel m karfunkel

karg karrig, knap; (geizig) påholden; 2**heit** f ⟨0⟩ karrighed, knaphed

kärglich karrig, ringe, tarvelig

ka'riert ternet

Karies [-rĭɛs] f ⟨0⟩ karies

Kari|ka'tur f karikatur; 2**'kieren** karikere

Karme'sin n ⟨-s; 0⟩ karmoisin; 2**rot** karmoisinrød; **Kar'min** n ⟨-s; 0⟩ karmoisin n

Karneval m ⟨-s; -e od -s⟩ karneval n

Kar'nickel n F kanin

Karo n ⟨-s; -s⟩ ruder; **~muster** n harlekintern pl

Karosse'rie f karosseri n

Ka'rotte f karotte, gulerod

Karpfen m karpe; **~teich** m karpedam

Karre f → **Karren**

Kar'ree n ⟨-s; -s⟩ karré

karren køre, trille; 2 m vogn, kærre; (Schub2) trillebør; Kinder: klapvogn

Karrie|re [ka'rĭɛ:rə] f karriere; **~'rist** m ⟨-en⟩ karrierejæger

Karst n ⟨-(e)s; -e⟩ karst, stenjord

Karte f kort n; (Eintritts2) billet; nach der ~ essen spise à la carte; e-e ~ von Dänemark et kort over Danmark; **~n spielen** spille kort; j-m in die **~n sehen** fig kigge én i kortene

Kar'tei f kartotek n, register m; **~karte** f kartotekskort n; **~kasten** m kartotek n; **~leiche** f F passivt medlem n

Kar'tell n ⟨-s; -e⟩ kartel n

Karten|haus n korthus n (a fig); **~legerin** f spåkone; **~spiel** n kortspil n; **~spieler** m kortspiller; **~telefon** n korttelefon; **~(vor)verkauf** m billet(for)salg n; **~werk** n atlas n

Kar'toffel f ⟨-; -n⟩ kartoffel; **~(an)bau** m kartoffeldyrkning; kartoffelavl; **~brei** m kartoffelmos; **~käfer** m coloradobille;

~klöße m/pl kartoffelboller pl; **~mehl** n kartoffelmel n; **~puffer** m kartoffel(klat)kage, **~püree** n kartoffelmos; **~salat** m kartoffelsalat; **~schale** f kartoffelskræl; **~schäler** m kartoffelskræller; **~suppe** f kartoffelsuppe

Karto'graf m ⟨-en⟩ kartograf

Karto|n [-'tɔŋ] m ⟨-s; -s⟩ karton; (Schachtel) papæske, papkasse; 2**'nieren** kartonnere

Karto'thek f kartotek n

Kar'tusche f kardus, krudtladning

Karus'sell n ⟨-s; -s od -e⟩ karussel

Karwoche f påskeuge, den stille uge

Ka'schemme f F knejpe, beværtning

ka'schieren kachere; (fig) dække

Käse m ost; fig F (Unsinn) sludder og vrøvl; **~aufschnitt** m ostetallerken; **~blatt** n F lokalsprøjte; **~brot** n ostemad; **~gebäck** n ostekiks pl; **~glocke** f osteklokke; **~händler** m ostehandler; **~hobel** m ostehøvl; **~kuchen** m ostekage

Kase'matte [-za-] f kasemat

Käse|platte f osteanretning; **~'rei** f ostefabrik

Ka'serne f kaserne; **~nhof** m kasernegård

Käse|schneider m osteskærer; **~stange** f ostestang; **~stoff** m ostestof n

käsig osteagtig; fig usund, bleg

Ka'sino n ⟨-s; -s⟩ klub(lokale n), kasino n

Kas'kade f kaskade, vandfald

Kaskoversicherung f kaskoforsikring

Kasper(le) ['kaspəʀ(lə)] m mester Jakel; **~theater** n mester Jakel-teater, dukketeater n

kaspisch [-sp-]: 2**es Meer** Det kaspiske Hav

Kasse f kasse; (Kranken2) sygekasse; THEA billetkontor n; (Bargeld) kontanter pl; (gut) bei ~ sein F være ved muffen, være velbeslået

Kasseler n → **Kassler**

Kassen|abschluss m kasseopgørelse; **~anweisung** f (penge)anvisning; **~arzt** m sygekasselæge; **~bestand** m kassebeholdning; **~buch** n kassebog; **~erfolg** m kassestykke n, tilløbsstykke n; **~führer** m kasserer; **~sturz** m kasseeftersyn n; **~zettel** m kassenota, kassebon

Kasse'rolle f kasserolle

Kas'sette f kassette; skrin n; (Geld2) pengekasse; **~ndecke** f kassetteloft n; **~nfilm** m kassettefilm; **~nrekorder** m kassettebåndoptager; → a **Cassette**

Kas'siber m hemmelig fængselskorrespondance

kas'sieren kassere, ophæve; indkassere

Kas'sierer(in) *m(f)* kasserer; kassedame

Kassler *n* ‹-s; 0› hamburgerryg

Kas'tanie [-'taːni̯ə] *f* kastanje; **~nbaum** *m* kastanjetræ *n*; **2nbraun** kastanjebrun

Kästchen *n* lille kasse, skrin *n*

Kaste *f* kaste

kas'teien spæge

Kas'tell *n* ‹-s; -e› kastel *n*

Kasten *m* ‹-s; ≃ *od* -› kasse, æske, kiste; (*Tisch*2) skuffe; (*Brief*2) postkasse; **~wagen** *m* kassevogn

kas'trieren kastrere

Kasus *m* ‹-; -› kasus, fald *n*

Kata'kombe *f* katakombe

kata'lanisch katalansk

Kata'log *m* ‹-s; -e› katalog (*n*), fortegnelse, vejledning; **2i'sieren** katalogisere

Kataly'sator *m* ‹-s; -en [-'toː-]› katalysator; igangsætter

Katama'ran *m* ‹-s; -e› katamaran

Kata'pult *n* ‹-(e)s; -e› katapult

Ka'tarr(h) *m* ‹-s; -e› katar

Ka'taster *n* matrikel; **~amt** *n* matrikelkontor *n*

katastro'ph|al [-stro'-] katastrofal; **2e** [-'stroː-] *f* katastrofe, ulykke; **2enalarm** *m* katastrofealarm

Kate *f* husmandssted *n*

Kate'chismus [-ç-] *m* ‹-; *Katechismen*› katekisme

Kate|go'rie *f* kategori; **2'gorisch** kategorisk

Kater *m* hankat; *einen ~ haben fig* have tømmermænd *pl*

Ka'the|der *n* kateder *n*; **~'drale** *f* katedral, domkirke; **~ter** *m* kateter *n*

Ka'thode *f* katode

Katho'l|ik *m* ‹-en› katolik; **2isch** [-'toː-] katolsk; **~i'zismus** *m* ‹-; 0› katolicisme

Kätner *m* husmand

Kat'tun *m* ‹-s; -e› katun *n*

katzbuckeln *v/i* ‹-le› sleske, fedte

Kätzchen *n* killing, lille kat

Katze *f* kat; *die ~ im Sack kaufen fig* købe katten i sækken; *das ist für die Katz fig* det nytter ikke ngt

Katzen|auge *n* katteøje *n*; (*Rückstrahler* a) refleks; **~buckel** *m* krum ryg; *e-n ~ machen* skyde ryg; *fig* krybe (*vor* D/for); **~geschrei** *n* kattehyleri *n*; **2haft** katteagtig; **~jammer** *m* tømmermænd *pl*; **~musik** *f* kattemusik; **~sprung** *m* *fig* smut *n*, kort (stykke *n*) vej; **~wäsche** *f* kattevask

Kauderwelsch *n* ‹- *od* -s; 0› uforståeligt sprog *n*, kaudervælsk *n*

kauen tygge, gumle (*an* D/på)

kauern ‹-re›: (*sich*) ~ krybe sammen, sidde på hug

Kauf *m* ‹-(e)s; ≃e› køb *n*; (*Handel*) handel; *in ~ nehmen fig* tage med i købet; **~abschluss** *m* afslutning af en handel; **~brief** *m* købekontrakt; *Haus*: skøde *n*; **2en** købe

Käufer(in) *m(f)* køber

Kauf|halle *f* indkøbscenter *n*; **~haus** *n* (*Warenhaus*) varehus *n*, stormagasin *n*; **2kräftig** købedygtig; **~laden** *m* butik; **~leute** *pl* købmænd *pl*

käuflich til køb (*od* salg); *fig* bestikkelig

Kauf|lust *f* ‹0› købelyst; **2lustig** købelysten; **~mann** *m* ‹-(e)s; *Kaufleute*› købmand, forretningsmand; **2männisch** købmands-, handels-, merkantil; **~e Lehre** handelslære; **~preis** *m* købepris; **~summe** *f* købesum; **~vertrag** *m* købekontrakt; **~zwang** *m* ‹-(e)s; 0› købetvang

Kaugummi *n* ‹-s; -s *od* -› tyggegummi *n*

Kaulquappe *f* haletudse

kaum næppe, knap; *konj* næppe; *~ ... als* næppe ... før

Kautabak *m* skråtobak

Kaution [-'tsi̯oːn] *f* kaution

Kautschuk *m* ‹-s; -e› kautsjuk, gummi (*n*)

Kauz *m* ‹-es; ≃e› ugle; *Pers* (*sonderbarer, komischer ~*) sær fyr, særling

Kava'lier *m* ‹-s; -e› kavaler

Kavalle'rie *f* kavalleri *n*, rytteri *n*; **~ist** *m* ‹-en› kavallerist

Kaviar ['kaːvi̯aʀ] *m* ‹-s; -e› kaviar

keck kæk, dristig; (*frech*) fræk; **2heit** *f* kækhed; frækhed

Kegel *m* kegle; *~ schieben* spille kegler; *Kind und ~ fig* hele familien; **~bahn** *f* bowlingbane; **2n** ‹-le› spille kegler; **~schnitt** *m* keglesnit *n*; **~spiel** *n* keglespil *n*; **~spieler** *m* keglespiller; **~stumpf** *m* keglestub

Kegler *m* keglespiller

Kehl|deckel *m* strubelåg *n*; **~e** *f* strube, hals; *TECH* riffel; *aus voller ~* af fuld hals; **2en** *Fisch* rense; **~kopf** *m* strubehoved *n*; **~kopfspiegel** *m* laryngoskop *n*; **~laut** *m* strubelyd

Kehr|aus *m* ‹-; 0› sidste dans; *den ~ machen* rydde op; **~besen** *m* fejekost

Kehr|e *f* kurve, (vej)sving *n*; drejning; **2en 1.** *v/t* feje; (*wenden*) vende; **2. sich ~ an** (D) bryde sig om; **~icht** *m* ‹-s; 0› fejeskarn *n*; (*Schmutz*) snavs *n*; **~maschine** *f* fejemaskine; **~reim** *m* omkvæd *n*; refræn *n*; **~schaufel** *f* fejebakke; **~seite** *f* bagside, vrangside; *fig* skyggeside; *die ~ der Medaille* bagsiden af medaljen

kehrt|·machen v/i vende om; **2wendung** f fig kovending

keifen v/i skælde ud, skændes, bruge mund, kæfte op

Keil m ⟨-⟨e⟩s; -e⟩ kile; **~e** f/pl F prygl pl; **2en** kile fast; F (werben) presse til at blive medlem (af en forening); **~er** m vildorne; **~e'rei** f F slagsmål n; **2förmig** kileformet; **~hose** f spidsbukser, skibukser pl; **~kissen** n skråpude; **~riemen** m Auto: ventilatorrem; **~schrift** f kileskrift

Keim m ⟨-⟨e⟩s; -e⟩ kim, spire; **im ~ ersticken** fig kvæle i fødselen; **2en** v/i spire, gro; **2fähig** spiredygtig; **2frei** steril; **~ machen** sterilisere; **2träger** m smittebærer; **~ung** f ⟨0⟩ spiring; **~zelle** f kimcelle; fig kim (**für** od G/til)

kein ingen, intet n, ingen pl; ikke nogen, ikke noget n, ikke nogle pl; **~s von beiden** ingen af delene; **ich habe ~ ...** jeg har ingen ...; **~ bisschen** ikke det mindste; **~er** ingen; **~erlei** ingen (slags); **auf ~ Weise** på ingen måde; **~esfalls, ~eswegs** på ingen måde, slet ikke; **~mal** ikke en gang

Keks [ɛ:] m ⟨-es; -e⟩ kiks, **~lose** f småkagedåse

Kelch m ⟨-⟨e⟩s; -e⟩ bæger n (a BOT); **~blatt** n bægerblad n

Kelle f gseske, grydeske; (Maurer2) murske

Keller m kælder, **~assel** f bænkebider

Kelle'rei f vinkælder, vinlager n

Keller|fenster n kældervindue n; **~geschoss** n kælder(etage); **~meister** m kældermester, (vin)kyper; **~treppe** f kældertrappe; **~wohnung** f kælderlejlighed

Kellner m tjener; **~in** f servitrice

Kelter f ⟨-; -n⟩ vinperse; **2n** ⟨-re⟩ perse, presse

keltisch keltisk

kennen ⟨L⟩ kende; **sich ~** kende hinanden; **~ lernen →** kennenlernen lære at kende; **es freut mich, Sie kennenzulernen!** det glæder mig at hilse på Dem!

Kenner|(in) m(f) kender; **~blick** m kenderblik n; **~miene** f ⟨0⟩ kendermine

Kennkarte f identitetskort n

kenntlich kendelig, tydelig; **~ machen** kendetegne

Kenntnis f ⟨-; -se⟩ kendskab n; (Wissen) kundskab; **~ bekommen von** få kendskab til; **zur ~ nehmen** tage til efterretning; **in ~ setzen** underrette (von D/om); **~nahme** f ⟨0⟩ tagen til efterretning

Kenn|wort n ⟨-⟨e⟩s; ⁼er⟩ løsen n; kodeord

n; **~zeichen** n kendetegn n; Auto: nummerplade; **2-zeichnen** kendetegne, karakterisere; **2zeichnend** typisk, kendetegnende; **~ziffer** f mærkenummer n; in Anzeigen: billetmærke n

kentern v/i ⟨-re; sn⟩ kæntre

Ke'rami|k f keramik; **2sch** keramisk

Kerbe f kærv, snit n, hak n

Kerbel m ⟨-s; 0⟩ kørvel

kerb|en snitte, udskære; **2holz** n karvestok; **etw.** (A) **auf dem ~ haben** fig have ngt. på samvittigheden

Kerker m fængsel n

Kerl m ⟨-⟨e⟩s; -e⟩ karl, fyr, knægt; **armer ~** stakkels fyr

Kern m ⟨-⟨e⟩s; -e⟩ kerne (a fig); Obst a sten; **~beißer** m (Vogel) kernebider; **~energie** f atomkraft, a-kraft; **~fusion** f kernefusion; **~gehäuse** n kernehus n; **2ge'sund** kernesund; **2ig** kernefuld (a fig); (gesund) sund, frisk; (stark) kraftig; **~kraftwerk** n atomkraftværk n; **2los** kernefri; **~obst** n kernefrugt; **~physik** f kernefysik, atomfysik; **~punkt** m kernepunkt n; **~seife** f hård sæbe; **~spaltung** f atomspaltning; **~spruch** m fyndord n; **~stück** n kernestykke n; **~truppen** f/pl kernetropper pl; **~waffen** f/pl atomvåben pl

Kero'sin m ⟨-s; 0⟩ kerosen; brændstof n (til jetfly)

Kerze f lys n; kærte n; Auto: tændrør n; **brennende ~** levende lys

kerzen|gerade rank, lige som et lys; **2halter** m lysestage; **2licht** n kærteskin n

kess opvakt, vaks, kvik; (modisch) flot, smart

Kessel m kedel; (Tal2) fordybning, MIL lomme; **~flicker** m kedelflikker; **~pauke** f kedelpauke; **~raum** m kedelrum n; **~schmied** m kedelsmed; **~stein** m kedelsten; **~treiben** n ⟨-s; 0⟩ klapjagt (a fig)

Ket(s)chup ['kɛtʃap] m ⟨-s; -s⟩ ketchup

Kettcar® ['kɛtkaːr] m/n gokart

Kette f kæde n (a GEOGR u fig); Panzer, Traktor: larvefod; **2n** ⟨-e-⟩ lænke

Ketten|antrieb m kædetræk n; **~armband** n armlænke; **~brief** m kædebrev n; **~bruch** m kædebrøk; **~brücke** f hængebro; **~fahrzeug** n bæltekøretøj n; **~gelenk** n, **~glied** n kædeled n; **~hund** m lænkehund; **~kasten** m kædekasse; **~raucher(in)** m(f) kæderyger; **~reaktion** f kædereaktion; **~stich** m kædesting n

Ketzer m kætter; **~ei** f [-'RAI] f kætteri n; **2isch** kættersk

keuch|en v/i gispe, puste, hive efter vejret; **2husten** m kighoste

Keule f kølle (a Fleisch)

keusch ⟨-est⟩ kysk, ren; **2heit** f ⟨0⟩ kyskhed

Kfz (= **Kraftfahrzeug**) motorkøretøj n; **~Steuer** f motorafgift; **~Versicherung** f bilforsikring

kg (= **Kilogramm**) kilo(gram n) n

KG (= **Kommanditgesellschaft**) kommanditaktieselskab n

Khaki 1. n ⟨-s; 0⟩ u **2.** m ⟨-s; 0⟩kaki (n); **2farben** kakifarvet

Kichererbse f kikært

kichern v/i ⟨-re⟩ fnise, klukke

kick|en kikse; *Fußball:* spille fodbold; **2er** m sport fodboldspiller; **2s** m ⟨-es; -e⟩ fejlstød n; **2starter** m kickstarter

Kiebitz m ⟨-es; -e⟩ vibe; *fig Kartenspiel:* (ledig) tilskuer; **2en** v/i ⟨-t⟩ F se til

Kiefer¹ f ⟨-; -n⟩ fyr(retræ n)

Kiefer² m kæbe(ben n); **~höhle** f kæbehule; **~knochen** m kæbeben n

Kiefernholz n fyrretræ n

Kiel m ⟨-(e)s; -e⟩ køl; **2holen** kølhale; **~wasser** n ⟨-s; 0⟩ kølvand n (a fig)

Kiemen f/pl gæller pl

Kien m ⟨-(e)s; 0⟩ harpiks (n); **~apfel** m fyrrekogle; **2ig** harpiksholdig; **~öl** n terpentinolie

Kiepe f bærekurv

Kies m ⟨-es; -e⟩ grus n, ral n; P (Geld) penge pl; **2bestreut** gruset, grusbelagt; **~boden** m grusbund

Kiesel m kisel(sten); **~erde** f kiseljord

Kies|grube f grusgrav; **~weg** m grusvej

kiffen F ryge hash

kikeriki! kykeliky!

Killer- dræber-

Kilo n ⟨-s; -s od -⟩, **~gramm** n kilo(gram n) n

Kilo|meter m kilometer; **~pauschale** f kilometergodtgørelse; **~stein** m kilometersten; **~zähler** m kilometertæller

Kilowatt n kilowatt; **~stunde** f kilowatt-time

Kimme f skure; *Gewehr:* kærv

Kimono m ⟨-s; -s⟩ kimono

Kind n ⟨-(e)s; -er⟩ barn n; **für ~er** for børn; **mit ~ und Kegel** fig med hele familien; **von ~ auf** fra barnsben af; **~bett** n ⟨-(e)s; 0⟩ barselsleng; **~bettfieber** n barselfeber

Kinder|abteilung f børneafdeling; **~arbeit** f arbejde n udført af børn; **~arzt** m børnelæge; **~bett** n barneseng; **~buch** n børnebog; **~bücherei** f børnebibliotek n

Kinde'rei f barnagtighed; barnepjat n

Kinder|ermäßigung f børnerabat; **~er** | **zieher(in)** m(f) børnehavepædagog; **~fahrkarte** f børnebillet; **~fahrrad** n børnecykel; **~fahrschein** m børnebillet; **~frau** f barnepige; **~garten** m børnehave; **~gärtnerin** f børnehavelærerinde; børnehavepædagog; **~geld** n børnetilskud n; **~heim** n børnehjem n; **~hort** m børnehave; **~jahre** n/pl barneår pl; **~krankheit** f børnesygdom (a fig); **~krippe** f vuggestue; **~lähmung** f polio, børnelammelse; **2'leicht** let som ingenting; **2lieb:** **~ sein** være glad for børn; **~liebe** f kærlighed til børn; **~lied** n børnerim n; **2los** børnløs; **~losigkeit** f ⟨0⟩ barnløshed; **~mädchen** n barnepige; **~mord** m barnemord n; **~mund** m barnemund; **~programm** n børneudsendelse; **2reich** børnerig; **~schuhe** m/pl: **die ~ ausgetreten haben** have trådt sine børnesko; **2sicher** børnesikret; **~spiel** n børneleg; **das ist ein ~** fig det er det rene barnemad; **~spielplatz** m legeplads; **~sterblichkeit** f ⟨0⟩ børnedødelighed; **~stube** f børneværelse n; fig opdragelse; **~tagesstätte** f daghjem n; **~vorstellung** f børneforestilling; **~wagen** m barnevogn; **~zimmer** n børneværelse n; **~zuschlag** m børnetillæg n

Kindes|alter n barnealder; **~beine** n/pl: **von ~ an** fra barnsben af; **~kind** n barnebarn n

kind|gerecht børnevenlig; **~haft** ⟨-est⟩ barnlig; **2heit** f ⟨0⟩ barndom; **von ~ an** fra barndommen af; **2heitserinnerungen** f/pl barndomserindringer pl, barndomsminder pl; **~isch** barnagtig; **~ werden** gå i barndom; **~lich** barnlig; **2skopf** m barnligt menneske n

Kinkerlitzchen pl F pjank n

Kinn n ⟨-(e)s; -e⟩ hage; **~backe** f kæbe; **~bart** m hageskæg n; **~haken** m *Boxen:* kæbestød n, uppercut; **~lade** f kæbe

Kino n ⟨-s; -s⟩ biograf; **ins ~ gehen** gå i biografen

Kiosk ['ki:ɔsk] m ⟨-(e)s; -e⟩ kiosk

Kippe f vippe; (Zigaretten2) skod n; **auf der ~ stehen** fig være på vippen; **2n** v/t u v/i ⟨sn⟩ vippe, vælte; **einen ~** (trinken) F drikke et glas; **~r** m (Auto) tippelad n, vippelad n

Kipp|fenster n vippevindue n; **~hebel** m vippearm; **~lore** f tipvogn

Kirch|dorf n kirkeby; **~e** f kirke; **zur (od in die) ~ gehen** gå i kirke

Kirchen|älteste(r) kirkeværge; formand for menighedsrådet; **~bann** m kirkens band n; **~bau** m ⟨-(e)s; -ten⟩ kirkebygning; **~buch** n kirkebog; **~chor** m kirke kor *n*; **~diener** *m* kirkebetjent; **~gemeinde** *f* sogn *n*; menighed; **~jahr** *n* kirkeår *n*; **~lied** *n* salme; **~maus** *f*: *arm wie e-e ~* så fattig som en kirkerotte; **~musik** *f* kirkemusik; **~recht** *n* kirkeret; **~sänger** *m* kirkesanger; **~schändung** *f* vanhelligelse af kirkerummet; **~schiff** *n* (lang)skib *n*; **~spaltung** *f* kirkespaltning, skisma *n*; **~staat** *m* kirkestat; **~steuer** *f* kirkeskat; **~vater** *m* kirkefader; **~vorhalle** *f* våbenhus *n*; **~vorsteher** *m* kirkeværge; formand for menighedsrådet

Kirch|gang *m* kirkegang; **~gänger** *m* kirkegænger; **~hof** *m* kirkegård; **2lich** kirkelig; **~e Trauung** kirkelig vielse; **~spiel** *n* sogn *n*; **~turm** *m* kirketårn *n*; **~turmpolitik** *f* politisk snæversyn *n*; **~weih** *f* ⟨-; -*en*⟩ markedsfest

Kirmes *f* ⟨-; -*sen*⟩ (*Jahrmarkt*) markedsfest, kræmmerfest

kirre tam; **~ machen** F tæmme; **~machen** → *kirre*

Kirsch *m* ⟨-(*e*)*s*, -⟩ kirsebærbrændevin; **~baum** *m* kirsebærtræ *n*; **~e** *f* kirsebær *n*; **~kuchen** *m* kirsebærtærte; **~likör** *m* kirsebærlikør; **~rot** kirsebærrød, **~saft** *m* kirsebærsaft; **~wasser** *n* kirsebærbrændevin

Kissen *n* pude; **~bezug** *m* pudebetræk *n*

Kiste *f* kasse; F (*Auto*) gammel spand (*od* kasse)

Kitsch *m* ⟨-(*e*)*s*; *0*⟩ (kunstnerisk) makværk *n* (*od* bras *n*), smagløshed, kulturoverfladiggelse; F „hø" *n*; **2ig** kunstnerisk uægte, smagløs, tarvelig

Kitt *m* ⟨-(*e*)*s*; -*e*⟩ kit *n*

Kittchen *n* F spjæld *n*

Kittel *m* kittel, bluse

kitten ⟨-*e*-⟩ kitte; *fig* forbinde

Kitz|el *m* ⟨-*s*; *0*⟩ kildren, kløe; *fig* lyst (*nach D*/til); **2eln** ⟨-*le*⟩ kilde, kildre; **~ler** *m* kildrer, klitoris; **2lig** kilden; *fig* (*heikel*) vanskelig, kilden

Kla'bautermann *m* klabautermand, skibsnisse

Klacks *m* ⟨-*es*; -*e*⟩ klat; *das ist ein ~! fig* det er så let som ingenting!

Kladde *f* kladde(bog)

kladdera'datsch! bump!, pladask!; **2** *m* ⟨-*es*; -*e*⟩ kaos *n*

klaffen *v*/*i* gabe, stå åben; **~de Wunde** gabende sår *n*

kläff|en *v*/*i* gø, bjæffe (*a fig*); **2er** *m* køter; *fig* kværulant

Klafter *m od n* ⟨-*s*; -⟩ favn; **2n** ⟨-*re*⟩ *Holz* opstable

klagbar påklagelig

Klage *f* klage; JUR sagsøgning, sagsanlæg *n*; **~ erheben** anlægge sag (*gegen A*/mod); **~ führen** beklage sig (*über A*/over); **~lied** *n* klagesang, elegi; *fig* jeremiade; **2n** klage (*über A*/over); (*jammern*) jamre sig; JUR *gegen j-n ~* anlægge sag mod én

Kläger *m* (an)klager; JUR sagsøger

Klage|ruf *m* klageråb *n*; **~schrift** *f* klageskrift *n*; **~weib** *n* grædekone

kläglich bedrøvelig, ynkelig

klaglos uden klage

Kla'mauk *m* ⟨-*s*; *0*⟩ F skrål *n*, spektakel *n*

klamm (*nass*) klam; (*kalt*) kold, valen

Klamm *f* kløft

Klammer *f* ⟨-; -*n*⟩ krampe; (*Büro* ⟨) clip(s); (*Wäsche* ⟨) klemme; TYP parentes; *in (eckigen) ~n* i (firkantet) parentes; *in ~n setzen od stehen* sætte *od* stå i parentes; **~ auf** (*zu*) parentes begynd (slut); **~affe** *m* EDV snabel-a; **2n** ⟨-*re*⟩ fastgøre; *sich ~* klamre sig (*an A*/til)

klamm'heimlich i smug

Kla'motten *f*/*pl* F kluns *n*

Klampfe *f* guitar

Klang *m* ⟨-(*e*)*s*; *"*o⟩ klang, lyd; **~farbe** *f* klangfarve; **2lich** klanglig; **2los** klangløs; **2voll** klangfuld

Klapp|bank *f* slagbænk; **~bett** *n* feltseng, harmonikaseng; **~brücke** *f* klapbro

Klapp|e *f* klap; spjæld *n*; *Auto*: smække; (*Fliegen*-) smækker; (*Mund*) F kæft; *halt die ~!* hold kæft!; **2en** *v*/*t* klappe, slå (*in die Höhe* op); *v*/*i* klappe, klapre; *fig* være i orden, stemme, gå op; klappe; *es klappt* det lykkes

Klappen|text *m Buch*: tekst (på smudsomslaget); **~ventil** *n* klapventil

Klapper *f* ⟨-; -*n*⟩ rangle, skralde; **2'dürr** radmager; **2ig** klaprende; *fig* sølle; **~kasten** *m*, **~kiste** *f* F (*Auto*) (værre) gammel kasse; **2n** *v*/*i* ⟨-*re*⟩ klapre, rasle; *Storch*: knebre; **~schlange** *f* klapperslange; **~storch** *m* F stork (langeben)

Klapp|fahrrad *n* klapcykel; **~fenster** *n* trækrude, klapvindue *n*; **~hut** *m* chapeau; **~messer** *n* foldekniv; **~rad** *n* → *Klappfahrrad*; **2rig** → *klapperig*; **~sitz** *m* klapsæde *n*; **~stuhl** *m* klapstol; **~tisch** *m* klapbord *n*; **~wagen** *m* klapvogn

Klaps *m* ⟨-*es*; -*e*⟩ klask *n*, dask *n*; **2en** ⟨-*t*⟩ daske, klappe; **~mühle** *f* F galehus *n*

klar klar (*a fig*); *im 2en sein* være på det rene (*über A*/med); *sich im 2en sein* være klar (*über A*/over)

Klär|anlage *f* rensningsanlæg *n*; **2en** klare; (*reinigen*) rense; *fig* opklare; afklare;

sich ~ klare sig (*od* op)

klar|·gehen *v/i* ⟨*sn*⟩ F gå i orden; **2heit** *f* klarhed; tydelighed

Klari'net|te *f* klarinet; ~'tist *m* ⟨*-en*⟩ klarinettist

klar|·kommen *v/i* ⟨*sn*⟩ F: *nicht* ~ *mit* (*D*) ikke kunne klare, ikke kunne finde ud af; ~**legen**, ~**machen** klarlægge, klargøre; **2sichtfolie** *f* husholdningsfilm; **2spüler** *m* afspændingsmiddel *n*; ~**stellen** klargøre, fastslå; **2stellung** *f* (tydelig) erklæring (*od* forklaring

Klärung *f* (*Untersuchung*) opklaring; *Problem:* afklaring

klar·werden: *sich* ~ *über* (*A*) blive klar over

klasse: *das ist* ~*!* F det er førsteklasses!

Klasse *f* klasse; *Fahrkarte zweiter* ~ anden klasses billet; *erster* ~ *reisen* rejse på første klasse

Klassen|arbeit *f* klasseopgave; ~**beste** *m/f* den bedste i klassen; **2bewusst** klassebevidst; ~**buch** *n* klasseprotokol; ~**fahrt** *f* (skole)klasserejse; ~**gesellschaft** *f* klassesamfund *n*; ~**kampf** *m* klassekamp; ~**lehrer** *m* klasselærer; ~**lotterie** *f* klasselotteri *n*; ~**sprecher** *m* elevrepræsentant; ~**treffen** *n* møde *n* med tidligere klassekammerater; ~**unterschied** *m* klasseforskel; ~**zimmer** *n* klasseværelse *n*

klassifi'zieren klassificere

Klass|ik *f* ⟨0⟩ klassik; den klassiske tid; ~**iker** *m* klassiker; **2isch** klassisk, mønstergyldig

klatsch! klask!, smask!, klaps!

Klatsch *m* 1. ⟨*-(e)s; -e*⟩ klask *n*; 2. ⟨*-(e)s; 0*⟩ sladder; ~**base** *f* sladdersøster; ~**e** *f* fluesmækker; *fig* sladdersøster; *in der Schule:* snydeoversættelse; **2en** *v/t* klaske, slå; *v/i* (*platschen*) plaske; (*schwatzen*) sladre; *in die Hände* ~ klappe i hænderne; *j-m Beifall* ~ klappe ad én; ~**geschichte** *f* sladderhistorie; ~**maul** *n* sladderhank, sladdersøster; ~**mohn** *m* F valmue; **2'nass** pjaskvåd; **2süchtig** sladderagtig

klauben pille, sanke

Klaue *f* klo; *beim Vieh:* klov; **2n** F hugge, rapse, „negle"; ~**nseuche** *f* ⟨0⟩ klovsyge

Klause *f* eremitbolig, celle

Klausel *f* ⟨-; -n⟩ klausul, betingelse

Klausner *m* eneboer, eremit

Klaustropho'bie *f* ⟨0⟩ klaustrofobi

Klau'sur *f* skriftig prøve (*od* eksamen); *in* ~ *gehen* trække sig tilbage (til rådslagning)

Kla'vier [v] *n* ⟨-s; -e⟩ klaver *n*; ~ *spielen* spille (på) klaver; ~**konzert** *n* klaverkoncert; ~**spieler** *m* klaverspiller; ~**stunde** *f* time i klaverspil

Klebe|band *n* → **Klebestreifen**; ~**marke** *f* klistermærke *n*; ~**mittel** *n* klæbemiddel *n*; lim; (*Briefmarken-*) hængsel *n*; **2n** *v/t* klæbe, klistre, lime (fast); *v/i* sidde (*od* hænge) fast, klæbe (*an D*/ved); ~ *bleiben* blive hængende; **2nbleiben** → **kleben**; ~**papier** *n* klisterpapir *n*; ~*r* *m* lim; *im Mehl:* gluten *n*; ~**streifen** *m* tape, klæbebånd *n*

kleb|rig klæbrig; **2stoff** *m* lim, klæbestof *n*

kleckern *v/i* ⟨*-re*⟩ spilde, grise, lave pletter; F (*Geschäft*) gå så småt; ~**weise** F dråbevis

Klecks *m* ⟨*-es; -e*⟩ klat

klecks|en *v/i* ⟨*-t*⟩ klatte, smøre; **2er** *m Pers* klatmaler; **2e'rei** *f* klatmaleri *n*

Klee *m* ⟨*-s; 0*⟩ kløver; ~**blatt** *n* kløverblad *n*, trekløver *n* (*a fig*); *vierblättriges* ~ firkløver *n*

Kleid *n* ⟨*-(e)s; -er*⟩ (*Frauen-*) kjole; (*Kleidung*) (på)klædning; ~**er** *pl* klæder *pl*, tøj *n*; **2en** ⟨*-e-*⟩ (be)klæde; (*stehen*) klæde, passe

Kleider|ablage *f* garderobe; ~**bügel** *m* (klæde)bøjle; ~**bürste** *f* klædebørste; ~**haken** *m* knage; ~**schrank** *m* klædeskab, garderobeskab; ~**ständer** *m* klædestativ *n*, stumtjener; ~**stoff** *m* kjolestof *n*

kleidsam klædelig; *das ist* ~ *für dich* det klæder dig godt

Kleidung *f* påklædning; (*Kleidungsstück*) (be)klædningsstykke *n*

Kleie *f* klid *n*

klein lille (*pl* små); *der* **2e** *Belt* Lillebælt *n*; ~**er Finger** lillefinger; ~**e Leute** *fig* småfolk; *groß und* ~ store og små; *ein* ~ *wenig* lille smule; *im* **2en** i det små; *von* ~ *auf* fra lille af; ~ **hacken** *Fleisch* finhakke; *Holz* kløve; *das* ~ *Gedruckte* det der er skrevet med småt

Klein|anzeige *f* lille annonce; ~**arbeit** *f* pillearbejde *n*; ~**asien** *n* Lilleasien *n*; ~**bahn** *f* privatbane; ~**bauer** *m* husmand; ~**betrieb** *m* lille virksomhed; ~**bildkamera** *f* småbilledkamera *n*; ~**bürger** *m* småborger; **2bürgerlich** småborgerlig; ~**bus** *m* folkevognsbus, F rugbrød *n*; ~**e(r)** *m/f* lille (fyr); ~**familie** *f* kernefamilie, parfamilie; ~**garten** *m* kolonihave; ~**gebäck** *n* småkager *pl*; **2gedruckt** → **klein**; ~**geld** *n* ⟨*-(e)s; 0*⟩ småpenge *pl*; **2gläubig** lidettroende; modløs; **2hacken** → **klein**; ~**händler** *m* detailhandler, småhandlende; ~**heit** *f* ⟨0⟩ lidenhed; ~**hirn** *n* lillehjerne; ~**holz**

n pindebrænde *n*

Kleinigkeit *f* ubetydelighed, bagatel; *e-e ~ essen* spise lidt mad; **~skrämer** *m* pedant

Klein|industrie *f* småindustri; **~kaliberge-wehr** *n* gevær *n* af lille kaliber; **~kind** *n* småbarn, lille barn *n*; **~kram** *m* småtterier *pl*, bagateller *pl*; **~krieg** *m* guerillakrig; (åbent) fjendskab *n*; **2~kriegen** få bugt med; *er lässt sich nicht ~* han giver ikke op; **~kunst** *f* ⟨0⟩ miniaturkunst; kunstsløjd; THEA varieté; **~kunstbühne** *f* kabaret; **2~laut** *fig* lavmælt; forknyt; **2~lich** smålig; **~mut** *m* modløshed, forknythed; **2~mütig** forknyt, modløs; **~od** ['klaɪnoːt] *n* ⟨-s; -ien [-'oːdiən]⟩ klenodie *n*

klein·schreib|en skrive med små bogstaver; **2~ung** *f* retskrivning med små bogstaver

Klein|staat *m* småstat; **~stadt** *f* provinsby, lille by; *fig* ravnekrog; **2~städtisch** provinsagtig

Kleinstwohnung *f* étværelseslejlighed

Klein|vieh *n* småkreaturer *pl*; **~wagen** *m* minibil

Kleister *m* klister *n*; **2~n** ⟨-re⟩ klistre

Klemme *f* klemme; *fig* knibe; *in die ~ geraten fig* komme i knibe; *in der ~ sitzen* være i knibe; **2~n** klemme, trykke; *v/i fig Tür:* binde; **~er** *m* lorgnet

Klempne|r *m* blikkenslager; gas- og vandmester; **~rei** *f* blikkenslageri *n*

Klepper *m* kleppert, øg *n*

Kleptoma'nie *f* ⟨0⟩ kleptomani

kler|i'kal klerikal, gejstlig; **2~us** *m* ⟨-; 0⟩ gejstlighed

Klette *f* burre (*a fig*)

Klette|'rei *f* klatring; **~rer** *m* klatrer; **~ge-rüst** *n* klatrestativ *n*; **2~rn** *v/i* ⟨-re; *sn*⟩ klatre; (*Pflanze*) slynge sig

Kletter|pflanze *f* slyngplante; **~seil** *n* klatretov *n*; **~stange** *f* klatrestang

Klick *m* ⟨-s; -s⟩ klik (*a* EDV); **2~en** *v/i* klikke, sige klik

Kli'ent *m* ⟨-en⟩ klient; **~el** [-'teːl] *f* klientel *n*

Kliff *n* ⟨-s; -s⟩ klint

Klima *n* ⟨-s⟩ klima *n*; **~anlage** *f* klimaanlæg *n*; **2~tisch** [-'maː-] klimatisk; **~wechsel** *m* klimaforandring

Klim'bim *m* ⟨-s; 0⟩ F sjov; *der ganze ~* hele molevitten

klimmen *v/i* ⟨L⟩ klatre, klavre

Klimpe|'rei *f* klimpren *n*; **2~rn** ⟨-re⟩ klimpre

Klinge *f* klinge; *Messer:* blad *n*

Klingel *f* ⟨-; -n⟩ (lille) klokke; (*Schelle*)

bjælde; **~beutel** *m* kollektpung; **~knopf** *m* ringeknap; **2~n** *v/i* (-le) ringe (på); *Telefon, Wecker:* kime, ringe; *es klingelt* det ringer på; **~zug** *m* klokkestreng

kling|en *v/i* ⟨L⟩ klinge; (*lauten*) lyde; *mit den Gläsern ~* klinke med glassene; **2~klang** *m* ⟨-s; 0⟩ klingklang *n*

Klini|k *f* klinik; (*Geburts-*) fødeklinik; **2~sch** klinisk

Klinke *f* (dør)klinke; (*Griff*) håndtag *n*, greb *n*; **2~n** *v/i* trykke på klinken, åbne

Klinker *m* klinke; hårdtbrændt mursten; **~bau** *m* bygning af mursten; muremesterhus *n*; **~boot** *n* klinkbygget båd

klipp: ~ *und klar* (*deutlich*) tydeligt og klart

Klipp|e *f* klippe; skær *n*; *alle ~n umschif-fen* (*od vermeiden*) *fig* klare skærene; **~fisch** *f* ⟨-(e)s; 0⟩ klipfisk

Klips *m* ⟨-es; -e⟩ hårclips

klirren *v/i* klirre

Kli'schee *n* ⟨-s; -s⟩ kliché (*a fig*)

Klis'tier *n* ⟨-s; -e⟩ klyster *n*, lavement

Klitoris *f* ⟨-; -⟩ klitoris

klitsch|ig klæg; **~'nass** plaskvåd

klitzeklein F lille bitte

Klo *n* ⟨-s; -s⟩ F toilet *n*, lokum *n*; **~'ake** *f* kloak

Klob|en *m* klods, blok; fileklo; **2~ig** massiv; *fig* klodset, plump

Klobürste *f* toiletbørste

klonen klone

klönen *v/i* F få sig en snak (*od* sludder)

Klopapier *n* toiletpapir *n*

klopf|en banke (*a Motor, Herz*); slå; *an die Tür ~* banke på døren; *es klopft* det banker; **2~er** *m* dørhammer; (*Teppich-*) (tæppe)banker; *Geist* bankeånd

Klöppel *m* knebel; **~arbeit** *f* kniplearbejde *n*; (*Spitzen*) knipling; **2~n** ⟨-le⟩ kniple

Klops *m* ⟨-es; -e⟩ kødboller *pl*

Klo'sett *n* ⟨-s; -s⟩ kloset *n*, w.c. *n*, toilet *n*; F lokum *n*; **~bürste** *f* klosetbørste; **~papier** *n* toiletpapir *n*

Kloß *m* ⟨-es; ¨e⟩ bolle; *Erde:* klump

Kloster [oː] *n* ⟨-s; ¨⟩ kloster *n*; **~bruder** *m* klosterbroder, munk; **~kirche** *f* klosterkirke

klösterlich klosterlig

Klotz *m* ⟨-es; ¨e⟩ klods; (*Hack2*) blok; *fig* klods (*n*); **2~ig** klodset, kluntet; F (*ungeheuer*) vældig

Klub [u] *m* ⟨-s⟩ klub; **~haus** *n* klubhus *n*; **~kamerad** *m* klubkammerat; **~sessel** *m* klubstol

Kluft *f* ⟨-; ¨e⟩ kløft (*a fig*); (*Kleidung*) uniform, kluns *n*

klug ⟨⇕er; ⇕st⟩ klog; **(nicht)** ~ **aus etw.** **(D) werden** (ikke) blive klog på ngt.; **2heit** f ⟨0⟩ klogskab, kløgt; **2scheißer** m F, **2schnacker** m F bedrevidende

klump|en v/i klumpe 2 m klump, klat; **2fuß** m klumpfod; **~ig** klumpet

Klünge|l m, **~'lei** f klike(væsen n)

Klunker m klunke

Klüver m klyver; **~baum** m klyverbom

km (= *Kilometer*) kilometer

km/h, km/st (=*Kilometer pro Stunde*) kilometer i timen (*Abk.* km/t.)

knabbern ⟨-re⟩ (*an D*) gnave; knase

Knabe m ⟨-n⟩ dreng; **~nalter** n drengealder; **2nhaft** drengeagtig

Knäckebrot n knækkebrød n

knack|en v/i knække, knage; v/t knække; *Tresor* bryde op; *Auto* bryde op; stjæle; **2er** m F gammel knark; **~ig** F *Speisen*: sprød; *Körper*: velformet; **2mandel** f krakmandel

knack|(s) knæk!; **2s** m ⟨-es; -e⟩ knæk n (a fig); **~sen** v/i ⟨-t⟩ knække, knage; **2wurst** f lille røget (knæk)pølse

Knall m ⟨-(e)s; -e⟩ knald n; smæld n; **er hat e-n** ~ F han har en skrue løs; **~bonbon** m knallert; **~effekt** m knaldeffekt; **2en** v/i knalde, smælde; v/t **j-m e-e** ~ give én en lussing; **~erbse** f knaldperle; **~e'rei** f knalderi n; **2'hart** benhård; **2ig** *Farbe*: skrigende; **2'rot** knaldrød; **2'voll** F døddrukken

knapp ⟨-er; -[e]st⟩ knap; (*eng*) snæver; (*spärlich*) kneben; **mit ~er Not** med nød og næppe; **~er Stil** kortfattet stil; **~er Sieg** kneben sejr; **das Geld ist bei ihm** ~ han har småt med penge

Knappe m ⟨-n⟩ HIST væbner, page, pilt; BERGB minearbejder

knapp|·halten holde knap; **2heit** f ⟨0⟩ knaphed; (*Kürze*) korthed; *fig* knebenhed

Knappschaft f minearbejderorganisation

knapsen v/i ⟨-t⟩ spinke og spare

Knarre f skralde; F (*Gewehr*) skyder; **2n** v/t knirke, skratte

Knast m ⟨-(e)s; -e⟩ knast; F (*Gefängnis*) spjæld n

knattern v/i ⟨-re⟩ knitre; knalde

Knäuel m od n klump, klynge; *Garn*: nøgle n

Knauf m ⟨-(e)s; ⇕e⟩ knap; ARCH kapitæl n

Knause|r m gnier; **~'rei** f gnieri n; F fedtethed; **2rig** fedtet; gerrig; **2rn** v/i ⟨-re⟩ være gerrig (*od* fedtet)

knautsch|en krølle; **2zone** f Auto: deformationszone

Knebel m pind; (*Paket2*) bærepind; *im Mund*: knebel; **~bart** m overskæg n; **2n** ⟨-le⟩ kneble (a fig); **~ung** f knebling

Knecht m ⟨-(e)s; -e⟩ (tjeneste)karl; gen ⟨-e-⟩ knægte, underkue; **~schaft** f ⟨0⟩ trældom, slaveri n; **~ung** f underkuelse

kneif|en ⟨L⟩ knibe, nippe; (*sich drücken*) knibe udenom; **2er** m lorgnet; **2zange** f knibtang

Kneip|abend m soldeaften; **~bruder** m soldebror; **~e** f beværtning, kafé, F knejpe; **2en** v/i F solde, svire

Kneippkur f koldvandskur

knet|en ⟨-e-⟩ ælte; modellere; massere; **2maschine** f æltemaskine; **2masse** f modellervoks n

Knick m ⟨-(e)s; -e⟩ knæk n, revne; (*Biegung*) bøjning, knæ n; **~ei** n knækæg n; **2en** knække, brække; **~er** m F gnier; **~erbocker** pl plusfours pl; **2erig** fedtet; **2ern** v/i ⟨-re⟩ være gerrig

Knicks m ⟨-es; -e⟩ knæk n; *Gruß*: kniks n; **2en** v/i ⟨-t⟩ neje (*vor j-m* for én)

Knie n ⟨-s; -⟩ knæ n; **~beuge** f knæbøjning; **~fall** m knæfald n (a fig); **2frei** knæfri; **~gelenk** n knæled n; **2hoch** knæhøj; **~hose** f knæbukser pl; **~kehle** f knæhase; **~lang** *Kleid*: knækort; **2n** v/i være på knæ; *in der Kirche*: knæle; **~riemen** m spandrem; **~scheibe** f knæskal; **~schützer** m SPORT knæbeskytter; **~strumpf** m sportsstrømpe, knæstrømpe

Kniff m ⟨-(e)s; -e⟩ kneb n (a fig); (*Falte*) fold; **2ig** F vanskelig, svær

Knilch m ⟨-(e)s; -e⟩ F væmmelig fyr

knipsen ⟨-t⟩ (*lochen*) klippe; FOT knipse, „tage"

Knirps m ⟨-es; -e⟩ spirrevip, purk

knirschen v/i knase, knirke; **mit den Zähnen** ~ skære tænder

knistern v/i knirke; *Feuer, Papier*: knitre

Knittelvers m knyttelvers n

knitter|frei krølfri; **~n** ⟨-re⟩ v/t u v/i ⟨sn⟩ knitre, rasle; *Stoff*: krølle

Knobel|becher m ráflebæger n; pl F soldaterstøvler pl; **2n** v/i ⟨-le⟩ rafle, spille terning; F klunse; F spekulere

Knoblauch m ⟨-s; 0⟩ hvidløg n; **~butter** f hvidløgssmør n; **~zehe** f hvidløgsfed n

Knöchel m kno; (*Fuß2*) ankel

Knochen m knogle, ben n; F knokkel; kødben n; **bis in die** ~ helt igennem, til marv og ben; **~bau** m ⟨-(e)s; 0⟩ knoglebygning; **~bildung** f ⟨0⟩ knogledannelse; **~bruch** m benbrud n; **2'dürr** radmager; **~fraß** m benædder n; **~gerippe** n, **~gerüst**

n skelet *n*; **~mark** *n* knoglemarv; **~mehl** *n* benmel *n*; **~splitter** *m* bensplint
knöchern af ben, ben-
knochig benet, knoklet
Knödel *m* bolle
Knoll|e *f*, **~en** *m* klump; knold (*a Pflanzen*-); **2ig** knoldet
Knopf *m* ⟨-(e)s; ⁓e⟩ knap; (*Nadel*2) hoved *n*; **~druck:** *auf*~ ved at trykke på en knap
knöpfen knappe
Knopfloch *n* knaphul *n*
Knorpel *m* brusk; **2ig** bruskagtig
Knorr|en *m* knast, knude; **2ig** knortet; knudret (*a fig*)
Knosp|e *f* knop; **~n treiben** skyde knopper; **2en** *v/i* knoppes
knoten ⟨-e-⟩ knytte, binde; **2** *m* knude (*a fig*); *Haar*: knude (i nakken); NAUT knob (*n*); **2punkt** *m* knudepunkt *n*; **2stock** *m* knortekæp
Knöterich *m* ⟨-s; -e⟩ arkitektens trøst
knotig knudret, knortet
Knuff *m* ⟨-(e)s; -e⟩ knubs *n*, puf *n*; **2en** F knubse, puffe
knülle|n *v/t u v/i* ⟨*sn*⟩ kramme, krølle; **2r** *m* F knaldsucces, tilløbsstykke *n*
knüpfen binde, knytte (*a fig*)
Knüppel *m* knippel; (FLUG (styre)pind; (*Polizei*2) stav; *j-m e-n* ~ *zwischen die Beine werfen* fig spænde ben for én; **~damm** *m* vej af træstammer; **~schaltung** *f* gulvgear *n*
knurr|en *v/i* knurre (*a Magen*), brumme; **~ig** knurrende; ærgerlig
knusp|ern ⟨-re⟩ gnave (*an D*/på); **~rig** sprød; fig lækker
Knust [u:] *m* ⟨-(e)s; ⁓e⟩ Brot: endestykke *n*; *Haar*: F knude
Knute *f* knut
knutsche|n [u:] F klemme, trykke, kramme; *pej* gramse; **2'rei** *f* F krammeri *n*
Koalition [ko·a·lɪ'tsĭoːn] *f* koalition; **~sregierung** *f* koalitionsregering
Kobalt *n* ⟨-s; 0⟩ kobolt (*n*)
Koben *m* svinesti
Kobold ['koːbɔlt] *m* ⟨-(e)s; -e⟩ trold, nisse
Ko'bolz *m*: ~ *schießen* slå en kolbøtte
Koch *m* ⟨-(e)s; ⁓e⟩ kok; **~apfel** *m* madæble *n*; **~buch** *n* kogebog; **2en** *v/t u v/i* koge; lave mad; *Essen* (*Kaffee*) ~ lave mad (kaffe); fig være (*od* blive) rasende; **~er** *m* kogeapparat *n*
Köcher *m* (pile)kogger
koch|fertig grydeklar; **~fest** kogeægte; **2gelegenheit** *f* adgang til køkken; **2geschirr** *n* kogegrej *n*; **2herd** *m* komfur *n*

Köchin *f* kokkepige, kogekone
Koch|kiste *f* høkasse; **~kunst** *f* kogekunst, madlavning; **~löffel** *m* slev, grydeske; **~nische** *f* tekøkken *n*, køkkenkrog; **~rezept** *n* madopskrift; **~salz** *n* kogsalt *n*, køkkensalt *n*; **~topf** *m* gryde, kogekar *n*; **~vorführung** *f* madlavningsdemonstration
Kode [koːt] *m* ⟨-s; -s⟩ kode
Köder *m* agn, mading; fig lokkemad, lokkemiddel *n*; **2n** ⟨-re⟩ lokke
Kodex *m* ⟨- *od* -es; -e *od* Kodizes⟩ lovsamling; kodeks
Ko|edukationsschule [-'tsĭoːns-] *f* fællesskole; **~effizient** [ko·ɛfi'tsĭɛnt] *m* ⟨-en⟩ koefficient; **~existenz** *f* ⟨0⟩ sameksistens, koeksistens
Koffein [kɔfeˈiːn] *n* ⟨-s; 0⟩ koffein (*n*); **2frei** koffeinfri; **2haltig** koffeinholdig
Koffer *m* kuffert; **~kuli** *m* bagagevogn; **~radio** *n* transistorradio; **~raum** *m* bagagerum *n*; **~schreibmaschine** *f* rejseskrivemaskine; **~träger** *m* drager
Kognak ['kɔnjak] *m* ⟨-s; -s⟩ cognac, konjak
kogni'tiv intellektuel, kognitiv
Kohl *m* ⟨-(e)s; -e⟩ kål; fig F vrøvl *n*, pjat *n*
Kohle *f* kul *n* (*a Zeichen*2); gløder *pl*; *wie auf* (*glühenden*) ~*n sitzen* sidde (som) på gløder; **~hydrat** *n* kulhydrat *n*; **2n** *v/i* forkulle(s); fig F pjatte, vrøvle
Kohlen|becken *n* fyrfad *n*; (*Gebiet*) kuldistrikt *n*; **~bergwerk** *n* kulmine; **~brenner** *m* Holzkohle: kulsvier; **~bunker** *m* NAUT kulrum *n*; **~flöz** *n* kulførende lag *n*; **~förderung** *f* ⟨0⟩ kulproduktion; **~grube** *f* kulgrube, kulmine; **~händler** *m* kulhandler; **~kasten** *m* kulkasse; **~keller** *m* kulkælder, kulrum *n*; **~meiler** *m* kulmile; **~'monoxid** *n* kulilte; **~revier** *n* kuldistrikt *n*; **~säure** *f* ⟨0⟩ kulsyre; **~schaufel** *f* kulskovl; **~schiff** *n* kulbåd; **~staub** *m* kulstøv *n*; **~stift** *m* kulstift; **~stoff** *m* ⟨-(e)s; 0⟩ kulstof *n*; **~'wasserstoff** *m* kulbrinte; **~zeche** *f* kulmine
Kohle|ofen *m* kulfyr *n*; **~papier** *n* karbonpapir, kalkerpapir *n*
Köhler *m* kulsvier
Kohlezeichnung *f* kultegning
Kohl|kopf *m* kålhoved *n*; **~meise** *f* musvit; **2(raben)'schwarz** kulsort; **~'rabi** *m* ⟨-s; -⟩ kålrabi
Koitus ['koːi·-] *m* ⟨-; -s⟩ koitus *n*, samleje *n*
Koje *f* køje
Kokain [ko·ka'iːn] *n* ⟨-s; 0⟩ kokain (*n*)
Ko'karde *f* kokarde
Koke'rei *f* koksanlæg *n*

K

ko'ket|t ⟨-est⟩ koket, raffineret; ⟨t⟩e'rie f koketteri n; ⟨t⟩ieren v/i kokettere

Kokon [-'kɔŋ] m ⟨-s; -s⟩ kokon

Kokos|läufer [-kɔs-] m kokosløber; ⟨milch⟩ f kokosmælk; ⟨nuss⟩ f kokosnød; ⟨palme⟩ f kokospalme; ⟨raspel⟩ pl kokosmel n

Koks [oː] m ⟨-es; -e⟩ koks pl; F kokain; ⟨brenner⟩ m, ⟨ofen⟩ m koksfyr n

Kolben m kolbe; TECH stempel n; ⟨hub⟩ m stempelslag n; ⟨ring⟩ m stempelring; ⟨stange⟩ f stempelstang

Kolibri m ⟨-s; -s⟩ kolibri

Kolik f kolik

Kollaborateur [-'tøːʀ] m ⟨-s; -e⟩ kollaboratør

kolla'bieren v/i ⟨sn⟩ kollabere

kollabo'rieren kollaborere

Kollaps m ⟨-es; -e⟩ kollaps

Kol'leg n ⟨-s; -s u -ien⟩ forelæsning; ⟨e⟩ m ⟨-n⟩ kollega; ⟨geld⟩ n forelæsningsgebyr n; ⟨heft⟩ n kollegiehæfte n; 2ial [-'ɡiaːl] kollegial; ⟨iali'tät⟩ f ⟨0⟩ kollegialitet; ⟨in⟩ f kvindelig kollega; ⟨ium⟩ [-ɡiʊm] n ⟨-s; Kollegien⟩ kollegium n; ⟨mappe⟩ f dokumentmappe

Kol'lek|te f kollekt, indsamling; ⟨tion⟩ [-'tsi̯oːn] kollektion; 2'tiv kollektiv; 2ti'vieren kollektivisere

Koller m kuller; fig f raserianfald n

kollern v/t u v/i ⟨sn⟩ trille, rulle; v/i Puten: pludre

kolli'dieren v/i ⟨sn⟩ kollidere, støde sammen

Kollier [kɔ'lje:] n ⟨-s; -s⟩ collier n

Kollision [-'ziːo:n] f sammenstød n, kollision

Kölnisch'wasser n eau de Cologne n, kølnervand n

kolonial [-'ni̯aːl] kolonial; 2ismus [-'lɪs-] m ⟨-; 0⟩ kolonialisme; 2warengeschäft n købmandsforretning

Kolo'n|ie f koloni; (Lager) lejr, feriehjem n; ⟨isation⟩ [-'tsi̯o:n] f kolonisation n; 2i'sieren kolonisere

Kolon'nade f søjlegang, kolonnade

Ko'lonne f kolonne; ⟨nfahrt⟩ f kolonnekørsel

kolo'ri|eren kolorere, farvelægge; 2t n ⟨-s; -e⟩ kolorit

Ko'lo|ss m ⟨-es; -e⟩ kolos; 2s'sal kolossal, kæmpemæssig

Kolpor'ta|ge [-ʒə] f kolportage; 2ieren kolportere

Ko'lumbien [-bi̯ən] n Colombia n

Ko'lumne f kommentar; kronik

Koma ['koː-] n ⟨-s; -s⟩ MED coma

Kombi m F stationcar; ⟨nation⟩ [-'tsi̯o:n] f kombination; (Herrenkleidung) jakkesæt n; 2'nieren kombinere; ⟨wagen⟩ m stationcar

Kom'büse f kabys

Ko'met m ⟨-en⟩ komet

Komfor|t [-'fo:ʀ] m ⟨-s; 0⟩ bekvemmeligheder pl, komfort; 2'tabel bekvem, komfortabel

Komi|k f ⟨0⟩ komik; ⟨ker(in)⟩ m(f) komiker; 2sch komisk; (merkwürdig) mærkelig, sær

Komi'tee n ⟨-s; -s⟩ komité

Komma n ⟨-s; -s od Kommata⟩ komma n

Komman|'dant m ⟨-en⟩ kommandant; ⟨dan'tur⟩ f kommandantskab n

Komman'd|eur [-'døːʀ] m ⟨-s; -e⟩ kommandør; 2ieren kommandere, befale; ⟨itgesellschaft⟩ f kommanditaktieselskab n; ⟨i'tist⟩ m ⟨-en⟩ kommanditist

Kom'mando n ⟨-s; -s⟩ kommando; (Überfall2) (politi)patrulje; das ⟨ haben føre kommandoen; ⟨brücke⟩ f kommandobro; ⟨stelle⟩ f kommandocentral

kommen v/i (L; sn) komme; gegangen (gelaufen, geritten, gefahren) ⟨ komme gående (løbende, ridende, kørende); ⟨ lassen hente, lade komme; zu kurz ⟨ komme til kort; j-m teuer zu stehen ⟨ blive én en dyr (od alvorlig) sag; wie es gerade kommt som det falder sig; woher (od wie) kommt es, dass ... hvordan kan det være, at ...; ihm kam der Gedanke han fik ideen (til); an Land ⟨ komme i land; ihn komme an die Reihe det er min tur; an den Tag ⟨ komme for dagen; vor(s) Gericht ⟨ komme for retten; zu etw. (D) ⟨ komme til (od i besiddelse af) ngt.; zur Sprache ⟨ komme på tale; ⟨d kommende, fremtidig; ⟨lassen → kommen

Kommen'|tar m ⟨-s; -e⟩ kommentar; 2ar·los uden kommentar; ⟨ator⟩ m ⟨-s; -en [-'to:-]⟩ kommentator; 2ieren kommentere

kommerz|iali'sieren [-tsi̯a-] gøre kommerciel, kommercialisere; ⟨iell⟩ [-'tsi̯εl] kommerciel

Kommili'tone m ⟨-n⟩ studiekammerat, studenterkammerat, medstuderende

Kom'miss m ⟨-es; 0⟩ militær(væsen n) n; er ist beim ⟨ F han er soldat

Kommis'sar(in) m ⟨-s; -e⟩ (f) kommissær; ⟨iat⟩ [-'ri̯aːt] n ⟨-s; -e⟩ kommissariat n; 2isch konstitueret

Kom'missbrot n (slags) rugbrød n

Kommission [-'si̯o:n] f kommission;

(*Ausschuss*) komité; **in ~** ÖKON i kommission; **~sgebühren** f/pl provision; **~sgeschäft** n kommissionsforretning

Kom'mode f kommode

kommu'nal kommunal; **2behörde** f kommunale myndigheder pl; **2verwaltung** f kommunalforvaltning

Kom'mune f kommune

Kommunikation [-'tsɪoːn] f kommunikation; **~slücke** f kommunikationskløft; **~smittel** n kommunikationsmiddel n

Kommu|nion [-'nɪoːn] f kommunion; **~niqué** [-myˈniˈkeː] n ⟨-s; -s⟩ communiqué n

Kommu'nis|mus m ⟨-; 0⟩ kommunisme; **~t(in)** m ⟨-en⟩ (f) kommunist; **2tisch** kommunistisk

kommuni'zieren v/i kommunikere; **~de Röhren** forbundne kar pl

Komödi|ant(in) [-'dɪant(ɪn)] m ⟨-en⟩ (f) komediant, skuespiller; **~e** [-'møːdɪə] f komedie

Kompagnon [-panjɔŋ] m ⟨-s; -s⟩ kompagnon

kom'pakt ⟨-est⟩ kompakt

Kompa'nie f kompagni n

Komparativ m ⟨-s; -e⟩ komparativ, højere grad

Kompass m ⟨-es; -e⟩ kompas n; **~nadel** f kompasnål

Kom'pen|dium [-dɪom] n ⟨-s; Kompendien⟩ kompendium n, (kortfattet) lærebog; **~sation** [-'tsɪoːn] f kompensation; **2sieren** kompensere

kompe'tent ⟨-est⟩ kompetent, berettiget til; **2z** f kompetence

kom'plett ⟨-est⟩ komplet, fuldstændig

Kom'plex m ⟨-es; -e⟩ kompleks n

Kompli|kation [-'tsɪoːn] f komplikation, forvikling; **~ment** n ⟨-(e)s; -e⟩ kompliment; **j-m ein ~ machen** komme med et kompliment til ngn

Kom'pli|ze m ⟨-n⟩, **~in** f medskyldig

kompli'zier|en komplicere; **~t** kompliceret, indviklet

Kom'plott n ⟨-(e)s; -e⟩ komplot n

kompo|'nieren komponere; **2nist(in)** m ⟨-en⟩ (f) komponist; **2sition** [-'tsɪoːn] f komposition

Kom'post m ⟨-(e)s; -e⟩ kompost; **~haufen** m kompostbunke

Kom'pott n ⟨-(e)s; -e⟩ kompot, dessert

Kom'pres|se f omslag n, kompres n; **~sion** [-'sɪoːn] f kompression; **~sor** m ⟨-s; -en⟩ [-'soː-] kompressor

kompri'mieren komprimere

Kompro'miss m ⟨-es; -e⟩ kompromis n;

POL a forlig n; **e-n ~ schließen** indgå et kompromis; **~los** kompromisløs

kompromit'tieren kompromittere

Konden|'sat n ⟨-(e)s; -e⟩ kondensat n; **~sation** [-'tsɪoːn] f kondensation; kondensering; **~'sator** m ⟨-s; -en⟩ [-'toː-] kondensator; **2'sieren** kondensere, fortætte

Kon'dens|milch f kondenseret mælk, dåsemælk; **~streifen** m kondensstribe; **~wasser** n kondensvand n

Konditio|n [-'tsɪoːn] f kondition (a SPORT); (*Bedingung*) betingelse; **~'nalsatz** m betingelsessætning; **~nstraining** n kondi(tions)træning

Kon'dito|r m ⟨-s; -en⟩ [-'toː-] konditor; **~'rei** f konditori n; (wiener)café

Kondo'l|enz f ⟨0⟩ kondolence; **2ieren** v/i (D) kondolere

Kon|'dom n ⟨-s; -e⟩ kondom n; **~'fekt** n ⟨-(e)s; -e⟩ konfekt

Konfektion [-'tsɪoːn] f konfektion; **~sgeschäft** n konfektionsforretning

Konfe'renz f konference; (*Schul2*) lærermøde n; **~teilnehmer** m konferencedeltager

Konfessio|n [-'sɪoːn] f konfession, bekendelse; **2'nell** konfessionel; **2nslos** konfessionsløs; **~nsschule** f kristelig privatskole

Konfir|'mand(in) m ⟨-en⟩ (f) konfirmand; **~mation** [-'tsɪoːn] f konfirmation; **2'mieren** konfirmere; bekræfte

kon|fis'zieren konfiskere, inddrage; **2fi-'türe** f syltetøj n, marmelade; **2'flikt** m ⟨-(e)s; -e⟩ konflikt, strid

kon'for|m konform; **2'mismus** m ⟨-; 0⟩ konformisme

Konfron|tation [-'tsɪoːn] f konfrontation; **2tieren** konfrontere

kon'fus ⟨-est⟩ forvirret, forlegen, konfus; **2ion** [-'sɪoːn] f konfusion

Konglome'rat n ⟨-(e)s; -e⟩ konglomerat n

Kon'gress m ⟨-es; -e⟩ kongres, stævne n; **~teilnehmer(in)** m(f) kongresdeltager

kongruen|t [-u'ɛnt] kongruent; **2z** f ⟨0⟩ kongruens

König m ⟨-s; -e⟩ konge; *vor Namen:* kong; **~in** f dronning; **2lich** kongelig; **~reich** n kongerige n

Königs|adler m kongeørn; **~format** n king-size; **~haus** n kongehus n; **~krone** f kongekrone; **~mord** m kongemord n; **~tiger** m kongetiger; **2treu** kongetro

Königtum [-ɪç-] n ⟨-s; ⁎er⟩ kongedømme n

konisch konisk, kegleformet

Konju|gation [-'tsĭo:n] *f* konjugation, bøjning; 2**gieren** konjugere, bøje

Konjunk'tion [-'tsĭo:n] *f* konjunktion, bindeord *n*; **~tiv** *m* ⟨-s; -e⟩ konjunktiv

Konjunk'tur *f* konjunktur; **~flaute** *f* konjunkturnedgang; **~politik** *f* konjunkturpolitik

Konkor'dat *n* ⟨-(e)s; -e⟩ konkordat *n*

kon'kret ⟨-est⟩ konkret, anskuelig; **~i'sieren** konkretisere

Konkur'rent *m* ⟨-en⟩ konkurrent

Konkur'renz *f* konkurrence; 2**fähig** konkurrencedygtig; 2**los** uden konkurrence; **~unternehmen** *n* konkurrerende foretagende *n*

konkur'rieren *v/i* konkurrere

Kon'kurs *m* ⟨-es; -e⟩ konkurs, fallit; (*in*) **~ gehen** gå konkurs (*od* fallit); **~masse** *f* fallitbo *n*; **~verfahren** *n* konkursbehandling; **~verwalter** *m* kurator (af konkursbo)

könn|en ⟨*L*⟩ kunne; (*vermögen*) formå; (*verstehen*) forstå; *ich habe nicht kommen* **~** jeg har ikke kunnet komme; *ich kann nichts dafür* jeg kan ikke gøre for det; det er ikke min skyld; *es kann sein* det kan være; *Dänisch* **~** (kunne) tale dansk; *gekonnt* dygtig gjort; 2**er** *m* kapacitet, ekspert

Konnosse'ment *n* ⟨-(e)s; -e⟩ konossement *n*, fragtbrev *n*

Kon'sens *m* ⟨-es; 0⟩ enighed

konse'quen|t ⟨-est⟩ konsekvent; 2**z** *f* konsekvens, følge

konserva'tiv [-vɑ·ti:f] konservativ; 2**ti-ve(r)** konservativ; 2**torium** [-ʀĭum] *n* ⟨-s; *Konservatorien*⟩ konservatorium *n*

Kon'serven [-vən] *f/pl* konserves *pl*; **~büchse** *f*, **~dose** *f* konservesdåse

konser'vier|en [-v-] konservere; 2**ung** *f* konservering; 2**ungsmittel** *n* konserveringsmiddel *n*

Konsis'tenz *f* ⟨0⟩ konsistens, beskaffenhed

Kon'sole *f* konsol

konsoli'dier|en konsolidere; 2**ung** *f* konsolidering

Kon|so'nant *m* ⟨-en⟩ konsonant, medlyd; **~'sortium** [-'tsĭum] *n* ⟨-s; *Konsortien*⟩ konsortium *n*; 2**'stant** [-st-] ⟨-est⟩ konstant, varig; 2**sta'tieren** [-st-] konstatere, fastslå

konstitu|'ieren [-st-] konstituere; 2**tion** [-'tsĭo:n] *f* konstitution (*a Körper*); forfatning; **~tio'nell** konstitutionel; forfatningsmæssig

konstru|'ieren [-st-] konstruere; 2**kteur**

[-'tøːʀ] *m* ⟨-s; -e⟩ konstruktør; 2**ktion** [-'tsĭo:n] *f* konstruktion; 2**k'tionsfehler** *m* konstruktionsfejl; **~k'tiv** konstruktiv

Konsu|l(in) [-zul(ɪn)] *m* ⟨-s; -n⟩ (*f*) konsul; 2**'larisch** konsulær; **~'lat** *n* ⟨-(e)s; -e⟩ konsulat *n*

Konsul|tation [-'tsĭo:n] *f* konsultation; 2**tieren** konsultere, rådspørge

Kon'sum *m* ⟨-s; 0⟩ forbrug *n*, konsum *n*; **~ent(in)** [-'ment(ɪn)] *m* ⟨-en⟩ forbruger, konsument; **~genossenschaft** *f* brugsforening; **~gesellschaft** *f* ⟨0⟩ forbrugersamfund *n*; **~güter** *n/pl* forbrugsgoder *pl*; 2**ieren** [-'mi:-] forbruge, konsumere

Kon'takt *m* ⟨-(e)s; -e⟩ kontakt, forbindelse; **~ aufnehmen** tage kontakt (*mit* med); **~anzeige** *f* kontaktannonce; 2**arm** kontakthæmmet; **~linse** *f* kontaktlinse

Konter|admiral *m* kontreadmiral; **~fei** *n* ⟨-s; -s *od* -e⟩ kontrafej *n*; 2**n** ⟨-re⟩ modarbejde; svare igen; **~revolution** *f* kontrarevolution

Kontext *m* kontekst, sammenhæng

Konti'nen|t *m* ⟨-(e)s; -e⟩ kontinent *n*; 2**tal** kontinental; **~'talklima** *n* fastlandsklima *n*; **~'talsockel** *m* fastlandssokkel

Kontingent [-ɪŋ-g-] *n* ⟨-(e)s; -e⟩ kontingent *n*

kontinu|'ierlich kontinuerlig; 2**i'tät** *f* ⟨0⟩ kontinuitet

Konto *n* ⟨-s; *Konten*⟩ konto; **~auszug** *m* kontoudddrag *m*; **~inhaber(in)** *m(f)* kontoindehaver; **~kor'rent** *n* ⟨-(e)s; -e⟩ kontokurant; **~nummer** *f* kontonummer *n*

Kon'to|r *n* ⟨-s; -e⟩ kontor *n*; **~'ristin** *f* kontorassistent

Kontostand *m* indestående *n*

kontra (*A*) kontra; 2**'hent** *m* ⟨-en⟩ kontrahent; (*Gegner*) modstander

Kon'trakt *m* ⟨-(e)s; -e⟩ kontrakt; **~bruch** *m* kontraktbrud *n*

Kontrapunkt *m* ⟨-(e)s; 0⟩ kontrapunkt *n*

Kon'tras|t *m* ⟨-(e)s; -e⟩ kontrast, modsætning; 2**tieren** kontrastere, stikke af

Kon'trollabschnitt *m* kontrolkupon

Kon'troll|e *f* kontrol; **~eur(in)** [-'løːʀ(ɪn)] *m* ⟨-s; -e⟩ kontrollør; 2**ieren** [-'liː-] kontrollere; **~turm** *m* FLUG kontroltårn *n*

kon|trovers [-'vɛʀs] kontroversiel; 2**tro-'verse** *f* kontrovers; 2**tur** *f* kontur

Konventio|n [-'tsĭo:n] *f* konvention; 2**'nell** konventionel

Konversation [-'tsĭo:n] *f* konversation, samtale; **~slexikon** *n* konversationsleksikon *n*

konver'tier|bar *Währung:* konverterbar; **~en** konvertere

Konvoi [kɔn'vɔy] *m* ⟨-*s*; -*s*⟩ konvoj

Konzentration [-'tsɪoːn] *f* koncentration; **~slager** *n* koncentrationslejr

konzen'tr|ieren koncentrere (**sich** sig); **~isch** [-'tsɛn-] koncentrisk

Kon'zept *n* ⟨-(*e*)*s*; -*e*⟩ koncept (*n*), kladde, udkast *n*; **aus dem ~ bringen** *fig* bringe fra koncepterne; **~ion** [-'tsɪoːn] *f* konception; **~papier** *n* kladdepapir *n*, konceptpapir *n*

Kon'zern *m* ⟨-*s*; -*e*⟩ koncern

Kon'zert *n* ⟨-(*e*)*s*; -*e*⟩ koncert; **ins ~ gehen** gå til koncert; ⚓**tieren** *v/i* give koncert; **~tsaal** *m* koncertsal

Konzession [-'sɪoːn] *f* koncession; bevilling; (*Zugeständnis*) indrømmelse

Kon|'zil *n* ⟨-*s*; -*e od* -*ien*⟩ kirkemøde *n*, koncilium *n*; ⚓**zi'pieren** koncipere

Koog *m* ⟨-(*e*)*s*; *Köge*⟩ kog

Koope|ration [ko·o·pe·ra'tsɪoːn] *f* kooperation, samarbejde *n*; ⚓**'rieren** *v/i* kooperere, samarbejde

Koordi|nation [ko·ɔrdi·na·'tsɪoːn] *f* koordination; ⚓**'nieren** koordinere

Kopenhagen *n* København *n*; **~er(in)** *m(f)* københavner; **Kopenhagener** (*Gebäck*) wienerbrød *n*

Kopf *m* ⟨-(*e*)*s*; ⁓*e*⟩ hoved *n*; **~ hoch!** op med humøret!; **den ~ schütteln** ryste på hovedet; **den ~ verlieren** fig tabe hovedet; **nicht auf den ~ gefallen sein** ikke tabt bag af en vogn; **auf den ~ stellen** vende op og ned på; **aus dem ~** udenad; **das will mir nicht in den ~** det kan jeg ikke begribe; **Hals über ~** over hals og hoved; **von ~ bis Fuß** fra top til tå; **j-n vor den ~ stoßen** fig fornærme én; **~arbeit** *f* hjernearbejde, åndsarbejde *n*; **~arbeiter** *m* åndsarbejder; **~bahnhof** *m* blind banegård; **~ball** *m* Fußball: heading; **~bedeckung** *f* hovedbeklædning, hovedtøj *n*; **~beuge** *f* hovedbøjning

Köpf|chen *n*: F **~ haben** have pære; ⚓**en** halshugge; *Pflanzen* kappe; *Fußball:* heade

Kopf|ende *n* hovedgærde *n*; **~geld** *n* beløb *n* pro persona; **~hörer** *m* hovedtelefon; **~kissen** *n* hovedpude; **~lage** *f* hovedstilling; ⚓**lastig** bagtung; (alt for) teoretisk; ⚓**los** ⟨-*est*⟩ hovedløs (a fig; **~nicken** *n* ⟨-*s*; *0*⟩ nik *n*, hovednik; **~nuss** *f* dunk *n* i hovedet, F skalle; **~rechnen** *n* ⟨-*s*; *0*⟩ hovedregning; **~salat** *m* grøn salat, hovedsalat; ⚓**scheu** sky; *fig* mistænksom; forvirret; **~schmerzen** *m/pl* hovedpine, ondt i hovedet;

~schmerztablette *f* hovedpinepille; **~schuppen** *f/pl* hovedskæl *pl*, skæl i håret; **~schütteln** *n* ⟨-*s*; *0*⟩ hovedrysten; **~sprung** *m* spring *n* på hovedet; hovedspring *n*; **e-n ~ machen** springe i på hovedet; ⚓**stehen** *v/i* stå på hovedet; **~steinpflaster** *n* brosten *pl*; **~stimme** *f* fistelstemme; **~stütze** *f* nakkestøtte; **~tuch** *n* hovedtørklæde *n*; ⚓**über** hovedkulds; **~wäsche** *f* hårvask; **~weh** *n* hovedpine; **~zerbrechen** *n* ⟨-*s*; *0*⟩ hovedbrud *n*; **~ bereiten** volde hovedbrud

Ko'pie *f* kopi; (*Abschrift*) afskrift, genpart

Ko'pier|apparat *m* kopieringsmaskine, kopieringsapparat *n*; ⚓**en** kopiere; **~er** *m*, **~gerät** *n* kopimaskine; **~papier** *n* kopierpapir *n*; **~stift** *m* blækblyant

Kopilot(in) *m(f)* kopilot

Koppel *f* ⟨-; -*n*⟩ (*Weide*) indhegnet græsgang; ⚓*n* ⟨-*le*⟩ koble; sammenbinde; **~schloss** *n* MIL bæltespænde *n*; **~ung** *f* kobling; forbindelse

kopu'lieren kopulere

Ko'ralle *f* koral; **~ninsel** *f* koralø; **~nriff** *n* koralrev *n*

Ku'ran *m* ⟨-*s*, -*e*⟩ koran

Korb *m* ⟨-(*e*)*s*; ⁓*e*⟩ kurv (a fig); (*Bienen*⚓) kube; **j-m e-n ~ geben** fig give én en kurv; **~ball** *m* (slags) basketball; **~flasche** *f* kurveflaske; **~macher** *m* kurvemager; **~stuhl** *m* kurvestol

Kord *m* ⟨-(*e*)*s*; -*e od* -*s*⟩ → **Cord**

Kordel *f* ⟨-; -*n*⟩ snor, sejlgarn *n*

Kore|a [-'reːɑ] *n* Korea *n*; ⚓**anisch** koreansk

Ko'rinthe *f* korende

Kork *m* ⟨-(*e*)*s*; -*e*⟩ kork; (*Pfropfen*) prop; **~eiche** *f* korkeg; **~en** *m* prop; **~enzieher** *m* proptrækker; **~rinde** *f* korkbark

Kormoran *m* ⟨-*s*; -*e*⟩ skarv

Korn[1] *n* ⟨-(*e*)*s*; ⁓*er*⟩ korn *n*; (*Getreide*) sæd; rug; (*Kleinigkeit*) gran *n* (*Gewehr*) sigtekorn; **aufs ~ nehmen** fig tage på kornet

Korn[2] *m* ⟨-(*e*)*s*; -⟩ (*Schnaps*) snaps, kornbrændevin; **~ähre** *f* kornaks; **~(an)bau** *m* korndyrkning; **~blume** *f* kornblomst; **~boden** *m* kornloft *n*

Körn|chen *n* gran *n*; **~er** *m* TECH kørner

Kornfeld *n* kornmark

körnig kornig, ru

Korn|kammer *f* kornkammer *n*; **~speicher** *m* kornmagasin *n*

Körper *m* legeme *n* (*a* PHYS), krop; **~bau** *m* ⟨-(*e*)*s*; *0*⟩ legemsbygning; ⚓**behindert** invalid; handicappet; **~fülle** *f* korpulence; **~kontakt** *m* kropskontakt; **~kraft** *f* legemskraft

K

körperlich legemlig, korporlig; materiel; 2keit f ⟨0⟩ legemlighed

körper|los ulegemlig; 2maße n/pl (legems)mål m; 2pflege f legemspleje, pleje af kroppen; 2schaden m legemsskade; svaghed; 2schaft f korporation, gruppe; 2verletzung f legemsbeskadigelse; sår n; 2wärme f kropsvarme

Korpo'ra||l m ⟨-s; -e⟩ korporal; ⁓tion [-'tsi̯o:n] f korporation; (Studentenverbindung) studenterforening

Korps [ko:ʁ] n ⟨-[ko:ʁs]'-[ko:ʁs]⟩ korps n; ⁓geist m ⟨-[e]s; 0⟩ korpsånd

korpu'len|t ⟨-est⟩ korpulent, fedladen; 2z f ⟨0⟩ korpulence

kor'rekt ⟨-est⟩ korrekt, fejlfri; 2or m ⟨-s; -en [-'to:-]⟩ korrekturlæser

Korrek'tur f korrektur, rettelse; ⁓bogen m korrekturark /

Korrespon'd|ent(in) [-sp-] m ⟨-en⟩ (f) korrespondent, brevveksling; 2ieren v/i korrespondere, brevveksle; (entsprechen) svare til

Korridor m ⟨-s; -e⟩ korridor

korri'gieren korrigere; Fehler rette

Korrosion [-'zi̯o:n] f korrosion

kor'rupt ⟨-est⟩ korrupt; fordærvet; 2ion [-'tsi̯o:n] f korruption; fordærvelse

Korse m ⟨-n⟩ korsikaner

Kor'sett n ⟨-(e)s; -e od -s⟩ korset n

Korso m ⟨-s; -s⟩ festoptog, vogntog n

Kor'vette f korvet

Kory'phäe [-ɛːə] f koryfæ

Ko'sak m ⟨-en⟩ kosak

kose|n ⟨-t⟩ kæle (for), kærtegne; 2name m kælenavn n; 2wort n kæleord n

Kos'met|ik f ⟨0⟩ kosmetik, skønhedspleje; ⁓ikerin f kosmetolog; ⁓iksalon m skønhedssalon; 2isch kosmetisk

kosm|isch kosmisk; 2olo'gie f kosmologi; 2o'naut m kosmonaut; 2opo'lit m ⟨-en⟩ kosmopolit; 2os [-mɔs] m ⟨-; 0⟩ kosmos n

Kost f ⟨0⟩ kost, mad, freie ⁓ fri kost; in ⁓ geben sætte i kost; ⁓ und Logis kost og logi

kostbar kostbar, værdifuld; 2keit f kostbarhed

kosten ⟨-e-⟩ v/i (wert sein) koste; wie viel (od F was) kostet...? hvad koster...?; v/t (probieren) smage (på)

Kosten pl omkostninger pl, udgifter pl; auf meine ⁓ (a fig) på min bekostning; ⁓anschlag m overslag n, budget n; 2auf wand m bekostning; omkostninger pl; 2frei, 2los gratis, uden betaling; 2neutral udgiftsneutral; ⁓punkt m omkostninger

pl, pris

Kost|gänger m kostgænger, pensionær; ⁓geld n kostpenge pl

köstlich kostelig, herlig

Kost|probe f smagsprøve; 2spielig kostbar, dyr

Kos'tüm n ⟨-s; -e⟩ kostume m; (Damenkleid) (spadsere)dragt; ⁓fest n kostumebal

Kostverächter m kostforagter (a fig)

Kot [ko:t] m ⟨-(e)s; 0⟩ snavs n, skidt n; (Exkremente) lort n; møg n

Kote [o:] f ⟨-; -n⟩ (spejder)telt n

Kote'lett [kɔt(ə)-] n ⟨-s; -s⟩ kotelet n; ⁓en f/pl (Bart) bakkenbarter pl

Köter m køter

Kot|flügel m (hjul)skærm; hinterer (vorderer) ⁓ bagskærm (forskærm)

kotzen v/i ⟨-t⟩ P brække sig, kaste op; es ist zum 2 fig det er til at brække sig over

Krabbe f reje; 2lig sprællende; 2ln v/i ⟨-le; sn⟩ kravle; v/t (kitzeln) kild re

krach! bums!, pladask!

Krach m ⟨-(e)s; -e od F ⁓e⟩ brag n, larm; (Zank) spektakel n, ballade; ÖKON krak n; ⁓ machen lave spektakel; skælde ud; 2en v/i knage; lauter: brage

krächzen ⟨-t⟩ skrige, skræppe

Krad n ⟨-[e]s; ⁓er⟩ (= Kraftrad) motorcykel

kraft (G) i kraft af

Kraft f ⟨-; ⁓e⟩ kraft, styrke, magt; in ⁓ treten træde i kraft; außer ⁓ setzen sætte ud af kraft; aus allen Kräften af alle kræfter; nach Kräften efter evne; ⁓anstrengung f kraftanstrengelse; ⁓auf wand m kraftopbud; ⁓ausdruck m kraftudtryk n, eder pl; ⁓brühe f kraftsuppe, bouillon; ⁓fahrer m bilist

Kraftfahrzeug n motorkøretøj n; ⁓brief m registreringsattest; ⁓haftung f automobilansvar n; ⁓halter m bilejer; ⁓steuer f motorskat; ⁓versicherung f automobilforsikring

Kraft|feld n kraftfelt n; ⁓futter n kraftfoder n

kräftig kraftig, stærk; ⁓en styrke (sich sig); 2ung f ⟨0⟩ styrkelse

kraft|los ⟨-est⟩ kraftløs; (ungültig) udeaf kraft; 2losigkeit f ⟨0⟩ kraftesløshed; 2mensch m kraftkarl; 2messer m kraftmåler; 2post f postrutebil; 2probe f kraftprøve; 2rad n (= Krad) motorcykel; 2stoff m brændstof n; ⁓strotzend strutende af sundhed; 2training n styrketræning; 2übertragung f kraftoverførelse; ⁓voll kraftig, kraftfuld (a fig); 2wagen m (automo)bil; 2werk n kraftværk n, el(ektricitets)værk n; **2wort** n kraftord n, eder pl

Kragen m krave; (*steifer Hemd2*) flip; **es geht ihm an den ~** han hænger på den; **ihm platzt der ~** fig han er ved at gå ud af flippen; **~weite** f Hemd: størrelse; **das ist nicht meine ~** fig F det er ikke min bølgelængde

Krähje f krage; **2en** v/i gale; fig skrige; **kein Hahn kräht danach** ikke en kat gør deraf; **~enfüße** pl fig rynker pl; *Schrift*: kragetær pl; **~winkel** m iron ravnekrog

kra'keelen v/i skændes, lave spektakel

Krake''lei f dårlig håndskrift, „kruseduller" pl; **2ln** v/i (*-le*) lave kruseduller

Kralle f klo; **2n: sich ~ an** (A) hage sig fast i, klamre sig til

Kram m ⟨-s; 0⟩ kram n; **das passt in s-n ~** det passer ind i hans kram; **2en** v/i rode, søge, lede

Krämer m kræmmer; **~geist** m ⟨-(e)s; 0⟩ kræmmerånd; **~seele** f kræmmersjæl

Kramladen m F (lille) købmandsbutik

Krampe f krampe; krog

Krampf m ⟨-(e)s; ¨e⟩ krampe; **Krämpfe bekommen** få krampe; **~ader** f åreknude; **2artig** krampagtig; **2en bevæge** krampagtigt; **2haft** ⟨*-est*⟩ krampagtig; **2lösend** krampestillende

Kran m ⟨-(e)s; ¨e⟩ kran; **~führer** m kranfører

Kranich m ⟨-s; -e⟩ trane

krank ⟨¨er; ¨st⟩ syg; **~ sein (werden)** blive (være) syg

Kranke(r) syg, patient

kränkeln v/i ⟨*-le*⟩ være sygelig, skrante

kranken v/i **an** (D) være syg; lide af (a fig)

kränken krænke, såre

Krankenjattest n sygeattest, lægeerklæring; **~auto** n ambulance; **~bahre** f sygebåre; **~bericht** m offizieller: bulletin; im *Krankenhaus*: journal; **~besuch** m sygebesøg n; **~bett** n sygeseng; **~geld** n sygehjælp; **~gymnastik** f fysioterapi; **~gymnastin** f fysioterapeut; **~haus** n sygehus n, hospital n; **~kasse** f sygekasse; **~kost** f sygemad; **~pflege** f sygepleje; **~pfleger** m portør; sygeplejerske; **~pflegerin** f sygeplejeassistent; **~schein** m sygesikringsattest; **~schwester** f sygeplejerske; **~versicherung** f sygeforsikring; **~wagen** m ambulance; **~zimmer** n sygeværelse n

krank|·feiern v/i F pjække fra arbejde (angiveligt på grund af sygdom); **~haft** ⟨*-est*⟩ sygelig; **2heit** f sygdom; **an e-r ~ leiden** lide af en sygdom

Krankheits|·erreger m bakterie, sygdomsvækker, sygdomsspire; **~erscheinung** f sygdomssymptom n; **2halber** på grund af sygdom; **~zeichen** n symptom n

krank·lachen: sich ~ være ved at dø af grin

kränklich sygelig, svagelig; **2keit** f ⟨0⟩ sygelighed

krank·melden: sich ~ sygemelde sig

Krankmeldung f sygemelding

krank·schreiben udstede sygeattest (*od* lægeerklæring); sygemelde

Kränkung f krænkelse, ydmygelse

Kranz m ⟨-es; ¨e⟩ krans

Kränzchen n fig kreds, komsammen

Krapfen m (slags) æbleskive

krass kras, grov, F skrap; **krasse Gegensätze** skarpe modsætninger

Krater m krater n

Kratzbürstje f trådbørste; fig rivejern n; **2ig** fig F kradsbørstig

Kratze f skraber

Krätze f ⟨0⟩ MED fnat n, skab n

Kratz|eisen n Tür: (fod)skraber, skrabejern n; **2en** v/t u v/i ⟨*-t*⟩ kradse; (*schaben*) skrabe, (*jucken*) klø; Γ (*fiedeln*) file; **~or** m (Wunde) skramme; **~fuß** m skrabud n; **2ig** Wolle: som kradser; **~wunde** f hudafskrabning

kraul|en 1. klø; 2. SPORT crawle; **2stil** m crawl

kraus ⟨*-est*⟩ kruset, krøllet; Stirn: rynket; fig broget, forvirret; **2e** f (Kragen) kruset halsstrimmel, kalvekrøs n; (Haar) krøl n

kräuseln v/t kruse, krølle (**sich** sig); Stirn, Stoff rynke

kraus|en ⟨*-t*⟩ → **kräuseln;** **2haar** n krølhår n; **~haarig** krølhåret; **2kopf** m krøltop; fig rodehoved m

Kraut n ⟨-(e)s; ¨er⟩ urt, plante; (Kohl) kål; (Sauer2) surkål; **wie ~ und Rüben** hulter til bulter

Kräuter|garten m urtehave; **~käse** m grøn ost; **~sammlung** f plantesamling; **~schnaps** m bitter; **~tee** m urtete

Kra'wall m ⟨-s; -e⟩ gadeuorden; optøjer pl, spektakel m

Kra'watte f slips n; **~nnadel** f slipsnål

kraxeln v/i ⟨*-le*⟩ klatre (i bjerge)

krea'tiv kreativ; **2i'tät** f ⟨0⟩ kreativitet

Krea'tur f skabning, væsen n

Krebs [e:] m ⟨-es; -e⟩ krabbe, krebs; MED kræft; **~ erregend → krebserregend;** **~ erzeugend → krebserzeugend;** **2artig** kræftagtig; **2erregend, 2erzeugend** kræftfremkaldende; **~geschwulst** f kræftsvulst; **~leiden** n kræftlidelse;

~schaden m kræftskade (a fig); ~schere f krebseklo; ~vorsorge f ⟨0⟩ forebyggende kræftundersøgelse

kre'denzen ⟨-t⟩ kredense, servere

Kredit¹ n ⟨-s; -s⟩ kredit(side)

Kre'dit² m ⟨-(e)s; -e⟩ kredit; lån n; **auf ~** på kredit; ~anstalt f kreditanstalt; ~bank f kreditbank; ~brief m kreditbrev n, kreditiv n; Ẹfähig solid, god; ~geber m långiver; ~genossenschaft f kreditforening; Ẹieren [-'ti:-] kreditere; ~karte f kreditkort n; ~nehmer m låntager; Ẹwürdig kreditværdig; ~würdigkeit f ⟨0⟩ kreditværdighed

Kreide f kridt n; **bei j-m in der ~ stehen** fig tage på kridt hos én; Ẹbleich ligbleg; ~felsen m kridtklint; Ẹhaltig kridtholdig; ~zeichnung f kridttegning; ~zeit f GEOL kridttid

kreidig kridtagtig; af kridt

kre'ieren kreere, skabe

Kreis m ⟨-es; -e⟩ kreds, ring; MATH cirkel; (Bezirk) distrikt n; (Land²) amt n; **die höheren ~e** de højere kredse; ~abschnitt m segment n; ~arzt m distriktslæge, kredslæge; ~ausschnitt m sektor; ~bahn f cirkelbane; ~bogen m cirkelbue

kreischen hvine, skrige

Kreisel m (snurre)top; TECH gyroskop n; ~kompass m gyro(skop)kompas n; Ẹn v/i ⟨-le⟩ dreje sig, hvirle rundt

kreis|en v/i ⟨-t; sn⟩ kredse, dreje rundt; ~förmig kredsformig; Ẹlauf m kredsløb n; Ẹlaufstörungen f/pl kredsløbsforstyrrelser pl; Ẹlinie f cirkellinie; ~rund kredsrund; Ẹsäge f rundsav

Kreißsaal m fødestue

Kreis|stadt f kredshovedstad; ~verkehr m undkørsel

Krem f ⟨-; -s⟩ creme

Krematorium ['to:rĭʊm] n ⟨-s; Krematorien⟩ krematorium n

Krempe f (hatte)skygge

Krempel m ⟨-s; 0⟩ F ragelse n, kram n

krempeln ⟨-le⟩ karte; smøge (op)

Kren m ⟨-(e)s; 0⟩ österreichisch peberrod

kre'pieren v/i ⟨sn⟩ krepere, dø; (platzen) springe, eksplodere

Krepp m ⟨-s; -e od -s⟩ crepe n; ~papier n crepepapir n; ~sohle f rågummisål

Kresse f karse

Kreuz n ⟨-es; -e⟩ kors n (a fig); (Zeichen) kryds n, ANAT kryds n, lænd; Kartenspiel: klør; Ẹ **und quer** på kryds og tværs; **zu ~e kriechen** krybe til korset; **das Eiserne ~** jernkorset; **das Rote ~** Røde Kors; ~abnahme f ⟨0⟩ nedtagelse af korset; ~band

n korsbånd n; ~bein n ANAT korsben n; Ẹen ⟨-t⟩ krydse; Arme lægge over kors; sich ~ krydse hinanden; **gekreuzt** korslagt; ~er m krydser; ~eszeichen n korsets tegn n; ~fahrer m korsfarer; ~fahrt f krydstogt n; ~feuer n krydsild (a fig); Ẹfi'del gennemsjov, munter; ~gang m munkegang, klostergang; ~gelenk n kardanled n; ~gewölbe n korshvælving

kreuzig|en korsfæste; Ẹung f ⟨0⟩ korsfæstelse

kreuz|lahm bovlam; Ẹotter f hugorm; Ẹritter m korsridder; Ẹschmerzen m/pl lændesmerter pl; Ẹspinne f korsedderkop; Ẹstich m korssting n; Ẹung f Bio. krydsning; (Straßen-) kryds n, korsvej; ~ungsfrei uden tværgående færdsel; Ẹverhör n krydsforhør n; Ẹweg m korsvej; ~weise korsvis, over kors; Ẹworträtsel n kryds og tværs(-opgave); Ẹzug m korstog n

kribbeln ⟨-le⟩ vrimle, myldre; (reizen) kløe, krille; **es kribbelt mir in den Fingern, etw. (A) zu tun** det kribler i fingrene på ham efter at gøre ngt

Kricket ['krɪkət] n ⟨-s; 0⟩ kricket n; ~spiel n kricketspil n; ~spieler m kricketspiller

kriech|en v/i ⟨L; sn⟩ krybe (a fig), kravle; **vor j-m ~** krybe for én; Ẹer m spytslikker; Ẹe'rei f ⟨0⟩ spytslikkeri n; Ẹspur f (Autobahn) krybespor n; Ẹtier n krybdyr n

Krieg m ⟨-(e)s; -e⟩ krig; **~ führen** føre krig

kriegen v/t F få; **sich ~** F få hinanden

Krieger m kriger; ~denkmal n monument n over de faldne; Ẹisch krigerisk

Kriegs|ausbruch m krigsudbrud n; ~beil n stridsøkse; **das ~ begraben** grave stridsøksen ned; ~berichterstatter m krigskorrespondent; ~beschädigte(r) krigsinvalid; ~dienst m krigstjeneste; ~dienstverweigerer m militærnægter; ~erklärung f krigserklæring; ~fall m krigstilfælde n; ~flotte f orlogsflåde; ~freiwillige(r) krigsfrivillig; Ẹführend krigsførende; ~führung f krigsførelse; ~fuß m: **auf ~ stehen mit** (D) stå på krigsfod med; ~gebiet n krigszone; ~gefahr f krigsfare; ~gefangene(r) krigsfange; ~gefangenschaft f krigsfangenskab n; ~gerät n krigsmateriel n; ~gericht n krigsret; ~gewinnler m gullaschbaron; ~hafen m krigshavn; ~hetze f krigsgalskab; ~hetzer m krigsophidser; ~kunst f krigskunst; ~list f krigslist; ~marine f orlogsflåde; ~opfer n krigsoffer n; ~pfad m: **auf dem ~ sein** være på krigsstien; ~recht n krigsret; ~ruf m krigsråb n; ~schauplatz m krigsskueplads; ~schiff n krigsskib; ~schuld f

⟨0⟩ krigsskyld; **~teilnehmer** m krigsdeltager; **~verbrecher** m krigsforbryder; **~versehrte(r)** krigsinvalid; **~wesen** n ⟨-s; 0⟩ krigsvæsen n; **2wütig** krigsliderlig, krigsgal; **~zug** m krigstog n, felttog n; **~zustand** m krigstilstand

Krimi m ⟨-s; -s⟩ F krimi

Krimi'nal|beamter m, **~beamtin** f kriminalbetjent; **~fall** m kriminalsag; **~film** m kriminalfilm; **2i'sieren** kriminalisere; **~i'tät** f ⟨0⟩ kriminalitet; **~kommissar** m kriminalassistent; **~polizei** f kriminalpoliti n; **~roman** m kriminalroman

krimi'nell kriminel

Krimskrams m ⟨-; 0⟩ F krimskrams n

Kringel m kringle; (Kreis) kreds; **2n** ⟨-le⟩: **sich ~** vride (od sno) sig

Krippe f krybbe; (Kinder2) vuggestue; dagpleje

Krise f krise; **2ln** ⟨-le⟩: **es kriselt** der er (tegn på) krise

krisen|anfällig krisefølsom; **2erscheinung** n krisefænomen n; **~fest** krisesikker; **~haft** kriseagtig; **2zeit** f krisetider pl

Kris'tall 1. m ⟨-s; -e⟩ u **2.** n ⟨-s; 0⟩ krystal n; **2en** af krystal; **~glas** n krystalglas n; **2i'sieren** v/i ⟨sn⟩ (ud)krystallisere; **2klar** krystalklar (a fig); **~zucker** m krystalsukker n

Kri'terium [-Rĭʊm] n ⟨-s; Kriterien⟩ kriterium n

Kri'tik f kritik; **~ üben an** (D) kritisere; **~er(in)** ['KRɪ:-] m (f) kritiker; **2los** ⟨-est⟩ kritikløs

krit|isch kritisk; **~i'sieren** kritisere

Kritt|e'lei f smålig kritik; **2(e)lig** krakilsk; **2eln** v/i ⟨-le⟩ kritisere småligt

Kritz|e'lei f kradseri n; kruseduller pl; **2eln** v/i ⟨-le⟩ kradse, smøre; lave kruseduller

Kroat|e [kRo'ɑ:-] m ⟨-n⟩ kroat; **2isch** kroatiska

Krocket ['kRɔkət] kroket n; **~spiel** n kroketspil n

Kroko'dil n ⟨-s; -e⟩ krokodille; **~leder** n krokodilleskind n; **~stränen** f/pl fig krokodilletårer pl

Krone f krone (a Zahn2, Baum2 u fig)

krönen krone

Kron|erbe m tronarving, **~leuchter** m lysekrone; **~prinz(essin** f) m kronprins (-esse)

Krönung f kroning

Kronzeuge m kronvidne n

Kropf m ⟨-(e)s; ̈-e⟩ kro; MED krop

kröpfen v/t Geflügel opfede; v/i Raubvögel: æde, fylde kroen

Krösus m ⟨-; -se⟩ F krøsus, rigmand

Kröte f skrubtudse; F pej kælling; **~n** f/pl F (Geld) gysser pl

Krück|e f krykke; håndtag n; **auf ~n** på krykker; **~stock** m krykkestok

Krug m ⟨-(e)s; ̈-e⟩ krukke; (Becher) krus n; (Gaststätte) kro

Kruke [u:] f krukke, dunk

Krume f krumme (a Brot)

Krümel m → **Krume**; **2ig** smuldret, i krummer, smuldrende; **2n** ⟨-le⟩ smuldre; Brot: krumme

krumm krum, kroget, skæv; fig (unehrlich) upålidelig; **~ machen** bøje, krumme; **den Arm ~ machen** bøje armen; **~beinig** skævbenet

krümmen krumme, vride (sich sig); **j-m kein Haar ~** fig ikke krumme et hår på én; **sich vor Lachen (Schmerzen) ~** vride sig af latter (smerter)

krumm|·lachen: sich ~ F le sig en pukkel til; **~machen → krumm**; **~nehmen** F tage én ngt. ilde op; **2stab** m krumstav

Krümmung f krumning, bøjning, drejning

Krupp m ⟨-s; 0⟩ MED strubehoste

Kruppe f Pferd: kryds n

Krüppel m krøbling, invalid, **2ig** vanfør, invalid

Krust|e f skorpe; **~entier** n krebsdyr n; **2ig** skorpet, skorpeagtig

Kruzifix [kRu:tsi'fiks] n ⟨-es; -e⟩ krucifiks n

Krypta f ⟨-; Krypten⟩ krypt

Ku'ban|er(in) m(f) kubaner; **2isch** kubansk

Kübel m kar n, balje; (Blumen2) bøtte; **~wagen** m BAHN kedelvogn; MIL jeep

Ku'bik|meter m kubikmeter; **~wurzel** f kubikrod; **~zahl** f kubiktal n

Kubus m ⟨-; Kuben⟩ terning

Küche f køkken n; (Kost) mad; **kalte ~** koldt bord n; **die französische Küche** det franske køkken; **in (des) Teufels ~ geraten** fig komme i fedtefadet

Kuchen [u:] m kage; **~backen** bage kager; **~blech** n (kage)plade

Küchen|chef m køkkenchef; **~einrichtung** f køkkenudstyr n

Kuchenform f kageform

Küchen|garten m køkkenhave; **~gerät** n, **~geschirr** n køkkengrej n; **~handtuch** n viskestykke n; **~herd** m komfur n; **~kräuter** n/pl køkkenurter pl; **~maschine** f køkkenmaskine; **~messer** n køkkenkniv; **~schrank** m køkkenskab n; **~tisch** m køkkenbord n; **~zettel** m spiseseddel

Kuckuck m ⟨-s; -e⟩ gøg; F (Siegel) fogdens segl; **hol dich der ~!** F Fanden ta' dig!;

~**sei** n fig gøgeunge; ~**suhr** f kukkerur n
n

Kuddelmuddel n od m ⟨-s; 0⟩ pærevæl-
ling, virvar f

Kufe f mede; (*Gefäß*) kar n

Kugel f kugle; (*Erd*2) klode; 2**förmig** kug-
leformet; ~**gelenk** n kugleled n; ~**lager** n
kugleleje n; 2n ⟨-le⟩ v/i ⟨sn⟩ u v/t rulle,
trille; *sich vor Lachen* ~ F revne af grin;
2**'rund** kuglerund; ~**schreiber** m kuglepen; 2**sicher** skudsikker; ~**stoßen** n ⟨-s;
0⟩ kuglestødning

Kuh f ⟨-; ≈e⟩ ko; *junge* ~ kvie; ~**fladen** m
kokasse; ~**fuß** m (*Werkzeug*) koben n;
~**handel** m fig studehandel

kühl kølig, sval; fig kold, kølig; 2**anlage** f
køleanlæg n

Kuhle f kule, fordybning

Kühl|**e** f ⟨0⟩ kølighed; fig kulde; 2**en** (af)-
køle; ~**er** m køler; (*er*)**flüssigkeit** f ⟨0⟩
kølervæske; ~**erhaube** f kølerhætte;
~**haus** n kølehus n; ~**raum** m kølerum
n; ~**schiff** n køleskib n; ~**schrank** m køleskab n; ~**tasche** f termotaske; ~**truhe** f
kummerfryser; ~**ung** f (af)køling, kølighed; ~**wagen** n BAHN kølevogn; (*Auto*)
kølebil; ~**wasser** n ⟨-s; 0⟩ kølevand n;
Auto: kølervæske

Kuhmilch f komælk

kühn dristig, forvoven; 2**heit** f ⟨0⟩ dristighed, forvovenhed

Kuh|**pocken** f/pl kokopper pl; ~**stall** m ko-
stald; 2**warm** nymalket og varm

Küken n kylling; fig iron unge

ku'lant ⟨-est⟩ kulant; 2**z** f ⟨0⟩ kulance

Kuli m ⟨-s; -s⟩ kuli; F (= *Kugelschreiber*)
kuglepen

kuli'narisch kulinarisk

Ku'lisse f kulisse

Kuller|**augen** n/pl: ~ *machen* lave store
øjne; 2n ⟨-re⟩ v/i ⟨sn⟩ u v/t trille, trimle,
rulle

Kulmi|**nation** [-'tsɪo:n] f kulmination, top-
punkt n; 2**nieren** v/i kulminere, toppe

Kult m ⟨-(e)s; -e⟩ kult; 2**isch** kultisk

Kulti|**v**|**ator** m ⟨-s; -en [-'to:-]⟩ kultivator;
2**ieren** kultivere; (*anbauen*) dyrke (*a* fig);
2**iert** kultiveret, dannet

Kul'tur f kultur, dannelse; ~**abkommen** n
kulturaftale; ~**austausch** m kulturel udveksling; ~**denkmal** n fredet mindesmærke n; 2**ell** [-'rɛl] kulturel; ~**film** m
kulturfilm, belærende film; ~**geschichte**
f ⟨0⟩ kulturhistorie; ~**gut** n kulturelt ar-
vegods n; ~**kampf** m kulturkamp; ~**pflanze** f kulturplante; ~**politik** f kulturpolitik;
~**stufe** f kulturtrin n; ~**volk** n kulturfolk
n; ~**zentrum** n kulturcenter n, kulturhus

Kultus m ⟨-; *Kulte*⟩ kult, kultus; ~**ministerium** n ministeriet n for kulturelle anlig-
gender og undervisning

Kümmel m kommen; (*Schnaps*) akvavit;
~**brot** n kommensbrød n; ~**käse** m kom-
mensost

Kummer m ⟨-s; 0⟩ bekymring; *j-m* ~ *bereiten* volde én sorg (*od* bekymringer)

kümmer|**lich** kummerlig, tarvelig; ~**n**
⟨-re⟩ bedrøve; (*angehen*) angå, vedkomme; *sich* ~ *um* (*A*) tage sig af;
2**nis** f ⟨-; -se⟩ sorg, bekymring

kummervoll sorgfuld

Kümo n ⟨-s; -s⟩ (= *Küstenmotorschiff*)
coaster

Kum'pan m ⟨-s; -e⟩ fyr, kumpan

Kumpel m F minearbejder; (arbejds-)
kammerat

kumu'lieren kumulere

kündbar opsigelig; 2**keit** f ⟨0⟩ opsigelig-
hed

Kunde¹ f kendskab n; (*Nachricht*) efterretning

Kunde² m ⟨-n⟩ kunde

künden ⟨-e-⟩ forkynde

Kunden|**dienst** m (kunde)service; ~**wer-
bung** f reklame; ~**werkstatt** f autoriseret
værksted n

kund|-**geben** bekendtgøre, vise; 2**gebung**
f bekendtgørelse; tilkendegivelse; (*Demonstration*) demonstration; ~**ig** kyndig
(*G*/i); *e-r Sache* (*G*) ~ *sein* være bekendt
med ngt

kündigen opsige, sige op

Kündigung f opsigelse; *halbjährliche* ~ et
halvt års opsigelse; ~**frist** f opsigelses-
frist; ~**sschutz** m: ~ *genießen* ikke
kunne blive sagt op

Kundin f kvindelig kunde

Kundschaft f 1. ⟨0⟩ kunder pl, kunde-
kreds; 2. (*Nachricht*) underretning

kund|-**tun** bekendtgøre; ~**werden** v/i bli-
ve bekendt

künftig fremtidig, (til)kommende; *adv* for
fremtiden; herefter, fremover

kungeln ⟨-le⟩ F lave studehandel

Kunst f ⟨-; ≈e⟩ kunst; *das ist keine* ~ F det
er ikke så svært; ~**akademie** f kunstaka-
demi n; ~**ausstellung** f kunstudstilling;
~**banause** m kulturfilister, „rindalist";
2**beflissen** dyrkende en kunst; ~**buch**
n kunstbog; ~**druck** m kunsttryk n;
~**dünger** m kunstgødning; ~**eis** n kunstig
is; ~**eisbahn** f skøjtebane, skøjtehal;
~**eislauf** m (kunst)skøjteløb n

Künste|**'lei** f ⟨0⟩ kunstlethed; 2**ln** ⟨-le⟩

kunstle; *gekünstelt* kunstlet, skruet

Kunst|erziehung f kunstopdragelse; *Schulfach:* formning; **~faser** f kunstfiber; 2**fertig** kunstfærdig; **~flug** m kunstflyvning; **~freund** m kunstelsker; mæcen; **~gegenstand** m kunstgenstand; 2**gerecht** kunstmæssig, fagkyndig; **~geschichte** f ⟨0⟩ kunsthistorie; **~gewerbe** n kunsthåndværk n; **~griff** m kunstgreb n; kneb n; **~haar** n kunstigt hår n; **~händler** m kunsthandler; **~handlung** f kunsthandel; **~harz** n kunstharpiks n; **~honig** m kunsthonning; **~kenner** m kunstkender; **~kritiker** m kunstkritiker; **~leder** n kunstlæder n

Künstler|(in) m(f) kunstner, kunstnerinde; 2**isch** kunstnerisk; **~name** m kunstnernavn n; **~tum** n ⟨-s; 0⟩ kunstnerkald n; virke n som kunstner

künstlich kunstig; (*unecht*) uægte, kunstlet

kunst|los ⟨-*est*⟩ ukunstnerisk; (*schlicht*) ukunstlet; 2**maler** m kunstmaler; 2**mäzen** m kunstmæcen; 2**pause** f kunstpause; **~reich** kunstrig; 2**sammlung** f kunstsamling; 2**schätze** m/pl kunstskatte pl; 2**seide** f kunstsilke; 2**sinn** m ⟨-(e)s; 0⟩ kunstsans; 2**springen** n ⟨-s; 0⟩ sport tårnspring n; 2**stoff** m kunststof n, plastik (n); 2**stück** n kunststykke n; 2**verein** m kunstforening; 2**verständige(r)** kunstkender; **~voll** kunstfærdig; 2**werk** n kunstværk n; 2**wert** m kunstværdi

kunterbunt hulter til bulter; broget

Kupfer n kobber n; (*Stich*) kobberstik n; **~bergwerk** n kobbermine; **~draht** m kobbertråd; **~erz** n kobbermalm; 2**farben** kobberfarvet; 2**haltig** kobberholdig; **~münze** f kobbermønt; 2n af kobber; **~platte** f kobberplade; 2**rot** kobberrød; **~schmied** m kobbersmed; **~stecher** m kobberstikker; **~stich** m kobberstik n; **~tiefdruck** m dybtryk n

Kupon [-'pɔŋ] m ⟨-s; -s⟩ kupon

Kuppe f (bjerg)top; (*Finger*2) spids; (*Nadel*2) hoved n

Kuppel f ⟨-; -n⟩ kuppel

Kupp|e'lei f kobleri n, rufferi n; 2**eln** ⟨-*le*⟩ koble (a *fig*), forbinde (parvis); **~ler(in)** m(f) kobler, koblerske; **~lung** f kobling; **~lungsscheiben** f/pl koblingsskiver pl

Kur f kur, behandling; *e-e ~ machen* gennemgå en kur; tage på et kurophold

Kür f sport frie øvelser pl

Küra|ss m ⟨-es; -e⟩ kyras n; **~s'sier** m ⟨-s; -e⟩ kyrassér

Kura|'tel f hist værgemål n, kuratel n; **~tor** [-'ra:-] m ⟨-s; -en [-'to:-]⟩ kurator, værge; **~'torium** [-riʊm] n ⟨-s; *Kuratorien*⟩ kuratorium n

Kurbel f⟨-; -n⟩ (hånd)sving n; krumtap; ⟨-*le*⟩ dreje; **~welle** f krumtapaksel

Kürbis m ⟨-ses; -se⟩ græskar n

küren udvælge, udkåre

Kur|fürst m kurfyrste; **~gast** m kurgæst; **~haus** n kurhotel n; kuranstalt

Ku'rier m ⟨-s; -e⟩ kurér

ku'rieren kurere, helbrede

kurios [-'rio:s] ⟨-*est*⟩ kuriøs, mærkværdig; 2i'**tät** f kuriositet, besynderlighed

Kur|ort m kursted n; **~park** m kurpark; **~pfuscher** m kvaksalver

Kurs m ⟨-es; -e⟩ kurs (a økon); (*Lehrgang*) kursus n

Kursaal m kursal

Kurs|bericht m børsnotering; **~buch** n køreplan

Kürschne|r m buntmager; **~'rei** f buntmagerforretning

Kursgewinn m kursgevinst

kur's|ieren v/i cirkulere, kursere, være i omløb; **~iv** kursiv; 2**ivschrift** f kursiv (-skrift); **~orisch** kursorisk

Kurs|rückgang m kursfald n; **~schwankung** f kurssvingning

Kursus m ⟨-; *Kurse*⟩ kursus n

Kurs|verlust m kurstab n; **~wagen** m gennemgående vogn; **~wert** m kursværdi; **~zettel** m kursliste

Kurtaxe f kurafgift

Kurve f kurve; *Weg a* sving n; 2**nreich** bugtet, snoet

kurz ⟨*~er, ~est*⟩ kort; *~es Gedächtnis* dårlig hukommelse; *~ und gut* kort og godt; *etw.* (A) *~ und klein schlagen* smadre ngt., slå ngt. i stykker; *~ angebunden* kort for hovede; *~ machen* afkorte; *Kleid:* lægge op; *den Kürzeren ziehen* trække det korteste strå; *binnen ~em* om kort tid, snart; *seit ~em* i den sidste tid; *über ~ oder lang* før eller senere; *vor ~em* for kort tid siden, for nylig; *zu ~ kommen* komme til kort; *~ dauernd* kortvarig; 2**arbeit** f ⟨0⟩ nedsat arbejdstid; (*Teilzeitarbeit*) deltidsarbejde n; **~arbeiten** v/i arbejde på (tvungen) deltid; **~ärmlig** kortærmet; **~atmig** stakåndet, astmatisk

Kürze f ⟨0⟩ korthed; *in ~* kort sagt; *Zeit:* om kort tid; 2n ⟨-*t*⟩ afkorte; (*verkürzen*) forkorte

kurz|er'hand kort og godt; pludselig; **~fassen:** *sich ~* fatte sig i korthed; 2**film**

m kortfilm; 2**form** *f* kortform; **~fristig** kortfristet; **~gefasst** kortfattet; 2**ge-geschichte** *f* novelle; **~halten:** *j-n* ~ holde én strengt; **~lebig** kort levende; *fig* kortvarig, forbigående
kürzlich (for) nylig
kurz·machen → *kurz*
Kurzpark|er *m* korttidsparkerende; **~zone** *f* p-skive-zone
Kurz|passspiel *n* SPORT short-passing-spil *n*; **~referat** *n* (kort) oplæg *n*; 2**~schließen** kortslutte; **~schluss** *m* kortslutning (*a* fig); **~schrift** *f* stenografi; 2**sichtig** nærsynet; *fig* kortsynet; **~sichtigkeit** *f* ⟨0⟩ nærsynethed; kortsynethed; **~streckenlauf** *m* sprinterløb *n*; 2**~treten** *fig* F spare, nøjes med; 2**um** kort sagt
Kürzung *f* forkortelse; *Lohn usw:* reduktion, nedsættelse
Kurz|waren *f/pl* korte varer *pl*, småartikler *pl*; **~weil** *f* ⟨0⟩ tidsfordriv, adspredelse; 2**weilig** fornøjelig, morsom; **~welle** *f* kortbølge; **~wellensender** *m* kortbølgesender

kusch! læg sig (*od* dig)!

L

kusch|en ⟨-*le*⟩ *sich* ~ putte sig; kæle; 2**el-tier** *n* kæledyr *n*; **~en** *v/i* lægge sig; *fig* F bøje sig, „holde sin kæft"

Kusine *f* kusine
Kuss *m* ⟨-es; ⁔e⟩ kys *n*
Küsschen *n* knus *n*
kussecht kysægte
küsse|n (*sich*) kysse (hinanden); 2**'rei** *f* kysseri *n*
Kusshand *f* ⟨0⟩ kyshånd; *etw.* (*A*) *mit* ~ *nehmen fig* tage imod ngt. med kyshånd
Küste *f* kyst; strand
Küsten|bewohner *m* kystbeboer; **~fahrt** *f* kystfart; **~fischerei** *f* bådfiskeri, kystfiskeri *n*; **~gewässer** *n/pl* kystfarvand *n*; **~motorschiff** *n* coaster; **~schutz** *m* ⟨-es; 0⟩ kystsikring; **~straße** *f* kystvej; **~wache** *f* strandvagt
Küster *m* degn, klokker
Kutsch|bock *m* kuskebuk, kuskesæde *n*; **~e** *f* karet, vogn; **~enschlag** *m* vogndør; **~er** *m* kusk; 2**ieren** [-'tʃiː-] køre
Kutte *f* kutte
Kutter *m* kutter
Kuvert [-'vɛʁ(t)] *n* ⟨-s; -s⟩ kuvert; (*Umschlag*) konvolut
kW (= Kilowatt) kilowatt
Kyber'neti|k *f* ⟨0⟩ kybernetik; 2**sch** kybernetisk
KZ *n* ⟨-; -s⟩ (= *Konzentrationslager*) koncentrationslejr

L

L, l [ɛl] *n* L, l *n*
l (= *Liter*) liter
Lab *n* ⟨-(e)s; -e⟩ (oste)løbe
labbern ⟨-*re*⟩ F slikke, slubre; *Segel:* hænge slapt
laben læske (*sich* sig), (veder)kvæge
labial [-'bĭɑːl] labial; 2**laut** *m* labial, læbelyd
la'bil labil; 2**i'tät** *f* ⟨0⟩ labilitet
La'bor¹ *n* ⟨-s; -s *od* -e⟩ laboratorium *n*; **~'rant(in)** *m* ⟨-en⟩ (*f*) laborant, assistent; **~ra'torium** [-ʁĭʊm] *m* ⟨-s; *Laboratorien*⟩ laboratorium *n*; 2**'rieren** *v/i an* (*D*) lide af
Labsal *n* ⟨-s; -e⟩ vederkvægelse, forfriskning
Labskaus *n* ⟨-; -⟩ labskovs
Labung *f* ⟨0⟩ vederkvægelse, forfriskning
Laby'rinth *n* ⟨-(e)s; -e⟩ labyrint
Lache¹ [ɑː] *f* (*Pfütze*) pyt, pøl
Lache² [a] *f* ⟨0⟩ latter
lächeln *v/i* ⟨-*le*⟩ smile (*über A*/ad); 2 *n* ⟨-s; 0⟩ smilen; smil *n*

lach|en *v/i* le, F grine (*über A*/ad, af); *das ist zum* 2 det er til at le af; *da ist nichts zu* ~ det er der ikke noget at grine af; *das wäre doch gelacht* det ville da være for tosset; 2**en** *n* ⟨-s; 0⟩ latter, leen; **~end** leende; *fig* smilende; 2**er** *m* leende; én, der ler
lächerlich latterlig; ~ *machen* gøre til grin; 2**keit** *f* ⟨0⟩ latterlighed
Lach|fältchen *n/pl* smilerynker *pl*; **~gas** *n* lattergas; 2**haft** ⟨-*est*⟩ latterlig; **~krampf** *m* latterkrampe
Lachs [-ks] *m* ⟨-es; -e⟩ laks; 2**farben** laksefarvet; **~forelle** *f* laksørred
Lack *m* ⟨-(e)s; -e⟩ lak (*n*); **~farbe** *f* lakfarve; **lackier|en** [-'kiː-] lakere; fernisere; 2**e'rei** *f* lakereri *n*; 2**ung** *f* lakering
Lackmus *m* ⟨-; 0⟩ lakmus
Lackschuh *m* laksko
Lade *f* skrin *n*, kiste; (*Schub*2) skuffe; **~baum** *m* ladebom; **~gerät** *n* EL opladningsapparat *n*; ladeaggregat *n*; **~hemmung** *f* funktionsvanskelighed; **~marke**

f NAUT lastelinie

laden ⟨L⟩ (*beladen*) lade, læsse; MIL lade; EL oplade; (*vorladen*) (ind-) stævne; (*einladen*) indbyde

Laden m ⟨-s; ⁎⟩ forretning, butik; (*Fenster*⟂) (vindues)skodde; **~dieb** m butikstyv; **~diebstahl** m butikstyveri n; **~hüter** m usælgeligt kram n; **~kette** f butikskæde; **~schluss** m lukketid; **~schlussgesetz** n lukkelov; **~straße** f forretningsgade; **~tisch** m disk; **~zeile** f butikstorv n

Lade|r m læsser; **~rampe** f godsrampe, læsseperron, læsserampe; **~raum** m last(rum n)

lä'dieren lædere, beskadige

Ladung f (*Last*) last, ladning; *Wagen*: læs n; (*Beladen*) læsning; MIL ladning; EL opladning; JUR (*Vor*⟂) stævning, tilsigelse; (*Ein*⟂) indbydelse

La'fette f lavet

Lage f stilling; for (*Ortslage*) beliggenhed; (*Schicht*) lag n; **in der ~ sein zu** + inf være i stand (til) + inf; **e-e ~ ausgeben** give en omgang

Lager n lejr; (*Bett*) leje n (a TECH); ÖKON lager n, depot n, oplagringsplads; **auf ~ haben** have på lager; **~bestand** m lagerbeholdning; **~bier** n lagerøl n; **~feuer** n lejrbål n; **~geld** n pakhusafgift, pakhusleje; **~haus** n pakhus n; lagerbygning; **~haltung** f lagerføring; auf ~ 2n ⟨-re⟩ **1.** v/i (*ruhen*) (ligge og) hvile, strække sig; ÖKON være lagret; **2.** v/t lægge ned; ÖKON oplagre; **sich ~** slå sig ned; **~platz** m lejrplads; ÖKON lagerplads, oplagringsplads; **~raum** m lagerrum n; **~stätte** f (*Bett*) leje n; BERGB forekomst, ressourcer pl; **~ung** f (op)lagring; **~verwalter** m lagerforvalter

La'gune f lagune, strandsø

lahm lam; (*hinkend*) halt; fig slap, mør; (*schlecht*) dårlig; **~en** v/i halte, hinke, være lam

lähmen lamme, lamslå (a fig)

Lahmheit f ⟨0⟩ lamhed

lahm-legen lamme, hæmme

Lähmung f lammelse

Laib m ⟨-(e)s; -e⟩ (helt) brød n

Laich m ⟨-(e)s; -e⟩ Fisch: rogn; 2en v/i Fisch: lege

Laie m ⟨-n⟩ lægmand (a fig), ukyndig

Laien|bruder m lægbroder; 2haft ⟨-est⟩ amatøragtig, dilettantisk; **~richter** m lægdommer; **~spiel** n dilettantkomedie

La'kai m ⟨-en⟩ lakaj

Lake f (salt)lage

Laken n lagen n

la'konisch lakonisk

La'kritze f lakrids (n)

lallen lalle, stamme

Lama n ⟨-s; -s⟩ lama

La'melle f lamel

lamen'tieren v/i lamentere, jamre

La'metta n ⟨-s; 0⟩ lametta

Lamm n ⟨-(e)s; ⁎er⟩ lam n; **~braten** m lammesteg; 2en v/i læmme, kaste lam; **~fell** n lammeskind n; **~fleisch** n lammekød n; 2fromm lammefrom; **~keule** f lammekølle

Lampe f lampe, lygte

Lampen|fassung f lampefatning; **~fieber** n lampefeber; „sommerfugle i maven"; **~schirm** m lampeskærm

Lampion [-'pĩɔ] m ⟨-s; -s⟩ lampion

lancieren [lɑ̃'si:-] lancere

Land n ⟨-(e)s; ⁎er⟩ land n; (*Feld*) mark, grund; (*Bundes*⟂) delstat; **an ~** i land; **auf dem ~e** på landet; **aufs ~** ud på landet; **außer~es** udenlands; **zu ~e** til lands; **~adel** m landadel; **~arbeit** f markarbejde n; **~arbeiter** m landarbejder; **~arzt** m landlæge; 2aus; **~ein** i alle lande; **~besitz** m landejendom; **~bevölkerung** f landbefolkning; **~bahn** f landingsbane; 2einwärts ind ad landet til; 2en ⟨-e-⟩ **1.** v/i (sn) lande; fig havne; **2.** v/t landsætte; bringe i land; (*anbringen*) anbringe; **~enge** f (land)tange; **~eplatz** m landingsplads

Lände'reien f/pl landejendomme pl

Länder|kampf m landskamp; **~kunde** f ⟨0⟩ geografi; **~spiel** n landskamp

Landes|farben f/pl de nationale farver pl; **~fürst** m landets fyrste; **~hoheit** f landshøjhed; **~innere** n indre n af landet; **~kirche** f statskirke; **~kunde** f ⟨0⟩ landets geografi og samfundsmæssige forhold; **~planung** f egnsplanlægning, landsplanlægning; **~regierung** f delstatsregering; **~tracht** f nationaldragt; **~trauer** f landesorg; 2üblich sædvanlig i landet, gængs; **~vater** m landsfader; **~verrat** m landsforræderi n; **~verräter** m landsforræder; **~verweisung** f landsforvisning; **~währung** f landets møntfod

Land|flucht f ⟨0⟩ udvandring fra land til by; **~friede** m landefred; **~friedensbruch** m ⟨-(e)s; 0⟩ gadeuorden; **~gemeinde** f landkommune; **~gericht** n landsret; **~graf** m landgreve; **~gut** n landejendom; gods n; **~haus** n landsted n; **~jugend** f (*Organisation*) landboungdom; **~karte** f landkort; **~kreis** m amt n; **~krieg** m landkrig; 2läufig almindelig, gængs; **~leben** n landliv n; **~leute** pl folk

fra landet
ländlich landlig
Land|luft f ⟨0⟩ landluft; **~macht** f landmagt; **~mann** m ⟨-(e)s; *Landleute*⟩ landmand; **~maschine** f landbrugsmaskine; **~messer** m landmåler; **~plage** f landeplage; **~rat** m amtmand; amtsborgmester; **~ratte** f landkrabbe
Landschaft f landskab n, egn; **2lich** landskabelig; **~sgärtner** m anlægsgartner; **~sschutzgebiet** n fredet område n
Land|schule f landsbyskole; **~ser** m F soldat
Lands|knecht m landsknægt; **~mann** m ⟨-(e)s; *Landsleute*⟩; **~männin** f landsmand; **~mannschaft** f (tysk) flygtningeorganisation
Land|straße f landevej; **~streicher** m landstryger; **~streitkräfte** f/pl landstyrker pl; **~strich** m landstrøg n, egn; **~tag** m (*e-s Bundeslandes*) parlament n, landdag; **~technik** f landbrugsteknik
Landung f landing
Landungs|brücke f landgangsbro; **~platz** m landingssted n; landingsplads; **~truppen** f/pl landgangstropper pl
Land|volk n ⟨-(e)s; 0⟩ landbefolkning; **~weg** m vej til lands; **~wein** m landvin; **~wind** m fralandsvind; **~wirt(in)** m(f) landmand
Landwirtschaft f landbrug n, landvæsen n; **2lich** landbrugs-
Landwirtschafts|berater m landbrugskonsulent; **~ministerium** n landbrugsministerium n; **~schule** f landbrugsskole
Landzunge f landtunge, odde
lang ⟨*er*; *st*⟩ lang; **drei Meter ~** tre meter lang; *e-e Woche ~* (i) en (hel) uge; *sein Leben ~* hele sit liv; *ganze Tage ~* i dagevis; *ein ~es Gesicht machen* fig blive lang i ansigtet; *~e Finger machen* rapse; *den lieben ~en Tag* hele den udslagne dag; *seit ~em* længe; → *a länger u längst*; **~atmig** fig langtrukken; **~beinig** langbenet
lange lange; *wie ~?* hvor længe?; *auf wie ~?* for hvor lang tid?; **~ her** længe siden; *noch ~ nicht* langtfra
Länge f længde (*a* GEOGR *u* SPORT); *der ~ nach* på langs; *(sich) in die ~ ziehen* trække i langdrag
langen 1. v/i række, nå, forslå; **~ nach** række efter; *jetzt langt's mir aber!* F nu har jeg fået nok!; **2.** v/t række, lange
Längen|grad m længdegrad; **~maß** n længdemål n
länger længere; **~ machen** forlænge; **~**

werden blive længere, strække sig
Langeweile f kedsom(melig)hed; **~ haben** kede sig; **~ aus ~** af kedsomhed
Lang|finger m F langfinget person; **2fristig** langfristet; **2haarig** langhåret; **2jährig** mangeårig; **~lauf** m (Ski) langrend; **~laufski** m langrendsski; **2lebig** sejlivet; **~e Güter** varige forbrugsgoder; **2·legen:** F *sich ~* tage sig en lur
länglich aflang
Lang|mut f ⟨0⟩ langmodighed; **2mütig** langmodig
längs (G) på langs; langs med; **2achse** f længdeakse
langsam langsom; **~ fahren!** kør langsomt!; **2keit** f ⟨0⟩ langsom(melig)hed
Lang|schläfer(in) m(f) syvsover; **~spielplatte** f LP(-plade)
Längs|richtung f længderetning; **~schnitt** m længdesnit n; **~seite** f langside; **2seits** Schiff: langs med skibet
längst adj længst; adv forlængst; for længe siden; → *a lang*; **~ens** højst
langstielig langstilket
Langstrecken|flugzeug n langdistancefly n; **~lauf** m distanceløb n; **~rakete** f langdistanceraket
Lang|weile f → *Langeweile*; **2weilen** kede (*sich*) sig; **2weilig** kedelig; **~welle** f langbølge; **2wierig** langvarig; (*mühsam*) vanskelig, indviklet
Lanze f lanse, spyd n; *e-e ~ für j-n brechen* fig bryde en lanse for én
Lan'zette f lancet
lapi'dar lapidar
Lap'palie [-lїa] f bagatel, småting
Lappe m ⟨-n⟩ lap, same
Lappen m lap, klud; (*Lumpen*) las, pjalt; *j-m durch die ~ pl gehen* F undslippe én; **2ig** laset; (*schlaff*) slatten
läppisch barnagtig, tåbelig; (*unbedeutend*) sølle
Lapp|land n Lapland n; **~länder** m same, laplænder; **2ländisch** lappisk, laplandsk, samisk
Laptop ['lɛptɔp] m ⟨-s; -s⟩ laptop, bærbar (pc)
Lärche f lærk(etræ n)
Lärm m ⟨-(e)s; 0⟩ larm, spektakel n, støj; **~machen** støje; *viel ~* stor ståhej; **~bekämpfung** f støjbekæmpelse; **~belästigung** f støjgener pl; **2en** v/i larme, støje; *nicht ~!* undgå støj!; **~macher** m støjkilde; (*Person*) spektakelmager; **~pegel** m støjniveau n; **~plage** f støjplage; **2schluckend** støjdæmpende; **~schutz** m støjbeskyttelse; (*Ohrenschützer*) høre-

værn n

Larve f (halv)maske; zo larve

lasch ‹-est› slap, ugidelig

Lasche f lap, klap; kile; lask

Laser|drucker m laserprinter; **~strahlen** ['le:zɐ-] m/pl laserstråler pl

lassen ‹L› **1.** v/t lade; **hören ~** lade høre; **das lässt sich machen** det lader sig gøre; **lasst uns gehen!** lad os gå!; **lass dir das gesagt sein!** husk på det!; **das lasse ich mir nicht gefallen** det finder jeg mig ikke i; (*unterlassen*) undlade, lade være (med); (*fortlassen*) lade gå; **etw.** (A) **fallen ~** tabe ngt.; **lass (das)!** lad være (med det), hold op (med det)!; **sich** (D) **Zeit ~** give sig tid; **die Tür offen ~** lade døren blive stående åben; **von etw.** (D) **~** afstå fra ngt.; **2.** v/i **~ von** (D) give afkald på; holde op med

lässig lad, doven; (*modisch*) smart, sporty; (*nach~*) skødesløs; **2keit** f ‹0› ladhed; skødesløshed

Lasso m od n ‹-s; -s› lasso

Last f last, byrde (a fig); (*Ladung*) læs n, ladning; ÖKON afgift; **j-m zur ~ fallen** falde én til besvær; **j-m etw.** (A) **zur ~ legen** lægge én ngt. til last; **zu meinen ~en** på min regning; **~auto** n lastbil

lasten v/i ‹-e-› tynge, ligge tungt (auf D/på); **2aufzug** m vareelevator; **2ausgleich** m byrdeudligning; **~frei** skattefri; (*Grundstück*) servitutfri

Laster¹ n last

Laster² m F lastbil

Lästerer m bagtaler; REL gudsbespotter

lasterhaft ‹-est› lastefuld; **2igkeit** f ‹0› lastefuldhed

läster|lich bespottelig; **2maul** n sladrehank; **~n** ‹-re› bagtale; sladre; REL bespotte; **2ung** f bagtalelse; REL bespottelse; **2zunge** f spotter, sladrehank

lästig besværlig, ubehagelig, generende; **2keit** f ‹0› besværlighed

Last|kahn m lastpram; **~kraftwagen** m lastbil

Last-'Minute-Reise [la:st'mɪnɪt-] f afbudsrejse

Last|pferd n pakhest; **~schrift** f debitering; **~tier** n lastdyr n; **~träger** m (Last)drager; **~wagen** m lastvogn; **~zug** m lastvognstog n, truck

La'sur f lasur

La'tein n ‹-s; 0› latin (n); **mit s-m ~ am Ende sein** være løbet fast; **~amerika** n Latinamerika n; **2isch** latinsk

la'tent latent

La'terne f lygte, lampe; (NAUT u Lampion)

lanterne; **~npfahl** m lygtepæl

La'trine f kloset n, F lokum n

latsch|en v/i ‹sn› sjokke, slæbe; **2en** [a:] m/pl F sutsko, slæber pl; **~ig** F slæbende; sjusket

Latte f lægte; (*Zaun*) tremme; F *fig* lang fyr; F (*Fußballtor*) overligger; **~nrost** n tremmerist; **~nzaun** m stakit n

Lattich m ‹-(e)s; -e› endivie; salat

Latz m ‹-es; ¨e› klap, smække; (*Brust2*) brystsmække

Lätzchen n hagesmæk

Latzhose f für Erwachsene: kedeldragt; für Kinder: jumpsuit

lau ‹-est› lunken (a fig); Wind: lun

Laub n ‹-(e)s; 0› løv n; **~baum** m løvtræ n; **~e** f lysthus n; hus n i kolonihave; **~enkolonie** f kolonihaver pl; **~fall** m løvfald n; **~frosch** m løvfrø; **~hüttenfest** n løvsalsfest; **~säge** f løvsav; **~wald** m løvskov; **~werk** n løv(værk n) n

Lauch m ‹-(e)s; -e› løg n

Lau'datio [-tsi̯o:] f ‹0› hyldest (auf A/til)

Lauer f ‹0› lur; **auf der ~ liegen** ligge på lur; **2n** v/i ‹-re› lure; ligge på lur; (*warten*) vente (auf A/på)

Lauf m ‹-(e)s; ¨e› løb n (a Gewehr usw); NAUT fart; (Bein) ben n; **freien ~ lassen** lade gå sin gang; **im ~e des Jahres** i årets løb; **im vollen ~e** i fuldt firspring; **~bahn** f løbebane; karriere; **~brett** n NAUT landgangsbro, gangbro; **~bursche** m løbedreng

laufen (L; a sn) løbe; F (gehen) gå; Zeit: forløbe; Film u Motor: gå; (fließen) flyde; **~ lassen** lade gå; **es läuft auf eins hinaus** fig det kommer ud på ét; **~d** løbende; Wasser: rindende; **am ~en Band** på samlebånd, på stribe; fig ud i ét; **das ~e Jahr** det løbende år; **auf dem 2en sein** fig være à jour, vide besked; **j-n auf dem 2en halten** holde én løbende underrettet; **~-lassen** → laufen

Läufer m løber (a Schach, Teppich); Fußball: half-back

Lauf|e'rei f renderi n; **~feuer** n løbeild (a fig); **~gitter** n → Laufstall; **~graben** m løbegrav

läufig brunstig

Lauf|junge m bydreng; **~kunde** m strøgkunde; **~masche** f Strumpf: løbemaske; **~pass** m: **j-m den ~ geben** give én løbepas; **~planke** f landgang; **~schritt** m løb n; **~stall** m Baby: kravlegård; **~steg** m Modenschau: opvisningsrampe; **~training** n løbetræning; **~zettel** m arbejdsseddel

Lauge f lud; **2n** (ud)lude

Lauheit f ⟨0⟩ lunkenhed (a fig)

Laune f lune n, humør n; (Einfall) indfald n; nykker pl; **gute (schlechte) ~ haben** være i godt od dårligt humør; 2**nhaft** lunefuld; ~**nhaftigkeit** f ⟨0⟩ lunefuldhed

laun|ig i godt humør, spøgefuld; ~**isch** lunefuld

Laus f ⟨-; ~e⟩ lus; ~**bub** m ⟨-en⟩ knægt, slambert

lausch|en v/i lure (D/til); 2**er** m lurer; ~**ig** uforstyrret, hyggelig

Lausebengel m F knægt, slubbert, slambert

laus|en ⟨-t⟩ lyske; ~**ig** F luset; fig meget

laut[1] prp (G) ifølge, efter

laut[2] ⟨-est⟩ høj; (lärmend) højrøstet. højlydt; (deutlich) tydelig, klar; ~ **werden** blive højere; høres

Laut m ⟨-(e)s; -e⟩ lyd; ~**bildung** f lyddannelse

Laute f lut

lauten v/i ⟨-e-⟩ lyde

läuten ⟨-e-⟩ ringe

lauter 1. adj ren; **2.** adv lutter, bare; 2**keit** f ⟨0⟩ renhed

läuter|n ⟨-re⟩ rense, klare; 2**ung** f ⟨0⟩ rensning, klaring

lauthals adv af fuld hals

Laut|lehre f lydlære, fonetik; 2**los** lydløs, stille; ~**malerei** f lydefterligning, onomatopoietikon n; ~**schrift** f lydskrift; ~**sprecher** m højttaler; 2**stark** lydstærk; fig højrøstet; ~**stärke** f lydstyrke; ~**ung** f (Artikulation) artikulation; ~**verschiebung** f lydforskydning; 2~**werden** → laut[2]

lauwarm lunken (a fig)

Lava [v] f ⟨-; Laven⟩ lava

La'vendel [v] m lavendel

la'vieren [v] lavere, sno sig igennem

La'wine f lavine; ~**ngefahr** f lavinefare

lax ⟨-est⟩ slap, løs, 2**heit** f ⟨0⟩ slaphed

la'xieren v/i laksere, virke afførende

Laza'rett n ⟨-(e)s; -e⟩ lazaret n; ~**schiff** n hospitalsskib n

Lebemann m bonvivant, levemand

leben leve (von D/af); (wohnen) bo; **er lebe (hoch)!** han skal leve!; **wie er lebt und lebt** som han går og står

Leben n liv n; ~ **und Treiben** liv og røre; **sein ~ lang** hele sit liv; **am ~** i live; **für mein ~ gern** hellere end gerne; **ins ~ rufen** kalde til live; initiere; **ums ~ kommen** miste livet

Lebendgewicht n levende vægt

le'bendig levende; (lebhaft) livlig; **bei ~em Leibe** i levende live; 2**keit** f ⟨0⟩ livlighed

Lebens|abend m livsaften; ~**alter** n alder; ~**anschauung** f livsanskuelse; ~**art** f levevis; fig levemåde; ~**aufgabe** f livsstilling; ~**baum** m BOT tuja; ~**bedingung** f livsbetingelse; 2**bejahend** livsbekræftende, livsglad; ~**beschreibung** f, ~**bild** n levnedsbeskrivelse, biografi; ~**dauer** f livstid; ~**ende** n ⟨-s; 0⟩ livsende; ~**erfahrung** f livserfaring; 2**fähig** levedygtig; ~**form** f livsform; ~**frage** f livsspørgsmål n; 2**fremd** livsfjern; ~**freude** f livsglæde; 2**freudig, 2froh** livsglad; ~**führung** f livsførelse; ~**gefahr** f livsfare; 2**gefährlich** livsfarlig; ~**gefährte** m livsledsager, samlever; ~**gefährtin** f livsledsagerske, samleverske; ~**geister** m/pl fig livsånder pl; 2**groß** i legemsstørrelse; ~**größe** f legemsstørrelse; ~**haltung** f levefod; ~**haltungskosten** pl leveomkostninger pl; ~**jahr** n: **im ... ten ~ sein** være fyldt ... år; ~**kampf** m kamp for livet; 2**klug** erfaren; ~**kraft** f livskraft; ~**künstler** m livskunstner; ~**lage** f situation; ~**lang, 2länglich** livsvarig; ~**lauf** m levnedsløb n; **handgeschriebener ~** håndskrevet vita; ~**lust** f ⟨0⟩ livslyst; 2**lustig** livsglad

Lebensmittel n/pl levnedsmidler pl, fødevarer pl; ~**geschäft** n købmandsforretning; ~**karte** f rationeringskort n; ~**vergiftung** f fødevareforgiftning

lebens|müde livstræt; ~**nah** livsnær; ~**notwendig** livsnødvendig; 2**qualität** f ⟨0⟩ livskvalitet; 2**raum** m ⟨-(e)s; 0⟩ livsrum n; 2**regel** f leveregel, leveråd n; 2**retter** m redningsmand; **am Strand:** livredder; 2**rettung** f livredning; 2**standard** m levestandard, levefod; 2**stellung** f livsstilling; 2**stil** m livsstil; 2**überdruss** m livslede; ~**überdrüssig** livstræt; 2**unterhalt** m livets ophold n; 2**versicherung** f livsforsikring; 2**wandel** m livsførelse; 2**weise** f levevis; 2**weisheit** f livsvisdom; ~**wichtig** livsvigtig; 2**zeichen** n livstegn n; 2**zeit** f livstid; 2**ziel** n livsmål n

Leber f ⟨-; -n⟩ lever; **frisch von der ~ weg sprechen** snakke (frit) fra leveren; ~**entzündung** f leverbetændelse; ~**fleck** m leverplet; ~**käse** m „patéost"; ~**knödel** m/pl leverkødboller pl; ~**krebs** m leverkræft; ~**leiden** n leversygdom; ~**pastete** f leverpostej; ~**tran** m levertran; ~**wurst** f leverpølse

Lebe|wesen n levende væsen n; ~'**wohl** n levvel n; **j-m ~ sagen** sige farvel til én

lebhaft livlig; **2igkeit** f ⟨0⟩ livlighed; liv n

Leb|kuchen m honningkage, brun kage;

&Qlos livløs; *fig* sløv, sjælløs; **~tag** *m*: *mein ~ nicht* aldrig i mine levedage; **~zeiten** *f/pl* levetid

lechzen [ˈlɛçtsən] *v/i* ⟨*-t*⟩ tørste, længes (*nach D*/efter)

leck *adj* læk; **~ schlagen** springe læk; **2** *n* ⟨*-(e)s; -e*⟩ læk, lækage

lecken *v/i* lække, være utæt; (*triefen*) dryppe; *v/t* slikke

lecker lækker, dejlig; **2bissen** *m* lækkerbisken

Lecke'rei *f* lækkeri *n*; kræs *n*; (*Küssen*) slikkeri *n*

Leckermaul *n* slikmund, sukkergris

Leder *n* læder *n*, skind *n*; *vom ~ ziehen fig* trække blank; **~arbeit** *f* læderarbejde *n*; **~(ein)band** *m* skindbind *n*; **~gürtel** *m* læderbælte *n*; **~handlung** *f* læderhandling; **~handschuh** *m* skindhandske; **~hose** *f* skindbukser *pl*; **~jacke** *f* læderjakke; **~koffer** *m* læderkuffert; **2n** af læder, læder-; **~riemen** *m* læderrem; **~schuh** *m* læderdersko; **~sofa** *n* lædersofa; **~waren** *f/pl* lædervarer *pl*

ledig (*unverheiratet*) ugift; **~lich** *adv* kun, bare

Lee *f* ⟨0⟩ læ *n*

leer tom; (*unbesetzt*) fri, ledig; *Blatt*: blank; *fig* indholdsløs; *mit ~en Händen* tomhændet; **~ ausgehen** gå tomhændet bort; **~ stehen** stå tom; **~ stehend** tom, ledig; *gähnend ~* gabende tom; **2e** *f* ⟨0⟩ tomhed (*a fig*); tomt rum *n*; **~en** tømme; *sich ~* tømmes, blive tom; **2formel** *f* floskel, frase; **2gewicht** *n* tomvægt, tara; **2gut** *n* ⟨*-(e)s; 0*⟩ tomt (retur)gods *n*; *Flaschen*: returflasker *pl*; **2lauf** *m* tomgang (*a fig*); **~laufen** *v/i* ⟨*sn*⟩ gå i tomgang; **~stehend** → *leer*, **2taste** *f* tabulator; **2ung** *f* tømning

le'gal legal, lovlig; **~i'sieren** legalisere, gøre lovlig; **2i'tät** *f* ⟨0⟩ legalitet

Legasthe|'nie *f* ⟨0⟩ ordblindhed; **~niker(in)** [-ˈte:-] *m(f)* ordblind

Legation [-ˈtsi̯oːn] *f* legation, gesandtskab *n*

Legehenne *f* skrukhøne, læggehøne

legen lægge; *Eier ~* lægge æg; *Karten ~* lægge kort op; *in das Handwerk ~* forhindre én i ngt.; *an den Tag ~* lægge for dagen; *Wert ~ auf* (*A*) sætte pris på; *sich ~* lægge sig; *Wind*: løje af; *sich schlafen ~* lægge sig til at sove

legen'där legendarisk

Le'gende *f* legende; myte; *Karten*: signaturforklaring; *mit e-r ~ aufräumen* aflive en myte

leger [leˈʒɛːʁ] uformel, afslappet; *Kleidung*: smart, sporty

le'gier|en legere; *Suppe* jævne; **~ung** *f* legering; *Speise* jævning

Legio|n [-ˈgi̯oːn] *f* legion; (*große Zahl*) legio; **~'när** *m* ⟨*-s; -e*⟩ legionær

Legisla't|ive *f* lovgivende magt *od* forsamling; **~urperiode** *f* (parlaments-) samling

legi'tim legitim, retsmæssig; **2mation** [-ˈtsi̯oːn] *f* legitimation; **~'mieren** legitimere (*sich* sig)

Lehen *n* HIST len *n*, forlening

Lehm *m* ⟨*-(e)s; -e*⟩ ler *n*; **~boden** *m* lerjord; (*Fußboden*) lergulv *n*; **~hütte** *f* lerhytte; **2ig** leret, lerholdig

Lehne *f* læn *n*, ryglæn; *Stuhl*: ryg; **~n** læne, støtte (*sich an etw.* [*A*]/sig til ngt.)

Lehnsdienst *m* lenstjeneste

Lehn|sessel *m*, **~stuhl** *m* lænestol; **~wort** *n* ⟨*-(e)s; ⁓er*⟩ låneord *n*

Lehr|amt *n* lærerembede *n*; **~angebot** *n* undervisningstilbud *n*; **~anstalt** *f* læreanstalt, skole; *höhere ~* højere læreanstalt; **~auftrag** *m* (midlertidigt) docentur *n*; **~beauftragte(r)** docent; **~befähigung** *f*: *e-e ~ haben* være kvalificeret til at undervise (i et bestemt fag); **~brief** *m* svendebrev *n*; **~buch** *n* lærebog

Lehre *f* lære; (*Erfahrung*) lærdom; *in die ~ kommen* (*geben*) komme (sætte) i lære; *in der ~ sein* stå i lære (*bei* hos); *eine ~ machen* stå i lære (*bei* hos); *in die ~ gehen bei* gå i lære hos; **2n** lære, undervise (i)

Lehrer *m* lærer; **~in** *f* lærer(inde); **~kollegium** *n* lærerkollegium *n*; **~konferenz** *f* lærermøde *n*; **~schaft** *f* ⟨0⟩ lærerstand, lærere *pl*

Lehr|fach *n* undervisningsfag *n*; **~freiheit** *f* ⟨0⟩ undervisningsfrihed; **~gang** *m* kursus *n*; **~geld** *n fig* lærepenge *pl*; **2haft** ⟨*-est*⟩ belærende; **~herr** *m* chef; *Handwerk*: mester; **~jahr** *n* læreår *n*; **~körper** *m* lærerpersonale *n*, lærerstab; **~kraft** *f* lærerkraft; **~ling** *m* ⟨*-s; -e*⟩ lærling, læredreng; **~lingsvergütung** *f* lærlingeløn; **~meister** *m* læremester; **~mittel** *n* undervisningsmateriale *n*; **~plan** *m* undervisningsplan; *Schule*: læseplan; **2reich** lærerig; **~satz** *m* læresætning; **~stuhl** *m* lærestol, professorat *n*; **~vertrag** *m* lærlingekontrakt; **~zeit** *f* læretid

Leib *m* ⟨*-(e)s; -er*⟩ liv *n*; (*Körper*) legeme *n*, krop; (*Bauch*) underliv *n*, mave; *am eigenen ~* (på sig) selv; på sin egen krop; *bei lebendigem ~e* i levende live; *mit ~ und Seele* med liv og sjæl; *j-m vom ~e*

bleiben blive én fra livet; **~arzt** m livlæge; **~binde** f mavebælte n; **~chen** n livstykke n

leibeigen HIST livegen (*a* 2e[r]); *in Dänemark:* stavnsbundet; **2schaft** f ⟨0⟩ livegenskab n; stavnsbånd n

Leibes|erziehung f⟨0⟩ legemsøvelser pl; *Schulfach:* idræt; **~frucht** f foster n; **~übungen** f/pl legemsøvelser pl; idræt; **~visitation** f kropsvisitation; **e-e ~ machen** kropsvisitere

Leib|garde f livgarde; **~gericht** n livret; 2'**haftig** livagtig; *i egen person; der ~e Teufel* den skinbarlige djævel; 2**lich** legemlig; *Verwandter:* kødelig; **~rente** f livrente; **~schmerzen** m/pl mavepine; **~wache** f, **~wächter** m livvagt; **~wäsche** f undertøj n

Leiche f lig n

Leichen|bestatter m bedemand; 2'**blass** ligbleg; **~fledderer** m ligrøver; **~halle** f ligkapel n; **~hemd** n ligskjorte; **~schändung** f gravrøveri n; **~schmaus** m begravelsesgilde n, gravøl n; **~träger** m ligbærer; **~tuch** n ligklæde n; **~verbrennung** f ligbrænding; **~wagen** m ligvogn; **~zug** m ligfølge n

Leichnam m ⟨-(e)s; -e⟩ lig n

leicht ⟨-est⟩ let; (*einfach*) nem; **~ gekleidet** tyndklædt; **~ gesagt** let sagt; 2**lich** f atletik; **~fallen** v/i ⟨sn⟩ (D) falde let; **~fertig** uoverlagt; letsindig; 2**fertigkeit** f ⟨0⟩ ubetænksomhed, letsindighed; **~füßig** letfodet; 2**gewicht** n SPORT letvægt; **~gläubig** lettroende, F blåøjet; 2**gläubigkeit** f ⟨0⟩ lettroenhed; **~herzig** let om hjertet; **~'hin** flygtig, uden eftertanke; 2**igkeit** f ⟨0⟩ lethed; **~lebig** sorgløs; letlevende; 2**matrose** m letmatros; 2**metall** n letmetal n; **~nehmen** tage den let; 2**sinn** m ⟨-(e)s; 0⟩ letsind(ighed) n; **~sinnig** letsindig, dumdristig

leid: *es tut mir ~* jeg er ked af det; *er tut mir ~* jeg har ondt af ham

Leid n ⟨-(e)s; 0⟩ lidelser pl; (*Schmerz*) sorg; *in Freud und ~* i sorg og glæde; *sich* (D) *ein ~ antun* lægge hånd på sig selv

leiden ⟨L⟩ lide (*an* D/af); (*zulassen*) tåle, tillade; *j-n nicht ~ können* ikke kunne lide (*od* udstå) én

Leiden n lidelse; 2d lidende

Leidenschaft f lidenskab; 2**lich** lidenskabelig; **~lichkeit** f ⟨0⟩ lidenskabelighed; 2**slos** ⟨-est⟩ lidenskabsløs, nøgtern

Leidens|gefährte m, **~genosse** m lidelsesfælle; **~geschichte** f lidelseshistorie; **~weg** m lidelsesvej

leid|er desværre; **~ig** ærgerlig, kedelig; (*hässlich*) led; 2**lich** adj tålelig; *adv* nogenlunde; 2**tragende(r)** fig offer n; 2**wesen** n: *zu meinem ~* til min store bekymring

Leier f ⟨-; -n⟩ lyre; *die alte ~* F den gamle vise; **~kasten** m lirekasse; **~kastenmann** m lirekassemand; 2n ⟨-re⟩ fig lire af

Leih|bücherei f bibliotek n, 2en ['laɪən] ⟨L⟩ låne (*von* D/af); **~gebühr** f låneafgift; **~haus** n lånekontor n; **~karte** f lånerkort n; **~mutter** f MED rugemor; **~schein** m låneseddel; **~wagen** m udlejningsvogn, lejet bil; 2**weise** som lån, til låns

Leim m ⟨-(e)s; -e⟩ lim; *auf den ~ gehen* fig hoppe på limpinden; 2en lime, klistre; **~farbe** f limfarve; **~topf** m limpotte

Lein m ⟨-(e)s; -e⟩ hør

Leine f snor, bånd n; (*Tau*) reb n, line; *Pferd:* tømme; (*Angel*2) snøre; *an der ~ führen* føre i snor

leinen 1. *adj* linned, linned-, lærreds-; **2.** 2 n lærred n, linned n; 2**band** m lærredsbind n; 2**zeug** n linned n

Lein|öl n linolie; **~pfad** m træksti; **~samen** m hørfrø n; **~wand** f lærred n (*a* Film)

leise sagte; (*leicht*) let, svag; **~r stellen** Radio skrue ned (for); 2**treter** m F luskebuks

Leiste f liste; (*Rand*) bort, kant; ANAT lyske

leisten ⟨-e-⟩ yde, præstere; (*ausrichten*) udrette; *j-m Gesellschaft ~* holde en med selskab; *j-m Hilfe ~* yde én hjælp; *Widerstand ~* gøre modstand; *sich* (D) *etw.* (A) *~ können* have råd til ngt.; jeg kunne tillade sig ngt

Leisten m læst; *alles über e-n ~ schlagen* fig skære alt over én kam

Leisten|bruch m lyskebrok; **~gegend** f ⟨0⟩ lysken, lyskeområdet

Leistung f ydelse, præstation

Leistungs|druck m ⟨-(e)s; 0⟩ konkurrenceræs n, præstationsræs n; 2**fähig** ydedygtig; *Pers* arbejdsdygtig, effektiv; *Firma:* leveringsdygtig, solid; 2**fähigkeit** f ⟨0⟩ ydeevne, kapacitet; **~gesellschaft** f konkurrence-samfund n; **~prüfung** f stopprøve; **~sport** m konkurrenceidræt, elitesport; **~zulage** f bonus, produktionstillæg n

Leit|artikel m leder; **~bild** n ideal n, forbillede n

leiten ⟨-e-⟩ lede (*a* PHYS); (*führen*) føre; **~d** ledende

Leiter¹ f ⟨-; -n⟩ stige

Leiter² m leder (*a* PHYS *u* Betrieb, Schule

usw); direktør; *Institution*: forstander

Leiter|sprosse *f* stigetrin *n*; **~wagen** *m* høstvogn

Leit|faden *m* ledetråd; (*Buch*) håndbog; **~fähigkeit** *f* ⟨0⟩ ledeevne; **~gedanke** *m* ledende tanke; **~hammel** *m* klokkefår *n*; *fig* anfører; **~linie** *f* retningslinie; (*Verkehr*) stiplet streg; **~motiv** *n* ledemotiv *n*; **~planke** *f* autoværn *n*; **~satz** *m* grundsætning; **~stern** *m* ledestjerne; **~tier** *n* anfører; **~ung** *f* ledelse; (*Verwaltung*) (be)styrelse; *Wasser u* EL: ledning

Leitungs|draht *m* ledningstråd; **~kabel** *n* ledningskabel *n*; **~netz** *n* ledningsnet *n*; **~wasser** *n* vandværksvand *n*, postevand *n*

Leitwerk *n* FLUG ror *n*

Lek|tion [-'tsĭo:n] *f* forelæsning, lektion (*a fig*); *j-m e-e ~ erteilen* fig give én en ordentlig lektion (*od* overhaling); **~tor** *m* ⟨-*s*; *-en* [-'to:-]⟩, **~'torin** *f im Verlag*: forlagsredaktør; *an der Universität etwa*: undervisningsassistent; **~'türe** *f* lekture, læsning

Lende *f* lænd

Lenden|braten *m* mørbrad; **2lahm** hoftelam; **~schurz** *m* lændeklæde *n*; **~stück** *n* nyrestykke *n*

lenkbar styrbar; (*folgsam*) føjelig; **2keit** *f* ⟨0⟩ styrbarhed

lenk|en styre (*a Schiff, Auto*); (*richten*) dreje, henlede; *den Blick ~ auf* (*A*) fæste blikket på; *das Gespräch ~ auf* (*A*) dreje samtalen hen på; **2er** *m Pers* leder; *Fahrrad*: styr *n*; **2hebel** *m* styrearm; **2rad** *n* (bil)rat *n*; **2radschloss** *n* ratlås; **~sam** fig føjelig; **2stange** *f* styrestang; *Fahrrad*: styr *n*; **2ung** *f* ledelse, styrelse; (*Steuer*) styr(egrejer *pl*) *n*; **2vorrichtung** *f* styretøj *n*; **2waffen** *f*/*pl* (styrbare) missiler *pl*

Lenz *m* ⟨-*es*; *-e*⟩ vår

lenzen ⟨-*t*⟩ NAUT lænse

Leopard [le·o·'paʀt] *m* ⟨-*en*⟩ leopard

Lepra ['le:pʀɑ] *f* ⟨0⟩ spedalskhed

Lerche *f* lærke

lern|bar til at lære; **~begierig** lærelysten, videbegærlig; **2eifer** *m* lærelyst; **~en** *v*/*t* lære, blive undervist (i); *v*/*i* (*Lehrling sein*) stå i lære; *ein gelernter Tischler* en udlært snedker; *ein gelernter Arbeiter* en faglært (arbejder); **2en** *n* ⟨-*s*; *0*⟩ indlæring; **2mittel** *n* læremiddel *n*; **2mittelfreiheit** *f* ⟨0⟩ gratis læremidler *pl*; **2schwierigkeiten** *f*/*pl* indlæringsvanskeligheder *pl*; **2stoff** *m* lærestof *n*, pensum *n*; **2ziel** *n* formål med indlæringen

Les|art *f* læsemåde, variant; **2bar** læselig;

~barkeit *f* ⟨0⟩ læselighed

Lesb|e *f* F, **~ierin** *f*, lesbisk kvinde; **2isch** lesbisk

Lese *f* indsamling; (*Ernte*) høst; **~brille** *f* læsebriller *pl*; **~buch** *n* læsebog; **~lampe** *f* læselampe; **2n** ⟨*L*⟩ læse; (*vorlesen*) forelæse; *für Kinder*: læse op (for); (*sammeln*) samle, plukke; *sich leicht ~* være let at læse; **2nswert** læseværdig; **~pult** *n* læsepult

Leser *m* læser

Leseratte *f* F læsehest

Leserbrief *m* læserbrev *n*

Lese-|'Rechtschreib-Schwäche *f* ⟨0⟩ legasteni

Leser|in *f* kvindelig læser; **~kreis** *m* læserkreds; **2lich** læselig; **~schaft** *f* ⟨0⟩ læserkreds, læserverden

Lese|saal *m* læsesal; **~stoff** *m* læsestof *n*; **~stück** *n* læsestykke *n*; **~stunde** *f* læsetime; **~zeichen** *n* bogmærke *n*; **~zimmer** *n* læseværelse *n*, læsestue; **~zirkel** *m* læsekreds

Lesung *f* POL behandling; (*Dichter*2) (forfatter)oplæsning

Lethar'gie *f* ⟨0⟩ letargi

Lette *m* ⟨-*n*⟩ lette

Letter *f* ⟨-; *-n*⟩ bogstav *n*, type

lett|isch lettisk; **2land** *n* Letland *n*

letzt sidst; (*vorig*) forrige; fig dårligst, ringest; *das 2e Gericht* dommedag; **~en Endes, zu guter 2** til syvende og sidst, i sidste ende; *zum ~en Mal* (for) sidste gang; **~ens** for nylig; **~ere(r)** sidstnævnte, denne; **~'hin, ~lich** i sidste ende; **~willig** testamentarisk

Leu *m* ⟨-*en*⟩ poet løve

Leucht|boje *f* lysbøje; **~bombe** *f* lysbombe; **~e** *f* lygte; (*Laterne*) lanterne; fig F lys *n*; **2en** ⟨-*e*-⟩ lyse (*j-m* for én); (*glänzen*) stråle, skinne; (*blitzen*) blinke; **2end** lysende; **~er** *m* lysestage; **~feuer** *n* fyr(tårn *n*) *n*; **~gas** *n* belysningsgas; **~käfer** *m* lysbille; **~kugel** *f* lyskugle; **~rakete** *f* lysraket; **~reklame** *f* lysreklame; **~röhre** *f* lysstofrør *n*; **~schiff** *n* fyrskib *n*; **~turm** *m* fyrtårn *n*; **~turmwärter** *m* fyrtårnspasser; **~zifferblatt** *n* (selv)lysende urskive; **~ziffern** *f*/*pl* selvlysende tal *pl*

leugnen ⟨-*e*-⟩ (be)nægte

Leukä'mie *f* leukæmi

Leumund *m* ⟨-(*e*)*s*; *0*⟩ (godt) rygte *n*, ry *n*; *in bösen ~ bringen* bagtale

Leute *pl* folk *pl*, mennesker *pl*; *kleine ~* småfolk *pl*; *unter die ~ kommen* komme ud blandt mennesker; blive bekendt

Leutnant *m* ⟨-*s*; -*s*⟩ løjtnant; *~ zur See* søløjtnant

leutselig venlig, nedladende; 2**keit** f ⟨0⟩ venlighed, nedladenhed

Le'viten pl: j-m die ~ **lesen** F give én en omgang (el opsang)

Lev'koje f levkøj

lexi|**'kalisch** leksikalsk; 2**kon** [-kɔn] n ⟨-s; Lexika⟩ leksikon n

Liane [li'ɑ:-] f liane

Liba|**'nese** m ⟨-n⟩ libaneser; ~**non** m: der ~ Libanon n; 2**'nesisch** libanesisk

Li'belle f guldsmed

libe'ra|**l** liberal, frisindet; ~**li'sieren** liberalisere; 2**'lismus** m ⟨-; 0⟩ liberalisme

Libero m ⟨-s; -s⟩ libero

Libyen ['li:byən] n Libyen n; ~**er** m libyer; 2**sch** libysk

licht ⟨-est⟩ lys, klar

Licht n ⟨-(e)s; -er⟩ lys n (a fig); (Schein) skær n; (Kerze) kærte; (jule)lys n; ~**machen** tænde lyset; **bei** ~ med lyset tændt; **das** ~ **der Welt erblicken** se dagens lys; **mir geht ein** ~ **auf** der går et lys op for mig; **ans** ~ **bringen** (**kommen**) bringe (komme) for dagen; j-n **hinters** ~ **führen** fig føre én bag lyset; j-m **im** ~**e stehen** stå én i lyset; **sein** ~ **unter den Scheffel stellen** fig sætte sit lys under en skæppe; **mach das** ~ **aus!** sluk lyset!

Licht|**anlage** f lysanlæg n; installation; ~**bild** n lysbillede n; 2**bildervortrag** m lysbilledforedrag n; ~**blick** m fig lyspunkt n; ~**brechung** f lysbrydning; ~**druck** m lystryk n; 2**echt** lysægte; 2**empfindlich** lysfølsom

lichten ⟨-e-⟩ Wald udtynde; **den Anker** ~ lette anker; **sich** ~ blive tyndt, udtyndes

lichter|**loh**: ~ **brennen** brænde (od stå) i lys lue; 2**meer** n (strålende) lyshav n

Licht|**filter** m lysfilter n; ~**geschwindigkeit** f ⟨0⟩ lysets hastighed; ~**hupe** f overhalingsblink n; ~**jahr** n lysår n; ~**kegel** m lyskegle; ~**maschine** f dynamo; Auto: generator; ~**mess** f kyndelmisse; ~**messer** m lysmåler; ~**orgel** f lysshow n; ~**pause** f lystryk n; ~**quelle** f lyskilde; ~**reklame** f lysreklame; ~**schacht** m lysbrønd; Kellerfenster: lyskasse; ~**schalter** m (elektrisk) kontakt (od afbryder); ~**schein** m (lys)skær n, lysglimt n; ~**schere** f ⟨0⟩ = **Dochtschere**; 2**scheu** fig lyssky; ~**schimmer** m lysglimt n; **Signal** ~ lyssignal n, blink n; ~**spielhaus** n biograf; 2**stark** lysstærk; ~**stärke** f lysstyrke; ~**strahl** m lysstråle; ~**streifen** m lysstribe; 2**undurchlässig** lystæt; ~**ung** f lysning; 2**voll** lys, klar

Lid n ⟨-(e)s; -er⟩ øjenlåg n; ~**schatten** m øjenskygge

lieb kær, elsket; (nett) rar, sød; (freundlich) venlig; **ich habe dich** ~ jeg holder af dig; **seien Sie so** ~ vær så venlig; **der** ~**e Gott** Vorherre; 2**er Hans!** Brief: Kære Hans!; **meine** 2**en** mine kære; **den** ~**en langen Tag** hele den udslagne dag; → a **lieber** u **liebst**; ~ **gewinnen** få kær; ~ **haben** elske, holde af; ~**äugeln** v/i ⟨-le⟩: ~ **mit** (D) kokettere med; lege med tanken om; 2**chen** n kæreste, elskede

Liebe f ⟨0⟩ kærlighed; j-m **etw.** (A) **zuliebe tun** gøre én en tjeneste; gøre ngt. for ens skyld; ~**diene'rei** f ⟨0⟩ fedteri n; ~**'lei** f flirt; 2**ln** v/i ⟨-le⟩ flirte (**mit** D/med); 2**n** elske; holde af; **geliebt** elsket

liebens|**wert** kærlig, venlig; ~**würdig** elskværdig, venlig; 2**würdigkeit** f elskværdighed

lieber adv hellere; **umso** ~ så meget des hellere (od bedre); → a **lieb**

Liebes|**abenteuer** n (kærligheds-) affære; ~**beziehung** f kærlighedsforhold n; ~**brief** m kærlighedsbrev n; ~**dienst** m vennetjeneste; ~**erklärung** f kærlighedserklæring; ~**film** m kærlighedsfilm; ~**gabe** f velgørenhedsgave; ~**gedicht** n kærlighedsdigt n; ~**geschichte** f kærlighedshistorie; ~**glück** n elskovslykke; ~**heirat** f ægteskab n af kærlighed; ~**kummer** m kærlighedssorg; ~**leben** n ⟨-s; 0⟩ kærlighedsliv n; ~**lied** n kærlighedssang, elskovssang; ~**paar** n elskende par n; ~**roman** m kærlighedsroman; ~**szene** f kærlighedsscene, elskovsscene; ~**trank** m elskovsdrik; ~**verhältnis** n kærlighedsforhold n; ~**werk** n barmhjertighedsgerning

liebevoll kærlig, øm, venlig

Lieb'frauenkirche f (Vor) Fruekirke

lieb-|**gewinnen** → **lieb**; ~**haben** → **lieb**

Lieb|**haber** m elsker (a Thea); (Sammler) samler, liebhaver; 2**habe'rei** f passion, libhaveri n; 2**'kosen** kærtegne, kæle for; ~**'kosung** f kærtegn n

lieblich yndig, henrivende; 2**keit** f ⟨0⟩ yndighed, ynde, elskelighed

Liebling m ⟨-s; -e⟩ elskede; (Günstling) yndling; ~**sbeschäftigung** f yndlingsbeskæftigelse; ~**sessen** n livret; ~**sthema** n yndlingsemne n

lieb|**los** ⟨-est⟩ ukærlig; ~**reich** kærlig; 2**reiz** m ⟨-es; 0⟩ ynde; ~**reizend** yndig, fortryllende; 2**schaft** f sværmeri n, forhold n

liebst → a **lieb**; kærest; adv helst; **am** ~**en haben** synes bedst om; 2**e(r)** kæreste

Lied n ⟨-(e)s; -er⟩ sang, vise; (Gedicht) digt n; (Kunst2) lied; **das Ende vom** ~ enden på historien; **davon weiß ich ein ~ zu singen** fig det kan jeg tale med om

Lieder|abend m sangaften; **~buch** n sangbog

liederlich sjusket, uordentlig; (anstößig) liderlig; **2keit** f ⟨0⟩ sjuskeri n; liderlighed

Lieder|macher m viseforfatter; (Sänger) visesanger; **~tafel** f sangforening

Liefe'rant(in) n ⟨-en⟩, (f) leverandør

Liefer|auto n varebil; **2bar** at levere; **~bedingungen** f/pl leveringsbetingelser pl; **~frist** f leveringstid; **2n** ⟨-re⟩ levere (a Schlacht); (verschaffen) skaffe; **geliefert** leveret (a fig); **~schein** m følgeseddel, modtagelsesbevis n; **~termin** m tidspunkt n for levering; **~ung** f levering; **~wagen** m varebil; **~zeit** f leveringstid

Liege f divan; liggestol; **~geld** n NAUT liggepenge pl

liegen (L; a sn) ligge; **vor Anker ~** ligge for anker; **es liegt mir (viel) daran** det er mig (meget) magtpåliggende; **woran liegt es?** hvad skyldes det?; **soviel an mir liegt** hvad mig angår; **es liegt an ihm** det er hans skyld; det kommer an på ham; **auf der Hand ~** være klart; **~ bleiben** blive liggende; **Auto bei Panne:** blive stående; **~ lassen** (vergessen) glemme; **~bleiben → liegen**; **~lassen → liegen**; **2schaft(en)** pl f grundejendom

Liege|sitz m sæde n med sovebeslag; liggevognssæde n; **~stuhl** m liggestol; **~stütz** m ⟨-es; -e⟩ armbøjning; **~wagen** m liggevogn; **~wiese** f liggeplæne

Lift m ⟨-(e)s; -e od -s⟩ elevator; (Ski2) skilift; **~boy** m ⟨-s; -s⟩ elevatordreng; **~ing** n ansigtsløftning

Liga f ⟨-; Ligen⟩ liga, forbund n; (Fußball2) division; (Bundes2) første division

Li'guster m liguster

Li'kör m ⟨-s; -e⟩ likør; (Kräuter2) bitter

lila lilla; **2** n ⟨-s; -⟩ lilla farve

Lilie ['li:liə] f lilje; **2n'weiß** liljehvid

Lilipu'taner m dværg, lilleput

Limit n ['lɪmɪt] n ⟨-s; -s⟩ limit; **2'tieren** begrænse, limitere

Limo'nade f limonade

Limou'sine f limousine

lind ⟨-est⟩ blød, mild, lind

Linde f lindetræ n; **~nblütentee** m lindeté

linder|n ⟨-re⟩ lindre, mildne, stille; **2ung** f lindring; **2ungsmittel** n lindringsmiddel n

Lindwurm m lindorm

Line'al n ⟨-s; -e⟩ lineal; **2'ar** linear, lineær

Linguist [lɪŋgu'ɪst] m ⟨-en⟩ lingvist; **~ik** f ⟨0⟩ lingvistik

Linie [-nĭə] f linie (od linje); strækning, rute; **auf gleicher** (od einer) **~ sein** på bølgelængde; **in erster ~** først og fremmest; **die schlanke ~** den slanke linie

Linien|blatt n stregepapir n; **~bus** m rutebil; **~papier** n lineret papir n; **~richter** m Fußball: linievogter; **~schiff** n linieskib n; **~treue** f ⟨0⟩ partitroskab n; **~verkehr** m rutefart, rutetrafik

li'nieren liniere

link|e(r, -s) venstre; POL venstre(orienteret); **die ~ Seite** venstre side; (Stoff) vrangsiden; **2e** f (Hand) venstre hånd; (Seite) venstre side; (Fußball) venstrefløj; Boxen: venstrehåndsstød n; **zur 2n** til venstre; **~isch** kejtet, F kluntet

links til venstre; **von (nach) ~** fra (til) venstre; **er steht ~** POL han er venstreorienteret; **2außen** m ⟨-; -⟩ SPORT venstre yderwing; **2drall** m POL venstredrejning; **~gerichtet** venstreorienteret; **2händer** m kejthåndet person; **~händig** kejthåndet; **2kurve** f venstresving n; **~radikal** venstreorienteret; **~'um!** venstre om!; **2verkehr** m venstrekørsel

Linnen n linned n, lærred n

Li'nol|eum [-le·um] n ⟨-s; 0⟩ linoleum n; **~schnitt** m linoleumsnit n

Linse f linse (a Optik); **~ngericht** n fig ret linsers; **~nsuppe** f linsesuppe

Lippe f læbe

Lippen|bekenntnis n intetsigende tilslutning (od floskel); **~laut** m læbelyd; **~stift** m læbestift

Liqui|dation [-'tsĭo:n] f likvidation; Arzt: regning; **2'dieren** likvidere; (berechnen) beregne; **~'dierung** f likvidering; **~di'tät** f ⟨0⟩ likviditet

lispeln [-sp-] ⟨-le⟩ læspe; (flüstern) hviske

List f list, kneb n; **e-e ~ gebrauchen** bruge list

Liste f liste; fortegnelse; **~nwahl** f listevalg n

listig listig, snedig

Lita'nei f litani n; fig klagevise

Litaue|n n Litauen n; **2isch** litauisk

Liter n od m liter

lite'r|arisch litterær; **2at** m ⟨-en⟩ skribent, forfatter

Litera'tur f litteratur; **~angaben** f/pl litteraturhenvisninger pl; **~geschichte** f litteraturhistorie; **~kritik** f litteraturkritik; **~preis** m litteraturpris; **~wissenschaft** f litteraturvidenskab; **~zeitschrift** f litterært tidsskrift n

Litermaß n litermål n

L

Litfaßsäule f plakatsøjle
Lithogra'phie f litografi n, stentryk n
Litur'g|ie f liturgi; **2isch** [-'tʊʀ-] liturgisk
Litze f snor, lidse; EL ledningstråd
Live|sendung ['laif-] f, **~übertragung** f direkte udsendelse (od transmission)
Li'vree f liberi n
Lizentiat [-'tsĩɑ:t] m ⟨-en⟩ licentiat, cand. (theol.)
Li'zenz f licens, tilladelse; **~gebühr** f royalty
Lkw m ⟨-[s]; -s⟩ (= *Lastkraftwagen*) lastbil
Lob [o:] n ⟨-(e)s; 0⟩ ros; *biblisch*: lov, pris
Lobby [-i·] f ⟨0⟩ lobby; **~'ist** m ⟨-en⟩ lobbyist
lob|en rose; *biblisch*: love, prise; *das Gelobte Land* det forjættede land; **~enswert** rosværdig; **2gesang** m lovsang; **2hude'lei** f skamros; **~hudeln** ⟨-le⟩ skamrose, lobhudle
löblich rosværdig
Lob|lied n lovsang; **2preisen** lovprise; **~preisung** f lovprisning; **~rede** f lovtale (*auf A*/over); **~redner** m lovtaler; **2-singen** lovsynge
Loch n ⟨-(e)s; ⁓er⟩ hul n; (*Öffnung*) åbning; *Nadel*: gje n; (*Höhle*) hule; *auf dem letzten ~ pfeifen* fig synge på det sidste vers
loch|en (gennem)hulle, perforere; (*knipsen*) klippe; **2er** m hulmaskine; (*Büro*) hulleapparat n; (*Zange*) klippetang
löcherig hullet; (*porös*) porøs; **~n** ⟨-re⟩ *Kinder*: plage
Loch|karte f hulkort n; **~säge** f stiksav; **~streifen** m hulstrimmel; **~zange** f hultang
Locke f (hår)lok, krølle
locken lokke, friste; *Haar* krølle; **~d** (til)lokkende
Locken|haar n krøllet hår n; **~kopf** m lokkehoved n, krøltop; **~wickler** m papillot
locker løs; (*porös*) porøs, skør; fig løsagtig; (*entspannt*) afslappet; *~ lassen* give slip; **2heit** f ⟨0⟩ løsagtighed; afslappethed; **~lassen:** *nicht ~* F blive ved (med); **~machen** F punge ud med; **~n** ⟨-re⟩ løsne, slappe; *sich ~* løsnes, slappes; **2ung** f løsning; fig lempelse; **2ungsübungen** f/pl afspændingsøvelser pl
lockig lokket, krøllet
Lock|mittel n lokkemiddel n; **~ruf** m lokkeråb n; **~speise** f lokkemad n; **~ung** f lokken, fristelse; **~vogel** m lokkefugl
Loden m loden; **~mantel** m lodenfrakke
lodern v/i ⟨-re⟩ blusse, flamme
Löffel m ske; (*Ohr*) (hare)øre n; *über den*

~ barbieren fig tage ved næsen; **~ voll** skefuld; **2n** ⟨-le⟩ spise med ske, søbe; F skovle i sig; **~voll** → *Löffel*; **~weise** med skeer
Loga'rith|mentafel f logaritmetabel; **~mus** m ⟨-; *Logarithmen*⟩ logaritme
Logbuch [ɔ] n logbog
Loge [ɔ] f loge; **~nbruder** m logebroder, frimurer
Loggia ['lɔdʒa] f ⟨-; -gien⟩ loggia
logieren [-'ʒi:-] v/i logere, bo
Logik f ⟨0⟩ logik
Logis [-'ʒi:] n ⟨-; -⟩ logis n
logisch logisk; **~er'weise** logisk nok
Lo'gistik f ⟨0⟩ logistik
Lohe f lue, flamme; **2n** v/i lue, blusse; v/t (*gerben*) barke; **~gerber** m (læder)garver
Lohn m ⟨-(e)s; ⁓e⟩ løn, gage; (*Belohnung*) belønning; godtgørelse n lønnedskæring; **~abzug** m lønfradrag n; **~arbeiter** m (løn)arbejder, F lønslave; **~aufbesserung** f lønforhøjelse; **~büro** n lønkontor n; **~empfänger(in)** m(f) lønmodtager; **2en** lønne; *es lohnt sich* det kan betale sig, det er umagen værd; **2end** givtig, lønnende; **~erhöhung** f lønforhøjelse; **~forderung** f lønkrav n; (*tarifmäßig*) fm Krankheitsfall: sygedagpenge pl; **~steuer** f kildeskat; **~steuerabzug** m lønmodtagerfradrag n; **~steuerkarte** f trækkort n, skattebillet; **~stopp** m lønstop n; **~streifen** m lønningskort n; **~tüte** f lønningspose
Loipe [ɔʏ] f ⟨-; -n⟩ løjpe
Lok [ɔ] f ⟨-; -s⟩ (= *Lokomotive*) lokomotiv n
lo'kal adj lokal, stedlig; **2** n ⟨-s; -e⟩ (*Gaststätte*) restaurant, café; **2anzeiger** m lokalavis; **~i'sieren** lokalisere; **2i'tät** f lokalitet; **2kolorit** n lokalkolorit; **2patriotismus** m lokalpatriotisme; **2termin** m åstedsforretning; **2zeitung** f lokalavis
Lokführer m lokomotivfører
Lokomo'tiv|e f lokomotiv n; **~führer** m lokomotivfører
Lokus m ⟨-; -se⟩ F lokum n
Lolli m ⟨-s; -s⟩ F slikkepind
Lombard m od n ⟨-(e)s; -e⟩ kredit (på værdipapirer); **~ei** [-'daɪ] f: *die ~* Lombardiet n
Longe ['lɔ̃ʒə] f holdesnor
Lorbeer m ⟨-s; -en⟩ laurbær(træ n) n; *sich auf s-n ~en ausruhen* fig hvile på sine laurbær; **~baum** m laurbærtræ n; **~blatt** n laurbærblad n; **~kranz** m laurbærkrans
Lore f åben godsvogn; *Kleinbahn*: tipvogn
los ⟨-est⟩ løs; (*frei*) fri (for); **~!** af sted!,

start!; *was ist ~?* hvad er der i vejen?; *was ist heute Abend ~?* er der ngt. interessant heri aften?, foregår der ngt. særligt i aften?; *mit ihm ist nichts ~* han duer ikke, han er ikke meget værd; *er hat (et)-was ~* F han er ikke så tosset (endda)

Los *n* ⟨-es; -e⟩ lod *n*; *Lotterie*: lod(seddel) *n*; (*Anteil*) (an)del, part; (*Schicksal*) skæbne, lod (*n*); *das große ~* hovedgevinsten

los|arbeiten *v/t* arbejde løs, frigøre; *v/i* arbejde ivrigt

lösbar *in Flüssigkeiten*: opløselig; *fig* (til) at løse; **2keit** *f* ⟨0⟩ opløselighed; *fig* mulighed for løsning

los|bekommen få løs; *Gefangene* få frigivet; **~binden** løse (op), slippe løs; **~brechen** *v/t* brække løs; *v/i* ⟨*sn*⟩ bryde ud (*a fig*), slippe løs

Lösch|arbeiten *f/pl* slukningsarbejde *n*; **~blatt** *n* (ark *n*) trækpapir *n*; **~eimer** *m* brandspand; **2en** slukke (*a fig*); NAUT losse; (*tilgen*) slette; *Kalk* læske; *s-n Durst* ~ slukke sin tørst; **~er** *m* blæksuger; (*Feuer~*) ildslukker; **~kalk** *m* læsket kalk; **~papier** *n* trækpapir *n*, F klatpapir *n*; **~ung** *f* slukning; *Register*: slettelse; NAUT losning; **~zug** *m* brandudrykning

los|donnern *v/i* fig tordne løs; **~drehen** dreje (*od* vride) løs; (*losschrauben*) skrue af; **~drücken** trykke løs; *Gewehr* affyre

lose (→ *los*) løs; ÖKON i løs vægt; **2blattsammlung** *f* løsbladsbog

Lösegeld *n* løsepenge *pl*

losen *v/i* ⟨-t⟩ trække lod

lösen ⟨-t⟩ løse; (*losbinden*) løse op, løsne; (*aufheben*) ophæve, opløse (*a* CHEM); *Schuss*: løsne, affyre; (*befreien*) udløse, befri; *Rätsel* løse, gætte; *e-e Karte ~* løse billet, købe (en) billet

los|fahren *v/i* ⟨*sn*⟩ afrejse; starte; *fig* fare løs (*auf* A/på); **~gehen** *v/i* ⟨*sn*⟩ gå op, løsnes; *Schuss*: gå af; **~ auf** (A) gå løs på; *nun geht's los!* F nu begynder det!; **~kaufen** løskøbe; **~kommen** *v/i* ⟨*sn*⟩ komme løs, blive fri; **~koppeln** koble fra; **~kriegen** få løs; **~lassen** slippe (løs), give slip (på); (*entlassen*) løslade, lade gå; **~legen** *v/i* F begynde, tage fat

löslich (op)løselig; **2keit** *f* ⟨0⟩ opløselighed

los|lösen, ~machen løsgøre, løsne; *sich ~ von* (D) befri (frigøre) sig for; **~marschieren** *v/i* ⟨*sn*⟩ marchere løs; **~platzen** *v/i* ⟨*sn*⟩ springe ud (*od* løs); *fig* bryde ud; **~reißen** rive løs, gå af;

⟨*sn*⟩ løbe afsted; **~sagen**: *sich ~* give afkald (*von* D/på); **~schießen** *v/t* afskyde; F *v/i* ⟨*sn*⟩ begynde; **~ auf j-n** fare løs på én; **~schlagen** *v/t* slå løs; *Ware* sælge til spotpris; *v/i* slå løs (*auf* A/på); **~schnallen** spænde løs; **~schneiden** skære løs; **~schrauben** skrue (*od* af); **~steuern** *v/i* styre løs (*auf* A/på); **~stürmen** *v/i* ⟨*sn*⟩ storme (*od* styrte) løs (*auf* A/på); **~stürzen** *v/i* ⟨*sn*⟩ styrte løs (*auf* A/på); **~trennen** sprætte løs (*od* op); skille fra

Lostrommel *f* tombolatromle

Losung *f* løsen *n*; parole

Lösung *f* løsning; (*Losbinden*) opløsning (*a* CHEM); **~smittel** *n* opløsningsmiddel *n*

los|werden ⟨*sn*⟩ blive af med, blive fri for; **~ziehen** *v/t* trække løs; *v/i* ⟨*sn*⟩ drage (*od* tage) af sted

Lot [o:t] *n* ⟨-(e)s; -e⟩ lod *n*; **2en** ⟨-e-⟩ NAUT lodde

löt|en ⟨-e-⟩ lodde; **2kolben** *m* loddekolbe; **2lampe** *f* loddelampe

Lotosblume [-tɔs-] *f* lotusblomst

lotrecht lodret

Lutse [o..] *m* ⟨-n⟩ lods; **2n** ⟨ t⟩ lodse (*a fig*)

Lotsen|boot *n* lodsbåd; **~flagge** *f* lodsflag *n*; **~zwang** *m* ⟨-(e)s; 0⟩ lodstvang

Lötstelle *f* loddested *n*

Lotte'rie *f* lotteri *n*; **~annahme** *f* lotterikollektion; **~gewinn** *m* lotterigevinst; **~los** *n* lodseddel; **~spiel** *n* lotterispil *n*

Lotterleben *n* rodet tilværelse

Lotto *n* ⟨-s; -s⟩ lotto *n*; **~gewinn** *m* lottogevinst; **~schein** *m* lottokupon; **~zahlen** *f/pl* lottotal *pl*

Löwe *m* ⟨-n⟩ løve (*a fig*)

Löwen|anteil *m* fig broderpart; **~mut** *m* løvemod *n*; **~zahn** *m* ⟨-(e)s; 0⟩ mælkebøtte

Löwin *f* hun-løve

loyal [loʻa'ja:l] loyal; **2i'tät** *f* ⟨0⟩ loyalitet

Luchs [-ks] *m* ⟨-es; -e⟩ los

Lücke *f* hul *n*; (*Öffnung*) åbning; (*Wissens2, Gesetzes2*) hul *n*, mangel

Lücken|büßer *m* nødløsning; **2haft** ⟨-est⟩ hullet; *fig* mangelfuld; **~haftigkeit** *f* ⟨0⟩ mangelfuldhed; **2los** ⟨-est⟩ fuldstændig, u(af)brudt

Luder *n* (svine)bæst *n*; *armes ~* (sølle) stakkel

Luft *f* ⟨-; ~e⟩ luft, vejr *n*; *an die ~ setzen* fig sætte på døren; *~ schöpfen* trække vejret; *an die ~ gehen* gå i den friske luft; *aus der ~ gegriffen* grebet ud af luften; *in die ~ gehen* fig blive gal i hovedet; *in die ~ sprengen (fliegen)* sprænge (flyve

L

i luften; **~abwehr** f luftforsvar n; **~angriff** m luftangreb n; **~aufnahme** f luftbillede n; **~ballon** m luftballon; **~befeuchter** m vandfordamper; **~blase** f luftblære; *wie e-e ~ zerplatzen* briste som en boble; **~brücke** f luftbro

Lüftchen n luftning, vindpust n

luft|dicht lufttæt; hermetisk; **2druck** m ‹-(e)s; 0› lufttryk n; **2druckbremse** m trykluftbremse

lüft|en ‹-e-› lufte; ventilere; lufte ud; (*heben*) løfte, lette (på); *den Schleier ~* fig løfte sløret; **2ung** f se *Lüftung*

Luft|fahrt f ‹0› luftfart, flyvning; **~fahrt-gesellschaft** f luftfartsselskab n; **~feuchtigkeit** f luftens fugtighed; **~feuchtigkeitsmesser** m fugtighedsmåler, hygrometer n; **~filter** m luftfilter n; **~flotte** f luftflåde; **~fracht** f luftfragt; **~geschwader** n eskadre; **2getrocknet** lufttørret; **~gewehr** n luftbøsse; **~hauch** m luftpust n; **~heizung** f varmluftsopvarmning; **~herrschaft** f ‹0› herredømme n i luften; **~hoheit** f ‹0› luftsuverænitet; **~hülle** f ‹-; 0› atmosfære; **2ig** lufttig; (*leicht*) let; **~kissen** n luftpude; **~kissenboot** n luftpudebåd; **~klappe** f (klap)ventil; **~krankheit** f luftsyge; **~krieg** m luftkrig; **~kühlung** f luftkøling; **~kurort** m luftkursted n; **~landetruppen** f/pl faldskærmstropper pl; **2eer** lufttom; **~linie** f luftlinie; **~loch** n lufthul n; **~mangel** m ‹-s; 0› mangel på luft; **~masche** f luftmaske; **~matratze** f luftmadras; **~pirat** m flykaprer; **~post** f luftpost; **~pumpe** f luftpumpe; **~raum** m luftrum n; **~reifen** m luftring; **~röhre** f ANAT luftrør n; **~schacht** m luftbrønd; **~schicht** f luftlag n; **~schiff** n luftskib n; **~schloss** n fig luftkastel n; **~schraube** f propel

Luftschutz m luftforsvar n, luftværn n; **~keller** m bombesikker kælder; **~raum** m beskyttelserum n, bunker

Luft|spiegelung f luftspejling; **~sprung** m luftspring n; **~streitkräfte** f/pl flyvevåben n; **~stützpunkt** m flyvebase

Lüftung f (ud)luftning, ventilation

Luft|veränderung f luftforandring; **~verkehr** m lufttrafik; **~verschmutzung** f luftforurening; **~waffe** f flyvevåben n; **~weg** m luftvej (a ANAT); **~widerstand** m luftmodstand; **~zufuhr** f lufttilførsel; **~zug** m (luft)træk

Lug m ‹-(e)s; 0› *~ und Trug* løgn og bedrag

Lüge f løgn; **2n** ‹L› lyve

Lügen|detektor m ‹-s; -en ‹-'to:-]› løgne-detektor; **~gewebe** n væv n af løgn; **2haft**

‹-est› løgnagtig, usandfærdig; **~haftigkeit** f ‹0› løgnagtighed; **~maul** n løgnhals

Lügner m løgner; **~in** f løgnerske; **2isch** løgnagtig

Luke f luge, lem

lukra'tiv lukrativ, indbringende

Lümmel m lømmel, slambert, slubbert; **~ei** f ‹-'lai] f lømmelagtighed; **2haft** ‹-est› lømmelagtig; **2n** ‹-le›: *sich ~* slænge sig

Lump m ‹-en› sjover; skurk

lumpen: *sich nicht ~ lassen* være large; **2** m pjalt, las, klud; **2gesindel** n rakkerpak n; **2händler** m kludehandler; **2proletariat** n pjalteproletariat n; **2sammler** m kludesamler

Lumpe|'rei f nederdrægtighed; **2ig** laset, pjaltet; (*geringfügig*) F ussel, sølle

Lunge f lunge; *durch die (od auf) ~ rauchen* F inhalere, tage salver

Lungen|entzündung f lungebetændelse; **~haschee** n lungehachis; **~heilstätte** f lungesanatorium n; **~krebs** m lungekræft; **~tuberkulose** f lungetuberkulose

lungern v/i ‹-re› drive rundt, dovne

Lunte f lunte; *~ riechen* fig lugte lunten

Lupe f lup, forstørrelsesglas n; *unter die ~ nehmen* fig undersøge nøjere

lupenrein fejlfri; fig vaskeægte

Lu'pine f lupin

Lurch m ‹-(e)s; -e› padde

Lust f ‹-; -¨e› (*Freude*) glæde, fornøjelse (*an* D/af od ved); (*Begierde*) vellyst; *~ haben zu* have lyst til; *ich habe keine ~ dazu* det har jeg ikke lyst til

Lustbarkeit f forlystelse, fornøjelse

lustbetont lystbetont

lüstern begærlig (*auf* A od *nach* D/efter); (*geil*) sexgal; **2heit** f begærlighed; (*Geilheit*) vellyst(ighed)

Lust|garten m lystanlæg n; **~gefühl** n lystfølelse

lustig lystig; (*munter*) munter; (*komisch*) morsom, F sjov; *sich ~ machen* gøre sig lystig (*über* A/over), gøre grin (med); **2keit** f ‹0› lystighed

Lüstling m ‹-s; -e› vellystning

lust|los ‹-est› flov; (*faul*) sløv; **2mord** m lystmord n; **2mörder** m lystmorder; **2prinzip** n lystprincip n; **2schloss** n lystslot n; **2spiel** n lystspil n, komedie; **~wandeln** v/i ‹sn› spadsere

Luthe|'raner m lutheraner; **2risch** luthersk; **~rtum** n ‹-s; 0› lutherdom

lutschen sutte, patte (*an* D/på); **2r** m slikkepind

Luv(seite) f ‹0› vindside, luv(art)

Luxemburg n Luxemb(o)urg n
luxuri'ös ⟨-est⟩ luksuriøs, yppig
Luxus m ⟨-; 0⟩ luksus, overdådighed; **~ar-
tikel** m luksusartikel; **~hotel** n luksusho-
tel n; **~kabine** f luksuskahyt; **~steuer** f
punktafgift; **~wohnung** f luksuslejlighed

Lu'zerne f lucerne
Lymph|drüse f lymfkirtel; **~e** f lymfe
lynch|en lynche; **♀justiz** f lynchjustits
Lyr|ik f ⟨0⟩ lyrik; **~iker** m lyriker; **♀isch** ly-
risk

M

M, m [ɛm] n M, m n
M.A. (= *Magister Artium*) etwa: cand.mag.
Maat m ⟨-(e)s; -e⟩ NAUT mat
Mach|art f facon, arbejde n, udførelse;
♀bar gørlig; praktisabel; **~e** f ⟨0⟩ F arbejde n, forfærdigelse; fig hykleri n, bluff n
machen gøre; (*herstellen*) lave; (*treiben*)
bestille; (*betragen*) udgøre, blive; (*ordnen*) ordne, sørge for; (*verursachen*) forårsage, bevirke; **was ~ Sie?** hvad laver
De?; **was ~ die Geschäfte?** hvordan
går det med forretningerne?; **sich** (D)
nichts aus etw. (D) **~** ikke bryde sig
om ngt.; **das macht runf Euro** det bliver
(lige) fem euro; **das Bett ~** rede sengen;
Feuer ~ tænde ild (od op); **j-m Freude ~**
glæde én; **Licht ~** tænde lys(et); **das
macht Spaß** det er morsomt; **j-m Vergnügen ~** more én; **Witze ~** sige vittigheder; **macht, dass ihr fortkommt!** se så at
forsvinde (od komme ad sted)!; F **nun
mach doch!** skynd dig!; **in die Hosen
~** F gøre i bukserne; **sich ~** arte sig, blive
godt; **es macht sich gut** det tager sig
godt ud; **sich auf den Weg ~** begive
sig på vej; **♀schaften** f/pl rænker, intriger
pl
Macher m anstifter, bagmand; **~lohn** m arbejdsløn
Macht f ⟨-; ⸚e⟩ magt; (*Kraft*) kraft, evne;
aus eigener ~ egenmægtig; **mit aller ~**
af alle kræfter; **~ballung** f magtkoncen-
tration; **~befugnis** f myndighed, kompetence; **~bereich** m magtområde n; **~er-
greifung** f magtovertagelse; **~gier** f
magtbegær n; **~haber** m magthaver
mächtig mægtig; (*kräftig*) kraftig; (*gewaltig*) vældig; BERGB tyk; **e-r Sache** (G) **~
sein** beherske ngt
macht|los ⟨-est⟩ magtesløs; **♀losigkeit** f
⟨0⟩ magtesløshed; **♀mittel** n magtmiddel
n; **♀politik** f magtpolitik; **♀probe** f magt-
prøve; **♀spruch** m magtsprog n; **~voll**
mægtig, kraftig; **♀wort** n ⟨-(e)s; -e⟩ magt-
ord n

Machwerk n makværk n, bras n
Macke f F skavank, fejl
Macker m F fyr; makker
Mädchen n pige; (*Dienst♀*) tjenestepige; **~
für alles** fig F altmuligmand; **♀haft** ⟨-est⟩
(ung)pigeagtig; fig jomfruelig, bly; **~han-
del** m hvid slavehandel; **~name** m pige-
navn n; **~schule** f pigeskole
Made f maddike
Mädel n pige(barn n)
madig fuld af maddiker, ormstukken;
~machen: fig F etw. (A) **~** male i sort
Ma'donn|a f ⟨-; Madonnen⟩ madonna;
~enbild n madonnabillede n
Maga'zin n ⟨-s; -e⟩ magasin n
Magd f ⟨-; ⸚e⟩ (tjeneste)pige
Magen m ⟨-s; ⸚⟩ mave; **mir knurrt der ~**
min mave knurrer; **~beschwerden** f/pl
mavepine; **~bitter** m bitter; **~blutung** f
maveblødning; **~-'Darm-Kanal** m ⟨-s; 0⟩
mave-tarm-kanal; **~geschwür** n mavesår
n; **~krampf** m mavekrampe; **~krebs** m
mavekræft; **~leiden** n mavelidelse; **~säu-
re** f mavesyre; **~schmerzen** m/pl mavepine; **~spülung** f maveskylning; **~vergif-
tung** f maveforgiftning; **~verstimmung** f:
e-e ~ haben have dårlig mave
mager mager (a fig); **♀keit** f ⟨0⟩ magerhed;
♀milch f skummetmælk; **♀sucht** f ⟨0⟩ (sygelig) spisevægring
Ma'gi|e f ⟨0⟩ magi, trolddom; **~er** ['maːgi-
] m troldmand; **♀sch** ['maː-] magisk
Ma'gister m ⟨-s; -⟩ magister (mag.)
Magi'strat m ⟨-(e)s; -e⟩ magistrat, ledelse
(i forvaltningen)
Ma'gnat m ⟨-en⟩ magnat
Ma'gnesium [-ziʊm] n ⟨-s; 0⟩ magnesium
n
Ma'gnet m ⟨-en⟩ magnet; **♀isch** magne-
tisk; **~ismus** ['-tɪs-] m ⟨-; 0⟩ magnetisme;
~nadel f magnetnål; **~spule** f magnets-
pole; **~zündung** f Auto: magnettænding
Ma'gnolie [-lĭə] f magnolie
Maha'goni n ⟨-s; 0⟩ mahogni n
Maha'radscha m ⟨-s; -s⟩ maharaja

Mahd f mejning; (Heu) hø n
Mäh|drescher m mejetærsker; 2en meje,
Rasen slå (græs)
Mahl n ⟨-(e)s; -e od ᵘer⟩ måltid n
mahl|en ⟨L⟩ (for)male; 2gang m (mølle)-
kværn; 2strom m malstrøm; 2zeit f mål-
tid n; (gesegnete) ᵕ! velbekomme!
Mähmaschine f mejemaskine; (Rasenmäher) græsslåmaskine
Mahnbrief m rykkerbrev n
Mähne f manke
mahn|en (på)minde, erindre (an A/om);
(aufordern) opfordre (zu D/til); (Bücher,
Geld) F rykke; 2er m advarer; 2gebühr f
strafgebyr n; 2mal n ⟨-s; -e⟩ manende
mindesmærke n; 2ung f påmindelse;
(Warnung) advarsel; ÖKON rykker(brev
n); 2verfahren n retsforfølgning i gælds-
sag
Mähre f gg n, mær, krikke
Mai m ⟨-(e)s; -e⟩: der ᵕ maj (måned); im ᵕ i
maj; ᵕbaum m majstang; ᵕbowle f maj-
drik
Maid f pige, mø
Mai|feier f POL første-maj-fest; ᵕglöck-
chen n liljekonval; ᵕkäfer m oldenborre
Mail [me:l] f ⟨-; -s⟩ EDV mail
Mailand n Milano n
Mail|box f mailboks; 2en ['me:lən] maile
(j-m til ngn)
Mais m ⟨-es; -e⟩ majs; ᵕkolben m majs-
kolbe; ᵕmehl n majsmel n
Maje'stät f majestæt; 2isch majestætisk;
ᵕsbeleidigung f majestætsfornærmelse
Majo'näse → **Mayonnaise**
Ma'jor m ⟨-s; -e⟩ major
Majoran m ⟨-s; -e⟩ merian
Majori'tät f flertal n, majoritet
ma'kaber makaber
Makel m plet; fig fejl, lyde; 2los ⟨-est⟩ plet-
fri, uplettet
makeln ⟨-le⟩ formidle, mægle
mäkeln v/i ⟨-le⟩ (an D) kritisere småligt
Make-up [me:k'ap] n ⟨-s; -s⟩ make-up
Makka'roni pl makaroni
Makler|(in) [a:] m (f) mægler; ᵕbüro n
ejendomskontor n; ᵕgebühr f mægler-
kurtage; ᵕgeschäft n mæglerforretning;
ejendomskontor n
Makra'mee n ⟨-s; -s⟩ macramé
Ma'krele f makrel
makro|'biotisch makrobiotisk, helse-;
2'kosmos m makrokosmos n
Ma'krone f makron
Makula'tur f makulatur
Mal¹ n ⟨-(e)s; -e od ᵘer⟩ mærke n; (Stein)
sten; (Denk2) mindesmærke n; (Mut-
ter2) modermærke n

Mal² n ⟨-(e)s; -e⟩ gang; mit e-m ᵕ pludselig;
ein für alle ᵕ en gang for alle; zum ersten
(zweiten) ᵕ for første (anden) gang; 2 adj
engang; MATH gange; → a einmal; sagen
Sie 2! sig engang!, nej hør nu!; es ist nun
2 so! det er nu engang sådan!; ein 2 zwei
ist zwei en gange to er to
Ma'laria [-ʀĭaʼ] f ⟨0⟩ malaria
malen male; fig beskrive
Maler m maler; ᵕei [-'ʀaɪ] f malerkunst;
(Gemälde) maleri n; ᵕin f kvindelig maler; 2isch malerisk; ᵕkunst f malerkunst;
ᵕmeister m malermester
Malkasten m malerkasse; (Tuschkasten)
farvelade
mal-nehmen gange, multiplicere
malochen [-'lo:-] v/i F knokle
Mal'teser m malteser
malträ'tieren [mal-] maltraktere, mishandle
Malz n ⟨-es; 0⟩ malt n; ᵕbier n maltøl n
Malzeichen n MATH gangetegn n
Malzkaffee m surrogatkaffe, maltkaffe
Ma'ma f ⟨-; -s⟩ mor; mama
Mammut [u:] n ⟨-s; -e od -s⟩ mammut (in
Zssgn. a fig)
man man; ᵕ sagt man siger, der siges;
kann ᵕ ...? må jeg ...?
Manage|ment ['mɛnɪtʃ|mɛnt] n ⟨-s; -s⟩
management n; ᵕr m ⟨-s; -⟩ manager
manche, ᵕer, ᵕes mangen (en), mangt
(et); mange pl; ᵕer'lei mange (slags);
ᵕer'orts visse steder pl; ᵕmal af og til, en-
gang imellem
Man'dant(in) m ⟨-en⟩ (f) JUR klient
Manda'rine f mandarin
Man'dat n ⟨-(e)s; -e⟩ mandat n, fuldmagt
Mandel f ⟨-; -n⟩ mandel (a ANAT); entzün-
dete ᵕn haben have hævede mandler;
ᵕbaum m mandeltræ n; ᵕentzündung f
dårlige mandler pl, angina; ᵕkuchen m
mandelkage
Mando'line f mandolin
Mandschu'rei f: die ᵕ Manchuriet n
Mane'ge [-'ne:ʒə] f manege
Man'gan n ⟨-s; 0⟩ mangan n
Mangel m ⟨-s; ᵘ⟩ mangel (an D/på); (Fehler) fejl; ᵕ leiden lide mangel (an D/på);
ᵕerscheinung f MED mangelsymptom n;
2haft ⟨-est⟩ mangelfuld, behæftet med
fejl; ᵕkrankheit f mangelsygdom
mangeln¹ v/i ⟨-le⟩ mangle, lide mangel;
es mangelt mir an etw. (D) jeg mangler
ngt
mangeln² ⟨-le⟩ Wäsche rulle
mangels (G) i mangel af, af mangel på;

2ware f mangelvare
Mangold ['maŋg-] m ⟨-s; -e⟩ BOT bladbede
Ma'nie f mani
Ma'nier f manér; (Art) måde, skik; **~en** pl opførsel; **2iert** [-ni:'R-] ⟨-est⟩ kunstlet; **2lich** manérlig; (höflich) høflig, beleven
Mani'fes|t n ⟨-(e)s; -e⟩ manifest n; **2'tieren** manifestere (sich sig)
Mani'küre f manikure, håndpleje; **2n** manikurere
Manipu|lation [-'tsĭo:n] f manipulation; **2'lieren** manipulere
Manko ['maŋko] n ⟨-s; -s⟩ mangel, underskud n, manko
Mann m ⟨-(e)s; ˝er⟩ mand (a Ehe2); **sei ein ~!** vis dig som en mand!; **ein richtiger ~** fig et rigtigt mandfolk; **der ~ auf der Straße** fig manden på gaden; **an den ~ bringen** fig Ware få afsat; **Tochter** få gift; **bis auf den letzten ~** til sidste mand; **~ für ~** mand for mand; **drei ~ hoch** tre mand høj
Manna n ⟨-s; 0⟩ od f ⟨0⟩ manna
mannbar giftefærdig, voksen
Mannchauvinist [-ʃovi'-] m ⟨-en⟩ mandschauvinist
Männchen n lille mand; (Zwerg) mandsling; zo han(dyr n); **~ machen** Tier. sætte sig på bagbenene
Mannequin ['manəkɛ̃] n ⟨-s; -s⟩ mannequin
Männer|arbeit f mandfolkearbejde n; **~chor** m mandskor n; **~gesellschaft** f POL mandssamfund n
Mannes|alter n ⟨-s; 0⟩ manddomsalder; **~kraft** f mandskraft; **~wort** n ⟨-(e)s; -e⟩ æresord n; **~zucht** f mandstugt
mannhaft ⟨-est⟩ mandhaftig, tapper; **2ig-keit** f ⟨0⟩ mandhaftighed
mannig|fach, ~faltig mangfoldig; **2faltig-keit** f ⟨0⟩ mangfoldighed
männlich mandlig; (tapfer) mandig; **~es Geschlecht** hankøn; **2keit** f ⟨0⟩ mandighed
Mann|loch n TECH mandehul n; **~sbild** n mandsperson
Mannschaft f mandskab n; (Besatzung) besætning; SPORT hold n
Mannschafts|führer m SPORT holdkaptajn; **~geist** m ⟨-(e)s; 0⟩ korpsånd; **~sport** m holdidræt; **~stube** f MIL belægningsstue
manns|hoch mandshøj; **2leute** pl mandfolk pl; **~toll** mandegal; **2volk** n ⟨-(e)s; 0⟩ mandfolk n u pl
Mannweib n F mandhaftigt fruentimmer n

Mano'meter n manometer n, trykmåler
Ma'nö|ver [-v-] n manøvre n; MIL militærøvelse; **2'vrieren** manøvrere; **2'vrierunfä-hig** manøvreudygtig
Man'sarde f kvist; **~nzimmer** n kvistværelse n
manschen v/i F søle, rode
Man'schette f manchet; **~nknopf** m manchetknap
Mantel m ⟨-s; ˝⟩ TECH frakke; MIL kappe; TECH hylster n, kappe; (Reifen) dæk n; **~kragen** m frakkekrave; **~spiegel** m MIL kravespejl n; **~tarif** m rammetarif; **~tarifvertrag** m rammeoverenskomst
manu'ell manuel; **~e Fertigkeiten** manuelle færdigheder
Manufak'tur f manufaktur; **~waren** f/pl manufakturvarer pl
Manu'skript n ⟨-(e)s; -e⟩ manuskript n
Mappe f mappe; (Schule)taske
Marathonlauf [-tɔn-] m maratonløb n
Märchen [ɛ:] n eventyr n; F fig løgnehistorie; **~buch** n eventyrbog; **2haft** ⟨-est⟩ eventyrlig; **~welt** f ⟨0⟩ eventyrverden
Marder m mår
Marga'rine f ⟨0⟩ margarine
Marge [-ʒə] f margin
Marge'rite f margerit
Ma'ria (G oft **Mariä**) Marie; biblisch mst Maria; **Mariä Verkündigung** Mariæ bebudelse
Ma'rien|bild n madonnabillede n; **~käfer** m mariehøne; **~verehrung** f Mariedyrkelse
Marihuana [-hu'ɑ:na] n ⟨-s; 0⟩ marihuana
Mari'nade f marinade
Ma'rine f ⟨0⟩ marine, flåde; (dänische~) søværn n; **~attaché** m flådeattaché; **2blau** marineblå; **~offizier** m søofficer; **~soldat** m marinesoldat; **~werft** f orlogsværft n
mari'nier|en marinere; **~t** marineret
Mario'nette [ma'RĬo'-] f marionet (a fig)
mari'tim maritim
Mark 1. n ⟨-s; 0⟩ marv; fig kraft; **durch ~ und Bein gehen** gå gennem marv og ben; **2.** f GEOGR grænseland n; **~ Brandenburg** Brandenborg; **3.** f HIST (Währung) ⟨-; -⟩ mark
mar'kant ⟨-est⟩ markant, påfaldende
Marke f mærke n; (Zeichen) tegn n; (Spielgeld) spillemærke n
Marken|artikel m standardartikel, mærkevare; **~butter** f lurmærket smør n; **~schutz** m varemærkebeskyttelse
markerschütternd hårrejsende

Marke'tender *m* HIST marketender

Marketing *n* ⟨-s; 0⟩ marketing; **~abteilung** *f* marketingafdeling

mar'kier|en markere; mærke; (*vortäuschen*) simulere, spille; **~t** *Weg:* afmærket; **2ung** *f* markering, afmærkning; (*Fahrbahn-*) afstribning

markig marvfuld; *fig* kraftig

märkisch brandenborgsk

Mar'kise *f* markise

Markstein *m* grænsesten; *fig* milepæl

Markt *m* ⟨-(e)s; ≈e⟩ torv *n*; (*Jahr2*) marked *n* (*a* ÖKON); **der schwarze ~** den sorte børs, sortbørsen; **auf den ~ bringen** bringe til torvs; ÖKON lancere, markedsføre; **~analyse** *f* markedsanalyse; **~anteil** *m* markedsandel; **~bericht** *m* markedsberetning; **~flecken** *m* flække; **~frau** *f* torvekone; **~halle** *f* torvehal; **~platz** *m* torv(eplads) *n*; **~preis** *m* markedspris; **~schreier** *m* markskriger; **2schreierisch** *fig* markskriger(i)sk; **~tag** *m* torvedag; **~wirtschaft** *f* markedsøkonomi; **freie ~** fri konkurrence, fri markedsøkonomi

Marme'lade *f* marmelade

Marmor *m* ⟨-s; -e⟩ marmor *n*; **~arbeit** *f* marmorarbejde *n*; **~bild** *n* marmorstatue; **~bruch** *m* marmorbrud *n*; **2ieren** [-'ri:-] marmorere; **2n** af marmor, marmor-

Marok'kan|er(in) *m(f)* marokkaner; **2isch** marokkansk

Ma'rokko *n* Marokko *n*

Ma'rotte *f* F dille, lune *n*

Mars *m:* **der ~** Mars

marsch! march!

Marsch¹ *m* ⟨-(e)s; ≈e⟩ march (*a* MUS); **auf dem ~ sein** være undervejs (*od* på vandring)

Marsch² *f* marsk

Marschall *m* ⟨-s; ≈e⟩ marskal; **~stab** *m* marskalstav

Marsch|befehl *m* marchordre; **2bereit** marchklar; **2ieren** [-'ʃi:-] ⟨*sn*⟩ marchere; **~kolonne** *f* marchkolonne; **~land** *n* marskland *n*; **~ordnung** *f* marchorden; **~verpflegung** *f* proviant

Marssegel *n* mærssejl *n*

Marter *f* ⟨-; -n⟩ pinsel, tortur; (*Qual*) kval, pine; **~bank** *f* pinebænk; **2n** ⟨-re⟩ martre, pine

martialisch [-'tsia:-] martialsk, krigerisk

Martins|gans *f* mortensgås; **~horn** *n* udrykningshorn *n*

Märtyrer|(in) *m* ⟨-s; -⟩ (*f*) martyr; **~tod** *m* martyrdød; **~tum** *n* ⟨-s; 0⟩ martyrium *n*

Mar'tyrium *n* ⟨-s; *Martyrien*⟩ martyrium *n*

Mar'xis|mus *m* ⟨-; 0⟩ marxisme; **~t(in)** *m* ⟨-en⟩ (*f*) marxist; **2tisch** marxistisk

März *m* ⟨- *od* -es; -e⟩: **der ~** marts (måned); **im ~** i marts

Marzi'pan *n* ⟨-s; -e⟩ marcipan; **~brot** *n* marcipanbrød *n*

Masche *f* maske; *fig* F trick *n*, fidus; **~ndraht** *m* trådnet *n*; **2nfest** maskefast

Ma'schine *f* maskine; **~ schreiben** skrive på maskine, maskinskrive; **2geschrieben** maskinskrevet

maschi'nell maskinel

Ma'schinen|bau *m* ⟨-(e)s; 0⟩ maskinbygning; **~bauingenieur** *m* maskiningeniør; **~fabrik** *f* maskinfabrik; **~gewehr** *n* maskingevær *n*; **2lesbar** maskinlæsbar; **~öl** *n* maskinolie; **~pistole** *f* maskinpistol; **~raum** *m* maskinrum *n*; **~satz** *m* ⟨-es; 0⟩ TYP maskinsats; **~schaden** *m* maskinskade; **~schreiber(in)** *m(f)* maskinskriver; **~schrift** *f* maskinskrift; **~stürmer** *m* fig maskinstormer; **~wärter** *m* maskinpasser

Maschine'rie *f* maskineri *n* (*a fig*)

Maschi'nist *m* ⟨-en⟩ maskinist

Maser *f* ⟨-; -n⟩ *Holz:* åre; **~n** *pl* MED mæslinger *pl*; **~ung** *f Holz:* å(d)ring

Maske *f* maske (*a fig*)

Masken|ball *m* maskebal *n*, maskerade; **~bildner(in)** *m(f)* sminkør; **~zug** *m* maskeradeoptog *n*

Mask|e'rade *f* maskerade; **2ieren** [-s'ki:-] maskere (*sich* sig; *a fig*)

Mas'kottchen *n* maskot

masku'lin maskulin; **2um** ['mas-] *n* ⟨-s; *Maskulina*⟩ maskulinum *n*, hankøn *n*

Maso'chis|mus *m* ⟨-; 0⟩ masochisme; **~t** *m* ⟨-en⟩ masochist

Maß¹ *n* ⟨-es; -e⟩ mål *n*; (*Grad*) grad; *fig* måde; **in vollem ~e** i høj grad; **nach ~** efter mål; **ohne ~** overmåde; (*hemmungslos*) uden hemninger; **alles mit ~en** alt med måde; **~ halten** holde måde; udvise mådehold; holde igen

Maß², **Mass** *f* ⟨-; -⟩ (*Bier2*) ølkrus *n*

Massage [-'sa:ʒə] *f* massage; **~salon** *m* (*Bordell*) massageklinik

Mas'sa|ker *n* massakre; **2'krieren** massakrere

Maß|anzug *m* sæt *n* tøj efter mål, skræddersyet tøj *n*; **~arbeit** *f* tøj (*od Schuhe:* sko) efter mål; **~band** *n* målebånd *n*

Masse *f* masse; (*Menge*) mængde; (*Haufen*) bunke; (*Konkurs2*) fallitbo *n*; **in ~n** i massevis; **die breite ~** den brede masse, den jævne befolkning

Maßeinheit *f* måleenhed

mauscheln

Massen|artikel *m* masseartikel; **~aufgebot** *n* masseopbud *n*; **~grab** *n* fællesgrav; **~haft** i massevis; **~herstellung** *f* massefremstilling; **~karambolage** *f* harmonikasammenstød *n* ⟨*-s; Massenmedien*⟩ massemedium *n*; **~mord** *m* massemord *n*; **~produktion** *f* masseproduktion; **~psychose** *f* massepsykose; **~tourismus** *m* masseturisme; **~versammlung** *f* massemøde *n*; ♀**weise** massevis

Masseu|r [-'søːʁ] *m* ⟨*-s; -e*⟩ massør; **~rin**, **~se** *f* massøse

Maß|gabe *f* ⟨*0*⟩ forhold *n*; **nach ~** (*G*) i henhold til; **mit der ~** under den betingelse; ♀**gebend**, ♀**geblich** bestemmende, afgørende; toneangivende; kompetent; ♀**geschneidert** skræddersyet (*a fig*); ♀**-halten → Maß²**; **~halten** ⟨*0*⟩ måde-hold *n*

mas'sieren massere

massig svær, massiv, tung, kompakt

mäßig mådeholden; (*schlecht*) dårlig, middelmådig; (*maßvoll*) moderat, rimelig; **~en** moderere; (*beruhigen*) dæmpe, betvinge; **gemäßigt** modereret; *Hitze*: tempereret; **sich ~** lægge sig; *fig* tvinge sig; udvise mådehold; ♀**keit** *f* ⟨*0*⟩ mådehold(enhed) *n*; ♀**ung** *f* mådehold *n*; *fig* (selv)beherskelse

massiv [-'siːf] massiv; ♀ *n* ⟨*-s; -e*⟩ (bjerg)massiv *n*; ♀**bauweise** *f* (solidt) murstensbyggeri *n*

Maß|krug *m* literkrus *n*; **~'liebchen** *f* tusindfryd; ♀**los** ⟨*-est*⟩ ubehersket; *fig* umådelig; **~losigkeit** *f* ⟨*0*⟩ umådeholdenhed; (*Dünkel*) overmod *n*, hybris; **~nahme** *f*, **~regel** *f* foranstaltning, forholdsregel; **s-e ~regeln treffen** træffe sine forholdsregler; ♀**regeln** skride ind imod; **gemäß-regelt werden** F få en næse; **~regelung** *f* indskriden imod; F opsang, næse; **~schneiderei** *f* (hånd)skrædderi *n*; **~stab** *m* målestok (*a fig*); ♀**voll** mådeholden, behersket; moderat

Mast¹ *f* ⟨*-(e)s; -en*⟩ NAUT mast

Mast² *f* (*Mästung*) opfedning; **~darm** *m* endetarm

mästen ⟨*-e-*⟩ mæske (*sich* sig); *Tiere* opfede

Mast|gans *f* fedegås; **~kalb** *n* fedekalv; **~schwein** *n* fedesvin *n*

mastur'bieren *v/i* masturbere

Mastvieh *n* fedekvæg *n*

Mata'dor *m* ⟨*-s; -e*⟩ matador

Match [mɛtʃ] *n* ⟨*-es; -e*⟩ match, kamp; **~ball** *m* Tennis: deuce

Material [-'ʁĭɑːl] *n* ⟨*-s; -ien*⟩ materiale *n*; materiel *n*; **~fehler** *m* materialefejl

Materia'lis|mus *m* ⟨*-; 0*⟩ materialisme; ♀**tisch** materialistisk

Materi'alkosten *pl* materialeomkostninger *pl*

Ma'terie [-ʁĭə] *f* (CHEM *Stoff*) stof *n*; (*Thema*) materie, emne *n*; ♀**ll** [-e'ʁĭɛl] materiel

Mathe|arbeit *f* matematikopgave; **~ma'tik** *f* ⟨*0*⟩ matematik; **~'matiker** *m* matematiker; ♀**matisch** matematisk

Matinee [mati'neː] *f* ⟨*-; -n*⟩ matiné

Matjeshering *m* matjesild

Ma'tratze *f* madras

Mä'tresse *f* ⟨*-; -n*⟩ maitresse, elskerinde

Matriar'chat *n* ⟨*-(e)s; -e*⟩ matriarkat *n*

Ma'trikel *f* personfortegnelse, liste, matrikel

Ma'tritze *f* TYP matrice; **zur Vervielfältigung:** stencil

Ma'trone *f* matrone

Ma'trose *m* ⟨*-n*⟩ matros

Ma'trosen|anzug *m* matrostøj *n*; **~bluse** *f* matrosbluse; **~mütze** *f* matroshue

Ma'tura *f* ⟨*-; 0*⟩ studentereksamen

Mätzchen *n/pl abw* F „numre" *pl*

Mauer *f* mur (*a fig*); (*Wand*) væg; **~blümchen** *n fig* bænkevarmer; ♀**n** ⟨*-re*⟩ mure; **~schwalbe** *f*, **~segler** *m* mursvale, mursejler; **~stein** *m* mursten; **~werk** *n* murværk *n*

Maul *n* ⟨*-(e)s; ⁻er*⟩ mund, mule; P kæft, flab; **halt's ~!** hold kæft!; **~beere** *f* morbær(træ *n*) *n*

Mäulchen *n* trutmund

maul|en *v/i* F surmule, være tvær; ♀**esel** *m* mulæsel *n*; ♀**held** *m* storpraler; ♀**korb** *m* mundkurv (*a fig*); ♀**schelle** *f* grefigen; ♀**tier** *n* muldyr *n*; ♀**- und Klauenseuche** *f* mund- og klovsyge; ♀**wurf** *m* muldvarp; ♀**wurfshügel** *m* muldvarpeskud *n*

Maurer *m* murer; **~arbeit** *f* murerarbejde *n*; **~geselle** *m* murersvend; **~kelle** *f* murske; **~meister** *m* murermester; **~pinsel** *m* kalkkost

Maus *f* ⟨*-; ⁻e*⟩ mus (*a* EDV); **die weißen Mäuse** F færdselspolitiet

mauscheln *v/i* ⟨*-le*⟩ F træffe hemmelige

aftaler, lave studehandel

Mäuschen n lille mus; *fig* snut, pus n; ℒ'**still** musestille

Mäusebussard m musvåge

Mause|falle f musefælde; ~**loch** n musehul n; ℒn ⟨-t⟩ v/i fange mus; v/t F stjæle, hugge

Mäuseplage f museplage

Mauser f ⟨0⟩ fældning; ℒn ⟨-re⟩: **sich** ~ fælde; *fig* blive moden; ~**zeit** f fældetid

maus|e'tot stendød; ~**grau** musegrå; ~**ig** F fræk, storsnudet

Mausklick m: **per** ~ EDV med et klik på musen

Mausoleum [-'le:ʊm] n ⟨-s; *Mausoleen*⟩ mausoleum n

Mauspad n EDV musemåtte

Maut f ⟨0⟩ (vej)afgift

m. a. W. (= *mit anderen Worten*) med andre ord

Max m: **strammer** ~ *Kochkunst*: F biksemad

maxi'mal maksimal, højst-, maksimums-; ℒ**geschwindigkeit** f maksimumshastighed; ℒ**gewicht** n maksimalvægt, vægtgrænse

Ma'xi|me f maksime; ℒ'**mieren** maksimere, gøre så stor som muligt

Maximum n ⟨-s; *Maxima*⟩ maksimum n

Mayonnaise [maˈjoˈneːzə] f mayonnaise, majonæse

MAZ f ⟨0⟩ (= *magnetische Aufzeichnung* [*beim Fernsehen*]) båndoptagelse

Mäzen [mɛˈtseːn] m ⟨-s; -e⟩ mæcen

m. E. (= *meines Erachtens*) efter mit skøn, efter min opfattelse

Me'cha|nik f mekanik; ~**niker** m mekaniker; ℒ**nisch** mekanisk; ℒ**ni'sieren** mekanisere; ~**ni'sierung** f mekanisering; ~'**nismus** m ⟨-; *Mechanismen*⟩ mekanisme n *(a fig)*

Mecker|er m kværulant; ℒ**n** v/i ⟨-re⟩ bræge; *fig* kværulere, gøre vrøvl

Medaille [-'daljə] f medalje; ~**ngewinner(in)** m(f) medaljevinder

Medaillon [-'jɔŋ] n ⟨-s; -s⟩ medaljon

Medien n/pl medier pl; ~**forscher** m medieforsker; ~**politik** f mediepolitik

Medika'men|t n ⟨-(e)s; -e⟩ medikament n, lægemiddel n; ℒ'**tös** medikamentel

Medi|tation [-'tsïo:n] f meditation; ~'**tieren** v/i meditere

Medium [-dïʊm] n ⟨-s; *Medien*⟩ medium n

Medi'zin f lægevidenskab, medicin; ~**ball** m (tyk) gymnastikbold (af læder); ~**er** m mediciner; *(Arzt)* læge; ℒ**isch** medicinsk; ~**mann** m medicinmand

Meer n ⟨-(e)s; -e⟩ hav n, sø; ~**aal** m havål;

~**blick** m havudsigt; ~**busen** m havbugt; ~**enge** f sund n, stræde n

Meeres|boden m havbund; ~**früchte** f/pl alt godt fra havet n; ~**kunde** f ⟨0⟩ oceanografi; ~**leuchten** n ⟨-s; 0⟩ morild; ~**spiegel** m ⟨-s; 0⟩ havoverflade; ~**stille** f havblik n; ~**strömung** f havstrøm

meer|grün søgrøn; ℒ**jungfrau** f havfrue; ℒ**katze** f marekat; ℒ**rettich** m peberrod; ℒ**salz** n havsalt n; ℒ**schaum** m ⟨-(e)s; 0⟩ merskum n; ℒ**schweinchen** n marsvin n; ℒ**ungeheuer** n havuhyre n; ℒ**wasser** n ⟨-s; 0⟩ havvand

Meeting ['mi:-] n ⟨-s; -s⟩ meeting n

Mega'|fon, ~'**phon** n ⟨-s; -e⟩ megafon; ~**watt** n megawatt

Mehl n ⟨-(e)s; -e⟩ mel n; ~**brei** m melgrød; ℒ**haltig** melholdig; ℒ**ig** melet; ℒ**kloß** m melbolle; ~**sack** m melsæk; ℒ**schwitze** f hvid opbagt sovs; ~**sieb** n melsigte; ~**speise** f melspise; melgrød; ℒ**staub** m melstøv n; ~**tau** m BOT meldug

mehr mere; *Personen, Geld, Zählbares*: flere; **immer** ~ mere og mere (*od* flere og flere); **nichts** ~ ikke mere; **noch** ~ endnu mere (*od* flere); ~ **oder weniger** mere eller mindre; **umso** ~ så meget desto mere; ℒn ⟨-[s]; 0⟩ (*Mehrheit*) plus n, forøgelse; ℒ**arbeit** f ekstraarbejde n; ℒ**ausgabe** f merudgift; ℒ**betrag** m overskud n, plus n; ~**deutig** flertydig; ~**dimensional** flerdimensional; ℒ**einnahme** f merindtægt; ~**en** forøge; **sich** ~ forøges, formere sig; ~**ere** flere, nogle, adskillige; ~**s** forskelligt; ~**fach** adj gentagen, mangfoldig; adv ofte, gentagne gange; ℒ**familienhaus** n flerfamilieshus n; ℒ**farbendruck** m flerfarvetryk n; ~**farbig** flerfarvet; ℒ**gepäck** n ekstrabagage; ℒ**gewicht** n overvægt

Mehrheit f flertal n, majoritet; **die schweigende** ~ fig det tavse flertal; ℒ**lich** overvejende; ~**sbeschluss** m flertalsbeslutning; ~**swahlrecht** n ⟨-(e)s; 0⟩ flertalsvalgret

mehr|jährig flerårig; ℒ**kosten** pl meromkostninger pl, merudgifter pl; ℒ**leistung** f ekstraydelse; ekstrapræstation; ~**malig** gentagen; ~**mals** ofte, gentagne gange; ℒ**phasenstrom** m flerfaset strøm; ~**silbig** flerstavelses-; ~**sprachig** flersproget; ~**stimmig** flerstemmig; ℒ**tägig** flere dages-; ℒ**ung** f ⟨0⟩ forøgelse; ℒ**verbrauch** m ekstraforbrug n; ℒ**wegflasche** f pantflaske; ℒ**wert** m merværdi; ℒ**wertsteuer** f moms; ℒ**zahl** f flertal n

Mehrzweck|raum m alrum n; ~**werkzeug** n universalværktøj n

meiden ⟨L⟩ undgå, blive fra, sky
Meie'rei f mejeri n
Meile f mil; **~nstein** m milepæl (a fig);
⚪nweit milevidt
Meiler m (kul)mile
mein min, mit n, mine pl; **der** (**die, das**)
~(ig)e min, mit pl, mine pl; **die ⚪(ig)en**
min familie; **~ und dein** mit og dit
Meineid m mened; **⚪ig** menedersk
meinen mene; (**glauben**) tro, synes; (**sa-**
gen) sige; **du bist gemeint** det er dig,
der hentydes til; det drejer sig om dig;
man sollte ~ man skulle tro
meinerseits fra (**od** på) min side
meinesgleichen folk som jeg
meinet|halben, ~wegen for min skyld,
hvad mig angår; **~wegen!** for mig gerne!,
~willen: um ~willen for min skyld
meinige → **mein**
Meinung f mening, opfattelse; (**Einschät-**
zung) skøn n (**über** A/om); (**Absicht**)
hensigt; **meiner ~ nach** efter min mening; **der ~ sein** være af den mening
Meinungs|austausch m meningsudveks-
ling; **~forschung** f opinionsundersø-
gelse, meningsmåling; **~freiheit** f ⟨0⟩
ytringsfrihed; **~umfrage** f opinions-
undersøgelse, meningsmåling; **~verschie-**
denheit f mellemværende n
Meise f mejse, musvit
Meißel m mejsel; **⚪n** ⟨-le⟩ mejsle
meist mest; (**Personen**, **Zählbares**: flest;
das ~e det meste; **die ~en** de fleste;
am ~en mest; **~begünstigt** mestbe-
gunstiget; **⚪begünstigungsklausel** f
mestbegunstigelsesbestemmelse; **~bie-**
tend højstbydende; **~ens, ~enteils** for
det meste, mest
Meister m mester (a SPORT u Lehr⚫); **däni-**
scher ~ danmarksmester; **~brief** m
mesterbrev n; **⚪haft** ⟨-est⟩ mesterlig; **~in** f
mesters kone; SPORT mester; **⚪lich** mesterlig; **⚪n** ⟨-re⟩ mestre, beherske; (**über-**
winden) overvinde
Meisterschaft f mesterskab n; **~sspiel** n
kamp om mesterskab
Meister|stück n mesterstykke n; **~werk** n
mesterværk n
Meistgebot n højeste bud n
Melancho'l|ie [-aŋkо-] f ⟨0⟩ melankoli,
tungsind n; **⚪isch** [-'ko:-] melankolsk,
tungsindig; (**trübe**) trist
Me'lasse f melasse
Melde f BOT mælde
Melde|amt n folkeregister n; **~frist** f an-
meldelsesfrist; Kursus: tilmeldingsfrist;
⚪n ⟨-e-⟩ melde (a MIL); (**mitteilen**) med-

dele; **sich ~** (an)melde sig (**bei** D/hos;
zu D/til); Schule: markere; **~pflicht** f an-
meldelsespligt; **~schein** m flyttebevis n,
tilmeldingsblanket, anmeldelsesblanket;
~schluss m slut for tilmeldelse; **~zettel**
m tilmeldingsblanket
Meldung f melding (a MIL); (**Mitteilung**)
meddelelse
me'liert ⟨-est⟩ meleret; Haar: gråsprængt
Melk|eimer m malkespand; **⚪en** ⟨L⟩
malke (a fig j-n); **~er** m malkekarl, mal-
ker; **~maschine** f malkemaskine; **~sche-**
mel m malkestol
Melo'die f melodi
me'lodisch melodisk
Melo'dra|m(a) n melodrama n; **⚪'matisch**
melodramatisk
Me'lone f melon; F (Hut) rund (od stiv)
hat
Meltau m BOT meldug
Mem'bran f membran
Memme f kryster, kujon
Memoiren [-mo'a:-] pl memoirer, erin-
dringer pl
Memo'r|andum n ⟨-s; Memoranden⟩ me-
morandum n; ⚪ieren lære udenad, me-
morere
Memory® n ⟨-s; -s⟩ huskespil n

M

Menage [-'na:ʒə] f platmenage; **~'rie** f
menageri n
Menge f mængde; (Haufen) bunke, masse;
e-e ganze ~ en hel del; **in großer ~** i massevis; **e-e ~ Arbeit, Bekannte** en hel del
mengen v/t blande; rode sammen; **sich ~**
blande sig (**in** A/i)
Mengen|lehre f ⟨0⟩ mængdelære; **⚪mäßig**
kvantitativ; **~rabatt** m mængderabat
Menin'gitis f ⟨-; Meningi'tiden⟩ meningitis
Me'niskus m ⟨-; Menisken⟩ menisk
Mennige f ⟨0⟩ mønje
Mensa f ⟨-; Mensen⟩ studenterkantine,
studenterrestaurant
Mensch m ⟨-en⟩ menneske n; **~en** m/pl
mennesker pl; folk pl; **klar, ~!** f selvfølgelig, mand!
Mensch ärgere dich nicht® n ⟨-; 0⟩
(Spiel) ludo(spil n)
Menschen|affe m menneskeabe; **⚪ähn-**
lich menneskelignende; **~alter** n menne-
skealder; **~feind** m menneskehader;
⚪feindlich menneskefjendsk; **~fresser**
m menneskeæder; **⚪freundlich** menne-
skevenlig; **~führung** f menneskeledelse;
~gedenken n: seit~ i mands minde; **~ge-**
schlecht n ⟨-(e)s; 0⟩ menneskeslægt;
~hass m menneskehad n; **~kenner** m

menschekender; **~kenntnis** f menneskekendskab n; **~kind** n menneske(barn n) n; **~leben** n menneskeliv n; **Qleer** mennesketom; **~liebe** f menneskekærlighed; **~menge** f menneskemængde; **Qmöglich** mulig (for mennesker); *alles ~mögliche* alt hvad der overhovedet er muligt; **~opfer** n menneskeoffer n; **~raub** m bortførelse; **~rechte** n/pl menneskerettigheder pl; **Qscheu** menneskesky; **~schinder** m blodsuger; **~schlag** m slags mennesker; folkefærd n; **~seele** f menneskesjæl; **~skind** n: F *~!* mand dog!; **~tum** n ⟨-s; 0⟩ menneskehed; **Qunwürdig** uværdig; **~verstand** m menneskeforstand; *gesunder ~* sund fornuft; **~werk** n menneskeværk n; **~würde** f menneskeværdighed; **Qwürdig** menneskeværdig

Mensch|heit f ⟨0⟩ menneskeslægt, menneskehed; **Qlich** menneskelig; **~lichkeit** f ⟨0⟩ menneskelighed

Menstru|ation [-strua'tsioːn] f menstruation menses; **Qieren** v/i menstruere

Men'sur f duel (i studenterforening)

Men'thol n ⟨-s; 0⟩ mentol

Me'nü n ⟨-s; -s⟩ menu; **~(balken** m) n EDV menu

Menu'ett n ⟨-(e)s; -e⟩ menuet

Mergel m mergel

Meridian [-'diaːn] m ⟨-s; -e⟩ meridian

Me'rino m ⟨-s; -s⟩ merino(får) n

merk|bar tydelig, følelig; **Qblatt** n vejledning; brugsanvisning; **Qbuch** n opskrivningsbog; **~en** mærke, føle; *(verstehen)* forstå; *sich* (D) *etw.* (A) *~* huske ngt.; *sich* (D) *nichts ~ lassen* ikke lade sig mærke med ngt.; **~lich** merkbar; **Qmal** n kendetegn n; *(Eigenschaft)* særkende n

merkwürdig mærkværdig; mærkelig; **~er-'weise** mærkværdigvis; mærkelig nok; **Qkeit** f mærkværdighed

Merk|zeichen n (kende)mærke n; **~zettel** m huskeseddel

me'schugge F tosset, forrykt

Mesopo'tamien [-miən] n mesopotamien n

Mess|band n målebånd n; **Qbar** målelig; **~barkeit** f ⟨0⟩ målelighed; **~becher** m måleglas n

Mess|buch n messebog; **~diener** m messetjener

Messe f REL u ÖKON messe; **~besuch** m messebesøg n; **~besucher** m messebesøgende; **~gelände** n messeterræn n; **~halle** f messehal

messen ⟨L⟩ måle (*sich* sig)

Messer¹ m måler

Messer² n kniv; *j-m das ~ an die Kehle setzen* sætte én kniven på struben; **~held** m knivstikker; **~klinge** f knivsblad n; **Qscharf** knivskarp; **~spitze** f knivspids; **~steche'rei** f slagsmål n med knive; **~stich** m knivstik n

Messestand m messestand

Messgerät n måleinstrument n

Messgewand n messehagel

Messias [-'siːas] m ⟨-; 0⟩ Messias

Messing n ⟨-s; 0⟩ messing n; **~draht** m messingtråd

Mess|instrument n måleinstrument n; **~latte** f målestang

Mes(s)ner m degn

Messopfer n messeoffer n

Messung f måling

Mess|verfahren n målemetode; **~zahl** f indekstal n

Mestize [mes'tiːtsə] m ⟨-n⟩ mestiz

Met [eː] m ⟨-(e)s; 0⟩ mjød

Me'tall n ⟨-s; -e⟩ metal n; **~arbeiter** m metalarbejder; **Qartig** metalagtig; **~bearbeitung** f metalforarbejdning; **Qen** af metal, metal-; **~ermüdung** f metaltræthed; **~glanz** m metalglans; **~industrie** f metalindustri; **Qisch** metallisk, metalagtig; **~ur'gie** f ⟨0⟩ metallurgi; **Qurgisch** [-'lʊʁ-] metallurgisk; **~waren** f/pl metalvarer pl; *Geschäft:* isenkram

Meta|mor'phose f metamorfose; **~pher** [-'ta-] f ⟨-; -n⟩ metafor; **Qphorisch** metaforisk; **~phy'sik** f metafysik; **Qphysisch** metafysisk

Meteor [-e'oːʁ] m ⟨-s; -e⟩ meteor (n); **~o'loge** m ⟨-n⟩ meteorolog; **~olo'gie** f ⟨0⟩ meteorologi; **Qo'logisch** meteorologisk

Meter n od m meter; **Qlang** meterlang; **~maß** n metermål n, målebånd n; **~ware** f metervare; **Qweise** metervis

Me'than n ⟨-s; 0⟩ metan n

Me'thod|e f metode; **~ik** f ⟨0⟩ metodik; **Qisch** metodisk

Me'thylalkohol m metylalkohol

Metr|ik f metrik; **Qisch** metrisk

Metro|'nom n ⟨-s; -e⟩ metronom; **~'pole** f metropol

Mette f fromesse

Mettwurst f (slags) svinepølse

Metz|e'lei f myrderi n, blodbad n; **Qeln** ⟨-le⟩ hugge ned, slagte; **~ger(in)** m(f) slagter; **~ge'rei** f slagteri n

Meuchel|mord m snigmord n; **~mörder** m snigmorder

meuch|eln ⟨-le⟩ snigmyrde; **~lerisch**,

~lings snigmordersk, lumsk

Meute *f* hundekobbel *n*; *fig a* bande

Meute|'rei *f* mytteri *n*; **~rer** *m* oprører, mytterist; **~rn** *v/i* ⟨*-re*⟩ gøre mytteri

Mexi'kan|er(in) *m(f)* meksikaner; **2isch** meksikansk

MEZ (= *mitteleuropäische Zeit*) mellemeuropæisk tid

MG [em'ge:] *n* ⟨*-s*; *-s*⟩ (= *Maschinengewehr*) maskingevær *n*

mi'au! mjav!; **~en** *v/i* mjave

mich mig; **für~** til (*betreffend* for) mig; **ohne~** uden mig

mick(e)rig F ynkelig, sølle; *Gestalt:* lille, svagelig

Mieder *n* livstykke *n*; snøreliv *n*; (*Büstenhalter*) brystholder; **~waren** *f/pl* dameundertøj *n*

Mief *m* ⟨*-(e)s*; *0*⟩ F os, fims, hørm; **2ig** F fuld af os (*od* fims); *fig* småborgerlig

Miene *f* mine; *ohne e-e ~ zu verziehen* uden at fortrække en mine; *gute ~ zum bösen Spiel machen* gøre gode miner til slet spil; **~nspiel** *n* minespil *n*

mies ⟨*-est*⟩ elendig, skidt; **2macher** *m* pessimist, sortseer, F lyseslukker

Miesmuschel *f* blåmusling

Miet|auto *n* udlejningsbil; lejet bil; **~block** *m* karré; **~e** *f* 1. (hus)leje; *zur~ wohnen* bo til leje; *warme ~* husleje og varme; *kalte ~* husleje uden varme; 2. (*Stapel*) stak, kule; **2en** ⟨*-e-*⟩ leje; **~er(in)** *m(f)* lejer; **~erhöhung** *f* huslejestigning; **~erschreck** *m* F bolighaj; **~erschutzgesetz** *n* lejelov; **~ertrag** *m* lejeindtægt; **~shaus** *n* ejendom; **~skaserne** *f* lejekaserne; **~verhältnis** *n* lejemål *n*; **~vertrag** *m* (hus)lejekontrakt; **~wagen** *m* udlejningsbil; **2weise** til leje; **~wohnung** *f* lejet lejlighed (*od* bolig); **~wucher** *m* boligågeri; **~zins** *m* husleje

Mieze(katze) *f* mis(sekat)

Mi'gräne *f* migræne

Mi'krobe *f* mikrobe

Mikro|fiche [-fi·ʃ] *m od n* ⟨*-s*; *-s*⟩; **~film** *m* mikrofilm; **~'fon** *n* ⟨*-s*; *-e*⟩ mikrofon; **~organismus** *m* mikroorganisme; **~pro'zessor** *m* ⟨*-s*; *-en* [-'so:-]⟩ mikroprocessor

Mikro'skop *n* ⟨*-s*; *-e*⟩ mikroskop *n*; **2isch** mikroskopisk

Mikrowellenherd *m* mikro(bølge)ovn

Milbe *f* mide

Milch *f* ⟨*0*⟩ mælk; (*Fisch2*) mælke; *frische ~* nymalket mælk; **~bar** *f* mælkebar; **~bart** *m fig* flødeskæg; **~brei** *m* mælkegrød; **~eimer** *m* mælkespand; **2en** *v/i* give mælk, malke; **~flasche** *f* mælkeflaske;

~gebiss *n* mælketænder *pl*; **~gesicht** *n fig* F flødefjæs *n*; **~glas** *n* mælkeglas *n*; **~händler** *m* mælkehandler; **2ig** mælkeagtig; **~kaffee** *m* kaffe med mælk; **~kanne** *f* mælkekande; *auf dem Bauernhof:* junge; **~kuh** *f* malkeko; **~mädchenrechnung** *f* sypigetips *n*; **~mann** *m* mælkemand; **~mixgetränk** *n* milk-shake; **~pulver** *n* mælkepulver *n*; **~reis** *m* risengrød; **~säure** *f* mælkesyre; **~schorf** *m* arp, mælkeskurv; **~speise** *f* mælkemad; **~straße** *f* ⟨*0*⟩ mælkevej; **~tüte** *f* mælkekarton; **~wirtschaft** *f* mejerivæsen *n*; **~zahn** *m* mælketand

mild ⟨*-est*⟩ mild; (*sanft*) blid; **2e** *f* ⟨*0*⟩ mildhed, blidhed; (*sanft*) blidhed; **2ern** ⟨*-re*⟩ mildne; *Not* lindre; formilde; **~de Umstände** formildende omstændigheder; **2erung** *f* ⟨*0*⟩ lindring; formildelse; *Wetter:* mildning; **2erungsgrund** *m* formildende omstændighed; **~herzig**, **~tätig** godhjertet; godgørende

Milieu [-'liø:] *n* ⟨*-s*; *-s*⟩ miljø *n*; **2geschädigt** miljøskadet

Mili'tär 1. *m* ⟨*-s*; *-s*⟩ soldat; **2.** *n* ⟨*-s*; *0*⟩ militær *n*, hær; **~arzt** *m* militørlæge; **~attaché** *m* militærattaché; **~bündnis** *n* militær alliance; **~dienst** *m* militærtjeneste; **~diktatur** *f* militærdiktatur *n*; **~flugzeug** *n* militærfly *n*; **~gericht** *n* militær domstol; **2isch** militær(isk)

Milita'r|ismus *m* ⟨*-*; *0*⟩ militarisme; **~ist** *m* ⟨*-en*⟩ militarist; **2istisch** militaristisk

Mili'tär|junta *f* militærjunta; **~pfarrer** *m* militærpræst; **~pflicht** *f* ⟨*0*⟩ værnepligt; **2pflichtig** værnepligtig; **~polizei** *f* militærpoliti *m*; **~putsch** *m* militærkup *n*; **~zeit** *f* ⟨*0*⟩ soldatertid

Mi'liz *f* milits; *in Dänemark:* hjemmeværn *n*; civilforsvar *n*

Milliarde [-'liaɐ-] *f* milliard

Milli'meter *n od m* millimeter; **~papier** *n* ⟨*-(e)s*; *0*⟩ millimeterpapir *n*

Million [-'lio:n] *f* million; **~är** [-'nɛːʁ] *m* ⟨*-s*; *-e*⟩ millionær

Milz *f* milt; **~brand** *m* ⟨*-(e)s*; *0*⟩ miltbrand

Mim|e *m* ⟨*-n*⟩ skuespiller; **2en** mime; simulere; **~ik** *f* ⟨*0*⟩ mimik

Mi'mose *f* mimose (*a fig*)

Mina'rett *n* ⟨*-s*; *-s od -e*⟩ minaret

minder mindre, ringere; **~bemittelt** mindrebemidlet; **2einnahme** *f* indtægtstab *n*, indtægtsnedgang

Minderheit *f* mindretal *n*; **~enfrage** *f* mindretalsspørgsmål *n*; **~sregierung** *f* mindretalsregering

minderjährig mindreårig, umyndig; **2keit**

$f \langle 0 \rangle$ mindreårighed

minder|n $\langle -re \rangle$ (for)mindske; ***sich ~*** formindskes, aftage; **2ung** f formindskelse, aftagen

minderwertig mindreværdig, underlødig, underlegen, anden klasses; **2keit** f mindreværd n, underlødighed; **2keitskomplex** m mindreværdskompleks n

Minderzahl $f \langle 0 \rangle$ mindretal n

mindest mindst; ringest; ***nicht im* 2en** ikke i mindste måde; ***zu~*** i det mindste; **2abstand** m mindste afstand; **2alter** f minimumsalder; **2betrag** m minimum(sbeløb n) n; **~ens** adv mindst; i det mindste

Mindest|forderung f mindstekrav n; **~geschwindigkeit** f minimumshastighed; **~haltbarkeitsdatum** n mindst holdbar til; **~lohn** m mindsteløn; **~maß** n mindstemål n; ***ein ~ an*** (D) fig et minimum af; **~preis** m minimumspris

Mine f mine (a BERGB); Bleistift: stift

Minen|arbeiter m minearbejder; **~feld** n minefelt n; **~leger** m mineudlægger; **~suchboot** n minestryger; **~werfer** m minekaster; mørtel

Mine'ral $n \langle -s; -e od -ien \rangle$ mineral n; **2isch** mineralsk; **~o'gie** $f \langle 0 \rangle$ mineralogi; **~öl** n (brændsels)olie; **~quelle** f mineralsk kilde; **~wasser** n mineralvand n, „dansk vand"

Minia'tur f miniature (n); **~ausgabe** f miniaturudgave

Mini|golf n minigolf; **2'mal** minimal, minimums-; **~mum** $n \langle -s; Minima \rangle$ minimum n; **~rock** m lårkort kjole; **~slip** m tangatrusse

Mi'nister(in) $m(f)$ minister

Ministerial|direktor [-'rïa:l-] m departementschef; **~rat** $m \langle -(e)s; =e \rangle$ kontorchef

minister|iell [-'rïel] ministeriel; **2ium** [-'te:rïom] $n \langle -s; Ministerien \rangle$ ministerium n

Mi'nister|präsident m statsminister; Bundesland: ministerpræsident; **~rat** m ministerråd n; **~sessel** m fig F ministerpost, „taburet"

Minne $f \langle 0 \rangle$ elskov; **~sänger** m minnesanger

Minori'tät f mindretal n

minus minus; **~ 5 Grad** minus 5 grader; **2n** $\langle -; - \rangle$ minus n; **2punkt** m fig minus n; **2zeichen** n minustegn n (a fig)

Mi'nute f minut n; ***auf die ~*** på minuttet

mi'nuten|lang adj minutlang; adv i flere minutter; **2zeiger** m minutviser, lille viser

minuziös [-'tsïø:s] $\langle -est \rangle$ nøjagtig, hårfin, minutiøs

Minze f mynte

mir mig; **~ nichts, dir nichts** fig uden videre; **von ~ aus** for min skyld gerne; Einschätzung: ud fra min betragtning

Mira'belle f mirabel

Mi'rakel n mirakel n, under n

misch|bar blandelig; **2ehe** f blandet ægteskab n; **~en** blande; ***sich ~ in*** (A) blande sig i; **gemischt** blandet (a fig); **2er** m Beton: blander; **2futter** n blandfoder n; **2gemüse** n blandede grøntsager pl; **2ling** $m \langle -s; -e \rangle$ blanding; pej bastard; **2masch** $m \langle -(e)s; -e \rangle$ miskmask n; **2maschine** f mixer; Beton: betonblander; **2pult** n mixerpult; **2ung** f blanding; **2wald** m blandskov

mise'rabel elendig, miserabel

Mi'sere f misere

miss|achten foragte, ringeagte; **2'achtung** f ringeagtelse; Verkehrsregel: overtrædelse; **~behagen** v/i (D) mishage; **2behagen** $n \langle -s; 0 \rangle$ misfornøjelse; **2bildung** f misdannelse; **~'billigen** misbillige; **2billigung** f misbilligelse; **2brauch** m misbrug (n); **~'brauchen** misbruge; **~bräuchlich** fejlagtig, uden tilladelse; **~'deuten** mistyde; fejlfortolke; **2deutung** f mistydning; fejlfortolkning

missen savne, undvære; ***das möchte ich nicht ~*** det vil jeg nødig undvære

Miss|erfolg m fiasko, uheldigt udfald n; **~ernte** f dårlig høst, misvækst

Misse|tat f misgerning; **~täter** m misdæder, ugerningsmand

miss|fallen v/i (D) mishage; **2fallen** $n \langle -s; 0 \rangle$ utilfredshed, mishag n; **~fällig** ubehagelig, misfornøjet; **~gebildet** vanskabt, handicappet; **2geburt** f fig misfoster n; **~gelaunt** forstemt; i dårligt humør; **~geschick** n uheld n, vanskæbne; **2gestalt** f vanskabning; **~gestaltet** vanskabt; **~'glücken** v/i mislykkes; **~'gönnen** misunde; **2griff** m misgreb, fejlgreb n; **2gunst** f misundelse; **~'günstig** misundelig; **~'handeln** mishandle; **2'handlung** f mishandling; **2helligkeit** f uenighed; disharmoni

Missi|on f mission; (a Gesandschaft); **die Innere ~** (pietistische Glaubensrichtung) Indre Mission; **~'nar** $n \langle -s; -e \rangle$ missionær; **2'nieren** missionere (a fig); **~nsschule** f missionsskole

Miss|klang m disharmoni; fig mislyd; **~kredit** $m \langle -(e)s; 0 \rangle$ miskredit; ***in ~ bringen*** bringe i miskredit; **2'leiten** missge-

leitet fig vildledt

misslich vanskelig, mislig; **2keit** f misligged

miss|liebig ildelidt, misliebig; **~lingen** (L; sn) mislykkes, slå fejl; **2mut** m mismod n; ærgrelse; **~mutig** mismodig; ærgerlig; **~'raten** v/i ⟨sn⟩ slå fejl, mislykkes; *adj mst iron* vanartet; **2stand** m mangel, ulempe; **2stimmung** f forstemthed, uenighed; **2ton** m falsk tone; fig mislyd

miss'trau|en v/i ⟨D⟩ mistro; **2en** ['mɪs-] n ⟨-s; 0⟩ mistillid; **2ensantrag** ['mɪs-] m mistillidsvotum n; **2isch** ['mɪs-] mistroisk

Miss|vergnügen n ⟨-s; 0⟩ misfornøjelse; **2vergnügt** misfornøjet; **~verhältnis** n misforhold n; **~verständnis** n misforståelse; fejltagelse; **2verstehen** misforstå

Misswahl f (*Schönheitskonkurrenz*) skønhedskonkurrence

Misswirtschaft f dårlig økonomisk styrelse; vanrøgt

Mist m ⟨-(e)s; 0⟩ (*~haufen*) mødding; (*Kot*) møg n, gødning; fig F skidt n, møg n; (*so ein*) **~!** F sådan noget lort!; **~beet** n mistbænk

Mistel f ⟨-; -n⟩ misteltén

mist|en ⟨-e-⟩ muge; (*düngen*) gøde; **2fink** m svinepels; **2gabel** f møggreb; **2haufen** m mødding; **2käfer** m skarnbasse; **2stück** n P skiderik

Miszellen [mɪs'tsɛl-] pl forskelligt

mit 1. *prp* (D) med; **~ 25 Jahren** i 25 års alderen; **~ e-m Mal** pludselig; på én gang; **~ jedem Tag** for hver dag; *was ist ~ ihm* (*los*)? hvad er der i vejen med ham?; **2.** *adv:* **~ anfassen** give en håndsrækning; *da kann ich nicht ~* det kan jeg ikke være med til; det kan jeg ikke følge med i; **~ sein** være med

Mitarbeit f ⟨0⟩ medarbejde n, samarbejde n; **2en** v/i arbejde med (*an* D/på); **~er(in)** m(f) medarbejder; *freier ~er* R/TV freelancer

mit|bekommen få med (*a fig*); **~benutzen** benytte (*od* bruge) med; **2besitz** m sameje n

mitbestimm|en medbestemme; **2ung** f medbestemmelse; ÖKON økonomisk demokrati n

Mit|bewerber m konkurrent; **~bewohner** m husfælle, medbeboer; **2‑bringen** medbringe, tage med; **~bringsel** n lille gave; **~bürger(in)** m(f) medborger; **2‑dürfen** v/i måtte (gå) med; **2ei'nander** med hinanden, (til)sammen; **2empfinden** føle (med); **~erbe** m medarving; **2erleben** (kunne) opleve; **2‑essen** spise med; **~es-**

ser m MED hudorm, filipens; **2‑fahren** v/i ⟨sn⟩ tage (*od* køre) med; **~fahrer** m passager; **~fahrgelegenheit** f kørelejlighed; **2‑folgen** v/i ⟨sn⟩ følge med; **2‑fühlen** føle (med); **2‑führen** medføre, føre med; **2‑geben** give med; **~gefangene(r)** medfange; **~gefühl** n ⟨-(e)s; 0⟩ medfølelse; **2‑gehen** v/i ⟨sn⟩ gå med, følge (med); **~gift** f ⟨-; -en⟩ medgift

Mitglied n medlem n; **~erversammlung** f foreningsmøde n; **~sbeitrag** m medlemsbidrag n, kontingent n; **~schaft** f ⟨0⟩ medlemsskab n; **~skarte** f medlemskort n

mit|haben have med; **~halten** følge med, være med; **2helfer(in)** m(f) medhjælper; **2herausgeber** m medudgiver; **2hilfe** f ⟨0⟩ medhjælp; assistance; **~'hin** følgelig, altså; **~hören** lytte med; (*abhören*) aflytte; **2inhaber** m medejer; **2kämpfer** m kampfælle; **~kommen** v/i ⟨sn⟩ komme med; *nicht ~ können* fig ikke kunne følge med; **~können** v/i kunne komme (*od* følge) med; **~kriegen** F → *mitbekommen;* **2läufer** m medløber (*mst* fig), **2laut** m medlyd, konsonant

Mitleid n medlidenhed; **~enschaft** f: *in ~ ziehen* påvirke (negativt); **2ig** medlidende; **2(s)los** ubarmhjertig; **2svoll** medlidende

M

mit|lesen læse med; **~machen** være med (*bei* D/til); (*erleben*) opleve; **2mensch** m medmenneske n; **~menschlich** medmenneskelig; **~mischen** F være med (*bei* D/til); **~müssen** v/i skulle med; **~nehmen** tage med; fig medtage, udmatte; *mitgenommen* fig medtaget; **2nehmer** m TECH griber; **~'nichten** slet ikke; **~rechnen** tælle med, regne med; **~reden** v/i snakke med

mit|reisen v/i ⟨sn⟩ rejse med; **2reisende** m/f medrejsende

mit|reißen rive med (*a fig*); **~d** fig medrivende; **~samt** (D) tillige med; **~schicken** sende med; **~schleppen** slæbe med; **~schneiden** R/TV indspille, optage; **2schnitt** m R/TV indspilning, optagelse; **~schreiben** skrive med

Mitschuld f medskyld; **2ig** medskyldig

Mitschüler(in) m(f) skolekammerat

mit|singen synge med; **~sollen** v/i skulle med; **~spielen** spille med; *Kinder:* lege med; **2spieler(in)** m(f) medspiller; **2spracherecht** n medbestemmelsesret; **~sprechen** tale med; fig spille ind; **2streiter** m kampfælle

Mittag m ⟨-(e)s; -e⟩ middag; (*Süden*) syd;

morgen ~ i morgen middag; *am* ~, **2**s om middagen; *zu* ~ *essen* spise til middag; *leichte Mahlzeit:* spise frokost; ~**brot** f frokost; ~**essen** n middagsmad; frokost
mittäglich middagslige

Mittags|hitze f middagsvarme; ~**mahl** n, ~**mahlzeit** f middagsmåltid n; ~**pause** f middagspause, frokostpause; ~**ruhe** f (*Schlaf*) middagshvil n; (*Ruhe*) middagsro; ~**schlaf** m middagssøvn; ~**tisch** m middagsbord n; pensionat n; ~**zeit** f middagstid

Mittäter m medskyldig; ~**schaft** f ⟨0⟩ medskyld

Mitte f midte; ~ *Mai* midt i (*od medio*) maj; ~ *zwanzig* midt i tyverne; *e-r aus unse-rer* ~ én af os

mit|teil|en meddele; ~**sam** meddelsom; **2ung** f meddelelse

Mittel n middel n; (*Durchschnitt*) gennemsnit n; pl (*Geld*2) midler pl, penge pl; ~**al-ter** n ⟨-s; 0⟩ middelalder; **2alterlich** middelalderlig; ~**a'merika** n Mellemamerika n; **2bar** middelbar; ~**deck** n mellemdæk n; ~**ding** n mellemting; ~**europa** n Mellemeuropa n; **2fein** mellemfin; ~**finger** m langfinger; **2fristig** adv på lidt længere sigt; ~**gang** m *Kino, Flugzeug:* midtergang; ~**gebirge** n mellembjerge pl (under 1000 m); ~**gewicht** n SPORT mellemvægt; **2groß** mellemstor; *Pers* middelhøj; **2hochdeutsch** middelhøjtysk; ~**klasse** f middelklasse; ~**läufer** m SPORT center-halfback; ~**linie** f SPORT midterlinie; **2los** ⟨-*est*⟩ ubemidlet; ~**losigkeit** f ⟨0⟩ ubemidlethed; ~**maß** n gennemsnit n; **2mäßig** middelmådig; ~**mäßigkeit** f ⟨0⟩ middelmådighed; ~**meer** n ⟨-(*e*)s; 0⟩ Middelhavet; ~**ohr** n mellemøre n; ~**ohr-entzündung** f mellemørebetændelse; ~**punkt** m midtpunkt n; *im* ~ *stehen* stå i centrum; **2s** (*G*) ved hjælp af; ~**schule** f mellemskole; realskole; ~**smann** m mellemmand; ~**stadt** f mellemstor by; ~**stand** m middelstand; ~**strecke** f mellemdistance; ~**streifen** m midterstribe; ~**stück** n mellemstykke n; ~**stufe** f mellemtrin n; ~**stürmer** m center-forterward; ~**weg** m middelvej; *der goldene* ~ den gyldne middelvej; ~**welle** f mellembølge; ~**wert** m gennemsnit(sværdi) n; ~**wort** n ⟨-(*e*)s; *-̈er*⟩ participium n

mitten midt; ~ *in* (*A/D*) (*auf A/D, unter A/D*) midt i (på, blandt); ~'**durch** midt igennem

Mitter|nacht f midnat; **2nächtlich** midnats-; adv ved midnatstid; **2nachts** ved

midnat(stid); ~**nachtssonne** f ⟨0⟩ midnatssol

Mittler m mellemmand, mægler; **2e(r, -s)** midterst, mellemst, middel-, mellem-; **2'weile** i mellemtiden, imens

mit|·tragen bære med (*an D*/på); POL dele, støtte; ~·**trinken** drikke med

mittschiffs midtskibs;

Mittsommer midsommer; ~**fest** n sankt-hansfest; ~**nacht** f midsommernat, jævndøgn n

Mittwoch m ⟨-(*e*)s; *-e*⟩ onsdag; **2s** om onsdagen

mit|'unter nu og da, af og til; ~**unter-schreiben**, ~**unterzeichnen** medunderskrive; **2unterzeichner** m medunderskriver

mitverantwort|lich medansvarlig; **2ung** f ⟨0⟩ medansvar n

Mitwelt f ⟨0⟩ samtid; miljø n

mit-wirk|en v/i medvirke (*a* THEA); bidrage (til); **2ung** f ⟨0⟩ medvirken, samarbejde n

Mitwisse|n n medvidende n; ~**r** m medvider

mit|·wollen ville med; ~·**zählen** tælle (*od* regne) med; ~·**ziehen** v/t rive med, trække med; v/i ⟨sn⟩ trække med; flytte med

Mix|becher m shaker; **2en** ⟨-*t*⟩ blande, mixe; ~**er** m *Gerät u Person:* mixer; barmand; ~'**tur** f mikstur

Mob [mɔp] m ⟨-*s; 0*⟩ pøbel

Möbel n (stykke n) møbel n; *fig* inventar n, indbo n; pl møbler pl, bohave n; ~**ge-schäft** n møbelhandel, møbelforretning; ~**industrie** f møbelindustri; ~**stoff** m møbelstof n; ~**stück** n møbel n; ~**tischler** m møbelsnedker; ~**wagen** m flyttevogn

mo'bil mobil; (*lebhaft*) livlig, rørig

Mobile ['mo:bi·lə:ʁ] n ⟨-*s; -s*⟩ *Kunstgewerbe:* uro, mobile (n)

Mobiliar [-'lĭa:ʁ] n ⟨-*s; 0*⟩ møbler pl, indbo n

mobili|'sieren mobilisere; **2'sierung** f ⟨0⟩ mobilisering; **2'tät** f ⟨0⟩ mobilitet

Mo'bilmachung f ⟨0⟩ mobilisering; ~**sbe-fehl** m mobiliseringsordre

mö'blieren møblere; *möbliert wohnen* bo i møbleret værelse

Modal|i'täten f/pl modaliteter pl, betingelser pl; ~**verb** n ⟨-'da:l-⟩ n modalverbum n

Mode f mode; *es ist in* ~ *gekommen* der er gået mode i; *aus der* ~ *kommen* gå af mode; ~**artikel** m modeartikel; **2be-wusst** modebevidst; ~**farbe** f modefarve; ~**heft** n modejournal

Mo'dell n ⟨-s; -e⟩ model; (Muster) mønster n; **~eisenbahn** f modeljernbane; **~flugzeug** n modelflyver

model'lieren modellere, forme

Mode(n)|schau f, **~vorführung** f modeopvisning; **~zeitung** f modejournal

Moder m ⟨-s; 0⟩ råddenskab; Luft: muggen luft; (Schlamm) dynd n, mudder n

mode'rat beskeden, moderat; **2or** m ⟨-s; -en [-'to:-]⟩ studievært

mode'rieren R/TV være studievært

mod(e)rig rådden; (muffig) muggen; (schlammig) mudret

modern[1] v/i ⟨-re⟩ mugne, rådne

mo'dern[2] moderne; **~i'sieren** modernisere; **2i'sierung** f modernisering

Mode|schöpfer m modeskaber, créateur; **~stoff** m modestof n; **~waren** f/pl modevarer pl; **~wort** n ⟨-(e)s; ¨er⟩ modeord n

modifi'zieren modificere

modisch moderne, smart, moderigtig

Mo'distin f modist

modrig muggen

modu'lieren modulere

Modus m ⟨-; Modi⟩ modus, måde

Mofa n ⟨-s; -s⟩ lille knallert

Moge|'lei f F snyderi; **2n** v/i ⟨-le⟩ snyde

mögen ⟨L⟩ (gern haben) kunne lide, holde af; (wollen) ville gerne, gide; (können) kunne; (nicht) gern ~ (ikke) synes om; lieber ~ synes bedre om; was mag das bedeuten? hvad mon det skal betyde?; ich möchte (gern) jeg ville gerne; man möchte meinen man skulle tro; es mag sein der kan godt være; wer er auch sagen mag hvad han end vil sige; ich mag ihn nicht (leiden) jeg kan ikke lide ham

Mogler m snyder

möglich mulig; wenn ~ om muligt; **~er'weise** muligvis; **2keit** f mulighed (for); nach ~ så vidt muligt; **~st**: sein 2es tun gøre sit bedste; ~ groß (bald) så stor (snart) som muligt

Mohamme'dan|er m HIST neg! muhamedaner; **2isch** muhamedansk

Mohn m ⟨-(e)s; -e⟩ valmue; auf Brot: birkes pl; **~brötchen** n birkesrundstykke n; **~kuchen** m birkeskage

Möhre f gulerod

Mohr|enkopf m Gebäck: othellokage; **~rübe** f → Möhre

Mokassin m ⟨-s; -s⟩ mokkasin

mo'kieren: sich ~ über (A) spotte, gøre grin med

Mokka m ⟨-s; -s⟩ mokka; **~tasse** f mokkakop

Molch m ⟨-(e)s; -e⟩ salamander

Mole f mole

Mole'kül n ⟨-s; -e⟩ molekyle n

Molk|e f ⟨0⟩ valle; **~e'rei** f mejeri n; **~e-'reigenossenschaft** f andelsmejeri n

Moll n ⟨-; -⟩ mol

mollig F blød, buttet; (warm) lun

Mol'luske f bløddyr n

Mo'ment 1. m ⟨-(e)s; -e⟩ øjeblik n; ~ bitte! et øjeblik!; **2.** n ⟨-(e)s; -e⟩ moment n; **2an** [-'ta:n] øjeblikkelig; nuværende; **~aufnahme** f øjebliksoptagelse, øjebliksbillede n

Mo'nar|ch m ⟨-en⟩ monark; **~'chie** f monarki n; **~'chist** m ⟨-en⟩ monarkist; **2'chistisch** monarkistisk

Monat m ⟨-(e)s; -e⟩ måned; im ~ Mai i maj måned; **2elang** adv i flere måneder; **2lich** månedlig

Monats|binde f damebind n, hygiejnebind n; **~blutung** f menstruation; **~frist** f månedsfrist; **~gehalt** n månedsløn; **~karte** f månedskort n; **~rate** f månedlig rate; **~schrift** f månedsskrift n; **2weise** månedsvis

Mönch m ⟨(0)ⱼ ⱼ⟩ munk; **2isch** munkeagtig, munke-

Mönchs|gewand n munkedragt; **~kappe** f munkehætte; **~kloster** n munkekloster n; **~orden** m munkeorden; **~tum** n ⟨-s; 0⟩ munkevæsen n

Mond [o:] m ⟨-(e)s; -e⟩ måne; hinter dem ~ fig F tilbagestående, uoplyst

mon'dän mondæn

Mond|finsternis f måneformørkelse; **2'hell** måneklar; **~landschaft** f fig månelandskab n; **~landung** f månelanding; **~rakete** f måneraket; **~schein** m ⟨-(e)s; 0⟩ måneskin n; **~sichel** f halvmåne; **2süchtig** månesyg; **~wechsel** m måneskifte n

mo|ne'tär monetær; **2'neten** pl F moneter, skejser pl

Mon'go|le m ⟨-n⟩ mongol; **~'lei** f: die ~ Mongoliet n; **2lisch** mongolsk; **2loid** [-lo·'i:t] neg! MED mongol(o)id

mo'nieren kritisere

Monitor m ⟨-s; -en [-'to:-]⟩ kontrolskærm, monitor

Mono|ga'mie f ⟨0⟩ monogami n; **~'gramm** n ⟨-s; -e⟩ monogram n; **~kel** [-'no·-] n ⟨-s; -⟩ monokel; **~'log** m ⟨-s; -e⟩ monolog, enetale; **~'pol** n ⟨-s; -e⟩ monopol n, eneret; **2poli'sieren** v/i monopolisere; **~poly**® [-'no·-] n ⟨-s; 0⟩ (Spiel) monopoly n; matador; **2'ton** monoton, ensformig; **~to'nie** f monotoni

M

Monster n monster n, uhyre n

Mon'stranz f monstrans

monstr|ös [-'st-] monstrøs; **2um** [-st-] n ⟨-s; Monstren⟩ monstrum n

Mon'sun m ⟨-s; -e⟩ monsun

Montag m mandag; **blauer ~** blå mandag; **~abend** m om aftenen; **2s** om mandagen

Mon't|age [-ʒə] f montage, montering; **~anindustrie** f minedrift og sværindustri; **~eur** [-'tøːɐ] m ⟨-s; -e⟩ montør, mekaniker; **2ieren** montere; **~ur** f (Arbeitsanzug) arbejdstøj n, kedeldragt

Monu'men|t n ⟨-(e)s; -e⟩ monument n, mindesmærke n; **2'tal** monumental

Moor m ⟨-(e)s; -e⟩ mose; **~bad** n dyndbad, mudderbad n; **2ig** moset; **~kultur** f moseopdyrkning; **~land** n ⟨-(e)s; 0⟩ mosejord; (Landschaft) moselandskab n; **~leiche** f moselig n

Moos n ⟨-es; -e⟩ mos n; **2grün** mosgrøn; **2ig** mosgroet

Moped [-pet] n ⟨-s; -s⟩ knallert; **~fahrer** m knallertkører

Mopp [ɔ] m ⟨-s; -s⟩ mop

mopsen ⟨-t⟩ F hugge

Mo'ral f ⟨0⟩ moral (a Selbstvertrauen u MIL.); **2isch** moralsk; **2i'sieren** v/i moralisere; **~ist** [-'lɪst] m ⟨-en⟩ moralist; **~predigt** f opsang, moralprædiken

Mo'räne f moræne

Mo'rast m ⟨-(e)s; -e⟩ morads n, sump; (Schlamm) søle n, dynd n; **2ig** sumpet; (schlammig) dyndet

mor'bid morbid

Mord m ⟨-(e)s; -e⟩ mord n, drab n; **e-n ~ an j-m verüben** begå (et) mord på én; **~anschlag** m mordanslag n, attentat n; **2en** ⟨-e-⟩ myrde, dræbe

Mörder m morder; **~grube** f: **er macht aus s-m Herzen keine ~** han gør ingen røverkule af sit hjerte; **~in** f morderske, kvindelig morder; **2isch** morderisk; forfærdelig

Mord|fall m mordtilfælde n; **~gier** f mordlyst; **2gierig** mordlysten

Mords|durst m F vanvittig tørst; **~geschrei** n F frygteligt skrigeri n; **~'hunger** m F rasende sult; **~'kerl** m fig pokkers karl; **~'krach** m F frygtelig larm

Mord|tat f mord n; **~versuch** m mordforsøg n; **~waffe** f mordvåben n

morgen i morgen; **~s** om morgenen; **2** m morgen; (der nächste Tag) morgendagen; **gestern ~** i går morges; **heute ~** til morgen; i formiddag; **am Abend gesagt:** i morges; **e-s ~s en** (skønne) morgen; **guten ~!** god morgen!

Morgen|andacht f morgenandagt; **~ausgabe** f morgenudgave; **~dämmerung** f daggry n; **2dlich** om morgenen; **~grauen** n ⟨-s; 0⟩ morgengry n; **im ~** ved daggry; **~gymnastik** f morgengymnastik; **~land** n ⟨-(e)s; 0⟩ østerland n; **~lied** n morgensang; **~luft** f morgenluft; **~ wittern** fig vejre morgenluft, øjne en chance; **~rock** m morgenkåbe, housecoat; **~rot** n, **~röte** f morgenrøde; **~sonne** f morgensol; **~stunde** f morgenstund; **Morgenstund hat Gold im Mund** fig morgenstund har guld i mund; **~tau** m morgendug; **~zeitung** f morgenavis

morgig morgen-, i morgen

Mori'tat f ⟨-; -en⟩ (slags) skillingsvise

Mor'phin n ⟨-s; 0⟩, **Morphium** [-fiʊm] n ⟨-s; 0⟩ morfin

Morpholo'gie f ⟨0⟩ morfologi

morsch ⟨-est⟩ rådden, mør, skør; **2heit** f ⟨0⟩ råddenskab; skørhed

Morse|alphabet n morsealfabet n; **2n** ⟨-t⟩ morse

Mörser m morter; MIL. mortér

Morsezeichen n morsetegn n

Morta'della f ⟨-; -s⟩ (slags) pålæg n, kødpølse

Mörtel m mørtel, murkalk

Mosaik [-za-'iːk] n ⟨-s; -e⟩ mosaik

Mo'schee [ʃə] f moské

Moschus m ⟨-; 0⟩ moskus; **~ochse** m moskusokse

Möse f V kusse

Moskau n Moskva n

Mos'kito m ⟨-s; -s⟩ moskito; **~netz** n moskitonet n

Moslem m ⟨-s; -s⟩ muslim

Most m ⟨-(e)s; -e⟩ most; frugtvin

Mostrich [-st-] m ⟨-(e)s; 0⟩ sennep

Motel [ɛ] n ⟨-s; -s⟩ motel n

Mo'tette f motet

Mo'ti|v n ⟨-s; -e⟩ motiv n, bevæggrund; **~vation** [-'tsĭoːn] f motivation; **2'vieren** motivere (til)

Motor ['moːtɔʁ od mo'toːʁ] m ⟨-s; -en [-'toː-]⟩ motor (a fig); **~boot** n motorbåd; **~enbau** m ⟨-(e)s; 0⟩ maskinbygning, motorfabrikation; **~fähre** f motorfærge; **~haube** f motorhjelm; **~ik** [-'toː-] f ⟨0⟩ motorik; **2isch** [-'toː-] motorisk; **2i'sieren** motorisere; **~i'sierung** f ⟨0⟩ motorisering; **~leistung** f (motorens) kapacitet (od ydeevne); **~öl** n motorolie; **~panne** f motorskade, motoruheld n n; **~rad** n motorcykel; **~radfahrer** m motorcyklist; **~roller** m scooter; **~säge** f motorsav; **~schiff** n motorskib n; **~sport** m motorsport

Motte *f* møl *n*; **~kugel** *f* mølkugle; **~nloch** *n* mølædt sted *n*

Motto *n* ⟨-s; -s⟩ motto *n*

motzen [ɔ] *v*/*i* ⟨-*t*⟩ F være flabet, kæfte op

moussieren [mu'si:-] *v*/*i* skumme, moussere

Möwe *f* måge

Mücke *f* myg

Muckefuck *f* ⟨-s; 0⟩ F surrogatkaffe

mucken *v*/*i* mukke, protestere

Mücken|stich *m* myggestik *n*; **~stift** *m* myggestift

Mucks *m* ⟨-es; -e⟩ muk *n*; **keinen ~ von sich geben** ikke sige et muk; **2en** ⟨-*t*⟩: **sich nicht ~** ikke sige en lyd; **2mäuschenstill** F musestille

müd|e træt (**von** D/af); (*matt*) mat; (*überdrüssig*) ked (af); **des Lebens ~** træt af livet; **~ machen** gøre træt; trætte; **~ werden** blive træt; **2igkeit** *f* ⟨0⟩ træthed, mathed

Muff *m* **1.** ⟨-(e)s; -e⟩ muffe; **2.** ⟨-(e)s; 0⟩ (*Schimmel*) mug (*n*); *fig* F smålighed, spidsborgerlighed; **~e** *f* TECH mulat

Muff|el *m* F gnavpot; **2eln** *v*/*i* ⟨-*le*⟩ F være gnaven, surmule; **2ig** (*missgelaunt*) F gnaven, sur; (*schimmelig*) muggen

Mühe ['my:ə] *f* besvær *n*, umage, møje; **mit ~ und Not** med nød og næppe; **sich** (*D*) **~ geben** gøre sig umage; **mit großer ~** med møje og besvær; **verlorene ~** spildt ulejlighed; **2los** ⟨-*est*⟩ let, nem; **~losigkeit** *f* ⟨0⟩ lethed

muhen *v*/*i* Kuh: brøle

mühe|n: **sich ~** gøre sig umage; **~voll** besværlig; **2waltung** *f* besvær *n*, møje, ulejlighed

Mühl|bach *m* mølleå, møllebæk; **~e** *f* mølle (*a* Spiel), kværn; **Wasser auf seine ~** *fig* vand på hans mølle; **~enteich** *m* mølledam; **~rad** *n* møllehjul *n*; **~stein** *m* møllesten; **~werk** *n* mølleværk *n*, kværn

Müh|sal *n* ⟨-; -e⟩ besvær *n*, møje; **2sam**, **2selig** møjsommelig, besværlig

Mu'latt|e *m* ⟨-n⟩ mulat; **~in** *f* mulatkvinde

Mulde *f* trug *n*; (*Tal*) (dal)sænkning; fordybning; TECH (dyb) vognkasse

Mull *m* ⟨-(e)s; -e⟩ mol *n*; *Verband*: gaze

Müll *m* ⟨-(e)s; 0⟩ skrald *n*, affald *n*; **~abfuhr** *f* renovation; **~arbeiter** *m* renovationsarbejder; **~auto** *n* skraldebil

Mullbinde *f* gazebind *n*

Mülleimer *m* skraldespand

Müller *m* møller; **~in** *f* møllerkone

Müll|haufen *m* skarnbunke, F møgdynge; **~kippe** *f* losseplads; **~kutscher** *m* skral-

demand; **~platz** *m* losseplads; **~schlucker** *m* nedstyrtningsskakt; **~tonne** *f* skraldebøtte; **~tüte** *f* affaldspose; **~verbrennungsanlage** *f* forbrændingsanlæg *n*; **~wagen** *f* renovationsvogn

mulmig rådden; *fig* truende, farlig

Multi *m* ⟨-s; -s⟩ (= **multinationaler Konzern**) multinationalt selskab *n*; **2late'ral** multilateral; **~media-** multimedie-; **~millionär** *m* mangemillionær; **2national** multinational

Multipli|'kand *m* ⟨-*en*⟩ multiplikand; **~kation** [-'tsio:n] *f* multiplikation; **~'kator** *m* ⟨-s; -*en* [-'to:-]⟩ multiplikator; **2'zieren** multiplicere, gange (**mit** D/med)

Mum|ie [-mĭə] *f* mumie; **2ifi'zieren** mumificere

Mumm *m* ⟨-s; 0⟩ F courage, fut *n*; **er hat ~** der er fut i ham

Mummenschanz *m* ⟨-es; 0⟩ maskerade

Mumpitz *m* ⟨-es; 0⟩ F vås *n*, pjat *n*

Mumps *m* ⟨-; 0⟩ MED fåresyge

Mund *m* ⟨-(e)s; ⁺er⟩ mund; **nicht auf den ~ gefallen sein** *fig* kunne svare for sig, have et godt snakketøj; **~ voll** mundfuld; bid; **~art** *f* dialekt, folkemål *n*; **2artlich** dialektal

Mündel *n* myndling; **~gelder** *n*/*pl* umyndiges penge *pl*; **2sicher** sikker, garanteret

munden *v*/*i* ⟨-*e*-⟩ smage

münden *v*/*i* ⟨-*e*-⟩ (ud)munde (**in** A/i)

mund|faul ordknap; **2fäule** *f* skørbug; **~gerecht** mundret, nem; *fig* tilpas; **2geruch** *m* dårlig ånde; **2harmonika** *f* mundharmonika; **2höhle** *f* mundhule

mündig myndig; **2keit** *f* ⟨0⟩ myndighed

mündlich mundtlig

Mund|propaganda *f* F mund-til-mund-metode; **~raub** *m* småtyveri *n*, rapseri *n* af spiseligt; **~stück** *n* mundstykke *n*; *Pfeife a* pibespids; **2tot: j-n ~ machen** lukke munden på én; **~tuch** *n* serviet

Mündung *f* munding; åbning

Mund|voll → **Mund**; **~vorrat** *m* mundforråd *n*; **~wasser** *n* mundvand *n*; **~werk** *n* snakketøj *n*; **~winkel** *m* mundvig; **~zu-Mund-Beatmung** *f* (*künstliche Beatmung*) mund-til-mund-metode

Munition [-'tsio:n] *f* ammunition; **~slager** *n* ammunitionslager *n*

munkeln [-ŋk-] *v*/*i* ⟨-*le*⟩ mumle, skumle, hviske

Münster *n* domkirke

munter livlig, munter; (*wach*) vågen; (*gesund*) rask; **2keit** *f* ⟨0⟩ munterhed; vågenhed

Münz|e *f* mønt; **für bare ~ nehmen** *fig* tage

for gode varer; *mit gleicher ~ heimzahlen* fig give igen (*od* betale) med samme mønt; **~einheit** f møntenhed; **~einwurf** m møntindkast n; **2en** *‹-r›* slå mønt, mønte (*a* fig; *auf A/på*); **~ensammler** m møntsamler; **~fernsprecher** m mønttelefon; **~kunde** f *‹0›* numismatik; **~sammlung** f møntsamling; **~stätte** f møntsted n; **~wesen** n *‹-s; 0›* møntvæsen n

Mu'räne f muræne

mürb|e mør, skør; (*weich*) blød; **~e-machen** fig gøre mør, ordne 2**teig** m mørdej; **2heit** f *‹0›* mørhed, skørhed

murksen v/i *‹-t›* F fuske, rode

Murmel f *‹-; -n›* (klink)kugle; **~n spielen** spille med kugler

murmel|n *‹-le›* mumle; *Bach*: risle; 2**tier** n murmeldyr n

murren v/i brumme; *fig* knurre

mürrisch gnaven, pirrelig, sur

Mus [u:] n *‹-es; -e›* mos, grød, kompot

Muschel f *‹-; -n›* musling; *Schale*: konkylie; *Ohr*: ørebrusk; TEL tragt; 2**förmig** muslingdannet; **~schale** f muslingeskal

Muse f muse

Museum [-'ze:ʊm] n *‹-s; Museen›* museum n; **~spädagogik** f museumspædagogik; **~sstück** n museumsgenstand

Musical ['mjuːzikəl] n *‹-s; -s›* musical

Mu'sik f *‹0›* musik

Musi'k|alien [-liən] pl musikalier pl; 2**alisch** musikalsk; **~ant** m *‹-en›* musikant, spillemand

Mu'sikbox f jukebox

Musiker(in) ['muː-] m(f) musiker

Mu'sik|hochschule f konservatorium n; **~instrument** n musikinstrument n; **~kapelle** f orkester n; **~lehrer(in)** m(f) musiklærer; **~schule** f musikskole; **~stück** n musikstykke n; **~stunde** f spilletime; *Schule*: musiktime; **~unterricht** m musikundervisning

musi|sch musisk; **~'zieren** musicere

Mus'kat m *‹-(e)s; -e›* muskat; **~eller** [-'tɛ-] muskatvin; **~nuss** f muskatnød

Muskel m *‹-s; -n›* muskel; **~e-n haben** være som mørbanket; **~krampf** m muskelkrampe; **~protz** m (pralende) muskelmand; **~riss** m muskelsprængning; **~schwund** m MED muskelsvind (n); **~zerrung** f muskelforvridning

Mus'ke|te f HIST musket; **~'tier** m *‹-s; -e›* musketer

Musku|la'tur f *‹0›* muskulatur; 2**'lös** *‹-est›* muskuløs

Müsli n *‹-s; -s›* mysli

Muslim(in) m(f) muslim

Muss n *‹-; 0›* nødvendighed, tvang; *ein ~ et must*; **~bestimmung** f påbud n

Muße f fritid, frihed; ro; *im Alter*: otium n; *mit ~* i ro og mag

Musse'lin [ə] m *‹-s; -e›* musselin n

müssen *‹L›* måtte, skulle, være nødt til; *moralische Verpflichtung*: burde; *das hätte er wissen ~* det skulle (*od* burde) han have vidst; *ich muss mal* F jeg skal på w. c

Mußestunde f fritime

müßig ledig; (*untätig*) uvirksom, ørkesløs; (*unnütz*) unyttig, overflødig; 2**gang** m *‹-(e)s; 0›* lediggang; *pej* driveri n; **~gehen** gå og drive

Muster n mønster n, forbillede n (*a* fig); (*Probe*) (vare)prøve; (*Modell*) model; **~beispiel** n mønstereksempel n (*für A/på*); **~betrieb** m mønsterfabrik; *Landwirtschaft*: mønster(land)brug n; **~bild** n mønster n, forbillede n; 2**gültig**, 2**haft** *‹-est›* mønsterværdig; **~karte** f prøvekort n; **~knabe** m mønsterbarn n; *Schule*: duksedreng; 2**n** *‹-re›* mønstre; (*a* NAUT *u* MIL); (*prüfen*) undersøge; *Wehrpflichtige werden gemustert* værnepligtige kommer på session; **~prozess** m JUR præcedenssag; **~sammlung** f prøvekollektion; **~schau** f købestævne n; **~schüler** m mønsterelev; *pej* duksedreng; **~sendung** f prøvesending; **~ung** f mønstring (*a* MIL *u* NAUT); (*Prüfung*) undersøgelse, inspektion; (*von Wehrpflichtigen*) session

Mut [u:] m *‹-(e)s; 0›* mod n; *guten ~es sein* være ved godt mod; **~ fassen** fatte mod; *tage modet til sig*; *j-m ~ machen* sætte mod i én, opmuntre én; → *a* **zumute**

Mutation [-'tsĭoːn] f mutation

Mütchen [y:] n: *sein ~ an j-m kühlen* udøse sin vrede over én

mutig modig, tapper

mutlos *‹-est›* modløs; 2**igkeit** f *‹0›* modløshed

mutmaß|en *‹-t›* formode, antage; **~lich** formodentlig, sandsynlig; 2**ung** f formodning, antagelse

Mutter f 1. *‹-; -›* moder, mor; *Ihre (Frau) ~* Deres mor; *~ Gottes* gudsmoder; **2.** *‹-; -n›* (*Schraube*) møtrik

Mütterberatungsstelle f mødrehjælp

Mutterboden m muld(jord)

Mütterchen n gammel kone

Mutter|freuden f/pl: *~ entgegensehen* vente sig; **~'gottesbild** n madonnabillede n; **~land** n moderland n; **~leib** m mo-

ders liv; **vom ~e an** fra fødselen af
mütterlich moderlig; **~erseits** på mødrene side
Mutter|liebe f moderkærlighed; **2los** moderløs; **~mal** n ⟨-s; -e⟩ modermærke n; **~milch** f modermælk; **~schaft** f ⟨0⟩ moderskab n, moderkald n; **~schutz** m mødreforsorg; (*Beurlaubung*) barselsorlov; (*Kündigungsschutz*) beskyttelse mod opsigelse (ved svangerskab); **~schwein** n griseso; **2seelenallein** muttersalene; **~söhnchen** n mors kælebarn n, tøsedreng; **~sprache** f modersmål n; **~tag** m mors dag; **~witz** m ⟨-es; 0⟩ medfødt vid n, lune
Mutti f ⟨-; -s⟩ mor
Mutwill|e m overgivenhed, kådhed; **2ig** adj

overgiven, kåd; *adv* med vilje; **~e Zerstörungen** hærværk n
Mütze f hue; (*mit Schirm*) kasket; **~nschirm** m kasketskygge
Myriade [-'Rɪɑ:-] f myriade
Myrrhe ['myRə] f myrra
Myrte f myrte; **~nkranz** m myrtekrans
myst|eriös [myste-'Rɪø:s] ⟨-est-⟩ mysteriøs, mystisk; **2erium** [-'te:Rɪʊm] n ⟨-s; *Mysterien*⟩ mysterium n; **2ifikation** [-'tsɪo:n] f mystifikation; **~ifi'zieren** mystificere; **2ik** f ⟨0⟩ mystik; **~isch** mystisk, mærkelig
Myth|e f myte, sagn n; **2isch** mytisk; **~olo-'gie** f mytologi; **2o'logisch** mytologisk; **~os** ['my:tɔs] m ⟨-; *Mythen*⟩ myte

N

N, n ⟨ɛn⟩ n N, n n
na! nå!, nåda!; **~ schön!** (nå) godt!; **~ und?** ja og hvad så?; **~ und ob!** selvfølgelig!
Nabe f (hjul)nav n
Nabel m navle (*a fig*); **der ~ der Welt** fig verdens navle; **~bruch** m navlebrok; **~schau** f: **~ betreiben** fig være navlebeskuende; **~schnur** f navlestreng
nach [ɑ:] 1. *prp* (D) efter; (*Richtung*) til; (*gemäß*) ifølge; **meiner Meinung ~** efter min mening; **~ Gewicht** efter vægt; **~ Hause** hjem; **~ Zwiebeln riechen** (*schmecken*) lugte (smage) af løg; **einer ~ dem andern** den ene efter den anden; **der Reihe ~** efter tur; **~ Norden** nordpå; **~ fünf Minuten** efter fem minutters forløb; (*zwei Minuten*) **~ drei Uhr** (to minutter) over tre; 2. *adv* efter; **~ und ~** lidt efter lidt; **~ wie vor** nu som før
nach-äffen efterabe
nach|ahm|en efterligne; **~enswert** efterlignelsesværdig; **2er** m efterligner, plagiator; **2ung** f efterlignelse, plagiat n
nach|arbeiten (*nachmachen*) efterligne; (*verbessern*) gå efter, retouchere; (*einholen*) indhente (det forsømte)
Nachbar|(in) m ⟨-n⟩ (f) nabo; (*Nebensitzer*) sidemand; **~dorf** n nærmeste landsby; **~haus** n nabohus n; **~land** n naboland n; **2lich** nærliggende, nabo-; naboovenlig; **~schaft** f nabolag n; (*Nachbarn*) naboer pl; **~skinder** n/pl naboens børn pl
nach|behandeln efterbehandle; **2behandlung** f efterbehandling; **~berech-**

nen efterberegne; **2bereitung** f efterbehandling; (*Auswertung*) evaluering; **~bqcern** forbedre, efterse; **~bestellen** efterbestille; **2bestellung** f efterbestilling; **~beten** efterplapre, snakke efter (munden); **2beter** m eftersnakker; **~bezahlen** betale bagefter (*od* ekstra); efterbetale
nach-bild|en efterligne, kopiere; **2ung** f efterlignelse, kopiering
nach|-blicken v/i (D) følge med øjnene; **~bohren** bore efter (*a fig*); **~bringen** bringe bagefter; **~datieren** tilbagedatere
nach'dem efter at; **je ~** alt efter, det kommer an på
nach|-denken (*über* A) tænke over; tænke sig om; **~denklich** eftertænksom; tankefuld; **~drängen** v/i mase sig frem; **2druck** m eftertryk n (*a fig*), fynd n; **mit ~** med fynd og klem; **~ legen auf** (A) lægge eftertryk på; **~-drucken** TYP eftertrykke; **~drücklich** eftertrykkelig; **~-eifern** v/i (D) kappes med; efterligne; **2eiferung** f efterlignelse; **~eilen** v/i ⟨sn⟩ (D) ile efter, (for)følge; **~ei'nander** efter hinanden; **~empfinden** forstå, sætte sig ind i; **2ernte** f efterhøst
nacherzähl|en genfortælle; **2ung** f genfortælling (*a Schule*)
Nach|fahre m ⟨-n⟩ efterkommer; **2-fahren** v/i ⟨sn⟩ (D) tage (*od* køre *od* sejle) bagefter; **~feier** f andendagsgilde n
Nach|folge f efterfølgelse; *Monarchie*: tronfølge; **2-folgen** v/i ⟨sn⟩ (D) følge (ef-

ter); **~folger** *m* efterfølger, afløser

nach·forder|n kræve bagefter; **2ung** *f* nyt krav *n*

nach·forsch|en *v/i* efterforske; **2ung** *f* efterforskning

Nach|frage *f* forespørgsel; ÖKON efterspørgsel; **2·fragen** *v/i* forespørge; spørge efter

nach·-fühlen → *nachempfinden*; **~·füllen** fylde (på), hælde i; **2füllung** *f* efterpåfyldning; **~·geben** *v/t* give bagefter; *v/i* give efter (*j-m* for én); **e-r Forderung** for et krav), fire; **2gebühr** *f* strafporto; **2geburt** *f* efterbyrd; **~·gehen** *v/i* ⟨*sn*⟩ gå (bag) efter, følge (*j-m* én); *Uhr:* gå for langsomt; *Arbeit:* passe; *s-n Interessen ~* dyrke sine interesser; **~ge'rade** ligefrem; **2geschmack** *m* ⟨-(e)s; 0⟩ eftersmag (*a fig*)

nachgiebig bøjelig; *fig* eftergivende; **2keit** *f* ⟨0⟩ eftergivenhed

nach·-gießen hælde (*od* fylde) på; *Kaffee* hælde mere op; **~·grübeln** *v/i* spekulere over; **~·gucken** *v/i* kigge efter; **2hall** *m* genlyd; *fig* eftervirkning; **~·hallen** *v/i* genlyde; vedvarende; kraftig; **~·hängen** *v/i* ⟨*D*⟩ *Gedanken:* ikke kunne slippe; **~·hause** → *nach;* **2'hauseweg** *m:* **auf dem ~** på hjemvejen; **~·helfen** *v/i* ⟨*D*⟩ hjælpe efter; give lektiehjælp

nach'her senere, siden; *bis ~!* farvel så længe!, vi ses!

Nachhilfe *f* hjælp; *Schule:* lektiehjælp; **~stunde** *f* ekstratime; **~unterricht** *m* ekstraundervisning

nach·-hinken *v/i* ⟨*D*⟩ hinke (*od* halte) bag efter; **2holbedarf** *m* ekstrabehov *n* (for at indhente et forspring); *Lohn:* efterslæb *n*; **~·holen** hente; *fig* indhente; **2hut** *f* bagtrop; **~·impfen** revaccinere; **~·jagen** *v/i* ⟨*sn*⟩ jage efter; *fig* stræbe efter; **~·kaufen** købe ekstra (*od* senere); **2klang** *m* efterklang; **~·klingen** *v/i* give genlyd

Nach|komme *m* ⟨-en⟩ efterkommer; **2·kommen** *v/i* ⟨*sn*⟩ (*D*) komme efter, følge; (*erfüllen*) efterkomme, opfylde; **~kommenschaft** *f* ⟨0⟩ efterkommere *pl*; **~·kömmling** *m* ⟨-s; -e⟩ efterkommer; *Kind:* efternøler; **~·kriegszeit** *f* efterkrigstid; **~·kur** *f* efterkur; **~·lass** *m* ⟨-es; =e⟩ efterladenskab *n*; *Todesfall:* (døds)bo *n*; ÖKON rabat, nedsættelse; **2·lassen 1.** *v/t* efterlade; *Preis* slå af; (*aufgeben*) opgive; **2.** *v/t* tage af; (*aufhören*) holde op, stilne af; *Wind:* løje af; **2lassend** aftagende; ÖKON svigtende; **~lassgericht** *n* JUR skifteret

nachlässig efterladende, skødesløs; (*ungepflegt*) usoigneret; **2keit** *f* efterladenhed

nach·-laufen *v/i* ⟨*sn*⟩ ⟨*D*⟩ løbe efter; **~·legen** lægge yderligere på

Nach|lese *f* efterslæt (*n*) (*a fig*); **2·lesen** samle efter; *Buch:* slå efter og læse

nach·-liefern efterlevere; **2ung** *f* efterlevering

nach·-lösen løse ekstra, købe tillægsbillet; **~·machen** (*nachahmen*) efterligne; *pej* efterabe; *j-m etw.* (*A*) ~ gøre én ngt. efter; **~·messen** måle efter

Nachmittag *m* eftermiddag; *am ~,* **2s** om eftermiddagen; **~·schlaffe** *f* eftermiddagskaffe; **~sschlaf** *m* eftermiddagssøvn; **~svorstellung** *f* eftermiddagsforestilling

Nachnahme *f* opkrævning; *per ~* pr. efterkrav; **~sendung** *f* forsendelse pr. efterkrav

Nach|name *m* efternavn *n*; **2·plappern** snakke efter; **~porto** *n* strafporto

Nachricht *f* efterretning, underretning; (*Auskunft*) oplysning; *j-m ~ geben* underrette én (*von D*/om); **~en** *f/pl* R/TV nyheder *pl*; *Fernsehen:* tv-avis; *Radio:* radioavis

Nachrede *f* efterskrift, slutord *n*; *üble* ~ bagvaskelse; *in üble ~ bringen* bringe i dårligt omdømme, bagtale

nach·-reden tale efter (*j-m* én); *j-m etw. Übles ~* tale ilde om én; (*verleumden*) bagvaske én

nach·-reifen *v/i* ⟨*sn*⟩ eftermodne(s), ligge og modne(s); **~·reisen** *v/i* ⟨*sn*⟩ ⟨*D*⟩ rejse efter; **~·rennen** *v/i* ⟨*sn*⟩ ⟨*D*⟩ → *nachlaufen*

Nachrichten|agentur *f* nyhedsbureau *n*; **~dienst** *m* (*Geheimdienst*) efterretningstjeneste, efterretningsvæsen *n*; **~satellit** *m* kommunikationssatellit; **~sendung** *f* tv-avis; radioavis; **~sperre** *f* informationsstop *n*; **~wesen** *n* ⟨-s; 0⟩ kommunikationssystem *n*, kommunikationsvæsen *n*

nach·-rücken *v/i* ⟨*sn*⟩ rykke efter; **2ruf** *m* eftermæle *n*, nekrolog, mindeord *n* (*auf od für A*/over); **~·rufen:** *j-m etw.* ~ råbe efter; **2ruhm** *m* godt eftermæle *n*; **~·rühmen:** *j-m etw.* (*A*) ~ sige ngt. til ens ros; **2rüstung** *f* oprustning (for at opnå ligevægt); **~·sagen** sige efter (*od* igen); *j-m etw.* (*A*) ~ *fig* sige om én; **2saison** *f* eftersæson; **2satz** *m* eftersætning;

~schauen se efter (*j-m* én); undersøge; ~schicken sende (bag)efter; *bitte ~! Brief:* bedes eftersendt!

Nach|schlag *m* (*Essen*) ekstraportion; ♀schlagen *v/t* slå op (*od* efter) (*in D/i*); *v/i* 〈*sn*〉 (*D*) slægte på; ~schlagewerk *n* opslagsværk *n*

nach|·schleichen *v/i* 〈*sn*〉 (*D*) liste (sig) bagefter; ♀schlüssel *m* falsk nøgle, dirk; ~schmeißen: *j-m etw.* (*A*) ~ kaste ngt. i hovedet efter én; ~schreiben skrive op; (*abschreiben*) skrive efter (*od* af); ♀schrift *f* efterskrift; (*Abschrift*) afskrift; ♀schub *m* forstærkning; forsyning; ♀schusspflicht *f* ØKON efterbetalingspligt; ~schütten hælde på; ~sehen se efter; (*durchsehen*) gennemse, rette; (*prüfen*) undersøge, efterse; *j-m etw.* (*A*) ~ bære over med ngt. hos én; ♀sehen *n*: *das ~ haben fig* blive snydt; ~senden → *nachschicken*; ♀sendung *f* eftersendelse; ~setzen *v/i* 〈*sn*〉 (*D*) sætte efter, forfølge; ♀sicht *f* 〈∅〉 overbærenhed; (*Geduld*) tålmodighed; ~sichtig overbærende; ♀silbe *f* efterstavelse; ~sitzen *v/i Schule:* sidde efter; ♀sommer *m* eftersommer; ♀sorge *f* 〈∅〉 MED efterbehandling; ♀spiel *n* efterspil; ~sprechen snakke efter, gentage; ~spülen skylle efter; ~spüren efterspore (*j-m* én)

nächst [ε:] *prp* (*D*) (næst) efter; *~best: der* ♀e den første den bedste; ~e(r, -s) nærmest; følgende; ♀ *m* REL næste; *bei ~r Gelegenheit* ved første lejlighed; *in den ~en Tagen* inden for de næste par dage

nach·stehen *v/i* stå tilbage; *j-m nicht ~ an* (*D*) ikke stå tilbage for én i; ~d nedenstående, følgende

nach·stell|en *v/i Uhr* stille tilbage; (*regulieren*) indstille, regulere; *v/i* (*D*) forfølge; ♀ung *f* forfølgelse

Nächsten|liebe *f* næstekærlighed; ♀s med det første, snarest

nächst|folgend *adj* førstkommende, nærmest følgende; ~liegend nærmest (liggende)

nach|·stoßen skubbe bagpå; ~streben *v/i* (*D*) stræbe efter; ~stürzen *v/i* 〈*sn*〉 (*D*) styrte efter; ~suchen *v/i* søge efter; ~ *um* (*A*) ansøge om

Nacht *f* 〈-; *~e*〉 nat; *fig* mørke *n; in der ~, bei ~,* ♀s om natten; *j-m schlaflose Nächte bereiten fig* give én søvnløse nætter; *gute ~!* god nat!; *bei ~ und Nebel* i mulm og mørke; *über ~* natten over; (*plötzlich*) pludselig; ~arbeit *f* nattearbejde *n;* ♀blind natteblind; ~dienst *m*

〈-(e)s; ∅〉 nattjeneste; *mit ~* åben døgnet rundt

Nachteil *m* ulempe; *scherzh:* bagdel; (*Schaden*) skade, tab *n; im ~* forfordelt; ♀ig skadelig, uheldig

nächtelang nætter igennem

Nacht|essen *n* aftensmad; natmad; ~eule *f fig* natteravn; ~falter *m* natsværmer; ~flug *m* natflyvning; ~frost *m* nattefrost; ~geschirr *n* natpotte; ~hemd *n* natskjorte; natkjole

Nachtigall *f* nattergal

nächtigen *v/i* overnatte

Nachtisch *m* 〈-(e)s; ∅〉 dessert, efterret

Nacht|lager *n* natteleje *n; Zelte:* nattelejr; ~leben *n* natteliv *n*

nächtlich natlig

Nacht|lokal *n* natklub; ~mahl *n* natmad, aftensmåltid *n;* ~portier *m* natportier; ~quartier *n* nattekvarter *n*

Nach|trag *m* 〈-(e)s; *~e*〉 tillæg *n,* tilføjelse; ♀tragen bære efter; (*zufügen*) tilføje, indføre; *j-m etw.* (*A*) ~ *fig* bære nag til én; ♀tragend: ~ *sein* bære nag (til én); ♀träglich senere, yderligere; *adv* bagefter, senere; ♀trauern *v/i* tænke tilbage med længsel (på)

Nacht|ruhe *f* nattero; ♀s om natten; ~schatten *m* BOT natskygge; ~schicht *f* natarbejde *n; Pers* nathold *n;* ~schlaf *m* nattesøvn; ~schwärmer *m* natsværmer; *fig* natteravn; ~schwester *f* nattevagt; ~speicherofen *m* elektrisk ovn (på nattarif); ~strom *m* 〈-(e)s; ∅〉 strøm til nattarif; ~tarif *m* nattarif; ~tier *n* natdyr *n;* ~tisch *m* natbord *n;* ~topf *m* natpotte

nach·tun (*D*) gøre efter

Nacht|urlaub *m* MIL nattegn *n;* ~wache *f* nattevagt; ~wächter *m* (nat)vægter; ♀wandeln *v/i* gå i søvne; være månesyg; ~wanderung *f* nattevandring; ~wandler *m* søvngænger; ~zeit *f* nattetid; *zur ~* ved nattetid; ~zug *m* nattog *n;* ~zuschlag *m* nattillæg *n*

nach|verlangen forlange bagefter; *zusätzlich:* forlange ekstra; ~vollziehbar forståelig; ~vollziehen forstå; ~wachsen *v/i* 〈*sn*〉 vokse efter (*od* op); ♀wahl *f* suppleringsvalg *n;* ♀wehen *f/pl* efterveer *pl; fig* eftersmæk *n;* ~weinen *v/i* (*D*) savne bittert

Nachweis *m* 〈-es; -e〉 bevis *n;* påvisning; (*Hinweis*) henvisning; *den ~ erbringen* føre bevis for; ♀bar bevislig, påviselig

nach|·weisen påvise, bevise; (*angeben*) henvise (til); ~weislich → *nachweisbar*

N

Nach|welt f ⟨0⟩ efterverden; **2•werfen** kaste efter; **2•wiegen** veje efter

nach•wirk|en virke bagefter; **2ung** f eftervirkning

Nachwort n ⟨-(e)s; -e⟩ efterskrift

Nachwuchs m fig efterslægt, de unge pl; **~schauspieler** m nyuddannet skuespiller; **~sorgen** f/pl Verein: mangel på nye medlemmer

nach|•zahlen betale bagefter (od ekstra); efterbetale; **~•zählen** tælle efter, eftertælle; **2zahlung** f ekstrabetaling, efterbetaling

nach•zeichn|en tegne efter, kopiere; **2ung** f eftertegning, kopi

nach|•ziehen v/t trække efter (sig); Schraube skrue fast; Augenbrauen trække op; v/i ⟨sn⟩ drage bagefter, følge; **2zucht** f ⟨0⟩ afkom n, opdræt n; **2zügler(in)** m(f) efternøler

Nackedei m ⟨-s; -s od -e⟩ nøgen (lille fyr); (Mädchen) bar pige

Nacken m nakke; **j-m im ~ sitzen** fig være på nakken af én

nackend → **nackt**

Nacken|schlag m nakkedrag n; fig ubehagelighed; tillbageslag n; **~stütze** f Auto: nakkestøtte

nackt nøgen, bar; (leer) tom, blottet; fig a ubesmykket; **2badestrand** m strand med nøgenbadning; **2heit** f ⟨0⟩ nøgenhed; **2kultur** f ⟨0⟩ nøgenkultur, nudisme

Nadel f ⟨-; -n⟩ nål; **~arbeit** f håndarbejde n; **~baum** m nåletræ n; **~brief** m nålebrev n; **~förmig** nåleformet; **~kissen** n nålepude; **2n** v/i ⟨-le⟩ tabe nålene pl; F drysse; **~öhr** n nåleøje n (a fig); **~spitze** f nålespids; **~stich** m nålestik n (a fig); sting n; **~wald** m nåleskov

Nagel m ⟨-s; ⁓⟩ (Finger2) negl; (Stift) søm n, nagle; **e-n ~ einschlagen** slå (et) søm i; **den ~ auf den Kopf treffen** fig træffe hovedet på sømmet; **an den ~ hängen** fig lægge på hylden; **~bürste** f neglebørste; **~feile** f neglefil; **2fest** nagelfast; **~kopf** m sømhoved n; **~lack** m neglelak; **~lackentferner** m neglelakfjerner; **2n** ⟨-le⟩ sømme, nagle; **2neu** splinterny; **~reiniger** m neglerenser; **~schere** f neglesaks; **~schuh** m pigsko; bjergsko; → a **Spikes**; **~wurzel** f neglerod

nage|n gnave (an D/på); fig nage; **2r** m, **2tier** n gnaver

nah → **nahe**

Näharbeit f håndarbejde, syning

Nahaufnahme f nærbillede n, næroptagelse

nahe ['nɑːə] ⟨⁓er; nächst⟩ nær; örtlich: nærliggende; zeitlich: (nær)forestående; **~ Gefahr** overhængende fare; **der Verzweiflung (D) ~ sein** være ved at fortvivle; **~ kommen** komme (nær) hen til; fig → **nahekommen**; **j-m zu ~ treten** fig træde én for nær; **~ an (D), ~ bei (D)** nær ved; → a **näher, nächst**

Nähe ['nɛːə] f ⟨0⟩ nærhed; **in der ~ (von)** i nærheden (af); **in nächster ~** ganske tæt ved, på nærmeste hold n

nahe•bei nær ved

nahe|•bringen gøre opmærksom på; (lehren) formidle, bibringe; **~•gehen** v/i ⟨sn⟩ (D) berøre, gå nær; **~•kommen** v/i ⟨sn⟩ fig komme nær; **~legen**: **j-m etw. (A) ~** foreslå én ngt., henstille ngt. til én; **~liegen** v/i ligge nær; **~liegend** fig nærliggende

nahen ⟨sn⟩: **(sich) ~ (D)** nærme sig

nähen sy

näher nærmere; (genauer) udførligere, nøjere; **~bringen** s. **nahebringen**; **2e(s)** n nærmere (oplysninger pl) n, nærmere besked

Näh•rei f syning

Naherholungsgebiet n rekreativt område n

~rin f syerske

näher•kommen v/i ⟨sn⟩ s. **nahekommen**

näher|n ⟨-re⟩ nærme (sich sig; j-m én); **~•treten** v/i ⟨sn⟩ (D) komme i nærmere forbindelse med; **2ung** f nærmelse; **2ungswert** m MATH tilnærmelsesværdi

nahe|•stehen v/i (D) figstå nær; **er steht mir nahe** fig han står mig nær; **~stehend** fig nærstående; **~•treten** v/i ⟨sn⟩ (D) træde nær, nærme sig (j-m én); → **nahe**; **~zu** næsten

Nähgarn n sytråd

Nahkampf m nærkamp

Näh|kästchen: **aus dem ~ plaudern** F tale of erfaring; **~kasten** m syæske, syskrin n; **~maschine** f symaskine; **~nadel** f synål

Nah'ost m Nærøsten n

Nähr|boden m (god) jordbund; fig grobund; **2en** nære (a fig, z. B. Liebe, Zweifel, Verdacht); forstærke, få til at vokse

nahrhaft ⟨-est⟩ nærende, sund, kraftig

Nähr|mittel n næringsmiddel n; **~stoff** m næringsstof n

Nahrung f ⟨0⟩ næring (a fig), føde

Nahrungs|aufnahme f næringsoptagelse; **~mangel** m mangel på fødevarer; **~mittel** n levnedsmiddel n; pl fødevarer pl; **~mittelindustrie** f fødevareindustri; **~verweigerung** f spisevægring

Nährwert m næringsværdi

Nähsachen flpl sytøj n, grejer pl

Nahschnellverkehr m nærtrafik (der ikke stopper ved alle stationer)

Näh|schule f syskole; **~seide** f sysilke

Naht f ⟨-; ⁓e⟩ søm; kant, sammenføjning; ARCH fuge; **⁓los** uden søm; Strümpfe: sømløs; **~er Übergang** fig uden overgang

Nahverkehr m nærtrafik

Nähzeug n sytøj n

naiv [naˈiːf] naiv, enfoldig; **⁓ität** f⟨0⟩ naivitet, enfoldighed

Name m ⟨-ns; -n⟩ navn n; (Ruf) ry n; **mein ~ ist ...** mit navn er ...; **dem ⁓n nach** af navn; **im ~ des Vorstands** på bestyrelsens vegne; **⁓ngebung** f navngivning; **⁓los** navnløs, anonym; fig usigelig

namens ved navn; (im Auftrag) i (éns) navn; prp (G) på ... vegne; **⁓aktie** f navneaktie; **⁓änderung** f navneforandring; **⁓aufruf** m navneopråb n; **⁓bruder** m navnebror; **⁓fest** n navnedag; **⁓schild** n navneskilt n; **⁓tag** m navnedag; **⁓vetter** m navnefætter; **⁓zug** m navnetræk n

namentlich ved navn; Abstimmung: ved navneopråb; (besonders) navnlig, især

Namenverzeichnis n navneliste

namhaft ⟨-est⟩ berømt, (be)kendt; (beträchtlich) betydelig, nævneværdig; **~ machen** nævne, navngive

nämlich adv nemlig; (selbe) samme

na'nu! hov!, (så) for søren!

Napalm n ⟨-s; 0⟩ napalm

Napf m ⟨-(e)s; ⁓e⟩ skål, fad n; **~kuchen** m søsterkage

Naphtha'lin [naftaˈ-] n naftalin

Nappaleder n nappalæder

Narbe f ar n; (Gras-) grønsvær (n); **⁓en** sætte v; **⁓ig** arret

Nar'ko|se f narkose, bedøvelse; **~tika** nlpl narkotika pl, "stoffer" pl; **⁓tisch** narkotisk; **⁓ti'sieren** bedøve, narkotisere

Narr m ⟨-en⟩ nar; (Verrückter) tosse; **zum ~en halten** holde for nar, gøre nar ad; **⁓en** narre, holde for nar

Narren|freiheit f⟨0⟩ frisprog n; **~haus** n dårekiste; **~kappe** f narrehue; **⁓sicher** idiotsikker, idiotsikret; **~streich** m narrestreg, dumhed

Narr|e'tei f narrestreg; **~heit** f naragtighed, narrestreg

Närr|in f nar, tosset kvinde; **⁓isch** naragtig; tåbelig, gal; pudsig

Narwal m narhval

Nar'zisse f weiß: pinselilje; gelb: påskelilje

Nar'zissmus m ⟨-; 0⟩ narcissisme

nasa'l|ieren nasalere; **⁓laut** [naˈzaː-] m næselyd, nasallyd

nasche|n slikke, gnaske; **⁓r** m slikmund; **⁓'rei** f slikkeri n

nasch|haft ⟨-est⟩ slikvorn, slikken; **⁓katze** f slikmund; **⁓sucht** f ⟨0⟩ slikvornhed

Nase f næse (a fig); Tier: snude; **e-e gute ~ für etw.** (A) have næse for ngt.; **die ~ voll haben** F have fået nok; **die ~ rümpfen** rynke på næsen; **die ~ hoch tragen** stikke næsen i sky; **immer der ~ nach** ligeud efter næsen

näseln ⟨-le⟩ snøvle

Nasen|bein n næseben; **~bluten** n ⟨-s; 0⟩ næseblod n; **~flügel** m næsefløj; **~länge** f: **um e-e ~ vorn liegen** være et hestehoved foran; **~loch** n næsebor n; **~schleim** m snot; **~spitze** f næsetip; **~spray** n næsespray; **~tropfen** m/pl næsedråber pl

naseweis ⟨-est⟩ næsvis; **2** m ⟨-es; -e⟩ næsvis person

nasführen tage ved næsen

Nashorn n næsehorn

nass ⟨⁓er od -er; ⁓est od -est⟩ våd; (feucht u regnerisch) fugtig (a fig), klam; **durch und durch ~** gennemvåd; **~ machen** væde, fugte; **~ werden** blive våd; **sich ~ machen** (in die Hose urinieren) tisse i bukserne

Nassauer m fig F snylter; **⁓n** v/i F snylte, nasse (på)

Nässe f ⟨0⟩ væde; (Feuchtigkeit) fugtighed; **vor ~ schützen!** opbevares tørt!; **⁓n** v/i væde, fugte

nass|kalt klam, råkold; **~machen → nass**; **⁓schnee** m sjap

Nation [-ˈtsⁱoːn] f nation, folk n

natio'nal national (-bevidst); **⁓einkommen** n nationalindkomst; **⁓elf** f Fußball: fodboldlandshold n; **⁓gefühl** n ⟨-s; 0⟩ nationalfølelse; **⁓hymne** f nationalsang; **~i'sieren** nationalisere; **2i'sierung** f nationalisering

Nationa'lis|mus [-tsⁱo-] m ⟨-; 0⟩ nationalisme; **~t** m ⟨-en⟩ nationalist; **⁓tisch** nationalistisk

Nationali'tät f nationalitet; **~szeichen** n Auto: nationalitetsmærke n

Natio'nal|mannschaft f SPORT landshold n; **~ökonomie** f nationaløkonomi; **~park** m nationalpark

Natio'nalsozialis|mus m ⟨-; 0⟩ nationalsocialisme; F nazisme; **~t** m ⟨-en⟩ F nazist; **⁓tisch** national-socialistisk; F nazistisk

Natio'nal|staat m nationalstat; **~tracht** f nationaldragt; **~versammlung** f natio-

N

nalforsamling; (*dän Parlament*) folketing *n*

Natr|ium ['nɑːtʀiʊm] *n ⟨-s; 0⟩* natrium *n*; **~on** [-ɔn] *n ⟨-s; 0⟩* natron (*n*); **doppeltkohlensaures ~** tvekulsur(t) natron

Natter *f ⟨-; -n⟩* snog

Na'tur *f* natur; (*Wesen*) væsen *n*, beskaffenhed; natur; **von ~ (aus)** fra naturens hånd; *fig* af natur

Natu'ral|ien *pl* naturalier *pl*; **2i'sieren** naturalisere, give indfødsret; **sich ~ lassen** få indfødsret

Natura'lis|mus *m ⟨-; 0⟩* naturalisme; **2tisch** naturalistisk

Natu'ral|leistung *f* betaling inaturalier; **~wirtschaft** *f* naturaløkonomi

Na'tur|anlagen *f|pl* PSYCH naturlige anlæg *pl*; **~arzt** *m* naturlæge; **~beschreibung** *f* naturskildring, naturbeskrivelse; **~bursche** *m* kraftkarl

Natu'rell *n ⟨-s; -e⟩* naturel *n*, sind *n*

Na'tur|ereignis *n* naturbegivenhed; **2farben** naturfarvet; **~forscher** *m* naturforsker; **~freund** *m* naturelsker; **2gegeben** givet fra naturens hånd; **2gemäß** *⟨-est⟩* naturlig; **~geschichte** *f ⟨0⟩* naturhistorie; **~gesetz** *n* naturlov; **2getreu** naturtro; **~heilkunde** *f* naturlægevidenskab; **~katastrophe** *f* naturkatastrofe

na'türlich 1. *adj* naturlig; (*angeboren*) medfødt; *fig* jævn, ægte; **2.** *adv* naturligvis; **2keit** *f ⟨0⟩* naturlighed

Na'tur|mensch *m* naturmenneske *n*; **2notwendig** naturnødvendig; **~park** *m* naturpark; **~produkt** *n* naturprodukt *n*; **2rein** naturren

Na'turschutz *m* naturfredning; **unter ~ stehen** være fredet; **unter ~ stellen** frede; **~gebiet** *n* fredet område *n*, reservat *n*

Na'tur|trieb *m* instinkt *n*, naturdrift; **~volk** *n* naturfolk *n*; **2widrig** naturstridig; **~wissenschaft** *f* naturvidenskab; **2wissenschaftlich: die ~e Fakultät** det naturvidenskabelige fakultet; **~wunder** *n* naturvidunder *n*; **~zustand** *m ⟨-(e)s; 0⟩* naturtilstand

Naut|ik *f ⟨0⟩* nautik; **2isch** nautisk

Navi|gation [-vi'gɑ'tsi̯oːn] *f ⟨0⟩* navigation; **2'gieren** navigere (*a fig*)

n. Chr. (= *nach Christi Geburt*) efter Kristi fødsel

Ne'apel *n* Napoli *n*

Nebel *m* tåge; dis; **~bank** *f ⟨-; ⁓e⟩* tågebanke; **~bombe** *f* røgbombe; **~decke** *f* tågeslør *n*; **~fleck** *m* stjernetåge; **2frei** tågefri; **2haft** tåget (*a fig*); **~horn** *n* tåg-

ehorn *n*; **2ig** tåget; **2n** *v/i ⟨-le⟩* være (*od* blive) tåget; **~scheinwerfer** *m* tågelygte; **~schleier** *m* tågeslør *n*; **~schlussleuchte** *f* tågebaglygte; **~schwaden** *m|pl* tågebanke; **~wetter** *n* tåget vejr *n*

neben (*wo?* D; *wohin?* A) ved siden af; (*außer*) foruden

Neben|absicht *f* bihensigt; **2amtlich** som bibeskæftigelse, ved siden af sin stilling; **2'an** ved siden af, nær ved; **~anschluss** *m* TEL ekstraapparat *n*; **~arbeit** *f* bibeskæftigelse; **~ausgabe** *f* ekstraudgift; **~bedeutung** *f* bibetydning, sekundær betydning; **2'bei** ved siden af; (*außerdem*) desuden; **~ gesagt** i parentes bemærket; **~beschäftigung** *f* bibeskæftigelse; **~buhler** *m* medbejler, rival; **~effekt** *m* bivirkning; **2ei'nander** ved siden af hinanden; **~eingang** *m* sideindgang, **~einkünfte** *f|pl*, **~einnahme** *f* ekstraindtægt; **~fach** *n* bifag *n*; **~fluss** *m* biflod; **~gebäude** *n* sidebygning, udhus *n*; **~geräusch** *n* bilyd; **~haus** *n*: **im ~** i huset ved siden af; **2'her**, **2'hin** ved siden af, nærved; (*außerdem*) desuden; *fig* i forbigående; **~hoden** *pl* bitestikler *pl*; **~kläger** *m* medsagsøger; **~kosten** *pl* ekstraomkostninger *pl*; **~linie** *f* sidelinie; **~mann** *m* sidemand; **~niere** *f* binyre; **2ordnen** sideordne; **~person** *f* biperson; **~produkt** *n* biprodukt *n*; **~raum** *m* tilstødende lokale *n* (*od* værelse *n*); **~rolle** *f* birolle; **~sache** *f* biting; **2sächlich** underordnet, uvæsentlig; **~satz** *m* bisætning; **2stehend** stående ved siden af; hosstå ende; **~stelle** *f* filial; **~straße** *f* sidegade, sidevej; (*Landstraße*) bivej; **~tätigkeit** *f* bibeskæftigelse; **~ton** *m* Linguistik: bitryk *n*; **~tür** *f* sidedør; **~ursache** *f* biårsag; **~verdienst** *m* bifortjeneste; ekstraindtægt; **e-n ~ haben** tjene en ekstraskilling; **~weg** *m* bivej; **~wirkung** *f* bivirkning (*a* MED *u fig*); **~zimmer** *n* tilstødende værelse *n*; **~zweck** *m* bihensigt, biformål *n*; **~zweig** *m* sidegren

neblig → nebelig

nebst (*D*) (tillige) med, samt

Necessaire [neˈsɛˈsɛːʀ] *n ⟨-s; -s⟩* rejseetui *n*

neck|en drille; **sich ~** (små)drille hinanden; **2e'rei** *f* drilleri *n*; **~isch** drilagtig; (*lustig*) skælmsk

nee! F næl, nej

Neffe *m ⟨-n⟩* nevø *f*

Nega't|ion [-'tsi̯oːn] *f* negation, nægtelse; **2iv** negativ; nægtende; **~iv** ['neˈ-] *n ⟨-s; -e⟩* negativ *n*

Neger *m* neg! neger; **~in** *f* neg! negerkvinde

ne'gieren negere; benægte

Negligé [ne'gli:'ʒe:] *n* ⟨-s; -s⟩ negligé *n*

nehmen ⟨*L*⟩ tage; *Abstand ~ von* (*D*) tage afstand fra; *s-n Anfang ~* tage sin begyndelse; *in Empfang ~* modtage, tage imod; *ein Ende ~* få en ende; *Platz ~* tage plads; *sich* (*D*) *Zeit ~* tage sig tid; *~ Sie Zucker?* bruger De sukker?; *j-m etw.* (*A*) *~* fratage én ngt.; *wie man's nimmt* som man tager det; *im Ganzen genommen* i det hele taget

Nehmer *m* ØKON køber

Nehrung *f* landtunge

Neid *m* ⟨-(e)s; 0⟩ misundelse; **2en** ⟨-e-⟩: *j-m etw.* (*A*) *~* misunde (*od* ikke unde) én ngt.; *~er m* misunder; **2isch** misundelig; **2los** ⟨-est⟩ uden misundelse

Neige *f* (*Abhang*) hældning, skråning; (*Ende*) ende, aftagen; (*Rest*) rest; *zur ~ gehen* være på slutningen; **2en** bøje, hælde, sænke; *sich ~* bukke (sig) (*vor* *D*/for); (*sich senken*) hælde; (*zu Ende gehen*) gå på hæld; *v/i* være tilbøjelig, hælde (*zu* *D*/til); *~ung f* hældning, bøjning; (*Hang*) tilbøjelighed, lyst, forkærlighed, hang; (*Liebe*) kærlighed

nein nej; *du kommst nicht mit, ~?* du går ikke med, vel?; *~ danke!* nej tak!; **2** *n* ⟨-[s]; 0⟩ nej *n*

Nekro'log *m* ⟨-(e)s; -e⟩ nekrolog

Nektar *m* ⟨-s; 0⟩ nektar

Nelke *f* nellike (*a Gewürz*)

nenn|bar nævnelig; **2betrag** *m* nominalværdi, pålydende værdi

nennen ⟨*L*⟩ nævne, kalde; *sich ~* hedde, kaldes; *genannt* nævnt, kaldet; (*erwähnt*) omtalt; *~swert* nævneværdig

Nenn|er *m* nævner; MATH u *fig gemeinsamer~* fællesnævner; *~fall m* nævnefald *n*, nominativ; *~form f* navnemåde, infinitiv; *~geld n* SPORT tilmeldelsesbeløb *n*; *~ung f* nævnelse; udtagelse; *~wert m* pålydende værdi, nominalværdi; *~wort n* ⟨-(e)s; *⸚er⟩* navneord *n*, substantiv *n*

Neolo'gismus *m* ⟨-; *Neologismen*⟩ neologisme, nyt ord *n*

Neonröhre *f* neonrør *n*

Nepp *m* ⟨-s; 0⟩ F fup *n*, svindel; **2en** F snyde; *~lokal n* F natrestaurant med høje priser

Nerv [nɛʁf] *m* ⟨-s; -en⟩ nerve; (*Blatt*2) ribbe; *j-m auf die ~en gehen* gå én på nerverne; *~en wie Drahtseile* F nerver af stål; *er hat aber ~en!* han har sandelig gode nerver!; **2en** F: *j-n ~* gå én på nerverne

Nerven|arzt *m* nervelæge, neurolog; **2aufreibend** nerveopslidende; *~bündel n* F nervevrag *n*; *~heilanstalt f* nerveklinik; *~kitzel m* nervepirring; **2krank** nervesyg; *~leiden n* nervelidelse; *~säge f fig* F plageånd; *~schock m* nervechok *n*; *~schwäche f* nervesvækkelse; **2stärkend** nervestyrkende; *~wrack n* F nervevrag *n*; *~zusammenbruch m* nervesammenbrud *n*

nerv|ig muskelstærk, kraftig; *fig* F irriterende; *~lich* nervemæssig; *~ös* [-'vøːs] ⟨-est⟩ nervøs; *fig* irritabel; **2osi'tät** [-vo·-] *f* ⟨0⟩ nervøsitet

Nerz *m* ⟨-es; -e⟩ mink; *~farm f* minkfarm; *~pelz m* nertzpels

Nessel *f* ⟨-; -n⟩ nælde; (*Stoff*) (ubleget) hørlærred *n*; *~fieber n* nældefeber

Nest *n* ⟨-(e)s; -er⟩ rede; (*Ort*) hul *n*; *~bau m* ⟨-(e)s; 0⟩ redebygning

nesteln *v/i* ⟨-le⟩ *v/i* pille (*an* *D*/ved)

Nest|häkchen *n fig* kæledægge; *~wärme f fig* tryhed

nett ⟨-est⟩ net, pæn; (*hübsch*) køn, sød; (*freundlich*) venlig, rar; (*gemütlich*) hyggelig, **2igkeit** *f* venlighed, imødekommenhed

netto netto; **2einkommen** *n* nettoindtægt; **2gewicht** *n* nettovægt; **2preis** *m* nettopris

Netz *n* ⟨-es; -e⟩ net *n* (*a Einkaufs*2, SPORT, EL u *fig*); (*Fischer*2) (fiske)garn *n*, net *n*; *~anschluss m* (lys)nettilslutning; **2en** ⟨-t⟩ væde, fugte; *~flügler m* netvinget; *~haut f* nethinde; *~hemd n* netundertrøje; *~karte f* netkort *n*; *~spannung f* EL netspænding; *~strumpf m* netstrømpe; *~werk n* netværk *n*

neu ⟨-est⟩ ny; moderne; (*frisch*) frisk; *aufs 2e, von 2em* på ny; *was gibt's 2es?* hvad er der nyt?; **2anfang** *m* ny begyndelse; **2ankömmling** *m* nyankommen; **2anschaffung** *f* nyanskaffelse; *~artig* moderne, ny; **2auflage** *f* nyt oplag *n*; **2bau** *m* ⟨-(e)s; -ten⟩ nybygning; nybyggeri *n*; **2bauwohnung** *f* moderne lejlighed; **2bearbeitung** *f* nybearbejdelse; **2bildung** *f* nydannelse

neuer|dings for nylig; **2er** *m* fornyer, reformator; **2ung** *f* fornyelse; forandring

Neuerwerbung *f* nyerhvervelse

Neu'fundland *n* Newfoundland *n*

neu|geboren nyfødt (*a fig*); **2gestaltung** *f* omformning, omdannelse; reform

Neugier|(de) *f* ⟨0⟩ nysgerrighed; **2ig** nysgerrig (*auf* *D*/efter)

Neu|gliederung *f* nyopdeling; **2grie-**

chisch nygræsk; **~heit** f nyhed; **2hochdeutsch** nyhøjtysk; **~igkeit** f nyhed

Neujahr n ⟨-(e)s; 0⟩ nytår n; **pros(i)t ~!** godt nytår!; **~swunsch** m nytårsønske n

Neu|land n ⟨-(e)s; 0⟩ nyland n; **~ betreten** fig gå ind på nye områder; **2lich** nylig, forleden; **~ling** m ⟨-s; -e⟩ (ny)begynder; **2modisch** moderne; **~mond** m ⟨-(e)s; 0⟩ nymåne

neun u; **2** f ni, nital n; **2auge** n zo n/øje; **~fach** nidobbelt; **~malklug** F skidtvigtig, bedrevidende; **~te(r)** niende; **2tel** n niendedel; **~tens** for det niende; **~zehn** nitten; **~zehnte(r)** nittende; **2zehntel** n nittendedel; **~zig** halvfems; **2ziger(in)** m(f) halvfemsårig mand (kvinde)

Neu|ordnung f nyordning; **~orientierung** f nyorientering; nytænkning

neu'ralgisch neuralgisk

Neu|regelung f nyordning, reform; **~reiche(r)** m opkomling

Neuro|lo'gie f ⟨0⟩ neurologi; **2'logisch** neurologisk

Neu'ro|se f neurose; **2tisch** neurotisk

Neu|schnee m nysne; **~'seeland** n New-Zealand n; **~siedlung** f udflytning; **~silber** n nysølv n; **2sprachlich** nysproglig; **~stadt** f ny bydel

neu'tral neutral; **~i'sieren** neutralisere; **2i'tät** f ⟨0⟩ neutralitet

Neu'tronenbombe f neutronbombe

Neutrum n ⟨-s; Neutren⟩ neutrum n, intetkøn n

neuvermählt nygift

Neu|wagen m ny bil; **~wahl** f nyvalg n; (Wiederholung) omvalg n; **~wert** m nyværdi; **~zeit** f ⟨0⟩ nutid; **2zeitlich** moderne, nutids-

Newsletter ['nju:slet-] m nyhedsbrev

nicht ikke; **~?** ikke (sandt)?, ikke gjort?; **auch ~** heller ikke; Verbot: lad være!, hold op! (= **bitte~!**); **durchaus ~** overhovedet ikke; **überhaupt ~** (od **gar ~**) slet ikke; **~ einmal** ikke engang; **~ mehr** ikke mere; **~ wahr?** ikke sandt?; **2achtung** f ringeagt; **~amtlich** uofficiel; **2'angriffspakt** m ikkeangrebspagt; **2beachtung** f ignorering, tilsidesættelse

Nichte f niece

Nicht|einhaltung f ikke-overholdelse; **~einmischung** f ikke-indblanding; **~erfüllung** f forsømmelse; **~erscheinen** n udeblivelse

nichtig ugyldig; (wertlos) tom, indholdsløs; **für ~ erklären** annullere; **2keit** f ugyldighed; tomhed; bagatel; **2keitserklärung** f annullering

Nichtraucher(in) m(f) ikke-ryger

nichtrostend → rosten

nichts ikke noget, intet, ingenting; **mir ~, dir ~** uden videre; **das macht ~!** det gør ikke ngt.!; **gar ~** slet ingen ting; **sonst ~?** var der ellers (ikke) ngt.?; **~ weniger als** alt andet end; **zu ~ werden** ikke blive til ngt.; **2** n ⟨-; 0⟩ intet n; tomhed, ubetydelighed; **~ sagend → nichtssagend**

Nichtschwimmer m ikke-svømmer

nichts|desto'weniger ikke desto mindre; **2könner** m uduelig person; **2nutz** m ⟨-es; -e⟩ slambert; **~nutzig** uduelig, unyttig; **~sagend** intetsigende; **2tuer** [-tu:-] m drivert; **2tun** n ⟨-s; 0⟩ lediggang; **~würdig** uværdig; lumpen, tarvelig; **2würdigkeit** f ⟨0⟩ uværdighed; lumpenhed

Nickel n ⟨-s; 0⟩ nikkel

nick|en v/i ikke; (schlafen) blunde; **2erchen** n F lur

Nicki m ⟨-s; -s⟩ pullover af velouragtigt stof

nie aldrig; **~ und nimmer** aldrig nogensinde; **noch ~** endnu aldrig, aldrig før; **~ wieder** aldrig mere (od igen)

nieder adj lav; fig ringe; adv ned; **auf und ~** op og ned; **~beugen** bøje, kue; **~brennen** v/t afbrænde; v/i ⟨sn⟩ nedbrænde; **~brüllen** pibe ud, hyle ud; **~deutsch** nedertysk, plattysk; **2drück** m lavtryk n; **~drücken** nedtrykke; trykke ned; **2frequenz** f lavfrekvens; **2gang** m fig tilbagegang, nedgang; **~gehen** v/i ⟨sn⟩ gå ned; Regen: falde; **~geschlagen** nedslået, nedtrykt; **2geschlagenheit** f ⟨0⟩ nedslåethed, nedtrykthed; **~halten** holde ned(e); **~hauen** hugge ned; **~kämpfen** nedkæmpe; **~knien** v/i ⟨sn⟩ knæle (ned); **~kommen** v/i ⟨sn⟩ nedkomme; **2kunft** f ⟨-; ¨e⟩ nedkomst; **2lage** f nederlag n; ÖKON lager n; filial, depot n; **2lande** n/pl Nederlandene pl; **2länder** m nederlænder; **~ländisch** nederlandsk

nieder·lass|en lade gå ned, hejse (od rulle) ned; **sich ~** slå sig ned; (sich ansiedeln) bosætte sig; **2ung** f bosættelse; koloni; (Filiale) filial

nieder·leg|en lægge ned; fig nedlægge (a Kranz); **sich ~** gå i seng; **2ung** f nedlæggelse; ÖKON deponering; Kranz: nedlægning

nieder·|machen, ~metzeln nedsable; hugge ned; **~prasseln** v/i ⟨sn⟩ styrte (od rasle) ned); **~reißen** nedrive; **~sau-**

sen v/i ⟨sn⟩ suse ned; **~schießen** skyde ned; **⊈schlag** m nedslag n; (Regen) nedbør; CHEM bundfald n; **radioaktiver ~** radioaktivt nedfald; **~schlagen** slå ned (od til jorden); Aufruhr nedkæmpe, undertrykke; Prozess indstille; CHEM bundfælde(s); fig nedslå

niederschlags|arm nedbørsfattig; **⊈menge** f nedbørsmængde

nieder·schmettern kaste til jorden; fig knuse; **~schreiben** skrive ned (od op); **⊈schrift** f nedskrift; protokol; **~setzen** sætte ned; fig nedsætte; **sich ~** sætte sig (ned); **~sinken** v/i ⟨sn⟩ synke ned; **⊈spannung** f lavspænding; **~stechen** stikke ihjel; **~stimmen** POL nedstemme; **~stoßen** støde ned; **~tourig** med lavt omdrejningstal; **⊈tracht** f ⟨0⟩ nederdrægtighed; **~trächtig** nederdrægtig, nedrig; **~treten** træde ned; **⊈ung** f lavning, dal; **~wärts** nedad; **~werfen** kaste ned; Aufstand slå ned; **⊈wild** n småvildt n

niedlich nydelig, sød, pæn

niedrig lav (a fig); (gering) ringe; **~ gelegen** lavtliggende; **hoch und ~** høje og lave; **⊈keit** f lavhed, ringhed; fig nederdrægtighed; **⊈lohn** m lav løn; **⊈lohngebiet** n lavtlønsområde n; **⊈preispolitik** f lavprispolitik; **⊈wasser** n lavvande n

niemals aldrig

niemand ingen, ikke nogen; **~ anders als** ingen anden end; **⊈sland** n ⟨-(e)s; 0⟩ ingenmandsland n

Niere f nyre

Nieren|(becken)entzündung f nyre(bækken)betændelse; **~braten** m nyresteg; **~leiden** n nyrelidelse; **~stein** m nyresten

niesel|n v/i ⟨-le⟩ sile, støvregne; **⊈regen** m støvregn, finregn

nies|en v/i ⟨-t⟩ nyse; **⊈pulver** n nysepulver n

Nießbrauch m ⟨-(e)s; 0⟩ JUR brugsret (an D/til)

Nieswurz f ⟨0⟩ nyserod

Niet m ⟨-(e)s; -e⟩ nitte(bolt); **~e** f Los: nitte; F (Fehlschlag) svipser, forbier; F Pers nul, uduelig person; **⊈en** ⟨-e-⟩ nitte; **⊈- und nagelfest** nagelfast

Nihi'lis|mus m ⟨-; 0⟩ nihilisme; **⊈tisch** nihilistisk

Nikolaustag m 6. december

Niko'tin n ⟨-s; 0⟩ nikotin; **⊈arm** nikotinfattig; **⊈frei** nikotinfri; **⊈haltig** nikotinholdig; **~vergiftung** f nikotinforgiftning

Nilpferd n flodhest

Nimbus m ⟨-; -se⟩ nimbus

nimmer aldrig; ikke mere; **~mehr** aldrig

(mere); **⊈satt** m ⟨-(e)s; -e⟩ ædedolk; **2'wiedersehen** n: **auf ~!** farvel for evig!

Nippel m nippel

nipp|en v/i nippe (an D/til); **⊈es, ⊈sachen** pl nips n, nipsting pl

nirgend|s, ~wo ingen steder, ingensteds

Nische [i:] f niche (a fig); fordybning

Nisse f luseæg pl

nist|en v/i ⟨-e-⟩ bygge rede; fig holde til; **⊈kasten** m redekasse

Ni'trat n ⟨-(e)s; -e⟩ nitrat n

Nitroglyze'rin n nitroglycerin

Niveau [-'vo:] n ⟨-s; -s⟩ niveau n; **⊈los** underlødig

nivel'lieren [v] nivellere; udjævne

Nixe f havfrue

nobel ⟨-bl-⟩ nobel, pæn; (großzügig) large, gavmild

No'belpreis m nobelpris; **~träger** m nobelpristager

noch 1. Kj. weder ... ~ hverken ... eller; **2.** adv endnu; endda, nok; **~ dazu** oven i købet; **~ einer** én til; **~ einmal** én gang til; **~ immer** stadig; **~ etwas?** ellers noget?; **das fehlte ~!** det manglede bare!; **~malig** gentagen, **~mals** en gang til, ønder i en gang

Nocken m tak, knast; **~welle** f knastaksel

Nockerl n bolle (til suppe)

No'mad|e m ⟨-n⟩ nomade; **⊈isch** nomade-, omflakkende

Nomi'nal|betrag m, **~wert** m pålydende beløb n, nominalværdi

Nominativ m ⟨-s; -e [-və]⟩ nominativ, nævnefald n

nomi'n|ell nominel, af navn; **~ieren** nominere, opstille

Nonchalan|ce [nõ'ʃa'lã:s] f ⟨0⟩ nonchalance; **⊈t** [-'lã:] nonchalant

Nonne f nonne; **~nkloster** n nonnekloster n

Nonsens m ⟨-; 0⟩ nonsens n

Noppe f: **mit ~n** nopret

Nord m ⟨-(e)s; 0⟩ nord; (Wind) nordenvind; **~'afrika** n Nordafrika; **~a'merika** n Nordamerika n; **⊈deutsch** nordtysk; **~deutschland** n Nordtyskland n

Norden m ⟨-s; 0⟩ norden n; (Skandinavien) Norden n; **im ~** i norden; **nach ~** mod nord, nordpå; **von ~** nordfra

Nordeu'ro|pa n Nordeuropa n; **⊈'päisch** nordeuropæisk

nord|isch nordisk; **⊈istik** [-'dɪst-] f ⟨0⟩ nordisk filologi; **⊈'jütland** n Nordjylland n, Nørrejylland n; **⊈kap** n Nordkap n

nördlich nordlig; **~ von** (od G) nord for

Nord|licht n nordlys n; **~'ost(en)** m nordøst(vind); 2'**östlich** nordøstlig; ~'**ostsee-kanal** *m* Kielerkanalen; ~**pol** *m* nordpol; ~'**schleswig** *n* Sønderjylland *n*, Nordslesvig *n*; ~**see** *f*: **die** ~ Vesterhavet, Nordsøen; ~'**seeland** *n* Nordsjælland *n*; ~**seite** *f* nordside; ~**stern** *m* nordstjerne; ~'**Süd-Gefälle** *n* nord-syd-forskel (z. B. i velstand); 2**wärts** mod nord; ~'**west(en)** *m* nordvest(vind); 2'**westlich** nordvestlig; ~**wind** *m* nordenvind

Nörg|e'lei *f* smålig kritik; 2**eln** *v/i* ⟨*-le*⟩ kritisere; brumme; ~**ler** *m* kværulant

Norm *f* norm, rettesnor

nor'mal normal; 2**benzin** *n* almindelig benzin; ~**er'weise:** ~ **etw.** (A) **tun** pleje at gøre ngt.; ~**i'sieren** normalisere; ~**spur** *f* normalspor; 2**verbraucher** *m* gennemsnitsforbruger; 2**zustand** *m* normal tilstand

norm|a'tiv normativ; ~**en**, ~**ieren** [-'mi:-] normere, standardisere; → *a* **genormt**; 2**ierung** [-'mi:-] *f* normering, standardisering

Norweg|en *n* Norge *n*; ~**er** *m* nordmand; ~**erin** *f* norsk kvinde (*od* pige); 2**isch** norsk

Nostal'gi|e [-st-] *f* ⟨*0*⟩ nostalgi; 2**sch** [-'stal-] nostalgisk

Not [o:] *f* ⟨*-; ¬e*⟩ nød, mangel; ~ **leiden** lide nød; **aus** ~ af nød; **mit knapper** ~ med nød og næppe; **zur** ~ til nød; ~ **macht erfinderisch** nød lærer nøgen kone at spinde; ~**adresse** *f* nødadresse; ~**anker** *m* nødanker *n*

No'tar *m* ⟨*-s; -e*⟩ notar(ius); 2**iell** [-ɑ-'ʀĩel] notariel

Not|arzt *m*, ~**ärztin** *f* vagtlæge; ~**aufnahmelager** *n* (midlertidig) flygtningelejr; ~**ausgang** *m* nødudgang; ~**behelf** *m* nødhjælp; ~**beleuchtung** *f* nødbelysning; ~**bremse** *f* nødbremse; ~**durft** *f* ⟨*0*⟩ fornødenhed, trang; **s-e** ~ **verrichten** forrette sin nødtørft; 2**dürftig** nødtørftig; *fig* provisorisk

Note *f* node; POL note; (*Anmerkung*) notat *n*, anmærkning; (*Zensur*) karakter; (*Bank*2) pengeseddel; *fig* (*Eigenart*) særpræg *n*

Noten|bank *f* nationalbank; ~**blatt** *n* nodeblad *n*; ~**schlüssel** *m* (node)nøgle; ~**ständer** *m* nodestativ *n*; ~**umlauf** *m* seddelomløb *n*, pengeomløb *n*; ~**wechsel** *m* noteudveksling

Notfall *m* nødstilfælde *n*; 2**s** til nød

not|gedrungen nødtvungen; 2**groschen** *m* nødskilling

no'tieren notere; 2**ung** *f* notering

nötig nødvendig, fornøden; ~ **haben** trænge til, behøve; **es ist nicht** ~ det behøves ikke; **falls** ~ om nødvendigt; ~**en** tvinge; **sich** ~ **lassen** lade sig nøde; **genötigt** (nød-) tvungen; **genötigt werden, sich** (A) **genötigt sehen** være nødt (til); ~**en'falls** om nødvendigt; 2**ung** *f* tvang

No'tiz *f* meddelelse, optegnelse; lille bemærkning; ~**en machen** gøre notater; ~ **nehmen** tage notits (**von** *D*/af); ~**block** *m* notesblok; ~**buch** *n* notesbog, lommebog

Not|jahr *n* dårligt år *n*; ~**lage** *f* nødsituation; *allg* nødtilstand; 2**-landen** *v/i* ⟨*sn*⟩ nødlande; ~**landung** *f* nødlanding; 2**leidend** nødlidende; ~**leiter** *f* brandstige; ~**lüge** *f* nødløgn; ~**maßnahme** *f* nødforanstaltning

no'torisch notorisk

Not|quartier *n* nødkvarter *n*; ~**rakete** *f* nødraket; ~**ruf** *m* nødråb *n*; alarm; ~**rufsäule** *f* alarmskab *n*; *Autobahn*: nødtelefon; ~**rutsche** *f* nødslidske; 2**-schlachten** slå ned; ~**signal** *n* nødsignal *n*; ~**sitz** *m* klapsæde *n*; ~**stand** *m* nød(stilstand)

Notstands|arbeit *f* nødhjælpsarbejde *n*; ~**gebiet** *n* kriseramt område *n*; ~**gesetze** *n/pl* undtagelseslovgivning, katastrofelovgivning

Not|stromaggregat *n* nødstrømsgenerator; ~**taufe** *f* hjemmedåb; ~**verband** *m* foreløbig forbinding, nødforbinding; ~**verordnung** *f* nødforordning; ~**wehr** *f* nødværge *n*; **in** ~ **handeln** handle i nødværge

notwendig nødvendig; ~**er'weise** nødvendigvis; 2**keit** *f* nødvendighed

Notzucht *f* voldtægt

N(o)ugat ['nu:-] *n* ⟨*-s; 0*⟩ nougat

No'vel|le [v] *f* novelle; ~'**lierung** *f* (*Gesetzes-*) lovrevision, lovændring

No'vember [v] *m*: **der** ~ november (måned); **im** ~ i november

No'vize [v] *m* ⟨*-n*⟩ novice

Nu *m*: **im** ~ i et nu

Nuanc|e [ny'ɑ̃ŋsə] *f* ⟨*-; -n*⟩ nuance; 2**ieren** [-'si:-] *f* nuancere

nüchtern fastende; (*nicht betrunken*) ædru(elig), upåvirket; (*besonnen*) klar, saglig, nøgtern; **auf** ~**en Magen** på tom mave; 2**heit** *f* ⟨*0*⟩ fastende tilstand; (*ohne Alkohol*) ædruelighed; (*Sachlichkeit*) saglighed, klarhed

Nuckel *m* F sut; 2**n** ⟨*-le*⟩ F sutte (**an** *D*/på)

Nudel *f* ⟨*-; -n*⟩ nudel, makaroni; F sjov fyr; (*dicke Person*) prop; 2**n** ⟨*-le*⟩ proppe, stoppe

Nugat *m* nougat

nuklear [-kle'¹a:ɐ] nukleær, atom-; 2**waffen** *f/pl* kernevåben *pl*

null betydningsløs; ~ *und nichtig* ugyldig; *eins zu* ~ et-nul; 2 *f* nul *n* (*a fig*); *unter* ~ under nul; ~**acht'fünfzehn** *pej* gængs, almindelig; 2**punkt** *m* nulpunkt *n*; 2**tarif** *m*: *zum* ~ gratis; 2**wachstum** *n* ⟨-s; *0*⟩ nulvækst

nu'merisch numerisk

Numerus clausus *m* ⟨-; *0*⟩ adgangsbegrænsning

Nummer *f* ⟨-; *-n*⟩ nummer *n*

numme'rier|en nummerere; 2**ung** *f* nummerering

Nummern|folge *f* nummerorden; ~**scheibe** *f* nummerskive; ~**schild** *n* nummerplade

nun nu, i øjeblikket; *von* ~ *an* fra nu af; ~**mehr** nu; ~**mehrig** nuværende

nur kun, blot; bare; *nicht* ~ ..., *sondern auch* ikke blot (*od* kun) ... men også; ~ *noch* kun (*übrig* tilbage); *wenn* ~ hvis bare; *was* (*wer*) ~ hvad (hvem) end; ~ *weiter!* bliv ved!; ~ *zu!* klem bare på!

Nuꞵ *f* ⟨-; *~e*⟩ nød (*Kopf*) F knold; ~**baum** *m* valnøddetræ *n*; ~**kern** *m* nøddekerne;

~**knacker** *m* nøddeknækker; ~**schale** *f* nøddeskal (*a fig* NAUT); ~**schokolade** *f* nøddechokolade

Nüstern [y·] *f/pl Pferd*: næsebor *pl*

Nut [u:] *f* not, fals, rende

Nutte *f* P luder

nutz nyttig, gavnlig, brugbar; *zu nichts* ~*e sein* ikke du(e) til ngt.; 2**anwendung** *f* praktisk anvendelse; ~**bar** nyttig, produktiv; 2**barkeit** *f* ⟨*0*⟩ nytte; ~**bringend** nyttig, fordelagtig

nutzen ⟨-*t*⟩ *v/i* (*D*) nytte, gavne; *was nutzt das?* hvad nytte er det til?; *v/t* bruge, benytte; 2 *m* ⟨-*s*; *0*⟩ nytte, gavn (*n*), fordel

nützen ⟨-*t*⟩ → **nutzen**

Nutz|garten *m* køkkenhave; ~**holz** *n* tømmer *n*; ~**last** *f* fragt

nützlich nyttig, gavnlig; 2**keit** *f* ⟨*0*⟩ nytte

Nutz|los ⟨*-est*⟩ unyttig; 2**losigkeit** *f* ⟨*0*⟩ unyttighed; 2**nießer** *m* bruger; én, der profiterer; 2**pflanze** *f* nytteplante

Nutzung *f* brug; fordel; ~**srecht** *n* brugsret

Nylon® ['naɪlɔn] *n* ⟨-*s*; *0*⟩ nylon (*n*); ~**strumpf** *m* nylonstrømpe

Nymph|e ['nymfə] *f* nymfe; ~**oma'nie** *f* ⟨*0*⟩ nymfomani

O

O, o *n* O, *o* *n*

Ö, ö *n* Ø, *ø* *n*

o! o!

o. ä. (= *oder ähnlich*) eller lignende (*Abk. e.l.*)

Oase [o·'a:zə] *f* oase

ob [ɔp] 1. *konj* om; *bei direkter Frage*: mon; *er fragte*, ~ *ich krank sei* han spurgte, om jeg var syg; ~ *er wohl kommt?* mon han kommer?; *als* ~ som om; *na und* ~*!* F selvfølgelig; 2. *prp* (*G*) på grund af

Obacht [o:] *f* ⟨*0*⟩ opmærksomhed; ~ *geben* give agt, passe på

Obdach [ɔ] *n* ⟨-*(e)s*; *0*⟩ husly *n*; 2**los** husvild, hjemløs; ~**lose** *m/f* hjemløs

Obdu|ktion [-'tsĭo:n] *f* obduktion; 2'**zieren** obducere

O-Bein|e *n/pl*: ~ *haben* være hjulbenet; 2**ig** hjulbenet

Obe'lisk *m* ⟨-*en*⟩ obelisk

oben oven; oppe, ovenpå; foroven, ovenfor; øverst; ~ *erwähnt*, ~ *genannt* ovennævnt, ovenfor omtalt; *nach* ~ (*hin*) op-

ad; *von* ~ (*herab*) oppe fra; *fig* fra oven; *von unten bis* ~ fra øverst til nederst; ~ *ohne* F topløs; ~'**an** for oven, øverst; ~'**auf** ovenpå (*a fig*); ~'**drein** oven i købet, tilmed; ~'**drüber** oven over; ~'**hin** overfladisk

ober 1. øvre, over-; (*höher*) højere; 2. 2 *m* tjener; *Herr* 2*!* tjener!

Ober|arm *m* overarm; ~**arzt** *m* reservelæge; ~**aufsicht** *f* overopsyn *n*; ~**bau** *m* ⟨-*(e)s*; *-ten*⟩ overbygning; ~**befehl** *m* overkommando; ~**befehlshaber** *m* øverstbefalende; ~**begriff** *m* overbegreb *n*; ~**bekleidung** *f* yderbeklædning; ~**bürgermeister** *m* overborgmester; ~**deck** *n* øverste dæk *n*; 2**deutsch** sydtysk

Ober|e(r) *m* foresat, formand; ~**e(s)** *n* øverste del

Oberfläch|e *f* overflade; ~**enspannung** *f* ⟨*0*⟩ overfladespænding; 2**lich** på overfladen; overfladisk; ~**lichkeit** *f* overfladiskhed

Ober|förster *m* skovrider; ~**geschoss** *n* øverste etage; 2**halb** (*von od G*) oven for; **~hand** f ⟨0⟩ overhånd, magt; *die ~ gewinnen* få overhånd; **~haupt** n overhoved n, leder; **~haus** n POL overhus n; **~haut** f overhud; **~hemd** n skjorte; **~herrschaft** f overherredømme n; **~hitze** f overvarme; **2irdisch** overjordisk; **~kellner** m (over)tjener; **~kiefer** m overkæbe; **~kommando** n overkommando; **~körper** m overkrop; **~land** n ⟨-(e)s; 0⟩ højland n; **~landesgericht** n højesteret; **~lauf** m øvre løb n; **~leder** n overlæder n; **~lehrer(in)** m(f) overlærer; **~leitungsbus** m trolley-bus; **~leutnant** m premierløjtnant; **~licht** n ovenlys n; **~lippe** f overlæbe; **~lippenbart** m overskæg n; **~priester** m biblisch: ypperstepræst; **~'prima** f tredje gymnasieklasse (Abk. 3. g.); **~schenkel** m lår n; **~schicht** f POL overklasse; **~schule** f gymnasium n; **~schwester** f oversygeplejerske; **~seite** f øverste side; **~sekunda** f første (od anden) gymnasieklasse (Abk. 2. g.)

Oberst m ⟨-en⟩ oberst

Ober|'staatsanwalt m statsadvokat; **2ste(r, -s)** øverste, højeste; **~stock** m ⟨-(e)s; 0⟩ øverste etage; **~'studiendirektor** m (gymnasie)rektor; **~'studienrat** m studielektor; **~stufe** f højere klasser pl; *am Gymnasium:* gymnasium n; kursus n for viderekomne; **~tasse** f overkop; **~teil** m od n overdel; **~töne** m/pl overtoner pl; **~wasser** n: *~haben* fig have vind i sejlene; **~weite** f brystmål n

ob'gleich selv om, skønt

Obhut f ⟨0⟩ varetægt, opsyn n

obig ovenstående, ovennævnt

Ob'jek|t n ⟨-(e)s; -e⟩ objekt n (a GRAM); genstand; **2'tiv** objktv, saglig; **~'tiv** n ⟨-s; -e⟩ objektiv n; **~tivi'tät** [v] f ⟨0⟩ objektivitet

Ob'late [o'-] f oblat; vaffel

obliegen v/i ⟨0⟩ beskæftige sig med, passe; *es obliegt mir* det påhviler mig; **2heit** f pligt

obli'ga|t obligat; **2tion** [-'tsïo:n] f obligation; **~'torisch** obligatorisk

Obmann m formand; holdleder

Obo|e [o-'bo:ə] f obo; **~'ist** m ⟨-en⟩ oboist

Obrigkeit [o:] f ⟨0⟩ øvrighed; **2lich** øvrigheds-; administrativ; **~sdenken** n ⟨-s; 0⟩ autoritetstro

ob'schon selv om, skønt

Obser|'vanz f observans; **~vation** [-'tsïo:n] f observation, iagttagelse; **~va'torium** [-rium] n ⟨-s; Observatorien⟩ observatorium n; **2'vieren** observere, F skygge

ob'siegen v/i sejre, vinde

Obst [o:] n ⟨-(e)s; 0⟩ frugt; **~bau** m ⟨-(e)s;

0⟩ frugtavl; **~baum** m frugttræ n; **~ernte** f frugthøst; **~garten** m frugthave; **~händler(in)** m(f) frugthandler; **~kuchen** m frugtkage, frugttærte; **~messer** n frugtkniv; **~pflücker** m frugtplukker (a Pers); **~salat** m frugtsalat; **~schale** f frugtskål; **~torte** f frugttærte

obszön [ɔps'tsø:n] uanstændig, sjofel, obskøn

Obulus m ⟨0⟩ skærv

Obus [o:] m → *Oberleitungsbus*

obwalten: *unter den ~den Umständen* under de givne omstændigheder (od forhold)

ob'wohl selv om, skønt

Ochse ['ɔksə] m ⟨-n⟩ okse, stud (a fig F); *fig* F kraftidiot; **2n** v/i ⟨-t⟩ F slide, pukle

Ochsen|fleisch n oksekød n; **~schwanzsuppe** f oksehalesuppe; **~zunge** f oksetunge

Ochse'rei f ⟨0⟩ F sliden og slæben

Ocker m od n okker

Ode f ode

öde øde; tom, ensom; *fig (fade)* åndløs, kedelig; **2** f ⟨0⟩ ørken, ensomt sted n; *(Leere)* tomhed

Ö'dem n ⟨-s; -e⟩ ødem n

oder eller; *~ aber* eller også

Odys'see f fig odyssé

Ofen m ⟨-s; ᵘ⟩ ovn; fyr n; *elektrischer ~* elektrisk varmeovn; **~heizung** f ovnfyring; **~rohr** n (kakkel)ovnsrør n; **~schirm** m (kakkel)ovnskærm; **~setzer** m ovnsætter; **~tür** f ovnlåge

offen åben; *(unbesetzt)* ubesat, ledig; *(deutlich)* åbenlys; **~e** See rum sø; **~er** Wein vin i glas; **~ lassen** lade stå åben; *fig* → *offenlassen;* **~ stehen** stå åben

offen'bar åbenbar, klar; *adv* åbenbart; **~en** åbenbare *(sich* sig) (a REL); **2ung** f åbenbaring; **2ungseid** m redegørelse for ens økonomiske forhold under ed

offen|bleiben v/i ⟨sn⟩ fig forblive uafgjort; **~halten** fig holde åben

Offenheit f åbenhed, oprigtighed

offenherzig åbenhjertig, oprigtig; *adv* **2keit** f ⟨0⟩ åbenhjertighed

offen|kundig almindelig (be)kendt; *adv* åbenbart; **~lassen** fig lade forblive uafgjort; **~'sichtlich** tydelig; øjensynlig; *adv* åbenbart

offen'siv offensiv; **2e** [-və] f offensiv, fremstød n

öffentlich offentlig; **~-rechtlich** statslig; **2keit** f ⟨0⟩ offentlighed; publikum n; *die ~ ausschließen* JUR lukke dørene; *unter Ausschluss der ~* JUR for lukkede døre; 2keitsarbeit f PR-arbejde n, PR-virksomhed

of|fe'rieren tilbyde; 2'ferte f tilbud n

offiziell [-'tsĭεl] officiel

Offi'zier|(in) m ⟨-s; -e⟩ (f) officer; ~skorps n officerskorps n

offi'ziös ⟨-est⟩ halvofficiel

offline ['ɔflaɪn] EDV off-line

öffn|en ⟨-e-⟩ åbne, lukke op; nicht ~, bevor der Zug hält! luk ikke op før toget holder!; 2er m åbner; 2ung f åbning; 2ungszeiten flpl åbningstider pl

Offsetdruck m offsettryk n

oft ⟨=er, =est⟩ ofte, tit, mange gange; zu ~ for tit

öfter(s) jævnlig, hyppigt, tit (og ofte)

oftmal|ig hyppig; ~s ofte, tit

oh! å!, o!

Oheim m ⟨-s; -e⟩ onkel

ohne 1. prp (A) uden; nicht~ F ikke tosset; 2. konj ~ dass, ~ zu uden at; ~'gleichen uden lige; ~'hin alligevel

Ohn|macht f afmagt (a fig); besvimelse; in ~ fallen besvime; 2mächtig afmægtig; (ohne Besinnung) besvimet; ~ werden besvime

o'ho! hoho!, aha!, sese!

Ohr n ⟨-(e)s; -en⟩ øre n (a fig); abstehende ~en udstående ører, F flyveører; ganz ~ sein være lutter øre; ein ~ für etw. (A) haben have et skarpt øre for ngt.; bei den ~en nehmen holde i ørerne; es faustdick hinter den ~en haben fig have en ræv bag øret; bis über beide ~en verliebt sein være forelsket til op over begge ører; übers ~ hauen fig tage ved næsen, snyde

Öhr n ⟨-(e)s; -e⟩ Nadel: øje n; (Loch) hul n

Ohren|arzt m ørelæge; 2betäubend øredøvende; ~leiden n ørelidelse; ~sausen n ⟨-s; 0⟩ susen for øret; ~schmalz n ørevoks n; ~schmaus m nydelse for øret; ~schmerzen m/pl ørepine; ~schützer m gegen Kälte: øreklap; gegen Lärm: høreværn n; ~sessel m øreklapstol; ~zeuge m ørevidne n

Ohr|eule f hornugle; ~feige f ørefigen, lussing, F øretæve; es gibt~ n der vanker lussinger; 2feigen: j-n ~ give en lussinger, tæve én; ~hörer m øresnegl; ~läppchen n øreflip; ~muschel f ørebrusk; ~ring m ørenring; ~wurm m ørentvist; fig (Melodie) landeplage

o'je! Gud!

ok'kult ⟨-est⟩ okkult; 2'tismus m ⟨-; 0⟩ okkultisme

okku'pieren okkupere, besætte

Ökolabel ['ʔe:bəl] n ⟨-s; -s⟩ økomærke n

Öko'no|m m ⟨-en⟩ økonom, forvalter; ~'mie f økonomi; 2misch økonomisk

Ok'tanzahl f oktantal n

Ok'tav n ⟨-s; 0⟩ oktav(format n); ~e [-və] f oktav

Ok'tober m: der ~ oktober (måned); im ~ i oktober

Okzident m ⟨-s⟩ occident, vesten n

Öl n ⟨-(e)s; -e⟩ olie; (Haar2) brillantine; ~ ins Feuer gießen fig gyde olie på ilden; ~ auf die Wogen gießen fig gyde olie på de oprørte bølger; ~anstrich m oliemaling; ~baum m oliventræ n; ~bild n oliemaleri n; ~bohrinsel f olieboreplatform, offshoreanlæg n; ~druck m olietryk n

Oldtimer ['oːltaɪm-] m ⟨-s; -⟩ (Auto) veteranbil

Oleander [o:le'?an-] m oleander

Öl|einfüllschraube f oliepåfyldningshætte; 2en smøre; Fußboden: fernisere; Papier: oliere; (salben) salve; ~farbe f (Wand-) oliemaling; (Künstler) oliefarve; ~fass n olietønde; ~feld n oliefelt n; ~feuerung f oliefyring, oliefyr n; ~förderung f olieudvinding; ~gemälde n oliemaleri n; ~gewinnung f olieudvinding; 2haltig olieholdig; dosmer; ~heizung f oliefyring; (Anlage) oliefyr n; 2höffig som der kan ventes olie i; 2ig olieagtig, fedtet; olieholdig; fig salvelsesfuld

Oligar'chie f oligarki n

O'live [-və] f oliven; ~nbaum m oliventræ n; ~nöl n olivenolie

o'livgrün olivengrøn

Öl|jacke f oliefrakke; ~kanne f smørekande; ~krise f oliekrise; ~kuchen m oliekage; ~leitung f olie(rør)ledning; ~mühle f oliemølle; ~ofen m olieovn, oliefyr n; ~pumpe f oliepumpe; ~quelle f oliekilde; ~raffinerie f olieraffinaderi n; ~sardine f sardin i olie; wie die ~n fig F som sild i en tønde; ~stand m oliestand; ~tanker m olietankskib n; ~teppich m oliebælte n, olietæppe n; ~ung f smøring; die Letzte ~ den sidste olie; ~wanne f olietrug n; ~wechsel m olieskift n

O'lymp m ⟨-s; 0⟩ olympen; ~iade [-'pĭaː-] f olympiade; ~iasieger m olympiavinder; ~iastadion n olympiastadion n; 2isch olympisk; die 2en Spiele de olympiske lege

Öl|zeug n olietøj n; ~zufuhr f olietilførsel; ~zweig m oliegren

Oma f ⟨-; -s⟩ bedstemor

Ombudsmann [-ts-] *m* ombudsmand

Ome'lett *n* ⟨-(e)s; -e od -s⟩ omelet, æggekage

Omen *n* ⟨-s; - od Omina⟩ omen *n*, varsel *n*

omi'nös ⟨-est⟩ ominøs

Omnibus *m* ⟨-ses; -se⟩ (omni)bus; (*Überland*2) rutebil; **⊾bahnhof** *m* rutebilstation; **⊾haltestelle** *f* busstoppested *n*

Ona'nie *f* ⟨0⟩ onani; 2**ren** *v/i* onanere

ondu'lieren ondulere

Onkel ['ɔŋk-] *m* onkel

online ['ɔnlain] EDV on-line

Opa *m* ⟨-s; -s⟩ bedstefar

O'pal *m* ⟨-s; -e⟩ opal

Oper *f* ⟨-; -n⟩ opera

Operateur [-'tø:r] *m* ⟨-s; -e⟩ (*Kino*2) operatør; (*Arzt*) kirurg

Operation [-'tsɪo:n] *f* operation (*a fig u* MED); **⊾ssaal** *m* operationsstue

Ope'rette *f* operette

ope'rieren operere; *sich ~ lassen* blive opereret

Opern|glas *n* teaterkikkert; **⊾haus** *n* opera(hus *n*); **⊾sänger(in)** *m(f)* operasanger(inde)

Opfer *n* offer *n*; 2**bereit**, 2**freudig**, offervillig; **⊾gabe** *f* (offer)gave; **⊾mut** *m* offervilje

opfer|n ⟨-re⟩ *v/t u v/i* ofre; **⊾stock** *m* fattigbøsse, kirkeblok; 2**tier** *n* offerdyr *n*; 2**ung** *f* ofring; **⊾willig** offervillig

Opium ['o:pi̯ʊm] *n* ⟨-s; 0⟩ opium *n*; **⊾raucher** *m* opiumryger

Oppo|'nent *m* ⟨-en⟩ opponent; 2**'nieren** *v/i* opponere

oppor'tun opportun; 2**ismus** [-'nɪs-] *m* ⟨-; 0⟩ opportunisme

Opposition [-'tsɪo:n] *f* opposition; 2**ell** [-'nɛl] oppositionel

op'tieren *v/i* optere

Optik *f* ⟨0⟩ optik (*a fig*); **⊾er(in)** *m(f)* optiker

opti'mal optimal; 2**ismus** *m* ⟨-; 0⟩ optimisme; 2**ist(in)** *m* ⟨-en⟩ (*f*) optimist; **⊾istisch** optimistisk, håbefuld

Option [-'tsɪo:n] *f* option

optisch optisk

Opus *n* ⟨-; Opera⟩ opus *n*, værk *n*

O'rakel *n* orakel *n*; 2**n** ⟨-le⟩ spå

orange *adj* orangefarvet; 2 [o'rãŋʒə] *f* appelsin; **⊾ade** [-'ʒa:-] *f* orangeade; **⊾nsaft** *m* appelsinsaft, appelsinjuice; **⊾nschale** *f* appelsinskal

Orang-'Utan [a] *m* ⟨-s; -s⟩ orangutang

Ora'torium [-ri̯ʊm] *n* ⟨-s; Oratorien⟩ oratorium *n*

Or'chester [k] *n* orkester *n*

Orchi'dee *f* orkidé

Orden *m* orden (*Gemeinschaft u Medaille*)

Ordens|band *n* ordensbånd *n*; **⊾bruder** *m* ordensbroder, munk; **⊾gelübde** *n* ordensløfte *n*; **⊾schwester** *f* nonne

ordentlich [ə] ordentlig (*a fig* F); velordnet; *Zimmer:* ryddelig; *Professor:* ordinær

Order *f* ⟨-; -n⟩ ordre (*a* ØKON); 2**n** ⟨-re⟩ bestille

Ordi'n|alzahl *f* ordenstal; **⊾är** sædvanlig; (*gemein*) simpel; *pej* F sjofel; **⊾ariat** [-a'rɪa:t] *n* ⟨-(e)s; -e⟩ lærestol; **⊾arius** *m* ⟨-; Ordinarien⟩ professor ordinarius; 2**ieren** ordinere (*a* REL *u* MED)

ordn|en ⟨-e-⟩ ordne, *etw.* (A) ~ bringe orden i ngt.; 2**er** *m* (*Sammelmappe*) (brev)ordner; (*Ring-*) ringbind *n*; *Veranstaltung:* kontrollør; *Schule:* ordensduks

Ordnung *f* (*Regelung*) ordning; (*Zucht, Übersichtlichkeit*) orden; (*Regel*) reglement *n*; (*ist*) *in ~!* o.k.!, den er god!

Ordnungs|amt *n* kommunekontor *n*; 2**gemäß** reglementeret; *adv* ifølge reglementet; *Verein:* ifølge vedtægterne; **⊾liebe** *f* ordenssans; **⊾ruf** *m* kalden til orden; **⊾sinn** *m* ⟨-(e)s; 0⟩ ordenssans; **⊾strafe** *f* disciplinærstraf; 2**widrig** imod reglementet; **⊾widrigkeit** *f* overtrædelse; **⊾zahl** *f* ordenstal *n*

Ordo(n)'nanz *f* ordonnans

Or'gan *n* ⟨-s; -e⟩ organ *n*; **⊾isation** [-'tsɪo:n] *f* organisation; **⊾i'sator** *m* ⟨-s; -en⟩ [-'to:-] organisator; 2**isch** organisk; 2**i'sieren** organisere (*f* (*herschaffen*) fremskaffe, „redde"; **⊾ismus** [-'nɪs-] *m* ⟨-; Organismen⟩ organisme; **⊾ist** [-'nɪst] *m* ⟨-en⟩ organist; **⊾spender(in)** *m(f)* organdonor; **⊾verpflanzung** *f* transplantation

Or'gasmus *m* ⟨-; Orgasmen⟩ orgasme

Orgel *f* ⟨-; -n⟩ orgel *n*; *die ~ spielen* spille på orgel; **⊾bauer** *m* orgelbygger; **⊾pfeife** *f* orgelpibe

Orgie ['ɔʀgi̯ə] *f* orgie *n*

Orien|t [-'ɔriɛnt] *m* ⟨-s; 0⟩ orient, øst(en *n*); **⊾'tale** *m* ⟨-n⟩ orientaler, østerlænding; 2**'talisch** orientalsk, østerlandsk; 2**'tieren** orientere (*sich* sig); vejlede; **⊾'tierung** *f* orientering; **⊾'tierungssinn** *m* stedsans, stedhukommelse

origi'nal original; 2 *n* ⟨-s; -e⟩ original; *fig* særling; 2**ausgabe** *f* originaludgave; originalitet; (*Seltsamkeit*) særhed; 2**packung** *f* original(ind)pakning, originalemballage

origi'nell original; (*seltsam*) ejendomme-

lig; *(neu)* ny
Or'kan *m* ⟨-(e)s; -e⟩ orkan
Orna'ment *n* ⟨-(e)s; -e⟩ ornament *n*, udsmykning
Or'nat *n* ⟨-(e)s; -e⟩ ornat *n*, præstekjole
Ornitholo'gie *f* ⟨0⟩ ornitologi
Ort *n* ⟨-(e)s; -e⟩ sted *n*; plads; *(Stadt)* (lille) by; *an ~ und Stelle* på stedet
Örtchen *n* lille sted *n*; F wc *n*
orten ⟨-e-⟩ pejle, stedbestemme
ortho'dox ⟨-est⟩ ortodoks, rettroende; 2**do'xie** *f* ⟨0⟩ ortodoksi, rettroenhed
Ortho|gra'fie *f* ortografi, retskrivning; 2**'grafisch** ortografisk
Ortho'päd|e *m* ⟨-n⟩ ortopæd; 2**isch** ortopædisk
örtlich lokal, stedlig, 2**keit** *f* sted *n*, lokalitet; *(Gegend)* egn
Orts|angabe *f* stedangivelse; 2**ansässig** derboende, hjemmehørende; **~beschreibung** *f* stedsbeskrivelse, topografi; **~bestimmung** *f* stedsbestemmelse
Ortschaft *f* sted *n*; (lille) by
Orts|gespräch *n* indenbys *(od* lokal) samtale; **~gruppe** *f* lokalafdeling; **~kenntnis** *f* lokalkendskab *n*; **~klasse** *f* stedtillægsgruppe; **~krankenkasse** *f* lokal sygekasse; 2**kundig** stedkendt; **~name** *m* stednavn *n*
Ortstein *m* ⟨-(e)s; 0⟩ al
orts|üblich stedlig, almindelig, dergældende; 2**verkehr** *m* lokaltrafik; 2**zeit** *f* ⟨0⟩ lokal tid; 2**zuschlag** *m* stedtillæg *n*
Öse *f* øsken, malle; ring
Os'mose *f* ⟨0⟩ osmose
ost|- øst-; → *Osten*; 2**'asien** *n* Østasien *n*
Ostblock *m*: *der ~* HIST *neg!* østblokken
ostdeutsch østtysk; 2**land** *n* Østtyskland *n*
Osten [ɔ] *m* ⟨-s; 0⟩ øst(en) *n*); *der Nahe ~*

Mellemøsten; *der Ferne ~* det fjerne østen; *im ~* i øst; *nach ~* mod øst, østpå; *von ~* fra øst, østfra
Oster|abend [o:] *m* påskeaften; **~ei** *n* påskeæg *n*; **~feiertag** *m* påskehelligdag; **erster** *(zweiter) ~* første (anden) påskedag; **~ferien** *pl* påskeferie; **~glocke** *f* BOT påskelilje; **~hase** *m* påskehare; **~lamm** *n* påskelam *n*
österlich påskelig
Oster|'montag *m* anden påskedag, påskemandag; **~n** *n* ⟨-; -⟩ påske; *fröhliche ~!* glædelig påske!
Österreich [ø:] *n* Østrig *n*; **~er(in)** *m(f)* østriger, østrigsk pige *(od* kvinde); 2**isch** østrigsk
Ost|europa *n* Østeuropa *n*; 2**euro'päisch** østeuropæisk; **~indien** *n* Østindien *n*
östlich østlig, øst-; *von (od G)* øst for
Ost|mark *f (Währung der DDR)* HIST F østmark; **~preußen** *n* Østprøjsen *n*; **~see** *f: die ~* Østersøen; **~seite** *f* østside; 2**wärts** østpå; **~wind** *m* østenvind
Oszillo'graph *m* ⟨-en⟩ oscillograf
Otter *m (Säugetier)* odder
Otto'mane *f* ⟨-n⟩ ottoman
outen ['autən]: *sich ~* komme ud af skabet
Ouver'türe [u'vɛʁ-] *f* ouverture
o'val oval, aflang; 2 *n* ⟨-s; -e⟩ oval
Ovation [-'tsi̯o:n] *f* ovation
Overall ['o:vəʁɔ:l] *m* ⟨-s; -s⟩ overall
Oxi|d [ɔ'ksi:t] *n* ⟨-s; -e⟩ ilte *n*, oksid, oksyd; **~dation** [-'tsi̯o:n] *f* oksydering; 2**'dieren** *v/t ⟨sn⟩* oksydere; **Oxyd** [ɔk'sy:t] → *Oxid*
Ozean ['o:tse'a:n] *m* ⟨-s; -e⟩ ocean *n*, verdenshav *n*; **~dampfer** *m* oceandamper; 2**isch** [-tse'-'a:-] oceansk; **~ogra'phie** *f* ⟨0⟩ oceanografi, havforskning
O'zon *n od m* ⟨-s; 0⟩ ozon; **~loch** *n* ozonhul *n*; **~schicht** *f* ozonlag *n*

P

P, p [pe:] *n* P, p *n*
paar: *ein ~* et par (stykker), nogle; *ein ~ Mal* et par gange; 2 *n* ⟨-(e)s; -e⟩ par *n*; **~en** parre *(sich* sig); *fig gepaart mit* parret med; 2**lauf** *m* SPORT parløb *n*; 2**ung** *f* parring; 2**ungszeit** *f* parringstid; **~weise** parvis, to og to
Pacht *f* forpagtning; *(Geld)* forpagtningsafgift; *in ~ geben* bortforpagte; 2**en** ⟨-e-⟩ forpagte
Pächter *m* forpagter

Pacht|geld *n* forpagtningsafgift; **~gut** *n*, **~hof** *m* forpagtergård; **~ung** *f* forpagtning; **~vertrag** *m* forpagtningskontrakt; **~zins** *m* forpagtningsafgift
Pack 1. *m* ⟨-(e)s; -e⟩ pakke; *(Bündel)* bylt; **2.** *n* ⟨-(e)s; 0⟩ rak *n*, pak *n*
Päckchen *n* lille pakke; *Post:* småpakke
Pack|eis *n* pakis, skrueis; 2**en** *(Koffer* pakke; *(fassen)* gribe; *sich ~* skrubbe af; **~en** *m* pakke, bylt; 2**end** fængslende, gribende; **~er** *m* flyttemand; **~e'rei** *f* ⟨0⟩

F pakning; ~esel *m* pakæsel *n* (*a fig*);
~leinwand *f* paklærred *n*; ~papier *n* ind-
pakningspapir *n*; ~raum *m* pakkeri *n*;
~tasche *f Fahrrad:* cykeltaske; ~tier *n*
lastdyr; ~ung *f* indpakning; MED pakning,
kompres *n; Zigaretten:* pakke; *Pralinen:*
æske; ~wagen *m* pakvogn

Pad [pɛd] *n* svamp

Päda'gog|e *m* ⟨-n⟩ pædagog; ~ik *f* ⟨0⟩ pæ-
dagogik; ~in *f* (kvindelig) pædagog;
♀isch pædagogisk; ~e Hochschule seminarium; lærerhøjskole

Paddel *n* pagaj, padleåre; ~boot *n* kajak;
♀n *v/i* ⟨-le; *sn*⟩ ro, padle; (*schwimmen*)
F plaske, pjaske

Päde'rast [-də-] *m* ⟨-en⟩ pæderast, homoseksuel

paffen F *Pfeife* bakke, dampe

Page [-ʒə] *m* ⟨-n⟩ page; *Hotel:* piccolo;
~nkopf *m* pagehår *n*

pagi'nieren paginere

Pa'gode *f* pagode

pah! pyt!, bah!

Paillette [pa'jɛtə] *f* paillet

Pa'ket *n* ⟨-(e)s; -e⟩ pakke; ~adresse *f*
adresseklæbeseddel; ~annahme *f* pak-
keindlevering(ssted *n*); ~ausgabe *f* pak-
keudlevering; ~karte *f* adressekort *n*;
~post *f* pakkepost; ~schalter *m* pak-
keindlevering

pakis'tanisch pakistansk

Pakt *m* ⟨-(e)s; -e⟩ pagt, overenskomst;
♀tieren *v/i* slutte en pagt

Palais [-'lɛː] *n* ⟨-; -⟩ palæ *n*

Paläogra'phie *f* ⟨0⟩ palæografi

Pa'last *m* ⟨-(e)s; ⁀e⟩ palads *n*

Paläs'ti|na *n* Palæstina *n*; ~'nenser *m* pa-
læstinenser; ♀'nensisch palæstinensisk

pala'tal palatal

Pa'laver *n* palaver; ♀n *v/i* ⟨-re⟩ palavre,
snakke

palen *Erbsen* bælge

Pa'lette *f* palet; TECH palle; *die ganze ~ fig*
hele viften

Pali'sade *f* palisade

Pali'sander *m* palisander

Palm|e *f* palme; *auf die ~ bringen fig* F op-
hidse, gøre rasende; ~engarten *m* palme-
have; ~enzweig *m* palmegren; ~'sonntag *m* palmesøndag

Pampel'muse *f* grapefrugt, grapefruit

Pamphlet [-'fleːt] *n* ⟨-(e)s; -e⟩ pamflet

pampig F flabet, fræk

Panama *n* Panama *n*; ~hut *m* panamahat

panameri'kanisch panamerikansk

Panda *m* ⟨-s; -s⟩ panda

Pa'neel *n* ⟨-s; -e⟩ panel *n*

Panflöte *f* panfløjte

päng! bang!

pa'nier|en panere; ♀mehl *n* rasp; ~t pane-
ret

Pan|ik *f* panik; *in ~ ausbrechen* gå i panik;
♀isch panisk

Panne *f* motorskade, uheld *n; Fahrrad:*
punktering; *e-e ~ haben Reifen:* (være)
punkteret); *Motor:* have en motorskade;
~nhilfe *f* vejhjælp

Pano'rama *n* ⟨-s; *Panoramen*⟩ panorama
n; ~blick *m* panoramaudsigt

Pansen *m Kuh:* vom

Panthe'ismus *m* ⟨-; *0*⟩ panteisme

Pant(h)er *m* panter

Pan'tine *f* F (*Holz* ♀) træsko

Pan'toffel *m* ⟨-s; -n⟩ tøffel; *unter dem ~
stehen fig* være under tøflen; ~held *m*
tøffelhelt

Panto'mime *f* pantomime

pan(t)sche|n plaske; (*vermengen, verfäl-
schen*) fortynde; ♀r *m Wein:* forfalsker;
♀'rei *f* falskneri *n*

Panzer *m* panser *n;* harnisk *n;* (*Kampfwa-
gen*) tank, kampvogn; ~'abwehrkanone *f*
anti-tank-kanon; ~faust *f* pansernæve,
bazook a; ~glas *n* panserglas *n;* ~hemd
n panserskjorte; ~kreuzer *m* panserkryd-
ser; ♀n ⟨-re⟩ pansre; ~platte *f* panser-
plade; ~schrank *m* pengeskab *n;* ~'späh-
wagen *m* kampvogn; ~sperre *f* tank-
spærring; ~ung *f* pansring; ~wagen *m*
kampvogn, tank

Papa *m* ⟨-s; -s⟩ far, papa

Papa'gei *m* ⟨-en *od* -s; -en⟩ papegøje; ~en-
krankheit *f* papegøjesyge

Papi *m* F far

Pa'pier *n* ⟨-s; -e⟩ papir *n* (*a Dokument
usw*); *zu ~ bringen* skrive ned, optegne;
~bogen *m* ark *n* papir; ~deutsch *n* kan-
cellisprog *n;* ♀en papirs-, af papir; ~fabrik
f papirfabrik; ~geld *n* ⟨-(e)s; *0*⟩ papirs-
penge *pl;* ~geschäft *n,* ~handlung *f* pa-
pirhandel, kiosk; ~herstellung *f* ⟨*0*⟩ pa-
pirfremstilling, papirproduktion; ~korb
m papirkurv; ~krieg *m fig* F papirnusseri
n; ~messer *n* papirkniv; ~mühle *f* papir-
mølle; ~schere *f* papirsaks; ~schlange *f*
serpentine; ~serviette *f* papirsserviet;
~stärke *f* papirtykkelse; ~stoß *m* stak papir; ~streifen *m* papirstrimmel; ~tüte *f*
papirspose; ~waren *pl* kontorartikle
pl; ~wirtschaft *f fig* papirsyndflod, papirnusseri *n*

Papp|band *m* papbind *n;* ~becher *m* pap-
bæger; ~e *f* pap *n,* karton; (*Brei*) F grød,
klister *n; nicht von ~* F ikke så tosset

Pappel f poppel(træ n)

päppeln ⟨-le⟩ made, flaske op

pappen klistre; ⟨2⟩heimer m: *ich kenne meine* ~ F jeg kender mine pappenhejmere; ⟨2⟩stiel m F bagatel

papperla'papp! sludder!, pjat!

papp|ig klistret, dejgagtig; ⟨2⟩karton m, ⟨2⟩kasten m karton, papæske; ⟨2⟩maché [-ʃeː] n ⟨-s; -s⟩ papmaché; ⟨2⟩nase f papnæse; ⟨2⟩schachtel f papæske; ⟨2⟩schnee m tøsne; ⟨2⟩teller m paptallerken

Paprika f ⟨-s; -(s)⟩ *oder* f ⟨-; -(s)⟩ *Pulver:* paprika; *Frucht:* peberfrugt; ~schote f peberfrugt

Papst [aː] m ⟨-es; ⁼e⟩ pave

päpstlich pavelig

Papsttum n ⟨-s; 0⟩ pavedømme n

Pa'pyrus m ⟨-; *Papyri*⟩ papyrus; ~rolle f papyrusrulle

Pa'ra|bel f MATH parabel; *fig* lignelse, parabel; ~'bolantenne f parabolantenne

Pa'rade f MIL u Fechten: parade; (*Festzug a*) revy; ~anzug m paradeuniform; ~beispiel n mønstereksempel n (*für A/på*); ~bett n lit de parade

Para'delser m *österreichisch* tomat

Pa'ra|demarsch m parademarch; ~destück n glansnummer n; ⟨2⟩'dieren v/i paradere

Para'dies n ⟨-es; -e⟩ paradis n; ~apfel m paradisæble n; ⟨2⟩isch paradisisk; ~vogel m paradisfugl

Para'|digma n ⟨-s; *Paradigmen*⟩ paradigma n, eksempel n; ⟨2⟩'dox ⟨-est⟩ paradoksal; ~'dox n ⟨-es; -e⟩ paradoks n

Paraf'fin n ⟨-s; -e⟩ paraffin (n)

Para'graph m ⟨-en⟩ paragraf; ~enreiter m F paragrafrytter

paral'lel parallel (*a fig*); ⟨2⟩e f parallel (*a fig*); ⟨2⟩entwicklung f paralleludvikling; ⟨2⟩o'gramm n parallelogram n; ⟨2⟩schaltung f parallelforbindelse; ⟨2⟩straße f parallelvej

Para'ly|se f paralyse, lammelse; ⟨2⟩'sieren paralysere, lamme

Pa'rameter m parameter n

parano'id paranoid

Paranuss f paranød

Para'phra|se f parafrase; ⟨2⟩'sieren omskrive, parafrasere

Para'si|t m ⟨-en⟩ snylter, parasit (*a fig*); ⟨2⟩'tär parasitisk

pa'rat parat, klar (*zu D/til*)

para'taktisch GRAM parataktisk

Pärchen [ɛː] n par(rensæt) n; *Tiere:* par n

pardon *pardon!* undskyld!; ⟨2⟩ [-'dɔŋ] m *od* n ⟨-s; 0⟩ pardon

Paren'these f parentes; *in* ~ i parentes (*a fig*)

Par|fum [-'fœ̃] n ⟨-s; -s⟩ parfume; ~füme'rie f parfumeri n; ⟨2⟩fü'mieren parfumere

Paria [-ʀiaˑ] m ⟨-s; -s⟩ paria

pa'rieren parere; v/i (*gehorchen*) adlyde (*j-m én*)

Pa'ris n Paris; ~er m pariser; P kondom n

Pari'tät f paritet; ⟨2⟩isch paritetisk

Park m ⟨-s; -e *od* -s⟩ park, anlæg n; (*Wagen*⟨2⟩) vognpark

Parka f ⟨-s; -s⟩ parka(coat)

Park-and-ride-System [-ɛnt'ʀaɪt-] n park-and-ride-ordning, parkering (i forbindelse med offentlig transportmidler)

Park|anlage f parkanlæg n; (*Auto-*) parkeringsanlæg n; ⟨2⟩en parkere; ⟨2⟩ *verboten!* parkering forbudt!; ~er m parkerende

Par'kett n ⟨-(e)s; -e⟩ parketgulv n; THEA parket n; ~(fuß)boden m parketgulv n; ~loge f parterreloge; ~platz m, ~sitz m parketplads

Park|gebühr f parkeringsafgift; ~haus n parkeringshus n; ~landschaft f parklandskab n; ~leuchte f parkeringslygte (for parkeret vogn); ~lücke f hul n (i parkeringsrækken), ~platz m parkeringsplads; ~scheibe f p-skive; ~uhr f parkometer n; ~verbot n forbud n mod parkering; ~wächter m Park: parkopsynsmand; *Parkplatz:* parkeringsvagt

Parla'men|t n ⟨-(e)s; -e⟩ parlament n; *das dänische* ~ Folketinget; ~'tär m ⟨-s; -e⟩ parlamentær; ~'tarier [-ʀi-] m parlamentariker; ⟨2⟩'tarisch parlamentarisk; ~ta'rismus m parlamentarisme; ~tsgebäude n parlamentsbygning

Parme'sankäse m parmesanost

Par'nass m ⟨-es; 0⟩ parnas n

Paro'die f parodi; ⟨2⟩ren parodiere

Parodon'tose f paradentose

Pa'role f parole, løsen n

Part m ⟨-s; -s⟩ andel, part; MUS stemme; THEA rolle

Par'tei f parti n (*a fig*); JUR part; *für j-n* ~ *ergreifen* (*od nehmen*) tage parti for én, tage éns parti; ~blatt n partiorgan n; ~bonze m POL F partiboss, pamper; ~buch n medlemsbog; ~freund m partifælle; ~führer m partileder; ~gänger m partigænger; ~genosse m partifælle; ⟨2⟩isch, ⟨2⟩lich partisk; parti-; ~lichkeit f ⟨0⟩ partiskhed; ⟨2⟩los upartisk; POL partiløs; ~mitglied n partimedlem n; ~nahme f partitagen; ~politik f partipolitik; ~prominenz f partispidserne pl; ~rücksicht f partihensyn n; ~tag m landsmøde n, partikongres; ~versammlung f partimøde n;

~**zucht** f partidisciplin
Par'terre [-tɛʁ] n ⟨-s; -s⟩ parterre n; *Haus*: stueetage; ⚥ **wohnen** bo i stuen
Par'tie f parti n (a fig); *(Ausflug)* udflugt, tur; *(Spiel) spil* n; ⚄II [-'tsiːɛl] partiel, delvis
Par'tikel f ⟨-; -n⟩ partikel
Partikula'rismus m ⟨-; 0⟩ partikularisme
Parti'san m ⟨-s od -en; -en⟩ partisan, frihedskæmper; ~**enkrieg** m partisankrig, guerillakrig
Parti'tur f partitur n
Parti'zip n ⟨-s; -ien [-pi̯ən]⟩, ~**ium** [opi̯ʊm] n ⟨-s; Partizipia⟩ GRAM tillægsmåde, participium n
Partner|(in) m(f) partner; kompagnon; *Spiel*: medspiller, F makker; *Tanz*: partner, F kavaler; ~**schaft** f kompagniskab n; fællesskab n; ⚄**schaftlich** adv i fællesskab; ~**tausch** m partnerbytning
Party ['paːʁti] f ⟨-; -s⟩ party n, fest, selskab n; ~ **machen** holde (en) fest
Par'zel|le f parcel, jordlod; ⚄**lieren** udstykke
Pasch m ⟨-(e)s; -e⟩ terningkast n med lige mange øjne
Pascha m ⟨-s; -s⟩ pasha (a fig)
Pass m ⟨-es; ¨e⟩ (rejse)pas n; GEOGR (bjerg)pas n
pas'sabel ⟨-bl-⟩ F passabel, tålelig
Pas'sage [-ʒə] f passage, gennemgang
Passagier [-'ʒiːɐ] m ⟨-s; -e⟩ passager, rejsende; **blinder ~** blind passager; ~**dampfer** m passagerdamper; ~**flugzeug** n passagerfly n; ~**gut** n rejsegods n; ~**liste** f passagerfortegnelse, passagerliste; ~**schiff** n passagerskib, ruteskib n
Passamt n paskontor n
Pas'sant m ⟨-en⟩ forbipasserende, trafikant
Passbild n pasfoto n
passen *passe*; *Spiel*: melde pas; **ich passe!** pas!; **es passt mir** fig det passer mig; **sich ~** passe sig, sømme sig; ~**d** passende
Passepartout [paspaʁ'tuː] n ⟨-s; -s⟩ passe-partout *(Rahmen u Schlüssel)*
Pass|foto n pasfoto; ~**gang** m pasgang; ~**höhe** f pashøjde
pas'sier|bar passabel, farbar; ~**en** passere; v/i ⟨sn⟩ *(geschehen)* ske, hænde; ⚄**schein** m passerseddel
Passio|n [-'si̯oːn] f passion *(a* REL*)*; lidelse; ⚄**niert** lidenskabelig, passioneret; ~**nsspiel** n passionsspil n; ~**nszeit** f (den) stille uge

passiv passiv; ⚥ n ⟨-s; -e [-və]⟩ passiv (n), lideform; ⚄a [-'siːva] n/pl passiver pl
Passivrauchen n passiv rygning
Pass|kontrolle f paskontrol; ~**stelle** f paskontor n; ~**straße** f vej over bjergpas
Passus m ⟨-; -⟩ passus
Pass|wort n EDV password n; ~**zwang** m pastvang
Pasta f ⟨-; Pasten⟩, **Paste** f pasta
Pas'tell n ⟨-(e)s; -e⟩ pastel; ~**farbe** f pastelfarve
Pas'tete f postej; krustade, tartelet
pasteuri'sier|en [-stø-] pasteurisere; ~**t** pasteuriseret
Pas'tille f pastil
Pasto|r m ⟨-s; -en [-'toː-]⟩ præst, pastor; ⚄**ral** gejstlig; fig salvelsesfuld; ~**rat** n ⟨-(e)s; -e⟩ præstegård; f kvindelig præst; ~**rin** [-'toː-] f kvindelig præst
Pate m ⟨-n⟩ fadder, gudfar; f ⟨-; -n⟩ gudmor; ~ **stehen bei** stå bag
Paten|geschenk n faddergave; ~**kind** n gudbarn n; ~**onkel** m fadder, gudfar; ~**schaft** f faddreskab n
pa'tent adj F hel rigtig; *(geschickt)* fingernem; *(flott)* flot, smart ⚥ n ⟨-(e)s; -e⟩ patent n; **das ~ für etw.** (A) *haben* have patent på ngt. *(a fig*; ~**amt** n patentbureau n
Patentante f gudmor
Pa'tent|gesetz n patentlov; ⚄**ieren** [-'tiː-] patentere; ~**inhaber** m patenthaver; ~**lösung** f patentløsning; ~**schutz** m patentbeskyttelse
Pater'noster 1. n fadervor n; **2.** m *(Aufzug)* paternosterelevator
pa'thetisch patetisk, højtidelig
Patho|lo'gie f ⟨0⟩ patologi; ⚄**logisch** patologisk, sygelig
Pathos n ⟨-; 0⟩ patos
Patience [pa'si̯ɛ̃s] f: **~ legen** lægge kabale
Patient(in) [-'tsi̯ɛnt(ɪn)] m ⟨-en⟩ (f) patient
Patin f gudmor
Patina f ⟨0⟩ patina
Patriar|ch [-i'aʁç] m ⟨-en⟩ patriark; ⚄**chalisch** patriarkalsk
Patrio|t [-i'oːt] m ⟨-en⟩ patriot; ⚄**tisch** patriotisk; ~**tismus** m ⟨-; 0⟩ patriotisme
Pa'triz|ier [-tsi̯-] m patricier; ⚄**isch** patricisk
Pa'tro|n m ⟨-s; -e⟩ patron; REL skytshelgen; F fyr; ~**nat** n ⟨-(e)s; -e⟩ patronat n
Pa'trone f patron
Pa'tronen|gurt m patronbælte n; ~**hülse** f patronhylster n; ~**tasche** f patrontaske
Pa'tronin f beskytterinde; REL skytshelgen

Patrouill|e [-'trʊljə] *f* patrulje; **2ieren**
[-'liː:-] *v/i* patruljere
patsch! klask!, plask!
Patsch|e *f* F ⟨*Hand*⟩ (lille blød) hånd;
grabbe; *fig* knibe; *aus der ~* **helfen** hjælpe én ud af klemmen; *in der ~ sitzen* være i knibe; **2en** *v/i* F klaske, smække;
plaske; **2'nass** F pjaskvåd
Patt *n* ⟨*-s; -s*⟩ *Schach*: uafgjort; POL død-
vande, fastlåst situation
Patte *f Kleid*: (lomme)klap, (ærme-) opslag *n*
patz|en *v/i* ⟨*-t*⟩ kludre; **2er** *m* fadæse, svip-
ser; **~ig** flabet, fræk, storsnudet
Pauk|e *f* pauke, tromme; **2en** slå på pauke;
dundre; (*fechten*) duellere; F (*büffeln*)
slide, terpe; **~enschläger** *m* paukeslager,
paukist; **~er** *m* F (*Lehrer*) slavepisker;
~e'rei *f* ⟨*0*⟩ terperi *n*
Pausback *m* ⟨*-(e)s; -e*⟩ pludskæbet; **2ig**
pludskæbet
pau'schal altomfattende; alt iberegnet,
inklusive; **2e** *f* (= **2betrag** *m*, **2preis** *m*)
beløb *n* alt iberegnet, engangsbetaling,
engangsbeløb *n*; overslagssum; **2reise** *f*
selskabsrejse alt inklusive; **2summe** *f*
→ *Pauschale*
Paus|e *f* **1.** pause; (*Rast*) ophold *n*; *Schule*:
frikvarter *m*; **2.** (*Durchzeichnung*) kalke-
ring, lystryk *n*; **~ machen** holde pause;
2en ⟨*-t*⟩ kalkere, gennemtegne; **~enbrot**
n madpakke; **2enlos** uden pause, uafbrudt; **~enzeichen** *n* pausesignal *n*; **2ie-
ren** [-'ziː-] *v/i* holde pause, gøre ophold
n; **~papier** *n* kalkerpapir *n*
Pavian [-'viː:a:n] *m* ⟨*-s; -e*⟩ bavian
Pavillon [-'viljɔŋ] *m* ⟨*-s; -s*⟩ pavillon
Pay-TV ['peːtiːviː] *n* ⟨*-(s)*⟩ *0*⟩ betalings-
fjernsyn, pay-tv *n*
Pa'zifik *m*: *der ~* Stillehavet *n*
Pazi'fis|mus *m* ⟨*-; 0*⟩ pacifisme; **~t** *m* ⟨*-en*⟩
pacifist; **2tisch** pacifistisk
PC *m* ⟨*-(s); -(s)*⟩ (= *Personal Computer*)
EDV pc
Pech *n* ⟨*-(e)s; -e*⟩ beg *n*; *fig* F uheld *n*; *zu-
sammenhalten wie ~ und Schwefel*
hænge sammen som ærtehalm; *~ haben*
være uheldig; *so ein ~!* det var uheldigt!;
~fackel *f* begfakkel; **2schwarz** kulsort;
Nacht: bælgmørk; **~strähne** *f* (række
af) uheld *pl*; **~vogel** *m* F ulykkesfugl
Pe'dal *n* ⟨*-s; -e*⟩ pedal
Pe'dant *m* ⟨*-en*⟩ pedant; **~e'rie** [-tə-] *f* pe-
danteri *n*; **2isch** pedantisk
Pe'dell *m* ⟨*-s; -e*⟩ pedel
Pedi'küre *f* fodpleje, pedicure
Pegel *m* vandstandsmåler; **~stand** *m*

vandstand
Peil|antenne *f* pejleantenne; **2en** pejle,
lodde; **~funk** *m* radiopejling; **~gerät** *n*
pejleapparat, pejlingsapparat *n*; **~ung** *f*
pejling, lodning
Pein *f* ⟨*0*⟩ pine, plage; pinsel; **2igen** pine,
plage; **~iger** *m* plageånd, bøddel; **2lich**
(*unangenehm*) pinlig; (*pedantisch*) pertentlig; *~ genau* pinligt nøjagtig; **~lich-
keit** *f* pinlighed
Peitsche *f* pisk; **2n** piske, slå (*a fig*)
Peitschen|hieb *m* piskeslag *n*; **~schnur** *f*
piskesnert; **~stock** *m* piskeskaft *n*
pejora'tiv nedsættende, pejorativ
Peki'nese *m* ⟨*-n*⟩ (*Hund*) pekingese
pekuniär [-'niɛːk] pekuniær, penge
Pelar'gonie [-niə] *f* pelargonie
Pele'rine *f* pelerine, slag *n*
Pelikan *m* ⟨*-s; -e*⟩ pelikan
Pell|e *f Obst*: skræl, skal; (*Wurst-*) skind *n*;
j-m auf die ~ rücken fig F gå én på klingen; *j-m auf der ~ liegen fig* F ikke vige
fra én; **2en** *v/t* pille; *sich ~* skalle; **~kar-
toffeln** *f/pl* pillekartofler *pl*
Pelz *m* ⟨*-es; -e*⟩ pels (*a Pelzkragen*); skind
n; *Zungⓔ*: belægning; *j-m auf den ~ rücken fig* F gå én på klingen; **~besatz** *m*
pelsbesætning; **~futter** *n* pelsfor *n*; **2ge-
füttert** pelsforet; **~handel** *m* pelshandel;
2ig lådden; *Mund*: ru og tør; **~jacke** *f*
pelsjakke, cape; **~kragen** *m* pelskrave;
~mantel *m* pelskåbe; **~mütze** *f* pelshue;
~tier *n* pelsdyr *n*; **~waren** *pl* pelsvarer
pl; **~werk** *n* pelsværk *n*
Pendant [pɑ̃'dɑ̃:] *n* ⟨*-s; -s*⟩ pendant, sidestykke *n* (*zu* D/til)
Pendel *n* pendul *n*; **2n** *v/i* (*-le*) pendle,
svinge, gå frem og tilbage; *Berufsver-
kehr*: køre frem og tilbage mellem hjem
og arbejde; **~tür** *f* svingdør; **~uhr** *f* pen-
dulur *n*; **~verkehr** *m* pendultrafik, pen-
dulfart
Pendler *m* pendler, én der kører frem og
tilbage mellem hjem og arbejde
pene'trant ⟨*-est*⟩ gennemtrængende; påtrængende
pe'nibel ⟨*-bl-*⟩ pinlig nøjagtig
Penis *m* ⟨*-; -se*⟩ penis
Penizil'lin *m* ⟨*-s; 0*⟩ penicillin (*n*); **~be-
handlung** *f* penicillinbehandling; **~sprit-
ze** *f* penicillinindsprøjtning
Pen'näler *m* F gymnasieelev
Penn|bruder *m* F landstryger, vagabond;
(*Obdachloser*) husvild; **~e** *f* F skole;
2en *v/i* F sove, snorke
Pensio|n [paŋ'zi̯o:n] *f* pension; (*Fremden-
heim*) pensionat *n*; **~när** *m* ⟨*-s; -e*⟩ pen-

P

sionær; *(Ruheständler)* pensionist; **~'nat**
n ⟨-(e)s; -e⟩ pensionat *n*; **2'nieren** pensionere; *sich ~ lassen* gå på pension;
2'niert pensioneret; **~'nierung** *f* pensionering

pen'sions|berechtigt pensionsberettiget; **2gast** *m* pensionær; **2preis** *m* pensionspris

Pensum *n ⟨-s; Pensa od Pensen⟩* pensum *n*, lektie

Pep'sin *n ⟨-s; -e⟩* pepsin *n*

per [ɛ] *(A)* per *(Abk. pr.)*, med; **~ pedes** F til fods

per'fekt *⟨-est⟩* perfekt, fuldkommen; *(abgemacht)* (gået) i orden; **2** ['pɛʀ-] *n ⟨-(e)s; -e⟩* GRAM perfektum *n*; **2io'nismus** [-tsĭo'-] *m ⟨-; 0⟩* perfektionisme; **2io'nist** *m ⟨-en⟩* perfektionist

per'fid(e) perfid

Perfo|ration [-'tsĭo:n] *f* perforation; perforering; **2'rieren** perforere, gennemhulle; **~'riermaschine** *f* perforeringsmaskine

Perga'ment *n ⟨-(e)s; -e⟩* pergament *n*; **~papier** *n* pergamentpapir *n*

Pergola *f ⟨-; Pergolen⟩* pergola

Period|e [-'rĭo:-] *f* periode; **2isch** periodisk

peri|pher [-'fe:ɐ] perifer; **2phe'rie** *f* periferi, omkreds; **2'skop** *n ⟨-s; -e⟩* periskop *n*

Perkussion [-'sĭo:n] *f* perkussion

Perl|e *f* perle *(a fig)*; **2en** *v/i* perle; **~enfischer** *m* perlefisker; **~enkette** *f* perlekæde; **~garn** *n* perlegarn *n*; **~huhn** *n* perlehøne; **~muschel** *f* perlemusling; **~'mutt** *n ⟨-s; 0⟩* perlemor *n*

Perlon® [-ɔn] *n ⟨-s; 0⟩* perlon *(n)*

Perl|wein *m* mousserende vin; **~zwiebel** *f* perleløg *n*

perma'nent *⟨-est⟩* permanent, varig; vedvarende

per'plex *⟨-est⟩* perpleks, rundtosset

Per'senning *f ⟨-; -s⟩* presenning

Pers|er *m* perser, iraner; **~erteppich** *m* persisk tæppe *n*; **~ianer** [-'zĭa:-] *m* persianer; **~ien** [-zĭən] *n* Persien, Iran *n*

Persi'flage [-ʒə] *f* persiflage

persisch persisk, iransk

Per'son *f* person; *in (eigener) ~* i egen person, personlig; *ich für meine ~* jeg for min part; *pro ~* pro persona, F pr. næse; *für zwei ~en* for to

Perso'nal *n ⟨-s; 0⟩* personale *n*; personel *n*; **~abbau** *m ⟨-(e)s; 0⟩* personaleindskrænkning; **~abteilung** *f* personaleafdeling; **~akte** *f* dossier *n*; **~ausweis** *m* iden-

titetskort *n*; **~chef(in)** *m(f)* personalechef; **~ien** *pl* navn *n*, adresse osv.; **~leiter(in)** *m(f)* personalechef; **~pronomen** *n* personligt pronomen *n*; **~rat** *m* tillidsrepræsentant; *(Institution)* tillidsmandssystem *n*, personale repræsentation; **~union** *f* personalunion

Per'sonen|aufzug *m* personelevator; **~beförderung** *f* personbefordring; **~beschreibung** *f* signalement *n*; **~fähre** *f* passagerfærge; **~gedächtnis** *n* personhukommelse; **~kennzahl** *f* personnummer *n*; **~kraftwagen** *m* personbil; **~kult** *m* persondyrkelse; **~name** *m* personnavn *n*; **~stand** *m* (oplysninger *pl* om) gift, ugift osv.; **~verkehr** *m* persontrafik; **~waage** *f* personvægt; **~wagen** *m* personbil; **~zug** *m* persontog *n*

Personifi|kation [-'tsĭo:n] *f* personifikation; legemliggørelse; **2'zieren** personificere, legemliggøre

per'sönlich personlig *(a fig)*; **2keit** *f* personlighed; **2keitsspaltung** *f* personlighedsspaltning

Perspektiv|e [-spɛk'ti:və] *f* perspektiv *n* *(a fig)*; **2isch** perspektivisk

Pe'ru *n* Peru *n*; **~aner** *m* peruaner

Pe'rücke *f* paryk; *e-e ~ tragen* gå med paryk

per'vers *⟨-est⟩* pervers, unormal

Perver|si'on *f* perversion; **~si'tät** *f* perversitet; **~'tieren** pervertere

pesen *v/i ⟨-t; sn⟩* gå, fare afsted

Pes'sar *n ⟨-s; -e⟩* pessar *n*

Pessi'mis|mus *m ⟨-; 0⟩* pessimisme; **~t** *m ⟨-en⟩* pessimist; **2tisch** pessimistisk

Pest *f ⟨0⟩* pest *(a fig)*; **~beule** *f* pestbyld *(a fig)*; **~'lenz** *f* pestilens, pest; **~'zid** *n ⟨-(e)s; -e⟩* pesticid *n*; **2krank** pestsyg

Peter *m* Peder, Peter; *Schwarzer ~* Sorteper *(Spiel u fig)*; **~'silie** [-lĭə] *f* persille

Petition [-'tsĭo:n] *f* petition, ansøgning

Petrochemie *f* petrokemi

Pe'troleum [-le'um] *n ⟨-s; 0⟩* petroleum *(n)*; **~kocher** *m* petroleumsapparat *n*, primus; **~lampe** *f* petroleumslampe; **~ofen** *m* petroleumsovn

Petting *n ⟨-s; 0⟩* petting

Petz *m ⟨-es; -e⟩* F bjørn; *(Spieltier)* bamse; **~e** *f* F sladderhank, angiver; **2en** *⟨-t⟩* F sladre, angive

Pf *(= Pfennig)* *m* HIST pfennig

Pfad *m ⟨-(e)s; -e⟩* sti, vej *(a fig)*; **~finder** *m* spejder; **~finderin** *f* pigespejder

Pfaffe *m ⟨-n⟩ pej* (katolsk) præst; **~nherrschaft** *f ⟨0⟩* præstevælde *(n)*

Pfahl *m ⟨-(e)s; ⁓e⟩* pæl, stolpe; **~bau**

pflastermüde

⟨-(e)s; -ten⟩ pælebygning; **~wurm** *m* pæle-
orm

Pfalz *f* kejserborg, palads *n*; GEOGR Pfalz

Pfälz|er *m* pfalzer, én fra Pfalz; **2isch** fra
Pfalz

Pfand *n* ⟨-(e)s; ≈er⟩ pant *n* (*a fig*)

pfändbar som der kan gøres udlæg i

Pfandbrief *m* pantebrev *n*, obligation

pfänd|en ⟨-e-⟩ (ud)pante; tage i pant; **2er**
m kongens foged, pantefoged; rekvirent;
2erspiel *n* panteleg

Pfand|flasche *f* returflaske; **2frei** uden
pant; **~haus** *n*, **~leihe** *f* lånekontor *n*;
~leiher *m* pantelåner; **~recht** *n* panteret;
~schein *m* låneseddel

Pfändung *f* (ud)pantning

Pfand|verschreibung *f* panteobligation;
~zettel *m* låneseddel

Pfanne *f* pande; ANAT ledkapsel; (*Dach-*)
tagsten; *j-n in die ~ hauen fig* F snyde én,
gøre det af med én; **~kuchen** *m* pandekage; *Berliner* ~ „berliner"

Pfarr|amt *n* præsteembede *n*, præstekald
n; **~bezirk** *m* sogn *n*; **~dorf** *n* kirkeby;
~er(in) *m(f)* (sogne)præst; **~haus** *n*
præstegård; **~kirche** *f* sognekirke; **~stelle**
f præsteembede *n*, præstestilling

Pfau *m* ⟨-(e)s; -en⟩ påfugl; **~enfeder** *f* på-
fuglefjer; **~enrad** *n* udslået påfuglehale

Pfeffer *m* ⟨-s; 0⟩ peber *n*; *j-n dorthin wünschen, wo der ~ wächst fig* ønske én
hen, hvor peberet gror; **~korn** *n* peber-
korn *n*; **~kuchen** *m* brun kage; **~kuchen-
haus** *n* hus *n* af pebernødder

Pfeffer|minz *n* ⟨-es; -e⟩ (*Pastille*) peber-
myntepastil; **~e** *f* ⟨0⟩ pebermynte; **~tee**
m pebermyntete

Pfeffer|mühle *f* peberkværn; **2n** ⟨-re⟩
pebre; F smide; *gepfeffert* pebret (*a fig*
u Preis); **~nuss** *f* pebernød; **~streuer** *m*
peberbøsse

Pfeife *f* fløjte; *zum Rauchen:* pibe (*a Orgel*); *nach j-s ~ tanzen fig* danse efter
ens pibe; **2n** ⟨L⟩ fløjte; pibe; (*blasen*)
blæse; *mit den Fingern:* pifte; *auf dem
letzten Loch ~ fig* synge på det sidste
vers; *ich pfeife darauf fig* F det blæser
jeg på

Pfeifen|kopf *m* pibehoved *n*; **~reiniger** *m*
piberenser; **~rohr** *n* piberør *n*; **~stopfer**
m pibekradser; **~tabak** *m* pibetobak

Pfeifer *m* piber, spillemand

Pfeif|kessel *m* fløjtekedel; **~konzert** *n pej*
pibekoncert

Pfeil *m* ⟨-(e)s; -e⟩ pil

Pfeiler *m* pille; søjle; *fig* støtte

pfeil|förmig pileformet; **~schnell** pilsnar,

lynsnar

Pfennig *m* ⟨-s; -e⟩ HIST pfennig; *fig* pen-
ning, skilling; *ich besitze keinen ~* jeg
ejer ikke én rød øre; **~absatz** *m* stilethæl;
~fuchser *m* gnier

Pferch *m* fold, indhegning; **2en** sætte i
fold; *fig* stuve sammen

Pferd [e:] *n* ⟨-(e)s; -e⟩ hest (*a Turnen*);
Schach: springer; *zu ~e* til hest; *das ~
beim Schwanze aufzäumen fig* tage
bagvendt på ngt.; **~chen** *n* lille hest

Pferde|apfel *m* hestepære; **~decke** *f* heste-
dækken *n*; **~fleisch** *n* hestekød *n*; **~fuß** *m*
hestefod; klumpfod; *fig* hage, skjult skavank; *die Sache hat e-n ~ fig* der er en
hage ved sagen; **~geschirr** *n* seletøj *n*;
~haar *n* hestehår *n*; **~kur** *f fig* hestekur;
~leine *f* hestetømme; **~rennen** *n* heste-
væddeløb, travløb *n*; **~schlitten** *m* kane;
~schwanz *m* hestehale (*a Frisur*); **~stall**
m hestestald; **~stärke** *f* hestekraft (*a
TECH*); **~zucht** *f* hesteavl; **~züchter** *m*
hesteopdrætter

Pfiff *m* ⟨-(e)s; -e⟩ fløjt *n*; pift *n*; *fig* fif *n*,
kneb *n*

Pfifferling *m* ⟨-s; -e⟩ kantarel; *keinen ~
wert fig* ikke en sur sild værd

pfiffig fiffig, udspekuleret, vaks; **2gkeit** *f*
⟨0⟩ fiffighed; **2kus** *m* ⟨-; -se⟩ snedig fyr

Pfingst|en *n* ⟨-; 0⟩ *od flpl* pinse; **frohe ~**
glædelig pinse!; **~feiertag** *m*: *erster*
(*zweiter*) ~ første (anden) pinsedag, pinsesøndag (-mandag); **~ferien** *pl* pinsefe-
rie; **~fest** *n* pinse; *frohes ~! fig* glædelig
pinse!; **~'montag** *m* anden pinsedag, pin-
semandag; **~rose** *f* bonderose; **~'sonntag** *m* pinsesøndag, første pinsedag;
~verkehr *m* pinsetrafik; **~woche** *f* pinse-
uge

Pfirsich *m* ⟨-s; -e⟩ fersken; **~baum** *m*
ferskentræ *n*

Pflanze *f* plante; **2n** ⟨-t⟩ plante

Pflanzen|fett *n* plantefedt, vegetabilsk
fedt *n*; **~fresser** *m* planteæder; **~kost** *f*
planteføde; (*Mahlzeit*) vegetabilsk mad;
~kunde *f* ⟨0⟩ botanik; **~öl** *n* planteolie;
~reich *n* ⟨-(e)s; 0⟩ planterige *n*; **~schäd-
ling** *m* skadedyr *n*; **~schutzmittel** *n* pesticid *n*, sprøjtemiddel *n*; **~wuchs** *m*
plantevækst

Pflanz|er *m* plantør, plantageejer; (*Sied-
ler*) nybygger; **~holz** *n* plantepind; **2lich**
plante-, vegetabilsk; **~ung** *f* plantning;
plantage

Pflaster *n* MED plaster *n*; *Straße:* brolægning, stenbro; F *ein teures ~ fig* en dyr
egn; **~er** *m* brolægger; **2müde** *fig* træt

P

af stenbroen (od bylivet); **2n** ⟨-re⟩ brolægge; **~stein** m brosten; **~ung** f brolægning

Pflaume f blomme; *Pers* F umulius
Pflaumen|baum m blommetræ n; **~ku-
chen** m blommekage; **~mus** n blomme-
marmelade, blommegrød; **2'weich** fig
blødsøden

Pflege f pleje, pasning; dyrkning; (*Tier2,
Sprach2*) røgt; **in ~ geben** sætte i pleje;
2bedürftig plejekrævende; **~eltern** pl
plejeforældre pl; **~fall** m plejepatient;
~heim n plejehjem n; **~kind** n plejebarn
n; **2leicht** Stoff: strygefri osv.; **~mutter** f
plejemo(de)r; **2n** pleje, passe; (*gewohnt
sein*) være vant til, pleje; (*betreiben*) dyrke; (*in Ordnung halten*) vedligeholde;
sich ~ pleje sig selv; → **gepflegt**; **~r** m
(syge)plejer, portør; **~rin** f sygeplejerske;
hjemmehjælper; **~sohn** m plejesøn;
~tochter f plejedatter; **~vater** m plejefa-
der

Pfleg|ling m ⟨-s; -e⟩ plejebarn n; mynd-
ling; **~schaft** f pleje; formynderskab n;
JUR lavværgemål n

Pflicht f pligt; **aus ~** af pligt; **~auffassung**
f pligtopfattelse; **2bewusst** pligtbevidst,
nidkær; **~bewusstsein** n pligtbevidst-
hed; **~eifer** m tjensteiver; **2eifrig** tjenst-
ivrig, nidkær; **~erfüllung** f pligtopfyldelse;
~fach n obligatorisk fag n; **~gefühl** n
⟨-(e)s; 0⟩ pligtfølelse; **2gemäß** pligtmæs-
sig, pligtskyldig; **2schuldig** pligtskyldig;
~teil m (n) *JUR* tvangslod; **~treue** f pligt-
troskab; **2vergessen** forsømmelig; **~ver-
sicherung** f obligatorisk forsikring; **~ver-
teidiger** m beskikket forsvarer;
2widrig pligtstridig

Pflock m ⟨-(e)s; ⸚e⟩ pløk, pind; (*Vieh*) tøj-
repæl

pflöcken pløkke; *Vieh* tøjre
pflück|en plukke; **2er** m frugtplukker
(*Pers u Gerät*)

Pflug m ⟨-(e)s; ⸚e⟩ plov
pflüge|n pløje; **2r** m plovmand
Pflugschar f plovjern n
Pförtchen n låge, lille dør; *GASTR* æbleski-
ver pl

Pforte f port, dør
Pförtner m portner, portvagt; **~loge** f
portnerloge

Pfosten m stolpe (a Fußballtor)
Pfötchen [ø:] n (lille) pote; **~ geben** give
pote

Pfote f pote
Pfriem m ⟨-(e)s; -e⟩ syl, pren
Pfropf m ⟨-(e)s; -e⟩, **~en** m prop; (*Zapfen*)

spuns; *BOT* podekvist; **2en** tilproppe;
(*stopfen*) proppe, stoppe; *Bäume* pode;
~messer n podekniv; **~reis** n podekvist

Pfründe f *HIST* indtægter pl fra et gejstligt
embede; fig ben n, frynsegoder pl

Pfuhl m ⟨-(e)s; -e⟩ pyt, pøl
pfui! fy!, føj!, fy dog!; **~ Teufel!** fy for fanden!; **2ruf** m fyråb n

Pfund n ⟨-(e)s; -e⟩ pund n; **ein halbes ~** et
halvt pund; **ein viertel ~** 125 gram; **mit
s-n ~en wuchern** fig forvalte sit pund;
2ig F storartet, flot; **~skerl** m F herlig
fyr; **2weise** (i) pundevis

Pfusch|arbeit f fuskerarbejde, sjusket ar-
bejde n; **2en** fuske, sjuske, jaske; **j-m ins
Handwerk ~** gå én i bedene; **~er** m fusker,
sjuskemikkel; **~e'rei** f fusk(earbejde) n,
sjuskeri n

Pfütze f pyt, pøl
PH [pe:'ha:] f ⟨-; -s⟩ (= *Pädagogische
Hochschule*) seminarium n; lærerhøj-
skole

Phäno'me|n n ⟨-s; -e⟩ fænomen n; **2'nal**
fænomenal, utrolig

Phanta'sie usw → **Fantasie**
Phan'tom n ⟨-s; -e⟩ fantom n; **~bild** n *Polizei*: robot-billede n

Pharisä|er [-'zɛ:-] m farisæer; **2isch**
[-'zɛ:ʃ] farisæisk, skinhellig

Pharma|'zeut m ⟨-en⟩ farmaceut; **2'zeu-
tisch** farmaceutisk, apoteks-; **~'zie** f: **~
studieren** læse til apoteker

Phase f fase (a *ASTR, EL usw*)
Phe'nol n ⟨-s; 0⟩ fenol n
Philanthro'pie f ⟨0⟩ filantropi
Phila'te|lie f ⟨0⟩ filateli; **~list** m ⟨-en⟩ fila-
telist

Philhar|mo'nie f filharmonisk orkester n;
~'moniker m medlem n af et filharmo-
nisk orkester

Philip'pin|en pl: **die ~** Filippinerne pl;
2isch filippinsk

Phi'lister m (*Spießbürger*) filister, spidsborger; **2haft** ⟨-est⟩ filisteragtig, spids-
borgerlig

Philo|'loge m ⟨-n⟩ filolog, sprogforsker;
gymnasielærer; **~lo'gie** f filologi, sprogvidenskab; **2'logisch** filologisk, sprogvidenskabelig; **~soph** [-'zo:f] m ⟨-en⟩ filosof; **~so'phie** f filosofi; **2so'phieren** v/i
filosofere; **2'sophisch** filosofisk

Phleg|ma n ⟨-s; 0⟩ flegma; **2'matisch** fleg-
matisk

Pho'bie f fobi
Pho|n [o:] n ⟨-s; -⟩ fon; **~'nem** n ⟨-s; -e⟩ fo-
nem n

Pho'neti|k f ⟨0⟩ fonetik; **2sch** fonetisk

Phono|lo'gie f ⟨0⟩ fonologi; **~'thek** f lydarkiv n; **~ty'pistin** f sekretær, som skriver efter diktafon

Phos'phat n ⟨-(e)s; -e⟩ fosfat n

Phosphor m ⟨-s; 0⟩ fosfor n; **2es'zieren** v/i fosforescere

Photo usw → **Foto**

Phrase f frase; **~ndrescher** m frasemager; **2nhaft** fraseagtig

pH-Wert m pH-værdi

Phy'si|k f fysik; **2'kalisch** fysisk; **~ker** ['fy·-] m fysiker

Physio|gno'mie [-zĭo-] f fysiognomi n; **~'loge** m ⟨-n⟩ fysiolog; **~lo'gie** f ⟨0⟩ fysiologi; **2'logisch** fysiologisk; **~thera'pie** f fysioterapi

physisch fysisk; legemlig

Pia'nist(in) [pĭa·-] m ⟨-en⟩ (f) pianist

picheln ⟨-le⟩ F drikke, pimpe

Picke f spidshakke

Pickel m → **Picke**; MED filipens, knop, F bums; **~haube** f pikkelhue; **2ig** fuld af filipenser, knoppet, F bumset

picken hakke, pikke

Picknick n ⟨-s; -e od -s⟩ picnic; **2en** v/i tage på udflugt (og spise i det tri)

piek'fein skæppeskøn

piep! pip!; **~e** F: **es ist mir ~** det er mig lige fedt; **~en** pippe; pibe; **es ist zum** 2! F det er til at dø af grin over; **bei dir piept's wohl!** F du er ikke rigtig klog!; **2en** pl (Geld) skejser pl; **2matz** m ⟨-es; -¨e⟩ F pipfugl

Pieps m ⟨-es; -e⟩ pip n; **keinen ~** fig ikke et muk; **2en** ⟨-t⟩ pibe; pippe; **2ig** pibende; pjævset

Piep(s)ton m TEL klartone

Pier m ⟨-s; -s od -e⟩ f ⟨-; -s⟩ pier

piercen ['pi:ʁsən] pierce

piesacken F pine og plage; Schule: mobbe

Pie'tät [pĭe·-] f ⟨0⟩ pietet; **2los** pietetsløs; **2voll** pietetsfuld

Pie'tis|mus [pĭe·-] m ⟨-; 0⟩ pietisme; **„Indre Mission"**; **2tisch** pietistisk; **„indre-missionsk"**

Pig'ment n ⟨-(e)s; -e⟩ pigment n

Pik 1. m ⟨-s; 0⟩ F (Groll) nag n; **e-n ~ auf j-n haben** have et horn i siden på én; **2.** n ⟨-s; 0⟩ Karten: spa(de)r

pi'kant pikant (a fig); **2e'rie** f pikanteri n

Pike f lanse; **von der ~ auf dienen** fig arbejde sig op; **2n** F stikke, prikke

pi'kiert stødt, pikeret

Pikkolo m ⟨-s; -s⟩ piccolo; **~flöte** f piccololøjte

piko'bello F tiptop

Pilger m pilgrim; **~fahrt** f pilgrimsrejse,

valfart (a fig); **2n** v/i ⟨-re; sn⟩ valfarte (a fig)

Pille f pille; (Verhütungsmittel) F p-pille; **e-e bittere ~ schlucken** fig sluge en (bitter) pille; **~ndreher** m F pilletriller; apoteker; **~nknick** m ⟨-(e)s; 0⟩ F nedgang i fødselstallet (p.g.a. p-pillen)

Pi'lot m ⟨-en⟩ flyver, pilot; **~projekt** n pilotprojekt n, skitseprojekt n

Pils(ner m ⟨-; -⟩ (Bier) pils(ner)

Pilz m ⟨-es; -e⟩ svamp, paddehat; **~e suchen** gå på svampejagt; **wie ~e aus dem Boden schießen** skyde op som paddehatte; **~krankheit** f mykose; **~suppe** f champignonsuppe; **~vergiftung** f svampeforgiftning

Pimmel m P pik

Pimper'nelle f BOT pimpinelle

PIN-Code [pɪnkoːd]m pinkode

pingelig pertentlig, sippet; bureaukratisk

Pingpong n ⟨-s; 0⟩ ping-pong

Pinguin ['pɪŋɡu·iːn] m ⟨-s; -e⟩ pingvin

Pinie [-ĭə] f pinje(træ n)

Pinke f ⟨0⟩ F penge, gysser pl; **~l** m: **feiner ~** dandy, laps, **2n** v/i ⟨-le⟩ Γ tisse

Pinne f pind; stift, pløk; NAUT F ror n

Pinscher m pincher

Pinsel m pensel; malerkost; fig fjols n; **~'lei** f smøreri n; **2n** ⟨-le⟩ pensle (a MED); male; pej klatte; **~lstrich** m penselstrøg n

Pinte f F beværtning, snask

Pin'zette f pincet

Pio'nier [pĭo·-] m ⟨-s; -e⟩ pioner; foregangsmand; MIL ingeniørsoldat, pioner; pl ingeniørtropper; **„Junger ~"** medlem n af politisk ungdomsorganisation i DDR

Pipeline ['paɪplaɪn] f ⟨-; -s⟩ pipeline, olieledning

Pi'pette f (stik)hævert, pipette

Pi'pi n ⟨-s; 0⟩: F **~ machen** tisse

Pi'rat m ⟨-en⟩ pirat (a Segelboot), sørøver; **~ensender** m piratsender, piratradio

Pirouette f pirouette

Pirsch f ⟨0⟩ jagt; **2en** v/i ⟨sn⟩ jage

Piss|e f P pis n; **2en** v/i P pisse; **~oir** [-'sŏaːʁ] n ⟨-s; -e od -s⟩ pissoir n

Pista'zie [-tsĭə] f pistacie

Piste f cementbane; SPORT løbebane; FLUG landingsbane; (Ski2) piste

Pi'stole f pistol; **~ngriff** m pistolkolbe; **~nhalfter** n pistolhylster n

pitsch(e)nass pjaskvåd

pitto'resk pittoresk

Pizza f ⟨-; -s od Pizzen⟩ pizza

P

Pkw (*a PKW*) *m* ⟨-s; -s⟩ (= *Personenkraftwagen*) personbil

placke|n: *sich ~* slide og slæbe; 2'**rei** *f* ⟨0⟩ slid *n*

pladdern *v/i* ⟨-re⟩ F *Wasser*: pladre

plä'dieren *v/i* plædere; 2**doyer** [-do·a-'je:] *n* ⟨-s; -s⟩ (*Fürsprache*) forsvarstale

Plage *f* plage; **~geist** *m* plageånd; 2**n** plage, pine; *sich ~* slide; gøre sig stor umage

Plagiat [-'ɡĭa:t] *n* ⟨-(e)s; -e⟩ plagiat *n*; efterabelse

Plaid [ple:d] *n* ⟨-s; -s⟩ plaid, rejsetæppe *n*

Pla'ka|t *n* ⟨-(e)s; -e⟩ plakat, opslag *n*; 2'**tieren** opslå (en plakat); **~tsäule** *f* plakatsøjle

Pla'kette *f* plakette, medaille; emblem *n*

plan *adj* glat, jævn, plan; 2 *m* ⟨-(e)s; ÷e⟩ plan (*a Karte*); (*Entwurf*) udkast *n*; (*Niveau u fig*) plan *n*; *auf den ~ treten* træde frem på arenaen; *dunkle Pläne* skumle planer; *es läuft nach ~* det går efter planen

Plane *f* presenning

planen planlægge, forberede, tilrettelægge, påtænke

Pla'ne|t *m* ⟨-en⟩ planet; 2'**tarisch** planetarisk; **~'tarium** [-Rĭum] *n* ⟨-s; Planetarien⟩ planetarium *n*

pla'nier|en planere, jævne; 2**raupe** *f* bulldozer

Planke *f* planke; (*Zaun*) plankeværk *n*

Plänke|lei *f* småskænderi *n*; flirt; 2**ln** *v/i* ⟨-le⟩ småskændes; flirte

Plankton [-tɔn] *n* ⟨-s; 0⟩ plankton *n*

plan|los planløs; 2**losigkeit** *f* ⟨0⟩ planløshed; mangel på planlægning; **~mäßig** planmæssig; rationel; BAHN ordinær; *der Zug kommt ~ an* toget ankommer normalt

Plan|spiel *n* øvelsessession *n*; **~stelle** *f* normeret plads (*od* stilling); *e-e ~ haben* være fastansat

Plan'tage [-ʒə] *f* plantage

Plantsch|becken *n* soppebassin *n*; 2**en** *v/i* pjaske, soppe

Plan|ung *f* planlæggelse, planlægning; projektering; organisering; 2**voll** velovervejet, planmæssig

Planwagen *m* vogn med presenning

Planwirtschaft *f* planøkonomi

Plappe'rei *f* ⟨0⟩ F sludder (*n*), snakken

Plapper|maul *n* F sludrebøtte; 2**n** *v/i* ⟨-re⟩ snakke, sladre

plärren bræge; *fig* skråle

Plastik 1. *n* ⟨-s; 0⟩ (*Kunststoff*) plastic *n*; *aus ~* af plastic; **2.** *f* ⟨-; -en⟩ billedhugger-

kunst, plastik; **~folie** *f* plastfolie; **~tüte** *f* plast(ic)pose

plastisch plastisk

Pla'tane *f* platan(træ *n*)

Plateau [-'to:] *n* ⟨-s; -s⟩ plateau *n*

Platin *n* ⟨-s; 0⟩ platin *n*

Plati'tüde *f* platitude

pla'tonisch platonisk

platsch! plask!, pladask!

plätschern *v/i* ⟨-re⟩ plaske; *Bach*: klukke, risle

platt ⟨-est⟩ flad; *fig* plat, simpel; F (*verdutzt*) paf; *e-n* 2**en haben** F være punkteret; 2 *n* ⟨-s; 0⟩ F plattysk *n*

Plättbrett *n* strygebræt *n*

plattdeutsch plattysk

Platte *f* plade (*a Schall*2); (*Speise*) ret (*mad*), anretning; (*Tablett*) bakke; (*Schüssel*) fad *n*; (*Glatze*) F måne; *kalte ~* koldt bord *n*, kold anretning; → *a Schallplatte*

Plätt|eisen *n* strygejern *n*; 2**en** ⟨-e-⟩ stryge

Plattenspieler *m* pladespiller, pick-up

Plätterin *f* strygerske

Platt|fisch *m* fladfisk, flynder; **~form** *f* platform (*a fig*); **~fuß** *m* platfod; 2**füßig** platfodet; **~heit** *f* fladhed; *fig* plathed; **~nase** *f* braknæse

Plättwäsche *f* strygetøj *n*

Platz *m* ⟨-es; ÷e⟩ plads; *auf eigenem ~* SPORT på hjemmebane; *nehmen Sie ~!* tag (*od* værsgod at tage) plads!; **~angst** *f* ⟨0⟩ klaustrofobi; **~anweiser(in)** *m(f)* (kvindelig) kontrollør

Plätzchen *n* (*Gebäck*) småkage

platz|en *v/i* ⟨-t; sn⟩ springe, revne; knalde, eksplodere; *Reifen*: punktere

pla'tzier|en placere, anbringe; 2**ung** *f* placering

Platz|karte *f* BAHN pladsbillet; 2**konzert** *n* friluftskoncert (med militærmusik); **~mangel** *m* ⟨-s; 0⟩ pladsmangel, mangel på plads; *aus ~* på grund af pladsmangel; 2**patrone** *f* løs patron; *mit ~n schießen* skyde med løst krudt; 2**regen** *m* plaskregn; 2**wunde** *f* gabende (*od* åben) sår *n*

Plaude'rei *f* sludder, passiar; *Vortrag*: causeri *n*; **~rer** *m* sludrehoved *n*; causeur; 2**rn** *v/i* ⟨-re⟩ sludre, snakke (*über* A/om); causere (*über* A/over); **~rstündchen** *n* passiar, hyggetime, sludretime; **~rtasche** *f* F sludrebøtte, sladderhank

Plausch *m* ⟨-(e)s; -e⟩ hyggelig sludder

plau'sibel ⟨-bl-⟩ plausibel

Playboy ['ple:bɔy] *m* ⟨-s; -s⟩ playboy

Pla'zenta *f* ⟨-; -s *od* Plazenten⟩ placenta, moderkage

Plazet [ε] n ⟨-s; -s⟩ tilladelse, „grønt lys" n

Ple'bejer m plebejer; **~is'zit** n ⟨-(e)s; -e⟩ plebiscit, folkeafstemning; **~s** [plɛps] m ⟨-es; 0⟩ plebs

Pleite f ÖKON F konkurs, fallit; (*Misserfolg*) fiasko; ~ **sein** ikke eje en rød øre; **2-gehen** gå fallit

Plektron [-ɔn] n ⟨-s; *Plektren*⟩ plekter n

Ple|'narsitzung f plenarmøde n; **~num** n ⟨-s; 0⟩ plenarforsamling, plenum n

Pleo'nasmus [ple·o·-] m ⟨-; *Pleonasmen*⟩ pleonasme

Pleuelstange f forbindelsesstang, plejlstang

Plexiglas® n ⟨-es; 0⟩ plexiglas n

Plis's|eerock m plisseret nederdel; **2ieren** plissere

Plom|be f plombe; *Zahn:* fyldning, plombe; **2'bieren** plombere

Plötze f zo skalle

plötzlich pludselig, på én gang, uventet

Pluderhose f pludderbukser pl

plump klodset, kluntet; *fig* plump; **2heit** f klodsethed; *fig* plumphed

plumps! plump!, plask!, plums!; 2 m ⟨-es; -e⟩ plump n; **2en** v/i ⟨-t-⟩ dumpe, plumpe

Plunder m ⟨-s; 0⟩ F skrammel n, ragelse (n)

Plünder|er m ⟨-s; 0⟩ plyndrer; **2n** n ⟨-re⟩ plyndre (a *Weihnachtsbaum*); **~ung** f plyndring

Plural m ⟨-s; -e⟩ flertal n, pluralis; **~lismus** m ⟨-; 0⟩ pluralisme; **2'listisch** pluralistisk

plus [u] plus; 2 n ⟨-; -⟩ plus n; *fig a* overskud n

Plüsch m ⟨-(e)s; -e⟩ plys n

Plus|punkt m *Spiel* pluspoint n; *Positives* plus n; **~quamperfekt** [-kvam-] n førdatid, pluskvamperfektum n

plustern [-st-] ⟨-re⟩: **sich ~** puste sig op

Pluszeichen n plustegn n

Plu'tonium [-niʊm] n ⟨-s; 0⟩ plutonium n

Pneu'mati|k [pnɔʏ-] f ⟨0⟩ pneumatik; **2sch** pneumatisk, luft-

Po m ⟨-s; -s⟩ F numse, bagdel

Pöbel m ⟨-s; 0⟩ pøbel; **2haft** pøbelagtig; **~herrschaft** f pøbelherredømme n, pøbelvælde n

pochen v/i banke; **~ auf** (A) *fig* insistere på, pukke på

pochieren [pɔ'ʃi-] GASTR pochere

Pochspiel n *Karten:* puk(spil n)

Pocken f/pl kopper pl; **~narbe** f kopar n; **2narbig** koparret; **~(schutz)impfung** f koppevaccination

Podagra n ⟨-s; 0⟩ podagra, fodgigt

Po'dest n ⟨-(e)s; -e⟩ afsats; forhøjning, podium n

Podium [-diʊm] n ⟨-s; *Podien*⟩ podium n; scenegulv n; (*Personenkreis*) panel n; **~sdiskussion** f paneldebat

Poesie [po·e·'zi:] f poesi; **~album** n poesibog; **2los** ⟨-est⟩ poesiforladt, prosaisk

Po'et m ⟨-en⟩ digter; poet; **~ik** f ⟨0⟩ poetik; **2isch** poetisk

Poin|te [po·'ɛ̃tə] f pointe; **2'tieren** pointere

Po'kal m ⟨-s; -e⟩ pokal; **~endspiel** n pokalfinale; **~spiel** n pokalkamp; **~turnier** n pokalturnering

Pökel m saltlage; **~fleisch** n salt(et) (*od* sprængt) kød n; **~hering** m spegesild; **2n** ⟨-le⟩ (ned)salte

poker|n v/i ⟨-re⟩ spille poker, gamble (a *fig*); **2spiel** n pokerspil n

Pol m ⟨-s; -e⟩ pol (a EL *usw*)

Po'lar|expedition [-tsio:n] f polarekspedition; **~forscher** m polarforsker

polari'sier|en polarisere; **2ung** f ⟨0⟩ polarisering

Po'lar|kreis m polarkreds, polarcirkel; **~licht** n nordlys n; **~meer** n ishav n; **~stern** m polarstjerne

Polder m marskland n, inddæmning

Pole m ⟨-n⟩ polak

Po'lem|ik f polemik; **2isch** polemisk; **2i'sieren** ⟨-⟩ polemisere

Polen n Polen n

Police [-'li:sə] f police

Po'lier m ⟨-s; -e⟩ sjakbajs, sjakformand; **2en** polere, afglatte (a *fig*); **~tuch** n pudseklud

Poliklinik f poliklinik; ambulatorium n; skadestue

Polin f polak, polsk kvinde (*od* pige)

Po'lit|büro n politbureau n; **~ik** [-'tɪk] f ⟨0⟩ politik; **~iker(in)** m(f) (kvindelig) politiker; **2isch** politisk; **2i'sieren** v/t u v/i politisere; **~i'sierung** f ⟨0⟩ politisering; **~sänger** m politisk visesanger

Poli'tur f politur (a *fig*)

Poli'zei f ⟨0⟩ politi n; **~aufsicht** f politiopsyn n; **~beamte(r)** m politibetjent; **~gewahrsam** m arrest; **~hund** m politihund; **~kommissar** m politikommissær; **2lich** politi-; **e Erlaubnis** tilladelse af politiet; **~ verboten** forbudt af politiet; **~präsident** m politichef; **~präsidium** n politigård; **~revier** n politidistrikt n; (*Polizeiwache*) politistation; **~spitzel** m stikker; **~staat** m politistat; **~streife** f politipatrulje; **~stunde** f lukketid; **~verordnung** f politivedtægt; **~wache** f politistation; **~wachtmeister** m politibetjent

P

Poli'zist(in) m ⟨-en⟩ (f) politibetjent
Polka f ⟨-; -s⟩ polka
Pollen m pollen; **~analyse** f pollenanalyse; **~zahl** f pollental n
Poller m NAUT pullert
polnisch polsk
Polo n ⟨-s; 0⟩ polo; **~hemd** n poloskjorte
Polo'näse f polonæse
Polster n pude, hynde (n), bolster n; (Matratze) madras; ANAT fedtlag n; **~garnitur** f sofa og lænestole pl; **~möbel** n polstret møbel n; 2n ⟨-re⟩ polstre, stoppe, betrække; **~sessel** m lænestol; **~ung** f polstring
Polter|abend m aftenen før brylluppet, polteraband; **~er** m bulderbasse; 2n v/i ⟨-re⟩ buldre, larme
poly'fon polyfon, flerstemmig
Poly|ga'mie f ⟨0⟩ polygami; 2'glott polyglot; **~'gon** n ⟨-s; -e⟩ polygon; **~'nesien** [-ziən] n Polynesien n
Po'lyp m ⟨-en⟩ polyp (a MED u ZO)
Poly'techn|iker m polytekniker; **~ikum** n polyteknisk læreanstalt; 2isch polyteknisk
Po'mad|e f pomade; 2ig pomadiseret; fig langsom, dvask
Pome'ranze [-mə-] f pomerans
Pommern n Pommern n
Pommes frites [pɔm 'fʀiːt] pl pommes frites pl, franske kartofler pl
Pomp m ⟨-(e)s; 0⟩ pomp, pragt; **~on** [pɔ̃'pɔ̃] m ⟨-s; -s⟩ pompon, kvast; 2'pös pompøs
Poncho [-tʃo] m ⟨-s; -s⟩ poncho
Pontifi'kat n ⟨-(e)s; -e⟩ pontifikat n
Pontonbrücke [pɔn'tɔŋ-] f pontonbro
Pony ['pɔni] 1. n ⟨-s; -s⟩ pony; 2. m ⟨-s; -s⟩, **~frisur** f pandehår n
Pop [ɔ] m ⟨-s; 0⟩ pop n
Popanz ['pɔː-] m ⟨-es; -e⟩ bussemand; fugleskræmsel n
Pop|art f ⟨0⟩ popkunst; **~corn** n ⟨-s; 0⟩ popcorn
Pope m ⟨-en⟩ pej katolsk præst
Popel m F bussemand
Pope'line f ⟨0⟩ poplin n
popeln v/i ⟨-le⟩ F pille næse
Popmusik f popmusik
Po'po m ⟨-s; -s⟩ F ende, bagdel, numse
poppig F poppet
Popsänger m popsanger
popu|'lär populær; **~lari'sieren** popularisere; 2lari'tät f ⟨0⟩ popularitet; **~'lärwissenschaftlich** populærvidenskabelig
Pore f pore
Porno|film m pornofilm; **~gra'fie** f ⟨0⟩

pornografi; 2'grafisch pornografisk; **~heft** n pornoblad n; **~laden** m pornobutik
po'rös ⟨-est⟩ porøs
Porree m ⟨-s; -s⟩ porre; **~ mit zerlassener Butter** slikporre
Por'tal n ⟨-s; -e⟩ portal
Porte|'feuille [pɔʀt(ə)fœ'i] n ⟨-s; -s⟩ mappe; brevtaske; (Posten) portefølje; **~monnaie** [-mɔ'ne:] n → Portmonee
Portier [-'tie:] m ⟨-s; -s⟩ portner; Hotel: portier; **~loge** f portnerloge
Portion [-'tsi̯oːn] f ⟨-; -en⟩ portion
Portmonee [pɔʀtmɔ'ne:] n ⟨-s; -s⟩ pung
Porto n ⟨-s; -s od Porti⟩ porto; 2frei portofri; **~kasse** f frimærkekasse; 2pflichtig portopligtig
Porträt [-'tʀɛ:] n ⟨-s; -s⟩ portræt n; 2'tieren portrættere
Portu|gal [a] n Portugal n; **~'giese** m ⟨-n⟩ portugiser; **~'giesin** f portugisisk kvinde (od pige); 2'giesisch portugisisk
Portwein m portvin
Porzel|'lan n ⟨-s; -e⟩ porcelæn n; **~malerei** f porcelænsmaling; **~manufaktur** f porcelænsfabrik
Po'saune f basun; im Jazz: trombone; **~nchor** m blæserorkester n
Pose f pose, positur; skaberi n
Position [-'tsi̯oːn] f position, stilling; **~slampe** f NAUT skibslantere
positiv positiv; sikker; 2 1. m ⟨-s; -e⟩ GRAM positiv; 2. n ⟨-s; -e⟩ Foto: positiv n
Positi'vis|mus [v] m ⟨-; 0⟩ positivisme; 2tisch positivistisk
Posi'tur f positur, stilling
Posse f THEA farce; **~n** m/pl puds n, streg; narrestreger pl; **~ reißen** lave sjov (od narrestreger); 2haft ⟨-est⟩ pudsig, sjov, morsom; **~nreißer** m spøgefugl, vittig fyr
Posses'siv(pronomen) n ⟨-s; -e⟩ possessivt pronomen n, ejestedord n
pos'sierlich morsom, komisk, sjov
Post® f ⟨0⟩ post; postvæsen n; **auf die** (od **zur**) **~ bringen** bringe på posthuset; **mit der ~, per ~** med posten
Post|amt n posthus n, postkontor n; **~anweisung** f postanvisning; **~auto** n postbil; (Bus) postrutebil; **~beamte(r)** m postfunktionær, postassistent; **~boot** n postbåd; **~bote** m postbud n
Posten m post (a MIL u Buchführung); ökon sending, parti n; **nicht auf dem ~ sein** ikke føle sig godt tilpas
Poster ['po:st-] n ⟨-s; -⟩ plakat
Post|fach n postboks; **~gebühren** f/pl por-

to; **~geheimnis** n brevhemmelighed; **~gi-roamt** n postgirokontor; **~girokonto** n (post)girokonto

post'hum [u:] → *postum*

pos'tieren postere

Postillon [-'lĭɔːn] m ‹-s; -e› postillon

Post|karte f brevkort, postkort n; **~kutsche** f diligence; **2lagernd** poste restante; **~leitzahl** f postnummer n; **~paket** n postpakke; **~schalter** m ekspedition(ssted n), luge

Postscheck m (post)girokort n; **per ~ überweisen** sende pr. giro; **~amt** n postgirokontor; **~konto** n (post-) girokonto

Post|schließfach n postboks; **~sendung** f postforsendelse; **~skript(um)** n ‹-s; *Post-skripta*› postscriptum n, efterskrift; **~sparbuch** n postsparebog; **~stempel** m poststempel n; **~tarif** m posttarif

Postu'lat n ‹-(e)s; -e› postulat n

po'stum [u:] posthum

Post|verkehr m postforbindelse; **~verwaltung** f administration for postog telegrafvæsenet; **2wendend** omgående; **~wertzeichen** n frimærke n; **~wesen** n ‹-s; 0› postvæsen n; **~wurfsendung** f masseforsendelse; **~zustellung** f postombæring

po'ten|t ‹-est› potent; indflydelsesrig; **2'tat** m ‹-en› potentat, magthaver; **2z** f potens (a MATH); **2zial** [-'tsĭɑːl] n ‹-s; -e› potentiel n, kapacitet; **~ziell** [-tsĭel] potentiel, mulig; **~zieren** potensere; opløfte i potens

Potpourri [-pʊr-] n ‹-s; -s› potpourri n

Pott|asche f potaske; **~wal** m kaskelot (-hval)

potz'tausend! F for søren!

Pou'larde [puˈ-] f poulard

pous'sieren [puˈ-] v/i F flirte, filme

Prä'ambel f præambel, fortale

Pracht f ‹0› pragt; **~aufwand** m pragtudfoldelse; **~exemplar** n pragteksemplar n

prächtig prægtig; *fig* pragtfuld

Pracht|kerl n prægtigt menneske n; **~stück** n pragteksemplar n; **2voll** pragtfuld (a fig)

prädesti'nieren prædestinere

Prädi'ka|t n ‹-(e)s; -e› titel, prædikat n; GRAM udsagnsled n; **2'tiv** prædikativ; **~tsexamen** n eksamen med udmærkelse

Prä'|fekt m ‹-en› præfekt; **~fe'renz** f fortrin n, præference; **~fix** n ‹-es; -e› forstavelse, præfiks n

Prag n Prag n

präge|n præge (a fig); **2stempel** m prægestempel n

prag'ma|tisch pragmatisk; **2'tismus** m ‹-; 0› pragmatisme

prä'gnan|t ‹-est› prægnant, rammende; **2z** f ‹0› prægnans

Prägung f *Münze*: prægning; PSYCH præg n

prähistorisch præhistorisk

prahl|en prale (*mit D/af*), blære sig; **2er** m storpraler, „blære"; **~erisch** pralerisk; **2hans** m ‹-es; -e› pralhans

Prahm m ‹-(e)s; -e› pram

Prakti|k f praktik; **~en** *pej* fiduser, tricks; **2'kabel** ‹-bl-› praktikabel; praktisabel; **~'kant(in)** m ‹-en› (f) praktikant, volontør; **~kum** n ‹-s; *Praktika*› praktik, praktisk del; **~kumsstelle** f praktikplads; **2sch** praktisk; (*nützlich*) nyttig; **~er Arzt** praktiserende læge; **2'zieren** v/i praktisere

Prä'lat m ‹-en› prælat

Pra'line f (stykke n fyldt) konfekt; **~nkasten** m æske (med) pralineer (*od* konfekt)

prall *adj* stram, spændt; (*dick*) buttet, fyldig; *Sonne*: stærk; 2 m ‹-(e)s; -e› stød n, tilbageslag n; **~en** v/i ‹sn› støde, slå (*an, gegen A/mod*), **~'voll** F propfuld

Prämie [-mĭə] f præmie; **~nsparen** n præmieopsparing

prä'mier|en præmiere; **2ung** f præmiering

Prä'misse f præmis, forudsætning

prang|en v/i prange, stråle, skinne; **2er** m gabestok; **an den ~ stellen** *fig* sætte i gabestokken

Pranke f pote, lab, klo

Präpa'r|at n ‹-(e)s; -e› præparat n; **2ieren** præparere; (*vorbereiten*) forberede; **sich ~** forberede sig, læse lektier

Präposition [-'tsĭɔːn] f forholdsord n, præposition

Prä'rie f præri

Präroga'tive [-və] f prærogativ n, forrettighed

Präsens n ‹-; *Präsentia*› præsens, nutid

prä'sent til stede; *etw.* (*A*) **~ haben** have ngt. præsent; 2 n ‹-(e)s; -e› (lille) gave

präsen'tier|en præsentere (a MIL), forestille; (*anbieten*) byde; **2teller** m fig F præsenterbakke

Prä'senz f ‹0› nærværelse; tilstedeværelse; **~bibliothek** f håndbibliotek n; **~liste** f liste over de tilstedeværende

Präserva'tiv n ‹-s; -e [-və]› præservativ n, kondom

Präsi'dent m ‹-en› formand; (universitets)rektor; POL præsident; **~enamt** n præsidentembede n; **~in** f kvindelig præsident; **~schaft** f (universitets)rektorat n

Präsi|dialsystem [-'dīɑ:l-] *n* präsidentsystem *n*; **2'dieren** *v/t* præsidere; **~dium** [-'zi:dīʊm] *n* ⟨-*s*; *Präsidien*⟩ præsidium *n*

prasseln *v/i* ⟨-*le*⟩ rasle; *Feuer:* knitre; *Regen:* tromme, piske

prass|en *v/i* frådse, svire; **2er** *m* frådser, soldebroder; **2e'rei** *f* frådseri *n*

Präten|'dent *m* ⟨-*en*⟩ prætendent; **2tiös** [-'tsīøs] prætentiøs

Prä'teritum *n* ⟨-*s*; *Präterita*⟩ præteritum *n*, datid

präven'tiv forebyggende, præventiv; **2krieg** *m* præventivkrig; **2maßnahme** *f* præventiv foranstaltning

Praxis *f* ⟨-; *Praxen*⟩ praksis (*a Arzt u Anwalt*); **2bezogen**, **2nah** praksisorienteret

Präze|'denzfall *m* præcedens; *e-n ~ schaffen* skabe (*od* danne) præcedens

prä'zi|s(e) ⟨-*est*⟩ præcis, nøjagtig; **~'sieren** præcisere; **2sion** [-'zīo:n] *f* ⟨0⟩ præcision; **2sionsinstrument** *n* præcisionsinstrument *n*

predig|en *v/i* prædike; *fig* præke; **2er** *m* prædikant; **2t** *f* prædiken; *fig* præken

Preis *m* ⟨-*es*; -*e*⟩ pris; (*Belohnung*) belønning, præmie; (*Lob*) pris, ros; *zum ~ von* til en pris af; *um jeden ~* for enhver pris; *um keinen ~* ikke for alt i verden; **~angabe** *f* prisangivelse; **~aufgabe** *f*, **~ausschreiben** *n* præmiekonkurrence, prisopgave; **2bewusst** prisbevidst; **~bindung** *f* prisbinding

Preiselbeere *f* tyttebær *n*

Preis|empfänger *m* pris(mod)tager, præmie(mod)tager; **~empfehlung** *f* vejledende pris; **2en** ⟨*L*⟩ prise, rose; **~erhöhung** *f* prisforhøjelse; **~ermäßigung** *f* prisnedsættelse, rabat; **~frage** *f* prisopgave; **~gabe** *f* ⟨0⟩ prisgivelse; **2geben** prisgive; **2gekrönt** prisbelønnet; **~gericht** *n* bedømmelseskomité, dommerkomité; jury; **2günstig** fordelagtig, billig; **~index** *m* pristal *n*; **~klasse** *f* prisklasse; **~knüller** *m* slagtilbud *n*; **~lage** *f* pris(niveau *n*); *in jeder ~* til alle priser; **~liste** *f* prisliste; **~nachlass** *m* rabat; **~rätsel** *n* gættekonkurrence; **~richter** *m* dommer; **~schießen** *n* præmieskydning; **~schild** *n* prisetikette; **~senkung** *f* prissænkning; **~steigerung** *f* prisstigning; **~stopp** *m* prisstop *n*; **~sturz** *m* prisfald *n*; **~träger** *m* præmievinder, prismodtager; **~treiber** *m* prisjobber; **2wert** billig, fordelagtig

pre'kär prekær

Prell|bock *m* BAHN stoppebom, sporstopper; **2en** *v/t* snyde, bedrage; *j-n um etw.* (*A*) *~* snyde én for ngt.; *v/i* ⟨*sn*⟩ prelle;

~schuss *m* rikochetskud *n*; **~ung** *f* lettere kvæstelse

Premier|(minister *m*) [-'mīe:] *m* ⟨-*s*; -*s*⟩ premierminister, statsminister; **~e** [-'mīe:rǝ] *f* premiere

preschen jage afsted, flintre, fare

Presse *f* presse (*a Zeitungen*); *Kelter:* perse; **~amt** *n* pressebureau *n*; **~chef** *m* pressechef; **~dienst** *m* pressetjeneste; **~fotograf** *m* pressefotograf; **~freiheit** *f* ⟨0⟩ trykkefrihed; **~gesetz** *n* presselov; **~karte** *f* pressekort *n*; **~konferenz** *f* pressekonference, pressemøde *n*; **2n** presse; (*drücken*) trykke; proppe; (*keltern*) perse; **~sprecher** *m* talsmand (*G*/for); **~wesen** *n* ⟨-*s*; 0⟩ pressen

pres'siert: *es ~* det haster

Press|kopf *m* pressesylte; **~luft** *f* ⟨0⟩ trykluft; **~luftbohrer** *m* trykluftsbor *n*; **~lufthammer** *m* trykluftshammer

Pressung *f* pression, presning

Press|wehen *f/pl* presseveer *pl*; **~wurst** *f* rullepølse

Pres'tige [-ʒǝ] *n* ⟨-*s*; 0⟩ prestige; **~verlust** *m* prestigetab *n*

Preuß|e *m* ⟨-*n*⟩ preusser, prøjser; **~en** *n* Preussen, Prøjsen *n*; **2isch** preussisk, prøjsisk

preziös [-'tsīø:s] pretiøs

Pricke *f* NAUT prik

prickeln *v/i* ⟨-*le*⟩ prikke, krible, kildre

Priel *m* ⟨-(*e*)*s*; -*e*⟩ rende (*i* vadehavet)

Priem *m* ⟨-(*e*)*s*; -*e*⟩ skrå; **2en** skrå; **~tabak** *m* skråtobak

Priester *m* (ikke-protestantisk) præst; **~amt** *n* præsteembede *n*; **~in** *f* præstinde; **2lich** præstelig; **~schaft** *f* ⟨0⟩ præsteskab *n*; **~tum** *n* ⟨-*s*; 0⟩ præstestand; **~weihe** *f* præstevielse

pri|ma udmærket; *~!* fint!; **2ma** *f* ⟨-; *Primen*⟩ 2. og 3. g. (*Abk. flige* af gymnasieklasse); **2'maner** *m* elev i 2. og 3. g

pri'mär primær, oprindelig

Pri'marstufe *f* grundskole

Prima|s [a] *m* ⟨-; -*se*⟩ primas; **~t** [-'ma:t] **1.** *n od m* ⟨-(*e*)*s*; -*e*⟩ fortrinsret, forrang; **2.** *m* ⟨-*en*⟩ zo primat

Prime *f* MUS prim

Primel *f* ⟨-; -*n*⟩ kodriver, primula

primi'tiv primitiv, enkel; **2i'tät** *f* ⟨0⟩ primitivitet

Primus *m* ⟨-; -*se*⟩ F nr. ét; *pej a* duks

Primzahl *f* primtal *n*

Prin|z *m* ⟨-*en*⟩ prins; **~'zessin** *f* prinsesse; **~zgemahl** *m* prinsgemal

Prin'zip *n* ⟨-*s*; *Prinzipien*⟩ princip *n*, grundsætning; **2iell** [-'pīel] principiel

Prin'zipien|frage f principspørgsmål n; **~reiter** m principrytter

Prinzregent m prinsregent

Prior ['priːɔʁ] m ⟨-s; -en [-'oː-]⟩ prior; **~i'tät** f prioritet; **e-r Sache** (D) **~ einräumen** prioritere ngt

Prise f (Beute) prise; Tabak: pris; Salz: knivspids

Prism|a n ⟨-s; Prismen⟩ prisme; **~en(fern)glas** n prismekikkert

Pritsche f briks; **~nwagen** m ladvogn

pri'vat [v] ⟨-est⟩ privat; **2angelegenheit** f privatsag; **2audienz** f privataudiens; **2auto** n privatbil; **2besitz** m privateje n; **2dozent** m privatdocent; universitetslektor; **2eigentum** n privatejendom; **2hand** f: **in ~** i privateje; **~im** privat(im); **2initiative** f privat initiativ n; **~i'sieren** v/i privatisere; **2i'sierung** f privatisering; **2klinik** f privatklinik; **2leben** n (s; 0) privatliv n; **2mann** m privatmand, privatperson; **2patient** m privatpatient; **2recht** n JUR privatret; **2sache** f privatsag; **2schule** f privatskole; friskole; **2stunde** f privattime, enetime; **2unterkunft** f privat indkvartering; **2unterricht** m privatundervisning; **2vergnügen** n iron → **Privatsache**; **2wagen** m → **Privatauto**; **2weg** m privatvej; **2wohnung** f privat bopæl

Privi'leg [v] n ⟨-(e)s; -ien [-ɡĭən]⟩ privilegium n; **2iert** privilegeret

pro (A) per (Abk. pr.), for; **~ Jahr** pr. år, om året; **~ Stück** pr. styk, for stykket; **~ Person** F pr. næse

pro'bat ⟨-est⟩ probat, udmærket

Probe f prøve (a THEA); ÖKON vareprøve; (Versuch) forsøg n (på); **zur ~** på prøve; **auf die ~ stellen** stille (od sætte) på prøve; **e-e ~ seines Könnens** en prøve på ens kunnen; **~abzug** m TYP korrektur(tryk n); **~exemplar** n prøveeksemplar n; **~fahrt** f prøvetur; **e-e ~ machen** prøvekøre; **~flug** m prøveflyvning; **~jahr** n prøveår n; **2n** prøve; THEA holde prøve (etw. [A]/på ngt.); **~nummer** f prøvenummer n; **~stück** n prøvestykke n; **2weise** på prøve; forsøgsvis; **~zeit** f prøvetid

pro'bier|en prøve; (kosten) smage (på); **2glas** n reagensglas n

Pro'ble|m n ⟨-s; -e⟩ problem n; **kein ~!** det er i orden!; **~matik** f ⟨0⟩ problematik; **2matisch** problematisk, tvivlsom; **2mati'sieren** problematisere

pro'blem|los problemfri, problemløs; **2stellung** f problemstilling

Pro'dukt n ⟨-(e)s; -e⟩ produkt n, frembringelse; **~entwicklung** f produktudvikling

Produktion [-'tsĭoːn] f produktion, fremstilling

Produk'tions|ausfall m produktionstab n; **~genossenschaft** f kooperativ produktion; **~kosten** pl produktionsomkostninger pl; **~mittel** n produktionsmiddel n; **~weise** f fremstillingsmåde

produk'tiv produktiv, skabende; **2i'tät** [v] f ⟨0⟩ produktivitet

Produ'z|ent m ⟨-en⟩ producent; **2ieren** producere, fremstille; frembringe

Prof. (= **Professor** m) professor

pro'fa|n profan, verdslig; **~nieren** vanhellige, profanere

Profession [-'sĭoːn] f profession, erhverv n; **2'nell** professionel, erhvervsmæssig

Pro'fes|sor m ⟨-s; -en [-'soː-]⟩ professor; **~sorin** f (kvindelig) professor; **~'sur** f professorat n

Profi m ⟨-s; -s⟩ SPORT professionel

Pro'fi|l n ⟨-s; -e⟩ profil (a Reifen u fig); **2'lieren** profilere (**sich** sig)

Pro'fi|t m profit, vinding; **2'tgär** n profitbegær n; **2'tieren** have fordel (af), profitere

pro'fund ⟨-est⟩ dyb, grundig

Pro'gnos|e f prognose; **2ti'zieren** prognosticere, stille en prognose

Pro'gramm n ⟨-s; -e⟩ program n; **2atisch** [-'maː-] programmatisk; **2gemäß** programmæssig; **~gestaltung** f ⟨0⟩ programudformning; **~heft** n programhæfte n

program'mier|en programmere; **2er(in)** m(f) programmør

Pro'gramm|vorschau f programoversigt; **~zeitschrift** f tv-blad n

Progres|sion [-'sĭoːn] f progression; **2'siv** progressiv; fremskridtsvenlig

Pro'jek|t n ⟨-(e)s; -e⟩ projekt n, plan; **2'tieren** projektere, planlægge; **~'til** n ⟨-s; -e⟩ projektil n; **~'tion** f projektion (a PSYCH); **~'tionsapparat** m projektionsapparat n; **~tor** m ⟨-s; -en [-'toː-]⟩ filmsapparat n; (Dia-) lysbilledapparat n

proji'zieren projicere (a PSYCH)

Prokla|mation [-'tsĭoːn] f proklamation; **2'mieren** proklamere

Pro'ku|ra f ⟨0⟩ prokura, fuldmagt; **~ erteilen** give fuldmagt; **~'rist** m ⟨-en⟩ prokurist

Pro'le|t m ⟨-en⟩ proletar (a pej); **~tariat** [-'rĭaːt] n ⟨-(e)s; -e⟩ proletariat n; **~tarier** [-'rĭ-] m proletar; **2'tarisch** proletarisk

Pro'log m ⟨-(e)s; -e⟩ prolog; fortale

Prolon|gation [-lɔŋɡa-'tsĭoːn] f prolongation; **2'gieren** prolongere, forlænge

P

Prome'nade [-mə-] f promenade; spadseretur; **~ndeck** n promenadedæk n; **~nmischung** f P (Hund) gadekryds n
prome'nieren v/i ⟨sn⟩ promenere, spadsere
Pro'mille n ⟨-s; -⟩ promille; **~grenze** f promillegrænse
promi'nen|t ⟨-est⟩ prominent; **2z** f ⟨0⟩ prominente personer pl
Promo'tion [-'tsĭo:n] f tildeling af doktorgrad, promotion; **2'vieren** v/i tage doktorgraden; v/t tildele doktorgraden
prompt ⟨-est⟩ prompte, omgående
Pro'nom|en ⟨-s; - od Pronomina⟩ pronomen n, stedord n; **2i'nal** pronominal, stedordsagtig
Propa'gan|da f ⟨0⟩ propaganda, reklame; **~dist(in)** m ⟨-en⟩ (f) propagandist; **2'distisch** propagandistisk
propa'gieren propagere; propagandere, gøre propaganda (**für** A/for)
Pro'pangas n flaskegas; **~flasche** f gasflaske
Pro'peller m propel; **~maschine** f propeldreven flyvemaskine
Pro'phet|(in) m ⟨-en⟩ (f) profet; **ein ~ gilt nichts in s-m Vaterland** en profet er ikke agtet i sit fædreland; **2isch** profetisk
prophe'zei|en [-fe'tsaɪən] forudsige, spå; **2ung** f forudsigelse, spådom
prophy'la|ktisch profylaktisk, forebyggende; **2xe** f profylakse
Proportio|n [-'tsĭo:n] f forhold n, proportion; **2'nal** proportional, forholdsmæssig; **~'nalwahl** f forholdstalsvalg n; **2'niert** proportioneret (a fig)
Pro'porz m ⟨-es; -e⟩ forhold n
proppen'voll F propfuld
Prop|st [o:] m ⟨-es; -e⟩ provst; **~'tei** f provsti
Pro|sa f ⟨0⟩ prosa; **in ~** på prosa; **2saisch** [-'zɑ:ɪʃ] prosaisk (a fig); **~sa'ist** m ⟨-en⟩ prosaforfatter
Prose'lyt m ⟨-en⟩ proselyt
pros(i)t! [o:] Zutrunk: skål!; Niesen: prosit!; **pros(i)t! Neujahr!** godt nytår!
Pro'spekt [-sp-] m ⟨-(e)s; -e⟩ prospekt n, brochure, folder
prost! [o:] → **prosit**; **~en** v/i ⟨-e-⟩ skåle
Prostitu'|ierte [-st-] f ⟨-n⟩ prostitueret; **~tion** [-'tsĭo:n] f ⟨0⟩ prostitution
protegieren [-'ʒi:-] protegere, hjælpe frem
Protein [-te'i:n] n ⟨-s; -e⟩ protein n
Protekt|ion [-'tsĭo:n] f protektion; **~io-'nismus** m ⟨-; 0⟩ protektionisme; **2io'nistisch** protektionistisk; **~o'rat** n

⟨-(e)s; -e⟩ protektorat n
Pro'test m ⟨-(e)s; -e⟩ protest; **~ erheben** gøre indsigelse, nedlægge protest (**gegen** A/mod)
Protes'tan|t(in) m ⟨-en⟩ (f) protestant; **2tisch** protestantisk; **~'tismus** m ⟨-; 0⟩ protestantisme
protes'tieren v/i protestere
Pro'test|marsch m ⟨-(e)s; -e⟩ protestmarch; **~note** f POL protestnote; **~schreiben** n protestskrivelse; **~versammlung** f protestmøde n
Pro'these f protese
Proto'koll n ⟨-s; -e⟩ protokol; **~ aufnehmen** optage rapport; **~ führen** (**bei**) føre protokol (over); **zu ~ geben** føre til protokols; **~'lant** m ⟨-en⟩ protokolfører; **2'larisch** protokollarisk; **~lführer** m protokolfører; **2'lieren** føre til protokols
Proton ['pro:tɔn] n ⟨-s; -en⟩ [-'to:-] proton
Prototyp m ⟨-s; -en⟩ prototyp
Protz [ɔ] m ⟨-es od -en; -e od -en⟩ hoven fyr, vigtigper; **2en** v/i ⟨-t⟩ blære sig, prale; **~e'rei** f praleri n; **2ig** opblæst, skidtvigtig
Proven|ce [-'vɑ̃:s] f Provence; **2'zalisch** provencalsk
Proviant [-'vĭa-] m ⟨-s; -e⟩ proviant
Pro'vinz [v] f provins; **~ial** [-'tsĭa:l] provins-; **~ia'lismus** m ⟨-; Provinzialismen⟩ provinsialisme; Ling: dialektudtryk n; **2iell** [-'tsĭɛl] provinsiel, provins-; **~ler(in)** m(f) provinsbo(er); **~presse** f provinsbladene pl; **~stadt** f provinsby, købstad
Provi|sion [-'zĭo:n] f provision; **auf ~sbasis** på provisionsbasis; **2'sorisch** provisorisk, midlertidig
Provo|kateur [-'tø:ɐ̯] m ⟨-s; -e⟩ provokatør; **~kation** [-'tsĭo:n] f provokation; **2'zieren** udæske, provokere
Proze'dur f procedure; fremgangsmåde
Pro'zent n ⟨-(e)s; -e⟩ procent; **2ig: fünfprozentig** fem procents; **~satz** m procentdel, procentsats; **2u'al** procentuel, procentisk
Pro'zess m ⟨-es; -e⟩ proces (a CHEM u JUR; JUR retssag; **kurzen ~ machen** fig gøre kort proces; **~akten** pl sagens akter pl
prozes's|ieren v/i procedere, føre proces; **2ion** [-'ɪo:n] f procession, optog n
Pro'zess|kosten pl sagsomkostninger pl; **~ordnung** f retsplejelov
prüde snerpet; **2'rie** [-də-] f ⟨0⟩ snerperi n
prüf|en (untersuchen) prøve, undersøge; (erproben) prøve; (durchsehen) gennemse; (examinieren) eksaminere, (over)høre; **geprüft** eksamineret (Abk. eksam.); **2er** m ÖKON revisor; eksamina-

tor; *Abitur*: censor; 2**ling** *m* ⟨-s; -e⟩ eksaminand, (eksamens)kandidat; 2**stand** *m Auto*: motorkontrol; 2**stein** *m fig* prøvesten

Prüfung *f* prøve, undersøgelse; (*Erprobung*) prøvelse; (*Durchsicht*) gennemsyn *n*, revision; (*Examen*) eksamen, overhøring

Prüfungs|arbeit *f* eksamensopgave; **~ausschuss** *m* eksamenskommission; undersøgelseskommission; **~fach** *n* eksamensfag *n*; **~ordnung** *f* eksamensregler *pl*; **~zeugnis** *n* eksamensbevis *n*

Prügel *m* (*Stock*) knippel, kæp; *pl* (*Schläge*) klø, prygl; *e-e Tracht* **~** en omgang klø

Prüge'lei *f* slagsmål *n*

Prügel|knabe *m fig* syndebuk; 2**n** ⟨-le⟩ prygle; *sich* **~** slås; **~strafe** *f* pryglstraf

Prunk *m* ⟨-(e)s; 0⟩ prunk, pragt; **~bett** *n* pragtseng; 2**en** *v/i* prunke; (*prahlen*) prale; **~saal** *m* riddersal; **~süchtig** pragtlysten; 2**voll** prunkende, pragtfuld

prusten [u:] *v/i* ⟨-e-⟩ pruste, snøfte; (*niesen*) nyse

PS (= *Pferdestärke*) hestekræfter *pl*

PS. (= *Postskriptum n*) efterskrift, postscriptum *n*

Psalm *m* ⟨-s; -en⟩ salme; **~menbuch** *n* salmebog; **~ter** *m* Davids salmer *pl*

Pseudo|'nym *n* ⟨-s; -e⟩ pseudonym *n*; 2**wissenschaftlich** pseudovidenskabelig

Psych|e *f* psyke; 2**e'delisch** psykodelisk; **~iater(in)** [-'çia:-] *m(f)* psykiater; **~ia'trie** *f* ⟨0⟩ psykiatri; 2**iatrisch** [-'çia:-] psykiatrisk; 2**isch** ['psy:-] psykisk

Psycho|ana'lyse *f* ⟨0⟩ psykoanalyse; **~'loge** *m* ⟨-n⟩ psykolog; **~lo'gie** *f* psykologi; **~'login** *f* (kvindelig) psykolog; 2**'logisch** psykologisk; **~'path** *m* ⟨-en⟩ psykopat; **~'pharmaka** *f* psykofarmaka; **~se** [-'ço:-] *f* psykose; 2**so'matisch** psykosomatisk; **~thera'pie** *f* psykoterapi

Puber'tät *f* ⟨0⟩ pubertet

pu'bli|k offentligt kendt; 2**kation** [-'tsĭo:n] *f* publikation; offentliggørelse; 2**kum** ['pu-] *n* ⟨-s; 0⟩ publikum *n*; 2**kumserfolg** *m* publikumssucces; **~'zieren** publicere, offentliggøre; 2**'zistik** *f* ⟨0⟩ journalistik; 2**zi'tät** *f* ⟨0⟩ offentlig opmærksomhed

Puck *m* ⟨-s; -s⟩ SPORT puck

Pudding *m* ⟨-s; -e *od* -s⟩ budding; **~form** *f* buddingform; **~pulver** *n* buddingpulver *n*

Pudel *m* puddel(hund); **~mütze** *f* tophue; 2**'nass** pjaskvåd; 2**'wohl** F smadderdejligt tilpas

Puder *m* pudder *n*; **~dose** *f* pudderdåse; 2**n** ⟨-re⟩ pudre (*sich* sig); **~quaste** *f* pudderkvast; **~zucker** *m* flormelis

puff! bum!, puf!

Puff 1. *m* ⟨-(e)s; *~e⟩ (Stoß)* stød *n*, puf *n*; (*Knall*) fut *n*, knald *n*; **2.** *m* ⟨-s; -s⟩ F bordel *n*; **~ärmel** *m* putærme; 2**en** (*stoßen*) puffe, støde; (*knallen*) futte, knalde; **~er** *m* BAHN buffer; (*Kartoffel-*) kartoffelklatkage; *fig* stødpude; **~erzone** *f* stødpudezone; **~mais** *m* popcorn *n*

puh! puh(a)!, uf!, øv!

pulen [u:] F pille; *Krabben (ab)~* pille rejer; *in der Nase* **~** pille næse

Pulle *f* F lærke

pullen *v/i* F ro

Pul|li *m* ⟨-s; -s⟩ F; **~'lover** *m* pullover, trøje; *aus dicker Wolle:* sweater

Puls *m* ⟨-es; *~e⟩ puls; *j-m den* **~** *fühlen* føle ens puls; *fig* føle én på pulsen; **~ader** *f* pulsåre; 2**ieren** [-'zi:-] *v/i* pulsere (*a fig*); **~schlag** *m* pulsslag *n*; **~wärmer** *m* muffedise

Pult *n* ⟨-(e)s; -e⟩ pult, talerstol; *Schule*: kateder *n*

Pulver *n* pulver *n*; MIL krudt *n*, *er hat das~ nicht erfunden fig* han har ikke opfundet krudtet; *sein* **~** *verschossen haben fig* have brugt alt sit krudt; **~fass** *n* krudttønde (*a fig*); 2**ig** pulveragtig; 2**i'sieren** pulverisere; **~kaffee** *m* pulverkaffe; 2**n** ⟨-re⟩ pulverisere; bestrø med pulver; **~schnee** *m* fin sne

Puma *m* ⟨-s; -s⟩ puma

Pummel *m* F bolle, tyksak; 2**ig** bollet, buttet, trivelig

Pump *m* ⟨-(e)s; 0⟩ F kredit; *auf* **~** *kaufen* F tage på klods

Pumpe *f* pumpe; 2**n** pumpe; F (*borgen*) låne; **~nschwengel** *m* pumpestang

Pumpernickel *m* sort rugbrød *n*, pumpernikkel

Pump|hose *f* pludderbukser *pl*; **~station** *f* pumpestation

Punkt *m* ⟨-(e)s; -e⟩ punkt *n*; (*Tüpfel*) prik; (*Satzzeichen*) punktum *n*; SPORT point *n*; *ein wunder* **~** *fig* et ømtåleligt emne, et ømt punkt; *der springende* **~** *fig* det springende punkt; *toter* **~** dødt punkt; **~** *zehn (Uhr)* præcis klokken ti (*Abk.* kl.) ti; *j-n nach* **~en** *schlagen* SPORT slå én på points; *auf den* **~** *genau* til punkt og prikke; *auf den* **~** *bringen* formulere præcist; 2**en** ⟨-e-⟩ prikke, stiple; *gepunktet Stoff:* prikket; *Linie:* stiplet; 2**ieren** [-'ti:-] prikke; punktere (*a* MED); **~ion** [-'tsĭo:n] *f* MED punktering, punktur

P

pünktlich punktlig; præcis; 2**keit** f ⟨0⟩ punktlighed, præcision

Punkt|richter m kampdommer; 2**schweißen** punktsvejse; **sieg** m sejr på points; **spiel** n divisionskamp; 2**u'ell** punktuel; **wertung** f vurdering efter points; **zahl** f pointtal n

Punsch m ⟨-es; -e⟩ punch; **bowle** f punchebolle

Punze f gravstik; 2**n** ⟨-t⟩ punsle; stemple

Pup [u:] m ⟨-(e)s; -e⟩ P fjært, prut; 2**en** v/i fjærte, prutte, fise

Pu'pille f pupil

Püppchen n (lille) dukke (a fig)

Puppe f dukke; (Mädchen) pigebarn n; zo puppe

Puppen|gesicht n dukkeansigt n; 2**haft** ⟨-est⟩ dukkeagtig; **haus** n dukkehus n; **stube** f dukkestue; **theater** n dukketeater n; **wagen** m dukkevogn

Pups [u:] m ⟨-es; -e⟩ → **Pup**

pur pur, ren

Pü'ree n ⟨-s; -s⟩ puré

pur'gieren MED v/t give afføring; v/i tage afføringsmiddel

Pu'ris|mus m ⟨-; 0⟩ purisme; **'taner** m puritaner; 2**'tanisch** puritansk

Purpur ['pʊʁpʊʁ] m ⟨-s; 0⟩ purpur m; **mantel** m purpurkåbe; 2**n** purpurfarvet; 2**rot** purpurrød

purren NAUT (wecken) purre (ud)

Purzel|baum m kolbøtte; **e-n ~ machen** slå en kolbøtte; 2**n** v/i ⟨-le; sn⟩ trimle (om), F skvatte (om); (herunterrollen) trille (ned)

pusseln v/i ⟨-le⟩ F sysle

Puste [u:] f ⟨0⟩ F ånde, vejr n; **aus der ~** forpustet; 2**blume** f mælkebøtte

Pustel f ⟨-; -n⟩ filipens, bums

puste|n [u:] v/i ⟨-e-⟩ puste; blæse; Alkoholnachweis: puste i spritballon; 2**rohr** n pusterør n

Pute f kalkun(sk høne); **r** m kalkun(sk hane); 2**rrot** ildrød

putput! pyllepylle!

Putsch m ⟨-es; -e⟩ kup n; 2**en** v/i gøre et kup(forsøg); **ist** [-t'ʃɪst] m ⟨-en⟩ kupmager

Putz m ⟨-es; 0⟩ (Zierrat) pynt, stads; (Mauer2) puds; 2**en** ⟨-t⟩ (schmücken) pynte; (reinigen) pudse; Gemüse skrabe, gøre i stand; Zähne børste; **sich ~** nette sig; **sich (D) die Nase ~** pudse næsen; **frau** f rengøringshjælp; rengøringsassistent; 2**ig** pudsig, sjov, morsom; **lappen** m pudseklud; **macherin** f modist; **mittel** n pudsemiddel n; **schere** f lysesaks; **sucht** f ⟨0⟩ (Zierrat) pyntesyge; (Sauberkeit) rengøringsdille; **teufel** m F rengøringsgal (dame); **tuch** n pudseklud; **wolle** f tvist (tvi

Puzzle [pazl od pusəl] n ⟨-s; -s⟩ puslespil n

Pygmäe [-'mɛ:ə] m ⟨-n⟩ pygmæ

Pyjama [py-'dʒa:ma·] m ⟨-s; -s⟩ pyjamas

Pyra'mide f pyramide; 2**nförmig** pyramideformet

Pyrenäen [-e-'nɛ:ən] pl Pyrenæerne pl

Pyro|'mane m ⟨-n⟩ pyroman; **'technik** f ⟨0⟩ pyroteknik

Pyrrhussieg ['pʏʁʊs-] m pyrrhussejr

Pythonschlange [ɔ] f python(slange)

Q, q [ku:] n Q, q n

qcm, qkm, qm Abk. für **Quadratzentimeter, -kilometer, -meter**

Quabbe f fedtdække; 2**lig** bævrende, F lasket; (ekelhaft) vammel

Quacksalbe|r m kvaksalver; **'rei** f kvaksalveri n; 2**rn** v/i ⟨-re⟩ drive kvaksalveri

Quader(stein) m kvader(sten)

Qua'drant m ⟨-en⟩ kvadrant

Qua'drat n ⟨-(e)s; -e⟩ kvadrat n; 2**isch** kvadratisk; **kilometer** m kvadratkilometer; **meter** m kvadratmeter; **ur** [-'tu:ʁ] f kvadratur; **wurzel** f kvadratrod; **zentimeter** m kvadratcentimeter

qua'dri|eren kvadrere, opløfte i anden potens; 2**lle** [-'drɪljə] f kvadrille

quak! [a:] kvæk!

quaken Frosch: kvække; Ente: rappe

quäk|en kvække; 2**er** m ⟨-n⟩ kvæker

Qual f kval, pine, plage

quäl|en pine, plage; **sich ~ mit** plage sig selv med; 2**e'rei** f plageri n; **erisch** pinefuld, kvalfuld; 2**geist** m plageånd

Qualifikation [-'tsĭo:n] f kvalifikation; **sspiel** n kvalifikationskamp

quali|fi'zieren kvalificere (sich sig); 2**'tät** f kvalitet; beskaffenhed; **ta'tiv** kvalitativ

Quali'täts|arbeit f kvalitetsarbejde n; **ware** f kvalitetsvare; **wein** m god bordvin; **~ mit Prädikat** fin bordvin

Qualle f vandmand, gople

Qualm m ⟨-(e)s; 0⟩ røg; 2**en** v/i ryge, ose; *Zigarre:* dampe; 2**ig** fuld af røg

qualvoll kvalfuld, pinefuld

Quäntchen n gran n, smule

Quant|entheorie f ⟨0⟩ PHYS kvanteteori; ~**i'tät** f kvantitet, mængde; 2**ita'tiv** kvantitativ; ~**um** n ⟨-s; *Quanten*⟩ kvantum n, mængde

Quappe f zo (*Aal*2) ålekvabbe; (*Kaul*2) haletudse

Quaran'täne [ka·-] f karantæne

Quark m ⟨-s; 0⟩ skørost, flødeost; *fig* F vrøvl n

Quar|t 1. n ⟨-s; -⟩ TYP kvartformat n; **2.** f MUS kvart; ~**'tal** n ⟨-s; -e⟩ kvartal n; ~**'talsäufer** m F kvartalsdranker; ~**'tett** n ⟨-(e)s; -e⟩ kvartet

Quar'tier n ⟨-s; -e⟩ kvarter n (a MIL u Stadtteil); ~**meister** m kvartermester; ~**vermittlung** f værelseanvisning

Quarz [a:] m ⟨-es; -e⟩ kvarts; ~**lampe** f kvartslampe; ~**uhr** f kvartsur n

quasi quasi, ligesom

quasseln v/i ⟨-le⟩ F sludre, vrøvle; 2**strippe** f F snakkemaskine, sludrechatol n

Quast m ⟨-(e)s; -e⟩ f kvast, klunke, dusk

Quäs'tur f kvæstur

Quatsch m ⟨-(e)s; 0⟩ F vrøvl n, sludder n, vås n; ~**!** sludder!; 2**en** v/i F snakke; vrøvle; ~**e'rei** f F vrøvleri n; ~**kopf** m F vrøvlehoved n

Quecke f kvikgræs n

Quecksilber n kviksølv n; ~ *im Leibe haben fig* have kviksølv i kroppen; ~**säule** f kviksølvsøjle; ~**vergiftung** f kviksølvforgiftning

Quell m ⟨-(e)s; -e⟩; ~**e** f kilde (a fig); 2**en 1.** v/i (L; sn) vælde, strømme; (*schwellen*) svulme, bulne ud; **2.** v/t: ~ *lassen* udbløde

Quellen|angabe f kildeangivelse; ~**forschung** f kildeforskning; ~**kritik** f kildekritik; ~**nachweis** m kildehenvisning

Quellwasser n kildevand n

Quendel m BOT vild timian

Quenge'lei f F kværuleren; klynken; 2**eln** v/i ⟨-le⟩ kværulere, plage; klynke; ~**ler** m F gnavpot, kværulant

Quentchen → *Quäntchen*

quer (på) tværs, (på) skrå; *fig* forkert; ~ *durch* tværs igennem; ~ *über* (A) tværs

over; ~ *zu* på tværs af; ~ *gestreift* tværstribet; 2**balken** m tværbjælke; *Fußball-tor:* overligger; ~**'durch** tværs igennem; 2**e** f ⟨0⟩ tværretning; *in die* ~ bugt tværs; *j-m in die* ~ *kommen fig* komme én i vejen; ~**feld'ein** tværs over markerne; *fig* på tværs; 2**feld'einlauf** m terrænløb, orienteringsløb n; 2**flöte** f tværfløjte; 2**format** n tværformat n, vandret format n

Quer|holz n tværbjælke; ~**kopf** m fig forskruet fyr, stivnakke; 2**köpfig** tvær, egensindig; ~**pass** m SPORT centring; ~**pfeife** f tværfløjte; ~**riegel** m slå; ~**rinne** f Verkehrswarnung: "Ujævn vej"

querschießen *fig* F gennemkrydse ens planer, spænde ben

Quer|schiff n ARCH tværskib n; ~**schläger** m rikochetskud n; ~**schnitt** m tværsnit n; ~**schnittslähmung** f tværsnitslammelse; ~**straße** f tværgade; ~**strich** m tværstreg; ~**summe** f tværsum; 2**treiber** m F chikanør; 2**'über** tværs over

Queru'lant m ⟨-en⟩ kværulant

Querverbindung f tværforbindelse

Quetsch|e f presse; 2**en** f kvæste, knuse; *presse;* ~**kommode** f F trækharmonika; ~**ung** f; ~**wunde** f kvæstelse

Queue [kø:] n ⟨-s; -s⟩ *Billard:* (billard-) kø

quick livlig, kvik; ~**le'bendig** spillevende

quieken v/i pibe; skrige

quietsch|en v/i pibe, skrige; *Reifen, Bremsen, Tür:* hvine; ~**vergnügt** F i strålende humør, kisteglad

Quin|t(e) f kvint; ~**tessenz** f kvintessens; ~**'tett** n ⟨-(e)s; -e⟩ kvintet

Quirl m ⟨-(e)s; -e⟩ flødepisker, ægpisker, piskeris n; *fig* F urolig fyr, krudtkarl; 2**en** røre, piske; vimse omkring

quitt kvit, fri; ~ *sein* være kvit

Quitte f kvæde; 2**(n)gelb** citrongul

quit'tieren kvittere; *Dienst* opgive, forlade; *quittierte Rechnung* kvitteret regning

Quittung f kvittering; ~**sblock** m kvitteringsblok; ~**sformular** n kvitteringsformular

Quiz [kvɪs] n ⟨-; -⟩ quiz (n); ~**master** [a:] m quizmaster; ~**sendung** f quizudsendelse

Quot|e f kvota, procentdel; ~**ient** [-'tsiɛnt] m ⟨-en⟩ kvotient; 2**ieren** [-'ti:-] kvotere, fordele; ~**ierung** [-'ti:-] f kvotering; *bei Frauen u Männern:* kønskvotering

R

R, r [ɛʀ] *n* R, r *n*
Ra'batt *m* ⟨-(e)s; -e⟩ ÖKON rabat
Ra'batte *f* rabat, bed *n*
Ra'battmärke *n* rabatmærke *n*
Ra'batz *m* ⟨-es; 0⟩ F: *~ machen* lave ballade
Ra'bauke *m* ⟨-n⟩ F lømmel, bølle
Rab'biner *m* rabbiner
Rabe *m* ⟨-n⟩ ravn *m*
Raben|eltern *pl* ravneforældre *pl*; **~mutter** *f* ravnemor; 2**schwarz** ravnsort; **~vater** *m* ravnefar
rabiat [-'bïaːt] ⟨-est⟩ rabiat, yderliggående; rasende
Rache [x] *f* ⟨0⟩ hævn; **~ an j-m nehmen** hævne sig på én, tage hævn over én; **~akt** *m* hævn(akt); 2**durstig** hævntørstig
Rachen *m* svælg *n*; ÷⟩ gab *n*, afgrund
rächen [ç] hævne **(sich** sig); **sich an j-m für** (A) **od wegen** [G] **etw. ~** hævne sig på én for ngt
Rachen|katarr(h) *m* halskatar; **~putzer** *m* F skarp dram
Rächer *m* hævner
Rachgier *f* hævngerrighed; 2**ig** hævngerrig
Rachitis [-'xiː-] *f* ⟨0⟩ engelsk syge, rakitis
Rach|sucht *f* ⟨0⟩ hævnsyge; 2**süchtig** hævnsyg, hævngerrig
Racker *m* F asen *n*, slubbert
Rad *n* ⟨-(e)s; *-er*⟩ hjul *n*; (*Fahr*2) cykel; *ein ~ schlagen* slå (*od* vende) vejrmøller; *unter die Räder kommen* fig gå i hunde; ⟨-achse *f* hjulaksel
Ra'dar *m od n* ⟨-s; 0⟩ radar; **~anlage** *f*, **~gerät** *n* radaranlæg *n*; **~schirm** *m* radarskærm; **~station** *f* radarstation
Ra'dau *m* ⟨-s; 0⟩ spektakel *n*, ballade; **~ machen** lave halløj; **~bruder** *m*, **~macher** *m* ballademager
Radausflug *m* cykeltur
Rädchen *n* lille hjul *n*
Raddampfer *m* hjuldamper
radebrechen *v/i* radbrække; tale gebrokkent
radeln *v/i* ⟨-le; sn⟩ cykle
Rädelsführer *m* anfører
räder|n ⟨-re⟩ radbrække; *wie gerädert fig* som mørbanket; 2**werk** *n* hjulværk *n*
Radfahren *n* cykelkørsel, cykling
Rad|fahrer *m* cyklist; SPORT (cykel)rytter;

~fahrerin *f* kvindelig cyklist
radia|l [-'dïaːl] radial; 2**tor** *m* ⟨-s; -en [-'toː-]⟩ radiator
ra'dier|en viske ud, radere (*a Kunst*); 2**gummi** *m* viskelæder *n*; 2**ung** *f* radering
Ra'dieschen [sç] *n* radise
radi'ka|l radikal, yderliggående; 2**lener-lass** *m* forbud *n* mod yderliggåendes ansættelse i statstjenesten, „berufsverbot"; 2**lismus** *m* ⟨-; 0⟩ radikalisme; 2**lkur** *f* hestekur
Radio ['ʀɑːdïo] *n* ⟨-s; -s⟩ radio; *Zssgn → a Rundfunk*⟨; 2**ak'tiv** radioaktiv; **~aktivi-'tät** *f* ⟨0⟩ radioaktivitet; **~amateur** *m* radioamatør; **~apparat** *m*, **~gerät** *n* radioapparat *n*; **~hörer** *m* radiolytter; **~lo'gie** *f* ⟨0⟩ radiologi; **~sender** *m* radiosender; **~sonde** *f* radiosonde; **~sprecher(in)** *m(f)* radiospeaker
Radium [-dïʊm] *n* ⟨-s; 0⟩ radium *n*
Radius [-dïʊs] *m* ⟨-; *Radien*⟩ radius
Rad|kappe *f* hjulkapsel; **~ler(in)** *m(f)* cyklist; **~lerhose** *f* cykelbukser *pl*; **~renn-bahn** *f* cykelbane; **~rennen** *n* cykelløb *n*; **~rennfahrer** *m* cykelrytter; **~sport** *m* cykelsport; **~sportler** *m* cykelrytter; **~stand** *m* BAHN sporvidde, hjulafstand; **~ständer** *m* cykelstativ; **~tour** *f* cykeltur; **~weg** *m* cykelsti
raff|en snappe, gribe; *Kleid* rynke, holde op; *an sich ~* skrabe til sig; 2**gier** *f* begærlighed; 2**gierig** begærlig
Raffi|ne'rie [-nə-] *f* raffinaderi *n*; **~'nesse** *f* raffinement *n*; 2**'nieren** raffinere, forfine; 2**'niert** raffineret (*a fig*)
Rage [-ʒə] *f* ⟨0⟩ F raseri *n*; *in ~ kommen* F blive rasende
Raglanärmel *m* raglanærme *n*
Ragout [-'guː] *n* ⟨-s; -s⟩ ragout
Rahe [ʀɑːə] *f* rå
Rahm *m* ⟨-(e)s; 0⟩ fløde
Rähmchen *n* lille ramme; (*Dia*-) lysbilledramme
rahmen (*ein*~) indramme; 2 *m* ramme (*a fig*); *Tür, Fenster:* karm; (*Fahrrad*~, *Gestell*) stel *n*; *Radio, Auto:* chassis *n*; (*Ein-fassung*) indfatning; *der ~ e-r Sache fig* rammen for ngt; rammen om ngt; 2**erzählung** *f* rammefortælling; 2**gesetz** *n* rammelov; 2**programm** *n* ekstraprogram *n*

rahm|ig fløde-; **2käse** m flødeost

Rahsegel n råsejl

Rain m ⟨-(e)s; -e⟩ markskel n; (*Rand*) rand

Ra'kete f raket; MIL a missil n

Ra'keten|antrieb m raketmotor; **~basis** f raketbase; **~stufe** f rakettrin n; **~triebwerk** n raketmotor; **~waffe** f raketvåben n

Rallye [-li·] f ⟨-; -s⟩ rally n

Ramm|bock m rambuk; **2dösig** F tummellumsk; **2eln** v/i ⟨-le⟩ ryste, presse; *Tier:* parre sig; **2en** ramme ned; *Schiff, Auto:* støde ind i, vædre; **~ler** m ZO hanhare, ramler

Rampe f rampe (a THEA), opkørsel, nedkørsel; **~nlicht** n ⟨-(e)s; 0⟩ rampelys n (a fig)

rampo'nieren ramponere

Ramsch m ⟨-es; 0⟩ partivare; F bras n; **2en** købe billigt (*od* under ét); **~laden** m partivareforretning; **~ware** f partivare

ran F → *heran*

Ranch [Rɛntʃ] f ⟨-; -(e)s⟩ ranch

Rand m ⟨-(e)s; ⸚er⟩ rand, kant, bort; (*Hut2*) skygge; *Buchseite:* margen; **am ~e** på randen; *Buch:* i margenen; **am ~e bemerken** bemærke i parentes; **mit etw. zu ~e kommen** fig kunne klare ngt.; **an den ~ der Gesellschaft gedrängt werden** blive social taber

randa'lier|en lave optøjer (*od* ballade); **2er** m balladmager, urostifter

Randbemerkung f randbemærkning

rändern ⟨-re⟩ rande, kante

Rand|erscheinung f marginalt (*od* forbigående) fænomen n; **~figur** f biperson; **~gebiet** n perifert område n; **~gruppe** f marginalgruppe; **~staat** m randstat; **2voll** fyldt til randen (*nachgestellt*)

Rang m ⟨-(e)s; ⸚e⟩ rang, stand; klasse; THEA etage, balkon; **ersten ~es** førsteklasses; **den zweiten ~ belegen** SPORT komme på andenpladsen; **j-m den ~ ablaufen** fig tage luven fra én; **~abzeichen** n distinktion

Range m laban, lømmel

rang|eln v/i ⟨-le⟩ skændes, kives; **2folge** f rangfølge

Rangier|bahnhof [Raŋ'ʒiːɐ-] m rangerbanegård; **2en** rangere (BAHN *u Rangfolge*); **~gleis** n rangerspor n

Rang|liste f rangfortegnelse; SPORT rangliste; **~ordnung** f rangordning; fig rangstige; **~stufe** f rang(klasse), grad; rangstige

ran·halten F: **sich ~** mase, skynde sig

rank rank

Ranke f ranke

Ränke m/pl rænker pl, list; **~ schmieden** smede (*od* spinde) rænker

rank|en: sich ~ slynge (*od* sno) sig; **2engewächs** n slyngplante

Ränkeschmied m rænkesmed

Ra'nunkel [-ŋk-] f ⟨-; -n⟩ BOT ranunkel

Ranzen m tornyster n, ransel; (*Schul2*) skoletaske

ranzig harsk

ra'pid(e) hurtig, hastig

Ra'pier n ⟨-s; -e⟩ kårde, floret

Rappe m ⟨-n⟩ sort hest; **auf Schusters ~n** fig med apostlenes heste, til fods

Rappel m F raptus, dille; **2ig** F kulret; nervøst støjende; **2n** v/i ⟨-le⟩ rasle; fig F rable; **es rappelt bei ihm** han er skrupskør, det rabler for ham

rappen Putz rappe

Rappen m (*schweiz. Münze*) centime

Rapper(in) ['Rɛpɐ(in)] m(f) MUS rapper

Rap'port m ⟨-(e)s; -e⟩ rapport, melding; **2ieren** rapportere, melde

Raps m ⟨-es; -e⟩ raps(sæd)

Ra'punzel f rapunsel, vårsalat

rar sjælden; **2l'tät** f sjældenhed, raritet; **~machen: sich ~** vise sig sjælden

ra'sant ⟨-est⟩ hurtig, skrap; flot

rasch ⟨-est⟩ rask, hurtig

rascheln v/i ⟨-le⟩ rasle

Raschheit f ⟨0⟩ raskhed, hurtighed

rasen v/i ⟨-t⟩ (*wütend sein*) rase, være rasende (*od* gal); (*vor Zorn*) fnyse, fare (*od* styrte) afsted; *Auto:* køre for stærkt

Rasen m græsplæne; SPORT *u Park:* grønsvær n; **~fläche** f græsplæne; **~mäher** m plæneklipper; **mit Motor:** græsslåmaskine; **~sprenger** m plænevander

Rase'rel f ⟨0⟩ raseri n, galskab; jagen; *Auto:* (for) stor hastighed

Ra'sier|apparat m barbermaskine; **~creme** f barbercreme; **2en** barbere (**sich** sig), fig rasere; **~klinge** f barberblad n; **~messer** n barberkniv; **~pinsel** m barberkost; **~schaum** m barberskum n; **~seife** f barbersæbe; **~spiegel** m barberspejl n; **~wasser** n barbersprit; **~zeug** n barbergrej(er pl)

räso'nieren v/i ræsonnere; (*schimpfen*) skælde ud, gøre vrøvl

Raspel f ⟨-; -n⟩ rasp; **2n** ⟨-le⟩ raspe

Rasse f race; fig stil; **~hund** m racehund

Rassel f ⟨-; -n⟩ rangle; **2n** v/i ⟨-le⟩ rasle, klapre; **durchs Examen ~** F dumpe

Rassen|diskriminierung f racediskriminering; **~frage** f racespørgsmål n; **~hass** m racehad n; **~kunde** f ⟨0⟩ racelære; **~merkmal** n racekendetegn n; **~mi-**

schung f raceblanding; **~trennung** f ⟨0⟩ raceadskillelse; **~vorurteil** n racefordom

Rasse|pferd n racehest; **2rein** raceren

ras|sig raceægte; *fig* flot; **~sisch** racemæssig, racebestemt; 2'**sismus** m ⟨-; 0⟩ racisme; 2'**sist(in)** m(f) racist; **~'sistisch** racistisk

Rast f rast, hvile; 2en v/i ⟨-e-⟩ holde rast, hvile

Raster m od n raster (n)

Rast|haus n landevejskro; 2**los** ⟨-est⟩ rastløs; **~losigkeit** f ⟨0⟩ rastløshed; **~platz** m rasteplads; **~stätte** f Autobahn: motorvejsrestaurant

Ra'sur f barbering

Rat m 1. ⟨-(e)s; *~e⟩ POL (by)rådsmedlem n; **2.** ⟨-(e)s; 0 od Ratschläge⟩ råd n; rådslagning; **sich bei j-m ~ holen** hente råd hos én; **da ist guter ~ teuer** nu er gode råd dyre; **kommt Zeit, kommt ~** kommer tid, kommer råd; **mit ~ und Tat** med råd og dåd; **j-n um ~ fragen** spørge én til råds, rådspørge én

Rate f rate, afdrag n; **in ~n** i rater, på afbetaling

raten ⟨L⟩ råde; (erraten) gætte; **j-m zu etw. ~** råde én til ngt

Raten|kauf m køb n på afbetaling; 2**weise** i rater; **~zahlung** f ratebetaling, afbetaling

Räterepublik f rådsrepublik; sovjetrepublik

Rat|geber(in) m(f) rådgiver; **~haus** n rådhus n

ratifi'zier|en stadfæste, ratificere; 2**ung** f ratifikation

Ratio|n [-'tsǐo:n] f ration; 2'**nal** rationel, fornuftmæssig; 2**nali'sieren** rationalisere; **~nali'sierung** f rationalisering; **~na'lismus** m ⟨-; 0⟩ rationalisme; **~na'list** m ⟨-en⟩ rationalist; 2**na'listisch** rationalistisk; 2'**nell** rationel, fornuftig; 2'**nieren** rationere; **~'nierung** f rationering

ratlos ⟨-est⟩ rådvild; 2**igkeit** f ⟨0⟩ rådvildhed, stor tvivl

rätoromanisch rætoromansk

rat|sam tilrådelig; 2**schlag** m råd n; **~schlagen** rådslå (**über** A/om); 2**schluss** m beslutning; 2**sdiener** m rådhusbetjent

Rätsel [ɛ:] n gåde; 2**haft** ⟨-est⟩ gådefuld; 2**n** v/i ⟨-le-⟩ gisne, prøve at finde ud af det

Rats|herr m rådsherre; medlem n af byrådet; **~keller** m rådhuskælder, rådhuscafé; **~sitzung** f byrådsmøde n; **~versammlung** f rådsforsamling; byråd(smøde n) n

Ratte f rotte

Ratten|falle f rottefælde; **~fänger** m rottefænger; **~gift** n rottegift; **~nest** n rotterede; **~schwanz** m rottehale (*a Zopf*); *fig* uendelig række (ærgerlige ting)

rattern v/i ⟨-re⟩ rasle, larme

ratze'kahl F fuldstændig (blank), total, radikal

rau ⟨-est⟩ (uneben) ru, ujævn; (zottig) lådden; (grob) grov, rå; Stimme: hæs, rusten; Wetter: barsk, rå

Raub m ⟨-(e)s; 0⟩ rov n, røveri n; (Beute) bytte n; **auf ~ ausgehen** gå på rov; **~bau** m ⟨-(e)s; 0⟩ rovdrift (**an** D/på); **~druck** m pirattryk n

Rau|bein n F ubehøvlet fyr; 2**beinig** ubehøvlet

rauben røve; **j-m etw. ~** røve ngt. fra én

Räuber m røver; **~bande** f røverbande; **~ei** [-'raɪ] f røveri n; **~geschichte** f røverhistorie (*a fig*); **~hauptmann** m røverhøvding; **~höhle** f røverhule; 2**isch** røverisk

Raub|fisch m rovfisk; 2**gierig** rovlysten; **~kopie** f piratkopi; **~mord** m rovmord n; **~mörder** m rovmorder; **~ritter** m røverridder; **~tier** n rovdyr n; **~überfall** m røverisk overfald n, hold-up n; **~vogel** m rovfugl; **~zug** m røvertog(t) n

Rauch m ⟨-(e)s; 0⟩ røg; **~abzug** m røghætte, aftrækshætte; **~bombe** f røgbombe; 2**en** ryge; (dampfen) dampe; 2 **verboten!** Rygning forbudt!; **~entwicklung** f røgudvikling; **~er(in)** m(f) ryger; F (*Abteil*) kupé for rygere

Räucheraal m røget ål

Raucherabteil n kupé for rygere

Räucherhering m røget sild

Raucherhusten m tobakshoste

Räucher|kammer f røgeri n; **~kerze** f røgelseskærte; **~lachs** m røget laks; 2**n** ⟨-re⟩ røge; **~schinken** m røget skinke; **~speck** m røget flæsk; **~stäbchen** n røgelsespind; **~waren** f/pl røgede varer, røgvarer pl

Rauch|fahne f røgfane; **~fang** m skorsten; **~fleisch** n røget kød n; 2**frei** røgfri; 2**ig** røget, fuld af røg; 2**los** røgfri; **~maske** f røgmaske; **~salon** m rygesalon; **~säule** f røgsøjle; **~tabak** m røgtobak; **~verbot** n rygeforbud n; **~vergiftung** f rygeforgiftning; **~verzehrer** m røgfortærer, ozonlampe; **~waren** f/pl rygevarer pl; (Pelzwaren) pelsværk n; **~wolke** f røgsky

Räud|e f ⟨0⟩ MED skurv, skab n; 2**ig** skabet

rauen gøre ru

rauf F → **herauf**

Raufbold m ⟨-(e)s; -e⟩ slagsbror, bølle

Raufe f foderhæk

rauf|en v/i/ ruske, rykke (op); **sich ~** slås (*mit D*/med); **2e'rei** f slagsmål n; **2lust** f ⟨0⟩ stridbarhed; **~lustig** stridbar

rauh *usw* → **rau**

Rauheit f ⟨0⟩ ruhed; barskhed, grovhed

Raum m ⟨-(e)s; ⸚e⟩ rum n; (*Zimmer*) lokale n, værelse n; (*Platz*) plads; (*Gebiet*) område n; NAUT lastrum n; **keinen ~ geben für** fig ikke give plads for

räumen rydde; (*beseitigen*) fjerne, skaffe bort; (*verlassen*) rømme, forlade; ÖKON sælge ud; **aus dem Wege~** rydde af vejen (*a fig*)

Raum|ersparnis f pladsbesparelse; **~fahrt** f rumfart; **~fahrzeug** n rumfartøj n; **~flug** m rumflyvning; **~forschung** f rumforskning; **~gestalter(in)** m(f) indendørsarkitekt; **~gestaltung** f indendørsarkitektur, boligmontering; **~inhalt** m rumfang n; **~kapsel** f rumkapsel; **~klima** n indeklima n; **~lehre** f ⟨0⟩ geometri

räum|lich rumlig; **2lichkeit** f rum n; værelse n, lokale n

Raum|mangel m ⟨-s; 0⟩ pladsmangel; **~meter** m od n kubikmeter; **~pflegerin** f rengøringsassistent; **~schiff** n rumskib n; **~schifffahrt** f rumfart; **~sonde** f rumsonde

Räumung f rømning; rydning; **~s(aus)-verkauf** m ophørsudsalg n; **~sklage** f flytteordre

raunen hviske

Raupe f larve, kålorm; TECH larvekæde, larvefødder pl; **~nfahrzeug** n larvekæde-køretøj n; **~nkette** f larvefødder pl

Raureif m ⟨-(e)s; 0⟩ rimfrost

raus F → **heraus; ~!** ud!

Rausch m ⟨-(e)s; ⸚e⟩ rus (*a fig*); beruselse; **im ~** i beruset tilstand; fig i rusen; **e-n ~ haben** være beruset (*od* F fuld); **2en** v/i bruse, suse; *Radio:* støje; **~end** *Fest:* storartet; *Beifall:* stormende; **~gift** n narkotika pl; **~gifthändler** m narkotikaforhandler; **~giftsüchtige** m/f narkoman; **~gold** n flittterguld n

räuspern ⟨-re⟩ **sich ~** rømme sig

raus-schmeiße|n ⟨-t⟩ F jage (*od* sætte) på porten, smide ud; **2r** m F udsmider

Raute f MATH rombe; BOT rude

Ravioli [-'vi̯oː-] pl ravioli pl

Rayonchef [RE'jɔŋ-] m afdelingsleder (i stormagasin)

Razzia ['ratsi̯a-] f ⟨-; *Razzien*⟩ razzia

Rea'genz [RE'a·-] n ⟨-es; *Reagenzien*⟩ reagens; **~glas** n reagensglas n

rea'gieren reagere

Reaktio|n [-'tsi̯oːn] f reaktion; **2'när** adj reaktionær, bagstræberisk; **~'när** m ⟨-s; -e⟩ reaktionær

Re'aktor m ⟨-s; -en [-'toː-]⟩ reaktor

re'al real, virkelig, reel; **2einkommen** n realindkomst; **2ien** [-li̯ən] pl realia, fakta pl

reali'sier|bar realisabel; **~en** realisere, virkeliggøre; **2ung** f realisation; forståelse

Rea'lis|mus m ⟨-; 0⟩ realisme; **~t(in)** m ⟨-en⟩ (f) realist; **2tisch** realistisk

Reali'tät f realitet, virkelighed; **~politik** [RE'ɑːl-] f realpolitik; **~schulabschluss** m realeksamen (= udvidet afgangsprøve); **~schule** f realskole; **~wert** m realværdi

Rebe f (vin)ranke; (*Stock*) vinstok

Re'bell m ⟨-en⟩ rebel, oprører; **2'lieren** v/i rebellere, gøre oprør; **~lion** [-'li̯oːn] f oprør n; **2lisch** rebelsk, oprørsk

Reben|laub n vinløv n; **~saft** m ⟨-(e)s; 0⟩ vin

Reb|huhn n agerhøne; **~laus** f vinlus; **~stock** m vinstok

Rebus m od n ⟨-; -se⟩ rebus

rechen v/t rive; **2** m rive

Rechen|aufgabe f regnestykke n, **~auto-mat** m automatisk regnemaskine; **~buch** n regnebog; **~exempel** n fig regnestykke n; **~fehler** m regnefejl; **~heft** n regnehæfte n; **~maschine** f regnemaskine

Rechenschaft f ⟨0⟩ regnskab n (*a fig*); **~ ablegen** aflægge regnskab (*von D od* **über** A/for); **zur ~ ziehen** gøre ansvarlig; **~sbericht** m aflæggelse af regnskab

Rechen|schieber m regnestok; **~tafel** f kuglramme; **~zentrum** n regnecentral

Recher|che [RE'ʃɛRʃə] f efterforskning; **2'chieren** efterforske

rechn|en v/i ⟨-e-⟩ regne (*mit D*/med); henregne (*zu D*/til); **~ auf** (A) stole på; **2er** m computer, datamat; **2e'rei** f regneri n; **~erisch** regne-; regnskabs-; **2ung** f regning (*über* A/på); **e-r Sache** (G) **~ tragen** tage hensyn til ngt.; **auf ~ zahlen** betale à conto; **auf eigene ~** for egen regning

Rechnungs|amt n revisionsdepartement n; **~art** f regnemåde; **~betrag** m beløb n på regningen; **~führer** m regnskabsfører; **~führung** f regnskabsførelse; **~hof** m statsrevisorat n, revisionen; **~jahr** n regnskabsår n; **~prüfer(in)** m(f) revisor; **~prüfung** f revision; **~wesen** n ⟨-s; 0⟩ regnskabsvæsen n, bogføring

recht *Winkel:* ret; (*richtig*) rigtig, ret; (*passend*) tilpas; (*sehr*) rigtig, meget; **die ~e Seite** den højre side; **ein ~er Narr** et rigtigt fjols; **erst ~** netop derfor; for alvor; **ganz ~**! ganske rigtig!; **zur ~en Zeit** i rette tid; **mir ist es ~** for min skyld gerne; **wenn es Ihnen ~ ist** hvis det passer Dem; **~ haben** have ret; **da haben Sie ~** det har De ret i; **es allen ~ machen** gøre alle tilpas; **j-m ~ geben** give én ret; **~ behalten** få ret; **es geschieht ihm ~** det har han fortjent (*od* godt af); **du bist mir gerade der ~e!** du er en køn én!

Recht n ‹-(e)s; -e› ret (**auf** A/til); (*Privileg*) rettighed; **die ~e studieren** studere jura; **Doktor der ~e** dr. (*od* cand.) JUR; **mit vollem ~** med fuld ret; **von ~s wegen** fig egentlig; **zu ~** til rette, i orden, i stand; **zu ~ bestehen** være lovlig, **im ~ sein** have ret; **~ sprechen** dømme; **~ behalten, j-m ~ geben** usw → **recht**

rechte(r, -s) (Ggs *links*) højre; **rechter Arm** højre arm; **rechte Hand** højre hånd; **rechtes Bein** højre ben

Rechte f højre hånd; POL højre n; **zur ~n** til højre, på højre side

Recht|**eck** n ‹-(e)s; -e› rektangel n; **2eckig** retvinklet, rektangulær; **2ens: das ist ~** det er lovligt (*od* tilladt)

rechtfertig|**en** retfærdiggøre, forsvare (**sich** sig); → **a gerechtfertigt**; **2ung** f retfærdiggørelse, forsvar n

rechtgläubig rettroende; **2keit** f ‹0› rettroenhed

Recht|**habe'rei** f ‹0› rethaveri n, påståelighed; **2haberisch** påståelig, rethaverisk; **2lich** (*redlich*) retskaffen, ordentlig; (*gesetzlich*) juridisk, lovlig; **~lichkeit** f ‹0› retskaffenhed; (*Gesetzlichkeit*) lovlighed; **2los** retsløs, lovløs; **~losigkeit** f ‹0› retsløshed, lovløshed; **2mäßig** retmæssig, lovlig; **~mäßigkeit** f ‹0› retmæssighed

rechts til højre (**von** D/for), på højre hånd; **nach ~** til højre; **von ~** fra højre; **~ fahren!** hold til højre!

Rechtsabbieger m højresvingende trafikanter pl

Rechts|**anspruch** m lovligt (*od* retsligt) krav n; **~anwalt** m, **~anwältin** f sagfører, advokat; **~auskunft** f retshjælp

Rechts|**außen** m ‹-; -› SPORT højre yderwing

Rechts|**beistand** m juridisk konsulent; advokat; **~berater** m konsulent i juridiske spørgsmål; **~beugung** f fordrejning af retten

rechtschaffen retskaffen, brav; **2heit** f ‹0› retskaffenhed

rechtschreib|**en** skrive ortografisk rig-

tigt; **2fehler** m stavefejl; **2reform** f retskrivningsreform; **2ung** f retskrivning, ortografi; **2wörterbuch** n retskrivningsordbog

Rechts|**drall** m fig højredrejning; **~empfinden** n retsfølelse; **~extremist** m højreekstremist; **2fähig** myndig; **gelerte(r)** retslærd; **~grundsatz** m retsprincip n; **2gültig** retsgyldig; **~gültigkeit** f ‹0› retsgyldighed; **~gutachten** n juridisk skøn n (*od* ekspertise); **~händer** m ikke-kejthåndet person; **2händig** højrehåndet; **2herum** m iron øgauksel; **~hilfe** f retshjælp; **~kraft** f ‹0› retskraft; **~ erlangen** træde i kraft; **2kräftig** lovgyldig, eksigibel; **~kurve** f højresving n; **~mittel** n retsmiddel n; ankemuligheder pl; **~einlegen** appellere dommen; **~ordnung** f retssystem n; **~partei** f højreparti n; **~pflege** f retspleje; **~philosophie** f retsfilosofi

Rechtsprechung f domsafsigelse; (*ständige ~*) højesteretsdomme pl

Rechts|**sache** f retssag; **~schutz(versicherung** f) m retshjælpsforsikring; **~spruch** m dom, kendelse; **~staat** m retsstat; **~streit** m retssag

rechts'um! højre om!

rechts|**verbindlich** retsligt bindende; **2verdreher** m iron sagfører, lovtrækker; **2verdrehung** f lovtrækkeri n

Rechtsverkehr m højrekørsel

Rechts|**weg** m rettens vej; **der ~ ist ausgeschlossen** uden forbindelse; **2widrig** lovstridig; **~wissenschaft** f retsvidenskab; **Student der ~** stud. jur

recht|**winklig** retvinklet; **~zeitig** rettidig; *adv* i god tid

Reck n ‹-(e)s; -e› reck

Recke m ‹-n› poet helt, kriger

recken strække, række (**sich** sig)

Recycling [ri'saiklıŋ] n ‹-od -s; 0› genbrug

Redakt|**eur(in)** [-'tø:R(in)] m ‹-s; -e› (f) redaktør; **~ion** [-'tsio:n] f redaktion; redigering; **2io'nell** redaktionel; **~ionsschluss** m ‹-es; 0› deadline

Rede f tale; (*in*)**direkte ~** (in)direkte tale; **e-e ~ halten** holde en tale; **wovon ist die ~?** hvad tales der om?; **es ist nicht der ~ wert** det er ikke værd at tale om; **davon kann nicht die ~ sein** der kan ikke være tale om; **j-m ~ und Antwort stehen** stå én til ansvar; **j-n zur ~ stellen** kræve én til ansvar; **langer ~ kurzer Sinn** det korte af det lange; **~fluss** m ‹-es; 0› ordstrøm; **~freiheit** f ‹0› talefrihed; **~gabe** f ‹0› talegaver pl; **2gewandt** tungefærdig

~gewandtheit f ⟨0⟩ tungefærdighed; **~kunst** f ⟨0⟩ talekunst, retorik

reden ⟨-e-⟩ tale; **über** A, **von** D/om); (plaudern) snakke; **du hast gut ~!** du kan sagtens snakke!; **kein Wort ~** ikke sige et ord; **mit sich ~ lassen** være medgørlig (od til at snakke med)

Redensart f talemåde; **~en** pl pej floskler

Rede|schwall m, **~strom** m talestrøm, ordflom; **~weise** f talemåde; **~wendung** f idiomatisk udtryk m, vending

redi'gieren redigere, udgive

redlich redelig, hæderlig, ærlig; **2keit** f ⟨0⟩ redelighed, ærlighed

Redner|(in) m(f) taler; **2isch** retorisk; **~liste** f talerliste; **~pult** n talerstol

redselig snakkesalig; **2keit** f ⟨0⟩ snakkesalighed

Redu|ktion [-'tsïo:n] f reduktion; **~n'danz** f redundans; **2'zieren** reducere, indskrænke; **~'zierung** f reduktion, indskrænkning

Reede f red; **~r** m (skibs)reder; **~'rei** f rederi n

reell [re·'el] reel, virkelig; (zuverlässlich) pålidelig; ordentlig, retskaffen

Reep n ⟨-(e)s; -e⟩ reb n, tov n

Reet n ⟨-s; 0⟩ siv n, rør n; **~dach** n stråtag n; **2gedeckt** stråtækt

Refe'rat [re·fe·'-] n ⟨-(e)s; -e⟩ foredrag n; (Dienststelle) afdeling, kontor n; **~en'dar(in)** m ⟨-s; -e⟩ (f) (Studien) (prøveansat ung) lærer; (Gerichts-) advokatfuldmægtig; **~endum** ⟨-s; Referenden⟩ referendum n, folkeafstemning; **~ent** m ⟨-en⟩ (Vortragender) referent; Ministerium: afdelingschef, kontorchef, **~enz** f reference, anbefaling; **2ieren** v/i referere

Reff n ⟨-(e)s; -e⟩ rev n; **2en** rebe

reflek'tieren reflektere (auf A/på); tænke (über A/over); **2or** [-'flɛk-] m ⟨-s; -en [-'to:-]⟩ reflektor; (Sicherheits-) reflekslys n, refleksbrik

Re'flex m ⟨-es; -e⟩ refleks; **~bewegung** f refleksbevægelse; **~ion** [-'ksïo:n] f refleksion; fig eftertanke, overvejelse; **2iv** [-'ksi:f] refleksiv; **~ivpronomen** [-'ksi:f-] refleksivt pronomen n

Re'for|m f reform; **~mation** [-'tsïo:n] f reformation; **~'mator** m ⟨-s; -en [-'to:-]⟩ reformator; **2ma'torisch** reformatorisk

Re'form|bestrebung f reformbestræbelse; **~haus** n helsekostforretning; **2ieren** [-'mi:-] reformere; **2iv** f helsekost

Refrain [ʀɔ'fʀɛ:] m ⟨-s; -s⟩ refræn n, omkvæd n

Re'gal n ⟨-s; -e⟩ (bog)reol, hylde

Re'gatta f ⟨-; Regatten⟩ kapsejlads, regatta

rege livlig, levende, aktiv, travl; **~ werden** blive vakt (od aktiv)

Regel f ⟨-; -n⟩ regel; menstruation; **in der ~** som regel; **sich zur ~ machen** gøre sig til en regel; **2los** ⟨-est⟩ uregelmæssig; **~losigkeit** f ⟨0⟩ uregelmæssighed; **2mäßig** regelmæssig; **~mäßigkeit** f ⟨0⟩ regelmæssighed; **2n** ⟨-le⟩ ordne, regulere; **geregelt** regelmæssig, ordnet; **2recht** regelret; **~studienzeit** f normalstudietid; **~technik** f relæteknik; **~ung** f ordning; **2widrig** uregelmæssig, SPORT imod reglementet (od spillereglerne); **~widrigkeit** f uregelmæssighed

regen røre, bevæge (sich sig); **sich ~** fig røre sig

Regen m regn; **vom ~ in die Traufe kommen** fig komme fra asken i ilden; **2arm** regnfattig

Regenbogen m regnbue; **~haut** f regnbuehinde; **~presse** f kulørt ugepresse, kulørte blade pl

regendicht regntæt, vandtæt

Regene|ration [-'tsïo:n] f regeneration; **~'rator** m ⟨-s; -en [-'to:-]⟩ regenerator; **2'rieren** regenerere (sich sig)

Regen|fälle m/pl nedbør; **2grau** regntung; **~guss** m regnskyl n, (regn-) skylle; **~mantel** m regnfrakke; **~messer** m regnmåler; **~schatten** m regnfattig bjergside; **~schauer** m regnbyge; **~schirm** m paraply

Re'gent(in) m ⟨-en⟩ (f) regent, hersker

Regen|tag m regn(vejrs)dag; **~tonne** f regnvandstønde; **~tropfen** m regndråbe

Re'gentschaft f regentskab n

Regen|umhang m regnslag n; **~wald** m GEOGR regnskov; **~wasser** n ⟨-s; 0⟩ regnvand n; **~wetter** n ⟨-s; 0⟩ regnvejr n; **~wolke** f regnsky; **~wurm** m regnorm; **~zeit** f regntid

Regie [-'ʒi:] f regie (a THEA); **die ~ führen** THEA instruere; **~anweisung** f regieanvisning; **~assistent** m sceneinstruktørassistent

re'gieren regere; **~ über** (A) herske over; **2ung** f regering

Re'gierungs|antritt m regeringstiltrædelse; e-s Königs: tronbestigelse; **~bezirk** m amt n; **~blatt** n regeringsblad n; **~chef** m regeringens overhoved n; **~direktor** m ekspeditionssekretær; kontorchef; **2feindlich** regeringsfjendtlig; **~form** f regeringsform; **2freundlich** regeringsvenlig; **~krise** f regeringskrise; **~partei** f regeringsparti n; **~programm** n regeringsprogram n; ~**rat** m sekretær (i statsadministrationen); ~**sitz** m regeringssæde n; ~**sprecher** m talsmand for regeringen; ~**truppen** f/pl regeringstropper pl; ~**wechsel** m regeringsskifte n; ~**zeit** f regeringstid

Regime [-'ʒiːm] n ‹-s; - [-mə]› regime n

Regi'ment n ‹-(e)s; -er› regimente n, styrelse; MIL regiment n; **das ~ haben** (od **führen**) være ved magten; **sie führt das ~** fig hun har bukserne på

Regio|n [-'gĭoːn] f region, område n; 2'**nal** regional; ~**na'lismus** m ‹-; 0› regionalisme

Regisseur [ʀe'ʒĭ'søːʀ] m ‹-s; -e› regissør; THEA instruktør

Re'gister n register n (a MUS usw), liste; _Bibliothek_ a registrant; **alle ~ ziehen** fig bruge alle kneb; ~**tonne** f registerton

Registra'tur f (_Dienststelle_) kontor n; (_Kartei_) kartotek n; MUS register n

regis'trier|en registrere; (_einfügen_ a) indføre; 2**gerät** n registreringsapparat n; 2**kasse** f kasseapparat n; 2**ung** f registrering

Reglemen|t [-ə'mãː] n ‹-s; -s› reglement n; 2'**tieren** [-men-] reglementere

Regler m regulator

reglos ‹-est› → **regungslos**

regn|en ‹-e-› regne; **es regnet** det regner; ~**erisch** regnfuld; ~**er Tag** regnvejrsdag

Re'gress m ‹-es; -e› regres; ~**anspruch** m regreskrav n; 2**pflichtig** ansvarlig, erstatningspligtig

regsam bevægelig, livlig; (_tätig_) virksom

regu'l|är regulær, regelret; 2**arien** n/pl interne foreningsanliggender pl; 2**a'tiv** n ‹-s; -e› regulativ n; 2**ator** m ‹-s; -en [-'toː-]› regulator; ~**ieren** regulere; 2**ie'rung** f regulering

Regung f bevægelse; fig sindsbevægelse; **ohne die leiseste ~** fig uden at fortrække en mine; 2**slos** ‹-est› ubevægelig; ~**slosigkeit** f ‹0› ubevægelighed

Reh n ‹-(e)s; -e› rå(dyr n)

Rehabili|tation [-'tsĭoːn] f rehabilitation; 2'**tieren** rehabilitere; **rehabilitiert werden** få æresoprejsning

Reh|bock m råbuk; ~**braten** m dyresteg; ~**keule** f dyrekølle; ~**kitz** n råkalv; ~**rücken** m dyreryg; ~**wild** n råvildt n

Reibach m F: **e-n ~ machen** se sit snit (til at), tjene tykt (på)

Reib|e f, ~**eisen** n rivejern n

Reibe|kuchen m kartoffel(klat)kage; ~**laut** m frikativ; 2**n** ‹L› (_bewegen_) gnide; (_mahlen_) male, rive; (_abreiben_) frottere;

Schuh gnave; → a **gerieben**; ~**rei** f (_Streit_) rivning, mellemværende n

Reib|fläche f strygeflade; ~**ung** f fig gnidning; TECH friktion

Reibungs|elektrizität f gnidningselektricitet; 2**los** uden gnidning, gnidningsløs (a fig); ~**widerstand** m gnidningsmodstand, friktion

reich rig (**an** D/på); 2 n ‹-(e)s; -e› rige n; 2**e(r)** rigmand

reichen v/t give; (_hinhalten_) række, byde; v/i række, nå; (_genug sein_) slå til; **so weit das Auge reicht** så vidt øjet rækker; **es reicht** det er tilstrækkeligt (od nok); **jetzt reicht's!** F nu kan det være nok!

reichhaltig righoldig; 2**keit** f ‹0› righoldighed

reichlich rigelig, meget; ~ **spät** lovlig (od lidt for) sent; ~ **geschmacklos** temmelig smagløs (a fig)

Reichs|adler m rigsørn; ~**apfel** m rigsæble n; ~**bahn** f ‹0› statsbane; ~**kanzler** m rigskansler, ministerpræsident; ~**tag** m rigsdag

Reich|tum m ‹-s; ~er› rigdom; ~**weite** f rækkevidde; aktionsradius; _Radio:_ radius

reif moden (a fig); ~ **für** (A) moden til

Reif m **1.** ‹-(e)s; 0› (_Frost_) rimfrost; **2.** ‹-(e)s; -e› (_Reifen_) ring; (_Fass_2) tøndebånd n; (_Stirn_2) diadem n

Reife f ‹0› modenhed (a fig); ~**mittlere** ~ realeksamen, folkeskolens (udvidede) afgangsprøve; 2**n** v/i **1.** ‹sn› modnes, blive moden (a fig); **2.** (_Reif bilden_) falde rim

Reifen m (_Rad_2) dæk n; (_Fass_2 u SPORT) tøndebånd n; (_Arm_2) armbånd n; ~**druck** m lufttryk n; ~**panne** f, ~**schaden** m punktering; ~**wechsel** m hjulskift n

Reife|prüfung f (_Abitur_) studentereksamen; ~**zeugnis** n studentereksamensbevis n

reiflich grundig

Reifrock m krinoline

Reifung f ‹0› modning

Reigen m runddans

Reihe ['ʀaɪə] f række; MIL geled n; MATH (tal)række; (_Zeile_) linje; _der er_ tur; **ich bin an der ~** det er min tur; **außer der ~** uden for nummer; **in Reih und Glied** i række og geled

reihen ordne, stille i række; (_nähen_) ri; _Perlen_ trække; 2**folge** f rækkefølge; 2**haus** n rækkehus n; 2**schaltung** f serieforbindelse; ~**weise** rækkevis; fig på stribe

Reiher *m* hejre

reih'um efter tur, på omgang

Reim *m* ⟨-(e)s; -e⟩ rim *n*; ℒen: *sich* ~ rime; *fig* stemme, passe; **~e'rei** *f* rimeri *n*; ℒlos rimfri; **~paar** *n* rimpar *n*; **~wörterbuch** *n* rimordbog

rein F → *herein*

rein ren; (*klar*) klar; (*echt*) ægte, pur; (*unschuldig*) uskyldig, ren; (*ganz*) helt, fuldstændig; ~ *gar nichts* slet ikke ngt.; *ins* ℒe *bringen* (*kommen*) bringe (komme) på det rene; *ins* ℒe *schreiben* renskrive; ~ *machen* gøre rent; **~e Seide** helsilke; **~e Wolle** heluld

Rein|(e)machefrau *f* rengøringskone, rengøringshjælp; **~emachen** gøre rent

Rein|erlös *m*, **~ertrag** *m* nettoudbytte *n*; **~fall** *m* F vandgang, fiasko; **~gewicht** *n* nettovægt; **~gewinn** *m* nettotdægt; **~haltung** *f* renholdelse; **~heit** *f* ⟨0⟩ renhed; (*Klarheit*) klarhed; (*Unschuld*) uskyldighed

reinig|en rense (*von* for), gøre ren; ℒung *f* rengøring, renholdelse, renselse (*a* MED); *chemisch*: rensning; (*Geschäft*) renseri *n*; ℒungscreme *f* rensecreme, ℒungsfirma *f* rengøringsfirma *n*; ℒungsmittel *n* rengøringsmiddel *n*; MED afføringsmiddel *n*

Rein|kultur *f*: *in* ~ *fig* i renkultur, rendyrket; ℒlich renlig; **~lichkeit** *f* ⟨0⟩ renlighed; **~machen** *n* rengøring; **~machen** → *rein*; ℒrassig raceren; **~schrift** *f* renskrift; ℒweg [-vek] simpelthen

Reis¹ *m* ⟨-es; -e⟩ ris(engryn *n*)

Reis² *n* ⟨-es; -er⟩ ris *n*, kvist

Reis|anbau *m* ⟨-(e)s; 0⟩ risdyrkning; **~besen** *m* riskost; **~brei** *m* risengrød

Reise *f* rejse, tur; *fig* F lang vej; *gute* ~*!* god rejse!; *auf der* ~ på rejse; **~andenken** *n* souvenir; **~apotheke** *f* rejseapotek *n*; **~bedarf** *m* rejsefornødenheder *pl*; **~begleiter(in)** rejseledsager; **~bericht** *m*, **~beschreibung** *f* rejsebeskrivelse; rejsebrev *n*; **~büro** *n* rejsebureau *n*; **~dauer** *f* rejsetid; **~decke** *f* rejsetæppe *n*, plaid; ℒfertig rejsefærdig; F startklar; **~fieber** *n* *fig* rejsefeber; **~führer** *m* (*Buch*) rejsefører; (*Person*) rejsefører, guide; **~gefährte** *m* rejsefælle; **~geld** *n* rejsepenge *pl*; **~gepäck** *n* rejsegods *n*, bagage; **~gepäckversicherung** *f* rejsegodsforsikring; **~geschwindigkeit** *f* *Flugzeug*: flyvehastighed; **~gesellschaft** *f* rejseselskab *n*; **~koffer** *m* rejsekuffert; **~kosten** *pl* rejseudgifter *pl*; **~krankheit** *f* køresyge; **~leiter(in)** *m(f)* rejseleder; **~lektüre** *f* læsning undervejs, rejselek-ture; ℒlustig rejselysten

reisen *v/i* ⟨-t; *sn*⟩ rejse, tage (*nach* D/til); ℒde(r) turist, rejsende; ÖKON handelsrejsende; (*Vertreter*) repræsentant

Reise|necessaire [-ne'sɛsɛːʁ] *n* ⟨-s; -s⟩ rejsenecessaire; **~omnibus** *m* turistbus; **~pass** *m* rejsepas *n*; **~plan** *m* rejseplan; **~prospekt** *m* turistbrochure; **~proviant** *m* rejseproviant; **~route** *f* rejserute; **~scheck** *m* rejsecheck; **~schreibmaschine** *f* rejseskrivemaskine; **~tablette** *f* søsygetablet; **~tasche** *f* rejsetaske; **~unfallversicherung** *f* rejseulykkesforsikring; **~veranstalter** *m* rejsearrangør; **~verkehr** *m* turisttrafik; **~versicherung** *f* rejseforsikring; **~vorbereitungen** *f/pl* rejseforberedelser *pl*; **~weg** *m* rejserute; **~wetterversicherung** *f* privatforsikring mod dårligt vejr i ferien; **~zeit** *f* rejsesæson, turistsæson; (*Reisedauer*) rejsetid; **~ziel** *n* rejsens mål *n*, bestemmelsessted *n*

Reis|feld *n* rismark; **~ig** *n* ⟨-s; 0⟩ kvas *n*; **~korn** *n* riskorn *n*; **~pudding** *m* risbudding

Reiß|'aus: ~ *nehmen* stikke af; **~brett** *n* tegnebræt *n*; **~brettstift** *m* tegnestift

reißen ⟨L⟩ **1.** *v/t* rive; (*ziehen*) rykke, ruske; (*kratzen*) ridse, kradse; *an sich* (A) ~ rive til sig; *mit sich* ~ rive med sig (*a fig*); *Witze* ~ sige vittigheder; *Possen* ~ lave narrestreger; **2.** *v/i* ⟨*sn*⟩ gå i stykker; (*bersten*) briste; *die Geduld reißt mir* min tålmodighed brister; *sich* ~ *an* (D) rive sig på; *sich* ~ *um* (A) rives (od slås) om; **~d** *Strom u Absatz*: rivende; *Tier*: glubende

Reißer *m* THEA knaldsucces, kassestykke *n*; (*Buch*) best-seller; **~feder** *f* ridsepen; ℒfest splintfri; **~leine** *f* sprænggline; **~nagel** *m* tegnestift; **~schiene** *f* (hoved)-lineal

Reissuppe *f* risvælling

Reiß|verschluss *m* lynlås; **~wolf** *m* TECH papirmakuleringsmaskine; **~zahn** *m* hugtand; **~zeug** *n* tegnebestik *n*; **~zwecke** *f* → *Reißnagel*

Reit|anzug *m* ridedragt; **~bahn** *f* ridebane; ℒen ⟨L⟩ *v/i* ⟨*sn*⟩ ride; *v/t* ride på; *Schritt* (*Trab, Galopp*) ~ ride i skridt (trav, galop); ℒend ridende, til hest

Reiter *m* rytter; *a* [-'ʁaɪ] *f* rytteri *n*; **~in** *f* rytterske; **~standbild** *n* rytterstatue

Reit|gerte *f* ridepisk; **~hose** *f* ridebukser *pl*; **~knecht** *m* ridekneægt; **~kunst** *f* ridekunst; **~lehrer** *m* ridelærer; **~peitsche** *f* ridepisk; **~pferd** *n* ridehest; **~schule** *f* rideskole; **~sport** *m* ridesport; **~stall** *m*

hestestald; ~stiefel *m* ridestøvle; ~turnier *n* rideturnering; ~weg *m* ridesti; ~zeug *n* ridetøj *n*

Reiz *m* ⟨-es; -e⟩ pirring, irritation; (*Annehmlichkeit*) ynde, charme; (*Anziehung*) tiltrækning; 2bar pirrelig, irritabel; (*empfindlich*) følsom; ~barkeit *f* ⟨0⟩ pirrelighed; 2en ⟨-t⟩ pirre, irritere; (*verlocken*) lokke, friste; (*erregen*) ægge, gejle op; 2end yndig, indtagende, tiltalende; ~husten *m* tør hoste; ~klima *n* stimulerende klima *n*; 2los uden ynde, charmeforladt; ~mittel *n* pirringsmiddel *n*; MED stimulerende middel *n*; ~schwelle *f* irritationstærskel; ~ung *f* pirring; (*Ärgernis*) irritation; (*Entzündung*) tændelse; 2voll tiltrækkende, yndig, ~wort *n* slagord *n*, nøgleord *n*

rekapitu'lieren rekapitulere

rekeln ⟨-le⟩: sich ~ ligge og slange sig

Reklamation [-'tsĭo:n] *f* reklamation, klage

Re'klame *f* reklame; ~fachmann *m* reklameekspert; ~feldzug *m* reklamekampagne; ~schild *n* reklameskilt *n*; ~text *m* reklametekst; ~zettel *m* reklameseddel, løbeseddel

rekla'mieren reklamere, klage

rekonstru'|ier|en rekonstruere; 2ktion [-'tsĭo:n] *f* rekonstruktion

Rekonvales'zenz *f* ⟨0⟩ rekonvalescens

Re'kord *m* ⟨-(e)s; -e⟩ rekord; *e-n ~ aufstellen* (brechen, verbessern) sætte (slå, forbedre) en rekord; ~besuch *m* rekordbesøg *n*; ~inhaber *m* rekordindehaver; ~zeit *f* rekordtid

Re'kru|t(in) *m* ⟨-en⟩ (*f*) rekrut; 2'tieren rekruttere; ~'tierung *f* rekruttering

Rektion [-'tsĭo:n] *f* GRAM styrelse; kasusbøjning

Rekto|r *m* ⟨-s; -en [-'to:-]⟩ *Universität:* rektor; *Schule:* (skole)inspektør; ~'rat *n* ⟨-(e)s; -e⟩ rektorat *n*

Rela|tion [-'tsĭo:n] *f* relation, forhold *n*; 2'tiv relativ, forholdsvis; 2ti'vieren relativere, stille i et andet lys; ~tivi'tätstheorie *f* ⟨0⟩ relativitetsteori; ~'tivpronomen *n* relativpronomen *n*

Rele|gation [-'tsĭo:n] *f* relegation; 2'gieren relegere, bortvise; 2'vant [v] ⟨-est⟩ relevant; ~'vanz *f* ⟨0⟩ relevans, betydning

Relief [-'lĭɛf] *n* ⟨-s; -s od -e⟩ relief *n*

Religion [-'gĭo:n] *f* religion; *sich zu e-r ~ bekennen* bekende sig til en religion

Reli'gions|bekenntnis *n* religionsbekendelse, konfession; ~freiheit *f* ⟨0⟩ religionsfrihed; ~friede *m* religionsfred; ~gemeinschaft *f* trossamfund *n*; ~geschichte *f* religionshistorie; ~lehrer *m* religionslærer; ~stifter *m* religionsstifter; ~unterricht *m* religionsundervisning; *Schule a:* kristendomskundskab

religi|ös [-'gĭø:s] ⟨-est⟩ religiøs; 2osi'tät *f* ⟨0⟩ religiøsitet

Re'likt *n* ⟨-(e)s; -e⟩ relikt (*n*), levn *n*

Reling *f* ⟨-; -s⟩ ræling, lønning

Re'liquie [-kvĭə] *f* relikvie; ~nschrein *m* relikvieskrin *n*

Reminis'zenz *f* reminiscens

remi|s [-'mi:] *Schach:* remis; 2se *f* remise; ~t'tieren remittere, sende tilbage

Remou'lade [-mu-'] *f* remoulade

Rempe|'lei *f* skub *n*, skubben; *Fußball:* hård tackling; 2ln ⟨-le⟩ skubbe (til)

Ren [e·] *n* ⟨-s; -e⟩ ren(sdyr *n*)

Renaissance [-nɛ'sã:s] *f* renæssance

Rendezvous [rã:de'vu:] *n* ⟨-[-'vu:s]; -[-'vu:s]⟩ rendezvous *n*, stævnemøde *n*

Ren'dite *f* renteudbytte *n*, afkastning

Rene'gat *m* ⟨-en⟩ renegat, frafalden

Rene'klode [-no-] *f* reineclaude

reni'tent ⟨-est⟩ genstridig, opsætsig

Renn|auto *n* racerbil; ~bahn *f* væddeløbsbane; ~boot *n* (*Ruder-*) kaproningsbåd; (*Motor-*) speedbåd; 2en ⟨*L*⟩ 1. *v/i ⟨sn⟩* rende, løbe; 2. *v/t Degen* jage, støde; *j-n über den Haufen ~* løbe én over ende; ~en *n Pferd:* væddeløb *n*; *Sport:* løb *n*; *Ruderboot:* kaproning; *Segelboot:* kapsejlads; ~e'rei *f* renderi *n*; ~fahrer *m Fahrrad:* cykelrytter; *Auto:* væddeløbskører; ~pferd *n* væddeløbshest; ~rad *n* racer (-cykel); ~sport *m* cykelsport; *bilsport:* hestesport; ~stall *m* hestestald; ~strecke *f* distance; ~wagen *m* racerbil

Renom'm|ee *n* ⟨-s; -s⟩ renommé *n*, rygte *n*; 2ieren *v/i* prale (*mit D/af*); 2iert renommeret

reno'vier|en [v] renovere, ombygge, forny; 2ung *f* renovering

ren'tab|el ⟨-bl-⟩ rentabel, fordelagtig; 2ili'tät *f* ⟨0⟩ rentabilitet

Rente *f* folkepension; rente; livrente; *in ~ gehen* gå på pension

Renten|anspruch *m* krav *n* på aldersrente (*od* folkepension); ~empfänger *m* folkepensionist; ~versicherung *f* pensionskasse

Rentier 1. [-'tĭe:] *m* ⟨-s; -s⟩ → *Rentner*. 2. *n* → *Ren*

ren'tieren: sich ~ betale sig

Rentner(in) *m*(*f*) pensionist

Reorgani|sation [-'tsĭo:n] *f* reorganisation; 2'**sieren** reorganisere

repa|'**rabel** ⟨-bl-⟩ reparabel, som kan repareres; 2**ration** [-'tsĭo:n] f POL krigsskadeserstatning

Repara'tur f reparation; **in ~ geben** sende til reparation; 2**bedürftig**; ~ **sein** som trænger til reparation; **~kosten** pl reparationsomkostninger pl; **~werkstatt** f reparationsværksted n

repa'rieren reparere, lave

repatri'ier|**en** repatriere; 2**ung** f repatriering

Repertoire [-'toꭥa:ʁ] n ⟨-s; -s⟩ repertoire n

repe'tier|**en** repetere, gentage; 2**gewehr** n repetergevær n

Repe'titor m ⟨-s; -en [-'to:-]⟩ Jurastudium: manudigtør

Re'plik f (gen)svar n, replik

Repor't|**age** [-ʒə] f reportage; **~er** [-'pɔʁ-] m journalist, reporter

Repräsen't|**ant** [-sɛn-] m ⟨-en⟩ repräsentant (G/for); 2**a'tiv** repräsentativ; 2**ieren** repräsentere

Repres|**salien** [-ɛ'sa:lĭən] f/pl repressalier pl; 2'**siv** repressiv

Reprodu|**ktion** [-'tsĭo:n] f reproduktion; 2'**zieren** reproducere

Rep'til n ⟨-s; -ien⟩ reptil n, krybdyr n

Repu'bli|**k** [i:] f republik; **~'kaner** m republikaner; 2'**kanisch** republikansk

Reputation [-'tsĭo:n] f ⟨0⟩ reputation, ry n

Requiem [-kvĭ:ɛm] n ⟨-s; -s⟩ rekviem n

requi|'**rieren** rekvirere; 2'**sit** f ⟨-e⟩s; -en⟩ rekvisit n (a THEA); tilbehør n

Re'seda f ⟨-; -s⟩ BOT reseda

Reser'vat [v] n ⟨-(e)s; -e⟩ reservat n

Re'serve [v] reserve (a fig); (Vorbehalt) forbehold n; fig reserveret holdning; **~kapital** n reservekapital; **~offizier** m officer af reserven; **~rad** n reservehjul n; **~tank** m reservetank

reser'vier|**en** [v] reservere (**für** A/til); **~t** reserveret (a fig); fig tilbageholden; 2**ung** f reservation

Reser|'**vist** [v] m ⟨-en⟩ reservist, reservemand; **~'voir** [-vo3'a:ʁ] n ⟨-s; -e⟩ reservoir n

Resi'd|**enz** f residens; **~enzstadt** f residensby; 2**ieren** v/i residere, bo

Resi|**gnation** [-'tsĭo:n] f resignation; 2'**gnieren** v/i resignere; 2'**stent** resistent, modstandsdygtig; **~'stenz** f resistens

reso'lut ⟨-est⟩ resolut, beslutsom; 2**ion** [-'tsĭo:n] f resolution, beslutning

Reso'nanz f resonans; **~boden** m resonansbund, klangbund

resoziali'sier|**en** resocialisere; 2**ung** f ⟨0⟩ resocialisering

Re'spek|**t** [-sp-] m ⟨-(e)s; 0⟩ respekt, agtelse; 2'**tabel** ⟨-bl-⟩ respektabel; 2'**tieren** respektere, agte; 2'**tierlich** respektabel; 2'**tive** [v] henholdsvis

re'spekt|**los** ⟨-est⟩ respektløs; 2**sperson** f fornem person; **~voll** respektfuld, ærbødig

Ressentiment [rɛsã'ti'mã:] n ⟨-s; -s⟩ fordom, forbehold n

Ressort [ʁɛ'so:ʁ] n ⟨-s; -s⟩ ressort, kompetenceområde n

Ressourcen [ʁɛ'suꭥsən] f/pl ressourcer pl

Rest m ⟨-(e)s; -e⟩ rest

Res'tant m ⟨-en⟩ restant; (Ware) overgemt vare

Restauflage f restoplag n

Restau'rant [-to-'ʁaŋ] n ⟨-s; -s⟩ restaurant, café; **im ~ essen** spise på restaurant; **~ration** [-'tsĭo:n] f POL restauration; ARCH restaurering; 2'**rieren** restaurere

Rest|**bestand** m restbeholdning; **~betrag** m restbeløb m; 2**lich** resterende; 2**los** fuldstændig; **~müll** m ikke-genanvendeligt affald n; **~posten** m restparti m

Restrik|**tion** [-'tsĭo:n] f restriktion, indskrænkning; 2'**tiv** restriktiv

Rest|**schuld** f resterende gæld; **~summe** f restsum

Resul't|**at** n ⟨-(e)s; -e⟩ resultat n; 2**ieren** v/i resultere

Resü'm|**ee** n ⟨-s; -s⟩ resumé n, oversigt; 2**ieren** ⟨-⟩ resumere

retar'diert retardere

Re'torte f retort; **~nbaby** n reagensglasbarn n

Retrospektive [-spɛk'ti:və] f ⟨-; -n⟩ tilbageblik n

rett|**bar** til at redde; **~en** ⟨-e-⟩ redde (**vor** D/fra); 2**er** m redningsmand (a fig); REL frelser

Rettich m ⟨-s; -e⟩ ræddike

Rettung f redning (a fig); REL frelse

Rettungs|**aktion** f redningsaktion; **~anker** m redningsanker n (a fig); **~boot** n redningsbåd; **~dienst** m redningstjeneste; redningskorps n; 2**los** redningsløs (a fig); **~mannschaft** f redningsmandskab n; **~medaille** f redningsmedalje; **~ring** m redningsbælte n, redningskrans; **~station** f redningsstation; **~wesen** n ⟨-s; 0⟩ redningsvæsen n; **~weste** f redningsvest

Re'tu|**sche** f retouche; 2'**schieren** retouchere

Reu|**e** f ⟨0⟩ anger; 2**en** angre; **es reut mich**

jeg angrer (*od* fortryder) det; 2**evoll**, 2**ig**, 2**mütig** angerfuld

Reuse *f* ruse

Revanch|e [-'vãʃə] *f* revanche; (*Rache*) hævn; 2**ieren** [-'ʒi:-]: **sich ~** tage revanche; (*sich rächen*) tage hævn; (*e-e Gefälligkeit erwidern*) gøre gengæld (**für** *A*/for); **~ismus** [-'ʃɪs-] *m* ⟨-; 0⟩ revanchisme

Reve'renz [v] *f: j-m seine ~ erweisen* gøre reverens for én

Revers [-'ve:ʀ] *n od m* ⟨-; -⟩ (*Kehrseite*) bagside; *Jacke:* revers

revi'dieren [v] revidere

Re'vier [v] *n* ⟨-s; -e⟩ distrikt *n*, område *n*; (*Polizei*2) politistation; (*Kranken*2) infirmeri *n*; **~förster** *m* skovrider

Revirement [-ʀə'mã:] *n* ⟨-s; -s⟩ (regerings)omdannelse

Revisio|n [-vi-'zio:n] *f* revision, eftersyn *n*; typ appel; JUR appel; **~'nismus** *m* ⟨-; 0⟩ revisionisme

Re'visor [v] *m* ⟨-s; -en [-'zo:-]⟩ revisor; typ korrektur

Re'vol|te [v] *f* revolte, opstand; 2**'tieren** *v/i* revoltere

Revolutio|n [-volu-'tsio:n] *f* revolution; 2**när** *adj* revolutionær; **~'när** *m* ⟨-s; -e⟩ revolutionær

Revo'luzzer [v] *m* revolutionslysten

Revolver [-'vɔlv-] *m* revolver; **~blatt** *n* revolverblad *n*, sensationsblad *n*; **~held** *m* revolverhelt; **~schuss** *m* revolverskud *n*

Revue [-'vy:] *f* revy (*a* THEA): **~ passieren** *fig* passere revy

Rezen's|ent *m* ⟨-en⟩ anmelder; kritiker; 2**ieren** anmelde, kritisere; **~ion** [-'zio:n] *f* anmeldelse, kritik

re'zent ⟨-est⟩ nylig

Re'zept *n* ⟨-(e)s; -e⟩ *Arzt:* recept; *Kochen:* opskrift; 2**frei** receptfri; **~ion** [-'tsio:n] *f* reception; 2**iv** [-'ti:f] receptiv; modtagelig; 2**pflichtig** receptpligtig

Rezes|sion [-'sio:n] *f* recession, tilbagegang, afmatning; 2**siv** recessiv

rezi'prok tilbagevisende, reciprok

rezi'tieren recitere, læse op

R-Gespräch *n* telefonsamtale der betales af den opkaldte

Rha'barber *m* ⟨-s; 0⟩ rabarber

Rhapso'die *f* rapsodi

Rhein *m: der ~* Rhinen; 2**fahrt** *f* Rhintur; 2**isch** rhinsk, Rhin-; **~land** *n* ⟨-(e)s; 0⟩ Rhinland *n*; 2**länder(in)** *m(f)* rhinlænder; **~wein** *m* rhinskvin

Rhe'tor|ik *f* ⟨0⟩ retorik; 2**isch** retorisk

Rheu|ma *n* ⟨-s; 0⟩ gigt, reumatisme; **~'ma-**

tiker(in) *m(f)* gigtpatient; 2**'matisch** reumatisk; **~ma'tismus** *m* ⟨-; 0⟩ reumatisme

Rhi'nozeros [-tse·ʀɔs] *n* ⟨- *od* -ses; -se⟩ næsehorn *n*

Rhododendron [ʀo·do·'dɛndʀɔn] *m* ⟨-s; *Rhododendren*⟩ rododendron

Rhythm|ik *f* ⟨0⟩ rytmik; 2**isch** rytmisk; **~us** *m* ⟨-; *Rhythmen*⟩ rytme

Ribisel *f österreichisch* ribs *n*; *Schwarze ~* solbær *n*

Richt|antenne *f* retningsantenne; **~beil** *n* bøddeløkse; **~blei** *n* blylod; **~block** *m* blok; 2**en** ⟨-e-⟩ rette (*a Wort, Blick, Waffe usw*): *Haus* holde rejsegilde; (*ordnen*) ordne, indrette; (*aburteilen*) dømme; (*hinrichten*) henrette; *zugrunde ~* ødelægge; *sich ~* rette sig (*nach D*/efter); (*sich wenden*) vende sig (*nach D*/til); *an (gegen) mich gerichtet* rettet til (mod) mig

Richter|(in) *m(f)* dommer; 2**lich** dommer-; **~spruch** *m* dom, kendelse; **~stuhl** *m* dommersæde *n*; *fig* domstol

Richt|fest *n* rejsegilde *n*; **~geschwindigkeit** *f* anbefalet fartgrænse

richtig rigtig; (*echt*) ægte; (*sehr*) meget; *er ist nicht ~ im Kopfe* han er ikke rigtig klog; **~gehend** nøjagtig; *fig* udpræget; 2**keit** *f* ⟨0⟩ rigtighed; *die Sache hat ihre ~* sagen har sin rigtighed

richtig-|liegen F ligge på den rigtige linie; **~stellen** berigtige

Richtigstellung *f* berigtigelse

Richt|kranz *m* (krans ved) rejsegilde *n*; **~linien** *f/pl* retningslinie(r *pl*); (*Lehrplan*) læseplaner *pl*; **~platz** *m* rettersted *n*; **~preis** *m* vejledende (udsalgs-) pris; **~scheit** *n* tømmerlineal; **~schnur** *f* TECH loddesnor; *fig* rettesnor; **~stätte** *f* rettersted *n*; **~strahler** *m* R/TV retnings(antenne)sender

Richtung *f* retning (*a fig*); NAUT kurs; *in ~ (auf)* mod; *fig* i retning af; *Zug ~ Berlin* tog til (*od* mod) Berlin; **~sanzeiger** *m* *Auto:* blinklys *n*; **~swechsel** *m* retningsændring; 2**weisend** retningsvisende; *fig* banebrydende

Richt|waage *f* vaterpas *n*; **~zahl** *f* vejledende tal *n*

Ricke *f* ZO rå

Rickscha *f* ⟨-s; -s⟩ rickshaw

riech|en ⟨*L*⟩ *v/t u v/i* lugte (*an D*/til; *nach D*/af); (*schnuppern*) snuse (*an D*/til); *gut ~* lugte godt, dufte; *j-n nicht ~ können fig* F ikke kunne udstå én; 2**er** *m* F: *e-n guten ~ haben fig* have flair (*für A*/for); 2**salz** *n* lugtesalt *n*

Ried n ⟨-(e)s; -e⟩ (*Morast*) sump, mose; (*Schilf*) siv n, rør n

Riefe f fure, rifle; **≈n** ⟨-le⟩ rifle

Riege f *Turnen*: hold n

Riegel m rigel; (*Tür≈*) slå; *Seife*: stang; *Schokolade*: plade; **e-n ≈ vorschieben** (*D*) fig sætte en stopper for; **≈n** ⟨-le⟩ skyde slåen for, stænge

Riemen m rem; NAUT åre; **≈antrieb** m remtræk n; **≈scheibe** f remskive

Ries n ⟨-es; -e⟩ ris n

Riese m ⟨-n⟩ kæmpe; MYTH jætte

rieseln ⟨-le⟩ risle (a fig); *Regen*: sile

Riesen|arbeit f kæmpearbejde n; **≈gestalt** f kæmpeskikkelse; **≈groß**, **≈haft** ⟨-est⟩ kæmpestor, kæmpemæssig; **≈hunger** m F ulvehunger; **≈rad** n pariserhjul n; **≈schlange** f kæmpeslange; **≈schritt** m fig kæmpeskridt n; **≈skandal** m kæmpeskandale; **≈slalom** m storslalom

ries|ig kæmpemæssig, vældig; **≈in** f kæmpekvinde

Riesling m ⟨-s; -e⟩ riesling

Riff n ⟨-(e)s; -e⟩ rev n, skær n

riffeln ⟨-le⟩ rifle; *Flachs* rive

Ri'glde rigld

rigo'ros ⟨-est⟩ rigorøs, rigoristisk; **≈um** m ⟨-s; *Rigorosa*⟩ mundtlig del af doktoreksamen

Rille f fure, rende, rifle

Rind n ⟨-(e)s; -er⟩ okse; høved n (a fig); kreatur n

Rinde f bark; *Brot*: skorpe

Rinder|braten m oksesteg; **≈filet** n oksefilet; **≈pest** f kvægpest; **≈zunge** f oksetunge

Rindfleisch n oksekød n

rindig barket; skorpet

Rind|sleder n okselæder n, oksehud; **≈vieh** n **1.** ⟨-s; 0⟩ kreatur n, kvæg n; **2.** ⟨-s; *Rindvieher*⟩ fig F kvaj(hoved n) n, fæ n, idiot

Ring m ⟨-(e)s; -e⟩ ring (a SPORT), (*Kreis*) cirkel, kreds (a fig); **≈e unter den Augen** skygger under øjnene; **≈bahn** f ringbane

Ringel|blume f morgenfrue; **≈bluse** f tværstribet bluse; **≈n** ⟨-le⟩ krølle, kruse; *sich ≈* sno sig, slynge sig; **≈natter** f (almindelig) snog; **≈reihen** m runddans; **≈schwanz** m halekrølle; **≈wurm** m ledorm

ring|en ⟨L⟩ vride; SPORT brydes; fig kæmpe, slås (*mit D, um A*/med, for); (*streben*) stræbe (*nach D*/efter); *nach Atem ≈* hive efter vejret; *mit dem Tode ≈* kæmpe med døden; **≈en** n ⟨-s; 0⟩ SPORT brydekamp; fig kamp; **≈er** m bryder; **≈finger** m ring-

finger; **≈förmig** ringformet; **≈kampf** m brydekamp; **≈kämpfer** m bryder; **≈mauer** f ringmur; **≈reiten** n ⟨-s; 0⟩ ringridning; **≈richter** m kampdommer

rings: **≈ um** (*A*) rundt omkring; **≈her'um** rundt omkring

Ringstraße f boulevard, ringvej

rings'um rundt omkring

Rinn|e f rende; (*Rille*) fure; **≈en** (*L*; *sn*) flyde, rinde; *Geld*: flyde; **≈sal** n ⟨-(e)s; -e⟩ vandløb n; **≈stein** m rendesten

Ripp|chen n GASTR kotelet; **≈e** f ribben n; **≈en** forsyne med ribber; → *a* **gerippt**

Rippen|bruch m ribbensbrud n; **≈fellentzündung** f lungehindebetændelse; **≈speer** m od n ⟨-s; 0⟩ hamburgerryg; **≈stoß** m puf n i siden; **≈stück** n ribbenstykke n

Rips m ⟨-es; -e⟩ reps n

Risiko n ⟨-s; -s od *Risiken*⟩ risiko (*G*/for); *auf eigenes ≈* på eget ansvar; **≈los** ⟨-est⟩ risikofri

ris'k|ant risikabel, farlig; **≈ieren** risikere, vove

Ri'sotto m ⟨-; - od -s⟩ risotto

Rlspe f klase, top

Riss m ⟨-es; -e⟩ revne; (*Bruch*) brud n; (*Schramme*) rift, ridse; (*Plan*) rids n; ARCH byggetegning; NAUT konstruktionstegning; fig knæk n, stød n; *Risse bekommen* slå revner

rissig revnet, sprukken; **≈ werden** slå revner

Rist m ⟨-es; -e⟩ håndled n; *Fuß*: vrist

Ristorno [-'st-] n od m ⟨-s; -s⟩ ristorno

Ritt m ⟨-(e)s; -e⟩ ridt n

Ritter m ridder; **≈burg** f ridderborg; **≈gut** n herregård; **≈lich** ridderlig; **≈lichkeit** f ⟨0⟩ ridderlighed; **≈orden** m ridderorden; **≈schaft** f ⟨0⟩ ridderskab n; **≈schlag** m ridderslag n; **≈smann** m ⟨pl.: *Rittersleute*⟩ ridder(smand); **≈sporn** m BOT ridderspore; **≈tum** n ⟨-s; 0⟩ riddervæsen n

ritt|lings overskrævs; **≈meister** m rittmester

Ritual [ri·tu·'α:l] n ⟨-s; -e⟩ ritual n; **≈mord** m ritualmord n

ritu'ell rituel

Ritus m ⟨-; *Riten*⟩ ritus n

Ritz m ⟨-es; -e⟩, **≈e** f ridse; (*Schramme*) rift, skramme; (*Riss*) revne, sprække; **≈el** n (lille) tandhjul n; **≈en** ⟨-t⟩ ridse, skære

Ri'val|e [v] m ⟨-n⟩ rival; medbejler; **≈in** f rival(inde); **≈i'sieren** v/i rivalisere; **≈i'tät** f rivalitet, kappestrid

Rizinus m ⟨-; - od -se⟩ ricinus; **≈öl** n ricinusolie, amerikansk olie

R

Roastbeef ['ro·stbi:f] *n* ‹-s; -s› roastbeef

Robbe *f* sæl(hund); 2n *v/i* ‹sn› krybe på maven, mave sig frem; **~njagd** *f* sælfangst

Robe *f* (*Herren*2) embedsdragt; *Kleid*: kjole

Robinso'nade *f* ‹-; -n› robinsonade

Roboter ['ro:bɔt-] *m* robot; 2**haft** ‹-est› robotagtig

ro'bust ‹-est› robust; 2**heit** *f* ‹0› robusthed

röcheln ‹-le› ralle

Rochen *m* ZO rokke

Rock 1. *m* ‹-(e)s; ⸚e› (*Frauen*2) nederdel; skørt *m*; (*Mantel*) frakke, jakke; **2.** *m* ‹-s; 0› rock

Rocken *m* (spinde)rok

Rocker *m* rocker, F læderjakke

Rock|falte *f* kjolefold, nederdelfold; **~konzert** *n* rockkoncert; **~schoß** *m* frakkeskød *n*; **~tasche** *f* frakkelomme; **~zipfel** *m*: *er hängt an Mutters ~n* fig han hænger i sin mors skørter

Rodel|bahn *f* kælkebane; 2n *v/i* ‹-le; sn› kælke; **~schlitten** *m* kælk

roden ‹-e-› rydde

Rodler *m* kælkende

Rodung *f* rydning; ryddet land *n*

Rogen *m* rogn; **~er** *m* ZO rognfisk

Roggen *m* ‹-s; 0› rug; **~brot** *n* (lyst) rugbrød *n*; **~mehl** *n* rugmel *n*

roh ‹-est› rå; (*unverarbeitet*) ubearbejdet; *fig* rå, grov; 2**bau** *m* murerfærdiget (*od* rejst; *upudset*) hus *n*, bygning i rå mur; 2**diamant** *m* ubearbejdet diamant

Roh|ertrag *m* bruttoudbytte *n*; **~gewicht** *n* bruttovægt; **~heit** *f* råhed; **~kost** *f* råkost; **~ling** *m* ‹-s; -e› *Pers* brutal fyr; **~öl** *n* råolie; **~produkt** *n* råprodukt *n*

Rohr *n* ‹-(e)s; -e› rør *n*; BOT siv *n*; (*Waffen*2) løb *n*; **~bruch** *m* rørbrud *n*

Röhre *f* rør *n*; *Fernseher*: billedrør *n*; *in die ~ gucken* fig F få en lang næse; 2n *v/i Hirsch*: brøle; 2**nförmig** rørformet; **~nsystem** *n* rørsystem *n*

Röhricht *n* ‹-s; -e› rørkrat *n*

Rohr|leitung *f* rørledning

Röhrling *m* rørhat

Rohr|post *f* rørpost; **~spatz** *m*: *schimpfen wie ein ~* F bruge mund som en fiskerkælling; **~stock** *m* spanskrør *n*; **~stuhl** *m* rørstol; **~zucker** *m* rørsukker *n*

Roh|seide *f* råsilke; **~stoff** *m* råstof *n*; **~zucker** *m* råsukker *n*; **~zustand** *m* ‹-(e)s; 0› uforarbejdet tilstand

Rokoko *n* ‹-s; 0› rokoko

Roll|bahn *f* FLUG startbane; **~braten** *m* rullesteg; **~e** *f* rulle (*a Wäsche*-); (*Lauf-*

rädchen) trisse, valse; THEA rolle; *Garn*: trille; *Kabel*: trille; *das spielt keine ~ fig* det spiller ingen rolle; 2en *v/i* ‹sn› *u v/t* rulle, trille; *Wäsche* rulle; *etw. ins* 2 *bringen* fig få ngt. til at rulle, sætte noget i gang

Rollen|besetzung *f* rollebesætning; **~lager** *n* rulleleje; 2**spezifisch** kønsrolle-; **~spiel** *n* rollespil *n*; **~verteilung** *f* rollefordeling

Roll|er *m* løbehjul *n*; (*Motor-*) scooter; **~feld** *n* FLUG landingsbane, startbane; **~film** *m* rullefilm; **~geld** *n* fragtpenge, transportpenge *pl*; F kørsel; **~gut** *n* fragt(mands)gods *n*; **~kommando** *n* stormtrop, uropatrulje; **~kragen** *m* rullekrave; **~kragenpullover** *m* rullekravepullover; **~laden** *m* ‹-s; - *od* ⸚› jalousi *n*; **~mops** *m* rollmops; **~schinken** *m* rulleskinke; **~schrank** *m* jalousiskab *n*; **~schuhe** *m/pl* rulleskøjter *pl*; **~schuh laufen** løbe på rulleskøjter; **~splitt** *m* vejgrus *n*; **~stuhl** *m* kørestol; **~stuhlfahrer(in)** *m(f)* rullestolsbruger; **~treppe** *f* rulletrappe

Rom [o:] *n* Rom *n*; *~ wurde auch nicht an e-m Tage erbaut* fig Rom blev ikke bygget på én dag

Ro'man *m* ‹-s; -e› roman; **~held** *m* romanhelt; 2**isch** romansk

Roma'nist(in) *m* ‹-en› (*f*) romanist; **~ik** *f* ‹0› (studium *n* af) fransk sprog *n* og kultur

Ro'manschriftsteller(in) *m(f)* romanforfatter

Ro'manti|k [a] *f* ‹0› romantik; **~ker** *m* romantiker; 2**sch** romantisk; 2'**sieren** romantisere

Ro'manze *f* romance, kærlighedseventyr *n*

Römer *m* romer; (*Glas*) rhinskvinsglas *n*

Römer|topf® *m* GASTR stegeso; 2**isch** romersk; 2**isch-katholisch** romersk-katolsk

Ron'dell *n* ‹-s; -e› runddel

röntgen røntgenfotografere; *geröntgt* ['-'rœnçt] røntgenfotograferet; 2**apparat** *m* røntgenapparat *n*; 2**aufnahme** *f* røntgenbillede *n*; 2**untersuchung** *f* røntgenundersøgelse

rosa rosa, lyserød; *fig* rosenrød; 2 *n* ‹-s; -› rosa farve

Röschen [-sç-] *n* lille rose

Rose *f* rose; MED rosen

Rosen|blatt *n* rosenblad *n*; **~dorn** *m* rosentorn; **~garten** *m* rosenhave; **~knospe** *f* rosenknop; **~kohl** *m* rosenkål; **~kranz** *m*

rosenkrans; **~'montag** m fastelavnsmandag; **~öl** n rosenolie; **2rot** rosenrød (a fig); **~stock** m, **~strauch** m rosenbusk; **~züchter** m rosengartner

Ro'sette f roset

rosig rosenrød (a fig); rosen-; **~e Laune** perlehumør n; **~e Zeiten** lyserøde tider

Ro'sine f rosin; **~n im Kopf haben** fig F være fuld af planer

Rosmarin m ⟨-s; 0⟩ rosmarin

Ross n ⟨-es; ~er od -⟩ hest, ganger; **~apfel** m hestepære

Rösselsprung m Schach: springertræk n

Ross|haar n hestehår n; krølhår pl; **~haarmatratze** f hestehårsmadras; **~kur** f fig hestekur

Rost¹ m ⟨-(e)s; 0⟩ rust

Rost² n ⟨-(e)s; -e⟩ (Gitter) rist; **~braten** m roastbeef; **~bratwurst** f grillpølse

rostbraun rustfarvet

Röstbrot n ristet brød n

rosten v/i ⟨-e-; sn⟩ ruste; **nicht ~d** rustfri

röst|en ⟨-e-⟩ riste; Kaffee brænde; **→ a geröstet;** **2er** m (Brot-) brødrister

Rost|farbe f rustfarve; **2farbig** rustfarvet; **~fleck** m rustplet, **2frei** rustfri, **2ig** rusten

Röst|kartoffeln f/pl brasede kartofler pl; **~kastanien** f/pl ristede kastanjer pl

Rostschutz m rustbeskyttelse; (Rostschutzbehandlung) rustbehandling, tectylbehandling, **~mittel** n rustbeskyttelsesmiddel n

rot ⟨~er; ~est⟩ rød; **~ werden** Gesicht: rødme; **2es Kreuz** Røde kors; **das 2e Meer** det Røde Hav; **~ glühend** rødglødende; **2** n ⟨-s; -⟩ rødt n, rød farve

Rotation [-'tsio:n] f rotation; **~smaschine** f rotationspresse

rot|backig, **~bäckig** rødmosset; **~blond** rødblond; **~braun** rødbrun; **2buche** f rødbøg n; **2dorn** m rødtjørn

Röte f ⟨0⟩ rød farve; (Erröten) rødme

Rötel m rødkridt n; **~n** pl MED røde hunde pl

röten ⟨-e-⟩: **sich ~** blive rød, rødme

rot|fleckig rødplettet; **2fuchs** m rød ræv; (Pferd) fuks; **~glühend → rot;** **~haarig** rødhåret; **2haut** f rødhud (bsd Indianer)

ro'tieren v/i rotere, dreje

Rot|käppchen n Rødhætte; **~kehlchen** n rødkælk; **~kohl** m rødkål; **~lauf** m MED rosen

rötlich rødlig; Gesicht: rødmosset

Rotlicht n ⟨-(e)s; 0⟩ Verkehr: stoplys n; MED højfjeldssol; lysbehandling; **~viertel** n luderkvarter n

rotnasig rødnæset

Rotor m ⟨-s; -en [-'to:r-]⟩ rotor

Rot|schimmel m rødskimmel; **~schwanz** m rødstjært; **~stift** m rødstift, rød blyant

Rotte f flok, bande; MIL deling; **~nführer** m delingsfører

Ro'tunde f rotunde

rot|wangig rødkindet; **2wein** m rødvin; **2welsch** n ⟨-es od -; 0⟩ gøglersprog n; **2wild** n kronvildt n; **2wurst** f blodpølse

Rotz m ⟨-es; 0⟩ P snot n; **2en** ⟨-t⟩ P snyde (næsen); **2frech** P flabet, uforskammet; **2ig** P snottet; **~junge** m P snothvalp; **~nase** f P snotnæse; snotabe

Rou'lade [u'] f roulade, F benløse fugle; **~eau** [-o:] n ⟨-s; -s⟩ rullegardin n; **~ett** n ⟨-(e)s; -e od -s⟩ roulette

Route [u:] f rute, vej

Rou'ti|ne [u'] f ⟨0⟩ rutine, færdighed; **2nemäßig** rutinemæssig; **~nier** [-'nie:] m ⟨-s; -s⟩ gammel rutineret fagmand; **2'niert** ⟨-est⟩ rutineret, øvet

Rowdy ['raudi] m ⟨-s; -s⟩ bølle, slagsbror

Roya'list(in) [roa'ja-] m ⟨-en⟩ (f) royalist

rubbel|ig F ru, ujævn; **~n** ⟨-le⟩ F gnide, vride

Rübe f roe; F (Kopf) knold; **gelbe ~** gulerod; **rote ~** rødbede

Rubel m rubel

Rübenzucker m roesukker n

rüber F **→ herüber, → hinüber**

Ru'bin m ⟨-s; -e⟩ rubin; **2rot** rubinrød

Ru'bri|k f rubrik; **2'zieren** rubricere, indordne

Rübsamen m ⟨-s; 0⟩ roefrø n, raps

ruch|bar [u:] (be)kendt; **~ werden** rygtes; **~los** ryggesløs; **2losigkeit** f ⟨0⟩ ryggesløshed

Ruck m ⟨-(e)s; -e⟩ ryk n, tag n, sæt n; **mit e-m ~** med ét ryk

Rück|ansicht f bagside; **~antwort** f: Postkarte mit ~ brevkort med betalt svar

ruckartig med et ryk, i ryk, stødvis

rück|bezüglich refleksiv, tilbagevisende; **2bildung** f tilbagegang, skrumpning; **2blick** m tilbageblik n; **~blickend** tilbageskuende; **~datieren** antedatere; tilbagedatere

rucken rykke; Taube: kurre

rücken v/i ⟨sn⟩ u v/t flytte, rykke; **j-m auf den Leib ~** F trænge sig ind på én

Rücken m ryg; Stuhl: rygstød n; **j-m den ~ kehren** vende én ryggen; **hinter jemandes ~** bag éns ryg; **~deckung** f fig rygdækning; **~flosse** f rygfinne; **~lage** f (liggende) rygstilling; **~lehne** f rygstød n; **~mark** n rygmarv; **~marksschwind-**

sucht f rygmarvstæring; **~schmerzen**
m/pl rygsmerter pl; **~schwimmen** n Rygsvømning; **~wind** m rygvind; fig medvind; **~wirbel** m (ryg)hvirvel

Rück|erstattung f tilbagelevering; (Rückzahlung) refusion; **~fahrkarte** f returbillet; **~fahrscheinwerfer** m baklygte; **~fahrt** f tilbagerejse; **~fall** m tilbagefald n (a MED); JUR recidiv n; **2fällig: ~ werden** JUR recidivere; **ein 2er** JUR recidivist; **~fenster** n Auto: bagrude; **~flug** m tilbageflyvning, tilbagerejse; **~fracht** f returfragt; **~frage** f forespørgsel; modspørgsmål n; **~gabe** f tilbagegivelse; aflevering; **~gaberecht** n ⟨-(e)s; 0⟩ returret; **~gang** m tilbagegang; **2gängig** tilbagegående; **~ machen** ÖKON annullere; **~gewinnung** f ⟨0⟩ genvinding; **~grat** n ⟨-(e)s; -e⟩ rygrad (a fig); **~halt** m ⟨-(e)s; 0⟩ reserve; (Stütze) støtte; **2haltlos** adv uden forbehold; **~hand** f ⟨0⟩ SPORT baghånd; **~kauf** m tilbagekøb n; **~kehr** f ⟨0⟩ tilbagekomst, hjemkomst; **~kopplung** f tilbagekobling; **~lagen** f/pl reserver pl, reservekapital; **~lauf** m tilbageløb n; **2läufig** ÖKON aftagende; **~licht** n baglygte; **2lings** baglæns; bagfra; fig overraskende; **~marsch** m tilbagemarch; **~meldung** f tilbagemelding; **~porto** n svarporto; **~prall** m tilbageslag n; **~reise** f tilbagerejse, hjemrejse; **~ruf** m tilbagekaldelse

Rucksack m rygsæk

Rück|schau f ⟨0⟩ tilbageblik n; **~ halten** fig skue tilbage; **~schein** m kvitteringstalon; **~schlag** m fig tilbageslag n; **~schluss** m logisk (tilbage-) slutning; **~schritt** m tilbagegang, tilbageskridt n (a fig); **2schrittlich** bagstræversk; **~seite** f bagside; **~ beachten!** se bagsiden!; **~sendung** f tilbagesendelse

Rücksicht f fig hensyn n; **mit ~ auf** (A) af hensyn til; **auf etw.** (A) **~ nehmen** tage hensyn til; **ohne ~ auf** (A) uden hensyn til; **~nahme** f ⟨0⟩ hensyntagen; **2slos** hensynsløs; **~slosigkeit** f ⟨0⟩ hensynsløshed; **2svoll** hensynsfuld

Rück|sitz m bagsæde n; **~spiegel** m bakspejl n; **~spiel** n returkamp; **~sprache** f samråd n, drøftelse; **~ nehmen** rådføre sig (mit D/med); **~stand** m rest; CHEM bundfald n; ÖKON restance; **im ~ sein** være bagud (od i restance); **2ständig** fig gammeldags, tilbagestående; Zahlung: i restance; **~stau** m Verkehr: kødannelse; **~(stell)taste** f Schreibmaschine: tilbagetangent; **~stoß** m tilbagestød n, bagslag n; reaktion; **~strahler** m Fahrrad: katte-

øje n; **~transport** m hjemtransport

Rücktritt m fig tilbagetræden; ÖKON fortrydelse; **~bremse** f frihjulsbremse; **~gesuch** n afskedsansøgning; **~srecht** n ÖKON tilbagetrædelsesret; fortrydelsesret

Rück|übersetzung f tilbageoversættelse; **~vergütung** f godtgørelse; **~versicherung** f genforsikring; fig støtte; **~wand** f bagvæg; **~wanderer** m tilbageflytter; **2wärtig** bagest, på bagsiden

rückwärts baglæns, tilbage; **~fahren** bakke, køre baglæns; **2gang** m bakgear n

Rück|wechsel m modveksel; **~weg** m tilbagevej; hjemvej

ruckweise stødvis, i ryk

rückwirk|end tilbagevirkende; JUR med tilbagevirkende kraft; **2ung** f tilbagevirkning

rückzahl|bar amortisabel; **2ung** f tilbagebetaling; **2ungstermin** m termin

Rückzieher m: fig **e-n ~ machen** foretage et tilbagetog

Rückzug m tilbagetog n; **~sgefecht** n fægtning under tilbagetoget

rüde grov, rå

Rüde m ⟨-n⟩ hanhund

Rudel n flok, skare

Ruder n åre; (Steuer) ror n; **~bank** f tofte; **~boot** n robåd; **~er** m roer; **~haus** n rorhus n, styrehus n; **~klub** m roklub; **2n** v/i (a sn) u v/t ⟨-re⟩ ro; **~pinne** f rorpind; **~regatta** f kaproning; **~sport** m rosport

rudimen'tär rudimentær

Ruf m ⟨-(e)s; -e⟩ råb n; TEL telefonnummer n; fig ry n, omdømme n, renommé n; **der ~ auf e-n Lehrstuhl** udnævnelse til en lærestol; **2en** ⟨L⟩ råbe, kalde (A/på); Arzt tilkalde; **ins Leben ~** fig starte

Rüffel m røffel, irettesættelse, F næse; **2n** ⟨-le⟩ irettesætte

Ruf|mord m bagvaskelse, ødelæggelse af ens rygte; **~name** m fornavn n; **~nummer** f telefonnummer n; **~weite** f: **in ~** på prajehold; **~zeichen** n Funkstation: kaldesignal n

Rugby ['ragbi:] n ⟨-s; 0⟩ rugby

Rüge f irettesættelse, reprimande; **2n** irettesætte, dadle (wegen G/for)

Ruhe ['ru:ə] f ⟨0⟩ ro, hvile; (Stille) stilhed; **angenehme ~!** sov godt!; **in ~ lassen** lade være i fred; **in aller ~** i ro og mag; **immer mit der ~!** tag det roligt (od med ro)!; **zur ~ bringen** berolige; **sich zur ~ setzen** fig trække sig tilbage, tage sin afsked; **~bank** f hvilebænk, parkbænk; **~bett** n (sove)sofa, divan; **~gehalt** n pension; **2los** ⟨-est⟩ urolig, rastløs; **~losigkeit** f ⟨0⟩ uro; rastløshed; 2n v/i hvile; *Arbeit, Verkehr, Verhandlungen:* ligge stille; **~pause** f hvil n, ophold n; **~platz** m hvilested n; **~punkt** m hvilepunkt n; **~stand** m ⟨-(e)s; 0⟩ pension; *in den ~ gehen* gå af, blive pensioneret, lægge op; *in den ~ versetzen* blive pensioneret; → a **i. R**

ruhestör|end fredsforstyrrende; **~er Lärm** spektakel n; 2er m fredsforstyrrer; spektakelmager; 2ung f forstyrrelse (af den offentlige ro og orden), spektakel n

Ruhe|tag m hviledag; **~zeit** f hviletid

ruhig ['ʀuːɪç] rolig, stille; **~stellen** MED *(durch Medikamente beruhigen)* give beroligende midler

Ruhm m ⟨-(e)s; 0⟩ berømmelse, hæder, ry n; 2**bedeckt** hæderkronet; **~begierde** f ⟨0⟩ ærgerrighed

rühmen rose, berømme; *sich ~* (G) rose sig af; **~swert** rosværdig

Ruhmesblatt n fig hædersværdig (*od* mindeværdig) episode

rühmlich berømmelig, rosværdig; **~e Ausnahmen** hæderlige undtagelser

ruhm|los ⟨-est⟩ uberømt; uden glorie; **reich** ærefuld; berømt; MIL sejrrig

Ruhr[1] f ⟨0⟩ MED dysenteri

Ruhr[2] f: *die ~* (floden) Ruhr

Rühr|ei n røræg n; 2en v/i: *~ an* (A) berøre, røre ved (*a fig*); *(her)~ von* hidrøre fra; v/t røre i; *fig* røre (*zu Tränen* til tårer); *sich ~* røre sig; *rührt euch!* rør!; 2end *fig* rørende

Ruhrgebiet n: *das ~* Ruhrområdet

rühr|ig rørig, behændig; *(aktiv)* driftig, virksom; 2**igkeit** f ⟨0⟩ rørighed; driftighed; 2**löffel** m slev, grydeske; 2**maschine** f røremaskine; **~selig** oversentimental, F rørstrømsk; 2**stück** n THEA sentimentalt stykke n; 2ung f ⟨0⟩ *fig* rørelse

Rui|n [ʀuˈiːn] m ⟨-s; 0⟩ ødelæggelse; ruin (*a* ÖKON); **~ne** f ruin; *fig* vrag n; 2'**nieren** ruinere, ødelægge

Rülps m ⟨-es; -e⟩ F ræb m, opstød n, F bøvs n; 2en v/i ⟨-z⟩ F ræbe, bøvse, få opstød; **~er** m → **Rülps**

rum F → **herum**

Rum m ⟨-s; -s⟩ rom

Ru'män|e m ⟨-n⟩ rumæner; **~ien** [-niən] n Rumænien n; **~in** f rumænsk kvinde (*od* pige); 2**isch** rumænsk

Rummel m ⟨-s; 0⟩ skrammel n; *(Betrieb)* sjov n, ståhej; *(Jahrmarkt)* marked n; *den ~ kennen* fig F kende rummelen; **~platz** m markedsplads, dyrehavsbakke

ru'moren v/i larme, rumstere; *fig* ulme

Rumpel|kammer f pulterkammer n; 2n v/i

⟨-le; *a* sn⟩ buldre, rumle

Rumpf m ⟨-(e)s; ¬e⟩ krop; NAUT *u* FLUG skrog n

rümpfen rynke (*die Nase* på næsen)

Rumpsteak n oksemørbrad

Rum|topf m frugtopbevaring (i rom); **~verschnitt** m rom(blanding)

rund ⟨-est⟩ rund (*a fig*); *ungefähre Zahl:* rundt regnet, cirka; *Körper:* buttet; **~ um** (A) rundt om; 2 n ⟨-s; 0⟩ rundkreds; **~bäckig** rundkindet, pludskæbet; 2**bau** m ⟨-(e)s; -ten⟩ rotunde, rundbygning; 2**blick** n vidt udsyn n; panorama n; 2**bogen** m rundbue; 2**brief** m rundskrivelse; 2e f (om-) kreds; SPORT *u* MIL runde; SPORT, *Bier:* omgang; *e-e ~ ausgeben* give en omgang; **~en** ⟨-e-⟩ (af)runde; *sich ~* blive rund; *fig* afrundes; 2**fahrt** f rundtur, rundrejse; 2**flug** m rundflyvning; 2**frage** f rundspørge n

Rundfunk m radio; *im ~ sprechen* tale i radioen; → *a* **Radio**; **~anstalt** f radio(foni), radiohus n; *in Dänemark:* Danmarks Radio; **~gebühr** f radiolicens; **~gerät** n radioapparat n; **~hörer** m radiolytter; **~programm** n radioprogram n; **~rede** f radiotale; **~sender** m radiostation; **~sprecher** m speaker; **~übertragung** f radiotransmission; **~werbung** f reklamer *pl* i radioen; **~zeitschrift** f ugeblad n for seere og lyttere

Rund|gang m rundgang; **~heit** f ⟨0⟩ rundhed; 2**her'aus** rent ud; 2**her'um** rund omkring; 2**lauf** m *(Spielgerät)* svingkarrusel; 2**lich** trind, rundet; *Pers* buttet; **~lichkeit** f ⟨0⟩ Pers butthed; **~nadel** f rundpind; **~reise** f rundrejse; **~reisekarte** f rundrejsebillet; **~schau** f panorama n; *(Zeitschrift)* revy; **~schreiben** n rundskrivelse; **~tanz** m runddans; 2'**um** rundt omkring; *~ zufrieden* mere end tilfreds; **~ung** f runding; 2'**weg** rent ud

Rune f rune; **~nschrift** f runeskrift

Runkelrübe f runkelroe

runter F → **herunter**

Runz|el f ⟨-; -n⟩ rynke; 2(e)**lig** rynket; 2**eln** ⟨-le⟩ rynke; *die Stirn ~* rynke på panden

Rüpel m lømmel, fæ n; 2**haft** ⟨-est⟩ lømmelagtig, flabet

rupfen *Federn* plukke; F *(betrügen)* snyde, plukke

Rupfen m ⟨-s; 0⟩ *(Stoff)* hessian

ruppig F fræk, grov

Rüsche [y:] f pibestrimmel, ruche

Ruß m ⟨-es; 0⟩ sod

Russe m ⟨-n⟩ russer

Rüssel m *Elefant:* snabel; *Schwein:* tryne;

F snude

ruß|en v/i ⟨-t⟩ tilsode; (*blaken*) sætte sod; **~ig** sodet, tilrøget

Russ|in f russisk kvinde; **2isch** russisk

Russland n ⟨-s; 0⟩ Rusland n

Rüst|balken m stilladsstolpe; **2en** ⟨-e-⟩ udruste, forberede (*sich* sig); MIL ruste; *gerüstet sein* (*zu*) fig være rustet til; **~er** f BOT elm(etræ n); **2ig** rask, rørig

rusti'kal rustik

Rüst|kammer f rustkammer n; **~ung** f rustning (MIL u Ritter)

Rüstungs|beschränkung f rustningsbe-

grænsning; **~industrie** f rustningsindu-stri; **~kontrolle** f rustningskontrol

Rüstzeug n fig fornødne kvalifikationer pl

Rute f ris n; (*Schwanz*) hale

Rutsch m ⟨-(e)s; -e⟩ (bjerg)skred n; F (*Ausflug*) svlptur; **~bahn** f rutschebane; **~e** f slisk; (*Spielgerät*) rutschebane; **2en** v/i ⟨sn⟩ glide, rutsche; *Erde, Auto*: skride; **2fest** skridsikker; **2ig** glat; **~partie** f glidetur

rütteln ⟨-le⟩ ruske, ryste; *j-n ~* ruske i én; fig rokke (*an D*/ved); → a *gerüttelt*

S

S, s [es] S, s n

Saal m ⟨-(e)s; *Säle*⟩ sal

Saar f: *die ~* floden Saar; **~land** n ⟨-(e)s; 0⟩: *das ~* Saarlandet

Saat f sæd (a fig), frø pl; (*Aussaat*) såning; **~gut** n ⟨-(e)s; 0⟩ såsæd, udsæd; **~kartoffeln** f/pl lægge kartofler pl; **~korn** n sædekorn n, frøkorn n; **~zeit** f såtid; **~zucht** f frøavl

Sabbat m ⟨-s; -e⟩ sabbat

sabbern ⟨-re⟩ F savle; (*faseln*) vrøvle

Säbel m sabel; *mit dem ~ rasseln* fig rasle med sablerne; **~hieb** m sabelhug n; **2n** ⟨-le⟩ F nedsable; (*abschneiden*) skære; **~rasseln** n ⟨-s; 0⟩ fig sabelraslen

Sabo't|age [-ʒə] f sabotage; **~geakt** m sabotagehandling; **~eur** [-'tø:ʁ] m ⟨-s; -e⟩ sabotør; **2ieren** sabotere

Saccha'rin [zaxa-] n ⟨-s; 0⟩ sakkarin n

Sach|anlagen f/pl (anbringelse i) materielle (od reelle) værdier; **~bearbeiter(in)** m(f) sagsbehandler; **~beschädigung** f materiel skade; (*absichtliche ~beschädigung*) hærværk n; **~buch** n fagbog; **~bücher** n/pl faglitteratur; **2dienlich** formålstjenlig, vigtig

Sache f sag (a fig); (*Ding*) ting; (*Angelegenheit*) anliggende n, sag; (*Kleidung*) **~n** pl tøj n; *in ~n* med hensyn til; *zur ~* til sagen; *zur ~ kommen* komme til sagen; *das ist e-e ~ für sich* det er en sag for sig; *e-e faule ~* fig en muggen sag; *nicht bei der ~ sein* ikke være med; *sieben ~n* fig ting og sager, pakkenelliker; *das ist deine ~* det er din sag, det er op til dig!

Sächelchen n småting pl, pilleri n

sach|gemäß ⟨-est⟩ sagkyndig, fagkyndig; **2katalog** m emnekatalog m; **2kenner** m

ekspert, sagkyndig; **2kenntnis** f sagkundskab; **2kunde** f ⟨0⟩ sagkundskab; *Schulfach*: geografi-historie (i de små klasser); **~kundig** sagkyndig; **2lage** f sagernes stilling, forhold n, tingenes tilstand; **2leistung** f naturalydelse; **~lich** saglig

sächlich GRAM intetkøns, neutrum

Sach|lichkeit f ⟨0⟩ saglighed; **~register** n sagregister n; *Bibliothek*: stikordsregister n, emnekatalog n; **~schaden** m materiel skade

Sachse [-ksə] m ⟨-n⟩ sakser

sächseln [-ks-] v/i ⟨-le⟩ tale med saksisk accent

Sachsen n Saksen n

sächsisch saksisk

sacht(e) ⟨-est⟩ sagte, forsigtig; langsom

Sach|verhalt m ⟨-(e)s; -e⟩ sagens (rette) sammenhæng, fakta pl; **~versicherung** f tingforsikring

sachverständig sagkyndig; **2e(r)** sagkyndig; **2engutachten** n rapport af sagkyndig, ekspertise

Sach|verwalter m repræsentant, værge; **~walter** m engageret talsmand; **~wert** m materiel værdi, realværdi; **~wörterbuch** n realleksikon n; **~zwang** m saglig nødvendighed

Sack m ⟨-(e)s; ≈e⟩ sæk; (*Tüte*) pose; (*Beutel*) pung; *mit ~ und Pack* fig med alle sine pakkenelliker

Säckel m pung

sacken v/i fylde i sæk, stoppe; v/i synke

Sack|gasse f blind gade; fig blindgyde; **~hüpfen** n ⟨-s; 0⟩ sække(vædde)løb n; **~leinen** n sækkelærred n; **~pfeife** f sækkepibe; **~tuch** n sækkelærred n; **2weise**

sækkevis

Sa'dis|mus m ⟨-; 0⟩ sadisme; **~t(in)** m ⟨-en⟩ (f) sadist; **2tisch** sadistisk

sä|en ['zɛːən] 2**er** m såmand

Sa'fari f ⟨-; -s⟩ safari

Safe [seːf] m od n ⟨-s; -s⟩ boks, pengeskab n

Saffianleder [-fiaːn-] n safian n

Safran m ⟨-s; -s⟩ safran (n); 2**gelb** safran-gul

Saft m ⟨-(e)s; ~e⟩ juice, saft; (Flüssigkeit) væske; 2**ig** saftig; fig frodig; (derb) grov, drøj; ~**laden** m F biks; 2**los** ⟨-est⟩ saftløs; slap; ~**presse** f saftpresser

Sage f sagn n; (Gerücht) rygte n

Säge f sav; ~**blatt** n savblad n; ~**bock** m savbuk; ~**fisch** m savfisk; ~**maschine** f maskinsav; ~**mehl** n savsmuld (n); ~**mühle** f savværk n

sagen sige; (bedeuten) betyde; **man sagt** man siger, der siges; **das hat nichts zu ~** det har ikke ngt. at sige; **sag mal!** hør en-gang!; **was du nicht sagst!** det siger du ikke!; **offen gesagt** ærlig talt; **gesagt, getan** som sagt, så gjort

sägen save; F (schnarchen) trække torsk i land

sagen|haft ⟨-est⟩ sagnagtig; fig F fantastisk; 2**welt** f sagnverden

Säge|r m savskærer; ~**späne** m/pl savspå-ner pl; ~**werk** n savværk n; ~**zahn** m savtand

Sahara [za-'haːraː] f Sahara (ørken)

Sahne f ⟨0⟩ fløde; (geschlagene Schlag2) flødeskum n; (flüssige Schlag2) piske-fløde; ~**eis** n flødeis; ~**käse** m flødeost; ~**stück** n stykke n lagkage (od kage med flødeskum); ~**torte** f lagkage

sahnig fløde-, flødeholdig; fed

Saison [zɛ-'zɔ̃] f ⟨-; -s⟩ sæson; ~**arbeit** f sæsonarbejde n; ~**ausverkauf** m halvår-ligt udsalg n; 2**bedingt** sæsonbestemt; ~**beginn** m sæsonstart; ~**ende** n sæson-slut; 2**mäßig** sæsonmæssig, sæson-; ~**zuschlag** m sæsontillæg n

Saite f streng (a fig); **andere ~n aufziehen** fig tage skeen i den anden hånd; ~**nin-strument** n strengeinstrument n; ~**nspiel** n strygemusik, strengespil f

Sakko n od m ⟨-s; -s⟩ jakke; ~**anzug** m jak-kesæt n

sa'kral sakral, hellig

Sakra'ment n ⟨-(e)s; -e⟩ sakramente n; ~**i'leg** n ⟨-s; -e⟩ helligbrøde; ~**i'stei** [-st-] f sakristi n; 2**o'sankt** sakrosankt

säkulari'sier|en sekularisere; 2**ung** f ⟨0⟩ sekularisering

Sala'mander m salamander

Sa'lami f ⟨-; -s⟩ salamipølse; ~**taktik** f fig F salamitaktik

Sa'lat m ⟨-(e)s; -e⟩ salat; **grüner ~** grøn sa-lat; **da haben wir den ~!** F nu hænger vi på den!; ~**besteck** n salatbestik, salat-sæt n; ~**büffet** n salatbuffet; ~**kopf** m sa-lathoved n; ~**öl** n salatolie; ~**schüssel** f salatskål

sal'badern v/i ⟨-re⟩ vrøvle

Salbe f salve

Salbei f ⟨0⟩ od m ⟨-s; 0⟩ salvie

salb|en salve; 2**ung** f salvelse (a fig); ~**ungsvoll** salvelsesfuld

Saldo m ⟨-s; -s od Saldi od Salden⟩ saldo

Sa'line f saltværk n

Sali'zyl n ⟨-s; 0⟩ salicyl n

Salm m ⟨-(e)s; -e⟩ zo laks

Salmiak ['-mĭak] m ⟨-s; 0⟩ salmiak; ~**geist** m ⟨-(e)s; 0⟩ salmiakspiritus; ~**pastille** f salmiakpastil

Salmo'nellen f/pl salmonella

salo'monisch: ~**es Urteil** salomonisk dom (od afgørelse)

Salon [-'lɔŋ] m ⟨-s; -s⟩ salon; 2**fähig** salon-fæhig, dannet; F stueren; ~**löwe** m fig sa-lonløve; ~**wagen** m salonvogn

sa'lopp ⟨-est⟩ sjusket, skødesløs; noncha-lant

Sal'peter m ⟨-s; 0⟩ salpeter n; 2**haltig** sal-peterholdig; ~**säure** f ⟨0⟩ salpetersyre

Salto m ⟨-s; -s od Salti⟩ salto, luftsprong n; ~ **mor'tale** m ⟨-; - od Salti mortale⟩ sal-tomortale; ~ **rückwärts** salto fremad; ~ **vorwärts** salto baglæns

Sa'lut m ⟨-(e)s; -e⟩ salut; 2**'tieren** v/i salu-tere; ~**tschüsse** m/pl salutskud pl

Salve [v] f salve

Salweide f skovpil

Salz n ⟨-es; -e⟩ salt n (a fig); 2**arm** saltfat-tig; 2**artig** saltagtig; ~**bad** n saltvandsbad n; ~**bergwerk** n saltværk n; 2**en** ⟨-t⟩ salte; → a gesalzen; ~**fass** n saltkar n; ~**fleisch** n saltet kød n; ~**gehalt** m saltindhold n, saltholdighed; ~**gewinnung** f saltudvin-ding; ~**gurke** f lageagurk; 2**haltig** salthol-dig; 2**ig** salt(holdig); ~**kartoffeln** f/pl kogte kartofler pl; ~**lake** f saltlage; 2**los** saltfri; ~**lösung** f saltlage; ~**säure** f ⟨0⟩ saltsyre; ~**stange** f saltstang; ~**streuer** m saltbøsse; ~**wasser** n salt-vand n; ~**wüste** f saltørken

Sama'riter m samaritan; **der barmherzi-ge ~** den barmhjertige samaritan

Sämaschine f såmaskine

Samba m ⟨-s; -s⟩ od f ⟨-; -s⟩ samba

Same 1. m ⟨-ns; -n⟩ sæd; **2.** m ⟨-n⟩ (Lappe)

same; ~n m sæd; BOT frø n
Samen|bank f ‹-; -en› sædbank; **~erguss**
m sædafgang; **~handlung** f frøhandel;
~kapsel f frøkapsel; **~korn** n sædekorn
n; **~spender** m Pers sæddonor; **~strang**
m sædstreng; sædkanal; **~zelle** f sædcelle
Säme'rei(en pl) f frø pl
sämig GASTR tyk, jævn(et); ~ **machen**
jævne
Sämischleder n vaskeskind n
Sammel|band m samleværk n; **~becken** n
reservoir n, vandbassin n; fig POL sam-
menренд n; **~büchse** f indsamlingsbøsse;
~fahrschein m gruppebillet; **~karte** f
klippekort n; **~leidenschaft** f → **Sam-
melwut**; **~liste** f indsamlingsliste; **2n**
‹-le› samle (etw. A/på ngt); Geld ind-
samle; Münzen ~ samle på mønter; **sich**
~ samle sig, samles; fig samle sine tanker,
koncentrere sig; **~name** m samlingsnavn
n; kollektiv betegnelse; **~nummer** f TEL
kaldenummer n; **~pass** m kollektivt
pas n; **~platz** m; **~punkt** m, **~stelle** f sam-
lingsplads; **~'surium** n ‹-s; Sammelsu-
rien› sammensurium n, roderi n; **~werk**
n samlingsværk n; **~wut** f samlermani
Sammler m samler; (Kanalisation) ho-
vedledning; **~ung** f samling; (Einsamm-
lung) indsamling; fig samling, koncentration
Samo'war m ‹-s; -e› samovar
Samstag m lørdag; am ~, 2s om lørdagen;
langer (verkaufsoffener) ~ lørdag med
lang åbningstid
samt (D) tillige med, samt; ~ und sonders
alle sammen, uden undtagelse
Samt m ‹-(e)s; -e› fløjl n; 2en af fløjl,
fløjls-; **~handschuhe** m/pl fig fløjlshandsker pl
sämtlich samtlig, alle
samtweich fløjlsblød
Sana'torium [-RIUM] n ‹-s; Sanatorien› sanatorium n
Sand m ‹-(e)s; -e› sand n
San'dale f sandal
Sand|aufspülung f sandoppumpning;
~bahn f SPORT speedway; **~bahnrennen**
n speedwayløb n; **~bank** f ‹-; ~e› sand-
banke, revle; **~boden** m sandbund; sand-
jord; **~burg** f sandslot n
Sandelholz n ‹-es; 0› sandel(træ n)
sand|farben gullig, beige; 2floh m tan-
gloppe; 2form f sandform; 2grube f grus-
grav; 2hügel m sandhøj; **~ig** sandet;
2kasten m, 2kiste f sandkasse; 2korn n
sandskorn n; 2kuchen m sandkage;
2männchen n fig F Ole Lukøje; 2papier

n sandpapir n; 2stein m sandsten;
~strahlen sandblæse; 2strahlgebläse n
sandstråleblæser; **~strand** m sandstrand;
2sturm m sandstorm; 2torte f sandkage;
2uhr f timeglas n; 2verwehung f sanddri-
ve; 2weg m sandvej
Sandwich ['sɛndvitʃ] n od m ‹-es; -es›
sandwich
Sandwüste f sandørken
sanft ‹-est› mild, blid; (weich) blød; Hügel: jævn; (sanftmütig) godmodig
Sänfte f bærestol
Sanft|heit f ‹0› mildhed, blidhed; **~mut** f
‹0› blidhed; 2mütig blid, sagtmodig
Sang m ‹-(e)s; -e› sang; 2bar sangbar
Sänger m sanger; **~chor** m sangkor n;
~fest n sangerfest, sangerstævne n; **~in**
f sangerinde
Sanges|bruder m kammerat i sangfore-
ningen; 2lustig sangglad
San'guiniker m sangviniker
sa'nier|en sanere; 2ung f sanering;
2ungsplan m saneringsplan; **~ungsreif**
saneringsmoden; 2ungsviertel n sane-
ringskvarter n
sani'tär sanitær, sundheds-; 2ter m røde-
korsmand; MIL ambulancesoldat
Sani'täts|dienst m samaritertjeneste; MIL
tjeneste i sanitetskorpset; **~offizier** m sa-
nitetsofficer; **~wache** f ambulancestation, skadestue; **~wagen** m ambulance
Sankt Sankt
Sanktio|n [-'tsio:n] f sanktion; 2'nieren
sanktionere, godkende
Sansibar n Zanzibar n
Sanskrit n ‹-s; 0› sanskrit n
Saphir ['za:fiːʀ] m ‹-s; -e› safir; **~nadel** f
safirstift
sapper|'lot!, ~'ment! F død og pine!, for
fanden!
Sara'bande f MUS sarabande
Sara'zene m ‹-n› saracener
Sar'd|elle f ansjos, sardel; **~ine** f sardin;
~inenbüchse f sardindåse
Sar'dinien [-niən] n Sardinien n
Sarg m ‹-(e)s; ~e› (lig)kiste; **~deckel** m ki-
stelåg n
Sar'kas|mus m ‹-; Sarkasmen› sarkasme;
2tisch sarkastisk, spydig
Sarkophag [-'fa:k] m ‹-s; -e› sarkofag
Sa|tan m ‹-s; -e› Satan; 2'tanisch satanisk
Satel'lit m ‹-en› satellit (a fig); **~enanlage**
f parabolanlæg n; **~enfernsehen** n satel-
lit-tv n; **~enstaat** m satellitstat; **~enüber-
tragung** f transmission via satellit
Satin [-'tɛ̃:] m ‹-s; -s› satin n
Sa'tire f satire; **~iker** m satiriker; 2isch sa-

tirisk

Sa'trap m ⟨-en⟩ satrap

satt ⟨-est⟩ mæt; Farbe: mættet; **~bekommen: etw. ~** få nok af ngt.; **~blau** dybblå

Sattel m ⟨-s; ⁓⟩ sadel; MUS violinstol; (Pass) pas n; ås; **j-n aus dem ~ heben** fig løfte én af sadlen, F vippe én af pinden; (Sprung) sæt n, spring n; (Serie) sæt n; (Boden⁐, CHEM) bundfald n; (Kaffee⁐) grumo n; (Prozent) del; Tennis: sæt n; (Lehr⁐) læresætning, **~akzent** m sætningsaccent; **~ball** m SPORT sætbold; **~bau** m ⟨-(e)s; 0⟩ sætningsbygning, **~fehler** m TYP sætterfejl; **~gefüge** n sætningsbygning, **~glied** n sætningsled; **~lehre** f sætningslære, syntaks; **~spiegel** m TYP klumme; **~teil** m sætningsdel

Satzung f statutter pl, vedtægter pl

satzungs|gemäß statutmæssig, efter vedtægten; **~widrig** vedtægtsstridig

Satzzeichen n skilletegn n

Sau f ⟨-; ⁓e⟩ so; fig ⁓ svin(epels) n; (Wild⁐) vildso

sauber ren, renlig, proper; (sorgfältig) omhyggelig; fig nydelig (a iron; **~halten** holde ren, holde i orden; **~ machen** gøre rent

sauberhalten → **sauber**

Sauber|haltung f ⟨0⟩ renholdelse; **~keit** f ⟨0⟩ ren(lig)hed, properhed; Schrift, Arbeit: omhu

säuberlich ren, proper; (sorgfältig) omhyggelig

sauber·machen, **säubern** → **sauber**

Säuberung f renselse, rensning; fig udrensning; **~saktion** f udrensningsaktion

sau|blöd P åndssvag, idiotisk; **⁐bohne** f hestebønne

Sauce f ['zo:sə] f sauce, sovs; **~iere** [-'sĭɛ:rə] f sovseskål

Saudi-A'rabien n Saudi-Arabien n

---

sauer sur (a fig F); **j-m das Leben ~ machen** gøre én livet surt; **~ werden** blive sur; **⁐ampfer** m syre; **⁐braten** m sursteg; **⁐brunnen** m (kulsyreholdigt) mineralvand n

Saue'rei f P svineri n (a fig), griseri n

Sauer|kirsche f morel; **~kohl** m ⟨-(e)s; 0⟩ **~kraut** ⟨-s; 0⟩ surkål

säuer|lich syrlig (a fig); **⁐ling** m ⟨-s; -e⟩ → **Sauerbrunnen**

Sauermilch f tykmælk, surmælk

säuern ⟨-re⟩ v/t syre; v/i ⟨sn⟩ blive sur

Sauerstoff m ⟨-(e)s; 0⟩ ilt; **~apparat** m pulmotor, iltapparat n; **~flasche** f iltflaske; **⁐haltig** iltholdig; **~mangel** m ⟨-s; 0⟩ iltmangel; **~patrone** f iltpatron; **~zelt** n ilttelt n

Sauer|teig m surdejg; **~topf** m fig gnavpotte

Sauf|bruder m P drukkenbolt, svirebroder; **⁐en** ⟨L⟩ drikke

Säufer m P drukkenbolt, dranker

Saufe'rei f P sviren; sold n

Säuferin f P kvinde der drikker, dranker

Saufgelage n P drikkegilde n

Saug|bagger m sandsuger; **⁐en** ⟨L⟩ suge; patte

säugen die, give die (od bryst), amme

Sauger m sugeskive, suger; Flasche: sut

Säugetier n pattedyr n

Saug|fähigkeit f ⟨0⟩ sugeevne; **~flasche** f sutteflaske; **~heber** m (stik)hævert

Säugling m ⟨-s; -e⟩ spædbarn n, baby; F pattebarn n

Säuglings|ausstattung f babyudstyr n; **~heim** n børnehjem n, spædbørnshjem n; **~nahrung** f spædbørnsmad; **~pflege** f spædbørnspleje; **~schwester** f barneplejerske, nurse; **~sterblichkeit** f spædbørnsdødelighed; **~waage** f barnevægt

Saug|napf m sugekop; **~pumpe** f sugepumpe; **~rohr** n pipette

säuisch P svinsk, griset

Sau|jagd f vildsvinsjagt; **~kerl** m P svinepels

Säule f søjle, pille; (Stütze) støtte; MIL kolonne; **~ngang** m søjlegang; **~nreihe** f søjlerække

Saum m ⟨-(e)s; ⁓e⟩ søm; (Rand) kant, rand

saumäßig P svine-, svinsk; Qualität: elendig

säumen v/t sømme, kante; v/i (zögern) tøve, nøle

säum|ig sen, langsom, treven (nachlässig) efterladende; **⁐igkeit** f ⟨0⟩ langsomhed; efterladenhed; **⁐nis** f ⟨-; -se⟩ od n ⟨-ses; -se⟩ tøven; **⁐niszuschlag** m restan-

S

cebøder *pl*, morarenter *pl*

Saum|pfad *m* lastdyrsti; bjergsti; **~sattel** *m* paksadel; **2selig** sen (-drægtig), langsom; **~tier** *n* lastdyr *n*

Sauna *f* ‹-; -s *od Saunen*› sauna; **2en** *v/i* F være (*od* gå) i sauna

Säure *f* syre; *Geschmack*: surhed; **2arm** *Wein*: med lavt garvesyreindhold (*nachgestellt*); **2fest** syrefast; **~gehalt** *m* syreindhold *n*

Saure'gurkenzeit *f* *fig* F agurketid

Saurier [-ʀĭ-] *m* kæmpeøgle, urtidsøgle

Saus *m*: *in ~ und Braus* i sus og dus

säuseln ‹-le› suse (sagte)

sausen *v/i* ‹-t; *sn*› suse; (*eilen*) F fare af sted; *etw. ~ lassen* F opgive (*od* droppe) ngt; **~lassen** → **sausen**

Sau|stall *m* svinesti (*a P fig*); **~wetter** *n* P møgvejr *n*; **~wirtschaft** *f* P svineri *n*, uorden; **2wohl** F skide dejligt

Sa'vanne [v] *f* savanne

Saxofo|n [zakso''foːn] *n* ‹-s; -e› saksofon; **~'nist** *m* ‹-en› saksofonist

S-Bahn *f* → **Schnellbahn**

SB-Laden *m* → **Selbstbedienungsladen**

scanne|n ['skɛnən] scanne; **2r** ‹-s; -› scanner

Schabe *f* zo kakerlak; *Eisen*: skrabejern *n*; **~fleisch** *n* skrabet kød *n*, tartarbøf; **2n** skrabe; raspe

Schabernack *m* ‹-(e)s; -e› kåd streg, puds *n*; *j-m e-n ~ spielen* spille én et puds

schäbig luvslidt, lurvet; (*geizig*) fedtet; *fig* ufin, udannet; **2keit** *f* ‹0› lurvethed; (*Geiz*) fedtethed

Scha'blone *f* mønster *n*, skabelon; **2nhaft** ‹-est› maskinmæssig, efter én skabelon (*a fig*)

Schach *n* ‹-s; 0› skak(spil *n*); *in ~ halten* *fig* holde i skak; *~ spielen* spille skak; *~!* skak!; **~brett** *n* skakbræt *n*

Schacher *m* ‹-s; 0› sjakren; **~er** *m* sjakrer; **2n** *v/i* ‹-e› sjakre

Schach|feld *n* felt *n*; **~figur** *f* skakbrik; **2'matt** skakmat (*a fig*); **~meister** *m* skakmester; **~partie** *f* skakparti *n*; **~spiel** *n* skakspil *n*; **~spieler(in)** *m(f)* skakspiller

Schacht *m* ‹-(e)s; ͏̈e› skakt, grube, brønd

Schachtel *f* ‹-; -n› æske; *für Obst*: bakke; *e-e ~ Zigaretten* en pakke cigaretter; *alte ~ fig* F gammel tudse, pebermø; **~halm** *m* padderokke; **2n** ‹-le› sætte sammen som æsker; (*verschachteln*) indkapsle; **~satz** *m* indskudt sætning (i kancellistil)

Schach|turnier *n* skakturnering; **~zug** *m* skaktræk *n* (*a fig*)

schade skade, trist; (*es ist*) **~!** det er kede-

ligt (*od* synd, en skam)!; *es ist ~, dass ...* det er en skam, at...; *es ist ~ um ihn* det er (*od* var) synd for ham; *um ihn ist es nicht ~!* ham kan vi godt undvære!; det har han kun godt af!; **2** *m* ‹-ns; ͏̈n› → **Schaden**

Schädel *m* hoved *n*, hjerneskal; ANAT kranium *n*; **~bruch** *m* kraniebrud *n*; **~decke** *f* hjerneskal

schaden *v/i* ‹-e-› (*D*) skade; *das schadet nichts* det gør ikke ngt

Schaden *m* ‹-s; ͏̈› skade; (*Verlust*) tab *n*; *zu ~ kommen* komme til skade; *~ nehmen an* (*D*) tage skade af; **~ersatz** *m* skadeserstatning; **~ersatzanspruch** *m* erstatningskrav *n*; **~feuer** *n* ildsvåde, brandskade; **~freude** *f* ‹0› skadefryd; **2froh** skadefro

Schadens|anzeige *f* skadesanmeldelse; **~feststellung** *f* skadesopgørelse; **~versicherung** *f* skadesforsikring

schadhaft ‹-est› beskadiget, defekt; **2igkeit** *f* ‹0› beskadiget tilstand

schädig|en beskadige; *Geld, Ruf* skade; **2ung** *f* beskadigelse; skade

schäd|lich skadelig; **2lichkeit** *f* ‹0› skadelighed; **2ling** *m* ‹-s; -e› *Pers* skadeligt menneske *n*; *Tier*: skadedyr *n* (*a fig*); **2lingsbekämpfung** *f* skadedyrsbekæmpelse; **2lingsbekämpfungsmittel** *n* F sprøjtemiddel

schad|los skadesløs; *sich an j-m ~ halten* holde sig skadesløs hos én; **2stoff** *m* skadeligt (*od* giftigt) stof *n*, skadestof *n*

Schaf *n* ‹-(e)s; -e› får *n* (*a fig*); *das schwarze Schaf* *fig* det sorte får; **~bock** *m* vædder

Schäfchen *n* lam *n*; BOT rakle; (*Wolke*) lammesky; *sein ~ ins Trockene bringen* *fig* få sit på det tørre

Schäfer *m* (fåre)hyrde; **~hund** *m* schæfer(hund); **~in** *f* hyrdinde; **~stündchen** *n* *fig* hyrdetime

schaffen¹ skaffe; (*tun*) gøre, bestille; (*arbeiten*) arbejde; (*fertig bringen*) overkomme, klare, få af vejen, få gjort; (*erreichen*) nå; (*befördern*) skaffe, bringe; *er hat nichts damit zu ~* han har intet med det at gøre; *etw. aus der Welt ~ fig* bringe ngt. ud af verden; *das macht ihm schwer zu ~* det har han til hals; *wir haben es geschafft!* F så blev vi færdig med det! så klarede (*od* nåede) vi det!

schaffen² ‹L› skabe, frembringe; *wie geschaffen sein* være som skabt (*zu D/*til); **2n** *n* ‹-s; 0› skaben, værk *n*; **2de(r)** (*Künst-*

ler) skabende kunstner

Schaffens|drang *m* skabertrang; **~freude** *f* ⟨0⟩ virkelyst; **~kraft** *f* ⟨0⟩ skaberkraft

Schaffleisch *n* fårekød *n*, lammekød *n*

Schaffner(in) *m(f)* kontrollør, konduktør

Schaffung *f* ⟨0⟩ skabelse

Schaf|herde *f* fårehjord; **~hirt** *m* fårehyrde

Schäflein *n* lille får *n*; **alle s-e ~** alle der var ham betroede

Schafmilch *f* fåremælk

Scha'fott *n* ⟨-(e)s; -e⟩ skafot *n*

Schafschur *f* fåreklipning

Schafs|käse *m* fåreost; **ein Wolf im ~** *fig* en ulv i fåreklæder; **~kopf** *m* fårehoved *n* (*a fig*); *Kartenspiel:* sjavs; **~pelz** *m* fåreskindspels; **~leder** *n* fåreskind *n*

Schafstall *m* fårestald

Schaft *m* ⟨-(e)s; ⁓e⟩ skaft *n*; *Gewehr:* skæfte *n*; **~stiefel** *m/pl* skaftestøvler *pl*

Schaf|wolle *f* fåreuld; **~zucht** *f* fåreavl

Schah *m* ⟨-s; -s⟩ shah

Scha'kal *m* ⟨-s; -e⟩ sjakal

Schäkel *m* sjækkel

Schäker *m* gavtyv, strik, skælm; **2n** *v/i* ⟨-*te*⟩ spøge, *mit Mädchen.* fjase

schal *Bier:* doven; *fig* flov, fad, tom, tynd, mat

Schal *m* ⟨-s; -s⟩ tørklæde *n*; sjal *n*

Schalbrett *n* forskallingsbræt *n*

Schale *f* skal; *BOT* skræl; (*Gefäß*) skål; (glas)tallerken, asiet

schälen skrælle, pille; (*entrinden*) afbarke; **sich ~** skalle

Schalen|sitze *m/pl* formstøbte sæder *pl*; **~tier** *n* skaldyr *n*

Schalheit *f* ⟨0⟩ flovhed, tomhed

Schälhengst *m* beskeler(hingst)

Schalk *m* ⟨-(e)s; -e od ⁓e⟩ skalk, skælm, gavtyv; **2haft** ⟨-*est*⟩ skalkagtig, skælmsk; **~haftigkeit** *f* ⟨0⟩ skalkagtighed, skælmskhed

Schall *m* ⟨-(e)s; ⁓e od -e⟩ lyd; klang; (*Widerhall*) genlyd; **~boden** *m* resonansbund; **~dämpfer** *m* lyddæmper; **2dicht** lydtæt

schallen *v/i* lyde; (*klingen*) klinge; (*dröhnen*) runge; (*widerhallen*) genlyde; **~d** genlydende, tonende; *Beifall, Gelächter:* drønende, rungende; *Ohrfeige:* knaldende

Schall|geschwindigkeit *f* lydens hastighed; **~lehre** *f* ⟨0⟩ lydlære; **~mauer** *f* ⟨0⟩ lydmur; **~messung** *f* lydmåling

Schallplatte *f* grammofonplade; **~ngeschäft** *n* pladeforretning

schall|schluckend lydabsorberende;

2trichter *m* lydtragt; **2welle** *f* lydbølge

Schal'mei *f* skalmeje

Schalobst *n* skalfrugt

Scha'lotte *f* skalotteløg *n*

Schalt|anlage *f* omstiller, omstillings-, fordelingsanlæg *n*; **~brett** *n* strømtavle, fordelingstavle; *Auto:* instrumentbræt *n*; *TEL* omstillingsbord *n*; **2en** ⟨-*e*-⟩ *Auto:* skifte gear, koble ind; *EL* åbne for, slutte; **~ und walten** skalte og valte; (*begreifen*) F kapere, begribe

Schalter *m* ekspedition(ssted *n*), indleveringssted *n*, luge; skranke; BAHN *u* THEA (billet)hul *n*, billetkontor *n*, billetsalg *n*; *EL* afbryder, kontakt; **~beamte(r)** ekspedient; BAHN *u* THEA billetsælger; **~halle** *f*, **~raum** *m* ekspeditionslokale *n* (med billetluger); **~schluss** *m* lukketid

Schalt|hebel *m Auto:* gearstang; *EL* (strøm)afbryder; **an den ~n der Macht** i en nøgleposition; **~jahr** *n* skudår *n*; **~knüppel** *m Auto:* gearstang; **~plan** *m* kredsløbsdiagram *n*; **~tafel** *f* fordelingstavle; **~tag** *m* skuddag; **~uhr** *f* kontaktur *n*, tænd-og-sluk-ur *n*; **~ung** *f* TECH kobling; gear *n*, (*das Schalten*) strømslutning, afbryderanordning

Schalung *f* forskalling

Scha'luppe *f* chalup, slup

Scham [a:] *f* ⟨0⟩ skam, vanære; ANAT ydre kvindelige kønsdele *pl*, pubes; **~bein** *n* skamben *n*

schämen: sich e-r Sache (*G*) **~** skamme sig over ngt. (F *a* **sich über etw.** *A* **~**)

Scham|gefühl *n* skamfølelse; **~gegend** *f* skamdele *pl*; **~haar** *n* skamhår *n*; **2haft** ⟨-*est*⟩ genert, undselig; **~haftigkeit** *f* ⟨0⟩ generthed; **~lippen** *f/pl* skamlæber *pl*; **2los** ⟨-*est*⟩ uforskammet, skamløs; **~losigkeit** *f* skamløshed

Scha'motte *f* ⟨0⟩ chamottesten

Scham|ritze *f* vulva; **2rot** rød (af skam); **~röte** *f* skamrødme; **~teile** *m/pl* kønsdele *pl*

schand|bar skændig, skammelig; **2e** *f* ⟨0⟩ skam; (*Schimpf*) skændsel, vanære; **es ist e-e ~** det er en skam

schänd|en ⟨-*e*-⟩ skænde, vanære; (*vergewaltigen*) voldtage; **2er** *m* skænder; forfører

schändlich skammelig, skændig; forfærdelig; **es ärgert mich ~** det ærgrer mig forfærdeligt; **2keit** *f* skændighed

Schand|pfahl *m* gabestok; **~tat** *f* skændselsgerning, ugerning

Schändung *f* vanhelligelse, krænkelse; (*Vergewaltigung*) voldtægt

S

Schanker *m* MED chanker

Schank|erlaubnis *f* spiritusbevilling; **~tisch** *m* (bar)disk; **~wirt** *m* restauratør, kroejer

Schanze *f* skanse (*a* NAUT *u* SPORT); **2n** *v/i* ⟨-t⟩ grave skanse

Schar *f* skare, flok; *Pflug*: plovskær *n*; **~en** *pl* MIL tropper *pl*; **~en von** *fig* masser af

Scha'rade *f* stavelsesgåde

Schäre *f* GEOGR skær *n*, klippeø; *die* **~n** skærgården

scharen samle; *sich* **~** samles, flokkes; **~weise** skarevis, massevis

scharf ⟨~er; ~st⟩ skarp; (*heftig*) voldsom, hård; *fig* skrap, hvas; **~ auf etw.** (*A*) *sein* F være ivrig efter ngt.; være vild med ngt.; **~ auf j-n sein** P være varm på én; **~ schießen** MIL skyde med skarpt; **2blick** *m* ⟨-(e)s; 0⟩ *fig* skarpsyn(ethed) *n*; **~blickend** *fig* skarpsynet

Schärfe *f* skarphed; (*Geistes*2) skarpsindighed; (*Strenge*) voldsomhed, hårdhed; **2n** skærpe, hvæsse, slibe (*a fig*), gøre skarp; *fig* skærpe; *sich* **~** blive skarp(ere)

scharf|kantig skarpkantet; **~machen** *fig* ophidse; **2macher** *m fig* ophidser, agitator; **2richter** *m* skarpretter; **2schießen** *n* ⟨-s; 0⟩ skarpskydning; **2schütze** *m* skarpskytte; **~sichtig** *fig* skarpsynet; **2sinn** *m* ⟨-(e)s; 0⟩ skarpsindighed; **~sinnig** skarpsindig

Schärfung *f* ⟨0⟩ skærpning; *fig* skærpelse

Scharlach *m* ⟨-s; -e⟩ skarlagen *n*, **2rot** skarlagenrød

Scharlatan *m* ⟨-s; -e⟩ svindler, charlatan; **~e'rie** *f* svindel, charlataneri *n*

Schar|m *m* ⟨-(e)s; 0⟩ charme; **2'mant** ⟨-est⟩ charmant, charmerende

Schar'mützel *n* skærmydsel

Schar'nier *n* ⟨-s; -e⟩ hængsel *n*

Schärpe *f* skærf *n*; bind *n*

scharren *v/i* skrabe, kradse

Schart|e *f* skår *n*, hak *n*; (*Hasen-*) hareskår *n*; (*Schieß-*) skydeskår *n*; (*Berg-*) spalte; (*Fehler*) mangel, fejl; *e-e* **~ auswetzen** *fig* gøre gammel skade god igen, oprette et nederlag; **2ig** skåret

schar'wenzeln *v/i* ⟨-le⟩ F skrabe ud, idsmigre (sig)

Schaschlik *m od n* ⟨-s; -s⟩ grillspyd *n*

schassen F jage bort, sparke ud

Schatten *m* skygge; **~bild** *n* skyggebillede *n*, silhouet; **~dasein** *n* skyggetilværelse; **2haft** ⟨-est⟩ skyggelignende, skyggeagtig; **~kabinett** *n* skyggekabinet *n*; **2reich** skyggefuld; **~reich** *n*: *das* **~** skyggeriget; **~riss** *m* skyggerids *n*, silhouet; **~seite** *f*

skyggeside (*a fig*); **~spiel** *n* skyggespil *n*

schat'tier|en *Stoff, Kunst*: schattere; **2ung** *f* skattering; nuance(ring)

schattig skyggefuld

Scha'tulle *f* skrin *n*; (*Kasse*) pengekasse

Schatz *m* ⟨-es; *-̈e⟩ skat (*a fig*); **~amt** *n* finanskasse; **~anweisung** *f* statsobligation

schätz|bar beregnelig; (*zu achten*) værdifuld; **2chen** *n* lille skat; **~en** ⟨-t⟩ taksere, vurdere, anslå (*auf* A/til); (*achten, mögen*) sætte pris på; (*meinen*) F tro, mene; **→** *a* **geschätzt**; *sich glücklich* **~** prise sig lykkelig; **~enswert** værdifuld, prisværdig; **2er** *m* vurderingsmand, taksator

Schatz|gräber *m* skattegraver; **~kammer** *f* skatkammer *n*; **~meister** *m* Verein: kasserer

Schätz|preis *m* vurderingspris, taksationspris; **~ung** *f* vurdering, overslag *n*; (*Meinung*) skøn *n*; *Steuer*: skatteligning; (*Ansehen*) popularitet, anseelse; **2ungsweise** *adv* skønsmæssigt; **~wert** *m* takseret værdi

Schau *f* syn *n*, skue *n*; (*Ausstellung*) udstilling; THEA revy; *zur* **~ stellen** vise; *fig* prale (med); **~bild** *n* diagram *n*; **~bude** *f* fjællebod, markedstelt *n*; **~bühne** *f* scene, skueplads

Schauder *m* gys *n*; (*Entsetzen*) gysen, rædsel; **~ erregend** **→** **2erregend**, **2haft** ⟨-est⟩ gruelig, rædselsfuld; forfærderlig; **2n** *v/i* ⟨-re⟩ gyse, ryste; *mich* (*od mir*) *schaudert* jeg gyser (*vor* D/for)

schauen kigge, se (*auf* A/på)

Schauer[1] *m* gys *n*, rædsel; (*Regen*2, *Hagel*2) byge

Schauer[2] *m* (*Hafen*2) havnearbejder

Schauer|geschichte *f* gyserhistorie; *iron* røverhistorie; **2lich** gyselig, rædselsfuld; **~mann** *m* ⟨-(e)s; *Schauerleute*⟩ havnearbejder; **2n** *v/i* ⟨-re⟩ ryste, skælve, gyse; **~nacht** *f* rædselsnat; **~roman** *m* gyserroman

Schaufel *f* ⟨-; -n⟩ skovl; **2n** ⟨-le⟩ skovle, grave; **~rad** *n* skovlhjul *n*

Schaufenster *n* udstillingsvindue *n*, butiksvindue *n*; **~bummel** *m* strøgtur, window-shopping; **~dekorateur** *m* vinduesdekoratør; **~puppe** *f* voksmannequin

Schau|flug *m* flyveopvisning; **~kasten** *m* udhængsskab *n*; *Museum*: montre

Schaukel *f* ⟨-; -n⟩ gynge; (*Wippe*) vippe; **2n** ⟨-le⟩ gynge, vippe; *fig* F klare; **~pferd** *n* gyngehest; **~politik** *f* siksakpolitik; **~reck** *n* trapez (*n*); **~stuhl** *m* gyngestol

Schaukler *m* gyngende; POL én der fører siksakpolitik

Schaulust f ⟨0⟩ skuelyst; **2ig** nysgerrig

Schaum m ⟨-(e)s; *-e⟩ skum m; fråde; **~bad** n skumbad n; **2bedeckt** skumdækket

schäumen v/i skumme; fråde; *Wein:* moussere; *vor Wut* ~ *fig* fråde af raseri

Schaum|feuerlöscher m skumslukker; **~gebäck** n marengs; **~gummi** m od m skumgummi (n); **2ig** skummende, skumagtig; **~kelle** f, **~löffel** m skumske; **~schläger** m piskeris m; *fig* pralhans, storpraler; **~stoff** m skumstof n

Schaumünze f skuemønt, erindringsmedalje

Schaumwein m mousserende vin

Schau|packung f attrap, (tom) udstillingsæske; **~platz** m skueplads; **~prozess** m skueproces

schaurig gyselig, rædselsfuld; **2keit** f ⟨0⟩ gru, rædsel

Schauspiel n skuespil n (*a fig, Verstellung*); *fig* syn n; **~er(in)** m(f) skuespiller (*a fig*); *(ältere Schauspielerin)* skuespillerinde; **2erisch** skuespiller-; **2ern** v/i ⟨-re⟩ forstille sig, lade som om; **~haus** n teater n; **~kunst** f ⟨0⟩ skuespilkunst

Schausteller m udstiller, teltholder; **~ung** f pej skaberi n

Scheck m ⟨-s; -s⟩ check; **~betrüger** m checkbedrager, checkrytter; **~buch** n, **~heft** n checkhæfte n

scheckig spættet, plettet

Scheck|inhaber m checkindehaver; **~karte** f ID-kort n; **~verkehr** m checkomsætning

scheel skelende, skeløjet; *(schief)* skæv; *(neidisch)* misundelig; **~äugig** skeløjet

Scheffel m skæppe; *sein Licht unter den* ~ *stellen* fig sætte sit lys under en skæppe; **2n** ⟨-le⟩ fig hobe op; *Geld~* tjene tykt; **2weise** skæppevis

Scheib|chen n lille *(od tynd)* skive; **~e** f skive; *(Glas-)* rude; *Brot in ~n geschnitten* brød (skåret) i skiver; *sich davon eine ~ abschneiden können* fig kunne lære noget af det

Scheiben|bremse f skivebremse; **2förmig** skiveformet; **~gardine** f spændgardin n; **~honig** m skivehonning; **~kupplung** f skivekobling; **~schießen** n ⟨-s; 0⟩ skiveskydning; **~waschanlage** f sprinkleranlæg m; **~wischer** m vinduevisker

Scheich m ⟨-(e)s; -e od -s⟩ sheik; *fig* F fyr

scheidbar til at skille (ad)

Scheide f skede a ANAT u Degen); *(Grenze)* skel n; **~linie** f grænselinie; **~mauer** f skillemur; **~münze** f skillemønt

scheiden ⟨L⟩ v/t (ad)skille; *Ehe:* opløse;

sich ~ lassen blive skilt, lade sig skille; *wir sind geschiedene Leute* det er forbi mellem os; → *a* **geschieden**; v/i ⟨sn⟩ skilles, tage afsked; *(weggehen)* drage *(od rejse)* bort; *aus dem Amt ~* nedlægge sit embede, tage sin afsked; *aus dem Leben ~* dø

Scheide|punkt m skillepunkt n, grænsepunkt n; **~wand** f skillevæg; **~weg** m skillevej; *am ~ stehen* fig stå på en skillevej

Scheidung f JUR skilsmisse

Scheidungs|grund m skilsmissegrund; **~klage** f skilsmissebegæring; **~prozess** m skilsmisseproces

Schein m ⟨-(e)s; -e⟩ skin n, skær n (a fig); *(Licht)* lys n; *(Anschein)* udseende n; *(Bescheinigung)* attest, bevis n, kvittering; *(Geld)* (penge)seddel; *(Papier)* seddel, kort n; *dem ~ nach* tilsyneladende; *den ~ wahren* redde skinnet; *zum ~* for et syns skyld; **~angriff** m skinangreb n; **2bar** tilsyneladende; **~ehe** f pro-forma-ægteskab n; **2en** v/i ⟨L⟩ skinne, lyse; *(erscheinen)* synes, lade til; *es scheint mir* jeg synes; *es scheint so* det lader til det; *er scheint ... han synes...;* **~firma** f stråmandsselskab n; **~friede** m (kun) tilsyneladende fred; **~grund** m skingrund; **2heilig** skinhellig; **~heiligkeit** f skinhellighed; **~kauf** m fingeret køb n; **~manöver** n skinmanøvre; **~tod** m skindød; **2tot** skindød; **~werfer** m lyskaster, projektør; *Auto:* lygte

Scheiß|dreck m P *fig* lort n; *das geht dich e-n ~ an* det rager ikke dig; **~e** f ⟨0⟩ P lort, skid; *fig* lort n, skidt n; **~!** for fanden!; **2en** ⟨L⟩ V skide *(auf A/på)*; **2´freundlich** P skideslesk; **~kerl** m P skidt fyr, kujon

Scheit n ⟨-(e)s; -e⟩ *(favne)*brænde n

Scheitel m *(Gipfel)* top(punkt n); *Haar:* skilning; *e-n ~ ziehen* trække en skilning; *vom ~ bis zur Sohle* fig fra top til tå; **2n** ⟨-le⟩ *Haar* skille, rede; **~punkt** m ASTR zenit n; MATH toppunkt n; *fig* højdepunkt n

Scheiter|haufen m brændestabel; *Mittelalter:* bål n (som straf); **2n** v/i ⟨-re; sn⟩ mislykkes, slå fejl; strande *(an D/på)*

Schelf m od n ⟨-s; -e⟩ fastlandssokkel

Schellack m skellak

Schelle f bjælde, lille klokke; *(Fessel)* håndjern pl; TECH lænke, rørholder; **2n** v/i ringe; **~nkappe** f narrehue; **~ntrommel** f tamburin

Schellfisch m kuller

Schelm m ⟨-(e)s; -e⟩ skælm, gavtyv; *armer*

~ **sølle fyr;** **~enroman** *m* skælmeroman; **~enstreich** *m* skælmsstykke *n;* **~e'rei** *f* skælmeri *n,* skælmsstykke *n;* **2isch** skælmsk

Schelt|e *f* skænd *pl;* ~ **bekommen** blive skældt ud; 2en ⟨*L*⟩ skælde ud (*wegen* G/for); ~ **auf** (*A*) skælde ud på; **~wort** *n* skældsord *n*

Sche|ma *n* ⟨*-s; -s od -ta*⟩ skema *n,* plan; 2'**matisch** skematisk; 2**mati'sieren** skematisere

Schemel *m* taburet; (*Fuß*2) skammel

Schemen *m* fantom *n,* skygge; 2**haft** ⟨*-est*⟩ skyggeagtig

Schenke *f* kro, værtshus *n*

Schenkel *m* (*Ober*2) lår *n;* (*Unter*2) skinneben, smalben *n;* MATH ben *n;* **~bruch** *m* lårbrud *n;* **~halsbruch** *m* lårbensbrud *n*

schenk|en give, forære; (*stiften*) skænke; (*erlassen*) eftergive; (*eingießen*) skænke; (*ausschenken*) udskænke; *geschenkt bekommen* få forærende; 2**er** *m* testator, giver; 2**stube** *f* skænkestue; 2**tisch** *m* skænk, bardisk; 2**ung** *f* gave, donation; 2**ungsurkunde** *f* gavebrev *n,* 2**wirt** *m* beværter, restauratør

scheppern *v/i* ⟨*-re*⟩ *F* rasle, klirre

Scherb|e *f* skår *n; in ~n gehen* gå i stykker; **~el** *m* ~ **Scherbe;** **~en** *m* lervarer *pl* (*a* ~ *Scherbe*); **~engericht** *n* ostrakisme; **~enhaufen** *m fig* ruindynge, fallitbo

Schere *f* saks; (*Krebs*2) klo

scheren 1. ⟨*L*⟩ klippe; **2.** angå, F rage; *was schert mich das?* hvad rager det mig?; **sich ~ um** (*A*) bryde sig om; *scher dich zum Teufel!* F skrub af (*od* ad helvede til)!

Scherenschleifer *m* skærslipper, skærsliber

Schere'reien [ʃeˈʀəˈ] *f/pl* ubehageligheder *pl,* F ballade, vrøvl *n*

Scherflein *n* skærv; *sein* ~ *beitragen* give (*od* yde) sin skærv

Scherge *m* ⟨*-n*⟩ betjent; (*Henker, Helfer*) bøddel

Scher|kopf *m* skærehoved *n;* **~messer** *n* ragekniv, knivblad *n*

Scherz *m* ⟨*-es; -e*⟩ spøg, F sjov *n; im* ~ for sjov; ~ *beiseite* spøg til side; ~ *mit j-m treiben* drive gæk med én; **~artikel** *m* skæmtartikel; 2en *v/i* ⟨*-t*⟩ spøge, skæmte; 2**haft** ⟨*-est*⟩ spøgefuld

scheu sky, genert, bange; 2 *f* ⟨*0*⟩ skyhed, generthed; (*Ehrfurcht*) respekt, agtelse

Scheuche *f* (*Vogel*2) fugleskræmsel; 2**n** skræmme, kyse, jage bort

scheuen sky; *sich* ~ *vor* (*D*) være bange

(*od* genert) for; *Pferd:* blive sky; *keine Mühe* ~ virkelig gøre sig umage

Scheuer *f* ⟨*-; -n*⟩ skur *n,* lade

Scheuer|bürste *f* skurebørste; **~lappen** *m* gulvklud; **~leiste** *f* fodpanel *n;* NAUT rælingsliste; 2**n** *v/t u v/i* ⟨*-re*⟩ skrubbe, skure; (*reiben*) gnubbe, gnave; **~sand** *m* skurepulver *n;* **~tuch** *n* gulvklud

Scheuklappen *f/pl* skyklapper (*a fig*)

Scheune *f* lade

Scheusal *n* ⟨*-s; -e*⟩ uhyre *n; fig* slubbert

scheußlich afskyelig, rædsom; 2**keit** *f* afskyelighed

Schi *m* ⟨*-s; - od -er*⟩ → **Ski** *usw*

Schicht *f* lag *n* (*a* GEOL *u fig*); (*arbejds*)hold *n,* skifthold *n;* (*Zeit*) arbejdstid; **~arbeit** *f* skifteholdsarbejde *n;* 2en ⟨*-e-*⟩ lægge i lag; *Holz* stable; **~ung** *f* lagdeling; **~wechsel** *m* afløsning; 2**weise** lagvis; *Arbeit:* holdvis, på skift

schick chik, smart, flot; 2 *m* ⟨*-(e)s; 0*⟩ elegance, smarthed

schick|en sende; (*holen lassen*) sende bud (*nach* D/efter); **sich** ~ (*nachgeben*) finde sig, føje sig (*in* A/i); (*passen*) passe sig, sømme sig; 2**eria** [-ˈʀiˈɑˈ] *f* ⟨*0*⟩ F jeunesse dorée; 2**lich** sømmelig, passende; 2**lichkeit** *f* ⟨*0*⟩ anstændighed, god tone

Schicksal *n* ⟨*-s; -e*⟩ skæbne; 2**haft** ⟨*-est*⟩ skæbnesvanger; skæbnebestemt; **~sgemeinschaft** *f* skæbnefællesskab *n;* **~sschlag** *m* skæbnesvangert slag *n*

Schickung *f* tilskikkelse, skæbne

Schiebe|dach *n* soltag *n;* **~fenster** *n* skydevindue *n;* 2en ⟨*L*⟩ skubbe, skyde (*beiseite* til side); (*bemogeln*) snyde, F lave fiduser; *fig* skyde; *Kegel* ~ spille kegler; *j-m etw. in die Schuhe* ~ give én skylden for ngt; *das Rad* ~ trække cyklen; ~*r m* TECH glider; MED bækken *n;* (*Riegel*) slå; *fig* svindler, sortbørshandler; ~**tür** *f* skydedør

Schiebkarre *f,* ~**n** *m* trillebør

Schiebung *f* svindel, fidusmageri *n*

Schieds|gericht *n* voldgiftsret; 2**gerichtlich** voldgifts-; ~**mann** *m* JUR voldgiftsmand; ~**richter** *m* SPORT dommer; *Boxen:* kampdommer; ~**spruch** *m* voldgiftskendelse; ~**verfahren** *n* voldgift

schief skæv; (*schräg*) skrå; ~**e Ebene** skråplan *n;* 2**e** *f* ⟨*0*⟩ skævhed

Schiefer *m* skifer *n;* ~**dach** *n* skifertag *n;* ~**decker** *m* skiferdækker; ~**gebirge** *n* skiferbjerge *pl;* 2**ig** skifret; ~**tafel** *f* skifertavle

schief·gehen F mislykkes, gå galt

schiefgewickelt F: ~ *sein* være helt for-

kert på den
Schiefheit f ⟨0⟩ → *Schiefe*
schief·lachen: *sich ~* F være ved at dø af grin
schiefwinklig skæv (-vinklet)
schielen v/i skele; *fig a* skæve
Schien|bein n skinneben n; **~e** f skinne; **2en** MED lægge i skinner
Schienen|bus m skinnebus; **~ersatzverkehr** m erstatningsbuskørsel; **~fahrzeug** n skinnekøretøj n; **~strang** m banelinje; **~weg** m banevej; *auf dem ~* pr. bane; *in Dänemark:* med DSB
schier ren, skær; *adv* næsten
Schierling m ⟨-s; -e⟩ skarntyde
Schieß|bahn f skydebane; **~baumwolle** f skydebomuld; **~bude** f skydetelt n; **2en** ⟨L⟩ v/t u v/i ⟨sn⟩ skyde (a SPORT); *Pflanzen:* skyde op (od i vejret); **~e'rei** f skyderi n; **~gewehr** n skyder, bøsse; *kein M:* *aufpassen wie ein ~ fig* passe på som en smed; **~platz** m skydeplads; **~pulver** n krudt n; *er hat das ~ nicht erfunden fig* han har ikke opfundet krudtet; **~scharte** f skydeskår n; **~scheibe** f skydeskive (a fig); **~stand** m skydebane; **~übung** f skydeøvelse
Schiff n ⟨-(e)s; -e⟩ skib n; *Weberei:* skyttel
schiff|bar sejlbar; **2barkeit** f ⟨0⟩ sejlbarhed; **2bau** m ⟨0⟩ skibsbyggeri n; **2bauer** m skibsbygger; **2bruch** m skibbrud; *M ~ (er)leiden* mst *fig* lide skibbrud; **2brüchige(r)** skibbruden; **2brücke** f pontonbro; **2chen** n lille skib n; *Weberei:* skyttel; **~en** v/i ⟨a sn⟩ sejle; P pisse
Schiffer m skipper; F kaptajn; **~klavier** n F akkordeon a, trækharmonika; **~knoten** m sømandsknude; **~mütze** f sømandskasket
Schifffahrt f skibsfart, søfart; **~sgesellschaft** f rederi n; **~slinie** f skibsfartslinje
Schiffs|agentur f skibsagentur n; **~arzt** m skibslæge; **~eigner** m skibsejer; **~junge** m skibsdreng; **~kapitän** m (skibs)kaptajn, skipper; **~karte** f passagerbillet; **~koch** m skibskok; **~ladung** f skibsladning; **~makler** m skibsmægler; **~mannschaft** f besætning, mandskab n; **~papiere** n/pl skibspapirer pl; **~raum** m last, skibsrum n; **~reise** f skibsrejse; **~rumpf** m skibsskrog n; **~schraube** f skibsskrue; **~taufe** f skibsdåb; **~verbindung** f skibsforbindelse; **~verkehr** m rutefart, skibsfart; **~werft** f skibsværft n; **~zwieback** m beskøjt, skibstvebak
Schi'ka|ne f chikane, plageri n; **2'nieren** chikanere, plage; **2'nös** *-est* chikanøs

Schild¹ n ⟨-(e)s; -er⟩ skilt n; *(Papier2)* etiket; *(Verkehrs2)* vejskilt n, trafikskilt n
Schild² m ⟨-(e)s; -e⟩ skjold n; *etw. im ~ führen fig* føre ngt. i sit skjold; **~bürger** m molbo; **~bürgerstreich** m molbohistorie; **~chen** n lille skilt n, etiket; **~drüse** f skjoldbruskkirtel
Schilder|er m *(Erzähler)* fortæller; **~haus** n skilderhus n; **2n** ⟨-re⟩ skildre, beskrive; **~ung** f skildring, beskrivelse; **~wald** m *fig* skov af trafikskilte
Schild|knappe m væbner; **~kröte** f skildpadde; **~krötensuppe** f ægte skildpaddesuppe; **~laus** f skoldlus; **~patt** n ⟨-(e)s; 0⟩ skildpadde(skal); **~wache** f skildvagt
Schilf n ⟨-(e)s; -e⟩ siv n, rør n; **~dach** n stråtag n; **2ig** sivagtig
schillern v/i ⟨-re⟩ changere, spille, veksle farve; **~d** *fig* mangetydig, gådefuld
Schilling m ⟨-s; -e⟩ HIST schilling, shilling
Schi'märe f hjernespind n
Schimmel¹ m *(Pferd)* skimmel
Schimmel² m ⟨-s; 0⟩ *(Pilz)* mug, skimmel; **2ig** skimlet, muggen; **2n** v/i ⟨-le⟩ skimle, mugne
Schimmer m ⟨-s; 0⟩ glans, skær n; *fig* glimt n; *(Ahnung)* begreb n; *keinen ~ von etw. haben* F ikke have nogen anelse om det; **2n** v/i ⟨-re⟩ yse, skinne; *Stern:* tindre; *Gold:* glimre
Schim'panse m ⟨-n⟩ chimpanse
Schimpf m ⟨-(e)s; -e⟩ skændsel, skam; **2en** v/i skænde, skælde ud *(auf A/på; über A/over)*; bruge mund; F kæfte op; v/t *pej* kalde; *j-n wegen etw. ~* skælde én ud for ngt.; **~e'rei** f skænden, skænderi n; **2lich** skammelig, skændig; **~name** m øgenavn n; **~wort** n skældsord n
Schindel f ⟨-; -n⟩ tagspån
schind|en ⟨L⟩ *(abhäuten)* flå (a fig); *(ausbeuten)* udsuge; *sich ~* slide og slæbe; **2er** m ågerkarl, blodsuger; **2e'rei** f *(Arbeit)* slid og slæb n; **2luder:** *mit j-m ~ treiben* behandle én som skidt; **2mähre** f øg n
Schinken m skinke; F *(Buch)* (gammel) tyk bog; **~brötchen** n rundstykke n med skinke
Schippe f skovl; *e-e ~ machen (od ziehen)* lave skuffemund *(od trutmund)*; *j-n auf die ~ nehmen* F gøre nar af én; **2n** skovle; *Schnee ~* kaste sne
Schirm m ⟨-(e)s; -e⟩ skærm m; *Mütze:* skygge; *(Regen2)* paraply; *(Sonnen2)* parasol, solskærm; *(Lampen2)* lampeskærm; *fig (Schutz)* beskyttelse; **~dach** n lætag n, halvtag n; **2en** beskytte, (be)-

skærme; **~herr** *m* skytsherre, protektor; **~herrschaft** *f* protektorat *n*; **~mütze** *f* kasket; **~ständer** *m* paraplystativ *n*

schirren spænde for

Schisma *n* ⟨-s; Schismen od -ta⟩ skisma *f*

Schiss *m* ⟨-es; -e⟩ V lort, skid; **~ haben** *fig* P være skideangst

schizo'phren skizofren

schlabbern ⟨-re⟩ F slubre

Schlacht *f* slag *n* (*a fig*); (*Hieb a*) slagtebænk; **2en** ⟨-e-⟩ slagte; *fig* myrde; **~enbummler** *m* (foldbold)fan

Schlachter, Schlächter *m fig* slagter

Schlacht|e'rei *f* slagteri *n*; **~ermesser** *n* slagterkniv; **~feld** *n* slagmark; **~fest** *n* slagtegilde *n*; **~gewicht** *n* slagtet vægt; **~haus** *n*, **~hof** *m* slagtehus *n*, F kødby; **~opfer** *n* slagtoffer *n*; *fig* slagoffer den; **~plan** *m* slagplan (*mst fig*); **~ruf** *m* krigsråb *n*; **~schiff** *n* slagskib *n*; **~ung** *f* slagtning; **~vieh** *n* slagtekvæg *n*

Schlack|e *f* slagge (*a fig*); **2ern** *v/i* ⟨-re⟩ F slaske, hænge løst, dingle; **2rig** F slatten, dinglende; **~wurst** *f* spegepølse

Schlaf *m* ⟨-(e)s; 0⟩ søvn; **~abteil** *n* sovekupé; **~anzug** *m* pyjamas

Schläfchen *n* lur, blund *n*; **ein ~ machen** tage (sig) en lille lur

Schlafcouch *f* sovesofa

Schläfe *f* tinding

schlafen *v/i* ⟨L⟩ sove; **~ legen** putte (i seng); **~ gehen, sich ~ legen** gå i seng; **2szeit** *f* sengetid

Schläfer|(in) *m(f)* sovende; **2n** ⟨-re⟩: **mich schläfert** jeg er søvnig

schlaff slap, slatten (*a fig*); (*lustlos*) sløv, ugidelig; **2heit** *f* ⟨0⟩ slaphed; sløvhed

Schla'fittchen *n*: **j-n beim ~ packen** F tage én i vingebenet

Schlaf|kammer *f* sovekammer *n*; **~krankheit** *f* ⟨0⟩ sovesyge; **2los** ⟨-est⟩ søvnløs; **~losigkeit** *f* ⟨0⟩ søvnløshed; **~mittel** *n* sovemiddel *n*; **~mütze** *f* nathue (*a fig*); *fig a* dødbider; **2mützig** dvask, søvnig; **~raum** *m* soverum *n*

schläfrig søvnig; *fig* dvask; **2keit** *f* ⟨0⟩ søvnighed; dvaskhed

Schlaf|rock *m* slåbrok; **~saal** *m* sovesal; **~sack** *m* sovepose; **~sucht** *f* ⟨0⟩ sovesyge; **~tablette** *f* sovetablet; **~trunk** *m* sovedrik; **2trunken** søvndrukken, forsovet; **~trunkenheit** *f* ⟨0⟩ søvndrukkenhed; **~wagen** *m* sovevogn

schlafwandeln *v/i* ⟨-le⟩ gå i søvne; **2ler(in)** *m(f)* søvngænger(ske); **~lerisch**: **mit ~er Sicherheit** *fig* med søvngængeragtig sikkerhed

Schlafzimmer *n* soveværelse *n*

Schlag *m* ⟨-(e)s; ⁓e⟩ slag *n* (*a fig*); (*Hieb a*) hug *n*; MED slagtilfælde *n*; (*Blitz*) lyn(nedslag *n*); EL stød *n*; (*Wagentür*) dør; (*Kahl*⟨2⟩) lysning, ryddet plads; *Forstwesen*: hugst; (*Acker*) skifte *n*, ager; (*Art*) slags, art; **Schläge** *pl* klø, prygl; **mit e-m ~** *fig* på én gang; **~ drei** (*Uhr*) på slaget tre; **~ auf ~** slag i slag; **~abtausch** *m* *fig* (ord)duel; **~ader** *f* pulsåre; **~anfall** *m* slagtilfælde *n*; **2artig** pludselig; **~ball** *m* langbold; **~baum** *m* bom; **~bolzen** *m* slagbolt

Schlägel *m → Schlegel*

schlagen *v/t od v/i* ⟨L⟩ slå; (*verprügeln*) banke, klø; (*fällen*) fælde; (*quirlen*) piske; *fig* ramme; **in die Flucht ~** slå på flugt; **sich durchs Leben ~** slå sig igennem livet; **sich ~** slås; duellere; **~d** slående (*a fig*); *fig* rammende; **~e Wetter** *n/pl* mineeksplosion

Schlager *m* slager, hit; fuldtræffer; THEA kassestykke *n*

Schläge|r *m* (*Raufbold*) slagsbror; *Golf*: kølle; *Tennis*: ketsjer; (*Schlagholz*) boldtræ *n*; **~'rei** *f* slagsmål *n*

Schlag|feder *f* slagfjeder; **2fertig** slagfærdig; **~fertigkeit** *f* ⟨0⟩ slagfærdighed; **~instrument** *n* slaginstrument *n*; **~kraft** *f* ⟨0⟩ slagkraft (*a fig*); MIL *mst* slagstyrke; **2kräftig** stærk i angrebet; *fig* kraftigt virkende; **~licht** *n* slaglys *n*, stærkt lys *n*; *fig* strejflys *n*; **~loch** *n* hul *n* i vejen; **~ring** *m* (*Waffe*) knojern *n*; **~sahne** *f* (*geschlagen*) flødeskum *n*; (*flüssig*) piskefløde; **~seite** *f* slagside (*a fig*); **~werk** *n* slagværk *n*; **~wetter** *n* farlig minegas; **~wort** *n* slord, opslagsord *n*; *fig* slagord *n*; **~wortkatalog** *m*, **~wortregister** *n* stikordsregister *n*; **~zeile** *f* kæmpeoverskrift; **~zeug** *n* MUS slagtøj *n*

schlaksig opløben, slap

Schla'massel *m od n* F ulykke, uheld *n*

Schlamm *m* ⟨-(e)s; -e⟩ dynd *n*, mudder *n*, pløre (*n*), slam *n*; **~bad** *n* mudderbad *n*

schlämmen slæmme

Schlamm|erde *f* mudder *n*; **2ig** mudret, dyndet, F smattet

Schlamp|e *f* F Schimpfwort sjuskedorte; **2en** *v/i* sjuske; **~e'rei** *f* sjuskeri *n*, sløseri *n*, smøleri *n*; **2ig** sjusket, sløset

Schlange *f* slange (*a fig*); (*Auto*⟨2⟩, Menschen⟨2⟩) kø; **~ stehen** stå i kø

schlängeln ⟨-le⟩: **sich ~** slynge sig, sno sig, bugte sig; *durch e-e Menge*: bane sig vej, kante sig igennem

Schlangen|beschwörer *m* slangetæmmer; **~biss** *m* slangebid *n*; **~brut** *f* slangeyngel; **~fraß** *m* fig F hundeæde (*n*); **~gift** *n* slangegift; **~linie** *f* slangelinie

schlank ⟨-*st od -est*⟩ slank, smidig; **2heit** *f* ⟨0⟩ slankhed; **2heitskur** *f* afmagringskur, slankekur; **~weg** ligefrem, glat væk

schlapp slap, sløj (*a fig*); **2e** *f* smæk *m* (*a fig*); MIL *u fig* nederlag *n*, tab *n*; *e-e* **~ erleiden** lide nederlag; **~en** *v/i* slaske; **2hut** *m* bredskygget hat; **~·machen** F give op; (*ohnmächtig werden*) dåne; **2schwanz** *m* F slapsvans

Schla'raffenland *n* ⟨-⟨e⟩*s*; 0⟩ slaraffenland *n*

schlau ⟨-*st od -est*⟩ (*raffiniert*) snu, snedig, udspekuleret; (*klug*) klog, begavet, intelligent; *aus e-r Sache nicht ~ werden* ikke gennemskue en sag

Schlauch *m* ⟨-⟨e⟩*s*; ~*e*⟩ slange (*a Rad*); **~boot** *n* gummibåd; **2en** *fig* F lænse for kræfter; **~kupplung** *f* slangekobling; **2los** slangeløs

Schläue *f* ⟨0⟩ → *Schlauheit*

schlau|erweise snedigt nok; **2heit** *f* ⟨0⟩ snedighed, list; **2kopf** *m*, **2meier** *m* F udspekuleret rad

Schla'winer *m* F dagdriver

schlecht ⟨-*est*⟩ dårlig; (*gering*) ringe; (*gemein*) slem; (*Lebensmittel:* dårlig, fordærvet; *mir wird* ~ jeg får ondt, jeg bliver syg; ~ *und recht* slet og ret; **~er'dings** absolut, aldeles; ~*'hin* slet og ret, rent ud; **2igkeit** *f* dårlighed, dårligdom; *fig a* ondskab; **~·machen** rakke ned (på); **~weg** slet og ret

Schlecht|wetter *n* dårligt vejr *n*; **~geld** *n* ⟨-⟨e⟩*s*; 0⟩ vejrligspenge *pl*

schlecke|n slikke; labbe; **2r** *m* lækkermund; **2'rei** *f* slikkeri *n*

Schlegel *m* hammer, mukkert; (*Trommel2*) trommestik

Schleh|dorn *m* slåentorn; **~e** ['ʃleːə] *f*, **~enbusch** *m* slåen

Schlei: *die* ~ GEOGR Slien

schleich|en *v/i* (L; *sn*): (*sich*) ~ snige sig, liste sig (*davon* bort); *Zeit:* snegle sig; **~end** snigende (*a fig*); **2er** *m* luskepeter; **2e'rei** *f* luskeri *n*, kryberi *n*; **2handel** *m* smughandel, smugleri (*n*); **2weg** *m* snigvej; *fig Verkehr:* smutvej; **2werbung** *f* ulovlig reklame

Schleie *f* suder

Schleier *m* slør *n* (*a fig*); **~eule** *f* slørugle; **2haft** ⟨-*est*⟩ hemmelighedsfuld, uklar; (*rätselhaft*) gådefuld; *es ist mir* ~ det er mig en gåde; **~tanz** *m* slørdans

Schleif|bahn *f* glidebane; **~e** *f* sløjfe (*a*

Straße); (*Schlinge*) slynge; **2en 1.** ⟨*L*⟩ (*schärfen; a Edelsteine usw*) slibe; (*glätten*) polere (*a fig*); MIL køre hårdt, give stroppetur; → *a* **geschliffen; 2.** (*schleppen*) slæbe; (*niederreißen*) sløjfe; **~er** *m* sliber; **~e'rei** *f* sliberi *n*; **~lack** *m* sprøjtelakering; **~maschine** *f* slibemaskine; **~mittel** *n* slibemiddel *n*; **~rad** *n* slibehjul *n*; **~stein** *m* slibesten; **~ung** *f* slibning; *Festung, Wall:* sløjfning

Schleim *m* ⟨-⟨e⟩*s*; -*e*⟩ slim; (*Suppe*) suppe; **~absonderung** *f* slimafsondring; **~beutel** *m* slimsæk; **~drüse** *f* slimkirtel; **2en** *v/i* sætte slim; slime; (*sich einschmeicheln*) F fedte (*bei* D/for); **~haut** *f* slimhinde; **2ig** slimet (*a fig*)

schlemme|n *v/i* frådse; svire; **2r** *m* frådser, svirebror; **2'rei** *f* frådseri *n*

schlendern *v/i* ⟨-*re; sn*⟩ slentre, drive

Schlendrian [-ri·aːn] *m* ⟨-⟨e⟩*s*; 0⟩ slendrian

Schlepp|anker *m* drivanker *n*; **~boot** *n* bugserbåd; **~dienst** *m* NAUT bugsertjeneste; **~e** *f* slæb *m*; **2en** slæbe (*an* D/på); (*ziehen*) trække, *sich mit etw.* ~ trækkes med ngt., slæbe på; **2end** *fig* slæbende, træg; **~enträger** *m* page (der bærer slæbet); **~er** *m* slæber; NAUT bugserbåd, slæbebåd; (*Trecker*) traktor; *fig* F bondefanger; flugthjælper; **~e'rei** *f* slæberi *n*; **~kahn** *m* slæbebåd; **~netz** *n* trawl *n*; **~schiffahrt** *f* slæbebådssejlads; **~seil** *n* slæbetov *n* (*a fig*); **~start** *m* slæbestart; **~tau** *n* slæbetov *n* (*a fig*); *j-n ins* ~ *nehmen* *fig* tage én på slæb; **~wagen** *m* kranvogn; **~zug** *m* slæbebåd med lastpram(me)

Schles|ien [-siən] *n* Schlesien; **~ier** [-ziː-] *m* schlesier; **2isch** schlesisk

Schleswig *n* Slesvig *n*

Schleuder *f* ⟨-; -*n*⟩ slynge; (*Zentrifuge*) centrifuge; **~ball** *m* SPORT kastebold; **~bewegung** *f* *Auto:* slingren; **~er** *m* slyngekaster; ÖKON én der sælger til spotpris; **~honig** *m* slynghonning; **~maschine** *f* centrifuge; **2n** ⟨-*re*⟩ slynge, kaste; *Auto:* skride (ud), slingre; **~preis** *m* spotpris, underpris; **~sitz** *m* katapultsæde *n*; **~ware** *f* dumpingvare

schleunig hurtig, skyndsom; **~st** omgående, skyndsomst

Schleuse *f* sluse; (*Abwasser2*) kloak; **2n** ⟨-*t*⟩ sluse; lodse; **~nmeister** *m* slusemester

Schlich *m* ⟨-⟨e⟩*s*; -*e*⟩ snigvej; **~e** *m*/*pl* fiksfakserier *pl*, fiduser *pl*; *j-m auf die*

S

~e kommen *fig* komme efter ens ræve-streger

schlicht jævn, glat; *fig* enkel; jævn; **~en** ⟨-e-⟩ *fig* glatte ud, udjævne; mægle; **2er** *m* forligsmand, mægler; **2heit** *f* ⟨0⟩ jævnhed, ligefremhed; **2ung** *f* forlig *n*, mægling; **2ungsausschuss** *m* forligskommission; **2ungsvorschlag** *m* forligsskitse, mæglingsforslag *n*

Schlick *m* ⟨-(e)s; -e⟩ slik, dynd *n*

schließ|en ⟨L⟩ *(folgern)* slutte; *(enden)* (af)slutte, ende; *Sitzung* hæve; *Tür* lukke (i); *Ehe* indgå; *Frieden* ~ slutte fred; *er schließt von sich auf andere* han slutter fra sig selv til andre; *Tür ...!* luk døren!; *in sich* ~ indbefatte, omfatte; → *a geschlossen*; **2er** *m* portner; **2fach** *n Post*: (post-) boks; *Bahnhof*: bagageboks, kuffertskab *n*; **~lich** endelig; *adv* til sidst, til syvende og sidst, til slut; når alt kommer til alt, forøvrigt; **2muskel** *m* lukkemuskel; **2ung** *f* slutning; *Tür, Geschäft*: lukning; *Ehe*: indgåelse

Schliff *m* ⟨-(e)s; -e⟩ slibning, polering; *fig* afpudsning; *ihm fehlt der* ~ han er uopdragen *(od* uhøvlet), han har ingen manerer; *der letzte* ~ *fig* den sidste afpudsning

schlimm slem; *(böse)* ond; *(krank)* F dårlig; *es steht* ~ det står ilde til; **~er** værre; *am ~sten* værst; *ein ganz 2er* F en værre én; **~stenfalls** i værste tilfælde

Schlinge *f* løkke; *(Binde)* bind *n*; *Jagd*: snare *(a fig)*; *sich (A) aus der* ~ *ziehen fig* slippe ud af fælden

Schlingel *m* slyngel, slubbert

schlingen ⟨L⟩ *(schlucken)* synke, sluge; *(gierig essen)* sluge maden; *(winden)* slynge, sno *(sich* sig)

schlinger|n *v/i* ⟨-re⟩ slingre; NAUT rulle; *Auto*: slingre, skride (ud)

Schlingpflanze *f* slyngplante

Schlips *m* ⟨-es; -e⟩ slips *n*; *j-m auf den ~ treten* F støde én på manchetterne, træde én over tæerne

Schlitten *m* slæde, kælk; *(Pferde2)* kane; ~ *fahren* kælke, køre i slæde *(od Pferdeschlitten*: kane); **~fahrt** *f* kanetur, slædetur

Schlitter|bahn *f* glidebane; **2n** *v/i* ⟨-re; sn⟩ glide, rutsje

Schlittschuh *m* skøjte; ~ *laufen* løbe på skøjter; **~läufer(in)** *m(f)* skøjteløber

Schlitz *m* ⟨-es; -e⟩ *Kleid*: slids; *(Hosen2)* gylp; *(Öffnung)* spække; *(Riss)* rift; **~auge** *n* skævt *(od* sammenknebet) øje *n*; **2äugig** skævøjet; **2en** ⟨-t⟩ flænge, skære

op; *(spalten)* kløve; **~ohr** *n fig* udspekuleret fyr, bedrager

schlohweiß kridhvid, snehvid

Schloss *n* ⟨-es; ~er⟩ lås; ARCH slot *n*

Schloße *f* hagl *n*

Schlosse|r *m* maskinarbejder, maskinsmed; klejnsmed; *Fachmann für Turschlösser*: låsesmed; **~'rei** *f Werkstatt*: smedje, smedeværksted *n*

Schloss|garten *m* slotshave; **~herr** *m* slotsherre; **~hof** *m* slotsgård; **~platz** *m* slotsplads

Schlot *m* ⟨-(e)s; -e⟩ (fabriks)skorsten

schlott|(e)rig F slap, slatten, leddeløs *(a fig)*; **~ern** *v/i* ⟨-re⟩ F ryste, slaske, dingle; *Kleidung*: hænge løst, slaske; *Knie*: ryste

Schlucht *f* slugt, kløft

schluchze|n *v/i* ⟨-t⟩ hulke; **2r** *m* hulken

Schluck *m* ⟨-(e)s; -e⟩ slurk; *(kleiner ~)* tår; ~ *auf m* ⟨-s; 0⟩ hik *n*; *e-n ~ haben* have hikke, hikke; **~beschweren** *f/pl* synkebesvær *n*; **2en** synke; hikke; sluge *(a fig)*; **~er** *m*: *armer ~* sølle fyr; **~impfung** *f* vaccinering ved tabletter; **2weise** slurk for slurk

schlud|ern *v/i* ⟨-re⟩ F (nachlässig sein) sjuske; *(reden)* sladre; **~rig** sjusket

Schlummer *m* slummer, blund *n*; **2n** *v/i* ⟨-re⟩ slumre, blunde; **~rolle** *f* pølle

Schlund *m* ⟨-(e)s; ~e⟩ svælg *n*; *(Abgrund)* afgrund, gab *n*

schlüpf|en *v/i* ⟨-sn⟩ smutte; slippe; *aus dem Ei*: udklække; **2er** *m* trusser *pl*

Schlupfloch *n* smuthul *n (a fig)*

schlüpfrig glat, slibrig *(a fig)*

Schlupfwinkel *m* skjul *n*, smuthul *n (a fig)*

schlurfen *v/i* ⟨-sn⟩ sjokke

schlürfen slubre, bælge i sig

Schluss *m* ⟨-es; ~e⟩ slutning *(a Folgerung)*; *(Beendigung)* afslutning, ende; *(Zuschließen)* lukning; **~ machen** gøre en ende på *(mit etw./på* ngt.); holde op *(mit D/*med); *zum* ~ til slut; *jetzt aber ~!* nu kan det være nok!; *Schlüsse ziehen* drage slutninger; **~akt** *m* slutningsakt; **~bemerkung** *f* afsluttende bemærkning

Schlüssel *m* nøgle *(a* MUS *a fig)*; **~bart** *m* nøglekam; **~bein** *n* nøgleben *n*; **~blume** *f* kodriver; **~bund** *n* nøgleknippe *n*; **2fertig** nøglefærdig; **~industrie** *f* nøgleindustri; **~kind** *n* nøglebarn *n*; **~loch** *n* nøglehul *n*; **~position** *f* nøgleposition; **~ring** *m* nøglering; **~roman** *m* nøgleroman; **~stellung** *f* nøglestilling; **~übergabe** *f* overdragelse af nøgle; **~wort** *n* ⟨-(e)s; ~er⟩ nøgleord *n*

schlussfolger|n ⟨*-re*⟩ konkludere, slutte; **2ung** *f* (logisk) slutning, konklusion
schlüssig følgerigtig, indlysende rigtig; logisk; ***sich ~ werden*** tage en beslutning
Schluss|kapitel *n* slutkapitel *n* (*a fig*); endeligt *n*; **~licht** *n* baglygte; **~notierung** *f* slutningskurs; **~punkt** *m* punktum *n*; ***e-n ~ unter etw.*** (*A*) ***setzen*** *fig* afslutte ngt. endeligt; **~runde** *f* SPORT finale; **~sprung** *m* SPORT stående spring *n*; **~strich** *m* slutstreg; ***e-n ~ ziehen unter e-e Angelegenheit*** afslutte en sag; **~verkauf** *m* udsalg *n*; **~wort** *n* ⟨*-(e)s*; *-e*⟩ *Buch*: efterskrift; *Rede*: afsluttende (*od* sidste) ord *n*
Schmach [aː] *f* ⟨*0*⟩ skam, vanære; (*Demütigung*) ydmygelse
schmachten [a] *v/i* ⟨*-e-*⟩ (van)smægte; (*sich sehnen*) længes (**nach** *D*/efter)
schmächtig spinkel, mager; **2keit** *f* ⟨*0*⟩ spinkelhed
schmachvoll [aː] vanærende; ydmygende
schmackhaft ⟨*-est*⟩ velsmagende, lækker; **2igkeit** *f* ⟨*0*⟩ velsmag
schmäh|en ['ʃmɛːən] nedsætte, smæde; **~lich** forsmædelig, skændig; **2rede** *f* skældsord *pl*, **2schrift** *f* smædeskrift *n*, **2ung** *f* forhånelse
schmal smal, tynd; *fig* tarvelig
schmälern ⟨*-re*⟩ forringe, nedsætte; *seine Verdienste*: forklejne
Schmalfilm *m* smalfilm; **~kamera** *f* smalfilmskamera *n*
Schmal|hans *m*: ***bei ihm ist ~ Küchenmeister*** *fig* der er smalhans hos ham; **~heit** *f* ⟨*0*⟩ smalhed; knaphed; **~seite** *f*: ***die ~*** den smalle side
Schmalspur *f* smalspor *n*; **~-***Ausbildung*: med ringe uddannelse; **~bahn** *f* smalsporet bane; **2ig** smalsporet (*a fig*)
Schmalz *n* ⟨*-es*; *-e*⟩ fedt *n*; flomme; *fig* sentimentalitet; **2en** ⟨*-t*⟩ komme fedt i; **2ig** fedtet; fed; *fig* F (over)sentimental
schma'rotz|en ⟨*-t*⟩ snylte; nasse (på); **2er** *m* snylter (*a fig*); (*Tier*) snyltedyr *n*; (*Pflanze*) snylteplante
Schmarre *f* F skramme; (*Narbe*) ar *n*
Schmarren *m* (ægge)kage; *fig* (*Unsinn*) bras *n*
Schmatz *m* ⟨*-es*; *-e*⟩ (*Kuss*) (smæk)kys *n*, smask *n*; **2en** *v/i* ⟨*-t*⟩ smaske; *Schwein*: snaske
schmauchen *v/i* ryge, dampe, smøge
Schmaus *m* ⟨*-es*; *⸚e*⟩ festmåltid *n*, gilde *n*; *fig* nydelse; **2en** *v/i* ⟨*-t*⟩ frådse, smovse; **~e'rei** *f* (æde)gilde *n*, frådseri *n*
schmecken *v/t* smage (*a fig*); (*kosten*) smage på; *v/i* **~ nach** smage af; ***es schmeckt gut*** det smager godt
Schmeich|e'lei *f* smigreri *n*, smiger; **2elhaft** ⟨*-est*⟩ smigrende; **2eln** *v/i* ⟨*-le*⟩ (*D*) smigre; F fedte (for); (*liebkosen*) kærtegne, kæle for; **~ler(in)** *m*(*f*) smigrer; **2lerisch** smigrende; *pej* slesk
schmeiß|en ⟨*L*⟩ smide, kaste, kyle; (*in Ordnung bringen*) F klare, ordne; **2fliege** *f* spyflue
Schmelz *m* ⟨*-es*; *-e*⟩ (*a Zahn2*); glasur; *fig* (*Glanz*) glans, farvepragt; *e-r Stimme*: vellyd; **2bar** smeltelig; **~barkeit** *f* ⟨*0*⟩ smeltelighed; **~butter** *f* smeltet smør *n*; **~e** *f* (*das Schmelzen*) smeltning; (*Schmelzhütte*) smeltehytte, smelteri *n*; **2en** ⟨*L*⟩ *v/t* smelte; *v/i* ⟨*sn*⟩ smelte (*a fig*); **~e'rei** *f* smelteri *n*, smeltehytte; **~glas** *n* emalje; **~hitze** *f* smeltevarme; **~käse** *m* smøreost; **~ofen** *m* smelteovn; **~punkt** *m* smeltepunkt *n*; **~sicherung** *f* smeltesikring; **~tiegel** *m* smeltedigel (*a fig*); **~ung** *f* smeltning
Schmerbauch *m* borgmestermave, (tyk) vom; *Pers* tyksak
Schmerz *m* ⟨*-es*; *-en*⟩ smerte, pine; (*Kummer*) sorg, **2empfindlich** følsom for smerte; **2en** ⟨*-t*⟩ smerte, gøre ondt; ***es schmerzt mich*** det gør mig ondt; **~ensgeld** *n* erstatning for svie og smerte; **~ensschrei** *m* smertensskrig *n*; **2frei** smertefri; **2haft** ⟨*-est*⟩ smertelig; smertefuld, øm; ***e-e ~e Untersuchung*** MED en smertevoldende undersøgelse; **2lich** smertelig, sørgelig; **~lichkeit** *f* ⟨*0*⟩ smertelighed; **2lindernd** smertedulmende; **2los** smertefri (*a fig*); **~losigkeit** *f* ⟨*0*⟩ smertefrihed; **2stillend** smertestillende; **~tablette** *f* smertestillende tablet; **2voll** smertefuld
Schmetterball *m* *Tennis*, *Volleyball*: smash *n*
Schmetterling *m* ⟨*-s*; *-e*⟩ sommerfugl; **~sstil** *m* ⟨*-(e)s*; *0*⟩ SPORT butterfly
schmettern ⟨*-re*⟩ slå, kaste, F knalde; SPORT smashe; (*singen*) smælde; ***die Tür ins Schloss ~*** smække døren i lås
Schmied *m* ⟨*-(e)s*; *-e*⟩ smed; **2bar** smedelig
Schmiede *f* smedje; **~arbeit** *f* smedearbejde *n*; **~eisen** *n* smedejern *n*; **2eisern** af smedejern, smedejerns-; **~hammer** *m* smedehammer; **~kunst** *f* ⟨*0*⟩ smedekunst; **2n** ⟨*-e-*⟩ smede (*a fig*)
schmieg|en bøje, trykke; ***sich ~*** trykke (*od* klynge) sig (***an*** *A*/ind til); **~sam** bøjelig; *fig* føjelig; **2samkeit** *f* ⟨*0*⟩ bøjelighed; *fig* føjelighed, medgørlighed

S

Schmier|apparat m smøreapparat n; ~e f smørelse; THEA andenrangs skuespillertrup; (Schlamm) dynd n, pladder n, smat n; ~ **stehen** F stå på vagt; **2en** smøre; (einfetten) indsmøre, indgnide; (schreiben) tjære, smøre; (bestechen) bestikke; **wie geschmiert** F op smurt; **j-m e-e** ~ stikke én en på kassen; ~**er** m smører; (Maler) F klatmaler; ~**e'rei** f smøreri n, klatmaleri n; ~**fett** n konsistensfedt n; ~**fink** m F svinemikkel, gris; ~**gelder** n/pl bestikkelse; **2ig** fedtet (a fig); (ungepflegt) usoigneret; ~**käse** m blød ost, smøreost; ~**mittel** n smøremiddel n, smørelse; ~**öl** n smøreolie; ~**seife** f grøn (od brun) sæbe; ~**ung** f smøring

Schmink|e f sminke; **2en** sminke (sich sig); **Frau u. bruge makeup;** fig besmykke; ~**stift** m sminkestift

Schmirgel m ‹-s; 0› smergel; **2n** ‹-le› smergle; ~**papier** n sandpapir n

Schmiss m ‹-es; -e› (Fechtwunde im Gesicht) ar n; (Schwung) fart, energi, F fut n, tjæp n

schmissig energisk, livfuld

Schmöker m F (Buch) gammel bog; fig knaldroman; **2n** v/i ‹-re› rode i bøger, læse knaldromaner; (rauchen) smøge

Schmoll|ecke f: **in der ~ sitzen** sidde og surmule; **2en** v/i surmule; ~**mund** m trutmund; ~**winkel** m → **Schmollecke**

Schmor|braten m grydesteg; (okse-) kød n stegt i gryde; ~**en** stege (od koge) i gryde; (schwitzen) være ved at smelte; **etw.** ~ **lassen** fig F sylte ngt.; → **a geschmort**; **2en-lassen** → **schmoren**; ~**topf** m stegegryde

Schmu m ‹-s; 0› F snydefortjeneste; ~ **machen** snyde

schmuck ‹-st od -est› pæn, fin, flot

Schmuck m ‹-(e)s; -e od Schmuckstücke› smykke n; fig pynt, stads

schmücken smykke, pryde

Schmuck|gegenstände m/pl smykker pl; ~**kästchen** n smykkeskrin n; ~**los** ‹-est› uden smykke; (einfach) jævn, enkel; ~**sachen** f/pl smykker pl; ~**telegramm** n billedtelegram n

Schmückung f udsmykning

schmuddel|ig ‹-st› F beskidt; usoigneret; **2wetter** n F gråvejr n

Schmugg|el m ‹-s; 0›, ~**e'lei** f smugleri n, **2eln** ‹-le› smugle; ~**elware** f smuglervare, kontrabande; ~**ler** m smugler; ~**lerbande** f smuglerbande

schmunzeln v/i ‹-le› småle, F smågrine

Schmus m ‹-es; 0› F tom snak; **2en** v/i ‹-t›

F kæle (mit D/for), kysse, kærtegne, kramme

Schmutz m ‹-es; 0› snavs n, smuds n, F skidt n (a fig); **j-n in den** ~ **ziehen** fig trække én ned i snavset; **2en** v/i ‹-t› blive snavset; ~**fink** m gris; ~**fleck** m smudsplet; **2ig** snavset; F beskidt (a fig); ~**igkeit** f ‹0› snavs n; ~**wasser** n ‹-s; 0› spildevand n

Schnabel m ‹-s; ∵› næb n; Kanne: tud; (Maul) F bøtte, tud; **2förmig** næbformet

schnäbeln ‹-le›: **sich** ~ næbbes; fig kysses

Schnabeltasse f tudekop

schnabu'lieren F smovse, æde; spise slik

Schnack m ‹-(e)s; 0 od -s› F sludder (n), snak; fyndord n; **2en** v/i F sludre, snakke

Schnake f (Mücke) myg; (Natter) snog

Schnalle f spænde n; **2n** spænde (fast); ~**nschuh** m sko med spænde

schnalzen v/i ‹-t› smække, smælde; mit den Fingern: knipse; **2laut** m smældende lyd

Schnäppchen n ‹-s; -› røverkøb n

schnapp|en snappe (nach D/efter); Tür: smække i; **Luft** ~ få (frisk) luft; **nach Luft** ~ (a fig) hive efter vejret; **2messer** n foldekniv; **2schloss** n smæklås; **2schuss** m snapshot n

Schnaps m ‹-es; ∵e› snaps, akavit; ~**brennerei** f spritfabrik, brænderi n

Schnäpschen n et glas snaps, F en lille én

Schnaps|flasche f snapseflaske; (kleine, flache ~) F lommelærke; ~**glas** n snapseglas n; ~**idee** f F skør idé; ~**nase** f F drankernæse; ~**zahl** f tal n bestående af en cifre

schnarch|en v/i snorke; **2er** m snorkende, F snorketræ n

Schnarre f skralde; **2n** v/i skralde, snurre; Sprache: snurre

Schnatter|gans f fig sludrebøtte; **2n** v/i ‹-re› snadre; F (schwatzen) sludre

schnauben ‹L› v/i snøfte, snøse; (schwer atmen) hige efter vejret; Pferd: pruste; **vor Wut** ~ skumme af raseri; **sich** (D) **die Nase** ~ snyde næsen

schnaufen → **schnauben**

Schnauz|bart m overskæg n; ~**e** f snude; Schwein: tryne; Kanne: tud; P kæft, flab; **die** ~ **voll haben** fig F have (fået) nok; (halt die) ~! F hold kæft!; **2en** v/i ‹-t› skælde ud, brumme

schnäuzen ‹-t›: **sich** (die Nase) ~ pudse næse(n)

Schnauzer m → **Schnauzbart**

Schnecke f snegl; (Schraube) snække, skue uden ende; (Spirale) spiral; (Haar2)

F frikadelle; **j-n zur ~ machen** F give én en opsang (*od* skideballe)

schnecken|förmig snegleformet; **2gang** *m* ⟨-(e)s; 0⟩ sneglegang (*a fig*); **2gehäuse** *n*, **2haus** *n* sneglehus *n* (*a fig*); **2post** *f* F: **mit der ~ fahren** gå i sneglefart; **2tempo** *n*: *fig im ~* i sneglefart

Schnee *m* ⟨-s; 0⟩ sne; (*Eiweiß*) pisket æggehvide, skum *n*; **~ball** *m* snebold; **~ballsystem** *n* sneboldsystem *n*; **2bedeckt** snedækket; **~besen** *m* piskeris *n*; **2blind** sneblind; **~brille** *f* snebriller *pl*; **~decke** *f* snetæppe *n*, snedække *n*; **~fall** *m* snefald *n*; **~flocke** *f* snefnug *n*; **~fräse** *f* snefræser; **2frei** snefri; **~gestöber** *n* snefog *n*; **~glöckchen** *n* vintergæk; **~grenze** *f* snegrænse; **~hase** *m* snehare; **~huhn** *n* rype; **2ig** snedækt; (*weiß*) snehvid; **~ketten** *f/pl* snekæder *pl*; **~landschaft** *f* snelandskab *n*; **~mann** *m* snemand; **~matsch** *m* snesjap *n*, sjapsne; **~pflug** *m* sneplov; **~regen** *m* slud; **~schaufel** *f*, **~schieber** *m* sneskovl; **~sturm** *m* snestorm; **~treiben** *n* ⟨-s; 0⟩ snefog *n*; **~verhältnisse** *n/pl* sneforhold *pl*; **~verwehung** *f*, **~wehe** *f* snedrive; **2weiß** snehvid; **~wittchen** *n* Snehvide

Schneid *m* ⟨-(e)s; 0⟩ F energi, mod *n*; **sich nicht den ~ abkaufen lassen** ikke tabe modet; **~brenner** *m* autogenskærer, skærebrænder; **~e** *f* æg; **~emühle** *f* savmølle; **2en** ⟨*L*⟩ skære, snitte; *Haar, Film, mit Schere*: klippe; (*sägen*) save; (*mähen*) slå, meje; (*meiden*) undgå, overse; F fryse ud; *Gesichter ~* skære ansigter; *sich das Haar ~ lassen* blive klippet, få håret klippet; *Kälte, Wind*: bide; *Ball*: snitte; *sich ~* skære sig; *Wege*: krydses; skære hinanden

Schneider *m* skrædder; *aus dem ~ sein* F være ude af alle vanskeligheder; **~in** *f* [-'raɪ] *f* skrædderi *n*; **~in** *f* skrædderinde; sypige; **~meister** *m* skræddermester; **2n** ⟨*-re*⟩ sy, skræddersy; **~sitz** *m*: *im ~* i skrædderstilling

Schneidezahn *m* fortand

schneidig *fig* energisk, modig; flot, smart; **2keit** *f* ⟨0⟩ *fig* energi; flothed

schneien ['ʃnaɪən] *v/i* sne; *es schneit* det sner

Schneise *f* (*Wald2*) brandbælte *n*

schnell hurtig; rask; rap; *adv* hurtigt, i en fart; *mach ~!* skynd dig!

Schnell|bahn *f* hurtiglinie; S-bane; **~boot** *n* speedbåd; *MIL* torpedobåd; **~dienst** *m* ekspresbefordring; **~e** *f* fart; (*Strom-*) (strøm)hvirvel; *j-n auf die ~ besuchen* F aflægge én en lynvisit; **2en** *v/t* kaste,

slynge; *v/i* ⟨*sn*⟩ springe, fare (*in die Höhe* op); *die Preise schnellten in die Höhe* priserne steg pludselig; **~feuer** *n* hurtigskydning; **2füßig** rapfodet; **~gericht** *n* minutmad; dåsemad; *JUR* domstol med bemyndigelse til (særlig) hurtig retsforfølgning; **~hefter** *m* brevordner, charteque *n*; **~igkeit** *f* fart, hurtighed; **~imbiss** *m* (*Geschäft*) snackbar, cafeteria *n*; **~kraft** *f* ⟨0⟩ fjederkraft, elasticitet; **~kurs** *m* (instruktions)kursus *n*, lynkursus *n*; **~läufer** *m* hurtigløber; **~presse** *f* hurtigpresse; **~schrift** *f* stenografi; **2stens** så hurtigt som muligt; **~straße** *f* hurtigvej; **~verfahren** *n* ekspresmetode, lynfremstilling; *JUR* hurtig retsforfølgning; **~verkehr** *m* hurtigtrafik; **~zug** *m* lyntog *n*; **~zugschlag(karte** *f*) *m* tillægsbillet til lyntog

Schnepfe *f* sneppe

Schnickschnack *m* ⟨-(e)s; 0⟩ F sludder *n*, sniksnak

schniegeln ⟨*-le*⟩ pynte (*sich* sig); → *a geschniegelt*

Schnippchen *n*: *j-m ein ~ schlagen fig* narre én

Schnippel *m od n* lille stykke *n*, stump, **2n** ⟨*-le*⟩ klippe (itu)

schnippisch knibsk; næsvis

Schnipsel *m od n* → *Schnippel*; **2n** ⟨*-le*⟩ → *schnippeln*

schnipsen ⟨*-t*⟩ (*Finger*) knipse

Schnitt *m* ⟨-(e)s; -e⟩ snit *n*; *Schere*: klip *n*; (*Ein2*) skår *n*, indsnit *n*; *Film*: klipning; klip *n*; (*Durch2*) gennemsnit *n*; *Kleider*: snit *n*, facon; *Muster*: mønster *n*; (*Wunde*) flænge, snitsår *n*; *fig* snit *n*, fordel; *e-n guten ~ bei etw. machen fig* gøre en god forretning med ngt.; **~blume** *f* afskåret blomst; **~bohne** *f* snittebønne; **~chen** *n* (*Brot*) smørrebrød *n*; **~e** *f* skive; (*belegtes Brot*) stykke *n* mad (*od* smørrebrød); **~er** *m* høstmand; **~fläche** *f* snitflade; **2ig** skarp; *fig* flot, elegant; **~lauch** *m* ⟨-(e)s; 0⟩ purløg; **~linie** *f* skæringslinie; **~muster** *n* snitmønster *n*; **~punkt** *m* skæringspunkt *n*; **~wunde** *f* snitsår *n*

Schnitz|el 1. *n od m* strimmel, stump; *Holz*: spån; *Papier*: snip; 2. *n* GASTR schnitzel; *Wiener ~* wienerschnitzel; **~eljagd** *f* (*Spiel*) (slags) sporleg; **2eln** ⟨*-le*⟩ snitte i stykker; **2en** ⟨*-t*⟩ udskære, snitte; **~er** *m* billedskærer; *fig* F bommert; **~e'rei** *f* træskærerarbejde *n*, udskæring; (*Kunst*) træskærerkunst

schnodd(e)rig F flabet, fræk; **2keit** *f* ⟨0⟩ flabethed, frækhed

schnöde ussel, lumpen

Schnorchel *m* snorkel; 2n snorkle

Schnörkel *m* snirkel, krølle; *fig* krusedulle; 2n ⟨-*le*⟩ snirkle, pryde med snirkler; **sich geschnörkelt ausdrücken** udtrykke sig i snørklede vendinger

schnorren F tigge, nasse

Schnösel *m* F flab, laban

Schnuckelchen *n* *fig* F (søp) snut

Schnüff|e|lei *f* snuseri *n* (*a fig*); 2eln ⟨-*le*⟩ snuse (*a fig*); ⁓ler *m* snushane, spion

Schnuller *m* sut; *ohne Flasche*: narresut

Schnulze *f* F MUS sjæler, sentimental schlager; *Film*: tåreperser

schnupf|en snuse (*a Tabak*); 2en *m* (*Erkältung*) forkølelse; *sich (D) einen ⁓ holen* blive forkølet; 2tabak *m* snustobak; 2tabakdose *f* snustobaksdåse; 2tuch *n* lommetørklæde *n*

schnuppe F: *es ist ihm ⁓* det er ham lige fedt; ⁓ern *v/i* ⟨-*re*⟩ snuse (*an D*/til; *a fig*)

Schnur *f* ⟨˙; ˮe⟩ bånd *n*, snor; seilgarn *n*

Schnür|band *n* snørebånd *n*; ⁓boden *n* snoreloft *n*; ⁓chen *n* lille snor; *es geht wie am ⁓* det går som det var smurt; 2en snøre (*sich* sig), binde sammen

schnur|gerade snorlige; direkte; ⁓los *Telefon* uno: trådløs

Schnurr|bart *m* overskæg *n*, moustache; 2bärtig med overskæg

Schnurre *f* narrestreg; anekdote, vittighed

schnurr|en *v/i* snurre; *Katze*: spinde; 2haare *n*/*pl* knurhår *pl*

Schnurriemen *m* snørebånd *n*

schnurrig snurrig, pudsig, F sjov; (*eigenartig*) mærkelig

Schnür|schuh *m* snøresko; ⁓senkel *m* snørebånd *n*; ⁓stiefel *m* snørestøvle

schnurstracks straks (med det samme)

schnurz *f* → *schnuppe*

Schnute *f* F snude

Schober *m* (*Heu*2) (hø)lade; (*Schuppen*) skur *n*

Schock 1. *m* ⟨-(*e*)*s* -*s oder.* -*e*⟩ chok *n* (*a* MED); 2. *n* ⟨-(*e*)*s* -*e*⟩ 60 stykker *pl*, skok; ⁓behandlung *f* chokbehandling; 2en *m* SPORT støde, kaste; 2ieren [-'ki:-] chokere

schofel F ussel, sjofel, ufin; (*geizig*) fedtet

Schöffe *m* ⟨-*n*⟩ bisidder, nævning; ⁓ngericht *n* nævningedomstol

Schoko'lade *f* chokolade

Schoko'laden|eis *n* chokoladeis; ⁓fabrik *f* chokoladefabrik; ⁓plätzchen *n* chokoladepastil; ⁓pudding *m* chokoladebudding; ⁓tafel *f* plade chokolade; ⁓torte *f* othellokage

Schokoriegel *m* chokoladebar

Scho'lastik *f* ⟨0⟩ skolastik

Scholl|e *f* 1. jordklump; (*Gras*-)(græs)tørv; *Eis*: isflage; *fig* hjemstavn; 2. (*Fisch*) rødspætte, flynder; 2ig klumpet

schon allerede; (*gewiss*) nok, vel; (*allerdings*) ganske vist; *⁓ gut!* det er godt!; *⁓ wieder* nu igen; *ich komme ⁓* nu kommer jeg; *⁓ der Gedanke* alene tanken; *warst du ⁓ da?* har du (nogensinde) været der?

schön køn, smuk; (*gepflegt*) pæn; (*gemütlich*) rar; (*herrlich*) dejlig; *iron* køn, net; *das wäre ja noch ⁓er!* ja, det kunne lige passe dig!; *wie ⁓, dass ...* hvor er det godt, at...; *⁓en Dank* (*Gruß*)? mange tak (hilsner)!; *danke ⁓!* mange tak!; *bitte ⁓!* vær så god!; *er wird sich ganz ⁓ wundern!* sikke forbavset han bliver!; *sich ⁓ machen* pynte sig, gøre sig i stand 2e *f* skønhed (*a Pers*)

schonen skåne (*sich* sig)

Schonen *n* GEOGR Skåne

schonend skånende, skånsom

Schoner *m* 1. (*Schutz*) skåner, møbelovertræk *n*; 2. NAUT skonnert

schön|-färben *fig* male i rosenrøde farver; 2färber *m* optimist; 2färbe'rei *f* rosenrød fremstilling

Schongang *m Wäsche*: skåneprogram *n*

Schöngeist *m* skønånd; 2ig litterær

Schönheit *f* skønhed (*a Pers*)

Schönheits|fehler *m* skønhedsfejl (*a fig*); ⁓fleck *m* skønhedsplet; ⁓königin *f* skønhedsdronning; ⁓mittel *n* skønhedsmiddel *n*; ⁓pflege *f* skønhedspleje; ⁓salon *m* skønhedssalon; ⁓sinn *m* ⟨-(*e*)*s*; 0⟩ skønhedssans; ⁓wettbewerb *m* skønhedskonkurrence

Schonkost *f* skånekost, let diæt

schön|-machen → *schön*; 2redner *m* blomstrende taler; *fig* smigrer; ⁓schreiben skrive med skønskrift; 2schrift *f* ⟨0⟩ skønskrift; 2tuer [-tu:-] *m* → *Schönredner*; 2tue'rei *f* galanteri *n*

Schonung *f* 1. skånsomhed; skånsel; (*Rücksicht*) hensyn *n*; 2. (*Wald*2) fredet stykke *n* ungskov; 2bedürftig: *⁓ sein* trænge til skånsomhed (*od* skånsom behandling); 2slos ⟨-*est*⟩ skånselsløs; ⁓slosigkeit *f* ⟨0⟩ skånselsløshed

Schonzeit *f* fredningstid

Schopf *m* ⟨-(*e*)*s*; ˮe⟩ hårtop; *die Gelegenheit beim ⁓ fassen* gribe chancen

Schöpf|brunnen *m* trækbrønd; ⁓eimer *m* øsespand; 2en gse (*a fig*); *Atem ⁓* trække vejret, ånde; *Verdacht (Mut)* ⁓ fatte mistanke (mod); ⁓er *m* skaber (*a* REL); *fig a* ophavsmand; 2**erisch** skabende, produktiv, kreativ; ~**erkraft** f skaberevne, skabekraft; ~**kelle** f, ~**löffel** m grydeske, slev

Schöpfung f skabelse; (Werk) værk n; ~**sgeschichte** f REL skabelseshistorie

Schoppen m krus n, glas n

Schöps m ⟨-es; -e⟩ bede (a fig pej)

Schorf m ⟨-(e)s; -e⟩ skurv; sårskorpe; 2**ig** skurvet

Schorle f hvidvin med mineralvand

Schornstein m skorsten; **in den ~ schreiben** fig F skyde en hvid pind efter; ~**aufsatz** m røghætte; ~**feger** m skorstensfejer

Schose f F sag

Schoss m ⟨-es; -e⟩ skud n, spire

Schoß m ⟨-es; ⸚e⟩ skød n (a Rock); **auf dem ~** på skødet; ~**hund** m skødehund; ~**kind** n skødebarn n, kæledægge

Schössling m → **Schoss**

Schote f BOT bælg, skal

Schott n ⟨-(e)s; -e⟩ NAUT skot n

Schotte m ⟨-n⟩ skotte

Schotter m skærver pl; ~**decke** f grusbelægning; 2**n** ⟨-re⟩ lægge skærver på

Schott|in f skotte, skotsk dame; 2**isch** skotsk; ~**land** n ⟨-s; 0⟩ Skotland n

schraf'fier|en skravere; 2**ung** f skravering

schräg skrå, skæv; ~**es Dach** skråtag n; adv på skrå, skråt, skævt; 2**e** f skrå stilling, hældning; (Abhang) skråning; ~**en** gøre skrå, skråne; 2**heit** f ⟨0⟩ skråhed; 2**schrift** f skråskrift, kursiv; 2**strich** m skråstreg; ~'**über** skråt overfor

Schramme f skramme, rift

Schrammelmusik f musik af violiner, guitar og harmonika

schramm|en ridse, skure; ~**ig** skrammet

Schrank m ⟨-(e)s; ⸚e⟩ skab n

Schranke f skranke; BAHN, Grenze usw bom; fig grænse, skranke; **die ~n überschreiten** fig overskride grænsen; **j-n in die ~n verweisen** fig sætte en grænse for én

schränken Säge lægge ud

schranken|los ⟨-est⟩ grænseløs (a fig); (haltlos) tøjlesløs; 2**wärter** m ledvogter

Schrank|koffer m skabskuffert; ~**wand** f vægskab n

Schranze f ⟨-n⟩ hofsnog

Schrap'nell n ⟨-s; -s⟩ shrapnel

Schraub|deckel m skruelåg n; ~**e** f skrue (a SPORT usw); **bei ihm ist e-e ~ los** (od locker) fig F han har en skrue løs; 2**en** skrue (a fig); **in die Höhe ~** fig skrue i vejret; → a **geschraubt**

Schrauben|bewegung f skruebevægelse; ~**dampfer** m skruedamper; ~**gewinde** n

skruegang; ~**mutter** f ⟨-; -n⟩ møtrik; ~**schlüssel** m skruenøgle; ~**welle** f skrueaksel; ~**zieher** m skruetrækker

Schraub|stock m skruestik; ~**verschluss** m skruelukke n, skruelåg n; ~**zwinge** f skruetvinge

Schrebergarten m kolonihave

Schreck m ⟨-(e)s; -e⟩ skræk, forskrækkelse; (Entsetzen) rædsel; **vor ~** af skræk; ~**bild** n skræmmebillede n; 2**en** v/t forskrække, (op)skræmme; → a **erschrecken**; ~**en** m skræk, forskrækkelse; (Entsetzen) rædsel; **j-n in ~ versetzen** skræmme én

schrecken|blass, ~**bleich** bleg af skræk; skrækslagen; ~**botschaft** f rædselsbudskab n; 2**herrschaft** f rædselsherredømme n, rædselsregimente n; 2**nacht** f rædselsnat

Schreck|gespenst n fig mareridt n, truende rædsel; 2**haft** ⟨-est⟩ bange, frygtsom; ~**haftigkeit** f ⟨0⟩ frygtsomhed, ængstelse; 2**lich** skrækkelig, rædsom; fig a forfærdelig; ~**lichkeit** f ⟨0⟩ skrækkelighed; forfærdelighed; ~**nis** n ⟨-ses; -se⟩ rædsel; ~**schuss** m skræmmeskud n; ~**schusspistole** f skræmmepistol; ~**sekunde** f frygteligt (od angstfyldt) sekund n; (Reaktionszeit) reaktionstid (ved opbremsning)

Schrei m ⟨-(e)s; -e⟩ skrig n, råb n; **ein Hilfe2** et råb om hjælp; **der letzte ~** fig det sidste skrig

Schreib|art f skrivemåde, stil; ~**bedarf** m skrivemateriale n; ~**block** m skriveblok; 2**en** ⟨L⟩ skrive (an A/til); **wie schreibt man das?** hvordan staver man det?; **e-e Arbeit ~ Schule:** have prøve; **e-e eins ~ Schule:** få "udmærket"; ~**en** n skrivelse, brev n; ~**er** m skriver; (Verfasser) forfatter; (Fern-) fjernskriver; **der ~ dieser Zeilen** forfatteren til disse linier; ~**e'rei** f skriveri n; 2**faul** doven til at skrive; ~**feder** f pen; ~**fehler** m skrivefejl; ~**heft** n stilebog, stilehæfte n; ~**kraft** f Pers sekretær m; ~**kram** m (lästiger Schreibkram) papirnusseri n; ~**lust** f ⟨0⟩ skrivelyst; ~**mappe** f skrivemappe

Schreibmaschine f skrivemaskine; **mit der ~ geschrieben** maskinskrevet; ~**npapier** n skrivepapir n (til skrivemaskine); ~**nschrift** f maskinskrift

Schreib|papier n skrivepapir n; ~**pult** n skrivepult; ~**stube** f skrivestue, kontor n

Schreibtisch m skrivebord n; ~**lampe** f skrivebordslampe

Schreib|übung f skriveøvelse; ~**ung** f

S

skrivemåde; **~unterlage** f skriveunderlag n; **~waren** f/pl skriveartikler pl; **~warengeschäft** n papirforretning; **~weise** f skrivemåde; **~zeug** n ⟨-(e)s; 0⟩ skrivetøj n

schrei|en ⟨L⟩ skrige; pibe; (kreischen) hvine; Eule: tude; **~end** skrigende (a fig); **2er** m skrighals; **2e'rei** f skrigeri n; **2hals** m skrighals; **2krampf** m skrigekrampe

Schrein m ⟨-(e)s; -e⟩ skrin n; **~er(in)** m(f) snedker; **~e'rei** f snedkeri n; **2ern** ⟨-re⟩ lave snedkerarbejde; (basteln) snedkerere

schreiten ⟨L; sn⟩ skride, gå; fig (dazu übergehen) gå over (zu D/til)

Schrieb m ⟨-s; -e⟩ F skrivelse, epistel

Schrift f (hånd)skrift; (Buch) skrift n, værk n; **die Heilige ~** den hellige skrift; **~art** f skriftart; **~auslegung** f REL udlægning af biblen; **~bild** n skriftbillede n; **~deutsch** n tysk bogsprog n; pej kancellistil; **~fälscher** m forfalsker (af håndskrift); **~führer** m sekretær; **~gelehrte(r)** m skriftlærd; **~gießer** m skriftstøber; **~leiter** m redaktør; **~leitung** f redaktion; **2lich** skriftlig; var som TYP sats; JUR dokumenter pl (od skrivelser pl) i en sag; **~setzer** m typograf, sætter; **~sprache** f skriftsprog n

Schriftsteller|(in) m(f) skribent, forfatter; **2isch** litterær; **2n** v/i ⟨-re⟩ skrive, digte

Schrift|stück n dokument n, skrivelse; **~tum** n ⟨-s; 0⟩ litteratur; **~verkehr** m, **~wechsel** m korrespondance; **~zeichen** n skrifttegn n; **~zug** m skrifttræk n; **~züge** m/pl (hånd)skrift

schrill skingrende; **~en** v/i skingre

Schritt m ⟨-(e)s; -e⟩ skridt n (a fig), trin n; SPORT pas; **~ halten** holde trit; **auf- und Tritt** alle vegne, hele tiden; **im ~** i skridt; **~macher** m SPORT pacer (a MED); fig foregangsmand; (Schrittmacher für skridt

schroff stejl, brat; fig barsk, grov; **2heit** f ⟨0⟩ stejlhed; fig barskhed

schröpfen fig årelade

Schrot n od m ⟨-(e)s; -e⟩ hagl; (Korn) skrå; **2en** ⟨-e-⟩ Getreide grutte; **~flinte** f haglbøsse; **~korn** n haglkorn n; **~mehl** n skrå

Schrott m ⟨-(e)s; -e⟩ gammelt jern n, skrot n; **2en** ⟨-e-⟩ ophugge; **~händler** m produkthandler, skrothandler; **2reif** ophugningsmoden, skrotningsmoden

schrubb|en skrubbe, skure; **2er** m gulvskrubbe

Schrull|e f grille; F (Frau) skør kvinde; **2enhaft** ⟨-est⟩, **2ig** lunefuld, sær

schrumpelig F skrumpet; Apfel: rynket; Pers rynket, skrumpen

schrumpf|en v/i ⟨sn⟩ skrumpe ind, krybe ind; (runzlig werden) få rynker pl; **~ig** skrumpet; rynket; **2ung** f⟨0⟩ indskrumpning; fig indskrænkning, aftagen

Schrund m ⟨-(e)s; -̈e⟩ revne; (Felsen) kløft; **2ig** revnet, sprukken

schruppen → **schrubben**

Schub m [u:] m ⟨-(e)s; -̈e⟩ skub n, stød n; Bäckerei: ovnfuld; (Schubfach) skuffe; (Gruppe) flok, hold n; **mit e-m ~** på én gang; **~karre(n** m) f trillebør; **~lade** f skuffe

Schubs [ʃʊps] m ⟨-es; -e⟩ skub n, puf n; **2en** ⟨-t-⟩ skubbe (j-n/til én)

schüchtern genert, frygtsom, bange (af sig); fig beskeden; **2heit** f⟨0⟩ generthed

Schuft m ⟨-(e)s; -e⟩ slubbert, skurk; **2en** v/i ⟨-e-⟩ F slide, pukle; **~e'rei** f ⟨0⟩ slid og slæb m; **2ig** skurkagtig

Schuh m ⟨-(e)s; -e⟩ sko (a TECH); **ich weiß, wo ihn der ~ drückt** fig jeg ved, hvor skoen trykker ham; **j-m etw. in die ~e schieben** fig skyde én ngt. i skoene; **~absatz** m skohæl; **~anzieher** m skohorn n; **~band** n snørebånd n; **~bürste** f skobørste; **~creme** f skocreme; **~fabrik** f skotøjsfabrik; **~geschäft** n skotøjsforretning; **~größe** f skonummer n, størrelse; **~löffel** m F → **Schuhanzieher**; **~macher** m skomager; **~mache'rei** f skomageri n; **~putzautomat** m skopudsningsautomat; **~putzer** m skopudser; **~riemen** m skorem; **~sohle** f skosål; **~spanner** m skostiver; **~werk** n ⟨-(e)s; 0⟩ skotøj n; **~wichse** f F skosværte

Schukosteckdose® f sikkerhedsstikkontakt

Schul|abschluss m eksamen; **~amt** n skoleembede n; (Behörde) skoleforvaltning; **~anfang** m skoleårets begyndelse, skolestart; **~arbeiten** f/pl lektier pl; **~machen** læse lektier; **~arzt** m skolelæge; **~atlas** m skoleatlas n; **~aufgaben** f/pl lektier pl; **~aufsicht** f skoletilsyn n; **~bank** f ⟨-; -̈e⟩ skolebænk; **~behörde** f skolemyndigheder pl, skoleforvaltning; **~beispiel** n fig skoleeksempel n; **~besuch** m skolegang; **~bildung** f skoleuddannelse; **~buch** n skolebog; **~bücherei** f skolebibliotek n; **~bus** m skolebus

schuld: **~ an etw.** (D) **sein** være skyld i ngt.; **ich bin (das Wetter ist) ~ daran** det er min skyld (det er vejrets skyld)

Schuld f skyld; ÖKON gæld; **rückständige ~** gæld som skulle have været udlignet;

~en machen stifte gæld; **~bekenntnis** *n* bekendelse; **2beladen** brødebetynget; **~beweis** *m* ÖKON gældsbevis *n*; **2bewusst** skyldbevidst; **~bewusstsein** *n* skyldbevidsthed, skyldfølelse; **~brief** *m* gældsbrev *n*

schulden ⟨-e-⟩ skylde *(j-m etw./*én ngt.*);* **2dienst** *m* forrentning *og* amortisering (af statsgæld); **~frei** gældfri; **2last** *f* gældsbyrde

Schuld|forderung *f* gældsfordring; **~frage** *f* skyldspørgsmål *n*; **~gefühl** *n* skyldfølelse

Schuldienst *m: im ~ sein* være lærer

schuldig skyldig; *j-m etw. ~ sein* være én ngt. skyldig; **2e(r)** skyldig; **2keit** *f* ⟨0⟩ skyldighed, pligt

Schuldirektor *m* skoleinspektør; *Gymnasium:* rektor

Schuld|komplex *m* skyldkompleks *n*; **2los** ⟨-est⟩ uskyldig; skyldfri; **~losigkeit** *f* ⟨0⟩ uskyld(ighed); **~ner(in)** *m(f)* skyldner; *säumiger ~* dårlig betaler; **~schein** *m* gældsbevis *n*; **~spruch** *m* dom, kendelse; **~verschreibung** *f* obligation; **2voll** skyldig, skyldbetynget

Schule *f* skole *(a fig)*; *höhere ~* gymnasium *n*; *zur (od in die) ~ gehen, die ~ besuchen* gå i skole; *die ~ schwänzen* F pjække; *~ machen fig* danne skole; *aus der ~ plaudern fig* sladre af skole; **2n** skole, uddanne

Schulentlassung *f* dimission

Schüler *m* (skole)elev; **~austausch** *m* udveksling af skoleelever; **~ausweis** *m* elevkort *n*; **2haft** ⟨-est⟩ umoden, uselvstændig; **~heim** *n* kostskole; kollegium *n*; **~in** *f* elev, skolepige; **~lotse** *m* skolepatrulje; **~schaft** *f* ⟨0⟩ elever *pl,* elevantal *n*; **~selbstverwaltung** *f* elevselvstyre *n,* elevråd *n*; **~zahl** *f* elevtal *n*

Schul|erziehung *f* skoleuddannelse; **~feier** *f* skolefest, skolehøjtidelighed; **~ferien** *pl* skoleferie; **2frei** fri (fra skole); **~freund(in)** *m(f)* skolekammerat; **~funk** *m* skoleradio; **~gebäude** *n* skolebygning; **~geld** *n* skolepenge *pl*; **~gesetz** *n* skolelov; **~heft** *n* stilebog; **~hof** *m* skolegård; **2isch** skolemæssig, skole-; **~jahr** *n* skoleår *n*; **~jugend** *f* skoleungdom; **~junge** *m* skoledreng; **~kamerad** *m* skolekammerat; **~kind** *n* skolebarn *n*; **~kindergarten** *m* børnehaveklasse; **~klasse** *f* skoleklasse; **~landheim** *n* skolehjem *n,* lejrskole; **~lehrer** *m* skolelærer; **~leiter(in)** *m(f)* skoleinspektør; **~mädchen** *n* skolepige; **~mann** *m* skolemand; **~mappe** *f* skoleta-

ske; **2mäßig** skolemæssig; **~meister** *m* skolemester; **2meistern** skolemesterere; **~ordnung** *f* skolereglement *n*; **~pflicht** *f* ⟨0⟩ skolepligt; **2pflichtig** skolepligtig; **~ranzen** *m* skoletaske; **~rat** *m* undervisningsinspektør; **~reform** *f* skolereform, undervisningsreform; **~reise** *f* skolerejse; **~schiff** *n* skoleskib *n*; **~system** *n* skolesystem *n*; **~tafel** *f* skoletavle; **~tasche** *f* skoletaske

Schulter *f* skulder; *etw. auf die leichte ~ nehmen fig* tage sig ngt. let; *j-m die kalte ~ zeigen fig* vise én en kold skulder; *mit den ~n zucken* trække på skuldrene; **~blatt** *n* skulderblad *n*; **~gelenk** *n* skulderled *n*; **~höhe** *f* skulderhøjde; **~klappe** *f* skulderstrop; **2n** ⟨-re⟩ tage på skulderen; MIL skuldre

Schultheiß *m* ⟨-en⟩ sognefoged

Schulung *f* skoling, uddannelse, kursus *n*

Schul|vorstand *m* skolebestyrelse; skolenævn *n*; **~vorsteher(in)** *m(f)* skolebestyrer(inde); **~weg** *m* skolevej; **~weisheit** *f iron* boglærdom; **~wesen** *n* ⟨-s⟩ skolevæsen *n*; **~zeit** *f* skoletid; **~zeugnis** *n* skolevidnesbyrd *n,* karakterbog; *(Abschlusszeugnis)* afgangsbevis *n,* eksamensbevis *n*; **~zimmer** *n* klasseværelse *n*; **~zwang** *m* ⟨-(e)s; 0⟩ tvungen skolegang

schummeln *v/i* ⟨-le⟩ F snyde, lave fiduser

schummer|ig halvmørk; **~n** ⟨-re⟩ skygge, skattere

Schund *m* ⟨-(e)s; 0⟩ affald *n*; F bras *n*; **~literatur** *f* smudslitteratur; **~ware** *f* udskudsvare

schunkeln *v/i* ⟨-le⟩ gynge op ad åen

Schuppe *f* skæl *n*; *es fiel ihm wie ~n von den Augen fig* det faldt som skæl fra hans øjne; **2n** *v/t* skrabe skæl af; *sich ~* skalle af

Schuppen *m* skur *n*

schuppen|förmig skælformet; **2tier** *n* skældyr *n*

schuppig skællet, skælagtig

Schups *m* ⟨-es; -e⟩ → **Schubs**; **2en** ⟨-t⟩ → **schubsen**

Schur *f* (uld)klipning

Schür|eisen *n* ildrager; **2en** rage op i, puste til *(a fig)*

schürf|en grave, bore; *fig* forske; *Haut* skrabe; **2rechte** *n/pl* ret til undergrunden

Schurk|e *m* ⟨-n⟩ skurk; **~enstreich** *m* skurkestreg; **~e'rei** *f* skurkagtighed; *värre fidus;* **2isch** skurkagtig

Schurwolle *f* ren ny uld

Schurz *m* ⟨-es; -e⟩ lændeklæde *n*

Schürze *f* forklæde *n*; *fig* skørt *n*; **2n** ⟨-t⟩

Rock smøge op; ~**band** *n* forklædebånd *n*; ~**njäger** *m* fig F skørtejæger

Schuss *m* ⟨-es; ≈e⟩ skud *n*; *Fußball*: spark *n*; (*Schwung*) sving *n*, gang; BOT spire; GASTR stænk *n*; *Weberei*: islæt (*n*); *gut in* ~ F i god stand; 2**bereit** skudklar

Schussel *m* F tølper, klodrian; glemsom person

Schüssel *f* ⟨-; -n⟩ fad *n*, terrin, skål

Schuss|fahrt *f* (*Skisport*) styrtløb *n*; ~**feld** *n* skudfelt *n*; 2**fest** skudfast; ~**linie** *f* skudlinie (*a fig*); ~**verletzung** *f* skudsår *n*; ~**waffe** *f* skydevåben *n*; ~**wechsel** *m* skudveksling; ~**weite** *f* skudvidde, skudhold *n*; *in* ~ på skudhold; *außer* ~ uden for skudvidde

Schuster [u] *m* skomager; ~**arbeit** *f* skomagerarbejde *n*; ~**junge** *m* skomagerdreng; 2**n** ⟨-re⟩ fig fuske

Schutt *m* ⟨-(e)s; 0⟩ fyld *n*, grus *n*; (*bsd Bau*2) murbrokker *pl*; *in* ~ *und Asche* i grus; ~**abladeplatz** *m* losseplads

Schüttel|frost *m* kuldegysninger *pl*; 2**n** ⟨-le⟩ ryste (*sich* sig); ruske; *den Kopf* ~ ryste på hovedet

schütten ⟨-e-⟩ hælde; *es schüttet* det øser ned

schütter løs, tynd

Schutt|halde *f* stor affaldsbunke; ~**haufen** *m* grusdynge, ruinhob

Schutz *m* ⟨-es; 0⟩ beskyttelse (*vor* D/mod); (*Natur*2) fredning; *vor dem Regen*: ly *n*, læ *n*; ~ *suchen* krybe i ly; ~**anstrich** *m* (*Rostschutz*) rustbeskyttelse; (*Tarnanstrich*) camouflage(be)maling; 2**bedürftig** som har behov for beskyttelse; ~**befohlene(r)** protegé; ~**blech** *n* skærm; *das vordere* ~ forskærmen; *das hintere* ~ bagskærmen; ~**brief** *m* (*Auto*-) ekstraforsikring; ~**brille** *f* motorbriller *pl*, beskyttelsesbriller *pl*; ~**bündnis** *n* forsvarsforbund *n*; ~**dach** *n* lætag *n*, halvtag *n*

Schütze *m* ⟨-n⟩ skytte

schützen ⟨-t⟩ beskytte, værge (*sich* sig, *vor* D/mod)

Schützen|bruder *m* skyttebroder; ~**fest** *n* skyttefest; (*Vogelschießen*) fugleskydning

Schutzengel *m* skytsengel

Schützen|graben *m* skyttegrav; ~**haus** *n* skyttehus *n*; ~**hilfe** *f*: *j-m* ~ *leisten* fig bakke én op; ~**könig** *m* skyttekonge; ~**linie** *f* skyttekæde; ~**stand** *m* skydebane; ~**verein** *m* skytteforening

Schützer *m* beskytter

Schutz|farbe *f*, ~**färbung** *f* beskyttelses-

farve; *Natur*: mimicry; ~**frist** *f* beskyttelsesperiode; (*Urheberrecht*) forfatterret; ~**gebiet** *n* protektorat *n*; (*Natur*-) fredet område *n*; ~**gebühr** *f* afgift, pris; ~**geist** *m* skytsånd; ~**geleit** *n* eskorte; ~**haft** *f* beskyttelsesarrest; ~**heilige(r)** skytshelgen; ~**helm** *m* beskyttelseshjelm; ~**herr** *m* beskytter, protektor; ~**herrschaft** *f* patronat *n*, protektorat *n*; ~**hülle** *f* futteral *n*, hætte; (*Verpackung*) indpakning; ~**hütte** *f* bjerghytte; ~**impfung** *f* vaccination; ~**kappe** *f* hætte

Schützling *m* ⟨-s; -e⟩ myndling, protegé

schutz|los ⟨-est⟩ forsvarsløs; 2**losigkeit** *f* ⟨0⟩ værgeløshed; 2**macht** *f* beskyttelsesmagt; 2**mann** *m* politibetjent; 2**marke** *f* varemærke *n*; 2**maske** *f* beskyttelsesmaske; 2**maßnahme** *f* sikkerhedsforanstaltning; 2**mittel** *n* forebyggende middel *n*; præservativ *n*; 2**patron** *m* skytspatron, skytshelgen; 2**polizei** *f* ordenspoliti *n*; 2**umschlag** *m* smudsomslag *n*; 2**wall** *m* beskyttende vold; 2**zoll** *m* beskyttelsestold

schwabbeln ⟨-le⟩ F bævre; (*verschütten*) spilde; (*schwatzen*) sludre

Schwabe *m* ⟨-n⟩ svaber; mand fra Württemberg

schwäbeln ⟨-le⟩ snakke svabisk

Schwaben *n* Svaben *n*; ~**streich** *m* molbohistorie

Schwäb|in *f* svaber, svabisk kvinde; 2**isch** svabisk

schwach ⟨≈er; ≈st⟩ svag; (*leise*) sagte; (*dünn*) tynd; (*gering*) ringe; (*matt*) mat; *mir wird* ~ jeg bliver svimmel; ~ *begabt* svagt begavet; ~ *betont* svagtbetonet; *es Gedächtnis* dårlig hukommelse

schwach|begabt → *schwach*; ~**betont** → *schwach*

Schwäche *f* svaghed (*a fig*); (*Hobby*) kæphest; ~**anfall** *m* besvimelsesanfald *n*; 2**n** svække; forringe

Schwach|heit *f* svaghed; ~**kopf** *m* fjols *n*

schwäch|lich svagelig, skrøbelig; 2**lichkeit** *f* svagelighed; 2**ling** *m* ⟨-s; -e⟩ svækling

schwach|sichtig svagtsynet; 2**sinn** *m* ⟨-(e)s; 0⟩ åndssvaghed; *fig* F vrøvl *n*; ~**sinnig** åndssvag (*a fig* F); 2**strom** *m* ⟨-(e)s; 0⟩ svagstrøm

Schwächung *f* svækkelse

Schwaden[1] *m* BOT skår *n*

Schwaden[2] *m* (*Rauch*) røgfane; (*Nebel*) tågebanke; BERGB grubegas

Schwa'dro|n *f* eskadron *f*; ~**neur** [-'nøːʀ] *m* ⟨-s; -e⟩ skvadronør, skryder; 2**nieren** prale, vrøvle

schwafeln ⟨-le⟩ F vrøvle

Schwager m svoger

Schwäger|in f svigerinde; **~schaft** f svogerskab n

Schwalbe f svale; **e-e ~ macht noch keinen Sommer** fig én svale gør ingen sommer; **~nnest** n svalerede; **~nschwanz** m svalehale (a ZO)

Schwall m ⟨-(e)s; -e⟩ strøm; ⟨Wort2⟩ flom

Schwamm m ⟨-(e)s; ¨e⟩ svamp (a BOT); **~drüber!** F det taler vi ikke mere om!; 2**ig** svampet; Begriff: upræcis, flydende

Schwan m ⟨-(e)s; ¨e⟩ svane

schwanen: F **mir schwant** jeg aner

Schwanengesang m ⟨-(e)s; 0⟩ fig svanesang

Schwang m: **im ~e sein** gå i svang

schwanger schwanger, gravid

schwängern ⟨-re⟩ gøre gravid, besvangre

Schwangerschaft f svangerskab n

Schwangerschafts|abbruch m abort; **~beschwerden** f/pl svangerskabsbesværligheder pl; **~unterbrechung** f → Schwangerschaftsabbruch; **~verhütung** f svangerskabsforebyggelse, prævention

Schwank m ⟨-(e)s; ¨e⟩ spøg; skæmtehistorie; THEA farce

schwank|en v/i svaje, vakle; (wechseln) svinge, veksle; Schiff: rulle; (zaudern) vakle, være uvis; **~end** vaklende; (unsicher) ustadig; (wechselnd) svingende; 2**ung** f vaklen (a fig), (Wechsel) svingning

Schwanz m ⟨-es; ¨e⟩ hale (a fig); (Schleppe) slæb n; fig (Nachspiel) efterspil n; V (Penis) pik

schwänz|eln v/i ⟨-le⟩ logre; (liebedienern) indynde sig, fedte; **~en** ⟨-t⟩: **die Schule ~** skulke fra skolen, F pjække den

Schwanz|feder f halefjer; **~flosse** f halefinne; **~stück** n halestykke n

schwapp! plump!, plask!

Schwapp m ⟨-(e)s; -e⟩ klask n; 2**en** skvulpe

Schwäre f byld; 2**n** v/i hovne op, bulne; fig ulme

Schwarm m ⟨-(e)s; ¨e⟩ sværm (a Bienen-); Fische: stime; (Menge) flok; fig idol n

schwärm|en v/i sværme (a Bienen u fig); **~für** (A) sværme for; **~von** (D) være begejstret for; 2**er** m sværmer (a ZO); 2**e'rei** f sværmeri n; **~erisch** sværmerisk

Schwarmgeist m (religiøs) sværmer

Schwart|e f (flæske)svær; f (Buch) gammel foliant, tyk bog; (Pelz) sommerpels; (Schwiele) hård hud; 2**ig** som har svær, tykhudet

schwarz ⟨¨er; ¨est⟩ sort; (dunkel) mørk; (verboten) illegal; **~ auf weiß** sort på hvidt; **~ gestreift** sortstribet; **das 2e Meer** det sorte Hav; **das 2e Brett** opslagstavlen; **der ~e Markt** sortbørsen; 2**er Peter** Karten u fig: sorteper; **ins 2e treffen** fig ramme lige i pletten; 2**arbeit** f sort arbejde n, F månedsarbejde n; **~arbeiten** arbejde sort; **~äugig** sortøjet; 2**brot** n rugbrød n; 2**dorn** m slåen; 2**e(r)** sort;

Schwärze f sorthed; TYP sværte; fig ondskab; 2**n** ⟨-t⟩ sværte (a fig)

schwarz|-fahren v/i ⟨sn⟩ køre uden at betale; ohne Führerschein: køre uden at have kørekort; 2**fahrer** m gratist; fører uden kørekort n

schwarzgestreift → schwarz

schwarz|haarig sorthåret; 2**handel** m sortbørshandel; 2**händler** m sortbørshandler; 2**hörer** m plankeværkslytter

schwärzlich sortladen, mørk

Schwarz|maler m fig sortseer; **~markt** m sortbørs; **~marktpreis** m sortbørspris; **~schlachtung** f ulovlig slagtning; 2**-sehen** v/i se sort på det, (TV) se TV uden at betale licens; **~seher** m pessimist, sortseer (a TV)

Schwärzung f sortfarvning; sværtning

Schwarzwald m Schwarzwald

schwarz'weiß sort-hvid (a fig); 2**film** m sort-hvid-film

Schwarz|wild n vildsvin n; **~wurzeln** f/pl skorzonerrod

Schwatz m ⟨-es; -e⟩ sludder, snak; 2**en** ⟨-t⟩, **schwätzen** ⟨-t⟩ (sich unterhalten) snakke, sludre; Schule: snakke; (Unsinn erzählen) vrøvle

Schwätze|r m sludrehoved n; **~'rei** f snakkeri n; **~rin** f sladretaske

schwatzhaft ⟨-est⟩ snakkesalig; 2**igkeit** f ⟨0⟩ snakkesalighed

Schwebe f: **in der ~** svævende; fig uvis; **~bahn** f svævebane; **~balken** m SPORT ligevægtsbom; 2**n** v/i (a sn) svæve; fig være uvis (od uafgjort); **der Prozess schwebt** sagen er endnu uafgjort; **in Gefahr ~** svæve i fare; 2**nd** svævende; hængende; fig uvis; 2**zustand** m uafgjort tilstand

Schwed|e m ⟨-n⟩ svensker; **~en** n Sverige n; **~in** f svensker, svensk dame (od pige); 2**isch** svensk; **hinter ~en Gardinen** fig F bag tremmerne

Schwefel m ⟨-s; 0⟩ svovl n; 2**artig** svovlagtig; **~bad** n svovlbad n; **~brunnen** m svovlkilde; **~dampf** m svovldamp; **~eisen** n svovljern n; 2**gelb** svovlgul; 2**haltig**

svolholdig; **2ig** svovlagtig, svovlet; **~kies** *m* svovlkis; **2n** ⟨*-le*⟩ svovle; **~regen** *m* svovlregn; **~säure** *f* ⟨0⟩ svovlsyre; **~ung** *f* svovling; **~'wasserstoff** *m* svovlbrinte

Schweif *m* ⟨*-(e)s; -e*⟩ hale; slæb *n*; **2en** *v/i* ⟨*sn*⟩ strejfe (*od* flakke) om(kring); *v/t* svejfe

Schweige|geld *n* penge for at tie stille; **~marsch** *m* tavs demonstrationstog *n*; **2n** *v/i* ⟨*L*⟩ tie (stille); **~n** *n* ⟨*-s; 0*⟩ tavshed; **2nd** tavs; *adv* tig stiltiende; **~pflicht** *f* tavshedspligt; **~r** *m* ordknap person

schweigsam tavs, ordknap; **2keit** *f* ⟨0⟩ ordknaphed

Schwein *n* ⟨*-(e)s; -e*⟩ gris, svin *n* (*a fig*); (*Glück*) held *n*; **~ haben** *fig* F være (svi-ne)heldig

Schweine|bauch *m* stribet flæsk *n*; **~bra-ten** *m* flæskesteg; **~fett** *n* (udsmeltet) svi-nefedt *n*; **~fleisch** *n* svinekød *n*, flæsk *n*; **~hirt** *m* svinehyrde; **~hund** *m* F (svine-)bæst *n*; **~kamm** *m* svinekam; **~koben** *m* svinesti; **~'rei** *f* F svineri *n*; **~schmalz** *n* svinefedt *n*; **~stall** *m* svinesti; **~zucht** *f* svineavl

Schwein|igel *m* F svinepels; **2isch** F svinsk

Schweins|borste *f* svineborste; **~filet** *n* svinefilet; **~haxen** *f/pl* GASTR grisetæer *pl*; **~keule** *f* svinekølle; **~kopf** *m* svineho-ved *n*; **~leder** *n* svinelæder *n*; **2ledern** af svinelæder; **~rippchen** *n* svinekotelet; **~rücken** *m* svineryg

Schweiß *m* ⟨*-es; 0*⟩ sved; **~apparat** *m* svej-seapparat *n*; **~ausbruch** *m* svedudbrud *n*; **~band** *n* SPORT pandebånd *n*; **2bar** der kan svejses; **2bedeckt** svedig; **~blatt** *n* ærmeblad *n*; **~brenner** *m* svejsebræn-der; **~brille** *f* svejsebriller *pl*; **~drüse** *f* svedekirtel; **2en** ⟨*-t*⟩ svejse; (*bluten*) blø-de; **~er** *m* svejser; **~füße** *m/pl:* **~ haben** have fodsved; **~hund** *m* jagthund; **2ig** svedig; (*blutend*) blodig; **~mittel** *n* svede-middel *n*; **~naht** *f* svejsesømme; **~stelle** *f* svejsested *n*; **2treibend** sveddri-vende; **2triefend** sveddryppende; **~trop-fen** *m* sveddråbe; **~ung** *f* svejsning

Schweiz *f* Schweiz, Svejts *n*; **~er 1.** *m* svejt-ser; **2.** *adj* **~ Käse** svejtserost; **~erdeutsch** *n* svejtsertysk *n*; **2erisch** svejtsisk

schwelen *v/i* ulme (*a fig*), ose; svide

schwelge|n *v/i* (*in D*) frådse, svælge (i); **2r** *m* frådser, lækkermund; *fig* sværmer; **2'rei** *f* frådseri *n*; *fig* sværmeri *n*; **~risch** overdådig; *fig* sværmerisk, begejstret

Schwelle *f* dørtærskel; *fig* tærskel; BAHN svelle

schwell|en *v/i* (*L; sn*) svulme (op); *Segel:* fyldes; (*steigen*) stige; (*dick werden*) svulme, hovne; → *a* **geschwollen**; *v/t* få til at svulme

Schwellen·angst *f fig* angst for at over-skride en social tærskel

Schwellung *f* svulmen; MED hævelse

Schwemm|e *f* vandingssted *n*; (*Akademi-ker-*) overproduktion (af akademikere); **2en** lade svømme; (*spülen*) skylle; *Pferde:* svømme; (*anschwemmen*) skylle op (på stranden); **~land** *n* ⟨*-(e)s; 0*⟩ opskyllet land *n*

Schwengel *m* pumpestang; *Glocke:* klok-keknebel

Schwenk *m* ⟨*-s; -s*⟩ drej *n; fig* kovending; **2bar** drejelig, bevægelig, sving-; **2en** *v/t* svinge (*a Arme, Fahne*); (*spülen*) skylle; *rechts schwenkt!* højre om!; *v/i* ⟨*sn*⟩ svinge, dreje; **~kartoffeln** *f/pl* kartofler, rystede i smør *og* persille; **~kran** *m* sving-kran; **~ung** *f* svingning, drej *n*

schwer tung; (*schwierig*) svær; (*stark*) stærk; (*sehr*) meget; *Zeit, Bedingungen:* hård; **~en Herzens** med tungt hjerte; **~ beladen** tungt belæsset; **~ bewaffnet** svært bevæbnet; **~ erziehbar** *Kind:* van-skelig; **~ machen** *fig* gøre det svært; **~ löslich** tungtopløselig; **~ verdaulich** tungt fordøjelig; **~ verständlich** svær at forstå; **~ verwundet** hårdt såret; **2arbeit** *f* hårdt arbejde *n;* **2arbeiter** *m* arbejder med groft (*od* hårdt) arbejde

schwerbeladen → *schwer*

Schwerbeschädigte(r) mindst 50%s in-valid

schwerbewaffnet → *schwer*

schwerblütig *fig* langsom i sine reaktio-ner; (*schwermütig*) melankolsk

Schwere *f* ⟨0⟩ tyngde, vægt; (*Schwierig-keit*) vanskelighed; (*Ernst*) alvor, streng-hed; (*Not*) nød; PHYS tyngdekraft; **2los** vægtløs; **~losigkeit** *f* ⟨0⟩ vægtløshed; **~nöter** *m* damevén, skørtejæger

schwer|erziehbar → *schwer;* **~fallen** *v/i* ⟨*sn*⟩ (*D*) have svært ved, falde svært

schwerfällig tung, klodset, ubehjælpsom; tungnem; **2keit** *f* ⟨0⟩ tunghed, klodset-hed

Schwergewicht *n* SPORT sværvægt; *fig* ho-vedvægt; **~ler** *m* sværvægter (*a fig*)

schwerhörig tunghør; **2keit** *f* ⟨0⟩ tunghø-r(ig)hed

Schwer|industrie *f* sværindustri; **~kraft** *f* ⟨0⟩ tyngdekraft; **~kranke(r)** alvorlig syg

schwer|lich næppe, vanskelig; **~löslich** → *schwer*

S

schwer·machen → *schwer*

Schwer|metall n tungmetal n; **~mut** f ⟨0⟩ tungsind n; **2mütig** melankolsk, tungsindig

schwer·nehmen tage tungt (*etw.* A/på ngt.)

Schwer|öl n (tung) dieselolie; **~punkt** m tyngdepunkt n (a fig); **~punktstreik** m punktstrejke

Schwert [e:] n ⟨-(e)s; -er⟩ sværd n (a NAUT); **~fisch** m sværdfisk; **~lilie** f sværdlilje; **~schlucker** m sabelsluger; **~tanz** m sværddans

Schwerverbrecher m storforbryder

schwer|verdaulich → *schwer*; **~verständlich** → *schwer*; **~verwundet** → *schwer*

schwerwiegend tung; *fig a* vægtig, graverende

Schwester f ⟨-; -n⟩ søster; (*Kranken*2) sygeplejerske; **2lich** søsterlig; **~nschule** f sygeplejeskole; **~schiff** n søsterskib n

Schwibbogen m buehvælving; stræbebue

Schwieger|eltern pl svigerforældre pl; **~mutter** f svigermor; **~sohn** m svigersøn; **~tochter** f svigerdatter; **~vater** m svigerfar

Schwiele f hård hud, knyst; **2ig** barket, hårdhudet

schwierig vanskelig, svær, besværlig; **2keit** f vanskelighed, besvær n; **2keitsgrad** m sværhedsgrad

Schwimm|anstalt f badeanstalt, svømmehal; **~anzug** m badedragt; **~bad** n svømmebad n; **~bassin** n, **~becken** n svømmebassin n; **~blase** f svømmeblære; **~dock** n flydedok; **2en** ⟨L; sn⟩ svømme; (*treiben*) flyde; **~er** m svømmer (a TECH); Tech a flyder (a Angel-); NAUT ponton, flyder; **~erin** f svømmerske, svømmepige; **~flosse** f finne; **~n** pl SPORT svømmefødder pl; **~flügel** pl svømmevinger pl; **~fuß** m svømmefod; **~gürtel** m svømmebælte n; **~halle** f svømmehal; **~haut** f svømmehud; **~hose** f badebukser pl; **~kran** m flydekran; **~kunst** f svømmekunst; **~lehrer** m svømmelærer; **~reifen** m svømmebælte n; **~sport** m svømmesport; **~vogel** m svømmefugl; **~weste** f redningsvest

Schwindel m ⟨-s; 0⟩ MED svimmelhed; (*Betrug*) svindel, F snyd n, fup n; *der ganze* ~ fig F hele molevitten; ~ *erregend* → *schwindelerregend*; an~ anfald n af svimmelhed; **~ei** [-ˈlaɪ] f svindel; (*Lügen*) løgnehistorier pl; **2erregend** svimlende (a fig); **2frei** svimmelfri;

~gefühl n følelse af svimmelhed; **2n** ⟨-le⟩ blive svimmel; *mir* (*od mich*) **schwindelt** jeg bliver svimmel; (*betrügen*) svindle, lave fupnumre; (*lügen*) lyve; **~unternehmen** n svindelfirma n

schwinden (L; sn) svinde; *fig* svigte, vige; (*verschwinden*) forsvinde

Schwind|ler m svindler, løgner; **~lerin** f svindler(ske), løgner(ske); **2lerisch** bedragerisk, løgnagtig; **2lig** svimmel; *mir wird* ~ jeg bliver svimmel; **~sucht** f ⟨0⟩ svindsot

Schwing|achse f svingaksel; **~e** f vinge (a fig); **2en** ⟨L⟩ svinge (*sich* sig); NAUT svaje; Ton: (gen)lyde; **~er** m Boxen: sving n; **~tor** n vippeport; **~tür** f svingdør; **~ung** f svingning

Schwips m ⟨-es; -e⟩: F *e-n* ~ *haben* have en lille fjer på

schwirren v/i (a sn) suse, svirre

Schwitz|bad n svedebad n; **2en** ⟨-t⟩ svede; *Wand:* blive fugtig; (*braten*) stege i smør, svitse; **2ig** svedig; **~kasten** m fig kvælertag n; **~kur** f svedekur

Schwof [o:] m ⟨-(e)s; -e⟩ F dans; **2en** v/i F danse

schwören ⟨L⟩ sværge (*auf* A/til); *Eid* aflægge ed

schwul: F ~ *sein* være bøsse

schwül lummer (a fig)

Schwule(r) m F bøsse

Schwüle f ⟨0⟩ lummervarme

Schwulst m ⟨-(e)s; ¨e⟩ svulst, bombast

schwülstig svulstig, opstyltet

Schwund m ⟨-(e)s; 0⟩ svind n, tab n; R/TV fading; **~stufe** f (vokals) svindtrin n

Schwung m ⟨-(e)s; ¨e⟩ sving n; (*Kraft*) kraft; *fig* fart; (*Masse*) bunke, masse; *in* ~ *kommen* komme i gang; *in* ~ *bringen* sætte i gang; **~brett** n springbræt n; **~feder** f svingfjer; **2haft** ⟨-est⟩ fig blomstrende; **~kraft** f ⟨0⟩ centrifugalkraft; *fig* fart; **2los** ⟨-est⟩ fig kraftløs; **~rad** n svinghjul, fig livfuld, energisk; *Rede:* højstemt

schwupp! svup!, sjask!, sjap!

Schwur m ⟨-(e)s; ¨e⟩ ed; **~gericht** n nævningedomstol

Schwyzerdütsch n svejtsisktysk sprog n

sechs, 2 f seks; *zu* ~ (*t, -en*) seks mand høj; **2eck** n ⟨-(e)s; -e⟩ sekskant; **~eckig** sekskantet; **2erpack** m seksstyks; **~fach** sekskdobbelt; **~hundert** seks hundrede; **~jährig** seksårig; **~mal** seks gange; **~monatlich** hver sjette må ned, halvårligt; **2tagerennen** n SPORT seksdagesløb n; **~tägig** seks dages; **~te(r)** sjette; **~teilig** seksleddet; R/TV i seks dele; 2tel n sjettedel; ~tens for det sjette; 2zylinder m motor med seks cylinder

sechzehn seksten; ~jährig sekstenårig; ~te(r) sekstende

sechzig tres; 2er(in) m(f) tresårig mand (kvinde); 2erjahre f/pl tressere pl; ~ste(r) tresindstyvende

Secondhand- [sekənt'hent] genbrugs-

See 1. f hav n; (Welle) sø, bølge; zur ~ til søs; in ~ stechen stikke til søs; auf hoher ~ i rum sø; an der ~ ved havet; an die ~ fahren tage til havet; **2.** m ⟨-s; -n⟩ (ind)sø; ~adler m havørn; ~bad n badested n ved havet; ~bär m Pers (sø)ulk; ~beben n undersøisk jordskælv n; 2fahrend søfarende; ~fahrer m sømand; ~fahrt f søfart; (Reise) sørejse; 2fest søstærk; ~fisch m saltvandsfisk; ~fischerei f havfiskeri n; ~flotte f søflåde; ~frachtbrief m konossement n; ~gang m ⟨-(e)s; 0⟩ søgang, sø; ~gras n tang, søgræs n; ~handel m søhandel; ~herrschaft f herredømme n til søs; ~hund m sæl(hund); ~hundsfell n sælskind n; ~igel m søpindsvin n; ~jungfrau f havfrue; ~kadett m søkadet; ~karte f søkort n; ~klima n kystklima n; 2krank søsyg; ~krankheit f ⟨0⟩ søsyge; ~krieg m søkrig; ~kuh f søko; ~küste f (sø)kyst; ~lachs m (grå)séj

See|land n (dänisch) Sjælland n; (niederländisch) Zeeland n; ~länder m sjællænder; mand fra Zeeland; 2ländisch sjællandsk

Seele f sjæl (a Einwohner) keine ~ war zu sehen der var ikke en sjæl at se; Sie sprechen mir aus der ~! det er som talt ud af mit hjerte; e-e ~ von Mensch et ejegodt menneske

Seelen|adel m sjælsadel; ~amt n sjælemesse; ~angst f sjæleangst; ~forscher m psykolog; ~freund m hjertensven; ~größe f ⟨0⟩ sjælsstorhed; ~heil n sjælefrelse; ~hirt m sjælehyrde; ~kunde f ⟨0⟩ sjælelære, psykologi; ~leben n ⟨-s; 0⟩ sjæleliv n; 2los ⟨-est⟩ sjælløs; ~qual f sjælekval; ~ruhe f sindsro; 2vergnügt sjæleglad; med stor sindsro; ~verkäufer m NAUT ~ F dødssejler, plimsoller; ~verwandtschaft f åndsslægtskab n; ~wanderung f sjælevandring; ~zustand m sjælstilstand

Seeleute pl søfolk
seelisch sjælelig, psykisk; sjæls-
Seelöwe m søløve
Seelsor|ge f ⟨0⟩ sjælesorg; ~ger m sjælesørger; 2gerisch sjælesørger-

See|luft f søluft, havluft; ~macht f sømagt; ~mann m ⟨-(e)s; Seeleute⟩ sømand; → a Seeleute; 2männisch sømands-

Seemanns|garn n fig skipperhistorie; ~heim n sømandshjem n; ~leben n ⟨-s; 0⟩ sømandsliv n; ~sprache f sømandssprog n

See|meile f sømil; ~mine f sømine; ~möwe f (hav)måge; ~not f ⟨0⟩ havsnød; ~nplatte f slette med mange søer; ~offizier m søofficer; ~pferd(chen) n søhest; ~räuber m sørøver; ~räuberei f sørøveri n; ~recht n ⟨-(e)s; 0⟩ søret; ~reise f sørejse; ~rose f åkande; ~sand m havsand n; ~schaden m havari n; ~schiff n søgående skib n; ~schiffahrt f søgående sejlads; ~schlacht f søslag n; ~schlange f søslange; ~schule f søfartsskole; ~stern m søstjerne; ~straße f søvej; ~streitkräfte f/pl flådestyrke; ~tang m havtang; ~tier n havdyr n; 2tüchtig sødygtig; Pers a søstærk; ~ufer n søbred; ~verkehr m søgående trafik; ~versicherung f søforsikring; ~volk n søfarende nation; (Seeleute) søfolk; ~warte f marineobservatorium n; 2wärts søværts, til søs; ~wasser n saltvand n; søvej; auf dem ~ ad søvejen; ~wesen n ⟨-s; 0⟩ søvæsen n; ~wind m pålandsvind, søvind; ~zeichen n sømærke n; ~zunge f (sø)tunge

Segel n sejl n; ~boot n sejlbåd, lystkutter; ~flieger m svæveflyver; ~flug m svæveflyvning; ~flugzeug n svævefly n; ~jacht f yacht; 2klar sejlklar; ~klub m sejlklub, yachtklub; 2n ⟨-le; a sn⟩ sejle; durch die Luft: svæve; F flyve; ~ohren n/pl F flyveører pl; ~regatta f kapsejlads; ~schiff n sejlskib n; ~sport m sejlsport; ~tuch n sejldug; ~werk n ⟨-(e)s; 0⟩ takkelage, rigning

Segen m velsignelse; (Glück) held n; ~erteilung f velsignelse; 2reich velsignelsesrig; ~sspruch m, ~swunsch m velsignelse, lykønskning
Segler m sejler
Seg'ment n ⟨-(e)s; -e⟩ segment n
segn|en [e:] ⟨-e-⟩ velsigne; das Zeitliche ~ vandre heden; 2ung f velsignelse
Segregation [ze:grega'tsio:n] f segregation

sehen ['ze:ən] ⟨L⟩ se (auf A/på); (blicken) kigge; j-m ähnlich ~ ligne én (a fig); nach etw. (D) ~ sørge for ngt.; e-n vom 2 kennen kende én af udseende; ~swert seværdig; ~swürdig seværdig; 2swürdigkeit f seværdighed
Seher m profet; ~blick m profetisk blik n;

~in f seerske, spåkone; **2isch** synsk

Seh|fehler m synsfejl; **~feld** n synsfelt n; **2geschädigt** synsskadet; **~kraft** f ⟨0⟩ synsevne, syn n

Sehne f sene; MUS streng

sehnen: sich ~ nach (D) længes efter

Sehnen|scheidenentzündung f seneskedebetændelse; **~zerrung** f senseforstrækning

Sehnerv m synsnerve

sehnig senet; kraftig, stærk

sehn|lich længsfuld; **mein ~ster Wunsch** mit inderligste ønske; **2sucht** f længsel (**nach** D/efter); **~süchtig, ~suchtsvoll** længselsfuld

Sehorgan n synsorgan n

sehr meget, særdeles; **~ gern** meget gerne

Seh|rohr n periskop n; **~schärfe** f synsstyrke; **~schwäche** f synssvækkelse; **~vermögen** n syn n; **~weite** f synsvidde; **~winkel** m synsvinkel

seicht ⟨-est⟩ lav, grundet; fig overfladisk; **2heit** f ⟨0⟩, **2igkeit** f ⟨0⟩ grundethed; fig overfladiskhed

Seide f silke

Seidel n krus n, glas n (med hank)

seiden af silke, silke-; **~artig** silkeagtig; **2band** n silkebånd n; **2faden** m silketråd; **2glanz** m silkeagtig glans; **2industrie** f silkeindustri; **2papier** n silkepapir n; **2raupe** f silkeorm; **2spinnerei** f silkespinderi n; **2stoff** m silketøj n, silkestof n

seidig silkeblød

Seife f sæbe; **2n** indsæbe

Seifen|blase f sæbeboble; **wie e-e ~ zerplatzen** fig briste som en boble; **~halter** m sæbeholder; **~lauge** f sæbelud; **~pulver** n sæbepulver n; **~schale** f sæbeskål; **~schaum** m sæbeskum n; **~sieder** m sæbesyder; **~siede'rei** f sæbesyderi n; **~wasser** n sæbevand n

seifig sæbet; sæbeagtig, glat

seihen ['zaıən] si, filtrere

Seil n ⟨-(e)s; -e⟩ reb n, tov n; (Leine) line; **~bahn** f svævebane; **~er** m rebslager; **~e'rei** f rebslageri n; **2springen** v/i sjippe; **~tanz** m linedans; **~tänzer(in)** m(f) linedanser(inde); **~trommel** f NAUT (anker)spil n; **~winde** f hejseværk n

Seim m ⟨-(e)s; -e⟩ havresuppe; plantesaft; (Honig) honningsaft; **2ig** slimet, tyk

sein¹ (L; sn) være; **was soll das ~?** hvad skal det betyde?; **lass das ~!** lad være med det!; **kann ~!** måske!; **ich bin es** det er mig; **wie dem auch sei** hvordan det end forholder sig dermed; **2** n ⟨-s; 0⟩ væren; det at være til; (Dasein) tilvæ-

relse; **~ lassen** lade være (A/med)

sein², ~e sin, sit n; hans, hendes f; dens, dets n

seiner|seits fra sin (od hans) side; **~zeit** i sin tid

seines|gleichen hans (od sin) lige

seinet|halben, ~'wegen for hans skyld; **~'willen: um ~willen** for hans skyld

seinige: der, die (das) ~ sin, sit, hans; dens, dets; **die 2n** pl sin (hans) familie

sein·lassen → sein

Seismo|'graf m ⟨-en⟩ seismograf; **2'logisch** seismologisk

seit (D) siden; **~ wann?** hvorlænge?; **er ist hier ~ zwei Tagen** han har været her i (de sidste) to dage; **~ kurzem** i den sidste tid; **~'dem** konj siden; adv siden, fra da af

Seite f side (a Blatt); **die linke (rechte) ~** Stoff: vrangen (retten); **auf die ~ bringen** skaffe til side; **von ~n meines Bruders** på min broders vegne; **von allen ~n (her)** fra alle kanter; **j-m zur ~ stehen** støtte én; **zur ~ gehen** gå til side

Seiten|ansicht f profil, set fra siden; **~ausgang** m sideudgang; **~blick** m sideblik n; **~eingang** m sideindgang; **~flügel** m ARCH sidefløj; **~gebäude** n sidebygning; **~gewehr** n bajonet; **~hieb** m hib n (gegen A/til); **2lang** sidelang; **~linie** f sidelinie; **~riss** m profil(tegning)

seitens (G) fra ...s side

Seiten|schneider m TECH skævbider; **~sprung** m sidespring n (a fig); **~stechen** n ⟨-s; 0⟩ sting pl i siden; **~straße** f sidegade; **~stück** n sidestykke n (a fig); fig pendant; **~tasche** f sidelomme; **~tür** f sidedør; fig udvej, smutvej; **2verkehrt** Foto: spejlvendt; **~wagen** m Motorrad: sidevogn; **~weg** m sidevej; **~wind** m sidevind; **~zahl** f sidetal n

seit'her hidtil

seit|lich 1. side-; adv til siden; **2.** prp (G) ved siden af; **~wärts** fra (od til) siden; sidelæns

Se'kret n ⟨-(e)s; -e⟩ sekret n

Sekre'tär [zeˈkrɛ-] m ⟨-s; -e⟩ sekretær (a Möbel); **~ariat** [-aˈrĭaːt] n ⟨-(e)s; -e⟩ sekretariat n; **~ärin** f sekretær, kontorassistent

Sekt m ⟨-(e)s; -e⟩ (tysk) champagne

Sekte f sekt

Sektglas n champagneglas n

Sek|'tierer m sekterer; **2'tiererisch** sekterisk; **~'tion** [-ˈtsĭoːn] f sektion, afdeling; ANAT dissektion; **~tor** m ⟨-s; -en [-ˈtoː-]⟩ sektor

Se'kun|da f ⟨-; Sekunden⟩ 1. gymnasie-

S

klasse; **~'dant** m ⟨-en⟩ sekundant; **2'där** anden rangs, underordnet, sekundær; **~'därliteratur** f sekundærlitteratur; **~'darstufe** f skoletrin i

Se'kunde f sekund n; **2nlang** i flere sekunder; **~nzeiger** m sekundviser

sekun'dieren v/i (D) sekundere

selber selv

selbst selv; **von ~** af sig selv; adv (sogar) selv, endog; **~ gemacht** hjemmelavet; selfmade-; **2achtung** f selvagtelse; **2analyse** f selvanalyse

Selbst|anklage f selvanklage; **~anschluss** m TEL helautomatisk drift; **~anzeige** f selvanmeldelse; **~aufopferung** f selvopofrelse; **~auslöser** m selvudløser

Selbstbedienung f selvbetjening; **~sgaststätte** f selvbetjeningsrestaurant, cafeteria n; **~sladen** m selvbetjeningsbutik

Selbst|befriedigung f onani; **~beherrschung** f⟨0⟩ selvbeherskelse; **~bekenntnis** n selvbekendelse; **~besinnung** f selvransagelse; besindelse; **~bespiegelung** f sygelig selvoptagethed

Selbstbestimmung f selvbestemmelse; **~srecht** n ⟨-(e)s; 0⟩ selvbestemmelsesret

Selbst|beteiligung f selvrisiko; **~betrug** m selvbedrag n; **2bewusst** selvbevidst; **~bewusstsein** n selvbevidsthed; **~bildnis** n selvportræt n; **~disziplin** f selvdisciplin; **~einschätzung** f (Steuer) selvangivelse; **~entzündung** f selvantændelse

Selbsterhaltung f selvopholdelse; **~strieb** m selvopholdelsesdrift

Selbst|erkenntnis f selverkendelse; **~erniedrigung** f selvfornedrelse; **~finanzierung** f ⟨0⟩ selvfinansiering; **2gefällig** selvglad, selvtilfreds; **~gefälligkeit** f⟨0⟩ selvtilfredshed; **~gefühl** n ⟨-(e)s; 0⟩ selvfølelse

selbst|genügsam selvtilfreds; (sparsam) nøjsom; **~gerecht** selvretfærdig; **2gespräch** n enetale; THEA monolog; **~herrlich** selvrådig, tyrannisk; selvoptaget; **2hilfe** f selvhjælp; selvtægt; **2ironie** f selvironi; **2klebeband** n tape; **~klebend** selvklæbende

Selbstkosten pl egne omkostninger pl; **~preis** m indkøbspris

Selbst|kritik f selvkritik; **2kritisch** selvkritisk; **~lader** m (Waffe) automatisk skydevåben n; **~laut** m selvlyd, vokal; **~lob** n selvros; **2los** ⟨-est⟩ uselvisk; **~losigkeit** f ⟨0⟩ uselviskhed; **~mord** m selvmord n; **~mordattentäter** m selvmordsbomber; **~mörder(in)** m(f) selvmorder;

2mörderisch selvmorderisk; **~mordversuch** m selvmordsforsøg n; **2redend** selvfølgelig; **~schutz** m selvforsvar n; **2sicher** selvsikker; **2ständig** selvstændig; **~ständigkeit** f ⟨0⟩ selvstændighed; **~studium** n ⟨-s; 0⟩ selvstudium n; **~sucht** f ⟨0⟩ egenkærlighed, egoisme; **2süchtig** egenkærlig, egoistisk; **2tätig** selvvirksom; (automatisch) automatisk; **~täuschung** f selvbedrag n; **~tor** n SPORT selvmål n; **~überschätzung** f selvovervurdering; **~überwindung** f selvovervindelse; **~unterricht** m selvstudium n; **~verachtung** f⟨0⟩ selvforagt; **~verbrauch** m eget forbrug n; **2vergessen** selvforglemmende; i tanker; **~verlag** m: **im ~** på eget forlag; **~verleugnung** f selvfornægtelse; **~versorgung** f selvforsyning

selbstverständlich selvfølgelig; **2keit** f selvfølgelighed

Selbst|verstümmelung f selvinvalidering; **~verteidigung** f selvforsvar n; **~vertrauen** n selvtillid; **~verwaltung** f selvstyre n; **~wählverkehr** m automatisk telefontjeneste

selbstzufrieden selvtilfreds, selvglad; **2heit** f ⟨0⟩ selvtilfredshed

Selbstzweck m ⟨-(e)s; 0⟩ formål n i sig selv

Selch|er m (svine)slagter; (Räucherer) røgemand; **~fleisch** n røget kød n

Selek|tion f -['tsïo:n] f selektion; **2'tiv** selektiv

selig salig; (verstorben) afdød; **mein ~er Vater** min salig fader; (glücklich) lyksalig; glædestrålende; **2keit** f ⟨0⟩ salighed; (Glücklichkeit) lyksalighed; **~sprechen** erklære for salig, kanonisere

Sellerie m ⟨-s; -s⟩ selleri

selten ⟨-tn-⟩ sjælden; **2heit** f sjældenhed

Selter(s)wasser n dansk vand

seltsam besynderlig, sær, sælsom; **~erweise** underligt (od mærkelig) nok; **2keit** f besynderlighed

Se'mantik f ⟨0⟩ semantik

Se'mester n semester n, halvår n; **~ferien** pl (semester)ferie, forelæsningsfri tid

Semi'kolon n ⟨-s; -s od Semikola⟩ semikolon n

Semi'nar n ⟨-s; -e⟩ (Lehrer2) seminarium n; (Übung) seminar n; **~ist** [-'rɪst] m ⟨-en⟩ seminarist, seminarieuddannet lærer

Se'mit|(in) m ⟨-en⟩ (f) semit; **2isch** semitisk

Semmel f ⟨-; -n⟩ rundstykke n, simle; **~mehl** n → **Paniermehl**

Se'nat *m* ⟨-(e)s; -e⟩ senat *n; Universität:* konsistorium *n;* ~or *m* ⟨-s; -en [-'toː-]⟩ senator

Send|bote *m* sendebud *n;* ~brief *m* rundskrivelse

Sende|anlage *f* senderanlæg *n;* ~folge *f* radio- (*od* tv-)program *n;* 2n **1.** ⟨-e- *od* L⟩ sende; **2.** ⟨-e-⟩ r/tv udsende; ~r *m* sender (*a Radio*); ~raum *m* (radio-) studie *n*

Sendung *f* sending *n; Post:* forsendelse; r/tv udsendelse

Senf *m* ⟨-(e)s; -e⟩ sennep; ~gas *n* sennepsgas; ~gurke *f* asie

sengen svide; ~ *und brennen* skænde og brænde; ~*de Sonne* bagende sol

se'nil senil; 2i'tät *f* ⟨0⟩ senilitet

Senior [-nioɐ] *m* ⟨-s; -en [-'nioː-]⟩ pensionist; senior; ~enfahrkarte [-'nioː-] *f* 65-billet; ~enheim *n* pensionistbolig

Senkel *m* snørebånd *n*

senk|en sænke (*a Blick, Niveau*); *sich* ~ synke, dale; 2fuß *m* platfod; 2grube *f* sivebrønd

senkrecht lodret; 2e *f* ⟨-n⟩ lodret linie; 2starter *m* lodretstarter; *fig Pers* person med lynkarriere

Senk|ung *f* sænkning; ~waage *f* flydevægt, aræometer *n*

Senn|er(in) *m(f)* alpehyrde, sæterhyrde; ~hütte *f* sæterhytte

Sensation [-'tsioːn] *f* sensation, opsigt; 2nell opsigtsvækkende, sensationel; ~nslust *f* ⟨0⟩ sensationslyst; 2nslüstern sensationslysten; ~nsmeldung *f* sensationel meddelelse

Sense *f* le; *fig* F slut; ~nmann *m* høstmand; (*Tod*) døden, manden med leen

sen'sib|el ⟨-bl-⟩ sensibel, vågen, modtagelig; 2ili'tät *f* ⟨0⟩ sensibilitet, modtagelighed

sensi'tiv sensitiv, følsom

Sensor *m* ⟨-s; -en [-'zoː-]⟩ sensor

Sensuali'tät [-zu'a-] *f* ⟨0⟩ sensualitet

Sen'tenz *f* sentens, jur dom, kendelse

sentimen'tal sentimental, følelsesfuld; 2i'tät *f* sentimentalitet, følsomhed

sepa'rat ⟨-est⟩ separat, særlig; 2druck *m* særtryk *n;* 2friede *m* separatfred

Separa'tis|mus *m* ⟨-; 0⟩ separatisme; ~t(in) *m* ⟨-en⟩ (*f*) separatist

Sep'tember *m* september (måned); *im* ~ i september

Se'quenz *f* sekvens

Seraph *m* ⟨-s; -e *od* -im⟩ seraf

Serb|e *m* ⟨-n⟩, ~in *f* serber; ~ien [-'biən] *n* Serbien *n;* 2isch serbisk; 2okro'atisch serbokroatisk

Sere'nade *f* serenade

Serge ['sɛrʒ] *f* serge (*n*)

Sergeant [sɛr'ʒant] *m* ⟨-en⟩ sergeant

Serie ['zeːriə] *f* serie, række

Serien|bau *m* ⟨-(e)s; 0⟩ seriebygning; ~fabrikation *f* seriefremstilling; 2mäßig serievis; *Auto usw:* seriefremstillet; ~schaltung *f* serieforbindelse; 2weise i serier

seriös [-'riøːs] ⟨-est⟩ alvorlig (ment), seriøs

Serpen'tine *f* serpentine, hårnålesving *n*

Serum *n* ⟨-s; Seren *od* Sera⟩ serum *n*

Service **1.** [zɛr'viːs] *n* ⟨- *od* -s; - [-ə]⟩ (*Tischgeschirr*) service *n;* **2.** ['sœrvis] *m* (*Kundendienst*) service

servier|en [-'viː-] servere; 2erin *f* servitrice

Serviette [-'viɛ-] *f* serviet; ~nring *m* servietring

ser'vil servil; 2i'tät *f* ⟨0⟩ servilitet

Servolenkung *f* servostyring

Servus! farvel!, goddag!

Sessel *m* lænestol; ~lift *m* stolelift

sesshaft ⟨-est⟩ bosiddende; (*mit festem Wohnsitz*) med fast bopæl; ~ *werden* bosætte sig; 2igkeit *f* ⟨0⟩ at bo fast

Session [-'sioːn] *f* samling

Set *n* ⟨-s; -s⟩ sæt *n;* (*Kleidung*) (cardigan-) sæt *n;* (*Tischunterlage*) dækkeserviet

Setter *m* zo setter

Setzei *n* spejlæg *n*

setzen ⟨-t-⟩ sætte (*a* typ); *Geld* holde; *Denkmal* rejse; *Zeit* fastsætte; *an Land* ~ landsætte; *auf die Rechnung* ~ sætte på regning; *aufs Spiel* ~ sætte på spil; *in Angst* (*Schrecken*) ~ hensætte i angst (skræk); ~ *Sie sich bitte!* værsgo at tage plads!; *sich* (*D*) *etw. in den Kopf* ~ sætte sig ngt. i hovedet; *v/i* (*sn*) sætte, springe (*über A*/over); *sich* ~ sætte sig; *Getränk:* klares; → *a* gesetzt

Setz|er *m* typ sætter; ~e'rei *f* sætteri *n;* ~kasten *m* skriftkasse; ~ling *m* ⟨-s; -e⟩ aflægger, stikling; (*Fisch*) sættefisk; ~maschine *f* sættemaskine; ~waage *f* vaterpas *n*

Seuche *f* syge, epidemi; ~ngefahr *f* fare for epidemi; ~nherd *m* arnested *n* for epidemi

seufz|en *v/i* ⟨-t-⟩ sukke; 2er *m* suk *n*

Sex *m* ⟨-es; 0⟩ sex; ~bombe *f* sexbombe

Sex'tant *m* ⟨-en⟩ sekstant; ~'tett *n* ⟨-(e)s; -e⟩ sekstet

S

Sexual|aufklärung [zɛksuˈˈaːl-] f seksualoplysning; **~forschung** f seksualforskning; seksuologi; **~hygiene** f seksualhygiejne; **~i'tät** f ⟨0⟩ seksualitet; **~kunde** f seksualoplysning; **~verbrechen** n seksualforbrydelse; **~verbrecher** m seksualforbryder

sex|u'ell seksuel; **~y** [-ksi-] sexy

Sezession [-'sɪoːn] f secession; **~skrieg** m løsrivelseskrig (den amerikanske borgerkrig 1861-1865)

se'zier|en dissekere; **2messer** n dissektionskniv

Shampoo [ˈʃampuˑ] n ⟨-s; -s⟩ shampoo

Sherry [ˈʃɛriˑ] m ⟨-s; -s⟩ sherry

Shorts [ʃɔːʁts] pl shorts pl

Show [ʃoː] f ⟨-; -s⟩ show n

sia'mesisch siamesisk; **~e Zwillinge** pl siamesiske tvillinger pl

Si'bir|ien [-ʁɪən] n Sibirien n; **2isch** sibirisk

sibyl'linisch sibyllinsk

sich sig; (einander) hinanden; Anrede: Dem; für ~ leben leve for sig selv; **an (und für) ~** i og for sig; **von ~ (D) (aus)** af sig selv

Sichel f ⟨-; -n⟩ segl (a fig)

sicher sikker (vor D/for, mod); (zuverlässig) pålidelig; (gewiss) vis (G/på); **ich bin ~, dass ...** jeg er sikker på, at ...; **sich s-r Sache ~ sein** være sikker i sin sag; **~gehen** v/i ⟨sn⟩ fig tage sig, være på den sikre side; **2heit** f sikkerhed; (Zuverlässigkeit) pålidelighed; (Bürgschaft) kaution, garanti

Sicherheits|abstand m sikkerhedsafstand; Auto: sikkerhedssele; **~gurt** m Flugzeug: sikkerhedsbælte, m Auto: sikkerhedssele; **2halber** for en sikkerheds skyld; **~maßnahme** f sikkerhedsforanstaltning; **~nadel** f sikkerhedsnål; **~polizei** f sikkerhedspoliti n; **~rat** m ⟨-(e)s; 0⟩ sikkerhedsråd n; **~schloss** n smæklås, sikkerhedslås; **~ventil** n sikkerhedsventil; **~verschluss** m sikkerhedslukke n

sicher|lich sikkert, bestemt; **~n** ⟨-re⟩ sikre; (schützen) beskytte (vor D/mod); (schließen) låse

sicher-stell|en sikre; (beschlagnahmen) beslaglægge; **2ung** f beslaglæggelse; fig garanti

Sicherung f sikring (a EL); EL F prop **~skasten** m EL målerkasse; **~sverwahrung** f JUR sikkerhedsforvaring

Sicht f sigte n, syn n; (Aussicht) udsigt; NAUT sigt; **auf lange ~** fig på lang(t) sigt (a fig); **auf ~** ÖKON a vista; **außer ~** ude af

syne; **in ~ sein** være i sigte; **2bar** synlig; (offensichtlich) øjensynlig; **~barkeit** f ⟨0⟩ synlighed; **2en** ⟨-e-⟩ få i sigte; (sieben) sigte, rense; (ordnen) ordne; **2lich** synlig, kendelig; **~ung** f sigtning; (Aussonderung) sortering; **~vermerk** m visum n; **~wechsel** m sigtveksel; **~weite** f synsvidde; **in (außer) ~** inden for (uden for) synsvidde

Sicker|grube f sivebrønd; **2n** v/i ⟨-re; sn⟩ sive; lække

sie 1. 3. Pers sg hun (D u A hende); den, det n; 3. Pers pl de (D u A dem); **2** Anrede: De (D u A Dem); **2.** 2 f hun

Sieb n si, sigte; (Korn2) sold n; für Kies: harpe

sieben[1] v/i si, sigte; Kies harpe

sieben[2] syv; **2** f ⟨-; - od -en⟩ syv(er), syvtal n; **2gestirn** n ⟨-(e)s; 0⟩ Syvstjernen; **~hundert** syv hundrede; **~jährig** syvårig; **~mal** syv gange; **2meilenstiefel** m/pl syvmilestøvler pl; **2'monatskind** n barn n, der er født for tidligt (efter syv måneder); **2'sachen** pl pakkenelliker pl; **2schläfer** m syvsover (a zo); **~tägig** syv dages

sieb(en)te|ns for det syvende; **~r** syvende; **2l** n syvendedel

siebzehn sytten; **~te(r)** syttende

siebzig halvfjerds(indstyve); **2er(in)** m(f) halvfjerdsårig (mand od kvinde); **~erjahre** f/pl halvfjerdserne; **~jährig** halvfjerdsårig; **~ste(r)** halvfjerdsindstyvende

siech sygelig; meget syg; **~en** v/i være sygelig, skrante; **2tum** n ⟨-s; 0⟩ sygelighed n

Siede|grad m kogepunkt n; **~hitze** f kogepunkt n (a fig)

siedeln v/i ⟨-le⟩ bosætte sig, slå sig ned

siede|n (L od -e-) koge; syde; → a **gesotten**; **2punkt** m kogepunkt n (a fig)

Siedl|er m nybygger, kolonist; udflytter; **~ung** f bebyggelse; koloni; Dorf: ny landsby; (Stadtviertel) nyt kvarter n, villaby

Sieg m ⟨-(e)s; -e⟩ sejr

Siegel n segl n; Blei: plombe; **2lack** m segllak; **2n** ⟨-le⟩ forsegle; plombere; **~ring** m signetring; **~ung** f forsegling, plombering

sieg|en v/i sejre; (über A/over); **2er(in)** m(f) vinder; MIL sejrherre; **2erkranz** m sejrskrans

sieges|bewusst sejrssikker; **2feier** f sejrsfest; **2hymne** f sejrshymne; **2säule** f sejrssøjle; **~sicher** sejrssikker; **2taumel** m sejrsrus; **2zug** m sejrstog n; fig sejrsgang

sieg|haft ⟨-est⟩, **~reich** sejrssikker; sejrrig
Siel n od m ⟨-(e)s; -e⟩ digesluse; (*Abwasser*2) kloak
Siele f bringetøj n, sele
Siesta ['sɪɛstaˑ] f ⟨-; -s od Siesten⟩ siesta, hvil n
siezen ⟨-t⟩ sige „De" til
Si'gnal n ⟨-s; -e⟩ signal n; **~flagge** f signalflag n; **~horn** n signalhorn n; **2i'sieren** signal(is)ere; **~lampe** f signallygte
Signa't|armacht f signatarmagt; **~ur** f signatur
si'gnieren signere, mærke, undertegne
Silbe f stavelse; **~nrätsel** n stavelsegåde; **~ntrennung** f stavelsedeling
Silber n ⟨-s; 0⟩ sølv n; (*Silbergerät, Silberbesteck*) sølvtøj n; **~barren** m sølvbarre; **~besteck** n sølvspisebestik n, sølvtøj n; **~draht** n sølvtråd; **~erz** n sølverts; 2**farben** sølvfarvet; **~fischchen** n zo (*Ungeziefer*) sølvkræ n; **~fuchs** m sølvræv; **~gehalt** m sølvindhold n; **~geld** n sølvpenge pl; **~glanz** m sølvglans; 2**grau** sølvgrå; 2**haltig** sølvholdig; **~hochzeit** f sølvbryllup n; **~klang** m sølvklang; **~ling** m ⟨-s; -e⟩ sølvmønt; **~möwe** f sølvmåge; **~münze** f sølvmønt; 2**n** af sølv, sølv-; **~papier** n sølvpapir n; **~pappel** f sølvpoppel; **~reiher** m sølvhejre; **~schmied** m sølvsmed; **~streif(en)** m fig lyspunkt n; **~währung** f sølvmøntfod; 2**weiß** sølvhvid; **~zeug** n sølvtøj n
silbrig sølvlignende, sølvagtig
Silhouette [zi·luˑ'ɛtə] f silhouet
Sili'kat n ⟨-(e)s; -e⟩ silikat n; **~zium** [-'liːtsiʊm] n ⟨-s; 0⟩ silicium n
Silo m od n ⟨-s; -s⟩ silo
Sil'vester n nytårsaften(sdag); **~ feiern** fejre nytår; **~abend** m nytårsaften
simp|el ⟨-pl-⟩ ligefrem, simpel; *fig* dum; **~lifi'zieren** simplificere, forenkle
Sims m od n ⟨-es; -e⟩ gesims, hylde; *Fenster.* karm
Simu'|lant(in) m ⟨-en⟩ (f) simulant; **~lator** m ⟨-s; -en [-'toː-]⟩ simulator; 2**'lieren** simulere
simul'tan simultan; 2**übersetzung** f simultantolkning
Sinfo'nie f symfoni; **~orchester** n symfoniorkester n
sing|en ⟨L⟩ synge; 2**sang** m ⟨-(e)s; 0⟩ syngen; 2**spiel** n syngespil n, vaudeville; 2**stimme** f sangstemme
Singular [-ŋg-] m ⟨-s; -e⟩ singularis, ental (n)
Singvogel m sangfugl
sink|en (L; sn) synke; (*fallen*) falde, dale; **~**

lassen sænke; *Mut* tabe; 2**stoffe** m/pl aflejringsstoffer pl
Sinn m ⟨-(e)s; -e⟩ sans; (*Verständnis*) forståelse; (*Bewusstsein*) sind n, bevidsthed; (*Bedeutung*) mening, betydning; (*Meinung*) mening, tanke; (*Streben*) stræben, længsel; *die fünf ~e* de fem sanser; *etw. im ~ haben* have ngt. i sinde; *das hat keinen ~* det er der ingen mening i; *im eigentlichen ~(e)* des Wortes i ordets egentlige betydning; *in s-m ~e* i hans ånd; *in diesem ~e ...* Rede: derfor ..., i overensstemmelse hermed; *nach s-m ~* efter éns hoved; *ohne ~* meningsløs; *von ~en sein* være fra forstanden
Sinnbild n sindbillede n, symbol n (G od für/på); 2**lich** sindbilledlig, symbolsk
sinnen v/i ⟨L⟩ tænke, spekulere (*auf* A/på); *Rache:* pønse på; → *a* **gesonnen**
Sinn|en lust f ⟨0⟩ sanselig nydelse; **~enrausch** m sanserus; 2**entstellend** meningsforstyrrende; **~enwelt** f ⟨0⟩ sanseverden
Sinnes|änderung f sindsforandring; holdningsændring; **~art** f tænkemåde, karakter; **~eindruck** m sanseindtryk n; **~täuschung** f sansebedrag n; **~wahrnehmung** f sanseiagttagelse
sinn|fällig iøjnefaldende, tydelig; 2**gedicht** n epigram n, tankevers n; **~gemäß** (*entsprechend*) tilsvarende; *adv* (*ungefähr*) nogenlunde korrekt; **~getreu** nøjagtig, efter meningen; **~ieren** [-'niː-] v/i gruble, spekulere; **~ig** åndrig; F (*besonnen*) besindig, rolig; **~lich** sanselig; 2**lichkeit** f ⟨0⟩ sanselighed; **~los** ⟨-est⟩ meningsløs; (*töricht*) vanvittig; 2**losigkeit** f ⟨0⟩ meningsløshed; **~reich** sindrig, snild; (*klug*) kløgtig; 2**spruch** m tankesprog n; **~verwandt** meningsbeslægtet, synonym; **~voll** sindrig, meningsfyldt; fornuftig; **~widrig** meningsløs
Sintflut f syndflod
Sinus m ⟨-; - od -se⟩ sinus
Siphon [-fɔŋ] m ⟨-s; -s⟩ sifon
Sipp|e f slægt, familie; **~enhaft** f: *in ~ nehmen* forfølge en forfulgts slægtninge; **~schaft** f *pej:* die ganze *~* hele slænget
Si'rene f sirene; **~ngeheul** n sirenehyl n; **~ngesang** m sirenesang
Sirup m ⟨-s; -e⟩ sirup
si'stieren [-st-] standse, anholde
Sisyphusarbeit ['zi·zy·fus-] f sisyfosarbejde n
Sitte f skik, brug (n), sædvane; **~ sein** være skik og brug
Sitten|bild n kulturbillede n, sædeskil-

dring; **~lehre** f morallære, etik; **2los** ⟨-est⟩ umoralsk; usædelig; **~losigkeit** f ⟨0⟩ umoralitet, usædelighed; **~polizei** f sædelighedspoliti n; **~richter** m moraldommer; **2streng** strengt moralsk; **~strolch** m voldtægtsforbryder, sædelighedsforbryder; *gegenüber Kindern:* (børne)lokker; **~verfall** m moralsk forfald n, voksende råhed; **2widrig** stridende mod moralbegreberne

Sittich m ⟨-s; -e⟩ (selskabs)papegøje, undulat

sittlich sædelig, moralsk; **2keit** f⟨0⟩ sædelighed, moral

Sittlichkeitsverbreche|n n sædelighedsforbrydelse; **~r** m sædelighedsforbryder

sittsam ærbar, høflig, anstændig; **2keit** f⟨0⟩ ærbarhed

Situation [-'tsïo:n] f situation; **~skomik** f situationskomik; **~splan** m situationsplan

situ'iert: *gut ~* velstillet

Sitz m ⟨-es; -e⟩ sæde n (*a fig*); (*Sitzplatz*) siddeplads; (*Wohn*2) bopæl, hjemsted n; *e-n guten ~ haben Kleidung:* sidde godt; **~bad** n sædebad n; **~badewanne** f sædebadekar n

sitzen v/i (*L; a sn*) sidde (*a fig*); (*tagen*) holde møde; *Gefängnis* F: sidde i spjældet; *e-n ~ haben* F have en (lille) fjer på; *das saß! fig* den sad!; *~ bleiben* blive siddende; *Schüler:* gå klassen om; **~ lassen** lade blive siddende; *fig* lade i stikken; *Schüler* lade dumpe; *etw. nicht auf sich* (*D*) *~ lassen fig* ikke lade ngt. blive siddende på sig **~bleiben** → *sitzen;* **~lassen** → *sitzen*

Sitz|fleisch n bagdel; *kein ~ haben fig* F have krudt i bagen; **~platz** m siddeplads; **~streik** m siddestrejke

Sitzung f møde n; samling

Sitzungs|periode f samling; **~protokoll** n mødeprotokol; **~saal** m mødeværelse n, mødelokale n

Sizilian|er(in) m(f) [-'lïa:-] sicilianer; **2isch** siciliansk

Si'zilien [-lïən] n Sicilien n

Skala [sk-] f ⟨-; *Skalen*⟩ skala (*a* MUS)

Skalde m ⟨-n⟩ skjald

Skal|p [sk-] m ⟨-s; -e⟩ skalp; **~'pell** n ⟨-s; -e⟩ skalpel; **2'pieren** skalpere

Skan'da|l [sk-] m ⟨-s; -e⟩ skandale; **2'lös** ⟨-est⟩ skandaløs

skan'dieren [sk-] skandere

Skandi'nav|ien [skandi'na:vïən] n Skandinavien n, orden n; **~ier** [-vï-] m skandinav; **2isch** skandinavisk

Skat [ska:t] m ⟨-(e)s; -e⟩ *Karten:* (slags) tremands kortspil n

skateboarden ['ske:tbɔ'rdən], **skaten** ['ske:tən] stå på skateboard

Ske'let|t [ska-] n ⟨-(e)s; -e⟩ skelet n, benrad; **2'tieren** skelettere

Skep|sis [sk-] f⟨0⟩ skepsis, tvivl; **~tiker** m skeptiker; **2tisch** skeptisk; **~ti'zismus** m ⟨-; 0⟩ skepticisme

Ski [ʃi:] m ⟨-s; *-er od* -⟩ ski; **~ laufen, ~ fahren** stå på ski; **~anzug** m skitøj n; **~ausrüstung** f skiudrustning; **~fahrer(in)** m(f) skiløber; **~langlauf** m ⟨-(e)s; 0⟩ (ski)langrend; **~lauf** m ⟨-(e)s; 0⟩ skiløb n; **~läufer(in)** m(f) skiløber; **~lift** m skilift; **~sport** m skisport; **~springen** n skihop n; **~stiefel** m skistøvle; **~tour** f skitur; **~verleih** m skiudlejning; **~wachs** n skivoks n

Skizze [sk-] f skitse; udkast n; **2nhaft** ⟨-est⟩ skitseagtig

skiz'zier|en [sk-] skitsere, udkaste; **2ung** f skitsering

Skle'rose [sk-] f sclerose

Skonto [sk-] m u n ⟨-s; -s⟩ rabat (ved kontant betaling), fradrag n

Skor'but [sk-] m ⟨-(e)s; 0⟩ skørbug

Skorpion [skɔr'pïo:n] m ⟨-s; -e⟩ skorpion

Skri|'bent [sk-] m ⟨-en⟩ skribent, forfatter; **~pt** n ⟨-(e)s; -en⟩ drejebog, manuskript n; **~ptgirl** n scriptgirl

Skrupel [sk-] m/pl skrupler pl, betænkeligheder pl; **2los** ⟨-est⟩ skrupelløs, hensynsløs; **~losigkeit** f⟨0⟩ hensynsløshed

Skulp'tur [sk-] f skulptur

skur'ril [sk-] skurril, bizar

Slalom [sl-] m ⟨-s; -s⟩ slalom

Slang [slɛŋ] m ⟨-s; -s⟩ slang

Sla|we [sl-] m ⟨-n⟩ slaver; **~win** f slavisk kvinde; **2wisch** slavisk; **~'wistik** f⟨0⟩ slavistik

Slibowitz [sl-] m ⟨-es; -e⟩ slibowitz

Slip [sl-] m ⟨-s; -s⟩ trusser pl; **~anlage** f NAUT ophalerbedding

Slo'wa|ke [sl-] m ⟨-n⟩ slovak; **~'kei** f Slovakiet

Slo'wen|e [sl-] m ⟨-n⟩ slovener; **2isch** slovensk

Slumviertel [sl-] n slumkvarter n

Smaragd [sma-'rakt] m ⟨-(e)s; -e⟩ smaragd; **2grün** smaragdgrøn

Smog [smɔk] m ⟨-s; -s⟩ forureningståge,

smog

Smoking [sm-] *m* ⟨-s; -s⟩ smoking

Sno|b [sn-] *m* ⟨-s; -s⟩ snob; **~'bismus** *m* ⟨-; *Snobismen*⟩ snobisme, snobberi *n*; ⟨²**'bistisch** snobbet

so så; (*solch*) sådan (*a auf diese Weise*); (*derart*) i den grad; (*nur*) bare; **ach ~!** nå sådan!, jaså!; **~? ~?** så?, virkelig?; **~ was** sådan noget; **das bekommt man ~** det får man alligevel (*od* uden videre); **ich sage das nur ~** det er bare noget, jeg siger; **so liegt es mir tut ...** hvor ondt det end gør mig ...; **~ sehr** så meget; **~ oder ~** på den ene eller anden måde; **~ viel** så meget; **~ und ~ viele** F hundrede og sytten; **um ~ besser (weniger)** desto (*od* så meget des) bedre (mindre); **~ dass** så (at); **~ genannt → sogenannt**

s. o. (= *siehe oben*) se ovenfor

so'bald så snart

Socke *f* sok; **sich auf die ~n machen** F skrubbe af

Sockel *m* sokkel, fod; (EL *a*) holder; **~betrag** *m* grundbeløb *n*

Sockenhalter *m* sokkeholder

Soda *f* ⟨0⟩ *od n* ⟨-s; 0⟩ sóda

so'dann derpå, så

sodass så

Sodawasser *n* ⟨-s; 0⟩ dansk vand, apollinaris

Sodbrennen *n* ⟨-s; 0⟩ halsbrand

Sode *f* (*Gras*2) græstørv

Sodo'mie *f* ⟨0⟩ sodomi

so'eben lige, netop

Sofa *n* ⟨-s⟩ sofa; **~kissen** *n* sofapude

so'fern såfremt, dersom

so'fort straks, med det samme; 2**bildkamera** *f* polaroidkamera; 2**hilfe** *f* ekspreshjælp, nødhjælp; **~ig** øjeblikkelig

Softeis ['sɔft-] *n* soft ice

sog. (= *sogenannt*) såkaldt

Sog [o:] *m* ⟨-(e)s; -e⟩ sug *n*, sugning; **im ~ von** fig i kølvandet på

so'gar endog(så)

sogenannt såkaldt

so'gleich straks, med det samme

Sohle *f* sål; (*Grund*) bund, fundament *n*; **~(en)leder** *n* sålelæder *n*

Sohn *m* ⟨-(e)s; ~e⟩ søn

Söhn|chen *n*, **~lein** *n* lille søn

Soi'ree [soã-] *f* soiré

Soja|bohne *f* sojabønne; **~öl** *n* sojaolie

so'lang(e) så længe (som)

Solar|anlage *f* solvarmeanlæg *n*; **~heizung** *f* solvarme; **~ium** [-ʀĩom] *n* ⟨-s; *Solarien*⟩ solarium; **~kollektor** *m* solfanger; **~zelle** *f* solcelle

Solbad *n* saltvandsbad *n*

solch sådan (en); **~ ein, ein ~er** sådan én; sikken én; **~erart** i den grad; **~er'lei** sådan, (af) den slags; **~er'maßen** således; i den grad

Sold *m* ⟨-(e)s; -e⟩ sold, lønning; **in j-s ~ stehen** være i ens sold

Sol'dat(in) *m* ⟨-en⟩ (*f*) soldat

Sol'daten|- *in Zssgn mst* soldater-; **~lied** *n* soldatersang

sol'datisch soldater-, militær

Soldbuch *n* soldaterbog

Söld|ling *m* ⟨-s; -e⟩, **~ner** *m* lejesoldat; *pl* lejetropper *pl*; *fig* lejesvend

Sole *f* saltvand *n*

Solei *n* æg *n* kogt i saltvand

soli'd|arisch solidarisk; 2**ari'tät** *f* ⟨0⟩ solidaritet; **~e** [-'li:-] solid; (*gut*) god; *Preis*: rimelig; (*ordentlich*) ordentlig; 2**i'tät** *f* ⟨0⟩ soliditet, pålidelighed

So'list(in) *m* ⟨-en⟩ (*f*) solist

Soll *n* ⟨- *od* -s; - *od* -s⟩ ØKON debet (*n*); *fig* påbud *n*; *Arbeit*: arbejdsydelse, arbejdspræstation; **~ und Haben** debet og kredit; **~einnahme** *f* beregnet indtægt

sollen (L) skulle, måtte, burde; **er soll reich sein** man siger at han er rig, han skal være rig; **was soll das (heißen)?** hvad skal det sige?; **das hätte er tun ~** det skulde han have gjort; **man sollte (eigentlich)** ... man burde ...

Söller *m* svalegang, altan; (*Dachboden*) loftsrum *n*

Solo *n* ⟨-s; -s *od* *Soli*⟩ solo; **~sänger(in)** *m*(*f*) solosanger; **~stimme** *f* solostemme

sol'ven|t [v] ⟨-*est*⟩ solvent, betalingsdygtig; 2**z** *f* solvens

So'malia [-lĩa·] *n* Somalia *n*

so'matisch somatisk, legemlig

Som'brero *m* ⟨-s; -s⟩ sombrero

somit altså, følgelig

Sommer *m* sommer; **diesen ~** (nu) i sommer; **nächsten ~** til sommer; **vorigen ~** sidste sommer; **im ~** om sommeren; **~abend** *m* sommeraften; **~anzug** *m* sæt *n* sommertøj, sommerdragt; **~fahrplan** *m* sommerkøreplan; **~ferien** *pl* sommerferie; **~flugplan** *m* sommerflyveplan; **~frische** *f* ferieophold *n*, sommerophold *n*; *Ort*: sommeropholdssted *n*; kursted *n*; **~getreide** *n* vårsæd; **~kleid** *n* sommerkjole; 2**lich** sommerlig; **~loch** *n* agurketid; **~mantel** *m* sommerfrakke; **~monat** *m* sommermåned; **~reifen** *m* sommerdæk *n*; **~sachen** *f/pl* sommertøj *n*; **~schlussverkauf** *m* sommerudsalg *n*; **~sitz** *m* sommerresidens; **~sprosse** *f*

S

fregne; 2**sprossig** fregnet; ~**tag** m sommerdag; ~**zeit** f ⟨0⟩ sommertid
So'nate f sonate
Sonde f sonde
Sonder|abdruck m særtryk n; ~**abkommen** n særaftale; ~**angebot** n særtilbud n; ~**ausgabe** f særudgave; Zeitung: ekstranummer n
sonderbar mærkelig, mærkværdig, sær; (rätselhaft) ejendommelig, mystisk; ~**erweise** mærkeligt nok; 2**keit** f besynderlighed
Sonder|beauftragte(r) udsending i særlig mission; ~**berichterstatter** m udsendt korrespondent; ~**druck** m særtryk n; ~**fahrt** f ekstratur, ekstrarejse; ~**fall** m særtilfælde n, undtagelse; ~**genehmigung** f speciel tilladelse; ~**gericht** n særlig domstol; 2**gleichen** uden lige; ~**interessen** n/pl særinteresser pl; 2**lich** synderlig; særlig; (nur ⟨-s; -e⟩ særlig; ~**maschine** f ekstrafly n; ~**meldung** f særmelding, ekstrameddelelse; ~**müll** m miljøfarligt affald n
sondern[1] ⟨-re⟩ adskille, udskille, sondre
sondern[2] konj men; **nicht nur …, ~ auch** ikke kun …, men også
Sonder|nummer f særnummer, ekstranummer n; ~**recht** n særret, privilegium n
sonders → samt
Sonder|schicht f ekstraarbejde n, overarbejde n; ~**schule** f skole for adfærdsvanskelige (od handicappede) børn; ~**schüler** m elev på en specialskole (→ **Sonderschule**); ~**stellung** f særstilling; ~**stempel** m særstempel n; ~**tarif** m specialtarif; ~**ung** f sondring; ~**wünsche** m/pl specielle ønsker pl; ~**zug** m særtog n; ~**zuteilung** f ekstratildeling
son'dier|en sondere (a fig); 2**ung** f sondering
So'nett n ⟨-(e)s; -e⟩ sonet
Sonnabend m lørdag; **am ~,** 2**s** om lørdagen
Sonne f sol; **die ~ geht auf (unter)** solen står op (går ned); **in der ~** i solen; **gegen die ~** mod lyset; 2**n** sole; **sich ~** tage solbad; sole sig (a fig)
Sonnen|anbeter m soltilbeder; ~**aufgang** m solopgang; ~**bad** n solbad n; ~**batterie** f solbatteri n; ~**blume** f solsikke; ~**brand** m: **e-n ~ haben** være skoldet; ~**bräune** f solbrændthed; ~**brille** f (par n) solbriller pl; ~**dach** n soltag n, solsejl n; ~**deck** n soldæk n; ~**energie** f ⟨0⟩ solenergi; ~**finsternis** f solformørkelse; ~**fleck** m solplet n; 2**gebräunt** solbrændt; ~**gott** m solgud;

~**hitze** f solhede; ~**jahr** n solår n; 2'**klar** fig soleklar; ~**kollektor** m solfanger; ~**licht** n ⟨-(e)s; 0⟩ sollys n; ~**öl** n sololie, hudolie; ~**schein** m ⟨-(e)s; 0⟩ solskin n; ~**schirm** m parasol; ~**schutz** m soltag n, markise; ~**schutzcreme** f solcreme; ~**seite** f solside (a fig); ~**stand** m solhøjde; ~**stich** m solstik n; ~**strahl** m solstråle; ~**studio** n solcenter n; ~**system** n solsystem n; ~**uhr** f solur n; ~**untergang** m solnedgang; 2**verbrannt** solbrændt; ~**wärme** f solvarme; ~**wende** f solhverv n; ~**wendfeier** f solhvervsfest, sankthansfest
sonn|ig solrig; fig lys, glad; 2**tag** m søndag; **am ~** om søndagen; **an Sonn- und Feiertagen** på søn- og helligdage; ~**täglich** hver søndag; søndags-; ~**tags** om søndagen
Sonntags|anzug m søndagstøj n; ~**ausflügler** m søndagsturist; ~**kind** n søndagsbarn n (a fig); ~**maler** m søndagsmaler; ~**reden** f/pl tomme fraser pl; ~'**rückfahrkarte** f weekendbillet, søndagsbillet; ~**ruhe** f søndagsro, søndagsfred; Geschäft: søndagslukning; ~**staat** m: **im ~** F iført det allerfineste tøj
so'nor sonor
sonst ellers; (im Übrigen) for resten; (früher) før; **wie ~** som ellers (od før); **~ nichts** ellers ikke ngt.; ~ **niemand** ellers ingen; **~ noch etwas?** ellers ngt.?; ~**ig** anden; (übrig) øvrig; ~ **jemand** en anden (en); ~ **was** noget andet; alt muligt (andet); **~ wer** en anden en; **~ wie** på en eller anden måde; **~ wo** et eller andet sted
so'oft så ofte, hver gang
So'phis|mus m ⟨-; Sophismen⟩ sofisme; ~**t** m ⟨-en⟩ sofist; ~**te'rei** f sofisteri n
So'pran m ⟨-s; -e⟩ sopran
Sorb|e m ⟨-n⟩ vender; 2**isch** vendisk
Sorge f bekymring (um A/for); (Sorgfalt) omsorg, omhu (für A/for); **das macht mir ~** det giver mig anledning til bekymring; **sich ~n machen um** (A) bekymre sig om; **das ist meine geringste ~** det er min mindste bekymring; **lass das meine ~ sein!** lad det blot være min sag!
sorgen v/i sørge (für A/for); **sich ~** være bekymret (um A/for); 2**frei** fri for bekymringer; 2**kind** n smertensbarn n (a fig); ~**voll** bekymret
Sorgerecht n JUR forældremyndighed
Sorg|falt f ⟨0⟩ omhu; omsorg; 2**fältig** ⟨-est⟩ omhyggelig; ~**fältigkeit** f ⟨0⟩ → **Sorgfalt**; 2**lich** omhyggelig; 2**los** ⟨-est⟩

sorgløs, ligeglad; **~losigkeit** f ⟨*0*⟩ sorgløshed; **2sam** omhyggelig; **~samkeit** f ⟨*0*⟩ omhyggelighed, omhu

Sorte f slags; sort; **~n** f/pl ÖKON fremmed valuta (i rede penge)

sor'tier|en sortere, ordne; **2er(in)** m(f) sorterer; **2maschine** f sorteringsmaskine; **2ung** f sortering

Sorti'ment n ⟨-(e)s; -e⟩ sortiment n; **~sbuchhandlung** f sortimentsboghandel

SOS [ɛsoː'ɛs] n ⟨-; 0⟩ SOS n

so|'sehr: ~ ... auch hvor meget ... end; **~'so** nogenlunde, så som så; **~!** jaså!; (*gleichgültig*) nåh ja!

Soße f sovs; **~nlöffel** m sovseske

Soufflé [su'fleː] n ⟨-s; -s⟩ soufflé

Souffleu|r [su'fløːʁ] m ⟨-s; -e⟩ sufflør; **~rkasten** m sufflørkasse; **~se** f suffløse

soufflieren [su'fliː-] sufflere

Soundkarte f EDV lydkort n

soundso: Herr ~ 2 hr. N. N.; **am ~vielten** den og den dato

Sou|per [su'peː] n ⟨-s; -s⟩ souper; **2'pieren** v/i soupere

Sou'tane [zu-] f (katolsk) præstekjole

Souterrain [suˈtɛˈʁɛ̃ː] n ⟨-s; -s⟩ kælderbolig

Souvenir [suˈvəˈniːʁ] n ⟨-s; -s⟩ souvenir; **~laden** m souvenirbutik

souverän [zuˈvəˈ-], **2** m ⟨-s; -e⟩ suveræn; **2i'tät** f ⟨*0*⟩ suverænitet

so|'viel konj så vidt; **~ ich weiß** så vidt jeg ved; **~'weit** konj så vidt; **~ ich weiß** så vidt jeg; **~'wenig** konj: **~ er auch ...** hvor lidt han end ...; **~'wie** (*und außerdem*) såvel som; (*sobald*) så snart (som)

sowie'so jo alligevel, i hvert fald

sowjet|isch [zɔˈvjɛt-] sovjetisk; **2union** f Sovjet(unionen)

so'wohl: ~ ... als auch både ... og

sozial [-ˈtsi̯aːl] social; **2abgaben** f/pl bidrag pl til pensions- og arbejdsløshedskasser; **2amt** n socialforvaltning; **2arbeiter(in)** m(f) socialrådgiver

So'zialdemokrat m ⟨-en⟩ socialdemokrat; **~ie** f ⟨*0*⟩ socialdemokrati n; **2isch** socialdemokratisk

So'zialhilfe f bistandshjælp; **~empfänger(in)** m(f) bistandsmodtager

soziali'sier|en socialisere; **2ung** f socialisering

Sozia'lis|mus m ⟨-; 0⟩ socialisme; **~t(in)** m ⟨-en⟩ (f) socialist; **2tisch** socialistisk

So'zial|leistungen f/pl sociale ydelser pl; **~politik** f socialpolitik; **~versicherung** f socialforsikring; **~wissenschaft** f sam-

fundsvidenskab

Sozio'lo|ge [-tsi̯oˈ-] m ⟨-n⟩ sociolog; **~'gie** f ⟨*0*⟩ sociologi; **2gisch** sociologisk

Sozius [-tsi̯ʊs] m ⟨-; -se⟩ ÖKON kompagnon; F makker; (*Beifahrer*) passager på motorcykel; **~sitz** m Motorrad: bagsæde n

sozu'sagen så at sige

Spachtel m spatel; **2n** ⟨-le⟩ spartle; F (*essen*) guffe i sig

Spa'gat m ⟨-(e)s; -e⟩ spagat

Spa'g(h)etti [sp-] pl spaghetti

späh|en v/i spejde; spionere; **2er** m spejder; spion; **2trupp** m rekognosceringspatrulje

Spa'lier n ⟨-s; -e⟩ (e)spalier n; **ein ~ bilden** danne spalier

Spalt m ⟨-(e)s; -e⟩ spalte; Berg: kløft; **2bar** spaltelig; **~e** f spalte (a TYP); a → **Spalt**; **2en** (L; -e) spalte (a fig); Holz: kløve; **sich ~** spaltes, dele sig; **~enbreite** f TYP spaltebredde; **~material** n spalteligt materiale n; **~pilz** m bakterie; **~produkt** n spaltningsprodukt n; **~ung** f spaltning; fig splid, splittelse

Span m ⟨-(e)s; -e⟩ splint, spån; **~ferkel** n pattegris

Spange f spænde n; (Arm2) armbånd n

Span|ien [-ni̯ən] n Spanien n; **~ier(in)** m(f) spanier(inde); **2isch** spansk; fig F besynderlig, mystisk

Spann m ⟨-(e)s; -e⟩ ANAT vrist; **~beton** m spændbeton; **~e** f (Zeit) spand n af tid, stykke n tid; (Handels-) avance, margin; **2en** spænde (auf A/på); **j-n auf die Folter ~** fig lægge én på pinebænken; → a **gespannt**; **2end** spændende, fængslende; **~er** m spænder, strammer; Pers V vindueskigger; (Hosen-) buksebøjle; (Schuh-) læst; **~feder** f springfjer; **~kraft** f ⟨*0*⟩ spændkraft; fig (indre) styrke; **~laken** n stræklagen n; **~ung** f spænding (a EL, POL u fig)

Spannungs|abfall m EL spændingsfald n; **~feld** n spændingsfelt n; **~gebiet** n område n med overhængende krigsfare; **~messer** m spændingsmåler

Spannweite f spændvidde (a fig)

Spanplatte f spånplade

Spant n ⟨-(e)s; -en⟩ spant n

Spar|buch n sparekassebog; **~büchse** f, **~dose** f sparebøsse; **~einlage** f indskud n, indestående n; **2en** spare (mit etw./på ngt.); **es wurde an nichts gespart** der blev ikke sparet på ngt.; **~er** m sparer; **~flamme** f vågeblus n; **auf ~** fig på laveste blus

S

Spargel m asparges; ~köpfe m/pl aspargeshoveder pl

Spar|guthaben n sparekassetilgodehavende n; ~kasse f sparekasse; ~kassenbuch n sparekassebog

spärlich sparsom; (knapp) knap; (dünn) tynd; 2keit f ⟨0⟩ sparsomhed; knaphed

Spar|maßnahme f spareforanstaltning; nedskæringer pl; ~packung f økonomipakke; ~pfennig m spareskilling; ~prämie f sparepræmie

Sparren m spær n, sparre

spar|sam sparsommelig; 2samkeit f ⟨0⟩ sparsommelighed; 2schwein n sparegris

Spar'tan|er m spartaner; 2isch spartansk

Sparte f afdeling, gren

Spaß m ⟨-es; ⁓e⟩, österr. a Spass spøg, skæmt; F sjov n; (Vergnügen) fornøjelse; ~ machen lave sjov; være sjovt; die Arbeit macht ihm ~ han finder glæde i (od ved) sit arbejde; viel ~! god fornøjelse!; aus ~, zum ~ for sjov; s-n ~ mit j-m haben drive løjer med én

Späßchen n lille spøg

spaß|en v/i ⟨-t⟩ spøge, F lave sjov; damit ist nicht zu ~ det skal man ikke spøge med; er lässt nicht mit sich ~ han er ikke til at spøge med; ~eshalber for sjov; ~haft ⟨-est⟩, ~ig spøgefuld, morsom, F sjov; 2macher m, 2vogel m spøgefugl

Spasti|ker m spastiker; 2sch [-st-] spastisk; ~gelähmt spastisk lammet

Spat m ⟨-(e)s; -e⟩ spat

spät ⟨-est⟩ sen(t adv); wie ~ ist es? hvad er klokken?; zu ~ for sent; → ~ später; 2aussiedler m repatrieret (fra de tidligere tyske øst-områder)

Spatel m spatel

Spaten m spade; ~stich m spadestik n

spät|er, ~erhin senere (hen); ~estens senest; 2geburt f forsinket fødsel; 2herbst m sent efterår n; 2lese f (Wein) sen druehøst (og kvalitetstegn); 2nachmittag m sidst på eftermiddagen; 2obst n sen frugt; 2schicht f: ~ haben være på det sene hold; 2sommer m sensommer; 2vorstellung f sen forestilling

Spatz m ⟨-en⟩ spurv

Spätzle n/pl melboller pl (af dejstrimler)

Spätzündung f eftertænding; fig F langsom opfattelse

spa'zieren v/i ⟨sn⟩ spadsere, gå en tur; ~ fahren v/i ⟨sn⟩ køre en tur; ~ führen gå en tur med; ~ gehen v/i ⟨sn⟩ gå en tur

Spa'zier|fahrt f køretur; Schiff: sejltur; ~gang m spadseretur; e-n ~ machen gå en tur; ~gänger m spadserende;

~stock m spadserestok; ~weg m (spadsere-)sti

Specht m ⟨-(e)s; -e⟩ spætte

Speck m ⟨-(e)s; -e⟩ flæsk n, bacon; spæk n; 2ig lasket, fed; Anzug: fedtet; ~schwarte f flæskesvær; ~seite f flæskeside

spe'd|ieren ekspedere, forsende; 2iteur [-'tø:ʁ] m ⟨-s; -e⟩ speditør

Spedition [-'tsĭo:n] f spedition; ekspedition; ~sfirma f speditionsfirma n

Speer m ⟨-(e)s; -e⟩ spyd n; ~werfen n ⟨-s; 0⟩ spydkastning

Speiche f ege; (Knochen) spoleben n

Speichel m ⟨-s; 0⟩ spyt n; savl n; ~absonderung f spytsekretion; ~drüse f spytkirtel; ~lecker m fig spytslikker

Speicher m lagerhus n, pakhus n; (Dachboden) loft n; (Wasser2) reservoir n; EDV disk; ~kapazität f EDV hukommelse; ~laufwerk n drev n; 2n ⟨-re⟩ opmagasinere (a fig); EDV gemme, lagre; ~platz m EDV hukommelse

speien ['ʃpaɪən] ⟨L⟩ spytte; (sich erbrechen) kaste op; fig spy

Speise f spise, mad; (Nahrung) føde; (Gericht) ret; (Nach2) dessert; ~eis n is(creme), dessertis; ~kammer f spisekammer n; ~karte f spisekort n; ~kartoffeln f/pl spisekartofler pl; 2n ⟨-t⟩ bespise; nære; TECH forsyne, føde; v/i spise; ~naufzug m køkkenelevator; ~nfolge f menu; ~öl n salatolie; ~reste m/pl levninger pl; ~röhre f ANAT spiserør n; ~saal m spisesal; ~schrank m køkkenskab n, madskab n; ~wagen m spisevogn; ~zettel m spiseseddel, menukort n; ~zimmer n spisestue

Speisung f bespisning; TECH forsyning

speiübel: mir ist ~ jeg er lige ved at brække mig

Spek'takel m spektakel n (a Lärm); (Schauspiel) skuespil n

Spek'tr|alanalyse f spektralanalyse; ~oskop n ⟨-s; -e⟩ spektroskop n

Spektrum [sp-] n ⟨-s; Spektra od Spektren⟩ spektrum n

Speku'la|nt m ⟨-en⟩ spekulant; ~tion [-'tsĭo:n] f spekulation

Speku'latius [-tsĭʊs] m ⟨-; -⟩ sprød flad lille kagefigur

speku'lieren v/i spekulere; ~ über (A) (nachdenken) spekulere på (od over)

Spe'lunke f F bule, knejpe; hul n

spen|'dabel ⟨-bl-⟩ spendabel; 2de f gave, bidrag n; ~den ⟨-e-⟩ give, uddele; Blut ~ give blod; 2der m giver, bidragyder

spen'dier|en spendere, F gi'; e-e Runde ~

give en omgang; 2**hosen** f/pl F: *die ~ an-haben* have spenderbukserne på

Sperber m spurvehøg

Spe'renzchen n/pl F: ~ *machen* gøre vrøvl, kværulere

Sperling m ⟨-s; -e⟩ spurv

Sperma [sp-] n ⟨-s; *Spermen od Spermata*⟩ sperma m

sperr|angel'weit F vidt åben, på vid gab; 2**baum** m spærrebom; 2**druck** m TYP spærret skrift; 2**e** f spærring, standsning; (*Schranke*) afspærring, skranke; spærre-bom; perronindgang, perronudgang, (billet)kontrol; ~**en** spærre (*a* TYP u *Konto*); (*schließen*) lukke; (*verbieten*) for-byde; SPORT udelukke; (*blockieren*) blo-kere; *ins Gefängnis ~* spærre inde; *sich ~* stritte (*gegen* A/imod) (*a fig*); 2**feuer** n spærreild; 2**frist** f tidsbegrænsning; *Zei-tung:* deadline; 2**gebiet** n forbudt om-råde n; 2**gut** n omfangsrigt fragtgods n; 2**holz** n krydsfinér n; ~**ig** stor (i forhold til vægten); uhåndterlig; 2**kette** f sikker-hedskæde; 2**klausel** f POL spærreregel; 2**konto** n spærret konto; 2**mauer** f (*Stau-damm*) dæmning; 2**müll** m stort affald n, 2**sitz** m parket; 2**stunde** f lukketid, ud-gangsforbud n; 2**ung** f (af)spærring; stop n; SPORT udelukkelse; 2**zone** f spærre-zone

Spesen pl repræsentationsudgifter pl, (rejse)omkostninger pl; 2**frei** uden om-kostninger; ~**rechnung** f regning over omkostninger

Spezi[1] m ⟨-s; -s⟩ F bedste ven (*od* kamme-rat)

Spezi[®2] n ⟨-s; -s⟩ (*Getränk*) (slags) soda-vand

spezial [-'tsiːaːl] speciel, særskilt; 2**arzt** m speciallæge; 2**gebiet** n specielt område n; speciale n; ~**i'sieren** specialisere; *sich auf etw.* (*A*) ~ specialisere sig i ngt.; 2**ist(in)** [-'lɪst(ɪn)] m ⟨-en⟩ (f) specialist; 2**i'tät** f specialitet (*a Essen*); (*Fachgebiet*) speciale n; 2**i'tätenrestaurant** n restau-rant med specialiteter; 2**training** n særlig træning; 2**vollmacht** f særlig fuldmagt

spezi|ell [-'tsiɛl] speciel, særskilt; 2**es** ['speːtsiːes] f ⟨-; -⟩ art; ~**fisch** [-'tsiː-] spe-cifik; ~**es Gewicht** vægtfylde; ~**fi'zieren** specificere

Sphär|e f sfære; 2**isch** sfærisk

Sphinx [sfɪŋks] f ⟨-; -e⟩ sfinks

spick|en spække (*a fig*); (*bestechen*) be-stikke; → *a gespickt*; 2**gans** f røget gåse-bryst n; 2**zettel** m F *Schule:* snydeseddel

Spiegel m spejl n; ~**bild** n spejlbillede n;

2'**blank** spejlblank; ~**ei** n spejlæg n; ~**fechte'rei** f spilfægteri n; ~**glas** n spejl-glas n; 2'**glatt** spejlglat; 2**n** v/i ⟨-le⟩ stråle, skinne; v/t (gen)spejle; *sich* ~ spejle sig (*in D*/i); ~**reflexkamera** f spejlreflekska-mera n; ~**ung** f (gen)spejling, spejlbillede n; 2**verkehrt** spejlvendt

Spiel n ⟨-(e)s; -e⟩ spil n (*a* MUS, *Karten*, *Thea*); (*Kinder*2) leg; SPORT kamp, match; TECH slør n; *auf dem ~ stehen* stå på spil; *aufs ~ setzen* sætte på spil; ~**art** f spillemåde; (*Abart*) afart; ~**auto-mat** m spilleautomat; ~**ball** m kastebold (*a fig*); ~**bank** f ⟨-; -en⟩ spillekasino n; ~**chen** n lille leg; ~**dauer** f spilletid; ~**dose** f spilledåse; 2**en** spille (MUS, *Kar-ten*, THEA); (*aufführen*) opføre; *Kinder:* lege; fig spille, agere; (*geschehen*) foregå; *j-m e-n Streich* ~ spille en et puds; *den feinen Mann* ~ F spille fin herre; 2**end** (*leicht*) legende let (*a fig*); ~**er** m(f) spiller (SPORT u *Glücks*-); ~**e'rei** f leg(eværk n); 2**erisch** (*kindlich*) barnagtig; (*leicht*) le-gende let; ~**feld** n SPORT (fodbold)bane, sportsplads; ~**figur** f brik; ~**film** m spille-film, ~**folge** f program n; ~**gefährte** m le-gekammerat; ~**geld** n spillepenge pl; ~**halle** f, ~**hölle** f spillebule; ~**kamera-d(in)** m(f) legekammerat; ~**karte** f spille-kort n; ~**kasino** n (spille)kasino n; ~**klub** m spilleklub; ~**leidenschaft** f spilleliden-skab; ~**leiter** m THEA iscenesætter, in-struktør; ~**mann** m ⟨-(e)s; *Spielleute*⟩ spil-lemand; ~**mannszug** m musikkorps n, tamburkorps n; ~**marke** f spillemærke n; jeton; ~**plan** m THEA repertoire n, spil-leplan; ~**platz** m legeplads; SPORT sports-plads, bane; ~**raum** m fig spillerum n; ~**regel** f spilleregel (*a fig*); ~**sachen** f/pl legetøj n; ~**schulden** f/pl spillegæld n; ~**straße** f legegade; ~**tisch** m spillebord n; (*Kinder-*) legebord n; ~**uhr** f spilledåse; ~**verderber** m én som ødelægger legen; F lyseslukker; ~**warengeschäft** n legetøjsforretning; ~**zeit** f THEA sæson; ~**zeug** n legetøj n; ~**zimmer** n legestue

Spierling m ⟨-s; -e⟩ tysk røn

Spieß m ⟨-es; -e⟩ spyd n; (*Bratspieß*) (ste-ge)spid n; MIL F sergent, korporal; *am ~ braten* stege på spid; *schreien wie am ~* fig F skrige som besat; *den ~ umdrehen* (*od* **umkehren**) fig selv blive den angri-bende part

Spießbürger m spidsborger; 2**lich** spids-borgerlig

spieß|en ⟨-t⟩ spidde; 2**er** m F spidsborger;

⟨geselle m pej (med)hjælper; **~ig** → **spießbürgerlich; ~rute** f: **~n laufen** løbe spidsrod

Spikes [spaɪks] m/pl SPORT løbesko pl, springsko pl; **~reifen** m pigdæk n

Spill n ⟨-(e)s; -e⟩ NAUT (gang)spil n

Spi'nat m ⟨-(e)s; -e⟩ spinat

Spind n u m ⟨-(e)s; -e⟩ skab n

Spindel f ⟨-; -n⟩ ten; TECH aksel; **⟨dürr** radmager

Spi'nett n ⟨-(e)s; -e⟩ spinet n

Spinnaker m NAUT spiler

Spinn|drüse f spindekirtel; **~e** f edderkop; **⟨e'feind** hadsk (**j-m** mod én); **⟨en** ⟨L⟩ spinde; F (Unsinn erzählen) vrøvle; **er spinnt!** F han er ikke rigtig klog!; **~ennetz** n edderkoppespind n; **~er** m fig F vrøvlehoved n; **~e'rei** f spinderi n; fig F vrøvl n; **~erin** f spinderske; **~gewebe** n spindelvæv n; **~maschine** f spindemaskine; **~rad** n rok; **~stube** f spindestue; **~webe** f → **Spinngewebe**

spinti'sieren gruble, fantasere

Spio|n [ʃpi'oːn] m ⟨-s; -e⟩ spion (-s; -e); (Spiegel) gadespejl n; **~'nage** [-ʒə] f ⟨0⟩ spionage; **⟨'nieren** v/i spionere

Spi'ral|e f ⟨-; -n⟩ spiral; **~feder** f spiralfjer; **⟨för-mig** spiralformet

Spiri'tis|mus m ⟨-; 0⟩ spiritisme; **~t(in)** m ⟨-en⟩ (f) spiritist; **⟨tisch** spiritistisk

Spiritua'lismus [-tu'a-] m ⟨-; 0⟩ spiritualisme

spiritu'ell spirituel, åndrig; **⟨'osen** pl spirituosa pl; alkoholiske drikke pl, spiritus

Spiritus m ⟨-; -se⟩ spiritus, sprit; **~kocher** m spritapparat n

Spi'tal n ⟨-s; **⟨er⟩** hospital n, alderdomshjem n

spitz ⟨-est⟩ spids (a fig); fig spydig

Spitz m ⟨-es; -e⟩ spids(hund)

Spitz|bart m fipskæg n; **~bogen** m spidsbue; **~bube** m gavtyv; **~bubenstreich** m gavtyvestreg; **⟨bübisch** gavtyveagtig; **~e** f spids; (Gipfel) top; (Turm-) spir n; (Nasen-) næsetip; Schuh: snude; (Mundstück) rør n; (Besatz) knipling, blonde; Strumpf: tå; fig spydighed, hib n; **e-e ~ gegen j-n** fig et hib til én; **an der ~ (von od G)** i spidsen (for); **etw. auf die ~ treiben** fig drive ngt. til det yderste

Spitzel m spion, angiver; F stikker; **⟨n** v/i ⟨-le⟩ (ud)spionere

spitzen ⟨-t⟩ spidse (a Ohren usw)

Spitzen|besatz m kniplingsbesætning; **~deckchen** n lysedug; **~erzeugnis** n kvalitetsprodukt n; **~kandidat** m spidskandidat; **~klasse** f topklasse; **~klöpplerin** f

kniplerske; **~leistung** f toppræstation, rekordpræstation; **~mannschaft** f rekordhold n; **~organisation** f toporganisation; **~reiter** m SPORT tophold n; **~sportler(in)** m(f) eliteidrætsmand (-kvinde)

Spitzer m (blyant)spidser

spitz|findig spidsfindig; **⟨findigkeit** f spidsfindighed; **⟨hacke** f spidshakke; **~ig** → **spitz; ~kriegen** F finde ud af, få nys om; **⟨maus** f spidsmus; **~name** m øgenavn n; **~wink(e)lig** spidsvinklet

spleißen ⟨L⟩ spalte, splitte; NAUT splejse

Splint m ⟨-(e)s; -e⟩ split; (Stift) split

Splitt m ⟨-(e)s; -e⟩ skærve

Splitter m split, flis; (Granat⟨2⟩) sprængstykke n; **~bombe** f sprængbombe; **⟨(fa-ser)'nackt** splitternøgen; **⟨frei** splintfri; **⟨n** v/i ⟨-re; a sn⟩ splintres, splintre

spons|ern ⟨-re⟩ sponsore, sponsorere; **⟨or** m ⟨-s; -en⟩ [-'zoː-] sponsor

spon'tan spontan; **⟨ei'tät** [-neːiˈ-] f ⟨0⟩ spontaneitet

spo'radisch sporadisk

Spore f spore

Sporen m/pl zo sporer pl

Sporn m ⟨-(e)s; **Sporen⟩** spore (a fig); FLUG haleslæber; → a **Sporen; ⟨streichs** straks, sporenstregs

Sport m ⟨-(e)s; **Sportarten⟩** sport, idræt; **~ treiben** dyrke sport; **~abzeichen** n idrætsmærke n; **das ~ machen** tage idrætsmærke; **~angler(in)** m(f) lystfisker; **~anzug** m sportsdragt; **~art** f idrætsgren; **~artikel** m/pl sportsartikler pl; **~arzt** m idrætslæge; **~bericht** m sportsreferat n; R/TV sportsudsendelse; **~flugzeug** n sportsfly n; **~freund** m sportskammerat; **~geschäft** n sportsmagasin n; **~halle** f idrætshal; **~hemd** n sportsskjorte; **~hose** f gymnastikbukser pl; **~kleidung** f sportstøj n, sportsdragt; **~klub** m sportsklub, idrætsforening; **~lehrer(in)** m(f) gymnastiklærer, sportslærer; **~ler(in)** m(f) idrætsmand, sportsmand (idrætsudøver, sportspige); **⟨lich** sportsmæssig, sportslig; sporty, sportstrænet; **~nachrichten** f/pl sportsnyheder pl; **~platz** m sportsplads, idrætspark; **~reportage** f sportsreportage; **~schuh** m sportssko; **~schule** f idrætshøjskole; **~smann** m ⟨-(e)s; **⟨er od Sportsleute⟩** sportsmand, idrætsmand; **~strumpf** m sportsstrømpe; **~veranstaltung** f sportsstævne n, idrætsstævne n; **~verein** m idrætsforening, sportsklub; **~wagen** m sportsvogn; **~wettkämpfe** m/pl sportskonkurrence; **~zeitung** f sportsavis, idrætsblad n

Spott m ⟨-(e)s; 0⟩ spot, hån; **~bild** n karikatur, vrangbillede n; 2'**billig** latterlig billig, til røverkøb

Spötte|'lei f spot, spydighed; 2**ln** v/i ⟨-le⟩ (*über* A) gøre nar (af), være ironisk (over for)

spotten v/i ⟨-e-⟩ spotte, håne; **~ über** (A) gøre nar af; *das spottet jeder Beschreibung* det trodser enhver beskrivelse

Spötter m spotter, spottefugl

Spottgedicht n spotdigt n

spöttisch spotsk, spydig, ironisk

Spott|lust f ⟨0⟩ spottelyst; 2**lustig** spottelysten; **~name** m øgenavn n; **~preis** m spotpris; **~sucht** f ⟨0⟩ spottesyge; **~vogel** m fig spottefugl

Sprach|atlas m sprogatlas n; **~barriere** f sprogbarriere; **~begabung** f sprogbegavelse; **~e** f sprog n; mål n; (*Rede*) tale; (*Stimme*) stemme, mæle n; *heraus mit der ~!* ud med sproget!, F spyt ud!; *zur ~ bringen* bringe på tale; **~familie** f sprogfamilie; **~fehler** m talefejl; **~forscher** m sprogforsker; **~forschung** f sprogforskning; **~führer** m sprogfører, parlør; **~gebiet** n sprogområde n, **~gebrauch** m sprogbrug; **~gefühl** n ⟨-(e)s; 0⟩ sprogfølelse, sprogsans; **~genie** n sproggeni n; **~geschichte** f sproghistorie; 2**gewandt** dygtig til sprog; (*redegewandt*) dygtig til at tale; **~grenze** f sproggrænse; **~kenntnisse** f/pl sprogkundskaber pl; 2**kundig** sprogkyndig; **~labor** n sproglaboratorium n; **~lehre** f sproglære; **~lehrer** m sproglærer; 2**lich** sproglig; 2**los** ⟨-est⟩ stum; fig målløs; **~losigkeit** f ⟨0⟩ målløshed; **~pflege** f sprogrøgt; **~philosophie** f sprogfilosofi; **~raum** m sprogområde n; **~rohr** n fig talerør n; (*Trichter*) råber; **~schatz** m ordforråd n; **~schnitzer** m F sprogfejl; **~schule** f sprogskole; **~störung** f talefejl; **~studium** n sprogstudium n; **~übung** f sprogøvelse; **~unterricht** m sprogundervisning; **~vergleich(ung** f) m sprogsammenligning

Sprachwissenschaft f sprogvidenskab, lingvistik; **~ler** m sprogforsker, lingvist; 2**lich** sprogvidenskabelig, lingvistisk

Spray ['sprε:] n spray; **~dose** f spraydåse; **~er** m graffitimaler

Sprech|anlage f samtaleanlæg n; **~blase** f taleboble; **~chor** m talekor n

sprechen ⟨L⟩ tale (*über* A, *von* D/om); (*sagen*) sige; *j-n ~* tale med én; *auf j-n nicht gut zu ~ sein* være vred på én; *für sich (selbst) ~* tale for sig selv; *~

Sie Deutsch? taler De tysk?; *ein Urteil ~* afsige en dom; *schuldig ~* erklære (for) skyldig

Sprech|er m (f) talende; talsmand; (*Wortführer*) ordfører, formand; R/TV speaker; **~funkgerät** n walkie-talkie, radio-anlæg n; **~platte** f taleplade; **~stunde** f Arzt: konsultation(stid); Behörde: kontortid; **~stundenhilfe** f neg! lægesekretær; **~übung** f taleøvelse; **~unterricht** m taleundervisning; **~weise** f talemåde, måde at tale på; **~werkzeuge** n/pl taleorganer n/pl; **~zimmer** n konsultationsværelse n

spreiz|beinig skrævende; 2e f SPORT bredstående stilling; **~en** ⟨-t⟩ Beine sprede; **sich ~** fig gøre sig vigtig; **sich ~ gegen** (A) fig stritte imod; → a **gespreizt**

Sprengel m Kirche: sogn n

spreng|en v/t sprænge (a fig); *den Rahmen ~* fig sprænge rammerne; (*bespritzen*) stænke; (*begießen*) vande; v/i galopere; 2**kammer** f sprængkammer n; 2**körper** m sprængprojektil n; 2**kraft** f sprængkraft; 2**ladung** f sprængladning; 2**stoff** m sprængstof n (a fig); 2**ung** f sprængning; (*Rasen-*) vanding; 2**wagen** m vandvogn

Sprenkel m plet, stænk n; **~anlage** f sprinkleranlæg n; 2**n** ⟨-le⟩ plette, stænke; gøre spættet

Spreu f ⟨0⟩ avner pl; *die ~ vom Weizen trennen* fig skille avnerne fra kernerne

Sprich|wort n ⟨-(e)s; ~er⟩ ordsprog n; 2**wörtlich** ordsproglig; fig bekendt

sprießen v/i (L; sn) spire, skyde op

Spring|bock m springbuk; **~brunnen** m springvand n; 2**en** v/i (L; sn) springe, hoppe; (*bersten*) springe, revne; *in die Augen ~* fig falde (od springe) i øjne; *Geld ~ lassen* lade pengene rulle; *der ~de Punkt* det springende punkt; 2**en- lassen → springen;* **~er** m springer (a Schach, Ski-, Pferde-); **~flut** f springflod; **~rollo** n rullegardin n; **~seil** n sjippetov n

Sprinkler m sprinkler

Sprint m ⟨-s; -s⟩ sprint n; 2**en** v/i ⟨-e-; sn⟩ sprinte; **~er** m sprinter

Sprit m ⟨-(e)s; -e⟩ alkohol, F sprut; F (*Benzin*) benzin

Spritz|apparat m farvesprøjte, sprøjtepistol; **~arbeit** f sprøjtemaling; **~düse** f sprøjtedyse; **~e** f sprøjte; MED indsprøjtning; (*Feuer-*) brandsprøjte; *e-e ~ bekommen* få en indsprøjtning; 2**en** ⟨-t⟩ sprøjte (a gegen Schädlinge); (*Flecken machen*) sprøjte, stænke; F (*rennen*) fare

S

af (sted); **~er** m sprøjt n, stænk n; **~fahrt** f F sviptur, smut n; **~fleck** m stænk n; 2ig *Wein*: prikkende; *fig* sprudlende, spirituel; **~kuchen** m sprutbakkelse, F lykkekrans; **~lack** m sprøjtelak; **~pistole** f sprøjtepistol; **~tour** f sviptur, smut n, svip n

spröd|e skør, sprød; *fig* genert, (*prüde*) knibsk, snerpet; (*schwierig*) vanskelig; 2**igkeit** f ⟨0⟩ sprødhed; *fig* generthed, knibskhed

Spross m ⟨-es; -e⟩ spire, skud n; *fig* efterkommer, pode

Sprosse f (*Sommer*2) fregne; (*Leiter*2) (stige)trin n; *Turnhalle*: ribbe; *Fenster*: sprosse; tremme

sprossen v/i ⟨sn⟩ spire, skyde, sætte knop

Sprössling m ⟨-s; -e⟩ spire, pode, ætling

Sprotte f brisling, sprot

Spruch m ⟨-(e)s; ⁝e⟩ ordsprog, tankesprog n; JUR kendelse, dom; **~band** n transparent n; 2**reif** moden til offentliggørelse, fuldt udformet

Sprudel m (*Quelle*) kilde; (*Getränk*) dansk vand; 2n v/i ⟨-le⟩ vælde, sprudle (a *fig*); **~wasser** n (*Getränk*) sodavand, dansk vand

Sprüh|dose f spraydåse; 2**en** sprutte, gnistre, sprudle (a *fig*); *Regen*: stænke; *Farbe* spraye; **es ~ Funken** det fyger med gnister; **~regen** m støvregn

Sprung m ⟨-(e)s; ⁝e⟩ spring n, sæt n; (*Riss*) revne, knæk n; (*Schwimmsport, Fallschirm*2) udspring n; **~bein** n springben n; **~brett** n *Schwimmsport*: vippe; SPORT springbræt n (a *fig*); **~feder** f springfjer, spiral; **~federmatratze** f spiralmadras; **~grube** f springgrav; 2**haft** ⟨-est⟩ i spring, springende; *fig* løs, usammenhængende, forvirret; **ein ~er Anstieg** *fig* en voldsom stigning; **~schanze** f skihop n; **~tuch** n springlagen n; **~turm** m udspringstårn n

Spuck|e f ⟨0⟩ spyt(klat) n; 2**en** spytte; **~napf** m spyttebakke

Spuk [u:] m ⟨-(e)s; -e⟩ spøgelse n; (*Spukerei*) spøgeri n; 2**en** v/i spøge, gå igen; **es spukt** det spøger; **~geschichte** f spøgelseshistorie; 2**haft** ⟨-est⟩ spøgelseagtig

Spülbecken n køkkenvask; (vaske-) kumme

Spule f spole (a EL u TECH); *Spinnrad*: ten

Spüle f → **Spülbecken**

spulen spole; **vorwärts ~** spole frem; **zurück ~** spole tilbage

spül|en skylle; (*abwaschen*) vaske op; 2**gang** m skylleprogram; 2**kasten** m (*WC*) cisterne; 2**maschine** f opvaskema-

skine; **~maschinenfest** til opvaskemaskine; 2**mittel** n opvaskemiddel n; 2**tisch** m opvaskebord n; 2**ung** f (ud)skylning

Spund m ⟨-(e)s; ⁝e⟩ spuns; **ein kleiner ~** *Pers* en lille purk; **~loch** n spunshul n; **~wand** f spunsvæg

Spur f spor n; **keine ~** ikke spor (**von** D/af); **j-m auf die ~ kommen** *fig* komme på sporet af én; **nicht die ~** F ikke spor

spürbar følelig, mærkbar, tydelig

spuren v/i F lystre

spüren spore; (*wittern*) vejre; (*fühlen*) mærke, føle

Spuren|elemente n/pl sporstoffer pl; **~sicherung** f *Polizei*: sikring af spor

Spürhund m sporhund (a *fig*)

spurlos ⟨-est⟩ sporløs

Spür|nase f fin næse (a *fig*); **~sinn** m ⟨-(e)s; 0⟩ sporsans f

Spurt m ⟨-(e)s; -e od -s⟩ spurt; 2**en** v/i ⟨-e-; sn⟩ spurte

Spurweite f sporvidde

sputen ⟨-e-⟩: **sich ~** skynde sig

Staat m ⟨-(e)s; -en⟩ stat; ⟨-(e)s; 0⟩ (*Prunk*) stads, pynt; **damit ist kein ~ zu machen** *fig* det gør ikke indtryk på nogen; 2**enlos** statsløs; 2**lich** statslig, stats-, fra statens side

Staats|akt m statshandling; (*Feierlichkeit*) statslig højtidelighed; **~angehörige(r)** statsborger; **~angehörigkeit** f indfødsret; nationalitet; statsborgerskab n; **~angelegenheit** f statsanliggende n; **~anleihe** f statslån n; **~anwalt** m, **~anwältin** f statsadvokat; **~anwaltschaft** f statsadvokatur; **~anzeiger** m statstidende; **~beamte(r)** statstjenestemand; **~begräbnis** n begravelse på statens bekostning; (højtidelig, officiel) begravelsesceremoni; **~besuch** m statsbesøg n; **~betrieb** m statsforetagende n; **~bürger(in)** m(f) statsborger; **~bürgerkunde** f ⟨0⟩ medborgerkundskab; 2**bürgerlich** statsborgerlig; **~dienst** m offentlig tjeneste, statstjeneste; 2**eigen** statsejet; **~eigentum** n statsejendom; **~examen** n embedseksamen; **~feind** m statsfjende; 2**feindlich** statsfjendtlig; **~form** f statsform; **~gebiet** n (stats)territorium n; **~geheimnis** n statshemmelighed; **~gelder** n/pl statens pengemidler n/pl; **~gewalt** f ⟨0⟩ statsmagt; **~haushalt** m statsbudget n; **~kasse** f statskasse; **~kirche** f statskirke; **in** *Dänemark*: folkekirke; **~kosten** pl: **auf ~** på statens bekostning; **~mann** m statsmand; 2**männisch** statsmands-; **~monopol** n statsmonopol n; **~oberhaupt** n statsoverhoved n; **~organ** n statslig myndighed; **~präsident** m præsident; **~räson** f ⟨0⟩ statskløgt; fornuft, disciplin (til samfundets gavn); **~rat** m statsråd n (a Pers); **~ratsvorsitzende(r)** m ⟨DDR⟩ statschef; **~recht** n ⟨-(e)s; 0⟩ statsret; 2**rechtlich** statsretlig; **~schulden** f/pl statsgæld; **~sekretär** m departementschef; **~sicherheitsdienst** m ⟨DDR⟩ statssikkerhedstjeneste, efterretningsvæsen n; **~streich** m statskup n; **~verbrechen** n forbrydelse mod staten; **~verfassung** f statsforfatning; **~vertrag** m traktat; **~wesen** n statsvæsen n; **~wirtschaft** f statsøkonomi; **~wissenschaften** f/pl statsvidenskab; **~wohl** n statens vel; **~zuschuss** m statstilskud n, statsstøtte

Stab [ɑ:] m ⟨-(e)s; ≃e⟩ stang, stok; stav; MIL usw stab; Gitter: tremme

Stäbchen n pind, lille stav

Stab|eisen n stangjern n; 2**förmig** stavformet; **~hochsprung** m stangspring n

sta'bil stabil; **~i'sieren** stabilisere; 2**i'sierung** f ⟨0⟩ stabilisering; 2**i'sierungsfläche** f stabiliseringsflade; 2**i'tät** f ⟨0⟩ stabilitet

Stab|lampe f stavlygte; **~reim** m stavrim n

Stabs|arzt m stabslæge; **~chef** m stabschef; **~offizier** m stabsofficer

Stachel m ⟨-s; -n⟩ (Insekten2) brod (a fig); BOT torn; (Igel2, Spitze) pig; **~beere** f stikkelsbær n; **~draht** m pigtråd; **~drahtverhau** n, **~drahtzaun** m pigtrådshegn n; 2**ig** pigget, tornet; fig spydig; 2n ⟨-le⟩ stikke; **~schwein** n hulepindsvin n

Stadi|on [-dɪɔn] n ⟨-s; Stadien⟩ idrætspark, stadion n

Stadium n ⟨-s; Stadien⟩ stadium n

Stadt f ⟨-; ≃e⟩ by; stad; **in die ~ gehen** gå i byen, gå ud; **~ansicht** f bypanorama n; **~bahn** f bybane; 2**bekannt** almindelig (be)kendt (i byen); **~bezirk** m bydistrikt n, bykvarter n; **~bild** n bybillede n; **~bummel** m bytur, strøgtur

Städtchen [ɛ:] n provinsby, småby

Städte|bau m ⟨-(e)s; 0⟩ planmæssig opbygning af by(er); byplanlægning; 2**baulich** byarkitektonisk; **~ordnung** f kommunalforfatning; **~partnerschaft** f Stadt: venskabsby; **~r(in)** m(f) bybo(er); **~tag** m købstadkongres

Stadt|flucht f fig flugt fra byen; **~gas** n bygas; **~gebiet** n byområde n; **~gespräch** n bysladder; TEL lokal samtale; **~graben** m stadsgrav

städtisch [ɛ:] kommunal; bymæssig; **die ~en Behörden** de kommunale myndig-

heder

Stadt|kämmerer m kæmner, leder af en kommunes regnskabsvæsen; **~kasse** f kommunekasse; **~kern** m bykerne; city; **~kind** n bybarn n; **~klatsch** m bysladder; **~kommandant** m garnisonskommandant; **~mauer** f bymur; **~mitte** f (by)centrum n; **~park** m bypark; **~plan** m kort n over byen; **~planung** f ⟨0⟩ byplanlægning; **~rand** m periferi; **am ~** i udkanten af byen; **~rat** m byråd n; Pers rådmand; **~rechte** n/pl købstadsrettigheder pl; **~rundfahrt** f byrundtur; **~sanierung** f bysanering; **~staat** m bystat; **~streicher** m husvild, løsgænger; **~teil** m bydel; **~theater** n kommunalt teater n; **~tor** n byport; **~väter** m/pl F byens vise fædre pl; **~verordnete(r)** m byrådsmedlem n, borgerrepræsentant; **~verwaltung** f bystyre n, kommunalforvaltning; **~viertel** n bydel, kvarter n; **~wappen** n byvåben n; **~werke** n/pl kommunens tekniske afdelinger pl

Sta'fette f stafet

Staf'fage [-ʒə] f staffage

Staffel f ⟨-; -n⟩ (trappe)trin n; FLUG eskadre; MIL afdeling, (kamp)gruppe; SPORT stafetløb n; **~ei** [-'lai] f staffeli n; **~lauf** m SPORT stafetløb n; 2n ⟨-le⟩ opstille (od Steuer ansætte) trinvis; **gestaffelte Steuersätze** stigende skatteskala; **~ung** f trindeling, graduering

Stag n ⟨-(e)s; -e⟩ NAUT stag n

Stag|flation [-'tsɪo:n] f stagflation; **~nation** [-'tsɪo:n] f stagnation; 2**'nieren** v/i stagnere, stå i stampe

Stahl m ⟨-(e)s; -e od ≃e⟩ stål n (a fig); **~bad** n stålbad n, jernbad n; **~bau** m ⟨-(e)s; 0⟩ stålbygning; **~beton** m jernbeton, stålbeton; 2**blau** stålblå; **~blech** n stålplade; **~draht** m ståltråd

stähle|n hærde (sich sig); **~rn** af stål, stål-; fig stålsat

stahl|'hart stålhård; 2**härtung** f stålhærdning; 2**helm** m stålhjelm; 2**kammer** f boksanlæg n; 2**stich** m stålstik n; 2**werk** n stålværk n; 2**wolle** f ståluld

staken NAUT stage

Sta'ket n ⟨-(e)s; -e⟩ stakit n

staksen [ɑ:] v/i ⟨-t⟩ F stylte af, stolpre

Stal|ag'mit m ⟨-en⟩ stalagmit; **~ak'tit** m ⟨-en⟩ stalaktit

Stall m ⟨-(e)s; ≃e⟩ stald; (Schweine2) sti; (Kaninchen2) bur n; (Hühner2) hønsehus n; (Holz2) brændeskur n

Ställchen n (Kinder2) kravlegård

Stall|dünger m staldgødning; **~fütterung**

S

f staldfodring; **~hase** *m* kanin; **~junge** *m* stalddreng; **~meister** *m* staldmester; **~ung** *f* stald(bygning)

Stamm *m* ⟨-(e)s; ≃e⟩ stamme (*a fig*); **~aktie** *f* stamaktie; **~baum** *m* stamtræ *n*; **~buch** *n* stambog

stammeln ⟨*-le*⟩ (frem)stamme

Stamm|eltern *pl* første forfædre *pl*; **2en** *v/i* stamme (**von, aus** D/fra); *Geschlecht:* nedstamme (**von** D/fra); **~form** *f* GRAM stamform; **~gast** *m* stamgæst; **~gericht** *n* GASTR dagens ret; **~halter** *m* stamherre, ældste søn; **~haus** *n* stamhus *n*

stämmig stærk, solid, kraftig, tætbygget

Stamm|kapital *n* grundkapital; **~kneipe** *f* stamcafé; **~kunde** *m* stamkunde, fast kunde

Stammler *m* stammende

Stammmutter *f* stammoder

Stamm|silbe *f* stamme; **~sitz** *m* stamsæde *n*; **~tisch** *m* stambord *n*

Stammvater *m* stamfader

stammverwandt stammebeslægtet; **2schaft** *f* stamslægtskab *n*

Stamm|vokal *m* stamvokal; **~wähler** *m* kernevælger

Stampf|bewegung *f* stampende bevægelse; **~e** *f Straßenbau:* brolæggerjomfru; (*Ramme*) rambuk; **2en** stampe, trampe; NAUT hugge; *v/t* (*zerkleinern*) støde, knuse; **~er** *m* GASTR støder; *Straßenbau:* brolæggerjomfru

Stand *m* ⟨-(e)s; ≃e⟩ stand (*a Wasser-, Thermometer-, Messe-*) stående stilling; (*Zustand*) tilstand; (*Stellung*) stilling, stand; (*Bude*) bod, kiosk; **e-n schweren ~ haben** have en vanskelig stilling

Standard *m* ⟨-s; -s⟩ standard, norm; niveau *n*; **2i'sieren** standardisere; **~i'sierung** *f* standardisering; **~werk** *n* standardværk *n*

Stan'darte *f* standart

Standbild *n* statue; FOT stillbillede *n*

Ständchen *n* serenade

Stander *m* NAUT stander

Ständer *m* pille, pæl, stolpe; (*Gestell*) stativ *n*, stander, fod; *Fahrrad:* støtteben

Standes|amt *n* folkeregister *n*, vielseskontor *n*; **2amtlich** på folkeregistret; **~e Trauung:** borgerlig vielse; **~beamte(r)** embedsmand i folkeregistret; **2bewusst** standsbevidst; **~bewusstsein** *n* standsbevidsthed; **~dünkel** *m* standshovmod *n*; **2gemäß** *f* standsmæssig; **~organisation** *f* faglig sammenslutning (af fx. læger)

Ständestaat *m* stænderstat

Standes|unterschied *m* standsforskel; **~vorurteil** *n* standsfordom

Stand|geld *n* stadepenge *pl*; **~gericht** *n* standret; **2haft** ⟨*-est*⟩ standhaftig; **~haftigkeit** *f* ⟨0⟩ standhaftighed; **2-halten** *v/i* holde stand (D/mod)

ständig stadig, bestandig; (*regelmäßig*) fast; (*ununterbrochen*) uafbrudt, hele tiden

ständisch stænder-

Stand|licht *n Auto:* parkeringslys *n*, positionslys *n*; **~ort** *m* hjemsted *n*, station; MIL garnison; (*Standplatz*) stade *n*; **~pauke** *f fig* F moralpræken, opsang; P skideballe; **~platz** *m* stadeplads, holdeplads; **~punkt** *m* standpunkt *n*; **~recht** *n* ⟨-(e)s; 0⟩ standret; **2rechtlich** ved standret; **~spur** *f Autobahn:* nødspor *n*; **~uhr** *f* standur *n*, bornholmer(ur *n*)

Stange *f* stang, stok; *Zigaretten:* karton, stang; **e-e ~ Geld** F en bunke skejser; **j-m die ~ halten** *fig* holde med én; **bei der ~ bleiben** *fig* ikke opgive

Stängel *m* stængel, stilk

Stangen|bohne *f* stangbønne; **~brot** *n* flute; **~spargel** *m* slikasparges

Stänke|r *m* F urostifter, kværulant; **~'rei** *f* F strid, splid; **2rn** *v/i* ⟨*-re*⟩ yppe klammeri (*od* kiv)

Stanniol [-'nịo:l] *n* ⟨-s; -e⟩ stanniol *n*, sølvpapir *n*

Stanze *f Vers:* stanze; TECH stanse; **2n** ⟨*-t*⟩ stanse

Stapel *m* stabel, bunke; **vom ~ laufen** (*lassen*) (lade) løbe af stabelen (*a fig*), blive søsat; **~lauf** *m* stabelafløbning, søsætning; **2n** ⟨*-le*⟩ (op)stable; **~platz** *m* stabelplads; **~ung** *f* (op)stabling; **~waren** *f/pl* stabelvarer *pl*

Stapfe *f*, **~n** *m* fodspor *n*; **2n** *v/i* ⟨*sn*⟩ trampe

Star[1] *m* ⟨-(e)s; -e⟩ stær (ZO *u* MED)

Star² [st-] *m* ⟨-s; -s⟩ (film)stjerne, star; **~allüren** *f/pl* primadonnanykker *pl*

stark ⟨≃er; ≃st⟩ stærk; (*dick*) tyk, svær; (*groß*) stor; (*tüchtig*) dygtig; *adv* meget; **das ist (zu) ~!** F det er dog for galt!

Starkasten *m* stærkasse

Starkbier *n* stærkt øl, F påskebryg

Stärke *f* styrke, kraft; (*Dicke*) tykkelse; (*Wäsche2*) stivelse (*a* BOT); **~mehl** *n* stivelsesmel *n*; **2n** styrke; *Wäsche* stive; **sich ~** (*essen*) styrke sig

stark|leibig før, svær; **2strom** *m* ⟨-(e)s; 0⟩ stærkstrøm

Stärkung *f* styrkelse, styrkning; (*Erfrischung*) forfriskning; **~smittel** *n* styrkende middel *n*

starr stiv, ubevægelig; (*kalt*) stivnet, stivfrossen; (*gelähmt*) lamslået; *Charakter.* ubøjelig; **2e** *f* ⟨0⟩ → **Starrheit**; **~en** *v/i* stirre (**auf** *A*/på); (*ragen*) rage op; (*voll sein*) strutte, være fuld (**von** *D*/af); **2heit** *f* ⟨0⟩ stivhed; *fig* stivsind *n*; **2kopf** *m* stivnakke; **~köpfig** stivsindet; **2köpfigkeit** *f* ⟨0⟩ stivsindethed; **2krampf** *m* ⟨-(e)s; 0⟩ stivkrampe; **2sinn** *m* ⟨-(e)s; 0⟩ stivsind *n*; **~sinnig** stivsindet

Start *m* ⟨-(e)s; -e *od* -s⟩ start; **~automatik** *f* automatchoker; **~bahn** *f* startbane; **2bereit** startklar; **~block** *m* startklods; *Schwimmen:* startskammel; (*zum Start*) **~en** starte; **~er** *m Auto:* (selv)starter; *SPORT* starter; **~hilfe** *f* hjælp til start; **~loch** *n* starthul *n* (*a fig*); **~nummer** *f* startnummer *n*; **~schuss** *m* startskud *n* (*a fig*); **~zeichen** *n* startsignal *n*

Statik *f* ⟨0⟩ statik

Statio|n [-'tsĭo:n] *f Bus:* stoppested *n*; BAHN, R/TV, *Beobachtungsstelle, Polizei usw:* station; (*Aufenthalt*) ophold *n*; *Krankenhaus:* afdeling; **freie ~** fri kost og logi; **2'när** stationær *f*; MED på sygehuset, *syghus-*; **2'nieren** stationere; **~nsarzt** *m*, **~närztin** *f* afdelingslæge; **~nschwester** *f* afdelingssygeplejerske

Sta'tist|(in *m* ⟨-en⟩ (*f*) statist; **~ik** *f* statistik; **~iker** *m* statistiker; **2isch** statistisk

Sta'tiv *n* ⟨-s; -e⟩ stativ *n*

statt *prp* (*G*) *u konj* i stedet for; **2f** ⟨0⟩ sted *n*, plads; **an Kindes ~ annehmen** antage i barns sted; **an Zahlungs ~** som betaling; **~dessen** i stedet (der)for

Stätte *f* sted *n*, plads

statt|-finden *v/i* finde sted, ske; **~geben** *v/i* (*D*) opfylde, give efter; bevilge; **~haft** ⟨-est⟩ tilladelig; **2halter** *m* statholder; **~lich** statelig, pragtfuld, flot

Statu|e ['ʃta:tŭə] *f* statue, billedstøtte; **2'ieren** statuere, fastsætte; **ein Exempel ~** statuere et eksempel

Sta'tur *f* vækst, skikkelse, statur

Status *m* ⟨-; 0⟩ status; **~symbol** *n* statussymbol *n*

Sta'tut *n* ⟨-(e)s; -en⟩ statut, vedtægt, love *pl*; **nach den ~en** ifølge vedtægterne; **2'tarisch** statutmæssig, statutarisk

Stau *m* ⟨-(e)s; -e *od* -s⟩ (*Verkehrs*2) trafikprop; *Autobahn:* kødannelse; (*Blut*2) blodprop

Staub *m* ⟨-(e)s; -e⟩ støv *n* (*a fig*); **sich aus dem ~e machen** *fig* stikke af; **~beutel** *m* BOT støvknap; **Staubsauger:** støvsugerpose

Stäubchen *n* støvgran *n*

staubdicht støvtæt

Staubecken *n* reservoir *n*

stauben *v/i* støve

stäuben drysse, støve

Staub|faden *m* støvtråd (*a* BOT); **2frei** støvfri; **~gefäße** *n/pl* BOT støvbærer; **2ig** støvet; **~lunge** *f* støvlunge; **~mantel** *m* støvfrakke; **2~saugen** støvsuge; **~sauger** *m* støvsuger; **~tuch** *n* støveklud; **~wedel** *m* støvekost; **~wolke** *f* støvsky; **~zucker** *m* flormelis

stauch|en støde, presse sammen; MED forstuve; TECH stukke, udhamre; **2ung** *f* MED forstuvning

Staudamm *m* (spærre)dæmning

Staude *f* staude

stau|en *Wasser* stemme (*od* dæmme) op (for); *Ladung* stuve; **sich ~** stemme sig op; *Eis:* skrue; *Verkehr:* standse; **der Verkehr staut sich** der er kødannelse; **2r** *m* stevedore

Staumauer *f* (muret spærre)dæmning

staunen *v/i* forbavses, blive forbavset (**über** *A*); **2 n** ⟨-s; 0⟩ forbavselse; **aus dem ~ nicht herauskommen** være stum af forbavselse; **~swert** forbavsende

Staupe *f* (*Hunde*2) hundesyge

Stau|see *m* opstemmet sø; **~ung** *f* stuvning; opstemning; *Verkehr:* trafikprop, kødannelse; **~wasser** *n* opstemmet vand *n*; **~werk** *n* dæmning

Steak [ste:k] *n* ⟨-s; -s⟩ steak

Stea'rin [ʃte'a·-] *n* ⟨-s; -e⟩ stearin

Stech|apfel *m* pigæble *n*; **~becken** *n* MED stikbækken *n*; **2en** ⟨*L*⟩ *v/t u v/i* stikke (*a fig u Insekten*); **2end** stikkende; (*durchbohren*) gennembore; **~fliege** *f* stikflue; **~karte** *f* kontrolkort *n* (til ur); **~mücke** *f* stikmyg; **~paddel** *n* pagaj; **~schritt** *m* strækmarch; **~uhr** *f* kontrolur *n*

Steck|brief *m* efterlysning; **2brieflich: ~ gesucht** efterlyst af politiet; **~dose** *f* stikkontakt, stikdåse; **2en** *v/t* stikke, putte, sætte; (*pflanzen*) plante; *v/i* (*a L*) befinde sig, være (gemt), sidde (fast); **wo ~ Sie denn?** hvor er De henne?; **was steckt dahinter?** hvad stikker der under?; **~ bleiben** blive siddende; **mit dem** *Auto:* køre fast (*a fig*); **~ lassen** lade sidde (i); **~en** *m* kæp, stok; **2enbleiben → stecken**; **2enlassen → stecken**; **~enpferd** *n* kæphest (*a fig*), hobby; **~er** *m* stik *n*, stikprop, stikkontakt; **~ling** *m* ⟨-s; -e⟩ aflægger; **~nadel** *f* knappenål; **e-e ~ im Heuhaufen** *fig* en nål i en høstak; **~rübe** *f* kålroe; **~schlüssel** *m* topnøgle

S

Steg m ⟨-(e)s; -e⟩ gangbræt n; (Weg) sti; MUS stol; (Brillen2) bro; **~reif** m: **aus dem ~** på stående fod; **~reifspiel** n ekstemporalspil n

Steh|aufmännchen n tumling; **~bierhalle** f ølbar

stehen v/i (L; a sn) stå; (stillstehen, z. B. Uhr, Verkehr) være gået i stå; (sich befinden) være; (passen) klæde; **~ für** indestå for; **j-m teuer zu ~ kommen** fig komme én dyrt at stå; **es steht zu hoffen** man må håbe (det); **j-m Rede und Antwort ~** stå én til ansvar; **wie steht es?** hvordan går det (mit D, um A/med)?; **sich gut (schlecht) ~** stå sig godt (dårligt) (mit D/med); **zum** 2 **bringen** standse; **~ blei-ben** blive stående, standse; Motor, Uhr: gå i stå, stå; **~ lassen** lade stå; **~bleiben** → stehen; **~lassen** → stehen

Steh|kragen m opstående (od stiv) flip; **~lampe** f standerlampe, stålampe; **~leiter** f trappestige

stehlen ⟨L⟩ stjæle; **das kann mir gestoh-len bleiben!** F det er jeg revnende ligeglad med!; **sich ~** liste sig (aus dem Hause ud af huset)

Steh|platz m ståplads; **~pult** n ståpult; **~vermögen** n ⟨-s; 0⟩ fig (princip)fasthed

steif stiv (a fig); (beharrlich) stædig; **~ und fest glauben** tro fuldt og fast; **~ vor Kälte** stiv af kulde; **~ werden** blive stiv, stivne; 2e f stivhed (a fig); (Stärke) stivelse; (Stüt-ze) stiver; **~en** gøre stiv; Wäsche stive; (stützen) afstive; **~halten: die Ohren ~** fig F holde ørerne stive; 2heit f ⟨0⟩ stiv-hed (a fig); 2ung f ⟨0⟩ stivning

Steig m ⟨-(e)s; -e⟩ sti; **~bügel** m stigbøjle; fig trinbræt n; **~e** f → Steig u Stiege; **~ei-sen** n fodjern n, brodsøm n; 2en v/i (L; sn) stige (hinauf op, hinab ned); (klet-tern) klatre (auf A/op i); F (geschehen) gå for sig; **aufs Pferd ~** stige til hest; **zu Kopf ~** fig stige til hovedet; **vom Pferd ~** stå af hesten; **~er** m BERGB grubefor-mand

steiger|n ⟨-re⟩ v/t forhøje, forøge, drive i vejret; GRAM komparere; v/i byde på ngt. ved auktion; **sich ~** vokse, stige; 2ung f stigning, forøgelse, forhøjelse; GRAM gradbøjning

Steig|fähigkeit f stigeevne, acceleration; **~ung** f stigning

steil stejl; 2e f ⟨0⟩ stejlhed; 2hang m stejl skrænt; 2heit f ⟨0⟩ stejlhed; 2küste f klint; 2pass m SPORT høj aflevering; 2wandzelt n villatelt n

Stein m ⟨-(e)s; -e⟩ sten (a fig); Obst: sten,

kerne; Spiel: brik; **~adler** m kongeørn; 2'alt ældgammel; **~bau** m 1. ⟨-(e)s; 0⟩ byg-ning med sten; 2. ⟨-(e)s; -ten⟩ stenbyg-ning; **~bock** m stenbuk; **~boden** m sten-grund; (Fußboden) stengulv n; **~bohrer** m stenbor, **~brech** m BOT stenbræk; **~bruch** m stenbrud n; **~butt** m pighvar; **~druck** m stentryk n, litografi n, 2ern sten-, af sten; **~frucht** f stenfrugt; **~fußboden** m → Steinboden; **~garten** m stenhøj; **~gartengewächs** n stenhøjs-plante; **~gut** n ⟨-(e)s; -e⟩ fajance, stentøj n; 2'hart stenhård; 2ig stenet; 2igen stene; **~igung** f stening; **~kauz** m sten-ugle, kirkeugle

Steinkohle f stenkul n; **~nbergwerk** n stenkulsmine; **~nindustrie** f stenkulsin-dustri

Stein|krankheit f lithiasis (dannelse af sten i organismen); **~marder** m husmår; **~meißel** m stenmejsel; **~metz** m ⟨-en⟩ stenhugger; **~obst** n stenfrugt; **~pilz** m spiselig rørhat; **~platte** f stenplade; 2'reich fig stenrig, hovedrig; 2schlag m stenlavine, skred n; **~schleuder** f slynge (til sten); **~wolle** f stenuld, rock-wool; **~wurf** m stenkast n; **e-n ~ von hier** fig et stenkast herfra; **~zeit** f ⟨0⟩ stenal-der; 2zeitlich sten-, stenalders-

Steiß m ⟨-es; -e⟩ rumpe, bagdel; **~bein** n halehvirvel; **~lage** f sædestilling

Stel'lage [-ʒə] f stativ n

Stelldichein n ⟨-s; - od -s⟩ stævnemøde n; **sich ein ~ geben** sætte hinanden stævne

Stelle f sted n (a fig), plads; ØKON plads, ansættelse; (Amt) stilling, embede n; Zahl: decimal; **an j-s ~ treten** træde i éns sted; **an deiner ~** i dit sted; **an ~ von** i stedet for; **an erster ~** i første række; **an zweiter ~** i anden række, som nummer to; **auf der ~** i stedet, straks; **zur ~ sein** være på pletten

stellen v/t stille, sætte; Uhr indstille; (ver-haften) anholde; Antrag indsende; **in Rechnung ~** føre i regnskab; **j-m ein Bein ~** spænde ben for n; **e-n Bürgen ~** stille kaution; **etw. in Frage ~** drage ngt. i tvivl; **gut gestellt sein** være godt stillet; **auf sich selbst gestellt** henvist til sig selv; **sich ~** indfinde sig, møde; **sich der Polizei ~** melde sig (selv) hos politiet; **es stellt sich die Frage** det spørgsmål opstår; **sich ~ zu** (meinen) stille sig til; **sich mit j-m gut ~** blive gode venner med én; **sich ~ als ob ...** lade som om, anstille sig

Stellen|angebot n pladstilbud n; Zeitung:

„Ledige stillinger"; ~anzeige f stillingsannonce; ~gesuch n ansøgning om stilling; Zeitung: „Stilling søges"; 2los arbejdsløs; ~markt m arbejdsmarked n; ~wechsel m: e-n ~ vornehmen skifte arbejdsplads; 2weise adv stedvis; Glatteis: pletvis; ~wert m prioritering, placering

Stell|macher m karetmager, hjulmager; ~platz m parkeringsplads; ~schraube f stilleskrue

Stellung f stilling (a ÖKON, MIL u fig); ~ nehmen tage stilling (zu D/til); ~nahme f stillingtagen

Stellungs|befehl m MIL indkaldelsesordre; ~krieg m stillingskrig; 2los arbejdsløs, uden stilling; ~suchende(r) arbejdssøgende; ~wechsel m → Stellenwechsel

stellvertret|end stedfortrædende, konstitueret; 2er m stedfortræder, repræsentant; JUR befuldmægtiget; 2ung f repræsentation; JUR befuldmægtigelse

Stellwerk n sporskiftepost, signalhus n

Stelze f stylte; ZO vipstjært; auf ~n gehen gå på stylter; 2n v/i 〈-t〉 gå på stylter; stylte afsted; (feierlich gehen) skridte; ~nläufer m styltegænger

Stemm|eisen m stemmejern n; 2en stemme (a SPORT); sich ~ gegen (A) stemme sig mod; fig stritte imod, modsætte sig

Stempel m stempel (a TECH u fig); BOT støvvej; ~farbe f stempelfarve; ~geld n F arbejdsløshedsunderstøttelse; ~kissen n stempelpude; ~marke f stempelmærke n; 2n 〈-le〉 stemple (a fig); ~ gehen F være arbejdsløs; ~steuer f stempelafgift, stempelskat; ~ung f stempling

Steno|'graf m 〈-en〉 stenograf; ~gra'fie f stenografi; 2grafieren stenografere; 2'grafisch stenografisk; ~'gramm n 〈-s; -e〉 stenogram n; ~ty'pistin f maskinskriverske, der kan stenografere; uddannet kontorassistent

Steppdecke f (stukket) vattæppe n

Steppe f steppe

steppen 1. v/t stikke; 2. v/i (tanzen) steppe

Steppke m 〈-s; -s〉 lille purk

Stepptanz m step(dans)

Sterbe|bett n dødsleje n; ~datum n dødsdato, dødsdag; ~fall m dødsfald n; ~geldversicherung f begravelseskasse; ~hilfe f dødshjælp

sterben v/i u (L; sn) dø (an e-r Krankheit af en sygdom; vor Hunger af sult); 2 n 〈-s; 0〉 det at dø, død; im ~ liegen ligge for døden

sterbens|'krank dødssyg; ~'langweilig dødkedelig; ~'müde dødtræt; 2wörtchen

n: kein ~ ikke et levende ord, F ikke et muk

Sterbe|sakramente n/pl dødssakramenter pl; ~stunde f dødstime; ~tag m dødsdag; ~urkunde f dødsattest; ~zimmer n dødsværelse n

sterblich dødelig; fig forgængelig; ~ verliebt vildt (od dødelig) forelsket; die ~en Überreste de jordiske levninger; 2e(r) dødelig; 2keit f 〈0〉 dødelighed

Stereo|anlage [-ʀeˈoˑ-] f stereoanlæg n; ~fo'nie f 〈0〉 stereofoni; ~lautsprecher m stereohøjttaler; ~me'trie f 〈0〉 stereometri, rumgeometri; ~platte f stereoplade; ~'skop n 〈-s; -e〉 stereoskop n; 2'typ stereotyp

ste'ril steril, ufrugtbar; (keimfrei) bakteriefri; 2isation [-'tsioːn] f sterilisation; ~i'sieren sterilisere; 2i'tät f 〈0〉 sterilitet

Stern m 〈-(e)s; -e〉 stjerne; unter e-m günstigen (ungünstigen) ~ fig under en gunstig (uheldig) stjerne; ~bild n stjernebillede n; ~chen n TYP stjerne; ~deuter m stjernetyder; ~deutung f astrologi; stjernetydning

Sternen|bahn f stjernebane; ~banner n stjernebanner n; ~himmel m stjernehimmel; 2'klar stjerneklar

Stern|fahrt f rally n; 2förmig stjerneformet; 2hagel'voll F plakatfuld, døddrukken; 2hell stjerneklar; ~himmel m stjernehimmel; ~karte f stjernekort n; ~kunde f 〈0〉 astronomi; ~schnuppe f stjerneskud n; ~stunde f afgørende skæbneøjeblik n; lyst øjeblik n; ~warte f observatorium n; ~zeichen n stjernetegn

Sterz m 〈-es; -e〉 hale, stjerts; (Pflug2) stjært, håndtag n

stet [eː] 〈-est〉, ~ig fast, vedvarende, stadig; 2igkeit f 〈0〉 stadighed; ~s stedse, altid

Steuer[1] f 〈-; -n〉 skat, afgift

Steuer[2] n styr n; Auto: rat n; (Schiffs2) ror n (a fig)

Steuer|aufkommen n skatteprovenu n; ~ausgleich m skatteudligning

steuerbar styrbar

Steuer|beamte(r) ansat i skattevæsenet; ~behörde f skattekontor n; (oberste Steuerbehörde) skattedirektorat n; ~berater m revisor; ~bescheid m skattebillet

Steuerbord n styrbord n

Steuer|erhöhung f skatteforhøjelse; ~erklärung f selvangivelse; ~erleichterung f skattelettelse; ~flucht f 〈0〉 skatteflugt; ~formular n skatteblanket; 2frei skattefri; ~freiheit f 〈0〉 skattefrihed; ~geheimnis n skattehemmelighed; ~gerät n (Ra-

dio) receiver, stereoradio; **~hinterzie-hung** f skattesvig; **~klasse** f skatteklasse

Steuerknüppel m styrepind

Steuer|last f skattebyrde; **Slich** skatte-, skattemæssig

steuer|los NAUT uden ror; **Smann** m styrmand; rorgænger

Steuermittel n/pl: *aus ~n bezahlt* betalt af det offentlige

steuern *(-re)* NAUT stå ved roret *(a fig)*; TECH styre

Steuer|ordnung f skattesystem n; **~pflicht** f *(0)* skattepligt; **Spflichtig** skattepligtig

Steuerrad n rat n

Steuer|recht n *(-(e)s; 0)* skatteret, skattelovgivning; **~reform** f skattereform; **~schraube** f *fig* skatteskrue; **~schuld** f skattegæld; **~schuldner** m skatterestant; **~senkung** f skattenedsættelse; **~system** n skattesystem n; **~tarif** m skattetarif

Steuerung f styring; regulering

Steuer|veranlagung f skatteansættelse, skatteligning; **~vergehen** n *(-s; 0)* skattesvig; **~wesen** n *(-s; 0)* skattesystem n; **~zahler** m skatteyder, skatteborger

Steven m stævn

Steward ['stju:ət] m *(-s; -s)* steward; **~ess** f *(-; -en)* stewardesse

sti'bitzen *(-t)* F rapse, hugge

Stich m *(-(e)s; -e)* stik n *(a Kupfer2, fig u Kartenspiel)*; *Fechten*: stød n; MED sting n *(a Nähen)*; *(Bosheit)* stikpille; *(Anstrich)* anstrøg n; *Speisen, Getränke*: F tanke; *~ halten* holde stik; *e-n ~ haben* Milch *usw*: være sur, have en tanke; *fig* F være skør; *im ~ lassen* lade i stikken; **~blatt** n *Fechten*: parerplade

Stiche|l m gravstik; **~'lei** f stikleri n, små hib pl; **Sln** v/i *(-le)* stikke; *fig* stikle *(gegen j-n* til én)

stich|fest usårlig; **Sflamme** f stikflamme; **~haltig** som holder stik, holdbar; **Sling** m *(-s; -e)* ZO hundestejle; **Sprobe** f stikprøve; **Ssäge** f stiksav; **Stag** m termin; **Swaffe** f stikvåben n; **Swahl** f bundet omvalg n; **Swort** n stikord n, opslagsord n; **Swunde** f stiksår n

Stick|arbeit f broderi n; **Sen** brodere; **~er** m klistermærke n; **~e'rei** f broderi n; **~erin** f broderske

stick|ig kvælende, trykkende; **Sluft** f *(0)* kvælende luft

Stick|muster n broderemønster n; **~nadel** f broderenål; **~rahmen** m brodereramme

Stickstoff m *(-(e)s; 0)* kvælstof n; **~dünger** m kvælstofgødning; **Shaltig** kvælstofhol-

dig

stieben v/i *(L; a sn)* fyge; *(laufen)* fare

Stiefbruder m stedbror, halvbror

Stiefel m støvle; *hohe ~* lange støvler; **~knecht** m *fig* støvleknægt; **Sn** v/i *(-le; sn)* sjokke, traske, stavre

Stief|eltern pl stedforældre pl; **~geschwister** pl halvsøskende pl; **~kind** n stedbarn n *(a fig)*; **~mutter** f stedmo(de)r; **~mütterchen** n BOT stedmoderblomst; **Smütterlich** stedmoderlig *(a fig)*; **~schwester** f halvsøster; **~sohn** m stedsøn; **~tochter** f steddatter; **~vater** m stedfa(de)r

Stiege f *(smal)* trappe; *Leiter*: stige

Stieglitz m *(-es; -e)* stillids

Stiel m *(-(e)s; -e)* skaft n; *(Stock)* pind; *(Stängel)* stilk; **~augen** n/pl: *er macht ~ fig* F hans øjne står på stilke

stier stirrende

Stier m *(-(e)s; -e)* tyr; **Sen** v/t *(blicken)* stirre, glo

Stier|kampf m tyrefægtning; **~kämpfer** m tyrefægter; **Snackig** tyrenakket, brutal

Stift [1] m *(-(e)s; -e)* stift; *(Blei2)* blyant; F *(Lehrling)* lærling

Stift [2] n *(-(e)s; -e)* *(Heim)* stiftelse; *(Kirchenbezirk)* stift n; **Sen** *(-e-)* stifte *(a fig)*; *(gründen)* grundlægge, indstifte; *(schenken)* skænke, forære; F *Runde* give; *~ gehen* F stikke af; **~er** m stifter; *(Geber)* giver

Stifts|dame f, **~fräulein** n stiftsfrøken; **~herr** m domherre; **~kirche** f stiftskirke

Stiftung f *(Gründung)* oprettelse; *(Schenkung)* gave; legat n; **~sfest** n stiftelsesfest

Stiftzahn m stifttand

Stigma n *(-s; Stigmen)* stigma n; **Sti'sieren** stigmatisere

Stil m *(-(e)s; -e)* stil; *Kunst*: stilart; **~blüte** f taleblomst; **~bruch** m stilbrud n

Sti'lett n *(-(e)s; -e)* stilet

stil|gerecht stilren; **~i'sieren** stilisere

Sti'list m *(-en)* stilist; **~ik** f *(0)* stilistik; **Sisch** stilistisk

still stille; *(ruhig)* rolig; *(schweigsam)* tavs; *der Se Ozean* Stillehavet; *die Se Woche* den stille uge; *~ bleiben* forblive stille *(od* rolig); *~ sitzen* sidde stille; **Se** f *(0)* stilhed; NAUT stille n; *in der (od aller) ~* i al stilhed

still|en *Hunger, Blut, Schmerzen, Durst* stille; *(befriedigen)* tilfredsstille; *(beruhigen)* berolige; *(säugen)* give bryst, amme; **Sen** n *(-s; 0)* *(Säugen)* amning; **Shalteabkommen** n moratorium n; **~halten** v/i holde stille; (anhalten) standse

Stilleben n stilleben n, nature morte

stillleg|en nedlægge (od standse) driften; **Stilllegung** f standsning; (Betriebs-) nedlæggelse, lukning

still·liegen v/i ligge stille

stillos ⟨-est⟩ stilløs (a fig); **2igkeit** f stilløshed, taktløshed

still·schweigen v/i tie; **2**n ⟨-s; 0⟩ tavshed; **~d** tavs; fig stiltiende

still|·sitzen → **still**; **2stand** m ⟨-(e)s; 0⟩ standsning; fig stilstand; **~stehen** v/i stå stille, gå i stå

Stillung f ⟨0⟩ (Befriedigung) tilfredsstillelse; (Säugung) amning

stillvergnügt tilfreds og fornøjet

Stil|übung f stiløvelse; **2voll** stilfuld, stilig

Stimm|abgabe f afstemning; stemmeafgivelse; **~bänder** n/pl stemmebånd pl; **2berechtigt** stemmeberettiget; **~bruch** m ⟨-(e)s; 0⟩ (stemmens) overgang; **er ist im ~** hans stemme er i overgang; **~e** f stemme (a Wahl-), røst; **2en** v/i stemme (a v/t MUS usw); (richtig sein) **das stimmt!** det passer!; **gut gestimmt** i godt humør

Stimmen|gleichheit f stemmelighed; **~mehrheit** f stemmeflertal n; majoritet

Stimm|enthaltung f undladelse af at stemme; blank stemmeseddel; **~üben** undlade at stemme, stemme blankt; **~führung** f stemmeføring; **~gabel** f stemmegaffel; **2gewaltig** med stærk røst; **2haft** ⟨-est⟩ stemt; **2ig** sammenhængende, logisk; **~lage** f stemmeleje n; **2los** ⟨-est⟩ ustemt; **~recht** n stemmeret; **~ung** f stemning (a MUS), humør n, hygge; liv n

Stimmungs|bild n stemningsbillede n; **~kanone** f F humørspreder; **~mache** f ⟨0⟩ agitation, propaganda; **2voll** stemningsfuld

Stimm|wechsel m stemmens overgang; **~zettel** m stemmeseddel

Stimu|lans n ⟨-; Stimu'lanzien⟩ stimulans; **2'lieren** stimulere

Stink|bombe f stinkbombe; **2en** v/i ⟨L⟩ stinke (nach D/af); **2'faul** F luddoven; **2ig** ildelugtende; **2'langweilig** F dødkedelig; **~'laune** f F dårligt humør n; **~tier** n stinkdyr n; **~'wut** f F: **e-e ~ auf j-n haben** være eddersprændt rasende på én

Stint m ⟨-(e)s; -e⟩ (Fisch) smelt

Stipendi|at [-'dĩa:t] m ⟨-en⟩ stipendiat; **~um** [-'pɛndĩʊm] n ⟨-s; Stipendien⟩ stipendium n; legat n

stipp|en dyppe; **2visite** f F lynvisit, fransk visit

Stirn f pande; (Frechheit) frækhed, dristighed; **j-m die ~ bieten** byde én trods; **~ader** f pandeåre; **~band** n pandebånd n; (Schmuck) diadem n; **~bein** n pandeben n; **~höhle** f pandehule; **~locke** f pandelok; **~runzeln** n ⟨-s; 0⟩ panderynken (a fig); **~seite** f forside, front

stöbern v/i ⟨-re⟩ snuse, rode; (suchen) opstøve

Stocher m (Feuer2) ildrager; (Zahn2) tandstikker; **2n** v/i ⟨-re⟩ rode (od rage) op i; (Zähne) stange

Stock m **1.** ⟨-(e)s; ⁓e⟩ stok, kæp, pind; (Druck2) kliché; (Opfer2) kirkebøsse; (Vorrat) lager n; (Kapital) kapital, grundfond; (Bienen2) bikube; (Bergmassiv) bjergmasse, bjergmassiv n; **2.** ⟨-(e)s; 0⟩ (Stockwerk) sal, etage; **im zweiten ~** på anden sal; **2'dunkel** bælgmørk

Stöckelschuhe m/pl højhælede sko pl

stock|en v/i (a sn) standse; stå stille, (gerinnen) størkne, blive tyk; (schimmeln) mugne; **ins 2 geraten** (være ved at) gå i stå; **~'finster** bælgmørk; **2fisch** m tørfisk, klipfisk; **2fleck** m mugplet; **mit ~en Buch**: Jordslåt et; **2hieb** m stokkeslag n; **2rose** f stokrose; **~'sauer** F eddersur; **2schläge** m/pl stokkeslag pl, stokkeprygl pl; **2schnupfen** m tør snue; **~'steif** stiv som en pind; **etw. ~ behaupten** være skråsikker; **~'taub** stokdøv; **2ung** f standsning; Verkehr: trafikprop; **2werk** n → **Stock**

Stoff m ⟨-(e)s; -e⟩ stof n (a fig); fig emne n; (Narkotika) stoffer pl; **~bahn** f stofbredde; **~ballen** m stofrulle; **~druck** m stoftryk n

Stoffel m dosmer, fæ n

stoff|lich stoflig; materiel; **2rest** m stofrest; **2tier** n bamse; **2wechsel** m stofskifte n

stöhnen v/i stønne, give sig; **2** n ⟨-s; 0⟩ stønnen

Stoi|ker ['stɔi·-] m stoiker; **2sch** stoisk

Stola f ⟨-; Stolen⟩ stola

Stollen m BERGB stolle; (Weihnachts2) julekage; (Fußball2) knop

stolpern v/i ⟨-re; sn⟩ stavre; snuble (über A/over)

stolz ⟨-est⟩ stolt (auf A/af, over); (stattlich) flot; **2z** m ⟨-es; 0⟩ stolthed; **~'zieren** v/i ⟨sn⟩ spankulere

stopf|en stoppe (a ausbessern); v/i MED fremme forstoppelse; **2er** m stopper; **2garn** n stoppegarn n; **2nadel** f stoppenål; **2pilz** m stoppeæg n

Stopp m ⟨-s; -s⟩ stop n, holdt n

S

Stoppel f ‹‹; -n› stub; **~bart** m skægstub; **~feld** n stubmark; ⚲n ‹-le› samle (på en mark)

stopp|en v/t standse, standse; v/i standse, gøre holdt; SPORT tage tid; ⚲er m SPORT center-half; ⚲licht n stoplygte, stoplys n; ⚲schild n stopskilt n; ⚲straße f gade med vigepligt; ⚲uhr f stopur n

Stöpsel m prop; ⚲n ‹-le› proppe (til); TECH indføre kontaktprop

Stör m ‹-(e)s; -e› stør

Storch m ‹-(e)s; ⁔e› stork; **~schnabel** m BOT storkenæb n; TECH pantograf

Stördienst m TEL fejlkontor n

stör|en forstyrre; **darf ich Sie ~?** må jeg have lov at forstyrre?; → a **gestört**; ⚲enfried m ‹-(e)s; -e› urostifter; fredsforstyrrer; ⚲er m én der forstyrrer

Stores [stoːʁs] m/pl stores pl

Stör|faktor m forstyrrende faktor; **~feuer** n MIL foruroligelsesild (a fig)

stor'nieren tilbagebetale; afbestille

störrisch stædig, stivsindet

Störsender m stationer

Störung f forstyrrelse; R/TV støj; **entschuldigen Sie die ~!** undskyld jeg forstyrrer!; **~sdienst** m TEL fejlkontor n; ⚲sfrei forstyrrelsesfri; **~stelle** f TEL fejlkontor n

Story ['stoːʁi] f ‹-; -s› story, fortælling

Stoß m ‹-es; ⁔e› stød n, puf n; Schwimmen: tag n; (Haufen) bunke, stabel; Nähen: kantning, stikkant, slidbånd n; **~dämpfer** m støddæmper; **~degen** m stødkårde

Stößel m (Mörser⚲) støder

stoßen ‹L› v/t støde; (schieben, puffen) skubbe (A/til); (aufspießen) stange; v/i (a sn) støde; **~ an** (A) støde (od grænse) op til; **~ auf** (A) støde på; **~ zu** (D) støde til, slutte sig til; **sich ~ an** (D) støde sig på; fig føle sig stødt over

Stößer m → **Stößel**, **Sperber**

stoß|fest slagfast, stødsikker; ⚲gebet n kort bøn, hjertesuk n; ⚲kante f kantning, stødkant; ⚲kraft f ‹0› stødkraft; ⚲seufzer m hjertesuk n; ⚲stange f kofanger; ⚲truppen f/pl stødtropper pl; ⚲verkehr m myldretid(strafik); ⚲waffe f stødvåben n; **~weise** stødvis; (haufenweise) i bunker; ⚲zahn m stødtand; ⚲zeit f myldretid

Stotte|'rei f ‹0› stammen, stammende tale; **~rer** m en stammende; **~rig** stammende, hakkende; ⚲rn v/i ‹-re› stamme, hakke; *Automotor*: hoste

Stövchen n fyrfad n

stracks straks

Straf|abteilung f straffekompagni n; **~an-**

~drohung f trussel om straf; **~anstalt** f straffeanstalt; **~antrag** m strafpåstand; politianmeldelse; **~anzeige** f politianmeldelse; **~arbeit** f ekstraarbejde n; **~aufschub** m udsættelse af straffen; ⚲bar strafbar; **~barkeit** f ‹0› strafbarhed; **~befehl** m underretsdom; **~e** f straf; (Geld-) bøde; **bei ~** under bødeansvar (od strafansvar); ⚲en straffe; (tadeln) irettesætte; **j-n Lügen ~** beskylde én for at lyve; **~entlassene(r)** løsladt (fange); tidligere straffet person; **~erlass** m benådning, amnesti; **~expedition** f straffeekspedition

straff stram, fast; fig streng; *Stil*: koncis

Straf|fall m straffesag; ⚲fällig strafskyldig; **~ werden** begå en lovovertrædelse

straff|en stramme; **sich ~** strammes; (sich aufrichten) rette sig; ⚲heit f ‹0› stramhed

straf|frei straffri; ustraffet; ⚲freiheit f ‹0› strafløshed; ⚲gefangene(r) straffefange; ⚲gericht n kriminalret; ⚲gesetz-dom; ⚲gesetzbuch n straffelov; ⚲kammer f kriminalret, kriminalkammer n; ⚲kolonie f straffekoloni; ⚲lager n straffelejr

sträf|lich straffeværdig; (strafend) streng; *Leichtsinn*: uforsvarlig; ⚲ling m ‹-s; -e› straffefange

straf|los straffri; ustraffet; ⚲losigkeit f ‹0› straffrihed; ⚲mandat n bødeforlæg n; ⚲maß n strafudmåling; ⚲maßnahme f straffeforanstaltning; **~mildernd** formildende; **~mündig** over den kriminelle lavalder; ⚲porto n strafporto; ⚲predigt f straffepræken; ⚲prozess m kriminalproces, straffesag; ⚲punkt m SPORT straffepoint n; ⚲raum m SPORT straffe(spark)felt n

Strafrecht n ‹-(e)s; 0› strafferet; **~ler(in)** m(f) jurist i strafferet; ⚲lich strafferetlig, kriminel

Straf|register n strafferegister n; **~richter** m kriminaldommer; **~stoß** m SPORT straffespark n; **~tat** f strafbar handling; **~verfahren** n kriminel procedure; straffesag; **~verfolgung** f strafforfølgning; **~versetzung** f forflyttelse som straf; **~vollstreckung** f straffefuldbyrdelse; **~vollzug** m fængselsvæsen n; **~weise** som straf; **~zettel** m parkeringsbøde

Strahl m ‹-(e)s; -en› stråle (a Wasser⚲); **~antrieb** m jetfremdrift; ⚲en v/i stråle (fig *vor* D/af)

Strahlen|behandlung f strålingsbehandling; **~brechung** f strålebrydning; **~bündel** n strålebundt n; ⚲d strålende (a fig); ⚲förmig stråleformet; **~krankheit** f strålesyge; ~kranz m strålekrans; ~schutz m strålingsbeskyttelse; ~tierchen n/pl radiolarier pl

Strahler m (*Lampe*) spotlys n; *Wasserschlauch*: strålerør n

Strahl|pumpe f strålepumpe; ~triebwerk n jetmotor

Strahlung f stråling; *fig* stråleglans; ~sgürtel m strålingszone; ~sintensität f strålingsintensitet; ~swärme f strålingsvarme

Strähn|e f tjavs; 2ig tjavset, pjusket

stramm stram; (*kräftig*) kraftig; *Zucht*: streng; ~ *sitzend* stramtsiddende; ~ *ziehen* stramme; 2heit f ⟨0⟩ stramhed; ~•stehen v/i stå ret; ~•ziehen → *stramm*

Strampel|höschen n kravlebukser pl, kravledragt; 2n v/i ⟨-le⟩ ⟨-*le*⟩ sparke, sprælle, spjætte; F (*Rad fahren*) cykle, trampe i pedalerne

Strand m ⟨-(e)s; ⸚e⟩ strand; *am* ~ på stranden; *an den* ~ *gehen* tage til stranden; ~anzug m stranddragt; ~bad n strandbad n; ~burg f F sandfæstning; 2en v/i ⟨-e-; sn⟩ strande; ~floh m tangloppe; ~gut n strandingsgods n; *fig* vraggods n; ~hafer m marehalm; ~hotel n strandhotel n; ~korb m strandkurv; ~promenade f strandpromenade; ~ung f stranding; ~wache f kystvagt; ~wächter m strandvogter; livredder

Strang m ⟨-(e)s; ⸚e⟩ streng; (*Seil*) snor, reb n; (*Schienen*2) spor n; *wenn alle Stränge reißen* fig når alt glipper; *über die Stränge schlagen* fig slå til skaglerne; 2u'lieren [-ŋg-] strangulere

Stra'pa|ze f strabads; anstrengelse; 2'zieren overanstrenge; slide stærkt (på); 2'zierfähig slidstærk; 2ziös [-'tsiø:s] ⟨-*est*⟩ anstrengende, stressende

Straps m ⟨-es; -e⟩ F strømpeholder

Strass m ⟨-es; -e⟩ strass, uægte diamant

Straßburg n Strasb(o)urg n

Straße f gade; (*Gasse*) stræde n (a NAUT); (*Weg*) (lande)vej; *auf die* ~ *setzen* fig fyre, sætte på gaden; *auf offener* ~ på åben gade

Straßen|anzug m almindeligt tøj n, daglig dragt; ~arbeit f vejarbejde n; ~arbeiter m vejarbejder; vejmand

Straßenbahn f sporvogn; ~haltestelle f sporvognsstoppested n; ~schaffner m sporvognskonduktør; ~wagen m sporvogn

Straßen|bau m vejanlæg n; ~beleuchtung f gadebelysning; ~bericht m → *Straßenzustandsbericht*; ~bild n gadebillede n;

~decke f vejbelægning; ~dirne f luder; ~ecke f gadehjørne n; ~feger m gadefejer; ~glätte f glatte veje pl; ~graben m landevejsgrøft; ~händler m gadehandler; ~junge m gadedreng; ~kampf m gadekamp; ~karte f kort n (*von D*/over); (*Stadtplan*) byplan; ~kreuzer m F (*Auto*) slagskib n, dollargrin n; ~kreuzung f gadekryds, vejkryds n; ~lage f *Auto*: *e-e gute* ~ *haben* ligge godt på vejen; ~lärm m gadestøj; ~laterne f gadelygte; ~musikant m gademusikant; ~name m gadenavn n; ~netz n gadenet n; ~pflaster n brolægning; ~räuber m landevejsrøver; ~reinigung f gaderenovation; ~rennen n landevejsløb n; ~schild n gadeskilt n; ~überführung f viadukt; ~unterführung f vejunderføring, tunnel; ~verhältnisse n/pl vejforhold pl; ~verkehr m trafik; ~verkehrsordnung f færdselslov; ~verzeichnis n gadefortegnelse; ~zug m gadestrækning, ensemble n; ~'zustandsbericht m vejmelding

Stra'te|ge m ⟨-n⟩ strateg, hærfører; ~'gie f strategi; 2gisch strategisk

Stra|tifikation [-'tsio:n] f stratifikation; ~to'sphäre f ⟨0⟩ stratosfære

sträuben: *sich* ~ rejse sig, stritte; *fig* vægre sig (*gegen A*/ved), stritte imod (*gegen etw.*/ngt.)

Strauch m ⟨-(e)s; ⸚er⟩ busk; ~dieb m stimand

straucheln v/i ⟨-le; sn⟩ snuble; *fig* fejle, blive fældet

strauchig bevokset med buske

Strauß m **1.** ⟨-es; -e⟩ zo struds; **2.** ⟨-es; ⸚e⟩ (*Blumen*2) buket; **3.** ⟨-es; ⸚e⟩ (*Kampf*) dyst, strid

Sträußlein n lille buket

Straußen|ei n strudsæg n; ~feder f strudsefjer

Strebe f stiver, støtte

streb|en v/i stræbe (*nach D*/efter); 2en n stræben; 2er m stræber; *Schule a*: duksedreng; ~erhaft ⟨-*est*⟩ duksedrengeagtig; 2ertum n ⟨-s; 0⟩ stræb n, stræben; ~sam stræbsom; driftig

streck|bar strækbar, strækkelig; 2bett n strækleje n

Strecke f strækning; BAHN linie; rute; BERGB gang; *Zeit*: tidsrum n; *zur* ~ *bringen* fælde; (*verhaften*) fange; *auf der* ~ *bleiben* fig blive på valen

strecken strække (*a Lebensmittel*), række; (*mischen*) blande; *Vorrat* rationere; *die Waffen* ~ strække gevær; *zu Boden* ~

slå i jorden; **sich ~** strække sig

Strecken|arbeiter m strækningsarbejder; **~netz** n BAHN spornet n; **~telefon** n nødhjælpstelefon (ved motorvej); **~wärter** m banevogter; **2weise** hist og her

Streck|ung f strækning; **~verband** m strækbandage

Streich m ‹-(e)s; -e› slag n; fig streg, puds n; **auf e-n ~** på én gang; **j-m e-n ~ spielen** spille én et puds; **2eln** ‹-le› klappe, stryge; **2en** ‹L› v/t stryge (a Flagge, Segel, weglassen); (schmieren) smøre; (malen) male; **frisch gestrichen** nymalet; (tilgen) (ud)slette; v/i (umherirren) strejfe om; → a **gestrichen; ~er** m MUS stryger; **~holz** n tændstik; **~holzschachtel** f tændstikæske; **~instrument** n strygeinstrument n; **~käse** m smøreost; **~orchester** n strygeorkester n; **~quartett** n strygekvartet; **~riemen** m strygerem; **~ung** f strygning; (Tilgung) slettelse

Streif|band n korsbånd n; **~e** f patrulje **streifen** stryge; (berühren) strejfe, berøre (a fig); (bemalen) stribe; strege; **~ an** (A) strejfe, grænse til; → a **gestreift**

Streifen m (Linie) stribe; (schmales Stück) strimmel; (Film) film; **~dienst** m patruljetjeneste; **~gang** m patrulje; **~wagen** m patruljevogn

streif|ig stribet; **2licht** n strejflys n; fig glimt n; **ein ~ auf etw.** (A) **werfen** fig kaste strejflys over en sag; **2schuss** m strejfskud n; **2zug** m strejftog n (a fig)

Streik m ‹-(e)s; -s› strejke; **wilder ~** ulovlig strejke; **gezielter ~** punktstrejke; **~ausbruch** m strejkeudbrud n; **~brecher** m strejkebryder, F skruebrækker; **2en** v/i strejke; **~ende(r)** strejkende; **~posten** m strejkevagt; **~recht** n ‹-(e)s; 0› strejkeret; **~verbot** n strejkeforbud n

Streit m ‹-(e)s; -e› strid; kamp; (Zank) skænderi n, klammeri n; **~axt** f fig stridsøkse; **2bar** stridbar, kamplysten; **2en** v/i ‹L› stride, kæmpe; **(sich) ~** skændes, strides; **~er** m stridsmand; **~e'rei** f strid, skænderi n; **~fall** m, **~frage** f stridsspørgsmål n; **~gespräch** n ordstrid, disput; **~hahn** m F, **~hammel** m F slagsbror, kamphane; **2ig** uenig; omstridt; **j-m etw. ~ machen** gøre én ngt. stridig; **~igkeit** f stridighed; **~kräfte** f/pl MIL stridskræfter pl, styrker pl; **2lustig** stridslysten; **~macht** f stridsmagt; **~objekt** n stridens genstand; **~ross** n stridshest; **~sache** f stridens genstand; **~schrift** f stridsskrift n; **~sucht** f ‹0› stridbarhed, trættelyst; **2süchtig** stridbar, trættelysten, træt-

tekær; **~wert** m JUR sagsgenstandens størrelse

streng streng, hård; Geschmack, Geruch: skarp; **~ genommen** strengt taget; **2e** f ‹0› strenghed, hårdhed; (Schärfe) skarphed; **~gläubig** rettroende, ortodoks

Strepto'kokken [st-] m/pl streptokokker pl

Stress m ‹-es; -e› stress n; **2en** stresse; **~gefahr** f, **~gefährdung** f stressrisiko; **2ig** stresset

Streu f ‹0› strøelse; **~büchse** f strødåse; **2en** strø, drysse; **bei Glätte:** gruse, strø (sand); **mit Salz:** salte; **~er** m (Pfeffer-) peberbøsse

streunen v/i F vagabondere

Streu|pflicht f ‹0› grusningspligt; **~sand** m strøsand n; **~sel** n/pl krymmel n; **~selkuchen** m F krymmelkage; **~ung** f ‹0› Statistik: spredning

Strich m ‹-(e)s; -e› streg; (Linie a) linie; (Land2) egn; P (Prostitution) prostitution; **e-n ~ machen** slå en streg; **e-n ~ darunter machen** fig slå en streg over det; **auf den ~ gehen** P trække; **gegen den ~ Tier:** imod hårene; Stoff: imod luven; **das geht mir gegen den ~** F det kan jeg ikke lide; **einen ~ durch die Rechnung** fig en streg i regningen; **nach ~ und Faden** efter alle kunstens regler; **~code** [-koːd] m stregkode; **2eln** ‹-le› strege, stiple; → a **gestrichelt; ~junge** m P trækkerdreng; **2weise** stedvis

Strick m ‹-(e)s; -e› reb n; snor; (stykke n) sejlgarn; **~arbeit** f strikkearbejde n; **2en** strikke; **~e'rei** f strikning; **~erin** f strikkerske; **~jacke** f strikket trøje, strikketrøje, golftrøje; **~kleid** n strikket kjole; **~leiter** f rebstige; **~muster** n strikkemønster n; **~nadel** f strikkepind; **~strumpf** m strikkestrømpe; **~waren** f/pl trikotage; **~weste** f strikket vest; **~zeug** n strikketøj n

Striegel m strigle; **2n** ‹-le› strigle **Strieme** f, **~en** m stribe, strime; **2ig** stribet, strimet

strikt ‹-est› nøjagtig, streng, striks; adv strikte

Strin'genz f ‹0› stringens

Strippe f strop; F snor (a TEL); (Schnürsenkel) snørebånd n; **2n** v/i strippe (a F sich entkleiden)

Striptease ['strɪptiːz] n od m ‹-; 0› striptease

strittig → **streitig**

Stroh n ‹-(e)s; 0› halm; strå n; **~blume** f evighedsblomst; **~dach** n stråtag n; **~feu-**

er *n* stråild; *fig* opblussende (og hurtigt hendøende) begejstring; **~geflecht** *n* stråfletning; **2gelb** strågul; **~halm** *m* halmstrå *n* (*a fig*); (*Trinkrohr*) sugerør *n*; **~hut** *m* stråhat; **~kopf** *m* F grødhoved *n*; **~mann** *m* stråmand (*a fig*); **~matte** *f* halmmåtte; **~puppe** *f* strådukke; (*Vogelscheuche*) fugleskræmsel *n*; **~sack** *m* halmsæk; halmmadras; **~witwe(r** *m*) *f* F græsenke (-mand)

Strolch *m* ⟨-(e)s; -e⟩ bisse, sjover; (*Lump*) bølle, skurk; **2en** *v/i* ⟨*sn*⟩ vagabondere

Strom *m* ⟨-(e)s; ¨e⟩ strøm (*a fig*); elektricitet, elektrisk strøm; (*Fluss*) flod; *gegen den* (*mit dem*) ~ mod (med) strømmen (*a fig*); **2'ab(wärts)** med strømmen; **~abnehmer** *m* strømaftager; **2'auf(wärts)** mod strømmen; **~ausfall** *m* strømsvigt *n*; **~bett** *n* flodleje *n*

strömen *v/i* (*a sn*) strømme (*a fig*)

stromern *v/i* ⟨-re; *sn*⟩ F strejfe omkring, vagabondere

Strom|erzeugung *f* el-produktion; **~kabel** *n* el-kabel *n*; **~kreis** *m* strømkreds; **~leitung** *f* el-ledning; **2linienförmig** strømlinet, strømliniet; **~messer** *m* perometer *n*; **~netz** *n* el-net *n*; (*Flussnetz*) flodnet *n*; **~rechnung** *f* el-regning; **~schlag** *m* stød *n*; **~schnelle** *f* strømhvirvel; **~sperre** *f* spærretid for elektricitet; **~stärke** *f* strømstyrke; **~stoß** *m* strømstød *n*

Strömung *f* strømning (*a fig*); (*Fluss*2) strøm

Stromverbrauch *m* el(ektricitets)forbrug *n*, strømforbrug *n*

Strom|versorgung *f* el-forsyning; **~zähler** *m* elektrisk måler

Strophe *f* strofe, vers *n*

strotzen *v/i* ⟨-t⟩ strutte, bugne; ~ *von* (*od vor D*) *Gesundheit, Energie usw* strutte af

strubbel|ig (for)pjusket; **2kopf** *m* forpjusket hår *pl*; *Pers* én med pjusket hår

Strudel *m* hvirvel; **2n** *v/i* ⟨-le; *a sn*⟩ hvirvle

Struk'tu|r *f* struktur, bygning; **2'rieren** strukturere; **~rwandel** *m* strukturændring

Strumpf *m* ⟨-(e)s; ¨e⟩ strømpe; *Gas*: glødenet *n*; **~band** *n* strømpebånd *n*; **~fabrik** *f* strømpefabrik; **~halter** *m* strømpeholder; **~hose** *f* strømpebukser *pl*, pantyhose; **~waren** *f/pl* strømper *pl*, trikotage; **~wirker** *m* strømpevæver

Strunk *m* ⟨-(e)s; ¨e⟩ stilk, stok; stub

struppig (for)pjusket, tjavset, strid

Struwwelpeter *m* ['ʃtʀu·vəl-] *m* F pjuskeho-

ved *n*; (*Kinderbuch*) „Den store Bastian"

Strych'nin [st-] *n* ⟨-s; 0⟩ stryknin

Stubben *m* (*Baumstumpf*) stub

Stübchen *n* kammer *n*; F hummer *n*

Stube *f* stue; *die gute* ~ stadsstuen

Stuben|arrest *m* stuearrest; **~fliege** *f* stueflue; **~gelehrte(r)** stuelærd; **~hocker** *m* hjemmesidder; **~mädchen** *n* stuepige, gangpige; **2rein** stueren (*a fig*)

Stuck *m* ⟨-(e)s; 0⟩ stuk

Stück *n* ⟨-(e)s; -e⟩ stykke *n*; THEA skuespil *n*, stykke *n*; (*Wertpapier*) værdipapir *n*; (*Gegenstand*) genstand; *große* **~e auf j-n halten** *fig* sætte pris på én; *aus freien* **~en** af sig selv, frivilligt; *in allen* **~en** i alle henseender; *in e-m* ~ i ét væk; *in* **~e gehen** gå itu (*od* i stykker)

Stuckarbeit *f* stukarbejde *n*

Stückarbeit *f* akkordarbejde *n*

Stuckarbeiter *m* stukkatør

Stückarbeiter *m* akkordarbejder

Stuckateur [-'tø:ʀ] *m* ⟨-s; -e⟩ stukkatør

Stück|chen *n* lille stykke *n*, smule; **2eln** ⟨-*le*⟩, **2en** (*flicken*) lappe; (*zerteilen*) dele, udstykke; **~fass** *n* stykfad *n*; **~gut** *n* stykgods *n*; **~lohn** *m* akkordbetaling; **2weise** styk(ke)vis; **~werk** *n* ⟨-(e)s; 0⟩ *fig* stykværk *n*; **~zahl** *f* styktal *n*

Stu'dent *m* ⟨-en⟩ student, studerende; ~ *der Medizin* medicinstuderende

Stu'denten|austausch *m* studenterudveksling; **~heim** *n* kollegium *n*; **~lied** *n* studentersang; **~revolte** *f* studenteroprør *n*; **~schaft** *f* studerende *pl*; **~verbindung** *f* studenterforening; **~wohnheim** *n* kollegium *n*

Stu'dent|in *f* kvindelig studerende, studine; **2isch** studenter-

Studie ['ʃtu:dĭə] *f* studie, udkast *n*

Studien|assessor *m* adjunkt på prøve, timelærer; **~aufenthalt** *m* studieophold *n*; **~beratung** *f* studievejledning; **~bewerber** *m* ansøger om studieplads; **~direktor** *m* studielektor; **~freund** *m* studiekammerat, studenterkammerat; **~rat** *m*, **~rätin** *f* adjunkt; **~reise** *f* studierejse; **~zeit** *f* studietid, studentertid; **~zweck** *m* studieformål *n*, studiebrug; *für* **~e** til studiebrug

stu'dier|en studere (*a untersuchen*), læse; **2ende(r)** studerende; **2zimmer** *n* studereværelse *n*

Studi|o [-dĭo:] *n* ⟨-s; -s⟩ atelier *n*; R/TV studie *n*; **~osus** [-'dĭo:-] *m* ⟨-; *Studiosi*⟩ F studerende; **~um** [-dĭum] *n* ⟨-s; *Studien*⟩ studium *n*

Stufe *f* trin *n*; *fig* grad, trin *n*, nuance; **2n**

                      S

trindele, inddele

stufen|artig progressiv; **2folge** f trinfølge; **2leiter** f trappestige; (Reihenfolge) rækkefølge; mus skala; **~los** trinløs; **~weise** trinvis, gradvis

Stuhl m ⟨-(e)s; ¨e⟩ stol; med afføring; **~bein** n stoleben n; **~drang** m trang til afføring; **~gang** m ⟨-(e)s; 0⟩ afføring; **~lehne** f stoleryg, rygstød n

Stulle f mellemmad, klemme

Stulpe f (Stiefel2) støvlekrave; (Manschette) manchet; (Kleider2) opslag n

stülpen sætte på; smøge (auf, über A/op), bøje om

Stulpenstiefel m kravestøvle

stumm stum; (still) tavs

Stummel m stump; Zigarette: skod n

Stumm|film m stumfilm; **~heit** f ⟨0⟩ stumhed

Stumpen m → **Stumpf**; Zigarre: cerut

Stümpe|r m stymper, fusker; **~'rei** f fuskeri n; **2rhaft** ⟨-est⟩ stymperagtig; **2rn** v/i ⟨-re⟩ fuske

stumpf stump (a math), sløv (a fig); (matt) mat

Stumpf m ⟨-(e)s; ¨e⟩ stump; (Baum2) stub; **mit ~ und Stiel** med rub og stub

Stumpf|heit f ⟨0⟩ stumphed, sløvhed (a fig); **~sinn** m ⟨-(e)s; 0⟩ sløvhed; stupiditet; **2sinnig** sløv(hjernet); stupid; **2winklig** stumpvinklet

Stunde f time; Unterricht a: lektion: **von ~ zu ~** time efter time, fra time til time; **von Stund an** fra den stund af; **zur ~** for øjeblikket; **e-e geschlagene ~** en stiv klokketime

stunden ⟨-e-⟩ give henstand (med), udsætte

Stunden|durchschnitt m gennemsnit n i timen; **~geschwindigkeit** f hastighed i timen; **~glas** n timeglas n; **~kilometer** m/pl kilometer i timen; **2lang** timelang; adv i timevis; **2lohn** m timeløn; **ein ~ von...** en timeløn på...; **~plan** m (skole)skema n; **2weise** pr. time; (stundenlang) i timevis; **~zeiger** m timeviser, store viser

stündlich hver time; fra time til time; (pro Stunde) pr. time

Stundung f henstand, frist, udsættelse

Stunk m ⟨-(e)s; 0⟩ F vrøvl n, dårligt arbejdsklima n

stu'pid(e) ⟨-est⟩ stupid, dum

stups|en ⟨-t⟩ puffe blidt, støde til; **2nase** f opstoppernæse

stur stædig, egenvillig, sej; **2heit** f ⟨0⟩ stivsind n, urokkelighed, bornerthed

Sturm m ⟨-(e)s; ¨e⟩ storm (a fig); Fußball:

angreb(skæde) n; **~angriff** m stormangreb n; **~bock** m stormbuk

stürm|en v/t storme; v/i blæse, storme; ⟨sn⟩ mil storme frem; **2er** m stormer; Fußball: angrebsspiller, forward

Sturm|flut f stormflod; **2frei: e-e 2e Bude haben** F bo ugenert (hvor man kan have damebesøg); **~glocke** f stormklokke

stürmisch stormfuld (a fig); Beifall: voldsom; Begrüßung: begejstret

Sturm|lauf m stormløb n; **~leiter** f stormstige; **~möwe** f stormmåge; **~schaden** m stormskade; **~schritt** m stormskridt n; **~signal** n stormsignal n; **~trupp** m stormtrop; **~vogel** m stormfugl; **~warnung** f stormvarsel n; **~wind** m storm(vind)

Sturz m ⟨-es; ¨e⟩ fald n (a fig); sport a styrt n; Berg: skred n; (Fenster2) vinduesoverkant, overligger; **~acker** m brakpløjet mark; **~bach** m bjergbæk; **~bad** n styrtebad n

Stürze f låg n; mus lydtragt

stürzen ⟨-t⟩ v/t styrte (a pol); (wenden) vende; (ausgießen) hælde ud; Kasse: opgøre; pol vælte; v/i ⟨sn⟩ styrte (a eilen); (fallen) falde; Gelände: skråne; pol blive væltet; **zu Boden ~** falde til jorden; **sich ~ auf** (A) fig kaste sig over; **sich in Schulden ~** stifte gæld; **sich ins Unglück ~** styrte sig i ulykke

Sturz|flug m styrtflyvning; **~gut** n styrtegods n; **~helm** m styrthjelm; **~kampfflugzeug** n styrtflyver; **~regen** m i styrtregn; **~see** f, **~welle** f styrtsø

Stuss m ⟨-es; 0⟩ F vrøvl n

Stute f hoppe; **~'rei** f stutteri n

Stutzärmel m halværme n

Stützbalken m afstiverbjælke

Stütze f støtte (a fig); arch stiver

stutzen ⟨-t⟩ v/t studse, klippe; Flügel stække; Ohren, Schwanz kupere; v/i forbavses, studse

Stutzen m (Gewehr) riffel; sport sportsstrømpe; (Ansatzrohr) studs

stützen ⟨-t⟩ støtte (sich; auf A/til); (absteifen) afstive; fig (under)støtte

Stutzer m laps; **2haft** ⟨-est⟩ lapset

stutzig forbavset; (argwöhnisch) mistænksom; **~ machen** forbavse; gøre mistænksom; **~ werden** blive betænkelig, studse

Stütz|mauer f støttemur; (Säule) støtte)pille; **~punkt** m støttepunkt n; mil base; **~ung** f støtte; afstivning; **~ungskäufe** m/pl støtteopkøb pl af valuta

subal'tern subaltern, krybende

Sub'jek|t n ⟨-(e)s; -e⟩ subjekt n; gram a: grundled n; **2'tiv** subjektiv; **~tivi'tät** f

⟨*O*⟩ subjektivitet

Subkultur *n* subkultur

sub'li|m sublim; **~'mieren** sublimere

Subskri'b|ent *m* ⟨*-en*⟩ subskribent; **2ie-ren** subskribere, prænumerere

Subskription [-'tsïo:n] *f* subskription; prænumeration; **~spreis** *m* subskriptionspris

Substan|tiv *n* ⟨*-s; -e*⟩ substantiv *n*, navneord *n*; **~z** [-'stants] *f* substans; **2iell** [-stan'tsïɛl] substantiel

substitu|'ieren [-sti'-] substituere; **2tion** [-'tsïo:n] *f* substitution

Sub'strat [-st-] *n* ⟨*-(e)s; -e*⟩ substrat *n*

sub'til subtil

subtra|'hieren subtrahere, trække fra; **2ktion** [-'tsïo:n] *f* subtraktion

subtropisch subtropisk

Subventio|n [-'tsïo:n] *f* subvention, understøttelse; **2'nieren** subventionere, understøtte

subver'siv subversiv, undergravende

Such|aktion [u:] *f* eftersøgningsaktion; **~anfrage** *f* im Internet: søgning; **~arbeit** *f* søgearbejde *n*; **~e** *f* ⟨*O*⟩ eftersøgning, opsporing; **auf der ~ sein** være på jagt; **2en** søge, lede efter; **was hast du hier zu ~?** hvad har du at gøre her?; → **a ge-sucht**; **~er** *m* søger (*a* FOT); **~e'rei** *f* ⟨*O*⟩ søgeri *n*; **~maschine** *f* EDV søgemaskine

Sucht *f* ⟨-; *⁓e*⟩ sygelig lyst, mani, trang; (*Krankheit*) sygdom; (*Rauschgift*2) narkomani; **~gefahr** *f* fare for stofmisbrug

süchtig forfalden (til rusmidler), F på stoffer

Sud *m* ⟨*-(e)s; -e*⟩ bryg *n*, kog *n*

Süd (*m*) syd; **~'afrika** *n* Sydafrika; **~afri-'kaner(in)** *m(f)* sydafrikaner; **2afri-kanisch** sydafrikansk; **~a'merika** *n* Sydamerika *n*

Su'da|n *m* sudan *n*; **~'nese** *m* ⟨*-n*⟩ sudan(es)er

Süd'asien *n* Sydasien *n*

süddeutsch sydtysk; **2e(r)** sydtysker; **2land** *n* Sydtyskland *n*

Sude|'lei *f* jaskeri *n*; griseri *n*; **2ln** *v/i* ⟨*-le*⟩ jaske, sjuske; grise

Süden *m* ⟨*-s; O*⟩ syd; **von ~** sydfra; **nach ~** mod syd, sydpå

Su'deten|deutsche(r) tysker fra sudeterland; **~land** *n* sudeterland *n*

Süd|früchte *f/pl* sydfrugter *pl*; **~'fünen** *n* Sydfyn *n*; **~'jütland** *n* Sønderjylland *n*; **~küste** *f* sydkyst; **~länder(in)** *m(f)* sydlænding; **2ländisch** sydlandsk; **2lich** sydlig; **~ G** (*od* **von**) syd for; **~'osten** *m* sydøst; **2'östlich** sydøstlig; **~'ostwind** *m* syd-

østvind; **~pol** *m* ⟨*-s; O*⟩: **der ~** sydpolen; **~see** *f* ⟨*O*⟩: **die ~** Sydhavet; **2wärts** mod syd, sydpå; **~wein** *m* hedvin

Süd'west|en *m* sydvest; **2lich** sydvestlig; **~wind** *m* sydvestenvind

Südwind *m* søndenvind

Suezkanal ['zu:ɛs-] *m* ⟨*-s; O*⟩ Suezkanal

Suff *m* ⟨*-(e)s; O*⟩ P druk; sprøjt *n*; **im ~** P i beruset tilstand

süffel|ig drikkelig, velsmagende; **~n** ⟨*-le*⟩ F pimpe, drikke

süffi'sant ⟨*-est*⟩ suffisant

Suffix *n* ⟨*-es; -e*⟩ suffiks *n*

sugge|'rieren suggerere; **2stion** [-'stïo:n] *f* suggestion; **~'stiv** suggestiv; **2'stivfrage** *f* suggestivt spørgsmål *n*

sühn|bar til at sone, som kan sones; **2e** *f* forsoning; (*Gutmachung*) udsoning, gengældelse; **2egeld** *n* mandebod, sonebod; **~en** sone, gøre bod for; **2eopfer** *n* soneoffer *n*

Suite ['svi:t(ə)] *f* suite (*a Gefolge, Hotel*2 *u* MUS)

Suk'kade *f* sukat

sukzes'sive [-va] *adv* successive

Sul'tat *n* ⟨*-(e)s; -e*⟩ sultat *n*; **~id** [-'ti:t] *n* ⟨*-(e)s; -e*⟩ sulfid *n*

Sultan [a:] *m* ⟨*-s; -e*⟩ sultan

Sülze *f* sylte; gelé

summ, summ! *Biene:* sursur!

sum'marisch summarisk

Sümmchen *n* net sum

Summe *f* sum

summe|n summe, surre; *Lied* nynne; **2r** *m* TECH summer

sum'mieren (op)summere; **sich ~** løbe op

Summton *m* summetone

Sumpf *m* ⟨*-(e)s; *⁓e*⟩ sump (*a fig*) (*Moor*) mose; (*Morast*) morads *n*; **~boden** *m* mosebund; **2en** *v/i* ⟨*-t*⟩ F drikke, svire; **~fieber** *n* sumpfeber; **~gas** *n* sumpgas; **2ig** sumpet; dyndet; **~land** *n* ⟨*-(e)s; O*⟩ sumpland *n*; **~pflanze** *f* sumpplante; **~wasser** *n* mosevand *n*

Sund *m* ⟨*-(e)s; -e*⟩ sund *n*; **der ~** Øresundet

Sünde *f* synd

Sünden|bock *m* syndebuk; **~fall** *m* syndefald *n*; **2los** syndefri; **~pfuhl** *m* syndens pøl; **~register** *n* synderegister *n*

Sünder(in) *m(f)* synder

Sünd|flut *f* → **Sintflut**; **2haft** ⟨*-est*⟩ syndig (*a fig*), **~ teuer** afsindigt dyrt; **2ig** *v/i* synde; (*übertreten*) forsynde sig (*gegen A/*mod)

Super|(benzin) *n* superbenzin; **2fein** F finfin, knippelfin; **~inten'dent** *m* ⟨*-en*⟩ biskop; provst; **2klug** F overklog; **~lativ**

m ‹-s; -e› superlativ; **~macht** *f* super-
magt; **~markt** *m* supermarked *n*
Suppe *f* suppe; *j-m die ~ versalzen* fig
ødelægge éns glæde; *die ~ auslöffeln,
die man sich eingebrockt hat* fig F søbe
den kål, man selv har spyttet i
Suppen|fleisch *n* suppekød *n*; **~gemüse**
n, **~grün** *n* suppevisk; **~huhn** *n* suppe-
høne; **~kraut** *n* suppeurt; **~löffel** *m* sup-
peske; **~schüssel** *f* suppeterrin; **~teller**
m suppetallerken; **~terrine** *f* suppeterrin;
~würfel *m* suppeterning
Supple'ment *n* ‹-(e)s; -e› supplement *n*,
tillæg *n*
supra|national overnational, internatio-
nal
Surf|brett ['sœrf-] *n* surfbræt *n*; **~en** *v/i*
surfe; **~er** *m* surfer
Surrea'lis|mus ['sy·ʀ-] *m* ‹-; 0› surrea-
lisme; **~tisch** surrealistisk
surren *v/i* surre (*a* NAUT), summe
Surro'gat *n* ‹-(e)s; -e› surrogat *n*
su'spekt [-sp-] ‹-est› suspekt
suspen'dieren [zʊsp-] suspendere
süß ‹-est› sød (*a* fig), **2e** *f* ‹0› sødhed,
sødme; **~en** ‹-t› søde, gøre sød; **2holz**
n lakridsrod; **~ raspeln** smigre; **2igkeit**
f ‹0› sødhed; **~en** *pl* søde sager, slik *n*;
2kirsche *f* fuglekirsebær *n*; **~lich** sødlig;
fig sødladen; **~'sauer** sødsur; **2speise** *f*
dessert; **2stoff** *m* sødemiddel *n*; sakkarin
n; **2waren** *f/pl* slik(kerier *pl*) *n*; **2wasser**
n ferskvand *n*; **2wasserfisch** *m* ferskvandsfisk; **2wein** *m* hedvin
Swimmingpool [-pu:l] *m* ‹-s; -s› swimmingpool *m*
Syllo'gismus *m* ‹-; *Syllogismen*› syllo-
gisme
Symbiose [zym'bĭo:zə] *f* symbiose
Sym'bol *n* ‹-s; -e› symbol *m* (*G od für*

A/på); sindbillede *n*; **~ik** *f* ‹0› symbolik;
2isch symbolsk; **2i'sieren** symbolisere
Symme'tr|ie *f* symmetri; **2isch** [zy'me:-]
symmetrisk
Sympa'thie *f* sympati; **~kundgebung** *f*
sympatitilkendegivelse
Sympathi|'sant *m* ‹-en› sympatisør; **2sch**
[-'pa:-] sympatisk; **2'sieren** *v/i* sympati-
sere
Sympho'nie *f* symfoni; **~orchester** *n* symfoniorkester *n*
Symp'to|m *n* ‹-s; -e› symptom *n* (*für*
A/på); **2matisch** symptomatisk
Syna'goge *f* synagoge
Synchroni|sation [zynkʀo·niˈzaˈtsĭo:n] *f*
synkronisation; synkronisering; **2i'sieren**
synkronisere; *Film* (efter)synkronisere;
~'siert synkroniseret
Syndi|'kat *n* ‹-(e)s; -e› syndikat *n*; **~kus** *m*
‹-; *Syndizi*› juridisk rådgiver
Syn|'drom *n* ‹-s; -e› syndrom *n*; **~'kope** *f*
synkope
Sy'node *f* synode
Syn|o'nym *n* ‹-s; -e› synonym *n*; **2'optisch**
synoptisk; **2'taktisch** syntaktisk; **~tax** *f*
syntaks
Syn'the|se *f* syntese; **2tisch** syntetisk
Syphi'lis ['zy:fi·lɪs] *f* ‹0› syfilis; **~'litiker**
m syfilitiker
Syr|ien [-ʀĭən] *n* Syrien; **~ier(in)** *m(f)* sy-
rer; **2isch** syrisk
Sys'tem *n* ‹-s; -e› system *n*; orden; **~ab-
sturz** *m* EDV systemnedbrud *n*
Syste|'matik *f* systematik; **2'matisch** sy-
stematisk; **2mati'sieren** systematisere;
~mkritiker *m* systemkritiker
Szen|e ['stse:nə] *f* scene (*a* fig); *in ~ set-
zen* sætte i scene, iscenesætte; **~enwech-
sel** *m* THEA sceneskift *n*; fig sceneforan-
dring; **~e'rie** *f* sceneri; **2isch** scenisk

T

T, t [te:] *n* T, t *n*
t (= *Tonne*) ton
Tabak *m* ‹-s; -e› tobak; **~(an)bau** *m* ‹-(e)s;
0› tobaksdyrkning, tobaksavl; **~geruch**
m tobakslugt; **~industrie** *f* tobaksindu-
stri; **~laden** *m* tobaksforretning, cigarfor-
retning; **~monopol** *n* tobaksmonopol *n*;
~(s)beutel *m* tobakspung; **~(s)dose** *f* to-
baksdåse; **~(s)pfeife** *f* tobakspibe; **~steu-
er** *f* tobaksafgift; **~waren** *f/pl* tobaksvarer
pl

tabel'larisch tabellarisk
Ta'belle *f* tabel; **~nführer** *m* SPORT nr. 1 i
puljen
Taber'nakel *n* tabernakel *n*
Ta'blett *n* ‹-(e)s; -s od -e› (lille) bakke; **~e** *f*
tablet, pille
ta'bu tabu; **2n** ‹-s; -s› tabu *n*; *im Gespräch*:
tabuemne *n*; **~i'siert** tabubelagt
Tabu'lator *m* ‹-s; -en [-'to:-]› tabulator
Tacho|('meter) *m* (*a n*) speedometer *n*;
~stand *m* kilometertællerens udvisende

n

Tadel *m* dadel, irettesættelse; *Schule:* anmærkning; 2los ⟨*-est*⟩ upåklagelig; (*ausgezeichnet*) udmærket, glimrende; 2n ⟨*-le*⟩ dadle, irettesætte; kritisere; 2nswert dadelværdig; kritisabel; ~sucht *f* ⟨*O*⟩ dadlesyge; 2süchtig dadlelysten, kværulantisk

Tafel *f* ⟨*-; -n*⟩ tavle; (*Tisch*) taffel *n*; *Schokolade:* plade; (*Tabelle*) tabel; (*Bild*) planche, tavle; *die ~ aufheben* hæve bordet; ~aufsatz *m* bordopsats; ~berg *m* taffelbjerg *n*; ~besteck *n* spisebestik *n*; ~bild *n Schule:* orden på tavlen; 2förmig tavleformet; ~freuden *f|pl* bordets glæder *pl*; ~geschirr *n* bordservice *n*; ~leuchter *m* kandelaber; 2n *v|i* ⟨*-le*⟩ spise, holde taffel

täfeln ⟨*-le*⟩ panele

Tafel|obst *n* dessertfrugt, taffelfrugt; ~runde *f* bordselskab *n*; *Mythologie u iron* tafelrunde; ~salz *n* bordsalt *n*; ~silber *n* bordsølv *n*; ~tuch *n* borddug

Täfelung *f* panel *n*

Tafel|wasser *n* kildevand *n*; ~wein *m* bordvin

Taft *m* ⟨*-(e)s; -e*⟩ taft *n*

Tag *m* ⟨*-(e)s; -e*⟩ dag; *~ und Nacht* dag og nat; (*24 Stunden*) døgn *n*; (*24 Stunden lang*) døgnet rundt; *der Jüngste ~* dommedag; (*guten*) *~!* god dag!; F dav(s)!; *den ganzen ~* hele dagen; *alle zehn ~e* hver tiende dag; *e-s ~es* en dag; *am ~e* om dagen; *am ~e vor* (*D*) dagen før; *an den ~ bringen* (*kommen*) bringe (komme) for dagens lys; *~ für ~* dag for dag; *in den ~ hinein* *fig* sorgløs; *von ~ zu ~* fra dag til dag; *vor 8 ~en* for otte dage siden; 2*aus:* ~, *tagein* dag ud, dag ind

Tage|bau *m* ⟨*-(e)s; -e*⟩ overflade (bjergværks)drift, åben grube; ~blatt *n* dagblad *n*; ~buch *n* dagbog; journal; ~dieb *m* dagdriver; ~geld *n* dagpenge *pl*; 2lang flere dages; *adv* i dagevis; ~lohn *m* dagløn; ~löhner *m* daglejer; landarbejder; 2n *v|i* (*beraten*) holde møde; *es tagt* det dages, det gryer; ~reise *f* dagsrejse

Tages|anbruch *m* daggry *n*; *bei* ~ ved daggry; ~arbeit *f* dagværk *n*; én dags arbejde *n*; ~ausflug *m* heldagstur; ~befehl *m* dagsbefaling; ~bericht *m* dagsberetning; ~creme *f* dagcreme; ~decke *f* sengetæppe *n*; ~einnahme *f* dagens indtægt; ~ereignis *n* dagens begivenhed; ~gericht *n* dagens ret; ~gespräch *n* dagens samtaleemne *n*; ~karte *f* billet gyldig for én dag,

heldagsbillet, heldagskort *n*; (*Speisekarte*) spisekort *n*; ~kurs *m* dagskurs; ~licht *n* ⟨*-(e)s; O*⟩ dagslys *n*; ~marsch *m* dagsmarch; ~mutter *f* dagplejemor; ~ordnung *f* dagsorden; *an der ~ sein* være på dagsordenen; *zur ~ übergehen* gå over til dagsordenen; *fig* blive hverdag igen; ~preis *m* dagspris; *zum ~* til dagspris; ~presse *f* dagspresse; ~raum *m* dagligstue, opholdsrum *n*; ~schau *f* TV tv-avis; ~zeit *f* tid på dagen; ~zeitung *f* dagblad *n*

tage|weise dagevis; 2werk *n* dagværk *n*

-tägig *in Zssgn* -dages, *z. B.* **dreitägig** tredages

täglich daglig

tags: *~ darauf* (*zuvor*) dagen derpå (før); ~über om dagen, dagen igennem

tag|täglich daglig; hver eneste dag; 2und'nachtgleiche *f* jævndøgn *n*

Tagung *f* møde *n*, kongres, stævne *n*; ~sraum *m* mødelokale *n*

Tai'fun *m* ⟨*-s; -e*⟩ tyfon, taifun

Taill|e ['taljə] *f* liv *n*, talje; ~enweite *f* taljemål *n*; 2iert [-'ji:-] som går ind i taljen

Takel|age [-'lu:ʒə] *f* takkelage, rigning, rejsning; 2n ⟨*-le*⟩ takle; ~ung *f* → *Takelage*

Takt *m* ⟨*-(e)s; -e*⟩ takt (*a fig*); *den ~ schlagen* slå takt; 2fest taktfast; ~gefühl *n* ⟨*-(e)s; O*⟩ taktfølelse; 2ieren [-'ti:-] *v|i* være taktiker, forholde sig taktisk klogt; ~ik *f* taktik; ~iker *m* taktiker; 2isch taktisk; 2los ⟨*-est*⟩ taktløs; ~losigkeit *f* taktløshed; ~stock *m* taktstok; 2voll taktfuld

Tal *n* ⟨*-(e)s; ⁓er*⟩ dal; 2'ab(wärts) ned ad (*od* i) dalen

Ta'lar *m* ⟨*-s; -e*⟩ embedskappe, embedskjole, ornat *n*

tal|'auf(wärts) op ad dalen; 2enge *f* dalsnævring

Ta'lent *n* ⟨*-(e)s; -e*⟩ talent *n* (*für A*/for); 2iert [-'ti:ʁt] ⟨*-est*⟩ talentfuld; 2los ⟨*-est*⟩ talentløs; ~sucher *m* talentspejder; 2voll talentfuld

Taler *m* daler

Talfahrt *f* flodsejlads nedad; nedtur (*a fig*)

Talg *m* ⟨*-(e)s; -e*⟩ talg, tælle; ~drüse *f* talgkirtel; ~licht *n* tællelys *n*

Talisman *m* ⟨*-s; -e*⟩ talisman

Talk *m* ⟨*-(e)s; O*⟩ → *Talkumpuder*

Talkessel *m* dalgryde, dalkedel

Talkshow [tɔːkʃoˑ] *f* ⟨*-; -s*⟩ (uhøjtideligt) personality-show *n*

Talkumpuder *m* talkum *n*

Talon [-'lɔŋ, -'lõ:] *m* ⟨*-s; -s*⟩ talon

Tal|sohle *f* dalbund; *fig* bølgedal; ~sperre

T

f spærredæmning; kunstig sø; **~überführung** *f* viadukt; **2wärts** nedad

Tam|bour [u:] *m* ⟨-s; -e⟩ trommeslager; **~bourmajor** *m* tamburmajor; **~bu'rin** *n* ⟨-s; -e⟩ tamburin; **~pon** [-pɔŋ] *m* ⟨-s; -s⟩ tampon; **~'tam** *n* ⟨-s; -s⟩ gongong; F ståhej (*n*)

Tand *m* ⟨-(e)s; 0⟩ kram *n*; *fig* tant (*n*)

Tänd|e'lei *f* flirt, koketteri *n*; **2eln** *v/i* ⟨-le⟩ flirte, kokettere

Tandem [-dɛm] *n* ⟨-s; -s⟩ tandem(cykel)

Tang *m* ⟨-(e)s; -e⟩ tang

Tanga *m* ⟨-s; -s⟩ tanga; **~slip** *m* tangatrusser *pl*

Tan'g|ente *f* tangent; **2ieren** berøre, tangere

Tango [-ŋgo'] *m* ⟨-s; -s⟩ tango

Tank *m* ⟨-s; -s⟩ tank; **~anzeige** *f* benzinmåler; **2en** fylde benzin på, tanke; **~er** *m* tankskib *n*; **~säule** *f* benzinstander; **~stelle** *f* benzintank, servicestation; **~uhr** *f* benzinmåler; **~wagen** *m* tankbil; **~wart(in)** *m(f)* tankpasser

Tanne *f* gran(træ *n*)

Tannen|baum *m* grantræ *n*; (Weihnachts-) juletræ *n*; **~nadel** *f* grannål; **~wald** *m* granskov; **~zapfen** *m* grankogle

Tantalusqualen *f/pl:* **~ erleiden** lide tantaluskvaler

Tante *f* tante; **~'Emma-Laden** *m iron* nærbutik

Tantieme [-'tĭɛ:-] *f* tantième; *Schriftsteller, Showbranche:* royalty

Tanz *m* ⟨-es; ⸚e⟩ dans; **~bar** *f* danserestaurant, dansebar; **~bär** *m* dansebjørn; **~bein** *n: das ~ schwingen* F tage sig en svingom, svinge træbenet; **~boden** *m* dansegulv *n*; **~diele** *f* danserestaurant

tänzeln *v/i* ⟨-le⟩ hoppe, trippe

tanzen ⟨-t⟩ danse

Tänzer|(in) *m(f)* danser(inde); **2isch** danse-

Tanz|fläche *f* dansegulv *n*; **~kapelle** *f* danseorkester *n*; **~kurs** *m* dansekursus *n*; **~lehrer** *m* danselærer; **~lokal** *n* dansested *n*; **2lustig** danselysten; **~musik** *f* dansemusik; **~saal** *m* dansesal, balsal; **~schritt** *m* dansetrin *n*; **~schuh** *m* balsko; **~schule** *f* danseskole; **~stunde** *f* danseundervisning; **~tee** *m* thé dansant; **~turnier** *n* danseturnering; **~unterricht** *m* danseundervisning

Ta'pe|t *n: aufs ~ bringen* bringe på tapetet (*od* tale); **~te** *f* tapet *n*; **~tenwechsel** *m fig* (luft)forandring; **2zieren** tapetsere; **~'zierer** *m* tapetserer

tapfer ⟨-pfr-⟩ tapper; dygtig; **2keit** *f* ⟨0⟩ tapperhed

Tapir *m* ⟨-s; -e⟩ tapir

tappen *v/i* ⟨*sn*⟩ famle, rave; *im Dunkeln ~* famle sig frem gennem mørket; *fig* stå på bar bund

täppisch kejtet, klodset

Taps *m* ⟨-es; -e⟩ F klodsmajor; **2en** *v/i* ⟨-t⟩ F famle

Tara *f* ⟨-; Taren⟩ tara

Ta'rantel *f* ⟨-; -n⟩ tarantel; *wie von der ~ gestochen* fig som stukket af en bi

Ta'rif *m* ⟨-s; -e⟩ tarif; **~autonomie** *f* fri forhandlingsret (for arbejdsmarkedets parter); **2lich** overenskomstmæssig, tarifmæssig; **~lohn** *m* overenskomstmæssig løn; **2mäßig** tarifmæssig, overenskomstmæssig; **~parteien** *f/pl* arbejdsmarkedets parter *pl*; **~verhandlungen** *f/pl* overenskomstforhandlinger; **~vertrag** *m* overenskomst

Tarn|anzug *m* sløringsdragt, camouflagedragt; **2en** sløre, skjule, camouflere (*a fig*) (*sich* sig); **~farbe** *f* camouflage(farve); zo mimicry; **~ung** *f* sløring, camouflage; zo mimicry

Tasche *f* (Hosen2, Mantel2) lomme; (Reise2) taske

Taschen|ausgabe *f* lommeudgave; **~buch** *n* lommebog; **~dieb** *m* lommetyv; **~geld** *n* lommepenge *pl*; **~kalender** *m* lommekalender; **~lampe** *f* lommelygte; **~messer** *n* lommekniv; **~rechner** *m* lommeregner; **~spiegel** *m* lommespejl *n*; **~spieler** *m* taskenspiller; **~spielertricks** *m/pl* taskenspillertricks *pl*; **~tuch** *n* lommetørklæde *n*; **~uhr** *f* lommeur *n*; **~wörterbuch** *n* lommeordbog

Täschchen *n* lille kop, F får

Tasse *f* kop; *er hat nicht alle ~n im Schrank* fig F han har en skrue løs

Tast|a'tur [-st-] *f* klaviatur *n*; *Schreibmaschine:* tastatur (*n*); **2bar** følelig; **~e** *f Klavier:* tangent; *Schreibmaschine:* taste; **2en** ⟨-e-⟩ føle (sig for *od* frem); **~er** *m* zo føleredskab *n*; **~sinn** *m* ⟨-(e)s; 0⟩ følesans, følelse

Tat *f* gerning, handling; (Leistung) bedrift, dåd; *auf frischer ~* på fersk gerning; *in der ~* virkelig, faktisk

Ta'tar¹ *m* ⟨-en⟩ tatar

Ta'tar² *n* ⟨-s; 0⟩ Fleisch: tatar

Tat|bestand *m* faktiske omstændigheder *pl*; **~einheit** *f: in ~ mit** (*D*) i forbindelse med

Taten|drang *m*, **~durst** *m* virkelyst; **2los** ⟨-est⟩ passiv, uvirksom; **~losigkeit** *f* ⟨0⟩ passivitet; **2reich** dådrig, virksom

Täter|(in) *m(f)* gerningsmand; **~schaft** *f*

⟨0⟩ at være gerningsmanden, skyld

tätig virksom, driftig, aktiv; **~ sein** arbejde, være ansat; **~en** udføre; 2**keit** f, 2**keitsbereich** m virksomhed; (*Beruf*) arbejde n, arbejdsområde n; 2**keitswort** n GRAM udsagnsord n, verbum n

Tat|kraft f⟨0⟩ handlekraft, energi; 2**kräftig** handlekraftig, energisk

tätlich voldelig; 2**keit** f håndgribelighed

Tatort m gerningssted n

täto'wier|en tatovere; 2**ung** f tatovering

Tat|sache f kendsgerning, faktum n; **~sachenbericht** m beretning om fakta, virkelig beretning; 2'**sächlich** virkelig, faktisk

tätscheln ⟨-le⟩ klappe, kærtegne

tatschen v/i F daske, tjatte

Tatterich m F: **e-n ~ haben** ryste på hænderne

tatütata: ~! babu-babu!

Tatze f pote, lab

Tau[1] m ⟨-(e)s; -e⟩ tov n, reb n

Tau[2] m ⟨-(e)s; 0⟩ dug

taub døv; (*leer*) tom; BOT gold

Taube f due

Tauben|schlag m dueslag n; **~züchter** m dueavler

Tauber m, **Täuber** m, **Täuberich** m ⟨-s; -e⟩ handue

Taub|heit f⟨0⟩ døvhed; **~nessel** f døvnælde; 2**stumm** døvstum; **~stummenanstalt** f døvstummeinstitut n

Tauch|boot n undervandsbåd; 2**en** v/t dyppe, dykke, dukke (ned); v/i (a sn) dykke

Taucher(in) m(f) dykker; **~anzug** m dykkerdragt; **~ausrüstung** f dykkerudstyr n; **~brille** f dykkerbriller pl; **~glocke** f dykkerklokke

Tauch|sieder m dyppekoger; **~sport** m dykkersport

tauen 1. (*schmelzen*) tø; **es taut** det er tøvejr; **2. es taut** (*es fällt Tau*) duggen falder

Tauf|akt m dåbshandling; **~becken** n døbefont; **~e** f dåb (a fig); 2**en** døbe (a fig); **auf den Namen Lea ~** døbe Lea

Täufer m døber; **Johannes der ~** Johannes Døberen

taufeucht dugvåd

Tauf|geschenk n faddergave; **~kleid** n dåbskjole

Täufling m ⟨-s; -e⟩ barn n som skal døbes; nydøbt

Tauf|name m døbenavn n; **~pate** m fadder, gudfa(de)r; **~patin** f gudmoder

taufrisch dugfrisk; **nicht ganz ~** fig F ikke helt ung (*od* ny) mere

Tauf|schein m dåbsattest; **~stein** m døbefont

taug|en v/i due, være god (**zu** D/til); 2**enichts** m ⟨- od -es; -e⟩ døgenigt, uduelig person; **~lich** duelig, brugbar; 2**lichkeit** f⟨0⟩ duelighed

Taumel m ⟨-s; 0⟩ (*Rausch*) rus; (*Ohnmacht*) svimmelhed; 2**ig** (*ohnmächtig*, *wankend*) svimmel, ør; (*berauscht*) beruset; 2**n** v/i ⟨-le; a sn⟩ tumle, vakle, rave

Taupunkt m ⟨-(e)s; 0⟩ dugpunkt n

Tausch m ⟨-(e)s; -e⟩ bytte n, bytning; **im ~ gegen** (A) i bytte for; 2**en** bytte (*ohnmächtig*); (*wechseln*, *austauschen*) (ud-) skifte

täuschen vildlede; (*betrügen*) narre, snyde; **sich ~** tage fejl (**in** D/af); **~d** vildledende; **sie sehen sich ~ ähnlich** de ligner hinanden til forveksling

Tausch|geschäft n, **~handel** m byttehandel; (*illegal*) tuskhandel; **~objekt** n bytteobjekt n

Täuschung f illusion; (*Betrug*) bedrag n, svig; (*Irrtum*) fejltagelse; *Schule*: snyderi n

Tauschwert m bytteværdi

tausend tusind; 2**n** ⟨-s; -e⟩ tusind(e) n; **zu ~en** i tusindvis; 2**er** m tusindtal n; (*Geldschein*) tusind-krone-seddel; **~er'lei** tusind slags; **~fach**, **~fältig** tusindtallig; 2**füßler** m tusindben n; 2**jährig** tusindårig; 2**künstler** m tusindkunstner; **~mal** tusind gange; 2**sassa** m ⟨-s; -s⟩ F (aller)-helvedes karl; 2**schön** n ⟨-s; -e⟩ BOT tusindfryd; **~ste(r)** tusinde; 2**stel** n tusindedel

Tautolo'gie f tautologi

Tau|tropfen m dugdråbe; **~werk** n ⟨-(e)s; 0⟩ tovværk n; **~wetter** n tøvejr n; **~ziehen** n tovtrækning; fig tovtrækkeri n

Taverne [-'vɛrnə] f taverne

Taxa'meter m taxameter n

Ta'xator m ⟨-s; -en [-'to:-]⟩ vurderingsmand, taksator

Taxe f takst, tarif, gebyr n; (*Steuer*) skat, afgift; → *Taxi*

Taxi n ⟨-s; -s⟩ taxa, taxi

ta'xier|en taksere, vurdere; 2**ung** f taksering, vurdering

Taxi|fahrer(in) m(f) taxachauffør; **~stand** m taxaholdeplads

Taxus m ⟨-; -⟩ taks(træ n)

Tb, Tbc (= *Tuberkulose*) tuberkulose

Teakholz [i:] n teaktræ n

Tech|nik f teknik; **~niker(in)** m(f) tekniker; **~nikum** n ⟨-s; *Technika*⟩ teknikum n; 2**nisch** teknisk; **~e Hochschule** polyteknisk læreanstalt; Danmarks Tekniske

Højskole; **2no'kratisch** teknokratisk; **~nolo'gie** f teknologi; **2no'logisch** teknologisk

Techtel'mechtel n F flirt

Teckel m grævlingehund

Teddybär m teddybjørn, bamse

Tee m ⟨-s; -s⟩ te; **~ kochen** lave te; **~beutel** m tepose, tebrev n; **~Ei** n teæg n; **~gebäck** n småkager pl; **~kanne** f tepotte; **~küche** f tekøkken n; **~licht** n fyrfadslys n; **~löffel** m teske

Teenager ['tiːneɪdʒ-] m teenager

Teer m ⟨-(e)s; -e⟩ tjære; asfalt; **~decke** f asfaltbelægning; **2en** tjære; *Straße* asfaltere; **~entferner** m rensemiddel n (mod tjære); **2ig** tjæret

Teerose f terose

Teer|pappe f tagpap n; **~ung** f tjæring; asfaltering

Tee|sieb n tesi; **~strauch** m tebusk; **~tasse** f tekop; **~wagen** m tevogn, serveringsvogn; **~wärmer** m tehætte; *(Stövchen)* fyrfad n; **~wurst** f pølse af mager svinefars

Teich m ⟨-(e)s; -e⟩ dam; kær n

Teig m ⟨-(e)s; -e⟩ dej; **2ig** dejet, blød; **~rädchen** n kagehjul n; **~rolle** f kagerulle; **~schaber** m dejskraber; **~waren** f/pl makaroni pl, nudler pl

Teil 1. m ⟨-(e)s; -e⟩ del; part; *(Anteil)* andel *(an D/i)*; **ich für meinen ~** hvad mig angår; **zum ~** delvis, til dels; **2.** n ⟨-(e)s; -e⟩ *(Maschinen2)* (maskin)del; *(Ersatz2)* (reserve)del; **2bar** delelig; **~barkeit** f ⟨0⟩ delelighed; **~betrag** m afdrag n, rate; **~chen** n partikel; **2en** dele *(in A/i)*; skille; **sich** *(D)* **etw. mit j-m** dele ngt. med én; **~er** m MATH divisor; **~ergebnis** n delvist resultat n; **~gebiet** n (under)afdeling; (del)område n

Teil|habe f ⟨0⟩ delagtighed; **2-haben** v/i have del *(an D/i)*

Teilhaber m ØKON parthaver, kompagnon; **~schaft** f deltagelse

teil|haftig delagtig *(G/i)*; **~ werden lassen an** *(D)* delagtiggøre i; **~möbliert** delvist møbleret

Teilnahm|e f ⟨0⟩ delagtighed; *(Beteiligung)* deltagelse *(an D/i)*; *(Mitgefühl)* deltagelse, medfølelse; **2slos** ⟨-est⟩ udeltagende, uinteresseret; **~slosigkeit** f ⟨0⟩ desinteresse, passivitet

teil·nehm|en v/i deltage *(an D/i)*; **2er** m deltager; TEL telefonabonnent; **2erliste** f deltagerliste; **2erzahl** f deltagerantal n

teils: **~ ... ~** dels … dels

Teil|strecke f del af strækning; BAHN takst-strækning, zone; **~ung** f deling; JUR skifte n; **2weise** delvis; **~zahlung** f afbetaling; *(Rate)* afdrag n, rate; **~zeit** f: **~ arbeiten** arbejde på deltid; **~zeitarbeit** f deltidsarbejde n

Teint [tɛ̃] m ⟨-s; -s⟩ hudfarve, teint

Telefax n telefax n

Tele'fon n ⟨-s; -e⟩ telefon; **~abhören** n ⟨-s; 0⟩ telefonaflytning; **~anruf** m (telefon)opringning; **~anrufbeantworter** m telefonsvarer; **~anschluss** m telefon(stik n); **~at** [-'naːt] n ⟨-(e)s; -e⟩ → *Telefonanruf;* **~buch** n telefonbog; **~gespräch** n telefonsamtale; **~hörer** m rør n; **2ieren** [-'niː-] v/i telefonere; ringe til; **darf ich mal ~?** må jeg låne telefonen?; **2isch** telefonisk; **~ist(in)** [-'nɪst(ɪn)] m ⟨-en⟩ (f) telefonist, telefondame **~nummer** f telefonnummer n; **~zelle** f telefonboks; **~zentrale** f telefoncentral

Tele'graf m ⟨-en⟩ telegraf; **~enamt** n telegrafstation; **~enstange** f telefonpæl; **~ie** [-'fiː] f ⟨0⟩ telegrafi; **2ieren** [-'fiː-] telegrafere; **2isch** telegrafisk; **~ist(in)** [-'fɪst(ɪn)] m ⟨-en⟩ (f) telegrafist

Tele'gramm n ⟨-s; -e⟩ telegram n; **~adresse** f, **~anschrift** f telegramadresse; **~formular** n telegramblanket; **~stil** m fig telegramstil

Tele|'graph m ⟨-en⟩ usw → *Telegraf* usw; **~karte** f telekort n; **~kommunikation** f ⟨0⟩ telekommunikation; **~objektiv** n teleobjektiv n; **~pa'thie** f ⟨0⟩ telepati; **~'phon** n ⟨-s; -e⟩ usw → *Telefon* usw; **~'skop** n ⟨-s; -e⟩ teleskop n; **~text** m tekst-tv n; **~x** n ⟨-; -[e]⟩ telex; **ein ~ senden** sende en telex, telexe; **~xdienst** m telextjeneste

Teller m tallerken; **~brett** n tallerkenrække, tallerkenhylde

Tempel m tempel n; **~herr** m tempelherre; **~orden** m ⟨-s; 0⟩ tempelorden; **~raub** m tempelran n

Tempera'ment n ⟨-(e)s; -e⟩ temperament n; **2voll** temperamentsfuld

Tempera'tur f temperatur; **~schwankung** f temperatursvingning; **~sturz** m temperaturfald n

tempe'rieren temperere

Tempo n ⟨-s; -s od Tempi⟩ tempo n; fart, hastighed; **~ 80** hastighed på 80 km/h; **~limit** n hastighedsbegrænsning; **~sünder** m fartbilist

Tempus n ⟨-; Tempora⟩ tempus n

Ten'denz f tendens (til); **2iös** [-'tsiøːs] ⟨-est⟩ tendentiøs

Tender m tender

ten'dieren v/i tendere (*zu D*/imod)

Tenne f lo(gulv n)

Tennis n ⟨-; 0⟩ tennis; **~ball** m tennisbold; **~halle** f tennishal; **~platz** m tennisbane; **~schläger** m tennisketsjer; **~schuhe** m/pl tennissko pl; **~spiel** n tennis(spil n); (*Wettkampf*) tenniskamp; **~turnier** n tennisturnering

Tenor[1] ['te:no:ʀ] m ⟨-s; 0⟩ indhold n, udsagn n

Tenor[2] [te'no:ʀ] m ⟨-s; ⁓e⟩ tenor

Ten'takel n od m tentakel

Teppich m ⟨-s; -e⟩ tæppe n; *auf dem ~ bleiben* fig F blive på jorden; **~boden** m væg-til-væg-tæppe n; **~fliesen** f/pl tæppefliser pl; **~klopfer** m tæppebanker; **~knüpfen** ⟨-s; 0⟩ tæppeknytning; **~stange** f bankestang

Ter'min m ⟨-s; -e⟩ termin; frist; JUR retsmøde n; (*Verabredung*) aftale, møde n

Terminal ['tœʀmɪnəl] m od n ⟨-s; -s⟩ terminal

ter'min|gerecht rettidig; aftalt; **2geschäft** n terminsforretning; **~ieren** [-'ni:-] sætte en frist; **2kalender** m noteringskalender

Termin|olo'gie f terminologi; **~us** m ⟨-; *Termini*⟩ terminus

Ter'mite f termit; **~nhaufen** m termitbo n

Terpen'tin n ⟨-s; 0⟩ terpentin; **~öl** n terpentinolie

Terrain [tɛ'ʀɛ̃:] n ⟨-s; -s⟩ terræn n; *das ~ sondieren* fig sondere terrænet

Terra|'kotta f ⟨-; *Terrakotten*⟩ terrakotta; **~rium** [-'ʀɑ'ʀɪʊm] n ⟨-s; *Terrarien*⟩ terrarium n

Ter'rasse f terrasse; **~nhaus** n terrassehus n

Terrier [-ʀĭ-] m terrier

Ter'rine f terrin

territor|ial [-'ʀĭɑːl] territorial; **2algewässer** n territorialt farvand n; **2ium** [-'to:ʀĭʊm] n ⟨-s; *Territorien*⟩ territorium n, område n

Terror m ⟨-s; 0⟩ terror; **~akt** m, **~handlung** f terrorhandling; **2i'sieren** terrorisere

Terro'ris|mus m ⟨-; 0⟩ terrorisme; **~t(in)** m ⟨-en⟩ (f) terrorist; **2tisch** terroristisk

Ter|z f terts; **~'zett** n ⟨-(e)s; -e⟩ terzet; **~'zine** f terziner pl

Tesafilm® m tape

Test m ⟨-(e)s; -s⟩ test

Testa'men|t n ⟨-(e)s; -e⟩ testamente n (a REL); **2tarisch** testamentarisk; **~tsvollstrecker** m eksekutor

Te'stat [-st-] n ⟨-(e)s; -e⟩ testimonium n; (*Unterschrift*) underskrift

Test|bild n prøvebillede n; **2en** ⟨-e-⟩ teste

te'stieren testamentere; (*bezeugen*) attestere

Testikel [-'st-] m testikel

Test|pilot m testpilot; **~verfahren** n testning

Tetanusspritze f vaccination mod stivkrampe

teuer (*teurer*) dyr; (*lieb*) dyrebar; *j-n ~ zu stehen kommen* komme én dyrt at stå; *zu ~* for dyrt; **2ung** f prisstigning; dyrtid; **2ungszulage** f dyrtidstillæg n

Teufel m djævel, fanden; *armer ~* sølle djævel; *pfui ~!* P fy for fanden!; *sich zum ~ scheren* F gå pokker i vold!; *da ist der ~ los* der er fanden løs

Teufe'lei f djævelskab n

Teufels|beschwörung f djævleuddrivelse, eksorcisme; **~kerl** m fandens karl; **~kreis** m ond cirkel; **~weib** n fandens til kvindfolk

teuflisch djævelsk, diabolsk

Text m ⟨-(e)s; -e⟩ tekst; **~ausgabe** f tekstudgave; **~buch** n tekstbog; (*Opern-*)operatekst; **~er** m tekstforfatter

Tex'til|arbeiter m tekstilarbejder; **~fabrik** f tekstilfabrik; **~ien** [-'lĭən] pl tekstiler pl, tekstilvarer pl; **~industrie** f tekstilindustri

Textkritik f tekstkritik

Theater [te'ɑː-] n teater n (a *Vorspiegelung*); fig F ståhej, spektakel n; **~abonnement** n teaterabonnement n; **~besucher** m teatergænger; **~karte** f teaterbillet; **~kasse** f billetkontor n; **~stück** n teaterstykke n; **~vorstellung** f teaterforestilling; **~zettel** n teaterplakat, teaterprogram n

thea'tralisch teatralsk

Theke f skænk; bardisk

The|ma n ⟨-s; *Themen*⟩ tema n, emne n; *das ~ wechseln* skifte emne; **~'matik** f emne n, grundproblem n; **2'matisch** emnemæssig, tematisk

Theo|'loge m ⟨-n⟩ teolog; **~lo'gie** f teologi; **2'logisch** teologisk; **~'retiker** m teoretiker; **2'retisch** teoretisk; **~'rie** f teori

Thera|p|eut(in) m ⟨-en⟩ (f) terapeut; **2eutisch** terapeutisk; **~ie** f terapi

Ther|'malbad n (Ort) kursted n; (*Bad*) kurbad n; **~'malquelle** f varme kilder pl; **~mik** f ⟨0⟩ termik; **2misch** termisk

Thermo'meter n termometer n

Thermos|flasche® f termoflaske; **~kanne**® f termokande

Thermo'stat m ⟨-(e)s od -en; -e od -en⟩ termostat

T

These f tese, tesis

Thorax m ⟨-es; -e⟩ thorax, brystkasse

Throm'bose f trombose

Thron m ⟨-(e)s; -e⟩ trone; **2en** v/i trone (a fig); **~folger** m tronfølger; **~rede** f trontale

Thunfisch m → **Tunfisch**

Thymian m ⟨-s; -e⟩ timian

Tiara [ti'ɑːʀɑ] f ⟨-; Tiaren⟩ tiara

Tibet n Tibet m; **2tanisch** tibetansk

Tick m ⟨-(e)s; -s⟩ (Verrücktheit) dille; (Ticken) tik n; **2en** v/i ticke; Uhr: dikke; **~et** n ⟨-s; -s⟩billet; **2tack** tik-tak, dik-dik

Tide f flod, tidevand n; **~nhub** m tidevandsforskel

tief dyb (a fig); (niedrig) lav; **~er Schnee** høj sne; **im ~sten Winter** midt om vinteren; **bis ~ in die Nacht**(hinein) til langt ud på natten; **~ bewegt** dybt bevæget; **~ gehend** dybtgående (a fig); **~ greifend** fig dybt indgribende, gennemgribende; **~ stehend** lavtstående (a fig); **2** n ⟨-s; -s⟩ NAUT lavtryk n; Wetter: lavtryk m; fig F nedtur; **2bau** m ⟨-(e)s; 0⟩ jordarbejde, udgravningsarbejde n; **2baufirma** f entreprenørfirma n; **~bewegt** → **tief**; **~blau** mørkeblå; **2druck** m TYP dybtryk n; Wetter: lavtryk m; **2druckgebiet** n lavtryksområde n; **2e** f dybde (a fig u NAUT); dyb n (a fig); **2ebene** f lavslette; **2enpsychologie** f dybdepsykologi; **2enschärfe** f FOT dybdeskarphed; **2enwirkung** f dybdevirkning; **~'ernst** dybt alvorlig; **2gang** m ⟨-(e)s; 0⟩ dybgående n, dybgang; fig F dybde; **2garage** f underjordisk garage- (anlæg n); **~gehend** → **tief**; **~gekühlt** lynfrossen, dybfrossen; **~greifend** → **tief**; **~gründig** dybtgående

Tiefkühl|fach n fryseboks; **~kost** f dybfrostvarer pl; **~truhe** f dybfryser, kummefryser; **~ung** f nedfrysning

Tief|lader m blokvogn; **~land** n lavland n; **~schlag** m Boxen: dybt stød n, slag n under bæltestedet (a fig); **~seeforschung** f dybhavsforskning; **~sinn** m ⟨-(e)s; 0⟩ dybsindighed; **2sinnig** dybsindig; **~stand** m ⟨-(e)s; 0⟩ lav stand; fig bølgedal, bundrekord; **2stehend** → **tief**

Tiegel m digel

Tier n ⟨-(e)s; -e⟩ dyr n; **hohes ~** F stor mand (od kanon); **~arzt** m, **~ärztin** f dyrlæge; **~fabel** f dyrefabel; **~freund** m dyreven; **~garten** m dyrehave; zoologisk have; **~haltung** f rhold n; **~heim** n dyrehjem n; **2isch** dyrisk (a fig); animalsk; **~kreis** m ASTR dyrekreds; **im ~zeichen des Löwen geboren** født i Løvens tegn;

~kunde f zoologi; **~leben** n dyrenes liv n; **~park** m dyrehave; (Zoo) zoologisk have; **~quäle'rei** f dyrplageri n; **~reich** n ⟨-(e)s; 0⟩ dyrerige n; **~schau** f dyrskue n; **~schutz** m dyrebeskyttelse, dyreværn n; **~schutzverein** m dyreværnsforening; **~versuch** m dyreforsøg n; **~wärter** m dyrepasser; **~welt** f ⟨0⟩ dyreverden; **~zucht** f dyreavl

Tiger m tiger; **~in** f huntiger

Tilde f (Wörterbuch2) gentagelsestegn n

tilg|bar udslettelig; ÖKON amortisabel; **~en** udrydde; (streichen) slette, stryge; ÖKON amortisere, afvikle; **2ung** f udryddelse; (Streichung) udslettelse; ÖKON amortisation, betaling

Timbre ['tɛ̃:bʀə] n ⟨-s; -s⟩ timbre, klangfarve

Tingeltangel n (slags) varieté

Tink'tur f tinktur

Tinte f blæk n; **in der ~ sitzen** F være i fedtefadet

Tinten|fass n blækhus n; **~fisch** m blæksprutte; **~fleck** m blækplet

Tinten-Killer® m blækfjerner

Tinten|klecks m blækklat; **~stift** m blækstift; **~strahldrucker** m EDV blækprinter

Tipp m ⟨-s; -s⟩ tip(s) n, vink n

Tippe|lbruder m F landstryger; **2n** v/i ⟨-le; sn⟩ F vandre (om)

tipp|en berøre let (a fig); (raten) tippe (a Lotto); (schreiben) skrive på maskine; **2fehler** m skrivefejl; **~'topp** F tip-top, flot; **2zettel** m tipskupon

Ti'rade f tirade

Ti'rol n Tyrol n; **~er** m tyroler

Tisch m ⟨-(e)s; -e⟩ bord n; **am ~ sitzen** sidde ved bordet; **bei ~ sitzen** sidde til bords; **unter den ~ fallen** fig ikke komme i betragtning; **vor (nach) ~** før (efter) middagen; **zu ~ gehen** gå til bords; **~bein** n bordben n; **~dame** f borddame; **~decke** f dug, bordtæppe n; **~ende** n: **am ~** ved bordenden; **~gebet** n bordbøn; **~herr** m bordherre; **~karte** f bordkort n; **~lampe** f bordlampe

Tischler|(in) m(f) snedker; **~ei** f snedkeri n; **2n** v/i ⟨-re⟩ snedkerere; **~platte** f lamineret træ n

Tisch|nachbar m sidemand, bordherre; **~nachbarin** f borddame; **~platte** f bordplade; **~rede** f skåltale; **~rücken** n borddans; **~tennis** n bordtennis; **~tuch** n (bord)dug; **~tuchklammer** f bordklemme; **~wein** m bordvin; **~zeit** f spisetid

ti'tanisch titanisk

Titel *m* titel; **~blatt** *n* titelblad *n*; **~held(in)** *m(f)* hovedperson; **~rolle** *f* titelrolle; **~verteidiger** *m* SPORT mesterskabsindehaver

Titten *f/pl* P patter *pl*

titu'lieren titulere

Toast [to:st] *m* ⟨-(e)s; -e od -s⟩ skål; (*Brot*) ristet brød *n*; **2en** ⟨-e-⟩ v/i udbringe en skål (*auf A*/for); v/t riste; **~er** *m* brødrister

tob|en v/i rase (*a Sturm, Kampf, fig*); (*lärmen*) støje; F *Kinder:* larme, fare omkring; **2sucht** *f*⟨0⟩ raseri *n*; **~süchtig** rasende, bindegal; **2suchtsanfall** *m* raserianfald *n*

Tochter *f* ⟨-; ⁔⟩ datter; **~firma** *f* datterselskab *n*

Tod *m* ⟨-(e)s; -e⟩ død; *bis in den ~* indtil døden; *zu ~e* til døde; *sich zu ~e arbeiten* arbejde sig ihjel; **2bringend** dræbende, dødbringende; **2'ernst** gravalvorlig

Todes|angst *f* dødsangst; **~anzeige** *f* dødsannonce; **~fall** *m* dødsfald *n*; **~folge** *f: mit ~* med døden til følge; **~gefahr** *f* livsfare; **~jahr** *n* dødsår *n*; **~kampf** *m* dødskamp; **~kandidat** *m* dødens kandidat; **~opfer** *n* dødsoffer *n*; **~starre** *f* dødsstivhed; **~stoß** *m* dødsstød *n*; *den ~ versetzen fig* give dødsstødet; **~strafe** *f* dødsstraf; **~stunde** *f* dødsstime; **~tag** *m* dødsdag; **~urteil** *n* dødsdom; **~verachtung** *f* dødsforagt

Tod|feind *m* dødsfjende; **2'krank** dødssyg

tödlich dødelig, dræbende

tod|'müde dødtræt; **~'schick** F dødssmart, skidelækker; **~'sicher** F bombesikker; **2sünde** *f* dødssynd; **~'unglücklich** F dødulykkelig

Toga *f* ⟨-; *Togen*⟩ toga

Tohuwa'bohu *n* ⟨-s; -s⟩ kaos *n*

Toi'lette [to⟨a⟩-] *f* (*WC*) toilet *n*; (*Kleidung*) toilette *n*

Toi'letten|artikel *m/pl* toiletartikler *pl*; **~becken** *m* toiletkumme; **~frau** *f* toiletdame, F tissekone; **~papier** *n* toiletpapir *n*; **~tisch** *m* toiletbord *n*

toi, toi, toi! syv-ni-tretten!; jeg krydser fingrene!

tole'r|ant ⟨-est⟩ tolerant, tålsom; frisindet; **2anz** *f* tolerance (*a* TECH) tålsomhed; frisind *n*; **~ieren** tolerere

toll gal, vanvittig; (*großartig*) F (helt) fantastisk; **~dreist** dumdristig; **2e** *f* hårtjavs; **~en** v/i støje, larme, tumle; **~haus** *n* galehus *n*; **2heit** *f* galskab, vanvid *n*; **2kirsche** *f* galnebær *n*; **~kühn** dumdristig; **2kühn-**

heit *f* ⟨0⟩ dumdristighed

Toll|patsch *m* ⟨-(e)s; -e⟩ klodrian, fæ *n*; klods; **~wut** *f* hundegalskab, rabies; **2wütig** syg af hundegalskab; *fig* rasende; **2patschig** klodset

Tölpel *m* tølper, klodsmajor; **2haft** ⟨-est⟩ klodset

To'mate *f* tomat; **~nketchup** *m oder n* tomatketchup; **~nsaft** *m* tomatsaft; **~nsoße** *f* tomatsovs

Tombola *f* ⟨-; -s⟩ tombola

Ton[1] *m* ⟨-(e)s; 0⟩ (*Lehm*) ler

Ton[2] *m* ⟨-(e)s; ⁔e⟩ tone (*a fig*), lyd; *Sprache:* tonefald *n*; (*Klang*) klang; (*Akzent*) tryk *n*, betoning; *keinen Ton!* ikke et muk!; **~abnehmer** *m* pick-up; **2angebend** *fig* toneangivende; **~archiv** *n* lydarkiv *n*; **~art** *f* toneart; **~aufzeichnung** *f* indspilning

Tonband *n* lydbånd *n*; **~aufnahme** *f* indspilning; **~gerät** *n* båndoptager

Tondichter *m* komponist

tönen v/i tone, lyde; F holde stor tale; v/t (*färben*) give farvetone, få et tonebad

Tonerde *f* lerjord; *essigsaure ~* eddikesur lerjord

tönern af ler, ler-; *auf ~en Füßen fig* på lerfødder

Ton|fall *m* ⟨-(e)s; 0⟩ tonefald *n*; **~film** *m* tonefilm, talefilm; **~ingenieur** *m* lydtekniker; **~kopf** *m* TECH tonehoved *n*; **~kunst** *f* ⟨0⟩ tonekunst; **~künstler** *m* tonekunstner; **~leiter** *f* skala; **2los** ⟨-est⟩ klangløs; *Stimme:* tonløs; (*unbetont*) ubetonet; **~meister** *m* → *Toningenieur*

Ton'nage [-ʒə] *f* tonnage

Tonne *f* tønde; NAUT bøje; *Gewicht:* ton

Tonpfeife *f* kridtpibe

Ton'sur *f* tonsur

Tontaube *f* lerdue; **~nschießen** *n* ⟨-s; 0⟩ lerdueskydning

Tönung *f* toning; nuance

Tonverstärker *m* lydforstærker

Tonwaren *f/pl* keramikvarer *pl*

To'pas *m* ⟨-es; -e⟩ topas

Topf *m* ⟨-(e)s; ⁔e⟩ gryde; kasserolle; (*Blumen2*) potte;

Töpfer *m* pottemager; **~ei** [-'raɪ] *f* pottemageri *n*; **~scheibe** *f* drejeskive; **~waren** *f/pl* lertøj *n*, pottemagervarer *pl*; keramik

Topfgucker *m* køkkenskriver

top'fit i topform

Topf|lappen *m* grydelap; **~pflanze** *f* potteplante; **~reiniger** *m* grydesvamp

Topo|gra'fie *f* topografi; **2'grafisch** topografisk

topp! top!

T

Topp m ⟨-s; -e⟩ NAUT top; *über die ~en ge-flaggt* flagsmykket

Tor[1] m ⟨-en⟩ dåre, nar

Tor[2] n ⟨-(e)s; -e⟩ port *(a Ski2)*; låge; SPORT mål n; *~einfahrt* f port, indkørsel

To'rero m ⟨-s; -s⟩ toreador, tyrefægter

Torf m ⟨-(e)s; 0⟩ tørv; *~boden* m tørvejord

Torflügel m portfløj

Torf|mull m sp(h)agnum, tørvesmuld n; *~stich* m tørveskær n

Torheit f dårskab, dumhed

Torhüter(in) m(f) målmand

tör|icht ⟨-est⟩ tåbelig, dum; *2in* f tåbe

torkeln v/i ⟨-le; a sn⟩ stavre, tumle

Tor|latte f overligger; *~lauf* m slalom; *~li-nie* f mållinie

Tor'nado m ⟨-s; -s⟩ tornado

Tor'nister m tornyster n

torpe'die|ren torpedere *(a fig)*; *2ung* f tor-pedering

Tor|pedo m ⟨-s; -s⟩ torpedo; *~boot* n tor-pedobåd

Tor|pfosten m målstolpe; *~raum* m mål-felt n; *~schluss* m fig lukketid; *kurz vor Tor(es)schluss* fig lige inden det er for sent; *~schlusspanik* f fig lukke-tidspanik; *~schuss* m SPORT skud n på mål; *~schütze* m, *~schützin* f målscorer

Torso m ⟨-s; -s⟩ torso *(a fig)*

Torte f (lag)kage; tærte

Torten|boden m (lag)kagebund; *~guss* m pektin (od gelé) til frugttærte; *~heber* m (lag)kageske

Tor'tur f tortur

Tor|wart(in) m ⟨-(e)s; -e⟩ (f) SPORT mål-mand; *~weg* m udkørsel, indkørsel, port

tosen v/i ⟨-t; a sn⟩ suse, bruse; larme; *~der Beifall* stormende bifald

tot død *(a Punkt, Rennen)*; (matt) mat; (still) stille; *~ geboren* dødfødt *(a fig)*; *sich ~ stellen* lade som om man er død; **to'tal** fuldstændig, total; adv totalt, kom-plet; *2ausverkauf* m ophørsudsalg n; *2i'sator* m ⟨-s; -en [-'to:-]⟩ totalisator; *~i'tär* totalitær; *2i'tät* f ⟨0⟩ totalitet; *2schaden* m totalskade

tot|-arbeiten *sich ~* slide sig op *(od ihjel)*; *~ärgern:* F *sich ~* ærgre sig grusomt; *2e(r)* død, afdød

Totem n ⟨-s; -s⟩ totem n

töten ⟨-e-⟩ dræbe, slå ihjel; aflive

Toten|amt n sjælemesse; *~bahre* f ligbåre; *2blass* dødbleg; ligbleg; *~feier* f begra-velsesgilde n; F gravøl n; *~gerippe* n ben-rad; *~gräber* m graver; *~hemd* n lig-skjorte; *~kopf* m dødningehoved n; *~kult* m dødekult; *~maske* f dødsmaske;

~messe f sjælemesse; *~reich* n dødsrige n; *~schein* m dødsattest; *~sonntag* m søndag før advent; *~starre* f dødsstivhed; *2'still* dødsstille; *~stille* f dødsstilhed; *~tanz* m dødedans; *~wache* f ligvagt

Totes Meer n Døde Hav n

tot|-essen F: *sich ~* spise sig ihjel; *~fah-ren* køre ihjel *(sich* sig); *~geboren* → *tot*; *~lachen: sich ~* være ved at dø af grin; *~laufen: sich ~* fig løbe ud i sandet; *~machen* dræbe, slå ihjel

Toto n ⟨-s; -s⟩ tipning; tipstjeneste; *im ~ spielen* tippe; *~ergebnisse* n/pl tipsre-sultater pl; *~schein* m tipskupon

tot|-sagen: *j-n (od etw.* [A]*) ~* erklære for død *(a fig)*; *~schießen* skyde (ihjel); *2schlag* m drab n *(a JUR)*; *~schlagen* slå ihjel, dræbe; *2schläger* m Pers drabs-mand; *(Waffe)* totenslæger; *~schwei-gen* tie ihjel; *~treten* trampe ihjel

Tötung f drab n, mord n; *fahrlässige ~* JUR uagtsomt manddrab n

Toup|et [tu·'pe:] n ⟨-s; -s⟩ toup; *2ieren* [-'pi:-] toupere

Tour [tu:ʁ] f tur; rejse; TECH omdrejning; *auf vollen ~en* fig på højeste gear, i fuldt sving; *auf die ~* F på den måde; *in e-r ~* fig uafbrudt; *~enrad* n turcykel, hver-dagscykel; *~enzähler* m omdrejningstæl-ler

Tou'ris|mus [tu·-] m ⟨-; 0⟩ turisme; *~t(in)* m ⟨-en⟩ (f) turist, rejsende; *~tenattraktti-on* f turistattraktion; *~tenführer(in)* m(f) guide; *~tenklasse* f ⟨0⟩ turistklasse; *~tik* f ⟨-; 0⟩ turisme

Tour'nee [tu·ʁ-] f ⟨-; -n⟩ turné

Trab m ⟨-(e)s; 0⟩ trav n; *im ~* i trav

Tra'bant m ⟨-en⟩ drabant; satellit; *~en-stadt* f satellitby

trab|en v/i ⟨-e-⟩ trave; *2er* m *(Pferd)* tra-ver; *2rennbahn* f travbane; *2rennen* n travløb n

Tracht f dragt; *(Last)* byrde; *e-e ~ Prügel* en omgang klø

trachten v/i ⟨-e-⟩ stræbe, tragte *(nach D/*efter)

Trachten|fest n opvisning af folkedragter; *~gruppe* f gruppe i folkedragter

trächtig drægtig

tra'dieren give videre, overlevere

Traditi|on [-'tsio:n] f tradition, overleve-ring; *~na'lismus* m ⟨-; 0⟩ traditiona-lisme; *2'nell* traditionel, overleveret; *2nsbewusst* traditionsbevidst; *2nsge-bunden* traditionsbunden

Trafo m ⟨-s; -s⟩ → *Transformator*

Trag|bahre f båre; *2bar* transportabel,

flyttelig; *fig* udholdelig; **~e** *f* → **Tragbahre**

träge træg, langsom, dvask, ligeglad

tragen ⟨L⟩ bære (*a ertragen*); *Kleidung* gå med, have på; *Bedenken* ~ nære betænkelighed; *e-r Sache* (*D*) *Rechnung* ~ tage hensyn til ngt.; *bei sich* ~ have på sig; *v/i Eis:* bære; *Tier:* være drægtig

Träger *m* ARCH drager; *Pers* bærer, drager; *an Kleidungsstücken:* (skulder)strop, sele; (*Flugzeug*2) hangarskib *n*; **~rakete** *f* løfteraket; **~schürze** *f* forklæde *n* med smæk

Trag|etasche *f* bærepose; **~ezeit** *f* drægtighedstid; **2fähig** drægtig (*a fig*); **~fähigkeit** *f* ⟨0⟩ bæreevne; *fig* bærekraft; **~fläche** *f* vinge, bæreplan *f*; **~flächenboot** *n* flyvebåd

Trägheit *f* ⟨0⟩ træghed, langsom(melig)hed; **~sgesetz** *n* ⟨-(e)s; 0⟩ PHYS inertiens lov; **~smoment** *n* inerti

Trag|lik *f* ⟨0⟩ tragik; **~iker** *m* tragediedigter; tragiker; **2i'komisch** tragikomisk; **2isch** tragisk

Trag|korb *m* rygkurv, bærekurv; **~kraft** *f* ⟨0⟩ bæreevne; **2kräftig** bæredygtig; **~last** *f* byrde, læs *n*

Tra'gödie [-dĭə] *f* tragedie; THEA *a* sørgespil *n*

Trag|riemen *m* sele, bærerem; **~seil** *n* bæretov *n*; **~weite** *f* ⟨0⟩ rækkevidde (*a fig*)

Trai|ner|(in) [ɛ:] *m(f)* træner; **2'nieren** træne; **~ning** *n* ⟨-s; -s⟩ træning(stid); **~ningsanzug** *m* træningsdragt; **~ningshose** *f* træningsbukser *pl*; **~ningsjacke** *f* træningstrøje

Trakt *m* ⟨-(e)s; -e⟩ (*Strecke*) strækning; (*Gebäude*2) afdeling, fløj; (*Häuser*2) (bolig)kompleks *n*

Trak't|at *n* ⟨-(e)s; -e⟩ traktat; **2ieren** traktere

Traktor *m* ⟨-s; -en⟩ [-'to:-] traktor

trällern ⟨-re⟩ nynne, tralle

Tram(bahn) *f* (*Straßenbahn*) sporvogn

Tramp [ɛ] *m* ⟨-s; -s⟩ vagabond, landstryger

trampeln *v/i* ⟨-le⟩ trampe; spræle; **2pfad** *m* travesti; **2tier** *n* kamel; *fig a* klodrian

trampeln ['trɛm-] *v/i* (*a sn*) rejse på tommelfingeren; **2er** *m* én der rejser på tommelfingeren

Trampo'lin *n* ⟨-s; -e⟩ trampolin

Trampschifffahrt *f* trampfart

Tran *m* ⟨-(e)s; -e⟩ tran; *im* ~ F som i søvne

Trance [-ɑːs] *f* trance

tranchier|en [-'ʃiː-] tranchere, partere, skære for; **2messer** *n* forskærerkniv; **2schere** *f* tranchersaks

Träne *f* tåre; **~n lachen** få tårer i øjnene af at le; *in* **~n ausbrechen** græde bitre tårer; **2n** *v/i* løbe i vand, dryppe

Tränen|drüse *f* tårekirtel; **~gas** *n* ⟨-es; -e⟩ tåregas; **2voll** tårefuld

tranig trannet; F (*ungeschickt*) kejtet, klodset, langsommelig

Trank *m* ⟨-(e)s; **~e**⟩ drik

Tränke *f* vandingssted *n*; (*Trog*) vandtrug *n*; **2n** *Tiere* vande; (*befeuchten*) gennemvæde, imprægnere

Trans|aktion *f* transaktion; **2at'lantisch** transatlantisk; **~'fer** *m* ⟨-s; -e⟩ overføring; *Geld u* GRAM transfer; **2fe'rieren** overføre; transferere; **~for'mator** *m* ⟨-s; -en⟩ [-'to:-] transformator; **2for'mieren** transformere, forvandle, omforme; **~fusion** [-'zĭo:n] *f* transfusion

Tran'sistor *m* ⟨-s; -en⟩ [-'to:-] transistor; **~radio** *n* transistorradio

Tran'sit *m* ⟨-s; -e⟩ transit, gennemgang; **~handel** *m* transithandel

transitiv transitiv

Tran'sit|verkehr *m* transittrafik; **~visum** *n* transitvisum *n*; **~ware** *f* transitvare

transskribere, omskrive

Transmission [-'sĭo:n] *f* transmission

transpa'ren|t ⟨-est⟩ transparent, gennemsigtig; **2t** *n* ⟨-(e)s; -e⟩ transparent *n*; **2z** *f* ⟨0⟩ gennemsigtighed

Transpi|ration [-'tsĭo:n] *f* ⟨0⟩ transpiration; **2'rieren** *v/i* transpirere

Transplantation [-'tsĭo:n] *f* transplantation

Trans'por|t *m* ⟨-(e)s; -e⟩ transport; **2'tabel** ⟨-bl-⟩ transportabel; flyttelig

Trans'port|arbeiter *m* transportarbejder; **~band** *n* transportbånd *n*; **~er** *m* (*Schiff*) transportskib *n*; (*Auto*) varevogn; FLUG transportfly *n*; **~eur** [-'tø:ʁ] *m* ⟨-s; -e⟩ transportør; **2ieren** [-'tiː-] transportere; **~kosten** *pl* transportomkostninger *pl*; **~unternehmen** *n* vognmandsforretning; **~versicherung** *f* transportforsikring; **~wesen** *n* ⟨-s; 0⟩ transportvæsen *n*

Trans|vestit [-'st-] *m* ⟨-en⟩ transvestit; **2zenden'tal** transcendental

Tra'pez *n* ⟨-es; -e⟩ trapez; MATH trapez *n*

Trappe *f* zo trapgås

Tra'ra *n* ⟨-s; 0⟩ ståhej, larm

Tras|se *f* (*afstukket*) sporområde *n*, vejområde *n*; **2'sieren** anlægge; ØKON trassere, trække

Tratsch [ɑ:] *m* ⟨-es; 0⟩ F sladder; **2en** *v/i* F sladre

Tratte *f* tratte, veksel

Traualtar *m* alter *n*

Traube f klase; *Wein:* drueklase

Trauben|kur f druekur; **~lese** f vinhøst; **~saft** m druesaft; **~zucker** m druesukker n

trauen v/i (D) tro, stole på; **sich ~** turde, vove; v/t *Brautpaar:* vie; **sich ~ lassen** blive gift

Trauer f ⟨0⟩ sorg; *(Trauerkleidung)* sørgedragt; **~anzeige** f dødsannonce; **~fall** m dødsfald n; **~feier** f sørgehøjtid(elighed); **~flor** m sørgeflor n; **~gefolge** n ligfølge n; **~jahr** n sørgeår n; **~kleidung** f sørgedragt; **~kloß** m F dødbider; **~marsch** m sørgemarch; **2n** v/i ⟨-re⟩ sørge (**um** A/over); **~rand** m sørgerand (F a *Fingernägel*); **~rede** f ligtale; **~schleier** m sørgeslør n; **~spiel** n sørgespil n, tragedie; **~weide** f grædepil, sørgepil; **~zeit** f sørgetid; **~zug** m sørgetog n

Traufe f tagdryp n; tagrende; **vom Regen in die ~ kommen** fig komme fra asken i ilden

träufeln ⟨-le⟩ v/t u v/i (a sn) dryppe

traulich fortrolig; *(gemütlich)* hyggelig, venlig; **2keit** f ⟨0⟩ fortrolighed; hygge

Traum m ⟨-(e)s; ~e⟩ drøm (**von** D/om)

Trau|ma n ⟨-s; *Traumata*⟩ trauma n, traume n; **2matisch** traumatisk

Traum|bild n drømmebillede n; **~buch** n drømmebog; **~deuter** m drømmetyder; **~deutung** f drømmetydning

träum|en v/i drømme (**von** D/om); **das hätte ich mir nicht ~ lassen** det havde jeg aldrig drømt om; **2er** m drømmer; **2e'rei** f drømmeri n; **~erisch** drømmende

Traum|frau f drømmekvinde; **~gesicht** n drømmesyn n; **2haft** ⟨-est⟩ drømmeagtig; *fig* F fabelagtig; **2verloren** hensunken i drømme; **~welt** f drømmeverden

traurig bedrøvet, ked af det, sørgmodig, trist; *(Nachricht)* bedrøvelig, sørgelig; **das ist ~** F det er kedeligt; **2keit** f ⟨0⟩ sørgmodighed

Trau|ring m vielsesring; **~schein** m vielsesattest

traut ⟨-est⟩ kær; *(gemütlich)* hyggelig

Trau|ung f vielse, bryllup n; **standesamtliche ~** borgerlig vielse; **kirchliche ~** kirkebryllup; **~zeuge** m forlover, bryllupsvidne n

Treber m/pl druekvas n

Treck m ⟨-s; -s⟩ *(Flüchtlings2)* flygtningetog n; **2en** v/i (a sn) drage, trække; v/t NAUT slæbe; **~er** m traktor

Treff¹ m ⟨-s; -s⟩ F møde(sted) n

Treff² m ⟨-s; -s⟩ *Karten:* klør

treffen ⟨L⟩ *Ziel* ramme, træffe (a fig); *(begegnen)* møde, træffe; *(erraten)* gætte; *Entscheidung* træffe; **sich ~** mødes; *(geschehen)* hændes, ske; **es triff sich gut** det træffer sig heldigt; **2 n** *(Versammlung)* møde n, sammenkomst; stævne n; MIL træfning n; **~d** træffende, rammende (a fig)

Treff|er m gevinst; MIL u fig træffer; **2lich** fortræffelig, udmærket; **~lichkeit** f ⟨0⟩ fortræffelighed; **~punkt** m mødested n, samlingssted n; **2sicher** træfsikker (a fig); **~sicherheit** f ⟨0⟩ træfsikkerhed (a fig)

Treib|anker m drivanker n; **~eis** n drivis

treiben ⟨L⟩ v/t u v/i (a sn) drive; *(tun)* gøre, bestille; *Pflanzen:* skyde; *(jagen)* jage; *fig* dyrke; *(zwingen)* tvinge, nøde; **was ~ Sie?** hvad bestiller De?; **es zu weit ~** gå for vidt; **Sport ~** dyrke sport; **Unsinn ~** gøre dumheder; *Schnee:* fyge; **~de Kraft** drivkraft (a *Pers*); *Pers* primus motor; **~de Wolken** jagende skyer; **2 n** ⟨-s; 0⟩ driven; *(Tun)* dagligdåd, gøren; *(Gewimmel)* røre n, liv n; **sein Tun und ~** hans gøren og laden

Treib|er m *(kvæg)driver; Jagd:* klapper; **~e'rei** f *(Hektik)* jag n; **~gas** n drivgas; **~haus** n drivhus n; **~holz** n drivtømmer n; **~jagd** f klapjagt (a fig); **~kraft** f drivkraft (a fig); **~mittel** n GASTR hævemiddel n; **~rad** n drivhjul n; **~riemen** m drivrem; **~sand** m flyvesand n; **~stoff** m benzin; diesel

treidel|n ⟨-le⟩ trække, slæbe; **2weg** m trækvej, træksti

Trema n ⟨-s; -s od *Tremata*⟩ trema n

Trenchcoat ['trɛntʃkoːt] m ⟨-s; -s⟩ trenchcoat

Trend m ⟨-s; -s⟩ *(udviklings)tendens*

trennbar adskillelig; *Verb:* uægte sammensat; **2keit** f ⟨0⟩ adskillelighed

trenn|en (ad)skille; *Ehe* skille, opløse; *Naht* sprætte op; **sich ~** skilles; opløses; **2schärfe** f R/TV selektivitet

Trennung f adskillelse; *(Abschied)* afsked; *(Ehe2)* separation; *Naht:* opsprætning

Trennungs|entschädigung f penge til dobbelt husførelse; **~strich** m bindestreg, tankestreg; **e-n ~ ziehen** fig skelne skarpt; **~zeichen** n skilletegn n

Trennwand f skillevæg

Trense f trense

trepp'auf, trepp'ab op (ad trapper) og ned ad trapper

Treppe f trappe

Treppen|absatz m trappeafsats; **~be-**

leuchtung f trappebelysning; **~geländer** n trappegelænder n; **~haus** n (trappe)opgang; **~stufe** f trappetrin f

Tresen [eː] m disk

Tre'sor m ⟨-s; -e⟩ pengeskab n, boks

Tresse f galon, tresse; MIL snor

Trester m/pl druekvas n

Tretboot n vandcykel

tret|en ⟨L⟩ v/i (a sn) træde, gå (**in** A/ind i); **näher ~** komme nærmere; **über das Ufer ~** gå over sine bredder; v/t træde, sparke, trampe; F (mahnen) rykke; **2kurbel** f pedalarm; **2mühle** f trædemølle (a fig)

treu ⟨-est od -st⟩ tro, trofast; (genau) nøjagtig; **~ ergeben** trofast hengiven; **2bruch** m troskabsbrud n; **~brüchig** troløs

Treue f ⟨0⟩ troskab, trofasthed; (Genauigkeit) nøjagtighed; **auf Treu und Glauben** på tro og love; **~pflicht** f ⟨0⟩ loyalitet; **~prämie** f præmie for tro tjeneste

treu'geben → **treu**

Treu|händer m bobestyrer; **~handgesellschaft** f revisions- og forvaltningsfirma n; **2herzig** troskyldig; **~herzigkeit** f ⟨0⟩ troskyldighed, trohjertethed; **2los** ⟨-est⟩ troløs, utro; **~losigkeit** f troløshed

Triangel ['triˑaŋ-] m trekant; MUS triangel

Tri'bu|n m ⟨-s od -en; -e od -en⟩ tribun; **~'nal** n ⟨-s; -e⟩ tribunal n

Tri'büne f tribune

Tri'but m ⟨-(e)s; -e⟩ tribut; **2pflichtig** skatskyldig

Tri'chine f trikin

Trichter m tragt; **2förmig** tragtformet

Trick m ⟨-s; -s⟩ trick n, kneb n; **~film** m tegnefilm; **~track** n ⟨-s; -s⟩ tric-trac-spil n

Trieb m ⟨-(e)s; -e⟩ Vieh: drift, hjord; BOT skud n, spire; Tiere, Mensch: drift; fig drift, tilbøjelighed; **~feder** f drivfjeder (a fig); **~haft** ⟨-est⟩ instinktiv; instinktmæssig; **~handlung** f driftsbestemt handling; **~kraft** f drivkraft (a fig); **~leben** n driftsliv n; **~rad** n drivhjul n; **~verbrecher** m seksualforbryder; **~wagen** m motorvogn; skinnebus; **~werk** n drivværk n, drev n; FLUG motor

trief|äugig med rindende øjne; **~en** ⟨L; a sn⟩ dryppe, drive; Auge: rinde; fig F ose (vor D/af); **2nase** f drypnæse

triezen ⟨-t⟩ F drille, plage

Trift f græsgang; NAUT afdrift

triftig vægtig, tvingende; **2keit** f ⟨0⟩ vægtighed

Trigonome'trie f ⟨0⟩ trigonometri

Triko'lore f trikolore

Trikot [-'koː] n ⟨-s; -s⟩ trikot n; (Fußball2)

---

tröje; **~waren** f/pl trikotage

Triller m trille; **2n** ⟨-re⟩ slå triller, trille; **~pfeife** f trillefløjte

Trillion [-'ljoːn] f trillion

Trilo'gie f trilogi

trimm|en NAUT, FLUG, Hund trimme; **sich ~** dyrke motion (od kondi); **2gerät** n kondiapparat n, kondiredskab n; **2pfad** m konditi

trink|bar drikkelig; **2becher** m drikkebæger n; **~en** ⟨L⟩ drikke; **2er** m dranker; **~fest** som kan tåle meget spiritus; **2gelage** n drikkegilde n; **2geld** n drikkepenge pl; **2glas** n drikkeglas n; **2halm** m sugerør n; **2lied** n drikkevise; **2spruch** m skåltale, toast; **e-n ~ ausbringen** udbringe en skål (od toast) (**auf** A/for); **2wasser** n ⟨-s; 0⟩ drikkevand

Trio ['triˑoː] n ⟨-s; -s⟩ trio

Trip m ⟨-s; -s⟩ trip n (a Rausch)

trippe|ln v/i ⟨-le; sn⟩ trippe; **2r** m MED dryppert

trist ⟨-est⟩ bedrøvelig, trist

Tritt m ⟨-(e)s; -e⟩ skridt n; gang; (Gleichschritt) takt, trit n; (Spur) fodspor n; (Stoß) spark n; (Stufe) trin(bræt n) n; **~brett** n trinbræt n; **~leiter** f trappestige

Triumph [-i-'umf] m ⟨-(e)s; -e⟩ triumf; **2al** [-'faːl]: **~er Empfang** begejstret modtagelse; heltemodtagelse; **~bogen** m triumfbue; **2'ieren** v/i triumfere; **~zug** m triumftog n

trivial [-'vi̯aːl] triviel, fortærsket; **2i'tät** f trivialitet; **2literatur** f triviallitteratur

trocken ⟨-ckn-⟩ tør (a fig, Wein, Humor); **auf dem Trocknen sitzen** fig være i forlegenhed (od klemme); **sein Schäfchen im Trocknen haben** fig have sit på det tørre; **~ schleudern** tørretumble; **2batterie** f tørbatteri n; **2dock** n tørdok; **2element** n tørelement n; **2haube** f tørrehjelm; **2heit** f ⟨0⟩ tørhed; (Dürre) tørke; **~legen** tørlægge (a fig); Baby skifte ble; **2legung** f tørlægning (a fig); **2milch** f tørmælk, mælkepulver n; **2platz** m tørreplads; **2rasierer** m shaver; **2schleuder** f tørretumbler; **~schleudern** → **trocken**; **2spiritus** m tørsprit; **2substanz** f ⟨0⟩ tørstof n; **2zeit** f tørketid

trockne|n ⟨-e-⟩ v/t tørre (af); v/i ⟨sn⟩ blive tør, tørres; **2r** m tørretumbler

Troddel f ⟨-; -n⟩ kvast, dusk

Tröd|el m ⟨-s; 0⟩ ragelse (n), skrammel n, marskandiservarer pl; **~e'lei** f ⟨0⟩ nusseri n, smøleri n; **~elladen** m marskandiserforretning; **~elmarkt** m loppetorv n; **~eln** v/i ⟨-le⟩ handle med brugte sager;

T

fig smøle, nusse; ~**ler** *m* marskandiser; *fig* smøl(ehoved *n*) *n*

Trog *m* ⟨-(e)s; ⸚e⟩ trug *n*

Troll *m* ⟨-(e)s; -e⟩ trold

trollen: *sich* ~ trisse af, liste væk

Trommel *f* ⟨-; -n⟩ tromme; TECH tromle; ~**bremse** *f* tromlebremse; ~**ei** [-'laɪ] *f* trommeri *n*; ~**fell** *n* trommeskind *n*; ANAT trommehinde; ~**feuer** *n* trommeild; ⸚**n** *v/i* ⟨-*le*⟩ tromme; ~**revolver** *m* seksløber; ~**schlag** *m* trommeslag *n*; ~**schläger** *m* trommeslager; ~**stock** *m* trommestik; ~**wirbel** *m* trommehvirvel

Trommler *m* trommeslager

Trom'pete *f* trompet; ~ *spielen* spille (på) trompet; ⸚**n** *v/i* ⟨-*e*⟩ blæse på trompet; F brøle; ~**r** *m* MUS trompetist; MIL trompeter

Tropen *pl* troperne *pl*; ~**anzug** *m* tropetøj *n*, tropedragt; ~**helm** *m* tropehjelm; ~**klima** *n* tropeklima *n*; ~**koller** *m* tropekuller; ~**krankheit** *f* tropesygdom; ~**pflanze** *f* tropeplante

Tropf *m* ⟨-(e)s; -e⟩ skrog *n*, fæ *n*; *am* ~ *hängen* MED få transfusion

tröpfeln *v/i* ⟨-*le*; *a sn*⟩ dryppe

tropfen *v/i* (*a sn*) *u v/t* dryppe; ⸚ *m* dråbe (*a fig*); ~**fänger** *m* dråbefanger; ~**förmig** dråbeformet; ~**weise** dråbevis; ⸚**zähler** *m* dråbetæller

Tropf|flasche *f* flaske med dråbetæller; ⸚**nass** drivvåd; ~**stein** *m* drypsten; ~**steinhöhle** *f* drypstenshule

Trophäe [-'fɛːə] *f* trofæ *n*

tropisch tropisk

Tross *m* ⟨-es; -e⟩ MIL tros *n*; *fig* mængde

Trosse *f* trosse

Trost *m* ⟨-(e)s; *0*⟩ trøst; *nicht recht bei* ~(*e*) *sein* F ikke være rigtig klog; ⸚**bringend** trøstende, trøsterig

tröst|en [-'øː-] *v/t* u refl (*sich*) sig; ⸚**er** *m* trøster; ~**lich** trøstende, opmuntrende

trost|los ⟨-*est*⟩ trøstesløs (*a fig*); håbløs; ⸚**losigkeit** *f* ⟨*0*⟩ trøstesløshed (*a fig*); ⸚**pflaster** *n* *fig* F plaster *n* på såret; ⸚**preis** *m* trøstepræmie; ~**reich** trøsterig

Tröstung *f* trøst

trost|voll trøstefuld, trøsterig; ⸚**wort** *n* ⟨-(e)s; -e⟩ trøstende ord *n*

Trott *m* ⟨-(e)s; *0*⟩ trav *n*; *fig* F skure; *im gleichen* ~ *fig* F i den gamle skure

Trottel *m* fæ *n*, nussehoved *n*; ⸚**ig** fjoget, dum

trotten *v/i* ⟨-*e*; *sn*⟩ lunte, traske, sjokke

trotz (*G*) trods, uagtet, til trods for; ~ *allem* trods alt

Trotz *m* ⟨-es; *0*⟩ trods(ighed); *aus* ~ af

trods; *zum* ~ til trods; *j-m* ~ *bieten* trodse én; ⸚**dem** alligevel, trods alt; *konj* til trods for (at); ⸚**en** *v/i* ⟨-*t*⟩ (*D*) trodse; ⸚**ig** trodsig, genstridig; ~**kopf** *m* stivnakke; ⸚**köpfig** trodsig, stivnakket

Troubadour ['truːbaduːʀ] *m* ⟨-*s; -e od -s*⟩ troubadour

trüb(e) uklar, grumset, plumret; (*dunkel*) mørk; (*matt*) mat; *fig* trykket, nedslået, trist; *im Trüben fischen fig* fiske i rørt vande; *trübes Wetter* gråvejr *n*

Trubel *m* ⟨-*s; 0*⟩ tummel, larm

trüb|en gøre uklar, plumre; (*verdunkeln*) formørke; *sich* ~ blive uklar (*od* grumset); *fig* forstyrre; ⸚**heit** *f* ⟨*0*⟩ uklarhed, mathed, mørke *n*; ⸚**sal** *f* ⟨-; -*e*⟩ sorg; bedrøvelse; ~ *blasen* F være i skidt humør; ~**selig** bedrøvelig; bedrøvet; ⸚**sinn** *m* ⟨-(e)s; *0*⟩ tungsind *n*, sørgmodighed; ~**sinnig** tungsindig, sørgmodig; ⸚**ung** *f* plumring; grumsethed; *fig* forstyrrelse

trudeln *v/i* ⟨-*le*⟩ trille; FLUG gå i spin

Trüffel *f* ⟨-; -n⟩ trøffel (*a Süßigkeit*)

Trug *m* ⟨-(e)s; *0*⟩ skuffelse, bedrag *n*; → *a Lug*; ~**bild** *n* fantom *n*, gøglebillede *n*

trüg|en ⟨*L*⟩ skuffe, bedrage (*a Schein*); ~**erisch** bedragerisk; skuffende

Trugschluss *m* fejlslutning

Truhe [-uːə] *f* (drag)kiste

Trümmer *pl* rester *pl*, stumper *pl*; ruiner *pl*; *in* ~ *gehen* gå i stykker; *in* ~*n* i ruiner; ~**feld** *n* ruinmark, ruinhob; ~**haufen** *m* ruinhob

Trumpf *m* ⟨-(e)s; ⸚e⟩ trumf (*a fig*); *fig a* trumfkort *n*

Trunk *m* ⟨-(e)s; ⸚e⟩ drik; fuldskab; *dem* ~ *ergeben* drikfældig; ⸚**en** ⟨-*kn*-⟩ drukken, beruset (*a fig*); ⸚**enbold** *m* ⟨-(e)s; -e⟩ drukkenbolt; ~**enheit** *f* ⟨*0*⟩ drukkenskab (*a fig*); ~ *am Steuer* spirituskørsel; ~**sucht** *f* ⟨*0*⟩ drikfældighed; ⸚**süchtig** drikfældig, fordrukken

Trupp *m* ⟨-*s; -s*⟩ skare, flok; MIL trop; ~**e** *f* trop, afdeling; THEA selskab *n*, trup; ~**n** *pl* tropper *pl*

Truppen|bewegung *f* troppebevægelse; ~**gattung** *f* våbenart; ~**schau** *f* troppeparade; ~**teil** *m* hærafdeling; ~**übungsplatz** *m* eksercerplads, militær øvelsesplads

truppweise flokkevis; MIL delingsvis

Trust [a] *m* ⟨-(e)s; -s⟩ trust

Trut|hahn [uː] *m* kalkunsk hane; ~**henne** *f* kalkunsk høne, kalkun

Trutz *m*: *Schutz und* ~ forsvar og modstand

Tschako *m* ⟨-*s; -s*⟩ chakot(hjelm)

Tschech|e *m* ⟨-*n*⟩ tjekker; ~**ien** *n* Tjekkiet

n; **♀isch** tjekkisk; **~oslowa'kei** *f* HIST Tjekkoslovakiet

tschüs(s)! hej, hej!

Tsetsefliege *f* tsetseflue

T-Träger *m* ARCH T-formet bjælke

Tuba *f* ⟨-; *Tuben*⟩ tuba

Tube *f* tube

tuberku'l|ös tuberkuløs; **♀ose** *f* tuberkulose

Tuch [u:] *n* ⟨-(e)s; ⁓er⟩ tørklæde *n*; sjal *n*; (*Bett♀*) lagen *n*; (*Stoff*) stof *n*; (*Tisch♀*) dug; **~fabrik** *f* tekstilfabrik; **~fühlung** *f* føling, tæt afstand

tüchtig (*geschickt*) dygtig (**in** *D*/til); (*ordentlich*) ordentlig; **♀keit** *f* ⟨0⟩ dygtighed

Tuchwaren *f/pl* klæde *n*, tøjer *pl*, stoffer *pl*

Tücke *f* ondskab, lumskhed; **~ des Objekts** drilleri *n* (fra ting)

tuckern *v/i* ⟨-; *a sn*⟩ tøffe

tückisch lumsk, ondskabsfuld

Tuffstein *m* tufsten

Tüft|e'lei *f* spekuleren; F TECH hobby (-aktivitet), fingernemhed; **~eln** *v/i* ⟨-le⟩ spekulere, gruble; F TECH sysle, være fingernem; **~ler** *m* F TECH hobbyarbejder, fingernem person

Tugend *f* dyd; **aus der Not e-e ~ machen** gøre en dyd af nødvendigheden; **♀haft** ⟨-es⟩ dydig; **~haftigkeit** *f* ⟨0⟩ dydighed; *iron* dydsirethed; **~richter** *m* moraldommer

Tüll *m* ⟨-s; -e⟩ tyl (*n*)

Tülle *f* (*Ausguss*) tud

Tulpe *f* tulipan; **~nzwiebel** *f* tulipanløg

tummel|n ⟨-le⟩: **sich ~** tumle sig, boltre sig (*a fig*); (*sich beeilen*) rappe sig; (*verschwinden*) skrubbe af; **♀platz** *m* tumleplads

Tümmler *m* delfin, tumler

Tumor *m* ⟨-s; -en [-'mo:-]⟩ svulst, tumor

Tümpel *m* pyt, pøl, vandhul *n*

Tu'mult *m* ⟨-(e)s; -e⟩ tumult; (*Lärm*) spektakel *n*; **♀artig**, **♀u'arisch** tumultuarisk

tun ⟨L⟩ gøre; lave; (*stecken*) putte, komme; (*sich verstellen*) lade, gøre (**als ob** som om); (*viel*) **zu ~ haben** have travlt; **ich habe nichts damit zu ~** jeg har ikke ngt. at gøre med det; **es ist mir darum zu ~** jeg vil sætte pris på (det), det er af vigtighed for mig; **das tut gut** det gør godt; **das tut nichts** (**zur Sache**) det gør ikke ngt.; **es ist um ihn getan** det er ude med ham, F han er færdig; **sich schwer tun mit** have mas med; **es tut sich was!** der sker ngt.!; **♀** *n* ⟨-s; 0⟩ (ad)færd, optræden; **♀ und Lassen** (*od Treiben*) gøren og laden

Tünche *f* hvidtning; *fig* fernis; **♀n** hvidte, kalke

Tundra *f* ⟨-; *Tundren*⟩ tundra

Tu'nesi|en [-ziən] *n* Tunesien *n*; **♀sch** tunesisk

Tunfisch *m* tun

Tunichtgut *m* ⟨-(e)s; -e⟩ én der ødelægger alt

Tunke *f* dyppelse, sovs; **♀n** dyppe

tunlichst så vidt muligt, helst

Tunnel *m* tunnel

Tüpfel *m* od *n* prik, punkt *n*; (*Fleck*) plet; **~chen** *n* (lille) prik; **das ~ auf dem i** *fig* prikken over i'et; **♀n** ⟨-le⟩ prikke; punktere, duppe

tupfe|n prikke; berøre let, duppe; **♀r** *m* MED vattampon

Tür *f* dør; **vor der ~ stehen** *fig* stå for døren; **vor die ~ setzen** smide på porten; **zur ~ hinein** ind ad døren; **j-m die ~ weisen** vise én døren; **Tag der offenen ~** åbent hus; **zwischen ~ und Angel** *fig* i hast; **~angel** *f* dørhængsel *n*

Turban *m* ⟨-s; -e⟩ turban

Tur'bine *f* turbine; **~nschiff** *n* turbineskib *n*, **~ntriebwerk** *n* turbinemotor

turbu'len|t ⟨-est⟩ turbulent; **♀z** *f* turbulens

Tür|drücker *m* dørhåndtag *n*; **~flügel** *m* dørfløj; **~füllung** *f* dørfyld(n)ing; **~griff** *m* dørgreb *n*

Tür|ke *m* ⟨-en⟩ tyrk(er); **~'kei** *f* Tyrkiet

Türkette *f* sikkerhedskæde

Türkin *f* tyrkisk kvinde (*od* pige)

tür'kis turkis; **♀** *m* ⟨-es; -e⟩ turkis

türkisch tyrkisk

Tür|klingel *f* dørklokke; **~klinke** *f* dørklinke; **~klopfer** *m* dørhammer

Turm *m* ⟨-(e)s; ⁓e⟩ tårn *n* (*a Schachfigur*)

Türm|chen *n* lille tårn *n*; **♀en** *v/t* optårne; *v/i* ⟨*sn*⟩ F (*weglaufen*) stikke af

Turm|falke *m* tårnfalk; **♀hoch** tårnhøj (*a fig*); **~spitze** *f* spir *n*; **~springen** *n* ⟨-s; 0⟩ tårnspring *n*; udspring *n*; **~uhr** *f* tårnur *n*; **~wächter** *m* tårnvægter

Turn|anzug *m* gymnastikdragt; **♀en** *v/i* gøre gymnastik; **~en** *n* ⟨-s; 0⟩ gymnastik; **~er(in)** *m(f)* (kvindelig) gymnast; **♀erisch** gymnastisk; **~fest** *n* gymnastikstævne *n*; **~gerät** *n* gymnastikredskab *n*; **~halle** *f* gymnastiksal; **~hose** *f* gymnastikbukser *pl*

Tur'nier *n* ⟨-s; -e⟩ turnering

Turn|lehrer(in) *m(f)* gymnastiklærer(inde); **~schuh** *m* gymnastiksko; **~stunde** *f* gymnastiktime; **~übung** *f* gymnastisk øvelse; **~unterricht** *m* gymnastikundervisning

T

Turnus *m* ‹-; -se› turnus; 2**gemäß**, 2**mäßig** efter tur, skiftevis

Turn|verein *m* gymnastikforening, idrætsforening; ~**zeug** *n* gymnastiktøj *n*

Tür|pfosten *m* dørstolpe; ~**rahmen** *m* dørkarm; ~**schild** *n* dørskilt *n*, navneplade; ~**schließer** *m* TECH dørlukker; ~**schwelle** *f* dørtærskel; ~**spalt** *m* dørsprække; ~**spion** *m* (*Guckloch*) dørspion; ~**steher** *m* dørmand

turtel|n *v/i* ‹-le› *fig* F opføre sig forelsket, kissemisse; 2**taube** *f* turteldue

Tusch *m* ‹-(e)s; -e› MUS tusch, fanfare

Tusche *f* (vand)farve; tusch

Tusche|'lei *f* hvisken og tisken; 2**ln** *v/i* ‹-le› hviske, tiske

tusch|en male (med vandfarver); 2**farbe** *f*

vandfarve; 2**kasten** *m* farvelade; 2**zeichnung** *f* tuschtegning

Tüte *f* (papirs)pose; (*spitze* ~) kræmmerhus *n*

tuten *v/i* ‹-e-› tude

Tutor *m* ‹-s; -en ['to:-]› tutor, vejleder

TÜV® (= *Technischer Überwachungsverein*) bilsyn *n*, bilinspektion

Typ *m* ‹-s; -en› type (*a fig*); ~**e** *f* type

Typhus *m* ‹-; 0› tyfus; 2**impfung** *f* tyfusvaccination

typi|sch typisk; ~'**sieren** typisere

Typo|gra'fie *f* typografi; 2'**grafisch** typografisk; ~**lo'gie** *f* typologi

Typus *m* ‹-; *Typen*› type, mønster *n*

Ty'ran|n *m* ‹-en› tyran; ~'**nei** *f* tyranni *n*; 2**nisch** tyrannisk; 2**ni'sieren** tyrannisere

U

U, u *n* U, u *n*

u. a. **1.** (*und andere/s*) og andre (andet) (*Abk.* m.m.); **2.** (*unter anderem*) blandt andet (*pl* andre; *Abk.* bl. a.)

u. Ä. (= *und Ähnliche/s*) og lignende (*Abk.* o. lgn.)

u. a. m. (= *und andere(s) mehr*) og andet (*pl* andre) (*Abk.* m.m.)

u.A.w.g. (= *um Antwort wird gebeten*) svar udbedes (*Abk.* S. u.)

U-Bahn *f* undergrundsbane, u-bane; ~**hof**, ~**Station** *m* metrostation

übel ‹-bl-› (*schlecht*) ond, slem; (*unwohl*) dårlig; *mir ist* ~ jeg er dårlig (tilpas); *nicht* ~ udmærket, ikke så tosset; 2 *n* onde *n*; (*Leiden*) dårlighed; 2 *gelaunt* i dårligt humør; ~ *riechend* ildelugtende; *j-m etw.* ~ *nehmen* tage én ngt. ilde op 2**keit** *f* kvalme

übel·nehmen → **übel**

übel|nehmerisch let fornærmet; ~**riechend** → **übel**; 2**stand** *m* ulempe, mislighed; 2**tat** *f* misgerning, forbrydelse; 2**täter** *m* forbryder, misdæder; ~**wollen** *v/i* (*D*) være ildesindet (over for)

üben øve (*sich in etw. D* sig i ngt.); *Rache* ~ tage hævn; → *a* **geübt**

über 1. *prp* (*A, D*) over (*a mehr als*); (*während*) under, ved; *fig* om, angående; *Fehler* ~ *Fehler* fejl på fejl; *nach Kopenhagen* ~ *Gedser* til København over (*od* via) Gedser; ~ *alle Berge sein* *fig* være over alle bjerge; *heute* ~ *8 Tage* i dag otte dage; ~**s** *Jahr* om et år; ~ *Nacht* *fig* plud-

selig; **2.** *adv* over; (*vorbei*) forbi; *den Tag* ~ hele dagen, dagen igennem; *j-m* ~ *sein* F overgå én; ~ *und* ~ over det hele, fuldstændig

über'all overalt, alle vegne; ~'**her**: *von* ~ alle steder fra; ~'**hin** alle steder hen

über'alter|t forældet; *for* høj(t) alder (-sgennemsnit *n*); 2**ung** *f* ‹0› forældelse; højt aldersgennemsnit *n*

Über|angebot *n* overvældende tilbud *n*; 2**ängstlich** alt for bange

über|anstreng|en overanstrenge (*sich* sig); 2**ung** *f* overanstrengelse

über|antworten overgive, overdrage

über|arbeit|en gå efter, bearbejde; *sich* ~ overanstrenge sig; 2**ung** *f* eftersyn *n*, afpudsning; (*Erschöpfung*) overanstrengelse

über|aus overordentlig; ~'**backen** bage let, lune; 2**bau** *m* overbygning (*a fig*); ~'**bauen** overbygge; ~**beanspruchen** overbelaste; 2**bein** *n* ANAT knyst; ~**belasten** overbelaste; ~**belegen** overbelægge, overfylde; ~**belichten** *Foto* overeksponere; overbelyse; 2**beschäftigung** *f* overbeskæftigelse; 2**betonen** fremhæve (alt) for stærkt; ~**bevölkert** overbefolket; ~**bewerten** overvurdere; 2**bewertung** *f* ‹0› overvurdering; ~'**bieten** overbyde; (*übertreffen*) overgå, slå

über-bleib|en *v/i* ‹sn› blive tilovers; 2**sel** *n* levning, rest

über'blenden R/TV tone over

Überblick *m* overblik *n*; *sich e-n* ~ *ver-*

schaffen fig danne sig et overblik; 2en [-'bl-] overskue; (*durchsehen*) gennemse

über'bring|en (over)bringe; 2er m overbringer; *Scheck*: ihændehaver

über'brück|en slå bro over (*a fig*); *Zeit* få tiden til at gå; 2ung f broslagning; *fig a* udjævnelse; 2ungskredit m kortfristet kredit

über|'buchen overbooke; ~'dachen overdække; ~'dauern overleve; ~'decken overdække, tildække; ~'dehnen udvide, udstrække for stærkt; ~'denken overveje, tænke over; ~'dies desuden, oven i købet; ~dimensional overdimensional, overdimensioneret; 2dosis f overdosis; ~'drehen Schraube dreje over grænsen

Überdruck overtryk n (*a* TYP); ~kabine f overtrykkabine

Über|druss m <-es; 0> lede, kedsomhed; 2drüssig ked af, led ved; *e-r S.* (*G*) ~ *werden* blive led og ked af ngt.; 2durchschnittlich over gennemsnittet; ~eifer m overdreven iver; 2eifrig alt for ivrig

über|'eign|en overdrage, overlade (*j-m etw.* an ngt.); 2ung f overdragelse

über'eil|en overile, forhaste (*sich* sig); ~t overilet, forhastet; 2ung f <0> overilelse

überei'nander over hinanden; *stapeln*: oven på hinanden; ~schlagen *Beine, Arme* lægge over kors

über'ein|·kommen v/i <sn> komme overens, blive enige, enes (*über A/*om); 2kommen a, 2kunft f <-; ⸚e> overenskomst

über'ein·stimm|en v/i stemme overens (*mit D/*med); ~end overensstemmende; 2ung f overensstemmelse

überempfindlich overfølsom (*a fig*); 2keit f overfølsomhed (*a fig*)

über|'fahren v/t NAUT sætte (*od* færge) over; ~'fahren *j-n* køre over; *Verkehrszeichen* køre forbi uden at respektere; → a **übergeben**; 2fahrt f NAUT over fart

Über|fall m overfald n; 2fallen overfalde; (*überraschen*) overrumple; 2fällig meget forsinket; *Wechsel*: forfalden; ~fallkommando n politiudrykning, politipatrulje; 2'fliegen flyve over; (*durchlesen*) gennemløbe; 2fließen v/i <sn> flyde over; 2'flügeln <-le> overhale, overgå; ~fluss m <-es; 0> overflod (*an D/*på); *im* ~ i overflod; ~flussgesellschaft f overflodssamfund n; 2flüssig overflødig; 2flüssiger'weise helt unødvendigt; 2'fluten overstrømme; oversvømme

über'forder|n stille for store krav til; ~t: *das Kind ist* ~ der stilles for store krav til barnet; 2ung f <0> for store krav pl, overbelastning

Über|fracht f overfragt; overvægt; 2frachten → *überladen*; 2'fragen spørge for meget; *da bin ich überfragt* det kan jeg ikke svare på; ~'fremdung f neg! for stor fremmedindflydelse; 2'fressen F: *sich* ~ foræde sig; 2•führen føre over; 2'führen: *j-n e-r S.* (*G*) ~ bevise ens skyld for ngt.; ~'führung f overførelse, transport; (*Weg*) viadukt, overføring; *fig, JUR* fældning

über|'füll|en overfylde; ~t overfyldt; 2ung f overfyldelse

über|'füttern overfodre (*a fig*); 2'fütterung f <0> overfodring, stopfodring (*a fig*); 2gabe f udlevering; overdragelse; MIL overgivelse

Übergang m overgang

Übergangs|alter n overgangsalder; ~bestimmung f overgangsbestemmelse; ~erscheinung f overgangsfænomen n; ~mantel m overgangsfrakke; ~stelle f overgangssted n; grænsepost; ~zeit f overgangstid

Über|gardinen f/pl fortræksgardiner pl, 2'geben udlevere, overlevere (*j-m* til én); MIL overgive; *sich* ~ kaste op; F brække sig; MIL overgive sig; 2•gehen v/i gå over (*zu D/*til); *zum Feind* ~ løbe over til fjenden; *in Fäulnis* ~ gå i forrådnelse; *die Augen gingen ihm über* han spærrede øjnene op; 2'gehen v/t forbigå (*a bei Beförderung*); springe over; *fig* gå hen over; ~'gehung f <0> forbigåelse; 2geschnappt F skør; ~gewicht n <-(e)s; 0> overvægt (*a fig*); 2•gießen hælde over; 2'gießen overhælde; 2glücklich henrykt, overlykkelig; 2greifen v/i gribe over; *fig* gøre overgreb (*auf A/*i); *Feuer*: forplante sig (til); ~griff m overgreb n (*a Einmischung*); 2groß kæmpestor; *fig* overdreven; ~größe f overstørrelse,; 2•haben F *Kleidung* have på; (*übrig haben*) have tilovers (*a fig*); (*überdrüssig sein*) have (fået) nok af

über|'handnehmen v/i tage overhånd; 2hang m (*Gardine*) forhæng n; (*Zweige*) overhængende grene pl; (*Überschuss*) overskud n

über|·hängen v/i hænge over; hænge ud over; (*schief stehen*) lude ud over; v/t bedække, tildække

Überhangmandat n tillægsmandat n

über'hasten overile, forhaste (*sich* sig)

über'häuf|en overlæsse, overvælde (*a mit Vorwürfen*); *mit Lob* ~ overdænge med ros, skamrose; **2ung** f ⟨0⟩ overlæsselse

über'haupt overhovedet; (*eigentlich*) egentlig; **~ nicht** slet ikke

über'heb|en: *sich ~* forløfte sig; *fig* være anmassende, prale (af); **~lich** indbildsk, anmassende; **2lichkeit** f ⟨0⟩ indbildskhed

über'heizen overhede

über'hitz|en ⟨-t⟩ overhede; **~t** overophedet; *Fantasie:* overdreven

über'höh|en overdrive; *überhöhte Preise* for høje priser; **2ung** f ⟨0⟩ overdrivelse; for højt niveau *n*

über'hol|en indhente, overhale; (*ausbessern*) efterse, fikse op; *fig* overgå; **2manöver** *n* overhalingsmanøvre; **2spur** f overhalingsbane; **~t** forældet, gammeldags; **2ung** f overhaling (a *Ausbesserung*); **2verbot** *n* overhalingsforbud *n*

über|'hören (*nicht hören*) ikke høre; (*so tun als ob*) overhøre; **~'irdisch** overjordisk; **~kandidelt** [-di:-] F overspændt; **~'kippen** *v/i* ⟨sn⟩ vælte, krænge (over); **~'kleben** overkliistre; **2kleid** *n* overkjole; overklædning; **~klug** overbegavet, overklog; **~'kochen** *v/i* ⟨sn⟩ koge over; **~'kommen** 1. *v/t* få; *Angst:* overvælde; 2. *adj* traditionel, nedarvet; **~kompensieren** overkompensere; **~'laden** omlæsse; **~'laden** overlæsse (a *fig*); *sich den Magen ~* forspise sig; **2'ladung** f overlæsselse; overbebyrdelse

über'lager|n lægge sig oven på; overlappe; **2ung** f overlapning

Überland|bahn f sporvogn fra by til by; **~bus** *m* rutebil; **~zentrale** f elektricitetscentral

überlang alt for lang, med overlængde

über'lapp|en overlappe; **2ung** f overlapning

über'lass|en overlade (a *fig*), overdrage (*D/til*); *sich ~* overlade sig, hengive sig; *sich selbst ~* være overladt til sig selv; **2ung** f ⟨0⟩ overladelse

über'last|en overlæsse (a *Pers*); **~et** overbebyrdet; *Straße:* overbelastet; **2ung** f ⟨0⟩ overlæsselse; *Straße:* overbelastning

Über|lauf *m* overløb *n*; **2-laufen** *v/i* ⟨sn⟩ løbe over; POL hoppe af; **2'laufen** overrende, vælte; *es überläuft mich kalt* det løber mig koldt ned ad ryggen; **~ sein** være overrendt

Über|läufer *m* overløber (a *fig*); POL a afhopper; **~laufrohr** *n* overløbsrør *n*; **2laut** støjende, overlydt

über'leben overleve (*sich* sig selv); **2de(r)** overlevende; **~sgroß** i overnaturlig stør-

relse; **2straining** *n* overlevelsestræning

über'legen 1. *v/t* overveje, tænke over; *ich werde es mir ~* jeg skal tænke over sagen; 2. *adj* ⟨-gn-⟩ overlegen; **2heit** f ⟨0⟩ overlegenhed

über'leg|t overlagt, planlagt; **2ung** f overlæg *n*; overvejelse; *~en zu etw. anstellen* tage ngt. op til overvejelse; *ohne ~* uoverlagt

über|-leiten føre (*od* lede) over; **~'lesen** (*flüchtig*) gennemlæse; (*übersehen*) overse

über'liefer|n overlevere; **2ung** f overlevering (a *fig*)

über'list|en ⟨-e-⟩ overliste, narre; **2ung** f ⟨0⟩ overlistelse

überm F = *über dem*

über|'machen (*vererben*) testamentere; **2macht** f ⟨0⟩ overmagt; **~mächtig** overmægtig; **~'malen** overmale; **~'mannen** overmande; **2maß** *n* ⟨-es:⟩ overmål *n* (a *fig*); *im ~* til overmål; **~mäßig** umådelig; *adv* overmåde; **2mensch** *m* overmenneske *n*; **~menschlich** overmenneskelig

über'mitt|eln ⟨-le-⟩ oversende; *Grüße* overbringe; **2lung** f oversendelse; overbringning; formidling

übermorgen i overmorgen

über'müd|en ⟨-e-⟩ gøre overtræt; **~et** overtræt, udkørt, død(sens)træt; **2ung** f ⟨0⟩ overtræthed

Über|mut *m* overmod *n*; *~ tut selten gut* overmod står for fald; **2mütig** overmodig, kåd; **2nächst** næstfølgende

über|'nachten *v/i* ⟨-e-⟩ overnatte; **~'nächtig:** *~ aussehen* se forsviret (*od* dødtræt) ud

Über'nachtung f overnatning; **~spreis** *m* overnatningspris

Über|nahme f overtagelse; (*Antritt*) tiltrædelse; **2natürlich** overnaturlig; **2-nehmen** tage om, tage over; **2'nehmen** overtage; (*auf sich nehmen*) tage på sig, påtage sig (a *Pflicht, Verantwortung*); *sich ~* overanstrenge sig; **2-ordnen** overordne, stille over; **2parteilich** (stående) over partierne; **2'pinseln** ⟨-le⟩ overmale; oversmøre; **~produktion** f overproduktion

über'prüf|en (*gennem*)prøve, kontrollere; **2ung** f prøve, eftersyn *n*, kontrol

über•quellen *v/i* ⟨sn⟩ vælde (*od* strømme) over

über'quer tværs over, over kors; **~en** gå (tværs) over; **2ung** f overgang; NAUT sejlads over

über'ragen rage op over; *fig* overgå; **~d** fremragende

über'rasch|en overraske; **~end** overraskende; 2ung overraskelse; *das ist aber eine ~!* sikke en overraskelse!; 2ungsangriff *m* overraskelsesangreb *n*

über'red|en overtale (*zu* D/til); 2ung *f* overtalelse; 2ungskunst *f* overtalelseskunst

überregional overregional

über'reich styrtende rig, overordentlig rig (*an* D/på); **~en** [-'raɪ-] overrække; **~lich** mere end rigelig, i overflod; 2ung [-'raɪ-] *f* overrækkelse

über'reif overmoden; *fig* mere end moden; **~'reizen** overanstrenge, overophidse; *überreizt sein* ikke kunne beherske sine nerver; MIL løbe over ende; 2rest *m* rest, levning; *die sterblichen ~e* de jordiske rester; 2rock *m* frakke; **~'rollen** køre hen over; overrende

über'rumpel|n ⟨-le-⟩ overrumple; 2ung *f* overrumpling

über'runden SPORT være en runde foran; distancere, vinde over

übers F = *über das*

über'|sät oversået, overstrøet; **~satt** overmæt (*a fig*)

über'sättig|en overmætte; *fig a* overfodre; **~t** overfodret, stopfodret; 2ung *f* overmættelse; overfodring

Überschall|flugzeug *n* overlydsfly *n*; **~geschwindigkeit** *f* overlydshastighed; **~knall** *m* overlydsbrag *n*

über'schatten ⟨-e-⟩ overskygge (*a fig*)

über'schätz|en overvurdere; 2ung *f* ⟨0⟩ overvurdering

über'schau|bar overskuelig; **~en** overskue, overse

über'|schäumen *v/i* ⟨sn⟩ *fig* strømme over (*vor* D/af); **~de Begeisterung** overstrømmende begejstring; **~'schlafen** sove på (det)

Über'schlag *m* overslag *n* (*a* SPORT *u Berechnung*); 2**schlagen** slå slag om; *Funke:* springe over; *Beine* lægge over kors; *Welle:* vælte over; 2**schlagen** overspringe, overse; (*berechnen*) gøre en overslag over; *sich* ~ slå kolbøtte, vælte; *Stimme:* knække over

über'schlägig: *e-e ~e Berechnung* et overslag; **~schnappen** *v/i* ⟨sn⟩ *Stimme:* slå over; → *a* **übergeschnappt**

über'schneid|en: *sich* ~ skære hinanden; (*überlappen*) overlappe hinanden (*a fig*); 2ung *f fig* overlapning

über'|schreiben skrive oven over, give til overskrift; (*übergeben*) overdrage, overføre; **~'schreien** overdøve

über'schreit|en overskride (*a fig*); 2ung *f* overskridelse; overtrædelse; overgang

Über|schrift *f* overskrift; **~schuh** *m* galoche, overtræksstøvle; 2**schulden** forgældet; **~schuss** *m* overskud *n* (*an* D/af; *in Höhe von* D/på); 2**schüssig** overskydende; 2**schütten** overøse; *fig* overvælde, overdænge; **~schwang** *m* ⟨-(e)s; 0⟩ overmål *n*; *fig* overspændthed; *im ~ der Freude* i glædesrus; 2**schwänglich** overstrømmende, overbegejstret; (*überspannt*) overspændt, ekstatisk; 2**keit** *f* ⟨0⟩ overbegejstring; overspændthed; 2**schwappen** *v/i* ⟨sn⟩ skvulpe over

über'schwemm|en oversvømme (*a fig*); 2ung *f* oversvømmelse

Übersee *f* ⟨0⟩ oversøiske lande *pl*; *nach ~* til de oversøiske lande; **~dampfer** *m* oceandamper; **~handel** *m* oversøisk handel; 2**isch** oversøisk

über'seh|bar overskuelig, til at overse; **~en** overskue, overse; (*nicht bemerken*) overse

über'send|en oversende, tilsende; 2er *m* oversender; 2ung *f* ⟨0⟩ oversendelse

über'|setzbar oversættelig, til at oversætte; **~'setzen** oversætte (*aus* D/fra; *in* A/til); **~'setzen** *v/t* sætte over; *v/i* ⟨sn⟩ sejle over; 2'**setzer(in** *m(f)* oversætter; translatør; 2'**setzung** *f* oversættelse; TECH transmission, kædeoverføring

Über'setzungs|büro *n* oversættelsesbureau *n*; **~fehler** *m* oversættelsesfejl; **~maschine** *f* oversættelsesmaskine

Über'sicht *f* oversigt; (*Plan*) plan, skema *n*; *fig* overblik *n*; 2**lich** overskuelig; **~lichkeit** *f* ⟨0⟩ overskuelighed; **~skarte** *f* oversigtskort *n*, oversigtsplan; **~stabelle** *f* oversigtstabel

über'siedeln *v/i* ⟨sn⟩ flytte (over); 2**siedlung** *f* ⟨0⟩ (over)flytning; **~sinnlich** oversanselig, overnaturlig

über'spann|en spænde for stærkt; (*übertreiben*) overdrive; **~t** *Pers* overspændt, eksalteret; 2**theit** *f* ⟨0⟩ overspændthed

über'spielen *Tonband:* overspille; SPORT drible (uden om); *Angst, Verlegenheit* dække (elegant) over

über'spitz|en overdrive; (*zu weit treiben*) sætte på spidsen; **~t** *fig* overdrevet, outreret

über'|springen *v/i* ⟨sn⟩ springe over; **~'springen** overspringe (*a Klasse*); (*nicht berücksichtigen*) forbigå, tilsidesætte;

~sprudeln v/i ⟨sn⟩ sprudle over; *fig* være fuld af, gnistre; **~'spülen** overskylle; **~staatlich** overstatslig; **~'stehen** v/i springe frem; **~'stehen** overstå, udstå; **~'steigen** *fig* overstige; **~'steuert** EL, *Auto:* overstyret; **~'stimmen**: *überstimmt werden* POL komme i mindretal; **~'strahlen** overstråle; **~'streichen** *mit Farbe:* overmale; **~'streifen**: *sich etw.* ~ trække i ngt.; **~'streuen** overstrø, overdrysse; **~'strömen** v/i ⟨sn⟩ strømme over; *fig* overstrømme

Überstunden f/pl overtimer *pl*; **~ machen** have overarbejde; **~zuschlag** *m* overtidstillæg *n*

über'stürz|en forcere, forhaste; *sich* ~ forhaste sig; *Ereignisse:* følge hastigt slag i slag; **~t** forhastet; **2ung** f ⟨0⟩ overilelse, hastværk *n*

übertariflich: **~e Löhne** lønninger som ligger over overenskomsten

über'teuer|n ⟨-re⟩ forlange for meget for; *überteuert sein* være for dyr; **~'tölpeln** ⟨-le⟩ snyde, bedrage; **~'tönen** overdøve; **2trag** *m* ⟨-(e)s; ⁺e⟩ overførsel

über'trag|bar som kan overføres; (*übersetzbar*) oversættelig; *Krankheit:* smitsom; *nicht~* personlig; **~en 1.** v/t overføre (*a* ÖKON, MED *u fig*); (*beauftragen*) overdrage, betro; (*übersetzen*) oversætte, R/TV udsende, transmittere; **2.** *adj* overført; *im ~en Sinn(e)* i overført betydning; **2ung** f overførelse, ÖKON overførsel, transport; (*Beauftragung*) overdragelse; (*Übersetzung*) oversættelse; R/TV udsendelse, transmission; **2ungswagen** *m* R/TV transmissionsvogn

über'treffen overgå (*in od an* D/i)

über'treib|en overdrive; → *a übertrieben;* **2ung** f overdrivelse

über'treten overtræde; *Fuß* forstuve; **~'treten** v/i ⟨sn⟩ træde (*od* gå) over; *Fluss:* gå over sine bredder; SPORT træde over; **2'tretung** f overtrædelse

über'trieben overdreven; **2tritt** *m* overgang; **~'trumpfen** overtrumfe; **~'tünchen** hvidte, overkalke; *fig* forskønne; F sminke; **~übermorgen** dagen efter i overmorgen; **~versichert** overforsikret

über'völker|n ⟨-re⟩ overbefolke; **2ung** f ⟨0⟩ overbefolkning

übervoll overfyldt, propfuld

über'vorteil|en forfordele, snyde; **2ung** f ⟨0⟩ optrækkeri *n*, forfordeling

über'wach|en overvåge, tilse, kontrollere; **2ung** f kontrol, opsyn *n*, tilsyn *n* (G/med)

über'wältig|en overvælde, overvinde;

~end *fig* overvældende; **2ung** f ⟨0⟩ overvældelse, overmanding

über·wechseln v/i ⟨sn⟩ gå over (til)

über'weis|en overdrage; videresende; *Geld* anvise, girere, overføre; *Krankenhaus:* lade indlægge; *Patienten (an A, in A od zu D)* ~ henvise patienter til; **2ung** f overdragelse; anvisning, girering, overførelse

über·werfen kaste over (sig); **~'werfen**: *sich ~ mit* blive uvenner med

über'wiegen v/i *fig* være fremherskende (*od* dominerende); **~d** overvejende

über'wind|bar overvindelig; **~en** besejre, overvinde (*a fig*); **2er** *m* sejrherre, overvinder; **2ung** f ⟨0⟩ overvindelse; (*Sich-überwinden*) selvovervindelse

über'winter|n v/i ⟨-re⟩ overvintre; **2ung** f ⟨0⟩ overvintring

über'wölb|en overhvælve; **~'wuchern** overgro; **2wurf** *m* slag *n*, kappe, cape; **2zahl** f ⟨0⟩ overtal, flertal *n*

über'zähl|en tælle efter, overtælle; **'~ig** overtallig, overskydende

über'zeichnen ÖKON overtegne; (*verzerren*) fortegne

über'zeug|en overbevise; *sich ~ (von)* overbevise sig (om); **~end** overbevisende; **2ung** f overbevisning; *aus ~* af overbevisning; **2ungskraft** f overbevisningskraft

über·ziehen tage på, trække over; **~'ziehen** overtrække; *Bett* betrække; *Konto* overtrække; *ein Land mit Krieg* ~ påføre et land krig; *sich ~ Himmel:* blive overtrukken; → *a überzogen;* **2zieher** *m* (over)frakke; **2'ziehung** f *Konto:* bankovertræk *n*

über'zogen *fig* overdreven, outreret; **~'züchtet** overforædlet

über'zucker|n kandisere; *fig* forsøde; **2zug** *m* Schokolade: overtræk *n*; *Kissen usw:* betræk *n*, pudevår *n*, dynevår *n*; (*Schicht*) lag *n*

üblich sædvanlig, almindelig, gængs; **~erweise** normalt

U-Boot *n* u-båd, undervandsbåd

übrig øvrig; *~ sein* være tilovers (*od* tilbage); *~ haben* blive tilovers (*od* tilovers); *fig → übrighaben; im* **2en** for øvrigt, for resten; *~ bleiben* blive tilbage, være tilovers; *~ lassen* levne; *~ behalten* få tilovers; *~bleiben → übrig;* **~ens** i øvrigt, for resten; *~haben: etw. für j-n (od etw.) ~ fig* have ngt. tilovers for én (*od* ngt.); *~lassen → übrig*

Übung f øvelse; *aus der ~ kommen*

komme ud af øvelsen; **zur** ~ for øvelsens skyld

Übungs|arbeit f Schule: opgave, stil; **~buch** n opgavebog, øvebog; **~gelände** n øvelsesterræn n; **~munition** f øvelsesammunition; løst krudt n; **~platz** m øvelsesplads; **~stück** n øvelsesstykke n

ü.d. M. (= über dem Meeresspiegel) over havets overflade (Abk. o.h.)

Ufer n kyst, strand; (Fluss2) bred; **am (vom)** ~ ved (fra) bredden; **über die** ~ **treten** træde over sine bredder; **~befestigung** f kystsikring; **2los** ⟨-est⟩ fig uendelig, ubegrænset, grænseløs

uff! uf!, puhha!

UFO n ⟨-s; -s⟩ (= unbekanntes Flugobjekt) ufo, F flyvende tallerken

U-Haft f (= Untersuchungshaft) varetægtsarrest

Uhr f ur n; **wie viel** ~ **ist es?** hvad er klokken?; **es ist zwei** ~ klokken er to; **um vier** ~ klokken fire; **rund um die** ~ døgnet rundt; **~armband** n urrem, armbånd n

Uhren|fabrik f urfabrik; **~geschäft** n urmagerforretning; **~industrie** f urindustri

Uhr|feder f urfjeder; **~gehäuse** n urkapsel; (groß) urkasse; **~glas** n urglas n; **~kette** f urkæde; **~macher** m urmager; **~werk** n urværk n (a fig); **~zeiger** m viser; **~zeigersinn** m ⟨-(e)s; 0⟩: **im (gegen den)** ~ i (modsat) urets retning; **~zeit** f tidspunkt n

Uhu ['u:hu·] m ⟨-s; -s⟩ hornugle

U'krain|e f Ukraine; **2isch** ukrainsk

UKW (= Ultrakurzwellen) FM; **~-Sender** m FM-sender

Ulk m ⟨-(e)s; -e⟩ sjov n, grin n, F skæg n; **mit j-m** ~ **treiben** lave grin (od sjov) med én; **2en** v/i lave sjov; grine; **2ig** sjov, morsom, grinagtig, F skæg

Ulme f elm(etræ n)

ultima'tiv ultimativ; **2um** [-'ma:-] n ⟨-s; Ultimaten⟩ ultimatum n

Ultimo m ⟨-s; -s⟩ ultimo, sidste dage i en måned

Ultra m ⟨-s; -s⟩ POL ekstremist; **2kurz** ultrakort; **~'kurzwellen** f/pl ultrakortbølger pl; **→ a UKW**; **2rot** ultrarød; **~schall** m ultralyd; **~schallbehandlung** f behandling med ultralyd; **2violett** ultraviolet

um 1. prp (A) om; omkring; Zeit: ved; (für) for; (etwa) ~ **3 Uhr** (omtrent) kl. 3; **ein Jahr jünger (älter)** et år yngre (ældre); ~ **keinen Preis** ikke for nogen pris; ~ ... **herum** omkring ...; **ums Leben bringen** ombringe; **eins ums (od ~ das) andere** det ene efter det andet; **2.** ~ ... **willen**

(G) for ... skyld; **3.** konj ~ **zu** + inf for at; **4.** adv om; (vorbei) ude, omme, forbi; ~ **sein** være forbi

um|·ackern pløje om; **~adressieren** omadressere; **~·ändern** lave om (A/på); forandre; Kleidung (om)forandre

um·arbeit|en omarbejde; **2ung** f omarbejdelse

um'arm|en omfavne (sich hinanden); **2ung** f omfavnelse; favntag n

Um|bau m ombygning; **2-bauen** bygge om, ombygge, forandre; **2'bauen** bygge omkring, omgive med bygninger pl

um|behalten beholde på (od om sig); **~benennen** omdøbe

umbesetz|en ombesætte; **2ung** f ombesætning

um|·betten lægge én i en anden seng (od Tote: grav); flytte; **~·biegen** ombøje

um·bild|en omdanne (a POL); **2ung** f omdannelse

um|·binden binde om(kring); Schürze tage på; (neu binden) binde om; **~'binden** ombinde, omvikle (fast); **~·blasen** blæse (od puste) omkuld; **~·blättern** blade om; **~·blicken: sich** ~ se sig om(kring); **~·brechen** v/t knække; Erde pløje om; v/i ⟨sn⟩ knække, brække; (umstürzen) vælte, styrte om; **~·bringen** ombringe, dræbe; **2bruch** m TYP ombrydning; fig omvæltning, brydning, omkalfatring

um·buch|en ÖKON ompostere; Reise ombestille; **2ung** f ompostering, omkontering; ombestilling

um|denken tænke i andre (od ny) baner; **ein 2 erfordern** kræve nytænkning; **~·deuten** omtyde, give en anden betydning; **~·disponieren** ændre på, disponere anderledes; **~·drehen** vende (od dreje) om; **sich** ~ vende sig om

Um'drehung f omdrejning; **~smesser** m omdrejningsmåler; **~szahl** f omdrejningstal n

Umdruck m omtryk n; offset; **~er** m duplikeringsapparat n

um|ei'nander om(kring) hinanden; **~·erziehen** omskole; **~·fahren** køre over; vælte; **~'fahren** køre uden om; Schiff: sejle uden om

Um|fall m fig (pludseligt) sindelagsskifte n; POL mst kovending; **2·fallen** v/i ⟨sn⟩ falde om, vælte; (ohnmächtig werden) besvime; fig skifte mening, foretage en kovending

Umfang m omfang n; **2en** [-'faŋ-] (umarmen) omfavne; (umschließen) omfatte;

Ⴒreich omfangsrig

um|fassen (umarmen) omfavne; (umschließen) omgive; (einbegreifen) omfatte, indeholde; **~d** omfattende

Um|feld n omgivelser pl, miljø n; **Ⴒfliegen** v/i ⟨sn⟩ (umfallen) vælte; **Ⴒfliegen** v/i flyve rundt om, flyve uden om; **Ⴒflor**t Blick: tilsløret af sorg; **Ⴒfluten** fig ombølge

um-form|en omdanne, omforme (a EL); **Ⴒer** m omformer, transformator; **Ⴒung** f omformning

Um|frage f rundspørge n, meningsmåling; **Ⴒfragen** v/i lave et rundspørge, søge oplysninger

um|fried|(ig)en indhegne; **Ⴒung** f indhegning

um-füll|en fylde om; **Ⴒung** f omfyldning

umfunktionier|en give en anden funktion; **Ⴒung** f funktionsændring

Um|gang m ⟨-(e)s; 0⟩ omgang (a Verkehr); (Personenkreis) omgangskreds; (Prozession) optog n, procession; **~ mit j-m pflegen** omgås én; **Ⴒgänglich** omgængelig

Umgangs|formen f/pl omgangsformer pl; **~sprache** f daglig (od almindelig) tale, hverdagssprog n, talesprog n; **Ⴒsprachlich** talesprogs-; **~ton** m ⟨-(e)s; 0⟩ omgangstone

um'garnen fig besnære

um'geb|en omgive (mit D/med); **Ⴒung** f omgivelser pl

Umgegend f omegn

um·gehen v/i ⟨sn⟩ gå om(kring); (zirkulieren) gå om, cirkulere; Zeit: gå, forløbe; Spuk: gå igen, spøge; **~ mit** omgås med; (im Sinn haben) have ngt. for; **gut (schlecht) mit j-m** (od etw.) **~** behandle én (od ngt.) godt (dårligt)

um'gehen gå uden om; (vermeiden) undgå; (Gesetz, Vorschrift) omgå

umgehend omgående, straks

Um'gehung f (Umkehr; (Vermeidung) undgåelse; MIL omgående bevægelse; **~sstraße** f ringvej, omkørselsvej

umgekehrt omvendt; (entgegengesetzt) modsat

umgestalt|en omdanne, omforme; **Ⴒung** f omdannelse

um|·gießen hælde om; TECH støbe om; **~·graben** grave (om), kulegrave (a fig); **~'grenzen** omgrænse; fig afgrænse; **~gruppieren** omgruppere

um·gucken: sich ~ se sig om; (rückwärts) se sig tilbage; **du wirst dich noch ~!** F du vil gøre store øjne!

um|'gürten binde om (sig); fig omgive;

~·haben have på (od om sig); **~·hacken** hakke om, hugge om; **~'halsen** ⟨-t⟩ omfavne, falde om halsen; **Ⴒhang** m omhæng n; (Mantel) slag n, kappe

um-häng|en hænge om (sig); (anders hängen) hænge anderledes; **Ⴒtasche** f skuldertaske

um-hauen hugge om, fælde; F forbavse

um'her omkring; hid og did; **~·blicken** v/i se sig om; **~·flattern** v/i ⟨sn⟩ flagre omkring; **~·fliegen** v/i ⟨sn⟩ flyve omkring; **~·gehen** v/i ⟨sn⟩ gå omkring; **~·geistern** v/i ⟨sn⟩ spøge rundt; fig dukke overraskende op hist og her; **~·irren** v/i ⟨sn⟩ flakke om; **~·kriechen** v/i ⟨sn⟩ krybe omkring; **~·streifen** v/i ⟨sn⟩, **~·wandern** v/i ⟨sn⟩ strejfe om, vandre omkring; **~·ziehen** v/i ⟨sn⟩ drage (od rejse) omkring

um'hin: nicht ~ können ikke kunne lade være (med)

um-hören: sich ~ forhøre sig

um'hüll|en svøbe (i), omhylle, indhylle; **Ⴒung** f indhylling; (Hülle) hylster n, dække n

um'jubeln tiljuble

Umkehr f ⟨0⟩ tilbagevendelse, hjemrejse; fig omvendelse; **Ⴒbar** til at vende; reciprok

um-kehr|en v/t u v/i ⟨sn⟩ vende (om), dreje om; (von innen nach außen) krænge ud; fig omvende sig; → a **umgekehrt**; **Ⴒfilm** m omvendefilm; **Ⴒung** f vending om; omvæltning; fig a stillen på hovedet

um|·kippen v/i ⟨sn⟩ u v/t vælte, vippe om, tippe over; Wein: blive sur; POL F foretage en kovending; **~'klammern** omklamre, klamre sig til

~·klappbar til at klappe op (od ned); **~·klappen** smække op, vende om; Buch: blade videre

Um|kleidekabine f omklædningskabine; **Ⴒ·kleiden:** (sich) klæde (sig) om, skifte (tøj); **Ⴒ'kleiden** beklæde, omgive

Umkleideraum m omklædningsrum n

Um|'kleidung f beklædning; **Ⴒ·knicken** knække; Fuß: forvride; **Ⴒ·kommen** v/i ⟨sn⟩ omkomme; (verloren gehen) gå til spilde; **Ⴒ'kränzen** ⟨-t⟩ omkranse; **~kreis** m ⟨-es; 0⟩ omkreds; periferi (a MATH); **im ~ von** i en omkreds af; **Ⴒ'kreisen** omkredse, kredse om, dreje sig om; **die Erde umkreist die Sonne** jorden drejer sig om solen; **Ⴒ·krempeln** ⟨-le⟩ smøge op; fig F lave om (på)

Umladebahnhof m godsbanegård

um·lad|en omlæsse, omlade; **♀ung** *f* omlæsning; omladning

Um|lage *f* (ekstra)bidrag *n*; **♀'lagern** ligge lejret om; F belejre; MIL indeslutte; **~land** *n* ⟨-(e)s; 0⟩ opland *n*

Umlauf *m* omløb *n*, kredsløb *n*; TECH omdrejning; (*Rundschreiben*) rundskrivelse; **in ~ sein (setzen)** være (sætte) i omløb; **~bahn** *f* omløbsbane

um·lauf|en *v/i* ⟨*sn*⟩ cirkulere, være i omløb; **♀zeit** *f* omløbstid

Umlaut *m* omlyd

Umlegekragen *m* nedfaldende krave (*od* flip)

um·legen omlægge; (*anders legen*) lægge om; (*niederlegen*) lægge ned, vælte; *Termin* flytte, ændre; *Kleidung* lægge op; (*falten*) bøje om; *Kosten* fordele; F (*töten*) slå ned, dræbe

um·leit|en lede udenom; **♀ung** *f* omledning; *Verkehr:* omkørsel

um|·lenken *v/t u v/i* ⟨*sn*⟩ vende (om); **~lernen** lære om (igen); **~liegend** omkringliggende; **~'mauern** omgive med mur; **~·modeln** ⟨-*le*⟩ omforme, lave om (på)

um'nacht|et: geistig ~ (ånds)formørket; **♀ung** *f: geistige ~** åndsformørkelse

um|·nähen sy om; **~nebeln** ⟨-*le*⟩ omtåge (*a fig*); **~nehmen** tage om sig; **~·packen** pakke om; **~·pflanzen** plante om; **~·pflügen** pløje om; **~·prägen** præge om; **~·programmieren** omprogrammere; **~quartieren** flytte

um'rahm|en indramme; indfatte; **♀ung** *f* indramning, indfatning

um|·randen ⟨-*e*-⟩ sætte rand om; **~·rändert** kantet, indrammet; **~·ranken** omslynge; **~·räumen** omordne; (*an e-n anderen Ort*) flytte om (på)

um·rechn|en omregne; **♀ungskurs** *m* omregningskurs; **♀ungstabelle** *f* omregningstabel

um|·reißen rive om, vælte; *Mauer bsd* rive ned; **~·reißen** tegne i omrids, skitsere (*a fig*); **~·rennen** rende omkuld; **~·ringen** omringe; **♀riss** *m* omrids *n*, kontur; *Umrisse pl fig* store træk *pl*; **~·rühren** røre om (i)

ums = um das

um·satteln sadle om (*a fig*)

Umsatz *m* ØKON omsætning; **~steigerung** *f* omsætningsstigning; **~steuer** *f* omsætningsafgift

um|·säumen, **~·säumen** sømme, kante, omkranse

um·schalt|en koble (*od stille*) om (*a* EL);

R/TV *u fig* skifte; **♀er** *m* omskifter, omstiller; strømvender; **♀ung** *f* omstilling

um'schatten ⟨-*e*-⟩ omskygge

Umschau *f* rundskue *n*; (*Zeitschrift*) revy; **~ halten** holde udkig, se sig om

um·schauen: sich ~ → *sich umsehen*

um·schicht|en stable om, omordne; *fig* omstrukturere; **~ig** skiftevis, på skift

um'schiffen omsejle

Umschlag *m* omslag *n* (*a* MED, *Wetter, Buch*); (*Brief♀*) konvolut; *Kleidung:* opslag *n*; (*Güter♀*) omladning, omsætning

um·schlag|en *v/i* ⟨*sn*⟩ *u v/t* vælte; *Boot:* kæntre; (*wechseln*) slå om, skifte; *Blatt* vende; *Tuch* lægge om; *Güter* omlade; **♀hafen** *m* omladningshavn, transithavn; **♀platz** *m* omladningsplads, transitplads; **♀tuch** *n* sjal *n*

um|'schleiern ⟨-*re*⟩ tilsløre; **~'schließen** omslutte; indeslutte (*a fig*); **~'schlingen** omslynge, omfavne; **~'schmeicheln** ombejle; **~·schmeißen** F smide om, vælte; **~·schmelzen** omsmelte; **~·schnallen** spænde om

um|'schreiben omskrive; **~·schreiben** skrive om; (*übertragen*) overføre, overdrage; **♀'schreibung** *f* omskrivning; overdragelse

Um|schrift *f* omskrift; omskrivning; *phonetische ~* fonetisk transskription; **♀schulden** omprioritere; **~schuldung** *f* omprioritering, lånsanering

um·schul|en *in e-e andere Schule:* sætte i en anden skole; *beruflich:* omskole; **♀ung** *f* skoleskifte *n*; omskoling

um|·schütten hælde om; (*vergießen*) spilde, vælte; **~'schwärmen** omsværme; **♀schweife** *m/pl: ohne ~* ligeud, uden omsvøb; **~·schwenken** *v/i* ⟨*sn*⟩ svinge om (*a fig*); POL foretage en kovending; **♀schwung** *m* ⟨-*s*; 0⟩ omdrejning; *fig* omsving *n*; **~·segeln** omsejle

um·sehen: sich ~ se sig om(kring); (*rückwärts*) se sig tilbage; *sich ~ nach* se sig om efter (*a fig*)

um|seitig på næste side, omstående; **~setzbar** omsættelig, realisabel; **~·setzen** omsætte (*a* ØKON); *an e-n anderen Ort:* flytte om; (*umpflanzen*) omplante; (*verwirklichen*) realisere, føre ud i livet; **♀setzung** *f* omsætning, omplantning; realisering

Umsichgreifen *n* ⟨-*s*; 0⟩ griben om sig

Umsicht *f* ⟨0⟩ omsigt, omtanke, betænksomhed; **♀ig** betænksom; **~ sein** vise omtanke

um·sied|eln *v/i* ⟨*sn*⟩ flytte; *v/t* genhuse;

(*evakuieren*) evakuere, tvangsforflytte; 2(e)lung *f* flytning; genhusning; evakuering, tvangsforflytning

um|·sinken *v/i ⟨sn⟩* synke om; ~so så meget desto; ~ besser (schlimmer, mehr) så meget des bedre (værre, mere); ~'sonst gratis; (*vergebens*) forgæves, til ingen nytte; ~'sorgen pusle om, passe omhyggeligt; ~·spannen EL transformere; *die Pferde* ~ skifte heste; spænde om; ~'spannen *fig* omspænde, omfatte; ~'spielen SPORT drible uden om; ~·springen *v/i ⟨sn⟩ Wind:* springe om; ~ *mit j-m fig* behandle en efter forgodtbefindende; ~·spulen omspole; ~'spülen omskylle; 2stand *m* omstændighed; → *a Umstände*

Umstände *m/pl* omstændigheder *pl*; (*Verhältnisse*) kår *pl*; *macht keine Umstände* gør jer ingen ulejlighed; (*schwanger*) *in anderen Umständen* i omstændigheder; *unter Umständen* eventuelt; *unter allen Umständen* under alle omstændigheder; 2ehalber på grund af omstændighederne (*od* forholdene); 2lich omstændelig, vidtløftig; *Arbeit, Reise:* besværlig, ubekvem; ~lichkeit *f ⟨0⟩* omstændelighed

Umstands|kleid *n* ventekjole; ~kleidung *f* ventetøj *n*; ~krämer *m* pernittengryn, nussehoved *n*; ~wort *n ⟨-(e)s; ¨er⟩* biord *n*, adverbium *n*

um|·stecken stikke anderledes; sætte (*od* hæfte) om; ~'stehen stå omkring, omringe; ~stehend omkringstående; (*rückseitig*) omstående; *die 2en* de omkringstående

Umsteige|bahnhof *m* skiftestation; ~fahrschein *m* omstigningsbillet

um·steigen *v/i ⟨sn⟩* stige om, skifte

um|·stellen stille om, omflytte; (*reorganisieren*) omlægge; (*umschalten*) stille om; *sich ~ auf* (*A*) skifte over til, tage som ny basis; ~'stellen omringe, indeslutte; 2stellung *f* omstilling; omlægning, tilpasning

um|·stimmen omstemme (*a* MUS); ~·stoßen vælte, støde om; *fig* omstøde; (*Plan, Vorhaben*) kuldkaste, omstøde; ~'stritten omtvistet, usikker, omdiskuteret; ~strukturieren omstrukturere; ~·stülpen endevende, vende om

Umsturz *m* POL omvæltning, revolution; ~bestrebung *f* revolutionær bestræbelse

um·stürzen *v/i ⟨sn⟩* vælte, styrte (om); *v/t* vælte (*a fig*); 2ler *m* revolutionær; ~lerisch revolutionær

um·taufen omdøbe, gendøbe

Umtausch *m* ombytning; (*Geld*2) pengeveksling

um·tausch|en ombytte; *Geld:* veksle; 2recht *n* ÖKON ombytningsret, fortrydelsesret

Um|triebe *m/pl* agitation, intriger *pl*; ~trunk *m* rundskål; drink; 2·tun tage på; *sich ~ nach* se sig om efter, forhøre sig om; 2'wachsen gro om, vokse om; 2'wallen ombølge

um·wälz|en vælte om; *fig u* POL omstyrte; *Lernstoff* repetere; 2ung *f* POL omvæltning, revolution

um·wand|eln forvandle, forandre; EL transformere; 2lung *f* forvandling, forandring; EL transforming

um|·wechseln skifte, bytte; *Geld:* veksle; 2weg *m* omvej; *e-n ~ machen* gøre en omvej; *auf ~en* ad omveje (*a fig*); ~·wehen blæse om(kuld); ~'wehen omblæse, omsuse

Umwelt *f ⟨0⟩* omverden, miljø *n* (*a Natur*2); ~bedingungen *f/pl* miljøbetingelser *pl*; ~einfluss *m* miljøindflydelse; 2freundlich miljøvenlig; 2gefährdend miljøfarlig; ~papier *n* genbrugspapir *n*; 2schädlich miljøfarlig; 2schonend miljøvenlig; ~schutz *m* miljøbeskyttelse; ~verschmutzung *f* forurening; ~zeichen *n* miljømærke *n*

um|·wenden *v/t* vende; *v/i ⟨sn⟩* vende om; *sich ~* vende sig om; ~'werben ombejle, bejle til; ~·werfen vælte; *Kleidung* tage om sig; ~*d komisch* vanvittig morsom

um·wert|en omvurdere; 2ung *f* omvurdering

um|·wickeln omvikle, indsvøbe; ~'wittert ombølget, omgivet

um·wohne|nd om(kring)boende; 2r *m* omboende

um·wühlen rode om i

um'zäun|en omgærde, indhegne; 2ung *f* indhegning; hegn *n*

um|·zeichnen tegne om; *v/t* ~·ziehen trække om(kring); *Kleider* skifte; *v/i ⟨sn⟩ in neue Wohnung:* flytte; (*herumstreifen*) drage om(kring); *sich ~* klæde sig om, skifte tøj

um'zingel|n ⟨*-le*⟩ omringe; 2ung *f* omringning, indeslutning

Umzug *m* flytning; (*Festzug*) optog *n*; (*Demonstration*) demonstration; ~s-kosten *pl* flytteomkostninger *pl*

un- *in Zssgn mst* u-

unab|'änderlich uforanderlig; (*unwiderruflich*) uigenkaldelig, uafvendelig; ~'dingbar ikke til at ændre

unabhängig uafhængig; 2keit *f ⟨0⟩* uafhængighed

unab|'kömmlich uundværlig; absolut forhindret i at komme; **~lässig** uafladelig, uophørlig; **~'sehbar** uoverskuelig; **~sichtlich** uforsætlig, ikke med vilje; **~'weislich** uafviselig, nødvendig; **~'wendbar** uundgåelig

unachtsam uagtsom; uopmærksom; **2keit** f uagtsomhed

unähnlich ulig

unan|'fechtbar uangribelig; **~gebracht** upassende, ilde anbragt; **~gefochten** uanfægtet; **~gekündigt**, **~gemeldet** uanmeldt; **~gemessen** uforholdsmæssig; (*unpassend*) upassende; **~genehm** ubehagelig; **~getastet** uantastet; **~'greifbar** uangribelig

unannehm|bar uantagelig, ikke acceptabel; **2lichkeit** f ubehagelighed

unansehnlich uanselig, ringe; **2keit** f ⟨0⟩ uanselighed

unanständig uanstændig, usømmelig; **2keit** f uanstændighed, usømmelighed

unantastbar urørlig; **2keit** f ⟨0⟩ urørlighed

unappetitlich uappetitlig, ulækker

Unart f uartighed; (*Gewohnheit*) uskik, unode; **2ig** uartig, fræk, opsætsig

unauf|'fällig diskret; (*unbemerkt*) ubemærket; **~'findbar** ikke at finde; **~gefordert** uopfordret; **~'haltsam** ustandselig; **~'hörlich** uophørlig

unauf'lös|bar, **~lich** u(op)løselig; **2barkeit** f ⟨0⟩; **2lichkeit** f ⟨0⟩ uopløselighed

unaufmerksam uopmærksom; **2keit** f ⟨0⟩ uopmærksomhed

unaufrichtig falsk, uoprigtig; **2keit** f uoprigtighed

unauf'schiebbar uopsættelig

unaus|'bleiblich uundgåelig; **~'führbar** uudførlig, umulig; **~geglichen** uudlignet, ʀsʏᴄʜ uligevægtig; **~gesetzt** uafbrudt; **~'löschlich** uudslukkelig; **~'rottbar** fig uudryddelig; **~'sprechlich** u(ud)sigelig; **~'stehlich** utålelig, ækel; **~'weichlich** uundgåelig

un|bändig ubændig, ustyrlig; **~bar** adv ikke kontant

unbarmherzig ubarmhjertig; **2keit** f ⟨0⟩ ubarmhjertighed

unbe|absichtigt uforsætlig, ufrivillig; ikke med vilje; **~achtet** upåagtet, uænset; **~anstandet** ubestridt; upåtalt; **~antwortet** ubesvaret; **~arbeitet** ubearbejdet; **~baut** ubebygget; **~dacht** ubetænksom; **~darft** F naiv, uerfaren; **~deckt** ubedækket, bar; **~denklich** ufarlig; (*ohne Ein-*

wendung) uden forbehold, uden betænkning; **~deutend** ubetydelig; **~dingt** ubetinget; *adv* endelig, bestemt; F absolut; **~einflusst** upåvirket; **~fahrbar** ufremkommelig; *Gewässer*: usejlbar

unbefangen (*vorurteilslos*) fordomsfri; (*offen*) frejdig, naturlig; **2heit** f ⟨0⟩ fordomsfrihed; (*Offenheit*) frejdighed

unbefleckt pletfri; *fig* uplettet, ren

unbefriedig|end utilfredsstillende; **~t** utilfreds, ikke tilfredsstillet

unbe|fugt ubeføjet; **~gabt** ubegavet; **~'greiflich** ubegribelig; **~grenzt** ubegrænset, grænseløs; **~gründet** u(be)grundet, umotiveret; **~haart** ubehåret

Unbehag|en *n* mishag *n*, ubehag *n*; **2lich** ubehagelig; utilpas

unbe|hauen utilhugget; *fig* ubehøvlet; **~helligt** uforstyrret; **~herrscht** ubehersket; **~hindert** uhindret

unbeholfen ubehjælpsom, klodset; **2heit** f ⟨0⟩ ubehjælpsomhed, klodsethed

unbeirr|bar, **~t** ufortrøden, uanfægtet

unbekannt ubekendt; *Begriff, Buch usw*: ukendt; **2e(r)** ubekendt (*a* MATH); **~er-'weise: grüßen Sie ihn ~** hils ham, selv om jeg ikke kender ham!

unbe|kleidet upåklædt, ubeklædt; **~kümmert** ubekymret (*um* A/for); sorgløs; **~lastet** ubelastet; ubesværet; **~lebt** død, uden liv (*a fig*); **~leckt** F → **unbedarft**; **~'lehrbar** uimodtagelig for belæring; uforbederlig; **~lichtet** ubelyst

unbeliebt upopulær, ikke afholdt, ilde lidt; *sich ~ machen (bei)* gøre sig upopulær (hos); **2heit** f ⟨0⟩ upopularitet

unbe|lohnt ubelønnet; **~mannt** ubemandet

unbemerk|bar umærkelig; **~t** ubemærket; uden at mærke det

unbe|mittelt ubemidlet, fattig; **~nommen: es bleibt dir ~** det står dig frit (for); **~nutzt** ubrugt, ikke benyttet; **~obachtet** ubemærket

unbequem ubekvem (*a fig*); *Stuhl*: umagelig; (*lästig*) besværlig, generende; *Frage*: pinlig; **2lichkeit** f ubekvemhed; umagelighed

unbe|'rechenbar uberegnelig; **2keit** f uberegnelighed

unberechtigt uberettiget

unberücksichtigt upåagtet; *etw. ~ lassen* lade ngt. ude af betragtning

unbe|'rufen ukaldet, uvedkommende; **~rührt** urørt; *fig* uberørt (*a Natur*); *die Nachricht ließ mich ~* meddelelsen rørte mig ikke; **~schadet** (G) til trods for, bortset fra; **~schädigt** ubeskadiget; **~schäf-tigt** ubeskæftiget, ledig; (*erwerbslos*) arbejdsløs

unbescheiden ubeskeden; **2heit** *f* ⟨0⟩ ubeskedenhed

unbescholten hæderlig, uberygtet; **2heit** *f* ⟨0⟩ retskaffenhed; uplettethed

unbe|schränkt uden bom; BAHN ubevogtet; **~schränkt** uindskrænket, ubegrænset; **~schreiblich** ubeskrivelig; **~schrieben** ubeskreven; *ein ~es Blatt* fig et ubeskrevet blad; **~schwert** ubesværet, ubetynget; **~seelt** sjælløs; (*tot*) livløs; **~sehen** ubeset; **~setzt** ubesat, ikke optaget

unbe'sieg|bar uovervindelig; **2barkeit** *f* ⟨0⟩ uovervindelighed; **~t** ubesejret

unbesoldet ulønnet

unbesonnen ubetænksom, ubesindig; **2heit** *f* ubetænksomhed

unbesorgt ubekymret; *seien Sie ~!* Gør Dem ingen bekymringer!

unbeständig ubestandig; *Wetter*: ustadig; **2keit** *f* ⟨0⟩ ubestandighed, forgængelighed; ustadighed

unbestätigt ubekræftet

unbestechlich ubestikkelig; **2keit** *f* ⟨0⟩ ubestikkelighed

unbestimm|bar ubestemmelig; **~t** ubestemt (*a* GRAM); **2theit** *f* ⟨0⟩ ubestemthed

unbe'streitbar ubestridelig; **~stritten** ubestridt; **~teiligt** ikke delagtig (*od fig* interesseret, involveret) (*bei, an* D/i); **~tont** ubetonet; **~trächtlich** ubetydelig; **~treten** ubetrådt, uforstyrret

unbeug|bar ubøjelig (*a* GRAM); **~sam** ubøjelig; **2samkeit** *f* ⟨0⟩ ubøjelighed

unbe'wacht ubevogtet; **~waffnet** ubevæbnet; **~wandert** ubevandret, uerfaren

unbeweg|lich ubevægelig; **2lichkeit** *f* ⟨0⟩ ubevægelighed; **~t** ubevæget, kold

unbe'weisbar ubeviselig; **~wiesen** ubevist

unbewohn|bar ubeboelig; **~t** ubeboet

unbewusst ubevidst

unbezahl|bar ubetalelig, ikke til at betale; **~t** ubetalt

unbe'zähmbar utæmmelig; **~zweifelbar** uomtvistelig; **~zwingbar** uovervindelig

Unbill *f* ⟨-; *Unbilden*⟩ forurettelse, uret; *Unbilden des Wetters* (*Winters*) vejrets (vinterens) barskhed; **2ig** ubillig; urimelig

unbotmäßig ulydig, genstridig; **2keit** *f* ulydighed

unbrauchbar ubrugelig; **2keit** *f* ⟨0⟩ ubrugelighed

un|bürokratisch ubureaukratisk; **~buß-**

fertig ubodfærdig; **~christlich** ukristelig

und og; *na ~?* nå og hvad så?; **~ so weiter** (*usw.*) og så videre (o.s.v.); **~ zwar** nemlig; **~, ~, ~** F og så videre, og så videre

undänisch udansk

Undank *m* utak; **~** *ist der Welt Lohn* utak er verdens løn; **2bar** utaknem(me)lig; **~barkeit** *f* ⟨0⟩ utaknemmelighed

un|datiert udateret; **~definierbar** udefinerbar, udefinerlig

un'denk|bar utænkelig; **~lich** utænkelig; *Zeit*: umindelig

undeutlich utydelig; **2keit** *f* ⟨0⟩ utydelighed

un|deutsch utysk; **~dicht** utæt; **2ding** *n* ⟨-(e)s; 0⟩ uting; idioti *n*, vanvid (*n*); **~disipliniert** udisciplineret; **~dramatisch** udramatisk

unduldsam intolerant, utålsom; **2keit** *f* ⟨0⟩ intolerance, utålsomhed

undurch|'dringlich uigennemtrængelig; **~'führbar** uigennemførlig; **~lässig** uigennemtrængelig; tæt; *Wasser*: vandtæt; **~'schaubar** uigennemskuelig; **~sichtig** uigennemsigtig; *fig* a skummel, lumsk

uneben ujævn; ru; *nicht ~* F (*nicht schlecht, a Pers*) ikke så ueffen (*od* tos set); **2heit** *f* ujævnhed

unecht uægte; falsk; **2heit** *f* ⟨0⟩ uægthed

un|edel uædel (*a Metall*); **~ehelich** født uden for ægteskab

unehr|bar uhæderlig; **2e** *f* vanære; **~enhaft** ⟨-*est*⟩ uhæderlig; **~erbietig** uærbødig; **~lich** uærlig, uhæderlig; **2lichkeit** *f* ⟨0⟩ uærlighed

uneigennützig uegennyttig, uselvisk; **2keit** *f* ⟨0⟩ uegennytte, uselviskhed

uneigentlich uegentlig

unein|geschränkt uindskrænket, uforbeholden; **~geweiht** uindviet (*a fig*)

uneinig uenig; (*miteinander*) **~** *sein* (*über A*) være uenige (med hinanden) (om ngt.); **2keit** *f* uenighed

unein|'nehmbar uindtagelig; **~s →** *unei-nig*

unempfänglich uimodtagelig

unempfindlich ufølsom (*gegen A*/for), følelsesløs; **2keit** *f* ⟨0⟩ ufølsomhed

un'endlich uendelig; **2keit** *f* ⟨0⟩ uendelighed

unent|'behrlich uundværlig; **~geltlich** gratis, vederlagsfri; **~'rinnbar** uundgåelig; **~schieden** uvis, rådvild; *Spiel*: uafgjort; **2schieden** *n* SPORT uafgjort kamp

unentschlossen ubeslutsom, vaklende, tvivlrådig, uvis; **2heit** *f* ⟨0⟩ ubeslutsomhed, tvivlrådighed

unent'|schuldbar utilgivelig; **~wegt** fast, urokkelig; (*ständig*) uafbrudt; ufravigelig; **~wickelt** uudviklet; FOT ikke fremkaldt; **~'wirrbar** u(op)løselig

uner'bittlich ubønhørlig; **2keit** *f* ⟨0⟩ ubønhørlighed

unerfahren uerfaren; **2heit** *f* ⟨0⟩ uerfarenhed

uner|findlich uudgrundelig; **~forschlich** uudforskelig; uransagelig; **~freulich** kedelig, ubehagelig

unerfüll|bar uopfyldelig; **~t** uopfyldt

unergiebig ufrugtbar; (*finanziell*) urentabel

unergründ|bar, **~lich** uudgrundelig

uner|heblich ubetydelig, uvigtig; **~hört**: *das ist ~!* det er uhørt!; **~kannt** ukendt; inkognito; **~kennbar** u(igen)kendelig

unerklär|bar, **~lich** uforklarlig

uner|lässlich nødvendig; **~laubt** utilladt, ikke tilladt, forbudt; **~ledigt** ubesørget, ugjort; **~'messlich** umådelig (*a adv*); **~'müdlich** utrættelig

unernst ikke alvorlig

uner|probt uprøvet; **~quicklich** ubehagelig, kedelig

unerreich|bar uopnåelig; **~t** uopnået; uden sidestykke

unersättlich umættelig; **2keit** *f* ⟨0⟩ umættelighed

uner|schlossen uudforsket, utilgængelig; ikke udnyttet; **~'schöpflich** uudtømmelig

unerschrocken uforfærdet; **2heit** *f* ⟨0⟩ uforfærdethed

uner|'schütterlich urokkelig; **~schwinglich** uoverkommelig, uopnåelig; **~'setzlich** uerstattelig, ubodelig; **~'sprießlich** unyttig, frugtesløs; **~'träglich** utålelig; *Pers a* umulig; **~wähnt**: *etw. nicht ~ lassen* ikke undlade at bemærke; **~wartet** uventet, overraskende; **~widert** ubesvaret, ugengældt; **~wünscht** uvelkommen, uønsket; **~zogen** ikke opdraget; uopdragen

unfähig ude af stand (*zu D*/til); (*untauglich*) udygtig; **2keit** *f* ⟨0⟩ uduelighed

unfair unfair

Unfall *m* ulykke, ulykkestilfælde *n*; (*Panne*) uheld *n*; **~arzt** *m* vagthavende læge (på skadestue); **~flucht** *f* flugt fra ulykkessted; **2frei** skadefri; **~meldung** *f* meddelelse om ulykke; **~station** *f* rednings-station, ambulancestation, skadestue; **~stelle** *f* ulykkessted *n*; **~verhütung** *f* forebyggelse mod ulykker; **~versiche-**

rung *f* ulykkesforsikring

un'fass|bar, **~lich** ufattelig

un'fehlbar ufejlbar(lig); **2keit** *f* ⟨0⟩ ufejlbarlighed

un|fein ufin; **~fern** (*G od von D*) ikke langt fra; **~fertig** ufærdig, ufuldendt; *fig* umoden; **2flat** *m* ⟨-(e)s; 0⟩ snavs *n*; skidt *n*; *fig* svineri *n*, sjofelhed; **~flätig** svinsk, sjofel; **~folgsam** ulydig; **~förmig** uformelig; **~förmlich** uformel; **~frankiert** ufrankeret

unfrei ufri; **2heit** *f* ⟨0⟩ ufrihed; **~willig** ufrivillig

unfreundlich uvenlig; (*hart*) barsk; **2keit** *f* uvenlighed; barskhed

Un|friede(n) *m* ufred; **2friesiert** ufriseret; **2froh** mismodig, forknyt

unfruchtbar ufrugtbar; gold; **2keit** *f* ⟨0⟩ ufrugtbarhed

Unfug *m* ⟨-(e)s; 0⟩ uvæsen *n*, postyr *n*; (*Straßen2*) gadeoptøjer *pl*; (*Schabernack*) kåd streg, puds *m*; **grober ~** grov forseelse, krænkelse af offentlig orden

un|fügsam umedgørlig; **~galant** ugalant, uhøflig

Ungar|(In) (*In*) ['uŋɡar(ɪn)] *m* ⟨-n⟩ (*f*) ungarer, **2isch** ungarsk; **~n** *n* Ungarn *n*

ungastlich ugæstfri; **2keit** *f* ⟨0⟩ ugæstfrihed

unge|achtet *prp* (*G*) uagtet, trods; **~ahnt** uanet, uforudset; **~bärdig** (*wild*) ustyrlig; (*schlecht erzogen*) uopdragen; **~beten** uopfordret; (*ungeladen*) ubuden, selvbuden; **~beugt** ubøjet (*a* GRAM); **~bildet** udannet; **~bleicht** ubleget; **~brannt** ubrændt; **~bräuchlich** ualmindelig, ikke skik og brug; **~braucht** ubrugt, ny; **~brochen** ubrudt (*a fig*)

Ungebühr *f* ⟨0⟩ utilbørlighed; **2lich** utilbørlig; usømmelig, upassende

ungebunden ikke bunden; (*ledig*) ugift; *Buch*: uindbunden; *Rede*: ubunden; *fig* tøjlesløs, fri; **2heit** *f* ⟨0⟩ ubundethed, frihed

unge|deckt udækket; *Scheck*: dækningsløs; **~dient** som ikke har aftjent sin værnepligt

Ungeduld *f* utålmodighed; **2ig** utålmodig

unge|eignet ikke egnet, uegnet; **~fähr** *adj* omtrentlig; *adv* omtrent, cirka; *nicht von ~* ikke helt tilfældigt; **~fährdet** sikker, betrygget; ufarlig; **~fährlich** ufarlig, **~fällig** uvenlig; (*unangenehm*) utiltalende; **~färbt** ufarvet; *Lebensmittel*: ikke tilsat farve; **~fragt** uspurgt; ØKON ikke efter-spurgt; **~füge** plump, klodset; **~halten** vred, stødt (*über A*/over); **~heizt** uopvarmet; **~hemmt** uhindret, uden hindring, uhæmmet; *pej* tøjlesløs

ungeheuer uhyre, vældig, kæmpemæssig; 2 *n* uhyre *n*; **~lich** F (*empörend*) uhyrlig

unge|hindert uhindret; **~hobelt** uhøvlet; *fig* ubehøvlet; **~hörig** upassende, utilbørlig; **~horsam** ulydig; 2**horsam** *m* ulydighed (*gegen* A/mod); **~hört** uhørt, uden at blive hørt

Ungeist *m* ⟨-(e)s; 0⟩ åndløshed; uvæsen *n*

unge|kämmt uredt, ukæmmet; **~klärt** uafklaret; uoplyst; *Abwässer.* urenset; **~kocht** ukogt; **~künstelt** ukunstlet; **~kürzt** uforkortet; **~laden** *Pers* ubuden; MIL uladt

ungelegen ubelejlig, til besvær; 2**heiten** *f*pl: **j-m ~ machen** gøre én ulejlighed

unge|lehrig tungnem; **~lenk(ig)** stiv; (*unbeholfen*) kejtet; **~lernt** *Arbeiter.* ufaglært; **~lesen** ulæst; **~logen** uden løgn; **~löscht** uslukket; NAUT ulosset; *Kalk:* ulæsket; 2**mach** *n* ⟨-s; 0⟩ besværlighed; (*Unglück*) modgang; **~mein** ualmindelig; *adv* særdeles; **~mischt** ublandet

ungemütlich uden hygge; *Pers* ubehagelig; 2**keit** *f* ⟨0⟩ uhygge, ubehagelighed

ungenannt unævnt, anonym

ungenau unøjagtig, upræcis; 2**igkeit** *f* unøjagtighed

ungeneigt utilbøjelig

ungeniert [-ʒeˈ-] ugenert; 2**heit** *f* ⟨0⟩ ugenerthed

unge|nießbar *Speise:* uspiselig; *Getränk:* udrikkelig; *fig* utålelig; **~nügend** utilstrækkelig; **~nutzt, ~nützt** uudnyttet; **~ordnet** uordnet; **~pflegt** uplejet; *Pers* usoigneret; **~rächt** uhævnet; **~rade** skæv; *Zahl:* ulige; **~raten** vanartet; **~rechnet** ikke medregnet

ungerecht uretfærdig; **~fertigt** uberettiget; 2**igkeit** *f* uretfærdighed

ungereimt *fig* urimelig, fjollet; 2**heit** *f* urimelighed, fjolleri *n*

ungern ugerne, nødig

unge|rührt urørt; **~sagt** usagt; **~ lassen** lade være usagt; **~salzen** usaltet; **~säuert** usyret; **~säumt** usømmet; *adv* (*sofort*) straks; **~schehen** usket; **etw. ~ machen** gøre ngt. ugjort

Ungeschick|lichkeit *f*) *n* ⟨-(e)s; 0⟩ kejtethed; (*Unglück*) uheld *n*; 2**t** klodset, kejtet

unge|schlacht ⟨-est⟩ kluntet, klodset; **~schlechtlich** kønsløs; **~schliffen** usleben (*a fig*); **~schmälert** ubeskåret, uformindsket; **~schminkt** usminket (*a fig*); **~schoren** uklippet; **j-n ~ lassen** *fig* lade én være fred; **~schützt** ubeskyt-

tet; **~schwächt** usvækket; **~sehen** uset; **~sellig** uselskabelig; **~setzlich** ulovlig; 2**setzlichkeit** *f* ulovlighed; **~sittet** uciviliseret, udannet; **~stempelt** ustemplet; **~stört** uforstyrret; i fred (og ro); **~straft** ustraffet; **~stüm** voldsom, ubehersket; 2**tüm** *n* ⟨-s; 0⟩ voldsomhed, heftighed; **~sund** (*schädlich*) usund; (*krank*) syg; **~tan** ugjort; *etw. ~ lassen* lade ngt. ugjort; **~teilt** udelt; JUR uskiftet; **~trübt** klar; (*ungestört*) uforstyrret; *ein ~es Vergnügen* en ren fornøjelse; 2**tüm** *n* ⟨-s; 0⟩ uhyre *n*, monstrum *n*; **~übt** uøvet; **~wandt** ubehændig, klodset; **~waschen** uvasket; F (*dreckig*) beskidt

ungewiss uvis, usikker; (*zweifelhaft*) tvivlsom; 2**heit** *f* uvished, usikkerhed; tvivlsomhed

unge|wöhnlich usædvanlig; **~wohnt** uvant; **~wollt** utilsigtet, uden at ville det; **~zählt** utalt, talløs; **~zähmt** utæmmet, urégerlig; 2**ziefer** *n* ⟨-s; 0⟩ utøj *n*, skadedyr *pl*; kryb *n*

ungezogen uopdragen, uartig; 2**heit** *f* uopdragenhed; taktløshed

ungezügelt tøjlesløs

ungezwungen fri, afslappet, utvungen; 2**heit** *f* ⟨0⟩ utvungenhed, afslappethed

ungiftig ugiftig

Unglaub|e *m* vantro; 2**haft** utroværdig, utrolig

ungläubig vantro; 2**e(r)** vantro

un|glaub|lich utrolig; **~würdig** ['un-] utroværdig

ungleich ujævn; (*verschieden*) forskellig, ulig, uens; *adv* langt; **~ besser** langt bedre; **~artig** uensartet; **~förmig** uensformet, usymmetrisk; 2**heit** *f* ujævnhed; (*Verschiedenheit*) ulighed; **~mäßig** uregelmæssig, uensartet; **~namig** MATH uensbenævnte

Unglück *n* ⟨-(e)s; -e⟩ ulykke; (*Pech*) uheld *n*; *zu allem ~* til alt uheld, uheldigvis; 2**lich** ulykkelig; uheldig; 2**licher'weise** uheldigvis; **~sbote** *m* ulykkesbud *n*; 2**selig** ulyksalig

Unglücks|fall *m* ulykkestilfælde *n*; **~rabe** *m* F ulykkesfugl; **~stelle** *f* ulykkessted *n*; **~tag** *m* ulykkesdag, tygebrahesdag

Un|gnade *f* ⟨0⟩ unåde; *in ~ fallen (bei D)* falde i unåde (hos); 2**gnädig** unådig; (*schlecht*) dårlig; (*unfreundlich*) uvenlig; 2**grade** → *ungerade*

ungültig ugyldig; *für ~ erklären* erklære ugyldig; 2**keit** *f* ⟨0⟩ ugyldighed; 2**keitserklärung** *f* ugyldighedserklæring

Un|gunst *f* ugunst; (*Ungnade*) unåde; *zu*

Ihren ~*en* i Deres disfavør; 2*günstig* ugunstig, uheldig; (*ungnädig*) unådig; 2*gut: nichts für ~!* tag det ikke ilde op!, undskyld!; 2*haltbar* uholdbar (*a fig*); 2*handlich* uhåndterlig, upraktisk; 2*harmonisch* uharmonisk

Unheil *n* ulykke; 2*bar* uhelbredelig; *fig* uoprettelig; ~*barkeit f ⟨0⟩* uhelbredelighed; ~*stifter m* ulykkesstifter; uromager; 2*voll* ulyksalig, ødelæggende

unheimlich uhyggelig; *adv* F (*sehr*) fantastisk

unhöflich uhøflig; 2*keit f* uhøflighed

Un|hold *m ⟨-(e)s; -e⟩* utyske *n*; (*Kobold*) trold; 2*hörbar* uhørlig; 2*hygienisch* uhygiejnisk

uni [y'ni·] ensfarvet, umønstret

Uni *f ⟨-; -s⟩* F → **Universität**

uni'form uniform, ensartet; 2 *f* uniform; ~*ieren* [-'mi:-] uniformere (*a fig*); 2*i'tät f ⟨0⟩* ensartethed

Uni|kum *n ⟨-s; Unika⟩* original; 2*late'ral* unilateral, ensidig

uninteres|sant uinteressant, kedelig; ~*iert* uinteresseret, ligegyldig

Union [-'nǐo:n] *f* union; forbund *n; die Europäische ~* den Europæiske Union

univer'sal [-vɛʁ-] universal; 2*erbe m* universalarving; 2*ien* [-lǐən] *f/pl* universalia *pl*, almene begreber *pl*; 2*i'tät f ⟨0⟩* universalitet; 2*mittel n* universalmiddel *n*; 2*schlüssel m* universalnøgle

univer'sell [-vɛʁ-] universel

Universi'tät *f* universitet *n*

Universi'täts|bibliothek *f* universitetsbibliotek *n*; ~*laufbahn f* universitetskarriere; ~*professor m* professor ved universitetet; ~*studium n* universitetsstudium *n*

Universum [-'vɛʁ-] *n ⟨-s; 0⟩* univers *n*

unkameradschaftlich ukammeratlig

Unke *f* klokkefrø; 2*n* F gøre bange, skræmme, male fanden på væggen

unkennt|lich ukendelig; 2*lichkeit f ⟨0⟩* ukendelighed; 2*nis f ⟨0⟩* ukendskab *n*

un|keusch ukysk; ~*kindlich* ubarnlig; ~*kirchlich* ukirkelig

unklar uklar (*a fig*); (*undeutlich*) utydelig; *im 2en sein über* (*A*) ikke være klar over; 2*heit f* uklarhed

un|klug uklog; ~*kollegial* ukollegial; ~*kompliziert* ukompliceret; ~*kontrollierbar* ukontrollabel, ikke til at kontrollere; ~*körperlich* ulegemlig; ~*korrekt* ukorrekt

Unkosten *pl* omkostninger *pl*; ~*beitrag m* bidrag *n*, entré

Unkraut *n* ukrudt *n* (*a fig*); ~ *vergeht nicht fig* F ukrudt forgår ikke så let; ~*bekämpfungsmittel n* sprøjtemiddel *n* (mod ukrudt), herbicid *n*

un|kriegerisch ukrigerisk; ~*kritisch* ukritisk; ~*kultiviert* ukultiveret; ~*kündbar* uopsigelig; ~*kundig* (*G*) ukendt (med), uvidende (om); ~*längst* for kort tid siden, nylig; ~*lauter* uren; unfair; ÖKON illoyal; ~*leidlich* utålelig; ~*leserlich* ulæselig; ~*leugbar* unægtelig, ubestridelig

unlieb ubehagelig, ukær; ~*sam* ubehagelig, uheldig

un|liniert ulinjeret; ~*logisch* ulogisk

unlös|bar, ~*lich* uløselig; CHEM *u Ehe*: uopløselig

Unlust *f ⟨0⟩* ulyst; (*Abneigung*) modvilje; (*Überdruss*) lede; ~*gefühl n* modvilje; 2*ig* uvillig, utilbøjelig; (*mürrisch*) gnaven

un|manierlich grov; *adv* umanerlig; ~*männlich* umandig; 2*maß n ⟨-es; 0⟩* overmål *n*; 2*masse f* vældig masse (*od* bunke); ~*maßgeblich* skønsmæssig; *Meinung:* uforgribelig

unmäßig umådelig; umådeholden; 2*keit f ⟨0⟩* mangel på mådehold

Unmenge *f* vældig mængde

Unmensch *m* umenneske *n*, uhyre *n*; 2*lich* umenneskelig; ~*lichkeit f* umenneskelighed

un|merk|bar, ~*lich* umærkelig

un|messbar umådelig; ~*missverständlich* ikke til at misforstå; ~*mittelbar* umiddelbar, direkte; ~*möbliert* umøbleret; ~*modern* umoderne

unmöglich umulig; 2*keit f ⟨0⟩* umulighed

un|moralisch umoralsk; ~*motiviert* umotiveret

unmündig umyndig; (*minderjährig*) mindreårig; 2*keit f ⟨0⟩* umyndighed; mindreårighed

unmusikalisch umusikalsk

Unmut *m* mismod *n*, uvilje; 2*ig* mismodig; ærgerlig

un|nachahmlich uforlignelig; ~*nachgiebig* ubøjelig, hård, ueftergivende; 2*keit f ⟨0⟩* ubøjelighed

unnachsichtlig skånselsløs

un'nahbar utilgængelig; *fig* utilnærmelig; 2*keit f ⟨0⟩* utilnærmelighed

un|natürlich unaturlig; ~*nennbar* unævnelig, usigelig; ~*notiert* ikkenoteret

unnötig unødvendig; (*überflüssig*) overflødig; ~*er'weise* helt unødvendigt (*od* overflødigt)

unnütz *⟨-est⟩* unyttig; (*untauglich*) ubrugelig

UNO f: die ~ (= *United Nations Organiza-*
tion) Forenede Nationer (*Abk.* FN)

unordentlich uordentlig; *Pers bsd, Arbeit:*
sjusket, sløset; ⒉keit f ⟨0⟩ uordentlighed;
sløseri n, sjuskeri n

Unordnung f uorden; *in ~ geraten*
komme i uorden

un|organisch uorganisk; ~orthodox uor-
todoks; ~paar(ig) umage; *Zahlen:* ulige;
~pädagogisch upædagogisk

unpartei|isch upartisk; ⒉lichkeit f ⟨0⟩
upartiskhed

un|passend upassende; ~passierbar
ufarbar, ufremkommelig; *Grenze:* ikke
passabel

unpässlich upasselig, utilpas, sløj; ⒉keit f
⟨0⟩ upasselighed, utilpashed

unpatriotisch upatriotisk

un|persönlich upersonlig; ~pfändbar der
ikke kan gøres udlæg i; ~poetisch upo-
etisk; ~politisch upolitisk; ~populär
upopulær; ~praktisch upraktisk, kejtet,
klodset; ~präzis(e) upræcis, unøjagtig;
~problematisch uproblematisk; ~pro-
duktiv uproduktiv; ~proportioniert
uproportioneret

unpünktlich unøjagtig; *Zeit:* upræcis; ~
sein ikke komme til tiden; ⒉keit f ⟨0⟩
det at komme for sent; unøjagtighed

un|qualifiziert ukvalificeret; ~rasiert
ubarberet; ⒉rast f ⟨0⟩ rastløshed, hvile-
løshed; ⒉rat m ⟨-(e)s; 0⟩ skarn n, snavs
n; *(Müll)* affald n; ~ wittern fig ane uråd;
~ratsam utilrådelig; ~realistisch urea-
listisk

unrecht uret; *(falsch a)* gal, forkert; ~ *ha-*
ben have uret; ⒉n ⟨-(e)s; 0⟩ uret; *zu ~*
med urette; ~ *haben* → *unrecht; im ~*
sein have uret; ~mäßig uretmæssig;
⒉mäßigkeit f ⟨0⟩ uretmæssighed

un|redlich uredelig; ~reflektiert ureflek-
teret

unregelmäßig uregelmæssig (*a* GRAM);
⒉keit f uregelmæssighed (*a fig*)

unreif umoden (*a fig*); ⒉e f umodenhed

unrein uren (*a fig*); *(schmutzig)* snavset;
⒉heit f urenhed; ~lich urenlig

un|rentabel urentabel; ~'rettbar som ikke
kan reddes

unrichtig urigtig, forkert, gal; ⒉keit f urigtighed

Unruh|e f uro (*a Uhr*); ~n pl uroligheder pl;
in ~ versetzen forurolige; ~eherd m uro-
centrum n; ~estifter m urostifter, ballademager; ⒉ig urolig

unrühmlich uden glorie; u(ros)værdig

uns (→ *wir*) D u A os; *(einander)* hinanden

unsach|gemäß uhensigtsmæssig, uegnet,
forkert; ~lich usaglig

un|'sagbar, ~'säglich u(ud)sigelig; ~sanft
ublid, hård

unsauber uren(lig), snavset; *fig a* smudsig; SPORT unfair; ⒉keit f urenhed, snav-
sethed

un|schädlich uskadelig; ~ *machen* uska-
deliggøre; ~scharf uskarp, uklar;
~schätzbar uvurderlig, ubetalelig;
~scheinbar uanselig; beskeden;
~schicklich upassende, ufin, plump;
~schlagbar uovervindelig

unschlüssig ubeslutsom, tvivlrådig; ⒉keit
f ⟨0⟩ ubeslutsomhed

un|'schmelzbar usmeltelig; ~schön
uskøn

Unschuld f ⟨0⟩ uskyld(ighed); ⒉ig uskyldig (*a unberührt, harmlos usw*); ~smiene
f uskyldig mine

un|schwer let, uden vanskelighed;
~selbstständig uselvstændig; ~selig
ulyksalig

unser|(e f u pl) vor (vort n, vore pl) *der*
(*die, das)* ~e vor (vort n, vore pl); F vores;
die ~en pl vore(s) egne; ~einer, ~eins en
som os (*od* mig), en af vor (*od* min) slags;
~(er)seits på (*od* fra) vor side; ~es'gleichen vor(e) lige(mænd)

unsert|'halben, ~'wegen, um ~willen for
vor(es) skyld

unsicher usikker; *(gefährlich)* farlig; *(un-*
gewiss) uvis; ⒉heit f usikkerhed; ⒉heits-
faktor m usikkerhedsfaktor

unsichtbar usynlig

Unsinn m ⟨-(e)s; 0⟩ sludder n, vås n, vrøvl
n; ⒉ig meningsløs; ⒉lich usanselig

Unsitt|e f uskik; ⒉lich usædelig

un|solide usolid; *fig* udsvævende; ~sozial
usocial, asocial; ~sportlich usportslig

uns|re → *unser(e)*; ~rige: *der, die* ⒉ vores;
die ⒉n pl vore(s) egne

un|stabil ustabil; ~statthaft utilladelig

un|'sterblich udødelig; ⒉keit f ⟨0⟩ udøde-
lighed

Unstern m ⟨-(e)s; 0⟩ ulykkelig stjerne

unstet ⟨-est⟩ ustadig, urolig; ⒉igkeit f ⟨0⟩
ustadighed, ubestandighed

unstillbar uudslukkelig, umættelig

unstimmig divergerende; ⒉keit f uover-
ensstemmelse, divergens; F kurre på tråden

un|sträflich ustraffelig; ~streitig ubestri-
delig, sikker; ⒉summe f vældig sum (*od*
masse); ~sympathisch usympatisk;
~systematisch usystematisk

untadel|haft ⟨-est⟩, ~ig udadlelig, ulastelig

un|talentiert ubegavet; 2**tat** f udåd, ugerning
untätig uvirksom; 2**keit** f ⟨0⟩ uvirksomhed
untauglich uegnet, uduelig (*zu* D/til); *für* ~ **erklären** MIL kassere
unteilbar udelelig; 2**keit** f ⟨0⟩ udelelighed
unten nede; nedenunder; forneden; *nach* ~ nedad; *von* ~ (*bis oben*) nedefra (*og* opad); *siehe unten* se nedenfor; ~'**an** forneden; ~'**stehend** nedenstående
unter (A, D) under; (*zwischen*) (i)blandt, (i)mellem; ~ *ander(e)m* (*u. a.*) blandt andet (bl. a.); ~ *der Hand* underhånden; → *untere(r, -s)* u *unterste(r, -s)*
Unter|abteilung f underafdeling; ~**arm** m underarm; ~**art** f underart; ~**bau** m ⟨-(e)s; -ten⟩ underbygning, grundmur; 2**belegt** ikke fuldt belagt; 2**belichtet** undereksponeret; ~**bett** n underdyne
unterbewert|en undervurdere; 2**ung** f undervurdering
Unter|bewusstsein n underbevidsthed; 2**bezahlt** underbetalt; 2'**bieten** underbyde; *Rekord* slå; 2'**binden** underbinde, omsnøre; *fig* stoppe; 2'**bleiben** v/i ⟨sn⟩ ikke ske, ikke blive til ngt., opgives; ~**bodenschutz** m undervognsbehandling, tectylbehandling
unter'brech|en afbryde (*a* EL); 2**er** m afbryder; 2**ung** f afbrydelse
unter'breiten forelægge (*j-m etw.* én ngt.)
unterbring|en skaffe plads til, indlogere; *Auto* stille hen; *in e-r Stellung* ~ ØKON anbringe i en stilling; 2**ung** f anbringelse; indlogering, indkvartering
Unter|deck n underdæk n; 2'**des(sen)** imidlertid, ime(de)ns; ~**druck** m undertryk n
unter'drück|en undertrykke (*a fig*); 2**er** m undertrykker; 2**ung** f undertrykkelse
untere(r, -s) nedre, lavere; ~**ei'nander** indbyrdes, mellem hinanden; ~**entwickelt** underudviklet
unterernähr|t underernæret; 2**ung** f ⟨0⟩ underernæring
unter|'fangen: *sich* ~ vove, driste sig (G/til); 2'**fangen** n ⟨-s; 0⟩ forehavende n; (*Wagnis*) vovestykke n; ~**fassen** tage under armen; *untergefasst* arm i arm; ~**fertigen** underskrive, undertegne; 2'**führung** f tunnel, underføring; 2**futter** n underfor n; 2**gang** m nedgang; *fig* undergang; NAUT undergang, forlis n; 2**gattung** f underart
unter'geben *adj* undergiven; 2**e(r)** underordnet
unter|·gehen v/i ⟨sn⟩ gå ned; NAUT forlise,

gå under; *fig* forgå; ~**geordnet** underordnet; 2**geschoss** n → *Erdgeschoss*; 2**gestell** n understel n; 2**gewicht** n ⟨-(e)s; 0⟩ undervægt; ~'**gliedern** differentiere, opdele
Untergrund m ⟨-(e)s; 0⟩ undergrund (*a fig*); ~**bahn** f → *U-Bahn*; ~**bewegung** f undergrundsbevægelse
unter|·haken → *unterfassen*; ~**halb** (G) nedenfor
Unter|halt m ⟨-(e)s; 0⟩ underhold n; (*Lebens*2) (midler *pl* til) livets ophold; (*Alimente*) alimentationsbidrag n; 2·**halten** holde under; (*pflegen*) vedligeholde; (*ernähren*) forsørge; *Gesellschaft* underholde, more; *sich* ~ snakke sammen; more sig
unter'halt|end underholdende, morsom; 2**er** m entertainer; ~**sam** underholdende
Unterhalts|beitrag m underholdsbidrag n, alimentationsbidrag n; 2**berechtigt** underholdsberettiget; ~**kosten** *pl* underholdsomkostninger *pl*; *Haus usw*: omkostninger *pl* for vedligeholdelse; ~**pflicht** f forsørgelsespligt
Unter'haltung f vedligeholdelse; (*Ernährung*) forsørgelse; *Gesellschaft*: underholdning; (*Gespräch*) samtale; ~**slektüre** f morskabslæsning; ~**smusik** f underholdningsmusik; ~**sstück** n underholdningsstykke n
unter|'handeln v/i underhandle (*über* A/om); 2**händler** m underhandler; (*Vermittler*) mellemmand; 2'**handlung** f underhandling
Unter|haus n ⟨-(e)s; 0⟩ POL underhus n; ~**haut** f underhud; ~**hemd** n undertrøje; 2'**höhlen** → *unter graben*; ~**holz** n ⟨-es; 0⟩ underskov; ~**hose** f underbukser *pl*; (*Damen-*) trusser *pl*; 2**irdisch** underjordisk; 2'**jochen** underkue, undertvinge; 2·**jubeln**: *j-m etw.* ~ F tillægge (*od* pådutte) én ngt.; 2'**kellern** ⟨-re⟩ forsyne med kælder; ~**kiefer** m underkæbe; undermund
Unterkleid n underkjole; ~**ung** f underbeklædning
unter|·kommen v/i ⟨sn⟩ komme under tag, finde ly; få plads, blive anbragt; 2**kommen** n (hus)ly n, logi n, ophold n; (*Stellung*) plads, ansættelse; 2**körper** m underkrop; ~**kriechen** v/i ⟨sn⟩ F → *unterkommen*; ~**kriegen** F få bugt med; *sich nicht* ~ *lassen* holde humøret oppe; 2'**kühlung** f under(af)køling

Unterkunft f ⟨-; ⁀e⟩ (hus)ly n, logis n, kvarter n; **~ und Verpflegung** kost og logi; **~sverzeichnis** n hotelliste

Unterlage f underlag n; fig bevismateriale n, (nødvendigt) dokument n, bilag n; **~n** pl papirer, dokumenter pl

Unterland n ⟨-(e)s; 0⟩ lavland n

Unterlass m: **ohne ~** uden ophør, uophørlig

unter·las|sen undlade, forsømme; (aufgeben) opgive; **2ung** f undladelse; **2ungssünde** f undladelsessynd

Unterlauf m ⟨-(e)s; 0⟩ nedre løb n

unter·laufen modarbejde; **j-m ist ein Fehler ~** der har indsneget sig en fejl hos én, nogen har begået en fejl her; **mit Blut ~ sein** være blodunderløben

unter|'legen belægge på undersiden; (füttern) fore; **~·legen** lægge under, underlægge; **j-m etw. ~** fig tillægge én ngt

unter·legen adj underlegen, svagere, ringere; **j-m ~ sein** være én underlegen; **2e(r)** taber; **2heit** f ⟨0⟩ underlegenhed

Unterlegscheibe f underlagsskive

Unterleib m underliv n; **~sleiden** n underlivslidelse

unter·liegen v/i ⟨sn⟩ bukke under (D/for), blive den underlegne; SPORT tabe til; **→ a unter·legen**

Unterlippe f underlæbe

unterm F = **unter dem**

unter|'malt malt fig underlagt; **2'malung** f (Musik-) underlægningsmusik; **~'mauern** fig fundere, underbygge; bestyrke; **~·mengen** blande i (od imellem)

Untermiete f fremleje; **in** (od **zur**) **~ wohnen** have et værelse, bo til (frem)leje; **~r(in)** m(f) logerende

untermi·'nier|en underminere; **2ung** f underminering

unter·mischen → untermengen

unter·nehm|en foretage (sig); (vornehmen) påtage sig; **2en** n foretagende n (a Betrieb); (Betrieb) virksomhed n, (Vorhaben) forehavende n; **~end** foretagsom; **2ensberater** m erhvervskonsulent; **2er(in)** m(f) virksomhedsleder; **die ~** pl arbejdsgiverne; **2ertum** n ⟨-s; 0⟩ arbejdsgiverne pl, arbejdsgiverkredse pl

Unter·nehmung f foretagende n; **~sgeist** m ⟨-(e)s; 0⟩ foretagsomhedsånd; **2slustig** foretagsom, virksom

Unteroffizier m underofficer

unter·ordn|en underordne (**sich j-m** sig én); **→ a untergeordnet**; **2ung** f underordning (a GRAM); ZO, BOT underart

Unter|pfand n fig pant n; **2·pflügen** pløje

ned; **~prima** f Schule: anden gymnasieklasse; **2privilegiert** underprivilegeret

unter·red|en: sich ~ tale sammen (**mit j-m über** A/med én om); **2ung** f samtale, konference; interview n

Unter|richt m ⟨-(e)s; 0⟩ undervisning (**in** D/i); **~·erteilen** undervise (**in** D/i); **2'richten** undervise (**in** D/i); (benachrichtigen, informieren) underrette; **gut unterrichtet** velunderrettet

Unterrichts|anstalt f undervisningsanstalt; **~brief** m undervisningsbrev n; **~fach** n undervisningsfag n; **~kunde** f ⟨0⟩, **~lehre** f ⟨0⟩ didaktik-metodik; **~methode** f undervisningsmetode; **~minister** m undervisningsminister; **~stunde** f (undervisnings)time; **~wesen** n ⟨-s; 0⟩ undervisningsvæsen n

Unter|'richtung f ⟨0⟩ undervisning; information, underretning; **~rock** m (under)skørt n

unters F = **unter das**

unter·sag|en forbyde; **2ung** f forbud n

Untersatz m underlag n, underskål; (Platte) plade; (Sockel) fod

unter·schätz|en undervurdere; **2ung** f undervurdering

unter·scheid|bar adskillelig; til at skelne; **~en** skelne (**zwischen** D/mellem); **sich ~** (**von** D) adskille sig (fra); **2ung** f skelnen; adskillelse; **2ungsmerkmal** n skelnemærke n; **2ungsvermögen** n ⟨-s; 0⟩ skelneevne

Unter|schenkel m smalben n; **~schicht** f lavere socialt lag n; **2schieben** skyde under; Absicht tillægge

Unterschied m ⟨-(e)s; -e⟩ forskel; **2lich** forskellig; **2slos** uden forskel, i flæng; F over én kam

unter|'schlagen begå underslæb; Brief, Nachricht holde tilbage; **~·schlagen** lægge over kors; **2'schlagung** f bedrageri n, underslæb n; tilbageholdelse

Unterschlupf m ⟨-(e)s; -e⟩ husly n, smuthul n; **~ gewähren** give husly

unter·schlüpfen v/i ⟨sn⟩ smutte ind, komme i ly; **~'schreiben** skrive under (på); **~·schreiten** underskride, være mindre end; **2schrift** f underskrift, signatur; **~schwellig** ubevidst; subliminal

Untersee|boot n → **U-Boot**; **2isch** undersøisk

Unterseite f underside

unter·setz|en sætte under; **2setzer** m brik, undersats; **~'setzt** undersætsig; **~'spülen** undergrave; **2'staatssekretär** m departementschef; **2stand** m (hus)ly *n,* halvtag *n;* MIL dækning; **~ste(r, -s)** nederst, underst; **~'stehen** *v/i (D)* stå under, høre ind under; **sich ~** *fig* understå sig, driste sig til

unter'|stellen antage, gå ud fra; *j-m etw. ~* tillægge *(od* pådutte) én ngt.; **~'stellen** stille (ind) under; *Auto, Fahrrad* sætte i garage; *sich ~* søge ly; **2'stellung** *f* insinuation, beskyldning

unter'|streichen understrege *(a fig);* **2stufe** *f* begyndertrin *n; Schule:* lavere trin *n*

unter'stütz|en (under)støtte *(a fig);* **2ung** *f* understøttelse *(a Geld-); fig a* støtte; **2ungsempfänger** *m (von Sozialhilfe)* bistandsklient

unter'such|en undersøge; *sich ~ lassen* blive undersøgt; **2ung** *f* undersøgelse

Unter'suchungs|ausschuss *m* undersøgelseskommission; **~gefangene(r)** varetægtsarrestant; **~gefängnis** *n* varetægtsarrest; **~haft** *f* varetægtsarrest; **~richter** *m* undersøgelsesdommer

Unter'tage|arbeiter *m* minearbejder; **~bau** *m* ⟨-(e)s; -e⟩ minedrift

untertan *(D)* undergiven; **2 m** ⟨-en⟩ undersåt; **2engeist** *m* ⟨-(e)s; 0⟩ overdreven autoritetstro

unter'tänig underdanig, meget ærbødig; **2tasse** *f* underkop; **~'tauchen** *v/i ⟨sn⟩* dykke (ned); POL gå under jorden; *v/t* dukke (under), dyppe; **2teil** *m od n* underdel

unter'teil|en inddele, opdele; **2ung** *f* inddeling, opdeling

Unter'titel *m Film:* tekst(ning), undertitel; *mit ~n* tekstet; **~ton** *m* undertone *(a fig)*

unter'treib|en F underdrive; **2ung** *f* F underdrivelse

unter'|tunneln ⟨-le⟩ grave en tunnel under; **~vermieten** fremleje; **~versichert** underforsikret; **~wandern** infiltrere; **2wäsche** *f* ⟨0⟩ undertøj

Unterwasser *n* ⟨-s; 0⟩ grundvand *n*

Unter'wasser|behandlung *f* undervandsbehandling; **~bombe** *f* dybvandsbombe; **~fotografie** *f* undervandsfotografi *n;* **~jagd** *f* undervandsjagt; **~massage** *f* undervandsmassage

unter'wegs undervejs

unter'weis|en undervise, vejlede; instruere; **2ung** *f* vejledning; undervisning; instruktion

Unterwelt *f* underverden *(a Mafia usw)*

unter'werf|en underkaste *(sich* sig); **2ung** *f* underkastelse

unterwürfig underdanig, krybende; **2keit** *f* ⟨0⟩ underdanighed

unter'zeichn|en undertegne, underskrive; **2er** *m* undertegner; **2ete(r)** undertegnede; **2ung** *f* undertegnelse

Unterzeug *n* ⟨-(e)s; 0⟩ F undertøj *n*

unter'|ziehen *Kleider* tage på (under ngt.); **~'ziehen** underkaste *(sich e-r S. D/*sig ngt.); *(übernehmen)* påtage sig

untief ikke dyb, lav; **2e** *f* lavt sted *n,* grund; *(Abgrund)* bundløst dyb *n*

Un|tier *n* udyr *n,* uhyre *n;* **2tilgbar** uudslettelig; ÖKON ubetalelig; **2'tragbar** uudholdelig, utålelig; **2trainiert** utrænet

un'trennbar uadskillelig; GRAM ægte sammensat; **2keit** *f* ⟨0⟩ uadskillelighed

untreu utro; **2e** *f* utroskab

un|'trinkbar udrikkelig; **~'tröstlich** utrøstelig; **~'trüglich** ufejlbarlig; **~'tüchtig** uduelig; **2tugend** *f* udyd; uvane; **~tunlich** ugørlig

unüber'|brückbar uoverstigelig *(a fig);* **~hörbar** ikke til at overhøre

unüber'legt uoverlagt, ubetænksom; **2heit** *f* ⟨0⟩ ubetænksomhed

unüber'|schaubar uovervejet; **~'schreitbar** ikke til at overskride; **~'sehbar** uoverskuelig; **~'setzbar** uoversættelig; **~sichtlich** uoverskuelig; rodet; **~'tragbar** som ikke kan overføres; personlig; uoversættelig; **~'trefflich** uovertræffelig; **~'troffen** uovertruffen; **~'windlich** uovervindelig

unüblich usædvanlig

unum'gänglich uomgængelig; uundgåelig; **2keit** *f* ⟨0⟩ uomgængelighed, uundgåelighed

unum|schränkt uindskrænket; **~stößlich** uomstødelig; **~stritten** ubestridelig; *adv* ubestridt; **~wunden** uforbeholden, ligefrem, åben

ununterbrochen uafbrudt; uforstyrret

unver'änder|lich uforanderlig; **2lichkeit** *f* ⟨0⟩ uforanderlighed; **~t** uforandret

unver'antwortlich uforsvarlig, uansvarlig; **2keit** *f* ⟨0⟩ uforsvarlighed

unver'|äußerlich uafhændelig; → *unverkäuflich;* **~'besserlich** uforbederlig; **~bindlich** uden forbindende; ikke bindende; *(unhöflich)* uhøflig; **~blümt** åbenhjertig; *adv a* lige ud; **~brüchlich** ubrødelig; **~bürgt** ubekræftet; **~dächtig** umistænkelig, troværdig; **~daulich** ufordøjelig *(a fig);* **~daut** ufordøjet *(a fig);* **~derblich** ufordærvelig; **~dient** ufortjent

unverdorben ufordærvet *(a fig);* **2heit** *f* ⟨0⟩ ufordærvethed

unver|drossen ufortrøden; **~dünnt** ufortyndet; **~ehelicht** ugift; **~eidigt** ikke edfæstet

unver'einbar uforenelig; **2keit** *f* ⟨0⟩ uforenelighed

unver'fälscht uforfalsket; **∼fänglich** uskyldig; intetsigende

unverfroren uforskammet, ugenert; **2heit** *f* ⟨0⟩ uforskammethed, ugenerthed

unver'gänglich uforgængelig; evig; **∼gessen** ikke glemt; **∼'gesslich** uforglemmelig

unver'gleich|**bar**, **∼lich** uforlignelig, enestående

unver|**hältnismäßig** uforholdsmæssig; **∼heiratet** ugift; **∼hofft** uventet; **∼hohlen** åbenlys; **∼'jährbar** som ikke forældes; **∼käuflich** usælgelig; **∼'kennbar** umiskendelig; **∼kürzt** uforkortet; *fig* ubeskåret; **∼langt** *Manuskript*: uopfordret

unver'letz|**bar**, **∼lich** usårlig; *fig* ukrænkelig; **2lichkeit** *f* ⟨0⟩ usårlighed; *fig* ukrænkelighed; **∼t** ['un-] usåret, uskadt

unver|**lierbar** umistelig; **∼mählt** uformælet, ugift

unver'meid|**bar**, **∼lich** uundgåelig

unver|**mietet** ikke udlejet; **∼mindert** uformindsket; **∼mischt** ublandet; (*rein*) ren; **∼mittelt** pludselig, umotiveret, uventet, brat, uden overgang

Unvermögen *n* ⟨-s; 0⟩ uformåen(hed), uduelighed, udygtighed; **2d** uformående, svag; (*arm*) fattig, uden formue

unver|**mutet** uventet; **2nunft** *f* ufornuft; **∼nünftig** ufornuftig; meningsløs; **∼öffentlicht** ikke offentliggjort; **∼packt** uindpakket, uemballeret; **∼richtet**: *∼er Dinge* med uforrettet sag; **∼'rückbar** *fig* urokkelig

unverschämt uforskammet; **2heit** *f* uforskammethed

unver|**schleiert** utilsløret (*a fig*); **∼'schließbar** ikke til at låse(s); **∼schlossen** ikke aflåset; **∼schuldet** gældfri; *fig* uforskyldt; **∼sehens** uforvarende, uventet; **∼sehrt** uskadt, velbeholden; **∼sichert** uforsikret; **∼siegelt** uforseglet; **∼'sieglich** uudtømmelig

unversöhnlich uforsonlig; **2keit** *f* ⟨0⟩ uforsonlighed

unversorgt uforsørget

Unverstand *m* uforstand; **2en** uforstået

unverständ|**ig** uforstandig; **∼lich** uforståelig; **2lichkeit** *f* ⟨0⟩ uforståelighed; **2nis** *n* ⟨-ses; 0⟩ mangel på forståelse

unver|**steuert** ufortoldet; (*steuerfrei*) skattefri; **∼sucht** uprøvet; **∼träglich** ufordragelig; (*unvereinbar*) uforenelig; *Speise*: vanskeligt fordøjelig; **∼wandt** ufravendt;

pludselig; **∼'wechselbar** ikke til at tage fejl af; **∼'wehrt** uhindret; **∼'wendbar**, **∼'wertbar** ubrugelig, uanvendelig; **∼'weslich** som ikke rådner op; **∼'wischbar** uudslettelig

unver'wund|**bar** usårlig; **2barkeit** *f* ⟨0⟩ usårlighed; **∼et** ['un-] usåret

unver|**'wüstlich** uopslidelig, uforgængelig; **∼zagt** uforsagt; **∼'zeihlich** utilgivelig; **∼'zinslich** rentefri; **∼zollt** ufortoldet; **∼'züglich** ufortøvet, straks

unvollendet ufuldendt

unvollkommen ufuldkommen; **2heit** *f* ufuldkommenhed

unvollständig ufuldstændig; **2keit** *f* ⟨0⟩ ufuldstændighed

unvor|**bereitet** uforberedt; **∼eingenommen** uhildet, fordomsfri, upartisk; **∼hergesehen** uforudset; **∼sätzlich** uforsætlig

unvorsichtig uforsigtig; **∼er'weise** uforsigtig nok; **2keit** *f* uforsigtighed

unvor|**'stellbar** ufattelig; **∼teilhaft** ufordelagtig; *Kleidung*: som ikke klæder én

un'wägbar *fig* uvis, uforudsigelig

unwahr usand, falsk; **∼haftig** usandfærdig; **2heit** *f* usandhed, falskhed

unwahrscheinlich usandsynlig; **2keit** *f* usandsynlighed

un|**'wandelbar** uforanderlig; **∼wegsam** ufremkommelig, uvejsom; **∼weiblich** ukvindelig; **∼'weigerlich** uvægerlig; **∼weit** (*G od von*) ikke langt fra; **∼wert** *fig* uværdig; **2wert** *m* ⟨-(e)s; 0⟩ værdiløshed; **2wesen** *n* ⟨-s; 0⟩ uvæsen *n*; *sein ∼ treiben* drive sit uvæsen; **∼wesentlich** uvæsentlig; **2wetter** *n* uvejr *n*; **∼wichtig** uvigtig

unwider|**'legbar** uigendrivelig; **∼'ruflich** uigenkaldelig; **∼'sprochen** uimodsagt; **∼'stehlich** uimodståelig

unwieder'bringlich uopretelig, uigenkaldelig

Unwill|**e(n)** *m* uvilje; (*Zorn*) harme; **2ig** uvillig; (*zornig*) harmfuld; **2kommen** *adj* uvelkommen; **2kürlich** uvilkårlig

unwirk|**lich** uvirkelig; **∼sam** ineffektiv; (*ungültig*) ugyldig

unwirsch ⟨-*est*⟩ gnaven, uvenlig, mut

unwirt|**lich** ugæstfri; (*öde*) øde; **∼schaftlich** uøkonomisk

unwissen|**d** uvidende; ubevidst; **2heit** *f* ⟨0⟩ uvidenhed; **∼schaftlich** uvidenskabelig; **∼tlich** uafvidende

unwohl utilpas, dårlig; *mir ist ∼* jeg er dårlig tilpas, jeg er ikke rask; **2sein** *n* ⟨-s; 0⟩ ildebefindende *n*

un|**wohnlich** rodet, uden hygge; **2wucht** *f*:

e-e **~ haben** *Rad*: kaste, ikke være afbalanceret; **~würdig** uværdig; **2zahl** *f* ⟨0⟩ utal *n*, vældig mængde

unzähl|bar, **~ig** utallig; **~ige Mal(e)** utallige gange, tit og ofte

un|'zähmbar utæmmelig; **~zart** ufin, taktløs

Unze *f* unse, ounce

Unzeit *f*: **zur~** i utide; **2gemäß** ⟨-*est*⟩ utidssvarende; **2ig** utidig

unzer|brechlich holdbar, som ikke kan gå i stykker; *fig* ubrydelig; **~'reißbar** som ikke kan rives itu; **~'störbar** uforgængelig, som ikke kan ødelægges; **~'trennlich** uadskillelig

un|ziemlich upassende, usømmelig; **~zivilisiert** uciviliseret; **2zucht** *f* utugt; **~ treiben** drive utugt; **~züchtig** utugtig

unzufrieden utilfreds, misfornøjet; **2heit** *f* utilfredshed

unzugänglich utilgængelig (*a fig*); **2keit** *f* ⟨0⟩ utilgængelighed

unzulänglich utilstrækkelig, mangelfuld; **2keit** *f* utilstrækkelighed, mangelfuldhed

unzu|lässig utilladelig; **~mutbar** urimelig

unzurechnungsfähig utilregnelig; **2keit** *f* ⟨0⟩ utilregnelighed

unzu|reichend utilstrækkelig; **~sammenhängend** usammenhængende; **~ständig** inkompetent, ubeføjet; **~träglich** skadelig, usund

unzutreffend urigtig, forkert; **2es bitte streichen** det ikke ønskede bedes overstreget

unzuverlässig upålidelig; **2keit** *f* ⟨0⟩ upålidelighed

un|zweckmäßig uhensigtsmæssig; **~zweideutig** utvetydig, klar; **~zweifelhaft** utvivlsom

üppig yppig; BOT frodig (*a Haar*); *Formen*: svulmende, yppig; (*reich*) overdådig, rig; **2keit** *f* ⟨0⟩ yppighed; frodighed

Ur *m* ⟨-(*e*)*s*; -*e*⟩ urokse

Ur|abstimmung *f* urafstemning; **~ahn** *m* oldefader; (*Stammvater*) stamfader; **~ahne** *f* oldemoder; stammoder; **2alt** ældgammel

U'ran *n* ⟨-*s*; 0⟩ uran *n*; **~erz** *n* uranmalm

urauf|führen uropføre; **2ung** *f* uropførelse, (ur)premiere

ur'ban urban; **~i'sieren** urbanisere; **2i'tät** *f* ⟨0⟩ urbanitet

urbar opdyrket; **~ machen** opdyrke; **2machung** *f* ⟨0⟩ opdyrkning

Ur|bevölkerung *f* urbefolkning; **~bewohner** *m* urindbygger; **~bild** *n* urbillede *n*, grundtype; **2christlich** urkristelig; **2dä-**

nisch kernedansk, F pæredansk; **2deutsch** ægte tysk, kernetysk; **2eigen** ejendommelig, medfødt; **im ~sten Interesse** i egen interesse; **~eltern** *pl* forfædre *pl*; **~enkel(in)** *m(f)* barnebarns barn *n*; **~form** *f* grundform; **2ge'mütlich** vældig hyggelig (*od rar*); **2germanisch** urgermansk; **~geschichte** *f* ⟨0⟩ forhistorie, oldtid; **~großmutter** *f* oldemor; **~großvater** *m* oldefar; **~grund** *m* urgrund

Urheber *m* ophavsmand (G/til); (*Verfasser*) forfatter (G/til); **~recht** *n* ophavsret; **~schaft** *f* ⟨0⟩ forfatterskab *n*; initiativ *n*

U'rin *m* ⟨-*s*; -*e*⟩ urin; **2ieren** [-'ni:-] lade vandet, urinere; **~probe** *f* urinprøve; **~untersuchung** *f* urinundersøgelse

ur|komisch grundkomisk, vanvittig sjov; **2kraft** *f* urkraft

Urkund|e *f* diplom *n* (*a* SPORT), aktstykke *n*, dokument *n*; **~enfälschung** *f* dokumentfalsk; **2lich** aktmæssig, dokumentarisk; **~ erwähnt** dokumenteret

Urlaub *m* ⟨-(*e*)*s*; -*e*⟩ ferie; MIL orlov (*a Beurlaubung*); **auf** (*od* **in**) **~ sein**, **~ haben** have (være på, holde) ferie; **bezahlter ~** betalt ferie; **~er(in)** *m(f)* feriegæst, ferierende; MIL soldat på orlov; **~erzug** *m* ferietog *n*

Urlaubs|geld *n* feriepenge *pl*; **~gesuch** *n* ansøgning om orlov; **~reise** *f* ferierejse; **~tag** *m* feriedag; **~verlängerung** *f* forlængelse af ferie (*od* orlov); **~versicherung** *f* ferie- og rejseforsikring; **~zeit** *f* ferietid

Urmensch *m* urmenneske *n*

Urne *f* urne; (*Wahl2*) valgurne; **~nhalle** *f* columbarium *n*, urnehal

ur|nordisch urnordisk; **~plötzlich** ganske pludselig; **2produkt** *n* råstof *n*; **2quell** *m* urkilde; *fig* ophav *n*; **2sache** *f* årsag, grund (G/til); **keine ~!** ingen årsag!; **~sächlich** årsags-, kausal; **2schrift** *f* original(dokument *n*); **2sprache** *f* grundsprog *n*; **2sprung** *m* udspring *n*; (*Herkunft*) oprindelse

ursprünglich oprindelig; naturlig; **2keit** *f* ⟨0⟩ oprindelighed; naturlighed

Ursprungs|land *n* oprindelsesland *n*; **~zeugnis** *n* oprindelsescertifikat *n*

Urständ *f*: **fröhliche ~ feiern** *scherzh* genopstå (i gammel glans)

Urstoff *m* urstof *n*; CHEM grundstof *n*

Urteil *n* JUR dom, kendelse; (*Ansicht*) mening, skøn *n*; **2en** *v/i* dømme (**über** *A*/om)

Urteils|begründung *f* domspræmisser *pl*;

2**fähig** kompetent, i stand til at dømme; **~kraft** f dømmekraft; **~spruch** m dom, kendelse; **~verkündung** f domsforkyndelse, domsafsigelse; **~vollstreckung** f domsfuldbyrdelse

Ur|text m grundtekst; **~tier** n ur(tids)dyr n; **~trieb** m urdrift; 2**tümlich** oprindelig; ægte, uberørt

Urur|enkel m tipoldebarn n; **~großeltern** pl tipoldeforældre pl

Ur|vater m stamfader; **~verwandtschaft** f urslægtskab n; **~vogel** m urfugl; **~volk** n urfolk n; **~wald** m urskov; **~welt** f urverden; 2**wüchsig** ejendommelig; oprindelig, ægte, uberørt; **~zeit** f urtid; **~zelle** f urcelle; **~zustand** m urtilstand, oprindelig tilstand

USA (= *Vereinigte Staaten von Amerika*) Amerikas forenede Stater

User(in) ['ju:zər(ın)] m ⟨-s; -⟩ (f) EDV bruger

Usur'p|ator m ⟨-s; -en [-'to:-]⟩ usurpator; 2**ieren** usurpere

Usus m ⟨-; 0⟩ skik, brug (n)

usw. (= *und so weiter*) og så videre (o. s. v., osv.)

Uten'silien [-liən] pl sager pl; (*Werkzeug bsd*) grej n; rekvisitter pl

Utilita'ris|mus m ⟨-; 0⟩ utilitarisme; 2**tisch** utilitaristisk

Uto'p|ie f utopi; 2**isch** [-'to:-] utopisk; **~ist(in)** m ⟨-en⟩ (f) utopist

u. U. (= *unter Umständen*) eventuelt, under visse omstændigheder

u.v.a.(m.) (= *und viele(s) andere (mehr)*) og meget andet/mange andre (*Abk.* o.m.a.)

uzen [u:] ⟨-t⟩ F drille, narre

V

V, v [fau] n V, v n

vag [va:k] ⟨-est⟩ → **vage**

Vaga'bun|d [v] m ⟨-en⟩ vagabond, landstryger; **~denleben** n ⟨-s; 0⟩ omstrejfende liv n; 2**dieren** v/i vagabondere

vag|e [v] vag, ubestemt; 2**heit** f ⟨0⟩ vaghed

Va'gina [v] f ⟨-; *Vaginen*⟩ vagina

va'kan|t [v] vakant, ledig; 2**z** f vacance

Vakuum ['va:ku·ʊm] n ⟨-s; *Vakua*⟩ vakuum n (a fig); 2**verpackt** vakuumpakket; **~verpackung** f vakuumpakning

Valentinstag m sanktvalentinsdag

Va'l|enz [v] f ⟨-; *Valuten*⟩ valens; **~uta** f ⟨-; *Valuten*⟩ valuta

Vamp [vɛmp] m ⟨-s; -s⟩ vamp; **~ir** [vam'-] m ⟨-s; -e⟩ vampyr

Van'dale [v] m ⟨-en⟩ -→ **Wandale**

Vanille [va'nıl(j)ə] f ⟨0⟩ vanille; **~eis** n vanilleis; **~soße** f vanillesovs

varia|bel [va'ria:-] ⟨-bl-⟩ variabel; 2**nte** f variant; 2**tion** [-'tsio:n] f variation

Vari|e'tät [va'ri·e·-] f varietet; **~e'té** n ⟨-; -s⟩ varieté; **~e'tétheater** n varietéteater n; 2**ieren** v/i variere

Va'sall [v] m ⟨-en⟩ vasal; **~enstaat** m vasalstat

Vase [v] f vase

Vase'line® [v] f ⟨0⟩ vaseline

Vater m ⟨-s; ⁀⟩ fader, F far; **~bindung** f faderbinding; **~figur** f fig faderskikkelse; **~freuden** f/pl faderglæder pl; **~haus** n barndomshjem n; **~land** n fædreland;

2**ländisch** fædrelandsk, fædrelands-

Vaterlands|liebe f fædrelandskærlighed; 2**los** fædrelandsløs

väterlich fader-; *fig* faderlig; **~er'seits** på fædrene side

Vater|liebe f ⟨0⟩ faderkærlighed; 2**los** faderløs; **~mörder** m *fig* F (stiv) flip; **~schaft** f ⟨0⟩ faderskab n (a fig), paternitet; **~schaftsklage** f faderskabsklage; **~stadt** f fødeby; **~stelle** f: **an ~** i fars sted; **~stolz** m faderstolthed; **~tag** m fars dag; **~'unser** n fadervor n

Vati m ⟨-s; -s⟩ far; *iron* farmand

Vati'kan [v] m: **der ~** Vatikanet

V-Auschnitt m V-udskæring

v. Chr. (= *vor Christus*) før Kristus (f. Kr.)

VEB (= *Volkseigener Betrieb*) nationaliseret virksomhed

Veganer(in) [v] ⟨-s, -⟩ m(f) veganer

Vege|'tarier(in) [-riər(ın)] m(f) vegetar(i-aner); 2**'tarisch** vegetarisk; **~es Essen** vegetarmad; **~tation** [-'tsio:n] f vegetation, plantevækst; 2**ta'tiv** vegetativ; 2**tie-ren** v/i vegetere

vehe'men|t [v] ⟨-est⟩ voldsom, heftig; 2**z** f ⟨0⟩ voldsomhed, heftighed

Ve'hikel [v] n F køretøj n

Veilchen n viol; 2**blau** violblå

Vektor [v] m ⟨-s; -en [-'to:-]⟩ vektor

Velours [ve·'lu:ʁ] m ⟨- [-'lu:ʁs]; 0⟩ velour n

Vene [v] f vene; **~nentzündung** f årebetændelse

ve'nerisch venerisk

venez|o'lanisch [v] venezuelansk; **2u'ela** *n* Venezuela *n*

ve'nös [v] venøs

Ven'til|l [v] *n* ⟨-s; -e⟩ ventil, klap; **~lation** [-'tsɪoːn] *f* ventilation; **~'lator** *m* ⟨-s; -en [-'toː-]⟩ ventilator; **2'lieren** ventilere (*a fig*)

ver'abfolgen (ud)levere, give

ver'abred|en aftale; **sich mit j-m ~** aftale at mødes med én; træffe aftale; **verabredet sein** have en aftale; **2ung** *f* aftale

ver'ab|reichen give (*a* MED); **~säumen** forsømme

ver'abscheuen afsky; **~swert** afskyelig

ver'abschied|en ⟨-e-⟩ sende afsted; (*entlassen*) afskedige; *Gesetz* vedtage; **sich ~** tage afsked (**von** *D*/med); **2ung** *f* afskedigelse; *Reise:* afsked

ver'achten foragte; **~swert** foragtelig

Ver'ächt|er *m* foragter; **2lich** foragtelig, hånlig

Ver'|achtung *f* ⟨0⟩ foragt; **2'albern** ⟨-re⟩ gøre til grin

verallge'**mein**er|n ⟨-re⟩ generalisere, **2ung** *f* generalisering

ver'alt|en *v/i* ⟨-e-; sn⟩ forældes; **~et** forældet, umoderne

Ve'randa [v] *f* ⟨-; *Veranden*⟩ veranda

ver'änder|bar foranderlig, til at lave om; **~lich** foranderlig, omskiftelig; *Wetter:* ustabil, ustadig; **2lichkeit** *f* ⟨0⟩ foranderlighed; **~n** forandre, ændre (**sich** sig); **2ung** *f* forandring, ændring; **e-e ~ erfahren** undergå en forandring

ver'ängstigen gøre ængstelig (*od* bange)

ver'anker|n forankre (*a fig*); *im Gesetz:* fastlægge; **2ung** *f* forankring; fastlæggelse

ver'anlag|en påligne; **~t** *fig* begavet, anlagt; **~ sein** have anlæg (for); **praktisch ~** praktisk anlagt; **2ung** *f* anlæg *n*, begavelse; (*Steuer-*) skatteansættelse, påligning

ver'anlass|en foranledige; **j-n zu etw. ~** bevæge én til ngt.; **2er** *m* initiativtager (*G*/til); **2ung** *f* foranledning; (*Ursache*) anledning; **auf ~ von** (*od G*) på foranledning af

ver'anschaulich|en anskueliggøre; **2ung** *f* ⟨0⟩ anskueliggørelse

ver'anschlag|en anslå, beregne (**auf** *A*/til); **2ung** *f* overslag *n*, beregning, vurdering

ver'anstalt|en ⟨-e-⟩ arrangere, iscenesætte; lave; **2er(in)** *m(f)* arrangør; **2ung**

---

f arrangement *n*; (*Treffen*) stævne *n*; **2ungskalender** *m* eventkalender

ver'antwort|en forsvare (**sich** sig), tage ansvaret for; **~lich** ansvarlig; R/TV, *Presse:* ansvarshavende; *Stellung:* ansvarsfuld; **2lichkeit** *f* ⟨0⟩ ansvar(lighed) *n*

Ver'antwortung *f* ansvar *n*; **j-n zur ~ ziehen** drage én til ansvar (**wegen** *G*/for)

Ver'antwortungs|bewusst ansvarsbevidst; **2gefühl** *n* ⟨-(e)s; 0⟩ ansvarsfølelse; **~los** ansvarsløs, uansvarlig; **~voll** ansvarsfuld

ver'äppeln ⟨-le⟩ F drille; **j-n ~** gøre grin med én

ver'arbeit|en forarbejde; *fig a* fordøje; **2ung** *f* forarbejdelse

ver'argen *j-m etw. ~* fortænke én i ngt.; (*Anstoß nehmen*) tage anstød af ngt. hos én

ver'ärger|n irritere, gøre ærgerlig; **2ung** *f* irritation, ærgrelse

ver'arm|en *v/i* ⟨*sn*⟩ forarmes; *fig* blive ringere; **~t** forarmet; **2ung** *f* ⟨0⟩ forarmelse

ver'arschen P gøre grin med; snyde; **~arzten** ⟨-e-⟩ F MED lægebehandle

ver'ästel|n ⟨-lc-⟩: **sich ~** forgrene sig (*a fig*); **2ung** *f* fig forgrening

ver'ausgaben give ud; **sich ~** anstrenge sig, lægge sig i selen

ver'auslagen lægge ud

ver'äußer|lich sælgelig; **2lichung** *f* ⟨0⟩ overfladiskhed; **~n** sælge; **2ung** *f* salg *n*

Ver|b [vɛʁp] *n* ⟨-s; -en⟩ verbum *n*; **2'bal** verbal, mundtlig; **~'balinjurie** [-ʁiə] *f* verbalinjurie

ver'ballhornen forkludre

Ver'band *m* MED forbinding, bandage; (*Verein*) forbund *n*, forening; MIL enhed; kontingent *n*; **~(s)kasten** *m* forbindskasse; forbindsstof *n*; **~svorsitzende(r)** foreningsformand, forbundsformand; **~(s)zeug** *n* forbindsager *pl*

ver'bann|en (lands)forvise; *fig* bandlyse; **2te(r)** landsforvist, fredløs; **2ung** *f* (lands)forvisning; bandlysning

ver|barrika'dieren barrikadere; **~'bauen** *Geld, Material* bruge op (ved at bygge); *Aussicht* lukke; *fig* hindre, spærre; **~'beißen** undertrykke, bide i sig; **sich in etw.** (*A*) **~** bide sig fast i ngt.; → *a* **verbissen**; **~'bergen** skjule (**vor** *D*/for; **sich** sig); → *a* **verborgen**

Ver'besser|er *m* forbedrer; **2n** forbedre; *Fehler:* rette; **verbesserte Auflage** gennemset oplag *n*

Ver'besserung *f* forbedring; *Fehler:* rettelse; **2sfähig** som kan forbedres; **~svor-**

schlag *m* forslag *n* til forbedring

ver'beug|en: *sich* ~ bukke (*vor D*/for); **2ung** *f* buk *n*

ver'beul|en slå buler i; **~t** bulet

ver'biegen bøje, forvride; *Fahrrad* ekse; **~biestert** F indædt, hårdnakket, usmidig; **~bieten** forbyde; **~bilden** misdanne; forkvakle; **~bildlichen** anskueliggøre

ver'billig|en nedsætte, billiggøre; **~t** nedsat; **2ung** *f* (pris)nedsættelse

ver'bind|en forbinde (*a* MED); (*vereinigen*) forene (*sich* sig); (*verknüpfen*) sammenbinde; TEL stille om (*mit D*/til); *falsch verbunden werden* TEL få forkert nummer; → *a* **verbunden**; **~lich** bindende, forpligtende; (*freundlich*) forbindtlig, imødekommende; **2lichkeit** *f* forpligt(ig)else; (*Freundlichkeit*) forbindtlighed, høflighed; (*Schulden*) gæld, finansielle forpligtelser *pl*; **2ung** *f* forbindelse (*a* BAHN, CHEM, TEL *u Beziehung*); (*Verkehrs-*) rute, linie; kontakt; (*Verein*) (studenter)forening; *in* ~ *bleiben* (*mit*) holde forbindelse (med); *in* ~ *treten* (*stehen*) træde (stå) i forbindelse (*mit D*/med), kontakte

Ver'bindungs|mann *m* kontaktmand; **~offizier** *m* kontaktofficer, forbindelsesofficer; **~stück** *n* forbindelsesstykke *n*; **~weg** *m* forbindelsesvej

ver'bissen indædt, stædig; **2heit** *f* ⟨*0*⟩ stædighed

ver'bitten: *sich* (*D*) *etw.* ~ frabede sig ngt., have sig ngt. frabedt

ver'bitter|n ⟨*-re*⟩ forbitre; **2ung** *f* ⟨*0*⟩ forbitrelse

ver'blassen *v/i* ⟨*sn*⟩ falme, tabe sig, blegne (*a fig*); **~bläuen** F tæve, gennembanke

Ver'bleib *m* ⟨*-(e)s; 0*⟩ opholdssted *n*; **2en** *v/i* ⟨*sn*⟩ (for)blive; (*übrig bleiben*) blive tilbage; (*verabreden*) aftale; *ich verbleibe mit freundlichen Grüßen* med venlig hilsen

ver'bleichen *v/i* ⟨*sn*⟩ falme, afbleges; → *a* **verblichen**

ver'blend|en blænde; ARCH beklæde; *fig* forblinde; **2ung** *f* *fig* forblindelse

ver'blichen afgået ved døden, afdød; (*verblasst*) falmet; **~blöden** *v/i* ⟨*-e-; sn*⟩ blive åndssvag; → **verdummen**

ver'blüff|en F narre, forbløffe; **~end** forbløffende; **~t** forbløffet; **2ung** *f* ⟨*0*⟩ forbløffelse

ver'blühen *v/i* ⟨*sn*⟩ afblomstre (*a fig*); **~blümt** forblommet; **~bluten** *v/i* ⟨*sn*⟩ forbløde; **~bocken** F: *etw.* ~ lave ngt. møg

ver'bohrt stædig; indgroet; fanatisk; **2heit**

f ⟨*0*⟩ stædighed; fanatisme

ver'borgen (*versteckt*) skjult, hemmelig; *im* **2en** i det skjulte; F → *verleihen*; **2heit** *f* ⟨*0*⟩ hemmelighed

Ver'bot *n* ⟨*-(e)s; -e*⟩ forbud *n*; **2en** forbudt, ikke tilladt; **2ener'weise** trods forbudet; **~sschild** *n* forbudsskilt *n*, forbudstavle

ver'bräm|en kante, besætte; *fig* camouflere; **~t** *fig* forblommet, camoufleret

ver'brannt (for)brændt

Ver'brauch *m* ⟨*-(e)s; 0*⟩ forbrug *n*; (*Abnutzung*) slitage; **2en** forbruge; (*abnutzen*) slide; **~er(in)** *m(f)* forbruger

Ver'braucher|beratung *f* forbrugervejledning; **~genossenschaft** *f* (for-) brugsforening; **~verband** *m* forbrugersammenslutning

Ver'brauchs|gegenstand *m* forbrugsgenstand; **~güter** *n/pl* forbrugsgoder *pl*; **~steuer** *f* forbrugsafgift, punktafgift

ver'brech|en forbryde, begå; **2en** *n* forbrydelse (*an D, gegen A*/mod); **2er** *m* forbryder

Ver'brecher|bande *f* forbryderbande; **2isch** forbryderisk; **~kartei** *f* forbryderkartotek *n*; **~laufbahn** *f* forbryderkarriere; forbryderbane; **~tum** *n* ⟨*-s; 0*⟩ forbrydervæsen *n*

ver'breit|en ⟨*-e-*⟩ udbrede (*sich über D*/sig over [*fig* om]); *Nachricht, Gerücht* udsprede; *Schrecken* ~ sprede skræk og rædsel; **2er** *m* udbreder; **~ern** ⟨*-re*⟩ udvide, gøre bredere; **2erung** *f* udvidelse; **2ung** *f* udbredelse; *Nachricht*: udspredelse

ver'brennen *v/i* ⟨*sn*⟩ brænde, opbrændes; *v/t* (op)brænde; *sich* ~ brænde sig (*an D*/på); → *a* **verbrannt**

Ver'brennung *f* forbrænding; opbrænding; **~smotor** *m* forbrændingsmotor; **~sofen** *m* forbrændingsovn

ver'brief|en bekræfte skriftligt, give brev på; *verbriefte Rechte n/pl* hævdvundne rettigheder; **~bringen** tilbringe

ver'brüder|n: *sich* ~ forbrødre sig; **2ung** *f* forbrødring

ver'brühen: *sich* ~ skolde sig

ver'buchen bogføre; *fig* notere; **~bummeln** F svire op; *Zeit* drive hen; (*vergessen*) glemme, forlægge

Ver'bund *m* ⟨*-(e)s; -e*⟩ samarbejde *n*; **2en** forbundet; *falsch* ~ TEL forkert nummer; *j-m* ~ *sein* være taknemmelig mod én

ver'bünd|en: *sich* ~*en* forene sig, indgå forbund; **2bundenheit** *f* ⟨*0*⟩ samhørighed; (*Dank*) taknemmelighed; **2bündete(r)** allieret; forbundsfælle

Ver'bund|glas n lamineret glas n; **~wirtschaft** f fælles driftsøkonomi (for flere industriarter)

ver'|bürgen garantere; **sich ~ für** (A) indeståe (od garantere) for; **~bürgerlicht** borgerliggjort; **~büßen** Strafe afsone; **2büßung** f⟨0⟩ afsoning; **~buttern** F Geld øde bort; **~chromen** forkrome

Ver'dacht m ⟨-(e)s; 0⟩ mistanke; **im ~ haben** mistænke, nære mistanke (til); **in ~ bringen** mistænkeliggøre; **in ~ stehen** være mistænkt (for)

ver'dächtig mistænkelig, mistænkt (G/for); **~en:** j-n e-r S. (G) ~ have (od nære) mistanke til én for ngt.; **2ung** f mistænkeliggørelse; mistanke

ver'damm|en fordømme (a verurteilen); (verfluchen) forbande; **2nis** f ⟨0⟩ fordømmelse (a REL.); **~t** F forbandet, pokkers; **~!** pokkers også!; **2ung** f⟨0⟩ (Fluch) forbandelse; (Missbilligung) fordømmelse

ver'dampf|en v/i ⟨sn⟩ fordampe; v/t lade fordampe; **2er** m fordamper; **2ung** f ⟨0⟩ fordampning

ver'|danken: j-m etw. ~ skylde én ngt., have én at takke for ngt.; **~dattert** F forfjamsket, målløs

ver'dau|en fordøje; fig a forstå, kapere; **~lich** fordøjelig; **leicht** (**schwer**) ~ let (tungt) fordøjelig

Ver'dauung f ⟨0⟩ fordøjelse; **~beschwerden** f/pl fordøjelsesvanskeligheder pl; **~skanal** m fordøjelseskanal

Ver'deck n ⟨-(e)s; -e⟩ NAUT dæk n; (Wagen2) kaleche; **2en** (zudecken) tildække; (verbergen) skjule; Aussicht lukke for

ver'denken fordømme (j-m etw. én i ngt.)

Ver'derb m ⟨-(e)s; 0⟩ fordærv n, ødelæggelse; **2en** v/i ⟨L; sn⟩ blive fordærvet; ødelægges; (zugrunde gehen) gå til grunde; v/t fordærve, ødelægge; **es mit j-m ~** blive uvenner med én; **sich den Magen ~** få dårlig mave; → a verdorben; **~en** n ⟨-s; 0⟩ fordærv(else) n; (Untergang) undergang; j-n ins ~ stürzen styrte én i fordærvelse; **~er** m gdelægger; **2lich** Speisen: fordærvelig; (moralisch) fordærvelig, skadelig; **~nis** f⟨0⟩, **~theit** f⟨0⟩ fordærvelse

ver'deutlich|en tydeliggøre; **2ung** f ⟨0⟩ tydeliggørelse

ver'deutschen fortyske; (übersetzen) oversætte til tysk

ver'dicht|en fortætte, komprimere; **sich ~** fortættes, blive tyk(kere) (od tættere); Gerücht: antage fastere form; **2er** m kompressor; **2ung** f fortætning; Motor: kompression

ver'dick|en gøre tyk(kere); kondensere; **2ung** f fortykkelse; kondensation

ver'dien|en tjene; fig fortjene; **→ a verdient;** **2er** m forsørger

Ver'dienst ⟨-(e)s; -e⟩ **1.** m fortjeneste, indtægt; **2.** n fig fortjeneste; **~ausfall** m tab n af fortjeneste; **~kreuz** n fortjenstkors n; **2lich** fortjenstfuld; **~möglichkeit** f mulighed for fortjeneste; **~orden** m fortjenstorden; **~spanne** f margen for fortjeneste, avance; **2voll** fortjenstfuld

ver'dient fig fortjent; **sich ~ machen um** (A) gøre sig fortjent af; **~ermaßen** som fortjent

Ver'dikt n [v] n ⟨-(e)s; -e⟩ kendelse, dom

ver'ding|en: **sich ~** tage arbejde; **~lichen** konkretisere

ver'dolmetschen oversætte, (for)tolke

ver'donner|n F dømme; **~t** som ramt af lynet

ver'doppel|n ⟨-le⟩ fordoble; **2ung** f ⟨0⟩ fordobling

ver'dorben ødelagt; Pers Essen: fordærvet; Magen: dårlig; **2heit** f ⟨0⟩ fig fordærvelse

ver'dorren v/i ⟨sn⟩ fortørres, visne, visne ind (od hen)

ver'dräng|en fortrænge (a Komplexe); **2ung** f fortrængning (a fig); (Wasser) deplacement n

ver'dreh|en forvride; fig fordreje; **j-m den Kopf ~** fig fordreje hovedet på én; **die Augen ~** rulle med øjnene; **~t** forvreden; fig fordrejet, forskruet; **2theit** f ⟨0⟩ forskruethed, tosseri n; **2ung** f forvridning; fig fordrejning

ver'|dreifachen tredoble; **~dreschen** F tæve, gennembanke

ver'drieß|en ⟨L⟩ ærgre; **sich nicht von etw. ~ lassen** ikke være ked af ngt.; → a verdrossen; **~lich** fortrædelig, ærgerlig; (unangenehm) kedelig; **2lichkeit** f fortrædelighed

ver'drossen fortrydelig, mut, tvær; **2heit** f ⟨0⟩ fortrydelighed, tværhed

ver'|drucken trykke fejl; **~drücken** trykke ud af facon; F (essen) sætte til livs; **sich ~** F stikke af, fordufte; **2druss** m ⟨-es; -e⟩ fortrædelighed, ærgrelse; **j-m ~ machen** ærgre én, bekymre én; **~duften** v/i ⟨sn⟩ F fordufte, stikke af

ver'dumm|en v/t fordumme; v/i ⟨sn⟩ blive dummes; **2ung** f ⟨0⟩ fordummelse

ver'dunkel|n formørke; MIL mørklægge; fig fordunkle; **2ung** f ⟨0⟩ formørkelse;

V

mørklægning; *fig* fordunkling; **2ungsgefahr** *f* ⟨0⟩ JUR fare for flugt; fare for påvirkning af vidner

ver'dünn|en fortynde; **2ung** *f* fortynding
ver'dunst|en *v/i* ⟨-e-; *sn*⟩ fordampe; **2er** *m* fordamper; **2ung** *f* ⟨0⟩ fordampning
ver'dursten *v/i* ⟨-e-; *sn*⟩ tørste ihjel; F (*Durst haben*) forgå af tørst, vansmægte; **~düstern** ⟨-re⟩: *sich ~* formørkes
ver'dutzt forbløffet, forfjamsket; **~ebben** *v/i* ⟨*sn*⟩ ebbe ud, dø hen
ver'edel|n ⟨-le⟩ forædle; **2ung** *f* forædling
ver'ehelichen: *sich ~* gifte sig
ver'ehr|en ære; (*bewundern*) tilbede, beundre; REL dyrke; (*schenken*) forære; **2er** *m* tilbeder, beundrer; **2erin** *f* tilbederske; **2ung** *f* ⟨0⟩ højagtelse; REL tilbedelse, dyrkelse
ver'eidig|en edfæste, tage i ed; **~t** JUR taget i ed, edsvoren; *Sachverständiger usw*: autoriseret; **2ung** *f* edfæstelse
Ver'ein *m* ⟨-(e)s; -e⟩ forening; klub; *im ~ mit* (*D*) i forening med
ver'einbar forenelig; **~en** blive enige om; (*verabreden*) aftale; *sich ~ lassen* kunne forenes; **2keit** *f* ⟨0⟩ forenelighed; **2ung** *f* overenskomst; aftale; *nach ~* ifølge overenskomst (*od* aftale)
ver'einen forene; → *a* vereint
ver'einfach|en forenkle; **2ung** *f* forenkling
ver'einheitlich|en gøre ens, standardisere; **2ung** *f* standardisering
ver'einig|en forene (*sich* sig), samle; **~t** forenet; *die* **2en Staaten** de Forenede Stater; **2ung** *f* sammenslutning, forening; (*das Vereinigen*) samling
ver'einnahm|en indkassere; oppebære, modtage; **~t**: *~ werden* *fig* blive taget til indtægt (*für A*/for)
ver'einsam|en *v/i* ⟨*sn*⟩ blive ensom, isoleres; **2ung** *f* ⟨0⟩ ensomhed, isolering
Ver'eins|beitrag *m* kontingent *n*; **~haus** *n* klubhus *n*; **~mitglied** *n* foreningsmedlem *n*; **~wesen** *n* ⟨-s; 0⟩ foreningsvæsen *n*
ver'eint forenet, fælles; *die* **2en Nationen** de Forenede Nationer (FN); **~zelt** enkelt, spredt
ver'eis|en *v/i* ⟨-t; *sn*⟩ blive til is, fryse til, tilise; *Schiff, Flugzeug*: overise; **2ung** *f* tilfrysning; overisning
ver'eitel|n ⟨-le⟩ kuldkaste, forpurre; **2ung** *f* ⟨0⟩ kuldkastelse, forpurring
ver'eiter|n *v/i* ⟨*sn*⟩ bulne, være betændt; **~t** fuld af materie; **2ung** *f* betændelse, byld
ver'ekeln: *j-m etw. ~* give én afsmag for ngt., spolere ngt. for én

ver'elend|en *v/i* ⟨-e-; *sn*⟩ synke dybere; blive fattigere, proletariseres; **2ung** *f* ⟨0⟩ elendighed, forarmelse, proletarisering
ver'enden *v/i* ⟨*sn*⟩ krepere, dø
ver'eng|en indsnævre; *sich ~ Straße*: blive smallere; **~ern** ⟨-re⟩ gøre snævrere, lægge ind; **2ung** *f* indsnævring
ver'erb|en efterlade; *fig* nedarve (*j-m* til én); *sich ~* gå i arv (*auf A*/til); **2ung** *f* ⟨0⟩ nedarvelse; arvelighed; **2ungslehre** *f* arvelighedslære
ver'ewigen forevige (*sich* sig)
ver'fahren 1. *v/i* ⟨*sn*⟩ gå frem, bære sig ad; *~ mit* (*D*) behandle; *v/t Geld, Zeit* bruge, køre op; *sich ~* køre forkert (*od* galt); *fig* køre fast; 2. *adj Angelegenheit*: forkludret; **2** *n* fremgangsmåde, adfærd; (*Methode*) metode; JUR sag, proces; *ein ~ einleiten* anlægge sag (*gegen A*/mod)
Ver'fall *m* ⟨-(e)s; 0⟩ forfald *n* (*a* ÖKON); *in ~ geraten* komme i forfald; **2en** *v/i* ⟨*sn*⟩ forfalde (*a* ÖKON); (*ungültig werden*) blive ugyldig; *auf etw.* (*A*) *~* finde på ngt.; *j-m ~* komme under éns indflydelse; **~sdatum** *n Lebensmittel*: holdbarhedsdato; **~serscheinung** *f* degenerationstegn *n*, tegn *n* på forfald
ver'fälsch|en forfalske; *Text* forvanske; **2er** *m* forfalsker, falskner; **2ung** *f* forfalskning; forvanskning
ver'fangen *v/i* hjælpe, nytte; *sich ~* hage sig fast (i); indvikle sig (*in Widersprüche* i modsigelser); **~fänglich** kilden, pinlig; kritisk; **~färben**: *sich ~* skifte farve
ver'fass|en forfatte; **2er(in)** *m(f)* forfatter(inde)
Ver'fassung *f* forfatning (*a fig*); POL forfatning; *in Dänemark*: grundlov; (*Zustand*) tilstand; **2gebend** grundlovgivende
Ver'fassungs|änderung *f* grundlovsændring; **~bruch** *m* grundlovsbrud *n*; **~feind** *m* statsfjende; **2mäßig** forfatningsmæssig, grundlovssikret; **~schutz** *m* (*Sicherheitsorgan*) efterretningsvæsen *n*; **~treue** *f* troskab *n* mod grundloven; **2widrig** grundlovsstridig
ver'faulen *v/i* ⟨*sn*⟩ rådne (op)
ver'fecht|en forfægte, forsvare; **2er** *m* forfægter, forkæmper
ver'fehl|en forfejle (*a Ziel*); (*versäumen*) undlade, forsømme; *den Weg ~* tage fejl af vejen; *den Zug ~* komme for sent til toget; *j-n ~* ikke træffe én; **~t** forfejlet (*a misslungen*); **2ung** *f* forseelse
ver'feinden ⟨-e-⟩: *sich ~* blive uvenner (*mit D*/med)

ver'feiner|n ⟨-re⟩ forfine; ‚**ung** f forfinelse

ver'fertigen lave, forfærdige; ‚**festigen** befæste; ‚**fetten** v/i ⟨-e-; sn⟩ blive fed; ‚**feuern** brænde op

ver'film|en filmatisere; ‚**ung** f filmatisering

ver'filzen v/i ⟨sn⟩ sammenfiltre(s); → a **Filz**; ‚**finstern** ⟨-re⟩: (sich) ‚ formørke(s)

ver'flach|en v/t forfladige, gøre flad; v/i ⟨sn⟩ blive flad; fig forfladiges; ‚**ung** f ⟨0⟩ fig forfladigelse

ver'flecht|en sammenflette; fig indvikle; ‚**ung** f sammenfletning; forvikling; ÖKON fusion, sammenslutning

ver'|fliegen v/i ⟨sn⟩ flyve bort; fig forflygtiges, svinde; ‚**fließen** v/i ⟨sn⟩ flyde bort; Zeit: forløbe; Grenzen: blive flydende; → a **verflossen**; ‚**flixt** ⟨-est⟩ F forbandet, Søren(s) (schwierig) indviklet; ‚**flossen** tidligere; svunden

ver'fluch|en forbande; ‚**t** F forbandet, fordømt, pokkers; ‚**!** pokkers også!

ver'|flüchtigen (sich) forflygtige(s); ‚**fluchung** f forbandelse

ver'flüssig|en gøre flydende; smelte; ‚**ung** f ⟨0⟩ smeltning; hydrering, overgang til væske

Ver'folg m ⟨-(e)s; 0⟩ forløb n, gang; ‚**en** forfølge (a Plan, Absicht, Ziel); Spur følge; ‚**er** m forfølger; ‚**ung** f forfølgelse; ‚**ungswahn** m forfølgelsesvanvid n

ver'form|bar deformérbar; ‚**en** omforme; deformere; ‚**ung** f MED deformitet

ver'fracht|en ⟨-e-⟩ forsende (som fragtgods); ‚**er** m afsender, forfragter

ver'fremd|en ⟨-e-⟩ fremmedgøre; ‚**ung** f fremmedgørelse

ver'fressen F adj forslugen; ‚**heit** f ⟨0⟩ grådighed

ver'|froren forfrosen, forkommen; ‚**früht** forhastet, for tidlig

ver'füg|bar disponibel, til rådighed stående; ‚**en** v/t befale, anordne; v/i disponere, råde (über A/over); ‚**ung** f disposition, rådighed; (Anordnung) forordning, bestemmelse; j-m etw. zur ‚ stellen stille ngt. til ens rådighed; j-m zur ‚ stehen stå til ens rådighed; ‚**ungsrecht** n rådighedsret, dispositionsret

ver'führ|en forføre, forlede (zu D/til); ‚**er(in)** m(f) forfører(ske); ‚**erisch** forførerisk, forførende; ‚**ung** f forførelse; ‚**ungskunst** f forførelseskunst

ver'fünffachen femdoble; ‚**futtern** F æde op; ‚**füttern** fodre (op); ‚**gabe** f tildeling; ‚**gaffen**: sich ‚ forgabe sig (in A/i); ‚**gällen** gøre bitter; fig forpurre, ødelægge;

‚**galop'pieren** F: sich ‚ forløbe sig; ‚**gammeln** v/i ⟨sn⟩ F Pers være (od blive) usoigneret; Sache: være forsømt; Pflanzen: rådne (op)

ver'gangen forgangen, svunden; (vorig) sidst, forrig; (vorbei) forbi; ‚**heit** f fortid; GRAM datid, imperfektum n

ver'gänglich forgængelig; ‚**keit** f ⟨0⟩ forgængelighed

ver'gas|en ⟨-t⟩ (in Gas verwandeln) forgasse; (töten) gasse; ‚**er** m karburator; ‚**ung** f ⟨0⟩ forgasning; gasning

ver'gattern ⟨-re⟩ F → **verdonnern**

ver'geb|en bortgive; Auftrag tildele; (verzeihen) tilgive; sich (D) nichts ‚ fig ikke tabe ansigtet, ikke være under ens værdighed; ‚**ens** forgæves; ‚**lich** forgæves (a adv), unyttig; frugtesløs; ‚**lichkeit** f ⟨0⟩ frugtesløshed; ‚**ung** f ⟨0⟩ tilgivelse; REL forladelse

vergegen'wärtigen: sich (D) etw. ‚ forestille sig ngt., holde sig ngt. for øje

ver'gehen v/i ⟨sn⟩ forgå; Zeit: forløbe, gå; (schwinden) gå over; ‚ vor (D) Angst (Durst) forgå af angst (tørst); mir vergeht der Appetit (die Lust) jeg taber appetitten (lysten); ihm vergeng Hören und Sehen fig han tabte både næse og mund; sich ‚ an (D) forgribe sig på, forbryde sig imod; → a **vergangen**; ‚ n forseelse; forbrydelse

ver'geistig|en åndeliggøre; ‚**t** spirituel

ver'gelt|en gengælde, lønne; ‚**ung** f ⟨0⟩ gengæld(else); ‚**ungsmaßnahme** f gengældelsesaktion

verge'sellschaft|en ⟨-e-⟩ socialisere; nationalisere; ‚**ung** f socialisering; nationalisering

ver'gessen ⟨L⟩ glemme; ‚ Sie nicht ...! husk ...!; ‚**heit** f ⟨0⟩ glemsel; in ‚ geraten blive glemt, gå i glemmebogen

ver'gesslich glemsom; ‚**keit** f ⟨0⟩ glemsomhed

ver'geud|en ⟨-e-⟩ spilde, bortødsle; ‚**er** m ødeland; ‚**ung** f ⟨0⟩ bortødslen, spild n

verge'waltig|en voldtage; fig øve vold imod; ‚**er** m ⟨-s, -⟩ voldtægtsmand; ‚**ung** f voldtægt; fig undertrykkelse, vold

verge'wissern ⟨-re⟩ forsikre, forvisse (sich sig; G/om); ‚**gießen** udøse; (unabsichtlich) spilde; Blut udgyde; Tränen fælde

ver'gift|en ⟨-e-⟩ forgifte, forgive (sich sig); ‚**ung** f forgiftning; ‚**ungserscheinung** f forgiftningssymptom n

ver'gilbt gulnet, falmet; ‚**gissmeinnicht** n ⟨-(e)s; -[e]⟩ forglemmigej; ‚**gittern**

V

⟨-re⟩ tilgitre; **∼glasen** ⟨-t⟩ forsyne med glasflade(r); indsætte ruder

Ver'gleich m ⟨-(e)s; -e⟩ sammenligning; (JUR, *Übereinkunft*) forlig n, overenskomst; **im ∼ zu** (D) i sammenligning med; **e-n ∼ schließen** JUR indgå forlig; **2bar** til at sammenligne, sammenlignelig; **2en** sammenligne; JUR forlige; **gleiche!** (*Abk.* **vgl.**) sammenlign, jævnfør (*Abk.* jf., jfr); **sich ∼** sammenligne sig, sammenligne (**mit** D/med); JUR indgå forlig; **∼spunkt** m sammenligningspunkt n; **∼sverfahren** n forligsprøve; **2sweise** *adv* forholdsvis; **∼ung** f sammenligning

ver'glimmen v/i ⟨sn⟩ gå ud, brænde ud; **∼glühen** v/i ⟨sn⟩ brænde ned, gå ud; ASTR brænde op

ver'gnüg|en fornøje, more (**sich** sig); **2en** n fornøjelse; **viel ∼!** god fornøjelse; **∼lich** fornøjelig; **∼t** fornøjet, glad, munter; **2ung** f fornøjelse, morskab

Ver'gnügungs|fahrt f lysttur; **∼lokal** n forlystelsessted n, forlystelsesetablissement n; **∼park** m forlystelsespark; **∼reise** f lystrejse, turistrejse, fornøjelsesrejse; **∼steuer** f forlystelsesskat; **2süchtig** forlystelsessyg; **∼viertel** n forlystelseskvarter n

Ver'gold|en ⟨-e-⟩ forgylde; **∼et** forgyldt; **2ung** f forgyldning

ver'gönnen (for)unde, tilstå

ver'götter|n ⟨-re⟩ forgude; **2ung** f forgudelse

ver'|graben nedgrave; *fig* begrave (**sich in** D, A/sig i); **∼grämt** forgræmmet; **∼grätzt** F forarget, sur; **∼graulen** skræmme bort; **∼greifen**: **sich ∼** gribe (*od* tage) fejl; *fig* forgribe sig (**an** D/på); **sich im Ton ∼** *fig* anslå en forkert tone; → **a vergriffen**; **∼greisen** v/i ⟨-t; sn⟩ ældes stærkt; få en (for) høj gennemsnitsalder; **∼griffen** *Buch, Ware*: udsolgt; **∼gröbern** ⟨-re⟩ gøre grov(ere)

ver'größer|n ⟨-re⟩ forstørre (*a Foto*); *Betrieb u räumlich*: udvide; **sich ∼** blive større; (*zunehmen*) forøges; **2ung** f forstørrelse; udvidelse; **2ungsglas** n forstørrelsesglas n

ver'gucken: **sich ∼** forgabe sig (**in** A/i)

ver'günstig|t billigere, til nedsat pris; **2ung** f begunstigelse; (*Erlaubnis*) (særlig) tilladelse; (*Ermäßigung*) (pris)nedsættelse

ver'güt|en ⟨-e-⟩ godtgøre, erstatte; **2ung** f godtgørelse, erstatning; (*Lohn*) løn

ver'haft|en anholde, arrestere; fængsle; **∼et**: (**mit**) e-r S. **∼ sein** føle sig stærkt knyttet til ngt.; **2ete(r)** anholdt, arrestant;

2ung f anholdelse; fængsling; **2ungsbefehl** m → **Haftbefehl**

ver'|hageln v/i ⟨sn⟩ blive ødelagt af haglvejr; **∼hallen** v/i ⟨sn⟩ dø hen, hendø

ver'halten: **sich ∼** forholde sig; (*sich betragen*) opføre sig; *adj* dæmpet, tilbageholdende; **2∼** n ⟨-s; 0⟩ (*Betragen*) opførsel, adfærd, holdning; **2heit** f ⟨0⟩ tilbageholdenhed

Ver'haltens|forschung f adfærdsforskning; **2gestört** adfærdsvanskelig; **∼störung** f adfærdsvanskelighed; **∼weise** f adfærd; fremgangsmåde

Ver'hältnis n ⟨-ses; -se⟩ forhold n (**a** *Liebschaft*); (*Umstand a*) kår pl; **im ∼ zu** (D) i forhold til; **∼se** pl forhold, kår, omstændigheder; **2mäßig** forholdsvis; **∼wahl** f forholdstalsvalg n; **∼wort** n ⟨-(e)s; ∼er⟩ forholdsord n, præposition

Ver'haltungsmaßregel f forholdsregel, instruks

ver'hand|eln forhandle, drøfte; JUR behandle; **2lung** f forhandling, drøftelse; JUR behandling; **2lungsgegenstand** m forhandlingsemne n; **2lungsrunde** f forhandlingsrunde

ver'hangen *adj Himmel*: med et tæt skydække

ver'häng|en tildække, tilhænge; *fig* anordne, bestemme; **e-e Strafe über j-n ∼** idømme én en straf; **2nis** n ⟨-ses; -se⟩ skæbne; **∼nisvoll** skæbnesvanger; **2ung** f ⟨0⟩ *fig* anordning, dekretering

ver'harmlos|en ⟨-t⟩ bagatellisere; **2ung** f bagatellisering

ver'|härmt ⟨-est⟩ forgræmmet; **∼harren** (for)blive; **∼ auf** (D) *od* **bei** holde fast ved; **∼harschen** v/i ⟨sn⟩ *Schnee*: blive hård; MED gro til, læges

ver'härt|en: **sich ∼** blive hård, hærdes; **2ung** f hærdning; *fig* forhærdelse, skærpelse

ver'|haspeln: **sich ∼** fortale sig; **∼hasst** ⟨-est⟩ forhadt; **∼hätscheln** forkæle

Ver'hau m ⟨-(e)s; -e⟩ forhugning; MIL a pigtrådshegn n; **2en** F (*prügeln*) gennemtæve; (**sich**) **∼** *fig* tage fejl

ver'heddern ⟨-re⟩ F: **sich ∼** gå i kludder

ver'heer|en hærge, ødelægge; **∼end** katastrofal, frygtelig; **2ung** f ødelæggelse

ver'hehlen skjule, fortie; → **a verhohlen**; **∼heilen** v/i ⟨sn⟩ læges

ver'heimlich|en hemmeligholde (**j-m** for én); **2ung** f hemmeligholdelse

ver'heirate|n bortgifte; **sich ∼** gifte sig; **∼t** gift

ver'heiß|en love; **2ung** f løfte n; REL for-

jættelse; **~ungsvoll** løfterig, lovende
ver'|heizen bruge til fyring; F *fig* ofre hensynsløst (*od* meningsløst); **~helfen**: *j-m zu etw. ~* hjælpe én til ngt
ver'herrlich|en forherlige; **2ung** *f* forherligelse
ver'hetzen ophidse, (op)fanatisere; **~heult** F forgrædt; **~hexen** forhekse; **~himmeln** *<-le>* hæve til skyerne
ver'hinder|n (for)hindre; *j-n ~* forhindre én (i); **~t: ~ sein** være forhindret (i); **2ung** *f* (for)hindring
ver'hohlen skjult
ver'höhn|en (for)håne; **2ung** *f* forhånelse
ver'hökern *<-re>* F gøre i penge
Ver'hör *n* *<-(e)s; -e>* forhør *n*, afhøring; *j-n ins ~ nehmen* tage én i forhør; **2en** forhøre; afhøre; *sich ~* høre fejl
ver'hüll|en tilhylle; *fig* skjule; **2ung** *f* tilhylning; *fig* tilsløring
ver'hungern *v/i* *<sn>* sulte ihjel, dø af sult; **~hunzen** *<-t>* F forkludre; ødelægge; **~hurt** P forhoret
ver'hüten forebygge, forhindre; **~hütten** *<-e->* udsmelte, bearbejde
Ver'hütung *f* *<0>* forebyggelse, forhindring; (*Schwangerschafts2*) prævention; **~smittel** *n* forebyggende middel *n*, præventiv *m*; (*Schwangerschafts-*) præventive midler *pl*
ver'hutzelt *<-est>* indskrumpet
verifi'zieren [v] verificere
ver'innerlich|en inderliggøre; PSYCH internalisere; **2ung** *f* *<0>* inderliggørelse; internalisering
ver'irr|en: *sich ~* gå vild; **~t** forvildet, vildfaren; **2ung** *f* vildfarelse
ver'jagen bortjage, fordrive
ver'jähr|en *v/i* *<sn>* blive ugyldig (*od* for gammel), fortabes; **~t** JUR forældet; **2ung** *f* *<0>* forældelse; **2ungsfrist** *f* forældelsesfrist
ver'jubeln F solde op, bortødsle
ver'jüng|en forynge; *sich ~* (*dünner werden*) blive tyndere; **2ung** *f* *<0>* foryngelse; formindskelse; **2ungskur** *f* foryngelseskur
ver'kalk|en *v/i* *<sn>* forkalke; **~t** forkalket (*a Pers* F)
verkalku'lieren: *sich ~* forregne sig
Ver'kalkung *f* *<0>* forkalkning
ver'|kannt miskendt; **~kantet** kantet; fastsiddende; **~kappt** maskeret, i forklædning; **~katert** forsviret
Ver'kauf *m* salg *n*; *zum ~* til salg; **2en** sælge; *zu ~* til salg; *j-m etw. ~* sælge én ngt., sælge ngt. til én; *sich nicht für*

dumm ~ lassen ikke hoppe på den
Ver'käuf|er *m* sælger; *Laden*: ekspedient; **~erin** *f* ekspeditrice; **2lich** til salg, salgbar; (*gut, schlecht …*) sælgelig
Ver'kaufs|abteilung *f* salgsafdeling; **~angebot** *n* salgstilbud *n*; **~bedingung** *f* salgsbetingelse; **2fördernd** salgsfremmende; **~leiter** *m* salgsleder; **~preis** *m* salgspris; **~schlager** *m* salgssucces; **~stand** *m* stade *n*, bod; **~wert** *m* salgsværdi
Ver'kehr *m* *<-(e)s; 0>* trafik, færdsel; (*Umgang*) omgang, samkvem *n*; (*Geschlechts2*) kønslig omgang, samleje *n*; **2en** *v/i* færdes, komme (ofte); *~ mit (D)* omgås, have omgang (*od* forbindelse) med; (*geschlechtlich*) have samleje (*mit D*/med); (*regelmäßig fahren*) køre, gå; NAUT sejle; *v/t (umdrehen)* fordreje; → *a verkehrt*
Ver'kehrs|ader *f* færdselsåre; **~ampel** *f* lyskurv; **~amt** *n* turistbureau *n*; **2arm** trafikfattig, trafiksvag; **~beruhigung** *f* *<0>* trafikdæmpning; **~betrieb** *m* trafikselskab *n*; **~delikt** *n* færdselsforseelse; **~dichte** *f* færdselstæthed; **~erziehung** *f* færdselslære; **~flugzeug** *n* rutefly *n*, trafikfly *n*; **~hindernis** *n* trafikhindring; **~insel** *f* (trafik)helle; **~knotenpunkt** *m* trafikalt knudepunkt *n*; **~lage** *f* trafiksituation; *gute ~* central beliggenhed; **~lärm** *m* trafikstøj; **~meldung** *f* trafikmelding; **~minister** *m* trafikminister; **~mittel** *n* befordringsmiddel *n*, transportmiddel *n*; (*sam*)færdselsmiddel *n*; **~netz** *n* færdselsnet *n*; **~opfer** *n* trafikoffer *n*; **~ordnung** *f* færdselslov; **~planung** *f* trafikplanlægning; **~polizist(in)** *m(f)* færdselsbetjent; **~problem** *n* trafikproblem *n*; **~recht** *n* *<-(e)s; 0>* færdselslovgivning; **~regelung** *f* færdselsregulering; **2reich** stærkt trafikeret; **~rowdy** *m* færdselsbølle; **~schild** *n* vejskilt *n*, færdselstavle; **2schwach** trafiksvag; **~sicherheit** *f* *<0>* færdselssikkerhed; **~spitze** *f* myldretid; **~sprache** *f* omgangssprog *n*; **~stau** *m*, **~stockung** *f* trafikprop; **~straße** *f* færdselsåre; **~sünder** *m* færdselssynder; **~teilnehmer(in)** *m(f)* trafikant; **~unfall** *m* færdselsulykke, færdselsuheld *n*; **~unterricht** *m* færdselslære; **~verbindung** *f* (trafik)forbindelse; **~verein** *m* turistforening; **~vorschrift** *f* færdselsregel; **~wert** *m* *Haus*: aktuel værdi; **~wesen** *n* *<-s; 0>* samfærdselsvæsen *n*; **2widrig** imod færdselsloven; **~zählung** *f* trafiktælling; **~zeichen** *n* færdselsskilt *n*, færdselstavle

V

ver'kehr|t omvendt; (*rückseitig*) bagvendt; (*falsch*) forkert, gal; (*verfehlt*) forfejlet; *die ~e Seite* (*Stoff*) vrangsiden; **2theit** f ⟨0⟩ forkerthed; **2ung** f ⟨0⟩ fordrejelse

ver'keilen kile fast; F tæve

ver'kenn|en miskende, underkende; → a *verkannt*; **2ung** f ⟨0⟩ miskendelse

Ver'kettung f sammenkædning (*a fig*)

ver'ketzer|n ⟨-re⟩ forkætre; **2ung** f forkættrelse

ver'kitten sammenkitte, tilkitte; **~klagen** JUR sagsøge, anlægge sag (*j-n* mod én); **2klammerung** f sammenkædning, sammenhæng; **~klappen** NAUT udlede i havet (fra skib)

ver'klär|en *fig* forherlige, forklare; **~t** forklaret, lyksalig

Ver'klarung f NAUT søforklaring, søforhør n; **~klärung** f ⟨0⟩ REL forklaring; **2klausu'liert** kompliceret; mellem linierne; **2kleben** tilklistre, tilklæbe

ver'kleid|en forklæde; *Wand u* TECH beklæde; *sich ~* klæde sig ud (*als* som); **2ung** f forklædning; beklædning

ver'kleiner|n ⟨-re⟩ formindske; *fig* nedsætte; **2ung** f formindskelse; *fig* nedsættelse

ver'kleistern ⟨-re⟩ tilklistre; **~klemmt** F hæmmet, ufrigjort; **~klingen** *v/i* ⟨*sn*⟩ hendø; **~kloppen** F (*verkaufen*) gøre i penge; (*schlagen*) gennemtæve; **~knacken** F dømme; **~knacksen** ⟨-*t*⟩: *sich den Fuß ~* forvride (*od* forstuve) foden; **~knallen**: *sich ~ in* (*A*) F forelske sig i; **2knappung** f ⟨0⟩ indskrænkning, formindskelse, mangel; **~kneifen**: *sich etw. ~* nægte sig ngt.; *Bemerkung, Lachen* bide i sig; *sich* (*D*) *etw. nicht ~ können* ikke kunne dy sig for ngt.; **~kniffen** *fig* sammenbidt; **~knöchern** *v/i* ⟨-*re*; *sn*⟩ forbenes (*a fig*); **verknöchert** *fig* forbenet

ver'knüpf|en knytte sammen, forbinde; **2ung** f sammenknytning, forbindelse

ver'koch|en *v/i* ⟨*sn*⟩ *u v/t* koge ind (*od* op); **~kohlen** forkulle; *fig* F drille; **~koken** *v/t* omdanne til koks

ver'kommen 1. *v/i* ⟨*sn*⟩ forkomme; gå tabt; *~ lassen* vanrøgte, misrøgte, forsømme; **2.** *adj* forkommen; forsømt, vanrøgtet; **2heit** f ⟨0⟩ forkommenhed

ver'konsu'mieren sætte til livs; **~'korken** (til)proppe; **~'korksen** ⟨-*t*⟩ F forkludre, spolere

ver'körper|n ⟨-*re*⟩ legemliggøre, personificere; repræsentere; **2ung** f legemliggørelse, personificering

ver'köstigen bespise

ver'krach|en F: *sich ~* blive uvenner (*mit D*/med); **~t**: *~ sein* være uvenner; **~e Existenz** *Pers* havareret person

ver'kraften ⟨-*e*-⟩ F tåle, klare, fordøje; **~kramen** F forlægge

ver'krampf|en forkrampe (*sich* sig); **~t** forkrampet (*a fig*); **2ung** f krampe, krampagtige symptomer *pl*

ver'kriechen: *sich ~* krybe i skjul, gemme sig

ver'krümeln: *sich ~* F stikke af

ver'krümm|en krumme; **2ung** f krumning (*a* MED)

ver'krüppel|n *v/i* ⟨-*le*; *sn*⟩ forkrøbles; **~t** forkrøblet; invalid, vanfør

ver'kühlen F: *sich ~* blive forkølet; **~kümmern** *v/i* ⟨*sn*⟩ sygne hen; *fig* vantrives, miste livslysten

ver'künd|en ⟨-*e*-⟩, **~igen** forkynde; REL bebude; *Urteil* afsige, forkynde; *Gesetz* offentliggøre; **2iger** m forkynder; **2(ig)ung** f forkyndelse; REL bebudelse

ver'kupfern ⟨-*re*⟩ forkobre; **~kuppeln** koble sammen; *fig* F agere Kirsten giftekniv

ver'kürz|en forkorte, afkorte; **2ung** f forkortelse

ver'lachen udle, le af

Ver'lad|ebrücke f losserampe; **2en** indlade; læsse; **~ung** f indladning; læsning

Ver'lag m ⟨-(*e*)*s*; -*e*⟩ forlag n; **2ern** overflytte; **~erung** f overflytning, omplacering

Ver'lags|buchhändler m forlagsboghandler; **~buchhandlung** f forlagsboghandel; **~katalog** m forlagskatalog n; **~lektor** m forlagsredaktør; **~recht** n forlagsret

ver'landen *v/i* ⟨*sn*⟩ blive til land; *See*: til gro

ver'langen forlange, kræve (*nach etw. od etw. A*/ngt.); (*sich sehnen*) længes (*nach D*/efter); *Sie werden am Telefon verlangt* der er telefon til Dem; **2** n ⟨-*s*; 0⟩ forlangende n, krav n; (*Wunsch*) gnske n; (*Sehnsucht*) længsel

ver'länger|n ⟨-*re*⟩ forlænge; *Buch, Abonnement* forny; F GASTR strække; **2ung** f forlængelse; fornyelse; **2ungsschnur** f forlængerledning

ver'langsamen sagtne, gøre langsommere; **~läppern** ⟨-*re*⟩ F klatte bort; **2lass** m ⟨-*es*; 0⟩: *auf ihn ist* (*kein*) *~* han er (ikke) til at stole på

ver'lassen forlade; *sich ~ auf* (*A*) stole

på, regne med; *adj* forladt; **2heit** *f⟨0⟩* forladthed

ver'**lässlich** pålidelig; **2keit** *f⟨0⟩* pålidelighed, tilforladelighed

ver'**lästern** bagtale; **2laub** *m: mit ~* med forlov

Ver'lauf *m* forløb *n; nach~ von drei Tagen* efter tre dages forløb; **2en** *v/i ⟨sn⟩* forløbe (*a Zeit*); Grenze: gå, løbe; Farben: løbe ud; *sich ~ Menge:* sprede sig; (*sich verirren*) løbe vild

ver'**laust** lusset, fuld af lus

ver'**lautbar|en** bekendtgøre; forlyde; **2ung** *f* bekendtgørelse

ver'**lauten** *v/i* forlyde, hedde sig; *nichts ~ lassen* ikke sige et ord; *wie verlautet* som det forlyder

ver'**leb|en** tilbringe; ~*t adj* Pers udlevet

ver'**legen** forlægge; Termin, Betrieb flytte; (*aufschieben*) udskyde, opsætte; Buch forlægge, udgive; *etw. verlegt haben* (*nicht wieder finden können*) have forlagt ngt.; *sich ~ auf* (A) lægge sig efter; *adj* forlegen, flov; **2heit** *f⟨0⟩* forlegenhed (*a schwierige Lage*); *in ~ bringen* gøre flov

Ver'leg|er(in) *m(f)* forlægger; **2erisch** forlags-; ~*ung* *f* forlæggelse, flytning; (*zeitlich*) udsættelse

ver'**leiden: j-m etw. ~** gøre én ked af ngt

Ver'leih *m ⟨-(e)s; -e⟩* udlejning; **2en** låne ud; Orden tildele, give; ~*er* *m* udlåner, udlejer; giver; ~*ung* *f* udlån *n*; tildeling

ver'**leimen** lime (sammen); ~*leiten* forføre, forlede; ~*lernen* glemme

ver'**les|en** oplæse; (*auslesen*) sortere; *sich ~* læse fejl; **2ung** *f* oplæsning; sortering

ver'**letzbar** sårbar (*a fig*); **2keit** *f⟨0⟩* sårbarhed

ver'**letz|en** *⟨-t⟩* såre (*a fig*); (*übertreten*) overtræde; Neutralität, Ehre, Gefühle krænke, bryde; *sich ~* komme til skade; ~*lich* sårbar (*a fig*); **2te** *m/f* såret (*schwer*) kvæstet; **2ung** *f* sår *n*, læsion; kvæstelse; (*Übertretung*) overtrædelse; Neutralität: krænkelse (G/af)

ver'**leugn|en** fornægte (*sich* sig); *sich ~ lassen* nægte sig hjemme; **2ung** *f* fornægtelse

ver'**leumd|en** *⟨-e-⟩* bagvaske, bagtale; **2er** *m* bagvasker; ~*erisch* bagtalerisk; **2ung** *f* bagvaskelse, bagtalelse

ver'**lieb|en: sich ~** forelske sig (*in A/i*); ~*t* forelsket; **2heit** *f⟨0⟩* forelskelse

ver'**lier|en** *⟨L⟩* miste, tabe; Zeit spilde; *sich ~* fortabe sig (*in Spekulationen* i spekulationer); (*verirren*) forvilde sig;

2er(in) *m(f)* taber

Ver'lies *n ⟨-es; -e⟩* fangekælder

ver'**loben: sich ~** forlove sig; → *a verlobt*; **2löbnis** *n ⟨-ses; -se⟩* forlovelse; ~*lobt* forlovet; *der, die* **2e** den forlovede, kæresten

Ver'lobung *f* forlovelse; ~*sring* *m* forlovelsesring

ver'**lock|en** friste, forlokke; (*verführen*) forføre; ~*end* fristende; **2ung** *f* fristelse

ver'**logen** *⟨-gn-⟩* løgnagtig, fuld af løgn, forløjet; **2heit** *f⟨0⟩* forløjethed, løgnagtighed

ver'**lohn|en: es verlohnt sich nicht** det kan ikke betale sig, det er ikke umagen værd

ver'**loren** tabt; Mühe: spildt; *fig* fortabt; Eier: pocherede æg; *in Gedanken ~* hensunket i dybe tanker; ~*geben* opgive; ~*gehen* gå tabt; ~*geben → verloren*; ~*gehen → verloren*

ver'**löschen** *v/i ⟨sn⟩* slukkes, gå ud; *fig* udslettes

ver'**los|en** bortlodde, udtrække; **2ung** *f* bortlodning

ver'**löten** lodde (til); ~*lottern* *v/i ⟨-re; sn⟩*, ~*ludern* *v/i ⟨-re; sn⟩* forsumpe; ~*lumpt* pjaltet, fattig

Ver'lust *m ⟨-(e)s; -e⟩* tab *n*; ~*anzeige* *f* efterlysning; **2bringend** som volder tab, tabbringende; ~*geschäft* *n* underskudsforretning; **2ig: e-r Sache ~ gehen** tabe (*od* miste) ngt.; ~*liste* *f* tabsliste; **2reich** tabbringende; MIL med store tab

ver'**machen** testamentere, overdrage; **2mächtnis** *n ⟨-ses; -se⟩* testamente *n* (*a fig*); (*das Vermachte*) arv (*a fig*)

ver'**mähl|en: sich ~** formæle sig; **2ung** *f* formæling, bryllup *n*

ver'**mahnen** formane; **2mahnung** *f* formaning; ~*markten* *⟨-e-⟩* markedsføre; **2marktung** *f⟨0⟩* markedsføring; ~*masseln* *⟨-le⟩* F forkludre, ødelægge; ~*mauern* tilmure

ver'**mehr|en** forøge, formere; *sich ~* forøges, tiltage; BOT *u* ZO formere sig; **2ung** *f⟨0⟩* formering

ver'**meid|bar** undgåelig; ~*en* undgå; ~*lich* undgåelig; **2ung** *f⟨0⟩* undgåelse

ver'**mein|en** antage, tro; ~*tlich* formentlig

ver'**meld|en** (for)melde; ~*mengen* blande (sammen) (*a fig*); ~*menschlichen* menneskeliggøre

Ver'merk *m ⟨-(e)s; -e⟩* påtegning; (*Notiz*) notits; (*Hinweis*) henvisning; **2en** notere; bemærke; *übel ~* tage ilde op

ver'**mess|en** opmåle; *sich ~* måle forkert; (*sich erkühnen*) vove, driste sig til; *adj* an-

V

massende, fræk; **2enheit** *f ⟨0⟩* dumdristighed, anmasselse; **2er** *m* landmåler; **2ung** *f* opmåling
ver'miesen *⟨-t⟩* F ødelægge (*j-m etw.* ngt. for én)
ver'miet|en udleje; *zu~* til leje; **2er** *m* udlejer, vært; **2ung** *f* udlejning
ver'minder|n formindske; *sich~* formindskes, tage af; **2ung** *f ⟨0⟩* formindskelse; nedsættelse, fald *n*
ver'minen udlægge miner *pl*
ver'misch|en blande (sammen) (*a fig*); *~t* blandet; **2es** (*Anzeigen*) forskelligt; **2ung** *f* blanding
ver'mi|ssen savne; undvære; **2sste(r)** savnet (*a* MIL.); **2sstenanzeige** *f* efterlysning
ver'mitt|eln *⟨-le⟩* bringe i stand, danne; (*beschaffen*) besørge, skaffe; *Bild. Eindruck* give; (*schlichten*) mægle, ordne; *~els* (*G*) ved hjælp af; **2ler** *m* mellemmand, (*Makler*) mægler; **2lerprovision** *f* mæglerprovision; **2lung** *f* mellemkomst, hjælp, bistand; mægling; TEL central
ver'|möbeln *⟨-le⟩* F tæve, gennembanke; *~modern* *v/i ⟨-re; sn⟩* rådne (op)
ver'möge (*G*) i kraft af, ifølge; *~n* formå; (*können*) kunne, være i stand til; **2n** *n* evne; (*Besitz*) formue; *~nd* formuende
Ver'mögens|abgabe *f* formueskat; *~bildung* *f* formuedannelse; *~steuer* *f* formueskat; *~verhältnisse* *n/pl* pekuniære (*od finansielle*) forhold *pl*; *~verwalter* *m* kurator
ver'mummen forklæde, maskere (*sich* sig)
ver'mut|en *⟨-e-⟩* formode, tro, antage; *~lich* formodentlig, antagelig; **2ung** *f* formodning, antagelse
ver'nachlässig|en forsømme, tilsidesætte; **2ung** *f ⟨0⟩* forsømmelse; tilsidesættelse
ver'|nageln sømme til (*od* fast); *~nähen* *Wunde* sy sammen; *~narben* *v/i ⟨sn⟩* danne ar, gro til; *~narbt* *Gesicht*: arret; *~narren*: *sich ~ in* (*A*) forgabe sig i; *~naschen* slikke op; P ligge i med en pige; *~nebeln* *⟨-le⟩* indhylle med kunstig tåge; *fig* (til)sløre
ver'nehm|bar hørlig, forståelig; JUR som kan afhøres; *~en* høre; (*erfahren*) erfare; JUR afhøre, forhøre; *dem* **2** *nach* efter sikkert forlydende; *~lich* hørlig, forståelig; **2ung** *f* afhøring, forhør *n*; *~ungsfähig* som kan afhøres
ver'neig|en: *sich ~* bukke; *in Ehrfurcht*: bøje sig (i ærbødighed); **2ung** *f* buk *n*

ver'nein|en (be)nægte; *~end* (be)nægtende; **2ung** *f* (be)nægtelse
ver'nicht|en *⟨-e-⟩* gdelægge, tilintetgøre, knuse; *~end* *Kritik*: sønderlemmende; **2ung** *f ⟨0⟩* ødelæggelse, tilintetgørelse
ver'|nickeln *⟨-le⟩* fornikle; *~niedlichen* *fig* gøre ringere, forklejne; *~nieten* nitte sammen (*od* til)
Ver'nunft *f ⟨0⟩* fornuft; *zur ~ bringen* (*kommen*) bringe (komme) til fornuft; *~heirat* *f* fornuftægteskab *n*
ver'nünftig fornuftig, forstandig; **2keit** *f ⟨0⟩* fornuftighed
Ver'nunftmensch *m* forstandsmenneske *n*
ver'öd|en *v/i ⟨-e-; sn⟩* blive øde; **2ung** *f* gdelæggelse; forladthed; *Kultur*: forarmelse
ver'öffentlich|en offentliggøre, publicere; *Buch* udgive; **2ung** *f* offentliggørelse; publikation; *Buch*: udgivelse
ver'ordn|en anordne, bestemme; MED foreskrive, ordinere; **2ung** *f* forordning, anordning; (*Vorschrift*) forskrift
ver'pacht|en bortforpagte; **2ung** *f* bortforpagtning
ver'pack|en indpakke, pakke ind; ÖKON emballere; **2ung** *f* indpakning; emballage; **2ungsgewicht** *n* tara
ver'passen forsømme, gå glip af; *Zug* komme for sent til; *j-m e-n* (*od e-e*) (= *Ohrfeige*) *~* stikke én en lussing; *~patzen* F spolere; *~pesten* *⟨-e-⟩* forpeste (*a fig*); *~petzen* F sladre om, angive
ver'pfänd|en pantsætte; **2ung** *f* pantsættelse
ver'|pfeifen F angive, sladre (om); *~pflanzen* omplante; MED transplantere; **2pflanzung** *f* omplantning; transplantation
ver'pfleg|en forpleje, bespise; **2ung** *f* forplejning, kost; **2ungskosten** *pl* kostpenge *pl*
ver'pflicht|en *⟨-e-⟩* forpligte (*sich* sig); *j-m zu Dank~et sein* være én tak skyldig; **2ung** *f* forpligtelse
ver'|pfuschen forfuske, forkludre; *~pissen* V: *verpiss dich!, verpisst euch!* skrid!; *~planen* planlægge forkert; *verplant* (*im Voraus festgelegt*) fastlagt i forvejen; *~plappern* F: *sich ~* forsnakke sig, sladre (om); *~plaudern* sludre bort; *~plempern* *⟨-re⟩* F *Geld* klatte (*od* ødsle) bort; *Zeit* spilde; *~plomben* plombere; *~pönt*: *es ist ~* det er ilde set; *~prassen* forøde, svire op; *~prellen* skræmme (bort); *~provian'tieren* proviantere;

~prügeln (gennem)tæve; **~puffen** *v/i* ⟨*sn*⟩ futte af; *fig* være uden virkning; **~pulvern** ⟨*-re*⟩ F solde op; bortødsle; **~pumpen** F låne ud; **~puppen**: *sich ~* forpuppe sig; **~pusten** F: *sich ~* puste ud

Ver'putz *m* puds; **2en** pudse; F (*aufessen*) sætte til livs

ver'qualmt tilrøget, fuld af røg

ver'quick|en *fig* sammenblande; **2ung** *f* sammenblanding

ver'|quollen opsvulmet; hævet; **~rammeln** *f* spærre, barrikadere; **~ramschen** sælge til spotpris; **~rannt** *fig* stivsindet, forstokket

Ver'rat *m* ⟨*-(e)s*; *0*⟩ forræderi *n* (*an* *D*/mod); (*e-s Geheimnisses*) røben; **2en** forråde; (*sagen*) røbe, sige

Ver'räter|(in) *m(f)* forræder; **2isch** forræderisk

ver'|rauchen *v/i* ⟨*sn*⟩ gå op i røg; *Zorn*: lægge sig; *v/t* ryge op; **~räuchert → *ver-qualmt*; ~rauschen** *v/i* ⟨*sn*⟩ *fig* gå over, lægge sig

ver'rechn|en (*anrechnen*) godtgøre, afregne; *sich ~* regne forkert; *fig* forregne sig; **2ung** *f* afregning, clearing; **2ungsabkommen** *n* clearingaftale; **2ungsscheck** *m* crosset check

ver'|recken *v/i* ⟨*sn*⟩ P krepere; **~regnen** *v/i* ⟨*sn*⟩ gdelægges på grund af regn (*od* regnfuldt vejr); **verregnet** regnfuld; *ein verregneter Tag* en regnvejrsdag; **~reisen** *v/i* ⟨*sn*⟩ rejse bort; **verreist** (*sein*) (være) bortrejst; **~reißen** F (*kritisieren*) sønderlemme, nedgøre

ver'renk|en forvride; **2ung** *f* forvridning

ver'rennen: *fig sich ~ in* (*A*) bide sig fast i; **→ *a verrannt***

ver'richt|en forrette, udrette; **2ung** *f* udførelse; (*Arbeit*) bestilling

ver'riegel|n ⟨*-le*⟩ stænge, spærre; **2ung** *f* afspærring

ver'ringer|n ⟨*-re*⟩ (*sich*) forringe(s); (*vermindern*) formindske(s); **2ung** *f* formindskelse; sænkning; forringelse

ver'rinnen *v/i* ⟨*sn*⟩ henrinde (*a fig*); **2riss** *m* ⟨*-es*; *-e*⟩ F sønderlemmende kritik

ver'roh|en *v/i* ⟨*sn*⟩ blive rå; **2ung** *f* ⟨*0*⟩ forråelse, råhed

ver'|rosten *v/i* ⟨*sn*⟩ ruste (op); **~rotten** *v/i* ⟨*-e*; *sn*⟩ rådne (op)

ver'rucht [u:] ⟨*-est*⟩ ryggesløs, skændig; **2heit** *f* ⟨*0*⟩ ryggesløshed, skændighed

ver'rück|en flytte, forskubbe; **~t** forrykt, gal, åndssvag, tosset; *~ werden* blive vanvittig; **2te(r)** forrykt (*od* gal) (person); galning, tossehoved *m*; **2theit** *f* galskab,

tosseri *n*

Ver'ruf *m* vanry *n*; *in ~ bringen* (*kommen*) bringe (komme) i vanry; **2en** ⟨*-fn-*⟩ *adj* berygtet

ver'|rußt sodet; **~rutscht** skæv, forskubbet

Vers *m* ⟨*-es*; *-e*⟩ vers *n*

ver'sachlichen gøre saglig

ver'sage|n nægte, afslå (*j-m etw.* én ngt.); *v/i* være en fiasko; svigte; F svipse (*unpers.*); *Motor*: strejke, standse; *Prüfung*: dumpe (*in D*/til); *Mittel*: slå fejl, ikke virke; **2n** *n* ⟨*-s*; *0*⟩ fiasko; svigten, svipsen; **2r** *m* svipser, afbrænder, forbier, fiasko (*a Pers*)

ver'salzen salte for stærkt; *j-m die Suppe ~ fig* gdelægge legen for én

ver'samm|eln forsamle; *sich ~* (for)samles, mødes; **2lung** *f* (*Menge*) forsamling; (*Treffen*) møde *n*, stævne *n*.

ver'sammlungs|freiheit *f* ⟨*0*⟩ forsamlingsfrihed; **~ort** *m* forsamlingssted *n*, mødested *n*; **~verbot** *n* mødeforbud *n*

Ver'sand *m* ⟨*-(e)s*; *0*⟩ afsendelse, forsendelse; **~abteilung** *f* ekspedition(safdeling)

ver'sanden *v/i* ⟨*-e-*; *sn*⟩ tilsande

ver'sand|fertig klar til åtsendelse, eksportklar; **2haus** *n* postordreforretning; **2spesen** *pl* forsendelsesudgifter *pl*, fragt

Ver'sandung *f* tilsanding

Ver'satz *m* ⟨*-es*; *0*⟩ pantsættelse; **~stück** *n* sætstykke *n*, (virkårligt) udskifteligt led

ver'|sauen P svine til; spolere; **~sauern** *v/i* ⟨*-re*; *sn*⟩ blive sur; *fig*. vantrives, gå i stå; **~saufen** P *v/t u v/i* ⟨*sn*⟩ svire op; → *a versoffen*

ver'säum|en (*nicht tun*) undlade, forsømme; *Zug* komme for sent til, ikke nå; *Unterricht* forsømme; **2nis** *n* ⟨*-ses*; *-se*⟩ forsømmelse, undladelse

ver'|schachern bortsjakre; **~schachtelt** GRAM forskruet, i kancellistil; **~schaffen** skaffe

ver'schall|en forskalle; **2ung** *f* forskalling

ver'schämt [ε:] ⟨*-est*⟩ genert, undselig

ver'schandel|n ⟨*-le*⟩ F skamfere, ødelægge; **2ung** *f* skamfering, ødelæggelse

ver'schanz|en (*sich*) forskanse (sig) (*a fig*); **2ung** *f* forskansning

ver'schärf|en skærpe; **2ung** *f* skærpelse

ver'|scharren nedgrave, begrave; **~schätzen**: *sich ~* fejlbedømme, forregne sig; **~schaukeln** F gøre grin med; snyde; **~scheiden** *v/i* ⟨*sn*⟩ gå bort, dø; **~schenken** give, forære (bort); **~scherzen**: *sich etw. ~* forspilde, forskertse ngt.; **~scheuchen** skræmme (*od* jage) bort;

V

~scheuern F gøre i penge; ~schicken sende bort, forsende

ver'schieb|bar som kan skydes til side; *Termin:* som kan udskydes; 2e**bahnhof** *m* rangerbanegård; ~en forskyde, forrykke (*sich* sig); (*aufschieben*) udskyde (*auf* A/til); (*verkaufen*) sælge ulovligt; 2ung *f* forskydning; ulovligt salg *n*

ver'schieden forskellig (*von* D/fra); ~e *pl* adskillige, flere; ~artig forskelligartet; 2artigkeit *f* ⟨0⟩ forskelligartethed; ~er'lei forskellig; ~farbig forskelligfarvet; 2heit *f* forskellighed; forskel; ~tlich gentagne gange, ofte

ver'schießen *v/t u v/i* ⟨*sn*⟩ bortskyde

ver'schiff|en afskibe, sende (pr. skib); 2ung *f* ⟨0⟩ afskibning

ver'schimmeln *v/i* ⟨*sn*⟩ skimle, mugne

ver'schlafen sove bort; *adj* forsovet, søvnig; 2heit *f* ⟨0⟩ søvnighed

Ver'schlag *m* skillerum *n*, aflukke *n*; 2en skildre af; (*vernageln*) slå til; *Ball* spilde; *Atem* tage vejret; ~ werden havne; *Schiff:* slå ud af kurs; *adj* forslagen, snu; ~enheit *f* ⟨0⟩ snuhed

ver'|schlammen *v/i* ⟨*sn*⟩ blive tilslammet; ~schlampen *v/t* F (*verlieren*) sjuske bort; (*vergessen*) glemme; *v/i* ⟨*sn*⟩ *Pers* gå i hundene; blive usoigneret

ver'schlechter|n ⟨*re*⟩ forværre, forringe; *sich* ~ blive forværret; 2ung *f* forværrelse, forringelse

verschleier|n ⟨*re*⟩ tilsløre (*a fig*); 2ung *f* tilsløring

ver'schleifen afslibe, forslibe

verschleim|en blive (for)slimet; 2ung *f* slimdannelse

Ver'schleiß *m* ⟨*es; -e*⟩ forbrug *n*, slid *n*; TECH slitage (*an* D/på); 2en ⟨*L*⟩ *v/i* ⟨*sn*⟩ *u v/t* slides op; slide op; → *a ver-schlissen*

ver'schlepp|en slæbe bort, bortslæbe, bortføre; (*verzögern*) forhale; 2ung *f* bortførelse; forhalelse

ver'schleudern gdsle bort; *Waren* sælge til røverkøb

ver'schließ|bar aflåselig, som kan låses; ~en låse (af), lukke (til); (*einschließen*) låse inde (*od* ned); *sich e-r S.* (D) *nicht* ~ *können* ikke kunne unddrage sig en sag; → *a verschlossen*; 2ung *f* aflåsning, tillukning

ver'schlimm|bessern F rette til det værre; ~ern ⟨*re*⟩ forværre; *sich* ~ forværres; 2erung *f* ⟨0⟩ forværring

ver'|schlingen sammenslynge; (*verschlucken*) sluge (*a fig*); ~schlissen *fig* forslidt; *Stoff:* tyndslidt

ver'schlossen (af)lukket, (af)låset; *fig* indesluttet; 2heit *f* ⟨0⟩ *fig* indesluttethed

ver'|schlucken synke, sluge; *fig* nedsvælge; (*weglassen*) undlade; *sich* ~ forsluge sig, få ngt. i den gale hals; 2schluss *m* lukke *n*; (*Schloss*) lås; FOT lukker; (*Schraub-*) skruelåg *n*, hætte; *unter* ~ *halten* have låst inde; ~schlüsseln ⟨*-le*⟩ chifrere; tilsløre, camouflere; 2schluss-laut *m* lukkelyd, klusil; ~schmachten *v/i* ⟨*sn*⟩ vansmægte (*vor* D/af); ~schmähen forsmå

ver'schmelz|en *v/t* sammensmelte; *fig* forene; *v/i* ⟨*sn*⟩ smelte (sammen); 2ung *f* sammensmeltning, fusion

ver'schmerzen komme over, forvinde; ~schmieren tilsmøre; ~schmitzt ⟨*-est*⟩ snu, fiffig; *Lächeln:* skælmsk

ver'schmutz|en *v/t* forurene; *v/i* ⟨*sn*⟩ blive forurenet; 2ung *f* forurening; (*Um-welt-*) miljøforurening

ver'schnauf|en: *sich* ~ puste ud; 2pause *f* pusterum *n* (*a fig*)

ver'|schneiden tilskære; (*beschneiden*) beskære, studse; (*falsch schneiden*) forskære, ødelægge; *Wein* forskære; (*kastrieren*) kastrere; ~schneit tilsnet; indesneet; 2schnitt *m* ⟨*-(e)s; 0*⟩ blandet vin, forskæring; ~schnörkelt snirklet (*a fig*); ~schnupft forkølet; *fig* F stødt, fornærmet; ~schnüren snøre sammen (*a Kehle*); binde snor om; ~schollen ⟨*-ln-*⟩ forsvunden; MIL savnet; ~schonen (for)-skåne (*mit* dat)

ver'schöner|n ⟨*re*⟩ forskønne; 2ung *f* forskønnelse

ver'schränken lægge over kors; ~schrauben sammenskrue

ver'schreib|en MED ordinere; *sich* ~ skrive fejl; *sich e-r S.* (D) ~ forskrive (*od* hellige) sig en sag; 2ung *f* MED foreskrivelse; (*Schuld*) gældsbrev *n*; ~ungspflichtig receptpligtig

ver'schrien: ~ *sein* have et dårligt ry

ver'schroben ⟨*-bn-*⟩ forskruet; 2heit *f* forskruethed

ver'schrott|en ⟨*-e-*⟩ hugge op, ophugge; 2ung *f* ophugning

ver'schrumpeln *v/i* ⟨*-le; sn*⟩ skrumpe ind

ver'schüchter|n ⟨*re*⟩ skræmme, kyse; ~t forskræmt

ver'schuld|en behæfte med gæld; *etw.* ~ være skyld i ngt.; *sich* ~ stifte gæld; 2en *n* ⟨*s; 0*⟩ skyld; ~et: ~ *sein* være forgældet; 2ung *f* gældsstiftelse; forgældethed

V

ver'|schütten begrave, indespærre; (*vergießen*) spilde; **~schwägert** besvogret

ver'schweig|en fortie; **2en** *n*, **2ung** *f* ⟨0⟩ fortielse

ver'schweißen svejse sammen

ver'schwend|en ⟨-e-⟩ bortødsle; *Zeit* spilde (*an od auf* A/på); **2er** *m* ødeland, forøder; **~erisch** ødsel; (*überreich*) overdådig; **2ung** *f* ⟨0⟩ spild *n*; ødselhed; **2ungssucht** *f* ⟨0⟩ ødselhed

ver'schwiegen tavs; *fig* taktfuld, diskret; (*ruhig*) rolig; **2heit** *f* ⟨0⟩ tavshed; *fig* taktfuldhed

ver'schwimmen *v/i* ⟨sn⟩ flyde ud, blive utydelig; → *a* **verschwommen**

ver'schwinden *v/i* ⟨sn⟩ forsvinde (*hinter* D/bag); F stikke af; **2** *n* ⟨-s; 0⟩ forsvinden, forsvinding

ver'schwistert beslægtet; *fig* forenet; **~schwitzen** gennemsvede; F *fig* svede ud, glemme

ver'schwommen uklar, tåget; **2heit** *f* ⟨0⟩ uklarhed, tågethed

ver'schwör|en *sich* ~ sammensværge sig; **2er** *m* sammensvoren; **2ung** *f* sammensværgelse

ver'sehen (*ausüben*) passe, forestå, varetage; (*sich*) ~ *mit* forsyne (sig) med; *sich* ~ (*falsch machen*) tage fejl; *ehe man es sich versieht* før man ved et ord af det; **2** *n* forseelse; (*Irrtum*) fejltagelse; **aus** ~, **~tlich** en fejltagelse

Ver'sehrte(r) invalid

ver'selbstständigen: selvstændiggøre; *sich* ~ *fig* blive til en selvstændig kraft (*od størrelse*)

ver'send|en (af)sende, forsende; **2er** *m* afsender; **2ung** *f* ⟨0⟩ afsendelse, forsendelse

ver'sengen svide (af)

ver'senk|bar som kan sænkes (*a* TECH); **~en** sænke ned; TECH forsænke; *Schiff* sænke; *sich* ~ *in* (A) fordybe sig i; **2ung** *f* (ned)sænkning; THEA forsænkning; *fig* fordybelse; *in der* ~ *verschwinden* F forsvinde sporløst

Verseschmied *m* rimsmed

ver'sessen forhippet (*auf* A/på); **2heit** *f* ⟨0⟩ opsathed

ver'setz|bar flyttelig; **~en** *Beamte* forflytte; *Schule*: lade rykke op; (*unordnen*) flytte om; (*verpfänden*) pantsætte; (*geben*) give; (*erwidern*) svare; (*warten lassen*) F lade vente forgæves; *j-n in Begeisterung* ~ hensætte én i begejstring; *sich in j-s Lage* ~ sætte sig i ens sted; **~t**: ~ *werden Beamter*: blive forflyttet; *Schü-*

ler: rykke op; **2ung** *f* forflyttelse; oprykning; (*Verpfändung*) pantsættelse; *fig* hensættelse

ver'seuch|en smitte, forpeste (*a fig*); **~t** forurenet; **2ung** *f* ⟨0⟩ inficering, smitte

Versfuß *m* versefod

ver'sicher|bar som kan forsikres; **2er** *m* assurandør; **~n** forsikre (*a beteuern*), assurere (*gegen* A/mod); **~t** forsikret; *der* **2e** den forsikrede

Ver'sicherung *f* forsikring (*a Beteuerung*); *e-e* ~ *abschließen* tegne en forsikring

Ver'sicherungs|agent *m* assuranceagent; **~beitrag** *m* forsikringspræmie; **~betrug** *m* assurancesvig; **~fall** *m* skadetilfælde *n*; **~gesellschaft** *f* forsikringsselskab *n*; **~karte** *f* forsikringspapir; **~nehmer** *m* forsikringstager; **~pflicht** *f* forsikringspligt; **~police** *f* forsikringspolice; **~prämie** *f* forsikringspræmie; **~schutz** *m* forsikring; **~summe** *f* forsikringssum; **~träger** *m* forsikringsgiver; **~vertreter** *m* forsikringsagent; **~wesen** *n* ⟨-s; 0⟩ forsikringsvæsen *n*

ver'sickern *v/i* ⟨sn⟩ sive bort (*od* ned)

ver'siegel|n forsegle; *Fußboden* fernisere; **2ung** *f* forsegling; lakering

ver'siegen *v/i* ⟨sn⟩ udtørres, løbe tør; *fig* standse; **~siert** [v] ⟨-est⟩ erfaren, kyndig, bevandret

ver'silber|n ⟨-re⟩ forsølve; F (*verkaufen*) gøre i penge; **2ung** *f* ⟨0⟩ forsølvning

ver'sinken synke ned (*od* til bunds); *fig* hensynke (*od* fordybe sig) (*in* A/i); **~sinnbildlichen** symbolisere

Version [vɛʁˈzǐoːn] *f* version

ver'|sippt beslægtet; **~sklaven** gøre til slave, underkue

Vers|kunst *f* ⟨0⟩ digtekunst; **~lehre** *f* verslære, metrik; **~maß** *n* versemål *n*, metrum *n*

ver'|snobt snobbet; **~soffen** P fordrukken; **~sohlen** F gennembanke

ver'söhn|en forsone (*sich* sig); *sich mit s-m Schicksal* ~ forsone sig med sin skæbne; **~lich** forsonlig; **2ung** *f* forsoning

ver'sonnen tankefuld, indadvendt

ver'sorg|en forsørge (*sich* sig); (*betreuen*) passe; (*versehen*) forsyne (*mit* D/med); **2er** *m* forsørger; **2ung** *f* ⟨0⟩ forsyning; pasning; (*Unterhalt*) forsørgelse; **~ungsberechtigt** forsørgelsesberettiget

ver'spachteln udspartle; F (*essen*) sætte til livs; **~spannen** sætte i spænd; afstive; **~spannt** MED spændt

ver'spät|en ⟨-e-⟩: *sich* ~ komme for sent; **~et**: ~ *sein* være (*od* blive) forsinket;

ℒung f forsinkelse; **~ haben** være (*od* blive) forsinket

ver'speisen spise (op)

verspeku'lieren F: **sich ~** forregne sig

ver'sperren spærre; **j-m den Weg ~** spærre vejen for én; **die Aussicht ~** spærre for udsigten

ver'spiel|en spille bort; (*verlieren*) tabe; **es bei j-m ~** *fig* falde i unåde hos én; **ℒen** *n* bingo *n*, bankospil *n*; **~t** legelysten, gående helt op i legen

ver'spott|en (be)spotte, (for)håne; **ℒung** *f* ⟨0⟩ bespottelse, forhånelse

ver'sprech|en love; **sich** (*D*) **viel ~** vente sig meget; **goldene Berge ~** *fig* love guld og grønne skove; **sich ~** fortale sig; **ℒen** *n* løfte *n* (om); **ℒer** *m* fortalelse; **ℒung** *f* → **Versprechen**

ver'|sprengen *Gruppe* splitte ad; *Wasser* sprøjte; **~spritzen** sprøjte (til ingen nytte); *Blut* udgyde; **~sprühen** sprøjte; *fig* udstråle; **~spüren** mærke, føle (**am eigenen Leibe** på sin egen krop) (*a fig*)

ver'staatlich|en nationalisere, socialisere; **ℒung** *f* nationalisering; socialisering

ver'städter|n *v/i* ⟨-re; *sn*⟩ urbanisere; **ℒung** *f* ⟨0⟩ urbanisering

Ver'stand *m* ⟨-(e)s; *0*⟩ forstand; (*Bedeutung*) betydning, mening; **den ~ verlieren** gå fra forstanden; **ℒesmäßig** forstandsmæssig; **~esmensch** *m* forstandsmenneske *n*

ver'ständig forstandig, klog; **~en** underrette (*j-n von etw.* én om ngt.); **sich ~** gøre sig forstået; **sich mit j-m über** (*A*) **etw. ~** komme til forståelse med én om ngt.; **ℒung** *f* ⟨0⟩ oplysning; forståelse; (*Übereinkommen*) enighed; **ℒungswille** *m* vilje til at nå til forståelse (*od* enighed)

ver'ständlich forståelig (*a begreiflich*), tydelig; **ℒkeit** *f* ⟨0⟩ forståelighed

Ver'ständnis *n* ⟨-ses; -se⟩ forståelse (**für** *A*/for) (*a Gefühl, Auffassung*); **voller ~** fuld af forståelse; **ℒlos** ⟨-est⟩ uforstående; **ℒvoll** forstående

ver'stärk|en forstærke (*a fig*); *fig a* øge; **ℒer** *m* TECH forstærker; **ℒung** *f* forstærkning

ver'staub|en *v/i* ⟨*sn*⟩ blive støvet; **ver'staubt** tilstøvet; *fig* gammeldags

ver'stäuben forstøve, sprøjte

ver'stauch|en: sich den Fuß ~ forstuve sin fod; **ℒung** *f* forstuvning

ver'stauen stuve (bort)

Ver'steck *n* ⟨-(e)s; -e⟩ gemmested *n*, skjul *n*; **~ spielen** lege skjul; **ℒen** gemme, skjule (**sich** sig; **vor** *D*/for); **hinter**

D/bag; *a fig); **~spiel** *n* ⟨-(e)s; *0*⟩ gemmeleg; **ℒt** skjult; *fig a* lumsk

ver'stehen forstå; (*begreifen*) begribe, indse; (*können*) kunne, have forstand på; *falsch ~* misforstå; **was versteht man unter ...** (*D*)? hvad forstår man ved ...?; **sich ~** forstå hinanden; **es versteht sich** (**von selbst**) det følger af sig selv

ver'steif|en afstive; **sich ~** blive stiv; **sich ~ auf** (*A*) stædigt (*od* hårdnakket) holde fast ved, bide sig fast i; **ℒung** *f* afstivelse; MED stivhed

ver'steigen: sich ~ stige for højt; *fig* gå for vidt

Ver'steiger|er *m* auktionarius; **~n** sælge ved auktion; **~ung** *f* auktion

ver'steiner|n *v/i* ⟨-re; *sn*⟩ forstenes (*a fig*); **ℒung** *f* forstening

verstell|bar indstillelig; **~en** stille om; (*einstellen, regulieren*) indstille; (*verschieben*) forrykke, flytte om; (*versperren*) spærre; **sich ~** forstille sig; **ℒung** *f* forstillelse, simulering; **ℒungskunst** *f* forstillelseskunst; evne til at simulere

ver'steuer|n betale (*od* svare) skat af; *Zoll*: fortolde; **ℒung** *f* ⟨0⟩ betaling af skat; fortoldning

ver'stimm|en forstemme (*a fig*); **~t** forstemt; *Magen*: dårlig; **ℒung** *f* forstemthed

ver'stockt ⟨-est⟩ forstokket, forhærdet; **ℒheit** *f* ⟨0⟩ forstokkethed

ver'stohlen ⟨-ln-⟩ hemmelig, skjult, stjålen

ver'stopf|en (til)stoppe; MED tilstoppe; *Verkehr*: blokere; **ℒung** *f* forstoppelse; *Verkehr*: trafikprop; **an** (*od* **unter**) **~ leiden** have forstoppelse

ver'storben (af)død; **der ℒe** den afdøde

ver'stört ⟨-est⟩ forstyrret, forvildet; **ℒheit** *f* ⟨0⟩ forstyrrethed

Ver'stoß *m* forseelse; *Gesetz*: overtrædelse; *guter Ton*: anstød *n* (**gegen** *A*/mod); **ℒen** støde an, forsynde sig (**gegen** *A*/imod); **gegen das Gesetz ~** overtræde loven

Ver'|strebung *f* stræbepille; **ℒstreichen** *v/t* jævne, smøre ud; *Mauer* udfuge; *v/i* ⟨*sn*⟩ gå, forløbe; **ℒstreuen** udstrø, sprede

ver'strick|en *fig pej*: **sich ~** indvikle sig, involvere sig (**in** *A*/i); **ℒung** *f* *pej* involvering, meddelagtighed

ver'stümmel|n ⟨-le⟩ lemlæste; *fig* forvanske; **ℒung** *f* lemlæstelse; forvanskning

ver'stummen *v/i* ⟨*sn*⟩ forstumme, blive tavs

Ver'such [u:] *m* ⟨-(e)s; -e⟩ forsøg *n* (på) (*a*

CHEM); **e-n ~ machen** gøre et forsøg (på)
(*mit D*/med); **2en** forsøge; (*probieren*)
prøve (på); (*verlocken*) friste; (*kosten*)
smage; → *a* **versucht**; **~er** *m* REL frister

Ver'suchs|anstalt *f* forsøgsanstalt; **~bal-**
lon *m* prøveballon (*a fig*); **~kaninchen**
n fig forsøgskanin, F prøveklud; **~person**
f forsøgsperson; **~tier** *n* forsøgsdyr *n*;
2weise forsøgsvis

ver'sucht: sich ~ fühlen føle sig fristet
(til); **2ung** *f* fristelse

ver'sumpfen *v/i* ⟨*sn*⟩ forsumpe (*a fig*)

ver'sündigen: sich ~ forsynde sig (*an
D*/mod)

ver'|sunken hensunken, fordybet (*in A*/i);
~süßen søde; *fig* forsøde

ver'tag|en udsætte, opsætte (*auf A*/til);
2ung *f* udsættelse

ver'tändeln *Zeit* fjase bort, spilde

ver'tausch|bar til at bytte; som kan for-
veksles; **~en** bytte (bort), ombytte; (*verwechseln*) forbytte; **2ung** *f* ombytning,
forbytning

ver'teidig|en forsvare (*sich* sig; *gegen
A*/mod); **2er** *m* forsvarer; *Fußball*: back

Ver'teidigung *f* forsvar *n* (*u* SPORT)

Ver'teidigungs|bereitschaft *f* forsvarsbe-
redskab *n*; **~krieg** *m* forsvarskrig; **~mi-**
nister *m* forsvarsminister; **~rede** *f* forsvarstale; **~schrift** *f* forsvarsskrift *n*

ver'teil|en fordele (*sich* sig); (*austeilen*)
uddele; **2er** *m* fordeler (*a* EL); (*Adressen-
liste*) adresseliste; **2ung** *f* ⟨*0*⟩ fordeling

ver'teuer|n ⟨*-re*⟩ fordyre; **2ung** *f* fordy-
relse, prisforhøjelse

ver'teufel|n ⟨*-le*⟩ nedgøre, rakke ned (på);
~t F pokkers, forbandet

ver'tief|en uddybe (*a fig*); **sich ~** fordybe
sig (*in A*/i); **2ung** *f im Gelände usw*: fordybning; *e-s Gedankens*: uddybning; (*in-
nerliche Versenkung*) fordybelse

verti'kal [v] vertikal, lodret

ver'tilg|en udslette; (*vernichten*) udrydde;
(*essen*) fortære, sætte til livs; **2ung** *f* ⟨*0*⟩
udslettelse; (*Vernichtung*) udryddelse

ver'tippen: sich ~ skrive forkert

ver'tonen sætte musik til; **~trackt** ⟨*-est*⟩
forbandet, forbistret

Ver'trag *m* ⟨*-(e)s; ̈-e*⟩ POL traktat, overenskomst; ÖKON kontrakt; **e-n ~ schließen**
slutte en overenskomst (*od* traktat, kontrakt); **2en** (*ertragen*) tåle; **sich ~** blive
gode venner (igen); komme (godt) ud
af det (*mit D*/med); (*passen*) passe sammen; **nicht ~** ikke kunne tåle; **2lich** traktatmæssig; ÖKON kontraktmæssig

ver'träglich [ɛː] forenelig; *fig* omgænge-

lig, fordragelig; *Speise*: sund, letfordøjelig; **2keit** *f* ⟨*0*⟩ forenelighed; *fig* fordrage-
lighed

Ver'trags|abschluss *m* traktatafslutning;
ÖKON kontraktafslutning; **~bruch** *m* trak-
tatbrud *n*; ÖKON kontraktbrud *n*; **2gemäß**
traktatmæssig; ÖKON kontraktmæssig;
~spieler *m Fußball*: professionel fodboldspiller; **2widrig** traktatstridig; ÖKON
kontraktstridig

ver'trauen *v/i* ⟨*D*⟩ stole på, have tillid til

Ver'trauen *n* ⟨*-s; 0*⟩ tillid, tiltro (*auf A*, *zu
D*/til); **~ erweckend** → **2erweckend** til-
lidvækkende

Ver'trauens|arzt *m* tillidslæge; **~beweis** *m*
bevis *n* på ens tillid; **~bruch** *m* tillidsbrud
n; **~frage** *f* tillidsspørgsmål *n*; **~frau** *f*,
~mann *m* tillidsmand (*bsd Gewerk-
schaft*); **~sache** *f* tillidssag; **2selig** godtroende; **~seligkeit** *f* ⟨*0*⟩ godtroenhed;
~stellung *f* betroet stilling; **2voll** tillidsfuld; **~votum** *n* tillidsvotum *n*, tillidser-
klæring; **2würdig** pålidelig

ver'traulich (*geheim*) fortrolig; (*voller
Vertrauen*) tillidsfuld; **2keit** *f* fortrolighed;
tillidsfuldhed

ver'träum|en drømme hen; **~t** drøm-
mende, verdensfjern, idyllisk

ver'traut ⟨*-est*⟩ fortrolig, kendt (*mit
D*/med); **2e(r)** fortrolig; **2heit** *f* ⟨*0*⟩ fortrolighed (*mit D*/med)

ver'treib|en fordrive, forjage (*a fig; aus
D*/fra); (*verkaufen*) sælge, afsætte; **die
Zeit ~** slå tiden ihjel; → *a* **Vertriebene(r)**;
2ung *f* fordrivelse

ver'tret|bar forsvarlig; **~en** (*ersetzen*)
træde i stedet for, erstatte; repræsentere
(*a* ÖKON); *Interessen* varetage, forsvare (*a
bekennen*); *Weg* træde (i vejen); **sich den
Fuß ~** træde fejl på foden; **2er** *m* stedfortræder; ÖKON, POL, REL repræsentant
(*G*/for); (*Vorkämpfer*) forkæmper; POL
talsmand (*G*/for)

Ver'tretung *f* repræsentation; agentur;
(*Stellvertretung*) vikariat *n*; (*Verteidigung*) forsvar *n*; *von Interessen*: varetagelse; **in ~** ⟨*G*⟩ som repræsentant for,
på ... vegne; (*anstatt*) i stedet for; **~sstun-**
de *f* vikartime; **2sweise** som repræsentant; (*vorübergehend*) midlertidig

Ver'trieb *m* ⟨*-(e)s; -e*⟩ afsætning, salg *n*;
(*Abteilung*) salgafdeling; **~ene(r)** (hjem-
stavns)fordrevet, flygtning; **~sgesell-**
schaft *f* salgsorganisation; **~sstelle** *f* ud-
salgssted *n*

ver'|trinken drikke op; **~trocknen** *v/i* ⟨*sn*⟩
tørre ind; **~trödeln** F *Zeit* spilde, drive

V

bort; ~**trösten** holde hen, give håb (*auf A*/om); ~**trottelt** F afstumpet, idiot; ~**tun** bortødsle, forøde; *sich* ~ tage fejl; ~**tuschen** dække over, neddysse; ~**übeln** ⟨-*le*⟩ (*übel nehmen*) tage ilde op; *das kann man ihm nicht* ~ det kan man ikke fortænke ham i; ~**üben** begå; ~**ulken** F gøre sjov (*od* grin) med

ver'**unglimpf|en** tale ondt om; (*beleidigen*) fornærme; ₂**ung** f bagtalelse; fornærmelse

ver'**unglück|en** *v/i* ⟨*sn*⟩ forulykke; (*misslingen*) forulykkes; ₂**te(r)** tilskadekommen, forulykket

ver'**unreinig|en** forurene; svine til; ₂**ung** f forurening; snavs *n*

ver'**unsicher|n** gøre usikker, opskræmme; ₂**ung** f ⟨0⟩ usikkerhed, opskræmthed

ver'**unstalt|en** skæmme, vansire; ₂**ung** f vansiring

ver'**untreu|en** besvige, begå underslæb; ₂**ung** f besvigelse, underslæb *n*

ver'**unzieren** mispryde, vansire

ver'**ursach|en** forårsage, være årsag til, bevirke; ₂**er** *m* ophavsmand (*G*/til); ₂**ung** f ⟨0⟩ forårsagelse, årsag

ver'**urteil|en** dømme, domfælde (*wegen G*/for; *zu D*/til); (*missbilligen*) fordømme; ₂**ung** f dom, domfældelse; fordømmelse

ver'**vielfältig|en** mangfoldiggøre; duplikere; ₂**ung** f mangfoldiggørelse; duplikering; ₂**ungsapparat** *m* duplikator

ver'**vierfachen** firdoble

ver'**vollkommn|en** ⟨-*e*-⟩ fuldkommengøre (*sich* sig), forbedre, udvikle; ₂**ung** f ⟨0⟩ fuldkommengørelse

ver'**vollständig|en** fuldstændiggøre, komplettere, gøre komplet; ₂**ung** f fuldstændiggørelse

ver'|**wachsen** *v/i* ⟨*sn*⟩ vokse sammen; *adj* (*missgebildet*) forvoksen (*a* вот), vanfør; ~**wackelt** Foto: uskarp; ~**wählen**: *sich* ~ dreje forkert nummer

ver'**wahr|en** forvare, gemme, opbevare, tage vare på; *sich* ~ protestere (*gegen A*/mod); ~**losen** *v/i* ⟨-*t*; *sn*⟩ forsømme; ~**lost** vanrøgtet, forsømt; ₂**losung** f ⟨0⟩ forsømmelse, vanrøgt; ₂**ung** f forvaring, opbevaring, varetægt; (*Einspruch*) indsigelse; *in* ~ *nehmen* tage i forvaring

ver'**waist** forældreløs; *fig* forladt

ver'**walt|en** forvalte, administrere, (be)styre; ₂**er** *m* forvalter; bestyrer; **Ver'waltung** f forvaltning, administration; bestyrelse, drift

Ver'waltungs|beamte(r) embedsmand (i administrationen); ~**behörde** f forvaltningsmyndighed, administration; ~**bezirk** *m* forvaltningsområde *n*; ~**gebäude** *n* administrationsbygning; ~**gebühr** f administrationsgebyr *n*, administrationsomkostninger *pl*; ~**gericht** *n* forvaltningsdomstol; *in Dänemark*: ankeinstans; ~**rat** *m* bestyrelse; ~**weg** *m*: *auf dem* ~ ad administrativ vej

ver'**wand|elbar** foranderlig; ~**eln** forvandle, omdanne (*sich* sig; *in A*/til); ₂**ung** f forvandling

ver'**wandt** ⟨-*est*⟩ beslægtet, i familie (*mit D*/med); ₂**e** *m/f* slægtning; ₂**schaft** f slægtskab *n*; (*Verwandte*) familie; ~**schaftlich** slægtskabsmæssig, familiemæssig; ₂**schaftsgrad** *m* slægtskabsgrad

ver'**warn|en** advare; ₂**ung** f advarsel; *gebührenpflichtige* ~ (administrativ) bøde

ver'|**waschen** *adj* farveløs; *Stoff:* forvasket; *fig* vag, ubestemt; ~**wässern** udvande (*a fig*); ~**weben** sammenvæve; *fig* væde sammen

ver'**wechs|elbar** forveksleling, som kan forveksles; ~**eln** forveksle, blande sammen (*bsd fig*); (*vertauschen*) forbytte; ₂**lung** f forveksling; forbytning

ver'**wegen** *adj* ⟨-*gn*-⟩ forvoven, dristig; ₂**heit** f ⟨0⟩ forvovenhed, dristighed

ver'**wehen** *v/t* blæse bort; *v/i* ⟨*sn*⟩ *Schnee:* fyge

ver'**wehren** forbyde, nægte (*j-m etw.* én ngt.)

Ver'wehung f flygning; (*Schnee*) snedrive

ver'**weichlich|en** forkæle, blødagtiggøre; ₂**ung** f ⟨0⟩ forkælelse, blødagtighed

ver'**weiger|n** nægte, afslå (*j-m etw.* én ngt.); ₂**ung** f nægtelse

ver'|**weilen** opholde sig, dvæle (*a fig*); ~**weint** forgrædt

Ver'weis *m* ⟨-*es*; -*e*⟩ (*Tadel*) irettesættelse, F næse; (*Hinweis*) henvisning (*auf A*/til); ₂**en** (*ausweisen*) forvise; *des Landes* ~ landsforvise; *von der Schule*: bortvise; SPORT udvise; (*zurechtweisen*) irettesætte (*j-n wegen e-r S.* én for ngt.); ~**ung** f henvisning; forvisning; bortvisning; udvisning

ver'|**welken** *v/i* ⟨*sn*⟩ visne (bort, ind, hen), falme (*a fig*); ~**welkt** vissen; ~**weltlichen** *v/i* ⟨*sn*⟩ verdsliggøre, sekularisere

ver'**wend|bar** anvendelig, brugbar; ~**en** anvende, bruge (*für A*, *zu D*/til); ~ *auf* (*A*) ofre på; *sich für j-n* ~ lægge et godt ord ind for én; ₂**ung** f ⟨0⟩ anvendelse, brug; (*keine*) ~ *haben für* (ikke) kunne

bruge
ver'werf|en forkaste; **sich ~** *Holz*: slå sig;
→ *a* **verworfen**; **~lich** forkastelig; **2ung** *f*
forkastelse; GEOL forskydning
ver'wert|bar brugelig; **~en** udnytte; bruge,
have brug (*n*) for, anvende; **2ung** *f* udnyttelse, anvendelse
ver'wes|en *v/i* 〈*sn*〉 rådne (op); → *a* **ver-**
west; **2er** *m* bestyrer, forvalter; POL rigs-
forstander; **~t** forrådnet; **2ung** *f* 〈*O*〉 forrådnelse; **in ~ übergehen** gå i forrådnelse
ver'wetten vædde (bort)
ver'wick|eln indvikle; *fig* forvikle; **sich in**
Widersprüche ~ indvikle sig i modsigelser; **~elt** *fig* indviklet; (gået) i hårdknude;
2lung *f* forvikling
ver'wilder|n *v/i* 〈*sn*〉 forvildes; *Tier:* blive
vild igen; **~t** forvildet; *fig* demoraliseret;
2ung *f* 〈*O*〉 forvildelse; demoralisering; **~**
der Sitten sædernes forfald
ver'winden *fig* forvinde; **~wirken** fortabe,
forskertse, forspilde
ver'wirklich|en virkeliggøre, føre ud i li-
vet, realisere; **2ung** *f* 〈*O*〉 virkeliggørelse,
realisation
ver'wirr|en bringe i uorden; *fig* forvirre; →
verworren; **~t** forvirret, forstyrret; **2ung**
f forvirring; **~ stiften** skabe forvirring
ver'wirtschaften forøde, bortødsle
ver'wischen viske ud, slette ud; **sich ~** *fig*
udviskes
ver'|wittern *v/i* 〈*sn*〉 forvitre; **2witterung** *f*
〈*O*〉 forvitring; **~witwet** som er blevet
enke (*od Witwer:* enkemand); **~wohnen**
ramponere, efterlade i dårlig tilstand
ver'wöhn|en forvænne, forkæle; **~t** for-
vænt, forkælet; **2heit** *f* 〈*O*〉 forkælethed;
2ung *f* 〈*O*〉 forkælelse
ver'worfen forkastet; *fig* ryggesløs; **2heit** *f*
〈*O*〉 ryggesløshed
ver'worren (*kompliziert, verwickelt*) indviklet; *Pers, Gedanken:* forvirret; **2heit**
f 〈*O*〉 indviklethed; forvirring, forvirret-
hed
ver'wund|bar sårbar (*a fig*); **2barkeit** *f* 〈*O*〉
sårbarhed; **~en** 〈*-e-*〉 såre (*a fig*)
ver'wunder|lich underlig, mærkelig; **~n**
undre; **2ung** *f* 〈*O*〉 forundring
Ver'wund|ete *m/f* såret; **~ung** *f* kvæstelse;
(*Wunde*) sår *n*
ver'wunschen *adj* fortryllet
ver'wünsch|en forbande; (*verzaubern*)
fortrylle; **2ung** *f* forbandelse; (*Verzaube-*
rung) fortryllelse
ver'wurzel|t rodfæstet (**in** *D*/i); knyttet
(**mit** *D*/til)

ver'wüst|en 〈*-e-*〉 gdelægge, hærge; **2ung** *f*
gdelæggelse
ver'zag|en *v/i* tabe modet, fortvivle; **~t**
modløs, forsagt; **2theit** *f* 〈*O*〉 modløshed,
forsagthed
ver'zählen: **sich ~** tælle fejl
ver'zahn|en *fig, Balken* lade gribe ind i hi-
nanden; **2ung** *f* TECH fortanding, tænder
pl; *fig* griben ind i hinanden, sammenkædning
ver'|zanken: **sich ~** skændes og blive
uvenner; **~zapfen** tappe sammen; F *Un-*
sinn diske op med; lave; **~zärteln** 〈*-le*〉
forkæle, forvænne
ver'zauber|n fortrylle, forhekse; **2ung** *f*
〈*O*〉 fortryllelse
ver'|zäunen indhegne; **~zehnfachen** tido-
ble
Ver'zehr *m* 〈*-(e)s; O*〉 forbrug *n* af mad- og
drikkevarer; **2en** fortære, nyde; *fig* forbruge; **sich ~** hentæres; **~gutschein** *m*
madkupon; **~ung** *f* 〈*O*〉 fortæring; *fig* forbrug *n*; **~zwang** *m* 〈*-(e)s; O*〉 spisetvang
ver'zeich|nen optegne, notere; *fig* (*falsch*
darstellen) fortegne; (**sich**) ~ tegne fejl;
2nis *n* 〈*-ses; -se*〉 fortegnelse, liste, register *n* (*G*/over)
ver'zeih|en forlade, tilgive (*j-m etw.* én
ngt.); **~ Sie!** undskyld! **~lich** tilgivelig;
2ung *f* 〈*O*〉 tilgivelse; **~! undskyld!**
ver'zerr|en fordreje, forvrænge; **~t** for-
vrænget; **2ung** *f* fordrejelse, forvræng-
ning
ver'zettel|n 〈*-le*〉 *fig*: **sich ~** spilde (sin tid),
lave for meget på én gang
Ver'zicht *m* 〈*-(e)s; -e*〉 afkald *n*; **auf etw.**
(*A*) **~ leisten** give afkald på ngt.; **2en**
v/i give afkald (**auf** *A*/på)
ver'ziehen *v/i* 〈*sn*〉 flytte; *v/t* fortrække;
Rüben udtynde; *Kinder* forkæle; opdrage
forkert; **sich ~** *Gesicht:* fortrække sig (**vor**
D/af); *Holz:* slå sig; *Wolke, Gewitter:* drive over; F forsvinde
ver'zier|en pynte, udsmykke; **2ung** *f* ud-
smykning, ornament *n*
ver'|zinken forzinke, galvanisere; **~'zin-**
nen fortinne
ver'zins|bar rentebærende; **~en** 〈*-t*〉 for-
rente (**sich** sig; **mit** *D*/med); **~lich** rente-
bærende; **2ung** *f* forrentning
ver'zöger|n opholde, sinke; *Angelegen-*
heit, Zeit forhale; **sich ~** trække ud, blive
forsinket; **2ung** *f* forsinkelse; forhaling
ver'zoll|en fortolde; **2ung** *f* 〈*O*〉 fortold-
ning
ver'|zücken henrykke, betage; **~zuckern**
(*bestreuen*) bestrø med sukker; *fig* for-

søde

ver'zück|t henrykt, betaget; **ung** f henrykkelse, betagelse; **aus** (od **vor**) **** af henrykkelse

Ver'zug m ⟨-(e)s; 0⟩ forsinkelse; ÖKON **ohne ** straks, ufortøvet; **in kommen** komme bagud; ÖKON komme i restance; **Gefahr im ** overhængende fare; **szinsen** pl morarenter, strafrenter pl

ver'zweif|eln v/i ⟨sn⟩ fortvivle (**an** D/over); **elt** fortvivlet (**über** A/over); **lung** f ⟨0⟩ fortvivlelse (**über** A/over)

ver'zweig|en: sich ** forgrene sig (a fig); **ung f forgrening

ver'zwickt ⟨-est⟩ indviklet, vanskelig, kilden

Vesper f ⟨-; -n⟩ aftensang; **brot** n aftensmad; **n** v/i ⟨-re⟩ spise aftensmad

Vesti'bül [v] n ⟨-s; -e⟩ vestibule, forhal

Vete'ran [v] m ⟨-en⟩ veteran

Veteri'när [v] m ⟨-s; -e⟩ dyrlæge; **medizin** f dyrlægevidenskab; ** studieren** læse til dyrlæge

Veto [v] n ⟨-s; -s⟩ veto n; ** einlegen** nedlægge veto; **recht** n vetoret

Vettel f ⟨-; -n⟩ F ækel gammel kælling

Vetter m ⟨-s; -n⟩ fætter; **nwirtschaft** f ⟨0⟩ nepotisme

Ve'xier|bild [v] n fikserbillede n; **en** drille; (quälen) plage

vgl. (= **vergleiche**) jævnfør (jf., jfr.)

v. H. (= **vom Hundert**) procent

via ['vi'a] via, over

Via'dukt m ⟨-(e)s; -e⟩ viadukt

Vi|bration [-'tsio:n] f vibration; **2'brieren** v/i vibrere, dirre

Video|aufzeichnung [v] f videooptagelse; **band** n videobånd n; **film** m videofilm; **kassette** f videokassette; **rekorder** m videobåndoptager; **text** m tekst-tv n; **'thek** f videotek n

Viech n ⟨-(e)s; -er⟩ F bæst n (a fig), dyr n; **e'rei** f F slid og slæb n, hårdt arbejde n

Vieh n ⟨-(e)s; 0⟩ kreatur n, kvæg n; (Viehbestand) besætning; Schimpfwort F kvaj(hoved n) n, fæ n; **futter** n kvægfoder n, foderstof n; **händler** m kreaturhandler; **herde** f kvæghjord; **hirt** m kvæghyrde; **hof** m slagtehus n; **2isch** fig dyrisk, rå; **markt** m kvægmarked n; **wagen** m kreaturvogn; **weide** f græsgang; **zeug** n F småkreaturer pl; **zucht** f kvægavl; **züchter** m kvægavler

viel ⟨mehr; meist⟩ adj megen (F a meget), meget n, mange pl; adv **** rigtig meget; **nicht ** ikke meget; **ziemlich ** temmelig meget; **zu ** for meget; **en Dank** mange

tak; adv meget, langt; ** besser** meget bedre; ** mehr** meget mere; (Zählbares) langt flere; ** lieber** langt hellere; **sagend** → **vielsagend**; ** versprechend** → **vielversprechend**; ** beschäftigt sein** have travlt, have mange gøremål; **bedeutend** betydningsfuld; ** besprochen** meget omtalt; ** besucht** stærkt besøgt; ** geliebt** højtelsket; ** gereist** (vidt) berejst; ** umworben** stærkt ombejlet; **bändig** bindstærk

viel|bedeutend, **beschäftigt** usw → **viel**; **deutig** flertydig; **2eck** n ⟨-(e)s; -e⟩ mangekant, polygon; **eckig** mangekantet, polygonal; **2ehe** f polygami; **er'lei** mange (slags); **erorts** (på) mange steder; **fach** (vielfältig) mangfoldig; (wiederholt) gentagen, mangedobbelt; adv (oft) tit, ofte; **2falt** f ⟨0⟩ mangfoldighed, **fältig** mangfoldig; **farbig** mangefarvet; **2flächner** m polyeder n; **förmig** mangeformet; **2fraß** m jærv; fig F ædedolk, slughals

viel|geliebt → **viel**; **gereist** → **viel**

viel|gestaltig mangeformet, i mange skikkelser; **2götte'rei** f ⟨0⟩ flerguderi n; **2heit** f ⟨0⟩ mangfoldighed; **jährig** mangeårig; **köpfig** mangehovedet; (zahlreich) talrig

viel'leicht måske

vielmals mange gange, ofte; **danke !** mange tak!

viel|mehr snarere, tværtimod; → a **viel mehr**; **sagend** sigende; **2schreiber** m produktiv forfatter; F romanfabrikant; **seitig** fig alsidig; **sprachig** i mange sprog, flersproget; **stimmig** flerstemmig; **teilig** bestående af mange dele; **umworben** → **viel**; **versprechend** (meget) lovende; **2weibe'rei** f ⟨0⟩ flerkoneri n, polygami; **2zahl** f ⟨0⟩ stort antal n

vier fire; **auf allen en** på alle fire; **unter Augen** fig under fire øjne; **2** f firtal n; **armig** firarmet; **beinig** firbenet; **2bettkabine** f kahyt med fire køjer; **blätt(e)rig** firbladet; **es Kleeblatt** firkløver n; **2eck** n ⟨-(e)s; -e⟩ firkant; **eckig** firkantet; **2er** m SPORT firer; **fach** firdobbelt; **2'farbendruck** m firfarvetryk n; **füßig** firføddet, firfodet; **händig** MUS firhændig; **hundert** fire hundrede; **jährig** fir(e)årig; **ein es Kind** et barn på fire år; **kantig** firkantet; **2'mächtekonferenz** f firemagtskonference; **mal** fire gange; **malig** som sker fire gange; **motorig** firemotorers-; **2radantrieb** m firehjulstræk *n*; **Ωradbremse** *f* firehjulsbremse; **~räd-rig** firhjulet; **~schrötig** firskåren; **~seitig** firesidet; **Ωsitzer** *m* Auto: firepersoners-bil; **~sitzig** firsædet; **~spurig** Straße: fire-banet; **~stellig** fircifret; **~stimmig** fir-stemmig; **~stöckig** fireetages; **~t:** *zu viert* fire personer; **Ωtaktmotor** *m* firetaktsmo-tor; **~te(r)** fjerde; **~teilen** dele op i fire dele; **~teilig** i fire dele

Viertel [ɪ] *n* fjerdedel; (*Stadtteil*) kvarter *n*, bydel; (*Viertelstunde*) kvarter *n*, kvart; *ein ~ nach (vor) drei* et kvarter over (i) tre, kvart over (i) tre; **~drehung** *f* kvart-drejning, **~finale** *n* kvartfinale; **~'jahr** *n* kvartal *n*, kvartår *n*; **~jahr'hundert** *n* kvartårhundrede *n*; **Ωjährlich** kvartalsvis, kvartårlig; **~'liter** *m* kvart liter; **Ωn** *‹-le›* fir(e)dele; **~note** *f* fjerdedelsnode; **~pfund** *n* kvart pund *n*, 125 gram; **~'stun-de** *f* kvarter *n*; **Ωstündig** på et kvarter; **Ωstündlich** hvert kvarter

vier|tens for det fjerde; **~türig** firdørs-, med fire døre

Vier'vierteltakt *m* fire fjerdedelstakt; **Ωzehn** [ɪ] fjorten; *in ~ Tagen* om fjorten dage; **Ωzehntäglich** hver anden uge; **Ωzehnte(r)** fjortende; **Ωzeilig** fire linjers

vierzig [ɪ] fyrre; **Ωer(in)** *m(f)* mand (kvin-de) i fyrrerne; **~ste(r)** fyrretyvende; **Ω'stundenwoche** *f* fyrre timers (ar-bejds)uge

Vignette [vɪn'jetə] *f* vignet

Vi'kar [v] *m ‹-s; -e›* hjælpepræst; **~iat** [-'riɑːt] *n ‹-(e)s; -e›* embede *n* som hjælpe-præst

Vill|a [v] *f ‹-; Villen›* villa; **~enviertel** *n* vil-lakvarter *n*

vio'lett *‹-est›* violet

Vio'lin|e [vi'o-] *f* violin; **~ist(in)** [-'nɪst(ɪn)] *m ‹-en›* (*f*) violinist(inde)

Viper [v] *f ‹-; -n›* hugorm

vi'ril viril

virtu'os [v] *‹-est›* virtuos; **Ωe** *m ‹-n›* vir-tuos; **Ωi'tät** *f ‹0›* virtuositet

Virus [v] *n ‹-; Viren›* virus *n*

Visage [vi'zaːʒə] *f* F fjæs *n*

vis-a-vis [vi'zɑ'viː] vis-à-vis

Vi'sier [v] *n ‹-s; -e›* visir *n*; *Gewehr:* visér *n*; **Ωen** visere (*a Pass*); (*zielen bsd*) sigte

Vision [vi'-] *f* vision, syn *n*

Visitation [vizita'tsioːn] *f* visitats; (*Durchsuchung*) visitation

Vi'si|te [v] *f* visit, besøg *n*; **~tenkarte** *f* visit-kort *n*; **Ω'tieren** undersøge, visitere

Viskosi'tät [v] *f ‹0›* viskositet

visu'ell [v] visuel

Visum [v] *n ‹-s; Visa›* visum *n*; **~zwang** *m*

‹-(e)s; 0› visumtvang

vi'tal [v] vital; **Ωi'tät** *f ‹0›* vitalitet

Vita'min [v] *n ‹-s; -e›* vitamin *n*; **~ A** A-vi-tamin; **Ωarm** vitaminfattig; **~bedarf** *m* vitaminbehov *n*; **~mangel** *m* vitaminman-gel; **Ωreich** vitaminrig; **~stoß** *m* vitamin-tilskud *n*; MED støddosis af vitamin; **~tab-lette** *f* vitaminpille

Vi'trine [v] *f* vitrine, udstillingsmontre

Vitri'ol [v] *n ‹-s; -e›* vitriol

vivat ['viːvat]: **~!** vivat!, leve!; **Ω** *n ‹-s; -s›* leve *n*, hurra *n*

Vivisektion [viˈviˈzekˈtsioːn] *f* vivisektion

Vize|kanzler *m* vicekansler; **~könig** *m* vi-cekonge; **~konsul** *m* vicekonsul

V. J. (= *vorigen Jahres*) i fjor

Vlies *n ‹-es; -e›* skind *n*; *das Goldene ~* den gyldne vlies

V-Mann *m* (= *Verbindungsmann*) politi-spion

Vogel *m ‹-s; ⁻›* fugl; *e-n ~ haben* F have pip, være skør; *den ~ abschießen* fig skyde papegøjen; **~bauer** *n* fuglebur *n*; **~beere** *f* BOT rønnebær *n*; **~flug** *m* fugle-flugt; **~fluglinie** *f* fugleflugtslinie; **Ωfrei** fredløs; **~futter** *n* fuglefrø *n*; **~haus** *n* fugle-lehus *n*, voliere; **~käfig** *m* fuglebur *n*; **~kunde** *f ‹0›* ornitologi

vögeln *‹-le›* F kneppe, bolle

Vogel|nest *n* fuglerede; **~perspektive** *f ‹0›: aus der ~* i fugleperspektiv; **~scheu-che** *f* fugleskræmsel *n* (*a fig*); **~schutz** *m* fuglebeskyttelse; **~'Strauß-Politik** *f* struds(e)-politik; **~warte** *f* fugleobserva-torium *n*; **~zug** *m* fugletræk *n*

Vog|t [foːkt] *m ‹-s; ⁻e›* foged; bestyrer; **~'tei** *f* fogedbolig; (*Gebiet*) fogedområde *n*

Vo'kabel [v] *f ‹-; -n›* glose; *j-m die ~n ab-hören* Schule: høre én i gloser; **~schatz** *m ‹-es; 0›* gloseforråd *n*

Vo'kal [v] *m ‹-s; -e›* vokal

Vokativ [v] *m ‹-s; -e›* vokativ

Voliere [vo'liːərə] *f ‹-; -n›* voliere

Volk *n ‹-(e)s; ⁻er›* folk *n*, nation; (*Bienen*Ω) sværm

Völker|bund *m ‹-(e)s; 0›* folkeforbund *n*; **~kunde** *f ‹0›* etnologi; **~mord** *m ‹-(e)s; -e›* folkedrab *n*; **~recht** *n ‹-(e)s; 0›* folke-ret; **Ωrechtlich** folkeretslig; **~schaft** *f* fol-keslag *n*; **~verständigung** *f* mellemfolke-lig forståelse; **~wanderung** *f* folkevan-dring (*a fig*)

völkisch national; folkelig

volkreich folkerig

Volks|abstimmung *f* folkeafstemning; **~armee** *f* folkearmé; **~aufklärung** *f* folkeoplysning; **~ausgabe** f folkeudgave, billigbog; **~beauftragte(r)** ombudsmand; **~befragung** f, **~begehren** n referendum n; **~bildung** f ⟨0⟩ folkeoplysning; **~bücherei** f folkebibliotek n; **~bühne** f teaterforening; **~charakter** m folkekarakter; **~demokratie** f folkedemokrati n; **~dichtung** f folkedigtning; **2eigen** Betrieb: tilhørende staten; **~feind** m folkefjende; **~fest** n folkefest; **~front** f folkefront; **~gesundheit** f folkesundhed; **~glaube** m folketro; **~gruppe** f nationalt mindretal n; **~gunst** f folkegunst; **~held** m folkehelt; **~herrschaft** f folkeherredømme n; **~hochschule** f aftenskole, folkeuniversitet n; **~kammer** f folkekammer n (i DDR); **~kunde** f ⟨0⟩ folkemindeforskning, etnografi; **~kundler(in)** m(f) etnograf; **~kunst** f ⟨0⟩ almuekunst, folkekunst; **~lied** n folkevise; **~mund** m ⟨-(e)s; 0⟩: **im ~** i folkemunde; **~musik** f folkemusik; **~partei** f folkeparti n; **~polizei** f folkepoliti n (i DDR); **~redner** m folketaler; **~republik** f folkerepublik; **~schule** f → **Grundschule**; **~seele** f ⟨0⟩ folkesjæl; **~stamm** m folkestamme; **~stimme** f folkets stemme; **~stück** n THEA folkeligt teaterstykke n; **~tanz** m folkedans; **~tracht** f folkedragt; **~trauertag** m national sørgedag; **~tum** n ⟨-s; 0⟩ folk n; nationalitet; (Wesen) folkekarakter, det folkelige, det nationale; (Traditionen) folkelige og nationale traditioner pl; **2tümlich** folkelig; populær; **~vermögen** n nationalformue; **~versammlung** f folkeforsamling

Volksvertret|er m folkerepræsentant; POL in Dänemark: medlem n af folketinget; **~ung** f folkerepræsentation; POL in Dänemark: folketing n

Volkswagen m folkevogn; **~bus** m folkevognsbus, F rugbrød n

Volkswirt m nationaløkonom; **~schaft** f nationaløkonomi; **~schaft(s)lehre** f nationaløkonomi; **~schaftler** m nationaløkonom; **2schaftlich** (national)økonomisk

Volkszählung f folketælling

voll fuld (von od G/af); (gefüllt) fyldt (von od G/med); (ganz) hel; **~ und ganz** helt og holdent; **j-n für ~ nehmen** F tage én alvorligt; **die Nase ~ haben** fig F have fået nok; **e-e ~e Stunde** en stiv time; **aus ~em Hals** af fuld hals; **~ gießen** hælde fuld; **~auf** fuldt op, rigeligt; fig fuldt ud

voll|automatisch helautomatisk, fuldautomatisk; **2bad** n karbad n; **2bart** m

fuldskæg n; **~beschäftigt** fuldt beskæftiget; **2beschäftigung** f ⟨0⟩ fuld beskæftigelse; **2besitz** m: **im ~** (G) i fuld besiddelse af; **2blut** n fuldblod n; **~blütig** fuldblods; **~'bringen** fuldbringe, fuldføre; **~busig** med en kraftig barm; **2dampf** m ⟨-(e)s; 0⟩: **mit ~** NAUT, fig for fuld kraft (voraus frem)

voll|'enden fuldende, fuldføre; **~'endet** fuldendt (a fig); **~ends** fuldkommen, aldeles; **2'endung** f ⟨0⟩ fuldendelse, fuldbyrdelse

Völle'rei f ⟨0⟩ fylderi n, frådseri n

Volleyball ['vɔli-] m ⟨-(e)s; 0⟩ volleyball

voll'führen fuldføre, udføre

voll'füllen fylde helt op

Voll|gas n ⟨-es; 0⟩ (Geschwindigkeit) fuld speed; **~gefühl** n ⟨-(e)s; 0⟩ den fulde følelse

voll|gepfropft, **~gestopft** propfuld (a Saal); (voll gegessen) propmæt

voll|'gültig fuldgyldig; **2gummireifen** m massivgummiring; **2idiot** m F kraftidiot

völlig fuldstændig

volljährig fuldmyndig; **2keit** f ⟨0⟩ myndighed

Voll|kaskoversicherung f kaskoforsikring; **2klimatisiert** fuld klimatiseret

voll'kommen fuldkommen; adv ['fɔl-] fuldkommen, fuldstændig; **2heit** f ⟨0⟩ fuldkommenhed, fuldstændighed

Voll|kornbrot n fuldkornsbrød n; **~kraft** f ⟨0⟩ fuld kraft

voll-|laufen fig (ist voll gelaufen) løbe fuld; **~machen** fylde (helt op)

Vollmacht f ⟨-; -en⟩ fuldmagt; **j-m e-e ~ ausstellen** give én fuldmagt (til)

Vollmilch f sødmælk; **~schokolade** f flødechokolade

Voll|mond m fuldmåne; **~mondgesicht** n F fuldmåneansigt n; **2mundig** fyldig; **~pension** f helpension

voll|pfropfen proppe fuld; **~saugen:** **sich ~** (mit Wasser) suge (vand); **~schenken** skænke fuld; **~schlagen:** **sich den Bauch ~** F proppe sig med mad

vollschlank korpulent, buttet, fyldig

voll|schmieren tilsmøre

Vollspur f ⟨0⟩ normalspor n

vollständig fuldstændig (a adv); **2keit** f ⟨0⟩ fuldstændighed

voll'streck|bar som kan fuldbyrdes; **~en** fuldbyrde, udføre; **2er** m fuldbyrder, udfører, eksekutor; **2ung** f fuldbyrdelse; eksekution

voll-tanken tanke op; **bitte ~!** værsgod at

fylde den op!

Volltextsuche f EDV fuldtekstsøgning

voll|**tönend** fuldtonende; **treffer** m fuldtræffer (a fig); **trunken** totalt beruset; **versammlung** f POL plenarmøde n; *Verein*: generalforsamling; **waise** f forældreløst barn n; **wertig** fuldgyldig; **zählig** fuldtallig; '**ziehen** udføre; (*vollbringen*) fuldbyrde; **de Gewalt** udøvende magt; '**ziehung** f ⟨0⟩, **zug** m ⟨-(e)s; 0⟩ udførelse; fuldbyrdelse; '**zugsbeamter** m *Gefängnis*: fængselsbetjent; *Pfändung*: pantefoged, F kongens foged

Volon|'**tär** [vo·lon-] m ⟨-s; -e⟩ volontør; **ieren** v/i arbejde som volontør

Volt [v] n ⟨-s; -⟩ volt

Vo'**lum**|**en** [v] n ⟨-s; - *od Volumina*⟩ volumen n, rumfang n (*von* D/på); **i**'**nös** voluminøs (a iron)

vom = *von dem*

von (D) af; *Raum, Zeit*: fra; (*über*) om; **außen** udefra; **innen** indefra; **da** derfra; **hier** herfra; **oben** oppefra; **unten** nedefra; **hinten** bagfra; **vorn** forfra (a *noch einmal*); **wo** hvorfra; **heute an** fra 1 dag at; *Zeit zu Zeit* fra tid til anden; *mir aus gern* for min skyld gerne; *die Straßen* *Kopenhagen* Københavns gader; *ein Freund* *mir* en af mine venner; **ei**'**nander** fra hinanden; '**nöten** nødvendig; **sein** være påkrævet; '**stattengehen** v/i ⟨sn⟩ *Veranstaltung*: finde sted; *Arbeit*: gå fra hånden

vor (A, D) *örtlich*: foran, (*frem*) for; (*draußen*) udenfor; *zeitlich*: før; for … siden; *kausal*: af; *dem Fest* før festen; *Christi Geburt* (= *v. Chr.*) før Kristi fødsel (f. Kr.); *der* (*die*) *Tür* foran døren; *kurzem* (*acht Tagen*) for kort tid (otte dage) siden; *drei Minuten* *zwei* ti minutter i to; *allem* (*od allen Dingen*) fremfor alt, især; *Gnade* *Recht ergehen lassen* lade nåde gå for ret; *Kälte zittern* ryste af kulde; *Furcht* (*Schmerz, Wut*) af frygt (smerte, raseri); *nach wie* nu som før; '**ab** i forvejen

Vor|**abend** m aftenen før; **ahnung** f forudanelse

vo'**ran** foran, forud, i spidsen; (*vorwärts*) fremad; **gehen** v/i ⟨sn⟩ gå i spidsen (D/for); (*vorher stattfinden*) gå forud (D/for); (*fortschreiten*) gå frem (-ad); *j-m mit gutem Beispiel* foregå én med et godt eksempel; **kommen** v/i ⟨sn⟩ komme frem, gå frem(ad)

Voranmeldung f forudanmeldelse; *Ferngespräch mit* personlig samtale, note-

ring

Voranschlag m *Handwerk*: overslag n; *Haushalt* (POL): budget n; *e-n* *machen* give et overslag; budgettere

vo'**ran**|**stellen** *Bemerkung* forudskikke; **treiben** fig fremskynde

Voranzeige f foreløbig meddelelse; *Film*: reklame for næste film, F på programmet

Vor|**arbeit** f forarbejde n; **arbeiten** v/i udføre et forarbejde; **arbeiter** m forarbejder, F sjakbajs

vo'**rauf** foran, forud

vo'**raus** foran, foran; im forud, i forvejen; *vielen Dank im* på forhånd tak; *s-r Zeit* (D) *sein* være forud for sin tid; **ahnen** forudane; **bedenken** betænke i forvejen; **bedingen** betinge forud; **berechnen** forudberegne; **bestimmen** forudbestemme; **bezahlen** betale forud; **eilen** v/i ⟨sn⟩ skynde sig i forvejen; **fahren** v/i ⟨sn⟩ køre i forvejen; **gehen** v/i ⟨sn⟩ gå i forvejen; fig mst gå forud (D/for); **gesetzt:** , *dass...* under forudsætning af, at...; **haben:** *j-m etw.* have ngt. forud for én; **nehmen** tage forud, foregribe; **sage** f forudsigelse; spådom; **sagen** forudsige; (*Wahrsagen*) spå; **schauen** v/i forudse; se frem; **schauend** fig fremsynet; **schicken** sende forud; fig forudskikke; **sehen** forudse; **setzen** forudsætte; → a *voraussetzen*; **setzung** f forudsættelse; *unter der* , *dass...* under forudsætning af, at...; **sicht** f forudseenhed; *aller* *nach* efter al sandsynlighed; **sichtlich** antagelig

vor'**aus**-**zahl**|**en** forudbetale; **ung** f forudbetaling

Vor|**bau** m ⟨-(e)s; -ten⟩ fremspring n, udbygning; **bauen** v/i (D) fig forebygge

Vorbe|**dacht** m: mit med overlæg n; **deutung** f forvarsel n; **dingung** f forhåndsbetingelse

Vorbehalt m ⟨-(e)s; -e⟩ forbehold n; *unter* (*ohne*) (*e*) med (uden) forbehold; **en** forbeholde, reservere; *sich* forbeholde sig; *alle Rechte* *Buch*: eneret; **lich** (G) med forbehold af; **los** ⟨-est⟩ uden forbehold

vor'**bei** forbi (*an* D); (*aus*) ude, omme; *es ist zwei* (*Uhr*) klokken er over to; **benehmen:** *sich* opføre sig umuligt; **fahren** v/i ⟨sn⟩ køre forbi; **führen** føre forbi; (*entlang*) føre langs med; **gehen** v/i ⟨sn⟩ gå forbi (*an j-m* én); *Zeit*: gå over; im fig i forbigående, i forbifarten; **kommen** v/i ⟨sn⟩ komme for-

V

bi (a besuchen); ~**lassen** lade komme forbi; 2**marsch** m forbimarch; ~**reden**: an etw. (D) ~ snakke udenom ngt.; **aneinander** ~ fig snakke forbi hinanden; ~**schauen** komme forbi; ~**schießen** skyde forbi; ~**ziehen** v/i ⟨sn⟩ drage forbi

vorbe|lastet belastet; 2**merkung** f indledende bemærkning; Buch: forord 2**f forberedelse**

vorbereit|en forberede (sich sig); (planen) tilrettelægge, planlægge; 2**ung** f forberedelse

Vorbe|richt m (Einleitung) indledning; (vorläufiger Bericht) foreløbig redegørelse; ~**sitzer** m foregående ejer; ~**sprechung** f foreløbig (od indledende) drøftelse, forhåndsdrøftelse

vorbestell|en forudbestille, reservere; 2**ung** f reservering

vor|bestimmt forudbestemt; ~**bestraft** tidligere straffet; ~**beten** Gebet bede for; fig opremse

vor-beug|en v/i (D) fig forebygge; **sich ~** bøje sig frem; 2**ung** f foroverbøjning; fig forebyggelse; 2**ungsmaßnahme** f forebyggende forholdsregel; ~**n ergreifen** træffe forebyggende foranstaltninger; 2**ungsmittel** n forebyggende middel n

Vor|bild n forbillede n, mønster n; 2-**bilden** forberede, uddanne; ~**lich** forbilledlig, mønstergyldig; ~**bildung** f (for)uddannelse; (Vorbereitung) forberedelse

vor|binden binde for; Schürze tage på; ~**bohren** bore for; 2**bote** m fig forvarsel n (G/om); ~**bringen** bringe frem; fig fremføre; 2**bühne** f forgrund, proscenium n; 2**dach** n halvtag n; ~**datieren** datere forud, foruddatere; 2**deck** n fordæk n; ~**dem** forhen, før

vorder|- forrest, for-; **der Vorderste** den forreste; 2**achse** f foraksel; 2**ansicht** f facade; 2**asien** n det Nære Østen; 2**bein** n forben n; 2**gebäude** n forbygning; 2**grund** m forgrund; ~**gründig** fig gennemskuelig, overfladisk; ~'**hand** adv foreløbig, forhånds-; 2**hand** f ⟨0⟩ forhånd; Pferd: forben n; 2**haus** n forhus n; 2**indien** n Forindien n; 2**lader** m forlader; 2**mann** m formand; 2**pfote** f forpote; 2**rad** n forhjul n; 2**radantrieb** m forhjulstræk n; 2**reifen** m fordæk n; 2**schiff** n forskib n; 2**seite** f forside; 2**sitz** m forsæde n; 2**teil** n od m forende, forreste del; NAUT forstavn; 2**tür** f fordør; 2**wagen** m forvogn; 2**zähne** m/pl fortænder pl; 2**zimmer** n værelse n til gaden

vor-drängen: **sich ~** trænge (od mase) sig frem; fig komme (od træde) i forgrunden

vor·dring|en v/i ⟨sn⟩ trænge frem; ~**lich** påtrængende, påkrævet; adv i første række

Vor|druck m formular, blanket; 2**ehelich** foregteskabelig, før ægteskabet

vor-eil|en v/i ⟨sn⟩ ile forud; ~**ig** overilet, forhastet; 2**igkeit** f ⟨0⟩ overilelse

vorei'nander (räumlich) foran hinanden; (im Beisein) overfor hinanden

voreingenommen forud indtaget, ugunstig stemt; Meinung: forudfattet; 2**heit** f ⟨0⟩ forudindtagethed, forudfattet mening

Voreltern pl forfædre pl

vorenthalt|en holde tilbage; forholde (j-m etw./én ngt.); 2**ung** f ⟨0⟩ tilbageholde, forholdelse

Vor|entscheidung f foreløbig afgørelse; 2**erst** foreløbig; 2**erzählen** fig binde på ærmet

Vorfahr m ⟨-en⟩ én af forfædrene; ~**en** pl forfædre pl

vor-fahr|en v/i ⟨sn⟩ køre frem; (vorausfahren) køre i forvejen; 2**t** f ⟨0⟩, 2**t(s)recht** n ⟨-(e)s, 0⟩ forkørselsret; **die ~ nicht beachten** ikke overholde vigepligten

Vor|fall m hændelse, begivenhed; 2-**fallen** v/i ⟨sn⟩ hænde, ske

Vor|feier f indledende (od forudgående) fest; ~**feld** n forterræn n; **im ~** (G) fig forud for; ~**film** m forfilm, ekstrafilm; 2-**finden** (fore)finde, træffe; ~**fluter** m dræningsgrøft; 2**fragen** v/i forhøre sig, forespørge (bei D/hos); ~**freude** f glæde forud; 2**fristig** før fristen's udløb); ~**frühling** m tidligt forår n; ~**fühlen**: **bei j-m ~** fig forhøre sig hos én

Vor|führdame f opvisningsdame, mannequin; 2-**führen** forevise, demonstrere; fremføre; ~**führer** m (Film-) operatør

Vorführraum m demonstrationsrum n, opvisningsrum n; (~ des Filmvorführers) operatørrum n

Vorführung f forestilling; forevisning, demonstration; Volkstanz, Gymnastik: opvisning

Vor|gabe f SPORT handicap m; fig præmis, forudsætning; ~**gang** m hændelse, begivenhed; CHEM proces; (Akten) aktstykker pl; ~**gänger(in)** m(f) forgænger; ~**garten** m forhave; 2-**gaukeln** foregøgle; 2-**geben** (behaupten) påstå; (vorschützen) foregive; ~**gebirge** n forbjerg n, kap n; 2**geblich** foregiven; 2**gefasst** Meinung: forudfattet; 2**gefertigt** ARCH præfabrikeret; ~**gefühl** n forudfølelse

vor·gehen v/i ⟨sn⟩ gå foran (od forud); (vorrücken) rykke frem; Uhr: gå for stærkt (verfahren) gå frem (od til værks); (geschehen) gå for sig, foregå; ~ **gegen** etw. skride ind mod ngt.; 2n ⟨-s; 0⟩ fremrykning; (Verfahren) fremgangsmåde

Vor|gelände n forterræn n; ~**gericht** n foret; 2**gerückt** (zeitlich) fremrykket, sen

Vorgeschicht|e f ⟨0⟩ forhistorie; 2**lich** forhistorisk

Vorge|schmack m ⟨-(e)s; 0⟩ fig forsmag (auf A/på); ~**setzte(r)** foresat, overordnet; MIL befalingsmand

vorgest|ern i forgårs; ~ **Abend** i forgårs aftes; ~**rig** fra i forgårs

vorgezeichnet fig forudbestemt; **der ~e Weg** fig den (en gang) afstukne bane; **alles ist ~** fig alt er lagt i faste baner

vor·greifen v/i foregribe; tage forskud på; **j-m ~** komme én i forkøbet

Vorgriff m foregriben

vor|·haben agte, have i sinde; Schürze have på; 2**haben** n ⟨-s; -⟩ forehavende n; (Absicht) hensigt; 2**halle** f forhal; Kirche: våbenhus n; THEA foyer

vor·halt|en v/t halde for(an), (vorwerfen) foreholde, bebrejde; (bereitstellen) have til rådighed; v/i (ausreichen) holde, vare (ved); 2**ung** f bebrejdelse

Vorhand f ⟨0⟩ fig fortrin n; Spiel: forhånd

vor'handen forhåndenværende; ~ **sein** findes, være tilstede; 2**sein** n ⟨-s; 0⟩ eksistens

Vorhang m ⟨-(e)s; ~e⟩ forhæng n, gardin n; THEA tæppe n; **der Eiserne ~** jerntæppet

vor·häng|en v/t hænge for; 2**schloss** n hængelås

Vorhaut f forhud

vorher tidligere, før; (im Voraus) i forvejen; **am Tag(e) ~** dagen før

vor·herbestimm|en   forudbestemme; 2**ung** f ⟨0⟩ forudbestemmelse

vor·her·geh|en v/i ⟨sn⟩ gå forud (D/for); ~**end** forudgående

vor'herig forudgående, tidligere

Vor'herrschaft f ⟨0⟩ fig fremhersken, overvægt, dominans; 2·**herrschen** v/i være fremherskende, dominere (a Mode, Meinung usw)

Vor'her·sage f forudsigelse; (Weissagung) spådom; (Wetter-) vejrmelding; 2·**sagen** forudsige; spå; 2·**sehen** forudse

vor·hin før; (soeben) lige nu, for nylig; 2**hof** m forgård; ANAT forkammer n; 2**hut** f forspids; fig avantgarde; ~**ig** forrig, foregående; ~**es Jahr** sidste år

Vor|jahr n forrige (od sidste) år; **im ~** i fjor;

2**jährig** forrige års, fra sidste år

Vor|kammer f forkammer n; ~**kämpfer(in)** m(f) forkæmper (G/for)

vor·kauen: **j-m** etw. ~ fig give én ngt. ind med skeer

Vorkauf m forkøb n; ~**srecht** n forkøbsret

Vor|kehrung f forholdsregel; ~**en treffen** tage sine forholdsregler; 2·**keimen** Kartoffeln forspire; ~**kenntnisse** f/pl forkundskaber pl; 2·**knöpfen**: **sich j-n ~** F tage sig kærligt af én

vor·komm|en v/i ⟨sn⟩ komme frem; (vorhanden sein) forekomme, findes; (geschehen) ske, hænde; **es kommt mir vor** det forekommer mig; 2**en** n ⟨-s; -⟩ forekomst; 2**nis** n ⟨-ses; -se⟩ hændelse, tildragelse

Vorkriegszeit f førkrigstid

vor·lad|en JUR indstævne; 2**ung** f indstævning, tilsigelse

Vor|lage f fremlæggelse; Gesetz: lovforslag n; (Muster) mønster n, fortegning, forskrift; original; Fußball: aflevering; ~**land** n ⟨-(e)s; 0⟩ forland n; 2·**lassen** lade komme foran; (empfangen) give adgang (od foreti a·dc); ~**lauf** m SPORT indledende heat n; 2·**laufen** v/i ⟨sn⟩ løbe frem (od foran)

Vorläuf|er m fig forløber (G/for); 2**ig** foreløbig, midlertidig

Vor|laut næsvis; 2**leben** n tidligere liv n, fortid

Vorlege|besteck n forskærersæt n; ~**gabel** f forskærergaffel; ~**löffel** m potageske; ~**messer** n forskærerkniv

vor·lege|n lægge (od sætte) for; Schloss hænge for; (vorzeigen) fremlægge, vise; (unterbreiten) forelægge (a fig); **ein schnelles Tempo ~** sætte fart på; 2r m måtte; løber

vor·les|en Text læse op (od højt); 2**ung** f oplæsning; Universität: forelæsning; **über A/over); ~en hören** følge forelæsninger; 2**ungsverzeichnis** n lektionskatalog n

vor|letzt næstsidst; 2**liebe** f forkærlighed (für A/for); ~**lieb·nehmen** v/i tage til takke (mit D/med)

vor·liegen v/i ligge foran (od fremme); fig foreligge; ~**d** foreliggende, nærværende

vor·machen: **j-m** etw. ~ bilde én ngt. ind

vorm F = **vor dem**

vor·machen sætte for; (zeigen) vise; **j-m** etw. ~ fig bilde én ngt. ind

Vormacht(stellung) f ⟨0⟩ dominans

vormal|ig forhenværende; ~**s** tidligere, før

Vormarsch m fremrykning; **auf dem ~,**

V

während des ~**es** MIL under fremrykningen; **auf dem** ~ **sein** fig vinde terræn
vor·merk|en skrive op, notere; (*auf die Warteliste setzen*) skrive på venteliste; (*reservieren*) reservere; 2ung *f* notits; reservering
vormilitärisch: ~**e Erziehung** militaristisk opdragelse (af børn og unge)
Vormittag *m* formiddag; **heute** ~ i formiddag(s); **am** ~, 2s om formiddagen
Vormund *m* ⟨-(e)s; -e od ⁓er⟩ formynder, værge; ⁓**schaft** *f* formynderskab *n*, værgemål *n*; ⁓**schaftsgericht** *n* overformynderi *n*
vorn foran, fortil; **nach** ~ forover; forud; (*vorwärts*) frem; **von** ~ forfrå (*a* fig); **von** ~ **anfangen** begynde forfra igen; **weiter** ~ længere fremme
Vor|nahme *f* ⟨0⟩ foretagelse; ⁓**name** *m* fornavn *n*
vorn|'an foran, i spidsen; ~**e** → **vorn**
vornehm fornem; fin, nobel; ~ **tun** spille fornem, snobbe
vor·nehm|en: sich ~ foretage, tage fat på; **j-n** ~ tage én under behandling; **sich** (*D*) **etw.** ~ sætte sig ngt. for
Vornehm|heit *f* ⟨0⟩ fornemhed; ⁓**lich** især, fremfor alt
vor·neig|en: sich ~ bøje sig forover (*od* frem)
vorn|he'rein: von ~ på forhånd, a priori; ~'**über** forover; ~'**weg** [ɛ] foran, forud
Vorort *m* forstad (*von D*/til); ⁓**verkehr** *m* nærtrafik; ⁓**zug** *m* lokaltog *n*
Vor|platz *m* plads foran; ⁓**posten** *m* forpost (*a* fig); 2**programmiert** fig *Erfolg:* sikret på forhånd; (*verplant*) skemalagt; ⁓**prüfung** *f* foreløbig prøve; prøveeksamen, adgangsprøve; 2-**quellen** *v/i* ⟨sn⟩ vælde frem (*a* fig)
Vorrang *m* ⟨-(e)s; 0⟩ forrang, prioritet; **e-r S.** (*D*) **den** ~ **geben** prioritere; 2**ig** som bør prioriteres; fortrinsvis; ⁓**stellung** *f* fortrinsstilling
Vor|rat *m* forråd *n* (**an** *D*/af); 2**rätig** på lager
Vorrats|haus *n* pakhus *n*, lagerhus *n*; ⁓**kammer** *f* forrådskammer *n*; spisekammer *n*
Vorraum *m* forstue
vor·rechnen opregne; **j-m etw.** ~ fig opregne ngt. for én
Vorrecht *n* første ret, fortrinsret (**auf** *A*/til)
Vorred|e *f* fortale, forord *n*; ⁓**ner** *m* foregående taler
vor·reit|en *v/i* ⟨sn⟩ ride foran (*od* frem); 2**er** *m* forrider; fig forkæmper

vor·richt|en forberede, lave til, indrette; 2**ung** *f* forberedelse; (*Anordnung*) anordning; (*Apparat*) apparat *n*, indretning; mekanisme
vor|·rücken *v/t* flytte frem; *v/i* ⟨sn⟩ MIL rykke frem; *Zeit:* gå; **in e-e Stelle:** blive forfremmet; → *a* **vorgerückt**; 2**ruhestand** *m* førtidspensionering; 2**runde** *f* SPORT indledende heat *n*; indledende kampe *pl*
vors F = **vor das**
Vor|saal *m* forsal, vestibule; 2-**sagen** diktere; *Schule:* hviske; ⁓**saison** *f* forsæson, tidlig sæson; ⁓**sänger** *m* forsanger
Vorsatz *m* forsæt *n* (*a* JUR); *Buch:* forsats; ⁓**fenster** *n* forsatsvindue *n*
vor|sätzlich forsætlig, med vilje; 2**satzlinse** *f* FOT nærlinse; 2**schau** *f* oversigt (**auf** *A*/over); R/TV programoversigt
Vorschein *m:* **zum** ~ **bringen** bringe for dagen; **zum** ~ **kommen** komme frem (*od* for dagen), vise sig
vor·schicken sende frem (*od* forud); *Koffer, Paket* sende i forvejen
vor·schieben skyde frem; *Riegel* skyde for; (*so tun als ob*) foregive; **e-r S.** (*D*) **e-n Riegel** ~ fig sætte en stopper for ngt.
vor·schießen *Geld* forstrække med, låne; 2**schiff** *n* forskib *n*; 2**schlag** *m* forslag *n* (*a* MUS); ⁓**schlagen** foreslå
Vorschlag|hammer *m* forhammer; ⁓**srecht** *n* ⟨-(e)s; 0⟩ forslagsret
Vor|schlussrunde *f* SPORT semifinale; 2-**schneiden** skære for; 2**schnell** overilet, ubetænksom; 2-**schreiben** skrive for; fig foreskrive (**j-m etw.**/én ngt.); 2-**schreiten** *v/i* ⟨sn⟩ skride frem, gå
Vorschrift *f* forskrift, instruks; *Dienst nach* ~ arbejd-langsom-aktion; **nach** ~ MED ifølge recept; 2**mäßig** forskriftsmæssig; efter reglementet; 2**swidrig** uforskriftsmæssig; imod instruksen
Vorschub *m:* **e-r S.** (*D*) ~ **leisten** hjælpe en sag frem, begunstige ngt
Vorschul|alter *n* førskolealder; ⁓**e** *f* forskole; *in Dänemark* mst børnehaveklasser *pl*; ⁓**erziehung** *f* opdragelse før den skolepligtige alder, opdragelse i børnehaveklasser; 2**isch** førskole-, før den skolepligtige alder; ⁓**klasse** *f* børnehaveklasse
Vorschuss *m* forskud *n*; ⁓**lorbeeren** *f/pl* (for) tidlig ros; ⁓**zahlung** *f* forskudsbetaling
vor|·schützen foregive, undskylde sig med; ~·**schweben** *v/i* fig foresvæve; ~·**schwindeln** foregøgle; lyve (for én)

vor·seh|en (*planen*) planlægge, sørge for; *sich ~* se sig for, passe på; ♀**ung** *f ⟨0⟩* forsyn *n*

vor·setzen sætte for(an); (*vorrücken*) flytte frem; *Speisen* sætte frem, servere; → *a* **Vorgesetzte(r)**

Vorsicht *f ⟨0⟩* forsigtighed; *~!* pas på!, forsigtig!; ♀**ig** forsigtig; (*umsichtig*) varsom; ♀**halber** for en sikkerheds skyld; *~smaßregel f* forebyggende (*od* sikkerheds-) foranstaltning

Vor|silbe *f* forstavelse; ♀**-singen** synge for; ♀**sintflutlich** *fig* F antediluviansk, meget gammeldags

Vorsitz *m* forsæde *n*; *unter dem ~ von* under forsæde af, med … som præsident; *den ~ führen* føre forsædet, præsidere (ved); *~ende(r)* formand, præsident; *zweiter Vorsitzender* næstformand

Vorsommer *m* forsommer

Vorsorge *f ⟨0⟩* omsorg, forsorg; *~ treffen für* (*A*) drage omsorg for

vor·sorg|en *v/i* sørge for fremtiden; ♀**euntersuchung** *f* MED forebyggende undersøgelse; *~lich* omsorgsfuld; (*sicherheitshalber*) for en sikkerheds skyld

Vor|spann *m ⟨-(e)s; -e⟩* forspand *n*; *Film:* præsentation; ♀**-spannen** spænde for

Vorspeise *f* forret, formad

vor·spiegel|n: *j-m etw. ~* foregøgle en ngt., bilde én ngt. ind; ♀**ung** *f* foregøgling; *unter ~ falscher Tatsachen* JUR under falsk foregivende

Vor|spiel *n* forspil *n* (*a* MUS, THEA *usw*); ♀**-spielen:** *j-m etw. ~* spille ngt. for én

vor|·sprechen fremsige; THEA sufflere; *bei j-m ~* se ind til én; *~·springen* *v/i ⟨sn⟩* springe frem; (*vorragen*) rage frem; ♀**sprung** *f* fremspring; SPORT, *fig* forspring *n* (*vor D*/til); ♀**stadt** *f* forstad (*von D*/til); ♀**städter** *m* forstadsbeboer; *~städtisch* forstads-

Vorstand *m* bestyrelse (*a Verein,* ÖKON); ÖKON *a* direktion; (*Vorsteher*) leder, direktør; *~smitglied* *n* bestyrelsesmedlem *n*; *~ssitzung* *f* bestyrelsesmøde *n*

vor·steck|en sætte (fast) foran; ♀**nadel** *f* brystnål

vor·steh|en *v/i* stå frem (*od* foran); (*verwalten*) (*D*) forestå, bestyre; *~end* foranstående; *Zahn:* fremstående; ♀**er** *m* forstander, bestyrer, chef (*von D*/for); ♀**erdrüse** *f* prostata, blærehalskirtel; ♀**erin** *f* forstanderinde

vorstell|en stille (*od* sætte) frem (*od* foran); *Person* præsentere (*j-m* for én); (*darstellen*) forestille; *was soll das ~?* hvad

skal det betyde?; *sich ~* (*bekannt machen*) præsentere sig (*a* ÖKON); *sich* (*D*) *etw. ~* forestille (*od* tænke) sig ngt.; *stell dir vor, …!* tænk …!; *~ig:* *~ werden* gøre forestillinger (*bei D*/over for), henvende sig (*bei D*/til); ♀**ung** *f* forestilling (*a* THEA); (*Begriff*) begreb *n* (*von D*/om); (*Darstellung*) fremstilling (*von D*/af); ♀**ungsvermögen** *n ⟨-s; 0⟩* forestillingsevne

Vor|stoß *m* fremstød *n*, angreb *n*; ♀**-stoßen** *v/t* skyde frem; *v/i ⟨sn⟩* gøre et fremstød

Vor|strafe *f* tidligere straf; ♀**-strecken** strække frem; *Geld* forstrække; *~studie* *f* forstudie (*n*), forstudium *n* (*zu D*/til); *~stufe f* første trin *n* (*a fig*) (*G*/til); ♀**-stülpen** krænge frem; *~tag* *m* foregående dag; *~tänzer(in)* *m(f)* fordanser(inde)

vor·täusch|en foregive, foregøgle; ♀**ung** *f* foregøgling; *unter ~ falscher Tatsachen* JUR under falsk foregivende

Vorteil *[ɔ] m* fordel (*a* SPORT), gavn; *im ~ sein* være ovenpå; *mit ~* med fortjeneste; *von ~* til nytte; *s-n ~ sehen* se sit snit; *Vor- und Nachteile* fordele og ulemper; ♀**haft** *⟨-est⟩* fordelagtig (*a äußere Erscheinung*)

Vor|trag *m ⟨-(e)s; ⁓e⟩* foredrag *n*; THEA recitation; ÖKON transport; ♀**-tragen** bære frem; THEA recitere, deklamere; *Rede* sige, tale (om), referere; læse ngt.; ÖKON overføre; *~tragende(r)* foredragsholder

Vortrags|abend *m* foredragsaften; *~reihe* *f* foredragsrække

vor·trefflich fortræffelig; ♀**keit** *f ⟨0⟩* fortræffelighed

vor|·treten *v/i ⟨sn⟩* træde frem; gå foran; ♀**tritt** *m ⟨-(e)s; 0⟩* fortrin *n*, forrang; *j-m den ~ lassen* lade én gå først; ♀**trupp** *m* fortrop; *~·turnen* vise en gymnastisk øvelse (som forbillede)

vo·rüber forbi; (*aus*) omme, til ende; *~·fahren* *v/i ⟨sn⟩* køre forbi; *~·fliegen* *v/i ⟨sn⟩* flyve forbi; *~·gehen* *v/i ⟨sn⟩* gå forbi (*an j-m* én); *Zeit:* gå, forløbe; *fig* gå over; *e-e Gelegenheit nicht ~ lassen* ikke lade en god lejlighed gå fra sig; *~·gehend* forbigående; midlertidig

Vor|übung *f* forberedende øvelse; *~untersuchung* *f* forundersøgelse

Vorurteil *n* fordom; *voller* (*ohne*) *~e* fuld af (uden) fordomme; ♀**sfrei,** ♀**slos** fordomsfri

Vor|väter *m/pl* forfædre; *~verfahren* *n* indledende undersøgelser *pl*

Vorverkauf *m ⟨-(e)s; 0⟩* forsalg *n*; *~skasse*

V

_f_ billetforsalg _n_

vor│verlegen fremskynde, flytte frem; **~vorgestern** i overforgårs; **~vorig** næstsidst; **~wagen: sich ~** vove sig frem; **2wahl** _f_ prøvevalg _n_; TEL områdenummer _n_; **~wählen** dreje områdenummer; **2wählnummer** _f_ → **Vorwahl**; **2wand** _m_ ‹-(e)s; ⁼e› påskud _n_, foregivende _n_; **unter dem ~** (_G od dass..._) under påskud af (_od af, at ..._); **~wärmen** forvarme; **~warnen** advare forud (_od_ i god tid); **2warnung** _f_ forvarsel _n_

vorwärts frem(ad); **~bringen** bringe (_od_ føre) fremad; **2gang** _m_ fremadgear _n_; **~gehen** _v/i_ ‹sn› gå fremad (_a fig_); **~kommen** _v/i_ ‹sn› komme frem (_od_ videre) (_a fig_)

Vorwäsche _f_ forvask

vor│weg [-ɛk] forud, i forvejen; **2nahme** _f_ ‹0› det at tage forlods, anticipation; **~nehmen** tage forud; foregribe; **etw. von der Freude ~** tage forskud på glæderne

vor│weisen forevise, fremvise; **er hat nichts vorzuweisen** _fig_ han har ikke præsteret ngt. (særligt); **2welt** _f_ ‹0› urtid; **~werfen** kaste frem; _fig_ bebrejde (_j-m etw._/én ngt.); **2werk** _n_ avlsgård; MIL udenværk _n_; **~wiegend** overvejende; **2wissen** _n_ (_Vorkenntnisse_) forkundskaber _pl_; **ohne mein ~** uden mit vidende

Vorwitz _m_ ‹-es; 0› næsvished; **2ig** næsvis; anmassende

Vor│woche _f_ foregående uge, ugen før; **~wort** _n_ ‹-(e)s; -e› forord _n_, fortale (_zu D_/til)

Vorwurf _m_ bebrejdelse; (_Thema_) emne _n_,

motiv _n_; **2svoll** bebrejdende

vor│·zählen opregne, optælle; **~·zaubern: j-m etw. ~** vise tryllekunster for én; _fig_ fremtrylle; **2zeichen** _n_ forvarsel _n_ (_G/om_); MATH, MUS fortegn _n_; **~·zeichnen** tegne for; _fig_ angive; → _a_ **vorgezeichnet**; **2zeichnung** _f_ fortegning; **~·zeigen** forevise, fremvise

Vorzeit _f_ fortid; **2en** [-'tsaɪ-] _adv_ fordum, i gamle dage; **2ig** for tidlig; **2lich** fortids-, forhistorisk

Vor│zensur _f_ _Schule_: årskarakter; **2-ziehen** trække frem; (_zuziehen_) trække for; (_lieber mögen_) foretrække; **e-e S.** (_A_) **e-r anderen S.** (_D_) ~ foretrække ngt. (frem)for ngt. andet; **~zimmer** _n_ forværelse _n_; (_Wartezimmer_) venteværelse; **~zimmerdame** _f_ → **Sekretärin**; **~zug** _m_ fordel; (_Charakter, Eigenschaft_) fortrin _n_; **j-m den ~ geben** foretrække én

vor│züglich fortrinlig; (_besonders_) fortrinsvis; **2keit** _f_ ‹0› fortrinlighed

Vorzugs│aktie _f_ præferenceaktie; **~preis** _m_ favørpris, særpris; **2weise** fortrinsvis

vo't│ieren [v] _v/i_ votere, stemme; **2ivtafel** _f_ votivbillede _n_

Votum ['voː-] _n_ ‹-s; _Voten od Vota_› votum _n_; (_Stimme a_) stemme; (_Versprechen_) løfte _n_

vul'gär [v] vulgær

Vul'kan [v] _m_ ‹-s; -e› vulkan; **~ausbruch** _m_ vulkanudbrud _n_; **2isch** vulkansk; **2i'sieren** vulkanisere; **~i'sierung** _f_ vulkanisering

v.u.Z. (= _vor unserer Zeitrechnung_) før vor tidsregning (_Abk._ f.v.t.)

W

W, w [veː] _n_ W, w _n_

Waage _f_ vægt; (_Gleichgewicht_) ligevægt; **auf die ~ legen** veje (_a fig_); **2recht** vandret; **e-e 2e** en vandret linie

Waagschale _f_ vægtskål; **sein Gewicht in die ~ werfen** (_für j-n_) _fig_ lægge sit lod i vægtskålen (til fordel for én)

wabbel│ig F bævrende, ækel; **~n** _v/i_ ‹-le› svubre

Wabe _f_ vokskage, vokstavle; **~nhonig** _m_ honning i vokskager

wach vågen; **~ halten** holde vågen; _fig_ → **wachhalten**; **~ werden** vågne; **~ rütteln** ryste vågen; _fig_ → **wachrütteln**; **2ablö-**

sung _f_ vagtafløsning; _für Touristen_: vagtparade; **2boot** _n_ patruljebåd; **2dienst** _m_ vagt(tjeneste); **2e** _f_ vagt; (_Posten_) vagtpost; (_Polizei-_) politistation; **auf ~ sein, ~ stehen** stå på vagt; **~en** _v/i_ våge (_über A, D_/over); **2feuer** _n_ vagtbål _n_; **~habend** vagthavende; **~halten** _fig_ holde i live; **2hund** _m_ vagthund; **2mann** _m_ vagtmand; vægter

Wa'cholder _m_ enebær(busk) _n_; **~beere** _f_ enebær _n_; **~schnaps** _m_ enebærbrændevin, genever

wach·│rufen vække; _fig a_ kalde til live; **~rütteln** _fig_ ryste op af dvale

Wachs [ks] *n* ⟨-*es*; -*e*⟩ voks *n*
wachsam årvågen; *Hund*: vagtsom; **2keit** *f* ⟨*0*⟩ årvågenhed
Wachsbild *n* voksbillede *n*
wachsen¹ [ks] *v/i* (*L*; *sn*) vokse (*a fig*); gro; *fig a* tage til; *j-m über den Kopf* ~ *fig* vokse én over hovedet; *e-r Aufgabe* (*D*) *gewachsen sein* være en opgave voksen; *darüber ist Gras gewachsen fig* der er groet græs over den affære; *er hört das Gras* ~ *fig* han hører græsset gro; → *a gewachsen*
wachsen² [ks] ⟨-*t*⟩ *mit Wachs*: vokse; *Fußboden* bone
wächsern [ks] af voks-; voksagtig
Wachs|figur *f* voksfigur; ~**figurenkabinett** *n* vokskabinet *n*; ~**kerze** *f* vokslys *n*; ~**tafel** *f* vokstavle; ~**tuch** *n* voksdug *n*
Wachstum ⟨-*s*; *0*⟩ vækst; **2sfördernd** vækstfremmende; ~**shormon** *n* væksthormon *n*; ~**srate** *f* vækstrate
Wachtel *f* ⟨-; -*n*⟩ vagtel; ~**hund** *m* vagtelhund
Wächter *m* vægter; vogter
Wacht|meister *m* vagtmester; *Polizei*: overbetjent; ~**posten** *m* vagt(post); ~**turm** *m* vagttårn *n*; → *a Wach-*
Wach|- und '**Schließgesellschaft** *f* vagtselskab *n*; ~**zustand** *m* vågen tilstand
wack|(e)lig vaklende; *fig* usikker; *der Stuhl ist* ~ stolen rokker; **2elkontakt** *m* EL løs forbindelse; ~**eln** *v/i* ⟨-*le*⟩ vakle (*a fig*), rokke (*hin und her* frem og tilbage); **2elzahn** *m* rokketand
wacker ⟨-*kr*-⟩ tapper, brav; (*tüchtig*) dygtig
Wade *f* læg
Waden|bein *n* lægbenet; ~**krampf** *m* krampe i læggen; ~**strumpf** *m* halvstrømpe
Waffe *f* våben *n*
Waffel *f* ⟨-; -*n*⟩ vaffel; ~**eisen** *n* vaffeljern *n*
Waffen|besitz *m* besiddelse af våben; ~**bruder** *m* våbenbroder, kampfælle (*a fig*); ~**gang** *m* tvekamp; ~**gattung** *f* våbenart; ~**gewalt** *f* ⟨*0*⟩ våbenmagt; *mit* ~ med våbenmagt; ~**handel** *m* våbenhandel; ~**händler** *m* våbenhandler; ~**kammer** *f* våbenkammer *n*, rustkammer *n*; ~**kunde** *f* våbenlære; **2los** ubevæbnet; ~**rock** *m* uniformsfrakke, uniformsjakke; ~**ruhe** *f* våbenhvile; ~**schein** *m* våbentilladelse; ~**schmuggel** *m* våbensmugling; ~**stillstand** *m* våbenstilstand; ~**übung** *f* våbenøvelse
Wag|ehals *m* vovehals; **2(e)halsig** forvoven, dumdristig

Wägelchen *n* lille vogn
Wagemut *m* mod *n*; forvovenhed; **2ig** forvoven
wagen vove, turde; *etw* vove, risikere; *sich* ~ vove sig, turde; → *a gewagt*
Wagen *m* vogn (*a* BAHN); (*Auto*) bil; BAHN a waggon
wägen ⟨*L*⟩ veje; *fig a* afveje; *v/i* tænke sig om; → *a gewogen*
Wagen|abteil *n* kupé; ~**bau** *m* ⟨-(*e*)*s*; *0*⟩ vognfabrikation; ~**dach** *n* vogntag *n*; biltag *n*; ~**führer** *m* Straßenbahn: vognstyrer; ~**heber** *m* donkraft; ~**klasse** *f* (vogn)klasse; ~**ladung** *f* vognlæs *n*; *iron a* vognfuld; ~**park** *m* ⟨-(*e*)*s*; -*s*⟩ vognpark; ~**rad** *n* vognhjul *n*; ~**schlag** *m* vogndør; bildør; ~**schmiere** *f* vognsmørelse; ~**schuppen** *m* vognskur *n*; ~**spur** *f* hjulspor *n*; ~**tür** *f* vogndør; bildør; ~**wäsche** *f* bilvask
Wag(e)stück *n* vovestykke *n*
Waggon [va'gɔŋ] *m* ⟨-*s*; -*s*⟩ waggon; (*Güter*2) godsvogn; **2weise** waggonvis, læssevis
Waghals *m* → *Wagehals*; **2ig** → *wagehalsig*
Wagnis *n* ⟨-*ses*; -*se*⟩ vovestykke *n*, vovespil *n*; *ein* ~ *eingehen* løbe en risiko
Wahl *f* valg *n* (*a* POL); *nach* ~ efter eget valg; *j-m die* ~ *lassen* give én valget; *in die engere* ~ *kommen* være blandt de sidste der kan vælges imellem; *keine andere* ~ *haben* ikke have noget valg; ~**akt** *m* valghandling; ~**alter** *n* valgretsalder; ~**aufruf** *m* valgopråb *n*; ~**ausschuss** *m* valgkomité
wählbar valgbar; **2keit** *f* ⟨*0*⟩ valgbarhed
Wahl|beeinflussung *f* valgtryk *n*; **2berechtigt** valgberettiget; ~**beteiligung** *f* valgdeltagelse; ~**bezirk** *m* valgkreds
wähl|en vælge (*zu D*/til); POL stemme (*j-n* på én); TEL dreje (nummeret); **2er(in)** *m*(*f*) (kvindelig) vælger
Wahlergebnis *n* valgresultat *n*
wähler|isch kræsen (*a fig*); **2schaft** *f* vælgermasse, vælgerne *pl*
Wahl|fach *n* valgfag *n*; **2frei** valgfri; ~**freiheit** *f* ⟨*0*⟩ valgfrihed; ~**gang** *m* valgomgang; ~**geheimnis** *n* valghemmelighed; ~**geschenke** *n/pl* POL valgflæsk *n*; ~**gesetz** *n* valglov; ~**heimat** *f* nyt hjemland *n* (*od* hjemsted *n*); ~**kampf** *m* valgkamp; ~**kreis** *m* valgkreds; ~**leiter** *m* valgbestyrer; ~**liste** *f* valgliste; ~**lokal** *n* valglokale *n*; **2los** på må og få, ukritisk; ~**magnet** *m* fig stemmesluger; ~**mann** *m* valgmand; ~**pflicht** *f* ⟨*0*⟩ stemmepligt; ~**plakat** *n*

valgplakat; **~propaganda** *f* valgpropaganda; **~recht** *n* ⟨-(e)s; 0⟩ valgret, stemmeret; **~rede** *f* valgtale; **~sieg** *m* valgsejr; **~spruch** *m* valgsprog *n*; **~tag** *m* valgdag

Wähl|ton *m* TEL klartone

Wahl|urne *f* valgurne; **~versammlung** *f* vælgermøde *n*; **~versprechen** *n* valgløfte *n*; **~verwandtschaft** *f* valgslægtskab *n*; **2weise** efter valg

Wahn *m* ⟨-(e)s; 0⟩ illusion, indbildning; (*Irrtum*) vildfarelse, falsk tro; **~bild** *n* blændværk *n*

wähnen: *sich* ~ indbilde sig, tro

Wahn|idee *f* fiks idé; **~sinn** *m* ⟨-(e)s; 0⟩ vanvid *n*; (*Tollheit*) galskab; *das ist heller* ~ det er det rene vanvid; **~!** F hvor vildt!; **2sinnig** vanvittig (*a fig*); (*verrückt*) gal, åndssvag, skør; **~witz** *m* ⟨-es; 0⟩ vanvid *n*; **2witzig** vanvittig

wahr sand; (*wirklich a*) virkelig, ægte; (*richtig*) rigtig; *das ist* ~ det er sandt; *nicht* ~? ikke sandt (*od* også)?; ~ *machen* føre ud i livet; *das ist zu schön, um wahr zu sein* det er næsten for godt til at være sandt; **~en** bevare; beskytte; *Interessen* varetage; *s-e Rechte* ~ holde på sine rettigheder

währen *v/i* vare (ved)

während 1. *prp* (G) under i; om; (*innerhalb*) i løbet af; **2.** *konj* me(de)ns, **~'dessen** imens, i mellemtiden

wahr|haft *adv* virkelig; ~'**haftig** sand, sandfærdig, ærlig; *adv* sandelig, i sandhed; **2'haftigkeit** *f* ⟨0⟩ sandfærdighed; troværdighed

Wahrheit *f* sandhed; *bei der* ~ *bleiben* holde sig til sandheden; *die* ~ *sagen* tale sandt, sige sandheden

wahrheits|gemäß, **~getreu** sandfærdig; **2liebe** *f* sandhedskærlighed; **2liebend** sandhedskærlig; **~widrig** usandfærdig

wahrlich sandelig, i sandhed

wahr·machen → **wahr**

wahrnehmbar følelig, mærkbar; tydelig, kendelig; **2keit** *f* ⟨0⟩ tydelighed

wahr·nehm|en bemærke; (*beobachten*) iagttage; *Interessen* varetage; (*benutzen*) benytte; **2ung** *f* iagttagelse; *Interessen*: varetagelse; **2ungsvermögen** *n* ⟨-s; 0⟩ iagttagelsesevne

Wahrsagekunst *f* ⟨0⟩ spådomskunst

wahr·sag|en spå; **2er** *m* spåmand; **2e'rei** *f* spådomskunst; **2erin** *f* spåkone; **2ung** *f* spådom

wahr·schauen *v/i* NAUT varsko

wahr'scheinlich sandsynlig; *adv* sandsynligvis; (*vermutlich*) formentlig; **2keit**

f ⟨0⟩ sandsynlighed; **2keitsrechnung** *f* ⟨0⟩ sandsynlighedsregning

Wahrung *f* ⟨0⟩ varetagelse (G/af)

Währung *f* møntfod; (*Valuta*) mønt, valuta; *harte* ~ hård valuta; *in dänischer* ~ i danske penge; **~sblock** *m* valutablok; **~skurs** *m* valutakurs; **~sreform** *f* valutareform

Wahrzeichen *n* vartegn *n*

Waise *f* forældreløst barn *n*

Waisen|haus *n* opfostringshus *n*, vajsenhus *n*; **~kind** *n* → **Waise**; **~knabe** *m* forældreløs dreng; *fig* novice

Wal *m* ⟨-(e)s; -e⟩ hval

Wald *m* ⟨-(e)s; ⸚er⟩ skov; **~ameise** *f* rød myre; **~boden** *m* skovbund; **~brand** *m* skovbrand

Wäldchen *n* lund, lille skov

Wald|dickicht *n* skovtykning; tæt skov; **~erdbeere** *f* skovjordbær *n*; **~frevel** *m* skovtyveri *n*; **~gegend** *f* skovegn; **~grenze** *f* skovgrænse; **~horn** *n* valdhorn *n*; **~hüter** *m* skovløber; **2ig** skovrig; **~lauf** *m* motionsløb *n*, terrænløb *n*; **~lichtung** *f* lysning (i skoven); **~meister** *m* ⟨-s; 0⟩ BOT skovmærke

Waldorfschule *f* Rudolf-Steiner-skole

Wald|pfad *m* skovsti; **~rand** *m* skovkant, skovbryn *n*; **~rebe** *f* BOT skovranke; **2reich** skovrig; **~reichtum** *m* ⟨-s; 0⟩ skovrigdom; **~sterben** *n*: *das* ~ skovdøden; **~ung** *f* skov; skovparti *n*; **~vogel** *m* skovfugl; **~weg** *m* skovsti; **~wirtschaft** *f* skovbrug *n*

Wal|fang *m* hvalfangst; **~fänger** *m* hvalfanger; *Schiff:* hvalfangerskib *n*; **~fangflotte** *f* hvalfangerflåde; **~fisch** *m* hval- (fisk)

Wal'hall(a) *n* ⟨-s; 0⟩ valhal

Walk|e *f* valkning; (*Mühle*) valkemølle; **2en** valke; F prygle

Wal'küre *f* valkyrie

Wall *m* ⟨-(e)s; ⸚e⟩ vold

Wallach *m* ⟨-(e)s; -e⟩ vallak

wallen *v/i* (*a sn*) bruse, syde (*a fig*)

wallfahr|en *v/i* ⟨sn⟩ valfarte (*a fig*); **2er** *m* pilgrim; **2t** *f* valfart; **2tsort** *m* valfartssted *n*

Wallung *f* bølgen; (*Brodeln*) brusen, kog *n* (*a fig*); *in* ~ *geraten* fig komme i kog

Walmdach *n* valmtag *n*

Walnuss [a] *f* valnød; **~baum** *m* valnøddetræ *n*

Wal'purgisnacht *f* Valborgsnat

Walross *n* ⟨-es; -e⟩ hvalros

walten *v/i* ⟨-e-⟩ herske, råde; *s-s Amtes* ~ passe sit embede; *schalten und* ~ skalte og valte; *Gnade* ~ *lassen* lade nåde gå for ret

Walz|blech n udvalset jern, pladejern n; **~e** f valse (a Schreibmaschinen-); cylinder; (Straßen-) tromle; **auf der ~** (od Walz) (Wanderung) på valsen; 2en ⟨-t⟩ valse; tromle

wälzen ⟨-t⟩ vælte, rulle, trille; **sich ~** vælte sig, trille rundt; **Bücher ~** F slå op (i tykke bøger); **die Schuld auf j-n ~** skyde skylden på én; **sich vor Lachen ~** F være ved at revne af grin

walzenförmig cylindrisk, valseformet

Walzer m vals

Wälzer m F tyk bog, murstensroman

Walzer|schritt m valsetrin n; **~takt** m valsetakt

Walzwerk n valseværk n

Wamme f, **Wampe** f F vom, bug

Wams n ⟨-es; ~er⟩ vams, trøje

Wand f ⟨-; ~e⟩ væg; (Mauer) mur; Berg: bjergvæg; **j-n an die ~ stellen** F skyde én; **mit dem Kopf durch die ~ wollen** fig ville det umulige; **in s-n vier Wänden** hjemme hos sig selv

Wan'da|le m ⟨-n⟩ vandal; **wie die ~n** fig som de rene vandaler; **~'lismus** m ⟨-; 0⟩ hærværk n, vandalisme

Wand|behang m vægtæppe n; **~bekleidung** f vægbeklædning; **~bild** n vægmaleri n; **~brett** n væghylde

Wandel m ⟨-s; 0⟩ forandring; (Verhalten) opførsel, vandel; (Verhalten) forandring, ustadig; **~barkeit** f ⟨0⟩ forandrelighed; **~halle** f vandrehal; THEA foyer; 2n v/i ⟨-le⟩ vandre; **er ist ein ~des Lexikon** F han er et vandrende leksikon; v/t forvandle, forandre; **sich ~** forandre sig, skifte

Wander|arbeiter m sæsonarbejder; **~ausstellung** f vandreudstilling; **~bühne** f turnéteater n; **~düne** f vandreklit n; **~er** m vandrer; **~fahrt** f vandring, vandretur; Schule: klasserejse; **e-e ~ machen** Schule: tage på lejrskole; **~jahr** n vandreår n; **~karte** f turistkort n; **~lied** n vandrersang; **~lust** f ⟨0⟩ vandrelyst; 2n v/i ⟨-re; sn⟩ vandre (a Tiere u fig); **in den Papierkorb ~** F vandre i papirkurven, arkivere lodret; **~pokal** m vandrepokal; **~prediger** m omvandrende præst, lægprædikant; **~preis** m vandrepokal; **~ratte** f vandrerotte; **~schaft** f ⟨0⟩ vandring (a Aale usw); **sich auf die ~ begeben** begive sig på vandring; Handwerksbursche: gå på valsen; **~schuhe** m/pl vandresko; **~smann** m ⟨-(e)s; Wandersleute⟩ vandringsmand; **~sport** m travesport, gåsport; **~sportverein** m vandre(r)lav n; **~stab** m vandrings-

stav; **~trieb** m vandreinstinkt; **~ung** f vandring (a Tiere), tur; Vögel: træk n; **~vogel** m fig vandrefugl; **~zirkus** m omrejsende cirkus (n)

Wand|gemälde n vægmaleri n; **~haken** m murkrog; **~kalender** m vægkalender; **~karte** f vægkort n; **~klappbett** n seng til at klappe ind i væggen; **~leuchter** m lampet

Wandlung f forvandling, forandring; 2**sfähig** som har evne til forvandling (od tilpasning)

Wand|malerei f vægmaleri n; kalkmaleri n; **~schirm** m skærmbræt n; **~schrank** m vægskab n; **~spiegel** m vægspejl n; **~tafel** f vægtavle, sort tavle; **~teller** m platte; **~teppich** n billedtæppe n, vægtæppe n; **~uhr** f stueur n; **~ung** f væg; (Außen-) ydermur; (Trenn-) skillevæg; **~verkleidung** f vægbeklædning; **~zeitung** f vægavis

Wange f kind

Wankel|mut m vankelmodighed; 2**mütig** vankelmodig

wanken v/i (a sn) vakle (a fig); **sich nicht ins 2 bringen lassen** fig ikke lade sig rokke; **ins 2 geraten** begynde at vakle (a fig)

wann hvornår; **bis ~?** (warten) hvorlænge?; (Aufgabe erledigen) til hvornår?; **seit ~?** siden hvornår?; **dann und ~** nu og da, af og til; **~ immer** nårsomhelst

Wanne f balje; (Bade2) (bade)kar n; (Trog) trug n; **~nbad** n karbad n

Wanst m ⟨-es; ~e⟩ vom, bug

Want f NAUT vant n

Wanze f væggelus; F skjult mikrofon

Wappen n våben(skjold) n; **~kunde** f ⟨0⟩ heraldik; **~schild** n våbenskjold n; **~spruch** m devise, valgsprog n; **~tier** n dyr n i våbenskjold

wappnen ⟨-e-⟩ væbne, ruste (sich sig; gegen A/mod; a fig); **sich mit Geduld ~** væbne sig med tålmodighed

Ware f vare

Waren|aufzug m vareelevator; **~austausch** m samhandel; **~bestand** m varelager n; **~börse** f varebørs; **~haus** n varehus n, (stor)magasin n; **~kunde** f ⟨0⟩ varekundskab; **~lager** n varelager n; **~probe** f vareprøve; **~test** m varetest, forbrugertest; **~vorrat** m varebeholdning; **~zeichen** n varemærke n

warm ⟨~er; ~st⟩ varm, hed; **mir ist ~** jeg er varm; **~ laufen** løbe varm; **sich ~ laufen** SPORT løbe sig varm; 2**bad** n varmt bad n; 2**blüter** m zo varmblodet dyr n; **~blütig**

varmblodig

Wärme f ⟨0⟩ varme; **~austauscher** m varmeveksler; **~dämmung** f varmeisolering; **~einheit** f varmeenhed; **~grad** m varmegrad; **~kapazität** f varmefylde; **~kraftwerk** n kraftvarmeværk n; **~lehre** f ⟨0⟩ varmelære; **2leitend** varmeledende; **~leiter** m varmeleder; **~leitung** f varmeledning; **~messer** m varmemåler; **2n** varme; **~pumpe** f varmepumpe; **~quelle** f varmekilde; **~regler** m varmeregulator; **~rückgewinnung** f varmegenvinding; **~zähler** m varmemåler

Wärmflasche f varmedunk

Warm|front f varmefront; **~halteplatte** f varmeplade; **2herzig** varmhjertet; **2-laufen → warm**; **~luft** f ⟨0⟩ varm luft; **~luftheizung** f varmluftsopvarmning; **~miete** f leje inklusive varme

Warm'wasser|bereiter m varmtvandsbeholder; **~hahn** m varmtvandshane; **~heizung** f varmtvandsopvarmning; centralvarme; **~speicher** m varmtvandsbeholder; **~versorgung** f varmtvandsforsyning

Warn|anlage f alarmanlæg n; **~blinkanlage** f, **~blinker** m havariblink n; **~dreieck** n advarselstrekant; **2en** advare (**vor** D/mod); **~lampe** f advarselslampe; **~ruf** m varselsråb n; **~schild** n advarselsskilt n; **~schuss** n varselsskud n; **~signal** n advarselstegn n, advarselssignal n; **~streik** m proteststrejke; kortvarig strejke (til advarsel); **~ung** f advarsel (**vor** D/mod); **lass dir das e-e ~ sein** lad dette være dig en advarsel; **~zeichen** n advarselssignal n, advarselstegn n

Warte f udkigstårn n; (**Stern2**) observatorium n; **~geld** n ventepenge (pl); **~halle** f Bus: ventesal; **~häuschen** n Bus: læskur n; **~liste** f venteliste

warten v/i ⟨-e-⟩ vente (**auf** A/på); **auf sich ~ lassen** lade vente på sig; **wart(e) mal!** vent et øjeblik!; v/t passe, pleje

Wärter m opsynsmand; (**Museums2**) kustode; (**Pfleger**) sygepasser; Zoo: dyrepasser; **~in** f kustode; dame der fører opsyn

Warte|raum m, **~saal** m venteværelse n, ventesal; **~zeit** f ventetid; **~zimmer** n venteværelse n

Wartung f pleje, pasning; Auto: eftersyn n, service; **~sdienst** m eftersyn n, service; **2frei** som ikke behøver pasning (od eftersyn)

wa'rum hvorfor

Warze f vorte; **~nhof** m ring om brystvorte

was hvad; **~ für einer (welche)?** hvad for

én (nogle)?; **~ gibt's?, ~ ist los?** hvad er der i vejen?; **ach ~!** sludder!; **rel.pron** som, hvad (der); **das, ~ ich habe** det som jeg har

Wasch|anlage f (**Auto-**) bilvask; **~anstalt** f vaskeri n; **~automat** m vaskemaskine; **2bar** vaskbar, som kan vaskes; **~bär** m vaskebjørn; **~becken** n vaskekumme, håndvask; **~benzin** n rensebenzin; **~blau** n blånelse; **~brett** n vaskebræt n; **~brettbauch** m vaskebrætmave

Wäsche f vask; (**Zeug**) vasketøj n; (**Unter2**) undertøj n; (**Bett2**) (senge-) linned n; (**Tisch2**) dækketøj n, bordlinned n; **reine ~** rent (under)tøj n; **schmutzige ~** snavsetøj n; **~beutel** m snavsetøjspose

waschecht vaskeægte (a fig)

Wäsche|geschäft n lingeriforretning; **~klammer** f tøjklemme; **~korb** m snavsetøjskurv; **~leine** f tøjsnor

waschen ⟨L⟩ vaske (**sich** sig); **sich** (D) **die Hände** (a fig: **in Unschuld**) ~ vaske sine hænder

Wäsche|rei f vaskeri n; **~rin** f vaskekone; **~rolle** f rulle; **~schleuder** f vaskecentrifuge; **~schrank** m linnedskab n, dækketøjsskab n; **~trockner** m tørretumbler; **~verleih** m linned-service

Wasch|fass n vaskebalje; **~frau** f vaskekone; **~handschuh** m vaskehandske; **~haus** n vaskehus n; **~kessel** m gruekedel, vaskekedel; **~korb** m tøjkurv; **~küche** f vaskekælder; bryggers n; **~lappen** m vaskeklud; fig skvat, slapsvans; **~lauge** f vaskevand n; **~leder** n vaskeskind n; **~maschine** f vaskemaskine; **~mittel** n vaskemiddel n; **~pulver** n vaskepulver n; **~raum** m toiletrum n; **~schüssel** f vandfad n, vaskefad n; **~seife** f vaskesæbe, grøn sæbe; **~straße** f (**Auto-**) vasketunnel, bilvask; **~tisch** m, **~toilette** f servante; **~trog** m, **~wanne** f vaskebalje; **~wasser** n vaskevand n; **~weib** n fig fy sladrekælling; **~zettel** m Buch: (tekst på) smudsomslag n; **~zeug** n ⟨-s; 0⟩ toiletgrejer pl

Wasser n ⟨-s; - od ⸚⟩ vand n; **Kölnisch ~** kølnervand n; **zu ~ und zu Lande** til lands og til vands; (**sein**) ~ **lassen** lade sit vand; **das ~ läuft j-m im Munde zusammen** fig tænderne løber i vand på én; **stille ~ sind tief** fig det stille vand har den dybe grund; **~abfluss** n vandafløb n; **2abweisend** vandafvisende; **~ader** f vandare; **2arm** vandfattig; **~arm** m biflod; **~aufbereitung** f ⟨0⟩ vanddesinfektion, rensning af vand; **~ball** m (**Sport-**

art) vandpolo; *(Ball)* vandbold; **~bauamt** *n* vandbygningsvæsen *n;* **~becken** *n* vandbassin *n;* **~behälter** *m* vandbeholder, reservoir *n;* **~bett** *n* vandseng; **~blase** *f (Haut-)* vable; **~bombe** *f* dybvandsbombe

Wässerchen *n* lille vandløb *n;* **er sieht aus, als könne er kein ~ trüben** *fig* han ser (alt for) uskyldig ud

Wasser|dampf *m* vanddamp; **Ødicht** vandtæt; **~druck** *m* vandtryk *n;* **~eimer** *m* vandspand; **~fahrzeug** *n* fartøj *n;* **~fall** *m* vandfald *n (a fig);* **~farbe** *f* vandfarve; **Øfest** vandfast; **~fläche** *f* vandflade; **~flasche** *f* vandflaske; **~floh** *m* dafnie; **~flugzeug** *n* vandflyvemaskine, vandfly(ver) *n;* **~flut** *f* vandflod; **~glas** *n* vandglas *n;* **~glätte** *f ⟨0⟩* akvaplaning; **~graben** *m* grøft, vandfyldt grav; *(Befestigung)* voldgrav; **~hahn** *m* vandhane; **Øhaltig** vandholdig; **~haushalt** *m ⟨-(e)s; 0⟩* balance i vandets kredsløb; **~höhe** *f* vandstand; **~huhn** *n* vandhøne

wässerig vandagtig; *(dünn)* vandet, tynd *(a fig);* **j-m den Mund ~ machen** få ens tænder til at løbe i vand

Wasser|jungfer *f* zo guldsmed; **~kanne** *f* vandkande; **~kessel** *m* vandkedel; **~klosett** *n* vandkloset *n,* wc *n;* **~kocher** *m* dyppekoger; **~kopf** *m* vand i hovedet; *fig (Bürokratie)* mægtigt bureaukrati *n;* **~kraft** *f* vandkraft; **~kraftwerk** *n* turbinestation; **~kühlung** *f* vandafkøling; **mit ~** vandkølet; **~kunst** *f (Springbrunnen)* springvand *n;* **~kur** *f* vandkur; **~lache** *f* vandpyt; **~landung** *f* landing på havet; **~lauf** *m* vandløb *n;* **~leiche** *f* strandvasker; **~leitung** *f* vandledning; **~linie** *f* vandlinie; **~linse** *f* BOT andemad; **Ølöslich** opløselig i vand; **~mangel** *m ⟨-s; 0⟩* vandmangel; **~mann** *m ⟨-(e)s; 0⟩* ASTR vandmanden; **~melone** *f* vandmelon; **~messer** *m* vandmåler; **~mühle** *f* vandmølle

wassern *v/i ⟨-re; a sn⟩* gå ned på vandet

wässern *v/i ⟨-re⟩ v/t* blive fugtig; *v/t Trockenobst* udbløde; *Speisen* udvande, lægge i vand; *Pflanzen* fugte, vande; *Film* skylle

Wasser|nixe *f* havfrue; **~not** *f ⟨0⟩* vandmangel; **~oberfläche** *f* vandoverflade, vandskorpe; **~orgel** *f* vandorgel *n;* **~pest** *f* BOT vandpest; **~pfeife** *f* vandpibe; **~pflanze** *f* vandplante; **~polizei** *f →* **Wasserschutzpolizei; ~pumpe** *f* vandpumpe; **~rad** *n* møllehjul *n;* **~ratte** *f* vandrotte; *Pers* F vandhund; **Øreich** vandrig; **~reservoir** *n* vandreservoir *n;* **~rohr** *n*

vandrør *n;* **~rose** *f* åkande, nøkkerose; **~schaden** *m* vandskade; **~scheide** *f* vandskel *n;* **Øscheu: ~ sein** have vandskræk; **~schi** *m/pl →* **Wasserski; ~schlauch** *m* vandslange; **~schloss** *n* TECH vandlås; *(Gebäude)* slot *n* med voldgrav; **~'schutzpolizei** *f* havnepoliti *n,* flodpoliti *n,* kystpoliti *n;* **~ski** *m/pl* vandski *pl;* **~speicher** *m* vandreservoir *n;* **~speier** *m* ARCH tud til regnvand; **~spiegel** *m* vandspejl *n;* **~sport** *m* ro, sejle, svømme, surfe, vandskisport; **~spülkasten** *m* cisterne; **~spülung** *f* vandskylning; **~stand** *m* vandstand; **~stiefel** *m* søstøvle; **~stoff** *m ⟨-(e)s; 0⟩* brint; **~stoffbombe** *f* brintbombe; **~stoff'superoxyd** *n ⟨-(e)s; 0⟩* brintoverilte; **~strahl** *m* vandstråle; **~straße** *f* vandvej; **~strudel** *m* vandhvirvel; **~sucht** *f ⟨0⟩* vattersot; **~tier** *n* vanddyr *n;* **~tropfen** *m* vanddråbe; **~turm** *m* vandtårn *n;* **~uhr** *f (Messgerät)* vandmåler; **~ung** *f →* **Wasserlandung**

Wässerung *f (Aufweichen)* udblødning; *(Begießen)* vanding

Wasser|verbrauch *m* vandforbrug *n;* **~verdrängung** *f* deplacement *n;* **~verschmutzung** *f* vandforurening; **~versorgung** *f* vandforsyning; **~vogel** *m* vandfugl; **~waage** *f* vaterpas *n;* **~weg** *m* vandvej; **~wellen** *f/pl (Haar-)* vandondulation; **~werfer** *m* vandkanon; **~werk** *n* vandværk *n;* **~zähler** *m* vandmåler; **~zeichen** *n* vandmærke *n*

wässrig → *wässerig*

waten *v/i ⟨-e-; a sn⟩* vade; *(plan(t)schen)* soppe

Waterkant *f ⟨0⟩* F *(norddeutsch)* kyst(område *n)*

Watsche [ɑ:] *f* F lussing

watscheln [ɑ:] *v/i ⟨-le; sn⟩* vralte

Watt[1] *n ⟨-s; -⟩* EL watt

Watt[2] *n ⟨-s; -en⟩* vade; *→* **Wattenmeer**

Watte *f* vat; **j-n in ~ packen** *fig* pakke én ind i vat; **~bausch** *m* vattot

Wattenmeer *n* vadehav *n*

wat'tieren vattere, fore

wau'wau vovvov!; 2 ['vau-] *m ⟨-s; -s⟩ (Hund)* F vovse

WC *n ⟨-s od -; -s od -⟩* (= *Wasserklosett)* vandkloset *n,* wc *n*

web|en ⟨*L*⟩ væve; virke; **Øer** *m* væver; **Øe'rei** *f* væveri *n,* vævestue; **Øerschiffchen** *n* skyttel; **Øfehler** *m* vævefejl; **Øpelz** *m* imiteret pels

Webseite ['vep-] *f* EDV webside

Webstuhl *m* væv; **~waren** *f/pl* tekstiler *pl*

Wechsel [ks] *m* skifte *n; (Veränderung)*

forandring; (*Umtausch*) omveksling; (*Geld*2) pengeveksel; ØKON veksel; *im ~* → *wechselweise;* ~**beziehung** f gensidigt forhold n; ~**bürgschaft** f vekselkaution; ~**fälle** m/pl omskiftelser pl; ~ *des Lebens* tilværelsens omskiftelser; ~**fälschung** f vekselfalsk; ~**fieber** n ⟨-s; 0⟩ koldfeber, malaria; ~**geld** n byttepenge pl; ~**gesang** m vekselsang; ~**geschäft** n vekselforretning; ~**gespräch** n dialog; ~**getriebe** n gearkasse; 2**haft** ⟨-*est*⟩ omskiftelig; ~**jahre** n/pl overgangsalder; ~**kurs** m vekselkurs; ~**makler** m vekselerer

wechseln ⟨-*le*⟩ veksle (*a Geld u v/i*); *Stimmung, Wetter:* skifte; (*verändern*) forandre; (*umtauschen*) bytte, skifte; *Kleider* ~ skifte tøj

Wechsel|nehmer m vekseltager, acceptant; ~**prozess** m vekselproces; ~**rahmen** m skifteramme; ~**recht** n ⟨-(e)s; 0⟩ vekselret; ~**schalter** m EL korrespondanceafbryder; 2**seitig** gensidig; ~**spiel** n vekselvirkning; ~**strom** m vekselstrøm; ~**stube** f vekslingskontor n; 2**voll** omskiftelig; ~**wähler** m marginalvælger; 2**weise** på skift, skiftevis; (*gegenseitig*) gensidig; ~**wirkung** f vekselvirkning

Weck|dienst m telefonvækning; 2**en** vække (*a fig*); *geweckt fig* opvakt; ~**er** m vækkeur n; ~**ruf** m MIL reveille

Wedel m vifte (*Staub*2) støvekost; 2**n** v/i ⟨-*le*⟩ vifte; *Tiere:* logre (*med*)

weder: *~ ... noch* hverken ... eller

weg [ε] bort, borte; *~ da!* af vejen!; *Hände ~!* F væk med grabberne!; *ganz ~ sein fig* F være helt væk (*od* forgabet); *weit ~* langt væk

Weg [e:] m ⟨-(e)s; -e⟩ vej (*a fig*); (*Pfad*) gang, sti; (*Art*) måde; *sich auf den ~ machen* begive sig på vej; *j-m aus dem ~e gehen* gå af vejen for én (*a fig*); *in den ~ gekommen fig* kommet i vejen; *auf halbem ~e* på halvvejen; *auf gütlichem ~e* med det gode; *auf dem besten ~e sein (zu) fig* være godt på vej (*mod*)

wegbekommen ['vεk-] få bort; (*erhalten*) pådrage sig

Wegbereiter [e:] m forgænger, banebryder, én som bereder vej(en)

weg|·blasen blæse bort; *wie weggeblasen fig* som blæst bort; ~**bleiben** v/i ⟨*sn*⟩ udeblive; ~**blicken** v/i se bort; ~**bringen** bringe bort; ~**denken**: *sich (D) etw. nicht ~ können* ikke kunne tænke sig ngt. uden; ~**drängen** v/t trænge ud; *fig* fortrænge

Wege|bau m vejbygning, vejanlæg n; ~**geld** n vejpenge pl; ~**lagerer** m landevejsrøver, stimand

wegen (*G od D*) på grund af; for; for ... skyld; *von Amts ~* på embeds vegne; *von Rechts ~* efter lov og ret

Wegerich m ⟨-s; -e⟩ BOT vejbred

weg|·fahren v/t u v/i ⟨*sn*⟩ køre bort; NAUT sejle bort; 2**fall** m ⟨-(e)s; 0⟩ bortfald n; ~**fallen** v/i ⟨*sn*⟩ falde bort; ~**fliegen** v/i ⟨*sn*⟩ flyve bort; ~**fließen** v/i ⟨*sn*⟩ flyde bort; 2**gang** m ⟨-(e)s; 0⟩ bortgang; ~**geben** give bort; ~**gehen** v/i ⟨*sn*⟩ gå bort

Weggenosse m rejsekammerat; *fig* vejfælle, trofast ledsager

weg|·haben have fået; F (*begreifen*) forstå; *e-n..* F være halvfuld; ~**halten** holde borte; ~**hängen** hænge bort; ~**holen** hente, tage bort; *sich (D) etw. (A) ~* F MED få sig ngt., pådrage sig ngt.; ~**jagen** jage bort; ~**kommen** v/i ⟨*sn*⟩ komme bort, blive borte (*a verloren gehen*); (*entwischen*) slippe fra ngt.; *mach, dass du wegkommst!* F forsvind!; *gut (schlecht) bei etw. ~* slippe godt (dårligt) fra ngt

Wegkreuzung f vejkryds n

weg|·kriegen F fjerne, få væk; ~**lassen** (*gehen lassen*) lade gå, lade slippe; (*auslassen*) udelade; ~**laufen** v/i ⟨*sn*⟩ løbe bort; ~**legen** lægge bort, lægge til side

weglos uvejsom

weg|·machen fjerne; ~**müssen** v/i måtte afsted, måtte bort; 2**nahme** f ⟨0⟩ borttagelse; fratagelse; ~**nehmen** fratage, borttage; ~**radieren** viske ud

Wegrand m vejkant

weg|·räumen skaffe til side, rydde bort; ~**reisen** v/i ⟨*sn*⟩ rejse bort; ~**reißen** rive bort; *Haus* rive ned; *fig* bortrive; ~**rufen** bortkalde; ~**schaffen** skaffe bort; skaffe til side; ~**schenken** forære bort, give bort; ~**scheren**: *sich ~* F skrubbe af; ~**schicken** sende bort; ~**schieben** skubbe bort; ~**schleichen**: (*sich*) ~ liste sig bort; ~**schleifen** slibe af; (*forttragen*) slæbe væk; ~**schleppen** slæbe bort; ~**schließen** låse inde; ~**schmeißen** smide bort; ~**schnappen** snappe bort; ~**schneiden** skære bort; ~**schütten** hælde bort; ~**sehen** v/i se bort (*od* til siden); ~**setzen** sætte bort; ~**spülen** skylle bort; *Wellen:* udvaske; ~**stecken** stikke til side; *fig* F tåle, finde sig i; ~**stehlen**: *sich ~* liste sig bort (*od* stjæle) sig bort; ~**stellen** stille bort; ~**sterben** v/i ⟨*sn*⟩ dø bort; ~**stoßen** støde bort

Weg|strecke f vejstrækning; **~stunde** f: **e-e ~** en times vej

weg|·treiben drive bort; **~·treten** v/t ⟨sn⟩ træde til side; MIL træde af; **~·tun** tage bort; (wegwerfen) smide væk; **~·waschen** vaske bort

wegweise|nd [e:] fig banebrydende; **2r** m vejviser

Wegwerf- engangs-

weg·werf|en kaste bort; F smide væk; **~end** fig foragtelig; **2feuerzeug** n engangslighter; **2gesellschaft** f F smid-væk-samfund n; **2spritze** f engangssprøjte

weg|·wischen Tränen usw tørre bort (od af); Tafel: viske ud; **~·zaubern** trylle bort

Wegzehrung rejseproviant

weg|·ziehen v/t trække bort; v/i ⟨sn⟩ drage bort; (umziehen) flytte bort; **2zug** m ⟨-(e)s; 0⟩ (Umzug) (bort)flytning

weh (schmerzend, wund) øm, smertefuld; adv ondt; **~ tun** → **wehtun**; **2** n ⟨-(e)s; -e⟩ smerte; (Kummer) sorg; **~(e)!** ['ve:(ə)] ve!; **2e** f (Schnee-) snedrive

wehen v/i blæse, (flattern) vifte, flagre; Schnee: fyge; Flagge: vaje

Wehen f/pl (Geburts-) (fødsels)veer pl

Weh|geschrei n jamren; **~klage** f veklage, jammer; **2klagen** klage (od jamre) sig (über A/over); **2leidig** ømskindet, pivevorn; **~mut** f ⟨0⟩ vemod; **2mütig**, **2mutsvoll** vemodig

Wehr¹ n ⟨-(e)s; -e⟩ dæmning

Wehr² f værn n, forsvar n; (Gegen2) modværge n; **sich zur ~ setzen** sætte sig til modværge; **~beauftragte(r)** m militær ombudsmand; **~bereich** m militærdistrikt n

Wehrdienst m værnepligt; **s-n ~ ableisten** (od machen) aftjene sin værnepligt; **~leistende(r)** m værnepligtig; **~verweigerer** m militærnægter

wehr|en hindre, afværge; **sich ~** vægre sig, forsvare sig (gegen A/mod); **~fähig** våbenfør, forsvarsdygtig; **2gesetz** n værnepligtslov; **~haft** ⟨-est⟩ forsvarsberedt, forsvarsdygtig; **~los** ⟨-est⟩ værgeløs; **2losigkeit** f ⟨0⟩ værgeløshed; **2macht** f MIL HIST (den tyske) værnemagt (1935-1945); **2pass** m soldaterbog; **2pflicht** f ⟨0⟩ værnepligt; **allgemeine ~** almindelig værnepligt; **~pflichtig** værnepligtig; **2übung** f genindkaldelse

weh|·tun (D) gøre ondt (a fig); **mir tut der Arm weh** det gør (od jeg har) ondt i armen; **j-m ~** fig gøre én fortræd (od ondt); **mir tut der Kopf weh** jeg har ondt i ho-

vedet; **2'wehchen** n F lille skavank

Weib n ⟨-(e)s; -er⟩ kvinde; F (Gattin) kone, hustru; pej kælling; GRAM femininum; **~chen** n F lille kvinde (od hustru); Tier: hun(dyr n)

Weiber|feind m kvindehader; **~held** m hjerteknuser

weib|isch kvindagtig; **~lich** kvindelig; kvinde-, hun-; feminin; GRAM femininum; **das ~e Geschlecht** kvindekønnet; GRAM hunkønnet, femininum; **2lichkeit** f ⟨0⟩ kvindelighed; **2sbild** n, **2sperson** f pej kvindemenneske n

weich blød (a fig); fig a fast; Fleisch: mør; Wasser: blød; Federung: elastisk; Ei: blødkogt; (sanft) blid; **~ werden** fig vakle, give efter; **~ machen** blødgøre; **~ gekocht** blødkogt; **2bild** n bycentrum n

Weiche f **1.** BAHN sporskifte n; **2.** blødhed; (Flanke) side

weichen 1. v/i (L; sn) (D) vige, give efter; **der Übermacht ~** vige for overmagten; **2.** v/t u v/i ⟨sn⟩ lægge i blød

Weichensteller m sporskifter

weich|gekocht → **weich**; **2heit** f ⟨0⟩ blødhed

weichherzig blødhjertet; **2keit** f ⟨0⟩ blødhjertethed, ømhed

Weich|käse m smøreost; **2lich** blødaktig, slap; **~ling** m ⟨-s; -e⟩ blødagtig (od slap) fyr; **2machen** → **weich**; **~spüler** m skyllemiddel n; **~teile** m/pl bløddele pl; **~tier** n bløddyr n

Weide f **1.** græsgang; **2.** BOT pil(etræ n); **~land** n græsjord, græsmark, græseng; **2n** (-(e)s) v/i gå på græs, græsse; v/t vogte; **sich ~ an** (D) fryde sig over

Weiden|baum m piletræ n; **~kätzchen** n BOT gæsling; **~rute** f pilevånd

weid|lich ordentlig; etw. **~ ausnutzen** virkelig udnytte ngt.; **2mann** m jæger; **~männisch** jægermæssig; **2manns'heil!** god jagt!; **2werk** n ⟨-(e)s; 0⟩ jagt

weiger|n ⟨-re⟩: **sich ~** vægre sig, nægte; **2ung** f vægring

Weih|bischof m stedfortrædende (katolsk) biskop; **~e** f ['vaɪə] f indvielse; (Priester-) præstevielse, ordination; **2en** indvie; (widmen) ofre, hellige; **zum Priester ~** præstevie, ordinere

Weiher m dam

weih|evoll højtidelig; **2gabe** f offer n, votivgave

Weihnacht f ⟨0⟩, **~en** n ⟨-; 0⟩ jul; **fröhliche ~en!** glædelig jul!; **2lich** jule-, juleagtig

Weihnachts|abend m juleaften; **~basar** m julebasar; **~baum** m juletræ n; **~bescherung** f gaveuddeling; **~feiertag** m juledag; **~ferien** *pl* juleferie; **~fest** *n* julefest; **~geschenk** *n* julegave; **~gratifikation** *f* julegratiale *n*; **~karte** *f* julekort *n*; **~lied** *n* julesang; REL julesalme; **~mann** *m* julemand; **~markt** *m* julebasar, julemarked *n*; **~schmuck** *m* → *Christbaumschmuck*; **~stollen** *m* julekage; **~zeit** *f* ⟨0⟩ juletid

Weih|rauch *m* røgelse; **~ung** *f* indvielse; **~wasser** *n* ⟨-s; 0⟩ vievand *n*; **~wasserbecken** *n* vievandskar *n*, vievandskumme

weil fordi, da, siden

Weil|chen *n* gjeblik *n*; **~e** *f* stykke *n* tid, stund; *e-e kleine ~* (en) kort tid; *e-e ganze ~* temmelig længe; F *eile mit ~* hastværk er lastværk; **2en** *v/i* dvæle, opholde sig

Weiler *m* samling gårde

Wein *m* ⟨-(e)s; -e⟩ vin; *j-m reinen ~ einschenken* *fig* sige én sandheden; **~ausschank** *m* vinstue; **~bau** *m* ⟨-(e)s; 0⟩ vindyrkning, vinavl; **~bauer** *m* ⟨-n⟩ vinbonde; **~beere** *f* vindrue; **~berg** *m* vinbjerg *n*; vingård; **~bergschnecke** *f* vinbjergsnegl; **~brand** *m* (tysk) cognac

weinen græde (*über A*/over; *vor D*/af); *zum 2 bringen* få til at græde; **~erlich** grædevorn, grædefærdig

Wein|essig *m* vinaigre, vineddike; **~fass** *n* vinfad *n*; **~flasche** *f* vinflaske; **~gegend** *f* vinegn; **~geist** *m* ⟨-(e)s; 0⟩ vinånd; **~glas** *n* vinglas *n*; **~gut** *n* vingods *n*, vinavlergård; **~handlung** *f* vinhandel; **~hefe** *f* vingær; **~jahr** *n* vinår *n*; **~karte** *f* vinkort *n*; **~keller** *m* vinkælder; **~kenner** *m* vinkender

Weinkrampf *m* krampegråd

Wein|kühler *m* vinkøler; **~laub** *n* vinløv *n*; **~laune** *f* løftet stemning; **~lese** *f* vinhøst; **~lied** *n* drikkevise; **~lokal** *n* vinrestaurant; **~pansche'rei** *f* vinforfalskning; **~probe** *f* vinprøve(smagning); **~ranke** *f*; **~rebe** *f* vinranke; **2rot** vinrød; **~säure** *f* vinsyre; **~schenke** *f* vinstue; **2selig:** *in ~er Stimmung* i højt humør; **~stein** *m* ⟨-(e)s; 0⟩ vinsten; **~traube** *f* vindrue(klase); **~trauben** *f/pl* vindruer *pl*; **~zwang** *m* ⟨-(e)s; 0⟩ vintvang

weise klog, vi(i)s

Weise *f* måde, manér, vis; MUS melodi; *auf diese ~, in dieser ~* på denne måde; *Art und ~* måde; *auf s-e ~* på sin vis

Weis|e(r) *m* vismand, klog mand; **2en** ⟨L⟩ vise, pege; *von sich ~* afvise; *von der Schule ~* bortvise fra skolen; **~heit** *f* visdom; **~heitszahn** *m* visdomstand; **2lich** viselig, klogelig; **2~machen:** *j-m etw. ~*

bilde én ngt. ind

weiß ⟨-est⟩ hvid; (*rein*) ren; **~ gekleidet** klædt i hvidt; **~ glühend** hvidglødende; **2 n** ⟨- *od* -es; -⟩ hvidt *n*, hvid farve

weissag|en forudsige, spå; **2er** *m* spåmand; **2erin** *f* spåkone; **2ung** *f* spådom, profeti

Weiß|bier *n* lyst (berlinsk *od* bajersk) øl *n*; **~blech** *n* (hvid)blik *n*; **~brot** *n* franskbrød *n*; **~buch** *n* POL hvidbog; **~buche** *f* hvidbøg; **~dorn** *m* ⟨-(e)s; -e⟩ hvidtjørn; **~e** *f* ⟨0⟩ hvidhed; (*Bier*) glas *n* lyst øl; *das ~ Ei, Auge:* det hvide; **~e(r)** hvid (mand *od* kvinde); **2en** hvidte; **~fisch** *m* hvilling; **~fuchs** *m* hvidræv; **2gekleidet** → *weiß*; **~gerber** *m* hvidgarver; **2glühend** → *weiß*; **~glut** *f* ⟨0⟩ hvidglødende tilstand; *zur ~ bringen* *fig* gøre hvidglødende af raseri; **~gold** *n* hvidguld; **2grau** gråhvid; **2haarig** hvidhåret; **~herbst** *m* (*Wein*) rosé(vin); **~kohl** *m* hvidkål; **2lich** hvidlig; **~metall** *n* hvidmetal *n*; **~näherin** *f* linnedsyerske; **~russland** *n* Hviderusland *n*; **~waren** *f/pl* hvidevarer *pl*; **~wein** *m* hvidvin; **~wurst** *f* F hvid pølse (af kalvekød); **~zeug** *n* ⟨-(e)s; 0⟩ linned *n*

Weisung *f* anvisning, besked; (*Befehl*) ordre, instruks; *die ~ erhalten* *mst* få besked på

weit ⟨-est⟩ vid; (*lang, entfernt*) lang; (*ausgedehnt*) udstrakt; (*fern*) fjern; *von 2em* på lang afstand; *bei 2em nicht* langtfra, ikke nær; *adv* langt; *wie ~ ist es bis ...?* hvor langt er der til ...?; *~ weg sein* være langt borte; *~ größer (kleiner)* langt større (mindre); *~ und breit* vidt og bredt; *im ~esten Sinne* i videste forstand; *ich bin so ~* jeg er parat; *→ a weiter;* *~ gereist* vidtberejst; *~ hergeholt* *fig* søgt; *~ reichend* vidtrækkende (*a fig*); *~ tragend* vidtrækkende (*a fig*); *~ verbreitet* vidt udbredt; *~'ab* langt bort(e); *~aus* langt; **2blick** *m* ⟨-(e)s; 0⟩ *fig* forudseenhed, fremsynethed; **~blickend** vidtskuende; *fig a* forudseende, fremsynet; **2e 1.** *f* vidde (*a Rock*); (*Entfernung*) afstand; (*Ausdehnung*) udstrækning; (*Durchmesser*) diameter; (*Körpermaß*) mål *n*; *in die ~ ziehen* drage ud i den vide verden; **2.** *n*: *das ~ suchen* forsvinde, stikke af; **~en** ⟨-e-⟩ udvide (*sich* sig), gøre vid; *Schuhe* blokke ud; *Kleid* lægge ud

weiter vid(e)re; (*länger*) længere; **~ machen** *Kleid* lægge ud; **~ bestehen** vedblive at bestå; **~ gehend** *fig* yderligere; **~ unten** længere nede; *ohne 2es* uden videre;

W

bis auf **₂es** indtil videre; *und so ~* (*usw.*) og så videre (o. s. v., osv.); **~ nichts** ikke andet, ellers ikke ngt.; → *a und, weit*
weiter|·arbeiten *v/i* arbejde videre; **~·befördern** befordre videre; **~·bestehen →** *weiter;* **~·bilden** videreuddanne; **₂bildung** *f* ⟨0⟩ videreuddannelse; **~·empfehlen** anbefale videre; **~·entwickeln** videreudvikle; **~·erzählen** fortælle videre; **~·fahren** *v/t* ⟨*sn*⟩ køre videre; (*fortsetzen*) fortsætte; **₂fahrt** *f* ⟨0⟩ viderekørsel; **~·fliegen** *v/i* ⟨*sn*⟩ flyve videre; **~·geben** give videre; **~·gehen** *v/i* ⟨*sn*⟩ gå videre; *so kann es nicht ~* sådan kan det ikke blive ved (med at gå); **~·gehend →** *weiter;* **~·helfen** *v/t* (*i D*) hjælpe videre; **~·hin** længere henne; fremdeles; **~·kommen** *v/i* ⟨*sn*⟩ komme videre; **~·können** *v/i* kunne komme videre; **~·laufen** *v/i* ⟨*sn*⟩ løbe videre; **~·leiten** videregive; **~·lesen** læse videre; **~·machen** fortsætte; **₂reise** *f* den videre rejse; **~·reisen** *v/i* ⟨*sn*⟩ rejse videre; **~·sagen** fortælle videre; **₂ungen** *f/pl* JUR mislige konsekvenser *pl;* **~·verkaufen** sælge videre; **~·vermieten** fremleje (*an A*/til); **~·wollen** *v/i* ville videre
weit|estgehend *adv* i størst mulig udstrækning; **~·gehend** vidtgående; **~·gereist →** *weit;* **~·her** langt fra; fremgeholt → *weit;* **~·herzig** storsindet; **~·hin** langt bort; (*allgemein*) i stor udstrækning; **~·läufig** vidtstrakt; (*ausführlich*) vidtløftig, udførlig; *Verwandter:* fjern; **₂läufigkeit** *f* ⟨0⟩ vidtstrakthed; (*Ausführlichkeit*) vidtløftighed, udførlighed; **~·maschig** med store masker; **~·reichend →** *weit;* **~·schweifig** vidtløftig, langtrukken; **₂schweifigkeit** *f* ⟨0⟩ vidtløftighed; **~·sichtig** langsynet; *fig* vidtskuende, forudseende; **₂sichtigkeit** *f* ⟨0⟩ langsynethed; *fig* fremsyn *n;* **₂sprung** *m* længdespring *n;* **~·tragend →** *weit tragend;* **~·verbreitet →** *weit;* **₂winkelobjektiv** *n* FOT vidvinkelobjektiv *n*
Weizen *m* ⟨-s; 0⟩ hvede; **~·bier** *n* øl *n* lavet af hvede; **~·brot** *n* franskbrød *n,* hvedebrød *n;* **~·feld** *n* hvedemark; **~·mehl** *n* hvedemel *n*
welch hvilken, hvilket *n,* hvilke *pl;* sikken *n,* sikke *pl;* **~ ein Mann!** sikken mand; **~ ein Wetter!** sikket (*od* sikken et) vejr!; **~ ein Quatsch!** sikke noget vrøvl!; **~·e(r, -s)** hvilken, hvilket *n,* hvilke *pl;* hvad for en (et *n,* nogle *pl);* **welcher von...** hvem af ...; (*allgemein*) hvad slags ...; *rel.pron* som, der, hvilken, hvilket *n,*

hvilke *pl;* **derjenige, welcher** den som; (*einige, einiges*) nogen, noget *n,* nogle, nogen *pl;* **haben Sie noch ~?** er der nogle (*od* F nogen) tilbage?; **~·er·lei** hvad slags
welk ⟨*-est*⟩ vissen (*a fig*); *Schönheit, Ruhm:* falmet; **~·en** *v/i* ⟨*sn*⟩ visne; *fig* falme
Well|blech *n* bølgeblik *n;* **~·e** *f* bølge (*a* PHYS); TECH aksel; *kurze* (*lange*) *~* kort (lang) bølge; *~·e der Begeisterung* en bølge af begejstring; *grüne ~ Verkehr:* grøn bølge; **₂en** *v/i* bølge; *v/t Haar* ondulere; **~·gewellt** bølget, bølgeformet; *Haar:* let krøllet; onduleret
Wellen|bad *n* svømmehal med bølger; **~·bereich** *m* bølge(længde)område *n;* **~·bewegung** *f* bølgebevægelse; **~·brecher** *m* bølgebryder; **₂förmig** bølgeformet; **~·gang** *m* ⟨-(e)s; 0⟩ bølgegang; **~·kamm** *m* bølgekam; **~·länge** *f* bølgelængde (*a* R/TV, *fig*); *wir sind auf der gleichen ~ fig* vi er på bølgelængde; **~·linie** *f* bølgelinie; **~·reiten** *n* surfriding; **~·schlag** *m* bølgeslag *n;* **~·sittich** *m* undulat; **~·tal** *n* bølgedal (*a fig*)
Well|fleisch *n* kogt svinekød *n,* **₂ig** bølge(forme)t, kruset
Wellness ['vɛlnɛs] *f* ⟨-; 0⟩ *etwa* sundhed og velvære
Wellpappe *f* bølgepap *n*
Welpe *m* ⟨-*n*⟩ (hunde)hvalp
Wels *m* ⟨-*es; -e*⟩ malle
welsch ⟨-*est*⟩ vælsk, romansk
Welt *f* verden; *alle ~* alverden; *die ganze ~* hele verden; *um alles in der ~* for alt i verden; *auf die ~ kommen* komme til verden; *aus der ~ schaffen* bringe ud af verden; *auf der ganzen ~* i hele verden; *auf der ganzen ~ bekannt* kendt over hele verden; *die Dritte ~* Den tredje Verden; *die ~ des Buches (der Tiere)* bogens (dyrenes) verden; *ein Mann (e-e Frau) von ~* en verdensmand (en verdensdame); *es trennen uns ~en* der er verdener os imellem; **~·all** *n* verdensalt *n,* univers *n;* **~·alter** *n* verdensalder; **~·anschaulich** ideologisk; **~·anschauung** *f* verdensanskuelse; idégrundlag *n;* ideologi; **~·ausstellung** *f* verdensudstilling; **~·bank** *f* ⟨0⟩ verdensbank; **₂bekannt, ₂berühmt** verdensberømt; **₂bewegend:** *das war nicht ~* det var ikke ngt. særligt; **~·bild** *n* verdensbillede *n;* **~·bürger** *m* verdensborger; **₂enbummler** *m* globetrotter; **₂entrückt** hævet over denne verden
Weltergewicht *n* weltervægt
welt|erschütternd verdensrystende; be-

W

tydningsfuld; **~fern** verdensfjern; **2flucht** f verdensflugt; **~fremd** verdensfremmed, verdensfjern; **2friede(n)** m verdensfred; **2geistliche(r)** sekularpræst; **2geltung** f verdensrenommé n; **2gericht** n ⟨-(e)s; 0⟩ dommedag; **2geschichte** f ⟨0⟩ verdenshistorie; **~gewandt** verdensvant; **2handel** m verdenshandel; **2herrschaft** f ⟨0⟩ verdensherredømme n; **2karte** f verdenskort n; **2krieg** m verdenskrig; **der Zweite ~** den anden verdenskrig; **2kugel** f jordklode; **~lich** verdslig (a nicht kirchlich); fig a timelig; **2literatur** f verdenslitteratur; **2macht** f verdensmagt; **2mann** m verdensmand; **~männisch** verdensmands-; **2markt** m ⟨-(e)s; 0⟩ verdensmarked n; **2meer** n verdenshav n; **2meinung** f ⟨0⟩ verdensopinion

Weltmeister|(in m(f) verdensmester; **~schaft** f verdensmesterskab n; **~titel** m titel som verdensmester

welt|offen tolerant, kosmopolitisk; **2ordnung** f verdensorden

Weltraum m ⟨-(e)s; 0⟩ verdensrum n; **~fahrt** f rumfart; **~flug** m rumfærd; **~forschung** f rumforskning; **~schiff** n rumskib n; **~station** f rumstation

Welt|reich n verdensrige n; **~reise** f rejse om jorden; **~rekord** m verdensrekord; **~ruf** m ⟨-(e)s; 0⟩ verdensry n; **~schmerz** m ⟨-es; 0⟩ weltschmerz, lede ved tilværelsen; **~'sicherheitsrat** m (FNs) sikkerhedsråd n; **~sprache** f verdenssprog n; **~stadt** f verdensby; **~teil** m verdensdel; **~umsegelung** f verdensomsejling; **~untergang** m verdens undergang; **~verbesserer** m idealist, sværmer; **2weit** verdensomspændende; **~wirtschaft** f ⟨0⟩ verdensøkonomi; **~wirtschaftskrise** f (økonomisk) verdenskrise; **~wunder** n verdens underværk n; **die sieben ~** verdens syv underværker

wem (→ **wer**) (til) hvem; **von ~** fra hvem; **~ gehört das?** hvis er det?; **2fall** m hensynsfald n, dativ

wen (→ **wer**) hvem

Wende f vending, drejning; (Änderung) forandring, skifte n; (Wendepunkt) vendepunkt n; Schwimmen: vending; Auto: vendediameter; **vor (nach) der ~** HIST POL før (efter) Murens fald; **~ltreppe** f vindeltrappe; **~marke** f vendemærke n

wenden ⟨L⟩ v/t u v/i vende, dreje; **sich ~** Pers vende sig (**zu** D, **gegen** A/[om] mod); **sich ~ gegen** fig vende sig mod; **sich ~ an** (A) henvende sig til

Wendepunkt m vendepunkt n

wend|ig rørig, smidig; Fahrzeug: manøvredygtig; **2igkeit** f ⟨0⟩ smidighed; manøvredygtighed; **2ung** f vending (a Rede- u fig)

Wenfall m genstandsfald n, akkusativ

wenig lidt; pl få; **ein (klein) ~** en (lille) smule, lidt; **nicht ~** ikke så lidt, meget; **zu ~** for lidt; **(einige) ~e** nogle få

weniger mindre; Zählbares: færre; **viel ~** langt mindre (færre); **umso ~** så meget mindre; **10 ~ 5** ti minus fem; **~ werden** formindskes; **~ werden** blive færre

Wenigkeit f ⟨0⟩ ringhed; ringe antal n; (Kleinigkeit) bagatel, småting; **meine ~** min ringhed

wenigste: der, die, das **~** den (det) mindste; **die ~n** de færreste; **am ~n** mindst; færrest; **~ns** i det mindste

wenn (falls) hvis, dersom; **~ aber** men hvis; **~ auch!** selv om så var!; **~ ja (nein)** i bekræftende (benægtende) fald; **~ möglich** om muligt; **~ nur** når kun; **als ~, wie ~** som om; **selbst ~** selv om; **ohne 2 und Aber!** ikke noget men!; **~'gleich** selvom, skønt; **~schon** F: **na ~!** og hvad så!, pyt med det!

wer hvem; rel.pron der som, hvem der; **~ auch** hvem end; **~ es auch sei** hvem det end er; → a **wem, wen**

Werbe|abteilung f reklameafdeling; **~blatt** n reklameblad n; **~büro** n reklamebureau n; **~fernsehen** n reklameindslag pl i fjernsynet; **~film** m reklamefilm; **~funk** m reklameudsendelser pl (i radioen); **~leiter** m reklamechef; **~material** n reklamemateriale n; **2n** ⟨L⟩ hverve (a MIL); **~ um** (A) stræbe efter; um ein Mädchen: bejle til; ÖKON reklamere, gøre reklame (od propaganda) (**für** A/for); **~r** m MIL hverver; (Freier) frier, bejler; **~schrift** f reklamebrochure; **~text** m reklametekst; **~trommel** f: **die ~ rühren** reklamere (od propagandere) for; **2wirksam** slående; **~woche** f reklameuge; **~zeichner** m reklametegner

Werbung f reklame; propaganda; (Heiratsantrag) frieri n; MIL hvervning; **~ machen für** reklamere for; **~skosten** pl reklameudgifter pl; Steuer: fradragsberettigede udgifter pl

Werde|gang [e:] m ⟨-(e)s; 0⟩ udvikling; tilblivelse; (Laufbahn) løbebane; **2n** ⟨L;⟩ blive; ville, skulle, blive; **ich werde (würde) lieben** jeg vil (ville) elske; **ich werde geliebt** jeg elskes (od bliver elsket); **wird's bald!** kan du så se at komme i gang!; **daraus wird nichts** det kan ikke

blive til ngt.; *was willst du ~?* hvad vil du være?; *im* 2 *sein* være i sin vorden
Werder *m* holm, lille ø
Werfall *m* nævnefald *n*, nominativ
werfen ⟨*L*⟩ kaste, smide, (*gebären*) kaste, få unger; *sich ~ Holz:* kaste sig; *sich ~ auf* (*A*) kaste sig over (*a fig*); *fig* slå sig på; *j-m etw. an den Kopf ~* kaste ngt. i hovedet på én (*a fig*)
Werft *f* (skibs)værft *n*; **~arbeiter** *m* værftsarbejder
Werg *n* ⟨-⟨e⟩s; *0*⟩ blår *pl*
Werk *n* ⟨-⟨e⟩s; *-e*⟩ værk *n*; (*Tat*) gerning; (*Arbeit*) arbejde *n*; (*Fabrik*) fabrik; (*Erzeugnis*) produkt *n*; *ans ~ gehen* skride til værket; *ins ~ setzen* iværksætte; *zu ~ gehen* gå til værks; **~bank** *f* ⟨-; ⁓e⟩ arbejdsbænk; 2**eln** *v/i* ⟨-*le*⟩ F lave hobbyarbejde, snedkerere; **~en** *n* ⟨-*s*; *0*⟩ (*Schulfach*) sløjd; **~meister** *m* værkfører, værkmester; **~sarzt** *m* fabrikslæge, driftslæge; **~schutz** *m* bedriftsværn *n*, 2**seigen** fabrikkens egen; **~sleiter** *m* driftsleder; **~spionage** *f* industrispionage; **~statt** *f* ⟨-; ⁓*en*⟩ værksted *n*; **~stoff** *m* (rå)materiale *n*; **~stück** *n* (halvfærdigt) stykke *n*; **~student** *m* selverhvervende student; **~swohnung** *f* bedriftsejet lejlighed; **~tag** *m* hverdag; 2**täglich**, 2**tags** om hverdagen; 2**tätig** arbejdende; virksom; **~tätige(r)** arbejdende, arbejder; *pl* det arbejdende folk; **~unterricht** *m* sløjdundervisning
Werkzeug *n* værktøj *n*; *fig* redskab *n*; **~kasten** *m* værktøjskasse; **~macher** *m* værktøjsmager
Wermut [e:] *m* ⟨-⟨e⟩s; *0*⟩ malurt; (*Wein*) vermut; **~stropfen** *m: ein ~ fig* en dråbe malurt
wert [e:] ⟨-*est*⟩ værd; (*würdige*) værdig (*zu od G*/til); (*teuer*) dyrebar; (*lieb*) kær; *~ sein* være værd; *nichts ~* ikke noget værd; **~er Freund!** kære ven!; *nicht der Mühe ~* ikke umagen værd; ikke værd at tale om
Wert [e:] *m* ⟨-⟨e⟩s; *-e*⟩ værdi; (*Bedeutung*) betydning; *~ legen auf* (*A*) sætte pris på; **~angabe** *f* værdiangivelse; 2**beständig** værdifast; **~brief** *m* værdibrev *n*; 2**en** ⟨-*e*-⟩ (*beurteilen*) vurdere, bedømme; **~gegenstand** *m* værdigenstand; **~igkeit** *f* CHEM valens; 2**los** ⟨-*est*⟩ værdiløs; **~losigkeit** *f* ⟨*0*⟩ værdiløshed; **~marke** *f* bon; **~minderung** *f* værditab *n*; **~paket** *n* værdipakke; **~papier** *n* værdipapir *n*; **~sache** *f* værdigenstand; 2-**schätzen** skatte, vurdere; højagte; **~schätzung**

vurdering; **~steigerung** *f* værdistigning; **~ung** *f* vurdering; **~urteil** *n* (kvalitets)bedømmelse; vurdering; 2**voll** værdifuld; **~zeichen** *n* → *Briefmarke*
Werwolf *m* varulv
Wesen *n* væsen *n*; (*nicht*) *viel ~s von etw. machen* (ikke) gøre meget væsen af ngt.; 2**los** ⟨-*est*⟩ uvirkelig; uvæsentlig
Wesens|art *f* væremåde; egenart; 2**fremd** fremmed for ens inderste væsen, væsensfremmed; **~zug** *m* karaktertræk *n*
wesentlich væsentlig, vigtig; *im* 2**en** i alt væsentligt, i det væsentlige
Wes|fall *m* ejefald *n*, genitiv; 2'**halb** hvorfor
Wespe *f* hveps
Wespen|nest *n* hvepserede; *in ein ~ stechen fig* stikke hånden i en hvepserede; **~stich** *m* hvepsestik *n*; **~taille** *f fig* hvepsetalje
wessen hvis
West *m* ⟨-⟨e⟩s; *0*⟩ vest; **~afrika** *n* Vestafrika *n*; **~deutschland** *n* Vesttyskland *n*
Weste *f* vest
Westen *m* ⟨-*s*; *0*⟩ vest; *der ~* POL vesten; *der Wilde ~* det vilde Vesten; *gegen* (*od nach*) ~ mod vest, vestpå; *aus* (*od von*) ~ vestfra
Westentasche *f* vestelomme; *wie seine ~ fig* som sine egne lommer; *im ~nformat fig* i miniudgave
west|euro'päisch vesteuropæisk; 2'**indien** *n* Vestindien *n*; 2'**jütland** *n* Vestjylland *n*; 2**küste** *f* vestkyst; **~lich** vestlig; ~ (*G od*) *von* vest for; 2**mächte** *f*/*pl* vestmagter *pl*; **~wärts** mod vest, vestpå; 2**wind** *m* vestenvind
wes'wegen hvorfor
wett kvit; *~ sein* være kvit; 2**bewerb** *m* ⟨-⟨e⟩s; *-e*⟩ (præmie)konkurrence; *unlauterer ~* smudskonkurrence; 2**bewerbsfähig** konkurrencedygtig; 2**büro** *n* totalisator
Wette *f* væddemål *n*; *was gilt die ~?* hvad skal vi vædde?; *um die ~ rennen* (*segeln usw*) løbe (sejle *usw*) om kap
Wett|eifer *m* kappestrid; konkurrence; 2**eifern** *v/i* ⟨-*re*⟩ kappes, konkurrere (*um A*/om); 2**en** *v/i* ⟨-*e*-⟩ vædde, spille (*um A*/om); *ich wette, dass ...* jeg vædder på at ...
Wetter *n* vejr *n*; (*Unwetter*) uvejr *n*, tordenvejr *n*; **~amt** *n* vejrtjeneste; **~aussichten** *f*/*pl* vejrudsigt; **~bericht** *m* vejrmelding; **~dach** *n* lætag *n*; **~dienst** *m* vejrtjeneste; **~fahne** *f* vindfløj; 2**fest** vejrbestandig, vejrfast; *Kleidung:* solid, som

kan tåle al slags vejr; **~frosch** *m* zo løvfrø; F vejrmagister; **~hahn** *m* vejrhane;
~karte *f* vejrkort *n*; **~kunde** *f* ⟨0⟩ meteorologi; **~lage** *f* vejrforhold *pl*; **~leuchten**
n ⟨-s; 0⟩ kornmod *n*; **2n** *v/i* ⟨-re⟩ lyne,
tordne; F (*schimpfen*) tordne, skælde ud
smælde; **~prognose** *f* vejrprognose; **~sa-
tellit** *m* vejrsatellit; **~seite** *f* vindside;
~station *f* vejrstation; **~sturz** *m* barome-
terfald *n*; **~umschlag** *m* omslag *n* i vejret;
~vorhersage *f* vejrudsigt, vejrmelding;
~warte *f* vejrstation; **2wendisch** *fig* ubestandig, lunefuld

Wett|fahrt *f* væddekørsel; *Segeln*: (kap)-
sejlads; **~kampf** *m* konkurrence; kappestrid; **~kämpfer** *m* deltager i konkurrence; **~lauf** *m* væddeløb, kapløb *n* (*a fig*);
2~machen udjævne, genoprette; **~ren-
nen** *n* væddeløb *n*; **~rudern** *n* ⟨-s; 0⟩ kaproning; **~rüsten** *n* ⟨-s; 0⟩ kaprustning,
rustningskapløb *n*; **~schwimmen** *n* ⟨-s;
0⟩ kapsvømning, svømmekonkurrence;
~segeln *n* ⟨-s; 0⟩ kapsejlads; **~spiel** *n* spil
n med indsats; **~streit** *m* kappestrid

wetz|en ⟨-t⟩ hvæsse, slibe; *v/i* ⟨*sn*⟩ F (*lau-
fen*) løbe; **2stahl** *m* strygestål *n*, hvæsses-
tål *n*; **2stein** *m* slibesten

WG *f* (= *Wohngemeinschaft*) bofælles-
skab *n*

Whisky ['wɪskɪ·] *m* ⟨-s; -s⟩ whisky; **~-'Soda** *m* whisky og soda, F sjus

Wichs [ks] *m* ⟨-es; -e⟩ stads, puds; **~e** *f* skocreme; F (*Prügel*) klø; **2en** ⟨-t⟩ blanke,
pudse; *Boden* bone; *v/i* V masturbere,
onanere

Wicht *m* ⟨-(e)s; -e⟩ (*kleiner Kerl*) lille fyr;
(*Zwerg*) dværg; **armer ~** stakkels fyr; **~el-
männchen** *n* nisse, nissemand

wichtig vigtig, betydende; **2keit** *f* ⟨0⟩ vigtighed, betydning; **~machen: sich ~** F
blære sig; **2tuer** *m* vigtigmager, vigtigper;
2tue'rei *f* vigtigmageri *n*

Wicke *f* vikke

Wickel *m* (*Knäuel*) vindsel *n*; MED omslag
n, kompres *n*; **~kind** *n* svøbelsebarn *n*;
~kommode *f* puslebord *n* (med skuffer);
2n ⟨-le⟩ vikle; (*rollen*) sno; *Garn* vinde;
Kind skifte ble (på); **~ung** *f* EL bevikling

Wickler *m* (*Locken2*) curler, papillot

Widder *m* vædder

wider (*A*) (i)mod; *~ Erwarten* mod forventning; *das ist ~ die Regeln* det strider
mod reglementet; **~borstig** genstridig;
~'fahren *v/i* ⟨*sn*⟩ vederfares, hændes;
j-m Gerechtigkeit ~ lassen yde én retfærdighed; **2haken** *m* modhage; **2hall**
m genlyd, ekko *n* (*a fig*); **~-hallen** *v/i* gen-

lyde, give ekko; **2lager** *n* stræbepille

wider'leg|bar gendrivelig; **~en** gendrive,
modbevise, imødegå; **2ung** *f* gendrivelse,
modbevis *n*

wider|lich modbydelig, ækel, væmmelig;
~natürlich naturstridig; pervers; **2part**
m ⟨-(e)s; -e⟩ modpart; **~'raten** fraråde;
~rechtlich uberettiget; lovstridig; **2rede**
f modsigelse; *ohne ~* uden indvending;
2ruf *m* tilbagekaldelse; *auf ~* på prøve;
~'rufen tilbagekalde; **~ruflich** med forbehold (*n*), tilbagekaldelig; **2'rufung** *f* tilbagekaldelse; **2sacher** *m* modstander;
modpart; **2schein** *m* genskin *n*, genskær
n; **~'setzen: sich ~** (*D*) modsætte sig;
~'setzlich genstridig, opsætsig; **2sinn** *m*
⟨-(e)s; 0⟩ urimelighed; **~sinnig** urimelig;
ulogisk; **~spenstig** genstridig; **~spie-
geln** genspejle; *fig mst* afspejle; **2spie-
gelung** *f* genspejling; afspejling; **2spiel**
n det modsatte; **~'sprechen** *v/i* (*D*) modsige; **2spruch** *m* modsigelse; (*Einspruch*) indsigelse; *sich in Widersprüche verstricken* indvikle sig i modsigelser; **~sprüchlich** fuld af modsigelser;
~spruchslos uden modsigelse

Widerstand *m* modstand (*a* EL *u* PHYS); *~
leisten* gøre modstand

Widerstands|bewegung *f* modstandsbe-
vægelse; **2fähig** modstandsdygtig; **~fä-
higkeit** *f* ⟨0⟩ modstandsdygtighed;
~kämpfer *m* (*f*) modstandsmand;
~kraft *f* modstandskraft; **2los** svag; uden
modstand

wider|'stehen *v/i* (*D*) modstå; gøre mod-
stand; *der Versuchung ~* modstå fristel-
sen; **~'streben** *v/i* være imod; *es widerstrebt mir* det er mig inderligt imod;
es widerstrebt e-r S. det strider mod
en sag; **~'strebend** modstræbende;
2streit *m* ⟨-(e)s; 0⟩ modstrid, modsigelse;
~'streiten *v/i* stride imod (*j-m* én); **~de
Gefühle** modstridende følelser; **~wärtig**
modbydelig, ubehagelig; **2wärtigkeit** *f*
modbydelighed, ubehagelighed; **~en** *pl*
modgang, genvordigheder *pl*; **2wille** *m*
modvilje; **~willig** modvillig, modstræbende

widm|en ⟨-e-⟩ tilegne, dedicere; (*weihen*)
hellige, vie; *sich e-r S.* (*D*) **~** hellige
sig ngt., beskæftige sig med ngt., ofre
sig for ngt.; **2ung** *f* opofrelse; *Buch*: tileg-
nelse, dedikation

widrig ['viː-] ugunstig, fjendtlig; **~en'falls**
i modsat fald; **2keit** *f* modgang, genvordigheder *pl*

wie *fragend*: hvordan; (*vor adj u adv*) hvor;

~ **viel** hvor meget; ~ **viele** hvor mange; *zeitlich*: da; som; *vergleichend*: som, lige som; ~ **geht's?** hvordan går det?, hvordan har De (*od* du) det?; ~ (*bitte*)? hvad behager?; ~ **heißt er?** hvad hedder han?; ~ **spät ist es?** hvad er klokken?; ~ **gesagt** som sagt; ~ **sieht er aus!** sikken han ser ud!; *und* ~! det kan De tro!

wieder igen, atter; *immer* ~ igen og igen; *nie* ~ aldrig mere; *hin und* ~ nu og da; ~ **auftauchen** *fig* dukke op igen; ~ **einführen** genindføre; ~ **aufbauen** genopbygge; ~ **aufleben** leve (*od* blusse) op igen; ~ **erwachen** genopvågne; ~ **aufnehmen** genoptage; ~ **beleben** *fig* genoplive; ~ **einsetzen** genindsætte; ~ **eröffnen** genåbne; ~ **gutmachen** gøre godt igen, gengælde, betale; **2abdruck** *m* (gen)optryk *n*; ~'**an·knüpfen** *Gespräch* genoptage; **2'anschaffung** *f* genanskaffelse

Wieder'aufbau *m* ⟨-(e)s; 0⟩ genopbygning

wieder'auf·bauen → **wieder**

Wiederaufnahme *f* genoptagelse

wieder'auf·nehmen → **wieder**

Wiederaufrüstung *f* genoprustning

wieder'auf·tauchen → **wieder**

Wieder'ausfuhr *f* genudførsel

Wiederbe|ginn *m* genoptagelse; **2·kommen** få igen (*od* tilbage)

wieder·beleb|en *Person*: bringe til live igen; *fig* → **wieder**; **2ung** *f* genoplivning; **2ungsversuche** *m/pl* genoplivningsforsøg *pl* (*a fig*)

Wieder|beschaffung *f* genanskaffelse; **2·bringen** bringe tilbage

wieder'ein·führen → **wieder**

Wiedereintritt *m* genindtræden; gentagelse

wieder·|entdecken genopdage; ~·**erhalten** få igen (*od* tilbage); ~·**erkennen** genkende; ~·**erobern** generobre; ~·**eröffnen** genåbne; **2eröffnung** *f* genåbning; ~·**erwachen** → **wieder**, ~·**erzählen** genfortælle

wieder|·finden finde igen; **2gabe** *f* (*Rückgabe*) tilbagegivelse; *Lautsprecher*: lydkvalitet; *fig* gengivelse, reproduktion; ~·**geben** give tilbage; *fig* gengive; ~·**geboren** genfødt; **2geburt** *f* genfødelse; ~·**gewinnen** genvinde, vinde tilbage

wieder·gut·|machen → **wieder**, **2machung** *f* gøren godt igen, gengældelse

wieder·haben have igen, få tilbage

wieder'her·stell|en istandsætte, rekonstruere; *fig* genoprette; **wiederhergestellt sein** *Gesundheit*: være rask igen; **2ung** *f* istandsættelse, rekonstruktion; genoprettelse

wieder|·holen hente igen (*od* tilbage); ~'**holen** gentage; ~'**holt** gentagen; *adv* gentagne gange, gang på gang; **2'holung** *f* gentagelse; **2'holungssendung** *f* R/TV genudsendelse

Wieder|hören *n*: *auf* ~! på genhør!; **2·käuen** tygge drøv (på); *fig* gentage, efterabe; ~**käuer** *m* drøvtygger (*a fig*); efteraber; ~**kauf(srecht** *n*) *m* tilbagekøb(sret) (*n*); ~**kehr** *f* ⟨0⟩ tilbagekomst; **2·kehren** *v/i* ⟨*sn*⟩ vende tilbage; **2·kommen** *v/i* ⟨*sn*⟩ komme igen (*od* tilbage); **2·kriegen** F få igen (*od* tilbage); ~**schauen** *n*: *auf* ~! på gensyn!, farvel!; **2·sehen** gense; ~**sehen** *n* ⟨-s; 0⟩ gensyn *n*; *auf* ~! farvel!; på gensyn!; ~**täufer** *m* gendøber

wiederum atter, igen; (*dagegen*) på den anden side

wieder·vereinig|en genforene; **2ung** *f* genforening

Wieder|verkauf *m* (*videre*) forhandling; videresalg *n*; ~**verkäufer** *m* forhandler; ~**verwendung** *f* ⟨0⟩, ~**verwertung** *f* ⟨0⟩ genbrug *n*; genvalg *n*; **2wahlbar** som kan vælges igen; **2·wählen** genvælge

Wiege *f* vugge (*a fig*); ~**messer** *n* persillehakker

wiegen 1. *v/t* vugge (*in den Schlaf* i søvn); ~**der Gang** vuggende gang; (*zerkleinern*) hakke; **2.** ⟨L⟩ *v/t u v/i* veje

Wiegen|druck *m* inkunabel; ~**lied** *n* vuggevise

wiehern *v/i* ⟨-*re*⟩ vrinske; F (*lachen*) skoggerle

Wiener|(in) *m(f)* wiener(inde); **2isch** wiensk

Wiese *f* eng, græsmark, vang

Wiesel *n* væsel

Wiesenland *n* ⟨-(e)s; 0⟩ engjord

wie|'so hvordan (det)?; ~ *nicht?* hvorfor ikke?; ~**viel'mal** hvor ofte; ~**'vielte** der ~? hvad nummer?; *den* ~*n haben wir heute?* hvad dato har vi i dag?; ~'**weit** hvor langt; i hvilket omfang; ~'**wohl** skønt

Wikinger|(in) *m(f)* viking; ~**schiff** *n* vikingeskib *n*; ~**zeit** *f* ⟨0⟩ vikingetid

wild ⟨-*est*⟩ vild (*a fig*); (*unbändig*) ustyrlig; (*zornig*) rasende; (*gesetzwidrig*) ulovlig; ~*e Ehe* papirløst ægteskab *n*; ~ *sein auf* (*A*) være (helt) vild med; ~ *wachsend* vildtvoksende; **2** *n* ⟨-(e)s; 0⟩ vildt *n*;

2bach *m* bjergbæk; 2bahn *f* jagtområde *n*; *in freier ~* i den uberørte natur; 2braten *m*, 2bret [ɛ] *n* ⟨-*s*; *0*⟩ vildt *n*; 2dieb *m* krybskytte; 2diebe'rei *f* krybskytteri *n*; 2e(r) vild, indfødt; 2ente *f* vildand; 2e'rei *f* krybskytteri *n*; 2erer *m* krybskytte; **~ern** *v/i* ⟨-*re*⟩ drive krybskytteri; 2fang *m fig* vildbasse, vildkat; **~'fremd** vildfremmed; 2gehege *n* dyrehave; 2heit *f* ⟨*0*⟩ vildskab, vildhed; 2hüter *m* jagtbetjent; 2leder *n* ruskind *n*; 2lederschuhe *m/pl* ruskindssko *pl*; 2ling *m* ⟨-*s*; -*e*⟩ vildt træ (*od* skud) *n*; *fig* vildbasse; 2nis *f* ⟨-; -*se*⟩ vildnis *n*; 2park *m* dyrehave; 2pflege *f* ⟨*0*⟩ vildtpleje; 2schaden *m* vildtskade; 2schutzgebiet *n* vildtreservat *n*; 2schwein *n* vildsvin *n*; **~wachsend →** *wild*; 2'west vilde Vesten *n*; 2'westfilm *m* vildwestfilm, western

Wille *m* ⟨-*ns*; -*n*⟩; 2n: *um ... (G) ~* for ... skyld; *~n Himmels ~* for himmelens skyld; *~n m* ⟨-*s*; -⟩ vilje; *beim besten ~* med bedste vilje; *letzter ~* sidste vilje, testamente *n*; *wider ~* modvillig; (*unwillkürlich*) uvilkårlig(t)

willenlos ⟨-*est*⟩ viljeløs; 2igkeit *f* ⟨*0*⟩ viljeløshed

willens: *~ sein* være villig (til); 2äußerung *f* viljesytring; 2erklärung *f* viljeserklæring; 2freiheit *f* ⟨*0*⟩ viljens frihed; 2kraft *f* ⟨*0*⟩ viljesstyrke; 2sache *f* ⟨*0*⟩ viljesag; **~schwach** viljesvag; **~stark** viljestærk

willentlich med vilje, forsætlig

will|**fährig** føjelig; (*nachgiebig*) eftergivende; 2fährigkeit *f* ⟨*0*⟩ føjelighed; eftergivenhed; **~ig** villig (til); **~igen** *v/i*: *~ in (A)* indvillige i

will'kommen *adj* velkommen; (*lieb a*) kærkommen; *j-n ~ heißen* byde én velkommen; *etw. ~ heißen* hilse ngt. med glæde; 2 *n od m* velkomst; velkommen *n*; 2gruß *m* velkomsthilsen

Willkür *f* ⟨*0*⟩ vilkårlighed; (*Selbstherrlichkeit*) forgodtbefindende *n*; **~herrschaft** *f* ⟨*0*⟩ despotisme, tyranni *n*; 2lich vilkårlig; efter forgodtbefindende; **~lichkeit** *f* ⟨*0*⟩ vilkårlighed

wimmeln *v/i* ⟨-*le*⟩ vrimle (*von D*/med, af), myldre (*von D*/af)

wimmern *v/i* ⟨-*re*⟩ jamre sig, klynke

Wimpel *m* vimpel

Wimper *f* ⟨-; -*n*⟩ gjenhår *n*; **~n** *pl* øjenvipper *pl*; *ohne mit der ~ zu zucken* fig uden at blinke; **~ntusche** *f* mascara

Wind *m* ⟨-(*e*)*s*; -*e*⟩ vind (*a* MED), blæst; *~ bekommen von* fig få nys om; (*viel*) *~ machen* (*um*) gøre blæst (af); *in den ~*

schreiben afskrive; *etw. in den ~ schlagen* slå ngt. hen; *er hängt s-n Mantel nach dem ~ fig* han undersøger fra hvilken kant vinden blæser; *in alle ~e zerstreut* fig spredt for alle vinde; *j-m den ~ aus den Segeln nehmen* fig tage luven fra én; **~beutel** *m* (*Gebäck*) flødebolle, vandbakkelse; *Pers* vindbøjtel; **~bruch** *m* vindfælde

Winde *f* vinde, spil *n*; (*Garn2*) garnvinde; BOT snerle

Windei *n* vindæg *n*

Windel *f* ⟨-; -*n*⟩ ble; 2'weich: *~ schlagen* F slå til plukfisk

winden ⟨*L*⟩ sno (*sich* sig); (*wickeln*) vinde, (*empor~*) slynge (*sich* sig); *Kranz* binde; *aus der Hand ~* vriste ud af hånden; *in die Höhe ~* hejse op; *sich ~* (*ausweichend antworten*) svare undvigende; *sich vor Schmerz ~* vride sig af smerte; **→** *a gewunden*

Wind|**energie** *f* ⟨*0*⟩ vindenergi, vindkraft; **~eseile** *f*: *in ~* i en fart; **~fang** *m* vindfang *n*; 2geschützt i læ; **~hose** *f* skypumpe; **~hund** *m* zo vindhund, mynde; *Pers* fusentast; 2ig blæsende; *fig* F upålidelig; **~jacke** *f* vindjakke, anorak; **~jammer** *m* NAUT stort sejlskib *n*; **~kanal** *m* vindkanal; **~kraft** *f* ⟨*0*⟩ **→** *Windenergie*; **~licht** *n* ⟨-(*e*)*s*; -*er*⟩ flagermuslygte; stearinlys *n* i glas; **~messer** *m* vindmåler; **~mühle** *f* vindmølle; **~pocken** *f/pl* skoldkopper *pl*; **~richtung** *f* vindretning; **~rose** *f* vindrose; **~sack** *m* vindpose; **~schatten** *m* ⟨-*s*; *0*⟩ læ *n*, ly *n*; *im ~* i læ; *Radsport:* pace; 2schief vindskæv; 2schnell pilsnar; 2schnittig strømlinet

Windschutz *m* ly *n*, læ *n*, læskærm, vindskærm; **~hecke** *f* læhegn *n*; **~scheibe** *f* vindspejl *n*

Wind|**seite** *f* vindside, luv; **~stärke** *f* vindstyrke; 2still vindstille, blikstille; **~stille** *f* vindstille *n*, havblik *n*; **~stoß** *m* vindstød *n*

Windsurf|**er** [-sœR-] *m* vindsurfer; **~ing** *n* ⟨-*s*; *0*⟩ vindsurfing

Windung *f* vinding, snoning; *Schlange:* bugtning; *Straße:* (vej)sving *n*; TECH skruegang

Windzug *m* ⟨-(*e*)*s*; *0*⟩ vindpust *n*

Wink *m* ⟨-(*e*)*s*; -*e*⟩ vink *n* (*a fig*), tegn *n*; (*Tipp* mst) tegn *n*; *ein ~ mit dem Zaunpfahl* et vink med en vognstang

Winkel *m* vinkel; (*Ecke*) krog, hjørne *n*; *fig* afkrog; **~advokat** *m* vinkelskriver; **~eisen** *n* vinkeljern *n*; **~haken** *m* vinkelhage; 2ig krum, kroget; **~maß** *n* vinkel-

mål n; **~messer** m vinkelmåler; **~züge** m/pl fig kneb pl
wink|en vinke; Augen: blinke; give tegn; **≗er** m (Auto-) retningsviser
winklig → **winkelig**
winseln v/i ⟨-le⟩ klynke, pibe
Winter m vinter; **im ~** om vinteren; **~abend** m vinteraften; **~anzug** m vintertøj n, vinterbeklædning; **~aufenthalt** m vinterophold n; **~fahrplan** m vinterfartplan; **≗fest** Getreide: vinterfast; **~garten** m vinterhave, udestue; **~getreide** n efterårssæd; **~kurort** m vinterkursted n; **~landschaft** f vinterlandskab n; **≗lich** vinterlig; **~mantel** m vinterfrakke; **~quartier** n vinterkvarter n; **~reifen** m vinterdæk n; **≗s** om vinteren; **~saat** f efterårssæd; **~schlaf** m vintersøvn; **den ~ halten** zo gå i hi; **~schlussverkauf** m udsalg n (sidst i januar); **~sonnenwende** f vintersolhverv n
Wintersport m vintersport; **~ausrüstung** f skiudstyr n; **~gebiet** n vintersportsområde n
Winter|tag m vinterdag; **~wetter** n vintervejr; **~zeit** f ⟨0⟩ vintertid
Winzer m vinbonde; **~genossenschaft** f vinavlerforening (på andelsbasis)
winzig lille bitte; pl små bitte; (unbedeutend) ubetydelig; **≗keit** f ubetydelighed
Wipfel m (træ)top, krone
Wippe f vippe; **≗n** v/i vippe
wir vi; **~ sind es** det er os
Wirbel m hvirvel (a Trommel≗, Haar≗, Wind≗, Wasser≗, fig, ANAT); (Schraube) skrue; **viel ~ um etw.** (A) **machen** gøre et stort nummer ud af en sag; **≗ig** hvirvlende; fig ør, svimmel; **≗n** ⟨-le⟩ v/i (a sn) hvirvle; **~säule** f rygrad; **~strom** m malstrøm; hvirvelstrøm; **~sturm** m hvirvelstorm; **~tier** n hvirveldyr n; **~wind** m hvirvelvind (a fig)
wirk|en v/i virke; (tätig sein) arbejde; v/t (weben) væve; **≗er** m væver; **≗e'rei** f væveri n; **≗lich** virkelig; (echt) ægte, sand
Wirklichkeit f virkelighed; **in ~** i virkeligheden
wirklichkeits|fremd virkelighedsfjern; **~getreu** virkelighedstro; **~nah** virkelighedsnær; **≗sinn** m ⟨-(e)s; 0⟩ virkelighedssans
wirksam effektiv, virkningsfuld; Mittel a: probat; **≗keit** f ⟨0⟩ effektivitet
Wirk|stoff m virkemiddel n; **~ung** f virkning; (Einfluss a) indvirkning; **mit ~ vom 1. Oktober** med virkning fra 1. oktober

Wirkungs|bereich m virksomhedsområde n; virkekreds; **~grad** m virkningsgrad, effekt; **≗los** ⟨-est⟩ virkningsløs, ineffektiv; **~losigkeit** f ⟨0⟩ virkningsløshed; **≗voll** virkningsfuld, effektiv; (eindrucksvoll) indtrykvækkende
Wirkwaren f/pl tekstilvarer pl
wirr ⟨-est⟩ forstyrret, forvirret (a fig), i uorden; kaotisk; Haar: uredt; **~ durcheinander** hulter til bulter; **≗en** f/pl POL uroligheder pl; kaos n; **≗heit** f ⟨0⟩ forvirring; **≗kopf** m fig vrøvlehoved n; **≗nis** f ⟨-; -se⟩, **≗sal** n ⟨-(e)s; -e⟩ od f ⟨-; -se⟩ forvirring, kaos n; **≗warr** m ⟨-s; 0⟩ virvar n
Wirsing(kohl) m ⟨-s; 0⟩ savojkål
Wirt m ⟨-(e)s; -e⟩ vært (a Haus≗, Gastgeber); **die Rechnung ohne den ~ machen** fig gøre regning uden vært; **~in** f værtinde (a Zimmer-)
Wirtschaft f økonomi; (Haushalt) husholdning; (Betrieb) drift, forvaltning; (Gast≗) kro; **das ist ja e-e (schöne) ~!** F sikket roderi!, sikken rodelighed!; **≗en** v/i ⟨-e-⟩ (sparsam ~) økonomisere, holde hus; (Haushalt leiten) føre husholdning, styre hus; (beschäftigt sein) arbejde, rumstere; **~erin** f økonoma; **~ler** m nationaløkonom; **≗lich** husholdnings-; (sparsam) økonomisk; (gewinnbringend) rentabel; **~lichkeit** f ⟨0⟩ økonomi, sparsommelighed; rentabilitet
Wirtschafts|buch n husholdningsbog; **~führer** m økonomisk foregangsmand; pl topfolk pl i industrien; **~gebäude** n avlsgård, staldbygning; **~geld** n husholdningspenge pl; **~gemeinschaft** f økonomisk fællesskab n; **~geografie** f erhvervsgeografi; **~jahr** n driftsår n; **~kriminalität** f økonomisk kriminalitet; bagmandsvirksomhed; **~krise** f økonomisk krise; **~lage** f økonomisk situation; **~minister** m økonomiminister; **~ministerium** n økonomiministerium n; **~politik** f økonomisk (od erhvervs-) politik; **~prüfer** m autoriseret revisor; **~räume** m/pl arbejdslokaler pl (køkken, vaskeri usw); **~wissenschaft** f erhvervsøkonomi; **~wunder** n økonomisk mirakel n; **~zweig** m erhvervsgren, branche
Wirts|haus n værtshus n, kro; **~leute** pl værtsfolk pl (a Gastgeber u Zimmer-)
Wisch m ⟨-(e)s; -e⟩ (Stroh≗) visk; (Papier) lap (papir); **≗en** viske, tørre af; **sich den Mund ~** tørre sig om munden; **sich die Augen ~** tørre øjnene; **~er** m visker; Auto: vinduesvisker; **~erblatt** n Auto: viskerblad n; **~lappen** m karklud; (Staubtuch)

W

støveklud; **~tuch** n støveklud; (Scheuer-)
gulvklud; (Geschirr-) viskestykke n
Wisent m ⟨-s; -e⟩ bisonokse
Wismut n ⟨-(e)s; 0⟩ vismut
wispern ⟨-re⟩ hviske
Wissbegier|de f⟨0⟩ videbegærlighed; **2ig**
videbegærlig
wissen ⟨L⟩ vide; (können) kunne; **~ lassen** lade vide; **soviel ich weiß** såvidt jeg
ved; **nicht dass ich wüsste** ikke det jeg
ved af; **von etw. nichts ~ wollen** ikke
ville høre tale om ngt.; **weißt du noch?**
kan du huske?; **ich weiß es nicht mehr**
det kan jeg ikke huske; **2** n ⟨-s; 0⟩ viden,
kundskab; **meines ~s** såvidt jeg ved; **ohne mein ~** uden mit vidende
Wissenschaft f videnskab; **~ler(in)** m(f)
videnskabsmand; **2lich** videnskabelig;
~lichkeit f⟨0⟩ videnskabelighed
Wissens|drang m ⟨-(e)s; 0⟩ **~durst** m vi-
delyst; **2durstig** videbegærlig; **2wert**
værd at vide, interessant
wissentlich bevidst, forsætlig; adv med
vidende, bevidst
wittern ⟨-re⟩ vejre, lugte, spore
Witterung f⟨0⟩ vejrlig n; vejr n; Jagd: fært,
lugt; **~seinfluss** m vejrets indflydelse;
~sverhältnisse n/pl vejrforhold pl
Witwe f enke; vor Namen: enkefru; **~ngeld**
n enkepension; **~nschaft** f ⟨0⟩ enke-
stand; **~r** m enkemand
Witz m ⟨-es; -e⟩ (Charaktereigenschaft) vid
n; (Scherz) vittighed; vits; **~e machen, ~e
reißen** F sige vittigheder; **faule ~e** dårlige
vittigheder; **mach keine ~e!** kom nu!, det
siger du ikke!; **das ist (darin liegt) der
(ganze) ~** det er netop pointen; **~blatt**
n vittighedsblad n; **~bold** m ⟨-(e)s; -e⟩
spøgefugl; **~e'lei** f vittighedsmageri n;
2eln v/i ⟨-le-⟩ (spötteln) ironisere, gøre
nar (af); (Witze erzählen) være vittig, sige
vittigheder pl; **2ig** vittig, morsom, sjov;
2los ⟨-est⟩ humørforladt; F (zwecklos)
meningsløs, nytteløs
wo hvor; (irgend~) et eller andet sted; **von
~** hvorfra; **ach ~!, i ~!** F nej, slet ikke!;
~'anders et andet sted; andetsteds;
~'bei hvorved
Woche f uge; **diese ~** i denne uge; **vor e-r
~** for en uge siden; **in vier ~n** om fire uger
Wochen|bericht m ugeberetning; **~bett** n
barselseng; **2blatt** n ugeblad n
Wochenend|ausflug m weekendudflugt,
weekendtur; **~ausgabe** f weekendud-
gave; **~e** n weekend; **~haus** n sommerhus
n
Wochen|karte f ugekort n, 8 dageskort n;

2lang i ugevis; **~lohn** m ugeløn; **~markt**
m grønttorv n; **~schau** f ugerevy;
~schrift f ugeskrift n; **~stunde** f time
om ugen; **~tag** m ugedag; (Werktag)
hverdag; **2 tags** om hverdagen
wöchentlich ugentlig, om ugen
Wochenzeitung f ugeavis
Wöchnerin f barselkvinde
Wodka m ⟨-s; -s⟩ vodka
wo|'durch hvorigennem; hvorved; **~für**
hvorfor, hvortil
Woge f bølge (a fig)
wo'gegen hvorimod
wogen v/i bølge (a fig)
wo|'her hvorfra, hvoraf; **~ weißt du das?**
hvor ved (od har) du det fra?; **~hin** hvorhen; **~hin'gegen** hvorimod
wohl rask, vel, godt; (vermutlich) vel, antagelig; (allerdings) ganske vist; **leben
Sie ~!** farvel og ha' det godt!; **~ bekomm's!** velbekomme!; **~ oder übel**
hvad enten man vil (det) eller ej; **sehr
~** udmærket; trods alt; **ob er ~ krank
ist?** mon han er syg?; **~ bedacht, ~ bekannt** usw → **wohlbekannt, wohlbe-
dacht** etc.; **2** n ⟨-(e)s; 0⟩ vel n; (Glück)
bedste n; **auf Ihr ~!, zum ~!** skål!; **~
und Weh(e)** ve og vel;
wohl|'an! velan!; **~anständig** velanstæn-
dig; **~'auf** rask, frisk; **~'auf!** velan!; **~bedacht**
velbetænkt; **2befinden** n velbefindende
n; **2behagen** n velbehag; **~behalten**
velbeholden, i god behold; **~bekannt** vel-
bekendt; **~bestallt** i en god position; **2er-
gehen** n velgående n; **~erhalten** velbeva-
ret; i god stand; **~erzogen** velopdragen
Wohlfahrt f ⟨0⟩ social forsorg; velfærd;
von der ~ leben leve af bistandshjælp
Wohlfahrts|amt n socialkontor n, bi-
standskontor n; **~marke** f velgørenheds-
frimærke n; **~pflege** f social forsorg, socialt hjælpearbejde n; **~staat** m velfærds-
stat
wohlfeil billig
wohlfühlen: ich fühle mich (nicht) wohl
jeg føler mig godt (dårligt) tilpas, jeg har
det (ikke) godt;
Wohl|gefallen n ⟨-s; 0⟩ velbehag n; **~ge-
fühl** n ⟨-(e)s; 0⟩ velbehag n; **2gelitten** vel-
lidt afholdt; **2gemeint** velment; **2ge-
merkt** vel at mærke; **2gemut** vel til mode;
2genährt velnæret; **2geraten** vellykket;
Kind: velopdragen; **~geruch** m vellugt;
~geschmack m velsmag; **2gesetzt: in
~en Worten** i velvalgte ord; **2gesinnt** vel-
sindet; **2gestalt(et)** velskabt
wohlhaben|d velhavende; **2heit** f⟨0⟩ vel-

havenhed

wohl|ig veltilpas; *(angenehm)* behagelig; *(gemütlich)* hyggelig; **2klang** *m* ‹-(e)s; 0› velklang; **∼klingend** velklingende, vellydende; **2leben** *n* ‹-s; 0› vellevned *n*; **∼meinend** velmenende; **∼riechend** vellugtende; **∼schmeckend** velsmagende; **2sein** *n* velgående *n*; **∼!** skål!; **2stand** *m* ‹-(e)s; 0› velstand; **2standsgesellschaft** *f* velstandssamfund *n*; **2tat** *f* velgerning; *fig* lise (for sjælen); **2täter(in)** *m(f)* velgører; **∼tätig** velgørende

Wohltätigkeit *f* ‹0› velgørenhed; **∼sbasar** *m* velgørenhedsbasar; **∼sveranstaltung** *f* velgørenhedsarrangement *n*

wohl|tuend velgørende; *(angenehm)* behagelig; **∼tun** *v/i* gøre godt; **∼überlegt** velovervejet; **∼unterrichtet** velunderrettet; **∼verdient** velfortjent; **2verhalten** *n* god opførsel; **∼verstanden** velforstået; **∼verwahrt** velforvaret; **∼weislich** klogelig

wohl-wollen: *j-m* ∼ ville én vel; **2** *n* ‹-s; 0› velvilje; **∼d** velvillig

Wohn|anhänger *m* campingvogn, caravan; **∼bereich** *m* opholdsafdeling; **∼block** *m* boligblok, boligkompleks *n*; **2en** *v/i* bo; **∼fläche** *f* gulvareal *n*, beboelsesareal *n*; **∼gebiet** *n* beboelsesområde *n*; **∼geld** *n* ‹-(e)s; 0› boligtilskud *n*, boligsikring; **∼gemeinschaft** *f* bofællesskab *n*, kollektiv *n*; **2haft** bosiddende; bosat; **∼haus** *n* beboelseshus *n*; *Landwirtschaft:* stuehus *n*; **∼heim** *n* kollegium *n*; **∼küche** *f* spisekøkken *n*; **∼kultur** *f* ‹0› boligkultur; **∼lage** *f* (husets, lejlighedens) beliggenhed; **2lich** hyggelig; **∼mobil** *m* ‹-s; -e› campingbil; **∼ort** *m* bopæl; **∼raum** *m* beboelsesrum *n*; *(Wohnfläche)* gulvareal *n*; **∼raummangel** *m* ‹-s; 0› boligmangel; **∼silo** *m* ‹-s; -s› *pej* højhus *n*; **∼sitz** *m* bopæl, bolig; **∼stube** *f* dagligstue, opholdsstue

Wohnung *f* lejlighed; *(Heim)* bolig; **freie ∼** fri bolig

Wohnungs|bau *m* ‹-(e)s; 0› boligbyggeri *n*; **∼baugesellschaft** *f* boligselskab *n*; **∼makler** *m* ejendomsmægler; **∼markt** *m* boligmarked *n*; **∼not** *f* bolignød; **∼schlüssel** *m* nøgle til; **∼suche** *f:* **auf der ∼ sein** være på jagt efter lejlighed; **∼tausch** *m* boligbytning; **∼vermittlung** *f* boliganvisning; **∼wechsel** *m* flytning

Wohn|viertel *n* boligkvarter *n*; **∼wagen** *m* campingvogn, caravan; **∼zimmer** *n* dagligstue, opholdsstue

wölb|en hvælve *(sich* sig); → *a* **gewölbt**;

2ung *f* hvælving

Wolf *m* ‹-(e)s; ∼e› ulv; *(Fleisch2)* kød(hakke)maskine; *MED* hudløshed

Wölf|in *f* ulvinde; **2isch** ulveagtig

Wolfram *n* ‹-s; 0› wolfram *n*

Wolfs|hund *m* ulvehund, schæferhund; **∼milch** *f* BOT vortemælk; **∼pelz** *m* ulveskindspels; **∼rachen** *m* ANAT ganespalte

Wolke *f* sky; *aus allen ∼n fallen fig* være *(od* blive) som himmelfalden

Wolken|bruch *m* skybrud *n*; **2bruchartig** skybrudsagtig; **∼decke** *f* skytæppe *n*; **∼formation** *f* skyformation; **∼kratzer** *m* skyskraber; **∼'kuckucksheim** *n* ‹-(e)s; 0› *F* luftkastel *n*; **2los** skyfri; **∼schicht** *f* skylag *n*; **∼wand** *f* skybanke

wolkig (over)skyet

Woll|decke *f* uldtæppe *n*; **∼e** *f* uld; *(Strick mst)* garn *n*; *sich in die ∼ kriegen* F ryge i totterne på hinanden; **2en** *adj* ulden, uld-, af uld

wollen ‹*L*› ville; *(wünschen)* ønske, ville gerne; *(beabsichtigen)* a) skulle; *ob er will oder nicht* om han vil eller ej; *zu wem ∼ Sie?* hvem vil De tale med?; *er will es gehört haben* han påstår at have hørt det; *∼ Sie schon gehen?* skal De allerede gå?; *wie Sie ∼!* som De vil; *wir ∼ sehen* vi får se; *das will ich meinen* det skulle jeg mene; *das will nichts sagen* det har ikke ngt. at betyde

Woll|haar *n* uldhår *n*; **2ig** ulden; **∼kleid** *n* uldkjole, ulden kjole; **∼spinne'rei** *f* uldspinderi *n*; **∼stoff** *m* uldstof, uldent stof *n*

Wollust *f* vellyst

wollüst|ig vellystig, sanselig; **∼ling** *m* ‹-s; -e› vellystning

Wollwaren *f/pl* uldvarer *pl*

wo'|mit hvormed; hvorved; **∼möglich** om muligt; **∼nach** hvorefter, hvorpå

Wonne *f* fryd, glæde; *(Entzücken)* henrykkelse; *(Glückseligkeit)* salighed; **∼gefühl** *n* salig følelse; **∼monat** *m* maj (måned); **2trunken** glædedrukken; **2voll** frydefuld, salig

wonnig(lich) frydefuld, salig; F *Kind:* sød

wo'r|an hvorpå; hvorved; **∼auf** hvorpå; hvorefter; **∼aus** hvoraf; hvorfra; **∼in** hvori

Wort *n* ‹-(e)s; -e; *einzelne Vokabeln:* ∼er› ord *n*; **∼ für ∼** ord for ord, ordret; **kein ∼ (mehr)!** ikke et ord (mere)!; **leere ∼e** tomme fraser; *das ∼ führen* føre ordet; *∼ halten* holde ord; *zu ∼ kommen* komme til orde; *j-n beim ∼ nehmen* tage én på ordet; *ein gutes ∼ einlegen (für)* lægge et godt ord ind (for); *das große*

W

~ **führen** føre det store ord; *j-m ins* ~ *fallen* afbryde én; *mit anderen* ~*en* med andre ord; *ums* ~ *bitten* bede om ordet; ²**arm** ordfattig; ~**art** f ordklasse; ~**bildung** f orddannelse; ~**bruch** m løftebrud n; ²**brüchig:** ~ *sein* bryde sit løfte

Wörtchen n lille ord n; *ein* ~ *mitreden* et lille ord at skulle have sagt

Wörter|buch n ordbog, leksikon n; ~**verzeichnis** n ordliste

Wort|feld n semantisk felt n; ~**folge** f ordstilling; ~**führer** m ordfører; ~**gefecht** n ordstrid; ²**karg** ordknap; ~**klaube'rei** f ordkløveri n; ~**laut** m ⟨-(e)s; 0⟩ ordlyd; *im* ~ ordret

wörtlich ordret

wort|los ⟨-est⟩ stum, tavs; ²**meldung** f markering; anmodning om at få ordet; ~**reich** ordrig; ²**schatz** m ⟨-es; 0⟩ ordforråd n; ²**schöpfung** f nydannelse; ²**schwall** m ⟨-(e)s; 0⟩ ordflom; ²**sinn** m ⟨-(e)s; 0⟩ bogstavelig betydning; ~**spiel** n ordspil n; ²**stellung** f ordstilling; ²**streit** m ordstrid; ²**verdrehung** f fordrejning; ²**wechsel** m ordskifte n; ~'**wörtlich** ordret, bogstaveligt, ord for ord

wo'r|über hvorover; hvorom; ~**um** hvorom; ~**unter** hvorunder; *(zwischen)* hvoriblandt

wo'|von hvoraf, hvorfra; hvorom; ~**vor** for hvilket, hvorfor; ~**zu** hvortil; *(weshalb)* hvorfor

Wrack n ⟨-(e)s; -s⟩ vrag n *(a fig)*

wricken ⟨-t⟩ NAUT vrikke

wringen vride

Wucher [u:] m ⟨-s; 0⟩ åger; ~**er** m ågerkarl; ²**isch** ågeragtig, åger-; ²n v/i ⟨-re⟩ åge; BOT brede sig, vokse frodigt; ~**preis** m ågerpris; ~**ung** f frodig vækst; MED svulst; ~**zins** m ågerrente

Wuchs [vu:ks] m ⟨-es; 0⟩ vækst; *von kleinem (großem)* ~ lille (stor) af vækst

Wucht f ⟨0⟩ *(Nachdruck)* eftertryk n, kraft; *(Gewicht)* tyngde, vægt; *das ist 'ne* ~*!* F det er fantastisk!; ²**en** ⟨-e-⟩ v/i tynge; *(arbeiten)* slide, slæbe; ²**ig** tung, vægtig; *Gebäude:* bastant, massiv; *Schlag:* kraftig, hård

wühl|en v/i rode, grave; *Schmerz:* bore; F *(arbeiten)* slide, mase; *fig* agitere, underminere; ²**er** m agitator; ²**e'rei** f ⟨0⟩ *fig* underminering, hemmelig agitation; ~**erisch** agitatorisk; ²**maus** f mosegris

Wulst m ⟨-; ÷e⟩ od m ⟨-es; ÷e⟩ pølle, pude; *Autoreifen* u TECH vulst; ²**ig** pølleagtig, tyk; *Lippen:* svulmende

wund ⟨-est⟩ gm, hudløs; *e-n* ~*en Punkt berühren fig* røre ved et ømt punkt; *sich (D) die Füße* ~ *laufen* få ømme fødder; *sich* ~ *liegen* få liggesår; ²**e** f sår n

Wunder n under n, mirakel n; *(Wunderwerk)* underværk n; vidunder n; *kein* ~*!* intet under; *das ist kein* ~, *dass …* det er ikke så underligt, at …; ~ *tun* gøre mirakler; *das wirkt* ~ det gør underværker; *sein blaues* ~ *erleben* F komme til at gøre store øjne; ²**bar** underlig; *(erstaunlich)* forbavsende; ²**barer'weise** på forunderlig vis; ~**ding** n forunderlig ting; *fig* vidunder n; ~**doktor** m mirakeldoktor; ~**glaube** m mirakeltro; ²'**hübsch** vidunderlig smuk; ~**kerze** f stjernekaster; ~**kind** n vidunderbarn n; ~**land** n vidunderland n; ²**lich** underlig, sær, besynderlig; ~**lichkeit** f besynderlighed; ~**mittel** n vidundermiddel n; ²**n** ⟨-re⟩: *sich* ~ undre sig *(über A*/over); ~**schön** vidunderlig skøn; ~**täter** m mirakelmager; ²**tätig** undergørende; ~**tier** n *fig* markedssensation; *Pers* vidunderbarn n; ~**tüte** f lykkepose; ²**voll** vidunderlig; ~**welt** f vidunderverden; ~**werk** n vidunder n

Wund|fieber n sårfeber; ~**klammer** f sårklemme; ²**·laufen** → *wund*; ²**·liegen** → *wund*; ~**mal** n ⟨-(e)s; -e⟩ ar n; ~**salbe** f sårsalve; ~**starrkrampf** m stivkrampe

Wunsch m ⟨-(e)s; ÷e⟩ ønske n; *auf s-n* ~ på hans ønske; *es geht nach* ~ det går efter ønske; ~**bild** n ideal n; ~**denken** n ⟨-s; 0⟩ ønsketænkning

Wünschelrute f ønskekvist

wünschen ønske; *Glück* ~ ønske tillykke; *was* ~ *Sie?* hvad ønsker De?, De ønsker?; *es wäre zu* ~ det ville være at ønske; ~**swert** ønskværdig

wunsch|gemäß efter ønske; ²**kind** n ønskebarn n; ²**konzert** n ønskekoncert; ~**los** ⟨-est⟩ uden ønsker; ~ *glücklich* overstrømmende lykkelig; helt tilfreds; ²**traum** m ønskedrøm; ²**zettel** m ønskeseddel

Würde f værdighed; *(Rang)* rang; ²**los** ⟨-est⟩ uværdig; ~**nträger** m rangsperson, høj embedsmand; *pl* honoratiores; *die kirchlichen* ~ gejstligheden; ²**voll** værdig

würdig værdig *(e-r S.* [*G*]/en sag); *(vornehm)* fornem; *es ist deiner nicht* ~ det er dig ikke værdigt, det kan du ikke være bekendt; ~**en** værdige; *(schätzen, einschätzen)* vurdere, skatte, værdsætte; *j-n keines Blickes* ~ ikke værdige én et blik; ²**keit** f ⟨0⟩ værdighed; ²**ung** f værdsættelse; *(Beurteilung)* bedømmelse

Wurf *m* ⟨-(e)s; ≈e⟩ kast *n*; zo kuld *n*; *fig* (*Erfolg*) kup *n*; **≈anker** *m* varpanker *n*; **≈bahn** *f* keglebane

Würfel *m* terning; MATH kubus; *der ≈ ist gefallen fig* terningerne er kastet; **≈becher** *m* raflebæger *n*; **≈förmig** terningformet; kubisk; (*in Stückchen*) i terninger; **≈n** ⟨-le⟩ *v/i* spille terning, rafle; *v/t* dele i terninger; → *a gewürfelt*; **≈spiel** *n* terningspil *n*; **≈zucker** *m* hugget sukker *n*

Wurf|geschoss *n* projektil *n*; **≈netz** *n* kastevod *n*; **≈scheibe** *f* diskos; **≈sendung** *f* masseforsendelse af tryksager; **≈speer** *m*, **≈spieß** *m* kastespyd *n*; **≈weite** *f* kastevidde

würg|en *v/t* kværke, kvæle; (*schlucken*) tvinge ned; *v/i* kvæles; være ved at kaste op; F anstrenge sig; **≈engel** *m* morderengel; **≈er** *m* morder, kvæler; zo tornskade

Wurm *m* ⟨-(e)s; ≈er⟩ orm; *j-m die Würmer aus der Nase ziehen fig* F hale svarene ud af én; *da ist der ≈ drin! fig* F der er ngt. råddent ved det!

Würmchen *n* lille orm; *fig* (*Kind*) kræ *n*, pus *n*

wurm|en: F *es wurmt mich* det ærgrer mig; **≈fortsatz** *m* ANAT appendiks; **≈fraß** *m* ormstukkethed; **≈ig** fuld af orm; **≈mittel** *n* middel *n* mod orm; **≈stich** *m* ormehul *n*; **≈stichig** ormstukken

Wurst *f* ⟨-; ≈e⟩ pølse; *das ist mir* (*alles*) *≈ fig* F det er mig revnende lige fedt

Würstchen *n* bayersk pølse; F *Pers* sølle fyr; **≈bude** *f*, **≈stand** *m* pølsevogn

wurst|eln *v/i* ⟨-le⟩ F smøle; rumstere, fingerere; *sich durchs Leben ≈* hutle sig igennem (livet); **≈en** *v/i* ⟨-e-⟩ lave pølser; **≈fleisch** *n* pølsekød *n*; **≈haut** *f* pølseskind

n; **≈ig** F nonchalant, ligegyldig; **≈macher** *m* pølsemager; **≈pelle** *f* → *Wursthaut*; **≈waren** *f/pl* pølser *pl*; (*Aufschnitt*) pålæg *n*; **≈zipfel** *m* pølseende

Würze *f* krydderi *n*; *fig* velsmag

Wurzel *f* ⟨-; -n⟩ rod (*a fig u* MATH); **≈n schlagen** slå rod (*a fig*); *mit der ≈ ausreißen* rykke op med rode (*a fig*); *die ≈ des Übels fig* ondets rod; *die ≈ ziehen* MATH uddrage roden; *die zweite ≈* MATH kvadratroden; **≈behandlung** *f* MED rodbehandling; **≈los** ⟨-est⟩ rodløs (*a fig*); **≈n** *v/i* ⟨-le, *a sn*⟩ slå rod (*od* rødder); *fig a* være rodfæstet; **≈schößling** *m* ⟨-s; -e⟩ rodskud *n*; **≈werk** *n* ⟨-(e)s; 0⟩ rødder *pl*; **≈zeichen** *n* MATH rodtegn *n*

würz|en ⟨-t⟩ krydre (*a fig*); **≈ig** krydret (*a fig*); velsmagende

wuschel|ig pjusket, vilter; **≈kopf** *m Pers* krøltop

Wust [u:] *m* ⟨-(e)s; 0⟩ virvar *n*, kaos *n*, rod *n*, roderi *n*

wüst [y:] øde, vild, ubeboet; (*unordentlich*) uordentlig, rodet; (*sittenlos*) udskejende, vild; **≈e** *f* ørken; **≈en** *v/i* ⟨-e-⟩ ødsle (*mit dem Geld* med penge); *j-n* *f* ørken; **≈ensand** *m* ørkensand *n*; **≈ling** *m* ⟨-s; -e⟩ udsvævende person; ækel fyr

Wut *f* ⟨0⟩ raseri *n*, vrede; (*Manie*) dille, mani; *in ≈ geraten* blive rasende; *auf j-n e-e ≈ haben* være gal på én; **≈anfall** *m* raserianfald *n*; **≈ausbruch** *m* udbrud *n* af vrede (*od* raseri)

wüten *v/i* ⟨-e-⟩ rase (*a Kampf*); *Seuche*: hærge; **≈d** rasende, vred, gal

wutentbrannt opbragt, rasende

Wüterich *m* ⟨-s; -e⟩ tyran

wutschnaubend fysende af vrede

X, Y

X, x [ɪks] *n* X, x *n*; *j-m ein X für ein U vormachen fig* bedrage én

Xan'thippe *f fig* kælling, xanthippe

X-Beine *n/pl* kalveknæ *pl*

x-be'liebig ligegyldig, tilfældig

X-Chromosom *n* x-chromosom *n*

x-mal utallige gange, gang på gang

X-Strahlen *m/pl* røntgenstråler *pl*

Xylo'phon *n* ⟨-s; -e⟩ xylofon

Y, y [ˈypsiˌlɔn] *n* Y, y *n*

Yacht *f* ⟨-; -en⟩yacht

Yankee [ˈjɛŋki·] *m* ⟨-s; -s⟩ yankee

Yoghurt *m od n* → *Jog(h)urt*

Ypsilon *n* ⟨-s; -s⟩ (græsk) Y *n*

XY

Z

Z, z [tsɛt] n Z, z n

Zacke f, **∼n** m tak, spids; (Zinne) tinde, spids; TECH (Zahn) tand; **dabei bricht du dir keinen ∼n aus der Krone** fig det blir du da ikke mindre af; **2n** gøre takket, udtunge; **∼nlinie** f siksaklinie, takket linie

zackig takket; fig flot, smart; militaristisk

zaghaft ⟨-est⟩ ængstelig, forsagt; **2igkeit** f ⟨0⟩ ængstelighed

zäh [tsɛː] sej (a fig); fig (langsam) træg; **∼flüssig** tykflydende; **2heit** f [-hart] f ⟨0⟩ sejhed; **2igkeit** f ⟨0⟩ sejhed (a fig); (Langsamkeit) langsommelighed

Zahl f tal n; (Anzahl) antal n

Zählapparat m tælleapparat n

zahlbar betalbar, at betale

zähl|bar til at tælle, tællelig; **2brett** n tællebræt n

zählebig sejlivet (a fig)

zahlen betale; (ich möchte) **∼!** jeg vil gerne betale

zählen tælle (a gelten); (mitrechnen) henregne (zu D/til); (gehören) høre (zu D/til); **auf j-n ∼** stole på én

Zahlen|angaben f/pl (oplyste, opgivne) tal pl; **∼folge** f talrække; **∼gedächtnis** n talhukommelse; **2mäßig** talmæssig; **∼material** n talmateriale n; **∼schloss** n kombinationslås; **∼wert** m talværdi

Zahler m betaler; **ein schlechter ∼** en dårlig betaler

Zähler m tæller; EL, Gas: måler

Zahl|grenze f takstgrænse; **∼karte** f indbetalingskort n, girokort n; **2los** ⟨-est⟩ talløs, utallig; **∼meister** m MIL intendant; **2reich** talrig; **∼stelle** f (ind)betalingssted n; **∼tag** m betalingsdag; bei Lohnempfang: lønningsdag; **∼ung** f betaling; **e-e ∼ leisten** betale

Zählung f tælling

Zahlungs|anweisung f pengeanvisning; udbetalingskort; **∼aufschub** m betalingshenstand; **∼bedingungen** f/pl betalingsvilkår pl; **∼befehl** m ordre til indbetaling; **∼bilanz** f betalingsbalance; **∼einstellung** f betalingsstandsning; **∼erleichterung** f betalingslettelse; **2fähig** betalingsdygtig; **∼fähigkeit** f ⟨0⟩ solvens; **∼frist** f betalingsfrist; **∼mittel** n betalingsmiddel n; **∼ort** m betalingssted n;

∼schwierigkeiten f/pl betalingsvanskeligheder pl; **2unfähig** insolvent; **∼unfähigkeit** f ⟨0⟩ insolvens; **∼verkehr** m betalingssystem n

Zählwerk n tælleværk n

Zahlwort n ⟨-(e)s; ⸚er⟩ talord n

zahm tam; fig a medgørlig

zähm|bar til at tæmme; **∼en** tæmme; **sich ∼** beherske sig

Zahmheit f ⟨0⟩ tamhed

Zähmung f tæmning

Zahn m ⟨-(e)s; ⸚e⟩ tand; TECH tak, tand; **falsche Zähne** forlorne tænder; **j-m auf den ∼ fühlen** fig føle én på tænderne; **der ∼ der Zeit** fig tidens tand; **∼arzt** m, **∼ärztin** f tandlæge; **∼arzthelfer(in)** m(f) tandlægesekretær; **∼behandlung** f tandbehandling; **∼belag** m tandbelægning; **∼bürste** f tandbørste; **∼creme** f tandpasta

Zähne|klappern n ⟨-s; 0⟩ tænderklapren; **Heulen und ∼** gråd og tænders gnidsel; **2knirschend** tænderskærende (mst fig)

zahn|en v/i få tænder; **2ersatz** m kunstig tand, stifttand; **2fäule** f karies; **2fleisch** n tandkød n, gumme; **2füllung** f plombe; **2heilkunde** f tandlægevidenskab; **2klinik** f tandklinik; **2kranz** m TECH tandhjul(s-ring) n; **2krone** f (tand)krone; **∼los** tandløs; **2lücke** f hul n i tandrækken; **2nerv** m tandnerve; **2pasta** f tandpasta; **2pflege** f tandpleje; **∼pulver** n tandpulver n; **2putzglas** n tandkrus n; **2rad** n tandhjul n; **2radbahn** f tandhjulsbane; **2reihe** f tandrække; **2reinigung** f rensning af tænderne; **2schmerzen** m/pl tandpine; **2spange** f tandbøjle; **2stein** m ⟨-(e)s; 0⟩ tandsten; **2stocher** m tandstikker; **2techniker** m tandtekniker; **2wechsel** m tandskifte n; **2weh** n tandpine; **∼wurzel** f tandrod

Zander m sandart

Zange f tang; ZO bideklo; **∼nbewegung** f MIL knibtangsbevægelse; **∼ngeburt** f tangforløsning (ved fødsel)

Zank m ⟨-(e)s; 0⟩ kiv, strid, skænderi n; **∼ und Streit** ævl og kævl, kiv og splid; **∼apfel** m ⟨-s; 0⟩ stridens æble n; **2en** (sich) kives, skændes (mit D/med; über A, um A/om)

Zänk|er m kværulant, spektakelmager;

~e'rei f skænderi m; 2**isch** trættekær

Zank|sucht f ⟨0⟩ trættesyge; 2**süchtig** trættesyg

Zäpfchen n ANAT drøbel; MED stikpille

zapfen tappe

Zapfen m tap; (Stöpsel) spuns; (Stift) stift; BOT kogle; **~streich** m tappenstreg

Zapf|hahn m taphane; **~säule** f benzin-pumpe

zapp|(e)lig sprællende, urolig; nervøs; **~eln** v/i ⟨-le⟩ sprælle; 2**elphilipp** m ⟨-s; -e od -s⟩ F spilopmager, tumling; **~en'du-ster** F bælgmørk

Zar m ⟨-en⟩ zar

Zarge f indfatning, ramme; Tür: karm; Möbel: sarg

Zarin f zarevna, kejserinde

zart [aː] ⟨-est⟩ sart, spinkel, fin, spæd; (weich) blød; Gefühl: øm; Gesundheit: svagelig; Fleisch: mør; **~besaitet** tyndhudet; **~fühlend** finfølende, taktfuld; 2**ge-fühl** n ⟨-(e)s; 0⟩ finfølelse, takt; 2**heit** f ⟨0⟩ finhed; Gefühl: ømhed; Gesundheit: svagelighed; (Takt) taktfuldhed

zärtlich øm, kærlig; 2**keit** f ømhed, kærlighed; (Liebkosung) kærtegn n

zartrosa gammelrosa

Zaster m ⟨-s; 0⟩ F skejser pl, penge pl

Zä'sur f cæsur (a fig)

Zauber m trylleri n; (Liebreiz) fortryllelse; ynde, charme; **~buch** n trolddomsbog; **~ei** [-'raɪ] f trolddom; (Trick) tryllekunst; **~er** m troldmand; (Künstler) tryllekunstner; **~flöte** f tryllefløjte; **~formel** f trylleformular; 2**haft** ⟨-est⟩ trolddomsagtig; (bezaubernd) henrivende, fortryllende; **~in** f troldkvinde; tryllekunstner; **~kasten** m trylleæsket n; **~kraft** f tryllekraft; **~kunst** f tryllekunst; **~künstler(in)** m(f) tryllekunstner; **~kunststück** n tryllekunst; **~lehrling** m troldmands lærling; 2**n** ⟨-re⟩ trylle; **~spruch** m trylleformular; **~stab** m tryllestav; **~trank** m trylledrik; **~welt** f vidunderverden; fortryllet verden; **~wort** n ⟨-(e)s; -e⟩ trylleord n

Zauder|er m nøler; 2**n** v/i ⟨-re⟩ nøle, tøve; **ohne** 2 ufortøvet, straks; 2**nd** tøvende, langsom

Zaum m ⟨-(e)s; =e⟩ tømme, tøjle (a fig); **im ~ halten** fig holde i tømme

zäumen Pferd: optømme, tøjle (a fig)

Zaun m ⟨-(e)s; =e⟩ stakit n, hegn n; **e-n Streit vom ~ brechen** stifte ufred uden grund; **~gast** m F plankeværkskigger, gratist; **~könig** m zo gærdesmutte; **~latte** f gærdestav; **~pfahl** m hegnspæl, stakitstolpe; **ein Wink mit dem ~** F et mere

---

end tydeligt vink

zausen ⟨-t⟩ ruske, rive

z. B. (= zum Beispiel) for eksempel (f. eks., fx.)

Zebra n ⟨-s; -s⟩ zebra; **~streifen** m zebrastriber pl, fodgængerfelt n

Zech|bruder m soldebror; **~e** f sold n; (Rechnung) regning; BERGB mine, bjergværk n; **die ~ bezahlen** fig betale gildet; 2**en** v/i svire, solde; **~er** m svirebror; **~e'rei** f solderi n, svir; **~gelage** n drikkegilde n, drikkelag n; **~genosse** m svirebror; **~preller** m gæst som snyder sig fra at betale, hotelbedrager

Zecke f blodmide

Zeder f ⟨-; -n⟩ ceder(træ n); **~nholz** n cedertræ n

Zeh m ⟨-s; -en⟩, **~e** ['tseːə] f tå; **großer ~** storetå; **kleiner ~** lilletå; **~enspitze** f tåspids; **auf ~n** på tåspidserne

zehn ti; 2 f tital n; Karte: tier; 2**er** m tier; 2**erkarte** f titurskort n; 2**erpackung** f tistykspakning, tistykspakke; 2**kampf** m SPORT tikamp; 2'**meterbrett** n SPORT timetersvippe; **~stündig** titimers; **~tägig** tidagæs; **~'tausend** ti tusind; **~te(r)** tiende; 2**tel** n tiendedel

zehren v/i tære (**an** D/på; a mager machen); **~ von** leve af

Zeichen n tegn n (G od von/på); (Signal) signal n; (Kenn2) kendetegn n; (Merk2) mærke n; (Akten2) journalnummer n; (Waren2) varemærke n; **zum ~, dass ...** som tegn på, at...; **~block** n ⟨-(e)s; -s⟩ tegneblok; **~brett** n tegnebræt n; **~erklärung** f tegnforklaring, legende; **~feder** f tegnepen; **~film** m tegnefilm; **~kohle** f sortkridt; **~kunst** f tegnekunst; **~lehrer(in)** m(f) tegnelærer(inde); **~maschine** f pantograf; **~material** n tegnemateriel n; **~papier** n tegnepapir n; **~saal** m tegnesal; **~setzung** f GRAM tegnsætning; **~sprache** f tegnsprog n; **~stift** m tegneblyant; **~stunde** f tegnetime; **~tinte** f mærkeblæk; **~tisch** m tegnebord n; **~trickfilm** m → **Zeichenfilm**; **~unterricht** m tegneundervisning; **~vorlage** f forlægg n, forlæg n

zeichn|en ⟨-e-⟩ tegne (a Aktien usw); (kennzeichnen) mærke; (unterschreiben) undertegne, underskrive; **von e-r Krankheit gezeichnet** mærket af sygdom; 2**er** m tegner (a Aktien- usw); **~erisch** tegne(r)-; **~es Talent** talent for tegning, tegnetalent n; 2**ung** f tegning; (Kenn-) mærkning; (Unterschrift) underskrift

Zeige|finger m pegefinger; **mit erhobe-**

Z

nem ~ *fig* med løftet pegefinger; 2n vise (*sich sig*); (*hinweisen*) pege (*auf A/på*); **den Weg** ~ vise vej; ~*r m* viser; ~**stock** *m* pegepind

zeihen ⟨*L*⟩ sigte, beskylde (*G/*for)

Zeile *f* linie; (*Reihe*) række; ~**nabstand** *m* linieafstand; 2nweise linie for linie

Zeisig *m* ⟨-s; -e⟩ sisken

Zeit *f* tid (*a* GRAM *usw*); *seine* ~ hans (sam)tid; *freie* ~ fritid; *es ist* (*höchste*) ~ det er på høje tid, det er på høje tid; *das hat* (*noch*) ~ det haster ikke; *ich habe* (*keine*) ~ jeg har (ikke) tid; ~ *finden* få tid (til); *sich* (*D*) *die* ~ *vertreiben* få tiden til at gå; *sich* (*D*) ~ *nehmen* give sig tid; ~ *gewinnen* vinde tid; ~*raubend* → zeitraubend; *ach, du liebe* ~! ih du milde!; 2 *meines Lebens* hele min livstid; *auf* ~ på tid; *in letzter* ~ i den sidste tid; *um die* ~ på den tid; *von* ~ *zu* ~ fra tid til anden; *vor einiger* (*kurzer*) ~ for nogen (kort) tid siden; *zur gleichen* ~ samtidig, på samme tid; *zur* ~ for tiden; *e-e* ~ *lang* et stykke tid

Zeit|**abschnitt** *m* tidsafsnit *n*, tidsrum *n*; ~**abstand** *m* interval *n*; ~**alter** *n* tidsalder; ~**angabe** *f* tidsangivelse; R/tv tidssignal *n*; ~**ansage** *f* tidssignal *n*; ~**aufnahme** *f* FOT optagelse på tid; ~**aufwand** *m* tidsforbrug *n*; 2**aufwändig** tidskrævende; ~**bild** *n* tidsbillede *n*; ~**bombe** *f* tidsindstillet bombe (*a fig*); ~**dauer** *f* varighed; ~**druck** *m* ⟨-(e)s; 0⟩ tidspres *n*; tidnød; ~**einheit** *f* tidsenhed; ~**einteilung** *f* tidsinddeling; ~**folge** *f* tidsfølge; ~**form** *f* tidsform; ~**frage** *f* spørgsmål *n* om tid; 2**gebunden** tidsbunden; ~**geist** *m* ⟨-(e)s; 0⟩ tidsånd; 2**gemäß** tidssvarende, aktuel; 2**genosse** *m*, ~**genossin** *f* samtidig; 2**genössisch** samtidig; ~**geschäft** *n* terminsforretning; ~**geschichte** *f* ⟨0⟩ samtidshistorie; ~**geschmack** *m* tidens smag; ~**gewinn** *m* tidsbesparelse; 2**gleich** SPORT i ⟨*od* med⟩ samme tid; 2**ig** *adj* ⟨-(e)r⟩ tidlig; *adv* (*rechtzeitig*) i god tid; (*früh*) tidligt; 2**igen** (*Folgen haben*) resultere i; ~**karte** *f* sæsonkort *n*; 2**kritisch** kritisk over for sin samtid; ~**lang** → Zeit; ~**läufte** *m/pl* tidens gang; *pl* tider; 2**lebens** hele mit (dit *usw*) liv; 2**lich** tidsmæssig; (*irdisch*, *vergänglich*) forgængelig, timelig; *das* 2**e segnen** gå bort, dø; F vandre heden; ~**lichkeit** *f* ⟨0⟩ timelighed; 2**los** tidløs; ~**lupe** *f* ⟨0⟩ slow-motion; ~**mangel** *m* ⟨-s; 0⟩ mangel på tid; ~**maß** *n* tidsmål *n*, tempo *n*; ~**messer** *m* tidsmåler; 2**nah** aktuel; ~**nehmer** *m* SPORT tidtager; ~**punkt** *m* tidspunkt *n*; ~**raffer** *m* hurtig

filmoptagelse; 2**raubend** tidskrævende, tidsrøvende; ~**raum** *m* tidsrum *n*; ~**rechnung** *f* tidsregning; ~**schrift** *f* tidsskrift *n*; ~**spanne** *f* tidsrum *n*; ~**tafel** *f* tidstavle

Zeitung *f* avis, (dag)blad *n*

Zeitungs|**abonnement** *n* avisabonnement *n*; ~**anzeige** *f* avisannonce; ~**artikel** *m* avisartikel; ~**ausschnitt** *m* avisudklip *n*; ~**austräger** *m* avisbud *n*; ~**bericht** *m* avisreferat *n*; ~**halter** *m* avisholder; ~**kiosk** *m* aviskiosk, bladkiosk; ~**korrespondent** *m* aviskorrespondent; ~**papier** *n* avispapir *n*; ~**redaktion** *f* avisredaktion; ~**stand** *m* bladkiosk, aviskiosk; ~**verkäufer** *m* avismand, avissælger; bladhandler; ~**verlag** *m* avisforlag *n*, bladhus *n*; ~**wesen** *n* ⟨-s; 0⟩ presse; journalistik

Zeit|**unterschied** *m* tidsforskel; ~**vergeudung** *f*, ~**verlust** *m*, ~**verschwendung** *f* tidsspilde (*n*); ~**vertreib** *m* ⟨-(e)s; -e⟩ tidsfordriv; *nur zum* ~ bare for tidsfordriv; 2**weilig** foreløbig, midlertidig; 2**weise** nu og da, undertiden; ~**wende** *f* tidehverv *n*; *um die* ~ ved Kristi fødsel; ~**wort** *n* ⟨-(e)s; *¨er*⟩ udsagnsord *n*, verbum *n*; ~**zeichen** *n* tidssignal *n*; ~**zünder** *m* tidsindstillet tænder

zele|brieren celebrere

Zell|**e** *f* celle (*a Gefängnis u biologisch*); (*Raum*) rum *n*, kabine; TEL skur; ~**faser** *f* cellulose; ~**gewebe** *n* cellevæv *n*; ~**kern** *m* cellekerne

Zello'phan *n* ⟨-s; -e⟩ cellofan *n*

Zell|**stoff** *m* (teknisk) cellulose, cellestof *n*; ~**teilung** *f* celledeling

Zellu|loid [-'lɔyt] *n* ⟨-(e)s; 0⟩ celluloid (*n*); ~'**lose** *f* cellulose

Ze'lot *m* ⟨-en⟩ *fig* zelot, fanatiker

Zelt *n* ⟨-(e)s; -e⟩ telt *n*; *das* ~ *aufbauen* (*od aufschlagen*) slå telt op; *seine* ~*e abbrechen fig* rykke teltpælene op; ~**bahn** *f* teltlærred *n*; ~**dach** *n* telttag *n*; 2**en** *v/i* ⟨-e-⟩ slå telt op, ligge i telt, telte; ~**hering** *m* teltpløk; ~**lager** *n* teltlejr; ~**mast** *m* teltstang; ~**pflock** *m* teltpløk; ~**platz** *m* campingplads; lejrplads; ~**stange** *f* teltstang; ~**stoff** *m* → Zeltbahn; ~**verleih** *m* teltudlejning

Ze'ment|*m* ⟨-(e)s; 0⟩ cement; 2'**tieren** cementere (*a fig*)

Ze'nit *n* ⟨-(e)s; 0⟩ zenit *n* (*a fig*)

zen|**sieren** (*der Zensur unterwerfen*) censurere, *Schule*: give karakter, bedømme; 2**sor** *m* ⟨-s; -en [-'zoːr-]⟩ censor; 2'**sur** *f* censur; (*Note*) karakter, vidnesbyrd *n*

Zenti|'**gramm** *n* centigram *n*; ~'**liter** *n* centiliter; ~'**meter** *m* centimeter; ~'**meter**-

maß n centimetermål n, målebånd n

Zentner *m* 50 kg; **2schwer** blytung (*mst fig*); **2weise** pr. 50 kg; *fig* massevis, i store mængder

zen'tral central; **~ gelegen** centralt beliggende; **2amerika** n Centralamerika n, Mellemamerika n; **2behörde** f centraladministration; **2e** f central; **2gewalt** f centralmyndighed, centralstyrelse; **2hei-zung** f centralvarme; **2isation** ['-tsio:n] f centralisation; **~i'sieren** centralisere; **2i'sierung** f centralisering

Zentra'lis|mus *m* ⟨-; 0⟩ centralisme; **2tisch** centralistisk

Zen'tral|komitee n centralkomité; **~'nervensystem** n centralnervesystem n; **~verriegelung** f *Auto*: central aflåsning

zentrifu'gal centrifugal; **2kraft** f centrifugalkraft

Zentri|'fuge f centrifuge; **2pe'tal** centripetal

Zentrum n ⟨-s; Zentren⟩ centrum n (a *Stadt2*), midtpunkt n

Zephir *m* ⟨-s; -e⟩ zefyr (*Stoff*: n)

Zeppelin® *m* ⟨-s; -e⟩ luftskib n, zeppeliner

Zepter n scepter n

zer'|beißen bide itu (*od* i stykker); **~beult** bulet; **~bomben** sønderbombe

zer'brech|en brække itu, knække, slå i stykker; *sich* (D) *den Kopf* **~** *fig* bryde sit hoved; *v/i* ⟨sn⟩ gå i stykker, knække; **~lich** skrøbelig (a *fig*); *Porzellan usw*: skør; **2lichkeit** f ⟨0⟩ skrøbelighed

zer'|bröckeln brække af (*od* itu), smuldre; *v/i* ⟨sn⟩ smuldre hen, forvitre; **~drücken** trykke itu, knuse, mase; *Kleid* krølle

Zeremo'nie f ceremoni; **2ll** [-'niɛl] n ⟨-s; -e⟩ ceremoniel; **~ll** [-'niɛl] *adj* ceremoniel; **~nmeister** [-'mo:-] *m* ceremonimester

zer'fahren ⟨-rn-⟩ *adj Weg*: opkørt; ⟨*streut*⟩ forjamsket, forvirret; **2heit** f ⟨0⟩ forvirring

Zer'fall *m* ⟨-(e)s; 0⟩ forfald n, opløsning; **2en** *v/i* ⟨sn⟩ falde fra hinanden (a *fig*); (*verfallen*) forfalde

zer'|fasern *v/i* ⟨sn⟩ u *v/t* trævle op; **~fetzen** ⟨-t⟩ (sønder)flænge, flå; *Papier* rive i stykker; **~fleischen** sønderflænge; **~flie-ßen** *v/i* ⟨sn⟩ flyde (od smelte) hen (a *fig*); *in Tränen* **~** være opløst i tårer; **~fressen** gnave itu; *Rost*: fortære; *adj* opædt; *von Motten*: mølædt; *von Rost*: fortæret, korroderet; **~furcht** *Gesicht*: furet; **~gehen** *v/i* ⟨sn⟩ opløses, smelte; **~gliedern** dele op, opdele; **~hacken** hakke itu (*od* i stykker); **~hauen** hugge over (*od* i stykker); **~kauen** tygge småt; **~kleinern** ⟨-re⟩ fin-

dele, knuse; hugge småt; **~klopfen** banke (*od* slå) itu; **~klüftet** (vildt) kløftet; **~knautschen** (sammen)krølle

zer'knirsch|t ⟨-est⟩ sønderknust; **2theit** f ⟨0⟩, **2ung** f ⟨0⟩ sønderknuselse

zer'|knittern (sammen)krølle; **~knüllen** krølle sammen; **~kochen** v/i u v/t koge ud; **~kratzen** kradse itu, forkradse; **~krümeln** smuldre; **~lassen** smelte; **~e Butter** smeltet smør

zer'leg|bar delelig, adskillelig; **~en** skille (ad), tage (*od* pille) fra hinanden; *Körper* sønderlemme, partere; *Speisen* skære for; CHEM analysere; **2ung** f adskillelse, deling; analysering

zer'|lesen *adj* slidt op ved læsning; **~lumpt** ⟨-est⟩ pjaltet, laset; **~mahlen** søndermale, findele; **~malmen** knuse itu, sønderknuse; **~martern** pine, martre; **~mür-ben** gøre mør (a *fig*), knække, opslide; **2mürbungstaktik** f udmattelsestaktik; **~nagen** søndergnave; **~pflücken** plukke itu; **~platzen** *v/i* ⟨sn⟩ springe (med et knald), revne; *fig* F kritisere sønder og sammen; **~quetschen** knuse, mase

Zerrbild n vrængbillede n, karikatur

zer'|reden F snakke ihjel; **~reiben** gnide itu; *Früchte usw* rive (småt); (*vernichten*) tilintetgøre

zer'reiß|en *v/t* rive itu; *v/i* ⟨sn⟩ gå itu, revne, springe; → a *zerrissen*; **2probe** f *fig* styrkeprøve

zerren trække, rive, ruske (*an D*/i)

zer'rinnen *v/i* ⟨sn⟩ smelte; *fig* svinde (bort); *wie gewonnen, so zerronnen* *fig* hvad der kommer let, går let

zer'rissen itu, sønderreven; **2heit** f ⟨0⟩ *fig* sønderrevethed

Zerrung f trækken; MED forstrækning

zer'rütt|en ⟨-e-⟩ forstyrre, ødelægge; **2ung** f ⟨0⟩ forstyrrelse, ødelæggelse; **2ungsprinzip** n JUR gemytternes uoverensstemmelse

zer'|sägen save itu; **~schellen** *v/i* ⟨sn⟩ sønderslås, knuses, blive knust

zer'schlagen slå itu (*od* i stykker); *an allen Gliedern* **~** *sein* *fig* være som mørbanket; *sich* **~** ikke blive til ngt.; *Hoffnung*: briste

zer'|schmettern knuse, splintre; **~schneiden** skære (*od* klippe) i stykker

zer'setz|en opløse (a CHEM); *fig* undergrave; *sich* **~** opløse sig, rådne; **2ung** f opløsning; *fig* undergravelse; **2ungsprozess** *m* opløsningsproces

zer'|siedelt *Landschaft*: ødelagt på grund af udparcellering (til nybyggeri); **~spal-**

Z

ten kløve, flække, spalte; *fig* splitte

zer'splitter|n *v/t* splintre; *fig* splitte; *v/i* ⟨*sn*⟩ splintres; *fig* splitte sig; **♀ung** *f* splintring; *fig* splittelse

zer'|sprengen sprænge (itu *od* i stykker); **~springen** *v/i* ⟨*sn*⟩ springe itu; eksplodere; **~stampfen** stampe itu

zer'stäub|en forstøve; **♀er** *m* forstøver

zer'stieben *v/i* ⟨*sn*⟩ splittes, fare fra hinanden

zer'stör|en ødelægge, tilintetgøre; **♀er** *m* ødelægger; MIL destroyer; **~erisch** ødelæggende; **♀ung** *f* ødelæggelse; **♀ungswut** *f* ødelæggelsestrang; hærværk *n*

zer'stoßen knuse, støde itu

zer'streu|en sprede, splitte; *Bedenken* overvinde; *fig* adsprede (*sich* sig); **~t** spredt; *fig* adspredt, uopmærksom; *in alle Winde* ~ *fig* spredt for alle vinde; **♀theit** *f* ⟨*0*⟩ adspredthed; **♀ung** *f* adspredelse

zer'stückel|n findele; *Land* udstykke; *fig* opdele; **♀ung** *f* findeling; udstykning; opdeling

zer'teilen (sønder)dele, findele; (*zerstreuen*) fordele, sprede; *sich* ~ sprede sig, blive spredt

Zertifi'kat *n* ⟨-(e)s; -e⟩ certifikat *n*

zer'|trampeln træde (*od* trampe) itu; (*niedertreten*) træde ned; (*tottreten*) træde ihjel; **~trümmern** ⟨-re⟩ slå i stykker, sprænge; *fig* ødelægge

Zerve'latwurst *f* cervelatpølse

zer'|wühlen rode op (i), rode igennem; **♀würfnis** *n* ⟨-ses; -se⟩ uenighed, splid; **~zaust** forpjusket

Zeter|geschrei *n* F råben og skrigen; **♀n** *v/i* ⟨-re⟩ F råbe og skrige

Zettel *m* seddel, stykke *n* papir; **~kartei** *f* seddelkartotek *n*

Zeug *n* ⟨-(e)s; -e⟩ tøj *n* (*a Stoff*); (*Gerät*, *Utensilien*) redskaber *pl*, grejer *pl*; (*Kram*) sager *pl*; **dummes** ~ F sludder *n*; *sich ins* ~ *legen fig* lægge sig i selen; *was das* ~ *hält* alt hvad remmer og tøj kan holde; *das* ~ *zu etw. haben* have evner til ngt.; *j-m etw. am* ~(*e*) *flicken fig* kritisere én for ngt

Zeuge *m* ⟨-n⟩ vidne *n*; **♀n 1.** *v/i* vidne (*von D*/om); **2.** *v/t Kind* avle; *fig* frembringe, fostre

Zeugen|aussage *f* vidneudsagn *n*; **~beeinflussung** *f* påvirkning af vidner; **~vernehmung** *f* vidneafhøring

Zeughaus *n* tøjhus *n*

Zeugin *f* kvindeligt vidne *n*

Zeugnis *n* ⟨-ses; -se⟩ vidnesbyrd *n*; *Urkunde*: attest, skudsmål *n*, anbefaling; *das* ~

verweigern JUR nægte at aflægge vidnesbyrd; **~ ablegen von** aflægge vidnesbyrd om; **~abschrift** *f* kopi af vidnesbyrd (*od* anbefaling)

Zeugs *n* ⟨-; 0⟩ F skidt *n*; kram *n*

Zeugung *f* avling

Zeugungs|akt *m* samleje *n*; **♀fähig** forplantningsdygtig, avledygtig; **~kraft** *f* ⟨0⟩ forplantningsevne, avlekraft; **♀unfähig** impotent; gold

z. H. (= *zu Händen*) til ... personlig

Zi'chorie [-RIə] *f* cikorie

Zick|e *f* ged(ebuk); F (*Weib*) kælling; **~n** *pl* F nykker, dumheder; **♀ig** F snerpet; **~lein** *n* gedekid *n*

Zickzack *m* ⟨-(e)s; -e⟩ siksak (*n*); **♀ laufen** løbe i siksak; **~kurs** *m* siksakkurs (*a fig*); **~linie** *f* siksaklinje

Ziege *f* ged(ebuk); F (*Weib*) kælling

Ziegel *m* tegl(sten) *n*, mursten; **~bau** *m* teglstensbygning; **~dach** *n* tegltag *n*; **~ei** [-'laI] *f* teglværk *n*; **♀rot** teglstensrød; **~stein** *m* teglsten

Ziegen|bart *m* gedeskæg *n*; **~bock** *m* gedebuk; **~käse** *m* gedeost; **~milch** *f* gedemælk; **~peter** *m* MED fåresyge

Zieh|bank *f* bænkehøvl; **~brunnen** *m* vindebrønd; **~eisen** *n* trækjern *n*

ziehen ⟨*L*⟩ trække, drage; (*dehnen*) strække; *nach Kopenhagen* ~ flytte til København; *den Hut* ~ tage hatten af (*a fig*); *den Kürzeren* ~ trække det korteste strå; *die Konsequenzen* ~ drage (*od* tage) konsekvenserne; *Nutzen aus etw.* ~ drage nytte af ngt.; *zur Rechenschaft* (*Verantwortung*) ~ drage til regnskab (ansvar); *nach sich* ~ *fig* have til følge; *es zieht* det trækker; *den Tee* ~ *lassen* lade teen trække; *sich* ~ trække sig; *Holz*: kaste sig; *sich in die Länge* ~ trække ud

Zieh|harmonika *f* trækharmonika; **~ung** *f* trækning

Ziel *n* ⟨-(e)s; -e⟩ mål *n* (*a* SPORT); (*Zahlungsfrist*) betalingsfrist, termin; (*Absicht*) formål *n* (*G*/med); *am* ~ ved målet; *ans* (*od ins*) ~ SPORT i mål; **~bahnhof** *m* bestemmelsessted *n*, destination; **~band** *n* målsnor; **♀bewusst** målbevidst; **♀en** *v/i* sigte (*auf A*/på); *fig a* være møntet (*auf A*/på); **~fernrohr** *n* sigtekikkert; **~gerade** *f* opløb(sside) *n*; **~gruppe** *f* målgruppe; **~linie** *f* målstreg; **♀los** ⟨-*est*⟩ uden mål, planløs; **~punkt** *m* sigtepunkt *n*; **~scheibe** *f* skive; *fig* skydeskive; **~setzung** *f* formål *n*, hensigt, målsætning; **♀sicher** målrettet; **♀strebig** målbevidst

ziemen: *sich* ~ sømme sig

ziemlich *adj* (*groß*) temmelig stor; *adv* temmelig, nogenlunde

ziepen F *Haar*: rykke

Zier *f* ⟨0⟩ pryd(else); ~**de** *f* pryd(else); 2**en** pryde, smykke; dekorere; *sich* ~ *fig* skabe sig; være snerpet; → *a* **geziert**; 2**e'rei** *f* ⟨0⟩ affekterthed, skaberi *n*; ~**fisch** *m* akvariefisk; ~**garten** *m* prydhave, blomsterhave; ~**leiste** *f* pynteliste; 2**lich** sirlig, fin, nydelig; ~**lichkeit** *f* ⟨0⟩ sirlighed, finhed; ~**pflanze** *f* prydplante; ~**puppe** *f* fig pyntedukke; ~**rat** *m* ⟨-(e)s; -e⟩ sirat *n*, prydelse; ornament *n*; ~**strauch** *m* sirbusk, prydbusk

Ziffer *f* ⟨-; -n⟩ ciffer *n*; (*Anzeigen*2) billet mærket; ~**blatt** *n* urskive

zig F: ~ *Leute* 117 mennesker

Ziga'rette *f* cigaret; *e-e Schachtel* ~**n** en pakke cigaretter

Ziga'retten|anzünder *m Auto*: cigarettænder; (*Feuerzeug*) lighter; ~**automat** *m* cigaretautomat; ~**etui** *n* cigaretetui *n*; ~**kippe** *f* cigaretskod *n*; ~**marke** *f* cigaretmærke *n*; ~**papier** *n* cigaretpapir *n*; ~**schachtel** *f* cigaretæske; ~**spitze** *f* cigaretrør *n*; ~**stummel** *m* cigaretstump, skod *n*

Ziga'rillo *n u m* ⟨-s; -s⟩ cigarillo; cerut

Zi'garre *f* cigar; *fig* F næse

Zi'garren|abschneider *m* cigarklipper; ~**fabrik** *f* cigarfabrik; ~**kiste** *f* cigarkasse; ~**spitze** *f* cigarrør *n*; ~**stummel** *m* cigarstump

Zi'geuner|(in) *m(f) neg!* sigøjner(ske); ~**lager** *n* sigøjnerlejr; ~**musik** *f* sigøjnermusik; 2**n** *v/i* ⟨-re⟩ F flakke om som (en) sigøjner

zigmal *fig* hundrede gange

Zi'kade *f* cikade

Zimmer *n* værelse *n*, stue; ~ *frei* værelse til leje; *31/2-~Wohnung* tre en halv værelsers lejlighed; ~**antenne** *f* stueantenne; ~**arbeit** *f* tømmerarbejde *n*; ~**decke** *f* stueloft *n*; ~**ei** [-'RAI] *f* tømmerværksted *n*; ~**einrichtung** *f* værelsets (*od* stuens) indretning, møblement *n*; ~**flucht** *f* række (*od* suite) værelser; ~**handwerk** *n* tømmerhåndværk *n*; ~**kellner** *m* tjener som serverer på værelserne; ~**lautstärke** *f*: *in* ~ R/TV dæmpet (ned); ~**mädchen** *n* stuepige; ~**mann** *m* ⟨-(e)s; *Zimmerleute*⟩ tømrer; 2**n** ⟨-re⟩ tømre; ~**nachbar** *m* nabo (i værelset ved siden af); ~**nachweis** *m* værelseanvisning; ~**pflanze** *f* stueplante; ~**preis** *m* værelsespris; ~**schlüssel** *m* værelsenøgle; hotelnøgle; ~**theater**

n eksperimentalscene; ~**vermieter** *m* vært; ~**vermietung** *f* udlejning af værelser; ~**vermittlung** *f* → **Zimmernachweis**

zimperlich pylret; (*sittsam*) snerpet; 2**keit** *f* ⟨0⟩ pylrethed; snerperi *n*

Zimt *m* ⟨-(e)s; -e⟩ kanel (*n*); ~**stange** *f* kanelstang

Zink *n* ⟨-(e)s; 0⟩ zink (*n*); ~**blech** *n* zinkblik *n*

Zinke *f*, ~**n** *m* tak, spids, tand

zinken *Karten* mærke

Zinksalbe *f* zinksalve

Zinn *n* ⟨-(e)s; 0⟩ tin *n*; (*Zinnsachen*) tintøj *n*

Zinne *f* tinde (*a fig*)

zinn|ern af tin, tin~; 2**gießer** *m* tinstøber; ~**haltig** tinholdig; 2**soldat** *m* tinsoldat; 2**teller** *m* tintallerken

Zins *m* ⟨-es; -en⟩ (*Abgabe*) afgift; (*Miete*) leje; ~**en** *pl* renter *pl*; *auf Zinsen ausleihen* låne ud mod renter; *6%-~en* en rente på 6%, 6% i rente; ~**eszinsen** *m/pl* rentes rente; 2**frei** rentefri; (*abgabenfrei*) afgiftsfri; ~**fuß** *m* rentefod; ~**günstig** lavt forrentet; 2**los** rentefri; 2**pflichtig** afgiftspligtig; ~**satz** *m* rentefod; ~**schein** *m* rentekupon; ~**spanne** *f* rentemargin; ~**verlust** *m* rentetab *n*; ~**wucher** *m* renteåger

Zio'nis|mus [tsi·o·-] *m* ⟨-; 0⟩ sionisme; ~**t(in)** *m* ⟨-en⟩ (*f*) sionist

Zipfel *m* flig, snip; ~**mütze** *f* tophue; nathue

Zipperlein *n* ⟨-s; 0⟩ podagra; *fig* F småskavanker *pl*

Zirbelkiefer *f* cembrafyr

zirka cirka, omtrent

Zirkel *m* passer; (*Kreis*) cirkel; *fig* kreds; 2**förmig** cirkelformet; ~**kasten** *m* passeretui *n*; 2**n** ⟨-le⟩ afkredse, afcirkle; (*tüfteln*) udmåle, udspekulere; ~**schluss** *m* ond cirkel

Zirku'l|ar *n* ⟨-s; -e⟩ cirkulære *n*; ~**ation** [-'tsïo:n] *f* cirkulation; 2**ieren** *v/i* cirkulere, gå rundt

Zirkus *m* ⟨-; -se⟩ cirkus (*n*); ~**zelt** *n* cirkustelt *n*

zirpen pippe; *Insekt*: pibe

zisch|eln ⟨-le⟩ hviske; ~**en** hvisle (*a Schlange*); *Gans*: hvæse; *Fett*: syde; 2**laut** *m* hvislelyd

zise'lieren ciselere

Zi'sterne [-st-] *f* cisterne

Zisterzi'enser [-st-] *m* cistercienser; ~**kloster** *n* cistercienserkloster *n*

Zita'delle *f* citadel *n*, kastel *n*

Zi'tat *n* ⟨-(e)s; -e⟩ citat *n*

Zither *f* ⟨-; -n⟩ citer

zi'tieren citere, anføre; *(vorladen)* stævne

Zitro'nat n ⟨-(e)s; -e⟩ sukat

Zi'trone f citron

Zi'tronen|baum m citrontræ n; **~falter** m citronsommerfugl; **~limonade** f citronsodavand n; **~presse** f citronpresser; **~saft** m ⟨-(e)s; 0⟩ citronsaft; **~säure** f ⟨0⟩ citronsyre; **~schale** f citronskal; **~scheibe** f citronskive

Zitrusfrüchte f/pl citrusfrugter pl

Zitter|aal m sitterål; 2ig skælvende, bævende; 2n v/i ⟨-re⟩ ryste; dirre; *(beben)* bæve, skælve; *Stimme, Knie*: bævre; **~pappel** f bævreasp; **~rochen** m *(Fisch)* elektrisk rokke

zittrig → zitterig

Zitze f brystvorte, patte

zi'vil [v] civil, borgerlig; *Preis*: solid, billig; 2 n ⟨-s; 0⟩ borgerstand; *in ~ sein* være civilklædt *(od i civil)*; 2**bevölkerung** f civilbefolkning; 2**courage** [-ku'ʀɑ:ʒə] f civilcourage; 2**dienst** m tjeneste som militærnægter; **~ehe** f borgerligt ægteskab n

Zivili|sation [-'tsi̯o:n] f civilisation; 2**sieren** civilisere; 2**siert** civiliseret; **~sie-ren** [-'lɪst] m ⟨-en⟩ civilist, civilperson

Zi'vil|prozess m borgerlig retssag; **~recht** n ⟨-(e)s; 0⟩ borgerlig ret; **~richter** m civildommer; **~schutz** m civilforsvar n; **~trauung** f borgerlig vielse

ZOB (= *Zentraler Omnibusbahnhof*) (central) rutebilstation

Zobel m zobel; **~fell** n, **~pelz** prp zobelskind n

Zofe f kammerpige

Zöger|er m nøler; 2n ⟨-re⟩ tøve, nøle; **~d** tøvende, nølende; **~n** n tøven, nølen

Zögling m ⟨-s; -e⟩ plejebarn n; *(Schüler)* elev

Zöli'bat n od m ⟨-(e)s; 0⟩ cølibat n

Zoll¹ m ⟨-(e)s; -⟩ *(Maß)* tomme

Zoll² m ⟨-(e)s; ⁔e⟩ told *(a Abgabe u Behörde)*; **~abfertigung** f toldklarering; **~amt** n toldkontor n; 2**amtlich:** *~ geöffnet* åbnet af toldvæsnet; **~beamte(r)** toldassistent, F tolder; **~begleitschein** m tolderklæring, toldattest; **~behörde** f toldmyndigheder pl

zollbreit tommebred; 2 m ⟨-; -⟩ tomme; *keinen ~ zurückweichen* fig ikke vige en tomme

zollen: *Beifall ~* give sit bifald; *j-m Achtung ~* vise én respekt

Zoll|erklärung f toldklæring; **~fahnder** m toldkontrollør; 2**frei** toldfri; **~freiheit** f ⟨0⟩ toldfrihed; **~gebiet** n toldområde n; **~gebühr** f toldafgift; **~gesetz** n told-

lov; **~grenze** f toldgrænse; **~hinterziehung** f toldsvig

zollhoch tommehøj

Zoll|inhaltserklärung f tolddeklaration, tolderklæring; **~kontrolle** f toldkontrol

Zöllner m toldassistent, tolder *(a BIBL)*

Zoll|papiere n/pl tolddokumenter pl, tolderklæringer pl; 2**pflichtig** toldpligtig; **~revision** f toldeftersyn n; **~schranke** f fig toldmur

Zollstock m tommestok

Zoll|tarif m toldsats; **~union** f toldunion; **~verschluss** m toldsegl n, toldplombe; **~verwaltung** f toldvæsen n

Zone f zone; **~ntarif** m zonetarif

Zoo m ⟨-s; -s⟩ (= *Zoologischer Garten*) zoologisk have

Zoo'lo|ge [tso'o:-] m ⟨-n⟩ zoolog; **~'gie** f ⟨0⟩ zoologi; 2**gisch** zoologisk

zoomen ['zu:mən] zoome ind på

Zopf m ⟨-(e)s; ⁔e⟩ fletning; *(Männer2)* nakkepisk, hårpisk; *(Gebäck)* fletbrød n; fig *(Überbleibsel)* F oldnordiske forhold pl; 2**ig** fig forældet, F oldnordisk

Zorn m ⟨-(e)s; 0⟩ vrede, raseri n; **~ausbruch** m vredesudbrud n, raserianfald n; 2**ig** vred, rasende

Zot|e f sjofelhed; 2**ig** sjofel, uanstændig

Zott|el f ⟨-; -n⟩ tot, tjavs; 2**elig** tjavset, forpjusket; 2**eln** v/i ⟨-le; sn⟩ traske, lunte; 2**ig → zottelig**

z. T. (= *zum Teil*) delvis

zu *1. prp (D)* til; *(örtlich)* i; *(zeitlich)* på; for; *~ Bett gehen* i seng; *~ Dutzenden* i dusinvis; *zum Ersten (Zweiten)* for det første (andet); *zum Fenster (zur Tür) hinaus* ud ad vinduet (døren); *~ Fuß* til fods; *~ Hause* hjemme; *~ Hunderten* i hundredvis; *~ Beginn* i begyndelsen; *zum Mittag* til middag; *zum ersten Mal* for første gang; *zum Mindesten* i det mindste; *sei gut ~ mir!* vær god ved mig!; *zur Schule gehen* gå i skole; *zur See* til søs; *von Tag ~ Tag* fra dag til dag; *zum Teil* tildels; *~ Tisch gehen* gå til bords; *~ Wasser und ~ Lande* til lands og til vands; *~ jener Zeit* på den tid; *2. adv* (alt) for; *(geschlossen)* (lukket) i *(od* til); *~ groß (klein, viel, wenig)* for stor (lille, meget, lidt); *~ viel* for meget *(des Guten* af det gode); *Tür ~!* luk døren!; *nur ~!* bare løs! *3. konj* hen til at, *z. B. nichts ~ sehen* intet at se

zuallerst|erst allerførst; **~letzt** allersidst

zu|bauen bygge til; 2**behör** n ⟨-(e)s; 0⟩ tilbehør n; *mit allem ~* med alt tilbehør; **~beißen** v/i bide til; **~bekommen** få til, få i tilgift; *Tür* få lukket

Zuber *m* balje, kar *n*

zubereit|en tilberede; (*anrichten a*) tillave; **2ung** *f* tilberedelse, tillavning

zu|·billigen indrømme (*j-m etw.*); **~·binden** binde til (*od for*); **~·bleiben** *v/i* ⟨*sn*⟩ forblive lukket; **~·blinzeln** *v/i* (*D*) blinke til

zu·bringe|n (*verbringen*) tilbringe; (*mitbringen*) bringe med; **2r** *m* (*Verkehrsmittel*) transport; *zum Flughafen*: lufthavnebus; (*Straße*) tilkørselsvej; **2rbus** *m* transitbus; **2rdienst** *m* transportservice (til lufthavnen); **2rstraße** *f* tilkørselsvej

zu|·brüllen brøle (*od råbe*) til; **~·buttern** F betale ekstra

Zucchini [tsu'ki:ni] *f* ⟨-; -⟩ squash

Zucht *f* tugt, disciplin; (*Auf2*) opdræt, avl; BOT dyrkning, avl; (*Anstand*) disciplin, sømmelighed; **~·bulle** *m* avlstyr

zücht|en ⟨-*e*-⟩ *Tiere* avle, opdrætte; BOT avle, dyrke; **2er** *m* opdrætter, kvægavler; BOT dyrker

Zucht|haus *n* tugthus *n*; **~·häusler** *m* tugthusfange

Zuchthengst *m* beskeler

züchtig tugtig, ærbar; **~·en** tugte, revse; **2ung** *f* tugtelse, revselse

zucht|los ⟨-*est*⟩ udisciplineret, vanartet; **2losigkeit** *f* ⟨0⟩ mangel på disciplin; **2mittel** *n* tugtemiddel *n*; **2perle** *f* kulturperle; **2rute** *f* tugtens ris *n*; **2stier** *m* avlstyr; **2tier** *n* avlsdyr *n*

Züchtung *f* opdrætning, avl

Zucht|vieh *n* avlsdyr *pl*, tillægskvæg *n*; **~·wahl** *f* avlsvalg *n*

zuckeln *v/i* ⟨-*le*⟩ F lunte, sjokke; **2trab** *m* F luntetrav *n*

zucken *v/i Muskel*: trække (i), dirre, ryste; (*zusammenfahren*) fare sammen; *Blitz*: fare; *mit den Achseln ~* trække på skuldrene; *ohne mit der Wimper zu ~ fig* uden at blinke

zücken trække, drage; *Bleistift, Portemonnaie* tage frem

Zucker *m* ⟨-*s*; 0⟩ sukker *n*; **~·bäcker** *m* konditor; **~·dose** *f* sukkerdåse; **~·erbse** *f* sukkerært; **2frei** sukkerfri; **~·früchte** *f/pl* kandiserede frugter *pl*; **~·gehalt** *m* sukkerprocent; **~·guss** *m* glasur; **2haltig** sukkerholdig; **~·hut** *m* sukkertop; **~·industrie** *f* sukkerindustri; **2krank** sukkersyg; **~·krankheit** *f* sukkersyge; **2n** ⟨-*re*⟩ sukre, søde; **~·plätzchen** *n* sukkerplesken; **~·raffinerie** *f* sukkerraffinaderi *n*; **~·rohr** *n* sukkerrør *n*; **~·rübe** *f* sukkerroe; **~·streuer** *m* sukkerbøsse; **2'süß** sukkersød (*a fig*);

~·tüte *f* godtepose; **~·wasser** *n* sukkervand *n*; **~·watte** *f* candy-floss; **~·zange** *f* sukkertang

Zuckungen *f/pl* (krampe)trækninger *pl* (*a fig*)

zu|·decken dække til; (*verstecken*) skjule; **~·'dem** desuden, for øvrigt; **~·drehen** dreje til; (*zukehren*) vende; (*schließen*) lukke

zudringlich påtrængende, nærgående; **2keit** *f* påtrængenhed

zu·drücken trykke til (*od i*); *ein Auge ~ bei etw.* se gennem fingre med ngt

zu·eign|en tilegne (*j-m etw.* én ngt.); **2ung** *f* tilegnelse

zu|ei'nander til hinanden; **~·erkennen** tilkende; *Strafe* idømme; *Prämie* tildele

zu'erst først, i første omgang; (*anfangs*) i begyndelsen; (*zum ersten Mal*) for første gang

zu|·erteilen (*D*) tildele; **~·fächeln** (*D*) tilvifte

zu·fahr|en *v/i* ⟨*sn*⟩ køre hen (*auf A*/imod *od* til); *fig* fare løs (*auf A*/på); **2t** *f* tilkørsel; (*Einfahrt*) indkørsel; **2tsstraße** *f* tilkørselsvej

Zu|fall *m* tilfælde *n*; *durch ~* ved et tilfælde; **2·fallen** *v/i* ⟨*sn*⟩ falde til (*od i*); *j-m ~* tilfalde én; → *a* **zufliegen**

zufällig tilfældig; *adv* tilfældigvis; *ganz ~* ved et rent tilfælde; **~·er'weise** tilfældigvis; **2keit** *f* tilfældighed

zu|·fassen *v/i* gribe til, tage fat (*a fig*); **~·fliegen** *v/i* ⟨*sn*⟩ flyve hen (*auf A*/mod *od* til); *zdmer Vogel*: komme tilflyvende; *es fliegt ihm zu fig* han er hurtigt opfattende; **~·fließen** *v/i* ⟨*sn*⟩ (*D*) flyde hen til; *fig* tilflyde

Zuflucht *f* ⟨0⟩ tilflugt; *bei j-m ~ suchen* søge tilflugt hos én; *seine ~ nehmen zu* (*D*) *fig* tage sin tilflugt til; **~·sort** *m* tilflugtssted *n*

Zu|fluss *m* tilløb *n*; (*Nebenfluss*) biflod; *fig* tilstrømning; **2·flüstern** tilhviske (*j-m etw.* én ngt.); **2'folge** (*G od D*) ifølge, efter

zu'frieden tilfreds (*mit D*/med); **~· stellen** → **zufriedenstellen**; **~·geben**: *sich ~* slå sig til tåls (*mit D*/med); **2heit** *f* ⟨0⟩ tilfredshed; **~·lassen** lade (være) i fred; **~·stellen** tilfredsstille

zu|·frieren *v/i* ⟨*sn*⟩ fryse til; **~·fügen** (*D*) tilføje (*a fig*); **2fuhr** *f* tilførsel

zu·führen tilføre, bringe til; **2ung** *f* tilførelse

Zug *m* ⟨-(*e*)*s*; *~e*⟩ BAHN tog *n*; (*Luft2*) træk *n* (*a Spiel2, Vogel2, Wolken2, Gesichts2,*

*Charakter*2); *(Ruck)* ryk *n*; *(Griff)* tag *n*; *(Fisch*2) dræt *n*; *(Raub*2) togt *n*; *(Schar)* flok, skare; MIL deling; *(Schluck)* drag *n*, slurk; zo flok; *Fische:* stime; *(Wanderung)* vandring, tog *n*; *beim Rauchen:* drag *n*; *(Zugkraft)* træk *n*; *(Strich)* streg, strøg *n*; **der Schornstein (Ofen) hat keinen ~** der er ikke træk i skorstenen (ovnen); **in e-m ~** i ét træk *(od* drag); **in den letzten Zügen liegen** fig ligge på sit yderste; *iron* synge på det sidste vers; **in vollen Zügen** i fulde drag; **im ~e** (G) i forbindelse med

Zu|gabe *f* tilgift; THEA *usw* ekstranummer *n*; **~gang** *m* tilgang *(a Neuerwerb, Zuwachs)*; *(Eingang)* indgang; *fig* adgang *(zu D*/til)

zugänglich tilgængelig *(a fig)*; 2**keit** *f* ⟨0⟩ tilgængelighed

Zu|anschluss *m* togforbindelse; **~begleiter(in)** *m(f)* konduktør; **~begleitpersonal** *n* togpersonale *n*; **~brücke** *f* vindebro

zu|·geben *v/i* give til *(od* i tilgift); *(einräumen)* indrømme, tilstå; **~gegen** til stede, nærværende; **~gehen** *v/i* ⟨*sn*⟩ gå (rask) til; *(sich schließen)* gå i, lukkes; *(zugeschickt werden)* blive tilsendt; *(geschehen)* gå til, ske; **auf j-n ~** gå hen mod én; **nicht mit rechten Dingen ~** ikke gå rigtig til; **das Fenster geht nach der Straße zu** vinduet vender ud til gaden; 2**gehfrau** *f* hushjælp

zugehör|en *v/i* (D) tilhøre; **~ig** tilhørende; 2**igkeit** *f* ⟨0⟩ henhøren til, tilhørsforhold *n*; *(Mitgliedschaft)* medlemskab *n*

zugeknöpft *fig* reserveret, indesluttet

Zügel *m* tøjle, tømme; **die ~ locker lassen** *fig* slappe tøjlerne; **die ~ anziehen** *fig* stramme tøjlerne

zugelaufen *Hund usw:* tilløbende

zügellos ⟨-est⟩ tøjlesløs; 2**igkeit** *f* ⟨0⟩ tøjlesløshed

zügeln ⟨-le⟩ tøjle *(a fig)*

Zuge|reiste(r) *m(f)* tilflytter; **~sellen: sich j-m ~** slutte sig til én; **~ständnis** *n* indrømmelse; 2**stehen** indrømme, tilstå; 2**tan** (D) hengiven; **~winn** *m* gevinst, gevinst

Zug|fahrt *f* togtur; **~feder** *f* trækfjeder; **~festigkeit** *f* ⟨0⟩ trækstyrke; **~folge** *f* togfølge, kørselshyppighed; **~führer(in)** *m(f)* togfører

zu·gießen *v/i* hælde i *(od* på)

zugig fuld af træk, blæsende

zügig rask, hurtig, uden standsning

Zug|kraft *f* trækkraft; *(Anziehungskraft)*

tiltrækningskraft; 2**kräftig** *fig* tiltrækkende, attraktiv

zu·gleich samtidig

Zug|leine *f* træksnor; **~loch** *n* trækhul *n*; **~luft** *f* ⟨0⟩ træk(vind) *n*; **~maschine** *f* førervogn; **~mittel** *n*, **~nummer** *f* fig trækplaster *n*; **~personal** *n* togpersonale *n*; **~pferd** *n* arbejdshest; *fig* trækdyr *n*

zu·greifen *v/i* gribe til, tage fat; *(Gelegenheit nutzen)* gribe chancen; *(sich bedienen)* tage for sig; 2**griff** *m* griben fat; **sich dem ~ entziehen** *fig* unddrage sig

zu·grunde: ~ gehen gå til grunde; **~ legen** *(liegen)* lægge (ligge) til grund *(D*/for); **~ richten** ødelægge

Zug|schaffner(in) *m(f)* togkonduktør; **~seil** *n* trækreb *n*; **~stück** *n* kassestykke *n*; **~tier** *n* trækdyr *n*

zu·gucken F → *zuschauen*; **~'gunsten** (G) til bedste for; til fordel for

zu'gute til gode; **~·halten: etw. ~** bære over med ngt; **~·kommen: j-m etw. ~ lassen** lade komme én ngt. til gode;

Zug|verbindung *f* togforbindelse; **~verkehr** *m* togtrafik, toggang; **~verspätung** *f* togforsinkelse; **~vogel** *m* trækfugl; **~wind** *m* trækvind; **~zwang** *m*: **in ~ kommen** være med ryggen op ad muren (og måtte foretage det næste træk)

zu·halten holde lukket; *v/i* styre *(auf A*/hen imod)

Zuhälte|r *m* alfons; **~'rei** *f* ⟨0⟩ alfonseri *n*

zu·hängen tildække, hænge for; **~hauen** *v/t Holz, Steinblock:* tilhugge; F *Tür* smække; *v/i* hugge til, hugge løs *(auf A*/på); *(prügeln)* slå løs; **~'hauf** i bunkevis; *Personen:* i massevis; **~'hause →** *Haus*; 2**'hause** *n* ⟨-; 0⟩ hjem *n*

zu·heften hæfte til; **~heilen** *v/i* ⟨*sn*⟩ læges, heles

Zu'hilfenahme *f*: **unter ~ von** ved hjælp af

zu'hinterst bagest, sidst; **~'höchst** højest oppe

zu·hör|en *v/i* (D) høre til *(od* på od efter); 2**er(in)** *m(f)* tilhører; 2**erschaft** *f* tilhørerkreds, publikum *n*

zu'innerst inderst inde; **~·jubeln** tiljuble *(j-m* én); **~·kehren** vende til; **j-m den Rücken ~** vende én ryggen *(a fig)*; **~·klappen** klappe sammen *(od* i), lukke; **~·kleben** tilklistre, lukke; **~·klinken** lukke (fast); **~·knallen** *Tür* smække i; **~·knöpfen** knappe (til *od* i); → *a* **zugeknöpft**

zu·kommen *v/i* ⟨*sn*⟩ (D) komme i møde; *(gebühren)* tilkomme; **auf j-n ~** komme hen imod én; **j-m etw. ~ lassen** sende én ngt

zu·korken proppe til

Zukunft f ⟨0⟩ fremtid; GRAM a futurum n; **in ~** for fremtiden

zukünftig fremtidig, tilkommende

Zukunfts|forschung f fremtidsforskning; **~musik** f ⟨0⟩ fremtidsmusik; **~pläne** m/pl fremtidsplaner pl

zu|·lächeln v/i (D) smile til; **2lage** f tillæg n, pålæg n; **~·langen** v/i tage for sig; (genügen) forslå, slå til

zulänglich tilstrækkelig; **2keit** f ⟨0⟩ tilstrækkelighed

zu|·lassen Tür usw lade være lukket; (hereinlassen) give adgang; (erlauben) tillade, anerkende; **~·lässig** tilladelig

Zulassung f adgang; (Erlaubnis) tilladelse, godkendelse; (Auto) indregistrering; **~·beschränkung** f adgangsbegrænsning; **~·prüfung** f optagelsesprøve; **~·stelle** f (Auto-) motorkontor n

Zu|lauf m ⟨-(e)s; 0⟩ tilløb n; Zuschauer a: tilstrømning; **2·laufen** v/i ⟨sn⟩ løbe til; løbe hen (**auf** A/til); **spitz ~** løbe ud i en spids; → a **zugelaufen**

zu·legen lægge (od føje) til; (bedecken) dække til; **sich** (D) **etw. ~** anskaffe sig ngt

zu·leide: j-m etw. ~ tun gøre én fortræd

zu·leit|en tilføre, lede til; **2ung** f tilførsel

zu|·letzt til sidst; (als Letzter) sidst, bagest; **nicht ~** sidst men ikke mindst; **~'liebe: j-m ~** for éns skyld; **2lieferbetrieb** m underleverandørfirma n; **2lieferer** m underleverandør; **~·löten** lodde til

zum = zu dem

zu·machen lukke; (zuknöpfen) knappe til; (vorziehen) trække for

zu|'mal 1. konj (da, weil) især da; 2. adv (besonders) især, navnlig; **~·mauern** tilmure; **~'meist** for det meste; **~·messen** tilmåle, give; **~'mindest** i det mindste

zumutbar rimelig, til at forlange; **2keitsordnung** f pligt til at tage anvist arbejde

zu'mute: sein (D) være til mode

zumut|en ⟨-e-⟩ forlange (**j-m etw.** ngt. af én); (zutrauen) tiltro (**j-m etw.** én ngt.); **2ung** f urimeligt (od uforskammet) forlangende n; Darbietung: uforskammethed

zu'nächst 1. først og fremmest; (vorläufig) foreløbig; (anfangs) i begyndelsen; 2. prp (D) nærmest ved

zu = zu der

zu|·nageln sømme til; **~·nähen** sy sammen; **2nahme** f tiltagen, forøgelse; **2name** m efternavn n; (Beiname) tilnavn n

zünden ⟨-e-⟩ v/t tænde, stikke ild på; v/i tændes, fænge (a begeistern); Motor:

starte; fig a slå n; **~d** Rede: opildnende; Melodie, Witz: fængende

Zunder m tønder n, fyrsvamp, trøske

Zünd|er m (ild)tænder; MIL tændsats, detonator; **~·holz** n tændstik; **~·hütchen** n fænghætte; **~·kerze** f tændrør n; **~·schlüssel** m tændingsnøgle; **~·schnur** f tændsnor; **~·spule** f tændspole; **~·stoff** m fig sprængstof n; → a **Sprengstoff**; **~·ung** f antændelse; Motor: tænding; **~·verteiler** m strømfordeler

zu·nehmen v/i tage til; (wachsen) vokse; (dicker werden) tage på; **~·d** tiltagende; **~ kälter** mere og mere koldt

zu·neig|en: sich ~ bøje (sig) imod, hælde til; **s-m Ende ~** nærme sig sin ende; **j-m zugeneigt sein** fig være én hengiven; **2ung** f ⟨0⟩ hengivenhed, tilbøjelighed

Zunft f ⟨-; ⸚e⟩ lav n

zünftig lavsmæssig, fig synftig; praktisk, hensigtsmæssig

Zunftwesen n ⟨-s; 0⟩ lavsvæsen n

Zunge f tunge; fig (Sprache) tungemål n

züngeln v/i ⟨-le-⟩ Flamme: slikke

Zungen|brecher m fig: **das ist ein ~** det er til at brække tungen på; **2fertig** tungefærdig, snakkesalig; **~·kuss** m tungekys n; **~·schlag** m ⟨-(e)s; 0⟩ smæk n (od smæld n) med tungen; **ein falscher ~** fig mislyd; **~·spitze** f tungespids; **~·wurst** f pølse med tunge

Zünglein n (lille) tunge; **das ~ an der Waage** fig tungen på vægtskålen

zu'nichte·machen tilintetgøre; Pläne ødelægge

zu·nicken v/i (D) nikke til

zu'nutze: sich (D) **etw. ~ machen** drage fordel af ngt

zu'oberst øverst, ovenpå

zu·ordn|en indordne under; (in Beziehung setzen) sætte i relation til; rubricere; **2ung** f indordning; relation, rubricering

zu|·packen v/i gribe fat, tage fat (a fig); **~'pass(e)·kommen: j-m ~** komme tilpas

zupf|en nappe, rykke, trække (**an** D/i); (rupfen) pille, plukke; **2instrument** n guitar, mandolin usw

zu|·pfropfen tilproppe, stoppe; **~·pressen** presse til, trykke til; **~·prosten** [o:] v/i ⟨-e-⟩ (D) skåle med én

zur = zu der

zu·raten v/i (D) tilråde; **~·raunen** v/i (D) tilhviske

zu·rechn|en medregne, lægge til; (zuschreiben) tilregne; tilskrive; **~·ungsfähig** tilregnelig; **2ungsfähigkeit** f ⟨0⟩ tilregnelieghed

zu'recht|·biegen *fig* udjævne, udglatte; **~bringen** bringe i orden; **~finden:** *sich* **~** finde sig til rette (*a fig*); (*sich eingewöhnen*) falde til; **~kommen** *v/i* ⟨*sn*⟩: *mit etw.* **~** komme til rette med ngt.; (*herauskommen, herausfinden*) finde ud af; *mit j-m* (*gut*) **~** komme (godt) ud af det med én; **~legen** lægge til rette; (*vorbereiten*) tilrettelægge, forberede; **~machen** gøre færdig (*od* i stand), lave; *sich* **~** gøre sig i stand; **~setzen** sætte i orden

zu'recht|·weisen vise til rette, vejlede; *fig* irettesætte; **2weisung** *f* irettesættelse

zu|·reden *v/i* (*D*) overtale, tilskynde; (*trösten*) trøste; (*ermahnen*) formane; **~reichen** *v/t* række hen; *v/i* (*ausreichen*) forslå, strække til; **~reiten** *v/i* ⟨*sn*⟩ ride hen (*auf A*/mod); *v/t Pferd* tilride

zu·richt|en gøre i stand; (*bereiten*) tilberede, tillave; *j-n übel* **~** *fig* tilrede én ilde; *übel zugerichtet* *fig* slemt medtaget; **2ung** *f* ⟨*0*⟩ tilberedelse, tillavning

zu·riegeln stænge, låse

zürnen *v/i* (*D*) være (*od* blive) vred

zu·rollen *v/i* ⟨*sn*⟩ rulle hen (*auf A*/til); *v/t* rulle sammen

Zur'schaustellung *f* (offentlig) fremvisning

zu'rück tilbage; *fig a* bagud; **~** *sein* være (kommet) tilbage; *mit bestem Dank* **~**! tak for lån!; *hin und* **~** frem og tilbage; BAHN retur; **~** *sein* F være (kommet) tilbage; *fig* være bagud; **~behalten** (be)holde tilbage; **~bekommen** få tilbage (*od* igen); **~berufen** kalde tilbage; **~beugen** bøje tilbage (*sich* sig); **~bezahlen** betale tilbage; **~bilden:** *sich* **~** gå tilbage, blive mindre; **~bleiben** *v/i* ⟨*sn*⟩ blive tilbage; *Schüler:* sakke agterud; *fig* være bagud, stå tilbage (*hinter D*/for); → *a zurückgeblieben*; **~blicken** *v/i* se tilbage; **~bringen** bringe tilbage; **~datieren** tilbagedatere; **~denken** *v/i* tænke tilbage (*an A*/på), mindes; **~drängen** trænge tilbage; **~drehen** dreje (*od* skrue) tilbage; **~dürfen** *v/i* måtte komme tilbage; **~eilen** *v/i* ⟨*sn*⟩ ile tilbage; **~erhalten** få tilbage; **~erobern** tilbageerobre; **~erstatten** tilbagelevere; (*ersetzen*) erstatte; *Geld* refundere; **~fahren** *v/i* ⟨*sn*⟩ køre (*od* sejle) tilbage; (*erschrecken*) fare tilbage; **~fallen** *v/i* ⟨*sn*⟩ falde tilbage (*an A*/til; *fig in* A/til); SPORT sakke bagud; **~finden:** (*sich*) **~** finde (vejen) tilbage; **~fliegen** *v/t u v/i* ⟨*sn*⟩ flyve tilbage; **~fordern** kræ-

ve tilbage; **~führen** føre tilbage (*fig auf* A/til); **2gabe** *f* ⟨*0*⟩ tilbagegivelse; **~geben** tilbagegive, give igen; (*antworten*) svare; **~geblieben** (*vergessen*) glemt; *in der Entwicklung:* retarderet, forsinket; **~gehen** *v/i* ⟨*sn*⟩ gå tilbage (*fig auf* A/til); (*sinken*) falde, synke; *fig* gå tilbage

zu'rückgezogen tilbagetrukket; *ein* **~***es Leben* en tilbagetrukken tilværelse; **2heit** *f* ⟨*0*⟩ tilbagetrukkethed

zurück|·greifen *v/i* gribe tilbage; **~** *auf* (*A*) gå tilbage til; *fig* ty til; **~haben** have tilbage

zurück·halt|en holde tilbage, standse, stoppe; *fig mst* tilbageholde, reservere; (*hindern*) hindre; *sich* **~** holde sig tilbage, holde igen; afholde sig; **~end** tilbageholdende, reserveret; **2ung** *f* ⟨*0*⟩ tilbageholdelse; *fig* tilbageholdenhed

zu'rück|·holen hente tilbage; **~kämmen** rede tilbage; **~kehren** *v/i* ⟨*sn*⟩ vende tilbage; **~kommen** *v/i* ⟨*sn*⟩ komme tilbage (*fig auf* A/til); **~können** *v/i* kunne komme tilbage; **~lassen** efterlade, lade blive tilbage; **~laufen** *v/i* ⟨*sn*⟩ løbe tilbage; **~legen** lægge tilbage, *Geld* lægge til side; *Strecke* tilbagelægge; **~lehnen:** *sich* **~** læne sig tilbage; **~liegen** *v/i* (*zeitlich*) ligge tilbage; **~melden:** (*sich*) **~** melde (sig) tilbage; **~müssen** *v/i* måtte (komme) tilbage; **~nehmen** tage tilbage (*a Äußerung*); *fig* tilbagekalde; **~prallen** *v/i* ⟨*sn*⟩ springe tilbage; *fig* fare tilbage; **~reisen** *v/i* ⟨*sn*⟩ rejse tilbage; **~rollen** *v/t u v/i* ⟨*sn*⟩ rulle tilbage; **~rufen** kalde tilbage; TEL ringe tilbage; *fig* genkalde; **~schalten** koble tilbage; **~schaudern** *v/i* ⟨*sn*⟩ gyse tilbage; **~schauen** *v/i* se tilbage; **~schicken** sende tilbage; **~schlagen** slå tilbage; (*aufkrempeln*) smøge op; (*Schläge erwidern*) slå igen; **~schnellen** *v/i* ⟨*sn*⟩ fare tilbage; **~schrecken** *v/t* skræmme tilbage; afskrække; *v/i* ⟨*sn*⟩ fare tilbage (*vor* D/for); *vor nichts* **~** *fig* sky ingen midler (*um zu* for at); **~schreiben** skrive tilbage; **~sehen** *v/i* se tilbage; **~sehnen:** *sich* **~** længes tilbage (*nach* D/efter, til); **~senden** sende tilbage; **~setzen** sætte tilbage; *Fahrzeug* bakke; *fig* tilsidesætte, forbigå; **2setzung** *f* *fig* tilsidesættelse, forbigåelse; **~sinken** *v/i* ⟨*sn*⟩ synke tilbage; **~springen** *v/i* ⟨*sn*⟩ springe tilbage; **~stecken** *fig* F sætte kravene ned; indskrænke sig; **~stehen** *v/i* stå tilbage (*hinter* D/for; *a fig*); **~stellen** sætte (*od* stille) tilbage (*a Uhr*); (*aufschieben*) udsætte; MIL give udsættelse; *Pläne* udsætte, stille i bero; ~**stoßen** støde tilbage; *fig* frastøde; ~**strahlen** *v/i* stråle (*od* kaste) tilbage; ~**strömen** *v/i* ⟨*sn*⟩ strømme tilbage; ~**treiben** drive tilbage; ~**treten** *v/i* ⟨*sn*⟩ træde tilbage (*a fig*); POL *a* gå af; ~**tun** komme tilbage; ~**verfolgen** *fig* spore tilbage; ~**versetzt**: *sich ~ fühlen* føle sig hensat (*in eine andere Zeit* til en anden epoke); ~**weichen** *v/i* ⟨*sn*⟩ vige tilbage (*vor D*/for; *a fig*); ~**weisen** vise tilbage; (*abweisen*) afvise; (*hinweisen*) henvise (*auf A*/til); 2**weisung** *f* tilbagevisning; afvisning; ~**werfen** kaste tilbage (*a Strahlen*); ~**wirken** *v/i* virke tilbage; ~**wollen** *v/i* ville tilbage; ~**zahlen** betale tilbage; ~**ziehen** trække tilbage (*a Vorschlag*); *Vorhang* trække fra; *v/i* ⟨*sn*⟩ flytte tilbage; *sich ~* trække sig tilbage; → *a zurückgezogen*

Zu|**ruf** *m* tilråb *n*; *durch ~* med akklamation; 2**rufen** (*D*) råbe til

zu-**rüst**|**en** gøre i stand, lave til; 2**ung** *f* forberedelse

zur'zeit for tiden

Zu|**sage** *f* løfte *n*, tilsagn *n* (om); 2**sagen** *v/t* love (*j-m etw.* én ngt.); *v/i* sige ja (*od* til), love at komme; (*gefallen*) tiltale

zu'sammen sammen; (*insgesamt*) ialt, tilsammen; *alles ~* alt i alt

Zu'sammen|**arbeit** *f* ⟨0⟩ samarbejde *n*; 2**arbeiten** *v/i* arbejde sammen, samarbejde

zu'sammen|·**ballen** krølle sammen; *sich ~* klumpe sig sammen; *Wolken*: trække sammen; *Macht*: koncentrere sig; ~**ballung** *f* koncentration; ~**bauen** bygge sammen, samle; ~**beißen** *die Zähne ~ fig F* bide tænderne sammen; ~**bekommen** få sammen; ~**betteln** tigge sammen; ~**binden** binde sammen; ~**bleiben** *v/i* ⟨*sn*⟩ blive sammen; ~**brauen** brygge sammen; *sich ~ fig* F trække op (til); ~**brechen** *v/i* ⟨*sn*⟩ styrte (*od* falde) sammen; *fig* bryde sammen; ~**bringen** bringe sammen, samle; 2**bruch** *m* sammenstyrtning; *fig* sammenbrud *n*; ~**drängen**: (*sich*) ~ trænge (sig) sammen; *fig* sammentrænge; ~**drücken** sammentrykke; ~**fahren** *v/i* ⟨*sn*⟩ køre (*od* rejse) sammen; (*zusammenstoßen*) støde sammen; (*erschrecken*) fare sammen; ~**fallen** *v/i* ⟨*sn*⟩ falde (*od* styrte) sammen; (*übereinstimmen*, *mutlos werden*) falde sammen; ~**falten** folde (*od* lægge) sammen; ~**fassen** sammenfatte, resumere; 2**fassung** *f* sammenfat-

ning, resumé *n*; ~**finden** finde sammen; *sich ~* samles, finde sammen (*od* hinanden); ~**flicken** lappe sammen; ~**fließen** *v/i* ⟨*sn*⟩ flyde (*od* strømme) sammen; 2**fluss** *m* sammenflydning; forening; (*zweier Flüsse*) sammenløb *n*; ~**fügen** sammenføje; ~**führen** føre sammen; ~**gehen** *v/i* ⟨*sn*⟩ gå sammen; (*sich vereinigen*) forenes; *Stoff*: krybe

zu'sammengehör|**en** *v/i* høre sammen; ~**ig** sammenhørende; 2**igkeit** *f* ⟨0⟩ samhørighed; 2**igkeitsgefühl** *n* følelse af samhørighed

Zu'sammen|**halt** *m* ⟨-(e)s; 0⟩ sammenhold *n*; 2**halten** holde sammen; (*vergleichen*) sammenligne; *v/i fig* stå sammen; ~**hang** *m* sammenhæng; *in diesem ~* i denne forbindelse (*od* sammenhæng); 2**hängen** *v/i* hænge sammen (*mit D*/med); 2**hanglos** ⟨-*est*⟩ usammenhængende; 2**hauen** hugge i stykker (*od* F smadder); *j-n ~* slå én halvt fordærvet; 2**heften** hæfte sammen; 2**heilen** *v/i* ⟨*sn*⟩ læges; ~**klang** *m fig* samklang, harmoni

zu'sammen|**klappbar** sammenklappelig; ~**klappen** *v/t* klappe sammen; *v/i* ⟨*sn*⟩ *fig* F knække (*od* bryde, klappe, falde) sammen

zu'sammen|**kleben** klæbe (*od* klistre) sammen; ~**kneifen** *Mund, Augen* knibe sammen; ~**knüllen** krølle sammen; ~**kommen** *v/i* ⟨*sn*⟩ komme sammen (*mit D*/med); ~**kratzen** skrabe sammen (*a* F *Geld*); 2**kunft** *f* ⟨-; *~e*⟩ sammenkomst, møde *n*; ~**läppern** ⟨-*re*⟩: *sich ~* F løbe op

Zu'sammen|**lauf** *m* sammenløb *n*; 2**laufen** *v/i* ⟨*sn*⟩ løbe (*od* strømme) sammen, forenes; (*gerinnen*) *Milch*: blive sur; (*einlaufen*) krybe ind, krympe; *Farben*: smelte sammen

zu'sammen·**leben** *v/i* leve sammen; 2 *n* ⟨-*s*; 0⟩ samliv *n*

zu'sammen·**legen** lægge sammen; *Geld* skillinge sammen, F splejse; (*zusammenklappen*) folde sammen; 2**legung** *f* sammenlægning; forening; 2**lesen** samle sammen; ~**löten** lodde sammen; ~**lügen** lyve, konstruere; ~**nähen** sy sammen; ~**nehmen** tage sammen; *Kräfte* samle; *sich ~* tage sig sammen; ~**packen** pakke sammen; ~**passen** *v/i* passe sammen (*a Pers*); ~**pferchen** stuve sammen

Zu'sammen|**prall** *m* sammenstød *n* (*a fig*); 2**prallen** *v/i* ⟨*sn*⟩ støde hårdt sammen

zu'sammen·**pressen** presse sammen;

~**raffen** *Geld* rage til sig; *sich* ~ tage sig sammen; ~**raufen: sich** ~ få renset luften og blive gode venner (igen); ~**rechnen** tælle (*od* regne) sammen; ~**reimen: sich** ~ passe sammen, rime; ~**reißen: sich** ~ F tage sig sammen; ~**rollen** rulle sammen; ~**rotten** *-e-*: rotte sig sammen; **2rottung** *f* sammenrottelse; ~**rücken** *v/t u v/i* ⟨*sn*⟩ rykke (*od* flytte) (tættere) sammen; ~**rufen** kalde sammen; ~**schieben** skubbe sammen; ~**schießen** skyde i grus; ~**schlagen** (*zertrümmern*) slå i stykker; *j-n* slå halvt fordærvet; *Hände, Hacken* slå sammen; (*zusammenfalten*) lægge (*od* folde) sammen; ~**schließen: sich** ~ slutte sig sammen; **2schluss** *m* sammenslutning; ~**schmelzen** *v/t* smelte sammen; *v/i* ⟨*sn*⟩ smelte væk, svinde ind; ~**schnüren** snøre sammen; *Herz, Kehle*: sammensnøre; ~**schrauben** skrue sammen; ~**schrecken** *v/i* ⟨*sn*⟩ fare sammen; ~**schreiben** sammenskrive (*a fig*); ~**schrumpfen** *v/i* ⟨*sn*⟩ skrumpe ind (*od* sammen; *a fig*); ~**schweißen** svejse sammen (*a fig*); **2sein** *n* ⟨*-s; 0*⟩ samvær *n*
zu'sammen|·setzen sætte sammen; TECH *a* samle; *sich* ~ bestå (*aus D*/af); *Pers* sætte sig sammen; **2ung** *f* sammensætning (*a* GRAM); TECH *a* samling
zu'sammen|·sinken *v/i* ⟨*sn*⟩ synke sammen, segne; ~**sitzen** *v/i* sidde sammen; ~**sparen** spare sammen (**für** *A*/til); **2spiel** *n* ⟨*-s; 0*⟩ sammenspil *n*; *fig* samspil *n*; ~**stauchen** F: *j-n* give en en ordentlig omgang; ~**stecken** sætte sammen; *mit Nadeln*: stikke sammen; *die Köpfe* ~ *fig* stikke hovederne sammen; *pej* spille under dække (med hinanden); ~**stehen** *v/i* stå sammen; *fig a* holde sammen
zu'sammen·stell|en stille sammen, sammenstille; (*bauen*) sætte sammen, samle; (*vergleichen*) sammenligne; **2ung** *f* sammenstilling; (*Vergleich*) sammenligning
zu'sammen|·stimmen *v/i* harmonere, stemme overens; ~**stoppeln** ⟨*-le*⟩ F flikke sammen; skrabe sammen
Zu'sammen|stoß *m* sammenstød *n* (*a fig*); **2·stoßen** *v/t u v/i* ⟨*sn*⟩ støde sammen (*a fig*); (*angrenzen*) støde op til hinanden
zu'sammen|·streichen *Budget* nedskære; ~**strömen** *v/i* ⟨*sn*⟩ strømme sammen; *Leute*: stimle sammen; ~**stückeln** lappe sammen; **2sturz** *m* sammenstyrtning; ~**stürzen** *v/i* ⟨*sn*⟩ styrte sammen; ~**suchen** søge (*od* samle) sammen

~**tragen** bære sammen; (*sammeln*) samle; ~**treffen** *v/i* ⟨*sn*⟩ træffe sammen; (*zeitlich übereinstimmen*) falde sammen; (*begegnen*) mødes; **2treffen** *n* ⟨*-s; 0*⟩ sammentræf *n*, møde *n*; ~**treiben** drive sammen; ~**treten** *v/i* ⟨*sn*⟩ træde sammen; **2tritt** *m* ⟨*-(e)s; 0*⟩ sammentræden; ~**trommeln** *fig* F tromme sammen; ~**tun** lægge sammen; *sich* ~ slå sig sammen; (*begegnen* (om)); ~**wachsen** *v/i* ⟨*sn*⟩ vokse sammen; ~**werfen** slå sammen; (*mischen*) (sammen)blande; ~**wickeln** vikle sammen; ~**wirken** *v/i* virke sammen, samvirke; ~**würfeln** ryste sammen; *e-e bunt zusammengewürfelte Gesellschaft* et broget selskab; ~**zählen** tælle (*od* lægge) sammen; ~**ziehen** trække sammen (*a* MIL); (*resümieren*) sammendrage; *in gemeinsame Wohnung*: flytte sammen; *Gewitter*: trække sig op; (*addieren*) lægge sammen; *Stoff*: krympe; *die Augenbrauen* ~ rynke på panden; ~**zucken** *v/i* ⟨*sn*⟩ fare sammen
Zusatz *m* tillæg *n*, tilføjelse; (*Beimischung*) tilsætning; ~**ausbildung** *f* ekstrauddannelse; ~**gerät** *n* ekstraapparat *n*
zusätzlich yderligere, supplerende; ekstra-, tillægs-
Zusatz|stoffe *m/pl* tilsætningsstoffer *pl*; ~**versicherung** *f* tillægsforsikring; ~**zahl** *f* tillægstal *n*
zu'schanden til skamme; ~ *machen* ødelægge; ~ *werden* ikke blive til ngt.; ~**schanzen** F forskaffe
zu·schau|en *v/i* se til, være tilskuer; *j-m* ~ (stå og) se på én; **2er** *m* tilskuer; (*Fernseh-*) tv-seer; **2erraum** *m* tilskuerplads; *im* ~ på tilskuerpladserne
zu|·schaufeln skovle til; ~**schicken** tilsende; ~**schieben** skubbe hen til; *Tür* skyde til; *j-m die Schuld* ~ skyde skylden over på én; → *a* **zuschanzen**; ~**schießen** *Geld* skyde til
Zu|schlag *m* tillæg *n*, pålæg *n*; *bei Auftrag*: tildeling; *bei Auktion*: hammerslag *n*; **2·schlagen** *v/i* ⟨*sn*⟩ slå i, springe i; *v/t* slå til; *Tür* smække i
zuschlag|frei fri for tillægsbetaling; **2karte** *f* tillægsbillet; ~**pflichtig** tillægspligtig
zu|·schließen lukke (i); (*abschließen*) låse; ~**schmeißen** F smække i; ~**schnallen** spænde (fast); ~**schnappen** *Hund*: snappe mod (*od* efter); *v/i* ⟨*sn*⟩ *Tür*: smække i
zu·schneid|en skære til; **2er(in)** *m(f)* tilskærer(ske)

zu|·schneien v/i ⟨sn⟩ sne til; ⟨2⟩schnitt m tilskæring; (Schnitt) snit n, facon; fig format n, tilsnit n; **~schnüren** snøre sammen (od til); **~schrauben** skrue til (od fast); **~schreiben** tilføje, skrive til; j-m etw. ~ tilskrive én ngt.; das hat er sich selbst zuzuschreiben det er hans egen skyld; **~schreien** skrige (od råbe) til; ⟨2⟩schrift f skrivelse; an Zeitung: henvendelse, brev n

zu·schulden: sich (D) etw. ~ kommen lassen gøre sig skyldig i ngt

Zuschuss m tilskud n

zu·schütten kaste til; (nachschütten) hælde til

zu·sehen v/i (D) se til, være tilskuer; (sorgen) sørge for, passe på; j-m ~ se på én; **~ds** kendeligt, tydeligt

zu|·senden tilsende (j-m etw. én ngt.); **~setzen** v/t tilføje; (beimischen) tilsætte; (verlieren) tabe, sætte til; v/i j-m plage, trænge ind på

zu·sichern tilsikre, garantere (j-m etw. én ngt.); ⟨2⟩ung f tilsikring

zu·sperren spærre i, lukke

Zuspiel n SPORT aflevering; ⟨2⟩en j m etw... spille én ngt. i hænde; Ball aflevere (j-m til én)

zu·spitz|en bsd fig tilspidse (sich sig); ⟨2⟩ung f ⟨0⟩ tilspidsning

zu·sprechen v/t tildele, indgyde (j-m Mut én mod); JUR tilkende; v/i (D) tale til; (trösten) trøste; dem Alkohol ~ forfalde til drik

zu|·springen v/i ⟨sn⟩ springe hen (auf A/mod od til); Tür: springe til; ⟨2⟩spruch m ⟨-(e)s; 0⟩ opmuntring, trøst; (Beliebtheit, Andrang) søgning; ⟨2⟩stand m tilstand, forfatning

zu·stande: ~ bringen tilvejebringe, frembringe; ~ kommen komme i stand

zuständig (für A) beføjet til, kompetent til, ansvarlig for; Behörde: pågældende, rette; wir sind nicht ~ det sorterer ikke under os; F det tager vi os ikke af; ⟨2⟩keit f kompetence, ansvarsområde n

zu·statten·kommen (D) komme til nytte

zu·stecken faste sammen; j-m etw. ~ stikke ngt. til én

zu|·stehen v/i (D) fig tilkomme; **~steigen** v/i ⟨sn⟩ stå på

zu·stell|en (til)spærre; (zuschicken) tilsende; Post udbringe; (jur) forkynde; ⟨2⟩er m (Post-) postbud n; ⟨2⟩gebühr f gebyr n for udbringning; ⟨2⟩ung f tilsendelse; udbringning; JUR forkyndelse

A/mod); v/t Geld bidrage (zu D/til)

zu·stimm|en v/i (D) bifalde, billige; samtykke; (einig sein) være enig; ⟨2⟩ung f bifald n, billigelse, samtykke n (zu D/til)

zu|·stopfen (til)stoppe; **~stöpseln** tilproppe; **~stoßen** v/t støde (hen) til; Tür skubbe i; v/i ⟨sn⟩ (D) tilstøde, hænde; **~streben** v/i (D) stræbe hen imod; ⟨2⟩strom m ⟨-(e)s; 0⟩ tilstrømning (a fig); **~strömen** v/i ⟨sn⟩ strømme til; (D) strømme imod; **~stürzen** v/i ⟨sn⟩ styrte hen (auf A/imod)

zu·tage: ~ fördern (kommen) fig bringe (komme) for dagen; es liegt offen ~ fig det er soleklart

Zutaten f/pl (Speise⟨2⟩) ingredienser pl

zu·teil|en tildele; ⟨2⟩ung f tildeling; ration

zu·teil·werden: j-m ~ blive én til del

zu·tiefst dybest nede (od inde)

zu·tragen bære hen til; (bringen) bringe; (erzählen) fortælle; sich ~ tildrage sig, hænde

Zuträger m sladderhank

zuträglich (D) gavnlig, nyttig (der Gesundheit for helbredet); ⟨2⟩keit f ⟨0⟩ gavnlighed, nytte

zu·trau|en tiltro (j-m etw. én ngt.); das hätte ich ihm nicht zugetraut det vilde jeg ikke have troet om ham; sich (D) etw. ~ have mod til ngt.; ⟨2⟩en n ⟨-s; 0⟩ tillid, tiltro; **~lich** tillidsfuld, fortrolig; (zahm) tam; ⟨2⟩lichkeit f ⟨0⟩ tillid(sfuldhed), fortrolighed

zu·treffen v/i slå til, passe (auf A/på); **~d** rammende; nicht ~ forkert; ⟨2⟩es unterstreichen det ønskede (od rigtige) understreges

zu|·treiben v/t u v/i ⟨sn⟩ drive hen imod; **~treten** trampe (od sparke) til; v/i ⟨sn⟩ auf j-n ~ træde hen imod én, henvende sig til én

zu·trinken j-m ~ skåle med én

Zutritt m adgang (zu D/til); ~ verboten! adgang forbudt!

zu·tun føje til; (schließen) lukke; → a zugetan; ⟨2⟩ n ⟨-s; 0⟩ medvirken

zu|·ungunsten (G, D) til skade (for); **~unterst** underst, nederst

zuverlässig pålidelig, troværdig; ⟨2⟩keit f ⟨0⟩ pålidelighed, troværdighed

Zuversicht f ⟨0⟩ fast tillid; (Hoffnung) fortrøstning (auf A/til); **voller ~** fortrøstningsfuldt; ⟨2⟩lich tillidsfuld, fortrøstningsfuldt; **~lichkeit** f ⟨0⟩ → **Zuversicht**

zu·vor forud, før; (im Voraus) i forvejen; **~derst** allerforrest

zu'vor·kommen v/i ⟨sn⟩ (D) komme i for-

Z

købet; **~d** forekommende; **2heit** f ⟨0⟩ forekommenhed

zu'vor·tun: *es j-m* ~ overgå én (*in* D/i)

Zuwachs m ⟨-es; ⸚e⟩ tilvækst; (*Familien2*) familieforøgelse

zu-wachs|en v/i ⟨sn⟩ vokse til, gro til; *j-m* ~ *fig* tilfalde én; **2rate** f (til)vækstrate

Zu|wanderer m, **~wanderin** f tilflytter; *aus e-m anderen Land:* indvandrer; **2wandern** v/i ⟨sn⟩ tilflytte; (*einwandern*) indvandre; **~wanderung** f tilflytning, indvandring

zu-wanken v/i ⟨sn⟩ vakle hen (*auf* A/imod)

zu'wege: ~ **bringen** tilvejebringe; *mit etw.* ~ **kommen** kunne tackle ngt., få ngt. i stand

zu-wehen v/t: *mit Schnee* ~ tilfyge med sne

zu'weilen undertiden, somme tider

zu-weis|en anvise; **2ung** f anvisning; ration, kontingent n

zu-wend|en vende (*D*/til *od* mod); *fig* forskaffe, give (*j-m etw.* én ngt.); (*sich kümmern*) *sich j-m* ~ tage sig af én; **2ung** f (*Geld*) (penge)gave; (*Zuschuss*) tilskud n; (*Aufmerksamkeit, Liebe*) ømhed, kærlighed, omsorg

zu-werfen (*D*) tilkaste, kaste til; (*füllen*) udfylde; *Tür* smække i, knalde i

zu'wider (*D*) (i)mod; *adv* modbydeligt, imod; *es ist mir* ~ det er mig inderligt imod; **~handeln** v/i (*D*) handle imod; **2handlung** f overtrædelse; **~laufen** v/i ⟨sn⟩ (*D*) være i strid med

zu|·winken v/i (*D*) vinke; **~·zahlen** betale ekstra

zu'zeiten (*bisweilen*) undertiden, nu og da

zu-ziehen v/t trække til (*od Vorhang:* for); *j-n* tilkalde; *sich* (*D*) *etw.* ~ pådrage sig ngt.; v/i ⟨sn⟩ (*hierher*) tilflytte

Zu|zug m tilflytning; (*Verstärkung*) tilgang; (*Einwanderung*) indvandring; **~zügler** m tilflytter; **2züglich** (*G*) med tillæg af, samt, plus

zu-zwinkern v/i (*D*) blinke til

zwacken F nappe, knibe; *fig* plage

Zwang m ⟨-(e)s; ⸚e⟩ tvang; *Zwänge* pl forpligtelser pl, nødvendigheder pl; *sich* (*D*) ~ **antun** lægge bånd på sig selv; *tun Sie sich keinen* ~ *an! fig* lad som om De var hjemme!

zwängen klemme, presse; trykke sammen med magt; *sich* ~ *durch* kante sig igennem

zwang|haft ⟨-est⟩ ved tvang; ᴘꜱʏᴄʜ sygelig; **~los** ⟨-est⟩ tvangfri, afslappet; **2losigkeit** f ⟨0⟩ utvungenhed, afslappethed

Zwangs|anleihe f tvangslån n; **~arbeit** f tvangsarbejde n; **~einweisung** f tvangsindlæggelse; **~enteignung** f ekspropriation; **~ernährung** f ⟨0⟩ tvangsernæring, tvangsfodring; **~herrschaft** f tvangsherredømme n; **~jacke** f spændetrøje; **~lage** f nødsituation; **2läufig** naturnødvendig, tvingende nødvendig, uafvendelig; **~maßnahme** f tvangsforanstaltning; **~mittel** n tvangsmiddel n; **~umtausch** m obligatorisk veksling; **~versetzung** f tvangsforflyttelse; **~versteigerung** f tvangsauktion; **~vollstreckung** f eksekution; **~vorstellung** f fiks idé, tvangsforestilling; **2weise** ved tvang, ufrivillig; **~wirtschaft** f kriseøkonomi, planøkonomi

zwanzig tyve; **~er: in den** ~ **Jahren** i tyverne; *er ist in den* **2n** han er i tyverne; **~jährig** tyveårig; **~mal** tyve gange; **~ste(r):** *der* (*die*) **2ste** den tyvende; **2stel** n tyvendedel

zwar vel, nok; (*allerdings*) ganske vist, rigtignok; *und* ~ nemlig; ~ ..., *aber* ganske vist ... men

Zweck m ⟨-(e)s; -e⟩ formål n (*G*/med); (*Absicht*) hensigt (med); *zu welchem* ~? hvorfor, til hvad nytte?; *das hat keinen* ~ det er ingen nytte til; *zu diesem* ~ til dette formål; **~bau** m ⟨-(e)s; -ten⟩ nyttebygning; **~bindung** f formålsbestemthed; **2dienlich** formålstjenlig, hensigtsmæssig

Zwecke f pløk, stift; (*Reiß2*) tegnestift

zweck|entfremdet som ikke mere svarer til formålet; **~entsprechend** hensigtsmæssig; **~gebunden** formålsbestemt; F øremærket; **~los** ⟨-est⟩ meningsløs, hensigtsløs; **2losigkeit** f ⟨0⟩ meningsløshed, hensigtsløshed; **~mäßig** hensigtsmæssig; praktisk; **2mäßigkeit** f ⟨0⟩ hensigtsmæssighed; **2optimismus** m forloren optimisme

zwecks (*G*) til, for; med ... for øje

Zweck|sparen n ⟨-s; 0⟩ formålsopsparing; **~verband** m forbund n (med et bestemt formål)

zwei to; & f toer; **2achser** m toakslet vogn; **~armig** toarmet; **~bahnig** tosporet; **~beinig** tobenet

Zweibett|abteil n tosengskupé; **~kabine** f tokøjerskahyt; **~zimmer** n dobbeltværelse n

zwei|deutig dobbelttydig; (*schlüpfrig*) tvetydig; **2deutigkeit** f tvetydighed; **2'drittelmehrheit** f to tredjedels flertal n; **~eig** [-aɪ̯ç] toægget; **~ein'halb** toen-

halv; ℒerbeziehung f parforhold n; ∼er-
lei to slags; ∼fach dobbelt; ℒfamilien-
haus n tofamiliehus n; ∼farbig tofarvet

Zweifel m tvivl (*an D*/om); *im* ∼ *sein* være i
tvivl; *in* ∼ *ziehen* drage i tvivl; *ohne* ∼
uden tvivl, sikkert; ℒhaft ⟨-est⟩ tvivlsom
(*a unseriös*); ℒlos utvivlsom, uden tvivl;
ℒn *v*/*i* ⟨-*le*⟩ tvivle (*an D*/på); *an allem* ∼
tvivle om alt; ∼sfall m tvivlstilfælde n;
im ∼ hvis der er tvivl; ℒs'ohne utvivlsomt,
uden tvivl

Zweifler m tvivler, skeptiker

Zwei|flügler m tovinget; ∼füßer m tobenet

Zweig m ⟨-(e)s; -e⟩ gren, kvist; ÖKON branche, gren; *Gymnasium*: gren, linie; *auf
keinen grünen* ∼ *kommen* fig F ikke
komme ud af stedet; ∼bahn f sidebane

zwei|geschlechtig tvekønnet; ℒgespann
n tospand n

Zweiggeschäft n filial

zwei|gleisig dobbeltsporet; ∼gliedrig to-
leddet

Zweig|linie f sidelinje; ∼niederlassung f,
∼stelle f filial

zwei|händig tohændet; MUS tohændig;
ℒheit f ⟨0⟩ dobbelthed, dualisme; ∼hun-
dert tohundrede; ∼jährig toårig; toårs;
ℒ'kammersystem n tokammersystem
n; ℒkampf m duel, tvekamp; ∼köpfig to-
hovedet; ℒ'literflasche f tolitersflaske;
∼mal to gange; ∼malig som sker to gange;
ℒmaster m tomaster; ∼monatlich som
sker to gange om måneden; ∼motorig to-
motorers; ℒ'phasenstrom m tofaset
strøm; ℒrad n cykel; ∼rädrig tohjulet;
∼reihig toradet; ℒsamkeit f ⟨0⟩ tosom-
hed; ∼schneidig tveægget; fig tveægget,
ambivalent; ∼seitig tosidet; ∼silbig to-
stavelses; ℒsitzer m topersoners bil;
(*Sportwagen*) tosædet sportsvogn; ∼spal-
tig dobbeltspaltet; ℒspänner m tospæn-
der; ∼sprachig tosproget; ℒsprachigkeit
f ⟨0⟩ tosprogethed; ∼spurig dobbeltspo-
ret; ∼stellig tocifret; ∼stimmig tostem-
mig; ∼stöckig toetages; ∼strahlig tomo-
torers jet-; ∼stufig totrins-; ∼stündig to
timers

zweit: *zu* ∼ to og to

zwei|tägig to dages; ℒtaktmotor m to-
taktsmotor

zweit|älteste(r) næstældst; ∼beste(r)
næstbedst; ∼e(r) anden, andet

Zweiteil|er m todelt badedragt; ℒig todelt,
tvedelt; i to dele; ∼ung f tvedeling

zweit|ens for det andet; ∼größte(r) næst-
størst; ∼jüngste(r) næstyngst; ∼klassig
andenrangs, andenklasses; ∼letzte(r)

næstsidst; ∼rangig som kommer i anden
række; (*qualitativ*) andenrangs; ℒschlüs-
sel m ekstranøgle; ℒschrift f genpart, kopi, duplikat n; ℒwagen m bil nr. 2; ℒwoh-
nung f anden lejlighed; (*Ferien-*) fritids-
bolig

Zwei|vierteltakt m to fjerdedels takt;
ℒzackig totakket, togrenet; ℒzeilig tolin-
jet; ∼'zimmerwohnung f toværelses lejlighed; ℒzylinder m tocylindret motor

Zwerchfell n mellemgulv n; ℒerschüt-
ternd: ∼es Lachen stormende latter

Zwerg m ⟨-(e)s; -e⟩ dværg; ℒenhaft ⟨-est⟩
dværgagtig; ∼(en)wuchs m dværgvækst;
∼huhn n dværghøne; ∼staat m lilleput-
stat; ∼volk n dværgfolk n, pygmæfolk n

Zwetsch(g)e f (sveske)blomme; *getrock-
nete Zwetsch(g)e* sveske; ∼nwasser n
⟨-s; 0⟩ blommesnaps

Zwickel m (*Stoff*ℒ) kile

zwick|en knibe, nappe, nippe; fig plage;
ℒer m (*Brille*) lorgnet, pincenez; ℒmühle
f svikmølle; fig knibe; *in e-e* ∼ *geraten*
fig komme i en slem knibe

Zwieback m ⟨-(e)s; ∼e⟩ tvebak

Zwiebel f ⟨-, -n⟩ løg n; (*Blumen*ℒ) blom-
sterløg; ∼gewächs n løgvækst; ℒn ⟨-*le*⟩
fig F plage, tage hårdt på; ∼suppe f løg-
suppe; ∼turm m løgformet spir n; løgkup-
pel

zwie|fach dobbelt; ℒgespräch n samtale,
dialog; ℒlaut m tvelyd; ℒlicht ⟨-(e)s; 0⟩ n
tusmørke n; *ins* ∼ *geraten* fig blive genstand for mistanke; ∼lichtig skummel;
ℒspalt m ⟨-(e)s; 0⟩ splid, uenighed; *sich
im* ∼ *befinden* være i splid med sig selv;
∼spältig fig splittet; *adv a* med blandede
følelser; ℒsprache f samtale; ℒtracht f
⟨0⟩ splid, tvedragt; ∼ *säen* stifte splid

Zwille f slynge

Zwil(li)ch m ⟨-(e)s; -e⟩ drejl n

Zwilling m ⟨-s; -e⟩ tvilling; *siamesische*
∼*e* siamesiske tvillinger

Zwillings|bruder m tvillingbro(de)r;
∼paar n tvillingpar n; ∼schwester f tvil-
lingsøster

Zwing|burg f (tvangs)borg, citadel n; ∼e f
skruestik; ℒen ⟨L⟩ tvinge (*zu D*/til); (*bezwingen*) betvinge; ∼ → *a gezwungen*;
ℒend tvingende; ∼ *notwendig* bydende
nødvendig; ∼er m bur n; (*Hunde-*) løbe-
gård; kennel; ∼herr m tyran, voldsher-
sker

zwinkern *v*/*i* ⟨-*re*⟩ blinke, glippe

zwirbeln ⟨-*le*⟩ dreje

Zwirn m ⟨-(e)s; -e⟩ (sy)tråd; ℒen tvinde,
spinde; ∼sfaden m sytråd

Z

zwischen (D, A) (i)mellem; (unter) (i)blandt; 2**akt** m mellemakt; 2**bemerkung** f indskudt bemærkning; sidebemærkning; 2**bescheid** m foreløbig besked; 2**deck** n mellemdæk n; 2**ding** n mellemting; ~'**durch** (tværs) igennem; zeitlich: nu og da; 2**ergebnis** n mellemresultat n; 2**fall** m kedelig (od alvorlig) hændelse, episode; 2**frucht** f AGR mellemkultur; 2**geschoss** n mezzanin; 2**glied** n mellemled n; 2**größe** f mellemstørrelse; 2**handel** m mellemhandel; 2**händler** m mellemhandler; 2**lagerung** f midlertidig opbevaring; 2**landung** f mellemlanding; 2**lösung** f foreløbig løsning; 2**mahlzeit** f mellemmåltid n; ~**menschlich**: ~e Beziehungen medmenneskelige (od sociale) forhold pl (od relationer pl); 2**pause** f pause, ophold n; 2**produkt** n halvfabrikat n; 2**prüfung** f stopprøve; 2**raum** m mellemrum n; 2**ruf** m afbrydende råb n, tilråb n; 2**runde** f SPORT mellemrunde; 2**satz** m GRAM indskudt sætning; 2**spiel** n THEA, MUS mellemspil n; fig a intermezzo n; ~**staatlich** international; 2**station** f mellemstation; 2**stufe** f mellemtrin n (a fig); 2**stunde** f mellemtime; 2**wand** f skillevæg; 2**zeit** f mellemtid (a SPORT); in der ~ i mellemtiden; ~**zeitlich** adv i mellemtiden

Zwist m ⟨-(e)s; -e⟩ tvist, strid, splid; ~**igkeiten** f/pl tvistigheder pl, stridigheder pl

zwitschern v/i ⟨-re⟩ kvidre; e-n ~ F (trinken) få sig en lille én

Zwitter m hermafrodit; (Mischung) blanding; 2**haft** bastardkønnet, tvekønnet; ~**stellung** f fig uafklaret stilling

zwo → zwei

zwölf tolv; 2 f tolvtal n; es ist fünf Minuten vor 2 fig klokken er fem minutter i tolv; 2**ender** m (Hirsch) hjort med tolv takker; 2**er** m Spiel: tolver; 2'**fingerdarm** m tolvfingertarm; ~**stündig** tolvtimers; ~**te(r)** tolvte; ~**teilig** i tolv dele; 2**tel** n tolvtedel; ~**tens** for det tolvte

Zyan [tsy'a:n] n ⟨-s; 0⟩ cyan; ~'**kali** n ⟨-s; 0⟩ cyankalium n

zyklisch cyklisk

Zy'klon m ⟨-s; -e⟩ cyklon

Zy'klop m ⟨-en⟩ kyklop

Zyklo'tron n ⟨-s; -e⟩ cyklotron

Zyklus m ⟨-; Zyklen⟩ cyklus; MED menstruation

Zy'linder m cylinder; Lampe: lampeglas n; (Hut) høj hat; ~**block** m ⟨-(e)s; ~e⟩ cylinderblok; 2**förmig** cylinderformet; ~**kopf** m TECH topstykke n

zy'lindrisch cylindrisk

Zy|niker m kyniker; 2**nisch** kynisk; ~'**nismus** m ⟨-; 0⟩ kynisme

Zypern n Cypern n

Zy'presse f cypres

Zypri'ot m ⟨-en⟩ cypriot

Zyste f cyste

zz, zzt. (= zurzeit) for tiden (Abk. p. t.)

Rechtschreibung, Silbentrennung und Zeichensetzung im Dänischen

Die dänische Schriftsprache ist im Gegensatz zur lautlich abgeschliffenen Umgangssprache ziemlich konservativ. Deshalb stimmt die Schreibweise oft nicht mit der Aussprache überein:

- Meist stumm sind *d* in den Verbindungen *ds, dt, ld, nd, rd*, *h* in *hj*- und *hv*-, *v* in *-lv* und *-rv*.

- Bis ungefähr 1900 wurde vor den Vordergaumenvokalen oft *gj*- (oder *gi*-) statt *g*- und *kj*- (oder *ki*-) statt *k*- geschrieben (aber nicht gesprochen). Heute schreibt man *gj*- und *kj*- nur vor Hintergaumenvokalen (wo das *j* wirklich gesprochen wird): *gjalde, gjorde, kjole, kjortel*. In Personennamen, in alten Firmennamen und auf älteren Karten findet man noch die alte Schreibweise; z. B.:

  Gjedser ['gɛsəʀ], *Kjøbenhavn* [køːbənˈhaʊ̯ˀn], *Kjeld* [kɛlˀ] (Jungenname).

Substantive werden im Dänischen kleingeschrieben. Mit **großem Anfangsbuchstaben** schreibt man Eigennamen und als Eigennamen gebrauchte Gattungsnamen: *Jens, København, Håbet* (Schiffsname); *Gud, Hovedbanegården, Nordhavnen*. Bei zweigliedrigen Namen werden beide Glieder großgeschrieben: *Sankt Peter, Vester Voldgade, Kongens Have, Hillerød Banegård* (neben *Hillerød banegård*). Bei drei oder mehr Gliedern werden meist das erste und das letzte Glied mit großem Anfangsbuchstaben versehen: *Dei oder det Kongelige Teater, Gorm den Gamle* (Name eines Königs); man kann aber auch alle bedeutungstragenden Wörter großschreiben. Immer großgeschrieben werden die Personalpronomen *I* (Ihr), *De* (Sie), *Dem* (Ihnen, Sie) und das Possessivpronomen *Deres* (Ihr).

Bei der **Worttrennung** werden wie im Deutschen zusammengesetzte und abgeleitete Wörter in ihre ursprünglichen Bestandteile zerlegt, wenn diese leicht zu erkennen sind: *hvid-vinen*. In nicht zusammengesetzten Wörtern wird ein Konsonant zwischen zwei Vokalen meist dem letzten Vokal zugeordnet: *ha-ver*. (Es kann auch so getrennt werden, dass der gesamte Wortstamm auf der oberen Zeile stehen bleibt – Voraussetzung ist, dass die abgetrennte Endung dann mindestens einen Vokal und einen Konsonanten enthält: *hav-er*.) Von zwei Konsonanten zwischen Vokalen wird jeder Silbe ein Konsonant zugeordnet: *ar-me*; *sk, sp* und *st* brauchen nicht getrennt zu werden: *ta-ske* oder *tas-ke* oder *task-er*. Bei drei oder mehr Konsonanten zwischen Vokalen trennt man wie gewöhnlich nach Silben: *pol-string*. Diphthongverbindungen mit *v* werden getrennt (*sy-ven-de, ra-vet*), die mit *j* nicht (*tøj-et*).

Die **Zeichensetzung** entspricht im Wesentlichen der deutschen. Im Dänischen steht jedoch vor einem erweiterten Infinitiv oder vor „um zu", „anstatt zu" kein Komma: *han gik ind for at købe bogen*; *det er dejligt at spise dansk smørrebrød*. Auch eingeschobene kürzere Sätze, verschlungene und ineinander übergehende Sätze haben oft kein Komma mehr: *manden som går forbi er en gammel ven af mig*; *billedet du ser her er fra 1800*; *hvad tror du meningen er?*; *det var dagen før jeg blev gift*.

Zur dänischen Deklination und Konjugation

I. Das Substantiv

A) Genus und Artikel

Das Dänische unterscheidet nur zwei Geschlechter. Das **fælleskøn** (gemeinschaftliches Geschlecht) bezeichnet Maskulinum und Femininum; für sie lautet die gemeinsame Form des unbestimmten Artikels *en*. Beim **intetkøn** (sächliches Geschlecht) heißt sie *et*:

z. B. *en avis* [en a'vi:ˀs] eine Zeitung, *et hus* [et hu:ˀs] ein Haus.

Der **bestimmte Artikel** wird an das Substantiv angehängt, und zwar für das fælleskøn *-(e)n* und für das intetkøn *-(e)t*:

z. B. *avisen* [a'vi:ˀsən] die Zeitung, *huset* ['hu:ˀsəð] das Haus.

(Steht nach kurzem, betontem Vokal ein einfacher Konsonant, dann wird dieser beim Hinzufügen einer Endung verdoppelt, z. B. *en hat* [had] – *hatten* ['hadən] – *hatte* ['hadə] – *hattene* ['hadənə]; *et glas* [glas] – *glasset* ['glasəð] – *glassene* ['glasənə].)

Für die bestimmte Pluralform wird *-(e)ne* an die unbestimmte Pluralform angehängt:

z. B. (*dag* – *dage*) *dagene* ['da:ənə] die Tage,
(*sko* – *sko*) *skoene* ['sgo:ˀənə] die Schuhe.

Wenn beim Substantiv jedoch ein Attribut steht, muss der bestimmte Artikel vorangestellt werden, und zwar *den* (fælleskøn), *det* (intetkøn) oder *de* (Plural):

z. B. *den store avis* [den 'sdo:rə a'vi:ˀs] die große Zeitung,
det store billede [de 'sdo:rə 'beləðə] das große Bild,
de store huse [di 'sdo:rə 'hu:sə] die großen Häuser.

B) Kasusbildung

Das dänische Substantiv kennt nur noch zwei Fälle: die Grundform (entspricht dem deutschen Nominativ, Dativ und Akkusativ) und den Genitiv. Der **Genitiv** endet auf *-s* (bei auf *-s* endenden Wörtern auch auf *-es* oder *-'s*), das an sämtliche unbestimmte und bestimmte Formen angehängt werden kann. Er steht immer vor dem Bezugswort, das dann selbst keinen bestimmten Artikel erhält:

z. B. *en vens avis* [en vens a'vi:ˀs] die Zeitung eines Freundes,
vennens avis ['vɛnˀəns a'vi:ˀs] die Zeitung des Freundes,
vennernes avis ['vɛnərnəs a'vi:ˀs] die Zeitung der Freunde.

C) Pluralbildung

Die Mehrzahlbildung folgt Regeln, die vom Geschlecht des Substantivs unabhängig sind.

1. Pluralendung -e

	mit best. Artikel:
en dag [daːˀ] – dage ['daːə]	dagene ['daːənə]
et land [lanˀ] – lande ['lanə]	landene ['lanənə]
en damper ['dɑmbər] – dampere ['dɑmbərə]	damperne* ['dɑmbərnə]

*In Wörtern auf *-er* geht das Plural-*e* vor dem bestimmten Artikel verloren.

2. Pluralendung -r

	mit best. Artikel:
en uge ['uːə] – uger ['uːər]	ugerne ['uːərnə]
et tæppe ['tɛbə] – tæpper ['tɛbər]	tæpperne ['tɛbərnə]

3. Pluralendung -er

	mit best. Artikel:
en avis [a'viːˀs] – aviser [a'viːˀsər]	aviserne [a'viːˀsərnə]
et træ [tʀɛːˀ] – træer ['tʀɛːˀəʀ]	træerne ['tʀɛːˀəʀnə]
et museum [muˈsɛːɔm] – museer* [muˈsɛːər]	museerne* [muˈsɛːərnə]
(museet* [muˈsɛːəð])	

* Fremdwörter auf *-um* verlieren diese Endung im Plural und vor dem bestimmten Artikel.

4. Endungsloser Plural (Singular = Plural)

	mit best. Artikel:
en sko [sgoːˀ] – sko [sgoːˀ]	skoene ['sgoːˀənə]
et år [ɔːˀʀ] – år [ɔːˀʀ]	årene ['ɔːˀʀənə]

5. Pluralbildung mit Umlaut (a bzw. å: æ, o: ø)

Ohne Endung:

en mand [manˀ] – mænd [mɛnˀ]	mændene ['mɛnˀənə]
et barn [bɑʀˀn] – børn [bœʀˀn]	børnene ['bœʀˀnənə]

Bei gleichzeitiger Anfügung der Endung -e, -r oder -er:

en fader ['faːðər] – fædre* ['fɛðʀə]	fædrene ['fɛðʀənə]
en moder ['moːðər] – mødre* ['møðʀə]	mødrene ['møðʀənə]
en bonde ['bonə] – bønder ['bønˀər]	bønderne ['bønˀərnə]
en nat [nad] – nætter** ['nɛdər]	nætterne ['nɛdərnə]
en hånd [hɔnˀ] – hænder ['hɛnˀər]	hænderne ['hɛnˀərnə]
en bog [bɔ̥ˀw] – bøger ['bøːˀər]	bøgerne ['bøːˀərnə]

* Substantive, die auf unbetontes *-el* oder *-er* enden, verlieren bei der Pluralbildung das *-e-*; gleichzeitig werden Doppelkonsonanten vereinfacht, z.B. *en finger – fingre; en cykel – cyklen – cykler; en gaffel – gafler.*
** Verdopplung des Endkonsonanten (s. Bemerkung zum Artikel S. 966)

II. Das Adjektiv

A) Deklination

Das dänische Adjektiv tritt in 3 Formen auf (vgl. Bemerkung zum Artikel S. 966):

Grundform ohne Endung:	en stor [sdo:ˀʀ] stol
	stolen er stor [sdo:ˀʀ]
*Form mit der Endung -t:**	et stort [sdo:ˀʀd] hus
	huset er stort [sdo:ˀʀd]
Form mit der Endung -e	
*= a) die Pluralform:***	(de/disse/mine) store ['sdo:ʀə] stole,
	huse
= b) *im Singular nach dem vorangestellten bestimmten Artikel, nach denne/dette,*	
Possessivpronomen, nach dem Genitiv und in der Anrede:	
	den store stol, det store hus
	dette/mit/Annas store hus kære ven!

* Auf *-t, -sk, -s, -u* und *-y* endende Adjektive, auch einige auf *-d*, fügen kein *-t* an: z. B. *et berømt dansk slot, et fælles hus, et fremmed menneske, et sky barn.*

** Beachten Sie: *en dannet mand – dannede mænd*
   en gammel mand – gamle mænd
   et smukt hus – smukke huse

Durch Anfügen von *-t* an die Grundform des Adjektivs kann in den meisten Fällen ein **Adverb** gebildet werden:

   z. B. *drengen er god – drengen synger godt.*
   Es wird wie ein Adjektiv gesteigert.

B) Steigerung

1. Regelmäßige Steigerung

høj [hɔïˀ]	højere ['hɔïˀəʀə]	højest ['hɔïˀəsd]
Verdopplung des Endkonsonanten nach kurzem Vokal:		
smuk [smog]	smukkere ['smogəʀə]	smukkest ['smogəsd]
Ausstoßen des tonlosen -e- in den Endungen -el, -en, -er:		
doven ['dɔüən]	dovnere ['dɔünəʀə]	dovnest ['dɔünəsd]
Adjektive auf -e:		
ringe ['ʀeŋə]	ringere ['ʀeŋəʀə]	ringest ['ʀeŋəsd]
Adjektive auf -ig, -lig und -som:		
fattig ['fadi]	fattigere ['fadiˀəʀə]	fattigst ['fadisd]
Adjektive auf -en, -et, -sk, als Adjektive gebrauchte Partizipien:		
sulten ['suldən]	**mere** ['me:ʀə] sulten	**mest** [me:ˀsd] sulten

2. Unregelmäßige Steigerung der Adjektive und Adverbien

Adjektiv	Adverb	Komparativ	Superlativ
få [fɔːˀ]	–	færre [ˈfɛʁə]	færrest [ˈfɛʁəsd]
gammel [ˈgaməl]	gammelt [-d]	ældre [ˈɛldʁə]	ældst [ɛlˀsd]
–	gerne [ˈgɛʁnə]	hellere [ˈhɛləʁə]	helst [hɛlˀsd]
god [goːˀð]	godt [gɔd]	bedre [ˈbeðʁə]	bedst [besd]
ilde [ˈilə] s. ond	ilde		
lang [laŋˀ]	langt [-d]	længere [ˈlɛŋəʁə]	længst [lɛŋˀsd]
liden [ˈliːðen]			
lille [ˈlilə],	} lidt [led]	mindre [ˈmendʁə]	mindst [menˀsd]
pl. **små** [smɔːˀ]			
mange [ˈmaŋə]	–	flere [ˈfleːʁə]	flest [fleːˀsd]
megen [ˈmaɪ̯ən]	meget [ˈmaɪ̯əð]	mere [ˈmeːʁə]	mest [meːˀsd]
nær [nɛːˀʁ]	nært [-d]	nærmere [ˈnɛʁməʁə]	nærmest [ˈnɛʁməsd]
ond [ɔnˀ]	ondt [-d]		
slem [slɛmˀ]	slet [slɛd],	} værre [ˈvɛʁə]	værst [vɛʁsd]
	slemt [slɛmˀd]		
stor [sdoːˀʁ]	stort [-d]	større [ˈsdœʁə]	størst [sdœʁsd]
–	tit [tid]	tiere [ˈtiːʁə]	tiest [ˈtiːəsd]
ung [ɔŋˀ]	ungt [-d]	yngre [ˈøŋʁə]	yngst [øŋˀsd]

III. Das Verb

A) Hilfsverben

Inf.	**have** [haːvə]	**være** [ˈvɛːʁə]	**blive** [ˈbliːvə, ˈbliːə]
Imperativ (= Stamm)	hav! [haːˀ]	vær! [vɛːˀʁ]	bliv! [bliːˀ]
Part. Präs.	havende [ˈhaːvənə]	værende [ˈvɛːʁənə]	blivende [ˈbliːvənə]
Part. Perf.	haft [hafd]	været [ˈvɛːʁəð]	bleven [ˈbleːvən], blevet [ˈbleːvəð]
Präs.	har [haːˀʁ]	er [ɛʁ]	bliver [ˈbliːˀvəʁ]
Impf.	havde [ˈhaːðə]	var [vaʁ]	blev [bleːˀv, bleuˀ]
Perf.	har haft	har* været	er bleven, blevet
Plusquamp.	havde haft	havde* været	var bleven, blevet
Fut.	vil } have, skal }	vil } være, skal }	vil } blive, skal }

* Beachten Sie hier die Verwendung von *have* als Hilfsverb bei *være* (dt. „ist/war gewesen").

Modale Hilfsverben:

Inf.	Präs.	Impf.	Part. Perf.
burde ['buʀdə]	bør [bœr]	burde ['buʀdə]	burdet [-ð]
kunne ['kunə]	kan [kan?]	kunne ['kunə]	kunnet [-ð]
måtte ['mɔdə]	må [mɔ:?]	måtte ['mɔdə]	måttet [-ð]
skulle ['sgulə]	skal [sgal]	skulle ['sgulə]	skullet [-ð]
turde ['tuʀdə]	tør [tœr]	turde ['tuʀdə]	turdet ['tuʀdəð]
ville ['vilə]	vil [vel]	ville ['vilə]	villet [-ð]

B) Die schwachen Verben

1. Imperfektendung -ede

	Aktiv	Stamm mit vokalischer Endung:	Verdopplung des Auslautkonsonanten nach kurzem Vokal:
Inf.	elske ['ɛlsgə]	sy [sy:?]	spille ['sbelə]
Imperativ (= Stamm)	elsk! [ɛl?sg]	sy! [sy:?]	spil! [sbel?]
Part. Präs.	elskende ['ɛlsgənə]	syende ['sy:?ənə]	spillende ['sbelənə]
Part. Perf.	elsket ['ɛlsgəð]	syet ['sy:?əð]	spillet ['sbeləð]
Präs.	elsker ['ɛlsgəʀ]	syr [sy:?ʀ]	spiller ['sbeləʀ]
Impf.	elskede ['ɛlsgəðə]	syede ['sy:əðə]	spillede ['sbeləðə]
Perf.	har elsket	har syet	har spillet
Plusquamp.	havde elsket	havde syet	havde spillet
Fut.	vil	skal } elske	vil	skal } sy	vil	skal } spille
	Passiv 1: *s-Form*		
Inf.	elskes ['ɛlsgəs]	sys [sy:?s]	spilles ['sbeləs]
Präs.	elskes	sys	spilles
Impf.	elskedes ['ɛlsgəðəs]	syedes ['sy:əðəs]	spilledes ['sbeləðəs]
Fut.	vil	skal } elskes	vil	skal } sys	vil	skal } spilles
	Passiv 2: *blive + Part. Perf.*		
Inf.	blive elsket	blive syet	blive spillet
Präs.	bliver elsket	bliver syet	bliver spillet
Impf.	blev elsket	blev syet	blev spillet
Perf.	er bleven od blevet elsket	er bleven od blevet syet	er bleven od blevet spillet
Plusquamp.	var bleven od blevet elsket	var bleven od blevet syet	var bleven od blevet spillet
Fut.	vil	skal } blive elsket	vil	skal } blive syet	vil	skal } blive spillet

	Deponenzien (aktive Bedeutung von Verben in Passivform)	
Inf.	færdes ['fɛʀdəs]	længes ['lɛŋəs]
Präs.	færdes	længes
Impf.	færdedes	**længtes**
	['fɛʀdəðəs]	['lɛŋdəs]
Perf.	har færdedes	har **længtes**

2. Imperfektendung -te

	Aktiv	*Verdopplung des Auslautkonsonanten nach kurzem Vokal:*
Inf.	høre ['hø:ʀə]	glemme ['glɛmə]
Imperativ (= *Stamm*)	hør! [hø:ˀʀ]	glem! [glɛmˀ]
Part.Präs.	hørende ['hø:ʀənə]	glemmende ['glɛmənə]
Part. Perf.	hørt [hø:ˀʀd]	glemt [glɛmˀd]
Präs.	hører ['hø:ʀɒʀ]	glemmer ['glɛmɒʀ]
Impf.	hørte ['hørdə]	glemte ['glɛmdə]
Perf.	har hørt	har glemt
Plusquamp.	havde hørt	havde glemt
Fut.	vil } høre skal }	vil } glemme skal }

	Passiv 1: *s-Form*	
Inf.	høres ['hø:ʀəs]	glemmes ['glɛməs]
Präs.	høres	glemmes
Impf.	hørtes ['hørdəs]	glemtes ['glɛmdəs]
Fut.	vil } høres skal }	vil } glemmes skal }

	Passiv 2: *blive + Part. Perf.*	
Inf.	blive hørt	blive glemt
Präs.	bliver hørt	bliver glemt
Impf.	blev hørt	blev glemt
Perf.	er bleven od blevet hørt	er bleven od blevet glemt
Plusquamp.	var bleven od blevet hørt	var bleven od blevet glemt
Fut.	vil } blive hørt skal }	vil } blive glemt skal }

	Deponenzien (aktive Bedeutung von Verben in Passivform): siehe unter 1.	

3. Unregelmäßige schwache Verben

siehe Liste S. 973

C) Die starken Verben

	Aktiv
Inf.	give ['giːvə, F giːʔ]
Imperativ	giv! [giːʔ(v), gi]
(= Stamm)	
Part. Präs.	givende ['giːvənə]
Part. Perf.	givet ['giː(v)əð]
Präs.	giver ['giːʔ(və)ʀ]
Impf.	gav [gaːʔ(v)]
Perf.	har givet
Plusquamp.	havde givet
Fut.	vil ⎫ give
	skal ⎭

	Passiv 1: *s-Form*
Inf.	gives [giːvəs, giːʔs]
Präs.	gives
Impf.	gaves ['gaːvəs]
Fut.	vil ⎫ gives
	skal ⎭

	Passiv 2: *blive + Part. Perf.*
Inf.	blive givet
Präs.	bliver givet
Impf.	blev givet
Perf.	er bleven *od* blevet givet
Plusquamp.	var bleven *od* blevet givet
Fut.	vil ⎫ givet
	skal ⎭

Verzeichnis der starken Verben siehe Liste S. 974

Verzeichnis der unregelmäßigen schwachen Verben

Infinitiv	Imperativ (= Stamm)	Präsens	Imperfekt	Partizip Perfekt
bringe ['bʁɛŋə]	bring! ['bʁɛŋ']	bringer ['bʁɛŋ'əʁ]	bragte ['bʁaɡdə]	bragt [bʁaɡd]
do [do:']	do! [do:']	dør [dø:'ʁ]	døde ['dø:ðə]	død [dø:'ð]
dolge ['dɒljə]	dolg! ['dɒl'j]	dølger ['døljəʁ]	dulgte ['duldə]	dulgt [dul'd]
folge ['fɒljə]	følg! [fɒl'j(i)]	følger ['føljəʁ]	fulgte ['fuldə]	fulgt [ful'd]
gøre [gœ:ʁə]	gør! [gœʁ]	gør [gœʁ]	gjorde ['gjo:ʁə]	gjort [gjo:'ʁd]
kvæle ['kve:lə]	kvæl! [kve:'l]	kvæler [kve:'ʔlɐʁ]	kvalte ['kvaldə]	kvalt [kva:'ld]
lægge ['lɛɡə]	læg! [lɛɡ]	lægger ['lɛɡɐʁ]	lagde ['la:ə]	lagt [lɑɡd]
række ['ʁɛɡə]	ræk! [ʁɛɡ]	rækker ['ʁɛɡɐʁ]	rakte ['ʁaɡdə]	rakt [ʁaɡd]
sige ['si:ə]	sig! [si:']	siger ['si:ɐʁ]	sagde ['sa:ə]	sagt [saɡd]
smøre ['smœ:ʁə]	smør! ['smœ:'ʁ]	smører ['smœ:ʁɐʁ, 'sbœʁʁwɐʁ]	smurte ['smoʁdə]	smurt [smoʁ'd]
spørge ['sbœʁ(w)ə]	spørg! ['sbœʁ'(w)]	spørger [sbœ:'ʁ, 'sbœʁwɐʁ]	spurgte ['sbɒʁdə]	spurgt [sbɒʁ'd]
strække ['sdʁɛɡə]	stræk! [sdʁɛɡ]	strækker ['sdʁɛɡɐʁ]	strakte ['sdʁaɡdə]	strakt [sdʁaɡd]
sælge ['sɛljə]	sælg! ['sɛl'j(i)]	sælger ['sɛl'j(j)ɐʁ]	solgte ['sɒldə]	solgt [sɒl'd]
sætte ['sɛdə]	sæt! [sɛd]	sætter ['sɛdɐʁ]	satte ['sadə]	sat [sad]
træde ['tʁɛ:ðə]	træd! ['tʁɛ:'ð]	træder ['tʁɛ:'ðɐʁ]	trådte ['tʁɔdə]	trådt [tʁɔd]
tælle ['tɛlə]	tæl! ['tɛl']	tæller ['tɛlɐʁ]	talte ['taldə]	talt [tal'd]
vide ['vi:ðə]	vid! [viðʔ]	ved [ve:'ð]	vidste ['vesdə]	vidst [vesd]
vække ['vɛɡə]	væk! [vɛɡ]	vækker ['vɛɡɐʁ]	vækkede/vakte ['vɛɡəðə/vaɡdə]	vækket/vakt ['vɛɡəð/vaɡd]
vælge ['vɛljə]	vælg! [vɛl'j]	vælger ['vɛljəʁ]	valgte ['valdə]	valgt [val'd]

Verzeichnis der starken Verben

Infinitiv (= Stamm)	Imperativ	Präsens	Imperfekt	Partizip Perfekt
bede [ˈbeːðə, beˑʔ]	bed! [beˑʔ(ð)]	beder [ˈbeːðɐ, beˑʔʀ]	bad [baˑʔð]	bedt [beˑʔd]
betyde [beˈtyːʔðə]	betyd! [beˈtyðˀ]	betyder [beˈtyˑʔðɐ]	betød [beˈtøˑʔð]	betydet [beˈtyˑʔðəd]
bide [ˈbiˑðə]	bid! [biðˀ]	bider [ˈbiˑʔðɐ]	bed [beˑʔð]	bidt [bid]
binde [ˈbenə]	bind! [benˀ]	binder [ˈbenˀɐ]	bandt [banˀd]	bundet [ˈbonəð]
briste [ˈbʀesdə]	brist! [bʀesd]	brister [ˈbʀesdɐ]	bristede/brast [ˈbʀesdəðə/bʀɑsd]	bristet [ˈbʀesdəð]
bryde [ˈbʀyːðə]	bryd! [bʀyðˀ]	bryder [ˈbʀyˑʔðɐ]	brød [bʀøˑʔð]	brudt [bʀud]
byde [ˈbyːðə]	byd! [byðˀ]	byder [ˈbyˑʔðɐ]	bød [bøˑʔð]	budt [bud]
bære [ˈbɔːʀə]	bær! [beˑʔʀ]	bærer [ˈbɛːʀɐ]	bar [bɑˑʔʀ]	båret [ˈbɔːʀəð]
drage [ˈdʀɑːwə]	drag! [dʀɑˑʔw]	drager [ˈdʀɑːʀə]	drog [dʀɔˑʔ(w)]	draget [ˈdʀɑːwəð]
drikke [ˈdʀegə]	drik! [dʀeg]	drikker [ˈdʀegɐ]	drak [dʀɑg]	drukket [ˈdʀogəð]
drive [ˈdʀiːvə]	driv! [dʀiˑʔv]	driver [ˈdʀiˑʔvɐ]	drev [dʀeˑʔv]	drevet [ˈdʀeːvəð]
falde [ˈfalə]	fald! [falˀ]	falder [ˈfalˀɐ]	faldt [falˀd]	faldet [ˈfaləð]
fare [ˈfɑːʀə]	far! [fɑˑʔʀ]	farer [ˈfɑːʀɐ]	farede/for [ˈfɑːʀəðə/foˑʔʀ]	faret [ˈfɑːʀəð]
finde [ˈfenə]	find! [fenˀ]	finder [ˈfenˀɐ]	fandt [fanˀd]	fundet [ˈfonəð]
fise [ˈfiːsə]	fis! [fiˑʔs]	fiser [ˈfiˑʔsɐʀ]	fisede/fiste/fes [ˈfiːsəðə/ˈfisdə/feˑʔs]	fiset/feset [ˈfiːsəð/ˈfeːsəð]
flyde [ˈflyːðə]	flyt! [flyðˀ]	flyder [ˈflyˑʔðɐʀ]	flød [fløˑʔð]	flydt [flyd]
flyve [ˈflyːvə]	flyv! [flyˑʔv]	flyver [ˈflyˑʔvɐʀ]	fløj [flɔiˀ]	fløjet [ˈflɔiəð]
fnyse [ˈfnyːsə]	fnys! [fnyˑʔs]	fnyser [ˈfnyˑʔsɐʀ]	fnøs/fnyste [fnøːˀs/ˈfnyːsdə]	fnyst [fnyːˀsd]
fornemme [fɔʀˈnemˀə]	fornem! [fɔʀˈnemˀ]	fornemmer [fɔʀˈnemˀɐʀ]	fornemmede/fornam [fɔʀˈnemˀəðə/fɔʀˈnɑmˀ]	fornemmet/fornummet [fɔʀˈnemˀəð/fɔʀˈnomˀəð]
fortryde [fɔʀˈtʀyːðə]	fortryd! [fɔʀˈtʀyðˀ]	fortryder [fɔʀˈtʀyˑʔðɐʀ]	fortrød [fɔʀˈtʀøˑʔð]	fortrudt [fɔʀˈtʀud]
fryse [ˈfʀyːsə]	frys! [fʀyˑʔs]	fryser [ˈfʀyˑʔsɐʀ]	frøs [fʀøˑʔs]	frosset [ˈfʀɑsəð]
fyge [ˈfyːə]	fyg! [fyˑʔ]	fyger [ˈfyˑʔɐ]	fygede/føg [ˈfyːəðə/føˑʔ(j)]	fyget/føget [ˈfyːəð/ˈføˑ(j)əð]
få [fɔˑʔ]	få! [fɔ(ˑʔ)]	får [fɔˑʔʀ]	fik [feg]	fået [ˈfɔːəð]
gide [ˈgiˑðə]	gid! [giˑʔð]	gider [ˈgiˑʔðɐʀ]	gad [gaˑʔð]	gidet [ˈgiˑðəð]

Infinitiv	Imperativ (= Stamm)	Präsens	Imperfekt	Partizip Perfekt
give ['giːva, giˀ]	giv! [giːˀ(v), gi]	giver ['giːˀvaʀ, giˀʀ]	gav [gaːˀv, gaˀ]	givet ['giˑvað, 'giˑað]
glide ['gliˑðə]	glid! [gliˀð]	glider ['gliˀðaʀ]	gled [gleˀð]	gledet ['gleˑðað]
gnide ['gniˑðə]	gnid! [gniðˀ]	gnider ['gniːˀðaʀ]	gned [gneˀð]	gnedet ['gneˑðað]
gribe ['gʀiˑbə]	grib! [gʀiːˀb]	griber ['gʀiːˀbaʀ]	greb [gʀeˀb]	grebet ['gʀeˑbað]
græde ['gʀɛːðə]	græd! [gʀɛːˀð]	græder [gʀɛːˀðaʀ]	græd [gʀɛːˀð]	grædt [gʀɛd]
gyde ['gyˑðə]	gyd! [gyðˀ]	gyder ['gyˀ(ˀ)ðaʀ]	gød [gøˀð]	gydt [gyd]
gyse ['gyˑsə]	gys! [gyˀs]	gyser ['gyˀsaʀ]	gyste/gøs ['gyˀsdə/gøˀs]	gyst [gyˀsd]
gælde ['gɛlə]	gæld! [gɛlˀ]	gælder ['gɛlˀaʀ]	gjaldt [g(j)alˀd]	gjaldt/gældt [g(j)alˀd/ gɛlˀd]
gå [goˀ]	gå! [goˀ]	går [goˀʀ]	gik [gig]	gået ['goˑað]
hedde ['heðə]	hed! [heˀð]	hedder ['heðˀaʀ]	hed [heˀð]	heddet ['heðað]
hive ['hiˑvə]	hiv! [hiˀv]	hiver ['hiˀvaʀ]	hev [heˀv]	hevet ['hevað]
hjælpe ['jɛlbə]	hjælp! [jɛlˀb]	hjælper ['jɛlˀbaʀ]	hjalp [jalˀb]	hjulpet ['jolbað]
holde ['hɔlə]	hold! [hɔlˀd]	holder ['hɔlˀaʀ]	holdt [hɔlˀd]	holdt [hɔlˀd]
hænge ['hɛŋə]	hæng! [hɛŋˀ]	hænger ['hɛŋˀaʀ]	hang/hængte [haŋˀ/'hɛŋdə]	hængt [hɛŋˀd]
jage ['jaˑ(j)ə]	jag! [jaːˀ(j)]	jager ['jaˑ(j)aʀ]	jagede/jog ['jaˑ(j)əðə/ joˀ(w)]	jaget ['jaˑ(j)əð]
klinge ['kleŋə]	kling! [kleŋˀ]	klinger ['kleŋaʀ]	klingede/klang ['kleŋəðə/klaŋˀ]	klinget ['kleŋəð]
knibe ['kniˑbə]	knib! [kniˀb]	kniber ['kniˀbaʀ]	kneb [kneˀb]	knebet ['kneˑbað]
komme ['kɔmə]	kom! [kɔm]	kommer ['kɔmˀaʀ]	kom [kɔm]	kommet ['kɔmað]
krybe ['kʀyˑbə]	kryb! [kʀyˀb]	kryber ['kʀyˀbaʀ]	krøb [kʀøˀb]	krøbet ['kʀøbað]
kvæde ['kvɛːðə]	kvæd! [kveˀð]	kvæder ['kveˀðaʀ]	kvad [kvaˀð]	kvædet ['kveˑbað]
lade ['laˑðə, la]	lad! [laˀ(ð)]	lader ['laˑðaʀ, laʀ]	lod/lade ['laˀðəðə/loˀð]	ladet/ladt ['laˑðəð/lad/lad]
le [leˀ]	le! [leˀ]	ler [leˀʀ]	lo [loˀ]	let/leet [leˀð/'leˀəð]
lide ['liˑðə]	lid! [liðˀ]	lider ['liˀðaʀ]	led [leˀð]	lidt/ledet [lid/'leˑðəð]
ligge ['legə]	lig! [leg]	ligger ['legaʀ]	lå [lɔˀ]	ligget ['legəð]
lyde ['lyˑðə]	lyd! [lyðˀ]	lyder ['lyˀðaʀ]	lød [løˀð]	lydt [lyd]
lyve ['lyˑvə]	lyv! [lyˀv]	lyver ['lyˀvaʀ]	løj [lɔiˀ]	løjet ['lɔiəð]
løbe ['løˑbə]	løb! [løˀb]	løber ['løˀbaʀ]	løb [løˀb]	løbet ['løˑbəð]

Infinitiv	Imperativ (= Stamm)	Präsens	Imperfekt	Partizip Perfekt
nyde ['nyːðə]	nyd! [nyð˚]	nyder ['nyˀðɐʀ]	nød [nœˀð]	nydt [nyd]
nyse ['nyːsə]	nys! [nyˀs]	nyser ['nyˀsɐʀ]	nyste/nøs ['nyˀsdə/nøˀˀs]	nyst [nyˀsd]
pibe ['piːbə]	pib! [piˀb]	piber [pi˚'ˀbɐʀ]	peb [peˀb]	pebet ['peˀbəð]
ride ['ʀiːðə]	rid! [ʀið˚]	rider [ʀi˚'ˀðɐʀ]	red [ʀeˀð]	redet ['ʀeˀðəð]
rinde ['ʀenə]	rind! [ʀenˀ]	rinder ['ʀenˀɐʀ]	randt [ʀanˀd]	rundet ['ʀonəð]
rive ['ʀiːvə]	riv! [ʀiˀv]	river [ʀi˚'ˀvɐʀ]	rev [ʀeˀv]	revet ['ʀeˀvəð]
ryge ['ʀyːə]	ryg! [ʀyˀ]	ryger ['ʀyˀ˚ɐʀ]	røg [ʀœˀ]	røget ['ʀœˀəð]
se [seˀ]	se! [seˀ]	ser [seˀʀ]	så [sɔˀ]	set [seˀd]
sidde ['seðə]	sid! [seð˚]	sidder ['seðˀɐʀ]	sad [saˀð]	siddet ['seðəð]
skide ['sgiːðə]	skid! [sgið˚]	skider ['sgið˚ˀɐʀ]	sked [sgeðˀ]	skidt [sgid]
skride ['sgʀiːðə]	skrid! [sgʀið˚]	skrider ['sgʀið˚ˀðɐʀ]	skred [sgʀeˀð]	skredet ['sgʀeːðəð]
skrige ['sgʀiːə]	skrig! [sgʀiˀ]	skriger ['sgʀiˀɐʀ]	skreg [sgʀɑiˀ]	skreget ['sgʀɑiəð]
skrive ['sgʀiːvə]	skriv! [sgʀiˀv]	skriver ['sgʀiˀvɐʀ]	skrev [sgʀeˀv]	skrevet ['sgʀeːvəð]
skyde ['sgyːðə]	skyd! [sgyð˚]	skyder ['sgyˀˀðɐʀ]	skød [sgøˀð]	skudt [sgud]
skælve ['sgɛlvə]	skælv! [sgɛlˀv]	skælver ['sgɛlvɐ]	skælvede/skjalv ['sgɛlvəðə/sgjalˀv]	skælvet ['sgɛlvəð]
skære ['sgɛːʀə]	skær! [sgɛːˀʀ]	skærer ['sgɛːʀɐʀ]	skar [sgɑːˀʀ]	skåret ['sgɔːʀəð]
slibe ['sliːbə]	slib! [sliˀb]	sliber ['sliˀbɐʀ]	sleb [sleˀb]	slebet ['sleːbəð]
slide ['sliːðə]	slid! [slið˚]	slider ['sliˀðɐʀ]	sled [sleˀð]	slidt [slid]
slippe ['sleba]	slip! [sleb]	slipper ['slebɐʀ]	slap [slab]	sluppet ['slobəð]
slå [slɔˀ]	slå! [slɔˀ]	slår [slɔˀʀ]	slog [sloˀˀ(w)]	slået ['slɔːəð]
smide ['smiːðə]	smid! [smið˚]	smider [smi˚'ˀðɐʀ]	smed [smeˀˀð]	smidt [smid]
smyge ['smyːə]	smyg! [smyˀ]	smyger ['smyˀˀɐʀ]	smøgede/smøg ['smyːəð/smøˀˀ(j)]	smyget/smøget ['smyːəð/smøˀ(j)əð]
snige ['sniːə]	snig! [sniˀ]	sniger ['sniˀɐʀ]	sneg [sneˀ(j)]	sneget ['sneˀ(j)əð]
snyde ['snyːðə]	snyd! [snyð˚]	snyder ['snyˀˀðɐʀ]	snød [snøˀð]	snydt [snyd]
sove ['sɔːˀ]	sov! [sɔuˀ]	sover ['sɔuˀɐʀ]	sov ['sɔuˀ]	sovet ['sɔuəð]
spinde ['sbenə]	spind! [sbenˀ]	spinder ['sbenˀɐʀ]	spandt [sbanˀd]	spundet ['sbonəð]
springe ['sbʀeŋə]	spring! [sbʀeŋˀ]	springer ['sbʀeŋˀɐʀ]	sprang [sbʀɑŋˀ]	sprunget ['sbʀoŋəð]
sprække ['sbʀɛgə]	spræk! [sbʀɛg]	sprækker ['sbʀɛgɐʀ]	sprak/sprækkede [sbʀɑg/'sbʀɛgəðə]	sprækket/sprukket ['sbʀɛgəð/'sbʀogəð]

Infinitiv	Imperativ (= Stamm)	Präsens	Imperfekt	Partizip Perfekt
stige ['sdi:ə]	stig! [sdi:ˀ]	stiger ['sdi:ˀəʀ]	steg [sde:ˀ(j)]	steget ['sde:(j)əð]
stikke ['sdegə]	stik! [sdeg]	stikker ['sdegəʀ]	stak [sdɑg]	stukket ['sdogəð]
stinke ['sdeŋə]	stink! [sdeŋˀg]	stinker ['sdeŋˀgəʀ]	stank [sdɑŋˀg]	stinket ['sdeŋgəð]
stjæle ['sdjɛ:lə]	stjæl! [sdjɛ:ˀl]	stjæler ['sdjɛ:ˀləʀ]	stjal [sdja:ˀl]	stjålet ['sdjɔːləð]
stride ['sdʀiːðə]	strid! [sdʀiðˀl]	strider ['sdʀiˀðəʀ]	stred [sdʀɛːˀð]	stridt [sdʀid]
stryge ['sdʀyːə]	stryg! [sdʀyːˀ]	stryger ['sdʀyːˀəʀ]	strøg [sdʀœɪˀ]	strøget ['sdʀœːɪəð]
stå [sdɔːˀ]	stå! [sdɔːˀ]	står [sdɔːˀʀ]	stod [sdoːˀð]	stået ['sdɔːəð]
svide/svie ['sviːðə/'sviːə, sviːˀ]	svid!/svi! [sviðˀ/sviːˀ]	svider/svier ['sviːˀðəʀ/sviːˀəʀ]	sved [sveːˀð]	svedet ['sveːðəð]
svige ['sviːə]	svig! [sviːˀ]	sviger ['sviːˀəʀ]	sveg [sveːˀ(j)]	sveget ['sveː(j)əð]
svinde ['svenə]	svind! [svenˀ]	svinder ['svenˀəʀ]	svandt [svanˀd]	svundet ['svonəð]
svinge ['sveŋə]	sving! [sveŋˀ]	svinger ['sveŋəʀ]	svingede/svang ['sveŋəðə/svaŋˀd]	svinget/svunget ['sveŋəð/svoŋəð]
sverge ['svɛʀwə]	sverg! [svɛʀˀw]	sverger ['svɛʀwəʀ]	svergede/svor ['svɛʀwəðə/svoːˀʀ]	svergede/svoret ['svɛʀwəðə/svoːʀəð]
synge ['søŋə]	syng! [søŋˀ]	synger ['søŋˀəʀ]	sang [saŋ]	sunget ['soŋəð]
synke ['søŋgə]	synk! [søŋˀg]	synker ['søŋˀgəʀ]	sank [sɑŋˀg]	sunket ['soŋgəð]
tage ['taːˀ(j)ə, ta]	tag! ['taːˀ(j), ta]	tager ['taˀ(j)əʀ, taːˀʀ]	tog [toːˀ(w)]	taget ['taˀ(j)əð]
tie ['tiːə]	ti! [tiːˀ]	tier ['tiːəʀ]	tiede/tav ['tiːəðə/taʊˀ]	tiet ['tiːəð]
træffe ['tʀɛfə]	træf! [tʀɛf]	træffer ['tʀɛfəʀ]	traf [tʀɑf]	truffet ['tʀofəð]
trække ['tʀɛgə]	træk! [tʀɛg]	trækker ['tʀɛgəʀ]	trak [tʀɑg]	trukket ['tʀogəð]
tvinde ['tvenə]	tvind! [tvenˀ]	tvinder ['tvenˀəʀ]	tvandt [tvanˀd]	tvundet ['tvonəð]
tvinge ['tveŋə]	tving! [tveŋˀ]	tvinger ['tveŋˀəʀ]	tvang [tvaŋˀ]	tvunget ['tvoŋəð]
vige ['viːə]	vig! [viːˀ]	viger ['viːˀəʀ]	veg [veːˀ(j)]	veget ['veː(j)əð]
vinde ['venə]	vind! [venˀ]	vinder ['venˀəʀ]	vandt [vanˀd]	vundet ['vonəð]
vride ['vʀiːðə]	vrid! [vʀiðˀ]	vrider ['vʀiːˀðəʀ]	vred [vʀeːˀð]	vredet ['vʀeːðəð]
æde ['ɛːðə]	æd! [ɛːˀð]	æder ['ɛːˀðəʀ]	åd [ɔːˀð]	ædt [ɛd]

Regler for tysk deklination og konjugation

I. Regler for de tyske substantivers bøjning

Følgende beskrivelse af den tyske bøjning tager ikke hensyn til historiske kendsgerninger (stærk, svag, blandet bøjning) men beskriver kun den nuværende tilstand. På denne måde er bøjningssystemet blevet forenklet, og man vil se, at selv uden angivelse af former, vil et stort antal tyske substantiver kunne bøjes korrekt, hvis følgende regler iagttages:

Almen regel

1. **Dativ flertal** har altid **-n**; såfremt ordet i forvejen ender på -n, tilføjes dog ikke noget -n (f. eks. *den Gärten*, dativ flertal af *der Garten*). Substantiver, der danner flertal med **-s**, tilføjer heller ikke **-n**. Får ordet omlyd i flertal, angives dette i ordbogen med ⟨ ¨ ⟩:

   a til **ä**, **au** til **äu**, **o** til **ö**, **u** til **ü**.

Hunkønssubstantiver

2. **Hunkønssubstantiver** forbliver altid uændrede i ental. I ordbogen får de ingen speciel angivelse, da de i flertal får *-en* eller kun *-n*, hvis de ender på **-e**; endelsen **-in** tilføjer *-nen*.

die	Frau	die	Frauen	die	Maschine	die	Maschinen
der	„	der	„	der	„	der	„
der	„	den	„	der	„	den	„
die	„	die	„	die	„	die	„

		die	Lehrerin	die	Lehrerinnen
		der	„	der	„
		der	„	den	„
		die	„	die	„

Alle afvigelser fra ovenstående flertalsdannelse angives i ordbogen:

⟨-n⟩	**Leber** f ⟨-; -n⟩:	die Leber, (der Leber), die Leber**n**
⟨ ¨ ⟩	**Tochter** f ⟨-; ¨⟩:	die Tochter, (der Tochter), die T**ö**chter
⟨ ¨e⟩	**Hand** f ⟨-; ¨e⟩:	die Hand, (der Hand), die H**ä**nde

Hankønssubstantiver

3. Angivelserne ⟨-en⟩ eller ⟨-n⟩ ved hankønsordene henviser til følgende bøjning:

der	Student	die	Studenten	der	Bote	die	Boten
des	Student**en**	der	„	des	Bote**n**	der	„
dem	„	den	„	dem	„	den	„
den	„	die	„	den	„	dic	„

Hankøns- og intetkønssubstantiver

4. Hankøns- og intetkønssubstantiver, som bøjes efter følgende model, får ingen angivelse i ordbogen:

der	Lehrer	die	Lehrer	das	Fenster	die	Fenster
des	Lehrers	der	Lehrer	des	Fensters	der	Fenster
dem	Lehrer	den	Lehrern	dem	Fenster	den	Fenstern
den	Lehrer	die	Lehrer	das	Fenster	die	Fenster

5. **Alle afvigelser** fra dette skema bliver angivet i ordbogen i parentes efter opslagsordet i sin grundform, ikke ved sammensætninger eller afledninger. Angivelsen før semikolon er genitivformen, og efter semikolon er angivet flertalsformen. Angivelserne oplyser:

-(e)s: Genitiv kan dannes med -s eller med -es:

> **Mann** *m* ⟨-(e)s; ⁓er⟩ der Mann, des Mannes eller des Manns; die Männer.
> **Kind** *n* ⟨-(e)s; -er⟩ das Kind, des Kindes eller des Kinds; die Kinder.

Formerne på -es foretrækkes nu i forbindelse med enstavelsessubstantiver, især hvis disse ender på -ld, -lg, -nd.

Eksempler: der Wald, des Waldes
> der Balg, des Balges
> das Rind, des Rindes

Hvis genitivformen er fastlagt gennem sprogbrugen, bliver følgende angivelser anvendt efter opslagsordet:

-s: **Auto** *n* ⟨-s; -s⟩:   das Auto, des Autos, die Autos
-es: **Gast** *m* ⟨-es; ⁓e⟩:   der Gast, des Gastes, die Gäste
-ens: **Herz** *n* ⟨-ens; -en⟩:   das Herz, des Herzens, die Herzen

6. Hankøns- og intetkønssubstantiver, som danner genitiv ental på -(e)s og flertal med endelsen -e, -er eller -en kan i dativ ental få -e. Anvendelsen af dette -e beror udelukkende på et spørgsmål om vellyd; især findes der faste vendinger, hvor -e altid tilføjes (f. eks. *am Tage*).

7. Hvis opslagsordet forbliver uændret, angives dette ved ⟨-⟩:

> **Kursus** *m* ⟨-; Kurse⟩   der Kursus, des Kursus, die Kurse
> **Pro'nomen** *n* ⟨-s; – od Pronomina⟩   das Pronomen, des Pronomens, die Pronomen *oder* Pronomina

8. Hvis der ikke kan dannes flertal af et opslagsord, så angives dette med et nul ⟨0⟩ alene eller efter genitivformen, hvis denne angives:

> **Güte** *f* ⟨0⟩:   die Güte, der Güte, ingen flertalsform.
> **Mut** *m* ⟨-(e)s; 0⟩:   der Mut, des Mutes/Muts, ingen flertalsform.
> **Muss** *n* ⟨-; 0⟩:   das Muss, des Muss; ingen flertalsform.

II. Regler for adjektivernes bøjning

Formerne af det foranstillede adjektiv kan deles op i tre kategorier:

1. Adjektivet står med det bestemte kendeord eller et ord, der bøjes som kendeordet:

der	große	Mann	die	junge	Frau	das	kleine	Kind
des	~en	~es	der	~en	~	des	~en	~es
dem	~en	~(e)	der	~en	~	dem	~en	~(e)
den	~en	~	die	~e	~	das	~e	~
die	~en	~er	die	~en	~en	die	~en	~er
der	~en	~er	der	~en	~en	der	~en	~er
den	~en	~ern	den	~en	~en	den	~en	~ern
die	~en	~er	die	~en	~en	die	~en	~er

Disse former skal ligeledes anvendes såvel i ental som i flertal efter **dieser, jener, welcher, mancher, solcher** og i flertal efter **alle, keine; meine, deine, seine, ihre, unsere, eure, ihre; irgendwelche, sämtliche.**

2. Adjektivet står med det ubestemte kendeord eller med et ord, der bøjes som dette:

ein	großer	Mann	eine	junge	Frau
eines	~en	~es	einer	~en	~
einem	~en	~	einer	~en	~
einen	~en	~	eine	~e	~

ein	kleines	Kind
eines	~en	~es
einem	~en	~
ein	~es	

Ligeledes efter **kein, mein, dein, sein, ihr, unser, euer, ihr**
ikke flertal! (Se under 1.)

3. Adjektivet står uden bestemmelsesord.

sammenlign			*sammenlign*			*sammenlign*		
alter	Wein	(der)	lange	Zeit	(die)	frisches	Brot	(das)
~en	~es		~er	~	(der)	~en	~es	
~em	~	(dem)	~er	~	(der)	~em	~	(dem)
~en	~	(den)	~e	~	(die)	~es	~	(das)
~e	~e		böse	~en		~e	~e	(die)
~er	~e		~er	~en		~er	~e	(der)
~en	~en		~en	~en		~en	~en	(den)
~e	~e		~e	~en		~e	~e	(die)

Ligeledes i ental og flertal efter **manch, solch, welch,** som ikke selv bøjes, og i flertal efter **andere, einige, etliche, mehrere, verschiedene, viele, wenige, folgende.** I genitiv flertal hører man efter de sidstnævnte ord undertiden også **-en** (i stedet for *-er*) ved adjektivet.

4. Mange adjektiver anvendes også substantivisk. De bøjes da som de tilsvarende adjektiver og angives i ordbogen med **-(r):**
Reisende(r) (= der, die Reisende; eine Reisende, ein Reisender)

der Reisende, die Reisende: endelser som under 1.;
ein Reisender, eine Reisende: endelser i ental som under 2.; i flertal som under 3.

De substantiverede adjektiver som *das Gute, ein Gutes* er ikke medtaget i ordbogen; som abstrakter har de ikke flertal. I ental er endelsen: *ein Gutes* som 2., *das Gute* som 1.

Adjektivernes komparationsformer

schnell, schneller } schnell**st** kun foran substantiv med en adjektivendelse;
am schnell**sten** som adverbium.

Uregelmæssige komparativ- og superlativformer står i ordbogen i parentes efter de pågældende adjektiver:

a) Komparativ og superlativ med omlyd:
    groß   ⟨*≔er; ≔t*⟩   (= größer; größt-, am größten)
    hart   ⟨*≔er; ≔est*⟩ (= härter; härtest-, am härtesten)
    klug   ⟨*≔er; ≔st*⟩   (= klüger; klügst-, am klügsten)
b) **gut**   ⟨*besser; best-*⟩
    viel   ⟨*mehr; meist-*⟩

Adjektiver, som ender på **-el, -en** eller **-er,** mister ofte **e** i disse suffikser, da der tilføjes en endelse på *-e*, f. eks.

dunkel-: dunk**ler**; im dunk**len** Zimmer.

I ordbogen står efter adjektiverne, hvor *-e* for det meste bortfalder, en angivelse i parentes, f. eks.

dunkel ⟨*-kl-*⟩.

III. Pronominer

A) De personlige pronominer

ENTAL

N	ich	du; Sie	er	sie	es	es
G	meiner	deiner, Ihrer	seiner	ihrer	seiner	dessen, es
D	mir	dir, Ihnen	ihm	ihr	ihm	–
A	mich	dich, Sie	ihn	sie	es	es

FLERTAL

N	wir	ihr, Sie	sie
G	unser	euer, Ihrer	ihrer
D	uns	euch, Ihnen	ihnen
A	uns	euch, Sie	sie

Anmærkning: I daglig tale høres i stedet for det betonede *er, sie* ofte **der, die**.

B) Det bestemte kendeord og det demonstrative pronomen

ENTAL *m*	N	der	dieser	jener	solcher
	G	des	dieses	jenes	solches
	D	dem	diesem	jenem	solchem
	A	den	diesen	jenen	solchen
	N	die	diese	jene	solche
	G	der	dieser	jener	solcher
f	D	der	dieser	jener	solcher
	A	die	diese	jene	solche
	N	das	dies(es)	jenes	solches
	G	des	dieses	jenes	solches
n	D	dem	diesem	jenem	solchem
	A	das	dies(es)	jenes	solches
FLERTAL *m, f* *n*	N	die	diese	jene	solche
	G	der	dieser	jener	solcher
	D	den	diesen	jenen	solchen
	A	die	diese	jene	solche

Det bestemte kendeord kan også anvendes som demonstrativt pronomen; det er da betonet og står for det meste foran en relativsætning.
Genitivformerne lyder i den betonede form:

m	*f*	*n*	*pl*
dessen	derer	(dessen)	derer; deren

Dativ flertal lyder: **denen**

deren anvendes, når der henvises til allerede nævnte personer eller ting.

Eksempler:

Ich erinnere mich **derer,** die an der Konferenz teilnahmen, noch gut; es waren **deren** sieben. Sagen Sie es allen **denen,** die nicht dabei waren.

Som det bestemte kendeord bøjes også **dieser**, **jener**, **solcher**.

Nominativ og akkusativ intetkøn af *dieser*, *jener*, *solcher* lyder:

Ental: **dieses** eller **dies**
  jenes
  solches
Flertal: diese, jene, solche *etc.*

C) Det ubestemte kendeord og det possessive pronomen

ENTAL	*m*	*f*	*n*
N	ein	eine	ein
G	ein*es*	ein*er*	ein*es*
D	ein*em*	ein*er*	ein*em*
A	ein*en*	eine	ein

Således også: **mein, dein, sein, ihr, unser, euer, ihr** og negationen af ein: **kein**.

-e- i *unser* og *euer* bortfalder undertiden, når en endelse følger: uns(e)res, uns(e)rem *etc.*

Flertalsformerne er i alle køn:

  -e (*die*); **-er** (*der*); **-en** (*den*); **-e** (*die*)

I substantivisk anvendelse bøjes de possessive pronominer i talordet **der eine** med kendeordet ligesom **der, die Reisende**:

  der Deine die Deine die Dein**en**
  der ein**e** die eine die ein**en**

Uden kendeord får de det bestemte kendeords endelser:

m:	**Ental**	**N**	einer	meiner	deiner	*etc.*
		A	einen	meinen	deinen	
	Flertal		–	meine	deine	*etc.*

Genitivformerne anvendes ikke.

D) Det relative pronomen

der Mann, der …	die Frau, die …	das Kind, das …
„ „ , dessen	„ „ , deren	„ „ , dessen
„ „ , dem	„ „ , der	„ „ , dem
„ „ , den	„ „ , die	„ „ , das

die Männer, Frauen, Kinder, die …
deren
denen
die

I stedet for *der, die, das* forekommer i nominativ, dativ og akkusativ også **welcher, welche, welches**.

E) Det refleksive pronomen

Akkusativ	Dativ	
ich freue **mich**	ich kaufe **mir**	
du freust **dich**	du kaufst **dir**	
Sie freuen **sich**	Sie kaufen **sich**	
er, sie es freut **sich**	er, sie, es kauft **sich**	etw. (*A*)
wir freuen **uns**	wir kaufen **uns**	
ihr freut **euch**	ihr kauft **euch**	
sie, Sie freuen **sich**	sie, Sie kaufen **sich**	

F) Det spørgende pronomen

Substantivisk:		Adjektivisk:			
Personer	*Ting*	*m*	*f*	*n*	*pl*
wer?	was?	welcher?	welche?	welches?	welche?
wessen?	wessen?				
wem?	–	*Endelserne er de samme som det bestemte kendeords.*			
wen?	was?				

G) Det ubestemte stedord

jemand	niemand
-es	-es
-(em)	-(em)
-(en)	-(en)

etwas   **nichts**
uden bøjningsendelse

Adjektivisk og substantivisk:

jeder   **jede**   **jedes**
Endelser som det bestemte kendeords.

Genitiv anvendes sjældent substantivisk; adjektivisk lyder den ofte jed**en**.

IV. Regler for de tyske verbers bøjning

1. Alle tyske verber ender i infinitiv på **-en** eller **-n**, f. eks. sag**en**, handel**n**.
2. Verber, efter hvilke der ikke står ⟨*L*⟩, er regelmæssige eller, således som de kaldes i den tyske (og danske) grammatik, svage. De bøjes således:

Indikativ og konditionalis

	AKTIV		PASSIV*)	
Infinitiv præsens:	loben		gelobt werden	
Præsens:	ich	lobe	ich	werde
	du	lobst	du	wirst
	er, sie, es	lobt	er, sie, es	wird
	wir	loben	wir	werden
	ihr	lobt	ihr	werdet
	sie, Sie	loben	sie, Sie	werden
Imperfektum:	ich	lobte	ich	wurde
	du	lobtest	du	wurdest
	er, sie es	lobte	er, sie, es	wurde
	wir	lobten	wir	wurden
	ihr	lobtet	ihr	wurdet
	sie, Sie	lobten	sie, Sie	wurden

(Passiv præsens og imperfektum: "gelobt")

*) Ved siden af den passiv, som gengiver handlingen, har tysk i præsens og imperfektum en tilstandspassiv, som udtrykker handlingens fuldendelse (og dermed tilstand).

ich	bin		ich	war	
du	bist		du	warst	
er, sie, es	ist	vergessen	er, sie, es	war	vergessen
wir	sind		wir	waren	
ihr	seid		ihr	wart	
sie, Sie	sind		sie, Sie	waren	

Sml.: *Die Tür wird geschlossen* (handling!)
      Die Tür ist geschlossen (tilstand!)

Her skal nævnes, at i sidstnævnte tilfælde har verber ikke karakter af verbum, men har derimod fået adjektivisk værdi.

Infinitiv perfektum:	gelobt haben		gelobt worden sein	
Perfektum:	ich habe		ich bin	
	du hast		du bist	
	er, sie, es hat	gelobt	er, sie, es ist	gelobt
	wir haben		wir sind	worden
	ihr habt		ihr seid	
	sie, Sie haben		sie, Sie sind	
Pluskvamperfektum:	ich hatte gelobt		ich war gelobt worden	
	du hattest gelobt		du warst gelobt worden	
	osv.		*osv.*	
Futurum I:	ich werde loben		ich werde gelobt werden	
	du wirst loben		du wirst gelobt werden	
	osv.		*osv.*	
Futurum II:	ich werde gelobt haben		ich werde gelobt worden sein	
	du wirst gelobt haben		du wirst gelobt worden sein	
	osv.		*osv.*	
Konditionalis I:	ich würde loben		ich würde gelobt werden	
	osv.		*osv.*	
Konditionalis II:	ich würde gelobt haben		ich würde gelobt worden sein	
	osv.		*osv.*	
Imperativ ental:	lobe!		sei (werde) gelobt!	
	loben Sie!		seien Sie gelobt!	
flertal:	lobt! lobet!		seid (werdet) gelobt!	
	loben Sie!		seien Sie gelobt!	
Participium præsens:	lobend			
perfektum:	gelobt			

3. Konjunktiv

Konjunktiv ender i tredje person ental altid på **-e.**

Endelserne i de andre personer ligner indikativendelserne. Anden person ental og flertal får i konjunktiv præsens tilføjet et **-e** før endelserne *-st* og *-t*.

Imperfektum konjunktiv er i aktiv lig indikativ.

	AKTIV		PASSIV	
Præsens *eller* **Konjunktiv I:**	ich lobe		ich werde	
	du lobest		du werdest	
	er, sie, es lobe		er, sie, es werde	gelobt
	wir loben		wir werden	
	ihr lobet		ihr werdet	
	sie, Sie loben		sie, Sie werden	

Imperfektum *eller* Konjunktiv II:	*se indikativ*	ich würde gelobt *osv.*
Perfektum:	ich habe gelobt *osv.*	ich sei gelobt worden *osv.*
Pluskvamperfektum:	ich hätte gelobt *osv.*	ich wäre gelobt worden *osv.*
Futurum I:	ich werde loben du werdest loben *osv.*	ich werde gelobt werden du werdest gelobt werden *osv.*
Futurum II:	ich werde gelobt haben *osv.*	ich werde gelobt worden sein *osv.*

4. Verber, efter hvilke der står en angivelse som ⟨-e-⟩, ⟨-t-⟩, ⟨-le⟩ eller ⟨-re⟩ afviger i enkelte former fra bøjningsmønstret **„loben"**, således som følger:

⟨-e-⟩		reden ⟨-e-⟩		
Præsens:	ich rede	**Imperfektum:**	ich redete	
	du redest		du redetest	
	er, sie, es redet		er, sie, es redete	
	wir reden		*osv.*	
	ihr redet			
	sie, Sie reden	**Participium:**	geredet	

⟨-t⟩		reisen ⟨-t⟩
Præsens:	ich	reise
	du	reist (reisest)
	er, sie, es	reist
	wir	reisen
	ihr	reist
	sie, Sie	reisen

⟨-le⟩		handeln ⟨-le⟩	
Præsens:	ich hand(e)**le**	**Imperfektum:**	ich handelte
	du handelst	**Imperativ:**	hand**le**!, handelt!
	er, sie, es handelt		
	wir handeln		
	ihr handelt		
	sie, Sie handeln	**Participium:**	gehandelt

⟨-re⟩		wandern ⟨-re⟩	
Præsens:	ich wand(e)**re**	**Imperfektum:**	ich wanderte
	du wanderst		*osv.*
	er, sie, es wandert	**Imperativ:**	wand**re**!, wandert!
	wir wandern		
	ihr wandert		
	sie, Sie wandern	**Participium:**	gewandert

men:			stu'dieren	
Præsens:	ich	studiere	**Imperfektum:**	ich studierte
	du	studierst		*osv.*
	er, sie, es	studiert	**Imperativ:**	studiere!, studiert!
	wir	studieren		
	ihr	studiert	**Participium:**	studiert, således
	sie, Sie	studieren		**uden** præfikset -ge-, Perfektum: ich habe studiert

5. Uregelmæssige verber

a) De uregelmæssige verber (hvorunder de stærke verber) har med undtagelse af tre former de samme personendelser som de regelmæssige verber; *sml.* b) og c).

b) De har i 1. og 3. person ental i imperfektum ingen endelse:

ich lobte	**men:**	ich gab
er, sie, es lobte		er, sie, es gab

c) Perfektum participium ender på **-en**; vokalen i stammen ændres for det meste:

ich habe get**runk**en, infinitiv: trinken.

d) De stærke verber danner aldrig imperfektum med -*t*-, men gennem en ændring af stamvokalen.

e) Undertiden ændres også stamvokalen i 2den og 3dje person i ental præsens:

ich fahre	wir fahren
du f**ä**hrst	ihr fahrt
er, sie, es f**ä**hrt	sie, Sie fahren

f) Imperfektum konjunktiv bliver ofte dannet gennem omlyd af vokalen i imperfektum indikativ (≈).

Indikativ imperfektum:	ich fuhr
Konjunktiv imperfektum:	ich f**ü**hre

g) Enkelte verber danner – ud over ændringen af stamvokalen – imperfektum og participium med elementet -*t* fra de svage verber. Denne bøjning kaldes stærksvag:

brennen – gebrannt

h) Se for de forskellige former listen over verber med stærk eller uregelmæssig konjugation.

fahren v/t og v/i		
	AKTIV	**PASSIV**
Præsens:	ich fahre	ich werde gefahren
	du fährst	du wirst gefahren
	er, sie, es fährt	osv.
	wir fahren	
	ihr fahrt	
	sie, Sie fahren	
Imperfektum:	ich fuhr	ich wurde gefahren
	du fuhrst	du wurdest gefahren
	er, sie, es fuhr	osv.
	wir fuhren	
	ihr fuhrt	
	sie, Sie fuhren	

Perfektum:	v/t	ich habe gefahren	ich bin gefahren worden
	v/i	ich bin gefahren	osv.
Pluskvamperfektum:	v/t	ich hatte gefahren	ich war gefahren worden
	v/i	ich war gefahren	osv.
Futurum I:		ich werde fahren	ich werde gefahren
			werden osv.
Futurum II:	v/t	ich werde gefahren haben	ich werde gefahren worden sein
	v/i	ich werde gefahren sein	osv.
Konditionalis I:		ich würde fahren	ich würde gefahren werden osv.
Konditionalis II:	v/t	ich würde gefahren haben	ich würde gefahren worden sein
	v/i	ich würde gefahren sein	osv.

Imperativ: ental	fahr(e)!, fahren Sie!	*) se nedenunder
fiertal	fahrt!, fahren Sie!	
Participium præsens:	fahrend	
perfektum:	gefahren	
Konjunktiv præsens:	ich fahre	
(Konjunktiv I)	du fahrest osv.	således loben, se under 3!
Konjunktiv imperf.:	ich führe	sml. med 5f
(Konjunktiv II)	du führest	
	er, sie, es führe	
	wir führen	
	ihr führet	
	sie, Sie führen	

*) Imperativ passiv kan kun dannes af få verber, f.eks., „preisen":
 sei (werde) gepriesen! Seien Sie gepriesen!
 seid (werdet) gepriesen! Seien Sie gepriesen!

Alle øvrige former (aktiv og passiv) bliver dannet som bøjningsmønstret „loben".

6. ⟨*sn*⟩ *Verber, der i aktiv har perfektum og pluskvamperfektum med former af* „**sein**" *i stedet for med* „**haben**", *betegnes med* „*sn*" *i parentes efter verbet*:

gehen ⟨*sn*⟩ = ich **bin** gegangen (sml. 5, eksempel „fahren").

7. Sammensatte verber skilles, hvis trykket ligger på første del. Ved de verber, der **ikke** har trykket på første stavelse, angives trykket med en trykstreg (') **foran** den betonede stavelse:

---

ab·fahren ⟨*sn*⟩

ich fahre ab
ich fuhr ab
ich bin **abgefahren**
ich war abgefahren *osv.*

---

durch·brechen

ich breche durch
v/t   ich habe (etw. *A*) '**durchgebrochen**
v/i   ich bin '**durchgebrochen**
men: durch'brechen
ich durch'breche
ich habe durch'brochen

Efter mønstret **durch'brechen** går alle verber med de altid ubetonede præfikser *be-, emp-, ent-, er-, ge-, ver-, zer-*.

Præfikset **miss-** bliver i præsens og imperfektum aldrig skilt fra verbet i participiumsformen; derimod bliver *-ge-* skudt ind mellem *miss-* og verbet, når *miss-* er betonet, og verbet ikke har noget andet præfiks:

miss·bilden ⟨*-e-*⟩   ich missbilde
                     ich habe 'missgebildet

missverstehen   ich 'missverstehe
                     ich habe 'missverstanden

miss'brauchen   ich miss'brauche
                     ich habe miss'braucht

Består præfikset af forskellige dele, så bliver hele præfikset udskilt, når den betonede del står umiddelbart foran verbet, f. eks.

hin'zu·fügen   ich füge hin'zu
                   ich habe hin'zugefügt

men: **anerkennen**   ich erkenne 'an
                     ich habe 'anerkannt

Præfikser sammensatte med *-be-* og *ver-* skilles aldrig fra verbet:

be'antragen   ich be'antrage
                   ich habe be'antragt

ver'unglücken ⟨*sn*⟩   ich ver'unglücke
                       ich bin ver'unglückt

Fortegnelse over verber med stærk eller uregelmæssig konjugation

(conj. = impf. conj.)

backen *præs* backe, bäckst (backst), bäckt (backt); *impf* backte; *conj* backte; *imp* back(e); *part.pt* gebacken

befehlen *præs* befehle, befiehlst, befiehlt; *impf* befahl; *conj* beföhle (befähle); *impf* befiehl; *part.pt* befohlen

beginnen *præs* beginne, beginnst, beginnt; *impf* begann; *conj* begänne (begönne); *imp* beginn(e); *part.pt* begonnen

beißen *præs* beiße, beißt, beißt; *impf* biss, bissest; *conj* bisse; *imp* beiß(e); *part.pt* gebissen

bergen *præs* berge, birgst, birgt; *impf* barg; *conj* bärge; *imp* birg; *part.pt* geborgen

bersten *præs* berste, birst, birst; *impf* barst, barst(e)st; *conj* bärste; *imp* birst; *part.pt* geborsten

bewegen *præs* bewege, bewegst, bewegt; *impf* bewegte *(fig* bewog) *conj* bewegte *(fig* bewöge); *imp* beweg(e); *part.pt* bewegt *(fig* bewogen)

biegen *præs* biege, biegst, biegt; *impf* bog; *conj* böge; *imp* bieg(e); *part.pt* gebogen

bieten *præs* biete, bietest, bietet; *impf* bot, bot(e)st; *conj* böte; *imp* biet(e); *part.pt* geboten

binden *præs* binde, bindest, bindet; *impf* band, band(e)st; *conj* bände; *imp* bind(e); *part.pt* gebunden

bitten *præs* bitte, bittest, bittet; *impf* bat, bat(e)st; *conj* bäte; *imp* bitte; *part.pt* gebeten

blasen *præs* blase, bläst, bläst; *impf* blies, bliesest; *conj* bliese; *imp* blas(e); *part.pt* geblasen

bleiben *præs* bleibe, bleibst, bleibt; *impf* blieb; *conj* bliebe; *imp* bleib(e); *part.pt* geblieben

bleichen *præs* bleiche, bleichst, bleicht; *impf* bleichte (blich); *conj* bleichte (bliche); *imp* bleich(e); *part.pt* gebleicht (geblichen)

braten *præs* brate, brätst, brät; *impf* briet, briet(e)st; *conj* briete; *imp* brat(e); *part.pt* gebraten

brechen *præs* breche, brichst, bricht; *impf* brach; *conj* bräche; *imp* brich; *part.pt* gebrochen

brennen *præs* brenne, brennst, brennt; *impf* brannte; *conj* brennte; *imp* brenne; *part.pt* gebrannt

bringen *præs* bringe, bringst, bringt; *impf* brachte; *conj* brächte; *imp* bring(e); *part.pt* gebracht

denken *præs* denke, denkst, denkt; *impf* dachte; *conj* dächte; *imp* denk(e); *part.pt* gedacht

dingen *præs* dinge, dingst, dingt; *impf* dingte (dang); *conj* dingte (dänge); *imp* ding(e); *part.pt* gedungen (gedingt)

dreschen *præs* dresche, drischst, drischt; *impf* drosch, drosch(e)st; *conj* drösche; *imp* drisch; *part.pt* gedroschen

dringen *præs* dringe, dringst, dringt; *impf* drang; *conj* dränge; *imp* dring(e); *part.pt* gedrungen

dünken *præs* mich dünkt; *impf* dünkte (deuchte); *conj* -; *imp* -; *part.pt* gedünkt (gedeucht)

dürfen *præs* darf, darfst, darf; *impf* durfte; *conj* dürfte; *imp* -; *part.pt* gedurft

empfangen *præs* empfange, empfängst, empfängt; *impf* empfing; *conj* empfinge; *imp* empfang(e); *part.pt* empfangen

empfehlen *præs* empfehle, empfiehlst, empfiehlt; *impf* empfahl; *conj* empföhle (empfähle); *imp* empfiehl; *part.pt* empfohlen

empfinden *præs* empfinde, empfindest, empfindet; *impf* empfand, empfand(e)st; *conj* empfände; *imp* empfind(e); *part.pt* empfunden

erlöschen *præs* erlösche, erlischst, erlischt; *impf* erlosch, erlosch(e)st; *conj* erlösche; *imp* erlisch; *part.pt* erloschen.

erschrecken *præs* erschrecke, erschrickst, erschrickt; *impf* erschrak; *conj* erschräke; *imp* erschrick; *part.pt* erschrocken

essen *præs* esse, isst, isst; *impf* aß, aßest; *conj* äße; *imp* iss; *part.pt* gegessen

fahren *præs* fahre, fährst, fährt; *impf* fuhr; *conj* führe; *imp* fahr(e); *part.pt* gefahren

fallen *præs* falle, fällst, fällt; *impf* fiel; *conj* fiele; *imp* fall(e); *part.pt* gefallen

fangen *præs* fange, fängst, fängt; *impf* fing; *conj* finge; *imp* fang(e); *part.pt* gefangen

fechten *præs* fechte, fichtst, ficht; *impf* focht, focht(e)st; *conj* föchte; *imp* ficht; *part.pt* gefochten

finden *præs* finde, findest, findet; *impf* fand, fand(e)st; *conj* fände; *imp* find(e); *part.pt* gefunden

flechten *præs* flechte, flichtst, flicht; *impf* flocht, flocht(e)st; *imp* flicht; *part.pt* geflochten

fliegen *præs* fliege, fliegst, fliegt; *impf* flog; *conj* flöge; *imp* flieg(e); *part.pt* geflogen

fliehen *præs* fliehe, fliehst, flieht; *impf* floh; *conj* flöhe; *imp* flieh(e); *part.pt* geflohen

fließen *præs* fließe, fließt, fließt; *impf* floss, floss(es)t; *conj* flösse; *imp* fließ(e); *part.pt* geflossen

fressen *præs* fresse, frisst, frisst; *impf* fraß, fraß(es)t; *conj* fräße; *imp* friss; *part.pt* gefressen

frieren *præs* friere, frierst, friert; *impf* fror; *conj* fröre; *imp* frier(e); *part.pt* gefroren

gären *præs* gäre, gärst, gärt; *impf* gor (gärte); *conj* göre (gärte); *imp* gär(e); *part.pt* gegoren (gegärt)

gebären *præs* gebäre, gebärst (gebierst), gebärt (gebiert); *impf* gebar; *conj* gebäre; *imp* gebär(e) (gebier); *part.pt* geboren

geben *præs* gebe, gibst, gibt; *impf* gab; *conj* gäbe; *imp* gib; *part.pt* gegeben

gedeihen *præs* gedeihe, gedeihst, gedeiht; *impf* gedieh; *conj* gediehe; *imp* gedeih(e); *part.pt* gediehen

gehen *præs* gehe, gehst, geht; *impf* ging; *conj* ginge; *imp* geh(c); *part.pt* gegangen

gelingen *præs* es gelingt; *impf* es gelang; *conj* es gelänge; *imp* -; *part.pt* gelungen

gelten *præs* gelte, giltst, gilt; *impf* galt, galt(e)st; *conj* gölte (gälte); *imp* gilt; *part.pt* gegolten

genesen *præs* genese, genes(es)t, genest; *impf* genas, genas(es)t; *conj* genäse; *imp* genese; *part.pt* genesen

genießen *præs* genieße, genießt, genießt; *impf* genoss, genossest; *conj* genösse; *imp* genieß(e); *part.pt* genossen

geschehen *præs* es geschieht; *impf* es geschah; *conj* es geschähe; *imp* -; *part.pt* geschehen

gewinnen *præs* gewinne, gewinnst, gewinnt; *impf* gewann; *conj* gewönne (gewänne); *imp* gewinn(e); *part.pt* gewonnen

gießen *præs* gieße, gießt, gießt; *impf* goss, goss(es)t; *conj* gösse; *imp* gieß(e); *part.pt* gegossen

gleichen *præs* gleiche, gleichst, gleicht; *impf* glich; *conj* gliche; *imp* gleich(e); *part.pt* geglichen

gleiten *præs* gleite, gleitest, gleitet; *impf* glitt, glitt(e)st; *conj* glitte; *imp* gleit(e); *part.pt* geglitten

glimmen *præs* glimme, glimmst, glimmt; *impf* glomm; *conj* glömme; *imp* glimm(e); *part.pt* geglommen

graben *præs* grabe, gräbst, gräbt; *impf* grub; *conj* grübe; *imp* grab(e); *part.pt* gegraben

greifen *præs* greife, greifst, greift; *impf* griff; *conj* griffe; *imp* greif(e); *part.pt* gegriffen

haben *præs* habe, hast, hat; *impf* hatte; *conj* hätte; *imp* hab(e); *part.pt* gehabt

halten *præs* halte, hältst, hält; *impf* hielt; *conj* hielte; *imp* halt(e); *part.pt* gehalten

hängen *præs* hänge, hängst, hängt; *impf* hing; *conj* hinge; *imp* häng(e); *part.pt* gehangen

hauen *præs* haue, haust, haut; *impf* hieb (haute); *conj* hiebe (haute); *imp* hau(e); *part.pt* gehauen

heben *præs* hebe, hebst, hebt; *impf* hob; *conj* höbe; *imp* heb(e); *part.pt* gehoben

heißen *præs* heiße, heißt, heißt; *impf* hieß, hieß(es)t; *conj* hieße; *imp* heiß(e); *part.pt* geheißen

helfen *præs* helfe, hilfst, hilft; *impf* half; *conj* hülfe (hälfe); *imp* hilf; *part.pt* geholfen

kennen *præs* kenne, kennst, kennt; *impf* kannte; *conj* kennte; *imp* kenne; *part.pt* gekannt

klimmen *præs* klimme, klimmst, klimmt; *impf* klomm (klimmte); *conj* klömme (klimmte); *imp* klimm(e); *part.pt* geklommen (geklimmt)

klingen *præs* klinge, klingst, klingt; *impf* klang; *conj* klänge; *imp* kling(e); *part.pt* geklungen

kneifen *præs* kneife, kneifst, kneift; *impf* kniff; *conj* kniffe; *imp* kneif(e); *part.pt* gekniffen

kommen *præs* komme, kommst, kommt; *impf* kam; *conj* käme; *imp* komm; *part.pt* gekommen

können *præs* kann, kannst, kann; *impf* konnte; *conj* könnte; *imp* -; *part.pt* gekonnt

kriechen *præs* krieche, kriechst, kriecht; *impf* kroch; *conj* kröche; *imp* kriech(e), *part.pt* gekrochen

laden *præs* lade, lädst, lädt; *impf* lud, lud(e)st; *conj* lüde; *imp* lad(e); *part.pt* geladen

lassen *præs* lasse, lässt, lässt; *impf* ließ, ließ(es)t; *conj* ließe; *imp* lass; *part.pt* gelassen

laufen *præs* laufe, läufst, läuft; *impf* lief; *conj* liefe; *imp* lauf(e); *part.pt* gelaufen

leiden *præs* leide, leidest, leidet; *impf* litt, litt(e)st; *conj* litte; *imp* leid(e); *part.pt* gelitten

leihen *præs* leihe, leihst, leiht; *impf* lieh; *conj* liehe; *imp* leih(e); *part.pt* geliehen

lesen *præs* lese, liest, liest; *impf* las, las(es)t; *conj* läse; *imp* lies; *part.pt* gelesen

liegen *præs* liege, liegst, liegt; *impf* lag; *conj* läge; *imp* lieg(e); *part.pt* gelegen

lügen *præs* lüge, lügst, lügt; *impf* log; *conj* löge; *imp* lüg(e); *part.pt* gelogen

mahlen *præs* mahle, mahlst, mahlt; *impf* mahlte; *conj* mahlte; *imp* mahl(e); *part.pt* gemahlen

meiden *præs* meide, meidest, meidet; *impf* mied, mied(e)st; *conj* miede; *imp* meid(e); *part.pt* gemieden

melken *præs* melke, melkst (milkst), melkt (milkt); *impf* melkte (molk); *conj* melkte (mölke); *imp* melk(e) (milk); *part.pt* gemolken

messen *præs* messe, misst, misst; *impf* maß, maß(es)t; *conj* mäße; *imp* miss; *part.pt* gemessen

misslingen *præs* es misslingt; *impf* es misslang; *conj* es misslänge; *imp* -; *part.pt* misslungen

mögen *præs* mag, magst, mag; *impf* mochte; *conj* möchte; *imp* -; *part.pt* gemocht

müssen *præs* muss, musst, muss; *impf* musste; *conj* müsste; *imp* -; *part.pt* gemusst

nehmen *præs* nehme, nimmst, nimmt; *impf* nahm; *conj* nähme; *imp* nimm; *part.pt* genommen

nennen *præs* nenne, nennst, nennt; *impf* nannte; *conj* nennte; *imp* nenn(e); *part.pt* genannt

pfeifen *præs* pfeife, pfeifst, pfeift; *impf* pfiff; *conj* pfiffe; *imp* pfeif(e); *part.pt* gepfiffen

preisen *præs* preise, preist, preist; *impf* pries, pries(es)t; *conj* priese; *imp* preis(e); *part.pt* gepriesen

quellen *v/i præs* quelle, quillst, quillt; *impf* quoll; *conj* quölle; *imp* quill; *part.pt* gequollen

raten *præs* rate, rätst, rät; *impf* riet, riet(e)st; *conj* riete; *imp* rat(e); *part.pt* geraten

reiben *præs* reibe, reibst, reibt; *impf* rieb; *conj* riebe; *imp* reib(e); *part.pt* gerieben

reißen *præs* reiße, reißt, reißt; *impf* riss, rissest; *conj* risse; *imp* reiß(e); *part.pt* gerissen

reiten *præs* reite, reitest, reitet; *impf* ritt, ritt(e)st; *conj* ritte; *imp* reit(e); *part.pt* geritten

rennen *præs* renne, rennst, rennt; *impf* rannte; *conj* rennte; *imp* renn(e); *part.pt* gerannt

riechen *præs* rieche, riechst, riecht; *impf* roch; *conj* röche; *imp* riech(e); *part.pt* gerochen

ringen *præs* ringe, ringst, ringt; *impf* rang; *conj* ränge; *imp* ring(e); *part.pt* gerungen

rinnen *præs* rinne, rinnst, rinnt; *impf* rann; *conj* ränne; *imp* rinn(e); *part.pt* geronnen

rufen *præs* rufe, rufst, ruft; *impf* rief; *conj* riefe; *imp* ruf(e); *part.pt* gerufen

saufen *præs* saufe, säufst, säuft; *impf* soff; *conj* söffe; *imp* sauf(e); *part.pt* gesoffen

saugen *præs* sauge, saugst, saugt; *impf* sog (saugte); *conj* söge (saugte); *imp* saug(e); *part.pt* gesogen (gesaugt)

schaffen (*erschaffen*) *præs* schaffe, schaffst, schafft; *impf* schuf; *conj* schüfe; *imp* schaff(e); *part.pt* geschaffen

schallen *præs* schalle, schallst, schallt; *impf* schallte (scholl); *conj* schallte (schölle); *imp* schall(e); *part.pt* geschallt

scheiden *præs* scheide, scheidest, scheidet; *impf* schied, schied(e)st; *conj* schiede; *imp* scheid(e); *part.pt* geschieden

scheinen *præs* scheine, scheinst, scheint; *impf* schien; *conj* schiene; *imp* schein(e); *part.pt* geschienen

scheißen *præs* scheiße, scheißt, scheißt; *impf* schiss, schissest; *conj* schisse; *imp* scheiß(e); *part.pt* geschissen

schelten *præs* schelte, schiltst, schilt; *impf* schalt, schalt(e)st; *conj* schölte; *imp* schilt; *part.pt* gescholten

scheren *præs* schere, scherst, schert; *impf* schor; *conj* schöre; *imp* scher(e); *part.pt* geschoren

schieben *præs* schiebe, schiebst, schiebt; *impf* schob; *conj* schöbe; *imp* schieb(e); *part.pt* geschoben

schießen *præs* schieße, schießt, schießt; *impf* schoss, schossest; *conj* schösse; *imp* schieß(e); *part.pt* geschossen

schinden *præs* schinde, schindest, schindet; *impf* schindete (schund); *conj* schindete (schünde); *imp* schind(e); *part.pt* geschunden

schlafen *præs* schlafe, schläfst, schläft; *impf* schlief; *conj* schliefe; *imp* schlaf(e); *part.pt* geschlafen

schlagen *præs* schlage, schlägst, schlägt; *impf* schlug; *conj* schlüge; *imp* schlag(e); *part.pt* geschlagen

schleichen *præs* schleiche, schleichst, schleicht; *impf* schlich; *conj* schliche; *imp* schleich(e); *part.pt* geschlichen

schleifen *præs* schleife, schleifst, schleift; *impf* schliff; *conj* schliffe; *imp* schleif(e); *part.pt* geschliffen

schließen *præs* schließe, schließt, schließt; *impf* schloss, schlossest; *conj* schlösse; *imp* schließ(e); *part.pt* geschlossen

schlingen *præs* schlinge, schlingst, schlingt; *impf* schlang; *conj* schlänge; *imp* schling(e); *part.pt* geschlungen

schmeißen *præs* schmeiße, schmeißt, schmeißt; *impf* schmiss, schmissest; *conj* schmisse; *imp* schmeiß(e); *part.pt* geschmissen

schmelzen *præs* schmelze, schmilzt, schmilzt; *impf* schmolz, schmolz(es)t; *conj* schmölze; *imp* schmilz; *part.pt* geschmolzen

schnauben *præs* schnaube, schnaubst, schnaubt; *impf* schnaubte (schnob); *conj* schnaubte (schnöbe); *imp* schnaub(e); *part.pt* geschnaubt (geschnoben)

schneiden *præs* schneide, schneidest, schneidet; *impf* schnitt, schnitt(e)st; *conj* schnitte; *imp* schneid(e); *part.pt* geschnitten

schrecken *v/i* (= *erschrecken*) *præs* schrecke, schrickst, schrickt; *impf* schrak; *conj* schräke; *imp* schrick; *part.pt* geschrocken

schreiben *præs* schreibe, schreibst, schreibt; *impf* schrieb; *conj* schriebe; *imp* schreib(e); *part.pt* geschrieben

schreien *præs* schreie, schreist, schreit; *impf* schrie; *conj* schriee; *imp* schrei(e); *part.pt* geschri(e)en

schreiten *præs* schreite, schreitest, schreitet; *impf* schritt, schritt(e)st; *conj* schritte; *imp* schreit(e); *part.pt* geschritten

schweigen *præs* schweige, schweigst, schweigt; *impf* schwieg; *conj* schwiege; *imp* schweig(e); *part.pt* geschwiegen

schwellen *præs* schwelle, schwillst, schwillt; *impf* schwoll; *conj* schwölle; *imp* schwill; *part.pt* geschwollen

schwimmen *præs* schwimme, schwimmst, schwimmt; *impf* schwamm; *conj* schwömme (schwämme); *imp* schwimm(e); *part.pt* geschwommen

schwinden *præs* schwinde, schwindest, schwindet; *impf* schwand,

schwand(e)st; *conj* schwände; *imp* schwind(e); *part.pt* geschwunden

schwingen *præs* schwinge, schwingst, schwingt; *impf* schwang; *conj* schwänge; *imp* schwing(e); *part.pt* geschwungen

schwören *præs* schwöre, schwörst, schwört; *impf* schwor; *conj* schwöre (schwüre); *imp* schwör(e); *part.pt* geschworen

sehen *præs* sehe, siehst, sieht; *impf* sah; *conj* sähe; *imp* sieh(e); *part.pt* gesehen

sein *præs* bin, bist, ist, sind, seid, sind; *impf* war, warst, war, waren, wart, waren; *conj.præs* sei, sei(e)st, sei, seien, seiet, seien; *conj* wäre; *imp* sei, seid; *part.pt* gewesen

senden *præs* sende, sendest, sendet; *impf* sandte (sendete); *conj* sendete; *imp* send(e); *part.pt* gesandt (gesendet)

sieden *præs* siede, siedest, siedet; *impf* sott (siedete); *conj* sötte (siedete); *imp* sied(e); *part.pt* gesotten (gesiedet)

singen *præs* singe, singst, singt; *impf* sang; *conj* sänge; *imp* sing(e); *part.pt* gesungen

sinken *præs* sinke, sinkst, sinkt; *impf* sank; *conj* sänke; *imp* sink(e); *part.pt* gesunken

sinnen *præs* sinne, sinnst, sinnt; *impf* sann; *conj* sänne (sönne); *imp* sinn(e); *part.pt* gesonnen

sitzen *præs* sitze, sitzt, sitzt; *impf* saß, saß(es)t; *conj* säße; *imp* sitz(e); *part.pt* gesessen

sollen *præs* soll, sollst, soll; *impf* sollte; *conj* sollte; *imp* -; *part.pt* gesollt

spalten *præs* spalte, spaltest, spaltet; *impf* spaltete; *conj* spaltete; *imp* spalte; *part.pt* gespalten

speien *præs* speie, speist, speit; *impf* spie; *conj* spiee; *imp* spei(e); *part.pt* gespie(e)n

spinnen *præs* spinne, spinnst, spinnt; *impf* spann; *conj* spönne (spänne); *imp* spinn(e); *part.pt* gesponnen

spleißen *præs* spleiße, spleißt, spleißt; *impf* spliss, splissest; *conj* splisse; *imp* spleiß(e); *part.pt* gesplissen

sprechen *præs* spreche, sprichst, spricht; *impf* sprach; *conj* spräche; *imp* sprich; *part.pt* gesprochen

sprießen *præs* sprieße, sprieß(es)t, sprießt; *impf* spross, sprossest; *conj* sprösse; *imp* sprieß(e); *part.pt* gesprossen

springen *præs* springe, springst, springt; *impf* sprang; *conj* spränge; *imp* spring(e); *part.pt* gesprungen

stechen *præs* steche, stichst, sticht; *impf* stach; *conj* stäche; *imp* stich; *part.pt* gestochen

stecken v/i stecke, steckst, steckt; *impf* stak (steckte); *conj* stäke (steckte); *imp* steck(e); *part.pt* gesteckt

stehen *præs* stehe, stehst, steht; *impf* stand, stand(e)st; *conj* stünde (stände); *imp* steh(e); *part.pt* gestanden

stehlen *præs* stehle, stiehlst, stiehlt; *impf* stahl; *conj* stähle (stöhle); *imp* stiehl; *part.pt* gestohlen

steigen *præs* steige, steigst, steigt; *impf* stieg; *conj* stiege; *imp* steig(e); *part.pt* gestiegen

sterben *præs* sterbe, stirbst, stirbt; *impf* starb; *conj* stürbe; *imp* stirb; *part.pt* gestorben

stieben *præs* stiebe, stiebst, stiebt; *impf* stob (stiebte); *conj* stöbe (stiebte); *imp* stieb(e); *part.pt* gestoben (gestiebt)

stinken *præs* stinke, stinkst, stinkt; *impf* stank; *conj* stänke; *imp* stink(e); *part.pt* gestunken

stoßen *præs* stoße, stößt, stößt; *impf* stieß, stieß(es)t; *conj* stieße; *imp* stoß(e); *part.pt* gestoßen

streichen *præs* streiche, streichst, streicht; *impf* strich; *conj* striche; *imp* streich(e); *part.pt* gestrichen

streiten *præs* streite, streitest, streitet; *impf* stritt, stritt(e)st; *conj* stritte; *imp* streit(e); *part.pt* gestritten

tragen *præs* trage, trägst, trägt; *impf* trug; *conj* trüge; *imp* trag(e); *part.pt* getragen

treffen *præs* treffe, triffst, trifft; *impf* traf; *conj* träfe; *imp* triff; *part.pt* getroffen

treiben *præs* treibe, treibst, treibt; *impf* trieb; *conj* triebe; *imp* treib(e); *part.pt* getrieben

treten *præs* trete, trittst, tritt; *impf* trat, trat(e)st; *conj* träte; *imp* tritt; *part.pt* getreten

triefen *præs* triefe, triefst, trieft; *impf* troff (triefte); *conj* tröffe (triefte); *imp* trief(e); *part.pt* getroffen (getrieft)

trinken *præs* trinke, trinkst, trinkt; *impf* trank; *conj* tränke; *imp* trink(e); *part.pt* getrunken

trügen *præs* trüge, trügst, trügt; *impf* trog; *conj* tröge; *imp* trüg(e); *part.pt* getrogen

tun *præs* tue, tust, tut; *impf* tat, tat(e)st; *conj* täte; *imp* tu(e); *part.pt* getan

verderben *præs* verderbe, verdirbst, verdirbt; *impf* verdarb; *conj* verdürbe; *imp* verdirb; *part.pt* verdorben

verdrießen *præs* verdrieße, verdrießt, verdrießt; *impf* verdross, verdrossest; *conj* verdrösse; *imp* verdrieß(e); *part.pt* verdrossen

vergessen *præs* vergesse, vergisst, vergisst; *impf* vergaß, vergaßest; *conj* vergäße; *imp* vergiss; *part.pt* vergessen

verlieren *præs* verliere, verlierst, verliert; *impf* verlor; *conj* verlöre; *imp* verlier(e); *part.pt* verloren

verschleißen *præs* verschleiße, verschleiß(es)t, verschleißt; *impf* verschliss, verschlissest; *conj* verschlisse; *imp* verschleiß(e); *part.pt* verschlissen

wachsen *præs* wachse, wächst, wächst; *impf* wuchs, wuchsest; *conj* wüchse; *imp* wachs(e); *part.pt* gewachsen

wägen *præs* wäge, wägst, wägt; *impf* wog (wägte); *conj* wöge (wägte); *imp* wäg(e); *part.pt* gewogen (gewägt)

waschen *præs* wasche, wäschst, wäscht; *impf* wusch, wusch(e)st; *conj* wüsche; *imp* wasch(e); *part.pt* gewaschen

weben *præs* webe, webst, webt; *impf* webte (wob); *conj* webte (wöbe); *imp* web(e); *part.pt* gewebt (gewoben)

weichen *præs* weiche, weichst, weicht; *impf* wich; *conj* wiche; *imp* weich(e); *part.pt* gewichen

weisen *præs* weise, weist, weist; *impf* wies, wies(es)t; *conj* wiese; *imp* weis(e); *part.pt* gewiesen

wenden *præs* wende, wendest, wendet; *impf* wandte (wendete); *conj* wendete; *imp* wende; *part.pt* gewandt (gewendet)

werben *præs* werbe, wirbst, wirbt; *impf* warb; *conj* würbe; *imp* wirb; *part.pt* geworben

werden *præs* werde, wirst, wird; *impf* wurde; *conj* würde; *imp* werde; *part.pt* geworden

werfen *præs* werfe, wirfst, wirft; *impf* warf; *conj* würfe; *imp* wirf; *part.pt* geworfen

wiegen *præs* wiege, wiegst, wiegt; *impf* wog; *conj* wöge; *imp* wieg(e); *part.pt* gewogen

winden *præs* winde, windest, windet; *impf* wand, wand(e)st; *conj* wände; *imp* wind(e); *part.pt* gewunden

wissen *præs* weiß, weißt, weiß; wissen, wisst, wissen; *impf* wusste; *conj* wüsste; *imp* wisse; *part.pt* gewusst

wollen *præs* will, willst, will; wollen; *impf* wollte; *conj* wollte; *imp* wolle; *part.pt* gewollt

wringen *præs* wringe, wringst, wringt; *impf* wrang; *conj* wränge; *imp* wring(e); *part.pt* gewrungen

zeihen *præs* zeihe, zeihst, zeiht; *impf* zieh; *conj* ziehe; *imp* zeih(e); *part.pt* geziehen

ziehen *præs* ziehe, ziehst, zieht; *impf* zog, *conj* zöge; *imp* zieh(e); *part.pt* gezogen

zwingen *præs* zwinge, zwingst, zwingt; *impf* zwang; *conj* zwänge; *imp* zwing(e); *part.pt* gezwungen

Wichtige Ortsnamen in Dänemark

Danske stednavne

A

Alheden ['alhe:ðən]
Almindingen ['almenəŋən]
Als [al²s]
Amager ['ama:²ʀ]
Amaliegade [a'ma:²liəga:ðə]
Amalienborg [a'ma:²liənbɔ:²ʀ]
Anholt ['anhɔl²d]
Asnæs ['asnɛs]
Assens ['asəns]

B

Bagsværd ['bawsvɛ:²ʀ]
-bakke ['bagə] *-hügel*
Bakken ['bagən]
Ballerup ['bal²əʀob]
Bandholm ['banhɔl²m]
-banke ['baŋgə] *-hügel*
Bavnehøj ['baŭnəhɔi²]
Birkerød ['biʀgəʀø:²ð]
-bjerg [bjɛʀ²w] *-berg, -hügel*
Bjerringbro [bjɛʀeŋ'bʀo:²]
Blegdamsvej ['blaïdamsvaï²]
Blokhus ['blɔghu:²s]
Blåvand ['blɔvan²]
Bogense ['bɔ:wənsə]
-borg [bɔ:²ʀ] *-burg*
Bornholm [bɔʀn'hɔl²m]
Bov [bɔŭ²]
Brabrand ['bʀa:bʀan]
Brande ['bʀandə]
Bredgade ['bʀeðga:ðə]
-bredning ['bʀeðnəŋ]
-bro [bʀo:²] *-brücke; Stadtteil Kopenhagens*
Broager ['bʀoa:²əʀ]
Brovst ['bʀoŭ²sd]
Brønderslev ['bʀœn²əʀsleŭ]
Brønshøj ['bʀœn²shɔï²]
Buddinge ['buðeŋə]
-bugt [bogd] *-bucht*
-by [by:²] *-stadt, -dorf*
-bæk [bɛg²] *-bach, -flüsschen*
-bælt [bɛl²d] *-belt*
Børglum ['bœʀwlɔm]

C

Charlottenlund [sjaʀlɔdən'lon²]
Christians|borg [kʀesdjans'bɔ:²ʀ];
~feld [-'fel²d]; **~havn** [-'haŭ²n]

D

-dal [da:²l] *-tal*
-dam [dam²] *-teich*
Danmark ['danmaʀg]
Djursland ['dju:²ʀslan²]
Dollerup ['dɔl²əʀob]
Dragør ['dʀa:wø:²ʀ]
Dueodde ['du:əɔðə]
Dybbøl ['dybøl]
Dyrehaven ['dy:ʀəha:vən]
Dyrehavsbakken ['dy:ʀəhaŭsbagən]

E

Ebeltoft ['ɛ:bəltɔfd]
Egedesminde [ɛ:əðəs'menə]
Egernsund [e:²əʀn'son²]
Egeskov ['e:əsgɔŭ²]
Ejer Bavnehøj [aïəʀ 'baŭnəhɔï²]
Eremitagen [ɛʀəmi'ta:sjən]
Esbjerg ['ɛsbjɛʀ²]
Espergærde [ɛsbəʀ'gɛ:ʀə]
Esrum ['ɛsʀom]

F

Fakse ['fagsə]
Falster ['fal²sdəʀ]
Fanø ['fa:nø:²]
Farimagsgade [faʀi'magsga:ðə]
Farum ['fa:ʀom]
Farøbroen ['fa:ʀø:²bʀo:²ən]
Fjenneslev ['fjenəsleŭ]
-fjord [fjo:²ʀ] *-förde, -fjord*
Fredensborg ['fʀe:²ðənsbɔ:²ʀ]
Fredericia [fʀɛð²ʀedsja]
Frederiks|berg [fʀɛðəʀegs'bɛʀ²];
~borg [-'bɔ:²ʀ]; **~havn** [-'haŭ²n];
~holms Kanal [-'hɔl²ms ka'na:²l];
~sund [-'son²]; **~værk** [-'vɛʀg]
Frihavnen ['fʀihaŭ²nən]
Frue Kirke ['fʀu:ə 'kiʀgə]

998

Fureso ['fuːʀəsøːʔ]
Fyn [fyːʔn]
-fyr [fyːʔʀ] *Leuchtturm*
-fælled ['feləð] *-anger, -park*
Fælledpark ['felədpaʀg]
Færøerne ['feːʀøːʔəʀnə]
Fåborg ['fɔbɔːʔʀ]
Fårevejle ['fɔːʀəvaɪ̃lə]

G

-gade ['gaːðə] *-straße*
Gammel|strand ['gaməlsdʀanʔ];
~torv [-tɔːʔʀv]
Gamle by ['gamlə byːʔ]
Gedser ['gesəʀ]
Gentofte ['gɛntɔfdə]
Gilleleje [gilə'laɪ̃ə]
Give ['giːvə]
Glostrup ['gloːʔsdʀob]
Godthåb ['gɔdhɔːʔb]
Gothersgade ['gɔðəʀsgaːðə]
Grejsdalen ['gʀaɪ̃ʔsdaːʔlən]
Grenen ['gʀeːʔnən]
Grenå ['gʀeːnɔːʔ]
Gribskov ['gʀibsgɔũ̃ʔ]
Grundtvigskirken ['gʀondviskiʀgən]
Grønland ['gʀœnlanʔ]
Grønningen ['gʀœnenən]
Gråsten [gʀɔ'sdeːʔn]
Gudenå ['guːʔðɔnɔːʔ]
Gudhjem ['guðjemʔ]
Guldborgsund [gulbɔʀ'sonʔ]
Gurre ['guʀə]
-gård [gɔːʔʀ] *-hof*
Gåsetårnet ['gɔːsətɔːʔʀnəð]

H

Haderslev ['haːʔðəʀsleũ̃]
Hadsund [haðˈsonʔ]
Hammeren ['haməʀən]
Hammershus [hamɐʀs'huːʔs]
Hareskoven ['hɑːʀəsgɔũ̃ʔən]
Hasle ['haslə]
Haslev ['hasleũ̃]
-hav [haũ̃] *-meer*
-have ['haːvə] *-garten*
-havn [haũ̃ʔn] *-hafen*
-hede ['heːðə] *-heide*
Hedehusene ['heːðəhuːsənə]
Helgenæs ['heljənɛs]
Hellebæk ['heləbeg]
Hellerup ['helʔəʀob]

Helligdommen ['helidɔmʔən]
Helsingør [hɛlseŋˈøːʔʀ]
Henne ['hɛnə]
Herning ['hɛʀneŋ]
-herred ['hɛʀəð]
Hillerød ['hilœʀɛːʔð]
Himmelbjerget ['heməlbjɛʀʔwəð]
Himmerland ['hemɐʀlanʔ]
Hindsgavl ['henʔsgaũ̃ʔl]
Hirtshals ['hiʀdshalʔs]
Hjørring ['jøʀeŋ]
Hobro [ho'bʀoːʔ]
Holbæk ['hɔlʔbeg]
-holm [hɔlʔm] *-insel*
Holstebro [hɔlsdə'bʀoːʔ]
Holte ['hɔldə]
Hornbæk ['hoʀnbeg]
Horsens ['hɔʀsəns]
Humlebæk ['homləbeg]
Hundested ['hunəsdɛð]
Hvalsø ['valsøːʔ]
Hvide Sande ['viːðə 'sanə]
Hvid|ovre ['viðoũ̃ʀə]; ~øre [-øːʀə]
-høj [hɔɪ̃ʔ] *-hügel*
Højbro Plads ['hɔɪ̃bʀoːʔ plas]
Højer ['hɔɪ̃ʔəʀ]
Hørsholm ['hœʀshɔlʔm]

I

Isefjord ['iːsəfjoːʔʀ]

J

Jelling(e) ['jeleŋ(ə)]
Julianehåb [juli'aːnəhɔːʔb]
Julsø ['juːʔlsøːʔ]
Jyderup ['jyːðəʀob]
Jylland ['jylanʔ]
Jægersborg Hegn ['jɛːʀsbɔːʔʀ haɪ̃ʔn]
Jægerspris [jɛːʀs'pʀiːʔs]

K

Kalundborg [kalɔn'bɔːʔʀ]
Kalvebod ['kalvəbo:ʔð]
Kalø ['kaːløːʔ]
Kandestederne ['kanəsdɛːðəʀnə]
Kastrup ['kasdʀob]
Kattegat ['kadəgad]
Kerteminde [kɛʀdə'menə]
-kilde ['kilə] *-quelle*
-kirke ['kiʀgə] *-kirche*
Klampenborg ['klambənbɔːʔʀ]

-klint [klɛnˀd] -steilufer
-klit [klid] -düne
Klitgården ['klidgɔːˀʀən]
-kloster ['klɔsdəʀ] -kloster
Knippelsbro ['knebəlsbʀoːˀ]
Kobbermølle ['kɔuˀərmøləə]
Kolding ['kɔlɛŋ]
Kongens Have ['kɔŋəns 'haːvə]; ~
Nytorv [‿ 'nytɔʀˀv]
Kongeå ['kɔŋɔˀ]
Korsør [kɔʀˈsøːˀʀ]
-kro [kʀoːˀ] -krug
Kronborg ['kʀoːnbɔːˀʀ]
Kruså [kʀusˈɔːˀ]
Kvæsthusbroen ['kvɛsdhusbʀoːˀən]
-kær [kɛːˀʀ] -teich
København [købənˈhaũˀn]
-købing [køˀbeŋ] -stadt
Købmagergade ['køməːˀʀgaːðə]
Køge ['køː(j)ə]

L

Ladby ['ladbyːˀ]
Lammefjord ['laməfjoːˀʀ]
-land [lanˀ] -land
Lange|bro ['laŋəbʀoːˀ]; ~land [-lanˀ];
~linie [-'linjə]
Langå ['laŋɔˀ]
Lejre ['laĩʀə]
Lemvig [lɛmˈviːˀ]
Lille... ['lilə] Klein-
Lillebælt ['liləbɛlˀd]
Limfjorden ['liːmfjoʀˀʀən]
Liselund [liːsəˈlonˀ]
Lolland ['lɔlanˀ]
-lund [lonˀ] -wald
Lunderskov ['lonəʀsgɔũˀ]
Lyngby ['løŋbyːˀ]
Læsø ['lɛsøˀ]
Løgstør [løgˈstøːˀʀ]
Løgumkloster ['løːgomˈklɔsdəʀ]
Løkken ['løgən]

M

Mari|ager ['maʀiaːˀ(j)əʀ]; ~bo ['maːˀ-ʀiboːˀ]
Marielyst [maˈʀiːˀəløsd]
-mark [maʀg] -feld, -acker
Marmor|bro ['maːˀʀmoʀbʀoːˀ]; ~kirke [-kiʀgə]
Marselisborg [maʀseːˈlisbɔːˀʀ]
Marstal ['maʀsdalˀ]

Middelfart ['miðˀəlfaːˀʀd]
Mols [mɔlˀs]
Mommark ['mɔmaʀg]
Mors [mɔʀs]
-mose ['moːsə] -moor
Munkebjerg ['moŋgəbjɛʀˀw]
Møgeltønder ['møːˀəltønˀʀəʀ]
-mølle ['møløə] -mühle
Mølleå ['møløɔˀ]
Møn [møːˀn]

N

Nakkehoved [nagəˈhoːˀəð]
Neksø ['nɛgsøˀ]
Nibe ['niːbə]
Nivå ['niːvɔˀ]
-nor [noːˀʀ] -bucht, -haff
Nord|borg ['noʀbɔːˀʀ]; ~fyn [-fyːˀn]
Ny|boder [ny'boːðəʀ]; ~borg ['ny-bɔːˀʀ]; ~gade ['nygaːðə]; ~havn ['ny-haũˀn]; ~købing ['nykøːˀbeŋ]; ~sted ['nysdɛð]
Nærum ['nɛːʀom]
-næs [nɛs] -kap, -landspitze
Næstved ['nɛsdveð]
Nøddebo ['nøðəboːˀ]
Nørre|bro ['nœʀəbʀoːˀ]; ~gade [-gaːðə]; ~jylland [-jylanˀ]; ~port [-poːˀʀd]; ~sundby [nœʀəˈsonbyːˀ]; ~vold [-vɔlˀ]

O

-odde ['ɔðə] -landzunge
Odder ['ɔðˀəʀ]
Oddesund ['ɔðəˈsonˀ]
Odense ['oːˀðənsə]
Ods Herred ['ɔðˀs hɛʀəð]
Oksevejen ['ɔgsəvaĩˀən]
Ollerup ['ɔlˀəʀob]
Ordrup ['ɔʀˀdʀob]
Orehoved ['oːʀəhoːəð]

P

Padborg ['paðbɔːˀʀ]
-plads [plas] -platz
Præstø ['pʀɛsdøˀ]

R

Randers ['ʀanəʀs]
Randkløve ['ʀankløːvə]

Rebild ['rɛːbil]
Ribe ['riːbə]
Ringe ['reŋə]
Ringkøbing ['reŋkøːʔbeŋ]
Ringsted ['reŋsdeð]
Risskov ['riːʔssgoŭʔ]
Rold [rɔlʔ]
Rosenborg ['roːsənbɔːʔr]
Roskilde ['rɔskilə]
Rudkøbing ['ruðkøːʔbeŋ]
Rundetårn ['rɔnətɔːʔrn]
Rungsted ['rɔŋsdeð]
Rytterknægten ['rydərknεgdən]
Ræbild s. **Rebild**
Rødby ['røðbyʔ]
Rødding ['røðeŋ]
Rødekro ['røːðəkroːʔ]
Rødovre ['røðoŭrə]
Rømø ['rœmøːʔ]
Røsnæs ['rœsnεs]
Råbjerg Mile ['rɔbjɛr 'miːlə]
Rådhuspladsen ['rɔðhusplasən]
Rådvad ['rɔðvað]
Rågeleje [rɔːwəˈlaĭə]

S

Sakskøbing ['sagskøːʔbeŋ]
Salling ['saleŋ]
Samsø ['samsøːʔ]
Sandvig-Allinge [sanviːʔ 'aleŋə]
Silkeborg ['selgəbɔːʔr]
Sjælland ['sjɛlanʔ]
Skagen ['sgaːʔ(j)ən]
Skagerrak ['sga:(j)ərag]
Skamlingsbanke ['sgamleŋsˈbaŋgə]
Skanderborg ['sganərbɔːʔr]
Skive ['sgiːvə]
Skjern [sg(j)ɛrʔn]
Skodsborg ['sgɔsbɔːʔr]
-skov [sgɔŭʔ] -wald
Skovshoved [sgoŭs'hoːʔð]
Skælskør [sgεl'sgøːʔr]
Slagelse ['sla:(j)əlsə]
Slesvig ['sle:ʔsvi]
-slot [slɔd] -schloss
Slotsholmen ['slɔdshɔlʔmən]
Smålandshavet ['smɔlanshaːʔvəd]
Snekkersten ['snegərsdeːʔn]
Snoghøj ['snowhɔiʔ]
-sogn [sɔwʔn] -gemeinde
Sommerspiret ['sɔmərsbiːʔrəð]
Sorgenfri ['sɔːʔrwənfriːʔ]

Sorø ['soːrøːʔ]
Sprogø ['sbrøgwøːʔ]
Spøttrup ['sbøtrɔb]
Stege ['sde:(j)ə]
Stevns Klint ['sdεŭʔns klenʔd]
Store ['sdoːrə] Groß-
Storebælt ['sdoːrəbælʔd]
Store Heddinge ['sdoːrə 'heðeŋə]
Stormgade ['sdɔrmga:ðə]
Storstrømmen ['sdɔrsdrœmʔən]
Storstrømsbroen ['sdɔrsdrœms-broːʔən]
Strandvejen ['sdranvaiʔən]
Strib ['sdriːʔb]
Struer ['sdruːʔər]
Studiestræde ['sduːʔðiəsdrεːðə]
-stræde ['sdrεːðə] -gasse, -straße
Strøget [sdrɔiʔəð]
Stubbekøbing ['sdubəkøːʔbeŋ]
Sukkertoppen ['sogərtɔbən]
Sundby ['sɔnbyʔ]
Sundet ['sɔnʔəd]
Sundeved ['sɔnəvəð]
Svaneke ['svanʔəgə]
Svendborg ['svɛnbɔːʔr]
Syd|fyn ['syðfyːʔn]; **~sjælland** [-sjɛlanʔ]
Sæby ['sεːbyːʔ]
-sø [søːʔ] -see
Søllerød ['sølərøːʔð]
Sølvgade ['sølga:ðə]
Sønder|borg ['sønərbɔːʔr]; **~bro** [-broːʔ]; **~gade** [-ga:ðə]; **~ho** [sønər-'hoːʔ]; **~jylland** [-jylanʔ]; **~marken** [-margən]

T

Thisted ['tisdeð]
Thorshavn ['tɔːʔrshaŭʔn]
Thule ['tuːlə]
Thy [tyːʔ]
Thyborøn [tybo'rœnʔ]
Tinglev ['teŋleŭ]
Tisvilde [tis'vilə]
Tivoli ['tivoli]
Toftlund ['tɔfdlonʔ]
Toldbodvej ['tɔlboðvaiʔ]
-torv [tɔrʔv] -markt, -platz
Torvegade ['tɔrvəga:ðə]
Trekroner [trε'kroːnər]
Trianglen ['triaŋʔlən]
Trøjborg ['trɔĭbɔːʔr]
Tøjhusgade ['tɔĭhusga:ðə]

Tønder ['tøn'əʀ]
Tårbæk ['tɔʀbɛg]
-tårn [tɔːʀn] -turm
Tåsinge ['tɔːsɛŋə]
Tåstrup ['tɔsdʀob]

V

Valby ['valby]
Vallø ['valø:']
Vamdrup ['vam'dʀob]
Vanløse ['vanlø:sə]
Varde ['vɑʀdə]
Vedbæk ['veð'bɛg]
-vej [vaɪ'] -weg
Vejers ['vaɪ'əʀs]
Vejle ['vaɪlə]
Vendsyssel ['vensysəl]
Vester|bro ['vɛsdəʀbʀo:']; **~gade**
[-ga:ðə]; **~havet** [-ha:'vəð]; **~port**
[-po:'ʀd]
Viborg ['vibɔ:'ʀ]
Vidå ['viðɔ:']
-vig [vi:'] -bucht
Vildmose ['viːlmo:sə]
Vimmelskaftet ['vem'əlsgɑfdəð]
Virum ['vi:ʀɔm]
Vojens ['vɔɪ'əns]
-vold [vɔl'] -wall
Voldgade ['vɔlga:ðə]
Vordingborg [vɔʀdeŋ'bɔ:'ʀ]

Æ

Ærø ['ɛ:ʀø:']
Ærøskøbing ['ɛ:ʀøskø:'beŋ]

Ø

-ø [ø:'] -insel
Øm [œm']
Øresund ['ø:ʀəson']
Øster|bro ['øsdəʀbʀo:']; **~gade**
[-ga:ðə]; **~lars** [-lɑʀs]; **~port** [-po:'ʀd];
~søen [-sø:'ən]

Å

-å [ɔ:'] -fluss, -au
Åbenrå [ɔ:bən'ʀɔ:']
Åboulevard ['ɔ:'buləvɑ:'ʀd]
Åkirkeby ['ɔ:'kiʀgəby:']
Ålborg ['ɔlbɔ:'ʀ]
Ålbæk ['ɔ:lbɛg]
Ålholm ['ɔ:lhɔl'm]
Århus ['ɔʀhu:'s]
Årø [ɔɪ'ʀɛ]
Årup ['ɔ:'ʀob]
-ås [ɔ:'s] -hügelrücken

Zahlwörter – Talord

Grundzahlen – Grundtal

0	nul [nol] *null*	50	halvtreds(indstyve) [hal'tʀɛs-(ənsty:və)];
1	en [e:ʔn] (*avis*), et [ed] (*hus*); betont auch én/ét *eins*		femti* ['fɛmti] *fünfzig*
2	to [to:ʔ] *zwei*	60	tres(indstyve) ['tʀɛs(ənsty:və)]; seksti* ['sɛgsti] *sechzig*
3	tre [tʀɛ:ʔ] *drei*	70	halvfjerds(indstyve) [hal'fjɛʀs-(ənsty:və)];
4	fire ['fi:ʀə] *vier*		syvti* ['syũti] *siebzig*
5	fem [fɛmʔ] *fünf*	80	firs(indstyve) ['fi:ʔʀs(ənsty:və)];
6	seks [sɛgs] *sechs*		otti* ['o̞ti] *achtzig*
7	syv [syũʔ] *sieben*	90	halvfems(indstyve) [hal'fɛmʔs-(ənsty:və)];
8	otte ['o̞də] *acht*		niti* ['niti] *neunzig*
9	ni [ni:ʔ] *neun*	100	(et) hundrede [(ed) 'hunʀəðə] *hundert*
10	ti [ti:ʔ] *zehn*	101	(et) hundrede og en od. et [(ed) 'hunʀəðə ɔ e:ʔn (ed)] *hundert-(und)eins*
11	elleve ['ɛlvə] *elf*	200	to hundrede [to:ʔ 'hunʀəðə] *zweihundert*
12	tolv [tɔlʔ] *zwölf*	300	tre hundrede [tʀɛ:ʔ 'hunʀəðə] *dreihundert* usw.
13	tretten ['tʀɛdən] *dreizehn*	1000	(et) tusind(e) [(ed) 'tu:ʔsən(ə)] *tausend*
14	fjorten ['fjɔʀdən] *vierzehn*	2000	to tusind [to:ʔ 'tu:ʔsən] *zweitausend* usw.
15	femten ['fɛmdən] *fünfzehn*	1945	nitten hundrede femogfyrre *neunzehnhundertfünfundvierzig*
16	seksten ['saɪsdən] *sechszehn*	1 000 000	en million [e:ʔn mili'o:ʔn] *eine Million*
17	sytten ['sødən] *siebzehn*	1 000 000 000	en milliard [e:ʔn mili'ɑʀ'd] *eine Milliarde*
18	atten ['adən] *achtzehn*		
19	nitten ['nedən] *neunzehn*		
20	tyve ['ty:və]; toti* ['toti] *zwanzig*		
21	enogtyve ['e:ʔnɔty:və]; toti en* [toti 'e:ʔn] *einundzwanzig*		
22	toogtyve ['to:ʔɔty:və]; toti to* *zweiundzwanzig*		
30	tredive ['tʀɛðvə]; treti* ['tʀɛti] *dreißig*		
31	enogtredive ['e:ʔnɔtʀɛðvə] *einunddreißig* usw.		
40	fyrre(tyve) ['fœʀə(ty:və)]; firti* ['fiʀti] *vierzig*		

---

* Die so gekennzeichneten gemeinskandinavischen Zahlen (20–90) werden nur in der Geschäfts-, Bank- und Postsprache gebraucht.
Die Formen auf *-tyve/-(s)indstyve* (40–90) sind literarisch.

Ordnungszahlen – Ordenstal

1. første ['fœrsdə] *erste*
2. anden ['anən] *zweite*
3. tredje ['tʀɛðjə] *dritte*
4. fjerde ['fjɛːʀə] *vierte*
5. femte ['fɛmdə] *fünfte*
6. sjette ['sjɛːdə] *sechste*
7. syvende ['syʔənə] *siebente*
8. ottende ['ɔdənə] *achte*
9. niende ['niːʔənə] *neunte*
10. tiende ['tiːʔənə] *zehnte*
11. ellevte ['ɛlfdə] *elfte*
12. tolvte ['tɔldə] *zwölfte*
13. trettende ['tʀɛdənə] *dreizehnte*
14. fjortende ['fjoʀdənə] *vierzehnte*
15. femtende ['fɛmdənə] *fünfzehnte*
16. sekstende ['saïsdənə] *sechzehnte*
17. syttende ['sødənə] *siebzehnte*
18. attende ['adənə] *achtzehnte*
19. nittende ['nedənə] *neunzehnte*
20. tyvende ['tyːvənə] *zwanzigste*
21. enogtyvende ['eːʔnɔtyːvənə] *einundzwanzigste* usw.
30. tredive ['tʀɛðfdə] *dreißigste*
32. toogtredivte ['toːʔɔtʀɛðfdə] *zweiunddreißigste* usw.

40. fyrretyvende ['fœʀətyːvənə] *vierzigste*
50. halvtredsindstyvende [hal'tʀɛsəns'tyːvənə] *fünfzigste*
60. tresindstyvende ['tʀɛsənstyːvənə] *sechzigste*
70. halvfjerdsindstyvende [hal'fjɛʀsənstyːvənə] *siebzigste*
80. firsindstyvende ['fiːʔʀsənsty:vənə] *achtzigste*
90. halvfemsindstyvende [hal'fɛmʔsənsty:vənə] *neunzigste*
100. hundrede ['hunʀəðə] *hundertste*
101. hundrede og første ['hunʀəðə ɔ 'fœrsdə] *hundert(und)erste* usw.
200. to hundrede [toːʔ 'hunʀəðə] *zweihundertste*
300. tre hundrede [tʀeːʔ 'hunʀəðə] *dreihundertste* usw.
1000. tusinde ['tuːʔsənə] *tausendste*
2000. to tusinde [toːʔ 'tuːʔsənə] *zweitausendste* usw.
1 000 000. millionte [mili'oːʔndə] *einmillionste*

Bruchzahlen – Brøker

- ½   en halv [en 'halʔ] *halb*
- 1 ½ én (og) en halv [eːʔn (ɔ) en 'halʔ] od. halvanden [hal'anən] *eineinhalb*
- 2 ½ to en halv ['toːʔ en 'halʔ] *zweieinhalb*
- ⅓   en tredjedel [en 'tʀɛðjədeːʔl] *ein Drittel*
- ⅔   to tredjedel(e) [toːʔ 'tʀɛðjədeːʔl(ə)] *zwei Drittel*
- 1 ⅓ én en tredjedel [eːʔn en 'tʀɛðjədeːʔl] *eineindrittel*
- ¼   en fjerdedel [en 'fjɛːʀədeːʔl] od. en kvart [en 'kvaʀd] *ein Viertel*
- ¾   tre fjerdedel(e) [tʀe 'fjɛːʀədeːʔl(ə)] od. tre kvart [tʀe 'kvaʀd] *drei Viertel*
- 8 ⁷⁄₉ otte syv niendedel(e) ['ɔːdə syü 'niːʔənədeːʔl(ə)] *achtsiebenneuntel*
- 0,5 nul komma fem [nol 'kɔma fɛmʔ] *null Komma fünf*
- 3,25 tre komma to fem [tʀeːʔ 'kɔma 'toːʔ 'fɛmʔ] od. tre komma femogtyve [tʀeːʔ 'kɔma 'fɛmʔɔty:və] *drei Komma fünfundzwanzig*

Notizen

Notizen